JN193027

# 日本人物レファレンス事典

## 武将篇

日外アソシエーツ

# BIOGRAPHY INDEX

18,198 Japanese Military Commander before 1615
Appearing in 315 Volumes of
190 Biographical Dictionaries and Encyclopedias

Compiled by

Nichigai Associates, Inc.

本書はディジタルデータでご利用いただくことが
できます。詳細はお問い合わせください。

●編集担当● 尾崎 稔

# 刊行にあたって

　本書は、古代から大坂の陣までの日本の武将が、どの事典にどんな名前で掲載されているかが一覧できる総索引である。

　人物について調べようとするとき、事典類が調査の基本資料となる。しかし、人名事典、百科事典、歴史事典、テーマごとの専門事典、都道府県別・国別の事典など、数多くの事典類の中から、特定の人物がどの事典のどこに掲載されているかを把握することは容易ではない。そうした人物調査に役立つ総索引ツールとして、小社では「人物レファレンス事典」シリーズを刊行してきた。1983年から最初のシリーズを刊行開始し、1996年から2013年には、その後に出版された事典類を索引対象に追加、時代別に再構成した新訂増補版として、「古代・中世・近世編」「古代・中世・近世編 II（1996-2006）」「明治・大正・昭和（戦前）編」「明治・大正・昭和（戦前）編 II（2000-2009）」「昭和（戦後）・平成編」「昭和（戦後）・平成編 II（2003-2013）」の6種を刊行、さらにそこでは索引対象に入っていなかった地方人物事典、県別百科事典を対象とした「郷土人物編」を2008年に刊行した。また、外国人を対象とした「外国人物レファレンス事典」シリーズでは、1999年から2011年に、時代別に「古代－19世紀」「古代－19世紀 第II期（1999-2009）」「20世紀」「20世紀 第II期（2002-2010）」の4種を刊行した。これらのシリーズは、人物調査の第一段階の基本ツールとして、時代や地域に応じてご活用いただいているが、特定分野の人物を広範に調べるためには、日本人は7種、外国人は4種すべてを検索する必要があった。

　本書では、分野別の事典総索引として、既刊の「文芸篇」「美術篇」「科学技術篇」「音楽篇」「思想・哲学・歴史篇」「芸能篇」「政治・外交篇（近現代）」「軍事篇（近現代）」「皇族・貴族篇」「女性篇」に続き、190種315冊の事典から日本の武将をピックアップ。古代の武官・将軍、平安

時代の武士団の棟梁や一族郎党、中世の御家人・守護・守護大名・戦国大名などを中心に、その配下の武将・武士・家臣や一部子弟も含め、大坂の陣が終わり天下泰平となるまでの合わせて 18,198 人を収録した。人名見出しには、人物同定に役立つよう、人名表記・読み・生没年、事典類に使われた異表記・異読み・別名を示し、加えて活動時期や身分、肩書、係累などを簡潔に示して人物の概要がわかるようにした。その上で、どの事典にその人物が載っているか、どんな見出し（表記・読み・生没年）で掲載されているかを一覧することができ、日本の武将を網羅的に収録した最大級の人名ツールとして使える。さらに、幕末以降の軍人を収録している「日本人物レファレンス事典 軍事篇（近現代)」、および外国の騎士・軍人なども収録対象としている「西洋人物レファレンス事典 政治・外交・軍事篇」「東洋人物レファレンス事典 政治・外交・軍事篇」と併せれば、世界の武人・軍人を幅広く調べることができる。

　ただし誤解のないように改めて付言するが、本書はあくまでも既存の事典類の総索引である。そのため、索引対象とした事典類（収録事典一覧を参照）に掲載されていない人物は本書にも掲載されない。したがって従来の事典に全く掲載されていない武将は収録されていない。

　編集にあたっては、誤りのないよう調査・確認に努めたが、人物確認や記述に不十分な点もあるかと思われる。お気づきの点はご教示いただければ幸いである。本書が、既刊の「人物レファレンス事典」シリーズと同様に、人物調査の基本ツールとして図書館・研究機関等で広く利用されることを期待したい。


　2015 年 12 月

日外アソシエーツ

# 凡　　例

## 1．本書の内容

　本書は、国内で刊行された人物事典、百科事典、歴史事典、地域別人名事典などに掲載されている、日本の武将の総索引である。但しプロフィール記載のない"職歴名簿"の類いは索引対象外とした。見出しとしての人名表記・読みのほか、異表記・異読み・別名、生没年、その人物の活動時期、身分・肩書・職業、係累・業績など人物の特定に最低限必要なプロフィールを補記するとともに、その人物がどの事典にどのような表記・読みで掲載されているかを明らかにしたものである。

## 2．収録範囲と人数

(1) 別表「収録事典一覧」に示した190種315冊の事典類に掲載されている、日本の武将を収録した。

(2) 収録対象には、いわゆる武将（軍事指揮者）だけでなく、武将に仕えた家臣も含めた。また武将の子弟で夭折した人物も一部含めている。

(3) ただし、上記（2）の家臣でも、僧籍にあって行政顧問として仕えた人物や、商人・豪農など武士以外の人物は収録対象外とした。

(4) 一般的には武将とは見なされない人物であっても、例えば謀反を起こし挙兵した人物などは一部例外的に収録した。

(5) 江戸時代以降にのみ活躍した人物であっても、大坂の陣に従軍したことが明確な人物は収録対象としている。

(6) 上記の結果として18,198人、事典項目のべ61,091件を収録した。

## 3．記載事項

(1) 人名見出し

　　1) 同一人物は、各事典での表記・読みに関わらず1項目にまとめた。その際、最も一般的と思われるものを代表表記・代表読みとし、太字で見出しとした。また朝臣・大連など古代のカバネ（姓）は省いた。

　　2) 代表表記に対し同読みの異表記がある場合は、代表表記の後に（　）で囲んで示した。

例：楠木正成（楠正成）

3) 代表読みに対し部分的に清濁音・拗促音の差のある読みが存在する場合は、代表読みの後に「,」で区切って表示した。

例：あさいながまさ，あざいながまさ

4) 事典によっては読みの「ぢ」「づ」を「じ」「ず」に置き換えているものと、両者を区別しているものとがある。本書は、代表読みでは区別する方式を採った。その上で、事典によって「ぢ」「じ」、「づ」「ず」の違いがある場合は、代表読みの後に「,」で区切って表示した。

例：しまづよしひさ，しまずよしひさ

(2) 人物説明

1) 生没年表示

①対象事典に掲載されている生没年（月日）を代表生没年として示した。

②生没年に諸説ある場合、過半数の事典で一致する年（月日）があればそれを採用した。過半数の一致がない場合は＊で示した（比較は生年、没年それぞれで行った）。

③年表示は和暦と西暦の併記とした。和暦・西暦のいずれか一方だけが掲載されている場合は編集部で換算して記載した。事典類に掲載されている年単位の対応を採用、または一律に換算したため、月日によっては誤差の生じる可能性がある。およその目安としてご利用いただきたい。

④生年のみ不詳、没年は判明の場合、生年の部分には「？」を用いた。没年のみ不詳の場合も同様とした。

⑤生年・没年とも不詳の場合は、「生没年不詳」とした。

2) 異表記・異読み・別名

本書の見出しと異なる表記・読みを採用している事典がある場合は、それらをまとめて[別]として掲載した。

3) プロフィール

人物を同定するための最低限の情報として、その人物の活動時期と身分・肩書・職業、係累、業績を記載した。

①本書の活動時期は以下の基準で区分した。

・上代　6世紀半ば（仏教伝来、宣化・欽明朝の頃）まで

・飛鳥時代　8世紀初頭（奈良遷都、文武・元明朝の頃）まで

・奈良時代　8世紀末（長岡・平安遷都、桓武朝の開始頃）まで

・平安時代前期　9世紀末～10世紀初頭（醍醐朝の開始頃）まで
・平安時代中期　11世紀後半（後三条天皇即位、白河院政開始）まで
・平安時代後期　12世紀末（平氏滅亡、鎌倉幕府成立）まで
・鎌倉時代前期　13世紀後半（元寇、北条氏得宗家専制の確立）まで
・鎌倉時代後期　14世紀前半（鎌倉幕府滅亡）まで
・南北朝時代　14世紀末（南北朝の合一）まで
・室町時代　15世紀後半（応仁・文明の乱）まで
・戦国時代　16世紀半ば（織田信長上洛、室町幕府滅亡）まで
・安土桃山時代　17世紀初頭（関ヶ原の戦い、江戸幕府成立）まで
・江戸時代前期　上記以降

②人物の身分・肩書、係累・業績を簡潔に記載した。

(3) 掲載事典

1) その人物が掲載されている事典を¶の後に略号で示した。（略号は別表「収録事典一覧」を参照）

2) 事典における記載が、見出しの代表表記、代表読み、生没年表示と異なるときは略号の後に（　）で囲んでその内容を示した。その際、生年は㊞、没年は㊟で表した。

3) 事典が西暦・和暦のいずれかしか記載していない場合はそれを示し、西暦・和暦の両方を記載していれば両方を示した。

(4) 共通事項

1) 漢字は原則新字体・常用漢字に統一した。また正字・俗字などの異体字も一部統一した。

2) 和暦における「元年」は「1年」と表示した。

## 4．参照項目

見出しの代表表記、代表読みと異なる別表記・別読みからは、必要に応じて参照項目を立てた。

## 5．排　列

(1) 人名見出しの読みの五十音順に排列した。
(2) 「ぢ」「づ」と「じ」「ず」は排列上も区別した。
(3) 同読みの場合は同じ表記のものをまとめた。
(4) 読み、表記とも同一の人物は、おおむね活動時期の古い順番に並べた。
(5) 掲載事典は略号の五十音順に記載した。

## 6．収録事典一覧

(1) 本書で索引対象にした事典類の一覧を次ページ以降（9 ～ 14 ページ）に掲げた。

(2) 略号は本書において掲載事典名の表示に用いたものである。

(3) 掲載は略号の五十音順とした。

# 収録事典一覧

| 略 号 | 書 名 | 出版社 | 刊行年 |
|---|---|---|---|
| 愛知百 | 愛知百科事典 | 中日新聞本社 | 1976.10 |
| 会 津 | 会津大事典 | 国書刊行会 | 1985.12 |
| 青森人 | 青森県人名事典 | 東奥日報社 | 2002.8 |
| 青森百 | 青森県百科事典 | 東奥日報社 | 1981.3 |
| 秋田百 | 秋田大百科事典 | 秋田魁新報社 | 1981.9 |
| 朝 日 | 朝日日本歴史人物事典 | 朝日新聞社 | 1994.11 |
| 石川百 | 書府太郎―石川県大百科事典 改訂版 | 北国新聞社 | 2004.11 |
| 茨城百 | 茨城県大百科事典 | 茨城新聞社 | 1981.10 |
| 岩 史 | 岩波日本史辞典 | 岩波書店 | 1999.10 |
| 岩手百 | 岩手百科事典 新版 | 岩手放送 | 1988.10 |
| 海 越 | 海を越えた日本人名事典 | 日外アソシエーツ | 1985.12 |
| 海越新 | 海を越えた日本人名事典 新訂増補版 | 日外アソシエーツ | 2005.7 |
| 江 戸 | 江戸市井人物事典 | 新人物往来社 | 1974.11 |
| 江戸東 | 江戸東京市井人物事典 | 新人物往来社 | 1976.10 |
| 愛媛百 | 愛媛県百科大事典 上・下 | 愛媛新聞社 | 1985.6 |
| 黄 檗 | 黄檗文化人名辞典 | 思文閣出版 | 1988.12 |
| 大分百 | 大分百科事典 | 大分放送 | 1980.12 |
| 大分歴 | 大分県歴史人物事典 | 大分合同新聞社 | 1996.8 |
| 大阪人 | 大阪人物辞典 | 清文堂出版 | 2000.11 |
| 大阪墓 | 大阪墓碑人物事典 | 東方出版 | 1995.11 |
| 岡山人 | 岡山人名事典 | 日本文教出版 | 1978.2 |
| 岡山百 | 岡山県大百科事典 上・下 | 山陽新聞社 | 1980.1 |
| 岡山歴 | 岡山県歴史人物事典 | 山陽新聞社 | 1994.10 |
| 沖縄百 | 沖縄大百科事典 上・中・下 | 沖縄タイムス社 | 1983.5 |
| 織 田 | 織田信長家臣人名辞典 | 吉川弘文館 | 1995.1 |
| 香川人 | 香川県人物・人名事典 | 四国新聞社 | 1985.6 |
| 香川百 | 香川県大百科事典 | 四国新聞社 | 1984.4 |
| 鹿児島百 | 鹿児島大百科事典 | 南日本新聞社 | 1981.9 |
| 角 史 | 角川日本史辞典 新版 | 角川書店 | 1996.11 |
| 神奈川人 | 神奈川県史 別編1人物 神奈川歴史人名事典 | 神奈川県 | 1983.3 |
| 神奈川百 | 神奈川県百科事典 | 大和書房 | 1983.7 |
| 歌 舞 | 歌舞伎人名事典 | 日外アソシエーツ | 1988.9 |
| 歌舞新 | 歌舞伎人名事典 新訂増補版 | 日外アソシエーツ | 2002.6 |

| 略 号 | 書 名 | 出版社 | 刊行年 |
|---|---|---|---|
| 鎌 倉 | 鎌倉事典 新装普及版 | 東京堂出版 | 1992.1 |
| 鎌 室 | 鎌倉・室町人名事典 | 新人物往来社 | 1985.11 |
| 岐阜百 | 岐阜県百科事典 上・下 | 岐阜日日新聞社 | 1968.2～4 |
| 教 育 | 教育人名辞典 | 理想社 | 1962.2 |
| 京 都 | 京都事典 新装版 | 東京堂出版 | 1993.10 |
| 郷土茨城 | 郷土歴史人物事典 茨城 | 第一法規出版 | 1978.10 |
| 郷土愛媛 | 郷土歴史人物事典 愛媛 | 第一法規出版 | 1978.7 |
| 郷土香川 | 郷土歴史人物事典 香川 | 第一法規出版 | 1978.6 |
| 郷土神奈川 | 郷土歴史人物事典 神奈川 | 第一法規出版 | 1980.6 |
| 郷土岐阜 | 郷土歴史人物事典 岐阜 | 第一法規出版 | 1980.12 |
| 郷土群馬 | 郷土歴史人物事典 群馬 | 第一法規出版 | 1978.10 |
| 郷土滋賀 | 郷土歴史人物事典 滋賀 | 第一法規出版 | 1979.7 |
| 京都大 | 京都大事典 | 淡交社 | 1984.11 |
| 郷土千葉 | 郷土歴史人物事典 千葉 | 第一法規出版 | 1980.1 |
| 郷土栃木 | 郷土歴史人物事典 栃木 | 第一法規出版 | 1977.2 |
| 郷土長崎 | 郷土歴史人物事典 長崎 | 第一法規出版 | 1979.4 |
| 郷土長野 | 郷土歴史人物事典 長野 | 第一法規出版 | 1978.2 |
| 郷土奈良 | 郷土歴史人物事典 奈良 | 第一法規出版 | 1981.10 |
| 京都府 | 京都大事典 府域編 | 淡交社 | 1994.3 |
| 郷土福井 | 郷土歴史人物事典 福井 | 第一法規出版 | 1985.6 |
| 郷土和歌山 | 郷土歴史人物事典 和歌山 | 第一法規出版 | 1979.10 |
| キ リ | キリスト教人名辞典 | 日本基督教出版局 | 1986.2 |
| 近 世 | 日本近世人名辞典 | 吉川弘文館 | 2005.12 |
| 公 卿 | 公卿人名大事典 | 日外アソシエーツ | 1994.7 |
| 公 家 | 公家事典 | 吉川弘文館 | 2010.3 |
| 熊本百 | 熊本県大百科事典 | 熊本日日新聞社 | 1982.4 |
| 群馬人 | 群馬県人名大事典 | 上毛新聞社 | 1982.11 |
| 群馬百 | 群馬県百科事典 | 上毛新聞社 | 1979.2 |
| 系 西 | 戦国大名系譜人名事典 西国編 | 新人物往来社 | 1985.11 |
| 系 東 | 戦国大名系譜人名事典 東国編 | 新人物往来社 | 1985.11 |
| 芸 能 | 日本芸能人名事典 | 三省堂 | 1995.7 |
| 剣 豪 | 全国諸藩剣豪人名事典 | 新人物往来社 | 1996.3 |
| 高知人 | 高知県人名事典 新版 | 高知新聞社 | 1999.9 |
| 高知百 | 高知県百科事典 | 高知新聞社 | 1976.6 |
| 国 史 | 国史大辞典 1～15 | 吉川弘文館 | 1979.3～1997.4 |
| 国 書 | 国書人名辞典 1～4(本文) | 岩波書店 | 1993.11～1998.11 |
| 国書5 | 国書人名辞典 5(補遺) | 岩波書店 | 1999.6 |
| 古 史 | 日本古代史大辞典 | 大和書房 | 2006.1 |

| 略号 | 書名 | 出版社 | 刊行年 |
|---|---|---|---|
| 古代 | 日本古代氏族人名辞典 | 吉川弘文館 | 1990.11 |
| 古中 | 日本古代中世人名辞典 | 吉川弘文館 | 2006.11 |
| コン改 | コンサイス日本人名事典 改訂版 | 三省堂 | 1990.4 |
| コン4 | コンサイス日本人名事典 第4版 | 三省堂 | 2001.9 |
| 埼玉人 | 埼玉人物事典 | 埼玉県 | 1998.2 |
| 埼玉百 | 埼玉大百科事典 | 埼玉新聞社 | 1974.3～1975.5 |
| 佐賀百 | 佐賀県大百科事典 | 佐賀新聞社 | 1983.8 |
| 茶道 | 茶道人物辞典 | 柏書房 | 1981.9 |
| 詩歌 | 和漢詩歌作家辞典 | みづほ出版 | 1972.11 |
| 滋賀百 | 滋賀県百科事典 | 大和書房 | 1984.7 |
| 史人 | 日本史人物辞典 | 山川出版社 | 2000.5 |
| 静岡百 | 静岡大百科事典 | 静岡新聞社 | 1978.3 |
| 静岡歴 | 静岡県歴史人物事典 | 静岡新聞社 | 1991.12 |
| 島根人 | 島根県人名事典 | 伊藤菊之輔 | 1970.9 |
| 島根百 | 島根県大百科事典 上・下 | 山陰中央新報社 | 1982.7 |
| 島根歴 | 島根県歴史人物事典 | 山陰中央新報社 | 1997.11 |
| 重要 | 日本重要人物辞典 新訂版 | 教育社 | 1988.12 |
| 庄内 | 庄内人名辞典 新編 | 庄内人名辞典刊行会 | 1986.11 |
| 食文 | 日本食文化人物事典 | 筑波書房 | 2005.4 |
| 諸系 | 日本史諸家系図人名辞典 | 講談社 | 2003.11 |
| 女性 | 日本女性人名辞典 | 日本図書センター | 1993.6 |
| 神史 | 神道史大辞典 | 吉川弘文館 | 2004.7 |
| 人書79 | 人物書誌索引 | 日外アソシエーツ | 1979.3 |
| 人書94 | 人物書誌索引 78/91 | 日外アソシエーツ | 1994.6 |
| 人情 | 年刊人物情報事典81 上・下 | 日外アソシエーツ | 1981.6 |
| 人情1 | 年刊人物情報事典82(1) | 日外アソシエーツ | 1982.10 |
| 人情3 | 年刊人物情報事典82(3) | 日外アソシエーツ | 1982.10 |
| 神人 | 神道人名辞典 | 神社新報社 | 1986.7 |
| 新潮 | 新潮日本人名辞典 | 新潮社 | 1991.3 |
| 新文 | 新潮日本文学辞典 増補改訂 | 新潮社 | 1988.1 |
| 人名 | 日本人名大事典〔覆刻版〕 | 平凡社 | 1979.7 |
| 姓氏愛知 | 角川日本姓氏歴史人物大辞典 23(愛知県) | 角川書店 | 1991.10 |
| 姓氏石川 | 角川日本姓氏歴史人物大辞典 17(石川県) | 角川書店 | 1998.12 |
| 姓氏岩手 | 角川日本姓氏歴史人物大辞典 3(岩手県) | 角川書店 | 1998.5 |
| 姓氏沖縄 | 角川日本姓氏歴史人物大辞典 47(沖縄県) | 角川書店 | 1992.10 |
| 姓氏鹿児島 | 角川日本姓氏歴史人物大辞典 46(鹿児島県) | 角川書店 | 1994.11 |
| 姓氏神奈川 | 角川日本姓氏歴史人物大辞典 14(神奈川県) | 角川書店 | 1993.4 |
| 姓氏京都 | 角川日本姓氏歴史人物大辞典 26(京都市) | 角川書店 | 1997.9 |

| 略 号 | 書 名 | 出版社 | 刊行年 |
|---|---|---|---|
| 姓氏群馬 | 角川日本姓氏歴史人物大辞典 10(群馬県) | 角川書店 | 1994.12 |
| 姓氏静岡 | 角川日本姓氏歴史人物大辞典 22(静岡県) | 角川書店 | 1995.12 |
| 姓氏富山 | 角川日本姓氏歴史人物大辞典 16(富山県) | 角川書店 | 1992.7 |
| 姓氏長野 | 角川日本姓氏歴史人物大辞典 20(長野県) | 角川書店 | 1996.11 |
| 姓氏宮城 | 角川日本姓氏歴史人物大辞典 4(宮城県) | 角川書店 | 1994.7 |
| 姓氏山口 | 角川日本姓氏歴史人物大辞典 35(山口県) | 角川書店 | 1991.12 |
| 姓氏山梨 | 角川日本姓氏歴史人物大辞典 19(山梨県) | 角川書店 | 1989.6 |
| 世 人 | 世界人名辞典 新版 日本編 増補版 | 東京堂出版 | 1990.7 |
| 世 百 | 世界大百科事典 1〜23 | 平凡社 | 1964.7〜1967.11 |
| 戦 合 | 戦国武将・合戦事典 | 吉川弘文館 | 2005.3 |
| 戦 国 | 戦国人名辞典 増訂版 | 吉川弘文館 | 1973.7 |
| 戦 辞 | 戦国人名辞典 | 吉川弘文館 | 2006.1 |
| 全 書 | 日本大百科全書 1〜24 | 小学館 | 1984.11〜1988.11 |
| 戦 人 | 戦国人名事典 | 新人物往来社 | 1987.3 |
| 戦 西 | 戦国大名家臣団事典 西国編 | 新人物往来社 | 1981.8 |
| 戦 東 | 戦国大名家臣団事典 東国編 | 新人物往来社 | 1981.8 |
| 戦 補 | 戦国人名辞典 増訂版(補遺) | 吉川弘文館 | 1973.7 |
| 体 育 | 体育人名辞典 | 逍遥書院 | 1970.3 |
| 大 百 | 大日本百科事典 1〜23 | 小学館 | 1967.11〜1971.9 |
| 多 摩 | 多摩の人物史 | 武蔵野郷土史刊行会 | 1977.6 |
| 千葉百 | 千葉大百科事典 | 千葉日報社 | 1982.3 |
| 伝 記 | 世界伝記大事典 日本・朝鮮・中国編 | ほるぷ出版 | 1978.7 |
| 徳島百 | 徳島県百科事典 | 徳島新聞社 | 1981.1 |
| 徳島歴 | 徳島県歴史人名鑑(徳島県人名事典 別冊) | 徳島新聞社 | 1994.6 |
| 栃木百 | 栃木県大百科事典 | 栃木県大百科事典刊行会 | 1980.6 |
| 栃木歴 | 栃木県歴史人物事典 | 下野新聞社 | 1995.7 |
| 鳥取百 | 鳥取県大百科事典 | 新日本海新聞社 | 1984.11 |
| 富山百 | 富山大百科事典 | 北日本新聞社 | 1994.8 |
| 富山文 | 富山県文学事典 | 桂書房 | 1992.9 |
| 長崎百 | 長崎県大百科事典 | 長崎新聞社 | 1984.8 |
| 長崎歴 | 長崎事典 歴史編 1988 年版 | 長崎文献社 | 1988.9 |
| 長野百 | 長野県百科事典 補訂版 | 信濃毎日新聞社 | 1981.3 |
| 長野歴 | 長野県歴史人物大事典 | 郷土出版社 | 1989.7 |
| 新潟百 | 新潟県大百科事典 上・下 | 新潟日報事業社 | 1977.1 |
| 新潟百別 | 新潟県大百科事典 別巻 | 新潟日報事業社 | 1977.9 |
| 日 音 | 日本音楽大事典 | 平凡社 | 1989.3 |
| 日 史 | 日本史大事典 | 平凡社 | 1992.11〜1994.2 |
| 日 人 | 講談社日本人名大辞典 | 講談社 | 2001.12 |

| 略号 | 書名 | 出版社 | 刊行年 |
|---|---|---|---|
| 俳諧 | 俳諧人名辞典 | 巖南堂 | 1960.6 |
| 俳句 | 俳句人名辞典 | 金園社 | 1997.2 |
| 藩主1 | 三百藩藩主人名事典1 | 新人物往来社 | 1986.7 |
| 藩主2 | 三百藩藩主人名事典2 | 新人物往来社 | 1986.9 |
| 藩主3 | 三百藩藩主人名事典3 | 新人物往来社 | 1987.4 |
| 藩主4 | 三百藩藩主人名事典4 | 新人物往来社 | 1986.6 |
| 藩臣1 | 三百藩家臣人名事典1 | 新人物往来社 | 1987.12 |
| 藩臣2 | 三百藩家臣人名事典2 | 新人物往来社 | 1988.2 |
| 藩臣3 | 三百藩家臣人名事典3 | 新人物往来社 | 1988.4 |
| 藩臣4 | 三百藩家臣人名事典4 | 新人物往来社 | 1988.7 |
| 藩臣5 | 三百藩家臣人名事典5 | 新人物往来社 | 1988.12 |
| 藩臣6 | 三百藩家臣人名事典6 | 新人物往来社 | 1989.10 |
| 藩臣7 | 三百藩家臣人名事典7 | 新人物往来社 | 1989.5 |
| 美術 | 日本美術史事典 | 平凡社 | 1987.5 |
| 百科 | 大百科事典1〜15 | 平凡社 | 1984.11〜1985.6 |
| 兵庫人 | 兵庫県人物事典 上・中・下 | のじぎく文庫 | 1966.12〜1968.6 |
| 兵庫百 | 兵庫県大百科事典 上・下 | 神戸新聞出版センター | 1983.10 |
| 広島百 | 広島県大百科事典 上・下 | 中国新聞社 | 1982.11 |
| 福井百 | 福井県大百科事典 | 福井新聞社 | 1991.6 |
| 福岡百 | 福岡県百科事典 上・下 | 西日本新聞社 | 1982.11 |
| 福島百 | 福島大百科事典 | 福島民報社 | 1980.11 |
| 仏教 | 日本仏教人名辞典 | 法蔵館 | 1992.1 |
| 仏史 | 日本仏教史辞典 | 吉川弘文館 | 1999.11 |
| 仏人 | 日本仏教人名辞典 | 新人物往来社 | 1986.5 |
| 文学 | 日本文学小辞典 | 新潮社 | 1968.1 |
| 平史 | 平安時代史事典 | 角川書店 | 1994.4 |
| 北条 | 北条氏系譜人名辞典 | 新人物往来社 | 2001.6 |
| 北海道百 | 北海道大百科事典 上・下 | 北海道新聞社 | 1981.8 |
| 北海道歴 | 北海道歴史人物事典 | 北海道新聞社 | 1993.7 |
| 万葉 | 万葉集歌人事典 新装版 | 雄山閣出版 | 1992.1 |
| 三重 | 三重先賢伝 | 玄玄荘 | 1931.7 |
| 三重続 | 續三重先賢伝 | 別所書店 | 1933.7 |
| 宮城百 | 宮城県百科事典 | 河北新報社 | 1982.4 |
| 宮崎百 | 宮崎県大百科事典 | 宮崎日日新聞社 | 1983.10 |
| 名画 | 日本名画家伝 | 青蛙房 | 1967.11 |
| 名僧 | 事典日本の名僧 | 吉川弘文館 | 2005.2 |
| 山形百 | 山形県大百科事典 | 山形放送 | 1983.6 |
| 山形百新 | 山形県大百科事典 新版 | 山形放送 | 1993.10 |

| 略　号 | 書　　　名 | 出版社 | 刊行年 |
|---|---|---|---|
| 山口百 | 山口県百科事典 | 大和書房 | 1982.4 |
| 山梨百 | 山梨百科事典 増補改訂版 | 山梨日日新聞社 | 1989.7 |
| 歴　大 | 日本歴史大事典 1～3 | 小学館 | 2000.7 |
| 和歌山人 | 和歌山県史 人物 | 和歌山県 | 1989.3 |
| 和　俳 | 和歌・俳諧史人名事典 | 日外アソシエーツ | 2003.1 |

# 日本人物レファレンス事典

## 武将篇

## 【あ】

**相浦新介**　あいうらしんすけ
安土桃山時代の長連竜の家臣。
¶姓氏石川

**藍浦長門**　あいうらながと
？ ～天正5(1577)年
戦国時代～安土桃山時代の武士。上杉氏家臣。
¶戦人

**秋鹿左京亮**　あいかさきょうのすけ
生没年不詳
戦国時代の遠江国の神主・武士。
¶戦辞

**相賀重茂**　あいがしげもち
生没年不詳
安土桃山時代の武家。
¶国書

**淡河時治**　あいかわときはる
？ ～元弘3/正慶2(1333)年　[別]北条時治《ほうじょうときはる》
鎌倉時代後期の武将。時盛の子。
¶鎌室，人名，日人，北条(北条時治　ほうじょうときはる　生没年不詳)

**相川義武**　あいかわよしたけ
？ ～慶長18(1613)年
安土桃山時代～江戸時代前期の武将、キリシタン。
¶人名，日人

**相木市兵衛**　あいきいちべえ
生没年不詳
戦国時代の武将。武田信玄、勝頼の臣。
¶姓氏長野，山梨百

**相木昌朝**　あいきまさとも
戦国時代の武将。武田家臣。信濃相木の城主。
¶姓氏長野(生没年不詳)，姓氏山梨

**安威源秀**　あいげんしゅう
安土桃山時代の武将。秀吉馬廻。
¶戦国，戦人(生没年不詳)

**愛甲季隆**　あいこうすえたか
？ ～建保1(1213)年
鎌倉時代前期の武将。
¶神奈川人，姓氏神奈川

**愛洲兵部少輔**　あいすひょうぶしょうゆう
生没年不詳　[別]愛洲兵部少輔《あいすひょうぶのしょう》
戦国時代の武将。後北条氏家臣。
¶戦辞(あいすひょうぶのしょう)，戦人，戦東

**愛洲兵部少輔**　あいすひょうぶのしょう
→愛洲兵部少輔(あいすひょうぶしょうゆう)

**相磯平二郎**　あいそへいじろう
生没年不詳
戦国時代の在郷被官。
¶戦辞

**会田七左衛門**　あいだしちざえもん
？ ～寛永19(1642)年11月
安土桃山時代～江戸時代前期の江戸幕府代官伊奈氏の家臣。
¶埼玉人

**会田下野守**　あいだしもつけのかみ
戦国時代の武将。武田家臣。信濃国会田の城主。
¶姓氏長野(生没年不詳)，姓氏山梨

**会田資久**　あいだすけひさ
？ ～元和5(1619)年7月16日　[別]会田出羽資久《あいだでわすけひさ》
安土桃山時代～江戸時代前期の土豪。
¶埼玉人，埼玉百(会田出羽資久　あいだでわすけひさ)

**会田出羽資久**　あいだでわすけひさ
→会田資久(あいだすけひさ)

**合田遠貞**　あいだとおさだ
生没年不詳
鎌倉時代後期の武士。
¶北条

**会田信清**　あいだのぶきよ
生没年不詳
戦国時代の武将。後北条氏家臣。
¶戦辞，戦人，戦東

**会田広忠**　あいだひろただ
？ ～天正10(1582)年
戦国時代～安土桃山時代の武将。
¶姓氏長野

**会津壮麻呂**　あいづのおまろ
？ ～延暦8(789)年　[別]阿倍会津臣壮麻呂《あべあいづおみおさのまろ》
奈良時代の武将。征夷軍の一員。
¶会津(阿倍会津臣壮麻呂　あべあいづおみおさのまろ)，人名，日人

**安威藤治**　あいとうじ
[別]安威藤治《あいふじはる》，シモン
安土桃山時代の武将。秀吉馬廻。
¶戦人(生没年不詳)，戦補(あいふじはる)

**相場掃部助**　あいばかもんのすけ
戦国時代の武将。斎藤氏家臣。
¶戦西

**粟飯原氏光**　あいはらうじみつ
生没年不詳
南北朝時代の武将。
¶鎌室，人名，日人

**粟飯原清胤**　あいはらきよたね，あいばらきよたね
生没年不詳　[別]粟飯原清胤《あわいはらきよたね》
南北朝時代の武将。
¶鎌室，コン改(あいばらきよたね)，コン4(あいばらきよたね)，新潮，千葉百，日人

あ

**粟飯原左衛門尉** あいはらさえもんのじょう
生没年不詳
鎌倉時代後期の武士。
¶北条

**粟飯原常基** あいはらつねもと
生没年不詳
平安時代後期の豪族。
¶鎌室，人名，日人

**藍原秀氏** あいはらひでうじ
？ 〜天正17（1589）年
安土桃山時代の武将。
¶戦人

**粟飯原豊後入道** あいばらぶんごにゅうどう
生没年不詳
戦国時代の印東荘伊篠の領主。
¶戦辞

**藍房清** あいふさきよ
生没年不詳
安土桃山時代の武将。
¶戦人

**安威藤治** あいふじはる
→安威藤治（あいとうじ）

**秋穂盛治** あいほもりはる
生没年不詳
安土桃山時代の秋穂地方を領していた秋穂氏当主の一人。
¶姓氏山口

**安威孫作** あいまごさく
安土桃山時代の武将。秀吉馬廻。
¶戦国，戦人（生没年不詳）

**相見宗国** あいみむねくに
南北朝時代の伯耆国の武士。
¶岡山歴

**秋山信友** あいやまのぶとも
→秋山信友（あきやまのぶとも）

**安威了佐** あいりょうさ
生没年不詳
安土桃山時代〜江戸時代前期の武士、キリシタン。豊臣秀吉の右筆、演奏者を務めた。
¶朝日，コン4，日人

**阿江木常喜** あえきじょうき
生没年不詳
戦国時代の信濃国衆。
¶戦辞

**阿江木常林** あえきじょうりん
生没年不詳
戦国時代の信濃国衆。
¶戦辞

**饗場氏直**（饗庭氏直） あえばうじなお
建武2（1335）年〜？　[別]饗庭尊宣《あえばたかのぶ》
南北朝時代の武将、歌人。
¶鎌室（生没年不詳），国書（饗庭尊宣　あえばたかのぶ），人名（饗庭氏直），日人（饗庭氏直）

**饗場前守** あえばえちぜんのかみ
戦国時代の武将。武田家臣。『武田家過去帳』に甲斐阿原居住とみえる。
¶姓氏山梨

**饗庭尊宣** あえばたかのぶ
→饗場氏直（あえばうじなお）

**青天小五郎** あおあまこごろう
室町時代の加賀国河北郡松根山城の城主。洲崎慶覚の将。
¶姓氏石川

**青貝某** あおかい
生没年不詳
安土桃山時代の織田信長の家臣。
¶織田

**青景隆著** あおかげたかあき
→青景隆著（あおかげたかあきら）

**青景隆著** あおかげたかあきら
？ 〜弘治2（1556）年　[別]青景隆著《あおかげたかあき》
戦国時代の武士。
¶姓氏山口（あおかげたかあき），戦人（[没]弘治2（1556）年？），戦西

**青方玄種** あおかたはるたね
永禄8（1565）年〜元和5（1619）年
安土桃山時代〜江戸時代前期の肥前福江藩士。
¶藩臣7

**青方雅盛** あおかたまさもり
天正13（1585）年〜慶安4（1651）年
安土桃山時代〜江戸時代前期の武将、肥前福江藩士。
¶藩臣7

**青木伊豆** あおきいず
？ 〜天文13（1544）年
戦国時代の武士。伊達氏家臣。
¶戦人

**青木越後** あおきえちご
生没年不詳
戦国時代の松平氏の重臣。
¶戦辞

**青木加賀守** あおきかがのかみ
生没年不詳
戦国時代の真田氏の家臣。
¶戦辞

**青木景康** あおきかげやす
戦国時代〜安土桃山時代の武士。
¶戦人（生没年不詳），戦西

**青木一重** あおきかずしげ
天文20（1551）年〜寛永5（1628）年
安土桃山時代〜江戸時代前期の武将、大名。摂津麻田藩主。大坂城七手組頭の一人。
¶朝日（[没]寛永5年8月9日（1628年9月6日）），大阪人（[没]寛永5（1628）年8月），近世，国史，諸

系，新潮（[没]寛永5（1628）年8月9日），人名，戦合，戦国，戦人，戦西，日人，藩主3（[没]寛永5（1628）年8月9日），歴大

**青木一矩** あおきかずのり
→青木秀以（あおきひでもち）

**青木紀伊守** あおききいのかみ
→青木秀以（あおきひでもち）

**青木源七郎** あおきげんしちろう
生没年不詳
戦国時代～安土桃山時代の地方豪族、土豪。武田氏家臣。
¶戦人

**青木源四郎** あおきげんしろう
戦国時代の武将。武田家臣。『甲陽軍鑑』には岡部正綱配下の武辺者としてみえる。
¶姓氏山梨

**青木玄蕃允** あおきげんばのじょう
生没年不詳
安土桃山時代の織田信長の家臣。
¶織田

**青木五郎左衛門** あおきごろうざえもん
鎌倉時代後期の武将。新田義貞の臣。
¶人名

**青木左京進** あおきさきょうのしん
安土桃山時代の武将。秀吉馬廻。
¶戦国，戦人（生没年不詳）

**青木重直** あおきしげなお
大永8（1528）年～慶長18（1613）年　[別]刑部卿法印《ぎょうぶきょうほういん》
戦国時代～安土桃山時代の武士。豊臣氏家臣。
¶織田（[没]慶長18（1613）年11月21日），諸系（[没]1614年），人名，戦国（[生]1529年），戦人（[生]享禄2（1529）年），日人（[没]1614年）

**青木重満** あおきしげみつ
戦国時代の武士。武田氏家臣。
¶姓氏山梨，戦人（生没年不詳）

**青木重元** あおきしげもと
生没年不詳
鎌倉時代の武蔵武士、御家人。
¶埼玉人

**青木修理** あおきしゅり
安土桃山時代の武将。伊達氏家臣。
¶戦人（生没年不詳），戦東

**青木新兵衛** あおきしんべえ
*～寛永9（1632）年
安土桃山時代～江戸時代前期の武士。上杉氏家臣。
¶人名，戦国（[生]1562年），戦人（[生]永禄4（1561）年），日人（[生]1561年），藩臣3（[生]？）

**青木鶴** あおきつる
生没年不詳
安土桃山時代の織田信長の家臣。
¶織田

**青木俊矩** あおきとしのり
？～慶長13（1608）年
安土桃山時代～江戸時代前期の武将。秀吉馬廻。
¶戦国，戦人

**青木直継** あおきなおつぐ
？～天正6（1578）年
戦国時代～安土桃山時代の武士。豊臣氏家臣。
¶戦国，戦人

**青木信立** あおきのぶたつ
？～天正18（1590）年
戦国時代～安土桃山時代の武田家臣。尾張守。
¶姓氏山梨

**青木信種** あおきのぶたね
？～天文10（1541）年
戦国時代の武将。武田氏家臣。
¶姓氏山梨，戦人

**青木信秀** あおきのぶひで
戦国時代の武士。武田氏家臣。
¶姓氏山梨，戦人（生没年不詳）

**青木久矩** あおきひさのり
？～元和1（1615）年
安土桃山時代～江戸時代前期の武士。豊臣氏家臣。
¶戦国，戦人

**青木秀以** あおきひでもち
？～慶長5（1600）年　[別]青木一矩《あおきかずのり》，青木紀伊守《あおききいのかみ》，羽柴紀伊守《はしばきいのかみ》，北庄侍従《きたのしょうじじゅう》
安土桃山時代の武将、大名。越前北庄城主。
¶新潮（青木紀伊守　あおききいのかみ　[没]慶長5（1600）年10月10日），人名（青木一矩　あおきかずのり），戦国（青木紀伊守　あおききいのかみ），戦人（青木紀伊守　あおききいのかみ），日人，藩主3（[没]慶長5（1600）年10月6日），福井百

**青木法印** あおきほういん
大永7（1527）年～慶長18（1613）年
戦国時代～安土桃山時代の武士。
¶茶道

**青木満懸** あおきみつかけ
生没年不詳
戦国時代の武士。武田氏家臣。
¶戦人

**青木康忠** あおきやすただ
？～天正1（1573）年
戦国時代の武士。
¶戦人，戦西

**青木康延** あおきやすのぶ
戦国時代の武将。朝倉氏家臣。
¶戦西

**粟生茂宅** あおしげいえ
？～寛永2（1625）年
江戸時代前期の武士。紀州藩士。
¶和歌山人

**青島長忠** あおしまながただ
天文22(1553)年～元和1(1615)年
戦国時代の土豪。
¶静岡歴，姓氏静岡

**青田信濃** あおたしなの
？ ～永禄6(1563)年
戦国時代の武士。相馬氏家臣。
¶戦人

**青地茂綱** あおちしげつな，あおぢしげつな
？ ～元亀1(1570)年 [別]青地駿河守茂綱《あおちするがのかみしげつな》
戦国時代の武士。
¶織田(あおぢしげつな [没]元亀1(1570)年9月20日)，戦人，戦西(青地駿河守茂綱 あおちするがのかみしげつな)，戦補(あおぢしげつな)

**青地駿河守茂綱** あおちするがのかみしげつな
→青地茂綱(あおちしげつな)

**青地孫二郎** あおぢまごじろう
生没年不詳
安土桃山時代の織田信長の家臣。
¶織田

**青地元珍** あおぢもとよし
？ ～寛永10(1633)年9月
安土桃山時代～江戸時代前期の織田信長の家臣。
¶織田

**青地与右衛門** あおちよえもん，あおぢよえもん
生没年不詳
戦国時代～安土桃山時代の武士。織田氏家臣。
¶織田(あおぢよえもん)，戦人，戦補(あおぢよえもん)

**青塚左衛門尉吉春** あおつかさえもんのじょうよしはる
戦国時代の武将。大崎氏家臣。
¶戦東

**青砥藤綱** あおとふじつな
生没年不詳
鎌倉時代の武士。北条時頼に仕え、幕府評定衆を務めた。
¶朝日，岩史，江戸，神奈川百，鎌倉，鎌室，郷土神奈川，国史，古中，コン改，コン4，史人，新潮，人名，世人，世百，全書，大百，日史，日人，百科，歴大

**青沼忠重** あおぬまただしげ
生没年不詳
戦国時代の甲斐武田晴信・勝頼の家臣。
¶戦辞

**青沼忠吉** あおぬまただよし
？ ～寛永10(1633)年
戦国時代の武将。武田氏家臣。
¶姓氏山梨，戦人(生没年不詳)，戦東

**青葉新左衛門** あおばしんざえもん
安土桃山時代～江戸時代前期の武士。里見氏家臣。
¶戦人(生没年不詳)，戦東

**青葉帯刀** あおばたてわき
安土桃山時代～江戸時代前期の武士。里見氏家臣。
¶戦人(生没年不詳)，戦東

**青柳伊勢守頼長** あおやぎいせのかみよりなが
→青柳頼長(あおやぎよりなが)

**青柳清長** あおやぎきよなが
→麻績清長(おみきよなが)

**青柳忠家** あおやぎただいえ
生没年不詳
戦国時代の武将。箕輪城主長野業政の重臣。
¶群馬人

**青柳頼長** あおやぎよりなが
？ ～天正15(1587)年 [別]青柳伊勢守頼長《あおやぎいせのかみよりなが》，麻績頼長《おみよりなが》
安土桃山時代の国人、信濃国衆。
¶姓氏長野，姓氏山梨，戦国，戦辞(麻績頼長 おみよりなが)，戦人，戦東(青柳伊勢守頼長 あおやぎいせのかみよりなが)

**青柳柳之助** あおやぎりゅうのすけ
戦国時代の武将。武田家臣。座光寺氏の被官。
¶姓氏山梨

**青山雲宅** あおやまうんたく
安土桃山時代の武士。豊臣氏家臣。
¶戦国，戦人(生没年不詳)

**青山清長** あおやまきよなが
？ ～元和1(1615)年 [別]祖父江五郎右衛門《そぶえごろうえもん》
安土桃山時代～江戸時代前期の武将。織田信長の家臣。
¶戦補

**青山小助** あおやまこすけ
生没年不詳
安土桃山時代の織田信長の家臣。
¶織田

**青山新七** あおやましんしち
？ ～慶長3(1598)年？
安土桃山時代の織田信長の家臣。
¶織田(生没年不詳)，姓氏愛知

**青山新八郎** あおやましんぱちろう
安土桃山時代の武将。秀吉馬廻。
¶戦国，戦人(生没年不詳)

**青山助六** あおやますけろく
安土桃山時代の武将。秀吉馬廻。
¶戦国，戦人(生没年不詳)

**青山忠門** あおやまただかど
永正15(1518)年～＊
戦国時代の武士。松平氏家臣。
¶諸系([没]？)，人名([没]1571年)，戦人(生没年不詳)，戦東([没]1571年)，日人([没]？)

**青山忠俊** あおやまただとし
天正6(1578)年～寛永20(1643)年 [別]青山伯耆守《あおやまほうきのかみ》

安土桃山時代〜江戸時代前期の大名。武蔵岩槻藩主、上総大多喜藩主、幕府老職。

¶朝日, 岩史（㊥天正6(1578)年2月10日　㊥寛永20(1643)年4月18日）, 角史, 近世, 国史, コン改, コン4, 埼玉人（㊥寛永20(1643)年4月15日）, 史人（㊥1643年4月15日）, 諸系, 新潮（㊥天正6(1578)年2月10日　㊥寛永20(1643)年4月15日）, 人名, 姓氏神奈川, 世人（㊥寛永20(1643)年4月15日）, 戦合, 戦人, 大百, 日史（㊥天正6(1578)年2月10日　㊥寛永20(1643)年4月15日）, 日人, 藩主1, 藩主2（㊥天正6(1578)年10月　㊥寛永20(1643)年4月15日）, 百科, 兵庫人（㊥天正6(1578)年2月10日　㊥寛永20(1643)年4月15日）, 歴大

## 青山忠成 あおやまただなり
天文20(1551)年〜慶長18(1613)年　㊙青山播磨守《あおやまはりまのかみ》
安土桃山時代〜江戸時代前期の大名、関東総奉行。
¶朝日（㊥慶長18年2月28日（1613年4月18日）), 神奈川人, 近世, 国史, コン4, 史人（㊥1613年2月20日）, 諸系, 新潮（㊥慶長18(1613)年2月20日）, 人名, 姓氏神奈川, 戦合, 戦国（㊥1552年）, 戦人, 日史（㊥天文20(1551)年8月6日　㊥慶長18(1613)年2月20日）, 日人, 百科, 歴大

## 青山忠元 あおやまただもと
生没年不詳
安土桃山時代の武士。
¶織田, 戦国, 戦人

## 青山藤六 あおやまとうろく
生没年不詳
安土桃山時代の織田信長の家臣。
¶織田

## 青山長正 あおやまながまさ
？〜元和1(1615)年
安土桃山時代〜江戸時代前期の前田氏家臣。
¶姓氏石川

## 青山宗勝 あおやまむねかつ
安土桃山時代の武将。丹羽氏家臣、豊臣氏家臣。
¶戦国, 戦人（生没年不詳）

## 青山幸成 あおやまゆきなり
→青山幸成（あおやまよしなり）

## 青山与三右衛門 あおやまよさんえもん
→青山与三右衛門（あおやまよそうえもん）

## 青井吉次 あおやまよしつぐ
＊〜慶長17(1612)年
安土桃山時代〜江戸時代前期の加賀藩士。
¶人名（㊥1542年）, 姓氏石川（㊥？）, 姓氏富山（㊥1541年）, 日人（㊥1542年）, 藩主3（㊥？）

## 青山幸成 あおやまよしなり
天正14(1586)年〜寛永20(1643)年　㊙青山幸成《あおやまゆきなり》
安土桃山時代〜江戸時代前期の武将、大名。遠江掛川藩主、摂津尼ヶ崎藩主。
¶国書（あおやまゆきなり）（㊥寛永20(1643)年2月16日）, 諸系, 人名（㊥？）, 日人, 藩主2（あおやまゆきなり）, 藩主3（㊥寛永20(1643)年2月16日）

## 青山与三 あおやまよぞう
生没年不詳
安土桃山時代の織田信長の家臣。
¶織田

## 青山与三右衛門 あおやまよそうえもん
？〜天文16(1547)年　㊙青山与三右衛門《あおやまよさんえもん》
戦国時代の武将。織田氏家臣。
¶織田（生没年不詳）, 戦国（あおやまよさんえもん）, 戦人

## 赤井家清 あかいいえきよ
大永5(1525)年〜弘治3(1557)年
戦国時代の国人。
¶人名, 戦国, 戦人, 日人

## 赤井景綱 あかいかげつな
生没年不詳
戦国時代の葛西晴信の家臣。
¶姓氏宮城

## 赤井景俊 あかいかげとし
平安時代後期の武士。
¶人名

## 赤井勝連 あかいかつつら
生没年不詳
戦国時代〜安土桃山時代の武士。
¶日人

## 赤井勝光 あかいかつみつ
生没年不詳
戦国時代の武将。
¶戦人

## 赤池長任 あかいけながとう
戦国時代の武将。
¶戦人（生没年不詳）, 戦西

## 赤井重秀 あかいしげひで
生没年不詳
戦国時代の上野国衆。
¶戦辞

## 赤石与兵衛 あかいしよへえ
生没年不詳
安土桃山時代の武士。
¶戦人

## 赤井高秀 あかいたかひで
生没年不詳
戦国時代の上野国衆。
¶戦辞

## 赤井忠家 あかいただいえ
天文18(1549)年〜慶長10(1605)年
安土桃山時代の武将。秀吉馬廻、徳川氏家臣。
¶織田（㊥慶長10(1605)年4月29日）, 人名, 戦国, 戦人, 日人

## 赤井綱秀 あかいつなひで
生没年不詳
戦国時代の上野国衆。

¶戦辞

**赤井照景** あかいてるかげ
生没年不詳
戦国時代の武将。
¶戦人，日人



**赤井照康** あかいてるやす
生没年不詳
戦国時代の武将。館林城主。
¶群馬人，姓氏群馬

**赤井直正** あかいなおまさ
*～天正6（1578）年　[別]荻野直正《おぎのなおまさ》
戦国時代～安土桃山時代の武将、丹波国黒井城主。
¶朝日（荻野直正　おぎのなおまさ　[生]？　[没]天正6年3月9日（1578年4月15日）），織田（[生]享禄3（1530）年？　[没]天正6（1578）年3月9日），人名（[生]？　[没]1579年），戦国（[生]1529年），戦人（[生]享禄2（1529）年），日人（荻野直正　おぎのなおまさ　[生]1529年），兵庫人（[生]？　[没]天正6（1578）年3月9日），兵庫百（荻野直正　おぎのなおまさ　[生]享禄2（1529）年）

**赤井備中守** あかいびっちゅうのかみ
戦国時代の武将。
¶戦人（生没年不詳），戦東

**赤井文三** あかいぶんざ
生没年不詳
室町時代の佐貫荘の在地領主。
¶姓氏群馬

**赤井文六** あかいぶんろく
生没年不詳
戦国時代の上野国衆。
¶戦辞

**赤尾伊豆** あかおいず
安土桃山時代の武将。
¶人名，日人（生没年不詳）

**赤尾賢種** あかおかたたね
生没年不詳
戦国時代の武将。大内氏家臣。
¶戦人

**赤尾清綱** あかおきよつな
？～天正1（1573）年
戦国時代の武将。
¶戦人，戦西，戦補

**赤尾清冬** あかおきよふゆ
戦国時代の武士。
¶戦人（生没年不詳），戦西

**赤尾津左衛門尉** あかおつさえもんのじょう
安土桃山時代～江戸時代前期の国人。
¶戦国，戦人（生没年不詳）

**赤尾教政** あかおのりまさ
戦国時代の武将。浅井氏家臣。
¶戦西

**赤尾統秀** あかおむねひで
生没年不詳
戦国時代～安土桃山時代の武将。
¶戦人

**赤垣修理** あかがきしゅり
安土桃山時代～江戸時代前期の武将。里見氏家臣。
¶戦人（生没年不詳），戦東

**赤川景弘** あかがわかげひろ
生没年不詳
安土桃山時代の織田信長の家臣。
¶織田

**赤川彦右衛門** あかがわひこえもん
生没年不詳
安土桃山時代の織田信長の家臣。
¶織田

**赤川久次** あかがわひさつぐ
戦国時代の土豪。
¶姓氏富山

**赤川平七** あかがわへいしち
生没年不詳
安土桃山時代の織田信長の家臣。
¶織田

**赤川元保** あかがわもとやす
？～永禄10（1567）年
戦国時代の武士。
¶戦人，戦西

**赤木蔵人** あかぎくらんど
？～寛永19（1642）年4月24日
安土桃山時代の備中国の武将。
¶岡山歴

**赤木忠直** あかぎただなお
安土桃山時代の備中国の武将。
¶岡山歴

**赤木忠房** あかぎただふさ
安土桃山時代の織田信長の家臣。
¶岡山人，織田（生没年不詳）

**赤坂下総守** あかさかしもうさのかみ
安土桃山時代～江戸時代前期の武士。佐竹氏家臣。
¶戦人（生没年不詳），戦東

**赤坂朝光** あかさかともみつ
天文20（1551）年～元和1（1615）年9月1日
戦国時代～江戸時代前期の南奥羽の国衆。佐竹氏家臣。
¶戦辞

**赤座小法師** あかざこほうし，あかざこぼうし
生没年不詳
安土桃山時代の国人。
¶織田（あかざこぼうし），戦人，戦補

**赤座三右衛門** あかざさんえもん
安土桃山時代の武将。秀吉馬廻。
¶戦国，戦人（生没年不詳）

**赤座七郎右衛門** あかざしちろうえもん
？～天正10（1582）年
安土桃山時代の武士。
¶織田（[没]天正10（1582）年6月2日），戦国，戦人，戦西，日人

**赤狭次郎左衛門尉** あかさじろうざえもんのじょう
戦国時代の武将。
¶姓氏静岡

**赤座助六郎** あかざすけろくろう
？～天正10（1582）年6月2日
戦国時代～安土桃山時代の織田信長の家臣。
¶織田

**赤座孝治** あかざたかはる
？～万治3（1660）年　[別]永原孝治《ながはらたかはる》
江戸時代前期の武将、加賀藩士。
¶国書（永原孝治　ながはらたかはる　[没]万治3（1660）年10月），藩臣3

**赤座藤八郎** あかざとうはちろう
安土桃山時代の武将。秀吉馬廻。
¶戦国，戦人（生没年不詳）

**赤座内膳正** あかざないぜんのかみ
？～元和1（1615）年
安土桃山時代～江戸時代前期の武士。豊臣氏家臣。
¶戦国，戦人

**赤座弥六郎** あかざやろくろう
安土桃山時代の武将。秀吉馬廻。
¶戦国，戦人（生没年不詳）

**赤座吉家** あかざよしいえ
？～慶長11（1606）年
安土桃山時代～江戸時代前期の武士。
¶姓氏石川，戦国，戦人

**赤沢景盛** あかざわかげもり
？～天文2（1533）年
戦国時代の武将。細川氏家臣。
¶戦人

**赤沢清経** あかざわきよつね
生没年不詳
安土桃山時代の筑摩郡稲倉城主。
¶姓氏長野

**赤沢式部少輔経康** あかざわしきぶしょうゆうつねやす
→赤沢経康（あかざわつねやす）

**赤沢千寿** あかさわせんじゅ
→赤沢千寿（あかざわちひろ）

**赤沢宗益** あかざわそうえき
宝徳3（1451）年～永正4（1507）年7月4日
室町時代～戦国時代の武将。
¶国書

**赤沢宗伝** あかざわそうでん
？～天正10（1582）年
安土桃山時代の武士。
¶戦人

**赤沢千寿** あかざわちひろ
生没年不詳　[別]赤沢千寿《あかさわせんじゅ》
戦国時代の武士。後北条氏家臣。
¶戦辞（あかさわせんじゅ），戦人，戦東

**赤沢経康** あかざわつねやす
？～天正11（1583）年　[別]赤沢式部少輔経康《あかざわしきぶしょうゆうつねやす》
安土桃山時代の武将。
¶姓氏山梨，戦人，戦東（赤沢式部少輔経康　あかざわしきぶしょうゆうつねやす）

**赤沢朝経** あかざわともつね
？～永正4（1507）年
戦国時代の武将、室町幕府管領細川政元の内衆。
¶朝日（[没]永正4年6月26日（1507年8月4日）），岩史（[没]永正4（1507）年6月26日），国史，古中，コン4，史人（[没]1507年6月26日），新潮（[没]永正4（1507）年6月26日），戦合，戦人，戦西，日史（[没]永正4（1507）年6月26日），日人，百科

**赤沢長経** あかざわながつね
？～永正5（1508）年
戦国時代の武士。
¶戦人，戦西

**明石右近** あかしうこん
？～文禄2（1593）年　[別]明石宣行《あかしのぶゆき》
安土桃山時代の武士。
¶岡山人（明石宣行　あかしのぶゆき），岡山歴（[没]天正20（1592）年1月），戦人，戦西

**明石景季** あかしかげすえ
安土桃山時代の武士。
¶岡山歴，戦人（生没年不詳），戦西

**明石景親** あかしかげちか
安土桃山時代の武士。
¶岡山人，岡山歴，戦人（生没年不詳），戦西，戦補

**明石景行** あかしかげゆき
安土桃山時代の武将。
¶岡山人，岡山歴，戦人（生没年不詳），戦西

**明石掃部** あかしかもん
？～元和4（1618）年　[別]赤石全登《あかしたけのり》，明石守重《あかしもりしげ》，明石全登《あかしぜんとう，あかしてるずみ》，明石掃部守重《あかしかもんもりしげ》，ジュスト，ジョバンニ
安土桃山時代～江戸時代前期の武将、キリシタン。宇喜多家に仕え、大坂の陣で豊臣方につく。
¶朝日（生没年不詳），大阪人（赤石全登　あかしたけのり　生没年不詳），岡山人（明石全登　あかしてるずみ），岡山歴（明石全登　あかしてるずみ），角史（明石守重　あかしもりしげ　生没年不詳），近世，高知人（明石掃部守重　あかしかもんもりしげ），高知百（明石掃部守重　あかしかもんもりしげ），国史，コン改（生没年不詳），コン4（生没年不詳），史人（[没]1617年），新潮（[没]元和4（1618）年？），人名（明石守重　あかしもりしげ），世人（明石守重　あかしもりしげ　生没年不詳），戦合，戦国（明石

全登　あかしぜんとう)，戦人(明石全登　あかしてるずみ　生没年不詳)，戦西(明石全登　あかしてるずみ)，日史(生没年不詳)，日人(生没年不詳)，百科(生没年不詳)，歴大(明石守重　あかしもりしげ　生没年不詳)

**明石掃部守重**　あかしかもんもりしげ
→明石掃部(あかしかもん)

**明石金則**　あかしきんのり
安土桃山時代の武将。秀吉馬廻。
¶戦国，戦人(生没年不詳)

**明石定明**　あかしさだあき
[別]明石定明《あかしのさだあき》
平安時代後期の美作国久米郡稲岡庄の庄官、預所。
¶岡山百(生没年不詳)，岡山歴(あかしのさだあき)

**明石四郎兵衛**　あかししろうべえ
→明石四郎兵衛(あかししろべえ)

**明石四郎兵衛**　あかししろべえ
[別]明石四郎兵衛《あかししろうべえ》
安土桃山時代の武士。
¶岡山歴(あかししろうべえ)，戦人(生没年不詳)，戦西(あかししろうべえ)

**赤司資清**　あかしすけきよ
？　～永禄12(1569)年
戦国時代の武将。
¶戦人

**明石祐行**　あかしすけゆき
生没年不詳
戦国時代の武将。
¶戦人

**明石全登**　あかしぜんとう
→明石掃部(あかしかもん)

**明石宗訥**　あかしそうとつ
安土桃山時代の武士。
¶岡山人

**明石宗納**　あかしそうのう
安土桃山時代の備前国の武将。
¶岡山歴

**赤石全登**　あかしたけのり
→明石掃部(あかしかもん)

**赤司但馬守光正**　あかしたじまのかみみつまさ
→赤司光正(あかしみつまさ)

**明石全登**　あかしてるずみ
→明石掃部(あかしかもん)

**明石内記**　あかしないき
？　～寛永15(1638)年
安土桃山時代～江戸時代前期の武将。宇喜多秀家の重臣。
¶姓氏岩手

**明石長行**　あかしながゆき
生没年不詳
戦国時代の武士。
¶戦人，兵庫百

**明石定明**　あかしのさだあき
→明石定明(あかしさだあき)

**明石宣行**(1)　あかしのぶゆき
？　～*
安土桃山時代～江戸時代前期の武将。
¶岡山歴([没]慶長5(1600)年9月)，戦人([没]元和1(1615)年)，戦西

**明石宣行**(2)　あかしのぶゆき
→明石右近(あかしうこん)

**明石与次兵衛**　あかしのよじべえ
→石井与次兵衛(いしいよじべえ)

**赤司光正**　あかしみつまさ
[別]赤司但馬守光正《あかしたじまのかみみつまさ》
戦国時代の武士。
¶戦人(生没年不詳)，戦西(赤司但馬守光正　あかしたじまのかみみつまさ)

**明石元知**　あかしもととも
？　～文禄4(1595)年
安土桃山時代の武将。豊臣秀吉の臣。
¶朝日，国史(生没年不詳)，史人，戦合(生没年不詳)，戦国，戦人，日人

**明石守重**　あかしもりしげ
→明石掃部(あかしかもん)

**明石行雄**　あかしゆきお
安土桃山時代の武将。
¶岡山人，岡山歴

**明石与次兵衛**　あかしよじべえ
→石井与次兵衛(いしいよじべえ)

**赤須勝通**　あかずかつみち，あかすかつみち
戦国時代の神主。佐竹氏家臣。
¶戦辞(あかすかつみち　生没年不詳)，戦東

**赤須治部少輔**　あかずじぶしょうゆう
戦国時代の武将。佐竹氏家臣。
¶戦東

**赤須新三郎**　あかずしんざぶろう，あかすしんさぶろう
生没年不詳
安土桃山時代のもと神主・神官。佐竹氏の家臣。
¶戦辞(あかすしんさぶろう)，戦人，戦東

**赤須常通**　あかずつねみち，あかすつねみち
生没年不詳
戦国時代の武士。佐竹氏家臣。
¶戦辞(あかすつねみち)，戦人，戦東

**赤須正清**　あかすまさきよ
戦国時代の武将。武田家臣。信濃赤須の城主。
¶姓氏長野(生没年不詳)，姓氏山梨

**赤須通脩**　あかすみちなが
生没年不詳
戦国時代の佐竹氏の家臣。
¶戦辞

**赤須頼泰**　あかすよりやす
戦国時代の武将。武田家臣。信濃国伊那郡の赤須の城主か。

¶姓氏山梨

**赤曽布鎮秀** あかそふちんしゅう
戦国時代の婦負郡斉藤氏の被官。
¶姓氏富山

**県因幡守** あがたいなばのかみ
生没年不詳
戦国時代の足利長尾氏の家臣。
¶戦辞

**県犬養大伴** あがたいぬかいのおおとも
？ ～大宝1（701）年 [別]県犬養大伴《あがたのいぬかいのおおとも》，県犬養連大伴《あがたのいぬかいのむらじおおとも》
飛鳥時代の官人。壬申の乱で大海人皇子に従う。
¶朝日（[没]大宝1年7月29日（701年9月6日）），古代（県犬養連大伴　あがたのいぬかいのむらじおおとも），コン改，コン4，諸系（あがたのいぬかいのおおとも），人名，日人（あがたのいぬかいのおおとも）

**赤田興** あかだおこる
戦国時代の武将。
¶戦人（生没年不詳），戦西

**県次任** あがたつぎとう
平安時代後期の武士。源義家の臣。
¶人名，日人（生没年不詳）

**県犬養大伴** あがたのいぬかいのおおとも
→県犬養大伴（あがたいぬかいのおおとも）

**英田満家** あがたみついえ
？ ～元中8/明徳2（1391）年
南北朝時代の足利義満の臣。
¶姓氏石川

**赤塚真賢** あかつかまさかた
天文11（1542）年～寛永10（1633）年
戦国時代～江戸時代前期の島津義弘の重臣。
¶姓氏鹿児島

**吾妻助亮** あがつますけふさ
生没年不詳 [別]吾妻太郎助亮《あがつまたろうすけふさ》
鎌倉時代前期の御家人。
¶郷土群馬（吾妻太郎助亮　あがつまたろうすけふさ），姓氏群馬

**吾妻助光** あがつますけみつ
→吾妻助光（あづますけみつ）

**吾妻太郎助亮** あがつまたろうすけふさ
→吾妻助亮（あがつますけふさ）

**吾妻八郎** あがつまはちろう
生没年不詳
平安時代後期の武士。鎌倉幕府の御家人。
¶姓氏群馬

**吾妻基国** あがつまもとくに
生没年不詳
戦国時代の岩櫃城主。
¶姓氏群馬

**吾妻行盛** あがつまゆきもり
？ ～正平4/貞和5（1349）年
鎌倉時代後期～南北朝時代の吾妻郡の武士。
¶群馬人，姓氏群馬

**赤穴久清**(1) あかなひさきよ
文明3（1471）年～天文22（1553）年
戦国時代の武将。尼子氏家臣。
¶島根歴，戦人，戦西

**赤穴久清**(2) あかなひさきよ
？ ～文禄4（1595）年
安土桃山時代の武将。尼子氏家臣から毛利氏家臣に。
¶戦西，戦西

**赤穴光清** あかなみつきよ
明応2（1493）年～天文11（1542）年
戦国時代の武将。尼子氏家臣。
¶島根歴，戦人，戦西

**赤沼備中** あかぬまびっちゅう
？ ～天文8（1539）年
戦国時代の武士。南部氏家臣。
¶青森人，戦人

**赤橋久時** あかはしひさとき，あかばしひさとき
→北条久時（ほうじょうひさとき）

**赤橋英時** あかはしひでとき，あかばしひでとき
？ ～元弘3/正慶2（1333）年 [別]北条英時《ほうじょうひでとき》
鎌倉時代後期の鎮西探題。
¶朝日（[没]正慶2/元弘3年5月25日（1333年7月7日）），岩史（[没]正慶2（1333）年5月25日），角史（北条英時　ほうじょうひでとき），鎌倉，鎌室（北条英時　ほうじょうひでとき），国史，国書（北条英時　ほうじょうひでとき　[没]正慶2（1333）年5月25日），古中，コン改，コン4，史人（[没]1333年5月25日），諸系，新潮（あかばしひでとき　[没]正慶2/元弘3（1333）年5月25日），世人（あかばしひでとき　[没]元弘3（1333）年5月25日），日史（[没]元弘3（1333）年5月25日），日人，百科，福岡百（北条英時　ほうじょうひでとき　[没]元弘3（1333）年5月25日），北条（北条英時　ほうじょうひでとき），歴大，和俳

**赤橋守時** あかはしもりとき，あかばしもりとき
？ ～元弘3/正慶2（1333）年 [別]北条守時《ほうじょうもりとき》
鎌倉時代後期の鎌倉幕府第16代（最後）の執権（在職1327～1333）。久時の子。
¶朝日（[没]正慶2/元弘3年5月18日（1333年6月30日）），岩史（[没]正慶2（1333）年5月18日），角史（北条守時　ほうじょうもりとき　[生]永仁3（1295）年），神奈川人（北条守時　ほうじょうもりとき），神奈川百（あかばしもりとき），鎌倉，鎌室（北条守時　ほうじょうもりとき　[生]永仁3（1295）年），国史，古中，コン改，コン4，史人（[没]1333年5月18日），諸系（[生]1295年），新潮（あかばしもりとき　[生]永仁3（1295）年　[没]正慶2/元弘3（1333）年5月18日），人名（あかばしもりとき），姓氏神奈川（北条守時

あ

ほうじょうもりとき)，世人(あかばしもりとき [没]元弘3(1333)年5月18日)，全書(あかばしもりとき)，千葉百(北条守時 ほうじょうもりとき)，日史([生]永仁3(1295)年？ [没]元弘3(1333)年5月18日)，日人([生]1295年)，百科，北条(北条守時 ほうじょうもりとき [生]永仁3(1295)年)，歴大

**赤橋義宗** あかはしよしむね，あかばしよしむね
建長5(1253)年～建治3(1277)年 [別]北条義宗《ほうじょうよしむね》
鎌倉時代前期の武将、評定衆。六波羅探題北方。執権長時の子。
¶朝日([生]建長4(1252)年 [没]建治3年8月17日(1277年9月16日))，鎌倉(北条義宗 ほうじょうよしむね)，鎌室(北条義宗 ほうじょうよしむね)，国書(北条義宗 ほうじょうよしむね [没]建治3(1277)年8月17日)，諸系，新潮(あかばしよしむね [没]建治3(1277)年8月17日)，日人，北条(北条義宗 ほうじょうよしむね)

**赤羽新之丞** あかばしんのじょう
生没年不詳
安土桃山時代の織田信長の家臣。
¶織田

**赤蜂** あかはち
→遠弥計赤蜂(おやけあかはち)

**赤羽又兵衛** あかはねまたべえ
天文18(1549)年～元和5(1619)年
戦国時代～江戸時代前期の高遠領主保科氏の家臣。
¶長野歴

**赤部長介** あかべちょうすけ
安土桃山時代の武将。秀吉馬廻。
¶戦国，戦人(生没年不詳)

**赤星有隆** あかほしありたか
？ ～元弘3/正慶2(1333)年
鎌倉時代後期の武将。
¶諸系，日人

**赤星重規** あかほししげのり
生没年不詳
戦国時代～安土桃山時代の国人。
¶戦人

**赤星武貫** あかほしたけつら
？ ～正平14/延文4(1359)年
南北朝時代の武士。
¶諸系，人名([没]1358年)，日人

**赤星親家** あかほしちかいえ
永正11(1514)年～
戦国時代の国人。
¶戦人([没]永禄4(1562)年)

**赤星内膳** あかほしないぜん
生没年不詳
安土桃山時代～江戸時代前期の武士。
¶日人

**赤星統家** あかほしむねいえ
享禄3(1530)年～元和5(1619)年
安土桃山時代～江戸時代前期の国人。
¶戦人

**赤堀上野介** あかぼりこうずけのすけ
生没年不詳
戦国時代の上野国衆。
¶戦辞

**赤堀左馬助** あかぼりさまのすけ
生没年不詳
戦国時代の上野国衆。
¶戦辞

**赤堀時綱** あかぼりときつな
？ ～康正2(1456)年2月26日
室町時代の上野国衆。
¶戦辞

**赤堀時秀** あかぼりときひで
生没年不詳
南北朝時代の武将。
¶姓氏群馬

**赤堀教綱** あかぼりのりつな
生没年不詳
鎌倉時代の武人。
¶群馬人

**赤堀肥前守** あかほりひぜんのかみ
生没年不詳
安土桃山時代の織田信長の家臣。
¶織田

**赤堀政綱** あかぼりまさつな
生没年不詳
戦国時代の上野国衆。
¶戦辞

**赤堀又太郎** あかぼりまたたろう
生没年不詳
戦国時代の上野国衆。
¶戦辞

**赤間但馬守** あかまたじまのかみ
戦国時代の武将。大崎氏家臣。
¶戦東

**赤松顕則** あかまつあきのり
生没年不詳
南北朝時代～室町時代の武将・歌人。
¶国書5

**赤松家範** あかまついえのり
生没年不詳
鎌倉時代の武士。
¶北条

**赤松家盛** あかまついえもり
室町時代の武将。
¶岡山人

**赤松伊豆守** あかまついずのかみ
安土桃山時代の武将。秀吉馬廻。
¶戦国，戦人(生没年不詳)

**赤松氏範** あかまつうじのり
元徳2(1330)年～元中3/至徳3(1386)年
南北朝時代の南朝の武将、弾正少弼。
¶朝日([没]至徳3/元中3年9月2日(1386年9月25日)),鎌室,国史,古中,コン改,コン4,史人([没]1386年9月2日),諸系,新潮([没]至徳3/元中3(1386)年9月2日),人名,世人([没]元中3(1386)年9月2日),日人,兵庫百([生]嘉暦2(1327)年 [没]永徳3(1383)年)

**赤松氏満** あかまつうじみつ
安土桃山時代の武士。別所氏家臣、豊臣氏家臣、前田氏家臣。
¶戦国,戦人(生没年不詳)

**赤松右満允** あかまつうまのじょう
生没年不詳
鎌倉時代後期の武士。「忌部の契約」に加わった一人。
¶徳島歴

**赤松円心** あかまつえんしん
→赤松則村(あかまつのりむら)

**赤松貞範** あかまつさだのり
? ～文中3/応安7(1374)年
南北朝時代の武士。
¶岡山百([生]徳治1(1306)年),岡山歴([生]徳治1(1306)年),コン改,コン4,諸系,人名,日人,兵庫百([生]徳治1(1306)年)

**赤松貞村** あかまつさだむら
明徳4(1393)年～文安4(1447)年
室町時代の武将。将軍足利義教の寵臣。
¶朝日,鎌室,京都([生]? [没]嘉吉1(1441)年),京都大,国史,古中,コン改,コン4,茶道([生]? [没]1441年),史人,諸系,新潮,人名,日人,兵庫百([没]嘉吉1(1441)年)

**赤松次郎太郎** あかまつじろうたろう
→赤松次郎太郎(あかまつじろたろう)

**赤松次郎太郎** あかまつじろたろう
[別]赤松次郎太郎《あかまつじろうたろう》
安土桃山時代の武将。秀吉馬廻。
¶戦国(あかまつじろうたろう),戦人(生没年不詳)

**赤松祐則** あかまつすけのり
? ～文安2(1445)年
室町時代の武将。
¶鎌室,コン改,コン4,諸系,新潮([没]文安2(1445)年4月24日),人名,日人

**赤松則祐** あかまつそくゆう
→赤松則祐(あかまつのりすけ)

**赤松朝範** あかまつとものり
生没年不詳
南北朝時代の武将。
¶鎌室,諸系,人名,日人

**赤松直頼** あかまつなおより
延元4/暦応2(1339)年～?
南北朝時代の武将。
¶鎌室,諸系,新潮,人名,日人

**赤松宮** あかまつのみや
→興良親王(おきながしんのう)

**赤松範顕** あかまつのりあき
室町時代の武将。
¶新潟百(生没年不詳),兵庫百

**赤松則勝** あかまつのりかつ
～天文12(1543)年
安土桃山時代の武将。
¶岡山人

**赤松範実** あかまつのりざね
生没年不詳
南北朝時代の武将。
¶鎌室,諸系,人名,日人

**赤松則繁** あかまつのりしげ
? ～文安5(1448)年
室町時代の武将。将軍足利義教を暗殺。
¶朝日,鎌室(生没年不詳),諸系,新潮(生没年不詳),日人,兵庫百([生]応永9(1402)年)

**赤松教祐** あかまつのりすけ
→赤松教康(あかまつのりやす)

**赤松則祐** あかまつのりすけ
応長1(1311)年～建徳2/応安4(1371)年 [別]赤松則祐《あかまつそくゆう》,則祐《そくゆう》
南北朝時代の武将、播磨・摂津・備前守護。
¶朝日(あかまつそくゆう [没]応安4/建徳2年11月29日(1372年1月5日)),岩史([没]応安4(1371)年11月29日),岡山人([生]正和3(1314)年),岡山百(あかまつそくゆう [没]建徳2/応安4(1371)年11月29日),岡山歴(あかまつそくゆう [没]建徳2/応安4(1371)年11月29日),角史(あかまつそくゆう),鎌室,系西([生]1314年),国史(あかまつそくゆう),国書(則祐そくゆう [没]応安4(1371)年11月29日),古中(あかまつそくゆう),コン改,コン4,茶道([生]1314年),史人(あかまつそくゆう [没]1371年11月29日),諸系([没]1372年),人書94([生]1314年),新潮([没]応安4/建徳2(1371)年11月29日),人名([生]1314年),姓氏京都,世人([生]正和3(1314)年 [没]建徳2/応安4(1371)年11月29日),全書(あかまつそくゆう),日史(あかまつそくゆう [没]応安4/建徳2(1371)年11月29日),日人([没]1372年),百科(あかまつそくゆう),兵庫百(あかまつそくゆう),歴大(あかまつそくゆう)

**赤松範資** あかまつのりすけ
? ～正平6/観応2(1351)年
鎌倉時代後期～南北朝時代の武将。則村の嫡男。摂津守護。
¶鎌室,国史,古中,コン改,コン4,史人([没]1351年4月8日),諸系,新潮([没]観応2/正平6(1351)年4月8日),人名,世人(生没年不詳),全書,日史([没]観応2/正平6(1351)年4月8日),日人,百科([生]弘安3(1280)年?),兵庫百,歴大

**赤松則英** あかまつのりてる
→赤松則英(あかまつのりひで)

**赤松則尚** あかまつのりなお
応永32(1425)年～康正1(1455)年 [別]赤松則尚《あかまつのりひさ》
室町時代の武将。
¶朝日(あかまつのりひさ [没]康正1年5月12日(1455年6月26日)),岡山人(あかまつのりひさ),岡山百(あかまつのりひさ [生]? [没]享徳4(1455)年5月12日),岡山歴(あかまつのりひさ [生]応永28(1421)年 [没]享徳4(1455)年5月12日),鎌室,コン改,コン4,諸系,新潮([没]康正1(1455)年5月12日),人名,日人,兵庫百(あかまつのりひさ [生]応永28(1421)年)

**赤松則尚** あかまつのりひさ
→赤松則尚(あかまつのりなお)

**赤松則英** あかまつのりひで
? ～慶長5(1600)年 [別]赤松則英《あかまつのりてる》
安土桃山時代の武将、大名。阿波住吉領主。
¶諸系,戦国,戦人,徳島歴(あかまつのりてる [没]慶長5(1600)年10月1日),日人,藩主4([没]慶長5(1600)年10月1日)

**赤松則房** あかまつのりふさ
? ～慶長3(1598)年
安土桃山時代の武将、大名。阿波住吉領主。
¶国書([生]天文14(1545)年 [没]天正17(1589)年7月22日),諸系,人名([没]1600年),戦国([没]1600年),戦人,徳島歴([没]慶長3(1598)年7月17日),日人,藩主4([没]慶長3(1598)年7月17日)

**赤松則村** あかまつのりむら
建治3(1277)年～正平5/観応1(1350)年 [別]赤松円心《あかまつえんしん》
鎌倉時代後期～南北朝時代の武将、法名円心、播磨守護。
¶朝日([没]観応1/正平5年1月13日(1350年2月20日)),岩史(赤松円心 あかまつえんしん [没]貞和6(1350)年1月11日),岡山人,岡山百(赤松円心 あかまつえんしん [没]正平5/貞和6(1350)年1月13日),岡山歴([没]正平5/貞和6(1350)年1月11日),角史,鎌室,京都,京都大,系西([生]1279年),国史,古中,コン改,コン4,史人([没]1350年1月11日),重要,諸系,人書79(赤松円心 あかまつえんしん),人書94,新潮([没]観応1/正平5(1350)年1月11日),人名,姓氏京都(赤松円心 あかまつえんしん),世人([没]正平5/観応1(1350)年1月11日),世百,全書,大百,伝記,日史([没]観応1/正平5(1350)年1月11日),日人,百科,兵庫百,仏教([没]貞和6/正平5(1350)年1月11日),歴大

**赤松教康** あかまつのりやす
応永30(1423)年～嘉吉1(1441)年 [別]赤松教祐《あかまつのりすけ》
室町時代の武将。将軍足利義教を殺害。
¶朝日([没]嘉吉1年9月28日(1441年10月13日)),鎌室,コン改,コン4,諸系,新潮([没]嘉吉1(1441)年9月29日),人名(赤松教祐 あかまつのりすけ [生]? [没]1454年),日人,兵庫百

**赤松晴政** あかまつはるまさ
*～永禄8(1565)年 [別]赤松政村《あかまつまさむら》
戦国時代の武士。
¶岡山人,岡山歴([生]明応4(1495)年 [没]永禄8(1565)年1月16日),系西([生]1513年 [没]?),諸系([生]1510年),人名,戦人([生]永正10(1513)年 [没]?),日人([生]1495年),兵庫百([生]明応4(1495)年)

**赤松広秀** あかまつひろひで
→赤松広通(あかまつひろみち)

**赤松広通** あかまつひろみち
永禄5(1562)年～慶長5(1600)年 [別]赤松広秀《あかまつひろひで》
安土桃山時代の武将、大名。但馬竹田城主。
¶織田(赤松広秀 あかまつひろひで [没]慶長5(1600)年10月28日),諸系,新潮([没]慶長5(1600)年10月28日),世人([生]永禄11(1568)年),日人,藩主3(赤松広秀 あかまつひろひで [没]慶長5(1600)年10月28日),兵庫百

**赤松正澄** あかまつまさずみ
生没年不詳
戦国時代～安土桃山時代の武将。
¶戦人

**赤松政直** あかまつまさなお
生没年不詳
戦国時代～安土桃山時代の武将。
¶戦人

**赤松政則**(赤松正則) あかまつまさのり
康正1(1455)年～明応5(1496)年 [別]政則〔赤松家〕《まさのり》
室町時代～戦国時代の武将。
¶朝日([没]明応5年4月25日(1496年6月6日)),石川百,岩史([没]明応5(1496)年4月25日),岡山人([没]明応4(1495)年),岡山百([没]明応5(1496)年4月25日),岡山歴([没]明応5(1496)年4月25日),鎌室,公卿(赤松正則 [没]明応5(1496)年4月25日),公家(政則〔赤松家〕 まさのり [生]1455年 [没]明応5年4月25日),系西,国史,古中,コン改,コン4,史人([没]1496年4月25日),諸系,新潮([没]明応5(1496)年4月25日),人名,姓氏石川,姓氏京都,世人,戦合,戦人,日史([没]明応5(1496)年4月25日),日人,百科,兵庫百,歴大

**赤松政範** あかまつまさのり
生没年不詳
戦国時代～安土桃山時代の武将。
¶戦人

**赤松政秀**(1) あかまつまさひで
応永28(1421)年? ～文亀2(1502)年
室町時代～戦国時代の武将。塩屋城主、播磨西域の守護代。
¶朝日([没]文亀2年10月25日(1502年11月24日)),コン4,日人,兵庫百(生没年不詳)

赤松政秀(2) あかまつまさひで
　? 〜元亀1(1570)年
　戦国時代の武将。竜野城主。
　¶戦人，兵庫百

赤松政村 あかまつまさむら
　〜大永2(1522)年
　室町時代の武将。
　¶岡山人

赤松満祐 あかまつみつすけ
　*〜嘉吉1(1441)年
　室町時代の武将。播磨・備前・美作守護。将軍義
　教を猿楽の宴席で謀殺（嘉吉の乱）。後に山名・
　細川氏らによって追討されて自殺。
　¶朝日（㊀応安6/文中2(1373)年　㊁嘉吉1年9月
　10日(1441年9月25日)），岩史（㊀応安6
　(1373)年　㊁嘉吉1(1441)年9月10日)，岡山
　人（㊀弘和1(1381)年)，岡山百（㊀弘和1/永徳
　1(1381)年　㊁嘉吉1(1441)年9月10日)，岡山
　歴（㊀文中2/応安6(1373)年　㊁嘉吉1(1441)
　年9月10日)，角史（㊀応安6(1373)年?)，鎌
　室（㊀永徳1/弘和1(1381)年)，京都（㊀弘和1/
　永徳1(1381)年)，京都大（㊀弘和1/永徳1
　(1381)年)，系西（㊀弘和1(1381)年)，国史（㊀1373
　年)，国書（㊀応安6(1373)年　㊁嘉吉1(1441)
　年9月10日)，古中（㊀1373年)，コン改（㊀弘和
　1/永徳1(1381)年)，コン4（㊀弘和1/永徳1
　(1381)年)，史人（㊀1373年　㊁嘉吉1(1441)年9月10
　日)，重要（㊀弘和1/永徳1(1381)年　㊁嘉吉1
　(1441)年9月10日)，諸系（㊀1373年)，人書79
　(㊀1381年)，人書94（㊀1373年)，新潮（㊀応
　安6/文中2(1373)年　㊁嘉吉1(1441)年9月10
　日)，人名（㊀1381年)，姓氏京都（㊀1373年)，
　世人（㊀弘和1/永徳1(1381)年　㊁嘉吉1
　(1441)年9月10日)，世百（㊀1381年)，全書
　(㊀1373年)，大百（㊀1381年)，伝記（㊀1381
　年)，鳥取百（㊀応安6(1373)年?)，日史
　(㊀応安6/文中2(1373)年　㊁嘉吉1(1441)年9
　月10日)，日人（㊀1373年)，百科（㊀文中2/応
　安6(1373)年)，兵庫百（㊀永徳1(1381)年)，
　歴大（㊀1373年)

赤松光範 あかまつみつのり
　元応2(1320)年〜弘和1/永徳1(1381)年
　南北朝時代の武将。摂津守護。
　¶鎌室，国史，古中，史人（㊁1381年10月3日)，
　諸系，新潮（㊁永徳1/弘和1(1381)年10月3
　日)，人名，日史（㊁永徳1/弘和1(1381)年10
　月3日)，兵庫百

赤松満弘 あかまつみつひろ
　興国5/康永3(1344)年〜元中8/明徳2(1391)年
　室町時代の武将。
　¶兵庫百

赤松満政 あかまつみつまさ
　? 〜文安2(1445)年
　室町時代の武将。嘉吉の乱では幕府方についた。
　¶朝日（㊁文安2年4月24日(1445年5月30日)），
　鎌室，国書，コン改，コン4，諸系，新潮（㊁文
　安2(1445)年4月24日)，日人，兵庫百（㊁至徳

3(1386)年)，和俳

赤松宗範 あかまつむねのり
　生没年不詳
　南北朝時代の武将・歌人。
　¶国書

赤松村秀 あかまつむらひで
　? 〜天文9(1540)年
　戦国時代の播磨龍野初代城主。
　¶兵庫百

赤松持家 あかまつもちいえ
　生没年不詳　㉕有馬持家《ありまもちいえ》，有馬
　教実《ありまのりざね》
　室町時代の武将，守護大名。
　¶鎌室，諸系（有馬持家　ありまもちいえ)，日人
　（有馬持家　ありまもちいえ)，兵庫百（有馬持
　家　ありまもちいえ)

赤松持貞 あかまつもちさだ
　? 〜応永34(1427)年
　室町時代の武将。将軍足利義持の近習。
　¶朝日（㊁応永34年11月13日(1427年12月1日)），
　鎌室，諸系，新潮（㊁応永34(1427)年11月13
　日)，日人，兵庫百（㊁康安1(1361)年)

赤松義祐(1) あかまつよしすけ
　? 〜応永30(1423)年
　南北朝時代〜室町時代の武将。摂津国有馬郡守護。
　¶朝日（㊁応永28年9月26日(1421年10月22日)），
　コン改，コン4，諸系（生没年不詳)，日人（生
　没年不詳)

赤松義祐(2) あかまつよしすけ
　*〜天正4(1576)年
　戦国時代〜安土桃山時代の武将。
　¶コン改（㊀文亀1(1501)年)，コン4（㊀文亀1
　(1501)年)，諸系（㊀?)，新潮（㊀?　㊁天
　正4(1576)年2月15日)，人名（㊀1501年)，戦
　国（㊀?)，戦人（㊀?)，日人（㊀1501年)

赤松義則 あかまつよしのり
　正平13/延文3(1358)年〜応永34(1427)年
　南北朝時代〜室町時代の武将，侍所頭人。
　¶朝日（㊁応永34年9月21日(1427年10月11日)），
　岡山人，岡山百（㊁応永34(1427)年9月21日)，
　岡山歴（㊁応永34(1427)年9月21日)，鎌室，
　国史，国書（㊁応永34(1427)年9月21日)，古
　中，コン改，コン4，史人（㊁応永34(1427)年9月21日)，人
　名，姓氏京都（㊁応永34(1427)年9月21
　日)，日人，兵庫百

赤松義雅 あかまつよしまさ
　応永4(1397)年〜嘉吉1(1441)年
　室町時代の武将。
　¶兵庫百

赤松義村 あかまつよしむら
　文明4(1472)年〜大永1(1521)年
　戦国時代の武将。播磨・備前・美作守護。
　¶朝日（㊀?　大永1年9月17日(1521年10月17
　日)），岡山歴（㊁大永1(1521)年9月17日)，系

西([生]？)，国史，国書([没]大永1(1521)年9月17日)，古中，コン改([生]？)，コン4([生]？)，史人([没]1521年9月17日)，諸系，新潮([生]文明2(1470)年　[没]大永1(1521)年9月17日)，人名([生]？　[没]1522年)，戦合，日人，兵庫百

**赤見伊賀守**　あかみいがのかみ
生没年不詳
戦国時代の武将。
¶戦人

**赤見左衛門佐**　あかみさえもんのすけ
→赤見春光(あかみはるみつ)

**赤見綱泰**　あかみつなやす
生没年不詳
戦国時代の武将。中山城主。
¶群馬人

**赤見春光**　あかみはるみつ
？～天正2(1574)年　[別]赤見左衛門佐《あかみさえもんのすけ》
戦国時代～安土桃山時代の武士。
¶織田(赤見左衛門佐　あかみさえもんのすけ　[没]天正2(1574)年9月29日)，人名，日人

**赤見政房**　あかみまさふさ
？～寛永20(1643)年
江戸時代前期の武士。紀州藩士。
¶和歌山人

**赤見山城守**　あかみやましろのかみ
？～寛永2(1625)年7月9日
安土桃山時代の武士。後北条氏家臣。
¶戦辞，戦人(生没年不詳)，戦東

**赤見六郎**　あかみろくろう
生没年不詳
戦国時代の北条氏忠の家臣。佐野衆。
¶戦辞

**阿川勝康**　あがわかつやす
康正2(1456)年～？
室町時代～戦国時代の武将・連歌作者。
¶国書5

**秋上綱平**　あきあげつなひら
戦国時代の武士。
¶戦人(生没年不詳)，戦西

**秋上久家**　あきあげひさいえ
生没年不詳
戦国時代の武将。尼子氏家臣。
¶島根歴，戦人，戦西

**秋保定重**　あきうさだしげ
→秋保定重(あきほさだしげ)

**秋保頼重**　あきうよりしげ
生没年不詳
安土桃山時代～江戸時代前期の武将、陸奥仙台藩士。
¶姓氏宮城，藩臣1

**安芸国虎**　あきくにとら
享禄3(1530)年～永禄12(1569)年
戦国時代の武将。
¶高知人，高知百，戦人([生]？)

**安芸実光**　あきさねみつ
？～文治1(1185)年　[別]安芸太郎実光《あきたろうさねみつ,あきのたろうさねみつ》
平安時代後期の武将。
¶高知人(安芸太郎実光　あきたろうさねみつ)，高知百(安芸太郎実光　あきのたろうさねみつ)，人名，日人，平史([没]1185年？)

**秋田実季**　あきたさねすえ
天正4(1576)年～万治2(1659)年　[別]安東実季《あんどうさねすえ》，安東太郎《あんどうたろう》
安土桃山時代～江戸時代前期の大名。常陸宍戸藩主。
¶秋田百(安東実季　あんどうさねすえ)，朝日([没]万治2年11月29日(1660年1月11日))，近世，系東，国史，国書([没]万治2(1659)年11月29日)，コン改([生]？)，コン4([生]？)，史人([没]1659年11月29日)，諸系([没]1660年)，新潮([没]万治2(1659)年11月29日)，人名，世人([没]万治2(1659)年12月14日)，戦合，戦国([生]？)，戦人，日史([没]万治2(1659)年11月29日)，日人([没]1660年)，藩主2([没]？)，百科，歴大

**秋田実泰**　あきたさねやす
生没年不詳
安土桃山時代の武将。
¶戦人

**秋田助右衛門**　あきたすけえもん
安土桃山時代の武士。豊臣氏家臣。
¶戦国，戦人(生没年不詳)

**秋田俊季**　あきたとしすえ
慶長3(1598)年～慶安2(1649)年
江戸時代前期の武将、大名。常陸宍戸藩主、陸奥三春藩主。
¶諸系，人名([生]？)，日人，藩主1([没]慶安2(1649)年1月3日)，藩主2，福島百

**秋田愛季**　あきたよしすえ
→安東愛季(あんとうちかすえ)

**安芸太郎実光**　あきたろうさねみつ
→安芸実光(あきさねみつ)

**安芸忠左衛門**　あきちゅうざえもん
安土桃山時代の国人。
¶戦国，戦人(生没年不詳)

**秋月種方**　あきづきたねかた
→秋月文種(あきづきふみたね)

**秋月種実**　あきづきたねざね
天文14(1545)年～慶長1(1596)年
安土桃山時代の武将。
¶朝日([没]慶長1年9月26日(1596年11月16日))，近世，国史，コン改，コン4，茶道，史人([没]1596年9月26日)，諸系，新潮([没]慶長1(1596)年9月26日)，人名，世人([没]慶長1(1596)年9月26日)，戦合，戦国，日史([没]慶長1(1596)年9月26日)，日人，百科，福岡百

**秋月種長**　あきづきたねなが
永禄10(1567)年～慶長19(1614)年
安土桃山時代～江戸時代前期の大名。日向高鍋藩主。
¶朝日([生]永禄10年2月7日(1567年3月17日)[没]慶長19年6月13日(1614年7月19日)),近世,国史,コン4,茶道([生]?),史人([生]1567年8月14日　[没]1614年6月13日),諸系,新潮([生]永禄10(1567)年8月14日　[没]慶長19(1614)年6月13日),人名([生]?),戦合,戦国,日人,藩主4([生]永禄10(1567)年2月7日　[没]慶長19(1614)年6月13日),宮崎百([生]永禄10(1567)年2月7日　[没]慶長19(1614)年6月23日)

**秋月種道**　あきづきたねみち
?　～延元1/建武3(1336)年
鎌倉時代後期～南北朝時代の武将。
¶鎌室(生没年不詳),諸系,人名,日人

**秋月太郎兵衛尉**　あきづきたろうびょうえのじょう
生没年不詳
室町時代の讃岐国守護代。
¶徳島歴

**秋月文種**　あきづきふみたね
?　～弘治3(1557)年　[別]秋月種方《あきづきたねかた》
戦国時代の武将、筑前秋月城主。
¶諸系(秋月種方　あきづきたねかた),人名,日人(秋月種方　あきづきたねかた)

**秋月光秋**　あきづきみつあき
安土桃山時代の武士、弓術家。
¶人名,日人(生没年不詳)

**安芸太郎実光**　あきのたろうさねみつ
→安芸実光(あきさねみつ)

**秋庭重明**　あきばしげあき
?　～元中1/至徳1(1384)年5月4日
南北朝時代の備中国の武将。
¶岡山歴

**秋庭重信**　あきばしげのぶ
鎌倉時代の武将。
¶岡山人,岡山歴

**阿只抜都**　あきばつ
生没年不詳
南北朝時代の倭冠の大将。
¶朝日,国史,古中,史人,日人

**秋庭信盛**　あきばのぶもり
南北朝時代の武将。
¶岡山人

**秋庭元明**　あきばもとあき
?　～文明7(1475)年4月28日
室町時代の備中国の武将。
¶岡山歴

**秋庭元重**　あきばもとしげ
?　～永正6(1509)年
戦国時代の武将。
¶岡山人,岡山歴,国書

**秋保出雲**　あきほいずも
生没年不詳
安土桃山時代～江戸時代前期の武将、最上氏遺臣。
¶庄内

**秋保定重**　あきほさだしげ
生没年不詳　[別]秋保定重《あきうさだしげ》
安土桃山時代の武将。伊達氏家臣。
¶姓氏宮城(あきうさだしげ),戦人

**秋保飛驒**(秋穂飛騨)　あきほひだ
安土桃山時代の武将。
¶戦人(生没年不詳),戦東(秋穂飛騨)

**飽馬勝成**　あきまかつしげ
?　～正平7/文和1(1352)年
南北朝時代の武人。
¶群馬人

**安芸宗長**　あきむねなが
生没年不詳
戦国時代の武将。
¶戦人

**秋元長朝**　あきもとおさとも
→秋元長朝(あきもとながとも)

**秋元景朝**　あきもとかげとも
大永5(1525)年～天正15(1587)年
戦国時代～安土桃山時代の武将。
¶諸系,日人

**秋元二郎兵衛**　あきもとじろうびょうえ
生没年不詳
鎌倉時代の御家人。
¶徳島歴

**秋元長朝**　あきもとながとも
天文15(1546)年～寛永5(1628)年　[別]秋元長朝《あきもとおさとも》
安土桃山時代～江戸時代前期の大名。上野総社藩主。
¶郷土群馬(あきもとおさとも),近世,群馬人,群馬百(あきもとおさとも),国史,埼玉人([没]寛永5(1628)年8月29日),史人([没]1628年8月29日),諸系,新潮([没]寛永5(1628)年8月29日),人名,姓氏群馬(あきもとおさとも),戦合,戦国,戦辞([没]寛永5年8月29日(1628年9月26日)),戦人,日人,藩主1([没]寛永5(1628)年8月29日)

**秋元政次**　あきもとまさつぐ
生没年不詳
戦国時代の上総小糸城主。
¶戦辞

**秋元政経**　あきもとまさつね
生没年不詳
鎌倉時代の御家人。
¶徳島歴

**秋元泰恒**　あきもとやすつね
生没年不詳
鎌倉時代の御家人。
¶徳島歴

**秋元泰朝** あきもとやすとも
天正8(1580)年～寛永19(1642)年
安土桃山時代～江戸時代前期の武将、大名。上野総社藩主、甲斐谷村藩主。
¶朝日，江戸東，角史，群馬人，国書([没]寛永19(1642)年10月23日)，史人([没]1642年10月23日)，諸系，人名，姓氏群馬，戦人，栃木歴，日史([没]寛永19(1642)年10月23日)，日人，藩主1([没]寛永19(1642)年10月23日)，藩主2([没]寛永19(1642)年10月23日)，百科，山梨百([没]寛永19(1642)年10月23日)，歴大

**秋元行朝** あきもとゆきとも
?　～天正5(1577)年
戦国時代の上野総社城主。
¶人名

**秋元義久** あきもとよしひさ
?　～永禄7(1564)年
戦国時代の武将。里見氏家臣。
¶戦人

**安芸盛重** あきもりしげ
戦国時代の美作国真嶋郡藤森村の飯山城主。
¶岡山歴

**秋山家慶** あきやまいえよし
生没年不詳
安土桃山時代の織田信長の家臣。
¶織田

**秋山右近将監** あきやまうこんしょうげん，あきやまうこんしょうけん
安土桃山時代の武士。豊臣氏家臣。
¶戦国(あきやまうこんしょうけん)，戦人(生没年不詳)

**秋山紀伊守** あきやまきいのかみ
?　～天正10(1582)年　[別]秋山光次《あきやまみつつぐ》
安土桃山時代の武将。武田氏家臣。勝頼の代の竜朱印状の奏者。
¶姓氏山梨，戦辞([没]天正10年3月11日(1582年4月3日))，戦人(秋山光次　あきやまみつつぐ)，戦東

**秋山宮内丞** あきやまくないのじょう
生没年不詳
戦国時代の武田氏の家臣。
¶戦辞

**秋山源三郎** あきやまげんざぶろう
*～天正10(1582)年　[別]秋山親久《あきやまちかひさ》
安土桃山時代の武田氏の武士、武田家臣。
¶姓氏山梨(秋山親久　あきやまちかひさ　[生]1562年)，戦辞([生]永禄5(1562)年?　[没]天正10年3月11日(1582年4月3日))

**秋山五郎左衛門** あきやまごろうざえもん
江戸時代前期の武士。里見氏家臣。
¶戦人(生没年不詳)，戦東

**秋山左衛門尉** あきやまさえもんのじょう
天文20(1551)年?　～天正7(1579)年7月23日
戦国時代～安土桃山時代の武田氏の家臣。
¶戦辞

**秋山定綱** あきやまさだつな
生没年不詳
安土桃山時代の武士。上杉氏家臣。
¶戦辞，戦人

**秋山三郎左衛門尉** あきやまさぶろうざえもんのじょう
生没年不詳
戦国時代の武士。今川氏家臣。
¶戦辞，戦人，戦東

**秋山新蔵人** あきやましんくろうど
生没年不詳
戦国時代の堀越公方の近臣。
¶戦辞

**秋山新蔵人光政** あきやましんくろうどみつまさ
南北朝時代の武士。
¶埼玉百

**秋山宗右衛門** あきやまそううえもん
→秋山宗右衛門(あきやまそうえもん)

**秋山宗右衛門** あきやまそうえもん
[別]秋山宗右衛門《あきやまそううえもん》
江戸時代前期の武士。里見氏家臣。
¶戦人(生没年不詳)，戦東(あきやまそううえもん)

**秋山惣九郎** あきやまそうくろう
?　～天正10(1582)年3月11日
戦国時代～安土桃山時代の武田氏の家臣。
¶戦辞

**秋山親久** あきやまちかひさ
→秋山源三郎(あきやまげんざぶろう)

**秋山虎繁** あきやまとらしげ
大永7(1527)年～天正3(1575)年11月21日
戦国時代～安土桃山時代の甲斐武田晴信・勝頼の家臣。
¶戦辞

**秋山虎泰** あきやまとらやす
戦国時代の武将。武田家臣。御料人衆。越前守。
¶姓氏山梨

**秋山内記** あきやまないき
?　～天正10(1582)年3月
戦国時代～安土桃山時代の武田氏の家臣。
¶戦辞

**秋山信友** あきやまのぶとも
?　～天正3(1575)年　[別]秋山信友《あいやまのぶとも》
戦国時代の武将。武田氏家臣。
¶朝日([没]天正3年11月21日(1575年12月23日))，コン4，人名，姓氏長野([生]1526年?)，姓氏山梨，戦国([生]1531年)，戦人([生]享禄2(1531)年)，戦東，長野歴，日人([生]1529年)，山梨百(あいやまのぶとも)

**秋山晴近** あきやまはるちか
? ～天正3(1575)年
戦国時代～安土桃山時代の武将。武田信玄に仕えた。
¶岐阜百

**秋山昌詮** あきやままさあき
安土桃山時代の武士。武田氏家臣。
¶姓氏山梨，戦人(生没年不詳)，戦東

**秋山昌成** あきやままさなり
? ～天正10(1582)年3月
戦国時代～安土桃山時代の武田氏の家臣。
¶戦辞

**秋山昌満** あきやままさみつ
生没年不詳
戦国時代の武田氏の家臣。
¶戦辞

**秋山光次** あきやまみつつぐ
→秋山紀伊守(あきやまきいのかみ)

**秋山光時** あきやまみつとき
鎌倉時代後期～南北朝時代の武将。
¶人名，日人(生没年不詳)

**安居三河守** あぐいみかわのかみ
生没年不詳
安土桃山時代の織田信長の家臣。
¶織田

**阿久沢左馬助** あくざわさまのすけ
生没年不詳
戦国時代の上野国黒川谷の国衆。
¶姓氏群馬，戦辞

**阿久沢助太郎** あくざわすけたろう
生没年不詳
戦国時代の上野国黒川谷の国衆。
¶戦辞

**阿久沢助盛** あくざわすけもり
生没年不詳
戦国時代の武将。
¶群馬人

**阿久沢能登守** あくざわのとのかみ
? ～寛永14(1637)年
安土桃山時代の国人。
¶姓氏群馬，戦辞(生没年不詳)，戦人(生没年不詳)，戦東

**阿久沢彦二郎** あくざわひこじろう
安土桃山時代の武将。後北条氏家臣。
¶戦東

**悪七兵衛景清** あくしちびょうえかげきよ
→平景清(たいらのかげきよ)

**悪七兵衛景清** あくしちべえかげきよ
→平景清(たいらのかげきよ)

**芥川某** あくたがわ
生没年不詳
安土桃山時代の織田信長の家臣。
¶織田

**芥川景盛** あくたがわかげもり
生没年不詳
戦国時代の武将・連歌作者。
¶国書

**芥川孫十郎** あくたがわまごじゅうろう
生没年不詳
戦国時代の武将。
¶戦人

**芥川六兵衛** あくたがわろくべえ
永禄3(1560)年～?
安土桃山時代の武将(秋月種実の家臣)。
¶人名，日人

**阿久津右近** あくつうこん
生没年不詳
江戸時代前期の武士。
¶庄内

**莫禰成兼** あくねなりかね
平安時代後期の薩摩国莫禰院の領主。
¶姓氏鹿児島

**阿久根良忠** あくねよしただ
室町時代の薩摩国莫禰の領主。
¶姓氏鹿児島

**飽間光泰** あくまみつやす
生没年不詳 [別]斎藤光泰《さいとうみつやす》
南北朝時代の在地領主。
¶鎌室，日人

**飽浦信胤** あくらのぶたね
生没年不詳 [別]佐々木信胤《ささきのぶたね》
南北朝時代の武将。
¶岡山人，岡山百，岡山歴(佐々木信胤 ささきのぶたね)，香川人(佐々木信胤 ささきのぶたね)，香川百(佐々木信胤 ささきのぶたね)，鎌室，郷土香川(佐々木信胤 ささきのぶたね)，新潮，人名，日人

**飽浦美作** あくらみまさか
安土桃山時代の武士。
¶岡山人，岡山歴

**悪路王** あくろおう
? ～延暦20(801)年
平安時代前期の蝦夷の族長。坂上田村麻呂に滅ぼされる。
¶朝日(生没年不詳)，国史，古史，古中，コン改，コン4，新潮，人名，日人(生没年不詳)，平史

**安黒久重** あぐろひさしげ
? ～天正6(1578)年2月15日
戦国時代～安土桃山時代の美作国苫北郡大篠村の臺山城主。
¶岡山歴

**明井か井某** あけいかい
生没年不詳
安土桃山時代の織田信長の家臣。
¶織田

あ

**明智掃部** あけちかもん
生没年不詳
安土桃山時代の織田信長の家臣。
¶織田

**明智次右衛門** あけちじえもん
？ ～天正10（1582）年6月
戦国時代～安土桃山時代の織田信長の家臣。
¶織田

**明智秀満** あけちひでみつ
？ ～天正10（1582）年 [別]明智光春《あけちみつはる》，三宅秀満《みやけひでみつ》，三宅弥平次《みやけやへいじ》
安土桃山時代の武将。明智光秀の女婿。
¶朝日（[没]天正10年6月14日（1582年7月13日）），織田（[没]天正10（1582）年6月14日），角史，系西（[生]1537年），国史，古中，コン改（[生]弘治3（1557）年），コン4（[生]弘治3（1557）年），茶道（明智光春 あけちみつはる [生]1537年），史人（[没]1582年6月15日），諸系，新潮（[没]天正10（1582）年6月15日），人名（明智光春 あけちみつはる [生]1537年），世人（[生]天文6（1537）年 [没]天正10（1582）年6月14日），戦合，戦国，戦人，日人

**明智孫十郎** あけちまごじゅうろう
？ ～天正10（1582）年6月2日
戦国時代～安土桃山時代の織田信長の家臣。
¶織田

**明智光隆** あけちみつたか
？ ～＊
戦国時代の武将。土岐氏家臣。
¶系西（[没]1552年），戦人（[没]天文21（1552）年？）

**明智光忠** あけちみつただ
天文9（1540）年～天正10（1582）年
安土桃山時代の武士。明智氏家臣。
¶諸系，人名（[生]？），戦人，戦補，日人

**明智光春** あけちみつはる
→明智秀満（あけちひでみつ）

**明智光秀** あけちみつひで
＊～天正10（1582）年 [別]惟任日向守《これとうひゅうがのかみ》，明智十兵衛《あけちじゅうべえ》
戦国時代～安土桃山時代の武将。越前朝倉義景・足利義昭に仕え、のち織田信長の家臣となる。1571年近江坂本城主に、1580年丹波亀山城主となる。1582年京都本能寺に主君信長を殺害したが、山崎の戦いで羽柴秀吉に敗れ、近江坂本に逃げ帰る途中、土民に殺された。
¶朝日（[生]享禄1（1528）年？ [没]天正10年6月13日（1582年7月12日）），岩史（[生]享禄1（1528）年？ [没]天正10（1582）年6月13日），織田（[生]？ [没]天正10（1582）年6月13日），角史（[生]享禄1（1528）年？），岐阜百（[生]1526年），京都（[生]享禄1（1528）年），郷土滋賀（[生]1528年），京都大（[生]？），京都府（[生]？），系西（[生]1528年），国史（[生]？），国書（[生]享禄1（1528）年 [没]天正10（1582）年6月13日），古中（[生]？），コン改（[生]大永6（1526）年），コン4（[生]大永6（1526）年），茶道（[生]1528年），詩歌（[生]？），滋賀百（[生]1528年），史人（[生]？ [没]1582年6月13日），重要（[生]享禄1（1528）年 [没]天正10（1582）年6月13日），諸系（[生]1528年），人書94（[生]1528年），新潮（[生]享禄1（1528）年 [没]天正10（1582）年6月13日），人名（[生]1528年），姓氏京都（[生]1526年），世人（[生]享禄1（1528）年 [没]天正10（1582）年6月13日），世百（[生]1526年），戦合（[生]？），戦国（[生]1528年），全書（[生]？），戦人（[生]享禄1（1528）年？），大百（[生]？），伝記（[生]1528年？），日史（[生]享禄1（1528）年？ [没]天正10（1582）年6月13日），日人（[生]1528年），百科（[生]享禄1（1528）年？），歴大（[生]？），和俳（[生]享禄1（1528）年 [没]天正10（1582）年6月13日）

**明智光安** あけちみつやす
？ ～弘治2（1556）年
戦国時代の武将。
¶戦人，戦西

**明智光慶** あけちみつよし
永禄12（1569）年～天正10（1582）年
安土桃山時代の明智光秀の長男。
¶諸系，人名，日人

**明智弥平次** あけちやへいじ
？ ～天正10（1582）年
戦国時代の武士。
¶京都府

**上松家信** あげまついえのぶ
生没年不詳
戦国時代の武士。上松氏の祖とされる。
¶姓氏長野

**上松蔵人** あげまつくらんど
生没年不詳
安土桃山時代の織田信長の家臣。
¶織田

**上松義豊** あげまつよしとよ
生没年不詳
戦国時代の武将。
¶姓氏長野

**赤口関左衛門** あこうせきさえもん
？ ～天文16（1547）年
戦国時代の武田家臣。関東浪人。
¶姓氏山梨

**阿古田新右衛門** あこだしんえもん
安土桃山時代の武将。秀吉馬廻。
¶戦国，戦人（生没年不詳）

**浅井明政** あさいあきまさ，あざいあきまさ
戦国時代の武士。
¶戦人（生没年不詳），戦西（あざいあきまさ）

**浅井井伴** あさいいとも，あざいいとも
戦国時代の武士。
¶戦人（生没年不詳），戦西（あざいいとも）

**浅井井規** あさいいのり，あざいいのり
？ ～天正1（1573）年

戦国時代の武士。
¶戦人，戦西（あざいいのり）

**浅井井演** あさいいひろ，あざいいひろ
戦国時代の武将。
¶戦人（生没年不詳），戦西（あざいいひろ）

**浅井井頼** あさいいより，あざいいより
戦国時代の武士。
¶戦国，戦人（生没年不詳），戦西（あざいいより）

**浅井右衛門尉** あざいうえもんのじょう
戦国時代の武将。浅井氏家臣。
¶戦西

**浅井雅楽助** あさいうたのすけ，あざいうたのすけ
？ ～元亀1（1570）年
戦国時代の武士。
¶戦人，戦西（あざいうたのすけ）

**浅井越後守** あざいえちごのかみ
戦国時代の武将。浅井氏家臣。
¶戦西

**浅井一政** あさいかずまさ
？ ～正保2（1645）年
安土桃山時代～江戸時代前期の武士、浅井長政の一族。
¶姓氏石川

**浅井喜八郎** あさいきはちろう
安土桃山時代の武士。羽柴氏家臣。
¶戦人（生没年不詳），戦補

**浅井宮内丞** あざいくないじょう
？ ～永禄10（1567）年
戦国時代の武将。浅井氏家臣。
¶戦西

**浅井源四郎** あさいげんしろう
生没年不詳
戦国時代の井田城主。
¶姓氏愛知

**浅井玄蕃** あさいげんば
生没年不詳
室町時代の井田城主。
¶姓氏愛知

**浅井玄蕃允** あざいげんばのじょう
戦国時代の武将。浅井氏家臣。
¶戦西

**浅井上野守** あざいこうずけのかみ
戦国時代の武将。浅井氏家臣。
¶戦西

**浅井貞政** あざいさだまさ
戦国時代の武将。浅井氏家臣。
¶戦西

**浅井定仍** あさいさだよし
天正18（1590）年～寛永16（1639）年
江戸時代前期の武士。紀州藩士。
¶和歌山人

**浅井信濃守** あざいしなののかみ
戦国時代の武将。浅井氏家臣。
¶戦西

**浅井四郎左衛門** あさいしろうざえもん
？ ～天正4（1576）年8月12日
戦国時代～安土桃山時代の織田信長の家臣。
¶織田

**浅井次郎兵衛** あざいじろうびょうえ
戦国時代の武将。浅井氏家臣。
¶戦西

**浅井新八** あさいしんぱち
安土桃山時代の武士。織田氏家臣。
¶戦国，戦人（生没年不詳）

**浅井新八郎** あさいしんぱちろう
生没年不詳
安土桃山時代の織田信長の家臣。
¶織田

**浅井亮親** あさいすけちか，あざいすけちか
？ ～天正1（1573）年
戦国時代の武士。
¶戦人，戦西（あざいすけちか）

**浅井亮政** あさいすけまさ，あざいすけまさ
？ ～天文11（1542）年
戦国時代の北近江の大名。
¶朝日（[没]天文11年1月6日（1542年1月21日）），角史（あざいすけまさ），郷土滋賀，系西（あざいすけまさ），国史，古中，コン改（[没]天文11（1542）年，（異説）1546年），コン4（[没]天文11（1542）年，（異説）1546年），滋賀百，史人（[没]1542年1月6日），諸系（あざいすけまさ），新潮（[没]天文11（1542）年1月6日），人名（[生]1495年　[没]1546年），世人，戦合（あざいすけまさ），戦人，日史（[没]天文11（1542）年1月6日），日人，百科，歴大（あざいすけまさ）

**浅井亮頼** あさいすけより，あざいすけより
戦国時代の武士。
¶戦人（生没年不詳），戦西（あざいすけより）

**浅井清蔵** あさいせいぞう
？ ～天正10（1582）年6月2日
戦国時代～安土桃山時代の織田信長の家臣。
¶織田

**浅井忠種** あざいただたね
戦国時代の武将。浅井氏家臣。
¶戦西

**浅井忠政** あざいただまさ
戦国時代の武将。浅井氏家臣。
¶戦西

**浅井田宮丸** あさいたみやまる
永禄12（1569）年？ ～天正12（1584）年3月6日
安土桃山時代の織田信長の家臣。
¶織田

**浅井長時** あさいながとき
？ ～天正12（1584）年

安土桃山時代の武将。織田氏家臣。
¶戦国，戦人

**浅井長門守** あざいながとのかみ
？ ～永禄2（1559）年
戦国時代の武将。浅井氏家臣。
¶戦西

**浅井長政** あさいながまさ，あざいながまさ
天文14（1545）年～天正1（1573）年
戦国時代の北近江の大名。浅井久政の子。織田信長の妹お市と政略結婚したが、のち越前朝倉氏と結び、信長と対立。1570年姉川の戦いで敗れ、のち小谷城で自殺。
¶朝日（[没]天正1年8月28日（1573年9月24日）），岩史（[没]天正1（1573）年8月28日），角史（あざいながまさ），京都，郷土滋賀，系西（あざいながまさ），国史，古中，コン改，コン4，滋賀百，史人（[没]1573年8月28日），重要（[没]天正1（1573）年8月28日），諸系（あざいながまさ），人書94，新潮（[没]天正1（1573）年8月28日），人名，世人（[没]天正1（1573）年8月28日），世百，戦合（あざいながまさ），戦国，全書，戦人，大百，伝記，日史（[没]天正1（1573）年8月28日），日人，百科，歴大（あざいながまさ）

**朝比奈源介** あさいなげんすけ
→朝比奈源介（あさひなげんすけ）

**朝夷平右衛門** あさいなへいうえもん
→朝夷平右衛門（あさいなへいえもん）

**朝夷平右衛門** あさいなへいえもん
[別]朝夷平右衛門《あさいなへいうえもん》
江戸時代前期の武士。里見氏家臣。
¶戦人（生没年不詳），戦東（あさいなへいうえもん）

**朝比奈泰能** あさいなやすよし
→朝比奈泰能（あさひなやすよし）

**朝夷名義秀**（朝比奈義秀） あさいなよしひで
→朝比奈義秀（あさひなよしひで）

**浅井久政** あさいひさまさ，あざいひさまさ
？ ～天正1（1573）年
戦国時代の北近江の大名。
¶朝日（[没]天正1年8月27日（1573年9月23日）），系西（あざいひさまさ　[生]1526年），国史，古中，コン改（[生]大永4（1524）年），コン4（[生]大永4（1524）年），史人（[生]1526年？　[没]1573年8月28日），諸系（あざいひさまさ），新潮（[生]大永5（1525）年？　[没]天正1（1573）年8月28日），人名（[生]1524年），戦合（あざいひさまさ），戦国，戦人，日史（[没]天正1（1573）年8月28日），日人，百科

**浅井備中守** あさいびっちゅうのかみ
生没年不詳
安土桃山時代の織田信長の家臣。
¶織田

**浅井秀信** あさいひでのぶ，あざいひでのぶ
戦国時代の武士。
¶戦人（生没年不詳），戦西（あざいひでのぶ）

**浅井政重** あさいまさしげ
安土桃山時代の武士。豊臣氏家臣。
¶戦国，戦人（生没年不詳）

**浅井政高** あさいまさたか
？ ～元和1（1615）年　[別]三好政高《みよしまさたか》，田尾茂右衛門《たおもえもん》
安土桃山時代～江戸時代前期の武士。豊臣氏家臣。
¶戦国（三好政高　みよしまさたか），戦国，戦人

**浅井政種** あざいまさたね
戦国時代の武将。浅井氏家臣。
¶戦西

**浅井政敏** あさいまさとし
戦国時代の武将、馬廻。今川氏家臣。
¶戦人（生没年不詳），戦東

**浅井政弘** あざいまさひろ
戦国時代の武将。浅井氏家臣。
¶戦西

**浅井道忠** あさいみちただ
生没年不詳
安土桃山時代の織田信長の家臣。
¶織田

**浅井山城守** あざいやましろのかみ
戦国時代の武将。浅井氏家臣。
¶戦西

**浅井大和守** あさいやまとのかみ，あざいやまとのかみ
戦国時代の武士。
¶戦人（生没年不詳），戦西（あざいやまとのかみ）

**浅井与九郎** あさいよくろう
生没年不詳
戦国時代の井田城主。
¶姓氏愛知

**浅尾数馬介** あさおかずまのすけ
？ ～承応2（1653）年
江戸時代前期の武将、陸奥二本松藩家老。
¶藩臣5

**安積覚兵衛** あさかかくべえ
安土桃山時代の武士。
¶人名，日人（生没年不詳）

**浅賀五郎左衛門** あさがごうざえもん
生没年不詳
安土桃山時代の武将。
¶戦人

**安積将監** あさかしょうげん
安土桃山時代の武士。
¶戦国，戦人（生没年不詳）

**安坂筑後守** あざかちくごのかみ
生没年不詳
安土桃山時代の武将。筑摩郡安坂村の安坂城城主。
¶姓氏長野

**浅川大和守** あさかわやまとのかみ
生没年不詳
安土桃山時代の武将。

¶戦人

**朝倉在重**　あさくらありしげ
天正11(1583)年～*
安土桃山時代～江戸時代前期の武将、江戸町奉行。
¶人名([没]1650年)，日人([没]1651年)

**朝倉一玄**　あさくらいちげん
生没年不詳
安土桃山時代の武士。
¶戦人

**朝倉右京進**　あさくらうきょうのじょう
→朝倉右京進(あさくらうきょうのしん)

**朝倉右京進**　あさくらうきょうのしん
[別]朝倉右京進《あさくらうきょうのじょう》
戦国時代の御馬廻衆。後北条氏家臣。
¶戦辞(あさくらうきょうのじょう　生没年不詳)，戦東

**朝倉氏景**　あさくらうじかげ
宝徳1(1449)年～*
室町時代～戦国時代の武士。
¶系西([没]1490年)，戦人([没]文明18(1486)年)

**朝倉右馬助**　あさくらうまのすけ
生没年不詳
戦国時代の武士。後北条氏家臣。
¶戦辞，戦人，戦東

**朝倉近江守**　あさくらおうみのかみ
生没年不詳
安土桃山時代の織田信長の家臣。
¶織田

**朝倉大炊助**　あさくらおおいのすけ
生没年不詳
安土桃山時代の織田信長の家臣。
¶織田

**朝倉景明**　あさくらかげあき
戦国時代の武将。朝倉氏家臣。
¶戦西

**朝倉景鏡**　あさくらかげあきら
？～天正2(1574)年　[別]朝倉信鏡《あさくらのぶあきら》
戦国時代～安土桃山時代の越前の武将。
¶朝日([没]天正2年4月14日(1574年5月4日))，織田([没]天正2(1574)年4月15日)，国書(朝倉信鏡　あさくらのぶあきら　[没]天正2(1574)年4月15日)，諸系，戦国，戦人，戦西，日人，福井百

**朝倉景高**　あさくらかげたか
戦国時代の武士。
¶戦人(生没年不詳)，戦西

**朝倉景隆**　あさくらかげたか
生没年不詳
戦国時代の武士。
¶戦辞，戦人，戦西

**朝倉景健**　あさくらかげたけ
？～天正3(1575)年
戦国時代～安土桃山時代の武士。
¶織田([没]天正3(1575)年8月16日)，戦国，戦人，戦西

**朝倉景紀**　あさくらかげただ
→朝倉景紀(あさくらかげとし)

**朝倉景伝**　あさくらかげただ
戦国時代の武将。朝倉氏家臣。
¶戦西

**朝倉景胤**　あさくらかげたね
？～天正3(1575)年8月
戦国時代～安土桃山時代の織田信長の家臣。
¶織田

**朝倉景綱**　あさくらかげつな
生没年不詳
戦国時代～安土桃山時代の武将。
¶織田，戦人，戦西

**朝倉景恒**　あさくらかげつね
？～元亀1(1570)年
戦国時代の武士。朝倉氏家臣。
¶戦国，戦人

**朝倉景連**　あさくらかげつら
？～元亀1(1570)年
戦国時代の武士。
¶戦人，戦西

**朝倉景紀**　あさくらかげとし
？～*　[別]朝倉景紀《あさくらかげただ》
戦国時代の武将。
¶戦人([没]元亀3(1573)年)，戦西(あさくらかげただ　[没]1572年)

**朝倉景豊**　あさくらかげとよ
？～文亀3(1503)年
戦国時代の武将。
¶戦人

**朝倉景総**　あさくらかげふさ
？～永正2(1505)年
戦国時代の武士。
¶戦人，戦西

**朝倉景冬**　あさくらかげふゆ
？～明応4(1495)年
室町時代～戦国時代の武将。
¶戦人，戦西

**朝倉景垙**　あさくらかげみつ
？～永禄7(1564)年
戦国時代の武将。朝倉氏家臣。
¶戦西

**朝倉景梁**　あさくらかげむね
戦国時代の武将。朝倉氏家臣。
¶戦西

**朝倉景職**　あさくらかげもと
戦国時代の武士。
¶戦人(生没年不詳)，戦西

**朝倉景盛**　あさくらかげもり
？～天正2(1574)年2月？

戦国時代〜安土桃山時代の武士。
¶織田，戦人（生没年不詳），戦西

**朝倉景泰** あさくらかげやす
生没年不詳
安土桃山時代の織田信長の家臣。
¶織田

**朝倉景行** あさくらかげゆき
？ 〜天正1（1573）年
戦国時代の武将。
¶戦人，戦西

**朝倉景儀** あさくらかげよし
戦国時代の武将。朝倉氏家臣。
¶戦西

**朝倉光玖** あさくらこうきゅう
永享12（1440）年〜明応3（1494）年
室町時代〜戦国時代の武士。
¶戦人，戦西（㊞？），福井百

**朝倉貞景** あさくらさだかげ
文明5（1473）年〜永正9（1512）年
戦国時代の越前の大名。
¶朝日（㊞永正9年3月25日（1512年4月11日）），
郷土福井，系西（㊞1518年），国史，古中，史人
（㊛1473年2月5日 ㊞1512年3月25日），諸系，
新潮（㊛文明5（1473）年2月5日 ㊞永正9
（1512）年3月25日），人名，姓氏石川，戦合，
戦人，日人，福井百

**朝倉駿河守** あさくらするがのかみ
生没年不詳
安土桃山時代の織田信長の家臣。
¶織田

**朝倉宗円** あさくらそうえん
生没年不詳
安土桃山時代の織田信長の家臣。
¶織田

**朝倉宗滴** あさくらそうてき
→朝倉教景(3)（あさくらのりかげ）

**朝倉孝景**(1) あさくらたかかげ
正長1（1428）年〜文明13（1481）年　㊟朝倉敏景
《あさくらとしかげ》，朝倉英林《あさくらえいり
ん》，朝倉教景《あさくらのりかげ》
室町時代〜戦国時代の越前の大名，家景の子。
¶朝日（㊞文明13年7月26日（1481年8月21日）），
岩史（㊞応永35（1428）年4月19日 ㊞文明13
（1481）年7月26日），角史，鎌室，郷土福井，
系西，国史，国書（㊞応永35（1428）年4月19日
㊞文明13（1481）年7月26日），古中，コン改，
コン4，茶道，史人（㊛1428年4月19日 ㊞1481
年7月26日），諸系，人情（朝倉敏景 あさくら
としかげ），新潮（㊛正長1（1428）年 ㊞
文明13（1481）年7月26日），人名（朝倉敏景
あさくらとしかげ），世人（朝倉敏景 あさく
らとしかげ ㊞文明13（1481）年7月26日），戦
合，全書，戦人，大百，日史（㊛1428（1428）
年4月19日 ㊞文明13（1481）年7月26日），日
人，百科（朝倉敏景 あさくらとしかげ），福井

百（あさくらたかかげ（えいりん）），歴大

**朝倉孝景**(2) あさくらたかかげ
明応2（1493）年〜天文17（1548）年　㊟朝倉宗淳
《あさくらそうじゅん》
戦国時代の越前の大名，貞景の子。
¶朝日（㊞天文17年3月22日（1548年4月30日）），
郷土福井，系西（㊞1546年），国史，古中，史人
（㊛1493年11月22日 ㊞1548年3月22日），諸
系，新潮（㊛明応2（1493）年11月22日 ㊞天文
17（1548）年3月22日），人名，姓氏石川，世人
（㊛天文17（1548）年3月22日），戦合，戦国，日
人，百科，福井百（あさくらたかかげ（そうじゅ
ん）），歴大

**朝倉高景** あさくらたかかげ
正和3（1314）年〜文中1/応安5（1372）年
南北朝時代の武将。越前守護代。
¶国史，古中，史人（㊞1372年5月2日），諸系，日
史（㊛正和2（1313）年？ ㊞応安5/文中1
（1372）年5月2日），日人

**朝倉経景** あさくらつねかげ
？ 〜延徳3（1491）年
室町時代〜戦国時代の武将。朝倉氏家臣。
¶戦西

**朝倉時景** あさくらときかげ
戦国時代の武将。朝倉氏家臣。
¶戦西

**朝倉敏景** あさくらとしかげ
→朝倉孝景(1)（あさくらたかかげ）

**朝倉信鏡** あさくらのぶあきら
→朝倉景鏡（あさくらかげあきら）

**朝倉宣正**（朝倉宣政） あさくらのぶまさ
天正1（1573）年〜寛永14（1637）年
安土桃山時代〜江戸時代前期の武将，大名。駿河
駿府藩主，遠江掛川藩主。
¶神奈川人，人名（朝倉宣政），姓氏静岡，日人，
藩主2（㊞寛永14（1637）年2月6日），藩臣4

**朝倉教景**(1) あさくらのりかげ
天授6/康暦2（1380）年〜寛正4（1463）年
室町時代の武将。孝景の祖父。
¶国史，古中，史人（㊞1463年7月19日），諸系，
戦人，日人

**朝倉教景**(2) あさくらのりかげ
戦国時代の武将。朝倉孝景の子。兄に殺された。
¶戦西

**朝倉教景**(3) あさくらのりかげ
文明6（1474）年〜弘治1（1555）年　㊟朝倉宗滴
《あさくらそうてき》
戦国時代の越前の武将。
¶朝日（朝倉宗滴 あさくらそうてき ㊞弘治1年
9月8日（1555年9月23日）），角史，郷土福井，
国史，国書（㊞弘治1（1555）年9月8日），古中，
コン改（㊞文明6（1474）年，（異説）1477年），コ
ン4（㊛文明6（1474）年，（異説）1477年），史人
（㊞1555年9月8日），諸系，新潮（㊞弘治1
（1555）年9月8日），人名（㊛1552年），姓氏石

川([生]1477年)，世人，戦合，戦国([生]1478年)，戦辞([生]文明9(1477)年　[没]弘治1年9月8日(1555年9月23日))，戦人([生]文明9(1477)年)，戦西([生]1477年)，日史([生]文明9(1477)年　[没]弘治1(1555)年9月8日)，日人，福井百(あさくらのりかげ(そうてき)　[生]文明9(1477)年)，歴大([生]1477年)

**朝倉広景** あさくらひろかげ
?　～正平7/文和1(1352)年
南北朝時代の武将。
¶郷土福井

**朝倉弘詮** あさくらひろのぶ
→陶弘詮(すえひろあき)

**朝倉平次郎** あさくらへいじろう
生没年不詳
戦国時代の武士。後北条氏家臣。
¶戦辞，戦人，戦東

**朝倉孫左衛門** あさくらまござえもん
戦国時代の武士。後北条氏家臣。
¶戦人(生没年不詳)，戦東

**朝倉政元** あさくらまさもと
天文15(1546)年～寛永6(1629)年
安土桃山時代～江戸時代前期の武士。豊臣氏家臣、徳川氏家臣。
¶戦国，戦辞(生没年不詳)，戦人

**朝倉又四郎** あさくらまたしろう
生没年不詳
戦国時代の武将、馬廻。
¶戦辞，戦人，戦東

**朝倉元景** あさくらもとかげ
?　～永正2(1505)年
戦国時代の武将。
¶諸系，人名，日人

**朝倉義景** あさくらよしかげ
天文2(1533)年～天正1(1573)年　[別]朝倉延景《あさくらのぶかげ》
戦国時代の越前の大名。
¶朝日([没]天正1年8月22日(1573年9月18日))，岩史([生]天文2(1533)年9月24日　[没]天正1(1573)年8月20日)，角史，郷土福井，系西，国史，国書([生]天文2(1533)年9月24日　[没]天正1(1573)年8月20日)，古中，コン改，コン4，茶道，史人([生]1533年9月24日　[没]1573年8月20日)，重要([没]天正1(1573)年8月20日)，諸系，人書94，新潮([生]天文2(1533)年9月24日　[没]天正1(1573)年8月20日)，人名，姓氏石川，世人([没]天正1(1573)年8月20日)，世百，戦合，戦国，戦辞([生]天文2年9月24日(1533年10月12日)　[没]天正1年8月20日(1573年8月17日))，全書，戦人，大百，日史([生]天文2(1533)年9月24日　[没]天正1(1573)年8月20日)，日人，百科，福井百，歴大

**朝倉与四郎** あさくらよしろう
生没年不詳
戦国時代の北条氏の家臣。
¶戦辞

**朝倉与三** あさくらよぞう
生没年不詳
安土桃山時代の織田信長の家臣。
¶織田

**朝日郎** あさけのいらつこ
上代の豪族。
¶古代，日人

**浅田左門** あさださもん
天正6(1578)年～?
安土桃山時代～江戸時代前期の肥前大村藩家老。
¶藩臣7

**浅沼甲斐** あさぬまかい
戦国時代の武将。
¶戦人(生没年不詳)，戦東

**浅沼又兵衛** あさぬままたべえ
安土桃山時代の備前国の武士。
¶岡山歴

**浅野伊勢守** あさのいせのかみ
生没年不詳
安土桃山時代～江戸時代前期の武士。浅野家の家臣。
¶和歌山人

**朝野意泉** あさのいせん
生没年不詳
安土桃山時代の織田信長の家臣。
¶織田

**浅野越後守** あさのえちごのかみ
生没年不詳
安土桃山時代～江戸時代前期の武士。浅野家の家臣。
¶和歌山人

**浅野大炊助** あさのおおいのすけ
安土桃山時代の武将。秀吉馬廻。
¶戦国，戦人(生没年不詳)

**浅野久右衛門** あさのきゅうえもん
安土桃山時代の武士。小笠原氏家臣。
¶戦人(生没年不詳)，戦東

**浅野左衛門佐** あさのさえもんのすけ
?　～元和5(1619)年
安土桃山時代～江戸時代前期の浅野家老。
¶和歌山人

**朝野十郎左衛門** あさのじゅうろうざえもん
生没年不詳
安土桃山時代の織田信長の家臣。
¶織田

**浅野勝左衛門** あさのしょうざえもん
安土桃山時代の武将、浅野長政の一族。
¶青森人

**浅野摂津守** あさのせっつのかみ
生没年不詳
安土桃山時代～江戸時代前期の武士。浅野家の家臣。

¶和歌山人

**浅野高勝** あさのたかかつ
天文7(1538)年～慶長18(1613)年
安土桃山時代～江戸時代前期の安芸広島藩士。
¶人名([生]1536年), 日人, 藩臣6, 和歌山人

**浅野忠長** あさのただなが
文禄1(1592)年～万治3(1660)年
江戸時代前期の武士、広島藩家老。
¶日人

**浅野忠吉** あさのただよし
天文16(1547)年～元和7(1621)年
安土桃山時代～江戸時代前期の武士。織田氏家臣、浅野氏家臣。
¶コン改, コン4, 人名, 戦国, 戦人([生]天文15(1546)年), 日人, 藩臣6, 和歌山人

**浅野知近** あさのともちか
？ ～元和5(1619)年
安土桃山時代～江戸時代前期の安芸広島藩家老。
¶藩臣6

**浅野長晟** あさのながあきら
天正14(1586)年～寛永9(1632)年
安土桃山時代～江戸時代前期の大名。紀伊和歌山藩主、備中足守藩主、安芸広島藩主。
¶朝日([没]寛永9年9月3日(1632年10月16日)), 岡山歴([没]寛永9(1632)年9月3日), 郷土和歌山([生]1585年), 近世, 国史, コン改([没]元和3(1617)年), コン4, 茶道, 史人([没]1632年9月3日), 諸系, 新潮([没]寛永9(1632)年9月3日), 人名, 世人([没]寛永9(1632)年9月3日), 戦合, 戦国([生]1580年 [没]1617年), 戦人, 日人, 藩主3, 藩主4, 藩主4([生]天正11(1586)年1月28日 [没]寛永9(1632)年9月3日), 広島百([生]天正14(1586)年1月13日 [没]寛永9(1632)年9月3日), 和歌山人

**浅野長勝** あさのながかつ
？ ～天正3(1575)年9月10日？
戦国時代～安土桃山時代の織田信長の家臣。
¶織田, 姓氏愛知(生没年不詳)

**浅野長重** あさのながしげ
天正16(1588)年～寛永9(1632)年
安土桃山時代～江戸時代前期の大名。下野真岡藩主、常陸真壁藩主、常陸笠間藩主。
¶茨城百, 茶道, 諸系, 人名, 戦国, 戦人, 栃木歴, 日人, 藩主1, 藩主2([没]寛永9(1632)年9月3日), 藩主2

**浅野長政** あさのながまさ
天文16(1547)年～慶長16(1611)年 [別]浅野長吉《あさのながよし》
安土桃山時代～江戸時代前期の武将、大名。甲斐甲府藩主、常陸真壁藩主。五奉行の一人。
¶愛知百, 朝日([没]慶長16年4月7日(1611年5月19日)), 岩史([没]慶長16(1611)年4月7日), 岩手百([生]1546年), 織田(浅野長吉 あさのながよし [没]慶長16(1611)年4月7日), 角史, 京都(あさのながまさ(よし) [生]天文13(1544)年), 京都大([生]天文13(1544)年), 近世, 国史, 古中, コン改([生]天文13(1544)年), コン4, 茶道([生]1544年), 滋賀百, 史人([没]1611年4月7日), 重要([生]天文13(1544)年 [没]慶長16(1611)年4月7日), 諸系, 新潮([没]慶長16(1611)年4月7日), 人名, 姓氏愛知, 姓氏岩手, 姓氏京都([生]1544年), 世人([生]天文13(1544)年 [没]慶長16(1611)年4月7日), 世百, 戦合, 戦国([生]1548年), 戦辞([没]慶長16年4月7日(1611年5月19日)), 全書, 戦人, 戦西([生]1548年), 大百, 日史([没]慶長16(1611)年4月7日), 日人, 藩主2([生]天文13(1544)年), 藩主2([没]慶長16(1611)年4月7日), 百科, 福井百(浅野長吉 あさのながよし), 山梨百([没]慶長16(1611)年4月7日), 歴大

**浅野長吉** あさのながよし
→浅野長政(あさのながまさ)

**浅野日向守** あさのひゅうがのかみ
生没年不詳
安土桃山時代～江戸時代前期の武士。浅野家の家臣。
¶和歌山人

**浅野正勝** あさのまさかつ
安土桃山時代の武士。浅野氏家臣。
¶戦人(生没年不詳), 戦補

**浅野山城守** あさのやましろのかみ
？ ～慶長17(1612)年
安土桃山時代～江戸時代前期の浅野家臣。
¶和歌山人

**浅野良重** あさのよししげ
江戸時代前期の武士。浅野氏歴代の家臣。大坂の陣で活躍。
¶戦国, 戦人(生没年不詳)

**浅野吉時** あさのよしとき
？ ～元和5(1619)年
安土桃山時代～江戸時代前期の浅野家臣。
¶和歌山人

**浅野幸長** あさのよしなが
天正4(1576)年～慶長18(1613)年
安土桃山時代～江戸時代前期の大名。甲斐甲府藩主、紀伊和歌山藩主。
¶朝日([没]慶長18年8月25日(1613年10月9日)), 岩史([没]慶長18(1613)年8月25日), 角史, 郷土和歌山, 近世, 国史, 国書([没]慶長18(1613)年8月25日), 古中, コン改, コン4, 茶道, 史人([没]1613年8月25日), 諸系, 新潮([没]慶長18(1613)年8月25日), 人名, 世人([没]慶長18(1613)年8月25日), 戦合, 戦国, 全書, 戦人, 大百, 日史([没]慶長18(1613)年8月25日), 日人, 藩主2, 藩主3([没]慶長18(1613)年8月25日), 百科, 山梨百([没]慶長18(1613)年8月25日), 歴大, 和歌山人

**浅羽宗信** あさばむねのぶ
生没年不詳
平安時代後期～鎌倉時代前期の武士・浅羽荘司。
¶静岡百, 静岡歴, 姓氏静岡, 平史

麻原助六　あさはらすけろく
　戦国時代の武将。毛利元臣の臣。
　¶人名，日人（生没年不詳）

浅原為頼　あさはらためより，あさばらためより
　？　～正応3（1290）年
　鎌倉時代後期の武士。甲斐源氏小笠原の一族。
　¶朝日（㉒正応3年3月9日（1290年4月19日）），岩
　史（㉒正応3（1290）年3月9日），鎌室，国史，古
　中，コン改，コン4，史人（㉒1290年3月9日），
　新潮（㉒正応3（1290）年3月9日），人名，姓氏京
　都，世人（㉒正応3（1290）年3月10日），世氏，
　全書，大百，日史（㉒正応3（1290）年3月9日），
　日人，百科，山梨百（あさばらためより），歴大

浅原主殿助　あさはらとのものすけ
　戦国時代の遠江高薗城城主。
　¶姓氏静岡

浅井充秀　あさいあつひで
　？　～文禄4（1595）年7月
　戦国時代～安土桃山時代の織田信長の家臣。
　¶織田

朝日左衛門　あさひさえもん
　？　～天正16（1588）年
　戦国時代～安土桃山時代の武将。飯詰高楯城最後
　の城主。
　¶青森人

朝日受永　あさひじゅえい
　天文18（1549）年～慶長8（1603）年　㊿朝日近路
　《あさひちかみち》
　戦国時代～江戸時代前期の武士，旗本。
　¶埼玉人（朝日近路　あさひちかみち　�天文18
　（1549）年11月5日　㉒慶長8（1603）年7月28
　日），姓氏長野（㉒1639年），長野歴

朝日千助　あさひせんすけ
　永禄6（1563）年～寛永18（1641）年
　安土桃山時代～江戸時代前期の武将。
　¶長野歴

朝日丹波(1)　あさひたんば
　生没年不詳
　安土桃山時代～江戸時代前期の信濃松本藩士。
　¶姓氏長野，藩臣3

朝日丹波(2)　あさひたんば
　→朝日丹波重政（あさひたんばしげまさ）

朝日丹波重政　あさひたんばしげまさ
　弘治2（1556）年～寛永18（1641）年　㊿朝日丹波
　《あさひたんば》
　戦国時代～江戸時代前期の松江藩家老。
　¶島根百（生没年不詳），島根歴，藩臣5（朝日丹
　波　あさひたんば）

朝日近路　あさひちかみち
　→朝日受永（あさひじゅえい）

朝比奈和泉守　あさひないずみのかみ
　戦国時代の武将。今川氏家臣。
　¶戦東

朝比奈右衛門尉　あさひなうえもんのじょう
　㊿朝比奈右衛門尉《あさひなえもんのじょう》
　戦国時代の武将。後北条氏家臣。
　¶戦辞（あさひなえもんのじょう　生没年不詳），
　戦東

朝比奈氏泰　あさひなうじやす
　生没年不詳
　戦国時代の武士。今川氏家臣。
　¶戦辞，戦人，戦東

朝比奈右衛門尉　あさひなえもんのじょう
　→朝比奈右衛門尉（あさひなうえもんのじょう）

朝比奈源介　あさひなげんすけ
　㊿朝比奈源介《あさいなげんすけ》
　江戸時代前期の武士。里見氏家臣。
　¶戦人（生没年不詳），戦東（あさいなげんすけ）

朝比奈玄長　あさひなげんちょう
　生没年不詳
　戦国時代の今川氏の家臣。
　¶戦辞

朝比奈監物　あさひなけんもつ
　戦国時代の武将。武田家臣。駿河先方衆。
　¶姓氏山梨

朝比奈讃岐　あさひなさぬき
　戦国時代の武士。最上氏家臣。
　¶戦人（生没年不詳），戦東

朝比奈真定　あさひなさねさだ
　？　～天正9（1581）年
　戦国時代～安土桃山時代の武田家臣。真重の次男。
　¶姓氏山梨

朝比奈真重　あさひなさねしげ
　？　～文禄3（1594）年
　戦国時代の駿河国の武将。
　¶姓氏山梨，戦辞（生没年不詳）

朝比奈真次　あさひなさねつぐ
　→朝比奈真次（あさひなまさつぐ）

朝比奈真直　あさひなさねなお
　＊～元和7（1621）年
　戦国時代の徳川家の家臣。
　¶神奈川人，姓氏神奈川（㊞1552年），姓氏山梨
　（㊞？），戦辞（生没年不詳）

朝比奈三郎　あさひなさぶろう
　鎌倉時代前期の武士。
　¶大百

朝比奈十左衛門　あさひなじゅうざえもん
　戦国時代の武将。今川氏家臣。のち家康に仕えた。
　¶戦東

朝比奈摂津守　あさひなせっつのかみ
　生没年不詳
　戦国時代の今川氏の家臣。
　¶戦辞

朝比奈惣左衛門　あさひなそうざえもん
　→朝比奈泰勝（あさひなやすかつ）

あ

**朝比奈太郎** あさひなたろう
戦国時代の武将。今川氏家臣。
¶戦東

**朝比奈太郎右衛門尉** あさひなたろうえもんのじょう
戦国時代の武将。今川氏家臣。
¶戦東

**朝比奈親貞** あさひなちかさだ
生没年不詳
戦国時代の今川氏の家臣。
¶戦辞

**朝比奈親孝** あさひなちかたか
戦国時代の武将。今川氏家臣。
¶戦辞（生没年不詳），戦東

**朝比奈親徳** あさひなちかのり
戦国時代の武将。今川氏家臣。
¶戦辞（生没年不詳），戦東

**朝比奈綱堯** あさひなつなたか
生没年不詳
戦国時代の北条氏の家臣。
¶戦辞

**朝比奈輝勝** あさひなてるかつ
戦国時代の武将。今川氏家臣。
¶戦辞（生没年不詳），戦東

**朝比奈時茂** あさひなときしげ
戦国時代の武将。今川氏家臣。
¶戦辞（生没年不詳），戦東

**朝比奈俊永** あさひなとしなが
戦国時代の武将。今川氏家臣。
¶戦東

**朝比奈長門守** あさひなながとのかみ
戦国時代の武将。今川氏家臣。
¶戦東

**朝日奈信置**（朝比奈信置） あさひなのぶおき
*～天正10（1582）年
戦国時代～安土桃山時代の武将。今川氏家臣、武田氏家臣。
¶姓氏静岡（朝比奈信置　㊐1528年），姓氏山梨（朝比奈信置　㊐？），戦辞（朝比奈信置　㊐？），戦人（㊐享禄1（1528）年），戦東（㊐1528年），戦補（㊐1529年）

**朝比奈信良** あさひなのぶよし
？　～天正10（1582）年
戦国時代～安土桃山時代の武田家臣。兵衛大夫。信置の長男。
¶姓氏山梨

**朝比奈兵衛尉** あさひなひょうえのじょう
戦国時代の武将。後北条氏家臣。
¶戦東

**朝比奈芳線** あさひなほうせん
戦国時代の武将。今川氏家臣。
¶戦辞（生没年不詳），戦東

**朝比奈孫一郎** あさひなまごいちろう
生没年不詳
戦国時代の今川氏の家臣。
¶戦辞

**朝比奈孫十郎** あさひなまごじゅうろう
戦国時代の地頭。今川氏家臣。
¶戦東

**朝日奈孫太郎**（朝比奈孫太郎） あさひなまごたろう
生没年不詳
戦国時代の武士。後北条氏家臣。
¶戦辞（朝比奈孫太郎），戦人，戦東

**朝比奈昌是** あさひなまさこれ
？　～天正3（1575）年
戦国時代～安土桃山時代の武田家臣。天正3年長篠の戦にて討死。
¶姓氏山梨

**朝比奈昌親** あさひなまさちか
？　～慶長7（1602）年
戦国時代の徳川氏の家臣。
¶姓氏山梨，戦辞（生没年不詳）

**朝比奈真次** あさひなまさつぐ
生没年不詳　㊊朝比奈真次《あさひなさねつぐ》
戦国時代の武将。今川氏家臣。
¶戦辞（あさひなさねつぐ），戦人，戦東

**朝比奈又太郎** あさひなまたたろう
生没年不詳
戦国時代の今川氏の家臣。
¶戦辞

**朝比奈又八郎** あさひなまたはちろう
生没年不詳
戦国時代の今川氏の重臣。
¶戦辞

**朝比奈宗利** あさひなむねとし
？　～正保4（1647）年
安土桃山時代～江戸時代前期の武士、武田・徳川の家臣。清三郎・左近。信置の三男。
¶姓氏山梨

**朝比奈元智** あさひなもととも
？　～天正9（1581）年
安土桃山時代の武士。今川氏家臣。
¶戦辞（生没年不詳），戦人，戦東

**朝比奈元永** あさひなもとなが
戦国時代の武将。武田家臣。右京。信置の次男。
¶姓氏山梨

**朝比奈元長** あさひなもとなが
？　～永禄9（1566）年
戦国時代の武士。今川氏家臣。
¶姓氏静岡，戦人，戦東

**朝比奈元徳** あさひなもとのり
？　～永禄12（1569）年2月5日
戦国時代の武将。今川氏家臣。
¶戦辞，戦東

**朝比奈主水佐** あさひなもんどのすけ
戦国時代の武将。今川氏家臣。
¶戦東

**朝比奈泰雄** あさひなやすお
天文11（1542）年～元和3（1617）年
安土桃山時代～江戸時代前期の水戸藩士。
¶藩臣2

**朝比奈康勝** あさひなやすかつ
安土桃山時代の武将。後北条氏家臣。
¶戦東

**朝比奈泰勝** あさひなやすかつ
天文16（1547）年～寛永10（1633）年 [別]朝比奈惣左衛門《あさひなそうざえもん》，朝比奈泰倫《あさひなやすつぐ》
安土桃山時代の武士。今川氏家臣、徳川氏家臣。
¶戦辞，戦人（生没年不詳），戦東，藩臣5（朝比奈惣左衛門 あさひなそうざえもん），和歌山人（朝比奈泰倫 あさひなやすつぐ）

**朝比奈安定** あさひなやすさだ
生没年不詳
戦国時代の駿河国の武士。
¶戦辞

**朝比奈泰栄** あさひなやすしげ
～慶長20（1615）年1月10日 [別]朝比奈泰栄《あさひなやすひで》
戦国時代の武士。
¶大阪墓（あさひなやすひで），人名，日人（生没年不詳）

**朝比奈泰重** あさひなやすしげ
？ ～天正3（1575）年
戦国時代～安土桃山時代の武田家臣。泰友の子。
¶姓氏山梨

**朝比奈泰澄** あさひなやすずみ
天正7（1579）年～元和3（1617）年
安土桃山時代の武士。
¶人名，日人

**朝比奈泰忠** あさひなやすただ
戦国時代の武将。今川氏家臣。
¶戦東

**朝比奈泰倫** あさひなやすつぐ
→朝比奈泰勝（あさひなやすかつ）

**朝比奈泰朝** あさひなやすとも
？ ～天正10（1582）年
安土桃山時代の武将。今川氏家臣。
¶姓氏静岡，戦辞（生没年不詳），戦人（生没年不詳），戦東

**朝比奈泰友** あさひなやすとも
？ ～永禄4（1561）年
戦国時代～安土桃山時代の武田家臣。左京進。
¶姓氏山梨

**朝比奈泰長** あさひなやすなが
？ ～永禄5（1562）年
戦国時代の武将。今川氏家臣。
¶戦人，戦東

**朝比奈泰栄** あさひなやすひで
→朝比奈泰栄（あさひなやすしげ）

**朝比奈泰熙**（朝比奈泰煕） あさひなやすひろ
？ ～永正9（1512）年
戦国時代の武将。今川氏家臣。
¶姓氏静岡，戦辞（朝比奈泰煕 [没]永正8年1月1日（1511年1月30日）），戦人，戦東

**朝比奈泰光** あさひなやすみつ
生没年不詳
戦国時代の遠江国の武士。
¶戦辞

**朝比奈泰充** あさひなやすみつ
戦国時代の武将。今川氏家臣。
¶戦東

**朝比奈泰以** あさひなやすもち
？ ～永正15（1518）年
戦国時代の武士。今川氏家臣。
¶戦辞（生没年不詳），戦人，戦東

**朝比奈泰之** あさひなやすゆき
生没年不詳
戦国時代の北条氏の家臣。
¶戦辞

**朝比奈泰能** あさひなやすよし
？ ～弘治3（1557）年 [別]朝比奈泰能《あさいなやすよし》
戦国時代の武将。
¶静岡百，静岡歴，人名，姓氏静岡，戦国（あさいなやすよし），戦辞（生没年不詳），戦人，戦東，日人

**朝比奈泰寄** あさひなやすより
生没年不詳
戦国時代の北条氏の家臣。
¶戦辞

**朝比奈弥太郎** あさひなやたろう
天文14（1545）年～？
戦国時代の武将。今川氏家臣。
¶人名，戦東

**朝比奈吉周** あさひなよしちか
戦国時代の武将。今川氏家臣。
¶戦東

**朝比奈吉俊** あさひなよしとし
戦国時代の武将。今川氏家臣。
¶戦東

**朝比奈義秀** あさひなよしひで
安元2（1176）年～？ [別]朝夷名義秀《あさいなよしひで》，朝比奈義秀《あさいなよしひで》，和田義秀《わだよしひで》
鎌倉時代前期の武士。
¶朝日，岩史（[生]安元2（1176）年？），神奈川人（朝夷名義秀 あさいなよしひで），鎌室（和田義秀 わだよしひで 生没年不詳），国史（あさいなよしひで），古中（あさいなよしひで），コン改（生没年不詳），コン4（生没年不詳），史人（生没年不詳），諸系，新潮，人名，世人（生没年不詳），世百，全書（生没年不詳），日史（[生]安元2（1176）年？），日人，百科（[生]安元2（1176）年？），歴大

**朝日孫八郎** あさひまごはちろう
? 〜永禄12(1569)年
戦国時代の武将。信長馬廻。
¶織田([没]永禄12(1569)年9月8日), 戦人, 戦補

**字兵衛太郎** あざひょうえたろう
鎌倉時代の御家人。
¶岡山歴

**朝日頼清** あさひよりきよ
生没年不詳
鎌倉時代前期の武将。大野荘の本領を持ち、八条院判官代を務めた。
¶姓氏愛知

**朝見伊賀守** あさみいがのかみ
戦国時代〜安土桃山時代の武将。後北条氏家臣。
¶戦人(生没年不詳), 戦東

**阿佐見伊勢守** あさみいせのかみ
戦国時代の秩父郡下日野沢の武士。
¶埼玉百

**朝見景治** あさみかげはる
? 〜天正14(1586)年
安土桃山時代の武士。
¶戦人

**浅見紀伊守** あさみきいのかみ
戦国時代の武士。
¶戦人(生没年不詳), 戦西

**浅見新右衛門尉** あさみしんえもんのじょう
戦国時代の武士。
¶戦人(生没年不詳), 戦西

**浅見清太夫** あさみせいだゆう
戦国時代の武将。武田家臣。はじめ両角昌守の同心、元亀元年からは一条信竜の同心。
¶姓氏山梨

**浅見大学助** あさみだいがくのすけ
戦国時代の武士。
¶戦人(生没年不詳), 戦西

**浅見対馬守** あさみつしまのかみ
生没年不詳
戦国時代の武士。
¶織田, 戦人, 戦西

**浅見藤右衛門** あさみとうえもん
安土桃山時代〜江戸時代前期の武士。京極氏家臣、豊臣氏家臣。
¶戦国, 戦人(生没年不詳)

**浅見俊孝** あさみとしたか
? 〜永正15(1518)年
戦国時代の武士。京極高峯の臣。
¶人名, 日人

**朝山景連** あさやまかげつら
生没年不詳
南北朝時代の備後国守護、神門郡朝山郷地頭。
¶島根歴

**浅山三左衛門** あさやまさんざえもん
天正14(1586)年〜承応1(1652)年
安土桃山時代〜江戸時代前期の武士、肥前平戸藩家老。
¶藩臣7

**浅山次兵衛** あさやまじへえ
? 〜寛永14(1637)年
江戸時代前期の武士。紀州藩士。
¶和歌山人

**朝山条就** あさやまじょうしゅう
南北朝時代の武士。
¶岡山人

**朝山利綱** あさやまとしつな
生没年不詳
戦国時代の武士。
¶島根歴, 戦人, 戦西

**朝山紀次** あさやまのりつぐ
生没年不詳
平安時代後期の在庁朝山家の一族。
¶平史

**浅山備後守** あさやまびんごのかみ
南北朝時代の武将。
¶岡山歴

**朝山義景** あさやまよしかげ
生没年不詳
南北朝時代の幕府方武士、出雲国在国司。
¶島根歴

**浅利勝頼** あさりかつより
? 〜天正11(1583)年
安土桃山時代の地方豪族・土豪。
¶戦人

**浅利牛欄**(浅利牛蘭) あさりぎゅうらん
天文12(1543)年〜慶長18(1613)年
安土桃山時代〜江戸時代前期の武将、鷹匠。浅利氏の家臣・八木橋城主。のち織田信高、蒲生氏郷に仕え、出羽秋田藩士。
¶国書(浅利牛蘭　[没]慶長18(1613)年1月25日), 人名, 日人

**浅利伝兵衛** あさりでんべえ
生没年不詳
安土桃山時代〜江戸時代前期の武士。浅利氏家臣。
¶戦人

**浅利虎在** あさりとらあり
生没年不詳
戦国時代の甲斐武田信虎・武田晴信の家臣。
¶戦辞

**浅利信種** あさりのぶたね
? 〜永禄12(1569)年
戦国時代の武将。武田氏家臣。
¶姓氏山梨, 戦辞([没]永禄12年10月6日(1569年11月14日)), 戦人, 戦東, 山梨百([没]永禄12(1569)年10月6日)

**浅利則頼** あさりのりより
? 〜天文19(1550)年
戦国時代の武将。

¶戦人

**浅利彦次郎** あさりひこじろう
戦国時代の武将。武田家臣。信種の子。
¶姓氏山梨

**浅利与一** あさりよいち
久安5(1149)年〜承久3(1221)年
平安時代後期〜鎌倉時代前期の武士。
¶日人，山梨百

**浅利義遠** あさりよしとお
鎌倉時代前期の武士。
¶人名

**足利有綱** あしかがありつな
生没年不詳
平安時代後期の武士。足利家綱の七男。
¶栃木百

**足利安王丸** あしかがあんおうまる
→足利安王丸(あしかがやすおうまる)

**足利家氏** あしかがいえうじ
→斯波家氏(しばいえうじ)

**足利家国** あしかがいえくに
生没年不詳
戦国時代の古河公方の一族。
¶戦辞

**足利家時** あしかがいえとき
鎌倉時代後期の武将。足利尊氏の祖父。
¶朝日(生没年不詳)，岩史(生没年不詳)，角史(生没年不詳)，鎌室(生没年不詳)，国史(生没年不詳)，古中(生没年不詳)，コン改([生]？ [没]正応2(1289)年？)，コン4([生]？ [没]正応2(1289)年？)，史人(生没年不詳)，諸系(生没年不詳)，新潮(生没年不詳)，人名([生]1283年 [没]1317年)，姓氏宮城([生]？ [没]1284年)，世人([生]弘安6(1283)年 [没]文保1(1317)年)，全書(生没年不詳)，大百([生]1283年 [没]1317年)，栃木歴，日史([生]正嘉2(1258)年？ [没]弘安7(1284)年？)，日人(生没年不詳)，百科([生]正嘉2(1258)年？ [没]弘安7(1284)年？)，北条([生]建長3(1251)年 [没]弘安8(1285)年)，歴大(生没年不詳)

**足利家長** あしかがいえなが
？ 〜延元2/建武4(1337)年
鎌倉時代後期の武将。
¶人名

**足利氏経** あしかがうじつね
→斯波氏経(しばうじつね)

**足利氏姫** あしかがうじひめ
→足利氏姫(あしかがのうじひめ)

**足利氏満** あしかがうじみつ
正平14/延文4(1359)年〜応永5(1398)年
南北朝時代〜室町時代の第2代の鎌倉公方。鎌倉公方初代基氏の子。
¶朝日([没]応永5年11月4日(1398年12月12日))，神奈川人，神奈川百，鎌倉，鎌室，国史，古中，コン改，コン4，埼玉人，埼玉百([生]1358年)，史人([没]1398年11月4日)，諸系，新潮([没]応永5(1398)年11月4日)，人名，姓氏神奈川，世人([没]応永5(1398)年11月4日)，世百，全書，大百，栃木歴，日史([没]応永5(1398)年11月4日)，日人，百科，歴大

**足利義昭** あしかがぎしょう
応永12(1405)年？ 〜嘉吉1(1441)年 [別]義昭《ぎしょう》
室町時代の僧、武将。6代将軍足利義教の異母弟。謀反して自刃。
¶朝日([生]応永11(1404)年 [没]嘉吉1年3月13日(1441年4月4日))，鎌室，諸系(義昭 ぎしょう)，新潮([没]嘉吉1(1441)年3月13日)，人名([生]？)，日人，宮崎百([生]応永1(1394)年)

**足利国朝** あしかがくにとも
→喜連川国朝(きつれがわくにとも)

**足利貞氏** あしかがさだうじ
文永10(1273)年〜元弘1/元徳3(1331)年
鎌倉時代後期の武将。
¶朝日([没]元徳3/元弘1年9月6日(1331年10月8日))，神奈川人，鎌倉，鎌室，国史，古中，コン改，コン4，史人([没]1331年9月5日)，諸系，新潮([没]元徳3/元弘1(1331)年9月5日)，人名，大百，栃木歴([生]文永10(1273)年？)，日史([没]元弘1(1331)年9月5日)，日人，北条，歴大

**足利成氏** あしかがしげうじ
永享6(1434)年〜明応6(1497)年 [別]永寿王《えいじゅおう》，永寿王丸《えいじゅおうまる》
室町時代〜戦国時代の初代の古河公方。鎌倉公方4代持氏の四男。
¶朝日([没]明応6年9月30日(1497年10月25日))，茨城百([生]？)，岩史([没]明応6(1497)年9月30日)，角史([生]永享10(1438)年？)，神奈川人，鎌倉，鎌室([生]永享10(1438)年)，郷土茨城，郷土栃木，群馬人([生]永享10(1438)年)，系東([生]1431年)，国史([生]1438年)，古中([生]1438年)，コン改，コン4，埼玉人([生]不詳 [没]明応6(1497)年9月30日)，埼玉百(永寿王 えいじゅおう)，埼玉百，史人([生]1434年？ [没]1497年9月30日)，重要([没]明応6(1497)年9月30日)，諸系([生]1434年，(異説)1438年)，新潮([没]明応6(1497)年9月30日)，人名，姓氏神奈川([生]1438年)，世人([没]明応6(1497)年9月30日)，世百，戦合([生]1438年)，戦辞([生]永享3(1431)年 [没]明応6年9月30日(1497年10月25日))，全書，戦人([生]永享10(1438)年)，大百，千葉百([生]永享10(1438)年)，栃木歴([生]永享10(1438)年)，長野歴(永寿王 えいじゅおう)，日史([没]明応6(1497)年9月30日)，日人([生]1434年，(異説)1438年)，百科，歴大

**足利春王丸** あしかがしゅんおうまる
→足利春王丸(あしかがはるおうまる)

**足利尊氏**(足利高氏) あしかがたかうじ
嘉元3(1305)年〜正平13/延文3(1358)年 [別]尊氏〔足利家(絶家)〕《たかうじ》，等持院《とうじいん》，等持院殿《とうじいんどの》
鎌倉時代後期〜南北朝時代の室町幕府初代の将軍(在職1338〜1358)。足利貞氏の子。母は上杉清

子、妻は赤橋登子。元弘の変で幕命により上洛する途中、北条氏に反旗を翻し、六波羅探題を攻略。建武新政では勲功第一とされたが、後に離反して持明院統の皇系を擁して後醍醐天皇と対立し南北朝時代を招いた。北朝のもと室町幕府を開き初代将軍となる。

¶朝日（[没]延文3/正平13年4月30日（1358年6月7日）），岩史（[没]延文3（1358）年4月30日），江戸東，角史，神奈川人，鎌倉，鎌室，京都，京都大，郷土栃木（[生]1303年），京都府，公卿（[没]正平13（1358）年4月30日），公家（尊氏〔足利家（絶家）〕　たかうじ　[生]1305年　[没]延文3年4月30日），芸能（[没]延文3（1358）年4月30日），国史，国書（[没]延文3（1358）年4月30日），古中，コン改，コン4，埼玉人（[没]正平13/延文3（1358）年4月20日），史人（[没]1358年4月30日），静岡百，静岡歴，重要（[没]正平13/延文3（1358）年4月30日），諸系，人書94，新潮（[没]延文3/正平13（1358）年4月30日），人名（足利高氏），姓氏神奈川，姓氏京都，世人（[没]正平13/延文3（1358）年4月30日），世百，全書，大百，多摩，伝記，栃木歴，長野歴，日史（[没]延文3/正平13（1358）年4月30日），日人，百科，兵庫百，福岡百，仏教（[没]延文3/正平13（1358）年4月30日），北条，歴大

**足利高経**　あしかがたかつね

→斯波高経（しばたかつね）

**足利高基**　あしかがたかもと

？　～天文4（1535）年

戦国時代の第3代の古河公方。古河公方2代政氏の長男。

¶朝日（[生]文明17（1485）年？　[没]天文4年10月8日（1535年11月3日）），系東（[生]1483年？），国史，古中，コン改（[没]天文8（1539）年，（異説）1535年），コン4（[没]天文8（1539）年，（異説）1535年），埼玉人（[没]天文4（1535）年6月8日），埼玉百，史人（[没]1535年6月8日），諸系，新潮（[没]天文4（1535）年6月8日），人名，世人（[生]文明17（1485）年），戦合，戦辞（[没]天文4年10月8日（1535年11月8日）），戦人，千葉百，栃木歴，日史（[生]文明17（1485）年？　[没]天文4（1535）年10月8日），日人

**足利高義**　あしかがたかよし

生没年不詳

鎌倉時代後期の武士。

¶北条

**足利忠綱**　あしかがただつな

長寛2（1164）年～？　[別]藤原忠綱《ふじわらのただつな》

平安時代後期の武将。

¶朝日（生没年不詳），鎌室（生没年不詳），郷土栃木（[没]1190年），国史（生没年不詳），古中（生没年不詳），コン改（生没年不詳），コン4（生没年不詳），史人（生没年不詳），新潮（生没年不詳），人名，世人，栃木百（[生]長寛6（1163）年），栃木歴，日史（[生]長寛2（1164）年？），日人，百科（[生]長寛2（1164）年？），平史（藤原忠綱　ふじわらのただつな）

**足利直冬**　あしかがただふゆ

生没年不詳

南北朝時代～室町時代の武将。尊氏の庶長子。叔父直義の養子となり、直義が尊氏に毒殺された後は、実父尊氏に反旗を翻す。

¶朝日，岩史，角史，神奈川人，鎌倉（[没]元中4/嘉慶1（1387）年），鎌室，京都大（[没]応永7（1400）年），京都府，国史，古中，コン改（[生]嘉暦2（1327）年？　[没]応永7（1400）年），コン4（[生]嘉暦2（1327）年？　[没]応永7（1400）年），史人，島根歴，重要（[生]嘉暦2（1327）年？　[没]応永7（1400）年？），諸系，新潮，人名（[没]1400年），世人，世百（[生]1327年　[没]1400年），全書，大百（[生]1327年　[没]1400年），日史，日人，百科，広島百，福岡百（[没]応永7（1400）年），宮崎百，歴大

**足利直義**　あしかがただよし

徳治1（1306）年～正平7/文和1（1352）年　[別]直義〔足利家（絶家）〕《ただよし》，錦小路殿《にしきのこうじどの》

鎌倉時代後期～南北朝時代の武将、副将軍。足利貞氏の子、尊氏の同母弟。兄とともに建武新政に協力したが、後に離反し鎌倉で護良親王を暗殺。室町幕府樹立後は実務面の最高実力者として尊氏との二頭政治をおこなうが、その後反目し尊氏により毒殺された。

¶朝日（[没]文和1/正平7年2月16日（1352年3月2日）），岩史（[没]観応3（1352）年2月26日），角史，神奈川人，神奈川百，鎌倉，鎌室，京都，京都大，公卿（[没]文和1/正平7（1352）年2月26日），公家（直義〔足利家（絶家）〕　ただよし　[生]1306年　[没]文和1年2月26日），国史，国書（[没]観応3（1352）年2月26日），古中，コン改，コン4，史人（[没]1352年2月26日），重要（[生]徳治1（1306）年2月26日　[没]正平7/文和1（1352）年2月26日），諸系，新潮（[没]文和1/正平7（1352）年2月26日），人名，姓氏神奈川，姓氏京都，世人（[生]徳治1（1306）年2月26日　[没]正平7/文和1（1352）年2月26日），世百，全書，大百，伝記，長野歴，日史（[没]文和1/正平7（1352）年2月26日），日人，百科，兵庫百，仏教（[没]観応3/正平7（1352）年2月26日），歴大

**足利茶々丸**　あしかがちゃちゃまる

？　～延徳3（1491）年

室町時代～戦国時代の武将。堀越公方政知の長男。

¶朝日（[没]明応7（1498）年8月），岩史（[没]明応7（1498）年8月），国史，古中，コン改，コン4，史人（[没]1498年8月），静岡百，静岡歴，諸系，新潮，人名，姓氏静岡（[没]1493年？），世人，世百，戦合（[没]1498年），戦辞（[没]明応7（1498）年8月），全書，戦人，日人，歴大（[没]1498年）

**足利輝氏**　あしかがてるうじ

生没年不詳

戦国時代の古河公方の一族。

¶戦辞

**足利俊綱**　あしかがとしつな

？　～寿永2（1183）年　[別]藤原俊綱《ふじわらのとしつな》

平安時代後期の武将。
¶朝日([没]養和1(1181)年), 鎌室, 群馬人, 国史, 古中, 史人, 新潮([没]寿永2(1183)年9月), 栃木百, 栃木歴, 日史([没]寿永2(1183)年9月), 日人, 平史(藤原俊綱　ふじわらのとしつな), 歴大

**足利氏姫** あしかがのうじひめ
天正2(1574)年～元和6(1620)年　[別]氏姫《うじひめ》,足利氏姫《あしかがうじひめ》
安土桃山時代～江戸時代前期の女性。古河公方足利義氏の娘。
¶朝日([没]元和6年5月6日(1620年6月6日)), 系東(あしかがうじひめ), 諸系, 戦辞(氏姫　うじひめ　[没]元和6年5月6日(1620年6月6日)), 日人

**足利晴氏** あしかがはるうじ
？ ～永禄3(1560)年
戦国時代の第4代の古河公方。古河公方3代高基の長男。
¶朝日([没]永禄3年5月27日(1560年6月20日)), 神奈川人, 鎌倉, 系東([生]1508年), 国史, 古中, コン改, コン4, 埼玉人([没]永禄3(1560)年5月27日), 埼玉百, 史人([没]1560年5月27日), 諸系([生]1508年), 新潮([生]永正5(1508)年 [没]永禄3(1560)年5月27日), 人名, 世人([没]永禄3(1560)年5月27日), 戦合, 戦国, 戦辞([没]永禄3年5月27日(1560年6月20日)), 全書, 戦人([生]永正5(1508)年), 栃木歴([生]永正5(1508)年), 日史([没]永禄3(1560)年5月27日), 日人([生]1508年), 百科, 歴大

**足利春王** あしかがはるおう
→足利春王丸(あしかがはるおうまる)

**足利春王丸** あしかがはるおうまる
*～嘉吉1(1441)年　[別]春王丸《はるおうまる》, 足利安王・春王《あしかがやすおう・はるおう》, 足利春王《あしかがはるおう》,足利春王丸、安王丸《あしかがはるおうまる、やすおうまる》,足利春王丸《あしかがしゅんおうまる》
室町時代の武将。鎌倉公方4代持氏の三男。
¶鎌室([生]永享3(1431)年), 国史(足利春王　あしかがはるおう　[生]1431年), 古中(足利春王　あしかがはるおう　[生]1431年), コン改(足利春王　あしかがはるおう　[生]？), コン4(足利春王　あしかがはるおう　[生]？), 埼玉百(足利春王丸、安王丸　あしかがはるおうまる、やすおうまる), 史人(足利安王・春王　あしかがやすおう・はるおう), 諸系([生]1431年), 新潮(足利春王　あしかがはるおう　[生]永享3(1431)年　[没]嘉吉1(1441)年5月16日), 人名(あしかがしゅんおうまる　[生]1429年), 世人(春王丸　はるおうまる　[生]永享1(1429)年 [没]嘉吉1(1441)年5月16日), 世人(足利春王　あしかがはるおう　[生]永享1(1429)年　[没]嘉吉1(1441)年5月16日), 日人([生]1431年), 歴大([生]1429年)

**足利藤氏** あしかがふじうじ
生没年不詳
戦国時代の古河公方の一族。
¶戦辞

**足利藤政** あしかがふじまさ
生没年不詳
戦国時代の古河公方の一族。
¶戦辞

**足利政氏** あしかがまさうじ
文正1(1466)年～享禄4(1531)年
戦国時代の第2代の古河公方。古河公方初代成氏の長男。
¶朝日([生]？　[没]享禄4年7月18日(1531年8月30日)), 神奈川人, 鎌倉, 鎌室, 系東([生]1465年？), 国史, 古中, コン改([生]？), コン4([生]？), 埼玉人([没]享禄4(1531)年7月18日), 埼玉百, 史人([没]1531年7月18日), 諸系, 新潮([没]享禄4(1531)年7月18日), 人名([生]？), 戦合, 戦辞([没]享禄4年7月18日(1531年8月30日)), 戦人, 栃木歴, 日史([生]？　[没]享禄4(1531)年7月18日), 日人, 百科([生]？), 歴大([生]？)

**足利政知** あしかがまさとも
永享7(1435)年～延徳3(1491)年　[別]政知〔足利家(絶家)〕《まさとも》,堀越公方《ほりこしくぼう》
室町時代～戦国時代の堀越公方。6代将軍義教の三男、8代将軍義政の弟。
¶朝日([没]延徳3年4月3日(1491年5月11日)), 岩史([生]永享7(1435)年7月12日　[没]延徳3(1491)年4月3日, (異説)4月5日), 角史, 神奈川人, 鎌室, 公卿([没]延徳3(1491)年4月5日), 公家(政知〔足利家(絶家)〕　まさとも　[生]1435年　[没]延徳3年4月5日), 国史, 古中, コン改([生]？), コン4([生]？), 埼玉百, 史人([生]1435年7月12日　[没]1491年4月5日), 静岡百, 静岡歴, 重要([生]？　[没]延徳3(1491)年4月3日), 諸系, 新潮([生]永享7(1435)年2月1日　[没]延徳3(1491)年4月3日), 人名, 姓氏静岡, 世人([没]延徳3(1491)年4月3日), 世百, 世百(堀越公方　ほりこしくぼう), 戦合, 戦辞([生]永享7年7月12日(1435年8月6日)　[没]延徳3年4月3日(1491年5月11日)), 全書, 戦人, 大百, 日史([没]延徳3(1491)年4月3日), 日人, 百科, 歴大

**足利満詮** あしかがみつあき
正平19/貞治3(1364)年～応永25(1418)年　[別]足利満詮《あしかがみつあきら》,満詮〔足利家(絶家)〕《みつあき》
南北朝時代～室町時代の武将。足利義詮の次男。
¶鎌室, 公卿([生]正平24/応安2(1369)年　[没]応永25(1418)年5月14日), 公家(満詮〔足利家(絶家)〕　みつあき　[生]？　[没]応永25年5月14日), 国書(あしかがみつあきら　[生]貞治3(1364)年5月29日　[没]応永25(1418)年5月14日), 諸系(あしかがみつあきら), 人名([生]？), 日人(あしかがみつあきら)

**足利満詮** あしかがみつあきら
→足利満詮(あしかがみつあき)

**足利満兼** あしかがみつかね
天授4/永和4(1378)年～応永16(1409)年

室町時代の第3代の鎌倉公方。鎌倉公方2代氏満の長男。
¶朝日（[没]応永16年7月22日（1409年9月1日）），岩史（[没]応永16（1409）年7月22日），神奈川人，神奈川百，鎌室，国史，古中，コン改，コン4，埼玉百，史人（[没]1409年7月22日），重要（[没]応永16（1409）年7月22日），諸系，新潮（[没]応永16（1409）年7月22日），人名，姓氏神奈川，世人（[没]応永16（1409）年7月22日），世百，全書，大百，栃木歴，日史（[没]応永16（1409）年7月22日），日人，百科，歴大

**足利満貞** あしかがみつさだ
？～永享11（1439）年
室町時代の武将、稲村公方。
¶朝日（[没]永享11年2月10日（1439年3月24日）），神奈川人，鎌室，国史，古中，コン改，コン4，史人（[没]1439年2月10日），諸系，新潮（[没]永享11（1439）年2月10日），人名，世人（[没]永享12（1440）年），全書，日史（[没]永享11（1439）年2月10日），日人，百科，福島百，歴大

**足利満隆** あしかがみつたか
？～応永24（1417）年
室町時代の武将。鎌倉公方足利氏満の子。
¶朝日（[没]応永24年1月10日（1417年1月27日）），神奈川人，神奈川百，鎌室，国史，古中，コン改，コン4，史人（[没]1417年1月10日），諸系，新潮（[没]応永24（1417）年1月10日），人名，世人（[没]応永24（1417）年1月10日），全書，千葉百（[没]応永17（1410）年），日史（[没]応永24（1417）年1月10日），日人，歴大

**足利満直** あしかがみつただ
？～永享12（1440）年　[別]足利満直《あしかがみつなお》
室町時代の武将、篠川公方。
¶朝日（あしかがみつなお），神奈川人，鎌室，国史（あしかがみつなお），古中（あしかがみつなお），コン改，コン4，史人（[没]1440年6月10日），諸系，新潮（[没]永享12（1440）年6月10日），人名（[没]1439年），世人（[没]永享11（1439）年），全書，日史（[没]永享12（1440）年6月10日），日人，百科，福島百（あしかがみつなお），歴大（あしかがみつなお）

**足利満直** あしかがみつなお
→足利満直（あしかがみつただ）

**足利持氏** あしかがもちうじ
応永5（1398）年～永享11（1439）年　[別]持氏〔足利家（絶家）〕《もちうじ》
室町時代の第4代の鎌倉公方。鎌倉公方3代満兼の子。
¶朝日（[没]永享11年2月10日（1439年3月24日）），岩史（[没]永享11（1439）年2月10日），角史，神奈川人，鎌倉，鎌室，公卿（[生]？　[没]永享11（1439）年2月），公家（持氏〔足利家（絶家）〕　もちうじ　[生]？　[没]永享11年2月10日），国史，古中，コン改，コン4，史人（[没]1439年2月10日），重要（[没]永享11（1439）年2月10日），諸系，新潮（[没]永享11（1439）年2月10日），人名，姓氏神奈川，世人（[没]永享11（1439）年2月10日），世百，全書，大百，伝記，栃木歴，日史（[没]永享11（1439）年2月10日），日人，百科，歴大

**足利持仲** あしかがもちなか
？～応永24（1417）年
室町時代の武将。上杉禅秀の乱に敗れ自刃。
¶神奈川人，鎌倉，鎌室，国史，古中，コン改，コン4，史人（[没]1417年1月10日），諸系，新潮（[没]応永24（1417）年1月10日），人名，日人

**足利基氏** あしかがもとうじ
興国1/暦応3（1340）年～正平22/貞治6（1367）年　[別]基氏〔足利家（絶家）〕《もとうじ》，瑞泉寺殿《ずいせんじどの》
南北朝時代の初代の鎌倉公方。足利尊氏の四男。
¶朝日（[没]貞治6/正平22年4月26日（1367年5月25日）），岩史（[没]貞治6（1367）年4月26日），角史，神奈川人，神奈川百，鎌倉，鎌室，郷土神奈川，公卿（[没]正平22/貞治6（1367）年4月26日），公家（基氏〔足利家（絶家）〕　もとうじ　[生]1340年　[没]貞治6年4月26日），国史，国書（[没]貞治6（1367）年4月26日），古中，コン改，コン4，埼玉人（[没]正平22/貞治6（1367）年4月26日），埼玉百，史人（[没]1367年4月26日），重要（[没]正平22/貞治6（1367）年4月26日），諸系，新潮（[没]貞治6/正平22（1367）年4月26日），人名，姓氏神奈川，世人（[没]正平22/貞治6（1367）年4月26日），世百，全書，大百，多摩，栃木歴，日史（[没]貞治6/正平22（1367）年4月26日），日人，百科，北条，歴大

**足利基頼** あしかがもとより
？～天文7（1538）年
戦国時代の武将。
¶諸系，戦辞（[没]天文7年10月5日（1538年10月27日）），日人

**足利泰氏** あしかがやすうじ
建保4（1216）年～文永7（1270）年
鎌倉時代前期の武士。
¶朝日（[没]？），諸系，栃木歴，日人，北条

**足利安王** あしかがやすおう
→足利安王丸（あしかがやすおうまる）

**足利安王丸** あしかがやすおうまる
永享1（1429）年～嘉吉1（1441）年　[別]足利安王・春王《あしかがやすおう・はるおう》，足利安王《あしかがやすおう》，足利安王丸《あしかがあんおうまる》，足利春王丸、安王丸《あしかがはるおうまる、やすおうまる》
室町時代の武将。鎌倉公方4代持氏の次男。
¶鎌室，国史（足利安王　あしかがやすおう），古中（足利安王　あしかがやすおう），コン改（足利安王　あしかがやすおう），コン4（足利安王　あしかがやすおう），埼玉百（足利春王丸、安王丸　あしかがはるおうまる、やすおうまる），史人（足利安王・春王　あしかがやすおう・はるおう），諸系，新潮（足利安王　あしかがやすおう　[没]嘉吉1（1441）年5月16日），人名（あしかがあんおうまる　[生]1430年），世人（足利安王　あしかがやすおう　[生]永享2（1430）年　[没]嘉吉1（1441）年5月16日），日人，歴大（[生]1431年）

**足利義昭 あしかがよしあき**

天文6(1537)年～慶長2(1597)年　[別]義昭〔足利家(絶家)〕《よしあき》，一条院覚慶《いちじょういんかくけい》,覚慶《かくけい》,霊陽院《れいよういん》,霊陽院殿《れいよういんどの》

安土桃山時代の室町幕府の第15代将軍(在職1568～1573)。12代義晴の次男,13代将軍義輝の弟。永禄11年織田信長を頼り上洛。義栄を追放して15代将軍となる。のち信長と対立し、石山本願寺、武田、朝倉、浅井氏らと結んだが結局信長に降伏し、1573年室町幕府は滅亡した。

¶朝日([生]天文6年11月3日(1537年12月5日)　[没]慶長2年8月28日(1597年10月9日))，岩史([生]天文6(1537)年11月3日　[没]慶長2(1597)年8月28日)，角史，京都，京都大，近世，公卿([生]天文6(1537)年11月3日　[没]慶長2(1597)年8月28日)，公家(義昭〔足利家(絶家)〕　よしあき　[生]天文6年11月3日　[没]慶長2年8月28日)，国史，古中，コン改，コン4，詩歌，史人([生]1537年11月3日　[没]1597年8月28日)，重要([没]慶長2(1597)年8月28日)，諸系，人書94，新潮([生]天文6(1537)年11月3日　[没]慶長2(1597)年8月28日)，人名，姓氏京都，世人([没]慶長2(1597)年8月28日)，世百，戦合，戦国([生]1538年)，戦辞([生]天文6年11月3日(1537年12月5日)　[没]慶長2年8月28日(1597年10月9日))，全書，戦人，大百，伝記，日史([生]天文6(1537)年11月3日　[没]慶長2(1597)年8月28日)，日人，百科，広島百([生]天文6(1537)年11月3日　[没]慶長2(1597)年8月28日)，仏教([生]天文6(1537)年11月3日　[没]慶長2(1597)年8月28日)，歴大，和歌山人，和俳([没]慶長2(1597)年8月28日)

**足利義明 あしかがよしあき**

？～天文7(1538)年　[別]小弓御所《おゆみごしょ》

戦国時代の武将。古河公方2代政氏の三男。尊称は小弓公方。

¶朝日([没]天文7年10月7日(1538年10月29日))，角史，神奈川人，国史，古中，コン改，コン4，埼玉人，史人([生]1493年？　[没]1538年1月7日)，諸系，新潮([没]天文7(1538)年10月7日)，人名，世人([没]天文7(1538)年10月5日)，戦合，戦国，戦辞([没]天文7年10月5日(1538年10月27日))，全書，戦人，千葉百，日史([没]天文7(1538)年10月7日)，日人，百科，歴大

**足利義詮 あしかがよしあきら**

元徳2(1330)年～正平22/貞治6(1367)年　[別]義詮〔足利家(絶家)〕《よしあきら》，宝篋院《ほうきょういん,ほんきょういん》,宝篋院殿《ほうきょういんどの》,法篋院《ほうきょういん》,坊門殿《ぼうもんどの》

南北朝時代の室町幕府第2代の将軍(在職1358～1367)。初代尊氏の三男。

¶朝日([没]貞治6/正平22年12月7日(1367年12月28日))，岩史([生]元徳2(1330)年6月18日　[没]貞治6(1367)年12月7日)，角史，神奈川人，鎌倉，鎌室，京都，京都大，公卿([没]正平22(1367)年12月7日)，公家(義詮〔足利家(絶家)〕　よしあきら　[生]1330年　[没]貞治6年12月7日)，国史，国書([生]元徳2(1330)年6月18日　[没]貞治6(1367)年12月7日)，古中，コン改，コン4，茶道，史人([生]1330年6月18日　[没]1367年12月7日)，重要([没]正平22/貞治6(1367)年12月7日)，諸系，新潮([生]元徳2(1330)年6月18日　[没]貞治6/正平22(1367)年12月7日)，人名，姓氏神奈川，姓氏京都，世人([没]正平22/貞治6(1367)年12月7日)，世百，全書，大百，日史([没]貞治6/正平22(1367)年12月7日)，日人，百科，北条，歴大

**足利義氏(1) あしかがよしうじ**

文治5(1189)年～建長6(1254)年

鎌倉時代前期の武士。義兼と北条時政の娘の子。

¶朝日([没]建長6年11月21日(1255年1月1日))，岡山歴([没]建長6(1254)年11月21日)，神奈川人，鎌倉，鎌室，国史，国書([没]建長6(1254)年11月21日)，古中，コン改，コン4，史人([没]1254年11月21日)，諸系([没]1255年)，新潮([没]建長6(1254)年11月21日)，人名，姓氏愛知([生]1190年)，世人，全書，栃木歴，日史([没]建長6(1254)年11月21日)，日人([没]1255年)，百科，北条，歴大

**足利義氏(2) あしかがよしうじ**

天文10(1541)年～天正11(1583)年

安土桃山時代の第5代の古河公方。古河公方4代晴氏の長男。

¶朝日([没]天正11年1月21日(1583年2月13日))，系東([没]1582年)，国史([生]？)，古中([生]？)，コン改([生]？　[没]天正10(1582)年)，コン4([生]？　[没]天正10(1582)年)，埼玉人([没]天正11(1583)年1月21日)，史人([生]1541年？　[没]1583年1月21日)，諸系，新潮([生]？　[没]天正11(1583)年1月21日)，世人([生]？　[没]天正10(1582)年)，戦合([生]？)，戦国([生]？)，戦辞([生]天文12(1543)年　[没]天正11年1月21日(1583年2月13日))，戦人，栃木歴，日史([没]天正10(1582)年閏12月20日)，日人，百科([没]天正10(1582)年)，歴大([没]1582年)

**足利義量 あしかがよしかず**

応永14(1407)年～応永32(1425)年　[別]義量〔足利家(絶家)〕《よしかず》，長得院殿《ちょうとくいんどの》

室町時代の室町幕府第5代の将軍(在職1423～1425)。4代義持の子。

¶朝日([生]応永14年7月24日(1407年8月27日)　[没]応永32年2月27日(1425年3月16日))，鎌室，京都大，公卿([生]応永14(1407)年2月　[没]応永32(1425)年2月27日)，公家(義量〔足利家(絶家)〕　よしかず　[生]1407年　[没]応永32年2月27日)，国史，古中，コン改，コン4，史人([生]1407年7月24日　[没]1425年2月27日)，重要([没]応永32(1425)年2月)，諸系，新潮([生]応永14(1407)年7月24日　[没]応永32(1425)年2月27日)，人名，姓氏京都，世人([生]応永14(1407)年7月　[没]応永32(1425)年2月27日)，全書，大百，日史([生]応永14(1407)年7月24日　[没]応永32(1425)年2月27日)，日人，百科，歴大

**足利義勝** あしかがよしかつ
永享6（1434）年～嘉吉3（1443）年　[別]慶雲院《けいうんいん》，慶雲院殿《けいうんいんどの》
室町時代の室町幕府第7代の将軍（在職1442～1443）。6代義教の長男。
¶朝日（[生]永享6年2月9日（1434年3月19日）　[没]嘉吉3年7月21日（1443年8月16日）），岩史（[生]永享6（1434）年2月9日　[没]嘉吉3（1443）年7月21日），鎌室，京都大，国史，古中，コン改，コン4，史人（[生]1434年2月9日　[没]1443年7月21日），重要（[没]嘉吉3（1443）年7月），諸系，新潮（[生]永享6（1434）年2月9日　[没]嘉吉3（1443）年7月21日），人名，姓氏京都，世人（[生]永享6（1434）年2月　[没]嘉吉3（1443）年7月21日），全書，大百，日史（[生]永享6（1434）年2月9日　[没]嘉吉3（1443）年7月21日），日人，歴大

**足利義兼** あしかがよしかね
？～正治1（1199）年　[別]源義兼《みなもとのよしかね，みなもとよしかね》
平安時代後期～鎌倉時代前期の武将。
¶朝日（[没]正治1年3月8日（1199年4月5日）），神奈川人，鎌倉（[生]久寿1（1154）年），鎌室，郷土栃木（[生]1153年　[没]1190年），国史，古中，コン改，コン4，史人（[没]1199年3月8日），重要（[没]正治1（1199）年3月8日），諸系，新潮（[没]正治1（1199）年3月8日），人名，世人（[没]正治1（1199）年3月8日），全書，栃木歴，日史（[生]久寿1（1154）年　[没]正治1（1199）年3月8日），日人，百科（[生]久寿1（1154）年），平史（源義兼　みなもとのよしかね），北条

**足利義清** あしかがよしきよ
？～寿永2（1183）年　[別]源義清《みなもとのよしきよ，みなもとよしきよ》
平安時代後期の武将。仁木、細川両氏の祖。
¶朝日，鎌室，コン改，コン4，史人（[没]1183年閏10月1日），諸系，新潮（[没]寿永2（1183）年閏10月1日），人名，日人，平史（源義清　みなもとのよしきよ）

**足利義助**(1) あしかがよしすけ
？～承久3（1221）年
平安時代後期～鎌倉時代前期の武将。
¶諸系，日人

**足利義助**(2) あしかがよしすけ
天文10（1541）年～文禄1（1592）年
安土桃山時代の武将。
¶戦国，戦人，徳島歴（[没]文禄1（1592）年7月2日）

**足利義純** あしかがよしずみ
→畠山義純（はたけやまよしずみ）

**足利義澄** あしかがよしずみ，あしかがよしすみ
文明12（1480）年～永正8（1511）年　[別]義澄〔足利家（絶家）〕《よしずみ》，清晃《せいこう》，足利義高《あしかがよしたか》，足利義遐《あしかがよしか，あしかがよしとお》，法住院殿《ほうじゅういんどの》
戦国時代の室町幕府第11代の将軍（在職1494～1508）。堀越公方足利政知の次男。
¶朝日（[生]文明12年12月15日（1481年1月15日）　[没]永正8年8月14日（1511年9月6日）），岩史（[生]文明12（1480）年12月16日　[没]永正8（1511）年8月14日），角史，京都大（あしかがよしすみ），公卿（[没]永正8（1511）年8月14日），公家（義澄〔足利家（絶家）〕　よしずみ　[生]1480年　[没]永正8年8月14日），国史，古中，コン改（[生]文明11（1479）年），コン4（[生]文明11（1479）年），史人（[生]1480年12月15日　[没]1511年8月14日），重要，諸系（[生]1481年），新潮（[生]文明12（1480）年12月15日　[没]永正8（1511）年8月14日），人名（[生]1479年），姓氏京都，世人（[生]文明12（1480）年12月　[没]永正8（1511）年8月14日），戦合，戦辞（[生]文明12年12月15日（1481年1月15日）　[没]永正8年8月14日（1511年9月6日）），全書，戦人（[生]文明11（1479）年），大百（[生]1479年），日史（[生]文明12（1480）年12月15日　[没]永正8（1511）年8月14日），日人（[生]1481年），百科，歴大

**足利義尊** あしかがよしたか
応永20（1413）年～嘉吉2（1442）年3月
室町時代の備中国の禅僧。足利直冬の孫。嘉吉の乱で赤松満祐に擁立された。
¶岡山歴

**足利義種** あしかがよしたね
天正2（1574）年9月2日～慶長5（1600）年2月3日
安土桃山時代の平島公方第3代当主。義助の長男。
¶徳島歴

**足利義稙** あしかがよしたね
文正1（1466）年～大永3（1523）年　[別]義稙〔足利家（絶家）〕《よしたね》，恵林院《けいりんいん》，恵林院殿《えりんいんどの》，足利義材《あしかがよしき》，足利義尹《あしかがよしただ》，島公方《しまくぼう》
戦国時代の室町幕府第10代の将軍（在職1490～1493および1508～1521）。足利義視の長男。
¶朝日（[生]文正1年7月30日（1466年9月9日）　[没]大永3年4月7日（1523年5月21日）），岩史（[生]文正1（1466）年7月30日　[没]大永3（1523）年4月9日），角史，京都大，公卿（[没]大永3（1523）年4月9日），公家（義稙〔足利家（絶家）〕　よしたね　[生]文正1年7月29日　[没]大永3年4月9日？），国史，国書（[生]文正1（1466）年7月30日　[没]大永3（1523）年4月9日），古中，コン改，コン4，史人（[生]1466年7月30日　[没]1523年4月9日），重要，諸系，新潮（[生]文正1（1466）年7月30日　[没]大永3（1523）年4月9日），人名，姓氏京都，世人（[没]大永3（1523）年4月9日），戦合，全書，戦人，大百，日史（[生]文正1（1466）年7月30日　[没]大永3（1523）年4月9日），日人，百科，山口百，歴大

**足利義親** あしかがよしちか
天文7（1538）年～永禄9（1566）年
戦国時代の武将。
¶戦国

**足利義嗣** あしかがよしつぐ，あしかがよしづぐ
応永1（1394）年～応永25（1418）年　[別]義嗣〔足利家（絶家）〕《よしつぐ》，円修院殿《えんじゅいんどの》

室町時代の武将。第3代将軍足利義満の次子。
¶朝日（[没]応永25年1月24日（1418年3月1日）），角史（あしかがよしづぐ），鎌室，京都大，公卿（[没]応永25（1418）年1月24日），公家（義嗣〔足利家（絶家）〕　よしつぐ　[生]1394年　[没]応永25年1月24日），国史，国書（[没]応永25（1418）年1月24日），古中，史人（[没]1418年1月24日），諸系，新潮（[没]応永25（1418）年1月24日），人名，姓氏京都，世人（[没]応永25（1418）年1月24日），日人，歴大

**足利義次** あしかがよしつぐ
慶長1（1596）年9月23日～延宝8（1680）年1月28日
[別]平島義次《ひらしまよしつぐ》
江戸時代前期の平島公方第4代当主。義種の長男。
¶徳島歴（あしかが（ひらしま）よしつぐ）

**足利義維** あしかがよしつな
永正6（1509）年～天正1（1573）年　[別]足利義冬《あしかがよしふゆ》
戦国時代の武将。室町幕府11代将軍足利義澄の子。
¶朝日（[没]天正1年10月8日（1573年11月2日）），角史，国史，古中，史人（[没]1573年10月8日），諸系，新潮（[没]天正1（1573）年10月8日），人名（足利義冬　あしかがよしふゆ），戦合，戦国（足利義冬　あしかがよしふゆ），戦人，戦人（足利義冬　あしかがよしふゆ），徳島歴（足利義冬　あしかがよしふゆ　[没]天正1（1573）年10月8日），日史（[生]永正8（1511）年　[没]天正1（1573）年10月8日），日人，百科（[生]永正8（1511）年）

**足利義輝** あしかがよしてる
天文5（1536）年～永禄8（1565）年　[別]義輝〔足利家（絶家）〕《よしてる》，光源院《こうげんいん》，光源院殿《こうげんいんどの》，足利義藤《あしかがよしふじ》，足利菊童丸《あしかがきくどうまる》
戦国時代の室町幕府第13代の将軍（在職1546～1565）。12代義晴の長男。
¶朝日（[生]天文5年3月10日（1536年3月31日）[没]永禄8年5月19日（1565年6月17日）），岩史（[生]天文5（1536）年3月10日　[没]永禄8（1565）年5月19日），角史，京都大，公卿（[生]天文5（1536）年3月10日　[没]永禄8（1565）年5月19日），公家（義輝〔足利家（絶家）〕　よしてる　[生]天文5年3月10日　[没]永禄8年5月19日），国史，古中，コン改，コン4，史人（[生]1536年3月10日　[没]1565年5月19日），重要，諸系，新潮（[生]天文5（1536）年3月10日　[没]永禄8（1565）年5月19日），人名，姓氏京都，世人（[没]永禄8（1565）年5月19日），世百，戦合，戦国，戦辞（[生]天文5年3月10日（1536年3月31日）　[没]永禄8年5月19日（1565年6月17日）），全書，戦人，大百，日史（[生]天文5（1536）年3月10日　[没]永禄8（1565）年5月19日），日人，百科，歴大

**足利義長**（足利義永） あしかがよしなが
生没年不詳
室町時代の武将。
¶諸系（足利義永），人名，日人（足利義永）

**足利義教** あしかがよしのり
応永1（1394）年～嘉吉1（1441）年　[別]義教〔足利家（絶家）〕《よしのり》，義円《ぎえん》，普広院《ふこういん》，普広院殿《ふこういんどの》
室町時代の室町幕府第6代の将軍（在職1429～1441）。3代義満の4男。将軍専制政治をめざし、鎌倉公方足利持氏を滅ぼしたが、その強圧政策に諸将が動揺して、1441年赤松満祐によって謀殺された。
¶朝日（[生]応永1年6月13日（1394年7月11日）[没]嘉吉1年6月24日（1441年7月12日）），岩史（[生]明徳5（1396）年6月13日　[没]嘉吉1（1441）年6月24日），大阪人（[没]嘉吉1（1441）年6月24日），大阪墓（[没]嘉吉1（1441）年6月24日），沖縄百（[生]明徳5（1394）年6月13日　[没]嘉吉1（1441）年6月24日），角史，鎌倉，鎌室，京都，京都大，公卿（[没]嘉吉1（1441）年6月24日），公家（義教〔足利家（絶家）〕　よしのり　[生]1394年　[没]嘉吉1年6月24日），芸能（[生]明徳5（1394）年6月13日　[没]嘉吉1（1441）年6月24日），国史，国書（[生]明徳5（1394）年6月13日　[没]嘉吉1（1441）年6月24日），古中，コン改，コン4，茶道（[生]1393年），史人（[生]1394年6月13日　[没]1441年6月24日），静岡百，静岡歴，重要（[没]嘉吉1（1441）年6月24日），諸系，新潮（[生]応永1（1394）年6月14日　[没]嘉吉1（1441）年6月24日），人名，姓氏京都，世人（[没]嘉吉1（1441）年6月24日），世百（[生]1393年），全書，大百，伝記，日史（[生]応永1（1394）年6月13日　[没]嘉吉1（1441）年6月24日），日人，百科，仏教（[生]明徳5（1394）年6月13日　[没]嘉吉1（1441）年6月24日），歴大

**足利義晴** あしかがよしはる
永正8（1511）年～天文19（1550）年　[別]義晴〔足利家（絶家）〕《よしはる》，足利亀王丸《あしかがかめおうまる》，万松院殿《ばんしょういんどの》
戦国時代の室町幕府第12代の将軍（在職1521～1546）。11代義澄の長男。
¶朝日（[生]永正8年3月5日（1511年4月2日）　[没]天文19年5月4日（1550年5月20日）），岩史（[生]永正8（1511）年3月5日　[没]天文19（1550）年5月4日），沖縄百（[生]永正8（1511）年3月5日　[没]天文19（1550）年5月4日），京都大，公卿（[生]永正8（1511）年3月5日　[没]天文19（1550）年5月4日），公家（義晴〔足利家（絶家）〕　よしはる　[生]永正8年3月5日　[没]天文19年5月4日），国史，国書（[生]永正8（1511）年3月5日　[没]天文19（1550）年5月4日），古中，コン改，コン4，史人（[生]1511年3月5日　[没]1550年5月4日），重要，諸系，新潮（[生]永正8（1511）年3月5日　[没]天文19（1550）年5月4日），人名，姓氏京都，世人（[没]天文19（1550）年5月4日），戦合，戦辞（[生]永正8年3月5日（1511年4月2日）　[没]天文19年5月4日（1550年5月20日）），全書，戦人，大百，日史（[生]永正8（1511）年3月5日　[没]天文19（1550）年5月4日），日人，百科，歴大

**足利義久** あしかがよしひさ
応永33（1426）年～永享11（1439）年
室町時代の武将。
¶神奈川人，諸系，人名（[生]1429年），日人

**足利義尚** あしかがよしひさ

寛正6（1465）年～延徳1（1489）年　[別]義尚〔足利家（絶家）〕《よしひさ》，常徳院殿《じょうとくいんどの》，足利義熙《あしかがよしひろ》

室町時代～戦国時代の室町幕府第9代の将軍（在職1473～1489）。8代義政の長男。

¶朝日（[生]寛正6年11月23日（1465年12月11日）　[没]延徳1年3月26日（1489年4月26日）），岩史（[生]寛正6（1465）年11月23日　[没]長享3（1489）年3月26日），角史，鎌室，京都，京都大，公卿（[生]寛正6（1465）年11月　[没]延徳1（1489）年3月26日），公家（義尚〔足利家（絶家）〕　よしひさ　[生]寛正6年11月23日　[没]長享3年3月26日），国史，国書（[生]寛正6（1465）年11月23日　[没]長享3（1489）年3月26日），古中，コン改，コン4，史人（[生]1465年11月23日　[没]1489年3月26日），重要（[生]寛正6（1465）年11月　[没]延徳1（1489）年3月26日），諸系，人書94，新潮（[生]寛正6（1465）年11月23日　[没]延徳1（1489）年3月26日），人名，姓氏京都，世人（[生]寛正6（1465）年11月　[没]延徳1（1489）年3月26日），世百，戦合，全書，戦人，大百，日史（[生]寛正6（1465）年11月23日　[没]延徳1（1489）年3月26日），日人，百科，歴大

**足利義栄** あしかがよしひで

天文7（1538）年～永禄11（1568）年　[別]光徳院殿《こうとくいんどの》

戦国時代の室町幕府第14代の将軍（在職1568）。足利義維の長男。

¶朝日（[没]永禄11（1568）年9月），京都大，国史，古中（[生]？），コン改（[生]天文9（1540）年），コン4，史人（[没]1568年9月30日），重要（[生]天文9（1540）年　[没]永禄11（1568）年9月），諸系，新潮（[没]永禄11（1568）年9月），人名，姓氏京都，世人（[生]天文9（1540）年　[没]永禄11（1568）年9月），戦合（[生]？），戦国，全書（[生]1538年，（異説）1540年），戦人（[生]天文9（1540）年），大百（[生]1540年），徳島歴（[没]永禄11（1568）年10月8日），日史（[没]永禄11（1568）年9月），日人，百科，歴大

**足利義冬** あしかがよしふゆ

→足利義維（あしかがよしつな）

**足利義政** あしかがよしまさ

永享8（1436）年～延徳2（1490）年　[別]義政〔足利家（絶家）〕《よしまさ》，慈昭院《じしょういん》，慈照院《じしょういん》，慈照院殿《じしょういんどの》，足利義成《あしかがよししげ》，東山殿《ひがしやまどの》

室町時代～戦国時代の室町幕府第8代の将軍（在職1449～1473）。6代義教の次男。父と兄が相次いで急死し、8代将軍となる。幕政を顧みず、濫費による財政難を招く。将軍後継問題に守護大名家の家督争いがからみ応仁の乱が勃発するが、義政は政治から逃避し、京都東山に隠棲。東山文化を主導した。

¶朝日（[生]永享8年1月2日（1436年1月20日）　[没]延徳2年1月7日（1490年1月27日）），岩史（[生]永享8（1436）年1月2日　[没]延徳2（1490）年1月7日），沖縄百（[生]永享8（1436）年1月2日　[没]延徳2（1490）年1月7日），角史，鎌室，京都（[生]永享7（1435）年），京都大，公卿（[生]永享7（1435）年1月2日　[没]延徳2（1490）年1月7日），公家（義政〔足利家（絶家）〕　よしまさ　[生]永享7年1月2日　[没]延徳2年1月7日），国史（[生]1435年），国書（[生]永享8（1436）年1月2日　[没]延徳2（1490）年1月7日），古中（[生]1435年），コン改，コン4，茶道，史人（[生]1436年1月2日　[没]1490年1月7日），重要（[没]延徳2（1490）年1月7日），諸系（[生]1435年），人書94，新潮（[生]永享8（1436）年1月2日　[没]延徳2（1490）年1月7日），人名，姓氏京都，世人（[没]延徳2（1490）年1月7日），世百，戦合（[生]1435年），全書，戦人，大百（[生]1435年），伝記，日史（[生]永享8（1436）年1月2日　[没]延徳2（1490）年1月7日），日人（[生]1435年），百科（[生]永享7（1435）年），歴大

**足利義視** あしかがよしみ

永享11（1439）年～延徳3（1491）年　[別]義視〔足利家（絶家）〕《よしみ》，義尋《ぎじん》，今出川殿《いまでがわどの》，大智院殿《だいちいんどの》

室町時代～戦国時代の武将。第8代将軍足利義政の弟。

¶朝日（[生]永享11年閏1月18日（1439年3月3日）　[没]延徳3年1月7日（1491年2月15日）），岩史（[生]永享11（1439）年閏1月18日　[没]延徳3（1491）年1月7日），角史，鎌室，京都，京都大，公卿（[没]延徳3（1491）年1月7日），公家（義視〔足利家（絶家）〕　よしみ　[生]1439年　[没]延徳3年1月7日），国史，国書（[生]永享11（1439）年閏1月18日　[没]延徳3（1491）年1月7日），古中，コン改，コン4，史人（[生]1439年閏1月18日　[没]1491年1月7日），重要（[生]永享11（1439）年1月　[没]延徳3（1491）年1月7日），諸系，新潮（[生]永享11（1439）年閏1月18日　[没]延徳3（1491）年1月7日），人名，姓氏京都，世人（[生]永享11（1439）年1月　[没]延徳3（1491）年1月7日），世百，戦合，全書，戦人，大百，日史（[生]永享11（1439）年閏1月18日　[没]延徳3（1491）年1月7日），日人，百科，歴大

**足利義満** あしかがよしみつ

正平13/延文3（1358）年～応永15（1408）年　[別]義満〔足利家（絶家）〕《よしみつ》，鹿苑院《ろくおんいん》，鹿苑院殿《ろくおんいんどの》，北山殿《きたやまどの》

南北朝時代～室町時代の室町幕府第3代の将軍（在職1368～1394）。2代義詮の長男。明徳の乱、応永の乱などを平らげて幕府権力を確立し、その象徴として京都室町に花の御所を造営。また南北両朝を統一し、妻を後小松天皇の准母として自らは法皇なみの格式を持つなど、権勢は朝廷をもしのぐ。日明勘合貿易を推進したが、明帝からは「日本国王源道義」と呼ばれた。

¶朝日（[生]延文3/正平13年8月22日（1358年9月25日）　[没]応永15年5月6日（1408年5月31日）），岩史（[生]延文3（1358）年8月22日　[没]応永15（1408）年5月6日），角史，鎌倉，鎌室，京都，京都大，公卿（[没]応永15（1408）年5月6日），公家（義満〔足利家（絶家）〕　よしみつ　[生]1358年　[没]応永15年5月6日），芸能（[生]延文3（1358）年8月22日　[没]応永15（1408）年5月6

日），国史，国書（[生]延文3（1358）年8月22日 [没]応永15（1408）年5月6日），古中，コン改，コン4，茶道，史人（[生]1358年8月22日　[没]1408年5月6日），重要（[生]正平13/延文3（1358）年8月22日　[没]応永15（1408）年5月6日），諸系，人書94，新潮（[生]延文3/正平13（1358）年8月22日 [没]応永15（1408）年5月6日），人名，姓氏京都，世人（[生]正平13/延文3（1358）年8月22日　[没]応永15（1408）年5月6日），世百，全書，大百，伝記，日史（[生]延文3/正平13（1358）年8月22日 [没]応永15（1408）年5月6日），日人，百科，兵庫百，仏教（[生]延文3/正平13（1358）年8月22日 [没]応永15（1408）年5月6日），歴大，和歌山人

**足利義持** あしかがよしもち
元中3/至徳3（1386）年～正長1（1428）年　[別]義持〔足利家（絶家）〕《よしもち》，勝定院《しょうじょういん》，勝定院殿《しょうじょういんどの》
室町時代の室町幕府第4代の将軍（在職1394～1423）。3代義満の長男。1394年父義満より将軍職を譲られたが、義満在世中は政務は義満の手にあった。父の死後は前代の弊害を除くことにつとめ、将軍の貴族化を嫌い、また明との貿易を「屈辱外交」として廃した。
¶朝日（[生]至徳3/元中3年2月12日（1386年3月12日）　[没]正長1年1月18日（1428年2月3日）），岩史（[生]至徳3（1386）年2月12日　[没]応永35（1428）年1月18日），角史，鎌倉（[生]元中4/至徳3（1387）年），鎌室，京都，京都大，公卿（[生]元中3/至徳3（1386）年2月　[没]正長1（1428）年1月18日），公家（義持〔足利家（絶家）〕　よしもち [生]1386年　[没]応永35年1月18日），芸能（[生]至徳3（1386）年2月12日　[没]正長1（1428）年1月18日），国史，国書（[生]至徳3（1386）年2月12日 [没]応永35（1428）年1月18日），古中，コン改，コン4，史人（[生]1386年2月12日　[没]1428年1月18日），重要（[生]元中3/至徳3（1386）年2月12日 [没]正長1（1428）年1月18日），諸系，新潮（[生]至徳3/元中3（1386）年2月12日　[没]正長1（1428）年1月18日），人名，姓氏京都，世人（[没]正長1（1428）年1月18日），世百，全書，大百，伝記，日史（[生]至徳3/元中3（1386）年2月12日　[没]正長1（1428）年1月18日），日人，百科，歴大

**足利義康** あしかがよしやす
？～保元2（1157）年　[別]源義康《みなもとのよしやす，みなもとよしやす》
平安時代後期の武将。足利氏諸流の祖。
¶朝日（[没]保元2年5月29日（1157年7月7日）），鎌室，国史，古中，コン改，コン4，史人（[没]1157年5月29日），諸系，新潮（[没]保元2（1157）年5月29日），人名，世人，世百（[生]1127年），全書，栃木歴，日史（[没]保元2（1157）年5月29日），日人，百科，平史（源義康　みなもとのよしやす），歴大

**足利頼氏**(1) あしかがよりうじ
＊～弘長2（1262）年
鎌倉時代前期の武将。
¶鎌室（[生]？），諸系（[生]1240年），新潮（[生]？ [没]弘長2（1262）年4月24日？），栃木歴（[生]仁治1（1240）年？　[没]弘長2（1262）年？），日人（[生]1240年），北条（[生]仁治1（1240）年）

**足利頼氏**(2) あしかがよりうじ
→喜連川頼氏（きつれがわよりうじ）

**足利頼淳** あしかがよりずみ
→喜連川頼純（きつれがわよりずみ）

**足利頼基** あしかがよりもと
戦国時代の武士。
¶人名

**芦川権大夫** あしかわごんだゆう
？～寛永13（1636）年
江戸時代前期の武将、紀伊和歌山藩士。
¶藩臣5

**芦川正吉** あしかわまさよし
？～寛永13（1636）年
江戸時代前期の武士。紀州藩士。
¶和歌山人

**安食定政** あじきさだまさ
生没年不詳
安土桃山時代の織田信長の家臣。
¶織田

**安食光信** あじきみつのぶ
安土桃山時代～江戸時代前期の武将。最上氏家臣。
¶戦人（生没年不詳），戦東

**鯵坂長実** あじさかながざね
生没年不詳
戦国時代～安土桃山時代の武士。上杉氏家臣。
¶戦辞，戦人

**葦沢君次** あしざわきみつぐ
生没年不詳
戦国時代の穴山信君・勝千代の家臣。
¶戦辞

**蘆沢信重**（芦沢信重） あしざわのぶしげ
天正5（1577）年～正保4（1647）年
安土桃山時代～江戸時代前期の水戸藩士。
¶人名（芦沢信重），日人，藩臣2

**蘆田右馬允** あしだうまのじょう
[別]芦田右馬允《あしだうまのすけ》
安土桃山時代～江戸時代前期の武士。宇喜多氏家臣。
¶岡山人（芦田右馬允　あしだうまのすけ），戦人（生没年不詳）

**芦田右馬允** あしだうまのすけ
→蘆田右馬允（あしだうまのじょう）

**蘆田国住** あしだくにずみ
生没年不詳
戦国時代～安土桃山時代の武将。
¶戦人

**芦田作内**（蘆田作内） あしださくない
？～寛永3（1626）年8月26日
安土桃山時代の美作国の武士。
¶岡山歴，戦人（蘆田作内　生没年不詳），戦西

あ

**葦田友興** あしたともおき
　生没年不詳
　戦国時代の武将・連歌作者。
　¶国書

**あ**

**芦田信蕃**（蘆田信蕃）あしだのぶしげ
　→依田信蕃（よだのぶしげ）

**蘆田信守**（芦田信守）あしだのぶもり
　？　～天正3（1575）年
　戦国時代～安土桃山時代の武将。武田氏家臣。
　¶姓氏長野（芦田信守），姓氏山梨（芦田信守），
　戦国（芦田信守），戦辞（芦田信守　㊂天正3年6
　月19日（1575年7月26日）），戦人

**芦田秀家** あしだひでいえ
　安土桃山時代の武将。
　¶岡山人，岡山歴

**芦田正家** あしだまさいえ
　安土桃山時代の武将。
　¶岡山人

**網戸朝村** あじととむむら
　鎌倉時代の武将、関東御家人、寒河郡網戸郷地
　頭職。
　¶栃木歴

**蘆名詮盛** あしなあきもり
　正平1/貞和2（1346）年～応永14（1407）年
　南北朝時代～室町時代の武将。
　¶系東

**蘆名亀王丸** あしなかめおうまる
　天正12（1584）年～天正14（1586）年　⑲芦名亀若
　丸《あしなかめわかまる》
　安土桃山時代の武将。
　¶系東，戦人，戦補（芦名亀若丸　あしなかめわ
　かまる）

**芦名亀若丸** あしなかめわかまる
　→蘆名亀王丸（あしなかめおうまる）

**蘆名為清** あしなためきよ
　生没年不詳
　鎌倉時代前期の武将。
　¶神奈川人

**蘆名直盛**（芦名直盛）あしななおもり
　元亨3（1323）年～元中7/明徳1（1390）年
　南北朝時代の武将。
　¶会津（芦名直盛），系東

**蘆名光盛** あしなみつもり
　元久1（1204）年～弘長3（1263）年
　鎌倉時代前期の武将。
　¶系東

**蘆名盛詮** あしなもりあきら
　＊～文正1（1466）年　⑲芦名盛詮《あしなもりの
　り》
　室町時代の武将、奥州黒川城主。
　¶鎌室（㊄？），系東（㊄？），諸系（㊄1431年），
　新潮（㊄？　㊂文正1（1466）年3月14日），人
　名（芦名盛詮　あしなもりのり　㊄1431年），
　日人（㊄1431年）

**蘆名盛氏**（芦名盛氏）あしなもりうじ
　大永1（1521）年～天正8（1580）年
　戦国時代～安土桃山時代の武将。会津黒川城主。
　¶会津（芦名盛氏），朝日（㊂天正8年6月17日
　（1580年7月28日）），岩史（㊂天正8（1580）年6
　月17日），角史，系東，国史，古中，コン改，
　コン4，史人（㊂1580年6月17日），重要（㊂天正
　8（1580）年6月17日），諸系，新潮（㊂天正8
　（1580）年6月17日），人名（芦名盛氏），世人
　（㊂天正8（1580）年6月17日），世百（芦名盛
　氏），戦合，戦国（芦名盛氏　㊄1522年），全
　書，戦人，大百（芦名盛氏），日史（㊂天正8
　（1580）年6月17日），日人，百科，福島百（芦名
　盛氏），歴大

**蘆名盛興** あしなもりおき
　天文16（1547）年～天正3（1575）年
　安土桃山時代の武将。
　¶系東，戦人

**蘆名盛員**（芦名盛員）あしなもりかず
　？　～建武2（1335）年
　鎌倉時代後期～南北朝時代の武将。
　¶会津（芦名盛員），鎌室，系東，諸系，人名（芦
　名盛員），日人

**蘆名盛舜**（芦名盛舜）あしなもりきよ
　延徳2（1490）年～天文22（1553）年　⑲蘆名盛舜
　《あしなもりみつ》
　戦国時代の武将。会津黒川城主。
　¶会津（芦名盛舜　㊄延徳1（1489）年），系東（あ
　しなもりみつ），諸系，人名（芦名盛舜），戦
　人，日人

**蘆名盛滋**（芦名盛滋）あしなもりしげ
　？　～大永1（1521）年
　戦国時代の武将。
　¶系東（㊄1463年），諸系，人名（芦名盛滋），戦
　人，日人

**蘆名盛重**（芦名盛重）あしなもりしげ
　天正3（1575）年～寛永8（1631）年　⑲芦名義広
　《あしなよしひろ》，芦名義勝《あしなよしかつ》，
　蘆名義広《あしなよしひろ》，佐竹義広《さたけよ
　しひろ》，白川義広《しらかわよしひろ》
　安土桃山時代～江戸時代前期の大名。常陸江戸崎
　藩主。佐竹義重の次男。
　¶会津（芦名義広　あしなよしひろ），秋田百（芦
　名義勝　あしなよしかつ），朝日（㊂寛永8年6
　月7日（1631年7月6日）），近世，系東（蘆名義
　広　あしなよしひろ），国史，コン
　改（㊂天正4（1576）年），コン4（㊂天正4
　（1576）年），史人（㊂1631年6月7日），諸系，
　新潮（㊂天正4（1576）年　㊂寛永8（1631）年6月
　7日），人名（芦名盛重　あしなよしひろ），世人（㊂天
　正5（1576）年　㊂寛永8（1631）年6月），戦合，
　戦国（芦名義広　あしなよしひろ　㊄1576年），
　戦辞（芦名盛重　㊂寛永8年6月7日（1631年7月6
　日）），人名，日史（㊂寛永8（1631）年6月7日），
　日人，藩主2（芦名盛重　㊄天正4（1576）年
　㊂寛永8（1631）年6月7日），福島百（芦名義広
　あしなよしひろ），歴大

**蘆名盛高**(芦名盛高) あしなもりたか
? ～永正14(1517)年
戦国時代の武将。
¶鎌室, 系東, 諸系([没]1518年), 新潮([没]永正14(1517)年12月8日), 人名(芦名盛高), 戦人, 日人([没]1518年)

**蘆名盛隆**(芦名盛隆) あしなもりたか
永禄4(1561)年～天正12(1584)年 [別]二階堂盛隆《にかいどうもりたか》
安土桃山時代の武将。陸奥国会津黒川城主。
¶系東(二階堂盛隆 にかいどうもりたか), 系東, 国史, 古中, 史人([没]1584年10月6日), 諸系, 人名(芦名盛隆), 戦合, 戦国(芦名盛隆), 戦人, 日史([没]天正12(1584)年10月6日), 日人, 福島百(芦名盛隆)

**蘆名盛連** あしなもりつら
生没年不詳
鎌倉時代前期の武将。
¶系東

**葦名盛信** あしなもりのぶ
天文22(1553)年～寛永2(1625)年
安土桃山時代～江戸時代前期の陸奥仙台藩士。
¶藩臣1

**蘆名盛信** あしなもりのぶ
応永23(1416)年～文明3(1471)年
室町時代の武将。
¶系東

**芦名盛詮** あしなもりのり
→蘆名盛詮(あしなもりあきら)

**蘆名盛久**(芦名盛久) あしなもりひさ
*～文安1(1444)年
室町時代の武将。
¶鎌室([生]?), 系東([生]1390年), 諸系([生]1406年), 人名(芦名盛久 [生]?), 日人([生]1406年)

**蘆名盛政**(芦名盛政) あしなもりまさ
元中3/至徳3(1386)年～永享6(1434)年
室町時代の武将、奥州黒川城主。
¶鎌室, 系東([生]1376年 [没]1429年), 諸系, 人名(芦名盛政 [没]1432年), 日人

**蘆名盛舜** あしなもりみつ
→蘆名盛舜(あしなもりきよ)

**蘆名盛宗** あしなもりむね
生没年不詳
鎌倉時代後期の武将。
¶系東

**蘆名泰盛** あしなやすもり
生没年不詳
鎌倉時代前期の武将。
¶系東

**芦名義勝** あしなよしかつ
→蘆名盛重(あしなもりしげ)

**蘆名義連** あしなよしつら
→三浦義連(みうらよしつら)

**芦名義広**(蘆名義広) あしなよしひろ
→蘆名盛重(あしなもりしげ)

**蘆野資豊** あしのすけとよ
生没年不詳
戦国時代の蘆野氏当主。
¶戦辞

**蘆野政泰**(芦野政泰) あしのまさやす
文禄1(1592)年～慶長16(1611)年
江戸時代前期の地方領主。蘆野城主。
¶戦国(芦野政泰), 戦人

**蘆野盛泰**(芦野盛泰) あしのもりやす
弘治2(1556)年～慶長4(1599)年
安土桃山時代の地方豪族・土豪。
¶戦国(芦野盛泰), 戦辞([没]慶長4(1599)年3月), 戦人

**安心院公正** あじむきみまさ
? ～天正11(1583)年
安土桃山時代の地方豪族・土豪。
¶戦人

**網代久兵衛** あじろきゅうべえ
江戸時代前期の武士。里見氏家臣。
¶戦人(生没年不詳), 戦東

**足助重氏** あすけしげうじ
? ～元弘3/正慶2(1333)年
鎌倉時代後期の武士。新田義貞の鎌倉攻撃で戦死。
¶朝日([没]正慶2/元弘3年5月22日(1333年7月4日)), 鎌室, コン改, コン4, 新潮([没]正慶2/元弘3(1333)年5月22日), 人名, 日人

**足助重信** あすけしげのぶ
? ～元弘3/正慶2(1333)年
鎌倉時代後期の武将。
¶鎌室, 人名, 日人

**足助重範** あすけしげのり
正応5(1292)年～元弘2/正慶1(1332)年
鎌倉時代後期の武士。後醍醐天皇の討幕計画に参加。
¶愛知百([没]1332年5月3日), 朝日([没]正慶1/元弘2年5月3日(1332年5月27日)), 鎌室, 国史([生]?), 古中([生]?), コン改, コン4, 史人([生]? [没]1332年5月3日), 新潮([没]正慶1/元弘2(1332)年5月3日), 人名([没]1333年), 姓氏愛知([生]?), 世人, 全書([生]?), 大百, 日史([生]? [没]正慶1/元弘2(1332)年5月3日), 日人, 百科([生]?), 歴大([生]?)

**足助重治** あすけしげはる
? ～弘和3/永徳3(1383)年
南北朝時代の武士。
¶姓氏愛知

**東馬次郎** あずまうまじろう
生没年不詳
安土桃山時代の織田信長の家臣。
¶織田

**東秀隆** あずまひでたか
生没年不詳

あ

安土桃山時代の織田信長の家臣。
¶織田

あ

**東政幸** **あずままさゆき**
生没年不詳
戦国時代の武将。毛利氏家臣。
¶戦人

**阿曇比羅夫**(阿曇比邏夫, 安曇比羅夫) **あずみのひらふ, あずみのひらぶ;あづみのひらふ**
生没年不詳 [別]阿曇比羅夫《あづみのひらぶ》, 阿曇連比羅夫《あずみのむらじひらぶ》
飛鳥時代の官人。百済救済の軍の将軍。
¶朝日, 岩史, 角史, 国史(あずみのひらぶ), 古史(あずみのひらぶ), 古代(阿曇連比羅夫　あずみのむらじひらぶ), 古中(あずみのひらぶ), コン改(あづみのひらぶ), コン4(あづみのひらぶ), コン4(安曇比羅夫), 史人, 新潮, 人名, 世人(阿曇比邏夫), 全書, 長野歴(あづみのひらふ), 日史, 日人, 百科

**安積盛氏** **あずみもりうじ**
→安積盛氏(あづみもりうじ)

**安積盛兼** **あずみもりかね**
→安積盛兼(あづみもりかね)

**安積行秀** **あずみゆきひで**
→安積行秀(あづみゆきひで)

**麻生家信** **あそういえのぶ**
生没年不詳
戦国時代の武将。
¶戦人

**阿曽左馬之進常春** **あそうさまのしんつねはる**
→阿曽常春(あそつねはる)

**麻生三五** **あそうさんご**
生没年不詳
安土桃山時代の織田信長の家臣。
¶織田

**麻生鎮里** **あそうしげさと**
生没年不詳
戦国時代の武将。
¶戦人

**麻生甚吉** **あそうじんきち**
安土桃山時代の武将。秀吉馬廻。
¶戦国

**麻生資時** **あそうすけとき**
生没年不詳
鎌倉時代の武士。
¶北条

**麻生隆守** **あそうたかもり**
? ～天文15(1546)年
戦国時代の武将。
¶戦人

**麻生親政** **あそうちかまさ**
? ～永禄9(1566)年
戦国時代の武将。
¶戦人

**麻生常安** **あそうつねやす**
生没年不詳
安土桃山時代の武将。
¶戦人

**麻生野慶盛** **あそうのよしもり**
? ～天正6(1578)年
戦国時代～安土桃山時代の武将。
¶戦人

**麻生弘家** **あそうひろいえ**
生没年不詳
戦国時代の武将。
¶戦人

**麻生元重** **あそうもとしげ**
生没年不詳
戦国時代～安土桃山時代の武将。
¶戦人

**阿蘇玄与** **あそげんよ**
生没年不詳
安土桃山時代の武将・歌人。
¶国書

**阿蘇惟賢** **あそこれかた**
生没年不詳 [別]阿蘇内記《あそないき》, 玄斎《げんさい》, 玄与《げんよ》, 黒斎玄与《こくさいげんよ》
安土桃山時代の神主・神官。
¶諸系, 人名, 戦人, 戦補, 日人

**阿蘇惟前** **あそこれさき**
生没年不詳 [別]菊池惟前《きくちこれちか》
戦国時代の武将、神主・神官。肥後隈府城主。
¶系西, 諸系, 人名(菊池惟前　きくちこれちか), 戦人, 日人

**阿蘇惟郷** **あそこれさと**
? ～文明2(1470)年
室町時代の武将。
¶鎌室(生没年不詳), 諸系, 日人

**阿蘇惟成** **あそこれしげ**
→阿蘇惟成(あそこれなり)

**阿蘇惟澄** **あそこれずみ, あそこれすみ**
? ～正平19/貞治3(1364)年 [別]恵良惟澄《えらこれずみ》
南北朝時代の武将、阿蘇大宮司。
¶朝日, 鎌室, 鎌室(恵良惟澄　えらこれずみ), 熊本百, 国史, 国書(あそこれすみ [没]正平16(1361)年8月), 古中, コン改, コン4, 史人([没]1364年9月29日), 諸系, 神人(あそこれすみ [没]正平16(1361)年), 新潮([没]貞治3/正平19(1364)年9月29日), 人名([没]1365年), 世人, 全書, 日史([没]貞治3/正平19(1364)年9月29日), 日人, 百科, 歴大

**阿蘇惟武** **あそこれたけ**
? ～天授3/永和3(1377)年
南北朝時代の武将、阿蘇大宮司。
¶鎌室, 国史, 古中, コン改, コン4, 史人([没]1377年1月13日), 諸系, 神人([没]天授3(1377)年8月), 新潮([没]永和3/天授3(1377)

年8月12日), 人名, 世人, 日史([没]永和3/天授3(1377)年8月), 日人

**阿蘇惟忠** あそこれただ
応永22(1415)年～文明17(1485)年
室町時代～戦国時代の阿蘇大宮司。
¶朝日([没]文明17(1485)年5月), 熊本百, 諸系, 戦人, 日人

**阿蘇惟時** あそこれとき
? ～正平8/文和2(1353)年 [別]宇治惟時《うじこれとき》
南北朝時代の武将、阿蘇大宮司。
¶朝日, 鎌室, 熊本百, 国史, 古中, コン改, コン4, 史人, 重要, 諸系, 新潮, 世人, 全書, 日史([没]文和2/正平8(1353)年?), 日人, 百科([没]正平8/文和2(1353)年?), 歴大

**阿蘇惟歳** あそこれとし
文安1(1444)年～?
室町時代～戦国時代の武将、神主・神官。
¶戦人

**阿蘇惟豊** あそこれとよ
明応2(1493)年～永禄2(1559)年
戦国時代の阿蘇大宮司。
¶朝日([生]明応2(1493)年? [没]永禄2年11月7日(1559年12月5日)), 熊本百([生]?), 系西, 諸系, 人名([生]? [没]1584年), 戦人, 日人

**阿蘇惟直** あそこれなお
? ～延元1/建武3(1336)年
南北朝時代の武将。
¶鎌室, 熊本百([没]建武3/延元1(1336)年3月), コン改, コン4, 佐賀百, 史人([没]1336年3月), 諸系, 神人([没]延元1(1336)年3月2日), 新潮([没]建武3/延元1(1336)年3月2日), 人名, 世人, 日人, 歴大

**阿蘇惟長** あそこれなが
? ～天文6(1537)年 [別]菊池武経《きくちたけつね》
戦国時代の神主・神官、武将。
¶系西([生]1480年), 諸系(菊池武経 きくちたけつね), 人名(菊池武経 きくちたけつね), 戦人([生]文明12(1480)年), 日人(菊池武経 きくちたけつね)

**阿蘇惟成** あそこれなり
? ～延元1/建武3(1336)年 [別]阿蘇惟成《あそこれしげ》
鎌倉時代後期の武士。
¶諸系, 神人(あそこれしげ), 人名, 日人

**阿蘇惟憲** あそこれのり
生没年不詳
戦国時代の武将、神主・神官。
¶戦人

**阿蘇惟将** あそこれまさ
? ～天正11(1583)年
安土桃山時代の神主・神官。
¶系西, 諸系, 人名, 戦人, 日人

**阿蘇惟政** あそこれまさ
生没年不詳
南北朝時代の武将。阿蘇大宮司。
¶鎌室, 国史, 古中, コン改, コン4, 史人, 諸系, 新潮, 日人

**阿蘇惟光** あそこれみつ
天正10(1582)年～文禄2(1593)年
安土桃山時代の神主・神官。
¶諸系, 人名([生]1581年), 戦人, 日人

**阿蘇惟村** あそこれむら
? ～応永13(1406)年
南北朝時代の武将。
¶鎌室, コン改, コン4, 史人, 諸系, 新潮, 世人, 日人

**安蘇修理** あそしゅうり
生没年不詳
安土桃山時代の武士。
¶姓氏岩手

**阿曽常春** あそつねはる
[別]阿曽左馬之進常春《あそうさまのしんつねはる》
戦国時代の武将。大崎氏家臣。
¶戦人(生没年不詳), 戦東(阿曽左馬之進常春 あそうさまのしんつねはる)

**阿曽沼親綱** あそぬまちかつな
生没年不詳
鎌倉時代前期の武将。遠野阿曽沼氏2代領主。
¶姓氏岩手

**阿曽沼朝綱** あそぬまともつな
生没年不詳
南北朝時代の武将。遠野阿曽沼氏6代領主。
¶姓氏岩手

**阿曽沼秀氏** あそぬまひでうじ
生没年不詳
室町時代の武将。遠野阿曽沼氏9代領主。
¶姓氏岩手

**阿曽沼広郷** あそぬまひろさと
生没年不詳
戦国時代～安土桃山時代の武将。
¶姓氏岩手, 戦人

**阿曽沼広綱** あそぬまひろつな
鎌倉時代前期の御家人、藤姓足利氏流阿曽沼氏の祖。
¶姓氏岩手(生没年不詳), 栃木歴

**阿曽沼弘綱** あそぬまひろつな
生没年不詳 [別]阿曽沼光郷《あそぬまみつさと》
南北朝時代の武将。
¶鎌室, 新潮, 日人

**阿曽沼広長** あそぬまひろなが
生没年不詳
安土桃山時代～江戸時代前期の武将。伊達氏家臣。
¶戦人

**阿曽沼広秀** あそぬまひろひで
戦国時代の武士。

あ

**あ**

¶戦人（生没年不詳），戦西

**直仁徳 あたいのきみのり**
→直仁徳（あたいのにんとく）

**直仁徳 あたいのにんとく**
㋰直仁徳《あたいのきみのり》
平安時代前期の擬少領。
¶古代，日人（生没年不詳），平史（あたいのきみ
のり）

**安宅清康 あだかきよやす**
→安宅清康（あたぎきよやす）

**安宅源八郎 あたかげんぱちろう，あだかげんぱちろう**
安土桃山時代の武将。秀吉馬廻。
¶戦国（あだかげんぱちろう），戦人（生没年不詳）

**安宅重俊 あだかしげとし**
→安宅重俊（あたぎしげとし）

**安宅七郎次郎 あたかしちろうじろう**
→安宅七郎次郎（あたかしちろじろう）

**安宅七郎次郎 あたかしちろじろう**
生没年不詳　㋰安宅七郎次郎《あたかしちろうじ
ろう》
戦国時代の武士。後北条氏家臣。
¶戦辞（あたかしちろうじろう），戦人，戦東（あ
たかしちろうじろう）

**安宅信康 あたかのぶやす**
→安宅信康（あたぎのぶやす）

**安宅春定 あだかはるさだ**
→安宅春定（あたぎはるさだ）

**安宅冬康 あたかふゆやす，あだかふゆやす**
→安宅冬康（あたぎふゆやす）

**安宅康重 あたかやすしげ**
？　～天正9（1581）年　㋰安宅康重《あたぎやすし
げ》
安土桃山時代の武将，阿波小出城主。
¶人名，日人（あたぎやすしげ）

**安宅頼藤 あたかよりふじ**
→安宅頼藤（あたぎよりふじ）

**安宅清康 あたぎきよやす**
？　～天正9（1581）年　㋰安宅清康《あだかきよや
す》
安土桃山時代の武士。
¶織田（生没年不詳），人名（あだかきよやす），
戦人，日人

**安宅重俊 あたぎしげとし**
㋰安宅重俊《あだかしげとし》
安土桃山時代の地侍。豊臣氏家臣。
¶戦国（あだかしげとし），戦人（生没年不詳）

**安宅信康 あたぎのぶやす**
生没年不詳　㋰安宅信康《あたかのぶやす》
戦国時代～安土桃山時代の武将。織田氏家臣。
¶織田，諸系，人名（あたかのぶやす），戦人
（㋒天正6（1578）年），日人

**安宅春定 あたぎはるさだ**
㋰安宅春定《あだかはるさだ》
安土桃山時代の武将。秀吉馬廻。
¶戦国（あだかはるさだ），戦人（生没年不詳）

**安宅秀興 あたぎひでおき**
生没年不詳
戦国時代の地方豪族・土豪。
¶戦人

**安宅冬康 あたぎふゆやす**
？　～永禄7（1564）年　㋰安宅冬康《あたかふゆや
す，あたぎ（あたけ）ふゆやす，あたけふゆやす，あ
だかふゆやす》，三好冬康《みよしふゆやす》
戦国時代の武将。
¶国書（㋔大永8（1528）年　㋒永禄7（1564）年5月
9日），茶道（あたかふゆやす），諸系（㋔1528
年），人名（あだかふゆやす），人名（三好冬康
みよしふゆやす　㋓1526年），戦人，戦西，戦
補（あだかふゆやす　㋓1565年），徳島歴（あた
ぎ（あたけ）ふゆやす　㋒永禄7（1564）年5月9
日），日人（㋔1528年）

**安宅康重 あたぎやすしげ**
→安宅康重（あたかやすしげ）

**安宅頼藤 あたぎよりふじ**
生没年不詳　㋰安宅頼藤《あたかよりふじ，あたぎ
（あたけ）よりふじ，あたけよりふじ》
南北朝時代の武将。
¶鎌室，人名（あたかよりふじ），徳島歴（あたぎ
（あたけ）よりふじ），日人

**安宅冬康 あたけふゆやす**
→安宅冬康（あたぎふゆやす）

**安宅頼藤 あたけよりふじ**
→安宅頼藤（あたぎよりふじ）

**阿多忠景 あたのただかげ**
生没年不詳　㋰阿多忠景《あたのただかげ》
平安時代後期の南九州の在地豪族。
¶朝日，鹿児島百，姓氏鹿児島（あたのただか
げ），日人

**安達顕盛 あだちあきもり**
寛元3（1245）年～弘安3（1280）年　㋰藤原顕盛
《ふじわらあきもり》
鎌倉時代前期の武将。
¶神奈川人，鎌室，国書（藤原顕盛　ふじわらあ
きもり　㋒弘安3（1280）年2月8日），諸系，日
人，北条

**足立隠岐 あだちおき**
安土桃山時代～江戸時代前期の武士。里見氏家臣。
¶戦人（生没年不詳），戦東

**安達景盛 あだちかげもり**
？　～宝治2（1248）年　㋰覚智《かくち》
鎌倉時代前期の武士。秋田城介。
¶朝日（㋒宝治2年5月18日（1248年6月11日）），
岩史，宝治2（1248）年5月18日），角史，神奈
川人，神奈川百，鎌倉，鎌室，郷土神奈川，国
史，国書（覚智　かくち　㋒宝治2（1248）年5月
18日），古中，コン改，コン4，史人（㋒1248年

5月18日），重要（[没]宝治2（1248）年5月18日），諸系，新潮（[没]宝治2（1248）年5月18日），人名，人名（覚智　かくち），世人（[没]宝治2（1248）年5月18日），世百，全書，日史（[没]宝治2（1248）年5月18日），日人，百科，仏教（覚智　かくち　[没]宝治2（1248）年5月18日），仏人（覚智　かくち），北条，歴大，和歌山人

**足立厳阿** あだちげんあ
生没年不詳
鎌倉時代後期の武士。
¶北条

**足立小右衛門** あだちこうえもん
→足立小右衛門（あだちこえもん）

**足立小右衛門** あだちこえもん
[別]足立小右衛門《あだちこうえもん》
安土桃山時代～江戸時代前期の武士。里見氏家臣。
¶戦人（生没年不詳），戦東（あだちこうえもん）

**足立重信**（安達重信） あだちしげのぶ
？ ～寛永2（1625）年
安土桃山時代～江戸時代前期の武将。
¶愛媛百，郷土愛媛（[生]1563年？），近世（安達重信），国史，コン改，コン4，新潮（[生]永禄3（1560）年？　[没]寛永2（1625）年11月17日），人名，世人（[生]永禄3（1560）年？），戦合，戦人，日人（[生]1560年？），藩臣6，歴大

**足立十兵衛** あだちじゅうべえ
江戸時代前期の武士。里見氏家臣。
¶戦東

**足立庄三郎** あだちしょうざぶろう
江戸時代前期の武士。里見氏家臣。
¶戦人（生没年不詳），戦東

**足立清右衛門** あだちせいえもん
生没年不詳
安土桃山時代の織田信長の家臣。
¶織田

**安達高景** あだちたかかげ
生没年不詳
鎌倉時代後期の武将。
¶神奈川人，鎌室，諸系，人名，日人

**足立太郎左衛門** あだちたろうざえもん
安土桃山時代の武士。
¶岡山歴，戦人（生没年不詳），戦西

**安達親長** あだちちかなが
生没年不詳
鎌倉時代前期の武将。
¶鎌室，日人

**安達藤九郎盛長** あだちとうくろうもりなが
→安達盛長（あだちもりなが）

**足立遠親** あだちとおちか
生没年不詳
鎌倉時代前期の武将。
¶鎌室，埼玉人，日人

**足立遠光** あだちとおみつ
生没年不詳
鎌倉時代の武士。
¶北条

**足立遠元** あだちとおもと
生没年不詳
平安時代後期～鎌倉時代前期の武士。
¶朝日，鎌室，埼玉人，埼玉百，新潮，日人，平史，北条

**安達時顕** あだちときあき
？ ～元弘3/正慶2（1333）年
鎌倉時代後期の武将。北条高時の外舅。寄合衆。
¶朝日（[没]正慶2/元弘3年5月22日（1333年7月4日）），神奈川人，鎌室，国史，古中，コン4，史人（[没]1333年5月22日），諸系，新潮（[没]正慶2/元弘3（1333）年5月22日），日史（[生]弘安7（1284）年？　[没]元弘3（1333）年5月22日），日人，北条

**安達時景** あだちときかげ
？ ～弘安8（1285）年11月17日
鎌倉時代の武将・歌人。
¶国書

**安達時重** あだちときしげ
生没年不詳
南北朝時代の立矢沢城主。
¶庄内

**安達時盛** あだちときもり
仁治2（1241）年～弘安8（1285）年
鎌倉時代前期の武将。
¶神奈川人，鎌倉，鎌室，諸系，新潮（[没]弘安8（1285）年6月10日），日人

**足立直元** あだちなおもと
？ ～弘安8（1285）年11月17日
鎌倉時代の武蔵武士・御家人。
¶埼玉人

**安達長景** あだちながかげ
？ ～弘安8（1285）年11月17日
鎌倉時代の武将・歌人。
¶国書

**安達宗顕** あだちむねあき
文永2（1265）年～弘安8（1285）年
鎌倉時代後期の武士。
¶北条

**安達宗景** あだちむねかげ
正元1（1259）年～弘安8（1285）年
鎌倉時代後期の武将。泰盛の嫡子で秋田城介。
¶神奈川人，鎌倉

**足立元氏** あだちもとうじ
生没年不詳
鎌倉時代の武蔵武士・御家人。
¶埼玉人

**足立基助** あだちもとすけ
？ ～天正7（1579）年
戦国時代～安土桃山時代の武士。

あ

¶戦人

**足立元春** あだちもとはる
生没年不詳
鎌倉時代の武蔵武士・御家人。
¶埼玉人

**安達盛長** あだちもりなが
保延1（1135）年〜正治2（1200）年　 ㊺安達藤九郎
盛長《あだちとうくろうもりなが》，藤原盛長《ふ
じわらのもりなが》
平安時代後期〜鎌倉時代前期の武将。安達氏の祖。
¶朝日（㊽正治2年4月26日（1200年6月9日）），角
史，神奈川人，鎌倉，鎌室，群馬人，群馬百，
国史，古中，コン改，コン4，埼玉人（㊼長承3
（1134）年　 ㊽正治2（1200）年4月26日），埼玉
百（安達藤九郎盛長　あだちとうくろうもりな
が），史人（㊽1200年4月26日），諸系，新潮
（㊽正治2（1200）年4月26日？），姓
氏群馬，世人（㊽正治2（1200）年4月26日），世
百，日史（㊽正治2（1200）年4月26日），日人，
百科，平史（藤原盛長　ふじわらのもりなが），
歴大

**安達盛宗** あだちもりむね
？ 〜弘安8（1285）年
鎌倉時代後期の武将，肥後国守護代。
¶朝日，国史，古中，史人（㊽1285年11月），諸
系，新潮（㊽弘安8（1285）年11月），日史（㊽弘
安8（1285）年11月），日人

**安達泰盛** あだちやすもり
寛喜3（1231）年〜弘安8（1285）年
鎌倉時代後期の武将。霜月騒動で一族滅亡。
¶朝日（㊽弘安8年11月17日（1285年12月14日）），
岩史（㊽弘安8（1285）年11月17日），角史，神
奈川人，鎌室，熊本百（㊼？　 ㊽弘安8（1285）
年11月），国史，古中，コン改，コン4，史人
（㊽1285年11月17日），重要（㊽弘安8（1285）年
11月17日），諸系，新潮（㊽弘安8（1285）年11月
17日），人名，姓氏群馬，世人（㊽弘安8（1285）
年11月17日），世百，全書，日史（㊽弘安8
（1285）年11月17日），日人，百科，北条，歴大

**安達義景** あだちよしかげ
承元4（1210）年〜建長5（1253）年
鎌倉時代前期の武将，引付頭人。
¶朝日（㊽建長5年6月3日（1253年6月30日）），神
奈川人，鎌倉，鎌室，国史，国書（㊽建長5
（1253）年6月3日），古中，コン改，コン4，史
人（㊽1253年6月3日），諸系，新潮（㊽建長5
（1253）年6月3日），人名，世人（生没年不詳），
日史（㊽建長5（1253）年6月3日），日人，北条

**安達頼景** あだちよりかげ
寛喜1（1229）年〜正応5（1292）年1月9日
鎌倉時代の御家人，歌人。
¶国書

**阿多忠景** あたのただかげ
→阿多忠景（あたただかげ）

**阿多見聖範** あたみせいはん
生没年不詳

平安時代中期の武士。
¶北条

**厚鹿文** あつかやむ
上代の熊襲の首長。
¶古代，姓氏鹿児島，日人

**厚木弥三郎** あつぎやさぶろう
生没年不詳
戦国時代の武将。結城氏家臣。
¶戦辞，戦人，戦東

**厚木若狭** あつぎわかさ
戦国時代〜安土桃山時代の武士。結城氏家臣。
¶戦人（生没年不詳），戦東

**阿閉貞大** あつじさだひろ
？ 〜天正10（1582）年
安土桃山時代の武士。
¶織田（㊽天正10（1582）年6月），戦人，戦西

**阿閉貞征** あつじさだゆき
？ 〜天正10（1582）年　 ㊺阿閉貞征《あべさだゆ
き》
安土桃山時代の武将。浅井氏家臣。
¶織田（㊽天正10（1582）年6月），戦国（あべさだ
ゆき），戦人，戦西，日人

**阿閉平右衛門** あつじへいえもん
㊺阿閉平右衛門《あべへいえもん》
安土桃山時代の武将。豊臣氏家臣。
¶戦国（あべへいえもん），戦人（生没年不詳）

**熱田大宮司範直** あつただいぐうじのりなお
生没年不詳
鎌倉時代前期の神官，武将。熱田大宮司，尾張地
方南党の総帥。
¶国史，古中，史人，日人

**安土日向守** あづちひゅうがのかみ
戦国時代の武将。葛西氏家臣。
¶戦東

**吾妻助光** あづますけみつ
生没年不詳　 ㊺吾妻助光《あがつますけみつ》
鎌倉時代前期の武士。
¶群馬人（あがつますけみつ），人名，姓氏群馬
（あがつますけみつ），日人

**渥美勝吉** あつみかつよし
弘治3（1557）年〜？　 ㊺渥美源五郎《あつみげん
ごろう》
安土桃山時代〜江戸時代前期の武士。紀伊和歌山
藩士。
¶人名，日人，藩臣5（渥美源五郎　あつみげんご
ろう　 ㊽元和2（1616）年）

**渥美刑部丞** あつみぎょうぶじょう
→渥美刑部丞（あつみぎょうぶのじょう）

**渥美刑部丞** あつみぎょうぶのじょう
生没年不詳　 ㊺渥美刑部丞《あつみぎょうぶじょ
う》
戦国時代の武士。織田氏家臣。
¶織田，戦人，戦補（あつみぎょうぶのじょう）

**渥美源五郎** あつみげんごろう
→渥美勝吉（あつみかつよし）

**渥美友真** あつみともさね
天正1（1573）年～寛永18（1641）年
安土桃山時代～江戸時代前期の武士。紀州藩士。
¶和歌山人

**渥美友吉** あつみともよし
安土桃山時代の徳川家康の臣。
¶人名，日人（生没年不詳）

**阿曇比羅夫** あづみのひらふ，あづみのひらぶ
→阿曇比羅夫（あずみのひらふ）

**渥美正勝** あつみまさかつ
天正12（1584）年～寛永20（1643）年
安土桃山時代～江戸時代前期の武士。紀州藩士。
¶和歌山人

**安積盛氏** あづみもりうじ，あずみもりうじ
生没年不詳
南北朝時代の播磨の武将。
¶兵庫百（あずみもりうじ）

**安積盛兼** あづみもりかね，あずみもりかね
生没年不詳
南北朝時代の播磨の武将。
¶兵庫百（あずみもりかね）

**安積行秀** あづみゆきひで，あずみゆきひで
？ ～嘉吉1（1441）年
室町時代の播磨の武将。
¶兵庫百（あずみゆきひで）

**跡部伊賀守** あとべいがのかみ
戦国時代の武将。武田家臣。『武田家過去帳』に甲斐国府中に居住とみえる。
¶姓氏山梨

**跡部越中** あとべえっちゅう
戦国時代の武将。武田家臣。『武田家過去帳』に見える。
¶姓氏山梨

**跡部景家** あとべかげいえ
？ ～文正1（1466）年閏2月
室町時代の甲斐守護代。
¶戦辞

**跡部勝資** あとべかつすけ
？ ～天正10（1582）年
安土桃山時代の武士。武田氏家臣。
¶群馬人，人名，姓氏山梨，戦国，戦辞（[没]天正10年3月11日（1582年4月3日）），戦人，戦東，長野歴，日人，山梨百（[没]天正10（1582）年3月11日）

**跡部勝忠** あとべかつただ
？ ～天正9（1581）年
戦国時代の武士。武田氏家臣。
¶姓氏山梨，戦辞（[没]天正10（1582）年3月），戦人（生没年不詳），戦東，山梨百（[生]永正16（1519）年）

**跡部蔵人** あとべくらんど
戦国時代の武将。武田家臣。
¶姓氏山梨

**跡部九郎右衛門** あとべくろうえもん
戦国時代の武将。武田家臣。『武田家過去帳』にみえる。
¶姓氏山梨

**跡部源三郎** あとべげんざぶろう
生没年不詳
戦国時代の武田氏の家臣。
¶戦辞

**跡部佐左衛門** あとべさざえもん
→跡部佐左衛門尉（あとべすけざえもんのじょう）

**跡部重政** あとべしげまさ
？ ～天正3（1575）年
戦国時代～安土桃山時代の武田家臣。下野重晟の子。軍中の使番。
¶姓氏山梨

**跡部十郎左衛門** あとべじゅうろうざえもん
戦国時代の武将。武田家臣。『武田家過去帳』にみえる。
¶姓氏山梨

**跡部将監** あとべしょうげん
安土桃山時代の武将。大崎氏家臣。
¶戦人（生没年不詳），戦東

**跡部佐左衛門尉** あとべすけざえもんのじょう
[別]跡部佐左衛門《あとべさざえもん》
安土桃山時代の武将。秀吉馬廻。
¶戦国（跡部佐左衛門　あとべさざえもん），戦人（生没年不詳）

**跡部惣左衛門** あとべそうざえもん
戦国時代の武将。武田家臣。『武田家過去帳』に甲斐居住とみえる。
¶姓氏山梨

**跡部祖慶** あとべそけい
生没年不詳
戦国時代の甲斐武田信虎・晴信の家臣。
¶戦辞

**跡部藤三** あとべとうぞう
生没年不詳
戦国時代の穴山梅雪の家臣。
¶戦辞

**跡部内記助** あとべないきのすけ
戦国時代の武将。武田家臣。『武田家過去帳』に河内下山居住とみえる。
¶姓氏山梨

**跡部長与** あとべながとも
生没年不詳
戦国時代の甲斐武田晴信の家臣。
¶戦辞

**跡部常陸介** あとべひたちのすけ
生没年不詳
戦国時代の武田氏の家臣。

¶戦辞

**跡部秀次** あとべひでつぐ
生没年不詳
安土桃山時代の織田信長の家臣。
¶織田

**跡部平次** あとべへいじ
戦国時代の武将。武田家臣。『武田家過去帳』に甲斐国府中の居住とみえる。
¶姓氏山梨

**跡部昌出** あとべまさいで
生没年不詳
戦国時代の甲斐武田勝頼の家臣。
¶戦辞

**跡部昌勝** あとべまさかつ
安土桃山時代の武将。武田氏家臣、徳川氏家臣。
¶戦国，戦人（生没年不詳）

**跡部昌副** あとべまさそえ
生没年不詳
戦国時代の武田氏の家臣。
¶戦辞

**跡部昌忠** あとべまさただ
安土桃山時代～江戸時代前期の武将。武田氏家臣、徳川氏家臣。
¶姓氏山梨，戦辞（[生]天文12（1543）年　[没]慶長11年11月12日（1606年12月11日）），戦人（生没年不詳），戦東，山梨百（[生]天文14（1545）年　[没]慶長12（1607）年）

**跡部正次** あとべまさつぐ
天正1（1573）年～慶長17（1612）年
安土桃山時代～江戸時代前期の武士、旗本。
¶神奈川人，姓氏神奈川，姓氏山梨

**跡部昌長** あとべまさなが
生没年不詳
戦国時代の甲斐武田晴信・勝頼の家臣。
¶戦辞

**跡部昌秀** あとべまさひで
？　～慶長2（1597）年7月7日
戦国時代～安土桃山時代の甲斐武田晴信・勝頼の家臣。
¶戦辞

**跡部弥次右衛門** あとべやじえもん
生没年不詳
江戸時代前期の武士、最上氏遺臣。
¶庄内

**跡部泰忠** あとべやすただ
生没年不詳
戦国時代の甲斐武田晴信の家臣。
¶戦辞

**跡部良堅** あとべよしかた
戦国時代の武将。斎藤氏家臣。
¶戦西

**穴沢俊家** あなざわとしいえ
室町時代の武将。蘆名氏家臣。
¶戦東

**穴沢信堅** あなざわのぶかた
？　～天正12（1584）年
安土桃山時代の地頭。
¶戦人，戦東

**穴沢信徳** あなざわのぶのり
戦国時代の地頭。
¶戦人（生没年不詳），戦東

**穴沢盛秀** あなざわもりひで
？　～元和1（1615）年
安土桃山時代～江戸時代前期の武術家。大坂の陣で討死。
¶人名，戦国，戦人，日人

**阿南惟秀** あなみこれひで
生没年不詳
安土桃山時代の武士。
¶戦人

**穴山甲斐守** あなやまかいのかみ
？　～享禄4（1531）年3月12日
戦国時代の河内領主穴山氏の当主。
¶戦辞

**穴山勝千代** あなやまかつちよ
元亀3（1572）年～天正15（1587）年6月7日
安土桃山時代の武士。穴山家の嫡男。
¶戦辞

**穴山清五郎** あなやませいごろう
生没年不詳
戦国時代の河内領主。
¶戦辞

**穴山宗九郎** あなやまそうくろう
生没年不詳
戦国時代の河内領主。
¶戦辞

**穴山信君** あなやまのぶきみ
天文10（1541）年～天正10（1582）年　[別]穴山梅雪《あなやまばいせつ》
安土桃山時代の武将。号は梅雪斎不白。甲斐武田氏の一族。
¶朝日（[没]天正10年6月2日（1582年6月21日）），岩史（穴山梅雪　あなやまばいせつ　[没]天正10（1582）年6月2日），角史，京都（穴山梅雪　あなやまばいせつ　[生]？），京都府（穴山梅雪　あなやまばいせつ），国史（穴山梅雪　あなやまばいせつ），古中（穴山梅雪　あなやまばいせつ），コン改（[生]？），コン4（[生]？），史人（穴山梅雪　あなやまばいせつ　[没]1582年6月4日），静岡百（穴山梅雪　あなやまばいせつ　[生]？），静岡歴（穴山梅雪　あなやまばいせつ　[生]？），新潮（[没]天正10（1582）年6月4日），人名（穴山梅雪　あなやまばいせつ　[生]？），姓氏静岡（穴山梅雪　あなやまばいせつ　[生]？），姓氏山梨，世人（穴山梅雪　あなやまばいせつ　[生]？），世百（穴山梅雪　あなやまばいせつ　[生]？），戦合（穴山梅雪　あなやまばいせつ），戦国（[生]？），戦辞（[没]天正10年6月2日（1582年

6月21日))，全書，戦人(穴山梅雪　あなやまばいせつ　[生]？)，戦東([生]？)，大百([生]？)，日史(穴山梅雪　あなやまばいせつ　[没]天正10(1582)年5月9日)，日人(穴山梅雪　あなやまばいせつ)，百科(穴山梅雪　あなやまばいせつ)，山梨百([没]天正10(1582)年6月2日)，歴大

**穴山信懸** あなやまのぶとお
？～永正10(1513)年5月27日
戦国時代の穴山氏の当主。
¶戦辞

**穴山信友** あなやまのぶとも
永正3(1506)年～永禄3(1560)年　[別]穴山蟠竜斎《あなやまばんりゅうさい》
戦国時代の武士。武田氏家臣。
¶姓氏山梨，戦辞([没]永禄3年12月16日(1561年1月1日))，戦人([生]？)，戦東([生]？)，山梨百([没]永禄3(1560)年12月16日)

**穴山信永** あなやまのぶなが
？～大永3(1523)年
戦国時代の武将。
¶戦人

**穴山信嘉** あなやまのぶよし
？～永禄9(1567)年12月5日
戦国時代～安土桃山時代の武士。穴山信友の次男。
¶戦辞

**穴山梅雪** あなやまばいせつ
→穴山信君(あなやまのぶきみ)

**穴山彦九郎** あなやまひこくろう
*～永禄2(1559)年
戦国時代の甲斐武田氏の一族穴山氏の人。
¶姓氏山梨([生]？)，戦辞([生]天文16(1547)年　[没]永禄2年3月29日(1559年5月6日))

**阿南惟家** あなんこれいえ
？～建久4(1193)年
平安時代後期～鎌倉時代前期の武士。
¶大分百(生没年不詳)，大分歴

**阿日坊隆舜** あにちぼうりゅうしゅん
？～元弘3/正慶2(1333)年
鎌倉時代後期の武士。
¶諸系，人名，日人

**姉小路尹綱** あねがこうじただつな
？～応永18(1411)年　[別]姉小路尹綱《あねのこうじただつな》，姉小路頼時《あねのこうじよりとき》
室町時代の武将、中流公家。
¶朝日([没]応永18(1411)年8月)，鎌室(あねのこうじただつな)，郷土岐阜，諸系，人名(あねのこうじただつな)，日人

**姉小路嗣頼** あねがこうじつぐより
？～元亀3(1572)年　[別]三木良頼《みつきよしより，みつぎよしより》，姉小路嗣頼《あねのこうじつぐより》
戦国時代の武将、飛驒国司。
¶織田(三木良頼　みつぎよしより　[没]元亀3(1572)年11月12日)，岐阜百(三木良頼　みつきよしより)，郷土岐阜(三木良頼　みつきよしより)，国書(三木良頼　みつきよしより　[没]元亀3(1572)年11月12日)，諸系，人名(あねのこうじつぐより)，戦辞(三木良頼　みつきよしより　[没]元亀3年11月12日(1572年12月16日))，日人

**姉小路済継** あねがこうじなりつぐ
文明2(1470)年～永正15(1518)年　[別]済継〔小一条流姉小路家(絶家)〕《なりつぐ》
戦国時代の戦国大名、飛驒国司、公卿(参議)。権中納言姉小路基綱の子。
¶公卿([没]永正15(1518)年5月29日)，公家(済継〔小一条流姉小路家(絶家)〕　なりつぐ　[没]永正15(1518)年5月30日)，国書([没]永正15(1518)年5月30日)，諸系，戦人，日人

**姉小路基綱** あねがこうじもとつな
嘉吉1(1441)年～永正1(1504)年　[別]基綱〔小一条流姉小路家(絶家)〕《もとつな》，姉小路基綱《あね(が)こうじもとつな，あねこうじもとつな，あねのこうじもとつな》
室町時代～戦国時代の戦国大名、歌人、公卿(権中納言)。参議姉小路昌家の子。
¶岐阜百(あね(が)こうじもとつな)，公卿([没]永正1(1504)年4月23日)，公家(基綱〔小一条流姉小路家(絶家)〕　もとつな　[没]永正1(1504)年4月23日)，国書([没]永正1(1504)年4月23日)，諸系，人名(あねのこうじもとつな　[生]1446年)，戦人，日人，和俳

**姉小路頼綱**(姉小路自綱) あねがこうじよりつな
天文9(1540)年～天正15(1587)年　[別]三木自綱《みつきよりつな，みつぎよりつな》，姉小路自綱《あねのこうじこれつな》，姉小路頼綱《あねのこうじよりつな》，三木頼綱《みきよりつな，みつきよりつな》
安土桃山時代の飛驒国の大名、武将。
¶朝日(三木自綱　みつきよりつな　[没]天正15年4月25日(1587年6月1日))，織田(三木自綱　みつぎよりつな)，岐阜百(三木自綱　みつきよりつな)，国史(姉小路自綱)，古中(姉小路自綱)，史人(姉小路自綱　[没]1587年4月)，諸系，新潮([没]天正15(1587)年4月)，人名(姉小路自綱　あねのこうじこれつな　[生]？　[没]1585年)，戦合(姉小路自綱)，戦国(あねのこうじよりつな)，戦人，日史(姉小路自綱　[没]天正15(1587)年4月25日)，日人

**姉川惟安** あねがわこれやす
[別]姉川中務大輔惟安《あねがわなかつかさのたゆうこれやす》
戦国時代の武将。竜造寺氏家臣。
¶戦人(生没年不詳)，戦西(姉川中務大輔惟安　あねがわなかつかさのたゆうこれやす)

**姉川中務大輔惟安** あねがわなかつかさのたゆうこれやす
→姉川惟安(あねがわこれやす)

**姉川中務大輔信安** あねがわなかつかさのたゆうのぶやす
→姉川信安(あねがわのぶやす)

**姉川信秀**　あねがわのぶひで
[別]姉川兵庫助信秀《あねがわひょうごのすけのぶひで》
安土桃山時代の武将。竜造寺氏家臣。
¶戦人（生没年不詳），戦西（姉川兵庫助信秀　あねがわひょうごのすけのぶひで）

**姉川信安**　あねがわのぶやす
[別]姉川中務大輔信安《あねがわなかつかさのたゆうのぶやす》
戦国時代～安土桃山時代の武将。竜造寺氏家臣。
¶戦人（生没年不詳），戦西（姉川中務大輔信安　あねがわなかつかさのたゆうのぶやす）

**姉川兵庫助信秀**　あねがわひょうごのすけのぶひで
→姉川信秀（あねがわのぶひで）

**姉小路基綱**　あねこうじもとつな
→姉小路基綱（あねがこうじもとつな）

**姉崎四郎左衛門**　あねざきしろうざえもん
生没年不詳
戦国時代の武将。
¶戦人

**姉崎能登守**　あねざきのとのかみ
生没年不詳
安土桃山時代の武士。
¶戦人

**姉帯兼興**　あねたいかねおき
？～天正19（1591）年
戦国時代の姉帯城城主。
¶姓氏岩手

**姉小路自綱**　あねのこうじこれつな
→姉小路頼綱（あねがこうじよりつな）

**姉小路尹綱**　あねのこうじただつな
→姉小路尹綱（あねがこうじただつな）

**姉小路嗣頼**　あねのこうじつぐより
→姉小路嗣頼（あねがこうじつぐより）

**姉小路基綱**　あねのこうじもとつな
→姉小路基綱（あねがこうじもとつな）

**姉小路頼綱**　あねのこうじよりつな
→姉小路頼綱（あねがこうじよりつな）

**姉歯右馬允**　あねはうまのじょう
戦国時代の武将。葛西氏家臣。
¶戦東

**阿野全成**　あのぜんじょう
仁平3（1153）年～建仁3（1203）年　[別]阿野全成《あののぜんせい》，全成《ぜんじょう，ぜんせい》
平安時代後期～鎌倉時代前期の僧籍の武将。頼朝の異母弟，義経の同母兄。
¶朝日（[没]建仁3年6月23日（1203年8月1日）），岩史（[没]建仁3（1203）年6月23日），神奈川人，神奈川百（[生]？），鎌倉（[生]？），鎌室，国史，古中，コン改（[生]？），コン4（[生]？），史人（[没]1203年6月23日），静岡百（あののぜんせい　[生]？），静岡歴（あののぜんせい　[生]？），諸系，新潮（[没]建仁3（1203）年6月23日），人名（全成　ぜんじょう　[生]？），姓氏静岡，世人（[生]？　[没]建仁3（1203）年6月23日），日史（[生]仁平3（1153）年？　[没]建仁3（1203）年6月23日），日人，百科（[生]仁平3（1153）年？），平史（全成　ぜんじょう），北条，歴大

**阿野時元**　あのときもと
？～承久1（1219）年　[別]阿野時元《あののときもと》
鎌倉時代前期の武士。全成の子。
¶朝日（[没]承久1年2月22日（1219年3月10日）），国史，古中，史人（[没]1219年2月22日），静岡百（あののときもと），静岡歴（あののときもと），新潮（[没]承久1（1219）年2月22日），人名，姓氏静岡，日史（[没]承久1（1219）年2月），日人，北条（[没]承久3（1221）年）

**阿野全成**　あののぜんせい
→阿野全成（あのぜんじょう）

**阿野時元**　あののときもと
→阿野時元（あのときもと）

**阿波根真五郎**　あはごんまぐらー
尚真3（1479）年～尚清17（1543）年
戦国時代の武将。オヤケ・アカハチの乱に出兵した。
¶沖縄百（[没]尚清17（1543）年2月3日），姓氏沖縄

**安孫子善十郎**　あびこぜんじゅうろう
安土桃山時代の武将、馬廻。豊臣氏家臣。
¶戦国，戦人（生没年不詳）

**阿比留秋依**　あびるあきより
生没年不詳
鎌倉時代前期の武将。
¶鎌室，人名，日人

**油川信守**　あぶらかわのぶもり
戦国時代の武将。武田家臣。刑部少輔。
¶姓氏山梨

**阿部壱岐**　あべいき
戦国時代の武将。葛西氏家臣。
¶戦東

**安部右馬助**　あべうまのすけ
？～正保3（1646）年
安土桃山時代～江戸時代前期の武将、出羽米沢藩士。
¶藩臣1，山形百

**安倍越中**　あべえっちゅう
生没年不詳
江戸時代前期の奉行。
¶庄内

**阿部大蔵**　あべおおくら
生没年不詳
戦国時代の松平家重臣、奉行人。
¶戦辞

**安部加賀守**　あべかがのかみ
戦国時代の武将。武田家臣。『武田家過去帳』に甲斐国宇都野屋に居住とみえる。
¶姓氏山梨

安倍勝宝 あべかつとみ
→安部勝宝(あべかつよし)

安部勝宝 (阿部勝宝) あべかつよし
? ～天正10(1582)年　別安倍勝宝《あべかつとみ》
安土桃山時代の武将。武田氏家臣。
¶姓氏山梨 (安倍勝宝 あべかつとみ), 戦人 (阿部勝宝), 戦東, 山梨百 (安倍勝宝 あべかつとみ 魯天正10(1582)年3月11日)

阿部定次 あべさだつぐ
? ～天正10(1582)年11月5日
戦国時代～安土桃山時代の武将。
¶国書

阿閉貞征 あべさだゆき
→阿閉貞征(あつじさだゆき)

阿部定吉 あべさだよし
? ～天文18(1549)年　別阿部定吉《あべていきち》
戦国時代の武士。松平氏家臣。
¶人名, 姓氏愛知 (あべていきち), 戦人, 戦東, 日人

阿部重次 あべしげつぐ
慶長3(1598)年～慶安4(1651)年　別阿部対馬守重次《あべつしまのかみしげつぐ》
江戸時代前期の武将、大名。下野鹿沼藩主、武蔵岩槻藩主。
¶朝日 (魯慶安4年4月20日(1651年6月8日)), 近世, 国史, コン改, コン4, 埼玉人(魯慶安4(1651)年4月20日), 埼玉百 (阿部対馬守重次 あべつしまのかみしげつぐ), 史人(魯1651年4月20日), 諸系, 新潮 (魯慶安4(1651)年4月20日), 人名, 世人, 日史(魯慶安4(1651)年4月20日), 日人, 藩主1(魯慶安4(1651)年4月20日), 百科, 歴大

阿部四郎左衛門(1) あべしろうざえもん
戦国時代の武将、桃生箕輪田城主。葛西氏家臣。
¶戦東

阿部四郎左衛門(2) あべしろうざえもん
戦国時代の武将、北館城・南館城主。葛西氏家臣。
¶戦東

安倍四郎左衛門 あべしろうざえもん
生没年不詳
戦国時代の唐桑城主。
¶姓氏宮城

安部摂津守信盛 あべせっつのかみのぶもり
→安部信盛(あべのぶもり)

阿部仙三郎 (安部仙三郎) あべせんざぶろう
安土桃山時代の武将。秀吉馬廻。
¶戦国 (安部仙三郎), 戦人 (生没年不詳)

安倍高星 あべたかほし
生没年不詳　別安倍高星《あべのたかほし》
平安時代後期の蝦夷の武将。
¶系東, 諸系 (あべのたかほし), 人名 (あべのたかほし), 日人 (あべのたかほし)

阿部忠政 あべただまさ
*～慶長12(1607)年
安土桃山時代～江戸時代前期の武士。徳川氏家臣。
¶人名(魯1532年　魯1584年), 戦国(魯1531年), 戦人(魯享禄4(1531)年), 日人(魯1532年)

阿部忠吉 あべただよし
元亀1(1570)年～寛永1(1624)年
安土桃山時代～江戸時代前期の武将。徳川家康の家臣。
¶諸系, 人名, 日人

阿部太郎左衛門 あべたろうざえもん
戦国時代の武士。葛西氏家臣。
¶戦人(生没年不詳), 戦東

阿部対馬守重次 あべつしまのかみしげつぐ
→阿部重次(あべしげつぐ)

阿部定吉 あべていきち
→阿部定吉(あべさだよし)

阿閉長之 あべながゆき
? ～天正10(1582)年
戦国時代～安土桃山時代の武将。
¶人名

安部二右衛門 あべにえもん
生没年不詳
安土桃山時代の織田信長の家臣。
¶織田

阿倍会津壮麻呂 あべのあいづのおさまろ
→会津壮麻呂(あいづのおさまろ)

安倍兄雄 (阿倍兄雄) あべのあにお
? ～大同3(808)年　別阿部兄雄《あべのえお》, 安倍兄雄《あべのしげお》, 安倍朝臣兄雄《あべのあそんあにお》
平安時代前期の公卿(山陰道・畿内・東山道の観察使)。参議阿倍島麻呂の曽孫、従五位上阿倍梗虫の孫、無位阿倍道守の子。武芸を得意とした。
¶朝日 (魯大同3年10月19日(808年11月10日)), 公卿(魯大同3(808)年10月19日), 古代 (安倍朝臣兄雄 あべのあそんあにお), コン改 (阿倍兄雄), コン4(阿倍兄雄), 諸系, 新潮 (阿倍兄雄 魯大同3(808)年10月19日), 人名 (阿部兄雄 あべのえお), 日人, 平史(あべのしげお)

安部家麻呂 (安部家麻呂) あべのいえまろ
→阿倍家麻呂(あべのやかまろ)

阿倍兄雄 あべのえお
→安倍兄雄(あべのあにお)

安倍黒麻呂 あべのくろまろ
生没年不詳　別安倍朝臣黒麻呂《あべのあそんくろまろ》
奈良時代の官人。藤原広嗣の乱で活躍。逃亡中の広嗣を捕縛。
¶朝日, 古代 (安倍朝臣黒麻呂 あべのあそんくろまろ), コン改, コン4, 日人

安倍比高 あべのこれたか
→安倍比高(あべのなみたか)

**安倍猨嶋墨縄** あべのさしまのすみなわ
[別]安倍猨嶋朝臣墨縄《あべのさしまのあそんすみなわ》
奈良時代の征夷の副将軍。
¶古代（安倍猨嶋朝臣墨縄　あべのさしまのあそんすみなわ），日人（生没年不詳）

**安倍貞任** あべのさだとう
*～康平5（1062）年　[別]安倍貞任《あべさだとう》
平安時代中期の東北地方の豪族。前九年の役で敗死。
¶朝日（[生]？　[没]康平5年9月17日（1062年10月22日）），岩史（[生]長元2（1029）年　[没]康平5（1062）年9月17日），岩手百（[生]1019年），角史（[生]？），国史（[生]？），国書（あべさだとう　[生]？　[没]康平5（1062）年9月17日），古史（[生]？），古中（[生]？），コン改（[生]寛仁3（1019）年），コン4（[生]寛仁3（1019）年），史人（[生]？　[没]1062年9月17日），重要（[生]寛仁3（1019）年　[没]康平5（1062）年9月17日），諸系（[生]？），新潮（[生]？　[没]康平5（1062）年9月17日），人名（[生]1019年），姓氏岩手（[生]1019年），姓氏宮城（[生]1019年），世人（[生]寛仁3（1019）年　[没]康平5（1062）年9月17日），世百（[生]1019年），全書（[生]1029年？），大百（[生]？），伝記（[生]1019年），日史（[生]長元2（1029）年？　[没]康平5（1062）年9月17日），日人（[生]？），百科（[生]長元2（1029）年？），平史（[生]？），歴大（[生]1029年）

**安倍兄雄** あべのしげお
→安倍兄雄（あべのあにお）

**阿倍駿河**（阿部駿河） あべのするが
生没年不詳
奈良時代の武官、持節鎮狄将軍。
¶朝日，コン改，コン4，庄内（阿部駿河），諸系，日人

**安倍高貞** あべのたかさだ
生没年不詳
平安時代後期～鎌倉時代前期の武士。
¶姓氏群馬

**安倍高星** あべのたかぼし
→安倍高星（あべたかぼし）

**安倍忠頼** あべのただより
生没年不詳
平安時代の陸奥の豪族。
¶平史

**安倍千代童子**（安倍千世童子） あべのちよどうじ
永承5（1050）年～康平5（1062）年
平安時代中期の武士。
¶諸系（安倍千世童子），人名（[生]？），日人（安倍千世童子）

**安倍利行** あべのとしゆき
生没年不詳
平安時代後期～鎌倉時代前期の武士。
¶姓氏群馬

**安倍富忠** あべのとみただ
生没年不詳
平安時代中期の武将。前九年の役で活躍。
¶青森百，姓氏岩手，平史

**安倍比高** あべのなみたか
生没年不詳　[別]安倍朝臣比高《あべのあそんなみたか》，安倍比高《あべのこれたか》
平安時代前期の官人、軍人（鎮守府将軍）。
¶古代（安倍朝臣比高　あべのあそんなみたか），諸系，日人，平史（あべのこれたか）

**安倍則任** あべののりとう
生没年不詳
平安時代中期の武将。
¶諸系，人名，日人

**阿倍引田比羅夫** あべのひけたのひらぶ
→阿倍比羅夫（あべのひらふ）

**阿倍比羅夫**（阿部比羅夫，安倍比羅夫） あべのひらふ，あべのひらぶ
生没年不詳　[別]阿倍引田臣比羅夫《あべのひけたのおみひらぶ》
飛鳥時代の官人、武将。水軍を率い、東北地方日本海側の蝦夷を討って越の国守となる。のち朝鮮にも遠征したが、663年白村江の戦いで唐・新羅の連合軍に敗れた。
¶青森百（あべのひらぶ），秋田百（あべのひらぶ），朝日，岩史，岩手百（安倍比羅夫），角史，国史（あべのひらぶ），古史（あべのひらぶ），古代（阿倍引田臣比羅夫　あべのひけたのおみひらぶ），古中（あべのひらぶ），コン改（あべのひらぶ），コン4（あべのひらぶ），史人，重要，諸系，新潮，人名（阿部比羅夫），姓氏岩手（阿部比羅夫），世人（あべのひらぶ），世百（阿部比羅夫），全書，大百，富山百，新潟百，日史，日人，百科，福井百，北海道百（あべのひらぶ），北海道歴（阿部比羅夫　あべのひらぶ），宮城百（阿部比羅夫　あべのひらぶ），歴大

**安部信勝** あべのぶかつ
→安部信勝（あんべのぶかつ）

**安倍信真** あべのぶざね
？　～永禄7（1564）年
戦国時代の武将。今川氏家臣。
¶戦東

**安部信盛** あべのぶもり
天正12（1584）年～延宝1（1673）年　[別]安部信盛《あんべのぶもり》，安部摂津守信盛《あべせっつのかみのぶもり》
安土桃山時代～江戸時代前期の武将、大名。武蔵岡部藩主。
¶黄檗（[没]延宝1（1673）年11月27日），埼玉人（[没]延宝1（1673）年12月27日），埼玉百（安部摂津守信盛　あべせっつのかみのぶもり），諸系（[没]1674年），人名（あんべのぶもり），日人（[没]1674年），藩主1（[没]延宝1（1673）年11月27日）

**安倍三寅** あべのみとら
生没年不詳

平安時代前期の官人(鎮守府将軍)。
¶平史

**安倍宗任** あべのむねとう
生没年不詳　[別]安倍宗任《あべむねとう》
平安時代中期〜後期の陸奥国の武将。
¶朝日，岩手百，角史，国史，古史，古中，コン改，コン4，史人，重要，諸系，人書94(あべむねとう)，新潮，人名，姓氏岩手，世人，世百，全書，大百，日史，日人，百科，平史，歴大

**阿倍家麻呂**(安倍家麿) あべのやかまろ
生没年不詳　[別]阿倍朝臣家麻呂《あべのあそんやかまろ》，安倍家麻呂《あべのいえまろ》，安部朝臣家麻呂《あべのあそんいえまろ》，安倍家麿《あべのやかまろ》
奈良時代の武官。出羽鎮狄将軍。
¶秋田百(安倍家麻呂　あべのいえまろ)，古代(阿倍朝臣家麻呂　あべのあそんやかまろ)，庄内(安倍家麿)，諸系，姓氏群馬(安部朝臣家麻呂　あべのあそんいえまろ)，日人

**安倍頼時** あべのよりとき
？〜天喜5(1057)年　[別]安倍頼良《あべのよりよし》
平安時代中期の東北地方の豪族、俘囚長。
¶朝日，岩史([没]天喜5(1057)年9月)，岩手百(生没年不詳)，角史，国史，古史，古中，コン改，コン4，史人([没]1057年7月26日)，重要([没]天喜5(1057)年7月26日)，諸系，新潮([没]天喜5(1057)年7月26日)，人名，姓氏岩手，姓氏宮城(安倍頼良　あべのよりよし)，世人([没]天喜5(1057)年7月26日)，世百，全書，大百，日史([没]天喜5(1057)年7月)，日人，百科，平史，歴大

**安倍頼良** あべのよりよし
→安倍頼時(あべのよりとき)

**阿部備中守正次** あべびっちゅうのかみまさつぐ
→阿部正次(あべまさつぐ)

**安倍秀貞** あべひでさだ
生没年不詳
室町時代の武士。
¶姓氏群馬

**阿部囚獄** あべひとや
生没年不詳
江戸時代前期の武士、普請奉行。
¶庄内

**阿閉平右衛門** あべへいえもん
→阿閉平右衛門(あつじへいえもん)

**阿部正興** あべまさおき
天正3(1575)年〜寛永17(1640)年
安土桃山時代〜江戸時代前期の武将、尾張藩執政。
¶人名，日人

**阿部正勝** あべまさかつ
天文10(1541)年〜慶長5(1600)年
安土桃山時代の武士。徳川氏家臣。
¶諸系，人名，戦国([生]？)，戦辞([没]慶長5年4月7日(1600年5月19日))，戦人，戦東([没]？)，日人

**阿部正澄** あべまさずみ
文禄2(1593)年〜寛永5(1628)年
江戸時代前期の武将、大名。上総大多喜藩主。
¶諸系，人名，日人

**阿部正次** あべまさつぐ
永禄12(1569)年〜正保4(1647)年　[別]阿部備中守正次《あべびっちゅうのかみまさつぐ》
安土桃山時代〜江戸時代前期の大名、大坂城代。下野鹿沼藩主、武蔵岩槻藩主、武蔵鳩谷藩主、相模小田原藩主、上総大多喜藩主。
¶朝日([没]正保4年11月14日(1647年12月10日))，岩史([没]正保4(1647)年11月14日)，大阪人，神奈川人，近世，国史，コン改，コン4，埼玉人([没]正保4(1647)年11月14日)，埼玉百(阿部備中守正次　あべびっちゅうのかみまさつぐ)，史人([没]1647年11月14日)，諸系，新潮([没]正保4(1647)年11月14日)，人名，姓氏神奈川([没]1674年)，世人([没]正保4(1647)年12月14日)，戦合，戦人，日人，藩主1([没]正保4(1647)年11月14日)，藩主1，藩主2，歴大

**安部正成** あべまさなり
天正16(1588)年〜寛文9(1669)年
安土桃山時代〜江戸時代前期の武士、旗本、三崎奉行。
¶神奈川人

**阿倍正之**(阿部正之) あべまさゆき
天正12(1584)年〜慶安4(1651)年
安土桃山時代〜江戸時代前期の旗本、使番。徳川秀忠に仕え、大坂の陣に従軍。
¶朝日，近世，国史，コン改(阿部正之)，コン4(阿部正之)，史人([没]1651年3月12日)，新潮(阿部正之　[没]慶安4(1651)年3月12日)，人名(阿部正之)，世人(阿部正之)，戦合，日人

**安部政吉** あべまさよし
？〜天正10(1582)年6月3日
戦国時代〜安土桃山時代の上杉景勝の家臣。
¶戦辞

**阿部道景** あべみちかげ
文安4(1447)年〜大永1(1521)年
室町時代の武士。
¶姓氏群馬

**安倍宗貞** あべむねさだ
？〜天正10(1582)年3月11日
戦国時代〜安土桃山時代の甲斐武田晴信・勝頼の家臣。
¶戦辞

**安倍元真**(安部元真) あべもとざね
永正10(1513)年〜天正15(1587)年
戦国時代〜安土桃山時代の武士。今川氏家臣、徳川氏家臣。
¶諸系，人名，姓氏静岡，戦国(安部元真)，戦人，戦東，日人

**安部主水** あべもんど
生没年不詳

戦国時代の武士。北条氏忠家臣。
¶戦辞

あ

**安部弥一郎信勝** あべやいちろうのぶかつ
→安部信勝(あんべのぶかつ)

**安倍康季** あべやすすえ
→安東康季(あんとうやすすえ)

**阿部良輝** あべよしてる
生没年不詳
戦国時代の武士。
¶戦人

**阿部義宗** あべよしむね
戦国時代の武将、能登国鳳至郡黒峰城城主。伝説上の人物か。
¶姓氏石川

**阿部若狭** あべわかさ
戦国時代の武将。葛西氏家臣。
¶戦東

**安保氏泰** あぼううじやす
生没年不詳　[別]安保氏泰《あぼうじやす》
室町時代～戦国時代の武将・連歌作者。
¶国書，埼玉人(あぼうじやす)，戦辞(あぼうじやす)

**安保氏泰** あぼうじやす
→安保氏泰(あぼううじやす)

**阿保内蔵之助** あほくらのすけ
→森山弥七郎(もりやまやしちろう)

**安保左衛門尉** あぼさえもんのじょう
生没年不詳
戦国時代の北条氏の家臣。
¶戦辞

**安保実員** あぼさねかず
生没年不詳
鎌倉時代前期の武士。
¶埼玉人，北条

**安保実光** あぼさねみつ
？～承久3(1221)年6月14日
鎌倉時代前期の武士。
¶埼玉人，埼玉百

**安保修理亮** あぼしゅりのすけ
南北朝時代の武士。丹党所属安保光重の子孫。
¶埼玉百

**安保全隆** あぼぜんりゅう
生没年不詳
戦国時代の古河公方足利氏の家臣。
¶埼玉人，戦辞

**安保直実**(安保忠実) あぼただざね
生没年不詳
南北朝時代の武将。
¶埼玉人，埼玉百(安保忠実)，全書，日人

**安保竜若丸** あぼたつわかまる
生没年不詳
戦国時代の古河公方足利高基の家臣。
¶戦辞

**安保道潭** あぼどうたん
？～元弘3/正慶2(1333)年
鎌倉時代後期の武士。
¶埼玉人([没]元弘3/正慶2(1333)年5月16日)，北条

**安保中務大輔** あぼなかつかさたいゆう
戦国時代の武将。後北条氏家臣。
¶戦東

**安保中務少輔** あぼなかつかさのしょう
生没年不詳
戦国時代の武士。古河公方・後北条氏の家臣。
¶戦辞

**阿保意保賀斯** あほのおおかし
[別]阿保君意保賀斯《あほのきみおおかし》
上代の武人。
¶古代(阿保君意保賀斯　あほのきみおおかし)，日人

**安保憲光** あぼのりみつ
生没年不詳
室町時代の武士。
¶埼玉人

**安保光泰** あぼみつやす
生没年不詳
南北朝時代の武士。経泰の子。
¶埼玉人

**安保宗繁** あぼむねしげ
生没年不詳
室町時代の武士。憲光の子。
¶埼玉人

**安保弥七郎** あぼやしちろう
生没年不詳
戦国時代の古河公方足利氏の家臣。
¶戦辞

**安保泰規** あぼやすのり
南北朝時代の武士。光泰の嫡子。
¶埼玉人(生没年不詳)，埼玉百

**安保泰倫** あぼやすみち
戦国時代の武士。後北条氏家臣。
¶戦人(生没年不詳)，戦東

**甘尾若狭守** あまおわかさのかみ
戦国時代の武将。武田家臣。上野天引の城主。
¶姓氏山梨

**天笠次郎右衛門** あまがさじろううえもん
→天笠次郎右衛門(あまがさじろうえもん)

**天笠次郎右衛門** あまがさじろうえもん
？～寛永10(1633)年　[別]天笠次郎右衛門《あまがさじろううえもん》
安土桃山時代～江戸時代前期の武士、社会事業家。もと金山城主由良国繁の家臣。
¶群馬人，姓氏群馬(あまがさじろううえもん)

**甘糟景継**(甘粕景継) あまかすかげつぐ
＊～慶長16(1611)年

安土桃山時代～江戸時代前期の武士。越後上杉氏の部将。
¶庄内（㋣天文19（1550）年　㋕慶長16（1611）年5月12日），戦辞，戦人（甘粕景継　生没年不詳），新潟百，藩臣1（㋣天文19（1550）年），山形百（㋣？）

## 甘糟景持（甘粕景持）あまかすかげもち
？ ～慶長9（1604）年
戦国時代の武士。上杉氏家臣。
¶人名，戦人（甘粕景持　生没年不詳），戦補，日人

## 甘糟忠綱 あまかすただつな
？ ～治承2（1178）年？
平安時代後期の武蔵国那珂郡甘糟の武士。
¶埼玉人（生没年不詳），平史

## 甘糟長重（甘粕長重）あまかすながしげ
生没年不詳
安土桃山時代の武将。上杉氏家臣。
¶戦辞，戦人（甘粕長重），新潟百（㋕1604年）

## 甘糟野次広忠 あまかすのじひろただ
平安時代後期～鎌倉時代前期の児玉郡甘糟出身の武士。
¶埼玉百

## 天方通興 あまがたみちおき
安土桃山時代の武将。今川氏家臣。
¶戦人（生没年不詳），戦東

## 天方通季 あまがたみちすえ
？ ～天文14（1545）年
戦国時代の武将。今川氏家臣。
¶姓氏静岡，戦人，戦東

## 天方通綱（天方道綱）あまがたみちつな
？ ～寛永1（1624）年
戦国時代の武将、遠州天方城主。
¶静岡歴（天方道綱），姓氏静岡

## 天方通直 あまがたみちなお
戦国時代の武将。今川氏家臣。
¶戦東

## 天草鎮尚 あまくさしげひさ
？ ～天正10（1582）年　㋠天草久武《あまくさひさたけ》，ミゲル，天草尚種《あまくさひさたね》
安土桃山時代の武将。
¶戦人，戦補（天草久武　あまくさひさたけ）

## 天草種元 あまくさたねもと
？ ～天正17（1589）年　㋠アンデレ，ジョアン
安土桃山時代の武将。肥後国天草本渡城主。
¶角史，国史，古中，コン改（生没年不詳），コン4（生没年不詳），史人（生没年不詳），新潮，人名，世人（生没年不詳），戦合，戦国，戦人，日人（生没年不詳）

## 天草久武 あまくさひさたけ
→天草鎮尚（あまくさしげひさ）

## 天草久種 あまくさひさたね
生没年不詳　㋠ジョアン，天草太郎左衛門《あまく

さたろうざえもん》
安土桃山時代のキリシタン、武将。
¶朝日，史人，戦人，日人

## 尼子勝久 あまこかつひさ，あまごかつひさ
天文22（1553）年～天正6（1578）年
安土桃山時代の武将。
¶朝日（㋕天正6年7月3日（1578年8月6日）），角史，国史，古中，コン改，コン4，史人（㋕1578年7月3日），島根百（あまこかつひさ　㋕天正6（1578）年7月3日），島根歴（あまこかつひさ），重要（㋕天正6（1578）年7月3日），諸系（あまごかつひさ），新潮（㋕天正6（1578）年7月3日），人名，世人（㋕天正6（1578）年7月3日），戦合（あまごかつひさ），戦国，戦人（あまごかつひさ），日史（㋕天正6（1578）年7月3日），日人，歴大（あまごかつひさ）

## 尼子清定（尼子清貞）あまごきよさだ
生没年不詳
戦国時代の武士。
¶系西，島根百（㋕文明10（1478）年ごろ），島根歴（尼子清貞），戦人

## 尼子国久 あまこくにひさ，あまごくにひさ
？ ～天文23（1554）年
戦国時代の武将。
¶系西（あまごくにひさ　生没年不詳），国史，古中，コン改，コン4，史人（㋕1554年11月1日），島根百（あまごくにひさ　㋣明応1（1492）年　㋕天文23（1554）年11月1日），島根歴（あまごくにひさ　㋣明応1（1492）年），諸系（あまごくにひさ　㋣1492年），新潮（㋕天文23（1554）年11月1日），人名，戦合（あまごくにひさ），戦人（あまごくにひさ），日史（㋕天文23（1554）年11月1日），日人（㋣1492年）

## 尼子三郎左衛門 あまごさぶろうざえもん，あまこさぶろうざえもん
安土桃山時代の武将。秀吉馬廻。
¶戦国（あまごさぶろうざえもん），戦人（生没年不詳）

## 尼子下野 あまこしもつけ
戦国時代の武将。
¶人名

## 尼子寿千寺 あまこじゅせんじ
安土桃山時代の武将。秀吉馬廻。
¶戦国，戦人（生没年不詳）

## 尼子経久 あまこつねひさ，あまごつねひさ
長禄2（1458）年～天文10（1541）年
戦国時代の出雲の武将。
¶朝日（㋣長禄2年11月20日（1458年12月25日）㋕天文10年11月13日（1541年11月30日）），岩史（あまごつねひさ　㋣長禄2（1458）年11月20日　㋕天文10（1541）年11月13日），角史，系西（あまごつねひさ），国史，古中，コン改，コン4，史人（㋕1541年11月13日），島根百（あまごつねひさ），島根百（あまごつねひさ　㋣長禄2（1458）年11月30日　㋕天文10（1541）年11月13日），島根歴（あまごつねひさ），重要（㋣長禄2

(1458)年11月20日　[没]天文10(1541)年11月13日)，諸系(あまごつねひさ)，人書94，新潮([生]長禄2(1458)年11月20日　[没]天文10(1541)年11月13日)，人名，世人([生]長禄2(1458)年11月20日　[没]天文10(1541)年11月13日)，戦合(あまごつねひさ)，戦国([生]？)，全書(あまごつねひさ)，戦人(あまごつねひさ)，大百，鳥取百，日史([生]長禄2(1458)年11月20日　[没]天文10(1541)年11月13日)，日人，百科，歴大(あまごつねひさ)

**尼子豊久**　あまことよひさ，あまごとよひさ
？～天文15(1546)年
戦国時代の武将。
¶諸系(あまごとよひさ)，人名([没]1540年)，日人

**尼子倫久**　あまこのぶひさ
？～元和9(1623)年
安土桃山時代～江戸時代前期の武将。
¶姓氏山口

**尼子晴久**　あまこはるひさ，あまごはるひさ
永正11(1514)年～永禄3(1560)年　[別]尼子晴久《あまこ(ご)はるひさ》，尼子詮久《あまごあきひさ》
戦国時代の武将。出雲など8ヵ国の守護。
¶朝日([没]永禄3年12月24日(1561年1月9日))，岡山人，岡山百([没]永禄5(1562)年)，岡山歴(あまこ(ご)はるひさ　[没]永禄3(1560)年12月24日)，系西(あまごはるひさ　[生]1513年)，国史，国書([生]永正11(1514)年2月12日　[没]永禄3(1560)年12月24日)，古中，コン改([没]永禄5(1562)年)，コン4([没]永禄5(1562)年)，史人([没]1560年12月24日？)，島根人(あまごはるひさ)，島根百(あまごはるひさ　[没]永禄3(1560)年12月24日)，島根歴(あまごはるひさ)，諸系(あまごはるひさ　[没]？)，新潮([没]永禄3(1560)年12月24日)，人名，世人([生]永正11(1514)年2月12日　[没]永禄5(1562)年12月24日)，戦合(あまごはるひさ)，戦国([生]？)，戦人(あまごはるひさ)，鳥取百，日史([没]永禄3(1560)年12月24日)，日人([没]？)，百科，歴大(あまごはるひさ)

**尼子久幸**　あまこひさゆき，あまごひさゆき
？～天文10(1541)年
戦国時代の武将。
¶島根歴(あまごひさゆき)，諸系(あまごひさゆき)，日人

**尼子政久**　あまごまさひさ
長享2(1488)年～永正10(1513)年
戦国時代の武将。尼子経久の嫡子。
¶島根百，島根歴

**尼子誠久**　あまごまさひさ
？～天文23(1554)年
戦国時代の武将。
¶島根歴，戦人

**尼子宗澄**　あまこむねずみ
安土桃山時代の武将。秀吉馬廻。
¶戦国，戦人(生没年不詳)

**尼子持久**　あまごもちひさ
生没年不詳
室町時代の出雲国守護代。
¶島根歴

**尼子義久**　あまこよしひさ，あまごよしひさ
？～慶長15(1610)年　[別]尼子友林《あまごゆうりん》
戦国時代の出雲の武将。
¶朝日([没]慶長15年8月28日(1610年10月14日))，岡山人，角史，近世，国史，古中，コン改，コン4，史人([没]1610年8月28日)，島根人(あまごよしひさ)，島根百(あまごよしひさ　[生]天文9(1540)年　[没]慶長15(1610)年8月28日)，島根歴(あまごよしひさ　[生]天文9(1540)年)，諸系(あまごよしひさ　[生]1540年)，新潮([没]慶長15(1610)年8月28日)，人名，戦合(あまごよしひさ)，戦国([没]1566年)，戦人(あまごよしひさ)，日史([没]慶長15(1610)年8月28日)，日人([生]1540年)，百科，歴大(あまごよしひさ　[生]1540年)

**尼子六郎左衛門**　あまころくろうざえもん
安土桃山時代の武将。秀吉馬廻。
¶戦国，戦人(生没年不詳)

**天野因幡長教**　あまのいなばながのり
戦国時代の武将。葛西氏家臣。
¶戦東

**天野興定**　あまのおきさだ
文明7(1475)年～天文10(1541)年
戦国時代の武将。
¶戦人

**天野景経**　あまのかげつね
鎌倉時代の御家人。
¶静岡歴(生没年不詳)，姓氏静岡

**天野景貫**　あまのかげつら
戦国時代～安土桃山時代の武将。今川氏家臣、徳川氏家臣、武田氏家臣。
¶姓氏山梨，戦国，戦人(生没年不詳)，戦東

**天野景泰**　あまのかげやす
戦国時代の武将。今川氏家臣。
¶静岡歴(生没年不詳)，姓氏静岡，戦辞(生没年不詳)，戦東

**天野景能**　あまのかげよし
→天野康景(あまのやすかげ)

**天野賢景**　あまのかたかげ
戦国時代の武士。
¶人名，日人(生没年不詳)

**天野雄景**　あまのかつかげ
安土桃山時代の武士。織田氏家臣、豊臣氏家臣。
¶戦国，戦人(生没年不詳)

**天野雄光**　あまのかつみつ
？～慶長14(1609)年
安土桃山時代～江戸時代前期の武士。織田氏家臣、豊臣氏家臣。
¶戦国，戦人

天野金太夫　あまのきんだゆう
　　生没年不詳
　　安土桃山時代～江戸時代前期の武士、小田原藩
　　家老。
　　¶姓氏神奈川

天野宮内右衛門尉　あまのくないえもんのじょう
　　生没年不詳
　　戦国時代の今川氏親の家臣。
　　¶戦辞

天野小四郎　あまのこしろう
　　生没年不詳
　　戦国時代の武田氏の家臣。
　　¶戦辞

天野貞成　あまのさだしげ
　　永禄5(1562)年～慶長8(1603)年
　　安土桃山時代の武将。
　　¶国書

天野次郎右衛門尉　あまのじろうえもんのじょう
　　戦国時代の武士。
　　¶姓氏石川，戦人(生没年不詳)，戦西

天野隆重　あまのたかしげ
　　文亀3(1503)年～天正12(1584)年
　　戦国時代～安土桃山時代の武将。毛利氏家臣。
　　¶島根歴，戦人，戦西(㋹？)

天野隆綱　あまのたかつな
　　？　～弘治1(1555)年
　　戦国時代の国人。
　　¶戦人

天野忠親　あまのただちか
　　生没年不詳
　　戦国時代の松平氏の重臣。
　　¶戦辞

天野経顕　あまのつねあき
　　？　～延元1/建武3(1336)年
　　鎌倉時代の御家人。
　　¶静岡歴，姓氏静岡

天野遠景　あまのとうかげ
　　→天野遠景(あまのとおかげ)

天野遠景　あまのとおかげ
　　生没年不詳　⦅天野遠景《あまのとうかげ》，藤原
　　遠景《ふじわらのとおかげ》
　　平安時代後期～鎌倉時代前期の武将、鎮西奉行人。
　　¶朝日，岩史，角史，神奈川人(あまのとうか
　　　げ)，鎌倉，鎌室，国史，古中，コン改，コン4，
　　　史人，静岡百，静岡歴，新潮，人名，姓氏静岡，
　　　世人(㋹保延2(1136)年　㋺承元2(1208)年)，
　　　世百，全書，大百，日人，百科，福岡百，
　　　平史(藤原遠景　ふじわらのとおかげ)，歴大

天野遠政　あまのとおまさ
　　南北朝時代の能登守護吉見氏に属した武将。
　　¶姓氏石川

天野虎景　あまのとらかげ
　　戦国時代の武将。今川氏家臣。

　　¶戦辞(生没年不詳)，戦東

天野半之助　あまのはんのすけ
　　天正16(1588)年～寛文7(1667)年
　　安土桃山時代～江戸時代前期の武士。
　　¶人名，日人

天野久次　あまのひさつぐ
　　天文17(1548)年～元和7(1621)年
　　安土桃山時代～江戸時代前期の武士。紀州藩士。
　　¶和歌山人

天野藤秀　あまのふじひで
　　戦国時代の武将。今川氏家臣。
　　¶静岡歴(生没年不詳)，姓氏静岡，戦辞(生没年
　　　不詳)，戦東

天野孫七郎　あまのまごしちろう
　　生没年不詳
　　戦国時代の松平氏の家臣。
　　¶戦辞

天野政景　あまのまさかげ
　　生没年不詳
　　鎌倉時代前期の武士。
　　¶北条

天野美濃守　あまのみののかみ
　　生没年不詳
　　戦国時代の武田氏の家臣。
　　¶戦辞

天野元景　あまのもとかげ
　　戦国時代の武士。安芸守景泰の子。今川氏家臣。
　　¶戦辞(生没年不詳)，戦東

天野元信　あまのもとのぶ
　　？　～慶長10(1605)年
　　安土桃山時代の武将。
　　¶岡山人，姓氏山口

天野元政　あまのもとまさ
　　永禄2(1559)年～慶長14(1609)年　㋹毛利元政
　　《もうりもとまさ》
　　安土桃山時代～江戸時代前期の武士。
　　¶諸系，人名，戦人(生没年不詳)，戦西，日人，
　　　藩主6(毛利元政　もうりもとまさ)

天野康景　あまのやすかげ
　　天文6(1537)年～慶長18(1613)年　㋹天野景能
　　《あまのかげよし》
　　安土桃山時代～江戸時代前期の大名。駿河興国寺
　　藩主。
　　¶朝日(㋺慶長18年2月24日(1613年4月14日))，
　　　近世，国史，コン改，コン4，史人(㋺1613年2
　　　月24日)，静岡歴，新潮，㋺慶長18(1613)年2
　　　月24日)，人名，姓氏愛知，姓氏静岡，世人，
　　　戦合，戦国(㋹1538年)，戦辞(天野景能　あま
　　　のかげよし　㋺慶長18年2月24日(1613年4月14
　　　日))，戦人，戦東(㋺？)，大百，千葉百，日
　　　史(㋺慶長18(1613)年2月24日)，日人，藩主2
　　　(㋺慶長18(1613)年2月24日)，百科

天野康親　あまのやすちか
　　生没年不詳

戦国時代の松平氏の家臣。
¶戦辞

**甘利佐渡守** あまりさどのかみ
戦国時代の武将。今川氏家臣。
¶戦辞（生没年不詳），戦東

**甘利三右衛門** あまりさんえもん
戦国時代の武将。武田家臣。『甲陽軍鑑』に聖道衆5人のうちの一人としてみえる。
¶姓氏山梨

**甘利甚九郎** あまりじんくろう
生没年不詳
戦国時代の武田氏の家臣。
¶戦辞

**甘利太郎右衛門** あまりたろうえもん
戦国時代の武将。今川氏家臣。
¶戦辞（生没年不詳），戦東

**甘利虎泰** あまりとらやす
？ ～天文17（1548）年
戦国時代の武士。武田氏家臣。
¶姓氏山梨，戦辞（[没]天文17年2月14日（1548年3月23日）），戦人，戦東，長野歴，山梨百（[没]天文17（1548）年2月14日）

**甘利信忠** あまりのぶただ
生没年不詳
戦国時代の甲斐武田晴信の家臣。
¶戦辞

**甘利信康** あまりのぶやす
？ ～天正3（1575）年
戦国時代の武田氏の家臣。
¶姓氏山梨，戦辞（生没年不詳），山梨百（[没]天正3（1575）年5月21日）

**甘利信頼** あまりのぶより
生没年不詳
戦国時代の甲斐武田勝頼の家臣。
¶戦辞

**甘利晴吉** あまりはるよし
天文3（1534）年～永禄7（1564）年
戦国時代の武士。武田氏家臣。
¶人名，戦人（生没年不詳），戦補，日人

**甘利昌忠** あまりまさただ
戦国時代の武将。武田氏家臣。
¶姓氏山梨，戦東，山梨百（生没年不詳）

**余目伊勢守** あまるめいせのかみ
生没年不詳
戦国時代の武将。留守一族。
¶姓氏宮城

**余目持家** あまるめもちいえ
→留守持家（るすもちいえ）

**阿麻和利**（阿摩和利） あまわり
？ ～尚泰久5（1458）年
室町時代の琉球の按司、勝連城主。
¶朝日，沖縄百，国史（阿摩和利），古中（阿摩和利），コン改，コン4，史人，新潮（阿摩和利），人名（阿摩和利），姓氏沖縄，世人（阿摩和利生没年不詳），全書，日史（[没]1458年？），日人，歴大（阿摩和利）

**安見勝之** あみかつゆき
安土桃山時代の武士。豊臣氏家臣、前田氏家臣。
¶戦国，戦人（生没年不詳）

**安見甚吉** あみじんきち
安土桃山時代の武将。秀吉馬廻。
¶戦国，戦人（生没年不詳）

**安見新五郎** あみしんごろう
安土桃山時代の武将。秀吉馬廻。
¶戦国，戦人（生没年不詳）

**安見甚七** あみじんしち
安土桃山時代の武将。秀吉馬廻。
¶戦国，戦人（生没年不詳）

**安見直政** あみなおまさ
？ ～元亀2（1571）年 [別]安見直政《やすみなおまさ》
戦国時代の武将。畠山氏家臣。
¶織田（やすみなおまさ [没]元亀2（1571）年5月10日），戦国，戦人（生没年不詳），戦人（やすみなおまさ）

**安見信国** あみのぶくに
戦国時代の武士。畠山氏家臣。
¶戦国，戦人（生没年不詳）

**雨生沢将監** あめうざわしょうげん
戦国時代の武将。大崎氏家臣。
¶戦東

**天種子命** あめのたねこのみこと
上代の中臣氏之遠祖。神武東征に従軍。
¶人名，日人

**天日別命** あめのひわけのみこと
上代の伊勢氏の祖神。神武東征で伊勢を平定。
¶古代，諸系，人名，日人

**雨宮家次** あめのみやいえつぐ
→雨宮家次（あめみやいえつぐ）

**雨宮存天** あめのみやぞんてん
戦国時代の武将。武田家臣。『甲陽軍鑑』にみえる「諸国へ御使者衆四人」のうちの一人。
¶姓氏山梨

**雨森才次** あめのもりさいじ
安土桃山時代の武士。豊臣氏家臣。
¶戦国，戦人（生没年不詳）

**雨森彦三郎** あめのもりひこさぶろう
安土桃山時代の武士。前田利家の家臣。
¶姓氏石川

**雨宮淡路守** あめみやあわじのかみ
生没年不詳
戦国時代の甲斐武田晴信の家臣。
¶戦辞

**雨宮家次** あめみやいえつぐ
*～天正3（1575）年 [別]雨宮家次《あめのみやいえつぐ》

戦国時代の武士。武田氏家臣。
¶姓氏長野(あめのみやいえつぐ [生]1530年?),姓氏山梨(あめのみやいえつぐ [生]?),戦辞(あめのみやいえつぐ [生]享禄4(1531)年? [没]天正3年5月21日(1575年6月29日)),戦人(生没年不詳),戦東

**雨森弥兵衛尉** あめもりやひょうえのじょう
戦国時代の武士。
¶戦人(生没年不詳),戦西

**天羽久利** あもうひさとし
生没年不詳
戦国時代~安土桃山時代の武将。
¶戦人

**綾織広信** あやおりひろのぶ
天文10(1541)年~慶長18(1613)年
戦国時代~江戸時代前期の武将。阿曽沼広行の長男。
¶姓氏岩手

**文石小麻呂** あやしのおまろ
上代の大力の人。雄略天皇に派遣された春日大樹に討伐された。
¶古代,日人,兵庫百(生没年不詳)

**綾部鎮幸** あやべしげゆき
[別]綾部備前守鎮幸《あやべびぜんのかみしげゆき》
戦国時代の武士。
¶戦人(生没年不詳),戦西(綾部備前守鎮幸 あやべびぜんのかみしげゆき)

**綾部惣四郎** あやべそうしろう
戦国時代の武士。後北条氏家臣。
¶戦人(生没年不詳),戦東

**綾部備前守鎮幸** あやべびぜんのかみしげゆき
→綾部鎮幸(あやべしげゆき)

**鮎貝宗重** あゆがいむねしげ,あゆかいむねしげ
弘治1(1555)年~寛永1(1624)年
安土桃山時代~江戸時代前期の武将。伊達氏家臣。
¶人名,戦人(あゆかいむねしげ),戦東,日人(あゆかいむねしげ)

**鮎貝宗信** あゆかいむねのぶ,あゆがいむねのぶ
戦国時代~安土桃山時代の武将。伊達氏家臣。
¶戦人(生没年不詳),戦東(あゆがいむねのぶ)

**鮎貝盛次** あゆかいもりつぐ
生没年不詳
安土桃山時代の武将。
¶藩臣1

**鮎瀬実光** あゆがせさねみつ
[別]鮎瀬弥五郎実光《あゆがせやごろうさねみつ》
戦国時代の武将、伊王野氏家臣。
¶人名,戦辞(生没年不詳),栃木歴(鮎瀬弥五郎実光 あゆがせやごろうさねみつ),日人(生没年不詳)

**鮎瀬弥五郎実光** あゆがせやごろうさねみつ
→鮎瀬実光(あゆがせさねみつ)

**鮎川清長** あゆかわきよなが
生没年不詳
戦国時代の武将。
¶戦辞,戦人

**鮎川図書助** あゆかわずしょのすけ
生没年不詳
戦国時代の古河公方の重臣簗田氏の家臣。
¶戦辞

**鮎川孫三郎** あゆかわまごさぶろう
戦国時代の武将。武田家臣。『武田家過去帳』に甲斐国府中三日市場の居住とみえる。
¶姓氏山梨

**鮎川昌尚** あゆかわまさなお
戦国時代の武将。武田家臣。永禄起請文にみえる。
¶姓氏山梨

**鮎川盛長** あゆかわもりなが
生没年不詳
戦国時代の国人。
¶戦辞,戦人,戦東

**鮎沢喜左衛門** あゆさわきざえもん
戦国時代の武将。武田家臣。永禄10年の諏訪五十騎交名にみえる。
¶姓氏山梨

**鮎沢虎守** あゆさわとらもり
戦国時代の武将。武田家臣。永禄起請文にみえる。
¶姓氏山梨

**阿用宗的** あようそうてき
? ~永正10(1513)年
戦国時代の阿用城城主。
¶島根歴

**新井伊予守輝高** あらいいよのかみてるたか
~文明12(1480)年
室町時代~戦国時代の武士。
¶多摩

**新井勘解由** あらいかげゆ
? ~慶長14(1609)年
戦国時代の武士。
¶群馬人

**新井輝盛** あらいてるもり
? ~天正6(1578)年
戦国時代~安土桃山時代の武士。後北条氏家臣。
¶戦人

**新居長重** あらいながしげ
生没年不詳
戦国時代~安土桃山時代の武士。長尾氏家臣。
¶戦辞,戦人

**荒尾九郎** あらおくろう
生没年不詳
鎌倉時代後期~南北朝時代の尾張の武士。
¶姓氏愛知

**荒尾祖閑** あらおそかん
天正9(1581)年~慶安2(1649)年
安土桃山時代~江戸時代前期の武士、岡山藩士。

¶岡山人，岡山歴（[没]慶安2（1649）年7月27日）

**荒尾嵩就** あらおたかなり
文禄1（1592）年～寛文9（1669）年
江戸時代前期の武将、因幡鳥取藩家老。
¶藩臣5

**荒尾成利** あらおなりとし
天正17（1589）年～明暦1（1655）年
安土桃山時代～江戸時代前期の武将、因幡鳥取藩家老。
¶鳥取百，藩臣5

**荒尾成房** あらおなりふさ
弘治2（1556）年～寛永7（1630）年
安土桃山時代～江戸時代前期の播磨姫路藩家老。
¶藩臣5，兵庫百

**荒尾宗顕** あらおむねあき
生没年不詳
鎌倉時代後期～南北朝時代の国人。
¶姓氏愛知

**荒尾弥五郎** あらおやごろう
生没年不詳
鎌倉時代後期～南北朝時代の尾張の武士。
¶姓氏愛知

**荒尾善次** あらおよしつぐ
永正5（1508）年～天正18（1590）年2月13日
戦国時代～安土桃山時代の織田信長の家臣。
¶織田

**荒尾善久** あらおよしひさ
天文8（1539）年～元亀3（1572）年12月22日
戦国時代～安土桃山時代の織田信長の家臣。
¶織田

**荒川** あらかわ
生没年不詳
戦国時代の北条氏の家臣。
¶戦辞

**荒川詮頼** あらかわあきより
→荒川詮頼（あらかわのりより）

**荒川景親** あらかわかげちか
戦国時代の武士。
¶人名

**荒川喜右衛門** あらかわきえもん
生没年不詳
安土桃山時代の織田信長の家臣。
¶織田

**荒川銀右衛門** あらかわぎんえもん
安土桃山時代の武将。秀吉馬廻。
¶戦国，戦人（生没年不詳）

**荒川佐助** あらかわさすけ
？　～天正11（1583）年
安土桃山時代の武士。
¶戦人

**荒川重世** あらかわしげよ
安土桃山時代～江戸時代前期の武士、旗本。
¶神奈川人（[生]1566年　[没]1620年），姓氏神奈川（[生]1547年　[没]1601年）

**荒川治部少輔** あらかわじぶのしょう
生没年不詳
安土桃山時代の織田信長の家臣。
¶織田

**荒川新八郎** あらかわしんぱちろう
？　～天正2（1574）年9月29日
戦国時代～安土桃山時代の織田信長の家臣。
¶織田

**荒川助忠** あらかわすけただ
戦国時代の武将。足利氏家臣。
¶戦辞（生没年不詳），戦東

**荒川助八郎** あらかわすけはちろう
安土桃山時代の武将。秀吉馬廻。
¶戦国，戦人（生没年不詳）

**荒川善左衛門** あらかわぜんざえもん
[別]荒川善左衛門尉《あらかわぜんざえもんのじょう》
戦国時代～安土桃山時代の武将。後北条氏家臣。
¶戦辞（荒川善左衛門尉　あらかわぜんざえもんのじょう　生没年不詳），戦東

**荒川善左衛門尉** あらかわぜんざえもんのじょう
→荒川善左衛門（あらかわぜんざえもん）

**荒川善次郎** あらかわぜんじろう
生没年不詳
戦国時代の北条氏の家臣。
¶戦辞

**荒川種房** あらかわたねふさ
鎌倉時代前期の薩摩国薩摩郡荒河の領主。
¶姓氏鹿児島

**荒川忠兵衛** あらかわちゅうべえ
安土桃山時代の武士。豊臣氏家臣。
¶戦国，戦人（生没年不詳）

**荒川詮頼** あらかわのりより
生没年不詳　[別]荒川詮頼《あらかわあきより》
南北朝時代の武将。
¶朝日（あらかわあきより），鎌室，京都府，新潮，日人

**荒川弥次郎** あらかわやじろう
戦国時代～安土桃山時代の武士。上杉氏家臣。
¶戦人（生没年不詳），戦東

**荒川義次** あらかわよしつぐ
？　～天正18（1590）年
安土桃山時代の武士。上杉氏家臣。
¶戦人

**荒川義範** あらかわよしのり
南北朝時代の武将。
¶島根人，島根歴（生没年不詳）

**荒川義広** あらかわよしひろ
戦国時代の国人。
¶戦国，戦人（生没年不詳）

荒川与十郎 あらかわよじゅうろう
　　？ 〜天文21（1552）年4月17日
　　戦国時代の織田信長の家臣。
　　¶織田

荒川頼季 あらかわよりすえ
　　？ 〜天正2（1574）年
　　戦国時代〜安土桃山時代の武将。信長馬廻。
　　¶戦人，戦補

荒木氏綱 あらきうじつな
　　生没年不詳
　　戦国時代〜安土桃山時代の武将。
　　¶織田，戦人

荒木越後守 あらきえちごのかみ
　　生没年不詳
　　安土桃山時代の織田信長の家臣。
　　¶織田

荒木越中守 あらきえっちゅうのかみ
　　？ 〜天正9（1581）年3月6日？
　　戦国時代〜安土桃山時代の織田信長の家臣。
　　¶織田

荒木勘十郎 あらきかんじゅうろう
　　？ 〜慶長19（1614）年
　　安土桃山時代〜江戸時代前期の武士。豊臣氏家臣。
　　¶戦国，戦人

荒木久左衛門 あらききゅうざえもん
　　生没年不詳
　　安土桃山時代の織田信長の家臣。
　　¶織田

荒木小平太 あらきこへいた，あらきこへいだ
　　？ 〜慶長5（1600）年　㋾木下小平太《きのしたこ
　　へいた》
　　安土桃山時代の武将。重堅の子。
　　¶戦国（あらきこへいだ），戦人

荒木五郎左衛門 あらきごろうざえもん
　　？ 〜天正7（1579）年12月13日
　　戦国時代〜安土桃山時代の織田信長の家臣。
　　¶織田

荒木重堅 あらきしげかた
　　？ 〜慶長5（1600）年　㋾荒木平太夫《あらきへい
　　だゆう》，木下重堅《きのしたしげかた》，木下備
　　中守《きのしたびっちゅうのかみ》。
　　安土桃山時代の武士。豊臣氏家臣。
　　¶織田（㋳慶長5（1600）年10月13日），戦国，戦
　　人，戦人（木下重堅　きのしたしげかた　生没
　　年不詳），戦西（木下重堅　きのしたしげか
　　た），鳥取百（荒木平太夫　あらきへいだゆ
　　う），藩主4（木下重堅　きのしたしげかた
　　㋳慶長5（1600）年11月）

荒木新丞 あらきしんのじょう
　　永禄4（1561）年〜天正7（1579）年12月16日
　　安土桃山時代の織田信長の家臣。
　　¶織田

荒木助右衛門 あらきすけえもん
　　安土桃山時代の武将。秀吉馬廻。

¶戦国，戦人（生没年不詳）

荒木善太夫 あらきぜんだゆう
　　戦国時代の武将。
　　¶姓氏富山

荒木平太夫 あらきへいだゆう
　　→荒木重堅《あらきしげかた》

荒木村重 あらきむらしげ
　　＊〜天正14（1586）年　㋾荒木道薫《あらきどうくん》
　　安土桃山時代の摂津の武将。利休七哲の一人。
　　¶朝日（㋴天文4（1535）年　㋳天正14年5月4日
　　（1586年6月20日）），岩史（㋴天文5（1536）年
　　㋳天正14（1586）年5月4日），織田（㋴天文5
　　（1536）年　㋳天正14（1586）年5月4日），角塚
　　（㋴天文4（1535）年），国史（㋴1535年），古中
　　（㋴1535年），コン改（㋴？），コン4（㋴？），
　　茶道（㋴？），史人（㋴1535年），重要（㋴？），
　　人員94（㋴1545年），新潮（㋴天文14（1545）年
　　㋳天正14（1586）年5月4日），人名（㋴？），世
　　人（㋴？），世百（㋴？），戦合（㋴1535年），戦
　　国（㋴1535年），全書（㋴？）　㋳1586年？），戦
　　人（㋴天文4（1535）年），大百（㋴？），日史
　　（㋴？），日人（㋴1535年），百科（㋴？），兵庫
　　人（生没年不詳），兵庫百（㋴天文4（1535）年），
　　歴大（㋴1535年）

荒木村次 あらきむらつぐ
　　生没年不詳
　　戦国時代〜安土桃山時代の武士。
　　¶織田，戦国，戦人

荒木村基 あらきむらもと
　　安土桃山時代の武将。
　　¶戦国

荒木元清 あらきもときよ
　　天文5（1536）年〜慶長15（1610）年
　　安土桃山時代〜江戸時代前期の摂津の国人、馬術
　　家。荒木流の祖。
　　¶朝日（㋴天文4（1535）年　㋳慶長15年5月23日
　　（1610年7月13日）），織田（㋳慶長15（1610）年
　　5月23日），新潮（㋳慶長15（1610）年5月23日），
　　人名，戦国，全書，戦人，大百，日人

荒木元満 あらきもとみつ
　　安土桃山時代の国人。
　　¶戦国，戦人（生没年不詳）

荒木主水祐 あらきもんどのすけ
　　生没年不詳
　　戦国時代の武士。
　　¶姓氏群馬

荒木山城守 あらきやましろのかみ
　　戦国時代〜安土桃山時代の武将。
　　¶戦国，戦人（生没年不詳）

あら鹿 あらしか
　　生没年不詳
　　安土桃山時代の織田信長の家臣。
　　¶織田

あ

あ

**暴代意富乃古**　あらしろのおうのこ
[別]暴代意富乃古《あらしろのおおのこ》,暴代連意富乃古《あらしろのむらじおうのこ》
上代の武人。
¶人名（暴代連意富乃古　あらしろのむらじおうのこ），日人（あらしろのおおのこ）

**暴代意富乃古**　あらしろのおおのこ
→暴代意富乃古（あらしろのおうのこ）

**荒田尾赤麻呂**　あらたおのあかまろ
[別]荒田尾直赤麻呂《あらたおのあたいあかまろ》
飛鳥時代の武人。
¶古代（荒田尾直赤麻呂　あらたおのあたいあかまろ），日人（生没年不詳）

**荒武藤兵衛**　あらたけとうべえ
生没年不詳
戦国時代の武将。
¶戦人

**荒田別**　あらたのわけ
→荒田別（あらたわけ）

**新田目内膳**　あらためないぜん
？～天正10（1582）年
安土桃山時代の武将。
¶戦人

**荒田別**　あらたわけ
[別]荒田別《あらたのわけ》,荒田別命《あらたわけのみこと》,大荒田別命《おおあらたわけのみこと》
上代の武人。東国の豪族上毛野氏の祖先。
¶朝日（生没年不詳），郷土群馬（荒田別命　あらたわけのみこと　生没年不詳），群馬人（あらたのわけ），古代，古中，史人，新潮，人名（荒田別命　あらたわけのみこと），人名（大荒田別命　おおあらたわけのみこと），世人（生没年不詳），日人

**荒田別命**　あらたわけのみこと
→荒田別（あらたわけ）

**荒波碇之助**　あらなみいかりのすけ
戦国時代の武士、尼子十勇士の一人。
¶人名

**荒牧隆房**　あらまきたかふさ
生没年不詳
戦国時代の武士。
¶姓氏群馬

**荒巻為秀**　あらまきためひで
生没年不詳
安土桃山時代の武士。佐竹氏家臣。
¶戦辞，戦人，戦東

**荒巻秀家**　あらまきひでいえ
生没年不詳
戦国時代の武士。佐竹氏家臣。
¶戦辞，戦人，戦東

**荒巻秀道**　あらまきひでみち
安土桃山時代～江戸時代前期の武士。佐竹氏家臣。
¶戦人（生没年不詳），戦東

**新屋源次郎**　あらやげんじろう
生没年不詳
戦国時代～安土桃山時代の武将。
¶戦人

**荒谷肥後**　あらやひご
？～慶長6（1601）年
安土桃山時代の武将。
¶戦人

**新谷肥前**　あらやひぜん
生没年不詳
安土桃山時代の狐崎城城主。
¶姓氏岩手

**有泉昌輔**　ありいずみまさすけ
生没年不詳
戦国時代の武士。甲斐穴山信君・勝千代の家臣。
¶戦辞

**有浦宗珊**　ありうらそうさん
安土桃山時代の武将。
¶戦国，戦人（生没年不詳）

**有賀長呂**　ありがおさとも
？～寛永5（1628）年
安土桃山時代～江戸時代前期の武士。紀州藩士。
¶和歌山人

**有賀勝慶**　ありがかつよし
？～天正10（1582）年　[別]有賀勝慶《あるがかつよし》
安土桃山時代の武士。武田氏家臣。
¶姓氏山梨（あるがかつよし），戦人，戦東

**有賀左京**　ありがさきょう
安土桃山時代～江戸時代前期の武士、初代高岡町奉行。
¶姓氏富山

**有壁尾張守**　ありかべおわりのかみ
戦国時代～安土桃山時代の武将。葛西氏家臣。
¶戦人（生没年不詳），戦東

**有坂備中**　ありさかびっちゅう
戦国時代～安土桃山時代の武士。上杉氏家臣。
¶姓氏富山，戦人（生没年不詳）

**有坂弥二郎**　ありさかやじろう
生没年不詳
鎌倉時代の幕府御家人。
¶姓氏長野

**有沢石見**　ありさわいわみ
～永禄12（1569）年
戦国時代～安土桃山時代の安芸城主安芸国虎老臣。
¶高知人

**有沢采女**　ありさわうねめ
永禄4（1561）年～寛永8（1631）年6月23日
安土桃山時代～江戸時代前期の武将。
¶庄内

**有沢小太郎**　ありさわこたろう
生没年不詳
安土桃山時代の織田信長の家臣。

¶織田

**有沢図書助** ありさわずしょのすけ
生没年不詳
安土桃山時代の織田信長の家臣。
¶織田

**有沢長俊** ありさわながとし
戦国時代の土豪。
¶姓氏富山

**有田盛** ありたさかり
生没年不詳 [別]松浦三郎《まつうらさぶろう》
戦国時代～安土桃山時代の武将。
¶戦人

**有田丹後守盛** ありたたんごのかみさかり
安土桃山時代の武将。竜造寺氏家臣。
¶戦西

**有田宗晴** ありたむねはる
生没年不詳
戦国時代～安土桃山時代の武将。
¶戦人

**有原小六** ありはらころく
安土桃山時代～江戸時代前期の武士。里見氏家臣。
¶戦人（生没年不詳），戦東

**有馬加賀守** ありまかがのかみ
？ ～天正7（1579）年
戦国時代～安土桃山時代の武将。
¶戦人

**有馬数馬** ありまかずま
安土桃山時代の武将。
¶岡山人

**有馬鎮貴** ありましげたか
戦国時代～安土桃山時代の武将。竜造寺氏家臣。
¶戦西

**有馬重則** ありましげのり
戦国時代～安土桃山時代の武将。豊臣氏家臣。
¶戦国，戦人（生没年不詳）

**有馬貴純**（有馬貴澄） ありまたかずみ
生没年不詳
戦国時代の武士。
¶諸系（有馬貴澄），戦人

**有松与兵衛** ありまつよへえ
安土桃山時代の武士。
¶岡山人

**有馬豊氏** ありまとようじ
永禄12（1569）年～寛永19（1642）年 [別]有馬玄蕃頭《ありまげんばのかみ》
安土桃山時代～江戸時代前期の大名。遠江横須賀藩主、丹波福知山藩主、筑後久留米藩主、利休七哲。
¶朝日（[没]寛永19年閏9月29日（1642年11月21日）），岩史（[没]寛永19（1642）年9月30日），京都府，近世，国史，国書（[没]寛永19（1642）年9月30日），コン改，コン4，茶道，史人（[没]1642年閏9月29日），重要（[没]寛永19（1642）年閏9月30日），諸系，新潮（[没]寛永19（1642）年9月30日），人名，戦合，戦国（[生]1542年 [没]1614年），戦人，日人，藩主2，藩主3，藩主4（[生]永禄12（1569）年，（異説）永禄10年5月3日 [没]寛永19（1642）年9月30日），兵庫百（[生]？），福岡百（[没]寛永19（1642）年9月30日），歴大

**有馬直純** ありまなおずみ，ありまなおすみ
天正14（1586）年～寛永18（1641）年 [別]サンセズ
安土桃山時代～江戸時代前期の大名。肥前日之江藩主、日向延岡藩主。
¶朝日（[没]寛永18年4月25日（1641年6月3日）），岩史（[没]寛永18（1641）年4月25日），キリ（[没]寛永18年4月25日（1641年6月3日）），近世，国史，コン4，史人（[没]1641年4月25日），諸系，新潮（[没]寛永18（1641）年4月25日），人名（ありまなおすみ），戦合，戦人，戦補（[生]1587年 [没]1642年），日史（[没]寛永18（1641）年4月25日），日人，藩主4（[没]寛永18（1641）年4月25日），百科，宮崎百（[没]寛永18（1641）年4月25日），歴大

**有馬則氏** ありまのりうじ
？ ～天正12（1584）年
安土桃山時代の武士。豊臣氏家臣。
¶戦国，戦人

**有馬則頼** ありまのりより
天文2（1533）年～慶長7（1602）年 [別]刑部卿法印《ぎょうぶきょうほういん》，中務卿法印《なかつかさきょうほういん》，兵部卿法印《ひょうぶきょうほういん》
戦国時代～安土桃山時代の大名。播磨三木城主、摂津三田城主。
¶織田（[没]慶長7（1602）年7月28日），茶道，諸系，人名（[生]1519年），戦国，戦人，日人，藩主3（[生]天文2（1533）年2月23日 [没]慶長7（1602）年7月27日），藩主3（[没]慶長7（1602）年7月28日），兵庫人（[生]天文2（1533）年2月23日 [没]慶長7（1602）年7月27日），兵庫百（[生]？）

**有馬晴純** ありまはるずみ
文明15（1483）年～永禄9（1566）年 [別]仙巌《せんがん》
戦国時代の肥前の武将。
¶朝日（[没]永禄9年2月28日（1566年3月19日）），国史，古中，史人（[没]1566年2月28日），諸系，新潮（[没]永禄9（1566）年2月28日），戦合，戦人，日史（[没]永禄9（1566）年2月28日），日人，百科，歴大

**有馬晴信** ありまはるのぶ
永禄10（1567）年～慶長17（1612）年 [別]ジョアン
安土桃山時代～江戸時代前期の大名、キリシタン。肥前日之江藩主。
¶朝日（[生]永禄4（1561）年頃 [没]慶長17年5月6日（1612年6月5日）），岩史（[生]永禄10（1567）年？ [没]慶長17（1612）年5月6日），角史（[生]永禄10（1567）年？），郷土長崎，キリ（[没]慶長17年5月6日（1612年6月5日）），近世，国史，古中，コン改，コン4，史人（[生]1561年，（異説）1567年 [没]1612年5月6日），重要（[没]慶長17（1612）年5月6日），諸系，新潮（[没]慶長17（1612）年5月6日），人名，世人（[没]慶長17

(1612) 年5月6日), 世百, 戦合, 戦国, 全書, 戦人 ([生]永禄10 (1567) 年?), 大百, 長崎百 ([生]永禄4 (1561) 年), 日史 ([没]慶長17 (1612) 年5月6日), 日人, 藩主4 ([没]慶長17 (1612) 年5月6日), 百科, 山梨百, 歴大 ([生]1567年?)

あ

**有馬持家** ありまもちいえ
→赤松持家 (あかまつもちいえ)

**有馬義貞** ありまよしさだ
大永1 (1521) 年～天正4 (1576) 年 [別]有馬義直《ありまよしなお》, アンドレ
戦国時代～安土桃山時代の武将。肥前国有馬城主。
¶国史, 古中, 諸系 ([没]1577年), 新潮 ([没]天正4 (1576) 年12月27日), 人名 (有馬義直 ありまよしなお), 戦合, 戦国, 戦人, 長崎百 (ありまよしさだ (よしなお)), 日人 ([没]1577年)

**有馬義祐** ありまよしすけ
? ～応永28 (1421) 年
室町時代の守護大名。
¶兵庫百

**有馬義純** ありまよしずみ
*～元亀2 (1571) 年
戦国時代の武士。
¶戦国 ([生]1553年), 戦人 ([生]天文19 (1550) 年)

**有馬義直** ありまよしなお
→有馬義貞 (ありまよしさだ)

**有道家行** ありみちいえゆき
平安時代後期の武将、在地豪族。武蔵児玉党の本宗家。
¶埼玉人 (生没年不詳), 埼玉百

**有持道慶** ありもちどうけい
生没年不詳
戦国時代の上浦城主。
¶徳島歴

**有元新左衛門** ありもとしんざえもん
南北朝時代の武士。
¶岡山歴

**有元佐明** ありもとすけあき
～慶長3 (1598) 年
安土桃山時代の武士。
¶岡山人

**有元佐氏** ありもとすけうじ
～大永3 (1523) 年
安土桃山時代の武将。
¶岡山人

**有元佐国** ありもとすけくに
～応永28 (1421) 年
室町時代の武将。
¶岡山人

**有元佐高** ありもとすけたか
文永1 (1264) 年～正中1 (1324) 年
鎌倉時代後期の武将。
¶岡山人

**有元佐則** ありもとすけのり
～天正6 (1578) 年
安土桃山時代の武将。
¶岡山人

**有元佐久** ありもとすけひさ
～正平16/康安1 (1361) 年
南北朝時代の武将。
¶岡山人

**有元佐弘** ありもとすけひろ
? ～元弘3/正慶2 (1333) 年
鎌倉時代後期の武士。後醍醐天皇の鎌倉幕府討伐に参加。
¶朝日 ([没]正慶2/元弘3年4月3日 (1333年5月17日)), 岡山人, 岡山歴 ([没]元弘3/正慶2 (1333) 年4月3日), 鎌室, 新潮 ([没]正慶2/元弘3 (1333) 年4月3日), 人名, 日人

**有元佐政** ありもとすけまさ
～寛永9 (1632) 年
安土桃山時代～江戸時代前期の武士、宇喜多家臣。
¶岡山人

**有元佐道** ありもとすけみち
～慶長5 (1600) 年
安土桃山時代の武士。
¶岡山人

**有元佐光** ありもとすけみつ
? ～元弘3/正慶2 (1333) 年
鎌倉時代後期の武士。
¶岡山人, 岡山歴 ([没]元弘3/正慶2 (1333) 年4月3日), 鎌室, 新潮 ([没]正慶2/元弘3 (1333) 年4月3日), 人名, 日人

**有元佐吉** ありもとすけよし
? ～元弘3/正慶2 (1333) 年
鎌倉時代後期の武士。
¶岡山人, 岡山歴 ([没]元弘3/正慶2 (1333) 年4月3日), 鎌室, 新潮 ([没]正慶2/元弘3 (1333) 年4月3日), 人名, 日人

**有元満佐** ありもとみつすけ
鎌倉時代前期の美作東部の那岐山麓の武士団・菅家党の祖といわれる伝承上の武士。
¶岡山歴

**有元民部太夫入道** ありもとみんぶたいふゅうどう
南北朝時代の武士。
¶岡山歴

**有元民部丞** ありもとみんぶのじょう
室町時代の武士。
¶岡山歴

**有屋田忠房** ありやだただふさ
南北朝時代の薩摩国満家院有屋田の領主。
¶姓氏鹿児島

**有吉将監立言** ありよししょうげんたつのぶ
? ～天正11 (1583) 年
安土桃山時代の武将。
¶京都府

**有吉立行** ありよしたつゆき
＊～慶長12（1607）年
安土桃山時代～江戸時代前期の豊前中津藩家老。
¶人名（[生]？），日人（[生]1559年 [没]1608年），藩臣7（[生]永禄1（1558）年）

**有賀勝慶** あるがかつよし
→有賀勝慶（ありがかつよし）

**有賀紀伊守** あるがきいのかみ
戦国時代の武将。武田家臣。永禄10年の諏訪50騎交名にみえる。
¶姓氏山梨

**有賀又左衛門** あるがまたざえもん
戦国時代の武士。小笠原氏家臣。
¶戦人（生没年不詳），戦東

**有賀泰時** あるがやすとき
？ ～天文15（1546）年
戦国時代の武将。
¶姓氏長野，姓氏山梨，戦人

**粟井景盛** あわいかげもり
室町時代の武将。
¶岡山人

**粟井三郎兵衛** あわいさぶろうべえ
→粟井三郎兵衛（あわいさぶろべえ）

**粟井三郎兵衛** あわいさぶろべえ
[別]粟井三郎兵衛《あわいさぶろうべえ》
安土桃山時代の武士。
¶戦人（生没年不詳），戦西（あわいさぶろうべえ）

**粟飯原俊胤** あわいはらとしたね
生没年不詳
安土桃山時代の武将。
¶戦人

**粟井正晴** あわいまさはる
安土桃山時代の美作国の武将。
¶岡山歴

**粟生永信** あわおながのぶ
戦国時代の武将。今川氏家臣。
¶戦東

**粟沢宮内左衛門** あわさわくないざえもん
戦国時代の武将。武田家臣。永禄10年の諏訪五十騎交名にみえる。
¶姓氏山梨

**阿和善右衛門** あわぜんえもん
安土桃山時代の武士。豊臣氏家臣。
¶戦国，戦人（生没年不詳）

**粟田重政** あわたしげまさ
生没年不詳
鎌倉時代前期の阿波の有力在地領主。
¶徳島歴

**粟田成直** あわたのなりなお
？ ～建久8（1197）年
平安時代後期～鎌倉時代前期の武士。
¶平史

**粟野国顕** あわのくにあき
生没年不詳
戦国時代の武将、北目城城主。
¶姓氏宮城

**粟野秀用** あわのひでもち
？ ～文禄4（1595）年
安土桃山時代の武士。伊達氏家臣、豊臣氏家臣。
¶コン改，コン4，人名，戦国，戦人，日人

**粟宮長門守** あわのみやながとのかみ
生没年不詳
戦国時代の小山高朝・秀綱の家臣。
¶戦辞

**粟宮伯耆守** あわのみやほうきのかみ
生没年不詳
戦国時代の小山高朝・秀綱の家臣。
¶戦辞

**阿波民部大夫成良** あわのみんぶだゆうしげよし
生没年不詳
平安時代後期の武士。阿波の水軍を率いた。
¶朝日

**粟生為広** あわふのためひろ
生没年不詳
南北朝時代～室町時代の武士、足利尊氏家臣。
¶姓氏神奈川

**粟屋右京亮** あわやうきょうのすけ
生没年不詳
安土桃山時代の織田信長の家臣。
¶織田

**粟屋越中守** あわやえっちゅうのかみ
安土桃山時代の地侍。秀吉馬廻。
¶戦国，戦人（生没年不詳）

**粟屋勝久** あわやかつひさ
？ ～天正13（1585）年
安土桃山時代の織田信長の家臣。
¶織田（生没年不詳），郷土福井

**粟屋小次郎** あわやこじろう
生没年不詳
安土桃山時代の織田信長の家臣。
¶織田

**粟屋左衛門尉** あわやさえもんのじょう
戦国時代の浪人。今川氏家臣。
¶戦東

**粟屋信賢** あわやのぶかた
戦国時代の武士。
¶人名

**粟屋彦兵衛** あわやひこべえ
安土桃山時代の武将。秀吉馬廻。
¶戦国，戦人（生没年不詳）

**粟屋光若** あわやみつわか
生没年不詳
戦国時代の地方豪族、土豪。武田氏家臣。
¶戦人

**あ**

**粟屋元国** あわやもとくに
戦国時代の武士。
¶戦人（生没年不詳），戦西

**粟屋元秀** あわやもとひで
戦国時代の武将。毛利氏家臣。
¶戦西

**粟屋元吉** あわやもとよし
永禄8（1565）年〜寛永5（1628）年
安土桃山時代〜江戸時代前期の武将。毛利家の
家臣。
¶姓氏山口

**粟屋弥四郎** あわややしろう
生没年不詳
安土桃山時代の武将。秀吉馬廻。
¶織田，戦国，戦人

**安国寺恵瓊** あんこくじえけい
？ 〜慶長5（1600）年　㊞恵瓊《えけい》,瑤甫恵瓊
《ようほえけい》,瑤甫《ようほ》
安土桃山時代の臨済宗の僧，大名。
¶朝日（㊟慶長5年10月1日（1600年11月6日）），
岩史（㊟慶長5（1600）年10月1日），角史，京
都，京都大，近世，国史，国書（瑤甫恵瓊　よ
うほえけい　㊌天文7（1538）年　㊟慶長5
（1600）年10月1日），古中，コン改，コン4，茶
道，詩歌（恵瓊　えけい），史人（㊟1600年10月
1日），新潮（㊟慶長5（1600）年10月1日），人
名，姓氏京都，世人，世百，戦合，戦国，戦辞
（㊟慶長5年10月1日（1600年11月6日）），全書，
戦人（恵瓊　えけい），大百，日史（㊌天文7
（1538）年？　㊟慶長5（1600）年10月1日），日
人，百科（㊌天文7（1538）年？），広島百（㊟慶
長5（1600）年10月1日），仏教（瑤甫恵瓊　よう
ほえけい　㊟慶長5（1600）年10月1日），仏人
（恵瓊　えけい　㊌1538年），歴大

**安西某** あんざい
生没年不詳
安土桃山時代の織田信長の家臣。
¶織田

**安西有味** あんざいありみ
？ 〜天正10（1582）年
戦国時代〜安土桃山時代の武田氏の家臣。
¶姓氏山梨，戦辞（㊟天正10年3月11日（1582年4
月3日））

**安西伊賀守** あんざいいがのかみ
生没年不詳
戦国時代の武田氏の家臣。
¶戦辞

**安西景春** あんざいかげはる
室町時代の武将。
¶人名，日人（生没年不詳）

**安西景益** あんざいかげます
生没年不詳　㊞平景益《たいらのかげます》
鎌倉時代前期の武将。
¶鎌室，日人，平史（平景益　たいらのかげます）

**安西左伝次** あんざいさでんじ，あんざいざでんじ
安土桃山時代の武将。秀吉馬廻。
¶戦国（あんざいざでんじ），戦人（生没年不詳）

**安西実胤** あんざいさねたね
戦国時代の武将。足利氏家臣。
¶戦東

**安西七郎次郎** あんざいしちろうじろう
→安西七郎次郎（あんざいしちろじろう）

**安西七郎次郎** あんざいしちろじろう
㊞安西七郎次郎《あんざいしちろうじろう》
安土桃山時代〜江戸時代前期の武士。里見氏家臣。
¶戦人（生没年不詳），戦東（あんざいしちろうじ
ろう）

**安西庄左衛門** あんざいしょうざえもん
安土桃山時代〜江戸時代前期の武士。里見氏家臣。
¶戦人（生没年不詳），戦東

**安斎新五郎** あんざいしんごろう
生没年不詳
戦国時代の北条氏の家臣。
¶戦辞

**安西但馬守** あんざいたじまのかみ
生没年不詳
戦国時代の古河公方の家臣。
¶戦辞

**安西中務** あんざいなかつかさ
安土桃山時代〜江戸時代前期の武士。里見氏家臣。
¶戦人（生没年不詳），戦東

**安西晴胤** あんざいはるたね
生没年不詳
戦国時代の古河公方の家臣。
¶戦辞

**安西彦兵衛尉** あんざいひこべえのじょう
生没年不詳
戦国時代の北条氏の家臣。
¶戦辞

**安西政胤** あんざいまさたね
生没年不詳
戦国時代の古河公方の家臣。
¶戦辞

**安西又助** あんざいまたすけ
安土桃山時代〜江戸時代前期の武士。里見氏家臣。
¶戦人（生没年不詳），戦東

**安西弥三郎** あんざいやさぶろう
安土桃山時代〜江戸時代前期の武士。里見氏家臣。
¶戦人（生没年不詳），戦東

**安西能胤** あんざいよしたね
生没年不詳
戦国時代の古河公方の家臣。
¶戦辞

**安食三右衛門** あんじきさんえもん
戦国時代の武将。浅井氏家臣。
¶戦西

**安住安芸守家能** あんじゅうあきのかみいえよし
→安住家能（あんじゅういえよし）

**安住家能** あんじゅういえよし
？ ～天正12（1584）年　[別]安住安芸守家能《あんじゅうあきのかみいえよし》
安土桃山時代の武士。
¶戦人，戦西（安住安芸守家能　あんじゅうあきのかみいえよし）

**安住石見守秀能** あんじゅういわみのかみひでよし
→安住秀能（あんじゅうひでよし）

**安住秀能** あんじゅうひでよし
？ ～天正12（1584）年　[別]安住石見守秀能《あんじゅういわみのかみひでよし》
安土桃山時代の武士。
¶戦人，戦西（安住石見守秀能　あんじゅういわみのかみひでよし）

**安藤家季**（安東家季） あんどういえすえ
？ ～
南北朝時代の武士。安東氏の一族、宗季の2子。
¶青森人，青森百（安東家季　生没年不詳）

**安藤右衛門佐** あんどううえもんのすけ
？ ～元亀1（1570）年11月26日
戦国時代～安土桃山時代の織田信長の家臣。
¶織田

**安東円光** あんどうえんこう
生没年不詳
鎌倉時代後期の武士。
¶北条

**安藤快翁** あんどうかいおう
？ ～慶長10（1605）年　[別]安藤定実《あんどうさだざね》
安土桃山時代の武士。
¶人名，日人（安藤定実　あんどうさだざね）

**安藤加賀守** あんどうかがのかみ
生没年不詳
安土桃山時代の武将。筑摩郡安坂村安坂城の城主で、青柳郷領主。
¶姓氏長野

**安藤勘解由** あんどうかげゆ
生没年不詳
戦国時代の千葉氏の家臣。
¶戦辞

**安東勝七** あんどうかつしち
～明暦2（1656）年
安土桃山時代～江戸時代前期の武士、宇喜多・池田家臣。
¶岡山人

**安東鹿季** あんとうかのすえ
？ ～応永30（1423）年
室町時代の武将。
¶系東

**安東舜季** あんとうきよすえ
？ ～天文23（1554）年
戦国時代の武士。
¶系東，戦人

**安藤清広** あんどうきよひろ
生没年不詳
戦国時代～安土桃山時代の武士。後北条氏家臣。
¶神奈川人，戦辞，戦人，戦東

**安藤源四郎** あんどうげんしろう
生没年不詳
戦国時代の北条氏の家臣。
¶戦辞

**安東惟季** あんとうこれすえ
？ ～寛正3（1462）年
室町時代の武将。
¶系東

**安東五郎太郎** あんどうごろうたろう
生没年不詳
鎌倉時代の武士。
¶北条

**安藤定実** あんどうさだざね
→安藤快翁（あんどうかいおう）

**安東定季** あんとうさだすえ
？ ～天文20（1551）年
戦国時代の武士。
¶系東，戦人

**安東貞季**（安藤貞季） あんどうさだすえ，あんとうさだすえ
生没年不詳　[別]安東季長《あんどうすえなが》，安藤季長《あんどうすえなが》
鎌倉時代後期の蝦夷管領。
¶朝日（安藤季長　あんどうすえなが），鎌室（[没]嘉暦2（1327）年），系東（あんとうさだすえ），史人（安藤季長　あんどうすえなが），諸系（安東季長　あんどうすえなが），諸系，新潮（[没]嘉暦2（1327）年），日人（安藤季長　あんどうすえなが），日人（安藤貞季），北条（安藤貞季　[没]嘉暦2（1327）年）

**安藤定次** あんどうさだつぐ
天文9（1540）年～慶長5（1600）年
安土桃山時代の武士。
¶人名，日人

**安藤定智** あんどうさだとも
天正14（1586）年～寛永13（1636）年
安土桃山時代～江戸時代前期の武士。
¶日人

**安藤定治** あんどうさだはる
？ ～天正10（1582）年6月8日
戦国時代～安土桃山時代の織田信長の家臣。
¶織田

**安東貞秀** あんとうさだひで
生没年不詳
鎌倉時代前期の武将。
¶系東

あ

**安藤定正**　あんどうさだまさ
天文17（1548）年～天正18（1590）年
安土桃山時代の武将。
¶朝日（[没]天正18（1590）年5月），新潮（[没]天正18（1590）年5月），人名，戦人，日人

**安藤定見**　あんどうさだみ
室町時代の武士。
¶人名

**安東実季**　あんどうさねすえ
→秋田実季（あきたさねすえ）

**安藤三郎兵衛**　あんどうさぶろべえ
生没年不詳
安土桃山時代の織田信長の家臣。
¶織田

**安藤治右衛門**　あんどうじえもん
？～元和1（1615）年
安土桃山時代～江戸時代前期の武士。
¶日人

**安藤重勝**　あんどうしげかつ
慶長2（1597）年～元和9（1623）年
江戸時代前期の武将、近江彦根藩士。
¶藩臣4

**安東重綱**　あんどうしげつな
生没年不詳
鎌倉時代後期の武士。
¶北条

**安藤重長**　あんどうしげなが
慶長5（1600）年～明暦3（1657）年
江戸時代前期の武将、大名。上野高崎藩主。
¶郷土群馬，群馬人，コン4，諸系，姓氏群馬，日人

**安藤重信**　あんどうしげのぶ
弘治3（1557）年～元和7（1621）年　[別]安藤対馬守《あんどうつしまのかみ》
安土桃山時代～江戸時代前期の大名。上野高崎藩主、下総小見川藩主。
¶朝日（[没]元和7年6月29日（1621年8月16日）），郷土群馬，近世，群馬人（[生]弘治2（1556）年），国史，コン改，コン4，史人（[没]1621年6月29日），諸系，新潮（[没]元和7（1621）年6月29日），人名，姓氏群馬，戦合，戦国，戦人，日史（[没]元和7（1621）年6月29日），日人，藩主1（[没]元和7（1621）年6月29日），藩主2，百科，歴大

**安藤七郎**　あんどうしちろう
生没年不詳
安土桃山時代の織田信長の家臣。
¶織田

**安藤松斎**　あんどうしょうさい
安土桃山時代～江戸時代前期の武士。里見氏家臣。
¶戦人（生没年不詳），戦東

**安東少七**　あんどうしょうしち
安土桃山時代の武士。
¶岡山歴，戦人（生没年不詳），戦西

**安東聖秀**（安藤聖秀）　あんどうしょうしゅう
？～元弘3/正慶2（1333）年
鎌倉時代後期の武将。
¶鎌室，人名（安藤聖秀），日人，北条

**安東季長**（安藤季長）　あんどうすえなが
→安東貞季（あんどうさだすえ）

**安藤季久**　あんどうすえひさ
生没年不詳
鎌倉時代後期の武士。
¶北条

**安東助泰**　あんどうすけやす
生没年不詳
鎌倉時代後期の武士。
¶北条

**安東相馬**　あんどうそうま
安土桃山時代の武将。
¶岡山人

**安東高季**（安藤高季）　あんとうたかすえ，あんどうたかすえ
生没年不詳
安土桃山時代の武将。
¶青森人（安藤高季　あんどうたかすえ　[生]建武ころ），青森百（あんどうたかすえ），諸系（あんどうたかすえ），戦人

**安東堯季**　あんとうたかすえ
生没年不詳
戦国時代の武将。
¶系東

**安東堯勢**　あんとうたかせい
生没年不詳
鎌倉時代後期の武将。
¶系東

**安東堯恒**　あんとうたかつね
生没年不詳
平安時代後期の武将。
¶系東

**安東堯秀**　あんとうたかひで
生没年不詳
鎌倉時代前期の武将。
¶系東

**安東忠家**　あんどうただいえ
？～承久3（1221）年
鎌倉時代前期の駿河国の御家人。北条義時の被官。
¶朝日（[没]承久3年6月14日（1221年7月5日）），姓氏静岡，日人，北条（生没年不詳）

**安東忠季**　あんとうただすえ
？～永正8（1511）年
戦国時代の武士。
¶系東，戦人

**安東愛季**　あんとうちかすえ，あんどうちかすえ
？～天正15（1587）年　[別]安東愛季《あんどうよしすえ》，秋田愛季《あきたよしすえ》
安土桃山時代の武将、秋田城主。

¶系東，諸系（あんどうよしすえ），人名（秋田愛季　あきたよしすえ），戦人，戦補（秋田愛季　あきたよしすえ），日史（あんどうちかすえ　[生]天文8（1539）年），日人（秋田愛季　あきたよしすえ）

**安東愛秀**　あんとうちかひで
生没年不詳
鎌倉時代後期の武将。
¶系東

**安東千一丸**　あんどうちよいちまる
南北朝時代の武士。
¶岡山歴

**安東照季**　あんとうてるすえ
？　～延徳2（1490）年
室町時代～戦国時代の武士。
¶系東，戦人

**安東道常**　あんどうどうじょう
生没年不詳
鎌倉時代後期の武士。
¶北条

**安東友季**　あんとうともすえ
生没年不詳
戦国時代の武士。
¶系東，戦人

**安藤直次**　あんどうなおつぐ
天文23（1554）年～寛永12（1635）年　[別]安藤帯刀《あんどうたてわき》
安土桃山時代～江戸時代前期の紀伊和歌山藩付家老。
¶朝日（[没]寛永12年5月13日（1635年6月27日）），郷土和歌山（[生]1553年），近世（[生]1544年），国史（[生]1544年），コン改（[生]天文13（1544）年），コン4（[生]天文13（1544）年），埼玉人（[生]天文13（1544）年　[没]寛永12（1635）年5月13日），史人（[没]1635年5月13日），諸系，新潮（[没]寛永12（1635）年5月13日），人名，戦合（[生]1544年），戦国（[生]1555年），戦人（[生]弘治1（1555）年），日史（[没]寛永12（1635）年5月13日），日人，藩主2，藩臣4（[生]弘治1（1555）年），藩臣5，百科，和歌山人

**安東成季**　あんとうなりすえ
？　～文安2（1445）年
室町時代の武将。
¶系東

**安東宣季**　あんとうのぶすえ
？　～天文2（1533）年
戦国時代の武士。
¶系東，戦人

**安藤久右**　あんどうひさすけ
生没年不詳
戦国時代の佐竹の家臣。
¶戦辞

**安藤肥前守**　あんどうひぜんのかみ
戦国時代～安土桃山時代の武士。佐竹氏家臣。
¶戦人（生没年不詳），戦東

**安藤飛驒守**　あんどうひだのかみ
生没年不詳
戦国時代の武士。佐竹氏家臣。
¶戦辞，戦人，戦東

**安藤兵部丞**　あんどうひょうぶのじょう
生没年不詳
戦国時代の北条氏の家臣。
¶戦辞

**安東尋季**　あんとうひろすえ
？　～天文3（1534）年
戦国時代の武士。
¶系東，戦人

**安東平右衛門尉蓮聖**　あんどうへいえもんのじょうれんしょう
→安東蓮聖（あんどうれんしょう）

**安東政季**　あんとうまさすえ，あんどうまさすえ
？　～長享2（1488）年
室町時代～戦国時代の武士。
¶青森人（あんどうまさすえ　[没]長享1（1487）年），系東，諸系（あんどうまさすえ），戦人

**安藤将右**　あんどうまさすけ
生没年不詳
戦国時代の武士。佐竹氏家臣。
¶戦辞，戦人，戦東

**安藤正次**　あんどうまさつぐ
*～元和1（1615）年
安土桃山時代～江戸時代前期の武士、旗本。
¶大阪人（[生]永禄8（1565）年），大阪墓（[没]元和1（1615）年5月19日），神奈川人（[生]1564年）

**安東政藤**　あんどうまさふじ
生没年不詳
室町時代の武家。
¶国書

**安東光成**　あんどうみつなり
生没年不詳
鎌倉時代前期の武士。
¶北条

**安東宗季**　あんとうむねすえ
？　～永正11（1514）年
戦国時代の武士。
¶系東，戦人

**安藤宗季**（安東宗季）　あんどうむねすえ
生没年不詳
鎌倉時代の武将。
¶青森人（[生]正中ころ），青森百（安東宗季），諸系（安東宗季），日人

**安藤元理**　あんどうもとまさ
～元弘3/正慶2（1333）年
室町時代の武将。
¶岡山人

**安藤基能**　あんどうもとよし
？　～天正1（1573）年
戦国時代の武士。松平氏家臣。

¶諸系，戦人（[没]元亀3（1572）年），戦東，日人

**安東盛季** あんどうもりすえ，あんとうもりすえ
生没年不詳
室町時代の土豪。津軽十三湊の下国安東氏当主。
¶青森百，朝日，系東（あんとうもりすえ　[没]1414年），諸系，日人，北海道百，北海道歴

**安藤守就** あんどうもりなり
？　～天正10（1582）年
安土桃山時代の武将。
¶織田（[没]天正10（1582）年6月8日），岐阜百，戦国，戦人，戦西，日人

**安東師季** あんどうもろすえ
生没年不詳
室町時代の十三安東氏の一族か。
¶青森百

**安東康季** あんとうやすすえ
？　～文安3（1446）年　[別]安倍康季《あべやすすえ》
室町時代の武将。
¶青森百（安倍康季　あべやすすえ　生没年不詳），系東

**安東可氏** あんどうよしうじ
？　～寛永6（1629）年
安土桃山時代～江戸時代前期の武将、土佐藩家老。
¶高知人（[生]1571年），高知百，人名，日人，藩臣6

**安東義季** あんとうよしすえ
？　～享徳2（1453）年
室町時代の武将。
¶系東

**安東愛季** あんどうよしすえ
→安東愛季（あんとうちかすえ）

**安藤良整** あんどうよしなり
生没年不詳　[別]安藤良整《あんどうりょうせい》
戦国時代～安土桃山時代の武士。後北条氏家臣。
¶神奈川人（あんどうりょうせい），姓氏神奈川，戦辞（あんどうりょうせい），戦人，戦東

**安藤良整** あんどうりょうせい
→安藤良整（あんどうよしなり）

**安東蓮聖**（安藤蓮聖） あんどうれんしょう
延応1（1239）年～元徳1（1329）年　[別]安東平右衛門尉蓮聖《あんどうへいえもんのじょうれんしょう》
鎌倉時代後期の武士、得宗被官、摂津守護代。
¶朝日，角史（生没年不詳），鎌室（生没年不詳），古中，コン改（安東平右衛門尉蓮聖　あんどうへいえもんのじょうれんしょう　生没年不詳），コン4（安東平右衛門尉蓮聖　あんどうへいえもんのじょうれんしょう　生没年不詳），史人（安藤蓮聖），新潮（生没年不詳），全書，日史（[没]元徳1（1329）年6月19日），日人，百科，兵庫百（生没年不詳），北条，歴大

**安徳純俊** あんとくすみとし
生没年不詳
安土桃山時代の武将。
¶戦人

**安中家繁** あんなかいえしげ
戦国時代の上野国衆。
¶姓氏山梨，戦辞（生没年不詳）

**安中景繁** あんなかかげしげ
？　～天正3（1575）年
戦国時代～安土桃山時代の武士。上杉氏家臣、武田氏家臣。
¶姓氏山梨，戦辞（[没]天正3年5月21日（1575年5月29日）），戦人，戦東

**安中源左衛門尉** あんなかげんざえもんのじょう
戦国時代の武将。後北条氏家臣。
¶戦東

**安中左近大夫** あんなかさこんのだいぶ
生没年不詳
戦国時代の上野国衆。
¶戦辞

**安中繁勝** あんなかしげかつ
戦国時代の武将。武田家臣。西上野安中衆の永禄起請文にみえる。
¶姓氏山梨

**安中重繁** あんなかしげしげ
生没年不詳　[別]安中重繁《あんなか□□しげ》
戦国時代の上野国衆。
¶戦辞（あんなか□□しげ）

**安中忠清** あんなかただきよ
文明7（1475）年～弘治3（1557）年
戦国時代の榎下城主。
¶姓氏群馬

**安中忠政** あんなかただまさ
？　～永禄6（1563）年
戦国時代の武将。
¶群馬人，姓氏群馬，戦人（[没]永禄7（1564）年）

**安中丹後守** あんなかたんごのかみ
戦国時代の武将。後北条氏家臣。
¶戦辞（生没年不詳），戦東

**安中長繁** あんなかながしげ
生没年不詳
戦国時代の上野国衆。
¶戦辞

**安中久繁** あんなかひさしげ
？　～天正18（1590）年
安土桃山時代の武将。
¶戦国，戦人

**安部信勝** あんべのぶかつ
天文21（1552）年～慶長5（1600）年　[別]安部信勝《あべのぶかつ》，安部弥一郎信勝《あべやいちろうのぶかつ》
安土桃山時代の武将。
¶埼玉人（あべのぶかつ　[生]天文20（1551）年　[没]慶長5（1600）年1月2日），埼玉百（安部弥一郎信勝　あべやいちろうのぶかつ），諸系（あべのぶかつ），人名，日人（あべのぶかつ）

**安部信盛** あんべのぶもり
→安部信盛（あべのぶもり）

**安間三右衛門** あんまさんうえもん
→安間三右衛門（あんまさんえもん）

**安間三右衛門** あんまさんえもん
[別]安間三右衛門《あんまさんうえもん》
戦国時代の武士。武田氏家臣。
¶戦人（生没年不詳），戦東（あんまさんうえもん）

**安間彦六** あんまひころく
？～永禄7（1564）年
戦国時代～安土桃山時代の武将。
¶日人

**安間弘家** あんまひろいえ
戦国時代の武将。武田家臣。足軽大将衆。
¶姓氏山梨

**安間弘重** あんまひろしげ
戦国時代の武士。武田信玄の臣。
¶人名

**安間了願** あんまりょうがん
南北朝時代の武士。
¶人名，日人（生没年不詳）

**安養寺氏種** あんようじうじたね
？～慶長11（1606）年
安土桃山時代～江戸時代前期の武士。
¶戦人，戦西

**安養寺氏久** あんようじうじひさ
戦国時代の武将。浅井氏家臣。
¶戦西

**安養寺氏秀** あんようじうじひで
戦国時代の武将。浅井氏家臣。
¶戦西

**安養七兵衛** あんようしちべえ
安土桃山時代の武将。最上氏家臣。
¶戦東

**安楽兼寛** あんらくかねひろ
生没年不詳
戦国時代の武将。
¶戦人

## 【い】

**意安軒指馬** いあんけんしま
戦国時代の武士。伊達氏家臣。
¶戦人（生没年不詳），戦東

**飯尾賢連** いいおかたつら
生没年不詳　[別]飯尾賢連《いのうかたつら》
戦国時代の武士。今川氏家臣。
¶戦辞（いのうかたつら），戦人，戦東

**飯尾吉連** いいおきちれん
→飯尾吉連（いのおきちれん）

**飯尾貞連** いいおさだつら
→飯尾貞連（いのおさだつら）

**飯尾定宗** いいおさだむね
？～永禄3（1560）年　[別]飯尾定宗《いいのおさだむね》
戦国時代の武将。
¶織田（いいのおさだむね　[没]永禄3（1560）年5月19日），戦国，戦人

**飯尾助友** いいおすけとも
？～天正3（1575）年
戦国時代～安土桃山時代の武田家臣。遠江浪人。浪人衆頭3人のうちの一人。
¶姓氏山梨

**飯尾清三郎** いいおせいざぶろう
安土桃山時代の武士。豊臣氏家臣。
¶戦人（生没年不詳），戦補

**飯尾善右衛門尉** いいおぜんえもんのじょう
戦国時代の武将。今川氏家臣。
¶戦東

**飯尾為数** いいおためかず
→飯尾為数（いのおためかず）

**飯尾為清** いいおためきよ
戦国時代の武士。
¶戦人（生没年不詳），戦東

**飯尾為重** いいおためしげ
→飯尾為重（いのおためしげ）

**飯尾為種** いいおためたね
→飯尾為種（いのおためたね）

**飯尾常房** いいおつねふさ
応永29（1422）年～文明17（1485）年　[別]飯尾常房《いいのおつねふさ，いのお（いいお）つねふさ，いのおつねふさ》
室町時代～戦国時代の武士。
¶国書（いいのおつねふさ　[生]応永29（1422）年3月19日　[没]文明17（1485）年閏3月23日），史人（いのおつねふさ　[没]1485年閏3月23日），戦人，戦西（いのおつねふさ），徳島歴（いのお（いいお）つねふさ　[生]応永29（1422）年3月19日　[没]文明17（1485）年閏3月23日），日人（いのおつねふさ）

**飯尾連竜** いいおつらたつ
？～永禄8（1565）年　[別]飯尾連竜《いのうつらたつ》
戦国時代の武将。遠江引間城主、今川氏家臣。
¶戦国，戦辞（いのうつらたつ　[没]永禄8年12月20日（1566年1月11日）），戦人，戦東

**飯尾敏成** いいおとしなり
？～天正10（1582）年　[別]飯尾敏成《いいのおとしなり》
安土桃山時代の武士。織田氏家臣。
¶織田（いいのおとしなり　[没]天正10（1582）年6月2日），戦人，戦補

**飯尾長門守** いいおながとのかみ
戦国時代の武将。今川氏家臣。

¶戦東

**飯尾信宗** いいおのぶむね
享禄1(1528)年〜天正19(1591)年 [別]織田信宗《おだのぶむね》,飯尾尚清《いいのおひさきよ》,八幡山侍従《はちまんやまじじゅう》
戦国時代〜安土桃山時代の武将。
¶織田(飯尾尚清 いいのおひさきよ [没]天正19(1591)年2月22日),人名(織田信宗 おだのぶむね),戦国,戦人,日人

**飯尾乗連** いいおのりつら
? 〜永禄8(1565)年 [別]飯尾乗連《いのうのりつら》
戦国時代の武将。今川氏家臣。
¶戦辞(いのうのりつら),戦人(生没年不詳),戦東

**飯尾彦六左衛門尉** いいおひころくざえもんのじょう
生没年不詳
戦国時代の武士。
¶世人

**飯尾元連** いいおもとつら
→飯尾元連(いのおもとつら)

**飯尾安信** いいおやすのぶ
永禄11(1568)年〜寛永15(1638)年
安土桃山時代〜江戸時代前期の武士。宇喜多氏家臣。
¶戦人,戦補

**飯尾与四郎** いいおよしろう
安土桃山時代の武将。秀吉馬廻。
¶戦国,戦人(生没年不詳)

**飯尾六左衛門** いいおろくざえもん
[別]飯尾六左衛門《いのおろくざえもん》
南北朝時代の豪族。
¶人名,日人(いのおろくざえもん 生没年不詳)

**飯尾若狭守** いいおわかさのかみ
戦国時代の代官。今川氏家臣。
¶戦東

**飯川大隅守** いいかわおおすみのかみ
安土桃山時代の武将。大崎氏家臣。
¶戦人(生没年不詳),戦東

**飯倉弾正忠** いいくらだんじょうのちゅう
戦国時代の武士。後北条氏家臣。
¶戦人(生没年不詳),戦東

**飯篠長威**(飯篠長意) いいざさちょうい
→飯篠長威斎(いいざさちょういさい)

**飯篠長威斎**(飯笹長威斎) いいざさちょういさい
? 〜長享2(1488)年 [別]飯篠長威《いいざさちょうい》,飯篠長意《いいざさちょうい,いいざさながおき》
室町時代の剣術家。もと千葉氏家臣。天真正伝香取神道流の祖。
¶朝日(飯篠長威 いいざさちょうい [生]嘉慶1/元中4(1387)年 [没]長享2年4月15日(1488年5月26日)),鎌室(飯笹長威斎),コン改,コン4,史人([生]1387年?),新潮,人名,戦国(飯篠長意 いいざさちょうい),全書([生]1421年?),戦人(飯篠長意 いいざさながおき 生没年不詳),大百,日史([生]嘉慶1/元中4(1387)年?),日人,百科([生]元中4(1387)年?)

**飯篠長意** いいざさながおき
→飯篠長威斎(いいざさちょういさい)

**飯嶋玄蕃亮** いいじまげんばのすけ
安土桃山時代の土豪武士。里見氏家臣。
¶戦東

**飯島三郎右衛門** いいじまさぶろうえもん
〜元和1(1615)年
安土桃山時代〜江戸時代前期の大坂夏の陣、大坂方の武士。
¶大阪人([没]元和1(1615)年5月),大阪墓([没]元和1(1615)年5月6日)

**飯島重家** いいじましげいえ
? 〜天正10(1582)年
戦国時代〜安土桃山時代の武田家臣。民部少輔。
¶姓氏長野,姓氏山梨

**飯島重綱** いいじましげつな
戦国時代の武将。武田家臣。出雲守。武田信豊同心衆。
¶姓氏山梨

**飯島為方** いいじまためかた
戦国時代の武将。武田家臣。大和守。
¶姓氏長野(生没年不詳),姓氏山梨

**飯島為政** いいじまためまさ
戦国時代の武将。武田家臣。与兵衛尉。
¶姓氏山梨

**飯島縫殿** いいじまぬいどの
? 〜天正18(1590)年
安土桃山時代の武将。
¶戦人

**飯島安助** いいじまやすすけ
戦国時代の武将。武田家臣。志摩守。武田信豊同心衆。
¶姓氏山梨

**井伊将監** いいしょうげん
室町時代の武士。
¶岡山歴

**飯田某** いいだ
生没年不詳
安土桃山時代の織田信長の家臣。
¶織田

**飯田宅重** いいだいえしげ
生没年不詳
安土桃山時代の織田信長の家臣。
¶織田

**飯田家義** いいだいえよし
生没年不詳
鎌倉時代前期の武将。
¶鎌室,日人,平史

**飯田興秀** いいだおきひで
生没年不詳
戦国時代の武士。
¶国書，戦人，戦西

**井伊高顕** いいたかあき
？ ～元中3/至徳3(1386)年
南北朝時代の武将。
¶鎌室，人名，姓氏静岡，日人([没]1386年？)

**飯田覚兵衛** いいだかくべえ
？ ～寛永9(1632)年
安土桃山時代～江戸時代前期の武士。加藤氏家臣。
¶熊本百([没]寛永9(1632)年9月18日)，人名，戦国，戦人，日人

**飯田五郎** いいだごろう
鎌倉時代の武士。駿河国有度郡入江荘を本拠とする入江武士団の一人。
¶姓氏静岡

**飯田七左衛門** いいだしちざえもん
戦国時代の武将。武田家臣。旗本。
¶姓氏山梨

**飯田神左衛門尉** いいだしんざえもんのじょう
？ ～文永11(1274)年
鎌倉時代前期の武士。
¶人名，日人

**飯田甚三郎** いいだじんざぶろう
慶長3(1598)年～寛文7(1667)年
江戸時代前期の武士、紀伊和歌山藩士。
¶藩臣5

**飯田利忠** いいだとしただ
戦国時代の土豪。
¶姓氏富山

**飯田長家** いいだながいえ
生没年不詳
戦国時代の上杉氏の家臣。
¶戦辞

**飯田長秀** いいだながひで
？ ～天正6(1578)年
戦国時代～安土桃山時代の武将。大内氏家臣、大友氏家臣。
¶戦人

**飯田播磨守** いいだはりまのかみ
？ ～慶長5(1600)年
安土桃山時代の武士。最上氏家臣。
¶戦人，戦東

**飯田半兵衛尉** いいだはんべえじょう
→飯田半兵衛尉(いいだはんべえのじょう)

**飯田半兵衛尉** いいだはんべえのじょう
[別]飯田半兵衛尉《いいだはんべえじょう》
安土桃山時代の武士。織田氏家臣。
¶戦国(いいだはんべえじょう)，戦人(生没年不詳)

**飯田元親** いいだもとちか
戦国時代の武将。毛利氏家臣。
¶戦西

**飯田泰長** いいだやすなが
生没年不詳
戦国時代の武士。狩野介の被官、伊豆松瀬村在地支配者。
¶戦辞

**飯田義忠** いいだよしただ
？ ～天正15(1587)年
安土桃山時代の武士。大友氏家臣。
¶戦人

**飯田与三右衛門** いいだよそうえもん
生没年不詳
安土桃山時代の地方豪族・土豪。
¶戦辞，戦人

**井伊千代寿** いいちよじゅ
生没年不詳
戦国時代の遠江国人。
¶戦辞

**飯塚和泉守** いいづかいずみのかみ
生没年不詳
戦国時代の西上野の土豪。
¶戦辞

**飯塚出雲守** いいづかいずものかみ
戦国時代の武将。葛西氏家臣。
¶戦東

**飯塚尾張** いいづかおわり
生没年不詳
戦国時代の武士。北条氏忠家臣。
¶戦辞

**飯塚重政** いいづかしげまさ
生没年不詳
安土桃山時代の武将。
¶戦人

**飯塚兵部少輔** いいづかひょうぶしょうゆう
生没年不詳
安土桃山時代～江戸時代前期の武士。佐竹氏家臣。
¶戦人

**飯塚吉信** いいづかよしのぶ
生没年不詳
戦国時代の土豪、白井長尾氏の家臣。
¶姓氏群馬

**井伊朝光** いいともみつ
戦国時代の武将。今川氏家臣。
¶姓氏静岡，戦辞(生没年不詳)，戦東

**井伊直勝**(1) いいなおかつ
戦国時代の武将。今川氏家臣。
¶戦辞(生没年不詳)，戦東

**井伊直勝**(2) いいなおかつ
天正18(1590)年～寛文2(1662)年　[別]井伊直継《いいなおつぐ》
江戸時代前期の武将、大名。近江彦根藩主、上野安中藩主。
¶群馬人，群馬百，諸系，人名([生]1591年)，姓氏

群馬，新潟百，日人，藩主1（[没]寛文2（1662）年7月11日），藩主3（井伊直継　いいなおつぐ　[没]寛文2（1662）年7月11日）

**井伊直孝　いいなおたか**
天正18（1590）年～万治2（1659）年
江戸時代前期の大名。近江彦根藩主。
¶朝日（[没]万治2年6月28日（1659年8月16日）），岩史（[没]万治2（1659）年6月28日），江戸，角史，郷土群馬，郷土滋賀（[生]1589年），近世，群馬人，国史，国書（[生]天正18（1590）年2月11日　[没]万治2（1659）年6月28日），コン改，コン4，滋賀百，史人（[没]1659年6月28日），諸系，新潮（[没]万治2（1659）年6月28日），人名，世人（[没]万治2（1659）年6月28日），世百（[生]1589年），戦合，全書，戦人，戦補，大百，栃木歴，日史（[没]万治2（1659）年6月28日），日人，藩主3（[生]天正18（1590）年2月11日，（異説）9月9日　[没]万治2（1659）年6月28日），百科，歴大

**井伊直隆　いいなおたか**
戦国時代の武将。今川氏家臣。
¶戦東

**井伊直親　いいなおちか**
天文5（1536）年～永禄5（1562）年
戦国時代の武将、遠江井伊谷城主。
¶諸系（[没]1563年），人名，姓氏静岡（[生]？），戦東，日人（[没]1563年）

**井伊直継　いいなおつぐ**
→井伊直勝(2)（いいなおかつ）

**井伊直虎　いいなおとら**
戦国時代の女性。井伊直盛の娘。井伊氏の家督を継いだ。
¶戦辞（生没年不詳），戦東

**井伊直久　いいなおひさ**
生没年不詳
戦国時代の遠江国人。
¶戦辞

**井伊直平　いいなおひら**
生没年不詳
戦国時代の遠江国人。
¶戦辞

**井伊直政　いいなおまさ**
永禄4（1561）年～慶長7（1602）年　[別]井伊兵部少輔《いいひょうぶしょうゆう》
安土桃山時代の大名。上野高崎藩主、近江彦根藩主。
¶愛知百（[生]1560年　[没]1602年2月1日），朝日（[生]永禄4年2月19日（1561年3月4日）　[没]慶長7年2月1日（1602年3月24日）），岩史（[生]永禄4（1561）年2月19日　[没]慶長7（1602）年2月1日），角史，郷土群馬，郷土滋賀，近世，群馬人，群馬百，国史，国書（[生]永禄4（1561）年2月19日　[没]慶長7（1602）年2月1日），古中，コン改，コン4，史人（[没]1602年2月1日），静岡百，静岡歴，諸系，新潮（[没]慶長7（1602）年2月1日），人名，姓氏群馬（[生]1560年），姓氏静岡，世人，世百，戦合，戦国（[生]1560年），戦辞（[生]永禄4年2月19日（1561年3月4日）　[没]慶長7年2月1日（1602年3月24日）），全書，戦人，大百，日史（[生]永禄4（1561）年2月19日　[没]慶長7（1602）年2月1日），日人，藩主1（[生]永禄4（1561）年2月19日　[没]慶長7（1602）年2月1日），藩主3（[生]永禄4（1561）年2月19日　[没]慶長7（1602）年2月1日），百科，歴大

**井伊直満　いいなおみつ**
？　～天文13（1544）年
戦国時代の武将、遠江井伊谷城主。
¶諸系，人名，日人

**井伊直宗　いいなおむね**
？　～天文23（1554）年
戦国時代の武将。今川氏家臣。
¶戦人，戦東

**井伊直元　いいなおもと**
戦国時代の武将。今川氏家臣。
¶戦辞（生没年不詳），戦東

**井伊直盛　いいなおもり**
永正3（1506）年～永禄3（1560）年
戦国時代の武将。今川氏家臣。
¶戦辞（[生]？　[没]永禄3年5月19日（1560年6月12日）），戦人，戦東

**飯沼勝五郎　いいぬまかつごろう**
安土桃山時代の武士、伊達政宗家臣。
¶人名，日人（生没年不詳）

**飯沼勘平　いいぬまかんぺい**
安土桃山時代の武将。関ヶ原の戦いで織田秀信方について戦死。
¶岐阜百

**飯沼金蔵　いいぬまきんぞう**
安土桃山時代の武将。秀吉馬廻。
¶戦国，戦人（生没年不詳）

**飯沼五右衛門　いいぬまごえもん**
安土桃山時代の武将。秀吉馬廻。
¶戦国，戦人（生没年不詳）

**飯沼定泰　いいぬまさだやす**
生没年不詳
戦国時代の上杉房定の重臣。
¶戦辞

**飯沼助宗　いいぬますけむね**
？　～永仁1（1293）年
鎌倉時代後期の武将、得宗被官。
¶朝日（[没]永仁1年4月22日（1293年5月29日）），諸系，日史（[没]永仁1（1293）年4月22日），日人，百科，北条（[生]文永4（1267）年）

**飯沼輔泰　いいぬますけやす**
生没年不詳
戦国時代の上杉房定の重臣。
¶戦辞

**飯沼長実　いいぬまながざね**
？　～慶長5（1600）年
安土桃山時代の武士。前田氏家臣、豊臣氏家臣、織田氏家臣。

¶戦国, 戦人

**飯沼長資** いいぬまながすけ
天正8(1580)年～慶長5(1600)年
安土桃山時代の武士。織田氏家臣。
¶戦国, 戦人

**飯沼長継** いいぬまながつぐ
? ～天正11(1583)年
安土桃山時代の武将。織田氏家臣。
¶織田([没]天正11(1583)年?), 岐阜百, 戦国, 戦人, 戦西

**飯沼長就** いいぬまながなり
? ～弘治2(1556)年
戦国時代の武将。斎藤氏家臣。
¶戦人, 戦西

**飯沼仁右衛門** いいぬまにえもん
安土桃山時代の武将。秀吉馬廻。
¶戦国, 戦人(生没年不詳)

**飯沼杢之助** いいぬまむくのすけ
戦国時代の武将。斎藤氏家臣。
¶戦西

**飯沼頼清** いいぬまよりきよ
生没年不詳
戦国時代の武将。上杉氏家臣。
¶戦人

**飯沼頼泰** いいぬまよりやす
生没年不詳
戦国時代の上杉房定の重臣。
¶戦辞

**飯尾貞連** いいのおさだつら
→飯尾貞連(いのおさだつら)

**飯尾定宗** いいのおさだむね
→飯尾定宗(いいおさだむね)

**飯尾重宗** いいのおしげむね
天文9(1540)年～元和2(1616)年7月4日
戦国時代～江戸時代前期の織田信長の家臣。
¶織田

**飯尾為数** いいのおためかず
→飯尾為数(いのおためかず)

**飯尾為種** いいのおためたね
→飯尾為種(いのおためたね)

**飯尾為連** いいのおためつら
生没年不詳
鎌倉時代後期の武将・歌人。
¶国書

**飯尾常房** いいのおつねふさ
→飯尾常房(いいおつねふさ)

**飯尾敏成** いいのおとしなり
→飯尾敏成(いいおとしなり)

**飯尾尚清** いいのおひさきよ
→飯尾信宗(いいおのぶむね)

**飯尾元連** いいのおもとつら
→飯尾元連(いのおもとつら)

**飯尾頼秀** いいのおよりひで
生没年不詳
室町時代の武将・歌人。
¶国書

**飯野但馬守正秋** いいのたじまのかみまさあき
戦国時代の武将。葛西氏家臣。
¶戦東

**飯羽間右衛門尉** いいばさまうえもんのじょう
? ～天正10(1582)年3月
戦国時代～安土桃山時代の織田信長の家臣。
¶織田

**井伊道政** いいみちまさ
延慶2(1309)年～応永11(1404)年
鎌倉時代後期～南北朝時代の武将。
¶鎌室, 静岡百([生]延慶3(1310)年), 静岡歴([生]延慶3(1310)年), 人名, 姓氏静岡, 日人

**飯室喜蔵** いいむろきぞう
戦国時代の武将。武田家臣。八代郡大鳥居あたりの士か。
¶姓氏山梨

**飯森春盛** いいもりはるもり
? ～弘治3(1557)年
戦国時代の武将。
¶戦人

**飯森盛春** いいもりもりはる
? ～弘治3(1557)年
戦国時代の北安曇の武将。
¶長野歴

**井伊康勝**(井伊泰勝) いいやすかつ
戦国時代の武将。今川氏家臣。
¶戦辞(井伊泰勝 生没年不詳), 戦東

**家城主水佑** いえきもんどのすけ
? ～天正5(1577)年
戦国時代～安土桃山時代の武将。北畠氏家臣。
¶戦人

**家次** いえつぐ
生没年不詳
戦国時代の古河公方足利成氏の家臣。名字不詳。
¶戦辞

**廬井鯨**(庵井鯨) いおいのくじら
生没年不詳 [別]廬井造鯨《いおいのみやつこくじら》
飛鳥時代の武将。壬申の乱で大友皇子方につく。
¶朝日, 古代(廬井造鯨 いおいのみやつこくじら), コン改, コン4, 人名(庵井鯨), 日人

**伊王野資信** いおうのすけのぶ
→伊王野資信(いおのすけのぶ)

**岩脇定政** いおぎさだまさ
? ～元亀3(1572)年
戦国時代の武士。
¶戦人, 戦西

**伊福部安道** いおきべのやすみち
生没年不詳 [別]伊福部安道《いふくべやすみち》

い

平安時代前期の豪族。農民を率いて官を襲った。
¶島根歴(いふくべやすみち), 日人, 平史

**伊王野資重** いおのすけしげ
? ～慶長5(1600)年
安土桃山時代の武士。
¶戦国, 戦人

**伊王野資友** いおのすけとも
安土桃山時代～江戸時代前期の武士。
¶戦国, 戦人(生没年不詳)

**伊王野資信** いおのすけのぶ
生没年不詳 [別]伊王野資信《いおうのすけのぶ》
安土桃山時代～江戸時代前期の武士。
¶戦国, 戦辞(いおうのすけのぶ), 戦人

**伊王野彦左衛門** いおのひこざえもん
? ～寛永19(1642)年
安土桃山時代～江戸時代前期の総社藩主秋元泰朝の重臣。
¶姓氏群馬

**廬原臣** いおはらのおみ
[別]廬原君臣《いおはらのきみおみ,いほはらのきみおみ》,廬原公《いおはらのきみ》
飛鳥時代の武人。百済救援軍を率いて渡海したが、白村江で唐新羅連合軍に敗戦。
¶古代(廬原君臣 いおはらのきみおみ), 静岡百(廬原君 いほはらのきみ(おみ)), 静岡歴(廬原君 いほはらのきみ(おみ)), 姓氏静岡(廬原君臣 いおはらのきみおみ), 姓氏静岡(廬原公 いおはらのきみ), 日人(生没年不詳)

**廬原公**(廬原君) いおはらのきみ
→廬原臣(いおはらのおみ)

**五百蔵佐渡守** いおろいさどのかみ
? ～天正10(1582)年
安土桃山時代の武将。長宗我部氏家臣。
¶戦西

**五百蔵左馬進** いおろいさまのしん
? ～元和1(1615)年
安土桃山時代～江戸時代前期の武士。
¶戦人, 戦西

**五百蔵左門次郎** いおろいさもんじろう
? ～天正10(1582)年
安土桃山時代の武士。長宗我部氏家臣。
¶戦人

**伊賀家長** いがいえなが
? ～文治1(1185)年 [別]平家長《たいらのいえなが》
平安時代後期の武士。
¶鎌室, 新潮([没]元暦2(1185)年3月24日), 日人, 平史(平家長 たいらのいえなが)

**伊賀家久** いがいえひさ
安土桃山時代の備前国の武将。
¶岡山歴

**猪飼野佐渡守** いかいのさどのかみ
生没年不詳
安土桃山時代の織田信長の家臣。
¶織田

**猪飼野昇貞** いかいののぶさだ
? ～天正10(1582)年6月13日?
戦国時代～安土桃山時代の織田信長の家臣。
¶織田

**猪飼野秀貞** いかいのひでさだ
弘治1(1555)年～文禄5(1596)年6月21日
戦国時代～安土桃山時代の織田信長の家臣。
¶織田

**猪飼野孫右衛門** いかいのまごえもん
生没年不詳
安土桃山時代の織田信長の家臣。
¶織田

**伊賀勝隆** いがかつたか
室町時代～安土桃山時代の武将。
¶岡山人

**伊賀兼長** いがかねなが
? ～延元1/建武3(1336)年
鎌倉時代後期の武士。
¶諸系, 人名, 日人

**伊賀兼光** いがかねみつ
生没年不詳
鎌倉時代後期～南北朝時代の武士。
¶朝日, 国史, 古中, 史人, 諸系, 新潮, 日史, 日人, 歴大

**胆香瓦安倍** いかごのあべ
[別]胆香瓦臣安倍《いかごのおみあべ》
飛鳥時代の壬申の乱の功臣。高市皇子の麾下。
¶古代(胆香瓦臣安倍 いかごのおみあべ), 日人(生没年不詳)

**伊賀崎治堅** いがさきはるかた
? ～*
安土桃山時代の武士。冷泉元満の臣。
¶人名([没]1597年), 日人([没]1598年)

**伊賀修理** いがしゅり
→伊賀修理亮(いがしゅりのすけ)

**伊賀修理亮** いがしゅりのすけ
[別]伊賀修理《いがしゅり》
室町時代の武将。
¶岡山人(伊賀修理 いがしゅり), 岡山歴

**伊賀高光** いがたかみつ
南北朝時代の武士。
¶岡山人, 岡山歴

**伊賀藤七郎** いがとうしちろう
生没年不詳
戦国時代の古河公方の家臣。
¶戦辞

**伊賀藤三** いがとうぞう
戦国時代の武将。足利氏家臣。
¶戦辞(生没年不詳), 戦東

**伊賀朝光** いがともみつ
? ～建保3(1215)年

鎌倉時代前期の武将。鎌倉幕府の宿老。
¶朝日([没]建保3年9月14日(1215年10月8日))，鎌室，コン4，諸系，新潮([没]建保3(1215)年9月14日)，日人，北条

**伊賀範俊** いがのりとし
？ ～天正8(1580)年
安土桃山時代の武将、美濃鏡島邑主。
¶人名

**伊賀久隆** いがひさたか
？ ～*
戦国時代～安土桃山時代の武士。
¶岡山人，岡山歴([没]天正7(1579)年3月16日)，戦人([没]天正6(1578)年)，戦西

**伊賀平内左衛門** いがへいないざえもん
？ ～文治1(1185)年
平安時代後期の武将。
¶人名

**伊賀光重** いがみつしげ
？ ～弘長1(1261)年
鎌倉時代前期の武将。
¶鎌室，諸系，日人

**伊賀光季** いがみつすえ
？ ～承久3(1221)年
鎌倉時代前期の武将、京都守護。
¶朝日([没]承久3年5月15日(1221年6月6日))，角史，神奈川人，鎌倉，鎌室，国史，古中，コン改，コン4，史人([没]1221年5月15日)，諸系，新潮([没]承久3(1221)年5月15日)，人名，姓氏京都，世人([没]承久3(1221)年5月15日)，日史([没]承久3(1221)年5月15日)，日人，百科，歴大

**伊賀光資** いがみつすけ
？ ～元仁1(1224)年
平安時代後期～鎌倉時代前期の武士。
¶北条

**伊賀光綱** いがみつつな
承元2(1208)年～承久3(1221)年
鎌倉時代前期の御家人。
¶諸系，人名，日人

**伊賀光長** いがみつなが
？ ～延元1/建武3(1336)年
鎌倉時代後期の武士。
¶諸系，人名，日人

**伊賀光政** いがみつまさ
元仁1(1224)年～永仁6(1298)年
鎌倉時代後期の武将。
¶鎌室(生没年不詳)，諸系，日人

**伊賀光宗** いがみつむね
治承2(1178)年～正嘉1(1257)年
鎌倉時代前期の武将、政所執事。
¶朝日([没]正嘉1年1月23日(1257年2月8日))，角史，神奈川人，鎌倉，鎌室，国史，古中，コン改，コン4，史人([没]1257年1月23日)，諸系，新潮([没]正嘉1(1257)年1月25日)，人名，世人，全書，大百([没]1275年)，日史([没]正嘉1(1257)年1月23日)，日人，百科，福島百([生]？)，歴大

**伊賀盛光** いがもりみつ
生没年不詳　[別]飯野盛光《いいのもりみつ》
鎌倉時代後期～南北朝時代の武将。
¶朝日，鎌室，諸系，新潮，日人，福島百

**五十嵐小豊治**(五十嵐小文治) いからしこぶんじ，いがらしこぶんじ
？ ～建保1(1213)年
鎌倉時代前期の御家人。五十嵐保の在地領主。
¶人名(五十嵐小文治　いがらしこぶんじ)，新潟百(五十嵐小豊次　生没年不詳)，日人

**五十嵐小平次** いがらしこへいじ
[別]五十嵐小平次《いがらしこへえじ》
安土桃山時代の武将。秀吉馬廻。
¶戦国(いがらしこへえじ)，戦人(生没年不詳)

**五十嵐小平次** いがらしこへえじ
→五十嵐小平次(いがらしこへいじ)

**五十嵐甚五左衛門** いからしじんござえもん
天正4(1576)年～
安土桃山時代～江戸時代前期の武士。
¶庄内

**斑鳩平次** いかるがへいじ
安土桃山時代の武士。
¶人名，日人(生没年不詳)

**飯川光誠** いがわみつのぶ
戦国時代の武将。畠山氏家臣。
¶姓氏石川，戦西

**飯川義清** いがわよしきよ
？ ～天正5(1577)年
戦国時代～安土桃山時代の武士。平加賀の子で、飯川左京義実の養子。
¶姓氏石川

**飯川義実** いがわよしざね
？ ～天正2(1574)年
戦国時代～安土桃山時代の武士。長続連の子で、飯川肥前義宗の養子。
¶姓氏石川

**飯川義宗** いがわよしむね
？ ～天正2(1574)年
戦国時代～安土桃山時代の武士。義続の家臣。
¶姓氏石川

**伊木伊織** いぎいおり
？ ～寛永17(1640)年
江戸時代前期の武士、播磨山崎藩士家老。
¶藩臣5

**伊木庄次郎** いきしょうじろう
[別]伊木三郎右衛門《いきさぶろうえもん》
安土桃山時代～江戸時代前期の武士。豊臣氏家臣、真田氏家臣。
¶戦国，戦人(生没年不詳)

**伊木清兵衛** いきせいひょうえ
安土桃山時代～江戸時代前期の播磨姫路藩主池田家老。
¶茶道

**伊木忠繁** いきただしげ
　? ～慶長12(1607)年
　安土桃山時代～江戸時代前期の武士。池田氏の
　重臣。
　　¶人名

い

**伊木忠次** いきただつぐ，いぎただつぐ
　天文12(1543)年～慶長8(1603)年
　安土桃山時代の武士。
　　¶岡山人(いぎただつぐ)，岡山歴(いぎただつ
　　ぐ)，織田(いぎただつぐ　生没年不詳)，岐阜
　　百(いぎただつぐ)，人名，戦国，戦人(生没年
　　不詳)，日人(いぎただつぐ)，藩臣5(いぎただ
　　つぐ)，兵庫百(いぎただつぐ)

**伊木遠雄** いきとおお
　→伊木遠雄(いきとおかつ)

**伊木遠雄** いきとおかつ，いぎとおかつ
　永禄10(1567)年～元和1(1615)年　⑧伊木遠雄
　《いきとおお，いきとおたけ》
　安土桃山時代～江戸時代前期の武士。
　　¶人名(いきとおたけ)，戦国(いきとおお)，戦
　　人，戦西(いぎとおかつ)，日人(生没年不詳)

**伊木遠雄** いきとおたけ
　→伊木遠雄(いきとおかつ)

**壱岐韓国**(壱伎韓国) いきのからくに
　生没年不詳　⑧壱伎史韓国《いきのふひとからく
　に》
　飛鳥時代の武将。壬申の乱で大友皇子方につく。
　　¶朝日(壱伎韓国)，古代(壱伎史韓国　いきのふ
　　ひとからくに)，コン改，コン4，人名，日人
　　(壱伎韓国)

**生島佐十郎** いくしまさじゅうろう，いくじまさじゅう
ろう
　安土桃山時代の武将。秀吉馬廻。
　　¶戦国(いくじまさじゅうろう)，戦人(生没年不
　　詳)

**生島宗竹** いくしまそうちく
　文明14(1482)年～?
　戦国時代の武士。
　　¶国書

**生島経菊丸** いくしまつねぎくまる
　平安時代後期～鎌倉時代前期の武士。摂津生島
　荘主。
　　¶人名，日人(生没年不詳)

**伊具四郎** いぐしろう
　? ～正嘉2(1258)年
　鎌倉時代前期の武士。
　　¶人名，日人

**生田右京亮** いくたうきょうのすけ
　安土桃山時代の武士。豊臣氏家臣。
　　¶戦国，戦人(生没年不詳)

**生田木屋之介** いくたきやのすけ
　安土桃山時代の勇士。
　　¶人名，日人(生没年不詳)

**生田玄蕃** いくたげんば
　生没年不詳
　安土桃山時代～江戸時代前期の武士、美濃加納
　藩士。
　　¶藩臣3

**生田四郎兵衛** いくたしろべえ
　永禄8(1565)年～正保2(1645)年
　安土桃山時代～江戸時代前期の越中富山藩士。
　　¶藩臣3

**井口勘解由** いぐちかげゆ
　? ～永禄3(1560)年?
　戦国時代の武将。
　　¶戦人

**井口貞詮** いぐちさだとし
　～天正5(1577)年
　安土桃山時代の武将。
　　¶岡山人

**生地太郎左衛門** いくちたろうざえもん
　生没年不詳
　安土桃山時代の織田信長の家臣。
　　¶織田

**的戸田宿禰** いくはのとだのすくね
　⑧的戸田《いくはのとだ》
　上代の武人。遣加羅・新羅使。
　　¶古代，古中(的戸田　いくはのとだ)，コン改，
　　コン4，史人(的戸田　いくはのとだ)，新潮，
　　人名，日人

**的真嚙** いくはのまくい
　⑧的真嚙《いくはのおみまくい》
　飛鳥時代の武将。
　　¶古代(的臣真嚙　いくはのおみまくい)

**生熊左兵衛尉**(生熊佐兵衛尉) いくまさひょうえの
じょう
　生没年不詳
　安土桃山時代の武士。織田氏家臣。
　　¶織田，戦人，戦補(生熊佐兵衛尉)

**生熊丹左衛門** いくまたんざえもん
　安土桃山時代の武士。秀吉馬廻。
　　¶戦国，戦人(生没年不詳)

**生熊長勝** いくまながかつ
　安土桃山時代の武士。
　　¶戦国，戦人(生没年不詳)

**生熊与三郎** いくまよさぶろう
　安土桃山時代の武将。秀吉馬廻。
　　¶戦国，戦人(生没年不詳)

**伊久美孫六** いくみまごろく
　生没年不詳
　戦国時代の駿河国志太郡の土豪。
　　¶戦辞

**池内肥前守** いけうちひぜんのかみ
　戦国時代の武将。長宗我部氏家臣。
　　¶戦西

**池内真武**　いけうちまさたけ
生没年不詳
安土桃山時代の武将。香宗我部氏家臣。
¶戦人

**池上宗仲**　いけがみむねなか
生没年不詳
鎌倉時代後期の武士。
¶朝日，国史，古中，史人，新潮，日人，仏教

**池谷満重**　いけがやみつしげ
戦国時代の武将。今川氏家臣。
¶戦辞（生没年不詳），戦東

**池田安芸守**　いけだあきのかみ
生没年不詳
戦国時代の北条氏の家臣。
¶戦辞

**池田和泉**　いけだいずみ
？　～天正7（1579）年11月19日
戦国時代～安土桃山時代の織田信長の家臣。
¶織田

**池田出雲守**　いけだいずものかみ
生没年不詳
戦国時代の武士。松田直秀の被官、相模中沼郷の在地支配者。
¶戦辞

**池田伊予守**　いけだいよのかみ
安土桃山時代の豊臣秀長家臣、茶人。
¶茶道

**池田景雄**　いけだかげかつ
→池田秀雄（いけだひでお）

**池田勝之介**　いけだかつのすけ
生没年不詳
安土桃山時代の織田信長の家臣。
¶織田

**池田勝正**（池田勝政）　いけだかつまさ
？　～天正6（1578）年
戦国時代～安土桃山時代の武将。
¶朝日，織田（生没年不詳），系西，コン改（池田勝政　生没年不詳），コン4（池田勝政　生没年不詳），茶道，新潮（生没年不詳），人名（池田勝政），戦国，戦人（生没年不詳），戦西，日人（[没]1578年？）

**池田喜平次**　いけだきへいじ
戦国時代の武士。徳川家康の臣。
¶人名

**池田監物**　いけだけんもつ
安土桃山時代の武士。豊臣氏家臣。
¶戦国，戦人（生没年不詳）

**池田貞秀**　いけださだひで
永禄1（1558）年～元和5（1619）年
戦国時代～江戸時代前期の始羅郡蒲生郷の士。
¶姓氏鹿児島

**池田貞正**　いけださだまさ
？　～永正5（1508）年
戦国時代の武士。
¶系西，戦人，戦西

**池田讃岐守**　いけださぬきのかみ
生没年不詳
安土桃山時代～江戸時代前期の武将。
¶戦人

**池田重顕**　いけだしげあき
江戸時代前期の武士。
¶人名，日人（生没年不詳）

**池田重利**　いけだしげとし
天正14（1586）年～寛永9（1632）年
安土桃山時代～江戸時代前期の武将、大名。播磨姫路藩士、播磨新宮藩主。
¶諸系，日人，藩主3（[没]寛永8（1631）年1月10日），藩臣5（[没]寛永8（1631）年）

**池田重成**　いけだしげなり
？　～慶長8（1603）年
安土桃山時代の武将。織田氏家臣、豊臣氏家臣、徳川氏家臣。
¶織田，戦国，戦人

**池田重信**　いけだしげのぶ
？　～寛永5（1628）年
安土桃山時代～江戸時代前期の武将。重成の子。豊臣氏家臣、徳川氏家臣。
¶戦国，戦人

**池田重安**　いけだしげやす
生没年不詳
戦国時代～安土桃山時代の真田氏の部将。
¶群馬人

**池田清貪**　いけだせいとん
生没年不詳
戦国時代の武士、茶人。
¶織田，茶道，戦人

**池田忠継**　いけだただつぐ
慶長4（1599）年～元和1（1615）年
江戸時代前期の大名。備前岡山藩主。
¶岡山人，岡山百，岡山歴（[没]慶長20（1615）年2月23日），諸系，人名，日人，藩主4（[没]元和1（1615）年2月23日）

**池田忠康**　いけだただやす
平安時代後期の在地領主。
¶姓氏富山

**池田丹後**　いけだたんご
戦国時代の武将、河内八尾城主。
¶茶道

**池田恒興**　いけだつねおき
天文5（1536）年～天正12（1584）年　[別]池田信輝《いけだのぶてる》，池田勝入《いけだしょうにゅう》
安土桃山時代の武将。織田信長の家臣。
¶愛知百（池田信輝　いけだのぶてる），朝日（[没]天正12年4月9日（1584年5月18日）），岩史（[没]天正12（1584）年4月9日），岡山人（池田信輝　いけだのぶてる），岡山歴（池田信輝　い

い

けだのぶてる　[没]天正12(1584)年4月9日)，織田([没]天正12(1584)年4月9日)，角史，岐阜百(池田信輝　いけだのぶてる)，国史，古中，コン改，コン4，茶道，史人([没]1584年4月9日)，諸系，新潮(池田信輝　いけだのぶてる　[没]天正12(1584)年4月9日)，人名(池田信輝　いけだのぶてる)，世人(池田信輝　いけだのぶてる　[没]天正12(1584)年4月)，世百(池田信輝　いけだのぶてる)，戦合，戦国，全書(池田信輝　いけだのぶてる)，戦人，大百(池田信輝　いけだのぶてる)，鳥取百(池田信輝　いけだのぶてる)，日史([没]天正12(1584)年4月9日)，日人，百科，兵庫百(池田信輝　いけだのぶてる)，歴大

**池田輝政**(池田照政)　いけだてるまさ

永禄7(1564)年～慶長18(1613)年　[別]羽柴三左衛門《はしばさんざえもん》，岐阜侍従《ぎふじじゅう》，吉田侍従《よしだじじゅう》，池田三左衛門《いけださんざえもん》

安土桃山時代～江戸時代前期の大名。播磨姫路藩主。

¶愛知百([生]1565年　[没]1613年1月25日)，朝日([生]永禄7年12月29日(1565年1月31日)　[没]慶長18年1月25日(1613年3月16日))，岩史([生]永禄7(1564)年12月29日　[没]慶長18(1613)年1月25日)，岡山人，岡山百，岡山歴([没]慶長18(1613)年1月25日)，織田(池田照政　[没]慶長18(1613)年1月25日)，角史，岐阜百，近世，国史，古中，コン改，コン4，茶道，史人([生]1564年12月29日　[没]1613年1月25日)，諸系([生]1565年)，新潮([生]永禄7(1564)年12月29日　[没]慶長18(1613)年1月25日)，人名，姓氏愛知(池田照政)，世人，戦合，戦国([生]1565年)，戦辞，全書，戦人，大百，日史([生]永禄7(1564)年12月29日　[没]慶長18(1613)年1月25日)，日人([生]1565年)，藩主3([生]永禄7(1564)年12月29日　[没]慶長18(1613)年1月25日)，百科，兵庫人([生]永禄7(1564)年12月29日　[没]慶長18(1613)年1月25日)，兵庫百，歴大

**池田利隆**　いけだとしたか

天正12(1584)年～元和2(1616)年

安土桃山時代～江戸時代前期の武将、大名。播磨姫路藩主。

¶岡山人，岡山百，岡山歴([没]元和2(1616)年6月)，諸系，人名，日人，藩主3([生]天正12(1584)年9月7日　[没]元和2(1616)年6月13日)，兵庫百

**池田利政**　いけだとしまさ

*～寛永16(1639)年

江戸時代前期の武士、岡山藩士。

¶岡山人([生]文禄2(1593)年)，岡山歴([生]文禄3(1594)年　[没]寛永16(1639)年8月11日)

**池田知正**　いけだともまさ

？～慶長8(1603)年

安土桃山時代の武将。織田氏家臣、豊臣氏家臣、徳川氏家臣。

¶大阪墓([没]慶長9(1604)年3月18日)，系西，戦人

**池田長政**(1)　いけだながまさ

天正2(1574)年～慶長12(1607)年

安土桃山時代の武将。輝政の弟。

¶岡山人，岡山歴([没]慶長12(1607)年7月20日)，戦国，戦人(生没年不詳)

**池田長政**(2)　いけだながまさ

天正17(1589)年～寛永11(1634)年

安土桃山時代の武将。

¶岡山人

**池田長正**　いけだながまさ

？～永禄6(1563)年

戦国時代の武将。

¶系西，戦国，戦人，戦西

**池田長幸**　いけだながゆき

→池田長幸(いけだながよし)

**池田長吉**　いけだながよし

元亀1(1570)年～慶長19(1614)年

安土桃山時代～江戸時代前期の武将、大名。因幡鳥取藩主。

¶岡山百，国書([没]慶長19(1614)年9月24日)，諸系，人名，戦国，戦人，鳥取百，日人，藩主4([没]慶長19(1614)年9月24日)

**池田長幸**　いけだながよし

天正15(1587)年～寛永9(1632)年　[別]池田長幸《いけだながゆき》

安土桃山時代～江戸時代前期の武将、大名。因幡鳥取藩主、備中松山藩主。

¶岡山人，岡山百(いけだながゆき)，岡山歴([没]寛永9(1632)年4月7日)，諸系，人名([生]1593年)，日人，藩主4(いけだながゆき　[没]寛永9(1632)年4月7日)，藩主4([没]寛永9(1632)年4月7日)

**池田長頼**　いけだながより

？～寛永9(1632)年

江戸時代前期の武士、書院番士、松山藩主池田氏一族。

¶岡山人，岡山歴，諸系，人名，日人

**池田信輝**　いけだのぶてる

→池田恒興(いけだつねおき)

**池田信正**　いけだのぶまさ

？～天文17(1548)年

戦国時代の武将。細川氏家臣。

¶戦西

**池田真枚**(池田真牧)　いけだのまひら

生没年不詳　[別]池田朝臣真枚《いけだのあそんまひら》

奈良時代の官人、武将、鎮守副将軍。

¶朝日，古代(池田朝臣真枚　いけだのあそんまひら)，コン改，コン4，人名(池田真牧)，姓氏群馬(池田朝臣真枚　いけだのあそんまひら)，日人，平史

**池田教国**　いけだのりくに

永禄1(1558)年～寛永15(1638)年

安土桃山時代～江戸時代前期の武士。紀州藩士。

¶和歌山人

**池田教正**(1) いけだのりまさ
生没年不詳
南北朝時代の武将。
¶日人

**池田教正**(2) いけだのりまさ
？ ～＊ [別]シメオン
安土桃山時代の武将、河内若江城主。
¶織田([没]文禄4(1595)年7月？)，人名，戦補([没]1595年)

**池田隼人助** いけだはやとのすけ
戦国時代の薩摩国山川の豪族。
¶姓氏鹿児島

**池田久宗** いけだひさむね
？ ～天文17(1548)年
戦国時代の武将。
¶系西，戦人

**池田秀氏** いけだひでうじ
安土桃山時代～江戸時代前期の武将。
¶戦国，戦人(生没年不詳)

**池田秀雄** いけだひでお
享禄1(1528)年～慶長2(1597)年 [別]池田景雄《いけだかげかつ》
戦国時代～安土桃山時代の武士。織田氏家臣、豊臣氏家臣。
¶織田(池田景雄 いけだかげかつ [没]慶長2(1597)年11月30日)，戦国，戦人

**池田孫五郎** いけだまごごろう
？ ～天正18(1590)年4月頃
戦国時代～安土桃山時代の北条氏の家臣。
¶戦辞

**池田孫左衛門尉** いけだまござえもんのじょう
安土桃山時代の武将。後北条氏家臣。
¶戦辞(生没年不詳)，戦東

**池田充正**(池田充政) いけだみつまさ
正長1(1428)年～文明14(1482)年
室町時代～戦国時代の武士。
¶鎌室，系西(池田充政)，戦人(池田充政)，戦西

**池田元助** いけだもとすけ
＊～天正12(1584)年 [別]池田之助《いけだゆきすけ》
安土桃山時代の武将。織田氏家臣、豊臣氏家臣。
¶織田([生]永禄2(1559)年？ [没]天正12(1584)年4月9日)，岐阜百([生]1559年)，戦国([生]1564年)，戦人([生]永禄2(1559)年)

**池田元信** いけだもとのぶ
安土桃山時代の武将。豊臣氏家臣。
¶戦国，戦人(生没年不詳)

**池田泰長** いけだやすなが
？ ～天正7(1579)年
戦国時代の武将。
¶人名，日人

**池田与左衛門** いけだよざえもん
安土桃山時代の武将。秀吉馬廻。
¶戦国，戦人(生没年不詳)

**池田奉永** いけだよしなが
平治1(1159)年～仁治1(1240)年 [別]紀奉永《きのともなが》
平安時代後期～鎌倉時代前期の武家。
¶人名，日人，平史(紀奉永 きのともなが)

**池田由之** いけだよしゆき
天正5(1577)年～元和4(1618)年
安土桃山時代～江戸時代前期の備前岡山藩家老。
¶岡山人，鳥取百([生]？)，藩臣6

**池永重則** いけながしげのり
？ ～慶長5(1600)年
安土桃山時代の神主・神官、武将。大友氏家臣。
¶戦人

**池野浪之助** いけのなみのすけ
戦国時代の武士。徳川家康の臣。
¶人名，日人(生没年不詳)

**池野水之助** いけのみずのすけ
戦国時代の武士。織田信長の臣。
¶人名

**池端清種** いけはたきよたね
南北朝時代の武将。
¶姓氏鹿児島

**池豊前守** いけぶぜんのかみ
戦国時代の武将。長宗我部氏家臣。
¶戦西

**池山新八郎** いけやましんぱちろう
安土桃山時代の武将。秀吉馬廻。
¶戦国，戦人(生没年不詳)

**池山信勝** いけやまのぶかつ
生没年不詳
安土桃山時代の織田信長の家臣。
¶織田

**射越範貞** いこしのりさだ
南北朝時代の武将。
¶岡山人，岡山歴

**生駒家長** いこまいえなが
？ ～慶長12(1607)年1月7日
安土桃山時代の武将。秀吉馬廻。
¶織田，戦国，戦人(生没年不詳)

**生駒一正** いこまかずまさ
弘治1(1555)年～慶長15(1610)年
安土桃山時代～江戸時代前期の大名。讃岐丸亀藩主。
¶織田([没]慶長15(1610)年3月18日)，香川人，香川百，近世，国史，史人([没]1610年3月18日)，諸系，新潮([没]慶長15(1610)年3月18日)，人名，戦合，戦国([生]？)，戦人，日人，藩主4([没]慶長15(1610)年3月18日)

**生駒源八郎** いこまげんぱちろう
安土桃山時代の武将。秀吉馬廻。
¶戦国，戦人(生没年不詳)

**生駒五右衛門**　いこまごえもん
安土桃山時代の武将。秀吉馬廻。
¶戦国，戦人(生没年不詳)

**生駒次右衛門**　いこまじえもん
安土桃山時代の武将。秀吉馬廻。
¶戦国，戦人(生没年不詳)

**生駒下野守**　いこましもつけのかみ
安土桃山時代の武将。豊臣秀頼に伺候。
¶戦国

**生駒修理亮**　いこましゅうりのすけ
→生駒修理亮(いこましゅりのすけ)

**生駒修理亮**　いこましゅりのすけ
？～慶長5(1600)年　[別]生駒修理亮《いこましゅうりのすけ》
安土桃山時代の武将。秀吉馬廻。
¶戦国(いこましゅうりのすけ)，戦人

**生駒勝介**　いこましょうすけ
生没年不詳
安土桃山時代の織田信長の家臣。
¶織田

**生駒庄之助**　いこましょうのすけ
安土桃山時代の武士。織田氏家臣。
¶戦人(生没年不詳)，戦補

**生駒二郎四郎**　いこまじろうしろう
→生駒二郎四郎(いこまじろしろう)

**生駒二郎四郎**　いこまじろしろう
[別]生駒二郎四郎《いこまじろうしろう》
安土桃山時代の武将。秀吉馬廻。
¶戦国(いこまじろうしろう)，戦人(生没年不詳)

**生駒仙**　いこません
安土桃山時代の武将。秀吉馬廻。
¶戦国，戦人(生没年不詳)

**生駒忠清**　いこまただきよ
生没年不詳
安土桃山時代の武将。秀吉馬廻。
¶戦国，戦辞，戦人

**生駒近清**　いこまちかきよ
生没年不詳
安土桃山時代の織田信長の家臣。
¶織田

**生駒親重**　いこまちかしげ
？～元亀1(1570)年8月15日
戦国時代～安土桃山時代の織田信長の家臣。
¶織田

**生駒親正**　いこまちかまさ
大永6(1526)年～慶長8(1603)年
戦国時代～安土桃山時代の武将。
¶朝日([没]慶長8年2月13日(1603年3月25日))，岩史([没]慶長8(1603)年2月13日)，織田([生]天文4(1535)年？　[没]慶長8(1603)年2月13日)，香川人，香川百，郷土香川([生]1557年　[没]1620年)，近世，国史，コン改，コン4，史人([没]1603年2月13日)，重要([没]慶長8(1603)年2月13日)，諸系，新潮([没]慶長8(1603)年2月13日)，人名，世人([没]慶長8(1603)年2月13日)，戦合，戦国，戦人，戦西，日史([没]慶長8(1603)年2月13日)，日人，藩主4([没]慶長8(1603)年2月13日)，百科，歴大

**生駒利豊**　いこまとしとよ
天正3(1575)年～寛文10(1670)年
安土桃山時代～江戸時代前期の武将、尾張藩士。
¶人名，日人

**生駒直勝**　いこまなおかつ
？～慶長19(1614)年　[別]吉田又市《よしだまたいち》
安土桃山時代～江戸時代前期の武将。秀吉馬廻、豊臣氏家臣、織田氏家臣、前田氏家臣。
¶戦国，戦人(生没年不詳)，日人，藩臣3

**生駒直義**　いこまなおよし
？～寛永15(1638)年
江戸時代前期の武将、加賀藩執政。
¶人名，日人

**生駒平左衛門**　いこまへいざえもん
生没年不詳
安土桃山時代の織田信長の家臣。
¶織田

**生駒平兵衛**　いこまへいべえ
生没年不詳
安土桃山時代～江戸時代前期の武士。浅野家の家臣。
¶和歌山人

**生駒孫七**　いこままごしち
安土桃山時代の武士。豊臣氏家臣。
¶戦国，戦人(生没年不詳)

**生駒孫助**　いこままごすけ
安土桃山時代の武将。秀吉馬廻。
¶戦国，戦人(生没年不詳)

**生駒正継**　いこままさつぐ
安土桃山時代の武将。秀吉馬廻、豊臣氏家臣。
¶戦国，戦人(生没年不詳)

**生駒正俊**　いこままさとし
天正14(1586)年～元和7(1621)年
安土桃山時代～江戸時代前期の武将、大名。讃岐丸亀藩主。
¶香川人，香川百，諸系，人名，日人，藩主4([没]元和7(1621)年6月5日)

**生駒弥五左衛門**　いこまやござえもん
安土桃山時代の武将。豊臣氏家臣。
¶戦国，戦人(生没年不詳)

**生駒吉一**　いこまよしかず
安土桃山時代の武将。秀吉馬廻。
¶戦国，戦人(生没年不詳)

**生駒若狭守**　いこまわかさのかみ
安土桃山時代の武将。秀吉馬廻。
¶戦国，戦人(生没年不詳)

**伊坂某** いさか
生没年不詳
安土桃山時代の織田信長の家臣。
¶織田

**伊作勝久** いさくかつひさ
生没年不詳
室町時代の地頭。
¶鎌室，日人

**伊作田道材** いざくだどうざい
南北朝時代の武将。
¶姓氏鹿児島

**伊作久義** いさくひさよし,いざくひさよし
？ ～応永29(1422)年
南北朝時代～室町時代の武将。
¶鎌室，新潮([没]応永29(1422)年1月29日)，姓氏鹿児島(いざくひさよし)，日人

**伊作宗久** いさくむねひさ,いざくむねひさ
生没年不詳
鎌倉時代後期～南北朝時代の武将。
¶鹿児島百，鎌室，姓氏鹿児島(いざくむねひさ)，日人

**砂金実常** いさごさねつね
生没年不詳
安土桃山時代～江戸時代前期の武将。伊達氏家臣。
¶戦人

**伊佐敷忠豊** いざしきただとよ
？ ～応永20(1413)年
南北朝時代～室町時代の武将。
¶姓氏鹿児島

**伊佐為宗** いさためむね
生没年不詳
鎌倉時代の御家人。
¶姓氏宮城

**五十狭茅宿禰** いさちのすくね
上代の吉士氏の祖とされる人物。神功皇后への反乱軍に参加して自殺。
¶朝日，古代，古中，新潮，日人

**伊佐朝政** いさともまさ
生没年不詳
鎌倉時代前期の武士。
¶北条

**勇山伎美麻呂** いさやまのきみまろ
生没年不詳
奈良時代の豪族。藤原広嗣の乱に参加したが、のちに帰順。
¶大分百，大分歴

**伊沢家景** いさわいえかげ,いざわいえかげ
？ ～承久3(1221)年　[別]留守家景《るすいえかげ》，留守家重《るすいえしげ》
鎌倉時代前期の陸奥国留守職。
¶朝日([没]建保3年3月12日(1215年4月12日))，岩手百(いざわいえかげ)，角史(いざわいえかげ　生没年不詳)，鎌室(生没年不詳)，系東(留守家景　るすいえかげ　[没]1215年，(異説)1221年)，姓氏宮城，日史(いざわいえかげ　生没年不詳)，日人，百科(いざわいえかげ　生没年不詳)，平史(生没年不詳)

**伊沢右近** いさわうこん
生没年不詳
戦国時代の武将。
¶徳島歴

**伊沢綱俊** いざわつなとし
生没年不詳
安土桃山時代の武将。
¶戦人

**伊沢頼俊**(井沢頼俊) いざわよりとし,いさわよりとし
？ ～天正5(1577)年
戦国時代～安土桃山時代の武将。
¶人名(井沢頼俊)，徳島歴(いさわよりとし　生没年不詳)，日人(いさわよりとし)

**石井** いしい
生没年不詳
戦国時代の北条氏の家臣。
¶戦辞

**石井安芸守信忠** いしいあきのかみのぶただ
→石井信忠(いしいのぶただ)

**石井和泉守** いしいいずみのかみ
生没年不詳
戦国時代の武士。佐竹氏家臣。
¶戦辞，戦人，戦東

**石井和泉守忠清** いしいいずみのかみただきよ
→石井忠清(いしいただきよ)

**石井大蔵** いしいおおくら
生没年不詳
安土桃山時代の武士。佐竹氏家臣。
¶戦辞，戦人，戦東

**石井大隅守周信** いしいおおすみのかみちかのぶ
戦国時代の武将。竜造寺氏家臣。
¶戦西

**石井景治** いしいかげはる
明応1(1492)年～天文14(1545)年3月23日
戦国時代の佐竹氏の家臣。
¶戦辞

**石井景盈** いしいかげみつ
永禄11(1568)年～天正17(1589)年10月26日
安土桃山時代の佐竹氏の家臣。
¶戦辞

**石井清定** いしいきよさだ
生没年不詳
戦国時代の武将。佐竹氏家臣。
¶戦辞，戦人，戦東

**石井蔵人佐** いしいくらんどのすけ
戦国時代の武士。佐竹氏家臣。
¶戦人(生没年不詳)，戦東

**石井蔵人** いしいくろうど
？ ～天正12(1584)年
安土桃山時代の武士。

¶戦人（生没年不詳），戦西

**石井監物** いしいけんもつ
生没年不詳
戦国時代の武士。佐竹氏家臣。
¶戦辞，戦人，戦東

い

**石井三郎兵衛** いしいさぶろうひょうえ
戦国時代の武士。佐竹氏家臣。
¶戦人（生没年不詳），戦東

**石井治右衛門** いしいじえもん
生没年不詳
安土桃山時代〜江戸時代前期の武士。
¶庄内

**石井生札** いしいしょうさつ
安土桃山時代の武将。
¶戦人（生没年不詳），戦西

**石井次郎右衛門** いしいじろううえもん
→石井次郎右衛門（いしいじろうえもん）

**石井次郎右衛門** いしいじろうえもん
[別]石井次郎右衛門《いしいじろううえもん》
安土桃山時代〜江戸時代前期の武士。里見氏家臣。
¶戦人（生没年不詳），戦東（いしいじろううえもん）

**石井新蔵人** いしいしんくらんど
安土桃山時代の武士。佐竹氏家臣。
¶戦人（生没年不詳），戦東

**石井末忠**（石井季忠） いしいすえただ
？ 〜延元1/建武3（1336）年
鎌倉時代後期〜南北朝時代の武将。
¶鎌室，新潮（石井季忠 [没]建武3/延元1（1336）年5月），人名，日人，広島百（[没]建武3（1336）年5月）

**石井助太郎** いしいすけたろう
？ 〜慶長5（1600）年
安土桃山時代の武士。
¶戦国，戦人

**石井駿河守** いしいするがのかみ
生没年不詳
安土桃山時代〜江戸時代前期の武士。里見氏家臣。
¶戦辞，戦人，戦東

**石井宗大夫** いしいそうだゆう
江戸時代前期の武士。里見氏家臣。
¶戦東

**石井忠清** いしいただきよ
[別]石井和泉守忠清《いしいいずみのかみただきよ》
戦国時代の武将。
¶戦人（生没年不詳），戦西（石井和泉守忠清 いしいいずみのかみただきよ）

**石井忠治** いしいただはる
生没年不詳
戦国時代の佐竹氏の家臣。
¶戦辞

**石井胤近** いしいたねちか
生没年不詳
戦国時代の武士。
¶戦人

**石井縫殿助** いしいぬいどののすけ
→石井縫殿助（いしいぬいのすけ）

**石井縫殿助** いしいぬいのすけ
生没年不詳 [別]石井縫殿助《いしいぬいどののすけ》
戦国時代の武士。佐竹氏家臣。
¶戦辞（いしいぬいどののすけ），戦人，戦東

**石井縫之介** いしいぬいのすけ
江戸時代前期の武将。里見氏家臣。
¶戦東

**石井信忠** いしいのぶただ
？ 〜天正12（1584）年 [別]石井安芸守信忠《いしいあきのかみのぶただ》
安土桃山時代の武士。
¶戦人，戦西（石井安芸守信忠 いしいあきのかみのぶただ）

**石井久忠** いしいひさただ
元亀1（1570）年〜元和9（1623）年9月19日
安土桃山時代〜江戸時代前期の佐竹氏の家臣。
¶戦辞

**石井兵庫助** いしいひょうごのすけ
安土桃山時代の武将。里見氏家臣。
¶戦東

**石井豊前** いしいぶぜん
江戸時代前期の武将。里見氏家臣。
¶戦東

**石井豊後守** いしいぶんごのかみ
戦国時代〜安土桃山時代の武士。佐竹氏家臣。
¶戦人（生没年不詳），戦東

**石井棟喜** いしいむねよし
戦国時代の武将。武田家臣。信濃国小県郡の海野衆。
¶姓氏山梨

**石井康長** いしいやすなが
生没年不詳
室町時代〜戦国時代の武家。
¶国書

**石井大和** いしいやまと
安土桃山時代〜江戸時代前期の武士。里見氏家臣。
¶戦人（生没年不詳），戦東

**石井与次兵衛** いしいよじべえ
大永7（1527）年〜文禄1（1592）年 [別]明石与次兵衛《あかしのよじべえ，あかしよじべえ》
安土桃山時代の武将。豊臣秀吉の船奉行。
¶近世，国史，史人，新潮（[没]文禄1（1592）年7月），人名（明石与次兵衛 あかしのよじべえ [生]？），戦合，戦国（[生]？），戦人（[生]？），日人，歴大

**石井好光** いしいよしみつ
安土桃山時代の武将。
¶岡山人

**石井六郎兵衛** いしいろくろうひょうえ
生没年不詳 [別]石井六郎兵衛《いしいろくろべえ》
戦国時代の武士。佐竹氏家臣。
¶戦辞(いしいろくろべえ)，戦人，戦東

**石井六郎兵衛** いしいろくろべえ
→石井六郎兵衛(いしいろくろうひょうえ)

**石尾治一** いしおはるかず
弘治3(1557)年～寛永8(1631)年
安土桃山時代～江戸時代前期の武将。秀吉馬廻。
¶戦国，戦人

**石谷近江守** いしがいおうみのかみ
戦国時代の武将。斎藤氏家臣。
¶戦西

**石谷貞清** いしがいさだきよ
→石谷貞清(いしがやさだきよ)

**石谷十蔵貞清** いしがいじゅうぞうさだきよ
→石谷貞清(いしがやさだきよ)

**石谷対馬守** いしがいつしまのかみ
？ ～弘治2(1556)年
戦国時代の武士。
¶戦人，戦西

**石谷光政** いしがいみつまさ
生没年不詳
室町時代の武士、将軍側近。
¶高知人

**石谷民部少輔** いしがいみんぶのしょう
戦国時代の武将。長宗我部氏家臣。
¶戦西

**石谷頼辰** いしがいよりとき
～天正14(1586)年
戦国時代～安土桃山時代の長宗我部氏の家臣。
¶高知人

**石賀入道** いしがのにゅうどう
平安時代後期の備中国の武士。
¶岡山歴

**石賀孫兵衛** いしがまごべえ
安土桃山時代の武将。
¶岡山人

**石上** いしがみ
生没年不詳
戦国時代の北条氏の家臣。
¶戦辞

**石上菟角之助**(石上兎角之助) いしがみとかくのすけ
戦国時代の武士。笹間・石上城城主とされる。
¶静岡歴(石上兎角之助 生没年不詳)，姓氏静岡

**石上宗高** いしがみむねたか
南北朝時代の武士。
¶姓氏静岡

**石上弥次郎** いしがみやじろう
生没年不詳
戦国時代の武士。後北条氏家臣。
¶戦辞，戦人，戦東

**石蟹守元** いしがもりもと
生没年不詳
戦国時代の武将。
¶戦人

**石谷貞清** いしがやさだきよ
文禄3(1594)年～寛文12(1672)年 [別]石谷十蔵貞清《いしがいじゅうぞうさだきよ》，石谷貞清《いしがいさだきよ》
江戸時代前期の武士、旗本、江戸町奉行。
¶朝日(いしがいさだきよ)，岩史(いしがいさだきよ [没]寛文12(1672)年9月12日)，角史(いしがいさだきよ)，神奈川人，近世(いしがいさだきよ)，国史(いしがいさだきよ)，国書([生]文禄3(1594)年11月3日 [没]寛文12(1672)年9月12日)，コン改，コン4，史人([没]1672年9月12日)，新潮([没]寛文12(1672)年9月12日)，人名，世人([没]延宝1(1673)年)，戦合(いしがいさだきよ)，全書，多摩(石谷十蔵貞清 いしがいじゅうぞうさだきよ [没]延宝1(1673)年)，日史(いしがいさだきよ [没]寛文12(1672)年9月12日)，日人(いしがいさだきよ)，百科(いしがいさだきよ)，歴大

**石谷政清** いしがやまさきよ
文亀3(1503)年～天正2(1574)年
戦国時代の武将。
¶姓氏静岡

**石川昭光** いしかわあきみつ
天文17(1548)年～元和8(1622)年 [別]石川昭光《いしこあきみつ》
安土桃山時代～江戸時代前期の武将。伊達氏家臣。
¶諸系(いしこあきみつ)，諸系，人名，姓氏宮城，戦国([生]？)，戦人([生]？)，日人，藩臣1([生]天文19(1550)年)，福島百([生]天文19(1550)年)，宮城百

**石川有光** いしかわありみつ
長暦1(1037)年～応徳3(1086)年 [別]源有光《みなもとのありみつ》
平安時代後期の石川郡の豪族。清和源氏。
¶福島百，平史(源有光 みなもとのありみつ 生没年不詳)

**石川家成** いしかわいえなり
天文3(1534)年～慶長14(1609)年
戦国時代～安土桃山時代の武将。徳川家康の臣。美濃大垣城主。
¶愛知百([生]1535年 [没]1609年10月29日)，角史，岐阜百([生]？)，近世，国史，茶道，史人([没]1609年10月29日)，諸系，新潮([没]慶応14(1609)年10月29日)，人名，姓氏愛知，姓氏静岡，戦合，戦国([生]1535年)，戦辞([没]慶長14年10月29日(1609年11月25日))，戦人([生]天文4(1535)年)，戦東([生]？)，日史([没]慶長14(1609)年10月29日)，日人，藩主2([没]慶長14(1609)年10月29日)，百科([生]天文4(1535)年)，歴大

**石川家久** いしかわいえひさ
戦国時代の備中国の武将。
¶岡山歴

**石川出雲** いしかわいずも
戦国時代の武将。大崎氏家臣。
¶戦東

**石川越前隆尚** いしかわえちぜんたかなお
→石川隆尚(いしかわたかなお)

**石川隠岐守** いしかわおきのかみ
? 〜天正10(1582)年1月
戦国時代の武将。足利氏家臣。
¶戦辞，戦東

**石川数正** いしかわかずまさ
? 〜文禄1(1592)年　[別]箇三寺《かさんじ》
安土桃山時代の大名。信濃松本藩主。
¶愛知百([没]1593年)，朝日，岩史，角史，郷土長野([没]1593年)，近世，国史，コン改([没]文禄2(1593)年)，コン4([没]文禄2(1593)年)，茶道([没]1593年)，史人，諸系([没]1593年)，新潮，人名([没]1593年)，姓氏愛知([没]1593年)，姓氏静岡，姓氏長野，世人([没]文禄2(1593)年)，戦合，戦国([没]1593年)，戦辞([没]文禄2(1593)年)，戦人，戦東([没]1593年)，長野百，長野歴，日史，日人([没]1593年)，藩主2([生]天文4(1535)年　[没]文禄1(1592)年12月)，百科([没]文禄2(1593)年)，歴大

**石川一光** いしかわかずみつ
? 〜天正11(1583)年　[別]石河一光《いしこかずみつ》，石川一光《いしこかずみつ》
安土桃山時代の武将。秀吉馬廻。
¶諸系(いしこかずみつ)，人名(石河一光　いしこかずみつ)，戦国，戦人，戦西，日人

**石川勝吉** いしかわかつよし
江戸時代前期の黒田孝高の家人。
¶人名

**石川清兼** いしかわきよかね
? 〜天正6(1578)年
戦国時代の武士。松平清康・広忠に仕えた。
¶諸系，人名，日人

**石川源左衛門尉** いしかわげんざえもんのじょう
室町時代の備中守護代。
¶岡山歴

**石川源次郎** いしかわげんじろう
戦国時代の武士。後北条氏家臣。
¶戦人(生没年不詳)，戦東

**石川源三** いしかわげんぞう
室町時代の備中守護代。
¶岡山歴

**石川五郎兵衛** いしかわごろべえ
安土桃山時代の武士。中小姓頭。
¶戦人(生没年不詳)，戦東

**石川権之助** いしかわごんのすけ
戦国時代の武将。武田家臣。岡部正綱配下の武辺者という。
¶姓氏山梨

**石川左近将監** いしかわさこんしょうげん
生没年不詳
戦国時代の古河公方足利義氏の家臣。
¶戦辞

**石川貞清** いしかわさだきよ
? 〜寛永3(1626)年　[別]石河貞清《いしこさだきよ》，石川貞清《いしこさだきよ》，石川宗林《いしかわそうりん》
安土桃山時代〜江戸時代前期の大名、尾張国犬山城主。
¶朝日([没]寛永2年4月8日(1625年5月14日))，諸系(いしこさだきよ)，人名(石河貞清　いしこさだきよ)，戦国，戦人([没]寛永2(1625)年)，日人

**石川貞信** いしかわさだのぶ
生没年不詳　[別]石河貞信《いしこさだのぶ》，石川貞信《いしこさだのぶ》
安土桃山時代の武将。貞清の弟。
¶諸系(いしこさだのぶ)，人名(石河貞信　いしこさだのぶ)，日人

**石川貞政** いしかわさだまさ
天正3(1575)年〜明暦3(1657)年　[別]石川貞政《いしこさだまさ》
安土桃山時代〜江戸時代前期の武将。秀吉馬廻。
¶諸系(いしこさだまさ)，戦国，戦人，日人

**石川貞通** いしかわさだみち
安土桃山時代の武士。豊臣氏家臣。
¶戦国，戦人(生没年不詳)

**石川実忠** いしかわさねただ
鎌倉時代後期の武家。
¶静岡歴(生没年不詳)，姓氏静岡

**石川式部少輔** いしかわしきぶしょうゆう
生没年不詳　[別]石川式部少輔《いしかわしきぶのしょう》
安土桃山時代〜江戸時代前期の武士。結城氏家臣。
¶戦辞(いしかわしきぶのしょう)，戦人，戦東

**石川式部少輔** いしかわしきぶのしょう
→石川式部少輔(いしかわしきぶしょうゆう)

**石川信濃守** いしかわしなののかみ
生没年不詳
戦国時代の古河公方足利義氏の家臣。
¶戦辞

**石川丈山** いしかわじょうざん
天正11(1583)年〜寛文12(1672)年
安土桃山時代〜江戸時代前期の武将、漢詩人、蘭学者、書家。
¶愛知百，朝日([生]天正11(1583)年10月　[没]寛文12年5月23日(1672年6月18日))，岩史([生]天正11(1583)年10月　[没]寛文12(1672)年5月23日)，角史，京都，京都大，近世，国史，国書([生]天正11(1583)年10月　[没]寛文12(1672)年5月23日)，コン改，コン4，茶道，詩歌，史人([生]1583年10月　[没]1672年5月23日)，人書94，人情3，新潮([生]天正11(1583)年10月　[没]寛文12(1672)年5月23日)，新文([没]寛文12(1672)年5月23日)，人名，姓氏愛知，姓氏京都，世人([生]天正11(1583)年10月　[没]寛文12(1672)年5月23日)，世百，戦合，全書，戦人，大百，日史

([生]天正11(1583)年10月 [没]寛文12(1672)年5月23日), 日人, 藩臣6, 美術, 百科, 広島百([生]天正11(1583)年8月 [没]寛文12(1672)年5月23日), 仏教([生]天正11(1583)年10月 [没]寛文12(1672)年5月23日), 仏史, 文学, 三重続, 歴大, 和俳([没]寛文12(1672)年5月23日)

**石川四郎右衛門直村** いしかわしろうえもんなおむら
→石川直村(いしかわなおむら)

**石河神次左衛門尉** いしかわしんじさえもんのじょう
? ～文永9(1272)年
鎌倉時代の武士。
¶北条

**石川仙** いしかわせん
安土桃山時代の武将。秀吉馬廻。
¶戦国, 戦人(生没年不詳)

**石川隆重** いしかわたかしげ
生没年不詳
安土桃山時代の武将。大崎氏家臣。
¶戦人

**石川隆尚** いしかわたかなお
[別]石川越前隆尚《いしかわえちぜんたかなお》
安土桃山時代の武将。大崎氏家臣。
¶戦人(生没年不詳), 戦東(石川越前隆尚 いしかわえちぜんたかなお)

**石川高信** いしかわたかのぶ
永正2(1505)年～天正9(1581)年
戦国時代～安土桃山時代の南部の武将。
¶岩手百, 姓氏岩手

**石川忠成** いしかわただなり
生没年不詳
戦国時代の松平家重臣、奉行人。
¶戦辞

**石川忠総** いしかわただふさ
天正10(1582)年～慶安3(1650)年
安土桃山時代～江戸時代前期の武将、大名。下総佐倉藩主、美濃大垣藩主、近江膳所藩主、豊後日田藩主。
¶朝日([没]慶安3年12月24日(1651年2月14日)), 大分歴, 岐阜百([生]?), 近世, 国史, 国書([没]慶安3(1650)年12月24日), 茶道, 史人([没]1650年12月24日), 諸系([没]1651年), 新潮([没]慶安3(1650)年12月24日), 人名, 戦合, 日人([没]1651年), 藩主2, 藩主3([没]慶安3(1650)年12月24日), 藩主4([没]慶安3(1650)年12月24日)

**石川弾正** いしかわだんじょう
? ～天正16(1588)年
安土桃山時代の武将。
¶戦人

**石川忠左衛門** いしかわちゅうざえもん
安土桃山時代の武将。秀吉馬廻。
¶戦国, 戦人(生没年不詳)

**石川長助** いしかわちょうすけ
安土桃山時代の武将。秀吉馬廻。
¶戦国, 戦人(生没年不詳)

**石川道寿** いしかわどうじゅ
室町時代の備中守護代。
¶岡山歴

**石川俊重** いしかわとししげ
? ～永禄11(1568)年
戦国時代の地方豪族・土豪。
¶戦人

**石川直村** いしかわなおむら
[別]石川四郎右衛門直村《いしかわしろうえもんなおむら》
戦国時代の武将。大崎氏家臣。
¶戦人(生没年不詳), 戦東(石川四郎右衛門直村 いしかわしろうえもんなおむら)

**石川長門守頼重** いしかわながとのかみよりしげ
戦国時代の武将。大崎氏家臣。
¶戦東

**石川名足** いしかわのなたり
神亀5(728)年～延暦7(788)年 [別]石川朝臣名足《いしかわのあそんなたり》, 石川名足《いしかわなたり, いしかわのなたる》
奈良時代の官人(陸奥鎮守将軍・中納言)。権参議石川石足の孫、御史大夫石川年足の子。
¶朝日([没]延暦7年6月10日(788年7月17日)), 岡山歴(石川朝臣名足 いしかわのあそんなたり [没]延暦7(788)年6月), 公卿(いしかわなたり [没]延暦7(788)年6月4日), 国史, 古代(石川朝臣名足 いしかわのあそんなたり), 古中, コン改, コン4, 史人([没]788年6月10日), 諸系, 新潮([没]延暦7(788)年6月10日), 人名(いしかわのなたる), 日人

**石川名足** いしかわのなたる
→石川名足(いしかわのなたり)

**石川彦六** いしかわひころく
生没年不詳
戦国時代の古河公方重臣簗田氏の家臣。
¶戦辞

**石川久次** いしかわひさつぐ
～天文11(1542)年
安土桃山時代の武将。
¶岡山人

**石川久智** いしかわひさとも
? ～永禄10(1567)年
戦国時代の武将。
¶岡山人([没]永禄7(1564)年), 岡山歴, 戦人

**石川久式** いしかわひさのり
? ～天正3(1575)年
戦国時代～安土桃山時代の武将。
¶岡山人, 岡山歴([没]天正3(1575)年6月), 戦人

**石川日向守** いしかわひゅうがのかみ
戦国時代の武将。今川氏家臣。
¶戦東

**石川孫三郎** いしかわまごさぶろう
生没年不詳

鎌倉時代後期の御家人、駿河国富士郡上方重須郷等の地頭。
¶静岡百，静岡歴

**石川政勝** いしかわまさかつ
→石河勝政（いしこかつまさ）

**石川正俊** いしかわまさとし
？〜天正1（1573）年
戦国時代の武士。
¶人名，日人

**石川昌秀** いしかわまさひで
室町時代の備中守護代。
¶岡山歴

**石川政康** いしかわまさやす
応永18（1411）年〜文明18（1486）年
戦国時代の武将、三河小川城主。
¶人名（㊞？　㊞1502年），姓氏愛知，日人

**石川通清** いしかわみちきよ
？〜天正12（1584）年
安土桃山時代の武将。
¶戦国，戦人

**石川光重** いしかわみつしげ
安土桃山時代の武士。豊臣氏家臣。
¶戦国，戦人（生没年不詳）

**石川光忠** いしかわみつただ
文禄3（1594）年〜寛永5（1628）年　㊞石川光忠《いしこみつただ》
江戸時代前期の武将、尾張藩士。
¶諸系（いしこみつただ），人名（㊞？），日人，藩臣4

**石川三長** いしかわみつなが
？〜寛永19（1642）年　㊞石川康長《いしかわやすなが》
安土桃山時代〜江戸時代前期の大名。信濃松本藩主。
¶近世，国史，諸系（㊞1554年㊞1643年），新潮（㊞寛永19（1642）年12月11日），姓氏長野（石川康長　いしかわやすなが），戦合，戦国，戦人，長野歴（石川康長　いしかわやすなが），日人（㊞1554年㊞1643年），藩主2（石川康長　いしかわやすなが　㊞天文23（1554）年　㊞寛永19（1642）年12月11日）

**石川光政** いしかわみつまさ
安土桃山時代の武士。
¶戦国，戦人（生没年不詳），戦西

**石川光元** いしかわみつもと
？〜慶長6（1601）年　㊞石川光元《いしこみつもと》
安土桃山時代の武将。豊臣氏家臣。
¶諸系（いしこみつもと），戦国，戦人

**石川光吉** いしかわみつよし
？〜*
安土桃山時代の大名。尾張犬山城主。
¶長野歴（㊞慶長5（1600）年），藩主2（㊞寛永3（1626）年閏4月8日）

**石川宗忠** いしかわむねただ
建保3（1215）年〜弘安10（1287）年
鎌倉時代の武家。
¶静岡歴，姓氏静岡

**石川基光** いしかわもとみつ
生没年不詳
平安時代後期の石川郡の豪族。
¶福島百

**石川康勝** いしかわやすかつ
？〜元和1（1615）年
安土桃山時代〜江戸時代前期の武将。
¶朝日，近世，国史，諸系，新潮，戦合，戦国，戦人，日人

**石川康次** いしかわやすつぐ
安土桃山時代の武将。豊臣氏家臣。
¶戦国，戦人（生没年不詳）

**石川康長** いしかわやすなが
→石川三長（いしかわみつなが）

**石川康通**（石川康道）いしかわやすみち
天文23（1554）年〜慶長12（1607）年　㊞石川康通《いしかわやすみつ》，フランシスコ
安土桃山時代〜江戸時代前期の大名。上総成戸藩主、美濃大垣藩主。
¶岐阜百（いしかわやすみつ），近世，国史，諸系，新潮（㊞慶長12（1607）年7月26日），人名，戦合，戦国，戦辞（石川康道　㊞慶長12年7月26日（1607年9月17日）），戦人，日人，藩主2，藩主2（㊞慶長12（1607）年7月26日）

**石川康通** いしかわやすみつ
→石川康通（いしかわやすみち）

**石川義兼** いしかわよしかね
生没年不詳　㊞源義兼《みなもとのよしかね》
鎌倉時代前期の武将。
¶鎌室，日人

**石川義純** いしかわよしずみ
？〜元弘1/元徳3（1331）年
鎌倉時代後期の武将。
¶鎌室，人名，日人

**石川頼明** いしかわよりあき
？〜慶長5（1600）年　㊞石河頼明《いしこよりあき》
安土桃山時代の武将。豊臣氏家臣。
¶人名（石河頼明　いしこよりあき），戦国，戦人，日人

**伊敷索按司** いしきなわあじ
生没年不詳
室町時代の伊敷索城の城主。
¶沖縄百，姓氏沖縄

**石来民部丞** いしきみんぶのじょう
安土桃山時代の武将。朝倉氏家臣。
¶戦西

**石口広宗** いしぐちひろむね
？〜天正10（1582）年6月3日
戦国時代〜安土桃山時代の上杉氏の家臣。

¶戦辞

**石黒五郎兵衛** いしぐろごろうひょうえ
戦国時代の武将。武田家臣。両角虎定の配下。
¶姓氏山梨

**石黒左近** いしぐろさこん
→石黒成綱(いしぐろしげつな)

**石黒貞雄** いしぐろさだお
江戸時代前期の備前岡山藩士。
¶人名

**石黒成綱** いしぐろしげつな
？～天正9(1581)年　[別]石黒左近《いしぐろさこん》,石黒成綱《いしぐろなりつな》
安土桃山時代の武将。上杉氏家臣、織田氏家臣。
¶織田([没]天正9(1581)年7月6日), 戦人(石黒左近　いしぐろさこん), 富山百(いしぐろなりつな　[没]天正9(1581)年7月)

**石黒重之** いしぐろしげゆき
南北朝時代の武将。
¶姓氏富山

**石黒甚右衛門** いしぐろじんうえもん
→石黒甚右衛門(いしぐろじんえもん)

**石黒甚右衛門** いしぐろじんえもん
[別]石黒甚右衛門《いしぐろじんうえもん》
江戸時代前期の武士。池田利隆の臣で乗馬の名手。
¶岡山人(いしぐろじんうえもん), 人名, 日人(生没年不詳)

**石黒藤兵衛** いしぐろとうべえ
？～寛永16(1639)年
安土桃山時代～江戸時代前期の武将、紀伊和歌山藩士。
¶藩臣5

**石黒成綱** いしぐろなりつな
→石黒成綱(いしぐろしげつな)

**石黒八兵衛** いしぐろはちべえ
戦国時代の武将。武田家臣。
¶姓氏山梨

**石黒彦二郎** いしぐろひこじろう
？～天正10(1582)年6月2日
戦国時代～安土桃山時代の織田信長の家臣。
¶織田

**石黒又次郎** いしぐろまたじろう
戦国時代の武将。木舟城主石黒左近蔵人の家老。
¶姓氏富山

**石黒光増** いしぐろみつしげ
？～寛永16(1639)年
安土桃山時代～江戸時代前期の武士。紀州藩士。
¶和歌山人

**石黒光弘** いしぐろみつひろ
平安時代後期～鎌倉時代前期の武将。
¶姓氏富山, 富山百(生没年不詳)

**石黒光義** いしぐろみつよし
？～文明13(1481)年
戦国時代の武将。
¶姓氏富山, 富山百

**石黒吉富** いしぐろよしとみ
戦国時代の武将。朝倉氏家臣。
¶戦西

**石毛大和守** いしげやまとのかみ
生没年不詳
戦国時代の千葉胤富の家臣。
¶戦辞

**石川昭光** いしこあきみつ
→石川昭光(いしかわあきみつ)

**石河一光**(石川一光) いしこかずみつ
→石川一光(いしかわかずみつ)

**石河勝政** いしこかつまさ
天正5(1577)年～万治2(1659)年　[別]石河政勝《いしこまさかつ》,石川政勝《いしかわまさかつ》
安土桃山時代～江戸時代前期の武将。徳川秀忠に仕え堺奉行。
¶岡山人(石川政勝　いしかわまさかつ), 諸系, 人名(石河政勝　いしこまさかつ), 日人

**石河貞清**(石川貞清) いしこさだきよ
→石川貞清(いしかわさだきよ)

**石河貞信**(石川貞信) いしこさだのぶ
→石川貞信(いしかわさだのぶ)

**石川貞政** いしこさだまさ
→石川貞政(いしかわさだまさ)

**石河利政** いしことしまさ
慶長2(1597)年～寛文6(1666)年
江戸時代前期の武将、泉州堺政所職。
¶諸系, 人名, 日人

**石河政勝** いしこまさかつ
→石河勝政(いしこかつまさ)

**石川光忠** いしこみつただ
→石川光忠(いしかわみつただ)

**石川光元** いしこみつもと
→石川光元(いしかわみつもと)

**石河木工兵衛** いしこもくべえ
？～永禄11(1568)年2月22日
戦国時代～安土桃山時代の織田信長の家臣。
¶織田

**石河頼明** いしこよりあき
→石川頼明(いしかわよりあき)

**石坂与五郎** いしざかよごろう
生没年不詳
戦国時代の武士。
¶国書, 人名, 日人

**石沢作左衛門** いしざわさくざえもん
天正6(1578)年～
安土桃山時代～江戸時代前期の武士。
¶庄内

**石沢次郎** いしざわじろう
安土桃山時代～江戸時代前期の武士。最上氏家臣。

¶戦国，戦人（生没年不詳）

い

**石嶋主水助** いしじまもんどのすけ
安土桃山時代の武士。結城氏家臣。
¶戦人（生没年不詳），戦東

**石関左近** いしぜきさこん
戦国時代の武将。葛西氏家臣。
¶戦東

**石田伊賀守** いしだいがのかみ
戦国時代の武将。浅井氏家臣。
¶戦西

**石田伊予** いしだいよ
生没年不詳
安土桃山時代の織田信長の家臣。
¶織田

**石田久蔵** いしだきゅうぞう
安土桃山時代～江戸時代前期の武士。里見氏家臣。
¶戦人（生没年不詳），戦東

**石田内蔵助** いしだくらのすけ
生没年不詳
戦国時代の鈴木但馬守の被官。
¶戦辞

**石田佐吉** いしださきち
天正12（1584）年～慶長5（1600）年
安土桃山時代の武士。
¶人名

**石田重家** いしだしげいえ
？ ～貞享3（1686）年 [別]宗享《そうきょう》
江戸時代前期の武士。石田三成の子。
¶人名（[没]1600年），戦人，日人

**石田重成** いしだしげなり
？ ～慶長5（1600）年 [別]杉山八兵衛《すぎやまはちべえ》，村山八兵衛《むらやまはちべえ》
安土桃山時代の武将。
¶人名，戦国，戦人（生没年不詳），日人（生没年不詳）

**石田将監**(1) いしだしょうげん
生没年不詳
安土桃山時代～江戸時代前期の武将。伊達氏家臣。もと鵜ヶ城主。
¶戦人

**石田将監**(2) いしだしょうげん
天正17（1589）年～寛永13（1636）年
江戸時代前期の武士。伊達氏家臣。大坂の陣で武功。
¶藩臣1

**石田四郎兵衛** いしだしろうべえ
→石田四郎兵衛（いしだしろべえ）

**石田四郎兵衛** いしだしろべえ
[別]石田四郎兵衛《いしだしろうべえ》
安土桃山時代の武士。豊臣氏家臣。
¶戦国（いしだしろうべえ），戦人（生没年不詳）

**石田新兵衛** いしだしんべえ
生没年不詳
安土桃山時代～江戸時代前期の武士。里見氏家臣。
¶戦辞，戦人，戦東

**石田清心** いしだせいしん
生没年不詳
戦国時代の武将。
¶系西

**石田大弐** いしだだいに
生没年不詳
戦国時代の北条氏の家臣。
¶戦辞

**石田為綱** いしだためつな
生没年不詳
平安時代後期～鎌倉時代前期の武士。
¶姓氏神奈川

**石田為久** いしだためひさ
生没年不詳 [別]石田為久《いしだのためひさ》
平安時代後期の相模三浦党の士。
¶人名，姓氏神奈川，日人，平史（いしだのためひさ）

**石田長蔵** いしだちょうぞう
戦国時代の武田氏家臣。永禄元年信濃で長沼兄弟の敵討ちに助太刀をした。
¶姓氏山梨

**石田常勝** いしだつねかつ
？ ～天正14（1586）年
安土桃山時代の武将。
¶戦人

**石田友利** いしだともとし
生没年不詳
戦国時代の三河国の今川氏被官。
¶戦辞

**石田朝成** いしだともなり
？ ～慶長5（1600）年
安土桃山時代の武士。
¶戦国，戦人

**石田為久** いしだのためひさ
→石田為久（いしだためひさ）

**石田彦六** いしだひころく
生没年不詳
戦国時代の武将。
¶戦人

**石田孫左衛門** いしだまござえもん
？ ～天正10（1582）年6月2日
戦国時代～安土桃山時代の織田信長の家臣。
¶織田

**石田正澄** いしだまさずみ
？ ～慶長5（1600）年 [別]石田木工頭《いしだもくのかみ》
安土桃山時代の武将。三成の兄。
¶朝日（[没]慶長5年9月18日（1600年10月24日）），系西，茶道，戦国，戦人，日人

**石田正継** いしだまさつぐ
？ ～慶長5（1600）年

安土桃山時代の武士。
¶系西，戦国，戦人

**石田正利** いしだまさとし
天文1（1532）年～元和4（1618）年7月26日
戦国時代～江戸時代前期の三河国の今川氏被官。
¶戦辞

**石田三成** いしだみつなり
永禄3（1560）年～慶長5（1600）年 [別]石田三成《いしだかずしげ》，石田治部少輔《いしだじぶしょうゆう》
安土桃山時代の武将。豊臣政権下で近江佐和山城主、五奉行の一人となる。秀吉の死後、徳川家康打倒のため挙兵したが関ヶ原の戦いに敗れ処刑された。
¶朝日（[没]慶長5年10月1日（1600年11月6日）），茨城百，岩史（[没]慶長5（1600）年10月1日），大阪人，鹿児島百，角史，京都，郷土滋賀，京都大，近世，群馬人，系西，国史，国書（[没]慶長5（1600）年10月1日），古中，コン改，コン4，茶道，滋賀百，史人（[没]1600年10月1日），重要（[没]慶長5（1600）年10月1日），人書79，人書94，人情，新潮（[没]慶長5（1600）年10月1日），人名，姓氏岩手，姓氏京都，世人（[没]慶長5（1600）年10月1日），世百，戦合，戦国，戦辞（[没]慶長5年10月1日（1600年11月6日）），全書，戦人，戦西，大百，伝記，日史（[没]慶長5（1600）年10月1日），日人，藩主3（[没]慶長5（1600）年10月1日），百科，歴大

**石田宗実** いしだむねざね
戦国時代の武士。伊達氏家臣。
¶戦人（生没年不詳），戦東

**石田主水** いしだもんど
安土桃山時代の武将。豊臣秀頼に伺候。
¶戦国

**石田祐快** いしだゆうかい
生没年不詳
戦国時代の武将。
¶系西

**伊地知重興** いじちしげおき
→伊地知重興（いぢちしげおき）

**伊地知重貞** いじちしげさだ
→伊地知重貞（いぢちしげさだ）

**伊地知重辰** いじちしげたつ
→伊地知重辰（いぢちしげたつ）

**伊地知重秀** いじちしげひで
→伊地知重秀（いぢちしげひで）

**伊地知丹後守** いじちたんごのかみ
→伊地知丹後守（いぢちたんごのかみ）

**伊地知美作守** いじちみまさかのかみ
→伊地知美作守（いぢちみまさかのかみ）

**伊地知与四郎** いじちよしろう
→伊地知与四郎（いぢちよしろう）

**石塚** いしづか
生没年不詳
戦国時代の古河公方足利義氏の家臣。
¶戦辞

**石塚小次郎** いしづかこじろう
戦国時代～安土桃山時代の武将。足利氏家臣。
¶戦東

**石塚将監** いしつかしょうげん
生没年不詳
戦国時代の下総北西部の国衆多賀谷氏の家臣。
¶戦辞

**石塚義辰** いしづかよしたつ
→石塚義辰（いしづかよしとき）

**石塚義胤** いしづかよしたね
生没年不詳
戦国時代の武士。佐竹氏家臣。
¶戦辞，戦人，戦東

**石塚義辰** いしづかよしとき
生没年不詳 [別]石塚義辰《いしづかよしたつ》
戦国時代～安土桃山時代の武士。佐竹氏家臣。
¶戦辞（いしづかよしたつ），戦人，戦東（いしづかよしたつ）

**石塚義慶** いしづかよしのり
戦国時代の武将。佐竹氏家臣。
¶戦辞（生没年不詳），戦東

**石堂原加右衛門** いしどうばらかうえもん
→石堂原加右衛門（いしどうはらかえもん）

**石堂原加右衛門** いしどうはらかえもん
[別]石堂原加右衛門《いしどうばらかうえもん》
安土桃山時代～江戸時代前期の武士。里見氏家臣。
¶戦人（生没年不詳），戦東（いしどうばらかうえもん）

**石堂原加助** いしどうばらかすけ
江戸時代前期の武士。里見氏家臣。
¶戦東

**石堂原八兵衛** いしどうはらはちべえ，いしどうばらはちべえ
安土桃山時代～江戸時代前期の武士。里見氏家臣。
¶戦人（生没年不詳），戦東（いしどうばらはちべえ）

**石塔義憲** いしどうよしのり
生没年不詳
南北朝時代の武将。
¶姓氏宮城

**石塔義房** いしどうよしふさ
生没年不詳
南北朝時代の武将。足利氏の有力一族。
¶朝日，角史，鎌室，国史，古中，コン改，コン4，史人，新潮，人名，姓氏静岡，姓氏宮城，世人，全書，大百，日史，日人，百科，宮城百，歴大

**石塔頼房** いしどうよりふさ
生没年不詳
南北朝時代の武将。
¶朝日，鎌室，国史，古中，コン改，コン4，史人，静岡百，静岡歴，新潮，人名，姓氏静岡，

世人，全書，日史，日人，百科，歴大

い

**石徹白長澄** いしどろながずみ
生没年不詳
安土桃山時代の織田信長の家臣。
¶織田

**石名坂正長** いしなざかまさなが
生没年不詳
安土桃山時代の武士。
¶戦人

**伊治呰麻呂**(伊治呰麻呂) いじのあざまろ
生没年不詳 [別]伊治公呰麻呂《いじのきみあざまろ,これはりのきみあざまろ》,伊治呰麻呂《これはりのあざまろ,これはるのあざまろ》
奈良時代の蝦夷の族長。上治郡大領。
¶朝日(これはりのあざまろ)，岩手百(伊治公呰麻呂 いじのきみあざまろ)，角史(これはるのあざまろ)，国史，古史，古代(伊治公呰麻呂 いじのきみあざまろ)，古中，コン改，コン4，史人，重要，新潮，姓氏岩手(伊治公呰麻呂 いじのきみあざまろ)，姓氏宮城(伊治公呰麻呂 これはりのきみあざまろ)，世人(伊治呰麻呂)，全書，日史，日人，百科，平史，宮城百(伊治公呰麻呂 いじのきみあざまろ)

**石野氏満** いしのうじみつ
天文22(1553)年～慶長11(1606)年
戦国時代～江戸時代前期の織田信長の家臣。
¶織田

**石野広英** いしのひろひで
天正5(1577)年～寛永20(1643)年
安土桃山時代～江戸時代前期の武士。紀州藩士。
¶和歌山人

**石橋和義** いしばしかずよし
生没年不詳
南北朝時代の武将。
¶朝日，岡山歴，鎌室，国史，古中，コン改，コン4，史人，新潮，人名，姓氏宮城，日史，日人，百科，歴大

**石橋尚義** いしばしなおよし
? ～天正8(1580)年 [別]石橋尚義《いしばしひさよし》
室町時代の武将、岩代四本松城主。
¶人名，日人(いしばしひさよし)，福島百(いしばしひさよし)

**石橋尚義** いしばしひさよし
→石橋尚義(いしばしなおよし)

**石橋棟義** いしばしむねよし
生没年不詳
南北朝時代の武将。足利義詮の臣。
¶姓氏宮城

**石橋義仲** いしばしよしなか
生没年不詳
室町時代の武将。
¶鎌室，人名，日人

**石橋義久** いしばしよしひさ
? ～天正8(1580)年
安土桃山時代の武将。
¶戦人

**石原五郎作** いしはらごろさく
戦国時代の武将。武田家臣。朝比奈信置配下の武辺者。
¶姓氏山梨

**石原左馬允** いしはらさまのじょう
安土桃山時代の武将。
¶戦人(生没年不詳)，戦東

**石原治部右衛門** いしはらじぶえもん
戦国時代の武将。武田家臣。信玄乗馬の血採りをつとめたという。
¶姓氏山梨

**石原主膳** いしはらしゅぜん
生没年不詳
安土桃山時代の武士。
¶国書，日人

**石原将監** いしはらしょうげん
安土桃山時代の武将。
¶戦人(生没年不詳)，戦東

**石原清左衛門** いしはらせいざえもん
室町時代の武士。下笠陣屋代官。
¶岐阜百

**石原昌明** いしはらまさあき
享禄3(1530)年～慶長12(1607)年
戦国時代～江戸時代前期の武田氏・徳川氏の家臣。
¶姓氏山梨，戦辞

**石原守繁** いしはらもりしげ
? ～天正11(1583)年
戦国時代～安土桃山時代の武田家臣。蔵前衆の一人。
¶姓氏山梨

**石巻家貞** いしまきいえさだ
生没年不詳
戦国時代の武将。後北条氏家臣。
¶神奈川人，姓氏神奈川，戦辞，戦東

**石巻家種** いしまきいえたね
戦国時代の武士。後北条氏家臣。
¶戦人(生没年不詳)，戦東

**石巻伊賀守** いしまきいがのかみ
生没年不詳
戦国時代の北条氏の家臣。
¶戦辞

**石巻右衛門尉** いしまきえもんのじょう
生没年不詳
戦国時代の北条氏の家臣。
¶戦辞

**石巻正寿丸** いしまきしょうじゅまる
生没年不詳
戦国時代の北条氏の家臣。
¶戦辞

**石巻隼人佑** いしまきはやとのすけ
生没年不詳
戦国時代の北条氏の家臣。
¶戦辞

**石巻彦六郎** いしまきひころくろう
戦国時代の武士。後北条氏家臣。
¶戦人(生没年不詳)，戦東

**石巻正寿** いしまきまさとし
戦国時代の武士。後北条氏家臣。
¶戦人(生没年不詳)，戦東

**石巻康敬** いしまきやすたか
→石巻康敬(いしまきやすまさ)

**石巻康信** いしまきやすのぶ
生没年不詳
戦国時代～安土桃山時代の武士。後北条氏家臣。
¶神奈川人，戦人，戦東

**石巻康敬** いしまきやすまさ
天文3(1534)年～慶長18(1613)年　[別]石巻康敬《いしまきやすたか》
安土桃山時代～江戸時代前期の武士。後北条氏家臣、徳川氏家臣。
¶神奈川人(いしまきやすたか)，姓氏神奈川(いしまきやすたか)，戦辞(生没年不詳)，戦人，戦東

**石巻康保** いしまきやすもり
生没年不詳
戦国時代～安土桃山時代の武士。後北条氏家臣。
¶神奈川人，戦辞，戦人，戦東

**石丸有定** いしまるありさだ
天文16(1547)年～寛永8(1631)年
戦国時代～江戸時代前期の織田信長の家臣。
¶織田([没]寛永8(1631)年11月6日)，姓氏神奈川

**石丸利光** いしまるとしみつ
室町時代の武士、斎藤氏の第一の家臣。
¶岐阜百

**五十公野右衛門** いじみのうえもん
安土桃山時代の国人。上杉氏家臣。
¶戦人(生没年不詳)，戦東

**五十公野信宗** いじみののぶむね
？～天正15(1587)年　[別]三条道如斎《さんじょうどうにょさい》
安土桃山時代の武士。上杉氏家臣。
¶戦辞([没]天正15年10月24日(1587年11月24日))，戦人，戦東

**石母田景頼** いしもだかげより
永禄2(1559)年～寛永2(1625)年　[別]桑折景頼《こおりかげより》
安土桃山時代～江戸時代前期の武士。伊達氏家臣。
¶戦人(生没年不詳)，戦東，宮城百

**石母田宮内少輔** いしもだくないしょうゆう
生没年不詳
戦国時代の武将。伊達氏家臣。
¶戦人

**石母田光頼** いしもだみつより
戦国時代の武将。伊達氏家臣。
¶戦人(生没年不詳)，戦東

**石母田宗頼** いしもだむねより
天正12(1584)年～正保4(1647)年
安土桃山時代～江戸時代前期の武将、陸奥仙台藩士。
¶姓氏宮城，藩臣1，宮城百

**石森兵部** いしもりひょうぶ
戦国時代の武将。葛西氏家臣。
¶戦東

**石山勘兵衛** いしやまかんべえ
天正4(1576)年～
安土桃山時代～江戸時代前期の武士。
¶庄内

**石山仁右衛門** いしやまにえもん
生没年不詳
江戸時代前期の武士、最上氏遺臣。
¶庄内

**伊集院尾張守** いじゅういんおわりのかみ
生没年不詳
戦国時代の武士。
¶戦人

**伊集院元巣** いじゅういんげんそう
天文13(1544)年～元和2(1616)年9月4日
戦国時代～江戸時代前期の武将。
¶国書

**伊集院幸侃** いじゅういんこうかん
→伊集院忠棟(いじゅういんただむね)

**伊集院忠倉** いじゅういんただあお
戦国時代の武士。
¶姓氏鹿児島，戦人(生没年不詳)，戦西

**伊集院忠朗** いじゅういんただあき
戦国時代の武士。
¶姓氏鹿児島，戦人(生没年不詳)，戦西

**伊集院忠国** いじゅういんただくに
生没年不詳
南北朝時代の武将。
¶鹿児島百，鎌室，姓氏鹿児島，日人

**伊集院忠真** いじゅういんただざね
？～慶長7(1602)年　[別]伊集院忠真《いじゅういんただざね(まさ)，いじゅういんただまさ》
安土桃山時代～江戸時代前期の武士。
¶戦人(生没年不詳)，宮崎百(いじゅういんただざね(まさ))

**伊集院忠真** いじゅういんただまさ
→伊集院忠真(いじゅういんただざね)

**伊集院忠棟** いじゅういんただむね
？～慶長4(1599)年　[別]伊集院幸侃《いじゅういんこうかん》
安土桃山時代の武将、島津氏の宿老。
¶朝日([没]慶長4年3月9日(1599年4月4日))，鹿児島百，近世，国史，茶道，史人([没]1599年3月

い

9日），新潮（[没]慶長4（1599）年3月9日），人名，姓氏鹿児島（[没]1602年），戦合，戦国（[没]1602年），戦人（生没年不詳），戦西，日史（[没]慶長4（1599）年3月9日），日人，百科，宮崎百（伊集院幸侃　いじゅういんこうかん），歴大

**伊集院久宣** いじゅういんひさのり
生没年不詳
安土桃山時代の地頭。
¶戦人

**伊集院久治** いじゅういんひさはる
天文3（1534）年〜慶長12（1607）年
安土桃山時代〜江戸時代前期の武士。
¶姓氏鹿児島，戦人，戦西

**伊集院大和守** いじゅういんやまとのかみ
生没年不詳
戦国時代の武士。
¶戦人

**伊集院頼久** いじゅういんよりひさ
生没年不詳
室町時代の武将。
¶鎌室，新潮，姓氏鹿児島，日人

**以春軒** いしゅんけん
生没年不詳
戦国時代の穴山梅雪の家臣。
¶戦辞

**頤生軒文賢** いしょうけんぶんけん
生没年不詳
戦国時代の古河公方の家臣。
¶戦辞

**伊尻神力坊**（井尻神力坊） いじりじんりきぼう
？　〜天正2（1574）年
戦国時代〜安土桃山時代の武士。島津忠良（日新斎）の家臣。
¶姓氏鹿児島（井尻神力坊　[没]1575年），戦人，戦西

**伊尻是非之助**（井尻是非之助） いじりぜひのすけ
安土桃山時代の武士。豊臣氏家臣。
¶戦国（井尻是非之助），戦人（生没年不詳）

**石渡戸縫殿助** いしわたどぬいのすけ
安土桃山時代の土豪武士。里見氏家臣。
¶戦東

**石原七郎右衛門** いしわらしちろうえもん
〜寛永15（1638）年10月15日
安土桃山時代〜江戸時代前期の功臣。
¶庄内

**石原平右衛門**(1) いしわらへいえもん
〜寛永8（1631）年6月5日
安土桃山時代〜江戸時代前期の武将、出羽庄内藩家老。初代平右衛門。
¶庄内

**石原平右衛門**(2) いしわらへいえもん
〜寛永9（1632）年2月24日
江戸時代前期の武士、出羽庄内藩家老。2代平右衛門。
¶庄内

**石原平右衛門**(3) いしわらへいえもん
〜慶安2（1649）年6月26日
江戸時代前期の武士、出羽庄内藩家老。3代平右衛門。
¶庄内

**伊豆有綱** いずありつな
→源有綱（みなもとのありつな）

**出浦左馬助** いずうらさまのすけ
生没年不詳　[別]出浦左馬助《いでうらさまのすけ》
戦国時代の武蔵鉢形城主北条氏邦の家臣。
¶埼玉人（いでうらさまのすけ），戦辞

**井介右近**（伊介右近） いすけうこん
安土桃山時代〜江戸時代前期の武士。里見氏家臣。
¶戦人（生没年不詳），戦東（伊介右近）

**出羽祐房** いずはすけふさ
生没年不詳
室町時代の出羽上下郷領主。
¶島根歴

**出羽元実** いずはもとざね
生没年不詳
戦国時代の邑智郡出羽上下郷・矢上等の領主。
¶島根歴

**泉三郎忠衡** いずみさぶろうただひら
→泉忠衡（いずみただひら）

**泉沢重氏** いずみさわしげうじ
生没年不詳
平安時代後期の武将。
¶姓氏群馬

**泉沢久秀** いずみさわひさひで
生没年不詳
安土桃山時代〜江戸時代前期の武将。上杉氏家臣。
¶戦辞（[没]元和1（1615）年3月），戦人，新潟百別

**和泉次郎** いずみじろう
鎌倉時代の武蔵武士。
¶埼玉百

**泉高家** いずみたかいえ
平安時代の在地領主。
¶姓氏石川

**泉田重光** いずみだしげみつ
生没年不詳
戦国時代〜安土桃山時代の武将。伊達氏家臣。
¶姓氏宮城，戦人，藩臣1（[生]享禄2（1529）年[没]慶長1（1596）年）

**和泉忠氏** いずみただうじ
？　〜正平6/観応2（1351）年
南北朝時代の武将。
¶姓氏鹿児島

**泉忠衡**（和泉忠衡） いずみただひら
仁安2（1167）年〜文治5（1189）年　[別]泉三郎忠衡《いずみさぶろうただひら》，藤原忠衡《ふじわらのただひら》

平安時代後期の武将。藤原秀衡の3男。
¶朝日（藤原忠衡　ふじわらのただひら　[没]文治5年6月26日（1189年8月9日）），岩手百（泉三郎忠衡　いずみさぶろうただひら），鎌室，国史（藤原忠衡　ふじわらのただひら），国書（和泉忠衡　[没]文治5（1189）年6月26日），古中（藤原忠衡　ふじわらのただひら），コン4，史人（藤原忠衡　ふじわらのただひら　[没]1189年6月26日），諸系，新潮（[没]文治5（1189）年6月26日），人名（[生]？），姓氏岩手（藤原忠衡　ふじわらのただひら），日人

**泉親衡** いずみちかひら
生没年不詳
鎌倉時代前期の武士。
¶朝日，鎌室，コン改，コン4，新潮，人名，世人，長野歴，日史，日人，百科

**和泉豊房** いずみとよふさ
生没年不詳
戦国時代の武将。
¶国書

**和泉信行** いずみのぶゆき
生没年不詳
戦国時代の武将。毛利氏家臣。
¶戦人

**和泉久勝** いずみひさかつ
？～大永6（1526）年
戦国時代の武将。尼子氏家臣。
¶戦人

**和泉久正** いずみひさまさ
生没年不詳
戦国時代の武将。
¶戦人

**和泉政保** いずみまさやす
南北朝時代の薩摩国出水地方の豪族。
¶姓氏鹿児島

**泉基繁** いずみもとしげ
生没年不詳
戦国時代の上野国衆横瀬氏の一族。
¶戦辞

**出雲氏忠** いずもうじただ
[別]出雲民部大輔氏忠《いずもみんぶたいゆううじただ》
安土桃山時代の武士。
¶戦人（生没年不詳），戦西（出雲民部大輔氏忠　いずもみんぶたいゆううじただ）

**出雲建** いずもたける
上代の出雲の首長。倭律命に滅ぼされた。
¶朝日，古代，古中，コン改，コン4，史人，新潮，日人

**出雲狛** いずものこま
生没年不詳　[別]出雲臣狛《いずものおみこま》
飛鳥時代の武将。
¶朝日，古代（出雲臣狛　いずものおみこま），コン改，コン4，日人

**出雲振根** いずものふるね
[別]出雲振根《いずもふるね》
上代の出雲の首長。吉備津彦と武渟川別に討伐された。
¶朝日，国史，古史（いずもふるね　生没年不詳），古代，古中，コン改，コン4，史人，島根歴（いずもふるね　生没年不詳），諸系，神史，新潮，日人，歴大（いずもふるね）

**出雲民部大輔氏忠** いずもみんぶたいゆううじただ
→出雲氏忠（いずもうじただ）

**井関輝定** いせきてるさだ
生没年不詳
安土桃山時代～江戸時代前期の武士。紀州藩士。
¶和歌山人

**伊勢貞明** いせさだあき
[別]伊勢貞明《いせさだあきら》
戦国時代の武将。後北条氏家臣。
¶国書（いせさだあきら　生没年不詳），戦東

**伊勢貞明** いせさだあきら
→伊勢貞明（いせさだあき）

**伊勢貞興** いせさだおき
永禄2（1559）年～天正10（1582）年
安土桃山時代の武士。
¶織田（[生]永禄5（1562）年　[没]天正10（1582）年6月13日），国書（[生]永禄2（1559）年4月29日　[没]天正10（1582）年6月13日），戦人，戦補

**伊勢貞運** いせさだかず
？～天正18（1590）年
安土桃山時代の武士。後北条氏家臣。
¶戦辞（生没年不詳），戦人，戦東

**伊勢貞国** いせさだくに
応永5（1398）年～享徳3（1454）年　[別]伊勢貞慶《いせさだよし》
室町時代の武将。
¶鎌室，国書（[没]享徳3（1454）年5月27日），コン改，コン4，諸系，新潮（[没]享徳3（1454）年5月27日），日人

**伊勢貞真** いせさだざね
？～文禄2（1593）年
安土桃山時代の武士。
¶姓氏鹿児島，戦人，戦西

**伊勢貞孝** いせさだたか
？～永禄5（1562）年
戦国時代の幕府吏僚、政所執事。
¶朝日（[没]永禄5年9月11日（1562年10月8日）），国書（[没]永禄5（1562）年9月11日），コン改，コン4，諸系，人名，戦辞（[没]永禄5年9月11日（1562年10月8日）），戦人，日人

**伊勢貞忠** いせさだただ
文明15（1483）年～天文4（1535）年
戦国時代の幕府吏僚、政所執事。
¶朝日（[没]天文4年11月24日（1535年12月18日）），国書（[没]天文4（1535）年11月24日），コン改，コン4，諸系，戦人，日人

い

**伊勢貞為** いせさだため
永禄2(1559)年～慶長14(1609)年
安土桃山時代～江戸時代前期の武士。
¶織田([没]慶長14(1609)年5月23日)，国書([没]慶長14(1609)年5月23日)，戦国，戦人

**伊勢貞親** いせさだちか
応永24(1417)年～文明5(1473)年
室町時代の政所執事。武家故実の権威。
¶朝日([没]文明5年2月21日(1473年3月19日))，岩史([没]文明5(1473)年1月21日)，鎌室，教育，京都，京都大，国史，国書([没]文明5(1473)年1月21日)，古中，コン改，コン4，史人([没]1473年1月21日)，重要([没]文明5(1473)年1月21日)，諸系，新潮([没]文明5(1473)年1月21日)，人名，姓氏京都，世人([没]文明5(1473)年1月21日)，世百([生]1399年)，戦合，戦辞([没]文明5年1月21日(1473年2月18日))，全書，日史([没]文明5(1473)年1月21日)，日人，百科，歴大

**伊勢貞継** いせさだつぐ
延慶2(1309)年～元中8/明徳2(1391)年　[別]伊勢時貞《いせときさだ》
南北朝時代の武士。
¶鎌室，国史，古中，コン改，コン4，史人([没]1391年3月29日)，諸系，新潮([没]明徳2/元中8(1391)年3月29日)，人名，日人

**伊勢貞経** いせさだつね
生没年不詳
室町時代の武士。
¶神奈川人

**伊勢貞常** いせさだつね
？～寛永4(1627)年12月9日　[別]伊勢貞知《いせさだとも》
安土桃山時代～江戸時代前期の故実家。
¶織田(伊勢貞知　いせさだとも)，国書

**伊勢貞辰** いせさだとき
生没年不詳
戦国時代の武士。室町幕府奉公衆・北条氏の臣。
¶戦辞

**伊勢貞知** いせさだとも
→伊勢貞常(いせさだつね)

**伊勢貞長** いせさだなが
正平18/貞治2(1363)年～永享6(1434)年
南北朝時代～室町時代の武将。
¶鎌室(生没年不詳)，諸系，人名，日人

**伊勢貞就** いせさだなり
生没年不詳
戦国時代の北条氏の臣。
¶戦辞

**伊勢貞弘** いせさだひろ
生没年不詳
戦国時代の武士。
¶戦人

**伊勢貞昌** いせさだまさ
元亀1(1570)年～寛永18(1641)年　[別]伊勢貞昌《いせていしょう》
安土桃山時代～江戸時代前期の薩摩藩士。
¶沖縄百([没]寛永18(1641)年4月3日)，鹿児島百，国書([没]寛永18(1641)年4月13日)，姓氏鹿児島(いせていしょう)，藩臣7

**伊勢貞倍** いせさだます
？～元亀3(1572)年5月20日
戦国時代～安土桃山時代の織田信長の家臣。
¶織田

**伊勢貞陸** いせさだみち
寛正4(1463)年～大永1(1521)年
戦国時代の幕府吏僚、政所執事。
¶朝日([生]？　[没]大永1年8月7日(1521年9月7日))，京都，京都大([生]？)，京都府([生]？)，国史([生]？)，国書([没]永正18(1521)年8月7日)，古中([生]？)，コン改，コン4，史人([没]1521年8月7日)，諸系，新潮([没]大永1(1521)年8月7日)，姓氏京都([生]？)，戦合([生]？)，戦人，日人，歴大([生]？)

**伊勢貞宗** いせさだむね
文安1(1444)年～永正6(1509)年
室町時代～戦国時代の幕府吏僚、政所執事。
¶朝日([没]永正6年10月28日(1509年12月9日))，岩史([没]永正6(1509)年10月28日)，鎌室，京都，京都大，国史，国書([生]文安1(1444)年5月4日　[没]永正6(1509)年10月28日)，古中，コン改，コン4，史人([没]1509年10月28日)，諸系，新潮([没]永正6(1509)年10月28日)，人名([生]？)，姓氏京都，世人([生]？)，戦合，戦人，日史([没]永正6(1509)年10月28日)，日人，百科

**伊勢貞行** いせさだゆき
正平13/延文3(1358)年～応永17(1410)年
室町時代の武将。
¶神奈川人，鎌室，国書([没]応永17(1410)年7月5日)，コン改，コン4，諸系，新潮([没]応永17(1410)年7月5日)，日人

**伊勢三郎義盛** いせさぶろうよしもり
→伊勢義盛(いせよしもり)

**伊勢宗瑞** いせそうずい
→北条早雲(ほうじょうそううん)

**伊勢帯刀左衛門尉** いせたてわきざえもんのじょう
戦国時代の武将。朝倉氏家臣。
¶戦西

**伊勢津彦** いせつひこ
→伊勢都彦命(いせつひこのみこと)

**伊勢都彦命** いせつひこのみこと
[別]伊勢津彦《いせつひこ》
上代の神名。出雲神の子。神武東征で天日別命により伊勢を追われた。
¶古史(伊勢津彦　いせつひこ)，古代(伊勢津彦　いせつひこ)，人名，日人(伊勢津彦　いせつひこ)

**伊勢貞昌** いせていしょう
→伊勢貞昌(いせさだまさ)

**伊勢出羽守** いせでわのかみ
生没年不詳

戦国時代の北条氏の家臣。御相伴衆。
¶戦辞

**伊是名大主** いぜなうふぬし
生没年不詳
室町時代の平安座城城主。
¶姓氏沖縄

**伊勢三郎** いせのさぶろう
→伊勢義盛(いせよしもり)

**伊勢三郎義盛** いせのさぶろうよしもり
→伊勢義盛(いせよしもり)

**伊勢義盛** いせのよしもり
→伊勢義盛(いせよしもり)

**伊勢八郎** いせはちろう
生没年不詳
戦国時代の武士。後北条氏家臣。
¶戦辞，戦人，戦東

**伊勢兵庫頭** いせひょうごのかみ
戦国時代の武士。後北条氏家臣。
¶戦人(生没年不詳)，戦東

**伊勢盛定** いせもりさだ
？　～永正5(1508)年9月20日
室町時代の備中国の武将・後月郡高越山城主。
¶岡山歴

**伊勢盛時** いせもりとき
→北条早雲(ほうじょうそううん)

**伊勢弥次郎** いせやじろう
生没年不詳
戦国時代の武士。北条早雲の弟。
¶戦辞

**伊勢義盛**(伊勢能盛) いせよしもり
？　～文治2(1186)年　[別]伊勢義盛《いせのよしもり》，伊勢三郎《いせのさぶろう》，伊勢三郎義盛《いせさぶろうよしもり，いせのさぶろうよしもり》
平安時代後期の武士。源義経四天王の一人。
¶鎌倉(伊勢三郎義盛　いせのさぶろうよしもり)，鎌室，郷土群馬(いせのよしもり　[没]1187年)，群馬人(生没年不詳)，国史(伊勢能盛　生没年不詳)，古中(伊勢能盛　生没年不詳)，コン改(いせのよしもり)，コン4(いせのよしもり)，史人(伊勢能盛　生没年不詳)，新潮([没]文治2(1186)年7月)，人名(いせのよしもり　[没]1187年)，姓氏群馬(生没年不詳)，日史(伊勢三郎　いせのさぶろう)，日人，百科(伊勢三郎　いせのさぶろう)，平史(いせのよしもり)，歴大(いせのよしもり)

**井芹西向** いせりさいこう
生没年不詳
鎌倉時代の肥後国御家人。
¶熊本百

**磯貝次郎左衛門** いそがいじろうざえもん
江戸時代前期の大神宮造営のための材木の請取人。里見氏家臣。
¶戦東

**磯貝新右衛門** いそがいしんえもん
？　～天正6(1578)年
戦国時代～安土桃山時代の武士。
¶戦人，戦補

**磯谷新介** いそがいしんすけ
生没年不詳
安土桃山時代の織田信長の家臣。
¶織田

**磯谷久次** いそがいひさつぐ
？　～天正6(1578)年　[別]磯谷久次《いそのやひさつぐ》
戦国時代の武将。
¶織田([没]天正6(1578)年2月)，新潮([没]天正6(1578)年2月9日)，人名(いそのやひさつぐ)，姓氏京都(生没年不詳)，日人

**磯崎新七** いそざきしんしち
[別]藤堂式部《とうどうしきぶ》
戦国時代の武士。
¶戦人(生没年不詳)，戦西

**磯田駿河** いそだするが
安土桃山時代の武将。大崎氏家臣。
¶戦人(生没年不詳)，戦東

**磯野伊予守** いそのいよのかみ
戦国時代の武将。浅井氏家臣。
¶戦西

**磯野員昌** いそのかずまさ
生没年不詳
戦国時代の武士。
¶織田，滋賀百，人書94，人名，戦国，戦人，戦西，日人

**磯野左衛門大夫** いそのさえもんだゆう
戦国時代の武将。浅井氏家臣。
¶戦西

**磯野為員** いそのためかず
？　～永正15(1518)年
戦国時代の武将。
¶人名，戦西，日人

**磯谷久次** いそのやひさつぐ
→磯谷久次(いそがいひさつぐ)

**磯彦左衛門尉** いそひこざえもんのじょう
生没年不詳
戦国時代の北条氏の家臣。
¶戦辞

**磯彦七郎** いそひこしちろう
生没年不詳
戦国時代の武士。後北条氏家臣。
¶戦辞，戦人，戦東

**磯部小平次** いそべこへいじ
生没年不詳
安土桃山時代の織田信長の家臣。
¶織田

**磯辺遁斎** いそべとんさい
生没年不詳

安土桃山時代の織田信長の家臣。
¶織田

**磯村左近** いそむらさこん
生没年不詳
戦国時代の武将。
¶日人

**居初又次郎** いそめまたじろう
生没年不詳
安土桃山時代の織田信長の家臣。
¶織田

**磯谷彦四郎** いそやひこしろう
安土桃山時代の武将。豊臣秀吉の臣。
¶戦国

**板井種遠** いたいたねとう
生没年不詳
平安時代後期の平家方武士。
¶福岡百

**井田因幡守** いだいなばのかみ
安土桃山時代の武将。後北条氏家臣。
¶戦東

**伊田興理** いだおきよし
戦国時代の武将。大内氏家臣。
¶戦西

**板垣兼富** いたがきかねとみ
天文8(1539)年～永禄7(1564)年
戦国時代の武将。
¶庄内([没]永禄7(1564)年8月13日), 戦人

**板垣兼信** いたがきかねのぶ
生没年不詳 [別]源兼信《みなもとのかねのぶ》
平安時代後期～鎌倉時代前期の武将。
¶鎌室, 静岡百, 静岡歴, 諸系, 姓氏静岡, 日人, 平史(源兼信 みなもとのかねのぶ), 山梨百

**板垣河内守** いたがきかわちのかみ
生没年不詳
安土桃山時代の武士。最上氏家臣。
¶戦人

**板垣信形**(板垣信方) いたがきのぶかた
? ～天文17(1548)年
戦国時代の武将。武田氏家臣。駿河守。武田信虎、信玄の2代にわたり重鎮として活躍した有力武将の1人。
¶人名([没]1547年), 姓氏長野(板垣信方), 姓氏山梨(板垣信方), 戦国, 戦辞(板垣信方 [没]天文17年2月14日(1548年3月23日)), 戦人, 戦東(板垣信方), 長野歴(板垣信方), 日人, 山梨百(板垣信方 [没]天文17(1548)年2月14日)

**板垣信憲** いたがきのぶのり
? ～天文21(1552)年
戦国時代の武士。武田氏家臣。
¶姓氏長野, 姓氏山梨, 戦辞(生没年不詳), 戦人, 戦東

**板垣信安** いたがきのぶやす
戦国時代の武将。武田氏家臣。
¶姓氏山梨, 戦辞(生没年不詳), 戦人(生没年不詳), 戦東

**板垣信泰** いたがきのぶやす
生没年不詳
戦国時代の甲斐武田信虎の家臣。
¶戦辞

**板垣将兼** いたがきまさかね
? ～慶長5(1600)年
安土桃山時代の武士。
¶戦人

**板倉大炊頭** いたくらおおいのかみ
[別]板倉大炊介《いたくらおおいのすけ》
江戸時代前期の武士。里見家家老。
¶戦人(板倉大炊介 いたくらおおいのすけ 生没年不詳), 戦東

**板倉大炊介** いたくらおおいのすけ
→板倉大炊頭(いたくらおおいのかみ)

**板倉勝重** いたくらかつしげ
天文14(1545)年～寛永1(1624)年
安土桃山時代～江戸時代前期の初代京都所司代。
¶朝日([没]寛永1年4月29日(1624年6月14日)), 岩史([没]寛永1(1624)年4月29日), 江戸東, 角史, 京都, 京都大, 京都府, 近世, 国史, 国書([没]寛永1(1624)年4月29日), コン改, コン4, 茶道, 史人([没]1624年4月29日), 諸系, 新潮([没]寛永1(1624)年4月29日), 人名, 姓氏京都, 世人([没]寛永1(1624)年4月29日), 世百, 戦合, 戦国([生]1546年), 全書, 戦人, 大百, 伝記, 日史([没]寛永1(1624)年4月29日), 日人, 百科, 歴大

**板倉重種** いたくらしげたね
永禄3(1560)年～寛永2(1625)年
安土桃山時代～江戸時代前期の大名。信濃坂本藩主。
¶人名

**板倉重昌** いたくらしげまさ
天正16(1588)年～寛永15(1638)年 [別]板倉内膳正《いたくらないぜんのしょう》
安土桃山時代～江戸時代前期の武将、大名。三河深溝藩主。
¶朝日([没]寛永15年1月1日(1638年2月14日)), 岩史([没]寛永15(1638)年1月1日), 角史, 郷土長崎, 近世, 国史, コン改, コン4, 史人([没]1638年1月1日), 重要([没]寛永15(1638)年1月1日), 諸系, 新潮([没]寛永15(1638)年1月1日), 人名, 世人([没]寛永15(1638)年1月1日), 世百, 戦合, 戦国, 全書, 戦人, 大百, 日史([没]寛永15(1638)年1月1日), 日人, 藩主2([没]寛永15(1638)年1月1日), 百科, 歴大

**板倉重宗** いたくらしげむね
天正14(1586)年～明暦2(1656)年 [別]板倉周防守重宗《いたくらすほうのかみしげむね》
安土桃山時代～江戸時代前期の大名、京都所司代。下総関宿藩主。
¶朝日([没]明暦2年12月1日(1657年1月15日)), 岩史([没]明暦2(1654)年12月1日), 黄檗([没]明暦2(1656)年12月1日), 角史, 京都, 京都大,

京都府，近世，国史，国書（[没]明暦2（1656）年12月1日），コン改，コン4，埼玉百（板倉周防守重宗　いたくらすほうのかみしげむね），茶道，史人（[没]1656年12月1日），諸系（[没]1657年），新潮（[没]明暦2（1656）年12月1日），人名（[生]1587年），姓氏京都，世人（[没]明暦2（1656）年12月1日），世百，戦合，戦国（[生]1587年），全書（[生]1587年），戦人，大百（[没]1657年），日史（[没]明暦2（1656）年12月1日），日人（[没]1657年），藩主2（[没]明暦2（1656）年12月1日），百科，歴大

**板倉修理亮** いたくらしゅりのすけ
生没年不詳
戦国時代の武士。後北条氏家臣。
¶戦辞，戦人，戦東

**板倉昌察** いたくらしょうさい
→板倉昌察（いたくらまさあき）

**板倉周防守重宗** いたくらすほうのかみしげむね
→板倉重宗（いたくらしげむね）

**板倉忠重** いたくらただしげ
安土桃山時代～江戸時代前期の三河深溝藩家老。
¶人名（[生]1544年　[没]1626年），日人（[生]1544年？　[没]1626年？），藩臣4（[生]？　[没]寛永6（1629）年）

**板倉内膳正** いたくらないぜんのかみ
生没年不詳
戦国時代の北条氏の家臣。
¶戦辞

**板倉昌察** いたくらまさあき
生没年不詳　[別]板倉昌察《いたくらしょうさい》
安土桃山時代～江戸時代前期の武士。里見氏家臣。
¶戦辞（いたくらしょうさい），戦人，戦東

**板倉安広** いたくらやすひろ
生没年不詳
戦国時代の武士。松平氏家臣。
¶戦辞

**板倉康正** いたくらやすまさ
生没年不詳
戦国時代の武士。松平氏家臣。
¶戦辞

**板倉頼資** いたくらよりすけ
生没年不詳
戦国時代の武士。渋川義鏡の重臣。
¶戦辞

**井田寔政** いだこれまさ
戦国時代の小田原北条氏の武士。
¶多摩

**板坂利正** いたさかとしまさ
～寛永15（1638）年
安土桃山時代～江戸時代前期の武士、土佐藩初代藩主山内一豊の臣。
¶高知人

**井田三太郎** いださんたろう
元亀2（1571）年～寛永16（1639）年
安土桃山時代～江戸時代前期の武士。紀州藩士。
¶和歌山人

**依田新七** いだしんしち
→依田新七（よだしんしち）

**井田胤徳** いだたねのり
？　～*
安土桃山時代～江戸時代前期の武士。大台城・坂田城の城主。
¶戦辞（[没]慶長17年12月9日（1608年1月26日）），千葉百（[没]慶長17（1612）年）

**井田友胤** いだともたね
？　～永禄8（1565）年3月9日
戦国時代～安土桃山時代の大台城主。
¶戦辞

**板橋親棟** いたばしちかむね
？　～文禄3（1594）年
戦国時代の武将。後北条氏家臣。
¶戦人（生没年不詳），栃木歴

**板橋又太郎** いたばしまたたろう
戦国時代の武士。後北条氏家臣。
¶戦人（生没年不詳），戦東

**板橋民部** いたばしみんぶ
戦国時代の武将。後北条氏家臣。
¶戦東

**板橋民部丞** いたばしみんぶのじょう
生没年不詳
戦国時代の北条氏の家臣。
¶戦辞

**板部岡江雪** いたべおかこうせつ
天文5（1536）年～慶長14（1609）年　[別]岡江雪《おかこうせつ》，岡野嗣成《おかのつぐなり》，江雪《こうせつ》，板部岡江雪斎《いたべおかこうせつさい》，板部岡融成《いたべおかすけなり，いたべおかとおなり，いたべおかゆうせい》
安土桃山時代～江戸時代前期の武将、北条家臣。
¶朝日（[没]慶長14年6月3日（1609年7月4日）），神奈川人（板部岡融成　いたべおかゆうせい），近世，国史，国書（江雪　こうせつ　[没]慶長14（1609）年6月3日），埼玉人（板部岡融成　いたべおかとおなり　[没]慶長14（1609）年6月3日），茶道（板部岡江雪斎　いたべおかこうせつさい），新潮（[没]慶長14（1609）年6月3日），人名（岡野嗣成　おかのつぐなり），人名（板部岡融成　いたべおかすけなり），姓氏神奈川（板部岡江雪斎　いたべおかこうせつさい），戦合，戦国（岡江雪　おかこうせつ　[生]1537年），戦辞（板部岡融成　いたべおかゆうせい　生没年不詳），戦人（板部岡江雪斎　いたべおかこうせつさい　[生]天文6（1537）年），戦東（板部岡江雪斎　いたべおかこうせつさい　[生]1537年），日人（岡野嗣成　おかのつぐなり），歴大，和俳（[没]慶長14（1609）年6月3日）

**板部岡江雪斎** いたべおかこうせつさい
→板部岡江雪（いたべおかこうせつ）

**板部岡左衛門** いたべおかさえもん
生没年不詳
戦国時代の小田原北条氏の家臣。
¶神奈川人，姓氏神奈川

**板部岡融成** いたべおかすけなり
→板部岡江雪（いたべおかこうせつ）

**板部岡融成** いたべおかとおなり
→板部岡江雪（いたべおかこうせつ）

**板部岡康雄** いたべおかやすかつ
生没年不詳
戦国時代の武士。後北条氏家臣。
¶神奈川人，姓氏神奈川，戦辞，戦人，戦東

**板部岡泰行** いたべおかやすゆき
？ 〜天正6（1578）年
戦国時代〜安土桃山時代の武将。後北条氏家臣。
¶戦東

**板部岡融成** いたべおかゆうせい
→板部岡江雪（いたべおかこうせつ）

**井田正綱**（井田政綱） いだまさつな
生没年不詳
鎌倉時代前期の武将。
¶鎌室，日人（井田政綱）

**伊丹右衛門** いたみうえもん
生没年不詳
戦国時代の武将。
¶姓氏神奈川

**伊丹右衛門大夫** いたみうえもんだゆう
戦国時代の武士。後北条氏家臣。
¶戦人（生没年不詳），戦東

**伊丹国扶** いたみくにすけ
？ 〜＊
戦国時代の武士。
¶戦人（[没]享禄2（1529）年），戦西（[没]1531年）

**伊丹源六郎** いたみげんろくろう
生没年不詳
戦国時代の北条氏の家臣。
¶戦辞

**伊丹三郎兵衛** いたみさぶろべえ
生没年不詳
戦国時代の北条氏の家臣。
¶戦辞

**伊丹新三** いたみしんぞう
？ 〜天正10（1582）年6月2日
戦国時代〜安土桃山時代の織田信長の家臣。
¶織田

**伊丹甚太夫** いたみじんだゆう
安土桃山時代〜江戸時代前期の武士。豊臣氏家臣。
¶戦国，戦人（生没年不詳）

**伊丹忠親** いたみただちか
→伊丹正親（いたみまさちか）

**伊丹親興** いたみちかおき
？ 〜天正2（1574）年
戦国時代〜安土桃山時代の武将。
¶朝日（[没]天正2年11月15日（1574年11月28日）），岩史（[没]天正2（1574）年11月5日），国史，古中，コン改（[没]天正1（1573）年），コン4（[没]天正1（1573）年），諸系，新潮（[没]天正2（1574）年11月15日），人名（[没]1573年），戦合，戦人，戦西（[没]1573年），日人

**伊丹親盛** いたみちかもり
生没年不詳
鎌倉時代後期の摂津国の有力御家人。
¶兵庫百

**伊丹道甫** いたみどうほ
安土桃山時代の侍医。島津氏家臣。
¶茶道，戦人（生没年不詳）

**伊丹総堅** いたみふさかた
？ 〜天文22（1553）年
戦国時代の武士。
¶姓氏石川，戦人，戦西

**伊丹孫三郎** いたみまごさぶろう
？ 〜天正9（1581）年6月27日
戦国時代〜安土桃山時代の織田信長の家臣。
¶織田

**伊丹雅興** いたみまさおき
？ 〜天正1（1573）年
戦国時代〜安土桃山時代の武将、伊丹城主。
¶兵庫人

**伊丹正親** いたみまさちか
天文21（1552）年〜慶長5（1600）年　[別]伊丹忠親《いたみただちか》
安土桃山時代の武将。秀吉馬廻、黒田氏家臣。関ヶ原で討死。
¶織田（伊丹忠親　いたみただちか　[没]慶長5（1600）年9月15日），人名，戦国，戦人，戦西（伊丹忠親　いたみただちか　[生]？）

**伊丹政富** いたみまさとみ
天文17（1548）年〜慶長15（1610）年2月28日
戦国時代〜江戸時代前期の北条氏の家臣。
¶戦辞

**伊丹宗義** いたみむねよし
生没年不詳
南北朝時代の武将。
¶兵庫百

**伊丹元扶** いたみもとすけ
？ 〜享禄2（1529）年
戦国時代の武士。
¶諸系，戦人，戦西，日人，兵庫百

**伊丹元親** いたみもとちか
生没年不詳
室町時代の連歌作者、細川氏家臣。
¶国書，兵庫百

**伊丹康勝** いたみやすかつ
天正3（1575）年〜承応2（1653）年
安土桃山時代〜江戸時代前期の大名。甲斐徳美藩主。

¶朝日（[没]承応2年6月3日（1653年6月27日）），岩史（[没]承応2（1653）年6月3日），神奈川人，近世，国史，国書（[没]承応2（1653）年6月3日），コン4，史人（[没]1653年6月3日），諸系，人名（[生]1565年），姓氏神奈川，戦合，日史，日人，藩主2（[没]承応2（1653）年6月3日），歴大

**伊丹康直** いたみやすなお
大永2（1522）年～慶長1（1596）年　[別]伊丹屋康直《いたみやすやお》
戦国時代～安土桃山時代の武将。今川氏家臣。
¶諸系，人名，姓氏山梨，戦国（[生]1523年），戦辞（[没]慶長1年7月21日（1596年8月14日）），戦人（伊丹屋康直　いたみやすやお　[生]大永3（1523）年），戦東（[生]1523年），日人

**伊丹康信** いたみやすのぶ
？　～永禄7（1564）年？
戦国時代～安土桃山時代の北条氏の家臣。
¶戦辞

**伊丹屋康直** いたみやすやお
→伊丹康直（いたみやすなお）

**伊丹之親** いたみゆきちか
？　～永正17（1520）年
室町時代の連歌作者。細川氏家臣。
¶国書（生没年不詳），兵庫百

**伊丹頼員** いたみよりかず
生没年不詳
南北朝時代の武将。
¶兵庫百

**板屋光胤** いたやみつたね
生没年不詳
戦国時代の上杉景勝の家臣。
¶戦辞

**一庵法印** いちあんほういん
安土桃山時代の豊臣秀長の家老。
¶茶道

**一円但馬守** いちえんたじまのかみ
戦国時代の武将。長宗我部氏家臣。
¶戦西

**市河家光**（市川家光） いちかわいえみつ
生没年不詳
安土桃山時代の武士。武田氏家臣。
¶戦辞（市川家光），戦人，戦東

**市河景吉** いちかわかげよし
戦国時代の武将。武田家臣。西上野甘楽郡の南牧衆。
¶姓氏山梨

**市川清長** いちかわきよなが
→市川甚右衛門（いちかわじんうえもん）

**市河興仙** いちかわこうせん
生没年不詳
南北朝時代～室町時代の武将。
¶朝日，鎌室，新潮

**市河貞吉** いちかわさだよし
戦国時代の武将。武田家臣。西上野甘楽郡の南牧衆。
¶姓氏山梨

**市河重久** いちかわしげひさ
戦国時代の武将。武田家臣。西上野甘楽郡の南牧衆。上野砥沢の城主。
¶姓氏山梨

**市河重房** いちかわしげふさ
生没年不詳
鎌倉時代の武将。
¶長野歴

**市川十郎右衛門** いちかわじゅうろうえもん
？　～天正10（1582）年3月
戦国時代～安土桃山時代の甲斐武田晴信・勝頼の家臣。
¶姓氏山梨，戦辞

**市川四郎次郎** いちかわしろうじろう
戦国時代の武将。武田家臣。『武田家過去帳』に山梨郡桑戸居住の老母が天文20年に逆修したとある。
¶姓氏山梨

**市川甚右衛門** いちかわじんうえもん
天正16（1588）年～寛文4（1664）年　[別]市川清長《いちかわきよなが》
安土桃山時代～江戸時代前期の武将、紀伊和歌山藩士。
¶藩臣5，和歌山人（市川清長　いちかわきよなが）

**市川助衛門** いちかわすけえもん
？　～元和6（1620）年
江戸時代前期の武士、土肥金山奉行。
¶静岡歴，姓氏静岡

**市河助房** いちかわすけふさ
生没年不詳
鎌倉時代後期～南北朝時代の武将。
¶姓氏長野，長野歴

**市河助保** いちかわすけやす
生没年不詳
南北朝時代の武将。
¶長野歴

**市川大介** いちかわだいすけ
生没年不詳
安土桃山時代の織田信長の家臣。
¶織田

**市川経好** いちかわつねよし
戦国時代～安土桃山時代の武士。
¶戦人（生没年不詳），戦西

**市河等長**（市川等長） いちかわとうちょう
戦国時代の武将。武田氏家臣。
¶姓氏山梨，戦辞（市川等長　生没年不詳），戦人（生没年不詳），戦東

**市川信定** いちかわのぶさだ
～慶長19（1614）年

安土桃山時代～江戸時代前期の武士、土佐藩初代藩主山内一豊の臣。
¶高知人

**市川信房** いちかわのぶふさ
生没年不詳
戦国時代の信濃国衆。
¶姓氏長野，戦辞，長野歴

**市河昌衡**（市川昌衡） いちかわまさひら
戦国時代の武士。武田氏家臣。
¶姓氏山梨（市川昌衡），戦人（生没年不詳），戦東

**市川昌房** いちかわまさふさ
？ ～天正3（1575）年5月21日
戦国時代～安土桃山時代の甲斐武田晴信・勝頼の家臣。
¶戦辞

**市川満友** いちかわみつとも
元亀3（1572）年～寛永14（1637）年1月20日
安土桃山時代～江戸時代前期の武士、旗本。
¶埼玉人

**市河盛房** いちかわもりふさ
生没年不詳
鎌倉時代の武将。
¶長野歴

**市河行房** いちかわゆきふさ
生没年不詳
平安時代後期の武士。
¶平史

**市河頼房** いちかわよりふさ
生没年不詳
南北朝時代～室町時代の武将。
¶長野歴，日人

**市来家親** いちきいえちか
？ ～天正9（1581）年
安土桃山時代の武士。
¶姓氏鹿児島，戦人（生没年不詳），戦西

**市来家守** いちきいえもり
生没年不詳
安土桃山時代の武士。島津氏家臣。
¶戦人

**市来氏家** いちきうじいえ
南北朝時代の武将。
¶姓氏鹿児島

**市来忠家** いちきただいえ
南北朝時代の武将。惟宗姓市来氏5代。
¶姓氏鹿児島

**市来時家** いちきときいえ
鎌倉時代後期～南北朝時代の市来院領主。
¶鹿児島百（生没年不詳），姓氏鹿児島

**市来久家** いちきひさいえ
室町時代の武将。惟宗姓市来氏7代。
¶姓氏鹿児島

**一栗高春** いちくりたかはる
？ ～慶長19（1614）年 [別]一栗兵部高春《いちくりひょうぶたかはる》
安土桃山時代～江戸時代前期の武将。大崎氏家臣。
¶戦人，戦東（一栗兵部高春 いちくりひょうぶたかはる）

**一栗兵部高春** いちくりひょうぶたかはる
→一栗高春（いちくりたかはる）

**一栗放牛** いちくりほうぎゅう，いちぐりほうぎゅう
戦国時代～安土桃山時代の武将。大崎氏家臣。
¶戦人（[生]明応9（1500）年 [没]天正19（1591）年），戦東（いちぐりほうぎゅう [生]？ [没]1590年）

**一牛斎能得** いちごさいのうとく
安土桃山時代の武士。豊臣氏家臣。
¶戦国，戦人（生没年不詳）

**市五郎兵衛尉** いちごろうびょうえのじょう
戦国時代の真嶋郡の国人。
¶岡山歴

**市三郎兵衛** いちさぶろうべえ
？ ～明暦3（1657）年8月4日 [別]市三郎兵衛《いちさぶろびょうえ，いちさぶろべえ》
安土桃山時代の武将。宇喜多氏家臣。
¶岡山人（いちさぶろべえ），岡山歴（いちさぶろびょうえ），戦西

**市三郎兵衛** いちさぶろびょうえ
→市三郎兵衛（いちさぶろうべえ）

**市三郎兵衛** いちさぶろべえ
→市三郎兵衛（いちさぶろうべえ）

**一条内政** いちじょううちまさ
→一条内政（いちじょうただまさ）

**一条兼定** いちじょうかねさだ
天文12（1543）年～天正13（1585）年 [別]兼定〔土佐一条家（絶家）〕《かねさだ》
安土桃山時代の大名、公家（土佐国司・権中納言）。土佐国司・右中将・阿波権守一条房基の子。
¶朝日（[没]天正13年7月1日（1585年7月27日）），愛媛百（[没]天正13（1585）年7月1日），角史，公卿（[没]天正1（1573）年），公家（兼定〔土佐一条家（絶家）〕 かねさだ [没]天正13（1585）年7月1日），系西，高知人，高知百，国史，古中，コン改（[没]天正13（1585）年，（異説）1573年），コン4（[没]天正13（1585）年，（異説）1573年），史人（[没]1585年7月1日），諸系，新潮（[没]天正13（1585）年7月），人名（[没]1573年），戦合，戦国，戦人，日史（[没]天正13（1585）年7月1日），日人，百科，歴大

**一条内政** いちじょうただまさ
弘治3（1557）年～天正8（1580）年 [別]一条内政《いちじょううちまさ》
安土桃山時代の大名、公家（土佐国司）。
¶系西，高知人（[生]1562年），諸系，人名（いちじょううちまさ），戦人，日人

**一条忠頼** いちじょうただより
？ ～元暦1（1184）年 [別]源忠頼《みなもとのただより》
平安時代後期の武将。甲斐源氏の嫡流。
¶朝日（[没]元暦1年6月16日（1184年7月25日）），

鎌室，諸系，日人，平史（源忠頼　みなもとのただより），山梨百（[没]元暦1（1184）年6月16日）

**一条信竜**　いちじょうのぶたつ
？　～天正10（1582）年
戦国時代～安土桃山時代の甲斐武田晴信・勝頼の一族。
¶姓氏山梨，戦辞（[没]天正10（1582）年3月？），山梨百

**一条信就**　いちじょうのぶなり
？　～天正10（1582）年3月
戦国時代～安土桃山時代の甲斐武田晴信・勝頼の一族。
¶戦辞

**一条教房**　いちじょうのりふさ
応永30（1423）年～文明12（1480）年　[別]教房〔一条家〕《のりふさ》
室町時代～戦国時代の公卿大名（左大臣・関白）。土佐一条家の祖。権大納言一条兼良の長男。
¶朝日（[没]文明12年10月5日（1480年11月6日）），角史，鎌室，京都，京都大，公卿（[没]文明12（1480）年10月5日），公家（教房〔一条家〕　のりふさ　[没]文明12（1480）年10月5日），系西，高知人，高知百，国史，国書（[没]文明12（1480）年10月5日），古中，コン改，コン4，史人（[没]1480年10月5日），諸系，新潮（[没]文明12（1480）年10月5日），人名，世人，戦人，日人，歴大

**一条房家**　いちじょうふさいえ
文明7（1475）年～天文8（1539）年　[別]房家〔土佐一条家（絶家）〕《ふさいえ》
戦国時代の大名、公家（土佐国司・権大納言）。左大臣・関白一条教房（土佐一条の祖）次男。
¶公卿（[没]天文8（1539）年11月13日），公家（房家〔土佐一条家（絶家）〕　ふさいえ　[没]天文8（1539）年11月13日），系西（[生]1477年），高知人（[生]1477年），諸系，人名，戦人，日人

**一条房冬**　いちじょうふさふゆ
明応7（1498）年～天文10（1541）年　[別]房冬〔土佐一条家（絶家）〕《ふさふゆ》
戦国時代の大名、公家（土佐国司・権中納言）。土佐国司・権大納言一条房家の長男。
¶公卿（[生]長享2（1488）年　[没]天文10（1541）年11月6日），公家（房冬〔土佐一条家（絶家）〕　ふさふゆ　[没]天文10（1541）年11月6日），系西，高知人，諸系，人名，戦人，日人

**一条房基**　いちじょうふさもと
大永2（1522）年～天文18（1549）年　[別]房基〔土佐一条家（絶家）〕《ふさもと》
戦国時代の大名、公家（非参議・土佐国司）。土佐国司・権中納言一条房冬の子。
¶公卿（[没]天文18（1549）年4月12日），公家（房基〔土佐一条家（絶家）〕　ふさもと　[没]天文18（1549）年4月12日），系西，高知人，諸系，人名，戦人，日人

**一条六郎**　いちじょうろくろう
戦国時代の武士。
¶人名

**市田氏盛**　いちだうじもり
生没年不詳
戦国時代の武蔵国衆。
¶戦辞

**市田五右衛門**　いちだごえもん
永禄9（1566）年～
安土桃山時代～江戸時代前期の武士。
¶庄内

**市田祐定**　いちだすけさだ
生没年不詳
安土桃山時代～江戸時代前期の武将。織田氏家臣。
¶戦人

**伊地知重興**　いぢちしげおき，いじちしげおき
享禄1（1528）年～天正8（1580）年
戦国時代～安土桃山時代の武士。
¶姓氏鹿児島（いじちしげおき），戦人（いじちしげおき），戦西

**伊地知重貞**　いぢちしげさだ，いじちしげさだ
？　～大永7（1527）年
戦国時代の武将。島津氏の臣。
¶国史（いじちしげさだ），古中（いじちしげさだ），新潮（いじちしげさだ　[没]大永7（1527）年6月7日），姓氏鹿児島（いじちしげさだ），戦合（いじちしげさだ），戦人（いじちしげさだ），日人（いじちしげさだ）

**伊地知重辰**　いぢちしげたつ，いじちしげたつ
？　～享禄2（1529）年
戦国時代の武士。島津氏家臣。
¶戦人（いじちしげたつ）

**伊地知重秀**　いぢちしげひで，いじちしげひで
？　～文禄3（1594）年
安土桃山時代の武士。
¶姓氏鹿児島（いじちしげひで），戦人（いじちしげひで），戦西

**伊地知丹後守**　いぢちたんごのかみ，いじちたんごのかみ
生没年不詳
安土桃山時代の武将。島津氏家臣。
¶戦人（いじちたんごのかみ）

**伊知地文大夫**　いちぢぶんだゆう
？　～天正17（1589）年11月？
戦国時代～安土桃山時代の織田信長の家臣。
¶織田

**伊地知美作守**　いぢちみまさかのかみ，いじちみまさかのかみ
？　～永禄1（1558）年
戦国時代の武将。島津氏家臣。
¶戦人（いじちみまさかのかみ）

**伊地知与四郎**　いぢちよしろう，いじちよしろう
安土桃山時代の武将。秀吉馬廻。
¶戦国，戦人（いじちよしろう　生没年不詳）

**一井氏政**　いちのいうじまさ
南北朝時代の武士。

¶人名，日人（生没年不詳）

**一井貞政**（一ノ井貞政）　いちのいさだまさ
？　～延元2/建武4（1337）年
鎌倉時代後期～南北朝時代の武将。
¶鎌室（生没年不詳），群馬人（一ノ井貞政），人名，日人

**市野四郎左衛門**　いちのしろうざえもん
生没年不詳
戦国時代の武士。後北条氏家臣。
¶戦辞，戦人，戦東

**市野助太郎**　いちのすけたろう
生没年不詳
戦国時代の武士。後北条氏家臣。
¶戦辞，戦人，戦東

**一瀬勘兵衛**　いちのせかんべえ
天正6（1578）年～寛永17（1640）年
安土桃山時代～江戸時代前期の出羽山形藩家老。
¶藩臣1

**一ノ関伊勢張国**　いちのせきいせはりくに
戦国時代の武将。大崎氏家臣。
¶戦東

**壱関玄蕃**　いちのせきげんば
戦国時代の武将。葛西氏家臣。
¶戦東

**市野善七郎**　いちのぜんしちろう
戦国時代の武将。後北条氏家臣。
¶戦東

**市野善次郎**　いちのぜんじろう
生没年不詳
戦国時代の北条氏の家臣。
¶戦辞

**一戸孫三郎**　いちのへまごさぶろう
生没年不詳
安土桃山時代の武将。
¶戦人

**一戸政包**　いちのへまさかね
？　～天正9（1581）年
安土桃山時代の武将。
¶戦人

**一戸政親**　いちのへまさちか
生没年不詳
安土桃山時代～江戸時代前期の武将。
¶戦人

**一戸政連**　いちのへまさつら
？　～天正9（1581）年
安土桃山時代の武将。
¶姓氏岩手，戦人

**一宮右衛門大夫**　いちのみやうえもんのたいふ
？　～天正14（1586）年？
戦国時代～安土桃山時代の織田信長の家臣。
¶織田

**一宮氏忠**　いちのみやうじただ
戦国時代の上野国衆。
¶姓氏山梨，戦辞（生没年不詳）

**一宮河内守**　いちのみやかわちのかみ
戦国時代の武将。足利氏家臣。
¶戦辞（生没年不詳），戦東

**一宮随波斎**（一宮随巴斎）　いちのみやずいはさい
室町時代の武将。今川氏家臣。
¶人名（一宮随巴斎），戦人（生没年不詳），戦東，日人（生没年不詳）

**一宮照信**　いちのみやてるのぶ
？　～天正18（1590）年
戦国時代～安土桃山時代の武田家臣。土屋惣蔵同心被官のうちでも指折りの武辺者。
¶姓氏山梨

**一宮出羽守**　いちのみやでわのかみ
生没年不詳
戦国時代の今川氏の家臣。
¶戦辞

**一宮豊氏**　いちのみやとようじ
生没年不詳
戦国時代の上野国衆。
¶戦辞

**一宮長宗**　いちのみやながむね
→小笠原長宗（おがさわらながむね）

**一宮成助**（一宮成祐）　いちのみやなりすけ
？　～天正10（1582）年
安土桃山時代の武将、祠官。一宮城主。
¶人名，徳島百（[没]天正10（1582）年11月7日），徳島歴（一宮成祐　[没]天正10（1582）年11月7日），日人

**一宮成光**　いちのみやなりみつ
生没年不詳
鎌倉時代後期～南北朝時代の武士。
¶徳島歴

**一宮成宗**　いちのみやなりむね
生没年不詳
鎌倉時代後期～南北朝時代の武将。
¶徳島歴

**一宮彦三郎**　いちのみやひこさぶろう
戦国時代の武将。今川氏家臣。
¶戦東

**一宮宗是**　いちのみやむねこれ
？　～永禄3（1560）年
戦国時代の武将。
¶戦人，戦東

**一宮元実**　いちのみやもとざね
戦国時代の武将。今川氏家臣。
¶戦東

**市野弥次郎**　いちのやじろう
生没年不詳
戦国時代～安土桃山時代の武士。後北条氏家臣。
¶姓氏神奈川，戦辞，戦人，戦東

**一迫伊豆守隆真** いちはさまいずのかみたかまさ
→一迫隆真(いちはざまたかまさ)

**一迫隆真** いちはざまたかまさ
[別]一迫伊豆守隆真《いちはさまいずのかみたかまさ》
安土桃山時代の武将。大崎氏家臣。
¶戦人(生没年不詳), 戦東(一迫伊豆守隆真 いちはさまいずのかみたかまさ)

**市橋壱斎** いちはしいっさい, いちばしいっさい
安土桃山時代の武士。豊臣氏家臣。
¶戦国(いちばしいっさい), 戦人(生没年不詳)

**市橋源八** いちはしげんぱち
生没年不詳
安土桃山時代の織田信長の家臣。
¶織田

**市橋為則** いちはしためのり
生没年不詳
安土桃山時代の織田信長の家臣。
¶織田

**市橋伝左衛門** いちはしでんざえもん
生没年不詳
安土桃山時代の織田信長の家臣。
¶織田

**市橋利尚** いちはしとしひさ
戦国時代の武士。
¶戦人(生没年不詳), 戦西

**市橋長勝** いちはしながかつ, いちばしながかつ
弘治3(1557)年〜元和6(1620)年
安土桃山時代〜江戸時代前期の武将、大名。美濃今尾城主、伯耆矢橋城主、越後三条藩主。
¶岐阜百, 史人([没]1620年3月17日), 諸系, 人名, 戦国(いちばしながかつ), 戦人, 鳥取百, 新潟百, 日人, 藩主2, 藩主3([没]元和6(1620)年3月17日), 藩主4([没]元和6(1620)年3月17日)

**市橋長利** いちはしながとし, いちばしながとし
永正10(1513)年〜天正13(1585)年
戦国時代〜安土桃山時代の武将。
¶織田([没]天正13(1585)年3月13日), 戦国(いちばしながとし), 戦人

**市橋長政** いちはしながまさ, いちばしながまさ
天正3(1575)年〜慶安1(1648)年
安土桃山時代〜江戸時代前期の武将、大名。近江仁正寺藩主。
¶岐阜百, 史人([没]1648年2月11日), 諸系, 人名(いちばしながまさ), 日人, 藩主3([没]慶安1(1648)年2月11日)

**市原兼隆** いちはらかねたか
? 〜天正7(1579)年
戦国時代〜安土桃山時代の武将。
¶戦人

**市原兼行** いちはらかねゆき
生没年不詳
戦国時代の武士。
¶戦人

**市原頼房** いちはらよりふさ
生没年不詳
戦国時代〜安土桃山時代の武士。
¶戦人

**一万田鑑実** いちまだあきざね
? 〜天正16(1588)年 [別]一万田宗慶《いちまだそうけい》
安土桃山時代の武士。
¶戦人, 戦西

**一万田鑑相** いちまだあきすけ
? 〜天文22(1553)年
戦国時代の武士。
¶戦人(生没年不詳), 戦西, 日人

**一万田鎮実** いちまだしげざね
? 〜*
安土桃山時代の武士。
¶戦人([没]天正15(1587)年), 戦西([没]1586年)

**一万田祐栄** いちまだすけひで
戦国時代の武士。
¶戦人(生没年不詳), 戦西

**一万田弾正** いちまだだんじょう
安土桃山時代の筑前竈門山城主。
¶人名

**一万田常泰** いちまだつねやす
戦国時代の武士。
¶戦人(生没年不詳), 戦西

**一万田統賢** いちまだむねかた
戦国時代〜安土桃山時代の武将。大友氏家臣。
¶戦人(生没年不詳), 戦西

**一幡** いちまん
建久9(1198)年〜建仁3(1203)年 [別]源一幡《みなもとのいちまん》
鎌倉時代前期の鎌倉幕府2代将軍源頼家の子。
¶朝日([没]建仁3年11月3日(1203年12月7日)), 神奈川人([生]1197年), 鎌倉, 史人([没]1203年9月2日), 重要(源一幡 みなもとのいちまん [生]正治1(1199)年 [没]建仁3(1203)年9月), 諸系, 新潮([没]建仁3(1203)年9月2日), 日人

**市義直** いちよしなお
生没年不詳
戦国時代〜安土桃山時代の武士。宇喜多氏家臣。
¶戦人

**市若** いちわか
生没年不詳
安土桃山時代の織田信長の家臣。
¶織田

**イチンペー**
生没年不詳
室町時代のイークン城の城主。上根家の祖先。
¶姓氏沖縄

**一方井安正** いつかたいやすまさ
生没年不詳
安土桃山時代の武将。

¶姓氏岩手

**一栗兵部** いっくりひょうぶ
～慶長19(1614)年6月1日　[別]一栗兵部《ひとつくりひょうぶ》
安土桃山時代～江戸時代前期の武将。最上氏家臣。
¶庄内(ひとつくりひょうぶ)，戦東

い

**一色詮範** いっしきあきのり
？ ～応永13(1406)年
室町時代の武将、持所頭人。
¶朝日([没]応永13年6月7日(1406年6月22日))，鎌室，郷土福井，系西，国史，古中，コン改，コン4，史人([生]1340年？　[没]1406年6月7日)，諸系，新潮([没]応永13(1406)年6月7日)，人名，姓氏愛知(生没年不詳)，姓氏京都，日人

**一色在通** いっしきありみち
？ ～元和1(1615)年
安土桃山時代～江戸時代前期の武士。足利氏家臣、徳川氏家臣。
¶戦国，戦人

**一色伊予守** いっしきいよのかみ
室町時代の武士。
¶埼玉百

**一色氏久** いっしきうじひさ
生没年不詳
安土桃山時代の武将。足利氏家臣。
¶戦辞，戦人，戦東

**一色宮内義直** いっしきくないよしなお
→一色義直(2)(いっしきよしなお)

**一色公深** いっしきこうしん
？ ～元徳2(1330)年
鎌倉時代後期の武将。
¶諸系，姓氏愛知([生]1263年)，日人

**一色貞重** いっしきさだしげ
？ ～天正19(1591)年
安土桃山時代の武士。徳川家康の臣。
¶人名，日人

**一色治部大輔** いっしきじぶだいゆう
？ ～天正1(1573)年
戦国時代の武将。朝倉氏家臣。
¶戦西

**一色直氏** いっしきなおうじ
生没年不詳
南北朝時代の武将。九州探題。
¶鎌室，国史，古中，史人，諸系，新潮，日史，日人

**一色直兼** いっしきなおかね
～永享10(1438)年
室町時代の武将。
¶神奈川人

**一色直朝** いっしきなおとも
？ ～慶長2(1597)年　[別]源直朝《みなもとただとも，みなもとのただとも，みなもとのなおとも》
戦国時代～安土桃山時代の武将、歌人、武人画家。古河公方足利氏の家臣。
¶国書([没]慶長2(1597)年11月14日)，埼玉人([没]慶長2(1597)年11月14日)，埼玉人(源直朝　みなもとのなおとも　生没年不詳)，人名(源直朝　みなもとただとも)，戦辞([没]慶長2年11月14日(1592年12月22日))，戦人，戦東，日人，名画，和俳(源直朝　みなもとのただとも　生没年不詳)

**一色範氏** いっしきのりうじ
？ ～正平24/応安2(1369)年
南北朝時代の武将、九州探題。
¶朝日(生没年不詳)，角史(生没年不詳)，鎌室，系西，国史，古中，コン改(生没年不詳)，コン4(生没年不詳)，史人([没]1369年2月18日)，諸系，新潮([没]応安2/正平24(1369)年2月18日？)，人名，姓氏愛知(生没年不詳)，世人(生没年不詳)，世百，全書，日史，日人，百科，福岡百，歴大([没]1369年？)

**一色範勝** いっしきのりかつ
生没年不詳
安土桃山時代～江戸時代前期の武士、旗本。
¶諸系，日人

**一色教親** いっしきのりちか
応永26(1419)年～宝徳3(1451)年
室町時代の武将、持所頭人。
¶朝日([没]宝徳3年11月28日(1451年12月21日))，京都府，系西([生]？　[没]1449年)，国書([没]宝徳3(1451)年11月28日)，コン改([生]？)，コン4([生]？)，諸系，日人

**一色範光** いっしきのりみつ
正中2(1325)年～元中5/嘉慶2(1388)年
南北朝時代の武将。
¶朝日([没]嘉慶2/元中5年1月25日(1388年3月4日))，鎌室([生]正中1(1324)年)，系西，国史，古中，史人([没]1388年1月25日)，諸系，新潮([没]嘉慶2/元中5(1388)年1月25日)，人名([生]？)，日史([没]嘉慶2/元中5(1388)年1月25日)，日人

**一色兵部大輔** いっしきひょうぶたいゆう
戦国時代の武将。足利氏家臣。
¶戦東

**一色藤長** いっしきふじなが
？ ～慶長1(1596)年
安土桃山時代の武将、足利義昭の近習。
¶朝日([没]慶長1年4月7日(1596年5月4日))，近世，国史，史人([没]1596年4月7日)，諸系，新潮([没]慶長1(1596)年4月7日)，人名([没]1600年)，戦合，戦国，戦人，日人

**一色満信** いっしきみつのぶ
→一色義定(いっしきよしさだ)

**一色満範** いっしきみつのり
？ ～応永16(1409)年
南北朝時代～室町時代の武将、丹後守護。
¶鎌室，京都府([生]正平23/応安1(1368)年)，系西，コン改，コン4，諸系([生]1368年)，新潮([没]応永16(1409)年1月6日)，人名，日人([生]1368年)

**一色民部大輔** いっしきみんぶたいふ
[別]一色民部大輔《いっしきみんぶのたゆう》
安土桃山時代〜江戸時代前期の武士。豊臣氏家臣。
¶戦国(いっしきみんぶのたゆう), 戦人(生没年不詳)

**一色民部大輔** いっしきみんぶのたゆう
→一色民部大輔(いっしきみんぶたいふ)

**一色持家** いっしきもちいえ
生没年不詳
室町時代の武将。
¶神奈川人

**一色持信** いっしきもちのぶ
? 〜永享6(1434)年
室町時代の武将。
¶鎌室, 国書([生]応永8(1401)年 [没]永享6(1434)年4月21日), 諸系, 日人

**一色義有** いっしきよしあり
生没年不詳 [別]一色義季《いっしきよしすえ》
戦国時代の武将。
¶京都府([生]長享1(1487)年 [没]永正9(1512)年), 系西, 諸系(一色義季 いっしきよしすえ), 戦人, 日人(一色義季 いっしきよしすえ)

**一色義清** いっしきよしきよ
? 〜天正10(1582)年
安土桃山時代の武将。
¶京都府(生没年不詳), 系西, 戦人

**一色義定** いっしきよしさだ
? 〜* [別]一色満信《いっしきみつのぶ》, 一色義俊《いっしきよしとし》
安土桃山時代の武将。
¶織田(一色満信 いっしきみつのぶ [没]天正10(1582)年9月8日?), 系西([没]1582年), 諸系([没]1582年), 人名([没]1581年), 戦人([没]天正10(1582)年), 戦人(一色満信 いっしきみつのぶ [没]天正9(1581)年), 戦補(一色満信 いっしきみつのぶ [没]1581年), 日人([没]1582年)

**一色義季** いっしきよしすえ
→一色義有(いっしきよしあり)

**一色義堯** いっしきよしたか
安土桃山時代の武将。徳川家康譜代の臣。
¶人名, 日人(生没年不詳)

**一色義貫** いっしきよしつら
応永7(1400)年〜永享12(1440)年 [別]一色義範《いっしきよしのり》
室町時代の武将、持所頭人。
¶朝日([没]永享12年5月15日(1440年6月14日)), 鎌室, 京都府, 系西, 国史, 古中, コン改([生]?), コン4([生]?), 史人([没]1440年5月15日), 重要([生]? [没]永享12(1440)年5月15日), 諸系, 新潮([没]永享12(1440)年5月15日), 人名([生]?), 姓氏京都, 世人([生]? [没]永享12(1440)年5月), 全書, 日史([没]永享12(1440)年5月15日), 日人, 百科, 歴大

**一色義直**(1) いっしきよしなお, いつしきよしなお
? 〜明応7(1498)年
室町時代〜戦国時代の武将。
¶鎌室(生没年不詳), 京都府([生]永享3(1431)年 [没]?), 系西, 諸系, 人名, 姓氏京都([生]1431年 [没]?), 戦辞(いつしきよしなお [生]永享3(1431)年 [没]?), 戦人, 日人

**一色義直**(2) いっしきよしなお
? 〜寛永20(1643)年 [別]一色宮内義直《いっしきくないよしなお》
安土桃山時代〜江戸時代前期の古河公方足利義氏の家臣。
¶埼玉人([没]寛永20(1643)年10月11日), 埼玉百(一色宮内義直 いっしきくないよしなお), 戦辞([没]寛永20年10月11日(1643年11月22日))

**一色義春** いっしきよしはる
文正1(1466)年〜文明16(1484)年
戦国時代の武将、丹後守護職。
¶京都府, 諸系, 人名, 日人

**一色義秀** いっしきよしひで
? 〜明応7(1498)年
室町時代の武将。義直の子。
¶京都府

**一色義道** いっしきよしみち
? 〜天正7(1579)年
戦国時代〜安土桃山時代の国主。
¶織田([没]天正7(1579)年1月?), 系西, 諸系, 人名([没]1578年), 戦人, 日人

**井出右京亮** いでうきょうのすけ
生没年不詳
戦国時代の今川氏の家臣。
¶戦辞

**出浦左馬助** いでうらさまのすけ
→出浦左馬助(いずうらさまのすけ)

**井出尾張守** いでおわりのかみ
戦国時代の武将。今川氏家臣。
¶戦辞(生没年不詳), 戦東

**井出駒若** いでこまわか
戦国時代の武将。今川氏家臣。
¶戦東

**井出佐左衛門** いでさざえもん
生没年不詳
安土桃山時代の武士。佐久郡海尻村の人。
¶姓氏長野

**井出神左衛門尉** いでじんざえもんのじょう, いでしんざえもんのじょう
戦国時代の武将。今川氏家臣。
¶戦辞(いでしんざえもんのじょう 生没年不詳), 戦東

**井出新三** いでしんぞう
戦国時代の武将。今川氏家臣。
¶戦東

い

**井出千熊** いでせんくま
生没年不詳
戦国時代の今川氏の家臣。
¶戦辞

**井出善三郎** いでぜんざぶろう
戦国時代の代官。今川氏家臣。
¶戦辞(生没年不詳), 戦東

**井手惣左衛門** いでそうざえもん
? ～慶安2(1649)年
江戸時代前期の武将、下総古河藩士。
¶藩臣3

**井出堯吉** いでたかよし
? ～弘治1(1555)年?
戦国時代の武将。今川氏家臣。
¶戦辞, 戦東

**井出内匠助** いでたくみのすけ
安土桃山時代の武将。後北条氏家臣。
¶戦辞(生没年不詳), 戦東

**井出千代寿** いでちよじゅ
生没年不詳
戦国時代の今川氏の家臣。
¶戦辞

**井出兵部** いでひょうぶ
生没年不詳
戦国時代の武将。
¶姓氏神奈川

**井出兵部丞** いでひょうぶのじょう
生没年不詳
戦国時代の武士。後北条氏家臣。
¶戦辞, 戦人, 戦東

**井出兵作** いでへいさく
生没年不詳
江戸時代前期の武士。紀州藩士。
¶和歌山人

**井出正次** (井手正次) いでまさつぐ
天文20(1551)年～慶長14(1609)年
戦国時代～江戸時代前期の徳川家奉行人。駿河・
伊豆代官。
¶静岡歴, 姓氏静岡, 戦辞(井手正次 ⑰天文21
(1552)年 ⑱慶長14年2月26日(1609年3月31
日))

**井出盛重** いでもりしげ
戦国時代の武将。今川氏家臣。
¶戦辞(生没年不詳), 戦東

**井出弥五郎** いでやごろう
生没年不詳
戦国時代の北条氏の家臣。
¶戦辞

**井戸覚弘** いどあきひろ
→井戸覚弘(いどさとひろ)

**糸井家久** いといいえひさ
生没年不詳
戦国時代の佐竹氏の家臣。

¶戦辞

**糸井駿河守** いといするがのかみ
生没年不詳
安土桃山時代～江戸時代前期の武士。佐竹氏家臣。
¶戦辞, 戦人, 戦東

**糸井摂津守** いといせっつのかみ
安土桃山時代の佐竹氏家臣。十二天社の造営に
合力。
¶戦東

**糸井能登守** いといのとのかみ
生没年不詳
安土桃山時代の武士。佐竹氏家臣。
¶戦辞, 戦人, 戦東

**伊東家祐** いとういえすけ
生没年不詳
戦国時代の武士。北条氏家臣。
¶戦辞

**伊東伊賀入道** いとういがにゅうどう
生没年不詳
戦国時代の武士。北条氏家臣。
¶戦辞

**伊藤一蓑** いとういっさ
生没年不詳
安土桃山時代～江戸時代前期の武将。
¶国書

**伊藤石見守** いといわみのかみ
安土桃山時代～江戸時代前期の武士。豊臣秀頼
の臣。
¶戦国

**伊藤牛介** いとううしすけ
安土桃山時代の武士。豊臣氏家臣。
¶戦国, 戦人(生没年不詳)

**伊東右馬允** いとううまのじょう
生没年不詳
戦国時代の北条氏の家臣。
¶戦辞

**井戸宇右衛門** いどうえもん
? ～慶長8(1603)年5月3日
安土桃山時代の津山森藩の重臣。
¶岡山歴

**伊藤鴈助** いとうがんすけ
? ～天正10(1582)年
安土桃山時代の武将。徳川氏家臣。
¶人名, 日人

**伊東九郎五郎** いとうくろうごろう
生没年不詳
戦国時代の武士。後北条氏家臣。
¶戦辞, 戦人, 戦東

**伊東九郎次郎** いとうくろうじろう
生没年不詳
戦国時代の北条氏の家臣。
¶戦辞

**伊藤玄蕃** いとうげんば
戦国時代の武将。武田家臣。廿人衆頭の一人。
¶姓氏山梨

**伊東五郎** いとうごろう
生没年不詳
戦国時代の武士。小田原北条氏家臣。
¶姓氏神奈川

**伊藤貞次** いとうさだつぐ
生没年不詳
安土桃山時代の武将。
¶戦人

**伊藤実重** いとうさねしげ
生没年不詳
安土桃山時代の織田信長の家臣。
¶織田

**伊藤実信** いとうさねのぶ
天文11(1542)年～文禄1(1592)年
戦国時代～安土桃山時代の織田信長の家臣。
¶織田

**伊藤実元** いとうさねもと
生没年不詳
安土桃山時代の織田信長の家臣。
¶織田

**伊東三郎兵衛** いとうさぶろべえ
生没年不詳
戦国時代の北条氏の家臣。
¶戦辞

**伊東重信** いとうしげのぶ
？ ～天正16(1588)年
安土桃山時代の武士。伊達氏家臣。
¶戦人，戦東，藩臣1

**伊藤二介** いとうじすけ
？ ～天正3(1575)年4月8日
戦国時代～安土桃山時代の織田信長の家臣。
¶織田

**伊藤七郎左衛門** いとうしちろうざえもん
生没年不詳
安土桃山時代の織田信長の家臣。
¶織田

**伊東治部少輔** いとうじぶしょうゆう
？ ～天文18(1549)年
戦国時代の武将。
¶戦人

**伊藤十右衛門** いとうじゅうえもん
生没年不詳
安土桃山時代の織田信長の家臣。
¶織田

**伊藤二郎入道祐則** いとうじろうにゅうどうすけのり
鎌倉時代前期の武将。葛西氏家臣。
¶戦東

**伊藤新蔵人** いとうしんくらんど
[別]伊藤新蔵人《いとうしんくろうど》
安土桃山時代の武将。佐竹氏家臣。
¶戦辞(いとうしんくろうど　生没年不詳)，戦東

**伊藤新蔵人** いとうしんくろうど
→伊藤新蔵人(いとうしんくらんど)

**伊東新五左衛門** いとうしんござえもん
生没年不詳
安土桃山時代～江戸時代前期の武士。
¶日人

**伊東新五郎** いとうしんごろう
安土桃山時代の武将。
¶人名，日人(生没年不詳)

**伊藤神六** いとうしんろく
生没年不詳
安土桃山時代の織田信長の家臣。
¶織田

**伊東祐清** いとうすけきよ
？ ～寿永2(1183)年　[別]藤原祐清《ふじわらのすけきよ》
平安時代後期の伊豆国の武士。
¶朝日，鎌室，諸系，新潮，姓氏静岡，世人，日人，平史(藤原祐清　ふじわらのすけきよ　[没]1183年？)

**伊東祐国** いとうすけくに
？ ～文明17(1485)年
室町時代～戦国時代の武士。
¶戦人

**伊東祐実** いとうすけざね
生没年不詳
戦国時代の伊豆伊東郷の国人領主。
¶戦辞

**伊東助十郎** いとうすけじゅうろう
生没年不詳
戦国時代の北条氏の家臣。
¶戦辞

**伊東祐兵**(伊東祐丘) いとうすけたか
永禄2(1559)年～慶長5(1600)年　[別]伊東祐兵《いとうすけたけ》
安土桃山時代の大名。日向飫肥藩主。
¶朝日([没]慶長5年10月11日(1600年11月16日))，近世，国史，史人(いとうすけたけ　[没]1600年10月11日)，諸系，新潮([没]慶長5(1600)年10月11日)，人名(伊東祐丘　[生]1541年)，戦合，戦国，戦人，日史([没]慶長5(1600)年10月11日)，日人，藩主4(いとうすけたけ　[生]永禄2(1559)年1月15日　[没]慶長5(1600)年10月11日)，百科，宮崎百(いとうすけたけ　[生]？　[没]慶長5(1600)年10月11日)，歴大

**伊東祐堯** いとうすけたか
＊～文明17(1485)年
室町時代～戦国時代の武将。
¶戦人([生]？)，宮崎百([生]応永16(1409)年)

**伊東祐兵** いとうすけたけ
→伊東祐兵(いとうすけたか)

**伊藤祐忠** いとうすけただ
生没年不詳

安土桃山時代の織田信長の家臣。
¶織田

**伊東祐親** いとうすけちか
？ ～寿永1（1182）年　[別]藤原祐親《ふじわらのすけちか》
平安時代後期の伊豆国の武士。
¶朝日（[没]寿永1年2月14日（1182年3月20日）），神奈川人，鎌倉，鎌室，国史，古中，コン改（生没年不詳），コン4（生没年不詳），史人（[没]1182年2月14日），静岡百，静岡歴，諸系，新潮（[没]寿永1（1182）年2月14日），人名，姓氏静岡，世人，世百，全書（生没年不詳），大百，日史（[没]寿永1（1182）年2月14日），日人，百科，平史（藤原祐親　ふじわらのすけちか　[没]1183年），歴大

**伊東祐遠** いとうすけとお
戦国時代の武将。後北条氏家臣。
¶戦東

**伊東祐時**(1) いとうすけとき
文治1（1185）年～建長4（1252）年
鎌倉時代前期の武士。源実朝、藤原頼経に近侍。
¶朝日，鎌室，コン改，コン4，諸系，新潮，人名，日人，宮崎百

**伊東祐時**(2) いとうすけとき
安土桃山時代の武士。
¶戦国，戦人（生没年不詳），戦西

**伊藤祐俊** いとうすけとし
[別]伊東兵部少輔祐俊《いとうひょうぶのしょうゆうとし》
戦国時代～安土桃山時代の武士。
¶戦人（生没年不詳），戦西（伊東兵部少輔祐俊　いとうひょうぶのしょうゆうとし）

**伊藤祐信** いとうすけのぶ
天文19（1550）年～永禄12（1569）年
戦国時代の武将。
¶神奈川人

**伊東祐慶** いとうすけのり
天正17（1589）年～寛永13（1636）年
安土桃山時代～江戸時代前期の武将、大名。日向飫肥藩主。
¶諸系，人名（[生]1579年　[没]1626年），戦国，戦人，日人，藩主4（[生]天正17（1589）年6月13日　[没]寛永13（1636）年4月4日），宮崎百（[生]？　[没]寛永13（1636）年4月4日）

**伊東祐範** いとうすけのり
？ ～応仁2（1468）年9月16日
室町時代～戦国時代の伊豆伊東郷の国人領主。
¶戦辞

**伊東祐広** いとうすけひろ
？ ～延元4/暦応2（1339）年
鎌倉時代後期～南北朝時代の武士。
¶宮崎百

**伊東祐持** いとうすけもち
？ ～正平3/貞和4（1348）年
南北朝時代の都於郡城主。
¶宮崎百

**伊東祐茂** いとうすけもち
南北朝時代の武将。
¶姓氏静岡

**伊東祐泰** いとうすけやす
→河津祐泰（かわづすけやす）

**伊東祐吉** いとうすけよし
？ ～天文5（1536）年
戦国時代の武将。
¶戦人

**伊東清蔵** いとうせいぞう
戦国時代～安土桃山時代の武士。
¶戦人（生没年不詳），戦補

**伊東尹祐** いとうただすけ
？ ～天文5（1536）年
戦国時代の武士。
¶戦人

**伊東太郎兵衛** いとうたろべえ
生没年不詳
戦国時代の北条氏の家臣。
¶戦辞

**伊藤長** いとうちょう
[別]伊藤長《いとうなが》
安土桃山時代の武将。秀吉馬廻。
¶戦国（いとうなが），戦人（生没年不詳）

**伊藤当菊** いとうとうぎく
戦国時代の武将。浅井氏家臣。
¶戦西

**伊東時氏** いとうときうじ
？ ～応仁2（1468）年9月16日
室町時代～戦国時代の伊豆伊東郷の国人領主。
¶戦辞

**伊藤長** いとうなが
→伊藤長（いとうちょう）

**伊東長実** いとうながざね
永禄3（1560）年～寛永6（1629）年　[別]伊東長次《いとうながつぐ》
安土桃山時代～江戸時代前期の武将、大名。備中岡田藩主。
¶岡山人，岡山歴（[没]寛永6（1629）年2月17日），諸系，戦国（伊東長次　いとうながつぐ），戦人（伊東長次　いとうながつぐ），戦西（伊東長次　いとうながつぐ），日人，藩主4（[生]永禄3（1560）年，（異説）弘治3年　[没]寛永6（1629）年2月17日）

**伊東長次** いとうながつぐ
→伊東長実（いとうながざね）

**伊藤長俊** いとうながとし
安土桃山時代の武士。豊臣氏家臣。
¶戦国，戦人（生没年不詳）

**伊東長久** いとうながひさ
天文2（1533）年～天正13（1585）年
戦国時代～安土桃山時代の武士。

¶織田（[生]？　[没]天正13（1585）年8月？），戦国，戦人，戦西

**伊藤長弘**　いとうながひろ
安土桃山時代の武将。豊臣氏家臣。
¶戦国，戦人（生没年不詳）

**伊東長昌**　いとうながまさ
文禄2（1593）年～寛永17（1640）年
江戸時代前期の武将、大名。備中岡田藩主。大坂の陣では豊臣方。
¶岡山人，岡山歴（[没]寛永17（1640）年8月18日），諸系，日人，藩主4（[没]寛永17（1640）年9月18日）

**伊藤仁右衛門**　いとうにえもん
生没年不詳
安土桃山時代～江戸時代の武士。最上氏遺臣。
¶庄内

**伊東入道**　いとうにゅうどう
生没年不詳
鎌倉時代前期の武士。
¶北条

**伊東宣祐**　いとうのぶすけ
南北朝時代の備前国の武士。
¶岡山歴

**伊東信直**　いとうのぶなお
安土桃山時代～江戸時代前期の武士。豊臣氏家臣、徳川氏家臣。
¶戦国，戦人（生没年不詳）

**伊東治明**　いとうはるあき
？　～*
安土桃山時代～江戸時代前期の武士。徳川氏家臣。
¶人名（[没]1617年），戦国（[没]1616年），戦人（[没]元和2（1616）年），日人（[没]1617年）

**伊東半右衛門**　いとうはんえもん
安土桃山時代の武士。竹中丹後守重門の家臣。
¶人名，日人（生没年不詳）

**伊藤半左衛門**　いとうはんざえもん
安土桃山時代の武将。秀吉馬廻。
¶戦国，戦人（生没年不詳）

**伊藤彦作**　いとうひこさく
？　～天正10（1582）年6月2日
戦国時代～安土桃山時代の織田信長の家臣。
¶織田

**伊藤彦兵衛**　いとうひこべえ
生没年不詳
安土桃山時代の織田信長の家臣。
¶織田

**伊藤秀盛**　いとうひでもり
安土桃山時代の武士。
¶戦国，戦人（生没年不詳），戦西

**伊東兵部少輔祐俊**　いとうひょうぶのしょうゆうとし
→伊藤祐俊（いとうすけとし）

**伊東武兵衛**　いとうぶへえ
→伊東武兵衛（いとうむへえ）

**伊藤豊後守**　いとうぶんごのかみ
？　～永正10（1513）年
戦国時代の武将。葛西氏家臣。
¶戦人，戦東

**伊藤孫大夫**　いとうまごだゆう
生没年不詳
安土桃山時代の織田信長の家臣。
¶織田

**伊東政世**（伊藤政世）　いとうまさよ
弘治3（1557）年～寛永5（1628）年
安土桃山時代～江戸時代前期の武士。後北条氏家臣、徳川氏家臣。
¶人名（伊藤政世），姓氏神奈川（[生]1556年），戦辞（生没年不詳），戦人，戦東，日人

**伊藤又兵衛**　いとうまたべえ
慶長3（1598）年～延宝3（1675）年
江戸時代前期の武将、紀伊和歌山藩士。
¶藩臣5

**伊藤美作守**　いとうみまさかのかみ
安土桃山時代の武将。豊臣秀頼に伺候。
¶戦国

**伊藤武蔵守**　いとうむさしのかみ
？　～元和1（1615）年
安土桃山時代～江戸時代前期の武将。豊臣秀吉・秀頼の臣。
¶戦国

**伊東武兵衛**　いとうむへえ
？　～永禄12（1569）年　[別]伊東武兵衛《いとうぶへえ》
戦国時代の武士。織田氏家臣、今川氏家臣。
¶織田（いとうぶへえ　[没]永禄12（1569）年1月21日），戦国，戦人

**伊藤杢之助**　いとうもくのすけ
戦国時代の武将。浅井氏家臣。
¶戦西

**伊東元実**　いとうもとざね
戦国時代の武将。今川氏家臣。
¶戦辞（生没年不詳），戦東

**伊藤盛景**　いとうもりかげ
安土桃山時代の武将。豊臣氏家臣。
¶人名，戦国，戦人（生没年不詳），日人（生没年不詳）

**伊東盛恒**　いとうもりつね
天文3（1534）年～天正18（1590）年
安土桃山時代の武将。
¶戦人

**伊藤盛正**　いとうもりまさ
？　～元和9（1623）年
安土桃山時代～江戸時代前期の武将、大垣城主。前田氏家臣。
¶戦国，戦人

**伊藤弥惣**　いとうやそう
戦国時代～安土桃山時代の武士。徳川家康の臣。

¶人名

**伊東祐聡** いとうゆうそう
？ ～正平3/貞和4(1348)年
鎌倉時代後期～南北朝時代の武将、田嶋伊東氏4代。
¶宮崎百

**伊藤与左衛門** いとうよざえもん
安土桃山時代の武将。秀吉馬廻。
¶戦国，戦人(生没年不詳)

**伊東義賢** いとうよしかた
永禄11(1568)年～文禄3(1594)年　[別]バルトロメオ
安土桃山時代の武士。
¶戦人，戦補

**伊東義勝** いとうよしかつ
永禄12(1569)年～文禄3(1594)年　[別]ゼロニモ
安土桃山時代の武士。
¶戦人，戦補

**伊東義祐** いとうよしすけ
永正9(1512)年～天正13(1585)年
戦国時代～安土桃山時代の日向の大名。
¶朝日([没]天正13年8月5日(1585年8月29日))，大阪墓([生]永正10(1513)年　[没]天正13(1585)年8月5日)，国史，国書([没]天正13(1585)年8月5日)，古中，コン改([生]永正10(1513)年)，コン4([生]永正10(1513)年)，史人([没]1585年8月5日)，諸系，新潮([没]天正13(1585)年8月5日)，人名([生]？)，世人([没]天正12(1584)年8月5日)，戦合，戦国([生]？)，戦人，日人，宮崎百([生]永正10(1513)年)

**伊東義益** いとうよします
天文15(1546)年～永禄12(1569)年
戦国時代の武将。
¶戦国，戦人，宮崎百

**伊藤与次郎** いとうよじろう
安土桃山時代の武将。秀吉馬廻。
¶戦国，戦人(生没年不詳)

**伊藤与三右衛門** いとうよそうえもん
生没年不詳
安土桃山時代の織田信長の家臣。
¶織田

**井戸亀右衛門** いどかめえもん
江戸時代前期の武士。細川忠興の臣。
¶人名

**井戸川将監** いどかわしょうげん
生没年不詳
戦国時代の武士。
¶戦人

**井戸才介**(井戸才助)　いどさいすけ，いとさいすけ
？ ～天正7(1579)年
戦国時代～安土桃山時代の武士。
¶戦人，戦補(井戸才助　いとさいすけ)

**井戸才八** いどさいはち
戦国時代の武将。斎藤氏家臣。
¶戦西

**井戸覚弘** いどさとひろ
弘治2(1556)年～寛永15(1638)年　[別]井戸覚弘《いどあきひろ》
安土桃山時代～江戸時代前期の武士。豊臣氏家臣、織田氏家臣。
¶茶道(いどあきひろ)，戦人

**糸田貞義** いとださだよし
？ ～建武1(1334)年　[別]北条貞義《ほうじょうさだよし》
鎌倉時代後期の武将。
¶鎌室，新潮，世人([没]建武1(1343)年)，日人，北条(北条貞義　ほうじょうさだよし)

**糸長隼人** いとながはやと
生没年不詳
戦国時代の武将。大内氏家臣。
¶戦人

**井戸将元** いどまさもと
？ ～天正7(1579)年7月19日
戦国時代の武将。斎藤氏家臣。
¶織田，戦西

**井戸村清光** いどむらきよみつ
？ ～永禄4(1561)年
戦国時代の武士。
¶戦人，戦西

**井戸村清宗** いどむらきよむね
戦国時代の武将。浅井氏家臣。
¶戦西

**井戸村光慶** いどむらみつよし
戦国時代の武士。
¶戦人(生没年不詳)，戦西

**井戸村与六** いどむらよろく
戦国時代～安土桃山時代の土豪。
¶全書，日人(生没年不詳)

**井戸良弘** いどよしひろ
？ ～慶長17(1612)年
安土桃山時代～江戸時代前期の武将。
¶朝日([没]慶長17年1月5日(1612年2月6日))，織田([生]天文2(1533)年？　[没]慶長17(1612)年1月5日？)，郷土奈良([生]1533年)，近世，国史，新潮([没]慶長17(1612)年1月5日)，人名，戦合，戦国([生]1534年)，戦人([生]天文3(1534)年)，日人([生]1533年)

**伊奈昭綱** いなあきつな
？ ～慶長5(1600)年
安土桃山時代の武士。徳川氏家臣。
¶戦人

**伊奈家次** いないえつぐ
→伊奈忠次(いなただつぐ)

**稲生勘解由左衛門** いなおかげゆざえもん
？ ～永禄12(1569)年12月
戦国時代～安土桃山時代の織田信長の家臣。
¶織田

**稲垣玄蕃允　いながきげんばのじょう**
戦国時代の武将。今川氏家臣。
¶戦東

**稲垣重綱　いながきしげつな**
天正11(1583)年〜承応3(1654)年
安土桃山時代〜江戸時代前期の武将、大名。上野
伊勢崎藩主、越後藤井藩主、越後三条藩主、三河
刈谷藩主。
¶諸系, 人名, 新潟百(㊹1582年), 日人, 藩主1
(㊥承応3(1654)年1月8日), 藩主2(㊥承応3
(1654)年1月8日), 藩主3, 藩主3(㊹天正11
(1583)年3月　㊥承応3(1654)年1月8日)

**稲垣重宗　いながきしげむね**
永正14(1517)年〜文禄3(1594)年
戦国時代〜安土桃山時代の武士。牧野成定の家臣。
¶戦辞

**稲垣重太　いながきしげもと**
文禄3(1594)年〜万治1(1658)年
江戸時代前期の武士、大番頭。
¶諸系, 人名, 日人

**稲垣善三　いながきぜんぞう**
生没年不詳
戦国時代の北条氏の家臣。
¶戦辞

**稲垣長茂　いながきながしげ**
天文8(1539)年〜慶長17(1612)年
安土桃山時代〜江戸時代前期の武将、大名。上野
大胡城主、上野伊勢崎藩主。
¶群馬人, 諸系, 人名, 姓氏群馬, 戦人, 戦補,
日人, 藩主1(㊥慶長17(1612)年10月22日),
藩臣2

**稲垣則茂　いながきのりしげ**
＊〜寛文5(1665)年
江戸時代前期の武将、上野大胡藩家老。
¶藩臣2(㊥？), 藩臣4(㊹天正13(1585)年)

**稲垣弥八　いながきやはち**
戦国時代の武将。今川氏家臣。
¶戦東

**稲毛重成　いなぎしげなり**
→稲毛重成(いなげしげなり)

**伊奈熊蔵忠次　いなぐまぞうただつぐ**
→伊奈忠次(いなだただつぐ)

**稲毛越前守　いなげえちぜんのかみ**
生没年不詳
戦国時代の武士。江戸衆河(川)村氏家臣。
¶戦辞

**稲毛重成　いなげしげなり**
？ 〜元久2(1205)年　㊟稲毛重成《いなぎしげな
り》,平重成《たいらのしげなり》
平安時代後期〜鎌倉時代前期の武蔵国の在地領主。
¶朝日(㊥元久2年6月23日(1205年7月11日)),
神奈川人(いなぎしげなり), 鎌室, 国史, 古
中, 史人(㊥1205年6月23日), 諸系, 新潮
(㊥元久2(1205)年6月23日), 人名, 姓氏神奈

川, 多摩(㊥建暦2(1212)年), 日史(㊥元久2
(1205)年6月23日), 日人, 平史(平重成　た
いらのしげなり), 北条

**伊奈源左衛門　いなげんざえもん**
？ 〜天正3(1575)年
戦国時代〜安土桃山時代の武士。徳川家康の臣。
¶人名, 日人

**稲沢朝隆　いなざわともたか**
戦国時代の武将。結城氏家臣。
¶戦辞(生没年不詳), 戦東

**伊奈宗普　いなそうふ**
戦国時代の武将。武田家臣。蔵前衆頭の一人。
¶姓氏山梨

**稲田大炊介(稲田大炊助)　いなだおおいのすけ**
生没年不詳
安土桃山時代の蜂須賀家筆頭家老。
¶織田(稲田大炊助), 姓氏愛知

**稲田九郎兵衛　いなだくろべえ**
江戸時代前期の武士。蜂須賀氏の臣。
¶人名

**稲田示稙　いなだしげたね**
天正5(1577)年〜慶安3(1650)年3月12日
安土桃山時代〜江戸時代前期の徳島藩家老。
¶徳島歴

**稲田清蔵　いなだせいぞう**
安土桃山時代の武将。秀吉馬廻。
¶戦国, 戦人(生没年不詳)

**伊奈忠次　いなだただつぐ**
天文19(1550)年〜慶長15(1610)年　㊟伊奈忠次
《いないえつぐ》,伊奈熊蔵忠次《いなぐまぞうた
だつぐ》,伊奈備前守《いなびぜんのかみ》
安土桃山時代〜江戸時代前期の大名。武蔵小室
藩主。
¶愛知百(㊥1610年6月13日), 朝日(㊥慶長15年6
月13日(1610年8月1日)), 岩史(㊥慶長15
(1610)年6月13日), 江戸(伊奈備前守　いな
びぜんのかみ), 角史, 神奈川人, 神奈川百,
近世, 群馬人, 群馬百, 国史, コン改, コン4,
埼玉人(㊥慶長15(1610)年6月12日), 埼玉百
(伊奈熊蔵忠次　いなぐまぞうただつぐ), 史
人(㊥1610年6月13日), 静岡百(伊奈家次　い
ないえつぐ), 静岡歴(伊奈家次　いないえつ
ぐ), 諸系, 新潮(㊥慶長15(1610)年6月13
日), 人名, 姓氏愛知, 姓氏神奈川, 姓氏群馬,
姓氏静岡(伊奈家次　いないえつぐ), 世人
(㊥慶長15(1610)年6月13日), 世百(㊹1554年
㊥1640年), 戦合, 戦辞, 全書, 戦人, 戦補,
大百, 栃木歴, 日史(㊥慶長15(1610)年6月13
日), 日人, 藩主1(㊥慶長15(1610)年6月13
日), 百科, 歴大

**稲田稙次　いなだたねつぐ**
慶長5(1600)年〜承応1(1652)年
江戸時代前期の武士、徳島藩家老。
¶徳島歴, 日人

**稲田稙元**（稲田植元）　**いなだたねもと**
？　～寛永6（1629）年
安土桃山時代～江戸時代前期の武将、家老。
¶戦人（生没年不詳），徳島百（[生]天文14（1545）年　[没]寛永5（1628）年8月18日），徳島歴（稲田植元　[没]寛永6（1629）年8月18日），藩臣6（稲田植元）

**伊奈忠政**　**いなただまさ**
天正13（1585）年～元和4（1618）年　[別]伊奈筑後守忠政《いなちくごのかみただまさ》
安土桃山時代～江戸時代前期の武将、大名。武蔵小室藩主。
¶コン改，コン4，埼玉人（[没]元和4（1618）年3月10日），埼玉百（伊奈筑後守忠政　いなちくごのかみただまさ），諸系，人名，日人，藩主1（[没]元和4（1618）年3月10日）

**伊奈筑後守忠政**　**いなちくごのかみただまさ**
→伊奈忠政（いなただまさ）

**稲津掃部助**　**いなづかもんのすけ**
生没年不詳
安土桃山時代～江戸時代前期の武将。
¶戦人

**稲継壱岐守**　**いなつぎいきのかみ**
？　～天正7（1579）年
戦国時代～安土桃山時代の武将。
¶戦人

**稲次右近**　**いなつぎうこん**
[別]稲継右近《いなつぐうこん》
安土桃山時代～江戸時代前期の武将。有馬豊氏の臣。丹波福知山藩家老。
¶人名，日人（[生]1574年　[没]1638年），藩臣5（稲継右近　いなつぐうこん　[生]永禄2（1559）年　[没]寛永14（1637）年）

**稲次壱岐**　**いなつぐいき**
→稲次宗雄（いなつぐむねお）

**稲継右近**　**いなつぐうこん**
→稲次右近（いなつぎうこん）

**稲次重知**　**いなつぐしげとも**
→稲次宗雄（いなつぐむねお）

**稲次宗雄**　**いなつぐむねお**
永禄2（1559）年～寛永15（1638）年1月22日　[別]稲次壱岐《いなつぐいき》，稲次重知《いなつぐしげとも》
安土桃山時代の武将。筑後久留米藩家老。
¶国書，戦国，藩臣7（稲次壱岐　いなつぐいき），福岡百（稲次重知　いなつぐしげとも）

**稲津重政**　**いなづしげまさ**
天正2（1574）年頃～慶長7（1602）年
安土桃山時代の武将。
¶藩臣7

**稲富一夢**　**いなとみいちむ**
→稲富一夢（いなどめいちむ）

**稲富新助**　**いなとみしんすけ**
生没年不詳
安土桃山時代の武士。島津氏家臣。
¶戦人

**稲富祐直**　**いなとみすけなお**
→稲富一夢（いなどめいちむ）

**稲富直家**（稲冨直家）　**いなとみなおいえ**
→稲富一夢（いなどめいちむ）

**稲富直時**　**いなとみなおとき**
→稲富直時（いなどめなおとき）

**稲富一夢**　**いなどめいちむ**
天文21（1552）年～慶長16（1611）年　[別]稲富一夢《いなとみいちむ》，稲富直家《いなとみなおいえ，いなどめなおいえ》，稲富祐直《いなとみすけなお，いなどめすけなお》，稲冨直家《いなとみなおいえ》，稲留祐直《いなどめすけなお》
安土桃山時代～江戸時代前期の砲術家、伊勢亀山藩士。稲富派の祖。
¶朝日（稲富祐直　いなどめすけなお　[没]慶長16年2月6日（1611年3月20日）），岩史（[没]慶長16（1611）年2月6日），織田（稲富祐直　いなとみすけなお　[生]天文20（1551）年　[没]慶長16（1611）年2月6日），角史，教育（稲富直家　いなとみなおいえ　[生]？），京都府（いなとみいちむ），近世，国史，国書（稲富直家　いなとみなおいえ　[生]元亀2（1571）年　[没]慶長16（1611）年2月6日），コン改（稲富祐直　いなとみすけなお　[生]天文20（1551）年），コン4（稲富祐直　いなとみすけなお　[生]天文20（1551）年），新潮（稲富祐直　いなとみすけなお　[没]慶長16（1611）年2月6日），人名（稲富直家　いなとみなおいえ　[生]？），世人（稲富直家　いなとみなおいえ　[生]？　[没]慶長16（1611）年2月6日），戦合，戦国（稲富祐直　いなとみすけなお），全書（いなとみいちむ　[生]1551年），戦人（稲富祐直　いなどめすけなお），大百（いなとみいちむ　[生]1551年），日史（稲富直家　いなどめなおいえ　[没]慶長16（1611）年2月6日），日人（いなとみいちむ），藩臣4（稲冨直家　いなとみなおいえ　[生]元亀2（1571）年），百科（稲富直家　いなどめなおいえ），歴大（いなとみいちむ　[生]1549年）

**稲富祐直**　**いなどめすけなお**
→稲富一夢（いなどめいちむ）

**稲富直家**　**いなどめなおいえ**
→稲富一夢（いなどめいちむ）

**稲富直時**　**いなどめなおとき**
[別]稲富直時《いなとみなおとき》
戦国時代の武将。
¶戦国（いなとみなおとき），戦人（生没年不詳）

**稲葉市之丞**　**いなばいちのじょう**
生没年不詳
安土桃山時代の織田信長の家臣。
¶織田

**稲葉一鉄**　**いなばいってつ**
永正13（1516）年～天正16（1588）年　[別]稲葉良通《いなばよしみち》
戦国時代～安土桃山時代の武将、西美濃三人衆の一人。

¶朝日（[生]永正12（1515）年　[没]天正16年11月19日（1589年1月5日）），岩史（[没]天正16（1588）年11月19日），織田（稲葉良通　いなばよしみち　[生]永正12（1515）年　[没]天正16（1588）年11月19日），角史，岐阜百（[生]1507年），郷土岐阜，国史，古中，コン改（[生]永正12（1515）年），コン4（[生]永正12（1515）年），茶道，史人（[没]1588年11月19日），諸系（[生]1515年　[没]1589年），新潮（[没]天正16（1588）年11月19日），人名（[生]1515年），世人，戦合，戦国（稲葉良通　いなばよしみち　[生]1515年），全書（[没]1589年），戦人（[生]永正12（1515）年），戦西，大百，日史（[生]永正12（1515）年　[没]天正16（1588）年11月19日），日人（[生]1515年　[没]1589年），歴大（[生]1515年）

**稲葉勘解由左衛門** いなばかげゆざえもん
生没年不詳
安土桃山時代～江戸時代前期の武将、最上氏遺臣。
¶庄内

**稲葉一通** いなばかずみち
天正15（1587）年～寛永18（1641）年
安土桃山時代～江戸時代前期の武将、大名。豊後臼杵藩主。
¶大分百，諸系，日人，藩主4（[没]寛永18（1641）年8月16日）

**稲葉方通** いなばかたみち
→稲葉方通（いなばまさみち）

**稲葉刑部少輔** いなばぎょうぶのしょう
生没年不詳
安土桃山時代の織田信長の家臣。
¶織田

**稲葉左近** いなばさこん
？～寛永17（1640）年
江戸時代前期の武将、加賀藩士。
¶藩臣3

**稲葉貞通** いなばさだみち
天文15（1546）年～慶長8（1603）年　[別]郡上侍従《ぐじょうじじゅう》，曽禰侍従《そねじじゅう》
安土桃山時代の大名。美濃郡上藩主、豊後臼杵藩主。
¶朝日（[没]慶長8年9月3日（1603年10月7日）），大分歴，織田（[没]慶長8（1603）年9月3日），岐阜百（[生]1548年），近世，国史，史人（[没]1603年9月3日），諸系，新潮（[没]慶長8（1603）年9月3日），人名（[生]1548年），戦合，戦国，戦辞（[没]慶長8年9月3日（1603年10月7日）），戦人，日人，藩主2（[没]慶長8（1603）年9月3日），藩主4（[没]慶長8（1603）年9月3日）

**稲葉佐之介** いなばさのすけ
安土桃山時代の武将。結城氏家臣。
¶戦東

**稲葉重通** いなばしげみち
？～慶長3（1598）年
安土桃山時代の武将、大名。美濃清水城主。
¶織田（[没]慶長3（1598）年10月3日），岐阜百，諸系，戦国，戦辞，戦人，日人，藩主2（[没]慶長3（1598）年10月3日）

**稲葉清六** いなばせいろく
安土桃山時代の武士。豊臣氏家臣。
¶戦国，戦人（生没年不詳）

**稲葉内匠頭** いなばたくみのかみ
安土桃山時代の武将。
¶岡山人，岡山歴

**稲葉道通** いなばつねみち
→稲葉道通（いなばみちとお）

**稲葉土佐** いなばとさ
生没年不詳
安土桃山時代の織田信長の家臣。
¶織田

**稲葉直富** いなばなおとみ
？～寛永17（1640）年
江戸時代前期の武士、加賀藩士。
¶石川百，姓氏石川

**稲葉直政** いなばなおまさ
弘治1（1555）年～寛永5（1628）年6月8日
安土桃山時代の武将。秀吉馬廻。
¶織田，戦国，戦人（生没年不詳）

**稲葉名兵衛** いなばなへえ
永禄10（1567）年～寛永12（1635）年
安土桃山時代～江戸時代前期の武士。
¶庄内

**稲葉縫殿右衛門** いなばぬいえもん
？～永禄4（1561）年
戦国時代の武士。
¶戦人，戦西

**稲葉紀通** いなばのりみち
慶長8（1603）年～慶安1（1648）年
江戸時代前期の武将、大名。伊勢田丸藩主、摂津中島藩主、丹波福知山藩主。大坂の陣が初陣。
¶京都府，諸系（[没]1643年），人名（[生]？），日人，藩主3（[没]慶安1（1648）年8月20日），藩主3

**稲葉典通** いなばのりみち
永禄9（1566）年～寛永3（1626）年　[別]彦六侍従《ひころくじじゅう》
安土桃山時代～江戸時代前期の武将、大名。豊後臼杵藩主。
¶大分歴，諸系（[没]1627年），人名，戦国（[生]1567年），戦人，日人（[没]1627年），藩主4（[没]寛永3（1626）年11月19日）

**稲葉彦六** いなばひころく
安土桃山時代の織田信長の家臣。
¶織田

**稲葉正勝** いなばまさかつ
慶長2（1597）年～寛永11（1634）年
江戸時代前期の武士、大名。下野真岡藩主、相模小田原藩主、常陸柿岡藩主。
¶朝日（[没]寛永11年1月25日（1634年2月22日）），岩史（[没]寛永11（1634）年1月25日），神奈川人（[生]1594年），近世，国史，コン改，コン4，茶道，史人（[没]1634年1月25日），諸系，新潮（[没]寛

永11 (1634) 年1月25日), 人名, 姓氏神奈川, 日史 ([没]寛永11 (1634) 年1月25日), 日人, 藩主1, 藩主1 ([没]寛永11 (1634) 年1月25日), 藩主2 ([没]寛永11 (1634) 年1月25日), 百科, 歴大



**稲葉正成** いなばまさしげ
→稲葉正成 (いなばまさなり)

**稲葉正成** いなばまさなり
元亀2 (1571) 年～寛永5 (1628) 年　[別]稲葉正成《いなばまさしげ》
安土桃山時代～江戸時代前期の武将、大名。美濃十七条城主、越後糸魚川藩主、下野真岡藩主。
¶岡山人 (いなばまさしげ), 岡山歴 ([没]寛永5 (1628) 年9月17日), コン改, コン4, 諸系, 人名 ([生]?), 戦国, 戦人, 栃木歴 ([生]元亀1 (1570) 年), 新潟百, 日人, 藩主1 ([没]寛永5 (1628) 年9月17日), 藩主2, 藩主3

**稲葉方通** いなばまさみち
*～寛永17 (1640) 年　[別]稲葉方通《いなばかたみち》
安土桃山時代～江戸時代前期の武士。豊臣氏家臣、徳川氏家臣。
¶戦国 (いなばかたみち　[生]1567年), 戦人 ([生]永禄9 (1566) 年)

**稲葉通重** いなばみちしげ
?　～元和4 (1618) 年
安土桃山時代～江戸時代前期の武将、大名。美濃清水藩主。
¶諸系, 戦国, 戦人, 日人, 藩主2 ([没]元和4 (1618) 年6月)

**稲葉通孝** いなばみちたか
?　～*
安土桃山時代～江戸時代前期の武士。豊臣氏家臣、徳川氏家臣。
¶戦国 ([没]1607年), 戦人 ([没]慶長11 (1606) 年)

**稲葉道通** いなばみちとお
元亀1 (1570) 年～慶長12 (1607) 年　[別]稲葉道通《いなばつねみち》
安土桃山時代～江戸時代前期の武将、大名。伊勢岩出城主、伊勢田丸藩主。
¶諸系 ([没]1608年), 人名, 戦国, 戦人, 日人 ([没]1608年), 藩主3 (いなばつねみち　[没]慶長12 (1607) 年12月12日)

**稲葉良弘** いなばよしひろ
?　～元亀2 (1571) 年5月27日
戦国時代～安土桃山時代の織田信長の家臣。
¶織田

**稲葉良通** いなばよしみち
→稲葉一鉄 (いなばいってつ)

**伊奈備前守** いなびぜんのかみ
→伊奈忠次 (いなただつぐ)

**伊波** いなみ
生没年不詳
戦国時代の北条氏の家臣。
¶戦辞

**伊波和泉** いなみいずみ
生没年不詳
戦国時代の北条氏の家臣。
¶戦辞

**伊波修理亮** いなみしゅりのすけ
戦国時代の武将。後北条氏家臣。
¶戦辞 (生没年不詳), 戦東

**伊波大学助** いなみだいがくのすけ
戦国時代の武将。後北条氏家臣。
¶戦辞 (生没年不詳), 戦東

**稲見戸田助** いなみとだのすけ
生没年不詳
戦国時代の下総結城氏の家臣。
¶戦辞

**稲村新八** いなむらしんぱち
安土桃山時代～江戸時代前期の武士。里見氏家臣。
¶戦人 (生没年不詳), 戦東

**伊奈盛泰** いなもりやす
生没年不詳
戦国時代の武士。北条早雲の家臣。
¶戦辞

**伊那令成** いなれいせい
?　～慶長5 (1600) 年
安土桃山時代の武将。徳川家康の臣。
¶戦補

**猪苗代盛国** いなわしろもりくに
生没年不詳
戦国時代～安土桃山時代の武将。
¶会津, 戦人, 戦東, 藩臣1

**猪苗代盛胤** いなわしろもりたね
安土桃山時代の武将。
¶戦人 (生没年不詳), 戦東

**乾和信** いぬいかずのぶ
～天正13 (1585) 年
戦国時代～安土桃山時代の山内一豊の家臣。
¶高知人

**乾和三** いぬいかずみつ
?　～寛永10 (1633) 年
安土桃山時代～江戸時代前期の武士、土佐藩家老。
¶藩臣6

**乾忠清** いぬいただきよ
享禄4 (1531) 年～慶長15 (1610) 年
安土桃山時代～江戸時代前期の武士。豊臣氏家臣。
¶戦国, 戦人

**乾忠元** いぬいただもと
天正4 (1576) 年～明暦1 (1655) 年
安土桃山時代～江戸時代前期の鷹師。豊臣氏家臣。
¶戦国, 戦人

**乾直幾** いぬいなおちか
?　～慶安1 (1648) 年
江戸時代前期の武将、因幡鳥取藩家老。
¶藩臣5

**乾彦九郎** いぬいひこくろう
安土桃山時代の武将。秀吉馬廻。
¶戦国，戦人（生没年不詳）

**犬甘大炊助政徳** いぬかいおおいのすけまさのり
→犬甘政徳（いぬかいまさのり）

**犬甘貞知** いぬかいさだとも
[別]犬甘主馬助貞知《いぬかいしゅめのすけさだとも》
戦国時代～安土桃山時代の武士。小笠原氏家臣。
¶戦人（生没年不詳），戦東（犬甘主馬助貞知　いぬかいしゅめのすけさだとも）

**犬甘主馬助貞知** いぬかいしゅめのすけさだとも
→犬甘貞知（いぬかいさだとも）

**犬飼助三** いぬかいすけぞう
生没年不詳
安土桃山時代の織田信長の家臣。
¶織田

**犬養五十君** いぬかいのいきみ
？～弘文天皇1・天武天皇1（672）年　[別]犬養五十君《いぬがいいそぎみ》，犬養連五十君《いぬかいのむらじいきみ》
飛鳥時代の官人。壬申の乱に大友皇子側の将となり、捕まって斬られた。
¶朝日（[没]天武1（672）年7月），国史，古代（犬養連五十君　いぬかいのむらじいきみ），古中，コン改，コン4，史人（[没]672年7月），新潮（[没]天武1（672）年7月23日），人名（いぬがいいそぎみ），日人

**犬養五十君** いぬがいのいそぎみ
→犬養五十君（いぬかいのいきみ）

**犬甘半左衛門久知** いぬかいはんざえもんひさとも
→犬甘久知（いぬかいひさとも）

**犬甘久知** いぬかいひさとも
[別]犬甘半左衛門久知《いぬかいはんざえもんひさとも》
安土桃山時代の武士。小笠原氏家臣。
¶戦人（生没年不詳），戦東（犬甘半左衛門久知　いぬかいはんざえもんひさとも）

**犬飼秀長** いぬかいひでなが
生没年不詳
安土桃山時代の人。秀吉の影武者。
¶姓氏愛知

**犬飼孫三** いぬかいまごぞう
？～天正10（1582）年6月2日
戦国時代～安土桃山時代の織田信長の家臣。
¶織田

**犬甘政徳** いぬかいまさのり
[別]犬甘大炊助政徳《いぬかいおおいのすけまさのり》
戦国時代の武将。小笠原氏家臣。
¶戦人（生没年不詳），戦東（犬甘大炊助政徳　いぬかいおおいのすけまさのり）

**犬伏左近** いぬぶしさこん
？～天正10（1582）年
安土桃山時代の武将。
¶戦人

**犬房丸** いぬぼうまる
生没年不詳
鎌倉時代の武士。曽我兄弟に討たれた工藤祐経の子。
¶長野歴

**飯尾因幡入道** いのういなばにゅうどう
生没年不詳
戦国時代の阿波・三河守護細川成之の家臣。
¶戦辞

**井上有景** いのうえありかげ
安土桃山時代の武将。
¶岡山人

**井上雅楽助(1)** いのうえうたのすけ
生没年不詳
戦国時代の北条氏の家臣。津久井衆。
¶戦辞，戦人，戦東

**井上雅楽助(2)** いのうえうたのすけ
生没年不詳
戦国時代の武士。北条氏邦の家臣。
¶戦辞

**井上加賀守** いのうえかがのかみ
戦国時代の武将。後北条氏家臣。
¶戦辞（生没年不詳），戦東

**井上久八郎** いのうえきゅうはちろう
生没年不詳
安土桃山時代の織田信長の家臣。
¶織田

**井上清秀** いのうえきよひで
天文2（1533）年～慶長9（1604）年9月14日
戦国時代～江戸時代前期の織田信長の家臣。
¶織田

**井上九右衛門** いのうえくえもん
生没年不詳
戦国時代の北条氏の家臣。
¶戦辞

**井上左衛門尉** いのうえさえもんのじょう
戦国時代の武将。武田家臣。信濃綿内の城主。
¶姓氏長野（生没年不詳），姓氏山梨

**井上定次** いのうえさだつぐ
安土桃山時代の武士。豊臣氏家臣。
¶戦国，戦人（生没年不詳）

**井上定利** いのうえさだとし
？～元和1（1615）年
安土桃山時代～江戸時代前期の武士。豊臣氏家臣。
¶戦国，戦人

**井上佐渡守** いのうえさどのかみ
？～天正7（1579）年
戦国時代～安土桃山時代の地方豪族・土豪。
¶戦人

**井上信濃守** いのうえしなののかみ
天文3(1534)年9月～文禄3(1594)年4月
戦国時代～安土桃山時代の武士。佐竹氏家臣。
¶戦辞，戦人(生没年不詳)，戦東

い

**井上甚右衛門** いのうえじんえもん
天文22(1553)年～寛永8(1631)年
安土桃山時代～江戸時代前期の紀伊和歌山藩士。
¶藩臣5

**井上新介** いのうえしんすけ
安土桃山時代の武将。秀吉馬廻。
¶戦国，戦人(生没年不詳)

**井上周防** いのうえすおう
→井上之房(いのうえゆきふさ)

**井上図書** いのうえずしょ
生没年不詳
戦国時代の武将。
¶姓氏神奈川

**井上大九郎** いのうえだいくろう
安土桃山時代の武士。別所氏家臣、豊臣氏家臣、加藤氏家臣。
¶人名，戦国，戦人(生没年不詳)，日人(生没年不詳)

**井上継隆** いのうえつぐたか
戦国時代の代官。今川氏家臣。
¶戦東

**井上俊清** いのうえとしきよ
南北朝時代の武将。
¶姓氏石川，姓氏富山

**井上長政** いのうえながまさ
？ ～寛永2(1625)年
安土桃山時代～江戸時代前期の武将、加賀藩士。
¶人名，日人

**井上就貞** いのうえなりさだ
？ ～永禄12(1569)年
戦国時代～安土桃山時代の毛利氏の家臣。
¶姓氏山口

**井上信喬** いのうえのぶたか
？ ～寛永3(1626)年
安土桃山時代～江戸時代前期の浅野家臣。
¶和歌山人

**井上春忠** いのうえはるただ
安土桃山時代の武将。
¶岡山人

**井上彦三** いのうえひこぞう
安土桃山時代の武将。秀吉馬廻。
¶戦国，戦人(生没年不詳)

**井上肥後守** いのうえひごのかみ
戦国時代の武将。
¶姓氏富山

**井上英教** いのうえひでのり
戦国時代の武士。
¶姓氏石川，戦人(生没年不詳)，戦西

**井上英安** いのうえひでやす
戦国時代の武士。
¶姓氏石川，戦人(生没年不詳)，戦西

**井上総英** いのうえふさひで
戦国時代の武士。
¶姓氏石川，戦人(生没年不詳)，戦西

**井上文左衛門** いのうえぶんざえもん
戦国時代の武将。武田家臣。小荷駄奉行甘利衆の覚えの武士8騎の一人。
¶姓氏山梨

**井上孫七郎** いのうえまごしちろう
生没年不詳
戦国時代の武蔵鉢形城主北条氏邦の家臣。
¶戦辞

**井上政重** いのうえまさしげ
天正13(1585)年～寛文1(1661)年
安土桃山時代～江戸時代前期の武士、大名、大目付。下総高岡藩主。
¶朝日([没]寛文1年2月27日(1661年3月27日))，岩史([没]万治4(1661)年2月27日)，キリ，近世，国史，国書([没]万治4(1661)年2月27日)，コン改，コン4，史人([没]1661年2月27日)，諸系，新潮([没]寛文1(1661)年2月27日)，人名，世人，戦合，日史([没]寛文1(1661)年2月27日)，日人，藩主2([没]寛文1(1661)年2月27日)，百科，歴大

**井上正就** いのうえまさなり
天正5(1577)年～寛永5(1628)年
安土桃山時代～江戸時代前期の武将、大名、老中。遠江横須賀藩主。
¶朝日([没]寛永5年8月10日(1628年9月7日))，岩史([没]寛永5(1628)年8月10日)，近世，国史，コン4，史人([没]1628年8月10日)，静岡歴，諸系，新潮([没]寛永5(1628)年8月10日)，人名，姓氏静岡，戦合，戦人，日人，藩主2([没]寛永5(1628)年8月10日)，歴大

**井上又蔵** いのうえまたぞう
？ ～天正10(1582)年6月2日
戦国時代～安土桃山時代の織田信長の家臣。
¶織田

**井上道勝** いのうえみちかつ
安土桃山時代の武士。豊臣氏家臣。
¶戦国，戦人(生没年不詳)

**井上光兼** いのうえみつかね
寛正4(1463)年～天文20(1551)年
戦国時代の武将。毛利氏家臣。
¶国史，古中，史人([没]1551年8月5日)，戦合，戦人(生没年不詳)，日人

**井上元兼** いのうえもとかね
*～天文19(1550)年
戦国時代の武士。
¶姓氏山口([生]1485年)，戦人([生]？)，戦西

**井上之房** いのうえゆきふさ
天文23(1554)年～寛永11(1634)年　[別]井上周防《いのうえすおう》
安土桃山時代～江戸時代前期の武士。

¶新潮，戦人，戦補，日人，藩臣7（井上周防　いのうえすおう）

**井上行康** いのうえゆきやす
～天文7（1538）年
戦国時代の武士。
¶神奈川人

**飯尾賢連** いのうかたつら
→飯尾賢連（いいおかたつら）

**飯尾連竜** いのうつらたつ
→飯尾連竜（いいおつらたつ）

**飯尾貞運** いのうていうん
生没年不詳
戦国時代の幕府奉行人の飯尾氏の一族。
¶戦辞

**飯尾乗連** いのうのりつら
→飯尾乗連（いいおのりつら）

**稲生正信** いのうまさのぶ
？～正保2（1645）年1月17日
江戸時代前期の武士、旗本、下田波目村等の領主。
¶埼玉人

**飯尾元時** いのうもとときき
生没年不詳
戦国時代の今川氏の家臣。
¶戦辞

**猪衛与左衛門** いのえよざえもん
戦国時代の武将。武田家臣。永禄起請文にみえる。
¶姓氏山梨

**猪岡玄蕃** いのおかげんば
安土桃山時代の武将。葛西氏家臣。
¶戦東

**飯尾兼行** いのおかねゆき
→飯尾浄称（いのおじょうしょう）

**飯尾吉連** いのおきちれん
生没年不詳　[別]飯尾吉連《いいおきちれん，いのお（いいお）きちれん》
南北朝時代の武士。
¶徳島歴（いのお（いいお）きちれん）

**飯尾貞連** いのおさだつら
？～康正1（1455）年　[別]飯尾貞連《いいおさだつら，いいのおさだつら》
室町時代の武士、幕府官僚、法曹家、評定衆。
¶朝日（いいのおさだつら　[没]康正1年2月21日（1455年3月9日）），鎌室，国書（いいのおさだつら　生没年不詳），コン改（いいおさだつら），コン4（いいおさだつら），諸系，新潮，日人

**飯尾浄称** いのおじょうしょう
？～応永21（1414）年　[別]飯尾兼行《いのおかねゆき》
室町時代の幕府奉行人。
¶鎌室，諸系（飯尾兼行　いのおかねゆき），日人（飯尾兼行　いのおかねゆき）

**飯尾真覚** いのおしんがく
室町時代の武士。
¶岡山歴

**飯尾為数** いのおためかず
？～応仁1（1467）年　[別]飯尾為数《いいおためかず，いいのおためかず》
室町時代の法曹家、政所執事代。
¶朝日（いいのおためかず　[没]応仁1年6月11日（1467年7月12日）），鎌室，コン改（いいおためかず），コン4（いいおためかず），諸系，新潮（[没]応仁1（1467）年6月11日），日人

**飯尾為重** いのおためしげ
生没年不詳　[別]飯尾為重《いいおためしげ，いのお（いいお）ためしげ》
南北朝時代の武士。
¶徳島歴（いのお（いいお）ためしげ）

**飯尾為種** いのおためたね
？～長禄2（1458）年　[別]飯尾為種《いいおためたね，いいのおためたね》
室町時代の武士、幕府官僚、法曹家。
¶朝日（いいのおためたね　[没]長禄2年5月20日（1458年6月30日）），鎌室，国史，国書（いいのおためたね　[没]長禄2（1458）年5月20日），古中，コン改（いいおためたね），コン4（いいおためたね），史人（[没]1458年5月20日），諸系，新潮（[没]長禄2（1458）年5月20日），姓氏京都，日史（[没]長禄2（1458）年5月20日），日人

**飯尾常房** いのおつねふさ
→飯尾常房（いいおつねふさ）

**飯尾元連** いのおもとつら
永享3（1431）年～明応1（1492）年　[別]飯尾元連《いいおもとつら，いいのおもとつら》
室町時代～戦国時代の武士。奉行人。
¶鎌室，国史，国書（いいのおもとつら　[没]延徳4（1492）年5月10日），古中，コン改（いいおもとつら　[生]？），コン4（いいおもとつら　[生]？），史人（[没]1492年5月10日），諸系，新潮（[没]明応1（1492）年5月10日），姓氏京都，世人（いいおもとつら），戦合，日人，歴大

**飯尾六左衛門** いのおろくざえもん
→飯尾六左衛門（いいおろくざえもん）

**井口帯刀左衛門尉** いのくちたてわきざえもんのじょう
戦国時代の武将。浅井氏家臣。
¶戦西

**井口経元** いのくちつねもと
戦国時代の武士。
¶戦人（生没年不詳），戦西

**井口光義** いのくちみつよし
平安時代後期の豪族。
¶姓氏富山

**井口宗重** いのくちむねしげ
生没年不詳
安土桃山時代の織田信長の家臣。
¶織田

い

**井口義氏** いのぐちよしうじ
　? 〜永正14 (1517) 年
　戦国時代の武士。
　¶日人

い **井口六郎** いのくちろくろう
　南北朝時代の武将。
　¶姓氏富山

**猪子賀介** いのこがすけ
　生没年不詳
　安土桃山時代の織田信長の家臣。
　¶織田

**猪子一日** いのこかづてる
　元亀1 (1570) 年〜元和3 (1617) 年
　安土桃山時代〜江戸時代前期の武士。豊臣氏家
　臣、前田氏家臣、徳川氏家臣。
　¶戦国，戦人

**猪子一時** いのこかずとき
　天文11 (1542) 年〜寛永3 (1626) 年
　安土桃山時代〜江戸時代前期の武士。織田氏家
　臣、豊臣氏家臣。
　¶織田 (㉔寛永3 (1626) 年2月28日)，茶道
　(㊤1537年)，戦国，戦人

**猪子外記入道** いのこげきにゅうどう
　生没年不詳
　安土桃山時代の織田信長の家臣。
　¶織田

**猪子才蔵** いのこさいぞう
　大永5 (1525) 年〜永禄6 (1563) 年
　戦国時代の武田氏の同心。
　¶人名，姓氏愛知，姓氏山梨，日人 (生没年不詳)

**猪子高就** いのこたかなり
　? 〜天正10 (1582) 年
　安土桃山時代の武士。
　¶織田 (㉔天正10 (1582) 年6月2日)，戦国，戦人，
　戦西，日人

**猪子兵助** いのこひょうすけ
　? 〜天正10 (1582) 年
　戦国時代〜安土桃山時代の武士。織田信長に仕
　えた。
　¶姓氏愛知

**井早太 (猪隼太)** いのはやた
　平安時代後期の武士。源頼政の郎党、多田源氏。
　¶人名 (猪隼太)，日人 (生没年不詳)

**猪股采女** いのまたうねめ
　安土桃山時代の武将。
　¶岡山人

**猪俣邦憲** いのまたくにのり
　? 〜天正18 (1590) 年
　安土桃山時代の武士。後北条氏家臣。
　¶群馬人 (生没年不詳)，埼玉人 (生没年不詳)，
　姓氏群馬 (生没年不詳)，戦辞，戦人，戦東

**猪俣五平治** いのまたごへいじ
　戦国時代の武将。

　¶岐阜百

**猪俣左衛門尉** いのまたさえもんのじょう
　戦国時代の武将。後北条氏家臣。
　¶戦辞 (生没年不詳)，戦東

**猪又左近将監** いのまたさこんしょうげん
　生没年不詳
　戦国時代の北条氏の家臣。
　¶戦辞

**猪俣時範** いのまたときのり
　平安時代後期の武士、横山義孝の弟時資の子。
　¶埼玉百

**猪俣能登守範直** いのまたのとのかみのりただ
　→猪俣範直 (いのまたのりなお)

**猪俣範高** いのまたのりたか
　鎌倉時代前期の武士。
　¶埼玉百

**猪俣範綱** いのまたのりつな
　生没年不詳
　平安時代後期〜鎌倉時代前期の武蔵武士。
　¶神奈川人，埼玉人，埼玉百

**猪俣範直 (猪俣則直)** いのまたのりなお
　? 〜天正18 (1590) 年　　㊵猪俣能登守範直《いの
　またのとのかみのりただ》
　安土桃山時代の武将、上野沼田城主。後北条氏
　家臣。
　¶埼玉百 (猪俣能登守範直　いのまたのとのかみ
　のりただ)，戦東，戦補 (猪俣則直)

**猪俣範宗** いのまたのりむね
　戦国時代の武士。後北条氏家臣。
　¶戦人 (生没年不詳)，戦東

**井村兼冬** いのむらかねふゆ
　生没年不詳
　南北朝時代の三隅郷井村領主。
　¶島根歴

**伊庭貞隆** いばさだたか
　㊵伊庭出羽守貞隆《いばでわのかみさだたか》
　戦国時代の武士。
　¶戦人 (生没年不詳)，戦西 (伊庭出羽守貞隆　い
　ばでわのかみさだたか)

**伊庭出羽守貞隆** いばでわのかみさだたか
　→伊庭貞隆 (いばさだたか)

**伊場野外記** いばのげき
　? 〜天正19 (1591) 年
　安土桃山時代の武将。大崎氏家臣。
　¶戦人，戦東

**伊場野惣八郎** いばのそうはちろう
　? 〜天正16 (1588) 年
　安土桃山時代の武士。大崎氏家臣。
　¶戦人，戦東

**庵原朝昌** いはらあさまさ
　弘治2 (1556) 年〜寛永17 (1640) 年
　安土桃山時代〜江戸時代前期の近江彦根藩士。
　¶藩臣4

**庵原安房守** いはらあわのかみ
戦国時代の武将。今川氏家臣。
¶戦人（生没年不詳），戦東

**茨木佐渡守** いばらきさどのかみ
？ ～元亀2（1571）年
戦国時代の武将。
¶織田（[没]元亀2（1571）年8月28日），戦人

**茨木長隆**（茨城長隆） いばらぎながたか，いばらきながたか
生没年不詳
戦国時代の武将。細川晴元を補佐。
¶朝日，岩史，角史，京都大，国史，古中，コン4（いばらきながたか），史人，新潮（茨城長隆），姓氏京都（いばらきながたか），戦合，戦人（いばらきながたか），戦西（いばらきながたか），日史（いばらきながたか），日人（いばらきながたか），百科，歴大（いばらきながたか）

**茨木兵蔵** いばらきひょうぞう，いばらぎひょうぞう
安土桃山時代の武将。秀吉馬廻。
¶戦国（いばらぎひょうぞう），戦人（生没年不詳）

**庵原源内** いはらげんない
戦国時代の武将。武田家臣。朝比奈信置配下の武辺者。
¶姓氏山梨

**庵原小次郎** いはらこじろう
鎌倉時代の武士。駿河国有度郡入江荘を本拠とする入江武士団の一人。
¶姓氏静岡

**庵原左衛門尉** いはらさえもんのじょう
？ ～永正2（1505）年
戦国時代の武将。今川氏家臣。
¶戦人，戦東

**庵原将監** いはらしょうげん
戦国時代～安土桃山時代の武士。今川氏家臣。
¶戦人（生没年不詳），戦東

**庵原周防守** いはらすおうのかみ
戦国時代の武将。今川氏家臣。
¶戦辞（生没年不詳），戦東

**庵原忠房** いはらただふさ
生没年不詳
戦国時代の武将。
¶日人

**井原土佐守** いはらとさのかみ
生没年不詳
戦国時代の武士。
¶埼玉人

**井原元尚** いはらもとひさ
戦国時代～安土桃山時代の武士。
¶戦人（生没年不詳），戦西

**庵原弥右衛門** いはらやえもん
戦国時代の武将。武田家臣。駿河国庵原郡が名字地。
¶姓氏山梨

**庵原之政** いはらゆきまさ
戦国時代～安土桃山時代の武士。今川氏家臣。
¶戦人（生没年不詳），戦東

**衣斐市左衛門尉** いびいちざえもんのじょう
戦国時代の武将。斎藤氏家臣。
¶戦西

**揖斐光親** いびみつちか
戦国時代の武士。
¶戦人（生没年不詳），戦西

**衣斐与三左衛門** いびよさざえもん
戦国時代の武将。斎藤氏家臣。
¶戦西

**井福播磨** いふくはりま
戦国時代の武将。相良氏家臣。
¶戦西

**伊福部安道** いふくべのやすみち
→伊福部安道（いおきべのやすみち）

**指宿忠篤** いぶすきただあつ
南北朝時代の武将。
¶姓氏鹿児島

**指宿忠秀** いぶすきただひで
鎌倉時代の武将。
¶姓氏鹿児島

**揖宿忠政** いぶすきただまさ
？ ～寛永2（1625）年
安土桃山時代～江戸時代前期の武将。
¶姓氏鹿児島，戦人，戦西

**指宿忠村** いぶすきただむら
鎌倉時代前期の薩摩国地頭御家人。
¶姓氏鹿児島

**指宿忠泰** いぶすきただやす
？ ～延元2/建武4（1337）年
南北朝時代の武将。
¶姓氏鹿児島

**振橋帯刀** いぶりはしたてわき
戦国時代の江沼郡一揆の首領。
¶姓氏石川

**伊部九郎左衛門** いべくろうざえもん
戦国時代の武将。浅井氏家臣。
¶戦西

**伊北胤明** いほくたねあき
生没年不詳
鎌倉時代前期の関東御家人。
¶島根歴

**伊北常仲** いほくのつねなか
？ ～治承4（1180）年 [別]平常仲《たいらのつねなか》
平安時代後期の房総の武士。
¶千葉百（[没]治承4（1180）年10月），平史（平常仲 たいらのつねなか）

**伊保内正常** いぼないまさつね
生没年不詳

安土桃山時代の武士。
¶姓氏岩手

**盧原君** いほはらのきみ
→盧原臣（いおはらのおみ）

い

**今井雅楽助** いまいうたのすけ
戦国時代の武士。後北条氏家臣。
¶戦人（生没年不詳），戦東

**今井角右衛門** いまいかくえもん
戦国時代～安土桃山時代の武士。浅井氏家臣。
¶戦国，戦人（生没年不詳）

**今井賀蔵** いまいかぞう
戦国時代の武将。武田家臣。『武田家過去帳』に
甲斐国府中の居住とみえる。
¶姓氏山梨

**今井兼平** いまいのかねひら
　？　～元暦1（1184）年　別今井兼平《いまいのかね
ひら》，中原兼平《なかはらのかねひら》
平安時代後期の武士。木曽の四天王。
　¶朝日（㊥仁平2（1152）年　㊤元暦1年1月20日
　（1184年3月4日）），江戸，鎌室，国史，古中，
　コン改，コン4，滋賀百（いまいのかねひら
　㊥1152年？），史人（㊤1184年1月20日），新潮
　（㊤元暦1（1184）年1月20日），人名，姓氏長野
　（㊥1151年？），世人（㊤寿永3（1184）年1月20
　日），長野百（㊤？），長野歴，日人（㊥1152
　年），平史（中原兼平　なかはらのかねひら），
　歴大（㊥1152年？）

**今井清冬** いまいきよふゆ
戦国時代の武将。武田家臣。伊勢守。信玄の代の
公事奉行4人の一人。
¶姓氏山梨

**今井国広** いまいくにひろ
　？　～慶長3（1598）年11月
戦国時代～安土桃山時代の武将。上杉氏家臣。
¶戦辞，戦人（生没年不詳）

**今井源太郎** いまいげんたろう
戦国時代の武士。後北条氏家臣。
¶戦人（生没年不詳），戦東

**今井定清** いまいさだきよ
　？　～永禄4（1561）年
戦国時代の武士。
¶戦人，戦西

**今井貞恵** いまいさだしげ
戦国時代の武将。武田家臣。越前守。
¶姓氏山梨

**今井左馬助** いまいさまのすけ
戦国時代の武士。
¶戦人（生没年不詳），戦西

**今泉右門** いまいずみうもん
戦国時代の武将。葛西氏家臣。
¶戦東

**今泉高光** いまいずみたかみつ
　？　～慶長2（1597）年

安土桃山時代の武将。
¶戦人，戦補，栃木歴

**今泉但馬守** いまいずみたじまのかみ
　？　～文禄2（1593）年8月
戦国時代～安土桃山時代の宇都宮氏の重臣。
¶戦辞

**今井筑前守** いまいちくぜんのかみ
戦国時代の武将。浅井氏家臣。
¶戦西

**今井綱秀** いまいつなひで
戦国時代の武士。
¶姓氏石川，戦人（生没年不詳），戦西

**今井兼平** いまいのかねひら
→今井兼平（いまいのかねひら）

**今井信義** いまいのぶかた
　？　～明応3（1494）年3月26日
室町時代～戦国時代の武士。武田氏家臣，府中今
井氏の祖。
¶戦辞

**今井信是** いまいのぶこれ
生没年不詳
戦国時代の浦氏当主。
¶戦辞

**今井信甫** いまいのぶすけ
生没年不詳
戦国時代の武田信虎・晴信の近臣。
¶戦辞

**今井信俊** いまいのぶとし
　＊～文禄4（1595）年　別今井昌茂《いまいまさし
げ》
戦国時代～安土桃山時代の武将。武田氏家臣。
　¶姓氏山梨（㊥1522年），戦辞（今井昌茂　いまい
　まさしげ　㊤大永1（1521）年），戦人（㊤大永1
　（1521）年），戦東（㊤？），日人（㊥1522年）

**今井信仲** いまいのぶなか
　？　～天正10（1582）年3月
戦国時代～安土桃山時代の甲斐武田勝頼の家臣。
¶戦辞

**今井信衡** いまいのぶひら
戦国時代の武将。武田氏家臣。
　¶姓氏山梨，戦辞（生没年不詳），戦人（生没年不
　詳），戦東

**今井信房** いまいのぶふさ
　？　～永正12（1515）年10月17日
戦国時代の武田信虎の近臣。
¶戦辞

**今井信昌** いまいのぶまさ
戦国時代の武士。武田氏家臣。
¶姓氏山梨，戦人（生没年不詳），戦東

**今井信元** いまいのぶもと
生没年不詳
戦国時代の浦氏当主、国人領主。
¶戦辞

**今井信良** いまいのぶよし
生没年不詳
戦国時代の武田晴信の近臣。
¶戦辞

**今井久家** いまいひさいえ
生没年不詳
戦国時代の直江氏の家臣。
¶戦辞

**今井肥前守** いまいひぜんのかみ
戦国時代の武将。浅井氏家臣。
¶戦西

**今井秀形** いまいひでかた
戦国時代の武将。浅井氏家臣。
¶戦西

**今井日向守** いまいひゅうがのかみ
安土桃山時代の武将。羽柴氏家臣。
¶戦西

**今井兵部丞** いまいひょうぶのじょう
安土桃山時代の武将。秀吉馬廻。
¶戦国，戦人（生没年不詳）

**今井昌茂** いまいまさしげ
→今井信俊（いまいのぶとし）

**今井昌直** いまいまさなお
？　～永禄4（1561）年
戦国時代～安土桃山時代の武田家臣。永禄4年川中島の戦に討死。
¶姓氏山梨

**今井昌吉** いまいまさよし
？　～慶長18（1613）年
安土桃山時代～江戸時代前期の武田家臣。昌直の子。
¶姓氏山梨

**今枝勘右衛門** いまえだかんえもん
生没年不詳
安土桃山時代の武将。秀吉馬廻。
¶織田，戦国，戦人

**今枝重直** いまえだしげなお
天文23（1554）年～寛永4（1627）年
安土桃山時代～江戸時代前期の武士。織田氏家臣、豊臣氏家臣。
¶織田（[没]寛永4（1627）年12月），戦国，戦人，日人（[没]1628年），藩臣3（[生]？）

**今枝勝七郎** いまえだしょうしちろう
安土桃山時代の武将。秀吉馬廻。
¶戦国，戦人（生没年不詳）

**今枝直恒** いまえだなおつね
天正15（1587）年～承応1（1652）年
安土桃山時代～江戸時代前期の武士。
¶日人

**今枝弥八** いまえだやはち
戦国時代の武将。斎藤氏家臣。
¶戦西

**今枝六蔵** いまえだろくぞう
生没年不詳
戦国時代の武士。織田氏家臣。
¶織田，戦人，戦補

**今岡通任** いまおかみちとう
生没年不詳
南北朝時代の武士。
¶鎌室，新潮，人名（[没]1335年），日人

**今川氏家** いまがわうじいえ
生没年不詳
南北朝時代の武将。
¶系東，静岡百，静岡歴，姓氏静岡

**今川氏真** いまがわうじざね，いまがわうじさね
天文7（1538）年～慶長19（1614）年
安土桃山時代～江戸時代前期の武将、歌人。
¶朝日（[没]慶長19年12月28日（1615年1月27日）），岩史（[没]慶長19（1614）年12月18日），角史，近世，系東（[生]1537年），国史，国書（[没]慶長19（1614）年12月28日），古中，コン改，コン4，史人（[没]1614年12月28日），静岡百，静岡歴，諸系（[没]1615年），新潮（[没]慶長19（1614）年12月28日），人名，姓氏静岡（いまがわうじさね），世人，戦合，戦国（[生]1539年），戦辞（[没]慶長19年12月28日（1615年1月27日）），全書，戦人，日史（[没]慶長19（1614）年12月28日），日人（[没]1615年），山梨百（[没]慶長19（1614）年12月28日），歴大，和俳

**今川氏親** いまがわうじちか
文明5（1473）年～大永6（1526）年
戦国時代の武将。
¶朝日（[生]文明3（1471）年　[没]大永6年6月23日（1526年8月1日）），岩史（[没]大永6（1526）年6月23日），角史，神奈川人，系東（[生]1471年），国史，国書（[没]大永6（1526）年6月23日），古中，コン改（[生]文明2（1470）年），コン4（[生]文明2（1470）年），史人（[没]1526年6月23日），静岡百（[生]文明3（1471）年），静岡歴（[生]文明3（1471）年），重要，諸系（[生]1471年），新潮（[没]大永6（1526）年6月23日），人名（[生]1470年），姓氏静岡，世人，戦合，戦辞（[生]文明3（1471）年　[没]大永6年6月23日（1526年8月1日）），全書（[生]1471年），戦人，日史（[没]大永6（1526）年6月23日），日人（[生]1471年），百科，歴大（[生]1471年）

**今川氏輝** いまがわうじてる
永正10（1513）年～天文5（1536）年
戦国時代の武将。
¶朝日（[没]天文5年3月17日（1536年4月7日）），系東，国史，国書（[没]天文5（1536）年3月17日），古中，コン改（[生]？），コン4（[生]？），史人（[没]1536年3月17日），静岡百，静岡歴，諸系，新潮（[没]天文5（1536）年3月17日），姓氏静岡，戦合，戦辞（[没]天文5年3月17日（1536年4月7日）），戦人，日人

**今川氏豊** いまがわうじとよ
生没年不詳
戦国時代の武士。今川氏家臣。
¶諸系，戦辞（[生]大永1（1521）年），戦人，日人

**い**

**今川国氏 いまがわくにうじ**
鎌倉時代の武将。
　¶静岡百（㋐？　　㋺弘安6（1283）年），静岡歴
　（㋐？　　㋺弘安6（1283）年），諸系（㋑1243年
　㋺1282年），姓氏静岡（㋐？　　㋺1283年），日
　人（㋑1243年　　㋺1282年）

**今川国泰 いまがわくにやす**
　→今川仲秋（いまがわなかあき）

**今川貞臣 いまがわさだおみ**
生没年不詳
南北朝時代の武士。
　¶国史，古中，史人，諸系，新潮，日人

**今川貞世 いまがわさだよ**
　→今川了俊（いまがわりょうしゅん）

**今川直房 いまがわなおふさ**
文禄3（1594）年～寛文1（1661）年
江戸時代前期の武士。今川義元の曾孫。
　¶茶道

**今川仲秋 いまがわなかあき**
生没年不詳　㋫今川国泰《いまがわくにやす》
南北朝時代の武将。肥前国守護。
　¶鎌室，国史，古中，コン改（今川国泰　いまが
　わくにやす），コン4（今川国泰　いまがわくにく
　やす），史人，諸系，新潮，姓氏愛知，日史，日
　人，福岡百

**今川範氏 いまがわのりうじ**
正和5（1316）年～正平20/貞治4（1365）年
南北朝時代の武将，駿河守護。
　¶鎌室，系東，静岡百，静岡歴，諸系，人名，姓
　氏静岡，日人

**今川範国 いまがわのりくに**
＊～元中1/至徳1（1384）年
鎌倉時代後期～南北朝時代の武将、歌人。
　¶朝日（㋐？　　㋺至徳1/元中1年5月27日（1384年
　6月16日）），角史（㋐？），神奈川人（㋑1295
　年），鎌室（㋐？），系東（㋑1295年），国史
　（㋐？），古中（㋐？），コン改（㋑嘉元2（1304）
　年），コン4（㋑嘉元2（1304）年），史人（㋐？
　㋺1384年5月19日），静岡百（㋐永仁3（1295）
　年），静岡歴（㋐永仁3（1295）年），諸系
　（㋐1295年），新潮（㋐？　　㋺至徳1/元中1
　（1384）年5月19日），人名（㋑1295年），姓氏静
　岡（㋐1295年），世人（㋐永仁3（1295）年），全
　書（㋐1297年，（異説）1304年），大百（㋐1295
　年），日史（㋐？），日人（㋐1295年），百科
　（㋐？），歴大（㋐？），和俳（㋐永仁3（1295）
　年）

**今川範忠 いまがわのりただ**
応永15（1408）年～＊
室町時代の武将。
　¶朝日（㋺寛正2年5月26日（1461年7月4日）），鎌
　室（㋺1461年），系東（㋑1461年），国史（㋐？），古
　中（㋐？），コン改（㋐？　　㋺康正1（1455）
　年），コン4（㋐？　　㋺康正1（1455）年），史人
　（㋑1461年？），静岡百（㋺寛正2（1461）年），
　静岡歴（㋺寛正2（1461）年），諸系（㋺1461年），

新潮（㋺応永15（1408）年5月　　㋺？），人名，姓
氏静岡（㋑1461年），戦合（㋺？），戦辞（㋺寛
正2年5月26日（1461年7月4日）），日人（㋑1461
年）

**今川範将 いまがわのりまさ**
？　～長禄3（1459）年
室町時代の武将。遠江今川氏の当主。
　¶戦辞

**今川範政 いまがわのりまさ**
正平19/貞治3（1364）年～永享5（1433）年
南北朝時代～室町時代の武将、歌人。
　¶朝日（㋺永享5年5月27日（1433年6月14日）），
　鎌室，系東，国史，国書（㋺永享5（1433）年5月
　27日），古中，コン改，コン4，史人（㋺1433年
　5月27日），静岡百，静岡歴，諸系，新潮（㋺永
　享5（1433）年5月27日），人名，姓氏静岡，世人
　（㋺永享5（1433）年5月27日），日人，和俳
　（㋺永享5（1433）年5月27日）

**今川範満 いまがわのりみつ**
？　～建武2（1335）年
鎌倉時代後期～南北朝時代の武将。
　¶諸系，日人

**今川範以 いまがわのりもち**
元亀1（1570）年～＊
安土桃山時代～江戸時代前期の武将。
　¶国書（㋺慶長12（1607）年11月27日），戦辞
　（㋺慶長12年11月27日（1608年1月14日））

**今川孫二郎 いまがわまごじろう**
？　～天正10（1582）年6月2日
戦国時代～安土桃山時代の織田信長の家臣。
　¶織田

**今川基氏 いまがわもとうじ**
弘長1（1261）年～元亨3（1323）年
鎌倉時代後期の武士。国氏の子。
　¶静岡百，静岡歴，姓氏静岡

**今川弥十郎 いまがわやじゅうろう**
？　～延宝7（1679）年
安土桃山時代～江戸時代前期の今川義元の家臣か。
　¶姓氏静岡

**今川泰範 いまがわやすのり**
建武1（1334）年～応永16（1409）年
南北朝時代～室町時代の武将、侍所頭人。
　¶朝日（生没年不詳），鎌室（生没年不詳），系東，
　コン改（生没年不詳），コン4（生没年不詳），史
　人，静岡百，静岡歴，諸系，新潮（㋺応永16
　（1409）年9月26日，（異説）9月24日），人名，姓
　氏静岡，日人

**今川義忠 いまがわよしただ**
永享8（1436）年～文明8（1476）年
室町時代の武将。駿河国守護。
　¶鎌室，系東，国史，古中，コン改（㋺嘉吉2
　（1442）年），コン4（㋺嘉吉2（1442）年），史人
　（㋺1476年2月6日），静岡百，静岡歴，諸系，新
　潮（㋺文明8（1476）年4月6日），人名（㋐？），
　姓氏静岡，戦合，戦辞（㋐永享8（1436）年3月

[没]文明8(1476)年2月), 日史, 日人

**今川義元** いまがわよしもと
永正16(1519)年〜永禄3(1560)年
戦国時代の武将。東海一の弓取りといわれたが上洛の途次桶狭間で討死。
¶愛知百([没]1560年5月19日), 朝日([没]永禄3年5月19日(1560年6月12日)), 岩史([没]永禄3(1560)年5月19日), 角史, 系東, 国史, 古中, コン改, コン4, 史人([没]1560年5月19日), 静岡百, 静岡歴, 重要([没]永禄3(1560)年5月19日), 諸系, 新潮([没]永禄3(1560)年5月19日), 人名, 姓氏静岡, 世人([没]永禄3(1560)年5月19日), 世百, 戦合, 戦国, 戦辞([没]永禄3年5月19日(1560年6月12日)), 全書, 戦人, 大百, 伝記, 日史([没]永禄3(1560)年5月19日), 日人, 百科, 山梨百([没]永禄3(1560)年5月19日), 歴大

**今川頼貞** いまがわよりさだ
生没年不詳
南北朝時代の武将。
¶諸系, 人名, 日人

**今川了俊** いまがわりょうしゅん
嘉暦1(1326)年〜?　[別]今川貞世《いまがわさだよ》, 了俊《りょうしゅん》
南北朝時代〜室町時代の武将、歌人、九州探題。
¶朝日(今川貞世　いまがわさだよ), 岩史(今川貞世　いまがわさだよ), 鹿児島百, 角史(今川貞世　いまがわさだよ　生没年不詳), 鎌室(今川貞世　いまがわさだよ), 教育([生]1324年 [没]1420年), 熊本百([生]元亨4(1324)年), 系東([生]1325年　[没]1420年), 国史(今川貞世　いまがわさだよ), 国書([没]応永21(1414)年?), 古中(今川貞世　いまがわさだよ), コン改(今川貞世　いまがわさだよ　[生]正中2(1325)年 [没]応永27(1420)年), コン4(今川貞世　いまがわさだよ　[生]正中2(1325)年　[没]応永27(1420)年), 詩歌, 史人(今川貞世　いまがわさだよ), 静岡百([生]正中2(1325)年　[没]応永27(1420)年), 静岡歴([生]正中2(1325)年 [没]応永27(1420)年), 重要([生]正中2(1325)年?　[没]応永27(1420)年?), 諸系, 人書94([生]1325年　[没]1420年), 新潮(今川貞世　いまがわさだよ), 新文, 人名([生]1324年　[没]1420年), 姓氏静岡([没]1420年), 姓氏山口([生]1325年　[没]1420年), 世人(今川貞世　いまがわさだよ　生没年不詳), 世百(今川貞世　いまがわさだよ　[生]1325年　[没]1420年), 全書, 大百([没]1420年), 日史(今川貞世　いまがわさだよ), 日人, 俳句(了俊　りょうしゅん　[没]応永27(1420)年8月28日), 百科(今川貞世　いまがわさだよ), 広島百, 福岡百, 文学, 平史, 宮崎百, 歴大(今川貞世　いまがわさだよ), 和俳

**今給黎久俊** いまぎいれひさとし
室町時代の豪族。
¶姓氏鹿児島

**今木範仲** いまきのりなか
〜延元1/建武3(1336)年
南北朝時代の武将。
¶岡山人, 岡山歴

**今木範秀** いまきのりひで
〜延元1/建武3(1336)年
南北朝時代の武将。
¶岡山人, 岡山歴

**印牧六左衛門** いまきろくざえもん
?　〜天正1(1573)年
戦国時代の武将。朝倉義景の臣。
¶戦補

**今鞍進士** いまくらしんし
生没年不詳
鎌倉時代後期の武士。「忌部の契約」に加わった一人。
¶徳島歴

**今坂遠江** いまさかとおとうみ
生没年不詳
戦国時代〜安土桃山時代の武将。葛西氏家臣。
¶戦人

**今田右衛門尉** いまだうえもんのじょう
戦国時代の備前国の武将。
¶岡山歴

**今田左衛門尉** いまださえもんのじょう
安土桃山時代の武士。
¶戦人(生没年不詳), 戦西

**今田長佳** いまだちょうか
→今田長佳(いまだながよし)

**今田長佳** いまだながよし
*〜寛永19(1642)年　[別]今田長佳《いまだちょうか》
安土桃山時代〜江戸時代前期の周防岩国藩士。
¶姓氏山口(いまだちょうか　[生]?), 藩臣6([生]永禄5(1562)年)

**今中将監** いまなかしょうげん
?　〜元和5(1619)年
安土桃山時代〜江戸時代前期の浅野家臣。
¶和歌山人

**今中光安** いまなかみつやす
生没年不詳
安土桃山時代〜江戸時代前期の武士。浅野家の家臣。
¶和歌山人

**今福浄閑** いまふくじょうかん
→今福浄閑斎(いまふくじょうかんさい)

**今福浄閑斎** いまふくじょうかんさい
?　〜天正9(1581)年5月15日　[別]今福浄閑《いまふくじょうかん》
戦国時代〜安土桃山時代の武将。武田氏家臣。
¶姓氏山梨(今福浄閑　いまふくじょうかん), 戦辞, 戦人(生没年不詳), 戦東(今福浄閑　いまふくじょうかん)

**今福虎孝** いまふくとらたか
?　〜天正10(1582)年2月
戦国時代〜安土桃山時代の甲斐武田晴信・勝頼の家臣。

¶戦辞

**今福兵部丞** いまふくひょうぶのじょう
戦国時代の武将。武田家臣。『武田家過去帳』には天文10年に妻が逆修していることがみえる。
¶姓氏山梨

**今福昌和** いまふくまさかず
？ ～天正10(1582)年
安土桃山時代の武将。武田氏家臣。
¶姓氏山梨，戦辞([没]天正10年3月3日(1582年3月26日))，戦人，戦東

**今福昌常** いまふくまさつね
戦国時代～安土桃山時代の武将。武田氏家臣。
¶姓氏山梨，戦辞(生没年不詳)，戦人(生没年不詳)，戦東

**今福求女助** いまふくもとめのすけ
戦国時代の武将。武田家臣。山県昌景同心衆。
¶姓氏山梨

**今峰氏光** いまみねうじみつ
生没年不詳
南北朝時代の武将。
¶日人

**今峯源八** いまみねげんぱち
戦国時代の武将。斎藤氏家臣。
¶戦西

**今宮永義** いまみやながよし
生没年不詳
戦国時代の武士。
¶戦辞，戦人，戦東

**今宮道義** いまみやみちよし
天正1(1573)年～元和5(1619)年9月1日
安土桃山時代～江戸時代前期の佐竹氏の一族。
¶戦辞

**今宮義僚** いまみやよしとも
天文17(1548)年～慶長14(1610)年12月24日
安土桃山時代～江戸時代前期の武士。佐竹氏家臣。
¶戦辞，戦人(生没年不詳)，戦東

**今宮義通** いまみやよしみち
安土桃山時代～江戸時代前期の武士。
¶戦人(生没年不詳)，戦東

**今村家知** いまむらいえとも
？ ～承応1(1652)年
江戸時代前期の武士。紀州藩士。
¶和歌山人

**今村市兵衛** いまむらいちべえ
？ ～寛永2(1625)年
江戸時代前期の武士、紀伊和歌山藩士。
¶藩臣5

**今村一正** いまむらかずまさ
天正2(1574)年～？
安土桃山時代～江戸時代前期の石見浜田藩士。
¶人名，日人，藩臣5

**今村掃部助** いまむらかもんのすけ
？ ～元亀1(1570)年
戦国時代の武士。
¶戦人，戦西

**今村伝四郎正長** いまむらでんしろうまさなが
→今村正長(いまむらまさなが)

**今村藤二郎** いまむらとうじろう
？ ～慶長4(1599)年
戦国時代～安土桃山時代の前田利家の家臣。
¶姓氏石川

**今村長信** いまむらながのぶ
生没年不詳
安土桃山時代の織田信長の家臣。
¶織田

**今村肥後守** いまむらひごのかみ
戦国時代の武将。浅井氏家臣。
¶戦西

**今村久次** いまむらひさつぐ
永正17(1520)年～慶長5(1600)年5月
戦国時代～安土桃山時代の徳川家奉行人。
¶戦辞

**今村正長** いまむらまさなが
天正16(1588)年～承応2(1653)年　[別]今村伝四郎正長《いまむらでんしろうまさなが》
江戸時代前期の武士、下田奉行。
¶神奈川人，静岡歴，人名([生]1589年)，姓氏静岡，長崎歴(今村伝四郎正長　いまむらでんしろうまさなが　[生]天正15(1587)年)，日人

**今村盛次** いまむらもりつぐ
生没年不詳
安土桃山時代～江戸時代前期の武将、越前福井藩家老。
¶藩臣3

**今村康家** いまむらやすいえ
？ ～寛永2(1625)年
江戸時代前期の武士。紀州藩士。
¶和歌山人

**揖美庄助五郎** いみのしょうすけごろう
戦国時代の松倉城城主家臣。
¶姓氏富山

**藺牟田重基** いむたしげもと
？ ～文明17(1485)年
室町時代～戦国時代の薩摩郡藺牟田領主。
¶姓氏鹿児島

**井村兼雄** いむらかねお
南北朝時代の武将、石見井村城主。
¶人名，日人(生没年不詳)

**芋川親正** いもかわちかまさ，いもがわちかまさ
天文8(1539)年～慶長13(1608)年
戦国時代～江戸時代前期の信濃国衆。
¶姓氏長野(生没年不詳)，姓氏山梨，戦辞，長野歴(いもがわちかまさ)

**芋川親守** いもかわちかもり
？ ～天正3(1575)年
戦国時代～安土桃山時代の武田家臣。右衛門尉正

章の次男。
¶姓氏山梨

**芋川正親** いもかわまさちか
生没年不詳
安土桃山時代の武士。上杉氏家臣。
¶戦人

**芋沢讃岐守** いもざわさぬきのかみ
戦国時代～安土桃山時代の武将。大崎氏家臣。
¶戦人(生没年不詳)，戦東

**伊与田淡路守** いよだあわじのかみ
？ ～天正2(1574)年
戦国時代～安土桃山時代の武将。
¶戦人

**伊予坊** いよぼう
南北朝時代の武士。
¶姓氏鹿児島

**伊良子信濃守** いらこしなののかみ
安土桃山時代～江戸時代前期の武士。最上氏家臣。
¶戦人(生没年不詳)，戦東

**伊良子大和守** いらこやまとのかみ
安土桃山時代の武将。最上氏家臣。
¶戦東

**入生田右兵衛佐** いりうだうひょうえのすけ
[別]入生田右兵衛佐《いりうだうへいのすけ》
安土桃山時代～江戸時代前期の武将。大崎氏家臣。
¶戦人(生没年不詳)，戦東(いりうだうへいのすけ)

**入生田右兵衛佐** いりうだうへいのすけ
→入生田右兵衛佐(いりうだうひょうえのすけ)

**入江右馬允** いりえうまのじょう
生没年不詳
平安時代後期の武士。
¶静岡百，静岡歴，姓氏静岡

**入江五右衛門** いりえごえもん
戦国時代の武将。武田家臣。同心衆。
¶姓氏山梨

**入江維清** いりえこれきよ
平安時代後期の駿河国入江荘の開発領主。
¶姓氏静岡

**入江春景** いりえはるかげ
？ ～永禄12(1569)年
戦国時代の武将。
¶織田([没]永禄12(1569)年4月15日)，戦人，戦補

**入江兵部少輔** いりえひょうぶのしょう
生没年不詳
安土桃山時代の土佐一条家家臣。
¶高知人

**入来院有重** いりきいんありしげ
？ ～弘安4(1281)年
鎌倉時代の武士。
¶姓氏鹿児島

**入来院重門** いりきいんしげかど
？ ～文中1/応安5(1372)年
鎌倉時代後期～南北朝時代の武士、入来院氏6代。
¶姓氏鹿児島

**入来院重聡** いりきいんしげさと
→入来院重総(いりきいんしげふさ)

**入来院重高** いりきいんしげたか
天正7(1579)年～正保4(1647)年
安土桃山時代～江戸時代前期の武士。入来院氏16代。
¶姓氏鹿児島

**入来院重嗣** いりきいんしげつぐ
天文1(1532)年～永禄12(1569)年
戦国時代の武士。
¶鹿児島百(生没年不詳)，姓氏鹿児島，戦人(生没年不詳)，戦西

**入来院重時** いりきいんしげとき
？ ～慶長5(1600)年
安土桃山時代の武士。
¶鹿児島百([生]天正1(1573)年　[没]寛永18(1641)年)，戦人，戦西

**入来院重聡** いりきいんしげとし
→入来院重総(いりきいんしげふさ)

**入来院重朝** いりきいんしげとも
戦国時代の武士。
¶姓氏鹿児島，戦人(生没年不詳)，戦西

**入来院重豊** いりきいんしげとよ
？ ～天正11(1583)年
安土桃山時代の武士。
¶姓氏鹿児島，戦人，戦西

**入来院重総**(入来院重聡) いりきいんしげふさ
寛正2(1461)年？ ～天文11(1542)年？　[別]入来院重聡《いりきいんしげさと，いりきいんしげとし》
室町時代の武将。入来院氏11代。
¶鹿児島百，姓氏鹿児島(入来院重聡　いりきいんしげとし)，戦人(入来院重聡　いりきいんしげさと　生没年不詳)，戦西(入来院重聡)

**入来院重頼** いりきいんしげより
→渋谷重頼(しぶやしげより)

**入来院定心** いりきいんじょうしん
生没年不詳　[別]渋谷定心《しぶやじょうしん》
鎌倉時代前期の御家人。入来院氏の祖。
¶朝日，岡山歴(渋谷定心　しぶやじょうしん)，コン4，姓氏鹿児島，姓氏神奈川(渋谷定心　しぶやじょうしん)，日人

**入野家重** いりのいえしげ
～永正17(1520)年
戦国時代の入野郷国人。
¶高知人

**入野俊氏** いりのとしうじ
鎌倉時代後期～南北朝時代の武将。
¶姓氏静岡

い

**入交蔵人** いりまじりくらんど
？ ～天正14(1586)年
安土桃山時代の武士。
¶戦人，戦西

**入山五郎三郎** いりやまごろうさぶろう
南北朝時代の武将。
¶姓氏鹿児島

**入間広成** いるまのひろなり
生没年不詳　[別]入間宿禰広成《いるまのすくねひろなり》
奈良時代の官人、武将。
¶古代(入間宿禰広成　いるまのすくねひろなり)，埼玉人，埼玉百(入間宿禰広成　いるまのすくねひろなり)，日人，平史

**色川秀足** いろかわひでたる
安土桃山時代の地侍。豊臣氏家臣。
¶戦国，戦人(生没年不詳)

**色川盛直** いろかわもりなお
生没年不詳
戦国時代～安土桃山時代の地方豪族・土豪。
¶戦人

**色部顕長** いろべあきなが
？ ～天正15(1587)年
安土桃山時代の国人。
¶戦辞([没]天正15年9月4日(1587年10月5日))，戦人，戦東

**色部勝長** いろべかつなが
？ ～永禄11(1568)年
戦国時代の武将。
¶戦辞([没]永禄12年1月10日(1569年1月26日))，戦人，戦東

**色部公長** いろべきみなが
→色部公長(いろべきんなが)

**色部公長** いろべきんなが
正治1(1199)年～　[別]色部公長《いろべきみなが》
鎌倉時代前期の武将。
¶島根歴(いろべきみなが　生没年不詳)，新潟百別

**色部朝長** いろべともなが
生没年不詳
戦国時代の越後小泉荘の国人。
¶戦辞

**色部長実**(色部長真) いろべながざね，いろべながさね
？ ～文禄1(1592)年
安土桃山時代の国人。上杉氏家臣。
¶戦辞(色部長真　いろべながさね　[没]文禄1年9月10日(1592年10月5日))，戦人，戦東，新潟百(色部長真)，藩臣1(色部長真　[生]弘治1(1555)年)

**色部長倫** いろべながとも
生没年不詳
鎌倉時代後期～南北朝時代の色部氏惣領。
¶新潟百

**色部憲長** いろべのりなが
生没年不詳
戦国時代の国人。
¶戦辞，戦人，戦東

**色部昌長** いろべまさなが
生没年不詳
戦国時代の越後小泉荘の国人。
¶戦辞

**岩** いわ
？ ～天正10(1582)年6月2日
戦国時代～安土桃山時代の織田信長の家臣。
¶織田

**岩井** いわい
生没年不詳
戦国時代の北条氏の家臣。
¶戦辞

**磐井** いわい
→筑紫磐井(つくしのいわい)

**岩井右馬助** いわいうまのすけ
戦国時代の武将。武田家臣。信濃先方衆。
¶姓氏山梨

**岩井丹波守** いわいたんばのかみ
安土桃山時代の武士。豊臣氏家臣。
¶戦国，戦人(生没年不詳)

**岩井戸殿** いわいどどの
安土桃山時代の武将。里見氏家臣。
¶戦東

**岩井信能** いわいのぶよし
？ ～元和6(1620)年
安土桃山時代～江戸時代前期の武将。上杉氏家臣。
¶姓氏長野，戦辞([没]元和6年10月14日(1620年11月8日))，戦人(生没年不詳)，長野歴，藩臣1([生]天文22(1553)年)

**岩井昌能** いわいまさよし
？ ～天正12(1584)年8月14日
戦国時代～安土桃山時代の信濃国衆。
¶戦辞

**岩岡織部** いわおかおりべ
？ ～慶長1(1596)年
安土桃山時代の武士。小笠原氏家臣。
¶戦人(生没年不詳)，戦東，長野歴

**岩尾行吉** いわおゆきよし
天文11(1542)年～天正12(1584)年　[別]大井行吉《おおいゆきよし》
安土桃山時代の武将。信濃岩尾城主。
¶人名，姓氏長野(生没年不詳)，姓氏長野(大井行吉　おおいゆきよし)，姓氏山梨，戦人(大井行吉　おおいゆきよし　生没年不詳)，長野歴(大井行吉　おおいゆきよし)，日人

**岩上伊勢守** いわかみいせのかみ
生没年不詳
戦国時代の小山氏の重臣。
¶戦辞

**岩上大炊助** いわかみおおいのすけ
生没年不詳
戦国時代の小山高朝・秀綱の家臣。
¶戦辞

**岩上宮内少輔** いわかみくないのしょう
生没年不詳
戦国時代の小山高朝・秀綱の家臣。
¶戦辞

**岩上新二郎** いわがみしんじろう，いわかみしんじろう
生没年不詳
戦国時代の武将。結城氏家臣。
¶戦辞(いわかみしんじろう)，戦人，戦東(いわかみしんじろう)

**岩上筑前守** いわかみちくぜんのかみ
生没年不詳
戦国時代の小山氏の家臣。
¶戦辞

**岩上朝堅** いわがみともかた，いわかみともかた
生没年不詳　[別]三浦義堅《みうらよしかた》
戦国時代～安土桃山時代の武将。結城氏家臣。
¶戦辞(いわかみともかた)，戦人，戦東(いわかみともかた)

**岩上朝吉** いわがみともよし，いわかみともよし
安土桃山時代～江戸時代前期の武士。結城氏家臣。
¶戦人(生没年不詳)，戦東(いわかみともよし)

**岩城貞隆** いわきさだたか
天正11(1583)年～元和6(1620)年
安土桃山時代～江戸時代前期の大名。陸奥磐城平藩主、信濃川中島藩主。
¶近世，国史，コン改([生]天正9(1581)年)，コン4([生]天正9(1581)年)，史人([没]1620年10月19日)，諸系，新潮([没]元和6(1620)年10月19日)，人名，戦合，戦国，戦辞([没]元和6年10月19日(1620年11月13日))，戦人，長野歴，日人，藩主1，藩主2([没]元和6(1620)年10月19日)

**岩城重隆** いわきしげたか
？　～永禄12(1569)年
戦国時代の武将。
¶朝日，諸系，戦人，戦補，日人

**岩城親隆** いわきちかたか
？　～文禄3(1594)年
安土桃山時代の武将。豊臣氏家臣。
¶諸系，戦国，戦人

**岩城常隆**(1) いわきつねたか
？　～享禄3(1530)年
戦国時代の武将、大館城主。
¶茨城百，戦辞([没]享禄3年9月26日(1530年10月17日))

**岩城常隆**(2) いわきつねたか
永禄10(1567)年～天正18(1590)年
安土桃山時代の武将。
¶諸系，人名，戦国，戦辞([没]天正18年7月22日(1590年8月21日))，戦人，日史([没]天正18(1590)年7月22日)，日人，百科

**岩城宣隆** いわきのぶたか
天正12(1584)年～寛文12(1672)年　[別]多賀谷宣家《たがやのぶいえ》
安土桃山時代～江戸時代前期の武将、大名。出羽亀田藩主。
¶秋田百，諸系，戦国(多賀谷宣家　たがやのぶいえ)，戦辞([没]寛文12年8月27日(1672年10月17日))，戦人(多賀谷宣家　たがやのぶいえ　生没年不詳)，藩主1([没]寛文12(1672)年8月27日)

**岩切善信** いわきりよしのぶ
戦国時代の武士。
¶姓氏鹿児島，戦人(生没年不詳)，戦西

**岩国兼光** いわくにかねみつ
生没年不詳
平安時代後期の平家方の有力豪族。
¶姓氏山口

**石国維道** いわくにこれみち
生没年不詳
平安時代後期の武士。
¶姓氏山口

**岩倉薩摩** いわくらさつま
戦国時代の土豪。
¶姓氏富山

**岩越惣右衛門** いわこしそうえもん
？　～寛永15(1638)年
安土桃山時代～江戸時代前期の武将、肥後熊本藩士。
¶藩臣7

**岩越吉久** いわこしよしひさ
生没年不詳
安土桃山時代の織田信長の家臣。
¶織田

**岩崎讃岐義久** いわさきさぬきよしひさ
戦国時代の武将。大崎氏家臣。
¶戦東

**岩崎左門** いわさきさもん
？　～慶長8(1603)年
安土桃山時代の武田家臣、のち高遠城代。
¶長野歴

**岩崎繁種** いわさきしげたね
天文6(1537)年～文禄4(1595)年
戦国時代～安土桃山時代の金山城主由良国繁の家臣。鹿田13人衆の1人。
¶姓氏群馬

**岩崎修理亮** いわさきしゅりのすけ
安土桃山時代の武将。後北条氏家臣。
¶戦東

**岩崎勝右衛門** いわさきしょううえもん
→岩崎勝右衛門(いわさきしょうえもん)

**岩崎勝右衛門** いわさきしょうえもん
[別]岩崎勝右衛門《いわさきしょううえもん》
安土桃山時代～江戸時代前期の武士。里見氏家臣。

¶戦人（生没年不詳），戦東（いわさきしょううえもん）

**岩崎宗左衛門** いわさきそうざえもん
？ ～天正1（1573）年
戦国時代の武将。朝倉氏家臣。
¶戦西

**岩崎外左衛門** いわさきとざえもん
～寛文10（1670）年
江戸時代前期の武士、最上氏遺臣。
¶庄内

**岩崎兵庫助** いわさきひょうごのすけ
戦国時代の武将。長宗我部氏家臣。
¶戦西

**岩崎義彦** いわさきよしひこ
？ ～慶長5（1600）年
安土桃山時代の武将。
¶戦人

**岩崎美久** いわさきよしひさ
生没年不詳
安土桃山時代の武士。大崎氏家臣。
¶戦人

**岩下長高** いわしたながたか
戦国時代の武将。武田家臣。信濃国筑摩郡の岩下衆。
¶姓氏長野（生没年不詳），姓氏山梨

**岩下幸実** いわしたゆきざね
戦国時代の武将。武田家臣。駿河守。信濃国筑摩郡の岩下衆。
¶姓氏山梨

**岩下幸広** いわしたゆきひろ
戦国時代の武将。武田家臣。信濃国筑摩郡の岩下衆。
¶姓氏山梨

**岩清水右京** いわしみずうきょう
生没年不詳
安土桃山時代の武士。
¶戦人

**岩瀬家久** いわせいえひさ
生没年不詳
戦国時代の三河国大塚郷の領主。
¶戦辞

**岩瀬雅楽助** いわせうたのすけ
生没年不詳
戦国時代の三河国の国衆。牧野氏の被官。
¶戦辞

**岩瀬太郎** いわせたろう
→岩瀬与一太郎（いわせよいちたろう）

**岩瀬与一太郎** いわせよいちたろう
生没年不詳　[別]岩瀬太郎《いわせたろう》
平安時代後期～鎌倉時代前期の武士。小笠原義政の将。
¶朝日，鎌室，新潮，人名（岩瀬太郎　いわせたろう），日人

**岩武宗虎** いわたけむねとら
生没年不詳
戦国時代の武士。杉重良の老臣。
¶姓氏山口

**岩田五助** いわたごすけ
？ ～慶長5（1600）年
安土桃山時代の武士。大谷刑部の家臣。
¶人名，日人

**岩田七郎政広** いわたしちろうまさひろ
鎌倉時代の武蔵武士。
¶埼玉百

**岩田盛弘** いわたもりひろ
？ ～慶安3（1650）年
安土桃山時代～江戸時代前期の武将、加賀藩士。関ヶ原合戦で武功。
¶人名，日人，藩臣3

**岩田安広** いわたやすひろ
？ ～永禄8（1565）年
戦国時代～安土桃山時代の長尾城主。
¶姓氏愛知

**岩田義幸** いわたよしゆき
戦国時代の武将。後北条氏家臣。
¶戦人（生没年不詳），戦東

**岩津元則** いわつもとのり
室町時代の武将。
¶人名

**岩手九左衛門** いわてきゅうざえもん
→岩手信政（いわてのぶまさ）

**岩手縄美** いわでつなよし
？ ～永正5（1508）年10月4日
戦国時代の甲斐守護武田信昌の四男。
¶戦辞

**岩手信真** いわてのぶざね
戦国時代の武将。武田家臣。武田親類衆。
¶姓氏山梨

**岩手信久** いわてのぶひさ
戦国時代の武将。斎藤氏家臣。
¶戦西

**岩手信政** いわてのぶまさ
永禄8（1565）年～寛永1（1624）年　[別]岩手九左衛門《いわてきゅうざえもん》
安土桃山時代～江戸時代前期の武士、紀伊和歌山藩士。
¶藩臣5（岩手九左衛門　いわてきゅうざえもん），和歌山人

**岩戸胤安** いわとたねやす
鎌倉時代後期の千葉氏の庶族。
¶人名，日人（生没年不詳）

**岩成左道** いわなりすけみち
安土桃山時代の武将。
¶人名

**岩成友通**（石成友通） いわなりともみち
？ ～天正1（1573）年

戦国時代の武将、三好三人衆の一人。
¶朝日（[没]天正1年8月2日（1573年8月29日）），織田（石成友通　[没]天正1（1573）年8月2日），京都府，コン4，史人（[没]1573年8月2日），新潮（[没]天正1（1573）年8月2日），姓氏京都（石成友通），戦国，戦人，戦西，日史（[没]天正1（1573）年8月2日），日人，百科

**岩原主計** いわはらかずえ
安土桃山時代～江戸時代前期の武士。里見氏家臣。
¶戦人（生没年不詳），戦東

**岩原与九郎** いわはらよくろう
安土桃山時代～江戸時代前期の武士。里見氏家臣。
¶戦人（生没年不詳），戦東

**岩淵壱岐守経道** いわぶちいきのかみつねみち
戦国時代の武将。葛西氏家臣。
¶戦東

**岩淵右近** いわぶちうこん
天正1（1573）年～正保3（1646）年
安土桃山時代～江戸時代前期の葛西氏の家臣、白鳥六本松の岩淵氏の一族と伝えられる。
¶姓氏岩手

**岩淵近江守秀信** いわぶちおうみのかみひでのぶ
→岩淵秀信（いわぶちひでのぶ）

**岩淵太郎左衛門** いわぶちたろうざえもん
生没年不詳
戦国時代の武将。葛西氏家臣。
¶戦人

**岩淵信時** いわぶちのぶとき
生没年不詳
戦国時代の武将。葛西氏家臣。
¶戦人

**岩淵秀信** いわぶちひでのぶ
[別]岩淵近江守秀信《いわぶちおうみのかみひでのぶ》
戦国時代～安土桃山時代の武将。葛西氏家臣。
¶戦人（生没年不詳），戦東（岩淵近江守秀信　いわぶちおうみのかみひでのぶ）

**岩淵兵庫頭元秀** いわぶちひょうごのかみもとひで
→岩淵元秀（いわぶちもとひで）

**岩淵美作** いわぶちみまさか
戦国時代の武将。葛西氏家臣。
¶戦東

**岩淵民部** いわぶちみんぶ
戦国時代の武将。葛西氏家臣。
¶戦東

**岩淵元秀** いわぶちもとひで
？～天正19（1591）年　[別]岩淵兵庫頭元秀《いわぶちひょうごのかみもとひで》
安土桃山時代の武将。葛西氏家臣。
¶戦人，戦東（岩淵兵庫頭元秀　いわぶちひょうごのかみもとひで）

**岩堀安芸守** いわぼりあきのかみ
生没年不詳
戦国時代の古河公方の家臣。
¶戦辞

**岩堀左衛門尉** いわぼりさえもんのじょう
生没年不詳
戦国時代の古河公方の家臣。
¶戦辞

**岩堀左衛門佐** いわぼりさえもんのすけ
戦国時代の武将。足利氏家臣。
¶戦辞（生没年不詳），戦東

**岩堀常陸介** いわぼりひたちのすけ
生没年不詳
戦国時代の古河公方の家臣。
¶戦辞

**岩間孝昌** いわまたかまさ
戦国時代の武将。武田家臣。悪儀訴人申役。
¶姓氏山梨

**岩間段介** いわまだんすけ
安土桃山時代の武士。豊臣氏家臣。
¶戦国，戦人（生没年不詳）

**岩松明純** いわまつあきずみ
生没年不詳
戦国時代の上野国衆。
¶戦辞

**岩松家純** いわまついえずみ
応永16（1409）年～明応3（1494）年
室町時代の武将。
¶鎌室（生没年不詳），郷土群馬（[生]？　[没]1496年），群馬人，群馬百，諸系，人名，姓氏群馬，戦辞（[没]明応3年4月22日（1494年5月26日）），日人

**岩松氏純** いわまつうじずみ
生没年不詳
室町時代の武将。
¶諸系，人名，戦辞，日人

**岩松成兼** いわまつしげかね
生没年不詳
戦国時代の上野国衆。
¶戦辞

**岩松次郎** いわまつじろう
？～寛正2（1461）年
室町時代の上野国衆。
¶戦辞

**岩松直国** いわまつただくに
生没年不詳
南北朝時代の武将。
¶姓氏群馬

**岩松経家** いわまつつねいえ
？～建武2（1335）年
鎌倉時代後期～南北朝時代の武士。新田義貞の鎌倉攻撃に参戦。
¶朝日（[没]建武2年7月22日（1335年8月11日）），鎌室，岐阜百，群馬人，群馬百，国史，古中，コン改，コン4，史人（[没]1335年7月22日），諸

系，新潮（[没]建武2（1335）年7月22日），人名，全書，徳島百（[没]建武2（1335）年7月），徳島歴（[没]建武2（1335）年7月22日），日史（[没]建武2（1335）年7月22日），日人，歴大

い

**岩松時兼** いわまつときかね
生没年不詳
鎌倉時代の武将。
¶群馬人，姓氏群馬，徳島歴

**岩松尚純** いわまつなおずみ
→岩松尚純（いわまつひさずみ）

**岩松尚純** いわまつひさずみ
生没年不詳　[別]岩松尚純《いわまつなおずみ》
戦国時代の武将。
¶朝日，鎌室（いわまつなおずみ），郷土群馬（いわまつなおずみ），群馬人（[生]寛正2（1461）年 [没]永正8（1511）年），コン改，コン4，諸系，新潮，人名（いわまつなおずみ），姓氏群馬（[生]1461年　[没]1511年），戦辞（[生]寛正1（1460）年　[没]永正8年10月15日（1511年11月5日）），日人，和俳

**岩松昌純** いわまつまさずみ
明応4（1495）年6月27日～？
室町時代の上野岩松郷の地頭。
¶諸系（生没年不詳），人名，戦辞，日人（生没年不詳）

**岩松満純** いわまつみつずみ
？ ～応永24（1417）年
室町時代の武将。上杉禅秀の乱に参加。
¶朝日（[没]応永24年閏5月13日（1417年6月27日）），神奈川人，鎌室，群馬人，群馬百，国史，古中，コン改，コン4，史人（[没]1417年閏5月13日），諸系，新潮（[没]応永24（1417）年閏5月13日），人名，姓氏群馬，日人

**岩松持国** いわまつもちくに
？ ～寛正2（1461）年
室町時代の武将。
¶朝日（生没年不詳），鎌室，群馬人，諸系，新潮，姓氏群馬，戦辞，日人

**岩松守純** いわまつもりずみ
天文1（1532）年～元和2（1616）年
安土桃山時代の武将。
¶諸系，人名，戦辞（[没]元和2年2月9日（1616年3月26日）），日人

**岩松頼宥** いわまつらいゆう
生没年不詳
南北朝時代の備後国守護。
¶姓氏群馬，広島百

**岩間八左衛門** いわまはちざえもん
生没年不詳
安土桃山時代の織田信長の家臣。
¶織田

**岩見重太郎** いわみじゅうたろう
？ ～元和1（1615）年
安土桃山時代～江戸時代前期の剣術家。
¶大阪人，コン改，コン4，史人（[没]1615年5月5日），新潮（生没年不詳），人名，世百，全書（生没年不詳），大百，日史（[没]元和1（1615）年5月5日），日人（生没年不詳），百科，福岡百（[没]慶長20（1615）年5月），歴大

**岩見雅助** いわみまさすけ
生没年不詳
室町時代の武将。
¶鎌室，日人

**岩室小十蔵** いわむらこじゅうぞう
生没年不詳
安土桃山時代の織田信長の家臣。
¶織田

**石村石楯** いわむらのいわたて
生没年不詳　[別]石村石楯《いわれのいわたて》，石村村主石楯《いわれのすぐりいわたて》
奈良時代の武官。藤原仲麻呂の乱の追討軍となり、仲麻呂を斬った。
¶朝日，神奈川人（いわれのいわたて），古代（石村村主石楯　いわれのすぐりいわたて），コン改，コン4，日人（いわれのいわたて）

**岩室長門守** いわむろながとのかみ
？ ～＊
戦国時代の武士。織田氏家臣。
¶織田（[没]永禄4（1561）年6月？），戦人（[没]永禄4（1561）年），戦補（[没]1560年）

**岩本和泉** いわもといずみ
生没年不詳
戦国時代の武士。後北条氏家臣。
¶戦辞，戦人，戦東

**岩本右近** いわもとうこん
生没年不詳
戦国時代の武士。後北条氏家臣。
¶姓氏山梨，戦辞，戦人

**岩本左近** いわもとさこん
戦国時代の小机衆。後北条氏家臣。
¶戦東

**岩本定次** いわもとさだつぐ
生没年不詳
戦国時代の武士。後北条氏家臣。
¶戦辞，戦人

**岩本太郎左衛門** いわもとたろうざえもん
戦国時代の御馬廻衆。後北条氏家臣。
¶戦東

**岩本信長** いわもとのぶなが
戦国時代の武将。今川氏家臣。
¶戦辞（生没年不詳），戦東

**岩本又七** いわもとまたしち
戦国時代の武将。後北条氏家臣。
¶戦東

**岩屋忠兵衛** いわやちゅうべえ
安土桃山時代～江戸時代前期の武将。最上氏家臣。
¶戦東

**岩屋朝茂** いわやともしげ
安土桃山時代～江戸時代前期の武士。
¶戦国，戦人（生没年不詳）

**岩山道堅** いわやまどうけん
？ ～享禄5（1532）年 [別]道堅《どうけん》
戦国時代の武士、歌人。もと幕臣。
¶国書（[没]享禄5（1532）年6月2日），姓氏京都（道堅 どうけん），日人

**石村石楯** いわれのいわたて
→石村石楯（いわむらのいわたて）

**犬塚家貞** いんつかいえさだ
戦国時代の武士。
¶戦人（生没年不詳），戦西

**犬塚家重** いんつかいえしげ
[別]犬塚伯耆守家重《いんつかほうきのかみいえしげ》
戦国時代の武士。
¶戦人（生没年不詳），戦西（犬塚伯耆守家重 いんつかほうきのかみいえしげ）

**犬塚家広** いんつかいえひろ
戦国時代～安土桃山時代の武士。
¶戦人（生没年不詳），戦西

**犬塚茂続** いんつかしげつぐ
[別]竜造寺信尚《りゅうぞうじのぶひさ》
戦国時代の武士。
¶戦人（生没年不詳），戦西

**犬塚播磨守盛家** いんつかはりまのかみもりいえ
→犬塚盛家（いんつかもりいえ）

**犬塚尚重** いんつかひさしげ
[別]犬塚民部大輔尚重《いんつかみんぶたいゆうひさしげ》
戦国時代の武士。
¶戦人（生没年不詳），戦西（犬塚民部大輔尚重 いんつかみんぶたいゆうひさしげ）

**犬塚伯耆守家重** いんつかほうきのかみいえしげ
→犬塚家重（いんつかいえしげ）

**犬塚民部大輔尚重** いんつかみんぶたいゆうひさしげ
→犬塚尚重（いんつかひさしげ）

**犬塚盛家** いんつかもりいえ
[別]犬塚播磨守盛家《いんつかはりまのかみもりいえ》
安土桃山時代の武士。
¶戦人（生没年不詳），戦西（犬塚播磨守盛家 いんつかはりまのかみもりいえ）

**印東氏常** いんとううじつね
生没年不詳
戦国時代の古河公方の家臣。
¶戦辞

**印東主計** いんとうかずえ
江戸時代前期の武士。里見氏家臣。
¶戦東

**印東河内守** いんとうかわちのかみ
安土桃山時代～江戸時代前期の武士。里見氏家臣。
¶戦人（生没年不詳），戦東

**印東江斎** いんとうごうさい
安土桃山時代～江戸時代前期の武士。里見氏家臣。
¶戦人（生没年不詳），戦東

**印東式部** いんとうしきぶ
江戸時代前期の武士。里見氏家臣。
¶戦東

**印東式部少輔** いんどうしきぶしょうゆう
[別]印東式部少輔《いんとうしきぶのしょう》
戦国時代の武将。足利氏家臣。
¶戦辞（いんとうしきぶのしょう 生没年不詳），戦東

**印東式部少輔** いんとうしきぶのしょう
→印東式部少輔（いんどうしきぶしょうゆう）

**印東式部大輔** いんとうしきぶのたいふ
生没年不詳
戦国時代の古河公方の家臣。
¶戦辞

**印東下野守** いんとうしもつけのかみ
生没年不詳
戦国時代の古河公方の家臣。
¶戦辞

**印東次郎左衛門尉** いんとうじろうざえもんのじょう
生没年不詳
戦国時代の古河公方の家臣。
¶戦辞

**印東内匠** いんとうたくみ
安土桃山時代～江戸時代前期の武士。里見氏家臣。
¶戦人（生没年不詳），戦東

**印東長次郎** いんとうちょうじろう
安土桃山時代～江戸時代前期の武士。里見氏家臣。
¶戦人（生没年不詳），戦東

**印東出羽介** いんとうでわのすけ
生没年不詳
戦国時代の古河公方の家臣。
¶戦辞

**犬童長広** いんどうながひろ
戦国時代の武士。
¶戦人（生没年不詳），戦西

**印東房一** いんとうふさかず
安土桃山時代～江戸時代前期の武士。里見氏家臣。
¶戦人（生没年不詳），戦東

**印東又七郎** いんとうまたしちろう
安土桃山時代～江戸時代前期の武士。里見氏家臣。
¶戦人（生没年不詳），戦東

**犬童頼兄** いんどうよりもり
永禄11（1568）年～明暦1（1655）年 [別]相良頼兄《さがらよりもり》，相良兵部《さがらひょうぶ》
安土桃山時代～江戸時代前期の武士。
¶戦人，戦西，藩臣7（相良頼兄 さがらよりもり）

**犬童頼安** いんどうよりやす
*～慶長11（1606）年 [別]犬童頼安《けんどうより

やす》
戦国時代～安土桃山時代の武士。
¶熊本百([生]？　[没]慶長11(1606)年11月7日)，姓氏鹿児島(けんどうよりやす)，戦人([生]大永1(1521)年)，戦西(けんどうよりやす)，戦西([生]？)，藩臣7([生]大永2(1522)年)

**印東六右衛門** いんとうろくうえもん
→印東六衛門(いんとうろくえもん)

**印東六衛門** いんとうろくえもん
[別]印東六右衛門《いんとうろくうえもん》
安土桃山時代～江戸時代前期の武士。里見氏家臣。
¶戦人(生没年不詳)，戦東(印東六右衛門　いんとうろくうえもん)

**院林二郎** いんばやしじろう
鎌倉時代の在地領主、鎌倉御家人。
¶姓氏富山

**院林了法** いんばやしりょうほう
鎌倉時代後期～南北朝時代の在地領主。
¶姓氏富山

**忌部子首** いんべのこびと
？～養老3(719)年　[別]忌部宿禰子首《いんべのすくねこびと》
飛鳥時代～奈良時代の中級官僚。壬申の乱では大海人皇子方に属した。
¶朝日([没]養老3年閏7月15日(719年9月3日))，古代(忌部宿禰子首　いんべのすくねこびと)，コン改，コン4，日人

**忌部色布知** いんべのしこうち
→忌部色弗(いんべのしこぶち)

**忌部色弗** いんべのしこぶち
？～大宝1(701)年　[別]忌部宿禰色弗《いんべのすくねしこぶち》,忌部色布知《いんべのしこうち》,忌部色弗《いんべしこぶち》
飛鳥時代の中級官僚。子首の弟。壬申の乱で軍功。
¶朝日([没]大宝1年6月2日(701年7月11日))，国書(いんべしこぶち　[没]大宝1(701)年6月)，古代(忌部宿禰色弗　いんべのすくねしこぶち)，コン改，コン4，人名(忌部色布知　いんべのしこうち)，日人

## 【う】

**植木小右衛門** うえきこうえもん
天文15(1546)年～寛永6(1629)年
安土桃山時代～江戸時代前期の安芸広島藩士。
¶藩臣6，広島百(生没年不詳)

**植木秀長** うえきひでなが
～元亀1(1570)年
安土桃山時代の武将。
¶岡山人，岡山歴

**植木孫左衛門尉** うえきまござえもんのじょう
安土桃山時代の武将。
¶岡山人

**植草長家** うえくさながいえ
生没年不詳
戦国時代の武士。北条氏家臣。
¶戦辞

**植栗元信** うえくりもとのぶ
生没年不詳
戦国時代の武将。真田氏家臣。
¶戦人

**植栗元吉** うえぐりもとよし
生没年不詳
戦国時代の植栗城主。
¶群馬人

**上坂景重** うえさかかげしげ
寛正5(1464)年～永正13(1516)年　[別]上坂景重《こうさかかげしげ》
戦国時代の武将。
¶コン改，コン4，人名，日人(こうさかかげしげ)

**上坂正信** うえさかまさのぶ
[別]上坂正信《こうさかまさのぶ》
戦国時代の武士。
¶戦国，戦人(生没年不詳)，戦西(こうさかまさのぶ)

**上坂泰舜** うえさかやすきよ
[別]上坂泰舜《こうさかやすきよ》
戦国時代の武将。
¶人名，日人(こうさかやすきよ　生没年不詳)

**上杉顕定(1)** うえすぎあきさだ
正平6/観応2(1351)年～天授6/康暦2(1380)年
南北朝時代の武将。
¶系東

**上杉顕定(2)** うえすぎあきさだ
享徳3(1454)年～永正7(1510)年
戦国時代の武将、関東管領、山内上杉氏の当主。
¶朝日([没]永正7年6月20日(1510年7月25日))，岩史([没]永正7(1510)年6月20日)，神奈川人，鎌倉，鎌室，郷土群馬，群馬人，系東，国史，古中，コン改，コン4，埼玉人([没]永正7(1510)年6月20日)，史人([没]1510年6月20日)，諸系，新潮([没]永正7(1510)年6月20日)，人名，姓氏神奈川，世人，戦合，戦辞([没]永正7年6月20日(1510年7月25日))，全書，戦人，大百，新潟百，日史([没]永正7(1510)年6月20日)，日人，歴大

**上杉顕実** うえすぎあきざね
？～永正12(1515)年
戦国時代の武士。上杉氏家臣。
¶神奈川人，系東，埼玉人，埼玉百，戦辞，戦人

**上杉顕房** うえすぎあきふさ
永享7(1435)年～康正1(1455)年
室町時代の武将。
¶神奈川人，鎌倉，鎌室，系東([生]1437年)，国史，古中，コン改，コン4，埼玉百，史人([没]1455年1月24日)，諸系，新潮([没]康正1(1455)年1月24日)，人名，戦合，戦辞([生]永享7(1435)年？　[没]康正1(1455)年1月)，日人

**上杉顕能** うえすぎあきよし
生没年不詳
南北朝時代の武将。
¶神奈川人，鎌室，国史，古中，コン改，コン4，史人，諸系，新潮，人名，日人

**上杉氏定** うえすぎうじさだ
*～応永23（1416）年
南北朝時代～室町時代の武将。
¶神奈川人（[生]1375年），系東（[生]1374年）

**上杉氏憲(1)** うえすぎうじのり
？～応永24（1417）年　[別]上杉禅秀《うえすぎぜんしゅう》
室町時代の武将、関東管領、朝宗の子。
¶朝日（[没]応永24年1月10日（1417年1月27日）），岩史（[没]応永24（1417）年1月10日），神奈川人，神奈川百，鎌倉，鎌室，国史，古中，コン改，コン4，埼玉人（上杉禅秀　うえすぎぜんしゅう　[没]応永24（1417）年1月10日），埼玉百，史人（[没]1417年1月10日），静岡百（上杉禅秀　うえすぎぜんしゅう），静岡歴（上杉禅秀　うえすぎぜんしゅう），重要（上杉禅秀　うえすぎぜんしゅう　[没]応永24（1417）年1月10日），諸系（上杉禅秀　うえすぎぜんしゅう），新潮（[没]応永24（1417）年1月10日），人名（[没]1416年），姓氏神奈川，姓氏静岡（上杉禅秀　うえすぎぜんしゅう），世人（[没]応永24（1417）年1月10日），千葉百，日史（[没]応永24（1417）年1月10日），日人（上杉禅秀　うえすぎぜんしゅう），百科，歴大

**上杉氏憲(2)** うえすぎうじのり
？～寛永14（1637）年
安土桃山時代～江戸時代前期の武将。
¶埼玉人（[没]寛永14（1637）年1月22日），埼玉百，戦国，戦辞（[没]寛永14年1月22日（1637年2月16日）），戦人

**上杉氏春** うえすぎうじはる
～応永24（1417）年
南北朝時代～室町時代の武将。
¶神奈川人

**上杉景勝** うえすぎかげかつ
弘治1（1555）年～元和9（1623）年　[別]景勝〔上杉家〕《かげかつ》，長尾顕景《ながおあきかげ》，会津中納言《あいづちゅうなごん》，米沢中納言《よねざわちゅうなごん》
安土桃山時代～江戸時代前期の大名。上杉謙信の養子。出羽米沢藩主。
¶会津，朝日（[生]弘治1年11月27日（1556年1月8日）　[没]元和9年3月20日（1623年4月1日）），岩史（[生]弘治1（1555）年11月27日　[没]元和9（1623）年3月20日），角史，近世，公卿（[没]元和9（1623）年3月2日），公家（景勝〔上杉家〕　かげかつ　[生]1555年　[没]元和9年3月20日），群馬人，系西（長尾顕景　ながおあきかげ），国史，国書（[生]弘治1（1555）年11月27日　[没]元和9（1623）年3月20日），古中，コン改，コン4，茶道，史人（[生]1555年11月27日　[没]1623年3月20日），重要（[没]元和9（1623）年3月），庄内（[没]元和9（1623）年3月2日），諸系（[生]1556年），人書94，新潮（[没]元和9（1623）年3月20日），人名，姓氏長野，世人（[没]元和9（1623）年3月2日），世百，戦合，戦国，戦辞（[生]弘治1年11月27日（1556年1月8日）　[没]元和9年3月20日（1623年4月19日）），全書，戦人，戦東（長尾顕景　ながおあきかげ　[生]？），大百，富山百（[生]弘治1（1555）年11月27日　[没]元和9（1623）年3月20日），長野歴，新潟百，日史（[生]弘治1（1555）年11月27日　[没]元和9（1623）年2月15日），日人（[生]1556年），藩主1，藩主1（[生]弘治1（1555）年11月27日　[没]元和9（1623）年3月20日），百科，福島百，山形百，山梨百（[生]弘治1（1555）年11月27日　[没]元和9（1623）年3月2日），歴大

**上杉景虎** うえすぎかげとら
*～天正7（1579）年　[別]北条氏秀《ほうじょううじひで》，武田三郎《たけださぶろう》
戦国時代～安土桃山時代の武将。上杉謙信の養子。謙信の死後景勝と後継を争い、御館の乱で敗死。
¶神奈川人（北条氏秀　ほうじょううじひで），国史（[生]？），古中（[生]？），コン改（[生]天文22（1553）年），コン4（[生]天文22（1553）年），史人（[生]1553年？　[没]1579年3月24日），諸系（[生]1553年？），新潮（[生]天文22（1553）年？　[没]天正7（1579）年3月24日），人名（[生]1554年），世人（[生]天文22（1553）年），戦合（[生]？），戦国（[生]？），戦辞（[生]天文23（1554）年　[没]天正7年3月24日（1579年4月19日）），戦人（[生]天文21（1552）年），戦東（北条氏秀　ほうじょううじひで　[生]1552年），新潟百，日史（[生]？　[没]天正7（1579）年3月24日），日人（[生]1553年？），山梨百（[生]天文23（1554）年　[没]天正7（1579）年3月24日），歴大（[生]？）

**上杉景信** うえすぎかげのぶ
？～天正6（1578）年
戦国時代～安土桃山時代の武士。
¶戦辞（[没]天正6年6月11日（1578年7月15日）），戦人，戦東

**上杉清方** うえすぎきよかた
？～文安3（1446）年
室町時代の武将、関東管領執事。
¶朝日（生没年不詳），神奈川人（[没]1445年），鎌室（生没年不詳），国史，古中，コン4（生没年不詳），埼玉百，史人，諸系，新潮（[没]文安3（1446）年？），人名，世人（[没]嘉吉1（1441）年），日人

**上杉謙信** うえすぎけんしん
享禄3（1530）年～天正6（1578）年　[別]上杉輝虎《うえすぎてるとら》，長尾景虎《ながおかげとら》，上杉景虎《うえすぎかげとら》，上杉弾正少弼《うえすぎだんじょうしょうひつ》，長尾政虎《ながおまさとら》
戦国時代～安土桃山時代の武将、関東管領。兄晴景に代わり春日山城に入り、越後を統一。信濃国に侵攻してきた甲斐の武田信玄と川中島で対陣。また上杉憲政から関東管領職をゆずられ改名、以後関東の経営にも腐心する。のち織田信長の軍とも加賀で対峙。
¶朝日（[生]享禄3年1月21日（1530年2月18日）

[没]天正6年3月13日(1578年4月19日)), 石川百, 岩史([生]享禄3(1530)年1月21日　[没]天正6(1578)年3月13日), 角史, 神奈川人, 京都大, 群馬人, 群馬百(長尾景虎　ながおかげとら), 系西(長尾景虎　ながおかげとら), 国史, 国書([生]享禄3(1530)年1月21日　[没]天正6(1578)年3月13日), 古中, コン改, コン4, 埼玉人(上杉輝虎　うえすぎてるとら　[生]享禄3(1530)年1月21日　[没]天正6(1578)年3月13日), 埼玉百, 詩歌, 史人([生]1530年1月21日　[没]1578年3月13日), 重要([没]天正6(1578)年3月13日), 諸系, 人書79, 人書94, 神人, 新潮([生]享禄3(1530)年1月21日　[没]天正6(1578)年3月13日), 人名, 姓氏京都, 姓氏群馬, 姓氏長野, 世人([生]享禄3(1530)年1月21日　[没]天正6(1578)年3月13日), 世百, 戦合, 戦国(上杉輝虎　うえすぎてるとら), 戦辞(上杉輝虎　うえすぎてるとら　[生]享禄3年1月21日(1530年2月18日)　[没]天正6年3月13日(1578年4月19日)), 全書, 戦人, 大百, 伝記, 富山百([生]享禄3(1530)年1月21日　[没]天正6(1578)年3月13日), 富山文([没]天正6(1578)年3月13日), 長野歴, 新潟百, 日史([生]享禄3(1530)年1月21日　[没]天正6(1578)年3月13日), 日人, 百科, 山形百, 山梨百([生]享禄3(1530)年1月21日　[没]天正6(1578)年3月19日), 歴大

**上杉定実**　うえすぎさだざね
?　～天文19(1550)年
戦国時代の武将。最後の越後守護。
¶国史, 古中, コン改, コン4, 史人([没]1550年2月26日), 諸系, 新潮([没]天文19(1550)年2月26日), 戦合, 戦国, 戦辞([没]天文19年2月26日(1550年3月14日)), 戦人, 新潟百, 日人

**上杉定昌**　うえすぎさだまさ
*～長享2(1488)年
室町時代～戦国時代の越後守護上杉房定の長子。
¶群馬人([生]享徳1(1452)年), 戦辞([生]享徳2(1453)年　[没]長享2年3月24日(1488年5月5日))

**上杉定正**　うえすぎさだまさ
嘉吉3(1443)年～明応3(1494)年
室町時代～戦国時代の武将。扇谷上杉氏の当主。
¶朝日([没]明応3年10月3日(1494年10月31日)), 岩史([没]明応3(1494)年10月5日), 神奈川人, 鎌倉, 鎌室, 系東, 国史, 国書([没]明応3(1494)年10月5日), 古中, コン改, コン4, 埼玉人([没]明応3(1494)年10月3日), 埼玉百([生]1442年　[没]1493年), 史人([没]1494年10月5日), 重要([没]明応3(1494)年10月5日), 諸系, 新潮([没]明応3(1494)年10月5日), 人名([生]1442年　[没]1493年), 姓氏神奈川, 世人([没]明応3(1494)年10月5日), 戦合, 戦辞([生]文安3(1446)年　[没]明応3年10月5日(1494年11月2日)), 全書, 戦人, 大百([没]1493年), 日史([没]明応3(1494)年10月3日), 日人, 歴大

**上杉重顕**　うえすぎしげあき
生没年不詳
鎌倉時代後期の武将。扇谷上杉の祖。
¶系東, 国書, 諸系, 人名, 日人

**上杉重房**　うえすぎしげふさ
生没年不詳　[別]藤原重房《ふじわらのしげふさ》
鎌倉時代の武士。
¶朝日, 岩史, 神奈川人, 鎌倉, 鎌室, 京都府(藤原重房　ふじわらのしげふさ), 系東, 国史, 古中, コン改, コン4, 史人, 諸系, 新潮, 人名, 世人, 世百, 全書, 大百, 日史, 日人, 百科, 歴大

**上杉重能**　うえすぎしげよし
?　～正平4/貞和5(1349)年
南北朝時代の武将。足利直義の近臣。
¶朝日([没]貞和5/正平4年12月20日(1350年1月28日)), 岩史([没]貞和5(1349)年12月20日?), 角史, 神奈川人, 鎌倉, 鎌室, 系東, 国史, 国書([没]貞和5(1349)年12月20日), 古中, コン改, コン4, 史人([没]1349年12月20日?), 諸系([没]1350年), 新潮([没]貞和5/正平4(1349)年12月20日?), 人名, 姓氏京都, 世人, 全書, 日史([没]貞和5/正平4(1349)年12月), 日人([没]1350年), 百科, 歴大

**上杉資常**　うえすぎすけつね
室町時代の武蔵川越城主。
¶人名

**上杉禅秀**　うえすぎぜんしゅう
→上杉氏憲(1)(うえすぎうじのり)

**上杉竜若丸**　うえすぎたつわかまる
?　～天文21(1552)年
戦国時代の武家。山内上杉憲政の子。
¶戦辞

**上杉輝虎**　うえすぎてるとら
→上杉謙信(うえすぎけんしん)

**上杉道満丸**　うえすぎどうまんまる
元亀2(1571)年～天正7(1579)年3月17日
安土桃山時代の上杉景虎の子。
¶戦辞

**上杉説房**　うえすぎときふさ
生没年不詳
南北朝時代の武将・歌人。
¶国書

**上杉朝興**　うえすぎともおき
長享2(1488)年～天文6(1537)年
戦国時代の武将。扇谷上杉氏の当主。
¶朝日([没]天文6年4月27日(1537年6月4日)), 岩史([没]天文6(1537)年4月27日), 神奈川人, 系東, 国史, 古中, コン改, コン4, 埼玉人([没]天文6(1537)年4月27日), 埼玉百, 史人([没]1537年4月27日), 諸系, 新潮([没]天文6(1537)年4月27日), 人名, 世人, 戦合, 戦辞([没]天文6年4月27日(1537年6月4日)), 戦人, 日史([没]天文6(1537)年4月27日), 日人

**上杉朝定(1)**　うえすぎともさだ
元亨1(1321)年～正平7/文和1(1352)年
南北朝時代の武将。
¶鎌室, 京都府, 系東([生]1320年), 国史, 国書([没]観応3(1352)年3月9日), 古中, 史人

([没]1352年3月9日)，諸系，新潮([没]文和1/正平7(1352)年3月9日)，人名([生]1320年)，日人

**上杉朝定(2)　うえすぎともさだ**
大永5(1525)年～天文15(1546)年
戦国時代の武将。
¶神奈川人，系東，国史，古中，コン改，コン4，埼玉人([没]天文15(1546)年4月20日)，埼玉百，史人([没]1546年4月20日)，諸系，新潮([没]天文15(1546)年4月)，人名([生]1521年)，世人([生]大永5(1526)年　[没]天文15(1546)年4月20日)，戦合，戦辞([生]大永5(1525)年？　[没]天文15年4月20日(1546年5月19日))，戦人，日史([没]天文15(1546)年4月20日)，日人

**上杉朝房　うえすぎともふさ**
？　～元中8/明徳2(1391)年
南北朝時代の武将。関東管領。
¶神奈川人，鎌倉，鎌室(生没年不詳)，国史，古中，コン改([没]建徳2/応安4(1371)年)，コン4([没]応安4/建徳2(1371)年)，埼玉百([生]1335年　[没]1371年)，史人，諸系，新潮(生没年不詳)，姓氏神奈川，長野歴(生没年不詳)，日人

**上杉朝昌　うえすぎともまさ**
生没年不詳
戦国時代の相模の武将。
¶戦辞

**上杉朝宗　うえすぎともむね**
*～応永21(1414)年
南北朝時代～室町時代の武将、関東管領。
¶朝日([生]暦応2/延元4(1339)年？　[没]応永21年8月25日(1414年10月8日))，神奈川人([生]1339年)，鎌倉([生]暦応2/延元4(1339)年)，鎌室([生]？)，国史([生]？)，古中([生]？)，コン改([生]延元4/暦応2(1339)年)，コン4([生]暦応2/延元4(1339)年)，埼玉百([生]1329年　[没]1404年)，史人([生]？　[没]1414年8月25日)，諸系([生]1339年？)，新潮([生]？　[没]応永21(1414)年8月25日)，人名([生]1337年)，姓氏神奈川([生]1339年？)，千葉百，日史([生]？　[没]応永21(1414)年8月25日)，日人([生]1339年？)

**上杉朝良　うえすぎともよし**
？　～永正15(1518)年
戦国時代の武将。
¶神奈川人，鎌倉，系東，国史，古中，コン改，コン4，埼玉人([没]永正15(1518)年4月21日)，埼玉百，史人([没]1518年4月21日)，諸系，新潮([没]永正15(1518)年4月21日)，人名，戦合，戦辞([没]永正15年4月21日(1518年5月30日))，戦人，日人

**上杉憲顕　うえすぎのりあき**
徳治1(1306)年～正平23/応安1(1368)年
鎌倉時代後期～南北朝時代の武将、関東管領、関東上杉氏の祖。
¶朝日([没]応安1/正平23年9月19日(1368年10月31日))，角史，神奈川人，鎌倉，鎌室，群馬人，系東，国史，古中，コン改，コン4，埼玉百，史人([没]1368年9月19日)，庄内([没]正平23(1368)年9月19日)，諸系，新潮([没]応安1/正平23(1368)年9月19日)，人名，姓氏神奈川，姓氏群馬，世人([没]正平23/応安1(1368)年9月19日)，全書，新潟百，日史([没]応安1/正平23(1368)年9月19日)，日人，百科，歴大

**上杉憲秋**(上杉憲顕)　**うえすぎのりあき**
？　～康正1(1455)年
室町時代の武将、関東管領犬懸上杉氏憲(禅秀)の三男。
¶神奈川人(上杉憲顕)，鎌室，埼玉百(上杉憲顕)，諸系，人名，日人

**上杉憲賢　うえすぎのりかた**
？　～永禄3(1560)年
戦国時代の武将。
¶埼玉人([没]永禄3(1560)年4月6日)，戦辞([没]永禄3年4月6日(1560年5月1日))，戦人，戦補

**上杉憲方(1)　うえすぎのりかた**
～応永24(1417)年
南北朝時代の武将、氏憲(禅秀)の子。
¶神奈川人

**上杉憲方(2)　うえすぎのりかた**
建武2(1335)年～応永1(1394)年
南北朝時代の武将、関東管領、憲顕の子。山内上杉家の祖。
¶朝日([没]応永1年10月24日(1394年11月17日))，神奈川人，鎌倉，鎌室，系東，国史，古中，コン改，コン4，史人([没]1394年10月24日)，諸系，新潮([没]応永1(1394)年10月24日)，人名([生]1325年)，姓氏神奈川，日史([没]応永1(1394)年10月24日)，日人，歴大

**上杉憲勝　うえすぎのりかつ**
[別]七沢七郎《ななさわしちろう，ななざわしちろう》
室町時代の武将。
¶埼玉人(生没年不詳)，埼玉百，人名，戦国，戦人(生没年不詳)，日人(生没年不詳)

**上杉憲清　うえすぎのりきよ**
生没年不詳
戦国時代の武蔵国衆。
¶戦辞

**上杉憲定　うえすぎのりさだ**
天授1/永和1(1375)年～応永19(1412)年
室町時代の武将、関東管領、憲方の子。
¶朝日([没]応永19年12月18日(1413年1月20日))，神奈川人，鎌室，系東，国史，古中，コン4，埼玉人([没]応永19(1412)年12月18日)，史人([没]1412年12月18日)，諸系([没]1413年)，新潮([没]応永19(1412)年12月18日)，姓氏神奈川，日人([没]1413年)

**上杉憲実　うえすぎのりざね**
応永17(1410)年～文正1(1466)年
室町時代の武将、関東管領。幕府からの独立をめざす鎌倉公方足利持氏を諫め幕府との調停役をつとめたが、かえって疎まれやがて幕府の命で持氏を討つ(永享の乱)。
¶朝日([没]文正1年閏2月6日(1466年3月22日))，茨城百，岩史([没]文正1(1466)年閏2月)，角史

([生]応永18(1411)年)，神奈川人，神奈川百([生]1411年)，鎌倉，鎌室，教育([生]1411年)，郷土茨城([生]1411年)，郷土群馬([生]1411年)，群馬人，系東，国史，古中，コン改([生]応永18(1411)年)，コン4([生]応永18(1411)年)，埼玉百([生]1411年)，史人([没]1466年閏2月)，静岡百([生]応永18(1411)年)，静岡歴([生]応永18(1411)年)，重要([生]応永18(1411)年　[没]文正1(1466)年2月6日)，諸系，新潮([生]応永17(1410)年？　[没]文正1(1466)年閏2月6日？)，人名([生]1411年)，姓氏神奈川，姓氏群馬([生]1411年)，姓氏静岡([生]1411年)，姓氏山口([生]1411年)，世人([生]応永18(1411)年　[没]文正1(1466)年2月6日)，世百，全書，大百，千葉百，栃木歴，新潟百，日史([生]応永18(1411)年　[没]文正1(1466)年閏2月)，日人，百科([生]応永18(1411)年)，仏教([生]応永18(1411)年　[没]文正1(1466)年閏2月，(異説)3月6日)，歴大

**上杉憲孝** うえすぎのりたか
生没年不詳
南北朝時代の武将。
¶神奈川人([生]1366年　[没]1391年)，鎌倉，鎌室，系東([生]1366年　[没]1391年)，諸系，新潮，姓氏神奈川([生]1366年　[没]1391年)，日人

**上杉憲忠** うえすぎのりただ
永享5(1433)年～享徳3(1454)年
室町時代の武将、関東管領。
¶朝日([没]享徳3年12月27日(1455年1月15日))，神奈川人，鎌倉，鎌室，系東，国史，古中，コン改，コン4，埼玉百，史人([没]1454年12月27日)，諸系([没]1455年)，新潮([没]享徳3(1454)年12月27日)，人名，姓氏神奈川，世人([没]享徳3(1454)年12月27日)，戦合，日史([没]享徳3(1454)年12月27日)，日人([没]1455年)

**上杉教朝** うえすぎのりとも
応永15(1408)年～寛正2(1461)年
室町時代の武将。
¶神奈川人，鎌室，国史，古中，コン改(生没年不詳)，コン4(生没年不詳)，史人，諸系，新潮，人名，戦合，戦辞([生]？)，日人

**上杉憲信** うえすぎのりのぶ
室町時代の武将。
¶埼玉人(生没年不詳)，埼玉百

**上杉憲春** うえすぎのりはる
？～天授5/康暦1(1379)年
南北朝時代の武将、関東管領。
¶朝日([没]康暦1/天授5年3月8日(1379年3月26日))，神奈川人，鎌倉，鎌室，系東，国史，古中，コン改，コン4，史人([没]1379年3月8日)，諸系，新潮([没]康暦1/天授5(1379)年3月8日)，人名，姓氏神奈川，世人([没]天授5/康暦1(1379)年3月7日)，日史([没]康暦1/天授5(1379)年3月8日)，日人

**上杉憲英** うえすぎのりひで
→上杉憲英(うえすぎのりふさ)

**上杉憲寛** うえすぎのりひろ
？～天文20(1551)年
戦国時代の武士。
¶系東，埼玉人([没]天文20(1551)年2月24日)，戦辞(生没年不詳)，戦人

**上杉教房** うえすぎのりふさ
？～長禄3(1459)年10月15日
室町時代の武士。四条上杉氏当主。
¶戦辞

**上杉憲英** うえすぎのりふさ
？～応永11(1404)年8月2日　[別]上杉憲英《うえすぎのりひで》
南北朝時代～室町時代の武将。
¶埼玉人，埼玉百(うえすぎのりひで)

**上杉憲房**(1) うえすぎのりふさ
？～延元1/建武3(1336)年
鎌倉時代後期～南北朝時代の武将。足利尊氏の伯父。
¶朝日([没]建武3/延元1年1月27日(1336年3月10日))，鎌室，系東，国史，古中，コン改，コン4，史人([没]1336年1月27日)，諸系，新潮([没]建武3/延元1(1336)年1月27日)，人名，全書，日史([没]建武3/延元1(1336)年1月27日)，日人，歴大

**上杉憲房**(2) うえすぎのりふさ
応仁1(1467)年～大永5(1525)年
戦国時代の武将。
¶神奈川人，鎌倉，郷土群馬，群馬人([没]大永5(1525)年3月)，系東，国史，古中，埼玉人([生]文正1(1466)年　[没]大永5(1525)年3月25日)，史人([没]1525年3月25日)，諸系，新潮([没]大永5(1525)年3月25日)，人名，世人([生]応仁2(1468)年　[没]大永6(1526)年)，戦合，戦辞([没]大永5年3月25日(1525年4月17日))，戦人，新潟百，日人，歴大

**上杉憲藤** うえすぎのりふじ
文保2(1318)年～延元3/暦応1(1338)年
鎌倉時代後期～南北朝時代の武将。
¶神奈川人([生]1308年)，鎌室，諸系，人名，日人

**上杉憲将** うえすぎのりまさ
～正平21/貞治5(1366)年
鎌倉時代後期～南北朝時代の武将。
¶神奈川人，新潟百

**上杉憲政** うえすぎのりまさ
*～天正7(1579)年
戦国時代～安土桃山時代の武将、関東管領。
¶朝日([生]大永3(1523)年)，神奈川人([生]1507年)，鎌倉([生]大永3(1523)年)，郷土群馬([生]1523年)，群馬人([生]大永2(1522)年)，系東([生]1523年)，国史([生]？)，古中([生]？)，コン改([生]大永3(1523)年)，コン4([生]大永3(1523)年)，埼玉人([生]不詳　[没]天正7(1579)年3月17日)，埼玉百([生]1523年)，史人([生]？　[没]1579年3月17日)，諸系([生]1523年)，新潮([生]？　[没]天正7(1579)年3月17日)，人名([生]1523年)，姓氏群馬([生]1522年)，世人([生]大永3(1523)年　[没]天正3(1575)年3月18日)，戦合([生]？)，戦国([生]？)，戦辞([生]？

㊋天正7年3月18日（1579年4月13日）），全書
（㊥？），戦人（㊥？），大百（㊥1523年），新潟
百，日人（㊥1523年），歴大（㊥？）

**上杉憲基　うえすぎのりもと**
元中9/明徳3（1392）年〜応永25（1418）年
室町時代の武将、関東管領。
　¶朝日（㊋応永25年1月4日（1418年2月9日）），岩
　史（㊋応永25（1418）年1月4日），神奈川人，鎌
　倉，鎌室，系東，国史，古中，コン改，コン4，
　埼玉百，史人（㊋1418年1月4日），諸系，新潮
　（㊋応永25（1418）年1月4日），人名（㊥1393年
　㊋1419年），姓氏神奈川，日史（㊋応永25
　（1418）年1月4日），日人

**上杉憲盛　うえすぎのりもり**
？　〜天正3（1575）年
戦国時代の武将。
　¶埼玉人（㊋天正3（1575）年3月28日），戦国，戦
　辞（㊋天正3年3月28日（1575年5月8日）），戦人
　（生没年不詳）

**上杉憲能　うえすぎのりよし**
生没年不詳
戦国時代の宅間上杉氏の当主。
　¶戦辞

**上杉晴景　うえすぎはるかげ**
？　〜天文19（1550）年
戦国時代の越後の守護。
　¶人名

**上杉房顕　うえすぎふさあき**
永享7（1435）年〜文正1（1466）年
室町時代の武将、関東管領。
　¶朝日（㊋文正1年2月12日（1466年2月26日）），
　神奈川人，鎌倉，鎌室（㊥永享6（1434）年），系
　東，コン改（㊥永享6（1434）年），コン4（㊥永
　享6（1434）年），埼玉人（㊥永享6（1434）年
　㊋文正1（1466）年2月11日），埼玉百（㊥1434
　年），諸系，新潮（㊥永享6（1434）年　㊋文正1
　（1466）年2月12日），人名，姓氏神奈川，戦辞
　（㊥永享6（1434）年　㊋文正1年2月12日（1466
　年2月26日）），日人

**上杉房方　うえすぎふさかた**
〜応永28（1421）年
室町時代の越後国守護。
　¶新潟百

**上杉房定　うえすぎふささだ**
？　〜明応3（1494）年
室町時代〜戦国時代の武将、越後守護上杉氏。
　¶朝日（㊋明応3年10月17日（1494年11月14日）），
　岩史（㊋明応3（1494）年10月17日），国書（㊋明
　応3（1494）年10月17日），コン4，埼玉百，史人
　（㊋1494年10月17日），諸系，姓氏長野，戦合，
　戦辞（㊋明応3年10月17日（1494年11月14日）），
　長野歴（生没年不詳），新潟百，日人

**上杉房実　うえすぎふさざね**
生没年不詳　㊔玄澄《げんちょう》
戦国時代の武将・連歌作者。越後国刈羽郡の上条

上杉氏。
　¶国書（玄澄　げんちょう），戦辞

**上杉房朝　うえすぎふさとも**
〜宝徳1（1449）年
室町時代の越後国守護。
　¶新潟百

**上杉房憲　うえすぎふさのり**
生没年不詳
戦国時代の武蔵国衆。
　¶戦辞

**上杉房能　うえすぎふさよし**
？　〜永正4（1507）年
戦国時代の武将。越後国守護。
　¶国史，古中，コン改，コン4，埼玉百，史人
　（㊋1507年8月7日），諸系，新潮（㊋永正4
　（1507）年8月7日），人名，戦合，戦辞（㊋永正4
　年8月7日（1507年9月13日）），戦人，新潟百，
　日史（㊋永正4（1507）年8月7日），日人

**上杉藤王丸　うえすぎふじおうまる**
永正15（1518）年4月21日？　〜天文1（1532）年12
月3日？
戦国時代の扇谷上杉朝良の子。
　¶戦辞

**上杉藤朝　うえすぎふじとも**
？　〜康正1（1455）年1月24日？
室町時代の小山田上杉氏の当主。
　¶戦辞

**上杉政景　うえすぎまさかげ**
→長尾政景（ながおまさかげ）

**上杉政真　うえすぎまさざね**
＊〜文明5（1473）年
室町時代の武将。
　¶神奈川人，系東（㊥1452年），戦辞（㊥？
　㊋文明5年11月24日（1473年12月13日））

**上杉政憲　うえすぎまさのり**
生没年不詳
戦国時代の堀越公方足利政知の重臣。
　¶戦辞

**上杉持定　うえすぎもちさだ**
応永9（1402）年〜応永26（1419）年
室町時代の武将。
　¶系東

**上杉持朝　うえすぎもちとも**
応永25（1418）年〜応仁1（1467）年
室町時代の武将。
　¶神奈川人（㊥1416年），鎌倉，鎌室（㊋応永23
　（1416）年），系東，国史，古中，コン改（㊥応
　永23（1416）年），コン4（㊥応永23（1416）年），
　埼玉人（㊋応仁1（1467）年9月6日），埼玉百
　（㊋1567年），史人（㊋1467年9月6日），諸系，
　新潮（㊋応仁1（1467）年9月6日），人名，世人，
　戦合，戦辞（㊋応永22（1415）年　㊋応仁1年9月
　6日（1467年10月4日）），日人

う

**上杉持房** うえすぎもちふさ
？ ～延徳2（1490）年　[別]上杉持憲《うえすぎもちのり》
室町時代～戦国時代の武将。永享の乱の幕府軍の大将。
¶鎌室（生没年不詳），国史，古中，コン改（生没年不詳），コン4（生没年不詳），史人（[没]1490年2月10日），諸系，新潮（[没]延徳2（1490）年2月10日？），人名，日人

**上杉能憲** うえすぎよしのり
元弘3/正慶2（1333）年～天授4/永和4（1378）年
南北朝時代の武将、関東管領。
¶朝日（[没]永和4/天授4年4月17日（1378年5月14日）），神奈川人，鎌倉，鎌室，系東，国史，古中，コン改，コン4，史人（[没]1378年4月17日），諸系，新潮（[没]永和4/天授4（1378）年4月17日），人名（[生]1332年），姓氏神奈川，全書，日史（[没]永和4/天授4（1378）年4月17日），日人，百科

**上杉義春** うえすぎよしはる
→畠山義春(1)（はたけやまよしはる）

**上杉頼重** うえすぎよりしげ
生没年不詳
鎌倉時代前期の武将。
¶系東

**上杉頼成** うえすぎよりしげ
？ ～正平1/貞和2（1346）年7月24日
鎌倉時代後期～南北朝時代の武将・歌人。
¶国書

**上田案独斎朝直** うえだあんどくさいともなお
→上田朝直（うえだともなお）

**上田勝三郎** うえだかつさぶろう
[別]上田勝三郎《うえだしょうさぶろう》
安土桃山時代の武将。秀吉馬廻。
¶戦国（うえだしょうさぶろう），戦人（生没年不詳）

**上田勘右衛門** うえだかんえもん
安土桃山時代の武将。秀吉馬廻。
¶戦国，戦人（生没年不詳）

**上田清房** うえだきよふさ
生没年不詳
戦国時代の松平氏の家臣。
¶戦辞

**上田上野介憲定** うえだこうづけのすけのりさだ
→上田憲定（うえだのりさだ）

**上田左衛門尉** うえださえもんのじょう
生没年不詳
戦国時代の扇谷上杉朝良の重臣。
¶戦辞

**上田左近** うえださこん
戦国時代の武士。後北条氏家臣。
¶戦人（生没年不詳），戦東

**上田実親** うえださねちか
弘治2（1556）年～天正3（1575）年
安土桃山時代の武将。
¶岡山人，岡山歴（[没]天正3（1575）年1月29日）

**上田三太夫** うえださんだゆう
？ ～寛永7（1630）年
安土桃山時代～江戸時代前期の武将、丹波園部藩士。
¶藩臣5

**上田次右衛門** うえだじえもん
安土桃山時代の武将。秀吉馬廻。
¶戦国，戦人（生没年不詳）

**上田重秀** うえだしげひで
生没年不詳
安土桃山時代～江戸時代前期の馬術家。富田信高家臣。上田流馬術の祖。
¶朝日，国書，コン改，コン4，新潮，人名，全書，戦人，大百，日人

**上田重安** うえだしげやす
永禄6（1563）年～慶安3（1650）年　[別]上田宗箇《うえだそうこ》
安土桃山時代～江戸時代前期の武将、安芸広島藩士、茶人、茶道上田流の祖。
¶朝日（[没]慶安3年5月1日（1650年5月30日）），近世（上田宗箇　うえだそうこ），国史（上田宗箇　うえだそうこ），国書（上田宗箇　うえだそうこ　[没]慶安3（1650）年5月1日），茶道（上田宗箇　うえだそうこ），新潮（[没]慶安3（1650）年5月1日），戦合（上田宗箇　うえだそうこ），戦国，戦人，日人，藩臣6（上田宗箇　うえだそうこ），広島百（上田宗箇　うえだそうこ　[没]慶安3（1650）年5月1日），和歌山人

**上田勝三郎** うえだしょうさぶろう
→上田勝三郎（うえだかつさぶろう）

**上田宗箇** うえだそうこ
→上田重安（うえだしげやす）

**上田紀勝** うえだただかつ
→上田紀勝（うえだのりかつ）

**上田常善** うえだつねよし
戦国時代の武将。武田家臣。信濃国佐久郡の北方衆。
¶姓氏山梨

**上田土佐** うえだとさ
安土桃山時代の武士。
¶岡山人，岡山歴

**上田朝直** うえだともなお
*～天正10（1582）年　[別]上田案独斎朝直《うえだあんどくさいともなお》
戦国時代～安土桃山時代の武将。上杉氏家臣、後北条氏家臣。
¶埼玉人（[生]不詳　[没]天正10（1582）年10月3日），埼玉百（上田案独斎朝直　うえだあんどくさいともなお　[生]1493年），戦辞（[生]永正13（1516）年　[没]天正10年10月3日（1582年10月29日）），戦人（[生]明応3（1494）年），戦東（[生]1494年）

**上田長則** うえだながのり
*～天正11（1583）年

安土桃山時代の武将。後北条氏家臣。
¶埼玉人([生]不詳 [没]天正11(1583)年3月5日)，戦辞([生]天文3(1534)年 [没]天正11年3月5日(1583年4月26日))，戦人([生]天文3(1534)年)，戦東([生]？)

**上田紀勝** うえだのりかつ
？ ～元亀1(1570)年 [別]上田紀勝《うえだただかつ》
戦国時代の武士。
¶戦人，戦西(うえだただかつ)

**上田憲定** うえだのりさだ
*～慶長2(1597)年 [別]上田上野介憲定《うえだこうづけのすけのりさだ》
安土桃山時代の武将。後北条氏家臣。
¶埼玉人([生]不詳 [没]慶長2(1597)年9月6日)，埼玉百(上田上野介憲定 うえだこうづけのすけのりさだ [没]1619年)，戦辞([生]天文15(1546)年？ [没]慶長2年9月6日(1597年10月16日))，戦人(生没年不詳)，戦東

**上田則種** うえだのりたね
戦国時代の武士。
¶戦人(生没年不詳)，戦西

**上田憲直** うえだのりなお
戦国時代～安土桃山時代の武将。後北条氏家臣。
¶戦東

**上田正忠** うえだまさただ
？ ～永正17(1520)年5月13日
戦国時代の扇谷上杉氏の家臣。相模守護代。
¶戦辞

**上田政朝** うえだまさとも
戦国時代の武将、武蔵松山城主。北条氏康の臣。
¶戦国

**上田政盛** うえだまさもり
生没年不詳
戦国時代の扇谷上杉朝良の家臣。
¶姓氏神奈川，戦辞

**植田光次** うえだみつつぐ
生没年不詳
安土桃山時代の地方豪族・土豪。
¶戦人

**上田元成** うえだもとなり
生没年不詳
戦国時代の松平氏の家臣。
¶戦辞

**植田与九郎** うえだよくろう
？ ～文禄4(1595)年 [別]大石定景《おおいしさだかげ》
安土桃山時代の武将。
¶戦人

**植月重佐** うえつきしげすけ
？ ～元弘3/正慶2(1333)年
鎌倉時代後期の土豪。
¶岡山人，岡山歴([没]元弘3/正慶2(1333)年4月3日)，コン改，コン4，新潮([没]正慶2/元弘3(1333)年4月3日)，人名，日人

**上野家成** うえのいえなり
生没年不詳
戦国時代の越後の国人。上杉謙信・景勝家臣。
¶戦辞

**上野九右衛門** うえのきゅうえもん
生没年不詳
安土桃山時代～江戸時代前期の武士。横田城代上野丹波の名代。
¶姓氏岩手

**上野清信** うえのきよのぶ
戦国時代～安土桃山時代の武士。足利氏家臣。
¶戦国，戦人(生没年不詳)

**上野九兵衛尉** うえのくひょうえのじょう
生没年不詳
安土桃山時代の武士。上杉氏家臣。
¶戦人

**上野九兵衛** うえのくへえ
？ ～天正10(1582)年10月
戦国時代～安土桃山時代の上杉氏の家臣。
¶戦辞

**上野源八** うえのげんぱち
安土桃山時代の武将。里見氏家臣。
¶戦東

**上野重季** うえのしげすえ
戦国時代の武将。武田家臣。山県同心衆のうち采配御免の衆の一人。
¶姓氏山梨

**上野七左衛門** うえのしちざえもん
安土桃山時代～江戸時代前期の武士。里見氏家臣。
¶戦人(生没年不詳)，戦東

**上野助国** うえのすけくに
？ ～天文2(1533)年？
戦国時代の武士。里見氏家臣。
¶戦辞(生没年不詳)，戦人，戦東

**上野善左衛門** うえのぜんざえもん
文亀3(1503)年～天正17(1589)年
戦国時代～安土桃山時代の武将。
¶戦人

**上野隆徳** うえのたかのり
？ ～天正3(1575)年
安土桃山時代の武将。
¶岡山人，岡山歴([没]天正3(1575)年6月7日)

**上野内匠助** うえのたくみのすけ
安土桃山時代～江戸時代前期の武士。里見氏家臣。
¶戦人(生没年不詳)，戦東

**上野忠家** うえのただいえ
生没年不詳
戦国時代の松平氏・今川氏の家臣。
¶戦辞

**上野忠真** うえのただざね
鎌倉時代後期の武将。
¶姓氏鹿児島

う

う

**上野丹波** うえのたんば
生没年不詳
安土桃山時代〜江戸時代前期の横田城代。
¶姓氏岩手

**上野筑前守** うえのちくぜんのかみ
戦国時代〜安土桃山時代の武将。里見氏家臣。
¶戦東

**上野伝左衛門** うえのでんざえもん
安土桃山時代〜江戸時代前期の武士。里見氏家臣。
¶戦人（生没年不詳），戦東

**殖野中務少輔** うえのなかつかさのしょう
生没年不詳
戦国時代の古河公方の家臣。
¶戦辞

**上野信孝** うえののぶたか
？ 〜永禄6（1563）年
戦国時代の武士。足利氏家臣。
¶岡山人，岡山歴，戦国，戦人

**上野豪為** うえのひでため
生没年不詳
安土桃山時代の織田信長の家臣。
¶織田

**上野広吉** うえのひろよし
生没年不詳
安土桃山時代の武士。
¶戦人

**上野孫左衛門** うえのまござえもん
生没年不詳
戦国時代の武士。石巻家貞の被官、伊豆檪山村の在地支配者。
¶戦辞

**上野美濃** うえのみの
安土桃山時代の武将。里見氏家臣。
¶戦東

**上野民部大輔** うえのみんぶたいふ
→上野民部大輔（うえのみんぶだゆう）

**上野民部大輔** うえのみんぶだゆう
[別]上野民部大輔《うえのみんぶたいふ》
室町時代の足利義稙の近臣。
¶人名，日人（うえのみんぶたいふ　生没年不詳）

**上野弥右衛門** うえのやえもん
〜慶安2（1649）年5月11日
安土桃山時代〜江戸時代前期の武将、武藤氏遺臣。
¶庄内

**上野弥次郎** うえのやじろう
戦国時代の武将。里見氏家臣。
¶戦辞（生没年不詳），戦東

**上野頼氏** うえのよりうじ
？ 〜天文2（1533）年
戦国時代の備中国の武将。
¶岡山歴

**上野頼兼** うえのよりかね
？ 〜正平6/観応2（1351）年
南北朝時代の武将。
¶鎌室，京都府，島根人，島根歴，日人

**上野頼久** うえのよりひさ
？ 〜＊
安土桃山時代の武将。
¶岡山人（[没]天文2（1533）年），岡山歴（[没]永正18（1521）年8月16日）

**上原勘解由左衛門尉** うえはらかげゆざえもんのじょう
？ 〜天文17（1548）年11月
戦国時代の北条氏の家臣。
¶戦辞

**上原賢家** うえはらかたいえ
？ 〜明応4（1495）年　[別]物部賢家《もののべかたいえ》
室町時代〜戦国時代の武士。
¶国書（[没]明応4（1495）年12月29日），戦人，戦西

**上原次郎右衛門** うえはらじろうえもん
安土桃山時代の武将。秀吉馬廻。
¶戦国，戦人（生没年不詳）

**上原甚二郎** うえはらじんじろう
生没年不詳
戦国時代の北条氏の家臣。
¶戦辞

**上原随雲軒** うえはらずいうんけん
戦国時代の武将。武田家臣。足軽大将。
¶姓氏山梨

**上原筑前守** うえはらちくぜんのかみ
生没年不詳
戦国時代の八反田城城主。
¶姓氏長野

**上原出羽守** うえはらでわのかみ
生没年不詳
戦国時代の武士。後北条氏家臣。
¶埼玉人，姓氏神奈川，戦辞，戦人，戦東

**上原尚近** うえはらなおちか
戦国時代〜安土桃山時代の武士。
¶姓氏鹿児島，戦人（生没年不詳），戦西

**上原能登守** うえはらのとのかみ
戦国時代の武将。武田家臣。永禄10年の諏訪五十騎交名にみえる。
¶姓氏山梨

**上原元秀** うえはらもとひで
？ 〜明応2（1493）年　[別]物部元秀《もののべもとひで》
室町時代〜戦国時代の武将、室町幕府管領細川政元の内衆。
¶朝日（[没]明応2年11月18日（1493年12月26日）），コン4，戦人，戦西，日人

**上平親堅** うえひらちかかた
生没年不詳

戦国時代の松平一族。
¶戦辞

**植松右京亮** うえまつうきょうのすけ
戦国時代～安土桃山時代の武将。後北条氏家臣。
¶戦東

**植松佐渡守** うえまつさどのかみ
生没年不詳
戦国時代の駿河国獅子浜の土豪。
¶戦辞

**植村安忠** うえむらあんちゅう
生没年不詳
戦国時代の松平家の家臣。
¶戦辞

**植村家存** うえむらいえさだ
天文10(1541)年～天正5(1577)年　[別]植村家政《うえむらいえまさ》
安土桃山時代の武士。徳川氏家臣。
¶諸系，人名，戦辞(植村家政　うえむらいえまさ　[没]天正5年11月5日(1577年12月14日))，戦人，戦東，戦補，日人

**植村家次** うえむらいえつぐ
永禄10(1567)年～慶長4(1599)年
安土桃山時代の武将。
¶諸系，日人

**植村家政**(1) うえむらいえまさ
天正17(1589)年～慶安3(1650)年
安土桃山時代～江戸時代前期の武将、大名。大和高取藩主。
¶諸系，人名，日人，藩主3([没]慶安3(1650)年閏10月23日)

**植村家政**(2) うえむらいえまさ
→植村家存(うえむらいえさだ)

**植村氏明** うえむらうじあき
永正17(1520)年～天文21(1552)年
戦国時代の武将。
¶諸系，人名，戦国，戦人，日人

**上村玄蕃** うえむらげんば
戦国時代の武将。後北条氏家臣。
¶戦東

**上村長国** うえむらながくに
*～天文15(1546)年　[別]洞然《どうねん》
戦国時代の武士。
¶戦人([生]応仁2(1468)年)，戦西([生]？)

**上村長種** うえむらながたね
*～天文4(1535)年
戦国時代の武士。
¶戦人([生]永正2(1505)年)，戦西([生]？)

**植村正勝** うえむらまさかつ
天文4(1535)年～文禄1(1592)年
安土桃山時代の武将。
¶人名，姓氏神奈川([生]1533年)，日人

**植村持益** うえむらもちます
生没年不詳
室町時代の武将、大和高取城主植村氏の祖。
¶諸系，人名，日人

**上村基宗** うえむらもとむね
→沢村基宗(さわむらもとむね)

**植村泰勝** うえむらやすかつ
天正6(1578)年～寛永12(1635)年
安土桃山時代～江戸時代前期の武将、幕臣。関ヶ原合戦で武功。
¶諸系，人名([没]1634年)，日人

**植村泰忠** うえむらやすただ
天文9(1540)年～慶長16(1611)年
安土桃山時代～江戸時代前期の武士。徳川氏家臣。
¶諸系，人名([生]1539年)，戦国，戦人，千葉百([生]天文8(1539)年)，日人

**上村頼興** うえむらよりおき
延徳2(1490)年～弘治3(1557)年
戦国時代の武士。
¶熊本百([没]弘治3(1557)年2月21日)，戦人，戦西([生]？)

**上村頼孝** うえむらよりよし
？～永禄10(1567)年
戦国時代の武士。
¶戦人，戦西

**上村六左衛門** うえむらろくざえもん
？～*
戦国時代～安土桃山時代の織田信長の家臣。
¶織田([没]天正11(1583)年4月24日)，姓氏愛知([没]1584年)

**上山ゑもん五郎** うえやまえもんごろう
南北朝時代の武将。
¶姓氏鹿児島

**上山兵庫** うえやまひょうご
安土桃山時代の武将。
¶岡山人，岡山歴

**魚住出雲守** うおずみいずものかみ
戦国時代の武将。朝倉氏家臣。
¶戦西

**魚住景固** うおずみかげかた
？～天正2(1574)年
戦国時代～安土桃山時代の武士。
¶織田([没]天正2(1574)年1月24日)，戦国，戦人，戦西

**魚住景貞** うおずみかげさだ
室町時代の武将。朝倉氏家臣。
¶戦西

**魚住景栄** うおずみかげしげ
戦国時代の武将。朝倉氏家臣。
¶戦西

**魚住景宗** うおずみかげむね
戦国時代の武士。
¶戦人(生没年不詳)，戦西

**魚住勝七** うおずみしょうしち
？～天正10(1582)年6月2日

戦国時代～安土桃山時代の織田信長の家臣。
¶織田

**魚住隼人** うおずみはやと
安土桃山時代の武将。
¶姓氏石川

**魚住隼人正** うおずみはやとのしょう
生没年不詳
安土桃山時代の織田信長の家臣。
¶織田

**魚住吉長** うおずみよしなが
生没年不詳
戦国時代の地方豪族・土豪。
¶戦人

**魚住頼治** うおずみよりはる
生没年不詳
安土桃山時代の武将。
¶戦人

**鵜飼某** うがい
生没年不詳
安土桃山時代の織田信長の家臣。
¶織田

**宇垣伊賀守** うがきいがのかみ
安土桃山時代の武士。佐竹氏家臣。
¶戦人（生没年不詳），戦東

**宇垣市郎兵衛** うがきいちろうべえ
→宇垣市郎兵衛（うがきいちろべえ）

**宇垣市郎兵衛** うがきいちろべえ
[別]宇垣市郎兵衛《うがきいちろうべえ》
安土桃山時代の武将。
¶岡山人，岡山歴（うがきいちろうべえ）

**宇垣秀経** うがきひでつね
生没年不詳
戦国時代の佐竹氏の家臣。
¶戦辞

**宇垣秀直** うがきひでなお
？　～元和2（1616）年8月20日
安土桃山時代～江戸時代前期の佐竹氏の家臣。
¶戦辞

**宇垣弥介** うがきやすけ
安土桃山時代の武将。佐竹氏家臣。
¶戦東

**宇賀島十郎左衛門** うかしまじゅうろうざえもん
？　～弘治1（1555）年
戦国時代の宇賀島海賊の大将。
¶姓氏山口

**鵜川丹後** うかわたんご
生没年不詳
戦国時代～江戸時代前期の武士。小田原北条氏の臣。
¶神奈川人

**宇喜多詮家** うきたあきいえ
→坂崎直盛（さかざきなおもり）

**宇喜多興家** うきたおきいえ
？　～*
戦国時代の武士。
¶岡山人（[没]天文9（1540）年），岡山歴（[没]天文5（1536）年6月30日），系西（[没]1536年），戦人（[没]天文5（1536）年？）

**浮田織部** うきたおりべ
安土桃山時代の武将。宇喜多氏家臣。
¶岡山歴，戦西

**浮田河内守** うきたかわちのかみ
大永7（1527）年～慶長9（1604）年　[別]遠藤又次郎《えんどうまたじろう》
戦国時代～安土桃山時代の武士。
¶岡山歴（[没]慶長9（1604）年8月21日），戦人，戦西（[生]？）

**浮田官兵衛** うきたかんべえ
安土桃山時代の武将。
¶岡山人，岡山歴

**浮田喜八** うきたきはち
？　～慶長5（1600）年9月
安土桃山時代の岡山城主宇喜多秀家の家臣。
¶岡山歴

**浮田喜八郎** うきたきはちろう
？　～慶長5（1600）年
安土桃山時代の武士。
¶戦人，戦西

**宇喜多休閑** うきたきゅうかん
生没年不詳
安土桃山時代～江戸時代前期の武将・キリシタン。
¶近世，国史，新潮（[没]元和5（1619）年），戦合，日人（[没]1620年頃）

**浮田源五兵衛** うきたげんごびょうえ
→浮田源五兵衛（うきたげんごべえ）

**浮田源五兵衛** うきたげんごべえ
？　～天正7（1579）年　[別]浮田源五兵衛《うきたげんごびょうえ》
戦国時代～安土桃山時代の武士。
¶岡山歴（うきたげんごびょうえ　[没]天正7（1579）年1月），戦人，戦西

**宇喜多源三兵衛**（浮田源三兵衛） うきたげんざびょうえ
→宇喜多源三兵衛（うきたげんさべえ）

**宇喜多源三兵衛** うきたげんさべえ
？　～慶長5（1600）年　[別]宇喜多源三兵衛《うきたげんざびょうえ》，浮田源三兵衛《うきたげんざびょうえ》
安土桃山時代の武士。
¶岡山人（浮田源三兵衛　うきたげんざびょうえ），岡山歴（うきたげんざびょうえ　[没]慶長5（1600）年9月），戦人，戦西

**宇喜多五郎左衛門** うきたごろうざえもん
→宇喜多五郎左衛門（うきたごろざえもん）

**宇喜多五郎左衛門** うきたごろざえもん
[別]宇喜多五郎左衛門《うきたごろうざえもん》

安土桃山時代の武将。
¶岡山人，岡山歴（うきたごろうざえもん）

**宇喜多四郎** うきたしろう
？ ～大永3（1523）年
安土桃山時代の武将。
¶岡山人，岡山歴

**宇喜多次郎九郎** うきたじろううくろう
→宇喜多次郎九郎（うきたじろくろう）

**宇喜多次郎九郎** うきたじろくろう
？ ～天正14（1586）年 [別]宇喜多次郎九郎《うきたじろうくろう》
安土桃山時代の武将。秀吉馬廻。
¶戦人，戦補（うきたじろうくろう）

**宇喜多忠家** うきたただいえ
？ ～慶長14（1609）年 [別]宇喜多忠家《ききたただいえ》
安土桃山時代～江戸時代前期の武士。
¶岡山人，岡山歴，織田（ききたただいえ [没]慶長14（1609）年2月15日），戦国，戦人（生没年不詳），戦西

**浮田太郎左衛門** うきたたろうざえもん
安土桃山時代の武士。
¶岡山歴，戦人（生没年不詳），戦西

**浮田土佐守** うきたとさのかみ
？ ～慶長7（1602）年2月15日
安土桃山時代の備前国の武将。
¶岡山歴

**宇喜多直家** うきたなおいえ
享禄2（1529）年～天正9（1581）年
戦国時代～安土桃山時代の大名。備前岡山藩主。
¶朝日（[没]天正9年2月14日（1581年3月18日）），岡山人，岡山百（[没]天正9（1581）年2月14日），岡山歴（[没]天正9（1581）年2月14日），織田（[生]？ [没]天正10（1582）年1月？），系西，国史，古中，コン改，コン4，史人（[没]1581年2月14日），諸系，新潮（[没]天正9（1581）年2月14日），人名，世人（[生]享禄3（1530）年 [没]天正10（1582）年1月9日），戦合，戦国（[生]？ [没]1582年），戦人，大百，日史（[没]天正9（1581）年2月14日），日人，藩主4（[没]天正9（1581）年2月14日），百科，兵庫百，歴大

**浮田詮家** うきたのりいえ
→坂崎直盛（さかざきなおもり）

**宇喜多春家** うきたはるいえ
安土桃山時代の武士。
¶岡山歴，戦人（生没年不詳），戦西

**宇喜多久家** うきたひさいえ
室町時代の武人。
¶岡山人，岡山歴

**宇喜多秀家**（浮田秀家） うきたひでいえ
元亀3（1572）年～明暦1（1655）年 [別]秀家〔宇喜多家〕《ひでいえ》，羽柴八郎《はしばはちろう》，休復《きゅうふく》，成元《せいげん》
安土桃山時代の大名、五大老。関ヶ原で敗れ、八丈島流罪。
¶朝日（[没]明暦1年11月20日（1655年12月17日）），岩史（[没]明暦1（1655）年11月20日），岡山人（[生]天正1（1573）年），岡山百（[生]天正1（1573）年 [没]明暦1（1655）年11月20日），岡山歴（[生]天正1（1573）年 [没]明暦1（1655）年11月20日），角史，近世，公卿（[生]天正1（1573）年 [没]明暦1（1655）年11月14日），公家（秀家〔宇喜多家〕 ひでいえ [生]1572年 [没]明暦1年11月20日），系西，国史，国書（浮田秀家 [没]明暦1（1655）年11月20日），古中，コン改（[生]天正1（1573）年），コン4（[生]天正1（1573）年），茶道（[生]1573年），史人（[没]1655年11月20日），重要（[生]天正1（1573）年 [没]明暦1（1655）年11月20日），諸系，新潮（[没]明暦1（1655）年11月20日），人名（[生]1573年），世人（[生]天正1（1573）年 [没]明暦1（1655）年11月20日），世百（[生]1573年），戦合，戦国，戦辞（[没]明暦1年11月20日（1655年12月17日）），全書（[生]1573年），戦人，大百（[生]1573年），日史（[没]明暦1（1655）年11月20日），日人，藩主4（[生]天正1（1573）年 [没]明暦1（1655）年11月20日，（異説）寛永2年），百科，歴大

**宇喜多秀隆** うきたひでたか
天正19（1591）年～慶安1（1648）年
安土桃山時代の武将。豊臣氏家臣。
¶戦国，戦人

**宇喜多宗家** うきたむねいえ
戦国時代の備前国の武将。
¶岡山人，岡山歴

**浮田宗勝** うきたむねかつ
安土桃山時代の武士。
¶戦人（生没年不詳），戦西

**宇喜多基家**（浮田基家） うきたもといえ
？ ～天正9（1581）年
安土桃山時代の武士。
¶岡山人（浮田基家），岡山百（[生]永禄9（1566）年 [没]天正9（1581）年8月22日），岡山歴（[没]天正9（1581）年8月22日），織田（[生]永禄5（1562）年？ [没]天正9（1581）年2月21日），戦人，戦西

**浮田大和** うきたやまと
？ ～天文18（1549）年
安土桃山時代の武将。
¶岡山人，岡山歴

**宇喜多能家** うきたよしいえ
？ ～天文3（1534）年
戦国時代の武将。備前守護代浦上宗助・村宗父子の重臣。
¶朝日（[没]天文3年6月30日（1534年8月9日）），岡山人，岡山百，岡山歴（[没]天文3（1534）年6月30日），系西，国史，古中，コン4，史人（[没]1534年6月30日），諸系，新潮（[没]天文3（1534）年6月30日），世人，戦合，戦人，日人

**宇久家盛** うくいえもり
？ ～建久1（1190）年
平安時代後期の武将。肥前福江領主。
¶神人（[没]建久1（1190）年8月15日），人名，日人

（生没年不詳）

**鶯沢四郎兵衛**　うぐいすざわしろうべえ
戦国時代の武将。葛西氏家臣。
¶戦東

う

**宇久競**　うくきそい
文暦1（1234）年～弘安5（1282）年　[別]宇久競《うくきそう》
鎌倉時代後期の土豪。
¶鎌室，人名（うくきそう　[生]1250年），日人（うくきそう）

**宇久競**　うくきそう
→宇久競（うくきそい）

**宇久純堯**　うくすみたか
？～天正7（1579）年
戦国時代～安土桃山時代の武将。
¶諸系，日人

**宇久盛定**　うくもりさだ
生没年不詳
戦国時代の武将。
¶諸系，日人

**宇久盛長**　うくもりなが
？～慶長4（1599）年
安土桃山時代の武将。
¶藩臣7

**筌之口重範**　うけのくちしげのり
生没年不詳
戦国時代の武将。
¶戦人

**宇佐輔景**　うさすけかげ
？～延元1/建武3（1336）年
南北朝時代の武将。南朝方。
¶朝日，鎌室，コン改，コン4，島根歴（生没年不詳），新潮（[没]建武3/延元1（1336）年4月），人名，日人

**宇佐美勝興**　うさみかつおき
天正18（1590）年～正保4（1647）年　[別]宇佐美造酒介《うさみみきのすけ》，宇佐美良賢《うさみよしかた》
江戸時代前期の紀伊和歌山藩士。武術家・兵法宇佐美流中興の祖。
¶国書（宇佐美良賢　うさみよしかた　[没]正保4（1647）年11月），人名，日人，藩臣5（宇佐美造酒介　うさみみきのすけ），和歌山人

**宇佐見左衛門**　うさみさえもん
戦国時代の武将。斎藤氏家臣。
¶戦西

**宇佐美定満**　うさみさだみつ
？～永禄7（1564）年　[別]宇佐見定行《うさみさだゆき》，宇佐美定行《うさみさだゆき》，宇佐美良勝《うさみよしかつ》
戦国時代の武将。上杉氏の宿将、軍師。
¶国書（宇佐美良勝　うさみよしかつ　[生]延徳1（1489）年），コン改，コン4，人名（宇佐美定行　うさみさだゆき），戦辞（[没]永禄7年7月5日（1564年8月11日）？），戦人，長野歴（宇佐見定行　うさみさだゆき），新潟百（[生]1489年），日人（[生]1489年）

**宇佐見定行**（宇佐美定行）　うさみさだゆき
→宇佐美定満（うさみさだみつ）

**宇佐美実政**　うさみさねまさ
？～建久1（1190）年　[別]大見実政《おおみさねまさ》，平実政《たいらのさねまさ》
平安時代後期の武士。
¶青森百，朝日，鎌室，静岡歴（大見実政　おおみさねまさ），新潮（[没]建久1（1190）年1月），姓氏静岡，姓氏静岡（大見実政　おおみさねまさ），日人，平史（平実政　たいらのさねまさ）

**宇佐美祐茂**　うさみすけしげ
→宇佐美祐茂（うさみすけもち）

**宇佐美祐茂**（宇佐美助茂）　うさみすけもち
生没年不詳　[別]宇佐美祐茂《うさみすけしげ》，藤原祐茂《ふじわらのすけもち》
平安時代後期～鎌倉時代前期の武将。
¶朝日，鎌室，静岡歴（うさみすけしげ），新潮，姓氏静岡（宇佐美助茂），日人，平史（藤原祐茂　ふじわらのすけもち）

**宇佐美孝忠**　うさみたかただ
生没年不詳
戦国時代の越後国刈羽郡の国人。
¶戦辞

**宇佐美尾張守**　うさみのおわりのかみ
生没年不詳
戦国時代の武将。
¶戦人

**宇佐美房忠**　うさみふさただ
？～永正11（1514）年
戦国時代の武将。
¶戦辞（[没]永正11年5月26日（1514年6月18日）），戦人

**宇佐美正安**　うさみまさやす
？～延元1/建武3（1336）年
鎌倉時代後期の武将。楠木正成譜代の臣。
¶人名，日人

**宇佐美造酒介**　うさみみきのすけ
→宇佐美勝興（うさみかつおき）

**宇佐美良賢**　うさみよしかた
→宇佐美勝興（うさみかつおき）

**宇佐美良勝**　うさみよしかつ
→宇佐美定満（うさみさだみつ）

**氏家権左衛門**　うじいえごんざえもん
[別]氏家権左衛門《うじえごんざえもん》
戦国時代の武将。大崎氏家臣。
¶戦人（生没年不詳），戦東（うじえごんざえもん）

**氏家定直**　うじいえさだなお
戦国時代の武士。最上氏家臣。
¶戦人（生没年不詳），戦東

う

**氏家直元** うじいえただもと
→氏家卜全(うじいえぼくぜん)

**氏家道誠** うじいえどうせい
生没年不詳
南北朝時代の斯波家兼の代官。
¶姓氏宮城

**氏家直継** うじいえなおつぐ
生没年不詳
戦国時代の武将。
¶戦人

**氏家直昌** うじいえなおまさ
？ ～天正11(1583)年
安土桃山時代の武将。織田氏家臣。
¶戦人，戦補

**氏家直通** うじいえなおみち
生没年不詳
安土桃山時代の織田信長の家臣。
¶織田

**氏家直元** うじいえなおもと
→氏家卜全(うじいえぼくぜん)

**氏家卜全** うじいえぼくぜん
？ ～元亀2(1571)年 [別]氏家直元《うじいえただもと,うじいえなおもと》
戦国時代の武将、西美濃三人衆の一人。
¶朝日([没]元亀2年5月12日(1571年6月4日))，岩史([没]元亀2(1571)年5月12日)，織田(氏家直元 うじいえなおもと [没]元亀2(1571)年5月16日)，岐阜百，国史，古中，コン改，コン4，史人([没]1571年5月12日)，新潮([没]元亀2(1571)年5月12日)，人名(氏家直元 うじいえただもと)，戦合，戦国(氏家直元 うじいえなおもと)，戦人(氏家直元 うじいえなおもと)，戦西(氏家直元 うじいえなおもと)，日史([没]元亀2(1571)年5月16日)，日人，歴大

**氏家光氏** うじいえみつうじ
安土桃山時代～江戸時代前期の武将。最上氏家臣。
¶戦人(生没年不詳)，戦東

**氏家守棟** うじいえもりむね
安土桃山時代の武将。最上氏家臣。
¶戦人(生没年不詳)，戦東

**氏家行継** うじいえゆきつぐ
天文18(1549)年？ ～慶長5(1600)年11月？
戦国時代の武士。
¶織田，戦国，戦人(生没年不詳)，戦西

**氏家行広** うじいえゆきひろ
天文15(1546)年～元和1(1615)年 [別]荻野道喜《おぎのどうき》
安土桃山時代～江戸時代前期の武将、大名。豊臣秀頼に殉じて切腹。
¶朝日([没]元和1年5月8日(1615年6月4日))，織田([生]天文15(1546)年？ [没]元和1(1615)年5月8日)，近世，国史，コン改，コン4，史人([没]1615年5月8日)，新潮([没]元和1(1615)年5月8日)，人名([生]？)，戦合，戦国([生]？)，戦人，日人，藩主3([没]元和1(1615)年5月8日)

**氏家吉継** うじいえよしつぐ
？ ～天正19(1591)年 [別]氏家弾正吉継《うじえだんじょうよしつぐ》
安土桃山時代の武将。大崎氏家臣。
¶姓氏宮城，戦人，戦東(氏家弾正吉継 うじえだんじょうよしつぐ)，宮城百

**雲林院祐尊** うじいすけたか
生没年不詳
鎌倉時代後期の武将。
¶系西

**雲林院大夫** うじいだいぶ
安土桃山時代の国人。豊臣氏家臣。
¶戦国，戦人(生没年不詳)

**雲林院忠介** うじいちゅうすけ
安土桃山時代の武将。秀吉馬廻。
¶戦国，戦人(生没年不詳)

**雲林院出羽守** うじいでわのかみ
生没年不詳
安土桃山時代の織田信長の家臣。
¶織田

**氏家権左衛門** うじえごんざえもん
→氏家権左衛門(うじいえごんざえもん)

**氏家修理之助** うじえしゅりのすけ
戦国時代の武将。大崎氏家臣。
¶戦東

**氏家弾正吉継** うじえだんじょうよしつぐ
→氏家吉継(うじいえよしつぐ)

**氏家土佐守** うじえとさのかみ
戦国時代の武将。大崎氏家臣。
¶戦東

**氏家日向** うじえひゅうが
戦国時代の武将。大崎氏家臣。
¶戦東

**氏家三河守隆継** うじえみかわのかみたかつぐ
戦国時代の武将。大崎氏家臣。
¶戦東

**氏家弥兵衛** うじえやへい
天正4(1576)年～
安土桃山時代～江戸時代前期の武士。
¶庄内

**牛奥昌頼** うしおくまさより
？ ～天正3(1575)年
戦国時代～安土桃山時代の武田家臣。兵部左衛門尉。
¶姓氏山梨

**潮田資忠** うしおだすけただ
？ ～天正18(1590)年
安土桃山時代の武将。
¶埼玉人([没]天正18(1590)年4月18日)，戦人

**牛尾忠実** うしおただざね
生没年不詳
室町時代の国人領主。
¶島根歴

う

**牛尾胤仲** うしおたねなか
→牛尾胤仲(うしのおたねなか)

**牛尾久信** うしおひさのぶ
? ～天正14(1586)年?
安土桃山時代の武士。
¶戦人, 戦西

**牛尾幸清** うしおゆききよ
生没年不詳
戦国時代の武士。
¶島根百, 島根歴, 戦人, 戦西

**牛屎高元** うしくそたかもと
南北朝時代の武将。
¶姓氏鹿児島

**牛込勝重** うしごめかつしげ
天文19(1550)年～元和1(1615)年7月21日
戦国時代～江戸時代前期の北条氏の家臣。
¶戦辞

**牛込勝行** うしごめかつゆき
*～天正15(1587)年 [別]大胡勝行《おおこかつゆき》
戦国時代～安土桃山時代の武士。後北条氏家臣。
¶江戸, 戦辞([生]文亀3(1503)年 [没]天正15年7月29日(1587年9月1日)), 戦人([生]明応8(1499)年), 戦東([生]?)

**牛込平四郎** うしごめへいしろう
生没年不詳
戦国時代の北条氏の家臣。
¶戦辞

**牛田某** うしだ
生没年不詳
安土桃山時代の織田信長の家臣。
¶織田

**牛田一長** うしだかずなが
? ～元和5(1619)年
安土桃山時代～江戸時代前期の阿波徳島藩士。
¶徳島歴, 藩臣6

**牛田玄蕃** うしだげんば
生没年不詳
戦国時代の武将。
¶姓氏愛知

**牛田真綱** うしださねつな
戦国時代の武将。武田家臣。小山田被官。
¶姓氏山梨

**牛田又右衛門** うしだまたえもん
生没年不詳
安土桃山時代の武将。
¶戦人

**牛尾胤仲** うしのおたねなか
? ～天正13(1585)年2月 [別]牛尾胤仲《うしおたねなか》
戦国時代の多古城主。
¶戦辞(生没年不詳), 千葉百(うしおたねなか)

**氏姫** うじひめ
→足利氏姫(あしかがのうじひめ)

**牛丸豊前守** うしまるぶぜんのかみ
生没年不詳
安土桃山時代の織田信長の家臣。
¶織田

**牛山周防守** うしやますおうのかみ
戦国時代の武将。武田家臣。永禄10年の諏訪五十騎交名にみえる。
¶姓氏山梨

**碓井因幡守** うすいいなばのかみ
生没年不詳
安土桃山時代の織田信長の家臣。
¶織田

**臼井興胤** うすいおきたね
? ～正平19/貞治3(1364)年
南北朝時代の武将。
¶鎌室, 人名, 日人([生]1312年)

**碓氷貞光**(碓井貞光) うすいさだみつ
天暦8(954)年～治安1(1021)年
平安時代中期の武人、勇士。源頼光四天王の一人。
¶群馬人(碓井貞光), 史人(碓井貞光 生没年不詳), 人名, 日人

**臼井胤慶** うすいたねよし
生没年不詳
戦国時代の臼井氏当主。
¶戦辞

**臼井常康** うすいつねやす
? ～久安2(1146)年
平安時代後期の豪族。
¶人名

**臼井久胤** うすいひさたね
? ～天正2(1574)年
戦国時代～安土桃山時代の武将。
¶戦人, 千葉百([没]天正2(1574)年7月)

**臼井兵部丞** うすいひょうぶのじょう
戦国時代の武将。朝倉氏家臣。
¶戦西

**臼井正武** うすいまさたけ
天正5(1577)年～承応2(1653)年
安土桃山時代～江戸時代前期の因幡鳥取藩士。
¶藩臣5

**臼井安左衛門** うすいやすざえもん
? ～寛永16(1639)年
安土桃山時代～江戸時代前期の武士。天正11年末森の戦に出陣。
¶姓氏石川

**臼杵鑑続** うすきあきつぐ
? ～永禄4(1561)年
戦国時代の武士。
¶戦人, 戦西

**臼杵鑑速** うすきあきはや
? ～天正3(1575)年

安土桃山時代の武士。
¶大分歴，戦人（[生]天文7（1538）年　[没]天正2（1574）年，（異説）天正3（1575）年），戦西

**臼杵惟隆** うすきこれたか
生没年不詳
平安時代後期の豊後国の武士。
¶朝日，大分歴，鎌室，コン4，新潮，日人

**臼杵鎮定** うすきしげさだ
安土桃山時代の武士。
¶戦人（生没年不詳），戦西

**臼杵鎮理** うすきしげただ
安土桃山時代の武士。
¶戦人（生没年不詳），戦西

**臼杵鎮賡** うすきしげつぐ
？　～天正6（1578）年
戦国時代～安土桃山時代の武士。
¶戦人，戦西

**臼杵親連** うすきちかつら
戦国時代の武士。
¶戦人（生没年不詳），戦西

**臼杵天常** うすきてんじょう
天正15（1587）年～慶安3（1650）年
安土桃山時代～江戸時代前期の武士。紀州藩士。
¶和歌山人

**臼杵内記兵衛** うすきないきひょうえ
生没年不詳
安土桃山時代の武士。
¶戦人

**臼杵長景** うすきながかげ
戦国時代の武士。
¶大分歴（[生]明応3（1494）年　[没]？），戦人（[生]？　[没]大永7（1527）年），戦西

**薄衣甲斐守胤勝** うすぎぬかいのかみたねかつ
→薄衣胤勝（うすぎぬたねかつ）

**薄衣胤勝** うすぎぬたねかつ
？　～天正18（1590）年　[別]薄衣甲斐守胤勝《うすぎぬかいのかみたねかつ》
安土桃山時代の武将。葛西氏家臣。
¶戦人，戦東（薄衣甲斐守胤勝　うすぎぬかいのかみたねかつ）

**薄衣美濃入道** うすぎぬみのにゅうどう
生没年不詳
室町時代の武士。
¶姓氏岩手

**臼杵統景** うすきむねかげ
？　～天正6（1578）年
戦国時代～安土桃山時代の武士。
¶戦人，戦西

**臼田満安** うすだみつやす
戦国時代の武将。武田家臣。信濃国佐久郡の野沢衆。
¶姓氏山梨

**臼田吉晟** うすだよしあき
戦国時代の武将。武田家臣。佐渡守。
¶姓氏山梨

**宇多頼重** うだよりしげ，うたよりしげ
？　～慶長5（1600）年
安土桃山時代の武士。
¶戦国（うたよりしげ），戦人

**宇多頼忠** うだよりただ，うたよりただ
？　～慶長5（1600）年　[別]尾藤下野守《びとうしもつけのかみ》
安土桃山時代の武士。豊臣氏家臣。
¶戦国（うたよりただ），戦人

**内ヶ崎織部** うちがさきおりべ
？　～寛文5（1665）年
安土桃山時代～江戸時代前期の武士、鶴巣館館主黒川安芸守晴氏の家老。
¶姓氏宮城

**内ヶ島氏理** うちがしまうじまさ
？　～天正13（1586）年
安土桃山時代の武将。
¶朝日（[没]天正13年11月29日（1586年1月18日）），戦人（[没]天正13（1585）年），日人

**内河真信** うちかわさねのぶ
？　～延元1/建武3（1336）年
鎌倉時代後期～南北朝時代の武将。
¶鳥取百

**内河義真** うちこうよしざね
生没年不詳
南北朝時代の八代荘地頭代官、八代城主。
¶熊本百

**内古閑重載** うちこがしげのり
生没年不詳
戦国時代の武将。
¶戦人

**内古閑鎮房** うちこがしげふさ
？　～天正16（1588）年
安土桃山時代の武将。
¶戦人

**打越光重** うちこしみつしげ
安土桃山時代の武士。
¶戦国，戦人（生没年不詳）

**内河宗直** うちこむねなお
生没年不詳
戦国時代の武士。
¶戦人

**打猨** うちさる
上代の豊後の首長。景行天皇の九州遠征に抵抗。
¶古代，日人

**内田家吉** うちだいえよし
生没年不詳
平安時代後期の武士。
¶日人

う

**内田兼智** うちだかねとも
[別]内田美作守兼智入道卜庵《うちだみまさかのかみかねともにゅうどうぼくあん》
戦国時代の武士。
¶戦人(生没年不詳)，戦西(内田美作守兼智入道卜庵　うちだみまさかのかみかねともにゅうどうぼくあん)

**内田兼能** うちだかねよし
[別]内田肥後守兼能入道栄節《うちだひごのかみかねよしにゅうどうえいせつ》
安土桃山時代の武士。
¶戦人(生没年不詳)，戦西(内田肥後守兼能入道栄節　うちだひごのかみかねよしにゅうどうえいせつ)

**内田肥後守兼能入道栄節** うちだひごのかみかねよしにゅうどうえいせつ
→内田兼能(うちだかねよし)

**内田兵部少輔** うちだひょうぶのしょう
生没年不詳
戦国時代の岩付太田氏の家臣。
¶戦辞

**内田正次** うちだまさつぐ
天文16(1547)年～慶長11(1606)年
戦国時代～江戸時代前期の武将・連歌作者。
¶国書5([没]慶長11(1606)年10月7日)，戦辞([没]慶長11年11月7日(1606年12月6日))

**内田美作守兼智入道卜庵** うちだみまさかのかみかねともにゅうどうぼくあん
→内田兼智(うちだかねとも)

**内臣** うちのおみ
飛鳥時代の欽明朝の武将。
¶古代，日人(生没年不詳)

**内馬場高信** うちのばばたかのぶ
生没年不詳
戦国時代～安土桃山時代の武士。
¶戦人

**内馬場但馬** うちのばばたじま
戦国時代の武将。伊達氏家臣。
¶戦東

**内馬場弥太郎** うちのばばやたろう
戦国時代の武将。大崎氏家臣。
¶戦東

**内村神三郎** うちむらしんざぶろう，うちむらじんざぶろう
生没年不詳
戦国時代の武士。後北条氏家臣。
¶戦辞(うちむらじんざぶろう)，戦人，戦東

**内村某** うちむらぼう
戦国時代の武将。武田家臣。信濃国小県郡内村が名字地。
¶姓氏山梨

**御茶多理真五郎** うちゃたいまぐらー
生没年不詳
室町時代の武勇家。尚円に仕えた。
¶沖縄百

**内山助右衛門** うちやますけえもん
生没年不詳
安土桃山時代の武士。
¶戦人

**内山弥右衛門尉** うちやまやえもんのじょう
生没年不詳
戦国時代～安土桃山時代の武将。後北条氏家臣。
¶埼玉人，戦辞，戦東

**内山与右衛門** うちやまよえもん
？～寛永18(1641)年
安土桃山時代～江戸時代前期の徳川家康家臣坂崎出羽守の旧臣。
¶姓氏鹿児島

**宇津木氏久** うづきうじひさ
生没年不詳
戦国時代の武将。
¶神奈川人

**宇津木下総守** うつぎしもうさのかみ
生没年不詳
戦国時代の上野国衆。
¶戦辞

**宇津木下綱** うつきしもつな，うつぎしもつな
生没年不詳
安土桃山時代の武将。
¶群馬人(うつぎしもつな)，姓氏群馬(うつぎしもつな)，戦人

**宇津木兵庫助** うつきひょうごのすけ，うつぎひょうごのすけ
安土桃山時代の武将。後北条氏家臣。
¶戦辞(うつぎひょうごのすけ　生没年不詳)，戦東

**宇津木泰繁** うつぎやすしげ
？～寛永12(1635)年
安土桃山時代～江戸時代前期の武士、近江彦根藩士。
¶藩臣4

**宇津忠茂** うつただしげ
→大久保忠茂(おおくぼただしげ)

**宇都宮明綱** うつのみやあきつな
嘉吉3(1443)年～寛正4(1463)年
室町時代の下野の大名。
¶戦辞([没]寛正4年11月12日(1463年12月22日))，栃木歴

**宇都宮氏綱** うつのみやうじつな
嘉暦1(1326)年～建徳1/応安3(1370)年
南北朝時代の武将。
¶朝日([没]応安3/建徳1年7月5日(1370年7月28日))，角史，鎌室，国史，国書([没]応安3(1370)年7月5日)，古中，コン改，コン4，史人([没]1370年7月5日)，諸系，新潮([没]応安3/建徳1(1370)年7月5日)，全書，栃木歴，新潟百別，日人，歴大

う

**宇都宮興綱** うつのみやおきつな
　文明7(1475)年〜天文5(1536)年　　別芳賀興綱
《はがおきつな》
　戦国時代の武士。
　¶系東，諸系，戦辞(没天文5年8月15日(1536年8月31日))，戦人，栃木歴(生永正11(1514)年)，日人

**宇都宮景綱** うつのみやかげつな
　嘉禎1(1235)年〜永仁6(1298)年
　鎌倉時代後期の武将。将軍宗尊親王の評定衆。
　¶朝日(没永仁6年5月1日(1298年6月10日))，神奈川人，鎌室，郷土栃木(生1296年)，国書(生永仁6(1298)年5月1日)，コン改，コン4，諸系，新潮(没永仁6(1298)年5月1日)，人名，栃木百(生文暦1(1234)年)，栃木歴，日人，北条

**宇都宮公綱** うつのみやきみつな
　→宇都宮公綱(うつのみやきんつな)

**宇都宮公綱** うつのみやきんつな
　乾元1(1302)年〜正平11/延文1(1356)年　　別宇都宮公綱《うつのみやきみつな》
　鎌倉時代後期〜南北朝時代の武将。南朝方。
　¶朝日(没延文1/正平11年10月20日(1356年11月12日))，鎌室，郷土栃木(生1301年)，国史，古中，コン改(うつのみやきみつな)(生正安3(1301)年)，コン4(うつのみやきみつな)(生正安3(1301)年)，史人(没1356年10月20日)，諸系，新潮(没延文1/正平11年(1356年10月20日)，人名，世人(生正安3(1301)年)，全書，大百，栃木百，栃木歴，日史(没延文1/正平11(1356)年10月20日)，日人，百科，歴大，和俳

**宇都宮貞綱** うつのみやさだつな
　文永3(1266)年〜正和5(1316)年
　鎌倉時代後期の武将。
　¶鎌室，郷土栃木(生1265年)，国書(生正和5(1316)年7月25日)，諸系，人名(生?)，栃木歴(生文永1(1264)年)，日人，北条

**宇都宮貞泰** うつのみやさだやす
　生没年不詳
　鎌倉時代後期〜南北朝時代の武将。
　¶愛媛百

**宇都宮成綱** うつのみやしげつな
　応仁2(1468)年〜永正13(1516)年
　戦国時代の武士。

**宇都宮鎮房** うつのみやしげふさ
　天文5(1536)年〜天正16(1588)年　　別城井鎮房《きのいしげふさ》
　安土桃山時代の武将。
　¶史人(没1588年4月20日)，戦国(城井鎮房　きのいしげふさ　没1589年)，戦人

**宇都宮宗円** うつのみやそうえん
　平安時代後期の武士，宇都宮家初代当主。
　¶栃木歴

**宇都宮隆房** うつのみやたかふさ
　元徳1(1329)年〜正平14/延文4(1359)年
　南北朝時代の武将。
　¶鎌室，コン改，コン4，新潮(没延文4/正平14(1359)年?)，人名，日人

**宇都宮忠綱** うつのみやただつな
　明応5(1496)年〜大永7(1527)年
　戦国時代の武将。
　¶朝日(没大永7年7月16日(1527年8月12日))，系東，コン4，諸系，人名，戦辞(生明応6(1497)年　没大永7年7月16日(1527年8月6日))，戦人，栃木歴，日人

**宇都宮経綱** うつのみやつねつな
　生没年不詳
　鎌倉時代の武士。
　¶北条

**宇都宮朝綱** うつのみやともつな
　保安3(1122)年〜元久1(1204)年　　別藤原朝綱《ふじわらのともつな》
　平安時代後期〜鎌倉時代前期の武将。
　¶朝日(没元久1年8月6日(1204年9月1日))，鎌室，郷土栃木(生1121年)，諸系，栃木歴，日人，平仮(藤原朝綱　ふじわらのともつな　生没年不詳)

**宇都宮等綱** うつのみやともつな
　応永27(1420)年〜寛正1(1460)年　　別宇都宮等綱《うつのみやひとつな》
　室町時代の武将。
　¶鎌室，諸系(うつのみやひとつな)，人名，戦辞(没寛正1年3月1日(1460年3月23日))，栃木歴，日人(うつのみやひとつな)

**宇都宮朝業** うつのみやともなり
　→信生(しんしょう)

**宇都宮朝房** うつのみやともふさ
　?　〜天正17(1589)年
　安土桃山時代の武士。
　¶戦人

**宇都宮豊綱** うつのみやとよつな
　?　〜天正13(1585)年
　安土桃山時代の武将，伊予大洲城主。
　¶人名，戦国，日人

**宇都宮長房** うつのみやながふさ
　永正3(1506)年〜天正16(1588)年

う

戦国時代〜安土桃山時代の武士。
¶戦人

### 宇都宮業綱　うつのみやなりつな
仁安1（1166）年〜建久3（1192）年
平安時代後期の武士、宇都宮家第4代当主、宇都
宮朝綱の嫡男。
¶栃木歴

### 宇都宮信房　うつのみやのぶふさ
保元1（1156）年〜文暦1（1234）年　　㊟中原信房
《なかはらののぶふさ, なかはらのぶふさ》
平安時代後期〜鎌倉時代前期の武将。源頼朝の御
家人。
¶朝日（㊟文暦1年8月2日（1234年8月27日）），鎌
室，鎌室（中原信房　なかはらのぶふさ　生没
年不詳），国史，古中，コン改（㊦永久4（1116）
年　㊟建久6（1195）年），コン4，史人（㊟1234
年8月2日），諸系，新潮（㊟文暦1（1234）年8月
2日），栃木歴（㊦永久4（1116）年　㊟建久6
（1195）年），日人，福岡百（㊟天福2（1234）年8
月2日），平史（中原信房　なかはらののぶふさ
生没年不詳）

### 宇都宮尚綱　うつのみやひさつな
永正9（1512）年〜天文18（1549）年
戦国時代の武士。
¶系東，諸系，人名（㊦1519年　㊟1546年），戦
辞（㊦永正10（1513）年　㊟天文18年9月27日
（1549年10月17日）），戦人，栃木歴，日人

### 宇都宮等綱　うつのみやひとつな
→宇都宮等綱（うつのみやともつな）

### 宇都宮広綱　うつのみやひろつな
＊〜天正8（1580）年　　㊟加賀寿丸《かがじゅまる》
安土桃山時代の武将。
¶系東（㊦天文12（1543）年），諸系（㊦1545年
㊟1576年），戦辞（㊦天文14（1545）年　㊟天正
8年8月7日（1580年9月15日）），戦人（㊦天文12
（1543）年），栃木歴（㊦天文12（1543）年），日
人（㊦1545年　㊟1576年）

### 宇都宮正綱　うつのみやまさつな
文安4（1447）年〜文明9（1477）年
室町時代〜戦国時代の下野の大名。
¶戦辞（㊟文明9年9月1日（1477年10月7日）），栃
木歴

### 宇都宮正房　うつのみやまさふさ
文明10（1478）年〜永禄4（1561）年
戦国時代の武士。
¶戦人

### 宇都宮通房　うつのみやみちふさ
建保1（1213）年〜？
鎌倉時代の武将。
¶大分歴

### 宇都宮満綱　うつのみやみつな
天授3/永和3（1377）年〜応永14（1407）年
南北朝時代の武将、宇都宮家第12代当主。
¶栃木歴

### 宇都宮宗綱　うつのみやむねつな
？　〜応保2（1162）年　　㊟藤原宗綱《ふじわらのむ
ねつな》
平安時代後期の武士。宇都宮家第2代当主といわ
れる。
¶栃木歴，平史（藤原宗綱　ふじわらのむねつな
生没年不詳）

### 宇都宮持綱　うつのみやもちつな
応永2（1395）年〜応永30（1423）年
室町時代の武将。京都御扶持衆。
¶朝日（㊟応永30年8月9日（1423年9月13日）），
諸系，栃木歴（㊟応永3（1396）年），日人

### 宇都宮基綱　うつのみやもとつな
正平5/観応1（1350）年〜天授6/康暦2（1380）年
南北朝時代の武将、宇都宮家第11代当主。
¶栃木歴

### 宇都宮泰綱　うつのみややすつな
建仁3（1203）年〜弘長1（1261）年
鎌倉時代前期の武将、勅撰歌人。鎌倉幕府評定衆。
¶朝日（㊟弘長1年11月1日（1261年11月24日）），
神奈川人，鎌室，国史，国書（㊟弘長1（1261）
年11月1日），古中，史人（㊟1261年11月1日），
諸系，新潮（㊟弘長1（1261）年10月1日），栃木
歴（㊟文応1（1260）年），日人，北条，和俳

### 宇都宮泰藤　うつのみややすふじ
南北朝時代の勤王家。
¶人名，日人（生没年不詳）

### 宇都宮泰宗　うつのみややすむね
？　〜嘉暦2（1327）年2月2日
鎌倉時代後期の武将・歌人。
¶国書

### 宇都宮義綱　うつのみやよしつな
慶長3（1598）年〜寛文4（1664）年
江戸時代前期の武士、水戸藩士。戦国大名宇都宮
国綱の嫡男。
¶諸系，人名，日人

### 宇都宮頼綱　うつのみやよりつな
承安2（1172）年〜正元1（1259）年　　㊟蓮生《れん
しょう》
鎌倉時代前期の武将、歌人。
¶朝日（㊟治承2（1178）年？　㊟正元1年11月12
日（1259年12月26日）），岩史（㊟治承2（1178）
年？　㊟正元1（1259）年11月12日），角史（生
没年不詳），神奈川人，鎌倉，鎌室，郷土神奈
川，京都大，郷土栃木，国史，国書（蓮生　れ
んしょう　㊦治承2（1178）年　㊟正元1（1259）
年11月12日），古中，コン改，コン4，史人
（㊟1259年11月12日），諸系，人書94，新潮
（㊟正元1（1259）年11月12日），人名，世人（生
没年不詳），全書，栃木歴（㊦治承2（1178）
年），日史（㊟正元1（1259）年11月12日），日
人，百科，仏教（蓮生　れんしょう　㊟正元1
（1259）年11月12日），北条，歴大，和俳（㊟正
元1（1259）年11月12日）

### 宇都宮頼業　うつのみやよりなり
建久5（1194）年〜＊　　㊟横田頼業《よこたよりな

り》
鎌倉時代前期の武将・歌人、上三川城主。
¶国書([没]？)，栃木歴(横田頼業　よこたよりなり　[没]建治3(1277)年)

**宇津頼重** うつよりしげ
生没年不詳
安土桃山時代の織田信長の家臣。
¶織田

**宇津呂丹波** うつろたんば
？ ～天正8(1580)年
安土桃山時代の武士。
¶戦人

**有働兼元** うどうかねもと
？ ～天正16(1588)年
安土桃山時代の武将。
¶戦人

**宇土為光** うとためみつ
？ ～*
戦国時代の武将。
¶熊本百([没]文亀3(1503)年)，戦人([没]文亀3(1503)年？)

**鵜殿氏次** うどのうじつぐ
？ ～慶安2(1649)年
安土桃山時代～江戸時代前期の武将。
¶日人

**鵜殿氏長** うどのうじなが
天文18(1549)年～寛永1(1624)年
安土桃山時代～江戸時代前期の武士。今川氏家臣、徳川氏家臣。
¶戦辞([没]寛永1年6月14日(1624年7月29日))，戦人，戦東，日人

**鵜殿長竜** うどのちょうりゅう
→鵜殿長竜(うどのながたつ)

**鵜殿長竜** うどのながたつ
？ ～永禄11(1568)年　[別]鵜殿長竜《うどのちょうりゅう》
戦国時代～安土桃山時代の徳川氏の家臣。
¶姓氏愛知(うどのちょうりゅう)，戦辞([没]永禄11(1568)年8月)

**鵜殿長次** うどのながつぐ
天文22(1553)年～寛永13(1636)年
安土桃山時代～江戸時代前期の因幡鳥取藩士。
¶神奈川人，藩臣5

**鵜殿長照** うどのながてる
？ ～永禄5(1562)年
戦国時代の武将。今川氏家臣。
¶人名，姓氏愛知，戦辞([没]永禄5(1562)年2月)，戦人，戦東，日人

**鵜殿長将** うどのながまさ
？ ～永正13(1516)年6月
戦国時代の今川氏の家臣。
¶戦辞

**鵜殿長持** うどのながもち
？ ～弘治3(1557)年
戦国時代の武将。今川氏家臣。
¶人名，戦辞([没]弘治3年9月11日(1557年10月3日))，戦人，戦東([没]1562年)，日人

**海上胤有** うなかみたねあり
生没年不詳
鎌倉時代の武士。
¶千葉百

**海上胤景** うなかみたねかげ
生没年不詳
鎌倉時代の武士。
¶千葉百

**海上胤方** うなかみたねかた
生没年不詳
鎌倉時代の武士。
¶千葉百

**海上胤保** うなかみたねやす
生没年不詳
戦国時代の千葉邦胤の家臣。
¶戦辞

**海上常衡** うなかみつねひら
生没年不詳
鎌倉時代の武士。
¶千葉百

**海上持秀** うなかみもちひで
生没年不詳
戦国時代の千葉氏一族海上氏当主。
¶戦辞

**宇奈瀬亀之丞** うなせかめのじょう
生没年不詳　[別]平兼久《たいらかねひさ》
安土桃山時代の武将。
¶戦人

**菟名手** うなて,うなで
上代の国前臣・豊国直の祖。景行天皇の九州遠征に従軍。
¶大分歴(うなで　生没年不詳)，古代，日人

**鵜沼景広** うぬまかげひろ
生没年不詳
鎌倉時代後期の武士。
¶北条

**鵜沼国景** うぬまくにかげ
生没年不詳
鎌倉時代の武士。
¶北条

**鵜沼左衛門入道** うぬまさえもんにゅうどう
生没年不詳
鎌倉時代後期の武士。
¶北条

**鵜沼実景** うぬまさねかげ
？ ～嘉元2(1304)年
鎌倉時代後期の武士。
¶北条

**鵜沼新左衛門尉** うぬましんさえもんのじょう
　　? 〜元亨2 (1322) 年
　　鎌倉時代後期の武士。
　　¶北条

う

**宇野家治** うのいえはる
　　? 〜永禄10 (1567) 年10月20日
　　戦国時代〜安土桃山時代の北条氏の家臣。
　　¶戦辞

**宇野景重** うのかげしげ
　　戦国時代の武士。
　　¶戦人 (生没年不詳)，戦西

**宇野河内** うのかわち
　　生没年不詳
　　戦国時代〜安土桃山時代の武士。
　　¶戦人

**卯木信濃** うのきしなの
　　戦国時代の武士。結城氏家臣。
　　¶戦人 (生没年不詳)，戦東

**宇野源十郎** うのげんじゅうろう
　　戦国時代の武士。後北条氏家臣。
　　¶戦人 (生没年不詳)，戦東

**宇野祐清** うのすけきよ
　　? 〜天正8 (1580) 年
　　安土桃山時代の武将。
　　¶戦人

**宇野宗右衛門** うのそうえもん
　　戦国時代の武士。
　　¶姓氏富山

**宇野伝十郎** うのでんじゅうろう
　　安土桃山時代の武将。秀吉馬廻。
　　¶戦国，戦人 (生没年不詳)

**宇野藤五郎** うのとうごろう
　　戦国時代の武士。後北条氏家臣。
　　¶戦人 (生没年不詳)，戦東

**宇野則景** うののりかげ
　　生没年不詳
　　鎌倉時代前期の武士。
　　¶北条

**宇野久重** うのひさしげ
　　戦国時代の武将。朝倉氏家臣。
　　¶戦西

**宇野某** うのぼう
　　戦国時代の武将。武田家臣。板垣同心衆。
　　¶姓氏山梨

**宇野主水** うのもんど
　　生没年不詳
　　安土桃山時代の本願寺門主顕如の右筆。
　　¶朝日，国史，国書，古中，コン4，史人，新潮，
　　　戦合，戦辞，戦人，日人

**宇野吉治** うのよしはる
　　? 〜慶長18 (1613) 年11月20日
　　安土桃山時代〜江戸時代前期の武士。北条氏家臣。

**祖母井吉胤** うばがいよしたね
　　? 〜永禄1 (1558) 年
　　戦国時代の武将。
　　¶戦人

**宇夫方広久** うぶかたひろひさ
　　生没年不詳
　　安土桃山時代〜江戸時代前期の武将。宇夫方広本
　　の三男。
　　¶姓氏岩手

**宇夫方広房** うぶかたひろふさ
　　生没年不詳
　　鎌倉時代前期の阿曽沼広綱の家臣。佐貫四郎太夫
　　広綱の三男。
　　¶姓氏岩手

**宇夫方守儀** うぶかたもりよし
　　生没年不詳
　　室町時代の武将。
　　¶姓氏岩手

**大城按司** うふぐすくあじ
　　→大城按司 (おおぐすくあじ)

**宇部左京亮** うべさきょうのすけ
　　生没年不詳
　　戦国時代の武士。後北条氏家臣。
　　¶戦辞，戦人，戦東

**宇部彦八郎** うべひこはちろう
　　安土桃山時代〜江戸時代前期の武士。里見氏家臣。
　　¶戦人 (生没年不詳)，戦東

**宇部弘茂** うべひろしげ
　　安土桃山時代の武将。里見氏家臣。
　　¶戦東

**宇部弘政** うべひろまさ
　　安土桃山時代の武将。里見氏家臣。
　　¶戦辞 (生没年不詳)，戦東

**馬切衛門** うまきりえもん
　　生没年不詳
　　室町時代の武将。応仁の乱の足軽大将。
　　¶朝日，日人

**馬路五郎右衛門** うまじごろうえもん
　　生没年不詳
　　安土桃山時代の織田信長の家臣。
　　¶織田

**可美真手命** うましまでのみこと
　　上代の物部氏らの伝説上の先祖。矛と楯をもって
　　天皇に仕えた。
　　¶朝日，郷土奈良 (生没年不詳)，国史，古代，神
　　　史，新潮，人名，全書，日人

**馬田入道慶篤** うまたにゅうどうよしあつ
　　? 〜元亀1 (1570) 年
　　戦国時代の武士。
　　¶戦人，戦西

**馬田慶信** うまたよしのぶ
　　戦国時代の武士。

¶戦人（生没年不詳），戦西

**梅北掃部** うめきたかもん
生没年不詳
戦国時代の武将。島津氏家臣。
¶戦人

**梅北国兼** うめきたくにかね
？ 〜文禄1（1592）年 [別]梅北国兼《ばいほくくにかね》
安土桃山時代の武将、島津氏の有力家臣。
¶朝日（[没]文禄1年6月17日（1592年7月25日）），近世，国史，コン4，新潮（[没]文禄1（1592）年6月17日），姓氏鹿児島，戦合，戦国（ばいほくくにかね），戦人，戦西，日人

**梅沢太郎右衛門** うめざわたろうえもん
？ 〜慶安4（1651）年
戦国時代の後北条氏旧臣。
¶埼玉人

**梅沢憲益** うめざわのります
生没年不詳
室町時代の武将。
¶日人

**梅沢兵庫** うめざわひょうご
生没年不詳
戦国時代の武士。北条氏忠家臣。
¶戦辞

**梅田清右衛門尉** うめだせいえもんのじょう
安土桃山時代の武将。羽柴氏家臣。
¶戦西

**梅田秀長** うめだひでなが
〜天文13（1544）年
戦国時代の武将。
¶神奈川人

**梅田与九郎** うめだよくろう
安土桃山時代〜江戸時代前期の武士。里見氏家臣。
¶戦人（生没年不詳），戦東

**梅津中将** うめづのちゅうじょう
平安時代の武士。
¶人名，日人

**梅津憲忠** うめづのりただ
元亀3（1572）年〜寛永7（1630）年
安土桃山時代〜江戸時代前期の出羽秋田藩家老。
¶秋田百，国書（[没]寛永7（1630）年7月11日），人名，日人，藩臣1

**梅津政景** うめづまさかげ
天正9（1581）年〜寛永10（1633）年
安土桃山時代〜江戸時代前期の武将、出羽久保田藩家老。
¶秋田百（[生]天正5（1577）年），朝日（[没]寛永10年3月10日（1633年4月18日）），近世，国史，国書（[没]寛永10（1633）年3月10日），コン改，コン4，史人（[没]1633年3月10日），新潮（[没]寛永10（1633）年3月10日），戦合，戦人，日史（[没]寛永10（1633）年3月10日），日人，藩臣1（[生]天正5（1577）年），歴大

**梅原伝左衛門** うめはらでんざえもん
安土桃山時代の武将。秀吉馬廻。
¶戦国，戦人（生没年不詳）

**梅原宣貞** うめはらのぶさだ
生没年不詳
戦国時代の伊豆の大見郷の在地領主。
¶戦辞

**梅原秀国** うめはらひでくに
生没年不詳
戦国時代の伊豆の大見郷の在地領主。
¶戦辞

**梅原杢左衛門** うめはらもくざえもん
戦国時代の武将。後北条氏家臣。
¶戦東

**梅渡り** うめわたり
江戸時代前期の武将。里見氏家臣。
¶戦東

**烏山市平** うやまいちへい
安土桃山時代〜江戸時代前期の武士。里見氏家臣。
¶戦人（生没年不詳），戦東

**鵜山源太郎** うやまげんたろう
戦国時代の武士。後北条氏家臣。
¶戦人（生没年不詳），戦東

**烏山時貞** うやまときさだ
？ 〜天文3（1534）年
戦国時代の武将。
¶戦人

**宇山久兼** うやまひさかね
？ 〜永禄9（1566）年
戦国時代の武士。
¶島根百（[没]永禄9（1566）年1月1日），島根歴，戦人，戦西

**宇山久信** うやまひさのぶ
生没年不詳
戦国時代の武将。尼子氏家臣。
¶岡山人（[没]永禄9（1566）年），島根歴，戦人

**鵜山主水** うやまもんど
生没年不詳
戦国時代の北条氏忠の家臣・御蔵奉行。
¶戦辞

**浦上景泰** うらかみかげやす
室町時代の武士。
¶岡山歴

**浦上景行** うらかみかげゆき
戦国時代の備前国の武将。
¶岡山歴

**浦上国秀** うらかみくにひで
戦国時代の備前国の武将。
¶岡山歴

**浦上小次郎** うらがみこじろう
生没年不詳
安土桃山時代の織田信長の家臣。

¶織田

**浦上宗鉄** うらがみそうてつ
安土桃山時代の武士。
¶戦人（生没年不詳），戦西



**浦上道冊** うらがみどうさつ
安土桃山時代の武将、豊後府内城主大友義統の老臣。
¶茶道

**浦上則国** うらかみのりくに
戦国時代の備前国の武将。
¶岡山歴

**浦上則宗** うらがみのりむね，うらかみのりむね
永享1（1429）年～文亀2（1502）年
室町時代～戦国時代の武将、赤松政則の家臣。
¶朝日（[没]文亀2年6月11日（1502年7月15日）），岩史（[没]文亀2（1502）年6月11日），岡山人（[没]永正9（1512）年），岡山百（うらかみのりむね [生]？ [没]永正9（1512）年），岡山歴（うらかみのりむね [没]文亀2（1502）年6月11日），鎌室，京都大（生没年不詳），国史，国書（[没]文亀2（1502）年6月11日），古中，コン改，コン4，史人（[没]1502年6月11日），諸系，新潮（[没]文亀2（1502）年6月11日），人名（[生]？），世人（[生]？），戦合，戦人，戦西（[生]？），日史（[没]文亀2（1502）年6月11日），日人，百科，兵庫百（うらかみのりむね），歴大，和俳

**浦上政宗** うらがみまさむね，うらかみまさむね
？ ～永禄7（1564）年
戦国時代の武将。
¶岡山人，岡山百（うらかみまさむね [没]永禄7（1564）年1月17日），岡山歴（うらかみまさむね [没]永禄7（1564）年1月11日），諸系，戦人（[没]永禄9（1566）年）

**浦上宗景** うらがみむねかげ，うらかみむねかげ
生没年不詳
戦国時代の武将。
¶岡山人，岡山百（うらかみむねかげ），岡山歴（うらかみむねかげ），織田，鎌室，国史，古中，コン改，コン4，史人，諸系，人書94，新潮，戦合，戦国，戦人，日史，日人，百科，兵庫百（うらかみむねかげ）

**浦上宗助** うらがみむねすけ，うらかみむねすけ
戦国時代の武将。
¶岡山人，岡山歴（うらかみむねすけ），諸系（生没年不詳）

**浦上宗隆** うらかみむねたか
南北朝時代の武将。
¶岡山歴

**浦上宗久** うらがみむねひさ，うらかみむねひさ
室町時代の武将。
¶岡山人，岡山歴（うらかみむねひさ）

**浦上宗安** うらかみむねやす
？ ～嘉吉1（1441）年
室町時代の武将。
¶岡山歴

**浦上村国** うらかみむらくに
戦国時代の播磨国の武将。
¶岡山歴

**浦上村宗** うらがみむらむね，うらかみむらむね
？ ～享禄4（1531）年
戦国時代の武将、播磨国守護代。
¶朝日（[没]享禄4年6月4日（1531年7月17日）），岡山人，岡山百（うらかみむらむね [没]享禄4（1531）年6月4日），岡山歴（うらかみむらむね [没]享禄4（1531）年6月4日），角史（うらかみむらむね），コン改，コン4，史人（[没]1531年6月4日），諸系，新潮（[没]享禄4（1531）年6月4日），世人，全書，戦西，日人，兵庫百（うらかみむらむね），歴大

**浦上基景** うらかみもとかげ
室町時代～戦国時代の備前国の武将。
¶岡山歴

**浦上行重** うらかみゆきしげ
？ ～大永3（1523）年3月21日
戦国時代の美作国の武将。
¶岡山歴

**浦野源八** うらのげんぱち
？ ～元亀1（1570）年11月26日
戦国時代～安土桃山時代の織田信長の家臣。
¶織田

**浦野貞次** うらのさだつぐ
戦国時代の武将。武田家臣。浦野被官衆。
¶姓氏山梨

**浦野貞春** うらのさだはる
生没年不詳
戦国時代の武将。大戸城主。
¶群馬人

**浦野重勝** うらのしげかつ
？ ～永禄12（1569）年
戦国時代～安土桃山時代の武田家臣。上野権田の城主。
¶姓氏山梨

**浦野重次** うらのしげつぐ
？ ～天正10（1582）年
安土桃山時代の武将。
¶戦人

**浦野重成** うらのしげなり
？ ～＊
戦国時代～安土桃山時代の武将。
¶群馬人（[没]天正9（1581）年），姓氏山梨，戦人（[没]天正7（1579）年）

**浦野重秀** うらのしげひで
？ ～永禄12（1569）年
戦国時代の地方豪族・土豪。
¶戦人

**浦野信慶** うらのしんけい
[別]浦野信慶《うらののぶよし》
戦国時代の信濃国衆。
¶姓氏山梨（うらののぶよし），戦辞（生没年不詳）

**浦野真楽斎** うらのしんらくさい
生没年不詳
戦国時代の上野国衆。
¶戦辞

**浦野弾正忠** うらのだんじょうのじょう
生没年不詳
戦国時代の上野国衆。
¶戦辞

**浦野長種** うらのながたね
戦国時代の武将。武田家臣。浦野被官衆。
¶姓氏山梨

**浦信元** うらののぶもと
生没年不詳
室町時代の甲州の武士。
¶山梨百

**浦野信慶** うらののぶよし
→浦野信慶(うらのしんけい)

**浦野政吉** うらのまさよし
戦国時代の武将。武田家臣。浦野被官衆。
¶姓氏山梨

**浦野三河守** うらのみかわのかみ
生没年不詳
戦国時代の上野国衆。
¶姓氏群馬，戦辞

**浦野民部右衛門尉** うらのみんぶえもんのじょう
？ ～永禄12(1569)年10月
戦国時代～安土桃山時代の上野国衆。
¶戦辞

**浦野幸次** うらのゆきつぐ
生没年不詳
戦国時代の武士。武田氏家臣。
¶姓氏長野，姓氏山梨，戦辞，戦人，戦東

**浦野幸守** うらのゆきもり
戦国時代の武将。武田家臣。浦野被官衆。
¶姓氏山梨

**浦野吉忠** うらのよしただ
戦国時代の武将。武田家臣。浦野被官衆。
¶姓氏山梨

**卜部季武** うらべすえたけ
生没年不詳　[別]平季武《たいらのすえたけ》，卜部季武《うらべのすえたけ》
平安時代中期の武人。源頼光の四天王の一人。
¶史人(うらべのすえたけ)，姓氏京都(平季武　たいらのすえたけ)，日人([生]950年　[没]1022年)，平史(平季武　たいらのすえたけ)

**卜部季武** うらべのすえたけ
→卜部季武(うらべすえたけ)

**浦宗勝** うらむねかつ
戦国時代の毛利家の老臣。
¶人名

**浦山光種** うらやまみつたね
安土桃山時代の武士。最上氏家臣。
¶戦人(生没年不詳)，戦東

**瓜生保** うりうたもつ
→瓜生保(うりゅうたもつ)

**瓜生重** うりゅうかさぬ
[別]瓜生重《うりゅうしげし》
南北朝時代の勤王家。
¶人名，日人(うりゅうしげし　生没年不詳)

**瓜生貞延** うりゅうさだのぶ
生没年不詳
戦国時代の武将。大友氏家臣。
¶戦人

**瓜生重** うりゅうしげし
→瓜生重(うりゅうかさぬ)

**瓜生保** うりゅうたもつ
？ ～延元2/建武4(1337)年　[別]瓜生保《うりうたもつ》
南北朝時代の越前の武将。
¶鎌室，郷土福井，国史，古中，コン改，コン4，史人([没]1337年1月12日)，新潮([没]建武4/延元2(1337)年1月12日)，人名，世人([没]延元2/建武4(1337)年1月11日)，世百(うりうたもつ)，全書，大百，日史([没]建武4/延元2(1337)年1月12日)，日人，歴大

**瓜生照** うりゅうてらす
生没年不詳
南北朝時代の武将。
¶鎌室，人名，日人

**漆戸左京亮** うるしどさきょうのすけ
戦国時代の武将。武田家臣。『甲陽軍鑑』に使番の一人としてみえる。
¶姓氏山梨

**漆戸虎光** うるしどとらみつ
戦国時代の武将。武田家臣。永禄8年二宮修造記にみえる。
¶姓氏山梨

**漆原兼敦** うるしはらかねあつ
生没年不詳
鎌倉時代の御家人。
¶徳島歴

**漆原兼有** うるしはらかねあり
生没年不詳
鎌倉時代の御家人。
¶徳島歴

**漆原兼郷** うるしはらかねさと
生没年不詳
鎌倉時代の御家人。
¶徳島歴

**漆部伊波** うるしべのいは
→漆部伊波(ぬりべのいわ)

**宇留島綱重** うるしまつなしげ
室町時代の薩摩国加世田別府大浦の領主。伊作島津氏の家臣。
¶姓氏鹿児島

う

**宇留野源五郎** うるのげんごろう
？～天文8(1539)年 [別]宇留野義泰《うるのよしやす》
戦国時代の武士。佐竹氏家臣。
¶戦辞(宇留野義泰　うるのよしやす　[没]天文8年7月7日(1539年8月20日)), 戦人, 戦東

**宇留野義泰** うるのよしやす
→宇留野源五郎(うるのげんごろう)

**漆間時国** うるまときくに
→漆間時国(うるまのときくに)

**漆時重** うるまときしげ
鎌倉時代後期の美作国の武士。
¶岡山歴

**漆尋清** うるまのじんせい
平安時代後期の美作国の豪族。
¶岡山歴

**漆間時国**(漆時国) うるまのときくに
？～永治1(1141)年 [別]漆間時国《うるまときくに》, 漆時国《うるまのときくに》
平安時代後期の押領使。法然房源空の父。
¶岡山人(うるまときくに), 岡山百(生没年不詳), 岡山歴(漆時国), 平史

**宇礼志野淡路守通益入道玄可** うれしのあわじのかみみちますにゅうどうげんか
安土桃山時代の武将。竜造寺氏家臣。
¶戦西

**宇礼志野越後守直通** うれしのえちごのかみなおみち
→宇礼志野直通(うれしのなおみち)

**宇礼志野直通** うれしのなおみち
[別]宇礼志野越後守直通《うれしのえちごのかみなおみち》
戦国時代～安土桃山時代の武士。
¶戦人(生没年不詳), 戦西(宇礼志野越後守直通　うれしのえちごのかみなおみち)

**宇礼志野通純** うれしのみちすみ
[別]宇礼志野大和守通純《うれしのやまとのかみみちすみ》
戦国時代～安土桃山時代の武士。
¶戦人(生没年不詳), 戦西(宇礼志野大和守通純　うれしのやまとのかみみちすみ)

**宇礼志野通治** うれしのみちはる
？～天正12(1584)年 [別]宇礼志野与右衛門通治《うれしのようえもんみちはる》
安土桃山時代の武士。
¶戦人, 戦西(宇礼志野与右衛門通治　うれしのようえもんみちはる)

**宇礼志野通益** うれしのみちます
生没年不詳
戦国時代～安土桃山時代の武将。
¶戦人

**宇礼志野大和守通純** うれしのやまとのかみみちすみ
→宇礼志野通純(うれしのみちすみ)

**宇礼志野与右衛門通治** うれしのようえもんみちはる
→宇礼志野通治(うれしのみちはる)

**上井覚兼** うわいかくけん
天文14(1545)年～天正17(1589)年 [別]上井覚兼《うわいかっけん》
安土桃山時代の武将、島津氏家臣。
¶朝日([生]天文14年2月11日(1545年3月23日) [没]天正17年6月12日(1589年7月24日)), 国史(うわいかっけん), 国書([生]天文14(1545)年2月11日 [没]天正17(1589)年6月12日), 古中(うわいかっけん), コン改, コン4, 茶道, 史人(うわいかっけん [生]1545年2月11日 [没]1589年6月12日), 人書94, 新潮([生]天文14(1545)年2月11日 [没]天正17(1589)年6月12日), 人名([没]？), 姓氏鹿児島, 戦合, 戦人, 戦西, 戦補, 日人, 宮崎百

**上井覚兼** うわいかっけん
→上井覚兼(うわいかくけん)

**上井薫兼** うわいくんけん
生没年不詳
安土桃山時代の武士。
¶戦人

**上井秀秋** うわいひであき
安土桃山時代の武士。
¶姓氏鹿児島, 戦人(生没年不詳), 戦西

**上木平九郎** うわぎへいくろう
南北朝時代の土豪。
¶姓氏石川

**上坂左近** うわさかさこん
天正10(1582)年～寛文1(1661)年
安土桃山時代～江戸時代前期の武将、備前岡山藩士。
¶藩臣6

**上沼備中** うわぬまびっちゅう
戦国時代の武将。葛西氏家臣。
¶戦東

**上部貞永** うわべさだなが
享禄1(1528)年～天正19(1591)年 [別]上部貞永《かみべさだなが》
戦国時代～安土桃山時代の武将。秀吉馬廻。
¶織田([生]享禄2(1529)年 [没]天正19(1591)年5月5日), 人名(かみべさだなが), 戦国, 戦人(生没年不詳), 日人

**海野輝幸** うんのてるゆき
*～天正9(1581)年
安土桃山時代の武士。真田氏家臣。
¶郷土群馬([生]1507年 [没]1579年), 群馬人([生]？), 戦人([生]？), 日人([生]1510年)

**海野信盛** うんののぶもり
戦国時代の信濃国衆。
¶姓氏山梨, 戦辞(生没年不詳)

**海野豊前守** うんのぶぜんのかみ
室町時代の武人。
¶岡山人, 岡山歴

**海野三河守幸貞** うんのみかわのかみゆきさだ
→海野幸貞(うんのゆきさだ)

**海野棟綱** うんのむねつな
生没年不詳
戦国時代の信濃国衆。
¶戦辞

**海野幸氏** うんのゆきうじ
生没年不詳
鎌倉時代前期の武士。弓の名手。
¶朝日，神奈川人，鎌室，郷土長野，新潮，姓氏群馬，長野百，長野歴，日人

**海野幸貞** うんのゆきさだ
？～天正11(1583)年　[別]海野三河守幸貞《うんのみかわのかみゆきさだ》，塔原幸貞《とうのはらゆきさだ》
安土桃山時代の武将。小笠原氏家臣・武田家臣。三河守。信濃塔原の城主。
¶姓氏長野(塔原幸貞　とうのはらゆきさだ)，姓氏山梨([没]1568年)，姓氏山梨(塔原幸貞　とうのはらゆきさだ)，戦辞(生没年不詳)，戦人，戦東，戦東(海野三河守幸貞　うんのみかわのかみゆきさだ)

**海野幸忠** うんのゆきただ
戦国時代の信濃国衆。
¶姓氏山梨，戦辞(生没年不詳)

**海野幸親** うんのゆきちか
生没年不詳
平安時代後期の土豪。
¶長野歴

**海野幸広**(海野行広) うんのゆきひろ
？～寿永2(1183)年
平安時代後期の武将。
¶日人，平史(海野行広)

**海野幸光** うんのゆきみつ
戦国時代の信濃国衆。
¶姓氏山梨，戦辞(生没年不詳)

**海野幸義** うんのゆきよし
？～天文10(1541)年
戦国時代の信濃国衆。
¶戦辞

**海野良次** うんのよしつぐ
？～寛永19(1642)年
江戸時代前期の武士。紀州藩士。
¶和歌山人

**海野竜宝** うんのりゅうほう
→武田竜芳(たけだりゅうほう)

## 【え】

**穎娃兼有** えいかねあり
？～元亀2(1571)年
戦国時代～安土桃山時代の武士。
¶姓氏鹿児島

**穎娃兼賢** えいかねかた
享禄4(1531)年～永禄12(1569)年
戦国時代～安土桃山時代の武将。伴姓穎娃氏の6代。
¶姓氏鹿児島

**穎娃兼郷** えいかねさと
室町時代の武将、伴姓穎娃氏の2代。
¶姓氏鹿児島

**穎娃兼友** えいかねとも
享禄2(1529)年～天文17(1548)年
戦国時代の武将。伴姓穎娃氏の5代。
¶姓氏鹿児島

**穎娃兼洪** えいかねひろ
永正3(1506)年～？
戦国時代の武将。伴姓穎娃氏の4代。
¶姓氏鹿児島

**穎娃兼政** えいかねまさ
室町時代の武将、伴姓穎娃氏の初代。
¶姓氏鹿児島

**穎娃兼心** えいかねむね
享徳3(1454)年～天文1(1532)年
室町時代～戦国時代の武将。伴姓穎娃氏の3代。
¶姓氏鹿児島

**栄実** えいじつ
建仁1(1201)年～建保2(1214)年　[別]千寿丸《せんじゅまる》，源千手《みなもとせんじゅ》
鎌倉時代前期の2代将軍頼家の子。和田氏残党に擁立され六波羅襲撃計画が発覚し自害。
¶神奈川人([生]1199年)，鎌室，諸系，人名(千寿丸　せんじゅまる)，日人

**永寿王** えいじゅおう
→足利成氏(あしかがしげうじ)

**穎娃忠永** えいただなが
平安時代の武将。平姓穎娃氏の祖。
¶姓氏鹿児島

**穎娃忠康** えいただやす
鎌倉時代の武将。
¶姓氏鹿児島

**穎娃憲純** えいのりずみ
鎌倉時代後期～南北朝時代の武将。
¶姓氏鹿児島

**穎娃久虎** えいひさとら
永禄1(1558)年～天正15(1587)年
安土桃山時代の武士。
¶姓氏鹿児島，戦人，戦西

**穎娃久音** えいひさぶえ
天正11(1583)年～？
安土桃山時代～江戸時代前期の武将。伴姓穎娃氏の8代。
¶姓氏鹿児島

**兄猾** えうかし
[別]兄猾・弟猾《えうかし・おとうかし》

上代の大和の首長。神武東征に抵抗して殺された。
¶古代，史人（兄猾・弟猾　えうかし・おとうかし），世百（兄猾・弟猾　えうかし・おとうかし），日人

え

**江上家種** えがみいえたね
?　～文禄2（1593）年　[別]江上武蔵守家種《えがみむさしのかみいえたね》
安土桃山時代の武士。
¶戦人，戦西（江上武蔵守家種　えがみむさしのかみいえたね）

**江上伊豆守武種** えがみいずのかみたけたね
→江上武種（えがみたけたね）

**江上重左衛門** えがみじゅうざえもん
戦国時代の土豪。
¶姓氏富山

**江上武種** えがみたけたね
?　～天正7（1579）年6月9日　[別]江上伊豆守武種《えがみいずのかみたけたね》
戦国時代の武士。
¶佐賀百，戦人（生没年不詳），戦西（江上伊豆守武種　えがみいずのかみたけたね）

**江上武蔵守家種** えがみむさしのかみいえたね
→江上家種（えがみいえたね）

**江柄式部** えがらしきぶ
生没年不詳
安土桃山時代の武士。
¶戦人

**江川小四郎** えがわこしろう
?　～慶長5（1600）年?
安土桃山時代の武士。
¶岡山歴，戦人，戦西

**江川太郎右衛門尉** えがわたろうえもんのじょう
生没年不詳
戦国時代の北条氏の家臣。
¶戦辞

**江川兵衛大夫** えがわひょうえだゆう
安土桃山時代の武将。後北条氏家臣。
¶戦東

**江川弥右衛門尉** えがわやうえもんのじょう
→江川弥右衛門尉（えがわやえもんのじょう）

**江川弥右衛門尉** えがわやえもんのじょう
生没年不詳　[別]江川弥右衛門尉《えがわやうえもんのじょう》
安土桃山時代～江戸時代前期の武士。
¶戦辞，戦人，戦東（えがわやうえもんのじょう）

**江川善門** えがわよしかど
戦国時代の武将。葛西氏家臣。
¶戦東

**江川吉茂** えがわよししげ
永正10（1513）年～永禄4（1561）年
戦国時代の武士。後北条氏家臣。
¶戦人

**江草信泰** えぐさのぶやす
生没年不詳
室町時代の武士。武田安芸守信満の四男。
¶山梨百

**江口五兵衛** えぐちごへえ
?　～慶長5（1600）年
安土桃山時代の武将。最上氏家臣。
¶戦人，戦東

**江口左京進** えぐちさきょうのしん
安土桃山時代の備中国の武将。
¶岡山歴

**江口三郎左衛門** えぐちさぶろうざえもん
安土桃山時代～江戸時代前期の武将。
¶姓氏石川

**江口正信** えぐちまさのぶ
?　～万治3（1660）年
江戸時代前期の武将、陸奥二本松藩家老。
¶藩臣5

**江口正吉** えぐちまさよし
?　～慶長8（1603）年
安土桃山時代の武士。丹羽氏家臣。
¶織田，戦国，戦人（生没年不詳）

**江口与三郎** えぐちよさぶろう
生没年不詳
戦国時代の越後の国人。
¶戦辞

**恵瓊** えけい
→安国寺恵瓊（あんこくじえけい）

**江刺家一熙斎** えさしかいっきさい
生没年不詳
安土桃山時代の武士。
¶姓氏岩手

**江刺重恒** えさししげつね
生没年不詳
安土桃山時代の武将。葛西氏家臣。
¶姓氏岩手，戦人

**江刺重俊** えさししげとし
?　～天正19（1591）年
安土桃山時代の武士。
¶戦人

**江刺重治** えさししげはる
生没年不詳
戦国時代の武将。
¶姓氏岩手

**江刺胤虎** えさしたねとら
[別]江刺三河守胤虎《えさしみかわのかみたねとら》
安土桃山時代の武将。葛西氏家臣。
¶戦人（生没年不詳），戦東（江刺三河守胤虎　えさしみかわのかみたねとら）

**江刺三河守胤虎** えさしみかわのかみたねとら
→江刺胤虎（えさしたねとら）

**江沢兵庫** えざわひょうご
安土桃山時代の武将。里見氏家臣。
¶戦東

**兄磯城** えしき
[別]兄磯城・弟磯城《えしき・おとしき》
上代の大和の豪族。神武東征に抵抗して殺された。
¶古代，史人（兄磯城・弟磯城　えしき・おとしき），世百（兄磯城・弟磯城　えしき・おとしき），大百（兄磯城・弟磯城　えしき・おとしき），日人

**江副家久** えぞえいえひさ
？〜天文14（1545）年　[別]江副又八郎家久《えぞえまたはちろういえひさ》
戦国時代の武士。
¶戦人，戦西（江副又八郎家久　えぞえまたはちろういえひさ）

**江副修理亮信俊** えぞえしゅりのすけのぶとし
→江副信俊（えぞえのぶとし）

**江副新八郎信英** えぞえしんはちろうのぶひで
→江副信英（えぞえのぶひで）

**江副信俊** えぞえのぶとし
？〜天正12（1584）年　[別]江副修理亮信俊《えぞえしゅりのすけのぶとし》
安土桃山時代の武士。
¶戦人（生没年不詳），戦西（江副修理亮信俊　えぞえしゅりのすけのぶとし）

**江副信英** えぞえのぶひで
？〜弘治2（1556）年　[別]江副新八郎信英《えぞえしんはちろうのぶひで》
戦国時代の武士。
¶戦人，戦西（江副新八郎信英　えぞえしんはちろうのぶひで）

**江副信良** えぞえのぶよし
戦国時代の武将。竜造寺氏家臣。
¶戦西

**江副又八郎家久** えぞえまたはちろういえひさ
→江副家久（えぞえいえひさ）

**江田広基** えだひろもと
平安時代後期の武士、義経の部下。
¶人名，日人（生没年不詳）

**江田文四郎**(1) えだぶんしろう
永禄7（1564）年〜慶長7（1602）年
安土桃山時代〜江戸時代前期の勇士、山内家臣。
¶高知人，高知百

**江田文四郎**(2) えだぶんしろう
慶長2（1597）年〜寛永7（1630）年
江戸時代前期の土佐藩士。
¶高知人，高知百，藩臣6

**江田行義** えだゆきよし
？〜正平8/文和2（1353）年
南北朝時代の武将。
¶岡山人，岡山歴，鎌室（生没年不詳），群馬人，新潮（生没年不詳），人名，姓氏群馬，日人（生没年不詳）

**枝吉主計允種浄** えだよししゅけいのじょうたねきよ
→枝吉種浄（えだよしたねきよ）

**枝吉種浄** えだよしたねきよ
[別]枝吉主計允種浄《えだよししゅけいのじょうたねきよ》
戦国時代の武士。
¶戦人（生没年不詳），戦西（枝吉主計允種浄　えだよししゅけいのじょうたねきよ）

**枝吉種次** えだよしたねつぐ
？〜天正12（1584）年　[別]枝吉長門守種次《えだよしながとのかみたねつぐ》
安土桃山時代の武士。
¶戦人，戦西（枝吉長門守種次　えだよしながとのかみたねつぐ）

**枝吉長門守種次** えだよしながとのかみたねつぐ
→枝吉種次（えだよしたねつぐ）

**越後五郎四郎** えちごごろうしろう
生没年不詳
戦国時代の長尾景春の被官。
¶戦辞

**越後弾正忠** えちごだんじょうのちゅう
戦国時代の武将。後北条氏家臣。
¶戦東

**越後中太** えちごのちゅうた
？〜元暦1（1184）年
平安時代後期の武士。
¶日人

**越前忠直** えちぜんただなお
→松平忠直（まつだいらただなお）

**越知弾正忠** えちだんじょうのじょう
→越知弾正忠（おちだんじょうのちゅう）

**朴市田来津** えちのたくつ
→朴市秦田来津（えちのはたのたくつ）

**朴市秦田来津** えちのはたのたくつ
？〜天智天皇2（663）年　[別]朴市秦造田来津《えちのはたのみやつこたくつ》，朴市秦田来津《えちはたのたくつ》，朴市田来津《えちのたくつ》
飛鳥時代の武将。白村江の戦で戦死。
¶朝日（えちはたのたくつ　[没]天智2（663）年8月），国史（朴市田来津　えちのたくつ），古史（朴市田来津　えちのたくつ），古代（朴市秦造田来津　えちのはたのみやつこたくつ），古中（朴市田来津　えちのたくつ），コン改，コン4，史人（朴市田来津　えちのたくつ　[没]663年8月），新潮（[没]天智2（663）年8月28日），日人

**朴市秦田来津** えちはたのたくつ
→朴市秦田来津（えちのはたのたくつ）

**江戸伊勢守** えどいせのかみ
生没年不詳
戦国時代の古河公方足利高基・晴氏の家臣。
¶戦辞

**江戸重長** えどしげなが
生没年不詳　[別]江戸重久《えどしげひさ》，平重長

《たいらのしげなが》
平安時代後期の武将。
¶朝日，神奈川人，鎌室，国史，古中，史人，諸系，新潮，戦辞（江戸重久　えどしげひさ），日史，日人，平史（平重長　たいらのしげなが），歴大



**江戸重久** えどしげひさ
→江戸重長（えどしげなが）

**江戸重通** えどしげみち
*～慶長3（1598）年
安土桃山時代の武将、常陸国水戸城主。
¶朝日（[生]弘治1（1555）年　[没]慶長3年3月1日（1598年4月6日）），系東（[生]1555年），人名（[生]1556年），戦国（[生]1556年），戦辞（[生]弘治2（1556）年　[没]慶長3年10月1日（1598年10月30日）），戦人（生没年不詳），日人（[生]1555年）

**江戸小三郎** えどしょうざぶろう
生没年不詳
戦国時代の北条氏の家臣。
¶戦辞

**江戸浄仙** えどじょうせん
生没年不詳
戦国時代の武蔵吉良氏の家臣。
¶戦辞

**江戸摂津守** えどせっつのかみ
生没年不詳
戦国時代の武蔵吉良氏広の家臣。
¶戦辞

**江戸忠通** えどただみち
永正4（1507）年～永禄7（1564）年
戦国時代の武士。佐竹氏家臣。
¶系東，戦辞（[生]永正5（1508）年　[没]永禄7年6月5日（1564年7月13日）），戦人

**江戸太郎** えどたろう
平安時代後期の江戸の土豪。
¶江戸東

**江戸道景** えどどうけい
？　～康正1（1455）年5月14日
室町時代の武蔵蒲田郷の領主。
¶戦辞

**江戸通景** えどみちかげ
？　～応永18（1411）年
室町時代の武将。
¶系東

**江戸道勝** えどみちかつ
戦国時代の豪族。
¶人名

**江戸通高** えどみちたか
生没年不詳
南北朝時代の武将。
¶系東

**江戸通長(1)** えどみちなが
戦国時代の武将。通房の子。
¶系東（[生]1451年　[没]？），戦辞（[生]宝徳2（1450）年　[没]明応3年11月12日（1494年12月9日））

**江戸通長(2)** えどみちなが
生没年不詳
安土桃山時代の水戸城主江戸氏の一門の重臣。
¶戦辞

**江戸通房** えどみちふさ
応永17（1410）年～寛正6（1465）年
室町時代の武将。
¶系東，戦辞（[没]寛正6年5月3日（1465年5月27日）），日人

**江戸通雅** えどみちまさ
戦国時代の武将。
¶系東（[生]1461年　[没]1510年），戦辞（[生]寛正3（1462）年　[没]永正7年12月20日（1511年1月19日））

**江戸通政** えどみちまさ
天文7（1538）年～永禄10（1567）年
戦国時代の武将。
¶系東（[生]1537年），戦辞（[没]永禄10年7月16日（1567年8月20日）），日人

**江戸通泰(1)** えどみちやす
生没年不詳
南北朝時代の武将。江戸氏の祖。
¶系東

**江戸通泰(2)** えどみちやす
？　～天文4（1535）年
戦国時代の武士。佐竹氏家臣。
¶系東，戦辞（[生]文明16（1484）年　[没]天文4年7月12日（1535年8月10日）），戦人

**江戸頼忠** えどよりただ
生没年不詳
戦国時代の武蔵吉良氏の家臣。
¶戦辞

**江戸頼年** えどよりとし
生没年不詳
戦国時代の武蔵吉良氏朝の家臣。
¶戦辞

**江成筑後** えなりちくご
？　～文禄3（1594）年
戦国時代～安土桃山時代の小田原北条氏の家臣。
¶神奈川人，姓氏神奈川

**衣県** えのあがた
生没年不詳
奈良時代の隼人の首長。
¶日人

**朴井雄君** えのいのおきみ
→物部雄君（もののべのおきみ）

**江木戸内匠助** えのきどたくみのすけ
生没年不詳
戦国時代の真壁氏の家臣。
¶戦辞

**江原小五郎** えばらこごろう
安土桃山時代の武将。秀吉馬廻。
¶戦国，戦人（生没年不詳）

え

**江原三之丞** えばらさんのじょう
？ ～慶長12(1607)年
安土桃山時代～江戸時代前期の武士。
¶岡山歴([没]慶長12(1607)年4月19日)，戦人，戦西

**荏原下総守** えばらしもふさのかみ
南北朝時代の猪股党の武士。
¶埼玉百

**江原親次** えばらしんじ
→江原親次(えばらちかつぐ)

**江原親次** えばらちかつぐ
？ ～慶長3(1598)年 [別]江原親次《えばらしんじ》
安土桃山時代の武士。
¶岡山人(えばらしんじ)，岡山歴([没]慶長3(1598)年5月17日)，戦人，戦西

**蛯島蔵人盛永** えびしまくらんどもりなが
→蛯島盛永(えびしまもりなが)

**蛯島盛永** えびしまもりなが
[別]蛯島蔵人盛永《えびしまくらんどもりなが》
安土桃山時代の武将。葛西氏家臣。
¶戦人(生没年不詳)，戦東(蛯島蔵人盛永　えびしまくらんどもりなが)

**海老名小三郎** えびなこさぶろう
安土桃山時代～江戸時代前期の武士。里見氏家臣。
¶戦人(生没年不詳)，戦東

**海老名五郎右衛門** えびなごろうえもん
生没年不詳
戦国時代の北条氏の家臣。
¶戦辞

**海老名左衛門尉** えびなさえもんのじょう
？ ～文明10(1478)年4月14日
室町時代～戦国時代の武士。
¶戦辞

**恵比奈左近** えびなさこん
生没年不詳 [別]沢田助三郎《さわだすけさぶろう》
安土桃山時代の武将。
¶戦人

**海老名季高** えびなすえたか
生没年不詳
戦国時代の古河公方足利成氏の近臣。
¶戦辞

**海老名季直** えびなすえなお
生没年不詳
南北朝時代の武家・連歌作者。
¶神奈川人，国書

**海老名親季** えびなちかすえ
生没年不詳
平安時代後期の武将。
¶神奈川人

**海老名秀経** えびなひでつね
？ ～嘉元3(1305)年
鎌倉時代後期の武士。
¶北条

**海老名持季** えびなもちすえ
～永享5(1433)年
室町時代の武士。
¶神奈川人

**海老原越後** えびはらえちご
生没年不詳
戦国時代の常陸下妻多賀谷氏の家臣。
¶戦辞

**海老原将監** えびはらしょうげん
生没年不詳
戦国時代の常陸下妻多賀谷氏の家臣。
¶戦辞

**江間右馬丞**(江馬右馬丞) えまうまのじょう
？ ～天正8(1580)年
安土桃山時代の武士。武田氏家臣。足軽大将衆。
¶姓氏山梨(江馬右馬丞)，戦人([没]天正9(1581)年)，戦東

**江馬越後四郎** えまえちごしろう
生没年不詳
鎌倉時代の武士。
¶北条

**江馬越前入道** えまえちぜんにゅうどう
生没年不詳
鎌倉時代後期の武士。
¶北条

**江間堅清** えまかたきよ
天文17(1548)年～寛永7(1630)年
安土桃山時代～江戸時代前期の武士。佐竹氏家臣。
¶戦辞([没]寛永7年9月17日(1630年10月22日))，戦人，戦東

**江馬小四郎時経** えまこしろうときつね
[別]江馬小四郎輝経《えまこしろうてるつね》
南北朝時代の武将。初代江馬城主。
¶岐阜百(えまこしろうときつねてるつね)

**江間重氏** えましげうじ
生没年不詳
安土桃山時代の武士。佐竹氏家臣。
¶戦辞，戦人，戦東

**江馬四郎** えましろう
生没年不詳
鎌倉時代の武士。
¶北条

**江馬輝経** えまてるつね
平安時代後期の飛驒国吉城郡高原の豪族。
¶人名，日人(生没年不詳)

**江馬輝盛**(江間輝盛) えまてるもり
？ ～天正10(1582)年
安土桃山時代の武将。上杉謙信の臣。
¶朝日([没]天正10年10月27日(1582年11月22日))，織田([生]天文4(1535)年？ [没]天正10(1582)年10月)，岐阜百，史人([生]1535年？ [没]1582年10月27日)，姓氏山梨，戦辞([没]天正

え

10年10月27日（1582年11月22日）），戦人（江間
輝盛），戦補，日人（㊐1535年？）

**江馬時茂** えまときしげ
生没年不詳
戦国時代の引間城主飯尾氏の家臣。
¶戦辞

**江馬時盛** えまときもり
？ ～天正1（1573）年8月15日？
戦国時代～安土桃山時代の飛騨国衆。
¶戦辞

**江間常陸** えまひたち
戦国時代の武将。武田家臣。『武田過去帳』では、
巨摩郡鮎沢に居住の妻が天文10年に逆修している。
¶姓氏山梨

**江馬秀次** えまひでつぐ
→江馬与右衛門（えまよえもん）

**江馬平内兵衛** えまへいないひょうえ
生没年不詳
鎌倉時代後期の武士。
¶北条

**江馬光時** えまみつとき
→名越光時（なごえみつとき）

**江馬泰顕** えまやすあき
生没年不詳
戦国時代の引間城主飯尾氏の家臣。
¶戦辞

**江馬与右衛門** えまよえもん
慶長6（1601）年～正保4（1647）年　別江馬秀次
《えまひでつぐ》
江戸時代前期の武士、紀伊和歌山藩士。
¶藩臣5，和歌山人（江馬秀次　えまひでつぐ）

**江見伊豆守** えみいずのかみ
室町時代の美作国東部の在地豪族。
¶岡山歴

**江見市之丞** えみいちのじょう
～天正7（1579）年
安土桃山時代の武士。
¶岡山人

**江見九郎次郎** えみくろじろう
安土桃山時代の武士。
¶岡山人

**江見次郎** えみじろう
～天正7（1579）年
安土桃山時代の武士。
¶岡山人

**江見資豊** えみすけとよ
鎌倉時代の武士。
¶岡山人

**江見為祐** えみためすけ
安土桃山時代の武士。
¶岡山人

**江見為久** えみためひさ
生没年不詳
安土桃山時代の織田信長の家臣。
¶織田

**江見道阿** えみどうあ
鎌倉時代後期の美作国東部の在地武士。
¶岡山歴

**恵美朝獦** えみのあさかり
？ ～天平宝字8（764）年
奈良時代の恵美押勝（藤原仲麻呂）の三男、陸奥
守、鎮守府将軍。
¶姓氏宮城

**恵美押勝** えみのおしかつ
→藤原仲麻呂（ふじわらのなかまろ）

**江見入道** えみのにゅうどう
平安時代後期の美作国東部の在地武士。
¶岡山歴

**江見久次** えみひさつぐ
安土桃山時代の武士。
¶岡山人

**江見秀照** えみひであき
～天文3（1534）年
安土桃山時代の武士。
¶岡山人

**江見秀雄** えみひでお
安土桃山時代の武士。
¶岡山人

**江見秀清** えみひできよ
安土桃山時代の武士。
¶岡山人

**江見秀重** えみひでしげ
安土桃山時代の武士。
¶岡山人

**江見秀俊** えみひでとし
安土桃山時代の武士。
¶岡山人

**江見秀房** えみひでふさ
安土桃山時代の武士。
¶岡山人

**江見秀道** えみひでみち
～天正15（1587）年
安土桃山時代の武士。
¶岡山人

**江見盛方** えみもりかた
生没年不詳
平安時代後期の平家の侍大将。
¶平史

**江見盛直** えみもりなお
天文12（1543）年～文禄1（1592）年
安土桃山時代の武将。
¶岡山人

江村既在　えむらきざい
　安土桃山時代の武将、趣味家。
　¶人名，日人（生没年不詳）

江村親家　えむらちかいえ
　生没年不詳
　安土桃山時代の武士。
　¶高知人，戦人，戦西

江村親俊　えむらちかとし
　生没年不詳
　安土桃山時代の武士。
　¶高知人，戦人，戦西

江本民部　えもとみんぶ
　安土桃山時代の武将。里見氏家臣。
　¶戦東

江良賢宜　えらかたよし
　生没年不詳
　戦国時代の陶氏の家臣。
　¶姓氏山口

恵良惟澄　えらこれずみ
　→阿蘇惟澄（あそこれずみ）

江良房栄　えらふさよし
　生没年不詳
　戦国時代の陶氏の家臣。
　¶姓氏山口

江里口藤七兵衛信常　えりぐちとうしちべえのぶつね
　→江里口信常（えりぐちのぶつね）

江里口信常　えりぐちのぶつね
　？　～天正12（1584）年　⑲江里口藤七兵衛信常
　《えりぐちとうしちべえのぶつね》
　安土桃山時代の武士。
　¶戦人，戦西（江里口藤七兵衛信常　えりぐちと
　うしちべえのぶつね）

円城寺　えんじょうじ
　生没年不詳
　戦国時代の北条氏の家臣。
　¶戦辞

円城寺下野守　えんじょうじしもつけのかみ
　？　～康正1（1455）年8月12日
　室町時代の武士。千葉氏重臣。
　¶戦辞

円城寺胤定　えんじょうじたねさだ
　生没年不詳
　戦国時代の武士。千葉氏重臣。
　¶戦辞

円城寺信胤　えんじょうじのぶたね
　？　～天正12（1584）年　⑲円城寺美濃守信胤《え
　んじょうじみののかみのぶたね》
　安土桃山時代の武士。
　¶戦人，戦西（円城寺美濃守信胤　えんじょうじ
　みののかみのぶたね）

円城寺尚任　えんじょうじまさとう
　？　～康正1（1455）年8月
　室町時代の武将、第19代千葉宗家当主千葉胤直の

重臣。
　¶千葉百

円城寺美濃守信胤　えんじょうじみののかみのぶたね
　→円城寺信胤（えんじょうじのぶたね）

円城寺頼長　えんじょうじよりなが
　生没年不詳
　戦国時代の武蔵吉良氏の家臣。
　¶戦辞

円忠　えんちゅう
　→諏訪円忠（すわえんちゅう）

遠藤壱岐　えんどういき
　生没年不詳
　安土桃山時代の武士。
　¶戦人

遠藤和泉守　えんどういずみのかみ
　戦国時代の武将。大崎氏家臣。
　¶戦東

遠藤河内　えんどうかわち
　安土桃山時代の武将。
　¶岡山人

遠藤喜三郎　えんどうきさぶろう
　安土桃山時代の武将。宇喜多氏家臣。
　¶戦西

遠藤修理亮　えんどうしゅうりのすけ
　？　～元和6（1620）年8月4日　⑲遠藤修理《えんど
　うしゅり》
　安土桃山時代の武士。
　¶岡山人（遠藤修理　えんどうしゅり），岡山歴

遠藤修理　えんどうしゅり
　→遠藤修理亮（えんどうしゅうりのすけ）

遠藤宗左衛門　えんどうそうざえもん
　生没年不詳
　戦国時代の上杉氏の家臣。
　¶戦辞

遠藤高康　えんどうたかやす
　生没年不詳
　安土桃山時代の武士。伊達氏家臣。
　¶戦人

遠藤但馬　えんどうたじま
　生没年不詳
　安土桃山時代の武将。
　¶藩臣1

遠藤胤俊　えんどうたねとし
　天文15（1546）年～元亀1（1570）年11月26日
　戦国時代～安土桃山時代の織田信長の家臣。
　¶織田

遠藤胤直　えんどうたねなお
　？　～慶長9（1604）年
　安土桃山時代の国人。
　¶岐阜百，戦国，戦人

遠藤胤基　えんどうたねもと
　天文17（1548）年～文禄2（1593）年

安土桃山時代の国人。
¶織田（[没]文禄2（1593）年11月23日），戦国，戦人

**遠藤胤安** えんどうたねやす
？　～天正15（1587）年
安土桃山時代の武士。豊臣氏家臣。
¶戦国，戦人

**遠藤為俊** えんどうためとし
生没年不詳
鎌倉時代の武士。
¶北条

**遠藤俊通** えんどうとしみち
生没年不詳
安土桃山時代～江戸時代前期の武士。宇喜多氏家臣。
¶戦人

**遠藤直継** えんどうなおつぐ
→遠藤直経（えんどうなおつね）

**遠藤直経** えんどうなおつね
？　～元亀1（1570）年　[別]遠藤直継《えんどうなおつぐ》
戦国時代の武士。
¶戦人，戦西，戦補（遠藤直継　えんどうなおつぐ）

**遠藤兵部大夫** えんどうひょうぶたゆう
生没年不詳
安土桃山時代～江戸時代前期の武将。伊達氏家臣。
¶戦人

**遠藤備後守** えんどうびんごのかみ
安土桃山時代の武将。葛西氏家臣。
¶戦東

**遠藤孫兵衛** えんどうまごべえ
～慶長5（1600）年
安土桃山時代の武士。
¶岡山人

**遠藤三河** えんどうみかわ
戦国時代の武将。大崎氏家臣。
¶戦東

**遠藤光定** えんどうみつさだ
生没年不詳
戦国時代の武士。伊達氏家臣。
¶姓氏宮城，戦人

**遠藤宗忠** えんどうむねただ
[別]宮内宗忠《みやうちむねただ》
戦国時代の武将。伊達氏家臣。
¶戦人（生没年不詳），戦東

**遠藤宗信** えんどうむねのぶ
元亀3（1572）年～文禄2（1593）年
安土桃山時代の武士。伊達氏家臣。
¶戦人（生没年不詳），藩臣1

**遠藤基信** えんどうもとのぶ
天文1（1532）年～天正13（1585）年
戦国時代～安土桃山時代の武士。伊達氏家臣。
¶戦辞（[没]天正13年10月21日（1585年12月21日）），戦人，戦東（[生]？），藩臣1

**遠藤盛数** えんどうもりかず
？　～永禄5（1562）年
戦国時代～安土桃山時代の郡上郡全体の領主。郡上八幡城を築城。
¶岐阜百

**遠藤慶隆** えんどうよしたか
天文19（1550）年～寛永9（1632）年
安土桃山時代～江戸時代前期の武将、大名。美濃郡上藩主。
¶織田（[没]寛永9（1632）年3月21日），岐阜百，郷土岐阜，諸系，戦国（[生]1551年），戦人（[生]天文20（1551）年），日人，藩主2（[没]寛永9（1632）年3月21日）

**延命泰道** えんめいたいどう
？　～天正13（1585）年
安土桃山時代の地方豪族。
¶姓氏愛知

**塩冶興久** えんやおきひさ
明応6（1497）年～天文3（1534）年
戦国時代の武将。
¶島根百，島根歴

**塩冶貞清** えんやさだきよ
鎌倉時代後期の出雲、隠岐守護。
¶島根人

**塩冶貞綱**（塩屋貞綱） えんやさだつな
？　～*
室町時代～戦国時代の武士、室町幕府奉公衆、連歌作者。
¶国書5（塩屋貞綱　[没]明応15（1506）年3月8日），島根歴（[没]明応10（1501）年）

**塩冶周防守** えんやすおうのかみ
？　～天正9（1581）年
安土桃山時代の武将。
¶戦人

**塩冶高清** えんやたかきよ
？　～天正9（1581）年
戦国時代の武将。
¶鳥取百

**塩冶高貞**（塩谷高貞） えんやたかさだ
？　～興国2/暦応4（1341）年　[別]佐々木高貞《ささきたかさだ》
鎌倉時代後期～南北朝時代の武将。足利尊氏の下で活躍。
¶朝日，岩史，鎌室，国史，古中，コン改（塩谷高貞），コン4（塩谷高貞），史人（[没]1341年3月20日），島根人，島根百，島根歴，新潮（[没]暦応4/興国2（1341）年3月20日），人名（塩谷高貞），世人（[没]興国2/暦応4（1341）年？），全書，鳥取百，日史，日人，百科，歴大

**塩冶時綱** えんやときつな
生没年不詳
南北朝時代の武士、室町幕府奉公衆。
¶島根歴

**塩冶光清** えんやみつきよ
生没年不詳
室町時代の武士、室町幕府奉公衆。
¶島根歴

**塩冶頼泰** えんやよりやす
鎌倉時代後期の出雲、隠岐守護。
¶島根人

## 【お】

**及川伊賀守重俊** おいかわいがのかみしげとし
戦国時代の武将。葛西氏家臣。
¶戦東

**及川大炊介** おいかわおおいのすけ
戦国時代の武将。葛西氏家臣。
¶戦東

**及川覚右衛門** おいかわかくえもん
生没年不詳
安土桃山時代〜江戸時代前期の武士。遠野南部氏に仕えた。
¶姓氏岩手

**及川主計頼常** おいかわかずえよりつね
戦国時代〜安土桃山時代の武将。葛西氏家臣。
¶戦東

**及川上総** おいかわかずさ
戦国時代の武将。葛西氏家臣。
¶戦人（生没年不詳），戦東

**及川掃部綱重** おいかわかもんつなしげ
→及川綱重（おいかわつなしげ）

**及川掃部之助義照** おいかわかもんのすけよしてる
→及川義照（おいかわよしてる）

**及川紀伊守頼貞** おいかわきいのかみよりさだ
安土桃山時代の武将。葛西氏家臣。
¶戦東

**及川清貞** おいかわきよさだ
？〜天正18（1590）年　[別]及川左衛門五郎清貞《おいかわさえもんごろうきよさだ》
安土桃山時代の武将。葛西氏家臣。
¶戦人，戦東（及川左衛門五郎清貞　おいかわさえもんごろうきよさだ）

**及川宮内義高** おいかわくないよしたか
→及川義高（おいかわよしたか）

**及川左衛門五郎清貞** おいかわさえもんごろうきよさだ
→及川清貞（おいかわきよさだ）

**及川左近** おいかわさこん
？〜天正18（1590）年
安土桃山時代の武将。葛西氏家臣。
¶戦人，戦東

**及川重純** おいかわしげずみ
？〜享禄2（1529）年
戦国時代の武将。葛西氏家臣。
¶戦人

**及川十郎兵衛** おいかわじゅうろうべえ
文禄2（1593）年〜承応2（1653）年
江戸時代前期の武士、葛西氏家臣。同氏滅亡後に帰農。
¶姓氏岩手

**及川清閑** おいかわせいかん
[別]及川平三郎入道清閑《おいかわへいさぶろうにゅうどうせいかん》
戦国時代の武将。葛西氏家臣。
¶戦人（生没年不詳），戦東（及川平三郎入道清閑　おいかわへいさぶろうにゅうどうせいかん）

**及川綱重** おいかわつなしげ
[別]及川掃部綱重《おいかわかもんつなしげ》
戦国時代の武将。葛西氏家臣。
¶戦人（生没年不詳），戦東（及川掃部綱重　おいかわかもんつなしげ）

**及川土佐守** おいかわとさのかみ
戦国時代の武将。葛西氏家臣。
¶戦東

**及川直澄** おいかわなおずみ
？〜＊　[別]及川弥兵衛直澄《おいかわやへいなおずみ》
安土桃山時代の武将。葛西氏家臣。
¶戦人（[没]天正18（1590）年？），戦東（及川弥兵衛直澄　おいかわやへいなおずみ　[没]1590年）

**及川長門信政** おいかわながとのぶまさ
→及川信政（おいかわのぶまさ）

**及川信次** おいかわのぶつぐ
生没年不詳
戦国時代の武将。葛西氏家臣。
¶戦人

**及川信政** おいかわのぶまさ
[別]及川長門信政《おいかわながとのぶまさ》
戦国時代の武将。葛西氏家臣。
¶戦人（生没年不詳），戦東（及川長門信政　おいかわながとのぶまさ）

**及川平三郎入道清閑** おいかわへいさぶろうにゅうどうせいかん
→及川清閑（おいかわせいかん）

**及川美濃治郎頼兼** おいかわみのじろうよりかね
→及川頼兼（おいかわよりかね）

**及川美濃之助頼家** おいかわみののすけよりいえ
→及川頼家（おいかわよりいえ）

**及川弥兵衛直澄** おいかわやへいなおずみ
→及川直澄（おいかわなおずみ）

**及川弥兵衛** おいかわやへえ
生没年不詳
平安時代後期の江刺郡横瀬郷沼尻城城主。
¶姓氏岩手

**及川義高** おいかわよしたか
？〜永禄2（1559）年　[別]及川宮内義高《おいかわ

くないよしたか》
戦国時代の武将。葛西氏家臣。
¶戦人，戦東（及川宮内義高　おいかわくないよしたか）

お

**及川義照** おいかわよしてる
？　～永禄2（1559）年　[別]及川掃部之助義照《おいかわかもんのすけよしてる》，中川掃部之助《なかがわかもんのすけ》
戦国時代の武将。葛西氏家臣。
¶戦人，戦東（及川掃部之助義照　おいかわかもんのすけよしてる）

**及川頼家** おいかわよりいえ
[別]及川美濃之助頼家《おいかわみののすけよりいえ》
戦国時代の武将。葛西氏家臣。
¶戦人（生没年不詳），戦東（及川美濃之助頼家　おいかわみののすけよりいえ）

**及川頼兼** おいかわよりかね
？　～＊　[別]及川美濃治郎頼兼《おいかわみのじろうよりかね》
安土桃山時代の武将。葛西氏家臣。
¶戦人（[没]天正19（1591）年），戦東（及川美濃治郎頼兼　おいかわみのじろうよりかね　[没]1590年）

**尾池定安** おいけさだやす
→尾池清左衛門（おいけせいざえもん）

**尾池清左衛門** おいけせいざえもん
？　～慶長13（1608）年　[別]尾池定安《おいけさだやす》
安土桃山時代～江戸時代前期の武士。
¶国書5（尾池定安　おいけさだやす），戦人，戦補

**生石惣左衛門** おいしそうざえもん
安土桃山時代の武士。
¶岡山歴，戦人（生没年不詳），戦西

**小石太郎左衛門** おいしたろうざえもん
戦国時代の能登国鳳至郡櫛比荘の小石城主。
¶姓氏石川

**生石中務少輔** おいしちゅうむしょうすけ
→生石中務少輔（おいしなかつかさしょうゆう）

**生石中務少輔** おいしなかつかさしょうゆう
[別]生石中務少輔《おいしちゅうむしょうすけ》
安土桃山時代の武士。
¶岡山人（おいしちゅうむしょうすけ），戦人（生没年不詳）

**生石中務丞** おいしなかつかさのじょう
？　～寛永5（1628）年12月14日
安土桃山時代の備中国の武将。
¶岡山歴

**種田亀** おいだかめ
？　～天正10（1582）年6月2日
戦国時代～安土桃山時代の織田信長の家臣。
¶織田

**種田正隣** おいだまさちか
？　～天正13（1585）年3月？
戦国時代～安土桃山時代の織田信長の家臣。
¶織田

**種田正元** おいだまさもと
？　～元亀2（1571）年5月16日
戦国時代～安土桃山時代の織田信長の家臣。
¶織田

**種田正安** おいだまさやす
？　～元亀2（1571）年5月16日
戦国時代～安土桃山時代の織田信長の家臣。
¶織田

**大河内善兵衛正勝** おうかわちぜんのひょうえまさかつ
→大河内正勝（おおこうちまさかつ）

**淡河定範** おうごさだのり
天文8（1539）年～天正7（1579）年9月7日　[別]淡河定範《おおごさだのり》
安土桃山時代の地方豪族・土豪。
¶戦人（生没年不詳），兵庫人（おおごさだのり）

**相知蓮賀** おうちれんが
生没年不詳　[別]相知蓮賀《あいちれんが》
南北朝時代の南朝方の武将。
¶国史，古中，史人，新潮，人名，日人

**王農大親** おうのううふや
生没年不詳
戦国時代～安土桃山時代の人。城岳から奥武山にかけての領主。
¶姓氏沖縄

**青海川図書助** おうみがわずしょのすけ
？　～慶長14（1609）年6月
安土桃山時代～江戸時代前期の上杉氏の家臣。
¶戦辞

**近江毛野** おうみのけな
→近江毛野（おうみのけの）

**近江毛野** おうみのけぬ
→近江毛野（おうみのけの）

**近江毛野** おうみのけの
？　～継体天皇24（530）年　[別]近江臣毛野《おうみのおみけの》，近江毛野《おうみのけな，おうみのけぬ》
上代の近江の豪族。新羅遠征軍の将軍。
¶朝日（[没]継体24（530）年10月），角史，国史，古史（生没年不詳），古代（近江臣毛野　おうみのおみけの），古中，コン改（おうみのけな），コン4（おうみのけな），史人，新潮，人名（おうみのけぬ），世人（おうみのけぬ），全書（おうみのけぬ），日史，日人，百科，歴大

**青梅尾張守** おうめおわりのかみ
戦国時代の武将。葛西氏家臣。
¶戦東

**青梅信濃守** おうめしなののかみ
戦国時代の武将。葛西氏家臣。
¶戦東

**麻植持光**　おえもちみつ
？　～天文22（1553）年
戦国時代の武将、神主・神官。
¶戦人

**大饗正虎**　おおあえまさとら
永正17（1520）年～慶長1（1596）年　[別]楠正虎《くすのきまさとら》，楠長諳《くすのきちょうあん》，楠木正虎《くすのきまさとら》，式部卿法印《しきぶきょうほういん》，大饗長左衛門《おおあえちょうざえもん，おおばちょうざえもん》
戦国時代～安土桃山時代の武士、書家、豊臣秀吉の右筆。
¶朝日（[没]慶長1年1月11日（1596年2月9日）），岩史（楠長諳　くすのきちょうあん　[没]文禄5（1596）年1月11日），岡山人（楠正虎　くすのきまさとら），岡山歴（楠正虎　くすのきまさとら　[没]文禄5（1596）年1月11日），織田（楠木正虎　くすのきまさとら　[没]慶長1（1596）年1月11日），近世，国史，国書（楠長諳　くすのきちょうあん　[没]文禄5（1596）年1月11日），古中，コン4（楠長諳　くすのきちょうあん），史人（楠長諳　くすのきちょうあん　[没]1596年1月11日），諸系，新潮（[没]慶長1（1596）年1月11日），人名（楠正虎　くすのきまさとら），戦合，戦国（楠正虎　くすのきまさとら），戦人（楠正虎　くすのきまさとら），日史（楠木正虎　くすのきまさとら　[没]慶長1（1596）年1月11日），日人

**大荒田別命**　おおあらたわけのみこと
→荒田別（あらたわけ）

**大井貞清**　おおいさだきよ
？　～天正3（1575）年5月21日？
戦国時代～安土桃山時代の信濃国衆。
¶戦辞

**大井貞隆**　おおいさだたか
生没年不詳
戦国時代の武将。
¶戦辞，戦人

**大石顕重**　おおいしあきしげ
戦国時代の関東管領山内上杉氏の家臣。
¶埼玉人（生没年不詳），戦辞（[生]？　[没]永正11年4月3日（1514年4月27日）），多摩（[生]享徳4（1455）年　[没]永正10（1513）年）

**大石荒河介**　おおいしあらかわのすけ
安土桃山時代の武将、対馬藩士。
¶人名，日人（生没年不詳）

**大石出雲守**　おおいしいずものかみ
生没年不詳
戦国時代の武士。伊達氏家臣。
¶戦人

**大石越後守**　おおいしえちごのかみ
戦国時代の武将。後北条氏家臣。
¶戦東

**大石定重**　おおいしさだしげ
応仁1（1467）年6月1日～大永7（1527）年
戦国時代の武将。上杉氏家臣。
¶埼玉人（生没年不詳），戦辞（[没]大永7年10月10日（1527年11月3日）），戦人（生没年不詳），多摩

**大石定仲**　おおいしさだなか
天文3（1534）年～天正18（1590）年1月30日
戦国時代～安土桃山時代の北条氏照の臣。
¶戦辞（[生]天文3年11月16日（1534年12月21日）），多摩

**大石定久**　おおいしさだひさ
延徳3（1491）年～天文18（1549）年
戦国時代の武将。上杉氏家臣。
¶神奈川人，埼玉人（生没年不詳），戦人（生没年不詳），多摩

**大石重仲**　おおいししげなか
応永16（1409）年？　～康正1（1455）年1月25日
室町時代の関東管領山内上杉氏の家臣。
¶戦辞

**大石信濃守**　おおいししなののかみ
戦国時代の国人。
¶戦人（生没年不詳），戦東

**大石継光**　おおいしつぐみつ
生没年不詳
戦国時代の土豪。
¶戦辞

**大石綱周**　おおいしつなちか
生没年不詳
戦国時代の武士。山内上杉氏家臣、のち北条氏家臣。
¶戦辞

**大石照基**　おおいしてるもと
生没年不詳
戦国時代の北条氏の家臣。
¶戦辞

**大石道俊**　おおいしどうしゅん
生没年不詳
戦国時代の武士。山内上杉氏家臣、のちに北条氏家臣。
¶戦辞

**大石道善**　おおいしどうぜん
生没年不詳
戦国時代の武士。朝比奈綱堯の被官、伊豆の岩科郷の在地支配者。
¶戦辞

**大石信重**　おおいしのぶしげ
*～応永31（1424）年
南北朝時代～室町時代の武将。
¶神奈川人（[生]1334年），多摩（[生]建武3（1336）年）

**大石憲重**　おおいしのりしげ
正平20/貞治4（1365）年～正長2（1429）年
室町時代の武将。
¶神奈川人，多摩

**大石憲儀**　おおいしのりよし
元中9/明徳3（1392）年～永享12（1440）年

室町時代の武将。
¶神奈川人，多摩

**大石秀信** おおいしひでのぶ
生没年不詳
戦国時代の北条氏の家臣。
¶戦辞

**大石房重** おおいしふさしげ
応永27(1420)年～享徳4(1455)年
室町時代の武将。
¶多摩

**大石元綱** おおいしもとつな
？　～慶長6(1601)年1月12日
安土桃山時代の山内上杉氏・越後上杉氏の家臣。
¶戦辞

**大石能重** おおいしよししげ
生没年不詳
南北朝時代の武将。
¶神奈川人

**大石芳綱** おおいしよしつな
生没年不詳
戦国時代の山内上杉・越後上杉氏の家臣。
¶神奈川人，戦辞

**大石四方助** おおいしよものすけ
戦国時代の武将。武田家臣。同心。
¶姓氏山梨

**大井四郎** おおいしろう
生没年不詳
安土桃山時代の織田信長の家臣。
¶織田

**大井田氏経** おおいだうじつね
生没年不詳　[別]大江田氏経《おおえだうじつね》，大井田氏経《おいだうじつね》
南北朝時代の武将。
¶岡山人(大江田氏経　おおえだうじつね)，岡山百，岡山歴(おいだうじつね)，鎌室，新潮，日人

**大井高政** おおいたかまさ
生没年不詳
戦国時代の信濃国衆。
¶戦辞

**大井高幸** おおいたかゆき
戦国時代の武将。武田家臣。信濃国佐久郡北方衆の永禄起請文にみえる。
¶姓氏山梨

**大井田経兼** おおいだつねかね
生没年不詳
南北朝時代の武将。
¶群馬人

**大井田経隆** おおいだつねたか
生没年不詳
鎌倉時代後期の武士。新田義貞の臣。
¶朝日，鎌倉，鎌室，国史，古中，史人，新潮，世人，新潟百，日人

**大井田藤七郎** おおいだとうしちろう
生没年不詳
戦国時代の越後の国人。
¶戦辞

**大井田平右衛門** おおいだへいえもん
？　～天正18(1590)年
戦国時代～安土桃山時代の武士。上杉景勝家臣。
¶戦辞

**太井藤左衛門** おおいとうざえもん
生没年不詳
戦国時代の武士。
¶戦辞，戦人，戦東

**大井朝光** おおいともみつ
建久9(1198)年～*
鎌倉時代前期の武将。
¶姓氏長野([没]1225年？)，長野歴([没]嘉禄1(1225)年)

**大井直泰** おおいなおやす
安土桃山時代～江戸時代前期の武士。前田利家の家臣。
¶姓氏石川

**大井信舜** おおいのぶきよ
[別]大井信舜《おおいのぶとし》
戦国時代の甲斐武田晴信の家臣。
¶姓氏山梨(おおいのぶとし)，戦辞(生没年不詳)

**大井信達** おおいのぶさと
生没年不詳
戦国時代の武将。
¶戦辞，戦人，山梨百

**大井信尭** おおいのぶたか
→武藤信堯(むとうのぶたか)

**大井信為** おおいのぶため
？　～天文18(1549)年
戦国時代の甲斐武田晴信の家臣。
¶戦辞

**大井信常** おおいのぶつね
？　～天文20(1551)年7月14日
戦国時代の甲斐武田晴信の家臣。
¶戦辞

**大井信舜** おおいのぶとし
→大井信舜(おおいのぶきよ)

**大井信業** おおいのぶなり
？　～享禄4(1531)年2月2日
戦国時代の甲斐武田信虎の家臣。
¶戦辞

**大井信通** おおいのぶみち
戦国時代の武将。武田家臣。右京亮。永禄起請文にみえる。
¶姓氏山梨

**大井昌業** おおいまさなり
戦国時代の武将。武田家臣。永禄起請文にみえる。
¶姓氏山梨

**大井政成** おおいまさなり
生没年不詳
安土桃山時代の武将。武田氏家臣。
¶戦人

**大井光忠** おおいみつただ
？　～大永5(1525)年
戦国時代の武将。
¶長野歴

**大井光長** おおいみつなが
生没年不詳
鎌倉時代の武将。大井荘の地頭。
¶長野歴

**大井光矩** おおいみつのり
生没年不詳
鎌倉時代の武将。信濃守護代。
¶長野歴

**大井満安**(1) おおいみつやす
天文11(1542)年～寛永4(1627)年6月4日
戦国時代～江戸時代前期の信濃国衆。
¶姓氏長野(生没年不詳)，姓氏山梨，戦辞

**大井満安**(2) おおいみつやす
→矢島満安(やじまみつやす)

**大井持光** おおいもちみつ
生没年不詳
鎌倉時代の武将。信濃守護代。
¶姓氏長野，長野歴

**大井行吉** おおいゆきよし
→岩尾行吉(いわおゆきよし)

**大岩重秀** おおいわしげひで
天文19(1550)年～慶長17(1612)年9月18日
戦国時代～江戸時代前期の織田信長の家臣。
¶織田

**大岩重政** おおいわしげまさ
？　～元亀3(1572)年12月26日
戦国時代～安土桃山時代の織田信長の家臣。
¶織田

**大内源次郎** おおうちげんじろう
安土桃山時代の武将。葛西氏家臣。
¶戦人(生没年不詳)，戦東

**大内小次郎** おおうちこじろう
鎌倉時代の武士。駿河国有度郡入江荘を本拠とする入江武士団の一人。
¶姓氏静岡

**大内惟信** おおうちこれのぶ
生没年不詳
鎌倉時代前期の御家人。承久の乱で上皇方についた。
¶朝日，鎌室，国史，古中，史人，新潮，人名，姓氏京都，日史，日人

**大内惟義** おおうちこれよし
生没年不詳　[別]源惟義《みなもとのこれよし》，平賀惟義《ひらがこれよし》
平安時代後期～鎌倉時代前期の武将、伊賀国守護。
¶朝日，岩史，鎌室，岐阜百，国史，古中，コン改(平賀惟義　ひらがこれよし)，コン4(平賀惟義　ひらがこれよし)，史人，諸系，新潮(平賀惟義　ひらがこれよし)，人名，人名(平賀惟義　ひらがこれよし)，姓氏京都，日史([没]承久1(1219)年？)，日人，百科，平史(源惟義　みなもとのこれよし)

**大内定綱** おおうちさだつな
天文15(1546)年～慶長15(1610)年
安土桃山時代～江戸時代前期の武将。伊達氏家臣。
¶戦人(生没年不詳)，戦東，藩臣1

**大内茂弘** おおうちしげひろ
南北朝時代の石見守護。
¶島根人

**大内高弘** おおうちたかひろ
生没年不詳
戦国時代の武将。正弘の子、義興の弟。
¶姓氏山口

**大内輝弘** おおうちてるひろ
？　～永禄12(1569)年　[別]尊光《そんこう》，氷上太郎高弘《ひがみたろうたかひろ》
戦国時代の武将。
¶大分歴([生]永正17(1520)年？)，国史，古中，コン改，コン4，史人([没]1569年10月21日)，諸系，新潮([没]永禄12(1569)年10月20日)，姓氏山口，世人([没]永禄12(1569)年10月27日)，戦合，戦国，戦人([生]永正17(1520)年？)，日人，山口百

**大内長弘** おおうちながひろ
生没年不詳
南北朝時代の武将。
¶姓氏山口

**大内教弘** おおうちのりひろ
応永27(1420)年～寛正6(1465)年
室町時代の武将、周防・長門・豊前の守護。
¶朝日([没]寛正6年9月3日(1465年9月23日))，鎌室，国史，国書([生]応永27(1420)年3月20日　[没]寛正6(1465)年9月3日)，古中，史人([没]1465年9月3日)，諸系，新潮([没]寛正6(1465)年9月3日)，人名，姓氏山口，日人，山口百，歴大

**大内教幸** おおうちのりゆき
？　～文明3(1471)年
戦国時代の武将。大内盛見の子。
¶島根歴，姓氏山口

**大内弘茂** おおうちひろしげ
？　～＊　[別]大内弘茂《おおうちひろもち》
南北朝時代～室町時代の武将、周防・長門の守護。
¶朝日([没]応永8年12月29日(1402年2月1日))，鎌室([没]応永8(1401)年)，諸系([没]1402年)，人名，姓氏山口(おおうちひろもち　[没]1401年)，日人([没]1402年)，山口百(おおうちひろもち　[没]1401年)

**大内弘直** おおうちひろなお
？　～延元1/建武3(1336)年
鎌倉時代後期～南北朝時代の武将。

¶姓氏山口

**大内弘茂** おおうちひろもち
→大内弘茂(おおうちひろしげ)

**大内弘世** おおうちひろよ
？～天授6/康暦2(1380)年
南北朝時代の武将、周防・長門・石見の守護。
¶朝日([没]康暦2/天授6年11月15日(1380年12月12日)), 岩史([没]康暦2(1380)年11月15日), 角史, 鎌室, 京都, 京都大, 国史, 古中, コン改, コン4, 史人([没]1380年11月15日), 島根人, 島根歴, 諸系, 新潮([没]康暦2/天授6(1380)年11月15日), 人名, 姓氏京都, 姓氏山口, 世人, 全書, 日史([没]康暦2/天授6(1380)年11月15日), 日人, 山口百, 歴大

**大内政弘** おおうちまさひろ
文安3(1446)年～明応4(1495)年　[別]正弘《まさひろ》
室町時代～戦国時代の武将。周防・長門・筑前などの守護。
¶朝日([没]明応4年9月18日(1495年10月6日)), 岩史([没]明応4(1495)年9月18日), 角史, 鎌室, 京都大, 系西, 国史, 国書([生]文安3(1446)年8月27日　[没]明応4(1495)年9月18日), 古中, コン改, コン4, 茶道, 史人([没]1495年9月18日), 島根歴, 重要, 諸系, 新潮([没]明応4(1495)年9月18日), 人名([生]?), 姓氏京都, 姓氏山口, 世人([没]明応4(1495)年9月18日), 戦合, 戦人, 日人, 俳句(正弘　まさひろ　[没]明応4(1495)年9月18日), 福岡百([没]明応4(1495)年9月18日), 山口百, 歴大, 和俳

**大内満弘** おおうちみつひろ
？～応永4(1397)年
南北朝時代の武将。
¶島根歴

**大内持盛** おおうちもちもり
応永4(1397)年～永享5(1433)年
室町時代の武将。
¶諸系, 日人

**大内持世** おおうちもちよ
応永1(1394)年～嘉吉1(1441)年
室町時代の武将、周防・長門・豊前の守護。
¶朝日([没]嘉吉1年7月28日(1441年8月14日)), 岩史([没]嘉吉1(1441)年7月28日), 鎌室, 国史, 国書([生]明徳5(1394)年2月21日　[没]嘉吉1(1441)年7月28日), 古中, コン改([生]?), コン4([生]?), 史人([没]1441年7月28日), 諸系, 新潮([没]嘉吉1(1441)年7月28日), 人名, 姓氏山口, 世人([生]?　[没]嘉吉1(1441)年7月28日), 日史([没]嘉吉1(1441)年7月28日), 日人, 山口百, 歴大, 和俳([没]嘉吉1(1441)年7月28日)

**大内盛見** おおうちもりはる
→大内盛見(おおうちもりみ)

**大内盛見** おおうちもりみ
天授3/永和3(1377)年～永享3(1431)年　[別]大内盛見《おおうちもりはる》
室町時代の武将、周防・長門・豊前の守護。
¶朝日([没]永享3年6月28日(1431年8月6日)), 岩史([没]永享3(1431)年6月28日), 大分歴(おおうちもりはる), 鎌室, 国史, 国書(おおうちもりはる　[没]永享3(1431)年6月28日), 古中, コン改, コン4, 史人([没]1431年6月28日), 島根歴, 諸系, 新潮([没]永享3(1431)年6月28日), 人名, 姓氏山口(おおうちもりはる), 世人, 日史(おおうちもりはる　[没]永享3(1431)年6月28日), 日人, 百科, 福岡百(おおうちもりはる　[没]永享3(1431)年6月28日), 山口百(おおうちもりはる), 歴大

**大内義興** おおうちよしおき
文明9(1477)年～享禄1(1528)年　[別]義興〔大内家〕《よしおき》
戦国時代の武将、管領代。
¶朝日([没]享禄1年12月20日(1529年1月29日)), 岩史([没]享禄1(1528)年12月20日), 京都大, 公卿([生]文明8(1476)年　[没]享禄1(1528)年12月20日), 公家(義興〔大内家〕　よしおき　[生]1477年　[没]享禄1年12月20日), 系西, 国史, 国書([没]享禄1(1528)年12月20日), 古中, コン改, コン4, 史人([没]1528年12月20日), 島根人, 島根百([没]享禄1(1528)年12月20日), 島根歴, 重要([没]享禄1(1528)年12月20日), 諸系([没]1529年), 新潮([没]享禄1(1528)年12月20日), 人名, 姓氏京都, 姓氏山口, 世人([没]享禄1(1528)年12月20日), 世百, 戦合, 全書, 戦人, 大百, 日史([没]享禄1(1528)年12月20日), 日人([没]1529年), 百科, 福岡百([没]享禄1(1528)年12月20日), 歴大

**大内義尊** おおうちよしたか
天文14(1545)年～天文20(1551)年
戦国時代の武将。
¶諸系, 日人

**大内義隆** おおうちよしたか
永正4(1507)年～天文20(1551)年　[別]義隆〔大内家〕《よしたか》, 大内義隆《おおちよしたか》
戦国時代の武将。
¶朝日([生]永正4年11月15日(1507年12月18日)　[没]天文20年9月1日(1551年9月30日)), 岩史([生]永正4(1507)年11月15日　[没]天文20(1551)年9月1日), 角史, 京都大, 公卿([没]天文20(1551)年9月2日), 公家(義隆〔大内家〕　よしたか　[没]天文20年9月2日), 系西, 国史, 国書([生]永正4(1507)年11月15日　[没]天文20(1551)年9月1日), 古中, コン改, コン4, 茶道, 史人([没]1551年9月1日), 島根百([生]永正4(1507)年11月15日　[没]天文20(1551)年9月1日), 島根歴, 重要([没]天文20(1551)年9月1日), 諸系, 人書94, 新潮([生]永正4(1507)年11月15日　[没]天文20(1551)年9月1日), 人名, 姓氏山口, 世人([没]天文20(1551)年9月1日), 世百, 戦合, 戦国, 全書, 戦人, 大百, 伝記, 日史([生]永正4(1507)年11月15日　[没]天文20(1551)年9月1日), 日人, 百科, 福岡百([没]天文20(1551)年9月1日), 仏教([生]永正4(1507)年11月15日　[没]天文20(1551)年9月1日), 山口百, 歴大, 和俳([没]天文20(1551)年9月1日)

**大内義長** おおうちよしなが
？ ～弘治3(1557)年 [別]大友晴英《おおともはるひで》
戦国時代の武将。陶晴賢にかつがれ家督を嗣ぐ。
¶朝日([生]天文9(1540)年 [没]弘治3年4月18日(1557年5月16日)), 岩史([没]弘治3(1557)年4月3日), 系西, 国史, 古中, コン改, コン4, 史人([没]1557年4月3日), 諸系([生]1540年), 新潮([没]弘治3(1557)年4月3日), 人名, 姓氏山口, 世人, 戦合, 戦国, 戦人, 日史([没]弘治3(1557)年4月3日), 日人([生]1540年), 山口百, 歴大

**大内義信** おおうちよしのぶ
→平賀義信(ひらがよしのぶ)

**大内義弘** おおうちよしひろ
正平11/延文1(1356)年～応永6(1399)年 [別]大内義弘《おおちよしひろ》
南北朝時代～室町時代の武将。周防ほか6国の守護。応永の乱で敗死。
¶朝日([没]応永6年12月21日(1400年1月17日)), 岩史([没]応永6(1399)年12月21日), 大阪墓([没]応永6(1399)年12月21日), 角史, 鎌室, 京都大, 国史, 国書([没]応永6(1399)年12月21日), 古中, コン改, コン4, 史人([没]1399年12月21日), 島根歴, 重要([没]応永6(1399)年12月21日), 諸系([没]1400年), 新潮([没]応永6(1399)年12月21日), 人名, 姓氏山口, 世人, 世百, 全書, 大百([生]1355年), 伝記, 日史([没]応永6(1399)年12月21日), 日人([没]1400年), 百科, 福岡百([没]応永6(1399)年12月21日), 山口百, 歴大, 和歌山人, 和俳

**大内義房** おおうちよしふさ
大永4(1524)年～天文12(1543)年
戦国時代の武将。
¶諸系, 日人

**大浦為信** おおうらためのぶ
→津軽為信(つがるためのぶ)

**大浦為則** おおうらためのり
永正17(1520)年～永禄10(1567)年
戦国時代～安土桃山時代の武将。初代弘前藩主津軽為信の養父。
¶青森人

**大浦政信** おおうらまさのぶ
*～天文10(1541)年
戦国時代の武将。
¶青森人([生]明応7(1498)年), 戦人([生]？)

**大浦光信** おおうらみつのぶ
寛正1(1460)年～大永6(1526)年
戦国時代の武将、前津軽11代当主。
¶青森人, 青森百, 人名, 日人

**大浦盛信** おおうらもりのぶ
文明15(1483)年～天文7(1538)年
戦国時代の武将。津軽氏の祖という大浦光信の長子。
¶青森人

**大瓜玄蕃** おおうりげんば
戦国時代の武将。葛西氏家臣。
¶戦東

**大江顕元** おおえあきもと
生没年不詳
鎌倉時代後期の武士。
¶北条

**大江覚一** おおえかくいち
生没年不詳
鎌倉時代後期の武士。
¶北条

**大江景繁** おおえかげしげ
？ ～正平7/文和1(1352)年
南北朝時代の武将。
¶鎌室, 人名, 日人

**大家兼公** おおえかねきみ
生没年不詳
戦国時代の武士、石見大江高山城主。
¶島根歴

**大江源右衛門** おおえげんえもん
？ ～寛永15(1638)年
安土桃山時代～江戸時代前期の武士。
¶日人

**大江田氏経** おおえだうじつね
→大井田氏経(おおいだうじつね)

**大枝左衛門頭** おおえださえもんのかみ
戦国時代の武将。伊達氏家臣。
¶戦東

**大条実頼**(大枝実頼) おおえださねより
天文4(1535)年～寛永1(1624)年
安土桃山時代～江戸時代前期の武将。伊達氏家臣。
¶姓氏宮城, 戦人([生]弘治2(1556)年), 戦東(大枝実頼), 宮城百

**大枝宗直**(大条宗直) おおえだむねなお
生没年不詳
安土桃山時代の武将。伊達氏家臣。
¶戦人, 藩臣1(大条宗直)

**大江景国** おおえのかげくに
生没年不詳 [別]大江景国《おおえかげくに》
平安時代後期の武士。
¶姓氏山口(おおえかげくに), 平史

**大江公朝** おおえのきみとも
→大江公朝(おおえのきんとも)

**大江公朝** おおえのきんとも
生没年不詳 [別]大江公朝《おおえきみとも, おおえきんとも, おおえのきみとも》
平安時代後期～鎌倉時代前期の検非違使。後白河院の北面の臣。
¶朝日, 鎌室(おおえきみとも), 京都大(おおえのきみとも), 新潮, 姓氏京都(おおえきんとも), 日人, 平史([没]1199年)

**大江季光** おおえのすえみつ
→毛利季光(もうりすえみつ)

**大江忠成** おおえのただなり
→海東忠成（かいとうただしげ）

**大江親広** おおえのちかひろ
？ ～仁治2（1241）年　㋺源親広《みなもとちかひろ，みなもとのちかひろ》，大江親広《おおえちかひろ》
鎌倉時代前期の武将、京都守護。
¶朝日（生没年不詳），神奈川人（源親広　みなもとのちかひろ　生没年不詳），鎌倉（生没年不詳），鎌室（おおえちかひろ），国史（生没年不詳），古中（生没年不詳），コン4（生没年不詳），史人（㋺1241年12月25日，[異説]12月28日），諸系（㋺1242年），新潮（㋺仁治2（1241）年12月15日），人名，姓氏京都（生没年不詳），日史（㋺仁治2（1241）年12月15日），日人（㋺1242年），北条（おおえちかひろ）

**大江宗秀** おおえのむねひで
→長井宗秀（ながいむねひで）

**大江宗光** おおえのむねみつ
生没年不詳
鎌倉時代前期の武士。大江広元の第三子。
¶鎌倉

**大江師親** おおえのもろちか
元亨3（1323）年～？
鎌倉時代後期～南北朝時代の豪族。大江広元の末裔、陸奥守毛利親茂の子。
¶鎌倉

**大江広時** おおえひろとき
生没年不詳
鎌倉時代の武士。
¶北条

**大岡勘平** おおおかかんべい
㋺大岡勘平《おおおかかんべえ》
安土桃山時代の武将。秀吉馬廻。
¶戦国（おおおかかんべえ），戦人（生没年不詳）

**大岡勘平** おおおかかんべえ
→大岡勘平（おおおかかんべい）

**大岡清勝** おおおかきよかつ
天文22（1553）年～寛永1（1624）年
戦国時代～江戸時代前期の徳川家康の臣・足立郡天沼村等領主。
¶埼玉人

**大岡忠勝** おおおかただかつ
生没年不詳
戦国時代～安土桃山時代の武将。
¶諸系，日人

**大岡忠政** おおおかただまさ
天文17（1548）年～寛永6（1629）年
戦国時代～江戸時代前期の武将。
¶神奈川人（生没年不詳），諸系，姓氏神奈川，日人

**大岡忠世** おおおかただよ
天正3（1575）年～寛永17（1640）年
安土桃山時代～江戸時代前期の武士、旗本。

¶神奈川人

**大岡忠吉** おおおかただよし
天正15（1587）年～明暦2（1656）年
安土桃山時代～江戸時代前期の武士。
¶神奈川人（㋺1586年），諸系，日人

**大岡時親** おおおかときちか
生没年不詳
鎌倉時代前期の武士。
¶北条

**大貝平五** おおがいへいご
生没年不詳　㋺大貝平五《おがいへいご》，大見平五《おおみへいご》
戦国時代の武士。後北条氏家臣。
¶戦辞，戦人（おがいへいご），戦東（大見平五　おおみへいご）

**大賀外記** おおがげき
生没年不詳
戦国時代の武将。佐竹氏家臣。
¶戦人

**大神惟基** おおがこれもと
生没年不詳　㋺大神惟基《おおがのこれもと》
平安時代前期の武将、豊後の豪族。
¶大分百（おおがのこれもと），大分歴（おおがのこれもと），人名（㋺811年　㋺902年）

**大神親照** おおがちかてる
？ ～大永2（1522）年　㋺大神親照《おおがのちかてる》
戦国時代の武士。
¶大分歴（おおがのちかてる），戦人，戦西

**大鐘藤八** おおがねとうはち
？ ～慶長14（1609）年
安土桃山時代～江戸時代前期の武士。
¶姓氏愛知

**大鐘藤八郎** おおがねとうはちろう
安土桃山時代の武士。
¶戦国，戦人（生没年不詳）

**大神家基** おおがのいえもと
生没年不詳　㋺大野家基《おおののいえもと》
平安時代後期の武士。豊後大神氏系武将。
¶大分百（大野家基　おおののいえもと），平史

**大神惟隆** おおがのこれたか
生没年不詳
平安時代後期の豊後国の大豪族緒方家の一族。
¶平史

**大神維村** おおがのこれむら
生没年不詳
平安時代後期の武士。
¶平史

**大神惟基** おおがのこれもと
→大神惟基（おおがこれもと）

**大神惟栄** おおがのこれよし
生没年不詳
平安時代後期の豊後国の大豪族緒方家の一族。

¶平史

**大神親照** おおがのちかてる
→大神親照(おおがちかてる)

**大釜彦右衛門** おおがまひこえもん
生没年不詳
安土桃山時代～江戸時代前期の武士、盛岡藩家臣。
¶姓氏岩手

**大賀弥四郎** おおがやしろう
? ～天正3(1575)年
戦国時代～安土桃山時代の徳川家康の家臣。
¶姓氏愛知

**大萱生玄蕃** おおがゆうげんば
生没年不詳
安土桃山時代の武将。
¶姓氏岩手，戦人

**大河家次** おおかわいえつぐ
生没年不詳
戦国時代の武士。毛倉野の在地支配者。
¶戦辞

**大河兼任** おおかわかねとう
? ～建久1(1190)年
平安時代後期の武将。平泉藤原泰衡の郎従。
¶秋田百，朝日([没]建久1年3月10日(1190年4月16日))，岩手百，鎌室，国史，古中，新潮([没]建久1(1190)年3月10日)，人名，姓氏岩手，姓氏宮城，日人，平史

**大河四郎五郎** おおかわしろうごろう
生没年不詳
戦国時代の北条氏御料所の伊豆西浦在郷被官。
¶戦辞

**大河戸重行** おおかわどしげゆき
? ～* [別]藤原重行《ふじわらのしげゆき》
平安時代後期の武士。
¶埼玉人([没]養和1(1181)年?)，平史(藤原重行 ふじわらのしげゆき [没]1181年)

**大河戸広行** おおかわどひろゆき
生没年不詳 [別]大河戸太郎広行《おおこうどたろうひろゆき》，藤原広行《ふじわらのひろゆき》
平安時代後期～鎌倉時代前期の武蔵武士。
¶埼玉人，埼玉百(大河戸太郎広行 おおこうどたろうひろゆき)，平史(藤原広行 ふじわらのひろゆき)

**大川長秀** おおかわながひで
生没年不詳
戦国時代の越後国小泉荘の国人。越後岩船郡藤懸城主。
¶庄内，戦辞

**大河将長** おおかわまさなが
生没年不詳
南北朝時代の土豪。
¶新潟百

**大河原蔵蓮** おおがわらぞうれん
生没年不詳
鎌倉時代後期の武士。
¶埼玉人

**大河原時基** おおがわらときもと
生没年不詳
鎌倉時代後期の武士。
¶埼玉人

**大河原真久** おおがわらまさひさ
戦国時代の美作国久米郡の在地武士。
¶岡山歴

**大川若狭** おおかわわかさ
生没年不詳
戦国時代の北条氏御料所の在郷被官。
¶戦辞

**大木織部** おおきおりべ
? ～延宝4(1676)年
江戸時代前期の武士、肥後熊本藩士。
¶藩臣7

**大木勝家** おおきかついえ
生没年不詳
戦国時代の武士。結城氏家臣。
¶戦辞，戦人，戦東

**大木兼能** おおきかねよし
→大木土佐(おおきとさ)

**大喜多亀介** おおきたかめすけ
? ～天正3(1575)年7月26日
戦国時代～安土桃山時代の織田信長の家臣。
¶織田

**大分恵尺** おおきだのえさか
? ～天武天皇4(675)年 [別]大分君恵尺《おおきだのきみえさか》，大分恵尺《おおきだえさか》
飛鳥時代の武将。壬申の乱で大海人皇子側で活躍。
¶朝日([没]天武4(675)年6月)，大分歴(大分君恵尺 おおきだのきみえさか 生没年不詳)，古代(大分君恵尺 おおきだのきみえさか)，コン改，コン4，史人([没]675年6月)，新潮([没]天武4(675)年6月)，人名(おおきだえさか)，日人

**大分稚見**(大分稚臣) **おおきだのわかみ**
? ～天武天皇8(679)年 [別]大分君稚臣《おおきだきみわかみ，おおきだのきみわかみ》，大分稚見《おおきだわかみ》
飛鳥時代の武将。壬申の乱で大海人皇子側で活躍。
¶朝日([没]天武8年3月6日(679年4月21日))，大分歴(大分君稚臣 おおきだきみわかみ)，古代(大分君稚臣 おおきだのきみわかみ)，コン改，コン4，史人([没]679年3月)，人名(おおきだわかみ)，日人

**大喜多兵庫助** おおきたひょうごのすけ
? ～天正3(1575)年7月26日
戦国時代～安土桃山時代の織田信長の家臣。
¶織田

**大木土佐** おおきとさ
天文21(1552)年～慶長16(1611)年 [別]大木兼能《おおきかねよし》，大木土佐守兼能《おおきとさのかみかねよし》
安土桃山時代～江戸時代前期の武士。加藤清正

の臣。
¶熊本百（大木土佐守兼能　おおきとさのかみかねよし　[没]慶長16（1611）年6月25日），人名，日人（大木兼能　おおきかねよし）

お

**大木土佐守兼能**　おおきとさのかみかねよし
→大木土佐（おおきとさ）

**大木知光**　おおきともみつ
安土桃山時代の武将。筑後大木城主。
¶人名，日人（生没年不詳）

**大吉備津彦命**　おおきびつひこのみこと
→吉備津彦命（きびつひこのみこと）

**大草加賀守**　おおぐさかがのかみ，おおくさかがのかみ
生没年不詳
戦国時代の武士。後北条氏家臣。
¶戦辞（おおくさかがのかみ），戦人，戦東

**大草休斎**　おおくさきゅうさい，おおぐさきゅうさい
戦国時代の上伊那の武将。
¶姓氏山梨（おおぐさきゅうさい），長野歴（生没年不詳）

**大草左近大夫**　おおぐささこんだゆう
戦国時代の御馬廻衆。後北条氏家臣。
¶戦東

**大草但馬**　おおくさたじま
生没年不詳
戦国時代の北条氏の家臣。
¶戦辞

**大草丹後守**　おおくさたんごのかみ
生没年不詳
戦国時代の北条氏の家臣。
¶戦辞

**大草孫八郎**　おおぐさまごはちろう
生没年不詳
戦国時代の古河公方の家臣。
¶戦辞

**大草正次**　おおくさまさつぐ
？　～寛永2（1625）年
安土桃山時代～江戸時代前期の徳川家康の家臣。
¶姓氏静岡

**大草康盛**　おおぐさやすもり，おおくさやすもり
生没年不詳
戦国時代の武士。後北条氏家臣。
¶姓氏神奈川，戦辞（おおくさやすもり），戦人

**大串五郎兵衛**　おおぐしごろうべえ
→大串五郎兵衛（おおぐしごろべえ）

**大串五郎兵衛**　おおぐしごろべえ
[別]大串五郎兵衛《おおぐしごろうべえ》
戦国時代の造船家。里見氏家臣。
¶戦人（生没年不詳），戦東（おおぐしごろうべえ）

**大串重親**　おおぐししげちか
[別]大串次郎重親《おおぐしじろうしげちか》
鎌倉時代の武蔵武士・御家人。
¶埼玉人（生没年不詳），埼玉百（大串次郎重親　おおぐしじろうしげちか）

**大串次郎重親**　おおぐしじろうしげちか
→大串重親（おおぐししげちか）

**大城按司**　おおぐすくあじ
生没年不詳　[別]大城按司《うふぐすくあじ，おお（うふ）ぐすくあじ》
南北朝時代の人。真姓の始祖。伝説によれば大里城主に攻め滅ぼされ自害。
¶沖縄百（おお（うふ）ぐすくあじ），姓氏沖縄

**大城賢雄**　おおぐすくけんゆう
生没年不詳
室町時代の武将。尚泰久王に仕えた。
¶姓氏沖縄

**大口右馬介**　おおぐちうまのすけ
戦国時代の武将。武田家臣。信濃国筑摩郡の岩下衆。
¶姓氏山梨

**大国実頼**　おおくにさねより，おおぐにさねより
生没年不詳
安土桃山時代～江戸時代前期の武士。上杉氏家臣。
¶戦辞，戦人，新潟百（おおぐにさねより　[生]1562年　[没]1622年）

**大久保**　おおくぼ
生没年不詳
戦国時代の武士。安藤良整の被官、伊豆西浦の在地支配者。
¶戦辞

**大久保家勝**　おおくぼいえかつ
天正17（1589）年～寛文10（1670）年
戦国時代～江戸時代前期の水野長勝の臣。
¶埼玉人

**大久保家次**　おおくぼいえつぐ
？　～大永1（1521）年
戦国時代の肥前五島氏家臣。
¶人名，日人

**大窪家長**　おおくぼいえなが
戦国時代の一向一揆の将。
¶姓氏石川

**大久保石見守長安**　おおくぼいわみのかみながやす
→大久保長安（おおくぼながやす）

**大窪右近進**　おおくぼうこんのしん
戦国時代の武将。武田家臣。『武田家過去帳』に八代郡大坪村の居住とみえる。
¶姓氏山梨

**大久保加賀守忠常**　おおくぼかがのかみただつね
→大久保忠常（おおくぼただつね）

**大久保相模守忠鄰**　おおくぼさがみのかみただちか
→大久保忠隣（おおくぼただちか）

**大久保忠員**　おおくぼただかず
*～天正10（1582）年
戦国時代～安土桃山時代の武士。徳川氏家臣。
¶コン改（[生]永正8（1511）年），コン4（[生]永正8（1511）年），諸系（[生]1510年　[没]1583年），新潮（[生]永正7（1510）年　[没]天正10（1582）年12月

13日)，人名([生]1510年)，戦国([生]1511年)，戦人([生]永正8(1511)年)，日人([生]1510年 [没]1583年)

**大久保忠勝** おおくぼただかつ
大永4(1524)年～慶長6(1601)年
戦国時代～安土桃山時代の武将。
¶神奈川人，諸系，日人

**大久保忠茂** おおくぼただしげ
文明8(1476)年～天文16(1547)年　[別]宇津忠茂《うつただしげ》
戦国時代の武将。
¶諸系(宇津忠茂　うつただしげ)，人名，日人

**大久保忠佐** おおくぼただすけ
天文6(1537)年～慶長18(1613)年　[別]大久保忠佐《おおくぼちゅうすけ》
安土桃山時代～江戸時代前期の大名。駿河沼津藩主。
¶朝日([没]慶長18年9月27日(1613年11月9日))，近世，国史，史人([没]1613年9月27日)，静岡歴，諸系，新潮([没]慶長18(1613)年9月27日)，人名([生]1538年　[没]1614年)，姓氏静岡(おおくぼちゅうすけ)，戦合，戦国([生]1538年)，戦辞([没]慶長18年9月27日(1613年11月9日))，戦人，戦東([没]？)，千葉百，日人，藩主2([没]慶長18(1613)年9月27日)

**大久保忠教** おおくぼただたか
→大久保彦左衛門(おおくぼひこざえもん)

**大久保忠為** おおくぼただため
天文23(1554)年～元和2(1616)年
安土桃山時代～江戸時代前期の武将、大名。美濃大垣新田藩主。
¶諸系，人名([生]1552年)，日人，藩主2([没]元和2(1616)年8月9日)

**大久保忠隣** おおくぼただちか
天文22(1553)年～寛永5(1628)年　[別]大久保相模守忠鄰《おおくぼさがみのかみただちか》
安土桃山時代～江戸時代前期の大名、老中。相模小田原藩主。
¶朝日([没]寛永5年6月27日(1628年7月28日))，岩史([没]寛永5(1628)年6月27日)，角史，神奈川人，神奈川百，郷土神奈川，近世，国史，国書([没]寛永5(1628)年6月27日)，コン改，コン4，埼玉人([没]寛永5(1628)年6月27日)，埼玉百(大久保相模守忠鄰　おおくぼさがみのかみただちか)，茶道，史人([没]1628年6月27日)，諸系，新潮([没]寛永5(1628)年6月27日)，人名，姓氏神奈川，世人([没]寛永5(1628)年6月27日)，世百，戦合，戦国([生]？)，戦辞([没]寛永5年6月27日(1628年7月28日))，全書，戦人，大百，日史([没]寛永5(1628)年6月27日)，日人，藩主1([没]寛永5(1628)年6月27日)，百科，歴大

**大久保忠常** おおくぼただつね
天正8(1580)年～慶長16(1611)年　[別]大久保加賀守忠常《おおくぼかがのかみただつね》
安土桃山時代～江戸時代前期の武将、大名。武蔵騎西藩主。
¶神奈川人，埼玉人([没]慶長16(1611)年10月10日)，埼玉百(大久保加賀守忠常　おおくぼかがのかみただつね　[生]1584年)，諸系，人名，日人，藩主1([没]慶長16(1611)年10月10日)

**大久保忠俊** おおくぼただとし
明応8(1499)年～天正9(1581)年
戦国時代～安土桃山時代の武士。徳川氏家臣。
¶諸系，人名，戦国([生]1500年)，戦辞([生]？ [没]天正9年9月26日(1581年10月23日))，戦人，戦東([生]？)，日人

**大久保忠利** おおくぼただとし
天文16(1547)年～元和3(1617)年10月9日
戦国時代～江戸時代前期の徳川家の家臣。
¶戦辞

**大久保忠知** おおくぼただとも
文禄2(1593)年～正保1(1644)年
江戸時代前期の武将。大坂夏の陣に参陣。
¶諸系，人名，日人

**大久保忠直** おおくぼただなお
天文20(1551)年～元和9(1623)年
戦国時代～江戸時代前期の武士。
¶諸系，日人

**大久保忠成** おおくぼただなり
？ ～寛文12(1672)年
安土桃山時代～江戸時代前期の武将。大久保忠世の子。徳川氏家臣、駿府城代。
¶諸系，人名，日人

**大久保忠政** おおくぼただまさ
？ ～元和1(1615)年
安土桃山時代～江戸時代前期の近江彦根藩士。
¶藩臣4

**大久保忠行** おおくぼただゆき
→大久保藤五郎(おおくぼとうごろう)

**大久保忠世** おおくぼただよ
天文1(1532)年～文禄3(1594)年
戦国時代～安土桃山時代の大名。相模小田原城主。
¶愛知百([生]1533年　[没]1594年9月)，神奈川人，神奈川百，史人([没]1594年9月15日)，静岡歴，諸系，新潮([没]文禄3(1594)年9月15日)，人名([生]1531年　[没]1593年)，姓氏愛知([生]1533年)，姓氏神奈川，姓氏静岡，戦国([生]1533年)，戦辞([没]文禄3年9月15日(1594年10月28日))，戦人，戦東([没]？)，日史([没]文禄3(1594)年9月15日)，日人，藩主1([没]文禄3(1594)年9月15日)，百科，歴大

**大窪種光** おおくぼたねみつ
生没年不詳
安土桃山時代～江戸時代前期の武士。佐竹氏家臣。
¶戦辞，戦人，戦東

**大久保忠佐** おおくぼちゅうすけ
→大久保忠佐(おおくぼただすけ)

**大久保長安** おおくぼちょうあん
→大久保長安(おおくぼながやす)

**大久保藤五郎** おおくぼとうごろう
？ ～元和3(1617)年　[別]大久保忠行《おおくぼた

だゆき》,大久保主水《おおくぼもんど》
安土桃山時代～江戸時代前期の武士、治水家。江戸小石川上水を開削。
¶朝日，近世，国史，史人，食文（大久保忠行〈主水〉　おおくぼただゆき〈もんど〉），新潮，戦人（大久保忠行　おおくぼただゆき），日人

**大久保長安** おおくぼながやす
天文14（1545）年～慶長18（1613）年　[別]大久保石見守長安《おおくぼいわみのかみながやす》,大久保長安《おおくぼちょうあん》，大久保石見守《おおくぼいわみのかみ》
安土桃山時代～江戸時代前期の奉行、代官頭。
¶愛知百（[生]1550年　[没]1613年4月25日），朝日（[没]慶長18年4月25日（1613年6月13日）），岩史（[没]慶長18（1613）年4月25日），江戸，角史，岐阜百（おおくぼちょうあん），近世，群馬人，国史，コン改，コン4，埼玉人（[没]慶長18（1613）年4月25日），埼玉百（大久保石見守長安　おおくぼいわみのかみながやす），茶道，史人（[没]1613年4月25日），静岡百，静岡歴，島根人（[生]天文17（1548）年），島根百（大久保石見守長安　おおくぼいわみのかみながやす　[没]慶長18（1613）年4月25日），島根歴（大久保石見守長安　おおくぼいわみのかみながやす　[生]天文14（1545）年ごろ），人書94，人情，新潮（[没]慶長18（1613）年4月25日），人名，姓氏山梨，世人（[没]慶長18（1613）年4月25日），世百（おおくぼちょうあん），戦合，戦国（[生]1550年），全書，戦人，大百，多摩（おおくぼちょうあん　[生]天文13（1544）年），伝記，長野歴，新潟百，日史（[没]慶長18（1613）年4月25日），日人，百科，山梨百（[没]慶長18（1613）年4月），歴大

**大久保彦九郎** おおくぼひこくろう
生没年不詳
戦国時代～安土桃山時代の武士。
¶日人

**大久保彦左衛門** おおくぼひこざえもん
永禄3（1560）年～寛永16（1639）年　[別]大久保忠教《おおくぼただたか》
安土桃山時代～江戸時代前期の武士、旗本、旗奉行。
¶愛知百（[没]1639年2月1日），朝日（[没]寛永16年2月1日（1639年3月5日）），岩史（[没]寛永16（1639）年2月1日），江戸，角史，近世，国史，国書（大久保忠教　おおくぼただたか　[没]寛永16（1639）年2月1日），コン改，コン4，史人（大久保忠教　おおくぼただたか　[没]1639年2月1日），諸系，新潮（[没]寛永16（1639）年2月1日），人名，世人（[没]寛永16（1639）年2月30日），世百，戦合，戦国（大久保忠教　おおくぼただたか），全書（大久保忠教　おおくぼただたか），戦人（大久保忠教　おおくぼただたか），大百，日史（[没]寛永16（1639）年2月29日），日人，百科，歴大（大久保忠教　おおくぼただたか）

**大窪久光**（大窪久三）　おおくぼひさみつ
元亀1（1570）年？～慶長7（1602）年
安土桃山時代の武士。佐竹氏家臣。大窪城主。
¶茨城百（大窪久三），郷土茨城，戦人（[生]？），戦東

**大窪秀光** おおくぼひでみつ
生没年不詳
戦国時代の武将。佐竹氏家臣。
¶戦辞，戦人，戦東

**大窪三河守** おおくぼみかわのかみ
？～元和1（1615）年4月18日
安土桃山時代の武将。佐竹氏家臣。
¶戦辞，戦人（生没年不詳），戦東

**大久保主水** おおくぼもんど
→大久保藤五郎（おおくぼとうごろう）

**大久保康忠** おおくぼやすただ
天文18（1549）年～元和7（1621）年
安土桃山時代の武士。家康の臣。
¶諸系，人名，日人

**大熊伊賀守** おおくまいがのかみ
生没年不詳
戦国時代の山内上杉氏の家臣。
¶戦辞

**大熊修理亮** おおくましゅりのすけ
戦国時代の武士。後北条氏家臣。
¶戦人（生没年不詳），戦東

**大前道超** おおくまどうちょう
南北朝時代の薩摩国東郷の在地領主。大前道胤の4代。
¶姓氏鹿児島

**大熊朝秀** おおくまともひで
生没年不詳
戦国時代の武将。上杉氏家臣。
¶戦辞，戦東，新潟百

**大熊長秀** おおくまながひで
？～天正10（1582）年
安土桃山時代の武将。武田氏家臣。
¶姓氏静岡，姓氏山梨，戦辞（[没]天正10（1582）年3月），戦人，戦東

**大熊信次** おおくまのぶつぐ
？～慶安2（1649）年
江戸時代前期の武将、出羽米沢藩士、砲術家。
¶藩臣1

**大熊平三郎** おおくまへいざぶろう
安土桃山時代の武士。小笠原氏家臣。
¶戦人（生没年不詳），戦東

**大熊政秀** おおくままさひで
生没年不詳
戦国時代の越後守護上杉氏の家臣。
¶戦辞

**大前道胤** おおくまみちたね
平安時代後期～鎌倉時代前期の薩摩国東郷の在地領主。
¶姓氏鹿児島

**大熊義成** おおくまよしなり
生没年不詳
戦国時代の武将。

¶群馬人

**大蔵五郎左衛門** おおくらごろうざえもん
安土桃山時代の武将。秀吉馬廻。
¶戦国，戦人(生没年不詳)

**大蔵次郎左衛門尉** おおくらじろうさえもんのじょう
？ ～文永9(1272)年
鎌倉時代の武士。
¶北条

**大蔵祐清** おおくらすけきよ
安土桃山時代の武将。
¶岡山人

**大蔵永弘** おおくらながひろ
生没年不詳
平安時代中期の武士。日田大蔵氏の祖と伝えられる。
¶大分歴

**大蔵種材**(大倉種材) おおくらのたねき
生没年不詳 [別]大蔵種材《おおくらたねき》
平安時代中期の地方官人、武士。刀伊の入寇で活躍。
¶朝日，角史，国史，古中，コン改(大倉種材)，コン4(大倉種材)，史人，新潮，人名(おおくらたねき [生]950年)，世人(おおくらたねき [生]天暦4(950)年)，日史，日人，福岡百，平史

**大蔵種直** おおくらのたねなお
？ ～元暦1(1184)年
平安時代後期の武将。
¶平史

**大蔵永季** おおくらのながすえ
→日田永季(ひたのながすえ)

**大蔵春実** おおくらのはるざね
生没年不詳
平安時代中期の官人、武将。藤原純友の乱で活躍。また源満仲とともに武士団を率い都を警護。
¶朝日，国史，古中，史人，新潮，日人，福岡百，平史

**大蔵久清** おおくらひさきよ
安土桃山時代の武将。
¶岡山人，岡山歴

**大蔵頼季** おおくらよりすえ
？ ～文永9(1272)年9月2日
鎌倉時代の武蔵武士。
¶埼玉人

**大栗右近** おおくりうこん
生没年不詳
戦国時代の武士。細川氏家臣。
¶戦人

**大黒備前守** おおぐろびぜんのかみ
戦国時代の武将。長宗我部氏家臣。
¶戦西

**大河内金兵衛久綱** おおこうちきんべえひさつな
→大河内久綱(おおこうちひさつな)

**大河内金兵衛秀綱** おおこうちきんべえひでつな
→大河内秀綱(おおこうちひでつな)

**大河内金兵衛正綱** おおこうちきんべえまさつな
→松平正綱(まつだいらまさつな)

**大河内貞綱** おおこうちさだつな
宝徳1(1449)年～永正14(1517)年
戦国時代の武将。
¶静岡歴，姓氏静岡，戦辞(生没年不詳)，戦人([生]？ [没]永正13(1516)年)

**大河内善兵衛** おおこうちぜんべえ
？ ～天正1(1573)年
戦国時代～安土桃山時代の武将。
¶日人

**大河内具良** おおこうちともよし
？ ～天正4(1576)年11月25日
戦国時代～安土桃山時代の織田信長の家臣。
¶織田

**大河内仁右衛門** おおこうちにえもん
生没年不詳
安土桃山時代～江戸時代前期の武将、上野前橋藩家老。
¶藩臣2

**大河内久綱** おおこうちひさつな
*～正保3(1646)年 [別]大河内金兵衛久綱《おおこうちきんべえひさつな》
安土桃山時代～江戸時代前期の武士、松平信綱の父、幕府地方奉行。
¶埼玉人([生]不詳 [没]正保3(1646)年4月3日)，埼玉百(大河内金兵衛久綱 おおこうちきんべえひさつな [生]1570年)

**大河内備中** おおこうちびっちゅう
生没年不詳
戦国時代の武将。
¶戦人

**大河内秀綱** おおこうちひでつな
天文15(1546)年～元和4(1618)年 [別]大河内金兵衛秀綱《おおこうちきんべえひでつな》
安土桃山時代～江戸時代前期の武将、遠州稗原城主。
¶埼玉人([生]不詳 [没]元和4(1618)年9月13日)，埼玉百(大河内金兵衛秀綱 おおこうちきんべえひでつな)，諸系，人名，栃木歴([生]？)，日人

**大河内秀元** おおこうちひでもと
天正4(1576)年3月18日～寛文6(1666)年6月20日
安土桃山時代～江戸時代前期の武将。
¶国書

**大河内真家** おおこうちまさいえ
生没年不詳
戦国時代の吉良氏の家臣。
¶戦辞

**大河内正勝** おおこうちまさかつ
天正6(1578)年～寛永17(1640)年 [別]大河内善兵衛正勝《おうかわちぜんのひょうえまさかつ》
安土桃山時代～江戸時代前期の武士、旗本、長崎

奉行。
¶神奈川人，長崎歴（大河内善兵衛正勝　おうかわちぜんのひょうえまさかつ）



**大河内政綱**（大河内正綱）　**おおこうちまさつな**
天文14（1545）年～寛永4（1627）年
戦国時代～江戸時代前期の武将。
¶人名（大河内正綱），日人

**大河内正綱**　**おおこうちまさつな**
→松平正綱（まつだいらまさつな）

**大河内政房**　**おおこうちまさふさ**
？　～天正12（1584）年
安土桃山時代の武将。
¶人名，日人

**大河内基高**　**おおこうちもとたか**
永正12（1515）年～慶長18（1613）年
戦国時代～江戸時代前期の武士。
¶日人

**大河内元綱**　**おおこうちもとつな**
？　～天文2（1533）年？
戦国時代の武将。
¶日人

**大河内頼房**　**おおこうちよりふさ**
永正7（1510）年～弘治3（1557）年11月　[別]頼房〔北畠・木造・大河内家（絶家）〕《よりふさ》
戦国時代の公卿（権中納言）。前名は秀長。北畠材親の3男。天文12年従三位に叙される。
¶公卿，公家（頼房〔北畠・木造・大河内家（絶家）〕　よりふさ），日人

**大河戸太郎広行**　**おおこうどたろうひろゆき**
→大河戸広行（おおかわどひろゆき）

**大胡小四郎隆義**　**おおごこしろうたかよし**
→大胡隆義（おおごたかよし）

**淡河定範**　**おおごさだのり**
→淡河定範（おうごさだのり）

**大胡実秀**　**おおごさねひで**
？　～寛元4（1246）年
鎌倉時代前期の武将。
¶群馬人

**大胡重俊**　**おおごしげとし**
生没年不詳
鎌倉時代前期の武将。
¶群馬人，姓氏群馬

**大胡高繁**　**おおごたかしげ**
生没年不詳
戦国時代の上野国衆。
¶群馬人，戦辞

**大胡隆義**　**おおごたかよし**
生没年不詳　[別]大胡小四郎隆義《おおごこしろうたかよし》
鎌倉時代前期の武将。
¶郷土群馬（大胡小四郎隆義　おおごこしろうたかよし　[没]1246年），群馬人，姓氏群馬

**大崎詮持**　**おおさきあきもち**
？　～応永7（1400）年
南北朝時代～室町時代の武将。
¶系東

**大崎家兼**　**おおさきいえかね**
→斯波家兼（しばいえかね）

**大崎玄蕃**　**おおさきげんば**
→大崎長行（おおさきながゆき）

**大崎高兼**　**おおさきたかかね**
？　～享禄3（1530）年
戦国時代の武将。
¶系東（[没]1530年？），諸系，戦人

**大崎直兼**　**おおさきなおかね**
生没年不詳
室町時代の武将。
¶姓氏宮城

**大崎直持**　**おおさきなおもち**
→斯波直持（しばなおもち）

**大崎長行**　**おおさきながゆき**
永禄3（1560）年～寛永9（1632）年　[別]大崎玄蕃《おおさきげんば》
安土桃山時代～江戸時代前期の武士。豊臣氏家臣。
¶人名，戦国，戦人（生没年不詳），日人，藩臣5，藩臣6（大崎玄蕃　おおさきげんば），和歌山人

**大崎教兼**　**おおさきのりかね**
生没年不詳
室町時代の武将。
¶青森人（[生]文明10（1478）年ころ），系東，諸系，姓氏宮城

**大崎政兼**　**おおさきまさかね**
生没年不詳
戦国時代の武将。
¶系東

**大崎満詮**　**おおさきみつあきら**
生没年不詳
室町時代の武将。
¶系東

**大崎満持**　**おおさきみつもち**
生没年不詳
室町時代の武将。
¶系東，姓氏宮城

**大崎持詮**　**おおさきもちあきら**
生没年不詳
室町時代の武将。
¶系東，姓氏宮城

**大崎義兼**　**おおさきよしかね**
生没年不詳
戦国時代の武将。大崎氏家臣。
¶系東，戦人

**大崎義隆**　**おおさきよしたか**
生没年不詳
安土桃山時代の武将。大崎家最後の領主。
¶朝日，近世，系東（[生]1548年　[没]1603年），国

史，史人，諸系（[生]1548年　[没]1603年），新潮，人名，姓氏宮城，戦合，戦国，戦人（[生]天文17（1548）年　[没]慶長8（1603）年），日人（[生]1548年　[没]1603年），宮城百（[生]天文17（1548）年　[没]慶長8（1603）年），歴大

**大崎義直** おおさきよしなお
？～天正5（1577）年
戦国時代～安土桃山時代の奥州の武将。
¶朝日（生没年不詳），系東，コン4（生没年不詳），諸系，姓氏宮城（生没年不詳），戦人，日人

**大崎義宣** おおさきよしのぶ
大永6（1526）年～天文19（1550）年
戦国時代の武士。大崎氏家臣。
¶系東，諸系，姓氏宮城（[生]？），戦人

**大里親基** おおさとちかもと
？～天正19（1591）年
安土桃山時代の武将。
¶戦人

**大仏貞直** おおさらぎさだなお
→大仏貞直（おさらぎさだなお）

**大仏高直** おおさらぎたかなお
→大仏高直（おさらぎたかなお）

**大沢** おおさわ
生没年不詳
戦国時代の遠江国人。
¶戦辞

**大沢下総守** おおさわしもうさのかみ
生没年不詳
戦国時代の上野国衆由良氏重臣。
¶戦辞

**大沢次郎左衛門** おおさわじろうざえもん
生没年不詳
戦国時代の武将。
¶織田，日人

**大沢正秀** おおさわまさひで
～元和8（1622）年
安土桃山時代の武士。
¶神奈川人，戦国，戦人（生没年不詳），戦西

**大沢基相** おおさわもとすけ
戦国時代の武将。
¶戦人（生没年不詳），戦東

**大沢基胤** おおさわもとたね
天文4（1535）年～慶長19（1614）年
安土桃山時代～江戸時代前期の武将。今川氏・徳川氏家臣。
¶戦辞（[生]大永6（1526）年　[没]慶長10年6月28日（1605年8月12日）），戦人，戦東，日人

**大沢基房** おおさわもとふさ
戦国時代の武将。今川氏家臣。
¶戦人（生没年不詳），戦東

**大沢基康** おおさわもとやす
戦国時代の武将。斎藤氏家臣。
¶戦西

**大沢行忠** おおさわゆきただ
？～天文15（1546）年
戦国時代の豪族。
¶日人

**大沢行嗣** おおさわゆきつぐ
生没年不詳
室町時代の豪族。
¶日人

**大塩正貞** おおしおまささだ
安土桃山時代の武士。
¶戦国，戦人（生没年不詳），戦西

**大塩与一郎** おおしおよいちろう
安土桃山時代の武将。秀吉馬廻。
¶戦国，戦人（生没年不詳）

**凡河内田道** おおしこうちのたみち
上代の武将、板櫃鎮小隊長。藤原広嗣の乱に参加して追討された。
¶人名，日人（生没年不詳）

**大島市之丞** おおしまいちのじょう
天正1（1573）年～
安土桃山時代～江戸時代前期の武士。
¶庄内

**大嶋因幡守** おおしまいなばのかみ
生没年不詳
戦国時代の武士。曽祢外記の寄子、のち北条氏光家臣。
¶戦辞

**大島雲八光義** おおしまうんぱちみつよし
→大島光義（おおしまみつよし）

**大島雲平** おおしまうんぺい
→大島吉綱（おおしまよしつな）

**大島大炊助** おおしまおおいのすけ
生没年不詳
戦国時代の土豪。
¶埼玉人

**大嶋勝吉** おおしまかつよし
生没年不詳
戦国時代の下総結城氏の家臣。
¶戦辞

**大嶋源次郎** おおしまげんじろう
安土桃山時代～江戸時代前期の武士。里見氏家臣。
¶戦人（生没年不詳），戦東

**大島新八郎** おおしましんぱちろう
生没年不詳
安土桃山時代の織田信長の家臣。
¶織田

**大島助兵衛尉**（大嶋助兵衛尉） おおしますけひょうえのじょう
安土桃山時代の武士。結城氏家臣。
¶戦人（生没年不詳），戦東（大嶋助兵衛尉）

**大島惣兵衛** おおしまそうべえ
戦国時代の武将。武田家臣。台所頭2人のうちの一人。

¶姓氏山梨

**大島忠泰** おおしまただやす
生没年不詳
安土桃山時代の武将。
¶国書

お

**大島為重** おおじまためしげ
戦国時代の武将。武田家臣。信濃大島の城主。
¶姓氏長野（生没年不詳），姓氏山梨

**大島対馬守** おおしまつしまのかみ
生没年不詳
安土桃山時代の織田信長の家臣。
¶織田

**大島長利** おおじまながとし
戦国時代の武将。武田家臣。永禄起請文にみえる。
¶姓氏山梨

**大島伴六** おおしまばんろく
→大島吉綱（おおしまよしつな）

**大嶋不染斎** おおしまふぜんさい
江戸時代前期の武士。里見氏家臣。
¶戦東

**大島光親** おおしまみつちか
天正12（1584）年～寛永6（1629）年
安土桃山時代～江戸時代前期の武将。秀吉馬廻、徳川氏家臣。
¶戦国，戦人

**大島光俊** おおしまみつとし
元亀3（1572）年～元和4（1618）年
安土桃山時代～江戸時代前期の武将。秀吉馬廻。
¶戦国，戦人

**大島光成** おおしまみつなり
永禄2（1559）年～慶長13（1608）年
安土桃山時代～江戸時代前期の武将。秀吉馬廻。
¶織田（[没]慶長13（1608）年11月16日），戦国，戦人

**大島光政** おおしまみつまさ
永禄8（1565）年～元和8（1622）年
安土桃山時代～江戸時代前期の武将。秀吉馬廻。
¶織田（[生]永禄6（1563）年　[没]元和8（1622）年8月12日），戦国，戦人

**大島光義** おおしまみつよし
永正5（1508）年～慶長9（1604）年　[別]大島雲八光義《おおしまうんぱちみつよし》
戦国時代～安土桃山時代の大名。美濃関城主。織田信長、豊臣秀吉に仕えた。
¶織田（[没]慶長9（1604）年8月23日），岐阜百（大島雲八光義　おおしまうんぱちみつよし），戦国，戦人，日人，藩主2（[没]慶長9（1604）年8月23日）

**大島吉綱** おおしまよしつな
天正16（1588）年～明暦3（1657）年　[別]大島雲平《おおしまうんぺい》，大島伴六《おおしまばんろく》
安土桃山時代～江戸時代前期の武将、槍術家。大島流の祖。
¶朝日（[没]明暦3年11月6日（1657年12月10日）），近世，国史，国書（[没]明暦3（1657）年11月6日），人名（大島伴六　おおしまばんろく），戦合，全書（大島伴六　おおしまばんろく），大百（大島伴六　おおしまばんろく），日人，藩臣5（大島雲平　おおしまうんぺい），和歌山人

**大島義政** おおしまよしまさ
徳治1（1306）年～興国5/康永3（1344）年
鎌倉時代後期～南北朝時代の武将。
¶鎌室，群馬人（[生]？），群馬百，人名，姓氏群馬（生没年不詳），日人

**大島与十郎**（大嶋与十郎） おおしまよじゅうろう
安土桃山時代の武士。結城氏家臣。
¶戦人（生没年不詳），戦東（大嶋与十郎）

**大代内匠** おおしろたくみ
？～天正10（1582）年
安土桃山時代の地方豪族・土豪。
¶戦人

**大須賀信濃守** おおすかしなののかみ
生没年不詳
戦国時代の助崎城主。
¶戦辞

**大須賀忠政** おおすかただまさ，おおすがただまさ
→松平忠政(1)（まつだいらただまさ）

**大須賀胤氏** おおすがたねうじ，おおすかたねうじ
？～建治2（1276）年
鎌倉時代の武将。
¶諸系，千葉百（おおすかたねうじ　[没]建保2（1276）年11月）

**大須賀胤信** おおすがたねのぶ，おおすかたねのぶ
？～建保3（1215）年　[別]平胤信《たいらのたねのぶ》
鎌倉時代前期の武将。
¶鎌室，諸系，人名，千葉百（おおすかたねのぶ　[没]建保3（1215）年9月16日），日人，福島百（生没年不詳），平史（平胤信　たいらのたねのぶ）

**大須賀常安** おおすかつねやす
？～天正18（1590）年12月3日
戦国時代～安土桃山時代の松子城主。
¶戦辞

**大須賀政朝** おおすかまさとも
？～天正8（1581）年11月29日
戦国時代～安土桃山時代の松子城主。
¶戦辞

**大須賀康高** おおすかやすたか，おおすがやすたか
*～天正17（1589）年
戦国時代～安土桃山時代の武士。徳川氏家臣。
¶国書（おおすがやすたか　[生]享禄1（1528）年　[没]天正17（1589）年6月23日），静岡歴（[生]？），諸系（おおすがやすたか　[生]1527年），人名（おおすがやすたか　[生]1527年），姓氏愛知（[生]1527年　[没]1585年），姓氏静岡（おおすがやすたか　[生]？），戦国（[生]1529年），戦辞（おおすがやすたか　[生]享禄1（1528）年　[没]天正17年6月23日（1589年8月4日）），戦人（[生]享禄1

(1528) 年)，戦東 (おおすがやすたか [生]?)，日人 (おおすがやすたか [生]1527年)

**大関加賀守** おおぜきかがのかみ
生没年不詳
戦国時代の真壁氏の家臣。
¶戦辞

**大関清増** おおぜききよます
永禄8 (1565) 年～天正15 (1587) 年
安土桃山時代の武将。
¶諸系，戦辞 ([生]永禄8 (1565) 年9月 [没]天正15 (1587) 年7月)，日人

**大関資増** おおぜきすけます
天正4 (1576) 年～慶長12 (1607) 年
安土桃山時代～江戸時代前期の武将、大名。下野黒羽藩主。
¶諸系，人名，戦国，戦人，栃木歴 ([生]?)，日人，藩主1 ([没]慶長12 (1607) 年4月1日)

**大関高増** おおぜきたかます
戦国時代～安土桃山時代の武将。
¶諸系 ([生]1529年 [没]1600年)，人名 ([生]1529年 [没]1600年)，戦国 ([生]1527年 [没]1598年)，戦辞 ([生]大永7 (1527) 年1月 [没]慶長3 (1598) 年11月)，戦人 ([生]享禄2 (1529) 年 [没]慶長5 (1600) 年)，栃木百 ([生]大永6 (1526) 年 [没]慶長3 (1598) 年)，栃木歴 ([生]大永6 (1526) 年 [没]慶長3 (1598) 年)，日人 ([生]1529年 [没]1600年)

**大関親憲** おおぜきちかのり
→水原親憲 (すいはらちかのり)

**大関晴増** おおぜきはるます
永禄4 (1561) 年～慶長1 (1596) 年 [別]大関増晴《おおぜきますはる》
安土桃山時代の地方豪族・土豪。野州黒羽城主。
¶諸系，人名 (大関増晴 おおぜきますはる [没]1597年)，戦国 ([生]1560年)，戦辞 ([生]永禄3 (1560) 年 [没]慶長1 (1596) 年5月)，戦人，日人

**大関政増** おおぜきまさます
天正19 (1591) 年～元和2 (1616) 年
江戸時代前期の武将、大名。下野黒羽藩主。
¶諸系，人名，日人，藩主1 ([没]元和2 (1616) 年5月30日)

**大関増次** おおぜきますつぐ
永正15 (1518) 年～天文11 (1542) 年
戦国時代の地方豪族・土豪。
¶戦辞 ([没]天文11 (1542) 年12月)，戦人，栃木歴 ([生]?)

**大関増晴** おおぜきますはる
→大関晴増 (おおぜきはるます)

**大関宗増** おおぜきむねます
? ～天文13 (1544) 年
戦国時代の武将。
¶栃木歴

**大瀬惟忠** おおせこれただ
生没年不詳
鎌倉時代後期の武士。
¶北条

**大瀬千光坊** おおせせんこうぼう
戦国時代の武将。朝倉氏家臣。
¶戦西

**大曽禰駿河守** おおそねするがのかみ
安土桃山時代の武将。里見氏家臣。
¶戦東

**大曽根飛騨守** おおそねひだのかみ
生没年不詳
安土桃山時代の武将。後北条氏家臣。
¶姓氏神奈川，戦辞，戦東

**太田家豊** おおたいえとよ
[別]太田右衛門大夫家豊《おおたうえもんたゆういえとよ》
戦国時代の武士。竜造寺氏家臣。
¶戦人 (生没年不詳)，戦西 (太田右衛門大夫家豊 おおたうえもんたゆういえとよ)

**太田右衛門大夫家豊** おおたうえもんたゆういえとよ
→太田家豊 (おおたいえとよ)

**太田氏資** おおたうじすけ
天文12 (1543) 年～永禄10 (1567) 年
戦国時代の武将。
¶神奈川人，系東，埼玉人 ([生]不詳 [没]永禄10 (1567) 年8月23日)，諸系，姓氏神奈川 ([生]?)，戦辞 ([生]天文11 (1542) 年 [没]永禄10年8月23日 (1567年9月25日))，戦人，日人

**太田氏房** おおたうじふさ
→北条氏房 (ほうじょううじふさ)

**太田永厳** おおたえいげん
生没年不詳
戦国時代の扇谷上杉氏の家宰太田氏の当主。
¶戦辞

**太田越前守** おおたえちぜんのかみ
生没年不詳
戦国時代の北条氏の家臣。
¶戦辞

**太田垣忠説** おおたがきただとき
生没年不詳
室町時代～戦国時代の武将・連歌作者。
¶国書

**太田垣輝信** (太田垣輝延) おおたがきてるのぶ
生没年不詳
戦国時代の国人。
¶織田 (太田垣輝延)，戦人，日人 (太田垣輝延)

**太田垣朝定** おおたがきともさだ
生没年不詳
戦国時代の武将・連歌作者。
¶国書

**大高金右衛門** おおたかきんうえもん
～元和4 (1618) 年5月
安土桃山時代～江戸時代前期の武将、大垣藩家老。
¶岐阜百

太田景資　おおたかげすけ
　生没年不詳
　安土桃山時代～江戸時代前期の武士。
　¶系東，戦辞，戦人

大高坂松王丸　おおたかさかまつおうまる
　？〜興国1/暦応3（1340）年　大高坂松王丸《お
　おたかさ（か）まつおうまる，おおたかさまつおう
　まる，おおだかさまつおうまる》
　鎌倉時代後期～南北朝時代の勤王家，大高坂城主。
　¶高知人（おおたかさ（か）まつおうまる），高知百
　（おおたかさまつおうまる），人名（1341年），
　日人（おおだかさまつおうまる　生没年不詳）

大高坂松王丸　おおたかさまつおうまる，おおだかさま
つおうまる
　→大高坂松王丸（おおたかさかまつおうまる）

大高重俊　おおたかしげとし
　？〜延宝7（1679）年
　安土桃山時代～江戸時代前期の武士。紀州藩士。
　¶和歌山人

大高重成　おおたかしげなり
　？〜正平17/貞治1（1362）年　大高重成《だい
　こうしげなり》
　南北朝時代の武将，幕府引付頭人。
　¶朝日，鎌室，国書（康安2（1362）年4月20日），
　コン4，諸系，新潮（貞治1/正平17（1362）年4
　月），日史（だいこうしげなり）　（永和1/天授1
　（1375）年以降），日人，百科（だいこうしげな
　り　生没年不詳）

大高重政　おおたかしげまさ
　生没年不詳
　南北朝時代の武将・連歌作者。
　¶国書

太田一吉　おおたかずよし
　？〜元和3（1617）年　宗善《そうぜん》，太田宗
　善《おおたそうぜん》
　安土桃山時代～江戸時代前期の武士。丹羽氏家
　臣、豊臣氏家臣。
　¶大分百，大分歴，人名（1600年），戦国，戦，
　日人

太田勝英（大田勝英）　おおたかつひで
　生没年不詳
　戦国時代の武将。結城氏家臣。
　¶戦辞（大田勝英），戦人，戦東

大田兼定　おおたかねさだ
　生没年不詳
　平安時代後期の武士。
　¶平史

大滝月弓　おおたきげっきゅう
　生没年不詳
　戦国時代～安土桃山時代の高館城主。
　¶庄内

太田牛一　おおたぎゅういち
　大永7（1527）年〜？
　戦国時代～安土桃山時代の武士、軍記作者。「信

長公記」の著者。
　¶朝日，岩史，織田（慶長15（1610）年以後），
　角史，近世，国史，国書，古中，コン改，コン
　4，史人，新潮（慶長15（1610）年？），人名，
　姓氏愛知（1610年？），姓氏京都，世人，戦
　合，戦国（1528年　1609年），全書，戦人，
　日史，日人，百科，歴大

太田久衛門　おおたきゅうえもん
　安土桃山時代の武将。秀吉馬廻。
　¶戦国，戦人（生没年不詳）

大滝陽山　おおたきようざん，おおたきようさん
　安土桃山時代～江戸時代前期の医師、武将。里見
　氏家臣。
　¶戦人（生没年不詳），戦東（おおたきようさん）

太田宮内少輔　おおたくないのしょう
　生没年不詳
　戦国時代の小山高朝・秀綱の家臣。
　¶戦辞

大竹丹後　おおたけたんご
　生没年不詳
　安土桃山時代の武士。後北条氏家臣。
　¶戦辞，戦人，戦東

太田源五郎　おおたげんごろう
　＊〜天正10（1582）年
　安土桃山時代の岩付城主。
　¶埼玉人（不詳　天正10（1582）年7月8日），
　戦辞（永禄6（1563）年，〔異説〕永禄7年　天
　正10年7月8日（1582年7月8日）））

太田源七郎　おおたげんしちろう
　戦国時代の武士。後北条氏家臣。
　¶戦人（生没年不詳），戦東

太田源舜　おおたげんしゅん
　太田美濃入道源舜《おおたみのにゅうどうげん
　しゅん》
　戦国時代～安土桃山時代の武士。
　¶戦人（生没年不詳），戦西（太田美濃入道源舜
　おおたみのにゅうどうげんしゅん）

太田源三大夫　おおたげんぞうだゆう
　生没年不詳
　安土桃山時代の織田信長の家臣。
　¶織田

太田左京亮　おおたさきょうのすけ
　戦国時代～安土桃山時代の武士。結城氏家臣。
　¶戦人（生没年不詳），戦東

太田左近　おおたさこん
　天文23（1554）年〜天正13（1585）年
　戦国時代～安土桃山時代の武士。紀伊国太田城主。
　¶郷土和歌山

太田定久　おおたさだひさ
　安土桃山時代の国人。
　¶戦国，戦人（生没年不詳）

太田左馬助　おおたさまのすけ
　生没年不詳
　安土桃山時代の織田信長の家臣。

¶織田

**太田式部少輔** おおたしきぶしょうゆう
安土桃山時代の武将。結城氏家臣。
¶戦東

**太田重知** おおたしげとも
？ 〜元和5（1619）年
安土桃山時代〜江戸時代前期の浅野家臣。
¶和歌山人

**太田重正** おおたしげまさ
永禄4（1561）年〜慶長15（1610）年
安土桃山時代〜江戸時代前期の地方豪族・土豪。
¶系東，戦人

**太田志摩** おおたしま
安土桃山時代の武士。
¶戦国，戦人（生没年不詳）

**太田下野守** おおたしもつけのかみ
生没年不詳
戦国時代の武士。江戸太田氏の康資の寄子、のち北条氏秀家臣。
¶戦辞

**太田十郎兵衛** おおたじゅうろうびょうえ
生没年不詳 [別]太田十郎兵衛《おおたじゅうろべえ》
戦国時代の武士。後北条氏家臣。
¶戦辞（おおたじゅうろべえ），戦人，戦東

**太田十郎兵衛** おおたじゅうろべえ
→太田十郎兵衛（おおたじゅうろうびょうえ）

**太田乗明**（太田乘明） おおたじょうみょう
貞応1（1222）年〜弘安6（1283）年
鎌倉時代後期の武士。日連の檀越。
¶千葉百（太田乘明），日人，仏教（[没]弘安6（1283）年4月26日，（異説）9月26日）

**太田昌明** おおたしょうめい
生没年不詳
鎌倉時代前期の幕府御家人。
¶兵庫百

**太田代伊予** おおたしろいよ
？ 〜天正15（1587）年
安土桃山時代の武将。
¶戦人，戦東

**太田二郎左衛門** おおたじろうざえもん
？ 〜天正13（1585）年
戦国時代の土豪、太田城城主。
¶和歌山人

**太田四郎兵衛** おおたしろうびょうえ
生没年不詳 [別]太田四郎兵衛《おおたしろべえ》
安土桃山時代の武士。後北条氏家臣。
¶戦辞（おおたしろべえ），戦人，戦東

**太田四郎兵衛** おおたしろべえ
→太田四郎兵衛（おおたしろうびょうえ）

**太田甚右衛門** おおたじんえもん
生没年不詳
安土桃山時代の織田信長の家臣。
¶織田

**太田新次郎** おおたしんじろう
戦国時代の武士。後北条氏家臣。
¶戦人（生没年不詳），戦東

**太田資家** おおたすけいえ
？ 〜大永2（1522）年
戦国時代の武将。
¶系東，埼玉人（[没]大永2（1522）年1月16日），戦人

**太田資雄** おおたすけかつ
？ 〜文明11（1479）年7月15日？
戦国時代〜安土桃山時代の扇谷上杉氏家臣太田氏の一族。
¶戦辞（[没]文明11年7月15日（1579年8月2日）？）

**太田資清** おおたすけきよ
応永18（1411）年〜明応1（1492）年 [別]太田道真《おおたどうしん》，太田道真資清《おおたどうしんすけきよ》
室町時代〜戦国時代の武将、歌人。
¶神奈川人，鎌倉，鎌室，系東（[生]1441年），国史，国書（太田道真 おおたどうしん [没]延徳4（1492）年2月2日），古中，埼玉人（[没]明応1（1492）年2月2日），埼玉百（太田道真資清 おおたどうしんすけきよ），史人（[没]1492年2月2日），諸系，新潮（[没]明応1（1492）年2月2日），姓氏神奈川，世人（[没]明応1（1492）年2月2日），戦合，戦辞（[生]？ [没]長享2年8月3日（1488年9月8日）），戦人，日史（[没]明応1（1492）年2月2日），日人，和俳（[没]明応1（1492）年2月2日）

**太田資高** おおたすけたか
？ 〜天文16（1547）年
戦国時代の武将。
¶系東，埼玉百，諸系，戦辞（[没]天文16年7月24日（1547年8月9日）），戦人，日人

**太田資武** おおたすけたけ
元亀1（1570）年〜寛永20（1643）年
安土桃山時代〜江戸時代前期の武将。
¶系東，埼玉人（[没]寛永20（1643）年11月10日），諸系，戦人，日人

**太田資忠** おおたすけただ
？ 〜文明11（1479）年
室町時代の武将。
¶系東（[没]1478年），埼玉人（[没]文明11（1479）年7月15日），諸系，戦辞（[没]文明11年7月15日（1479年8月2日）），日人

**太田資時** おおたすけとき
？ 〜天文15（1546）年 [別]太田全鑑《おおたぜんかん》
戦国時代の武将。
¶系東，埼玉人（生没年不詳），戦辞（太田全鑑 おおたぜんかん [没]天文15年10月9日（1546年11月2日）），戦人

**太田資朝** おおたすけとも
〜天文15（1546）年
戦国時代の武将。

¶埼玉百

**太田資長** おおたすけなが
→太田道灌（おおたどうかん）

**太田資正** おおたすけまさ
大永2（1522）年～天正19（1591）年
戦国時代～安土桃山時代の武将。扇谷上杉氏の遺臣。
¶朝日（[没]天正19年9月8日（1591年10月25日）），神奈川人，近世，系東，国史，コン改（[生]大永1（1521）年），コン4（[生]大永1（1521）年），埼玉人（[没]天正19（1591）年9月8日），埼玉百，史人（[没]1591年9月8日），諸系，新潮（[没]天正19（1591）年9月8日），戦合，戦国（[生]1545年），戦辞（[没]天正19年9月8日（1591年10月25日）），戦人，日人

**太田資宗** おおたすけむね
慶長5（1600）年～延宝8（1680）年
江戸時代前期の武将、大名。三河西尾藩主、遠江浜松藩主。大坂の陣に従軍。
¶朝日，神奈川人，近世，国史，国書（[生]慶長5（1600）年11月22日　[没]延宝8（1680）年1月22日），コン4，史人（[没]1680年1月22日），静岡歴，諸系，新潮（[没]延宝8（1680）年1月22日），人名，姓氏神奈川，姓氏静岡，戦合，日史（[没]延宝8（1680）年1月22日），日人，藩主2（[没]延宝8（1680）年1月22日），藩主2（[没]1681年），百科，歴大

**太田資元** おおたすけもと
[別]太田美濃守資元《おおたみののかみすけもと》
戦国時代の武士。
¶戦人（生没年不詳），戦西（太田美濃守資元　おおたみののかみすけもと）

**太田資康** おおたすけやす
*～永正10（1513）年
戦国時代の武将。
¶神奈川人，系東（[生]1471年），埼玉人（[生]不詳　[没]永正10（1513）年9月29日），埼玉百，姓氏神奈川（[生]？），戦辞（[生]文明8（1476）年　[没]明応7（1498）年？），戦人（[生]文明3（1471）年）

**太田資頼** おおたすけより
？　～*
戦国時代の武将。上杉氏家臣。
¶系東（[没]1541年），埼玉人（生没年不詳），戦辞（生没年不詳），戦人（[没]天文10（1541）年？）

**太田全鑑** おおたぜんかん
→太田資時（おおたすけとき）

**太田宗真** おおたそうしん
生没年不詳
戦国時代の北条氏の家臣。
¶戦辞

**太田大膳亮** おおただいぜんのすけ
生没年不詳
戦国時代の武士。後北条氏家臣。
¶戦辞，戦人，戦東

**太田隆満** おおたたかみつ
安土桃山時代の武将。秀吉馬廻。
¶戦国，戦人（生没年不詳）

**太田丹後守** おおたたんごのかみ
生没年不詳
安土桃山時代の織田信長の家臣。
¶織田

**大館氏明** おおだちうじあき
？　～興国3/康永1（1342）年　[別]大館氏明《おおだてうじあき》
南北朝時代の武将。南朝方につく。
¶朝日（[没]康永1/興国3年9月3日（1342年10月3日）），鎌倉，鎌室（[没]暦応3/興国1（1340）年），国史，国書（[没]興国3（1342）年9月3日），古中，史人（[没]1342年9月3日），諸系，新潮（[没]暦応3/興国1（1340）年9月3日），世人（おおだてうじあき　[没]興国1/暦応3（1340）年9月3日），日人

**大館氏清** おおだちうじきよ
延元2/建武4（1337）年～応永19（1412）年　[別]大館氏清《おおだてうじきよ》
南北朝時代～室町時代の武将。
¶鎌室（[生]建武2（1335）年），諸系，人名（おおだてうじきよ），日人

**大館尚氏** おおだちひさうじ
生没年不詳　[別]大館尚氏《おおだてひさうじ》，大館常興《おおだちじょうこう》
戦国時代の武将、室町幕府甲次、内談衆。
¶朝日，岩史（[生]享徳3（1454）年），鎌室，国史，国書，古中，コン4，史人（[生]1454年），諸系，新潮，戦合（[生]1454年），戦辞，戦人（おおだてひさうじ），日史（[生]享徳3（1454）年），日人

**大館宗氏** おおだちむねうじ
正応1（1288）年～元弘3/正慶2（1333）年　[別]大館宗氏《おおだてむねうじ》
鎌倉時代後期の武士。
¶鎌倉（[生]？），鎌室（[生]？），郷土群馬（おおだてむねうじ），群馬人（おおだてむねうじ），諸系，新潮（[生]？　[没]正慶2/元弘3（1333）年5月19日），日人

**大館持房** おおだちもちふさ
応永8（1401）年～文明3（1471）年
室町時代の武将、将軍足利義持、義量の近習、甲次。
¶朝日（[没]文明3（1471）年9月），鎌室，古中，諸系，新潮（[没]文明3（1471）年9月），戦合，日人

**太田忠兵衛** おおたちゅうべえ
江戸時代前期の武士。
¶人名，日人（生没年不詳）

**大館義実** おおだちよしざね
[別]大館義実《おおだてよしざね》
戦国時代～安土桃山時代の武将。足利氏家臣。
¶戦国（おおだてよしざね），戦人（生没年不詳）

**大館義冬** おおだちよしふゆ
生没年不詳
南北朝時代の武士。

¶鎌室，諸系，新潮，日人

**大立目右衛門** おおだつめえもん
戦国時代の武士。伊達氏家臣。
¶戦人（生没年不詳），戦東

**大館氏明** おおだてうじあき
→大館氏明（おおだちうじあき）

**大館氏清** おおだてうじきよ
→大館氏清（おおだちうじきよ）

**大館尚氏** おおだてひさうじ
→大館尚氏（おおだちひさうじ）

**大館宗氏** おおだてむねうじ
→大館宗氏（おおだちむねうじ）

**大館義実** おおだてよしざね
→大館義実（おおだちよしざね）

**太田輝資** おおたてるすけ
？～慶長8（1603）年　[別]太田備中守《おおたびっちゅうのかみ》
安土桃山時代の武将。
¶戦辞（太田備中守　おおたびっちゅうのかみ　[没]慶長8年4月17日（1603年5月27日）），戦人，戦補

**太田道灌** おおたどうかん
永享4（1432）年～文明18（1486）年　[別]太田資長《おおたすけなが》，太田道灌資長《おおたどうかんすけなが》，太田持資《おおたもちすけ》
室町時代～戦国時代の武将。扇谷上杉氏の家宰。江戸城を築城。
¶朝日（[没]文明18年7月26日（1486年8月25日）），岩史（[没]文明18（1486）年7月26日），角史，神奈川人，神奈川百，鎌倉，鎌室，郷土神奈川，群馬人，群馬百，系東（太田資長　おおたすけなが），国史，国書（[没]文明18（1486）年7月26日），古中，コン改，コン4，埼玉人（太田資長　おおたすけなが　[没]文明18（1486）年7月26日），埼玉百（太田道灌資長　おおたどうかんすけなが），詩歌，史人（[没]1486年7月26日），重要（[没]文明18（1486）年7月26日），諸系，人情，新潮（[没]文明18（1486）年7月26日），人名，姓氏神奈川，世人（[没]文明18（1486）年7月26日），世百，戦合，戦辞（[没]文明18年7月26日（1486年8月25日）），全書，戦人（太田資長　おおたすけなが），大百，多摩，伝記，日史（[没]文明18（1486）年7月26日），日人，百科，歴大，和俳（[没]文明18（1486）年7月26日）

**太田道灌資長** おおたどうかんすけなが
→太田道灌（おおたどうかん）

**太田道真** おおたどうしん
→太田資清（おおたすけきよ）

**太田道真資清** おおたどうしんすけきよ
→太田資清（おおたすけきよ）

**太田時連** おおたときつら
生没年不詳　[別]三善時連《みよしときつら，みよしのときつら》
鎌倉時代後期～南北朝時代の鎌倉幕府評定衆、室町幕府問注所執事。
¶朝日（[生]文永6（1269）年　[没]貞和1/興国6年2月9日（1345年3月13日）），鎌室（三善時連　みよしときつら），国史，古中（[生]1269年　[没]1345年），コン改，コン4，史人，諸系，新潮（三善時連　みよしときつら），世人，日史（[生]文永6（1269）年　[没]貞和1/興国6（1345）年2月9日），日人，歴大（[生]1269年　[没]1345年）

**大田朝季** おおたともすえ
生没年不詳
鎌倉時代前期の越中守護と見なされる人物。
¶富山百

**太田長員** おおたながかず
鎌倉時代の新川郡太田庄の在地領主。
¶姓氏富山

**太田長知** おおたながとも
？～慶長7（1602）年
安土桃山時代の武士。前田氏家臣。
¶姓氏石川，戦人，戦補，藩臣3

**大谷刑部** おおたにぎょうぶ
→大谷吉継（おおたによしつぐ）

**大谷十郎左衛門** おおたにじゅうろうざえもん
戦国時代の武士。後北条氏家臣。
¶戦人（生没年不詳），戦東

**大谷次郎右衛門** おおたにじろうえもん
安土桃山時代の武将。秀吉馬廻。
¶戦国，戦人（生没年不詳）

**大谷善左衛門** おおたにぜんざえもん
戦国時代の武士。後北条氏家臣。
¶戦人（生没年不詳），戦東

**大谷帯刀左衛門** おおたにたちはきざえもん
→大谷帯刀（おおたにたてわき）

**大谷帯刀** おおたにたてわき
？～天正18（1590）年　[別]大谷帯刀左衛門《おおたにたちはきざえもん》
安土桃山時代の武士。後北条氏家臣。
¶戦辞（大谷帯刀左衛門　おおたにたちはきざえもん），戦人

**大谷彦次郎** おおたにひこじろう
生没年不詳
戦国時代の武士。後北条氏家臣。
¶戦辞，戦人，戦東

**大谷古猪之助** おおたにふるいのすけ
戦国時代の尼子十勇士。
¶人名

**大谷道直** おおたにみちなお
生没年不詳
戦国時代の地方豪族・土豪。
¶戦人

**大谷吉継** おおたによしつぐ
永禄2（1559）年～慶長5（1600）年　[別]大谷刑部《おおたにぎょうぶ》，大谷刑部少輔《おおたにぎょうぶしょうゆう》
安土桃山時代の武士。武将、豊臣秀吉の臣。

¶朝日（[没]慶長5年9月15日（1600年10月21日）），岩史（[没]慶長5（1600）年9月15日），角史，郷土福井，近世，国史，国書（[没]慶長5（1600）年9月15日），古中，コン改（[生]？），コン4，史人（[没]1600年9月15日），人書94（大谷刑部　おおたにぎょうぶ），新潮（[没]慶長5（1600）年9月15日），人名，姓氏岩手，姓氏京都（[生]？），世人（[没]慶長5（1600）年9月15日），世百，戦合，戦国（[生]？），戦辞（[没]慶長5年9月15日（1600年10月21日）），全書（[生]？），戦人，戦西，大百，日史（[没]慶長5（1600）年9月15日），日人，百科，福井百，歴大

**大谷嘉信** おおたによしのぶ
戦国時代の武将。後北条氏家臣。
¶戦東

**大谷義治**（大谷吉治） おおたによしはる
？ ～元和1（1615）年
安土桃山時代～江戸時代前期の武将。豊臣氏家臣。
¶戦国（大谷吉治），戦人

**太田沼之助** おおたぬまのすけ
安土桃山時代～江戸時代前期の武士。徳川家康家臣。
¶姓氏静岡

**太田信政** おおたのぶまさ
生没年不詳
鎌倉時代の但馬国に住んだ幕府御家人。
¶兵庫百

**大田彦八** おおたひこはち
室町時代の武士。
¶岡山歴

**太田彦六郎** おおたひころくろう
安土桃山時代の武将。秀吉馬廻。
¶戦国，戦人（生没年不詳）

**太田備中守** おおたびっちゅうのかみ
→太田輝資（おおたてるすけ）

**太田豊後守** おおたぶんごのかみ
生没年不詳
戦国時代の武士。後北条氏家臣。
¶戦辞，戦人，戦東

**太田平蔵** おおたへいぞう
安土桃山時代の武将。秀吉馬廻。
¶戦国，戦人（生没年不詳）

**太田孫左衛門** おおたまござえもん
生没年不詳
安土桃山時代の織田信長の家臣。
¶織田

**太田正勝** おおたまさかつ
生没年不詳
戦国時代の武士。後北条氏家臣。
¶戦辞，戦人，戦東

**太田政頼** おおたまさより
生没年不詳
鎌倉時代の但馬国に住んだ幕府御家人。
¶兵庫百

**太田又三郎** おおたまたさぶろう
生没年不詳
戦国時代の北条氏の家臣。
¶戦辞

**太田光家**（大田光家） おおたみついえ
生没年不詳
鎌倉時代前期の武将。
¶鎌室，日人（大田光家）

**太田美濃入道源舜** おおたみのにゅうどうげんしゅん
→太田源舜（おおたげんしゅん）

**太田美濃守資元** おおたみののかみすけもと
→太田資元（おおたすけもと）

**太田宗正** おおたむねまさ
？ ～天正13（1585）年
安土桃山時代の地方豪族・土豪。
¶戦人

**太田守延**（大田守延） おおたもりのぶ
？ ～元弘3/正慶2（1333）年
鎌倉時代後期の武将。
¶鎌室（大田守延），人名，日人，兵庫人，兵庫百

**太田康有** おおたやすあり
安貞2（1228）年～正応3（1290）年　[別]三善康有《みよしのやすあり，みよしやすあり》
鎌倉時代後期の幕府官吏、問注所執事、評定衆。
¶朝日（[没]正応3年5月11日（1290年6月19日）），鎌倉（三善康有　みよしやすあり），鎌室（三善康有　みよしやすあり　[生]寛喜1（1229）年），国史，古中，コン改（三善康有　みよしやすあり），コン4（三善康有　みよしやすあり），史人（[没]1290年5月11日），諸系，新潮（三善康有　みよしやすあり　[没]正応3（1290）年5月11日），世人（[生]寛喜1（1229）年），日史（[没]正応3（1290）年5月11日），日人

**太田弥助** おおたやすけ
？ ～天文21（1552）年
戦国時代の筑摩郡刈谷原の苅屋原城主。
¶姓氏長野

**太田康資** おおたやすすけ
享禄4（1531）年～天正9（1581）年
戦国時代の武将。
¶系東，諸系，人名，戦国（[生]1516年　[没]1566年），戦辞（[没]天正9年10月12日（1581年11月8日）），戦人（[生]永正13（1516）年　[没]永禄9（1566）年），戦東（[生]1516年　[没]1566年），日人

**太田康宗** おおたやすむね
建暦2（1212）年～文永2（1265）年　[別]三善康宗《みよしやすむね》
鎌倉時代前期の幕府官吏、問注所執事、評定衆。
¶朝日（[没]文永2年3月22日（1265年4月9日）），鎌室（三善康宗　みよしやすむね），国史，古中，史人（[没]1265年3月22日），諸系，新潮（三善康宗　みよしやすむね　[没]文永2（1265）年3月22日），日人

**太田行尊**　おおたゆきたか
生没年不詳
平安時代後期の武士。
¶埼玉人

**太田行朝**　おおたゆきとも
生没年不詳
鎌倉時代前期の武蔵武士。
¶埼玉人

**太田吉勝**　おおたよしかつ
？　～慶長13（1608）年
安土桃山時代～江戸時代前期の武将。
¶人名，日人

**太田吉政**　おおたよしまさ
永禄6（1563）年～寛永15（1638）年
安土桃山時代～江戸時代前期の武将。
¶人名，日人

**太田六郎右衛門尉**　おおたろくろうえもんのじょう
？　～永正2（1505）年
室町時代～戦国時代の扇谷上杉氏の家宰太田氏の当主。
¶戦辞

**太田和五郎兵衛**　おおたわごろうひょうえ
戦国時代の武将。武田家臣。『武田家過去帳』によれば天文14年に霊が弔われている。
¶姓氏山梨

**大田和与五右衛門**　おおたわよごうえもん
→大田和与五右衛門（おおたわよごえもん）

**大田和与五右衛門**　おおたわよごえもん
[別]大田和与五右衛門《おおたわよごうえもん》
安土桃山時代～江戸時代前期の武士。里見氏家臣。
¶戦人（生没年不詳），戦東（おおたわよごうえもん）

**大田和義勝**　おおたわよしかつ
生没年不詳
鎌倉時代後期の武将。
¶神奈川人

**大田和義久**　おおたわよしひさ
生没年不詳　[別]平義久《たいらのよしひさ》
平安時代後期～鎌倉時代前期の武士。三浦党の一人。
¶神奈川人，平史（平義久　たいらのよしひさ）

**大田原資清**　おおたわらすけきよ
文明18（1486）年～永禄3（1560）年
戦国時代の武将。
¶戦辞（[没]永禄3年1月17日（1560年2月13日）），戦人，栃木歴（[生]？）

**大田原胤清**　おおたわらたねきよ
戦国時代の武将。那須氏に仕える。
¶栃木歴

**大田原綱清**　おおたわらつなきよ
？　～天正18（1590）年8月17日
戦国時代～安土桃山時代の大田原氏当主。
¶戦辞

**大田原晴清**　おおたわらはるきよ
永禄10（1567）年～寛永8（1631）年
安土桃山時代～江戸時代前期の武将、大名。下野大田原藩主。
¶諸系，人名，戦国，戦辞（[没]寛永8年2月5日（1631年3月7日）），戦人，栃木歴，日人，藩主1（[没]寛永8（1631）年2月5日）

**大田原増清**　おおたわらますきよ
元亀1（1570）年～寛永8（1631）年
安土桃山時代～江戸時代前期の武士。那須党。
¶戦国，戦人

**大田原弥次郎**　おおたわらやじろう
安土桃山時代の武士。那須党。
¶戦国，戦人（生没年不詳）

**大築地秀道**　おおついじひでみち
→大築地秀道（おおついぢひでみち）

**大築地秀道**　おおついぢひでみち，おおついじひでみち
生没年不詳
安土桃山時代の武士。
¶戦人（おおついじひでみち）

**大塚越後守**　おおつかえちごのかみ
戦国時代の代官。今川氏家臣。
¶戦東

**大塚惟正**　おおつかこれまさ
？　～正平3/貞和4（1348）年
南北朝時代の武士。
¶鎌室，新潮（[没]貞和4/正平3（1348）年1月5日），人名，日人

**大塚新八郎**　おおつかしんぱちろう
生没年不詳
安土桃山時代の織田信長の家臣。
¶織田

**大塚資綱**　おおつかすけつな
生没年不詳
戦国時代の佐竹氏の家臣。
¶戦辞

**大塚資台**　おおつかすけのり
戦国時代の武将。佐竹氏家臣。
¶戦辞（生没年不詳），戦東

**大塚大膳亮**　おおつかだいぜんのすけ
生没年不詳
戦国時代～安土桃山時代の武士。佐竹氏家臣。
¶戦辞，戦人，戦東

**大塚隆成**　おおつかたかなり
？　～大永1（1521）年10月19日
戦国時代の武士。
¶戦辞，戦人（生没年不詳），戦東

**大塚隆通**　おおつかたかみち
生没年不詳
安土桃山時代の武士。
¶戦辞，戦人，戦東

**大塚丹後**　おおつかたんご
？　～慶長17（1612）年7月11日

安土桃山時代～江戸時代前期の武将、津山森藩家老。
¶岡山歴

**大塚弾正忠** おおつかだんじょうちゅう
安土桃山時代の武将。佐竹氏家臣。
¶戦東

**大塚親成** おおつかちかなり
生没年不詳
安土桃山時代の武士。佐竹氏家臣。
¶戦辞，戦人，戦東

**大塚八右衛門** おおつかはちえもん
戦国時代の武将。武田家臣。岡部正綱配下の武辺者という。
¶姓氏山梨

**大塚八郎右衛門** おおつかはちろうえもん
生没年不詳
戦国時代の地方豪族・土豪。
¶戦人

**大塚孫三** おおつかまごぞう
？ ～天正10(1582)年6月2日
戦国時代～安土桃山時代の織田信長の家臣。
¶織田

**大塚政成** おおつかまさなり
永正7(1510)年～永禄4(1561)年6月7日
戦国時代の武士。佐竹氏家臣。
¶戦辞，戦人(生没年不詳)，戦東

**大塚又一郎** おおつかまたいちろう
？ ～天正10(1582)年6月2日
戦国時代～安土桃山時代の織田信長の家臣。
¶織田

**大塚八木米右衛門** おおつかやぎべえもん
生没年不詳
戦国時代～安土桃山時代の武将。
¶戦人

**大塚与三右衛門** おおつかよそうえもん
？ ～永禄9(1566)年
戦国時代の武士。
¶戦人，戦西

**大月景秀** おおつきかげひで
？ ～天正1(1573)年
戦国時代の武士。
¶人名，戦人，戦西，戦補，日人

**大槻高義** おおつきたかよし
生没年不詳
鎌倉時代前期の武将。
¶神奈川人

**大槻但馬守泰常** おおつきたじまのかみやすつね
→大槻泰常(おおつきやすつね)

**大槻時春** おおつきときはる
生没年不詳
戦国時代の地方豪族・土豪。
¶戦人

**大槻泰常** おおつきやすつね
？ ～天正19(1591)年 [別]大槻但馬守泰常《おおつきたじまのかみやすつね》
安土桃山時代の武将。葛西氏家臣。
¶戦人，戦東(大槻但馬守泰常 おおつきたじまのかみやすつね)

**大津久兵衛** おおつきゅうべえ
安土桃山時代の武将。秀吉馬廻。
¶戦国，戦人(生没年不詳)

**大津新左衛門** おおつしんざえもん
戦国時代の武将。武田家臣。足軽大将。
¶姓氏山梨

**大槌孫三郎** おおづちまごさぶろう
生没年不詳
安土桃山時代～江戸時代前期の大槌城城主。
¶姓氏岩手

**大槌孫八郎** おおづちまごはちろう
？ ～元和2(1616)年？
安土桃山時代の武士。
¶姓氏岩手，戦人(生没年不詳)

**大津藤右衛門** おおつとうえもん
生没年不詳
戦国時代の武士。上杉氏家臣、最上氏家臣。
¶庄内，戦人，戦東

**大津時隆** おおつときたか
戦国時代の武士。徳川家康の臣。
¶人名，日人(生没年不詳)

**大津長昌** おおつながまさ
？ ～天正7(1579)年3月13日
戦国時代～安土桃山時代の織田信長の家臣。
¶織田

**大津某** おおつぼう
戦国時代の武将。武田家臣。信濃先方衆。
¶姓氏山梨

**大坪一之** おおつぼかずゆき
戦国時代の出雲私部の城主。
¶人名，日人(生没年不詳)

**大坪新十郎** おおつぼしんじゅうろう
生没年不詳
戦国時代の古河公方の家臣。
¶戦辞

**大坪永幸** おおつぼながゆき
？ ～享徳3(1454)年
室町時代の武将。
¶姓氏石川

**大坪初千世** おおつぼはつちよ
生没年不詳
戦国時代の武士。後北条氏家臣。
¶戦辞，戦人，戦東

**大坪基清** おおつぼもときよ
生没年不詳
戦国時代の関東足利氏の根本被官。
¶戦辞

**大妻兼澄** おおづまかねずみ
? 〜延応1(1239)年
鎌倉時代前期の武人。
¶長野歴

**大津留鎮益** おおつるしげます
生没年不詳
安土桃山時代の武将。
¶戦人

**大寺清光** おおでらきよみつ
生没年不詳
安土桃山時代の武将。
¶戦人

**大寺松太輔** おおてらまつだゆう
? 〜天正10(1582)年
安土桃山時代の武士。
¶戦人

**大戸中務少輔** おおどなかつかさしょうゆう
生没年不詳
戦国時代の武士。
¶姓氏群馬

**大富幸範** おおとみゆきのり
[別]大富幸範《おおどみよしのり》
南北朝時代の武将。
¶岡山人，岡山歴(おおどみよしのり)

**大富幸範** おおどみよしのり
→大富幸範(おおとみゆきのり)

**大友氏時** おおともうじとき
? 〜正平23/応安1(1368)年
南北朝時代の武将、豊後守護。
¶朝日([没]応安1/正平23年3月21日(1368年4月8日))，大分歴，鎌室，群馬人，国史，古中，史人([没]1368年3月21日)，諸系，新潮([没]応安1/正平23(1368)年3月21日)，姓氏群馬，日人

**大友氏宗** おおともうじむね
生没年不詳
南北朝時代の武将。
¶大分歴

**大友氏泰** おおともうじやす
元亨1(1321)年〜正平17/貞治1(1362)年
南北朝時代の守護。
¶大分歴，鎌室([生]?)，諸系，日人

**大友貞親** おおともさだちか
宝治2(1248)年〜応長1(1311)年
鎌倉時代後期の守護。
¶大分歴([生]寛元4(1246)年)，鎌室([生]寛元4(1246)年)，諸系，人名，日人

**大友貞載** おおともさだとし
→大友貞載(おおともさだのり)

**大友貞載**(大友貞戴) おおともさだのり
? 〜延元1/建武3(1336)年 [別]大友貞載《おおともさだとし(のり)，おおともさだとし》
鎌倉時代後期〜南北朝時代の武将。豊後国・肥前国守護。
¶大分百(おおともさだとし(のり))，大分歴(おおともさだとし)，鎌室，国史，古中，コン改(おおともさだとし)，コン4(おおともさだとし)，史人([没]1336年1月12日)，諸系，新潮([没]建武3/延元1(1336)年1月12日)，人名(大友貞戴)，日史(おおともさだとし [没]建武3/延元1(1336)年1月14日)，日人

**大友貞宗** おおともさだむね
? 〜元弘3/正慶2(1333)年
鎌倉時代後期の武将、豊後守護。
¶朝日([没]正慶2/元弘3年12月3日(1334年1月9日))，大分百，大分歴，鎌室，国史，国書([没]元弘3(1333)年12月3日)，古中，コン改([没]延元1/建武3(1336)年)，コン4([没]建武3/延元1(1336)年)，史人([没]1333年12月3日)，諸系([没]1334年)，新潮([没]正慶2/元弘3(1333)年12月3日)，人名，日史([没]元弘3(1333)年12月3日)，日人([没]1334年)，百科，福岡百

**大友貞順** おおともさだより
生没年不詳
南北朝時代の武将。
¶朝日，大分百，大分歴，諸系，日人

**大友宗麟** おおともそうりん
享禄3(1530)年〜天正15(1587)年 [別]大友義鎮《おおともよししげ》，フランシスコ
戦国時代〜安土桃山時代のキリシタン、大名。豊後守護、九州探題。
¶朝日([没]天正15年5月23日(1587年6月28日))，岩史(大友義鎮 おおともよししげ [没]天正15(1587)年5月23日)，大分歴，角史，キリ(大友義鎮 おおともよししげ)，熊本百([生]享禄3(1530)年5月4日 [没]天正15(1587)年5月23日)，系西(大友義鎮 おおともよししげ)，国史，古中，コン改，コン4，茶道，史人([生]1530年1月3日，(異説)5月4日 [没]1587年5月23日)，重要(大友義鎮 おおともよししげ [没]天正15(1587)年5月23日)，諸系，人書79，人書94，新潮([生]享禄3(1530)年1月3日，(異説)5月4日 [没]天正15(1587)年5月6日，(異説)5月23日)，人名，世人([没]天正15(1587)年5月23日)，世百，戦合，戦国(大友義鎮 おおともよししげ)，全書，戦人(大友義鎮 おおともよししげ)，大百，伝記，長崎歴，日史([没]天正15(1587)年5月23日)，日人，百科，福岡百，宮崎百，歴大(大友義鎮 おおともよししげ)

**大友孝親** おおともたかちか
応永1(1394)年〜応永32(1425)年
室町時代の武将。
¶大分歴

**大友親家** おおともちかいえ
永禄4(1561)年〜寛永18(1641)年 [別]田原親家《たわらちかいえ》
安土桃山時代〜江戸時代前期の武士。
¶大分歴(田原親家 たわらちかいえ)，系西，戦人，戦西([生]?)

**大友親繁** おおともちかしげ
応永18(1411)年〜明応2(1493)年

室町時代～戦国時代の武将。
¶大分歴，系西，戦人

**大友親時** おおともちかとき
嘉禎2（1236）年～永仁3（1295）年
鎌倉時代の武将。
¶諸系，日人

**大友親治** おおともちかはる
寛正2（1461）年～大永4（1524）年
戦国時代の武将。
¶大分歴（[生]？），系西，戦人

**大友親秀** おおともちかひで
建久6（1195）年～宝治2（1248）年
鎌倉時代前期の武将。
¶大分百，鎌室，諸系，日人

**大友親盛** おおともちかもり
永禄10（1567）年～寛永20（1643）年　[別]田原親盛《たわらちかもり》
安土桃山時代～江戸時代前期の武士。
¶系西，戦人，戦西

**大友親世** おおともちかよ
？　～応永25（1418）年
室町時代の武将、豊後守護。
¶朝日（[没]応永25年2月25日（1418年4月1日）），大分歴，鎌室，国史，古中，コン改，コン4，史人（[没]1418年2月15日），諸系，新潮（[没]応永25（1418）年2月25日，（異説）2月15日），人名，日人

**大伴今人** おおとものいまひと
生没年不詳　[別]大伴宿禰今人《おおとものすくねいまひと》
平安時代前期の地方官、武将（征夷副将軍）。
¶古代（大伴宿禰今人　おおとものすくねいまひと），庄内，日人，平史

**大伴磐** おおとものいわ
生没年不詳　[別]大伴連磐《おおとものむらじいわ》
飛鳥時代の武将。任那救援軍を率いたが筑紫に留まった。
¶国史，古代（大伴連磐　おおとものむらじいわ），古中，コン改，コン4，史人，諸系，新潮，日人

**大伴弟麻呂**（大伴乙麻呂） おおとものおとまろ
天平3（731）年～大同4（809）年　[別]大伴宿禰弟麻呂《おおとものすくねおとまろ》
奈良時代～平安時代前期の公卿、武将（非参議・征夷大将軍）。大錦中位大伴吹負の曽孫。
¶朝日（[没]大同4年5月28日（809年7月14日）），公卿（大伴乙麻呂　[没]大同4（809）年5月），国史，古代（大伴宿禰弟麻呂　おおとものすくねおとまろ），古中，コン改，コン4，史人（[没]809年5月28日），諸系，新潮（[没]大同4（809）年5月28日），人名，世人（[没]大同4（809）年5月28日），日人，平史，宮城百

**大伴員季** おおとものかずすえ
生没年不詳
平安時代中期の武士。前九年の役で源頼義にしたがう。
¶平史

**大伴談** おおとものかたり
生没年不詳　[別]大伴連談《おおとものむらじかたり》
上代の武将、新羅派遣軍を率いたが戦死。
¶古代（大伴連談　おおとものむらじかたり），諸系，日人

**大伴勝雄** おおとものかつお
宝亀7（776）年～＊　[別]伴勝雄《とものかつお》
奈良時代～平安時代前期の武官。弟麻呂の子。陸奥守兼按察使。軍才に長けた。
¶角史（伴勝雄　とものかつお　[没]天長8（831）年），諸系（[没]832年），日人（[没]832年），平史（伴勝雄　とものかつお　[没]831年）

**大伴金村** おおとものかなむら
生没年不詳　[別]大伴大連金村《おおとものおおむらじかなむら》
上代の武将、豪族（大連）。大連大伴室屋の孫。
¶朝日，岩史，大阪人，角史，公卿，国史，古史，古代（大伴大連金村　おおとものおおむらじかなむら），古中，コン改，コン4，史人，重要，諸系，新潮，人名，世人，全書，大百，伝記，日史，日人，百科，福岡百，歴大

**大伴咋**（大伴囓，大伴嚙） おおとものくい
生没年不詳　[別]大伴連嚙《おおとものむらじくい》
飛鳥時代の武将。
¶国史，古史（大伴囓），古代（大伴連嚙　おおとものむらじくい），古中，コン改，コン4，史人，諸系，新潮，日史，日人，百科，歴大

**大伴古麻呂**（大伴胡麻呂） おおとものこまろ
？　～天平宝字1（757）年　[別]大伴宿禰古麻呂《おおとものすくねこまろ》，大伴宿禰胡麻呂《おおとものすくねこまろ》
奈良時代の官人。遣唐副使。のち鎮守（府）将軍。
¶朝日（[没]天平宝字1（757）年7月），国史，古代（大伴宿禰古麻呂　おおとものすくねこまろ），古中，コン改，コン4，史人（[没]757年7月4日？），諸系，新潮（[没]天平宝字1（757）年7月），人名，世人（[没]天平宝字1（757）年7月4日），日史（[没]天平宝字1（757）年7月），日人，百科，万葉（大伴宿禰胡麻呂　おおとものすくねこまろ），歴大

**大伴狭手彦** おおとものさでひこ，おおとものさてひこ
生没年不詳　[別]大伴佐堤比古郎子《おおとものさでひこのいらつこ》，大伴連狭手彦《おおとものむらじさてひこ》
飛鳥時代の武将。
¶岩史（おおとものさてひこ），国史（おおとものさてひこ），古史，古代（大伴連狭手彦　おおとものむらじさてひこ），古中（おおとものさてひこ），コン改，コン4，佐賀百，史人，諸系（おおとものさてひこ），新潮，人名，世人，全書（おおとものさてひこ），日史，日人（おおとものさてひこ），百科，万葉（大伴佐堤比古郎子　おおとものさでひこのいらつこ），歴大

**大伴佐堤比古郎子** おおとものさでひこのいらつこ
　→大伴狭手彦（おおとものさでひこ）

**大伴駿河麻呂**（大伴駿河丸） おおとものするがまろ
　？～宝亀7（776）年　㋕大伴宿禰駿河麻呂《おおとものすくねするがまろ》，大伴駿河丸《おおとものするがまろ》
　奈良時代の官人（鎮守将軍，参議）。右大臣大伴長徳の曽孫。蝦夷征討にあたる。
　¶朝日（㋿宝亀7年7月7日（776年7月26日）），公卿（㋿宝亀7（776）年3月，〔異説〕7月5日），国史，国書（大伴駿河丸　おおとものするがまろ㋿宝亀7（776）年7月7日），古代（大伴宿禰駿河麻呂　おおとものすくねするがまろ），古中，コン改（㋿宝亀7（776）年？），コン4（㋿宝亀7（776）年？），史人（㋿776年7月7日），諸系，新潮（㋿宝亀7（776）年7月7日），世人，日史（㋿宝亀7（776）年7月7日），日人，万葉（大伴宿禰駿河麻呂　おおとものすくねするがまろ），宮城百，和俳（㋿宝亀7（776）年7月7日）

**大伴旅人** おおとものたびと
　天智天皇4（665）年～天平3（731）年　㋕大伴宿禰旅人《おおとものすくねたびと》，大伴旅人《おおとものたびと》
　飛鳥時代～奈良時代の歌人，公卿（征隼人大将軍，大納言）。右大臣大伴長徳の孫。万葉集に七十以上歌を残す。歌人として著名だが，西国で隼人の反乱鎮圧に従軍もした。
　¶朝日（㋿天平3年7月25日（731年8月31日）），岩史（㋿天平3（731）年7月25日），角史，公卿（㋿天平3（731）年7月25日），国史，国書（おおとものたびと　㋿天平3（731）年7月25日），古史，古代（大伴宿禰旅人　おおとものすくねたびと），古中，コン改（㋸？），コン4（㋸？），詩歌，史人（㋿731年7月25日），重要（㋿天智4（665）年？），諸系，人名94（おおとものたびと），新潮（㋿天平3（731）年7月25日），新文（㋿天平3（731）年7月？），人名，世人（㋿天平3（731）年7月25日），世百，全書，大百，伝記，富山百（㋿天平3（731）年7月），日音，日史（㋿天平3（731）年7月25日），日人，百科，兵庫百（㋸天智4（665）年ごろ），福岡百，仏教（㋿天平3（731）年7月25日），文学，万葉（大伴宿禰旅人　おおとものすくねたびと），歴大，和俳（㋿天平3（731）年7月25日）

**大伴津麻呂** おおとものつまろ
　上代の新羅派遣軍兵士。
　¶古代，日人

**大伴吹負** おおとものふけひ
　？～天武天皇12（683）年　㋕大伴吹負《おおとものふけひ》，大伴連吹負《おおとものむらじふけい》
　飛鳥時代の武将。壬申の乱で大海人皇子に味方して活躍。
　¶朝日（㋿天武12年8月5日（683年9月1日）），角史，国史，古史，古代（大伴連吹負　おおとものむらじふけい），古中，コン改，コン4，史人（㋿683年8月5日），諸系，人名（おおとものふけひ），世人，全書，日史（㋿天武12（683）年8月5日），

日人，百科，歴大

**大伴吹負** おおとものふけひ
　→大伴吹負（おおとものふけい）

**大伴馬来田** おおとものまくだ，おおとものまくた；おおとものまくた
　？～天武天皇12（683）年　㋕大伴望陀《おおとものもちだ》，大伴連馬来田《おおとものむらじまくだ》
　飛鳥時代の武人，廷臣（大納言）。壬申の乱の功臣。
　¶朝日（㋿天武12年6月3日（683年7月2日）），公卿（㋿天武12（683）年6月3日），国史，古史（おおとものまぐた），古代（大伴連馬来田　おおとものむらじまくだ），古中，コン改（おおとものまぐた），コン4，諸系，新潮（㋿天武12（683）年6月3日），人名（おおとものまくた），日人

**大伴益立** おおとものましたち
　→大伴益立（おおとものますたて）

**大伴益立** おおとものますたち
　→大伴益立（おおとものますたて）

**大伴益立** おおとものますたて
　生没年不詳　㋕大伴益立《おおとものましたち，おおとものますたち》，大伴宿禰益立《おおとものすくねますたち》
　奈良時代の武官，陸奥守。
　¶朝日，古代（大伴宿禰益立　おおとものすくねますたち），コン改，コン4，史人，新潮，人名（おおとものましたち），日人（おおとものますたち），宮城百

**大伴室屋** おおとものむろや
　生没年不詳　㋕大伴連室屋《おおとものむらじむろや》
　上代の豪族（大連）。武日命の孫。星川皇子の反乱を鎮圧。
　¶朝日，角史，公卿，国史，古代（大伴連室屋　おおとものむらじむろや），古中，コン改，コン4，史人，諸系，新潮，人名，世人，日史，日人，百科，歴大

**大伴望陀** おおとものもちだ
　→大伴馬来田（おおとものまくだ）

**大伴家持** おおとものやかもち
　＊～延暦4（785）年　㋕大伴家持《おおともやかもち》，大伴宿禰家持《おおとものすくねやかもち》，家持《やかもち》
　奈良時代の歌人，官人（中納言，陸奥按察使持節征東将軍）。右大臣大伴長徳の曽孫。万葉集の編者。政治家・武官としても活躍した。
　¶朝日（㋸？　㋿延暦4年8月28日（785年10月5日）），岩史（㋸養老2（718）年？　㋿延暦4（785）年8月28日），角史（㋸養老2（718）年？），神奈川人（㋸718年），公卿（㋿天平1（729）年　㋿延暦4（785）年8月〕，国史（㋸？），国書（おおともやかもち　㋸養老2（718）年　㋿延暦4（785）年8月28日），古史

お

([生]718年？)，古代(大伴宿禰家持 おおとものすくねやかもち [生]？)，古中([生]？)，コン改([生]？)，コン4([生]？)，詩歌([生]？)，史人([生]716年，(異説)717年，718年 [没]785年8月28日)，重要([生]養老2(718)年？ [没]延暦4(785)年8月28日)，諸系([生]718年)，人書94(おおともやかもち [生]718年頃)，新潮([生]養老2(718)年？ [没]延暦4(785)年8月28日)，新文([生]？ [没]延暦4(785)年8月28日)，人名([生]718年)，姓氏岩手([生]718年？)，姓氏京都([生]718年？)，姓氏富山([生]718年？)，姓氏宮城([生]？)，世人([生]養老2(718)年？)，世百([生]718年)，全書([生]717年，(異説)718年)，大百([生]718年)，伝記([生]716年)，鳥取百([生]？)，富山百([生]？ [没]延暦4(785)年8月28日)，富山文([生]養老2(718)年 [没]延暦4(785)年8月)，日史([生]？ [没]延暦4(785)年8月28日)，日人([生]718年)，百科([生]養老1(717)年)，福岡百([生]養老2(718)年 [没]延暦4(785)年8月28日)，文学([生]？)，万葉(大伴宿禰家持 おおとものすくねやかもち)，宮城百([生]養老2(718)年？)，歴大([生]718年？)，和俳([生]霊亀2(716)年 [没]延暦4(785)年8月28日)

**大伴安麻呂**(大伴安麿) **おおとものやすまろ**
？ ～和銅7(714)年 [別]大伴安麿《おおともやすまろ》，大伴宿禰安麻呂《おおとものすくねやすまろ》
飛鳥時代の公卿、歌人、武官(大納言兼大将軍)。右大臣大伴長徳の六男。壬申の乱で叔父吹負とともに軍功。
¶朝日([没]和銅7年5月1日(714年6月17日))，公卿([没]和銅7(714)年5月14日)，国史，国書(大伴安麿 おおともやすまろ [没]和銅7(714)年5月1日)，古代(大伴宿禰安麻呂 おおとものすくねやすまろ)，古中，コン改，コン4，史人([没]714年5月1日)，諸系，新潮([没]和銅7(714)年5月1日)，人名(大伴安麿)，世人(生没年不詳)，日史([没]和銅7(714)年5月1日)，日人，百科，万葉，和俳([没]和銅7(714)年5月1日)

**大友政親** **おおともまさちか**
文安1(1444)年～明応5(1496)年
室町時代～戦国時代の武将。
¶大分歴，系西，戦人

**大友持直** **おおとももちなお**
？ ～文安2(1445)年
室町時代の武将。
¶大分歴(生没年不詳)，諸系，日人

**大友義鑑** **おおともよしあき**
文亀2(1502)年～天文19(1550)年
戦国時代の武将、豊後守護。
¶朝日([生]文亀2(1502)年12月 [没]天文19年2月12日(1550年2月28日))，岩史([没]天文19(1550)年2月12日)，大分歴，角史，系西，国史，古中，コン改，コン4，史人([没]1550年2月12日，(異説)2月13日)，諸系，新潮([生]文亀2(1502)年12月 [没]天文19(1550)年2月12日，(異説)2月10日)，人名，世人([没]天文19(1550)年2月13日)，戦合，全書，戦人，日史([没]天文19(1550)年2月12日)，日人，百科，歴大

**大友義鎮** **おおともよししげ**
→大友宗麟(おおともそうりん)

**大友義右** **おおともよしすけ**
文明16(1484)年～明応5(1496)年
戦国時代の武将。
¶系西，戦人

**大友義統** **おおともよしずみ**
→大友義統(おおともよしむね)

**大友義親** **おおともよしちか**
文禄2(1593)年～元和5(1619)年
江戸時代前期の武士、旗本。
¶日人

**大友能直** **おおともよしなお**
承安2(1172)年～貞応2(1223)年 [別]藤原能直《ふじわらのよしなお》
鎌倉時代前期の武士。豊後大友氏の祖。
¶朝日([生]承安2年1月3日(1172年1月29日) [没]貞応2年11月27日(1223年12月20日))，大分百，大分歴，神奈川人，鎌室，国史，古中，コン改(生没年不詳)，コン4(生没年不詳)，史人([生]1172年1月3日 [没]1223年11月27日)，諸系，新潮([生]承安2(1172)年1月3日 [没]貞応2(1223)年11月27日)，人名，全書，日史([生]承安2(1172)年1月3日 [没]貞応2(1223)年11月27日)，日人，平史(藤原能直 ふじわらのよしなお)，北条，歴大

**大友義長** **おおともよしなが**
？ ～永正15(1518)年
戦国時代の武将。
¶大分歴([生]文明10(1478)年)，系西，戦人

**大伴義延** **おおともよしのぶ**
？ ～慶長16(1611)年
安土桃山時代～江戸時代前期の武将。
¶人名

**大友義乗** **おおともよしのり**
？ ～慶長17(1612)年
安土桃山時代～江戸時代前期の武将。
¶諸系，人名，日人

**大友義統**(大友吉統) **おおともよしむね**
永禄1(1558)年～慶長10(1605)年 [別]大友義統《おおともよしずみ》，コンスタンチノ，コンスタンチン
安土桃山時代の武将。
¶朝日([没]慶長10年7月19日(1605年9月2日))，岩史([没]慶長10(1605)年7月19日)，江戸(おおともよしずみ)，大分歴，角史，キリ([没]慶長10年7月19日(1605年9月2日))，近世，系西([没]1610年)，国史，古中，コン改(大友吉統)，コン4，史人([没]1605年7月19日)，諸系，新潮([没]慶長10(1605)年7月19日)，人名，世人([没]慶長10(1605)年7月19日)，世百，戦合，戦国(大友吉統 [生]？)，全書，戦人([没]慶長15(1610)年)，日史([没]慶長10(1605)年7月19日)，日人，百科，歴大

**大友頼泰** おおともよりやす
貞応1（1222）年〜正安2（1300）年
鎌倉時代後期の武士。文永・弘安の役で活躍。
¶朝日（㊁正安2年9月17日（1300年10月30日）），
大分百，大分歴，角史，鎌室，国史，国書
（㊁正安2（1300）年9月27日），古中，史人
（㊁1300年9月17日），諸系，新潮（㊁正安2
（1300）年9月17日，（異説）9月27日），人名，日
史（㊁正安2（1300）年9月17日），日人，福岡百

**大鳥刑部** おおとりぎょうぶ
戦国時代の武将。葛西氏家臣。
¶戦東

**大波顕成** おおなみあきなり
㊽大波大膳顕成《おおなみだいぜんあきなり》
戦国時代の武士。伊達氏家臣。
¶戦人（生没年不詳），戦東（大波大膳顕成　おお
なみだいぜんあきなり）

**大波二郎** おおなみじろう
戦国時代の武将。伊達氏家臣。
¶戦東

**大波大膳顕成** おおなみだいぜんあきなり
→大波顕成（おおなみあきなり）

**大縄玄策** おおなわげんさく
生没年不詳
安土桃山時代〜江戸時代前期の武士。佐竹氏家臣。
¶戦辞，戦人，戦東

**大縄源十郎** おおなわげんじゅうろう
安土桃山時代〜江戸時代前期の武士。佐竹氏家臣。
¶戦人（生没年不詳），戦東

**大縄左京亮** おおなわさきょうのすけ
戦国時代の武将。佐竹氏家臣。
¶戦辞（生没年不詳），戦東

**大縄与一左衛門** おおなわよいちさえもん
安土桃山時代の武将。佐竹氏家臣。
¶戦東

**大縄義辰** おおなわよしたつ
→大縄義辰（おおなわよしとき）

**大縄与七郎** おおなわよしちろう
安土桃山時代の武将。佐竹氏家臣。
¶戦東

**大縄義辰** おおなわよしとき
生没年不詳　㊽大縄義辰《おおなわよしたつ》
安土桃山時代の武士。佐竹氏家臣。
¶戦辞（おおなわよしたつ），戦人，戦東（おおな
わよしたつ）

**大西某** おおにし
生没年不詳
安土桃山時代の織田信長の家臣。
¶織田

**大西覚養**（大西覚用）　おおにしかくよう
？ 〜天正6（1578）年
戦国時代〜安土桃山時代の武将。
¶徳島歴（大西覚用　㊁天正6（1578）年1月），

日人

**大西頼武** おおにしよりたけ
生没年不詳
戦国時代の武将。
¶徳島歴

**大貫大和** おおぬきやまと
生没年不詳
戦国時代の北条氏忠の家臣。佐野衆。
¶戦辞

**大野木茂俊** おおのぎしげとし
戦国時代の武将。浅井氏家臣。
¶戦西

**大野木甚之丞** おおのぎじんのじょう
安土桃山時代の武将。秀吉馬廻。
¶戦国，戦人（生没年不詳）

**大野木秀俊** おおのぎひでとし
？ 〜天正1（1573）年
戦国時代の武将。浅井氏家臣。
¶戦人，戦補

**大野源左衛門** おおのげんざえもん
生没年不詳
安土桃山時代〜江戸時代前期の武士、大野館館主。
¶姓氏岩手

**大野才兵衛** おおのさいべえ
生没年不詳
戦国時代〜江戸時代前期の大野村の土豪。
¶姓氏愛知

**大野定吉** おおのさだよし
生没年不詳
戦国時代の北条氏の家臣。
¶戦辞

**大野甚之丞** おおのじんのじょう
安土桃山時代〜江戸時代前期の武士。前田氏家臣。
¶戦国，戦人（生没年不詳）

**大野高直** おおのたかなお
？ 〜天正10（1582）年
戦国時代の武士、本宮山城主。
¶島根歴

**大野忠宗** おおのただむね
？ 〜天正19（1591）年
鎌倉時代の武将。
¶姓氏鹿児島

**大野太郎兵衛** おおのたろうべえ
→大野太郎兵衛（おおのたろべえ）

**大野太郎兵衛** おおのたろべえ
㊽大野太郎兵衛《おおのたろうべえ》
安土桃山時代〜江戸時代前期の武士。里見氏家臣。
¶戦人（生没年不詳），戦東（おおのたろうべえ）

**大野弾正** おおのだんじょう
戦国時代の武士。後北条氏家臣。
¶戦人（生没年不詳），戦東

お

**大野筑前守** おおのちくぜんのかみ
安土桃山時代の武将。里見氏家臣。
¶戦辞(生没年不詳), 戦東

**大野道可** おおのどうか
安土桃山時代の武士。徳川氏家臣。
¶茶道, 戦人(生没年不詳)

**大野道犬** おおのどうけん
? ～元和1(1615)年6月27日
安土桃山時代の武将。
¶大阪墓, 新潮

**大野直昌** おおのなおしげ
享保3(1718)年～?
戦国時代～安土桃山時代の伊予河野氏配下の武将。
¶愛媛百

**大野縫殿助** おおのぬいどののすけ
生没年不詳
戦国時代の岩付城主北条氏房の家臣。
¶戦辞

**大野東人** おおののあずまひと
? ～天平14(742)年 [別]大野朝臣東人《おおののあそんあずまひと》, 大野東人《おおのあずまひと, おおのあずまびと, おおのあずまんど, おおののあずまんど》
奈良時代の武将、官人(参議, 陸奥国按察使兼鎮守府将軍)。礼職大夫直広肆果安の子。蝦夷征討に従事する一方、持節大将軍として藤原広嗣の乱の鎮圧にもあたる。
¶秋田百, 朝日([没]天平14年11月2日(742年12月3日)), 岩手百(おおのあずまんど), 大分歴(おおのあずまびと), 角史, 公卿(おおのあずまひと [没]天平14(743)年11月11日), 国史, 古史, 古代(大野朝臣東人 おおののあそんあずまひと), 古中, コン改(おおののあずまんど), コン4(おおののあずまんど), 史人([没]742年11月2日), 新潮([没]天平14(742)年11月2日), 人名(おおののあずまんど), 姓氏岩手(おおのあずまんど 生没年不詳), 姓氏宮城(おおののあずまんど 生没年不詳), 世人([没]天平14(742)年11月2日), 世百, 全書, 日史([没]天平14(742)年11月2日), 日人, 百科, 福岡百(おおのあずまひと [没]天平14(742)年11月2日), 宮城百(おおののあずまんど 生没年不詳), 山形百(おおのあずまんど), 歴大

**大野東人** おおののあずまんど
→大野東人(おおののあずまひと)

**大野家基** おおののいえもと
→大神家基(おおがのいえもと)

**大野直雄** おおののただお
天平勝宝6(754)年～弘仁9(818)年
奈良時代～平安時代前期の武官。
¶平史

**大野果安** おおののはたやす
生没年不詳 [別]大野果安《おおのはたやす》, 大野君果安《おおののきみはたやす》
飛鳥時代の武将。東人の父。壬申の乱では近江側の将となった。
¶朝日, 国史(おおのはたやす), 古史, 古代(大野君果安 おおののきみはたやす), 古中, コン改, コン4, 史人, 新潮, 日人

**大野治氏** おおのはるうじ
? ～元和1(1615)年
安土桃山時代～江戸時代前期の武将。
¶人名, 日人

**大野治純** おおのはるずみ
安土桃山時代～江戸時代前期の武士。徳川氏家臣。
¶戦人(生没年不詳), 戦補

**大野治胤** おおのはるたね
? ～元和1(1615)年
安土桃山時代～江戸時代前期の武士。豊臣氏家臣。
¶戦国, 戦人, 日人

**大野治長** おおのはるなが
? ～元和1(1615)年 [別]大野修理亮《おおのしゅりのすけ》
安土桃山時代～江戸時代前期の武将。豊臣家の臣。
¶朝日([没]元和1年5月8日(1615年6月4日)), 岩史([生]永禄10(1567)年? [没]慶長20(1615)年5月8日), 大阪人([没]元和1(1615)年5月), 角史, 近世, 国史, コン改, コン4, 茶道, 史人([没]1615年5月8日), 重要([没]元和1(1615)年5月8日), 新潮([没]元和1(1615)年5月8日), 人名, 世人([没]元和1(1615)年5月8日), 世百, 戦合, 戦国, 全書, 戦人, 大百, 日史([生]永禄10(1567)年? [没]元和1(1615)年5月8日), 日人, 百科([生]永禄10(1567)年?), 歴大

**大野治房** おおのはるふさ
? ～元和1(1615)年
安土桃山時代～江戸時代前期の武将。豊臣家の臣。大野治長の弟。
¶朝日([没]元和1年5月7日(1615年6月3日)), 大阪人([没]元和1(1615)年5月), コン4, 新潮([没]元和1(1615)年5月), 人名, 戦国, 戦人, 日人

**大野半左衛門** おおのはんざえもん
安土桃山時代～江戸時代前期の武士。豊臣氏家臣。
¶戦国, 戦人(生没年不詳)

**多品治** おおのほむじ
→多品治(おおのほんじ)

**多品治** おおのほむち, おおのほむぢ
→多品治(おおのほんじ)

**多品治** おおのほんじ
生没年不詳 [別]多臣品治《おおのおみほむじ, おおのおみほんち》, 多品治《おおのほむじ, おおのほむち, おおのほむぢ》
上代の武将。壬申の乱で活躍。
¶朝日, 国史(おおのほむち), 古史(おおのほむぢ), 古代(多臣品治 おおのおみほんち), 古中(おおのほむち), コン改(おおのほむじ), コン4(おおのほむじ), 史人(おおのほむち), 新潮(おおのほむち), 人名, 長野歴(多臣品治 おおのおみほむじ), 日人(おおのほむち)

**多品治** おおのほんち
→多品治(おおのほんじ)

**大野見掃部助** おおのみかもんのすけ
戦国時代の武将。今川氏家臣。
¶戦東

**大野元貞** おおのもとさだ
戦国時代の武将。武田家臣。蔵前衆の一人。
¶姓氏山梨

**大野弥一郎** おおのやいちろう
安土桃山時代の武士。豊臣氏家臣。
¶戦国，戦人（生没年不詳）

**大野弥五郎** おおのやごろう
生没年不詳
安土桃山時代の地方豪族・土豪。
¶織田，姓氏岩手，戦人（[没]天正19（1591）年）

**大野泰基** おおのやすもと
？ ～建久7（1196）年
平安時代後期～鎌倉時代前期の武将。
¶大分百，大分歴（生没年不詳）

**大野弥太夫** おおのやだゆう
天正1（1573）年～
安土桃山時代～江戸時代前期の武士。
¶庄内

**大野行通** おおのゆきみち
生没年不詳
戦国時代の武士。北条氏家臣。
¶戦辞

**大輪勝親** おおのわかつちか
戦国時代の武将。武田家臣。六郎次郎同心衆。
¶姓氏山梨

**大庭家政** おおばいえまさ
鎌倉時代の武将。
¶姓氏鹿児島

**大庭景親** おおばかげちか
？ ～治承4（1180）年　[別]大庭景親《おおばのかげちか》，平景親《たいらのかげちか》
平安時代後期の武将。石橋山の戦いの大将。
¶朝日（[没]治承4年10月26日（1180年11月15日）），岩史（[没]治承4（1180）年10月26日），角史，神奈川人，鎌倉，鎌室，国史，古中，コン改（おおばのかげちか），コン4（おおばのかげちか），史人（[没]1180年10月26日），重要，新潮（[没]治承4（1180）年10月26日），人名，世人（[没]治承4（1180）年10月26日），世百，全書，大百，日史（[没]治承4（1180）年10月26日），日人，百科，平史（平景親　たいらのかげちか），歴大

**大庭景義**（大庭景能） おおばかげよし
？ ～承元4（1210）年　[別]大庭景能《おおばのかげよし》，平景義《たいらのかげよし》
鎌倉時代前期の武将。
¶朝日（[没]承元4年4月9日（1210年5月3日）），神奈川人（大庭景能），鎌倉，鎌室，国史，古中，コン改（大庭景能　おおばのかげよし），コン4（大庭景能　おおばのかげよし），史人（[没]1210年4月9日），新潮（大庭景能　[没]承元4（1210）年4月9日），人名（大庭景能），世人，日史（[没]承元4（1210）年4月9日），日人，平史（平景義　たいらのかげよし）

**大庭賢兼** おおばかたかね
大永3（1523）年～？
戦国時代～安土桃山時代の武将・歌人。
¶国書

**大庭宮内** おおばくない
戦国時代の武将。葛西氏家臣。
¶戦東

**大庭左近允** おおばさこんのじょう
南北朝時代の美作国西部の武士。
¶岡山歴

**大迫右近** おおはざまうこん，おおはさまうこん
生没年不詳
安土桃山時代の武将。
¶姓氏岩手（おおはさまうこん），戦人

**大庭三左衛門** おおばさんざえもん
？ ～天正12（1584）年
安土桃山時代～江戸時代前期の武将、馬廻。豊臣氏家臣。
¶会津，戦国，戦人（生没年不詳）

**大橋清定** おおはしきよさだ
戦国時代の武将。浅井氏家臣。
¶戦西

**大橋定重** おおはしさだしげ
生没年不詳
安土桃山時代～江戸時代前期の武士。浅野家の家臣。
¶和歌山人

**大橋貞信** おおはしさだのぶ
？ ～元和1（1615）年？
安土桃山時代～江戸時代前期の武将。
¶国書

**大橋重長** おおはししげなが
？ ～永禄8（1565）年6月26日
戦国時代～安土桃山時代の武将。
¶国書

**大橋重保** おおはししげやす
天正10（1582）年～正保2（1645）年　[別]大橋竜慶《おおはしりゅうけい》，大橋竜渓《おおはしりゅうけい》，式部卿法印《しきぶきょうほういん》
安土桃山時代～江戸時代前期の武士。豊臣氏家臣。
¶神奈川人，国書（[没]正保2（1645）年2月4日），茶道（大橋竜渓　おおはしりゅうけい），人名，戦国（[生]1583年），戦人（[生]天正11（1583）年），日史（大橋竜慶　おおはしりゅうけい　[没]正保2（1645）年2月4日），日人，百科（大橋竜慶　おおはしりゅうけい）

**大橋重慶** おおはししげよし
弘治1（1555）年～天正12（1584）年
安土桃山時代の武士。豊臣氏家臣。
¶戦国，戦人

**大橋長兵衛** おおはしちょうべえ
生没年不詳
安土桃山時代の織田信長の家臣。

¶織田

**大橋長成**　おおはしながなり
？　～寛文2（1662）年
江戸時代前期の武士、加賀藩士。大坂夏の陣で先
陣・黒門一番乗り。
¶人名，日人

**大橋播磨守**　おおはしはりまのかみ
生没年不詳
戦国時代の小山秀綱の家臣。
¶戦辞

**大橋秀元**　おおはしひでもと
戦国時代の武士。浅井亮政の臣。
¶人名

**大橋兵庫助**　おおはしひょうごのすけ
安土桃山時代～江戸時代前期の地侍。
¶戦人（生没年不詳），戦東

**大橋豊後守**　おおはしぶんごのかみ
戦国時代の武士。秋月家の臣。
¶人名

**大橋茂右衛門**　おおはしもえもん
？　～承応3（1654）年
安土桃山時代～江戸時代前期の武将、出雲松江藩
家老。
¶藩臣5

**大橋茂右衛門政貞**　おおはしもえもんまささだ
？　～承応3（1654）年
安土桃山時代～江戸時代前期の武将、松江藩家老。
¶島根百，島根歴

**大橋山城守**　おおはしやましろのかみ
戦国時代の武士。後北条氏家臣。
¶戦人（生没年不詳），戦東

**大場修理之助**　おおばしゅりのすけ
戦国時代の武将。大崎氏家臣。
¶戦東

**大橋竜慶**（大橋竜渓）　おおはしりゅうけい
→大橋重保（おおはししげやす）

**大畠定覚**　おおばたけじょうかく
生没年不詳
室町時代の土豪。
¶姓氏京都

**大庭景親**　おおばのかげちか
→大庭景親（おおばかげちか）

**大庭景能**　おおばのかげよし
→大庭景義（おおばかげよし）

**大庭彦七郎**　おおばひこしちろう
戦国時代の武将。葛西氏家臣。
¶戦東

**大庭万次郎**　おおばまんじろう
戦国時代の武将。葛西氏家臣。
¶戦東

**大林久佐**　おおばやしきゅうすけ
？　～文禄2（1593）年9月20日

戦国時代の美作国中央部の在地武士。
¶岡山歴

**大原主計介**　おおはらかずえのすけ
戦国時代の美作国中央部の在地武士。
¶岡山歴

**大原一翁**　おおはらかつおい
？　～天正8（1580）年
戦国時代～安土桃山時代の長連竜の家臣。
¶姓氏石川

**大原掃部介**　おおはらかもんのすけ
戦国時代の武将。葛西氏家臣。
¶戦東

**大原惟宗**　おおはらこれむね
永正13（1516）年～永禄7（1564）年
戦国時代の武士。松平氏家臣。
¶戦東（㊟？），日人

**大原左近右衛門**　おおはらさこんえもん
生没年不詳
戦国時代の松平氏の家臣。
¶戦辞

**大原重光**　おおはらしげみつ
？　～天正19（1591）年
安土桃山時代の武将。葛西氏家臣。
¶戦人

**大原資良**　おおはらすけよし
生没年不詳
戦国時代の武士。今川氏家臣。
¶戦辞，戦人，戦東

**大原高賢**　おおはらたかかた
戦国時代の武将。六角氏家臣。
¶戦西

**大原高保**　おおはらたかやす
？　～天文17（1548）年　㊞大原中務大輔高保《お
おはらなかつかさだいふたかやす》，六角高盛
《ろっかくたかもり》
戦国時代の武士。
¶戦人，戦西（大原中務大輔高保　おおはらなか
つかさだいふたかやす）

**大原中務大輔高保**　おおはらなかつかさだいふたか
やす
→大原高保（おおはらたかやす）

**大原信茂**　おおはらのぶしげ
㊞大原飛驒守信茂《おおはらひだのかみのぶしげ》
安土桃山時代の武将。葛西氏家臣。
¶戦人（生没年不詳），戦東（大原飛驒守信茂　お
おはらひだのかみのぶしげ）

**大原飛驒守信茂**　おおはらひだのかみのぶしげ
→大原信茂（おおはらのぶしげ）

**大原備中入道**　おおはらびっちゅうにゅうどう
室町時代の領主。
¶姓氏富山

**大原守重**　おおはらもりしげ
？　～天正18（1590）年

安土桃山時代の武将。葛西氏家臣。
¶戦人

**大彦命**（大毘古命） **おおひこのみこと，おおびこのみこと**
上代の孝元天皇の第1皇子。四道将軍の一人。北陸に派遣されたという。
¶朝日（おおびこのみこと），岩史（おおびこのみこと），角史（おおびこのみこと），国史，古史，古代（おおびこのみこと），古中，史人，諸系（おおびこのみこと），神史，新潮，人名（大毘古命　おおびこのみこと），世人，日史，日人（おおびこのみこと），百科，歴大

**大平右衛門尉** **おおひらえもんのじょう**
生没年不詳
戦国時代の武蔵吉良氏の家臣。
¶戦辞

**大衡治部大輔氏胤** **おおひらじぶだゆううじたね**
戦国時代～安土桃山時代の武将。大崎氏家臣。
¶戦東

**大平弾正** **おおひらだんじょう**
生没年不詳
南北朝時代の武将。
¶高知人

**大平孫左衛門** **おおひらまござえもん**
戦国時代の武将。大崎氏家臣。
¶戦東

**大衡宗氏** **おおひらむねうじ**
大永6（1526）年？ ～文禄2（1593）年
戦国時代の大衡越路館の領主。
¶姓氏宮城

**大藤源七郎** **おおふじげんしちろう**
生没年不詳　[別]大藤源七郎《だいとうげんしちろう》
戦国時代の武士。後北条氏家臣。
¶戦辞（だいとうげんしちろう），戦人，戦東

**大藤左京亮** **おおふじさきょうのすけ**
戦国時代の武将。後北条氏家臣。
¶戦東

**大藤新兵衛** **おおふじしんべえ**
生没年不詳　[別]大藤新兵衛《だいとうしんべえ》
戦国時代の武士。後北条氏家臣。
¶戦辞（だいとうしんべえ），戦人，戦東

**大藤長門守** **おおふじながとのかみ**
生没年不詳　[別]大藤長門守《だいとうながとのかみ》
安土桃山時代の武士。後北条氏家臣。
¶戦辞（だいとうながとのかみ），戦人，戦東

**大藤信興** **おおふじのぶおき**
→大藤信興（だいとうのぶおき）

**大藤信基** **おおふじのぶもと**
→大藤信基（だいとうのぶもと）

**大藤政信** **おおふじまさのぶ**
→大藤政信(1)（だいとうまさのぶ）

**大藤与七** **おおふじよしち**
→大藤与七（だいとうよしち）

**大町左馬助** **おおまちさまのすけ**
戦国時代の武士。
¶戦人（生没年不詳），戦西

**大町七郎** **おおまちしちろう**
→大町頼明（おおまちよりあき）

**大町宗清** **おおまちむねきよ**
？ ～天正7（1579）年
戦国時代～安土桃山時代の地方豪族・土豪。
¶戦人

**大町義頼** **おおまちよしより**
元亀2（1571）年～寛永2（1625）年
安土桃山時代～江戸時代前期の陸奥仙台藩士。
¶藩臣1

**大町頼明** **おおまちよりあき**
？ ～天正13（1585）年　[別]大町七郎《おおまちしちろう》
安土桃山時代の武士。伊達氏家臣。
¶戦人（生没年不詳），戦東（大町七郎　おおまちしちろう），藩臣1

**大松沢元実** **おおまつざわもとざね**
生没年不詳
安土桃山時代の武将。
¶姓氏宮城，藩臣1

**大見家政** **おおみいえまさ**
平安時代後期の武家。
¶静岡歴（生没年不詳），姓氏静岡

**巨海越中守** **おおみえっちゅうのかみ**
生没年不詳
戦国時代の三河西条吉良氏の家臣。
¶戦辞

**大見小藤太** **おおみことうだ**
？ ～治承1（1177）年
平安時代後期の武士。
¶日人

**大見実政** **おおみさねまさ**
→宇佐美実政（うさみさねまさ）

**大見成家** **おおみしげいえ**
？ ～安元3（1177）年
平安時代後期の曽我兄弟仇討の仕掛人。
¶静岡歴，姓氏静岡

**大見衆三人** **おおみしゅうさんにん**
戦国時代の北条氏の家臣。
¶戦辞

**大見平五** **おおみへいご**
→大貝平五（おおがいへいご）

**大宮含忍斎** **おおみやがんにんさい**
生没年不詳
安土桃山時代の織田信長の家臣。
¶織田

**大神高市麻呂** おおみわのたけちまろ
斉明天皇3(657)年～慶雲3(706)年　[別]三輪高市麻呂《みわのたけちまろ》,三輪朝臣高市麻呂《みわのあそみたけちまろ》,大神朝臣高市麻呂《おおみわのあそんたけちまろ》
飛鳥時代の廷臣(中納言)。大神利金の次男。壬申の乱の功臣。
¶朝日([没]慶雲3年2月6日(706年3月24日)), 公卿([生]白雉2(651)年　[没]慶雲3(706)年2月), 国史(三輪高市麻呂　みわのたけちまろ), 古史(三輪高市麻呂　みわのたけちまろ), 古代(大神朝臣高市麻呂　おおみわのあそんたけちまろ), 古中(三輪高市麻呂　みわのたけちまろ), コン改, コン4, 詩歌, 史人([没]706年2月6日), 諸系, 新潮([生]?　[没]慶雲3(706)年2月6日), 人名([生]651年), 日史([生]斉明3(657)年?　[没]慶雲3(706)年2月6日), 日人, 百科([生]斉明3(657)年?), 万葉(三輪朝臣高市麻呂　みわのあそみたけちまろ), 歴大(三輪高市麻呂　みわのたけちまろ), 和俳([没]慶雲3(706)年2月6日)

**大村家重** おおむらいえしげ
戦国時代の武将。今川氏家臣。
¶戦東

**大村家盛** おおむらいえもり
生没年不詳
戦国時代の備前の国人。
¶戦辞

**大村出雲守** おおむらいずものかみ
?～文明16(1484)年
室町時代の備前国の武士。
¶岡山歴

**大村右近** おおむらうこん
?～寛永2(1625)年
江戸時代前期の武士、肥前大村藩士。
¶藩臣7

**大村采女** おおむらうねめ
生没年不詳
戦国時代の北条氏の家臣。
¶戦辞

**大村右馬助** おおむらうまのすけ
?～元和4(1618)年
安土桃山時代～江戸時代前期の肥前大村藩士。
¶藩臣7

**大村何右衛門** おおむらかえもん
生没年不詳
安土桃山時代～江戸時代前期の肥前大村藩士。
¶藩臣7

**大村三右衛門** おおむらさんえもん
?～天正10(1582)年
安土桃山時代の武将。
¶戦人

**大村純伊** おおむらすみこれ
長禄3(1459)年～天文6(1537)年
室町時代～戦国時代の武将。
¶諸系, 長崎歴

**大村純忠** おおむらすみただ
天文2(1533)年～天正15(1587)年　[別]大村民部大輔純忠入道理専斎《おおむらみんぶのたゆうすみただにゅうどうりせんさい》, バルトロメウ, バルトロメオ
戦国時代～安土桃山時代の武将、キリシタン。
¶朝日([没]天正15年4月18日(1587年5月25日)), 岩史([没]天正15(1587)年4月18日), 角史, 郷土長崎, キリ([没]天正15年5月18日(1587年6月23日)), 国史, 古中, コン改, コン4, 史人([没]1587年4月18日,(異説)5月18日), 重要([没]天正15(1587)年4月17日), 諸系, 人書94, 新潮([没]天正15(1587)年4月18日,(異説)5月18日), 人名, 世人([没]天正15(1587)年4月17日), 世百, 戦合, 戦国, 全書, 戦人, 戦西(大村民部大輔純忠入道理専斎　おおむらみんぶのたゆうすみただにゅうどうりせんさい), 大百, 長崎百, 長崎歴, 日史([没]天正15(1587)年5月18日), 日人, 百科, 歴大

**大村純頼** おおむらすみより
文禄1(1592)年～元和5(1619)年
江戸時代前期の武将、大名。肥前大村藩主。
¶諸系, 日人, 藩主4([没]元和5(1619)年11月13日)

**大村長吉** おおむらちょうきち
安土桃山時代の武将。
¶戦国

**大村綱次** おおむらつなつぐ
?～元亀3(1572)年12月
戦国時代～安土桃山時代の遠江の国衆。
¶戦辞

**大村晴忠** おおむらはるただ
戦国時代の武将。武田家臣。浄古寺城の城代。
¶姓氏山梨

**大村彦右衛門** おおむらひこえもん
永禄8(1565)年～万治2(1659)年
安土桃山時代～江戸時代前期の肥前大村藩家老。
¶人名([生]1568年), 日人, 藩臣7

**大村彦右衛門尉** おおむらひこえもんのじょう
生没年不詳
戦国時代の北条氏の家臣。
¶戦辞

**大村彦左衛門尉** おおむらひこざえもんのじょう
生没年不詳
戦国時代の北条氏の家臣。
¶戦辞

**大村民部大輔純忠入道理専斎** おおむらみんぶのたゆうすみただにゅうどうりせんさい
→大村純忠(おおむらすみただ)

**大村諸重** おおむらもろしげ
室町時代の薩摩国大村領主。
¶姓氏鹿児島

**大村弥十郎** おおむらやじゅうろう
生没年不詳
戦国時代の遠江の国衆。
¶戦辞

**大村与一郎** おおむらよいちろう
天文13（1544）年～慶安2（1649）年
戦国時代～江戸時代前期の武田氏の家臣、栃本の関守。
¶埼玉百

**大村喜前** おおむらよしあき
永禄12（1569）年～元和2（1616）年　別大村喜前《おおむらよしさき》、サンチョ
安土桃山時代～江戸時代前期の武将、大名。肥前大村藩主。
¶キリ（㋫永禄11（1568）年　㋲元和2年8月8日（1616年9月18日）），諸系，人名（おおむらよしさき　㋫1568年　㋲1615年），戦国（おおむらよしさき），戦人，日人，藩主4（㋫永禄12（1569）年，（異説）永禄11年　㋲元和2（1616）年8月8日），歴大（㋫1568年）

**大村喜前** おおむらよしさき
→大村喜前（おおむらよしあき）

**大室助左衛門** おおむろすけざえもん
戦国時代の武将。武田家臣。信濃大室の城主。
¶姓氏長野（生没年不詳），姓氏山梨

**大室泰宗** おおむろやすむね
生没年不詳
鎌倉時代の武士。
¶北条

**大森顕隆** おおもりあきたか
生没年不詳
戦国時代の相模国小田原城主だった大森氏の一族。
¶戦辞

**大森氏頼** おおもりうじより
応永25（1418）年～明応3（1494）年
室町時代～戦国時代の武将。小田原城主。
¶神奈川人，鎌室（㋫？），国史，国書（㋲明応3（1494）年8月26日），古中，コン改（㋫？），コン4（㋫？），史人（㋲1494年8月26日），新潮（㋲明応3（1494）年8月26日），人名（㋫？），戦合，戦辞（㋫？　㋲明応3年8月26日（1494年9月25日）？），戦人，日人（㋫？）

**大森惟長** おおもりこれなが
南北朝時代の武士・備前国一宮吉備津彦神社の社務（神主）。
¶岡山歴

**大森定頼** おおもりさだより
生没年不詳
戦国時代の武士。相模国小田原城主大森実頼の子。
¶戦辞

**大森実頼** おおもりさねより
生没年不詳
戦国時代の小田原城主。
¶神奈川人，人名，戦辞，日人

**大森茂忠** おおもりしげただ
室町時代の武士・備前国一宮吉備津彦神社の社務（神主）。
¶岡山歴

**大森藤左衛門** おおもりとうざえもん
？　～慶長5（1600）年9月
安土桃山時代の岡山城主宇喜多秀家の家臣。
¶岡山歴

**大森殿** おおもりどの
生没年不詳
戦国時代の北条氏の家臣。
¶戦辞

**大森長範** おおもりながのり
？　～慶長5（1600）年
安土桃山時代の武士。
¶戦人，戦西

**大森憲頼** おおもりのりより
～応仁1（1467）年
室町時代の西相模の武将。
¶神奈川人

**大森彦七** おおもりひこしち
生没年不詳　別大森盛長《おおもりもりなが》
南北朝時代の武将。
¶愛媛百，鎌室（大森盛長　おおもりもりなが），史人，人名，大百，日史，日人，百科，歴大

**大森藤頼** おおもりふじより
？　～＊
室町時代～戦国時代の武将。大森氏最後の小田原城主。
¶朝日（㋲文亀3年11月2日？（1503年11月20日？）），神奈川人（㋲1503年），鎌室（㋲明応7（1498）年），コン改（㋲明応7（1498）年），コン4（㋲明応7（1498）年），新潮（㋲文亀3（1503）年8月26日），戦辞（㋲文亀3年11月2日（1503年11月20日）？），戦人（㋲明応7（1498）年），日人（生没年不詳）

**大森平右衛門** おおもりへいえもん
生没年不詳
安土桃山時代の織田信長の家臣。
¶織田

**大森盛直** おおもりもりなお
生没年不詳
南北朝方の武将。
¶郷土愛媛

**大森盛長** おおもりもりなが
→大森彦七（おおもりひこしち）

**大森頼明** おおもりよりあき
～応永12（1405）年
室町時代の武将。
¶神奈川人

**大森頼春** おおもりよりはる
？　～文明1（1469）年1月18日？
室町時代～戦国時代の駿河・相模国境域の国人。
¶神奈川人（生没年不詳），戦辞

お

**大矢国忠** おおやくにただ
生没年不詳
戦国時代の武田氏の遺臣。
¶姓氏神奈川

**大野家源内** おおやけげんない
～天正3(1575)年
戦国時代の土豪。
¶高知人

**大宅光任** おおやけのみつとう
生没年不詳
平安時代後期の武士で源頼義の郎等。
¶平史

**大屋三郎兵衛** おおやさぶろうべえ
戦国時代の土豪。
¶姓氏富山

**大屋三右衛門** おおやさんえもん
安土桃山時代の武将。秀吉馬廻。
¶戦国，戦人(生没年不詳)

**大屋助三郎** おおやすけさぶろう
安土桃山時代の武将。秀吉馬廻。
¶戦国，戦人(生没年不詳)

**大屋善左衛門尉** おおやぜんざえもんのじょう
生没年不詳
戦国時代の北条氏の家臣。
¶戦辞

**大矢田宿禰** おおやだのすくね
上代の武将。神功皇后の新羅遠征にしたがったという。
¶人名，日人

**大矢野種村** おおやのたねむら
生没年不詳
鎌倉時代後期の武士。
¶鎌室，人名，日人

**大矢野種基** おおやのたねもと
弘治1(1555)年～慶長2(1597)年　[別]ジャコベ
安土桃山時代の国人。
¶戦国，戦人

**大矢野種保** おおやのたねやす
生没年不詳
鎌倉時代後期の武士。
¶鎌室，人名，日人

**大藪国安** おおやぶくにやす
？ ～寛永9(1632)年
安土桃山時代～江戸時代前期の武士。紀州藩士。
¶和歌山人

**大山重光** おおやましげみつ
生没年不詳
安土桃山時代の武士。佐竹氏家臣。
¶戦辞，戦人，戦東

**大山勝兵衛** おおやましょうべえ
安土桃山時代の武将。秀吉馬廻。
¶戦国，戦人(生没年不詳)

**大山田刑部** おおやまだぎょうぶ
生没年不詳
安土桃山時代～江戸時代前期の武士。佐竹氏家臣。
¶戦人

**大山筑前守** おおやまちくぜんのかみ
～元和9(1623)年6月15日
安土桃山時代～江戸時代前期の大山城主。
¶庄内

**大山伯耆** おおやまほうき
→大山伯耆守(おおやまほうきのかみ)

**大山伯耆守** おおやまほうきのかみ
[別]大山伯耆《おおやまほうき》
安土桃山時代の武将、馬廻。豊臣氏家臣。
¶人名(大山伯耆　おおやまほうき)，戦国，戦人(生没年不詳)

**大山光隆** おおやまみつたか
？ ～元和9(1623)年
江戸時代前期の武将。最上義光の子。
¶戦東

**大山義在** おおやまよしあり
永正12(1515)年～天正4(1576)年
戦国時代～安土桃山時代の武士。佐竹氏家臣。
¶戦辞([没]天正4年4月1日(1576年4月29日))，戦人，戦東([生]？)

**大山義景** おおやまよしかげ
天文10(1541)年～慶長15(1610)年
安土桃山時代～江戸時代前期の武士。佐竹氏家臣。
¶戦辞([没]慶長15年2月17日(1610年3月12日))，戦人，戦東([生]？)

**大山義種** おおやまよしたね
生没年不詳
安土桃山時代の武士。佐竹氏家臣。
¶戦辞，戦人，戦東

**大山義近** おおやまよしちか
？ ～永禄8(1566)年12月13日
戦国時代の武士。佐竹氏家臣。
¶戦辞，戦人(生没年不詳)，戦東

**大山義成** おおやまよしなり
生没年不詳
戦国時代の武士。佐竹氏家臣。
¶戦辞，戦人，戦東

**大山義則** おおやまよしのり
元亀2(1571)年～寛永14(1637)年
安土桃山時代～江戸時代前期の武士。佐竹氏家臣。
¶戦辞([没]寛永14年1月22日(1637年2月16日))，戦人，戦東([生]？)

**大山義保** おおやまよしやす
？ ～*
戦国時代の武将。佐竹氏家臣。
¶戦辞([没]天文13年12月5日(1545年1月17日))，戦東([没]1544年)

**大宅光延** おおやみつのぶ
鎌倉時代の武士。

¶姓氏静岡

**大屋弥八郎** おおややはちろう
安土桃山時代の武将。秀吉馬廻。
¶戦国，戦人（生没年不詳）

**大湯昌次** おおゆまさつぐ
？ ～天正19（1591）年
安土桃山時代の武士。
¶戦人

**大利左兵衛尉** おおりさひょうえのじょう
戦国時代の武将。武田家臣。永禄起請文にみえる。
¶姓氏山梨

**大脇喜八** おおわききはち
？ ～天正10（1582）年6月2日
戦国時代～安土桃山時代の織田信長の家臣。
¶織田

**大脇七兵衛** おおわきしちべえ
生没年不詳
安土桃山時代の織田信長の家臣。
¶織田

**大脇伝内** おおわきでんない
生没年不詳
安土桃山時代の織田信長の家臣。
¶織田

**大和田掃部** おおわだかもん
？ ～天正19（1591）年
安土桃山時代の武士。葛西氏家臣。
¶戦人，戦東

**大和田重清**(1) おおわだしげきよ
？ ～元和5（1619）年
安土桃山時代～江戸時代前期の武士。佐竹氏家臣。
¶国書（[没]元和5（1619）年1月），戦人，戦東

**大和田重清**(2) おおわだしげきよ
*～寛永11（1634）年
安土桃山時代～江戸時代前期の陸奥仙台藩士。
¶姓氏宮城（[生]1550年），藩臣1（[生]天文21（1552）年）

**大和田新左衛門尉** おおわだしんざえもんのじょう
戦国時代の武将。佐竹氏家臣。
¶戦東

**大童豊後** おおわらぶんご
戦国時代の武将。大崎氏家臣。
¶戦東

**岡家利** おかいえとし
？ ～慶長20（1615）年
安土桃山時代～江戸時代前期の武士。
¶岡山歴（[没]慶長20（1615）年7月6日），戦人，戦西，日人

**岡家成** おかいえなり
～寛文10（1670）年
安土桃山時代～江戸時代前期の武士、宇喜多家臣。
¶岡山人

**岡市之丞** おかいちのじょう
安土桃山時代の武将。宇喜多氏家臣。
¶岡山歴，戦西

**大貝平五** おがいへいご
→大貝平五（おおがいへいご）

**岡越前** おかえちぜん
？ ～元和1（1615）年
安土桃山時代～江戸時代前期の武士。武士、宇喜多秀家の臣。
¶人名

**岡越前守** おかえちぜんのかみ
安土桃山時代の武将。
¶岡山人

**岡兼定** おかかねさだ
生没年不詳
安土桃山時代の武将。
¶戦人

**岡上主水助** おかがみもんどのすけ
戦国時代の武士。後北条氏家臣。
¶戦人（生没年不詳），戦東

**岡国高** おかくにたか
？ ～天正5（1577）年 [別]岡周防守《おかすおうのかみ》
戦国時代～安土桃山時代の地方豪族・土豪。
¶織田（岡周防守 おかすおうのかみ 生没年不詳），戦人

**岡剛介** おかごうすけ
？ ～天正7（1579）年
戦国時代～安土桃山時代の武士。
¶岡山人，岡山歴（[没]天正7（1579）年11月），戦人，戦西

**岡江雪** おかこうせつ
→板部岡江雪（いたべおかこうせつ）

**岡崎実忠** おかざきさねただ
～建保1（1213）年
鎌倉時代前期の武将。
¶神奈川人

**岡崎三郎大夫** おかざきさぶろうだゆう
生没年不詳
安土桃山時代の織田信長の家臣。
¶織田

**岡崎修理亮** おかざきしゅりのすけ
生没年不詳
戦国時代の武士。後北条氏家臣。
¶戦辞，戦人，戦東

**岡崎義実** おかざきよしざね
天永3（1112）年～正治2（1200）年 [別]平義実《たいらのよしざね》
平安時代後期～鎌倉時代前期の武将。源頼朝の宿老。
¶朝日（[没]正治2年6月21日（1200年8月2日）），神奈川人，鎌倉，鎌室，国史，古中，コン改，コン4，史人（[没]1200年6月21日），諸系，新潮（[没]正治2（1200）年6月21日），人名，姓氏神奈

お

川，世人（[生]？　[没]正治2（1200）年6月21日），日史（[没]正治2（1200）年6月21日），日人，平史（平義実　たいらのよしざね），歴大

**岡崎義村** おかざきよしむら
室町時代の武将。
¶姓氏富山

**岡貞綱** おかさだつな
？ ～元和1（1615）年
安土桃山時代～江戸時代前期の武将。宇喜多秀家の臣。
¶戦補

**岡左内** おかさない
生没年不詳
安土桃山時代～江戸時代前期の武将、猪苗代城主、陸奥会津藩士。
¶会津，藩臣2

**小笠原家長** おがさわらいえなが
？ ～延徳2（1490）年10月15日
室町時代～戦国時代の信濃国松尾小笠原氏の当主。
¶戦辞

**小笠原伊右衛門** おがさわらいえもん
慶長3（1598）年～延宝2（1674）年
江戸時代前期の武将、紀伊和歌山藩士。
¶藩臣5

**小笠原出雲守頼貞** おがさわらいずものかみよりさだ
→小笠原頼貞（おがさわらよりさだ）

**小笠原伊勢** おがさわらいせ
生没年不詳
安土桃山時代の武士。
¶戦人

**小笠原一庵** おがさわらいちあん
生没年不詳
江戸時代前期の武士、旗本、長崎奉行。
¶史人，日史，日人，百科，歴大

**小笠原一庵為宗** おがさわらいちあんためむね
生没年不詳
安土桃山時代～江戸時代前期の武士、2代長崎奉行。
¶長崎歴

**小笠原氏興** おがさわらうじおき
？ ～永禄12（1569）年6月11日
戦国時代の武将。今川氏家臣。
¶戦辞，戦東

**小笠原氏清** おがさわらうじきよ
*～永禄12（1569）年
戦国時代の武士。今川氏家臣、徳川氏家臣。
¶静岡歴（[生]享禄2（1529）年），姓氏静岡（[生]1529年），戦人（[生]？），戦東（[生]？）

**小笠原氏長** おがさわらうじなが
戦国時代の武将。足利氏家臣。
¶戦辞（生没年不詳），戦東

**小笠原掃部守信嶺** おがさわらかもんのかみのぶみね
→小笠原信嶺（おがさわらのぶみね）

**小笠原清宗** おがさわらきよむね
応永34（1427）年～文明10（1478）年
室町時代～戦国時代の武将。
¶諸系，日人

**小笠原蔵人** おがさわらくろうど
生没年不詳
戦国時代の古河公方足利義氏の家臣。
¶戦辞

**小笠原源与斎** おがさわらげんよさい
戦国時代の武将。武田家臣。軍配者。
¶姓氏山梨

**小笠原権之丞** おがさわらごんのじょう
？ ～元和1（1615）年
安土桃山時代～江戸時代前期の武士。徳川氏家臣。
¶戦人（生没年不詳），戦補

**小笠原左衛門尉定政** おがさわらさえもんのじょうさだまさ
→小笠原定政（おがさわらさだまさ）

**小笠原左衛門佐信之** おがさわらさえもんのすけのぶゆき
→小笠原信之（おがさわらのぶゆき）

**小笠原左京大夫** おがさわらさきょうだいぶ
安土桃山時代の武将。秀吉馬廻。
¶戦国，戦人（生没年不詳）

**小笠原貞忠** おがさわらさだただ
？ ～天文19（1550）年6月25日
戦国時代の信濃国松尾小笠原氏の当主。
¶戦辞

**小笠原貞種** おがさわらさだたね
[別]小笠原清蔵貞種《おがさわらせいぞうさだたね》
戦国時代～安土桃山時代の武士。
¶戦人（生没年不詳），戦東（小笠原清蔵貞種　おがさわらせいぞうさだたね）

**小笠原貞次** おがさわらさだつぐ
戦国時代の武士。
¶人名，日人（生没年不詳）

**小笠原定俊** おがさわらさだとし
天正3（1575）年～正保4（1647）年
安土桃山時代～江戸時代前期の武士。紀州藩士。
¶和歌山人

**小笠原貞朝** おがさわらさだとも
寛正2（1461）年～永正12（1515）年
戦国時代の武将。
¶国書（[生]寛正2（1461）年9月18日　[没]永正12（1515）年6月3日），諸系，人名，戦辞（[生]寛正2年9月18日（1461年10月21日）　[没]永正12年6月3日（1515年7月14日）），日人

**小笠原貞正** おがさわらさだまさ
？ ～天正13（1585）年　[別]小笠原但馬守貞正《おがさわらたじまのかみさだまさ》
安土桃山時代の武将。小笠原氏家臣。
¶戦人，戦東（小笠原但馬守貞正　おがさわらたじまのかみさだまさ）

## 小笠原定政　おがさわらさだまさ

㊄小笠原左衛門尉定政《おがさわらさえもんの
じょうさだまさ》
戦国時代の武士。
¶姓氏山梨，戦人（生没年不詳），戦東（小笠原左
衛門尉定政　おがさわらさえもんのじょうさだ
まさ）

## 小笠原貞宗　おがさわらさだむね

＊～正平2/貞和3（1347）年
鎌倉時代後期～南北朝時代の武将、信濃守護、小
笠原流礼法の祖。
¶朝日（㊐正応5年4月12日（1292年4月30日）
㊦貞和3/正平2年5月26日（1347年7月5日）），岩
史（㊐正応5（1292）年4月12日　㊦貞和3（1347）
年5月26日），角史（㊐正応5（1292）年），鎌倉
（㊐正応5（1292）年，鎌室㊐正応5（1292）
年?），郷土雪野（㊐1291年），国史（㊐1292
年），国書（㊐正応5（1292）年4月12日　㊦貞和
3（1347）年5月26日），古中（㊐1292年），コン
改（㊐仁2（1294）年　㊦観応1（1350）
年），コン4（㊐永仁2（1294）年　㊦観応1/正平
5（1350）年），史人（㊐1292年，（異説）1294年
㊦1347年5月26日），諸系（㊐1292年），新潮
（㊐永仁2（1294）年，（異説）正応5（1292）年
㊦観応1/正平5（1350）年8月25日，（異説）貞和
3/正平2（1347）年5月26日），人名（㊐1294年
㊦1350年），姓氏長野（㊐1292年?），世人
（㊐正応4（1291）年），世百（㊐1291年），全書
（㊐1294年），大百（㊐1291年），長野百
（㊐1291年），長野歴（㊐正応5（1292）年），日
史（㊐永仁2（1294）年?　㊦貞和3/正平2
（1347）年5月26日），日人（㊐1292年），百科
（㊐永仁2（1294）年?），歴大（㊐1292年）

## 小笠原定基　おがさわらさだもと

?　～永正8（1511）年8月23日
戦国時代の信濃国松尾小笠原氏の当主。
¶戦辞

## 小笠原貞慶　おがさわらさだよし

天文15（1546）年～文禄4（1595）年
安土桃山時代の武将。
¶朝日（㊐天文15年8月12日（1546年9月6日）
㊦文禄4年5月10日（1595年6月17日）），岩史
（㊐天文15（1546）年8月12日　㊦文禄4（1595）
年5月10日），織田（㊦文禄4（1595）年5月10
日），角史，近世，戦東，国史，国書（㊐天文15
（1546）年8月12日　㊦文禄4（1595）年5月10
日），コン4，諸系，新潮（㊦文禄4（1595）年5月
10日），人名，姓氏長野，世人，戦合，戦国，
戦辞（㊐天文15年8月12日（1546年9月6日）
㊦文禄4年5月10日（1595年6月17日）），戦人，
長野百（㊐1541年?），長野歴，日史（㊦文禄4
（1595）年5月10日），日人，百科，歴大

## 小笠原貞頼　おがさわらさだより

生没年不詳
安土桃山時代の武将。小笠原諸島の発見者。
¶朝日，角史，近世，国史，コン改，コン4，新
潮，人名，世人，戦合，戦国，戦人，長野歴，
日人，歴大

## 小笠原三郎左衛門吉次　おがさわらさぶろうざえもん
よしつぐ
　→小笠原吉次（おがさわらよしつぐ）

## 小笠原清蔵貞種　おがさわらせいぞうさだたね
　→小笠原貞種（おがさわらさだたね）

## 小笠原宗元　おがさわらそうげん

応永18（1411）年頃～?
室町時代の武将・連歌作者。
¶国書

## 小笠原但馬守貞正　おがさわらたじまのかみさだまさ
　→小笠原貞正（おがさわらさだまさ）

## 小笠原忠真　おがさわらただざね，おがさわらたださね

慶長1（1596）年～寛文7（1667）年
江戸時代前期の大名。信濃松本藩主、播磨明石藩
主、豊前小倉藩主。
¶朝日（㊐慶長1年2月28日（1596年3月26日）
㊦寛文7年10月18日（1667年12月3日）），黄檗
（㊦寛文7（1667）年10月18日），近世，国史，コ
ン改，コン4，茶道（㊐1595年），史人（㊦1667
年10月18日），諸系，新潮（㊦寛文7（1667）年
10月18日），人名，世人（㊦寛文7（1667）年10
月18日），戦合，長野歴，日史（㊦寛文7（1667）
年10月18日），日人，藩主2，藩主3，藩主4
（㊐文禄5（1596）年2月28日　㊦寛文7（1667）年
10月18日），百科，兵庫百（おがさわらただざ
ね），福岡百（㊐文禄5（1596）年2月28日　㊦寛
文7（1667）年10月18日），歴大

## 小笠原忠知　おがさわらただとも

慶長4（1599）年～寛文3（1663）年
江戸時代前期の武将、大名。豊後杵築藩主、三河
吉田藩主。
¶国書（㊐慶長4（1599）年7月21日　㊦寛文3
（1663）年7月29日），茶道（㊐1598年），諸系，
人名，姓氏愛知，長野歴（㊐?），日人，藩主2
（㊐慶長4（1599）年7月21日　㊦寛文3（1663）年
7月29日），藩主4（㊦寛文3（1663）年7月29日）

## 小笠原忠脩　おがさわらただなが，おがさわらただなか

文禄3（1594）年～元和1（1615）年
江戸時代前期の武将、信濃松本城主。
¶諸系（おがさわらただなか），人名，日人（おが
さわらただなか）

## 小笠原筑後守　おがさわらちくごのかみ

生没年不詳
戦国時代の北条氏の家臣。御相伴衆。
¶戦辞

## 小笠原常春　おがさわらつねはる

生没年不詳
鎌倉時代の武士。
¶徳島歴

## 小笠原尚清　おがさわらなおきよ

?　～文亀2（1502）年3月22日
室町時代～戦国時代の武将・故実家。
¶国書

## 小笠原長氏　おがさわらながうじ

生没年不詳

南北朝時代の邑智郡川本郷領主。
¶島根歴

**小笠原長雄　おがさわらながお**
→小笠原長雄（おがさわらながたか）

**小笠原長旌　おがさわらながお**
→小笠原長旌（おがさわらながはた）

**小笠原長和　おがさわらながかず**
戦国時代の武田氏家臣。小笠原信貴被官。
¶姓氏山梨

**小笠原長雄　おがさわらながかつ**
→小笠原長雄（おがさわらながたか）

**小笠原長清　おがさわらながきよ**
応保2（1162）年～仁治3（1242）年　[別]加賀美長清《かがみながきよ》，源長清《みなもとのながきよ》
平安時代後期～鎌倉時代前期の武将。小笠原氏の祖。
¶朝日（[生]応保2年3月5日（1162年4月20日）　[没]仁治3年7月15日（1242年8月12日）），鎌室（加賀美長清　かがみながきよ），史人（[生]1162年3月5日　[没]1242年7月15日），諸系，人名（[生]1152年），姓氏長野，全書，大百，徳島百（[没]仁治3（1242）年7月15日），徳島歴（[生]応保2（1162）年3月5日　[没]仁治3（1242）年7月15日），長野百，長野歴，日人，平史（源長清　みなもとのながきよ），山梨百

**小笠原長高　おがさわらながたか**
長享2（1488）年～天文13（1544）年
戦国時代の武将。今川氏家臣。
¶国書（[没]天文13（1544）年10月4日），静岡歴，姓氏静岡，戦人，戦東

**小笠原長雄　おがさわらながたか**
？　～＊　[別]小笠原長雄《おがさわらながお，おがさわらながかつ》
戦国時代の武士。
¶国書（おがさわらながお　[没]元亀1（1570）年12月9日），島根百（おがさわらながかつ），島根歴（おがさわらながお　生没年不詳），戦人（[没]永禄12（1569）年？），戦西

**小笠原長隆　おがさわらながたか**
？　～天文11（1542）年
戦国時代の邑智郡川本温湯城主。
¶島根歴

**小笠原長忠　おがさわらながただ**
？　～天正18（1590）年
安土桃山時代の武将。今川氏家臣、徳川氏家臣。
¶人名，姓氏静岡，姓氏山梨，戦国，戦人（生没年不詳），戦東，日人

**小笠原長継　おがさわらながつぐ**
[別]小笠原山城守長継《おがさわらやましろのかみながつぐ》
安土桃山時代の武将。
¶戦人（生没年不詳），戦東（小笠原山城守長継　おがさわらやましろのかみながつぐ）

**小笠原長経　おがさわらながつね**
平安時代後期～鎌倉時代前期の守護。
¶徳島百（[生]建久1（1190）年　[没]建長6（1254）年3月28日），徳島歴（[生]治承3（1179）年5月17日　[没]宝治1（1247）年11月5日）

**小笠原長時　おがさわらながとき**
永正11（1514）年～天正11（1583）年
戦国時代～安土桃山時代の武将、信濃守。武田信玄の侵略を受け本拠林城を失う。
¶会津，朝日（[生]永正11年10月23日（1514年11月9日）　[没]天正11年2月25日（1583年4月17日）），岩史（[生]永正11（1514）年10月23日　[没]天正11（1583）年2月25日），教育（[生]1519年），系東（[生]1519年），国史，国書（[生]永正11（1514）年11月23日　[没]天正11（1583）年2月25日），古中，コン改，コン4，史人（[没]1583年2月25日），諸系，新潮（[没]天正11（1583）年2月25日），人名（[生]1519年），姓氏長野，世人（[生]永正11（1514）年？　[没]天正11（1583）年2月25日），戦合，戦国（[生]1515年），戦辞（[没]天正11年2月25日（1583年4月17日）），全書（[生]1514年，（異説）1519年），戦人，長野百，長野歴，日史（[没]天正11（1583）年2月25日），日人，百科，山梨百（[生]永正16（1519）年　[没]天正11（1583）年2月25日），歴大

**小笠原長朝　おがさわらながとも**
嘉吉3（1443）年～文亀1（1501）年
室町時代～戦国時代の武将。
¶諸系，戦辞（[生]嘉吉3年11月4日（1443年11月25日）　[没]文亀1年8月12日（1501年9月24日）），日人

**小笠原長巨　おがさわらながなお**
？　～寛永11（1634）年
安土桃山時代～江戸時代前期の旗本。伊那郡松尾城城主小笠原信嶺の次弟。
¶姓氏長野

**小笠原長直　おがさわらながなお**
天正15（1587）年～延宝3（1675）年
安土桃山時代～江戸時代前期の武将。
¶国書

**小笠原長記　おがさわらながのり**
戦国時代の武将。武田家臣。小笠原信貴被官。
¶姓氏山梨

**小笠原長徳　おがさわらながのり**
？　～天文16（1547）年
戦国時代の邑智郡川本温湯城主。
¶島根歴

**小笠原長旌　おがさわらながはた**
？　～慶長8（1603）年　[別]小笠原長旌《おがさわらながお》
戦国時代～安土桃山時代の武士。
¶島根歴，戦人（生没年不詳），戦西（おがさわらながお）

**小笠原長治　おがさわらながはる**
安土桃山時代～江戸時代前期の武芸家、真新陰流刀術の祖。
¶人名，日人（生没年不詳）

**小笠原長久** おがさわらながひさ
生没年不詳
鎌倉時代の御家人。
¶徳島歴

**小笠原長秀** おがさわらながひで
正平21/貞治5（1366）年〜応永31（1424）年
室町時代の武将。
¶鎌室（㋭？），国書（㋭貞治5（1366）年9月18日
㋮応永31（1424）年3月15日），史人（㋶1374
年？　㋮1425年？），諸系，人名，姓氏長野
（㋮1425年），長野歴（㋶応永32（1425）年），
日人

**小笠原長房** おがさわらながふさ
平安時代後期〜鎌倉時代前期の守護。長清の2男。
¶徳島百（㋭建保1（1213）年　㋮建治2（1276）年
10月25日），徳島歴（㋭文治1（1185）年　㋮宝
治2（1248）年10月25日）

**小笠原長穂** おがさわらながほ
戦国時代の武将。武田家臣。小笠原信貴被官。
¶姓氏山梨

**小笠原長政**(1) おがさわらながまさ
？　〜天正6（1578）年　㋫重清長政《しげきよなが
まさ》，海原豊後守《うなばらぶんごのかみ》
戦国時代〜安土桃山時代の阿波の地方豪族・土
豪。重清城主。
¶戦人，徳島歴（重清長政　しげきよながまさ
㋶天正6（1578）年1月）

**小笠原長政**(2) おがさわらながまさ
安土桃山時代の信濃の弓術家。
¶人名

**小笠原長宗** おがさわらながむね
徳治2（1307）年〜正平18/貞治2（1363）年　㋫一
宮長宗《いちのみやながむね》
鎌倉時代後期〜南北朝時代の武将・勤王家。
¶徳島百，徳島歴（一宮長宗　いちのみやながむ
ね　㋶貞治2（1363）年3月13日）

**小笠原長棟** おがさわらながむね
明応1（1492）年〜天文18（1549）年
戦国時代の武士。
¶系東（㋮1542年），国書（㋭延徳4（1492）年3月
19日　㋮天文18（1549）年10月8日），諸系，人
名，戦辞（㋭明応1年3月19日（1492年4月15日）
㋮天文18年10月8日（1549年10月28日）），戦人
（㋮天文11（1542）年），日人

**小笠原長基** おがさわらながもと
正平2/貞和3（1347）年〜応永14（1407）年
南北朝時代〜室町時代の武将、信濃守護。
¶朝日（㋭貞和3/正平2年1月27日　㋮応永14年3月9
日　㋮応永14年10月6日（1407年11月5日）），
鎌室，国史（生没年不詳），国書（㋭貞和3
（1347）年1月27日　㋮応永14（1407）年10月6
日，古中（生没年不詳），史人（㋶1347年？
㋮1407年10月6日？），諸系，新潮（生没年不
詳），長野歴，日人

**小笠原長幸** おがさわらながゆき
生没年不詳
戦国時代の武将。
¶戦人

**小笠原長義** おがさわらながよし
？　〜嘉元3（1305）年6月27日
鎌倉時代後期の幕府の御家人。
¶徳島歴

**小笠原成助** おがさわらなりすけ
生没年不詳
安土桃山時代の武将。
¶戦人

**小笠原信興** おがさわらのぶおき
生没年不詳
戦国時代の今川氏・武田氏の家臣。
¶戦辞

**小笠原信清** おがさわらのぶきよ
生没年不詳
戦国時代〜安土桃山時代の武士。
¶戦人

**小笠原信定** おがさわらのぶさだ
＊〜永禄12（1569）年
戦国時代〜安土桃山時代の武将・故実家。
¶国書（㋭？　㋮永禄12（1569）年1月6日），戦辞
（㋭大永1（1521）年　㋮永禄12年1月6日（1569
年1月22日））

**小笠原信貴** おがさわらのぶたか
？　〜天正7（1579）年
戦国時代の武将。武田氏家臣。
¶姓氏山梨，姓氏山梨，戦辞（㋶天正7（1579）年5
月），戦人（生没年不詳），戦東

**小笠原信嶺** おがさわらのぶみね
天文16（1547）年〜慶長3（1598）年　㋫小笠原掃
部守信嶺《おがさわらかもんのかみのぶみね》
安土桃山時代の武将、大名。武蔵本庄城主。
¶織田（㋮慶長3（1598）年2月19日），国書（㋮慶
長3（1598）年2月19日），埼玉人（㋮慶長3
（1598）年2月19日），埼玉百（小笠原掃部守信嶺
おがさわらかもんのかみのぶみね　㋭1551年），
諸系，人名，姓氏長野（㋶1547年？），戦国，戦
辞（㋮慶長3年2月19日（1598年3月26日）），戦
人，日人，藩主1（㋮慶長3（1598）年2月19日）

**小笠原信之** おがさわらのぶゆき
元亀1（1570）年〜慶長19（1614）年　㋫小笠原左
衛門佐之《おがさわらさえもんのすけのぶゆき》
安土桃山時代〜江戸時代前期の武将、大名。武蔵
本庄藩主、下総古河藩主。
¶埼玉百（小笠原左衛門佐之　おがさわらさえ
もんのすけのぶゆき　㋭1560年），諸系，日人，
藩主1，藩主2（㋮慶長19（1614）年4月26日）

**小笠原春茂** おがさわらはるしげ
戦国時代の武将。今川氏家臣。
¶戦辞（生没年不詳），戦東

**小笠原春義** おがさわらはるよし
戦国時代の武将。今川氏家臣。

¶戦東

**小笠原秀政** おがさわらひでまさ
永禄12(1569)年～元和1(1615)年
安土桃山時代～江戸時代前期の大名。下総古河藩主、信濃飯田藩主、信濃松本藩主。
¶近世，国史，史人([生]1569年3月21日 [没]1615年5月7日)，諸系，新潮([生]永禄12(1569)年3月21日 [没]元和1(1615)年5月7日)，人名，姓氏長野，戦合，戦国([生]?)，戦人，長野歴，日史([生]永禄12(1569)年3月21日 [没]元和1(1615)年5月7日)，日人，藩主2([没]元和1(1615)年5月7日)，藩主2，藩主2([生]永禄12(1569)年3月21日 [没]元和1(1615)年5月7日)，百科

**小笠原兵部** おがさわらひょうぶ
? ～天正19(1591)年
安土桃山時代の武士。
¶戦人

**小笠原政長** おがさわらまさなが
元応1(1319)年～正平20/貞治4(1365)年
南北朝時代の武将。
¶鎌室(生没年不詳)，国書([生]元応1(1319)年7月11日 [没]貞治4(1365)年3月21日)，諸系，人名([生]1326年)，長野歴，日人

**小笠原政秀** おがさわらまさひで
? ～明応2(1493)年
室町時代～戦国時代の信濃国鈴岡小笠原氏の当主。
¶姓氏長野，戦辞([没]明応2年1月4日(1493年1月21日))，長野歴

**小笠原政康** おがさわらまさやす
天授2/永和2(1376)年～嘉吉2(1442)年
南北朝時代～室町時代の武将。
¶鎌室，郷土長野，諸系，姓氏長野，長野百，長野歴，日人

**小笠原道資** おがさわらみちすけ
～寛正6(1465)年
室町時代の武将。
¶高知人

**小笠原通弘** おがさわらみちひろ
生没年不詳
鎌倉時代後期の武将。
¶郷土岐阜

**小笠原満長** おがさわらみつなが
生没年不詳
南北朝時代～室町時代の武将・故実家。
¶国書

**小笠原光康** おがさわらみつやす
応永22(1415)年～寛正2(1461)年
室町時代の武将。
¶諸系，長野歴，日人

**小笠原宗康** おがさわらむねやす
? ～文安3(1446)年
室町時代の武将。
¶諸系，長野歴，日人

**小笠原持長**(1) おがさわらもちなが
応永3(1396)年～寛正3(1462)年
室町時代の武将、信濃守護。
¶朝日([生]応永3年6月22日(1396年7月27日) [没]寛正3年6月15日(1462年7月12日))，鎌室，コン改，コン4，諸系，新潮([没]寛正3(1462)年6月15日)，人名，長野歴，日人

**小笠原持長**(2) おがさわらもちなが
元中1/至徳1(1384)年～長禄2(1458)年
室町時代の幕臣。
¶鎌室(生没年不詳)，国書，諸系，長野歴(生没年不詳)，日人

**小笠原元続** おがさわらもとつぐ
戦国時代の武将。後北条氏家臣。
¶戦辞(生没年不詳)，戦東

**小笠原元長** おがさわらもとなが
永享5(1433)年～文亀3(1503)年
室町時代～戦国時代の武将・故実家。
¶国書

**小笠原盛高** おがさわらもりたか
? ～元和6(1620)年
安土桃山時代～江戸時代前期の武士。紀州藩士。
¶和歌山人

**小笠原泰清** おがさわらやすきよ
? ～弘安8(1285)年11月17日
鎌倉時代の阿波国守護小笠原氏の一族。
¶徳島歴

**小笠原康広** おがさわらやすひろ
*～慶長2(1597)年
戦国時代～安土桃山時代の武士。後北条氏家臣。
¶国書([生]享禄4(1531)年 [没]慶長2(1597)年12月8日)，戦辞([生]? [没]慶長2年12月8日(1598年1月15日))，戦人([生]享禄4(1531)年)，戦東([生]?)

**小笠原山城守長継** おがさわらやましろのかみながつぐ
→小笠原長継(おがさわらながつぐ)

**小笠原弥六** おがさわらやろく
生没年不詳
戦国時代の武士。後北条氏家臣。
¶戦辞，戦人，戦東

**小笠原吉次** おがさわらよしつぐ
天文17(1548)年～元和2(1616)年 [別]小笠原三郎左衛門吉次《おがさわらさぶろうざえもんよしつぐ》
安土桃山時代～江戸時代前期の武将、大名。尾張犬山城主、下総佐倉藩主、常陸笠間藩主。
¶埼玉人(生没年不詳)，埼玉百(小笠原三郎左衛門吉次 おがさわらさぶろうざえもんよしつぐ [生]1546年)，日人，藩主2([没]元和2(1616)年8月15日)，藩主2，藩主2([没]元和2(1616)年8月15日)

**小笠原義盛** おがさわらよしもり
*～正平7/文和1(1352)年

鎌倉時代後期〜南北朝時代の大西城主。
¶徳島百（㊕延慶2（1309）年），徳島歴（㊕乾元2（1303）年　㉛文和1（1352）年2月20日）

**小笠原頼清** おがさわらよりきよ
? 〜応永3（1396）年7月22日
南北朝時代〜室町時代の正平年間に阿波国の南軍の武将。
¶徳島歴

**小笠原頼貞** おがさわらよりさだ
㉖小笠原出雲守頼貞《おがさわらいずものかみよりさだ》
戦国時代〜安土桃山時代の武士。
¶戦人（生没年不詳），戦東（小笠原出雲守頼貞　おがさわらいずものかみよりさだ）

**小笠原頼定** おがさわらよりさだ
戦国時代の武将。武田家臣。信濃先方衆。
¶姓氏長野（生没年不詳），姓氏山梨

**岡重政** おかしげまさ
天正5（1577）年〜慶長18（1613）年
安土桃山時代〜江戸時代前期の武士。
¶会津，戦国，戦人（生没年不詳），藩臣2

**岡信濃** おかしなの
? 〜天正7（1579）年
安土桃山時代の武将。
¶岡山人，岡山歴（㉛天正7（1579）年11月）

**岡島一吉** おかじまかずよし
永禄2（1559）年〜元和5（1619）年
安土桃山時代〜江戸時代前期の加賀藩士。
¶人名，日人，藩臣3（㊕？）

**小鹿島公業** おがしまきみなり
生没年不詳　㉖橘公業《たちばなきみなり，たちばなのきみなり，たちばなのきんなり》
平安時代後期〜鎌倉時代前期の武士。
¶愛媛百（橘公業　たちばなのきみなり），神奈川人（橘公業　たちばなのきんなり），鎌室，日人，平史（橘公業　たちばなのきんなり）

**岡将監** おかしょうかん
安土桃山時代の武将。
¶岡山人

**岡庄左衛門** おかしょうざえもん
生没年不詳
安土桃山時代〜江戸時代前期の武士。浅野家の家臣。
¶和歌山人

**小柏定重** おがしわさだしげ
? 〜天正3（1575）年
戦国時代〜安土桃山時代の武士。
¶姓氏群馬

**小柏高政** おがしわたかまさ
? 〜天正3（1575）年
戦国時代の武士。
¶群馬人

**岡周防守** おかすおうのかみ
→岡国高（おかくにたか）

**尾形伊春** おがたいしゅん
? 〜天正1（1573）年
室町時代の武士。
¶姓氏京都

**緒形伊豆守** おがたいずのかみ
安土桃山時代の武将。里見氏家臣。
¶戦東

**岡田右近** おかだうこん
生没年不詳
安土桃山時代の織田信長の家臣。
¶織田

**尾形河内守** おがたこうちのかみ
戦国時代の武将。大崎氏家臣。
¶戦東

**緒方惟栄** おがたこれしげ
→緒方惟義（おがたこれよし）

**緒方惟種** おがたこれたね
? 〜天正15（1587）年
安土桃山時代の地方豪族・土豪。
¶戦国，戦人

**緒方惟義**（緒方惟栄，緒方維義）おがたこれよし
生没年不詳　㉖緒方惟栄《おがたこれしげ，おがたのこれよし》，緒方三郎《おがたさぶろう》
平安時代後期の武士。
¶朝日（緒方惟栄），大分百（緒方惟栄　おがたのこれよし），大分歴（緒方惟栄），国史，古中，コン改（緒方三郎　おがたさぶろう），コン4（緒方三郎　おがたさぶろう），史人（緒方惟栄），人書94（緒方三郎　おがたさぶろう），人名（緒方惟しげ　おがたこれしげ），人名（緒方維義），日史，日人，百科

**緒方三郎** おがたさぶろう
→緒方惟義（おがたこれよし）

**岡田左馬助** おかださまのすけ
生没年不詳
安土桃山時代の織田信長の家臣。
¶織田

**岡田重篤** おかだしげあつ
? 〜天文5（1536）年
戦国時代の武士。小幡城を築いた。
¶姓氏愛知

**岡田重孝** おかだしげたか
? 〜天正12（1584）年
安土桃山時代の武将。
¶織田（㉛天正12（1584）年3月6日），戦国，戦人

**岡田重善** おかだしげよし
大永7（1527）年〜天正11（1583）年
戦国時代〜安土桃山時代の武将。織田氏家臣。
¶織田（㊕大永7（1527）年？　㉛天正11（1583）年3月26日？），姓氏愛知，戦国，戦人

**岡但馬守** おかたじまのかみ
安土桃山時代の備前国の武将。
¶岡山歴

お

**岡田十左衛門** おかだじゅうざえもん
　？ ～慶長9(1604)年9月12日
　安土桃山時代～江戸時代前期の上杉氏の家臣。
　¶戦辞

お **尾形将監** おがたしょうげん
　～寛永10(1633)年8月28日
　安土桃山時代～江戸時代前期の武士。
　¶庄内

**尾形新左衛門** おがたしんざえもん
　安土桃山時代の武将。葛西氏家臣。
　¶戦人(生没年不詳)，戦東

**岡田助五郎** おかだすけごろう
　安土桃山時代の武将。秀吉馬廻。
　¶戦国，戦人(生没年不詳)

**緒形宗左衛門** おがたそうざえもん
　安土桃山時代の武将。里見氏家臣。
　¶戦東

**岡田時常** おかだときつね
　長禄3(1459)年？ ～享禄3(1530)年
　室町時代～戦国時代の川村城主。
　¶姓氏愛知

**岡田直教** おかだなおのり
　安土桃山時代の武将。秀吉馬廻。
　¶戦国，戦人(生没年不詳)

**岡田長親** おかだながちか
　？ ～天正12(1584)年
　安土桃山時代の武将。
　¶人名，日人

**岡田入道** おかだにゅうどう
　生没年不詳
　戦国時代の北条氏の家臣。
　¶戦辞

**緒方惟栄** おがたのこれよし
　→緒方惟義(おがたこれよし)

**岡田元次** おかだもとつぐ
　戦国時代～安土桃山時代の武将。松井松平家宿老。
　¶国書(㋐大永1(1521)年　㋑？)，戦辞(㋐天文
　8(1539)年　㋑元和1年12月26日(1616年2月13
　日))

**岡田善同** おかだよしあつ
　永禄1(1558)年～寛永8(1631)年
　安土桃山時代～江戸時代前期の武士(山田奉行，美
　濃国奉行)。
　¶岩史(㋑寛永8(1631)年5月29日)，岐阜百，コ
　ン4，人名，日史(㋑寛永8(1631)年5月29日)，
　日人，百科

**岡田善治** おかだよしはる
　享禄3(1530)年～慶長8(1603)年
　戦国時代～安土桃山時代の武士。
　¶戦国，戦人

**岡利勝** おかとしかつ
　？ ～天正20(1592)年
　安土桃山時代の武士。

　¶岡山人(㋑慶長3(1598)年)，岡山歴(㋑天正20
　(1592)年8月)，戦人，戦西

**岡野左内** おかのさない
　生没年不詳
　安土桃山時代～江戸時代前期の武将。
　¶日人

**牡鹿嶋足** おがのしまたり
　→道嶋嶋足(みちしまのしまたり)

**岡野嗣成** おかのつぐなり
　→板部岡江雪(いたべおかこうせつ)

**岡平次郎** おかへいじろう
　安土桃山時代の武士。
　¶戦人(生没年不詳)，戦西

**岡部和泉守** おかべいずみのかみ
　戦国時代の武将。今川氏家臣、後北条氏家臣。北
　条氏規に仕えた。
　¶戦辞(生没年不詳)，戦東

**岡部伊勢長満** おかべいせながみつ
　戦国時代の武将。葛西氏家臣。
　¶戦東

**岡部興景** おかべおきかげ
　戦国時代の武士。
　¶戦人(生没年不詳)，戦西

**岡部五郎兵衛尉** おかべごろうべえじょう
　？ ～天正9(1581)年
　安土桃山時代の武将。今川氏家臣臣。
　¶戦国

**岡部左京進** おかべさきょうのじょう
　生没年不詳
　戦国時代の今川氏の家臣。
　¶戦辞

**岡部貞綱** おかべさだつな
　生没年不詳
　戦国時代の武田氏の家臣。
　¶戦辞

**岡部左馬允** おかべさまのじょう
　戦国時代の武将。今川氏家臣。
　¶戦東

**岡部次郎** おかべじろう
　戦国時代の武将。今川氏家臣。
　¶戦東

**岡部次郎左衛門尉** おかべじろうざえもんのじょう
　戦国時代の武将。今川氏家臣。
　¶戦東

**岡部隆景** おかべたかかげ
　？ ～天文20(1551)年
　戦国時代の大内氏家臣。
　¶姓氏山口

**岡部忠澄** おかべただずみ
　？ ～建久8(1197)年　㋓岡部六弥太忠澄《おかべ
　ろくやたただずみ》，小野忠澄《おののただすみ》
　平安時代後期～鎌倉時代前期の武士。

¶鎌室，埼玉人（生没年不詳），埼玉百（岡部六弥太忠澄　おかべろくやたただずみ），日人，平史（小野忠澄　おののただすみ）

**岡部太郎左衛門** おかべたろうざえもん
戦国時代の武将。今川氏家臣。
¶戦東

**岡部丹波守** おかべたんばのかみ
戦国時代の武将。武田家臣。駿河先方衆。
¶姓氏山梨

**岡部親綱** おかべちかつな
戦国時代の武将。今川氏家臣。
¶戦辞（生没年不詳），戦東

**岡部忠右衛門** おかべちゅうえもん
生没年不詳
安土桃山時代の織田信長の家臣。
¶織田

**岡部忠次郎** おかべちゅうじろう
戦国時代の武将。武田家臣。岡部正綱同心衆らしい。
¶姓氏山梨

**岡部長左衛門** おかべちょうざえもん
生没年不詳
安土桃山時代の織田信長の家臣。
¶織田

**岡部輝綱** おかべてるつな
戦国時代の武将。今川氏家臣。
¶戦辞（生没年不詳），戦東

**岡部遠江守乗澄** おかべとうとうみのかみのりずみ
南北朝時代の猪股党の武士。
¶埼玉百

**岡部俊具** おかべとしとも
生没年不詳
戦国時代の徳川氏の家臣。
¶戦辞

**岡部長定** おかべながさだ
戦国時代の武将。今川氏家臣。
¶戦人（生没年不詳），戦東

**岡部長教** おかべながのり
？ ～天正9（1581）年　㊊岡部元綱《おかべもとつな》，岡部元信《おかべもとのぶ》
安土桃山時代の武将。今川氏のち武田氏の家臣。
¶静岡百，静岡歴，諸系（岡部元綱　おかべもとつな），姓氏愛知（岡部元信　おかべもとのぶ），姓氏静岡，戦辞（岡部元綱　おかべもとつな　生没年不詳），戦辞（岡部元信　おかべもとのぶ　㊀天正9年3月22日（1581年4月25日）），戦人（岡部元信　おかべもとのぶ），戦東，日人

**岡部長宗** おかべながむね
戦国時代の武士。今川氏家臣。
¶戦人（生没年不詳），戦東

**岡部長盛** おかべながもり
永禄11（1568）年～寛永9（1632）年
安土桃山時代～江戸時代前期の武将、大名。下総山崎藩主、丹波亀山藩主、丹波福知山藩主、美濃大垣藩主。
¶岐阜百，京都府，国書（㊀寛永9（1632）年11月2日），茶道（㊀1623年），諸系，姓氏静岡，戦辞（㊀寛永9年11月2日（1632年12月13日）），戦人，日人，藩主2，藩主2（㊀寛永9（1632）年11月2日），藩主3

**岡部宣勝** おかべのぶかつ
慶長2（1597）年～寛文8（1668）年
江戸時代前期の武将、大名。美濃大垣藩主、播磨竜野藩主、摂津高槻藩主、和泉岸和田藩主。
¶岐阜百，国書（㊀寛文8（1668）年10月19日），諸系，人名（㊐1596年），日人，藩主2，藩主3，藩主3（㊀寛文8（1668）年10月19日），兵庫百

**岡部信綱** おかべのぶつな
永正9（1512）年～天正11（1583）年
戦国時代の武将。今川氏家臣。
¶静岡歴，姓氏静岡，戦東

**岡部久綱** おかべひさつな
？ ～天文17（1548）年
戦国時代の今川氏の重臣。
¶戦辞

**岡部七郎次郎** おかべひちろうじろう
戦国時代の武将。今川氏家臣。
¶戦東

**岡部広定** おかべひろさだ
生没年不詳
戦国時代の代官。三田氏家臣。
¶戦辞

**岡部正綱** おかべまさつな
天文11（1542）年～天正11（1583）年
安土桃山時代の武士。今川氏家臣。
¶静岡歴，諸系（㊀1584年），姓氏静岡，姓氏山梨，戦国，戦辞（㊐天文12（1543）年），戦人，戦東（㊐1541年　㊀1582年，（異説）1583年），日人（㊀1584年）

**岡部正信** おかべまさのぶ
天文10（1541）年～天正10（1582）年
戦国時代～安土桃山時代の駿河今川氏家臣。岡部信綱（常慶）の子で、長教の兄。
¶姓氏静岡

**岡部元綱** おかべもとつな
→岡部長教（おかべながのり）

**岡部元信** おかべもとのぶ
→岡部長教（おかべながのり）

**岡部康綱** おかべやすつな
生没年不詳
戦国時代の徳川家の家臣。
¶戦辞

**岡部泰綱** おかべやすつな
生没年不詳　㊊藤原泰綱《ふじわらのやすつな》
平安時代後期～鎌倉時代前期の駿河国の御家人。
¶静岡百，静岡歴，姓氏静岡，平史（藤原泰綱　ふじわらのやすつな）

お

岡部大和守 おかべやまとのかみ
　戦国時代の武将。今川氏家臣。
　¶戦東

岡部六弥太忠澄 おかべろくやたただずみ
　→岡部忠澄（おかべただずみ）

岡見照親 おかみてるちか
　生没年不詳
　戦国時代の北条氏の家臣。
　¶戦辞

岡見治家 おかみはるいえ
　？ ～天正15（1587）年
　安土桃山時代の武将。
　¶戦人

岡見治資 おかみはるすけ
　？ ～永禄12（1569）年11月23日
　戦国時代～安土桃山時代の常陸小田氏の家臣。
　¶戦辞

岡見治広 おかみはるひろ
　永禄2（1559）年～元和3（1617）年4月18日
　戦国時代～江戸時代前期の北条氏の家臣。
　¶戦辞

岡見宗治 おかみむねはる
　安土桃山時代の武将。
　¶戦辞（㋺弘治3（1557）年 ㋺？），戦人（㋑？ ㋺天正15（1587）年）

岡見山城守 おかみやましろのかみ
　？ ～永禄12（1569）年11月23日
　戦国時代～安土桃山時代の常陸小田氏の家臣。
　¶戦辞

岡見頼忠 おかみよりただ
　？ ～天正14（1586）年
　安土桃山時代の武将。
　¶戦人

岡村数馬助 おかむらかずまのすけ
　安土桃山時代の武将。秀吉馬廻。
　¶戦国，戦人（生没年不詳）

岡村筑前守 おかむらちくぜんのかみ
　戦国時代の土豪武士。里見氏家臣。
　¶戦辞（生没年不詳），戦東

岡村広道 おかむらひろみち
　天正7（1579）年～承応1（1652）年
　安土桃山時代～江戸時代前期の武士。紀州藩士。
　¶和歌山人

岡村豊前守 おかむらぶぜんのかみ
　戦国時代の土豪武士。里見氏家臣。
　¶戦辞（生没年不詳），戦東

岡村弥右衛門 おかむらやえもん
　安土桃山時代の武将。秀吉馬廻。
　¶戦国，戦人（生没年不詳）

岡本安泰 おかもとあんたい
　生没年不詳
　戦国時代の里見氏の家臣。

¶戦辞

岡本氏秀 おかもとうじひで
　安土桃山時代の武将。
　¶岡山人，岡山歴

岡本氏元 おかもとうじもと
　？ ～天正18（1590）年
　戦国時代～安土桃山時代の里見氏の家臣。
　¶戦辞

岡本右馬助 おかもとうまのすけ
　安土桃山時代～江戸時代前期の武士。里見氏家臣。
　¶戦人（生没年不詳），戦東

岡本越前守 おかもとえちぜんのかみ
　戦国時代の武将。後北条氏家臣。
　¶戦東

岡本加助 おかもとかすけ
　？ ～元和1（1615）年
　安土桃山時代～江戸時代前期の武士。豊臣氏家臣。
　¶戦国，戦人

岡本勘兵衛 おかもとかんべえ
　江戸時代前期の武士。里見氏家臣。
　¶戦東

岡本清宗 おかもときよむね
　生没年不詳
　戦国時代の武将。
　¶徳島歴

岡本顕逸 おかもとけんいつ
　生没年不詳 ㋑好雪斎顕逸《こうせつさいけんいつ》
　安土桃山時代の武士。佐竹氏家臣。
　¶戦辞，戦人，戦東

岡本元悦 おかもとげんえつ
　？ ～天正13（1585）年？
　安土桃山時代の武士。里見氏家臣。
　¶戦辞（生没年不詳），戦人，戦東

岡本源介 おかもとげんすけ
　安土桃山時代～江戸時代前期の武将。里見氏家臣。
　¶戦東

岡本小八郎 おかもとこはちろう
　安土桃山時代～江戸時代前期の武士。里見氏家臣。
　¶戦人（生没年不詳），戦東

岡本権之丞 おかもとごんのじょう
　安土桃山時代の武士。宇喜多氏家臣。
　¶岡山人，岡山歴，戦西

岡本左京 おかもとさきょう
　安土桃山時代～江戸時代前期の武士。里見氏家臣。
　¶戦人（生没年不詳），戦東

岡本実元 おかもとさねもと
　安土桃山時代の武将。里見氏家臣。
　¶戦東

岡本三休 おかもとさんきゅう
　安土桃山時代の武士。
　¶戦国，戦人（生没年不詳）

**岡元重** おかもとしげ
安土桃山時代の武士。
¶岡山人，戦人（生没年不詳），戦西

**岡本重国** おかもとしげくに
安土桃山時代の武士。豊臣氏家臣。
¶戦国，戦人（生没年不詳）

**岡本重政** おかもとしげまさ
→岡本良勝（おかもとよしかつ）

**岡本重義** おかもとしげよし
天正17（1589）年～慶長5（1600）年
安土桃山時代の武将。
¶戦国

**岡本修理** おかもとしゅり
生没年不詳
安土桃山時代～江戸時代前期の武士。浅野家の家臣。
¶和歌山人

**岡本清蔵** おかもとせいぞう
安土桃山時代の武将。秀吉馬廻。
¶戦国，戦人（生没年不詳）

**岡本善左衛門尉** おかもとぜんざえもんのじょう
生没年不詳
戦国時代の北条氏の家臣。
¶戦辞

**岡本禅哲** おかもとぜんてつ
？～天正11（1583）年　[別]梅江斎禅哲《ばいこうさいぜんてつ》
安土桃山時代の武士。佐竹氏家臣。
¶戦辞（[没]天正11年11月11日（1583年12月24日）），戦人，戦東

**岡本曽端** おかもとそうたん
戦国時代の武将。佐竹氏家臣。
¶戦辞（生没年不詳），戦東

**岡本大八** おかもとだいはち
？～慶長17（1612）年　[別]パウロ
安土桃山時代～江戸時代前期のキリシタン、武士。
¶朝日（[没]慶長17年3月21日（1612年4月21日）），角史，近世，国史，コン改，コン4，史人（[没]1612年3月21日），静岡歴，新潮（[没]慶長17（1612）年3月21日），世人（[没]慶長17（1612）年3月21日），戦合，全書，戦人，日人

**岡本但馬守** おかもとたじまのかみ
生没年不詳
安土桃山時代の織田信長の家臣。
¶織田

**岡本太郎左衛門** おかもとたろうざえもん
→岡本太郎左衛門尉（おかもとたろうざえもんのじょう）

**岡本太郎左衛門尉** おかもとたろうざえもんのじょう
[別]岡本太郎左衛門《おかもとたろうざえもん》
戦国時代の武将。後北条氏家臣。
¶戦辞（岡本太郎左衛門　おかもとたろうざえもん　生没年不詳），戦東

**岡本長秀** おかもとながひで
生没年不詳
戦国時代の北条氏の家臣。
¶戦辞

**岡本信家** おかもとのぶいえ
生没年不詳
戦国時代の石見国大祭天石門彦神社神主、三子山城主。
¶島根歴

**岡本宣綱** おかもとのぶつな
天正11（1583）年～慶安2（1649）年
安土桃山時代～江戸時代前期の武士。佐竹氏家臣。
¶戦辞（[没]慶安2（1649）年7月），戦人，戦東（[生]？）

**岡本宣就** おかもとのぶなり
→岡本半介（おかもとはんすけ）

**岡本信久** おかもとのぶひさ
生没年不詳
戦国時代の遠江の土豪。
¶戦辞

**岡本八郎左衛門** おかもとはちろうざえもん
戦国時代の御馬廻衆。後北条氏家臣。
¶戦東

**岡本半介**（岡本半助） おかもとはんすけ
天正3（1575）年～明暦3（1657）年　[別]岡本宣就《おかもとのぶなり》
安土桃山時代～江戸時代前期の近江彦根藩家老。
¶郷土滋賀，群馬人（[生]天正2（1574）年），国書（岡本宣就　おかもとのぶなり　[没]明暦3（1657）年3月11日），茶道（岡本半助），人名（岡本宣就　おかもとのぶなり），全書，日人（岡本宣就　おかもとのぶなり），藩臣4（[没]明暦2（1656）年）

**岡本秀長** おかもとひでなが
生没年不詳
戦国時代の武士。後北条氏家臣。
¶戦人

**岡本秀広** おかもとひでひろ
生没年不詳
安土桃山時代の武士。宇喜多氏家臣。
¶戦人

**岡本兵部少輔** おかもとひょうぶしょうゆう
安土桃山時代～江戸時代前期の武士。里見氏家臣。
¶戦人（生没年不詳），戦東

**岡本豊前** おかもとぶぜん
江戸時代前期の武士。里見氏家臣。
¶戦東

**岡本平吉** おかもとへいきち
安土桃山時代の武将。秀吉馬廻。
¶戦国，戦人（生没年不詳）

**岡本牧西** おかもとぼくさい
生没年不詳
戦国時代の武将。

¶日人

**岡本孫四郎** おかもとまごしろう
安土桃山時代の武将。里見氏家臣。
¶戦東

お

**岡本正親** おかもとまさちか
享禄1(1528)年～慶長7(1602)年
戦国時代～安土桃山時代の国人。
¶戦国，戦人

**岡本政秀** おかもとまさひで
生没年不詳
戦国時代の北条氏の家臣。
¶戦辞

**岡本妙誉** おかもとみょうよ
？ ～永正14(1517)年
戦国時代の武士。
¶戦辞([没]永正14年3月18日(1517年4月8日))，戦人，戦東

**岡本宗憲** おかもとむねのり
*～慶長5(1600)年
安土桃山時代の武将、大名。伊勢亀山城主。
¶姓氏愛知([生]？)，藩主3([生]天文11(1542)年？ [没]慶長5(1600)年9月)

**岡本良勝** おかもとよしかつ
天文11(1542)年？ ～慶長5(1600)年 [別]岡本重政《おかもとしげまさ》
安土桃山時代の武士。織田氏家臣、豊臣氏家臣。
¶織田([没]慶長5(1600)年9月16日)，戦国([生]1544年)，戦辞(岡本重政 おかもとしげまさ [没]慶長5年9月16日(1600年10月22日))，戦人([生]天文13(1544)年)，日人

**岡本義保** おかもとよしやす
天正4(1576)年～寛永18(1641)年
安土桃山時代～江戸時代前期の武士、那須党。
¶戦国，戦人

**岡本頼氏** おかもとよりうじ
天文6(1537)年～慶長11(1606)年
安土桃山時代～江戸時代前期の武士。
¶戦人

**岡本頼真** おかもとよりざね
戦国時代の武将。相良氏家臣。
¶戦西

**岡本頼春** おかもとよりはる
？ ～*
戦国時代の武士。
¶戦人([没]天文21(1552)年)，戦西([没]1550年)

**岡本頼元** おかもとよりもと
生没年不詳
戦国時代の里見氏の家臣。
¶戦辞

**小鴨基康** おがものもとやす
[別]小鴨基康《おがももとやす》
平安時代後期の豪族。
¶鳥取百(おがももとやす)，平史(生没年不詳)

**小鴨元清** おがももときよ
→南条元清(なんじょうもときよ)

**小鴨大和守** おがもやまとのかみ
室町時代の武将。
¶岡山歴

**小鴨之基** おがもゆきもと
生没年不詳
室町時代の山名氏家臣、連歌作者。
¶国書

**岡谷清英** おかやきよひで
？ ～天正12(1584)年11月18日
戦国時代～安土桃山時代の武蔵深谷上杉氏の重臣。
¶戦辞

**岡谷将監** おかやしょうげん
生没年不詳
戦国時代の武士。松田憲秀の家臣。
¶戦辞

**岡谷藤六** おかやとうろく
生没年不詳
戦国時代の駿河国稲葉郷の土豪。
¶戦辞

**岡谷隼人佐** おかやはやとのすけ
生没年不詳
戦国時代の武蔵鉢形城主北条氏邦の家臣。
¶戦辞

**岡山清信** おかやまきよのぶ
？ ～正平14/延文4(1359)年
南北朝時代の勤王家。
¶岡山人，人名，日人

**岡山城** おかやましろ
戦国時代の武将。大崎氏家臣。
¶戦東

**岡吉正** おかよしまさ
戦国時代～安土桃山時代の武士。豊臣氏家臣。
¶戦国，戦人(生没年不詳)

**小川鑑昌** おがわあきまさ
生没年不詳
戦国時代の武士。大友氏家臣。
¶戦人

**小川有季** おがわありすえ
安土桃山時代の武士。
¶姓氏鹿児島，戦人(生没年不詳)，戦西

**小川右衛門尉** おがわうえもんのじょう
生没年不詳
南北朝時代の祖谷山の武士。
¶徳島歴

**小川右京亮** おがわうきょうのすけ
生没年不詳
安土桃山時代～江戸時代前期の武将、北条氏・最上氏遺臣。
¶庄内

**小川大蔵丞** おがわおおくらのじょう
生没年不詳
安土桃山時代の武士。佐竹氏家臣。
¶戦辞，戦人，戦東

**小川夏昌斎** おがわかしょうさい
生没年不詳
戦国時代の上野国衆。
¶戦辞

**小川上総介** おがわかずさのすけ
生没年不詳
安土桃山時代～江戸時代前期の武士。佐竹氏家臣。
¶戦辞，戦人，戦東

**小川可遊斎** おがわかゆうさい
生没年不詳
戦国時代～安土桃山時代の武将。
¶群馬人，戦辞，戦人

**小川清房** おがわきよふさ
生没年不詳
鎌倉時代前期の武士、下野守。執権北条泰時より小川姓を賜った。
¶姓氏愛知

**小河源四郎** おがわげんしろう
？ ～天正10（1582）年6月2日
戦国時代～安土桃山時代の織田信長の家臣。
¶織田

**小河三郎左衛門** おがわさぶろうざえもん
[別]小河三郎左衛門尉《おがわさぶろうざえもんのじょう》
安土桃山時代の武士。
¶戦人（生没年不詳），戦西（小河三郎左衛門尉　おがわさぶろうざえもんのじょう）

**小河三郎左衛門尉** おがわさぶろうざえもんのじょう
→小河三郎左衛門（おがわさぶろうざえもん）

**小川庄左衛門** おがわしょうざえもん
生没年不詳
安土桃山時代～江戸時代前期の郷士。小田原北条氏旧臣。
¶姓氏神奈川

**小川季能** おがわすえよし
鎌倉時代前期の武士。武蔵国多西郡小川郷、二宮郷、薩摩国甑島の領主。
¶姓氏鹿児島

**小川祐滋** おがわすけしげ
安土桃山時代の武将。秀吉馬廻。
¶茶道，戦国，戦人（生没年不詳）

**小川祐忠** おがわすけただ
？ ～＊
安土桃山時代の武将、大名。伊予国府城主。
¶愛媛百（生没年不詳），織田（生没年不詳），神奈川人（[没]1620年），人名，姓氏神奈川（[没]1620年），戦国（[没]1601年），戦人（[没]慶長6（1601）年），日人（[没]1601年），藩主4（[生]天正10（1582）年？　[没]慶長6（1601）年？）

**小川善六** おがわぜんろく
安土桃山時代の武将。秀吉馬廻。
¶戦国，戦人（生没年不詳）

**小河筑後守信安** おがわちくごのかみのぶやす
→小河信安（おがわのぶやす）

**小川東右衛門** おがわとうえもん
戦国時代の武将。浅井氏家臣。
¶戦西

**小河長資** おがわながすけ
？ ～天文20（1551）年8月8日
戦国時代の越後国小泉荘の国人。
¶戦辞

**小川長政** おがわながまさ
安土桃山時代の武士。豊臣氏家臣。
¶戦国，戦人（生没年不詳）

**小川長正** おがわながまさ
弘治1（1555）年～天正10（1582）年2月28日
戦国時代～安土桃山時代の織田信長の家臣。
¶織田

**小川長保** おがわながやす
弘治3（1557）年～寛永20（1643）年
安土桃山時代～江戸時代前期の武士。織田氏家臣、豊臣氏家臣、徳川氏家臣。
¶戦国，戦人

**小河信俊** おがわのぶとし
？ ～天正12（1584）年　[別]小河武蔵守信俊《おがわむさしのかみのぶとし》
安土桃山時代の武士。
¶戦人，戦西（小河武蔵守信俊　おがわむさしのかみのぶとし）

**小河信安** おがわのぶやす
？ ～＊　[別]小河筑後守信安《おがわちくごのかみのぶやす》
安土桃山時代の武士。
¶戦人（[没]永禄1（1558）年），戦西（小河筑後守信安　おがわちくごのかみのぶやす　[没]1584年）

**小川正吉** おがわまさよし
大永4（1524）年～慶長12（1607）年4月9日
戦国時代～江戸時代前期の織田信長の家臣。
¶織田

**小河武蔵守信俊** おがわむさしのかみのぶとし
→小河信俊（おがわのぶとし）

**小川大和守** おがわやまとのかみ
安土桃山時代の武将。佐竹氏家臣。
¶戦辞（生没年不詳），戦東

**小川靭負尉** おがわゆげいのじょう
安土桃山時代の武士。後北条氏家臣。
¶戦人（生没年不詳），戦東

**小川与市** おがわよいち
？ ～慶長3（1598）年
安土桃山時代の土豪。山地村の住人。
¶和歌山人

お

**小河吉持** おがわよしもち
戦国時代の武士。
¶戦人（生没年不詳），戦西

**荻氏誉** おぎうじたか
？ ～応永5（1398）年
南北朝時代～室町時代の初代北松野城主。
¶静岡歴，姓氏静岡

**興采女正** おきうねめのしょう
安土桃山時代の武士。後北条氏家臣。
¶戦人（生没年不詳），戦東

**隠岐清家** おききよいえ
生没年不詳
戦国時代の隠岐国守護代。
¶島根歴

**荻清誉** おぎきよたか
？ ～永禄11（1568）年
戦国時代の武将。今川氏家臣。
¶戦人，戦東

**隠岐清秀** おききよひで
生没年不詳
室町時代の隠岐国守護代。
¶島根歴

**雄城宮内少輔** おぎくないしょうゆう
生没年不詳
戦国時代～江戸時代前期の武士、肥前大村藩士。
¶藩臣7

**置始菟** おきそめのうさぎ
生没年不詳　[別]置始連菟《おきそめのむらじうさぎ》
飛鳥時代の武将。壬申の乱で活躍。
¶朝日，国史，古代（置始連菟　おきそめのむらじうさぎ），古中，コン改，コン4，史人，新潮，世人，日人

**荻田主馬** おぎたしゅめ
[別]荻田長繁《おぎたながしげ》
安土桃山時代～江戸時代前期の武将、武者奉行。上杉氏家臣、結城秀康家臣。
¶国書（生没年不詳），人名（[生]？　[没]1615年），戦辞（荻田長繁　おぎたながしげ　[生]永禄6（1563）年　[没]寛永18年12月4日（1642年1月4日）），日人（生没年不詳）

**荻田長繁** おぎたながしげ
→荻田主馬（おぎたしゅめ）

**隠岐為清** おきためきよ
？ ～永禄12（1569）年
戦国時代の武士。
¶島根百，島根歴，戦人，戦西

**興津右近** おきつうこん
[別]興津右近丞《おきつうこんのじょう》
戦国時代～安土桃山時代の武将。後北条氏家臣。
¶戦辞（興津右近丞　おきつうこんのじょう　生没年不詳），戦東

**興津右近丞** おきつうこんのじょう
→興津右近（おきつうこん）

**興津興忠** おきつおきただ
戦国時代の武将。今川氏家臣。
¶戦東

**興津加賀守** おきつかがのかみ
生没年不詳
戦国時代の武士。今川氏家臣、後北条氏家臣。
¶戦辞，戦人，戦東

**興津清房** おきつきよふさ
生没年不詳
戦国時代の武将。
¶戦辞，戦人，戦東

**興津左近助** おきつさこんのすけ
生没年不詳
戦国時代の北条氏の家臣。
¶戦辞

**興津甚兵衛尉** おきつじんべえのじょう
生没年不詳
戦国時代の北条氏の家臣。
¶戦辞

**興津太郎兵衛** おきつたろべえ
生没年不詳
戦国時代の北条氏の家臣。
¶戦辞

**興津親久** おきつちかひさ
生没年不詳
戦国時代の今川氏の家臣。水運関係商業者。
¶戦辞

**興津筑後** おきつちくご
戦国時代の武将。後北条氏家臣。
¶戦辞（生没年不詳），戦東

**隠岐経清** おきつねきよ
？ ～天正10（1582）年
安土桃山時代の国人。
¶島根歴（生没年不詳），戦国，戦人

**興津信家** おきつのぶいえ
生没年不詳
戦国時代の今川氏の家臣。
¶戦辞

**興津信綱** おきつのぶつな
戦国時代の武将。今川氏家臣。
¶戦辞（生没年不詳），戦東

**興津彦九郎** おきつひこくろう
生没年不詳
戦国時代の武将。今川氏家臣。
¶戦辞，戦東

**興津久信** おきつひさのぶ
戦国時代の武将。今川氏家臣。
¶戦辞（生没年不詳），戦東

**興津正信** おきつまさのぶ
戦国時代の武将。今川氏家臣。

¶戦辞（生没年不詳），戦東

**興津又四郎** おきつまたしろう
戦国時代の武将。今川氏家臣。
¶戦東

**興津美作守** おきつみまさかのかみ
生没年不詳
戦国時代の武士。今川氏被官。
¶戦辞

**興津盛綱** おきつもりつな
？ ～享禄1（1528）年4月7日
戦国時代の武将。今川氏家臣。
¶戦辞，戦東

**興津弥四郎** おきつやしろう
戦国時代の武将。今川氏家臣。
¶戦東

**隠岐土佐守** おきとさのかみ
？ ～天正8（1580）年
安土桃山時代の家人。尼子氏。
¶戦国，戦人

**隠岐豊清** おきとよきよ
生没年不詳
戦国時代の隠岐国守護代。
¶島根歴

**息長清道** おきながきよみち
鎌倉時代の武将。
¶姓氏鹿児島

**興良親王** おきながしんのう
生没年不詳　[別]興良親王《おきよししんのう》，赤松宮《あかまつのみや》，大塔若宮《たいとうわかみや》，陸良親王《みちながしんのう》
南北朝時代の護良親王の子、南朝の征夷大将軍。
¶朝日（おきよししんのう），岩史（おきよししんのう），鎌室，鎌室（赤松宮　あかまつのみや），国史（おきよししんのう），古中（おきよししんのう），コン改，コン4，史人（おきよししんのう），静岡歴（[生]元弘1（1331）年），諸系（おきよししんのう），新潮，人名，姓氏静岡（おきよししんのう　[生]1331年），世人，世人（赤松宮　あかまつのみや），日史（おきよししんのう），日人（おきよししんのう），兵庫百（赤松宮　あかまつのみや）

**荻野重富** おぎのしげとみ
天正6（1578）年～承応1（1652）年
安土桃山時代～江戸時代前期の武将、備後福山藩士。
¶国書（[没]承応1（1652）年10月24日），人名，日人

**荻野新右衛門** おぎのしんうえもん
天正2（1574）年～承応1（1652）年
安土桃山時代～江戸時代前期の備後福山藩士。
¶藩臣6

**荻野忠義** おぎのただよし
生没年不詳
平安時代後期の武将。
¶神奈川人

**荻野俊重** おぎのとししげ
？ ～治承4（1180）年
平安時代後期の相模国愛甲郡荻野郷の武士。
¶姓氏神奈川，平史

**荻野朝忠** おぎのともただ
生没年不詳
南北朝時代の武将、丹波国人。
¶朝日，鎌室，新潮，人名，日人，兵庫百

**荻野直正** おぎのなおまさ
→赤井直正（あかいなおまさ）

**荻野政元** おぎのまさもと
戦国時代の武将。今川氏家臣。
¶戦東

**荻原昌勝** おぎはらまさかつ
？ ～天文4（1535）年　[別]荻原昌勝《おぎわらまさかつ》
戦国時代の武田氏の重臣。
¶姓氏山梨（おぎわらまさかつ），戦辞（[没]天文4年9月13日（1535年10月9日））

**雄城治景** おぎはるかげ
戦国時代の武士。
¶戦人（生没年不詳），戦西

**隠岐宗清** おきむねきよ
？ ～天文13（1544）年
戦国時代の隠岐国守護代。
¶島根歴

**隠岐統朝** おきむねとも
戦国時代の武士。
¶姓氏石川，戦人（生没年不詳），戦西

**興世王** おきよおう
？ ～天慶3（940）年
平安時代中期の官人、武蔵権守。平将門の副将的存在。
¶朝日（[没]天慶3年2月19日（940年3月30日）），茨城百，角史，国史，古中，埼玉人，埼玉百，史人（[没]940年2月19日），新潮（[没]天慶3（940）年2月19日），世人，日人，平史，歴大

**興良親王** おきよししんのう
→興良親王（おきながしんのう）

**荻慶徳** おぎよしのり
？ ～大永1（1521）年
戦国時代の武士。今川氏家臣。
¶戦人，戦東

**荻原勝明** おぎわらかつあき
永正6（1509）年～天正9（1581）年
戦国時代～安土桃山時代の武田家臣。中間衆頭・小人頭のうち横目付衆。
¶姓氏山梨

**荻原定久** おぎわらさだひさ
戦国時代の武将。武田家臣。永禄起請文にみえる。
¶姓氏山梨

**荻原重吉** おぎわらしげよし
戦国時代の武将。武田家臣。永禄起請文にみえる。

¶姓氏山梨

**荻原助四郎** おぎわらすけしろう
戦国時代の武将。武田家臣。足軽大将。
¶姓氏山梨



**荻原長久** おぎわらながひさ
戦国時代の武将。武田家臣。永禄起請文にみえる。
¶姓氏山梨

**荻原常陸介** おぎわらひたちのすけ
寛正2(1461)年～天文4(1535)年
室町時代～戦国時代の武田信虎の臣。
¶山梨百

**荻原昌勝** おぎわらまさかつ
→荻原昌勝(おぎはらまさかつ)

**奥秋房吉** おくあきふさよし
戦国時代の武将。武田家臣。加賀守。小山田信茂被官。
¶姓氏山梨

**奥オカネ** おくおかね
安土桃山時代の武将。豊臣秀頼に伺候。
¶戦国

**小草野隆吉** おぐさのたかよし
戦国時代の武将。武田家臣。若狭守。のち信玄の次男海野二郎(竜宝)の家老。
¶姓氏山梨

**小串範秀** おぐしのりひで
? ～延元4/暦応2(1339)年
鎌倉時代後期～南北朝時代の武士、歌人。
¶国書([没]暦応2(1339)年12月19日), 日人

**小串範行** おぐしのりゆき
生没年不詳
鎌倉時代後期の武士、歌人。
¶国書5, 北条

**奥瀬蔵之介** おくせくらのすけ
生没年不詳
安土桃山時代の武士。
¶戦人

**奥瀬善九郎** おくせぜんくろう
生没年不詳
安土桃山時代の油川城主。
¶青森人, 青森百

**奥平家昌** おくだいらいえまさ
天正5(1577)年～慶長19(1614)年
安土桃山時代～江戸時代前期の武将、大名。下野宇都宮藩主。
¶諸系, 人名, 戦国, 戦人, 日史([没]慶長19(1614)年10月10日), 日人, 藩主1([没]慶長19(1614)年10月10日), 百科

**奥平久賀斎**(奥平急加斎, 奥平急賀斎) おくだいらきゅうがさい
→奥山休賀斎(おくやまきゅうがさい)

**奥平貞勝**(奥平定勝) おくだいらさだかつ
永正9(1512)年～文禄4(1595)年
戦国時代～安土桃山時代の武士。徳川氏の臣。
¶諸系, 人名, 姓氏愛知, 戦辞(奥平定勝 [生]永正9(1512)年? [没]文禄4年10月9日(1595年10月11日)), 日人

**奥平貞治** おくだいらさだはる
? ～慶長5(1600)年
安土桃山時代の武士。徳川氏家臣。
¶戦国, 戦人

**奥平貞昌** おくだいらさだまさ
文明3(1471)年? ～天文4(1535)年?
戦国時代の武士。三河国作手奥平氏嫡流。
¶戦辞

**奥平貞能**(奥平定能) おくだいらさだよし
天文6(1537)年～慶長3(1598)年
安土桃山時代の武士。徳川氏家臣。
¶織田([没]慶長3(1598)年12月11日), 諸系([没]1599年), 人名, 姓氏山梨, 戦国, 戦辞(奥平定能 [生]天文7(1538)年 [没]慶長3年12月11日(1599年1月7日)), 戦人, 戦東([没]?), 日人([没]1599年)

**奥平忠昌**(奥平忠政) おくだいらただまさ
→菅沼忠政(すがぬまただまさ)

**奥平信昌** おくだいらのぶまさ
弘治1(1555)年～元和1(1615)年 [別]奥平信昌《おくひらのぶまさ》
安土桃山時代～江戸時代前期の大名。上野小幡藩主、美濃加納藩主。
¶愛知百([生]1556年 [没]1615年3月14日), 朝日([没]元和1年3月14日(1615年4月11日)), 岩史([没]慶長20(1615)年3月14日), 岐阜百([生]?), 京都([生]弘治2(1556)年), 郷土岐阜, 京都大, 近世, 群馬人([生]弘治2(1556)年), 国史, コン改([生]弘治2(1556)年), コン4([生]弘治2(1556)年), 史人([没]1615年3月14日), 諸系, 新潮([没]元和1(1615)年3月14日), 人名, 姓氏愛知, 姓氏群馬(おくひらのぶまさ), 世人([没]元和1(1615)年3月14日), 戦合, 戦国([生]1556年), 戦辞([生]弘治1(1555)年? [没]元和1年12月14日(1615年4月11日)), 全書, 戦人, 日史([没]元和1(1615)年3月14日), 日人, 藩主1, 藩主2([没]元和1(1615)年3月14日), 百科, 歴大

**奥平信光** おくだいらのぶみつ
生没年不詳
戦国時代の武士。名倉奥平氏。
¶戦辞

**奥田勘兵衛** おくだかんべえ
安土桃山時代の武士。豊臣氏家臣。
¶戦国, 戦人(生没年不詳)

**奥田忠高** おくだただたか
大永2(1522)年～慶長6(1601)年4月15日
安土桃山時代の地方豪族・土豪。
¶織田, 戦人(生没年不詳)

**奥玉九郎千葉胤時** おくたまくろうちばたねとき
→奥玉胤時(おくたまたねとき)

**奥玉胤時** おくたまたねとき
? ～天正19(1591)年 [別]奥玉九郎千葉胤時《お

くたまくろうちばたねとき》
安土桃山時代の武士。葛西氏家臣。
¶戦人，戦東（奥玉九郎千葉胤時　おくたまくろうちばたねとき）

**奥田光宗** おくだみつむね
？ ～天正9（1581）年
安土桃山時代の武将。
¶姓氏石川

**小口忠清** おぐちただきよ
戦国時代の武将。武田家臣。信濃国筑摩郡の岩下衆。
¶姓氏山梨

**小口民部少輔** おぐちみんぶしょうゆう
戦国時代の武将。武田家臣。永禄10年の諏訪五十騎交名にみえる。
¶姓氏山梨

**小口楽斎** おぐちらくさい
？ ～寛永1（1624）年
江戸時代前期の武将、信濃松本藩士。
¶藩臣3

**奥津藤六** おくつとうろく
戦国時代の武将。武田家臣。朝比奈信置配下の武辺者。
¶姓氏山梨

**小国因幡守** おぐにいなばのかみ
生没年不詳
戦国時代～安土桃山時代の武将。
¶戦人

**小国蔵人** おぐにくらんじ
生没年不詳
安土桃山時代の武士。伊達氏家臣。
¶戦人

**小国猿黒丸** おぐにさるくろまる
～寛永7（1630）年
安土桃山時代～江戸時代前期の部将。
¶庄内

**小国摂津守** おぐにせっつのかみ
生没年不詳
安土桃山時代の武将。最上氏家臣。
¶庄内，戦人，戦東

**小国政光** おぐにまさみつ
生没年不詳
南北朝時代の武将。
¶新潟百

**小国光基** おぐにみつもと
安土桃山時代～江戸時代前期の武士。最上氏家臣。
¶戦人（生没年不詳），戦東

**奥宮蔵人** おくのみやくらんど
？ ～天正14（1586）年
安土桃山時代の武将。長宗我部氏家臣。
¶戦西

**奥宮伝兵衛** おくのみやでんべえ
～慶長19（1614）年
戦国時代の長宗我部氏の家臣。
¶高知人，高知百

**奥宮正家** おくのみやまさいえ
天文23（1554）年～天正14（1586）年
安土桃山時代の武士。長宗我部氏家臣。
¶戦人

**奥平信昌** おくひらのぶまさ
→奥平信昌（おくだいらのぶまさ）

**小熊左近将監** おぐまさこんしょうげん
生没年不詳
戦国時代の北条氏の家臣。
¶戦辞

**奥村永福** おくむらえいふく
→奥村永福（おくむらながとみ）

**奥村宗丹** おくむらそうたん
安土桃山時代の茶人、武士。足利氏家臣。
¶茶道，戦人（生没年不詳）

**奥村栄福** おくむらてるとみ
→奥村永福（おくむらながとみ）

**奥村永福**（奥村永富） おくむらながとみ
天文10（1541）年～寛永1（1624）年　[別]奥村栄福《おくむらてるとみ》，奥村永福《おくむらえいふく》
安土桃山時代～江戸時代前期の武士。前田氏家臣。
¶石川百，人名（奥村栄福　おくむらてるとみ），姓氏石川（奥村永富），戦国（おくむらえいふく　[生]1542年），戦人（[生]天文11（1542）年），日人，藩臣3

**奥村栄頼** おくむらながより
？ ～寛永8（1631）年
江戸時代前期の武将、加賀藩士。
¶藩臣3

**奥村栄明** おくむらはるあき
永禄11（1568）年～元和6（1620）年
安土桃山時代～江戸時代前期の武将、加賀藩家老。
¶人名，日人

**奥村半平** おくむらはんぺい，おくむらはんべい
安土桃山時代の武士。
¶戦国，戦人（おくむらはんべい　生没年不詳），戦西

**奥村秀正** おくむらひでまさ
生没年不詳
安土桃山時代の織田信長の家臣。
¶織田

**奥村又八郎** おくむらまたはちろう
生没年不詳
安土桃山時代の地方豪族・土豪。
¶戦人

**奥村易英** おくむらやすひで
元亀2（1571）年～寛永20（1643）年
安土桃山時代～江戸時代前期の加賀藩士。
¶石川百，人名，日人（[没]1644年），藩臣3

**奥弥兵衛** おくやへえ
安土桃山時代〜江戸時代前期の砲術家、武将。豊臣氏家臣。
¶戦国，戦人（生没年不詳）

お

**奥山休賀斎** おくやまきゅうさい
\*〜慶長7（1602）年　⑨奥平久賀斎《おくだいらきゅうがさい》，奥平急加斎《おくだいらきゅうがさい》，奥平急賀斎《おくだいらきゅうがさい》
戦国時代〜安土桃山時代の武芸者、徳川家康に仕えた。神影流の創始者。
¶戦辞（奥平久賀斎　おくだいらきゅうがさい　⊕？　⑱慶長7（1602）年？），戦人（奥平急加斎　おくだいらきゅうがさい　⊕大永5（1525）年），戦補（奥平急賀斎　おくだいらきゅうがさい　⊕？），大百（⊕1526年），日人（⊕1525年）

**奥山左近将監** おくやまさこんしょうげん
生没年不詳
戦国時代の今川・徳川・武田氏の家臣。
¶戦辞

**奥山貞茂** おくやまさだしげ
戦国時代の武将。今川氏家臣。
¶戦辞（生没年不詳），戦東

**奥山定友** おくやまさだとも
戦国時代の武将。今川氏家臣。
¶戦東

**奥山定則** おくやまさだのり
正平4/貞和5（1349）年〜応永34（1427）年
南北朝時代〜室町時代の南朝方の武将で北遠奥山氏の祖。
¶静岡歴，姓氏静岡

**奥山重定** おくやましげさだ
？　〜文禄3（1594）年？
安土桃山時代の武士。丹羽氏家臣、豊臣氏家臣。
¶織田（生没年不詳），戦国，戦人

**奥山大膳亮** おくやまだいぜんのすけ
生没年不詳
戦国時代の今川・武田氏の家臣。
¶戦辞

**奥山八郎次郎** おくやまはちろじろう
生没年不詳
戦国時代の武士。
¶戦人

**奥山久友** おくやまひさとも
戦国時代の武将。今川氏家臣。
¶戦東

**奥山常陸介** おくやまひたちのすけ
生没年不詳
安土桃山時代〜江戸時代前期の武将。北畠氏家臣、織田氏家臣。
¶戦人

**奥山兵部丞** おくやまひょうぶのじょう
生没年不詳
戦国時代の武士。今川氏家臣。
¶戦辞，戦人，戦東

**奥山正之** おくやままさゆき
？　〜正保2（1645）年
安土桃山時代〜江戸時代前期の武将。豊臣氏家臣。
¶戦国，戦人

**奥山吉兼** おくやまよしかね
戦国時代の武将。今川氏家臣。
¶姓氏静岡，戦東

**奥山良茂** おくやまよししげ
生没年不詳
戦国時代の今川氏親の家臣。
¶戦辞

**小倉和泉守** おぐらいずみのかみ
安土桃山時代の土豪。里見氏家臣。
¶戦東

**小倉伊勢守** おぐらいせのかみ
生没年不詳
戦国時代の上杉謙信・景勝の家臣。
¶戦辞

**憶礼福留** おくらいふくる
飛鳥時代の百済の遺臣。日本亡命後、大野城・基肄城を築いた。
¶古代，日人（生没年不詳）

**小倉勝助** おぐらかつすけ
戦国時代の武将。今川氏家臣。
¶戦東

**小倉内蔵助** おぐらくらのすけ
生没年不詳
戦国時代の今川氏の家臣。
¶戦辞

**小倉実澄** おぐらさえんずみ
永享11（1439）年〜永正2（1505）年3月16日
室町時代〜戦国時代の武将・連歌作者。
¶国書

**小倉重信** おぐらしげのぶ
？　〜天文22（1553）年
戦国時代の武将。細川氏家臣。
¶戦人，徳島歴

**小倉勝介**（小倉少助）おぐらしょうすけ
天正10（1582）年〜承応3（1654）年
安土桃山時代〜江戸時代前期の武士、高知藩士。高知藩林政の中核。
¶朝日，高知人（小倉少助），高知百（小倉少助），コン改，コン4，日人

**小倉土佐守** おぐらとさのかみ
安土桃山時代の土豪。里見氏家臣。
¶戦東

**小倉播磨守** おぐらはりまのかみ
？　〜天正9（1581）年
安土桃山時代の地方豪族・土豪。
¶戦人

**小倉正澄** おぐらまさずみ
永享12（1440）年〜永正3（1506）年7月
室町時代〜戦国時代の武将。

¶世人

**小倉正煕**(小倉政煕) おぐらまさひろ
? ～慶長5(1600)年
安土桃山時代の武士。堀秀治の武将。
¶戦人, 新潟百(小倉政煕)

**小倉松寿** おぐらまつじゅ
? ～天正10(1582)年6月2日
戦国時代～安土桃山時代の織田信長の家臣。
¶織田

**小倉与介** おぐらよすけ
戦国時代の武将。今川氏家臣。
¶戦東

**小栗助兵衛** おぐりすけべえ
安土桃山時代の武将。秀吉馬廻。
¶戦国, 戦人(生没年不詳)

**小栗忠親** おぐりただちか
生没年不詳
戦国時代の武士。松平氏家臣。
¶戦辞

**小栗仁右衛門** おぐりにえもん
天正17(1589)年～寛文1(1661)年 [別]小栗信由《おぐりのぶよし》,小栗正信《おぐりまさのぶ》
江戸時代前期の幕臣。大坂夏の陣で家康本陣を守る。小栗流和術の創始者。
¶朝日(小栗正信 おぐりまさのぶ [没]寛文1年6月6日(1661年7月2日)), 近世, 剣豪, 国史, 埼玉人(小栗信由 おぐりのぶよし [生]天正17(1589)年3月25日 [没]寛文1(1661)年6月6日), 戦合, 日人

**小栗信臣** おぐりのぶおみ
生没年不詳
戦国時代の松平氏の家臣。
¶戦辞

**小栗信由** おぐりのぶよし
→小栗仁右衛門(おぐりにえもん)

**小栗正信** おぐりまさのぶ
→小栗仁右衛門(おぐりにえもん)

**小栗又一** おぐりまたいち
安土桃山時代～江戸時代前期の武将、軍奉行。
¶人名([生]1554年 [没]?), 日人([生]? [没]1616年)

**小栗又一忠政** おぐりまたいちただまさ
弘治1(1555)年～元和2(1616)年
安土桃山時代～江戸時代前期の徳川家臣、足立郡内の領主。
¶埼玉百

**小栗満重** おぐりみつしげ
生没年不詳
室町時代の武将、常陸介。
¶朝日, 鎌室, コン改, コン4, 新潮, 人名([没]1413年), 姓氏神奈川, 日人, 歴大

**小栗吉忠** おぐりよしただ
? ～天正18(1590)年
安土桃山時代の武士。松平氏家臣、徳川氏家臣。
¶戦辞([生]大永7(1527)年 [没]天正18年9月16日(1590年10月14日)), 戦人, 戦東

**小河内蔵允** おごうくらのじょう
天正3(1575)年～寛永16(1639)年
安土桃山時代～江戸時代前期の筑前福岡藩家老。
¶藩臣7

**小河伝右衛門** おごうでんえもん
安土桃山時代の武士。武将、黒田家の臣。
¶人名, 日人(生没年不詳)

**越生有弘** おごせありひろ
生没年不詳
鎌倉時代の武蔵武士・御家人。
¶埼玉人

**小此木国頼** おこのぎくにより
生没年不詳
鎌倉時代の武人。
¶群馬人

**小坂家房** おさかいえふさ
生没年不詳
安土桃山時代の武士。宇喜多氏家臣。
¶戦人

**小坂田菅兵衛**(小坂田勘兵衛) おさかだかんべえ
戦国時代～安土桃山時代の武将。美作国東部の在地武士。
¶岡山人(小坂田勘兵衛), 岡山歴

**小坂与三郎** おさかよさぶろう
[別]小坂与三郎《こさかよさぶろう》
安土桃山時代の武将。宇喜多氏家臣。
¶岡山歴(こさかよさぶろう), 戦西

**尾崎氏俊** おざきうじとし
戦国時代の武士。上野国一之宮の神主家の一族。
¶群馬人(生没年不詳), 姓氏山梨

**尾崎喜介**(尾崎喜助) おざききすけ
安土桃山時代の武士。
¶茶道, 戦人(尾崎喜助 生没年不詳)

**小崎重高** おさきしげたか
～慶長11(1606)年
安土桃山時代～江戸時代前期の土佐藩初代藩主山内一豊の臣。
¶高知人

**尾崎重元** おざきしげもと
? ～文禄3(1594)年5月17日
戦国時代～安土桃山時代の上杉氏の家臣。
¶戦辞

**小崎彦六** おざきひころく
生没年不詳
戦国時代の北条氏直の家臣。
¶戦辞

**小崎兵右衛門** おざきひょうえもん
安土桃山時代の武将。秀吉馬廻。
¶戦国, 戦人(生没年不詳)

お

**尾崎喜蔵** おさきよしぞう
　？ ～慶長5（1600）年
　安土桃山時代の武将。
　¶戦人

お

**小城定久** おさきさだひさ
　生没年不詳
　安土桃山時代の武将。
　¶戦人

**長田家久** おさだいえひさ
　安土桃山時代の武将。
　¶岡山人

**長田大隅** おさだおおすみ
　戦国時代の武将。武田家臣。永禄10年の諏訪五十
　騎交名にみえる。
　¶姓氏山梨

**長田忠致** おさだただむね
　生没年不詳　㋕長田忠致《おさだのただむね》，平
　忠致《たいらのただむね》
　平安時代後期の武将。源義朝を殺害。
　¶朝日，鎌室，国史，古中，コン改（おさだのた
　だむね），コン4（おさだのただむね），史人，
　新潮，人名（㋬1159年），姓氏愛知，日史（㋬治
　承4（1180）年？），日人，平史（平忠致　たいら
　のただむね　㋬1190年？）

**長田入道** おさだにゅうどう
　平安時代後期～鎌倉時代前期の武将。
　¶姓氏静岡

**長田忠致** おさだのただむね
　→長田忠致（おさだただむね）

**他田真樹** おさだのまき
　？ ～承平8（938）年
　平安時代前期～中期の信濃の武士。平将門の乱で
　戦死。
　¶長野歴

**長田宗忠** おさだむねただ
　生没年不詳
　南北朝時代の武将、神官。
　¶鎌室，人名，日人

**小佐手信房** おさでのぶふさ
　？ ～寛永5（1628）年
　安土桃山時代～江戸時代前期の武田家臣。武田氏
　滅亡ののち徳川家臣。
　¶姓氏山梨

**小山内満晴** おさないみつはる
　？ ～元亀2（1571）年
　戦国時代の武将。
　¶戦人

**長船紀伊守** おさふねきいのかみ
　→長船綱直（おさふねつななお）

**長船吉兵衛** おさふねきちびょうえ
　→長船定行（おさふねさだゆき）

**長船貞親** おさふねさだちか
　？ ～天正16（1588）年

安土桃山時代の武士。
　¶岡山人，岡山歴（㋬天正16（1588）年閏1月5
　日），戦人，戦西

**長船定行** おさふねさだゆき
　㋕長船吉兵衛《おさふねきちびょうえ》
　安土桃山時代の武士。
　¶岡山人（長船吉兵衛　おさふねきちびょうえ），
　岡山歴，戦人（生没年不詳），戦西

**長船綱直** おさふねつななお
　？ ～慶長3（1598）年　㋕長船紀伊守《おさふねき
　いのかみ》
　安土桃山時代の武士。
　¶岡山人（長船紀伊守　おさふねきいのかみ），
　岡山歴，戦人，戦西

**長部平大夫** おさべへいだゆう
　戦国時代の武将。葛西氏家臣。
　¶戦東

**大仏維貞** おさらぎこれさだ
　＊～嘉暦2（1327）年　㋕北条維貞《ほうじょうこれ
　さだ》，常盤維貞《ときわこれさだ》，北条貞宗《ほ
　うじょうさだむね》
　鎌倉時代後期の幕府連署。勅撰集に11首が入集。
　¶朝日（㋬弘安8（1285）年　㋭嘉暦2年9月7日
　（1327年9月22日）），角史（㋬弘安8（1285）
　年？），鎌倉（北条維貞　ほうじょうこれさだ
　㋬弘安9（1286）年），鎌室（北条維貞　ほう
　じょうこれさだ　㋬弘安8（1285）年？），国史
　（㋬1286年），国書（㋬弘安9（1286）年　㋭嘉暦
　2（1327）年9月7日），古中（㋬1286年），コン改
　（㋬弘安8（1285）年，（異説）1286年），コン4
　（㋬弘安8（1285）年，（異説）1286年），史人
　（㋬1285年，（異説）1286年　㋭1327年9月7日），
　諸系（㋬1286年），新潮（㋬弘安8（1285）年
　㋭嘉暦2（1327）年9月7日），日人（㋬1286年），
　北条（北条維貞　ほうじょうこれさだ　㋬弘安8
　（1285）年），歴大（㋬1286年），和俳（㋬弘安8
　（1285）年）

**大仏貞直** おさらぎさだなお
　？ ～元弘3/正慶2（1333）年　㋕大仏貞直《おおさ
　らぎさだなお》，北条貞直《ほうじょうさだなお》
　鎌倉時代後期の武将。元弘の変で後醍醐天皇を捕
　らえた。
　¶朝日（㋭正慶2/元弘3年5月22日（1333年7月4
　日）），角史，神奈川人，鎌倉，鎌室（北条貞直
　ほうじょうさだなお），国書（㋭正慶2（1333）年
　5月22日），コン改，コン4，諸系，新潮（㋭正慶
　2/元弘3（1333）年5月22日），人名（おおさらぎ
　さだなお），姓氏神奈川（北条貞直　ほうじょ
　うさだなお），世人（㋭元弘3/正慶2（1333）年5
　月21日），全書，新潟百（北条貞直　ほうじょ
　うさだなお），日人，北条（北条貞直　ほうじょ
　うさだなお），歴大

**大仏貞宣** おさらぎさだのぶ
　生没年不詳
　鎌倉時代後期の武将・歌人。
　¶国書

**大仏貞房** おさらぎさだふさ
→北条貞房(1)(ほうじょうさだふさ)

**大仏高直** おさらぎたかなお
？～建武1(1334)年　[別]大仏高直《おおさらぎたかなお》,北条高直《ほうじょうたかなお》
鎌倉時代後期の武将。
¶朝日([没]建武1年3月21日(1334年4月25日)),鎌室(北条高直　ほうじょうたかなお),諸系,新潮([没]建武1(1334)年?),人名(おおさらぎたかなお),日人,北条(北条高直　ほうじょうたかなお)

**大仏時親** おさらぎときちか
→北条時親(1)(ほうじょうときちか)

**大仏朝直** おさらぎともなお
建永1(1206)年～文永1(1264)年　[別]北条朝直《ほうじょうともなお》
鎌倉時代前期の武士、引付衆の頭人。
¶朝日([没]文永1年5月3日(1264年5月29日)),神奈川人(北条朝直　ほうじょうともなお),鎌倉(北条朝直　ほうじょうともなお),鎌室(北条朝直　ほうじょうともなお),コン4,諸系,新潮([没]文永1(1264)年5月3日),日人,北条(北条朝直　ほうじょうともなお)

**大仏宣時** おさらぎのぶとき
暦仁1(1238)年～元亨3(1323)年　[別]北条宣時《ほうじょうのぶとき》,北条時忠《ほうじょうときただ》
鎌倉時代後期の武士、連署。
¶朝日([没]元亨3年6月30日(1323年8月2日)),神奈川人,鎌倉(北条宣時　ほうじょうのぶとき),鎌室(北条宣時　ほうじょうのぶとき),国史(北条宣時　ほうじょうのぶとき),国書([没]元亨3(1323)年6月30日),古中(北条宣時　ほうじょうのぶとき),コン4,史人([没]1323年6月30日),諸系,新潮([没]元亨3(1323)年6月30日),新潟百(北条宣時　ほうじょうのぶとき　生没年不詳),日人,北条(北条宣時　ほうじょうのぶとき)

**大仏宗直** おさらぎむねなお
生没年不詳
鎌倉時代後期の武将・歌人。
¶国書

**大仏宗宣** おさらぎむねのぶ
正元1(1259)年～正和1(1312)年　[別]北条宗宣《ほうじょうむねのぶ》
鎌倉時代後期の鎌倉幕府第11代の執権(在職1311～1312)。宣時の子。
¶朝日([没]正和1年6月12日(1312年7月16日)),神奈川人(北条宗宣　ほうじょうむねのぶ),鎌倉(北条宗宣　ほうじょうむねのぶ),鎌室(北条宗宣　ほうじょうむねのぶ),郷土神奈川(北条宗宣　ほうじょうむねのぶ　[生]1264年 [没]1317年),国史,国書([没]正和1(1312)年6月12日),古中,コン改,コン4,史人([没]1312年6月12日),諸系,新潮([没]正和1(1312)年6月12日),日史([没]正和1(1312)年6月12日),日人,北条(北条宗宣　ほうじょうむねのぶ),歴大,和俳([没]正和1(1312)年6月12日)

**大仏宗泰** おさらぎむねやす
生没年不詳
鎌倉時代後期の武将・歌人。
¶国書

**小沢右馬允道重** おざわうまのじょうみちしげ
→小沢道重(おざわみちしげ)

**小沢喜八郎** おざわきはちろう
安土桃山時代の武将。秀吉馬廻。
¶戦国,戦人(生没年不詳)

**小沢二郎左衛門尉** おざわじろうざえもんのじょう
生没年不詳
戦国時代の北条氏家臣松田憲秀の被官。
¶戦辞

**小沢高中** おざわたかなか
生没年不詳
戦国時代の入曾村の武士。
¶埼玉人

**小沢忠重** おざわただしげ
永禄8(1565)年～寛永8(1631)年
安土桃山時代～江戸時代前期の武士。徳川氏の臣。
¶神奈川人,人名,日人

**小沢縫殿介** おざわぬいとのすけ
→小沢縫殿介(おざわぬいのすけ)

**小沢縫殿介** おざわぬいのすけ
生没年不詳　[別]小沢縫殿介《おざわぬいとのすけ》
戦国時代の武士。小笠原氏家臣。
¶姓氏長野(おざわぬいとのすけ),戦人,戦東

**小沢彦八郎** おざわひこはちろう
？～慶長13(1608)年
安土桃山時代～江戸時代前期の武将。秀吉馬廻。
¶戦人,戦補

**小沢兵部** おざわひょうぶ
戦国時代の武将。葛西氏家臣。
¶戦東

**小沢文右衛門** おざわぶんえもん
戦国時代の武将。武田家臣。『武田過去帳』では山梨郡飯田村に老母が居住とみえる。
¶姓氏山梨

**小沢道重** おざわみちしげ
？～天正19(1591)年　[別]小沢右馬允道重《おざわうまのじょうみちしげ》
安土桃山時代の武将。葛西氏家臣。
¶戦人,戦東(小沢右馬允道重　おざわうまのじょうみちしげ)

**小沢行重** おざわゆきしげ
？～天正18(1590)年
戦国時代～安土桃山時代の南牧谷の東端に備える小沢城の城主。
¶姓氏群馬,姓氏山梨

**小沢吉次** おざわよしつぐ
生没年不詳
安土桃山時代の織田信長の家臣。

¶織田

**小沢六郎三郎** おざわろくろさぶろう
？ ～天正10（1582）年6月2日
戦国時代～安土桃山時代の織田信長の家臣。
¶織田



**小塩六右衛門** おしおろくえもん
戦国時代の武将。武田家臣。同心衆のうち覚えの者。
¶姓氏山梨

**牡鹿嶋足** おしかのしまたり
→道嶋嶋足（みちしまのしまたり）

**小鹿範満** おしかのりみつ，おじかのりみつ
？ ～長享1（1487）年
室町時代～戦国時代の武将。今川氏家臣。
¶系東，静岡百（おじかのりみつ），静岡歴，姓氏静岡，戦辞（[没]長享1年11月9日（1487年11月24日）），戦人

**押切備前守** おしきりびぜんのかみ
生没年不詳
戦国時代の地方豪族・土豪。
¶戦人

**石生彦三郎** おしこひこさぶろう
南北朝時代の備前国の武士。
¶岡山歴

**押田与一郎** おしだよいちろう
生没年不詳
戦国時代の千葉氏に属する国人領主。
¶戦辞

**忍足治部少輔** おしたりじぶしょうゆう
[別]忍足治部少輔《おしだりじぶのしょう》
安土桃山時代の武将。里見氏家臣。
¶戦辞（おしだりじぶのしょう　生没年不詳），戦東

**忍足治部少輔** おしだりじぶのしょう
→忍足治部少輔（おしたりじぶしょうゆう）

**忍足兵蔵** おしたりへいぞう
安土桃山時代～江戸時代前期の武士。里見氏家臣。
¶戦人（生没年不詳），戦東

**押垂基時** おしたれもととき
生没年不詳
鎌倉時代の武蔵武士・御家人。
¶埼玉人

**忍藤左衛門** おしとうざえもん
安土桃山時代～江戸時代前期の武士。里見氏家臣。
¶戦人（生没年不詳），戦東

**忍土佐** おしとさ
安土桃山時代～江戸時代前期の武士。里見氏家臣。
¶戦人（生没年不詳），戦東

**小島出雲守** おじまいずものかみ
→小島政章（おじままさあき）

**小島三右衛門** おじまさんうえもん
戦国時代の武将。葛西氏家臣。
¶戦東

**小島政章** おじままさあき
？ ～天正19（1591）年　[別]小島出雲守《おじまいずものかみ》
安土桃山時代の武士。
¶戦人，戦西（小島出雲守　おじまいずものかみ）

**小関加兵衛** おぜきかへえ
生没年不詳
安土桃山時代の武士。後北条氏家臣。
¶戦辞，戦人，戦東

**尾関喜介** おぜききすけ
安土桃山時代の武将。秀吉馬廻。
¶戦国，戦人（生没年不詳）

**尾関正勝** おぜきまさかつ
元亀2（1571）年～元和6（1620）年
安土桃山時代～江戸時代前期の武将。
¶戦人（生没年不詳），藩臣6

**小瀬清長** おぜきよなが，おせきよなが
？ ～天正2（1574）年
戦国時代～安土桃山時代の武将、尾張小幡郷主。
¶織田（[没]天正2（1574）年9月29日），人名，姓氏愛知（おせきよなが　生没年不詳），日人

**尾瀬貞道** おぜさだみち
生没年不詳
室町時代の武士。
¶姓氏群馬

**小瀬三右衛門** おぜさんえもん
生没年不詳
安土桃山時代の織田信長の家臣。
¶織田

**小瀬弾正** おせだんじょう
室町時代の武将。
¶岡山人

**小瀬秀正** おせひでまさ
*～寛永17（1640）年
安土桃山時代～江戸時代前期の武将。宇喜多氏家臣。
¶岡山歴（[生]永禄6（1563）年），戦西（[生]？）

**小瀬茂兵衛** おせもへえ
？ ～元和1（1615）年
安土桃山時代～江戸時代前期の武将。秀吉馬廻。
¶戦国，戦人

**小瀬義春** おぜよしはる
？ ～天正18（1590）年
安土桃山時代の武士。佐竹氏家臣。
¶戦辞（[生]天文11（1542）年　[没]天正18（1590）年2月），戦人，戦東

**小瀬義行** おぜよしゆき
天文19（1550）年～慶長7（1602）年7月
安土桃山時代～江戸時代前期の武士。佐竹氏家臣。
¶戦辞，戦人（生没年不詳），戦東

**小曽戸蔵人** おそどくろうど
生没年不詳

戦国時代の小山高朝・秀綱の家臣。
¶戦辞

**小曽戸摂津** おそどせっつ
戦国時代の武将。後北条氏家臣。
¶戦東

**小曽戸摂津守** おそどせっつのかみ
生没年不詳
安土桃山時代の武士。後北条氏家臣。
¶戦辞，戦人

**小曽戸丹後守** おそどたんごのかみ
安土桃山時代の武将。後北条氏家臣。
¶戦辞（生没年不詳），戦東

**小曽根胤盛** おぞねたねもり
生没年不詳
戦国時代の小弓足利氏の家臣。
¶戦辞

**小曽根筑前** おぞねちくぜん
生没年不詳
安土桃山時代の武将。長尾氏家臣。
¶戦人

**小田顕家** おだあきいえ
？ ～天文8（1539）年 [別]小田大炊頭《おだおおいのかみ》
戦国時代の武将。騎西城主。
¶戦辞（小田大炊頭　おだおおいのかみ　[没]天文8年8月10日（1539年9月22日）），戦人

**小田伊賀守** おだいがのかみ
生没年不詳
戦国時代の武蔵国衆。
¶戦辞

**織田氏知** おだうじとも
南北朝時代の土豪。
¶姓氏富山

**小田氏治** おだうじはる
天文3（1534）年～＊
戦国時代～安土桃山時代の武将、常陸小田城主。
¶朝日（[生]享禄4（1531）年？　[没]慶長6年閏11月13日（1602年1月6日）），系東（[生]1531年　[没]1601年），コン改（[没]天正3（1575）年），コン4（[没]天正3（1575）年），諸系（[没]1602年），新潮（[没]慶長6（1601）年閏11月13日），人名（[没]1575年），戦国（[生]？　[没]1601年），戦辞（[生]享禄4（1531）年　[没]慶長6年閏11月13日（1602年1月6日）），戦人（[没]慶長6（1601）年），日人（[没]1602年）

**織田右馬頭** おだうまのかみ
生没年不詳
安土桃山時代の織田信長の家臣。
¶織田

**織田有楽** おだうらく
→織田有楽斎（おだうらくさい）

**織田有楽斎** おだうらくさい
天文16（1547）年～元和7（1621）年 [別]織田長益《おだながます》，織田有楽《おだうらく》，織田有楽斎《おだゆうらくさい》，源五侍従《げんごじじゅう》
安土桃山時代～江戸時代前期の大名、茶人。茶道有楽流の祖。織田信長の弟。関ヶ原の戦いでは徳川方につき、大坂の陣では東西両軍の斡旋役として調停につとめた。
¶朝日（[没]元和7年12月13日（1622年1月24日）），岩史（[没]元和7（1621）年12月13日），江戸，織田（織田長益　おだながます　[没]元和7（1621）年2月13日），角史（織田有楽　おだうらく），岐阜百（織田有楽　おだうらく），京都（織田有楽　おだうらく），京都大（織田有楽　おだうらく），近世（織田長益　おだながます），国史（織田長益　おだながます），国書（織田有楽　おだうらく　[没]元和7（1621）年12月13日），コン改（[生]天文11（1542）年　[没]元和1（1615）年），コン4（[生]天文11（1542）年），茶道，史人（織田長益　おだながます　[没]1621年12月13日），重要（[生]天文11（1542）年　[没]元和7（1621）年12月13日），諸系（[没]1622年），新潮（[没]元和7（1621）年12月13日），人名（おだゆうらくさい），姓氏京都（[生]1542年　[没]1615年），世人，世百，戦合（織田長益　おだながます），戦国（織田長益　おだながます），全書（織田有楽　おだうらく），戦人（織田長益　おだながます），大百，日史（[没]元和7（1621）年12月13日），日人（[没]1622年），藩主3（織田長益　おだながます　[没]元和7（1621）年12月13日），美術，百科，仏教（[没]元和7（1621）年12月13日），歴大（織田有楽　おだうらく）

**織田越前守** おだえちぜんのかみ
生没年不詳
戦国時代の武士。織田氏家臣。
¶織田，戦人，戦補

**小田大炊頭** おだおおいのかみ
→小田顕家（おだあきいえ）

**織田甲斐守** おだかいのかみ
？ ～元亀1（1570）年11月26日
戦国時代～安土桃山時代の織田信長の家臣。
¶織田

**小田覚派** おだかくは
？ ～永禄1（1558）年11月15日
戦国時代の蓮池小曲城主。
¶佐賀百

**小田勝清** おだかつきよ
～永禄7（1564）年
安土桃山時代の武将。
¶岡山人

**織田勝長** おだかつなが
？ ～天正10（1582）年 [別]織田信房《おだのぶふさ》，津田源三郎《つだげんざぶろう》
安土桃山時代の武将。織田信長の子。
¶織田（[没]天正10（1582）年6月2日），諸系，人名，戦国，戦辞（織田信房　おだのぶふさ　[没]天正10年6月2日（1582年6月21日）），戦人，日人

**織田勘七郎** おだかんしちろう
？ ～天正10（1582）年6月2日

お

戦国時代〜安土桃山時代の織田信長の家臣。
¶織田

### 小田喜四郎 おだきしろう
安土桃山時代の武士。豊臣氏家臣。
¶戦国, 戦人 (生没年不詳)

### 織田久三郎 おだきゅうさぶろう
？ 〜天正2 (1574) 年9月29日
戦国時代〜安土桃山時代の織田信長の家臣。
¶織田

### 織田刑部大輔 おだぎょうぶのだいふ
生没年不詳
安土桃山時代の織田信長の家臣。
¶織田

### 小田切嘉兵衛 おだぎりかへえ
安土桃山時代の武士。
¶人名, 日人 (生没年不詳)

### 小田切茂富 おだぎりしげとみ
？ 〜慶長15 (1610) 年
安土桃山時代〜江戸時代前期の武田家臣。大隅守。
¶姓氏山梨

### 小田切治部少輔 おだぎりじぶのしょう
生没年不詳
戦国時代の葦名氏の家臣。
¶戦辞

### 小田切弾正忠 おだぎりだんじょうのじょう
生没年不詳
戦国時代の葦名氏の家臣。
¶戦辞

### 小田切昌吉 おだぎりまさよし
戦国時代の武将。武田家臣。信濃国佐久郡小田切
を名字地とする海野氏一族。
¶姓氏山梨

### 小田切三河守 おだぎりみかわのかみ
？ 〜天正15 (1587) 年
安土桃山時代の武将。
¶戦人

### 小田切民部少輔 おだぎりみんぶしょうゆう
戦国時代の武将。武田家臣。『甲陽軍鑑』にみえ
る「信濃先方衆、小田切采女、騎馬三十騎持」に
あたるか。
¶姓氏長野 (生没年不詳), 姓氏山梨

### 織田源二郎 おだげんじろう
安土桃山時代の織田信長の家臣。
¶織田

### 織田小藤次 おだことうじ
？ 〜天正10 (1582) 年6月2日
戦国時代〜安土桃山時代の織田信長の家臣。
¶織田

### 小田五郎 おだごろう
南北朝時代の武将。
¶人名, 日人 (生没年不詳)

### 織田左近将監 おださこんのしょうげん
生没年不詳

安土桃山時代の織田信長の家臣。
¶織田

### 小田左近大夫増光 おださこんのたゆうますみつ
→小田増光 (おだますみつ)

### 小田貞宗 おださだむね
弘安6 (1283) 年〜正平4/貞和5 (1349) 年
鎌倉時代後期〜南北朝時代の武将。
¶系東

### 織田左馬允 おださまのじょう
？ 〜文禄2 (1593) 年　別津田盛月《つだせいげつ,
つだもりつき》, 外峯四郎左衛門《そとみねしろう
ざえもん》, 津田隼人正《つだはやとのしょう》
安土桃山時代の武士。織田氏家臣。
¶織田 (津田盛月　つだもりつき), 戦国 (津田盛
月　つだせいげつ), 戦辞 (津田盛月　つだも
りつき), 戦人

### 小田成治 おだしげはる
宝徳1 (1449) 年〜永正11 (1514) 年
室町時代〜戦国時代の地方豪族・土豪。
¶系東, 戦辞 (㊀宝徳1年6月22日？ (1449年7月12
日) ㊁永正11年4月21日 (1514年5月15
日)), 戦人

### 小田鎮光 おだしげみつ
？ 〜元亀2 (1571) 年　別小田弾正少弼鎮光《おだ
だんじょうしょうひつしげみつ》
戦国時代の武士。
¶佐賀百 (㊁元亀2 (1571) 年4月9日), 戦人, 戦西
(小田弾正少弼鎮光　おだだんじょうしょうひ
つしげみつ), 戦補

### 小田島長義 おだじまながよし
南北朝時代の武将、出羽小田島城主。
¶人名, 日人 (生没年不詳)

### 織田勝左衛門 おだしょうざえもん
生没年不詳
安土桃山時代の織田信長の家臣。
¶織田

### 織田常松 おだじょうしょう
生没年不詳
室町時代の武将。
¶姓氏愛知

### 織田常真 おだじょうしん
→織田信雄 (おだのぶかつ)

### 小田代肥前 おだしろひぜん
戦国時代の武将。葛西氏家臣。
¶戦東

### 織田周防 おだすおう
生没年不詳
安土桃山時代の織田信長の家臣。
¶織田

### 織田駿河守 おだするがのかみ
→中川重政 (なかがわしげまさ)

### 小田駿河守政光 おだするがのかみまさみつ
→小田政光 (おだまさみつ)

**織田仙** おだせん
? 〜天正2(1574)年9月29日
戦国時代〜安土桃山時代の織田信長の家臣。
¶織田

**織田善右衛門** おだぜんえもん
? 〜元亀1(1570)年4月
戦国時代〜安土桃山時代の織田信長の家臣。
¶織田

**小田隆清** おだたかきよ
安土桃山時代の武将。
¶岡山人

**小田孝朝** おだたかとも
延元2/建武4(1337)年〜応永21(1414)年
南北朝時代〜室町時代の武将、常陸国小田の領主。
¶朝日([生]建武4/延元2(1337)年? [没]応永21年6月16日(1414年7月3日)), 鎌室, 系東, 国史, 国書([没]応永21(1414)年6月16日), 古中, コン改([生]?), コン4([生]?), 史人([没]1414年6月16日), 諸系, 新潮([生]建武4/延元2(1337)年12月4日 [没]応永21(1414)年6月16日), 人名([生]?), 日人, 和俳

**織田高長** おだたかなが
天正18(1590)年〜延宝2(1674)年
江戸時代前期の武将、大名。大和松山藩主。
¶諸系, 人名, 日人, 藩主3([没]延宝2(1674)年8月18日)

**織田忠寛** おだただひろ
戦国時代の武士。織田氏家臣。
¶戦人(生没年不詳), 戦補

**小田弾正少弼鎮光** おだだんじょうしょうひつしげみつ
→小田鎮光(おだしげみつ)

**織田藤左衛門** おだとうざえもん
生没年不詳
戦国時代の尾張の武将。
¶愛知百

**織田道八** おだどうはち
→織田頼長(おだよりなが)

**織田寛故** おだとおひさ
? 〜天文19(1550)年
戦国時代の武将。藤左衛門尉・兵部大輔。
¶姓氏愛知

**小田時綱** おだときつな
生没年不詳
南北朝時代の武将・連歌作者。
¶国書

**小田時知** おだときとも
暦仁1(1238)年〜永仁1(1293)年
鎌倉時代後期の武将。
¶神奈川人(生没年不詳), 系東

**織田敏定** おだとしさだ
? 〜明応4(1495)年
戦国時代の尾張の武将。
¶愛知百, 姓氏愛知

**織田敏広** おだとしひろ
生没年不詳
戦国時代の尾張の武将。
¶愛知百, 姓氏愛知

**小田朝興** おだともおき
生没年不詳
戦国時代の武将。
¶埼玉人

**小田知春** おだともはる
? 〜正平19/貞治3(1364)年1月6日
鎌倉時代後期〜南北朝時代の武将・連歌作者。
¶国書

**小田友治** おだともはる
天文17(1548)年〜慶長9(1604)年
安土桃山時代の地方豪族・土豪。
¶系東, 戦人

**小田朝久** おだともひさ
応永24(1417)年〜康正1(1455)年
室町時代の武将、常陸小田城主。
¶鎌室, 系東, コン改, コン4, 諸系, 新潮([生]応永24(1417)年3月5日 [没]康正1(1455)年閏4月24日), 人名, 日人

**織田尚長** おだなおなが
→織田尚長(おだひさなが)

**織田長孝** おだながたか
? 〜慶長11(1606)年
安土桃山時代〜江戸時代前期の武将、大名。美濃野村藩主。
¶岐阜百, 諸系, 戦国, 戦人, 日人, 藩主2([没]慶長11(1606)年7月5日)

**織田長次** おだながつぐ
? 〜慶長5(1600)年
安土桃山時代の武将。秀吉馬廻。
¶戦人, 戦補

**織田長利** おだながとし
? 〜天正10(1582)年 [別]津田長利《つだながとし》
安土桃山時代の武士。織田氏家臣。
¶織田([没]天正10(1582)年6月2日), 戦人, 戦補

**小田中直久** おだなかなおひさ
戦国時代の武将。武田家臣。禰津被官衆。
¶姓氏山梨

**織田長則** おだながのり
? 〜寛永8(1631)年
江戸時代前期の武将、大名。美濃野村藩主。
¶諸系, 日人, 藩主2([没]寛永8(1631)年7月4日)

**織田長政** おだながまさ
天正16(1588)年〜寛文10(1670)年
安土桃山時代〜江戸時代前期の武将、大名。大和戒重藩主。
¶諸系, 日人, 藩主3([生]天正15(1587)年 [没]寛文10(1670)年2月18日)

**織田長益** おだながます
→織田有楽斎（おだうらくさい）

**小谷若狭守** おだにわかさのかみ
安土桃山時代の武将。里見氏家臣。
¶戦東

**小田野源太左衛門尉** おだのげんたざえもんのじょう
戦国時代の武将。後北条氏家臣。
¶戦東

**小田野周定** おだのちかさだ
生没年不詳
戦国時代の北条氏照の家臣。
¶戦辞

**小田野肥後守** おだのひごのかみ
戦国時代の武将。後北条氏家臣。
¶戦東

**織田信家** おだのぶいえ
？ 〜天正10（1582）年3月2日
戦国時代〜安土桃山時代の織田信長の家臣。
¶織田

**織田信氏** おだのぶうじ
？ 〜天正12（1584）年6月2日？
戦国時代〜安土桃山時代の織田信長の家臣。
¶織田

**織田信雄** おだのぶお
→織田信雄（おだのぶかつ）

**織田信興** おだのぶおき
？ 〜元亀1（1570）年
戦国時代の武将。
¶織田（[没]元亀1（1570）年11月21日），戦人，戦補

**織田信賢** おだのぶかた
生没年不詳
戦国時代の岩倉城城主。
¶姓氏愛知

**織田信勝** おだのぶかつ
→織田信行（おだのぶゆき）

**織田信雄** おだのぶかつ
永禄1（1558）年〜寛永7（1630）年 [別]織田常真《おだじょうしん》，織田信雄《おだのぶお》，信雄〔織田家〕《のぶお》，北畠信意《きたばたけのぶおき》，尾張内大臣《おわりないだいじん》，北畠信雄《きたばたけのぶお，きたばたけのぶかつ》
安土桃山時代〜江戸時代前期の大名、織田信長の次男。
¶愛知百（[没]1630年4月30日），朝日（[没]寛永7年4月30日（1630年6月10日）），岩史（おだのぶお [没]寛永7（1630）年4月30日），織田（[没]寛永7（1630）年4月30日），角史（おだのぶお），京都大，近世（おだのぶお），公卿（おだのぶお [没]寛永7（1630）年4月30日），公家（信雄〔織田家〕 のぶお [生]1558年 [没]寛永7年4月30日），系東，国史（おだのぶお），国書（おだのぶお [没]寛永7（1630）年4月30日），古中（おだのぶお），コン改（おだのぶお），コン4（おだのぶお），茶道（織田常真 おだじょうしん），史人（おだのぶお [没]1630年4月20日），重要（[没]寛永7（1630）年4月30日），諸系，新潮（[没]寛永7（1630）年4月30日），人名（おだのぶお），人名（北畠信意 きたばたけのぶおき），姓氏愛知，姓氏京都，世人（[没]寛永7（1630）年4月30日），世百（おだのぶお），戦合（おだのぶお），戦国（おだのぶお），戦辞（[没]寛永7年4月30日（1630年6月10日）），全書，戦人（おだのぶお），大百，栃木歴，日史，日人（おだのぶお），藩主3（おだのぶお [没]寛永7（1630）年4月30日），百科，歴大

**織田信包**（織田信兼） おだのぶかね
天文12（1543）年〜慶長19（1614）年 [別]信包〔織田家〕《のぶかね》，安濃津侍従《あのつじじゅう》，安濃津中将《あのつちゅうじょう》，織田老犬斎《おだろうけんさい》
安土桃山時代〜江戸時代前期の大名、織田信長の弟。
¶朝日（[没]慶長19年7月17日（1614年8月22日）），織田（[生]天文12（1543）年？ [没]慶長19（1614）年7月17日），公卿（織田信兼 [没]慶長19（1614）年7月17日），公家（信包〔織田家〕 のぶかね [生]？ [没]慶長19年7月17日），コン改，コン4，史人（[没]1614年7月17日），諸系，新潮（[没]慶長19（1614）年7月17日），人名（[生]1548年），戦国，戦辞（[生]天文12（1543）年？ [没]慶長19年7月17日（1614年8月22日）），戦人，日人，藩主3（[没]慶長19（1614）年7月17日），兵庫百

**織田信清** おだのぶきよ
生没年不詳
戦国時代の武将。織田氏家臣。
¶織田，諸系，人名，姓氏愛知，戦人，戦補，日人

**織田信貞** おだのぶさだ
天正2（1574）年〜寛永1（1624）年
安土桃山時代〜江戸時代前期の武士。
¶戦国，戦人

**織田信定** おだのぶさだ
生没年不詳
戦国時代の武将。
¶織田，系東，姓氏愛知

**織田信重** おだのぶしげ
生没年不詳
安土桃山時代〜江戸時代前期の武将、大名。伊勢林藩主。
¶史人（[没]1620年12月2日），諸系，戦国，戦人，日人，藩主3

**織田信澄** おだのぶずみ
→津田信澄（つだのぶずみ）

**織田信孝** おだのぶたか
永禄1（1558）年〜天正11（1583）年 [別]神戸信孝《かんべのぶたか》
安土桃山時代の武将。織田信長の3男。
¶愛知百（[生]1562年 [没]1583年4月29日），朝日（[没]天正11年5月2日（1583年6月21日）），岩史（[没]天正11（1583）年5月2日），織田（[没]天正11（1583）年5月2日），角史，岐阜百，京都大，系東，国史，古中，コン改（[生]永禄5（1562）年），

コン4，史人（[没]1583年4月29日，(異説)5月2日），重要（[没]天正11（1583）年5月2日），諸系，新潮（[没]天正11（1583）年5月2日），人名，姓氏京都（[生]1562年），世人（[没]天正11（1583）年5月2日），世百（[生]1562年），戦合，戦国（[生]1562年），全書，戦人，大百，日史（[没]天正11（1583）年5月2日），日人，百科，歴大

**織田信高** おだのぶたか
？　～慶長7（1602）年
安土桃山時代の武士。織田信長の子。
¶戦国，戦人

**織田信忠** おだのぶただ
弘治3（1557）年～天正10（1582）年　[別]信忠〔織田家〕《のぶただ》
安土桃山時代の武将。織田信長の長子。
¶朝日（[没]天正10年6月2日（1582年6月21日）），岩史（[没]天正10（1582）年6月2日），大阪墓（[没]天正10（1582）年6月2日），織田（[没]天正10（1582）年6月2日），角史，岐阜百，京都大，公卿（[生]弘治1（1555）年　[没]天正10（1582）年6月2日），公家（信忠〔織田家〕　のぶただ　[生]1557年　[没]天正10年6月2日），系東，国史，古中（[生]1558年），コン改，コン4，史人（[没]1582年6月2日），重要（[没]天正10（1582）年6月2日），諸系，新潮（[没]天正10（1582）年6月2日），人名，姓氏愛知，姓氏京都，世人（[没]天正10（1582）年6月2日），世百，戦合，戦国，戦辞（[没]天正10年6月2日（1582年6月21日）），全書，戦人，大百，日史（[没]天正10（1582）年6月2日），日人，百科，山梨百（[没]天正10（1582）年6月），歴大

**織田信辰** おだのぶたつ
戦国時代の武将。織田信秀・信長の臣。
¶戦国

**織田信次** おだのぶつぐ
？　～天正2（1574）年　[別]津田信次《つだのぶつぐ》
戦国時代～安土桃山時代の武将。
¶織田（[没]天正2（1574）年9月29日），諸系，人名，戦人（津田信次　つだのぶつぐ），戦補，日人

**織田信時** おだのぶとき
？　～弘治2（1556）年　[別]織田秀俊《おだひでとし》
戦国時代の武将。織田氏家臣。
¶織田（織田秀俊　おだひでとし　[没]弘治2（1556）年6月），戦国，戦人

**織田信直** おだのぶなお
天文15（1546）年？　～天正2（1574）年9月29日
戦国時代～安土桃山時代の織田信長の家臣。
¶織田

**織田信長** おだのぶなが
天文3（1534）年～天正10（1582）年　[別]信長〔織田家〕《のぶなが》，総見院殿《そうけんいんどの》
安土桃山時代の武将、右大臣。尾張の織田信秀の子。家督を継いで尾張を統一。桶狭間の戦いで今川義元を討ち、美濃を攻略して足利義昭を擁して上洛。のち義昭を追放して室町幕府を滅ぼし、関東から中国にいたる勢力圏を確立し天下統一をめざしたが、明智光秀に叛かれて本能寺に自刃。
¶愛知百（[没]1582年6月2日），朝日（[没]天正10年6月2日（1582年6月21日）），岩史（[没]天正10（1582）年6月2日），大阪墓（[没]天正10（1582）年6月2日），角史，岐阜百，京都，郷土岐阜，郷土滋賀，京都大，キリ（[没]天正10（1582）年6月2日），公卿（[没]天正10（1582）年6月2日），公家（信長〔織田家〕　のぶなが　[生]1534年　[没]天正10年6月2日），系東，国史，古中，コン改，コン4，茶道，滋賀百，史人（[生]1534年5月12日，(異説)5月28日　[没]1582年6月2日），静岡百，静岡歴，重要（[生]天文3（1534）年5月　[没]天正10（1582）年6月2日），食文（[没]天正10（1582）年6月2日），諸系，人書94，人情，新潮（[没]天正10（1582）年6月2日），人名，姓氏愛知，姓氏京都，世人（[生]天文3（1534）年5月　[没]天正10（1582）年6月2日），世百，戦合，戦国，戦辞（[没]天正10年6月2日（1582年6月21日）），全書，戦人，大百，伝記，長野歴，日史（[没]天正10（1582）年6月2日），日人，百科，仏教（[没]天正10（1582）年6月2日），山梨百（[没]天正10（1582）年6月2日），歴大，和歌山人

**織田信成** おだのぶなり
？　～天正2（1574）年
戦国時代～安土桃山時代の武将。
¶織田（[没]天正2（1574）年9月29日），戦人，戦補

**織田信則** おだのぶのり
慶長4（1599）年～寛永7（1630）年
江戸時代前期の武将、大名。丹波柏原藩主。
¶諸系，人名，日人，藩主3（[没]寛永7（1630）年1月2日）

**織田信治** おだのぶはる
天文14（1545）年？　～元亀1（1570）年
戦国時代の武将。織田氏家臣。
¶織田（[没]元亀1（1570）年9月20日），諸系，人名，戦人（[生]？），戦補（[生]？），日人

**織田信張** おだのぶはる
大永7（1527）年～永禄3（1560）年9月22日
戦国時代～安土桃山時代の織田信長の家臣。
¶織田

**織田信秀**(1) おだのぶひで
*～天文20（1551）年　[別]織田弾正忠《おだだんじょうのちゅう》
戦国時代の武将。信長の父。
¶愛知百（[生]1510年　[没]1551年3月3日），朝日（[生]永正8（1511）年　[没]天文20年3月3日（1551年4月8日）），岩史（[生]永正8（1511）年　[没]天文21（1552）年？），角史（[生]永正5（1508）年　[没]天文18（1549）年），系東（[生]1510年），国史（[生]1511年　[没]1552年），古中（[生]1511年　[没]1552年），コン改（[生]永正5（1508）年），コン4（[生]永正5（1508）年），史人（[生]1511年　[没]1552年？　3月3日），諸系（[生]1511年），神人（[生]永正8（1511）年　[没]天文21（1552）年），新潮（[生]永正8（1511）年　[没]天文20（1551）年3月3日），人名（[生]1510年），姓氏愛知（生没年不詳），世人（[生]永正7（1510）年　[没]天文20（1551）年3月3日），世百（[生]1510年），戦合

お

([生]1511年　[没]1552年), 戦国([生]1508年 [没]1549年), 戦辞([生]永正8(1511)年？　[没]天文21(1552)年3月？), 全書([生]1508年), 戦人([生]永正7(1510)年), 大百([生]1510年), 日史([生]永正7(1510)年), 日人([生]1511年), 百科([生]永正7(1510)年), 歴大([生]1511年？ [没]1549年,(異説)1551年, 1552年)



**織田信秀(2)** おだのぶひで
[別]三吉侍従《さんきちじじゅう》
安土桃山時代の武将。織田信長の6男、祖父と同名。
¶戦国

**織田信広** おだのぶひろ
→津田信広(つだのぶひろ)

**織田信房(1)** おだのぶふさ
生没年不詳
戦国時代の地方豪族・土豪。
¶織田([没]永禄3(1560)年5月19日？), 戦人, 日人

**織田信房(2)** おだのぶふさ
→織田勝長(おだかつなが)

**織田信昌** おだのぶまさ
生没年不詳
安土桃山時代の織田信長の家臣。
¶織田

**織田信正** おだのぶまさ
永禄1(1558)年～正保4(1647)年
安土桃山時代～江戸時代前期の武将。信長の庶子。
¶人名

**織田信益** おだのぶます
？ ～永禄5(1562)年
戦国時代の武将。織田氏家臣。
¶織田(生没年不詳), 戦国, 戦人, 日人(生没年不詳)

**織田信光** おだのぶみつ
？ ～弘治1(1555)年　[別]津田信光《つだのぶみつ》
戦国時代の武将。織田氏家臣。
¶織田([没]弘治1(1555)年11月26日), 諸系([没]1556年), 人名(津田信光　つだのぶみつ), 姓氏愛知, 戦国, 戦人, 日人([没]1556年)

**織田信宗** おだのぶむね
→飯尾信宗(いいおのぶむね)

**織田頼元** おだのぶもと
生没年不詳
安土桃山時代の織田信長の家臣。
¶織田

**織田信安** おだのぶやす
？ ～天正19(1591)年
安土桃山時代の武将。
¶高知人([生]1534年　[没]1611年), 高知百([没]1611年), 人名, 姓氏愛知(生没年不詳), 戦人, 戦補, 日人

**織田信康** おだのぶやす
生没年不詳
戦国時代の武将。織田氏家臣。
¶戦人

**織田信行** おだのぶゆき
？ ～弘治3(1557)年　[別]織田信勝《おだのぶかつ》
戦国時代の武将。織田信長の弟。
¶織田(織田信勝　おだのぶかつ　[没]永禄1(1558)年11月2日？), 諸系([没]1557年,(異説)1558年), 人名, 姓氏愛知([没]1558年？), 戦国, 戦人, 日人([没]1557年,(異説)1558年)

**織田信好** おだのぶよし
？ ～慶長14(1609)年
安土桃山時代～江戸時代前期の武士。織田氏家臣、豊臣氏家臣。
¶戦国, 戦人

**織田信良** おだのぶよし
天正12(1584)年～寛永3(1626)年
安土桃山時代～江戸時代前期の武将、大名。上野小幡藩主。
¶諸系, 人名([生]？), 姓氏群馬, 日人, 藩主1([没]寛永3(1626)年5月17日)

**小田野義忠** おだのよしただ
生没年不詳
安土桃山時代の武将。佐竹氏家臣。
¶戦辞, 戦人, 戦東

**小田野義房** おだのよしふさ
生没年不詳
戦国時代の武将。佐竹氏家臣。
¶戦辞, 戦人, 戦東

**小田野義正** おだのよしまさ
生没年不詳
安土桃山時代の武将。佐竹氏家臣。
¶戦辞, 戦人, 戦東

**小田乗清** おだのりきよ
安土桃山時代の備中国の武将。
¶岡山歴

**小田治朝** おだはるとも
正平18/貞治2(1363)年～応永10(1403)年
南北朝時代～室町時代の武将。
¶系東

**小田治久** おだはるひさ
弘安6(1283)年～正平7/文和1(1352)年
鎌倉時代後期～南北朝時代の武将。常陸国小田の領主。
¶朝日([生]弘安6(1283)年？　[没]文和1/正平7年12月11日(1353年1月16日)), 茨城百, 鎌室, 郷土茨城, 系東([生]1300年), 国史, 古中, コン改, コン4, 史人([没]1352年12月11日), 諸系([没]1353年), 新潮([生]正安2(1300)年1月12日 [没]文和1/正平7(1352)年12月17日), 人名([生]？), 世人, 全書, 日史([没]文和1/正平7(1352)年12月11日), 日人([没]1353年), 百科, 歴大

お

**織田彦五郎** おだひこごろう
? ～弘治1(1555)年
戦国時代の武士。因幡守某の子、織田敏定の猶子となる。
¶姓氏愛知

**織田久孝** おだひさたか
? ～永正3(1506)年
室町時代～戦国時代の小田井城初代城主。
¶姓氏愛知

**織田尚長** おだひさなが
慶長1(1596)年～寛永14(1637)年 [別]織田尚長《おだなおなが》
江戸時代前期の武将、大名。大和柳本藩主。
¶郷土奈良, 諸系(おだなおなが), 日人(おだなおなが), 藩主3([没]寛永14(1637)年11月3日)

**織田秀雄** おだひでお
天正11(1583)年～慶長15(1610)年 [別]織田秀雄《おだひでかつ》, 大野宰相《おおのさいしょう》
安土桃山時代～江戸時代前期の武将、大名。越前大野藩主。
¶諸系(おだひでかつ), 人名(おだひでかつ), 戦国, 戦人, 日人, 藩主3([没]慶長15(1610)年8月18日)

**織田秀雄** おだひでかつ
→織田秀雄(おだひでお)

**織田秀孝** おだひでたか
? ～弘治1(1555)年6月26日
戦国時代の織田信長の家臣。
¶織田

**織田秀俊** おだひでとし
→織田信時(おだのぶとき)

**織田秀敏** おだひでとし
? ～永禄3(1560)年5月19日?
戦国時代～安土桃山時代の織田信長の家臣。
¶織田

**織田秀成** おだひでなり
? ～天正2(1574)年 [別]津田秀成《つだひでなり》
戦国時代～安土桃山時代の武士。織田氏家臣。
¶織田([没]天正2(1574)年9月29日), 戦人, 戦補

**織田秀信** おだひでのぶ
天正8(1580)年～慶長10(1605)年 [別]秀信〔織田家〕《ひでのぶ》, 岐阜中納言《ぎふちゅうなごん》, 三法師《さんぼうし》, 織田三法師《おださんぼうし》
安土桃山時代の大名。織田信忠の長男。美濃岐阜城主。
¶朝日([没]慶長10年5月8日(1605年6月24日)), 岐阜百, 近世, 公卿([生]天正10(1582)年 [没]慶長7(1602)年9月8日), 公家(秀信〔織田家〕ひでのぶ [生]1584年 [没]慶長10年5月8日), 系東([没]1601年), 国史, 古中, コン改, コン4, 茶道, 史人([没]1605年5月8日), 諸系, 新潮([没]慶長10(1605)年5月8日), 人名([生]1582年 [没]1602年), 姓氏愛知, 世人([没]慶長6(1601)年5月8日), 戦合, 戦国, 戦人, 日史([没]慶長10(1605)年5月8日), 日人, 藩主2([生]天正7(1579)年? [没]慶長10(1605)年5月8日), 百科, 歴大

**織田秀則** おだひでのり
天正9(1581)年～寛永2(1625)年
安土桃山時代～江戸時代前期の武将。織田信忠次男。
¶戦人, 戦補

**織田広近** おだひろちか
? ～延徳3(1491)年
室町時代～戦国時代の武将。
¶姓氏愛知

**織田広信** おだひろのぶ
? ～弘治1(1555)年 [別]織田信友《おだのぶとも》
戦国時代の武将。
¶戦国, 戦人

**織田広良** おだひろよし
? ～永禄4(1561)年5月
戦国時代～安土桃山時代の織田信長の家臣。
¶織田

**小田部鎮孝** おたべしげたか
天正19(1591)年～寛文3(1663)年
江戸時代前期の武士、筑後柳河藩士。
¶藩臣7

**織田孫十郎** おだまごじゅうろう
生没年不詳
安土桃山時代の織田信長の家臣。
¶織田

**小田孫兵衛** おだまごべえ
安土桃山時代の備中国の武将。
¶岡山歴

**小田政清** おだまさきよ
安土桃山時代の武将。
¶岡山人

**織田正信** おだまさのぶ
永禄11(1568)年～慶長18(1613)年5月20日?
安土桃山時代～江戸時代前期の織田信長の家臣。
¶織田

**小田政治** おだまさはる
明応1(1492)年～天文17(1548)年
戦国時代の武士。
¶系東, 戦辞([生]明応2(1493)年 [没]天文17年2月22日(1548年3月31日)), 戦人

**小田政光** おだまさみつ
? ～永禄1(1558)年 [別]小田駿河守政光《おだするがのかみまさみつ》
戦国時代の武士。
¶佐賀百([没]永禄1(1558)年11月10日), 戦人, 戦西(小田駿河守政光 おだするがのかみまさみつ), 戦補([没]1553年)

**小田増光** おだますみつ
? ～天正13(1585)年 [別]小田左近大夫増光《お

だささこんのたゆうますみつ》
安土桃山時代の武士。
¶戦人，戦西（小田左近大夫増光　おださこんのたゆうますみつ）

お

**小田宗知** おだむねとも
正元1（1259）年～徳治1（1306）年
鎌倉時代後期の武将。
¶系東

**小田持家** おだもちいえ
応永9（1402）年～長享1（1487）年
室町時代～戦国時代の武将。
¶神奈川人，系東，戦辞（[没]文明9年10月21日（1477年11月26日）？）

**小田元家** おだもといえ
安土桃山時代の武将。
¶岡山人

**小田守治** おだもりはる
弘治3（1557）年？～慶長15（1610）年2月17日
安土桃山時代の武士。結城氏家臣。
¶戦国，戦辞，戦人（生没年不詳）

**織田有楽斎** おだゆうらくさい
→織田有楽斎（おだうらくさい）

**織田与三郎** おだよさぶろう
？～永禄3（1560）年
戦国時代の武将。織田氏家臣。
¶戦人

**織田吉清** おだよしきよ
生没年不詳
安土桃山時代の織田信長の家臣。
¶織田

**織田良信** おだよしのぶ
生没年不詳
室町時代～戦国時代の武将。
¶系東

**織田与助** おだよすけ
？～天正7（1579）年7月16日
戦国時代～安土桃山時代の織田信長の家臣。
¶織田

**織田頼長** おだよりなが
天正10（1582）年～元和6（1620）年　[別]織田道八《おだどうはち》
安土桃山時代～江戸時代前期の武将・茶人。有楽長益の次男。
¶京都（織田道八　おだどうはち），茶道（織田道八　おだどうはち），諸系，人名，姓氏京都（織田道八　おだどうはち），日人

**小足勝兵衛** おたりかつべえ
？～寛永14（1637）年
安土桃山時代～江戸時代前期の浅野家臣。
¶和歌山人

**小田原景泰** おだわらかげやす
生没年不詳
鎌倉時代の武将。
¶大分歴

**落合市之允** おちあいいちのじょう
戦国時代の武将。武田家臣。八代郡市川大門の人。
¶姓氏山梨

**落合小八郎** おちあいこはちろう
？～天正10（1582）年6月2日
戦国時代～安土桃山時代の織田信長の家臣。
¶織田

**落合五郎兼行** おちあいごろうかねゆき
平安時代後期～鎌倉時代前期の木曾義仲の家臣。
¶岐阜百

**落合左衛門尉** おちあいさえもんのじょう
生没年不詳
南北朝時代の祖谷山の武士。
¶徳島歴

**落合左平次** おちあいさへいじ
？～元和6（1620）年
安土桃山時代～江戸時代前期の武将、紀伊和歌山藩士。
¶藩臣5

**落合重清** おちあいしげきよ
？～万治3（1660）年
安土桃山時代～江戸時代前期の武将。秀吉馬廻、結城家家臣。
¶戦国，戦人

**落合七郎左衛門** おちあいしちろうざえもん
？～寛文2（1662）年
江戸時代前期の武将、紀伊和歌山藩士。
¶藩臣5

**落合新三** おちあいしんぞう
安土桃山時代の武将。秀吉馬廻。
¶戦国，戦人（生没年不詳）

**落合藤右衛門** おちあいとうえもん
生没年不詳
安土桃山時代の武士。豊臣氏家臣。
¶戦国，戦辞，戦人

**落合藤左衛門** おちあいとうざえもん
生没年不詳
戦国時代の武将・問屋商人。
¶姓氏神奈川

**落合長貞** おちあいながさだ
生没年不詳
安土桃山時代の織田信長の家臣。
¶織田

**落合彦助** おちあいひこすけ
戦国時代の武将。武田家臣。武田逍遥軒の被官。
¶姓氏山梨

**落合三河守** おちあいみかわのかみ
生没年不詳
戦国時代の相模の土豪。
¶戦辞

**落合道久** おちあいみちひさ
？～寛永7（1630）年

安土桃山時代～江戸時代前期の武将。徳川氏家臣。
¶戦国，戦人

**落合安親** おちあいやすちか
生没年不詳
安土桃山時代の武士。豊臣氏家臣。
¶戦人

**落合康政** おちあいやすまさ
？ ～永禄3（1560）年？
戦国時代～安土桃山時代の武術家。今川義元家臣。
¶日人

**越智家高** おちいえたか
天文13（1544）年～元亀2（1571）年 [別]越知民部少輔家高《おちみんぶしょうゆういえたか》
戦国時代の大和国衆。
¶織田（[没]元亀2（1571）年9月24日），系西（越知民部少輔家高 おちみんぶしょうゆういえたか），戦人

**越智家教** おちいえのり
*～永正14（1517）年 [別]越知弾正忠家教《おちだんじょうちゅういえのり》
戦国時代の大和国衆。
¶系西（越知弾正忠家教 おちだんじょうちゅういえのり [生]1489年），戦人（[生]延徳3（1491）年）

**越智家令** おちいえのり
？ ～* [別]越智弾正忠家令《おちだんじょうちゅういえのり》
戦国時代の大和国衆。
¶系西（越智弾正忠家令 おちだんじょうちゅういえのり [没]1507年頃），戦人（[没]永正4（1507）年？）

**越智家栄**(1) おちいえひで
*～明応9（1500）年 [別]越智弾正忠家栄《おちだんじょうちゅういえひで》
室町時代～戦国時代の武将。大和国の有力国人。
¶鎌室（[生]応永33（1426）年），系西（越智弾正忠家栄 おちだんじょうちゅういえひで [生]1432年 [没]1500年？），国史（[生]？），古中（[生]？），コン改（[生]応永33（1426）年），コン4（[生]応永33（1426）年），史人（[生]1432年 [没]1500年2月27日），新潮（[生]応永33（1426）年？ [没]明応9（1500）年2月27日），戦合（[生]？），日人（[生]1426年）

**越智家栄**(2) おちいえひで
生没年不詳
戦国時代の武将。高取城主。
¶系西，戦人

**越智家秀** おちいえひで
→越智玄蕃頭家秀（おちげんばのかみいえひで）

**越智家広** おちいえひろ
生没年不詳 [別]越智民部少輔家広《おちみんぶしょうゆういえひろ》
戦国時代の大和国衆。
¶系西（越智民部少輔家広 おちみんぶしょうゆういえひろ），戦人

**越智家増** おちいえます
？ ～天正5（1577）年 [別]越智伊予守家増《おちいよのかみいえます》，楢原伊予守《ならはらいよのかみ》
戦国時代～安土桃山時代の大和国衆。
¶織田（[没]天正5（1576）年8月24日），系西（越智伊予守家増 おちいよのかみいえます），戦人

**越知出雲守** おちいずものかみ
生没年不詳
戦国時代の武将。
¶姓氏神奈川

**越智伊予守家増** おちいよのかみいえます
→越智家増（おちいえます）

**越智玄蕃** おちげんば
安土桃山時代の武士。
¶茶道

**越智玄蕃頭家秀** おちげんばのかみいえひで
？ ～天正11（1583）年 [別]越智家秀《おちいえひで》
安土桃山時代の武将、大和高取城主。
¶織田（越智家秀 おちいえひで [没]天正11（1583）年8月26日），系西，戦国（越智家秀 おちいえひで）

**越智小十郎** おちこじゅうろう
？ ～天正10（1582）年6月2日
戦国時代～安土桃山時代の織田信長の家臣。
¶織田

**越智維通**（越智維道） おちこれみち
？ ～永享11（1439）年
室町時代の武将。大和永享の乱を起こす。
¶朝日（[没]永享11年3月27日（1439年5月10日）），鎌室（越智維道），コン4，日人（越智維道）

**越知弾正忠家教** おちだんじょうちゅういえのり
→越智家教（おちいえのり）

**越智弾正忠家令** おちだんじょうちゅういえのり
→越智家令（おちいえのり）

**越智弾正忠家栄** おちだんじょうちゅういえひで
→越智家栄(1)（おちいえひで）

**越知弾正忠**（越智弾正忠） おちだんじょうのちゅう
生没年不詳 [別]越知弾正忠《えちだんじょうのじょう》
戦国時代の武将。後北条氏家臣。
¶戦辞（えちだんじょうのじょう），戦人（越智弾正忠），戦東

**越智直（欠名）**（越智直） おちのあたい
飛鳥時代の伊予の豪族。百済救援軍として渡海し、捕虜となったが帰国。
¶古代（越智直），日人（越智直 生没年不詳）

**越智通清** おちのみちきよ
生没年不詳
平安時代後期の豪族。
¶平史

お

**越智通信** おちのみちのぶ
→河野通信(こうのみちのぶ)

**越智又十郎** おちまたじゅうろう
安土桃山時代の武将。秀吉馬廻。
¶戦国，戦人(生没年不詳)

**越智通遠** おちみちとお
→河野通遠(こうのみちとお)

**越知民部少輔家高** おちみんぶしょうゆういえたか
→越智家高(おちいえたか)

**越智民部少輔家広** おちみんぶしょうゆういえひろ
→越智家広(おちいえひろ)

**越智吉長** おちよしなが
安土桃山時代の武将。滝川一益の臣。
¶戦国

**乙坂讃岐** おつさかさぬき
～正保2(1645)年
安土桃山時代～江戸時代前期の武将、最上氏遺臣。
¶庄内

**大音厚用** おとうあつもち
? ～寛永13(1636)年
安土桃山時代～江戸時代前期の武将、加賀藩士。
¶藩臣3

**弟猾** おとうかし
[別]兄猾・弟猾《えうかし・おとうかし》
上代の豪族。兄を密告して神武東征に協力。
¶古代，史人(兄猾・弟猾　えうかし・おとうかし)，世百(兄猾・弟猾　えうかし・おとうかし)，日人

**男沢蔵人** おとこざわくらんど
戦国時代の武将。葛西氏家臣。
¶戦東

**男沢筑後** おとこざわちくご
戦国時代の武将。葛西氏家臣。
¶戦東

**男沢内膳** おとこざわないぜん
戦国時代の武将。葛西氏家臣。
¶戦東

**弟磯城** おとしき
[別]兄磯城・弟磯城《えしき・おとしき》
上代の豪族。兄を密告して神武東征に協力。
¶古代，史人(兄磯城・弟磯城　えしき・おとしき)，世百(兄磯城・弟磯城　えしきおとしき)，大百(兄磯城・弟磯城　えしき・おとしき)，日人

**乙部勘解由左衛門尉** おとべかげゆざえもんのじょう
安土桃山時代の武将。朝倉氏家臣。
¶戦西

**乙部九郎兵衛** おとべくろべえ
? ～慶安2(1649)年
江戸時代前期の武士、出雲松江藩士。
¶藩臣3(生没年不詳)，藩臣5

**乙部九郎兵衛可正** おとべくろべえよしまさ
? ～慶安2(1649)年
江戸時代前期の武士、松江藩家老。
¶島根百(生没年不詳)，島根歴

**乙部左門** おとべさもん
安土桃山時代の武将。秀吉馬廻。
¶戦国，戦人(生没年不詳)

**乙部長蔵** おとべちょうぞう
生没年不詳
安土桃山時代～江戸時代前期の武士、盛岡藩家臣。
¶姓氏岩手

**鬼王** おにおう
生没年不詳
鎌倉時代の武士。曾我兄弟の従者。
¶朝日

**鬼大城** おにおおぐすく
生没年不詳
室町時代の武将。尚泰久王に仕えた。
¶沖縄百

**鬼三太** おにさんた
→鬼三太(きさんた)

**鬼虎** おにとら
生没年不詳
戦国時代の人。宮古島の酋長仲宗根豊見親によって誅伐された。
¶沖縄百，姓氏沖縄

**鬼庭綱元** おににわつなもと
天文18(1549)年～寛永17(1640)年　[別]茂庭綱元《もにわつなもと》
安土桃山時代～江戸時代前期の武士。伊達氏家臣。
¶戦人，戦東

**鬼庭良直** おににわよしなお
永正10(1513)年～天正13(1585)年　[別]茂庭良直《もにわよしなお》，茂庭周防《もにわすおう》
戦国時代～安土桃山時代の武士。伊達氏家臣。
¶戦人，戦東([生]?)，藩臣1(茂庭良直　もにわよしなお)

**鬼柳下総入道** おにやなぎしもうさにゅうどう
生没年不詳
南北朝時代～室町時代の武士。
¶姓氏岩手

**鬼柳憲義** おにやなぎのりよし
生没年不詳
鎌倉時代後期～南北朝時代の武士。
¶姓氏岩手

**鬼柳光義** おにやなぎみつよし
? ～永仁5(1297)年
鎌倉時代後期の御家人。
¶姓氏岩手

**鬼柳義勝** おにやなぎよしかつ
生没年不詳
南北朝時代の武士。
¶姓氏岩手

**鬼柳義綱** おにやなぎよしつな
生没年不詳
南北朝時代の武士。
¶姓氏岩手

**小貫伊賀守** おぬきいがのかみ
生没年不詳
安土桃山時代の武士。佐竹氏家臣。
¶戦辞, 戦人, 戦東

**小貫右馬允** おぬきうまのじょう
戦国時代〜安土桃山時代の武士。佐竹氏家臣。
¶戦人 (生没年不詳), 戦東

**小貫斯頼** おぬきつなより
生没年不詳
戦国時代の佐竹氏の家臣。
¶戦辞

**小貫俊通** おぬきとしみち
? 〜享禄2 (1529) 年
戦国時代の武将。佐竹氏家臣。
¶戦人

**小貫頼久** おぬきよりひさ
? 〜慶長8 (1603) 年
安土桃山時代の武将。佐竹氏家臣。
¶戦辞, 戦人, 戦東

**尾上信正** おのうえのぶまさ
? 〜永禄3 (1560) 年5月19日
戦国時代〜安土桃山時代の今川義元の家臣。
¶戦辞

**尾上正良** おのうえまさよし
→尾上正良 (おのえまさよし)

**小野雅楽允** おのうたのじょう
生没年不詳
安土桃山時代の武将。伊達氏家臣。
¶戦人

**小江彦六尉** おのえひころくのじょう
戦国時代の武将。浅井氏家臣。
¶戦西

**尾上正為** おのえまさため
戦国時代の武士。今川氏家臣。
¶戦人 (生没年不詳), 戦東

**尾上正良** おのえまさよし
生没年不詳 　別尾上正良《おのうえまさよし》
戦国時代の武士。今川氏家臣。
¶戦辞 (おのうえまさよし), 戦人, 戦東

**小野岡義雅** おのおかよしまさ
享禄2 (1529) 年〜慶長12 (1607) 年8月
戦国時代の武将。佐竹氏家臣。
¶戦辞, 戦人

**小野覚雲** おのかくうん
生没年不詳
安土桃山時代の武士。豊臣氏家臣。
¶戦国, 戦人, 和歌山人

**小野金善** おのかねよし
生没年不詳
平安時代前期の人。坂上田村麻呂の東征に従軍。
¶姓氏群馬

**小野木重勝** おのぎしげかつ
→小野木重次 (おのぎしげつぐ)

**小野木重次** おのぎしげつぐ
? 〜慶長5 (1600) 年 　別小野木重勝《おのぎしげかつ》
安土桃山時代の武将、大名。丹波福知山城主。
¶朝日 (㊟慶長5年10月18日 (1600年11月23日)), 京都府 (小野木重勝　おのぎしげかつ), 人名 (小野木重勝　おのぎしげかつ), 姓氏京都, 戦国, 戦人, 戦西, 日人, 藩主3 (小野木重勝　おのぎしげかつ)

**小野木図書** おのぎずしょ
安土桃山時代の武士。豊臣氏家臣。
¶戦人 (生没年不詳), 戦補

**小野崎昭通** おのざきあきみち
永禄12 (1569) 年〜寛永7 (1630) 年3月13日
安土桃山時代〜江戸時代前期の佐竹氏の家臣。
¶戦辞

**小野崎成通** おのざきしげみち
戦国時代の武将。佐竹氏家臣。
¶戦辞 (生没年不詳), 戦東

**小野崎親通** おのざきちかみち
生没年不詳
戦国時代の地方豪族・土豪。
¶戦辞, 戦人, 戦東

**小野崎従通** おのざきつぐみち
安土桃山時代の地方豪族・土豪。
¶戦人 (生没年不詳), 戦東

**小野崎藤三郎** おのざきとうざぶろう
戦国時代の武将。佐竹氏家臣。
¶戦辞 (生没年不詳), 戦東

**小野崎憲通** おのざきのりみち
*〜寛永12 (1635) 年
安土桃山時代〜江戸時代前期の武将。佐竹氏家臣。
¶戦辞 (㊟元亀2 (1571) 年 　㊟寛永12年1月11日 (1635年2月28日)), 戦東 (㊟?)

**小野崎政通** おのざきまさみち
戦国時代の武将。佐竹氏家臣。
¶戦辞 (生没年不詳), 戦東

**小野崎通老** おのざきみちおみ
生没年不詳
戦国時代の武士。佐竹氏家臣。
¶戦辞, 戦人, 戦東

**小野崎通景** おのざきみちかげ
生没年不詳
戦国時代の武将。佐竹氏家臣。
¶戦辞, 戦人, 戦東

**小野崎通隆** おのざきみちたか
生没年不詳

戦国時代の武士。佐竹氏家臣。
¶戦辞，戦人，戦東

**小野崎通長** おのざきみちなが
生没年不詳
戦国時代の武士。佐竹氏家臣。
¶戦辞，戦人，戦東

**小野崎通政** おのざきみちまさ
生没年不詳
戦国時代の佐竹氏の家臣。
¶戦辞

**小野崎大和守** おのざきやまとのかみ
安土桃山時代の武将。佐竹氏家臣。
¶戦東

**小野崎義政**（小野崎義昌） おのざきよしまさ
天文12（1543）年～天正13（1586）年11月14日
戦国時代～安土桃山時代の武士。佐竹氏家臣。
¶戦辞，戦人（小野崎義昌　生没年不詳），戦東（小野崎義昌）

**小野左近** おのさこん
生没年不詳
安土桃山時代～江戸時代前期の武士。
¶庄内

**小野沢実綱** おのざわさねつな
生没年不詳
鎌倉時代後期の武士。
¶北条

**小野沢時仲** おのざわときなか
生没年不詳
鎌倉時代の武士。
¶北条

**小野沢仲実** おのざわなかざね
生没年不詳
鎌倉時代の武士。
¶北条

**小野三左衛門尉義成** おのさんざえもんのじょうよしなり
→小野義成（おのよしなり）

**小野茂高** おのしげたか
？～寛永5（1628）年
江戸時代前期の武士、筑後柳河藩家老。
¶藩臣7

**小野次郎右衛門** おのじろうえもん
→小野忠明（おのただあき）

**小野治郎左衛門忠明** おのじろうざえもんただあき
→小野忠明（おのただあき）

**小野宗左衛門** おのそうざえもん
*～寛永17（1640）年
安土桃山時代～江戸時代前期の武士、幕臣、殖林家。
¶人名（[生]？），日人（[生]1574年）

**小野隆泰** おのたかやす
平安時代の武将。
¶多摩

**小野高吉** おのたかよし
？～天正12（1584）年
安土桃山時代の武将。
¶戦人

**小野内匠助** おのたくみのすけ
生没年不詳
戦国時代の北条氏の家臣。
¶戦辞

**小野田玄蕃隆重** おのだげんばたかしげ
→小野田隆重（おのだたかしげ）

**小野但馬守** おのたじまのかみ
生没年不詳
戦国時代の遠江国人井伊氏の家臣。
¶戦辞

**小野忠明** おのただあき
？～寛永5（1628）年　[別]小野次郎右衛門〔忠明〕《おのじろうえもん》，小野次郎右衛門《おのじろうえもん》，小野治郎左衛門忠明《おのじろうざえもんただあき》，小野忠明《おのただあきら》，神子上忠明《みこがみただあき》，御子神典膳《みこがみてんぜん》
安土桃山時代～江戸時代前期の武将、剣術家。将軍徳川秀忠の剣術師範。
¶朝日（[没]寛永5年11月7日（1628年12月2日）），江戸東（おのただあきら），角史，郷土千葉（小野治郎左衛門忠明　おのじろうざえもんただあき），近世，剣豪（小野次郎右衛門　おのじろうえもん　[生]永禄8（1565）年），国史，史人（[没]1628年11月7日），新潮（[没]寛永5（1628）年11月7日），人名（神子上忠明　みこがみただあき），世人（神子上忠明　みこがみただあき），戦合，戦国，全書（[生]1565年），戦人，大百（小野次郎右衛門〔忠明〕　おのじろうえもん），日史（[没]寛永5（1628）年11月7日），日人（[生]1565年），百科，歴大（[生]1563年？）

**小野忠明** おのただあきら
→小野忠明（おのただあき）

**小野田隆重** おのだたかしげ
[別]小野田玄蕃隆重《おのだげんばたかしげ》
安土桃山時代の武将。大崎氏家臣。
¶戦人（生没年不詳），戦東（小野田玄蕃隆重　おのだげんばたかしげ）

**小野辰居** おのたつおり
天正19（1591）年～正保2（1645）年
江戸時代前期の武士、紀伊和歌山藩士。
¶藩臣5

**小野茶右衛門** おのちゃえもん
生没年不詳
戦国時代の武士。
¶戦人

**小野寺伊賀** おのでらいが
天文19（1550）年～元和8（1622）年
戦国時代～江戸時代前期の葛西氏家臣。
¶姓氏岩手

**小野寺伊賀守** おのでらいがのかみ
? 〜天正19(1591)年
安土桃山時代の武将。葛西氏家臣。
¶戦人, 戦東

**小野寺氏継** おのでらうじつぐ
元中3/至徳3(1386)年〜康正1(1455)年
室町時代の武将。
¶系東

**小野寺氏道** おのでらうじみち
正平21/貞治5(1366)年〜応永32(1425)年
南北朝時代〜室町時代の武将。
¶系東

**小野寺景道(1)** おのでらかげみち
宝徳1(1449)年〜明応4(1495)年
室町時代〜戦国時代の武将。
¶系東

**小野寺景道(2)** おのでらかげみち
? 〜慶長2(1597)年 [別]小野寺輝道《おのでらてるみち》
安土桃山時代の武将。
¶系東(小野寺輝道 おのでらてるみち 生没年不詳), 諸系(小野寺輝道 おのでらてるみち [没]1583年), 戦国, 戦人

**小野寺義寛** おのでらぎかん
保安4(1123)年〜建仁3(1203)年
平安時代後期〜鎌倉時代前期の武将。
¶諸系, 栃木歴

**小野寺惟道** おのでらこれみち
→小野寺輝道(1)(おのでらてるみち)

**小野寺左馬之丞** おのでらさまのじょう
戦国時代の武将。葛西氏家臣。
¶戦東

**小野寺左馬之介信氏** おのでらさまのすけのぶうじ
鎌倉時代前期の武将。葛西氏家臣。
¶戦東

**小野寺重綱** おのでらしげつな
生没年不詳
鎌倉時代の御家人。
¶姓氏宮城

**小野寺茂道** おのでらしげみち
? 〜文禄2(1593)年
安土桃山時代の武将。
¶戦人

**小野寺前司宗道** おのでらぜんじむねみち
→小野寺宗道(おのでらむねみち)

**小野寺高道** おのでらたかみち
永仁5(1297)年〜正平22/貞治6(1367)年
鎌倉時代後期〜南北朝時代の武将。
¶系東

**小野寺忠道** おのでらただみち
建長1(1249)年〜永仁1(1293)年
鎌倉時代後期の武将。
¶系東

**小野寺経道** おのでらつねみち
建暦2(1212)年〜文永10(1273)年
鎌倉時代前期の武将。
¶系東, 諸系

**小野寺輝道(1)** おのでらてるみち
? 〜天文15(1546)年 [別]小野寺惟道《おのでらこれみち》
戦国時代の武将。
¶系東(小野寺惟道 おのでらこれみち), 人名([没]1552年), 戦国, 戦人(小野寺惟道 おのでらこれみち), 日人([没]1553年)

**小野寺輝道(2)** おのでらてるみち
→小野寺景道(2)(おのでらかげみち)

**小野寺道戒入道** おのでらどうかいにゅうどう
戦国時代の武将。葛西氏家臣。
¶戦東

**小野寺時道** おのでらときみち
? 〜天授6/康暦2(1380)年
南北朝時代の武将。
¶系東

**小野寺長綱** おのでらながつな
生没年不詳
戦国時代の足利長尾氏の家臣。
¶戦辞

**小野寺信春** おのでらのぶはる
生没年不詳
安土桃山時代の武士。葛西氏家臣。
¶戦人

**小野寺信道** おのでらのぶみち
弘安1(1278)年〜嘉暦1(1326)年
鎌倉時代後期の武将。
¶系東

**小野寺八郎** おのでらはちろう
生没年不詳
南北朝時代の武士。
¶徳島歴

**小野寺春光** おのでらはるみつ
正平5/観応1(1350)年〜応永14(1407)年
南北朝時代〜室町時代の武将。
¶系東

**小野寺肥後** おのでらひご
安土桃山時代の武士。葛西氏家臣。
¶戦人(生没年不詳), 戦東

**小野寺道有** おのでらみちあり
文永6(1269)年〜徳治2(1307)年
鎌倉時代後期の武将。
¶系東

**小野寺道勝** おのでらみちかつ
生没年不詳
安土桃山時代の武将。
¶戦人

**小野寺通綱** おのでらみちつな
仁平3(1153)年〜承久3(1221)年

お

平安時代後期〜鎌倉時代前期の武将。
　¶諸系，栃木百，栃木歴

**小野寺道時** おのでらみちとき
　生没年不詳
　安土桃山時代の武将。
　¶戦人

**小野寺道行** おのでらみちゆき
　享禄2（1529）年〜天正19（1591）年
　戦国時代〜安土桃山時代の伊達家臣。
　¶姓氏宮城

**小野寺光道** おのでらみつみち
　？　〜天正18（1590）年
　安土桃山時代の武将。
　¶戦人

**小野寺美濃守道茂** おのでらみののかみみちしげ
　戦国時代の武将。葛西氏家臣。
　¶戦東

**小野寺宗道** おのでらむねみち
　㋱小野寺前司宗道《おのでらぜんじむねみち》
　安土桃山時代の武将。
　¶戦人（生没年不詳），戦東（小野寺前司宗道　お
　　のでらぜんじむねみち）

**小野寺弥四郎** おのでらやしろう
　戦国時代の武将。葛西氏家臣。
　¶戦東

**小野寺康通** おのでらやすみち
　？　〜寛永18（1641）年　㋱大森五郎《おおもりご
　　ろう》
　安土桃山時代〜江戸時代前期の武将。大森城主。
　¶戦人

**小野寺泰道** おのでらやすみち
　応永10（1403）年〜＊
　室町時代の武将。
　¶系東（㋺1477年），諸系（㋺1478年）

**小野寺義道** おのでらよしみち
　永禄9（1566）年〜＊
　安土桃山時代〜江戸時代前期の出羽国の武将。
　¶朝日（㋺？），近世（㋺1645年？），系東
　　（㋺1645年），国史（㋺？），史人（㋹1566年8月
　　5日　㋺1645年11月22日），諸系（㋺1646年），
　　新潮（㋹永禄9（1566）年8月5日　㋺正保2
　　（1645）年11月22日），戦合（㋺1645年），戦国
　　（㋹1567年　㋺1645年），戦人（㋺正保2（1645）
　　年），日史（㋹永禄9（1566）年8月5日　㋺正保2
　　（1645）年11月22日），日人（㋺1646年），百科
　　（㋺正保2（1645）年？），歴大（㋺1645年？）

**小野藤八郎** おのとうはちろう
　生没年不詳
　戦国時代の北条氏の家臣。
　¶戦辞

**小野藤兵衛** おのとうべえ
　生没年不詳
　安土桃山時代〜江戸時代前期の武士。
　¶庄内

**小野時成** おのときしげ
　〜承久3（1221）年
　鎌倉時代前期の武人。
　¶埼玉百

**小野長門** おのながと
　生没年不詳
　戦国時代の武士。南条右京亮の部下。
　¶戦辞

**小野成綱** おのなりつな
　生没年不詳
　平安時代後期〜鎌倉時代前期の武士。武蔵七党の
　うちの横山党に属する。
　¶朝日，鎌室，新潮，姓氏愛知，日人

**小野石雄** おののいわお
　生没年不詳
　平安時代前期の武人、官人。
　¶平史

**小野重親** おののしげちか
　生没年不詳
　平安時代後期の武蔵国の武士。
　¶平史

**小野忠澄** おののただすみ
　→岡部忠澄（おかべただずみ）

**小野永見** おののながみ
　生没年不詳　㋱小野永見《おのながみ》，小野朝臣
　永見《おののあそんながみ》
　奈良時代の官人（征夷副将軍・陸奥介）。
　¶国書（おのながみ），古代（小野朝臣永見　おの
　　のあそんながみ），諸系，日人

**小野春泉** おののはるいずみ
　㋱小野朝臣春泉《おののあそんはるいずみ》
　平安時代前期の官人、武将。
　¶古代（小野朝臣春泉　おののあそんはるいず
　　み），日人（生没年不詳）

**小野春枝** おののはるえだ
　生没年不詳
　平安時代前期の官人（鎮守将軍）。
　¶平史

**小野春風** おののはるかぜ
　生没年不詳　㋱小野春風《おのはるかぜ》，小野朝
　臣春風《おののあそんはるかぜ》
　平安時代前期の武官、鎮守将軍。
　¶秋田百，朝日，国史，国書（おのはるかぜ），古
　　代（小野朝臣春風　おののあそんはるかぜ），古
　　中，コン改，コン4，埼玉百（おのはるかぜ），史
　　人，新潮，人名，世人，日人，平史，歴大，和俳

**小野行康** おののゆきやす
　？　〜元暦1（1184）年
　平安時代後期の武士。猪俣党に属する。
　¶平史

**小野義成** おののよししげ
　→小野義成（おのよしなり）

**小野義成** おののよしなり
→小野義成(おのよしなり)

**小野好古** おののよしふる
元慶8(884)年～安和1(968)年 [別]小野好古《おのよしふる》
平安時代中期の武将、公卿(参議)。参議小野篁の孫。藤原純友の乱では追捕。
¶朝日([没]安和1年2月14日(968年3月15日)), 岡山人(おのよしふる), 岡山百, 角史, 京都大, 公卿([生]元慶8(877)年 [没]康保5(968)年2月14日), 国史, 国書(おのよしふる [没]康保5(968)年2月14日), 古史, 古中, コン改, コン4, 史人([没]968年2月14日), 重要([没]安和1(968)年2月14日), 諸系, 新潮([没]安和1(968)年2月14日), 人名([生]?), 姓氏京都, 世人([没]安和1(968)年2月14日), 世百, 全書, 大百, 日史([没]安和1(968)年2月14日), 日人, 百科, 平史, 歴大

**小野兵庫助** おのひょうごのすけ
生没年不詳
安土桃山時代の武士。後北条氏家臣。
¶戦辞, 戦人, 戦東

**小野兵内** おのへいない
戦国時代の武将。武田家臣。同心衆。
¶姓氏山梨

**小野又右衛門** おのまたえもん
天正14(1586)年～
安土桃山時代～江戸時代前期の武士。
¶庄内

**小野盛綱** おのもりつな
生没年不詳
鎌倉時代前期の武将。
¶鎌室, 姓氏愛知, 日人

**尾山守重** おのやまもりしげ
戦国時代の武将。武田家臣。信濃尾野山の城主。
¶姓氏山梨

**小野義成** おのよしなり
? ～* [別]小野義成《おののよししげ, おののよしなり》, 小野三左衛門尉義成《おのさんざえもんのじょうよしなり》
平安時代後期～鎌倉時代前期の武士。横山党の庶流。源頼朝の代官一条能保、高能父子に仕えた。
¶朝日([没]承元2年閏4月3日(1208年5月19日)), 鎌室([没]承元1(1207)年), 埼玉百(小野三左衛門尉義成 おのさんざえもんのじょうよしなり [没]1208年), 新潮([没]承元1(1207)年閏4月3日), 姓氏京都(おののよしなり [没]1207年), 日人([没]1208年), 平史(おののよししげ 生没年不詳)

**小場右馬助** おばうまのすけ
戦国時代の武士。佐竹氏家臣。
¶戦人(生没年不詳), 戦東

**小幡某** おばた
生没年不詳
安土桃山時代の織田信長の家臣。
¶織田

**小幡右衛門尉** おばたえもんのじょう
生没年不詳
戦国時代の上野国衆。憲重の先祖。
¶戦辞

**小畑大隈守** おばたおおすみのかみ
生没年不詳
安土桃山時代の織田信長の家臣。
¶織田

**小幡景定** おばたかげさだ
生没年不詳
戦国時代の宇田城主。
¶群馬人

**小幡景憲** おばたかげのり
元亀3(1572)年～寛文3(1663)年 [別]小幡勘兵衛《おばたかんべえ》
安土桃山時代～江戸時代前期の武将、兵学者。甲州流兵学の祖。
¶朝日([没]寛文3年2月25日(1663年4月3日)), 岩史([没]寛文3(1663)年2月25日), 江戸東(小幡勘兵衛 おばたかんべえ), 角史, 神奈川人, 近世, 国史, 国書([生]元亀3(1572)年5月1日 [没]寛文3(1663)年2月25日), コン改, コン4, 史人([没]1663年2月25日), 新潮([没]寛文3(1663)年2月25日), 人名, 姓氏神奈川, 世人([没]寛文3(1663)年2月25日), 戦合, 戦国([生]1573年), 全書, 戦人, 大百, 日史([没]寛文3(1663)年2月25日), 日人, 百科, 山梨百([没]寛文3(1663)年2月25日), 歴大

**小幡勘解由左衛門** おばたかげゆざえもん
生没年不詳
戦国時代の北条氏の家臣。
¶戦辞

**小幡兼行** おばたかねゆき
戦国時代の武将。武田家臣。左衛門大夫。
¶姓氏山梨

**小幡勘兵衛** おばたかんべえ
→小幡景憲(おばたかげのり)

**小幡蔵人** おばたくらんど
戦国時代の武士。後北条氏家臣。
¶戦人(生没年不詳), 戦東

**小幡源五郎** おばたげんごろう
生没年不詳
戦国時代の上野国衆。信真の一族。
¶戦辞

**小幡源次郎** おばたげんじろう
生没年不詳
戦国時代の武士。後北条氏家臣。
¶姓氏神奈川, 戦辞, 戦人, 戦東

**小畑源太郎** おばたげんたろう
戦国時代の武将。後北条氏家臣。
¶戦東

**小畠左馬助** おばたさまのすけ
生没年不詳

安土桃山時代の織田信長の家臣。
¶織田

**小畠助大夫** おばたすけだゆう
生没年不詳
安土桃山時代の織田信長の家臣。
¶織田

**小幡助兵衛** おばたすけべえ
？ ～天正19(1591)年
安土桃山時代の武将。
¶戦人，戦補

**小幡図書助** おばたずしょのすけ
生没年不詳
戦国時代の上野国衆。
¶戦辞

**小幡惣七郎** おばたそうしちろう
？ ～天文19(1550)年
戦国時代の武田家臣。使番。
¶姓氏山梨

**小幡高政** おばたたかまさ
生没年不詳
戦国時代の上野国衆。信真の一族。
¶戦辞

**小幡太郎左衛門尉** おばたたろうざえもんのじょう
生没年不詳
戦国時代の北条氏の家臣。
¶戦辞

**小幡道佐** おばたどうさ
生没年不詳
戦国時代の上野国衆。小幡信真の一族。
¶戦辞

**小幡具隆** おばたともたか
戦国時代の上野国衆。
¶姓氏山梨，戦辞(生没年不詳)

**小幡虎盛**(小畠虎盛) おばたとらもり
？ ～永禄4(1561)年
戦国時代の武士。武田氏家臣。
¶人名([生]1491年)，姓氏山梨，戦辞(小畠虎盛 [生]延徳3(1491)年？ [没]永禄4年6月2日(1561年7月14日))，戦人，戦東，長野歴，日人，山梨百([没]永禄4(1561)年6月2日)

**小畠直顕** おばたなおあき
安土桃山時代の武将。
¶岡山人

**小幡日浄** おばたにちじょう
文明11(1479)年～天文9(1540)年
戦国時代の武士。武士、武田氏の臣。
¶人名，日人

**小幡縫殿助** おばたぬいどののすけ
生没年不詳
戦国時代の上野国衆。
¶戦辞

**小幡信貞** おばたのぶさだ
？ ～文禄1(1592)年 [別]小幡信実《おばたのぶざね》，小幡信真《おばたのぶざね》
安土桃山時代の武将。武田氏家臣。
¶織田(小幡信真 おばたのぶざね 生没年不詳)，郷土群馬，群馬人(小幡信真 おばたのぶざね)，人名，姓氏群馬，姓氏山梨(小幡信実 おばたのぶざね)，戦国，戦辞(小幡信真 おばたのぶざね [生]天文9(1540)年 [没]文禄1年11月21日(1592年12月24日))，戦人(生没年不詳)，日人

**小幡信定** おばたのぶさだ
永禄9(1566)年～？
安土桃山時代～江戸時代前期の上野国衆。信真の養子。
¶群馬人(生没年不詳)，戦辞

**小幡信実**(小幡信真) おばたのぶざね
→小幡信貞(おばたのぶさだ)

**小幡信高** おばたのぶたか
天文12(1543)年～永禄12(1569)年11月
戦国時代～安土桃山時代の上野国衆。
¶戦辞

**小幡信尚** おばたのぶなお
[別]小幡信尚《おばたのぶひさ》
戦国時代の上野国衆。
¶姓氏山梨(おばたのぶひさ)，戦辞(生没年不詳)

**小幡信直** おばたのぶなお
生没年不詳
戦国時代の上野国衆。
¶戦辞

**小幡信尚** おばたのぶひさ
→小幡信尚(おばたのぶなお)

**小幡信秀** おばたのぶひで
？ ～天正18(1590)年
戦国時代～安土桃山時代の上野国衆。信真の一族。
¶戦辞

**小幡信世** おばたのぶよ
天正6(1578)年～慶長5(1600)年
安土桃山時代の武将。石田三成の臣。
¶人名，日人

**小幡憲重** おばたのりしげ
？ ～天正3(1575)年
戦国時代～安土桃山時代の武士。上杉氏家臣、武田氏家臣。
¶姓氏群馬(生没年不詳)，姓氏山梨，戦辞(生没年不詳)，戦人，戦東

**小幡憲行** おばたのりゆき
生没年不詳
戦国時代の上野国衆。
¶戦辞

**小幡彦三郎** おばたひこさぶろう
？ ～元和4(1618)年
安土桃山時代～江戸時代前期の上野国衆。
¶戦辞

**小幡孫次郎** おばたまごじろう
戦国時代の武士。武士、武田信玄の臣。

¶人名

**小幡政勝** おばたまさかつ
戦国時代の武士。後北条氏家臣。
¶戦人（生没年不詳），戦東

**小幡昌定** おばたまささだ
？ ～元亀3（1573）年12月22日
戦国時代～安土桃山時代の上野国衆。
¶戦辞

**小幡昌高** おばたまさたか
生没年不詳
戦国時代の上野国衆。
¶戦辞

**小幡昌盛** おばたまさもり
天文3（1534）年～天正10（1582）年
安土桃山時代の武将。武田氏家臣。
¶姓氏山梨，戦辞（[没]天正10年3月6日（1582年3月29日）），戦人，戦東（[生]？），長野歴（[生]天文2（1533）年），日人，山梨百（[生]天文2（1533）年 [没]天正10（1582）年3月6日）

**小幡三河守** おばたみかわのかみ
生没年不詳
戦国時代の山内上杉氏の家臣。信尚の先祖。
¶戦辞

**小幡光盛** おばたみつもり
戦国時代～安土桃山時代の武将。武田氏家臣。
¶姓氏山梨，戦辞（生没年不詳），戦人（生没年不詳），戦東

**小幡弥三右衛門** おばたやさえもん
戦国時代の武将。武田家臣。馬場信春の副将。
¶姓氏山梨

**小幡泰久** おばたやすひさ
？ ～永禄1（1558）年
戦国時代の武士。今川氏家臣、後北条氏家臣。
¶戦人，戦東

**小幡行実** おばたゆきざね
生没年不詳
戦国時代の上野国衆。信真の一族。
¶戦辞

**小浜景隆** おばまかげたか，おはまかげたか
天文9（1540）年～慶長2（1597）年
安土桃山時代の武将。武田氏家臣。
¶神奈川人（おはまかげたか），人名（おはまかげたか），姓氏神奈川（[生]？），姓氏山梨，戦人（生没年不詳），戦東，日人（おはまかげたか）

**小浜光隆** おはまみつたか
天正7（1579）年～寛永19（1642）年
安土桃山時代～江戸時代前期の武田氏家臣、幕臣、大坂船手頭。
¶大阪人（[没]寛永19（1642）年7月），大阪墓（[没]寛永19（1642）年7月2日）

**小浜嘉隆** おはまよしたか
→小浜嘉隆（こはまよしたか）

**小場義実** おばよしざね
文明15（1483）年～天文9（1540）年
戦国時代の武将。佐竹氏家臣。
¶戦辞（[没]天文9年3月14日（1540年4月20日）），戦人，戦東（[生]？）

**小場義成** おばよしなり
？ ～寛永10（1633）年 [別]小場義成《こばよしなり》
安土桃山時代～江戸時代前期の武将。佐竹氏家臣。
¶戦辞（[生]天正3（1575）年 [没]寛永11年12月27日（1635年2月14日）），戦人（こばよしなり 生没年不詳），戦人，戦東

**小場義宗** おばよしむね
天文21（1552）年～慶長16（1611）年9月25日
戦国時代～安土桃山時代の武士。佐竹氏家臣。
¶戦辞，戦人（生没年不詳），戦東

**小原鑑元** おばらあきもと，おはらあきもと
？ ～弘治2（1556）年
戦国時代の武士。
¶大分歴（おはらあきもと），戦人，戦西

**小原伊豆守** おばらいずのかみ
戦国時代の武将。今川氏家臣。
¶戦東

**小原越中** おはらえっちゅう
安土桃山時代～江戸時代前期の武士。里見氏家臣。
¶戦人（生没年不詳），戦東

**小原喜七郎** おはらきしちろう
安土桃山時代の武将。秀吉馬廻。
¶戦国，戦人（生没年不詳）

**小原定綱** おばらさだつな
弘治1（1555）年～文禄1（1592）年
安土桃山時代の武将。
¶藩臣1

**小原鎮実** おはらしげざね，おばらしげざね
戦国時代の武将。
¶人名，姓氏山梨（おばらしげざね），日人（生没年不詳）

**小原下総守** おばらしもうさのかみ
？ ～天正10（1582）年3月11日
戦国時代～安土桃山時代の武田氏の家臣。
¶戦辞

**小原右並** おばらすけなみ
戦国時代の武士。
¶戦人（生没年不詳），戦西

**小原隆言** おはらたかこと
戦国時代の武士。
¶戦人（生没年不詳），戦西

**小原嵩親** おばらたかちか
戦国時代の武将。今川氏家臣。
¶戦東

**小原忠継** おはらただつぐ，おばらただつぐ
→小原継忠（おばらつぐただ）

お

**小原忠秀** おばらただひで
天文9 (1540) 年～慶長6 (1601) 年
戦国時代～安土桃山時代の安俵城最後の城主。
¶姓氏岩手

**小原丹後守** おばらたんごのかみ
→小原継忠 (おばらつぐただ)

**小原親高** おばらちかたか
戦国時代の武将。今川氏家臣。
¶戦東

**小原継忠** おばらつぐただ
？ ～天正10 (1582) 年　[別]小原丹後守《おばらたんごのかみ》, 小原忠継《おはらただつぐ, おばらただつぐ》
戦国時代～安土桃山時代の武田氏の家臣。
¶姓氏山梨 (小原忠継　おばらただつぐ), 戦辞 ([没]天正10年3月11日 (1582年4月3日)), 戦人 (小原忠継　おはらただつぐ), 戦東 (小原忠継　おばらただつぐ), 長野歴, 山梨百 (小原丹後守　おばらたんごのかみ　[没]天正10 (1582) 年3月)

**小原孫次郎入道** おはらまごじろうにゅうどう
南北朝時代の美作国の武士。
¶岡山歴

**小原光俊** おばらみつとし
文禄2 (1593) 年～明暦2 (1656) 年
江戸時代前期の武士、陸奥会津藩家老。
¶藩臣2

**小原宗綱** おばらむねつな
戦国時代の武士。伊達氏家臣。
¶戦人 (生没年不詳), 戦東

**帯金君松** おびがねきみとし
生没年不詳
戦国時代の武士。甲斐武田一族穴山信君・勝千代・武田万千代の家臣。
¶戦辞

**帯金美作守** おびがねみまさかのかみ
生没年不詳
戦国時代の甲斐武田一族穴山信君・勝千代の家臣。
¶戦辞

**小尾祐光** おびすけみつ
天文11 (1542) 年～慶長12 (1607) 年
戦国時代～江戸時代前期の武田家臣。津金衆。
¶姓氏山梨

**大日方直武** おびなたなおたけ
戦国時代の信濃国衆。
¶姓氏山梨, 戦辞 (生没年不詳)

**大日方直忠** おびなたなおただ
戦国時代の武将。武田家臣。信濃小川古山城主。
¶姓氏長野 (生没年不詳), 姓氏山梨

**大日方直経** おびなたなおつね
？ ～天文21 (1552) 年
戦国時代の武将。
¶姓氏長野

**大日方直政** おびなたなおまさ
？ ～弘治1 (1555) 年
戦国時代の武田家臣。小川古山城主。
¶姓氏長野, 姓氏山梨

**大日方直能** おびなたなおよし
戦国時代の武将。武田家臣。佐渡守。
¶姓氏長野 (生没年不詳), 姓氏山梨

**大日方長政** おびなたながまさ
生没年不詳
戦国時代の武将、大日方氏の祖。
¶姓氏長野

**飯富虎昌** おぶとらまさ, おふとらまさ
？ ～永禄8 (1565) 年　[別]飯富兵部少輔《おぶひょうぶしょうゆう》
戦国時代の武将。武田氏家臣。
¶姓氏山梨, 戦辞 ([生]永正11 (1514) 年　[没]永禄8 (1565) 年8月), 戦人, 戦東 (おふとらまさ), 長野歴, 日人, 山梨百 ([没]永禄8 (1565) 年8月)

**飫富昌景** おぶまさかげ
戦国時代の武士。武田氏の臣。
¶人名

**小武弥三郎** おぶやさぶろう
生没年不詳
安土桃山時代の織田信長の家臣。
¶織田

**小甫方備前守** おぼかたびぜんのかみ
生没年不詳
戦国時代の北条氏照の家臣。
¶戦辞

**於保胤宗** おほたねむね
？ ～天文14 (1545) 年　[別]於保備前守胤宗《おほびぜんのかみたねむね》
戦国時代の武士。
¶戦人, 戦西 (於保備前守胤宗　おほびぜんのかみたねむね)

**於保備前守胤宗** おほびぜんのかみたねむね
→於保胤宗 (おほたねむね)

**麻績清長** おみきよなが
？ ～＊　[別]青柳清長《あおやぎきよなが》
戦国時代～安土桃山時代の信濃国衆。
¶姓氏長野 (青柳清長　あおやぎきよなが　[没]1569年), 姓氏山梨 (青柳清長　あおやぎきよなが), 戦辞 ([没]永禄12 (1569) 年？)

**小見親家** おみちかいえ
鎌倉時代の武士。越中守護名越朝時の家臣。
¶姓氏富山

**麻績光貞** おみみつさだ
戦国時代の武将。武田家臣。青柳清長被官。
¶姓氏山梨

**麻績頼長** おみよりなが
→青柳頼長 (あおやぎよりなが)

**重栖清重** おもすきよしげ
生没年不詳

室町時代の重栖荘地頭、隠岐国小守護代。
¶島根歴

**遠弥計赤蜂**(オヤケ・アカハチ)　おやけあかはち
？～尚真24(1500)年　[別]赤蜂《あかはち》，オヤケ・アカハチ
戦国時代の琉球八重山地方の豪族。オヤケ・アカハチの乱の首謀者。
¶朝日，沖縄百(オヤケ・アカハチ　生没年不詳)，コン改，コン4，史人(オヤケアカハチ)，人名(赤蜂　あかはち)，姓氏沖縄(オヤケ・アカハチ　生没年不詳)，日史(オヤケ・アカハチ　[没]1600年)，日人，歴大(オヤケ・アカハチ)

**小宅重長**　おやけしげなが
天正18(1590)年～明暦3(1657)年
江戸時代前期の武士、水戸藩士。
¶人名，日人

**小山明長**　おやまあきなが
[別]小山九郎明長《おやまくろうあきなが》
安土桃山時代の武将。葛西氏家臣。
¶戦人(生没年不詳)，戦東(小山九郎明長　おやまくろうあきなが)

**小山氏政**　おやまうじまさ
元徳1(1329)年～正平10/文和4(1355)年
南北朝時代の勤王家。
¶諸系，人名，栃木歴，日人

**小山右馬亮**　おやまうまのすけ
生没年不詳
戦国時代の小山一族の有力武将。
¶戦辞

**小山九郎明長**　おやまくろうあきなが
→小山明長(おやまあきなが)

**小山成長**　おやましげなが
生没年不詳
戦国時代の武将。
¶系東([生]応仁・文明年間(1469年)頃　[没]永正・大永年間(1521年)頃)，戦辞，戦人

**小山田有重**　おやまだありしげ
生没年不詳　[別]平有重《たいらのありしげ》
平安時代後期～鎌倉時代前期の武士。
¶鎌室，諸系，多摩([没]嘉禄3(1227)年)，日人，平史(平有重　たいらのありしげ)

**小山田有誠**　おやまだありよし
戦国時代の武士。武田氏家臣。
¶戦人(生没年不詳)，戦東

**小山高朝**　おやまたかとも
*～天正1(1574)年
戦国時代～安土桃山時代の武将。
¶系東([生]永正3(1506)年　[没]天正1(1573)年)，戦辞([生]永正4(1507)年　[没]天正1年12月30日(1574年1月22日))，戦人([生]永正5(1508)年)，戦補([生]1508年)，栃木歴([生]永正4(1507)年　[没]天正1(1573)年)

**小山田掃部助**　おやまだかもんのすけ
？～天正10(1582)年3月11日
戦国時代～安土桃山時代の武田氏の家臣。
¶戦辞

**小山田玄怡**　おやまだげんい
？～天正7(1579)年10月12日
戦国時代～安土桃山時代の甲斐武田信虎・晴信の家臣。
¶戦辞

**小山田左兵衛尉**　おやまださひょうえのじょう
？～天文21(1552)年
戦国時代の武将、甲斐都留郡守護。
¶人名，戦国

**小山田高家**　おやまだたかいえ
？～延元1/建武3(1336)年
南北朝時代の武士。
¶鎌室，コン改，コン4，史人，新潮，人名，多摩，日人

**小山田筑前**　おやまだちくぜん
？～天正16(1588)年
安土桃山時代の武士。伊達氏家臣。
¶戦人

**小山田藤四郎**　おやまだとうしろう
生没年不詳
戦国時代の甲斐武田勝頼の家臣。
¶戦辞

**小山田信有**(1)　おやまだのぶあり
？～天文21(1552)年
戦国時代の武士。甲斐武田晴信の家臣。出羽守。越中守の子。
¶史人([没]1552年1月23日)，姓氏山梨([没]天文21(1552)年1月23日)，戦辞([没]天文21年1月23日(1552年2月17日))，戦人，戦東，日人，山梨百([没]天文21(1552)年1月23日)

**小山田信有**(2)　おやまだのぶあり
？～天文10(1541)年
戦国時代の甲斐武田信虎の家臣。越中守。
¶戦辞([没]天文10年2月12日(1541年3月9日))，山梨百([没]天文10(1541)年2月12日)

**小山田信有**(3)　おやまだのぶあり
天文9(1540)年～永禄8(1565)年8月20日
戦国時代～安土桃山時代の甲斐武田晴信の家臣。弥三郎。出羽守の子。
¶戦辞

**小山田信茂**　おやまだのぶしげ
天文8(1539)年～天正10(1582)年
安土桃山時代の武将。武田氏家臣。
¶史人([没]1582年3月)，姓氏山梨，戦国，戦辞([生]天文9(1540)年？　[没]天正10(1582)年3月)，戦人，戦東([生]？)，日人，山梨百([生]天文9(1540)年　[没]天正10(1582)年3月24日)

**小山田彦三郎**　おやまだひこさぶろう
戦国時代の武田氏の家臣。
¶姓氏山梨，戦辞(生没年不詳)

**小山田備中守**　おやまだびっちゅうのかみ
？～天文21(1552)年

お

戦国時代の武将。武田信玄の臣。
¶戦国

**小山田平左衛門尉** おやまだへいざえもんのじょう
？ ～天正10(1582)年3月11日
戦国時代～安土桃山時代の武田氏の家臣。
¶戦辞

**小山田平三** おやまだへいぞう
生没年不詳
戦国時代の甲斐都留郡の国衆。
¶戦辞

**小山田昌辰** おやまだまさたつ
？ ～天文21(1552)年 [別]小山田昌辰《おやまだまさとき》
戦国時代の武将。武田氏家臣。
¶姓氏山梨(おやまだまさとき), 戦国([没]1582年), 戦人(おやまだまさとき), 戦東, 長野歴(生没年不詳), 山梨百(おやまだまさとき [没]天文21(1552)年3月8日)

**小山田昌辰** おやまだまさとき
→小山田昌辰(おやまだまさたつ)

**小山田昌成** おやまだまさなり
？ ～天正10(1582)年3月3日
戦国時代～安土桃山時代の甲斐武田晴信・勝頼の家臣。
¶戦辞

**小山田昌盛** おやまだまさもり
生没年不詳
戦国時代の甲斐武田勝頼の家臣。
¶戦辞

**小山田昌行** おやまだまさゆき
？ ～天正10(1582)年
安土桃山時代の武将。武田氏家臣。
¶姓氏長野, 姓氏山梨, 戦人, 戦東, 長野歴, 山梨百

**小山田弥五郎** おやまだやごろう
生没年不詳
戦国時代の甲斐武田晴信の家臣。
¶戦辞

**小山田弥助** おやまだやすけ
？ ～天正10(1582)年
戦国時代～安土桃山時代の武田家臣。勝頼の代の使番の一人。
¶姓氏山梨

**小山田弥太郎**(1) おやまだやたろう
？ ～永正5(1508)年
戦国時代の甲斐の地方豪族・土豪。武田家の相続争いで討死。
¶戦辞([没]永正5(1508)年11月), 戦人

**小山田弥太郎**(2) おやまだやたろう
？ ～天正10(1582)年6月2日
戦国時代～安土桃山時代の織田信長の家臣。
¶織田

**小山田行村** おやまだゆきむら
？ ～天正10(1582)年
安土桃山時代の武将。武田氏家臣。
¶姓氏山梨, 戦人, 戦東

**小山田頼定** おやまだよりさだ
？ ～天正16(1588)年
戦国時代～安土桃山時代の武士。伊達氏家臣。
¶戦人, 戦補, 藩臣1([生]大永5(1525)年)

**小山田六左衛門** おやまだろくざえもん
生没年不詳
安土桃山時代の武士。武田氏家臣。
¶戦人

**小山筑後** おやまちくご
戦国時代の武将。武田家臣。信濃国小県郡小山城の城主。
¶姓氏山梨

**小山時長** おやまときなが
寛元4(1246)年～建治2(1276)年
鎌倉時代の武将、下野守護。
¶栃木歴

**小山朝郷** おやまともさと
？ ～正平1/貞和2(1346)年
鎌倉時代後期～南北朝時代の武将、下野守護。
¶朝日([没]貞和2/正平1年4月13日(1346年5月4日)), 国史, 古中, 史人([没]1346年4月13日), 諸系, 新潮([没]貞和2/正平1(1346)年4月13日), 栃木歴, 日人

**小山朝長** おやまともなが
文治4(1188)年～寛喜1(1229)年
平安時代後期～鎌倉時代前期の武将。
¶諸系, 栃木歴, 日人

**小山朝政** おやまともまさ
*～暦仁1(1238)年 [別]藤原朝政《ふじわらのともまさ》
平安時代後期～鎌倉時代前期の武将。
¶朝日([生]？ [没]暦仁1年3月30日(1238年5月15日)), 茨城百([生]1154年), 岩史([生]久寿2(1155)年 [没]嘉禎4(1238)年3月30日), 神奈川人, 鎌倉([生]久寿2(1155)年), 鎌室([生]保元3(1158)年), 郷土茨城([生]1155年), 郷土栃木([生]1158年), 国史([生]？), 古中([生]？), コン改([生]久寿2(1155)年,(異説)1158年), コン4([生]久寿2(1155)年,(異説)1158年), 史人([生]1155年,(異説)1158年 [没]1238年3月30日), 諸系([生]1155年), 新潮([生]久寿2(1155)年 [没]暦仁1(1238)年3月30日), 人名([生]1158年), 世人([生]保元3(1158)年 [没]暦仁1(1238)年3月30日？), 全書([生]1155年), 栃木百([生]保元3(1158)年), 栃木歴([生]久寿2(1155)年), 日史([生]久寿2(1155)年？ [没]暦仁1(1238)年3月30日), 日人([生]1155年), 百科([生]久寿2(1155)年？), 平史(藤原朝政 ふじわらのともまさ [生]1158年), 歴大([生]1155年)

**小山朝光** おやまともみつ
→結城朝光(ゆうきともみつ)

**小山朝村** おやまともむら
生没年不詳
鎌倉時代の武将。
¶諸系，姓氏宮城，栃木歴，日人

**小山長朝** おやまながとも
? ～暦仁1(1238)年
鎌倉時代前期の武将、下野小山領主。
¶人名

**小山長政** おやまながまさ
→下妻長政(しもつまながまさ)

**小山長村** おやまながむら
建保5(1217)年～文永6(1269)年
鎌倉時代の武将。
¶諸系，栃木歴，日人，北条

**尾山彦右衛門** おやまひこえもん
戦国時代の武士。
¶戦人(生没年不詳)，戦西

**小山秀綱** おやまひでつな
? ～慶長7(1602)年
安土桃山時代の下野の武将。
¶朝日([没]慶長7(1602)年,(異説)慶長8(1603)年)，系東([没]慶長7(1602)年,(異説)慶長8(1603)年)，諸系([没]1602年,(異説)1603年)，戦国，戦辞(生没年不詳)，戦人(生没年不詳)，栃木歴([没]慶長7(1602)年?)，日人([没]1602年,(異説)1603年)

**小山秀朝** おやまひでとも
? ～建武2(1335)年
鎌倉時代後期の勤王武将。下野国守護。
¶鎌倉，鎌室，国史，古中，コン改，コン4，史人([没]1335年7月22日)，諸系，新潮([没]建武2(1335)年7月22日)，人名，栃木歴，日史([没]建武2(1335)年7月22日)，日人

**小山秀広** おやまひでひろ
生没年不詳
戦国時代～安土桃山時代の地方豪族・土豪。
¶系東([生]永禄年間末　[没]文禄年間頃)，戦辞，戦人

**小山秀政** おやまひでまさ
南北朝時代の南朝方の武将。
¶栃木歴

**小山政種** おやままさたね
生没年不詳
安土桃山時代の武将。後北条氏家臣。
¶系東([生]永禄年間末　[没]天正年間半ば頃)，諸系，人名，戦辞，戦人，日人

**小山政長** おやままさなが
戦国時代の地方豪族・土豪。
¶系東([生]15世紀末　[没]16世紀前期)，戦辞([生]明応7(1498)年　[没]?)，戦人(生没年不詳)

**小山政光** おやままさみつ
生没年不詳　[別]藤原政光《ふじわらのまさみつ》
平安時代後期～鎌倉時代前期の武将。下野小山氏の祖。
¶朝日，鎌室，郷土栃木，国史，古中，コン改，コン4，史人，諸系，新潮，人名，栃木百，栃木歴([没]正治1(1199)年)，日史，日人，平史(藤原政光　ふじわらのまさみつ)

**小山政村** おやままさむら
鎌倉時代の下野小山領主。
¶人名

**小山又五郎** おやままたごろう
戦国時代の武将。葛西氏家臣。
¶戦東

**小山宗朝** おやまむねとも
生没年不詳
鎌倉時代後期の武将・歌人。
¶国書

**小山宗政** おやまむねまさ
→長沼宗政(ながぬまむねまさ)

**小山持政** おやまもちまさ
生没年不詳
室町時代の武将。下野守護。
¶朝日，戦辞，栃木歴

**小山泰朝** おやまやすとも
南北朝時代～室町時代の武将。
¶栃木百(生没年不詳)，栃木歴

**小山義政** おやまよしまさ
? ～弘和2/永徳2(1382)年
南北朝時代の武将、下野守護。
¶朝日([没]永徳2/弘和2年4月13日(1382年5月26日))，鎌倉，鎌室，国史，古中，コン改，コン4，埼玉人([没]弘和2/永徳2(1382)年4月13日)，史人([没]1382年4月13日)，諸系，新潮([没]永徳2/弘和2(1382)年4月13日)，人名，世人，全書，栃木歴，日史([没]永徳2/弘和2(1382)年4月13日)，日人，百科，歴大

**小山若犬丸** おやまわかいぬまる
? ～応永4(1397)年
南北朝時代～室町時代の下野の武将。
¶朝日([没]応永4年1月15日(1397年2月13日))，鎌室，国史，古中，コン改，コン4，史人([没]1397年1月15日)，諸系，新潮([没]応永4(1397)年1月15日)，人名，栃木歴，日史([没]応永4(1397)年1月25日)，日人，歴大

**及木源三郎** およびぎげんざぶろう，およびきげんざぶろう
安土桃山時代の武士。小笠原氏家臣。
¶戦人(生没年不詳)，戦東(およびきげんざぶろう)

**尾寄重定** およりしげさだ
? ～寛永17(1640)年
江戸時代前期の武士。紀州藩士。
¶和歌山人

**尾寄忠重** およりただしげ
? ～寛永6(1629)年
江戸時代前期の武士。紀州藩士。
¶和歌山人

**尾寄忠利** **およりただとし**
？ ～寛永2（1625）年
江戸時代前期の武士。紀州藩士。
¶和歌山人

**折居明久** **おりいあきひさ**
[別]折居宮内明久《おりいくないあきひさ》
安土桃山時代の武士。葛西氏家臣。
¶戦人（生没年不詳），戦東（折居宮内明久　おりいくないあきひさ）

**折井市左衛門** **おりいいちざえもん**
永禄7（1564）年～慶長19（1614）年
安土桃山時代～江戸時代前期の甲州武田氏の旧臣・武川衆の頭領。
¶埼玉人

**折居宮内明久** **おりいくないあきひさ**
→折居明久（おりいあきひさ）

**折井七郎右衛門尉** **おりいしちろうえもんのじょう**
戦国時代の武将。武田家臣。永禄10年3月に父内匠助の名田を安堵された。
¶姓氏山梨

**折井次昌** **おりいつぐまさ**
？ ～天正18（1590）年
戦国時代～安土桃山時代の武田家臣。市左衛門。
¶姓氏山梨

**折野真実** **おりのさねざね**
戦国時代の武将。武田家臣。小笠原信貴下総守の被官。
¶姓氏山梨

**折原刑部丞** **おりはらぎょうぶのじょう**
生没年不詳
南北朝時代の那賀郡桑野保の土豪か。
¶徳島歴

**小里光明** **おりみつあき**
天文5（1536）年～慶長6（1601）年　[別]小里光明《おりみつあきら》
戦国時代～安土桃山時代の織田信長の家臣。
¶織田（[没]慶長6（1601）年9月12日），神奈川人（おりみつあきら）

**小里光明** **おりみつあきら**
→小里光明（おりみつあき）

**小里光次** **おりみつつぐ**
？ ～元亀3（1572）年
戦国時代～安土桃山時代の織田信長の家臣。
¶織田

**小里光久** **おりみつひさ**
？ ～天正10（1582）年6月2日
戦国時代～安土桃山時代の織田信長の家臣。
¶織田

**下右頼重** **おろしよりしげ**
？ ～天正10（1582）年6月2日
戦国時代～安土桃山時代の織田信長の家臣。
¶織田

**乎獲居**（乎獲居） **おわけ**
生没年不詳　[別]乎獲居臣《おわけのおみ》
上代の豪族。稲荷山古墳の出土剣に名が見える。雄略天皇に仕えた親衛隊長か。
¶朝日，古代（乎獲居臣　おわけのおみ），埼玉人，日人（乎獲居）

**尾張次郎** **おわりじろう**
？ ～建武2（1335）年
鎌倉時代後期～南北朝時代の武士。
¶北条

**尾張大隅** **おわりのおおすみ**
生没年不詳　[別]尾張宿禰大隅《おわりのすくねおおすみ》
飛鳥時代の壬申の乱の功臣。
¶古史，古代（尾張宿禰大隅　おわりのすくねおおすみ），日人

**恩智左近** **おんじさこん**
～延元2/建武4（1337）年
鎌倉時代後期～南北朝時代の南朝方の武将。
¶大阪墓

**御宿勘兵衛** **おんじゅくかんべえ**
？ ～元和1（1615）年
安土桃山時代～江戸時代前期の武将。
¶人名

**恩田越前** **おんたえちぜん**
生没年不詳
安土桃山時代の部将。
¶庄内

**恩田能定** **おんだよしさだ**
生没年不詳
戦国時代～安土桃山時代の沼田氏の部将。
¶群馬人

## 【か】

**戒重某** **かいじゅう**
？ ～天正8（1580）年10月28日
戦国時代～安土桃山時代の織田信長の家臣。
¶織田

**甲斐常治** **かいじょうじ**
→甲斐常治（かいつねはる）

**甲斐常治** **かいじょうち**
→甲斐常治（かいつねはる）

**甲斐宗運** **かいそううん**
[別]甲斐親直《かいちかなお》，牧庵兼宗運《ぼくあんけんそううん》
戦国時代～安土桃山時代の肥後益城郡の国人領主。大友氏家臣。
¶朝日（[生]永正12（1515）年　[没]天正13年7月3日（1585年7月29日）），熊本百（[生]？　[没]天正13（1585）年），人名（[生]1508年　[没]1583年），戦国（甲斐親直　かいちかなお　[生]？　[没]1587年），戦人（甲斐親直　かいちかなお　[生]永正

12(1515)年 [没]天正13(1584)年), 日人
([生]1515年 [没]1585年)

**蚊居田修理** かいだしゅり
戦国時代の武将。長宗我部氏家臣。
¶戦西

**甲斐親直** かいちかなお
→甲斐宗運(かいそううん)

**甲斐親宣** かいちかのぶ
生没年不詳
戦国時代の国人。
¶戦人

**甲斐親英** かいちかひで
? ～天正15(1587)年
安土桃山時代の国人。
¶戦人

**甲斐常治** かいつねはる
? ～長禄3(1459)年 [別]甲斐常治《かいじょうじ,かいじょうち》
室町時代の武将。斯波氏の家臣。
¶朝日(かいじょうち [没]長禄3年8月12日(1459年9月8日)), 鎌室, 国史, 古中(かいじょうじ), コン改, コン4, 史人([没]1459年8月12日), 新潮([没]長禄3(1459)年8月12日), 戦合(かいじょうじ), 戦辞(かいじょうじ), 日史(かいじょうち [没]長禄3(1459)年8月12日), 日人, 百科(かいじょうち), 歴大(かいじょうち)

**海津政元** かいづまさもと
戦国時代の武士。
¶戦人(生没年不詳), 戦西

**海東忠成** かいとうただしげ
? ～文永2(1265)年 [別]大江忠成《おおえただなり》
鎌倉時代前期の評定衆。
¶鎌室, 国書(大江忠成 おおえただなり), 諸系, 人名, 日人

**海東仲家** かいとうなかいえ
南北朝時代の武士。
¶人名

**甲斐敏光** かいとしみつ
生没年不詳
戦国時代の斯波氏の家臣。
¶戦辞

**甲斐庄喜右衛門正述** かいのしょうきえもんまさのぶ
→甲斐庄正述(かいのしょうまさのぶ)

**甲斐庄正述** かいのしょうまさのぶ
? ～万治3(1660)年 [別]甲斐庄喜右衛門正述《かいのしょうきえもんまさのぶ》
江戸時代前期の武士、長崎奉行。
¶黄檗([没]万治3(1660)年6月5日), 長崎歴(甲斐庄喜右衛門正述 かいのしょうきえもんまさのぶ), 日人

**甲斐庄正房** かいのしょうまさふさ
永禄7(1564)年～寛永7(1630)年
安土桃山時代～江戸時代前期の代官。大坂の陣で戦功。
¶人名, 日人

**貝原寛斎** かいばらかんさい
慶長2(1597)年～*
江戸時代前期の武士、福岡黒田家士。
¶人名([没]1665年), 日人([没]1666年)

**海部之親** かいふこれちか
生没年不詳
戦国時代の武将。
¶徳島歴

**海部友光** かいふともみつ
生没年不詳
戦国時代～安土桃山時代の地方豪族・土豪。
¶戦人, 徳島歴

**海保三郎右衛門尉** かいほうさぶろうえもんのじょう
? ～寛永6(1629)年8月22日 [別]海保三郎右衛門尉《かいほさぶろうえもんのじょう》
安土桃山時代の武将。後北条氏家臣。
¶戦辞(かいほさぶろうえもんのじょう), 戦東

**海北綱親** かいほうつなちか
? ～天正1(1573)年
戦国時代の武士。
¶戦人, 戦西

**海保入道** かいほうにゅうどう
安土桃山時代の武将。後北条氏家臣。
¶戦東

**海保宗隆** かいほうむねたか
→海保宗隆(かいほむねたか)

**海保定広** かいほさだひろ
生没年不詳
戦国時代の北条氏の家臣。
¶戦辞

**海保三郎右衛門尉** かいほさぶろうえもんのじょう
→海保三郎右衛門尉(かいほうさぶろうえもんのじょう)

**海保丹波守** かいほたんばのかみ
生没年不詳
戦国時代の千葉邦胤の家臣。
¶戦辞

**海保長玄** かいほちょうげん
生没年不詳
戦国時代の北条氏の家臣。
¶戦辞

**海保宗隆** かいほむねたか
[別]海保宗隆《かいほうむねたか》
戦国時代～安土桃山時代の武士。後北条氏家臣。
¶戦人(生没年不詳), 戦東(かいほうむねたか)

**鶏冠井孫六** かえでいまごろく
生没年不詳
安土桃山時代の織田信長の家臣。
¶織田

**加々江重望** かがえしげもち
→加賀井重望(かがのいしげもち)

か

**加々爪右馬允** かがづめうまのじょう
生没年不詳
戦国時代の今川氏の家臣。
¶戦辞

**加々爪永授** かがづめえいじゅ
戦国時代の武将。今川氏家臣。
¶戦辞（生没年不詳），戦東

**加々爪忠澄** かがづめただずみ，かがつめただすみ；かがつめただずみ；かがづめただすみ
天正14（1586）年～寛永18（1641）年　[別]加々爪民部少輔忠澄《かがづめみんぶしょうゆうただずみ》
安土桃山時代～江戸時代前期の武将、旗本、大目付。
¶朝日（かがづめただすみ），神奈川人（かがつめただずみ　[生]1585年），近世（かがづめただすみ），国史（かがづめただすみ），国書（[没]寛永18（1641）年1月30日），埼玉百（加々爪民部少輔忠澄　かがづめみんぶしょうゆうただずみ），史人（かがづめただすみ　[没]1641年1月30日），新潮（[没]寛永18（1641）年1月30日），人名，戦合（かがづめただすみ），戦国，戦人，日人，歴大（かがつめただすみ）

**加々爪政豊** かがづめまさとよ，かがつめまさとよ
天文7（1538）年～元和7（1621）年
安土桃山時代～江戸時代前期の武将。徳川家康の臣。
¶神奈川人（かがつめまさとよ），人名，戦東，日人

**加々爪政尚** かがづめまさなお，かがつめまさなお
永禄5（1562）年～慶長1（1596）年　[別]加々爪政尚《かがづめまさひさ》
安土桃山時代の武士。徳川氏家臣。
¶埼玉人（かがつめまさなお），人名（かがづめまさひさ　[生]1572年），戦国，戦人，日人

**加々爪政尚** かがづめまさひさ
→加々爪政尚（かがづめまさなお）

**加々爪民部少輔忠澄** かがづめみんぶしょうゆうただずみ
→加々爪忠澄（かがづめただずみ）

**加賀井重宗** かがのいしげむね
天文1（1532）年～文禄3（1594）年
戦国時代～安土桃山時代の武将。
¶戦国，戦人

**加賀井重望** かがのいしげもち
永禄4（1561）年～慶長5（1600）年　[別]加々江重望《かがえしげもち》，加賀野井秀望《かがのいひでもち》，加賀野井弥八郎秀望《かがのいやはちろうひでもち》
安土桃山時代の武将、大名。美濃加賀野井領主、豊臣秀吉の臣。
¶岐阜百（加賀野井弥八郎秀望　かがのいやはちろうひでもち），人名（加々江重望　かがえしげもち　[生]？），戦国，戦人，日人，藩主2（加賀野井秀望　かがのいひでもち　生没年不詳）

**加賀野井秀望** かがのいひでもち
→加賀井重望（かがのいしげもち）

**加賀野井弥八郎秀望** かがのいやはちろうひでもち
→加賀井重望（かがのいしげもち）

**加賀美七郎右衛門** かがみしちろうえもん
？　～天正10（1582）年
安土桃山時代の武田家臣。神主・神官。在所は中郡朝気郷か。
¶姓氏山梨，戦人，戦補

**各務四郎兵衛** かがみしろうべえ
元亀3（1572）年～慶長13（1608）年　[別]各務四郎兵衛《かがみしろべえ》
安土桃山時代～江戸時代前期の美作津山藩家老。
¶岡山人（かがみしろべえ），岡山歴（かがみしろべえ　[没]慶長13（1608）年10月15日），藩臣6

**各務四郎兵衛** かがみしろべえ
→各務四郎兵衛（かがみしろうべえ）

**加賀美遠光** かがみとおみつ
康治2（1143）年～寛喜2（1230）年　[別]源遠光《みなもとのとおみつ》
平安時代後期～鎌倉時代前期の武将、信濃守。
¶朝日（[生]康治2年2月28日（1143年3月16日）[没]寛喜2年4月19日（1230年6月1日）），鎌室，諸系，新潮（[没]寛喜2（1230）年4月19日），人名，長野歴，日人，平史（源遠光　みなもとのとおみつ），山梨百

**加賀美長清** かがみながきよ
→小笠原長清（おがさわらながきよ）

**鏡久綱** かがみひさつな
？　～承久3（1221）年
鎌倉時代前期の武将。承久の乱で京方についた。
¶朝日，鎌室，新潮（[没]承久3（1221）年6月6日），人名，日人

**加賀美正光** かがみまさみつ
安土桃山時代～江戸時代前期の武士。
¶姓氏神奈川（[生]1572年　[没]1628年），日人（[生]1573年　[没]1629年）

**加賀美正吉** かがみまさよし
慶長2（1597）年～＊
江戸時代前期の武士。
¶神奈川人（[没]1664年），日人（[没]1667年）

**加賀山隼人** かがやまはやと
永禄9（1566）年～元和5（1619）年　[別]ディエゴ
安土桃山時代～江戸時代前期のキリシタン、武士。
¶キリ（[没]元和5年9月11日（1619年10月18日）），近世，国史，史人（[没]1619年9月11日），新潮（[没]元和5（1619）年9月11日），人名（[生]1565年），戦合，戦人，日人，藩臣7（[生]永禄8（1565）年），福岡百（[生]永禄8（1565）年　[没]元和5（1619）年10月15日）

**加加良讃岐守** かからさぬきのかみ
戦国時代～安土桃山時代の武士。
¶戦人（生没年不詳），戦西

**香川右衛門大夫** かがわうえもんのたいふ
生没年不詳
安土桃山時代の織田信長の家臣。
¶織田

**香川勝雄** かがわかつお
？　～永禄12（1569）年
戦国時代の勇士。
¶人名，日人

**鹿我別** かがわけ
上代の武将。
¶古史（生没年不詳），古代，日人

**香川親和** かがわちかかず
？　～天正15（1587）年
安土桃山時代の武士。
¶高知人，高知百，戦人，戦西

**香川信景** かがわのぶかげ
生没年不詳　[別]香川元景《かがわもとかげ》
戦国時代～安土桃山時代の武士。
¶香川人，郷土香川，戦人，戦西，戦補

**香川光景** かがわみつかげ
生没年不詳
戦国時代の武将。
¶戦人

**香川行景** かがわゆきかげ
文明17（1485）年～永正14（1517）年
戦国時代の武将、安芸八木城主。
¶人名，日人

**垣河某** かきかわ
生没年不詳
安土桃山時代の織田信長の家臣。
¶織田

**柿崎景家** かきざきかげいえ
？　～＊　[別]柿崎和泉守《かきざきいずみのかみ》
戦国時代～安土桃山時代の国人。
¶戦国（[没]1575年），戦辞（[没]天正2（1574）年？），戦人（[没]天正3（1575）年），戦東（[没]1574年），新潟百（生没年不詳）

**蠣崎蔵人** かきざきくらんど
？　～
戦国時代の蛎崎館城主。
¶青森人，青森百

**蠣崎季繁** かきざきすえしげ
？　～寛正3（1462）年
室町時代の武将。
¶史人（[没]1462年5月12日），北海道百，北海道歴

**蠣崎季広** かきざきすえひろ
永正4（1507）年～文禄4（1595）年　[別]松前季広《まつまえすえひろ》
戦国時代～安土桃山時代の蝦夷島代官。「和人地」を創出。
¶朝日（[生]永正4（1507）年11月　[没]文禄4年4月20日（1595年5月29日）），コン4，諸系，人名（松前季広　まつまえすえひろ），日人，北海道百，北海道歴

**蠣崎友広** かきざきともひろ
慶長3（1598）年～万治1（1658）年
江戸時代前期の武士、蝦夷松前藩家老。
¶藩臣1

**蠣崎信純** かきざきのぶすみ
永享3（1431）年～明応3（1494）年
室町時代～戦国時代の八戸根城南部氏の家臣。
¶姓氏岩手

**蠣崎信広** かきざきのぶひろ
→武田信広（たけだのぶひろ）

**柿崎憲家** かきざきのりいえ
＊～寛永10（1633）年
安土桃山時代～江戸時代前期の越後国頸城郡の国人。
¶戦辞（[生]？），新潟百（[生]1576年）

**柿崎晴家** かきざきはるいえ
？　～天正6（1578）年
戦国時代～安土桃山時代の国人。
¶戦辞，戦人（生没年不詳），戦東

**蠣崎光広** かきざきみつひろ
康正2（1456）年～永正15（1518）年
戦国時代の蝦夷島の武将。
¶朝日（[生]康正2（1456）年3月　[没]永正15年7月12日（1518年8月18日）），コン4，諸系，日人，北海道百，北海道歴

**蠣崎守広** かきざきもりひろ
？　～寛永12（1635）年
安土桃山時代～江戸時代前期の武士、蝦夷松前藩家老。
¶藩臣1

**蠣崎義広** かきざきよしひろ
文明11（1479）年～天文14（1545）年
戦国時代の蠣崎氏（のちの松前氏）第3世。蠣崎光広の第1子。
¶北海道百，北海道歴

**蠣崎吉広** かきざきよしひろ
？　～正保2（1645）年
安土桃山時代～江戸時代前期の武士、蝦夷松前藩主一族。
¶藩臣1

**柿原源吾** かきはらげんご
？　～元亀3（1572）年
戦国時代～安土桃山時代の武将。
¶徳島歴（[没]元亀3（1572）年7月16日），日人

**垣見家純** かきみいえすみ，かきみいえずみ
→垣見一直（かきみかずなお）

**垣見一直** かきみかずなお
？　～慶長5（1600）年　[別]垣見家純《かきみいえすみ，かきみいえずみ》
安土桃山時代の武将。豊臣秀吉の臣。
¶朝日（[没]慶長5年9月18日（1600年10月24日）），近世，国史，史人（[没]1600年9月17日，（異説）9月18日），新潮（[没]慶長5（1600）年9月18日），人名（垣見家純　かきみいえずみ），戦合，戦

国，戦人（垣見家純　かきみいえすみ），日人（垣見家純　かきみいえずみ），歴大

**垣見助左衛門** かきみすけざえもん
戦国時代の武士。
¶戦人（生没年不詳），戦西

**垣見直信** かきみなおのぶ
→垣見理右衛門（かきみりえもん）



**垣見理右衛門** かきみりえもん
[別]垣見直信《かきみなおのぶ》，垣見理入《かきみりにゅう》
安土桃山時代～江戸時代前期の武士。
¶戦国（垣見直信　かきみなおのぶ），戦人（生没年不詳）

**垣屋越前守続成** かきやえちぜんのかみつぐなり
→垣屋続成（かきやつぐなり）

**垣屋摂津守** かきやせっつのかみ
安土桃山時代の武将。豊臣秀吉の麾下。
¶戦国

**垣屋続成** かきやつぐなり
？～元亀1（1570）年　[別]垣屋越前守続成《かきやえちぜんのかみつぐなり》
戦国時代の武士。
¶戦人，戦西（垣屋越前守続成　かきやえちぜんのかみつぐなり）

**垣屋恒総** かきやつねふさ
？～慶長5（1600）年
安土桃山時代の武将、大名。因幡浦住領主。
¶戦国，戦人，鳥取百，藩主4

**垣屋豊続** かきやとよつぐ
生没年不詳
安土桃山時代～江戸時代前期の武士。豊臣氏家臣。
¶織田，戦国，戦人

**垣屋信貞** かきやのぶさだ
天文2（1533）年～慶長8（1603）年
戦国時代～安土桃山時代の武将。秀吉馬廻。
¶戦国，戦人

**垣屋常陸介** かきやひたちのすけ
安土桃山時代の武将。宮部継潤与力。
¶戦国

**垣屋平右衛門尉光成** かきやへいうえもんのじょうみつなり
→垣屋光成（かきやみつなり）

**垣屋孫右衛門尉** かきやまごえもんのじょう
[別]垣屋孫右衛門尉遠忠《かきやまごえもんのじょうえんちゅう》
戦国時代の国人。
¶戦人（生没年不詳），戦西（垣屋孫右衛門尉遠忠　かきやまごえもんのじょうえんちゅう）

**垣屋孫右衛門尉遠忠** かきやまごえもんのじょうえんちゅう
→垣屋孫右衛門尉（かきやまごえもんのじょう）

**垣屋孫三郎** かきやまごさぶろう
安土桃山時代の武将。山名氏の臣。
¶戦国

**垣屋光成** かきやみつなり
？～文禄1（1592）年　[別]垣屋平右衛門尉光成《かきやへいうえもんのじょうみつなり》
戦国時代～安土桃山時代の武士。秀吉に仕え、鳥取城攻撃に参加。
¶織田（[没]天正10（1582）年2月23日？），戦国，戦人，戦西（垣屋平右衛門尉光成　かきやへいうえもんのじょうみつなり），鳥取百

**垣屋吉綱** かきやよしつな
慶長2（1597）年～正保3（1646）年
江戸時代前期の武士。紀州藩士。
¶和歌山人

**楽厳寺雅方** がくがんじまさかた
→楽厳寺雅方（らくがんじまさかた）

**覚智** かくち
→安達景盛（あだちかげもり）

**加久見宗孝** かぐみむねたか
生没年不詳
戦国時代の幡多郡以南村国人、土佐守。
¶高知人

**覚林坊大隅** かくりんぼうおおすみ
生没年不詳
安土桃山時代の武将。
¶戦人

**各和氏勝** かくわうじかつ
戦国時代の武将。今川氏家臣。
¶戦東

**各和式部少輔** かくわしきぶしょうゆう
戦国時代の武将。今川氏家臣。
¶戦東

**各和道空** かくわどうくう
戦国時代の武士。今川氏家臣。
¶姓氏静岡，戦辞（生没年不詳），戦人（生没年不詳），戦東

**各和元樹** かくわもとき
？～天文23（1554）年3月？　[別]各和元樹《かくわもとしげ》
戦国時代の武将。今川氏家臣。
¶戦辞（かくわもとしげ），戦東

**各和元樹** かくわもとしげ
→各和元樹（かくわもとき）

**各和元達** かくわもとたつ
戦国時代の武将。今川氏家臣。
¶戦東

**筧家純** かけいいえずみ
？～慶長5（1600）年
安土桃山時代の富来城主。
¶大分歴

**筧重忠** かけいしげただ
永正9（1512）年～天正16（1588）年
安土桃山時代の武士。徳川広忠の臣。
¶人名，戦辞（生没年不詳），日人

**筧重成**　かけいしげなり
生没年不詳
戦国時代の松平氏の家臣。
¶戦辞

**筧重政**　かけいしげまさ
？　～正保1（1644）年
江戸時代前期の武士。紀州藩士。
¶和歌山人

**筧正重**　かけいまさしげ
大永3（1523）年～文禄3（1594）年
安土桃山時代の武士。徳川広忠の臣。
¶人名，日人

**懸河直重**　かけがわなおしげ
戦国時代の武将。武田家臣。上野星尾の城主。
¶姓氏山梨

**懸田定勝**　かけださだかつ
生没年不詳
室町時代の伊達郡掛田城主。
¶福島百

**懸田俊宗**　かけだとしむね
？　～天文22（1553）年
戦国時代の武将。伊達氏家臣。
¶戦人，福島百

**蔭山家広**　かげやまいえひろ
？　～永禄5（1562）年9月25日
戦国時代～安土桃山時代の北条氏の家臣。
¶神奈川人（生没年不詳），戦辞

**蔭山氏広**　かげやまうじひろ
生没年不詳
安土桃山時代の武将。後北条氏家臣。
¶神奈川人（[没]1605年），戦辞，戦人

**陰山一景**　かげやまかずかげ
戦国時代の武将。斎藤氏家臣。
¶戦西

**蔭山刑部左衛門**　かげやまぎょうぶざえもん
[別]蔭山刑部左衛門尉《かげやまぎょうぶざえもんのじょう》
戦国時代の武将。後北条氏家臣。
¶戦辞（蔭山刑部左衛門尉　かげやまぎょうぶざえもんのじょう　生没年不詳），戦東

**蔭山刑部左衛門尉**　かげやまぎょうぶざえもんのじょう
→蔭山刑部左衛門（かげやまぎょうぶざえもん）

**蔭山貞広**　かげやまさだひろ
天正12（1584）年～寛永14（1637）年
安土桃山時代～江戸時代前期の武士。
¶日人

**蔭山大膳亮**　かげやまだいぜんのすけ
戦国時代の武士。後北条氏家臣。
¶戦人（生没年不詳），戦東

**蔭山忠広**　かげやまただひろ
生没年不詳
戦国時代の武士。後北条氏家臣。
¶戦人

**籠沢某**　かござわぼう
戦国時代の武将。上杉謙信の臣。
¶戦補

**鹿児島康友**　かごしまやすとも
鎌倉時代の武将。
¶姓氏鹿児島

**笠井勘兵衛**　かさいかんべえ
戦国時代の武将。武田家臣。同心。
¶姓氏山梨

**葛西清貞**　かさいきよさだ
？　～正平5/観応1（1350）年
鎌倉時代後期～南北朝時代の南朝方の武将。
¶朝日（生没年不詳），鎌室，系東（[生]1313年　[没]1346年？），国史（生没年不詳），古中（生没年不詳），コン改，コン4，史人（[没]1350年3月16日？），諸系，新潮（[没]観応1/正平5（1350）年3月16日），人名，姓氏岩手（生没年不詳），姓氏宮城（生没年不詳），日人，宮城百

**葛西清重**　かさいきよしげ
生没年不詳　[別]平清重《たいらのきよしげ》
平安時代後期～鎌倉時代前期の武将、奥州惣奉行。
¶朝日，岩史，岩手百，角史，神奈川人，鎌倉，鎌室，系東（[生]1145年　[没]1221年），国史（[生]1162年　[没]1238年），古中（[生]1162年　[没]1238年），コン改，コン4，史人（[生]1162年　[没]1238年9月14日），諸系（[生]1162年　[没]1238年），新潮（[生]応保2（1162）年　[没]暦仁1（1238）年9月14日），人名，姓氏岩手（[生]1157年　[没]1237年？），姓氏宮城，世人，全書，日史，日人（[生]1162年　[没]1238年），百科，平史（平清重　たいらのきよしげ），宮城百，歴大

**葛西清親**　かさいきよちか
治承4（1180）年～宝治1（1247）年
鎌倉時代前期の武将。
¶系東

**葛西清経**　かさいきよつね
嘉禎1（1235）年～弘安10（1287）年
鎌倉時代後期の武将。
¶系東，諸系

**葛西清時**　かさいきよとき
建保3（1215）年～文永7（1270）年
鎌倉時代前期の武将。
¶系東

**葛西清宗**　かさいきよむね
鎌倉時代後期の武将。
¶系東（[生]1262年　[没]1317年），諸系（[生]？　[没]1336年）

**葛西重俊**　かさいしげとし
天文19（1550）年～慶長7（1602）年
戦国時代～安土桃山時代の葛西氏の重臣。
¶姓氏宮城

**葛西新左衛門**　かさいしんざえもん
戦国時代の武将。葛西氏家臣。

¶戦東

**香西資成** かさいすけしげ
嘉禎1 (1235) 年～延慶3 (1310) 年
鎌倉時代後期の武将。
¶人名

**香西資村** かさいすけむら
→香西資村 (こうざいすけむら)

**葛西親信** かさいちかのぶ
天文16 (1547) 年～永禄10 (1567) 年
戦国時代の武士。
¶系東，戦人

**葛西伝益入道** かさいでんえきにゅうどう
戦国時代の武将。葛西氏家臣。
¶戦東

**葛西俊信** かさいとしのぶ
天正7 (1579) 年～寛永12 (1635) 年
安土桃山時代～江戸時代前期の陸奥仙台藩士、馬術家。
¶人名，日人，藩臣1

**葛西尚信** かさいなおのぶ
宝徳3 (1451) 年～文明15 (1483) 年
室町時代～戦国時代の武将。
¶系東

**葛西信重** かさいのぶしげ
応永34 (1427) 年～文明12 (1480) 年
室町時代～戦国時代の武将。
¶系東

**葛西晴重** かさいはるしげ
文明1 (1469) 年～*
戦国時代の武士。
¶系東 (㊲1533年)，姓氏岩手 (生没年不詳)，戦人 (㊲天文2 (1533) 年?)

**葛西晴胤** かさいはるたね
明応2 (1493) 年～天文20 (1551) 年
戦国時代の武士。葛西氏家臣。
¶岩手百 (生没年不詳)，系東，諸系，姓氏岩手 (生没年不詳)，姓氏宮城 (生没年不詳)，戦人

**葛西晴信** かさいはるのぶ
生没年不詳
安土桃山時代の武将。葛西氏の第16代当主。
¶朝日 (㊲永禄1 (1558) 年頃　㊲慶長2 (1597) 年頃)，岩手百，近世，系東 (㊲1534年　㊲1597年)，国史，古中，コン4，史人 (㊲1534年?　㊲1597年4月19日?)，諸系，新潮，姓氏岩手，姓氏宮城，戦合，戦国 (㊲1590年)，戦人，日人，宮城百 (㊲天文3 (1534) 年　㊲慶長2 (1597) 年)

**笠井半兵衛** かさいはんべえ
戦国時代の武将。武田家臣。『甲陽軍鑑』に廿人衆頭の一人としてみえる。
¶姓氏山梨

**葛西政信** かさいまさのぶ
永享5 (1433) 年～永正3 (1506) 年
室町時代～戦国時代の武将。葛西氏家臣。
¶系東，戦人

**香西又一郎** かさいまたいちろう
安土桃山時代の武士。豊臣氏家臣。
¶戦国，戦人 (生没年不詳)

**葛西満清** かさいみつきよ
建徳1/応安3 (1370) 年～応永27 (1420) 年
南北朝時代～室町時代の武将。
¶系東

**葛西満重** かさいみつしげ
?　～文明15 (1483) 年
室町時代～戦国時代の武将。
¶系東

**河西満秀** (可西満秀) かさいみつひで
?　～天正3 (1575) 年
戦国時代～安土桃山時代の武士。武田氏家臣。
¶姓氏山梨，戦人 (可西満秀)，戦東

**葛西満良** かさいみつよし
興国6/貞和1 (1345) 年～元中5/嘉慶2 (1388) 年
南北朝時代の武将。
¶系東

**葛西宗清** かさいむねきよ
生没年不詳
戦国時代の武士。葛西氏家臣。
¶系東 (㊲1503年)，姓氏岩手，戦人

**葛西持重** かさいもちしげ
応永5 (1398) 年～文明1 (1469) 年
室町時代の武将。
¶系東

**香西元秋** かさいもとあき
?　～永正4 (1507) 年
戦国時代の武将。
¶人名

**香西元資** かさいもとすけ
→香西元資 (こうざいもとすけ)

**香西元長** かさいもとなが
→香西元長 (こうざいもとなが)

**香西元能** かさいもとよし
?　～永正4 (1507) 年
戦国時代の武将。
¶人名

**葛西良清** かさいよしきよ
正和1 (1312) 年～正平20/貞治4 (1365) 年
南北朝時代の武将。
¶系東

**笠岡掃部** かさおかかもん
大永6 (1526) 年～慶長9 (1604) 年8月
戦国時代の武将・笠岡城主。
¶岡山歴

**春日部実景** かすかべさねかげ
→春日部実景 (かすかべさねかげ)

**笠置与三左衛門** かさぎよさざえもん
㊲笠置与三左衛門《かさぎよそうざえもん》
戦国時代の武士。

¶戦人（生没年不詳），戦西（かさぎよそうざえもん）

**笠置与三左衛門** かさぎよそうざえもん
→笠置与三左衛門（かさぎよさざえもん）

**笠成孝** かさのなりたか
平安時代後期の美作国の豪族。
¶岡山歴

**笠御室** かさのみむろ
奈良時代の武将。
¶人名，日人（生没年不詳）

**笠原** かさはら
生没年不詳
戦国時代の武士。北条氏光の家臣。
¶戦辞

**笠原近江守直康** かさはらおおみのかみなおやす
→笠原直康（かさはらなおやす）

**笠原清繁** かさはらきよしげ
？ ～天文16（1547）年
戦国時代の地方豪族・土豪。
¶姓氏長野，戦辞（[没]天文16年8月11日（1547年9月24日）），戦人，長野歴

**笠原九郎左衛門直邦** かさはらくろうざえもんなおくに
→笠原直邦（かさはらなおくに）

**笠原佐渡** かさはらさど
戦国時代の武将。後北条氏家臣。
¶戦辞（生没年不詳），戦東

**笠原重正** かさはらしげまさ
天正7（1579）年～寛永2（1625）年
安土桃山時代～江戸時代前期の武士、旗本。武蔵国台村領主。
¶姓氏神奈川

**笠原七郎直次** かさはらしちろうなおつぐ
戦国時代の武将。大崎氏家臣。
¶戦東

**笠原助八郎** かさはらすけはちろう
生没年不詳
戦国時代の武士・奏者衆。北条氏政次男の国増丸の近習。
¶埼玉人，戦辞

**笠原千松** かさはらせんまつ
生没年不詳
戦国時代の北条氏の家臣。
¶戦辞

**笠原親久** かさはらちかひさ
生没年不詳
鎌倉時代前期の武士。
¶北条

**笠原綱信** かさはらつなのぶ
生没年不詳
戦国時代の北条氏の家臣。
¶姓氏神奈川，戦辞

**笠原照重** かさはらてるしげ
？ ～天正9（1581）年
安土桃山時代の武士。後北条氏家臣。
¶戦人，戦東

**笠原直邦** かさはらなおくに
？ ～天正19（1591）年 [別]笠原九郎左衛門直邦《かさはらくろうざえもんなおくに》
安土桃山時代の武将。大崎氏家臣。
¶戦人，戦東（笠原九郎左衛門直邦　かさはらくろうざえもんなおくに）

**笠原直康** かさはらなおやす
[別]笠原近江守直康《かさはらおおみのかみなおやす》
安土桃山時代の武士。大崎氏家臣。
¶戦人（生没年不詳），戦東（笠原近江守直康　かさはらおおみのかみなおやす）

**笠原小杵** かさはらのおき，かさはらのおぎ
？ ～安閑天皇4（535）年 [別]笠原直小杵《かさはらのあたいおき》
上代の武蔵国の首長。使主と国造の地位を争い誅殺された。
¶朝日（生没年不詳），古代（笠原直小杵　かさはらのあたいおき），埼玉人（かさはらのおぎ　生没年不詳），埼玉百（かさはらのおぎ），日人

**笠原使主** かさはらのおみ
生没年不詳 [別]笠原直使主《かさはらのあたいおみ》
上代の豪族。小杵と国造を争い、朝廷の後ろ盾のもと小杵を誅した。
¶古代（笠原直使主　かさはらのあたいおみ），埼玉人，埼玉百（笠原直使主　かさはらのあたいおみ），史人，姓氏神奈川，日人

**笠原能登守** かさはらのとのかみ
戦国時代の武将。後北条氏家臣。
¶戦東

**笠原信為** かさはらのぶため
？ ～弘治3（1557）年
戦国時代の武士。後北条氏家臣。
¶神奈川人，姓氏神奈川，戦辞（生没年不詳），戦人，戦東

**笠原平左衛門尉** かさはらへいざえもんのじょう
生没年不詳
戦国時代の北条氏の家臣。
¶戦辞

**笠原政堯** かさはらまさたか
？ ～天正18（1590）年 [別]松田政堯《まつだまさたか》
安土桃山時代の武将。北条氏直の臣。
¶神奈川人，人名（松田政堯　まつだまさたか），戦国，戦辞（生没年不詳），戦人，戦東，日人

**笠原美作守** かさはらみまさかのかみ
？ ～天正3（1575）年？
戦国時代の武士。後北条氏家臣。
¶戦辞，戦人（生没年不詳），戦東

か

**笠原弥十郎** かさはらやじゅうろう
生没年不詳
戦国時代の武士。後北条氏家臣。
¶戦辞，戦人，戦東

**笠原康明** かさはらやすあき
生没年不詳
戦国時代～安土桃山時代の武士。後北条氏家臣。
¶神奈川人，埼玉人，姓氏神奈川，戦辞，戦人，戦東

**笠原康勝** かさはらやすかつ
生没年不詳
戦国時代の武士。後北条氏家臣。
¶戦人

**笠原康朝** かさはらやすとも
戦国時代～安土桃山時代の北条氏の家臣。
¶群馬人

**風間家次** かざまいえつぐ
戦国時代の婦負郡斎藤氏の被官。
¶姓氏富山

**笠松但馬守** かさまつたじまのかみ
戦国時代の武士。
¶姓氏石川，戦人(生没年不詳)，戦西

**笠間綱家** かさまつないえ
？ ～天正18(1590)年
安土桃山時代の武将。
¶戦辞(生没年不詳)，戦人

**風祭光秀** かざまつりこうしゅう
～正応2(1289)年
鎌倉時代の武士。
¶神奈川人

**笠間時朝** かさまときとも
→藤原時朝(ふじわらのときとも)

**風間六右衛門尉** かざまろくえもんのじょう
元亀3(1572)年～元和4(1618)年
安土桃山時代～江戸時代前期の武士、日蓮宗徒。
¶人名，日人

**賀沢長門守** かさわながとのかみ
戦国時代の武将。大崎氏家臣。
¶戦東

**加治家貞** かじいえさだ
？ ～元弘3/正慶2(1333)年5月22日 [別]加治左衛門入道家貞《かじさえもんにゅうどういえさだ》
鎌倉時代後期の武蔵武士。
¶埼玉人，埼玉百(加治左衛門入道家貞 かじさえもんにゅうどういえさだ)

**加治家季** かじいえすえ
？ ～元久2(1205)年6月22日
鎌倉時代前期の武蔵武士。
¶埼玉人

**加地景綱** かじかげつな
→加地景綱(かぢかげつな)

**加治景治** かじかげはる
生没年不詳
江戸時代前期の武将。
¶国書

**梶川一秀** かじかわかずひで
天文7(1538)年～天正7(1579)年9月？
戦国時代～安土桃山時代の織田信長の家臣。
¶織田

**梶川五左衛門** かじかわござえもん
生没年不詳
戦国時代の横根城城主。
¶姓氏愛知

**梶川高秀** かじかわたかひで
？ ～*
戦国時代の武士。織田氏家臣。
¶織田([没]永禄11(1568)年10月2日？)，戦人([没]永禄11(1568)年)

**梶川高盛** かじかわたかもり
？ ～慶長1(1596)年3月26日？
戦国時代～安土桃山時代の武士。織田氏家臣。
¶織田，戦国，戦人(生没年不詳)

**梶川忠助** かじかわただすけ
？ ～寛永19(1642)年
安土桃山時代～江戸時代前期の武士、旗本。
¶神奈川人，姓氏神奈川

**梶川秀盛** かじかわひでもり
生没年不詳
安土桃山時代の織田信長の家臣。
¶織田

**加治木親平** かじきちかひら
鎌倉時代の武将。
¶姓氏鹿児島

**加治木恒平** かじきつねひら
鎌倉時代の薩摩国満家院郡山の領主。
¶姓氏鹿児島

**加治木久平** かじきひさひら
戦国時代の武士。
¶姓氏鹿児島，戦人(生没年不詳)

**加治木吉平** かじきよしひら
鎌倉時代前期の武士。加治木氏8代。
¶姓氏鹿児島

**加地源二郎左衛門** かじげんじろうざえもん
→加地源二郎左衛門(かぢげんじろうざえもん)

**加治左衛門入道家貞** かじさえもんにゅうどういえさだ
→加治家貞(かじいえさだ)

**梶佐古源左衛門** かじさこげんざえもん
？ ～文禄1(1592)年
安土桃山時代の武将。長宗我部氏家臣。
¶戦西

**梶佐古道尋** かじさこみちひろ
？ ～文禄1(1592)年
安土桃山時代の武士。長宗我部氏家臣。
¶戦人

**梶田一正**　かじたかずまさ
？～承応3(1654)年
江戸時代前期の武士、伊予宇和島藩士。
¶藩臣6

**加治田隼人佐**　かじたはやとのすけ
生没年不詳
安土桃山時代の織田信長の家臣。
¶織田

**加治直誠**　かじなおのぶ
戦国時代の武将。畠山氏家臣。
¶姓氏石川，戦西

**加地春綱**　かじはるつな
→加地春綱(かぢはるつな)

**加地彦次郎**　かじひこじろう
→加地彦次郎(かぢひこじろう)

**加治豊後守**　かじぶんごのかみ
～*
南北朝時代の武士。丹党の加治家季の後裔。
¶埼玉百([没]南北朝時代)

**鹿島清房**　かしまきよふさ，かじまきよふさ
？～天正19(1591)年
安土桃山時代の国人。
¶戦国(かじまきよふさ)，戦人

**賀島左衛門尉**　かしまさえもんのじょう
生没年不詳
鎌倉時代後期の武士。
¶北条

**鹿島路九兵衛**　かしまじくへえ
戦国時代の武将。
¶姓氏石川

**賀島四良右衛門尉**　かしましろううえもんのじょう
[別]賀嶋四郎右衛門尉《かしましろうえもんのじょう》
戦国時代の武将。足利氏家臣。
¶戦辞(賀嶋四郎右衛門尉　かしましろうえもんのじょう　生没年不詳)，戦東

**賀嶋四郎右衛門尉**　かしましろうえもんのじょう
→賀島四良右衛門尉(かしましろううえもんのじょう)

**賀島季実**　かしますえざね
生没年不詳
鎌倉時代後期の武士。
¶北条

**賀島季村**　かしますえむら
生没年不詳
鎌倉時代後期の武士。
¶北条

**鹿島孝幹**　かしまたかもと
生没年不詳
戦国時代の常陸国鹿島城主。
¶戦辞

**鹿島親幹**　かしまちかもと
生没年不詳
戦国時代の常陸国鹿島城主。
¶戦辞

**鹿島憲幹**　かしまのりもと
生没年不詳
室町時代の武将。
¶鎌室，人名，日人

**鹿島治時**　かしまはるとき，かじまはるとき
？～天正19(1591)年
戦国時代～安土桃山時代の常陸国鹿島城主。
¶戦国(かじまはるとき)，戦辞([没]天正4年2月28日(1576年3月28日))，戦人

**賀嶋政重**　かしままさしげ
慶長3(1598)年～万治3(1660)年11月1日
江戸時代前期の武将、徳島藩家老。
¶徳島歴

**賀島政慶**(賀嶋政慶)　かしままさよし
*～寛永4(1627)年
安土桃山時代～江戸時代前期の武将、阿波徳島藩家老。
¶徳島歴(賀嶋政慶　[生]元亀3(1572)年　[没]寛永4(1627)年12月23日)，藩臣6([生]？)

**鹿島政頼**　かしままさより，かじままさより
？～天正19(1591)年
安土桃山時代の国人。
¶戦国(かじままさより)，戦人

**鹿島幹重**　かしまもとしげ
生没年不詳
南北朝時代の武将、鹿島神宮大行事。
¶朝日，鎌室，コン4，新潮，人名，日人

**鹿島幹胤**　かしまもとたね
？～天文14(1545)年
戦国時代の武将。
¶戦人

**鹿島幹寛**　かしまもとひろ
南北朝時代の武将、祠職。
¶人名，日人(生没年不詳)

**鹿島義幹**　かしまよしこと
[別]鹿島義幹《かしまよしもと》
戦国時代の武将。
¶人名，日人(かしまよしもと　生没年不詳)

**鹿島義幹**　かしまよしもと
→鹿島義幹(かしまよしこと)

**加治宗泰**　かじむねやす
生没年不詳
鎌倉時代後期の武蔵武士。
¶埼玉人

**柏山明吉**　かしやまあきよし
[別]柏山伊勢守明吉《かしわやまいせのかみあきよし》
戦国時代～安土桃山時代の武将。
¶戦人(生没年不詳)，戦東(柏山伊勢守明吉　か

しわやまいせのかみあきよし）

**柏山重勝** かしやましげかつ
生没年不詳
戦国時代の武将。
¶姓氏岩手

**梶呂大膳** かじろだいぜん
戦国時代の武将。武田家中に鉄砲指南をした。
¶姓氏山梨

**柏木頼季** かしわぎよりすえ
平安時代中期の武士。
¶人名

**柏宮内丞** かしわくないのじょう
生没年不詳
戦国時代の神主。葛山氏元家臣。
¶戦辞

**柏崎勝長** かしわざきかつなが
～康元1（1256）年
鎌倉時代の柏崎の領主とされる伝説的人物。
¶新潟百

**膳傾子** かしわでのかたぶこ
生没年不詳　[別]膳臣傾子《かしわでのおみかたぶこ》
上代の有力豪族。菩岐岐美郎女の父。
¶朝日，古史，古代（膳臣傾子　かしわでのおみかたぶこ），人名，日人

**膳伴元恒** かしわでのとものもとつね
→膳伴元恒（かしわでのとももとつね）

**膳伴元恒** かしわでのとももとつね
生没年不詳　[別]膳伴元恒《かしわでのとものもとつね》
平安時代後期の豪族。豊後国大分郡荏隈郷司権介。
¶大分百（かしわでのとものもとつね），大分歴

**膳巴提便** かしわでのはすび
→膳巴提便（かしわでのはてび）

**膳巴提便** かしわでのはてび
[別]膳臣巴提便《かしわでのおみはすび，かしわでのおみはてび》，膳巴提便《かしわでのはすび》
上代の豪族。
¶朝日（生没年不詳），国史（かしわでのはすび），古代（膳臣巴提便　かしわでのおみはすび），古中（かしわでのはすび），新潮（膳臣巴提便　かしわでのおみはてび　生没年不詳），人名，世人（膳臣巴提便　かしわでのおみはてび　生没年不詳），日人（かしわでのはすび），歴大（かしわでのはすび　生没年不詳）

**膳摩漏** かしわでのまろ
？ ～天武天皇11（682）年　[別]膳臣摩漏《かしわでのおみまろ》
飛鳥時代の壬申の乱の功臣。
¶古代（膳臣摩漏　かしわでのおみまろ），人名，日人

**柏原鍋丸** かしわばらなべまる
？ ～天正10（1582）年6月2日
戦国時代～安土桃山時代の織田信長の家臣。
¶織田

**柏山伊勢守明吉** かしわやまいせのかみあきよし
→柏山明吉（かしやまあきよし）

**柏山彦五郎常治** かしわやまひこごろうつねはる
戦国時代の武将。葛西氏家臣。
¶戦東

**梶原景季** かじわらかげすえ
応保2（1162）年～正治2（1200）年　[別]梶原源太《かじわらげんた》，平景季《たいらのかげすえ》
平安時代後期～鎌倉時代前期の武将。源義仲追討や平家追討で戦功を重ねる。
¶朝日（[没]正治2年1月20日（1200年2月6日）），江戸（梶原源太　かじわらげんた），神奈川人，鎌倉，鎌室，郷土神奈川，国史，古中，コン改，コン4，史人（[没]1200年1月20日），静岡百，静岡歴，重要（[没]正治2（1200）年1月20日），諸系，新潮（[没]正治2（1200）年1月20日），人名，姓氏静岡，世人（[没]正治2（1200）年1月20日），世百，全書，大百，日史（[没]正治2（1200）年1月20日），日人，平史（平景季　たいらのかげすえ），歴大

**梶原景高** かじわらかげたか
永万1（1165）年～正治2（1200）年
平安時代後期の武将。
¶諸系，人名，日人

**梶原景継** かじわらかげつぐ
？ ～承久3（1221）年
鎌倉時代前期の武将。
¶鎌室（生没年不詳），諸系，人名，日人

**梶原景時** かじわらかげとき
？ ～正治2（1200）年　[別]平景時《たいらのかげとき》
平安時代後期～鎌倉時代前期の武将。源義経を讒言したと伝えられる。
¶朝日（[没]正治2年1月20日（1200年2月6日）），岩史（[没]正治2（1200）年1月20日），岡山百，岡山歴（[没]正治2（1200）年1月20日），角史，神奈川人，神奈川百，鎌倉，鎌室，岐阜百，郷土神奈川，国史，国書（[没]正治2（1200）年1月20日），古中，コン改，コン4，史人（[没]1200年1月20日），静岡百，静岡歴，重要（[没]正治2（1200）年1月20日），諸系，新潮（[没]正治2（1200）年1月20日），人名，姓氏静岡，世人（[没]正治2（1200）年1月20日），世百，全書，大百，伝記，日史（[没]正治2（1200）年1月20日），日人，百科，兵庫百，平史（平景時　たいらのかげとき），歴大

**梶原景久** かじわらかげひさ
生没年不詳
安土桃山時代の織田信長の家臣。
¶織田

**梶原景宗** かじわらかげむね
生没年不詳
戦国時代～安土桃山時代の武士。後北条氏家臣。
¶神奈川人，戦人，戦東

**梶原景茂** かじわらかげもち
仁安2（1167）年～正治2（1200）年
鎌倉時代前期の武将。

¶鎌室（生没年不詳），諸系，人名，日人

**梶原景行** かじわらかげゆき
生没年不詳
戦国時代〜安土桃山時代の武将。別所氏家臣。
¶戦人

**梶原吉右衛門尉** かじわらきちえもんのじょう
戦国時代の武将。後北条氏家臣。
¶戦東

**梶原宮内大輔** かじわらくないのたいふ
生没年不詳
戦国時代の古河公方の家臣。
¶戦辞

**梶原源太** かじわらげんた
→梶原景季（かじわらかげすえ）

**梶原五郎左衛門** かじわらごろざえもん
天正3（1575）年〜正保2（1645）年
安土桃山時代〜江戸時代前期の武人、宇喜多・小早川・池田家臣。
¶岡山人

**梶原左兵衛** かじわらさひょうえ
→梶原左兵衛（かじわらさへえ）

**梶原左兵衛** かじわらさへえ
[別]梶原左兵衛《かじわらさひょうえ》
安土桃山時代の武士。豊臣氏家臣。
¶戦国（かじわらさひょうえ），戦人（生没年不詳）

**梶原次右衛門** かじわらじえもん
生没年不詳
安土桃山時代の織田信長の家臣。
¶織田

**梶原勝兵衛** かじわらしょうべえ
生没年不詳
安土桃山時代の織田信長の家臣。
¶織田

**梶原助五郎** かじわらすけごろう
戦国時代の武士。後北条氏家臣。
¶戦人（生没年不詳），戦東

**梶原遠江守** かじわらとおとうみのかみ
生没年不詳
戦国時代の古河公方の家臣。
¶戦辞

**梶原友景**（梶原朝景） かじわらともかげ
？ 〜建保1（1213）年 [別]平朝景《たいらのともかげ》
鎌倉時代前期の武将。
¶鎌室，諸系（梶原朝景），人名（梶原朝景），日人（梶原朝景），平史（平朝景 たいらのともかげ）

**梶原能登守** かじわらのとのかみ
生没年不詳
戦国時代の古河公方の家臣。
¶戦辞

**梶原備前守** かじわらびぜんのかみ
安土桃山時代の武将。後北条氏家臣。
¶戦辞（生没年不詳），戦東

**梶原日向守** かじわらひゅうがのかみ
戦国時代の武士。後北条氏家臣。
¶戦人（生没年不詳），戦東

**梶原兵七郎** かじわらひょうしちろう
安土桃山時代の武将。秀吉馬廻。
¶戦国，戦人（生没年不詳）

**梶原平右衛門** かじわらへいえもん
生没年不詳
安土桃山時代の織田信長の家臣。
¶織田

**梶原平三兵衛** かじわらへいぞべえ
生没年不詳
安土桃山時代の織田信長の家臣。
¶織田

**梶原孫六** かじわらまごろく
南北朝時代の武将。
¶岡山人，岡山百（生没年不詳）

**梶原政景**(1) かじわらまさかげ
生没年不詳
戦国時代の古河公方の家臣。
¶戦辞

**梶原政景**(2) かじわらまさかげ
安土桃山時代〜江戸時代前期の武将。太田資正の子。古河公方・佐竹氏、結城秀康に仕えた。
¶神奈川人（生没年不詳），系東（[生]？ [没]1615年），埼玉人（生没年不詳），戦辞（[生]天文17（1548）年 [没]元和9（1623）年11月），戦人（生没年不詳）

**梶原又右衛門** かじわらまたえもん
？ 〜天正10（1582）年
安土桃山時代の武士。
¶人名

**梶原松千代** かじわらまつちよ
元亀1（1570）年？ 〜天正10（1582）年6月2日
安土桃山時代の織田信長の家臣。
¶織田

**梶原道景** かじわらみちかげ
南北朝時代の武将。足利氏に仕えた。
¶人名

**梶原美作守** かじわらみまさかのかみ
戦国時代の武将。足利氏家臣。
¶戦辞（生没年不詳），戦東

**梶原弥助** かじわらやすけ
安土桃山時代の武士。豊臣氏家臣。
¶戦国，戦人（生没年不詳）

**春日顕国** かすがあきくに
？ 〜興国5/康永3（1344）年 [別]源顕時《みなもとあきとき,みなもとのあきとき》
南北朝時代の東国の南党武将。
¶鎌室（源顕時 みなもとあきとき），鎌室，国史，古中，コン改，コン4，史人（[没]1344年3月9日），新潮（[没]康永3/興国5（1344）年2月9日），

人名（源顕時　みなもとのあきとき），世人，日史（[没]康永3/興国5（1344）年3月9日），日人，歴大

**春日右衛門** かすがうえもん
生没年不詳
安土桃山時代の武士。上杉景勝の家臣。
¶新潟百



**春日景定** かずがかげさだ，かすがかげさだ
？～元和1（1615）年7月4日
戦国時代～江戸時代前期の武士。
¶埼玉人，埼玉百（かすがかげさだ）

**春日九兵衛** かすがくへえ
[別]岡飛驒《おかひだ》
安土桃山時代の武将。秀吉馬廻。
¶戦国，戦人（生没年不詳）

**春日源五郎** かすがげんごろう
戦国時代の武将。武田家臣。香坂昌信の子。
¶姓氏山梨

**春日源八郎** かすがげんぱちろう
？～天正10（1582）年6月2日
戦国時代～安土桃山時代の織田信長の家臣。
¶織田

**春日貞幸** かすがさだゆき
[別]春日部刑部三郎貞幸《かすかべぎょうぶさぶろうさだゆき》
鎌倉時代前期の武士。
¶鎌室（生没年不詳），埼玉百（春日部刑部三郎貞幸　かすかべぎょうぶさぶろうさだゆき），人名，日人（生没年不詳）

**春日摂津守** かすがせっつのかみ
生没年不詳
戦国時代の武士。
¶埼玉人

**春日惣次郎** かすがそうじろう
戦国時代の武将。武田家臣。昌信の記す『甲陽軍鑑』を完成させた。
¶姓氏山梨

**春日丹後** かすがたんご
戦国時代の武将。斎藤氏家臣。
¶戦西

**春日弾正忠** かすがだんじょうちゅう
大永6（1526）年～天正6（1578）年
戦国時代の武将。
¶長野百

**春日虎綱** かすがとらつな
→高坂虎綱（こうさかとらつな）

**春日小野大樹** かすがのおののおおき
[別]春日小野臣大樹《かすがのおののおみおおき》
上代の武将。
¶古代（春日小野臣大樹　かすがのおののおみおおき），日人

**春日信達** かすがのぶたつ
→高坂信達（こうさかのぶたつ）

**春日八郎行元** かすがはちろうゆきもと
南北朝時代の北朝の武士。
¶埼玉百

**春日播磨** かすがはりま
戦国時代の武将。武田家臣。信濃先方衆。
¶姓氏山梨

**春日部刑部三郎貞幸** かすかべぎょうぶさぶろうさだゆき
→春日貞幸（かすがさだゆき）

**春日部内蔵助** かすかべくらのすけ，かすがべくらのすけ
安土桃山時代の秀吉の家人。
¶戦国（かすがべくらのすけ），戦人（生没年不詳）

**春日部実景** かすかべさねかげ
？～宝治1（1247）年6月5日　[別]春日部実景《かさかべさねかげ》
鎌倉時代前期の武士。
¶埼玉人，埼玉百（かさかべさねかげ）

**春日部重行** かすかべしげゆき
？～延元1/建武3（1336）年
鎌倉時代後期の武士。
¶埼玉人，人名（[没]1337年），日人

**春日昌吉** かすがまさよし
？～天正10（1582）年
戦国時代～安土桃山時代の武将。仁科盛信に仕えた。
¶姓氏長野，姓氏山梨，長野歴（生没年不詳）

**春日元忠** かすがもとただ
？～慶長13（1608）年
安土桃山時代～江戸時代前期の武士、信濃笹平城主。出羽米沢藩執事。
¶姓氏長野（生没年不詳），姓氏山梨，藩臣1

**上総常秀** かずさつねひで
→千葉常秀（ちばつねひで）

**上総介広常** かずさのすけひろつね
→平広常（たいらのひろつね）

**上総秀胤** かずさひでたね
→千葉秀胤（ちばひでたね）

**上総広常** かずさひろつね
→平広常（たいらのひろつね）

**糟屋有季** かすやありすえ
？～建仁3（1203）年
鎌倉時代前期の武将。
¶神奈川人，姓氏神奈川

**糟屋有久** かすやありひさ
？～承久3（1221）年
鎌倉時代前期の武将。承久の乱で陣没。
¶朝日，コン4，姓氏神奈川，日人

**糟屋乙石左衛門尉** かすやおついしさえもんのじょう
鎌倉時代の在地領主。
¶姓氏富山

**糟屋清承** かすやきよつぐ
文明15 (1483) 年～天文23 (1554) 年9月
戦国時代の北条氏の家臣。
¶戦辞

**糟谷源三郎** (糟屋源三郎) かすやげんざぶろう
安土桃山時代～江戸時代前期の代官。里見氏家臣。
¶戦人 (生没年不詳), 戦東 (糟屋源三郎)

**加須屋真雄** かすやさねお
? ～元和9 (1623) 年8月14日　[別]加須屋真雄《かすやさねかつ》, 加須屋武則《かすやたけのり》, 糟屋武則《かすやたけのり》, 糟谷武則《かすやたけのり》
安土桃山時代の武将、大名。播磨加古川城主。羽柴氏家臣。賤ヶ岳七本槍の一人。
¶織田 (かすやさねかつ　生没年不詳), 人名 (糟屋武則　かすやたけのり), 戦国, 戦人 (生没年不詳), 戦西 (糟谷武則　かすやたけのり), 日人 (糟屋武則　かすやたけのり　生没年不詳), 藩主3 (加須屋武則　かすやたけのり　生没年不詳), 兵庫人 (糟屋武則　かすやたけのり)

**加須屋真雄** かすやさねかつ
→加須屋真雄 (かすやさねお)

**加須屋武則** (糟屋武則, 糟谷武則) かすやたけのり
→加須屋真雄 (かすやさねお)

**糟谷但馬入道** かすやたじまにゅうどう
戦国時代の武将。今川氏家臣。
¶戦東

**糟屋但馬守** かすやたじまのかみ
安土桃山時代の土豪武士。里見氏家臣。
¶戦東

**糟屋綱定** かすやつなさだ
生没年不詳
戦国時代の安房吉浜周辺の在地領主。
¶戦辞

**糟屋時広** かすやときひろ
? ～*
鎌倉時代後期の武士、北条時益の家臣。
¶人名 ([没]1331年), 日人 ([没]1333年)

**糟屋長義** かすやながよし
文永8 (1271) 年～元弘3/正慶2 (1333) 年
鎌倉時代後期の武士。
¶北条

**糟谷備前守** (糟屋備前守) かすやびぜんのかみ
戦国時代の武将。今川氏家臣。
¶戦辞 (糟屋備前守　生没年不詳), 戦東

**糟屋兵部少輔** かすやひょうぶしょうゆう
生没年不詳　[別]糟屋兵部少輔《かすやひょうぶのしょう》
戦国時代の武士。後北条氏家臣。
¶戦辞 (かすやひょうぶのしょう), 戦人, 戦東

**糟屋兵部少輔** かすやひょうぶのしょう
→糟屋兵部少輔 (かすやひょうぶしょうゆう)

**糟屋又四郎** (糟谷又四郎) かすやまたしろう
安土桃山時代～江戸時代前期の武士。里見氏家臣。
¶戦人 (生没年不詳), 戦東 (糟谷又四郎)

**糟谷松綱** かすやまつつな
戦国時代の武将。今川氏家臣。
¶戦東

**加須屋宗明** かすやむねあき
安土桃山時代の武将。秀吉馬廻。
¶戦国, 戦人 (生没年不詳)

**糟屋宗秋** (糟谷宗秋) かすやむねあき
? ～元弘3/正慶2 (1333) 年
南北朝時代の武将。
¶人名, 姓氏神奈川, 日人, 北条 (糟谷宗秋)

**葛城襲津彦** かずらきのそつひこ
→葛城襲津彦 (かつらぎのそつひこ)

**葛城円** かずらきのつぶら
→葛城円 (かつらぎのつぶら)

**葛城稚犬養網田** かずらきのわかいぬかいのあみた
→葛城稚犬養網田 (かつらぎのわかいぬかいのあみた)

**葛山氏堯** かずらやまうじたか
生没年不詳　[別]葛山氏堯《かつらやまうじたか》
戦国時代の駿河国駿河郡の在地領主。
¶戦辞, 戦人 (かつらやまうじたか), 戦東 (かつらやまうじたか)

**葛山氏広** かずらやまうじひろ
→葛山氏広 (かつらやまうじひろ)

**葛山氏元** かずらやまうじもと
→葛山氏元 (かつらやまうじもと)

**葛山景倫** かずらやまかげとも
→願性 (がんしょう)

**葛山惟重** かずらやまこれしげ
平治1 (1159) 年～承久3 (1221) 年
鎌倉時代前期の武家。
¶静岡歴, 姓氏静岡

**葛山信貞** かずらやまのぶさだ
? ～天正10 (1582) 年　[別]葛山信貞《かつらやまのぶさだ》
安土桃山時代の武士。武田氏家臣。
¶姓氏山梨 (かつらやまのぶさだ), 戦辞 ([没]天正10年3月24日 (1582年4月16日)), 戦人, 戦東 (かつらやまのぶさだ)

**上神高直** かずわたかなお
～正平8/文和2 (1353) 年
南北朝時代の武将。
¶岡山人

**加瀬孫六** かせまごろく
生没年不詳
戦国時代の北条氏の家臣。河越衆。
¶戦辞

**片岡鵜右衛門** かたおかうえもん
生没年不詳
安土桃山時代の織田信長の家臣。

¶織田

**片岡主計** かたおかかずえ
生没年不詳
戦国時代の駿河国駿東郡大平郷の土豪。
¶戦辞

**片岡喜藤次** かたおかきとうじ
安土桃山時代の武将。秀吉馬廻。
¶戦国，戦人（生没年不詳）

**片岡源七郎** かたおかげんしちろう
戦国時代の武将。佐竹氏家臣。
¶戦東

**片岡讃岐守** かたおかさぬきのかみ
戦国時代の武将。佐竹氏家臣。
¶戦東

**片岡志摩守** かたおかしまのかみ
安土桃山時代の武士。佐竹氏家臣。
¶戦人（生没年不詳），戦東

**片岡二郎左衛門** かたおかじろうざえもん
戦国時代の武将。佐竹氏家臣。
¶戦東

**片岡季信** かたおかすえのぶ
〜元和5（1619）年
江戸時代前期の武人。
¶岡山人

**片岡筑前守** かたおかちくぜんのかみ
安土桃山時代の武将。佐竹氏家臣。
¶戦東

**片岡経春** かたおかつねはる
〜文治5（1189）年
平安時代後期の武人。
¶岡山人

**片岡常春** かたおかつねはる
生没年不詳　[別]平常春《たいらのつねはる》
鎌倉時代前期の武士。
¶鎌室，日人，平史（平常春　たいらのつねはる）

**片岡藤五郎** かたおかとうごろう
生没年不詳
安土桃山時代の織田信長の家臣。
¶織田

**片岡八郎** かたおかはちろう
？　〜元弘2/正慶1（1332）年
鎌倉時代後期の護良親王扈従の勤王武士。
¶人名，日人

**片岡半斎** かたおかはんさい
永禄4（1561）年〜寛永9（1632）年
安土桃山時代〜江戸時代前期の武士。
¶高知人

**片岡平兵衛** かたおかへいべえ
生没年不詳
安土桃山時代の織田信長の家臣。
¶織田

**片岡某** かたおかぼう
安土桃山時代の秀吉の家人。
¶戦国，戦人（生没年不詳）

**片岡孫左衛門** かたおかまござえもん
室町時代の武将。
¶岡山人，岡山歴

**片岡政重** かたおかまさしげ
？　〜大永7（1527）年6月10日
戦国時代の佐竹の家臣。
¶戦辞

**片岡政胤** かたおかまさたね
？　〜慶長15（1610）年8月10日
安土桃山時代〜江戸時代前期の佐竹氏の家臣。
¶戦辞

**片岡正次** かたおかまさつぐ
永禄10（1567）年〜＊
安土桃山時代〜江戸時代前期の武士。後北条氏家臣。
¶人名（[没]1643年），戦人（[没]寛永19（1642）年）

**片岡政長** かたおかまさなが
？　〜慶長8（1603）年8月22日
安土桃山時代の佐竹氏の家臣。
¶戦辞

**片岡政守** かたおかまさもり
？　〜天文13（1544）年11月4日
戦国時代の佐竹氏の家臣。
¶戦辞

**片岡光綱** かたおかみつつな
？　〜天正13（1585）年
安土桃山時代の武士。
¶高知人，戦人，戦西

**片岡弥太郎** かたおかやたろう
生没年不詳
安土桃山時代の織田信長の家臣。
¶織田

**片桐景重** かたぎりかげしげ
平安時代後期の武将。
¶長野歴

**片桐且元** かたぎりかつもと
弘治2（1556）年〜元和1（1615）年　[別]片桐直倫《かたぎりなおみち》，片桐東市正《かたぎりいちのかみ》
安土桃山時代〜江戸時代前期の大名。摂津茨木藩主、大和竜田藩主。
¶朝日（[没]元和1年5月28日（1615年6月24日）），岩史（[没]慶長20（1615）年5月28日），大阪人（[没]元和1（1615）年5月），角史，神奈川人，京都，郷土滋賀，京都大，近世，国史，国書（[没]慶長20（1615）年5月28日），古中，コン改，コン4，茶道，滋賀百，史人（[没]1615年5月28日），静岡歴，重要（[没]元和1（1615）年5月28日），諸系，新潮（[没]元和1（1615）年5月28日），人名，姓氏京都，世人（[没]元和1（1615）年5月28日），世百，戦合，戦国，戦辞（片桐直倫　かたぎりなおみち　[没]元和1年5月28日（1615年6月

24日)), 全書, 戦人, 戦西, 大百, 日史([没]元和1(1615)年5月28日), 日人, 藩主3([没]元和1(1615)年5月28日), 百科, 歴大

**片桐貞隆** かたぎりさだたか
永禄3(1560)年〜寛永4(1627)年
安土桃山時代〜江戸時代前期の武将、大名。大和小泉藩主。
¶史人([生]? [没]1627年10月1日), 諸系, 人名, 戦国([生]?), 戦人, 日人, 藩主3([生]永禄3(1560)年7月3日 [没]寛永4(1627)年10月1日)

**片桐為房** かたぎりためふさ
戦国時代の武将。武田家臣。信濃国伊那郡の地侍。
¶姓氏山梨

**片桐為安** かたぎりためやす
生没年不詳 [別]源為安《みなもとのためやす》
平安時代後期〜鎌倉時代前期の片桐郷領主。片桐為重の子。
¶姓氏長野, 平史(源為安 みなもとのためやす)

**片桐直貞**(片桐真貞) かたぎりなおさだ
? 〜天正19(1591)年
安土桃山時代の武士。
¶戦人, 戦西(片桐真貞)

**片桐直倫** かたぎりなおみち
→片桐且元(かたぎりかつもと)

**片桐政忠** かたぎりまさただ
? 〜天正10(1582)年
戦国時代〜安土桃山時代の武田家臣。信濃舟山の城主。
¶姓氏長野, 姓氏山梨

**片切昌為** かたぎりまさため
戦国時代の武将。武田家臣。信濃国伊那郡の地侍。
¶姓氏山梨

**片倉壱岐** かたくらいき
生没年不詳
戦国時代の武士。伊達氏家臣。
¶戦人

**片倉景綱** かたくらかげつな
弘治3(1557)年〜元和1(1615)年 [別]片倉小十郎《かたくらこじゅうろう》, 片倉小十郎景綱《かたくらこじゅうろうかげつな》
安土桃山時代〜江戸時代前期の武将。伊達政宗の家臣。
¶朝日([生]弘治2(1556)年 [没]元和1年10月14日(1615年12月4日)), 岩史([没]元和1(1615)年10月14日), 角史(片倉小十郎 かたくらこじゅうろう), 近世, 国史, コン4, 史人([没]1615年10月14日), 人書94, 新潮([没]元和1(1615)年10月14日), 人名, 姓氏宮城, 戦合, 戦国([生]1566年 [没]1624年), 戦人, 戦東, 日史(片倉小十郎 かたくらこじゅうろう), 日人, 藩臣1, 百科(片倉小十郎 かたくらこじゅうろう), 宮城百(片倉小十郎景綱 かたくらこじゅうろうかげつな), 歴大

**片倉小十郎** かたくらこじゅうろう
→片倉景綱(かたくらかげつな)

**片倉小十郎景綱** かたくらこじゅうろうかげつな
→片倉景綱(かたくらかげつな)

**片倉重長** かたくらしげなが
天正12(1584)年〜万治2(1659)年
安土桃山時代〜江戸時代前期の一家片倉氏2代。
¶姓氏宮城, 宮城百

**堅田小三郎** かたたこさぶろう
〜興国1/暦応3(1340)年
南北朝時代の武将。
¶高知人(生没年不詳), 高知百

**堅田広澄** かただひろずみ
生没年不詳
安土桃山時代の武将、大名。近江堅田領主。
¶日人, 藩主3

**堅田元慶** かただもとよし
*〜元和8(1622)年
安土桃山時代〜江戸時代前期の武士。
¶戦国, 戦人([生]永禄9(1568)年), 戦西([生]?)

**潟保治部大輔** かたのおじぶたいふ
〜慶長5(1600)年8月11日 [別]潟保治部大輔《かたのふじぶだいふ, かたのほじぶだゆう》
安土桃山時代の国人。
¶庄内(かたのほじぶだゆう), 戦国(かたのふじぶだいふ), 戦人(生没年不詳)

**潟保治部大輔** かたのふじぶだいふ
→潟保治部大輔(かたのおじぶたいふ)

**潟保治部大輔** かたのほじぶだゆう
→潟保治部大輔(かたのおじぶたいふ)

**片平五郎兵衛** かたひらごろうひょうえ
→片平五郎兵衛(かたひらごろべえ)

**片平五郎兵衛** かたひらごろべえ
[別]片平五郎兵衛《かたひらごろうひょうえ》
戦国時代〜安土桃山時代の武士。伊達氏家臣。
¶戦人(生没年不詳), 戦東(かたひらごろうひょうえ)

**片平親綱** かたひらちかつな
天文14(1545)年〜寛永3(1626)年
安土桃山時代〜江戸時代前期の武士。伊達氏家臣。
¶姓氏宮城(生没年不詳), 戦人(生没年不詳), 戦東, 藩臣1

**片平綱行** かたひらつなゆき
生没年不詳
安土桃山時代の武士。伊達氏家臣。
¶戦人

**片穂常陸入道** かたほひたちにゅうどう
生没年不詳
戦国時代の阿波国上郡地方の武士、細川氏被官。
¶徳島歴

**片見伊豆守** かたみいずのかみ
生没年不詳
安土桃山時代の武将。結城氏家臣。
¶戦辞, 戦人, 戦東

か

**片見祐義** かたみすけよし
南北朝時代の武将。
¶人名，日人（生没年不詳）

**片見政広** かたみまさひろ
生没年不詳
戦国時代の小山氏の重臣。
¶戦辞

**片見政行** かたみまさゆき
生没年不詳
戦国時代の武士。結城氏家臣。
¶戦辞，戦人，戦東

**片山刑部** かたやまぎょうぶ
？ ～建暦3（1213）年
鎌倉時代前期の武士。
¶群馬人

**片山秀胤** かたやまひでたね
戦国時代の美作国中央部の在地武士。
¶岡山歴

**片山与一兵衛** かたやまよいちびょうえ
[別]片山与一兵衛《かたやまよいちべえ》
安土桃山時代の武将。
¶岡山人，岡山歴（かたやまよいちべえ）

**片山与一兵衛** かたやまよいちべえ
→片山与一兵衛（かたやまよいちびょうえ）

**加地景綱** かぢかげつな，かじかげつな
生没年不詳
南北朝時代の武将。
¶新潟百（かじかげつな）

**加地源二郎左衛門** かぢげんじろうざえもん，かじげんじろうざえもん
鎌倉時代の備前国守護の一族か。
¶岡山歴（かじげんじろうざえもん）

**加地太郎** かぢたろう
鎌倉時代前期の武士。
¶人名

**加地春綱** かぢはるつな，かじはるつな
生没年不詳
戦国時代の国人。
¶戦辞（かじはるつな），戦人（かじはるつな），戦東

**加地彦次郎** かぢひこじろう，かじひこじろう
戦国時代の武士。上杉氏家臣。
¶戦人（かじひこじろう　生没年不詳），戦東

**勝尾半左衛門** かつおはんざえもん
？ ～慶安4（1651）年
安土桃山時代～江戸時代前期の武士、加賀藩士。
¶藩臣3

**勝瀬孫六** かつせまごろく
戦国時代の武士。後北条氏家臣。
¶戦人（生没年不詳），戦東

**勝田左衛門五郎** かつたさえもんごろう
南北朝時代の能登国鳳至郡櫛比荘勝田村に住んだ武士。
¶姓氏石川

**勝田八右衛門** かつたはちえもん
生没年不詳
戦国時代の武士。後北条氏家臣。
¶戦辞，戦人，戦東

**勝沼信友** かつぬまのぶとも
？ ～天文4（1535）年
戦国時代の武士。武田氏家臣。
¶戦辞（[没]天文4年8月22日（1535年9月19日）），戦人，山梨百

**勝沼信元** かつぬまのぶもと
？ ～永禄3（1560）年
戦国時代の武士。武田氏家臣。
¶姓氏山梨，戦辞（[没]永禄3年11月3日（1560年12月9日）），戦人

**加津野信昌** かづののぶまさ
→真田信尹（さなだのぶただ）

**加津野昌春** かづのまさはる
→真田信尹（さなだのぶただ）

**勝野吉里** かつのよしのり
生没年不詳
安土桃山時代～江戸時代前期の武士。紀州藩士。
¶和歌山人

**勝部小三郎** かつべこさぶろう
生没年不詳　[別]勝部小三郎《かつべしょうざぶろう》
戦国時代の武士。後北条氏家臣。
¶戦辞（かつべしょうざぶろう），戦人，戦東

**勝部小三郎** かつべしょうざぶろう
→勝部小三郎（かつべこさぶろう）

**勝真勝** かつまさかつ
戦国時代の武将、上総真里谷城主。
¶人名

**勝田成長** かつまたしげなが
？ ～建久6（1195）年
鎌倉時代前期の武士。
¶静岡歴，姓氏静岡

**勝又七郎左衛門** かつまたしちろうざえもん
生没年不詳
安土桃山時代の牛尾城主。
¶千葉百

**勝間田修理亮** かつまたしゅりのすけ
？ ～文明7（1475）年7月23日
室町時代～戦国時代の今川氏の家臣。
¶戦辞

**勝間田長清**（勝田長清） かつまたながきよ
生没年不詳
南北朝時代の歌人、豪族。
¶鎌室，国書，静岡百，静岡歴（勝田長清），人名，姓氏静岡，日人

**勝間田政行** かつまたまさゆき
戦国時代の武士。今川氏家臣。

¶戦人（生没年不詳），戦東

**勝間田盛長** かつまたもりなが
生没年不詳
戦国時代の武士。
¶戦人

**勝屋勝一軒** かつやしょういっけん
？ ～天正12（1584）年 [別]勝屋勝一軒《しょうやしょういっけん，しょうやしょういつけん》
安土桃山時代の武士。
¶戦人，戦西（しょうやしょういつけん）

**勝山小助** かつやまこすけ
戦国時代の武将。武田家臣。岡部正綱配下の武辺者。
¶姓氏山梨

**勝山長門守** かつやまながとのかみ
安土桃山時代～江戸時代前期の武士。里見氏家臣。
¶戦人（生没年不詳），戦東

**勝山八弥太** かつやまはやた
安土桃山時代～江戸時代前期の武士。里見氏家臣。
¶戦人（生没年不詳），戦東

**葛城襲津彦**（葛木之某津彦） かつらぎのそつひこ，かつらきのそつひこ；かづらきのそつひこ
[別]葛城襲津彦《かずらきのそつひこ》，葛城長江曽津毘古《かつらぎのながえのそつひこ》
上代の武人。実在したと考えられる倭王権の権臣。
¶朝日（生没年不詳），岩史（かずらきのそつひこ），角史（かずらきのそつひこ），国史（かずらきのそつひこ），古史（かづらきのそつひこ 生没年不詳），古代（かずらきのそつひこ），古中（かずらきのそつひこ），コン改（生没年不詳），コン4（生没年不詳），史人（かずらきのそつひこ），重要（生没年不詳），諸系（かずらきのそつひこ），新潮（かずらきのそつひこ），人名（かつらきのそつひこ），世人（生没年不詳），全書（生没年不詳），日史（かずらきのそつひこ 生没年不詳），日人（かずらきのそつひこ），百科（生没年不詳），万葉（葛木之某津彦），歴大（かずらきのそつひこ 生没年不詳）

**葛城円** かつらぎのつぶら，かづらきのつぶら
？ ～＊ [別]葛城円《かずらきのつぶら》，葛城円大臣《かずらきのつぶらのおおおみ》
上代の豪族（大連・大臣）。大臣武内宿禰の曽孫。
¶朝日（生没年不詳），公卿（[没]安康3（463）年8月），国史（かずらきのつぶら），古史（かづらきのつぶら 生没年不詳），古代（葛城円大臣 かずらきのつぶらのおおおみ），古中（かずらきのつぶら），コン改（生没年不詳），コン4（生没年不詳），史人（かずらきのつぶら），諸系（かずらきのつぶら），新潮（かずらきのつぶら），人名，全書（[没]456年？），日史（かずらきのつぶら），日人（かずらきのつぶら），百科，歴大（かずらきのつぶら 生没年不詳）

**葛木時末** かつらぎのときすえ
平安時代後期の開発領主。
¶岡山歴

**葛城稚犬養網田**（葛木稚犬養網田） かつらぎのわかいぬかいのあみた
生没年不詳 [別]葛城稚犬養網田《かずらきのわかいぬかいのあみた》，葛城稚犬養連網田《かずらきのわかいぬかいのむらじあみた》
飛鳥時代の官人。大化改新で蘇我入鹿を斬った。
¶朝日，古代（葛城稚犬養連網田 かずらきのわかいぬかいのむらじあみた），コン改（葛木稚犬養網田），コン4（葛木稚犬養網田），日人（かずらきのわかいぬかいのあみた）

**桂岌円** かつらきゅうえん
天文16（1547）年～寛永14（1637）年7月24日
戦国時代～江戸時代前期の藩士。
¶国書

**桂田長俊** かつらだながとし
→前波吉継（まえばよしつぐ）

**桂広澄** かつらひろずみ
？ ～大永4（1524）年
戦国時代の武士、毛利元就の臣。
¶人名，日人

**桂元澄** かつらもとずみ
？ ～永禄12（1569）年
戦国時代の武士。
¶戦人，戦西

**桂元忠** かつらもとただ
戦国時代の武士。
¶戦人（生没年不詳），戦西

**葛山氏堯** かつらやまうじたか
→葛山氏堯（かずらやまうじたか）

**葛山氏広** かつらやまうじひろ
[別]葛山氏広《かずらやまうじひろ》
戦国時代の武将。今川氏家臣。
¶戦辞（かずらやまうじひろ 生没年不詳），戦東

**葛山氏元** かつらやまうじもと
永正17（1520）年～天正1（1573）年 [別]葛山氏元《かずらやまうじもと》
戦国時代の武将。今川氏家臣。
¶静岡歴（かずらやまうじもと 生没年不詳），姓氏静岡（かずらやまうじもと），戦辞（かずらやまうじもと），戦人（生没年不詳），戦東，戦補

**葛山景倫** かつらやまかげとも
→願性（がんしょう）

**葛山勝嘉** かつらやまかつよし
戦国時代の武士。今川氏家臣。
¶戦人（生没年不詳），戦東

**葛山左衛門佐** かつらやまさえもんのすけ
戦国時代の武将。今川氏家臣。
¶戦東

**葛山三郎** かつらやまさぶろう
戦国時代の武将。今川氏家臣。
¶戦東

**葛山信貞** かつらやまのぶさだ
→葛山信貞（かずらやまのぶさだ）

か

**葛山元綱** かつらやまもとつな
戦国時代の武将。今川氏家臣。
¶戦東

**葛山頼秀** かつらやまよりひで
戦国時代の武将。今川氏家臣。
¶戦東

**桂能明** かつらよしあき
生没年不詳
南北朝時代の勤王荘司。
¶郷土奈良，人名，日人

**加藤明利** かとうあきとし
慶長4(1599)年～寛永18(1641)年
江戸時代前期の武将、大名。陸奥三春藩主、陸奥二本松藩主。
¶諸系，人名([生]?)，日人，藩主1，藩主1，福島百

**加藤明成** かとうあきなり
文禄1(1592)年～寛文1(1661)年
江戸時代前期の武将、大名。陸奥会津藩主。
¶会津，朝日([没]寛文1年1月21日(1661年2月20日))，近世，国史，コン4，史人([没]1661年1月21日)，諸系，人名，戦合，日人，藩主1([没]寛文1(1661)年1月21日)，福島百

**加藤家勝** かとういえかつ
? ～慶長19(1614)年9月19日
安土桃山時代～江戸時代前期の武士・連歌作者。
¶織田，国書5(生没年不詳)

**加藤右馬允** かとううまのじょう
安土桃山時代の土豪。里見氏家臣。
¶戦東

**加藤大蔵丞** かとうおおくらのじょう
戦国時代の武士。後北条氏家臣。
¶戦人(生没年不詳)，戦東

**加藤景員** かとうかげかず
生没年不詳　[別]藤原景員《ふじわらのかげかず》
平安時代後期の武将。源頼朝の挙兵に参加。
¶朝日，鎌倉，鎌室，国史，古中，コン4，史人，新潮，人名，日人，平史(藤原景員　ふじわらのかげかず)

**加藤景廉** かとうかげかど
? ～承久3(1221)年　[別]加藤次景廉《かとうじかげかど》，藤原景廉《ふじわらのかげかど》
平安時代後期～鎌倉時代前期の武将。鎌倉幕府の宿老。
¶朝日([没]承久3年8月3日(1221年8月21日))，神奈川人(生没年不詳)，鎌倉([生]保元1(1156)年)，鎌室，岐阜百(加藤次景廉　かとうじかげかど)，郷土岐阜，国史，古中，コン改，コン4，史人([没]1221年8月3日)，静岡百，静岡歴，新潮([没]承久3(1221)年8月3日)，人名，姓氏静岡，世人，全書([生]1143年，(異説)1156年　[没]承久3(1221)年8月3日)，日史([没]承久3(1221)年8月3日)，日人([生]1156年)，百科，平史(藤原景廉　ふじわらのかげかど　[生]1142年)

**加藤景忠** かとうかげただ
天文11(1542)年～天正10(1582)年
安土桃山時代の武将。武田氏家臣。
¶戦辞(生没年不詳)，戦人，戦東

**加藤景利** かとうかげとし
生没年不詳
安土桃山時代の織田信長の家臣。
¶織田

**加藤景朝** かとうかげとも
鎌倉時代前期の武士。
¶人名，日人(生没年不詳)

**加藤景茂** かとうかげもち
生没年不詳
安土桃山時代の織田信長の家臣。
¶織田

**加藤景元** かとうかげもと
? ～*
戦国時代の武士。
¶人名([没]1572年)，日人([没]1573年)

**加藤喜助** かとうきすけ
生没年不詳
安土桃山時代の織田信長の家臣。
¶織田

**加藤清正** かとうきよまさ
永禄5(1562)年～慶長16(1611)年　[別]加藤虎之助《かとうとらのすけ》，加藤主計頭《かとうかずえのかみ》，加藤肥後守《かとうひごのかみ》
安土桃山時代～江戸時代前期の武将、大名。肥後熊本藩主、朝鮮出兵で活躍。関ヶ原の戦いでは東軍につく。
¶愛知百，朝日([生]永禄5年6月24日(1562年7月25日)　[没]慶長16年6月24日(1611年8月2日))，岩史([生]永禄5(1562)年6月24日　[没]慶長16(1611)年6月24日)，江戸東，大分歴，角史，京都大([生]永禄5(1562)年?)，近世，熊本百([生]永禄5(1562)年6月24日　[没]慶長16(1611)年6月24日)，国史，国書([生]永禄5(1562)年6月24日　[没]慶長16(1611)年6月24日)，古中，コン改，コン4，茶道，史人([生]1562年6月24日　[没]1611年6月24日)，重要([没]慶長16(1611)年6月23日)，人書79，人書94，新潮([没]慶長16(1611)年6月24日)，人名([生]1559年)，姓氏愛知，姓氏京都，世人([没]慶長16(1611)年6月24日)，世百，戦合，戦国，全書，戦人，戦西，大百，伝記，日史([生]永禄5(1562)年6月24日　[没]慶長16(1611)年6月24日)，日人，藩主4([生]永禄5(1562)年6月24日　[没]慶長16(1611)年6月24日)，百科，福岡百，仏教([没]慶長16(1611)年6月24日)，歴大

**加藤内蔵介** かとうくらのすけ
戦国時代の武将。浅井氏家臣。
¶戦西

**加藤九郎右衛門** かとうくろうえもん
? ～慶長5(1600)年
安土桃山時代の武士。
¶人名，日人

**加藤源五** かとうげんご
安土桃山時代の武将。豊臣秀頼に伺候。
¶戦国

**賀藤源二郎** かとうげんじろう
生没年不詳
戦国時代の岩付城主太田氏資の家臣。
¶戦辞

**賀藤小助** かとうこすけ
安土桃山時代の武将。秀吉馬廻。
¶戦国，戦人（生没年不詳）

**加藤左衛門** かとうさえもん
安土桃山時代～江戸時代前期の武士。里見氏家臣。
¶戦人（生没年不詳），戦東

**加藤貞泰** かとうさだやす
天正8（1580）年～元和9（1623）年　[別]加藤光長《かとうみつなが》
安土桃山時代～江戸時代前期の武将、大名。美濃黒野藩主、伯耆米子藩主、伊予大洲藩主。
¶朝日（[没]元和9年5月22日（1623年6月19日）），愛媛百，岐阜百，近世，国史，国書5（[没]元和9（1623）年5月22日），コン改，コン4，史人（[没]1623年5月22日），諸系，新潮（[没]元和9（1623）年5月22日），人名，世人，戦合，戦国，戦人，鳥取百，日人，藩主2，藩主4（[没]元和9（1623）年5月22日）

**加藤次景廉** かとうじかげかど
→加藤景廉（かとうかげかど）

**加藤重次** かとうしげつぐ
安土桃山時代の武将、美濃高須城主。
¶戦国

**加藤七左衛門** かとうしちざえもん
安土桃山時代～江戸時代前期の武士。里見氏家臣。
¶戦人（生没年不詳），戦東

**加藤四郎左衛門** かとうしろうざえもん
戦国時代の武士。後北条氏家臣。
¶戦人（生没年不詳），戦東

**賀藤次郎左衛門** かとうじろうざえもん
？　～天正1（1573）年10月25日
戦国時代～安土桃山時代の織田信長の家臣。
¶織田

**加藤甚五郎** かとうじんごろう
生没年不詳
安土桃山時代の織田信長の家臣。
¶織田

**加藤新三郎** かとうしんざぶろう
戦国時代～安土桃山時代の武将。朝倉氏家臣。
¶戦西

**加藤甚十郎** かとうじんじゅうろう
天正4（1576）年～寛永14（1637）年
安土桃山時代～江戸時代前期の出羽庄内藩家老。
¶庄内（[没]寛永14（1637）年12月1日），藩臣1

**加藤資景** かとうすけかげ
生没年不詳
安土桃山時代の織田信長の家臣。
¶織田

**賀藤助丞** かとうすけのじょう
生没年不詳
安土桃山時代の織田信長の家臣。
¶織田

**加藤駿河守** かとうするがのかみ
→加藤虎景（かとうとらかげ）

**加藤清左衛門(1)** かとうせいざえもん
戦国時代の武将。大崎氏家臣。
¶戦東

**加藤清左衛門(2)** かとうせいざえもん
安土桃山時代～江戸時代前期の武士。里見氏家臣。
¶戦人（生没年不詳），戦東

**賀藤清左衛門** かとうせいざえもん
安土桃山時代の武将。秀吉馬廻。
¶戦国，戦人（生没年不詳）

**加藤全朔** かとうぜんさく
？　～元亀2（1571）年
戦国時代～安土桃山時代の熱田の豪族。
¶姓氏愛知

**加藤宗月** かとうそうげつ
→依田康真（よだやすざね）

**河東田河内守** かとうだかわちのかみ
戦国時代～安土桃山時代の武士。佐竹氏家臣。
¶戦人（生没年不詳），戦東

**加藤忠明** かとうただあき
安土桃山時代～江戸時代前期の武将、伊予松前城主。豊臣秀吉の臣。嘉明の弟。
¶人名，戦国，日人（生没年不詳）

**加藤忠景** かとうただかげ
？　～天正12（1584）年
安土桃山時代の武将。
¶織田（[没]天正12（1584）年5月7日），戦人

**加藤辰千代** かとうたつちよ
永禄10（1567）年～天正10（1582）年6月2日
安土桃山時代の織田信長の家臣。
¶織田

**河東田備前守** かとうだびぜんのかみ
生没年不詳
戦国時代～安土桃山時代の武士。佐竹氏家臣。
¶戦辞，戦人，戦東

**河東田兵部少輔** かとうだひょうぶのしょう
生没年不詳
戦国時代の佐竹氏の家臣。
¶戦辞

**加藤太郎左衛門** かとうたろうざえもん
生没年不詳
戦国時代の武士。後北条氏家臣。
¶戦辞，戦人，戦東

**加藤藤兵衛** かとうとうべい
安土桃山時代～江戸時代前期の白山麓牛首谷の

土豪。
¶石川百

**加藤虎景** かとうとらかげ
生没年不詳 [別]加藤駿河守《かとうするがのかみ》
戦国時代の甲斐武田信虎・晴信の家臣。
¶戦辞，山梨百（加藤駿河守 かとうするがのかみ）



**加藤信景(1)** かとうのぶかげ
？ ～天正10（1582）年3月
戦国時代～安土桃山時代の甲斐武田晴信・勝頼の家臣。
¶戦辞

**加藤信景(2)** かとうのぶかげ
安土桃山時代の武士。里見氏家臣。伊賀守。
¶戦辞（生没年不詳），戦東

**加藤信景(3)** かとうのぶかげ
安土桃山時代～江戸時代前期の武将。里見氏家臣。孫五郎。
¶戦人（生没年不詳），戦東

**加藤信邦** かとうのぶくに
戦国時代の武将。武田家臣。駿河守。
¶姓氏山梨

**加藤延隆** かとうのぶたか
生没年不詳
安土桃山時代の織田信長の家臣。
¶織田

**加藤信世** かとうのぶよ
生没年不詳
戦国時代の奏者。徳川家康の家臣、石川日向守家成の家臣。
¶戦辞

**加藤教明** かとうのりあき
生没年不詳 [別]加藤教明《かとうのりあきら》
戦国時代～安土桃山時代の武士。徳川氏家臣、豊臣氏家臣。
¶織田（かとうのりあきら），戦国，戦人，日人

**加藤教明** かとうのりあきら
→加藤教明（かとうのりあき）

**賀藤彦左衛門** かとうひこざえもん
生没年不詳
安土桃山時代の織田信長の家臣。
¶織田

**加藤備中** かとうびっちゅう
安土桃山時代の武士。豊臣氏家臣。
¶戦国，戦人（生没年不詳）

**加藤兵庫頭** かとうひょうごのかみ
生没年不詳
安土桃山時代の織田信長の家臣。
¶織田

**加藤平内** かとうひょうない
安土桃山時代の武士。豊臣氏の家臣。
¶岐阜百

**加藤広明** かとうひろあき
戦国時代の武士。
¶人名

**加藤弘景** かとうひろかげ
生没年不詳
安土桃山時代の武士。里見氏家臣。
¶戦辞，戦人，戦東

**賀藤弘秀** かとうひろひで
安土桃山時代の武将。里見氏家臣。
¶戦辞（生没年不詳），戦東

**加藤楓庵** かとうふうあん
天正9（1581）年～慶安2（1649）年
安土桃山時代～江戸時代前期の武士・商人。加藤清正の家老の子。
¶茶道

**加藤兵左衛門** かとうへいざえもん
天正18（1590）年～承応3（1654）年
江戸時代前期の検地奉行、加藤・三好家第3代当主。
¶姓氏愛知

**加藤平太** かとうへいた，かとうへいだ
安土桃山時代の武将。秀吉馬廻。
¶戦国（かとうへいだ），戦人（生没年不詳）

**加藤正方** かとうまさかた
天正8（1580）年～慶安1（1648）年
安土桃山時代～江戸時代前期の加藤氏家臣、城代、俳人。
¶朝日（[没]慶安1年9月23日（1648年11月8日）），近世，熊本百（[没]慶安2（1649）年9月23日），国史，国書5（[没]慶安1（1648）年9月23日），コン改，コン4，史人（[没]1648年9月23日），新潮（[没]慶安1（1648）年9月23日），人名，世人，戦合，戦人，日人，和俳

**加藤正次** かとうまさつぐ
天文18（1549）年～慶長18（1613）年
安土桃山時代の武士。
¶人名，戦辞（[没]慶長18年8月17日（1613年10月1日）），日人

**加藤又五郎** かとうまたごろう
戦国時代の武士。後北条氏家臣。
¶戦人（生没年不詳），戦東

**加藤光員** かとうみつかず
生没年不詳 [別]藤原光員《ふじわらのみつかず》，加藤太《かとうた》
平安時代後期～鎌倉時代前期の武将、幕府の有力御家人。
¶朝日，鎌室，国史，古中，コン4，史人，新潮，人名，姓氏静岡，日史，日人，平史（藤原光員 ふじわらのみつかず）

**加藤光直** かとうみつなお
安土桃山時代の武将。秀吉馬廻。
¶戦国，戦人（生没年不詳）

**加藤光泰** かとうみつやす
天文6（1537）年～文禄2（1593）年

安土桃山時代の武将、豊臣秀吉の臣。
¶朝日（[没]文禄2年8月29日（1593年9月24日）），岩史（[没]文禄2（1593）年8月29日），角史，岐阜百（[生]？），近世，国史，コン4，史人（[没]1593年8月29日），諸系，新潮（[没]文禄2（1593）年8月29日），人名（[没]1595年），世人，戦合，戦国，戦人，戦西，日史（[没]文禄2（1593）年8月29日），日人，百科，山梨百（[没]文禄2（1593）年8月29日），歴大

**加藤光吉**　かとうみつよし
生没年不詳
安土桃山時代～江戸時代前期の美濃黒野藩主一門。
¶藩臣3

**加藤元隆**　かとうもとたか
生没年不詳
安土桃山時代の織田信長の家臣。
¶織田

**加藤紋兵衛**　かとうもんべえ
？～元和4（1618）年
安土桃山時代～江戸時代前期の武士、長氏の家臣。
¶姓氏石川

**加藤弥三郎**　かとうやさぶろう
？～元亀3（1572）年
戦国時代の武士。織田氏家臣。
¶織田（[没]元亀3（1572）年12月22日），戦人，戦補，日人（[没]1573年）

**加藤弥次郎**　かとうやじろう
生没年不詳
戦国時代の北条氏の家臣。伊豆郡代笠原綱信の代官。
¶戦辞

**加藤康寛**　かとうやすひろ
天正2（1574）年～承応2（1653）年
安土桃山時代～江戸時代前期の越前福井藩士。
¶藩臣3

**賀藤弥平太**　かとうやへいた
[別]賀藤弥平太《かとうやへえだ》
安土桃山時代の武将。秀吉馬廻。
¶戦国（かとうやへえだ），戦人（生没年不詳）

**賀藤弥平太**　かとうやへえだ
→賀藤弥平太（かとうやへいた）

**加藤嘉明**　かとうよしあき
永禄6（1563）年～寛永8（1631）年　[別]加藤嘉明《かとうよしあきら》，加藤左馬助《かとうさまのすけ》
安土桃山時代～江戸時代前期の武将。
¶愛知百（[没]1631年9月12日），会津，朝日（[没]寛永8年9月12日（1631年10月7日）），岩史（[没]寛永8（1631）年9月12日），愛媛百，角史，郷土愛媛（かとうよしあきら），近世，国史，古中，コン改，コン4，茶道，史人（[没]1631年9月12日），諸系，新潮（[没]寛永8（1631）年9月12日），人名，世人（[没]寛永8（1631）年9月12日），世百，戦合，戦国，戦辞（[没]寛永8年9月12日（1632年10月25日）），全書（[生]1562年），戦人，戦西，大百，日史（[没]寛永8（1631）年9月12日），日人，藩主1（[没]寛永8（1631）年9月12日），藩主4，百科，兵庫百，福島百，歴大

**加藤嘉明**　かとうよしあきら
→加藤嘉明（かとうよしあき）

**加藤順政**　かとうよりまさ
天文4（1535）年～慶長4（1599）年10月15日
戦国時代～安土桃山時代の織田信長の家臣。
¶織田

**加藤順盛**　かとうよりもり
永正11（1514）年～天正16（1588）年1月26日
戦国時代～安土桃山時代の織田信長の家臣。
¶織田

**上遠野藤兵衛尉**　かどおのとうびょうえのじょう
安土桃山時代の武将。佐竹氏家臣。
¶戦東

**上遠野秀永**　かどおのひでなが
生没年不詳
戦国時代の武士。佐竹氏家臣。
¶戦辞，戦人，戦東

**上遠野秀益**　かどおのひでます
生没年不詳
戦国時代の佐竹氏の家臣。
¶戦辞

**上遠野秀宗**　かどおのひでむね
永禄4（1561）年～寛永14（1637）年
安土桃山時代～江戸時代前期の武士。佐竹氏家臣。
¶戦辞（[没]寛永17年12月4日（1641年1月15日）），戦人，戦東（[生]？）

**門田次郎兵衛**　かどたじろうべえ
？～文禄4（1595）年
安土桃山時代の武将。長宗我部氏家臣。
¶戦西

**門田丹後守**　かどたたんごのかみ
戦国時代～安土桃山時代の武将。葛西氏家臣。
¶戦東

**門田造酒尉**　かどたみきのじょう
生没年不詳
安土桃山時代～江戸時代前期の武士。
¶庄内

**門田康澄**　かどたやすずみ
天文7（1538）年～文禄4（1595）年
安土桃山時代の武士。長宗我部氏家臣。
¶戦人

**門根三郎左衛門**　かどねさぶろうざえもん
？～天正1（1573）年
戦国時代の武将。浅井氏家臣。
¶戦西

**鹿取三郎左衛門**　かとりさぶろうざえもん
生没年不詳
安土桃山時代の織田信長の家臣。
¶織田

か

**香取平左衛門** かとりへいざえもん
安土桃山時代の武人。
¶岡山人

**香取弥平太** かとりやへいた
生没年不詳
戦国時代の上杉氏の家臣。
¶戦東

**金井淡路守** かないあわじのかみ
→倉賀野秀景（くらがのひでかげ）

**金内掃部** かないかもん
戦国時代の武将。葛西氏家臣。
¶戦東

**金井久左衛門** かないきゅうざえもん
安土桃山時代〜江戸時代前期の武士。里見氏家臣。
¶戦人（生没年不詳），戦東

**金井源左衛門** かないげんざえもん
生没年不詳
安土桃山時代〜江戸時代前期の武士、北条氏の
旧臣。
¶埼玉人

**金井繁顕** かないしげあき
生没年不詳
戦国時代の上野国衆由良氏の一族。
¶戦辞

**金井新衛門** かないしんえもん
生没年不詳
戦国時代の武士。北条氏忠家臣。
¶戦辞

**金井筑後守** かないちくごのかみ
安土桃山時代〜江戸時代前期の武士。里見氏家臣。
¶戦人（生没年不詳），戦東

**金井直澄** かないなおずみ
戦国時代の武将。武田家臣。禰津被官。
¶姓氏山梨

**金井秀景** かないひでかげ
→倉賀野秀景（くらがのひでかげ）

**金井房次** かないふさつぐ
戦国時代の武将。武田家臣。信濃国小県郡の海
野衆。
¶姓氏山梨

**金王兵衛尉盛俊** かなおうひょうえのじょうもりとし
生没年不詳　㊞金王盛俊《かなおうもりとし，こん
のうもりとし》，金王兵衛尉盛俊《こんのうひょう
えのじょうもりとし》
鎌倉時代後期〜南北朝時代の悪党張本。後醍醐天
皇に通じ、南朝軍事力としても活動。
¶朝日（金王盛俊　かなおうもりとし），コン改，
コン4，新潮，日人（金王盛俊　かなおうもりと
し）

**金王盛俊** かなおうもりとし
→金王兵衛尉盛俊（かなおうひょうえのじょうもりと
し）

**金上盛備** かながみもりはる
？　〜天正17（1589）年
安土桃山時代の武士。
¶会津（㊸大永7（1527）年），戦人，戦東

**金窪行親** かなくぼゆきちか
生没年不詳
鎌倉時代前期の武士。北条氏の被官、侍所司。
¶朝日，神奈川人，人名，日人，北条

**鹿子木鎮有** かなこぎしげあり
生没年不詳
戦国時代の国人。
¶戦人

**鹿子木親員** かなこぎちかかず
→鹿子木寂心（かのこぎじゃくしん）

**金刺興春** かなさしおきはる
？　〜文明15（1483）年
戦国時代の諏訪下社大祝、武将。
¶姓氏長野，長野歴

**金刺光盛** かなさしのみつもり
生没年不詳
平安時代後期の武士。
¶平史

**金刺盛澄** かなさしのもりずみ
生没年不詳　㊞金刺盛澄《かなさしもりずみ》
平安時代後期の武士。
¶長野歴（かなさしもりずみ），平史

**金刺盛澄** かなさしもりずみ
→金刺盛澄（かなさしのもりずみ）

**金沢顕時** かなざわあきとき
→北条顕時（ほうじょうあきとき）

**金沢伊豆守信胤** かなざわいずのかみのぶたね
→金沢信胤（かなざわのぶたね）

**金沢貞顕** かなざわさだあき
→金沢貞顕（かねさわさだあき）

**金沢貞将** かなざわさだまさ
→金沢貞将（かねざわさだまさ）

**金沢実時** かなざわさねとき
→北条実時（ほうじょうさねとき）

**金沢実政** かなざわさねまさ
→北条実政（ほうじょうさねまさ）

**金沢忠兵衛** かなざわちゅうべえ
？　〜寛永2（1625）年
江戸時代前期の武士、相馬利胤の家臣。
¶人名

**金沢信胤** かなざわのぶたね
？　〜天正19（1591）年　㊞金沢伊豆守信胤《かな
ざわいずのかみのぶたね》
安土桃山時代の武将。葛西氏家臣。
¶戦人，戦東（金沢伊豆守信胤　かなざわいずの
かみのぶたね）

**金津新兵衛** かなづしんべえ
生没年不詳

安土桃山時代の武将、上杉謙信の奉行人。
¶新潟百

**金藤下野守** かなふじしもつけのかみ
戦国時代の武将。武田家臣。『武田家過去帳』に
永禄8年9月付で河内下山居住とみえる。
¶姓氏山梨

**神余喜平次** かなまりきへいじ
江戸時代前期の武士。里見氏家臣。
¶戦東

**神余実綱** かなまりさねつな
生没年不詳
戦国時代の京都雑掌。越後上杉氏家臣。
¶戦辞

**神余親綱** かなまりちかつな
？ 〜天正8(1580)年
安土桃山時代の武士。上杉氏家臣。
¶戦辞(㉔天正8年7月2日(1580年8月12日))，戦
人，戦東，新潟百(生没年不詳)

**神余昌綱** かなまりまさつな
？ 〜天文1(1532)年7月4日
戦国時代の京都雑掌。越後上杉氏家臣。
¶戦辞

**金丸盛覚** かなまるせいかく
生没年不詳
鎌倉時代の御家人。
¶徳島歴

**金丸忠次** かなまるただつぐ
？ 〜天正3(1575)年
戦国時代〜安土桃山時代の武田家臣。長篠の戦に
討死。
¶姓氏山梨

**金丸忠経** かなまるただつね
生没年不詳
戦国時代の甲斐武田晴信の家臣。
¶戦辞

**金丸虎義** かなまるとらよし
？ 〜元亀3(1572)年
戦国時代の武士。武田氏家臣。
¶姓氏山梨，戦辞(㉔元亀2年8月8日(1571年8月
28日)？)，戦人，戦東

**金丸久次** かなまるひさつぐ
戦国時代の武将。武田家臣。勝頼に仕え、上野膳
ノ城や沼田城の攻防戦に高名。
¶姓氏山梨

**金丸昌直** かなまるまさなお
天文9(1540)年〜永禄3(1560)年
戦国時代〜安土桃山時代の武田家臣。奉行。
¶姓氏山梨

**金丸昌義** かなまるまさよし
？ 〜天正10(1582)年
戦国時代〜安土桃山時代の武田家臣。虎義の四男。
¶姓氏山梨

**金光文右衛門** かなみつぶんえもん
安土桃山時代の武士。
¶岡山歴，戦人(生没年不詳)，戦西

**金光宗高** かなみつむねたか
？ 〜元亀1(1570)年
安土桃山時代の武将。
¶岡山人，岡山百，岡山歴

**金森可重** かなもりありしげ
→金森可重(かなもりよししげ)

**金森掃部助** かなもりかもんのすけ
安土桃山時代の武将。秀吉馬廻。
¶戦国

**金森義入** かなもりぎにゅう
？ 〜天正10(1582)年6月2日
戦国時代〜安土桃山時代の織田信長の家臣。
¶織田

**金森重頼** かなもりしげより
文禄3(1594)年〜慶安3(1650)年
江戸時代前期の武将、大名。飛驒高山藩主。金森
宗和の弟。
¶朝日(㉔慶安3年閏10月7日(1650年11月30
日))，岐阜百，近世，国史，コン改，コン4，
史人(㉔1650年閏10月7日)，諸系，新潮(㉔文
禄3(1597)年 ㉓慶安3(1650)年閏10月7日)，
人名，戦合，戦人，日人，藩主2(㉔文禄3
(1594)年，(異説)文禄5年，慶長1年 ㉓慶安3
(1650)年閏10月7日)

**金森甚七郎** かなもりじんしちろう
？ 〜天正7(1579)年4月1日
戦国時代〜安土桃山時代の織田信長の家臣。
¶織田

**金森宗和** かなもりそうわ
天正12(1584)年〜明暦2(1656)年 ㊞金森宗和
《かなもりむねかず》，金森重近《かなもりしげち
か》
安土桃山時代〜江戸時代前期の武将、茶匠。茶道
宗和流の祖。
¶朝日(㉔明暦2年12月15日(1657年1月29日))，
岩史(㉔明暦2(1656)年12月10日)，角史，岐
阜百(㉔明暦2(1656)年12月16日)，京都，京都大，近
世，国史，国書(㉔明暦2(1656)年12月16日)，
コン改，コン4，茶道，史人(㉔1656年12月15
日)，諸系(㉔1657年)，新潮(㉔明暦2(1656)
年12月15日)，人名，姓氏京都，世人(㉔明暦2
(1656)年12月16日)，世百，全書，戦人，大
百，日史(㉔明暦2(1656)年12月15日)，日人
(㉔1657年)，美術，百科，歴大

**金森内膳真利** かなもりないぜんまさとし
戦国時代の武将。葛西氏家臣。
¶戦東

**金森長近** かなもりながちか
大永4(1524)年〜慶長13(1608)年 ㊞兵部卿法
印《ひょうぶきょうほういん》
戦国時代〜安土桃山時代の大名。飛驒高山藩主、
美濃上有知藩主。

¶朝日（[没]慶長13年8月12日（1608年9月20日）），織田（[生]大永5年？　[没]慶長13（1608）年8月12日？），角史，岐阜百，郷土岐阜，郷土福井，近世，系西（[没]1600年），国史，コン改（[没]慶長12（1607）年），コン4（[没]慶長12（1607）年），茶道，史人（[没]1608年8月12日），諸系，新潮（[没]慶長13（1608）年8月12日），人名，世人，戦合，戦国（[生]1525年　[没]1607年），戦辞（[没]慶長13年8月12日（1608年9月20日）），全書，戦人，大百，日史（[没]慶長13（1608）年8月12日），日人，藩主2（[没]慶長13（1608）年8月12日），百科（[没]慶長12（1607）年），福井百，歴大

**金森長光**　かなもりながみつ
慶長11（1606）年～慶長16（1611）年
江戸時代前期の大名。美濃上有知藩主。
¶諸系，人名，日人，藩主2（[生]慶長10（1605）年　[没]慶長16（1611）年10月6日，（異説）8月23日）

**金森宗和**　かなもりむねかず
→金森宗和（かなもりそうわ）

**金森可重**　かなもりよししげ
永禄1（1558）年～元和1（1615）年　[別]金森可重《かなもりありしげ》
安土桃山時代～江戸時代前期の大名。飛騨高山藩主。
¶角史，岐阜百（かなもりありしげ），近世，国史，コン改，コン4，茶道（かなもりありしげ），史人（[没]1615年閏6月3日），諸系，新潮（[没]元和1（1615）年閏6月3日），世人，戦合，戦国，戦人，日人，藩主2（かなもりありしげ　[没]元和1（1615）年閏6月3日），歴大

**金谷因幡守**　かなやいなばのかみ
生没年不詳
戦国時代の上野国衆由良氏重臣。
¶戦辞

**金谷筑後守**　かなやちくごのかみ
生没年不詳
戦国時代の上野国衆由良氏重臣。
¶戦辞

**金谷経氏**　かなやつねうじ
？　～正平6/観応2（1351）年
南北朝時代の武将。
¶鎌室，新潮，人名，日人，兵庫百（生没年不詳）

**金山図書助**　かなやまずしょのすけ
生没年不詳
戦国時代の武士。後北条氏家臣。
¶戦辞，戦人，戦東

**可児才蔵**　かにさいぞう
天文23（1554）年～慶長18（1613）年
安土桃山時代～江戸時代前期の武士。
¶国書（[没]慶長18（1613）年6月24日），人名，戦国（[生]？），戦人（[生]？），戦西（[生]？），日人，藩臣6，広島百（[没]慶長18（1613）年11月21日）

**掃部角麻呂**　かにもりのつぬまろ
飛鳥時代の武将。
¶人名，日人（生没年不詳）

**神庭三河入道**　かにわみかわにゅうどう
生没年不詳
戦国時代の上野国衆白井長尾氏重臣。
¶戦辞

**鹿沼右衛門**　かぬまうえもん
？　～天正4（1576）年
戦国時代～安土桃山時代の武将。
¶戦人

**鹿沼教阿**　かぬまきょうあ
鎌倉時代後期の武将、鹿沼城主。
¶栃木歴

**金上明直**　かねあげあきなお
？　～天正18（1590）年
安土桃山時代の地方豪族・土豪。
¶戦人

**金子家清**　かねこいえきよ
生没年不詳
安土桃山時代の武士。真田氏家臣。
¶戦人

**金子家重**　かねこいえしげ
～元弘3/正慶2（1333）年
鎌倉時代後期の武士。
¶埼玉百

**金子家高**　かねこいえたか
？　～建保1（1213）年
鎌倉時代前期の武蔵武士。
¶埼玉人（[没]建保1（1213）年5月），埼玉百

**金子家忠**　かねこいえただ
保延4（1138）年～＊　[別]平家忠《たいらのいえただ》
鎌倉時代前期の武士。
¶鎌室（生没年不詳），埼玉人（[没]建保4（1216）年），埼玉百（[没]1216年），人名，日人（[没]1213年？），平史（平家忠　たいらのいえただ　[没]1213年？）

**金子家政**　かねこいえまさ
鎌倉時代の武士。
¶埼玉百

**金子越前守**　かねこえちぜんのかみ
安土桃山時代の武将。後北条氏家臣。
¶戦東

**金子掃部助**　かねこかもんのすけ
生没年不詳
戦国時代の長尾景春の与党。
¶姓氏神奈川，戦辞

**金子左京亮**　かねこさきょうのすけ
生没年不詳
戦国時代の北条氏照の家臣。
¶戦辞

**金子新五郎**　かねこしんごろう
生没年不詳
戦国時代の北条氏の家臣。
¶戦辞

**金子助右衛門** かねこすけえもん
戦国時代の武将。武田家臣。永禄10年の諏訪五十騎交名にみえる。
¶姓氏山梨

**金子親範**（金子近則，金子近範） かねこちかのり
？ ～承久2（1220）年　[別]平親範《たいらのちかのり》
平安時代後期～鎌倉時代前期の御家人。武蔵武士。
¶鎌室（金子近則　生没年不詳），埼玉人（生没年不詳），人名（金子近範），平史（平親範　たいらのちかのり）

**金子時家** かねこときいえ
鎌倉時代の武士。
¶埼玉百

**金子中務丞** かねこなかつかさのじょう
安土桃山時代の武将。後北条氏家臣。
¶埼玉人（生没年不詳），戦東

**金子兵部** かねこひょうぶ
生没年不詳
戦国時代の小園村領主、下総国小金城城主。
¶姓氏神奈川

**金子美濃守** かねこみののかみ
生没年不詳
戦国時代の上野国衆沼田氏の家臣。
¶戦辞

**金子美濃守泰清** かねこみののかみやすきよ
→金子泰清（かねこやすきよ）

**金子元宅** かねこもといえ
？ ～天正13（1585）年
戦国時代～安土桃山時代の戦国武将。
¶愛媛百，郷土愛媛，高知人

**金子泰清** かねこやすきよ
生没年不詳　[別]金子美濃守泰清《かねこみののかみやすきよ》
戦国時代の沼田城城代。
¶群馬人（金子美濃守泰清　かねこみののかみやすきよ），姓氏群馬

**金子頼広** かねこよりひろ
鎌倉時代の武士。
¶埼玉百

**金沢顕時** かねさわあきとき，かねざわあきとき
→北条顕時（ほうじょうあきとき）

**金沢貞顕** かねさわさだあき，かねざわさだあき
弘安1（1278）年～元弘3/正慶2（1333）年　[別]金沢貞顕《かなざわさだあき》，北条貞顕《ほうじょうさだあき》
鎌倉時代後期の鎌倉幕府第15代の執権（在職1326）。顕時の子。金沢文庫の充実に貢献。
¶朝日（[没]正慶2/元弘3年5月22日（1333年7月4日）），岩史（[没]正慶2（1333）年5月22日），角史，神奈川人，鎌倉（かねざわさだあき），鎌室（北条貞顕　ほうじょうさだあき），京都（かねざわさだあき），京都大（かねざわさだあき），国史（かねざわさだあき），国書（かねざわさだあき　[没]元弘3（1333）年5月22日），古中（かねざわさだあき），コン改（かねざわさだあき），コン4（かねざわさだあき），茶道（かねざわさだあき　[生]1255年），史人（かねざわさだあき　[没]1333年5月22日），諸系（かねざわさだあき），新潮（かねざわさだあき　[没]正慶2/元弘3（1333）年5月22日），人名（かなざわさだあき　[生]？），姓氏京都（かなざわさだあき），世人（北条貞顕　ほうじょうさだあき　[没]元弘3/正慶2（1333）年5月22日），世百，全書，日史（[没]元弘3（1333）年5月22日），日人（かねざわさだあき），百科，北条（北条貞顕　ほうじょうさだあき），歴大

**金沢貞冬** かねさわさだふゆ，かねざわさだふゆ
生没年不詳
鎌倉時代後期の武将、評定衆・官途奉行。
¶朝日，諸系（かねざわさだふゆ），日人（かねざわさだふゆ）

**金沢貞将** かねざわさだまさ，かねさわさだまさ
？ ～元弘3/正慶2（1333）年　[別]金沢貞将《かなざわさだまさ，かねさわさだゆき，かねざわさだゆき》，北条貞将《ほうじょうさだまさ，ほうじょうさだゆき》，大仏貞将《おさらぎさだまさ》
鎌倉時代後期の武将、六波羅探題。
¶朝日（かねさわさだゆき　[没]正慶2/元弘3年5月22日（1333年7月4日）），神奈川人（かねさわさだまさ），鎌倉，鎌室（北条貞将　ほうじょうさだまさ），コン改，コン4，諸系（かねざわさだゆき），新潮（[没]正慶2/元弘3（1333）年5月22日），人名（かなざわさだまさ），新潟百（かなざわさだまさ），日人（かねざわさだゆき），北条（北条貞将　ほうじょうさだゆき　[生]乾元1（1302）年）

**金沢貞将** かねさわさだゆき，かねざわさだゆき
→金沢貞将（かねざわさだまさ）

**金沢実時** かねさわさねとき，かねざわさねとき
→北条実時（ほうじょうさねとき）

**金沢実政** かねさわさねまさ，かねざわさねまさ
→北条実政（ほうじょうさねまさ）

**金沢実泰** かねざわさねやす
→北条実泰（ほうじょうさねやす）

**金沢時直** かねさわときなお，かねざわときなお
→北条時直(2)（ほうじょうときなお）

**金沢政顕** かねざわまさあき
→北条政顕（ほうじょうまさあき）

**金沢宗朝** かねざわむねとも
戦国時代の武士。伊達氏家臣。
¶戦人（生没年不詳），戦東

**兼重元続** かねしげもとつぐ
安土桃山時代の武士。
¶戦人（生没年不詳），戦西

**金田小太夫頼次** かねだこだゆうよりつぐ
→金田頼次（かねだよりつぐ）

か

**金田則綱** かねだのりつな
生没年不詳
室町時代の武将。
¶埼玉人

**金田正辰** かねだまさとき
慶長2(1597)年～寛文3(1663)年
江戸時代前期の武将、上野館林藩城代家老。
¶藩臣2

**金田頼次** かねだよりつぐ
? ～寿永2(1183)年12月 [別]金田小太夫頼次《かねだこだゆうよりつぐ》,平頼次《たいらのよりつぐ》
平安時代後期～鎌倉時代前期の房総の武将。
¶千葉百(金田小太夫頼次　かねだこだゆうよりつぐ),平史(平頼次　たいらのよりつぐ　生没年不詳)

**懐良親王** かねながしんのう
? ～弘和3/永徳3(1383)年 [別]懐良親王《かねよししんのう》,九州宮《きゅうしゅうのみや》,征西将軍宮《せいせいしょうぐんのみや》,鎮西宮《ちんぜいのみや》
南北朝時代の後醍醐天皇の皇子、征西将軍宮。
¶朝日(かねよししんのう [没]永徳3/弘和3年3月27日(1383年4月30日)),岩史(かねよししんのう [没]永徳3/弘和3(1383)年3月27日),鹿児島百([生]元徳1(1329)年),角史(かねよししんのう [生]元徳1(1329)年),鎌室,熊本百([生]元徳1(1329)年ごろ),国史(かねよししんのう),国書([没]弘和3(1383)年3月27日),古中(かねよししんのう),コン改([生]元徳1(1329)年),コン4(かねよししんのう [生]元徳1(1329)年),史人(かねよししんのう [生]1330年? [没]1383年3月27日),重要(かねよししんのう [没]弘和3/永徳3(1383)年3月27日),諸系(かねよししんのう),人書94([生]1329年),新潮([没]永徳3/弘和3(1383)年3月27日),人名,世人([生]元徳1(1329)年 [没]弘和3(1383)年3月27日),世百,全書(かねよししんのう),大百([生]1329年),日史(かねよししんのう [没]永徳3/弘和3(1383)年3月27日),日人(かねよししんのう),百科(かねよししんのう),福岡百([生]元徳1(1329)年),歴大(かねよししんのう)

**兼平中書** かねひらちゅうしょ
→兼平綱則(かねひらつなのり)

**兼平綱則** かねひらつなのり
? ～寛永2(1625)年 [別]兼平中書《かねひらちゅうしょ》
安土桃山時代～江戸時代前期の武将、陸奥弘前藩家老。
¶人名,日人,藩臣1(兼平中書　かねひらちゅうしょ)

**印牧広次** かねまきひろつぐ
戦国時代の武士。
¶戦人(生没年不詳),戦西

**印牧美次** かねまきよしつぐ
戦国時代の武士。
¶戦人(生没年不詳),戦西

**印牧能信** かねまきよしのぶ
? ～天正1(1573)年
戦国時代の武士。
¶戦人,戦西

**印牧吉広** かねまきよしひろ
戦国時代の武将。朝倉氏家臣。
¶戦西

**印牧美満** かねまきよしみつ
戦国時代の武士。
¶戦人(生没年不詳),戦西

**金松牛之介** かねまつうしのすけ
生没年不詳
安土桃山時代の織田信長の家臣。
¶織田

**金松久左衛門** かねまつきゅうざえもん
? ～永禄12(1569)年9月8日
戦国時代～安土桃山時代の織田信長の家臣。
¶織田

**兼松正成** かねまつまさなり
安土桃山時代の武将。織田信雄の臣。
¶戦国

**兼松正吉** かねまつまさよし
天文11(1542)年～寛永4(1627)年
安土桃山時代～江戸時代前期の武士。徳川氏家臣。
¶織田([没]寛永4(1627)年9月5日),人名([生]? [没]1616年),姓氏愛知,戦国,戦人,日人

**金丸右馬助** かねまるうまのすけ
生没年不詳
戦国時代の国衆。
¶戦人

**懐良親王** かねよししんのう
→懐良親王(かねながしんのう)

**狩野和泉** かのいずみ
戦国時代の武将。大崎氏家臣。
¶戦東

**狩野一菴** かのいちあん
→狩野一庵(かのういちあん)

**狩野一庵** かのういちあん
? ～天正18(1590)年 [別]狩野一菴《かのいちあん》,狩野宗円《かのうそうえん》
安土桃山時代の武士。後北条氏家臣。
¶人名(狩野一菴　かのいちあん),戦辞(狩野宗円　かのうそうえん [没]天正18年6月23日(1590年7月24日)),戦人,戦東,日人

**加納五郎左衛門** かのうごろうざえもん
→加納直恒(かのうなおつね)

**狩野左衛門尉** かのうさえもんのじょう
生没年不詳
戦国時代の北条氏の家臣。
¶戦辞

**狩野左近** かのうさこん
生没年不詳
戦国時代の武士。後北条氏家臣。
¶戦辞，戦人，戦東

**狩野貞長** かのうさだなが
生没年不詳
南北朝時代の武将。
¶鎌室，静岡百，静岡歴，新潮，人名，姓氏静岡，日人

**狩野三郎兵衛** かのうさぶろうびょうえ
？ 〜元亀1（1570）年 [別]狩野三郎兵衛《かのうさぶろびょうえ》
戦国時代の武士。
¶戦人，戦西（かのうさぶろびょうえ）

**狩野三郎兵衛** かのうさぶろびょうえ
→狩野三郎兵衛（かのうさぶろうびょうえ）

**狩野次郎左衛門** かのうじろうざえもん
？ 〜元亀1（1570）年
戦国時代の武士。
¶戦人，戦西

**狩野祐範** かのうすけのり
→狩野祐範（かのうゆうはん）

**狩野宗円** かのうそうえん
→狩野一庵（かのういちあん）

**狩野大学助** かのうだいがくのすけ
生没年不詳
戦国時代の北条氏邦の臣。
¶戦辞

**狩野為定** かのうためさだ
生没年不詳
鎌倉時代前期の武将。
¶鎌室，日人

**狩野為茂** かのうためもち
生没年不詳
戦国時代の伊豆の国人。山内上杉氏の被官。
¶戦辞

**狩野親光** かのうちかみつ
→工藤親光（くどうちかみつ）

**狩野道一** かのうどういつ
生没年不詳
戦国時代の伊豆の国人。山内上杉氏の被官。
¶戦辞

**狩野藤八** かのうとうはち
生没年不詳
戦国時代の武士。後北条氏家臣。
¶戦辞，戦人，戦東

**加納直恒** かのうなおつね
慶長5（1600）年〜貞享1（1684）年 [別]加納五郎左衛門《かのうごろうざえもん》
江戸時代前期の武将、紀伊和歌山藩家老。
¶人名（[生]1601年），日人，藩臣5（加納五郎左衛門 かのうごろうざえもん），和歌山人

**狩野介** かのうのすけ
？ 〜永禄12（1570）年12月6日
戦国時代〜安土桃山時代の北条氏の家臣。
¶戦辞

**狩野宣久** かのうのぶひさ
戦国時代の武将。
¶姓氏富山

**加納久直** かのうひさなお
？ 〜元和2（1616）年
安土桃山時代〜江戸時代前期の駿河国益津郡坂本村の領主。
¶姓氏静岡

**狩野秀治** かのうひではる
生没年不詳
戦国時代の武士。はじめ出雲尼子氏の家臣。
¶戦辞

**加納兵右衛門** かのうへいえもん
天正18（1590）年〜寛永11（1634）年
江戸時代前期の武士。紀州藩士。
¶和歌山人

**狩野又九郎** かのうまたくろう
？ 〜天正10（1582）年6月2日
戦国時代〜安土桃山時代の織田信長の家臣。
¶織田

**狩野又四郎** かのうまたしろう
戦国時代の武将。後北条氏家臣。
¶戦辞（生没年不詳），戦東

**神生通朝** かのうみちとも
？ 〜天正16（1588）年
安土桃山時代の武将。
¶戦人

**狩野宗茂** かのうむねしげ
→狩野宗茂（かのむねしげ）

**狩野茂光** かのうもちみつ
→工藤茂光（くどうしげみつ）

**狩野泰光** かのうやすみつ
生没年不詳
戦国時代の武士。後北条氏家臣。
¶神奈川人，戦辞，戦人，戦東

**狩野弥太郎** かのうやたろう
戦国時代の武将。後北条氏家臣。
¶戦辞（生没年不詳），戦東

**狩野祐範** かのうゆうはん
？ 〜元和3（1617）年 [別]狩野祐範《かのうすけのり》
戦国時代の長井坂城主。
¶群馬人，姓氏群馬（かのうすけのり）

**鹿江兼明** かのえかねあき
[別]鹿江遠江守兼明《かのえとおとうみのかみかねあき》
戦国時代の武士。
¶戦人（生没年不詳），戦西（鹿江遠江守兼明 かのえとおとうみのかみかねあき）

か

か

**鹿江遠江守兼明** かのえとおとうみのかみかねあき
→鹿江兼明(かのえかねあき)

**鹿子木寂心** かのこぎじゃくしん
? ～天文18(1549)年 [別]鹿子木親員《かなこぎちかかず》, 鹿子木寂心《かなこぎじゃくしん》
戦国時代の肥後の国人領主。
¶朝日([没]天文18年3月3日(1549年3月31日)), 熊本百, 戦人(鹿子木親員 かなこぎちかかず), 日人

**狩野茂光** かのしげみつ
→工藤茂光(くどうしげみつ)

**狩野修理** かのしゅり
戦国時代の武将。大崎氏家臣。
¶戦東

**狩野為時** かのためとき
生没年不詳
鎌倉時代の御家人。
¶姓氏宮城

**狩野親光** かのちかみつ
→工藤親光(くどうちかみつ)

**鹿股壱岐** かのまたいき
戦国時代の武将。伊達氏家臣。
¶戦東

**鹿股助国** かのまたすけくに
生没年不詳
戦国時代の武士。伊達氏家臣。
¶戦人

**鹿股助三郎** かのまたすけさぶろう
戦国時代の武士。伊達氏家臣。
¶戦人(生没年不詳), 戦東

**狩野宗茂** かのむねしげ
生没年不詳 [別]狩野宗茂《かのうむねしげ》, 藤原宗茂《ふじわらのむねもち》
平安時代後期～鎌倉時代前期の武士。
¶人名, 日人(かのうむねしげ), 平史(藤原宗茂 ふじわらのむねもち)

**鹿屋兼豊** かのやかねとよ
戦国時代の武士。鹿屋氏10代。
¶姓氏鹿児島

**鹿屋忠兼** かのやただかね
室町時代の武士。鹿屋氏4代。
¶姓氏鹿児島

**鹿屋宗兼** かのやむねかね
鎌倉時代後期の武士。
¶姓氏鹿児島

**蒲池吉広** かばちよしひろ
天正18(1590)年～明暦3(1657)年
江戸時代前期の武将。のち黒田氏家臣。
¶戦国

**樺山資久** かばやますけひさ
南北朝時代の武将。
¶姓氏鹿児島

**樺山忠助** かばやまただすけ
天文9(1540)年～慶長14(1609)年5月13日
戦国時代～江戸時代前期の武将。
¶国書

**樺山長久** かばやまながひさ
生没年不詳
戦国時代の地方豪族・土豪。
¶戦人

**樺山信久** かばやまのぶひさ
生没年不詳
戦国時代の地方豪族・土豪。
¶戦人

**樺山規久** かばやまのりひさ
生没年不詳
安土桃山時代の武士。島津氏家臣。
¶戦人

**樺山久高** かばやまひさたか
永禄3(1560)年～寛永11(1634)年
安土桃山時代～江戸時代前期の武将。
¶沖縄百([没]寛永11(1634)年3月4日), 鹿児島百, 姓氏沖縄, 姓氏鹿児島, 戦人([生]?), 戦西([生]?)

**樺山善久** かばやまよしひさ
永正9(1512)年～*
戦国時代～安土桃山時代の武将。島津氏家臣。
¶鹿児島百([没]文禄4(1595)年), 国書([生]永正10(1513)年 [没]慶長1(1596)年11月24日), 姓氏鹿児島([没]1595年), 戦西([没]1609年)

**鹿伏兎宮内少輔** かぶとくないのしょう
安土桃山時代の織田信長の家臣。
¶織田

**鹿伏兎左京亮** かぶとさきょうのすけ
生没年不詳
安土桃山時代の織田信長の家臣。
¶織田

**鹿伏兎六郎四郎** かぶとろくろしろう
? ～天正2(1574)年9月29日
戦国時代～安土桃山時代の織田信長の家臣。
¶織田

**鏑木常専** かぶらきじょうせん
戦国時代の加賀一向一揆の首領。
¶姓氏石川

**鏑木駿河守** かぶらきするがのかみ
生没年不詳
戦国時代の鏑木城主。
¶戦辞

**鏑木胤定** かぶらきたねさだ
? ～文永10(1273)年
鎌倉時代の房総の武士。
¶千葉百

**鏑木徳善** かぶらきとくぜん
? ～永正1(1504)年
室町時代～戦国時代の武将。一向一揆と戦う。

¶姓氏石川

**鏑木兵部少輔** かぶらぎひょうぶのしょう
生没年不詳
戦国時代の山内上杉氏の家臣。
¶戦辞

**鏑木頼信** かぶらぎよりのぶ, かぶらきよりのぶ
戦国時代の松任城主。
¶石川百（生没年不詳），姓氏石川（かぶらきよりのぶ）

**壁田吉澄** かべたよしずみ
？ ～天正1（1573）年
戦国時代の武将。朝倉氏家臣。
¶戦西

**鎌倉景成** かまくらかげしげ
生没年不詳
平安時代中期の武士。
¶神奈川人

**鎌倉景政**（鎌倉景正） かまくらかげまさ
生没年不詳 [別]平景政《たいらのかげまさ》, 平景正《たいらのかげまさ》
平安時代後期の武士。大庭氏・梶原氏の祖。
¶朝日，江戸東（鎌倉景正），神奈川人，神奈川百，鎌倉，郷土神奈川，国史，古中，コン改，コン4，史人，新潮，人名，姓氏神奈川（平景政 たいらのかげまさ），世人，日史，日人，百科，平史（平景正 たいらのかげまさ [生]1072年），歴大

**鎌田織部** かまたおりべ
戦国時代の武将。武田家臣。信虎の代からの家臣。
¶姓氏山梨

**鎌田清只** かまたきよただ
応永1（1394）年～応永34（1427）年
室町時代の島津氏8代久豊の家臣。
¶姓氏鹿児島

**鎌田五左衛門** かまたござえもん, かまだござえもん
？ ～慶長2（1597）年？
安土桃山時代の武士。織田氏家臣。
¶織田（生没年不詳），戦人，戦補（かまだござえもん）

**烟田五郎** かまだごろう
？ ～＊
安土桃山時代の国人。
¶戦国（[没]1590年），戦人（[没]天正19（1591）年）

**烟田左近将監胤幹** かまたさこんしょうげんたねもと
生没年不詳
室町時代の常陸国の武士。
¶千葉百

**蒲田助五郎** かまたすけごろう
戦国時代の武士。後北条氏家臣。
¶戦人（生没年不詳），戦東

**烟田忠幹** かまたただもと
？ ～天正8（1580）年3月2日
戦国時代～安土桃山時代の常陸国鹿島郡の国衆。鹿島氏家臣。
¶戦辞

**鎌田俊長** かまたとしなが
平安時代後期～鎌倉時代前期の武将、吏僚。
¶静岡歴（生没年不詳），姓氏静岡

**鎌田長門守** かまたながとのかみ
？ ～天文14（1545）年
戦国時代の武田家臣。『武田過去帳』に甲斐国府中の居住で、天文14年死去とみえる。
¶姓氏山梨

**鎌田正清** かまたのまさきよ
→鎌田正清(1)（かまたまさきよ）

**鎌田政家** かまたまさいえ
→鎌田正清(1)（かまたまさきよ）

**鎌田正清**(1) かまたまさきよ
保安4（1123）年～永暦1（1160）年 [別]鎌田政家《かまたまさいえ》, 鎌田正清《かまたのまさきよ》, 藤原正清《ふじわらのまさきよ》
平安時代後期の武士。源義朝の家人で乳母子。
¶朝日（[没]永暦1年1月3日（1160年2月11日）），神奈川人，鎌室，国史，古中，コン改（鎌田政家 かまたまさいえ），コン4（鎌田政家 かまたまさいえ），史人（[没]1160年1月3日），新潮（鎌田政家 かまたまさいえ [生]保安4（1123）年？ [没]永暦1（1160）年1月3日），人名（鎌田政家 かまたまさいえ），姓氏神奈川（かまたのまさきよ），日人，平史（藤原正清 ふじわらのまさきよ）

**鎌田正清**(2) かまだまさきよ
南北朝時代の武士。長慶天皇の従者とされる伝説上の人物。
¶姓氏岩手

**鎌田政近** かまたまさちか, かまだまさちか
天文14（1545）年～慶長10（1605）年
安土桃山時代の武士。
¶鹿児島百，人名（かまだまさちか），姓氏鹿児島，戦人（[生]？），戦西（[生]？），日人

**鎌田政年** かまたまさとし
？ ～天正11（1583）年
安土桃山時代の武士。
¶姓氏鹿児島，戦人，戦西

**鎌田政成** かまたまさなり
戦国時代の武士。
¶姓氏鹿児島

**鎌田政広** かまたまさひろ
安土桃山時代の武士。
¶鹿児島百（生没年不詳），姓氏鹿児島，戦人（生没年不詳），戦西

**鎌田政心** かまたまさむね
戦国時代～安土桃山時代の武士。
¶姓氏鹿児島，戦人（生没年不詳），戦西

**烟田通幹** かまだみちもと, かまたみちもと
？ ～天正19（1591）年
安土桃山時代の国人。
¶戦国（[没]1590年），戦辞（かまたみちもと [没]天

正19年2月9日(1591年4月2日)), 戦人

**鎌田光久** かまたみつひさ
? ～永禄5(1562)年
戦国時代の武将。
¶戦人

**鎌田光政** かまたみつまさ
? ～文治1(1185)年
平安時代後期の武士。
¶鎌室, 新潮(㊥文治1(1185)年2月19日), 人名, 日人

**鎌田光康** かまたみつやす
? ～天正7(1579)年
戦国時代～安土桃山時代の武士。
¶戦人

**鎌田光義** かまたみつよし
? ～天正10(1582)年
安土桃山時代の武士。
¶戦人

**鎌田盛政** かまたもりまさ
? ～元暦1(1184)年
平安時代後期の武士。
¶鎌室, 新潮(㊥元暦1(1184)年2月), 人名, 日人

**蒲池鑑広** かまちあきひろ
戦国時代の武士。
¶戦人(生没年不詳), 戦西

**蒲池式部大輔鎮並** かまちしきぶのたゆうしげなみ
→蒲池鎮並(かまちしげなみ)

**蒲池鎮並**(蒲池鎮漣) かまちしげなみ
㊜蒲池式部大輔鎮並《かまちしきぶのたゆうしげなみ》
戦国時代の武士。
¶人名(蒲池鎮漣), 戦人(生没年不詳), 戦西(蒲池式部大輔鎮並　かまちしきぶのたゆうしげなみ), 日人(生没年不詳)

**上泉伊勢守** かみいずみいせのかみ
→上泉伊勢守(こういずみいせのかみ)

**上泉伊勢守秀綱** かみいずみいせのかみひでつな
→上泉伊勢守(こういずみいせのかみ)

**上泉信綱** かみいずみのぶつな
→上泉伊勢守(こういずみいせのかみ)

**上泉秀胤** かみいずみひでたね
㊜上泉秀胤《こういずみひでたね》
室町時代の兵学者、上泉流兵学の祖。
¶人名, 日人(こういずみひでたね　生没年不詳)

**上泉秀綱** かみいずみひでつな
→上泉伊勢守(こういずみいせのかみ)

**神尾越中守** かみおえっちゅうのかみ
生没年不詳　㊜神尾越中守《かんなえっちゅうのかみ》
戦国時代の武士。後北条氏家臣。
¶戦辞(かんなえっちゅうのかみ), 戦人, 戦東

**神尾新左衛門** かみおしんざえもん
戦国時代の武将。後北条氏家臣。
¶戦東

**神尾善四郎** かみおぜんしろう
生没年不詳　㊜神尾善四郎《かんなぜんしろう》
戦国時代の武士。後北条氏家臣。
¶戦辞(かんなぜんしろう), 戦人, 戦東

**神尾房友** かみおふさとも
戦国時代の武将。武田家臣。信濃国小県郡の海野衆。
¶姓氏山梨

**神尾正保** かみおまさやす
安土桃山時代の武将。豊臣秀吉の臣。
¶戦国

**神尾光広** かみおみつひろ
安土桃山時代の武将。豊臣秀吉の臣。
¶戦国

**神尾元勝** かみおもとかつ
天正17(1589)年～寛文7(1667)年　㊜神尾元勝《かんおもとかつ》, 神尾備前守元勝《かんおびぜんのかみもとかつ》
安土桃山時代～江戸時代前期の徳川氏家臣、旗本。長崎奉行、町奉行。
¶近世(かんおもとかつ), 国史(かんおもとかつ), 茶道(㊤1591年), 史人(かんおもとかつ　㊥1667年4月25日), 人名(㊤1591年), 戦人, 長崎歴(神尾備前守元勝　かんおびぜんのかみもとかつ), 日史(かんおもとかつ　㊥寛文7(1667)年4月25日), 日人(㊤1591年)

**神尾元直** かみおもとなお
戦国時代の武将。今川氏家臣。
¶戦東

**神尾之直** かみおゆきなお
? ～寛永20(1643)年
安土桃山時代～江戸時代前期の武将、加賀藩士。
¶藩臣3

**上郡山仲為** かみこおりやまなかため
安土桃山時代の武将。豊臣秀吉の臣？。
¶戦国

**上境左馬之助** かみさかいさまのすけ
天正3(1575)年～
安土桃山時代～江戸時代前期の武士。
¶庄内

**上坂吉次** かみさかよしつぐ
? ～慶安3(1650)年
江戸時代前期の武士。浅野家臣。
¶和歌山人

**上条定憲** かみじょうさだのり
→上条定憲(じょうじょうさだのり)

**上条高業** かみじょうたかなり
戦国時代の武将。武田家臣。永禄起請文にみえる。
¶姓氏山梨

**上条義春**　かみじょうよしはる
→上条義春（じょうじょうよしはる）

**上津浦鎮貞**　かみつうらしげさだ
生没年不詳　[別]上津浦鎮貞《こうつうらしげさだ》
安土桃山時代の武将。
¶戦国，戦人，戦人（こうつうらしげさだ）

**上毛野小熊**　かみつけぬのおくま，かみつけぬのおぐま
→上毛野小熊（かみつけののおぐま）

**上毛野形名**　かみつけぬのかたな
生没年不詳　[別]上毛野君形名《かみつけぬのきみかたな，かみつけののきみかたな》，上毛野形名《かみつけののかたな》
上代の蝦夷征伐の将軍。
¶群馬人（上毛野君形名　かみつけぬのきみかたな），国史（かみつけののかたな），古代（上毛野君形名　かみつけののきみかたな），古中（かみつけののかたな），コン改，コン4，史人（かみつけののかたな），重要，新潮（かみつけののかたな），人名，世人，日人（かみつけののかたな）

**上毛野竹葉瀬**　かみつけぬのたかはせ
→上毛野竹葉瀬（かみつけののたかはせ）

**上毛野稚子**　かみつけぬのわくこ
→上毛野稚子（かみつけののわかこ）

**上毛野小熊**　かみつけののおぐま，かみつけののおくま
生没年不詳　[別]上毛野君小熊《かみつけぬのきみおくま，かみつけぬのきみおぐま，かみつけののきみおぐま》，上毛野小熊《かみつけのおぐま，かみつけののおくま》
上代の豪族。
¶群馬人（上毛野君小熊　かみつけぬのきみおぐま），古代（上毛野君小熊　かみつけののきみおぐま），埼玉人（かみつけのおぐま），姓氏群馬（上毛野君小熊　かみつけぬのきみおくま），日人（かみつけののおくま）

**上毛野形名**　かみつけののかたな
→上毛野形名（かみつけぬのかたな）

**上毛野竹葉瀬**　かみつけののたかはせ
[別]上毛野竹葉瀬《かみつけぬのたかはせ》
上代の武将。仁徳天皇により新羅に派遣された。
¶朝日（かみつけぬのたかはせ　生没年不詳），国史，古中，史人（生没年不詳），新潮（生没年不詳），日人

**上毛野田道**　かみつけののたみち
[別]田道《たじ，たみち》
上代の武将。新羅・蝦夷征伐に活躍。
¶国史，古代（田道　たみち），古中，史人，新潮（生没年不詳），人名（田道　たみち），日人（田道　たじ）

**上毛野稚子**　かみつけののわかこ
[別]上毛野君稚子《かみつけぬのきみわくこ，かみつけののきみわかこ》
飛鳥時代の将軍。
¶群馬人（上毛野君稚子　かみつけぬのきみわくこ），古代（上毛野君稚子　かみつけののきみわかこ），日人（生没年不詳）

**上三川安芸守**　かみのかわあきのかみ
生没年不詳
戦国時代の宇都宮氏の重臣。
¶戦辞

**上原随翁軒**　かみのはらずいおうけん
戦国時代の武士。武田氏家臣。
¶戦人（生没年不詳），戦東

**上野山義直**　かみのやまよしなお
安土桃山時代～江戸時代前期の武士。最上氏家臣。
¶戦人（生没年不詳），戦東

**上林休徳**　かみばやしきゅうとく
→上林久茂（かんばやしひさもち）

**上林久茂**　かみばやしひさもち
→上林久茂（かんばやしひさもち）

**上林政重**　かみばやしまさしげ
→上林政重（かんばやしまさしげ）

**上部貞永**　かみべさだなが
→上部貞永（うわべさだなが）

**上別府常陸守**　かみべっぷひたちのかみ
生没年不詳
戦国時代～安土桃山時代の国衆。
¶戦人

**上村作左衛門**　かみむらさくざえもん
？～天正12（1584）年
戦国時代～安土桃山時代の木曽義昌の従士。
¶姓氏長野

**神谷源五郎富次**　かみやげんごろうとみつぐ
→神谷兵庫（かみやひょうご）

**神谷十左衛門**　かみやじゅうざえもん
安土桃山時代の武士。
¶戦国，戦人（生没年不詳）

**神谷高正**　かみやたかまさ
？～元中9/明徳3（1392）年
南北朝時代の勤王家、三河碧海郡阿弥陀堂城主。
¶人名

**神谷長直**　かみやながなお
天文5（1536）年～文禄2（1593）年
安土桃山時代の武士。
¶人名，日人

**神谷兵庫**　かみやひょうご
文禄2（1593）年～万治3（1660）年　[別]神谷源五郎富次《かみやげんごろうとみつぐ》，神谷兵庫富次《かみやひょうごとみつぐ》
江戸時代前期の武将、出雲松江藩家老。
¶島根百（神谷源五郎富次　かみやげんごろうとみつぐ），島根歴（神谷兵庫富次　かみやひょうごとみつぐ），藩臣3（[没]？），藩臣5

**神谷兵庫富次**　かみやひょうごとみつぐ
→神谷兵庫（かみやひょうご）

**上山十兵衛**　かみやまじゅうべえ
生没年不詳

戦国時代の武将。
¶高知人

**上山高元** かみやまたかもと
？　～正平3/貞和4（1348）年
鎌倉時代後期～南北朝時代の武士。
¶鎌室，人名，日人

**神山内記** かみやまないき
戦国時代の武将。斎藤氏家臣。
¶戦西

**神谷三河守** かみやみかわのかみ
生没年不詳
戦国時代の真壁城主。
¶姓氏群馬

**亀井茲矩**（亀井玆矩） かめいこれのり
弘治3（1557）年～慶長17（1612）年　[別]亀井真矩《かめいさねのり》
安土桃山時代～江戸時代前期の武将、大名。因幡鹿野藩主。
¶朝日，岩史（[没]慶長17（1612）年1月26日），沖縄百（亀井玆矩　[没]慶長17（1612）年1月26日），織田（亀井真矩　かめいさねのり　[没]慶長17（1612）年1月26日），角史，近世，国史，コン改，コン4，史人（[没]1612年1月26日），島根人，島根百（亀井玆矩），島根歴，諸系，新潮（[没]慶長17（1612）年1月26日），人名，姓氏沖縄，世人（[没]慶長17（1612）年1月26日），戦合，戦国，全書，戦人，戦西，大百，鳥取百，日史（[没]慶長17（1612）年1月26日），日人，藩主4（[没]慶長17（1612）年1月26日），百科，歴大

**亀井真矩** かめいさねのり
→亀井茲矩（かめいこれのり）

**亀井重清** かめいしげきよ
鎌倉時代前期の武士、源義経の臣。
¶人名

**亀井秀綱** かめいひでつな
？　～永禄9（1566）年
戦国時代の武士。尼子経久の重臣。
¶島根歴（生没年不詳），戦人，戦西

**亀井政矩** かめいまさのり
天正18（1590）年～元和5（1619）年
江戸時代前期の武将、大名。因幡鹿野藩主、石見津和野藩主。
¶近世，国史，コン改，コン4，史人（[没]1619年8月15日），島根人，島根百，諸系，新潮（[生]天正18（1590）年11月29日　[没]元和5（1619）年8月15日），人名，戦合，戦人，日人，藩主4（[生]天正18（1590）年11月29日　[没]元和5（1619）年8月15日）

**亀井安綱** かめいやすつな
戦国時代の武士。
¶戦人（生没年不詳），戦西

**亀ヶ森玄蕃** かめがもりげんば
生没年不詳
安土桃山時代の稗貫郡亀ヶ森城城主。
¶姓氏岩手

**亀ヶ森光広** かめがもりみつひろ
生没年不詳
戦国時代の武将。
¶戦人

**亀田小三郎** かめだこさぶろう
戦国時代の土豪。加賀一向一揆の国衆。
¶石川百（生没年不詳），姓氏石川

**亀田高綱** かめだたかつな
永禄1（1558）年～寛永10（1633）年　[別]亀田大隅《かめだおおすみ》，溝口半之丞《みぞぐちはんのじょう》
安土桃山時代～江戸時代前期の武将。浅野長政の臣。
¶朝日（[没]寛永10年8月13日（1633年9月16日）），近世，国史，国書（[没]寛永10（1633）年8月13日），コン4，新潮（[没]寛永10（1633）年8月13日），人名（[生]？），姓氏石川，戦合，戦国（[生]？），戦人（生没年不詳），日人，藩臣6，和歌山人（生没年不詳）

**亀田俊綱** かめだとしつな
安土桃山時代の武士。前田利常に仕えた。
¶姓氏石川

**亀田長乗** かめだながのり
？　～天正10（1582）年6月3日
戦国時代～安土桃山時代の武士。上杉景勝の家臣。
¶戦辞

**蒲生氏郷** がもううじさと，かもううじさと
弘治2（1556）年～文禄4（1595）年　[別]蒲生賦秀《がもうますひで》，会津少将《あいづしょうしょう》，松坂少将《まつざかしょうしょう》，松島侍従《まつがしまじじゅう》
安土桃山時代の武将、若松城主。
¶会津，朝日（[没]文禄4年2月7日（1595年3月17日）），岩史（[没]文禄4（1595）年2月7日），岩手百（[生]1555年），江戸東，織田（蒲生賦秀　がもうますひで　[没]文禄4（1595）年2月7日），角史，郷土滋賀，京都大，キリ，近世，系西，国史，国書（[没]文禄4（1595）年2月7日），古中，コン改，コン4，茶道，滋賀百（かもううじさと），史人（[没]1595年2月7日），重要（[没]文禄4（1595）年2月7日），諸系，人書94，新潮（[没]文禄4（1595）年2月7日），人名，姓氏岩手，姓氏京都，世人（[没]文禄4（1595）年2月7日），世百，戦合，戦国，戦辞（[没]文禄4年2月7日（1595年3月14日）），全書，戦人，大百，日史（[没]文禄4（1595）年2月7日），日人，百科，福島百，歴大

**蒲生賢秀** がもうかたひで
天文3（1534）年～天正12（1584）年
安土桃山時代の武将。
¶朝日（[没]天正12年4月17日（1584年5月26日）），織田（[没]天正12（1584）年4月17日），系西，国史，古中，コン改，コン4，史人（[没]1584年4月17日），諸系，新潮（[生]天文4（1535）年　[没]天正12（1584）年4月17日），人名（[生]1524年），戦合，戦国，戦人，日人

**蒲生清親**　がもうきよちか，かもうきよちか
戦国時代の武士。
¶姓氏鹿児島（かもうきよちか），戦人（生没年不詳），戦西（かもうきよちか）

**蒲生清寛**　かもうきよひろ
？　～応永24（1417）年
南北朝時代～室町時代の島津元久・久豊の家老。
¶姓氏鹿児島

**蒲生源左衛門**　がもうげんざえもん
？　～慶長19（1614）年
安土桃山時代～江戸時代前期の陸奥会津藩士。
¶藩臣2

**蒲生貞秀**　がもうさだひで
文安1（1444）年～永正11（1514）年　[別]蒲生智閑《がもうちかん》
戦国時代の武将・歌人・連歌作者。
¶系西（生没年不詳），国書（蒲生智閑　がもうちかん　[没]永正11（1514）年3月5日），国書（生没年不詳），諸系，戦人（生没年不詳），日人

**蒲生定秀**　がもうさだひで
永正5（1508）年～天正7（1579）年　[別]蒲生下野守定秀《がもうしもつけのかみさだひで》
戦国時代～安土桃山時代の武士。
¶系西（[生]？），国書5（[没]天正7（1579）年3月17日），戦人，戦西（蒲生下野守定秀　がもうしもつけのかみさだひで）

**蒲生郷成**　がもうさとなり
？　～慶長19（1614）年　[別]関小番《せきこばん》
安土桃山時代～江戸時代前期の武士。
¶茶道，戦国，戦人

**蒲生郷安**　がもうさとやす
生没年不詳
安土桃山時代の武士。
¶戦人

**蒲生真令**　がもうさねよし
？　～慶長5（1600）年
安土桃山時代の勇士。
¶人名

**蒲生重郷**　がもうしげさと
安土桃山時代の武将。
¶人名

**蒲生下野守定秀**　がもうしもつけのかみさだひで
→蒲生定秀（がもうさだひで）

**蒲生高郷**　がもうたかさと
生没年不詳
戦国時代の武士。
¶系西，戦人

**蒲生忠郷**　がもうたださと
慶長8（1603）年～寛永4（1627）年
江戸時代前期の武将、大名。陸奥会津藩主。
¶諸系，人名，日人，藩主1（[没]寛永4（1627）年1月4日）

**蒲生舜清**　かもうちかきよ
平安時代の人。蒲生院領主。
¶姓氏鹿児島

**蒲生智閑**　がもうちかん
→蒲生貞秀（がもうさだひで）

**蒲生宣清**　かもうのぶきよ
室町時代の大隅国蒲生の領主。
¶姓氏鹿児島

**蒲生範清**　かもうのりきよ
室町時代の武将。
¶姓氏鹿児島

**蒲生秀行**　がもうひでゆき
天正11（1583）年～慶長17（1612）年　[別]宇都宮侍従《うつのみやじじゅう》
安土桃山時代～江戸時代前期の大名。陸奥会津藩主、下野宇都宮藩主。
¶会津，朝日（[没]慶長17年5月14日（1612年6月13日）），近世，国史，史人（[没]1612年5月14日），諸系，人名，戦合，戦国，戦人，栃木歴，日人，藩主1（[没]慶長17（1612）年5月14日），藩主1，福島百

**蒲生賦秀**　がもうますひで
→蒲生氏郷（がもううじさと）

**蒲生頼郷**　がもうよりさと
生没年不詳
安土桃山時代の武士。
¶戦人

**鴨志田式部少輔**　かもしだしきぶしょうゆう
[別]鴨志田式部少輔《かもしだしきぶのしょう》
戦国時代～安土桃山時代の武将。佐竹氏家臣。
¶戦辞（かもしだしきぶのしょう　生没年不詳），戦東

**鴨志田式部少輔**　かもしだしきぶのしょう
→鴨志田式部少輔（かもしだしきぶしょうゆう）

**鴨島六之進**　かもじまろくのしん
？　～天正7（1579）年12月27日
戦国時代の武将。
¶徳島歴

**加茂十兵衛**　かもじゅうべえ
戦国時代の武将。武田家臣。同心。
¶姓氏山梨

**金持景藤**　かもちかげふじ
南北朝時代の武士。
¶人名，日人（生没年不詳）

**鴨打胤忠**　かもちたねただ
[別]鴨打陸奥守胤忠《かもちむつのかみたねただ》
戦国時代の武士。
¶戦人（生没年不詳），戦西（鴨打陸奥守胤忠　かもちむつのかみたねただ）

**鴨打陸奥守胤忠**　かもちむつのかみたねただ
→鴨打胤忠（かもちたねただ）

**鴨蝦夷**（賀茂蝦夷）　かものえみし
？　～持統天皇9（695）年　[別]鴨朝臣蝦夷《かもの

あそんえみし》
飛鳥時代の武人。壬申の乱では大海人皇子方につく。
¶朝日(㉜持統9(695)年4月)，古代(鴨朝臣蝦夷 かものあそんえみし)，コン改，コン4，諸系，新潮(㉜持統9(695)年4月頃)，人名(賀茂蝦夷)，日人

か

**賀茂貞行** かものさだゆき
生没年不詳
平安時代中期の但馬国朝来郡朝来郷の武士団の首領。
¶兵庫百

**賀茂宮直勝** かものみやなおかつ
→賀茂宮直勝(かもみやなおかつ)

**賀茂能久** かものよしひさ
承安1(1171)年～貞応2(1223)年 ㊕賀茂能久《かもよしひさ》
鎌倉時代前期の神官。上賀茂社神主、後鳥羽上皇の近臣。承久の乱で幕軍と戦った。
¶岡山歴(かもよしひさ)，鎌室(かもよしひさ 生没年不詳)，国史，古中，史人(㉜1223年6月10日)，神史，神人(かもよしひさ ㊌嘉応2(1170)年)，新潮(㉜貞応2(1223)年6月10日)，人名(かもよしひさ)，姓氏京都，日人

**鴨別** かものわけ
→吉備鴨別(きびのかもわけ)

**加茂某** かもぼう
安土桃山時代の武将。紀伊国海士郡八十箇村領主。名不明。
¶戦国

**賀茂宮直勝** かもみやなおかつ
生没年不詳 ㊕賀茂宮直勝《かものみやなおかつ》
戦国時代の武士。後北条氏家臣。
¶戦辞(かものみやなおかつ)，戦人

**鴨別** かもわけ
→吉備鴨別(きびのかもわけ)

**鴨別命** かもわけのみこと
→吉備鴨別(きびのかもわけ)

**加陽国親** かやくにちか
㊕加陽美濃守国親《かやみののかみくにちか》
戦国時代の武士。
¶戦人(生没年不詳)，戦西(加陽美濃守国親 かやみののかみくにちか)

**萱島元規** かやしまもとのり
安土桃山時代の武将。毛利氏家臣。
¶戦人(生没年不詳)，戦補

**萱屋惣左衛門** かやそうざえもん
安土桃山時代の武人。
¶岡山人

**萱野左大夫** かやのさだゆう
安土桃山時代の武将。秀吉馬廻。
¶戦国，戦人(生没年不詳)

**萱野弥三左衛門** かやのやさんざえもん
→萱野弥三左衛門(かやのやそうざえもん)

**萱野弥三左衛門** かやのやそうざえもん
㊕萱野弥三左衛門《かやのやさんざえもん》
安土桃山時代の武将。秀吉馬廻。
¶戦国(かやのやさんざえもん)，戦人(生没年不詳)

**栢間左衛門尉** かやまさえもんのじょう
生没年不詳
鎌倉時代の武蔵武士。
¶埼玉人

**加陽美濃守国親** かやみののかみくにちか
→加陽国親(かやくにちか)

**唐鍬崎四郎** からくわさきしろう
生没年不詳
室町時代の唐桑領主か。
¶姓氏宮城

**唐沢玄蕃** からさわげんば
生没年不詳
戦国時代～江戸時代前期の武士。
¶群馬人

**唐人親広** からとちかひろ
生没年不詳
戦国時代の武将。
¶戦辞

**苅田義季** かりたよしすえ
生没年不詳
鎌倉時代前期の武士。
¶北条

**苅部備前守** かりべびぜんのかみ
生没年不詳
戦国時代の武士。北条氏光家臣。
¶戦辞

**刈屋喜左衛門** かりやきざえもん
～文禄1(1592)年
戦国時代～江戸時代前期の武士。
¶神奈川人

**軽石治兵衛** かるいしじへえ
戦国時代の武将。葛西氏家臣。
¶戦東

**軽米兵右衛門** かるまいひょうえもん
? ～天正19(1591)年
安土桃山時代の地方豪族・土豪。
¶戦人

**軽海五左衛門** かるみござえもん
戦国時代の武将。斎藤氏家臣。
¶戦西

**河井右馬助** かわいうまのすけ
生没年不詳
戦国時代～安土桃山時代の武士。佐竹氏家臣。
¶戦辞，戦人，戦東

**河井甲斐守** かわいかいのかみ
安土桃山時代の武将。佐竹氏家臣。
¶戦東

**河井堅忠** かわいかたただ
天文6(1537)年～元和4(1618)年6月4日
戦国時代～安土桃山時代の武士。佐竹氏家臣。
¶戦辞，戦人(生没年不詳)，戦東

**川井清良** かわいきよはる
天正12(1584)年～寛永8(1631)年
安土桃山時代～江戸時代前期の武将、信濃松本藩士。
¶藩臣3

**川井九兵衛** かわいくへえ
安土桃山時代の武将。秀吉馬廻。
¶戦国，戦人(生没年不詳)

**河井次右衛門** かわいじえもん
安土桃山時代の武将。秀吉馬廻。
¶戦国，戦人(生没年不詳)

**河井摂津守** かわいせっつのかみ
安土桃山時代の武士。豊臣氏家臣。
¶戦国，戦人(生没年不詳)

**河井忠脩** かわいただなが
? ～天正17(1589)年10月26日
戦国時代～安土桃山時代の佐竹氏の側近家臣。
¶戦辞

**川井丹後守** かわいたんごのかみ
安土桃山時代の武将。秀吉馬廻。
¶戦国，戦人(生没年不詳)

**河合宣久** かわいのぶひさ
? ～明応4(1495)年
室町時代～戦国時代の加賀の一向一揆の首領。
¶姓氏石川

**川合光重** かわいみつしげ
永禄6(1563)年～寛永18(1641)年
安土桃山時代～江戸時代前期の武士。紀州藩士。
¶和歌山人

**河合宗在** かわいむねあり
明応4(1495)年～元亀1(1570)年
戦国時代の武将、遠江松場城主。
¶人名，戦辞(生没年不詳)，日人

**河井義貞** かわいよしさだ
生没年不詳
戦国時代の佐竹氏の家臣。
¶戦辞

**河合吉統** かわいよしつな
→河合吉統(かわいよしむね)

**河合吉統** かわいよしむね
[別]河合吉統《かわいよしつな》
戦国時代～安土桃山時代の武士。
¶戦人(生没年不詳)，戦西(かわいよしつな)

**河井与次郎** かわいよじろう
戦国時代の武将。佐竹氏家臣。
¶戦東

**河江円道** かわええんどう
生没年不詳
南北朝時代の武士。
¶兵庫百

**川方隼人佐** かわかたはやとのすけ
生没年不詳
安土桃山時代の武将。
¶戦人

**川勝継氏** かわかつつぎうじ
天文1(1532)年～慶長7(1602)年 [別]川勝継氏《かわかつつぐうじ》
戦国時代～安土桃山時代の武士。豊臣氏家臣。
¶織田(かわかつつぐうじ [生]享禄4(1531)年 [没]慶長7(1602)年3月21日)，戦国，戦人

**川勝継氏** かわかつつぐうじ
→川勝継氏(かわかつつぎうじ)

**川勝秀氏** かわかつひでうじ
天正3(1575)年～慶長12(1607)年
安土桃山時代～江戸時代前期の武将。秀吉馬廻。
¶戦国，戦人

**川勝広綱** かわかつひろつな
天正8(1580)年～寛文1(1661)年
安土桃山時代～江戸時代前期の武将。秀吉馬廻。関ヶ原合戦では西軍に加わる。
¶戦国，戦人

**川壁郷右衛門** かわかべごううえもん
→川壁郷右衛門(かわかべごうえもん)

**川壁郷右衛門** かわかべごうえもん
[別]川壁郷右衛門《かわかべごううえもん》
安土桃山時代～江戸時代前期の武士。里見氏家臣。
¶戦人(生没年不詳)，戦東(かわかべごううえもん)

**川上駒千代** かわかみこまちよ
生没年不詳
安土桃山時代～江戸時代前期の武士。浅野家の家臣。
¶和歌山人

**河上左近** かわかみさこん
? ～承久3(1221)年
鎌倉時代前期の武将。
¶姓氏長野

**河上定次** かわかみさだつぐ
生没年不詳
戦国時代の飛騨の国人江馬輝盛の家臣。
¶戦辞

**河上十左衛門** かわかみじゅうざえもん
元亀2(1571)年～
安土桃山時代～江戸時代前期の武士。
¶庄内

**川上四郎兵衛** かわかみしろうべえ
? ～元和8(1622)年
安土桃山時代～江戸時代前期の島津家家臣。
¶姓氏鹿児島

**川上忠堅** かわかみただかた
? ～天正14(1586)年

安土桃山時代の武士。島津氏家臣。
¶戦人，戦補

**川上忠克** かわかみただかつ
戦国時代の武士。
¶姓氏鹿児島，戦人（生没年不詳），戦西

**川上忠実** かわかみただざね
？ ～元和9（1623）年
安土桃山時代～江戸時代前期の垂水島津家の家老。
¶姓氏鹿児島

**川上忠智** かわかみただとも
安土桃山時代の武士。
¶姓氏鹿児島，戦人（生没年不詳），戦西

**川上藤兵衛** かわかみとうべえ
戦国時代の武士。後北条氏家臣。
¶戦人（生没年不詳），戦東

**河上富信** かわかみとみのぶ
生没年不詳
安土桃山時代の武将。
¶戦人

**河上中務** かわかみなかつかさ
戦国時代の中地山城の城将。
¶姓氏富山

**河上梟帥**（川上梟帥） かわかみのたける
→熊曽建（くまそたける）

**川上久朗** かわかみひさあき
天文5（1536）年～永禄11（1568）年
戦国時代の武士。
¶姓氏鹿児島，戦人，戦西（㉈？）

**川上久国** かわかみひさくに
天正9（1581）年～寛文3（1663）年
安土桃山時代～江戸時代前期の武将、薩摩藩家老。
¶国書（㊤天正9（1581）年5月5日　㉈寛文3（1663）年4月17日），姓氏鹿児島（㊤？），藩臣7

**川上久辰** かわかみひさとき
永禄2（1559）年～寛永5（1628）年
安土桃山時代～江戸時代前期の島津氏の武将。
¶近世，国史，国書（㉈寛永5（1628）年12月28日），戦合，日人（㉈1629年）

**川上頼久** かわかみよりひさ
南北朝時代の武将。
¶姓氏鹿児島

**川北一政** かわきたかずまさ
→川北長左衛門（かわきたちょうざえもん）

**河北算三郎** かわきたさんざぶろう，かわきたさんさぶろう
安土桃山時代の武将。秀吉馬廻。
¶戦国（かわきたさんさぶろう），戦人（生没年不詳）

**川北長左衛門** かわきたちょうざえもん
永禄1（1558）年～寛永4（1627）年　㊗川北一政《かわきたかずまさ》
安土桃山時代～江戸時代前期の紀伊和歌山藩士。
¶藩臣5，和歌山人（川北一政　かわきたかずまさ）

**川北長郷**（河北長郷） かわきたながさと
安土桃山時代の武将。
¶織田（河北長郷　生没年不詳），戦国

**河口左馬進** かわぐちさまのしん
㊗河口左馬進《かわぐちさめのしん》
安土桃山時代の武士。
¶岡山歴（かわぐちさめのしん），戦人（生没年不詳），戦西（かわぐちさめのしん）

**河口左馬進** かわぐちさめのしん
→河口左馬進（かわぐちさまのしん）

**河口八郎太郎重綱** かわぐちはちろうたろうしげつな
鎌倉時代前期の武士。
¶埼玉百

**川口秀房** かわぐちひでふさ
安土桃山時代の武士、小田原北条氏直の家臣。
¶静岡歴（生没年不詳），姓氏静岡

**川口兵左衛門** かわぐちひょうざえもん
安土桃山時代の武将。秀吉馬廻。
¶戦国

**河口宗勝**（川口宗勝） かわぐちむねかつ
天文17（1548）年～慶長17（1612）年
安土桃山時代～江戸時代前期の武士。織田氏家臣、豊臣氏家臣、徳川氏家臣。
¶織田（川口宗勝　㉈慶長17（1612）年3月4日），戦国，戦人

**川口宗吉** かわぐちむねよし
永正17（1520）年～天正10（1582）年3月
戦国時代～安土桃山時代の織田信長の家臣。
¶織田

**川窪新十郎信俊** かわくぼしんじゅうろうのぶとし
→河窪信俊（かわくぼのぶとし）

**河窪信雄**（川窪信雄） かわくぼのぶお
慶長6（1601）年～寛永16（1639）年
江戸時代前期の幕臣、画家。大坂の陣に従軍。
¶人名（川窪信雄），日人，名画

**河窪信実** かわくぼのぶざね
？ ～天正3（1575）年
戦国時代～安土桃山時代の武士。武田氏家臣。
¶姓氏山梨，戦人，戦東

**河窪信俊**（川窪信俊） かわくぼのぶとし
永禄7（1564）年～寛永16（1639）年　㊗川窪新十郎信俊《かわくぼしんじゅうろうのぶとし》
安土桃山時代～江戸時代前期の武士。
¶埼玉人（川窪信俊），埼玉百（川窪新十郎信俊　かわくぼしんじゅうろうのぶとし），諸系，戦辞（㉈寛永16年2月14日（1639年3月18日）），日人

**川熊隆清** かわくまたかきよ
㊗川熊美濃守隆清《かわくまみののかみたかきよ》
安土桃山時代の武将。大崎氏家臣。
¶戦人（生没年不詳），戦東（川熊美濃守隆清　かわくまみののかみたかきよ）

**川熊美濃守隆清**　かわくまみののかみたかきよ
→川熊隆清（かわくまたかきよ）

**河毛勝次郎**　かわげかつじろう
[別]河毛勝次郎《かわげしょうじろう》
安土桃山時代の武将。秀吉馬廻。
¶戦国（かわげしょうじろう），戦人（生没年不詳）

**河毛清充**　かわけきよみつ
戦国時代の武将。浅井氏家臣。
¶戦西

**河毛清旨**　かわげきよむね，かわけきよむね
戦国時代の武士。
¶戦人（生没年不詳），戦西（かわけきよむね）

**河毛源三郎**　かわげげんざぶろう
安土桃山時代の武将。秀吉馬廻。
¶戦国，戦人（生没年不詳）

**河毛三郎左衛門尉**　かわけさぶろうざえもんのじょう
戦国時代の武将。浅井氏家臣。
¶戦西

**河毛勝次郎**　かわげしょうじろう
→河毛勝次郎（かわげかつじろう）

**河毛次郎左衛門**　かわげじろうざえもん
安土桃山時代の武将。秀吉馬廻。
¶戦国，戦人（生没年不詳）

**河越貞重**　かわごえさだしげ
文永9（1272）年～元弘3/正慶2（1333）年5月9日
鎌倉時代後期の武蔵武士。
¶埼玉人

**河越重員**　かわごえしげかず
生没年不詳
鎌倉時代の武将。
¶埼玉人，諸系

**河越重隆**　かわごえしげたか
？　～久寿2（1155）年
平安時代後期の武将。
¶諸系

**河越重時**　かわごえしげとき
生没年不詳
鎌倉時代前期の武蔵武士。
¶埼玉人

**河越重房**　かわごえしげふさ
生没年不詳　[別]平重房《たいらのしげふさ》
鎌倉時代前期の御家人。
¶埼玉人，諸系，人名，日人，平史（平重房　たいらのしげふさ　[生]1169年　[没]1185年）

**河越重頼**　かわごえしげより
？　～文治1（1185）年　[別]平重頼《たいらのしげより》
平安時代後期の武将。源頼朝の有力御家人。
¶朝日，鎌倉，鎌室，国史，古中，コン改，コン4，埼玉人（生没年不詳），埼玉百，史人，諸系，新潮（[没]文治1（1185）年11月12日），人名，日史（[没]文治1（1185）年？），日人，平史（平重頼　たいらのしげより），歴大

**河越直重**　かわごえただしげ
→河越直重（かわごえなおしげ）

**河越経重**　かわごえつねしげ
生没年不詳
鎌倉時代の武将。
¶埼玉人，諸系

**河越直重**　かわごえなおしげ
生没年不詳　[別]河越直重《かわごえただしげ》
南北朝時代の武将。
¶神奈川人（かわごえただしげ），埼玉人，諸系

**河越泰重**　かわごえやすしげ
生没年不詳
鎌倉時代の武蔵武士。
¶埼玉人

**河越能隆**　かわごえよしたか
生没年不詳
平安時代後期の武士。
¶埼玉人

**河崎重家**　かわさきしげいえ
生没年不詳　[別]渋谷重家《しぶやしげいえ》
平安時代後期の武将。
¶諸系，人名（渋谷重家　しぶやしげいえ），日人

**河崎将監**　かわさきしょうげん
生没年不詳
安土桃山時代の織田信長の家臣。
¶織田

**川崎宗直**　かわさきむねなお
？　～元和4（1618）年
安土桃山時代～江戸時代前期の浅野家臣。
¶和歌山人

**河崎基家**　かわさきもといえ
生没年不詳　[別]渋谷基家《しぶやもといえ》
平安時代後期の武将。
¶諸系，人名（渋谷基家　しぶやもといえ），日人

**河崎与助**　かわさきよすけ
？　～天正10（1582）年6月2日
戦国時代～安土桃山時代の織田信長の家臣。
¶織田

**革島一宣**　かわしまかずのぶ
永正6（1509）年？　～天正9（1581）年5月13日
戦国時代～安土桃山時代の織田信長の家臣。
¶織田

**川島掃部助**　かわしまかもんのすけ
戦国時代の武将。斎藤氏家臣。
¶戦西

**河島維頼**　かわしまこれより
南北朝時代の武士。
¶人名，日人（生没年不詳）

**革島忠宣**　かわしまただのぶ
？　～元和4（1618）年1月26日
安土桃山時代～江戸時代前期の織田信長の家臣。
¶織田

**河島宣久** かわしまのぶひさ
？ ～明応9（1500）年
戦国時代の丹後国の土豪。
¶京都府

**革島秀存** かわしまひであり
享禄1（1528）年？ ～天正10（1582）年8月29日
戦国時代～安土桃山時代の織田信長の家臣。
¶織田

**川島宗泰** かわしまむねやす
生没年不詳
安土桃山時代～江戸時代前期の陸奥仙台藩士。
¶姓氏宮城，藩臣1

**河島安定** かわしまやすさだ
生没年不詳
室町時代の土豪。
¶姓氏京都

**川尻九兵衛** かわじりくへい
→川尻九兵衛（かわじりくへえ）

**川尻九兵衛** かわじりくへえ
[別]川尻九兵衛《かわじりくへい》
安土桃山時代の武将。秀吉馬廻。
¶戦国（かわじりくへい），戦人（生没年不詳）

**河尻鎮吉** かわじりしげよし
？ ～天正12（1584）年
安土桃山時代の武将。
¶人名

**川尻下野守** かわじりしもつけのかみ
生没年不詳
戦国時代の北条氏の家臣。氏政の近習。
¶戦辞

**川尻直次** かわじりなおつぐ
？ ～慶長5（1600）年
安土桃山時代の武将、大名。美濃苗木城主。
¶岐阜百，藩主2

**河尻秀隆**（川尻秀隆） かわじりひでたか
大永7（1527）年～天正10（1582）年
戦国時代～安土桃山時代の武将。織田信長に仕えた。
¶朝日（[没]天正10（1582）年6月），織田（[没]天正10（1582）年6月18日），国史，古中，コン4，史人（[没]1582年6月18日），新潮（[没]天正10（1582）年6月18日），戦合，戦国（川尻秀隆），戦辞（[生]大永7（1527）年？　[没]天正10年6月18日（1582年7月7日）），戦人（川尻秀隆　[生]？），長野歴，日史（[没]天正10（1582）年6月18日），日人，百科，山梨百，歴大（川尻秀隆）

**川尻秀長**（河尻秀長） かわじりひでなが
？ ～慶長5（1600）年
安土桃山時代の武将。豊臣秀吉に仕えた。
¶朝日（河尻秀長　[没]慶長5年9月15日（1600年10月21日）），コン改，コン4，新潮（[没]慶長5（1600）年9月15日），戦国，戦人，日人（河尻秀長）

**河尻泰明** かわしりやすあき
？ ～永仁6（1298）年12月
鎌倉時代後期の河尻氏武士団の惣領。
¶熊本百

**河尻幸俊** かわしりゆきとし
生没年不詳
南北朝時代の武将、国人。直冬党形成に尽力。
¶朝日，日人

**川角三郎右衛門** かわすみさぶろうえもん，かわずみさぶろうえもん
生没年不詳
安土桃山時代の武士。
¶国書，戦人，戦補（かわずみさぶろうえもん）

**河隅忠清** かわすみただきよ
生没年不詳
戦国時代の上杉氏の家臣。
¶戦辞

**川澄平左衛門** かわすみへいざえもん
慶長2（1597）年～延宝4（1676）年
江戸時代前期の武士、町奉行・国奉行。
¶姓氏愛知

**川瀬** かわせ
生没年不詳
戦国時代の北条氏の家臣。
¶戦辞

**河瀬刑部少輔** かわせぎょうぶしょうゆう
戦国時代の武将。浅井氏家臣。
¶戦西

**川瀬六郎左衛門** かわせろくろざえもん
天正2（1574）年～？
安土桃山時代～江戸時代前期の土豪。大坂の陣で活躍。
¶和歌山人

**河副源次郎** かわぞえげんじろう
安土桃山時代の武将。秀吉馬廻。
¶戦国，戦人（生没年不詳）

**河副久盛** かわぞえひさもり
？ ～永禄12（1569）年
戦国時代の武士。
¶岡山人，岡山歴，島根歴（生没年不詳），戦人，戦西

**河添吉昌** かわぞえよしまさ
安土桃山時代の武将。秀吉馬廻。
¶戦国，戦人（生没年不詳）

**河田九郎左衛門** かわだくろうざえもん
安土桃山時代の武将。秀吉馬廻。
¶戦国，戦人（生没年不詳）

**河田軍兵衛** かわだぐんべえ
安土桃山時代の武士。上杉景勝の臣。
¶人名，戦辞（生没年不詳）

**河田慶喜** かわだけいき
南北朝時代の武将。
¶姓氏鹿児島

**河田重親** かわだしげちか
享禄4（1531）年～文禄2（1593）年
戦国時代の武士。上杉氏家臣。
¶戦辞，戦人（生没年不詳），戦東，新潟百（生没年不詳）

**河田次郎** かわだじろう
？～文治5（1189）年 [別]河田次郎《かわだのじろう》
平安時代後期の平泉藤原氏4代泰衡の郎従。
¶岩手百（かわだのじろう），姓氏岩手，平史

**河田窓隣軒** かわだそうりんけん
生没年不詳
戦国時代の上杉氏の家臣。
¶戦辞

**河田長相** かわだながすけ
？～永禄11（1568）年1月2日
戦国時代～安土桃山時代の足利長尾氏の家臣。
¶戦辞

**河田長親** かわだながちか，かわたながちか
？～天正9（1581）年
安土桃山時代の武将。上杉氏家臣。
¶姓氏富山（かわたながちか），戦国，戦辞（[生]天文12（1543）年？ [没]天正9（1581）年3月），戦人，戦東，富山百（かわたながちか [没]天正9（1581）年3月24日），新潟百（[生]1543年），日人

**河田次郎** かわだのじろう
→河田次郎（かわだじろう）

**川田八助**（河田八助） かわだはちすけ
安土桃山時代～江戸時代前期の因幡鳥取藩士。池田忠継の家人。
¶大阪人（生没年不詳），岡山人（河田八助），人名

**河田豊前守** かわだぶぜんのかみ
安土桃山時代の武士。上杉景勝の臣。
¶人名

**河田某** かわだぼう
戦国時代の武将。武田家臣。信濃先方衆。
¶姓氏山梨

**河田泰親** かわだやすちか
生没年不詳
戦国時代の上杉謙信の家臣。沼田蔵内城代の一人。
¶群馬人

**川田義朗** かわだよしあき
？～文禄4（1595）年 [別]川田義朗《かわだよしろう》
安土桃山時代の武士。
¶姓氏鹿児島（かわだよしろう），戦人，戦西

**河田吉久** かわだよしひさ
生没年不詳
安土桃山時代の武士。上杉氏家臣。
¶戦辞，戦人，戦東

**川田義朗** かわだよしろう
→川田義朗（かわだよしあき）

**河内源左衛門尉** かわちげんざえもんのじょう
室町時代の真嶋郡の在地武士。
¶岡山歴

**河内七郎右衛門** かわちしちろうえもん
？～慶長5（1600）年
安土桃山時代の武士。宇喜多氏の家臣。
¶人名，日人

**河内友清** かわちともきよ
安土桃山時代の武士。
¶岡山歴，戦人（生没年不詳），戦西

**河津氏明** かわつうじあき
南北朝時代の武将。
¶岡山人

**河津祐泰** かわづすけやす
？～安元2（1176）年 [別]伊東祐泰《いとうすけやす》，河津祐泰《かわづのすけやす》，藤原祐泰《ふじわらのすけやす》
平安時代後期の武士。曽我兄弟の父。
¶朝日，鎌室（伊東祐泰 いとうすけやす），コン改（かわづのすけやす），コン4（かわづのすけやす），史人（[没]1176年10月），静岡歴（[生]天養1（1144）年），諸系（[生]1145年），新潮（伊東祐泰 いとうすけやす [没]安元2（1176）年10月），人名（伊東祐泰 いとうすけやす），人名，姓氏静岡，日人（[生]1145年），平史（藤原祐泰 ふじわらのすけやす）

**河津祐泰** かわづのすけやす
→河津祐泰（かわづすけやす）

**河連国久** かわつらくにひさ
戦国時代の武将。足利氏家臣。
¶戦辞（生没年不詳），戦東

**川連三郎衛門** かわづれさぶろうえもん
安土桃山時代の武士。結城氏家臣。
¶戦人（生没年不詳），戦東

**川手豊左衛門** かわてぶんざえもん
戦国時代の武将。武田家臣。山県同心衆。
¶姓氏山梨

**川手主水** かわでもんど
？～元和1（1615）年
安土桃山時代～江戸時代前期の武士、井伊直孝の臣。
¶大阪人，人名

**川中島少将** かわなかじましょうしょう
→松平忠輝（まつだいらただてる）

**川名彦右衛門** かわなひこうえもん
→川名彦右衛門（かわなひこえもん）

**川名彦右衛門** かわなひこえもん
[別]川名彦右衛門《かわなひこうえもん》
安土桃山時代～江戸時代前期の武士。里見氏家臣。
¶戦人（生没年不詳），戦東（かわなひこうえもん）

**川辺昌澄** かわなべまさずみ
平安時代の武人。
¶岡山人

か

か

**河辺道綱**（川辺道綱）　**かわなべみちつな**
鎌倉時代前期の武将。
¶姓氏鹿児島（川辺道綱），日人（生没年不詳）

**川辺道平**　**かわなべみちひら**
保延1（1135）年～？
鎌倉時代の武将。
¶姓氏鹿児島

**川辺道房**　**かわなべみちふさ**
元永1（1118）年～保延3（1137）年
鎌倉時代前期の薩摩国河辺郡の領主。
¶姓氏鹿児島

**川名与兵衛**　**かわなよへえ**
江戸時代前期の武士。里見氏家臣。
¶戦東

**河西喜兵衛**　**かわにしきへえ**
生没年不詳
安土桃山時代の織田信長の家臣。
¶織田

**河西之秀**（川西之秀）　**かわにしゆきひで**
？～天正6（1578）年
安土桃山時代の武将。
¶岡山人（川西之秀），岡山歴

**河野四郎左衛門尉**　**かわのしろうざえもんのじょう**
安土桃山時代の武将。里見氏家臣。
¶戦東

**河野肥前**　**かわのひぜん**
？～天正5（1577）年　[別]河野肥前《こうのひぜん》
戦国時代～安土桃山時代の武士。畠山氏家臣。
¶姓氏石川（こうのひぜん），戦人

**河橋弥五兵衛尉**　**かわはしやごべえのじょう**
戦国時代の武将。苫東郡公卿村佐良山城主。
¶岡山歴

**河橋弥兵衛**　**かわはしやへえ**
安土桃山時代の武将。
¶岡山人

**川端家長**　**かわばたいえなが**
生没年不詳
戦国時代～安土桃山時代の武士。宇喜多氏家臣。
¶戦人

**川端御先按司**　**かわばたうさちあじ**
生没年不詳
南北朝時代の平安座城初代城主。
¶姓氏沖縄

**川端丹後守**　**かわばたたんごのかみ**
？～寛永9（1632）年
安土桃山時代の武将。宇喜多氏家臣。
¶岡山歴，戦西

**河原興実**　**かわはらおきざね**
？～元和6（1620）年
安土桃山時代～江戸時代前期の浅野家臣。
¶和歌山人

**河原源左衛門**　**かわはらげんざえもん**
？～天正2（1574）年
安土桃山時代の武将。
¶岡山人，岡山歴（[没]天正2（1574）年4月）

**河原勝兵衛**　**かわはらしょうべえ**
安土桃山時代の武将。秀吉馬廻。
¶戦国，戦人（生没年不詳）

**河原長右衛門**　**かわはらちょうえもん**
安土桃山時代の武将。秀吉馬廻。
¶戦国，戦人（生没年不詳）

**河原直久**　**かわはらなおひさ**
[別]河原六郎右衛門《かわはらろくろうえもん》
安土桃山時代の武将。
¶岡山人（河原六郎右衛門　かわはらろくろうえもん），岡山歴

**河原長門守**　**かわはらながとのかみ**
安土桃山時代の武士。豊臣氏家臣。
¶戦国，戦人（生没年不詳）

**河原六郎右衛門**　**かわはらろくろうえもん**
→河原直久（かわはらなおひさ）

**河辺瓊缶**（川辺瓊缶）　**かわべのにえ**
生没年不詳　[別]河辺臣瓊缶《かわべのおみにえ》，河辺瓊缶《かわべのにび，かわべのにへ》
上代の武将。新羅征伐に派遣された。
¶国史（かわべのにへ），古代（河辺臣瓊缶　かわべのおみにえ），古中（かわべのにへ），コン改，コン4，史人（川辺瓊缶），新潮，人名（かわべのにび），世人，日人（かわべのにへ）

**河辺瓊缶**　**かわべのにび**
→河辺瓊缶（かわべのにえ）

**河辺瓊缶**　**かわべのにへ**
→河辺瓊缶（かわべのにえ）

**河辺禰受**　**かわべのねず**
上代の武将。
¶人名，日人（生没年不詳）

**河辺百枝**　**かわべのももえ**
生没年不詳
飛鳥時代の武士。百済救援軍の前軍の将。
¶朝日，コン改，コン4，人名，日人

**川俣貞次**　**かわまたさだつぐ**
永禄5（1562）年～寛永13（1636）年8月15日
安土桃山時代の武士。最上氏家臣。
¶庄内，戦人（生没年不詳）

**河間光綱**　**かわまみつつな**
生没年不詳
南北朝時代の武将。
¶高知人

**河村久五郎**　**かわむらきゅうごろう**
生没年不詳
安土桃山時代の織田信長の家臣。
¶織田

**河村刑部**　**かわむらぎょうぶ**
生没年不詳

戦国時代の古河公方の家臣。
¶戦辞

**河村久米　かわむらくめ**
安土桃山時代の武将。秀吉馬廻。
¶戦国，戦人（生没年不詳）

**河村九郎大夫　かわむらくろうだゆう**
生没年不詳
安土桃山時代の織田信長の家臣。
¶織田

**河村小四郎　かわむらこしろう**
生没年不詳
南北朝時代の武士。
¶徳島歴

**河村定真　かわむらさだざね**
→河村定真（かわむらじょうしん）

**川村重吉　かわむらしげよし**
→川村重吉（かわむらじゅうきち）

**川村重吉　かわむらじゅうきち**
天正3（1575）年～慶安1（1648）年　[別]川村重吉《かわむらしげよし》，川村孫兵衛重吉《かわむらまごへえしげよし》
安土桃山時代～江戸時代前期の伊達家家臣。土木治水の功労者。
¶朝日（かわむらしげよし　[没]慶安1年閏1月27日（1648年3月21日）），近世，国史，コン4（かわむらしげよし），史人（[没]1648年閏1月），新潮（[没]慶安1（1648）年閏1月），姓氏宮城（かわむらしげよし），世人（[生]？），戦合，戦人，日人，藩臣1（かわむらしげよし），宮城百（川村孫兵衛重吉　かわむらまごへえしげよし　[生]天正2（1574）年）

**河村定真　かわむらじょうしん**
[別]河村定真《かわむらさだざね》
戦国時代の武将。足利氏家臣。
¶戦辞（かわむらさだざね　生没年不詳），戦東

**河村新八　かわむらしんぱち**
？　～正保1（1644）年
安土桃山時代～江戸時代前期の武将、備後福山藩士。
¶藩臣6

**河村助右衛門　かわむらすけえもん**
？　～弘治2（1556）年8月24日
戦国時代の織田信長の家臣。
¶織田

**川村図書　かわむらずしょ**
戦国時代の武将。斎藤氏家臣。
¶戦西

**河村図書助　かわむらずしょすけ**
→河村図書助（かわむらずしょのすけ）

**河村図書助　かわむらずしょのすけ**
[別]河村図書助《かわむらずしょすけ》
安土桃山時代の武将。秀吉馬廻。
¶戦国（かわむらずしょすけ），戦人（生没年不詳）

**河村恒基　かわむらつねもと**
？　～天正7（1579）年
戦国時代～安土桃山時代の武士。
¶戦人

**河村彦左衛門**（川村彦左衛門）**かわむらひこざえもん**
生没年不詳　[別]川村吉久《かわむらよしひさ》
安土桃山時代の武士。上杉家・直江兼続の家臣。
¶庄内（川村彦左衛門），戦人（川村吉久　かわむらよしひさ），戦人（川村彦左衛門），戦補（川村吉久　かわむらよしひさ），新潟百

**河村彦三　かわむらひこぞう**
安土桃山時代の武将。秀吉馬廻。
¶戦国，戦人（生没年不詳）

**河村秀清　かわむらひできよ**
＊～？
鎌倉時代前期の武士。
¶岩手百（生没年不詳），岡山人，鎌室（[生]安元2（1176）年），人名，姓氏岩手（生没年不詳），日人（[生]1177年）

**河村秀国　かわむらひでくに**
生没年不詳
南北朝時代の武将、河村城の城主。
¶姓氏神奈川

**河村秀高　かわむらひでたか**
生没年不詳
平安時代後期の武将。
¶神奈川人，姓氏神奈川

**川村兵部丞　かわむらひょうぶのじょう**
生没年不詳
戦国時代の北条氏の家臣。
¶戦辞

**河村房秀　かわむらふさひで**
戦国時代の武将。武田家臣。小山田信茂被官。
¶姓氏山梨

**川村孫兵衛重吉　かわむらまごへえしげよし**
→川村重吉（かわむらじゅうきち）

**河村又二郎　かわむらまたじろう**
生没年不詳
南北朝時代の武士。
¶姓氏岩手

**河村道雅　かわむらみちまさ**
？　～天正10（1582）年
戦国時代～安土桃山時代の武田家臣。下野守。
¶姓氏山梨

**川村与右衛門　かわむらよえもん**
天文12（1543）年～寛永12（1635）年
戦国時代～江戸時代前期の浅野家臣。
¶和歌山人

**川村吉久　かわむらよしひさ**
→河村彦左衛門（かわむらひこざえもん）

**河村義秀　かわむらよしひで**
生没年不詳　[別]藤原義秀《ふじわらのよしひで》
平安時代後期～鎌倉時代前期の武士。御家人とし

か

て活躍。
¶朝日，神奈川人，鎌室，新潮，姓氏神奈川，日人，平史（藤原義秀　ふじわらのよしひで）

**河村吉盛** かわむらよしもり
生没年不詳
安土桃山時代の織田信長の家臣。
¶織田

**河村六郎** かわむらろくろう
生没年不詳
南北朝時代の武士。
¶姓氏岩手

**河目資好** かわめすけよし
生没年不詳
戦国時代の岩付城主太田氏資の家臣。
¶戦辞

**河本静楽軒** かわもとせいらくけん
？ ～
安土桃山時代の尼子氏遺臣。「雲陽軍実記」の著者。
¶島根人，島根歴（生没年不詳）

**川守田常陸入道** かわもりたひたちにゅうどう
？ ～元亀3（1572）年
戦国時代～安土桃山時代の川守田館の館主。
¶青森人

**河原崎家吉** かわらざきいえよし
生没年不詳
安土桃山時代の織田信長の家臣。
¶織田

**河原高直** かわらたかなお
？ ～元暦1（1184）年　[別]私市高直《きさいちのたかなお》
平安時代後期の武士。
¶鎌室，埼玉人（[没]元暦1（1184）年2月），新潮（[没]元暦1（1184）年2月7日），人名，日人（[生]1154年），平史（私市高直　きさいちのたかなお　[生]1154年）

**河原忠家** かわらただいえ
？ ～元暦1（1184）年2月
鎌倉時代前期の武蔵武士。
¶埼玉人

**河原田盛次** かわらだもりつぐ
？ ～天正19（1591）年
戦国時代～安土桃山時代の南会津郡伊南河原田氏最後の領主。
¶会津

**河原林越後** かわらばやしえちご
室町時代の武士。豊臣氏家臣。
¶茶道，戦人（生没年不詳）

**河原林正頼**（瓦林正頼） かわらばやしまさより
？ ～永正17（1520）年
戦国時代の武士。
¶国書（瓦林正頼　[没]永正17（1520）年10月14日），戦人，戦西，兵庫百（瓦林正頼）

**河原村三郎次郎** かわらむらさぶろじろう
生没年不詳
安土桃山時代の織田信長の家臣。
¶織田

**河原村伝兵衛** かわらむらでんべえ
戦国時代の武将。武田家臣。三河浪人。
¶姓氏山梨

**河原盛直** かわらもりなお
？ ～元暦1（1184）年
平安時代後期の武士。
¶鎌室，新潮（[没]元暦1（1184）年2月7日），人名，日人

**川原弥太郎** かわらやたろう
戦国時代の武士、武田氏の臣。
¶人名

**河匂政頼** かわわまさより
生没年不詳
鎌倉時代前期の武蔵武士。
¶埼玉人

**菅右衛門八** かんえもはち
[別]菅右衛門八《かんえもんはち》
安土桃山時代の武士。豊臣氏家臣。
¶戦国（かんえもんはち），戦人（生没年不詳）

**菅右衛門八** かんえもんはち
→菅右衛門八（かんえもはち）

**神尾勘解由** かんおかげゆ
？ ～万治1（1658）年
江戸時代前期の武将、伊予宇和島藩家老。
¶藩臣6

**神尾備前守元勝** かんおびぜんのかみもとかつ
→神尾元勝（かみおもとかつ）

**神尾元勝** かんおもとかつ
→神尾元勝（かみおもとかつ）

**神吉藤大夫** かんきとうだゆう
生没年不詳
安土桃山時代の織田信長の家臣。
¶織田

**神吉頼定** かんきよりさだ
戦国時代～安土桃山時代の武将。
¶戦人（[生]？　[没]天正6（1578）年），兵庫人（[生]天文20（1551）年　[没]天正7（1579）年）

**門崎長之助** かんざきちょうのすけ
戦国時代の武将。葛西氏家臣。
¶戦東

**神作五右衛門** かんさくごうえもん
安土桃山時代の武将。里見氏家臣。
¶戦東

**菅三郎兵衛** かんさぶろうべえ
→菅三郎兵衛（かんさぶろべえ）

**菅三郎兵衛** かんさぶろべえ
[別]菅三郎兵衛《かんさぶろうべえ》
安土桃山時代～江戸時代前期の武士。豊臣氏家臣。

¶戦国(かんさぶろうべえ), 戦人(生没年不詳)

**願性** がんしょう
? 〜建治2(1276)年 [別]葛山景倫《かずらやまかげとも,かつらやまかげとも》
鎌倉時代前期の武士。のち僧。源実朝の近臣。
¶鎌室, 国史(葛山景倫 かずらやまかげとも), 古中(葛山景倫 かずらやまかげとも), 史人(葛山景倫 かずらやまかげとも [没]1276年4月23日), 新潮([没]建治2(1276)年4月23日), 人名, 日人, 仏教([没]文永12(1275)年4月23日), 和歌山人(葛山景倫 かつらやまかげとも)

**神田修理亮** かんだしゅうりのすけ
安土桃山時代の武将。蒲生氏郷の麾下。
¶戦国

**神田将監** かんだしょうげん
? 〜天文16(1547)年
戦国時代の武士。小笠原氏家臣。
¶戦人, 戦東

**神田次郎左衛門** かんだじろうざえもん
生没年不詳
戦国時代の武士。後北条氏家臣。
¶戦辞, 戦人, 戦東

**神田正高** かんだまさたか
〜*
安土桃山時代〜江戸時代前期の武士、旗本。北条氏旧臣。
¶神奈川人([没]1619年), 多摩([没]元和6(1620)年)

**苅田万三郎** かんだまんざぶろう
安土桃山時代の武士。
¶岡山歴, 戦人(生没年不詳), 戦西

**神田与兵衛** かんだよへえ
生没年不詳
戦国時代の武蔵国多摩郡勝沼城主三田綱定の臣。
¶戦辞

**神尾越中守** かんなえっちゅうのかみ
→神尾越中守(かみおえっちゅうのかみ)

**神尾善四郎** かんなぜんしろう
→神尾善四郎(かみおぜんしろう)

**金成内膳** かんなりないぜん
安土桃山時代の武将。葛西氏家臣。
¶戦人(生没年不詳), 戦東

**神尾庄左衛門** かんのおしょうざえもん
戦国時代の武将。武田家臣。右筆衆の一人。
¶姓氏山梨

**菅野尾張守** かんのおわりのかみ
生没年不詳
戦国時代の吏僚。扇谷上杉朝興の家臣。
¶戦辞

**菅野五郎右衛門** かんのごろうえもん
安土桃山時代の武将。
¶岡山人

**菅納佐常** かんのすけつね
室町時代の武士。
¶岡山人

**上林掃部丞** かんばやしかもんのじょう
→上林久茂(かんばやしひさもち)

**上林竹庵** かんばやしちくあん
→上林政重(かんばやしまさしげ)

**上林晴国** かんばやしはるくに
生没年不詳
戦国時代の武将。
¶戦人

**上林久茂** かんばやしひさもち
天文11(1542)年〜慶長11(1606)年 [別]上林久茂《かみばやしひさもち》,上林休徳《かみばやしきゅうとく》,上林掃部丞《かんばやしかもんのじょう》
安土桃山時代〜江戸時代前期の武将、宇治茶師。上林家の始祖久重の長男。
¶朝日([生]天文1(1532)年 [没]慶長11年6月7日(1606年7月11日)), 織田([没]慶長11(1606)年6月7日), コン4([生]天文1(1532)年), 茶道(上林掃部丞 かんばやしかもんのじょう), 人名(上林休徳 かみばやしきゅうとく), 戦国(かみばやしひさもち), 戦人, 日人

**上林政重** かんばやしまさしげ
天文19(1550)年〜慶長5(1600)年 [別]上林政重《かみばやしまさしげ》,上林竹庵《かんばやしちくあん》
安土桃山時代の武将、茶人。
¶京都府([生]?), 茶道(上林竹庵 かんばやしちくあん), 人名(かみばやしまさしげ), 戦辞([生]天文15(1546)年 [没]慶長1年8月1日(1596年9月22日)), 戦人(上林竹庵 かんばやしちくあん), 日人

**蒲原右近** かんばらうこん
戦国時代の武将。今川氏家臣。
¶戦東

**蒲原氏徳** かんばらうじのり
? 〜永禄3(1560)年
戦国時代の武将。今川氏家臣。
¶戦人, 戦東

**蒲原宮内少輔** かんばらくないしょうゆう
戦国時代の武将。今川氏家臣。
¶戦東

**蒲原源左衛門信俊** かんばらげんざえもんのぶとし
→蒲原信俊(かんばらのぶとし)

**蒲原相模守** かんばらさがみのかみ
戦国時代の武士。竜造寺氏家臣。
¶戦人(生没年不詳), 戦西

**鎌原重澄** かんばらしげずみ
大永7(1527)年〜天正3(1575)年
戦国時代〜安土桃山時代の鎌原城主。
¶群馬人

**鎌原筑前守** かんばらちくぜんのかみ
? 〜天正3(1575)年5月21日

戦国時代〜安土桃山時代の上野国衆。
¶戦辞

**蒲原信俊** かんばらのぶとし
？ 〜天正12（1584）年　[別]蒲原源左衛門信俊《かんばらげんざえもんのぶとし》
安土桃山時代の武士。
¶戦人，戦西（蒲原源左衛門信俊　かんばらげんざえもんのぶとし）

**蒲原徳兼**（神原徳兼） かんばらのりかね
天文10（1541）年〜慶長10（1605）年
戦国時代の武将。今川氏家臣。駿河蒲原城主。
¶神奈川人（神原徳兼），姓氏神奈川（神原徳兼），戦人（生没年不詳），戦東

**蒲原兵太夫** かんばらへいだゆう
戦国時代の武将。武田家臣。岡部正綱配下の武辺者。
¶姓氏山梨

**蒲原元賢** かんばらもとかた
[別]蒲原元賢《なかばらもとかた》
戦国時代の武将。今川氏家臣。
¶戦辞（なかばらもとかた　生没年不詳），戦東

**鎌原幸景** かんばらゆきかげ
生没年不詳
安土桃山時代の武将。武田氏家臣。
¶戦人

**神戸市介** かんべいちすけ
？ 〜永禄12（1569）年9月8日
戦国時代〜安土桃山時代の織田信長の家臣。
¶織田

**神戸賀介** かんべがのすけ
生没年不詳
安土桃山時代の織田信長の家臣。
¶織田

**神戸蔵人** かんべくろうど
？ 〜元和1（1615）年
安土桃山時代〜江戸時代前期の前田氏の家臣。
¶姓氏石川

**神部監物**（神部堅物） かんべけんもつ
生没年不詳
戦国時代〜安土桃山時代の武士。佐竹氏家臣。
¶戦辞，戦人（神部堅物），戦東

**神戸二郎作** かんべじろさく
？ 〜天正10（1582）年6月2日
戦国時代〜安土桃山時代の織田信長の家臣。
¶織田

**神戸清右衛門** かんべせいえもん
？ 〜寛永13（1636）年
安土桃山時代〜江戸時代前期の武士。織田信長・前田利家の臣。
¶国書（[没]寛永13（1636）年1月），人名，日人

**神戸具盛**（神戸友盛） かんべとももり
？ 〜慶長5（1600）年
戦国時代〜安土桃山時代の武将。
¶織田（[没]慶長5（1600）年10月26日），人名（神戸友盛），戦国，戦人（生没年不詳），日人

**神戸伯耆** かんべほうき
？ 〜永禄12（1569）年9月8日
戦国時代〜安土桃山時代の織田信長の家臣。
¶織田

**神辺光成** かんべみつなり
生没年不詳
戦国時代の下総結城氏の家臣。
¶戦辞

**菅正陰** かんまさかげ
？ 〜慶長2（1597）年
安土桃山時代の武士。豊臣氏家臣。
¶戦国，戦人

**閑馬宗勝** かんまむねかつ
生没年不詳
戦国時代の武士。足利氏家臣。
¶戦辞，戦人，戦東

**菅達長** かんみちなが
？ 〜慶長19（1614）年
安土桃山時代〜江戸時代前期の武士。豊臣氏家臣。
¶戦国，戦人

**神谷治部** かんやじぶ
慶長3（1598）年〜寛文2（1662）年
江戸時代前期の武士、備後福山藩士。
¶藩臣6

**菅六左衛門** かんろくざえもん
生没年不詳
安土桃山時代の織田信長の家臣。
¶織田

## 【き】

**城井房統** きいふさむね
生没年不詳
戦国時代の武士。
¶戦人

**喜入紹嘉** きいれしょうか
？ 〜寛永9（1632）年
安土桃山時代〜江戸時代前期の島津義久の家老。大隅国国文郷の初代地頭。
¶姓氏鹿児島

**喜入季久** きいれすえひさ
天文1（1532）年〜天正16（1588）年　[別]島津季久《しまづすえひさ》
戦国時代〜安土桃山時代の武士。
¶姓氏鹿児島，戦人，戦西（[生]？）

**喜入忠続** きいれただつぐ
元亀2（1571）年〜正保2（1645）年　[別]喜入忠政《きいれただまさ》
安土桃山時代〜江戸時代前期の薩摩藩家老。鹿籠領主。

¶姓氏鹿児島（喜入忠政　きいれただまさ），藩臣7

**喜入忠政** きいれただまさ
→喜入忠続（きいれただつぐ）

**喜入久道** きいれひさみち
戦国時代の薩摩国給黎郡の領主。
¶姓氏鹿児島

**喜入頼久** きいれよりひさ
室町時代の薩摩国給黎郡の領主。
¶姓氏鹿児島

**木内右衛門** きうちうえもん
平安時代後期の武士。千葉氏の家臣。
¶埼玉百

**木内宮内少輔** きうちくないしょうゆう
生没年不詳　[別]木内宮内少輔《きうちくないのしょう》
戦国時代の武士。後北条氏家臣。
¶戦辞（きうちくないのしょう），戦人，戦東

**木内宮内少輔** きうちくないのしょう
→木内宮内少輔（きうちくないしょうゆう）

**木内胤章** きうちたねあき
？～永禄8（1565）年
戦国時代の武将。
¶戦人

**木内胤敬** きうちたねたか
永享10（1438）年～明応1（1492）年
戦国時代の房総の武将。
¶千葉百

**木内胤統** きうちたねのぶ
天文9（1540）年～永禄9（1566）年
戦国時代～安土桃山時代の戦国房総の武将。
¶千葉百

**木内常範** きうちつねのり
久安5（1149）年～承久3（1221）年
鎌倉時代前期の武士。
¶千葉百

**木内八右衛門** きうちはちえもん
？～天正9（1581）年
安土桃山時代の地方豪族・土豪。
¶戦人，戦東

**義円** ぎえん
久寿2（1155）年～養和1（1181）年　[別]源義円《みなもとぎえん，みなもとのぎえん》
平安時代後期の僧、武将。源義朝の子、源頼朝の末弟。
¶鎌室（[生]？），岐阜百（源義円　みなもとのぎえん　[生]？），国史，古中，史人（[没]1181年3月10日），新潮（[生]？　[没]養和1（1181）年3月10日），人名（[生]？），日人，平史

**儀俄氏秀** ぎがうじひで
生没年不詳
南北朝時代～室町時代の武将、地頭。
¶鎌室，日人

**黄河田右衛門** きかわだうえもん
戦国時代の武将。大崎氏家臣。
¶戦東

**宇喜多忠家** ききたただいえ
→宇喜多忠家（うきたただいえ）

**菊王丸** きくおうまる
仁安3（1168）年～文治1（1185）年
平安時代後期の武士。
¶日人

**規矩高政** きくたかまさ
→北条高政(1)（ほうじょうたかまさ）

**喜久田新三郎** きくたしんざぶろう
生没年不詳
戦国時代の北条氏の在郷被官。
¶戦辞

**菊池** きくち
生没年不詳
戦国時代の奏者。北条氏光の家臣。
¶戦辞

**菊池犬房丸** きくちいぬぼうまる
安土桃山時代の武士。
¶人名

**菊池右衛門入道** きくちうえもんにゅうどう
生没年不詳
安土桃山時代の武将。上杉氏家臣、織田氏家臣。
¶戦人

**菊地右近丞**（菊池右近丞） きくちうこんのじょう
生没年不詳
戦国時代の武士。後北条氏家臣。
¶戦辞（菊池右近丞），戦人，戦東

**菊池右馬之丞** きくちうまのじょう
戦国時代の武将。葛西氏家臣。
¶戦東

**菊池覚勝** きくちかくしょう
？～元弘3/正慶2（1333）年
鎌倉時代後期の勤王武将。
¶諸系，人名，日人

**菊池景光** きくちかげみつ
生没年不詳
安土桃山時代～江戸時代前期の平清水村の領主。
¶姓氏岩手

**菊池兼朝** きくちかねとも
？～文安1（1444）年
室町時代の武士。
¶鎌室，諸系，人名，日人

**菊地掃部丞** きくちかもんのじょう
生没年不詳
戦国時代の武士。後北条氏家臣。
¶戦辞，戦人，戦東

**菊池喜九郎** きくちきくろう
戦国時代の武将。葛西氏家臣。
¶戦東

**菊地郷左衛門** きくちごうざえもん
　戦国時代の武士。後北条氏家臣。
　¶戦人(生没年不詳)，戦東

**菊池惟前** きくちこれちか
　→阿蘇惟前(あそこれさき)

**菊池重朝** きくちしげとも
　宝徳1(1449)年〜明応2(1493)年
　室町時代〜戦国時代の肥後国の守護大名。
　¶朝日(㊥明応2年10月29日(1493年12月7日))，
　国史，国書(㊥明応2(1493)年10月29日)，古
　中，史人(㊥1493年10月29日)，諸系，新潮
　(㊥明応2(1493)年10月29日)，人名，戦合，戦
　人，日人

**菊池重治** きくちしげはる
　?　〜天文23(1554)年
　戦国時代の武将。
　¶大分歴

**菊池高鑑** きくちたかかね
　生没年不詳
　戦国時代の武士。
　¶戦人

**菊池隆直** きくちたかなお
　生没年不詳　㊨藤原高直《ふじわらのたかなお》
　平安時代後期の肥後の武将。
　¶朝日，熊本百(㊥文治4(1188)年)，諸系，日
　人，平史(藤原高直　ふじわらのたかなお
　㊥1185年)

**菊池武士** きくちたけお
　?　〜応永8(1401)年?　　㊨菊池武士《きくちた
　けひと》
　南北朝時代〜室町時代の武士。
　¶鎌室，諸系(きくちたけひと　生没年不詳)，人
　名，日人(きくちたけひと　生没年不詳)

**菊池武勝** きくちたけかつ
　?　〜慶長11(1606)年　　㊨菊池義勝《きくちよし
　かつ》
　安土桃山時代〜江戸時代前期の武将、越中阿尾
　城主。
　¶織田，姓氏富山(㊦1537年)，戦国(菊池義勝
　きくちよしかつ)

**菊池武包** きくちたけかね
　?　〜天文1(1532)年
　戦国時代の武将、肥後隈府城主。
　¶諸系，人名，日人

**菊池武重** きくちたけしげ
　?　〜＊
　南北朝時代の南朝方の武将。
　¶朝日(㊥暦応1/延元3(1338)年)，角史(生没年
　不詳)，鎌室(㊥暦応1/延元3(1338)年?)，熊
　本百(生没年不詳)，国史(生没年不詳)，古中
　(生没年不詳)，コン改(㊥興国2/暦応4(1341)
　年)，コン4(㊥暦応1/延元3(1338)年)，史人
　(生没年不詳㊥1338年)，新潮(㊥暦
　応1/延元3(1338)年?)，人名(㊥1341年)，世
　人(㊥興国2/暦応4(1341)年)，全書(生没年不

詳)，日史(㊥暦応4/興国2(1341)年)，日人
(㊥1338年)，百科(㊥興国2/暦応4(1341)年)，
歴大(生没年不詳)

**菊池武澄** きくちたけずみ
　?　〜正平11/延文1(1356)年
　南北朝時代の武士。
　¶鎌室，諸系，新潮(㊥延文1/正平11(1356)年6
　月29日)，人名，世人(㊥正平12/延文2(1357)
　年)，日人

**菊池武経** きくちたけつね
　→阿蘇惟長(あそこれなが)

**菊池武時** きくちたけとき
　?　〜元弘3/正慶2(1333)年
　鎌倉時代後期の肥後国の武将。
　¶朝日(㊥正慶2/元弘3年3月13日(1333年4月27
　日))，鎌室(㊤正応5(1292)年?)，熊本百
　(㊥元弘3/正慶2(1333)年3月13日)，国史，古
　中，コン改，コン4，史人(㊥1272年，(異
　説)1281年，1292年㊥1333年3月13日)，重要
　(㊥文永9(1272)年?　㊥元弘3/正慶2(1333)
　年3月)，諸系，新潮(㊤正応5(1292)年?
　㊥正慶2/元弘3(1333)年3月13日)，人名
　(㊥1272年)，世人(㊥元弘3/正慶2(1333)年3
　月13日)，世百(㊦1272年)，全書，大百
　(㊥1272年)，日史(㊥元弘3(1333)年3月13
　日)，日人，百科(㊥正応5(1292)年?)，福岡
　百(㊥元弘3/正慶2(1333)年3月13日)，歴大

**菊池武敏** きくちたけとし
　生没年不詳
　南北朝時代の肥後の南朝方の武将。
　¶鎌室，熊本百，国史，古中，史人，諸系，新潮，
　人名，世人，日史(㊥暦応4/興国2(1341)
　年?)，日人，福岡百

**菊池武朝** きくちたけとも
　正平18/貞治2(1363)年〜応永14(1407)年
　南北朝時代〜室町時代の肥後国の武将、守護大名。
　¶朝日(㊥応永14年3月18日(1407年4月25日))，
　角史，鎌室，熊本百(㊦?　㊥応永14(1407)
　年3月)，国史，国書(㊥応永14(1407)年3月18
　日)，古中，コン改，コン4，史人(㊦1407年3月
　18日)，諸系，新潮(㊥応永14(1407)年3月18
　日)，人名，世人(㊥応永14(1407)年3月18
　日)，日人，歴大(㊦?)

**菊池武士** きくちたけひと
　→菊池武士(きくちたけお)

**菊池武房** きくちたけふさ
　寛元3(1245)年〜弘安8(1285)年
　鎌倉時代後期の肥後国の武士。元寇役の殊勲者。
　¶朝日(㊥弘安8年3月26日(1285年5月2日))，鎌
　室，熊本百(生没年不詳)，国史，古中，史人
　(㊥1285年3月26日)，諸系，新潮(㊥弘安8
　(1285)年3月26日)，人名，日史(㊦?)，日人

**菊池武政** きくちたけまさ
　興国3/康永1(1342)年〜文中3/応安7(1374)年
　南北朝時代の肥後の南朝方の武将。
　¶鎌室，国史，古中，史人(㊥1374年5月26日)，

諸系，新潮（[没]応安7/文中3（1374）年5月26日），人名，世人，日史（[没]応安7/文中3（1374）年5月26日），日人

**菊池武光** きくちたけみつ
？ ～文中2/応安6（1373）年
南北朝時代の南朝方の武将。
¶朝日（[没]応安6/文中2年11月16日（1373年12月29日）），角史，鎌室，熊本百（[没]文中2/応安6（1373）年11月16日，（異説）文中1（1372）年），国史，古中，コン改（[没]文中1/応安5（1372）年），コン4（[没]応安5/文中1（1372）年），史人（[没]1373年11月16日？），諸系，新潮（[没]応安6/文中2（1373）年11月16日），人名，世人（[没]文中2/応安6（1373）年11月16日），世百，全書，大百，日史（[生]元徳1（1329）年？　[没]応安6/文中2（1373）年11月16日），日人，百科（[生]元徳1（1329）年？），福岡百（[生]元徳1（1329）年　[没]文中1（1372）年11月16日），歴大

**菊池武吉** きくちたけよし
？ ～延元1/建武3（1336）年
南北朝時代の武士。
¶鎌室，諸系，新潮（[没]建武3/延元1（1336）年5月25日），人名，日人

**菊池為邦** きくちためくに
永享2（1430）年～長享2（1488）年
室町時代の武将。肥後国守護。
¶国史，古中，史人（[没]1488年10月23日），諸系，新潮（[没]長享2（1488）年10月23日），人名，戦合，日人

**菊池恒邦** きくちつねくに
生没年不詳
安土桃山時代の武将。
¶戦人

**菊池内膳** きくちないぜん
戦国時代の武将。葛西氏家臣。
¶戦東

**菊池則直** きくちのりなお
戦国時代の武士。
¶戦国，戦人（生没年不詳）

**菊池政隆** きくちまさたか
延徳3（1491）年～永正6（1509）年
戦国時代の武士。
¶諸系，人名，戦人（[生]？），日人

**菊池持朝** きくちもちとも
応永16（1409）年～文安3（1446）年
室町時代の肥後国の守護大名。
¶朝日（[没]文安3年7月28日（1446年8月20日）），諸系，人名（[生]？），日人

**菊池康成** きくちやすなり
生没年不詳
鎌倉時代前期の武将、文永の役の殊勲者。
¶諸系，人名，日人

**菊池能運** きくちよしかず
文明14（1482）年～永正1（1504）年　[別]菊池能運《きくちよしゆき》
戦国時代の武将。肥後国守護。
¶熊本百（きくちよしゆき　[生]？　[没]永正1（1504）年2月15日），国史，古中，史人（[没]1504年2月15日），諸系，新潮（[没]永正1（1504）年2月15日），人名，戦合，戦人（きくちよしゆき　[生]文明11（1479）年？），日史（きくちよしゆき　[生]文明14（1482）年？　[没]永正1（1504）年2月15日），日人，百科（きくちよしゆき　[生]？）

**菊池義勝** きくちよしかつ
→菊池武勝（きくちたけかつ）

**菊池義国** きくちよしくに
？ ～天文23（1554）年
戦国時代の武将、肥後熊本城主。
¶戦国

**菊池義武** きくちよしたけ
？ ～天文23（1554）年
戦国時代の武将、肥後国主。
¶朝日（[生]永正2（1505）年　[没]天文23年11月20日（1554年12月14日）），熊本百（生没年不詳），コン4（[生]永正2（1505）年），諸系，人名，戦人，日人

**菊池能運** きくちよしゆき
→菊池能運（きくちよしかず）

**菊池頼隆** きくちよりたか
？ ～元弘3/正慶2（1333）年
鎌倉時代後期の勤王武将。
¶諸系，人名，日人

**亀卦川信秀** きけがわのぶひで
？ ～天正19（1591）年　[別]亀卦川兵部信秀《きけかわひょうぶのぶひで》
安土桃山時代の武将。葛西氏家臣。
¶戦人，戦東（亀卦川兵部信秀　きけかわひょうぶのぶひで）

**亀卦川兵庫堅久** きけかわひょうごかたひさ
戦国時代の武将。葛西氏家臣。
¶戦東

**亀卦川兵部信秀** きけかわひょうぶのぶひで
→亀卦川信秀（きけがわのぶひで）

**私市高直** きさいちのたかなお
→河原高直（かわらたかなお）

**私市直光** きさいちのなおみつ
生没年不詳
平安時代後期～鎌倉時代前期の武士。
¶平史

**私市盛直** きさいちのもりなお
生没年不詳
平安時代後期～鎌倉時代前期の武士。
¶平史

**木沢長政** きざわながまさ，きさわながまさ
？ ～天文11（1542）年
戦国時代の武将、河内守護畠山氏の守護代。
¶朝日（[没]天文11年3月17日（1542年4月2日）），岩史（[没]天文11（1542）年3月17日），大阪墓（きさわながまさ　[没]天文11（1542）年3月17日），

国史，古中，コン4，史人（[没]1542年3月17日），新潮（[没]天文11（1542）年3月17日），姓氏京都，戦合，戦人，戦西，日史（[没]天文11（1542）年3月17日），日人，歴大



**鬼三太** きさんた
[別]鬼三太《おにさんた》
鎌倉時代の武士。
¶人名（おにさんた），人名，日人（生没年不詳）

**貴志壱岐守** きしいきのかみ
安土桃山時代の武将。最上氏家臣。
¶戦東

**岸氏秀** きしうじひで
〜永禄1（1558）年
安土桃山時代の武将。
¶岡山人

**岸景則** きしかげのり
？　〜文禄4（1595）年
戦国時代〜安土桃山時代の武士。
¶姓氏群馬

**岸久七** きしきゅうしち
安土桃山時代の武将。秀吉馬廻。
¶戦国，戦人（生没年不詳）

**岸田忠氏** きしだただうじ
？　〜元和1（1615）年
安土桃山時代〜江戸時代前期の武士。豊臣氏家臣。
¶戦国，戦人

**岸田晴澄** きしだはるずみ
？　〜*
安土桃山時代〜江戸時代前期の武将、大名。大和岸田藩主。
¶日人（[没]1616年），藩主3（[没]元和1（1615）年12月2日）

**岸田伯耆** きしだほうき
生没年不詳
安土桃山時代の武士。
¶戦人

**紀七左衛門** きしちざえもん
生没年不詳
平安時代後期の武士。
¶平史

**来住野大炊助** きしのおおいのすけ
生没年不詳
戦国時代の北条氏照の家臣。
¶戦辞

**岸信周** きしのぶちか
？　〜永禄8（1565）年
戦国時代の武士。
¶戦人，戦西

**岸信房** きしのぶふさ
？　〜永禄8（1565）年
戦国時代の武将。斎藤氏家臣。
¶戦西

**貴志某** きしぼう
安土桃山時代の武将。
¶戦国

**貴志正成** きしまさなり
？　〜慶長8（1603）年6月9日
戦国時代の武士。
¶埼玉人

**喜島宗勝** きじまむねかつ
生没年不詳
安土桃山時代〜江戸時代前期の武将。
¶戦人

**岸本継政** きしもとつぐまさ
安土桃山時代の武将。
¶岡山人

**義昭** ぎしょう
→足利義昭（あしかがぎしょう）

**貴志義氏** きしよしうじ
？　〜正平10/文和4（1355）年3月18日
鎌倉時代後期〜南北朝時代の武将。
¶兵庫人

**木代右京亮** きしろうきょうのすけ
生没年不詳
戦国時代の武士。
¶戦辞，戦人，戦東

**来次氏秀** きすぎうじひで
天正7（1579）年〜寛永17（1640）年9月6日
安土桃山時代〜江戸時代前期の武将。
¶庄内，戦人（生没年不詳）

**来次時秀** きすぎときひで
天文12（1543）年〜*
戦国時代の武将。
¶庄内（[没]慶長16（1611）年2月2日），戦人（[没]？）

**木造俊茂** きずくりとししげ
→木造俊茂（こづくりとししげ）

**木造俊康** きずくりとしやす
→木造俊康（こづくりとしやす）

**木造政宗** きずくりまさむね
→木造政宗（こづくりまさむね）

**木曽家豊** きそいえとよ
宝徳3（1451）年〜永正1（1504）年
室町時代〜戦国時代の信濃国衆。
¶姓氏長野，戦辞（[没]文明15（1483）年2月？），長野歴

**木曽庄九郎** きそしょうくろう
江戸時代前期の兵法家。里見氏家臣。
¶戦東

**木曽親豊** きそちかとよ
正平19/貞治3（1364）年〜永享7（1435）年
南北朝時代〜室町時代の武将、木曽路の開拓者。
¶姓氏長野，長野歴

**木曽義仲** きそのよしなか
→源義仲（みなもとのよしなか）

**木曽八郎太郎** きそはちろうたろう
安土桃山時代の武将。秀吉馬廻。
¶戦国，戦人（生没年不詳）

**木曽義在** きそよしあり
明応2（1493）年～永禄1（1558）年
戦国時代の地方豪族・土豪。
¶系東，諸系，戦辞，戦人，長野歴（[没]天文23（1554）年）

**木曽義高** きそよしたか
→源義高(1)（みなもとのよしたか）

**木曽義利** きそよしとし
天正5（1577）年～寛永16（1639）年 [別]木曽義利《よしとし》
安土桃山時代～江戸時代前期の武将、大名。下総蘆戸藩主。
¶系東（[没]1640年），諸系（よしとし），人名，戦国，戦辞，戦人（生没年不詳），日人，藩主2

**木曽義仲** きそよしなか
→源義仲（みなもとのよしなか）

**木曽義昌** きそよしまさ
天文9（1540）年～文禄4（1595）年
安土桃山時代の大名。下総蘆戸藩主。
¶朝日（[没]文禄4年3月17日（1595年4月26日）），織田（[生]？ [没]文禄4（1595）年3月13日），近世（[生]？），系東，国史（[生]？），コン4（[生]？），史人（[没]1595年3月13日），諸系，新潮（[生]？ [没]文禄4（1595）年3月13日），人名（[生]？ [没]1596年），姓氏長野，姓氏山梨（[生]？ [没]1596年），世人（[生]？ [没]慶長1（1596）年），戦合，戦国（[生]？ [没]1596年），戦辞（[没]文禄4年2月13日（1595年3月23日）），戦人（[生]？），戦東（[生]？ [没]1596年），千葉百，長野歴，日史（[生]天文8（1539）年 [没]文禄4（1595）年3月13日），日人，藩主2（[没]文禄4（1595）年3月17日），山梨百（[没]文禄4（1595）年3月13日），歴大（[生]1540年ころ）

**木曽義元** きそよしもと
戦国時代の信濃国衆。
¶戦辞（[生]文明4（1472）年 [没]永正1（1504）年7月？），長野歴（[生]文明6（1474）年 [没]永正1（1504）年）

**木曽義康** きそよしやす
永正11（1514）年～天正7（1579）年
戦国時代～安土桃山時代の地方豪族・土豪。
¶系東，諸系，戦辞（[没]天正2（1574）年？），戦人，長野歴

**北川大学** きたがわだいがく
生没年不詳
戦国時代の武士。
¶戦人

**木滝藤兵衛** きだきとうべえ
江戸時代前期の代官。里見氏家臣。
¶戦東

**北監物大夫** きたけんもつのたいふ
生没年不詳
安土桃山時代の織田信長の家臣。
¶織田

**北五右衛門** きたごえもん
永禄10（1567）年～
安土桃山時代～江戸時代前期の武士。
¶庄内

**北里政義** きたざとまさよし
生没年不詳
戦国時代～安土桃山時代の武将。
¶戦人

**北十左衛門**（北重左衛門） きたじゅうざえもん
？ ～元和1（1615）年
安土桃山時代～江戸時代前期の陸奥南部藩士。
¶青森人（北重左衛門），岩手百，姓氏岩手，藩臣1（[生]天正2（1575）年）

**北条景広** きたじょうかげひろ
？ ～天正7（1579）年
戦国時代～安土桃山時代の国人。
¶戦辞（[没]天正7年2月1日（1579年2月26日）），戦人，戦東，新潟百（生没年不詳），日人

**北条勝広** きたじょうかつひろ
生没年不詳
戦国時代の上野国衆。
¶戦辞

**北条輔広** きたじょうすけひろ
生没年不詳
戦国時代の武将。
¶新潟百

**北庄蔵**（北勝蔵） きたしょうぞう
？ ～慶長5（1600）年
安土桃山時代～江戸時代前期の神主・神官。
¶戦人（北勝蔵 生没年不詳），戦補

**北条高定** きたじょうたかさだ
？ ～天正6（1578）年
戦国時代～安土桃山時代の国人。
¶戦辞（[没]天正6年5月6日（1578年6月11日）），戦人，戦東

**北条高広(1)** きたじょうたかひろ
生没年不詳
戦国時代の越後上杉氏の武将。法名芳林。
¶群馬人（[没]天正16年頃），群馬百（[没]1588年），国史，古中，史人，姓氏群馬，戦合，戦国，戦辞，戦人，戦東，新潟百，日史，日人

**北条高広(2)** きたじょうたかひろ
生没年不詳
戦国時代の上野国衆。高広（芳林）の子。
¶戦辞

**北条元忠** きたじょうもとただ
？ ～天正6（1578）年5月6日
戦国時代～安土桃山時代の上杉氏の家臣。
¶戦辞

**北信愛** きたしんあい
→北信愛（きたのぶちか）

**木戸忠朝** きだただとも
→木戸忠朝（きどただとも）

**北館大学** きただてだいがく
→北楯利長（きただてとしなが）

**北楯利長**（北館利長） きただてとしなが
天文17（1548）年～寛永2（1625）年 [別]北館大学《きただてだいがく》
安土桃山時代～江戸時代前期の武将、用水開発者、出羽国山形城主最上義光の家臣。
¶朝日（[没]寛永2年7月20日（1625年8月22日）），近世（生没年不詳），国史（生没年不詳），コン改（北館大学 きただてだいがく 生没年不詳），コン4（北館大学 きただてだいがく），史人（[没]1625年7月20日），庄内（北館利長 [没]寛永2（1625）年7月20日），新潮（北館利長 [没]寛永2（1625）年7月20日），人名（北館大学 きただてだいがく），戦人（生没年不詳），戦東，日人，藩臣1（北館利長）

**北爪九蔵** きたづめきゅうぞう
→北爪九蔵（きたづめくぞう）

**北爪九蔵** きたづめくぞう
生没年不詳 [別]北爪九蔵《きたづめきゅうぞう》
安土桃山時代の高崎宿町名主、武将。
¶大阪人（きたづめきゅうぞう），群馬人，人名（きたづめきゅうぞう），姓氏群馬，日人，藩臣2

**北爪将監** きたづめしょうげん
生没年不詳
安土桃山時代の武士。後北条氏家臣。
¶戦辞，戦人，戦東

**北爪新八郎** きたづめしんぱちろう
？ ～寛永16（1639）年10月3日
戦国時代～安土桃山時代の武士。上野女淵五郷の地衆、のち北条氏家臣。
¶埼玉人，戦辞（生没年不詳）

**北爪助八** きたづめすけはち
生没年不詳
戦国時代の足利長尾氏の家臣。
¶戦辞

**北爪長秀** きたづめちょうしゅう
生没年不詳
戦国時代の赤城山南麓の武将。
¶群馬人

**北能登守** きたのとのかみ
生没年不詳
戦国時代の小川城主。
¶群馬人

**北信愛** きたのぶちか
大永3（1523）年～慶長18（1613）年 [別]南部信愛《なんぶしんあい》，北信愛《きたしんあい》，北尾張守《きたおわりのかみ》
戦国時代～江戸時代前期の武士。南部氏重臣・花巻郡代。
¶青森人，岩手百，人名（きたしんあい），姓氏岩手（[生]1523年？），戦人（南部信愛 なんぶしんあい），日人，藩臣1

**北野宗光** きたのむねみつ
生没年不詳
鎌倉時代後期の武士。「忌部の契約」に加わった一人。
¶徳島歴

**北畠顕家** きたばたけあきいえ
文保2（1318）年～延元3/暦応1（1338）年 [別]顕家〔北畠・木造・大河内家（絶家）〕《あきいえ》
鎌倉時代後期～南北朝時代の武将。北畠親房の長子。奥州に派遣されていたが、宮方の危機にあたり二度に渡って中央に遠征。
¶青森人，朝日（[没]暦応1/延元3年5月22日（1338年6月10日）），岩史（[没]暦応1/延元3（1338）年5月22日），岩手百，大阪人（[没]延元2（1337）年5月23日），大阪墓（[没]延元3/暦応1（1338）年5月22日），大阪墓（[没]延元3（1338）年5月22日），角史，鎌倉，鎌室，公卿（[没]暦応1/延元3（1338）年5月22日），公家（顕家〔北畠・木造・大河内家（絶家）〕 あきいえ [没]建武5（1338）年5月22日），国史，国書（[没]延元3（1338）年5月22日），古中，コン改，コン4，史人（[没]1338年5月22日），重要（[没]延元3/暦応1（1338）年5月22日），諸系，人書94，新潮（[没]暦応1/延元3（1338）年5月22日），人名，姓氏岩手，姓氏宮城，世人（[没]延元3/暦応1（1338）年5月22日），世百，全書，大百，伝記，日史（[没]暦応1/延元3（1338）年5月22日），日人，百科，福島百，宮城百，歴大

**北畠顕成** きたばたけあきなり
？ ～応永9（1402）年
南北朝時代～室町時代の波岡（浪岡）御所・北畠氏の祖。
¶青森人

**北畠顕信** きたばたけあきのぶ
？ ～天授6/康暦2（1380）年
南北朝時代の武将。北畠親房の次子。
¶岩手百，角史（生没年不詳），鎌室（[没]康暦2/天授6（1380）年？），公卿（生没年不詳），国史（生没年不詳），国書5（生没年不詳），古中（生没年不詳），コン改（[没]天授6/康暦2（1380）年？），コン4（[没]康暦2/天授6（1380）年？），史人（[没]1380年11月），庄内（[生]永仁5（1297）年 [没]天授6（1380）年11月），諸系（生没年不詳），新潮（[没]康暦2/天授6（1380）年？），人名，姓氏岩手（生没年不詳），姓氏宮城（生没年不詳），世人，全書（生没年不詳），日史（[没]康暦2/天授6（1380）年11月），日人（生没年不詳），百科，福島百，宮城百（[没]天授6/康暦2（1380）年？），山形百，歴大（[没]1380年？）

**北畠顕雅** きたばたけあきまさ
生没年不詳
室町時代の伊勢国の武将。満雅の弟。
¶朝日，鎌室，国史，古中，諸系，新潮，人名，日人

**北畠顕泰** きたばたけあきやす
生没年不詳
南北朝時代～室町時代の南朝方の武将。伊勢国司。
¶鎌室，系西（[生]1361年 [没]1402年），国史，古

中，コン改，コン4，史人（[没]1402年10月），諸系，新潮，人名（[没]1402年），日人

**北畠顕能** きたばたけあきよし
？ ～弘和3/永徳3（1383）年
南北朝時代の武将。北畠親房の三男。
¶朝日（生没年不詳），鎌室，公卿（[生]元亨1（1321）年　[没]弘和3/永徳3（1383）年7月），系西（[生]1325年？　[没]1383年？），国史（生没年不詳），国書（生没年不詳），古中（生没年不詳），コン改（生没年不詳），コン4（生没年不詳），史人（[没]1383年7月），諸系，新潮（[没]永徳3/弘和3（1383）年7月），人名，世人（生没年不詳），日人

**北畠材親** きたばたけきちか
応仁2（1468）年～永正14（1517）年　[別]材親〔北畠・木造・大河内家（絶家）〕《きちか》
戦国時代の守護大名、伊勢国司。
¶朝日，公卿（[没]永正8（1511）年5月21日），公家（材親〔北畠・木造・大河内家（絶家）〕　きちか　[没]永正14（1517）年12月13日），系西，国書（[没]永正14（1517）年12月13日），諸系（[没]1518年），人名（[没]1511年），戦人，日人（[没]1518年）

**北畠国永** きたばたけくにながさ
永正4（1507）年～？
戦国時代の武将・歌人。
¶国書

**北畠親房** きたばたけちかふさ
永仁1（1293）年～正平9/文和3（1354）年　[別]親房〔北畠・木造・大河内家（絶家）〕《ちかふさ》
鎌倉時代後期～南北朝時代の公卿、武将（大納言・准大臣）。権大納言北畠師重の長男、母は左少将隆重の娘。南朝の重臣。「神皇正統記」を著す。
¶朝日（[生]永仁1年1月29日（1293年3月8日）　[没]文和3/正平9年4月17日（1354年5月10日）），茨城百，岩史（[没]文和3/正平9（1354）年4月17日），角史，鎌室，郷土茨城，京都大，郷土奈良，公卿，公家（親房〔北畠・木造・大河内家（絶家）〕　ちかふさ　[没]正平9（1354）年4月17日），国史，国書（[生]正応6（1293）年1月　[没]正平9（1354）年4月17日），古中，コン改，コン4，詩歌，史人（[生]1293年1月　[没]1354年4月17日），静岡百，静岡歴，重要（[没]正平9/文和3（1354）年4月17日），諸系，神史，人書79，人書94，神人，新潮（[没]文和3/正平9（1354）年4月17日），新文，人名，姓氏京都，世人（[没]正平9/文和3（1354）年4月17日），世百，全書，大百，伝記，日史（[生]永仁1（1293）年1月　[没]文和3/正平9（1354）年4月17日），日人，百科，福島百，仏教（[没]文和3/正平9（1354）年4月17日），文学，平史，歴大，和俳（[没]文和3/正平9（1354）年4月17日）

**北畠天童丸** きたばたけてんどうまる
生没年不詳
南北朝時代の天童市舞鶴山の城主。北畠顕家の孫ともいわれる。
¶山形百

**北畠具氏** きたばたけともうじ
？ ～天正4（1576）年
戦国時代～安土桃山時代の武士。村上源氏北畠親房の末裔と称する。襲綿御所の祖といわれる。
¶姓氏岩手

**北畠具成** きたばたけともしげ
？ ～天正4（1576）年
戦国時代～安土桃山時代の武将、伊勢国司。
¶人名

**北畠具祐** きたばたけともすけ
→星合具祐（ほしあいともすけ）

**北畠具親** きたばたけともちか
？ ～天正14（1586）年
安土桃山時代の武将。具教の弟。
¶諸系，人名，戦国，戦人（生没年不詳），日人

**北畠具教** きたばたけとものり
享禄1（1528）年～天正4（1576）年　[別]具教〔北畠・木造・大河内家（絶家）〕《とものり》
戦国時代～安土桃山時代の武将、伊勢国司。
¶朝日（[没]天正4年11月25日（1576年12月15日）），織田（[没]天正4（1576）年11月25日），公卿（[没]天正4（1576）年11月26日），公家（具教〔北畠・木造・大河内家（絶家）〕　とものり　[没]天正4（1576）年11月26日），系西，国史，古中，コン改，コン4，史人（[没]1576年11月25日），諸系，新潮（[没]天正4（1576）年11月25日），人名，世人（[没]天正4（1576）年11月26日），戦合，戦国（[生]？），全書（[生]1528年，（異説）1531年），戦人，日史（[没]天正4（1576）年11月25日），日人，百科，歴大

**北畠具房** きたばたけともふさ
天文16（1547）年～天正8（1580）年
安土桃山時代の伊勢国司。
¶織田（[生]？　[没]天正8（1580）年？），系西，戦人

**北畠具安** きたばたけともやす
戦国時代の武将、美濃岩村城主。
¶人名

**北畠信意** きたばたけのぶおき
→織田信雄（おだのぶかつ）

**北畠教具** きたばたけのりとも
応永30（1423）年～文明3（1471）年　[別]教具〔北畠・木造・大河内家（絶家）〕《のりとも》
室町時代の公卿、武将、伊勢国司。
¶朝日（[没]文明3年3月23日（1471年4月13日）），鎌室，公卿（[没]文明3（1471）年3月23日），公家（教具〔北畠・木造・大河内家（絶家）〕　のりとも　[没]文明3（1471）年3月23日），系西，国書（[没]文明3（1471）年3月23日），諸系，新潮（[没]文明3（1471）年3月23日），人名，戦人，日人

**北畠晴具** きたばたけはるとも
文亀3（1503）年～永禄6（1563）年　[別]晴具〔北畠・木造・大河内家（絶家）〕《はれとも》，北畠晴具《きたばたけはれとも》
戦国時代の武将、伊勢国司。
¶公卿（きたばたけはれとも　[没]永禄6（1563）年9

月)，公家(晴具〔北畠・木造・大河内家(絶家)〕　はれとも　[没]永禄6(1563)年9月17日)，系西，茶道，諸系，人名，戦人，日人

**北畠晴具**　きたばたけはれとも
→北畠晴具(きたばたけはるとも)

**北畠政郷**　きたばたけまささと
宝徳1(1449)年～永正5(1508)年
室町時代～戦国時代の武将、伊勢国司。
¶系西([生]?)，国書([没]永正5(1508)年12月4日)，諸系，人名，戦人([生]?)，日人

**北畠満雅**　きたばたけみつまさ
?　～正長1(1428)年
室町時代の武将、伊勢国司。
¶朝日([没]正長1年12月21日(1429年1月25日))，岩史([没]正長1(1428)年12月21日)，鎌室，系西([没]1429年)，国史，古中，コン改，コン4，史人([没]1428年12月21日)，諸系([没]1429年)，新潮([没]正長1(1428)年12月21日)，人名([生]1379年)，世人([没]正長1(1428)年12月21日)，日史([没]正長1(1428)年12月21日)，日人([没]1429年)，百科([没]永享1(1429)年)，歴大

**北畠守親**　きたばたけもりちか
生没年不詳
南北朝時代の公家、武将、歌人。
¶国書

**北原兼親**　きたはらかねちか
室町時代の武将。日向国真幸院領主。
¶姓氏鹿児島

**北原光次**　きたはらみつつぐ
天正17(1589)年～延宝6(1678)年
安土桃山時代～江戸時代前期の武将、陸奥会津藩家老。
¶藩臣2

**北半介**　きたはんすけ
安土桃山時代の武将。秀吉馬廻。
¶戦国，戦人(生没年不詳)

**北栄親**　きたひでちか
天正5(1577)年～寛文6(1666)年1月25日
安土桃山時代～江戸時代前期の武将。
¶国書

**北秀愛**　きたひでちか
?　～慶長3(1598)年
安土桃山時代の武将。
¶姓氏岩手，藩臣1

**貴田孫兵衛**　きだまごべえ
永禄2(1559)年～元和9(1623)年
戦国時代～江戸時代前期の武将。加藤清正の家臣。歌舞伎「彦山権現誓助太刀」の主人公毛谷村六助のモデル。
¶大分歴

**木田政氏**　きだまさうじ
鎌倉時代後期～南北朝時代の武将。
¶姓氏静岡

**喜多見勝忠**　きたみかつただ
→喜多見五郎左衛門(きたみごろうざえもん)

**北見喜右衛門**　きたみきうえもん
→北見喜右衛門(きたみきえもん)

**北見喜右衛門**　きたみきえもん
[別]北見喜右衛門《きたみきうえもん》
安土桃山時代～江戸時代前期の武士。里見氏家臣。
¶戦人(生没年不詳)，戦東(きたみきうえもん)

**喜多見五郎左衛門**　きたみごろうざえもん
*～寛永4(1627)年　[別]喜多見勝忠《きたみかつただ》
安土桃山時代～江戸時代前期の武将。徳川氏家臣。
¶茶道([生]1567年)，人名(喜多見勝忠　きたみかつただ　[生]1567年)，戦人([生]永禄11(1568)年)，日人(喜多見勝忠　きたみかつただ　[生]1568年　[没]1628年)

**北村清康**　きたむらきよやす
室町時代の武士。
¶姓氏鹿児島

**北村五助**　きたむらごすけ
安土桃山時代の武将。秀吉馬廻。
¶戦国，戦人(生没年不詳)

**喜多村三右衛門**　きたむらさんえもん
生没年不詳
安土桃山時代の武士。大坂冬・夏の陣で豊臣秀頼方について戦った。
¶大阪人

**北村宗左衛門**　きたむらそうざえもん
安土桃山時代の武将。秀吉馬廻。
¶戦国，戦人(生没年不詳)

**北村平三左衛門尉**　きたむらへいざえもんのじょう
戦国時代の武将。朝倉氏家臣。
¶戦西

**喜多村孫之丞**　きたむらまごのじょう
天正12(1584)年～承応2(1653)年　[別]喜多村政清《きたむらまさきよ》
安土桃山時代～江戸時代前期の武将、紀伊和歌山藩士。
¶藩臣5，和歌山人(喜多村政清　きたむらまさきよ)

**喜多村政清**　きたむらまさきよ
→喜多村孫之丞(きたむらまごのじょう)

**北安右衛門**　きたやすえもん
元亀2(1571)年～寛文4(1664)年12月8日
安土桃山時代～江戸時代前期の土豪、政所。
¶徳島歴

**北山播磨**　きたやまはりま
戦国時代の武将。葛西氏家臣。
¶戦東

**北六郎三郎**　きたろくろうさぶろう
天文19(1550)年～寛永12(1635)年
戦国時代～江戸時代前期の土豪。
¶徳島歴

**北若** きたわか
生没年不詳
安土桃山時代の織田信長の家臣。
¶織田

**木塚尾張守直喜** きつかおわりのかみなおよし
→木塚直喜（きつかなおよし）

**吉香経景** きっかつねかげ
鎌倉時代の武将。
¶姓氏静岡

**吉香経兼** きっかつねかね
鎌倉時代の武将。
¶姓氏静岡

**吉香友兼** きっかともかね
生没年不詳
鎌倉時代前期の駿河武将。
¶静岡百，静岡歴，姓氏静岡

**木塚直喜** きつかなおよし
[別]木塚尾張守直喜《きつかおわりのかみなおよし》
安土桃山時代の武士。竜造寺氏家臣。
¶戦人（生没年不詳），戦西（木塚尾張守直喜　きつかおわりのかみなおよし）

**吉香義景** きっかよしかげ
鎌倉時代の武将。
¶姓氏静岡

**吉川興経** きっかわおきつね
永正5（1508）年～天文19（1550）年
戦国時代の武士。
¶系西，諸系，戦人，日人

**吉川兼祐** きっかわかねすけ
生没年不詳
戦国時代の津淵村領主。
¶島根歴

**吉川国経** きっかわくにつね
嘉吉3（1443）年～享禄4（1531）年
室町時代～戦国時代の武士。
¶系西，諸系，戦人，日人

**吉川経秋** きっかわつねあき
生没年不詳
南北朝時代の土佐国守護。
¶高知人

**吉川経家**(1) きっかわつねいえ
生没年不詳
鎌倉時代の御家人。
¶兵庫百

**吉川経家**(2) きっかわつねいえ，きつかわつねいえ
天文16（1547）年～天正9（1581）年
安土桃山時代の毛利氏の武将。
¶朝日（[没]天正9年10月25日（1581年11月21日）），国史，古中，コン改，コン4，史人（[没]1581年10月25日），島根歴（[生]？），新潮（[没]天正9（1581）年10月25日），人名（[生]？），世人（[没]天正9（1581）年10月25日），戦合，戦人，戦補，鳥取百，日史（[没]天正9（1581）年10月25日），日人，百科，山口百（きつかわつねいえ）

**吉川経景** きっかわつねかげ
生没年不詳
南北朝時代の武士。
¶兵庫百

**吉川経兼** きっかわつねかね
生没年不詳
南北朝時代の武将。
¶鎌室，諸系，日人

**吉川経清** きっかわつねきよ
？～延元4/暦応2（1339）年
南北朝時代の武士。
¶兵庫百

**吉川経貞** きっかわつねさだ
生没年不詳
南北朝時代の在地領主。
¶島根歴

**吉川経茂** きっかわつねしげ
生没年不詳
鎌倉時代の在地領主、石見吉川氏祖。
¶島根歴

**吉川経高** きっかわつねたか
？～元応1（1319）年
鎌倉時代後期の武将。
¶系西

**吉川経信** きっかわつねのぶ
*～康正2（1456）年
室町時代の武将。
¶鎌室（[生]？），系西（[生]？），諸系（[生]1396年），日人（[生]1396年）

**吉川経見** きっかわつねはる
→吉川経見（きっかわつねみ）

**吉川経見** きっかわつねみ
？～永享7（1435）年　[別]吉川経見《きっかわつねはる》
室町時代の武将。
¶鎌室，系西（きっかわつねはる），諸系（きっかわつねはる），日人（きっかわつねはる）

**吉川経光** きつかわつねみつ，きっかわつねみつ
建久3（1192）年～文永4（1267）年　[別]藤原経光《ふじわらつねみつ》
鎌倉時代前期の武士。
¶鎌室（生没年不詳），諸系（きっかわつねみつ），日人（きっかわつねみつ），兵庫百（きっかわつねみつ　生没年不詳）

**吉川経基** きっかわつねもと
正長1（1428）年～永正17（1520）年
室町時代～戦国時代の国衆。
¶系西，諸系，戦人，日人

**吉川経安** きっかわつねやす
？～天正2（1574）年
戦国時代～安土桃山時代の武士。
¶島根歴（生没年不詳），戦人，日人

き

き

**吉川広家** きっかわひろいえ，きつかわひろいえ
永禄4（1561）年～寛永2（1625）年 [別]吉川経信《きっかわつねのぶ》，新庄侍従《しんじょうじじゅう》
安土桃山時代～江戸時代前期の毛利氏の武将。
¶朝日（[没]寛永2年9月21日（1625年10月22日）），角史，近世，系西，国史，国書（[生]永禄4（1561）年11月1日　[没]寛永2（1625）年9月21日），コン改，コン4，茶道，史人（[没]1625年9月21日），島根歴，諸系，新潮（[没]寛永2（1625）年9月21日），人名，姓氏山口（きつかわひろいえ），世人（[生]永禄4（1561）年11月1日　[没]寛永2（1625）年9月22日），戦合，戦国（[生]1562年），全書，戦人，戦西（[生]？），鳥取百（[生]永禄5（1562）年），日史（[没]寛永2（1625）年9月21日），日人，百科，山口百（きつかわひろいえ），歴大

**吉川元経** きっかわもとつね
長禄3（1459）年～大永2（1522）年
戦国時代の武士。
¶系西，諸系，戦人，日人

**吉川元長** きっかわもとなが，きつかわもとなが
天文17（1548）年～天正15（1587）年
安土桃山時代の武将。吉川元春の長子。
¶系西，国史，古中，諸系，新潮（[没]天正15（1587）年6月5日），人名，世人，戦合，戦国，戦人，鳥取百，日人，山口百（きつかわもとなが）

**吉川元春** きっかわもとはる，きつかわもとはる
享禄3（1530）年～天正14（1586）年 [別]毛利元春《もうりもとはる》
戦国時代～安土桃山時代の武将、毛利元就の次男、毛利の両川の一人。
¶朝日（[没]天正14年11月15日（1586年12月25日）），岩史（[没]天正14（1586）年11月15日），角史，系西，国史，古中，コン改，コン4，史人（[没]1586年11月15日），島根百（[没]天正14（1586）年11月15日），島根歴，重要（[没]天正14（1586）年11月15日），諸系，新潮（[没]天正14（1586）年11月15日），人名，姓氏山口（きつかわもとはる），世人（[没]天正14（1586）年11月15日），世百，戦合，戦国，全書，戦人，戦西（[生]？），大百，鳥取百，日史（[没]天正14（1586）年11月15日），日人，百科，広島百，山口百（きつかわもとはる），歴大

**吉川之経** きっかわゆきつね
*～文明9（1477）年
戦国時代の国衆。
¶系西（[生]？　[没]1500年），諸系（[生]1415年），戦人（[生]？），日人（[生]1415年）

**木付鎮直** きつきしげなお
？～文禄2（1593）年
安土桃山時代の武士。
¶戦人，戦西

**木付鎮秀** きつきしげひで
？～天正8（1580）年
安土桃山時代の武士。
¶戦人，戦西

**狐島吉次** きつねじまよしつぐ
生没年不詳
戦国時代～安土桃山時代の地侍。
¶織田，戦国，戦人

**喜連川国朝** きつれがわくにとも
元亀3（1572）年～文禄2（1593）年 [別]足利国朝《あしかがくにとも》
安土桃山時代の武将、大名。下野喜連川城主。
¶諸系，人名，戦国，戦辞（足利国朝　あしかがくにとも　[没]文禄2年2月1日（1593年3月3日）），戦人，栃木歴，日人，藩主1（[没]文禄2（1593）年2月1日）

**喜連川頼氏** きつれがわよりうじ
天正8（1580）年～寛永7（1630）年 [別]足利頼氏《あしかがよりうじ》
安土桃山時代～江戸時代前期の武将、大名。下野喜連川藩主。
¶諸系，人名，戦国，戦辞（足利頼氏　あしかがよりうじ　[生]？　[没]寛永7年6月13日（1630年7月22日）），戦人，栃木歴，日人，藩主1（[没]寛永7（1630）年6月13日）

**喜連川頼純** きつれがわよりずみ
？～慶長6（1601）年 [別]足利頼淳《あしかがよりずみ》，足利頼純《あしかがよりずみ》
安土桃山時代の武将。豊臣氏家臣。
¶戦国，戦辞（足利頼淳　あしかがよりずみ　[没]慶長6年5月14日（1601年6月14日）），戦人

**木戸休波** きどきゅうは
生没年不詳
戦国時代の膳城主・大宝寺城主。
¶戦辞

**木戸元斎** きどげんさい
生没年不詳
安土桃山時代～江戸時代前期の武将、歌人。
¶国書，埼玉人，庄内（[没]慶長9（1604）年3月）

**城所道寿** きどころどうじゅ
戦国時代の武将。武田家臣。三河一騎合衆。
¶姓氏山梨

**木戸左近大夫将監** きどさこんだゆうしょうげん
生没年不詳
戦国時代の古河公方の家臣。
¶戦辞

**木戸重朝** きどしげとも
？～天正2（1574）年閏11月
戦国時代の羽生城将。
¶埼玉人，戦辞（生没年不詳）

**城戸十乗坊** きどじゅうじょうぼう
安土桃山時代の武将。豊臣氏家臣。丹波和田城主。
¶戦国，戦人（生没年不詳）

**木戸孝範** きどたかのり
永享6（1434）年～？ [別]木戸孝範《きのへたかのり》
室町時代～戦国時代の武士、歌人。
¶江戸（きのへたかのり），国書，埼玉人，戦辞，

日人

**木戸忠朝** きどただとも
？ ～天正2(1574)年閏11月　[別]木戸忠朝《きだただとも》
戦国時代～安土桃山時代の武将。足利氏家臣。
¶群馬人(きだただとも　生没年不詳)，埼玉人，埼玉百，戦辞(生没年不詳)，戦人(生没年不詳)，戦東

**木戸範季** きどのりすえ
生没年不詳
南北朝時代の武将。
¶神奈川人

**木戸兵部少輔** きどひょうぶのしょう
→木戸兵部少輔(きどひょうぶのしょうゆう)

**木戸兵部少輔** きどひょうぶのしょうゆう
[別]木戸兵部少輔《きどひょうぶのしょう》
戦国時代の武将。足利氏家臣。
¶戦辞(きどひょうぶのしょう　生没年不詳)，戦東

**木戸法季** きどほうき
南北朝時代の武将、下野守護。
¶栃木歴

**木戸孫九郎** きどまごくろう
安土桃山時代～江戸時代前期の武士。里見氏家臣。
¶戦人(生没年不詳)，戦東

**木戸満範** きどみつのり
？ ～応永23(1416)年
室町時代の武将。鎌倉公方足利持氏の重臣。
¶朝日(生没年不詳)，神奈川人，鎌室，新潮([没]応永23(1416)年10月10日)，人名，日人

**衣笠直武** きぬがさなおたけ
天正16(1588)年～寛文8(1668)年
安土桃山時代～江戸時代前期の武将、三河岡崎藩士。
¶藩臣4

**衣笠範景** きぬがさのりかげ
生没年不詳
戦国時代～安土桃山時代の武将。
¶戦人

**杵淵小源太** きねぶちこげんた
？ ～養和1(1181)年
平安時代後期の武人。
¶長野歴

**杵淵重光** きねぶちしげみつ
？ ～養和1(1181)年
平安時代後期の武将。富部家俊の家臣。
¶人名，日人

**紀阿閉麻呂** きのあえまろ
→紀阿閇麻呂(きのあへまろ)

**紀阿閇麻呂**(紀阿閉麻呂) きのあへまろ，きのあべまろ
？ ～天武天皇3(674)年　[別]紀阿閉麻呂《きのあえまろ》，紀臣阿閉麻呂《きのおみあえまろ》
飛鳥時代の官人。壬申の乱の大海人皇子方の東道将軍。
¶朝日(紀阿閉麻呂　きのあえまろ　[没]天武3年2月14日(674年3月26日))，国史，古代(紀臣阿閉麻呂　きのおみあえまろ)，古中，コン改(紀阿閉麻呂　きのあべまろ)，コン4(紀阿閉麻呂　きのあべまろ)，史人(紀阿閉麻呂　[没]674年2月28日)，新潮([没]天武3(674)年2月28日)，人名(紀阿閉麻呂　きのあべまろ)，日人(紀阿閉麻呂　きのあえまろ)，和歌山人(紀阿閉麻呂)

**城井鎮房** きのいしげふさ
→宇都宮鎮房(うつのみやしげふさ)

**木上長秀** きのえながひで
戦国時代の武士。
¶戦人(生没年不詳)，戦西

**紀大磐** きのおいわ
→紀大磐(きのおおいわ)

**紀大磐** きのおおいわ
生没年不詳　[別]紀大磐《きのおいわ》，紀大磐宿禰《きのおいわのすくね，きのおおいわのすくね》
上代の朝鮮で活躍した将軍。
¶朝日，古代(紀大磐宿禰　きのおいわのすくね)，古中，コン改，コン4，史人，新潮，人名，世人，全書，日史，日人(きのおいわ)，百科，歴大(きのおいわ)，和歌山人(きのおいわ)

**紀大音** きのおおと
生没年不詳
飛鳥時代～奈良時代の豪族。壬申の乱で大海人皇子につく。
¶和歌山人

**紀岡前来目**(紀崗前来目) きのおかさきのくめ，きのおかざきのくめ
？ ～雄略天皇9(465)年　[別]紀崗前来目連《きのおかさきのくめのむらじ》
上代の豪族。新羅戦の戦死者。
¶古代(紀崗前来目連　きのおかさきのくめのむらじ)，日人(きのおかざきのくめ)，和歌山人(きのおかざきのくめ)

**城丘前来目** きのおかさきのくめ
上代の豪族。星川皇子の乱に加わり敗死。
¶古代，日人

**紀小鹿火** きのおかひ
[別]紀臣小鹿火《きのおみおかひ》
上代の中央豪族。新羅征伐軍に派遣された。
¶姓氏山口(紀臣小鹿火　きのおみおかひ)

**紀男麻呂** きのおまろ
生没年不詳　[別]紀男麻呂宿禰《きのおまろのすくね》
飛鳥時代の武将。任那再興の大将軍。
¶国史，古代(紀男麻呂宿禰　きのおまろのすくね)，古中，コン改，コン4，史人，新潮，人名，世人，日史，日人，百科，和歌山人

**紀小弓** きのおゆみ
？ ～雄略天皇9(465)年　[別]紀小弓宿禰《きのおゆみのすくね》
上代の武将。新羅遠征軍の将軍。

¶郷土奈良（生没年不詳），国史，古代（紀小弓宿禰　きのおゆみのすくね），古中，コン改（生没年不詳），コン4（生没年不詳），史人，新潮，人名，世人（生没年不詳），日人（生没年不詳），和歌山人



**紀堅麻呂　きのかたまろ**
？～天武天皇8（679）年　[別]紀臣堅麻呂《きのおみかたまろ》
飛鳥時代の壬申の乱の功臣。
¶古代（紀臣堅麻呂　きのおみかたまろ），人名，日人

**紀勝長　きのかつなが**
天平勝宝6（754）年～大同1（806）年　[別]紀朝臣勝長《きのあそんかつなが》
奈良時代～平安時代前期の公卿（中納言）。大納言紀船守の長男。蝦夷攻めに際し東山道の兵器を調査。
¶公卿（[没]大同1（806）年10月3日），古代（紀朝臣勝長　きのあそんかつなが），コン改，コン4，諸系，新潮，人名，姓氏京都，日人，平史

**紀木津魚　きのきづいお**
→紀木津魚（きのこつお）

**紀清経　きのきよつね**
生没年不詳
鎌倉時代の御家人。
¶姓氏宮城

**紀古佐美　きのこさみ**
天平5（733）年～延暦16（797）年　[別]紀朝臣古佐美《きのあそんこさみ》
奈良時代～平安時代前期の公卿（大納言，征東大将軍）。大納言紀麻呂の孫。蝦夷の征討に失敗。
¶朝日（[没]延暦16年4月4日（797年5月4日）），岩手百（[生]732年），角史，京都大，公卿（[没]延暦16（797）年4月4日），国史（[生]？），古史，古代（紀朝臣古佐美　きのあそんこさみ），古中（[生]？），コン改，コン4，史人（[没]797年4月4日），諸系，新潮（[生]天平5（733）年，（異説）天平4（732）年　[没]延暦16（797）年4月4日），人名，姓氏岩手（[生]？），姓氏京都，世人（[没]延暦16（797）年4月4日），世百，全書，日史（[没]延暦16（797）年4月4日），日人，百科，平史（[生]733年？），歴大（[生]？）

**紀木津魚　きのこつお**
生没年不詳　[別]紀朝臣木津魚《きのあそんこつお》，紀木津魚《きのきづいお》
奈良時代の武官。
¶古代（紀朝臣木津魚　きのあそんこつお），諸系，日人，平史（きのきづいお）

**紀古麻呂　きのこまろ**
生没年不詳　[別]紀朝臣古麻呂《きのあそんこまろ》
奈良時代の官人。騎兵大将軍。
¶古代（紀朝臣古麻呂　きのあそんこまろ），諸系，日史，日人，百科，歴大

**紀実春　きのさねはる**
生没年不詳
平安時代後期の武士。
¶平史

**木下家定　きのしたいえさだ**
天文12（1543）年～慶長13（1608）年
安土桃山時代～江戸時代前期の武将、大名。播磨姫路藩主、備中足守藩主。
¶朝日（[没]慶長13年8月26日（1608年10月4日）），岡山人，岡山百，岡山歴（[没]慶長13（1608）年8月20日），近世，国史，国書（[没]慶長13（1608）年8月26日），コン4，史人（[没]1608年8月26日），諸系，新潮（[没]慶長13（1608）年8月26日），戦合，戦国，戦人，戦西，日人，藩主3（[没]慶長13（1608）年8月27日），藩主4（[没]慶長13（1608）年8月26日），兵庫百，歴大

**木下雅楽助　きのしたうたのすけ**
→木下嘉俊（きのしたよしとし）

**木下一元　きのしたかずもと**
安土桃山時代の武士。豊臣氏家臣。
¶戦国，戦人（生没年不詳）

**木下勝俊　きのしたかつとし**
→木下長嘯子（きのしたちょうしょうし）

**木下勘兵衛　きのしたかんべえ**
～天正8（1580）年
安土桃山時代の武士。
¶大阪墓

**木下小次郎　きのしたこじろう**
安土桃山時代の武将。秀吉馬廻。
¶戦国，戦人（生没年不詳）

**木下重堅　きのしたしげかた**
→荒木重堅（あらきしげかた）

**木下四郎兵衛昌直　きのしたしろうべえまさなお**
→木下昌直（きのしたまさなお）

**木下周防守　きのしたすおうのかみ**
？～天正12（1584）年
安土桃山時代の武将。秀次の臣。
¶戦国

**木下助右衛門　きのしたすけえもん**
安土桃山時代の織田信長の家臣。
¶織田

**木下祐久　きのしたすけひさ**
？～天正12（1584）年　[別]杉原定利《すぎはらさだとし》
安土桃山時代の武士。織田氏家臣、豊臣氏家臣。
¶織田（[没]天正12（1584）年4月9日），戦国，戦人

**木下仙蔵　きのしたせんぞう**
安土桃山時代の武将。秀吉馬廻。
¶戦国，戦人（生没年不詳）

**木下太郎　きのしたたろう**
生没年不詳
安土桃山時代の織田信長の家臣。
¶織田

**木下長嘯子　きのしたちょうしょうし**
永禄12（1569）年～慶安2（1649）年　[別]木下勝俊《きのしたかつとし》，若狭宰相《わかささいしょ

う》, 若狭少将《わかさしょうしょう》, 長嘯《ちょうしょう》, 木下式部大輔《きのしたしきぶたいふ, きのしたしきぶたゆう》, 竜野侍従《たつのじじゅう》
安土桃山時代～江戸時代前期の大名、歌人。若狭小浜藩主、備中足守藩主。
¶愛知百（[没]1649年6月15日），朝日（[没]慶安2年6月15日（1649年7月24日）），岩史（[没]慶安2（1649）年6月15日），岡山人（木下勝俊　きのしたかつとし），岡山百（木下勝俊　きのしたかつとし　[没]慶安2（1649）年6月15日），岡山歴（木下勝俊　きのしたかつとし　[没]慶安2（1649）年6月15日），角史（木下勝俊　きのしたかつとし），京都，京都大，近世，国史，国書（[没]慶安2（1649）年6月15日），コン改，コン4，茶道，詩歌，史人（[没]1649年6月15日），諸系，人書94，新潮（[没]慶安2（1649）年6月15日），新文（[没]慶安2（1649）年6月15日），人名，姓氏愛知（[生]？），姓氏京都，世人（木下勝俊　きのしたかつとし），世百，戦合，戦国（木下勝俊　きのしたかつとし），全書，戦人（木下勝俊　きのしたかつとし），大百，日史（木下勝俊　きのしたかつとし　[没]慶安2（1649）年6月15日），日人，藩主3（木下勝俊　きのしたかつとし），藩主4（木下勝俊　きのしたかつとし　[没]慶安2（1649）年6月15日），百科，兵庫百，福井百（木下勝俊　きのしたかつとし），仏教（[没]慶安2（1649）年6月15日），文学，歴大，和俳（[没]慶安2（1649）年6月15日）

**木下俊定** きのしたとしさだ
？ ～慶長7（1602）年
安土桃山時代の武士。豊臣氏家臣。
¶戦国，戦人

**木下利匡** きのしたとしただ
？ ～天正12（1584）年
安土桃山時代の武士。豊臣氏家臣。
¶戦国，戦人

**木下利房** きのしたとしふさ
天正1（1573）年～寛永14（1637）年
安土桃山時代～江戸時代前期の大名。備中足守藩主。
¶岡山人，岡山歴（[生]天正2（1574）年　[没]寛永14（1637）年8月26日），近世，国史，史人（[没]1637年6月21日），諸系，新潮（[没]寛永14（1637）年6月21日），人名，戦合，戦国，戦人，日人，藩主4（[生]天正1（1573）年，（異説）天正2年　[没]寛永14（1637）年6月21日）

**木下延重** きのしたのぶしげ
安土桃山時代の武士。豊臣氏家臣。
¶戦国，戦人（生没年不詳）

**木下延俊** きのしたのぶとし
天正5（1577）年～寛永19（1642）年
安土桃山時代～江戸時代前期の武将、大名。豊後日出藩主。
¶大分歴，国書（[没]寛永19（1642）年1月7日），諸系，人名，戦国，戦人，日人，藩主4（[没]寛永19（1642）年1月7日）

**木下秀定** きのしたひでさだ
安土桃山時代の武士。豊臣氏家臣。
¶戦国，戦人（生没年不詳）

**木下秀規** きのしたひでのり
安土桃山時代の武将。秀吉馬廻。
¶戦国，戦人（生没年不詳）

**木下昌利** きのしたまさとし
安土桃山時代の武士。
¶戦国，戦人（生没年不詳），戦西

**木下昌直** きのしたまさなお
？ ～天正12（1584）年　[別]木下四郎兵衛昌直《きのしたしろうべえまさなお》
安土桃山時代の武士。
¶戦人，戦西（木下四郎兵衛昌直　きのしたしろうべえまさなお）

**木下宗連** きのしたむねつら
安土桃山時代の武将。秀吉馬廻。
¶戦国，戦人（生没年不詳）

**木下吉隆** きのしたよしたか
？ ～慶長3（1598）年
安土桃山時代の武将。秀吉馬廻。
¶人名，戦国，戦人，日人

**木下嘉俊** きのしたよしとし
？ ～＊　[別]木下雅楽助《きのしたうたのすけ》
安土桃山時代の武士。豊臣氏家臣。
¶織田（木下雅楽助　きのしたうたのすけ　[没]天正12（1584）年4月9日？），戦人（[没]天正12（1584）年）

**木下頼継** きのしたよりつぐ
？ ～慶長5（1600）年
安土桃山時代の武士。豊臣氏家臣。
¶戦国，戦人

**紀奉永** きのともなが
→池田奉永（いけだよしなが）

**紀奉光** きのともみつ
大治4（1129）年～養和1（1181）年
平安時代後期の武士。
¶平史

**紀成盛** きのなりもり
平安時代後期の西伯耆の豪族。
¶鳥取百

**紀久重** きのひさしげ
？ ～養和1（1181）年
平安時代後期の武士。
¶平史

**紀広純** きのひろずみ
？ ～宝亀11（780）年　[別]紀朝臣広純《きのあそんひろずみ》
奈良時代の官人、武将（参議）。大納言紀麻呂の孫。
¶朝日（[没]宝亀11年3月22日（780年5月1日）），公卿（[没]宝亀11（780）年3月24日），国史，古代（紀朝臣広純　きのあそんひろずみ），古中，コン改，コン4，史人（[没]780年3月22日），諸系，

新潮（㊀宝亀11（780）年3月22日），人名，世人，日人，歴大

**紀船守** きのふなもり
天平3（731）年～延暦11（792）年 ㊝紀朝臣船守《きのあそんふなもり》
奈良時代の官人（大納言）。紀角宿禰10世の孫。藤原仲麻呂の乱で活躍。
¶朝日（㊀延暦11年4月2日（792年4月27日）），公卿（㊀延暦11（792）年4月2日），古代（紀朝臣船守 きのあそんふなもり），諸系，日人

**木戸孝範** きのへたかのり
→木戸孝範（きどたかのり）

**紀正重** きのまさしげ
平安時代後期～鎌倉時代前期の紀氏当主、宇都宮氏家臣。
¶栃木歴

**紀正泰** きのまさやす
? ～正平4/貞和5（1349）年
鎌倉時代後期～南北朝時代の勤王家。
¶人名，日人

**紀真人** きのまひと
天平19（747）年～延暦24（805）年 ㊝紀朝臣真人《きのあそんまひと》
奈良時代～平安時代前期の官人、武将。征東副将軍として蝦夷征討にあたったが大敗。
¶神奈川人，古代（紀朝臣真人 きのあそんまひと），諸系，日人，平史

**紀牟良自** きのむらじ
㊝紀朝臣牟良自《きのあそんむらじ》
奈良時代の武人。蝦夷征討で軍功。
¶古代（紀朝臣牟良自 きのあそんむらじ），日人（生没年不詳）

**木本彦六** きのもとひころく
戦国時代の武将。浅井氏家臣。
¶戦西

**木本宗元** きのもとむねもと
→木本宗元（きもとむねもと）

**来野弥一右衛門** きのやいちえもん
生没年不詳
安土桃山時代の武士。
¶国書

**紀吉足** きのよしたり
? ～延暦4（785）年?
平安時代前期の武士。
¶和歌山人

**紀淑人** きのよしと
生没年不詳 ㊝紀淑人《きのよしひと，きよしひと》
平安時代中期の官人。藤原純友の乱の追捕南海道使。
¶朝日，愛媛百（㊀天慶6（943）年），国史（きのよしひと），国書（きよしひと），古中（きのよしひと），コン改（㊀天慶6（943）年），コン4（㊀天慶6（943）年），史人（㊀943年），諸系（きのよしひと），新潮（きのよしひと），人名（㊀943年），姓氏京都（きのよしひと），世人（㊀天慶6（943）年），日人（きのよしひと），平史（きのよしひと ㊀948年ごろ），歴大（きのよしひと），和歌山人（きのよしひと）

**紀淑人** きのよしひと
→紀淑人（きのよしと）

**木原吉次** きはらよしつぐ
? ～慶長15（1610）年
戦国時代の武将。
¶静岡歴，姓氏静岡

**吉備武彦命** きびたけひこのみこと
→吉備武彦（きびのたけひこ）

**吉備津彦** きびつひこ
→吉備津彦命（きびつひこのみこと）

**吉備津彦命** きびつひこのみこと
㊝吉備津彦《きびつひこ》，大吉備津彦命《おおきびつひこのみこと》，大吉備津日子命《おおきびつひこのみこと》
上代の孝霊天皇の皇子、四道将軍の一人。西道に派遣されたという。
¶朝日，岩史，岡山人（大吉備津彦命 おおきびつひこのみこと），岡山百，岡山歴，国史，古中，コン改（吉備津彦 きびつひこ），コン4（吉備津彦 きびつひこ），史人，諸系，神史，新潮（吉備津彦 きびつひこ），人名（大吉備津彦命 おおきびつひこのみこと），世人（生没年不詳），日人，歴大（吉備津彦 きびつひこ）

**吉備海部赤尾** きびのあまのあかお
㊝吉備海部直赤尾《きびのあまのあたいあかお》
上代の新羅派遣将軍。
¶岡山歴（吉備海部直赤尾 きびのあまのあたいあかお），古代（吉備海部直赤尾 きびのあまのあたいあかお），日人

**吉備兄彦** きびのえひこ
上代の吉備国鎮将。
¶岡山人

**吉備尾代** きびのおしろ
㊝吉備臣尾代《きびのおみおしろ，きびのおみおよ》
上代の征新羅将軍。
¶岡山人（吉備臣尾代 きびのおみおよ），岡山百（吉備臣尾代 きびのおみおしろ），岡山歴（吉備臣尾代 きびのおみおしろ），古代（吉備臣尾代 きびのおみおしろ），日人

**吉備弟君** きびのおときみ，きびのおとぎみ
→吉備上道弟君（きびのかみつみちのおときみ）

**吉備小梨** きびのおなし
㊝吉備臣小梨《きびのおみおなし》
上代の任那日本府将軍。
¶岡山歴（吉備臣小梨 きびのおみおなし），古代（吉備臣小梨 きびのおみおなし），日人

**吉備尾代** きびのおよ
→吉備尾代（きびのおしろ）

## 吉備上道兄君　きびのかみつみちのえきみ
㊞吉備上道臣兄君《きびのかみつみちのおみえきみ》
上代の豪族。星川皇子の乱で敗死。
¶岡山歴（吉備上道臣兄君　きびのかみつみちのおみえきみ），古代（吉備上道臣兄君　きびのかみつみちのおみえきみ），日人

## 吉備上道弟君　きびのかみつみちのおときみ
㊞吉備上道臣弟君《きびのかみつみちのおみおときみ》,吉備弟君《きびのおときみ,きびのおとぎみ》
上代の吉備国の豪族。征新羅将軍。
¶岡山歴（吉備弟君　きびのおとぎみ），岡山歴（吉備上道臣弟君　きびのかみつみちのおみおときみ），古代（吉備上道臣弟君　きびのかみつみちのおみおときみ），コン改（生没年不詳），コン4（生没年不詳），人名（吉備弟君　きびのおときみ），日人

## 吉備上道田狭　きびのかみつみちのたさ
→吉備田狭（きびのたさ）

## 吉備鴨別　きびのかもわけ
㊞鴨別《かものわけ,かもわけ》,鴨別命《かもわけのみこと》
上代の古代伝承上の豪族、武人。
¶岡山人（鴨別命　かもわけのみこと），岡山歴（鴨別　かものわけ），古代（鴨別　かもわけ），日人

## 吉備下道前津屋　きびのしもつみちのさきつや
㊞吉備下道臣前津屋《きびのしもつみちのおみさきつや》
上代の地方豪族。不敬を理由に雄略天皇に殺された。
¶岡山人（吉備下道臣前津屋　きびのしもつみちのおみさきつや），岡山歴（吉備下道臣前津屋　きびのしもつみちのおみさきつや），古史（生没年不詳），古代（吉備下道臣前津屋　きびのしもつみちのおみさきつや），日人

## 吉備武彦　きびのたけひこ
㊞吉備武彦命《きびたけひこのみこと,きびのたけひこのみこと》
上代の日本武尊の従者。稚武吉備津彦命の孫。
¶岡山人（吉備武彦命　きびのたけひこのみこと），岡山歴（吉備武彦命　きびたけひこのみこと），古代，コン改，コン4，人名，新潟百（生没年不詳），日人

## 吉備武彦命　きびのたけひこのみこと
→吉備武彦（きびのたけひこ）

## 吉備田狭　きびのたさ
㊞吉備上道臣田狭《きびのかみつみちのおみたさ》,吉備上道臣田狭《きびのかみつみちのおみたさ》
上代の伝説中の人物、任那国司。雄略天皇に妻を盗まれ、新羅に降って反乱。
¶朝日（吉備上道田狭　きびのかみつみちのたさ），岡山人（吉備上道臣田狭　きびのかみつみちのおみたさ），岡山歴（吉備上道臣田狭　きびのかみつみちのおみたさ），古史（吉備上道田狭　きびのかみつみちのたさ　生没年不詳），

古代（吉備上道臣田狭　きびのかみつみちのおみたさ），古中，コン改（吉備上道田狭　きびのかみつみちのたさ　生没年不詳），コン4（吉備上道田狭　きびのかみつみちのたさ　生没年不詳），史人，重要（生没年不詳），新潮（吉備上道田狭　きびのかみつみちのたさ），人名，世人（生没年不詳），全書（生没年不詳），日史（生没年不詳），日人（吉備上道田狭　きびのかみつみちのたさ），百科（生没年不詳），歴大

## 吉備山　きびのやま
㊞吉備臣山《きびのおみやま》
上代の豪族。不敬で雄略天皇に殺された下道前津屋と同一人物か。
¶古代（吉備臣山　きびのおみやま），日人

## 木船与惣右衛門　きふねよそうえもん
戦国時代の武将。大崎氏家臣。
¶戦東

## 黄文大伴（貴文大伴）　きぶみのおおとも,きふみのおおとも
?　～和銅3（710）年　㊞黄文連大伴《きぶみのむらじおおとも》,貴文大伴《きぶみおおとも》
飛鳥時代の武将。壬申の乱の大海人皇子側の功臣。
¶朝日（㊞和銅3年10月14日（710年11月9日）），古代（黄文連大伴　きぶみのむらじおおとも），コン改（きふみのおおとも），コン4（きふみのおおとも），史人（㊞710年10月14日），新潮（㊞和銅3（710）年10月），人名（貴文大伴　きぶみおおとも），日人

## 岐部左近入道　きべさこんにゅうどう
?　～慶長5（1600）年
安土桃山時代の武将。大友氏家臣。
¶戦西

## 木部貞朝　きべさだとも
?　～天正19（1591）年
戦国時代～安土桃山時代の木部の城主。
¶群馬人，姓氏群馬

## 岐部信泰　きべのぶやす
?　～慶長5（1600）年
安土桃山時代の武将。
¶戦人

## 木部範虎　きべのりとら
?　～天正10（1582）年
安土桃山時代の武将。
¶姓氏山梨，戦人

## 木全又左衛門　きまたまたざえもん
㊞木全又左衛門《こまたまたざえもん》
安土桃山時代の武将。秀吉馬廻。
¶戦国（こまたまたざえもん），戦人（生没年不詳）

## 木俣守勝　きまたもりかつ
弘治1（1555）年～慶長15（1610）年
安土桃山時代～江戸時代前期の近江彦根藩家老。
¶国書（生没年不詳），人名，日人，藩臣4

## 木俣守安　きまたもりやす
天正13（1585）年～延宝1（1673）年
安土桃山時代～江戸時代前期の武将、近江彦根藩

家老。
¶人名(生?), 日人, 藩臣4

**木全六郎三郎** きまたろくろさぶろう
生没年不詳
安土桃山時代の織田信長の家臣。
¶織田



**来海秀重** きまちひでしげ
生没年不詳
南北朝時代～室町時代の隠岐国守護代。
¶島根歴

**君ヶ袋兼継** きみがふくろかねつぐ
? ～天正18(1590)年 [別]君ヶ袋九郎左衛門兼継《きみがふくろくろうざえもんかねつぐ》
安土桃山時代の武士。大崎氏家臣。
¶戦人, 戦東(君ヶ袋九郎左衛門兼継 きみがふくろくろうざえもんかねつぐ)

**君ヶ袋九郎左衛門兼継** きみがふくろくろうざえもんかねつぐ
→君ヶ袋兼継(きみがふくろかねつぐ)

**吉彦秀武** きみこのひでたけ
生没年不詳 [別]吉彦秀武《きみこひでたけ》
平安時代中期の出羽の出羽清原一族の武将。
¶秋田百, 岩手百(きみこひでたけ), 姓氏岩手, 平史

**吉彦秀武** きみこひでたけ
→吉彦秀武(きみこのひでたけ)

**吉弥侯部都留岐** きみこべのつるき, きみこべのつるぎ
生没年不詳
平安時代前期の豪族。北奥蝦夷首長の1人。
¶秋田百(きみこべのつるぎ), 岩手百, 姓氏岩手(きみこべのつるぎ), 平史

**君嶋高親** きみじまたかちか
生没年不詳
戦国時代の宇都宮氏の重臣。
¶戦辞

**君塚兵庫助** きみづかひょうごのすけ
安土桃山時代の武将。里見氏家臣。
¶戦東

**金忠善** きむちゅんそん
? ～寛永20(1643)年 [別]金忠善《きんちゅうぜん》, 沙也可《さやか》
安土桃山時代の文禄役の日本人武将。朝鮮側に投降した。
¶朝日(生元亀2(1571)年), 岩史, 近世(きんちゅうぜん), 国史(きんちゅうぜん), 戦合(きんちゅうぜん), 日史(沙也可 さやか), 日人(きんちゅうぜん 生1571年), 歴大(きんちゅうぜん 生1571年 没?)

**木村** きむら
生没年不詳
戦国時代の北条氏勝の家臣。
¶戦辞

**木村右京** きむらうきょう
安土桃山時代の武将。豊臣秀頼に伺候。
¶戦国

**木村越後** きむらえちご
生没年不詳
安土桃山時代の武士。
¶戦人

**木村勝重** きむらかつしげ
? ～慶長5(1600)年
安土桃山時代の武士。豊臣氏家臣。
¶戦国, 戦人

**木村勝正** きむらかつまさ
? ～慶長13(1608)年
安土桃山時代～江戸時代前期の武士。
¶戦国, 戦人

**木村勘助** きむらかんすけ
天正18(1590)年～寛永14(1637)年
江戸時代前期の武士、日形領主。
¶姓氏岩手

**木村勘兵衛尉** きむらかんべえのじょう
戦国時代の苫田郡の武士。
¶岡山歴

**木村源五** きむらげんご
生没年不詳
安土桃山時代の織田信長の家臣。
¶織田

**木村定重** きむらさだしげ
安土桃山時代の武士。
¶戦国, 戦人(生没年不詳), 戦西

**木村重茲** きむらしげこれ
→木村常陸介(きむらひたちのすけ)

**木村重成** きむらしげなり
? ～元和1(1615)年 [別]木村長門守《きむらながとのかみ》
江戸時代前期の武将。豊臣秀頼に仕え、大坂夏の陣で戦死。
¶朝日(没元和1年5月6日(1615年6月2日)), 大阪人(没元和1(1615)年5月6日), 大阪墓(生文禄2(1593)年 没元和1(1615)年5月6日), 角史, 近世(木村長門守 きむらながとのかみ), 国史(木村長門守 きむらながとのかみ), 古中, コン改(生文禄2(1593)年), コン4(生文禄2(1593)年), 滋賀百(生1596年), 史人(没1615年5月6日), 新潮(没元和1(1615)年5月6日), 人名, 世人, 世百, 戦合(木村長門守 きむらながとのかみ), 戦国, 全書, 戦人, 大百, 日史(没元和1(1615)年5月6日), 日人, 百科, 歴大

**木村信濃守** きむらしなののかみ
生没年不詳
戦国時代の北条氏の家臣。
¶戦辞

**木村十兵衛** きむらじゅうべえ
生没年不詳
安土桃山時代の織田信長の家臣。
¶織田

**木村次郎左衛門** きむらじろうざえもん
生没年不詳
安土桃山時代の織田信長の家臣。
¶織田

**木村新九郎** きむらしんくろう
生没年不詳
戦国時代の武将。大沼城2代目城主。
¶姓氏愛知

**木村宗無** きむらそうむ
[別]宗無《そうむ》
安土桃山時代の武士。豊臣氏家臣。
¶戦国，戦人（生没年不詳）

**木村大膳** きむらだいぜん
安土桃山時代の武士。豊臣氏家臣。
¶戦国，戦人（生没年不詳）

**木村長兵衛** きむらちょうべえ
生没年不詳
安土桃山時代の武士。豊臣氏家臣。
¶戦人

**木村藤介** きむらとうすけ
安土桃山時代の武将。秀吉馬廻。
¶戦国，戦人（生没年不詳）

**木村藤兵衛** きむらとうべえ
生没年不詳
安土桃山時代の織田信長の家臣。
¶織田

**木村豊統** きむらとよむね
？ ～慶長5（1600）年
安土桃山時代の武士。豊臣氏家臣。
¶戦国，戦人

**木村虎松** きむらとらまつ
安土桃山時代の武将。豊臣秀頼に伺候。
¶戦国

**木村長門守** きむらながとのかみ
→木村重成（きむらしげなり）

**木村永光** きむらながみつ
戦国時代～安土桃山時代の武人、画家。
¶人名，日人（生没年不詳）

**木村信綱** きむらのぶつな
鎌倉時代の都賀郡木村保の領主、幕府御家人。
¶栃木歴

**木村常陸介** きむらひたちのすけ
？ ～文禄4（1595）年 [別]木村重茲《きむらしげこれ》，木村常陸介重茲《きむらひたちのすけしげとも》
安土桃山時代の武将、茶人、千利休の台子七人衆の一人。
¶朝日（[没]文禄4年7月15日（1595年8月20日）），大阪墓（木村常陸介重茲 きむらひたちのすけしげとも [没]文禄4（1595）年7月），京都大，近世，国史，茶道，史人（[没]1595年7月15日），新潮（[没]文禄4（1595）年7月15日），人名，戦合，戦国，戦辞（[没]文禄4年7月15日（1595年8月20日）），戦人，戦西（木村重茲 きむらしげこれ），日史（[没]文禄4（1595）年7月15日），日人，百科，歴大

**木村常陸介重茲** きむらひたちのすけしげとも
→木村常陸介（きむらひたちのすけ）

**木村秀望** きむらひでもち
？ ～元和1（1615）年
安土桃山時代～江戸時代前期の武士。豊臣氏家臣。
¶戦国，戦人

**木村又蔵** きむらまたぞう
生没年不詳
安土桃山時代の勇士。
¶国書，人名，日人

**木村弥左衛門** きむらやざえもん
生没年不詳
安土桃山時代の織田信長の家臣。
¶織田

**木村安信** きむらやすのぶ
？ ～天文2（1533）年
戦国時代の大沼城城主。
¶姓氏愛知

**木村吉清** きむらよしきよ
？ ～慶長3（1598）年
安土桃山時代の武将。豊臣秀吉の家臣。
¶朝日，神奈川人（[没]1600年），史人（[没]1598年12月），人名，姓氏岩手（生没年不詳），姓氏神奈川（[没]1600年），姓氏宮城，戦国，戦人，日史（[没]文禄4（1595）年，（異説）慶長1（1596）年），日人，百科（[没]文禄4（1595）年，（異説）慶長1（1596）年），宮城百（生没年不詳），歴大（生没年不詳）

**木村由信** きむらよしのぶ
？ ～慶長5（1600）年
安土桃山時代の武将。
¶戦国，戦人

**肝付兼亮** きもつきかねあき
→肝付兼亮（きもつきかねすけ）

**肝付兼篤** きもつきかねあつ
戦国時代の薩摩国給黎郡領主。
¶姓氏鹿児島

**肝付兼興** きもつきかねおき
明応1（1492）年～天文2（1533）年
戦国時代の武将。
¶系西

**肝付兼重** きもつきかねしげ
生没年不詳
南北朝時代の武将。大隅肝属郡の国人。
¶朝日，鹿児島百（[没]正平6（1351）年ごろ），鎌室，国史，古中，コン改，コン4，史人（[没]1350年？），新潮，人名，姓氏鹿児島，日史，日人，宮崎百

**肝付兼亮** きもつきかねすけ
？ ～天正1（1573）年 [別]肝付兼亮《きもつきかねあき》
戦国時代の武士。

¶系西（きもつきかねあき　生没年不詳），戦人

**肝付兼続**　きもつきかねつぐ
永正8（1511）年～永禄9（1566）年
戦国時代の武士。
¶鹿児島百（[没]弘治2（1556）年），系西，姓氏鹿児島，戦人

**肝付兼演**　きもつきかねひろ
？　～天文21（1552）年
戦国時代の武士。
¶鹿児島百，姓氏鹿児島，戦人，戦西

**肝付兼寛**　きもつきかねひろ
永禄1（1558）年～天正18（1590）年
安土桃山時代の武士。
¶戦人，戦西

**肝付兼藤**　きもつきかねふじ
鎌倉時代の武将。
¶姓氏鹿児島

**肝付兼光**　きもつきかねみつ
？　～文明15（1483）年
室町時代～戦国時代の武将。
¶姓氏鹿児島

**肝付兼三**　きもつきかねみつ
戦国時代～安土桃山時代の武将。加治木城主。
¶姓氏鹿児島

**肝付兼固**　きもつきかねもと
戦国時代の大隅国溝辺領主。
¶姓氏鹿児島

**肝付兼護**　きもつきかねもり
*～慶長5（1600）年
安土桃山時代の武士。
¶系西（[生]1574年），戦人（[生]？）

**肝付兼盛**　きもつきかねもり
天文2（1533）年～天正6（1578）年
戦国時代～安土桃山時代の武士。
¶姓氏鹿児島，戦人，戦西

**肝付竹友**　きもつきたけとも
？　～天正1（1573）年
戦国時代～安土桃山時代の日向国志布志城志布志町）城主。
¶姓氏鹿児島

**肝衝難波**　きもつきのなにわ
飛鳥時代の隼人の首長。豪族。
¶古代，姓氏鹿児島，日人（生没年不詳）

**肝付良兼**　きもつきよしかね
天文4（1535）年～*
戦国時代の武士。
¶系西（[没]1566年），戦人（[没]元亀2（1571）年）

**木本宗元**　きもとむねもと
生没年不詳　[別]木本宗元《きのもとむねもと》，湯浅木本宗元《ゆあさきもとむねもと》
南北朝時代の武士。
¶鎌室，日人（きのもとむねもと）

**木山惟久**　きやまこれひさ
？　～文禄2（1593）年　[別]木山紹宅《きやましょうたく》
安土桃山時代の武士、連歌師。木山城主・赤井城主だったが、落城後に連歌の道へ。
¶国書（木山紹宅　きやましょうたく　[没]文禄2（1593）年閏9月2日），戦人，日人（木山紹宅　きやましょうたく）

**木山紹宅**　きやましょうたく
→木山惟久（きやまこれひさ）

**木山弾正**　きやまだんじょう
？　～天正17（1589）年
安土桃山時代の勇士。
¶熊本百（[没]天正17（1589）年11月5日），人名，日人

**久徳左近兵衛**　きゅうとくさこんひょうえ
生没年不詳
安土桃山時代の織田信長の家臣。
¶織田

**僥倖軒宗慶**　ぎょうこうけんそうけい
生没年不詳
戦国時代の甲斐武田晴信・勝頼の家臣。
¶戦辞

**京極安智**　きょうごくあんち
→京極高広(1)（きょうごくたかひろ）

**京極氏詮**　きょうごくうじあき
→佐々木氏詮（ささきうじあき）

**京極氏信**　きょうごくうじのぶ
承久2（1220）年～永仁3（1295）年　[別]佐々木氏信《ささきうじのぶ》
鎌倉時代後期の武将。京極氏の祖。信綱の子。
¶朝日（佐々木氏信　ささきうじのぶ　[没]永仁3年5月3日（1295年6月16日）），鎌室，鎌室（佐々木氏信　ささきうじのぶ　[生]？），郷土滋賀，滋賀百，諸系，新潮（[没]永仁3（1295）年6月7日），人名，人名（佐々木氏信　ささきうじのぶ），日人

**京極貞氏**　きょうごくさだうじ
？　～正平10/文和4（1355）年　[別]佐々木貞氏《ささきさだうじ》
南北朝時代の武将。
¶鎌室（佐々木貞氏　ささきさだうじ），諸系，新潮（[没]文和4/正平10（1355）年11月19日），日人

**京極高詮**　きょうごくたかあきら
→京極高詮（きょうごくたかのり）

**京極高氏**　きょうごくたかうじ
→佐々木高氏（ささきたかうじ）

**京極高数**　きょうごくたかかず
？　～嘉吉1（1441）年
南北朝時代～室町時代の守護大名。
¶朝日（[生]永和2/天授2（1376）年　[没]嘉吉1年6月24日（1441年7月12日）），鎌室，国史，古中，コン改，コン4，史人（[没]1441年6月24日），島根歴（[生]永和2（1376）年），諸系，新潮（[没]嘉吉1（1441）年6月24日），日人

**京極高清** きょうごくたかきよ
生没年不詳
室町時代～戦国時代の近江の武将。
¶鎌室，系西，国史，古中，コン改（[生]寛正1（1460）年？　[没]天文7（1538）年？），コン4（[生]寛正1（1460）年？　[没]天文7（1538）年？），史人（[生]1460年？　[没]1538年？），諸系，新潮（[生]寛政1（1460）年？　[没]天文7（1538）年？），人名，世人（[生]寛正1（1460）年？　[没]永正14（1517）年？），戦合，戦人，日人

**京極高次** きょうごくたかつぐ
永禄6（1563）年～慶長14（1609）年　[別]高次〔京極家〕《たかつぐ》，大溝侍従《おおみぞじじゅう》，大津宰相《おおつさいしょう》，八幡山侍従《はちまんやまじじゅう》
安土桃山時代～江戸時代前期の大名。小浜藩主。
¶朝日（[没]慶長14年5月3日（1609年6月4日）），岩史（[生]永禄6（1563）年8月　[没]慶長14（1609）年5月3日），織田（[没]慶長14（1609）年5月3日），角史，郷土滋賀，郷土福井，近世，公卿（[没]慶長14（1609）年5月3日），公家（高次〔京極家〕たかつぐ　[生]1563年　[没]慶長14年5月3日），系西，国史，古中，コン改，コン4，滋賀百，史人（[没]1609年5月3日），重要（[没]慶長14（1609）年5月3日），諸系，新潮（[生]永禄6（1563）年8月　[没]慶長14（1609）年5月3日），人名，世人（[没]慶長14（1609）年5月3日），世百，戦合，戦国，戦辞（[没]慶長14年5月3日（1609年6月4日）），全書，戦人，大百，日史（[生]永禄6（1563）年8月　[没]慶長14（1609）年5月3日），日人，藩主3（[生]永禄6（1563）年8月　[没]慶長14（1609）年5月3日），藩主3，百科，福井百，歴大

**京極高知** きょうごくたかとも
元亀3（1572）年～元和8（1622）年　[別]伊奈侍従《いなじじゅう》
安土桃山時代～江戸時代前期の大名。信濃飯田藩主、丹後宮津藩主。
¶朝日（[没]元和8年8月12日（1622年9月17日）），京都府，近世，国史，国書（[没]元和8（1622）年8月12日），古中，コン改，コン4，史人（[没]1622年8月12日），諸系，新潮（[没]元和8（1622）年8月12日），人名，姓氏京都，姓氏長野，世人，戦合，戦国，戦人，長野歴，日史（[没]元和8（1622）年8月12日），日人，藩主2，藩主3（[没]元和8（1622）年8月12日），百科，歴大

**京極高詮** きょうごくたかのり
正平7/文和1（1352）年～応永8（1401）年　[別]京極高詮《きょうごくたかあきら》，佐々木高詮《ささきたかあき》
南北朝時代～室町時代の守護大名、評定衆、侍所頭人。
¶朝日（[没]応永8年9月7日（1401年10月14日）），鎌室，鎌室（佐々木高詮　ささきたかあき　[生]？），コン改，コン4，島根人，島根歴（きょうごくたかあきら），諸系，新潮（[没]応永8（1401）年9月7日），人名，日人

**京極高秀(1)** きょうごくたかひで
？～弘治2（1556）年
戦国時代の武将、近江守護。
¶諸系，人名，日人

**京極高秀(2)** きょうごくたかひで
→佐々木高秀（ささきたかひで）

**京極高広(1)** きょうごくたかひろ
慶長4（1599）年～延宝5（1677）年　[別]京極安智《きょうごくあんち，きょうごくやすとも》
江戸時代前期の武将、大名。丹後宮津藩主。
¶朝日（[没]延宝5年4月22日（1677年5月23日）），京都（京極安智　きょうごくあんち），京都大（京極安智　きょうごくやすとも），京都府，近世，国史，国書（[没]延宝5（1677）年4月22日），コン改，コン4，茶道，史人（[没]1677年4月22日），諸系，新潮（[没]延宝5（1677）年4月22日），人名，戦合，日人，藩主3（[没]延宝5（1677）年4月22日）

**京極高広(2)** きょうごくたかひろ
→京極高峯（きょうごくたかみね）

**京極高光** きょうごくたかみつ
天授1/永和1（1375）年～応永20（1413）年
南北朝時代～室町時代の守護大名。
¶朝日（[没]応永20年8月19日（1413年9月14日）），鎌室，コン改，コン4，島根人，島根歴，諸系，新潮（[没]応永20（1413）年8月15日），人名，日人

**京極高峯** きょうごくたかみね
？～天文15（1546）年　[別]京極高広《きょうごくたかひろ》
戦国時代の武将、近江守護。
¶系西（京極高広　きょうごくたかひろ　生没年不詳），諸系，人名，日人

**京極高吉**（京極高佳） きょうごくたかよし
永正1（1504）年～天正9（1581）年
戦国時代～安土桃山時代の近江の武将。
¶系西（京極高佳　[生]1508年），国史，古中，史人（[没]1581年1月25日），諸系，新潮（[没]天正9（1581）年1月25日），人名，戦合，戦国（[生]1508年），戦人（[生]永正5（1508）年），日人

**京極内匠** きょうごくたくみ
？～＊
安土桃山時代の微塵流の剣術家。
¶人名（[没]1587年），日人（[没]1588年）

**京極忠高** きょうごくただたか
文禄2（1593）年～寛永14（1637）年
江戸時代前期の武将、大名。若狭小浜藩主、出雲松江藩主。
¶朝日（[没]寛永14年6月12日（1637年8月2日）），近世，国史，史人（[没]1637年6月12日），島根人，島根百（[没]寛永14（1637）年6月12日），島根歴，諸系，新潮（[没]寛永14（1637）年6月12日），人名，戦合，戦人，日人，藩主3，藩主4（[没]寛永14（1637）年6月12日）

**京極導誉**（京極道誉） きょうごくどうよ
→佐々木高氏（ささきたかうじ）

**京極備中** きょうごくびっちゅう
安土桃山時代～江戸時代前期の武士。

¶戦国, 戦人 (生没年不詳)

**京極秀詮** きょうごくひであき
→佐々木秀詮 (ささきひであき)

**京極秀綱** きょうごくひでつな
→佐々木秀綱 (ささきひでつな)

**京極秀春** きょうごくひではる
生没年不詳
南北朝時代の武家・歌人。
¶国書

**京極政経** きょうごくまさつね
享徳2 (1453) 年～文亀2 (1502) 年
戦国時代の守護大名。
¶朝日 ([没]永正5年10月25日 (1508年11月17日)), 鎌室, 島根人, 島根百 ([没]永正5 (1508) 年12月4日), 島根歴 ([没]永正5 (1508) 年), 諸系, 人名, 日人

**京極宗氏** きょうごくむねうじ
文永6 (1269) 年～嘉暦4 (1329) 年
鎌倉時代後期の武将。
¶国書 ([生]建長6 (1254) 年 [没]嘉暦4 (1329) 年7月16日), 諸系, 日人

**京極宗綱** きょうごくむねつな
宝治2 (1248) 年～永仁5 (1297) 年 [別]佐々木宗綱《ささきむねつな》
鎌倉時代後期の武将。
¶鎌室, 鎌室 (佐々木宗綱 ささきむねつな), 諸系, 人名, 日人

**京極持清** きょうごくもちきよ
応永14 (1407) 年～文明2 (1470) 年 [別]佐々木持清《ささきもちきよ》
室町時代の武将、侍所頭人。
¶朝日 ([没]文明2年8月4日 (1470年8月30日)), 鎌室 ([生]応永16 (1409) 年 [没]文明4 (1472) 年), 京都大 (生没年不詳), 国史, 古中, コン改 ([生]応永16 (1409) 年 [没]文明4 (1472) 年), コン4 ([生]応永16 (1409) 年 [没]文明4 (1472) 年), 史人 ([没]1470年8月4日), 島根人, 島根歴, 諸系, 新潮 ([没]文明2 (1470) 年8月4日), 人名, 姓氏京都, 戦合, 全書, 日史 (佐々木持清 ささきもちきよ [生]応永24 (1417) 年 [没]文明2 (1470) 年8月4日), 日人, 百科 (佐々木持清 ささきもちきよ [生]応永24 (1417) 年), 歴大

**京極持高** きょうごくもちたか
応永8 (1401) 年～永享11 (1439) 年
室町時代の武将。
¶島根人, 諸系, 日人

**京極持光** きょうごくもちみつ
*～永享11 (1439) 年
室町時代の武将。
¶鎌室 ([生]?), 島根歴 ([生]応永18 (1411) 年)

**京極安智** きょうごくやすとも
→京極高広(1) (きょうごくたかひろ)

**行田掃部助** ぎょうだかもんのすけ
戦国時代の武将。足利氏家臣。
¶戦辞 (生没年不詳), 戦東

**清久左衛門尉** きよくさえもんのじょう
鎌倉時代の武蔵武士。
¶埼玉百

**清久秀行** きよくひでゆき
生没年不詳
鎌倉時代前期の武蔵武士。
¶埼玉人

**清久泰行** きよくやすゆき
生没年不詳
南北朝時代の武士。
¶埼玉人

**清久山城守** きよくやましろのかみ
生没年不詳
南北朝時代の武士。
¶埼玉人

**清田鎮忠** きよたしげただ
? ～*
安土桃山時代の武士。
¶大分歴 ([没]天正15 (1587) 年), 戦人 ([没]天正8 (1580) 年), 戦西

**清野清受軒** (清野清入軒) きよのせいじゅけん
? ～文禄1 (1592) 年5月28日
戦国時代～安土桃山時代の武将。武田家臣。信濃先方衆。猿ヶ馬場城主。
¶姓氏長野 (生没年不詳), 姓氏山梨, 戦辞 (清野清入軒)

**清野満成** きよのみつなり
永禄8 (1565) 年～寛永6 (1629) 年
戦国時代の武将。
¶長野歴

**清野満秀** きよのみつひで
生没年不詳
戦国時代の信濃国衆。
¶戦辞

**清野美作守** きよのみまさかのかみ
? ～天正10 (1582) 年3月
戦国時代～安土桃山時代の信濃国衆。甲斐武田氏の重臣。
¶戦辞

**清原式部大夫** きよはらしきぶのたいふ
戦国時代の武将。足利氏家臣。
¶戦東

**清原高国** きよはらたかくに
生没年不詳
戦国時代の武将。
¶戦人

**清原秋雄** きよはらのあきお
弘仁3 (812) 年～貞観16 (874) 年
平安時代前期の武将。
¶諸系, 人名, 日人

**清原家衡** きよはらのいえひら
? ～寛治1 (1087) 年 [別]清原家衡《きよはらいえ

ひら》
平安時代後期の豪族。後三年の役で敗死。
¶秋田百（きよはらいえひら），朝日（[没]寛治1年11月14日（1087年12月11日）），角史，国史，古史，古中，コン改，コン4，史人（[没]1087年11月14日），重要，諸系，新潮（[没]寛治1（1087）年11月14日），人名，姓氏岩手，姓氏宮城，世人，世百，全書，大百，日史（[没]寛治1（1087）年11月14日），日人，百科，平史，歴大

**清原清定**　きよはらのきよさだ
生没年不詳
鎌倉時代前期の幕府公事奉行人、政所寄人。
¶朝日，日人

**清原清衡**　きよはらのきよひら
→藤原清衡（ふじわらのきよひら）

**清原貞衡**　きよはらのさだひら
生没年不詳
平安時代後期の豪族。
¶平史

**清原実俊**　きよはらのさねとし
生没年不詳　[別]清原実俊《きよはらさねとし》
平安時代後期～鎌倉時代前期の鎌倉幕府政所家司。
¶姓氏岩手（きよはらさねとし），平史

**清原真衡**　きよはらのさねひら
？　～永保3（1083）年
平安時代後期の豪族。清原氏の全盛期を築いた。
¶朝日，岩手百（生没年不詳），国史，古中，コン改，コン4，史人，諸系，新潮，姓氏岩手，姓氏宮城，日人，平史，歴大

**清原武貞**　きよはらのたけさだ
生没年不詳　[別]清原武貞《きよはらたけさだ》
平安時代中期の陸奥の武将・豪族。清原武則の嫡子。
¶秋田百（きよはらたけさだ），諸系，人名，日人

**清原武則**　きよはらのたけのり
生没年不詳　[別]清原武則《きよはらたけのり》
平安時代中期の出羽国の浮囚系有力豪族、鎮守府将軍。
¶秋田百（きよはらたけのり），朝日，岩史，岩手百，角史，国史，古史，古中，コン改，コン4，史人，重要，諸系，新潮，人名，姓氏岩手，姓氏宮城，世人，世百，全書，大百，日史，日人，百科，平史

**清原武衡**　きよはらのたけひら
？　～寛治1（1087）年　[別]清原武衡《きよはらたけひら》
平安時代中期～後期の武将・豪族。後三年の役で敗死。
¶秋田百（きよはらたけひら），朝日（[没]寛治1年11月14日（1087年12月11日）），角史，国史，古史，古中，コン改，コン4，史人（[没]1087年11月14日），諸系，新潮（[没]寛治1（1087）年11月14日），人名，姓氏宮城，世人，世百，全書，大百，日史（[没]寛治1（1087）年11月14日），日人，百科，平史

**清原武道**　きよはらのたけみち
生没年不詳
平安時代後期の武士。山北豪族清原氏の一族。
¶秋田百

**清原満定**　きよはらのみつさだ
建久6（1195）年～弘長3（1263）年
鎌倉時代前期の幕府評定衆。
¶朝日（[没]弘長3年11月2日（1263年12月4日）），日人

**清原光俊**　きよはらのみつとし
[別]清原光俊《きよはらみつとし》
鎌倉時代後期の清原流盆石の祖。
¶人名（きよはらみつとし），日人（生没年不詳）

**清原光頼**　きよはらのみつより
生没年不詳
平安時代中期のの出羽国の武将・豪族。
¶平史

**清原令望**　きよはらのよしもち
生没年不詳　[別]清原真人令望《きよはらのまひとよしもち》
平安時代前期の武官。小野春風に従い秋田城下の乱を平定。出羽清原氏の祖ともいわれる。
¶朝日，古代（清原真人令望　きよはらのまひとよしもち），日人，平史

**吉良氏朝**　きらうじとも
天文12（1543）年～慶長8（1603）年
安土桃山時代の武士。
¶諸系，姓氏神奈川，戦国，戦辞（[生]？　[没]慶長8年9月6日（1603年10月10日）），戦人，日人

**吉良氏広**　きらうじひろ
生没年不詳
戦国時代の武蔵世田谷城の城主。
¶戦辞

**吉良貞家**　きらさだいえ
生没年不詳
南北朝時代の武将、奥州管領。
¶朝日，神奈川人，鎌室，国史，古中，史人（[没]1354年？），諸系，新潮，姓氏宮城（[没]1354年），日史，日人，百科，宮城百（[没]文和2（1353）年），歴大

**吉良貞経**　きらさだつね
生没年不詳
南北朝時代の武士。吉良貞家の弟。
¶姓氏宮城

**吉良貞義**　きらさだよし
生没年不詳
鎌倉時代後期～南北朝時代の武将。足利尊氏と共に六波羅探題を滅亡させる。
¶朝日，鎌室，系東，史人，諸系，新潮，世人，日史，日人，百科

**吉良茂辰**　きらしげとき
生没年不詳
戦国時代～安土桃山時代の武将。
¶戦人

き

き

**吉良親貞** きらちかさだ
天文10(1541)年〜天正4(1576)年
安土桃山時代の武士。
¶高知人, 戦人, 戦西([生]?), 日人

**吉良親実** きらちかざね
永禄6(1563)年〜天正16(1588)年 [別]蓮池親実《はすいけちかざね》
安土桃山時代の武士。
¶高知人, 高知百, 人名([生]?), 人名(蓮池親実 はすいけちかざね), 戦人, 戦西([生]?), 日人

**吉良俊氏** きらとしうじ
生没年不詳
室町時代の武将。
¶系東, 諸系, 日人

**吉良長氏** きらながうじ
建暦1(1211)年〜正応3(1290)年
鎌倉時代後期の武将、三河西条城主。
¶鎌室, 系東, コン改, コン4, 諸系, 新潮([没]正応3(1290)年6月18日), 人名, 日人

**吉良宣経** きらのぶつね
生没年不詳
戦国時代の土佐の武将。
¶高知人([生]1514年 [没]1551年), 高知百([没]1551年), 国史, 古中, 史人, 新潮, 人名([生]1514年 [没]1551年), 戦合, 日人

**吉良宣直** きらのぶなお
生没年不詳
戦国時代の武将。
¶高知人

**吉良宣義** きらのぶよし
生没年不詳
戦国時代の武士。
¶高知人, 人名([没]1562年), 日人

**吉良治家** きらはるいえ
生没年不詳
南北朝時代の武士。吉良貞家の子。
¶姓氏宮城

**吉良満家** きらみついえ
生没年不詳
南北朝時代の奥州管領。吉良貞家の子。
¶姓氏宮城

**吉良満氏** きらみつうじ
生没年不詳
鎌倉時代前期の三河国の武将。
¶朝日, 系東, 諸系, 姓氏愛知, 日人

**吉良満貞** きらみつさだ
? 〜元中1/至徳1(1384)年
南北朝時代の武将。観応の擾乱で直義党として活動。
¶朝日([没]至徳1/元中1年9月5日(1384年9月20日)), 鎌室, 系東(生没年不詳), 国史, 古中, 史人([没]1384年9月5日), 諸系, 新潮([没]至徳1/元中1(1384)年9月5日), 人名, 世人, 日史([没]至徳1/元中1(1384)年9月5日), 日人, 百科([没]弘和3/永徳3(1383)年), 歴大

**吉良満義** きらみつよし
? 〜正平11/延文1(1356)年
南北朝時代の武将。観応の擾乱の直義党重鎮。
¶朝日([没]延文1/正平11年9月23日(1356年10月17日)), 系東, 国史, 古中, 史人([没]1356年9月23日), 諸系, 新潮([没]延文1/正平11(1356)年9月23日), 姓氏愛知(生没年不詳), 日人

**吉良統栄** きらむねひで
? 〜慶長5(1600)年
安土桃山時代の武士。
¶戦人, 戦西

**吉良持広** きらもちひろ
生没年不詳
戦国時代の武将、吉良庄主持清の子。
¶諸系, 人名, 日人

**吉良義昭** きらよしあき
生没年不詳 [別]吉良義昭《きらよしあきら》
戦国時代の武将。
¶系東([没]1568年?), 諸系(きらよしあきら), 人名(きらよしあきら), 姓氏愛知(きらよしあきら), 戦国(きらよしあきら), 戦人, 日人(きらよしあきら)

**吉良義昭** きらよしあきら
→吉良義昭(きらよしあき)

**吉良義定** きらよしさだ
永禄7(1564)年〜寛永4(1627)年9月15日
安土桃山時代〜江戸時代前期の武将。
¶国書

**吉良義郷** きらよしさと
生没年不詳
戦国時代の地方豪族・土豪。
¶系東, 戦人

**吉良義真** きらよしざね
応永29(1422)年? 〜文明13(1481)年
室町時代〜戦国時代の武将。
¶系東(生没年不詳), 諸系, 日人

**吉良義堯** きらよしたか
? 〜天文5(1536)年
戦国時代の地方豪族・土豪。
¶系東(生没年不詳), 諸系, 戦人(生没年不詳), 日人

**吉良義尚** きらよしなお
応永21(1414)年〜応仁1(1467)年
室町時代の武将。
¶系東(生没年不詳), 諸系, 日人

**吉良義信** きらよしのぶ
生没年不詳
室町時代〜戦国時代の武将。
¶系東, 諸系, 日人

**吉良義弥** きらよしみつ
天正14(1586)年〜寛永20(1643)年
安土桃山時代〜江戸時代前期の武士。高家。

¶近世，国史，国書（[没]寛永20（1643）年10月24日），史人（[没]1643年10月24日），諸系，新潮（[没]寛永20（1643）年10月24日），人名，世人（[没]寛永18（1641）年），戦合，戦人，日人

**吉良義元** きらよしもと
生没年不詳
戦国時代の武将。
¶系東

**吉良義安** きらよしやす
天文5（1536）年～永禄12（1569）年
戦国時代の地方豪族・土豪。
¶系東，諸系（生没年不詳），人名，戦人，日人（生没年不詳）

**吉良頼康** きらよりやす
生没年不詳
安土桃山時代の武将。
¶神奈川人，諸系，姓氏神奈川，戦国，戦辞（[没]永禄4年12月15日（1562年1月19日）），戦人，日人

**吉良良康** きらよりやす
室町時代の世田谷城主。
¶江戸東

**桐生助綱** きりうすけつな
*～元亀1（1570）年 [別]桐生助綱《きりゅうすけつな》
戦国時代の地方豪族・土豪。
¶群馬人（きりゅうすけつな [生]？），姓氏群馬（きりゅうすけつな 生没年不詳），戦人（[生]永正9（1512）年）

**桐生親綱** きりうちかつな
？ ～天正1（1573）年 [別]桐生親綱《きりゅうちかつな》
戦国時代～安土桃山時代の武将。
¶郷土群馬（きりゅうちかつな），戦人（生没年不詳）

**桐沢具繁** きりさわともしげ
生没年不詳
安土桃山時代の武士。上杉氏家臣。
¶戦辞，戦人

**切田勘之丞** きりたかんのじょう
戦国時代の武将。武田家臣。『甲陽軍鑑』では廿人衆頭の一人。
¶姓氏山梨

**切田兵庫介** きりたひょうごのすけ
？ ～天正19（1591）年
安土桃山時代の武将。
¶戦人

**桐原市正** きりはらいちのかみ
戦国時代の武将。小笠原氏家臣。
¶戦人（生没年不詳），戦東

**桐原源蔵** きりはらげんぞう
生没年不詳
室町時代の武士。
¶日人

**桐生助綱** きりゅうすけつな
→桐生助綱（きりうすけつな）

**桐生親綱** きりゅうちかつな
→桐生親綱（きりうちかつな）

**桐生六郎** きりゅうろくろう
？ ～寿永2（1183）年
平安時代後期の武将の郎等。
¶鎌室，群馬人（[没]養和1（1181）年），新潮，姓氏群馬（[没]1181年），日人，平史

**木脇祐昌** きわきすけまさ
→木脇祐昌（きわきひろまさ）

**木脇祐昌** きわきひろまさ
？ ～天正13（1585）年 [別]木脇祐昌《きわきすけまさ》
安土桃山時代の武士。
¶姓氏鹿児島（きわきすけまさ），戦人，戦西

**金采女** きんうねめ
永禄10（1567）年～明暦1（1655）年
安土桃山時代～江戸時代前期の戦国武士。
¶姓氏岩手

**金志川豊見親** きんすかーとぅゆみや
生没年不詳
戦国時代の宮古島東部の豪族。
¶沖縄百

**金太郎** きんたろう
→坂田公時（さかたのきんとき）

**金忠善** きんちゅうぜん
→金忠善（きむちゅんそん）

## 【く】

**空念** くうねん
戦国時代～安土桃山時代の僧。俗名川窪定氏として長宗我部氏に仕え、武功をあげるが本願寺に帰依。
¶戦西

**久貝市右衛門** くがいいちえもん
戦国時代の武士。本多忠勝の家臣。
¶人名

**久貝正勝** くがいまさかつ
？ ～天正15（1587）年
安土桃山時代の武将。今川氏家臣。
¶戦人，戦東，日人

**久貝正俊** くがいまさとし
天正1（1573）年～慶安1（1648）年
安土桃山時代～江戸時代前期の武士、初代大坂東町奉行。
¶大阪人，大阪墓（[没]慶安1（1648）年2月2日）

**久賀谷通清** くがやみちきよ
戦国時代の武将。佐竹氏家臣。
¶戦辞（生没年不詳），戦東

**九鬼浄隆　くききよたか**
？　～永禄3（1560）年
戦国時代の地方豪族・土豪。
¶系西，戦人

**九鬼五郎八　くきごろうはち**
→九鬼五郎八（くきごろはち）

**九鬼五郎八　くきごろはち**
？　～慶長5（1600）年　[別]九鬼五郎八《くきごろうはち》
安土桃山時代の武士。
¶戦人，戦補（くきごろうはち）

**九鬼定隆　くきさだたか**
生没年不詳
戦国時代の武将。
¶系西

**九鬼四郎兵衛　くきしろべえ**
天文20（1551）年～寛永18（1641）年　[別]九鬼広隆《くきひろたか》
安土桃山時代～江戸時代前期の武士。黒田家・藤堂家などに仕え、のち紀伊和歌山藩士。
¶藩臣5，和歌山人（九鬼広隆　くきひろたか）

**九鬼澄隆　くきすみたか**
？　～天正12（1584）年
安土桃山時代の地方豪族・土豪。
¶系西，戦人

**九鬼隆次　くきたかつぐ**
生没年不詳
室町時代の武将。
¶系西

**九鬼隆基　くきたかもと**
生没年不詳
南北朝時代の武将。
¶系西

**九鬼隆良　くきたかよし**
生没年不詳
南北朝時代の武将。
¶系西

**九鬼主殿助　くきとのものすけ**
？　～慶長5（1600）年
安土桃山時代の武士。
¶戦人，戦補

**九鬼広隆　くきひろたか**
→九鬼四郎兵衛（くきしろべえ）

**九鬼守隆　くきもりたか**
天正1（1573）年～寛永9（1632）年
安土桃山時代～江戸時代前期の武将、大名。志摩鳥羽藩主。
¶朝日（[没]寛永9年9月15日（1632年10月28日）），近世，国史，国書（[没]寛永9（1632）年9月15日），コン改，コン4，史人（[没]1632年9月15日），諸系，新潮（[没]寛永9（1632）年9月15日），人名，世人，戦合，戦国（[生]1575年），戦人，日人，藩主3（[没]寛永9（1632）年9月15日）

**九鬼泰隆　くきやすたか**
生没年不詳
戦国時代の地方豪族・土豪。
¶系西，戦人

**公暁　くぎょう**
正治2（1200）年～承久1（1219）年　[別]善哉《ぜんざい，ぜんや》
鎌倉時代前期の僧。2代将軍源頼家の子。3代将軍実朝を暗殺。
¶朝日（[没]承久1年1月27日（1219年2月13日）），岩史（[没]建保7（1219）年1月27日），角史，神奈川人，神奈川百，鎌倉，鎌室，郷土神奈川，国史，古中，コン改，コン4，史人（[没]1219年1月27日），重要（[没]承久1（1219）年1月27日），諸系，新潮（[没]承久1（1219）年1月27日），人名，世人（[没]承久1（1219）年1月27日），世百，全書，大百，日史（[没]承久1（1219）年1月27日），日人，百科，仏教（[没]建保7（1219）年1月27日），歴大

**九鬼嘉隆　くきよしたか**
天文11（1542）年～慶長5（1600）年
安土桃山時代の武将、大名。志摩鳥羽領主。九鬼水軍を率いた。
¶朝日（[没]慶長5年10月12日（1600年11月17日）），織田（[没]慶長5（1600）年10月12日），近世，系西，国史，古中，コン改，コン4，茶道，史人（[没]1600年10月12日），諸系，新潮（[没]慶長5（1600）年10月12日），人名，世人（[没]慶長5（1600）年10月12日），世百，戦合，戦国，戦辞（[没]慶長5年10月12日（1600年11月17日）），全書，戦人，大百，日史（[没]慶長5（1600）年10月12日），日人，藩主3（[没]慶長5（1600）年10月12日），百科，歴大

**久々利亀　くくりかめ**
？　～天正10（1582）年6月2日
戦国時代～安土桃山時代の織田信長の家臣。
¶織田

**久下信濃守　くげしなののかみ**
生没年不詳
戦国時代の山内上杉氏の家臣。
¶戦辞

**久下時重　くげときしげ**
生没年不詳
南北朝時代の武将。
¶鎌室，京都府，新潮，日人

**久下直光　くげなおみつ**
生没年不詳
平安時代後期～鎌倉時代前期の武蔵国の武士。
¶朝日，鎌室，コン4，埼玉人，埼玉百，新潮，日人

**久下兵庫助　くげひょうごのすけ**
生没年不詳
戦国時代の武士。三田氏、のち北条氏照家臣。
¶戦辞

**草加五郎右衛門　くさかごろうえもん**
天正6（1578）年～寛文6（1666）年
安土桃山時代～江戸時代前期の武士、岡山藩士。
¶岡山人

**日下部定好**(日下部定吉) **くさかべさだよし**
天文11(1542)年～元和2(1616)年
安土桃山時代～江戸時代前期の武士。織田氏家臣、徳川氏家臣。
¶織田([没]元和2(1616)年8月30日), 埼玉人, 人名([生]1541年), 戦国, 戦辞(日下部定吉 [没]元和2年8月30日(1616年10月10日)), 戦人, 日人

**日下部忠説 くさかべただとき**
[別]忠説《ただとき》
室町時代の武将、連歌師。
¶日人(生没年不詳), 俳句(忠説 ただとき)

**日下部朝定 くさかべともさだ**
生没年不詳
戦国時代の武将、連歌師。
¶日人

**草香部漢彦 くさかべのあやひこ**
[別]草香部吉士漢彦《くさかべのきしあやひこ》
上代の「日本書紀」にみえる武人。大伴室屋の部下。
¶古代(草香部吉士漢彦 くさかべのきしあやひこ), 日人

**草香部吉士漢彦 くさかべのきしあやひこ**
→草香部漢彦(くさかべのあやひこ)

**日下部子麻呂 くさかべのこまろ**
? ～宝亀4(773)年 [別]日下部宿禰子麻呂《くさかべのすくねこまろ》
奈良時代の官人。藤原仲麻呂の乱の鎮定に寄与。
¶朝日([没]宝亀4年5月17日(773年6月11日)), 古代(日下部宿禰子麻呂 くさかべのすくねこまろ), 日人

**日下部為行 くさかべのためゆき**
生没年不詳
平安時代後期の日田郡の豪族。
¶大分歴

**草苅景継 くさかりかげつぐ**
? ～天正3(1575)年
安土桃山時代の武将。
¶岡山人, 岡山歴([没]天正3(1575)年4月27日)

**草苅重継 くさかりしげつぐ**
永禄1(1558)年～元和2(1616)年4月25日
安土桃山時代の武将。
¶岡山人, 岡山歴

**草苅重久 くさかりしげひさ**
～天正6(1578)年
安土桃山時代の武将。
¶岡山人

**草苅志摩 くさかりしま**
安土桃山時代の武将。最上氏家臣。
¶戦東

**草苅虎之助**(草刈虎之助) **くさかりとらのすけ**
～天正16(1588)年8月7日
安土桃山時代の武将。最上氏家臣。
¶庄内(草刈虎之助), 戦東

**草苅衡継 くさかりもりつぐ**
? ～永禄12(1569)年6月12日
戦国時代の美作国北部の武将。
¶岡山歴

**草野定康 くさのさだやす**
生没年不詳
平安時代後期の武士。
¶鎌室, 人名, 日人

**草野経永 くさのつねなが**
生没年不詳
鎌倉時代後期の武将、神官。
¶鎌室, 人名, 日人

**草野永平 くさのながひら**
生没年不詳
鎌倉時代前期の武将。
¶鎌室, 人名, 日人, 福岡百

**草野永幸 くさのながゆき**
生没年不詳
南北朝時代の武将。
¶鎌室, 人名, 日人

**草深甚四郎 くさふかじんしろう, くさぶかじんしろう**
生没年不詳
室町時代の剣術家。
¶石川百(くさぶかじんしろう), 人書94, 姓氏石川(くさぶかじんしろう)

**草間綱俊 くさまつなとし**
[別]草間肥前守綱俊《くさまひぜんのかみつなとし》
安土桃山時代の武士。小笠原氏家臣。
¶戦人(生没年不詳), 戦東(草間肥前守綱俊 くさまひぜんのかみつなとし)

**草間肥前守綱俊 くさまひぜんのかみつなとし**
→草間綱俊(くさまつなとし)

**草間光元 くさまみつもと**
戦国時代の武将。武田家臣。備前守。信濃雁峰の城主か。
¶姓氏長野(生没年不詳), 姓氏山梨

**串木野忠道 くしきのただみち**
鎌倉時代前期の薩摩国串木野の領主。
¶姓氏鹿児島

**櫛田惣右衛門 くしだそううえもん**
→櫛田惣右衛門(くしだそうえもん)

**櫛田惣右衛門 くしだそうえもん**
[別]櫛田惣右衛門《くしだそううえもん》
安土桃山時代～江戸時代前期の武士。里見氏家臣。
¶戦人(生没年不詳), 戦東(くしだそううえもん)

**櫛田忠兵衛 くしだちゅうべえ**
生没年不詳
安土桃山時代の織田信長の家臣。
¶織田

**櫛田頼久 くしだよりひさ**
? ～天正5(1577)年
戦国時代～安土桃山時代の武将。
¶戦人

**久慈直治** くじなおはる
　天文23（1554）年〜天正19（1591）年
　戦国時代〜安土桃山時代の武士。
　　¶姓氏岩手

**櫛野茂晴** くしのしげはる
　生没年不詳
　戦国時代の武将。
　　¶戦人

**櫛引清長** くしびききよなが，くしひききよなが
　＊〜天正19（1591）年
　安土桃山時代の武将。
　　¶青森人（くしひききよなが　㊸天文9（1540）
　　年），戦人（㊸？）

**くしま淡路** くしまあわじ
　戦国時代の武将。武田家臣。岡部正綱配下の武
　辺者。
　　¶姓氏山梨

**福島安房守** くしまあわのかみ
　戦国時代の武将。今川氏家臣。
　　¶戦東

**福島伊賀守**⑴ くしまいがのかみ
　戦国時代の武将。後北条氏家臣。
　　¶戦東

**福島伊賀守**⑵ くしまいがのかみ
　戦国時代の武将。今川氏家臣。
　　¶戦東

**福島氏春** くしまうじはる
　生没年不詳
　戦国時代の今川氏の家臣。
　　¶戦辞

**福島右馬助** くしまうまのすけ
　戦国時代の武将。今川氏家臣。
　　¶戦東

**福島越前守** くしまえちぜんのかみ
　戦国時代の武将。今川氏家臣。
　　¶戦辞（生没年不詳），戦東

**福島左衛門** くしまさえもん
　生没年不詳
　戦国時代の北条氏の家臣。
　　¶戦辞

**久慈正則** くじまさのり
　生没年不詳
　安土桃山時代の武将。
　　¶戦人

**福島十郎左衛門** くしまじゅうろうざえもん
　生没年不詳
　戦国時代の武士。北条氏忠の家臣。
　　¶戦辞

**福島修理進** くしましゅりのじょう
　→福島修理進（くしましゅりのしん）

**福島修理進** くしましゅりのしん
　㋺福島修理進《くしましゅりのじょう》

　戦国時代の地頭。今川氏家臣。
　　¶戦辞（くしましゅりのじょう　生没年不詳），
　　戦東

**福島四郎右衛門** くしましろうえもん
　安土桃山時代の武士。後北条氏家臣。
　　¶戦人（生没年不詳），戦東

**福島助春** くしますけはる
　生没年不詳
　戦国時代の武将。今川氏家臣。
　　¶戦辞，戦人，戦東

**福島助昌** くしますけまさ
　戦国時代の武将。今川氏家臣。
　　¶戦辞（生没年不詳），戦東

**福島図書助** くしますしょのすけ
　戦国時代の武将。今川氏家臣。
　　¶戦東

**福島綱成** くしまつなしげ
　→北条綱成（ほうじょうつなしげ）

**福島出羽守** くしまでわのかみ
　生没年不詳
　戦国時代の岩付太田氏の家臣。
　　¶戦辞

**福島道宗** くしまどうしゅう
　戦国時代の武将。今川氏家臣。
　　¶戦東

**福島範為** くしまのりため
　戦国時代の武将。今川氏家臣。
　　¶戦辞（生没年不詳），戦東

**福島範能** くしまのりよし
　戦国時代の武将。今川氏家臣。
　　¶戦辞（生没年不詳），戦東

**福島八郎左衛門** くしまはちろうざえもん
　戦国時代の武将。今川氏家臣。
　　¶戦辞（生没年不詳），戦東

**福島春興** くしまはるおき
　戦国時代の武将。今川氏家臣。
　　¶戦辞（生没年不詳），戦東

**福島春久** くしまはるひさ
　生没年不詳
　戦国時代の武士。今川氏家臣。
　　¶戦辞，戦人，戦東

**福島春能** くしまはるよし
　生没年不詳
　戦国時代の今川氏の家臣。
　　¶戦辞

**福嶋肥後** くしまひご
　生没年不詳
　戦国時代の北条氏の家臣。
　　¶戦辞

**福島彦次郎** くしまひこじろう
　戦国時代の武将。今川氏家臣。
　　¶戦東

**福島彦太郎** くしまひこたろう
戦国時代の武将。今川氏家臣。
¶戦辞(生没年不詳)，戦東

**福島房重** くしまふさしげ
生没年不詳
戦国時代の岩付城主北条氏房の家臣。
¶戦辞

**福島弁千代** くしまべんちよ
生没年不詳
戦国時代の武将。
¶日人

**福島正成** くしままさなり
? ～天文5(1536)年
戦国時代の武将。今川氏家臣。
¶戦辞([没]大永1年12月23日(1522年1月20日))，戦人，戦東

**福島盛助** くしまもりすけ
戦国時代の武将。今川氏家臣。
¶戦東

**福島盛広** くしまもりひろ
生没年不詳
戦国時代の今川氏の家臣。
¶戦辞

**福島弥四郎** くしまやしろう
戦国時代の代官。今川氏家臣。
¶戦辞(生没年不詳)，戦東

**九条頼嗣** くじょうよりつぐ
→藤原頼嗣(ふじわらのよりつぐ)

**九条頼経** くじょうよりつね
→藤原頼経(ふじわらのよりつね)

**葛岡監物隆信** くずおかけんもつたかのぶ
戦国時代の武将。大崎氏家臣。
¶戦東

**葛岡太郎左衛門** くずおかたろうざえもん
戦国時代の武将。大崎氏家臣。
¶戦東

**楠川将綱** くすかわまさつな
生没年不詳
戦国時代の上杉氏の家臣。
¶戦辞

**樟磐手** くすのいわて
飛鳥時代の武将。大友皇子に仕えた。
¶人名，日人(生没年不詳)

**楠十郎** くすのきじゅうろう
? ～天正12(1584)年5月6日
戦国時代～安土桃山時代の織田信長の家臣。
¶織田

**楠長諳** くすのきちょうあん
→大饗正虎(おおあえまさとら)

**楠不伝** くすのきふでん
安土桃山時代～江戸時代前期の武士、武学の教授、由井正雪の師。
¶人名，日人(生没年不詳)

**楠木正家** くすのきまさいえ
? ～正平3/貞和4(1348)年
南北朝時代の南朝方の武将。
¶茨城百，鎌室，郷土茨城，国史，古中，コン改，コン4，史人([没]1348年1月5日)，諸系，新潮([没]貞和4/正平3(1348)年1月5日)，人名，日人，歴大

**楠木正勝**(楠正勝) くすのきまさかつ
? ～応永18(1411)年
室町時代の武将。正儀の子。
¶大阪人，鎌室(生没年不詳)，郷土奈良(楠正勝)，新潮(生没年不詳)，人名，日人(生没年不詳)

**楠木正成**(楠正成) くすのきまさしげ
? ～延元1/建武3(1336)年
鎌倉時代後期～南北朝時代の武将。元弘の変で後醍醐天皇の求めに応じて赤坂城に挙兵。翌年、千早城に再挙し、幕府の大軍を引きつけ討幕を成功に導いた。建武新政では河内守となり、足利尊氏が叛くと、官軍の将として湊川に迎え撃ち戦死した。
¶朝日([没]建武3/延元1年5月25日(1336年7月4日))，岩史([没]建武3/延元1(1336)年5月25日)，大阪人，大阪墓([生]永仁2(1294)年)，角史，鎌室，京都大([生]永仁2(1294)年)，国史，国書([生]永仁2(1294)年？ [没]延元1(1336)年5月25日)，古中，コン改([生]永仁2(1294)年)，コン4([生]永仁2(1294)年)，詩歌(楠正成)，史人([没]1336年5月25日)，重要([生]永仁2(1294)年？ [没]延元1/建武3(1336)年5月25日)，諸系，人書94([生]1294年)，神人(楠正成)，新潮([没]建武3/延元1(1336)年5月25日)，人名([生]1294年)，姓氏京都，世人([没]延元1/建武3(1336)年5月25日)，世百(楠正成)，全書([生]1294年)，大百，伝記，日史([没]建武3/延元1(1336)年5月25日)，日人，百科，兵庫人([生]永仁2(1294)年 [没]延元1(1336)年5月25日)，歴大

**楠木正季** くすのきまさすえ
? ～延元1/建武3(1336)年
鎌倉時代後期～南北朝時代の武将。楠木正成の弟。
¶朝日([没]建武3/延元1年5月25日(1336年7月4日))，鎌室，国史，古中，コン改，コン4，史人([没]1336年5月25日)，諸系，新潮([没]建武3/延元1(1336)年5月25日)，人名，世人([没]延元1/建武3(1336)年5月25日)，日人，歴大

**楠木正行**(楠正行) くすのきまさつら
? ～正平3/貞和4(1348)年
南北朝時代の武将。楠木正成の長男。四条畷の戦いで戦死。
¶朝日([没]貞和4/正平3年1月5日(1348年2月4日))，岩史([没]貞和4/正平3(1348)年1月5日)，大阪人，大阪墓([生]嘉暦1(1326)年 [没]正平3/貞和4(1348)年1月5日)，大阪墓，角史，鎌室，国史，古中，コン改([生]嘉暦1(1326)年)，コン4([生]嘉暦1(1326)年)，詩歌(楠正行)，史人([没]1348年1月5日)，重要([没]正平3/貞和4

（1348）年1月5日），諸系，人書94（㊱1326年），
神人（楠正行），新潮（㊲正中1（1324）年，（異
説）嘉暦1（1326）年　㊳貞和7/正平3（1348）年1
月5日），人名（㊱1326年），世人（㊳正平3/貞和
4（1348）年1月5日），世百（楠正行），全書
（㊱1326年），大百（㊱1326年？），日史（㊳貞和
4/正平3（1348）年1月5日），日人，百科，歴大

### 楠木正時　くすのきまさとき
? ～正平3/貞和4（1348）年
南北朝時代の武将。楠木正成の次男。
¶朝日（㊳貞和4/正平3年1月5日（1348年2月4
日）），鎌室，コン改，コン4，史人（㊳1348年1
月5日），諸系，新潮（㊳貞和4/正平3（1348）年
1月5日），人名，日人，歴大

### 楠木正辰　くすのきまさとき
生没年不詳
安土桃山時代の織田信長の家臣。
¶織田

### 楠正虎（楠木正虎）　くすのきまさとら
→大饗正虎（おおあえまさとら）

### 楠木正長　くすのきまさなが
文中1/応安5（1372）年～応仁2（1468）年10月
南北朝時代～戦国時代の武士。楠木正儀の三男。
¶大阪人

### 楠木正儀（楠正儀）　くすのきまさのり
生没年不詳
南北朝時代の武将。楠木正成の3男。衰退期の南
朝の中心的存在。
¶朝日，岩史，大阪人（㊱正中6（1329）年），角
史，鎌室，京都大，国史，古中，コン改，コン
4，史人，諸系，人書94，世人，世百（楠正儀），全
書，日史，日人，百科，歴大

### 楠木正元　くすのきまさもと
? ～＊
南北朝時代の勤王の武将。
¶人名（㊳1392年），日人（㊳1393年）

### 楠木光正　くすのきみつまさ
? ～永享1（1429）年
室町時代の武将。
¶鎌室，国史，古中，史人（㊳1429年9月24日），
新潮（㊳永享1（1429）年9月24日），人名，日人

### 楠六左衛門　くすのきろくざえもん
安土桃山時代～江戸時代前期の武士。里見氏家臣。
¶戦人（生没年不詳），戦東

### 葛浜行平　くずはまゆきひら
生没年不詳
鎌倉時代前期の武蔵武士。
¶埼玉人

### 楠浦昌勝　くすほまさかつ
生没年不詳
戦国時代の武田氏の近臣。信昌・信縄・信虎に仕
えた。
¶戦辞

### 葛巻政祐　くずまきまさすけ
生没年不詳
安土桃山時代の武将。
¶戦人

### 久世貞平　くぜさだひら
鎌倉時代前期の美作国西部の武士。
¶岡山歴

### 久世但馬　くぜたじま
? ～慶長16（1611）年
安土桃山時代の武士、松平秀康の臣。
¶人名，日人

### 久世長宣　くぜながのぶ
天文9（1540）年～永禄6（1563）年
戦国時代～安土桃山時代の武士。
¶諸系，日人

### 久世広長　くぜひろなが
? ～天文15（1546）年
戦国時代の武士。
¶諸系，日人

### 久世広宣　くぜひろのぶ
永禄4（1561）年～寛永3（1626）年
安土桃山時代～江戸時代前期の武将、徳川家康
の臣。
¶国書（㊳寛永3（1626）年3月19日），諸系，人名，
日人

### 久世広当　くぜひろまさ
慶長3（1598）年～万治3（1660）年
江戸時代前期の武士、百人組頭。
¶諸系，人名（㊱1597年），日人

### 久世又兵衛　くぜまたべえ
安土桃山時代の武士。豊臣氏家臣。
¶戦人，戦西（生没年不詳）

### 朽網鑑康　くたみあきやす
? ～天正14（1586）年　㊞朽網宗歴《くたみむね
ゆき》
安土桃山時代の武士。
¶大分歴（㊱文亀1（1501）年），国書（朽網宗歴
くたみむねゆき　㊳天正14（1586）年12月），戦
人，戦西

### 朽網鎮則　くたみしげのり
? ～天正15（1587）年
安土桃山時代の武士。
¶戦人，戦西

### 朽網親満　くたみちかみつ
生没年不詳
戦国時代の武士。
¶大分歴，系西，戦人，戦西

### 朽網宗歴　くたみむねゆき
→朽網鑑康（くたみあきやす）

### 百済敬福　くだらのきょうふく
→百済敬福（くだらのけいふく）

### 百済敬福　くだらのけいふく
文武天皇2（698）年～天平神護2（766）年　㊞百済

王敬福《くだらおうきょうふく，くだらのおうけいふく，くだらのこきしきょうふく，くだらのこきしけいふく，くだらのこにきけいふく，くだらのこにきしきょうふく，くだらのこにきしけいふく，くだらのこにきしのきょうふく》，百済敬福《くだらのきょうふく》
奈良時代の百済の帰化人・官人(非参議)。南典の弟。節度使・大将軍を歴任。
¶朝日(百済王敬福　くだらのこにきしけいふく　[没]天平神護2年6月28日(766年8月8日))，岩史(百済王敬福　くだらのこにきしきょうふく　[没]天平神護2(766)年6月28日)，角史(百済王敬福　くだらのおうけいふく)，公卿(百済王敬福　くだらのこにきしのきょうふく　[没]天平神護2(766)年6月28日)，国史(百済王敬福　くだらのこきしきょうふく)，古史(百済王敬福　くだらのこにきしきょうふく)，古代(百済王敬福　くだらのこにきしきょうふく)，古中(百済王敬福　くだらのこきしきょうふく)，コン改，コン4，史人(百済王敬福　くだらのこにきしきょうふく　[没]766年6月28日)，諸系(くだらのきょうふく)，新潮(百済王敬福　くだらのこきしけいふく　[没]天平神護2(766)年6月28日)，人名，姓氏宮城(百済王敬福　くだらのこにきしきょうふく)，世人(百済王敬福　くだらのこにきけいふく)，日史([没]天平神護2(766)年6月28日)，日人(くだらのきょうふく)，百科，宮城百(百済王敬福　くだらのこにきしきょうふく)，歴大(百済王敬福　くだらおうきょうふく)

**百済俊哲　くだらのしゅんてつ**
？～延暦14(795)年　[別]百済王俊哲《くだらのこきししゅんてつ，くだらのこにきししゅんてつ》，百済俊哲《くだらのこにきししゅんてつ》
奈良時代～平安時代前期の武官、陸奥鎮守将軍。
¶朝日(百済王俊哲　くだらのこにきししゅんてつ　[没]延暦14年8月7日(795年9月24日))，岩史(百済王俊哲　くだらのこにきししゅんてつ　[没]延暦14(795)年8月7日)，国史(百済王俊哲　くだらのこきししゅんてつ)，古代(百済王俊哲　くだらのこにきししゅんてつ)，古中(百済王俊哲　くだらのこきししゅんてつ)，コン改，コン4，史人(百済王俊哲　くだらのこにきししゅんてつ　[没]795年8月7日)，諸系，新潮(百済王俊哲　くだらのこきししゅんてつ　[没]延暦14(795)年8月7日)，人名，日人，平史(百済王俊哲　くだらのこきししゅんてつ)

**百済足人　くだらのたるひと**
？～宝亀1(770)年　[別]百済朝臣足人《くだらのあそんたるひと》
奈良時代の武官、鎮守副将軍。
¶朝日([没]宝亀1年5月12日(770年6月10日))，古代(百済朝臣足人　くだらのあそんたるひと)，日人

**朽木氏秀　くちきうじひで**
→朽木氏秀(くつきうじひで)

**朽木貞高　くちきさだたか**
→朽木貞高(くつきさだたか)

**朽木経氏　くちきつねうじ**
→朽木経氏(くつきつねうじ)

**朽木友綱　くちきともつな**
→朽木友綱(くつきともつな)

**朽木宣綱　くちきのぶつな**
→朽木宣綱(くつきのぶつな)

**朽木元綱　くちきもとつな**
→朽木元綱(くつきもとつな)

**口羽春良　くちばはるよし**
安土桃山時代の武将。毛利輝元の臣。
¶島根歴(生没年不詳)，戦国

**口羽通良　くちばみちよし**
？～天正10(1582)年
安土桃山時代の武士。
¶島根歴，戦人，戦西

**朽木氏秀　くつきうじひで**
生没年不詳　[別]朽木氏秀《くちきうじひで》
南北朝時代の武将。
¶鎌室，諸系，人名(くちきうじひで)，日人

**朽木貞清　くつきさだきよ**
生没年不詳
戦国時代の地方豪族・土豪。
¶系西，戦人

**朽木貞高　くつきさだたか**
生没年不詳　[別]朽木貞高《くちきさだたか》
室町時代の武将。将軍足利義政に近侍。
¶朝日，鎌室，コン改，コン4，諸系，新潮，人名(くちきさだたか)，日人

**朽木貞綱　くつきさだつな**
？～文明17(1485)年
室町時代～戦国時代の地方豪族・土豪。
¶系西(生没年不詳)，諸系，全書，戦人(生没年不詳)，日人

**朽木稙綱　くつきたねつな**
生没年不詳
戦国時代の武将。近江国高島郡朽木荘が本拠。
¶系西，滋賀百，諸系，日人

**朽木経氏　くつきつねうじ**
[別]朽木経氏《くちきつねうじ》
南北朝時代の武将。
¶岡山人(くちきつねうじ)，岡山歴，鎌室(生没年不詳)，諸系(生没年不詳)，人名(くちきつねうじ)，日人(生没年不詳)

**朽木友綱　くつきともつな**
慶長4(1599)年～寛文2(1662)年　[別]朽木友綱《くちきともつな》
江戸時代前期の武士、御書院番組頭。
¶諸系，人名(くちきともつな)，日人

**朽木宣綱　くつきのぶつな**
天正10(1582)年～寛文2(1662)年　[別]朽木宣綱《くちきのぶつな》
安土桃山時代～江戸時代前期の武将。豊臣氏家臣、徳川氏家臣。

¶諸系，人名（くちきのぶつな），戦国（[生]1583年），戦人，日人

**朽木晴綱**　くつきはるつな
永正15（1518）年～天文19（1550）年
戦国時代の地方豪族・土豪。
¶系西，戦人

**朽木元綱**　くつきもとつな
天文18（1549）年～寛永9（1632）年　[別]朽木元綱《くちきもとつな》
安土桃山時代～江戸時代前期の武将。
¶朝日（[没]寛永9年8月29日（1632年10月12日）），織田（[没]寛永9（1632）年8月29日），郷土滋賀（[生]1547年），近世，系西，国史，コン改，コン4，滋賀百，史人（[没]1632年8月29日），諸系，新潮（[没]寛永9（1632）年8月29日），人名（くちきもとつな），戦合，戦国，戦人，日史（[没]寛永9（1632）年8月29日），日人，百科，歴大

**朽木六兵衛**　くつきろくべえ
安土桃山時代の武将。秀吉馬廻。
¶戦国，戦人（生没年不詳）

**沓沢三郎**　くつざわさぶろう
安土桃山時代～江戸時代前期の地方豪族・土豪。
¶戦国，戦人（生没年不詳）

**忽那亀寿丸**　くつなきじゅまる
生没年不詳
戦国時代～安土桃山時代の武将。
¶国書

**忽那重勝**　くつなしげかつ
生没年不詳
南北朝時代の武士。
¶鎌室，史人，新潮，日人

**忽那重清**　くつなしげきよ
生没年不詳
鎌倉時代後期～南北朝時代の北朝方の武将。
¶朝日，愛媛百（[没]建武5（1338）年ころ），鎌室，国史，古中，史人，新潮，世人，日人

**忽那重義**　くつなしげよし
生没年不詳
鎌倉時代後期の伊予国の武将。
¶鎌室，国史，古中，史人，新潮，世人，日人

**忽那通著**　くつなつうちょ
→忽那通著（くつなみちあき）

**忽那通著**　くつなみちあき
？～天正7（1579）年　[別]忽那通著《くつなつうちょ》
戦国時代～安土桃山時代の武将。
¶戦人，戦補（くつなつうちょ）

**忽那義範**　くつなよしのり，くづなよしのり
生没年不詳
鎌倉時代後期～南北朝時代の南朝方の武将。
¶朝日，鎌室，郷土愛媛，国史，古中，コン改，コン4，史人，新潮，人名（くづなよしのり），世人，日人

**九津見清右衛門尉**　くつみせいうえもんのじょう
→九津見清右衛門尉（くつみせいえもんのじょう）

**九津見清右衛門尉**　くつみせいえもんのじょう
[別]九津見清右衛門尉《くつみせいうえもんのじょう》
戦国時代～安土桃山時代の武士。
¶戦人（生没年不詳），戦西（くつみせいうえもんのじょう）

**轡田肥後**　くつわだひご
戦国時代の上杉氏の武将。
¶姓氏富山

**轡田肥後守**　くつわだひごのかみ
？～天正7（1579）年
戦国時代～安土桃山時代の武将。
¶戦人

**轡田豊後**　くつわだぶんご
戦国時代の武将。
¶姓氏富山

**工藤市兵衛**　くどういちべい
→工藤市兵衛（くどういちべえ）

**工藤市兵衛**　くどういちべえ
[別]工藤市兵衛《くどういちべい》
安土桃山時代の武士。武田氏家臣、徳川氏家臣。
¶姓氏山梨，戦人（生没年不詳），戦東（くどういちべい）

**工藤右衛門尉貞行**　くどううえのもんのじょうさだゆき
→工藤貞行（くどうさだゆき）

**工藤景光**　くどうかげみつ
生没年不詳
鎌倉時代前期の武士。
¶鎌室，静岡百，静岡歴，人名，姓氏静岡，日人

**工藤喜盛**　くどうきせい
生没年不詳
戦国時代の武田氏・徳川氏の家臣。
¶戦辞

**工藤杲禅**　くどうこうぜん
生没年不詳
鎌倉時代後期の武士。
¶北条

**工藤貞祐**　くどうさだすけ
生没年不詳
鎌倉時代後期の武士。
¶北条

**工藤貞行**　くどうさだゆき
？～　[別]工藤右衛門尉貞行《くどううえのもんのじょうさだゆき》
鎌倉時代後期～南北朝時代の津軽の豪族。
¶青森人（工藤右衛門尉貞行　くどううえのもんのじょうさだゆき），青森百

**工藤重貞**　くどうしげさだ
？～*
南北朝時代～室町時代の武士、大内義弘の臣。

¶人名（[没]1399年），日人（[没]1400年）

**工藤茂光　くどうしげみつ**
？ ～治承4（1180）年　[別]工藤茂光《くどうもちみつ》，狩野茂光《かのうもちみつ，かのしげみつ》，藤原茂光《ふじわらのもちみつ》
平安時代後期の武士。源頼朝の挙兵に参陣。
¶朝日，鎌室，国史（くどうもちみつ），古中（くどうもちみつ），史人（くどうもちみつ　[没]1180年8月24日），新潮（[没]治承4（1180）年8月24日），人名，人名（狩野茂光　かのしげみつ），姓氏静岡（狩野茂光　かのうもちみつ），日人，平史（藤原茂光　ふじわらのもちみつ）

**工藤四郎左衛門　くどうしろうさえもん**
生没年不詳
鎌倉時代後期の武士。
¶姓氏岩手

**九藤深宮　くとうしんきゅう**
生没年不詳
安土桃山時代の織田信長の家臣。
¶織田

**工藤新左衛門　くどうしんざえもん，くどうしんさえもん**
生没年不詳
鎌倉時代後期の武将。
¶鎌室，コン改，コン4，新潮，人名，日人，北条（くどうしんさえもん）

**工藤祐経　くどうすけつね**
？ ～建久4（1193）年　[別]藤原祐経《ふじわらのすけつね》，伊東祐経《いとうすけつね》
平安時代後期の武士。曽我兄弟に父の仇として討たれた。
¶朝日，岩史（[没]建久4（1193）年5月28日），鎌倉，鎌室，国史，古中，コン改，コン4，史人（[没]1193年5月28日），静岡百，静岡歴，諸系，新潮（[没]建久4（1193）年5月28日），人名，姓氏静岡，世人（[没]建久4（1193）年5月28日），世百，全書，大百，日史（[没]建久4（1193）年5月28日），日人，百科，平史（藤原祐経　ふじわらのすけつね），宮崎百（[生]仁平2（1152）年），歴大

**工藤祐長　くどうすけなが**
？ ～寛喜3（1231）年
鎌倉時代前期の武将。
¶系西

**工藤高景　くどうたかかげ**
生没年不詳
鎌倉時代後期の武士。
¶北条

**工藤親光　くどうちかみつ**
？ ～文治5（1189）年　[別]狩野親光《かのうちかみつ，かのちかみつ》
平安時代後期の武士。
¶鎌室，静岡歴（狩野親光　かのうちかみつ），人名，人名（狩野親光　かのちかみつ），姓氏静岡（狩野親光　かのうちかみつ），日人

**工藤長門守　くどうながとのかみ**
戦国時代の甲斐武田氏の家臣。
¶姓氏山梨，戦辞（生没年不詳）

**工藤業綱　くどうなりつな**
生没年不詳
戦国時代の南部氏家臣。糠部郡上館村を領地とした。
¶姓氏岩手

**工藤信光　くどうのぶみつ**
鎌倉時代前期の武将。
¶人名

**工藤兵部少輔　くどうひょうぶしょうゆう**
生没年不詳
戦国時代の南部家家臣。
¶姓氏岩手

**工藤昌祐　くどうまさすけ**
生没年不詳
戦国時代の武田信縄の近臣。
¶戦辞

**工藤光泰　くどうみつやす**
生没年不詳
鎌倉時代の武士。
¶北条

**工藤茂光　くどうもちみつ**
→工藤茂光（くどうしげみつ）

**工藤行光　くどうゆきみつ**
生没年不詳
鎌倉時代前期の武士。
¶青森人（[生]文治5（1189）年ころ），岩手百，鎌室，人名，姓氏岩手，日人

**工藤吉隆　くどうよしたか**
？ ～文永1（1264）年
鎌倉時代前期の武士。
¶鎌室，人名，千葉百（[没]文永1（1264）年11月），日人，仏教（[生]天福1（1233）年　[没]文永1（1264）年11月11日）

**宮内高吉　くないたかよし**
→藤堂高吉（とうどうたかよし）

**救仁院成直　くにいんなりただ**
鎌倉時代の武士。
¶姓氏鹿児島

**国枝勝助　くにえだかつすけ**
戦国時代の武将。斎藤氏家臣。
¶戦西

**国枝佐渡守　くにえださどのかみ**
戦国時代の武将。斎藤氏家臣。
¶戦西

**国枝重光　くにえだしげみつ**
？ ～天文12（1543）年
戦国時代の武士。
¶戦人，戦西

**国枝重元　くにえだしげもと**
生没年不詳

安土桃山時代の織田信長の家臣。
¶織田

**国枝飛騨守** くにえだひだのかみ
戦国時代の武将。斎藤氏家臣。
¶戦西

**国枝古泰** くにえだふるやす
生没年不詳
安土桃山時代の織田信長の家臣。
¶織田

**国枝正助** くにえだまさすけ
戦国時代の武将。斎藤氏家臣。
¶戦西

**救仁郷頼世** くにごうよりつぐ
？ ～天文7（1538）年
戦国時代の新納氏の支城蓬原城の城主。
¶姓氏鹿児島

**国司元蔵** くにしげんぞう
？ ～慶長15（1610）年　[別]国司元蔵《くにしもとぞう》
安土桃山時代の武将。毛利輝元の臣。
¶姓氏山口（くにしもとぞう），戦国

**国司元相** くにしもとすけ
戦国時代の武士。
¶戦人（生没年不詳），戦西

**国司元蔵** くにしもとぞう
→国司元蔵（くにしげんぞう）

**国富源右衛門** くにとみげんえもん
天文15（1546）年～寛永9（1632）年
安土桃山時代～江戸時代前期の武将。宇喜多氏家臣。
¶岡山人，岡山歴（[没]寛永9（1632）年9月10日），戦西（[生]？）

**国富貞次** くにとみさだつぐ
天文15（1546）年～寛永9（1632）年
安土桃山時代～江戸時代前期の武士。宇喜多氏家臣。
¶戦人

**国富兵庫助** くにとみひょうごのすけ
生没年不詳
室町時代の丹後国の武将。
¶京都府

**国友藤二郎** くにともとうじろう
安土桃山時代の武将。
¶戦国

**国摩侶** くにまろ
上代の豪族、豊後の土蜘蛛。景行天皇に抵抗、滅ぼされた。
¶古代，日人

**邦通**（邦道） くにみち
→藤原邦通（ふじわらのくにみち）

**国安久行** くにやすひさゆき
生没年不詳
安土桃山時代～江戸時代前期の武士。佐竹氏家臣。
¶戦辞，戦人，戦東

**国吉甚左衛門** くによしじんざえもん
？ ～天正16（1588）年
安土桃山時代の武士。
¶戦人，戦西

**国吉信春** くによしのぶはる
安土桃山時代の武将。里見氏家臣。
¶戦東

**功刀左太夫** くぬぎさだゆう
戦国時代の武将。武田家臣。小宮山八左衛門と甲府連雀小路の玉屋という酒屋で酒を飲んだ話が『甲陽軍鑑』にある。
¶姓氏山梨

**久野忠宗** くのうただむね
[別]久野忠宗《くのただむね》
戦国時代の武将。今川氏家臣。
¶姓氏山梨（くのただむね），戦東

**久野宗隆** くのうむねたか
生没年不詳　[別]久野宗隆《くのむねたか》
戦国時代の武将。
¶戦辞（くのむねたか），戦人，戦東

**久能宗能**（久野宗能） くのうむねよし
→久野宗能（くのむねよし）

**久野元宗** くのうもとむね
？ ～永禄3（1560）年
戦国時代の武士。今川氏家臣。
¶戦人，戦東

**久野角之助** くのかくのすけ
戦国時代の武将。武田家臣。朝比奈信置配下の武辺者。
¶姓氏山梨

**久野四兵衛** くのしへえ
？ ～文禄1（1592）年
安土桃山時代の武士。
¶戦人，戦補

**久野忠宗** くのただむね
→久野忠宗（くのうただむね）

**九戸信仲** くのへのぶなか
？ ～天正17（1589）年
戦国時代～安土桃山時代の戦国武将。
¶姓氏岩手

**九戸政実** くのへまさざね
？ ～天正19（1591）年　[別]九戸政実《ここのえまさざね》
安土桃山時代の陸奥国の武将。
¶青森人，朝日，岩手百，近世，国史，コン4，史人，人名，姓氏岩手（[生]1536年），戦合，戦国（ここのえまさざね），戦人，日人，歴大（[生]1535年ころ）

**久野宗成** くのむねしげ
天正10（1582）年～寛永2（1625）年　[別]久野宗成《くのむねなり》
安土桃山時代～江戸時代前期の武将、紀伊和歌山

藩家老。
¶藩臣5，和歌山人（くのむねなり）

**久野宗隆** くのむねたか
→久野宗隆（くのうむねたか）

**久野宗成** くのむねなり
→久野宗成（くのむねしげ）

**久野宗能**（久能宗能） くのむねよし
大永7（1527）年〜慶長14（1609）年 [別]久能宗能《くのうむねよし》，久野宗能《くのうむねよし》
戦国時代〜安土桃山時代の武士。徳川氏家臣。
¶静岡歴，人名（久能宗能 [生]1528年），姓氏静岡，戦国（久能宗能 くのうむねよし [生]1528年），戦辞（[没]慶長14年10月8日（1609年11月4日）），戦人，戦東（くのうむねよし [生]1528年），日人

**九里三郎左衛門** くのりさぶろうざえもん
生没年不詳
安土桃山時代の織田信長の家臣。
¶織田

**九里備前守** くのりびぜんのかみ
？ 〜永正8（1511）年
戦国時代の武将。六角氏家臣。
¶戦西

**九里吉忠** くのりよしただ
戦国時代の武将。朝倉氏家臣。
¶戦西

**久場嘉按司** くばかあじ
生没年不詳 [別]久場嘉按司《くばかあずぃ》
室町時代の豪族。
¶沖縄百（くばかあずぃ），姓氏沖縄

**久場嘉按司** くばかあずぃ
→久場嘉按司（くばかあじ）

**久保勝正** くぼかつまさ
天文17（1548）年〜元和4（1618）年
安土桃山時代〜江戸時代前期の武士。織田氏家臣、豊臣氏家臣、徳川氏家臣。
¶戦国，戦人

**窪川外記** くぼかわげき
？ 〜天正7（1579）年
戦国時代〜安土桃山時代の武将。長宗我部氏家臣。
¶戦西

**窪川俊光** くぼかわとしみつ
？ 〜天正7（1579）年
戦国時代〜安土桃山時代の武士。長宗我部氏家臣。
¶戦人

**久保島石見守** くぼじまいわみのかみ
戦国時代の武将。武田家臣。永禄10年の諏訪五十騎交名にみえる。
¶姓氏山梨

**窪甚右衛門** くぼじんえもん
[別]窪甚右衛門尉《くぼじんえもんじょう》
安土桃山時代の武士。豊臣氏家臣。
¶戦人（生没年不詳），戦補（窪甚右衛門尉 くぼじんえもんじょう）

**窪甚右衛門尉** くぼじんえもんじょう
→窪甚右衛門（くぼじんえもん）

**久保惣左衛門尉** くぼそうざえもんのじょう
生没年不詳
戦国時代の北条氏の家臣。
¶戦辞

**久保田越後** くぼたえちご
戦国時代の武士。
¶戦人（生没年不詳），戦西

**久保田勝成** くぼたかつなり
〜慶安1（1648）年
安土桃山時代の武士。
¶岡山人

**久保但馬守** くぼたじまのかみ
生没年不詳
戦国時代の北条氏の家臣。
¶戦辞

**久保田新五右衛門** くぼたしんごえもん
天正1（1573）年〜寛文8（1668）年
安土桃山時代〜江戸時代前期の武士、越後新発田藩士。
¶人名，日人

**窪田経忠** くぼたつねただ
生没年不詳
戦国時代の武将。
¶戦人

**窪田秀重** くぼたひでしげ
生没年不詳
戦国時代の武士。北条氏家臣・伊豆郡代笠原綱信の手代。
¶戦辞

**窪田豊前入道** くぼたぶぜんにゅうどう
生没年不詳
戦国時代の武士。北条為昌の家臣。
¶戦辞

**窪田又五郎** くぼたまたごろう
戦国時代の武士。後北条氏家臣。
¶戦人（生没年不詳），戦東

**窪田吉方** くぼたよしかた
戦国時代の武将。朝倉氏家臣。
¶戦西

**窪田吉正** くぼたよしまさ
天文10（1541）年〜元和8（1622）年
安土桃山時代〜江戸時代前期の武蔵八王子邑主。
¶神奈川人，人名，日人

**窪寺大蔵丞** くぼでらおおくらのじょう
生没年不詳
戦国時代の武士。後北条氏家臣。
¶戦辞，戦人，戦東

**窪寺縫殿丞** くぼでらぬいのじょう
戦国時代の武将。武田家臣。『武田家過去帳』に甲斐の島十日市場に居住とみえる。

¶姓氏山梨

**窪庭図書** くぼにわずしょ
生没年不詳
戦国時代の土豪。
¶姓氏群馬

**久保肥前守** くぼひぜんのかみ
安土桃山時代の武将。長宗我部氏家臣。
¶戦西

**久保孫兵衛** くぼまごべえ
生没年不詳
戦国時代の北条氏の家臣。
¶戦辞

**久保宗安** くぼむねやす
生没年不詳
安土桃山時代の武士。長宗我部氏家臣。
¶戦人

**熊井忠基** くまいただもと
鎌倉時代前期の武士、源家譜代の臣。
¶人名，日人（生没年不詳）

**熊井戸重満**（熊井土重満） くまいどしげみつ
戦国時代の上野国衆小幡氏の家臣。対馬守。
¶姓氏山梨（熊井土重満），戦辞（生没年不詳）

**隈江匡久** くまえまさひさ
生没年不詳
戦国時代の武家・連歌作者。
¶国書

**熊谷小四郎直経** くまがいこしろうなおつね
→熊谷直経（くまがいなおつね）

**熊谷小太郎直孝** くまがいこたろうなおたか
治暦3（1067）年～大治5（1130）年
平安時代後期の武州日代、私市党の旗頭。
¶埼玉百

**熊谷左京** くまがいさきょう
戦国時代の武将。葛西氏家臣。
¶戦東

**熊谷左近** くまがいさこん
戦国時代の武将。葛西氏家臣。
¶戦東

**熊谷実長** くまがいさねなが
生没年不詳
戦国時代の武士。今川氏家臣。
¶戦人

**熊谷式部** くまがいしきぶ
戦国時代の武将。葛西氏家臣。
¶戦東

**熊谷治部丞** くまがいじぶのじょう
生没年不詳
安土桃山時代の織田信長の家臣。
¶織田

**熊谷新右衛門** くまがいしんえもん
→熊谷新右衛門（くまたにしんえもん）

**熊谷資直** くまがいすけなお
生没年不詳
鎌倉時代の武蔵武士。
¶埼玉人

**熊谷高直** くまがいたかなお
生没年不詳
戦国時代の武士、毛利元就の家臣。
¶諸系，人名，日人

**熊谷丹波** くまがいたんば
戦国時代の武将。葛西氏家臣。
¶戦東

**熊谷伝左衛門** くまがいでんざえもん
生没年不詳
安土桃山時代の織田信長の家臣。
¶織田

**熊谷直家** くまがいなおいえ
嘉応1（1169）年～承久3（1221）年　[別]平直家《たいらのなおいえ》
平安時代後期～鎌倉時代前期の武士。源頼朝の家臣。
¶朝日，鎌室，コン改（生没年不詳），コン4（生没年不詳），埼玉人（生没年不詳），埼玉百，諸系，新潮（[生]仁安2（1167）年　[没]建暦1（1211）年），人名，日人，平史（平直家　たいらのなおいえ）

**熊谷直勝** くまがいなおかつ
？～承久3（1221）年
鎌倉時代前期の武蔵武士・御家人。
¶埼玉人

**熊谷直国** くまがいなおくに
？～承久3（1221）年6月13日
鎌倉時代前期の武蔵武士。
¶埼玉人

**熊谷直実** くまがいなおざね
永治1（1141）年～承元2（1208）年　[別]平直実《たいらのなおざね》，蓮生《れんじょう，れんせい》
平安時代後期～鎌倉時代前期の武士。一の谷の戦で平敦盛を討つ。
¶朝日（[没]承元2年9月14日（1208年10月25日）），岩史（[没]承元2（1208）年9月14日），江戸，角史（[生]？），鎌倉，鎌室，京都大，京都府，国史，国書（蓮生　れんせい　[没]承元2（1208）年9月14日），古中，コン改，コン4，埼玉人（[没]承元2（1208）年9月14日），埼玉百（[生]1114年），史人（[没]1208年9月14日），重要（[没]承元2（1208）年9月14日），諸系，人書94，新潮（[没]承元2（1208）年9月14日），人名，姓氏京都，姓氏宮城，世人（[生]？　[没]承元2（1208）年9月14日），世百，全書，大百，日史（[没]承元2（1208）年9月14日），日人，百科，仏教（蓮生　れんせい　[没]承元2（1208）年9月14日），平史（平直実　たいらのなおざね），歴大，和歌山人（[没]1208年？）

**熊谷直季** くまがいなおすえ
平安時代後期の熊谷郷出身の武蔵武士。
¶埼玉百

**熊谷直純** くまがいなおずみ
生没年不詳
室町時代の武将。
¶鎌室，人名，日人

**熊谷直高** くまがいなおたか
？ 〜弘安7（1284）年7月13日
戦国時代の武将。葛西氏家臣。
¶埼玉人，戦東

**熊谷直経** くまがいなおつね
生没年不詳 [別]熊谷小四郎直経《くまがいこしろうなおつね》
南北朝時代の武将。
¶鎌室，埼玉人，埼玉百（熊谷小四郎直経 くまがいこしろうなおつね），諸系，全書，日人

**熊谷直陳** くまがいなおつら
？ 〜慶長5（1600）年 [別]熊谷直陳《くまがやなおのぶ》
安土桃山時代の武将、豊後安岐城主。
¶大分歴（くまがやなおのぶ），人名

**熊谷直時** くまがいなおとき
生没年不詳
鎌倉時代前期の武将。
¶鎌室，埼玉人（[生]承元2（1208）年 [没]弘安3（1280）年5月25日），埼玉百，諸系，日人

**熊谷直長** くまがいなおなが
永禄1（1558）年〜慶長14（1609）年
戦国時代〜江戸時代前期の葛西氏の将。
¶姓氏宮城

**熊谷直久** くまがいなおひさ
生没年不詳
南北朝時代の武将。
¶京都府

**熊谷直広** くまがいなおひろ
平安時代後期の私市党の武士。
¶埼玉百

**熊谷直満** くまがいなおみつ
？ 〜元応1（1319）年8月5日
鎌倉時代後期の武蔵武士。
¶埼玉人

**熊谷直宗**(1) くまがいなおむね
建久7（1196）年〜建長7（1255）年
鎌倉時代の武士。源平合戦の勇将直実の孫。
¶姓氏宮城

**熊谷直宗**(2) くまがいなおむね
安土桃山時代の武将。葛西氏家臣。
¶戦東

**熊谷直元** くまがいなおもと
戦国時代の武将。浅井氏家臣。
¶戦西

**熊谷直盛** くまがいなおもり
？ 〜慶長5（1600）年 [別]熊谷直盛《くまがやなおもり》
安土桃山時代の武将。豊臣秀吉に仕えた。
¶朝日（[没]慶長5年9月17日（1600年10月23日）），近世，国史，史人（[没]1600年9月17日），戦合，戦国（くまがやなおもり），戦人，日人

**熊谷直之** くまがいなおゆき
？ 〜文禄4（1595）年 [別]熊谷直之《くまがやなおゆき》
安土桃山時代の武将。武田氏家臣、織田氏家臣、豊臣氏家臣。
¶織田（[没]文禄4（1595）年7月14日），人名，戦国（くまがやなおゆき），戦人，日人

**熊谷直義** くまがいなおよし
生没年不詳
安土桃山時代の武将。
¶戦人

**熊谷信直** くまがいのぶなお
永正4（1507）年〜文禄2（1593）年
戦国時代〜安土桃山時代の武士。
¶諸系，人名，戦人，戦西（[生]？），日人

**熊谷備中** くまがいびっちゅう
戦国時代の武将。葛西氏家臣。
¶戦東

**熊谷伯耆**(1) くまがいほうき
戦国時代の武将、里谷森館城主。葛西氏家臣。
¶戦東

**熊谷伯耆**(2) くまがいほうき
安土桃山時代の武将、忍館城主。葛西氏家臣。
¶戦人（生没年不詳），戦東

**熊谷宗直** くまがいむねなお
生没年不詳
南北朝時代の武士。
¶埼玉人

**熊谷元貞** くまがいもとさだ
生没年不詳
江戸時代前期の萩藩士。
¶国書

**熊谷元直** くまがいもとなお
弘治1（1555）年〜慶長10（1605）年 [別]熊谷元直《くまがやもとなお》，ベルシオル，メルキヨル，メルチョル
安土桃山時代〜江戸時代前期のキリシタン、武将、長州（萩）藩士。
¶近世，国史，コン改（[生]天文22（1553）年，（異説）1555年），コン4（[生]天文22（1553）年，（異説）1555年），史人（[没]1605年7月2日），諸系，新潮（[没]慶長10（1605）年7月2日），姓氏山口，世人（[生]天文22（1553）年，（異説）弘治1（1555）年），戦合，戦人，戦補（くまがやもとなお [生]1556年），日人，藩臣6

**熊谷蓮覚** くまがいれんかく
？ 〜建武2（1335）年12月26日
鎌倉時代後期〜南北朝時代の安芸国三入新庄一部地頭。
¶広島百

く

**熊谷直陳**　くまがやなおのぶ
→熊谷直陳（くまがいなおつら）

**熊谷直盛**　くまがやなおもり
→熊谷直盛（くまがいなおもり）

**熊谷直之**　くまがやなおゆき
→熊谷直之（くまがいなおゆき）

**熊谷広成**　くまがやひろなり
安土桃山時代の武将。徳川秀次の臣？。
¶戦国

**熊谷元直**　くまがやもとなお
→熊谷元直（くまがいもとなお）

**熊木長左衛門**　くまきちょうざえもん
生没年不詳
安土桃山時代～江戸時代前期の武士。
¶庄内

**熊木続兼**　くまきつぐかね
戦国時代の武士。
¶姓氏石川，戦人（生没年不詳），戦西

**熊木兵部**　くまきひょうぶ
？　～天正5（1577）年
戦国時代～安土桃山時代の武士。畠山氏家臣。
¶戦人

**熊沢大膳**　くまざわだいぜん
天正10（1582）年～承応2（1653）年
安土桃山時代～江戸時代前期の武将、肥前平戸藩家老。
¶藩臣7

**熊沢直勝**　くまざわなおかつ
生没年不詳
安土桃山時代～江戸時代前期の武士。浅野家の家臣。
¶和歌山人

**神代勝利**　くましろかつとし
永正8（1511）年～永禄8（1565）年3月13日
戦国時代の山内の武将。
¶佐賀百

**神代刑部大輔長良**　くましろぎょうぶのたゆうながよし
→神代長良（くましろながよし）

**神代長良**　くましろながよし
天文6（1537）年～天正9（1581）年5月28日　[別]神代刑部大輔長良《くましろぎょうぶのたゆうながよし》
戦国時代～安土桃山時代の武士。
¶佐賀百，戦人（生没年不詳），戦西（神代刑部大輔長良　くましろぎょうぶのたゆうながよし）

**熊曽建**（熊襲魁帥，熊襲梟帥）　くまそたける
[別]河上梟帥《かわかみのたける》，川上梟帥《かわかみのたける》
上代の九州の土豪兄弟。日本武尊に滅ぼされた。
¶朝日，古代，コン改（川上梟帥　かわかみのたける），コン4（川上梟帥　かわかみのたける），史人（熊襲梟帥），史人（川上梟帥　かわかみのたける），新潮（川上梟帥　かわかみのたける），人名（河上梟帥　かわかみのたける），世人（川上梟帥　かわかみのたける），日史（熊襲魁帥），日人，百科（熊襲魁帥）

**熊谷新右衛門**　くまたにしんえもん
[別]熊谷新右衛門《くまがいしんえもん》
戦国時代～安土桃山時代の武士。
¶戦人（生没年不詳），戦西（くまがいしんえもん）

**熊之凝**　くまのこり
上代の武将。忍熊王の臣。
¶古代，日人

**熊野西阿**　くまのさいあ
→熊野入道西阿（くまのにゅうどうせいあ）

**隈庄親昌**　くまのしょうちかまさ
永正4（1507）年～？　[別]甲斐親昌《かいちかまさ》
戦国時代の武将。
¶戦人

**熊野入道西阿**　くまのにゅうどうせいあ
？　～永禄5（1562）年　[別]熊野西阿《くまのさいあ》
戦国時代の武将。熊野城主熊野久忠の一族。
¶島根歴（熊野西阿　くまのさいあ　生没年不詳），戦人，戦西

**熊野久忠**　くまのひさただ
生没年不詳
戦国時代の武士。尼子氏家臣。
¶島根歴，戦人，戦西

**久万兵庫**　くまひょうご
安土桃山時代の武将。長宗我部氏家臣。
¶高知人（生没年不詳），戦西

**隈部忠直**　くまべただなお
応永33（1426）年～明応3（1494）年
室町時代～戦国時代の武士。
¶国書，戦人

**隈部親永**　くまべちかなが
？　～天正16（1588）年
安土桃山時代の肥後の国人領主。天正国人一揆の発端を作る。
¶朝日（[没]天正16年5月27日（1588年6月20日）），国史，古中，史人（[没]1588年5月27日），戦合，戦人，日人

**隈部親泰**　くまべちかやす
？　～天正16（1588）年
安土桃山時代の国人。
¶戦国（[没]1587年），戦人，日人

**久米石見守**　くめいわみのかみ
生没年不詳
室町時代の名西郡石井城之内の武士。
¶徳島歴

**久米玄蕃**　くめげんば
戦国時代の武士。後北条氏家臣。
¶戦人（生没年不詳），戦東

**久米玄蕃助** くめげんばのすけ
生没年不詳
戦国時代の北条氏の家臣。
¶戦辞

**久米大膳** くめだいぜん
戦国時代の武将。後北条氏家臣。
¶埼玉人(生没年不詳)，戦東

**久米大膳亮** くめだいぜんのすけ
生没年不詳
戦国時代の武士。武蔵児玉党。
¶戦辞

**久米武兵衛** くめたけべえ
？ ～寛文1(1661)年
安土桃山時代～江戸時代前期の武士、紀伊和歌山藩士。
¶藩臣5

**来目皇子** くめのおうじ
→来目皇子(くめのみこ)

**来目塩籠** くめのしおこ
？ ～弘文天皇1・天武天皇1(672)年　[別]来目臣塩籠《くめのおみしおこ》
飛鳥時代の壬申の乱の際の河内守。大海人皇子のため密かに軍兵を整えたが、発覚して自殺。
¶古代(来目臣塩籠　くめのおみしおこ)，日人

**来目皇子** くめのみこ
？ ～推古天皇11(603)年　[別]来目皇子《くめのおうじ》
飛鳥時代の用明天皇の皇子、撃新羅将軍。
¶朝日，国史(くめのおうじ)，古史，古代，古中(くめのおうじ)，コン改，コン4，史人([没]603年2月4日)，諸系(くめのおうじ)，新潮([没]推古11(603)年2月4日)，人名(くめのおうじ)，姓氏山口(くめのおうじ)，世人(くめのおうじ [没]推古11(603)年2月)，日史(くめのおうじ [没]推古11(603)年2月4日)，日人(くめのおうじ)，百科，山口百(くめのおうじ)，歴大(くめのおうじ)

**久米義広** くめよしひろ
？ ～＊
戦国時代の武将。
¶戦人([没]天文23(1554)年)，徳島歴([没]天文22(1553)年)

**雲井田新兵衛** くもいだしんべえ
→小島弥太郎(こじまやたろう)

**口分田彦右衛門** くもうでひこえもん
戦国時代の武将。浅井氏家臣。
¶戦西

**公文重忠** くもんしげただ
生没年不詳
戦国時代の武将。
¶戦人

**公文将監** くもんしょうげん
戦国時代の武将。長宗我部氏家臣。
¶戦西

**倉墻麻呂** くらかきのまろ
[別]倉墻直麻呂《くらかきのあたいまろ》
飛鳥時代の武将。大伴吹負の配下で壬申の乱を戦う。
¶古代(倉墻直麻呂　くらかきのあたいまろ)，日人(生没年不詳)

**倉賀野家吉** くらがのいえよし
生没年不詳
戦国時代の上野国衆。
¶戦辞

**倉賀野高俊** くらがのたかとし
生没年不詳
鎌倉時代の御家人。
¶姓氏群馬

**倉賀野直行**(倉賀野尚行) くらがのなおゆき
生没年不詳
戦国時代の武将。上野国衆。
¶戦辞，戦人(倉賀野尚行)

**倉賀野中務少輔** くらがのなかつかさのしょう
生没年不詳
戦国時代の山内上杉氏の家臣。
¶戦辞

**倉賀野秀景** くらがのひでかげ
？ ～天正18(1590)年　[別]金井秀景《かないひでかげ》，金井淡路守《かないあわじのかみ》
安土桃山時代の武将、上野国衆。武田氏家臣、後北条氏家臣。
¶織田([没]天正18(1590)年7月27日)，群馬人(金井淡路守　かないあわじのかみ)，姓氏群馬(金井秀景　かないひでかげ)，姓氏山梨，戦辞(金井淡路守　かないあわじのかみ　生没年不詳)，戦人，戦補(金井秀景　かないひでかげ)

**倉賀野三河守** くらがのみかわのかみ
生没年不詳
戦国時代の山内上杉氏の家臣。
¶戦辞

**鞍川兵庫助** くらかわひょうごのすけ
戦国時代の武将。
¶姓氏富山

**鞍橋君** くらじのきみ
飛鳥時代の筑紫の国造。百済王子を新羅から救出。
¶古代，日人(生没年不詳)

**倉栖兼雄** くらすかねお
？ ～文保2(1318)年
鎌倉時代後期の武将。金沢定顕の祗候人で右筆・執事。
¶朝日([没]文保2(1318)年5月)，日人，北条

**倉栖掃部助四郎** くらすかもんのすけしろう
生没年不詳
鎌倉時代後期の武士。
¶北条

**蔵増安房守** くらぞうあわのかみ
安土桃山時代の武士。最上氏家臣。
¶戦人(生没年不詳)，戦東

**蔵増大膳亮** くらぞうだいぜんのすけ
安土桃山時代の武将。最上氏家臣。
¶戦東

**内蔵孝元** くらたかもと
生没年不詳
鎌倉時代の幕府御家人兼杵築大社権検校、国富荘
地頭。
¶島根歴

**蔵田五郎左衛門尉** くらたごろうざえもんのじょう
生没年不詳
戦国時代の上杉謙信・景勝の家臣。
¶戦辞

**鞍谷民部昭少輔** くらたにみんぶのしょう
生没年不詳
安土桃山時代の織田信長の家臣。
¶織田

**倉地源太左衛門尉** くらちげんたざえもんのじょう
生没年不詳
戦国時代の北条氏の家臣。
¶戦辞

**鞍智時秀** くらちときひで
生没年不詳
南北朝時代の武将・連歌作者。
¶国書

**内蔵全成** くらのぜんせい
→内蔵全成（くらのまたなり）

**内蔵近次** くらのちかつぐ
生没年不詳
平安時代後期の豊後の豪族。
¶大分百

**内蔵全成** くらのまたなり
生没年不詳　㋾内蔵忌寸全成《くらのいみきまた
なり》，内蔵全成《くらのぜんせい，くらのぜんせい》
奈良時代の官人。伊治砦麻呂の乱の征東副使。の
ち鎮守副将軍。
¶朝日，古代（内蔵忌寸全成　くらのいみきまたな
り），コン改（くらのぜんせい），コン4（くらの
ぜんせい），新潮，人名（くらぜんせい），日人

**倉町左衛門大夫信俊** くらまちさえもんのたゆうのぶ
とし
→倉町信俊（くらまちのぶとし）

**倉町信俊** くらまちのぶとし
？　〜天正12（1584）年　㋾倉町左衛門大夫信俊
《くらまちさえもんのたゆうのぶとし》
安土桃山時代の武士。
¶戦人，戦西（倉町左衛門大夫信俊　くらまちさ
えもんのたゆうのぶとし）

**倉見別** くらみわけ
上代の犬上君の祖。神功皇后への反乱に加担。
¶古代，日人

**倉持忠行** くらもちただゆき
生没年不詳
鎌倉時代の御家人、足利氏の被官。

¶姓氏宮城

**栗生顕友** くりうあきとも
生没年不詳　㋾栗生顕友《くりゅうあきとも》
南北朝時代の武士。
¶鎌室，群馬人（くりゅうあきとも），人名（く
りゅうあきとも），日人（くりゅうあきとも）

**栗生沢内記** くりうざわないき
戦国時代の武将。葛西氏家臣。
¶戦東

**栗田永寿** くりたえいじゅ
＊〜正保3（1646）年
安土桃山時代〜江戸時代前期の信濃国衆。
¶庄内（㋺天正2（1574）年　㋥正保3（1646）年12
月11日），戦辞（㋺天正2（1574）年？　㋥正保3
年2月3日（1646年3月19日））

**栗田鶴寿** くりたかくじゅ
天文20（1551）年？　〜天正9（1581）年3月22日
戦国時代〜安土桃山時代の信濃国衆。
¶戦辞

**栗田寛久** くりたひろひさ
？　〜天正9（1581）年
戦国時代〜安土桃山時代の武田家臣。甲府善光
寺の別当。
¶姓氏山梨

**栗田寛安** くりたひろやす
戦国時代の武将。武田家臣。信濃国栗田の城主。
¶姓氏長野（生没年不詳），姓氏山梨

**九里信賢** くりのぶかた
？　〜永正11（1514）年
戦国時代の武将。
¶戦人

**栗林二郎左衛門** くりばやしじろうざえもん
生没年不詳　㋾栗林次郎左衛門尉《くりばやしじ
ろうざえもんのじょう》
戦国時代〜安土桃山時代の武士。上杉氏家臣。
¶戦辞（栗林次郎左衛門尉　くりばやしじろうざ
えもんのじょう），戦人

**栗林次郎左衛門尉** くりばやしじろうざえもんの
じょう
→栗林二郎左衛門（くりばやしじろうざえもん）

**栗林肥前守** くりばやしひぜんのかみ
？　〜慶長4（1599）年
戦国時代〜安土桃山時代の上杉景勝の家臣。
¶戦辞

**栗林政頼** くりばやしまさより
〜慶長4（1599）年
戦国時代〜安土桃山時代の上田庄樺沢城将。
¶新潟百

**栗林元重** くりばやしもとしげ
戦国時代の武将。今川氏家臣。
¶戦辞（生没年不詳），戦東

**栗林義長** くりばやしよしなが
生没年不詳

戦国時代の武将。
¶人書94

**栗原詮冬** くりはらあきふゆ
戦国時代の武将。武田氏家臣。
¶姓氏山梨，戦人（生没年不詳），戦東

**栗原伊豆守** くりはらいずのかみ
生没年不詳
戦国時代の甲斐武田晴信・勝頼の家臣。
¶戦辞

**栗原讃岐** くりはらさぬき
戦国時代の武将。葛西氏家臣。
¶戦東

**栗原新右衛門** くりはらしんうえもん
安土桃山時代の武将。里見氏家臣。
¶戦東

**栗原惣兵衛** くりはらそうべえ
戦国時代の美作国西部の武将。
¶岡山歴

**栗原信友** くりはらのぶとも
？ ～享禄3（1530）年
室町時代の武士。伊豆守。
¶山梨百

**栗原信盛** くりはらのぶもり
？ ～寛永8（1632）年11月13日？
安土桃山時代～江戸時代前期の甲斐武田晴信・勝頼の家臣。
¶戦辞

**栗原半兵衛** くりはらはんべえ
安土桃山時代～江戸時代前期の武士。里見氏家臣。
¶戦人（生没年不詳），戦東

**栗原昌種** くりはらまさたね
？ ～永正5（1508）年10月4日
戦国時代の甲斐国東部の有力国人。
¶戦辞

**栗原昌治** くりはらまさはる
戦国時代の武将。武田家臣。日向守。
¶姓氏山梨

**栗原弥七郎** くりはらやしちろう
安土桃山時代～江戸時代前期の武士。里見氏家臣。
¶戦人（生没年不詳），戦東

**栗村三郎大夫** くりむらさぶろうだゆう
生没年不詳
安土桃山時代の織田信長の家臣。
¶織田

**栗山大膳** くりやまたいぜん，くりやまだいぜん
天正19（1591）年～承応1（1652）年
江戸時代前期の武将、筑前福岡藩家老。
¶朝日（[生]天正19年1月22日（1591年2月15日）[没]承応1年3月2日（1652年4月10日）），岩史（[生]天正19（1591）年1月22日 [没]慶安5（1652）年3月2日），岩手百（くりやまだいぜん），近世，国史，国書（[没]慶安5（1652）年3月2日），コン改，コン4，史人（[生]1591年1月22日 [没]1652年3月2日），新潮（[生]天正19（1591）年1月12日 [没]承応1（1652）年3月2日），人名（くりやまだいぜん），姓氏岩手（くりやまだいぜん），世人（[没]承応1（1652）年3月1日），戦国（くりやまだいぜん），戦人（くりやまだいぜん），日史（[生]天正19（1591）年1月22日 [没]承応1（1652）年3月2日），日人，藩臣7（くりやまだいぜん），百科，福岡百（くりやまだいぜん [生]天正19（1591）年1月22日 [没]慶安5（1652）年3月2日），歴大（くりやまだいぜん）

**栗山利安** くりやまとしやす
＊～寛永8（1631）年
安土桃山時代～江戸時代前期の武士。
¶人名（[生]1549年），戦国（[生]1550年），戦人（[生]天文19（1550）年），日人（[生]1551年）

**栗山備後** くりやまびんご
天文20（1551）年～寛永8（1631）年
安土桃山時代～江戸時代前期の筑前福岡藩士。
¶藩臣7

**栗生顕友** くりゅうあきとも
→栗生顕友（くりうあきとも）

**来島長親**（久留島長親） くるしまながちか
天正10（1582）年～慶長17（1612）年 [別]来島康親《くるしまやすちか》
安土桃山時代～江戸時代前期の武将、大名。来島通総の子。伊予来島城主、豊後森藩主。
¶愛媛百（来島康親 くるしまやすちか [生]？ [没]慶長17（1612）年3月24日），大分歴（来島康親 くるしまやすちか），諸系，人名，戦国（久留島長親），戦人，日人，藩主4（久留島長親 [没]慶長17（1612）年3月25日），藩主4（[没]1617年）

**来島通総**（久留島通総） くるしまみちふさ
永禄4（1561）年～慶長2（1597）年 [別]村上出雲守《むらかみいずものかみ》
安土桃山時代の武将、大名。
¶朝日（[没]慶長2年9月16日（1597年10月26日）），愛媛百（[生]永禄5（1562）年 [没]慶長2（1597）年9月16日），近世，国史，史人（[没]1597年9月16日），諸系，新潮（[没]慶長2（1597）年9月16日），人名（[生]1562年），世人（久留島通総 [生]？），戦合，戦国（久留島通総 [生]1562年），戦人，日人，藩主4（[没]慶長2（1597）年9月16日），歴大

**来島通康** くるしまみちやす
永正16（1519）年～永禄10（1567）年 [別]村上通康《むらかみみちやす》，河野右衛門大夫《こうのうえもんのだいふ》，村上通昌《むらかみみちまさ》
戦国時代の地方豪族・土豪。
¶郷土愛媛，諸系（村上通康 むらかみみちやす），人名，戦国，戦人，日人（村上通康 むらかみみちやす）

**来島通之**（来島通文） くるしまみちゆき
永禄1（1558）年～文禄2（1593）年
安土桃山時代の武将、豊臣秀吉の家臣。
¶愛媛百，人名（来島通文 [生]？），日人

**来島康親** くるしまやすちか
→来島長親（くるしまながちか）

く

**来島吉清** くるしまよしきよ
安土桃山時代の武士。
¶人名

**来住野善二郎** くるすのぜんじろう
安土桃山時代の武士。後北条氏家臣。
¶戦人(生没年不詳), 戦東

**来原盛家** くるばらもりいえ
生没年不詳
鎌倉時代の在地領主、田村氏。
¶島根歴

**車内重親** くるまうちしげちか
弘安9(1286)年～延慶1(1308)年
鎌倉時代後期の薩摩国東郷の領主。早川実重の5代。
¶姓氏鹿児島

**車門小左衛門** くるまかどこざえもん
生没年不詳
戦国時代の武将。
¶姓氏岩手

**車斯忠** くるまこれただ
→車斯忠(くるまつなただ)

**車信濃守** くるましなののかみ
生没年不詳
戦国時代の武将。佐竹氏家臣。
¶戦辞, 戦人, 戦東

**車猛虎** くるまたけとら
? ～慶長7(1602)年 [別]車野丹波守《くるまのたんばのかみ》
安土桃山時代の武士。佐竹氏の重臣。
¶江戸東(車野丹波守 くるまのたんばのかみ), 郷土茨城

**車斯忠** くるまつなただ
? ～慶長7(1602)年 [別]車斯忠《くるまこれただ》
安土桃山時代の武士。佐竹氏家臣。
¶戦辞(生没年不詳), 戦人, 戦東, 戦補(くるまこれただ), 日人(くるまこれただ)

**車野丹波守** くるまのたんばのかみ
→車猛虎(くるまたけとら)

**車義照** くるまよしてる
? ～慶長7(1602)年
安土桃山時代の佐竹家の武臣。
¶人名

**来海五郎** くるみごろう
? ～延元3/暦応1(1338)年
鎌倉時代後期～南北朝時代の武士。
¶人名

**紅林八兵衛** くればやしはちべえ
生没年不詳
戦国時代の浜松の武士。
¶戦辞

**紅林吉治** くればやしよしはる
天文18(1549)年～天正8(1580)年
安土桃山時代の武士。
¶人名, 日人

**暮松越後守** くれまつえちごのかみ
安土桃山時代の武将。豊臣秀頼に伺候。
¶戦国

**黒石越後守正端入道** くろいしえちごのかみせいたんにゅうどう
戦国時代の武将。葛西氏家臣。
¶戦東

**黒岩越前** くろいわえちぜん
? ～永禄12(1569)年
戦国時代の武士、安芸城主安芸国虎の老臣。
¶高知人, 高知百, 人名, 日人

**黒岩掃部** くろいわかもん
? ～天正10(1582)年
安土桃山時代の武将。長宗我部氏家臣。
¶戦西

**黒岩種直** くろいわたねなお
? ～天正10(1582)年
安土桃山時代の武士。長宗我部氏家臣。
¶戦人

**黒岩吉弘** くろいわよしひろ
安土桃山時代の武士。
¶岡山人

**黒金景信** くろがねかげのぶ
生没年不詳
戦国時代の上杉謙信・景勝の家臣。
¶戦辞

**黒金上野介** くろがねこうずけのすけ
生没年不詳
安土桃山時代の上田衆の一武将。
¶新潟百

**黒金尚信** くろがねひさのぶ
生没年不詳
安土桃山時代の武士。上杉氏家臣。
¶戦人

**黒金泰忠** くろがねやすただ
永禄7(1564)年～寛永12(1635)年
安土桃山時代～江戸時代前期の出羽米沢藩士。
¶藩臣1

**黒川安芸守晴氏** くろかわあきのかみはるうじ
→黒川晴氏(くろかわはるうじ)

**黒川氏実** くろかわうじざね
生没年不詳
室町時代の国人領主。
¶新潟百

**黒川景氏** くろかわかげうじ
生没年不詳
戦国時代の武将。伊達氏家臣。
¶姓氏宮城, 戦人, 宮城百([没]天文21(1552)年)

**黒川清実** くろかわきよざね
生没年不詳

戦国時代の国人。
¶戦辞，戦人，戦東

**黒川権右衛門** くろかわごんうえもん
→黒川権右衛門（くろかわごんえもん）

**黒川権右衛門** くろかわごんえもん
[別]黒川権右衛門《くろかわごんうえもん》
安土桃山時代～江戸時代前期の武士。里見氏家臣。
¶戦人（生没年不詳），戦東（くろかわごんうえもん）

**黒川実氏** くろかわさねうじ
生没年不詳
戦国時代の越後奥山荘北条の国人。
¶戦辞

**黒川修理進** くろかわしゅりのしん
[別]黒川修理進《くろかわりゅりのしん》
戦国時代の武士。
¶戦人（くろかわりゅりのしん　生没年不詳），戦西

**黒川大学** くろかわだいがく
江戸時代前期の武士。里見氏家臣。
¶戦東

**黒川隆尚** くろかわたかひさ
→宗像正氏（むなかたまさうじ）

**黒川千勝** くろかわちかつ
安土桃山時代～江戸時代前期の武士。里見氏家臣。
¶戦人（生没年不詳），戦東

**黒川出羽守** くろかわでわのかみ
安土桃山時代の武将。里見氏家臣。
¶戦東

**黒川縫殿助** くろかわぬいのすけ
生没年不詳
安土桃山時代の武士。
¶戦人

**黒川晴氏** くろかわはるうじ
*～慶長4（1599）年　[別]黒川安芸守晴氏《くろかわあきのかみはるうじ》
戦国時代～安土桃山時代の武将。
¶姓氏宮城（生没年不詳），戦国，戦人（[生]大永3（1523）年），戦東（黒川安芸守晴氏　くろかわあきのかみはるうじ　[生]？），宮城百（[生]天文1（1532）年　[没]慶長14（1609）年）

**黒川彦四郎** くろかわひこしろう
安土桃山時代～江戸時代前期の武士。里見氏家臣。
¶戦人（生没年不詳），戦東

**黒川弘重** くろかわひろしげ
安土桃山時代の武将。里見氏家臣。
¶戦辞（生没年不詳），戦東

**黒川盛実** くろかわもりざね
生没年不詳
戦国時代の越後奥山荘北条の国人。
¶戦辞

**黒川盛治** くろかわもりはる
天文21（1552）年～元和3（1617）年11月17日
戦国時代～江戸時代前期の織田信長の家臣。
¶織田

**黒川頼実** くろかわよりざね
生没年不詳
戦国時代の越後奥山荘北条の国人。
¶戦辞

**黒川修理進** くろかわりゅりのしん
→黒川修理進（くろかわしゅりのしん）

**黒木重室** くろきしげむろ
？　～*
安土桃山時代～江戸時代前期の島津家臣。
¶国書（[没]寛文6（1666）年10月17日），姓氏鹿児島（[没]1665年）

**黒木将監** くろきしょうげん
戦国時代の武将。葛西氏家臣。
¶戦東

**黒木助能** くろきすけよし
平安時代後期～鎌倉時代前期の人。黒木氏5代。大隅国大禰寝領主、筑後国黒木郷猫尾城主。
¶姓氏鹿児島

**黒木信房** くろきのぶふさ
？　～天文12（1543）年
戦国時代の武将。
¶戦人

**黒木宗元** くろきむねもと
生没年不詳
安土桃山時代～江戸時代前期の陸奥仙台藩士。
¶藩臣1

**黒坂景久** くろさかかげひさ
戦国時代の武将。朝倉氏家臣。
¶戦西

**黒坂命** くろさかのみこと
上代の豪族。東国先住民征討に武功。
¶郷土茨城（生没年不詳），古代，史人，日人

**黒沢定吉** くろさわさだよし
戦国時代の武将。武田家臣。出羽守。
¶姓氏山梨

**黒沢重家** くろさわしげいえ
戦国時代の武将。武田家臣。兵衛尉。
¶姓氏山梨

**黒沢繁信** くろさわしげのぶ
生没年不詳
戦国時代の武蔵鉢形城主北条氏邦の奉行人。
¶戦辞

**黒沢重慶** くろさわしげよし
戦国時代の武将。武田家臣。駿河守。
¶姓氏山梨

**黒沢治部少輔義武** くろさわじぶしょうゆうよしたけ
→黒沢義武（くろさわよしたけ）

**黒沢早助** くろさわそうすけ
安土桃山時代の武将。佐竹氏家臣。
¶戦辞（生没年不詳），戦東

く

**黒沢内匠助**　くろさわたくみのすけ
戦国時代の武将。佐竹氏家臣。
¶戦辞（生没年不詳），戦東

**黒沢兵庫**　くろさわひょうご
戦国時代の武将。葛西氏家臣。
¶戦東

**黒沢豊前**　くろさわぶぜん
戦国時代の武将。葛西氏家臣。
¶戦東

**黒沢豊後義任**　くろさわぶんごよしとう
安土桃山時代の武将。葛西氏家臣。
¶戦東

**黒沢道家**　くろさわみちいえ
永禄10（1567）年～元和9（1623）年
安土桃山時代～江戸時代前期の出羽秋田藩士。
¶藩臣1

**黒沢光吉**　くろさわみつよし
戦国時代の武将。武田家臣。掃部助。
¶姓氏山梨

**黒沢義武**　くろさわよしたけ
[別]黒沢治部少輔義武《くろさわじぶしょうゆうよしたけ》
戦国時代の武将。大崎氏家臣。
¶戦人（生没年不詳），戦東（黒沢治部少輔義武　くろさわじぶしょうゆうよしたけ）

**黒瀬覚道**　くろせかくどう
室町時代の土豪。
¶姓氏石川

**黒瀬高重**　くろせたかしげ
天文2（1533）年～慶長10（1605）年
安土桃山時代～江戸時代前期の武将。
¶岡山人

**黒田一成**　くろだかずなり
→黒田美作（くろだみまさか）

**黒田監物**　くろだけんもつ
戦国時代の武将。斎藤氏家臣。
¶戦西

**黒田次右衛門**　くろだじえもん
生没年不詳
安土桃山時代の織田信長の家臣。
¶織田

**黒田重隆**　くろだしげたか
戦国時代の武将。
¶岡山歴

**黒田如水**　くろだじょすい
→黒田孝高（くろだよしたか）

**黒田忠之**　くろだただゆき
慶長7（1602）年～承応3（1654）年
江戸時代前期の武将、大名。筑前福岡藩主。
¶江戸東，国書（[生]慶長7（1602）年11月9日　[没]承応3（1654）年2月12日），茶道，諸系，人名，日人，藩主4（[生]慶長7（1602）年11月9日　[没]承応3（1654）年2月12日）

**黒田利高**　くろだとしたか
天文23（1554）年～＊
安土桃山時代の武将。織田氏家臣。
¶織田（生没年不詳），戦国，戦人（[没]？），藩臣7（[没]慶長1（1596）年）

**黒田利則**　くろだとしのり
永禄4（1561）年～慶長17（1612）年
安土桃山時代～江戸時代前期の武将。
¶戦国，戦人，藩臣7

**黒田直綱**　くろだなおつな
慶長5（1600）年～寛永1（1624）年
江戸時代前期の武士、幕臣。
¶神奈川人，人名，日人

**黒田直之**　くろだなおゆき
永禄7（1564）年～慶長14（1609）年　[別]ミゲル
安土桃山時代～江戸時代前期の武将。
¶戦国，戦人，藩臣7

**黒田長政**　くろだながまさ
永禄11（1568）年～元和9（1623）年
安土桃山時代～江戸時代前期の武将、大名。
¶朝日（[生]永禄11年12月3日（1568年12月21日）　[没]元和9年8月4日（1623年8月29日）），岩史（[生]永禄11（1568）年12月3日　[没]元和9（1623）年8月4日），角史，近世，系西，国史，国書（[生]永禄11（1568）年12月3日　[没]元和9（1623）年8月4日），古中，コン改，コン4，茶道，史人（[生]1568年12月3日　[没]1623年8月4日），重要（[生]永禄11（1568）年12月3日　[没]元和9（1623）年8月2日），諸系，新潮（[生]永禄11（1568）年12月3日　[没]元和9（1623）年8月4日），人名，世人（[没]元和9（1623）年8月4日），世百，戦合，戦国，全書，戦人，戦西，大百（[没]1624年），日史（[生]永禄11（1568）年12月3日　[没]元和9（1623）年8月4日），日人，藩主4（[生]永禄11（1568）年12月3日　[没]元和9（1623）年8月4日），百科，福岡百（[生]永禄11（1568）年12月3日　[没]元和9（1623）年8月4日），歴大

**畔田半四郎**　くろだはんしろう
生没年不詳
戦国時代の武士。後北条氏家臣。
¶戦辞，戦人，戦東

**黒田半平**　くろだはんぺい
生没年不詳
安土桃山時代の織田信長の家臣。
¶織田

**黒田秀忠**　くろだひでただ
？　～天文15（1546）年
戦国時代の武士。上杉氏家臣。
¶戦辞，戦人

**黒田秀綱**　くろだひでつな
生没年不詳
戦国時代の小山秀綱の家臣。
¶戦辞

**黒田美作**　くろだみまさか
元亀2（1571）年～明暦2（1656）年11月13日　[別]黒

田一成《くろだかずなり》
安土桃山時代〜江戸時代前期の筑前福岡藩士。
¶国書（黒田一成　くろだかずなり），藩臣7，福岡百

**黒田職隆**（黒田職高）　くろだもとたか
大永4（1524）年〜天正13（1585）年
戦国時代〜安土桃山時代の武士。
¶岡山人，岡山歴，諸系，人名（黒田職高），日人

**黒田孝高**　くろだよしたか
天文15（1546）年〜慶長9（1604）年　[別]黒田如水《くろだじょすい》，シメオン，黒田官兵衛《くろだかんべえ》，小寺官兵衛《こでらかんべえ》，如水《じょすい》
安土桃山時代の武将、大名。
¶朝日（[没]慶長9年3月20日（1604年4月19日）），岩史（[生]天文15（1546）年11月29日　[没]慶長9（1604）年3月20日），大分百（黒田如水　くろだじょすい（よしたか）），大分歴，岡山人，岡山百（[没]慶長9（1604）年8月），岡山歴（[没]慶長9（1604）年3月20日），織田（[没]慶長9（1604）年3月20日），角史，近世，系西，国史，国書（[生]天文15（1546）年11月29日　[没]慶長9（1604）年3月20日），古中，コン改，コン4，茶道，史人（[生]1546年11月29日　[没]1604年3月20日），重要（黒田如水　くろだじょすい　[没]慶長9（1604）年3月20日），諸系，新潮（[生]天文15（1546）年11月29日　[没]慶長9（1604）年3月20日），人名，世人（[没]慶長9（1604）年3月20日），世百，戦合，戦国，戦辞（[生]天文15年11月29日（1546年12月22日）　[没]慶長9年3月20日（1604年4月19日）），全書，戦人，戦西，大百（[没]1603年），日史（[生]天文15（1546）年11月29日　[没]慶長9（1604）年3月20日），日人，藩主4（[生]天文15（1546）年11月29日　[没]慶長9（1604）年3月20日），百科，兵庫人（[生]天文15（1546）年11月29日　[没]慶長9（1604）年3月20日），兵庫百，福岡百（[生]天文15（1546）年11月29日　[没]慶長9（1604）年3月20日），歴大

**黒田義則**　くろだよしのり
？〜慶安3（1650）年
安土桃山時代〜江戸時代前期の武将、土豪。今川・徳川・武田に従属。
¶戦人

**黒田六右衛門**　くろだろくうえもん
？〜寛永2（1625）年
安土桃山時代〜江戸時代前期の武将、筑前福岡藩士。
¶藩臣7

**黒屋重吉**　くろやじゅうきち
？〜天正1（1573）年
戦国時代〜安土桃山時代の作手亀山城主奥平貞勝に仕え、武田の人質となった仙丸のもり役。
¶姓氏愛知

**黒柳重元**　くろやなぎしげもと
？〜寛永9（1632）年
江戸時代前期の武士。紀州藩士。
¶和歌山人

**畔柳武重**　くろやなぎたけしげ
？〜慶長8（1603）年
安土桃山時代の武士、徳川家康の臣。
¶人名，日人

**畔柳盛政**　くろやなぎもりまさ
？〜寛永3（1626）年
安土桃山時代〜江戸時代前期の武士。紀州藩士。
¶和歌山人

**桑名一孝**　くわなかずたか
？〜元和1（1615）年
安土桃山時代〜江戸時代前期の勇将、長曽我部元親の家老。
¶高知人，高知百，人名，日人

**桑名将監**　くわなしょうげん
安土桃山時代の武将。長宗我部氏家臣。
¶戦西

**桑名太郎左衛門**　くわなたろうざえもん
？〜天正14（1586）年
安土桃山時代の武士。
¶高知人，戦人，戦西

**桑名丹後守**　くわなたんごのかみ
戦国時代の武将。長宗我部氏家臣。
¶戦西

**桑名親勝**　くわなちかかつ
？〜文禄2（1593）年
安土桃山時代の武士。長宗我部氏家臣。
¶戦人

**桑名弥次兵衛**　くわなやじべえ
？〜元和1（1615）年
安土桃山時代〜江戸時代前期の武将。長宗我部氏家臣。
¶戦西

**桑名吉成**　くわなよしなり
？〜元和1（1615）年
安土桃山時代〜江戸時代前期の武士。長宗我部氏家臣。
¶戦人

**桑野義明**　くわのよしあき
生没年不詳
安土桃山時代の武士。長宗我部氏家臣。
¶戦人

**桑波田栄景**　くわばたひでかげ
生没年不詳
戦国時代の武将。
¶戦人

**桑原家次**　くわばらいえつぐ
生没年不詳
安土桃山時代の織田信長の家臣。
¶織田

**桑原市蔵**　くわばらいちぞう
安土桃山時代の武将。秀吉馬廻。
¶戦国，戦人（生没年不詳）

**桑原右京進** くわばらうきょうのじょう
→桑原右京進（くわばらうきょうのしん）

**桑原右京進** くわばらうきょうのしん
生没年不詳　[別]桑原右京進《くわばらうきょうのじょう》
戦国時代の武士。後北条氏家臣。
¶戦辞（くわばらうきょうのじょう），戦人，戦東



**桑原右近右衛門尉** くわばらうこんえもんのじょう
戦国時代の武将。斎藤氏家臣。
¶戦西

**桑原九蔵** くわばらきゅうぞう
？～天正10（1582）年6月2日
戦国時代～安土桃山時代の織田信長の家臣。
¶織田

**桑原清正** くわばらきよまさ
生没年不詳
戦国時代の地方豪族・土豪。
¶戦人

**桑原外記** くわばらげき
戦国時代の武将。武田家臣。永禄10年の諏訪五十騎交名にみえる。
¶姓氏山梨

**桑原源介** くわばらげんすけ
生没年不詳
戦国時代の武将。信長馬廻。
¶織田，戦人，戦補

**桑原五郎左衛門** くわばらごろうざえもん
戦国時代の武将。後北条氏家臣。
¶戦人（生没年不詳），戦東

**桑原五郎左衛門尉** くわばらごろうざえもんのじょう
生没年不詳
戦国時代の北条氏の家臣。
¶戦辞

**桑原貞也** くわばらさだなり
生没年不詳
安土桃山時代の武士。豊臣氏家臣。
¶京都大，姓氏京都，戦国，戦人，日人

**桑原貞久** くわばらさだひさ
戦国時代の武将。朝倉氏家臣。
¶戦西

**桑原三郎右衛門** くわばらさぶろうえもん
生没年不詳
安土桃山時代～江戸時代前期の武士。山村氏家臣。
¶姓氏長野

**桑原治右衛門** くわばらじえもん
安土桃山時代の豊臣氏の奉行。
¶人名

**桑原修理** くわばらしゅり
生没年不詳
戦国時代の小田原北条氏の家臣、江戸衆。
¶姓氏神奈川

**桑原修理亮** くわばらしゅりのすけ
生没年不詳
戦国時代の武士。後北条氏家臣。
¶戦辞，戦人，戦東

**桑原勝介** くわばらしょうすけ
安土桃山時代の武将。秀吉馬廻。
¶戦国，戦人（生没年不詳）

**桑原将八郎** くわばらしょうはちろう
安土桃山時代の武将。秀吉馬廻。
¶戦国，戦人（生没年不詳）

**桑原甚左衛門** くわばらじんざえもん
安土桃山時代の武将。関ヶ原の戦いで西軍に属した。
¶戦国

**桑原甚助** くわばらじんすけ
生没年不詳
安土桃山時代の織田信長の家臣。
¶織田

**桑原甚三** くわばらじんぞう
戦国時代の武将。斎藤氏家臣。
¶戦西

**桑原能登守** くわばらのとのかみ
戦国時代の武士。後北条氏家臣。
¶戦人（生没年不詳），戦東

**桑原生行** くわばらはえゆき
？～天慶4（941）年
平安時代中期の武士。藤原純友の副将佐伯是基の部下。
¶大分歴

**桑原平内** くわばらへいない
戦国時代の武士。後北条氏家臣。
¶戦人（生没年不詳），戦東

**桑原平兵衛** くわばらへいべえ
？～元亀1（1570）年11月26日
戦国時代～安土桃山時代の織田信長の家臣。
¶織田

**桑原平兵衛尉** くわばらへいべえのじょう
戦国時代の武将。斎藤氏家臣。
¶戦西

**桑原盛正** くわばらもりまさ
生没年不詳
戦国時代の北条氏の家臣。
¶戦辞

**桑原弥七郎** くわばらやしちろう
生没年不詳
戦国時代の武士。後北条氏家臣。
¶戦辞，戦人，戦東

**桑原康盛** くわばらやすもり
戦国時代の武将。武田家臣。式部少輔。
¶姓氏山梨

**桑原幸光** くわはらゆきみつ
生没年不詳

室町時代の更級郡の地頭。
¶姓氏長野，長野歴

**桑原吉蔵**　くわばらよしぞう
　?　～天正10 (1582) 年6月2日
　戦国時代～安土桃山時代の織田信長の家臣。
　¶織田

**桑部某**　くわべ
　生没年不詳
　安土桃山時代の織田信長の家臣。
　¶織田

**桑山一重**　くわやまかずしげ
　?　～天正10 (1582) 年
　安土桃山時代の武将。秀長の臣、重晴の長男。
　¶戦国

**桑山一直**　くわやまかずなお
　天正6 (1578) 年～寛永13 (1636) 年
　安土桃山時代～江戸時代前期の武将、大名。大和
　布施藩主、大和新庄藩主。
　¶諸系，人名，戦国，日人，藩主3 (㊥寛永13
　　(1636) 年8月22日)，藩主3

**桑山一晴**　くわやまかずはる
　天正3 (1575) 年～慶長9 (1604) 年
　安土桃山時代の武将、大名。紀伊和歌山城主、大
　和布施領主。
　¶諸系，人名，戦国，戦人，日人，藩主3，藩主3
　　(㊥慶長9 (1604) 年2月28日，(異説) 2月22日)，
　　和歌山人

**桑山清晴**　くわやまきよはる
　生没年不詳
　江戸時代前期の武将、大名。和泉谷川藩主。
　¶諸系，日人，藩主3

**桑山貞晴**　くわやまさだはる
　永禄3 (1560) 年～寛永9 (1632) 年　㊚桑山宗仙
　《くわやまそうせん》，桑山重長《くわやましげな
　が》
　安土桃山時代～江戸時代前期の武将、茶人。
　¶近世 (桑山宗仙　くわやまそうせん)，国史 (桑
　　山宗仙　くわやまそうせん)，茶道 (桑山宗仙
　　くわやまそうせん)，諸系 (桑山宗仙　くわや
　　まそうせん)，人名 (桑山重長　くわやましげ
　　なが㊥1563年)，戦国 (㊥1561年)，戦人，日
　　人 (桑山宗仙　くわやまそうせん)，和歌山人

**桑山重長**　くわやましげなが
　→桑山貞晴 (くわやまさだはる)

**桑山重晴**　くわやましげはる
　*～慶長11 (1606) 年　㊚桑山宗栄《くわやまそう
　えい》，治部卿法印《じぶきょうほういん》
　戦国時代～安土桃山時代の武将、大名。
　¶朝日 (㊥大永4 (1524) 年　㊚慶長11年10月1日
　　(1606年11月1日))，大阪人 (㊥永正17 (1520)
　　年　㊚慶長11 (1606) 年10月)，大阪墓 (㊚慶長
　　11 (1606) 年10月)，近世 (㊥?)，国史 (㊥?)，
　　茶道 (桑山宗栄　くわやまそうえい　㊥1524
　　年)，史人 (㊥?　㊚1606年10月1日)，諸系
　　(㊥1524年)，人名 (㊥1524年)，戦合 (㊥?)，

戦国 (㊥1553年)，戦人 (㊥?)，戦西 (㊥1553
年)，日人 (㊥1524年)，藩主3 (㊥大永4 (1524)
年　㊚慶長11 (1606) 年10月1日)，和歌山人
(㊥1523年)

**桑山宗栄**　くわやまそうえい
　→桑山重晴 (くわやましげはる)

**桑山宗仙**　くわやまそうせん
　→桑山貞晴 (くわやまさだはる)

**桑山元晴**　くわやまもとはる
　永禄6 (1563) 年～元和6 (1620) 年
　安土桃山時代～江戸時代前期の武将、大名。大和
　御所藩主。
　¶国書 (㊚元和6 (1620) 年7月20日)，諸系，人名
　　(㊥1564年　㊚1621年)，戦国，戦人，日人，藩
　　主3 (㊚元和6 (1620) 年7月20日)

**郡家七郎兵衛**　ぐんけしちろうびょうえ
　戦国時代の武将。斎藤氏家臣。
　¶戦西

# 【け】

**慶徳善五郎**　けいとくぜんごろう
　生没年不詳
　安土桃山時代の武士。
　¶会津，戦人，戦東

**下司九郎左衛門**　げしくろうざえもん
　安土桃山時代の武将。長宗我部氏家臣。
　¶戦西

**下司忠重**　げしただしげ
　生没年不詳
　安土桃山時代の武士。長宗我部氏家臣。
　¶戦人

**下条采女**　げじょううねめ
　生没年不詳
　安土桃山時代の武士。上杉氏の家臣。
　¶新潟百

**下条采女正**　げじょううねめのしょう
　安土桃山時代の国人。上杉氏家臣。
　¶戦人 (生没年不詳)，戦東

**気田弾正**　けただんじょう
　?　～文安1 (1444) 年
　室町時代の武将。
　¶青森人

**結翁十郎兵衛**　けつおうじゅうろうべえ
　㊚結翁十郎兵衛《けつおうじゅうろべえ》
　戦国時代の武士。蒲生下野守の臣。
　¶人名，日人 (けつおうじゅうろべえ　生没年不
　　詳)

**結翁十郎兵衛**　けつおうじゅうろべえ
　→結翁十郎兵衛 (けつおうじゅうろうべえ)

**月光安左衛門**　げっこうあんざえもん
　戦国時代の武将。武田家臣。一騎合衆。

¶姓氏山梨

**祁答院重武** けどういんしげたけ
？ ～天文7（1538）年
戦国時代の薩摩国祁答院領主。
¶姓氏鹿児島

**祁答院重慶** けどういんしげのり
戦国時代の武将。
¶姓氏鹿児島

**祁答院新兵衛** けどういんしんべえ
戦国時代の武将。
¶姓氏鹿児島

**祁答院良重** けどういんよししげ
？ ～永禄2（1559）年
戦国時代の武士。
¶姓氏鹿児島（[没]1566年），戦人，戦西

**毛野武盈** けのたけみつ
生没年不詳
安土桃山時代の播磨赤松家の家臣。
¶国書

**気比氏治** けひうじはる
？ ～延元2/建武4（1337）年
鎌倉時代後期～南北朝時代の武将、越前敦賀気比神宮神官。
¶朝日（[没]建武4/延元2年3月6日（1337年4月7日）），鎌室，国史，古中，コン改，コン4，史人（[没]1337年3月6日），神人，新潮（[没]建武4/延元2（1337）年3月6日），人名，世人，日人

**気比斉晴** けひなりはる
？ ～延元2/建武4（1337）年
南北朝時代の武士。
¶鎌室，神人，新潮（[没]建武4/延元2（1337）年3月6日），人名，日人

**毛馬内三左衛門** けまないさんざえもん
生没年不詳
安土桃山時代～江戸時代前期の武士、盛岡藩家臣。
¶姓氏岩手

**毛馬内政次** けまないまさつぐ
？ ～寛永19（1642）年
安土桃山時代～江戸時代前期の武将。南部氏家臣。
¶戦人

**毛屋猪介** けやいのすけ
？ ～天正2（1574）年2月13日？
戦国時代～安土桃山時代の織田信長の家臣。
¶織田

**慶来慶田城用緒** けらいけだぐすくようしょ
→慶来慶田城用緒（けらいけだぐすくようちょ）

**慶来慶田城用緒** けらいけだぐすくようちょ
明・天順1（1457）年～？　[別]慶来慶田城用緒《けらいけだぐすくようしょ》
室町時代～戦国時代の人。八重山の錦芳氏慶田城家を創建したとされる。
¶沖縄百，姓氏沖縄（けらいけだぐすくようしょ　生没年不詳）

**源意** げんい
応永15（1408）年～？
室町時代の武家・連歌作者。
¶国書

**玄広恵探** げんこうえたん
永正14（1517）年？ ～天文5（1536）年6月10日
戦国時代の華蔵山遍照光寺の僧。今川義元との家督争いに敗れ自害。
¶戦辞

**玄澄** げんちょう
→上杉房実（うえすぎふさざね）

**賢桃** けんとう
明応3（1494）年～？
戦国時代の武家・連歌作者。
¶国書

**犬童頼安** けんどうよりやす
→犬童頼安（いんどうよりやす）

**源波** げんなみ
生没年不詳
戦国時代の北条氏の家臣。
¶戦辞

**監物頼方** けんもつよりかた
？ ～元暦1（1184）年　[別]藤原頼方《ふじわらのよりかた》
平安時代後期の武士。
¶鎌室，新潮（[没]元暦1（1184）年2月7日），人名，日人，平史（藤原頼方　ふじわらのよりかた）

**顕了道快** けんりょうどうかい
天正2（1574）年～寛永20（1643）年　[別]武田道快《たけだどうかい》
安土桃山時代～江戸時代前期の僧。武田信玄の孫。大久保長安事件に連座して流刑。
¶諸系，戦辞（武田道快　たけだどうかい　[没]寛永20年3月4日（1643年4月22日）），日人

**源六** げんろく
生没年不詳
戦国時代の武士。鈴木入道の被官。
¶戦辞

## 【こ】

**小足備後** こあしびんご
戦国時代の武将。浅井氏家臣。
¶戦西

**小足政之** こあしまさゆき
戦国時代の武将。浅井氏家臣。
¶戦西

**小荒井阿波守** こあらいあわのかみ
安土桃山時代の地方豪族・土豪。
¶戦人（生没年不詳），戦東

**小池長門守** こいけながとのかみ
生没年不詳

こ

戦国時代の武将。岩付太田氏の家臣。
¶埼玉人

**小池隼人助** こいけはやとのすけ
　? 〜慶長2（1597）年
安土桃山時代の武士、岩付太田氏の旧臣。
¶埼玉人，埼玉百

**小池晴実** こいけはるざね
安土桃山時代の武将。足利氏家臣。
¶戦辞（生没年不詳），戦東

**小池備後守** こいけびんごのかみ
生没年不詳
安土桃山時代の織田信長の家臣。
¶織田

**小池孫右衛門** こいけまごえもん
生没年不詳
江戸時代前期の武将、美濃郡上藩士。
¶藩臣3

**小泉左近** こいずみさこん
戦国時代の武士。今川氏家臣。
¶戦人（生没年不詳），戦東

**小泉三郎兵衛** こいずみさぶろべえ
生没年不詳
安土桃山時代の織田信長の家臣。
¶織田

**小泉重成** こいずみしげなり
生没年不詳
戦国時代の武士。武田氏家臣。
¶姓氏長野，姓氏山梨，戦人

**小泉次大夫** こいずみじだいゆう
　→小泉次大夫（こいずみじだゆう）

**小泉次大夫** こいずみじだゆう
天文8（1539）年〜元和9（1623）年　刣小泉次太夫
吉次《こいずみじだゆうきちじ》，小泉次大夫《こ
いずみじだいゆう》
安土桃山時代〜江戸時代前期の武士、治水家。植
松泰清の長男。
　¶朝日（忌元和9年12月8日（1624年1月27日）），
　神奈川百，郷土神奈川（こいずみじだいゆう
　⊕1538年），近世，国史，史人（忌1623年12月8
　日），人書94，戦合，多摩（小泉次太夫吉次　こ
　いずみじだゆうきちじ），日人（忌1624年），歴
　大（忌1624年）

**小泉次太夫吉次** こいずみじだゆうきちじ
　→小泉次大夫（こいずみじだゆう）

**小泉長利** こいずみながとし
　? 〜天正2（1574）年
戦国時代〜安土桃山時代の武士。
¶戦人，戦西

**小泉長治** こいずみながはる
　? 〜天正2（1574）年
戦国時代〜安土桃山時代の武将。朝倉氏家臣。
¶戦西

**小泉秀綱** こいずみひでつな
生没年不詳
鎌倉時代の武将。
¶群馬人

**小泉藤長** こいずみふじなが
戦国時代の武将。朝倉氏家臣。
¶戦西

**小泉意春** こいずみもとはる
生没年不詳
戦国時代の代官。北条氏家臣。
¶戦辞

**小泉吉宗** こいずみよしむね
戦国時代の武将。朝倉氏家臣。
¶戦西

**小泉頼行** こいずみよりゆき
生没年不詳
鎌倉時代前期の御家人。
¶鎌室

**小板橋帯刀** こいたばしたてわき
　? 〜寛永10（1633）年
戦国時代の武人。
¶群馬人

**小市若** こいちわか
生没年不詳
安土桃山時代の織田信長の家臣。
¶織田

**小井弓越前** こいええちぜん
戦国時代の武将。武田家臣。永禄10年の諏訪五十
騎交名にみえる。
¶姓氏山梨

**小井弓大炊允** こいでおおいのじょう
戦国時代の武将。武田家臣。永禄10年の諏訪五十
騎交名にみえる。
¶姓氏山梨

**小出長政** こいでながまさ
安土桃山時代の武士。前田氏家臣、秀吉馬廻。
¶戦国，戦人（生没年不詳）

**小出秀家** こいでひでいえ
永禄10（1567）年〜慶長8（1603）年
安土桃山時代の武将。秀吉馬廻。
¶戦国，戦人

**小出秀政** こいでひでまさ
天文9（1540）年〜慶長9（1604）年
安土桃山時代の武将、大名。
　¶朝日（忌慶長9年3月22日（1604年4月21日）），
　近世，国史，コン改，コン4，史人（忌1604年3
　月22日），諸系，新潮（忌慶長9（1604）年3月22
　日），人名，姓氏愛知，戦合，戦国，戦人，戦西，
　大百，日史（忌慶長9（1604）年3月22日），日人，
　藩主3（忌慶長9（1604）年3月22日），百科，歴大

**小出広高** こいでひろたか
天正7（1579）年〜寛永18（1641）年
安土桃山時代〜江戸時代前期の武士。紀州藩士。

¶和歌山人

**小出三尹** こいでみつただ
　天正17（1589）年〜寛永19（1642）年　㊙小出三尹
　《こいでみつまさ》
　安土桃山時代〜江戸時代前期の武将、大名。和泉
　陶器藩主。
　　¶茶道（こいでみつまさ），諸系（こいでみつま
　　さ），人名，戦国，戦人（生没年不詳），日人
　　（こいでみつまさ），藩主3（こいでみつまさ
　　㉔寛永19（1642）年4月29日）

**小出三尹** こいでみつまさ
　→小出三尹（こいでみつただ）

**小出吉親** こいでよしちか
　天正18（1590）年〜寛文8（1668）年
　江戸時代前期の武将、大名。但馬出石藩主、丹波
　園部藩主。
　　¶京都府，諸系，人名，戦国，戦人（生没年不
　　詳），日人，藩主3（㉔寛文8（1668）年3月11
　　日），藩主3

**小出吉英** こいでよしひさ
　→小出吉英（こいでよしひで）

**小出吉英** こいでよしひで
　天正15（1587）年〜寛文6（1666）年　㊙小出吉英
　《こいでよしひさ，こいでよしふさ》
　安土桃山時代〜江戸時代前期の武将、大名。但馬
　出石藩主、泉岸和田藩主。
　　¶朝日（㉔寛文6年3月9日（1666年4月13日）），近
　　世，国史，茶道（こいでよしひさ），史人
　　（㉔1666年3月9日），諸系（こいでよしひさ），
　　人名（㉓1581年　㉔1663年），戦合，戦国
　　（㉓1581年　㉔1663年），戦人（生没年不詳），
　　日人（こいでよしひさ），藩主3（こいでよしひ
　　さ），藩主3（こいでよしひさ　㉔寛文8（1668）
　　年3月9日），兵庫人（こいでよしふさ　㉔寛文6
　　（1666）年3月9日），兵庫百（こいでよしふさ）

**小出吉英** こいでよしふさ
　→小出吉英（こいでよしひで）

**小出吉政** こいでよしまさ
　永禄8（1565）年〜慶長18（1613）年
　安土桃山時代〜江戸時代前期の大名。但馬出石藩
　主、和泉岸和田藩主。
　　¶近世，国史，史人（㉔1613年2月29日），諸系，
　　新潮（㉔慶長18（1613）年2月29日），戦合，戦
　　国，戦人，日人，藩主3（㉔慶長18（1613）年2月
　　29日），兵庫百，歴大

**己斐直之** こいなおゆき
　生没年不詳
　戦国時代の武将。毛利氏家臣。
　　¶戦人

**鯉淵道賢** こいぶちみちかた
　生没年不詳
　安土桃山時代〜江戸時代前期の武士。佐竹氏家臣。
　　¶戦人

**小祝加賀守** こいわいかがのかみ
　生没年不詳

戦国時代の武士。佐竹氏家臣。
　¶戦辞，戦人，戦東

**小祝武繁** こいわいたけしげ
　戦国時代の武将。佐竹氏家臣。
　　¶戦辞（生没年不詳），戦東

**小祝元泰** こいわいもとやす
　戦国時代の武将。佐竹氏家臣。
　　¶戦辞（生没年不詳），戦東

**小岩越中守信則** こいわのえっちゅうのかみのぶのり
　→小岩信則（こいわのぶのり）

**小岩讃岐信忠** こいわさぬきのぶただ
　→小岩信忠（こいわのぶただ）

**小岩駿河** こいわするが
　戦国時代の武将。葛西氏家臣。
　　¶戦東

**小岩信定** こいわのぶさだ
　＊〜天正19（1591）年　㊙小岩孫三郎信定《こいわ
　まごさぶろうのぶさだ》
　安土桃山時代の武将。葛西氏家臣。
　　¶戦人（㊦天文19（1550）年），戦東（小岩孫三郎
　　信定　こいわまごさぶろうのぶさだ　㊦？）

**小岩信実** こいわのぶざね
　生没年不詳
　戦国時代の武将。葛西氏家臣。
　　¶戦人

**小岩信忠** こいわのぶただ
　㊙小岩讃岐信忠《こいわさぬきのぶただ》
　安土桃山時代の武将。葛西氏家臣。
　　¶戦人（生没年不詳），戦東（小岩讃岐信忠　こい
　　わさぬきのぶただ）

**小岩信則** こいわのぶのり
　㊙小岩越中守信則《こいわえっちゅうのかみのぶ
　のり》
　戦国時代の武士。葛西氏家臣。
　　¶戦人（生没年不詳），戦東（小岩越中守信則　こ
　　いわえっちゅうのかみのぶのり）

**小岩孫三郎信定** こいわまごさぶろうのぶさだ
　→小岩信定（こいわのぶさだ）

**小岩民部** こいわみんぶ
　戦国時代の武将。葛西氏家臣。
　　¶戦東

**上泉伊勢守** こういずみいせのかみ
　？〜天正1（1573）年　㊙上泉伊勢守《かみいずみ
　いせのかみ》，上泉伊勢守秀綱《かみいずみいせの
　かみひでつな》，上泉秀綱《かみいずみひでつな，
　こういずみひでつな》，上泉信綱《かみいずみのぶ
　つな，こういずみのぶつな》
　戦国時代の兵法家。新陰流を創始。
　　¶朝日（上泉信綱　こういずみのぶつな），角史
　　（上泉信綱　かみいずみのぶつな　㊦永正5
　　（1508）年？　㉔天正1（1573）年？），郷土群
　　馬（上泉信綱　かみいずみのぶつな），群馬人
　　（上泉秀綱　かみいずみひでつな　生没年不
　　詳），群馬百（上泉伊勢守秀綱　かみいずみい

せのかみひでつな　[生]1508年　[没]1577年），剣豪（かみいずみいせのかみ　[生]永正5（1508）年頃　[没]天正5（1577）年），国史（上泉信綱　かみいずみのぶつな），国書（上泉信綱　かみいずみのぶつな），古中（上泉信綱　かみいずみのぶつな），コン改（生没年不詳），コン4（生没年不詳），史人（上泉信綱　かみいずみのぶつな），人情，新潮，人名（かみいずみいせのかみ），人名（上泉信綱　かみいずみのぶつな），姓氏群馬（上泉秀綱　かみいずみひでつな　[生]1508年　[没]1600年），世人（生没年不詳），世人（上泉秀綱　かみいずみひでつな　生没年不詳），戦合（上泉信綱　かみいずみのぶつな），戦国（上泉信綱　こういずみのぶつな），全書（上泉信綱　かみいずみのぶつな　[生]1508年　[没]1577年？），戦人（上泉信綱　こういずみのぶつな），大百（かみいずみいせのかみ），日史（上泉秀綱　かみいずみひでつな　生没年不詳），日人，百科（上泉秀綱　かみいずみひでつな　生没年不詳），歴大（上泉信綱　かみいずみのぶつな　[生]1508年？　[没]1582年？）

**上泉信綱**　こういずみのぶつな
→上泉伊勢守（こういずみいせのかみ）

**上泉秀胤**　こういずみひでたね
→上泉秀胤（かみいずみひでたね）

**上泉秀綱**　こういずみひでつな
→上泉伊勢守（こういずみいせのかみ）

**高市之允**　こういちのすけ
〜天正10（1582）年
安土桃山時代の武人。
¶岡山人

**国府市正**　こういちまさ
？　〜天正10（1582）年6月4日
安土桃山時代の備中国の武将。
¶岡山歴

**高右衛門大夫**　こううえもんたいふ
戦国時代の武将。足利氏家臣。
¶戦東

**高氏師**　こううじもろ
生没年不詳
戦国時代の古河公方の家臣。
¶戦辞

**高家将藍**　こうけしょうげん
生没年不詳
戦国時代の南部氏家臣。糠部郡高家村を領地とした。
¶姓氏岩手

**香西越後守**　こうさいえちごのかみ
？　〜天正3（1575）年4月19日
戦国時代〜安土桃山時代の織田信長の家臣。
¶織田

**香西資茂**　こうざいすけしげ
生没年不詳
鎌倉時代の武将。
¶日人

**香西資村**　こうざいすけむら
寿永2（1183）年〜嘉禎1（1235）年　[別]香西資村《かさいすけむら》
鎌倉時代前期の武士。
¶香川人，鎌室，郷土香川（[生]？），コン改，コン4，新潮，人名（かさいすけむら），日人

**香西元資**　こうざいもとすけ
[別]香西元資《かさいもとすけ》
室町時代の武将。
¶鎌室（生没年不詳），人名（かさいもとすけ　[生]1411年　[没]1479年），日人（[生]？　[没]1479年？）

**香西元長**　こうざいもとなが
？　〜永正4（1507）年　[別]香西元長《かさいもとなが》
戦国時代の武士。山城国守護代。
¶朝日（[没]永正4年8月1日（1507年9月7日）），岩史（[没]永正4（1507）年8月1日），角史，国史，古中，コン4，史人（[没]1507年8月1日），新潮（[没]永正4（1507）年8月1日），人名（かさいもとなが），姓氏京都，戦合，戦人，戦西，日史（[没]永正4（1507）年8月1日），日人

**香西元成**　こうざいもとなり
？　〜永禄3（1560）年
戦国時代の武士。
¶戦人，戦西

**香西元盛**　こうざいもともり
？　〜大永6（1526）年
戦国時代の武士。
¶戦人，戦西

**高坂氏重**　こうさかうじしげ
→高坂氏重（たかさかうじしげ）

**上坂意信**　こうさかおきのぶ
戦国時代の武将。浅井氏家臣。
¶戦西

**上坂景重**　こうさかかげしげ
→上坂景重（うえさかかげしげ）

**上坂景信**　こうさかかげのぶ
戦国時代の武将。浅井氏家臣。
¶戦西

**上坂内蔵介**　こうさかくらのすけ
戦国時代の武将。浅井氏家臣。
¶戦西

**高坂蔵人**　こうさかくらんど
？　〜慶長17（1612）年
安土桃山時代〜江戸時代前期の武将、陸奥弘前藩士。
¶青森人，藩臣1

**上坂貞信**　こうさかさだのぶ
戦国時代の武将。浅井氏家臣。
¶戦西

**香坂心覚**　こうさかしんかく
生没年不詳　[別]香坂入道心覚《こうさかにゅうどうしんかく》

鎌倉時代後期の武将。
¶姓氏長野，長野歴（香坂入道心覚　こうさかにゅうどうしんかく）

**香坂高宗**（高坂高宗，高坂隆宗）　**こうさかたかむね**
？　～応永14（1407）年
南北朝時代の武将。
¶鎌室（高坂高宗　生没年不詳），コン改（高坂隆宗），コン4（高坂隆宗），新潮（生没年不詳），人名，姓氏長野（生没年不詳），長野歴（[生]正平5（1350）年　[没]元中1（1384）年），日人（生没年不詳）

**高坂虎綱**　**こうさかとらつな**
大永7（1527）年～天正6（1578）年　[別]香坂昌信《こうさかまさのぶ》，高坂昌信《こうさかまさのぶ，こうざかまさのぶ》，春日虎綱《かすがとらつな》，高坂弾正《こうさかだんじょう》
戦国時代～安土桃山時代の武将。甲斐武田氏の家臣。「甲陽軍艦」の著者に仮託された。
¶国史，国書（高坂昌信　こうさかまさのぶ　[没]天正6（1578）年5月7日），古中，史人（[没]1578年5月7日），新潮（[没]天正6（1578）年5月7日），人名，姓氏長野（高坂昌信　こうさかまさのぶ），姓氏山梨（香坂昌信　こうさかまさのぶ），世人，戦合，戦国（高坂昌信　こうざかまさのぶ　[生]？　[没]1582年），戦辞（春日虎綱　かすがとらつな　[没]天正6年6月14日（1578年7月18日）），戦人（高坂昌信　こうさかまさのぶ），戦東（春日虎綱　かすがとらつな　[生]？），長野歴（高坂昌信　こうさかまさのぶ），日人，山梨百（高坂昌信　こうさかまさのぶ　[没]天正6（1578）年5月7日），山梨百（春日虎綱　かすがとらつな）

**香坂入道心覚**　**こうさかにゅうどうしんかく**
→香坂心覚（こうさかしんかく）

**高坂信達**　**こうさかのぶたつ**
？　～天正10（1582）年　[別]春日信達《かすがのぶたつ》
戦国時代～安土桃山時代の武将。
¶戦辞（春日信達　かすがのぶたつ　[没]天正10年7月25日（1582年8月13日）），日人

**上坂孫九郎**　**こうさかまごくろう**
戦国時代の武将。浅井氏家臣。
¶戦西

**高阪昌貞**　**こうさかまささだ**
戦国時代の武将。
¶人名

**香坂昌信**（高坂昌信）　**こうさかまさのぶ，こうざかまさのぶ**
→高坂虎綱（こうさかとらつな）

**上坂正信**　**こうさかまさのぶ**
→上坂正信（うえさかまさのぶ）

**香坂宗重**　**こうさかむねしげ**
？　～永禄4（1561）年
戦国時代～安土桃山時代の武田家臣。信濃牧野島の城主。
¶姓氏長野，姓氏山梨

**香坂宗継**　**こうさかむねつぐ**
生没年不詳
戦国時代の武将、のち念仏行者。牧野島城城主香坂宗久の嫡子。
¶姓氏長野

**上坂泰舜**　**こうさかやすきよ**
→上坂泰舜（うえさかやすきよ）

**神崎上総介**　**こうざきかずさのすけ**
生没年不詳
戦国時代の下総神崎の領主。
¶戦辞

**神崎中務丞**　**こうざきなかつかさのじょう**
生没年不詳
安土桃山時代の織田信長の家臣。
¶織田

**高左京亮**　**こうさきょうのすけ**
生没年不詳
戦国時代の古河公方の家臣。
¶戦辞

**高重直**　**こうしげなお**
生没年不詳
南北朝時代の武家・歌人。
¶国書

**香志田出雲守**　**こうしたいずものかみ**
生没年不詳
戦国時代の武士。
¶戦人

**香志田久重**　**こうしたひさしげ**
生没年不詳
南北朝時代の神官武士。
¶大分歴

**合志親重**　**こうしちかしげ**
？　～天正14（1586）年　[別]合志親泰《こうしちかやす》
安土桃山時代の武将。島津氏家臣。
¶戦人

**合志親為**　**こうしちかため**
？　～天正13（1585）年
安土桃山時代の武将。
¶戦人

**郷司孫左衛門**　**ごうしまござえもん**
安土桃山時代の武将。
¶戦国

**高如安行**　**こうじょやすゆき**
→高如安行（たかじょやすゆき）

**神代貞綱**　**こうじろさだつな**
戦国時代の武士。
¶戦人（生没年不詳），戦西

**神代貴茂**　**こうじろたかもち**
？　～天正12（1584）年　[別]神代兵部大輔貴茂《こうじろひょうぶのたゆうたかもち》
安土桃山時代の武士。
¶戦人，戦西（神代兵部大輔貴茂　こうじろひょ

うぶのたゆうたかもち）

**神代武総**　こうじろたけふさ
戦国時代の武士。
¶戦人（生没年不詳），戦西

**神代兵部大輔貴茂**　こうじろひょうぶのたゆうたかもち
→神代貴茂（こうじろたかもち）

**江雪**　こうせつ
→板部岡江雪（いたべおかこうせつ）

**香宗我部重道**　こうそがべしげみち
文永3（1266）年～元応1（1319）年
鎌倉時代後期の武将。
¶高知人

**香宗我部親秀**　こうそがべちかひで
文明3（1471）年～永禄2（1559）年
戦国時代の武将。
¶高知人

**香宗我部親泰**　こうそかべちかやす，こうそがべちかやす
天文12（1543）年～文禄2（1593）年
安土桃山時代の武士。
¶高知人（こうそがべちかやす），高知百（こうそがべちかやす），戦人，戦西（こうそがべちかやす　[生]？）

**香宗我部秀通**　こうそかべひでみち，こうそがべひでみち
永正7（1510）年～弘治2（1556）年
戦国時代の武士。
¶高知人（こうそがべひでみち），戦人，戦西（こうそがべひでみち　[生]？）

**幸田右馬助**　こうだうまのすけ
生没年不詳
戦国時代の武士。後北条氏家臣。
¶戦辞，戦人，戦東

**幸田大蔵丞**　こうだおおくらのじょう
戦国時代～安土桃山時代の武将。後北条氏家臣。
¶戦東

**神田蔵人介**　こうだくらんど
生没年不詳
戦国時代の玖珂軍本郷神田有力土豪。
¶姓氏山口

**幸田源左衛門**　こうだげんざえもん
生没年不詳
戦国時代の北条氏の家臣。
¶戦辞

**幸田源二郎**　こうだげんじろう
安土桃山時代の武将。後北条氏家臣。
¶戦辞（生没年不詳），戦東

**幸田定治**　こうださだはる
生没年不詳
戦国時代の北条氏の家臣。
¶戦辞

**幸田彦右衛門**　こうだひこえもん
→幸田彦右衛門尉（こうだひこえもんのじょう）

**幸田彦右衛門尉**　こうだひこえもんじょう
→幸田彦右衛門尉（こうだひこえもんのじょう）

**幸田彦右衛門尉**　こうだひこえもんのじょう
？～天正11（1583）年　[別]幸田彦右衛門《こうだひこえもん》，幸田彦右衛門尉《こうだひこえもんじょう》
安土桃山時代の武士。織田氏家臣。
¶織田（幸田彦右衛門　こうだひこえもん　[没]天正11（1583）年4月18日？），戦国（こうだひこえもんじょう），戦人，日人（幸田彦右衛門　こうだひこえもん）

**幸田政治**　こうだまさはる
？～天正14（1586）年
安土桃山時代の武士。後北条氏家臣。
¶戦人

**幸田与三**　こうだよぞう
戦国時代の武将。後北条氏家臣。
¶戦辞（生没年不詳），戦東

**神足加介**　こうたりかすけ
安土桃山時代の武士。織田氏家臣。
¶戦国，戦人（生没年不詳）

**神足友春**　こうたりともはる
生没年不詳
室町時代の山城国乙訓郡神足の国人。
¶姓氏京都

**上津浦鎮貞**　こうつうらしげさだ
→上津浦鎮貞（かみつうらしげさだ）

**上月伊予守**　こうづきいよのかみ
？～享禄1（1528）年
戦国時代の武将。細川氏家臣。
¶戦人

**上月恒織**　こうづきつねおり
？～天正5（1577）年
戦国時代～安土桃山時代の武将。
¶戦人

**上月文右衛門**　こうづきぶんうえもん
？～慶安2（1649）年　[別]上月文右衛門《こうづきぶんえもん》
江戸時代前期の武士、肥後熊本藩士、安芸広島藩士。
¶藩臣6（生没年不詳），藩臣7（こうづきぶんえもん）

**上月文右衛門**　こうづきぶんえもん
→上月文右衛門（こうづきぶんうえもん）

**上月満吉**　こうづきみつよし
生没年不詳
戦国時代の武士。
¶国書，戦人，戦西

**厚東武実**　こうとうたけざね
？～正平3/貞和4（1348）年　[別]厚東武実《ことうたけざね》

鎌倉時代後期～南北朝時代の武将。武仲の子。
¶朝日（[没]貞和4/正平3年11月9日（1348年11月30日）），鎌室，国史（[没]1354年），古中，コン改（生没年不詳），コン4（生没年不詳），史人（[没]1348年11月9日），新潮（[没]貞和4/正平3（1348）年11月9日），人名，姓氏山口（ことうたけざね），日史（ことうたけざね [没]貞和4/正平3（1348）年11月9日），日人，山口百（ことうたけざね）

こ

**神戸左門** ごうどさもん
戦国時代の武将。武田家臣。永禄10年の諏訪五十騎交名にみえる。
¶姓氏山梨

**額戸正忠** ごうどまさただ
南北朝時代の忠臣。
¶人名，日人（生没年不詳）

**河野** こうの
生没年不詳
戦国時代の北条氏の家臣。
¶戦辞

**河野氏門** こうのうじかど
永禄1（1558）年～天正10（1582）年6月2日
戦国時代～安土桃山時代の織田信長の家臣。
¶織田

**高氏鎮** こうのうじしげ
→三戸七郎（みとしちろう）

**河野氏吉** こうのうじよし
大永7（1527）年～元和2（1616）年
戦国時代～安土桃山時代の武士。織田氏家臣、秀吉馬廻。
¶織田（[没]元和2（1616）年8月17日），戦人，戦補

**高定信** こうのさだのぶ
～正平7/文和1（1352）年
南北朝時代の土佐国守護。
¶高知人，高知百

**河野三吉** こうのさんきち
？ ～永禄12（1569）年9月8日
戦国時代～安土桃山時代の織田信長の家臣。
¶織田

**高重茂** こうのしげもち
生没年不詳 [別]高師茂《こうのもろもち，こうもろもち》，高重茂《こうしげもち》
南北朝時代の武将、師重の子、大和権守、駿河守。
¶朝日，神奈川人，鎌室（こうしげもち），国書（こうしげもち），諸系，新潮，人名（高師茂 こうのもろもち），姓氏神奈川，日人

**神瀬九兵衛長次** こうのせきゅうびょうえながつぐ
？ ～寛永13（1636）年
安土桃山時代～江戸時代前期の武将。相良氏家臣。
¶戦西

**河野親清** こうのちかきよ
生没年不詳
平安時代後期の武士。
¶諸系，人名，日人

**河野続秀** こうのつぐひで
？ ～天文23（1554）年
戦国時代の武士。
¶姓氏石川，戦人，戦西

**河野伝介** こうのでんすけ
戦国時代の武将。浅井氏家臣。
¶戦西

**河野藤兵衛** こうのとうべえ
？ ～慶長5（1600）年
安土桃山時代の長連竜の家臣。
¶姓氏石川

**河野教通** こうののりみち
？ ～明応9（1500）年 [別]河野通直《こうのみちなお》
戦国時代の武将、伊予守護。通久の子。刑部大輔。
¶朝日（[没]明応9年1月20日（1500年2月19日）），系西，国書（河野通直 こうのみちなお [没]明応9（1500）年1月20日），諸系，人名（河野通直 こうのみちなお），戦人，日人

**河野肥前** こうのひぜん
→河野肥前（かわのひぜん）

**河野通有** こうのみちあり
？ ～応長1（1311）年
鎌倉時代後期の武士。通継の子。
¶朝日（[生]建長2（1250）年 [没]応長1年7月14日（1311年8月28日）），愛媛百，角史，鎌室（[生]建長2（1250）年？），郷土愛媛，系西（[生]1250年），国史，古中，コン改（生没年不詳），コン4（生没年不詳），史人（[没]1311年7月14日），諸系，新潮（[生]建長2（1250）年？ [没]応長1（1311）年7月14日），人名，世人（生没年不詳），世百，全書，日史（[没]応長1（1311）年7月14日），日人，百科，歴大

**河野通清** こうのみちきよ
？ ～養和1（1181）年
平安時代後期の武士。親清の子。河野介と称する。
¶朝日，愛媛百，鎌室，系西，諸系，新潮（[没]養和1（1181）年9月15日？），人名，日人

**河野通重** こうのみちしげ
天正12（1584）年～慶安4（1651）年
安土桃山時代～江戸時代前期の武士、鉄砲頭。
¶人名，日人

**河野通末** こうのみちすえ
生没年不詳
鎌倉時代前期の武士。
¶北条

**河野通堯** こうのみちたか
？ ～天授5/康暦1（1379）年 [別]河野通直《こうのみちなお》
南北朝時代の武将。通朝の子。
¶朝日（[没]康暦1/天授5年11月6日（1379年12月15日）），愛媛百，鎌室，郷土愛媛，系西（[生]1346年），諸系，新潮（[没]康暦1/天授5（1379）年11月6日），人名，日人

**河野通忠　こうのみちただ**
文永5(1268)年～?
鎌倉時代後期の武士。通有の子。
¶朝日，鎌室，コン改，コン4，諸系，新潮，人名，日人

**河野通継　こうのみちつぐ**
?　～正応2(1289)年
鎌倉時代後期の武士。通久の子。
¶朝日(生没年不詳)，鎌室，系西，コン改([没]文永7(1270)年)，コン4([没]文永7(1270)年)，諸系，新潮([没]正応2(1289)年8月23日)，日人

**河野通経　こうのみちつね**
生没年不詳
鎌倉時代前期の武将。
¶鎌室，諸系，人名，日人

**河野通遠　こうのみちとお**
文保2(1318)年～元弘3/正慶2(1333)年　[別]越智通遠《おちみちとお》
鎌倉時代後期の武士。
¶国書(越智通遠　おちみちとお　[没]元弘3(1333)年5月7日)，諸系，人名，日人

**河野通時　こうのみちとき**
?　～弘安4(1281)年
鎌倉時代前期の武士。弓の名手。
¶朝日，鎌室，コン改，コン4，諸系，新潮([没]弘安4(1281)年6月)，人名，日人

**河野通朝　こうのみちとも**
?　～正平19/貞治3(1364)年
南北朝時代の武将。通盛の子。遠江守。
¶朝日([没]貞治3/正平19年11月6日(1364年11月29日))，鎌室，系西，コン改，コン4，諸系，新潮([没]貞治3/正平19(1364)年11月6日)，人名([没]1363年)，日人

**河野通直(1)　こうのみちなお**
?　～元亀3(1572)年　[別]海岸希清《かいがんきせい》
戦国時代の武将。
¶系西，諸系，人名，戦国，戦人，日人

**河野通直(2)　こうのみちなお**
永禄9(1566)年～天正15(1587)年
安土桃山時代の武士。
¶系西([生]?　[没]1585年)，諸系，人名，戦国，戦人([生]?)，日人

**河野通直(3)　こうのみちなお**
→河野教通(こうののりみち)

**河野通信　こうのみちのぶ**
保元1(1156)年～貞応2(1223)年　[別]越智通信《おちのみちのぶ》
平安時代後期～鎌倉時代前期の武士。通清の子。伊予国の在庁。
¶朝日([没]貞応2年5月19日(1223年6月19日))，岩手百，愛媛百，角史，鎌室，郷土愛媛，系西，国史，古中，コン改，コン4，史人([没]1223年5月19日)，諸系，新潮([没]貞応2(1223)年5月19日)，人名，姓氏岩手，日史([没]貞応2(1223)年5月19日)，日人，平史(越智通信　おちのみちのぶ)，北条

**河野通宣(1)　こうのみちのぶ**
?　～永正16(1519)年
戦国時代の武将。
¶系西，戦人

**河野通宣(2)　こうのみちのぶ**
?　～天正9(1581)年
安土桃山時代の武将。
¶系西，戦人

**河野通春　こうのみちはる**
?　～文明14(1482)年
室町時代～戦国時代の武将。通元の子。伊予守の官途。
¶朝日([没]文明14年閏7月14日(1482年8月28日))，愛媛百，鎌室，郷土愛媛，国史，古中，史人([没]1482年閏7月14日)，諸系，新潮([没]文明14(1482)年閏7月14日)，人名，戦合，日人

**河野通久(1)　こうのみちひさ**
生没年不詳
鎌倉時代前期の武将。
¶愛媛百，鎌室，系西，諸系，徳島歴，日人，北条

**河野通久(2)　こうのみちひさ**
?　～永享7(1435)年
室町時代の武将、阿波富田城主。
¶鎌室，系西，コン改，コン4，諸系，新潮([没]永享7(1435)年6月29日)，人名，日人

**河野通秀　こうのみちひで**
生没年不詳
鎌倉時代の伊予の武将。
¶コン改，コン4，諸系，日人

**河野通生　こうのみちふ**
室町時代の武将。
¶人名

**河野通昌　こうのみちまさ**
安土桃山時代の武将、伊予守護。
¶人名

**河野通政　こうのみちまさ**
?　～承久3(1221)年
平安時代後期～鎌倉時代前期の武士。
¶北条

**河野通盛(1)(河野道盛)　こうのみちもり**
?　～正平19/貞治3(1364)年　[別]河野通治《こうのみちはる》
南北朝時代の武将。通有の子。伊予守護、対馬守。
¶朝日([没]貞治3/正平19年11月26日(1364年12月19日))，鎌室，郷土愛媛([没]1363年)，系西，国史，古中，コン改，コン4，史人([没]1364年11月26日)，諸系，新潮([没]貞治3/正平19(1364)年11月26日)，人名(河野道盛　[没]1362年)，日人

**河野通盛(2)　こうのみちもり**
正平8/文和2(1353)年～?
南北朝時代～室町時代の武将。
¶姓氏鹿児島

**河野通之**　こうのみちゆき
生没年不詳
室町時代の武将。
¶鎌室，系西([生]1372年)，諸系，日人

**河野通義**(河野通能)　こうのみちよし
建徳1/応安3(1370)年～応永1(1394)年
南北朝時代～室町時代の武将、伊予守護。
¶愛媛百，鎌室(河野通能)，系西(河野通能)，諸系([生]1369年)，人名(河野通能)，日人([生]1369年)

**河野宗賢**　こうのむねかた
？～貞応1(1222)年
鎌倉時代前期の武将。
¶鎌室，人名，日人

**神森出雲**　こうのもりいずも
？～永禄4(1561)年
戦国時代の武将。長宗我部氏家臣。
¶高知人(生没年不詳)，戦西

**河野盛政**　こうのもりまさ
戦国時代の武士。徳川家康の臣。
¶人名，姓氏山梨

**高師秋**　こうのもろあき
生没年不詳　[別]高師秋《こうもろあき》，高師顕《こうもろあき》
南北朝時代の武将。
¶鎌室(こうもろあき)，諸系，新潮，日人

**高師詮**　こうのもろあき
→高師詮(こうのもろあきら)

**高師詮**　こうのもろあきら
？～正平8/文和2(1353)年　[別]高師詮《こうのもろあき,こうもろあきら》
南北朝時代の武将。師直の子。武蔵将監。
¶朝日，鎌室(こうもろあきら)，諸系，新潮([没]文和2/正平8(1353)年6月12日)，人名(こうのもろあき)，日人

**高師有**　こうのもろあり
？～正平19/貞治3(1364)年
南北朝時代の関東管領。
¶神奈川人，姓氏神奈川

**高師直**　こうのもろなお
？～正平6/観応2(1351)年　[別]高師直《こうもろなお》
南北朝時代の武将。師重の子。足利尊氏の執事。
¶朝日([没]観応2/正平6年2月26日(1351年3月24日))，岩史([没]観応2(1351)年2月27日)，角史，神奈川人，鎌倉，鎌室(こうもろなお)，京都大，京都府，国史，国書(こうもろなお　[没]観応2(1351)年2月26日)，古中，コン改，コン4，史人([没]1351年2月26日)，重要([没]正平6/観応2(1351)年2月26日)，諸系，新潮([没]観応2/正平6(1351)年2月26日)，人名，姓氏京都，世人([没]正平6/観応2(1351)年2月26日)，世百，全書，大百，鳥取百，日史([没]観応2/正平6(1351)年2月26日)，日人，百科，歴大

**高師夏**　こうのもろなつ
→高師夏(こうもろなつ)

**高師業**　こうのもろなり
生没年不詳
南北朝時代の武将。
¶姓氏神奈川

**高師英**　こうのもろひで
生没年不詳　[別]高師英《こうもろひで》
室町時代の武将。師有の子。土佐守。
¶朝日，鎌室(こうもろひで)，コン改，コン4，諸系，新潮，日人

**高師冬**　こうのもろふゆ
？～正平6/観応2(1351)年　[別]高師冬《こうもろふゆ》
南北朝時代の武将。師行の子。師直の従兄弟。三河守、播磨守。鎌倉府執事。
¶朝日([没]観応2/正平6年1月17日(1351年2月13日))，岩史([没]観応2(1351)年1月17日)，角史，神奈川人，鎌倉，鎌室(こうもろふゆ)，国史，国書(こうもろふゆ　[没]観応2(1351)年1月17日)，古中，コン改，コン4，史人([没]1351年1月17日)，諸系，新潮([没]観応2/正平6(1351)年1月17日)，人名，姓氏神奈川，世人([没]正平6/観応2(1351)年2月17日)，全書，日史([没]観応2/正平6(1351)年1月17日)，日人，百科，山梨百，歴大

**高師茂**　こうのもろもち
→高重茂(こうのしげもち)

**高師泰**　こうのもろやす
？～正平6/観応2(1351)年　[別]高師泰《こうもろやす》
南北朝時代の武将、師重の子、師直の兄弟、尾張守、越後守。
¶朝日([没]観応2/正平6年2月26日(1351年3月24日))，岩史([没]観応2(1351)年2月27日)，角史，鎌室(こうもろやす)，京都大，国史，古中，コン改，コン4，史人([没]1351年2月26日)，静岡百，静岡歴，諸系，新潮([没]観応2/正平6(1351)年2月26日)，人名，姓氏愛知，姓氏静岡，世人([没]正平6/観応2(1351)年2月26日)，全書，日史([没]観応2/正平6(1351)年2月26日)，日人，百科，歴大

**高師世**　こうのもろよ
？～正平6/観応2(1351)年
南北朝時代の武将、室町幕府執事。高師泰の子。師直は叔父。
¶朝日([没]観応2/正平6年2月26日(1351年3月24日))，諸系，日人

**河野好方**　こうのよしかた
平安時代中期の武将、伊予国越智郡押領使。
¶人名，日人(生没年不詳)

**郷秀就**　ごうひでなり
戦国時代の武将。浅井氏家臣。
¶戦西

**神馬弾正左衛門**　こうまだんじょうざえもん
安土桃山時代の武将。豊臣秀吉の麾下か？。

¶戦国

**小海高豊** こうみたかとみ
戦国時代の武将。武田家臣。宮内介。
¶姓氏山梨

**河本隆任** こうもとたかとう
戦国時代の武士。
¶戦人(生没年不詳), 戦西

**河本隆政** こうもとたかまさ
大永1(1521)年～? [別]河本大八《こうもとだいはち》
戦国時代の武士。
¶戦人, 戦西

**河本対馬守** こうもとつしまのかみ
安土桃山時代の武士。
¶岡山人, 岡山歴, 戦人(生没年不詳), 戦西

**国府盛種** こうもりたね
生没年不詳
安土桃山時代の武将。織田氏家臣。
¶戦人

**高師夏** こうもろなつ
延元4/暦応2(1339)年～正平6/観応2(1351)年 [別]高師夏《こうのもろなつ》
南北朝時代の武将。
¶鎌室, 諸系(こうのもろなつ), 人名(こうのもろなつ), 日人(こうのもろなつ)

**高師久** こうもろひさ
生没年不詳
戦国時代の古河公方の家臣。
¶戦辞

**高師秀** こうもろひで
南北朝時代の武将。
¶岡山人, 鎌室(生没年不詳)

**高大和守** こうやまとのかみ
生没年不詳
戦国時代の古河公方の家臣。
¶戦辞

**黄友賢** こうゆうけん
天文7(1538)年～慶長15(1610)年
安土桃山時代～江戸時代前期の薩摩藩士、儒学者。
¶藩臣7

**小浦一守** こうらかずもり
? ～元和1(1615)年
安土桃山時代～江戸時代前期の戦国の武将。
¶姓氏富山

**高力一成** こうりきかずなり
天正15(1587)年～寛永6(1629)年 [別]高力但馬《こうりきたじま》
安土桃山時代～江戸時代前期の武将、出羽庄内藩家老。
¶庄内(高力但馬 こうりきたじま [没]寛永6(1629)年8月2日), 藩臣1

**高力河内守清長** こうりきかわちのかみきよなが
→高力清長(こうりききよなが)

**高力清長** こうりききよなが
享禄3(1530)年～慶長13(1608)年 [別]高力河内守清長《こうりきかわちのかみきよなが》
安土桃山時代の武将、大名。武蔵岩槻城主。
¶埼玉人([没]慶長13(1608)年1月26日), 埼玉百(高力河内守清長 こうりきかわちのかみきよなが), 史人([没]1600年1月26日, (異説)1604年, 1608年), 諸系, 人名, 姓氏愛知, 戦国([生]1531年), 戦辞([没]慶長13年1月26日(1608年3月12日)), 戦人([没]?), 戦東([没]?), 日史([没]慶長13(1608)年1月), 日人, 藩主1([没]慶長5(1600)年12月26日, (異説)慶長9(1604)年, 慶長13(1608)年1月23日), 百科

**高力重長** こうりきしげなが
? ～天文4(1535)年
戦国時代の武士。
¶諸系, 人名, 日人

**高力摂津守忠房** こうりきせっつのかみただふさ
→高力忠房(こうりきただふさ)

**高力但馬** こうりきたじま
→高力一成(こうりきかずなり)

**高力忠房** こうりきただふさ
天正12(1584)年～明暦1(1655)年 [別]高力摂津守忠房《こうりきせっつのかみただふさ》
安土桃山時代～江戸時代前期の武将、大名。武蔵岩槻藩主、遠江浜松藩主、肥前島原藩主。
¶岩史([没]明暦1(1655)年12月11日), 近世, 国史, コン4, 埼玉人([没]明暦1(1655)年12月11日), 埼玉百(高力摂津守忠房 こうりきせっつのかみただふさ), 史人([没]1655年12月11日), 諸系([没]1656年), 人名([生]1583年), 戦合, 戦人, 日人([没]1656年), 藩主1, 藩主2, 藩主4([没]明暦1(1655)年12月11日), 歴大

**高力忠兵衛** こうりきちゅうべえ
～承応4(1655)年2月7日
江戸時代前期の武士、町奉行。
¶庄内

**高力正長** こうりきまさなが
永禄1(1558)年～慶長4(1599)年
安土桃山時代の武将、大名。武蔵岩槻城主。
¶諸系, 人名, 日人, 藩主1([没]慶長4(1599)年4月22日)

**高利兵太夫** こうりひょうだゆう
戦国時代の武将、摂津高槻城主。
¶人名

**肥高某** こえだか
? ～天正2(1574)年
戦国時代～安土桃山時代の織田信長の家臣。
¶織田

**古尾谷重長** こおやしげなが
生没年不詳
戦国時代の武将。
¶神奈川人

**古尾屋周防** こおやすおう
→古尾屋周防(ふるおやすおう)

こ

**桑折景長** こおりかげなが
永正2(1505)年～天正5(1577)年
戦国時代の武士。伊達氏家臣。
¶戦人(生没年不詳),戦東,福島百

**桑折貞長** こおりさだなが
戦国時代の武士。伊達氏家臣。
¶戦人(生没年不詳),戦東

**桑折摂津守** こおりせっつのかみ
生没年不詳
安土桃山時代の武士。伊達氏家臣。
¶戦人

**桑折政長** こおりまさなが
? ～文禄2(1593)年
安土桃山時代の武将。伊達氏家臣。
¶戦人

**桑折宗長** こおりむねなが
天文1(1532)年～慶長6(1601)年 [別]点了斎不曲《てんりょうさいふきょく》
戦国時代～安土桃山時代の武士。伊達氏家臣。
¶戦人,戦東([生]?),藩臣1

**郡宗保** こおりむねやす
天文15(1546)年～元和1(1615)年 [別]伊丹甚十郎《いたみじんじゅうろう》,郡十右衛門《こおりじゅうえもん》
安土桃山時代～江戸時代前期の武士。秀吉馬廻。
¶戦国,戦人

**郡山頼祐** こおりやまよりすけ
安土桃山時代の武将。伊達氏家臣。
¶戦人(生没年不詳),戦東

**郡山頼平** こおりやまよりひら
南北朝時代の薩摩国満家院の郡山城城主。
¶姓氏鹿児島

**小柿四郎左衛門** こがきしろうざえもん
戦国時代の武将。斎藤氏家臣。
¶戦西

**久我三休** こがさんきゅう
? ～天正15(1587)年
安土桃山時代の武士。
¶戦人,戦西

**小金沢将監** こがねざわしょうげん
戦国時代の武将。葛西氏家臣。
¶戦東

**小鴨元清** こがもちときよ
→南条元清(なんじょうもときよ)

**小軽米久俊** こがるまいひさとし
生没年不詳
戦国時代～江戸時代前期の武将。糠部郡小軽米村を領地とした。
¶姓氏岩手

**小河原重清** こがわらしげきよ
→長根重清(ながねしげきよ)

**後閑景純** ごかんかげずみ
? ～永禄5(1562)年
戦国時代の武将。
¶群馬人

**後閑刑部少輔** ごかんぎょうぶのしょう
生没年不詳
戦国時代の上野国衆。
¶戦辞

**後閑宮内大輔** ごかんくないのたいふ
生没年不詳
戦国時代の上野国衆。
¶戦辞

**後閑信重** ごかんのぶしげ
安土桃山時代の武将。武田氏家臣。
¶姓氏山梨,戦人(生没年不詳)

**後閑信純** ごかんのぶずみ
? ～*
戦国時代～安土桃山時代の上野国衆。
¶群馬人(生没年不詳),姓氏群馬(生没年不詳),姓氏山梨([没]1578年),戦辞([没]天正7年2月21日(1579年3月18日))

**小薬刑部少輔** こぐすりぎょうぶしょうゆう
生没年不詳 [別]小薬刑部少輔《こぐすりぎょうぶのしょう》
戦国時代～安土桃山時代の地侍。結城氏家臣。
¶戦辞(こぐすりぎょうぶのしょう),戦人,戦東

**小薬刑部少輔** こぐすりぎょうぶのしょう
→小薬刑部少輔(こぐすりぎょうぶしょうゆう)

**小口小弁** こぐちこべん
? ～天正10(1582)年 [別]山口小弁《やまぐちこべん》
安土桃山時代の織田信長の小姓。
¶織田(山口小弁 やまぐちこべん [没]天正10(1582)年6月2日?),人名,日人

**国府市左衛門** こくふいちざえもん
? ～天正10(1582)年6月?
戦国時代～安土桃山時代の織田信長の家臣。
¶織田

**国分景広** こくぶかげひろ
[別]国分景広《こくぶんかげひろ》
戦国時代の武士。伊達氏家臣。
¶戦人(生没年不詳),戦東(こくぶんかげひろ)

**国分之胤** こくぶこれたね
生没年不詳
戦国時代の大崎城城主。
¶戦辞

**国府佐渡守** こくふさどのかみ
? ～天正10(1582)年頃
戦国時代～安土桃山時代の織田信長の家臣。
¶織田

**国府四郎次郎** こくふしろじろう
生没年不詳
安土桃山時代の織田信長の家臣。
¶織田

**国分胤景**　こくぶたねかげ
生没年不詳
戦国時代の国分氏当主。
¶戦辞

**国分胤政**　こくぶたねまさ
？　～寛永12(1635)年
安土桃山時代～江戸時代前期の北条氏滅亡時の大崎(矢作)城主。
¶戦辞

**国分胤通**　こくぶたねみち
生没年不詳　[別]国分胤通《こくぶんたねみち》,平胤通《たいらのたねみち》
鎌倉時代前期の武士。
¶鎌室，諸系，人名，姓氏宮城(こくぶんたねみち　[生]1156年　[没]1213年)，千葉百，日人，平史(平胤通　たいらのたねみち)，宮城百(こくぶんたねみち　[生]保元1(1156)年　[没]建保1(1213)年)

**国分胤盛**　こくぶたねもり
生没年不詳
戦国時代の大崎城主。
¶戦辞

**国分友兼**　こくぶともかね
鎌倉時代の武将。
¶姓氏鹿児島

**国分友貞**　こくぶともさだ
鎌倉時代の薩摩国羽島の領主。
¶姓氏鹿児島

**国分朝胤**　こくぶともたね
生没年不詳
戦国時代の大崎城主。
¶戦辞

**国分景広**　こくぶんかげひろ
→国分景広(こくぶかげひろ)

**国分胤通**　こくぶんたねみち
→国分胤通(こくぶたねみち)

**国分盛重**　こくぶんもりしげ
天文22(1553)年～元和1(1615)年　[別]伊達盛重《だてもりしげ》
安土桃山時代～江戸時代前期の陸奥仙台藩門閥。宮城郡国分の領主。
¶姓氏宮城([没]？)，藩臣1(伊達盛重　だてもりしげ)，藩臣1，宮城百([生]永禄1(1558)年)

**小久保縫殿助**　こくぼぬいどのすけ
戦国時代の武将、岩付太田氏の家臣。
¶埼玉百

**小窪六右衛門尉**　こくぼろくえもんのじょう
生没年不詳
戦国時代の北条氏の家臣。御馬廻衆山角定勝の同心。
¶戦辞

**小熊総七郎**　こぐまそうしちろう
戦国時代の武将。後北条氏家臣。
¶戦東

**木暮祐利**　こぐれすけとし
？　～天正18(1590)年
戦国時代～安土桃山時代の武士。下総守・大膳大夫を称した。
¶姓氏群馬

**木暮存心**　こぐれそんしん
生没年不詳
戦国時代の上野国衆白井長尾氏の家臣。
¶戦辞

**苔口宗十郎**　こけぐちそうじゅうろう
安土桃山時代の武将。宇喜多氏家臣。
¶岡山人，岡山歴，戦西

**苔口利長**　こけぐちとしなが
生没年不詳
安土桃山時代の武士。宇喜多氏家臣。
¶戦人

**九戸政実**　ここのえまささね
→九戸政実(くのへまささね)

**九日町十郎兵衛**　ここのかまちじゅうろうべえ
生没年不詳
安土桃山時代の武将。大迫城主大迫右近の弟。
¶姓氏岩手

**小駒若**　ここまわか
？　～天正10(1582)年6月2日
戦国時代～安土桃山時代の織田信長の家臣。
¶織田

**小佐井鎮直**　こざいしげなお
？　～天文19(1550)年
戦国時代の武将。
¶大分歴

**小坂井某**　こさかい
生没年不詳
安土桃山時代の織田信長の家臣。
¶織田

**小堺吉景**　こさかいよしかげ
？　～慶長19(1614)年
安土桃山時代～江戸時代前期の浅野家臣。
¶和歌山人

**小坂経通**　こさかけいつう
安土桃山時代の武将。
¶岡山人

**小坂助六**　こさかすけろく
安土桃山時代の武将。秀吉馬廻。
¶戦国，戦人(生没年不詳)

**小坂親知**　こさかちかとも
戦国時代の武将。武田家臣。武田信豊同心衆。
¶姓氏山梨

**小坂藤三**　こさかとうぞう
戦国時代の武将。武田家臣。永禄10年の諏訪五十騎衆にみえる。
¶姓氏山梨

**小坂与三郎** こさかよさぶろう
→小坂与三郎（おさかよさぶろう）

**小崎新四郎** こざきしんしろう
安土桃山時代の武将。秀吉馬廻。
¶戦国，戦人（生没年不詳）

**護佐丸** ごさまる
？ 〜尚泰久5（1458）年　[別]毛国鼎《もうこくてい》
室町時代の琉球の按司、中城城主。
¶朝日，沖縄百，鎌室（毛国鼎　もうこくてい），コン改，コン4，史人，新潮，人名（毛国鼎　もうこくてい），姓氏沖縄，世人，世人（毛国鼎　もうこくてい），全書，日人，歴大

**固山宗賢** こざんそうけん
？ 〜延徳1（1489）年
戦国時代の厩橋城主。
¶群馬人

**輿石主水** こしいしもんど
戦国時代の武将。武田家臣。山県昌景同心衆。
¶姓氏山梨

**古志因幡守重信** こしいなばのかみしげのぶ
→古志重信（こししげのぶ）

**越尾秀忠** こしおひでただ
室町時代の武士。
¶岡山人

**小塩良為** こしおよしため
戦国時代の武将。斎藤氏家臣。
¶戦西

**小敷谷弾正忠** こしきやだんじょうのじょう
生没年不詳
戦国時代の武士。北条氏家臣。
¶戦辞

**古志重信** こししげのぶ
[別]古志因幡守重信《こしいなばのかみしげのぶ》
戦国時代の武士。
¶戦人（生没年不詳），戦西（古志因幡守重信　こしいなばのかみしげのぶ），戦西

**古志為信** こしためのぶ
生没年不詳
戦国時代の古志郷領主。
¶島根歴

**小島右京亮** こじまうきょうのすけ
戦国時代の武士。後北条氏家臣。
¶戦人（生没年不詳），戦東

**小嶋左衛門太郎** こじまさえもんたろう
生没年不詳
戦国時代の北条氏の家臣。
¶戦辞

**小島貞清** こじまさだきよ
天正18（1590）年〜明暦2（1656）年
江戸時代前期の武士。紀州藩士。
¶和歌山人

**児島高徳** こじまたかのり
生没年不詳
南北朝時代の武将。備後守範長の子。
¶朝日，岩史，岡山人，岡山百，岡山歴，角史，鎌室，群馬人（[生]応長1（1311）年　[没]永徳2（1382）年），国史，古中，コン改，コン4，詩歌，史人，人書94，新潮，人名，姓氏群馬，世人，世百，全書，大百，日史，日人，百科，歴大，和俳

**児島高秀** こじまたかひで
南北朝時代の武士。
¶岡山人，岡山歴

**小島胤興** こじまたねおき
戦国時代の武将。
¶姓氏富山

**小島時光** こじまときみつ
生没年不詳
安土桃山時代の地方豪族・土豪。
¶戦人

**小島利元** こじまとしもと
生没年不詳
安土桃山時代〜江戸時代前期の武士。浅野家の家臣。
¶和歌山人

**小嶋長門守** こじまながとのかみ
安土桃山時代の武将。里見氏家臣。
¶戦東

**児島範長** こじまのりなが
？ 〜延元1/建武3（1336）年　[別]和田範長《わだのりなが》
南北朝時代の武士。
¶岡山人，岡山百，岡山歴（和田範長　わだのりなが　[没]建武3/延元1（1336）年5月），鎌室，新潮（[没]建武3/延元1（1336）年5月），人名，日人，兵庫人

**小島兵部少輔** こじまひょうぶのしょう
生没年不詳
安土桃山時代の織田信長の家臣。
¶織田

**小島正重** こじままさしげ
生没年不詳
戦国時代の武士。室町幕府奉公衆。今川氏に臣従。
¶戦辞

**小島職鎮** こじまもとしげ
生没年不詳
戦国時代〜安土桃山時代の武士。上杉氏家臣。
¶戦辞，戦人，富山百

**小島弥太郎** こじまやたろう
？ 〜天正10（1582）年　[別]雲井田新兵衛《くもいだしんべえ》
安土桃山時代の武将。越後上杉氏の家臣。
¶朝日（生没年不詳），コン改，コン4，史人（生没年不詳），新潮，人名（雲井田新兵衛　くもいだしんべえ），世人，日人（生没年不詳）

**小島与衛門**　こじまよえもん
安土桃山時代の武将。秀吉馬廻。
¶戦国，戦人（生没年不詳）

**古志宗信**　こしむねのぶ
生没年不詳
戦国時代の古志郷領主。
¶島根歴

**コシャマイン**
？ ～長禄1（1457）年
室町時代の蝦夷地東部の首長。
¶朝日，鎌室，コン改，コン4，史人，新潮（[没]長禄1（1457）年5月），日人，北海道百

**五条有範**　ごじょうありのり
？ ～承久3（1221）年　[別]藤原有範《ふじわらありのり，ふじわらのありのり》
鎌倉時代前期の武士、一条家の家人、御家人。
¶朝日（[没]承久3（1221）年7月？），鎌室（藤原有範　ふじわらありのり），新潮（藤原有範　ふじわらのありのり　[没]承久3（1221）年7月2日），日人

**五条鎮定**（五条鑑定）　ごじょうしげさだ
戦国時代～安土桃山時代の武将、筑後矢部高屋城主。
¶諸系（生没年不詳），人名（五条鑑定），戦補，日人（生没年不詳）

**五条良量**　ごじょうよしかず
生没年不詳
南北朝時代の南朝の武将。頼治の子。
¶諸系，人名，日人

**五条頼治**　ごじょうよりはる
生没年不詳
南北朝時代～室町時代の南朝の官人、武将。頼元の孫。
¶鎌室，諸系，新潮（[没]応永33（1426）年？），人名，日人

**五条頼元**　ごじょうよりもと
正応3（1290）年～正平22/貞治6（1367）年
鎌倉時代後期～南北朝時代の南朝の廷臣、武将。懐良親王に従い九州に赴く。
¶朝日（[没]貞治6/正平22年5月20日（1367年6月17日）），岩史（[没]貞治6/正平22（1367）年5月20日），角史，鎌室，熊本百，国史，古中，コン改（[生]正応4（1291）年），コン4（[生]正応4（1291）年），史人（[没]1367年5月28日），諸系，新潮（[没]貞治6/正平22（1367）年5月28日），人名，姓氏京都，世人，全書，日史（[没]貞治6/正平22（1367）年5月20日），日人，百科，歴大

**御所五郎丸**　ごしょごろうまる
鎌倉時代の武士。
¶山梨百

**古志義綱**　こしよしつな
生没年不詳
南北朝時代の古志郷領主。
¶島根歴

**不来方淡路**　こずかたあわじ
生没年不詳
安土桃山時代の不来方城城主、盛岡城の先住者。
¶姓氏岩手

**小須賀信之**　こすがのぶゆき
生没年不詳
安土桃山時代～江戸時代前期の武将。
¶国書

**小菅大炊助**　こすげおおいのすけ
生没年不詳
戦国時代の武士。後北条氏家臣。
¶戦辞，戦人，戦東

**小介川親茂**　こすけがわちかしげ
安土桃山時代～江戸時代前期の地方豪族・土豪。
¶戦国，戦人（生没年不詳）

**小菅摂津守**　こすげせっつのかみ
生没年不詳
戦国時代の武士。後北条氏家臣。
¶戦辞，戦人，戦東

**小菅忠元**　こすげただもと
？ ～天正10（1582）年
安土桃山時代の武将。武田氏家臣。
¶姓氏山梨，戦人，戦東

**小菅信有**　こすげのぶあり
戦国時代の武将。武田家臣。武田親類衆。
¶姓氏山梨

**巨勢男人**（許勢男人）　こせのおひと
？ ～継体天皇23（529）年
上代の豪族（大臣）。武内宿禰の子雄（小）柄宿禰の四世の孫。磐井の乱鎮圧にあたった将軍。
¶朝日（[没]継体23（529）年9月），公卿，国史，古代（許勢男人），古中，コン改，コン4，史人（[没]529年9月），諸系，新潮（[没]継体23（529）年9月），日人

**巨勢野足**　こせのぬたり
→巨勢野足（こせののたり）

**巨勢野足**　こせののたり
天平勝宝1（749）年～弘仁7（816）年　[別]巨勢朝臣野足《こせのあそんのたり》，巨勢野足《こせのぬたり》
奈良時代～平安時代前期の公卿（中納言，鎮守副将軍）。参議巨勢堺麻呂の孫。蝦夷征討に従軍。
¶朝日（[没]弘仁7年12月14日（817年1月5日）），公卿（[没]弘仁7（816）年12月14日），国史，古代（巨勢朝臣野足　こせのあそんのたり），古中，コン改（こせのぬたり），コン4（こせのぬたり），史人（[没]816年12月14日），諸系（[没]817年），新潮（[没]弘仁7（816）年12月14日），人名（[生]721年　[没]788年），世人（[生]天平20（748）年），日史（[没]弘仁7（816）年12月14日），日人（[没]817年），百科，平史（こせのぬたり），歴大

**巨勢人**（巨勢毘登）　こせのひと
生没年不詳　[別]巨勢臣人《こせのおみひと》，巨勢人卿《こせのひとのまへつきみ》
飛鳥時代の官人。大納言。父は小徳大海（文徳）。壬申の乱で大海人軍襲撃を企てて敗れ流刑。
¶朝日，公卿（巨勢毘登），国史，古代（巨勢臣人

こせのおみひと)，古中，コン改，コン4，史人，新潮，人名，日史，日人，万葉(巨勢人卿　こせのひとのまへつきみ)

**巨勢人卿**　こせのひとのまへつきみ
→巨勢人(こせのひと)

**小瀬信忠**　こせのぶただ
戦国時代の武将。武田家臣。小瀬氏屋敷に居住。
¶姓氏山梨



**巨勢麻呂**(巨勢万呂)　こせのまろ
?　～養老1(717)年　[別]巨勢朝臣麻呂《こせのあそんまろ》，巨勢万呂《こせまろ》
飛鳥時代～奈良時代の廷臣・武官(中納言，陸奥鎮東将軍)。巨勢尾与の四世孫。
¶朝日([没]養老1年1月18日(717年3月5日))，公卿([没]養老1(717)年1月21日)，古代(巨勢朝臣麻呂　こせのあそんまろ)，コン改，コン4，庄内(巨勢万呂　こせまろ　[没]養老1(717)年1月)，人名，日人，歴大

**小曽根駿河**　こぞねするが，こそねするが
安土桃山時代～江戸時代前期の武士。里見氏家臣。
¶戦人(生没年不詳)，戦東(こそねするが)

**社戸大口**　こそべのおおぐち，こそべのおおくち
飛鳥時代の武将。壬申の乱で敗れ捕縛された。
¶人名，日人(こそべのおおくち　生没年不詳)

**五大院宗繁**　ごだいいんむねしげ
生没年不詳
鎌倉時代後期の武士、北条高時の臣。
¶人名，日人，北条

**後醍院良任**　ごだいいんよしとう
大永4(1524)年～慶長2(1597)年
戦国時代～安土桃山時代の武将。
¶姓氏鹿児島

**五代友喜**　ごだいともよし
?　～寛永3(1626)年
安土桃山時代～江戸時代前期の武士。
¶姓氏鹿児島，戦人([生]天文8(1539)年)，戦西

**小平伊勢**　こだいらいせ
戦国時代の武将。武田家臣。永禄10年の諏訪五十騎交名にみえる。
¶姓氏山梨

**小平道三**　こだいらどうさん
文亀2(1502)年～天正18(1590)年
戦国時代～安土桃山時代の諏訪氏家臣。諏訪氏滅亡後は武田氏に仕えた。
¶姓氏長野

**小鷹治部少輔**　こたかじぶしょうゆう
?　～天正19(1591)年　[別]小鷹治部少輔《こたかじぶのしょう》
安土桃山時代の地方豪族・土豪。
¶戦国(こたかじぶのしょう)，戦人

**小鷹治部少輔**　こたかじぶのしょう
→小鷹治部少輔(こたかじぶしょうゆう)

**小滝豊後守**　こだきぶんごのかみ
安土桃山時代の武将。後北条氏家臣。
¶戦東

**小谷政種**　こたにまさたね
?　～元亀2(1571)年
戦国時代の武将。
¶戦人

**小田辺茂成**　こたべしげなり
慶長4(1599)年～?
江戸時代前期の武将、陸奥仙台藩士。
¶藩臣1

**児玉庄左衛門**　こだましょうざえもん
鎌倉時代後期～南北朝時代の児玉党の武士。
¶埼玉百

**児玉時国**　こだまときくに
鎌倉時代後期の豪族。児玉郡児玉町の日蓮宗玉蓮寺の開創者。
¶埼玉百

**児玉就方**　こだまなりかた
*～天正14(1586)年
戦国時代～安土桃山時代の武士。
¶人名([生]?)，戦人([生]永正10(1513)年)，戦西([生]?)，日人([生]1513年)

**児玉就忠**　こだまなりただ
?　～永禄5(1562)年
戦国時代の武士。
¶戦人，戦西

**児玉就久**　こだまなりひさ
生没年不詳
戦国時代の温泉津奉行。
¶島根歴

**児玉就英**　こだまなりひで
天文11(1542)年～慶長1(1596)年
戦国時代～安土桃山時代の武将。毛利氏家臣。
¶島根歴，戦人(生没年不詳)

**小弾正三郎**　こだんじょうさぶろう
戦国時代の武将。斎藤氏家臣。
¶戦西

**後庁勘兵衛長行**　ごちょうかんべえながゆき
→後庁長行(ごちょうながゆき)

**後庁長行**　ごちょうながゆき
[別]後庁勘兵衛長行《ごちょうかんべえながゆき》
安土桃山時代の武士。小笠原氏家臣。
¶戦人(生没年不詳)，戦東(後庁勘兵衛長行　ごちょうかんべえながゆき)

**後庁久親**　ごちょうひさちか
戦国時代の武将。武田家臣。信濃伊深の城主。
¶姓氏長野(生没年不詳)，姓氏山梨

**小塚式部**　こづかしきぶ
戦国時代の武将。葛西氏家臣。
¶戦東

**金束周防守**　こづかすおうのかみ
安土桃山時代の武将。里見氏家臣。

¶戦東

**小塚則安** こづかのりやす
生没年不詳
安土桃山時代の武士。葛西氏家臣。
¶戦人

**小塚秀正** こづかひでまさ
？ ～元和4（1618）年
安土桃山時代～江戸時代前期の前田氏家臣。
¶姓氏石川，姓氏富山

**木造俊茂** こづくりとししげ
明応4（1495）年～？ [別]俊茂〔北畠・木造・大河内家（絶家）〕《とししげ》，木造俊茂《きずくりとししげ》
戦国時代の武将・公卿（参議）。参議木造政宗の子。
¶公卿（きずくりとししげ），公家（俊茂〔北畠・木造・大河内家（絶家）〕　とししげ），戦人

**木造俊康** こづくりとしやす
？ ～文明1（1469）年 [別]俊泰〔北畠・木造・大河内家（絶家）〕《としやす》，木造俊康《きずくりとしやす》
室町時代の武将・公卿（権大納言）。木造家の祖。非参議中院俊通の子。
¶鎌室（[没]応永28（1421）年），公卿（きずくりとしやす　生没年不詳），公家（俊泰〔北畠・木造・大河内家（絶家）〕　としやす），人名，日人

**木造具政** こづくりともまさ
生没年不詳
戦国時代～安土桃山時代の武将。
¶織田，戦人

**木造具康** こづくりともやす
生没年不詳 [別]木造大膳《こづくりだいぜん》
戦国時代の武士。織田氏家臣、豊臣氏家臣。
¶織田，人名，戦国，戦人，日人

**木造長政** こづくりながまさ
生没年不詳
安土桃山時代の武将。
¶戦人

**木造政宗** こづくりまさむね
寛正4（1463）年～？ [別]政宗〔北畠・木造・大河内家（絶家）〕《まさむね》，木造政宗《きずくりまさむね》
戦国時代の武将、公卿（参議）。権中納言木造教親の子。
¶公卿（きずくりまさむね），公家（政宗〔北畠・木造・大河内家（絶家）〕　まさむね），戦人

**籠手田安経** こてだやすつね
？ ～天正10（1582）年
戦国時代のキリシタン、武将。平戸松浦氏。
¶国史，古中，史人（[没]1581年，（異説）15/82年），新潮（[没]天正9（1581）年），世人，戦合，日人（[没]1581年）

**小寺休夢** こでらきゅうむ
大永5（1525）年～？
戦国時代の武士。豊臣氏家臣。
¶茶道，人名，戦国，戦人，日人

**小寺十郎左衛門** こでらじゅうろうざえもん
生没年不詳
戦国時代の武将。
¶戦人

**小寺直秀** こでらなおひで
生没年不詳
戦国時代の武将。
¶戦人

**小寺政識** こでらまさのり
？ ～天正10（1582）年？
戦国時代～安土桃山時代の織田信長の家臣。
¶織田

**小寺職治** こでらもとはる
？ ～嘉吉1（1441）年
戦国時代の武将、播州姫路城主。
¶人名，日人

**小寺頼季** こてらよりすえ
正応3（1290）年～正平7/文和1（1352）年
南北朝時代の赤松一族の武士。
¶兵庫百

**後藤家信** ごとういえのぶ
永禄6（1563）年～元和8（1622）年
安土桃山時代の武士。豊臣氏家臣。
¶佐賀百，戦国，戦人（生没年不詳）

**後藤右近将監** ごとううこんしょうげん
生没年不詳
戦国時代の北条氏の家臣。
¶戦辞

**後藤氏房** ごとううじふさ
天正1（1573）年～元和1（1615）年
安土桃山時代～江戸時代前期の武士。黒田長政の臣。
¶人名

**後藤賢豊** ごとうかたとよ
？ ～永禄6（1563）年 [別]後藤但馬守賢豊《ごとうたじまのかみかたとよ》
戦国時代の武士。
¶戦人，戦西（後藤但馬守賢豊　ごとうたじまのかみかたとよ）

**後藤勝国** ごとうかつくに
？ ～＊
安土桃山時代の武将。
¶岡山人（[没]永禄2（1559）年），岡山歴（[没]明応7（1498）年8月3日）

**後藤勝政** ごとうかつまさ
～天文4（1535）年
安土桃山時代の武将。
¶岡山人，岡山歴

**後藤勝基** ごとうかつもと
＊～天正7（1579）年
安土桃山時代の武将。
¶岡山人，岡山百（[生]？　[没]天正7（1579）年5

月)，岡山歴（[生]天文7（1538）年　[没]天正7（1579）年5月2日）

**後藤勝元　ごとうかつもと**
生没年不詳
戦国時代の上杉氏の家臣。
¶戦辞

**後藤勝吉　ごとうかつよし**
安土桃山時代の武士。
¶岡山人

**後藤九郎左衛門　ごとうくろうざえもん**
安土桃山時代の武将。柴田氏家臣。
¶戦国

**後藤左京亮　ごとうさきょうのすけ**
生没年不詳
戦国時代の北条氏の家臣。
¶戦辞

**後藤定豊　ごとうさだとよ**
？　～天正12（1584）年
安土桃山時代の武士。
¶戦人，戦補

**後藤真正　ごとうさねまさ**
生没年不詳
戦国時代の遠江国の国人。
¶戦辞

**後藤実基　ごとうさねもと**
生没年不詳
鎌倉時代の武将。藤原秀郷の子孫。
¶朝日，鎌室，コン改，コン4，新潮，人名，日人

**後藤実元　ごとうさねもと**
安土桃山時代の武将。徳川氏家臣。
¶戦国

**後藤真泰　ごとうさねやす**
？　～永禄3（1560）年
戦国時代～安土桃山時代の遠江国の国人。
¶姓氏静岡，戦辞

**後藤重元　ごとうしげもと**
永正13（1516）年～天正5（1577）年
戦国時代～安土桃山時代の武将、飛騨の国守姉小路家の老臣。
¶人名，日人

**後藤繁能　ごとうしげよし**
生没年不詳
戦国時代の北条氏の家臣。
¶戦辞

**後藤寿庵**（後藤寿安）　**ごとうじゅあん**
生没年不詳　[別]ジョバンニ，ジョヴァンニ，五島ジョアン《ごとうのじょあん》
安土桃山時代～江戸時代前期のキリシタン、武士。大崎・葛西一揆に加担。
¶朝日（後藤寿安），岩手百，キリ（[生]天正6（1578）年　[没]元和9（1623）年），近世，国史，コン改（後藤寿安　[生]天正6（1578）年　[没]元和9（1623）年），コン4（後藤寿安　[生]天正6（1578）年　[没]元和9（1623）年），史人，新潮，人名，姓氏岩手，姓氏宮城，世人（[生]天正6（1578）年　[没]元和9（1623）年），世百，全書，戦人（後藤寿安　[生]天正6（1578）年　[没]元和9（1623）年），戦補，日史，日人，藩臣1（[生]天正5（1577）年？　[没]寛永15（1638）年？），百科，宮城百，歴大

**後藤新左衛門　ごとうしんざえもん**
天正1（1573）年～
安土桃山時代～江戸時代前期の武士。
¶庄内

**後藤季治　ごとうすえはる**
南北朝時代の美作国塩湯郷の武将。
¶岡山歴

**後藤助左衛門　ごとうすけざえもん**
安土桃山時代の武将。秀吉馬廻。
¶戦国，戦人（生没年不詳）

**後藤助次郎　ごとうすけじろう**
生没年不詳
戦国時代の武士。後北条氏家臣。
¶戦辞，戦人，戦東

**五島純玄　ごとうすみはる**
永禄5（1562）年～文禄3（1594）年　[別]宇久純玄《うくすみはる》
安土桃山時代の大名。肥前福江藩主。
¶朝日（[没]文禄3年7月28日（1594年9月12日）），近世，国史，古中，諸系，新潮（[没]文禄3（1594）年7月28日），人名（[生]？），戦合，戦国（[生]？），戦人，日人，藩主4（[没]文禄3（1594）年7月28日），歴大

**後藤せん右衛門　ごとうせんえもん**
生没年不詳
戦国時代の駿河国の土豪。
¶戦辞

**後藤惣右衛門　ごとうそうえもん**
生没年不詳
戦国時代の武士。後北条氏家臣。
¶戦辞，戦人，戦東

**後藤惣次郎　ごとうそうじろう**
生没年不詳
戦国時代の武士。後北条氏家臣。
¶戦辞，戦人，戦東

**後藤貴明　ごとうたかあき**
天文3（1534）年～天正11（1583）年　[別]後藤貴明《ごとうたかあきら》，後藤伯耆守貴明《ごとうほうきのかみたかあき》
安土桃山時代の武士。
¶佐賀百，史人（ごとうたかあきら），人名，戦国，戦人（ごとうたかあきら），戦西（後藤伯耆守貴明　ごとうほうきのかみたかあき　[生]？），長崎歴（ごとうたかあきら　[生]天文9（1540）年　[没]天正18（1590）年），日人

**後藤貴明　ごとうたかあきら**
→後藤貴明（ごとうたかあき）

**古藤田勘解由左衛門　ことうだかげゆざえもん**
生没年不詳

安土桃山時代〜江戸時代前期の武士、剣術家。もと北条氏家臣。
¶剣豪，大百，日人

**小当田勘解由左衛門** ごとうだかげゆざえもん
安土桃山時代〜江戸時代前期の武士。里見氏家臣。
¶戦人（生没年不詳），戦東

**後藤高恒** ごとうたかつね
[別]後藤但馬守高恒《ごとうたじまのかみたかつね》
戦国時代の武士。
¶戦人（生没年不詳），戦西（後藤但馬守高恒　ごとうたじまのかみたかつね）

**後藤高治** ごとうたかはる
？ 〜天正17（1589）年？
戦国時代〜安土桃山時代の織田信長の家臣。
¶織田

**厚東武実** ことうたけざね
→厚東武実（こうとうたけざね）

**厚東武忠** ことうたけただ
生没年不詳
平安時代後期の長門国厚東郡地方の豪族。
¶姓氏山口

**厚東武仲** ことうたけなか
？ 〜文保2（1318）年
鎌倉時代後期の御家人。厚東氏12代武政の子。
¶姓氏山口

**厚東武光** ことうたけみつ
平安時代後期〜鎌倉時代前期の長門国の武将。
¶姓氏山口（生没年不詳），山口百

**厚東武村** ことうたけむら
？ 〜正平6/観応2（1351）年
南北朝時代の武将。武実の子。
¶姓氏山口

**後藤但馬守賢豊** ごとうたじまのかみかたとよ
→後藤賢豊（ごとうかたとよ）

**後藤但馬守高恒** ごとうたじまのかみたかつね
→後藤高恒（ごとうたかつね）

**後藤忠成** ごとうただしげ
生没年不詳
戦国時代の北条氏の家臣。
¶戦辞

**五藤為浄**（後藤為浄） ごとうためきよ
天文23（1554）年〜天正11（1583）年
安土桃山時代の武士。山内一豊の臣。
¶高知人（[生]1553年），人名（後藤為浄），日人

**五藤為重** ごとうためしげ
永禄1（1558）年〜寛永6（1629）年
安土桃山時代〜江戸時代前期の土佐藩家老。
¶高知人，藩臣6

**後藤弾正** ごとうだんじょう
？ 〜正和2（1313）年
鎌倉時代後期の寺脇城主。
¶姓氏愛知

**後藤親綱** ごとうちかつな
生没年不詳
戦国時代の遠江国の国人。
¶戦辞

**後藤長二郎** ごとうちょうじろう
安土桃山時代の武将。
¶戦補

**後藤遠江守** ごとうとおとうみのかみ
生没年不詳
安土桃山時代の武将。
¶戦人

**後藤理季** ごとうとしすえ
室町時代の美作国塩湯郷の武将。
¶岡山歴

**後藤信安** ごとうのぶやす
戦国時代の武将、武田氏の支属。
¶人名

**後藤信康** ごとうのぶやす
弘治2（1556）年〜慶長19（1614）年　[別]後藤孫兵衛《ごとうまごべえ》
安土桃山時代〜江戸時代前期の武将。伊達氏家臣。
¶人名，姓氏宮城，戦人（生没年不詳），戦東，日人，藩臣1（[生]？）

**後藤則季** ごとうのりすえ
室町時代の武士。
¶岡山歴

**五島玄雅** ごとうはるまさ
天文17（1548）年〜慶長17（1612）年　[別]五島ルイス《ごとうるいす》
安土桃山時代〜江戸時代前期の武将、大名。肥前福江藩主。
¶諸系，新潮（五島ルイス　ごとうるいす　[没]慶長17（1612）年3月8日），人名，戦合（五島ルイス　ごとうるいす），戦国，戦人，長崎百（[生]天文16（1547）年），日人，藩主4（[没]慶長17（1612）年3月8日）

**後藤半七** ごとうはんしち
生没年不詳
安土桃山時代の武士。浅野氏家臣。
¶戦人

**後藤彦三郎** ごとうひこさぶろう
戦国時代の武士。後北条氏家臣。
¶戦人（生没年不詳），戦東

**後藤備前守** ごとうびぜんのかみ
生没年不詳
戦国時代の武士。後北条氏家臣。
¶戦辞，戦人，戦東

**後藤兵衛三郎** ごとうひょうえさぶろう
戦国時代の武士。後北条氏家臣。
¶戦人（生没年不詳），戦東

**後藤兵部丞** ごとうひょうぶのじょう
戦国時代の武将。畠山氏家臣。
¶姓氏石川，戦西

**後藤伯耆守貴明** ごとうほうきのかみたかあき
→後藤貴明（ごとうたかあき）

**後藤正勝** ごとうまさかつ
？～慶長11（1606）年
安土桃山時代～江戸時代前期の武士。豊臣氏家臣、徳川氏家臣。
¶戦国，戦人



**後藤又兵衛** ごとうまたべえ
→後藤基次（ごとうもとつぐ）

**後藤又兵衛基次** ごとうまたべえもとつぐ
→後藤基次（ごとうもとつぐ）

**後藤基家** ごとうもといえ
～元和1（1615）年
安土桃山時代の武士。
¶岡山人

**後藤基雄** ごとうもとお
生没年不詳
鎌倉時代後期～南北朝時代の武家・歌人。
¶国書

**後藤基清** ごとうもときよ
？～承久3（1221）年　[別]藤原基清《ふじわらのもときよ》
平安時代後期～鎌倉時代前期の武将。従五位上、検非違使・左衛門小尉。
¶朝日（[没]承久3年7月2日（1221年7月22日）），岩史（[没]承久3（1221）年7月2日），鎌倉，鎌室，京都府，国史，古中，コン改，コン4，史人（[没]1221年7月2日），新潮（[没]承久3（1221）年7月2日），人名，姓氏京都，世人，日史（[生]久寿2（1155）年　[没]承久3（1221）年7月2日），日人，百科（[生]久寿2（1155）年），平史（藤原基清　ふじわらのもときよ），歴大

**後藤基国** ごとうもとくに
安土桃山時代の武士、播州三木城主別所小三郎長治の臣。
¶人名

**後藤基隆** ごとうもとたか
生没年不詳
鎌倉時代の武家・歌人。
¶国書

**後藤基次** ごとうもとつぐ
永禄3（1560）年～元和1（1615）年　[別]後藤又兵衛《ごとうまたべえ》，後藤又兵衛基次《ごとうまたべえもとつぐ》
安土桃山時代～江戸時代前期の筑前福岡藩士、播磨姫路藩士。
¶朝日（後藤又兵衛　ごとうまたべえ　[没]元和1年5月6日（1615年6月2日）），大阪人（[没]元和1（1615）年5月7日），大阪墓（後藤又兵衛基次　ごとうまたべえもとつぐ　[没]元和1（1615）年5月6日），角史（[生]永禄3（1560）年？），近世（[生]？），国史（[生]？），古中（[生]？），コン改（後藤又兵衛　ごとうまたべえ），コン4（後藤又兵衛　ごとうまたべえ），史人（[生]1560年？　[没]1615年5月6日），人書94（後藤又兵衛　ごとうまたべえ），新潮（後藤又兵衛　ごとうまたべえ　[没]元和1（1615）年5月6日），人名（後藤又兵衛　ごとうまたべえ），世人（[没]元和1（1615）年5月6日），世百（[生]？），戦合（[生]？），戦国，全書（[生]？），戦人，大百，日史（[没]元和1（1615）年5月6日），日人（後藤又兵衛　ごとうまたべえ），藩臣5（後藤又兵衛　ごとうまたべえ），藩臣7（後藤又兵衛　ごとうまたべえ　[生]永禄1（1558）年），百科，兵庫人（後藤又兵衛　ごとうまたべえ），兵庫百，福岡百（後藤又兵衛　ごとうまたべえ　[没]慶長20（1615）年5月6日）

**後藤基綱** ごとうもとつな
養和1（1181）年～康元1（1256）年　[別]藤原基綱《ふじわらのもとつな》
鎌倉時代前期の4代将軍藤原頼経の側近、歌人。後藤基清の子。
¶朝日（[没]康元1年11月28日（1256年12月16日）），岩史（[没]康元1（1256）年11月28日），神奈川人，鎌倉，鎌室，国史，国書（[没]康元1（1256）年11月28日），古中，コン改，コン4，史人（[没]1256年11月28日），新潮（[没]康元1（1256）年11月28日），新潟百（藤原基綱　ふじわらのもとつな），日史（[没]康元1（1256）年11月28日），日人，歴大，和俳（[没]康元1（1256）年11月28日）

**後藤基政** ごとうもとまさ
建保2（1214）年～文永4（1267）年
鎌倉時代前期の武将、後藤基綱の嫡子、越前国守護。
¶朝日（[没]文永4年6月23日（1267年7月16日）），鎌室（生没年不詳），国書（[没]文永4（1267）年6月23日），日人

**後藤元政** ごとうもとまさ
？～天正7（1579）年
戦国時代～安土桃山時代の織田信長の家臣。
¶岡山人，岡山歴，織田（[没]天正7（1579）年5月）

**後藤基泰** ごとうもとやす
生没年不詳
安土桃山時代の地頭領主。
¶姓氏岩手

**後藤基頼** ごとうもとより
暦仁1（1238）年～正安3（1301）年
鎌倉時代前期の武将。
¶鎌室（生没年不詳），国書（[没]正安3（1301）年11月11日），日人

**五島盛利** ごとうもりとし
天正19（1591）年～寛永19（1642）年
江戸時代前期の武将、大名。肥前福江藩主。
¶諸系，日人，藩主4（[没]寛永19（1642）年7月19日，（異説）正保1年7月19日）

**後藤盛長** ごとうもりなが
生没年不詳
平安時代後期の武士。
¶平史

**後藤弥右衛門** ごとうやえもん
安土桃山時代の武将。
¶姓氏石川

**後藤康季** ごとうやすすえ
南北朝時代の美作国塩湯郷の武将。
¶岡山歴

**後藤康秀** ごとうやすひで
～文明13(1481)年
室町時代の武士。
¶岡山人

**後藤泰基** ごとうやすもと
生没年不詳
鎌倉時代後期の武家・歌人。
¶国書

**後藤義季** ごとうよしすえ
南北朝時代の美作国塩湯郷の武将。
¶岡山歴

**厚東義武** ことうよしたけ
南北朝時代の武将。
¶姓氏山口(生没年不詳), 山口百

**後藤良貞** ごとうりょうてい
室町時代の美作国塩湯郷の国人領主。
¶岡山歴

**五島ルイス**(1) ごとうるいす
? ～天正7(1579)年
安土桃山時代～江戸時代前期の肥前五島の領主。
¶近世, 国史, 新潮([没]天正7(1579)年8月26日), 世人, 戦合

**五島ルイス**(2) ごとうるいす
→五島玄雅(ごとうはるまさ)

**古徳義優** ことくよしひろ
? ～永正11(1514)年
戦国時代の武士。
¶戦人

**小虎若** ことらわか
? ～天正10(1582)年6月2日
戦国時代～安土桃山時代の織田信長の家臣。
¶織田

**小中家成** こなかいえしげ
生没年不詳
戦国時代の上杉氏の家臣。
¶戦辞

**小長谷定近** こながいさだちか
戦国時代の武将。武田家臣。遠江小長井の城主。
¶姓氏山梨

**小長谷則詮** こながやのりあきら
? ～元亨2(1322)年
鎌倉時代後期の駿河国志太郡藤川の小長谷城初代城主。
¶姓氏静岡

**小梨右馬之丞** こなしうまのじょう
戦国時代の武将。葛西氏家臣。
¶戦東

**小梨左馬允** こなしさまのすけ
? ～天正18(1590)年
戦国時代～安土桃山時代の葛西氏家臣。
¶姓氏岩手

**小西和泉守** こにしいずみのかみ
安土桃山時代の武将。秀吉馬廻。
¶戦国, 戦人(生没年不詳)

**小西式部大輔** こにししきぶのたゆう
安土桃山時代の武将。豊臣秀頼に伺候。
¶戦国

**小西如安**(小西如庵) こにしじょあん
→内藤如安(ないとうじょあん)

**小西正重** こにしまさしげ
安土桃山時代の武士。豊臣氏家臣、徳川氏家臣。
¶戦国, 戦人(生没年不詳)

**小西行景** こにしゆきかげ
? ～慶長5(1600)年
安土桃山時代の武士。豊臣氏家臣。
¶戦人, 戦補

**小西行長** こにしゆきなが
? ～慶長5(1600)年 [別]アウグスティヌス, アグスチン
安土桃山時代の大名。肥後宇土藩主。朝鮮出兵では加藤清正らとともに活躍したが、関ヶ原の戦いでは西軍に加担し、石田三成らとともに六条河原で刑死した。
¶朝日([没]慶長5年10月1日(1600年11月6日)), 岩史([生]永禄1(1558)年頃 [没]慶長5(1600)年10月1日), 大阪墓([没]慶長5(1600)年10月1日), 岡山人, 岡山百([生]弘治3(1557)年 [没]慶長5(1600)年10月1日), 岡山歴([没]慶長5(1600)年10月1日), 角史, 京都大, キリ, 近世, 熊本百([生]弘治1(1555)年 [没]慶長5(1600)年10月1日), 国史, 古中, コン改, コン4, 茶道, 史人([生]1558年 [没]1600年10月1日), 重要([没]慶長5(1600)年10月1日), 人書94, 人情, 新潮([没]慶長5(1600)年10月1日), 人名, 姓氏京都, 世人([没]慶長5(1600)年10月1日), 世百, 戦合, 戦国, 全書, 戦人, 大百, 伝記, 日史([没]慶長5(1600)年10月1日), 日人, 藩主4([生]弘治1(1555)年? [没]慶長5(1600)年10月1日), 百科, 兵庫百, 歴大

**小沼左伝次** こぬまさでんじ
安土桃山時代～江戸時代前期の武士。里見氏家臣。
¶戦人(生没年不詳), 戦東

**小畑山城守** こばたやましろのかみ
生没年不詳
安土桃山時代の武将。
¶戦人

**小塙小五郎** こばなこごろう
生没年不詳
戦国時代の武将。結城氏家臣。
¶戦辞, 戦人, 戦東

**小花大学** こばなだいがく
～寛永6(1629)年
安土桃山時代～江戸時代前期の功臣。
¶庄内

**小塙三河守**　こばなみかわのかみ
戦国時代の武将。結城氏家臣。
¶戦辞（生没年不詳），戦東

**小花理兵衛**　こばなりへえ
～寛永13（1636）年
安土桃山時代～江戸時代前期の功臣。
¶庄内



**小場兵左衛門**　こばひょうざえもん
天正13（1585）年～承応2（1653）年
安土桃山時代～江戸時代前期の武士、備後福山藩士。
¶藩臣6

**小浜嘉隆**　こはまよしたか
慶長5（1600）年～寛文4（1664）年　[別]小浜嘉隆《おはまよしたか》
江戸時代前期の武士、旗本、砲術家。
¶大阪人（おはまよしたか　[生]慶長4（1599）年　[没]寛文4（1664）年3月），大阪墓（おはまよしたか　[没]寛文4（1664）年3月23日），人名，日人

**小早川興平**　こばやかわおきひら
永正2（1505）年～大永6（1526）年
戦国時代の武士。
¶系西，戦人

**小早川景平**　こばやかわかげひら
？～寛元2（1244）年
鎌倉時代前期の武将。
¶系西

**小早川景宗**　こばやかわかげむね
南北朝時代の安芸国竹原の武士。
¶岡山歴，徳島歴（生没年不詳）

**小早川貞平**　こばやかわさだひら
文保1（1317）年～天授1/永和1（1375）年
南北朝時代の武将。
¶系西

**小早川繁平**　こばやかわしげひら
？～天正2（1574）年
戦国時代～安土桃山時代の武士。
¶系西，戦人

**小早川茂平**　こばやかわしげひら
？～文永1（1264）年
鎌倉時代前期の武士。景平の子。荘内の塩入荒野の開発。
¶朝日（生没年不詳），鎌室，系西，諸系，新潮（[没]文永1（1264）年2月15日），日人

**小早川定心**　こばやかわじょうしん
生没年不詳
鎌倉時代後期の武将。
¶神奈川人

**小早川扶平**　こばやかわすけひら
文明17（1485）年～永正5（1508）年
戦国時代の武士。
¶系西，戦人

**小早川隆景**　こばやかわたかかげ，こばやがわたかかげ
天文2（1533）年～慶長2（1597）年　[別]毛利隆景《もうりたかかげ》
戦国時代～安土桃山時代の武将。毛利元就の3男。次兄吉川元春とともに毛利本家を補佐した。豊臣秀吉に篤く信頼され五大老の一員となり、秀吉の甥秀俊（のちの秀秋）を養子に迎えた。
¶朝日（[没]慶長2年6月12日（1597年7月26日）），岩史（[没]慶長2（1597）年6月12日），愛媛百（[没]慶長2（1597）年6月12日），角史，京都大，近世，系西，国史，古中，コン改，コン4，茶道，史人（[没]1597年6月12日），島根歴，重要（[没]慶長2（1597）年6月12日），諸系，新潮（[没]慶長2（1597）年6月12日），人名（こばやがわたかかげ），姓氏京都，世人（[没]慶長2（1597）年6月12日），世百，戦合，戦国（[生]1532年），全書，戦人，戦西（[生]？），大百，日史（[没]慶長2（1597）年6月12日），日人，百科，広島百（[没]慶長2（1597）年6月），福岡百，山口百，歴大

**小早川敬平**　こばやかわたかひら
享徳1（1452）年～明応8（1499）年
室町時代～戦国時代の武士。
¶系西，戦人

**小早川遠平**　こばやかわとおひら
→土肥遠平（どひとおひら）

**小早川朝平**　こばやかわともひら
？～正平2/貞和3（1347）年
鎌倉時代後期～南北朝時代の武将。
¶系西

**小早川宣平**　こばやかわのりひら
生没年不詳
南北朝時代の武将。
¶系西

**小早川則平**　こばやかわのりひら
文中2/応安6（1373）年～永享5（1433）年
南北朝時代～室町時代の武将。安芸国沼田小早川家の当主春平の嫡子。
¶朝日（[没]永享5年1月26日（1433年2月16日）），系西，国史，古中，諸系，日人，広島百

**小早川春平**　こばやかわはるひら
？～応永9（1402）年
南北朝時代～室町時代の武将。
¶系西

**小早川秀秋**　こばやかわひであき，こばやがわひであき
天正10（1582）年～慶長7（1602）年　[別]秀俊〔豊臣家〕《ひでとし》，豊臣秀俊《とよとみひでとし》，羽柴左衛門侍従《はしばさえもんじじゅう》，羽柴秀俊《はしばひでとし》，金吾中納言《きんごちゅうなごん》，小早川金吾《こばやかわきんご》，大垣少将《おおがきしょうしょう》，筑前中納言《ちくぜんちゅうなごん》，北庄中納言《きたのしょうちゅうなごん》
安土桃山時代の大名。
¶朝日（[没]慶長7年10月18日（1602年12月1日）），岩史（[没]慶長7（1602）年10月18日），岡山人，岡山百，岡山歴（[没]慶長7（1602）年10月18日），

角史，京都府，近世，公卿（豊臣秀俊　とよとみひでとし　[生]？　[没]慶長8（1603）年），公家（秀俊〔豊臣家〕　ひでとし　[生]？　[没]慶長8年），系西，国史，古中，コン改，コン4，佐賀百，史人（[没]1602年10月18日），重要（[没]慶長7（1602）年10月18日），諸系，新潮（[没]慶長7（1602）年10月18日），人名（[生]1577年），世人（[没]慶長7（1602）年10月18日），世百，戦合，戦国（こばやがわひであき），全書，戦人，大百，日史（[没]慶長7（1602）年10月18日），日人，藩主4（[没]慶長7（1602）年7月18日），藩主4，百科，福岡百，歴大

**小早川秀包**　こばやかわひでかね，こばやがわひでかね
永禄10（1567）年～慶長6（1601）年　[別]毛利秀包《もうりひでかね》，久留米侍従《くるめじじゅう》
安土桃山時代の大名。筑後国久留米城主。
¶近世，国史，国書（毛利秀包　もうりひでかね　[没]慶長6（1601）年3月22日），コン改（毛利秀包　もうりひでかね　[生]永禄9（1566）年），コン4（毛利秀包　もうりひでかね　[生]永禄9（1566）年），史人（[没]1601年3月23日），諸系，新潮（毛利秀包　もうりひでかね　[没]慶長6（1601）年3月23日），人名（毛利秀包　もうりひでかね　[生]1566年），戦合，戦国（こばやがわひでかね），戦人，日人，藩主4（毛利秀包　もうりひでかね　[没]慶長6（1601）年3月22日），福岡百（[没]慶長6（1601）年3月23日），歴大

**小早川弘景**　こばやかわひろかげ
生没年不詳
室町時代の武将。
¶神奈川人

**小早川熙平**（小早川凞平）　こばやかわひろひら
応永23（1416）年～＊
室町時代の地方豪族・土豪。
¶系西（小早川凞平　[没]1473年），戦人（[没]文明5（1473）年？）

**小早川政景**　こばやかわまさかげ
生没年不詳
鎌倉時代の御家人。
¶徳島歴

**小早川正平**　こばやかわまさひら
大永3（1523）年～天文12（1543）年
戦国時代の武士。
¶系西，戦人

**小早川宗平**　こばやかわむねひら
生没年不詳
南北朝時代の武将。
¶鎌室，日人

**小林家鷹**　こばやしいえたか
天文1（1532）年～慶長17（1612）年
安土桃山時代～江戸時代前期の鷹匠。
¶織田（[生]享禄4（1531）年　[没]慶長17（1612）年8月14日），戦国，戦人

**小林壱岐守**　こばやしいきのかみ
戦国時代の土豪。
¶姓氏富山

**小林和泉守**(1)　こばやしいずみのかみ
生没年不詳
戦国時代の甲斐都留郡小山田氏の家臣。刑部左衛門。
¶戦辞

**小林和泉守**(2)　こばやしいずみのかみ
？～天文5（1536）年2月11日
戦国時代の甲斐都留郡小山田氏の家臣。武田信虎に仕えた。
¶戦辞

**小林雅楽丞**　こばやしうたのじょう
戦国時代の武将。武田家臣。『武田家過去帳』に元亀2年11月に逸見荘長坂郷に居住とみえる。
¶姓氏山梨

**小林尾張入道**　こばやしおわりにゅうどう
生没年不詳
戦国時代の甲斐都留郡小山田氏の家臣。
¶戦辞

**小林尾張守**　こばやしおわりのかみ
生没年不詳
戦国時代の甲斐都留郡小山田氏の家臣。
¶戦辞

**小林宮内助**　こばやしくないのすけ
戦国時代の武将。武田家臣。天文9年小山田氏の陣代。
¶姓氏山梨

**小林監物**　こばやしけんもつ
生没年不詳
戦国時代の上野国衆。
¶戦辞

**小林重弘**　こばやししげひろ
生没年不詳
鎌倉時代前期の武将。
¶群馬人，姓氏群馬

**小林重昌**　こばやししげまさ
安土桃山時代～江戸時代前期の武将。
¶姓氏石川

**小林修理亮**　こばやししゅりのすけ
南北朝時代の武将、山名氏清の老臣。
¶人名

**小林業吉**　こばやしなりよし
戦国時代の武将。武田家臣。図書守。
¶姓氏山梨

**小林幡繁**　こばやしはたしげ
戦国時代の武将。武田家臣。永禄起請文にみえる。
¶姓氏山梨

**小林秀永**　こばやしひでなが
戦国時代の武将。武田家臣。信濃国佐久郡北方衆の永禄起請文にみえる。
¶姓氏山梨

**小林房実**　こばやしふさざね
戦国時代の武将。武田家臣。和泉守。小山田信茂被官。

¶姓氏山梨

**小林平四郎** こばやしへいしろう
生没年不詳
戦国時代の上野国衆。
¶戦辞

**小林宗吉** こばやしむねよし
生没年不詳
戦国時代の長尾（上杉）氏の家臣。
¶戦辞

**小林盛重** こばやしもりしげ
？ ～天正10（1582）年
戦国時代～安土桃山時代の武田家臣。信濃国佐久郡北方衆の永禄起請文にみえる。
¶姓氏長野，姓氏山梨

**小林義繁** こばやしよししげ
？ ～元中9/明徳3（1392）年
南北朝時代の武将。
¶日人

**小林吉隆** こばやしよしたか
戦国時代～安土桃山時代の武士。
¶戦人（生没年不詳），戦西

**小林吉長** こばやしよしなが
戦国時代の武将。朝倉氏家臣。
¶戦西

**小場義成** こばよしなり
→小場義成（おばよしなり）

**小原兼栄** こはらかねひで
生没年不詳
戦国時代の武士、益田氏家臣の石見津毛郷代官。
¶島根歴

**小針小次郎** こばりこじろう
戦国時代の小針の武士。
¶埼玉百

**小日向弥三郎** こひなたやさぶろう
戦国時代の武士。後北条氏家臣。
¶戦人（生没年不詳），戦東

**小平彦次郎** こびらひこじろう
生没年不詳
戦国時代の武士。
¶戦人

**小堀遠州** こぼりえんしゅう
天正7（1579）年～正保4（1647）年　[別]小堀政一《こぼりまさかず，こぼりまさかつ》，遠州《えんしゅう》，小堀正一《こぼりまさかず》
安土桃山時代～江戸時代前期の大名。近江小室藩主、備中松山藩主。
¶朝日（[没]正保4年2月6日（1647年3月12日）），岩史（[没]天保4（1647）年2月6日），江戸，岡山人（小堀政一　こぼりまさかつ），岡山百（[没]正保4（1647）年2月6日），岡山歴（小堀政一　こぼりまさかず　[没]正保4（1647）年2月6日），角史，京都，郷土滋賀，京都大，近世，国史，国書（小堀政一　こぼりまさかず　[没]正保4（1647）年2月6日），コン改（小堀政一　こぼりまさかず），コン4（小堀政一　こぼりまさかず），茶道，詩歌，滋賀百，史人（[没]1647年2月6日），静岡百，静岡歴，諸系，人書94，新潮（[没]正保4（1647）年2月6日），人名，姓氏京都，世人（[没]正保4（1647）年2月6日），世百，戦合，戦国（小堀政一　こぼりまさかず），全書，戦人（小堀政一　こぼりまさかず），大百，伝記，日史（[没]正保4（1647）年2月6日），日人，藩主3（小堀政一　こぼりまさかず　[没]正保4（1647）年2月6日），藩主4（小堀政一　こぼりまさかず），美術，百科，仏教（[没]正保4（1647）年2月6日），歴大

**小堀善介** こぼりぜんすけ
戦国時代の武将。浅井氏家臣。
¶戦西

**小堀政一** こぼりまさかず
→小堀遠州（こぼりえんしゅう）

**小堀政一** こぼりまさかつ
→小堀遠州（こぼりえんしゅう）

**小堀政次**（小堀正次） こぼりまさつぐ
天文9（1540）年～慶長9（1604）年
安土桃山時代の武将、大名。備中松山城主。
¶岡山歴（小堀正次　[没]慶長9（1604）年2月29日），茶道（小堀正次　[生]1541年），諸系（小堀正次），人名（[生]1542年），戦国（小堀正次），戦人，戦西，日人（小堀正次），藩主4（小堀正次　[没]慶長9（1604）年2月29日），和歌山人

**駒井益庵** こまいえきあん
安土桃山時代の武将。豊臣秀次の臣。
¶戦国

**駒井高白斎** こまいこうはくさい
生没年不詳
戦国時代の武将。
¶国書，戦辞，長野歴，山梨百（[没]天文22（1553）年？）

**駒井重勝** こまいしげかつ
生没年不詳
安土桃山時代の武将。豊臣秀吉の臣。
¶朝日，近世，国史，国書，史人，新潮，戦合，戦国，戦人，日人

**狛伊勢** こまいせ
天正9（1581）年～万治2（1659）年
安土桃山時代～江戸時代前期の武将、越前福井藩家老。
¶藩臣3

**駒井親直** こまいちかなお
天正4（1576）年～寛永8（1631）年
安土桃山時代～江戸時代前期の武士、幕府御使番。
¶神奈川人（[没]1668年），人名，日人

**駒井信盛** こまいのぶもり
戦国時代の武将。
¶人名，日人（生没年不詳）

**駒井昌直**（駒井政直） こまいまさなお
天文11（1542）年～文禄4（1595）年
安土桃山時代の武士。武田氏家臣。甲斐深沢城主。
¶人名（駒井政直），姓氏山梨（[生]？），戦辞，戦

人([生]?)，戦東([生]?)，日人，山梨百([没]文禄4(1595)年6月8日)

**駒井昌長**　こまいまさなが
弘治3(1557)年～寛永12(1635)年
安土桃山時代～江戸時代前期の武将、甲斐積翠寺城主。
¶人名，日人

**駒井昌保**　こまいまさやす
*～寛永19(1642)年
安土桃山時代～江戸時代前期の武士、御普請奉行。
¶人名([生]1584年)，日人([生]1588年)

**高麗越前守**　こまえちぜんのかみ
生没年不詳
戦国時代の武士。後北条氏家臣。
¶戦辞，戦人，戦東

**小牧源太**　こまきげんた
生没年不詳
戦国時代の武士。斉藤義竜の家臣。
¶姓氏愛知

**駒木根右近**　こまぎねうこん
江戸時代前期の武士。徳川家康の家臣。
¶人名

**駒木根利政**　こまきねとしまさ,こまぎねとしまさ
天文23(1554)年～寛永12(1635)年
安土桃山時代～江戸時代前期の武士。豊臣氏家臣、徳川氏家臣。
¶戦国(こまぎねとしまさ)，戦人，日人(こまぎねとしまさ)

**駒木根政澄**　こまきねまさずみ
?　～正保1(1644)年
江戸時代前期の武士、砲術駒木根流開祖。紀州藩士。
¶和歌山人

**小牧道家**　こまきみちいえ
戦国時代の武将。斎藤氏家臣。
¶戦西

**狛左京亮**　こまさきょうのすけ
戦国時代～安土桃山時代の国人。
¶戦人(生没年不詳)，戦補

**駒沢新右衛門**　こまざわしんえもん
戦国時代の武将。武田家臣。永禄10年の諏訪五十騎交名にみえる。
¶姓氏山梨

**小間常光**　こまじょうこう
生没年不詳
戦国時代の越中国人椎名長常の家臣。
¶富山百

**木全又左衛門**　こまたまたざえもん
→木全又左衛門(きまたまたざえもん)

**小俣与吉**　こまたよきち
?　～天正10(1582)年6月2日
戦国時代～安土桃山時代の織田信長の家臣。
¶織田

**狛綱吉**　こまつなよし
生没年不詳
安土桃山時代の織田信長の家臣。
¶織田

**高麗経澄**　こまつねずみ
南北朝時代の武蔵武士。
¶埼玉人(生没年不詳)，埼玉百

**小松備前守**　こまつびぜんのかみ
戦国時代の武将。武田家臣。永禄10年の諏訪五十騎交名にみえる。
¶姓氏山梨

**小松又兵衛**　こまつまたべえ
戦国時代の武将。武田家臣。永禄10年の諏訪五十騎交名にみえる。
¶姓氏山梨

**駒場丹波**　こまばたんば
戦国時代の武将。武田家臣。信濃一騎合衆。
¶姓氏長野(生没年不詳)，姓氏山梨

**狛秀綱**　こまひでつな
天文14(1545)年～天正12(1584)年
戦国時代の相楽郡狛野荘の在地領主。
¶京都府

**高麗豊後守**　こまぶんごのかみ
生没年不詳
戦国時代の岩付太田氏の家臣。
¶戦辞

**五味高重**　ごみたかしげ
?　～天正3(1575)年
戦国時代～安土桃山時代の武田家臣。浪人衆頭3人のうちの一人。
¶姓氏山梨

**五味太郎左衛門**　ごみたろうざえもん
生没年不詳
戦国時代の武士。武田信玄の近習衆。
¶姓氏長野

**五味豊直**　ごみとよなお
天正11(1583)年～万治3(1660)年
安土桃山時代～江戸時代前期の初代京都代官奉行。
¶京都大，京都府，埼玉人([生]不詳　[没]万治3(1660)年8月9日)，姓氏京都

**小峯朝脩**　こみねとものぶ
?　～永正7(1510)年2月7日
戦国時代の武将・連歌作者。
¶国書

**小峯直朝**　こみねなおとも
?　～永正7(1510)年2月7日
戦国時代の武将・連歌作者。
¶国書

**小峯政朝**　こみねまさとも
?　～永正7(1510)年
戦国時代の武将・連歌作者。
¶国書

**小宮顕宗** こみやあきむね
生没年不詳
戦国時代の武蔵国衆。
¶戦辞

**小宮政知** こみやまさとも
戦国時代の武将。武田家臣。仁科盛政親類被官衆。
¶姓氏山梨



**小見山二郎** こみやまじろう
南北朝時代の武将。
¶岡山人

**小宮山忠孝** こみやまただたか
戦国時代の武士。
¶埼玉百

**小宮山友信** こみやまとものぶ
？ 〜天正10(1582)年
安土桃山時代の武士、武田家の臣。
¶人名

**小宮山友晴** こみやまともはる
？ 〜天正10(1582)年
安土桃山時代の武士。武田氏家臣。
¶姓氏山梨，戦人，戦東，日人

**小宮山内膳** こみやまないぜん
？ 〜天正10(1582)年
安土桃山時代の武将。武田勝頼の臣。
¶埼玉百，戦国

**小宮山八左衛門** こみやまはちざえもん
戦国時代の武将。武田家臣。功刀左太夫と甲府連雀小路の酒屋玉屋で酒を飲んだ話が『甲陽軍鑑』にある。
¶姓氏山梨

**小宮山昌友** こみやままさとも
？ 〜元亀3(1572)年
戦国時代の武士。武田氏家臣。
¶群馬人(生没年不詳)，姓氏長野，姓氏山梨，戦辞(生没年不詳)，戦人，戦東，長野歴

**小宮山民部** こみやまみんぶ
生没年不詳
安土桃山時代〜江戸時代前期の武士、武田氏・徳川氏の家臣。佐渡支配代官。
¶新潟百

**小室隼人正** こむろはやとのしょう
戦国時代の武将。浅井氏家臣。
¶戦西

**小室光兼** こむろみつかね
生没年不詳
鎌倉時代の小諸の土豪。
¶姓氏長野，長野歴

**米泉権右衛門長行** こめいずみごんえもんながゆき
→米泉長行(こめいずみながゆき)

**米泉長行** こめいずみながゆき
？ 〜天正19(1591)年　[別]米泉権右衛門長行《こめいずみごんえもんながゆき》
安土桃山時代の武士。大崎氏家臣。
¶戦人，戦東(米泉権右衛門長行　こめいずみごんえもんながゆき)

**米田監物** こめだけんもつ
天正14(1586)年〜万治1(1658)年
安土桃山時代〜江戸時代前期の武将、肥後熊本藩家老。
¶藩臣7

**米田是政** こめだこれまさ
永禄1(1558)年〜慶長5(1600)年
安土桃山時代の武将、細川藤孝(幽斎)の臣。
¶人名，日人

**米田宗堅** こめだそうけん
大永6(1526)年〜天正18(1590)年
戦国時代〜安土桃山時代の武将、細川(長岡)藤孝(幽斎)の老臣。
¶京都府(米田宗賢求政　こめだそうけんもとまさ)，人名，日人

**薦岡次郎右衛門** こもおかじろううえもん
→薦岡次郎右衛門(こもおかじろうえもん)

**薦岡次郎右衛門** こもおかじろうえもん
[別]薦岡次郎右衛門《こもおかじろううえもん》
安土桃山時代〜江戸時代前期の武士。里見氏家臣。
¶戦人(生没年不詳)，戦東(こもおかじろううえもん)

**薦野時盛** こものときもり
戦国時代の武将。里見氏家臣。
¶戦辞(生没年不詳)，戦東

**薦野頼俊** こものよりとし
生没年不詳
安土桃山時代〜江戸時代前期の武士。里見氏家臣。
¶戦辞，戦人，戦東

**小守何助** こもりかすけ
安土桃山時代の武人。
¶岡山人

**小森沢政秀** こもりざわまさひで
？ 〜天正9(1581)年
戦国時代〜安土桃山時代の越後国波多岐荘の国人。
¶戦辞([没]天正9年3月9日(1581年4月12日))，新潟百

**小守太郎左衛門** こもりたろうざえもん
生没年不詳
戦国時代の北条氏の家臣。
¶戦辞

**小森林治部少輔** こもりばやしじぶしょうゆう
？ 〜天正18(1590)年
安土桃山時代の武士。
¶戦人

**籠谷政高** こもりやまさたか
生没年不詳
安土桃山時代の武士。
¶戦人

**小谷路備前守** こやじびぜんのかみ
戦国時代〜安土桃山時代の武将。大崎氏家臣。

¶戦東

**木屋平新左衛門尉** こやだいらしんざえもんのじょう
　生没年不詳
　南北朝時代の種野山の武士。
　¶徳島歴

**小梁川親朝** こやながわちかとも
　長禄3（1459）年～大永6（1526）年
　戦国時代の武士。伊達氏家臣。
　¶戦人，戦東

**小梁川宗宗** こやながわちかむね
　戦国時代の武将。伊達氏家臣。
　¶戦人（生没年不詳），戦東

**小梁川宗朝** こやながわむねとも
　文明1（1469）年～永禄8（1565）年
　戦国時代の武士。伊達氏家臣。
　¶人名，戦人，戦東（㊐？），日人

**小梁川宗秀** こやながわむねひで
　永正7（1510）年～元亀1（1570）年
　戦国時代の武士。伊達氏家臣。
　¶人名，戦人，戦東，日人

**小梁川盛宗** こやながわもりむね，こやなかわもりむね
　大永3（1523）年～文禄4（1595）年　別小梁川泥蟠斎《こやながわでいばんさい》
　戦国時代～安土桃山時代の武将。伊達氏家臣。
　¶戦人，戦東，藩臣1（こやなかわもりむね）

**児山兼朝** こやまかねとも
　？～永禄1（1558）年
　戦国時代の武将。
　¶戦人

**小山三郎右衛門** こやまさぶろうえもん
　生没年不詳
　戦国時代の武士。後北条氏家臣。
　¶戦辞，戦人，戦東

**小山式部太輔** こやましきぶたゆう
　生没年不詳
　戦国時代～安土桃山時代の武士。
　¶和歌山人

**子吉兵衛** こよしひょうえ
　安土桃山時代～江戸時代前期の地方豪族・土豪。
　¶戦国，戦人（生没年不詳）

**伊治砦麻呂** これはりのあざまろ
　→伊治砦麻呂（いじのあざまろ）

**伊治砦麻呂** これはるのあざまろ
　→伊治砦麻呂（いじのあざまろ）

**惟宗忠景** これむねただかげ
　仁治2（1241）年～正安2（1300）年5月
　鎌倉時代の武家・歌人。
　¶国書

**惟宗忠貞** これむねたださだ
　生没年不詳
　鎌倉時代後期～南北朝時代の武家・歌人。
　¶国書

**惟宗忠久** これむねただひさ
　→島津忠久（しまづただひさ）

**惟宗忠秀** これむねただひで
　生没年不詳
　南北朝時代の武家・歌人。
　¶国書

**惟宗忠宗** これむねただむね
　→島津忠宗（しまづただむね）

**惟宗忠久** これむねのただひさ
　→島津忠久（しまづただひさ）

**惟村太郎左衛門尉** これむらたろうざえもんのじょう
　生没年不詳
　戦国時代の今川氏の家臣。
　¶戦辞

**惟康親王** これやすしんのう
　文永1（1264）年～嘉暦1（1326）年　別惟康〔後嵯峨源氏（絶家）〕《これやす》，源惟康《みなもとのこれやす》
　鎌倉時代後期の鎌倉幕府第7代の将軍（在職1266～1289）。6代将軍宗尊親王の子。土御門天皇の孫。
　¶朝日（㊐文永1年4月29日（1264年5月26日）　㊥嘉暦1年10月30日（1326年11月25日）），角史，神奈川人，鎌倉，鎌室，公卿（源惟康 みなもとのこれやす　㊥？），公家（惟康〔後嵯峨源氏（絶家）〕 これやす　㊥？），国史，古中，コン改，コン4，史人（㊐1264年4月29日　㊥1326年10月30日），諸系，新潮（㊐文永1（1264）年4月29日　㊥嘉暦1（1326）年10月30日），人名，姓氏神奈川，世人（㊐文永1（1264）年4月29日　㊥嘉暦1（1326）年10月30日），全書，大百，日史（㊐文永1（1264）年4月29日　㊥嘉暦1（1326）年10月30日），日人，歴大

**金出雲** こんいずも
　？～慶長8（1603）年
　安土桃山時代の武将。
　¶藩臣1

**権執印俊正** ごんしゅういんとしまさ
　南北朝時代の北朝方の武将、薩摩国高城郡新田宮の祠官家。
　¶姓氏鹿児島

**権執印良暹** ごんしゅういんりょうぜん
　南北朝時代の武将。
　¶姓氏鹿児島

**金蔵坊** こんぞうぼう
　生没年不詳
　安土桃山時代の織田信長の家臣。
　¶織田

**権田慶徳丸** ごんだけいとくまる
　室町時代の在地領主。
　¶姓氏富山

**権田小三郎** ごんだこさぶろう，ごんだこざぶろう
　生没年不詳
　安土桃山時代～江戸時代前期の武士。徳川氏家臣。

¶京都府，戦人，戦補（ごんだこざぶろう）

金為時(1)　こんためとき
生没年不詳　[別]金為時《こんのためとき》
平安時代後期の陸奥国の豪族。気仙郡司。前九年の役を戦う。
¶岩手百（こんのためとき），姓氏岩手（こんのためとき），平史（こんのためとき）



金為時(2)　こんためとき
戦国時代の武将。葛西氏家臣。
¶戦東

権田泰長　ごんだやすなが
大永2（1522）年～文禄4（1595）年
戦国時代～安土桃山時代の徳川氏の家臣。
¶戦辞

近藤　こんどう
生没年不詳
戦国時代の北条氏の家臣。
¶戦辞

近藤有高　こんどうありたか
？　～延元3/暦応1（1338）年2月6日
鎌倉時代後期～南北朝時代の武家・歌人。
¶国書

近藤和泉守　こんどういずみのかみ
？　～慶長7（1602）年5月17日
戦国時代の武士。佐竹氏家臣。
¶戦辞，戦人（生没年不詳），戦東

近藤因幡　こんどういなば
室町時代の武士。
¶岡山人

近藤石見　こんどういわみ
戦国時代の井伊直政の与力。
¶人名

近藤掃部助　こんどうかもんのすけ
戦国時代～安土桃山時代の武士。佐竹氏家臣。
¶戦人（生没年不詳），戦東

近藤国家　こんどうくにいえ
生没年不詳
戦国時代の佐竹氏の家臣。
¶戦辞

近藤国平　こんどうくにひら
生没年不詳　[別]藤原国平《ふじわらのくにひら》
平安時代後期～鎌倉時代前期の幕府御家人。源頼朝の臣。
¶朝日，鎌室，静岡歴，新潮，姓氏静岡，日史，日人，平史（藤原国平　ふじわらのくにひら）

近藤玄蕃允　こんどうげんばのじょう
戦国時代の武士。佐竹氏家臣。
¶戦人（生没年不詳），戦東

近藤源兵衛　こんどうげんべえ
生没年不詳
安土桃山時代の織田信長の家臣。
¶織田

近藤左衛門　こんどうさえもん
生没年不詳
鎌倉時代の人。三浦流岡崎義実の旧領岡崎郷を拝領。
¶姓氏神奈川

今藤左馬丞　こんどうさまのじょう
戦国時代の武将。大崎氏家臣。
¶戦東

近藤重勝　こんどうしげかつ
天文22（1553）年～慶長9（1604）年
安土桃山時代の武士。徳川氏家臣。
¶戦国，戦人

近藤季用　こんどうすえもち
天正1（1573）年～慶長17（1612）年
安土桃山時代～江戸時代前期の武士。徳川氏家臣。
¶静岡歴，姓氏静岡，戦国，戦人

近藤助実　こんどうすけざね
？　～天正18（1590）年
安土桃山時代の武士。後北条氏家臣。
¶戦人，戦東

近藤高家　こんどうたかいえ
生没年不詳
戦国時代の佐竹氏の家臣。
¶戦辞

権藤種盛　ごんどうたねもり
？　～慶長5（1600）年
安土桃山時代の武士。
¶戦人，宮崎百

近藤弾正左衛門　こんどうだんじょうざえもん
生没年不詳
戦国時代の武将。
¶戦人

近藤親家　こんどうちかいえ
生没年不詳　[別]近藤六親家《こんどうろくちかいえ》
平安時代後期の武士。
¶朝日，鎌室，新潮，徳島百（近藤六親家　こんどうろくちかいえ），徳島歴，日人

近藤忠兵衛　こんどうちゅうべえ
安土桃山時代～江戸時代前期の武士。里見氏家臣。
¶戦人（生没年不詳），戦東

近藤対馬守　こんどうつしまのかみ
戦国時代～安土桃山時代の武士。佐竹氏家臣。
¶戦人（生没年不詳），戦東

近藤綱秀　こんどうつなひで
？　～天正18（1590）年
戦国時代～安土桃山時代の北条氏照重臣。下野国榎本城主。
¶戦辞（[没]天正18年6月23日（1590年7月24日）），栃木歴

近藤隼人佑　こんどうはやとのすけ
生没年不詳
戦国時代の武士。後北条氏家臣。

¶戦辞，戦人，戦東

**近藤秀用** こんどうひでもち
天文16（1547）年〜寛永8（1631）年
安土桃山時代〜江戸時代前期の武将、大名。上野青柳領主、遠江井伊谷藩主。
　¶神奈川人，姓氏愛知（㋐1596年），姓氏静岡（㋐？），戦辞（㋑寛永8年2月6日（1631年3月8日）），日人，藩主1（㋑寛永8（1631）年2月6日），藩主2（㋑寛永8（1631）年2月6日）

**近藤豊後守** こんどうぶんごのかみ
戦国時代〜安土桃山時代の武士。結城氏家臣、佐竹氏家臣。
　¶戦人（生没年不詳），戦東

**近藤孫太郎** こんどうまごたろう
生没年不詳
戦国時代の武士。後北条氏家臣。
　¶戦辞，戦人，戦東

**近藤孫六** こんどうまごろく
生没年不詳
戦国時代の北条氏の家臣。
　¶戦辞

**近藤政勝** こんどうまさかつ
生没年不詳
安土桃山時代〜江戸時代前期の武士。浅野家の家臣。
　¶和歌山人

**近藤賢忠** こんどうまさただ
　？　〜正保3（1646）年
江戸時代前期の武士、武蔵岩槻藩士。
　¶藩臣5

**近藤正次** こんどうまさつぐ
　？　〜寛永15（1638）年
安土桃山時代の武将。
　¶神奈川人，国書（㋑寛永15（1638）年10月5日），戦人（生没年不詳）

**近藤無市** こんどうむいち
永禄6（1563）年〜？
安土桃山時代の勇士。
　¶人名，日人

**近藤宗家** こんどうむねいえ
生没年不詳
戦国時代の佐竹氏の家臣。
　¶戦辞

**近藤康用** こんどうやすもち
＊〜天正16（1588）年
戦国時代〜安土桃山時代の井伊谷3人衆。
　¶姓氏静岡（㋐1516年），戦辞（㋑永正14（1517）年　㋑天正16年3月12日（1588年4月7日））

**近藤行家** こんどうゆきいえ
生没年不詳
戦国時代の佐竹氏の家臣。
　¶戦辞

**近藤義武** こんどうよしたけ
　？　〜寛永15（1638）年

安土桃山時代〜江戸時代前期の武将、蝦夷松前藩士。
　¶藩臣1

**近藤六親家** こんどうろくちかいえ
　→近藤親家（こんどうちかいえ）

**金右馬丞** こんのうまのじょう
生没年不詳　㋕金右馬允《こんうまのじょう》
安土桃山時代の藤島一揆の旗頭。
　¶庄内，山形百（金右馬允　こんうまのじょう）

**今野右馬丞貞澄** こんのうまのじょうさだすみ
　→今野貞澄（こんのさだすみ）

**金王盛俊** こんのうもりとし
　→金王兵衛尉盛俊（かなおうひょうえのじょうもりとし）

**今野左京** こんのさきょう
戦国時代の武将。葛西氏家臣。
　¶戦東

**今野貞澄** こんのさだすみ
　㋕今野右馬丞貞澄《こんのうまのじょうさだすみ》
安土桃山時代の武将。葛西氏家臣。
　¶戦人（生没年不詳），戦東（今野右馬丞貞澄　こんのうまのじょうさだすみ）

**今野助九郎** こんのすけくろう
戦国時代の武将。葛西氏家臣。
　¶戦東

**金為時** こんのためとき
　→金為時(1)（こんためとき）

**金為行** こんのためゆき
生没年不詳
平安時代中期の武将。
　¶姓氏岩手

**今野筑前** こんのちくぜん
江戸時代前期の武士。大崎氏家臣。沢口館主。
　¶戦東

**今野遠江** こんのとおとうみ
戦国時代の武将。葛西氏家臣。
　¶戦東

**金野時弘** こんのときひろ
戦国時代の武将。葛西氏家臣。
　¶戦東

**金野土佐** こんのとさ
生没年不詳
戦国時代の千厩城主。
　¶姓氏岩手

**今野土佐守** こんのとさのかみ
戦国時代の武将。葛西氏家臣。
　¶戦東

**今野内膳** こんのないぜん
　？　〜天正19（1591）年
安土桃山時代の武将。葛西氏家臣。
　¶戦人

こ

さ

**今野兵部** こんのひょうぶ
戦国時代の武将。大崎氏家臣。
¶戦東

**今野広綱** こんのひろつな
? ～天正19(1591)年
安土桃山時代の武将。葛西氏家臣。
¶戦人

**今野伯耆** こんのほうき
戦国時代の武将。大崎氏家臣。
¶戦東

**金野義綱** こんのよしつな
生没年不詳
鎌倉時代の人。源頼朝より磐井郡東山を拝領。
¶姓氏岩手

**金頼清** こんのよりきよ
生没年不詳
鎌倉時代後期～南北朝時代の武士。
¶姓氏岩手

**近間左京進**(金間左京進) こんまさきょうのしん
? ～永禄10(1567)年
安土桃山時代の武士。
¶岡山人(金間左京進), 岡山歴

**金主水** こんもんど
天正11(1583)年～慶長14(1609)年
安土桃山時代～江戸時代前期の陸奥弘前藩士。
¶藩臣1

**今弥左衛門** こんやざえもん
生没年不詳
安土桃山時代～江戸時代前期の武将、最上氏遺臣。
¶庄内

## 【さ】

**西阿**(1) さいあ
→玉井西阿(たまいせいあ)

**西阿**(2) さいあ
→毛利季光(もうりすえみつ)

**斎尾張** さいおわり
戦国時代の武将。葛西氏家臣。
¶戦東

**西園寺公俊** さいおんじきみとし
? ～天授5/康暦1(1379)年
南北朝時代の武将。
¶系西

**西園寺公広** さいおんじきみひろ
? ～天正15(1587)年 [別]西園寺公広《さいおんじきんひろ》
安土桃山時代の武将。
¶愛媛百(さいおんじきんひろ [没]天正15(1587)年12月11日), 郷土愛媛(さいおんじきんひろ), 系西, 人名(さいおんじきんひろ), 戦国, 戦人(さいおんじきんひろ), 日人(さいおんじきんひろ [没]1588年)

**西園寺公広** さいおんじきんひろ
→西園寺公広(さいおんじきみひろ)

**西園寺実清** さいおんじさねきよ
戦国時代の伊予の領主。
¶人名, 日人(生没年不詳)

**西園寺実充** さいおんじさねみつ
生没年不詳
戦国時代の武将、大名。
¶系西, 戦人

**西園寺宣久** さいおんじのぶひさ
? ～天正8(1580)年5月18日
戦国時代～安土桃山時代の武将。板島丸串城主。
¶国書

**雑賀安芸守** さいがあきのかみ
戦国時代の砺波郡の土豪。
¶姓氏富山

**雑賀孫一**(雑賀孫市) さいかまごいち, さいがまごいち
生没年不詳 [別]鈴木重秀《すずきしげひで》, 鈴木重朝《すずきしげとも》, 鈴木孫一《すずきまごいち》, 雑賀孫市《さいかまごいち》, 鈴木孫三郎《すずきまごさぶろう》
戦国時代の紀伊一向一揆雑賀衆の指導者。
¶朝日, 郷土和歌山, コン改, コン4, 史人(雑賀孫市), 新潮(雑賀孫市 さいがまごいち), 戦国(鈴木重朝 すずきしげとも), 戦人(鈴木重秀 すずきしげひで), 戦人(鈴木重朝 すずきしげとも), 日人(鈴木孫一 すずきまごいち), 百科(雑賀孫市), 歴大(鈴木孫一 すずきまごいち), 和歌山人(鈴木孫一 すずきまごいち)

**財川兵庫助** さいかわひょうごのすけ
生没年不詳
戦国時代の北条氏の家臣。
¶戦辞

**在顔** ざいがん
享禄1(1528)年～元和5(1619)年
戦国時代～江戸時代前期の武将。
¶日人

**佐伯惟家** さいきこれいえ
生没年不詳
鎌倉時代の武将。
¶大分歴

**佐伯惟教** さいきこれのり
→佐伯惟教(さえきこれのり)

**佐伯惟治** さいきこれはる
→佐伯惟治(さえきこれはる)

**佐伯是基** さいきこれもと
生没年不詳 [別]佐伯是基《さえきのこれもと》
平安時代中期の武士。
¶大分百(さえきのこれもと), 大分歴

**西行** さいぎょう
元永1(1118)年～建久1(1190)年 [別]西行法師《さいぎょうほうし》, 佐藤義清《さとうのりき

よ》, 佐藤憲清《さとうのりきよ》, 佐藤則清《さとうのりきよ》
平安時代後期の歌人、僧。藤原秀郷の末裔。もと北面の武者で、出家して遍歴歌人に。歌集に「山家集」がある。
¶朝日([没]建久1年2月16日(1190年3月23日)), 岩史([没]文治6(1190)年2月16日), 岩手百(西行法師　さいぎょうほうし), 大阪墓([没]建久1(1190)年2月16日), 香川人, 香川百, 角史, 神奈川人, 神奈川百, 鎌倉, 鎌室, 京都(西行法師　さいぎょうほうし), 郷土香川, 京都大, 国史, 国書([没]文治6(1190)年2月16日), 古史, 古中, コン改, コン4, 茶道, 詩歌, 史人([没]1190年2月16日), 静岡百, 静岡歴, 重要([没]建久1(1190)年2月16日), 人書79, 人書94, 人情, 人情3, 神人([没]文治6(1190)年2月16日), 新潮([没]建久1(1190)年2月16日), 新文([没]建久1(1190)年2月16日), 人名, 姓氏岩手, 姓氏静岡, 姓氏宮城, 世人([没]建久1(1190)年2月16日), 世百, 全書, 大百, 伝記, 栃木歴, 日史([没]建久1(1190)年2月16日), 日人, 俳句([没]建久1(1190)年2月16日), 百科, 福井百, 仏教([没]文治6(1190)年2月16日), 仏史, 仏人, 文学, 平史, 宮城百, 山形百, 歴大, 和歌山人, 和俳([没]建久1(1190)年2月16日)

**西行法師** さいぎょうほうし
→西行(さいぎょう)

**三枝宗四郎** さいぐさそうしろう
生没年不詳
戦国時代の武田氏の家臣。
¶戦辞

**三枝虎吉** さいぐさとらよし
→三枝虎吉(さえぐさとらよし)

**三枝昌貞** さいぐさまささだ
→三枝守友(さえぐさもりとも)

**三枝昌重** さいぐさまさしげ
? 〜寛永1(1624)年
安土桃山時代〜江戸時代前期の武田家臣。使番。
¶姓氏山梨

**三枝昌吉** さいぐさまさよし
→三枝昌吉(さえぐさまさよし)

**三枝守直** さいぐさもりなお
→三枝守直(さえぐさもりなお)

**三枝守昌** さいぐさもりまさ
天正13(1585)年〜寛永16(1639)年　[別]三枝守昌《さえぐさもりまさ》
安土桃山時代〜江戸時代前期の武将、鉄砲頭。
¶人名, 千葉百(さえぐさもりまさ), 日人([没]1640年)

**三枝守光** さいぐさもりみつ
? 〜天正3(1575)年
戦国時代〜安土桃山時代の武田家臣。長篠の戦に三河鳶ヶ巣山砦を守り討死。
¶姓氏山梨

**三枝守義** さいぐさもりよし
? 〜天正3(1575)年
戦国時代〜安土桃山時代の武田家臣。長篠の戦に三河鳶ヶ巣山砦を守り討死。
¶姓氏山梨

**三枝吉親** さいぐさよしちか
→三枝吉親(さえぐさよしちか)

**西窪重知** さいくぼしげとも
戦国時代の武人。
¶群馬人

**西郷家員** さいごういえかず
弘治2(1556)年〜慶長2(1597)年
安土桃山時代の武士。徳川氏家臣。
¶諸系, 人名, 戦辞([没]慶長2年8月18日(1597年9月29日)), 戦人, 日人

**西郷右京** さいごううきょう
生没年不詳
戦国時代の小田原北条氏の家臣、御馬廻衆。
¶姓氏神奈川

**西郷右京亮** さいごううきょうのすけ
→西郷右京亮(さいごうきょうのすけ)

**西郷右近大夫幸勝** さいごううこんのたゆうゆきかつ
→西郷幸勝(さいごうゆきかつ)

**西郷右京亮** さいごうきょうのすけ
生没年不詳　[別]西郷右京亮《さいごううきょうのすけ》
戦国時代の武士。後北条氏家臣。
¶戦辞(さいごううきょうのすけ), 戦人, 戦東(さいごううきょうのすけ)

**西郷清員** さいごうきよかず
天文2(1533)年〜*　[別]西郷吉員《さいごうよしかず》
戦国時代〜安土桃山時代の武士。松平氏家臣。
¶諸系([没]1595年), 人名([生]?　[没]1594年), 戦辞(西郷吉員　さいごうよしかず　[没]文禄3年12月11日(1595年1月21日)), 戦人([没]文禄3(1594)年), 戦東([生]?　[没]1594年), 日人([没]1595年)

**西郷二郎三郎純尚** さいごうじろうさぶろうすみひさ
→西郷純尚(さいごうすみひさ)

**西郷純堯** さいごうすみたか
生没年不詳
戦国時代の諫早領主。
¶長崎百

**西郷純尚** さいごうすみひさ
? 〜天正15(1587)年　[別]西郷二郎三郎純尚《さいごうじろうさぶろうすみひさ》, 西郷信尚《さいごうのぶひさ》
安土桃山時代の武士。
¶戦人, 戦西(西郷二郎三郎純尚　さいごうじろうさぶろうすみひさ)

**西郷中務少輔純賢** さいごうなかつかさのしょうすみまさ
安土桃山時代の武将。竜造寺氏家臣。

¶戦西

**西郷信員**　さいごうのぶかず
生没年不詳
戦国時代の三河八名郡の国人。
¶戦辞

**西郷久尚**　さいごうひさなお
生没年不詳
戦国時代の徳川氏の家臣。
¶戦辞



**西郷将員**　さいごうまさかず
戦国時代の武将。今川氏家臣。
¶戦辞（生没年不詳），戦東

**西郷正員**　さいごうまさかず
文禄2（1593）年～寛永15（1638）年
江戸時代前期の武将、大名。安房東条藩主。
¶諸系，人名，日人，藩主2（[没]寛永15（1638）年11月14日）

**西郷正勝**　さいごうまさかつ
？　～永禄5（1562）年
戦国時代の武将、徳川家康の臣。
¶諸系，人名，戦辞（[没]永禄4年9月11日（1561年10月19日）），日人

**西郷将貞**　さいごうまささだ
生没年不詳
戦国時代の三河八名郡の国人。
¶戦辞

**西郷正続**　さいごうまさつぐ
戦国時代の武将。今川氏家臣。
¶戦東

**西郷幸勝**　さいごうゆきかつ
[別]西郷右近大夫幸勝《さいごううこんのたゆうゆきかつ》
安土桃山時代の武士。
¶戦人（生没年不詳），戦西（西郷右近大夫幸勝　さいごううこんのたゆうゆきかつ）

**西郷吉員**　さいごうよしかず
→西郷清員（さいごうきよかず）

**在国司道超**　ざいこくしどうちょう
南北朝時代の武将。
¶姓氏鹿児島

**佐井七郎**　さいしちろう
室町時代の武将。
¶岡山人，岡山百（生没年不詳）

**祭主新左衛門**　さいしゅしんざえもん
安土桃山時代～江戸時代前期の武士。里見氏家臣。
¶戦人（生没年不詳），戦東

**祭主図書**　さいしゅずしょ
江戸時代前期の武士。里見氏家臣。
¶戦東

**税所篤用**　さいしょあつもち
鎌倉時代の武将。
¶姓氏鹿児島

**西条壱岐**　さいじょういき
戦国時代の武将。葛西氏家臣。
¶戦東

**西条壱岐守**　さいじょういきのかみ
？　～天正10（1582）年
安土桃山時代の武将。
¶戦人

**西条栄加入道**　さいじょうえいかにゅうどう
戦国時代の武将。葛西氏家臣。
¶戦人（生没年不詳），戦東

**西条四郎左衛門**　さいじょうしろうざえもん
戦国時代の武将。葛西氏家臣。
¶戦東

**西条遠江守**　さいじょうとおとうみのかみ
戦国時代の武将。葛西氏家臣。
¶戦東

**西条豊前**　さいじょうぶぜん
戦国時代の武将。葛西氏家臣。
¶戦東

**西条盛光**　さいじょうもりみつ
鎌倉時代後期の武士。
¶埼玉百

**穝所修理亮**　さいしょしゅりのすけ
室町時代の武将。
¶岡山人

**税所宗円**　さいしょそうえん
生没年不詳
南北朝時代の武将。
¶鎌室，新潮，日人

**税所継恵**　さいしょつぐよし
生没年不詳
戦国時代の武士。
¶戦人

**穝所久経**　さいしょひさつね
[別]穝所久経《さっしょひさつね》
安土桃山時代の武将。
¶岡山人，岡山歴（さっしょひさつね）

**穝所元常**（撮所元常）　さいしょもとつね
？　～永禄4（1561）年　[別]穝所元常《さっしょもとつね》
戦国時代～安土桃山時代の武将。
¶岡山人（[没]天正3（1575）年），岡山百，岡山歴（さっしょもとつね　[没]永禄4（1561）年6月），戦人（撮所元常　生没年不詳），戦補

**税所義祐**　さいしょよしすけ
鎌倉時代の武将。大隅国御家人。
¶姓氏鹿児島

**税所好継**　さいしょよしつぐ
戦国時代の武将。相良氏家臣。
¶戦西

**斎田元定**　さいだもとさだ
→二位田元定（にいだもとさだ）

**斎田元次** さいだもとつぐ
安土桃山時代の武将。秀吉馬廻。
¶戦国, 戦人(生没年不詳)

**財津鎮則** ざいつしげのり
? ～天正12(1584)年
安土桃山時代の武将。大友氏家臣。
¶戦人

**財津大和守** ざいつやまとのかみ
生没年不詳
戦国時代の武将。
¶戦人

**財津竜閑** ざいつりょうかん
安土桃山時代の武将。大友氏家臣。
¶戦西

**斎藤伊予守** さいとういよのかみ
安土桃山時代～江戸時代前期の武士。最上氏家臣。
¶戦人(生没年不詳), 戦東

**斎藤氏次** さいとううじつぐ
生没年不詳
戦国時代の武士、北條氏邦旧臣。
¶埼玉人

**斎藤越前守** さいとうえちぜんのかみ
生没年不詳
戦国時代の上野国衆。
¶戦辞

**斎藤吉兵衛** さいとうきちべえ
安土桃山時代の武将。秀吉馬廻。
¶戦国, 戦人(生没年不詳)

**斎藤刑部丞** さいとうぎょうぶのじょう
安土桃山時代の武士。朝倉氏家臣、豊臣氏家臣。
¶戦国, 戦人(生没年不詳)

**斎藤清時** さいとうきよとき
? ～文永3(1266)年
鎌倉時代前期の武士。
¶鎌室, 日人

**斎藤清信** さいとうきよのぶ
生没年不詳
戦国時代の越後国刈羽郡の国人。
¶戦辞

**西藤金弥** さいとうきんや
安土桃山時代～江戸時代前期の武士。里見氏家臣。
¶戦人(生没年不詳), 戦東

**斎藤宮内少輔** さいとうくないしょう
→斎藤宮内少輔(さいとうくないしょうゆう)

**斎藤宮内少輔** さいとうくないしょうゆう
[別]斎藤宮内少輔《さいとうくないしょう》
安土桃山時代の武士。
¶戦国(さいとうくないしょう), 戦人(生没年不詳), 戦西

**斎藤外記** さいとうげき
? ～寛永12(1635)年　[別]斎藤永門《さいとうながかど》
江戸時代前期の武将、陸奥仙台藩士。
¶国書(斎藤永門　さいとうながかど　[没]寛永12(1635)年3月13日), 藩臣1

**斎藤源佐**(斎藤源助) さいとうげんすけ
生没年不詳
戦国時代の武将。
¶新潮, 人名(斎藤源助), 世人, 日人

**斎藤玄蕃允** さいとうげんばじょう
→斎藤玄蕃允(さいとうげんばのじょう)

**斎藤玄蕃允** さいとうげんばのじょう
[別]斎藤玄蕃允《さいとうげんばじょう》
戦国時代～安土桃山時代の武士。織田氏家臣。
¶戦国(さいとうげんばじょう), 戦人(生没年不詳)

**斎藤五** さいとうご
→斎藤宗貞(さいとうむねさだ)

**斎藤五八** さいとうごはち
? ～永禄12(1569)年9月8日
戦国時代～安土桃山時代の織田信長の家臣。
¶織田

**斎藤左京** さいとうさきょう
安土桃山時代の武士。豊臣氏家臣。
¶戦国, 戦人(生没年不詳)

**斎藤定信**(1) さいとうさだのぶ
生没年不詳
戦国時代の越後国刈羽郡の国人。下野守。
¶戦辞

**斎藤定信**(2) さいとうさだのぶ
生没年不詳
戦国時代の越後国刈羽郡の国人。藤三郎。
¶戦辞

**斎藤定広** さいとうさだひろ
? ～元和2(1616)年1月27日
戦国時代の北条氏邦の旧臣。
¶埼玉人

**斎藤定盛** さいとうさだもり
生没年不詳
安土桃山時代の武士。後北条氏家臣、金窪城主。
¶群馬人, 戦辞, 戦人, 戦東

**斉藤実次** さいとうさねつぐ
安土桃山時代の武士。
¶岡山人

**斎藤実永** さいとうさねなが
～延元2/建武4(1337)年
南北朝時代の武士。
¶埼玉百

**斎藤実秀**(斉藤実秀) さいとうさねひで
安土桃山時代の武将。
¶岡山人(斉藤実秀), 岡山歴

**斎藤実盛** さいとうさねもり
? ～寿永2(1183)年　[別]斎藤別当実盛《さいとうべっとうさねもり》, 藤原実盛《ふじわらのさねもり》, 長井斎藤実盛《ながいさいとうさねもり》,

さ

長井実盛《ながいさねもり》
平安時代後期の武士。
¶朝日（[没]寿永2年5月21日（1183年6月12日）），石川百，江戸東，角史，鎌室，郷土福井，国史，古中，コン改，コン4，埼玉人，埼玉百（斎藤別当実盛　さいとうべっとうさねもり），史人（[没]1183年5月21日），新潮（[没]寿永2（1183）年5月21日），人名（[生]1111年），姓氏石川（[生]1111年），世人（[没]寿永2（1183）年6月1日），世百（[生]1111年），全書，日史，日人，百科，福井百，平史（藤原実盛　ふじわらのさねもり），歴大



**斎藤鎮実**　さいとうしげざね
？　～天正6（1578）年
戦国時代～安土桃山時代の武士。
¶戦人，戦西

**斎藤四郎衛門**　さいとうしろうえもん
戦国時代の武将。今川氏家臣。
¶戦東

**斎藤甚右衛門**　さいとうじんえもん
安土桃山時代の武士。豊臣氏家臣。
¶戦国，戦人（生没年不詳）

**斎藤新五**　さいとうしんご
安土桃山時代の武将。秀吉馬廻。
¶戦国，戦人（生没年不詳）

**斎藤新五郎**　さいとうしんごろう
？　～天正10（1582）年6月2日
戦国時代～安土桃山時代の織田信長の家臣。
¶織田

**斎藤資定**　さいとうすけさだ
？　～文永11（1274）年
鎌倉時代前期の武士。
¶鎌室，コン改，コン4，新潮（[没]文永11（1274）年10月6日），人名，日人

**斎藤助成**　さいとうすけなり
生没年不詳
鎌倉時代後期の武士・故実家。
¶国書

**斎藤摂津守**　さいとうせっつのかみ
安土桃山時代の武将。後北条氏家臣。
¶戦東

**斎藤宗林**　さいとうそうりん
安土桃山時代の武士。今川氏家臣、徳川氏家臣。
¶戦人（生没年不詳），戦東

**斎藤太**　さいとうた
生没年不詳
平安時代後期の武士。
¶平史

**斎藤大学**　さいとうだいがく
生没年不詳
戦国時代の武士。北条氏忠の家臣。
¶戦辞

**斎藤隆家**　さいとうたかいえ
戦国時代の武将。朝倉氏家臣。
¶戦西

**斎藤竜興**　さいとうたつおき
天文17（1548）年～天正1（1573）年
戦国時代の美濃国の大名。義竜の子。
¶朝日（[没]天正1年8月14日（1573年9月10日）），岩史（[没]天正1（1573）年8月14日），岐阜百（[生]1552年），系東，国史，古中，コン改，コン4，史人（[没]1573年8月14日），諸系，新潮（[没]天正1（1573）年8月14日），人名，世人，戦合，戦国（[生]？），戦人，日史（[没]天正1（1573）年8月14日），日人，歴大

**斎藤胤次**　さいとうたねつぐ
生没年不詳
戦国時代の下総原氏の家臣。
¶戦辞

**斎藤弾正忠**　さいとうだんじょうのちゅう
戦国時代の武将。今川氏家臣。
¶戦東

**斎藤近実**　さいとうちかざね
安土桃山時代の武将。
¶岡山人

**斎藤親基**　さいとうちかもと
応永33（1426）年～？
室町時代の武家。
¶国書

**斎藤親頼**　さいとうちかより
生没年不詳
鎌倉時代前期の武将。
¶郷土岐阜

**斎藤筑後**　さいとうちくご
生没年不詳
江戸時代前期の奉行。
¶庄内

**斎藤伝鬼房**（斎藤伝鬼坊）　さいとうでんきぼう
天文19（1550）年～天正15（1587）年
安土桃山時代の武士。後北条氏家臣。
¶人名，戦国（斎藤伝鬼坊），全書，戦人（斎藤伝鬼坊　生没年不詳），大百，日人

**斎藤道三**　さいとうどうさん，さいとうどうざん
明応3（1494）年～弘治2（1556）年　[別]斎藤利政《さいとうとしまさ》，松波庄五郎《まつなみしょうごろう》，西村勘九郎《にしむらかんくろう》，長井新九郎《ながいしんくろう》，法蓮房《ほうれんぼう》
戦国時代の美濃国の大名。油売りから立身、美濃一国の戦国大名に。のち長男義竜と争い敗死。
¶朝日（[生]？　[没]弘治2年4月20日（1556年5月28日）），岩史（[生]？　[没]弘治2（1556）年4月20日），角史（[生]？），岐阜百（[生]1493年），郷土岐阜，京都府（さいとうどうざん），系東，国史（[生]？），国書（[没]弘治2（1556）年4月20日），古中（[生]？），コン改，コン4，史人（[生]1494年，（異説）1504年　[没]1556年4月20日），重要，諸系（[生]1494年，（異説）1504年），新潮（[生]明応3（1494）年，（異説）永正1（1504）年　[没]弘治2（1556）年4月20日），人名，世人（[没]弘治2（1556）年4月20日），世百，戦合（[生]？），戦国

（斎藤利政　さいとうとしまさ　⊕?），全書
（⊕?），戦人，大百（⊕?），日史（⊕?
⊗弘治2（1556）年4月20日），日人（⊕1494年，
（異説）1504年），百科（⊕?　⊗天文23
（1554）年），歴大

## 斎藤時頼　さいとうときより

生没年不詳　⊛滝口・横笛《たきぐち・よこぶ
え》，滝口入道《たきぐちにゅうどう》，滝口入道時
頼《たきぐちにゅうどうときより》，藤原時頼《ふ
じわらのときより》
平安時代後期の武士、高野聖、平重盛の臣。
¶朝日（滝口入道時頼　たきぐちにゅうどうとき
より），京都大（滝口入道　たきぐちにゅうどう），コン改，コン4，史人（滝口入道　たきぐ
ちにゅうどう），新潮，人名，日史（滝口・横笛
たきぐち・よこぶえ），日人，仏教（滝口入道
たきぐちにゅうどう），平史（藤原時頼　ふじ
わらのときより　⊕1164年）

## 斎藤徳元（斉藤徳元）　さいとうとくげん

永禄2（1559）年～正保4（1647）年　⊛斎藤利起
《さいとうとしおき》，徳元《とくげん》
安土桃山時代～江戸時代前期の武将・俳人、仮名
草子作者。
¶朝日（⊗正保4年8月28日（1647年9月26日）），
岐阜百，京都府，近世，国史，国書（徳元　とく
げん　⊗正保4（1647）年8月28日），史人（徳元
とくげん　⊕1647年8月28日），人書79，人書
94（徳元　とくげん），新潮（徳元　とくげん
⊗正保4（1647）年8月28日），人名，世人（⊗正
保4（1647）年8月28日），戦合（斉藤徳元），戦
人（斎藤利起　さいとうとしおき），大百（徳元
とくげん），日人，俳諧（徳元　とくげん
⊕?），俳句（徳元　とくげん），百科（徳元
とくげん），和俳（⊗正保4（1647）年8月28日）

## 斎藤利起　さいとうとしおき

→斎藤徳元（さいとうとくげん）

## 斎藤利国　さいとうとしくに

?　～明応4（1495）年
室町時代～戦国時代の武将。
¶岐阜百，郷土岐阜（生没年不詳）

## 斎藤利堯　さいとうとしたか

生没年不詳
安土桃山時代の織田信長の家臣。
¶織田

## 斎藤利綱　さいとうとしつな

生没年不詳
室町時代の武将、歌人。美濃守護代利藤の子。
¶朝日，鎌室，国書（⊗享徳3（1454）年），コン
改，コン4，諸系（⊕1454年），新潮，人名，日
人（⊕1454年），和俳

## 斎藤利永　さいとうとしなが

?　～寛正1（1460）年
室町時代の武将。
¶岐阜百，郷土岐阜

## 斎藤利藤　さいとうとしふじ

?　～明応7（1498）年

室町時代～戦国時代の美濃国守護土岐成頼の守
護代。
¶岐阜百

## 斎藤利政　さいとうとしまさ

→斎藤道三（さいとうどうさん）

## 斎藤利光　さいとうとしみつ

永禄10（1567）年～正保4（1647）年
安土桃山時代～江戸時代前期の武将、明智光秀・
徳川家光の臣。
¶人名，日人

## 斎藤利三（斎藤利光）　さいとうとしみつ

?　～天正10（1582）年　⊛斎藤内蔵助《さいとう
くらのすけ》
安土桃山時代の武将。明智光秀の家臣。利賢の子。
¶朝日（⊗天正10年6月17日（1582年7月6日）），
国史，古中，コン改，コン4，茶道（⊕1538年），
史人（⊗1582年6月17日），新潮（⊗天文3
（1534）年，（異説）天文7（1538）年　⊗天正10
（1582）年6月17日），人名（⊕1533年），世人
（斎藤利光　⊕天文7（1538）年），戦合，戦国，
戦人（⊕天正3（1534）年），日史（⊗天正10
（1582）年6月17日），日人（⊕1534年，（異
説）1538年），百科，歴大

## 斎藤利安　さいとうとしやす

?　～享禄3（1530）年　⊛長井勝左衛門長弘《なが
いしょうざえもんながひろ》，長井藤左衛門《なが
いとうざえもん》
戦国時代の武将。土岐氏家臣。
¶戦人

## 斎藤利行　さいとうとしゆき

?　～嘉暦1（1326）年
鎌倉時代後期の武家・歌人。
¶国書

## 斎藤友実　さいとうともざね

?　～文治1（1185）年　⊛藤原友実《ふじわらのと
もざね》
平安時代後期の武士。斎藤実信の子。越前斎藤
一族。
¶朝日（生没年不詳），日人，平史（藤原友実　ふ
じわらのともざね）

## 斎藤朝信（斉藤朝信）　さいとうとものぶ

生没年不詳
戦国時代～安土桃山時代の国人。上杉氏の重臣で
赤田城主。
¶戦辞，戦人，戦東，新潟百（斉藤朝信）

## 斎藤直政　さいとうなおまさ

天正10（1582）年～承応3（1654）年
安土桃山時代～江戸時代前期の武士、蝦夷松前
藩士。
¶藩臣1

## 斎藤永門　さいとうながかど

→斎藤外記（さいとうげき）

## 斎藤長定　さいとうながさだ

建久8（1197）年～延応1（1239）年
鎌倉時代前期の幕府評定衆。藤原利仁の子孫。清

定の子。
¶朝日（[没]延応1年10月11日（1239年11月8日）），鎌室，新潮（[没]延応1（1239）年10月11日），日人

**斎藤長実** さいとうながざね
？ ～天文19（1550）年
戦国時代の武士。
¶大分歴，戦人，戦西

**斎藤長竜** さいとうながたつ
？ ～天正10（1582）年
安土桃山時代の武士。
¶戦人，戦西，戦補

**斎藤長門** さいとうながと
戦国時代の婦負郡の土豪。城生城城主。
¶姓氏富山

**斎藤信利** さいとうのぶとし
天文23（1554）年～慶長15（1610）年8月4日
戦国時代～江戸時代前期の織田信長の家臣。
¶織田

**斎藤憲広** さいとうのりひろ
生没年不詳　[別]越前太郎入道《えちぜんたろうにゅうどう》
戦国時代の武将、上野国岩櫃城主。
¶群馬人，戦人

**斎藤憲宗** さいとうのりむね
？ ～永禄8（1565）年
戦国時代の武士。
¶戦人

**斎藤八右衛門** さいとうはちえもん
生没年不詳
戦国時代の武将。後北条氏家臣。
¶埼玉人，戦辞，戦東

**斎藤久親** さいとうひさちか
天文22（1553）年～天正11（1583）年
安土桃山時代の武将。
¶岡山人

**斎藤兵部少輔** さいとうひょうぶしょうゆう
戦国時代の武士。
¶戦人（生没年不詳），戦西

**斎藤豊左衛門** さいとうぶざえもん
生没年不詳
安土桃山時代の織田信長の家臣。
¶織田

**斎藤別当実盛** さいとうべっとうさねもり
→斎藤実盛（さいとうさねもり）

**斎藤昌信** さいとうまさのぶ
生没年不詳
戦国時代の越後国刈羽郡の国人。
¶戦辞

**斎藤正義** さいとうまさよし
*～天文17（1548）年
戦国時代の武士。斎藤氏家臣。
¶人名，戦人（[生]？），日人（[生]1525年）

**斎藤又次郎** さいとうまたじろう
戦国時代の武士。後北条氏家臣。
¶戦人（生没年不詳），戦東

**斎藤妙椿** さいとうみょうちん
応永18（1411）年～文明12（1480）年
室町時代～戦国時代の武将、美濃国守護土岐成頼の守護代。
¶朝日（[没]文明12年2月21日（1480年4月1日）），鎌室（[生]応永17（1410）年），岐阜百，郷土岐阜，国史，国書（[没]文明12（1480）年2月21日），古中，コン改（[生]応永17（1410）年），コン4（[生]応永17（1410）年），史人（[没]1480年2月21日），諸系，新潮（[生]応永17（1410）年　[没]文明12（1480）年2月21日），人名（[生]1410年），戦合，日史（[没]文明12（1480）年2月21日），日人，百科，歴大，和俳（[生]応永17（1410）年）

**斎藤民部丞** さいとうみんぶのじょう
戦国時代の武将。朝倉氏家臣。
¶戦西

**斎藤宗貞** さいとうむねさだ
永万1（1165）年～？　[別]斎藤五《さいとうご》
平安時代後期～鎌倉時代前期の武士、平維盛の臣。
¶人名，日人，平史（斎藤五　さいとうご）

**斎藤基明** さいとうもとあきら
生没年不詳
鎌倉時代後期の武家・歌人。
¶国書

**斎藤基有** さいとうもとあり
生没年不詳
鎌倉時代後期の武家・歌人。
¶国書

**斎藤元清**（斉藤元清）さいとうもときよ
戦国時代の武将。今川氏家臣。
¶戦辞（斉藤元清　生没年不詳），戦東

**斎藤基祐** さいとうもとすけ
生没年不詳
鎌倉時代後期の武家・歌人。
¶国書

**斎藤元右** さいとうもとすけ
戦国時代の武士。
¶戦人（生没年不詳），戦西

**斎藤基恒** さいとうもとつね
応永1（1394）年～文明3（1471）年　[別]斎藤基世《さいとうもとよ》
室町時代の武士、奉行人。
¶鎌室（[生]明徳4（1393）年），国史，国書（[没]文明3（1471）年3月19日），古中，史人（[没]1471年3月19日），新潮（[没]文明3（1471）年3月19日），姓氏京都（[生]1393年），戦合，日人

**斎藤基任** さいとうもととう
生没年不詳
鎌倉時代後期の武家・歌人。
¶国書

**斎藤基名**　さいとうもとな
生没年不詳
南北朝時代の武家・歌人。
¶国書

**斎藤基夏**　さいとうもとなつ
生没年不詳
鎌倉時代後期の武家・歌人。
¶国書

**斎藤基世**　さいとうもとよ
生没年不詳
鎌倉時代後期の武家・歌人。
¶国書

**斎藤基能**　さいとうもとよし
生没年不詳
南北朝時代の武士。
¶鎌室

**斎藤盛広**　さいとうもりひろ
安土桃山時代～江戸時代前期の武士。最上氏家臣。
¶戦人(生没年不詳)，戦東

**斎藤安元**(斉藤安元)　さいとうやすもと
生没年不詳
戦国時代の武将。今川氏家臣。
¶戦辞(斉藤安元)，戦人，戦東

**斎藤唯浄**　さいとうゆいじょう
生没年不詳
鎌倉時代後期の六波羅奉行人、式目注釈学者。基高の子。
¶朝日，日人

**斎藤行定**　さいとうゆきさだ
生没年不詳
戦国時代の武士。藤田泰邦の家臣、のち北条氏邦の家臣。
¶戦辞

**斎藤吉唯**　さいとうよしただ
戦国時代の武将。朝倉氏家臣。
¶戦西

**斎藤義竜**　さいとうよしたつ
大永7(1527)年～永禄4(1561)年
戦国時代の美濃国の大名。道三の子。
¶朝日([没]永禄4年5月11日(1561年6月23日))，岐阜百，系東，国史，古中，コン改，コン4，史人([没]1561年5月11日)，諸系，新潮([没]永禄4(1561)年5月11日)，人名，世人([没]永禄4(1561)年5月11日)，戦合，戦国([生]？)，全書，戦人，日史([没]永禄4(1561)年5月11日)，日人，歴大

**斎藤吉用**　さいとうよしちか
→斎藤吉用(さいとうよしもち)

**斎藤吉用**　さいとうよしもち
？～永正17(1520)年　[別]斎藤吉用《さいとうよしちか》
戦国時代の武士。
¶戦人，戦西(さいとうよしちか)

**斎藤頼信**　さいとうよりのぶ
生没年不詳
戦国時代の越後国刈羽郡の国人。
¶戦辞

**斎藤六**　さいとうろく
仁安2(1167)年～？
平安時代後期～鎌倉時代前期の武士。
¶平史

**斎藤六大夫**　さいとうろくだゆう
生没年不詳
安土桃山時代の織田信長の家臣。
¶織田

**道祖土図書助**　さいどずしょのすけ
→道祖土図書助(さえどずしょのすけ)

**狭井檳榔**　さいのあじまさ
生没年不詳
飛鳥時代の武人。
¶日人

**斎村政広**　さいむらまさひろ
永禄5(1562)年～慶長5(1600)年　[別]赤松弥三郎《あかまつやさぶろう》
安土桃山時代の武士。豊臣氏家臣。
¶戦国，戦人

**西蓮寺**　さいれんじ
生没年不詳
戦国時代の北条氏の家臣。
¶戦辞

**佐伯市助**　さえきいちすけ
～永禄12(1569)年
戦国時代～安土桃山時代の小田原北条の家臣。
¶多摩

**佐伯惟定**　さえきこれさだ
？～元和4(1618)年
安土桃山時代～江戸時代前期の武士。
¶戦人，戦西

**佐伯惟教**　さえきこれのり
？～天正6(1578)年　[別]佐伯惟教《さいきこれのり》
戦国時代～安土桃山時代の武士。
¶大分歴(さいきこれのり)，系西，戦人，戦西

**佐伯惟治**　さえきこれはる
？～大永7(1527)年　[別]佐伯惟治《さいきこれはる》
戦国時代の武士。
¶大分歴(さいきこれはる)，人名，戦人，戦西，日人

**佐伯伊多智**(佐伯伊多治)　さえきのいたち
[別]佐伯宿禰伊多智《さえきのすくねいたち》
奈良時代の武将。藤原仲麻呂の乱平定に活躍。
¶古史(佐伯伊多治　生没年不詳)，古代(佐伯宿禰伊多智　さえきのすくねいたち)，人名，日人(生没年不詳)

さ

**佐伯石湯** さえきのいわゆ
生没年不詳 [別]佐伯宿禰石湯《さえきのすくねいわゆ》
奈良時代の官人、征越後蝦夷将軍。
¶朝日，国史，古代（佐伯宿禰石湯　さえきのすくねいわゆ），古中，コン改，コン4，史人，庄内，新潮，人名，世人，新潟百，日人

**佐伯大目** さえきのおおめ
？ ～持統天皇5（691）年 [別]佐伯連大目《さえきのむらじおおめ》
飛鳥時代の壬申の乱の功臣。
¶古代（佐伯連大目　さえきのむらじおおめ），日人

**佐伯葛城** さえきのかつらぎ
？ ～延暦7（788）年
奈良時代の武将。副将軍として蝦夷征討にあたる。
¶人名，日人（生没年不詳）

**佐伯浄麻呂** さえきのきよまろ
？ ～天平勝宝2（750）年 [別]佐伯宿禰浄麻呂《さえきのすくねきよまろ》
奈良時代の武将。
¶古代（佐伯宿禰浄麻呂　さえきのすくねきよまろ），日人

**佐伯子麻呂** さえきのこまろ
？ ～天智天皇5（666）年 [別]佐伯連子麻呂《さえきのむらじこまろ》
飛鳥時代の乙巳の変の功臣。
¶朝日（生没年不詳），国史，古史（生没年不詳），古代（佐伯連子麻呂　さえきのむらじこまろ），古中，コン改（生没年不詳），コン4（生没年不詳），史人（[没]666年？），新潮（[没]天智5（666）年3月），日人，歴大

**佐伯是基** さえきのこれもと
→佐伯是基（さいきこれもと）

**佐伯経範** さえきのつねのり
？ ～天喜5（1057）年 [別]波多野経範《はたのつねのり》
平安時代後期の武将。
¶神奈川人（波多野経範　はたのつねのり），姓氏神奈川

**佐伯丹経手** さえきのにふて
[別]佐伯連丹経手《さえきのむらじにふて》
飛鳥時代の武人。蘇我馬子の命で穴穂部皇子を殺害。
¶古代（佐伯連丹経手　さえきのむらじにふて），日人（生没年不詳）

**佐伯式麻呂** さえきののりまろ
[別]佐伯宿禰式麻呂《さえきのすくねのりまろ》
奈良時代の武人。
¶古代（佐伯宿禰式麻呂　さえきのすくねのりまろ），日人（生没年不詳）

**佐伯人足** さえきのひとたり
[別]佐伯宿禰人足《さえきのすくねひとたり》
奈良時代の武将。
¶古代（佐伯宿禰人足　さえきのすくねひとたり），日人（生没年不詳）

**佐伯全成** さえきのまたなり
？ ～天平宝字1（757）年 [別]佐伯宿禰全成《さえきのすくねまたなり》
奈良時代の官人。陸奥守・鎮守副将軍。
¶朝日（[没]天平宝字1年7月4日（757年7月24日）），国史，古代（佐伯宿禰全成　さえきのすくねまたなり），古中，コン改，コン4，史人（[没]757年7月），新潮（[没]天平宝字1（757）年7月），世人，日史，日人，百科，宮城百，歴大

**佐伯三野** さえきのみの
？ ～宝亀10（779）年 [別]佐伯宿禰三野《さえきのすくねみの》
奈良時代の官人。陸奥守・鎮守将軍。
¶朝日（[没]宝亀10年2月6日（779年2月26日）），古代（佐伯宿禰三野　さえきのすくねみの），コン改，コン4，人名，日人

**佐伯御室** さえきのみむろ
[別]佐伯造御室《さえきのみやつこみむろ》
飛鳥時代の豪族。物部守屋の命で、廃仏に手を下した人物。
¶古代（佐伯造御室　さえきのみやつこみむろ），日人（生没年不詳）

**三枝高則** さえぐさたかのり
生没年不詳
安土桃山時代の那賀郡岩脇城主。
¶徳島歴

**三枝虎吉** さえぐさとらよし
永正9（1512）年～天正12（1584）年 [別]三枝虎吉《さいぐさとらよし》
戦国時代～安土桃山時代の武士。武田氏家臣。
¶人名（さいぐさとらよし），姓氏山梨（さいぐさとらよし），戦辞（さいぐさとらよし　[没]天正12年5月14日（1584年6月22日）），戦人（[生]永正8（1511）年），戦東（[生]？），日人（さいぐさとらよし）

**三枝昌吉** さえぐさまさよし
天文19（1550）年～寛永1（1624）年 [別]三枝昌吉《さいぐさまさよし》
安土桃山時代～江戸時代前期の武士。武田氏家臣。
¶戦辞（さいぐさまさよし　[没]寛永1年6月9日（1624年8月8日）），戦人（[生]天文18（1549）年），戦東（[生]？），日人（さいぐさまさよし），山梨百（さいぐさまさよし　[没]寛永1（1624）年6月9日）

**三枝守友** さえぐさもりとも
天文6（1537）年～天正3（1575）年 [別]三枝昌貞《さいぐさまささだ》
安土桃山時代の武将。武田氏家臣。足軽大将。『寛政譜』では56騎の組頭。永禄起請文にみえる。
¶姓氏山梨（三枝昌貞　さいぐさまささだ　[生]？），戦辞（三枝昌貞　さいぐさまささだ　[没]天正3年5月21日（1575年6月29日）），戦人，戦東（[生]？），山梨百（[没]天正3（1575）年5月21日）

**三枝守直** さえぐさもりなお
? 〜永禄4(1561)年 [別]三枝守直《さいぐさもりなお》
戦国時代の武将。武田氏家臣。
¶姓氏山梨(さいぐさもりなお), 戦人(生没年不詳), 戦東

**三枝守昌** さえぐさもりまさ
→三枝守昌(さいぐさもりまさ)

**三枝吉親** さえぐさよしちか
[別]三枝吉親《さいぐさよしちか》
安土桃山時代の武将。武田氏家臣。
¶姓氏山梨(さいぐさよしちか), 戦人(生没年不詳), 戦東

**佐枝資宗** さえだすけむね
安土桃山時代の武将。後北条氏家臣。
¶戦東

**佐枝信宗** さえだのぶむね
生没年不詳
戦国時代〜安土桃山時代の武士。
¶戦辞, 戦人

**佐枝若狭** さえだわかさ
生没年不詳
戦国時代の武士。
¶埼玉人

**道祖土図書助** さえどずしょのすけ
? 〜元和8(1622)年11月8日 [別]道祖土図書助《さいどずしょのすけ》
戦国時代〜安土桃山時代の武士。後北条氏家臣。
¶埼玉人(さいどずしょのすけ 生没年不詳), 戦辞(さいどずしょのすけ), 戦人(生没年不詳), 戦東

**佐尾左衛門尉** さおさえもんのじょう
安土桃山時代の武士。豊臣氏家臣。
¶戦国, 戦人(生没年不詳)

**槁根津日子** さおねつひこ
→椎根津彦(しいねつひこ)

**酒井家次** さかいいえつぐ
永禄7(1564)年〜元和4(1618)年 [別]酒井左衛門尉《さかいさえもんのじょう》
安土桃山時代〜江戸時代前期の大名。上野高崎藩主、下総臼井藩主、越後高田藩主。
¶朝日([没]元和4年3月15日(1618年4月10日)), 郷土群馬([生]1569年), 近世, 群馬人, 国史, コン改([生]永禄12(1569)年), コン4([生]永禄12(1569)年), 史人([没]1618年3月15日), 庄内([没]元和4(1618)年3月15日), 諸系, 新潮([没]元和4(1618)年3月15日), 人名, 姓氏群馬, 戦合, 戦国([生]1569年), 戦辞([没]元和4年3月15日(1618年4月10日)), 戦人, 千葉百, 新潟百, 日史([没]元和4(1618)年3月15日), 日人, 藩主1, 藩主2, 藩主3([没]元和4(1618)年3月15日), 百科

**堺猪左衛門** さかいいざえもん
安土桃山時代の武将。秀吉馬廻。
¶戦国, 戦人(生没年不詳)

**酒井右京進** さかいうきょうのしん
戦国時代の武将。今川氏家臣。
¶戦東

**坂井越中守** さかいえっちゅうのかみ
? 〜天正10(1582)年6月2日
戦国時代〜安土桃山時代の織田信長の家臣。
¶織田

**坂井喜左衛門** さかいきざえもん
生没年不詳
安土桃山時代の織田信長の家臣。
¶織田

**坂井久蔵** さかいきゅうぞう
→坂井尚恒(さかいひさつね)

**酒井清秀** さかいきよひで
生没年不詳
戦国時代の松平氏の家臣。
¶戦辞

**坂井好斎** さかいこうさい
生没年不詳
安土桃山時代の織田信長の家臣。
¶織田

**坂井左京之進** さかいさきょうのしん
室町時代の種子島坂井村の領主。
¶姓氏鹿児島

**酒井定隆** さかいさだたか
*〜大永2(1522)年
室町時代〜戦国時代の武将、上総土気城主。
¶人名([生]1435年), 戦辞([生]永享6(1434)年 [没]大永2年4月29日(1522年5月24日)), 千葉百([生]永享6(1434)年), 日人([生]1435年)

**酒井定治** さかいさだはる
? 〜天文9(1540)年
戦国時代の上総土気城主。
¶人名, 日人

**酒井重勝** さかいしげかつ
天文18(1549)年〜慶長18(1613)年5月
戦国時代〜江戸時代前期の徳川家の家臣。
¶戦辞

**酒井重忠** さかいしげただ
天文18(1549)年〜元和3(1617)年
安土桃山時代〜江戸時代前期の武将、大名。武蔵川越城主、上野厩橋藩主。
¶郷土群馬, 群馬人, 国書([没]元和3(1617)年7月21日), 埼玉人([没]元和3(1617)年7月21日), 埼玉百, 諸系, 人名, 姓氏群馬, 戦国([生]1550年), 戦人([没]元和1(1615)年), 日史([没]元和3(1617)年7月21日), 日人, 藩主1([没]元和3(1617)年7月21日), 藩主1, 百科([没]元和1(1615)年)

**坂井七郎左衛門** さかいしちろうざえもん
? 〜天正2(1574)年9月29日
戦国時代〜安土桃山時代の織田信長の家臣。
¶織田

さ

**坂井信濃** さかいしなの
生没年不詳
安土桃山時代～江戸時代前期の安芸広島藩士。
¶藩臣6

**酒井助允** さかいすけのじょう
安土桃山時代の武将。秀吉馬廻。
¶戦国

**坂井善左衛門** さかいぜんざえもん
安土桃山時代の武士。
¶戦国，戦人（生没年不詳）

**酒井惣左衛門** さかいそうざえもん
生没年不詳
戦国時代の今川氏の家臣。
¶戦辞

**酒井惣左衛門尉** さかいそうざえもんのじょう
戦国時代の武将。今川氏家臣。
¶戦東

**坂井大膳亮** さかいだいぜんのすけ
生没年不詳
戦国時代の武士。織田氏家臣。
¶織田，戦人，戦補

**酒井高重** さかいたかしげ
戦国時代の武将。武田家臣。中務少輔。
¶姓氏山梨

**酒井隆敏** さかいたかとし
？ ～享禄4（1531）年
戦国時代の上総東金城主。
¶人名，戦辞（生没年不詳），日人

**酒井忠勝(1)** さかいただかつ
天正15（1587）年～寛文2（1662）年　[別]酒井讃岐守《さかいさぬきのかみ》
安土桃山時代～江戸時代前期の武将、大名、大老。武蔵川越藩主、若狭小浜藩主。
¶朝日，岩史（[生]天正15（1587）年6月16日　[没]寛文2（1662）年7月12日），江戸東，黄檗（[生]天正15（1587）年6月16日　[没]寛文2（1662）年7月12日），角史，京都大，郷土福井，近世，国史，国書（[生]天正15（1587）年6月16日　[没]寛文2（1662）年7月12日），コン改，コン4，埼玉人（[没]寛文2（1662）年7月12日），埼玉百，史人（[生]1587年6月16日　[没]1662年7月12日），諸系，新潮（[生]天正15（1587）年6月16日　[没]寛文2（1662）年7月12日），人名，姓氏京都，世人（[生]天正15（1587）年3月　[没]寛文2（1662）年7月12日），世百，全書，戦人，大百，栃木歴，日史（[生]天正15（1587）年6月13日　[没]寛文2（1662）年7月12日），日人，藩主1，藩主1（[没]寛文2（1662）年7月12日），藩主3（[生]天正15（1587）年6月16日　[没]寛文2（1662）年7月12日），百科，福井百，歴大

**酒井忠勝(2)** さかいただかつ
文禄3（1594）年～正保4（1647）年
江戸時代前期の武将、大名。出羽庄内藩主、信濃松代藩主、越後高田藩主。
¶朝日（[没]正保4年10月17日（1647年11月13日）），コン4，庄内（[生]文禄3（1594）年2月　[没]正保4（1647）年10月17日），諸系，長野歴，新潟百，日史（[没]正保4（1647）年10月17日），日人，藩主1（[没]正保4（1647）年10月17日），藩主2，藩主3，百科，山形百

**酒井忠次** さかいただつぐ
大永7（1527）年～慶長1（1596）年　[別]酒井左衛門尉《さかいさえもんのじょう》
戦国時代～安土桃山時代の武将。酒井左衛門尉系の初代忠親の次男。
¶愛知百（[生]1528年　[没]1596年10月28日），朝日（[没]慶長1年10月28日（1596年12月17日）），角史，近世，国史，コン改，コン4，史人（[没]1596年10月28日），庄内（[没]慶長1（1596）年10月28日），諸系，新潮（[没]慶長1（1596）年10月28日），人名，姓氏愛知，姓氏静岡，世人，戦合，戦国（[生]1528年），戦辞（[没]慶長1年10月28日（1596年12月17日）），全書，戦人，戦東（[没]？），大百，日史（[没]慶長1（1596）年10月28日），日人，百科，山形百，歴大

**酒井忠利** さかいただとし
永禄2（1559）年～寛永4（1627）年
安土桃山時代～江戸時代前期の武将、大名。武蔵川越藩主、駿河田中藩主。
¶朝日（[没]寛永4年11月14日（1627年12月21日）），国書（[没]寛永4（1627）年11月14日），コン4，埼玉人（[没]寛永4（1627）年11月14日），埼玉百，諸系，日人，藩主1（[没]寛永4（1627）年11月14日），藩主2

**酒井忠尚** さかいただなお
生没年不詳　[別]酒井忠尚《さかいただひさ》
戦国時代の武士。松平氏家臣。
¶人名（さかいただひさ），戦辞（さかいただひさ），戦人，戦東，日人（さかいただひさ）

**酒井忠尚** さかいただひさ
→酒井忠尚（さかいただなお）

**酒井忠行** さかいただゆき
慶長4（1599）年～寛永13（1636）年
江戸時代前期の武将、大名。上野板鼻藩主、上野厩橋藩主。
¶諸系，日人，藩主1（[没]寛永13（1636）年11月17日）

**酒井忠世** さかいただよ
元亀3（1572）年～寛永13（1636）年　[別]酒井雅楽頭《さかいうたのかみ》
安土桃山時代～江戸時代前期の大名。上野伊勢崎藩主、上野前橋藩主、上野那波藩主。
¶朝日（[没]寛永13年3月19日（1636年4月24日）），岩史（[没]寛永13（1636）年3月19日），角史，郷土群馬，近世，群馬人，国史，コン改，コン4，埼玉百，史人（[没]1636年3月19日），諸系，新潮（[没]寛永13（1636）年3月19日），人名，姓氏群馬，世人（[没]寛永13（1636）年3月19日），戦合，戦国（[生]1573年），全書，戦人，日史（[没]寛永13（1636）年3月19日），日人，藩主1（[生]元亀3（1572）年6月5日　[没]寛永13（1636）年3月13日），百科，歴大

**酒井胤治** さかいたねはる
？ ～天正5（1577）年
戦国時代～安土桃山時代の上総土気城主。
¶人名，戦辞（[生]天文5（1536）年 [没]天正5年5月23日（1577年6月9日）），日人

**酒井為宗** さかいためむね
鎌倉時代の武将。
¶姓氏鹿児島

**酒井玄治** さかいつねはる
？ ～弘治1（1555）年
戦国時代の武将。
¶人名，戦人，日人

**坂井利貞** さかいとしさだ
生没年不詳
戦国時代～安土桃山時代の武士。織田氏家臣、秀吉馬廻。
¶織田，戦国，戦人

**酒井敏房** さかいとしふさ
？ ～天正5（1577）年
戦国時代～安土桃山時代の武将。里見氏家臣。
¶コン改，コン4，新潮（[没]天正5（1577）年2月20日），人名，戦人，日人

**酒井直次** さかいなおつぐ
慶長1（1596）年～寛永7（1630）年
江戸時代前期の武将、大名。出羽左沢藩主。
¶庄内（[没]寛永8（1631）年3月10日），諸系，日人，藩主1（[没]寛永7（1630）年3月10日，（異説）寛永8年3月10日）

**坂井直政** さかいなおまさ
生没年不詳
安土桃山時代の織田信長の家臣。
¶織田

**坂井成利** さかいなりとし
？ ～慶長5（1600）年
安土桃山時代の武士。織田氏家臣、秀吉馬廻。
¶織田，戦国，戦人

**境野八斗兵衛** さかいのはっとべえ
安土桃山時代の武士、民政家。那波氏の家臣。
¶人名，日人（生没年不詳）

**酒井信広** さかいのぶひろ
生没年不詳
戦国時代の松平氏の家臣。
¶戦辞

**坂井隼人** さかいはやと
永禄2（1559）年～？
戦国時代～安土桃山時代の織田信長の家臣。
¶織田

**坂井彦九郎** さかいひこくろう
安土桃山時代の武将。秀吉馬廻。
¶戦国，戦人（生没年不詳）

**坂井尚恒** さかいひさつね
弘治1（1555）年～元亀1（1570）年 [別]坂井久蔵《さかいきゅうぞう》
戦国時代の武士。織田氏家臣。
¶織田（坂井久蔵 さかいきゅうぞう [生]弘治1（1555）年？ [没]元亀1（1570）年6月28日），戦人，戦補

**坂井秀忠** さかいひでただ
生没年不詳
戦国時代の武将。織田氏家臣。
¶戦人

**坂井平三郎** さかいへいざぶろう，さかいへいさぶろう
安土桃山時代の武将。秀吉馬廻。
¶戦国（さかいへいさぶろう），戦人（生没年不詳）

**坂井平八** さかいへいはち
安土桃山時代の武将。秀吉馬廻。
¶戦国，戦人（生没年不詳）

**境部雄摩侶**（境部雄麻呂） さかいべのおまろ
生没年不詳 [別]境部臣雄摩侶《さかいべのおみおまろ》
飛鳥時代の武将。新羅征討の大将軍。
¶国史，古代（境部臣雄摩侶 さかいべのおみおまろ），古中，コン改，コン4，史人，新潮，人名（境部雄麻呂），日人

**境部臣** さかいべのおみ
上代の将軍。
¶人名，日人（生没年不詳）

**境部薬** さかいべのくすし
→坂合部薬（さかいべのくすり）

**坂合部薬** さかいべのくすり
？ ～弘文天皇1・天武天皇1（672）年 [別]境部薬《さかいべのくすし》，坂合部連薬《さかいべのむらじくすり》
飛鳥時代の壬申の乱時の近江方の将。
¶朝日（[没]天武1年7月7日（672年8月5日）），古代（坂合部連薬 さかいべのむらじくすり），コン改，コン4，新潮（[没]天武1（672）年7月7日），人名（境部薬 さかいべのくすし），日人

**境部摩理勢** さかいべのまりせ
？ ～推古天皇36（628）年 [別]境部臣摩理勢《さかいべのおみまりせ》，蘇我境部摩理勢《そがのさかいべのまりせ》
飛鳥時代の蘇我系有力豪族。蘇我馬子の弟。征新羅大将軍（赴任せず）。
¶朝日，角史，国史，古史（蘇我境部摩理勢 そがのさかいべのまりせ），古代（境部臣摩理勢 さかいべのおみまりせ），古中，コン改，コン4，史人，諸系，新潮（[没]推古36（628）年9月），人名，世人，全書，日史，日人，百科，歴大

**坂井孫平次** さかいまごへいじ
生没年不詳
安土桃山時代の織田信長の家臣。
¶織田

**酒井政家** さかいまさいえ
→酒井正親（さかいまさちか）

**酒井政茂** さかいまさしげ
生没年不詳
戦国時代の上総土気城主酒井胤治の嫡子。

¶戦辞

**酒井正親**　さかいまさちか
大永1(1521)年～天正4(1576)年　[別]酒井政家《さかいまさいえ》
戦国時代～安土桃山時代の武将。酒井雅楽頭系の清秀の子。
¶朝日([没]天正4年6月6日(1576年7月2日)), 国史, 古中, コン改, コン4, 史人([没]1576年6月6日), 諸系, 新潮([没]天正4(1576)年6月6日), 人名, 姓氏愛知, 戦合, 戦国, 戦辞(酒井政家　さかいまさいえ　[没]天正4年6月6日(1576年7月2日)), 戦人, 戦東, 日人

**酒井政辰**　さかいまさとき
？～慶長8(1603)年
安土桃山時代の武将。後北条氏家臣。
¶コン改, コン4, 人名, 戦辞([没]慶長8年11月22日(1603年12月24日)), 戦人, 日人

**坂井政尚**　さかいまさひさ
？～元亀1(1570)年
戦国時代の武将。織田信長の臣。
¶朝日([没]元亀1年11月26日(1570年12月23日)), 織田([没]元亀1(1570)年11月26日), コン改, コン4, 茶道, 新潮([没]元亀1(1570)年11月26日), 人名, 戦国, 戦人, 日人

**坂井村盛**　さかいむらもり
生没年不詳
戦国時代の武将・連歌作者。
¶国書

**酒井康家**　さかいやすいえ
生没年不詳
戦国時代の松平氏の家臣。
¶戦辞

**酒井康治**　さかいやすはる
*～慶長13(1608)年
安土桃山時代～江戸時代前期の武将。後北条氏家臣。
¶コン改([生]天文16(1547)年), コン4([生]天文16(1547)年), 人名([生]1546年), 戦辞([生]天文15(1546)年　[没]慶長13年11月3日(1608年12月10日)), 戦人([生]天文16(1547)年), 日人([生]1546年)

**酒井康正**　さかいやすまさ
生没年不詳
戦国時代の松平氏の家臣。
¶戦辞

**坂井弥兵衛**　さかいやへえ
生没年不詳
戦国時代の印場城城主。
¶姓氏愛知

**坂井与右衛門**　さかいよえもん
戦国時代～安土桃山時代の武士。織田氏家臣、丹羽氏家臣。
¶戦国, 戦人(生没年不詳)

**坂井理右衛門**　さかいりえもん
安土桃山時代の武将。秀吉馬廻。
¶戦国, 戦人(生没年不詳)

**寒河江十兵衛**　さがえじゅうべえ
？～慶長19(1614)年
安土桃山時代～江戸時代前期の武士。最上氏家臣。
¶戦人, 戦東

**寒河江肥前守**　さがえひぜんのかみ
？～慶長19(1614)年
安土桃山時代～江戸時代前期の武士。最上氏家臣。
¶戦人, 戦東

**寒河江光俊**　さがえみつとし
安土桃山時代の武士。最上氏家臣。
¶戦人(生没年不詳), 戦東

**坂折秀家**　さかおりひでいえ
安土桃山時代の武士。大友氏家臣。
¶戦人(生没年不詳), 戦西

**逆川甚五郎**　さかがわじんごろう
？～天正10(1582)年6月2日
戦国時代～安土桃山時代の織田信長の家臣。
¶織田

**高木左吉**　さかぎさきち
生没年不詳
安土桃山時代の織田信長の家臣。
¶織田

**榊原刑部少輔**　さかきばらぎょうぶしょうゆう
生没年不詳
戦国時代～安土桃山時代の地方豪族・土豪。北畠氏家臣、織田氏家臣。
¶戦人

**榊原清長**　さかきばらきよなが
？～天文14(1545)年
戦国時代の武士、榊原氏の祖。
¶諸系, 人名, 新潟百, 日人

**榊原清政**　さかきばらきよまさ
天文15(1546)年～慶長12(1607)年
戦国時代～江戸時代前期の武士。
¶諸系, 日人

**榊原忠政**　さかきばらただまさ
天文10(1541)年～慶長6(1601)年
安土桃山時代の武将。摂津守を称す。
¶朝日([没]慶長6年4月3日(1601年5月5日)), 神奈川人, コン改([生]天文9(1540)年), コン4([生]天文9(1540)年), 人名, 戦人, 日人

**榊原照久**(1)　さかきばらてるひさ
天正12(1584)年～正保3(1646)年
安土桃山時代～江戸時代前期の武将、神職。徳川家康の臣。
¶静岡歴, 諸系, 人名([生]1583年), 姓氏静岡, 日人

**榊原照久**(2)　さかきばらてるひさ
天文14(1545)年～慶長12(1607)年
安土桃山時代～江戸時代前期の武士。徳川家康の臣。
¶人名

**榊原長政** さかきばらながまさ
～永禄5 (1562) 年
戦国時代の武将。榊原氏の祖。
¶新潟百

**榊原飛驒守職直** さかきばらひだのかみもとなお
→榊原職直 (さかきばらもとなお)

**榊原孫七** さかきばらまごしち
生没年不詳
戦国時代の松平氏の家臣。
¶戦辞

**榊原正吉** さかきばらまさよし
？ ～慶長9 (1604) 年
安土桃山時代の武士。徳川家康の臣。
¶人名，日人

**榊原職直** さかきばらもとなお
天正14 (1586) 年～慶安1 (1648) 年　[別]榊原飛驒守職直《さかきばらひだのかみもとなお》
安土桃山時代～江戸時代前期の武将、幕臣。長崎奉行。
¶岡山歴 ([没]慶安1 (1648) 年9月1日)，神奈川人，近世，国史，コン改 (生没年不詳)，コン4，史人 ([没]1648年9月1日)，新潮 ([没]慶安1 (1648) 年9月1日)，人名，世人 (生没年不詳)，戦合，長崎歴 (榊原飛驒守職直　さかきばらひだのかみもとなお)，日史 ([没]慶安1 (1648) 年9月1日)，日人，歴大 ([生]1584年ころ)

**榊原康勝** さかきばらやすかつ
天正18 (1590) 年～元和1 (1615) 年
江戸時代前期の武将、大名。上野館林藩主。
¶諸系，人名，姓氏群馬，新潟百，日人，藩主1 ([没]元和1 (1615) 年5月27日)

**榊原康政** さかきばらやすまさ
天文17 (1548) 年～慶長11 (1606) 年　[別]榊原式部大輔《さかきばらしきぶたいふ》
安土桃山時代～江戸時代前期の大名。上野館林藩主。
¶朝日 ([没]慶長11年5月14日 (1606年6月19日))，岩史 ([没]慶長11 (1606) 年5月14日)，角史，郷土群馬，近世，群馬人 ([没]慶長11 (1606) 年5月14日)，群馬百，国史，国書 ([没]慶長11 (1606) 年5月14日)，古中，コン改，コン4，茶道，史人 ([没]1606年5月14日)，重要 ([没]慶長11 (1606) 年5月14日)，諸系，新潮 ([没]慶長11 (1606) 年5月14日)，人名，姓氏群馬，姓氏静岡，世人 ([没]慶長11 (1606) 年5月14日)，戦合，戦国，戦辞 ([没]慶長11年5月14日 (1606年6月19日))，全書，戦人，戦東 ([没]？)，大百，新潟百，日史 ([没]慶長11 (1606) 年5月14日)，日人，藩主1 ([没]慶長11 (1606) 年5月14日)，百科，歴大

**坂口喜十郎** さかぐちきじゅうろう
生没年不詳
戦国時代の武士。後北条氏家臣。
¶戦辞，戦人，戦東

**坂口惣左衛門** さかぐちそうざえもん
戦国時代の武士。後北条氏家臣。
¶戦人 (生没年不詳)，戦東

**坂口縫殿助** さかぐちぬいのすけ
？ ～元亀1 (1570) 年11月26日
戦国時代～安土桃山時代の織田信長の家臣。
¶織田

**佐賀惟憲** さがこれのり
生没年不詳
鎌倉時代の武士。
¶大分百，大分歴

**坂崎出羽守** さかざきでわのかみ
→坂崎直盛 (さかざきなおもり)

**坂崎出羽守直盛** さかざきでわのかみなおもり
→坂崎直盛 (さかざきなおもり)

**坂崎出羽守成正** さかざきでわのかみなりまさ
→坂崎直盛 (さかざきなおもり)

**坂崎直盛** さかざきなおもり
？ ～元和2 (1616) 年　[別]宇喜多詮家《うきたあきいえ》，坂崎出羽守《さかざきでわのかみ》，坂崎出羽守成正《さかざきでわのかみなりまさ》，坂崎出羽守直盛《さかざきでわのかみなおもり》，坂崎成政《さかざきなりまさ》，坂崎成正《さかざきなりまさ》，坂崎直行《さかざきなおゆき》，浮田詮家《うきたのりいえ》，宇喜多左京亮《うきたさきょうのすけ》
安土桃山時代～江戸時代前期の武将、大名。石見津和野藩主。もと宇喜多氏家臣。
¶朝日 (坂崎成政　さかざきなりまさ)，岩史 ([没]元和2 (1616) 年9月)，江戸 (坂崎出羽守　さかざきでわのかみ)，岡山人 (浮田詮家　うきたのりいえ)，岡山百 (坂崎出羽守　さかざきでわのかみ)，岡山歴 (宇喜多詮家　うきたあきいえ)，角史 (坂崎成正　さかざきなりまさ)，近世 (坂崎成正　さかざきなりまさ)，国史 (坂崎成正　さかざきなりまさ)，コン改 (坂崎出羽守　さかざきでわのかみ)，コン4 (坂崎出羽守　さかざきでわのかみ)，史人 (坂崎成正　さかざきなりまさ　[没]1616年9月)，島根人，島根百 (坂崎出羽守成正　さかざきでわのかみなりまさ　[没]元和2 (1616) 年9月11日)，島根歴 (坂崎出羽守直盛　さかざきでわのかみなおもり)，諸系 (坂崎出羽守　さかざきでわのかみ)，人書79 (坂崎出羽守　さかざきでわのかみ)，新潮 (坂崎出羽守　さかざきでわのかみ　[没]元和2 (1616) 年9月29日)，人名 (坂崎直行　さかざきなおゆき)，世人，戦合 (坂崎成正　さかざきなりまさ)，戦国，全書，戦人，戦西 (宇喜多詮家　うきたあきいえ)，日史 ([没]元和2 (1616) 年9月)，日人 (坂崎出羽守　さかざきでわのかみ)，藩主4 ([没]元和2 (1616) 年9月11日)，百科，歴大

**坂崎直行** さかざきなおゆき
→坂崎直盛 (さかざきなおもり)

**坂崎成政** (坂崎成正) さかざきなりまさ
→坂崎直盛 (さかざきなおもり)

**坂周防** さかすおう
戦国時代の武将。葛西氏家臣。
¶戦東

**坂田** さかた
生没年不詳
戦国時代の北条氏の家臣。
¶戦辞

**嵯峨立右近** さがだちうこん
戦国時代の武将。葛西氏家臣。
¶戦東

**坂田雷** さかたのいかずち
？ ～天武天皇5（676）年　[別]坂田雷《さかたいかずち》
飛鳥時代の武将。壬申の乱で大海人皇子に助勢。
¶人名（さかたいかずち），日人

**坂田公時**（坂田金時） さかたのきんとき
[別]金太郎《きんたろう》，坂田公時《さかたきんとき》，坂田金時《さかたのきんとき》
平安時代後期の武将源頼光の四天王の一人といわれ、昔話の主人公となった。
¶朝日（生没年不詳），国史（金太郎　きんたろう），古中（金太郎　きんたろう），史人（金太郎　きんたろう），史人（坂田金時），静岡百（坂田金時　生没年不詳），静岡歴（坂田金時　生没年不詳），新潮（金太郎　きんたろう），姓氏静岡（さかたきんとき），全書（金太郎　きんたろう），大百（さかたきんとき），日史（坂田金時），日人（生没年不詳），百科（坂田金時），平史（生没年不詳），歴大（坂田金時　生没年不詳）

**坂内具義** さかないともよし
永禄1（1558）年？ ～天正4（1576）年11月25日
戦国時代～安土桃山時代の織田信長の家臣。
¶織田

**坂上犬養** さかのうえのいぬかい
天武天皇11（682）年～天平宝字8（765）年　[別]坂上忌寸犬養《さかのうえのいみきいぬかい》
飛鳥時代～奈良時代の武官。大国の子、苅田麻呂の父。
¶朝日（[没]天平宝字8年12月13日（765年1月8日）），古代（坂上忌寸犬養　さかのうえのいみきいぬかい　[没]764年），諸系，日人

**坂上老** さかのうえのおい
→坂上老（さかのうえのおきな）

**坂上大野** さかのうえのおおの
生没年不詳
平安時代前期の官人。陸奥権介・鎮守副将軍。
¶平史

**坂上老** さかのうえのおきな
？ ～文武天皇3（699）年　[別]坂上忌寸老《さかのうえのいみきおゆ》，坂上老《さかのうえのおい，さかのうえのおゆ》
飛鳥時代の官人。壬申の乱の大海人皇子方の功臣。
¶朝日（さかのうえのおゆ），古代（坂上忌寸老　さかのうえのいみきおゆ），コン改，コン4，諸系（さかのうえのおい），新潮（[没]文武3（699）年5月），人名（さかのうえのおい），日人（さかのうえのおい）

**坂上老** さかのうえのおゆ
→坂上老（さかのうえのおきな）

**坂上遂高** さかのうえのかつたか
？ ～天慶3（940）年
平安時代前期～中期の平将門の与党。
¶平史

**坂上苅田麻呂**（坂上苅田麿） さかのうえのかりたまろ
神亀5（728）年～延暦5（786）年　[別]坂上大宿禰苅田麻呂《さかのうえのおおすくねかりたまろ》
奈良時代の武将、坂上田村麻呂の父。
¶朝日（[没]延暦5年1月7日（786年2月10日）），公卿（[没]延暦5（786）年1月7日），国史，古史，古代（坂上大宿禰苅田麻呂　さかのうえのおおすくねかりたまろ），古中，コン改，コン4，史人（[没]786年1月7日），諸系，新潮（[没]延暦5（786）年1月7日），人名（坂上苅田麿），姓氏京都，世人（[没]延暦5（786）年1月7日），世百，日史（[没]延暦5（786）年1月7日），日人，百科，歴大

**坂上浄野**（坂上清野） さかのうえのきよの
延暦8（789）年～嘉祥3（850）年　[別]坂上大宿禰浄野《さかのうえのおおすくねきよの》
平安時代前期の武官、田村麿の子。
¶神奈川人（坂上清野　[生]788年），古史，古代（坂上大宿禰浄野　さかのうえのおおすくねきよの），諸系，人名（[生]788年），日人，平史

**坂上国麻呂** さかのうえのくにまろ
[別]坂上直国麻呂《さかのうえのあたいくにまろ》
飛鳥時代の壬申の乱での高市皇子従者。
¶古代（坂上直国麻呂　さかのうえのあたいくにまろ），日人（生没年不詳）

**坂上熊毛** さかのうえのくまけ
[別]坂上直熊毛《さかのうえのあたいくまけ》
飛鳥時代の壬申の乱の功臣。
¶古代（坂上直熊毛　さかのうえのあたいくまけ），日人（生没年不詳）

**坂上鷹養** さかのうえのたかかい
？ ～弘仁8（817）年
奈良時代～平安時代前期の武官・征夷副将軍。苅田麻呂の子、田村麻呂の弟。
¶平史

**坂上滝守** さかのうえのたきもり
天長2（825）年～元慶5（881）年
平安時代前期の武官。田村麻呂の弟鷹養の孫。武芸に秀でる。
¶平史

**坂上田村麻呂**（坂上田村麿） さかのうえのたむらまろ
天平宝字2（758）年～弘仁2（811）年　[別]坂上大宿禰田村麻呂《さかのうえのおおすくねたむらまろ》，坂上田村麻呂《さかのうえたむらまろ》
奈良時代～平安時代前期の武将、征夷大将軍。蝦夷征討に武功。薬子の変でも鎮定に寄与。
¶秋田百，朝日（[没]弘仁2年5月23日（811年6月17日）），茨城百，岩史（[没]弘仁2（811）年5月23日），岩手百，角史，京都（さかのうえたむらまろ），京都大，郷土奈良（坂上田村麿），公卿（[没]弘仁2（811）年5月23日），国史，古史，古代

（坂上大宿禰田村麻呂　さかのうえのおおすくねたむらまろ），古中，コン改，コン4，埼玉人，史人（[没]811年5月23日），重要（[没]弘仁2（811）年5月23日），庄内（[没]弘仁2（811）年5月23日），諸系，人書94（さかのうえたむらまろ），新潮（[没]弘仁2（811）年5月23日），人名（坂上田村麿[生]757年），姓氏岩手，姓氏京都，姓氏静岡，姓氏宮城，世人（[没]弘仁2（811）年5月23日），世百，全書，大百，伝記，長野歴（坂上田村麿），新潟百，日史（[没]弘仁2（811）年5月23日），日人，百科，福島百，仏教（[没]弘仁2（811）年5月23日），平史，北海道百，北海道歴，宮城百，山形百新（さかのうえたむらまろ），歴大

**坂上経澄**　さかのうえのつねずみ
生没年不詳
平安時代後期の紀伊国の武士。
¶朝日，日人，和歌山人

**坂上晴澄**　さかのうえのはるずみ
生没年不詳
平安時代後期の武士。
¶和歌山人

**坂上広野**　さかのうえのひろの
延暦6（787）年～天長5（828）年　[別]坂上広野麿《さかのうえひろのまろ》
平安時代前期の武官。征夷大将軍坂上田村麻呂の子。蝦夷攻略に武功を立てた。
¶大阪人（坂上広野麿　さかのうえひろのまろ　[没]天長5（828）年3月），古史，諸系，人名，日人，平史

**坂上当道**　さかのうえのまさみち
弘仁4（813）年～貞観9（867）年　[別]坂上大宿禰当道《さかのうえのおおすくねまさみち》
平安時代前期の官人。田村麻呂の孫。陸奥守・鎮守将軍。
¶古代（坂上大宿禰当道　さかのうえのおおすくねまさみち），諸系，人名，日人，平史

**坂上当宗**　さかのうえのまさむね
生没年不詳
平安時代の朝臣、武官。征夷大将軍田村麿の孫。
¶諸系，人名，日人

**坂上行澄**　さかのうえのゆきずみ
生没年不詳
平安時代後期の武士。
¶和歌山人

**坂上好蔭**　さかのうえのよしかげ
生没年不詳　[別]坂上大宿禰好蔭《さかのうえのおおすくねよしかげ》
平安時代前期の官人、武将。小野春風とともに出羽を鎮定。
¶古代（坂上大宿禰好蔭　さかのうえのおおすくねよしかげ），諸系，日人，平史，宮城百

**坂上広野麿**　さかのうえひろのまろ
→坂上広野（さかのうえのひろの）

**坂上頼澄**　さかのうえよりずみ
生没年不詳
南北朝時代の武家・歌人。
¶国書

**坂広秀**　さかひろひで
？　～大永4（1524）年
戦国時代の武士。
¶戦人，戦西

**坂部広勝**　さかべひろかつ
永禄4（1561）年～元和8（1622）年
安土桃山時代～江戸時代前期の武将、徳川家康の家臣使番。
¶人名，日人

**坂部正家**　さかべまさいえ
明応6（1497）年～元亀1（1570）年
戦国時代の武士、徳川氏の臣。
¶人名，日人

**坂部正定**　さかべまささだ
弘治1（1555）年～天正15（1587）年
安土桃山時代の武士、徳川家康の臣。
¶人名，日人

**坂光秀**　さかみつひで
安土桃山時代～江戸時代前期の武士。最上氏家臣。
¶戦人（生没年不詳），戦東

**坂茂左衛門**　さかもざえもん
天正11（1583）年～
安土桃山時代～江戸時代前期の武士。
¶庄内

**坂本四郎右衛門**　さかもとしろうえもん
生没年不詳
戦国時代の北条氏照の家臣。
¶戦辞

**坂元祐**　さかもとすけ
生没年不詳
戦国時代の武将。毛利氏家臣。
¶戦人

**坂本道烈**　さかもとどうれつ
安土桃山時代の武士。
¶戦人（生没年不詳），戦西

**坂元土佐入道**　さかもととさにゅうどう
戦国時代の武将。大崎氏家臣。
¶戦東

**坂本糠手**　さかもとのあらて
生没年不詳
飛鳥時代～奈良時代の豪族、武将。蘇我馬子に協力。
¶和歌山人

**坂本宇頭麻佐**　さかもとのうずまさ
生没年不詳　[別]坂本朝臣宇頭麻佐《さかもとのあそんうずまさ》
奈良時代の武人。蝦夷征討に活躍。
¶朝日，古代（坂本朝臣宇頭麻佐　さかもとのあそんうずまさ），コン改，コン4，日人

**坂本財**　さかもとのたから
？　～天武天皇2（673）年　[別]坂本臣財《さかもとのおみたから》

さ

飛鳥時代の武将。壬申の乱の功臣。
¶古代(坂本臣財　さかもとのおみたから)，人名([没]674年)，日人，和歌山人

**坂元参河**　さかもとみかわ
？～天正17(1589)年
安土桃山時代の武将。
¶戦人

**坂本頼宗**　さかもとよりむね
生没年不詳
戦国時代の武将。
¶戦人

さ

**坂寄源兵衛**　さかよりげんべえ
生没年不詳
安土桃山時代～江戸時代前期の武士。結城氏家臣。
¶戦辞，戦人，戦東

**相良景宗**　さがらかげむね
生没年不詳
南北朝時代の武士。
¶鎌室，新潮，日人

**相良前頼**　さがらさきより
？～応永1(1394)年
南北朝時代の武将。
¶鎌室，古中，諸系，新潮([没]応永1(1394)年1月19日)，人名，日人

**相良定頼**　さがらさだより
？～文中1/応安5(1372)年
南北朝時代の武士。
¶鎌室([没]応安5/文中1(1372)年？)，諸系，日人

**相良四郎**　さがらしろう
生没年不詳
戦国時代の武士。後北条氏家臣。
¶戦辞，戦人，戦東

**相良清兵衛**　さがらせいびょうえ
→相良清兵衛(さがらせいべえ)

**相良清兵衛**　さがらせいべえ
*～明暦1(1655)年　[別]相良清兵衛《さがらせいびょうえ》
安土桃山時代～江戸時代前期の肥後人吉藩士。
¶熊本百(さがらせいびょうえ　[生]？　[没]明暦1(1655)年7月12日)，日史([生]永禄10(1567)年　[没]明暦1(1655)年7月12日)，日人([生]1568年)，百科([生]永禄10(1567)年)

**相良武任**　さがらたけとう
？～天文20(1551)年
戦国時代の武士。
¶人名，姓氏山口，戦人，戦西，日人

**相良正任**　さがらただとう
永享2(1430)年～？　[別]相良正任《さがらまさとう》
戦国時代の武将。大内氏家臣。
¶国書(さがらまさとう)，戦西

**相良為続**　さがらためつぐ
文安4(1447)年～明応9(1500)年
室町時代～戦国時代の武将。長続の子。応仁の乱に参加。
¶朝日([没]明応9年6月4日(1500年6月30日))，熊本百([生]？　[没]明応9(1500)年6月4日)，国史，国書([没]明応9(1500)年6月4日)，古中，史人([没]1500年6月4日，(異説)6月20日)，諸系，戦合，戦人，日史([没]明応9(1500)年6月4日)，日人

**相良長氏**　さがらながうじ
生没年不詳
鎌倉時代後期～南北朝時代の武士。
¶鎌室，諸系，日人

**相良長国**　さがらながくに
応仁1(1467)年～天文15(1546)年
室町時代～戦国時代の武将。
¶国書

**相良長定**　さがらながさだ
？～享禄4(1531)年
戦国時代の国人。
¶戦人

**相良長隆**　さがらながたか
明応1(1492)年～大永6(1526)年　[別]相良瑞堅《さがらずいけん》
戦国時代の武士。
¶戦人

**相良長続**　さがらながつぐ
応永18(1411)年～応仁2(1468)年
室町時代の武将。肥後国球磨郡山田城主永富実重の子。
¶朝日，コン4，諸系，人名，戦人，日人

**相良長毎(1)**　さがらながつね
文明1(1469)年～*　[別]相良休也斎《さがらきゅうやさい》
戦国時代の武将。
¶重要([没]永正12(1515)年)，戦人([没]永正15(1518)年)

**相良長毎(2)**　さがらながつね
天正2(1574)年～寛永13(1636)年　[別]相良頼房《さがらよりふさ》
安土桃山時代～江戸時代前期の大名。肥後人吉藩主。
¶朝日([生]天正2年5月4日(1574年5月24日)　[没]寛永13年6月13日(1636年7月15日))，近世，熊本百([生]？　[没]寛永13(1636)年6月15日)，国史，コン改，コン4，史人([生]1574年5月4日　[没]1636年6月13日)，諸系，新潮([生]天正2(1574)年5月4日　[没]寛永13(1636)年6月13日)，人名，戦合，戦国，戦人(相良頼房　さがらよりふさ)，日人，藩主4([生]天正2(1574)年5月　[没]寛永13(1636)年6月13日，(異説)6月15日)

**相良長祇**　さがらながまさ
文亀1(1501)年～　[別]相良長聖《さがらながのり》
戦国時代の武士。
¶戦人([没]大永4(1535)年)

**相良長頼** さがらながより
治承1(1177)年～建長6(1254)年 [別]藤原長頼《ふじわらのながより》
平安時代後期～鎌倉時代前期の領主。肥後相良氏の祖。頼景の嫡子。
¶朝日([生]? [没]建長6年3月10日(1254年3月30日)),鎌室,熊本百([生]? [没]建長6(1254)年3月10日),コン改,コン4,史人([没]1254年3月10日),静岡歴([生]?),諸系,新潮([没]建長6(1254)年3月10日),人名,姓氏静岡,日人,平史(藤原長頼 ふじわらのながより 生没年不詳)

**相良晴広** さがらはるひろ
永正10(1513)年～弘治1(1555)年
戦国時代の武将。
¶熊本百([生]? [没]弘治1(1555)年8月12日),系西,史人([没]1555年8月12日),諸系,人名,戦人,日人

**相良治頼** さがらはるより
文明15(1483)年～天文15(1546)年
戦国時代の武将。
¶戦人

**相良正任** さがらまさとう
→相良正任(さがらただとう)

**相良義滋** さがらよししげ
延徳1(1489)年～天文15(1546)年 [別]相良長唯《さがらながただ》
戦国時代の武将、相良家当主。長毎の子で長定の嗣子。
¶朝日([没]天文15年8月25日(1546年9月19日)),系西,諸系([生]1498年),戦人([生]延徳1(1491)年),日人

**相良義陽** さがらよしひ
天文13(1544)年～天正9(1581)年 [別]相良義陽《さがらよしはる》
安土桃山時代の武将。
¶熊本百([生]? [没]天正9(1581)年12月2日),系西,史人([生]1544年2月8日 [没]1581年12月2日),諸系,人名,戦国,戦人,日人

**相良頼氏** さがらよりうじ
生没年不詳
南北朝時代の武士。
¶鎌室

**相良頼景** さがらよりかげ
? ～承元1(1207)年4月8日
平安時代後期～鎌倉時代前期の多良木荘地頭。遠州相良の初祖周頼4代の孫。
¶熊本百,静岡歴(生没年不詳),姓氏静岡

**相良頼員** さがらよりかず
生没年不詳
鎌倉時代後期の武士。
¶鎌室,諸系,日人

**相良頼貞** さがらよりさだ
生没年不詳
室町時代の武士。
¶鎌室,諸系,日人

**相良頼重** さがらよりしげ
生没年不詳
鎌倉時代前期の武士。
¶鎌室,諸系,日人

**相良頼親** さがらよりちか
建久8(1197)年～文永1(1264)年
鎌倉時代前期の武将。
¶鎌室,諸系,人名,日人

**相良頼俊** さがらよりとし
生没年不詳
鎌倉時代後期の領主。人吉荘初代地頭長頼の子。
¶朝日([没]正応3(1290)年?),鎌室,コン改,コン4,諸系,新潮,人名,日人

**相良頼房** さがらよりふさ
→相良長毎(2)(さがらながつね)

**相良頼兄** さがらよりもり
→犬童頼兄(いんどうよりもり)

**相良頼泰** さがらよりやす
? ～長享1(1487)年
室町時代～戦国時代の武士。
¶戦人

**佐川主馬助** さがわしゅめのすけ
天正8(1580)年～寛永1(1624)年
安土桃山時代～江戸時代前期の武将、肥前平戸藩国老。
¶藩臣7

**佐川田喜六** さがわだきろく
→佐川田昌俊(さかわだまさとし)

**佐川田昌俊** さかわだしょうしゅん
→佐川田昌俊(さかわだまさとし)

**佐川田昌俊**(佐河田昌俊) さかわだまさとし,さがわだまさとし
天正7(1579)年～寛永20(1643)年 [別]佐川田喜六《さがわだきろく》,佐川田昌俊《さかわだしょうしゅん》
安土桃山時代～江戸時代前期の山城淀藩家老、歌人。
¶朝日(さかわだしょうしゅん [没]寛永20年8月3日(1643年9月15日)),京都,京都大,京都府,群馬人(さがわだまさとし),国書(佐河田昌俊 [没]寛永20(1643)年8月3日),コン改,コン4,茶道(佐川田喜六 さがわだきろく),庄内(さがわだまさとし [没]寛永20(1643)年8月3日),新潮([没]寛永20(1643)年8月3日),人名,姓氏京都(さがわだまさとし),戦人(さがわだまさとし),日人,藩臣5(さがわだまさとし),和俳

**向坂式部** さぎさかしきぶ
生没年不詳
戦国時代の武将。
¶朝日,新潮,戦国,戦人,日人

**匂坂直興** さぎさかなおおき
戦国時代の武将。今川氏家臣。
¶戦辞(生没年不詳),戦東

さ

**勹坂長能**(勾坂長能)　さぎさかながよし
？ ～永禄9(1566)年？
戦国時代の武将。今川氏家臣。
¶戦辞，戦人(勾坂長能　生没年不詳)，戦東

**鷺坂則実**　さぎさかのりざね
平安時代の遠江国豊田郡社山城の城主。
¶姓氏静岡

**脇坂安信**　さきさかやすのぶ
→脇坂安信(わきざかやすのぶ)



**勹坂吉政**(勾坂吉政)　さきさかよしまさ，さぎさかよしまさ
生没年不詳
戦国時代の武将。今川氏家臣。
¶戦辞(さぎさかよしまさ)，戦人(勾坂吉政　さぎさかよしまさ)，戦東

**埼山家正**　さきやまいえまさ
生没年不詳
戦国時代の地方豪族・土豪。
¶戦人

**埼山九郎右衛門**　さきやまくろうえもん
安土桃山時代の武士。豊臣氏家臣。
¶戦国，戦人(生没年不詳)

**佐久間葵助**　さくまあおいのすけ
安土桃山時代の武将。秀吉馬廻。
¶戦国，戦人(生没年不詳)

**佐久間家勝**　さくまいえかつ
生没年不詳
安土桃山時代の織田信長の家臣。
¶織田

**佐久間家盛**　さくまいえもり
生没年不詳
鎌倉時代の武士。
¶千葉百

**佐久間大炊介**　さくまおおいのすけ
安土桃山時代～江戸時代前期の武士。里見氏家臣。
¶戦人(生没年不詳)，戦東

**佐久間主計**　さくまかずえ
生没年不詳
安土桃山時代～江戸時代前期の武士。里見氏家臣。
¶戦人，戦東，藩臣6

**佐久間勝之**　さくまかつゆき
永禄11(1568)年～寛永11(1634)年
安土桃山時代～江戸時代前期の武将、大名。常陸北条藩主。
¶近世，国史，史人([没]1634年11月12日)，諸系，新潮([没]寛永11(1634)年11月12日)，人名，戦合，戦国，戦人，長野歴，日人，藩主2([没]寛永11(1634)年11月12日)

**佐久間蔵人**　さくまくらんど
[別]佐久間蔵人《さくまくろうど》
安土桃山時代～江戸時代前期の武士。里見氏家臣。
¶戦人(生没年不詳)，戦東(さくまくろうど)

**佐久間蔵人**　さくまくろうど
→佐久間蔵人(さくまくらんど)

**佐久間五右衛門**　さくまごうえもん
→佐久間五右衛門(さくまごえもん)

**佐久間五右衛門**　さくまごえもん
[別]佐久間五右衛門《さくまごうえもん》
安土桃山時代～江戸時代前期の武士。里見氏家臣。
¶戦人(生没年不詳)，戦東(さくまごうえもん)

**佐久間五平**　さくまごへい
生没年不詳
安土桃山時代の織田信長の家臣。
¶織田

**佐久間左京亮**　さくまさきょうのすけ
生没年不詳
戦国時代の武士。織田氏家臣。
¶戦人

**佐久間真勝**　さくまさねかつ
元亀1(1570)年～寛永19(1642)年　[別]佐久間直勝《さくまなおかつ》，寸松庵《すんしょうあん》
安土桃山時代～江戸時代前期の武将、茶人。河内守政実の長男。
¶朝日([没]寛永19年10月22日(1642年12月13日))，近世，国史，茶道，人名(佐久間直勝　さくまなおかつ)，戦合，戦人，日人

**佐久間三四郎**　さくまさんしろう
生没年不詳
安土桃山時代の織田信長の家臣。
¶織田

**佐久間次右衛門**　さくまじえもん
生没年不詳
安土桃山時代の織田信長の家臣。
¶織田

**佐久間甚九郎**　さくまじんくろう
→佐久間不干斎(さくまふかんさい)

**佐久間宗次郎**　さくまそうじろう
安土桃山時代の代官。里見氏家臣。
¶戦東

**佐久間大蔵**　さくまだいぞう，さくまたいぞう
安土桃山時代～江戸時代前期の武士。里見氏家臣。
¶戦人(生没年不詳)，戦東(さくまたいぞう)

**佐久間忠兵衛**　さくまちゅうべえ
安土桃山時代の武将。秀吉馬廻。
¶戦国，戦人(生没年不詳)

**佐久間長右衛門**　さくまちょううえもん
→佐久間長右衛門(さくまちょうえもん)

**佐久間長右衛門**　さくまちょうえもん
[別]佐久間長右衛門《さくまちょううえもん》
安土桃山時代～江戸時代前期の武士。里見氏家臣。
¶戦人(生没年不詳)，戦東(さくまちょううえもん)

**佐久間藤六**　さくまとうろく
安土桃山時代～江戸時代前期の武士。里見氏家臣。
¶戦人(生没年不詳)，戦東

**佐久間直勝** さくまなおかつ
→佐久間真勝（さくまさねかつ）

**佐久間信辰** さくまのぶとき
天文7（1538）年～＊ [別]佐久間信直《さくまのぶなお》
安土桃山時代の館林城代。
¶織田（佐久間信直 さくまのぶなお [没]慶長4（1599）年11月23日），諸系（[没]1600年），人名（[没]1599年），日人（[没]1600年）

**佐久間信直** さくまのぶなお
→佐久間信辰（さくまのぶとき）

**佐久間信栄** さくまのぶひで
→佐久間不干斎（さくまふかんさい）

**佐久間信盛** さくまのぶもり
＊～天正9（1581）年
戦国時代～安土桃山時代の武将。佐久間信晴の子。
¶朝日（[生]大永7（1527）年 [没]天正9年7月22日（1581年8月21日）），岩史（[生]大永7（1527）年 [没]天正9（1581）年7月22日），織田（[生]？ [没]天正9（1581）年7月24日），角史（[生]大永7（1527）年），国史（[生]1527年），古中（[生]1527年），コン改（[生]？ [没]天正10（1582）年），コン4（[生]？），茶道（[生]？ [没]1582年），史人（[生]1527年 [没]1582年1月24日），諸系（[生]1527年？），新潮（[生]？ [没]天正9（1581）年7月24日），人名（[生]？ [没]1582年），世人（[生]？ [没]天正10（1582）年），戦合（[生]1527年），戦国（[生]？），全書（[生]？ [没]1582年），戦人（[生]？ [没]天正10（1582）年），日史（[生]大永7（1527）年 [没]天正9（1581）年7月22日），日人（[生]1527年？），百科（[生]？ [没]天正10（1582）年），歴大（[生]1527年？），和歌山人（[生]1527年）

**佐久間兵衛介** さくまひょうえのすけ
安土桃山時代の武将。豊臣秀吉の臣。
¶戦国

**佐久間不干** さくまふかん
→佐久間不干斎（さくまふかんさい）

**佐久間不干斎** さくまふかんさい
弘治2（1556）年～寛永8（1631）年 [別]佐久間信栄《さくまのぶひで》，佐久間甚九郎《さくまじんくろう》，佐久間正勝《さくままさかつ》，佐久間不干《さくまふかん》
安土桃山時代～江戸時代前期の武将、茶人。
¶織田（佐久間信栄 さくまのぶひで [没]寛永8（1631）年4月27日），近世（佐久間不干 さくまふかん），国史（佐久間不干 さくまふかん），茶道，史人（佐久間不干 さくまふかん [没]1631年4月27日），諸系，新潮（[没]寛永8（1631）年4月27日），姓氏愛知（佐久間甚九郎 さくまじんくろう），戦合（佐久間不干 さくまふかん），戦国（佐久間正勝 さくままさかつ），戦人（佐久間正勝 さくままさかつ），日人，和歌山人（佐久間正勝 さくままさかつ）

**佐久間正勝** さくままさかつ
→佐久間不干斎（さくまふかんさい）

**佐久間政実** さくままさざね
永禄4（1561）年～元和2（1616）年
安土桃山時代～江戸時代前期の武士。徳川氏家臣、豊臣氏家臣。
¶人名（[生]1560年），戦国，戦人，日人

**佐久間盛重** さくまもりしげ
？ ～永禄3（1560）年
戦国時代の武士。織田氏家臣。
¶織田（[没]永禄3（1560）年5月18日），戦国，戦人

**佐久間盛次** さくまもりつぐ
生没年不詳
安土桃山時代の織田信長の家臣。
¶織田

**佐久間盛政** さくまもりまさ
天文23（1554）年～天正11（1583）年 [別]佐久間玄蕃允《さくまげんばのじょう》，佐久間修理《さくましゅり》
安土桃山時代の武将。佐久間盛次の子。
¶愛知百，朝日（[没]天正11年5月12日（1583年7月1日）），石川百，岩史（[没]天正11（1583）年5月12日），織田（[生]天文23（1554）年？ [没]天正11（1583）年5月12日），角史，国史，古中，コン改，コン4，史人（[没]1583年5月12日），重要（[没]天正11（1583）年5月12日），諸系，新潮（[没]天正11（1583）年5月），人名，姓氏石川，世人（[没]天正11（1583）年5月12日），戦合，戦国（[生]1560年），全書，戦人（[生]天文22（1553）年），日史（[没]天正11（1583）年5月12日），日人，百科

**佐久間安次** さくまやすつぐ
→佐久間安政（さくまやすまさ）

**佐久間安成** さくまやすなり
生没年不詳
安土桃山時代の武将。
¶戦人

**佐久間安政** さくまやすまさ
弘治1（1555）年～寛永4（1627）年 [別]佐久間安次《さくまやすつぐ》，保田安政《やすだやすまさ》
安土桃山時代～江戸時代前期の武将、大名。近江高島藩主、信濃飯山藩主。
¶織田（保田安政 やすだやすまさ [没]寛永4（1627）年4月25日），諸系，人名（佐久間安次 さくまやすつぐ [生]1556年 [没]1628年），戦国（[生]1556年），戦人，長野歴，日人，藩主2（[没]寛永4（1627）年4月25日），藩主3

**佐久間弥太郎** さくまやたろう
生没年不詳
安土桃山時代の織田信長の家臣。
¶織田

**桜井家一** さくらいいえかず
？ ～慶長1（1596）年
安土桃山時代の武士。豊臣氏家臣。
¶戦国，戦人

**桜井和泉守** さくらいいずみのかみ
？ ～天正12（1584）年

戦国時代～安土桃山時代の北条氏の家臣。
¶戦辞

**桜井勝次** さくらいかつつぐ
？ ～天正9（1581）年
安土桃山時代の武将、徳川家康の臣。
¶人名，日人

**桜井勝成** さくらいかつなり
天正3（1575）年～万治2（1659）年
安土桃山時代～江戸時代前期の武士、使番。
¶人名，日人

さ

**桜井左近** さくらいさこん
生没年不詳
戦国時代の武士。後北条氏家臣。
¶戦人

**桜井三郎右衛門** さくらいさぶろうえもん
安土桃山時代の武士。前田利家の臣、治水家。
¶人名，姓氏石川

**桜井庄之助** さくらいしょうのすけ
安土桃山時代の武士、本多忠勝の従士。
¶人名

**桜井新左衛門** さくらいしんざえもん
？ ～天正8（1580）年
安土桃山時代の武士。
¶戦人（生没年不詳），戦西

**桜井尊房** さくらいたかふさ
生没年不詳
安土桃山時代の武将。
¶戦人

**桜井綱吉** さくらいつなよし
戦国時代の武将。武田家臣。信濃国小県郡の海野衆。
¶姓氏長野（生没年不詳），姓氏山梨

**桜井直豊** さくらいなおとよ
永正1（1504）年～天正19（1591）年
安土桃山時代の武将。
¶岡山人，岡山歴（[没]天正19（1591）年12月21日）

**桜井田部胆渟** さくらいのたべのいぬ
？ ～用明天皇2（587）年
上代～飛鳥時代の6世紀の武人。物部守屋に従い戦死。
¶日人

**桜井信忠** さくらいのぶただ
天文1（1532）年？ ～慶長15（1610）年？
戦国時代～江戸時代前期の甲斐武田晴信・勝頼の家臣。
¶戦辞

**桜井信富** さくらいのぶとみ
戦国時代の武将。武田家臣。安芸守。
¶姓氏山梨

**桜井肥前守** さくらいひぜんのかみ
安土桃山時代の武将。後北条氏家臣。
¶戦辞（生没年不詳），戦東

**桜井兵庫** さくらいひょうご
戦国時代の武将。武田家臣。同心衆。
¶姓氏山梨

**桜井豊前守** さくらいぶぜんのかみ
生没年不詳
安土桃山時代の織田信長の家臣。
¶織田

**桜井正次** さくらいまさつぐ
生没年不詳
安土桃山時代の織田信長の家臣。
¶織田

**桜井棟昌** さくらいむねまさ
戦国時代の武将。武田家臣。駿河守。信濃国小県郡の海野衆。
¶姓氏長野（生没年不詳），姓氏山梨

**桜井吉晴** さくらいよしはる
生没年不詳
戦国時代の地侍。
¶戦辞

**桜木新六** さくらぎしんろく
安土桃山時代の武将。秀吉馬廻。
¶戦国，戦人（生没年不詳）

**桜木伝七** さくらぎでんしち
？ ～天正10（1582）年6月2日
戦国時代～安土桃山時代の織田信長の家臣。
¶織田

**桜田玄蕃** さくらだげんば
*～寛永9（1632）年
安土桃山時代～江戸時代前期の伊予宇和島藩家老。
¶愛媛百（[生]天正18（1590）年 [没]寛永9（1632）年8月6日），藩臣6（[生]天正4（1576）年）

**桜田資親** さくらだすけちか
戦国時代～安土桃山時代の武士。伊達氏家臣。
¶戦人（生没年不詳），戦東

**桜田備中守** さくらだびっちゅうのかみ
安土桃山時代の武将。大崎氏家臣。
¶戦人（生没年不詳），戦東

**桜田昌親** さくらだまさちか
戦国時代の武将。武田家臣。六郎二郎同心衆。
¶姓氏山梨

**桜田元親** さくらだもとちか
生没年不詳
安土桃山時代～江戸時代前期の武将。伊達氏家臣。
¶戦人，戦東，藩臣1

**桜場市右衛門** さくらばいちえもん
戦国時代の武将。葛西氏家臣。
¶戦東

**桜庭直綱** さくらばなおつな
生没年不詳
安土桃山時代～江戸時代前期の武士、盛岡藩家臣。
¶姓氏岩手

**桜庭光康** さくらばみつやす
生没年不詳
戦国時代～江戸時代前期の武士。
¶姓氏岩手

**桜間行直** さくらまゆきなお
生没年不詳
平安時代後期の名東郡桜間郷の領主。
¶徳島歴

**桜山茲俊** さくらやまこれとし
？～元弘2/正慶1(1332)年
鎌倉時代後期の備後国の勤王武将。四郎入道。
¶朝日([没]正慶1/元弘2(1332)年？)，鎌室([没]元弘1(1331)年)，国史，古中，コン改，コン4，史人([没]1331年1月21日，(異説)1332年1月21日)，新潮([没]正慶1/元弘2(1332)年1月21日)，人名([没]1331年)，世人([没]元弘2/正慶1(1332)年1月21日)，全書，日人，広島百([没]元弘2(1332)年1月)，歴大([没]1332年？)

**鮭延秀綱** さけのぶひでつな
永禄5(1562)年～正保3(1646)年　[別]鮭延秀綱《さけのべひでつな》，佐々木典膳《ささきてんぜん》
安土桃山時代～江戸時代前期の出羽山形藩士、下総古川藩士。
¶朝日([生]永禄6(1563)年　[没]正保3年6月21日(1646年8月2日))，近世，国史，史人([没]1646年6月21日)，新潮([没]正保3(1646)年6月2日)，戦合，戦国，戦人(さけのべひでつな　生没年不詳)，戦東，日人，藩臣1(さけのべひでつな　[生]永禄6(1563)年)，藩臣3(さけのべひでつな　[生]永禄6(1563)年)，山形百新(さけのべひでつな)

**鮭延秀綱** さけのべひでつな
→鮭延秀綱(さけのぶひでつな)

**座光寺貞房** ざこうじさだふさ
戦国時代の武将。武田家臣。天文年間武田に降る。
¶姓氏長野(生没年不詳)，姓氏山梨

**座光寺為真** ざこうじためざね
→座光寺為時(ざこうじためとき)

**座光寺為時** ざこうじためとき
天文20(1551)年～寛永20(1643)年　[別]座光寺為真《ざこうじためざね》
安土桃山時代～江戸時代前期の武将。信濃山吹領主。
¶人名，姓氏長野(座光寺為真　ざこうじためざね)，日人

**座光寺頼近** ざこうじよりちか
？～天正3(1575)年
戦国時代～安土桃山時代の武田家臣。信濃先方衆。
¶姓氏長野，姓氏山梨

**酒匂久景** さこうひさかげ
南北朝時代の武将。島津氏守護代。
¶姓氏鹿児島

**酒匂道貞** さこうみちさだ
生没年不詳
安土桃山時代～江戸時代前期の武士。佐竹氏家臣。
¶戦人

**砂越氏雄** さごしうじたか
？～永正10(1513)年　[別]武藤氏雄《ぶどううじたか》
戦国時代の地方豪族・土豪。
¶戦人，戦人(武藤氏雄　ぶどううじたか)

**左近士九郎左衛門** さこんじくろうざえもん，さこんしくろうざえもん
生没年不詳
戦国時代の武士。後北条氏家臣。
¶戦辞(さこんしくろうざえもん)，戦人，戦東

**左近士七郎兵衛** さこんししちろべえ
生没年不詳
戦国時代の武士。北条氏家臣。
¶戦辞

**篠岡八右衛門** ささおかはちえもん
生没年不詳
安土桃山時代の織田信長の家臣。
¶織田

**篠川兵庫頭** ささかわひょうごのかみ
？～天正10(1582)年6月2日
戦国時代～安土桃山時代の織田信長の家臣。
¶織田

**佐々木安芸** ささきあき
？～天正19(1591)年
安土桃山時代の武将。葛西氏家臣。
¶戦人，戦東

**佐々木氏詮** ささきうじあき
？～＊　[別]京極氏詮《きょうごくうじあき》
南北朝時代の武将。
¶鎌室([没]貞治1/正平17(1362)年)，コン改([没]正平16/康安1(1361)年)，コン4([没]正平16/康安1(1361)年)，諸系(京極氏詮　きょうごくうじあき　[没]1362年)，新潮(京極氏詮　きょうごくうじあき　[没]康安1/正平16(1361)年9月28日？)，人名([没]1361年)，日人(京極氏詮　きょうごくうじあき　[没]1362年)

**佐々木氏信** ささきうじのぶ
→京極氏信(きょうごくうじのぶ)

**佐々木氏頼** ささきうじより
嘉暦1(1326)年～建徳1/応安3(1370)年　[別]六角氏頼《ろっかくうじより》
南北朝時代の守護大名。足利尊氏・義詮の臣。
¶朝日(六角氏頼　ろっかくうじより　[没]応安3/建徳1年6月7日(1370年6月30日))，鎌室，国史，国書(六角氏頼　ろっかくうじより　[没]応安3(1370)年6月7日)，古中，コン改，コン4，史人([没]1370年6月7日)，諸系(六角氏頼　ろっかくうじより)，新潮(六角氏頼　ろっかくうじより　[没]応安3/建徳1(1370)年6月7日)，人名，世人，日史([没]応安3/建徳1(1370)年6月7日)，日人(六角氏頼　ろっかくうじより)，百科

**佐々木右馬允** ささきうまのじょう
？～天正19(1591)年

戦国時代～安土桃山時代の気仙郡田茂山城城主。
¶姓氏岩手

**佐々木隠岐守** ささきおきのかみ
生没年不詳
戦国時代の古河公方の家臣。
¶戦辞

**佐々木清高** さささきよたか
永仁3（1295）年～元弘3/正慶2（1333）年
鎌倉時代後期の武将。
¶鎌室，島根人，島根百，島根歴（[生]永仁1（1293）年），日人



**佐々木清綱** さささきよつな
生没年不詳
南北朝時代の武家・歌人。
¶国書

**佐々木清秀** さささきよひで
鎌倉時代後期の出雲、隠岐守護。
¶島根人

**佐々木蔵人** ささきくらんど
生没年不詳
安土桃山時代の織田信長の家臣。
¶織田

**佐々木源三郎** ささきげんざぶろう
生没年不詳
戦国時代の古河公方の家臣。
¶戦辞

**佐々木左衛門尉(1)** ささきさえもんのじょう
生没年不詳
戦国時代の古河公方の家臣。
¶戦辞

**佐々木左衛門尉(2)** ささきさえもんのじょう
生没年不詳
戦国時代の相模国の武士。
¶戦辞

**佐々木左衛門尉五郎** ささきさえもんのじょうごろう
戦国時代の武将。葛西氏家臣。
¶戦東

**佐々木左京太夫義賢** ささきさきょうだゆうよしかた
→六角義賢（ろっかくよしかた）

**佐々木貞氏** ささきさだうじ
→京極貞氏（きょうごくさだうじ）

**佐々木貞清** ささきさだきよ
？～正中3（1326）年
鎌倉時代後期の武将。
¶鎌室，島根歴，日人

**佐々木定重** ささきさだしげ
？～建久2（1191）年
平安時代後期の武将。
¶鎌室，諸系，日人

**佐々木貞綱** ささきさだつな
戦国時代の武将。葛西氏家臣。
¶戦東

**佐々木定綱** ささきさだつな
康治1（1142）年～元久2（1205）年　[別]源定綱《みなもとのさだつな》
平安時代後期～鎌倉時代前期の武将。
¶朝日（[没]元久2年4月9日（1205年4月29日）），岩史（[没]元久2（1205）年4月9日），角史，神奈川人（生没年不詳），鎌倉，鎌室，国史，古中，コン改，コン4，滋賀百，史人（[没]1205年4月9日），島根人（[生]建久頃），島根人，島根百，島根歴，諸系，新潮（[没]元久2（1205）年4月9日），人名，姓氏京都，世人（[没]元久2（1205）年4月9日），全書（[生]？），大百，日史（[没]元久2（1205）年4月9日），日人，百科，平史（源定綱　みなもとのさだつな），歴大

**佐々木定頼** ささきさだより
→六角定頼（ろっかくさだより）

**佐々木実綱** ささきさねつな
生没年不詳
安土桃山時代の武将。葛西氏家臣。
¶戦人

**佐々木重綱** ささきしげつな
承元1（1207）年～文永4（1267）年
鎌倉時代前期の武将。信綱の長子。
¶朝日（[没]文永4年6月14日（1267年7月7日）），鎌室，コン改，コン4，諸系，新潮（[没]文永4（1267）年6月14日），人名（[没]？），日人

**佐々木信濃守** ささきしなののかみ
生没年不詳
戦国時代の古河公方の家臣。
¶戦辞

**佐々木四郎政堯** ささきしろうまさたか
？～文明3（1471）年
室町時代の武将。六角氏家臣。
¶戦西

**佐々木清蔵** ささきせいぞう
？～天正10（1582）年　[別]佐々清蔵《さっさせいぞう》
安土桃山時代の武士、信長に仕えた小姓。
¶織田（佐々清蔵　さっさせいぞう　[没]天正10（1582）年6月2日），コン改，コン4，人名，戦人，日人（佐々清蔵　さっさせいぞう）

**佐々木高詮** ささきたかあき
→京極高詮（きょうごくたかのり）

**佐々木高氏** ささきたかうじ
徳治1（1306）年～文中2/応安6（1373）年　[別]京極高氏《きょうごくたかうじ》，京極導誉《きょうごくどうよ》，京極道誉《きょうごくどうよ》，佐々木導誉《ささきどうよ》，佐々木道誉《ささきどうよ》，導誉《どうよ》，道誉《どうよ》
鎌倉時代後期～南北朝時代の守護大名。法名導誉。
¶朝日（京極高氏　きょうごくたかうじ　[生]永仁4（1296）年　[没]応安6/文中2年8月25日（1373年9月12日）），岩史（佐々木導誉　ささきどうよ　[生]永仁4（1296）年　[没]応安6（1373）年8月25日），角史，神奈川人，鎌室，京都（佐々木道誉　ささきどうよ），郷土滋賀（京極道誉　きょう

ごくどうよ)，京都大(佐々木道誉　ささきどうよ)，芸能(京極道誉　きょうごくどうよ　[没]応安6(1373)年8月25日)，国史([生]1296年)，国書(導誉　どうよ　[生]永仁4(1296)年　[没]応安6(1373)年8月25日)，古中([生]1296年)，コン改，コン4([生]永仁4(1296)年)，茶道(佐々木道誉　ささきどうよ　[生]1295年　[没]1353年)，滋賀百(京極導誉　きょうごくどうよ　[生]1296年)，史人([没]1373年8月25日)，島根人，島根百，島根歴([生]永仁4(1296)年)，諸系(京極高氏　きょうごくたかうじ　[生]1296年)，諸系([生]1296年)，人書94，新潮(京極高氏　きょうごくたかうじ　[生]永仁4(1296)年　[没]応安6/文中2(1373)年8月25日)，人名，姓氏京都(佐々木道誉　ささきどうよ　[生]1296年)，世人([没]文中1/応安5(1372)年)，世百([生]1296年)，全書，大百，日史([没]応安6/文中2(1373)年8月25日)，日人([生]1296年)，俳句(道誉　どうよ　[没]応安6(1373)年8月25日)，百科，歴大([生]1296年)，和俳

**佐々木高重**　ささきたかしげ

？ ～承久3(1221)年6月14日

平安時代後期～鎌倉時代前期の後鳥羽院の北面の武士。

¶徳島歴

**佐々木高綱**　ささきたかつな

？ ～建保2(1214)年　[別]源高綱《みなもとのたかつな》，了智坊《りょうちぼう》，了智房《りょうちぼう》

鎌倉時代前期の武将。

¶朝日([没]建保2(1214)年11月)，角史(生没年不詳)，鎌倉，鎌室，郷土滋賀(生没年不詳)，国史，古中，コン改，コン4，滋賀百，史人([没]1214年11月)，島根人([没]建保4(1216)年)，島根人，島根百，島根歴，重要([没]建保2(1214)年11月6日)，諸系，新潮([没]建保2(1214)年？)，人名，姓氏山口，世人([没]建保2(1214)年11月6日)，世百([没]1214年？)，全書，大百，日史([没]建保2(1214)年11月)，日人，百科，平史(源高綱　みなもとのたかつな　生没年不詳)，歴大

**佐々木高長**　ささきたかなが

生没年不詳

南北朝時代の武将。

¶徳島歴

**佐々木高信(1)**　ささきたかのぶ

鎌倉時代前期の武将。

¶鎌室(生没年不詳)，人名

**佐々木高信(2)**　ささきたかのぶ

生没年不詳

南北朝時代の武将。

¶鎌室，諸系，日人

**佐々木高秀**　ささきたかひで

嘉暦3(1328)年～元中8/明徳2(1391)年　[別]京極高秀《きょうごくたかひで》

南北朝時代の守護大名。康暦の政変での管領細川頼之追放の指導者の一人。

¶朝日(京極高秀　きょうごくたかひで　[没]明徳2/元中8年10月11日(1391年11月7日))，鎌室，国史([生]？)，国書(京極高秀　きょうごくたかひで　[没]明徳2(1391)年10月11日)，古中([生]？)，コン改([生]？)，コン4([生]？)，史人([生]1328年，(異説)1332年　[没]1391年10月11日)，島根歴(京極高秀　きょうごくたかひで)，諸系(京極高秀　きょうごくたかひで)，新潮(京極高秀　きょうごくたかひで　[生]嘉暦3(1328)年？　[没]明徳2/元中8(1391)年10月11日)，人名([生]？)，世人([生]？)，日史([没]明徳2/元中8(1391)年10月11日)，日人(京極高秀　きょうごくたかひで)

**佐々木高頼**　ささきたかより

→六角高頼(ろっかくたかより)

**佐々木丹波**　ささきたんば

？ ～天正18(1590)年？

戦国時代～安土桃山時代の寺沢城城主。

¶姓氏岩手

**佐々木綱利**　ささきつなとし

生没年不詳

南北朝時代の八幡山城主。

¶庄内

**佐々木経高**　ささきつねたか

？ ～承久3(1221)年　[別]源経高《みなもとのつねたか》

鎌倉時代前期の武将。秀義の次子。

¶朝日([没]承久3年6月16日(1221年7月7日))，岩史([没]承久3(1221)年6月16日)，角史，鎌倉，鎌室，高知人，高知百，国史，古中，コン改，コン4，史人([没]1221年6月16日)，諸系，新潮([没]承久3(1221)年6月16日)，人名，世人，全書，徳島百([没]承久3(1221)年6月16日)，徳島歴([没]承久3(1221)年6月16日)，日史([没]承久3(1221)年6月16日)，日人，兵庫百，平史(源経高　みなもとのつねたか)，歴大

**佐々喜藤次**　ささきとうじ

→佐々喜藤次(さっさきとうじ)

**佐々木導誉**(佐々木道誉)　ささきどうよ

→佐々木高氏(ささきたかうじ)

**佐々木時清**　ささきときよ

仁治3(1242)年～嘉元3(1305)年

鎌倉時代後期の武将。

¶鎌室，国書([没]嘉元3(1305)年5月4日)

**佐々木時信**　ささきときのぶ

徳治1(1306)年～正平1/貞和2(1346)年

鎌倉時代後期～南北朝時代の武将。

¶鎌室，諸系，日人

**佐々木俊綱**　ささきとしつな

生没年不詳

平安時代後期の武士。

¶平史

**佐々木仲親**　ささきなかちか

生没年不詳

鎌倉時代後期～南北朝時代の武将。

¶鎌室，コン改，コン4，新潮，日人

**佐々木中務** ささきなかつかさ
？～天正19(1591)年
安土桃山時代の武士。葛西氏家臣。
¶戦人

**佐々木中務大輔** ささきなかつかさのたいふ
生没年不詳
戦国時代の古河公方の家臣。
¶戦辞

さ

**佐々木成綱** ささきなりつな
生没年不詳
平安時代後期の武士。
¶平史

**佐々木信詮** ささきのぶあき
南北朝時代の武士。
¶人名

**佐々木信実** ささきのぶざね
安元2(1176)年～寛元1(1243)年
鎌倉時代前期の武将。
¶岡山歴([没]寛元1(1243)年7月26日)，鎌室([没]?)，諸系，人名，新潟百(生没年不詳)，日人

**佐々木信胤** ささきのぶたね
→飽浦信胤(あくらのぶたね)

**佐々木信綱** ささきのぶつな
養和1(1181)年～仁治3(1242)年
鎌倉時代前期の武将。定綱の子。
¶朝日([没]仁治3年3月6日(1242年4月7日))，岩史([没]仁治3(1242)年3月6日)，角史，神奈川人，鎌倉，鎌室，国史，古中，コン改，コン4，滋賀百，史人([没]1242年3月6日)，諸系，新潮([没]仁治3(1242)年3月6日)，人名，姓氏神奈川，世人([生]治承4(1180)年)，世百([生]1180年)，全書([生]1180年)，日史([没]仁治3(1242)年3月6日)，日人，百科，歴大

**佐々木信義** ささきのぶよし
？～大永3(1523)年
戦国時代の武将。葛西氏家臣。
¶戦人

**佐々木隼人佐** ささきはやとのすけ
生没年不詳
安土桃山時代の織田信長の家臣。
¶織田

**佐々木晴清** ささきはるきよ
鎌倉時代前期の出雲、隠岐守護。
¶島根人

**佐々木秀詮** ささきひであき
？～正平17/貞治1(1362)年　[別]京極秀詮《きょうごくひであき》
南北朝時代の武将。
¶鎌室，コン改，コン4，諸系(京極秀詮　きょうごくひであき)，新潮(京極秀詮　きょうごくひであき　[没]康安1/正平16(1361)年9月28日?)，人名，日人(京極秀詮　きょうごくひであき)

**佐々木秀綱** ささきひでつな
？～正平8/文和2(1353)年　[別]京極秀綱《きょうごくひでつな》
南北朝時代の守護大名。足利尊氏方の有力武将。
¶朝日(京極秀綱　きょうごくひでつな　[没]文和2/正平8年6月13日(1353年7月14日))，鎌室，国史，古中，コン改，コン4，史人([没]1353年6月13日)，島根歴，諸系(京極秀綱　きょうごくひでつな)，新潮(京極秀綱　きょうごくひでつな　[没]文和2/正平8(1353)年6月13日)，人名，姓氏京都，世人，日人(京極秀綱　きょうごくひでつな)

**佐々木秀義** ささきひでよし
天永3(1112)年～元暦1(1184)年　[別]源秀義《みなもとのひでよし》
平安時代後期の武将。宇田源氏。季定の子。
¶朝日([没]元暦1年7月19日(1184年8月26日))，鎌倉，鎌室，国史，古中，滋賀百([生]1110年)，史人([没]1184年7月19日)，諸系，新潮([没]元暦1(1184)年7月19日)，人名，日史([没]元暦1(1184)年7月19日)，日人，百科，平史(源秀義　みなもとのひでよし)，歴大

**佐々木広綱(1)** ささきひろつな
？～承久3(1221)年
鎌倉時代前期の武将。定綱の長子。
¶朝日([没]承久3年7月2日(1221年7月22日))，鎌倉，鎌室，諸系，新潮([没]承久3(1221)年7月2日)，人名，日人

**佐々木広綱(2)** ささきひろつな
？～慶安3(1650)年
安土桃山時代～江戸時代前期の武将。最上氏家臣。
¶戦人

**雀部重政** ささきべしげまさ
→雀部重政(ささべしげまさ)

**佐々木政清** ささきまさきよ
戦国時代の武将。足利氏家臣。
¶戦辞(生没年不詳)，戦東

**佐々木政信** ささきまさのぶ
戦国時代の武将。六角氏家臣。
¶戦西

**佐々木政義** ささきまさよし
承元2(1208)年～正応3(1290)年
鎌倉時代前期の武将。
¶鎌室(生没年不詳)，諸系，日人

**佐々木政頼** ささきまさより
？～寛正2(1461)年
室町時代の武将。
¶人名

**佐々木満高** ささきみつたか
→六角満高(ろっかくみつたか)

**佐々木満綱** ささきみつつな
→六角満綱(ろっかくみつつな)

**佐々木宗綱** ささきむねつな
→京極宗綱（きょうごくむねつな）

**佐々木持清(1)** ささきもちきよ
室町時代の太田窪塁の武蔵武士。
¶埼玉百

**佐々木持清(2)** ささきもちきよ
→京極持清（きょうごくもちきよ）

**佐々木盛綱** ささきもりつな
仁平1（1151）年～？ [別]源盛綱《みなもとのもりつな》
平安時代後期～鎌倉時代前期の武将。秀義の子。
¶朝日，岩史，岡山人，岡山百，岡山歴，神奈川人，鎌倉，鎌室，郷土群馬（生没年不詳），群馬人，群馬百（生没年不詳），国史，古中，コン改，コン4，史人，諸系，新潮，人名，姓氏群馬（生没年不詳），世人，新潟百（生没年不詳），日人，平史（源盛綱 みなもとのもりつな）

**佐々木泰清** ささきやすきよ
？ ～弘安10（1287）年
鎌倉時代前期の武将。
¶鎌室，島根人，島根百，島根歴（[没]弘安5（1282）年），諸系，人名，日人

**佐々木泰綱** ささきやすつな
？ ～建治2（1276）年 [別]六角泰綱《ろっかくやすつな》，佐佐木泰綱《ささきやすつな》
鎌倉時代前期の武将。六角氏の祖。鎌倉幕府歴代将軍の側近。
¶朝日（六角泰綱 ろっかくやすつな [没]建治2年5月17日（1276年6月30日）），鎌室，諸系（[生]1213年），新潮（六角泰綱 ろっかくやすつな [没]建治2（1276）年5月17日），人名，姓氏岩手（[没]1527年），日人（[生]1213年）

**佐々木義賢** ささきよしかた
→六角義賢（ろっかくよしかた）

**佐々木義清** ささきよしきよ
生没年不詳
鎌倉時代前期の武将。
¶鎌室，島根人，島根百，島根歴，諸系，人名，日人

**佐々木義定** ささきよしさだ
安土桃山時代～江戸時代前期の武将。
¶人名

**佐々木義実** ささきよしざね
？ ～弘治2（1556）年
戦国時代の武将、大膳大夫。
¶人名

**佐々木義弼** ささきよしすけ
？ ～慶長17（1612）年
安土桃山時代～江戸時代前期の武将。
¶人名

**佐々木義治** ささきよしはる
→六角義治（ろっかくよしはる）

**佐々木義秀** ささきよしひで
？ ～天正15（1587）年
安土桃山時代の武将。
¶人名

**佐々木頼綱** ささきよりつな
仁治3（1242）年～応長1（1311）年
鎌倉時代後期の武将。
¶鎌室（[没]延慶3（1310）年），諸系，人名，日人

**佐々木頼信** ささきよりのぶ
生没年不詳 [別]横山頼信《よこやまよりのぶ》
鎌倉時代後期の武将。
¶鎌室，諸系，人名，日人

**佐々木頼泰** ささきよりやす
生没年不詳
鎌倉時代後期の武将。
¶鎌室，島根百，島根歴，諸系，日人

**佐々権左衛門** ささごんざえもん
→佐々権左衛門（さっさごんざえもん）

**篠島清了** ささじまきよのり
？ ～元和1（1615）年
安土桃山時代～江戸時代前期の加賀藩士。
¶姓氏富山，藩臣3

**佐々十左衛門** ささじゅうざえもん
→佐々十左衛門（さっさじゅうざえもん）

**佐々長成** ささながなり
永禄1（1558）年～寛永2（1625）年 [別]佐々長成《さっさながなり》
安土桃山時代～江戸時代前期の武将。秀吉馬廻、徳川氏家臣。
¶人名（さっさながなり），戦国，戦人，日人（さっさながなり）

**佐々成政** ささなりまさ
→佐々成政（さっさなりまさ）

**佐々布光林坊** ささふこうりんぼう
戦国時代の武将。朝倉氏家臣。
¶戦人（生没年不詳），戦西

**佐々部一斎** ささべいっさい
天正3（1575）年～？
安土桃山時代～江戸時代前期の武家。
¶国書

**笹部勘斎** ささべかんさい
？ ～天正7（1579）年
戦国時代の備前国の武将。
¶岡山歴

**笹部勘二郎** ささべかんじろう
？ ～天正7（1579）年
戦国時代～安土桃山時代の武将。
¶戦人

**雀部重政** ささべしげまさ
永禄2（1559）年～文禄4（1595）年 [別]雀部重政《さささきべしげまさ》
安土桃山時代の武士。豊臣氏家臣。
¶人名，戦国，戦人（さささきべしげまさ），日人

**佐々孫十郎** ささまごじゅうろう
→佐々孫十郎（さっさまごじゅうろう）

**佐々政次**　ささまさつぐ
→佐々政次（さっさまさつぐ）

**笹町新九郎経尚**　ささまちしんくろうつねひさ
→笹町経尚（ささまちつねひさ）

**笹町経尚**　ささまちつねひさ
[別]笹町新九郎経尚《ささまちしんくろうつねひさ》
戦国時代の武士。葛西氏家臣。
¶戦人（生没年不詳），戦東（笹町新九郎経尚　ささまちしんくろうつねひさ）

さ

**佐々盛広**　ささもりひろ
→佐々盛広（さっさもりひろ）

**篠山景助**　ささやまかげすけ
生没年不詳
安土桃山時代の織田信長の家臣。
¶織田

**篠山資家**　ささやますけいえ
→篠山資家（しのやますけいえ）

**佐々行政**　ささゆきまさ
→佐々行政（さっさゆきまさ）

**佐治一成**　さじかずなり
永禄12（1569）年～寛永11（1634）年　[別]佐治与九郎《さじよくろう》
安土桃山時代～江戸時代前期の武将。織田氏家臣。
¶戦人，戦補，藩臣5（佐治与九郎　さじよくろう）

**佐治重家**　さじしげいえ
生没年不詳
鎌倉時代の武士。
¶北条

**佐治新太郎**　さじしんたろう
？　～天正7（1579）年4月1日
戦国時代～安土桃山時代の織田信長の家臣。
¶織田

**佐治為平**　さじためひら
生没年不詳
安土桃山時代の織田信長の家臣。
¶織田

**佐治信方**　さじのぶかた
天文22（1553）年～天正2（1574）年
安土桃山時代の武将。織田氏家臣。
¶織田（[生]？　[没]元亀2（1571）年5月？），戦人，戦補

**佐治美作守**　さじみまさかのかみ
生没年不詳
安土桃山時代の織田信長の家臣。
¶織田

**佐治宗貞**　さじむねさだ
？　～天文1（1532）年
戦国時代の尾張宮山城主。
¶人名，日人

**佐治与九郎**　さじよくろう
→佐治一成（さじかずなり）

**佐須景満**　さすかげみつ
？　～天正18（1590）年
安土桃山時代の武将。豊臣氏家臣。
¶新潮（[没]天正18（1590）年3月11日），人名，戦人，日人

**佐世清信**　させきよのぶ
生没年不詳
鎌倉時代の武士、佐世氏の祖。
¶島根歴

**佐世清宗**　させきよむね
？　～
戦国時代～安土桃山時代の武士。
¶島根人，島根歴（生没年不詳），戦人（生没年不詳），戦西

**佐世宗孚**　させそうふ
天文14（1545）年～元和5（1619）年
戦国時代～江戸時代前期の武将。
¶国書（[没]元和5（1619）年7月9日），姓氏山口

**佐瀬種常**　させたねつね，さぜたねつね
？　～天正17（1589）年
戦国時代の武士。
¶会津（さぜたねつね），戦人（生没年不詳），戦東（さぜたねつね）

**佐世元嘉**　させもとよし
？　～元和6（1620）年
安土桃山時代～江戸時代前期の武士。
¶島根歴，戦人（[生]天文15（1546）年），戦西

**佐善真斎**　さぜんしんさい
天正6（1578）年～寛永14（1637）年
安土桃山時代～江戸時代前期の因幡鳥取藩士。
¶藩臣5

**佐々布慶輔**　さそうよしすけ
生没年不詳
戦国時代の武士、宍道氏の奉行人。
¶島根歴

**貞氏**　さだうじ
生没年不詳
鎌倉時代後期の武士。
¶北条

**貞方勝右衛門**　さだかたかつえもん
→貞方雅貞（さだかたまささだ）

**貞方雅貞**　さだかたまささだ
元亀1（1570）年～明暦2（1656）年　[別]貞方勝右衛門《さだかたかつえもん》
安土桃山時代～江戸時代前期の肥前福江藩家老。
¶人名（貞方勝右衛門　さだかたかつえもん），日人（貞方勝右衛門　さだかたかつえもん），藩臣7

**佐田九郎左衛門**　さだくろうざえもん
生没年不詳
戦国時代の兵法家。
¶徳島歴

**佐竹兼義** さたけかねよし
？ ～正平10/文和4（1355）年3月12日
鎌倉時代後期～南北朝時代の武家・連歌作者。
¶国書

**佐竹己閑斎** さたけきかんさい
永禄5（1562）年～
戦国時代の長宗我部氏の家臣。
¶高知人

**佐竹蔵人佐** さたけくろうどのすけ
？ ～元和1（1615）年
安土桃山時代～江戸時代前期の武将。長宗我部氏家臣。
¶戦西

**佐竹貞義** さたけさだよし
弘安10（1287）年～正平7/文和1（1352）年
鎌倉時代後期～南北朝時代の武将。常陸国守護。行義の子。
¶朝日（[没]文和1/正平7年9月10日（1352年10月18日）），鎌室，国史，古中，史人（[没]1352年9月10日），諸系，新潮（[没]文和1/正平7（1352）年9月10日），人名，日史（[没]文和1/正平7（1352）年9月10日），日人

**佐竹実定** さたけさねさだ
？ ～寛正6（1465）年9月25日
室町時代の佐竹氏当主。常陸太田城主。
¶戦辞

**佐竹信濃守** さたけしなののかみ
安土桃山時代の武将。長宗我部氏家臣。
¶戦西

**佐竹高貞** さたけたかさだ
戦国時代の武将。今川氏家臣。
¶戦東

**佐竹隆義** さたけたかよし
元永1（1118）年～寿永2（1183）年 [別]源隆義《みなもとのたかよし》
平安時代後期の常陸国の武将。昌義の子。
¶朝日（[没]寿永2年5月20日（1183年6月11日）），鎌室，コン改（生没年不詳），コン4（生没年不詳），諸系，新潮（[没]寿永2（1183）年5月20日），人名，日人，平史（源隆義　みなもとのたかよし）

**佐竹忠義** さたけただよし
？ ～治承4（1180）年
平安時代後期の武将。
¶鎌室，諸系，新潮（[没]治承4（1180）年11月4日），人名，日人

**佐竹親直** さたけちかなお
？ ～元和1（1615）年
安土桃山時代～江戸時代前期の武将。長宗我部氏家臣。
¶戦人

**佐竹与義** さたけともよし
→山入与義（やまいりともよし）

**佐竹宣尚** さたけのりなお
生没年不詳
室町時代の武将。
¶鎌室，日人

**佐竹秀義** さたけひでよし
仁平1（1151）年～嘉禄1（1225）年 [別]源秀義《みなもとのひでよし》
平安時代後期～鎌倉時代前期の常陸国の武将。隆義の子。
¶朝日（[没]嘉禄1年12月18日（1226年1月17日）），茨城百（[生]1160年 [没]1235年），鎌倉，鎌室，郷土茨城（[生]1152年），国史，古中，コン改（[生]仁平2（1152）年，（異説）1151年），コン4（[生]仁平2（1152）年，（異説）1151年），史人（[没]1225年12月18日），諸系（[没]1226年），新潮（[没]嘉禄1（1225）年12月18日），人名，日史（[没]嘉禄1（1225）年12月18日），日人（[没]1226年），百科（生没年不詳），平史（源秀義　みなもとのひでよし）

**佐竹昌成** さたけまさなり
生没年不詳 [別]佐竹義弘《さたけよしひろ》，佐竹義政《さたけよしまさ》
平安時代後期～鎌倉時代前期の武将。
¶鎌室，諸系，新潮，人名，日人

**佐竹昌義** さたけまさよし
生没年不詳 [別]源昌義《みなもとのまさよし》
平安時代後期の常陸国の武将。源義業の子。
¶朝日，茨城百（[生]1097年 [没]1164年），コン改，コン4，史人，諸系，新潮，人名，日人，平史（源昌義　みなもとのまさよし）

**佐竹政義** さたけまさよし
文明16（1484）年～天文3（1534）年
戦国時代の武士。
¶戦辞，戦人，戦東（[生]？）

**佐竹師義** さたけもろよし
？ ～正平6/観応2（1351）年？
南北朝時代の武将。
¶鎌室（生没年不詳），国書（生没年不詳），諸系，人名，日人

**佐竹義昭** さたけよしあき
享禄4（1531）年～永禄8（1565）年
戦国時代の武将、常陸太田城城主、義篤の子。
¶朝日（[没]永禄8年11月3日（1565年11月25日）），系東，諸系，人名，戦辞（[生]享禄4年8月23日（1531年10月3日） [没]永禄8年11月3日（1565年11月25日）），戦人，戦補，日人

**佐竹義篤(1)** さたけよしあつ
応長1（1311）年～正平17/貞治1（1362）年
南北朝時代の武将。貞義の子。
¶朝日（[没]貞治1/正平17年1月12日（1362年2月7日）），鎌室，国書（[没]康安2（1362）年1月11日），諸系，新潮（[没]貞治1/正平17（1362）年1月11日），人名，日史（[没]貞治1/正平17（1362）年1月11日），日人，百科

**佐竹義篤(2)** さたけよしあつ
永正4（1507）年～天文14（1545）年

戦国時代の武将。
¶系東，諸系，人名，戦辞（[生]永正4年7月2日（1507年8月10日）　[没]天文14年4月9日（1545年5月19日）），戦人，日人

**佐竹義堅**　さたけよしかた
生没年不詳
戦国時代の武将。佐竹氏家臣。
¶戦辞，戦人，戦東



**佐竹義廉**　さたけよしかど
生没年不詳
戦国時代の武将。佐竹氏家臣。
¶戦辞，戦人，戦東

**佐竹義舜**　さたけよしきよ
文明2（1470）年～永正14（1517）年
戦国時代の武将、常陸太田城城主、義治の子。
¶朝日（[没]永正14年3月13日（1517年4月3日）），茨城百，系東，諸系，人名，戦辞（[没]永正14年3月13日（1517年4月3日）），戦人，日人

**佐竹義斯**　さたけよしこれ
天文14（1545）年～慶長4（1599）年4月18日　[別]佐竹義斯《さたけよしつな》
戦国時代～安土桃山時代の武将。佐竹氏家臣。
¶戦辞（さたけよしつな），戦人（生没年不詳），戦東（さたけよしつな）

**佐竹義里**　さたけよしさと
永正17（1520）年～？
戦国時代の武将。佐竹氏家臣。
¶戦辞，戦人（生没年不詳），戦東

**佐竹義重**　さたけよししげ
天文16（1547）年～慶長17（1612）年
安土桃山時代～江戸時代前期の武将、常陸太田城主、義昭の子。
¶秋田百，朝日（[生]天文16年2月16日（1547年3月7日）　[没]慶長17年4月19日（1612年5月19日）），茨城百，岩史（[没]慶長17（1612）年4月19日），角史，郷土茨城，近世，系東，国史，コン改，コン4，史人（[没]1612年4月19日），諸系，新潮（[生]天文16（1547）年2月16日　[没]慶長17（1612）年4月19日），人名，世人（[没]慶長17（1612）年4月19日），戦合，戦国，戦辞（[生]天文16年2月16日（1547年3月7日）　[没]慶長17年4月19日（1612年5月19日）），全書，戦人，大百，日史（[没]慶長17（1612）年4月19日），日人，百科，福島百，歴大

**佐竹義喬**　さたけよしすけ
生没年不詳　[別]佐竹義喬《さたけよしたか》
戦国時代の武将。佐竹氏家臣。
¶戦辞（さたけよしたか），戦人，戦東（さたけよしたか）

**佐竹義喬**　さたけよしたか
→佐竹義喬（さたけよしすけ）

**佐竹義種**　さたけよしたね
生没年不詳
安土桃山時代～江戸時代前期の武将。佐竹氏家臣。
¶戦辞，戦人，戦東

**佐竹義継**　さたけよしつぐ
生没年不詳
鎌倉時代後期の武士。
¶北条

**佐竹義斯**　さたけよしつな
→佐竹義斯（さたけよしこれ）

**佐竹義俊**　さたけよしとし
応永27（1420）年～文明9（1477）年11月24日
室町時代～戦国時代の佐竹氏15代当主。
¶戦辞

**佐竹義直**　さたけよしなお
生没年不詳
戦国時代～安土桃山時代の武士。長宗我部氏家臣。
¶戦人

**佐竹義成**　さたけよしなり
永禄12（1569）年～寛永11（1634）年
安土桃山時代～江戸時代前期の出羽秋田藩士。
¶藩臣1

**佐竹義信**　さたけよしのぶ
文明8（1476）年～天文2（1533）年
戦国時代の武将。佐竹氏家臣。
¶戦辞（[没]天文2年8月12日（1533年8月31日）），戦人，戦東（[生]？）

**佐竹義宣**(1)　さたけよしのぶ
？　～元中6/康応1（1389）年
南北朝時代の武将。
¶鎌室，諸系，新潮（[没]康応1/元中6（1389）年7月14日），日人

**佐竹義宣**(2)　さたけよしのぶ
元亀1（1570）年～寛永10（1633）年　[別]常陸侍従《ひたちじじゅう》
安土桃山時代～江戸時代前期の大名。出羽秋田藩主、水戸藩主。
¶秋田百，朝日（[生]元亀1年7月16日（1570年8月17日）　[没]寛永10年1月25日（1633年3月5日）），茨城百（[没]1632年），岩史（[生]元亀1（1570）年7月16日　[没]寛永10（1633）年1月25日），角史，郷土茨城，近世，系東（[没]寛永15（1638）年），国史，国書（[生]元亀1（1570）年7月16日　[没]寛永10（1633）年1月25日），コン改，コン4，茶道，史人（[没]1633年1月25日），諸系，人書94，新潮（[没]寛永10（1633）年10月25日），人名，世人（[没]寛永10（1633）年1月25日），戦合，戦国（[生]1569年），戦辞（[生]元亀1年7月16日（1570年8月17日）　[没]寛永10年1月25日（1633年3月5日）），全書，戦人，大百，栃木歴，日史（[没]寛永10（1633）年10月25日），日人，藩主1（[生]元亀1（1570）年7月16日　[没]寛永10（1633）年1月25日），藩主2（[生]元亀1（1570）年7月16日　[没]寛永10（1633）年1月25日），百科，歴大

**佐竹義憲**(1)　さたけよしのり
元亀1（1570）年～*
安土桃山時代の武将。佐竹氏家臣。
¶戦辞（[没]慶長4年4月20日（1599年6月12日）），戦人（[没]？），戦東

**佐竹義憲**(2) (佐竹義仁) **さたけよしのり**
→佐竹義人(さたけよしひと)

**佐竹義治** **さたけよしはる**
嘉吉3(1443)年～延徳2(1490)年4月25日
室町時代～戦国時代の佐竹氏16代当主。
¶戦辞

**佐竹義久** **さたけよしひさ**
天文23(1554)年～慶長6(1601)年
安土桃山時代の武将。佐竹氏家臣。
¶人名，戦辞([没]慶長6年11月28日(1601年12月22日))，戦人([生]?)，戦東，日人

**佐竹義尚** **さたけよしひさ**
天文19(1550)年～元亀2(1571)年8月30日
戦国時代～安土桃山時代の武将。佐竹氏家臣。
¶戦辞，戦人(生没年不詳)，戦東

**佐竹義人** **さたけよしひと**
応永7(1400)年～応仁1(1467)年 [別]佐竹義憲《さたけよしのり》,佐竹義仁《さたけよしのり》
室町時代の武将、常陸太田城城主、義盛の養嗣子。
¶朝日([没]応仁1年12月24日(1468年1月19日))，茨城百(佐竹義憲 さたけよしのり [生]1399年)，神奈川人(佐竹義憲 さたけよしのり)，鎌室([生]応永6(1399)年)，国史，古中，史人([没]1467年12月24日)，諸系([没]1468年)，新潮([没]応仁1(1467)年12月24日)，人名(佐竹義仁 さたけよしのり [生]1399年 [没]1462年)，戦辞([没]応仁1年12月24日(1468年1月19日))，日史([没]応仁1(1467)年12月24日)，日人([没]1468年)

**佐武義昌** **さたけよしまさ**
生没年不詳
安土桃山時代～江戸時代前期の土豪・浅野家臣。
¶和歌山人

**佐竹義宗** **さたけよしむね**
生没年不詳 [別]源義宗《みなもとのよしむね》
平安時代後期の常陸国の武将、豪族。清和源氏。
¶朝日，コン4，諸系，日人，平史(源義宗 みなもとのよしむね)

**佐竹義元** **さたけよしもと**
*～天文9(1540)年 [別]宇留野義元《うるのよしもと》
戦国時代の武将。
¶戦辞([生]永正7(1510)年 [没]天文9年3月14日(1540年4月20日))，戦人([生]?)

**佐竹義盛** **さたけよしもり**
正平20/貞治4(1365)年～応永14(1407)年
南北朝時代～室町時代の武将。
¶鎌室，諸系，新潮([没]応永14(1407)年9月21日)，日人

**佐竹義之** **さたけよしゆき**
戦国時代の武将。
¶高知人(生没年不詳)，高知百

**佐田三六** (左田三六) **さださんろく**
安土桃山時代の武士。豊臣氏家臣。
¶戦国(左田三六)，戦人(生没年不詳)

**佐田鎮綱** **さだしげつな**
生没年不詳
安土桃山時代～江戸時代前期の武士。大友氏家臣。
¶戦人

**佐田隆居** **さだたかおき**
生没年不詳
戦国時代～安土桃山時代の武士。
¶戦人

**佐多高清** **さたたかきよ**
鎌倉時代の武将。
¶姓氏鹿児島

**佐多忠直** **さたただなお**
建武2(1335)年～正平14/延文4(1359)年
南北朝時代の大隅国佐多高木城の城主。
¶姓氏鹿児島

**佐多忠成** **さたただなり**
明応7(1498)年～天文18(1549)年
戦国時代の武将。佐多氏8代。
¶姓氏鹿児島

**佐多忠光** **さたただみつ**
南北朝時代の武将。
¶姓氏鹿児島

**佐多忠充** **さたただみつ**
天正16(1588)年～寛永9(1632)年
安土桃山時代～江戸時代前期の武将。佐多氏12代。
¶姓氏鹿児島

**佐田親景** **さたちかかげ**
生没年不詳
室町時代の武将。
¶鎌室，日人

**佐多親久** **さたちかひさ**
天授1/永和1(1375)年～長禄2(1458)年
南北朝時代～室町時代の武将。佐多氏4代。島津久豊の重臣。
¶姓氏鹿児島

**佐多久政** **さたひさまさ**
天文15(1546)年～長享1(1487)年
戦国時代～安土桃山時代の武将。佐多氏10代。
¶姓氏鹿児島

**佐田泰景** **さだやすかげ**
生没年不詳
戦国時代の武士。
¶大分歴

**左地市蔵** **さぢいちぞう**
安土桃山時代の武将。豊臣秀頼に伺候。
¶戦国

**佐知景則** **さちかげのり**
安土桃山時代の武士。
¶人名，日人(生没年不詳)

**佐中太常澄** (左中太常澄) **さちゅうだつねずみ，さちゅ**

さ

うたつねすみ;さちゅうたつねずみ
？ ～養和1（1181）年
平安時代後期の武士。
¶鎌室，郷土千葉（左中太常澄　さちゅうたつねずみ），新潮（[没]養和1（1181）年7月21日），人名，千葉百（左中太常澄　さちゅうたつねすみ），日人（左中太常澄）



**刺賀長信** さっかながのぶ
？ ～永禄1（1558）年
戦国時代の刺賀郷の領主。
¶島根歴

**早月早苗之助** さつきさなえのすけ
戦国時代の尼子十勇士。
¶人名

**佐々喜藤次** さっさきとうじ
[別]佐々喜藤次《ささきとうじ》
安土桃山時代の武将。秀吉馬廻。
¶戦国（ささきとうじ），戦人（生没年不詳）

**佐々権左衛門** さっさごんざえもん
[別]佐々権左衛門《ささごんざえもん》
安土桃山時代の武将。秀吉馬廻。
¶戦国（ささごんざえもん），戦人（生没年不詳）

**佐々十左衛門** さっさじゅうざえもん
[別]佐々十左衛門《ささじゅうざえもん》
安土桃山時代の武将。秀吉馬廻。
¶戦国（ささじゅうざえもん），戦人（生没年不詳）

**佐々清蔵** さっさせいぞう
→佐々木清蔵（ささきせいぞう）

**佐々長穐** さっさながあき
生没年不詳
安土桃山時代の織田信長の家臣。
¶織田

**佐々長成** さっさながなり
→佐々長成（ささながなり）

**佐々成政** さっさなりまさ
*～天正16（1588）年　[別]佐々成政《ささなりまさ》，陸奥侍従《むつじじゅう》
戦国時代～安土桃山時代の武将。成宗の第5子。
¶朝日（[生]天文5（1536）年　[没]天正16年閏5月14日（1588年7月7日）），岩史（[生]天文8（1539）年？　[没]天正16（1588）年閏5月14日），織田（[生]？　[没]天正16（1588）年閏5月14日），角史（[生]天文8（1539）年），国史（[生]1539年），古中（[生]1539年），コン改（[生]？），コン4（[生]？），史人（[生]1516年，（異説）1536年，1539年　[没]1588年閏5月14日），人書94（[生]1536年），新潮（[生]天文5（1536）年，（異説）天文8（1539）年　[没]天正16（1588）年閏5月14日），人名（[生]？），姓氏石川（[生]1539年），世人（[生]？），世百（[生]？），戦合（[生]1539年），戦国（ささなりまさ　[生]1516年），全書（[生]1516年），戦人（[生]天文8（1539）年），大百（[生]？），富山百（[生]天文5（1536）年？　[没]天正16（1588）年閏5月14日），富山文（[生]？　[没]天正16（1588）年閏5月14日），日史（[生]永正13（1516）年　[没]天正16（1588）年閏5月14日），日人（[生]1539年），百科（[生]永正13（1516）年），歴大（[生]1536年ころ）

**佐々主知** さっさぬしとも
生没年不詳
安土桃山時代の織田信長の家臣。
¶織田

**佐々隼人正** さっさはやとのしょう
？ ～永禄3（1560）年5月19日
戦国時代～安土桃山時代の織田信長の家臣。
¶織田

**佐々平太** さっさへいた
生没年不詳
安土桃山時代の織田信長の家臣。
¶織田

**佐々孫十郎** さっさまごじゅうろう
[別]佐々孫十郎《ささまごじゅうろう》
安土桃山時代の武将。秀吉馬廻。
¶戦国（ささまごじゅうろう），戦人（生没年不詳）

**佐々孫助** さっさまごすけ
大永6（1526）年？ ～弘治2（1556）年8月24日
戦国時代の織田信長の家臣。
¶織田

**佐々政次** さっさまさつぐ
[別]佐々政次《ささまさつぐ》
戦国時代の武士。織田氏家臣。
¶戦人（生没年不詳），戦補（ささまさつぐ）

**佐々盛広** さっさもりひろ
[別]佐々盛広《ささもりひろ》
戦国時代の武士。織田氏家臣。
¶戦人（生没年不詳），戦補（ささもりひろ）

**佐々弥三郎** さっさやさぶろう
生没年不詳
安土桃山時代の織田信長の家臣。
¶織田

**佐々行政** さっさゆきまさ
[別]佐々行政《ささゆきまさ》
安土桃山時代～江戸時代前期の鷹匠。織田氏家臣、豊臣氏家臣、徳川氏家臣。
¶戦国（ささゆきまさ），戦人（生没年不詳）

**稲所久経** さっしょひさつね
→稲所久経（さいしょひさつね）

**稲所元常** さっしょもとつね
→稲所元常（さいしょもとつね）

**薩摩刑部左衛門** さつまぎょうぶざえもん
生没年不詳
鎌倉時代の埴科郡坂城郷の地頭。
¶姓氏長野，長野歴

**薩摩左衛門三郎** さつまさえもんさぶろう
？ ～文永9（1272）年
鎌倉時代の武士。
¶北条

**佐藤家信** さとういえのぶ
安土桃山時代の武将。秀吉馬廻。

¶戦国，戦人（生没年不詳）

**佐藤和泉守**　さとういずみのかみ
生没年不詳
安土桃山時代の織田信長の家臣。
¶織田

**佐藤一甫斎**　さとういっぽさい
？～天正18（1590）年
戦国時代～安土桃山時代の武士。武田家臣。信玄の代から旗本。
¶姓氏山梨

**佐藤右近右衛門**　さとううこんえもん
？～永禄8（1565）年8月25日
戦国時代～安土桃山時代の織田信長の家臣。
¶織田

**佐藤右近丞**　さとううこんのじょう
安土桃山時代の武将。足利氏家臣。
¶戦辞（生没年不詳），戦東

**佐藤越中守信夏**　さとうえっちゅうのかみのぶなつ
戦国時代の武将。葛西氏家臣。
¶戦東

**佐藤主計頭**　さとうかずえのかみ
安土桃山時代の武士。豊臣氏家臣。
¶戦国，戦人（生没年不詳）

**佐藤堅忠**　さとうかたただ
天文17（1548）年～慶長17（1612）年
安土桃山時代～江戸時代前期の武士。徳川氏家臣。
¶人名（㊤1547年），戦国，戦人，日人（㊦1613年）

**佐藤方政**　さとうかたまさ
？～元和1（1615）年
安土桃山時代～江戸時代前期の武将、大名。美濃上有知藩主。
¶岐阜百，戦国，戦人，日人，藩主2（㊦元和1（1615）年5月7日）

**佐藤紀伊守**　さとうきいのかみ
？～天正6（1578）年3月29日
戦国時代～安土桃山時代の織田信長の家臣。
¶織田

**佐藤清信**　さとうきよのぶ
？～元亀1（1570）年
戦国時代の地方豪族・土豪。
¶戦人

**佐藤儁行**　さとうけいこう
生没年不詳
安土桃山時代の武将。大友氏家臣。
¶戦人

**佐藤左京進**　さとうさきょうのしん
戦国時代～安土桃山時代の武士。佐竹氏家臣。
¶戦人（生没年不詳），戦東

**佐藤貞広**　さとうさだひろ
生没年不詳
戦国時代の伊豆の大見郷土豪三人衆の一人。
¶戦辞

**佐藤貞能**　さとうさだよし
生没年不詳
戦国時代の伊豆大見郷の土豪。
¶戦辞

**佐藤重意**　さとうしげおき
？～天正17（1589）年10月26日
戦国時代～安土桃山時代の佐竹氏の家臣。
¶戦辞

**佐藤重忠**　さとうしげただ
天文9（1540）年～
戦国時代～安土桃山時代の佐竹氏の家臣。
¶戦辞（㊦天正18年4月4日（1580年5月7日））

**佐藤重信**　さとうしげのぶ
文禄2（1593）年～寛文7（1667）年
江戸時代前期の武士、陸奥仙台藩士。
¶人名，日人（㊦1668年），藩臣1

**佐藤四郎右衛門尉**　さとうしろううえもんのじょう
→佐藤四郎右衛門尉（さとうしろうえもんのじょう）

**佐藤二郎右衛門**　さとうじろうえもん
安土桃山時代の武将。羽柴氏家臣。
¶戦西

**佐藤四郎右衛門尉**　さとうしろうえもんのじょう
㊞佐藤四郎右衛門尉《さとうしろううえもんのじょう》
安土桃山時代～江戸時代前期の武士。佐竹氏家臣。
¶戦人（生没年不詳），戦東（さとうしろううえもんのじょう）

**佐藤四郎兵衛**　さとうしろうびょうえ
戦国時代の武将。後北条氏家臣。
¶戦東

**佐藤新五郎**　さとうしんごろう
江戸時代前期の武士。里見氏家臣。
¶戦東

**佐藤助三郎**　さとうすけさぶろう
安土桃山時代の武将。秀吉馬廻。
¶戦国，戦人（生没年不詳）

**佐藤助丞**　さとうすけのじょう
生没年不詳
戦国時代の武士。北条氏家臣。
¶戦辞

**佐藤直清**　さとうただきよ
→佐藤直清（さとうなおきよ）

**佐藤忠信**　さとうただのぶ
応保1（1161）年～文治2（1186）年　㊞藤原忠信《ふじわらのただのぶ》
平安時代後期の武士。源義経の従者。
¶朝日（㊤？　㊦文治2年9月20日（1186年11月2日）），岩史（㊤？　㊦文治2（1186）年9月20日），鎌倉（㊤？），鎌室（㊤？），国史（㊤？），古中（㊤？），コン改，コン4，史人（㊤？　㊦1186年9月20日），新潮（㊦文治2（1186）年9月20日），人名，世人，世百，全書，日史（㊦文治2（1186）年9月20日），日人，百科，平史（藤原忠信　ふじわらのただのぶ　㊤？），歴大

（[生]？）

**佐藤忠能** さとうただよし
戦国時代の武士。
¶戦人（生没年不詳），戦西

**佐藤為信** さとうためのぶ
？ ～天正19（1591）年
安土桃山時代の武将。伊達氏家臣。
¶姓氏宮城（[生]1532年），戦人，戦東，藩臣1

**佐藤継信** さとうつぎのぶ
→佐藤継信（さとうつぐのぶ）

**佐藤継信** さとうつぐのぶ
保元3（1158）年～文治1（1185）年 [別]佐藤継信《さとうつぎのぶ》，藤原継信《ふじわらのつぐのぶ》
平安時代後期の武将。源義経の家人。
¶朝日（[生]？ [没]文治1年2月19日（1185年3月22日）），岩史（[生]？ [没]元暦2（1185）年2月19日），香川人，香川百，鎌倉（[生]？），鎌室（[生]？ [没]元暦1（1184）年），郷土香川（[生]？），国史（[生]？），古中（[生]？），コン改，コン4，史人（[生]？ [没]1185年2月19日），新潮（[没]文治1（1185）年2月19日），人名，世人，世百，全書，日史（さとうつぎのぶ [没]文治1（1185）年2月19日），日人，百科（さとうつぎのぶ），平史（藤原継信 ふじわらのつぐのぶ），歴大（[生]？）

**佐藤綱吉** さとうつなよし
生没年不詳
戦国時代の武士。
¶戦人

**佐藤伝左衛門** さとうでんざえもん
生没年不詳
戦国時代の北条氏の家臣。
¶戦辞

**佐藤藤左衛門** さとうとうざえもん
？ ～享禄4（1531）年
戦国時代の武士。大見三人衆の一人。
¶静岡歴，姓氏静岡

**佐藤直清** さとうなおきよ
[別]佐藤直清《さとうただきよ》
安土桃山時代の武士。
¶戦人（生没年不詳），戦西（さとうただきよ）

**佐藤中務** さとうなかつかさ
？ ～弘治3（1557）年
戦国時代の地方豪族・土豪。
¶戦人

**佐藤成次** さとうなりつぐ
慶長4（1599）年～延宝3（1675）年
江戸時代前期の武士。
¶日人

**佐藤業連** さとうなりつら
生没年不詳
鎌倉時代後期の武士、幕府評定衆。
¶朝日，神奈川人，鎌室，日人，北条（[没]弘安10（1287）年）

**佐藤業時** さとうなりとき
建久1（1190）年～建長1（1249）年
鎌倉時代前期の鎌倉評定衆。藤原秀郷の子孫明時の子。
¶朝日（[没]建長1年6月11日（1249年7月22日）），鎌室，新潮（[没]建長1（1249）年6月21日），日人

**佐藤信貞** さとうのぶさだ
[別]佐藤又次郎信貞《さとうまたじろうのぶさだ》
安土桃山時代の武士。葛西氏家臣。
¶戦人（生没年不詳），戦東（佐藤又次郎信貞 さとうまたじろうのぶさだ）

**佐藤信則** さとうのぶのり
明応4（1495）年～天正5（1577）年
戦国時代～安土桃山時代の武士、織田信長の臣。
¶織田，人名，日人

**左藤延行** さとうのぶゆき
生没年不詳
戦国時代の武士。伊豆岩科の一在地領主。
¶戦辞

**佐藤延吉** さとうのぶよし
？ ～慶安2（1649）年
江戸時代前期の武士、幕臣、奥方番。
¶神奈川人，人名，日人

**佐藤半介** さとうはんすけ
安土桃山時代の武将。秀吉馬廻。
¶戦国，戦人（生没年不詳）

**佐藤秀方** さとうひでかた
？ ～文禄3（1594）年
安土桃山時代の武将。
¶織田（[没]文禄3（1594）年7月20日），戦国，戦人

**佐藤秀信** さとうひでのぶ
？ ～元亀1（1570）年
戦国時代の美濃の豪族。
¶織田（[没]元亀1（1570）年7月27日），戦補

**佐藤日向守** さとうひゅうがのかみ
戦国時代～安土桃山時代の武将。佐竹氏家臣。
¶戦辞（生没年不詳），戦東

**佐藤兵庫助** さとうひょうごのすけ
生没年不詳
南北朝時代の塩釜湊領主。留守氏の執事。
¶姓氏宮城

**佐藤広頼** さとうひろより
生没年不詳
戦国時代の伊豆大見郷の土豪。
¶戦辞

**佐藤平左衛門** さとうへいざえもん
→佐藤平左衛門尉（さとうへいざえもんのじょう）

**佐藤平左衛門尉** さとうへいざえもんのじょう
生没年不詳 [別]佐藤平左衛門《さとうへいざえもん》
安土桃山時代の武士。上杉氏家臣。
¶戦辞（佐藤平左衛門 さとうへいざえもん），戦人

**佐藤孫六郎** さとうまごろくろう
安土桃山時代の武将。秀吉馬廻。
¶戦国，戦人（生没年不詳）

**佐藤又次郎信貞** さとうまたじろうのぶさだ
→佐藤信貞（さとうのぶさだ）

**佐藤三河入道** さとうみかわにゅうどう
生没年不詳
安土桃山時代の織田信長の家臣。
¶織田

**佐藤通重** さとうみちしげ
生没年不詳
戦国時代の佐竹氏の家臣。
¶戦辞

**佐藤民部少輔** さとうみんぶしょうゆう
戦国時代の武将。武田家臣。信濃国佐久郡の士か。
¶姓氏山梨

**佐藤宗連** さとうむねつら
生没年不詳
戦国時代の武将。
¶戦人

**佐藤元清** さとうもときよ
生没年不詳
南北朝時代の武将。
¶鎌室，新潮，姓氏神奈川，日人

**佐藤元治**（佐藤基治） さとうもとはる
生没年不詳　[別]藤原元治《ふじわらのもとはる》
平安時代後期～鎌倉時代前期の陸奥の武将。奥州藤原氏の臣下。佐藤継信、忠信兄弟の父。
¶朝日，鎌室，新潮，人名，日人，福島百（佐藤基治），平史（藤原元治　ふじわらのもとはる）

**佐藤基久** さとうもとひさ
徳治1（1306）年～正平3/貞和4（1348）年
鎌倉時代後期～南北朝時代の武士。
¶日人

**佐藤主水佑** さとうもんどのすけ
生没年不詳
戦国時代の武士。北条氏家臣。
¶戦辞

**佐藤行広** さとうゆきひろ
生没年不詳
戦国時代の伊豆大見郷の土豪。
¶戦辞

**佐藤若狭守** さとうわかさのかみ
安土桃山時代の武士。佐竹氏家臣。
¶戦人（生没年不詳），戦東

**里見家連** さとみいえつら
?　～弘治1（1555）年
戦国時代の武将。
¶人名，日人

**里見家基** さとみいえもと
*～嘉吉1（1441）年
室町時代の武将。
¶鎌室（[生]?），諸系（[生]1409年），人名（[生]?），日人（[生]1409年）

**里見梅王丸** さとみうめおうまる
?　～元和8（1622）年
安土桃山時代～江戸時代前期の里見義弘の子。
¶戦辞

**里見越後守** さとみえちごのかみ
安土桃山時代の武将。最上氏家臣。
¶戦東

**里見甲斐守** さとみかいのかみ
安土桃山時代の武将。里見氏家臣。
¶戦東

**里見勝広** さとみかつひろ
?　～元亀1（1570）年
戦国時代の武将。
¶人名，日人

**里見勝政** さとみかつまさ
?　～天正6（1578）年
戦国時代～安土桃山時代の武将。
¶姓氏群馬，戦人

**里見河内** さとみかわち
生没年不詳
戦国時代の武将。
¶戦人

**里見紀伊守隆成** さとみきいのかみたかしげ
→里見隆成（さとみたかしげ）

**里見源右衛門** さとみげんえもん
安土桃山時代の武将。最上氏家臣。
¶戦東

**里見源斎** さとみげんさい
安土桃山時代～江戸時代前期の武士。里見氏家臣。
¶戦人（生没年不詳），戦東

**里見左京亮** さとみさきょうのすけ
安土桃山時代～江戸時代前期の武士。里見氏家臣。
¶戦人（生没年不詳），戦東

**里見実堯** さとみさねたか
明応3（1494）年～天文2（1533）年
戦国時代の武将。里見氏家臣。
¶鎌倉（[生]文明16（1484）年），系東（[生]?），コン改，コン4，史人（[没]1533年7月27日），諸系，新潮（[没]天文2（1533）年7月27日），人名（[生]1489年），戦辞（[生]?　[没]天文2年7月27日（1533年8月17日）），戦人，日人

**里見随見** さとみずいけん
生没年不詳
戦国時代の武将。
¶群馬人

**里見隆成** さとみたかしげ
[別]里見紀伊守隆成《さとみきいのかみたかしげ》
安土桃山時代の武将。大崎氏家臣。
¶戦人（生没年不詳），戦東（里見紀伊守隆成　さとみきいのかみたかしげ）

**里見忠義** さとみただよし
文禄3（1594）年～元和8（1622）年

さ

江戸時代前期の武将、大名。安房館山藩主、伯耆倉吉領主。
¶朝日（[没]元和8年6月19日（1622年7月27日）），近世，系東，国史，史人（[没]1622年6月19日），諸系，人名，戦合，戦人，千葉百，鳥取百，日人，藩主2（[没]元和8（1622）年6月19日），藩主4（[没]元和8（1622）年6月19日）

**里見時成**　さとみときなり
延慶2（1309）年～延元2/建武4（1337）年
鎌倉時代後期～南北朝時代の武将。
¶鎌室，日人



**里見成義**　さとみなりよし
永享12（1440）年～永正14（1517）年
室町時代～戦国時代の武将。
¶鎌室，諸系，人名，日人

**里見兵部少輔**　さとみひょうぶしょうゆう
安土桃山時代の武将。里見氏家臣。
¶戦東

**里見民部**　さとみみんぶ
安土桃山時代～江戸時代前期の武士。最上氏家臣。
¶戦人（生没年不詳），戦東

**里見民部少輔**　さとみみんぶしょうゆう
安土桃山時代の武将。里見氏家臣。
¶戦東

**里見民部大輔**　さとみみんぶのたいふ
永正4（1507）年～？
戦国時代の里見氏嫡流。
¶戦辞

**里見元勝**　さとみもとかつ
安土桃山時代～江戸時代前期の武士、伊達家家臣。
¶人名，日人（生没年不詳）

**里見揚安斎**　さとみようあんさい
江戸時代前期の武士。里見氏家臣。足軽大頭。
¶戦東

**里見義氏**　さとみよしうじ
？　～延元1/建武3（1336）年
南北朝時代の武将。
¶鎌室，コン改，コン4，新潮，人名，日人（[没]1337年）

**里見義実**　さとみよしざね
応永24（1417）年～長享2（1488）年
室町時代～戦国時代の武将。房総里見氏の祖。
¶鎌倉，鎌室，郷土千葉，国史，古中，コン改，コン4，史人，諸系，新潮，人名，世人（[没]長享2（1488）年4月7日），戦合，千葉百，日人

**里見義成**　さとみよししげ
→里見義成（さとみよしなり）

**里見義高**　さとみよしたか
生没年不詳
江戸時代前期の武将、大名。上野板鼻藩主。
¶諸系，日人，藩主1

**里見義堯**　さとみよしたか
永正4（1507）年～天正2（1574）年
戦国時代～安土桃山時代の武将。実堯の子。
¶朝日（[没]天正2年6月1日（1574年6月19日）），鎌倉，系東，国史，古中，コン改（[生]永正9（1512）年），コン4（[生]永正9（1512）年），茶道（[生]1512年），史人（[没]1574年6月1日），諸系，新潮（[没]天正2（1574）年6月1日），人名（[生]1512年），戦合，戦国（[生]1512年），戦辞（[没]天正2年6月1日（1574年6月19日）），戦人（[生]永正9（1512）年），千葉百（[生]永正9（1512）年），日人

**里見義綱**　さとみよしつな
生没年不詳
戦国時代の武将。
¶諸系，人名，日人

**里見義俊**(1)　さとみよしとし
保延3（1137）年～嘉応2（1170）年
平安時代後期の武士。
¶群馬人，群馬百，コン改（生没年不詳），コン4（生没年不詳），諸系，新潮（生没年不詳），人名，日人

**里見義俊**(2)　さとみよしとし
？　～建武2（1335）年
鎌倉時代後期～南北朝時代の武将。
¶鎌室

**里見義豊**　さとみよしとよ
永正11（1514）年～天文3（1534）年
戦国時代の武将。
¶系東（[生]？），諸系，人名，戦辞（[生]？　[没]天文3年4月6日（1534年5月18日）），戦人，千葉百，日人

**里見義成**　さとみよしなり
保元2（1157）年～文暦1（1234）年　[別]源義成《みなもとのよししげ》，新田義成《にったよしなり》，里見義成《さとみよししげ》
平安時代後期～鎌倉時代前期の武将、新田一族の里見義俊の子、伊賀守。
¶朝日（[没]文暦1年11月28日（1234年12月20日）），鎌倉（さとみよししげ），鎌室（新田義成　にったよしなり），鎌室，群馬人，諸系，新潮（新田義成　にったよしなり　[没]文暦1（1234）年11月28日），新潮（さとみよししげ　[没]文暦1（1234）年11月28日），人名（新田義成　にったよしなり），人名，日人，平史（源義成　みなもとのよししげ）

**里見義弘**　さとみよしひろ
*～天正6（1578）年
戦国時代～安土桃山時代の武将。義堯の嫡子。
¶朝日（[生]大永5（1525）年　[没]天正6年5月20日（1578年6月25日）），鎌倉（[生]大永5（1525）年），系東（[生]1525年），国史（[生]1525年），古中（[生]1525年），コン改（[生]享禄3（1530）年），コン4（[生]享禄3（1530）年），史人（[生]1525年　[没]1578年5月20日），諸系（[生]1525年），新潮（[生]大永5（1525）年　[没]天正6（1578）年5月20日），人名（[生]1530年），世人（[生]享禄3（1530）年），戦合（[生]1525年），戦国（[生]1530年），戦辞（[生]大永5（1525）年？　[没]天正6年5月20日（1578年6月25日）），戦人（[生]享禄3（1530）

年），千葉百（⊕享禄3（1530）年　㉔天正6
（1578）年5月20日），日史（⊕享禄3（1530）年
㉔天正6（1578）年5月20日），日人（⊕1525年），
百科（⊕享禄3（1530）年），歴大（⊕1530年）

## 里見義通　さとみよしみち
文明16（1484）年～大永1（1521）年
戦国時代の地方豪族・土豪。
　¶系東（生没年不詳），諸系，人名，戦辞（生没年
　不詳），戦人（生没年不詳），日人

## 里見義康　さとみよしやす
天正1（1573）年～慶長8（1603）年　㉕安房侍従
《あわじじゅう》
安土桃山時代の大名。安房館山藩主。
　¶朝日（㉔慶長8年11月16日（1603年12月18日）），
　近世，系東，国史，コン改，コン4，史人
　（㉔1603年11月16日），諸系，新潮（㉔慶長8
　（1603）年10月16日），人名，戦合，戦国，戦辞
　（㉔慶長8年11月16日（1603年12月18日）），戦
　人，千葉百，日史（㉔慶長8（1603）年11月16
　日），日人，藩主2（㉔慶長8（1603）年11月16
　日），百科，歴大

## 里見義頼　さとみよしより
？　～天正15（1587）年
安土桃山時代の武将。義弘の長子。
　¶朝日（㉔天正15年10月26日（1587年11月26
　日）），系東（⊕1543年），国史，古中，コン改
　（⊕弘治1（1555）年　㉔天正14（1586）年），コ
　ン4（⊕弘治1（1555）年　㉔天正14（1586）年），
　史人（⊕1587年10月26日），諸系，新潮（㉔天正
　15（1587）年10月26日），人名（⊕1555年
　㉔1586年），戦合，戦国，戦辞（㉔天正15年10
　月15日（1587年11月15日）），戦人，日史（㉔天
　正15（1587）年12月26日），日人，百科

## 沙奈具那　さなぐな
飛鳥時代の蝦夷の首長。阿倍比羅夫に服属。
　¶古代，日人（生没年不詳）

## 真田　さなだ
生没年不詳
戦国時代の武士。北条氏光の家臣。
　¶戦辞

## 真田雅楽助　さなだうたのすけ
安土桃山時代～江戸時代前期の武士。里見氏家臣。
　¶戦人（生没年不詳），戦東

## 真田尾張守　さなだおわりのかみ
戦国時代～安土桃山時代の武将。里見氏家臣。
　¶戦辞（生没年不詳），戦東

## 真田三九郎　さなださんくろう
安土桃山時代～江戸時代前期の武士。里見氏家臣。
　¶戦人（生没年不詳），戦東

## 真田七左衛門　さなだしちざえもん
安土桃山時代～江戸時代前期の武士。里見氏家臣。
　¶戦人（生没年不詳），戦東

## 真田信濃　さなだしなの
安土桃山時代～江戸時代前期の武士。里見氏家臣。
　¶戦人（生没年不詳），戦東

## 真田信濃守　さなだしなののかみ
江戸時代前期の武士。里見氏家臣。
　¶戦東

## 真田庄三郎　さなだしょうざぶろう，さなだしょうさぶ
ろう
安土桃山時代～江戸時代前期の武士。里見氏家臣。
　¶戦人（生没年不詳），戦東（さなだしょうさぶろ
　う）

## 真田清鏡　さなだせいきょう
～元和6（1620）年2月3日
安土桃山時代～江戸時代前期の僧、武将。真田幸
隆の庶子。九戸政実の乱では山伏隊を率いて鎮圧
にあたった。
　¶庄内

## 真田瀬兵衛　さなだせへえ
安土桃山時代～江戸時代前期の武士。里見氏家臣。
　¶戦人（生没年不詳），戦東

## 真田大学　さなだだいがく
江戸時代前期の武士。里見氏家臣。
　¶戦東

## 真田綱吉　さなだつなよし
戦国時代の武将。武田家臣。信濃国小県郡の海
野衆。
　¶姓氏山梨

## 真田輝幸　さなだてるゆき
安土桃山時代の武士。
　¶人名

## 真田信重　さなだのぶしげ
慶長4（1599）年～慶安1（1648）年
江戸時代前期の武将、大名。信濃松代分封藩主。
　¶諸系，長野歴（㉔正保4（1647）年），日人，藩主
　2（⊕慶長4（1599）年7月　㉔慶安1（1648）年10
　月25日）

## 真田信繁　さなだのぶしげ
→真田幸村（さなだゆきむら）

## 真田信尹　さなだのぶただ
天文16（1547）年～寛永9（1632）年　㉕加津野昌
春《かづのまさはる》，加津野信昌《かづののぶま
さ》，真田信尹《さなだのぶまさ》
安土桃山時代～江戸時代前期の武士。武田氏・徳
川氏家臣。真田弾正忠幸隆の四男。
　¶諸系，人名（⊕1573年），姓氏山梨（加津野信昌
　かづののぶまさ），戦辞（加津野昌春　かづの
　まさはる　㉔寛永9年5月4日（1632年6月21
　日）），戦人（加津野信昌　かづののぶまさ　生
　没年不詳），戦東（加津野信昌　かづののぶま
　さ），日人，山梨百（さなだのぶまさ　㉔寛永9
　（1632）年5月4日）

## 真田信綱　さなだのぶつな
天文6（1537）年～天正3（1575）年
安土桃山時代の武将。武田氏家臣。
　¶諸系，人名，姓氏長野，姓氏山梨，戦国，戦辞
　（㉔天正3年5月21日（1575年6月29日）），戦人，
　戦東（⊕？），長野歴，日人，山梨百（㉕天文5
　（1536）年　㉔天正3（1575）年5月21日）

**真田信政** さなだのぶまさ
慶長2(1597)年〜万治1(1658)年
江戸時代前期の武将、大名。信濃松代分封藩主、上野沼田藩主、信濃松代藩主。
¶諸系，人名([生]1596年)，姓氏群馬([生]1596年)，長野歴([生]慶長1(1596)年)，日人，藩主1([生]慶長2(1597)年11月　[没]明暦4(1658)年2月5日)，藩主2([没]万治1(1658)年2月5日)，藩主2

**真田信尹** さなだのぶまさ
→真田信尹(さなだのぶただ)



**真田信之**(真田信幸) さなだのぶゆき
永禄9(1566)年〜万治1(1658)年
安土桃山時代〜江戸時代前期の大名。上野沼田藩主、信濃上田藩主、信濃松代藩主。
¶朝日([没]万治1年10月17日(1658年11月12日))，角史，郷土群馬，郷土長野，近世，群馬人(真田信幸)，系東(真田信幸)，国史，コン改，コン4，史人([没]1658年10月17日)，諸系，新潮([没]万治1(1658)年10月17日)，人名，姓氏群馬([生]1565年)，姓氏長野，世人([生]永禄10(1567)年)，戦合，戦国([生]1567年)，戦辞([没]万治1年10月17日(1658年11月12日))，全書，戦人，大百，長野百，長野歴，日史([没]万治1(1658)年10月17日)，日人，藩主1([没]万治1(1658)年10月17日)，藩主2([没]万治1(1658)年10月17日)，百科，歴大

**真田信吉** さなだのぶよし
文禄2(1593)年〜寛永11(1634)年
江戸時代前期の武将、大名。上野沼田藩主。
¶群馬人，諸系([没]1635年)，人名([生]1597年)，姓氏群馬，長野歴，日人([没]1635年)，藩主1([没]寛永11(1634)年11月28日)

**真田隼人佑** さなだはやとのすけ
戦国時代〜安土桃山時代の武将。里見氏家臣。
¶戦辞(生没年不詳)，戦東

**真田孫吉** さなだまごきち
安土桃山時代〜江戸時代前期の武士。里見氏家臣。
¶戦人(生没年不詳)，戦東

**真田昌輝** さなだまさてる
?　〜天正3(1575)年
戦国時代〜安土桃山時代の武士。武田氏家臣。
¶諸系，人名，姓氏長野，姓氏山梨，戦国，戦辞([没]天正3年5月21日(1575年6月29日))，戦人，戦東，長野歴，日人，山梨百([没]天正3(1575)年5月21日)

**真田昌幸** さなだまさゆき
天文16(1547)年〜慶長16(1611)年　[別]武藤喜兵衛《むとうきへえ》
安土桃山時代〜江戸時代前期の大名。信濃上田藩主。
¶朝日([没]慶長16年6月4日(1611年7月13日))，角史，郷土長野([生]1545年　[没]1609年)，近世，群馬人，系東，国史，古中，コン改([生]天文14(1545)年　[没]慶長14(1609)年)，コン4([没]慶長14(1609)年)，史人([没]1611年6月4日)，諸系，新潮([没]慶長16(1611)年6月4日)，人名，姓氏群馬([生]1546年)，姓氏長野，姓氏山梨([生]1545年　[没]1609年)，世人([生]天文14(1545)年)，世百，戦合，戦国([没]1613年)，戦辞([没]慶長16年6月4日(1611年7月13日))，全書，戦人，戦東([生]?)，大百([没]1613年)，長野百，長野歴，日史([没]慶長16(1611)年6月4日)，日人，藩主2([没]慶長16(1611)年6月4日)，百科，山梨百([生]天文14(1545)年　[没]慶長14(1609)年6月4日)，歴大

**真田三河** さなだみかわ
安土桃山時代〜江戸時代前期の武士。里見氏家臣。
¶戦人(生没年不詳)，戦東

**真田幸隆** さなだゆきたか
永正10(1513)年〜天正2(1574)年　[別]真田幸綱《さなだゆきつな》
戦国時代〜安土桃山時代の武将。海野棟綱の子。
¶朝日([没]天正2年5月19日(1574年6月8日))，コン4，諸系，新潮([没]天正2(1574)年5月19日)，人名，姓氏長野，姓氏山梨，戦国，戦辞(真田幸綱　さなだゆきつな　[生]永正10(1513)年?　[没]天正2年5月19日(1574年6月8日))，戦人，戦東([生]?)，長野百，長野歴，日人，山梨百([生]永正9(1512)年　[没]天正2(1574)年5月19日)

**真田幸綱** さなだゆきつな
→真田幸隆(さなだゆきたか)

**真田幸昌** さなだゆきまさ
慶長8(1603)年〜元和1(1615)年
江戸時代前期の武将、真田幸村の長子。
¶諸系，人名([生]1602年)，日人

**真田幸村** さなだゆきむら
永禄10(1567)年〜元和1(1615)年　[別]真田信繁《さなだのぶしげ》，真田左衛門佐《さなださえもんのすけ》
安土桃山時代〜江戸時代前期の武将。昌幸の次男。
¶朝日([没]元和1年5月7日(1615年6月3日))，岩史([没]慶長20(1615)年5月7日)，大阪人([没]元和1(1615)年5月6日)，角史，郷土長野(真田信繁　さなだのぶしげ　[生]1568年)，郷土和歌山([生]1569年)，近世，群馬人，系東(真田信繁　さなだのぶしげ)，国史，古中，コン改([生]永禄12(1569)年)，コン4([生]永禄12(1569)年)，史人([没]1615年5月7日)，重要([没]元和1(1615)年5月7日)，諸系，人書94，新潮([没]元和1(1615)年5月7日)，人名([生]1566年)，姓氏長野，世人([没]元和1(1615)年5月7日)，世百，戦合，戦国([生]1569年)，戦辞(真田信繁　さなだのぶしげ　[生]永禄10(1567)年?　[没]元和1年5月7日(1615年6月3日))，全書，戦人，大百，長野百([生]1568年)，長野歴，日史([没]元和1(1615)年5月7日)，日人，百科，山梨百([没]慶長20(1615)年5月7日)，歴大，和歌山人

**佐奈田義忠**(佐那田義忠) さなだよしただ
保元1(1156)年〜治承4(1180)年　[別]平義忠《たいらのよしただ》
平安時代後期の武士。岡崎義実の長子。
¶朝日([没]治承4年8月23日(1180年9月14日))，神奈川人，鎌室，諸系，新潮([没]治承4(1180)年8月23日)，人名(佐那田義忠)，姓氏神奈川，

日人，平史（平義忠　たいらのよしただ）

**真田与十** さなだよじゅう
安土桃山時代の武将。里見氏家臣。
¶戦東

**佐貫成光** さぬきしげみつ
生没年不詳
平安時代後期の豪族。
¶群馬人

**佐貫広綱** さぬきのひろつな
→佐貫広綱（さぬきひろつな）

**佐貫広綱** さぬきひろつな
生没年不詳　[別]佐貫広綱《さぬきのひろつな》，佐貫成綱《さぬきなりつな》
平安時代後期～鎌倉時代前期の武士。
¶朝日，鎌室，群馬人，コン改（さぬきのひろつな），コン4（さぬきのひろつな），新潮，人名（さぬきのひろつな），姓氏群馬（[没]1219年），日人（さぬきのひろつな）

**佐野氏忠** さのうじただ
*～文禄2（1593）年　[別]北条氏忠《ほうじょううじただ》
安土桃山時代の武将。
¶神奈川人（北条氏忠　ほうじょううじただ），史人（生没年不詳），諸系（[生]1547年，（異説）1548年頃），新潮（[生]？　[没]文禄2（1593）年4月8日），人名，戦国，戦辞（北条氏忠　ほうじょううじただ　[生]？　[没]文禄2年4月8日（1593年5月8日）），戦人（生没年不詳），戦人（北条氏忠　ほうじょううじただ　生没年不詳），栃木歴（[生]？），日人（[生]1547年，（異説）1548年頃）

**佐野氏綱** さのうじつな
鎌倉時代後期～南北朝時代の武士。
¶栃木歴

**佐野栄有** さのえいゆう
生没年不詳
安土桃山時代の武士。前田氏家臣。
¶戦人

**佐野鷗庵** さのおうあん
生没年不詳
戦国時代の甲斐武田一族穴山信君の家臣。
¶戦辞

**佐野大炊助** さのおおいのすけ
生没年不詳
戦国時代の上野国衆。
¶戦辞

**佐野君弘** さのきみひろ
生没年不詳
戦国時代の甲斐武田一族穴山信君・勝千代の家臣。
¶戦辞

**佐野源左衛門** さのげんざえもん
[別]佐野源左衛門常世《さのげんざえもんつねよ》
鎌倉時代の武士。
¶鎌室（生没年不詳），群馬人（佐野源左衛門常世　さのげんざえもんつねよ），コン改（生没年不詳），コン4（生没年不詳），史人，新潮（生没年不詳），人名，日史（佐野源左衛門常世　さのげんざえもんつねよ），日人

**佐野源左衛門常世** さのげんざえもんつねよ
→佐野源左衛門（さのげんざえもん）

**佐野小伝次** さのこでんじ
安土桃山時代～江戸時代前期の武士。里見氏家臣。
¶戦人（生没年不詳），戦東

**佐野才三郎** さのさいざぶろう
安土桃山時代～江戸時代前期の武士。里見氏家臣。
¶戦人（生没年不詳），戦東

**佐野七郎兵衛尉** さのしちろうひょうえのじょう
生没年不詳
戦国時代の甲斐武田一族穴山信君・勝千代の家臣。
¶戦辞

**佐野周防守** さのすおうのかみ
生没年不詳
戦国時代の上野国衆。桐生佐野氏。
¶戦辞

**佐野助綱** さのすけつな
生没年不詳
戦国時代の上野国衆。桐生佐野氏。
¶戦辞

**佐野清左衛門尉** さのせいざえもんのじょう
生没年不詳
安土桃山時代の武将。上杉氏家臣。
¶戦辞，戦人

**佐野惣左衛門** さのそうざえもん
天正4（1576）年～慶安3（1650）年　[別]佐野俊広《さのとしひろ》
安土桃山時代～江戸時代前期の紀伊和歌山藩士。
¶藩臣5，和歌山人（佐野俊広　さのとしひろ）

**佐野為綱** さのためつな
生没年不詳
戦国時代の小弓足利氏の家臣。
¶戦辞

**佐野主税助** さのちからのすけ
戦国時代の武将。武田家臣。『武田家過去帳』に河内下山居住の妻の霊を、永禄10年7月に弔っている。
¶姓氏山梨

**佐野綱正** さのつなまさ
天文23（1554）年～慶長5（1600）年
安土桃山時代の武将。豊臣氏家臣。
¶人名，戦国，戦人，日人

**佐野綱善** さのつなよし
生没年不詳
安土桃山時代の武将。
¶戦人

**佐野恒種** さのつねたね
戦国時代の武士。
¶戦人（生没年不詳），戦西

**佐野藤右衛門** さのとうえもん
生没年不詳
安土桃山時代～江戸時代前期の武士。浅野家の家臣。
¶和歌山人

**佐野俊広** さのとしひろ
→佐野惣左衛門(さのそうざえもん)

**佐野友重** さのともしげ
生没年不詳
戦国時代の甲斐武田一族穴山信君の家臣。
¶戦辞

**佐野豊綱** さのとよつな
? ～永禄2(1559)年
戦国時代の佐野氏当主。
¶戦辞

**佐野内膳亮** さのないぜんのすけ
生没年不詳
戦国時代の北条氏の家臣。
¶戦辞

**佐野直綱** さのなおつな
生没年不詳
戦国時代の上野国衆。桐生佐野氏。
¶戦辞

**佐野信吉** さののぶよし
永禄9(1566)年～元和8(1622)年 㘴富田信吉《とみたのぶよし》
安土桃山時代～江戸時代前期の武将、大名。下野佐野藩主。
¶諸系, 戦国, 戦人, 栃木百(㊣弘治2(1556)年), 栃木歴(㊐寛永11(1634)年), 日人, 藩主1(㊐元和8(1622)年7月15日)

**佐野常陸介** さのひたちのすけ
戦国時代の武将。浅井氏家臣。
¶戦西

**佐野秀綱** さのひでつな
～天文15(1546)年
戦国時代の佐野氏当主。
¶戦辞(㊣文明2(1472)年)

**佐野平明** さのひらあきら
? ～*
戦国時代の武士。
¶人名(㊐1561年), 日人(㊐1554年)

**佐野弘綱** さのひろつな
生没年不詳
戦国時代の武士。足利氏家臣。
¶戦辞, 戦人, 戦東

**佐野房綱** さのふさつな
? ～慶長6(1601)年 㘴天徳寺宝衍《てんとくじほうえん》,天徳寺法衍《てんとくじほうえん》,天徳寺了伯《てんとくじりょうはく》
安土桃山時代の武将。佐野氏当主。豊綱の子。
¶朝日(㊐慶長6年7月2日(1601年7月31日)), 近世, 国史, 諸系, 新潮(㊐慶長6(1601)年7月2日), 人名, 戦合, 戦国, 戦辞(天徳寺法衍 て

んとくじほうえん), 戦人, 栃木百(㊣弘治3(1557)年), 栃木歴(天徳寺宝衍 てんとくじほうえん), 日人

**佐野孫四郎** さのまごしろう
生没年不詳
戦国時代の駿河国の土豪。
¶戦辞

**佐野昌綱** さのまさつな
*～天正2(1574)年
戦国時代～安土桃山時代の武将。足利氏家臣。
¶戦辞(㊣?  ㊐天正7年3月13日(1579年4月8日)), 戦人(㊣?), 栃木百(㊣享禄3(1530)年), 栃木歴(㊣享禄3(1530)年)

**佐野又次郎** さのまたじろう
生没年不詳
戦国時代の上野国衆。桐生佐野氏。
¶戦辞

**佐野宗綱** さのむねつな
*～天正13(1585)年
安土桃山時代の武将。佐竹氏家臣。
¶諸系(㊣1560年), 人名(㊣1560年), 戦辞(㊣永禄1(1558)年), 戦人(㊣?), 栃木歴(㊣永禄2(1559)年), 日人(㊣1560年)

**佐野基綱** さのもとつな
生没年不詳
平安時代後期～鎌倉時代前期の武将。
¶鎌室, 諸系, 新潮, 人名, 栃木百(㊐暦仁1(1238)年), 栃木歴, 日人

**佐野盛綱** さのもりつな
生没年不詳
戦国時代の佐野氏当主。
¶戦辞

**佐野泰綱** さのやすつな
文明14(1482)年～永禄3(1560)年2月30日
戦国時代～安土桃山時代の佐野氏当主。
¶戦辞

**佐野泰光** さのやすみつ
戦国時代の甲斐武田一族穴山信君の家臣。
¶姓氏山梨, 戦辞(生没年不詳)

**佐波興連** さはおきつら
生没年不詳 㘴佐波興連《さわおきつら》
戦国時代の武将。毛利氏家臣。
¶島根歴(さわおきつら), 戦人

**沙白蓋廬** (沙白蓋盧) さはくこうろ
上代の豪族。神功皇后の新羅侵攻時に、増援部隊とともに新羅軍を破る。
¶古代, 日人(沙白蓋盧)

**佐橋甚五郎** さばしじんごろう
戦国時代の松平清康の小姓。
¶人名, 日人(生没年不詳)

**佐橋吉久** さばしよしひさ
天文16(1547)年～慶長10(1605)年
安土桃山時代の武士。徳川家康の臣。
¶人名, 日人

**佐橋乱之助** さばしらんのすけ
生没年不詳
安土桃山時代の武将。
¶日人

**佐波善四郎** さばぜんしろう
？ ～正平5/観応1（1350）年
南北朝時代の武士。
¶人名，日人

**佐波隆秀** さはたかひで
[別]佐波隆秀《さわたかひで》
戦国時代～安土桃山時代の武士。
¶戦人（生没年不詳），戦西（さわたかひで）

**鯖田能登守** さばたのとのかみ
安土桃山時代の武将。里見氏家臣。
¶戦東

**佐原家連** さはらいえつら
生没年不詳　[別]佐原家連《さわらいえつら》
鎌倉時代前期の御家人。
¶鎌室，日人，和歌山人（さわらいえつら）

**佐原時連** さはらときつら
生没年不詳
鎌倉時代前期の御家人。
¶鎌室，日人

**佐原盛連** さはらもりつら
？ ～天福1（1233）年　[別]三浦盛連《みうらもりつら》
鎌倉時代前期の武将、御家人。
¶鎌室，鎌室（三浦盛連　みうらもりつら　[没]天福1（1233）年？），諸系，日人

**佐原義連** さはらよしつら
→三浦義連（みうらよしつら）

**佐分利猪之助** さぶりいのすけ
安土桃山時代の佐分利竜槍術の流祖。池田氏家臣。
¶人名，大百，日人（生没年不詳）

**佐分利成忠** さぶりしげただ
天正6（1578）年～寛永15（1638）年
安土桃山時代～江戸時代前期の因幡鳥取藩士。
¶藩臣5

**佐分親清** さぶりちかきよ
生没年不詳
鎌倉時代の武士。
¶北条

**佐保田角右衛門** さほたかくうえもん
→佐保田角右衛門（さほたかくえもん）

**佐保田角右衛門** さほたかくえもん
[別]佐保田角右衛門《さほたかくうえもん》
安土桃山時代～江戸時代前期の武士。里見氏家臣。
¶戦人（生没年不詳），戦東（さほたかくうえもん）

**佐保田庄左衛門** さほたしょうざえもん
安土桃山時代～江戸時代前期の武士。里見氏家臣。
¶戦人（生没年不詳），戦東

**佐保田民部** さほたみんぶ
安土桃山時代～江戸時代前期の武士。里見氏家臣。
¶戦人（生没年不詳），戦東

**座間** ざま
生没年不詳
戦国時代の北条氏の家臣。
¶戦辞

**座間新左衛門** ざましんざえもん
生没年不詳
安土桃山時代の武士。後北条氏家臣。
¶姓氏神奈川，戦辞，戦人，戦東

**座間豊後守** ざまぶんごのかみ
生没年不詳
戦国時代の北条氏の家臣。
¶戦辞

**三溝三右衛門** さみぞさんえもん
？ ～天正12（1584）年
安土桃山時代の武士。小笠原氏家臣。
¶戦人，戦東

**佐味少麻呂**（佐味宿那麻呂，佐味少麿） さみのすくなまろ
生没年不詳　[別]佐味君少麿《さみのきみすくなまろ》，佐味朝臣宿那麻呂《さみのあそんすくなまろ》
飛鳥時代の武将。壬申の乱で大海人皇子のために活躍。
¶朝日，古代（佐味朝臣宿那麻呂　さみのあそんすくなまろ），コン改，コン4，人名（佐味君少麿　さみのきみすくなまろ），日人

**佐美正安** さみまさやす
南北朝時代の武士。
¶人名

**寒川元家** さむかわもといえ
生没年不詳
戦国時代の武将。細川氏家臣、大内氏家臣。
¶戦人

**寒河元光** さむかわもとみつ
生没年不詳
室町時代の豪族。
¶鎌室，日人

**佐牟田長堅** さむたながかた
？ ～天正6（1578）年
戦国時代～安土桃山時代の武将。相良氏家臣。
¶戦西

**佐銘川大主**（鮫川大主） さめがわおおぬし
生没年不詳
室町時代の人。尚思紹の父。
¶沖縄百，姓氏沖縄（鮫川大主）

**鮫島家高** さめじまいえたか，さめしまいえたか
生没年不詳
鎌倉時代前期の武将。
¶鎌室，姓氏鹿児島，日人（さめしまいえたか）

**鮫島宗家** さめじまむねいえ，さめしまむねいえ
鎌倉時代前期の武家。

¶静岡歴（生没年不詳），姓氏鹿児島（さめしまむねいえ），姓氏静岡

**鮫島宗豊** さめしまむねとよ，さめしまむねとよ
戦国時代の武士。
¶姓氏鹿児島（さめしまむねとよ），戦人（生没年不詳），戦西

**沙也可** さやか
→金忠善（きむちゅんそん）

**佐用範家** さようのりいえ
弘安4（1281）年〜建武1（1334）年
鎌倉時代後期の赤松氏一族の武将。
¶兵庫百

**佐魯那奇他** さるなかた
？ 〜顕宗天皇3（487）年 別佐魯那奇他《さろなかた》
上代の武人。紀大磐とともに朝鮮攻略を謀り殺された。
¶朝日（さろなかた），日人

**猿渡信光** さるわたりのぶみつ
？ 〜天正15（1587）年
安土桃山時代の武士。
¶姓氏鹿児島，戦人，戦西（別1585年）

**猿渡満繁** さるわたりみちしげ
戦国時代の武将。武田家臣。永禄起請文にみえる。
¶姓氏山梨

**猿荻甚太郎** さろおぎじんたろう
生没年不詳
安土桃山時代の織田信長の家臣。
¶織田

**佐魯那奇他** さろなかた
→佐魯那奇他（さるなかた）

**沢顕連**（佐波顕連） さわあきつら
？ 〜正平5/観応1（1350）年
南北朝時代の石見の武将。
¶島根百（沢波顕連），島根歴（佐波顕連），人名，日人

**沢井雄重** さわいかつしげ
？ 〜慶長13（1608）年
安土桃山時代〜江戸時代前期の織田信長の家臣。
¶織田（別慶長13（1608）年4月），姓氏愛知

**佐波興連** さわおきつら
→佐波興連（さはおきつら）

**佐脇綱盛** さわきつなもり
戦国時代の武将。畠山氏家臣。
¶姓氏石川，戦西

**佐脇藤右衛門** さわきとうえもん
生没年不詳
安土桃山時代の織田信長の家臣。
¶織田

**沢木藤右衛門** さわきとうえもん
江戸時代前期の武士、大坂の陣に従軍。
¶岡山人

**佐脇秀隆** さわきひでたか
戦国時代の武将。畠山氏家臣。
¶姓氏石川，戦西

**佐脇良之** さわきよしゆき
？ 〜元亀3（1572）年
戦国時代の武士。織田氏家臣。
¶織田（別元亀3（1572）年12月22日），戦人，戦補

**沢源六郎** さわげんろくろう
生没年不詳
安土桃山時代の地侍。豊臣氏家臣。
¶織田，戦国，戦人

**沢郷右衛門** さわごうえもん
戦国時代の武将。武田家臣。永禄10年の諏訪五十騎交名にみえる。
¶姓氏山梨

**沢江左衛門** さわごうさえもん
戦国時代の武将。武田家臣。土屋貞綱配下の武辺者。
¶姓氏山梨

**佐波実連** さわさねつら
生没年不詳
南北朝時代の佐波郷・赤穴庄地頭、邑智郡青杉城主。
¶島根歴

**沢実仲** さわさねなか
？ 〜天正11（1583）年2月
戦国時代〜安土桃山時代の織田信長の家臣。
¶織田

**沢実春** さわさねはる
安土桃山時代の武将。秀吉馬廻。
¶戦国，戦人（生没年不詳）

**沢重信** さわしげのぶ
戦国時代の武将。武田家臣。信濃粟沢の城主。
¶姓氏山梨

**佐波隆秀** さわたかひで
→佐波隆秀（さはたかひで）

**沢田忠頼** さわだただより
戦国時代の武将。今川氏家臣。
¶戦東

**沢田美作守** さわだみまさくのかみ
安土桃山時代の武将。里見氏家臣。
¶戦東

**猿渡内匠助** さわたりたくみのすけ
生没年不詳
戦国時代の北条氏の家臣。
¶戦辞

**佐渡民部大輔** さわたりみんぶのたいふ
？ 〜天正2（1574）年9月29日
戦国時代〜安土桃山時代の織田信長の家臣。
¶織田

**沢渡盛方** さわともりかた
→沢渡盛方（さわんどもりかた）

**沢渡盛忠** さわどもりただ
→沢渡盛忠（さわんどもりただ）

**沢渡盛則** さわともりのり
戦国時代の武将。武田家臣。仁科親類被官。
¶姓氏山梨

**沢原源蔵左衛門** さわはらげんぞうざえもん
江戸時代前期の武士、明石掃部の臣。
¶岡山人，岡山歴

**沢兵部大輔** さわひょうぶのたいふ
生没年不詳
安土桃山時代の織田信長の家臣。
¶織田

**沢文右衛門** さわぶんえもん
？ 〜寛永19（1642）年
安土桃山時代〜江戸時代前期の浅野家臣。
¶和歌山人

**沢満廉** さわみつかど
天正16（1588）年〜慶長20（1615）年
安土桃山時代〜江戸時代前期の伊勢津藩士。
¶藩臣5

**沢宗家** さわむねいえ
平安時代後期〜鎌倉時代前期の伊豆の武士。
¶姓氏静岡

**沢宗久** さわむねひさ
永禄10（1567）年〜寛永19（1642）年
安土桃山時代〜江戸時代前期の武士。豊臣氏家臣、徳川氏家臣。
¶戦国，戦人

**沢村大学助** さわむらだいがくのすけ
永禄3（1560）年〜慶安3（1650）年 [別]沢村吉重《さわむらよししげ》
安土桃山時代〜江戸時代前期の武士。細川家の重臣。
¶国書（沢村吉重　さわむらよししげ [没]慶安3（1650）年9月17日），人名，日人

**沢村宗綱** さわむらむねつな
生没年不詳
鎌倉時代後期の武士、摂関家の大番舎人。
¶朝日，鎌室，コン改，コン4，新潮，日人

**沢村基宗** さわむらもとむね
生没年不詳 [別]上村基宗《うえむらもとむね》
鎌倉時代後期の武士、悪党。
¶朝日（上村基宗　うえむらもとむね），鎌室，コン改，コン4，新潮，日人

**沢村吉重** さわむらよししげ
→沢村大学助（さわむらだいがくのすけ）

**沢頼実** さわよりざね
？ 〜天正10（1582）年8月
戦国時代〜安土桃山時代の織田信長の家臣。
¶織田

**佐原家連** さわらいえつら
→佐原家連（さはらいえつら）

**佐原経光** さわらつねみつ
生没年不詳
鎌倉時代後期の武士。相模三浦氏の一族。
¶朝日

**佐原義連** さわらよしつら
→三浦義連（みうらよしつら）

**沢渡九八郎盛忠** さわんどくはちろうもりただ
→沢渡盛忠（さわんどもりただ）

**沢渡盛方** さわんどもりかた
？ 〜元亀1（1570）年 [別]沢渡盛方《さわともりかた》
戦国時代の武将。武田氏家臣。
¶姓氏長野（さわともりかた　生没年不詳），姓氏山梨（さわともりかた），戦人

**沢渡盛忠** さわんどもりただ
永禄3（1560）年〜慶長12（1607）年 [別]沢渡九八郎盛忠《さわんどくはちろうもりただ》，沢渡盛忠《さわどもりただ》
安土桃山時代の武士。小笠原氏家臣。
¶戦人（生没年不詳），戦東（沢渡九八郎盛忠　さわんどくはちろうもりただ），長野歴（さわどもりただ）

**三箇頼照** さんかよりてる
？ 〜文禄4（1595）年7月13日
戦国時代〜安土桃山時代の織田信長の家臣。
¶織田

**三斉** さんさい
→細川忠興（ほそかわただおき）

**三条小大夫近春** さんじょうこだゆうちかはる
戦国時代の武将。葛西氏家臣。
¶戦東

**三田五郎兵衛** さんだごろうべえ
？ 〜延宝6（1678）年 [別]三田五郎兵衛《さんだごろべえ》
江戸時代前期の武士、紀伊和歌山藩士。
¶藩臣5，和歌山人（さんだごろべえ）

**三田五郎兵衛** さんだごろべえ
→三田五郎兵衛（さんだごろうべえ）

**山根彦右衛門** さんねひこえもん
生没年不詳
安土桃山時代の戦国武士。
¶姓氏岩手

**三ノ関讃岐** さんのせきさぬき
戦国時代の武将。葛西氏家臣。
¶戦東

**三戸師親** さんのへもろちか
→三戸七郎（みとしちろう）

**三宮左兵衛** さんのみやさへえ
*〜天正14（1586）年
安土桃山時代の武士。
¶戦人（[生]永禄8（1565）年），戦西（[生]？）

**三分一所家景** さんぶいっしょいえかげ
生没年不詳

戦国時代～江戸時代前期の武将。
¶姓氏宮城

**山本寺景長** さんぼんじかげなが
？～天正10(1582)年6月3日
戦国時代～安土桃山時代の越後守護上杉氏一門、不動山城主。
¶戦辞

**山本寺定長** さんぼんじさだなが，さんぽんじさだなが
生没年不詳
安土桃山時代の武将。上杉氏家臣。
¶戦辞(さんぽんじさだなが)，戦人，戦東



**三山五郎兵衛** さんやまごろうびょうえ
戦国時代の武将。後北条氏家臣。
¶戦東

**三山綱定** さんやまつなさだ
生没年不詳
戦国時代の武士。北条氏家臣。
¶埼玉人，戦辞

**三与一** さんよいち
平安時代後期の武士。佐那田余一義忠・那須与市宗高・浅利与一遠忠の3武将。
¶山梨百

## 【し】

**塩飽右近** しあくうこん
生没年不詳
鎌倉時代後期の武士。
¶北条

**塩飽三郎兵衛** しあくさぶろうひょうえ
生没年不詳
鎌倉時代後期の武士。
¶北条

**塩飽聖遠** しあくしょうえん
→塩飽聖遠(しあくしょうおん)

**塩飽聖遠** しあくしょうおん
？～元弘3/正慶2(1333)年　[別]塩飽聖遠《しあくしょうえん》
鎌倉時代後期の武将。
¶人名，日人，北条(しあくしょうえん)

**塩飽宗遠** しあくむねとお
生没年不詳
鎌倉時代後期の武士。
¶北条

**椎木河内** しいぎかわち
安土桃山時代～江戸時代前期の武士。里見氏家臣。
¶戦人(生没年不詳)，戦東

**椎津中務少輔** しいつなかつかさしょうゆう
？～天正3(1575)年
戦国時代～安土桃山時代の地方豪族・土豪。
¶戦人

**椎名景直** しいなかげなお
生没年不詳
戦国時代の武将。
¶富山百

**椎名勝胤** しいなかつたね
戦国時代の武将。
¶姓氏富山

**椎名小四郎** しいなこしろう
安土桃山時代の武士。上杉氏家臣。
¶姓氏富山，戦人(生没年不詳)

**椎名五郎入道** しいなごろうにゅうどう
生没年不詳
鎌倉時代の御家人。
¶徳島歴

**椎名甚左衛門** しいなじんざえもん
？～元亀3(1572)年
戦国時代～安土桃山時代の武田家臣。馬場信春の与力。
¶姓氏山梨

**椎名駿河守** しいなするがのかみ
生没年不詳
安土桃山時代の織田信長の家臣。
¶織田

**椎名胤光** しいなたねみつ
生没年不詳
鎌倉時代の房総の武士。
¶千葉百

**椎名長常** しいなながつね
生没年不詳
戦国時代の武将。
¶富山百

**椎名孫八** しいなまごはち
南北朝時代の武将。
¶姓氏富山

**椎名康胤** しいなやすたね
？～＊
戦国時代～安土桃山時代の地方豪族・土豪。上杉氏家臣、武田氏家臣。
¶姓氏富山，姓氏山梨([没]1575年)，戦辞(生没年不詳)，戦人([没]天正4(1576)年)，富山百([没]元亀4(1573)年)

**椎名慶胤** しいなよしたね
生没年不詳
戦国時代の武将。
¶富山百

**椎名順胤** しいなよりたね
生没年不詳
室町時代の武将。
¶富山百

**椎根津彦** しいねつひこ
[別]椎根津彦命《しいねつひこのみこと》，槁根津日子《さおねつひこ》，珍彦《うずひこ》
上代の倭直の祖。神武東征で先導役を務める。

¶朝日，国史(椎根津彦命　しいねつひこのみこと)，古史，古代，コン改，コン4，史人(椎根津彦命　しいねつひこのみこと)，神史，新潮，人名，日史(橋根津日子　さおねつひこ)，日人，百科(橋根津日子　さおねつひこ)

**椎根津彦命　しいねつひこのみこと**
→椎根津彦(しいねつひこ)

**椎橋権左衛門　しいはしごんざえもん**
　？　～天正11(1583)年
　安土桃山時代の武将。
　¶戦人

**志内景澄　しうちかげずみ**
　？　～永暦1(1160)年
　平安時代後期の武士。源義朝の家臣。
　¶人名，日人

**四王天政実　しおうてんまさみ**
　？　～元和9(1623)年
　安土桃山時代～江戸時代前期の武士、越前福井藩士。
　¶藩臣3

**塩河勘十郎　しおかわかんじゅうろう**
　生没年不詳
　安土桃山時代の織田信長の家臣。
　¶織田

**塩川喜左衛門　しおかわきざえもん**
　安土桃山時代の武士。豊臣氏家臣。
　¶戦国，戦人(生没年不詳)

**塩河橘大夫　しおかわきつだゆう**
　安土桃山時代の織田信長の家臣。
　¶織田

**塩川国満　しおかわくにみつ**
　戦国時代の武将。織田氏家臣。
　¶戦人(生没年不詳)，戦補

**塩川仲延　しおかわなかのぶ**
　生没年不詳
　安土桃山時代の織田信長の家臣。
　¶織田

**塩河長満　しおかわながみつ**
　生没年不詳
　安土桃山時代の織田信長の家臣。
　¶織田

**塩川秀満　しおかわひでみつ**
　永享2(1430)年～明応9(1500)年7月14日
　室町時代～戦国時代の武将・連歌作者。
　¶国書

**塩崎某　しおざきぼう**
　戦国時代の武将。武田家臣。信濃先方衆。
　¶姓氏山梨

**塩田国時　しおだくにとき**
→北条国時(2)(ほうじょうくにとき)

**塩田睦奥八郎　しおだむつはちろう**
　生没年不詳
　鎌倉時代後期の武士。

¶北条

**塩田義政　しおだよしまさ**
→北条義政(1)(ほうじょうよしまさ)

**塩田若狭守　しおだわかさのかみ**
　生没年不詳
　安土桃山時代の織田信長の家臣。
　¶織田

**塩津友重　しおづともしげ**
　生没年不詳
　戦国時代の穴山梅雪の家臣。
　¶戦辞

**塩谷刑部大輔　しおのやぎょうぶのたいふ**
→塩谷刑部大輔(しおやぎょうぶだゆう)

**塩谷五郎惟広　しおのやごろうこれひろ**
　鎌倉時代前期の武士。
　¶埼玉百

**塩野屋宗四郎　しおのやそうしろう**
　安土桃山時代の武将。秀吉馬廻。
　¶戦国，戦人(生没年不詳)

**塩谷孝綱　しおのやたかつな**
→塩谷孝綱(しおやたかつな)

**塩谷盛綱　しおのやもりつな**
　生没年不詳
　戦国時代の佐竹氏の家臣。
　¶戦辞

**塩谷義綱　しおのやよしつな**
　生没年不詳
　戦国時代の宇都宮氏の重臣「御宿老中」の1人。
　¶戦辞

**塩乗津彦　しおのりつひこ**
　上代の武人。任那鎮守府将軍。
　¶人名，日人

**塩見利勝　しおみとしかつ**
　？　～天正7(1579)年
　戦国時代の丹波の土豪。
　¶京都府

**塩見頼氏　しおみよりうじ**
　？　～永禄12(1569)年
　戦国時代の丹波の土豪。
　¶京都府

**塩屋秋貞　しおやあきさだ**
　？　～天正11(1583)年
　安土桃山時代の地方豪族・土豪。飛騨地方の武将。上杉氏家臣。
　¶岐阜百，戦人

**塩谷家光　しおやいえみつ**
　？　～建保1(1213)年5月
　鎌倉時代前期の武蔵武士。
　¶埼玉人

**塩谷越前守　しおやえちぜんのかみ**
　戦国時代の武将。佐竹氏家臣。
　¶戦東

**塩谷刑部大輔** しおやぎょうぶだゆう
[別]塩谷刑部大輔《しおのやぎょうぶのたいふ》
戦国時代の武将。佐竹氏家臣。
¶戦辞（しおのやぎょうぶのたいふ　生没年不詳），戦東

**塩谷維守** しおやこれもり
？～建保1（1213）年5月
鎌倉時代前期の武蔵武士。
¶埼玉人

**塩谷孝綱** しおやたかつな
？～天文15（1546）年　[別]塩谷孝綱《しおのやたかつな》
戦国時代の武将。
¶戦辞（しおのやたかつな　[没]天文15年10月19日（1546年11月12日）），戦人，栃木歴（しおのやたかつな）

**塩谷孝信** しおやたかのぶ
生没年不詳
安土桃山時代の武将。
¶戦人

**塩谷親朝** しおやちかとも
？～建長2（1250）年10月14日
鎌倉時代前期の武家・歌人。
¶国書

**塩谷朝業** しおやともなり
→信生（しんしょう）

**塩谷泰朝** しおややすとも
生没年不詳
鎌倉時代前期の武家・歌人。
¶国書

**塩谷義孝** しおやよしたか
生没年不詳
安土桃山時代の武将。
¶戦人

**志賀鑑隆** しがあきたか
？～天正16（1588）年
安土桃山時代の武士。
¶戦人，戦西

**志賀義天** しがぎてん
南北朝時代の武将。
¶人名，日人（生没年不詳）

**志賀小左衛門** しがこざえもん
安土桃山時代の武将。
¶戦国

**志賀貞朝** しがさだとも
生没年不詳
南北朝時代の武将。
¶鎌室，人名，日人

**志賀貞泰** しがさだやす
生没年不詳
鎌倉時代後期の武士。
¶鎌室

**志賀鎮隆** しがしげたか
？～天正14（1586）年
安土桃山時代の武士。
¶戦人，戦西

**志賀親次** しがちかつぐ
*～？　[別]ドン＝パウロ，志賀小左衛門尉《しがこざえもんのじょう》
安土桃山時代のキリシタン、武将。
¶近世（生没年不詳），国史（生没年不詳），新潮（生没年不詳），人名（[生]1569年），戦合（生没年不詳），戦人（[生]永禄9（1566）年），戦西（[生]1569年），日人（[生]1566年？）

**志賀親度**（志賀親教） しがちかのり
？～天正15（1587）年　[別]志賀親孝《しがちかたか》
安土桃山時代の武士。
¶鎌室（志賀親教　生没年不詳），系西（生没年不詳），人名（志賀親教），戦人，戦西，日人

**志賀親守** しがちかもり
生没年不詳　[別]志賀道輝《しがどうき》
安土桃山時代の武将。豊後岡城主。
¶大分歴（志賀道輝　しがどうき），系西，戦人，戦西，日人

**志賀親安** しがちかやす
戦国時代の豊後直入郡岡城主。
¶人名

**志賀親善** しがちかよし
永禄11（1568）年～？
戦国時代の武将。
¶大分歴

**志賀道輝** しがどうき
→志賀親守（しがちかもり）

**四釜尾張守隆宗** しかまおわりのかみたかむね
戦国時代の武将。大崎氏家臣。
¶戦東

**四釜隆秀** しかまたかひで
生没年不詳
安土桃山時代の武将。大崎氏家臣。
¶戦人

**志賀泰朝** しがやすとも
生没年不詳
鎌倉時代後期の御家人。
¶大分歴，鎌室，日人

**志賀能郷** しがよしさと
生没年不詳
鎌倉時代前期の武士。
¶大分歴，鎌室，諸系，日人

**志賀能長** しがよしなが
→志賀頼房（しがよりふさ）

**志賀頼房** しがよりふさ
生没年不詳　[別]志賀能長《しがよしなが》
南北朝時代の武将。
¶鎌室，新潮，人名（志賀能長　しがよしなが），

日人

**志貴右衛門尉** しきうえもんのじょう
南北朝時代の武士。楠木正成の家臣。
¶人名，日人(生没年不詳)

**志木次右衛門** しぎじうえもん
→志木次右衛門(しきじえもん)

**志木次右衛門** しきじえもん
[別]志木次右衛門《しぎじうえもん》
安土桃山時代～江戸時代前期の武士。里見氏家臣。
¶戦人(生没年不詳)，戦東(しぎじうえもん)

**志岐鎮経** しきしげつね
→志岐麟泉(しきりんせん)

**敷地藤安** しきじふじやす
→敷地藤安(しきぢふじやす)

**志岐親重** しきちかしげ
？ ～慶長12(1607)年
安土桃山時代～江戸時代前期の武将。
¶戦人

**敷地藤安** しきぢふじやす，しきじふじやす
～天文9(1540)年
戦国時代の敷地村城主。
¶高知人(しきじふじやす　[没]1540年，(異説)1533年？)

**敷根頼賀** しきねよりいわ
？ ～慶長1(1596)年　[別]敷根頼賀《しきねよりが》
安土桃山時代～江戸時代前期の武士。
¶姓氏鹿児島(しきねよりが)，戦人(生没年不詳)，戦西

**敷根頼賀** しきねよりが
→敷根頼賀(しきねよりいわ)

**志岐諸経** しきもろつね
→志岐麟泉(しきりんせん)

**執行越前守種兼** しぎょうえちぜんのかみたねかね
→執行種兼(しぎょうたねかね)

**執行種兼** しぎょうたねかね
？ ～天正12(1584)年　[別]執行越前守種兼《しぎょうえちぜんのかみたねかね》
安土桃山時代の武士。
¶戦人，戦西(執行越前守種兼　しぎょうえちぜんのかみたねかね)

**志岐麟泉**(志岐麟仙) しきりんせん
生没年不詳　[別]志岐諸経《しきもろつね》，志岐鎮経《しきしげつね》，ジュアン，ジョアン
安土桃山時代の肥後天草の武将。志岐城城主。
¶朝日，国史，古中，コン改(志岐麟仙)，コン4(志岐麟仙)，史人，新潮，人名(志岐麟仙)，戦合，戦国(志岐諸経　しきもろつね　[没]1589年)，戦人(志岐鎮経　しきしげつね　[没]天正17(1589)年)，日人([没]1589年)

**重清長政** しげきよながまさ
→小笠原長政(1)(おがさわらながまさ)

**繁沢元氏** しげさわもとうじ，しげざわもとうじ
*～寛永8(1631)年
安土桃山時代～江戸時代前期の武士。
¶戦人([生]弘治2(1556)年)，戦西(しげざわもとうじ　[生]？)

**重田木工之助** しげたもくのすけ
生没年不詳
戦国時代の北条氏の家臣。
¶戦辞

**成富茂安** しげとみしげやす
→成富兵庫(なるとみひょうご)

**滋野親忠** しげののちかただ
→楯親忠(たてちかただ)

**滋野行親** しげののゆきちか
→根井行親(ねのいゆきちか)

**重原次広** しげはらつぐひろ
？ ～承久3(1221)年？
平安時代後期～鎌倉時代前期の三河の御家人。
¶姓氏愛知

**重久篤兼** しげひさあつかね
南北朝時代の武将。大隅国御家人。
¶姓氏鹿児島

**重松中務大輔頼幸** しげまつなかつかさのたゆうよりゆき
→重松頼幸(しげまつよりゆき)

**重松頼幸** しげまつよりゆき
[別]重松中務大輔頼幸《しげまつなかつかさのたゆうよりゆき》
戦国時代の武士。
¶戦人(生没年不詳)，戦西(重松中務大輔頼幸　しげまつなかつかさのたゆうよりゆき)

**重見通種** しげみみちたね
？ ～弘治1(1555)年
戦国時代の武将、陶晴賢の臣。
¶人名，日人

**宍甘太郎右衛門** しじかいたろうえもん
安土桃山時代の武士。
¶岡山人，岡山歴，戦人(生没年不詳)，戦西

**宍甘太郎兵衛** しじかいたろうべえ
→宍甘太郎兵衛(しじかいたろべえ)

**宍甘太郎兵衛** しじかいたろべえ
[別]宍甘太郎兵衛《しじかいたろうべえ》
安土桃山時代の武士。
¶岡山人，岡山歴(しじかいたろうべえ)，戦人(生没年不詳)，戦西(しじかいたろうべえ)

**宍草政之** ししくさまさゆき
生没年不詳
室町時代の武士。
¶徳島歴

**宍倉長雄** ししくらながかつ
生没年不詳
戦国時代の相模守護の扇谷上杉朝興の側近。
¶戦辞

し

し

**宍戸家政** ししどいえまさ
？～建保1(1213)年
鎌倉時代前期の武士。
¶鎌室，日人

**宍戸隆家** ししどたかいえ
？～文禄1(1592)年
安土桃山時代の武士。
¶戦人，戦西，戦補

**宍戸元続**(宍戸元継) ししどもとつぐ
永禄6(1563)年～寛永8(1631)年
安土桃山時代～江戸時代前期の武将、長州(萩)藩家老。隆家の孫。
¶岡山人(宍戸元継)，姓氏山口，藩臣6

**宍戸義利** ししどよしとし
生没年不詳
戦国時代の常陸国人。
¶戦辞

**宍戸義長** ししどよしなが
生没年不詳
安土桃山時代～江戸時代前期の武将。佐竹氏家臣。
¶戦人

**志道広良** しじひろよし
*～弘治3(1557)年
戦国時代の武士。
¶戦人([生]応仁1(1467)年)，戦西([生]？)

**四条金吾** しじょうきんご
→四条頼基(しじょうよりもと)

**四条頼基** しじょうよりもと
[別]四条金吾《しじょうきんご》
鎌倉時代後期の武士。頼員の子で日蓮に帰依。
¶朝日(生没年不詳)，神奈川人([没]1296年？)，鎌倉(生没年不詳)，鎌室(生没年不詳)，国史(生没年不詳)，古中(生没年不詳)，コン改(生没年不詳)，コン4(生没年不詳)，史人([生]？　[没]1296年？)，新潮(生没年不詳)，人名，世人([生]寛喜2(1230)年　[没]正安2(1300)年)，長野百(四条金吾　しじょうきんご　[生]？　[没]1300年)，長野歴(四条金吾　しじょうきんご　[生]？　[没]正安2(1300)年)，日人([生]1229年　[没]1296年)，仏教([生]寛喜1(1229)年　[没]永仁4(1296)年3月15日)，北条(生没年不詳)，山梨百(四条金吾　しじょうきんご　[生]寛喜2(1230)年　[没]正安2(1300)年3月15日)

**鎮目市左衛門** しずめいちざえもん
永禄7(1564)年～寛永4(1627)年
安土桃山時代～江戸時代前期の佐渡奉行。
¶新潟百

**信太伊勢守** しだいせのかみ
？～元亀1(1570)年2月12日
戦国時代～安土桃山時代の常陸小田氏の家臣。
¶戦辞

**信太掃部助** しだかもんのすけ
？～永禄7(1564)年　[別]信太治房《しだはるふさ》
戦国時代の武士。
¶戦辞(信太治房　しだはるふさ　[没]永禄7年1月29日(1564年3月12日))，戦人

**信太駿河守** しだするがのかみ
戦国時代～安土桃山時代の武将。佐竹氏家臣。
¶戦辞(生没年不詳)，戦東

**下平修理亮** しただいらしゅりのすけ
生没年不詳
戦国時代の越後の国人。
¶戦辞

**信太範宗** しだのりむね
？～天文23(1554)年
戦国時代の武将。
¶戦人

**信太治房** しだはるふさ
→信太掃部助(しだかもんのすけ)

**志駄春義** しだはるよし
？～永禄6(1563)年8月19日
戦国時代～安土桃山時代の上杉氏の家臣。
¶戦辞

**志田義秀** しだよしひで
永禄3(1560)年～寛永9(1632)年
安土桃山時代～江戸時代前期の出羽米沢藩執事。
¶庄内([生]永禄4(1561)年　[没]寛永9(1632)年8月16日)，藩臣1，山形百

**志太義広**(志田義広) しだよしひろ
→源義広(みなもとのよしひろ)

**設楽** したら
生没年不詳
戦国時代の北条氏照の奉行人。
¶戦辞

**設楽貞道**(設楽貞通) しだらさだみち，したらさだみち
天文3(1534)年～慶長1(1596)年
安土桃山時代の武士。三河新城川路城主。松平氏家臣、今川氏家臣、徳川氏家臣。
¶人名(したらさだみち　[生]1535年)，姓氏愛知(設楽貞通　したらさだみち　[生]1535年)，戦辞(設楽貞通　したらさだみち　[没]慶長1年12月27日(1597年2月13日))，戦人，戦東(設楽貞通)，日人([没]1597年)

**設楽貞代** しだらさだよ
天正16(1588)年～寛永15(1638)年
安土桃山時代～江戸時代前期の武士。
¶日人

**設楽成兼** したらしげかね
生没年不詳
戦国時代の古河公方足利成氏の家臣。
¶戦辞

**設楽利継** しだらとしつぐ
？～元亀2(1571)年3月20日
戦国時代～安土桃山時代の千葉氏の奉行人。
¶戦辞

**七条兼仲** しちじょうかねなか
？～天正10(1582)年

安土桃山時代の武将。
¶戦人

**七戸家国** しちのへいえくに
? ～天正19(1591)年
安土桃山時代の武将。南部氏家臣。
¶青森人(生没年不詳), 戦人

**七戸隼人正** しちのへはやとのしょう
? ～正保4(1647)年
江戸時代前期の武士、七戸南部家初代。南部藩家老。
¶青森人

**七里頼周** しちりよりちか
生没年不詳 [別]七里頼周《しちりらいしゅう》
安土桃山時代の本願寺代官。
¶石川百(しちりらいしゅう), 戦人, 戦補

**七里頼周** しちりらいしゅう
→七里頼周(しちりよりちか)

**実相寺統国** じっそうじむねくに
生没年不詳
安土桃山時代の武将。大友氏家臣。
¶戦人

**尻高景家** しったかかげいえ
? ～*
安土桃山時代の武将、尻高城主三河守の一族。
¶人名([没]1580年), 日人([没]1574年)

**尻高左京亮** しったかさきょうのすけ
生没年不詳
戦国時代の上杉顕定の家臣。
¶戦辞

**尻高憲重** しったかのりしげ
生没年不詳
南北朝時代の尻高城主。
¶群馬人

**尻高義隆** しったかよしたか
? ～天正8(1580)年
安土桃山時代の武将。
¶人名, 日人

**志津野一左衛門** しづのいちざえもん
生没年不詳
戦国時代の武士。北条氏家臣。
¶戦辞

**紫藤新六** しとうしんろく
生没年不詳
戦国時代の武士。後北条氏家臣。
¶戦辞, 戦人, 戦東

**品川狼之助** しながわおおかみのすけ
戦国時代の武士。小早川隆景の臣。
¶人名

**品河実員** しながわさねかず
生没年不詳
鎌倉時代前期の武士。
¶鎌室

**品川大膳** しながわだいぜん
? ～永禄8(1565)年
戦国時代の武士。
¶島根百, 島根歴, 日人(生没年不詳)

**信濃兵部丞** しなのひょうぶのじょう
生没年不詳
安土桃山時代の織田信長の家臣。
¶織田

**信濃行忠** しなのゆきただ
→二階堂行忠(にかいどうゆきただ)

**篠岡彦兵衛尉** しのおかひこべえのじょう
生没年不詳
戦国時代の北条一族の北条幻庵・同氏隆の家臣。
¶戦辞

**篠河秀重** しのかわひでしげ
戦国時代の種子島氏家臣。
¶姓氏鹿児島

**篠窪三郎左衛門尉** しのくぼさぶろうざえもんのじょう
生没年不詳
戦国時代の扇谷上杉氏の家臣。
¶戦辞

**篠窪修理亮** しのくぼしゅりのすけ
生没年不詳
戦国時代の武士。後北条氏家臣。
¶戦辞, 戦人, 戦東

**篠窪出羽入道** しのくぼでわにゅうどう
生没年不詳
戦国時代の北条氏の家臣。
¶戦辞

**篠窪遠江守** しのくぼとおとうみのかみ
生没年不詳
戦国時代の北条氏の家臣。
¶戦辞

**篠窪民部丞** しのくぼみんぶのじょう
生没年不詳
戦国時代の武士。後北条氏家臣。
¶戦辞, 戦人, 戦東

**篠窪弥太郎** しのくぼやたろう
安土桃山時代の武将。後北条氏家臣。
¶戦東

**篠崎信直** しのざきのぶなお
[別]篠崎参河信直《しのざきみかわのぶなお》
安土桃山時代の武士。葛西氏家臣。
¶戦人(生没年不詳), 戦東(篠崎参河信直 しのざきみかわのぶなお)

**篠崎参河** しのざきみかわ
? ～天正18(1590)年
戦国時代～安土桃山時代の南小梨城城主。
¶姓氏岩手

**篠崎参河信直** しのざきみかわのぶなお
→篠崎信直(しのざきのぶなお)

**篠沢新九郎** しのざわしんくろう
戦国時代の武将。武田家臣。望月信雅家中。
¶姓氏山梨

**篠田大隅守** しのだおおすみのかみ
？ ～
戦国時代～安土桃山時代の武士。千葉氏家臣。
¶戦辞（[没]文禄4年3月15日（1594年4月24日））

**篠田彦右衛門尉** しのだひこえもんのじょう
戦国時代の武将。後北条氏家臣。
¶戦東

**篠塚伊賀守** しのづかいがのかみ
南北朝時代の南朝方の武士。
¶埼玉百

**篠塚重広**（篠塚重弘） しのづかしげひろ
生没年不詳
南北朝時代の武将。
¶鎌室，群馬人，新潮（篠塚重弘），人名，姓氏群馬（篠塚重弘　[没]1402年），日人

**篠原右近助** しのはらうこんのすけ
安土桃山時代の武将。秀吉馬廻。
¶戦国，戦人（生没年不詳）

**篠原一孝** しのはらかずたか，しのはらかづたか
永禄4（1561）年～元和2（1616）年　[別]篠原出羽《しのはらでわ》
安土桃山時代～江戸時代前期の加賀藩士。前田利家の老臣。
¶石川百（しのはらかづたか），人名（篠原出羽　しのはらでわ），日人，藩臣3（[生]？）

**篠原一孝** しのはらかづたか
→篠原一孝（しのはらかずたか）

**篠原刑部少輔** しのはらぎょうぶしょうゆう
戦国時代の武士。今川氏家臣。
¶戦人（生没年不詳），戦東

**篠原左吉兵衛** しのはらさきつひょうえ
？ ～永禄5（1562）年
戦国時代～安土桃山時代の名東郡夷山城主。篠原長房の弟。
¶徳島歴

**篠原讃岐守** しのはらさぬきのかみ
戦国時代の武将。武田家臣。永禄10年の諏訪五十騎交名にみえる。
¶姓氏山梨

**篠原紫雲** しのはらしうん
？ ～天正1（1573）年
戦国時代の武将。
¶人名

**篠原自遁** しのはらじとん
生没年不詳
戦国時代の武将。
¶人名，戦人，徳島百，徳島歴，日人

**篠原庄右衛門** しのはらしょうえもん
戦国時代～安土桃山時代の武士。武田家家臣。
¶姓氏静岡

**篠原出羽** しのはらでわ
→篠原一孝（しのはらかずたか）

**篠原長次** しのはらながつぐ
？ ～慶安2（1649）年
江戸時代前期の武将、加賀藩士。
¶人名，日人，藩臣3

**篠原長秀** しのはらながひで
？ ～天正5（1577）年
戦国時代～安土桃山時代の武将。
¶戦人，徳島歴

**篠原長房** しのはらながふさ
？ ～天正1（1573）年
戦国時代の武将。
¶朝日（[没]天正1年7月16日（1573年8月13日）），岩史（[没]元亀4（1573）年5月13日），国史（[没]1572年），古中（[没]1572年），コン4，史人（[没]1573年5月13日），人書94，新潮（[没]天正1（1573）年5月13日），戦合（[没]1572年），戦国，戦人，戦西，徳島百（[没]元亀3（1572）年7月16日），徳島歴（[没]元亀3（1572）年7月16日），日史（[没]天正1（1573）年5月13日），日人（[没]1572年），百科

**篠原長政** しのはらながまさ
生没年不詳
戦国時代の武将。
¶徳島歴

**篠原又一郎** しのはらまたいちろう
安土桃山時代の武将。秀吉馬廻。
¶戦国，戦人（生没年不詳）

**篠原通知** しのはらみちとも
生没年不詳
戦国時代の水戸城主江戸氏の宿老。
¶戦辞

**四宮隠岐守** しのみやおきのかみ
安土桃山時代の武将。
¶岡山人，岡山歴

**四宮左衛門太郎** しのみやさえもんたろう
生没年不詳
鎌倉時代後期の武人。
¶長野歴

**四宮図書助** しのみやずしょのすけ
戦国時代の武将。今川氏家臣。
¶戦辞（生没年不詳），戦東

**四宮輝明** しのみやてるあき
？ ～永禄3（1560）年
戦国時代の武将。今川氏家臣。
¶戦東

**篠宮出羽守** しのみやでわのかみ
？ ～天正6（1578）年6月
戦国時代～安土桃山時代の上杉憲藤の家臣。
¶戦辞

**四宮長能** しのみやながよし
？ ～永正1（1504）年

戦国時代の武士。
¶戦人，戦西

**四宮光利** しのみやみつとし
生没年不詳
安土桃山時代の武士。豊臣氏家臣。
¶戦人

**四宮泰雄** しのみややすかつ
戦国時代の武将。今川氏家臣。
¶戦東

**四宮泰冬** しのみややすふゆ
？ ～永禄12（1569）年3月
戦国時代～安土桃山時代の今川氏の家臣。
¶戦辞

**四宮与吉兵衛** しのみやよきちべえ
生没年不詳　[別]四宮与吉兵衛《しのみやよきつひょうえ》
戦国時代の武士。
¶徳島歴（しのみやよきつひょうえ），日人

**四宮与吉兵衛** しのみやよきつひょうえ
→四宮与吉兵衛（しのみやよきちべえ）

**篠山資家** しのやますけいえ
？ ～慶長5（1600）年　[別]篠山資家《ささやますけいえ》
安土桃山時代の武士。徳川家康の臣。
¶人名，日人（ささやますけいえ）

**斯波詮直** しばあきなお
生没年不詳
戦国時代の武将。
¶姓氏岩手，戦人

**斯波家氏** しばいえうじ
生没年不詳　[別]足利家氏《あしかがいえうじ》
鎌倉時代の武将。
¶鎌室，コン改，コン4，諸系，新潮，人名，日人，北条（足利家氏　あしかがいえうじ）

**斯波家兼** しばいえかね
延慶1（1308）年～正平11/延文1（1356）年　[別]大崎家兼《おおさきいえかね》
鎌倉時代後期～南北朝時代の武将。宗氏の子。高経は兄。
¶朝日（[没]延文1/正平11年6月13日（1356年7月11日）），系東（大崎家兼　おおさきいえかね），国史，古中，史人（[没]1356年6月13日），諸系，姓氏宮城，日史（[没]延文1/正平11（1356）年6月13日），日人，百科，宮城百

**斯波家貞** しばいえさだ
生没年不詳
鎌倉時代後期の武士。
¶北条

**斯波家長** しばいえなが
？ ～延元2/建武4（1337）年　[別]斯波家長《しわいえなが》
鎌倉時代後期～南北朝時代の武将。高経の長子。陸奥守。
¶朝日（[没]建武4/延元2年12月25日（1338年1月16日）），岩手百（しわいえなが　[生]1323年　[没]1339年），神奈川人，鎌倉（しわいえなが），国史，古中，史人（[没]1337年12月25日），諸系（[生]1321年　[没]1338年），新潮（[没]建武4/延元2（1337）年12月25日），姓氏岩手（[生]1321年），姓氏神奈川，日人（[生]1321年　[没]1338年），歴大

**斯波氏経** しばうじつね
生没年不詳　[別]足利氏経《あしかがうじつね》
南北朝時代の武将。高経の次男、家長は兄。
¶朝日，大分歴，鎌室，国史，国書，古中，諸系，人名（足利氏経　あしかがうじつね），日人

**斯波和義** しばかずよし
生没年不詳
南北朝時代の武将・歌人。
¶国書

**斯波兼頼** しばかねより
？ ～天授5/康暦1（1379）年
南北朝時代の武将。
¶諸系，日人，山形百（[生]正和5（1316）年）

**柴崎但馬** しばざきたじま
生没年不詳
戦国時代の北条氏の家臣。小机衆の中田加賀守の代官。
¶戦辞

**芝崎孫三** しばざきまごぞう
生没年不詳
安土桃山時代の織田信長の家臣。
¶織田

**柴田大蔵** しばたおおくら
生没年不詳
安土桃山時代の武士。
¶戦人

**柴田勝家** しばたかついえ
大永2（1522）年～天正11（1583）年
戦国時代～安土桃山時代の武将。信長の家臣。
¶愛知百（[没]1583年4月24日），朝日（[生]？　[没]天正11年4月24日（1583年6月14日）），石川百（[生]？），岩史（[生]大永2（1522）年？　[没]天正11（1583）年4月24日），織田（[生]？　[没]天正11（1583）年4月24日），角史（[生]？），郷土福井，系西，国史（[生]？），古中（[生]？），コン改，コン4，茶道，史人（[生]？　[没]1583年4月24日），重要（[生]大永2（1522）年？　[没]天正11（1583）年4月24日），諸系，人書94，新潮（[没]天正11（1583）年4月24日），人名，姓氏愛知（[生]1530年　[没]1584年），姓氏石川，世人（[没]天正11（1583）年4月24日），世百，戦合（[生]？），戦国，全書，戦人（[生]？），大百，伝記（[生]？），日史（[生]？　[没]天正11（1583）年4月24日），日人，百科（[生]？），福井百（[生]？），歴大（[生]？）

**柴田勝定** しばたかつさだ
生没年不詳
安土桃山時代の織田信長の家臣。
¶織田

し

**柴田勝重(1)** しばたかつしげ
？ ～文亀3(1503)年
室町時代～戦国時代の武士。足利9代将軍義尚家臣。尾張一色城城主。
¶姓氏愛知

**柴田勝重(2)** しばたかつしげ
天正7(1579)年～寛永9(1632)年
安土桃山時代～江戸時代前期の仙川領主。
¶多摩

**柴田勝豊** しばたかつとよ
？ ～天正11(1583)年
安土桃山時代の武将。
¶織田([没]天正11(1583)年4月16日)，諸系，新潮([没]天正11(1583)年4月)，人名，戦国，戦人，日人

**斯波高経** しばたかつね
嘉元3(1305)年～正平22/貞治6(1367)年 [別]足利高経《あしかがたかつね》
鎌倉時代後期～南北朝時代の武将。宗氏の子。
¶朝日([没]貞治6/正平22年7月13日(1367年8月9日))，岩史([没]貞治6(1367)年7月13日)，角史，鎌室，京都大，郷土福井(しば(あしかが)たかつね)，国史，国書([没]貞治6(1367)年7月13日)，古中，コン改，コン改(足利高経 あしかがたかつね)，コン4，史人([没]1367年7月13日)，諸系，新潮([没]貞治6/正平22(1367)年7月13日)，人名(足利高経 あしかがたかつね)，世人，世人(足利高経 あしかがたかつね)，世百，全書，大百，富山百([没]貞治6(1367)年7月13日)，日史([没]貞治6/正平22(1367)年7月13日)，日人，百科，福井百，歴大

**柴田勝久** しばたかつひさ
永禄11(1568)年～天正11(1583)年
安土桃山時代の武将。
¶諸系，人名，日人

**柴田勝政** しばたかつまさ
弘治3(1557)年～天正11(1583)年
安土桃山時代の武士。豊臣氏家臣。
¶諸系，人名，戦国，戦人(生没年不詳)，日人

**柴田勝全** しばたかつまた
戦国時代の武士。
¶戦国，戦人(生没年不詳)

**柴田刑部左衛門** しばたぎょうぶざえもん
戦国時代の武将。
¶人名

**柴田宮内少輔** しばたくないのしょう
安土桃山時代の織田信長の家臣。
¶織田

**柴田権六** しばたごんろく
？ ～天正11(1583)年
安土桃山時代の武士。
¶戦国，戦人

**柴田次右衛門** しばたじえもん
戦国時代の武将。武田家臣。同心。
¶姓氏山梨

**新発田重家** しばたしげいえ
？ ～天正15(1587)年
安土桃山時代の武将。新発田綱貞の次男。
¶朝日([没]天正15年10月25日(1587年11月25日))，国史，古中，史人([没]1587年10月25日)，新潮([没]天正15(1587)年10月25日)，世人(生没年不詳)，戦合，戦国，戦辞([生]天文16(1547)年 [没]天正15年10月25日(1587年11月25日))，戦人，戦東，新潟百，日史([没]天正15(1587)年10月)，日人，歴大

**柴田七九郎康忠** しばたしちくろうやすただ
→柴田康忠(しばたやすただ)

**柴田七九郎康長** しばたしちくろうやすなが
→柴田康長(しばたやすなが)

**柴田紹安** しばたしょうあん，しばたじょうあん
？ ～天正14(1586)年
安土桃山時代の武士。
¶大分歴(しばたじょうあん)，戦人(生没年不詳)，戦西

**芝田次郎** しばたじろう
？ ～正治2(1200)年
鎌倉時代前期の武将。
¶鎌室(生没年不詳)，人名，姓氏宮城，日人(生没年不詳)

**斯波直持** しばただもち
→斯波直持(しばなおもち)

**新発田綱貞** しばたつなさだ
生没年不詳
戦国時代の国人。
¶戦辞，戦人，戦東

**芝田藤四郎** しばたとうしろう
戦国時代の武将。浅井氏家臣。
¶戦西

**柴田道楽** しばたどうらく
生没年不詳
安土桃山時代の織田信長の家臣。
¶織田

**新発田長敦** しばたながあつ
？ ～天正8(1580)年
安土桃山時代の国人。
¶戦辞([没]天正7(1579)年)，戦人，戦東，新潟百(生没年不詳)

**柴田治時** しばたはるとき
？ ～天正15(1587)年
安土桃山時代の武将、上杉謙信の臣。
¶人名

**芝田彦八郎** しばたひこはちろう
生没年不詳
戦国時代の武士。後北条氏家臣。
¶戦辞，戦人，戦東

**柴田宗義** しばたむねよし
生没年不詳
安土桃山時代の武将。
¶藩臣1

**新発田盛喜** しばたもりよし
？ 〜天正14（1586）年7月
戦国時代〜安土桃山時代の越後豊田荘・加地荘の国人。新潟城主。
¶戦辞

**柴田弥五左衛門** しばたやござえもん
安土桃山時代の武将。秀吉馬廻。
¶戦国，戦人（生没年不詳）

**柴田康忠**（芝田康忠） しばたやすただ
天文7（1538）年〜文禄2（1593）年 [別]柴田七九郎康忠《しばたしちくろうやすただ》
安土桃山時代の武士。徳川氏家臣。
¶埼玉人（[没]文禄2（1593）年5月26日），埼玉百（柴田七九郎康忠 しばたしちくろうやすただ），人名，戦国，戦辞（芝田康忠 [没]文禄2年5月16日（1593年6月15日）），戦人，戦東（[生]1537年 [没]？），日人

**柴田康長** しばたやすなが
天正14（1586）年〜＊ [別]柴田七九郎康長《しばたしちくろうやすなが》
安土桃山時代〜江戸時代前期の武将。徳川家の臣。
¶埼玉人（[生]天正15（1587）年 [没]寛永13（1636）年6月22日），埼玉百（柴田七九郎康長 しばたしちくろうやすなが [没]1636年），人名（[没]1635年），日人（[没]1635年）

**新発田能敦** しばたよしあつ
生没年不詳
戦国時代の越後豊田荘・加地荘の国人。
¶戦辞

**柴田礼能** しばたれいのう
？ 〜天正14（1586）年 [別]柴田リイノ《しばたりいの》，天徳寺礼能《てんとくじれいのう》
安土桃山時代の武士。
¶大分歴，戦人，戦西

**斯波直持** しばなおもち
嘉暦2（1327）年〜弘和3/永徳3（1383）年 [別]斯波直持《しばただもち》，大崎直持《おおさきなおもち》
南北朝時代の武将。
¶鎌室（生没年不詳），系東（大崎直持 おおさきなおもち），諸系（しばただもち），姓氏宮城（[生]1325年），日人（しばただもち），宮城百（[生]正中2（1325）年）

**柴橋大力之助** しばはしだいりきのすけ
戦国時代の武士。尼子氏の家臣。
¶人名

**芝正忠** しばまさただ
？ 〜元和3（1617）年
安土桃山時代〜江戸時代前期の浅野家臣。
¶和歌山人

**柴股大学義介** しばまただいがくよしすけ
戦国時代の武将。葛西氏家臣。
¶戦東

**斯波松王丸** しばまつおうまる
生没年不詳
戦国時代の武将。
¶系東，戦人

**斯波宗家** しばむねいえ
生没年不詳
鎌倉時代後期の武士。
¶北条

**斯波棟義** しばむねよし
生没年不詳
南北朝時代の武将・歌人。
¶国書

**柴山勘兵衛** しばやまかんべい
永禄11（1568）年〜慶長19（1614）年
安土桃山時代〜江戸時代前期の船奉行。
¶大分百

**芝山監物**（柴山監物） しばやまけんもつ
生没年不詳
安土桃山時代の武将、利休七哲の一人。
¶朝日，織田（柴山監物），京都大，国史，古中，茶道，新潮，姓氏京都，戦合，戦国（柴山監物），戦辞，戦人，日人

**芝山次大夫** しばやまじだゆう
生没年不詳
安土桃山時代の織田信長の家臣。
¶織田

**柴山長次郎** しばやまちょうじろう
生没年不詳
安土桃山時代の織田信長の家臣。
¶織田

**芝山正親** しばやままさちか
弘治1（1555）年〜寛永14（1637）年
安土桃山時代〜江戸時代前期の武士、堺政所職。
¶人名，日人

**芝山主水** しばやまもんど
生没年不詳
戦国時代の武士。北条氏忠の家臣。
¶戦辞

**柴山両賀** しばやまりょうが
？ 〜慶長5（1600）年
安土桃山時代の岡藩の初代藩主中川秀成に仕えた船奉行。
¶大分歴

**斯波義淳** しばよしあつ
応永4（1397）年〜永享5（1433）年
室町時代の武将。室町幕府管領。
¶鎌室（[生]？），国史，古中，史人（[没]1433年12月1日），諸系（[没]1434年），新潮（[没]永享5（1433）年12月1日），人名（[生]？），日人（[没]1434年）

**斯波義雄** しばよしお
戦国時代の斯波氏一族。
¶静岡歴（生没年不詳），姓氏静岡

**斯波義廉** しばよしかど
生没年不詳
室町時代の武将、室町幕府管領。渋川義鏡の子。

¶朝日，岩史（[生]文安3（1446）年，（異説）文安4（1447）年），角史，鎌室，京都大，系東，国史，古中，コン改，コン4，史人（[生]1446年，（異説）1447年），重要，諸系，新潮，人名，姓氏愛知，姓氏京都，世人，世百，戦合，戦辞，全書，日史，日人，百科，歴大

**斯波義銀** しばよしかね
天文9（1540）年～慶長5（1600）年
安土桃山時代の武将。
¶系東，コン改，コン4，諸系，新潮（[没]慶長5（1600）年8月16日），人名，戦人，日人

し

**斯波義郷** しばよしさと
応永17（1410）年～永享8（1436）年
室町時代の武将。義教の次男。
¶朝日（[没]永享8年9月30日（1436年11月8日）），鎌室（[生]？），諸系，人名（[生]？），日人

**斯波義達** しばよしさと
→斯波義達（しばよしたつ）

**斯波義重** しばよししげ
建徳2/応安4（1371）年～応永25（1418）年　[別]斯波義教《しばよしのり》，足利義重《あしかがよししげ》
南北朝時代～室町時代の武将、室町幕府管領。義将と吉良満貞の娘の子。
¶朝日（斯波義教　しばよしのり　[没]応永25年8月18日（1418年9月18日）），鎌室（斯波義教　しばよしのり　生没年不詳），鎌室，国史（斯波義教　しばよしのり），国書（[没]応永25（1418）年8月18日），古中（斯波義教　しばよしのり），コン改，コン4，諸系（斯波義教　しばよしのり），新潮（[没]応永25（1418）年8月18日），人名，姓氏愛知（生没年不詳），世人（[没]応永25（1418）年8月18日），日人（斯波義教　しばよしのり），歴大

**斯波義良** しばよしすけ
長禄1（1457）年～？
室町時代～戦国時代の越前・尾張・遠江守護。
¶戦辞

**斯波義高** しばよしたか
生没年不詳
南北朝時代の武将・歌人。
¶国書

**斯波義健** しばよしたけ
永享7（1435）年～享徳1（1452）年
室町時代の武将。
¶鎌室，コン改，コン4，史人（[没]1452年9月1日），諸系，新潮（[没]享徳1（1452）年9月1日），人名（[生]？），日人

**斯波義達** しばよしたつ
？～大永1（1521）年　[別]斯波義達《しばよしさと》，斯波義逵《しばよしみち》
戦国時代の武将。
¶系東，静岡百（生没年不詳），静岡歴（生没年不詳），諸系，人名（しばよしさと），姓氏静岡，戦辞（斯波義逵　しばよしみち），戦人，日人

**斯波義種** しばよしたね
正平7/文和1（1352）年～応永15（1408）年
南北朝時代～室町時代の武将。
¶石川百，鎌室，国書（[没]応永15（1408）年2月3日），コン改，コン4，諸系，新潮（[没]応永15（1408）年2月3日），姓氏石川，姓氏長野（[生]1354年），富山百（[没]応永15（1408）年2月3日），長野歴（[生]文和3（1354）年），日人

**斯波義敏** しばよしとし
*～永正5（1508）年
室町時代～戦国時代の武将。持種の子。
¶朝日（[生]永享9（1437）年　[没]永正5年11月16日（1508年12月8日）），岩史（[生]永享7（1435）年　[没]永正5（1508）年11月16日），角史（[生]？），鎌室（[生]永享7（1435）年），京都大（[生]永享7（1435）年？），系東（[生]1435年），国史（[生]？），国書（[生]永享7（1435）年　[没]永正5（1508）年11月16日），古中（[生]？），コン改（[生]永享7（1435）年？），コン4（[生]永享7（1435）年？），史人（[生]1435年？　[没]1508年11月16日），重要（[生]永享7（1435）年？），諸系（[生]1435年），新潮（[生]永享7（1435）年？　[没]永正5（1508）年11月16日），人名（[生]？），姓氏愛知（[生]？），世人（[生]永享7（1435）年　[没]永正5（1508）年11月16日），戦合（[生]？），戦辞（[生]永享7（1435）年），全書（[生]1435年），戦人（[生]永享7（1435）年），日史（[生]永享7（1435）年？　[没]永正5（1508）年11月16日），日人（[生]1435年），百科（[生]永享7（1435）年？），歴大（[生]？）

**斯波義永** しばよしなが
？～天正12（1584）年
安土桃山時代の武将。
¶諸系，人名，日人

**斯波義教** しばよしのり
→斯波義重（しばよししげ）

**斯波義寛** しばよしひろ
長禄2（1458）年～永正11（1514）年4月17日
室町時代～戦国時代の武将。
¶国書

**斯波義将** しばよしまさ
正平5/観応1（1350）年～応永17（1410）年　[別]斯波義将《しばよしゆき》，足利義将《あしかがよしまさ》
南北朝時代～室町時代の武将、室町幕府管領。高経の4男。
¶朝日（しばよしゆき　[没]応永17年5月7日（1410年6月9日）），岩史（[没]応永17（1410）年5月7日），角史，鎌室，教育，国史，国書（[没]応永17（1410）年5月7日），古中，コン改，コン4，史人（しばよしゆき　[没]1410年5月7日），諸系，新潮（[没]応永17（1410）年5月7日），人名，姓氏京都，姓氏富山，世人（[没]応永17（1410）年5月7日），世百，全書，富山百（[没]応永17（1410）年5月7日），日史（しばよしゆき　[没]応永17（1410）年5月7日），日人，百科，歴大

**斯波義逵** しばよしみち
→斯波義達（しばよしたつ）

**斯波義統** しばよしむね
　　永正10(1513)年〜天文23(1554)年
　　戦国時代の武将。尾張国守護。
　　¶鎌室（㊌?），系東（㊌?），国史，古中，コン
　　改（㊌?），コン4，諸系，新潮（㊐天文23
　　(1554)年7月12日），人名（㊌?），戦合，戦人
　　（㊌?），日人

**斯波義将** しばよしゆき
　　→斯波義将（しばよしまさ）

**地引内匠助** じびきたくみのすけ
　　安土桃山時代の武将。里見氏家臣。
　　¶戦東

**渋井内膳** しぶいないぜん
　　生没年不詳
　　安土桃山時代の武士。佐竹氏家臣。
　　¶戦人

**渋江右衛門大夫** しぶええもんのだいぶ
　　?　〜大永4(1524)年2月2日
　　戦国時代の武蔵国衆。
　　¶戦辞

**渋江加賀入道** しぶえかがにゅうどう
　　生没年不詳
　　南北朝時代の武士。
　　¶埼玉人

**渋江景胤** しぶえかげたね
　　戦国時代の武士。足利氏家臣。
　　¶戦人（生没年不詳），戦東

**渋江紀伊守** しぶえきいのかみ
　　生没年不詳
　　戦国時代の古河公方の家臣。
　　¶戦辞

**渋江小平次** しぶえこへいじ
　　生没年不詳
　　安土桃山時代〜江戸時代前期の武士、肥前大村
　　藩士。
　　¶藩臣7

**渋江三郎** しぶえさぶろう
　　?　〜享禄4(1531)年
　　戦国時代の地方豪族・土豪。
　　¶埼玉人，戦辞（㊐享禄4年9月24日(1531年9月23
　　日)），戦人（生没年不詳）

**渋江徳陰斎** しぶえとくいんさい
　　生没年不詳
　　戦国時代の古河公方の家臣。
　　¶戦辞

**渋江孫太郎** しぶえまごたろう
　　生没年不詳
　　戦国時代の武蔵国衆。
　　¶戦辞

**渋江政光** しぶえまさみつ
　　天正2(1574)年〜慶長19(1614)年
　　安土桃山時代〜江戸時代前期の出羽秋田藩家老。
　　¶秋田百，国書（㊐慶長19(1614)年1月26日），

　　人名，日人，藩臣1

**渋川貞頼** しぶかわさだより
　　生没年不詳
　　南北朝時代の武家・歌人。
　　¶国書，北条

**渋河次郎** しぶかわじろう
　　鎌倉時代の武士。駿河国有度郡入江荘を本拠とす
　　る入江武士団の一人。
　　¶姓氏静岡

**渋川直頼** しぶかわなおより
　　生没年不詳
　　南北朝時代の武士。
　　¶北条

**渋川教直** しぶかわのりなお
　　応永29(1422)年〜文明11(1479)年5月22日
　　室町時代〜戦国時代の九州探題。
　　¶佐賀百

**渋川満直** しぶかわみつなお
　　元中7/明徳1(1390)年〜永享6(1434)年
　　室町時代の武将。
　　¶鎌室

**渋川満頼** しぶかわみつより
　　文中1/応安5(1372)年〜文安3(1446)年
　　南北朝時代〜室町時代の武将。義行の子。
　　¶朝日（㊐文安3年3月13日(1446年4月9日)），岩
　　史（㊐文安3(1446)年3月13日），岡山歴（㊐文
　　安3(1446)年3月13日），角史，鎌室，国史，古
　　中，コン改，コン4，史人（㊐1446年3月13日），
　　重要（㊐文安3(1446)年3月13日），諸系，新潮
　　（㊐文安3(1446)年3月13日），人名，世人（㊐文
　　安3(1446)年3月13日），全書，日史（㊐文安3
　　(1446)年3月13日），日人，百科，歴大

**渋川義顕** しぶかわよしあき
　　生没年不詳
　　鎌倉時代の武士。
　　¶群馬人，姓氏群馬，北条

**渋川義勝** しぶかわよしかつ
　　生没年不詳
　　戦国時代の武将。
　　¶新潮，人名，戦人，日人

**渋川義鏡** しぶかわよしかね
　　生没年不詳
　　戦国時代の武将。関東探題。
　　¶鎌室，国史，古中，埼玉人，埼玉百，史人，諸
　　系，新潮，人名，戦合，戦辞，日人，歴大

**渋川義季** しぶかわよしすえ
　　正和3(1314)年〜建武2(1335)年
　　鎌倉時代後期〜南北朝時代の武将。
　　¶鎌室，群馬人（㊌正和2(1313)年），埼玉百，諸
　　系，人名，姓氏群馬，日人，北条（㊌正和2
　　(1313)年）

**渋川義堯** しぶかわよしたか
　　?　〜大永6(1526)年
　　室町時代の武将、足利氏の臣。

¶諸系, 人名, 日人

**渋川義俊** しぶかわよしとし
応永7(1400)年～永享6(1434)年
室町時代の武将。父は満頼。
¶朝日(㉒永享6年11月14日(1434年12月14日)),
鎌室, 国史, 古中, コン改(㊹弘和2/永徳2
(1382)年), コン4(㊹永徳2/弘和2(1382)
年), 史人(㉒1434年11月14日), 諸系, 新潮
(㉒永享6(1434)年11月14日), 人名, 日史
(㉒永享6(1434)年11月14日), 日人, 百科

**渋川義春** しぶかわよしはる
生没年不詳
鎌倉時代の武士。
¶北条

**渋川義行** しぶかわよしゆき
正平3/貞和4(1348)年～天授1/永和1(1375)年
南北朝時代の武将。直頼の子。武蔵守。
¶朝日(㉒永和1/天授1年8月11日(1375年9月7
日)), 岡山歴(㉒天授1/永和1(1375)年8月11
日), 神奈川人, 国史, 古中, 諸系, 日史(㉒永
和1/天授1(1375)年8月17日), 日人

**渋田見伊勢守政長** しぶたみいせのかみまさなが
→渋田見政長(しぶたみまさなが)

**渋田見長盛** しぶたみながもり
生没年不詳
戦国時代の北安曇の武将。
¶長野歴

**渋田見政長** しぶたみまさなが
㊿渋田見伊勢守政長《しぶたみいせのかみまさな
が》
戦国時代～安土桃山時代の武士。小笠原氏家臣。
¶姓氏長野(生没年不詳), 姓氏山梨, 戦人(生没
年不詳), 戦東(渋田見伊勢守政長　しぶたみ
いせのかみまさなが)

**渋垂伊勢守** しぶたれいせのかみ
生没年不詳
戦国時代の古河公方の家臣。
¶戦辞

**渋垂大炊助** しぶたれおおいのすけ
生没年不詳
戦国時代の古河公方の家臣。
¶戦辞

**渋垂下野小四郎** しぶたれしもつけこしろう
戦国時代の武将。足利氏家臣。
¶戦東

**渋垂筑前守** しぶたれちくぜんのかみ
生没年不詳
戦国時代の古河公方の家臣。
¶戦辞

**渋谷金王丸** しぶやこんのうまる
→土佐房昌俊(とさのぼうしょうしゅん)

**渋谷実重** しぶやさねしげ
生没年不詳
鎌倉時代の御家人。

¶姓氏神奈川

**渋谷重家⑴** しぶやしげいえ
㊿渋谷備前守重家《しぶやびせんのかみしげいえ》
戦国時代の武将。葛西氏家臣。
¶戦人(生没年不詳), 戦東(渋谷備前守重家　し
ぶやびぜんのかみしげいえ)

**渋谷重家⑵** しぶやしげいえ
→河崎重家(かわさきしげいえ)

**渋谷重国** しぶやしげくに
生没年不詳　㊿平重国《たいらのしげくに》
鎌倉時代前期の武将、秩父氏一族、鎌倉幕府の御
家人。
¶朝日, 神奈川人, 鎌室, 国史, 古中, 史人, 諸
系, 新潮, 姓氏神奈川, 日人, 平史(平重国
たいらのしげくに)

**渋谷重貞** しぶやしげさだ
生没年不詳
鎌倉時代の御家人。
¶姓氏神奈川

**渋谷重助** しぶやしげすけ
生没年不詳　㊿平重助《たいらのしげすけ》
平安時代後期～鎌倉時代前期の武士。
¶日人, 平史(平重助　たいらのしげすけ)

**渋谷重継** しぶやしげつぐ
室町時代の武士。
¶岡山人

**渋谷重諸** しぶやしげつら
生没年不詳
鎌倉時代の御家人。
¶姓氏神奈川

**渋谷重直** しぶやしげなお
生没年不詳
鎌倉時代の御家人。
¶姓氏神奈川

**渋谷重信** しぶやしげのぶ
？　～正保2(1645)年
江戸時代前期の武士。紀州藩士。
¶和歌山人

**渋谷重周** しぶやしげのり
生没年不詳
戦国時代の武将。
¶戦人

**渋谷重秀** しぶやしげひで
鎌倉時代の武将。薩摩国高城郷補地頭。
¶姓氏鹿児島

**渋谷重保** しぶやしげやす
生没年不詳
鎌倉時代の御家人。
¶姓氏神奈川

**渋谷重頼** しぶやしげより
？　～永享1(1429)年　㊿入来院重頼《いりきいん
しげより》
室町時代の武士。薩摩郡入来郷領主、入来院氏7

代。
¶鎌室(生没年不詳), 姓氏鹿児島(入来院重頼　いりきいんしげより), 日人

**渋谷定心** しぶやじょうしん
→入来院定心(いりきいんじょうしん)

**渋谷新左衛門** しぶやしんざえもん
戦国時代の武将。大崎氏家臣。
¶戦東

**渋谷新左衛門尉** しぶやしんさえもんのじょう
?　～文永9(1272)年
鎌倉時代の武士。
¶北条

**渋谷高重** しぶやたかしげ
?　～建暦3(1213)年　[別]平高重《たいらのたかしげ》
平安時代後期～鎌倉時代前期の武士。
¶群馬人, 姓氏神奈川, 姓氏宮城(生没年不詳), 平史(平高重　たいらのたかしげ)

**渋谷為重** しぶやためしげ
鎌倉時代の武士。
¶岡山歴

**渋谷長右衛門** しぶやちょうえもん
安土桃山時代の武士。
¶岡山人

**渋谷伝右衛門** しぶやでんえもん
生没年不詳
江戸時代前期の武士。
¶庄内

**渋谷久親** しぶやひさちか
天文3(1534)年～慶長9(1604)年
安土桃山時代の武士。明智氏家臣、豊臣氏家臣。
¶戦国, 戦人

**渋谷備前隆時** しぶやびぜんたかとき
安土桃山時代の武将。大崎氏家臣。
¶戦東

**渋谷備前守重家** しぶやびせんのかみしげいえ
→渋谷重家(1)(しぶやしげいえ)

**渋谷又三郎** しぶやまたさぶろう
生没年不詳
戦国時代の武士。後北条氏家臣。
¶戦辞, 戦人, 戦東

**渋谷光重** しぶやみつしげ
生没年不詳
鎌倉時代の御家人。
¶姓氏神奈川

**渋谷基家** しぶやもといえ
→河崎基家(かわさきもといえ)

**四方田景綱** しほうでんかげつな
生没年不詳
鎌倉時代の武士。
¶埼玉人, 北条

**四方天但馬守** しほうでんたじまのかみ
?　～天正10(1582)年　[別]四方天兵衛《しほうでんひょうえ》
安土桃山時代の武士、明智光秀の四天王の一。
¶人名, 日人(四方天兵衛　しほうでんひょうえ)

**四方田時綱** しほうでんときつな
?　～文永9(1272)年
鎌倉時代の武士。
¶埼玉人([没]文永9(1272)年2月11日), 北条

**四方天兵衛** しほうでんひょうえ
→四方天但馬守(しほうでんたじまのかみ)

**四方田弘長** しほうでんひろなが
生没年不詳
鎌倉時代の御家人。
¶姓氏宮城

**島一正** しまかずまさ
天文17(1548)年～寛永3(1626)年6月6日
戦国時代～江戸時代前期の織田信長の家臣。
¶織田

**島勝猛** しまかつたけ
→島清興(しまきよおき)

**島勘左衛門** しまかんざえもん
?　～慶長5(1600)年
安土桃山時代の武士、石田三成の臣。
¶人名, 日人

**島清興** しまきよおき
?　～慶長5(1600)年　[別]島左近《しまさこん》, 島勝猛《しまかつたけ》, 浜田甚兵衛《はまだじんべえ》
安土桃山時代の武将。石田三成の軍師。
¶朝日(島勝猛　しまかつたけ　[没]慶長5年9月15日(1600年10月21日)), 大阪人(島左近　しまさこん　[没]承応2(1653)年), 近世, 国史, 史人([没]1600年9月15日), 新潮(島勝猛　しまかつたけ　[没]慶長5(1600)年9月15日), 人名(島勝猛　しまかつたけ), 姓氏岩手(浜田甚兵衛　はまだじんべえ　[生]1563年　[没]1648年), 戦合, 戦国, 戦人, 日史(島左近　しまさこん　[没]慶長5(1600)年9月15日), 日人, 百科(島左近　しまさこん), 歴大(島勝猛　しまかつたけ)

**島倉孫左衛門** しまくらまござえもん
生没年不詳
安土桃山時代～江戸時代前期の武士。上杉氏家臣。
¶戦人

**島倉泰明** しまくらやすあき
?　～天正7(1579)年
戦国時代～安土桃山時代の上杉謙信の家臣。
¶戦辞

**島倉泰忠** しまくらやすただ
生没年不詳
戦国時代の上杉景勝の家臣。
¶戦辞

**島崎安定** しまざきやすさだ
→島崎安重(しまざきやすしげ)

**島崎安重** しまざきやすしげ
? 〜天正19(1591)年 [別]島崎安定《しまざきやすさだ》
安土桃山時代の武将。
¶戦国, 戦辞(島崎安定 しまざきやすさだ [没]天正19年2月9日(1591年4月2日)), 戦人

**島左近** しまさこん
→島清興(しまきよおき)

**島津家久** しまずいえひさ
→島津家久(2)(しまづいえひさ)

し

**島津氏久** しまずうじひさ
→島津氏久(しまづうじひさ)

**島津貞久** しまずさだひさ
→島津貞久(しまづさだひさ)

**島津日新斎** しまずじっしんさい
→島津忠良(しまづただよし)

**島津貴久** しまずたかひさ
→島津貴久(しまづたかひさ)

**島津忠時** しまずただとき
→島津忠時(しまづただとき)

**島津忠久** しまずただひさ
→島津忠久(しまづただひさ)

**島津忠将** しまずただまさ
→島津忠将(しまづただまさ)

**島津忠宗** しまずただむね
→島津忠宗(しまづただむね)

**島津忠良** しまずただよし
→島津忠良(しまづただよし)

**島津歳久** しまずとしひさ
→島津歳久(しまづとしひさ)

**島津豊久** しまずとよひさ
→島津豊久(しまづとよひさ)

**島津久経** しまずひさつね
→島津久経(しまづひさつね)

**島津師久** しまずもろひさ
→島津師久(しまづもろひさ)

**島津以久** しまずゆきひさ
→島津以久(しまづゆきひさ)

**島津義久** しまずよしひさ
→島津義久(しまづよしひさ)

**島津義弘** しまずよしひろ
→島津義弘(しまづよしひろ)

**島田外記** しまだげき
戦国時代の武将。武田家臣。廿人衆頭。
¶姓氏山梨

**島立右近大夫貞知** しまだちうこんだゆうさだとも
→島立貞知(しまだてさだとも)

**島立貞永** しまだちさだなが
? 〜永正14(1517)年
戦国時代の深志城の開基。
¶姓氏長野, 長野歴

**島立貞知** しまだてさだとも
[別]島立右近大夫貞知《しまだちうこんだゆうさだとも》
戦国時代の武士。小笠原氏家臣。
¶戦人(生没年不詳), 戦東(島立右近大夫貞知 しまだちうこんだゆうさだとも)

**島田利正** しまだとしまさ
天正4(1576)年〜寛永19(1642)年
安土桃山時代〜江戸時代前期の江戸町奉行。旗本島田重次の子。
¶朝日([没]寛永19年9月15日(1642年10月8日)), 近世, 国史, コン改, コン4, 史人([没]1642年9月15日), 新潮([没]寛永19(1642)年9月15日), 戦合, 戦人, 日史([没]寛永19(1642)年9月15日), 日人, 歴大

**嶋田内膳** しまだないぜん
生没年不詳
戦国時代の武士。北条氏忠の家臣。
¶戦辞

**島田直時** しまだなおとき
元亀1(1570)年〜寛永5(1628)年10月
安土桃山時代〜江戸時代前期の初代大坂西町奉行。
¶大阪人

**島田秀満** しまだひでみつ
戦国時代の武将。織田信長の臣。
¶織田(生没年不詳), 戦補

**島田秀頼** しまだひでより
生没年不詳
戦国時代の武士。織田氏家臣。
¶戦人

**島津彰久** しまづあきひさ
→島津彰久(しまづてるひさ)

**島津淡路守** しまづあわじのかみ
〜慶長9(1604)年8月1日
安土桃山時代〜江戸時代前期の長沼城主。
¶庄内

**島津家久(1)** しまづいえひさ
天文16(1547)年〜天正15(1587)年
安土桃山時代の武士。貴久の4男。
¶朝日([没]天正15年6月5日(1587年7月10日)), 大分歴, 国史, 国書([没]天正15(1587)年6月5日), 古中, 史人([没]1587年6月5日), 島根歴, 諸系, 新潮([没]天正15(1587)年6月5日), 人名([生]?), 戦合, 戦国([生]? [没]1610年), 戦人, 戦西([生]?), 日人

**島津家久(2)** しまづいえひさ, しまずいえひさ
天正4(1576)年〜寛永15(1638)年 [別]家久〔島津家〕《いえひさ》, 薩摩少将《さつましょうしょう》, 島津忠恒《しまづただつね》
安土桃山時代〜江戸時代前期の大名。薩摩藩主。
¶朝日([生]天正4年11月7日(1576年11月27日) [没]寛永15年2月23日(1638年4月7日)), 岩史([生]天正4(1576)年11月7日 [没]寛永15(1638)年2月23日), 沖縄百(しまずいえひさ [生]天正

4(1576)年11月7日　[没]寛永15(1638)年2月24日)，鹿児島百(しまずいえひさ　[生]天正6(1578)年)，角史，近世，公卿([生]天正4(1576)年11月7日　[没]寛永15(1638)年2月23日)，公家(家久〔島津家〕　いえひさ　[生]1576年　[没]寛永15年2月23日)，系西，国史，国書([生]天正4(1576)年11月7日　[没]寛永15(1638)年2月23日)，コン改，コン4，史人([生]1576年11月7日　[没]1638年2月23日)，重要([没]寛永15(1638)年2月23日)，諸系，新潮([生]天正4(1576)年11月　[没]寛永15(1638)年2月23日)，人名，姓氏沖縄([生]1578年)，姓氏鹿児島([生]1578年)，世人([生]天正6(1578)年11月　[没]寛永15(1638)年2月23日)，世百，戦合，戦国，全書，戦人([生]天正6(1578)年)，大百，日史([生]天正4(1576)年11月　[没]寛永15(1638)年2月23日)，日人，藩主4([生]天正4(1576)年11月7日　[没]寛永15(1638)年2月23日)，百科([生]天正6(1578)年)，歴大

**島津氏久**　しまづうじひさ，しまずうじひさ
嘉暦3(1328)年～元中4/嘉慶1(1387)年
南北朝時代の大隅守護。貞久の4男。
¶朝日，鹿児島百(しまずうじひさ)，角史，鎌室，国史，国書([没]至徳4(1387)年閏5月4日)，古中，コン改，コン4，史人([没]1387年閏5月4日)，諸系，新潮([没]嘉慶1/元中4(1387)年閏5月4日)，人名，姓氏鹿児島，世人，全書，日史([没]嘉慶1/元中4(1387)年閏5月4日)，日人，歴大

**島津勝久**　しまづかつひさ
文亀3(1503)年～天正1(1573)年
戦国時代の武将。
¶諸系，人名，姓氏鹿児島，戦人，日人

**島津国久**　しまづくにひさ
？～明応7(1498)年
室町時代～戦国時代の河辺郡加世田の領主。
¶姓氏鹿児島

**島津月下斎**　しまつげっかさい
？～慶長9(1604)年
安土桃山時代の武将。
¶藩臣1

**島津伊久**　しまづこれひさ
正平2/貞和3(1347)年～応永14(1407)年
南北朝時代～室町時代の薩摩国守護、師久の嫡子、上総介。
¶朝日([没]応永14年5月4日(1407年6月9日))，鎌室，国史，古中，コン改，コン4，諸系，新潮([没]応永14(1407)年4月6日)，人名，姓氏鹿児島，世人([没]応永16(1409)年)，日人，歴大

**島津貞忠**　しまづさだただ
？～天文5(1536)年11月10日
戦国時代の信濃国衆。
¶戦辞

**島津貞久**　しまづさだひさ，しまずさだひさ
文永6(1269)年～正平18/貞治2(1363)年
鎌倉時代後期～南北朝時代の武将、三郎左衛門尉、上総介。
¶朝日([没]貞治2/正平18年7月3日(1363年8月12日))，鹿児島百(しまずさだひさ)，角史，鎌室，国史，古中，コン改([没]正平21/貞治5(1366)年)，コン4，史人([生]1269年4月8日　[没]1363年7月3日)，諸系，新潮([没]貞治2/正平18(1363)年7月3日)，人名([没]1366年)，姓氏鹿児島，世人([没]正平21/貞治5(1366)年)，全書，日史([没]貞治2/正平18(1363)年7月3日)，日人，百科，歴大

**島津実久**　しまづさねひさ
生没年不詳
戦国時代の武士。
¶諸系，姓氏鹿児島，戦人，日人

**島津日新斎**　しまづじっしんさい，しまづじつしんさい
→島津忠良(しまづただよし)

**島津季久**　しまづすえひさ
応永20(1413)年～文明9(1477)年
室町時代～戦国時代の武将。
¶姓氏鹿児島

**島津貴久**　しまづたかひさ，しまずたかひさ
永正11(1514)年～元亀2(1571)年
戦国時代の薩摩の大名。忠良の嫡子。
¶朝日([没]元亀2年6月23日(1571年7月15日))，岩史([生]永正11(1514)年5月5日　[没]元亀2(1571)年6月23日)，鹿児島百(しまずたかひさ)，角史，系西，国史，国書([生]永正11(1514)年5月5日　[没]元亀2(1571)年6月23日)，古中，コン改，コン4，史人([生]1514年5月5日　[没]1571年6月23日)，諸系，新潮([没]元亀2(1571)年6月23日)，人名，姓氏鹿児島，世人([生]永正11(1514)年5月　[没]元亀2(1571)年6月23日)，世百，戦合，戦国([生]1515年)，全書，戦人，日史([没]元亀2(1571)年6月23日)，日人，歴大

**島津忠興**　しまづただおき
慶長5(1600)年～寛永14(1637)年
江戸時代前期の武将、大名。日向佐土原藩主。
¶諸系，日人，藩主4([生]慶長5(1600)年5月29日　[没]寛永14(1637)年6月11日)

**島津忠景**　しまづただかげ
鎌倉時代の薩摩国知覧院の地頭。
¶姓氏鹿児島

**島津忠廉**　しまづただかど
→島津忠廉(しまづただやす)

**島津忠兼**(1)　しまづただかね
生没年不詳
南北朝時代の武将。
¶鎌室，新潮，人名，日人，兵庫百

**島津忠兼**(2)　しまづただかね
？～永禄8(1565)年
戦国時代～安土桃山時代の武将。
¶姓氏鹿児島，日人

**島津忠国**　しまづただくに
応永10(1403)年～文明2(1470)年
室町時代の薩摩・大隅・日向国守護。久豊の嫡子。

し

¶朝日(生応永10年5月2日(1403年5月22日) 没文明2年1月20日(1470年2月21日)),鎌室,国史,古中,コン改,コン4,史人(生1403年5月2日 没1470年1月20日),諸系,新潮(生応永10(1403)年5月2日 没文明2(1470)年1月20日),人名,姓氏鹿児島,世人,戦合,日人

**島津忠貞** しまづたださだ
生没年不詳
戦国時代の北条氏の家臣。
¶戦辞

し

**島津忠隆** しまづただたか
明応6(1497)年～永正16(1519)年
戦国時代の武将。
¶諸系,人名,姓氏鹿児島,戦人,日人

**島津忠辰** しまづただたつ
→島津忠辰(しまづただとき)

**島津忠親** しまづただちか
永正1(1504)年～元亀2(1571)年
戦国時代の武士。
¶姓氏鹿児島,戦人,戦西

**島津忠隣** しまづただちか
? ～天正15(1587)年
安土桃山時代の武士。
¶姓氏鹿児島,戦人(生永禄12(1569)年),戦西

**島津忠綱** しまづただつな
元久2(1205)年～?
鎌倉時代前期の武将。
¶鎌室,諸系,人名,姓氏鹿児島,日人

**島津忠時** しまづただとき,しまずただとき
建仁2(1202)年～文永9(1272)年 [別]島津忠義《しまづただよし》
鎌倉時代前期の武将。
¶鹿児島百(しまずただとき 生建仁1(1201)年),鎌室,諸系,新潮(没文永9(1272)年4月10日),人名,姓氏鹿児島,日人

**島津忠辰** しまづただとき
永禄8(1565)年～* [別]島津忠辰《しまづただたつ》
安土桃山時代の武士。
¶姓氏鹿児島(没?),戦国(しまづただたつ),戦人(没文禄2(1593)年),戦西

**島津忠俊** しまづただとし
永正5(1508)年～天文18(1549)年
戦国時代の武士。
¶姓氏鹿児島,戦人,戦西

**島津忠朝**(1) しまづただとも
正平24/応安2(1369)年～?
南北朝時代～室町時代の薩摩国平佐城の城主。
¶姓氏鹿児島

**島津忠朝**(2) しまづただとも
生没年不詳
戦国時代の武将。
¶戦人

**島津忠直** しまづただなお
天正5(1577)年～慶長13(1608)年
安土桃山時代～江戸時代前期の武将。
¶諸系,人名,戦辞(生? 没慶長9年8月1日(1604年8月25日)),日人

**島津忠長**(島津忠良) しまづただなが
天文20(1551)年～慶長15(1610)年
安土桃山時代～江戸時代前期の武士。父は島津忠良の子尚久。
¶朝日(生天文20年7月17日(1551年8月18日) 没慶長15年11月9日(1610年12月23日)),近世,国史,古中,諸系,人名,姓氏鹿児島(島津忠良),戦合,戦人,戦西(生?),日人

**島津忠治** しまづただはる
延徳1(1489)年～永正12(1515)年
戦国時代の武将。
¶諸系,人名,姓氏鹿児島,戦人,日人

**島津忠久** しまづただひさ,しまずただひさ
? ～安貞1(1227)年 [別]惟宗忠久《これむねただひさ,これむねのただひさ》
鎌倉時代前期の武士。惟宗氏の出身(島津氏初代)。
¶朝日(没安貞1年6月18日(1227年8月1日)),岩史(没嘉禄3(1227)年6月18日),大阪人(生治承3(1179)年12月 没安貞1(1227)年6月),鹿児島百(しまずただひさ 生治承3(1179)年),角史(生治承3(1179)年?),神奈川人(生1179年),鎌倉,鎌室(生治承3(1179)年),国史,古中,コン4(生治承3(1179)年?),史人(生1179年 没1227年6月18日),諸系,新潮(生治承3(1179)年? 没安貞1(1227)年6月18日),人名(生1179年),姓氏鹿児島,姓氏長野,世人(生治承3(1179)年),全書,長野歴,日史(没安貞1(1227)年6月18日),日人,百科,平史(惟宗忠久 これむねのただひさ),宮崎百(しまずただひさ 生治承3(1179)年),歴大

**島津忠広** しまづただひろ
? ～天文20(1551)年
戦国時代の武士。
¶姓氏鹿児島,戦人,戦西

**島津忠将** しまづただまさ,しまずただまさ
永正17(1520)年～永禄4(1561)年
戦国時代の武士。
¶国書(没永禄4(1561)年7月12日),諸系,人名(生?),姓氏鹿児島,戦人,戦西(生?),日人,宮崎百(しまずただまさ 生? 没永禄4(1561)年7月12日)

**島津忠昌** しまづただまさ
寛正4(1463)年～永正5(1508)年
戦国時代の薩摩・大隅・日向国守護。立久の嫡子。
¶朝日(没永正5年2月15日(1508年3月16日)),国史,古中,コン改,コン4,諸系,新潮(没永正5(1508)年2月15日),人名,姓氏鹿児島,世人,戦合,戦人,日人

**島津忠光** しまづただみつ
鎌倉時代後期～南北朝時代の武将。

¶姓氏鹿児島

**島津忠宗** しまづただむね, しまずただむね
建長3（1251）年～正中2（1325）年　[別]惟宗忠宗《これむねただむね》
鎌倉時代後期の武将。
¶鹿児島百（しまずただむね），鎌室，国書（惟宗忠宗　これむねただむね　[没]正中2（1325）年11月12日），諸系，新潮（[没]正中2（1325）年11月12日），人名，姓氏鹿児島，日人

**島津忠廉** しまづただやす
？～延徳3（1491）年　[別]島津忠廉《しまづただかど》
室町時代～戦国時代の武将、日向飫肥城主。
¶諸系（しまづただかど），人名，日人（しまづただかど）

**島津忠吉**(1) しまづただよし
戦国時代の武将。武田家臣。尾張守。
¶姓氏長野（生没年不詳），姓氏山梨

**島津忠吉**(2) しまづただよし
安土桃山時代の人。新納忠常の城代。
¶姓氏鹿児島

**島津忠良** しまづただよし, しまずただよし
明応1（1492）年～永禄11（1568）年　[別]島津日新斎《しまずじっしんさい, しまづじっしんさい, しまづじつしんさい》
戦国時代の薩摩の武将。
¶朝日（[没]永禄11年12月13日（1568年12月31日）），鹿児島百（島津日新斎　しまずじっしんさい），系西，芸能（島津日新斎　しまづじっしんさい　[生]明応1（1492）年9月23日　[没]永禄11（1568）年12月13日），国史，国書（[没]永禄11（1568）年12月13日），古中，コン改，コン4，史人（[生]1492年9月23日　[没]1568年12月13日），諸系，人書94（しまずただよし），新潮（[没]永禄11（1568）年12月13日），人名，姓氏鹿児島（島津日新斎　しまづじつしんさい　[没]1586年），世人，戦合，全書，戦人，日音（島津日新斎　しまづじつしんさい　[生]明応1（1492）年9月23日　[没]永禄11（1568）年12月13日），日史（[没]永禄11（1568）年12月13日），日人，百科，歴大

**島津立久** しまづたつひさ
永享4（1432）年～文明6（1474）年　[別]島津立久《しまづはるひさ》
室町時代の守護。
¶鎌室，諸系，人名（しまづはるひさ），姓氏鹿児島，日人

**島津彰久** しまづてるひさ
永禄10（1567）年～文禄3（1594）年　[別]島津彰久《しまづあきひさ》
安土桃山時代の武士。
¶姓氏鹿児島，姓氏鹿児島（しまづあきひさ　[生]？　[没]1595年），戦人，戦西

**島津俊忠** しまづとしただ
鎌倉時代の武将。
¶姓氏鹿児島

**島津歳久** しまづとしひさ, しまずとしひさ
天文6（1537）年～文禄1（1592）年
安土桃山時代の武士。
¶諸系，人書94（しまずとしひさ　[生]？），人名（[生]？），姓氏鹿児島，戦人，戦西（[生]？），日人

**島津朝久** しまづともひさ
？～文禄2（1593）年
安土桃山時代の武将。島津氏家臣。
¶姓氏鹿児島，戦西

**島津友久** しまづともひさ
？～明応2（1493）年
室町時代～戦国時代の武将。相州島津家初代。
¶姓氏鹿児島

**島津豊久** しまづとよひさ, しまずとよひさ
元亀1（1570）年～慶長5（1600）年
安土桃山時代の武将、大名。日向佐土原城主。
¶姓氏鹿児島（[生]？），戦国，戦人，戦西（[生]？），藩主4（[没]慶長5（1600）年9月13日），宮崎百（しまずとよひさ）

**島津尚久** しまづなおひさ
享禄4（1531）年～永禄5（1562）年
戦国時代の武士。
¶姓氏鹿児島，戦人，戦西（[生]？）

**島津隼人佐** しまづはやとのすけ
生没年不詳
戦国時代の小山持政・成長の家臣。
¶戦辞

**島津立久** しまづはるひさ
→島津立久（しまづたつひさ）

**島津久経** しまづひさつね, しまずひさつね
嘉禄1（1225）年～弘安7（1284）年
鎌倉時代後期の薩摩国守護。
¶朝日（[没]弘安7年閏4月21日（1284年6月6日）），鹿児島百（しまずひさつね），鎌室，国史，古中，史人（[没]1284年閏4月21日），諸系，新潮（[没]弘安7（1284）年閏4月21日），人名，姓氏鹿児島，日人

**島津久豊**(1) しまづひさとよ
天授1/永和1（1375）年～応永32（1425）年
室町時代の武将。
¶鎌室，諸系，新潮（[没]応永32（1425）年1月），人名，姓氏鹿児島，日人

**島津久豊**(2) しまづひさとよ
生没年不詳
安土桃山時代の武将。
¶日人

**島津久信** しまづひさのぶ
天正13（1585）年～寛永14（1637）年
安土桃山時代～江戸時代前期の武将。垂水島津家4代。
¶姓氏鹿児島

**島津久元** しまづひさもと
天正9（1581）年～寛永20（1643）年
安土桃山時代～江戸時代前期の武将、薩摩藩家老。

¶諸系，人名，日人

**島津久逸　しまづひさやす**
　？ ～明応9（1500）年
　室町時代～戦国時代の伊作島津家7代、日向国櫛
　間城の城主。
　¶姓氏鹿児島

**島津久保　しまづひさやす**
　＊～文禄2（1593）年
　安土桃山時代の武士。
　¶姓氏鹿児島（㊥？），戦国（㊥1573年），戦人
　（㊥天正1（1573）年），戦西（㊥？）

**島津孫四郎　しまづまごしろう**
　戦国時代の武士。後北条氏家臣。
　¶戦人（生没年不詳），戦東

**嶋津政忠　しまづまさただ**
　室町時代の都賀郡戸矢子保の土豪。
　¶栃木歴

**島津又次郎**（嶋津又次郎）**しまづまたじろう**
　生没年不詳
　戦国時代の武士。後北条氏家臣。
　¶戦辞（嶋津又次郎），戦人，戦東

**島津宗久　しまづむねひさ**
　元亨2（1322）年～興国1/暦応3（1340）年
　南北朝時代の武将。
　¶鎌室，諸系，人名（㊗1341年），姓氏鹿児島，
　日人

**島津以久　しまづもちひさ**
　→島津以久（しまづゆきひさ）

**島津元久　しまづもとひさ**
　興国4/康永2（1343）年～応永18（1411）年　㊕島
　津孝久《しまづたかひさ》
　南北朝時代～室町時代の薩摩・大隅・日向国守
　護。氏久の嫡子。
　¶朝日（㊗応永18年8月6日（1411年8月25日）），
　鎌室（㊥貞治2/正平18（1363）年），国史，古中，
　コン改（㊥興国3/康永1（1342）年），コン4
　（㊥康永1/興国3（1342）年），史人（㊗1411年8
　月6日），諸系，新潮（㊥貞治2/正平18（1363）
　年5月20日　㊗応永18（1411）年8月6日），人
　名，姓氏鹿児島（㊥1363年），世人，日人

**島津師久　しまづもろひさ，しまずもろひさ**
　正中2（1325）年～天授2/永和2（1376）年
　南北朝時代の薩摩国守護。貞久の子。
　¶朝日（㊗永和2/天授2年3月21日（1376年4月10
　日）），鹿児島百（しまづもろひさ），鎌室，国
　史，古中，諸系，新潮（㊗永和2/天授2（1376）
　年3月21日），人名，姓氏鹿児島，日人

**嶋津主水正　しまづもんどのかみ**
　生没年不詳
　戦国時代の北条氏の家臣。
　¶戦辞

**島津弥七郎**（嶋津弥七郎）**しまづやしちろう**
　生没年不詳
　戦国時代の武士。後北条氏家臣。

¶戦辞（嶋津弥七郎），戦人，戦東

**島津泰忠　しまづやすただ**
　生没年不詳
　戦国時代の信濃国衆。
　¶姓氏長野，姓氏山梨，戦辞

**島津以久　しまづゆきひさ，しまずゆきひさ**
　天文19（1550）年～慶長15（1610）年　㊕島津以久
　《しまづゆきひさ，しまづもちひさ》
　安土桃山時代～江戸時代前期の武将、大名。
　¶朝日（しまづもちひさ　㊗慶長15年4月9日
　（1610年5月31日）），近世（しまづもちひさ），
　国史（しまづもちひさ），国書（しまづもちひさ
　㊗慶長15（1610）年4月9日），古中（しまづもち
　ひさ），史人（しまづもちひさ　㊥1550年6月20
　日　㊗1610年4月9日），諸系（しまづもちひ
　さ），人名，姓氏鹿児島（㊥？），戦合（しまづ
　もちひさ），戦西（㊥？），日人（しまづ
　もちひさ），藩主4（㊥天文19（1550）年6月20日
　㊗慶長15（1610）年4月9日），宮崎百（しまずゆ
　きひさ　㊥天文19（1550）年6月20日　㊗慶長15
　（1610）年4月9日）

**島津運久　しまづよきひさ**
　？ ～天文8（1539）年
　戦国時代の相州島津家2代。薩摩国阿多郡田布施
　郷領主。
　¶姓氏鹿児島

**島津良忠　しまづよしただ**
　戦国時代の武将。武田家臣。島津泰忠の子。
　¶姓氏長野（生没年不詳），姓氏山梨

**島津義虎　しまづよしとら**
　天文5（1536）年～天正13（1585）年
　安土桃山時代の武士。
　¶姓氏鹿児島（㊗1584年），戦人，戦西（㊥1544
　年）

**島津義久　しまづよしひさ，しまずよしひさ**
　天文2（1533）年～慶長16（1611）年　㊕島津竜伯
　《しまづりゅうはく》
　安土桃山時代～江戸時代前期の薩摩の大名。貴久
　の嫡子。
　¶朝日（㊗慶長16年1月21日（1611年3月5日）），
　岩史（㊥天文2（1533）年2月9日　㊗慶長16
　（1611）年1月21日），沖縄百（しまづよしひさ
　㊥天文2（1533）年2月9日　㊗慶長16（1611）年1
　月21日），鹿児島百（しまずよしひさ），角史，
　近世，熊本百（しまずよしひさ），系西，国史，
　国書（㊥天文2（1533）年2月9日　㊗慶長16
　（1611）年1月21日），古中，コン改，コン4，茶
　道，史人（㊥1533年2月9日　㊗1611年1月21
　日），重要，諸系，新潮（㊗慶長16（1611）年1月
　21日），人名，姓氏沖縄，姓氏鹿児島，世人
　（㊥天文2（1533）年2月　㊗慶長16（1611）年1月
　21日），世百（㊗1614年），戦合，戦国（㊥1535
　年），全書，戦人，大百，日史（㊗慶長16
　（1611）年1月21日），日人，百科，歴大

**島津義弘　しまづよしひろ，しまずよしひろ**
　天文4（1535）年～元和5（1619）年　㊕薩摩侍従
　《さつまじじゅう》

安土桃山時代〜江戸時代前期の大名。薩摩藩主。
¶朝日（[生]天文4年7月23日（1535年8月21日）[没]元和5年7月21日（1619年8月30日）），岩史（[生]天文4（1535）年7月23日　[没]元和5（1619）年7月21日），沖縄百（しまずよしひろ　[生]天文4（1535）年7月23日　[没]元和5（1619）年7月21日），鹿児島百（しまずよしひろ），角史，近世，系西，国史，国書（[生]天文4（1535）年7月23日　[没]元和5（1619）年7月21日），古中，コン改，コン4，茶道，史人（[生]1535年7月23日　[没]1619年7月21日），諸系，人書94（しまずよしひろ），新潮（[生]天文4（1535）年7月23日　[没]元和5（1619）年7月21日），人名，姓氏沖縄，姓氏鹿児島，世人（[生]天文4（1535）年7月　[没]元和5（1619）年7月21日），世百，戦合，戦国，全書，戦人，大百，日史（[生]天文4（1535）年7月23日　[没]元和5（1619）年7月21日），日人，藩主4（[生]天文4（1535）年7月23日　[没]元和5（1619）年7月21日），百科，宮崎百（しまずよしひろ　[生]天文5（1536）年），歴大

**島津頼久** しまづよりひさ
？〜明応7（1498）年
戦国時代の薩摩国指宿城の城主。
¶姓氏鹿児島

**島友勝** しまともかつ
安土桃山時代〜江戸時代前期の武士。
¶人名，日人（生没年不詳）

**島友保** しまともやす
戦国時代の伊賀上野の城代。
¶人名，日人（生没年不詳）

**島信重** しまのぶしげ
安土桃山時代の武将。豊臣秀吉の臣。
¶織田（生没年不詳），戦国

**島原式部大輔純豊** しまばらしきぶのたゆうすみとよ
→島原純豊（しまばらみとよ）

**島原純豊** しまばらみとよ
[別]島原式部大輔純豊《しまばらしきぶのたゆうすみとよ》
戦国時代〜安土桃山時代の武士。
¶戦人（生没年不詳），戦西（島原式部大輔純豊　しまばらしきぶのたゆうすみとよ）

**島秀淳** しまひであつ
戦国時代の武将。浅井氏家臣。
¶戦西

**島秀宣** しまひでのぶ
戦国時代の武将。浅井氏家臣。
¶戦西

**島秀安** しまひでやす
文亀3（1503）年〜天正8（1580）年
戦国時代〜安土桃山時代の武士。
¶戦人，戦西

**島又左衛門** しままたざえもん
？〜寛永15（1638）年
江戸時代前期の武士、肥後熊本藩士。
¶藩臣7

**嶋村淡路守** しまむらあわじのかみ
永禄11（1568）年〜慶安4（1651）年6月4日
安土桃山時代〜江戸時代前期の武将。
¶国書

**嶋村近江守** しまむらおうみのかみ
生没年不詳
戦国時代の武蔵鉢形城主北条氏邦の家臣。
¶戦辞

**島村貫阿弥** しまむらかんあみ
？〜永禄2（1559）年　[別]島村豊後守《しまむらぶんごのかみ》
室町時代の武将。
¶岡山人，岡山百（島村豊後守　しまむらぶんごのかみ），岡山歴（[没]永禄2（1559）年2月）

**島村左近進** しまむらさこんのしん
安土桃山時代の武将。長宗我部氏家臣。
¶戦西

**島村宗語入道** しまむらそうごにゅうどう
室町時代の備前国の武将・邑久郡長沼城主。
¶岡山歴

**島村貴則** しまむらたかのり
？〜享禄4（1531）年　[別]島村貴則《しまむらよしのり》
戦国時代の武将。
¶岡山人（しまむらよしのり），岡山歴（[没]享禄4（1531）年6月4日），人名，日人

**島村弾正左衛門尉** しまむらだんじょうざえもんのじょう
室町時代の備前国の武将・邑久郡高取山城主。
¶岡山歴

**島村徳重** しまむらのりしげ
生没年不詳
安土桃山時代の武士。長宗我部氏家臣。
¶戦人

**島村豊後守** しまむらぶんごのかみ
→島村貫阿弥（しまむらかんあみ）

**島村貴則** しまむらよしのり
→島村貴則（しまむらたかのり）

**島本左衛門大夫** しまもとさえもんのたいふ
生没年不詳
安土桃山時代の織田信長の家臣。
¶織田

**島元成** しまもとなり
永禄5（1562）年〜慶長5（1600）年
安土桃山時代の武士。豊臣氏家臣、徳川氏家臣。
¶戦国，戦人

**嶋森安芸** しまもりあき
生没年不詳　[別]四戸太郎左衛門《しのへたろうざえもん》
安土桃山時代の武士。
¶戦人

**島義勝** しまよしかつ
天正11（1583）年〜慶長5（1600）年

安土桃山時代の関ヶ原役の武士。石田三成の家臣。
¶人名，日人

**清水某** しみず
生没年不詳
安土桃山時代の織田信長の家臣。
¶織田

**清水淡路守** しみずあわじのかみ
生没年不詳
戦国時代の北条氏の家臣。
¶戦辞

し

**清水大蔵** しみずおおくら
→清水義親(しみずよしちか)

**清水景治** しみずかげはる
元亀2(1571)年～慶安2(1649)年
安土桃山時代～江戸時代前期の武士。毛利氏家臣。
¶岡山人，岡山歴([没]慶安2(1649)年1月16日)，戦人(生没年不詳)，戦補

**清水喜右衛門** しみずきえもん
安土桃山時代の武将。秀吉馬廻。
¶戦国，戦人(生没年不詳)

**清水久三郎** しみずきゅうさぶろう
安土桃山時代～江戸時代前期の武士。徳川家康の臣。
¶人名

**清水清氏** しみずきようじ
安土桃山時代の武将。最上氏家臣。
¶戦東

**清水刑部信精** しみずぎょうぶのぶよし
→清水信精(しみずのぶよし)

**清水内蔵之允** しみずくらのじょう
天正14(1586)年～寛文4(1664)年
安土桃山時代～江戸時代前期の武将、上野館林藩士。
¶藩臣2

**清水内蔵助** しみずくらのすけ
生没年不詳
戦国時代の上杉景勝の家臣。
¶戦辞

**清水月清入道** しみずげっせいにゅうどう
？ ～天正10(1582)年
安土桃山時代の武将。
¶岡山人，岡山歴([没]天正10(1582)年6月4日)

**清水左京亮** しみずさきょうのすけ
生没年不詳
安土桃山時代の織田信長の家臣。
¶織田

**清水三郎左衛門** しみずさぶろうざえもん
戦国時代の武将。朝倉氏家臣。
¶戦西

**清水新七郎** しみずしんしちろう
？ ～永禄12(1570)年12月6日
戦国時代～安土桃山時代の北条氏の家臣。
¶戦辞

**清水忠勝** しみずただかつ
生没年不詳
戦国時代の武家・連歌作者。
¶国書

**志水忠宗** しみずただむね
天正2(1574)年～寛永3(1626)年
安土桃山時代～江戸時代前期の尾張藩城代。
¶姓氏愛知，藩臣4

**清水太郎左衛門尉** しみずたろうざえもんのじょう
？ ～元和2(1616)年3月2日
安土桃山時代～江戸時代前期の北条氏の家臣。
¶戦辞

**清水綱吉** しみずつなよし
生没年不詳
戦国時代の後北条氏の家臣。
¶戦辞

**清水直英** しみずなおひで
生没年不詳
戦国時代の北条氏の家臣。
¶戦辞

**志水長次** しみずながつぐ
生没年不詳
安土桃山時代の織田信長の家臣。
¶織田

**清水能登守** しみずのとのかみ
？ ～天正19(1591)年3月21日
戦国時代～安土桃山時代の北条氏の家臣。
¶戦辞

**清水馬場忠胤** しみずのばばただたね
？ ～天正19(1591)年 [別]清水馬場三河守忠胤《しみずのばばみかわのかみただたね》
安土桃山時代の武将。葛西氏家臣。
¶戦人，戦東(清水馬場三河守忠胤 しみずのばばみかわのかみただたね)

**清水馬場三河守忠胤** しみずのばばみかわのかみただたね
→清水馬場忠胤(しみずのばばただたね)

**清水信精** しみずのぶよし
永禄10(1567)年～天正19(1591)年 [別]清水刑部信精《しみずぎょうぶのぶよし》
安土桃山時代の武将。葛西氏家臣。
¶戦人，戦東(清水刑部信精 しみずぎょうぶのぶよし)

**志水伯耆** しみずほうき
生没年不詳
安土桃山時代～江戸時代前期の肥後熊本藩士。
¶藩臣7

**清水正次** しみずまさつぐ
～天正18(1590)年
戦国時代の武士。後北条氏家臣。
¶神奈川人，戦人(生没年不詳)，戦東

**清水光氏** しみずみつうじ
？ ～慶長19(1614)年

安土桃山時代〜江戸時代前期の羽前清水城主。
¶人名

**清水宗則** しみずむねのり
室町時代〜安土桃山時代の武将。
¶岡山人，岡山歴

**清水宗治** しみずむねはる
天文6(1537)年〜天正10(1582)年
安土桃山時代の武将。
¶朝日([没]天正10年6月4日(1582年6月23日))，岡山人，岡山百([没]天正10(1582)年6月4日)，岡山歴([没]天正10(1582)年6月4日)，角史，国史，古中，コン改，コン4，史人([没]1582年6月4日)，重要([没]天正10(1582)年6月4日)，新潮([没]天正10(1582)年6月4日)，人名，世人([没]天正10(1582)年6月4日)，世百，戦合，戦国([生]？)，全書，戦人，戦西，大百，日史([没]天正10(1582)年6月4日)，日人，百科，歴大

**清水元好** しみずもとよし
？ 〜慶長17(1612)年
安土桃山時代〜江戸時代前期の武士。畠山氏家臣、豊臣氏家臣。
¶戦国([没]1613年)，戦人，和歌山人

**清水門善坊** しみずもんぜんぼう
？ 〜天正11(1583)年
安土桃山時代の地方豪族・土豪。紀伊石倉山城に拠る。
¶戦人

**清水弥左衛門** しみずやざえもん
安土桃山時代の武士。後北条氏家臣。
¶戦国，戦人(生没年不詳)，戦東

**清水康英** しみずやすひで
？ 〜天正19(1591)年 [別]清水康英《しみずやすふさ》
安土桃山時代の武士。後北条氏家臣。
¶神奈川人(しみずやすふさ　生没年不詳)，静岡歴，姓氏静岡，戦辞([没]天正19年6月3日(1591年7月23日))，戦人，戦東

**清水康英** しみずやすふさ
→清水康英(しみずやすひで)

**清水与三左衛門** しみずよさざえもん
戦国時代の武士。後北条氏家臣。
¶戦人(生没年不詳)，戦東

**清水義高** しみずよしたか
→源義高(1)(みなもとのよしたか)

**清水義親** しみずよしちか
*〜慶長19(1614)年 [別]清水大蔵《しみずおおくら》
安土桃山時代〜江戸時代前期の武将。清水城主。
¶戦人([生]？)，戦東([生]？)，日人([生]1582年)，山形百(清水大蔵　しみずおおくら　[生]天正10(1582)年)

**清水吉政** しみずよしまさ
？ 〜天正3(1575)年10月23日
戦国時代〜安土桃山時代の後北条氏の家臣。
¶戦辞

**清水頼高** しみずよりたか
？ 〜承久3(1221)年
鎌倉時代前期の武士。
¶人名，日人

**持明院基頼** じみょういんもとより
→藤原基頼(ふじわらのもとより)

**志村光惟** しむらあきただ
慶長1(1596)年〜慶長19(1614)年6月1日
江戸時代前期の武士、城将。
¶庄内

**志村光安** しむらあきやす
→志村光安(しむらみつやす)

**志村伊豆守** しむらいずのかみ
→志村光安(しむらみつやす)

**志村金右衛門** しむらきんえもん
戦国時代の武将。武田家臣。板垣配下の武辺者。
¶姓氏山梨

**志村金助** しむらきんのすけ
？ 〜天文21(1552)年
戦国時代の武田家臣。金右衛門の子。飯富虎昌の同心。
¶姓氏山梨

**志村宮内丞** しむらくないのじょう
戦国時代の武将。武田家臣。山県昌景の被官。
¶姓氏山梨

**志村資良** しむらすけよし
永禄4(1561)年〜慶長7(1602)年
安土桃山時代の武士。
¶人名，日人

**志村昌瑞** しむらまさみず
生没年不詳
戦国時代の武士。北条氏家臣。
¶戦辞

**志村光清** しむらみつきよ
？ 〜慶長19(1614)年
安土桃山時代〜江戸時代前期の武将。最上氏家臣。
¶戦人，戦東

**志村光安** しむらみつやす
？ 〜* [別]志村伊豆守《しむらいずのかみ》，志村光安《しむらあきやす》
安土桃山時代〜江戸時代前期の武士。最上氏家臣。
¶庄内(しむらあきやす　[没]慶長16(1611)年8月7日)，戦人([没]慶長14(1609)年)，戦東([没]1609年)，山形百(志村伊豆守　しむらいずのかみ　[没]慶長16(1611)年)

**志村弥四郎** しむらやしろう
生没年不詳
戦国時代の北条氏の家臣。
¶戦辞

**下総次郎時常** しもうさのじろうときつね
→千葉時常(ちばときつね)

し

**下枝田久綱** しもえだひさつな
戦国時代の武将。武田家臣。小笠原下総守の被官。
¶姓氏山梨

**下方覚兵衛** しもかたかくひょうえ
永禄4(1561)年～元和7(1621)年 [別]下方貞範《しもかたさだのり,しもかたていはん》
安土桃山時代～江戸時代前期の備前岡山藩士。
¶岡山人(下方貞範 しもかたさだのり),岡山歴(下方貞範 しもかたていはん),藩臣6

し

**下方九郎左衛門** しもかたくろうざえもん
生没年不詳
戦国時代の武士。織田氏家臣。
¶織田,戦人

**下方源左衛門** しもかたげんざえもん
生没年不詳
安土桃山時代の織田信長の家臣。
¶織田

**下方小吉** しもがたこきち
安土桃山時代の武将。
¶戦国

**下方貞清** しもかたさだきよ,しもがたさだきよ
*～慶長11(1606)年
安土桃山時代～江戸時代前期の武将。織田氏家臣。
¶織田([生]大永7(1527)年? [没]慶長11(1606)年7月4日),姓氏愛知([生]1527年),戦人([生]?),戦補(しもがたさだきよ [生]? [没]1582年)

**下方貞範** しもかたさだのり
→下方覚兵衛(しもかたかくひょうえ)

**下方貞範** しもかたていはん
→下方覚兵衛(しもかたかくひょうえ)

**下方弥三郎** しもかたやさぶろう
? ～天正10(1582)年
安土桃山時代の武士。織田氏家臣。
¶織田([没]天正10(1582)年6月2日),戦人

**下川元宣** しもかわもとのぶ
? ～慶長17(1612)年
安土桃山時代～江戸時代前期の武将。秀吉馬廻、加藤氏家臣。
¶戦国,戦人

**下河原玄蕃** しもがわらげんば,しもかわらげんば
安土桃山時代の武士。葛西氏家臣、南部氏家臣。
¶戦人(生没年不詳),戦東(しもかわらげんば)

**下河辺政義** しもこうべまさよし
生没年不詳 [別]藤原政義《ふじわらのまさよし》
平安時代後期～鎌倉時代前期の武将。
¶鎌倉,鎌室,埼玉人,新潮,人名,日人,平史(藤原政義 ふじわらのまさよし)

**下河辺光脩** しもこうべみつなが
生没年不詳
鎌倉時代前期の武士。
¶埼玉人

**下河辺行秀** しもこうべゆきひで
? ～天福1(1233)年
鎌倉時代前期の武士。
¶埼玉人

**下河辺行平** しもこうべゆきひら
生没年不詳 [別]藤原行平《ふじわらのゆきひら》
平安時代後期～鎌倉時代前期の武将、下総国下河辺荘の荘司。
¶朝日,岩史,神奈川人,鎌倉,鎌室,郷土茨城,国史,古中,コン改,コン4,埼玉人,史人,新潮,人名,世人,日史,日人,百科,平史(藤原行平 ふじわらのゆきひら)

**下河辺行義** しもこうべゆきよし
生没年不詳
平安時代後期の武士。
¶埼玉人

**下坂左馬助** しもさかさまのすけ
戦国時代の武将。浅井氏家臣。
¶戦西

**下坂正治** しもさかまさはる
戦国時代の武士。
¶戦人(生没年不詳),戦西

**下次右衛門**(1) しもじえもん
～慶長14(1609)年
安土桃山時代～江戸時代前期の城代。秀久。秀実の父。
¶庄内

**下次右衛門**(2) しもじえもん
～慶長19(1614)年6月1日
安土桃山時代～江戸時代前期の城代。秀実。秀久の子。
¶庄内

**下条家氏** しもじょういえうじ
文明12(1480)年～天文3(1534)年
戦国時代の信濃国鈴岡小笠原氏の家臣。
¶姓氏長野,戦辞(生没年不詳)

**下条氏長** しもじょううじなが
? ～天正10(1582)年
戦国時代～安土桃山時代の甲斐武田晴信・勝頼の家臣。
¶戦辞

**下条讃岐守** しもじょうさぬきのかみ
戦国時代の武将。武田家臣。聖道(竜宝)衆。
¶姓氏山梨

**下条時氏** しもじょうときうじ
生没年不詳
戦国時代の信濃国鈴岡小笠原氏の家臣。
¶戦辞

**下条信氏** しもじょうのぶうじ
? ～天正10(1582)年
戦国時代～安土桃山時代の武将。武田氏家臣、徳川氏家臣。
¶姓氏長野,姓氏山梨,戦辞([生]享禄2(1529)年 [没]天正10年6月25日(1582年7月14日)),戦人

（生没年不詳），戦東

**下条信正** しもじょうのぶまさ
？ ～天正10（1582）年3月22日
戦国時代～安土桃山時代の甲斐武田勝頼の家臣。
¶戦辞

**下条民部丞** しもじょうみんぶのじょう
戦国時代の武将。武田家臣。『武田家過去帳』に永禄10年7月付で甲斐国府中居住の妻がみえる。
¶姓氏山梨

**下条康長** しもじょうやすなが
天正3（1575）年～？
安土桃山時代～江戸時代前期の甲斐武田勝頼の家臣。
¶戦辞

**下条頼安** しもじょうよりやす
弘治2（1556）年～天正12（1584）年1月20日
戦国時代～安土桃山時代の甲斐武田勝頼の家臣。
¶戦辞

**下間仲孝** しもずまなかたか
→下間少進（しもつましょうしん）

**下間頼照** しもずまらいしょう
→下間頼照（しもつまらいしょう）

**下間頼竜** しもずまらいりゅう
→下間頼竜（しもつまらいりゅう）

**下間頼廉** しもずまらいれん
→下間頼廉（しもつまらいれん）

**下瀬頼直** しもせよりなお
？ ～寛永19（1642）年
安土桃山時代～江戸時代前期の武士。「朝鮮渡海日記」を残す。
¶島根歴

**下曽根覚雲軒** しもそねかくうんけん
戦国時代の武将。武田家臣。足軽大将衆。
¶姓氏山梨

**下曽根源七** しもそねげんしち
？ ～天正3（1575）年
戦国時代～安土桃山時代の武田家臣。覚雲軒の次男。
¶姓氏山梨

**下曽根浄喜** しもそねじょうき
生没年不詳
戦国時代の甲斐武田晴信・勝頼の家臣。
¶戦辞

**下曽禰中務大輔** しもそねなかつかさだいふ
安土桃山時代の武将。武田氏家臣。
¶戦人（生没年不詳），戦東

**下曽根信辰** しもそねのぶたつ
戦国時代の武将。武田家臣。覚雲軒の子。武田親類衆。
¶姓氏山梨

**下田牛兵衛** しもだうしべえ
江戸時代前期の武将。大坂の陣で武功。
¶姓氏石川

**下田駿河守** しもだするがのかみ
？ ～天文16（1547）年
戦国時代の武将。
¶戦人

**下田直政** しもだなおまさ
生没年不詳
安土桃山時代の武士。南部氏家臣。
¶戦人

**下田政勝** しもだまさかつ
？ ～永禄9（1566）年
戦国時代～安土桃山時代の箕輪城主長野氏の家老。
¶群馬人

**下主税助** しもちからのすけ
生没年不詳
戦国時代の武士。北条氏家臣。
¶戦辞

**下毛野敦行** しもつけぬのあつゆき
生没年不詳 [別]下毛野敦行《しもつけののあつゆき》
平安時代中期の近衛府武士。馬術に秀でた。
¶全書，日人（しもつけののあつゆき），平史

**下毛野敦行** しもつけののあつゆき
→下毛野敦行（しもつけぬのあつゆき）

**下津権内** しもつごんない，しもづごんない
生没年不詳
戦国時代の武士。細川氏家臣。
¶織田（しもづごんない），人名，戦人，戦補，日人

**下津棒庵** しもつぼうあん
？ ～寛永8（1631）年
安土桃山時代～江戸時代前期の加藤清正・忠広に仕えた政治顧問的重臣。
¶熊本百

**下間少進** しもつましょうしん，しもつましょうじん
天文20（1551）年～元和2（1616）年 [別]下間少進仲孝《しもつましょうしんなかたか》，下間仲孝《しもずまなかたか，しもつまなかたか》
安土桃山時代～江戸時代前期の本願寺坊官。石山戦争で戦闘を指揮。
¶朝日（下間仲孝 しもつまなかたか [没]元和2年5月15日（1616年6月28日）），京都（下間少進仲孝 しもつましょうしんなかたか），近世（下間仲孝 しもつまなかたか），芸能（[没]元和2（1616）年5月15日），国史（下間仲孝 しもつまなかたか），国書（下間仲孝 しもつまなかたか [没]元和2（1616）年5月15日），コン改（下間少進仲孝 しもつましょうしんなかたか），コン4（下間少進仲孝 しもつましょうしんなかたか），史人（下間仲孝 しもつまなかたか [没]1616年5月15日），諸系（下間仲孝 しもつまなかたか），新潮（[没]元和2（1616）年5月15日），姓氏京都，戦合（下間仲孝 しもつまなかたか），戦人（下間仲孝 しもずまなかたか），日音（しもつましょうじん [没]元和2（1616）年5月

15日），日史（[没]元和2（1616）年5月15日），日人（下間仲孝　しもつまなかたか），百科，歴大（下間仲孝　しもつまなかたか）

**下間少進仲孝** しもつましょうしんなかたか
→下間少進（しもつましょうしん）

**下間頼照** しもつまてるあき
→下間頼照（しもつまらいしょう）

**下間仲孝** しもつまなかたか
→下間少進（しもつましょうしん）

し

**下妻長政** しもつまながまさ
？～建長4（1252）年　[別]小山長政《おやまながまさ》
鎌倉時代前期の武将。
¶鎌室，諸系（小山長政　おやまながまさ），日人（小山長政　おやまながまさ）

**下妻政泰** しもつままさやす，しもづままさやす
？～興国4/康永2（1343）年
鎌倉時代後期～南北朝時代の勤王家。
¶人名（しもづままさやす），日人

**下間頼廉** しもつまよりかど
→下間頼廉（しもつまらいれん）

**下間頼照** しもつまよりてる
→下間頼照（しもつまらいしょう）

**下間頼秀** しもつまよりひで
？～天文7（1538）年　[別]下間頼秀《しもつまらいしゅう》
戦国時代の本願寺家宰。山科本願寺焼き打ちへの報復戦を指揮。
¶諸系（しもつまらいしゅう），姓氏石川，全書，日人

**下間頼盛** しもつまよりもり
？～天文8（1539）年
戦国時代の本願寺の坊官。頼秀の弟。享禄・天文の乱で各地を転戦。
¶姓氏石川

**下間頼秀** しもつまらいしゅう
→下間頼秀（しもつまよりひで）

**下間頼照** しもつまらいしょう，しもづまらいしょう
？～天正3（1575）年　[別]下間頼照《しもずまらいしょう，しもつまてるあき，しもつまよりてる》
戦国時代～安土桃山時代の本願寺坊官。越前で活動したが、信長に討伐された。
¶姓氏石川（しもつまよりてる），戦人（しもずまらいしょう），戦補（しもづまらいしょう），福井百（しもつまてるあき）

**下間頼竜** しもつまらいりゅう
？～慶長14（1609）年　[別]下間頼竜《しもずまらいりゅう》
戦国時代～安土桃山時代の本願寺宗主顕如・教如の坊官、奏者。石山合戦で織田信長と戦う。
¶諸系，戦辞（[没]慶長2（1597）年6月），戦人（しもずまらいりゅう　生没年不詳），日人

**下間頼廉** しもつまらいれん，しもづまらいれん
天文6（1537）年～寛永3（1626）年　[別]下間頼廉《しもずまらいれん，しもつまよりかど》
安土桃山時代～江戸時代前期の本願寺坊官。石山合戦を戦う。
¶諸系，新潮，姓氏石川（しもつまよりかど），姓氏京都（しもつまよりかど），戦辞（[生]？　[没]寛永3年10月20日（1626年12月8日）），戦人（しもずまらいれん），戦補（しもづまらいれん），日人

**下津屋某** しもづや
生没年不詳
安土桃山時代の織田信長の家臣。
¶織田

**下長門** しもながと
天正11（1583）年～
安土桃山時代～江戸時代前期の武士。
¶庄内

**下沼田豊前守** しもぬまだぶぜんのかみ
生没年不詳
安土桃山時代の武将。
¶庄内

**下秀政** しもひでまさ
天正6（1578）年～正保3（1646）年7月18日
安土桃山時代～江戸時代前期の武士。
¶庄内

**下美作** しもみつくり
安土桃山時代～江戸時代前期の武将。最上氏家臣。
¶戦東

**下宮正直** しもみやまさなお
生没年不詳
江戸時代前期の武士、武蔵岩槻藩士。
¶藩臣5

**下村重守** しもむらしげもり
戦国時代の武将。武田家臣。信濃国佐久郡の野沢衆。
¶姓氏山梨

**下村時豊** しもむらときとよ
室町時代の武士。種子島清時の家臣。
¶姓氏鹿児島

**下村信光** しもむらのぶみつ
？～天文14（1545）年
戦国時代の武士。
¶戦人，戦西

**下村彦二郎** しもむらひこじろう
安土桃山時代～江戸時代前期の国人。
¶戦国，戦人（生没年不詳）

**下村満幸** しもむらみつゆき
戦国時代の武将。武田家臣。信濃国佐久郡の野沢衆。
¶姓氏山梨

**下元興宣** しももとおきのぶ
？～寛永1（1624）年
安土桃山時代～江戸時代前期の土佐の武将。
¶高知人，人名，日人

**下山甲斐守** しもやまかいのかみ
生没年不詳
安土桃山時代の織田信長の家臣。
¶織田

**下山源五郎** しもやまげんごろう
安土桃山時代の武士。
¶岡山人

**下山半内** しもやまはんない
安土桃山時代の武士。
¶岡山人

**下屋棟吉** しもやむねよし
戦国時代の武将。武田家臣。信濃国小県郡の海野衆の一人。
¶姓氏山梨

**下吉忠** しもよしただ
？ 〜慶長19(1614)年
安土桃山時代〜江戸時代前期の武士。最上氏家臣。
¶戦人，戦東

**執印道教** しゅういんどうきょう
鎌倉時代の武将。
¶姓氏鹿児島

**執印友雄** しゅういんともかつ
鎌倉時代の薩摩国御家人。新田八幡宮の祠官。
¶姓氏鹿児島

**周西藤四郎** しゅうさいとうしろう
戦国時代の武将。足利氏家臣。
¶戦東

**重宗甫** じゅうそうほ
生没年不詳
安土桃山時代の茶人。豊臣氏家臣、宇喜多氏家臣。
¶茶道，戦人，日人

**宿谷重近** しゅくやしげちか
生没年不詳
戦国時代の地方豪族・土豪。
¶戦人

**宿屋光則** しゅくやみつのり
→宿屋光則(やどやみつのり)

**寿星軒** じゅせいけん
戦国時代の武士。後北条氏家臣。
¶戦人(生没年不詳)，戦東

**首藤対馬安通** しゅとうつしまやすみち
→首藤安通(すどうやすみち)

**主馬盛久** しゅめもりひさ
平安時代後期の武士、平家の臣。
¶人名

**潤童子** じゅんどうじ
？ 〜延徳3(1491)年7月1日
室町時代〜戦国時代の堀越公方足利政知の子。
¶戦辞

**庄家長**(荘家長) しょういえなが
平安時代の武将。
¶岡山人(荘家長)，岡山歴

**荘市助** しょういちすけ
生没年不詳
安土桃山時代の織田信長の家臣。
¶織田

**浄永** じょうえい
生没年不詳
南北朝時代の常陸の武将・連歌作者。
¶国書

**城景茂** じょうかげもち
天文15(1546)年〜慶長15(1610)年
安土桃山時代〜江戸時代前期の武士。上杉氏家臣、武田氏家臣、徳川氏家臣。
¶姓氏山梨(㊤1522年　㊦1587年)，戦国，戦人，戦東

**勝賀実信** しょうがさねのぶ
？ 〜天正16(1588)年　㊙勝賀野次郎兵衛《しょうがのじろうべえ》,勝賀野実信《しょうがのさねのぶ》
安土桃山時代の武士。吉良親実の家臣。
¶高知人(勝賀野実信　しょうがのさねのぶ　生没年不詳)，人名(勝賀野実信　しょうがのさねのぶ)，戦人，戦西(勝賀野次郎兵衛　しょうがのじろうべえ)，日人(勝賀野実信　しょうがのさねのぶ)

**庄勝資** しょうかつすけ
？ 〜天正4(1576)年8月21日
戦国時代の備中国の武将。
¶岡山歴

**勝賀野実信** しょうがのさねのぶ
→勝賀実信(しょうがさねのぶ)

**勝賀野次郎兵衛** しょうがのじろうべえ
→勝賀実信(しょうがさねのぶ)

**荘久資** しょうきゅうすけ
安土桃山時代の武将。
¶岡山人

**定西** じょうさい
生没年不詳
鎌倉時代の武士、地頭代官。
¶朝日，鎌室，新潮，日人，仏教

**請西善右衛門** じょうざいぜんうえもん
→請西善右衛門(じょうざいぜんえもん)

**請西善右衛門** じょうざいぜんえもん
㊙請西善右衛門《じょうざいぜんうえもん》
安土桃山時代〜江戸時代前期の武士。里見氏家臣。
¶戦人(生没年不詳)，戦東(じょうざいぜんうえもん)

**庄貞光** しょうさだみつ
室町時代の備中国の武将。
¶岡山歴

**庄実近** しょうさねちか
〜永禄12(1569)年
室町時代の武将。
¶岡山人

**庄式部少輔**　しょうしきぶしょうゆう
生没年不詳　[別]庄式部少輔《しょうしきぶのしょう》
戦国時代の武士。後北条氏家臣。
¶戦辞(しょうしきぶのしょう)，戦人，戦東

**庄式部少輔**　しょうしきぶのしょう
→庄式部少輔(しょうしきぶしょうゆう)

**城生志摩**　じょうしま
生没年不詳
安土桃山時代～江戸時代前期の武士。
¶庄内

**昌俊**　しょうしゅん
→土佐房昌俊(とさのぼうしょうしゅん)

**性遵**　しょうじゅん
？～建徳2/応安4(1371)年8月1日　[別]性遵《せいじゅん》
鎌倉時代後期～南北朝時代の連歌師、武士。
¶国書，日人，俳句(せいじゅん)

**上条定憲**　じょうじょうさだのり
？～大永1(1521)年　[別]上条定憲《かみじょうさだのり》
戦国時代の武士。
¶戦辞(生没年不詳)，戦人，戦補(かみじょうさだのり)，新潟百(生没年不詳)

**上条政繁**　じょうじょうまさしげ
生没年不詳　[別]畠山政繁《はたけやままさしげ》
安土桃山時代の武士。上杉氏家臣。
¶戦辞，戦人，戦東

**上条義春**　じょうじょうよしはる
永禄6(1563)年～寛永20(1643)年8月13日　[別]上条義春《かみじょうよしはる》
安土桃山時代～江戸時代前期の上杉氏の一門。
¶戦辞，長野歴(かみじょうよしはる　生没年不詳)

**浄信**　じょうしん
？～宝徳3(1451)年
室町時代の連歌師、武士。
¶日人

**成尋**　じょうじん
生没年不詳　[別]中条成尋《ちゅうじょうじょうじん，なかじょうじょうじん》
鎌倉時代前期の武士、僧。横山党出身。石橋山の戦以来の御家人。
¶鎌室，新潮，日人

**庄新四郎**　しょうしんしろう
戦国時代の御馬廻衆。後北条氏家臣。
¶戦東

**城資永**　じょうすけなが
？～養和1(1181)年　[別]城助永《じょうのすけなが》，平資永《たいらすけなが，たいらのすけなが》
平安時代後期の武将。父は城九郎資国。
¶朝日，鎌室，国史，古中，新潮([没]養和1(1181)年9月3日)，日史([没]養和1(1181)年2月25日)，日人，百科，平史(平資永　たいらのすけなが)，歴大(城助永　じょうのすけなが)

**城資職**　じょうすけのり
～建仁1(1201)年
平安時代後期～鎌倉時代前期の武将。
¶新潟百

**荘資房**　しょうすけふさ
～元弘3/正慶2(1333)年
室町時代の武将。
¶岡山人

**城資盛**　じょうすけもり
～建仁1(1201)年
平安時代後期～鎌倉時代前期の武将。
¶新潟百

**荘駿河守**　しょうするがのかみ
生没年不詳
安土桃山時代の織田信長の家臣。
¶織田

**小代実忠**　しょうたいさねただ
生没年不詳　[別]不二軒宗禅《ふじけんそうぜん》
戦国時代の武将。
¶戦人

**小代重忠**　しょうたいしげただ
？～天文9(1540)年
戦国時代の武将。大友氏家臣。
¶戦人

**小代重俊**　しょうだいしげとし
生没年不詳
鎌倉時代の武蔵武士。
¶埼玉人

**小代重康**(小代重泰)　しょうだいしげやす
鎌倉時代の武蔵の武士。児玉党。
¶埼玉人(生没年不詳)，埼玉百(小代重泰)

**小代親泰**　しょうたいちかやす
生没年不詳
戦国時代～安土桃山時代の武将。竜造寺氏家臣。
¶戦人

**小代行平**　しょうだいゆきひら
生没年不詳
鎌倉時代前期の武蔵武士。
¶埼玉人

**正田大炊助**　しょうだおおいのすけ
戦国時代の武将。浅井氏家臣。
¶戦西

**庄高家**　しょうたかいえ
生没年不詳
鎌倉時代前期の武蔵武士。
¶埼玉人

**庄高資**(荘高資)　しょうたかすけ
？～*
室町時代の武将。
¶岡山人，岡山百(荘高資　[没]元亀1(1570)年)，岡山歴([没]元亀2(1571)年)

**庄田定賢** しょうださだかた
？ ～永禄4(1561)年9月？
戦国時代～安土桃山時代の上杉氏の家臣。
¶戦辞

**庄忠家** しょうただいえ
？ ～承久3(1221)年6月14日
鎌倉時代前期の武蔵武士。
¶埼玉人

**庄田隼人佐** しょうだはやとのすけ
生没年不詳
戦国時代の上杉氏の家臣。
¶戦辞

**庄為資**(荘為資) しょうためすけ
～天文22(1553)年
室町時代の武将。
¶岡山人，岡山百(荘為資　生没年不詳)，岡山歴

**城為冬** じょうためふゆ
生没年不詳
戦国時代の武士。
¶戦人

**城親冬** じょうちかふゆ
生没年不詳
安土桃山時代の武士。
¶人名，戦人，日人

**城親賢** じょうちかまさ
？ ～*
安土桃山時代の肥後の国人領主。親冬の子。
¶朝日([没]天正9年12月29日(1582年1月23日))，熊本百([没]天正9(1581)年12月29日)，戦人([没]天正9(1581)年)，日人([没]1582年)

**城親基** じょうちかもと
？ ～文禄1(1592)年　[別]出田親基《いずたちかもと》
安土桃山時代の武士。
¶戦人

**勝徳寺** しょうとくじ
生没年不詳
戦国時代の多賀谷氏の家臣。
¶戦辞

**城内次郎左衛門** じょうないじろうざえもん
生没年不詳
安土桃山時代の織田信長の家臣。
¶織田

**庄直能** しょうなおよし
永禄5(1562)年～元和1(1615)年
戦国時代の北条氏の家臣。
¶姓氏神奈川，戦辞(生没年不詳)

**城長茂** じょうながもち
？ ～建仁1(1201)年　[別]城長茂《じょうのながもち》，平長茂《たいらのながもち》，城助職《じょうすけもと》，平助職《たいらすけもと》
平安時代後期～鎌倉時代前期の武将。父は城九郎資国。城資永の弟。
¶朝日([没]建仁1(1201)年2月)，鎌室，国史，古中，コン改，コン4，史人([没]1201年2月22日)，新潮([没]建仁1(1201)年2月22日)，人名，世人，世百，日史([没]建仁1(1201)年2月22日)，日人，百科，平史(平長茂　たいらのながもち)，歴大(じょうのながもち)

**少弐景資** しょうにかげすけ
寛元4(1246)年～弘安8(1285)年
鎌倉時代後期の武将。資能の子。
¶朝日，岩史，鎌室([生]？)，国史，古中，コン改([生]？)，コン4([生]？)，史人([没]1285年11月)，諸系，新潮([生]？　[没]弘安8(1285)年11月)，人名，世人([生]？　[没]弘安9(1286)年)，日史，日人，百科([生]？)，歴大

**少弐貞経** しょうにさだつね
*～延元1/建武3(1336)年
鎌倉時代後期～南北朝時代の武将。太宰少弐。
¶朝日([生]文永10(1273)年　[没]建武3/延元1年2月29日(1336年4月11日))，岩史([生]文永10(1273)年　[没]建武3(1336)年2月29日)，角史([生]文永10(1273)年)，鎌室([生]文永9(1272)年)，国史([生]1273年)，古中([生]？)，コン改([生]文永9(1272)年)，コン4([生]文永9(1272)年)，史人([生]1272年，(異説)1273年　[没]1336年2月29日)，諸系([生]1273年)，新潮([生]文永10(1273)年　[没]建武3/延元1(1336)年2月29日)，人名([生]？)，世人([生]文永9(1272)年)，全書([生]1272年)，日史([生]？　[没]建武3/延元1(1336)年2月29日)，日人([生]1273年)，歴大([生]1273年)

**少弐貞頼** しょうにさだより
文中1/応安5(1372)年～応永11(1404)年
南北朝時代～室町時代の武将、太宰少弐、頼澄の子。
¶朝日([没]応永11年6月20日(1404年7月27日))，鎌室([生]？)，国史，古中，史人([没]1404年6月20日)，諸系，日人

**少弐資時** しょうにすけとき
→武藤資時(むとうすけとき)

**少弐資元** しょうにすけもと
延徳3(1491)年～天文5(1536)年
戦国時代の武将、太宰少弐、政資の子、高経の弟。
¶朝日([没]天文5年9月4日(1536年9月19日))，諸系，戦人([生]？　[没]天文4(1535)年)，日人

**少弐資能** しょうにすけよし
建久9(1198)年～弘安4(1281)年　[別]武藤資能《むとうすけよし》
鎌倉時代前期の太宰少弐。武藤資頼の子。筑前、豊前、肥前、隠岐、対馬の守護。
¶朝日([没]弘安4年閏7月13日(1281年8月28日))，鎌室(武藤資能　むとうすけよし)，国史，古中，コン改，コン4，史人([没]1281年閏7月13日)，諸系，新潮([没]弘安4(1281)年閏7月13日)，人名，世人，日史([没]弘安4(1281)年閏7月13日)，日人，百科，福岡百(武藤資能　むとうすけよし　[生]建久8(1197)年　[没]弘安4(1281)年7月13日)，歴大

**少弐資頼**　しょうにすけより
→武藤資頼(むとうすけより)

**少弐高経**　しょうにたかつね
？ ～明応6(1497)年
室町時代～戦国時代の武将。
¶戦人

**少弐経資**　しょうにつねすけ
寛喜1(1229)年～正応5(1292)年　[別]武藤経資《むとうつねすけ》
鎌倉時代後期の武将。資能の子。
¶朝日([没]正応5年8月2日(1292年9月14日))，角史，鎌室(武藤経資　むとうつねすけ　[生]？　[没]正応4(1291)年)，国史，古中，コン改([生]嘉禄2(1226)年　[没]正応2(1289)年)，コン4([生]嘉禄2(1226)年　[没]正応2(1289)年)，史人([没]1292年8月2日)，諸系，新潮([没]正応5(1292)年8月2日)，人名([生]1226年　[没]1289年)，全書([生]1226年　[没]1289年)，日史([没]正応5(1292)年8月2日)，日人，百科([生]嘉禄2(1226)年　[没]正応2(1289)年)，歴大

**少弐経頼**　しょうにつねより
生没年不詳
鎌倉時代前期の武将。
¶鎌室

**少弐時尚**　しょうにときなお
→少弐時尚(しょうにときひさ)

**少弐時尚**　しょうにときひさ
？ ～永禄2(1559)年　[別]少弐時尚《しょうにときなお》，少弐冬尚《しょうにふゆひさ》
戦国時代の武将。
¶古中(少弐冬尚　しょうにふゆひさ)，コン改，コン4，佐賀百(少弐冬尚　しょうにふゆひさ　[没]永禄2(1559)年1月11日)，史人([没]1559年1月11日)，諸系，新潮([没]永禄2(1559)年1月11日)，人名(しょうにときなお　[没]1560年)，世人，戦合(少弐冬尚　しょうにふゆひさ)，戦国，戦人(少弐冬尚　しょうにふゆひさ)，日人

**少弐冬資**　しょうにふゆすけ
*～天授1/永和1(1375)年
南北朝時代の武将、太宰少弐、頼尚の子。
¶朝日([生]正慶2/元弘3(1333)年　[没]永和1/天授1年8月26日(1375年9月22日))，鎌室([生]？)，国史([生]1333年)，古中([生]1337年)，コン改([生]？)，コン4([生]？)，史人([生]1333年　[没]1375年8月26日)，諸系([生]1333年)，新潮([生]正慶2/元弘3(1333)年　[没]永和1/天授1(1375)年8月26日)，人名([生]？)，世人([生]？)，日人([生]1333年)

**少弐冬尚**　しょうにふゆひさ
→少弐時尚(しょうにときひさ)

**少弐政資**　しょうにまさすけ
嘉吉1(1441)年～明応6(1497)年
室町時代～戦国時代の肥前の武将。
¶国史，古中，史人([没]1497年4月19日)，諸系，戦合，日人

**少弐満貞**　しょうにみつさだ
応永1(1394)年～永享5(1433)年
室町時代の武将。
¶鎌室([生]？)，諸系，日人

**少弐頼尚**　しょうによりひさ
永仁2(1294)年～建徳2/応安4(1371)年
鎌倉時代後期～南北朝時代の武将、太宰少弐。
¶朝日([没]応安4/建徳2年12月24日(1372年1月30日))，角史，鎌室([生]永仁1(1293)年)，国史，古中，コン改([生]永仁1(1293)年)，コン4([生]永仁1(1293)年)，史人([没]1371年12月24日)，重要([生]永仁1(1293)年)，諸系([没]1372年)，新潮([没]応安4/建徳2(1371)年12月24日)，人名，世人([生]永仁1(1293)年)，全書，日史([没]応安4/建徳2(1371)年12月24日)，日人([没]1372年)，百科，福岡百([生]永仁1(1293)年　[没]応安4(1371)年12月24日)，歴大

**庄野和泉守**　しょうのいずみのかみ
生没年不詳
戦国時代の武将、夷山城主。
¶徳島歴

**城助永**　じょうのすけなが
→城資永(じょうすけなが)

**城長茂**　じょうのながもち
→城長茂(じょうながもち)

**城久基**　じょうひさもと
元亀3(1572)年～天正16(1588)年
安土桃山時代の武士。
¶戦人

**浄法寺重安**　じょうぼうじしげやす
生没年不詳
戦国時代～江戸時代前期の武士。
¶姓氏岩手

**浄法寺修理**　じょうぼうじすり
生没年不詳
安土桃山時代の武将。南部氏家臣。
¶戦人

**勝法師丸**　しょうほうしまる
永禄11(1568)年～天正3(1575)年
安土桃山時代の人。松山城主三村元親の子。
¶岡山歴

**城昌茂**　じょうまさもち
*～寛永3(1626)年
安土桃山時代～江戸時代前期の武士。武田氏家臣、徳川氏家臣。
¶国書5([生]天文20(1551)年　[没]寛永3(1626)年7月2日)，姓氏山梨([生]？)，戦国([生]1552年)，戦辞([生]天文20(1551)年　[没]寛永3年7月2日(1626年8月24日))，戦人([生]天文21(1552)年)

**庄道充**　しょうみちみつ
室町時代の備中国の武将。
¶岡山歴

**荘村安芸** しょうむらあき
生没年不詳
安土桃山時代の織田信長の家臣。
¶織田

**庄元資** しょうもとすけ
戦国時代の武士。
¶岡山歴，戦人（生没年不詳），戦西

**庄元祐** しょうもとすけ
～永禄10（1567）年
室町時代の武将。
¶岡山人

**城生弥左衛門** じょうやざえもん
戦国時代の武将。大崎氏家臣。
¶戦東

**勝屋勝一軒** しょうやしょういっけん，しょうやしょういつけん
→勝屋勝一軒（かつやしょういっけん）

**庄康正** しょうやすまさ
生没年不詳
安土桃山時代の武士。後北条氏家臣。
¶戦辞，戦人

**城頼岑** じょうよりみね
生没年不詳
戦国時代の武将。
¶戦人

**勝蓮華右京進** しょうれんげうきょうのしん
戦国時代の武士。
¶戦人（生没年不詳），戦西

**白井加賀守** しらいかがのかみ
生没年不詳
安土桃山時代の武士。後北条氏家臣。
¶戦辞，戦人，戦東

**白井吉兵衛** しらいきちべえ
～寛永12（1635）年
安土桃山時代～江戸時代前期の功臣。
¶庄内

**白石伊勢** しらいしいせ
戦国時代～安土桃山時代の武将。大崎氏家臣。
¶戦東

**白石時直** しらいしときなお
天文23（1554）年～慶長17（1612）年　[別]白石豊後時直《しらいしぶんごときなお》
安土桃山時代の武士。葛西氏家臣、伊達氏家臣。
¶姓氏岩手，戦人（生没年不詳），戦東（白石豊後時直　しらいしぶんごときなお）

**白石久盛** しらいしひさもり
安土桃山時代の武将、赤井七騎の1人。
¶人名，日人（生没年不詳）

**白石豊後時直** しらいしぶんごときなお
→白石時直（しらいしときなお）

**白井次郎助** しらいじろうすけ
→白井次郎助（しらいじろすけ）

**白井次郎助** しらいじろすけ
[別]白井次郎助《しらいじろうすけ》
安土桃山時代～江戸時代前期の武士。里見氏家臣。
¶戦人（生没年不詳），戦東（しらいじろうすけ）

**白井善五郎** しらいぜんごろう
安土桃山時代の武将。秀吉馬廻。
¶戦国，戦人（生没年不詳）

**白井惣右衛門** しらいそうえもん
～寛永17（1640）年
安土桃山時代～江戸時代前期の城代。
¶庄内

**白井範秀** しらいのりひで
？ ～文禄4（1595）年
安土桃山時代の武将。
¶人名，日人

**白井民部少輔** しらいみんぶのしょう
安土桃山時代の織田信長の家臣。
¶織田

**白井与三左衛門** しらいよさんざえもん
→白井与三左衛門（しらいよそうざえもん）

**白井与三左衛門** しらいよそうざえもん
？ ～天正10（1582）年　[別]白井与三左衛門《しらいよさんざえもん》
安土桃山時代の武士。
¶岡山人（しらいよさんざえもん），岡山歴（[没]天正10（1582）年6月3日）

**白岩浪助** しらいわなみすけ
安土桃山時代の武士。
¶岡山人

**白江成定** しらえなりさだ
？ ～文禄4（1595）年
安土桃山時代の武士。豊臣氏家臣。
¶戦国，戦人

**白神右京亮** しらがうきょうのすけ
室町時代の武将。
¶岡山人

**白樫左衛門尉** しらかしさえもんのじょう
→白樫左衛門尉（しろがしさえもんのじょう）

**白樫主馬助** しらかししゅめのすけ
→白樫主馬助（しろがししゅめのすけ）

**白河義親**（白川義親） しらかわよしちか
→結城義親（ゆうきよしちか）

**白倉五左衛門** しらくらござえもん
安土桃山時代の武士。
¶人名，日人（生没年不詳）

**白倉重家** しらくらしげいえ
生没年不詳
戦国時代～安土桃山時代の武将。
¶戦人

**白倉道佐** しらくらどうさ
戦国時代の武将。武田家臣。上野白倉の城主。
¶姓氏山梨

し

し

**白坂八郎右衛門** しらさかはちろうえもん
戦国時代の武将。葛西氏家臣。
¶戦東

**白須平次** しらすへいじ
戦国時代の武将。武田家臣。小姓衆。
¶姓氏山梨

**白須又一** しらすまたいち
戦国時代の武将。武田家臣。武川衆。
¶姓氏山梨

**白戸越前守** しらとえちぜんのかみ，しらどえちぜんのかみ
安土桃山時代の代官。足利氏家臣。
¶戦辞（しらどえちぜんのかみ 生没年不詳），戦東

**白土左近** しらとさこん
生没年不詳
安土桃山時代の武士。佐竹氏家臣。
¶戦辞，戦人，戦東

**白土弾正忠** しらとだんじょうちゅう
生没年不詳 [別]白土弾正忠《しらとだんじょうのじょう》
安土桃山時代の武士。佐竹氏家臣。
¶戦辞（しらとだんじょうのじょう），戦人，戦東

**白土弾正忠** しらとだんじょうのじょう
→白土弾正忠（しらとだんじょうちゅう）

**白鳥十郎** しらとりじゅうろう
生没年不詳
戦国時代～安土桃山時代の地方豪族・土豪。
¶戦人

**白取瀬兵衛** しらとりせへい
→山口瀬兵衛（やまぐちせひょうえ）

**白鳥長久** しらとりながひさ
？ ～*
安土桃山時代の武将、出羽の豪族。
¶人名（[没]1583年），日人（[没]1584年）

**白鳥則任** しらとりのりとう
生没年不詳
平安時代の武将。
¶姓氏岩手

**白鳥民部少輔** しらとりみんぶしょうゆう
戦国時代の武将。葛西氏家臣。
¶戦東

**白土若狭守** しらとわかさのかみ
戦国時代の武将。佐竹氏家臣。
¶戦辞（生没年不詳），戦東

**白波瀬左衛門** しらなみせざえもん
安土桃山時代の武士。
¶人名，日人（生没年不詳）

**白幡俊直** しらはたとしなお
？ ～元和4（1618）年
安土桃山時代～江戸時代前期の浅野家臣。
¶和歌山人

**白幡六郎** しらはたろくろう
？ ～天正18（1590）年
安土桃山時代の武士。後北条氏家臣。
¶戦人

**白浜重政** しらはましげまさ
？ ～天正15（1587）年
安土桃山時代の武士。
¶姓氏鹿児島，戦人，戦西

**白石実綱** しろいしさねつな
戦国時代の武将。伊達氏家臣。
¶戦人（生没年不詳），戦東

**白石宗実** しろいしむねざね
*～慶長4（1599）年 [別]伊達宗実《だてむねざね》，白石宗実《しらいしむねざね》
安土桃山時代の武士。伊達氏家臣。
¶姓氏宮城（生没年不詳），戦人（[生]天文22（1553）年），戦東，藩臣1（[生]天文22（1553）年？）

**白石宗利** しろいしむねとし
戦国時代の武士。伊達氏家臣。
¶戦人（生没年不詳），戦東

**白樫左衛門尉** しろがしさえもんのじょう
生没年不詳 [別]白樫左衛門尉《しらかしさえもんのじょう》
安土桃山時代の地侍。秀吉馬廻。
¶戦国，戦人，和歌山人（しらかしさえもんのじょう）

**白樫主馬助** しろがししゅめのすけ
生没年不詳 [別]白樫主馬助《しらかししゅめのすけ》
安土桃山時代の地侍。秀吉馬廻。
¶戦国，戦人，和歌山人（しらかししゅめのすけ）

**代田彦八郎** しろたひこはちろう
安土桃山時代～江戸時代前期の武士。里見氏家臣。
¶戦人（生没年不詳），戦東

**斯波家長** しわいえなが
→斯波家長（しばいえなが）

**志和勘助** しわかんすけ
？ ～文禄4（1595）年
安土桃山時代の武士。
¶戦人，戦西

**信永** しんえい
→蜷川信永（にながわしんえい）

**新開実綱** しんがいさねつな
？ ～天正10（1582）年
安土桃山時代の武将。
¶戦人，徳島歴（生没年不詳）

**新開道善** しんがいどうぜん
？ ～天正10（1582）年9月16日
戦国時代の武将。
¶徳島歴

**新開真行** しんがいまさゆき
生没年不詳
南北朝時代の武将。

¶徳島歴

**新開之実** しんがいゆきざね
？ ～寛正6(1465)年
室町時代の細川勝元の有力被官。
¶徳島歴

**新川儀大夫** しんかわぎだゆう
安土桃山時代の武将。前田利家の臣。
¶戦国

**神宮寺小太郎** じんぐうじこたろう
～正平3/貞和4(1348)年1月
鎌倉時代後期～南北朝時代の南朝方の武将。
¶大阪墓

**神宮寺正師** じんぐうじまさもろ
？ ～延元1/建武3(1336)年
鎌倉時代後期～南北朝時代の武士、楠木正成の族。
¶人名，日人

**神宮司又六** じんぐうじまたろく
戦国時代の伴姓穎娃氏の奉行か。
¶姓氏鹿児島

**神五左衛門尉** じんごさえもんのじょう
生没年不詳
鎌倉時代後期の武士。
¶北条

**神西不楽** じんざいふらく
生没年不詳
安土桃山時代～江戸時代前期の武将、播磨姫路藩士。
¶藩臣5

**神西元通** じんざいもとみち
？ ～天正6(1578)年
戦国時代～安土桃山時代の武士。
¶島根歴，戦人，戦西

**新柵種次** しんさくたねつぐ
？ ～天正19(1591)年　[別]新柵太郎左衛門種次《しんさくたろうざえもんたねつぐ》
安土桃山時代の武将。葛西氏家臣。
¶戦人，戦東(新柵太郎左衛門種次　しんさくたろうざえもんたねつぐ)

**新柵太郎左衛門種次** しんさくたろうざえもんたねつぐ
→新柵種次(しんさくたねつぐ)

**進士九郎** しんしくろう
？ ～天文20(1551)年
戦国時代の武士。
¶人名，日人

**宍道隆慶** しんじたかよし
？ ～天正5(1577)年
戦国時代の宍道郷領主。
¶島根歴

**新七** しんしち
生没年不詳
安土桃山時代の織田信長の家臣。
¶織田

**宍道政慶** しんじまさよし
生没年不詳
戦国時代の宍道郷・大野荘等の領主。隆慶の子。
¶島根歴

**信生** しんしょう
？ ～＊　[別]宇都宮朝業《うつのみやともなり》,塩谷朝業《しおやともなり》,藤原朝業《ふじわらともなり,ふじわらのあさなり》
鎌倉時代前期の武士、僧、歌人。宇都宮4代城主業綱2男、従五位下五郎兵衛尉。宇都宮歌壇の基礎を作った。
¶朝日(塩谷朝業　しおやともなり　[生]承安4(1174)年？　[没]嘉禎3(1237)年？)，鎌室(藤原朝業　ふじわらともなり　生没年不詳)，国書([生]承安4(1174)年頃　[没]嘉禎3(1237)年)，埼玉人(宇都宮朝業　うつのみやともなり　[生]承安4(1174)年？　[没]嘉禎3(1237)年)，諸系([没]1248年)，人書94(宇都宮朝業　うつのみやともなり　[没]1248年)，人名，人名(藤原朝業　ふじわらのあさなり)，栃木百(塩谷朝業　しおやともなり　[没]嘉禎3(1237)年)，栃木歴(塩谷朝業　しおやともなり　[没]嘉禎3(1237)年)，長野歴(生没年不詳)，日人([没]1248年)，和俳(宇都宮朝業　うつのみやともなり　[没]宝治2(1248)年)，和俳(生没年不詳)

**新庄季方** しんじょうすえかた
建保2(1214)年～文永9(1272)年
鎌倉時代前期の武将、近江国新庄領主。
¶人名，日人(生没年不詳)

**新庄季俊** しんじょうすえとし
平安時代後期の武士。
¶人名，日人(生没年不詳)

**新庄俊長** しんじょうとしなが
？ ～天正1(1573)年
戦国時代の武士。
¶戦人，戦西

**新庄直定** しんじょうなおさだ
永禄5(1562)年～元和4(1618)年
安土桃山時代～江戸時代前期の大名。常陸麻生藩主。
¶朝日([没]元和4年4月21日(1618年6月13日))，近世，国史，コン改([没]元和2(1616)年)，コン4([没]元和2(1616)年)，史人([没]1618年4月21日)，諸系，新潮([没]元和4(1618)年4月21日)，人名([生]1560年　[没]1616年)，戦合，戦国，戦人，日人，藩主2([没]元和4(1618)年4月21日)

**新庄直忠** しんじょうなおただ
天文11(1542)年～元和6(1620)年
安土桃山時代～江戸時代前期の武将。直昌の次男。
¶朝日([没]元和6年1月25日(1620年2月28日))，近世，国史，史人([没]1620年1月25日)，諸系，新潮([没]元和6(1620)年1月25日)，人名，世人，戦合，戦国，戦人，日人

**新庄直寿** しんじょうなおなが
安土桃山時代の武将。秀吉馬廻。
¶戦国

**新庄直寛** しんじょうなおひろ
？ ～天文7（1538）年
戦国時代の武将、足利氏の臣。
¶諸系，人名，日人

**新庄直房** しんじょうなおふさ
文禄4（1595）年～慶安2（1649）年
江戸時代前期の武士、書院番頭。
¶諸系，人名，日人

**新庄直昌** しんじょうなおまさ
永正10（1513）年～天文18（1549）年
戦国時代の武将、近江朝妻城主。
¶諸系，人名（[生]1523年），日人

**新庄直好** しんじょうなおよし
慶長4（1599）年～寛文2（1662）年
江戸時代前期の武将、大名。常陸麻生藩主。
¶コン改，コン4，諸系，人名，日人，藩主2（[没]寛文2（1662）年7月22日）

**新庄直頼** しんじょうなおより
天文7（1538）年～慶長17（1612）年
安土桃山時代～江戸時代前期の武将、大名。摂津高槻藩主、常陸麻生藩主。
¶茨城百，織田（[没]慶長17（1612）年12月19日），近世，国史，史人（[没]1612年12月19日），諸系（[没]1613年），人名，戦合，戦国（[生]1535年），戦人，戦西（[生]1535年），日史（[没]慶長17（1612）年12月19日），日人（[没]1613年），藩主2（[没]慶長17（1612）年12月19日），藩主3，百科，歴大

**秦泉寺掃部** じんぜんじかもん
生没年不詳
戦国時代の武士。長宗我部氏家臣。
¶戦人

**秦泉寺豊後守** じんぜんじぶんごのかみ
戦国時代の武将。長宗我部氏家臣。
¶戦西

**神忠政** じんただまさ
弘治2（1556）年～天正10（1582）年11月15日
戦国時代～安土桃山時代の織田信長の家臣。
¶織田

**新田日向守** しんでんひゅうがのかみ
生没年不詳
戦国時代の北条氏の家臣。
¶戦辞

**進藤家清** しんどういえきよ
生没年不詳
戦国時代の上杉輝虎（謙信）の家臣。
¶戦辞

**神藤右衛門** しんどううえもん
生没年不詳
安土桃山時代の織田信長の家臣。
¶織田

**進藤氏盛** しんどううじもり
？ ～元亀2（1571）年
安土桃山時代の武士、安芸武田の門葉。
¶人名，日人

**進藤賢盛** しんどうかたもり
生没年不詳
安土桃山時代の織田信長の家臣。
¶織田

**新藤勘左衛門** しんどうかんざえもん
戦国時代の武士、射術家。
¶人名，日人（生没年不詳）

**進藤源次郎** しんどうげんじろう
生没年不詳
安土桃山時代の織田信長の家臣。
¶織田

**進藤貞治** しんどうさだはる
？ ～天文20（1551）年　[別]進藤山城守貞治《しんどうやましろのかみさだはる》
戦国時代の武士。
¶国書5（[没]天文20（1551）年3月13日），戦人，戦西（進藤山城守貞治　しんどうやましろのかみさだはる）

**新藤下総守** しんどうしもうさのかみ
[別]新藤下総守《しんどうしもふさのかみ》
戦国時代の武士。後北条氏家臣。
¶戦人（生没年不詳），戦東（しんどうしもふさのかみ）

**新藤下総守** しんどうしもふさのかみ
→新藤下総守（しんどうしもうさのかみ）

**進藤新次郎** しんどうしんじろう
安土桃山時代の武将。秀吉馬廻。
¶戦国

**進藤周防守** しんどうすおうのかみ
戦国時代の武将。今川氏家臣。
¶戦東

**進藤但馬** しんどうたじま
～慶長19（1614）年6月1日
安土桃山時代～江戸時代前期の武士。最上氏家臣。
¶庄内，戦人（生没年不詳），戦東

**進藤但馬守安清** しんどうたじまのかみやすきよ
弘治1（1555）年～慶長19（1614）年
戦国時代～江戸時代前期の最上義光の臣、亀ヶ崎城主志村伊豆守光安の郡代家老。
¶山形百

**進藤弾正少弼** しんどうだんじょうしょうゆう
戦国時代の武将。今川氏家臣。
¶戦東

**進藤正次**（新藤政次） しんどうまさつぐ
永禄7（1564）年～慶長17（1612）年
安土桃山時代の武士。
¶岡山歴，人名（新藤政次），戦人（生没年不詳），戦西，日人

**進藤三河守** しんどうみかわのかみ
戦国時代の武将。今川氏家臣。
¶戦東

**進藤山城守貞治** しんどうやましろのかみさだはる
→進藤貞治（しんどうさだはる）

**新藤頼安** しんどうよりやす
？ ～永禄4（1561）年10月19日
戦国時代～安土桃山時代の北条氏の家臣。河越衆。
¶戦辞

**神野源六郎** じんのげんろくろう
生没年不詳
安土桃山時代の織田信長の家臣。
¶織田

**神馬忠春** じんばただはる
？ ～天文15（1546）年
戦国時代の武将。
¶戦人

**新原村一** しんばらむらかず
戦国時代の武将。
¶姓氏静岡

**新開一右衛門** しんびらきいちえもん
生没年不詳
安土桃山時代の織田信長の家臣。
¶織田

**神保覚広** じんぼあきひろ
→神保覚広（じんぼさとひろ）

**神保氏張** じんぼううじはる
→神保氏張（じんぼうじはる）

**神保氏純** じんぼうじずみ
戦国時代の越中の武将。
¶姓氏富山，富山百（生没年不詳）

**神保氏張** じんぼうじはる
享禄1（1528）年～文禄1（1592）年　[別]神保氏張《じんぼううじはる》
戦国時代～安土桃山時代の武将。庶流氏純の養子。
¶朝日（[没]文禄1年8月5日（1592年9月10日）），織田（じんぼううじはる　[没]文禄1（1592）年8月5日），近世，国史，史人（[没]1592年8月5日），諸系，新潮（[没]文禄1（1592）年8月5日），姓氏富山，戦合，戦国，戦辞（[没]文禄1年8月5日（1592年9月10日）），戦人（じんぼううじはる　生没年不詳），富山百（[生]？），日人

**神保氏弘** じんぼうじひろ
生没年不詳
室町時代～戦国時代の武家・連歌作者。
¶国書，姓氏富山，富山百

**神保周防守** じんぼうすおうのかみ
[別]神保周防守《じんぼすおうのかみ》
戦国時代の武士。
¶姓氏石川（じんぼすおうのかみ），戦人（生没年不詳），戦西（じんぼすおうのかみ）

**神保相茂** じんぼうすけしげ
天正10（1582）年～元和1（1615）年　[別]神保相茂《じんぼうすけもち，じんぼすけしげ》
安土桃山時代～江戸時代前期の武士。豊臣氏家臣、徳川氏家臣。
¶人名（じんぼうすけもち），戦国（じんぼすけしげ），戦人，日人

**神保相茂** じんぼうすけもち
→神保相茂（じんぼうすけしげ）

**神保長国** じんぼうながくに
生没年不詳
安土桃山時代の織田信長の家臣。
¶織田

**神保長住** じんぼうながずみ
生没年不詳　[別]神保長住《じんぼながずみ》
安土桃山時代の織田信長の家臣。
¶織田，諸系（じんぼながずみ），姓氏富山（じんぼながずみ），富山百（じんぼながずみ）

**神保長職** じんぼうながもと
生没年不詳　[別]神保長職《じんぼながもと》
戦国時代の武将。
¶諸系（じんぼながもと），姓氏富山（じんぼながもと），戦辞（じんぼながもと　[没]元亀3（1572）年頃），戦人，富山百（じんぼながもと）

**神保春茂** じんぼうはるしげ
天文23（1554）年～慶長1（1596）年　[別]神保春茂《じんぼうはるもち，じんぼはるしげ》
安土桃山時代の地侍。
¶戦国（じんぼはるしげ），戦人

**神保春茂** じんぼうはるもち
→神保春茂（じんぼうはるしげ）

**神保総誠** じんぼうふさのぶ
[別]神保総誠《じんぼふさのぶ》
戦国時代の武士。
¶姓氏石川（じんぼふさのぶ），戦人（生没年不詳），戦西（じんぼふさのぶ）

**神保孫三郎** じんぼうまごさぶろう
生没年不詳　[別]神保孫三郎《じんぼまごさぶろう》
戦国時代の武士。後北条氏家臣。
¶姓氏神奈川（じんぼまごさぶろう），戦辞（じんぼまごさぶろう），戦人，戦東（じんぼまごさぶろう）

**神保隠岐** じんぼおき
永禄11（1568）年～慶安2（1649）年
安土桃山時代～江戸時代前期の出羽山形藩士。
¶藩臣1

**神保国宗** じんぼくにむね
生没年不詳
室町時代の射水・婦負両郡守護代。
¶富山百

**神保覚広** じんぼさとひろ
生没年不詳　[別]神保覚広《じんぼあきひろ》
戦国時代の越中の国人。
¶戦辞，富山百（じんぼあきひろ）

**神保周防守** じんぼすおうのかみ
→神保周防守（じんぼうすおうのかみ）

**神保相茂** じんぼすけしげ
→神保相茂（じんぼうすけしげ）

**神保忠氏** じんぼただうじ
戦国時代の武将。越中の豪族。

¶姓氏富山

**神保長住** じんぼながずみ
→神保長住(じんぼうながずみ)

**神保長利** じんぼながとし
永禄10(1567)年〜慶安2(1649)年
安土桃山時代〜江戸時代前期の陸奥会津藩士。
¶藩臣2

**神保長誠** じんぼながのぶ
? 〜文亀1(1501)年
室町時代〜戦国時代の武将。
¶諸系, 姓氏富山, 富山百(生没年不詳)

**神保長職** じんぼながもと
→神保長職(じんぼうながもと)

**神保信包** じんぼのぶかね
生没年不詳
戦国時代の武将。
¶戦辞

**神保春茂** じんぼはるしげ
→神保春茂(じんぼうはるしげ)

**神保総誠** じんぼふさのぶ
→神保総誠(じんぼうふさのぶ)

**神保孫三郎** じんぼまごさぶろう
→神保孫三郎(じんぼうまごさぶろう)

**神保昌光** じんぼまさみつ
戦国時代の武将。武田家臣。西上野長根衆。
¶姓氏山梨

**神保元康** じんぼもとやす
戦国時代の武将。畠山氏家臣。
¶姓氏石川, 戦西

**新保吉明** しんぼよしあき
戦国時代の武将。朝倉氏家臣。
¶戦西

**神保慶久** じんぼよしひさ
室町時代の足利庄代官。畠山満家の被官。
¶栃木歴

**神保慶宗** じんぼよしむね
? 〜*
戦国時代の越中国射水郡・婦負郡守護代。
¶諸系([没]1521年), 姓氏富山([没]1520年), 戦辞([没]永正17年12月21日(1521年1月29日)), 富山百([没]永正17(1520)年)

**深堀武虎** しんぼりたけとら
→深堀武虎(ふかぼりたけとら)

**神保了珊** じんぼりょうさん
生没年不詳
戦国時代の北条氏の家臣。
¶戦辞

**神益政** じんますまさ
? 〜文正1(1466)年7月28日
室町時代の武家・連歌作者。
¶国書

**新見正勝** しんみまさかつ
天文8(1539)年〜寛永19(1642)年
安土桃山時代〜江戸時代前期の武士、旗本。
¶神奈川人, 姓氏神奈川

**新免伊賀守** しんめんいがのかみ
→新免宗貫(しんめんそうかん)

**新免貞重** しんめんさだしげ
文明3(1471)年〜大永3(1523)年
室町時代の武将。
¶岡山人

**新免宗貫** しんめんそうかん
? 〜元和5(1619)年 [別]新免伊賀守《しんめんいがのかみ》
安土桃山時代〜江戸時代前期の武士。
¶岡山人, 岡山歴(新免伊賀守　しんめんいがのかみ　[没]元和5(1619)年4月18日), 戦人, 戦西

**新免長重** しんめんながしげ
? 〜文明12(1480)年6月
室町時代の美作国東部の武将。
¶岡山歴

**新免則重** しんめんのりしげ
〜応永27(1420)年
室町時代の武将。
¶岡山人

**新免兵庫助** しんめんひょうごのすけ
室町時代の美作国東部の在地武士。
¶岡山歴

**新免宗貞** しんめんむねさだ
〜文禄1(1592)年
安土桃山時代の武将。
¶岡山人

**新羅三郎** しんらさぶろう
→源義光(みなもとのよしみつ)

**新羅三郎義光** しんらさぶろうよしみつ
→源義光(みなもとのよしみつ)

**新羅義光** しんらよしみつ
→源義光(みなもとのよしみつ)

**新六** しんろく
? 〜天正10(1582)年6月2日
戦国時代〜安土桃山時代の織田信長の家臣。
¶織田

## 【す】

**瑞光院道音** ずいこういんどうおん
生没年不詳
戦国時代の今川氏の家臣。
¶戦辞

**吹田某** すいた
永禄3(1560)年頃〜天正7(1579)年12月16日
安土桃山時代の織田信長の家臣。

¶織田

**吹田毛右衛門** すいだもうえもん
→吹田毛右衛門（すいたもえもん）

**吹田毛右衛門** すいたもえもん
[別]吹田毛右衛門《すいだもうえもん》
安土桃山時代の武将。秀吉馬廻。
¶戦国（すいだもうえもん），戦人（生没年不詳）

**水原景家** すいばらかげいえ
？ ～永正3（1506）年9月19日
室町時代～戦国時代の越後白河荘の国人。
¶戦辞

**水原親憲** すいはらちかのり，すいばらちかのり
天文15（1546）年～元和2（1616）年 [別]大関親憲《おおぜきちかのり》
安土桃山時代～江戸時代前期の出羽米沢藩士、猪苗代城代。
¶戦辞（大関親憲 おおぜきちかのり [没]元和2年5月13日（1616年6月26日）），新潟百（すいばらちかのり [生]1545年），日人（すいばらちかのり），藩臣1

**水原政家** すいばらまさいえ
生没年不詳
戦国時代の越後白河荘の国人。
¶戦辞

**水原満家** すいばらみついえ
？ ～天正10（1582）年
安土桃山時代の国人。
¶戦辞（[没]天正10年9月25日（1582年10月21日）），戦人，戦東

**陶興房** すえおきふさ
？ ～天文8（1539）年
戦国時代の武将。大内氏の家臣で周防守護代。
¶朝日（[没]天文8年4月18日（1539年5月6日）），国史，国書（[没]天文8（1539）年4月18日），古中，コン改，コン4，史人（[没]1539年4月18日），諸系，新潮（[没]天文8（1539）年4月18日），人名，戦合，戦人，戦西，日人

**須江清右衛門** すえせいえもん
戦国時代の武将。葛西氏家臣。
¶戦東

**陶隆房** すえたかふさ
→陶晴賢（すえはるかた）

**末高某** すえたかぼう
戦国時代の武将。武田家臣。少身衆。
¶姓氏山梨

**陶隆康** すえたかやす
？ ～天文20（1551）年
戦国時代の武将。
¶諸系，人名，日人

**末武氏久** すえたけうじひさ
？ ～文明3（1471）年
室町時代～戦国時代の武将。
¶姓氏山口

**末近信賀** すえちかのぶよし
～天正10（1582）年
安土桃山時代の武将。
¶岡山人

**末次元康** すえつぐもとやす
→毛利元康（もうりもとやす）

**末永清継** すえながきよつぐ
？ ～天正18（1590）年 [別]末永五郎三郎清継《すえながごろさぶろうきよつぐ》
安土桃山時代の武士。葛西氏家臣。
¶戦人，戦東（末永五郎三郎清継 すえながごろさぶろうきよつぐ）

**末永五郎三郎清継** すえながごろさぶろうきよつぐ
→末永清継（すえながきよつぐ）

**末永能登守宗時** すえながのとのかみむねとき
→末永宗時（すえながむねとき）

**陶長房** すえながふさ
？ ～弘治1（1555）年
戦国時代の武将。
¶諸系，人名，日人

**末永宗時** すえながむねとき
[別]末永能登守宗時《すえながのとのかみむねとき》
戦国時代の武士。葛西氏家臣。
¶戦人（生没年不詳），戦東（末永能登守宗時 すえながのとのかみむねとき）

**陶晴賢** すえはるかた
大永1（1521）年～弘治1（1555）年 [別]陶晴賢《すえはるたか》，陶隆房《すえたかふさ》
戦国時代の武将。大内氏の家臣で周防守護代。
¶朝日（[没]弘治1年10月1日（1555年10月16日）），岩史（[没]天文24（1555）年10月1日），角史，国史，古中，コン改，コン4，史人（[没]1555年10月1日），重要（[没]弘治1（1555）年10月1日），諸系，新潮（[没]弘治1（1555）年10月1日），人名，姓氏山口（[生]1520年），姓氏山口（陶隆房 すえたかふさ），世人（[没]弘治1（1555）年10月1日），世百，戦合，戦国（[生]？），全書，戦人（[生]大永1（1521）年？），戦西（陶隆房 すえたかふさ [生]？），大百，日史（[没]弘治1（1555）年10月1日），日人，百科，広島百（[没]弘治1（1555）年10月），山口百（すえはるたか）

**陶晴賢** すえはるたか
→陶晴賢（すえはるかた）

**陶弘詮** すえひろあき
？ ～大永3（1523）年 [別]右田弘詮《みぎたひろあき》，朝倉弘詮《あさくらひろのぶ》，陶弘詮《すえひろのぶ》
戦国時代の武将。筑前守護代。
¶国史，古中，諸系，姓氏山口（右田弘詮 みぎたひろあき），戦合，戦人（朝倉弘詮 あさくらひろのぶ 生没年不詳），戦西，日人，山口百（[没]1523年？）

**陶弘護** すえひろもり
康正1（1455）年～文明14（1482）年
室町時代～戦国時代の武将。大内氏の家臣で周防

守護代。
¶朝日（[生]康正1年9月3日（1455年10月13日）[没]文明14年5月28日（1482年6月14日）），国史，古中，島根歴，諸系，姓氏山口，戦合，戦西（[生]？），日人，山口百

**末松吉郎右衛門** すえまつきちろうえもん
～寛永15（1638）年11月16日
安土桃山時代～江戸時代前期の功臣。
¶庄内

す

**陶持長** すえもちなが
明応6（1497）年～？
戦国時代の武士。
¶戦人，戦西

**末元兼直** すえもとかねなお
生没年不詳
鎌倉時代後期の武将。末元氏の祖。
¶島根歴

**周防蔵人** すおうくろうど
生没年不詳
戦国時代の武蔵吉良氏朝の家臣。
¶戦辞

**周防上野介** すおうこうずけのすけ
生没年不詳
戦国時代の武蔵吉良氏朝の家臣。
¶戦辞

**須賀勝右衛門** すがしょうえもん
安土桃山時代の武将。秀吉馬廻。
¶戦国，戦人（生没年不詳）

**菅田宣真** すがたのりざね
？ ～天文20（1551）年
戦国時代の武士。大内氏家臣。
¶戦人

**須賀土佐入道** すがとさにゅうどう
～永享12（1440）年
室町時代の須賀出身の武士。
¶埼玉百

**菅名綱輔** すがなつなすけ
→菅名与三（すがなよぞう）

**菅名与三** すがなよぞう
？ ～天正10（1582）年 [別]菅名綱輔《すがなつなすけ》
安土桃山時代の武将。上杉氏家臣。
¶戦辞（菅名綱輔 すがなつなすけ [没]天正10年10月4日（1582年10月30日）），戦東

**菅沼刑部丞** すがぬまぎょうぶのじょう
→菅沼定忠（すがぬまさだただ）

**菅沼定忠** すがぬまさだただ
？ ～天正10（1582）年 [別]菅沼刑部丞《すがぬまぎょうぶのじょう》
安土桃山時代の武将。武田氏家臣。
¶戦辞（菅沼刑部丞 すがぬまぎょうぶのじょう [没]天正10年5月17日（1582年6月7日）），戦人

**菅沼貞俊** すがぬまさだとし
生没年不詳
安土桃山時代の武将。
¶国書

**菅沼定利** すがぬまさだとし
？ ～慶長7（1602）年
安土桃山時代の武将、大名。上野矢田藩（吉井領）主。
¶郷土群馬，群馬人，諸系，姓氏長野，戦国，戦辞（[没]慶長7年10月22日（1602年12月5日）），戦人，長野歴，日人，藩主1（[没]慶長7（1602）年10月22日）

**菅沼定信** すがぬまさだのぶ
？ ～永正4（1507）年
室町時代～戦国時代の武将。
¶姓氏愛知

**菅沼定盈** すがぬまさだみつ
天文11（1542）年～慶長9（1604）年
安土桃山時代の大名。上野阿保藩主。
¶朝日（[生]天文12（1543）年 [没]慶長9年7月18日（1604年8月13日）），近世，国史，史人（[没]1604年7月18日），諸系，新潮（[没]慶長9（1604）年7月18日），人名，姓氏愛知，姓氏静岡，戦合，戦国（[生]1543年），戦辞（[没]慶長9年7月18日（1604年8月13日）），戦人（[生]天文12（1543）年），戦東，日人，藩主1（[生]天文12（1543）年 [没]慶長9（1604）年7月18日）

**菅沼貞吉**（菅沼定吉） すがぬまさだよし
？ ～天正10（1582）年
戦国時代～安土桃山時代の武将。松平氏家臣、武田氏家臣。
¶戦国（菅沼定吉），戦辞（生没年不詳），戦人（菅沼定吉），戦東

**菅沼定芳** すがぬまさだよし
天正15（1587）年～寛永20（1643）年
安土桃山時代～江戸時代前期の武将、大名。伊勢長島藩主、近江膳所藩主、丹波亀山藩主。
¶京都府，国書（[没]寛永20（1643）年1月17日），茶道，諸系，戦国，戦人，日人，藩主3，藩主3（[没]寛永20（1643）年1月17日）

**菅沼定仍** すがぬまさだより
天正4（1576）年～慶長10（1605）年
安土桃山時代の武将、大名。上野阿保領主、伊勢長島領主。
¶諸系，日人，藩主1，藩主3（[没]慶長10（1605）年10月25日）

**菅沼忠久** すがぬまただひさ
？ ～天正10（1582）年
戦国時代～安土桃山時代の井伊谷3人衆。
¶姓氏静岡，戦辞

**菅沼忠政** すがぬまただまさ
天正8（1580）年～慶長19（1614）年 [別]奥平忠昌《おくだいらただまさ》，奥平忠政《おくだいらただまさ》，松平忠政《まつだいらただまさ》
安土桃山時代～江戸時代前期の武将、大名。上野吉井藩主、美濃加納藩主。

¶岐阜百（奥平忠政　おくだいらただまさ），諸系（松平忠政　まつだいらただまさ），人名（奥平忠昌　おくだいらただまさ），戦人，日人（松平忠政　まつだいらただまさ），藩主1（[没]慶長19（1614）年2月2日），藩主2（松平忠政　まつだいらただまさ　[没]慶長19（1614）年7月2日）

**菅野直棟** すがのなおむね
戦国時代の武将。武田家臣。禰津被官衆。
¶姓氏山梨

**菅野谷佐平次** すがのやさへいじ
安土桃山時代～江戸時代前期の武士。里見氏家臣。
¶戦人（生没年不詳），戦東

**菅原仲頼** すがはらなかより
～寿永3（1184）年
平安時代後期の武将。
¶岡山人

**菅原満佐** すがはらみちすけ
寿永2（1183）年～文暦1（1234）年
鎌倉時代前期の武将。
¶岡山人

**須賀備前** すがびぜん
安土桃山時代の武士。織田氏家臣。
¶戦国，戦人（生没年不詳）

**須賀盛能** すがもりよし
生没年不詳
戦国時代の上杉氏の家臣・越中在番衆。
¶戦辞

**菅屋角蔵** すがやかくぞう
？　～天正10（1582）年6月2日
戦国時代～安土桃山時代の織田信長の家臣。
¶織田

**菅谷勝貞** すがやかつさだ
生没年不詳
戦国時代の武将。
¶戦人

**菅屋勝次郎** すがやかつじろう
？　～天正10（1582）年6月2日
戦国時代～安土桃山時代の織田信長の家臣。
¶織田

**菅谷源次郎** すがやげんじろう
生没年不詳
戦国時代の北条氏の家臣。
¶戦辞

**菅谷貞次** すがやさだつぐ
生没年不詳
戦国時代の武将。
¶戦人

**菅屋四郎右衛門** すがやしろうえもん
生没年不詳
安土桃山時代の織田信長の家臣。
¶織田

**菅屋長頼** すがやながより
？　～天正10（1582）年　[別]菅谷長頼《すげのやながより》
安土桃山時代の武士。織田氏家臣。
¶織田（[没]天正10（1582）年6月2日），人名（菅谷長頼　すげのやながより），戦国，戦人，日人

**菅谷範政** すがやのりまさ
永禄11（1568）年～慶長17（1612）年8月9日　[別]菅谷範政《すげのやのりまさ》
安土桃山時代～江戸時代前期の武将。
¶戦辞（すげのやのりまさ），戦人（生没年不詳）

**菅谷政貞** すがやまささだ
文亀3（1503）年～天正5（1577）年5月2日　[別]菅谷政貞《すげのやまささだ》
戦国時代～安土桃山時代の武将。
¶戦辞（すげのやまささだ），戦人（生没年不詳）

**菅原有信** すがわらありのぶ
生没年不詳
鎌倉時代の御家人。
¶姓氏宮城

**菅原右馬之助兼長** すがわらうまのすけかねなが
戦国時代の武将。大崎氏家臣。
¶戦東

**菅原刑部友長** すがわらぎょうぶともなが
戦国時代の武将。大崎氏家臣。
¶戦東

**菅原惣左衛門** すがわらそうざえもん
戦国時代の武将。葛西氏家臣。
¶戦東

**菅原大膳** すがわらだいぜん
戦国時代の武将。大崎氏家臣。
¶戦東

**菅原為繁** すがわらためしげ
生没年不詳
戦国時代の武将。
¶埼玉人

**菅原太郎明長** すがわらたろうあきなが
戦国時代の武将。大崎氏家臣。
¶戦東

**菅原対馬長時** すがわらつしまながとき
戦国時代の武将。葛西氏家臣。
¶戦東

**菅原直則** すがわらなおのり
生没年不詳
戦国時代の羽生城将・山上城主。
¶戦辞

**杉右衛門** すぎうえもん
戦国時代の土豪。
¶姓氏富山

**杉浦勝吉** すぎうらかつよし
？　～慶長16（1611）年
安土桃山時代～江戸時代前期の武士。徳川家康の家臣、弓頭。
¶神奈川人，人名，姓氏神奈川，日人（[没]1612年）

**杉浦玄任** すぎうらげんにん
安土桃山時代の金沢御坊の坊官。下間頼照に協力して出兵。
¶姓氏石川

**杉浦重勝** すぎうらしげかつ
？ ～慶長5(1600)年
安土桃山時代の武将。豊臣氏家臣。
¶戦国, 戦人

す

**杉浦正友** すぎうらまさとも
天正5(1577)年～寛文2(1662)年
安土桃山時代～江戸時代前期の武士、幕臣。留守居。関ヶ原・大坂の陣に従軍。
¶神奈川人, 近世, 国史, 史人([没]1662年9月9日), 人名, 戦合, 日人

**杉浦与左衛門** すぎうらよざえもん
安土桃山時代～江戸時代前期の武士。徳川家康の臣。
¶人名, 日人(生没年不詳)

**杉浦吉貞** すぎうらよしさだ
安土桃山時代の武士。徳川家康の臣。
¶人名, 日人(生没年不詳)

**杉興運** すぎおきかず
？ ～天文20(1551)年
戦国時代の武士。
¶戦人, 戦西

**杉興重** すぎおきしげ
文明9(1477)年～？
戦国時代の武士。
¶戦人, 戦西

**杉興相** すぎおきすけ
戦国時代の武士。
¶戦人(生没年不詳), 戦西

**杉興長** すぎおきなが
戦国時代の武士。
¶戦人(生没年不詳), 戦西

**杉興宣** すぎおきのぶ
戦国時代の武士。
¶戦人(生没年不詳), 戦西

**杉興道** すぎおきみち
戦国時代の武士。
¶戦人(生没年不詳), 戦西

**杉景教** すぎかげのり
生没年不詳
戦国時代の武将。
¶広島百

**杉重清** すぎしげきよ
戦国時代の武士。
¶戦人(生没年不詳), 戦西

**杉重隆** すぎしげたか
戦国時代の武将。大内氏家臣。
¶戦西

**杉重親** すぎしげちか
戦国時代の武将。大内氏家臣。
¶戦西

**杉重矩** すぎしげのり
？ ～天文20(1551)年
戦国時代の武士。
¶戦人, 戦西

**杉重道** すぎしげみち
戦国時代の武将。大内氏家臣。
¶国書(生没年不詳), 戦西

**杉重良** すぎしげよし
？ ～天正7(1579)年
戦国時代～安土桃山時代の武士。
¶姓氏山口(生没年不詳), 戦人(生没年不詳), 戦西, 山口百

**杉善右衛門** すぎぜんえもん
？ ～元和1(1615)年
安土桃山時代～江戸時代前期の武士。豊臣氏家臣。
¶戦国, 戦人

**杉隆重** すぎたかしげ
戦国時代の武将。
¶人名, 日人(生没年不詳)

**杉隆泰** すぎたかやす
？ ～弘治1(1555)年
戦国時代の武将。大内氏家臣。
¶人名, 姓氏山口([生]1525年), 戦人(生没年不詳), 日人

**杉武明** すぎたけあき
？ ～明応8(1499)年
室町時代～戦国時代の武士。
¶戦人, 戦西

**杉武勝** すぎたけかつ
戦国時代の武将。大内氏家臣。
¶戦西

**杉武道** すぎたけみち
生没年不詳
戦国時代の武士。
¶国書, 戦人, 戦西

**杉田忠右衛門** すぎたちゅううえもん
江戸時代前期の武士。里見氏家臣。
¶戦東

**杉田友政** すぎたともまさ
？ ～寛永7(1630)年
安土桃山時代～江戸時代前期の浅野家臣。
¶和歌山人

**杉谷仁兵衛** すぎたにじんべえ
？ ～正保4(1647)年
江戸時代前期の浅野家臣。
¶和歌山人

**杉谷善住房** すぎたにぜんじゅうぼう
？ ～天正1(1573)年
戦国時代～安土桃山時代の武士、鉄砲の名手。
¶滋賀百

**杉谷宗故** すぎたにそうこ
室町時代の武士、佐伯惟勝の家人。

¶人名

**杉長相** すぎながすけ
？ ～天正17（1589）年
戦国時代～安土桃山時代の武将。
¶姓氏山口

**杉原兵部丞** すぎのはらひょうぶのじょう
？ ～天正4（1576）年7月13日
戦国時代～安土桃山時代の織田信長の家臣。
¶織田

**杉目直宗** すぎのめなおむね
？ ～天正12（1584）年
安土桃山時代の武将。伊達氏家臣。
¶戦人

**椙杜隆康** すぎのもりたかやす
生没年不詳
戦国時代の蓮華山城主。
¶姓氏山口

**杉原家次** すぎはらいえつぐ
？ ～天正12（1584）年
安土桃山時代の武士。
¶織田（[生]享禄4（1531）年　[没]天正12（1584）年9月9日），京都大（[生]享禄4（1531）年　[没]天正12（1584）年？），京都府，国書（[生]享禄4（1531）年　[没]天正12（1584）年9月9日），諸系（[生]1531年），人名，姓氏京都，戦国，戦人，戦西，日人

**杉原紀伊守** すぎはらきいのかみ
？ ～慶長6（1601）年
安土桃山時代の武士。
¶岡山人，岡山百，岡山歴

**杉原七郎左衛門尉** すぎはらしちろうざえもんのじょう
生没年不詳
安土桃山時代の武士。
¶戦人

**杉原宗伊** すぎはらそうい
→宗伊（そうい）

**杉原理興** すぎはらただおき
→杉原理興（すぎはらまさおき）

**杉原親清** すぎはらちかきよ
生没年不詳
江戸時代前期の武将。酒井忠勝に仕えた。
¶国書

**杉原親憲** すぎはらちかのり
天文12（1543）年～元和1（1615）年
安土桃山時代～江戸時代前期の武将、上杉景勝の臣。
¶人名

**杉原長氏** すぎはらながうじ
永禄10（1567）年～慶長6（1601）年
安土桃山時代の武士、使番。
¶人名，日人

**杉原長恒** すぎはらながつね
応永31（1424）年～文明13（1481）年3月23日
室町時代～戦国時代の武将・連歌作者。
¶国書

**杉原長房** すぎはらながふさ
天正2（1574）年～寛永6（1629）年
安土桃山時代～江戸時代前期の武将、大名。但馬豊岡藩主。
¶諸系，人名，戦国，戦人，日人，藩主3（[没]寛永6（1629）年2月4日），兵庫百

**杉原長盛** すぎはらながもり
？ ～永禄12（1569）年
戦国時代の武士。織田氏家臣。
¶戦国，戦人

**杉原理興** すぎはらまさおき
？ ～弘治3（1557）年　[別]山名理興《やまなただおき》，杉原理興《すぎはらただおき》
戦国時代の武将。大内氏家臣。備後安那郡神辺城の城主。
¶戦人，日人（すぎはらただおき），広島百（山名理興　やまなただおき）

**杉原元恒** すぎはらもとつね
生没年不詳
安土桃山時代の武将。
¶戦人

**杉原盛重** すぎはらもりしげ
？ ～天正9（1581）年
安土桃山時代の武士。
¶戦人，戦西，鳥取百

**杉弘相** すぎひろすけ
戦国時代の武将。大内氏家臣。
¶国書（生没年不詳），戦西

**杉弘依** すぎひろより
戦国時代の武士。
¶戦人（生没年不詳），戦西

**杉村長右衛門** すぎむらちょうえもん
安土桃山時代の武士。
¶戦国，戦人（生没年不詳）

**杉村文太夫** すぎむらぶんだゆう
天正16（1588）年～寛文12（1672）年9月12日
安土桃山時代～江戸時代前期の武士。
¶庄内

**杉本左兵衛** すぎもとさへえ
南北朝時代の武士。
¶人名

**杉元相** すぎもとすけ
生没年不詳
安土桃山時代の武士。
¶戦人

**杉本義宗** すぎもとよしむね
大治1（1126）年～＊　[別]平義宗《たいらのよしむね》
平安時代後期の武将。
¶神奈川人（[没]1163年），平史（平義宗　たいらのよしむね　[没]1164年）

す

杉保末　すぎやすすえ
　　南北朝時代の武将。
　　¶姓氏鹿児島

杉山大隅守　すぎやまおおすみのかみ
　　安土桃山時代の武将。結城氏家臣。
　　¶戦辞（生没年不詳），戦東

杉山源左衛門　すぎやまげんざえもん
　　安土桃山時代の武将。秀吉馬廻。
　　¶戦人（生没年不詳），戦補

杉山源兵衛　すぎやまげんべえ
　　安土桃山時代の武士。豊臣氏家臣。
　　¶戦国，戦人（生没年不詳）

杉山小助　すぎやまこすけ
　　戦国時代～安土桃山時代の武士。佐々成政の家臣。
　　¶姓氏富山

杉山小太郎　すぎやまこたろう
　　戦国時代の武将。今川氏家臣。
　　¶戦辞（生没年不詳），戦東

杉山為国　すぎやまためくに
　　～元亀2（1571）年
　　安土桃山時代の武士。
　　¶岡山人

杉山為就　すぎやまためなり
　　～天文18（1549）年
　　安土桃山時代の武将。
　　¶岡山人

杉山為正　すぎやまためまさ
　　～天正13（1585）年
　　安土桃山時代の武将。
　　¶岡山人

杉山太郎右衛門　すぎやまたろうえもん
　　戦国時代の武将。今川氏家臣。
　　¶戦東

杉山藤三郎　すぎやまとうざぶろう
　　戦国時代の武士。
　　¶戦人（生没年不詳），戦西

杉山半左衛門　すぎやまはんざえもん
　　安土桃山時代の武士。豊臣氏家臣。
　　¶戦国，戦人（生没年不詳）

杉山某　すぎやまぼう
　　戦国時代の武将。武田家臣。少身衆。
　　¶姓氏山梨

杉若氏宗　すぎわかうじむね
　　生没年不詳
　　安土桃山時代の武将、大名。紀伊田辺領主。
　　¶日人，藩主3

杉若藤二郎　すぎわかとうじろう
　　安土桃山時代の武将。秀吉馬廻。
　　¶戦国，戦人（生没年不詳）

杉若主殿頭　すぎわかとのものかみ
　　安土桃山時代の武士。
　　¶戦国，戦人（生没年不詳）

杉若藤貞　すぎわかふじさだ
　　？　～延徳3（1491）年
　　室町時代～戦国時代の武将。朝倉氏家臣。
　　¶戦西

杉若無心　すぎわかむしん
　　生没年不詳
　　安土桃山時代の武士。豊臣氏家臣。
　　¶戦国，戦人，和歌山人

杉若吉藤　すぎわかよしふじ
　　戦国時代の武将。朝倉氏家臣。
　　¶戦西

杉原小六郎　すぎわらころくろう
　　安土桃山時代の武将。羽柴氏家臣。
　　¶戦西

勝行遠　すぐろゆきとお
　　安土桃山時代～江戸時代前期の武士。里見氏家臣。
　　¶戦人（生没年不詳），戦東

菅生大炊助　すげおいおおいのすけ
　　生没年不詳
　　南北朝時代の武士。
　　¶徳島歴

菅生左兵衛尉　すげおいさひょうえのじょう
　　生没年不詳
　　南北朝時代の武士。
　　¶徳島歴

菅生四郎左衛門尉　すげおいしろうざえもんのじょう
　　生没年不詳
　　南北朝時代の武士。
　　¶徳島歴

菅生次郎太郎　すげおいじろうたろう
　　生没年不詳
　　室町時代の武士。
　　¶徳島歴

菅生四郎兵衛尉　すげおいしろうびょうえのじょう
　　生没年不詳
　　南北朝時代の武士。
　　¶徳島歴

菅生次郎兵衛尉　すげおいじろうびょうえのじょう
　　生没年不詳
　　南北朝時代の武士。
　　¶徳島歴

介川通長　すけがわみちなが
　　？　～文禄2（1593）年10月11日
　　安土桃山時代の武士。佐竹氏家臣。
　　¶戦辞，戦人（生没年不詳），戦東

菅谷右馬允　すげのやうまのじょう
　　？　～永禄12（1569）年11月23日？
　　戦国時代～安土桃山時代の常陸小田氏の家臣。
　　¶戦辞

菅生左衛門五郎　すげのやさえもんごろう
　　生没年不詳
　　戦国時代の小山高朝・秀綱の家臣。
　　¶戦辞

**菅谷次郎左衛門尉** すげのやじろうさえもんのじょう
？ ～永禄12 (1569) 年11月23日
戦国時代～安土桃山時代の常陸小田氏の家臣。
¶戦辞

**菅谷孝貞** すげのやたかさだ
生没年不詳
戦国時代の常陸小田氏の家臣。
¶戦辞

**菅谷長頼** すげのやながより
→菅屋長頼 (すがやながより)

**菅谷範政** すげのやのりまさ
→菅谷範政 (すがやのりまさ)

**菅谷政貞** すげのやまささだ
→菅谷政貞 (すがやまささだ)

**菅谷政房** すげのやまさふさ
戦国時代の武将、織田信秀の臣。
¶人名

**須子秀国** すこひでくに
生没年不詳
戦国時代の阿武郡奈古村浦西櫛ヶ崎城城主。
¶姓氏山口

**周西藤九郎** すさいとうくろう
生没年不詳
戦国時代の古河公方重臣簗田氏の家臣。
¶戦辞

**洲崎慶覚** すさききょうかく
？ ～享禄4 (1531) 年 [別]洲崎慶覚《すのさききょうかく》
戦国時代の加賀一向一揆の指導者。
¶石川百 (すのさききょうかく　生没年不詳), 姓氏石川

**須沢清左衛門** すざわせいざえもん
？ ～天文19 (1550) 年
戦国時代の武士。小笠原氏家臣。
¶戦人, 戦東

**図師祐貞** ずしすけさだ
平安時代後期の肝付氏方の武将。
¶姓氏鹿児島

**鈴江長定** すずえながさだ
生没年不詳
安土桃山時代～江戸時代前期の武士、蜂須賀家臣。
¶国書

**鈴木伊賀守** すずきいがのかみ
生没年不詳
戦国時代の北条氏の家臣。
¶戦辞

**鈴木因幡** すずきいなば
生没年不詳
安土桃山時代の武士。
¶戦人

**鈴木右近** すずきうこん
天正12 (1584) 年～万治1 (1658) 年
安土桃山時代～江戸時代前期の武士、信濃松代藩士。
¶藩臣3

**鈴木雅楽助** すずきうたのすけ
生没年不詳
安土桃山時代の武士。後北条氏家臣。
¶埼玉人, 戦辞, 戦人, 戦東

**鱸越前守** すずきえちぜんのかみ
生没年不詳
戦国時代の三河加茂郡の領主。今川氏に従属。
¶戦辞

**鈴木主馬** すずきかずま
？ ～永禄12 (1569) 年9月8日
戦国時代～安土桃山時代の織田信長の家臣。
¶織田

**鈴木国重** すずきくにしげ
戦国時代の土豪。
¶姓氏富山

**鈴木伊直** すずきこれなお
？ ～元和4 (1618) 年11月14日
安土桃山時代～江戸時代前期の織田信長の家臣。
¶織田

**鈴木左衛門尉** すずきさえもんのじょう
安土桃山時代の武将。最上氏家臣。
¶戦東

**鈴木佐大夫** すずきさだゆう
？ ～天正13 (1585) 年
安土桃山時代の武将。
¶戦国, 戦人

**鈴木重勝** すずきしげかつ
永正1 (1504) 年～文禄2 (1593) 年
戦国時代～安土桃山時代の柿本城城主、下吉田満光寺を再興。
¶姓氏愛知

**鈴木重親** すずきしげちか
生没年不詳
戦国時代の武士。小田原北条氏に仕え戦功を立てた。
¶姓氏神奈川

**鈴木重時**(1) すずきしげとき
？ ～永禄12 (1569) 年
戦国時代の武将、井伊谷3人衆。
¶姓氏静岡, 戦辞 (生没年不詳)

**鈴木重時**(2) すずきしげとき
永禄1 (1558) 年～慶長7 (1602) 年
安土桃山時代の武士。徳川氏家臣。
¶戦国, 戦人

**鈴木重朝** すずきしげとも
→雑賀孫一 (さいかまごいち)

**鈴木繁朝** すずきしげとも
？ ～永禄5 (1562) 年
戦国時代の武士。後北条氏家臣。
¶戦人

す

**鈴木重直 すずきしげなお**
　? 　～天正12（1584）年
　安土桃山時代の武士。松平氏家臣。
　¶戦辞（生没年不詳），戦人，戦東

**鈴木重成 すずきしげなり**
　＊～承応2（1653）年
　安土桃山時代～江戸時代前期の武士、代官。大坂
　の陣・島原の乱に従軍。
　¶朝日（㊤天正15（1587）年　㊦承応2年10月15日
　　（1653年12月4日）），近世（㊤1588年），熊本百
　　（㊤天正14（1586）　㊦承応2（1653）年10月15
　　日），国史（㊤1588年），コン改（㊤天正15
　　（1587）年），コン4（㊤天正15（1587）年），史
　　人（㊤1588年　㊦1653年10月15日），新潮
　　（㊤天正15（1587）年　㊦承応2（1653）年10月15
　　日），人名（㊤?），姓氏愛知（㊤1588年），戦合
　　（㊤1587年），日史（㊤天正14（1586）　㊦承
　　応2（1653）年10月15日），日人（㊤1587年），歴
　　大（㊤1588年）

**鈴木重信 すずきしげのぶ**
　＊～天正2（1574）年
　戦国時代～安土桃山時代の武士。松平氏家臣。
　¶戦人（㊤永正1（1504）年），戦東（㊤?）

**鈴木重教 すずきしげのり**
　生没年不詳
　戦国時代の国人。
　¶戦人

**鈴木重則 すずきしげのり**
　＊～天正17（1589）年　㊛鈴木主水重則《すずきも
　んどしげのり》
　安土桃山時代の武士。真田氏家臣。名胡桃城代。
　¶群馬人（鈴木主水重則　すずきもんどしげのり
　　㊤天文17（1548）年，戦人（㊤天文16（1547）
　　年）

**鈴木重秀⒧ すずきしげひで**
　生没年不詳
　安土桃山時代の織田信長の家臣。
　¶織田

**鈴木重秀⒨ すずきしげひで**
　→雑賀孫一（さいかまごいち）

**鈴木重正 すずきしげまさ**
　弘治1（1555）年～?
　戦国時代～安土桃山時代の武士。
　¶姓氏愛知

**鈴木繁宗 すずきしげむね**
　生没年不詳
　戦国時代の伊豆国江梨の豪族。
　¶戦辞

**鈴木重愛 すずきしげよし**
　戦国時代の武士。松平氏家臣。
　¶戦人（生没年不詳），戦東

**鈴木重吉 すずきしげよし**
　大永3（1523）年～慶長7（1602）年
　戦国時代～安土桃山時代の武士。徳川氏家臣。

　¶戦国，戦人

**鈴木重好 すずきしげよし**
　永禄1（1558）年～寛永12（1635）年
　安土桃山時代～江戸時代前期の武士。徳川家康
　の臣。
　¶人名，日人

**鈴木信濃守 すずきしなののかみ**
　生没年不詳
　安土桃山時代～江戸時代前期の武士。佐竹氏家臣。
　¶戦辞，戦人，戦東

**鈴木正斎入道 すずきしょうさいにゅうどう**
　戦国時代の武将。葛西氏家臣。
　¶戦人（生没年不詳），戦東

**鈴木正之助 すずきしょうのすけ**
　安土桃山時代の武将。秀吉馬廻。
　¶戦国，戦人（生没年不詳）

**鈴木次郎三郎 すずきじろうさぶろう**
　戦国時代の江戸衆。後北条氏家臣。
　¶戦辞（生没年不詳），戦東

**鈴木四郎兵衛 すずきしろべえ**
　安土桃山時代の武士。
　¶岡山人

**鈴木善三郎 すずきぜんざぶろう**
　生没年不詳
　戦国時代～安土桃山時代の武将。
　¶日人

**鈴木宗四郎 すずきそうしろう**
　安土桃山時代の土豪。里見氏家臣。
　¶戦東

**鈴木大学助 すずきだいがくのすけ**
　戦国時代の御馬廻衆。後北条氏家臣。
　¶戦辞（生没年不詳），戦東

**薄田兼相 すすきだかねすけ**
　? 　～元和1（1615）年　㊛薄田隼人《すすきだはや
　と》，岩見重太郎《いわみじゅうたろう》，薄田隼
　人正《すすきだはやとのしょう》
　安土桃山時代～江戸時代前期の武功者。小早川隆
　景の家臣薄田重左衛門の子。
　¶朝日，大阪人（薄田隼人　すすきだはやと
　　㊦元和1（1615）年5月），大阪墓（㊦元和1
　　（1615）年5月6日），角史，近世，国史，コン
　　改，コン4，史人（㊦1615年5月6日），新潮
　　（㊦元和1（1615）年5月6日），人名（薄田隼人
　　すすきだはやと），戦合，戦国，全書，戦人，
　　大百，日人，歴大

**須々木高行 すすきたかゆき**
　南北朝時代の備前国の武士。
　¶岡山歴

**薄田源太郎 すすきだげんたろう**
　安土桃山時代の武将。秀吉馬廻。
　¶戦国，戦人（生没年不詳）

**薄田七兵衛 すすきだしちべえ**
　江戸時代前期の武士、池田家臣。

¶岡山人，岡山歴

**薄田清左衛門** すすきだせいざえもん
安土桃山時代の武将。秀吉馬廻。
¶戦国，戦人（生没年不詳）

**薄田千十郎** すすきだせんじゅうろう
安土桃山時代の武将。秀吉馬廻。
¶戦国，戦人（生没年不詳）

**薄田伝右衛門** すすきだでんえもん
安土桃山時代の武将。秀吉馬廻。
¶戦国，戦人（生没年不詳）

**薄田隼人** すすきだはやと
→薄田兼相（すすきだかねすけ）

**薄田古継** すすきだふるつぐ
安土桃山時代の武将。羽柴氏家臣。
¶戦西

**薄田与五郎** すすきだよごろう
？ ～天正10（1582）年6月2日
戦国時代～安土桃山時代の織田信長の家臣。
¶織田

**鈴木太郎左衛門** すずきたろうざえもん
安土桃山時代の土豪。里見氏家臣。
¶戦東

**薄田若狭守** すすきだわかさのかみ
安土桃山時代の武将。秀吉馬廻。
¶戦国，戦人（生没年不詳）

**鈴木弾右衛門尉** すずきだんえもんのじょう
生没年不詳
戦国時代の北条氏家臣山角定勝の代官。
¶戦辞

**鈴木近重** すずきちかしげ
？ ～慶長7（1602）年3月23日
安土桃山時代の武士。
¶岡山人，岡山歴，戦人（生没年不詳），戦西

**鈴木出羽守** すずきでわのかみ
？ ～天正8（1580）年
安土桃山時代の一向一揆の指導者。
¶石川百，姓氏石川，戦人

**鈴木友之助** すずきとものすけ
永正11（1514）年～慶長5（1600）年
戦国時代～安土桃山時代の武士。徳川家康の臣。
¶人名，日人

**鈴木長敏** すずきながとし
生没年不詳
戦国時代の武将・連歌作者。
¶国書

**鈴木成脩** すずきなりはる
？ ～天正18（1590）年
安土桃山時代の武士。後北条氏家臣。
¶戦人

**鈴木成修** すずきなりまさ
～天正18（1590）年
戦国時代～安土桃山時代の小田原北条氏の家臣で剛弓の名手。
¶神奈川人

**鈴木入道** すずきにゅうどう
生没年不詳
戦国時代の北条氏の家臣。
¶戦辞

**鱸信正** すずきのぶまさ
生没年不詳
戦国時代の三河加茂郡の領主。今川氏に従属。
¶戦辞

**鈴木兵庫助** すずきひょうごのすけ
戦国時代の伊豆の豪族。後北条氏家臣。
¶戦東

**鈴木備後守** すずきびんごのかみ
安土桃山時代の武将。最上氏家臣。
¶戦東

**須々木豊前守** すずきぶぜんのかみ，すすきぶぜんのかみ
安土桃山時代の武士。
¶岡山人（すすきぶぜんのかみ），岡山歴（すすきぶぜんのかみ），戦人（生没年不詳），戦西

**鈴木孫一** すずきまごいち
→雑賀孫一（さいかまごいち）

**鈴木又左衛門** すずきまたざえもん
江戸時代前期の武士。里見氏家臣。
¶戦東

**鈴木光弘** すずきみつひろ
生没年不詳
安土桃山時代～江戸時代前期の武士。最上氏家臣。
¶戦人

**鈴木美濃** すずきみの
安土桃山時代の武将。大崎氏家臣。
¶戦東

**鈴木元信** すずきもとのぶ
弘治1（1555）年～元和6（1620）年
安土桃山時代～江戸時代前期の陸奥仙台藩士。
¶姓氏宮城，藩臣1

**鈴木主水** すずきもんど
天文17（1548）年～天正17（1589）年
安土桃山時代の武将。真田昌幸の家臣。
¶国史，古中，コン改（[生]天文16（1547）年 [没]天正16（1588）年），コン4（[生]天文16（1547）年 [没]天正16（1588）年），新潮（[没]天正17（1589）年11月），人名（[生]1547年 [没]1588年），戦合，日史（[没]天正17（1589）年11月），日人

**鈴木主水重則** すずきもんどしげのり
→鈴木重則（すずきしげのり）

**鈴木主水正** すずきもんどのしょう
永禄10（1567）年～寛永1（1624）年
安土桃山時代～江戸時代前期の三河伊保藩家老。
¶藩臣4

**鈴木弥次右衛門** すずきやじえもん
戦国時代の武将。武田家臣。少身衆。

¶姓氏山梨

**須々木泰能** すすきやすよし
南北朝時代の武士。
¶岡山歴

**鈴木弥三** すずきやぞう
生没年不詳
戦国時代の北条氏の家臣。
¶戦辞

**須々木行景** すすきゆきかげ
室町時代の武士。
¶岡山人，岡山歴

**鈴木与三右衛門** すずきよさえもん
→鈴木与三右衛門（すずきよそうえもん）

**鈴木与三右衛門** すずきよそうえもん
[別]鈴木与三右衛門《すずきよさえもん》
安土桃山時代の武将。秀吉馬廻。
¶戦国（すずきよさえもん），戦人（生没年不詳）

**煤孫治義** すすまごはるよし
生没年不詳
安土桃山時代～江戸時代前期の武将。
¶戦人

**須田紀伊守** すだきいのかみ
生没年不詳
戦国時代～安土桃山時代の武士。
¶戦人

**須田源蔵** すだげんぞう
生没年不詳
戦国時代の武士。
¶戦人

**須田玄蕃** すだげんば
生没年不詳
安土桃山時代の武士。伊達氏家臣。
¶戦人

**須田相模守** すださがみのかみ
生没年不詳
安土桃山時代～江戸時代前期の部将。
¶庄内

**須田親重** すだちかしげ
？ ～天正12（1584）年
安土桃山時代の武将。伊達氏家臣。
¶戦人

**隅田時親** すだときちか
永仁3（1295）年～元弘3/正慶2（1333）年
鎌倉時代後期の武将。
¶和歌山人

**須田長義** すだながよし
天正4（1576）年～元和1（1615）年
安土桃山時代～江戸時代前期の武士。上杉氏家臣。
¶戦人（生没年不詳），藩臣1

**須田信正** すだのぶまさ
？ ～*
安土桃山時代の地方豪族・土豪。
¶姓氏長野（[没]1584年），姓氏山梨（[没]1584年），戦辞（[没]天正13年3月27日（1585年4月26日）？），戦人（[没]天正13（1585）年）

**須田信頼** すだのぶより
生没年不詳
戦国時代の信濃国衆。
¶姓氏長野，姓氏山梨，戦辞

**須田久盛** すだひさもり
戦国時代の伊豆国那賀郡仁科地方の武将。
¶姓氏静岡

**須田満親** すだみつちか
大永6（1526）年～慶長3（1598）年
安土桃山時代の武士。上杉氏家臣。
¶姓氏長野，戦国，戦辞（[生]天文5（1537）年 [没]慶長3（1598）年2月），戦人（生没年不詳），富山百（生没年不詳），長野歴

**須田盛久** すだもりひさ
天正14（1586）年～寛文7（1667）年
安土桃山時代～江戸時代前期の武将、出羽秋田藩家老。
¶藩臣1

**須田盛秀** すだもりひで
？ ～天正17（1589）年
安土桃山時代の武士。
¶戦人

**須田弥兵衛尉** すだやひょうえのじょう
生没年不詳
戦国時代の上杉輝虎（謙信）の家臣。
¶戦辞

**首藤家季** すどういえすえ
平安時代後期の武士。鎮西八郎、為朝の臣。
¶人名，日人（生没年不詳）

**須藤市右衛門** すどういちえもん
安土桃山時代の武士。
¶岡山人

**首藤貞通** すどうさだみち
？ ～永正9（1512）年
戦国時代の武将。
¶戦人

**須藤左門** すどうさもん
戦国時代の武将。武田家臣。朝比奈信置配下の武辺者。
¶姓氏山梨

**須藤仙長** すどうせんちょう
戦国時代の武将。武田家臣。禰津被官衆。
¶姓氏山梨

**須藤惣左衛門** すどうそうざえもん
明応6（1497）年～天正2（1574）年
戦国時代の後北条氏家臣、職人頭。
¶全書

**須藤但馬** すとうたじま
戦国時代の武将。葛西氏家臣。
¶戦東

首藤経俊 すどうつねとし
　→山内首藤経俊（やまのうちすどうつねとし）

首藤俊綱 すどうとしつな
　→山内首藤俊綱（やまのうちすどうとしつな）

首藤俊秀 すどうとしひで
　→山内首藤俊秀（やまのうちすどうとしひで）

首藤俊通 すどうとしみち
　→山内首藤俊通（やまのうちすどうとしみち）

須藤久守 すとうひさもり，すどうひさもり
　？ 〜天正3（1575）年
　戦国時代の武将。
　¶群馬人，姓氏山梨（すどうひさもり）

首藤安通 すどうやすみち
　？ 〜天正19（1591）年　㋫首藤対馬安通《しゅと
　うつしまやすみち》
　安土桃山時代の武将。葛西氏家臣。
　¶戦人，戦東（首藤対馬安通　しゅうとうつしまや
　　すみち）

角南重義 すなみしげよし
　天文7（1538）年〜慶長14（1609）年
　安土桃山時代〜江戸時代前期の武士。宇喜多氏
　家臣。
　¶戦人

角南如慶 すなみじょけい
　＊〜慶長14（1609）年
　安土桃山時代〜江戸時代前期の武将。宇喜多氏
　家臣。
　¶岡山人，岡山歴（㋫享禄1（1528）年 ㋬慶長14
　　（1609）年9月9日），戦西（㋫？）

角南太郎右衛門 すなみたろううえもん
　→角南太郎右衛門（すなみたろえもん）

角南太郎右衛門 すなみたろうえもん
　→角南太郎右衛門（すなみたろえもん）

角南太郎右衛門 すなみたろえもん
　㋫角南太郎右衛門《すなみたろううえもん，すなみ
　　たろうえもん》
　安土桃山時代の武士。
　¶岡山歴（すなみたろううえもん），戦人（生没年
　　不詳），戦西（すなみたろうえもん）

角南友行 すなみともゆき
　生没年不詳
　安土桃山時代の武士。宇喜多氏家臣。
　¶戦人

角南隼人 すなみはやと
　安土桃山時代の武将。宇喜多氏家臣。
　¶岡山人，岡山百（生没年不詳），岡山歴，戦西

洲崎慶覚 すのさききょうかく
　→洲崎慶覚（すさききょうかく）

須野原惣左衛門 すのはらそうざえもん
　戦国時代の武将。武田家臣。廿利同心衆。
　¶姓氏山梨

墨俣八郎 すのまたはちろう
　南北朝時代の南朝の武将。
　¶岐阜百

周布和兼 すふかずかね
　生没年不詳
　室町時代の周布郷領主。
　¶島根歴

周布兼仲 すふかねなか
　生没年不詳
　室町時代の周布郷領主。
　¶島根歴

澄井右馬亮 すみいうまのすけ
　戦国時代の武士、上野多野郡藤岡城主。
　¶人名，日人（生没年不詳）

鷲見忠保 すみただやす
　？ 〜興国4/康永2（1343）年
　鎌倉時代後期〜南北朝時代の武将。
　¶郷土岐阜

栖本鎮通 すもとしげみち
　生没年不詳　㋫バウトロメウ
　戦国時代の武士。
　¶戦人

栖本親高 すもとちかたか
　永禄9（1566）年〜？　㋫ジョアン
　安土桃山時代の武将。
　¶新潮（生没年不詳），戦国，戦人，日人（生没年
　　不詳）

陶山高直 すやまたかなお
　室町時代の武将。
　¶岡山人

陶山義高 すやまよしたか
　室町時代の武将。
　¶岡山人

摺沢将監 すりさわしょうげん
　安土桃山時代の武士。葛西氏家臣。
　¶戦人（生没年不詳），戦東

駿河清重 するがきよしげ
　？ 〜文治5（1189）年
　鎌倉時代前期の武士。
　¶鎌室，新潮，人名，日人

駿河次郎 するがじろう
　戦国時代の武将。葛西氏家臣。
　¶戦東

諏訪伊豆守 すわいずのかみ
　戦国時代の武将。武田家臣。『武田家過去帳』に、
　信濃に住し天正13年に逆修しているのがみえる。
　¶姓氏山梨

諏訪右近 すわうこん
　戦国時代の武将。武田家臣。永禄10年の諏訪五十
　騎交名にみえる。
　¶姓氏山梨

す

**諏訪右馬助**　すわうまのすけ
戦国時代の武士。後北条氏家臣。
¶戦人（生没年不詳），戦東

**諏訪円忠**　すわえんちゅう
永仁3（1295）年〜正平19/貞治3（1364）年　[別]円忠《えんちゅう》
鎌倉時代後期〜南北朝時代の北条氏の被官。
¶角史，国書（円忠　えんちゅう），姓氏長野，長野百（[生]？　[没]1354年），長野歴



**諏訪左右衛門**　すわさうえもん
戦国時代の武将。武田家臣。永禄10年の諏訪五十騎交名にみえる。
¶姓氏山梨

**諏訪直性**　すわじきしょう
？　〜元弘3/正慶2（1333）年
鎌倉時代後期の信濃国御家人。北条高時に仕えた得宗被官。
¶朝日（[没]正慶2/元弘3年5月22日（1333年7月4日）），姓氏長野，北条

**諏訪十郎**　すわじゅうろう
生没年不詳
安土桃山時代の織田信長の家臣。
¶織田

**諏訪神左衛門**　すわじんざえもん
戦国時代の武将。朝倉氏家臣。
¶戦西

**諏訪真性**　すわしんしょう
生没年不詳
鎌倉時代の信濃国御家人。北条3代に仕えた得宗被官。
¶朝日，国史，古中，コン4，日人

**諏訪忠恒**　すわただつね
文禄4（1595）年〜明暦3（1657）年
江戸時代前期の武将、大名。信濃高島藩主。
¶諸系，長野歴，日人，藩主2（[生]文禄4（1595）年4月4日　[没]明暦3（1657）年1月5日）

**諏訪藤七郎**　すわとうしちろう
戦国時代の武将。武田家臣。永禄10年の諏訪五十騎交名にみえる。
¶姓氏山梨

**諏訪豊保**　すわとよやす
戦国時代の武将。武田家臣。武田信豊同心衆。
¶姓氏山梨

**諏訪直頼**　すわなおより
生没年不詳
南北朝時代の南朝方の武将。
¶姓氏長野，長野歴

**諏訪飛驒守**　すわひだのかみ
？　〜天正10（1582）年6月13日
戦国時代〜安土桃山時代の織田信長の家臣。
¶織田

**諏訪弘重**　すわひろしげ
？　〜元弘3/正慶2（1333）年
鎌倉時代後期の武将。
¶長野歴

**諏訪部宮内左衛門尉**　すわべくないざえもんのじょう
生没年不詳
戦国時代の甲斐武田一族穴山信君の家臣。
¶戦辞

**諏訪部定勝**　すわべさだかつ
天文5（1536）年〜天正16（1588）年
安土桃山時代の武士。後北条氏家臣。
¶埼玉百，戦人，戦東

**諏訪部惣右衛門**　すわべそうえもん
生没年不詳
戦国時代の武士。後北条氏家臣。
¶戦辞，戦人，戦東

**諏訪部遠江守**　すわべとおとうみのかみ
生没年不詳
戦国時代の武蔵鉢形城主北条氏邦の家臣。
¶戦辞

**諏訪部正勝**　すわべまさかつ
天正14（1586）年〜寛永17（1640）年
安土桃山時代〜江戸時代前期の武士。紀州藩士。
¶和歌山人

**諏訪部主水助**　すわべもんどのすけ
戦国時代の武将。後北条氏家臣。
¶戦東

**諏訪真種**　すわまさたね
？　〜正平6/観応2（1351）年
南北朝時代の武将。
¶鎌室，人名，日人

**諏訪又三郎**　すわまたさぶろう
安土桃山時代〜江戸時代前期の武士。里見氏家臣。
¶戦人（生没年不詳），戦東

**諏訪三河守**　すわみかわのかみ
生没年不詳
戦国時代の武士。後北条氏家臣。
¶姓氏神奈川，戦辞，戦人，戦東

**諏訪満隆**　すわみつたか
？　〜天文15（1546）年8月28日
戦国時代の信濃国諏訪氏の一族。
¶戦辞

**諏訪満隣**　すわみつちか
生没年不詳
戦国時代の信濃国諏訪氏の一族。
¶戦辞

**諏訪光徳**　すわみつのり
天正18（1590）年〜寛文2（1662）年
江戸時代前期の武士、陸奥会津藩士。
¶藩臣2

**諏訪盛重**　すわもりしげ
生没年不詳
鎌倉時代の武士、北条氏御内人。北条氏御内人。
¶朝日，鎌倉，コン4，諸系，新潮，姓氏長野，長野歴，日人，北条

**諏訪盛澄**　すわもりずみ
生没年不詳
平安時代後期～鎌倉時代前期の武士、諏訪下社大祝。
¶朝日，長野百，日人

**諏訪盛高**　すわもりたか
生没年不詳
鎌倉時代後期の武将。
¶神奈川人

**諏訪盛経**　すわもりつね
生没年不詳
鎌倉時代の武士。
¶北条

**諏訪弥左衛門**　すわやざえもん
戦国時代の武将。武田家臣。永禄10年の諏訪五十騎交名にみえる。
¶姓氏長野（生没年不詳），姓氏山梨

**諏訪頼重(1)**　すわよりしげ
？　～建武2（1335）年
鎌倉時代後期～南北朝時代の武将。宗経の子。
¶朝日（[没]建武2年8月19日（1335年9月6日）），鎌室（生没年不詳），郷土長野，史人（[没]1335年8月19日），諸系，新潮（[没]建武2（1335）年8月19日），姓氏長野，長野百，長野歴，日人，歴大

**諏訪頼重(2)**　すわよりしげ
永正13（1516）年～天文11（1542）年
戦国時代の信濃国の武将。
¶郷土長野，系東，国史，古中，コン改（[生]？），コン4（[生]？），史人（[没]1542年7月20日），諸系，新潮（[没]天文11（1542）年7月20日），人名（[生]？），姓氏長野，世人（[生]？　[没]天文11（1542）年7月4日），戦合，戦国（[生]？），戦辞（[没]天文11年7月21日（1542年8月31日）），全書，戦人（[生]？），長野百，長野歴，日史（[没]天文11（1542）年7月20日），日人，百科，山梨百（[没]天文11（1542）年7月21日），歴大

**諏訪頼高**　すわよりたか
享禄1（1528）年～天文11（1542）年7月21日
戦国時代の信濃国諏訪氏の大祝。
¶戦辞

**諏訪頼隆**　すわよりたか
明応8（1499）年～享禄3（1530）年4月18日
戦国時代の信濃国諏訪氏の惣領・大祝。
¶戦辞

**諏訪頼忠**　すわよりただ
天文5（1536）年～慶長10（1605）年
安土桃山時代の武将、大名。信濃国高島藩主、満隣の子。
¶朝日（[没]慶長11年8月11日（1606年9月13日）），近世，群馬人，系東（[没]慶長11（1606）年），国史，コン改（[没]慶長11（1606）年），コン4（[没]慶長11（1606）年），史人（[没]1605年8月11日），諸系，新潮（[没]慶長10（1605）年8月11日），人名，姓氏長野（[没]1606年），戦合，戦国，戦辞（[没]慶長11年8月11日（1606年9月13日）），戦人，長野百（[没]1606年），長野歴（[没]慶長11（1606）年），日人

**諏訪頼継**　すわよりつぐ
？　～天文21（1552）年　[別]高遠頼継《たかとうよりつぐ，たかとおよりつぐ》
戦国時代の武将、紀伊守。
¶朝日（[没]天文21年1月27日（1552年2月21日）），コン改，コン4，史人（[没]1552年1月27日），諸系，新潮（[没]天文21（1552）年1月27日），姓氏山梨，世人，戦辞（[没]天文21年1月27日（1552年2月21日）？），長野歴（高遠頼継　たかとおよりつぐ），日人，山梨百（高遠頼継　たかとうよりつぐ　[没]天文21（1552）年8月16日）

**諏訪頼豊**　すわよりとよ
？　～天正10（1582）年
安土桃山時代の武士。武田氏家臣。
¶姓氏長野，姓氏山梨，戦辞（[没]天正10（1582）年3月），戦人，戦東

**諏訪頼水**　すわよりみず
元亀1（1570）年～寛永18（1641）年
安土桃山時代～江戸時代前期の大名。上野総社藩主、信濃高島藩主。
¶郷土長野，近世，国史，コン4，埼玉人（[生]元亀2（1571）年），史人（[没]1641年1月14日），諸系（[生]1571年），姓氏長野，戦合，長野百，長野歴，日史（[没]寛永18（1641）年1月14日），日人（[生]1571年），藩主1（[没]寛永18（1641）年1月14日），藩主2（[生]元亀2（1571）年12月23日　[没]寛永18（1641）年1月14日），百科

**諏訪頼運**　すわよりみち
戦国時代の武将。武田家臣。武田信豊同心衆。
¶姓氏山梨

**諏訪頼満**　すわよりみつ
文明12（1480）年～天文8（1539）年
戦国時代の武士。
¶系東，諸系（[没]1540年），戦辞（[生]文明5（1473）年　[没]天文8年12月9日（1540年1月17日）），戦人，長野歴

## 【せ】

**西阿**　せいあ
→玉井西阿（たまいせいあ）

**清五郎左衛門**　せいごろうざえもん
生没年不詳
戦国時代の北条氏の家臣。
¶戦辞

**清式部大夫(1)**　せいしきぶのだいぶ
生没年不詳
戦国時代の古河公方足利義氏の家臣。
¶戦辞

**清式部大夫(2)**　せいしきぶのだいぶ
生没年不詳
戦国時代の古河公方足利高基の家臣。
¶戦辞

**性遵** せいじゅん
→性遵（しょうじゅん）

**成身院宗歓** せいしんいんそうかん
戦国時代の武士。
¶姓氏石川，戦人（生没年不詳），戦西

**瀬上景康** せがみかげやす
→瀬上景康（せのうえかげやす）

**瀬川隠岐守** せがわおきのかみ
生没年不詳
安土桃山時代の武士。
¶戦人

**関岡浮遊** せきおかふゆう
生没年不詳
江戸時代前期の武将。伊勢関岡城主の家柄。
¶国書

**関岡光助** せきおかみつすけ
戦国時代の武将。武田家臣。青柳被官。
¶姓氏山梨

**関一政** せきかずまさ
？　～寛永2（1625）年
安土桃山時代～江戸時代前期の大名。美濃多良藩主、伊勢亀山藩主、伯耆黒坂藩主。
¶岐阜百，近世，国史，史人（[没]1625年10月20日），人名，戦合，戦国，戦人，鳥取百（[生]天正1（1573）年），長野歴，日人，藩主2（[没]寛永2（1625）年10月20日），藩主3（[没]寛永2（1625）年10月20日），藩主4（[没]寛永2（1625）年10月20日）

**関兼隆** せきかねたか
→山木兼隆（やまきかねたか）

**関兼衡** せきかねひら
？　～元暦1（1184）年　[別]平兼衡《たいらかねひら》
平安時代後期の武士。桓武平氏。
¶朝日（[没]元暦1年8月10日（1184年9月16日）），鎌室，諸系，新潮（[没]元暦1（1184）年8月10日），人名（[没]1183年），日人

**関加平次** せきかへいじ
生没年不詳
安土桃山時代の織田信長の家臣。
¶織田

**関清次** せききよつぐ
生没年不詳
戦国時代の北条氏の家臣。御蔵奉行の一員。
¶戦辞

**関清吉** せききよよし
生没年不詳
戦国時代の武士。北条氏家臣、相模中村領主。
¶戦辞

**関口伊豆守** せきぐちいずのかみ
戦国時代の武将。今川氏家臣。
¶戦東

**関口氏兼** せきぐちうじかね
戦国時代の武将。今川氏家臣。
¶戦辞（生没年不詳），戦東

**関口氏経** せきぐちうじつね
戦国時代の武将。今川氏家臣。
¶戦辞（生没年不詳），戦東

**関口氏録** せきぐちうじとし
戦国時代の武将。今川氏家臣。
¶戦人（生没年不詳），戦東

**関口氏教** せきぐちうじのり
戦国時代の武将。今川氏家臣。
¶戦東

**関口氏広** せきぐちうじひろ
？　～永禄5（1562）年
戦国時代の武将。今川氏家臣。
¶戦辞，戦人，戦東

**関口氏縁** せきぐちうじより
永正2（1505）年～永禄3（1560）年5月
戦国時代～安土桃山時代の今川氏重臣。
¶戦辞

**関口宮内少輔** せきぐちくないしょうゆう
戦国時代の武将。今川氏家臣。
¶戦東

**関口常氏** せきぐちつねうじ
鎌倉時代後期～南北朝時代の武将。
¶姓氏静岡

**関小十郎右衛門** せきこじゅうろうえもん
→関共成（せきともなり）

**関実忠** せきさねただ
？　～文永2（1265）年
鎌倉時代前期の武将。
¶系西，北条（生没年不詳）

**関十郎右衛門** せきじゅうろうえもん
生没年不詳
安土桃山時代の織田信長の家臣。
¶織田

**関将監** せきしょうげん
生没年不詳
戦国時代の武士。結城氏家臣。
¶戦辞，戦人，戦東

**関四郎** せきしろう
？　～天正2（1574）年？
戦国時代～安土桃山時代の織田信長の家臣。
¶織田

**関甚五兵衛** せきじんごべえ
？　～天正12（1584）年
安土桃山時代の武将。武田氏家臣。
¶姓氏山梨，戦人，戦東

**関新次郎** せきしんじろう
生没年不詳
戦国時代の武士。後北条氏家臣。
¶戦辞，戦人，戦東

**関甚八郎** せきじんぱちろう
戦国時代の武将。武田家臣。土屋惣蔵同心被官のうちの覚えの者。
¶姓氏山梨

**関甚平** せきじんぺい
安土桃山時代～江戸時代前期の武士。里見氏家臣。
¶戦人（生没年不詳），戦東

**関善左衛門** せきぜんざえもん
戦国時代の武将。後北条氏家臣。
¶戦東

**関隆盛** せきたかもり
生没年不詳
南北朝時代の武将。
¶系西

**関為清** せきためきよ
生没年不詳
安土桃山時代の武士。後北条氏家臣。
¶姓氏神奈川，戦辞，戦人

**関時長** せきときなが
生没年不詳
戦国時代の北条氏の家臣。
¶戦辞

**関俊平** せきとしひら
生没年不詳　[別]関政平《せきまさひら》
平安時代後期～鎌倉時代前期の武士。
¶鎌室，新潮，人名，日人

**関共成** せきともなり
天文21（1552）年～天正12（1584）年　[別]関小十郎右衛門《せきこじゅうろうえもん》，関成政《せきなりまさ》
安土桃山時代の武将。
¶織田（関小十郎右衛門　せきこじゅうろうえもん　[没]天正12（1584）年4月9日），諸系（関成政　せきなりまさ），戦国，戦人

**関戸吉信** せきどよしのぶ
？　～明応7（1498）年8月
室町時代～戦国時代の武士。伊豆深根城城主。
¶姓氏静岡，戦辞

**関成政** せきなりまさ
→関共成（せきともなり）

**関根大炊助** せきねおおいのすけ
？　～元和8（1622）年2月12日
安土桃山時代～江戸時代前期の武士、土豪、太田氏の旧臣。
¶埼玉人

**関根織部** せきねおりべ
生没年不詳
江戸時代前期の武士。紀州藩士。
¶和歌山人

**関根図書** せきねずしょ
生没年不詳
戦国時代～江戸時代前期の土豪。
¶埼玉人

**関根輝政** せきねてるまさ
永正15（1518）年～慶長3（1598）年
戦国時代～安土桃山時代の武将。
¶日人

**関小次郎** せきのこじろう
鎌倉時代前期の豪族。谷中天王寺の開基。
¶江戸東

**関信兼** せきのぶかね
？　～元暦1（1184）年
平安時代後期の平家の武将。
¶人名

**関彦三郎** せきひこさぶろう
生没年不詳
戦国時代の武士。佐竹氏家臣。
¶戦辞，戦人，戦東

**関秀長** せきひでなが
安土桃山時代の武将。秀吉馬廻。
¶戦国，戦人（生没年不詳）

**関兵部丞** せきひょうぶのじょう
戦国時代の御馬廻衆。後北条氏家臣。
¶戦東

**関平兵衛** せきへいべえ
？　～寛永1（1624）年
安土桃山時代～江戸時代前期の武将、紀伊和歌山藩士。
¶藩臣5

**関政直** せきまさなお
戦国時代の武将。武田家臣。仁科盛政親類被官衆。
¶姓氏山梨

**関政泰** せきまさやす
？　～宝治1（1247）年
鎌倉時代前期の武士。
¶鎌室，人名，日人

**関光吉** せきみつよし
戦国時代の武将。武田家臣。青柳被官。
¶姓氏山梨

**関宗祐** せきむねすけ
？　～興国4/康永2（1343）年
鎌倉時代後期～南北朝時代の武将。政祐の子。
¶朝日（[没]康永1/興国3年11月11日（1342年12月9日）），鎌室，国史，古中，コン改，コン4，史人（[没]1343年11月11日），新潮（[没]康永2/興国4（1343）年11月11日），人名，世人，全書，日史（[没]康永2/興国4（1343）年11月11日），日人，歴大

**関宗政** せきむねまさ
？　～興国4/康永2（1343）年
鎌倉時代後期～南北朝時代の武将。
¶人名，日人

**関盛昭** せきもりあき
生没年不詳
戦国時代の武将。
¶系西

せ

**関盛勝**　せきもりかつ
生没年不詳
鎌倉時代後期の武将。
¶系西

**関盛繁**　せきもりしげ
生没年不詳
南北朝時代の武将。
¶系西

**関盛忠**　せきもりただ
？～天正2(1574)年
戦国時代～安土桃山時代の地方豪族・土豪。
¶系西，戦人

**関盛次**　せきもりつぐ
？～寛永1(1624)年
安土桃山時代～江戸時代前期の武士。紀州藩士。
¶和歌山人

**関盛信**　せきもりのぶ
？～文禄2(1593)年
安土桃山時代の武将。
¶織田([没]文禄2(1593)年6月28日)，人名，戦国，戦人，日人

**関盛治**　せきもりはる
生没年不詳
鎌倉時代後期の武将。
¶系西

**関盛雅**　せきもりまさ
生没年不詳
室町時代の武将。
¶系西

**関盛政**　せきもりまさ
生没年不詳
南北朝時代の武将。
¶系西

**関盛光**　せきもりみつ
生没年不詳
鎌倉時代後期の武将。
¶系西

**関盛元**　せきもりもと
生没年不詳
室町時代～戦国時代の武将。
¶系西

**関盛泰**　せきもりやす
生没年不詳
鎌倉時代前期の武将。
¶系西

**関盛吉**　せきもりよし
？～弘治1(1555)年
戦国時代の武士。
¶戦国，戦人(生没年不詳)

**関谷大隅**　せきやおおすみ
生没年不詳
戦国時代の北条氏忠の家臣。
¶戦辞

**関屋九郎兵衛**　せきやくろうべえ
→関屋九郎兵衛(せきやくろべえ)

**関屋九郎兵衛**　せきやくろべえ
[別]関屋九郎兵衛《せきやくろうべえ》
安土桃山時代～江戸時代前期の武士。里見氏家臣。
¶戦人(生没年不詳)，戦東(せきやくろうべえ)

**世木弥左衛門**　せぎやざえもん
生没年不詳
安土桃山時代の織田信長の家臣。
¶織田

**関弥三郎**　せきやさぶろう
生没年不詳
戦国時代の北条氏の家臣。
¶戦辞

**関弥次郎**　せきやじろう
生没年不詳
戦国時代の武士。後北条氏家臣。
¶戦辞，戦人，戦東

**関山隼人**　せきやまはやと
生没年不詳
戦国時代の武将・問屋商人。
¶姓氏神奈川

**関与一**　せきよいち
生没年不詳
戦国時代の北条氏の家臣。
¶戦辞

**瀬下広親**　せしもひろちか
生没年不詳
平安時代後期の武士。
¶姓氏群馬

**瀬下豊後守**　せじもぶんごのかみ
生没年不詳
戦国時代の武将。
¶群馬人

**瀬田掃部**　せたかもん
？～文禄4(1595)年　[別]瀬田正忠《せたまさただ》
安土桃山時代の武将。利休七哲の一人。
¶朝日([没]文禄4年12月12日(1596年1月11日))，茶道，人名(瀬田正忠　せたまさただ　[生]1548年)，姓氏京都，戦国(瀬田正忠　せたまさただ　[生]1548年)，戦人，日人([生]1548年)

**瀬田左馬允**　せたさまのじょう
安土桃山時代の武士。豊臣氏家臣。
¶戦国，戦人(生没年不詳)

**瀬田内匠助**　せたたくみのすけ
安土桃山時代の武将、馬廻。豊臣氏家臣。
¶戦国，戦人(生没年不詳)

**瀬田正忠**　せたまさただ
→瀬田掃部(せたかもん)

**摂津親鑒**　せっつちかみ
→摂津親鑒(せっつのちかあき)

**摂津親致** せっつちかむね
→摂津親致（せっつのちかむね）

**摂津親鑒** せっつのちかあき
？～元弘3/正慶2（1333）年　[別]摂津親鑒《せっつちかみ》
鎌倉時代後期の評定衆、越訴奉行、藤原親致の子。
¶朝日（[没]正慶2/元弘3年5月22日（1333年7月4日）），神奈川人（せっつちかみ），諸系，日人

**摂津親致** せっつのちかむね
寛元4（1246）年～嘉元1（1303）年　[別]摂津親致《せっつちかむね》
鎌倉時代後期の評定衆。中原師連の子。
¶朝日（[没]嘉元1年4月14日（1303年5月1日）），神奈川人（せっつちかむね　[生]1247年），諸系，日人

**摂津之親** せっつゆきちか
応永33（1426）年～文明12（1480）年
戦国時代の武将。
¶京都府

**摂津能秀** せっつよしひで
南北朝時代～室町時代の美作国内の庄園領主。
¶岡山歴

**瀬戸井広明** せといひろあき
？～承久3（1221）年
鎌倉時代前期の武将。
¶鎌室，群馬人，人名，日人

**瀬戸口備前** せとぐちびぜん
安土桃山時代～江戸時代前期の武士。撃剣の達人、島津家の臣。
¶人名，日人（生没年不詳）

**瀬名一秀** せないっしゅう
→瀬名一秀（せなかずひで）

**瀬名氏貞** せなうじさだ
明応6（1497）年～天文7（1538）年
戦国時代の武将。今川氏家臣。
¶戦辞（[没]天文7年3月16日（1538年4月15日）），戦東

**瀬名氏俊** せなうじとし
戦国時代の武将。今川氏家臣。
¶戦人（生没年不詳），戦東

**瀬名尾張守** せなおわりのかみ
戦国時代の武将。今川氏家臣。
¶戦東

**瀬名一秀** せなかずひで
永享4（1432）年～＊　[別]瀬名一秀《せないっしゅう》
室町時代～戦国時代の武士。今川氏家臣。
¶戦辞（せないっしゅう　生没年不詳），戦人（[没]文亀3（1503）年？），戦東（[没]1503年）

**瀬名貞綱** せなさだつな
永正17（1520）年～？
戦国時代の武将。今川氏家臣。
¶戦辞，戦東

**瀬名時貞** せなときさだ
生没年不詳
戦国時代の武士。
¶戦辞

**瀬名信貞** せなのぶさだ
戦国時代の武将。今川氏家臣。
¶戦東

**瀬名孫十郎** せなまごじゅうろう
戦国時代の武将。今川氏家臣。
¶戦東

**瀬上景康** せのうえかげやす
生没年不詳　[別]瀬上景康《せがみかげやす》
安土桃山時代の武将。伊達氏家臣。
¶戦人（せがみかげやす），戦人，戦東

**瀬上信康** せのうえのぶやす
天文22（1553）年～元和3（1617）年
安土桃山時代～江戸時代前期の陸奥仙台藩士。
¶藩臣1

**妹尾甲斐守** せのおかいのかみ
生没年不詳
戦国時代の小山高朝・秀綱の家臣。
¶戦辞

**妹尾兼康**（瀬尾兼康，妹尾兼廉） せのおかねやす
？～寿永2（1183）年　[別]平兼康《たいらのかねやす》，妹尾兼康《せのおのかねやす》，妹尾兼廉《せのおかねやす》
平安時代後期の武士。平清盛の家人。
¶朝日（[没]寿永2年10月24日（1183年11月10日）），岡山人（妹尾兼廉），岡山百，岡山歴（せのおのかねやす　[没]寿永2（1183）年10月），鎌室，新潮（[没]寿永2（1183）年10月24日），人名（瀬尾兼康），日人，平史（平兼康　たいらのかねやす　生没年不詳）

**妹尾兼康** せのおのかねやす
→妹尾兼康（せのおかねやす）

**妹尾宗康** せのおのむねやす
？～寿永2（1183）年10月　[別]平宗康《たいらのむねやす》，妹尾宗康《せのおむねやす》
平安時代後期の武将。
¶岡山人（せのおむねやす），岡山歴，平史（平宗康　たいらのむねやす　生没年不詳）

**妹尾宗康** せのおむねやす
→妹尾宗康（せのおのむねやす）

**施薬院秀隆** せやくいんしゅうりゅう
→施薬院秀隆（やくいんひでたか）

**施薬院秀隆** せやくいんひでたか
→施薬院秀隆（やくいんひでたか）

**世良田有親** せらだありちか
生没年不詳
室町時代の武将。
¶諸系，日人

**世良田政義** せらだまさよし
？～＊　[別]徳川政義《とくがわまさよし》

南北朝時代～室町時代の武将。
¶鎌室（生没年不詳），群馬人（[没]応永3（1396）年），人名，人名（徳川政義　とくがわまさよし　[没]1433年），日人（生没年不詳）

**世良田満義　せらだみつよし，せらたみつよし**
嘉元2（1304）年～正平23/応安1（1368）年
鎌倉時代後期～南北朝時代の勤王家。
¶群馬人（せらたみつよし　[生]？），人名，日人

**世良田義季　せらだよしすえ**
→徳川義季（とくがわよしすえ）



**世良田義周　せらだよしちか**
？　～正平13/延文3（1358）年
南北朝時代の勤王家。
¶人名，日人

**世良田義政　せらだよしまさ，せらたよしまさ**
？　～正平19/貞治3（1364）年
南北朝時代の武将。
¶鎌室，群馬人（せらたよしまさ），新潮（[没]貞治3/正平19（1364）年7月28日），人名，日人

**世良田頼氏　せらだよりうじ，せらたよりうじ**
？　～文永9（1272）年
鎌倉時代前期の武将。
¶鎌室，群馬人（せらたよりうじ），諸系，新潮，人名，日人

**芹沢伊賀守　せりざわいがのかみ**
生没年不詳
戦国時代の駿東の国人領主葛山氏の被官。
¶戦辞

**芹沢国幹　せりざわくにもと**
？　～文禄4（1595）年8月4日
戦国時代～安土桃山時代の古河公方の家臣。
¶戦辞

**芹沢玄蕃允　せりざわげんばのじょう**
生没年不詳
戦国時代の駿東の国人領主葛山氏の被官。
¶戦辞

**芹沢定幹　せりざわさだもと**
？　～永禄10（1567）年6月28日
戦国時代～安土桃山時代の古河公方の家臣。
¶戦辞

**芹沢讃岐守　せりざわさぬきのかみ**
生没年不詳
戦国時代の北条氏の家臣。
¶戦辞

**芹沢範幹　せりざわのりもと**
？　～永正13（1516）年3月15日
戦国時代の武士。足利氏家臣。
¶戦辞，戦人（生没年不詳），戦東

**芹沢秀幹　せりざわひでもと**
？　～天文22（1553）年4月27日
戦国時代の古河公方の家臣。
¶戦辞

**善因幡守　ぜんいなばのかみ**
生没年不詳
戦国時代の武将。
¶群馬人

**千賀与五兵衛　せんがよごべえ**
生没年不詳
戦国時代の三河国の今川氏家臣。
¶戦辞

**禅暁　ぜんぎょう**
？　～承久2（1220）年
鎌倉時代前期の鎌倉幕府2代将軍源頼家の子。実朝暗殺への加担の疑いをもたれ殺された。
¶朝日（[没]承久2年4月15日（1220年5月18日）），鎌倉，鎌室，諸系，新潮（[没]承久2（1220）年4月11日），日人

**前下司景実　ぜんげすかげざね**
鎌倉時代の美作国東部の在地武士。
¶岡山歴

**仙石猪右衛門　せんごくいえもん**
？　～承応2（1653）年
江戸時代前期の武将、出雲松江藩士。
¶藩臣3（生没年不詳），藩臣5

**仙石定盛（千石定盛）　せんごくさだもり**
*～寛永19（1642）年
安土桃山時代～江戸時代前期の武将、備中岡田藩家老。
¶岡山人，岡山歴（千石定盛　[生]永禄5（1562）年　[没]寛永19（1642）年11月12日），藩臣6（[生]？）

**仙石曽繁　せんごくそうはん**
[別]仙石曽繁《せんごくそはん》
安土桃山時代の武士。豊臣氏家臣。
¶戦国（せんごくそはん），戦人（生没年不詳）

**仙石曽繁　せんごくそはん**
→仙石曽繁（せんごくそうはん）

**仙石忠政　せんごくただまさ**
天正6（1578）年～寛永5（1628）年
安土桃山時代～江戸時代前期の武将、大名。信濃小諸藩主、信濃上田藩主。
¶諸系，姓氏長野，長野歴，日人，藩主2（[没]寛永5（1628）年4月20日）

**仙石久勝　せんごくひさかつ**
天文21（1552）年～寛永16（1639）年
安土桃山時代～江戸時代前期の武将。
¶高知人，人名，日人

**仙石久村　せんごくひさむら**
永禄10（1567）年～天正11（1583）年
安土桃山時代の武将。
¶日人

**仙石秀範　せんごくひでのり**
安土桃山時代～江戸時代前期の武士。
¶戦国，戦人（生没年不詳）

**仙石秀久　せんごくひでひさ**
天文20（1551）年～慶長19（1614）年　[別]仙石権兵

衛《せんごくごんべえ》
安土桃山時代～江戸時代前期の武将、大名。
¶朝日 ([生]天文21 (1552) 年 [没]慶長19年5月6日 (1614年6月13日)), 織田 ([没]慶長19 (1614) 年5月6日), 香川人 ([生]天文19 (1550) 年), 香川百 ([生]天文19 (1550) 年), 角史, 岐阜百 ([生]1552年), 郷土香川 ([生]1527年 [没]1591年), 近世, 国史, コン改 ([生]天文21 (1552) 年), コン4 ([生]天文21 (1552) 年), 史人 ([没]1614年5月6日), 諸系, 新潮 ([没]慶長19 (1614) 年5月6日), 人名, 姓氏長野, 世人 ([生]天文21 (1552) 年 [没]慶長19 (1614) 年5月6日), 戦合, 戦国 ([生]1552年), 全書 ([生]1552年), 戦人 ([生]天文21 (1552) 年), 戦西 ([生]1552年), 大百, 長野百 ([生]?), 長野歴, 日史 ([没]慶長19 (1614) 年5月6日), 日人, 藩主2 ([没]慶長19 (1614) 年5月6日), 兵庫百, 歴大

**仙石政次** せんごくまさつぐ
生没年不詳
安土桃山時代～江戸時代前期の武士。浅野家の家臣。
¶和歌山人

**仙石村吉** せんごくむらよし
安土桃山時代の武士、仙石秀久の臣。
¶人名, 日人 (生没年不詳)

**仙石大和守久隆** せんごくやまとのかみひさたか
文禄3 (1594) 年～正保2 (1645) 年
江戸時代前期の武士、11代長崎奉行。
¶長崎歴

**善信濃入道** ぜんしなのにゅうどう
生没年不詳
戦国時代の上野国衆。
¶戦辞

**千秋季忠** せんしゅうすえただ
天文3 (1534) 年～永禄3 (1560) 年5月19日
戦国時代～安土桃山時代の織田信長の家臣。
¶織田

**千秋季信** せんしゅうすえのぶ
永禄3 (1560) 年? ～慶長17 (1612) 年11月
安土桃山時代～江戸時代前期の織田信長の家臣。
¶織田

**千秋高範** せんしゅうたかのり
生没年不詳
南北朝時代の武家・歌人。
¶国書

**千秋秀忠** せんしゅうひでただ
? ～永禄3 (1560) 年
戦国時代の神主・神官、武将。
¶戦人

**千秋政範** せんしゅうまさのり
生没年不詳
鎌倉時代後期の武家・歌人。
¶国書

**千秋又三郎** せんしゅうまたさぶろう
安土桃山時代の武将。秀吉馬廻。
¶戦国, 戦人 (生没年不詳)

**千寿丸** せんじゅまる
→栄実 (えいじつ)

**全成** ぜんじょう
→阿野全成 (あのぜんじょう)

**全成** ぜんせい
→阿野全成 (あのぜんじょう)

**善清房** ぜんせいぼう
安土桃山時代～江戸時代前期の武士。里見氏家臣。
¶戦人 (生没年不詳), 戦東

**千田采女正** せんだうねめのしょう
戦国時代の武士。
¶戦人 (生没年不詳), 戦西

**専当左衛門大夫** せんとうさえもんたゆう
安土桃山時代の武将。長宗我部氏家臣。
¶戦西

**専当左衛門大夫安家** せんとうさえもんたゆうやすいえ
→専当安家 (せんとうやすいえ)

**千任丸** せんとうまる
? ～寛治1 (1087) 年
平安時代中期～後期の武士。清原家衡の臣。
¶人名, 日人

**専当安家** せんとうやすいえ
天文12 (1543) 年～ [別]専当左衛門大夫安家《せんとうさえもんたゆうやすいえ》
安土桃山時代の武士。長宗我部氏家臣。
¶高知人, 高知百 (専当左衛門大夫安家 せんとうさえもんたゆうやすいえ), 戦人 (生没年不詳)

**千徳政氏** せんとくまさうじ
生没年不詳
戦国時代～安土桃山時代の武将。
¶青森人, 戦人

**千徳政武** せんとくまさたけ
? ～天正13 (1585) 年
安土桃山時代の武将。
¶青森人, 戦人

**千徳政康** せんとくまさやす
? ～慶長2 (1597) 年
安土桃山時代の武将。
¶戦人

**千与兵衛** せんのよへい
生没年不詳
安土桃山時代の蜂須賀正勝の臣。千利休の義弟。
¶徳島歴

**仙波左京亮** せんばさきょうのすけ
戦国時代の武将。足利氏家臣。
¶戦辞 (生没年不詳), 戦東

**せんは新右衛門** せんばしんうえもん
安土桃山時代の土豪。里見氏家臣。
¶戦東

そ

**善波胤久** せんばたねひさ
生没年不詳
南北朝時代の武士。
¶神奈川人

**仙波藤四郎** せんばとうしろう
生没年不詳
戦国時代の武士。後北条氏家臣。
¶戦辞, 戦人

**仙波肥前入道** せんばひぜんにゅうどう
生没年不詳
戦国時代の北条氏の家臣。
¶戦辞

**せんは弥右衛門** せんばやえもん
安土桃山時代の土豪。里見氏家臣。
¶戦東

**仙波弥七郎** せんばやしちろう
享禄3(1530)年～文禄4(1595)年
戦国時代～安土桃山時代の武士。後北条氏家臣。
¶戦人, 戦東

**セン兵衛** せんびょうえ
生没年不詳
安土桃山時代の織田信長の家臣。
¶織田

**千福式部少輔** せんぷくしきぶのしょう
生没年不詳
安土桃山時代の織田信長の家臣。
¶織田

**千福遠江守** せんぷくとおとうみのかみ
生没年不詳
安土桃山時代の織田信長の家臣。
¶織田

**千福又三郎** せんぷくまたさぶろう
生没年不詳
安土桃山時代の織田信長の家臣。
¶織田

**千本資俊** せんぼんすけとし
戦国時代～安土桃山時代の下野千本城城主。
¶戦辞([生]永正14(1517)年 [没]天正13年12月8日(1586年1月27日)), 栃木歴([生]? [没]天正13(1585)年)

**千本道長** せんぼんどうちょう
天文6(1537)年～元和1(1615)年
安土桃山時代～江戸時代前期の地方豪族・土豪。
¶戦国, 戦人

**千本義定** せんぼんよしさだ
永禄8(1565)年～元和9(1623)年
安土桃山時代～江戸時代前期の地方豪族・土豪。
¶戦国, 戦人

**千本義貴** せんぼんよしたか
生没年不詳
戦国時代の下野千本城城主。
¶戦辞

**千本義政** せんぼんよしまさ
天文21(1552)年～元和1(1615)年
安土桃山時代～江戸時代前期の地方豪族・土豪。
¶戦国, 戦人

**千厩小太郎** せんまやこたろう
生没年不詳
戦国時代の武士。
¶姓氏岩手

**善三河守** ぜんみかわのかみ
生没年不詳
戦国時代の上野国衆。
¶戦辞

**善康長** ぜんやすなが
鎌倉時代前期の武将、上野勢多郡膳の領主。
¶人名, 日人(生没年不詳)

## 【そ】

**宗伊** そうい
応永25(1418)年～文明17(1485)年 [別]杉原宗伊《すぎはらそうい》
室町時代の武士、歌人、連歌師。
¶国史, 国書([没]文明17(1485)年11月28日), 古中, 人名(杉原宗伊 すぎはらそうい), 戦合, 日人([没]1486年), 俳句([没]文明17(1485)年11月24日), 和俳

**宗威軒** そういけん
生没年不詳
戦国時代の甲斐武田一族穴山信君・勝千代の家臣。
¶戦辞

**寒川直景** そうがわなおかげ
→寒川与助(そうがわよすけ)

**寒川与助** そうがわよすけ
天文13(1544)年～寛永1(1624)年 [別]寒川直景《そうがわなおかげ》
安土桃山時代～江戸時代前期の地侍、浅野家臣、紀伊和歌山藩士。
¶藩臣5, 和歌山人(寒川直景 そうがわなおかげ)

**宗源** そうげん
? ～明応8(1499)年
室町時代～戦国時代の武家・連歌作者。
¶国書

**宗功** そうこう
? ～永正12(1515)年
戦国時代の武将・連歌作者。
¶国書

**匝嵯蔵人佑** そうさくらんどのすけ
戦国時代の武士。後北条氏家臣。
¶戦人(生没年不詳), 戦東

**宗貞国** そうさだくに
応永29(1422)年～明応3(1494)年

室町時代～戦国時代の武将、対馬守護。
　¶朝日（生没年不詳），鎌室，国史（生没年不詳），古中（生没年不詳），コン改，コン4，史人（㋐1423年？　㋑1495年なし），㋒1495年），新潮（㋐）　㋑明応4（1495）年頃），人名，世人，戦合（生没年不詳），日人（㋐1423年　㋑1495年）

### 宗貞茂 そうさだしげ
　？　～応永25（1418）年
室町時代の武将、対馬守護。
　¶朝日（㋑応永25（1418）年4月），角史，鎌室，国史，古中，コン改（生没年不詳），コン4（生没年不詳），史人（㋑1418年4月），諸系，新潮（㋑応永25（1418）年4月），人名（㋑1423年），世人（生没年不詳），日人

### 宗貞盛 そうさだもり
　＊～享徳1（1452）年
室町時代の武将、対馬守護。
　¶朝日（㋐？　㋑享徳1年6月22日（1452年7月9日）），角史（㋐？），鎌室（㋐至徳2/元中2（1385）年？），国史（㋐？），古中（㋐？），コン改（㋐元中2/至徳2（1385）年），コン4（㋐元中2/至徳2（1385）年），史人（㋐？　㋑1452年6月22日），諸系（㋐1385年？），新潮（㋐至徳2/元中2（1385）年？　㋑宝徳4（1452）年6月22日），人名（㋐1385年），世人（㋐元中2/至徳2（1385）年　㋑享徳2（1453）年），日史（㋐至徳1/元中1（1384）年　㋑享徳1（1452）年6月22日），日人（㋐1385年？），百科（㋐元中1/至徳1（1384）年）

### 匝瑳常広 そうさつねひろ
　生没年不詳
平安時代後期の武士。
　¶千葉百

### 匝瑳信利 そうさのぶとし
　生没年不詳
戦国時代の北条氏の家臣。
　¶戦辞

### 宗色 そうしき
　生没年不詳
安土桃山時代～江戸時代前期の武家・連歌作者。
　¶国書

### 宗重尚 そうしげひさ
　生没年不詳
鎌倉時代前期の対馬国地頭代。
　¶鎌室，人名，日人

### 宗成職 そうしげもと
　＊～応仁1（1467）年
室町時代の武将。
　¶鎌室（㋐応永27（1420）年？），諸系（㋐1419年？），新潮（㋐応永27（1420）年？），人名（㋐1420年　㋑1468年），日人（㋐1419年？）

### 増城源八郎 そうじょうげんぱちろう
　戦国時代の武将。武田家臣。
　¶姓氏山梨

### 宗助国 (宗資国) そうすけくに
　？　～文永11（1274）年
鎌倉時代前期の対馬国の武士。
　¶朝日（㋑文永11年10月6日（1274年11月5日）），角史（宗資国），鎌室（宗資国），㋑承元1（1207）年？），郷土長崎（㋐1207年），国史（宗資国），古中，コン改，コン4，史人（宗資国　㋑1274年10月6日），諸系，新潮（宗資国　㋐承元1（1207）年？），人名（㋐1207年），世人（㋐承元1（1207）年　㋑文永11（1274）年10月5日），全書（㋐1207年），長﨑百（宗資国），日史（宗資国　㋑文永11（1274）年10月5日），日人，歴大（宗資国）

### 宗砌 そうぜい
　→高山宗砌（たかやまそうぜい）

### 宗孝親 そうたかちか
　生没年不詳
鎌倉時代前期の武士。幕府将軍の随兵。
　¶朝日，国史，古中，史人，日人

### 早田左衛門大郎 (早田左衛門太郎) そうださえもんたろう
　生没年不詳
室町時代の倭寇の首領。
　¶朝日，国史，古中，コン4（早田左衛門太郎），史人，日人

### 寒田親景 そうだちかかげ
　生没年不詳
戦国時代の武士。大友氏家臣。
　¶戦人

### 宗経茂 そうつねしげ
　生没年不詳
南北朝時代の武将。少弐氏の対馬守護代。
　¶朝日，鎌室，国史，古中，コン改，コン4，史人，諸系（㋑1370年，（異説）1372年），新潮，人名，日人（㋑1370年，（異説）1372年）

### 宗知宗 そうともむね
　元暦1（1184）年～？
鎌倉時代前期の平知盛の三男。
　¶鎌室（生没年不詳），コン4，新潮（生没年不詳），人名，日人（生没年不詳）

### 相馬 そうま
　生没年不詳
戦国時代の下総国衆。
　¶戦辞

### 相馬顕胤 そうまあきたね
　永正5（1508）年～天文18（1549）年
戦国時代の武将。
　¶系東，諸系，人名，戦人，日人，福島百

### 相馬因幡守 そうまいなばのかみ
　生没年不詳
戦国時代の下総国衆。
　¶戦辞

### 相馬大蔵丞 そうまおおくらのじょう
　生没年不詳

戦国時代の古河公方の家臣。
¶戦辞

**相馬重胤(1)　そうましげたね**
生没年不詳
鎌倉時代後期～南北朝時代の武将。相馬家11代。
¶系東

**相馬重胤(2)　そうましげたね**
？ ～*
鎌倉時代後期～南北朝時代の武将。師胤の子。相馬家第6代。
¶朝日（[没]建武3/延元1（1336）年），茨城百（[没]1336年），鎌倉（[没]建武4/延元2（1337）年），鎌室（[没]建武3/延元1（1336）年），系東（[没]1337年？），国史（[没]1336年），古中（[没]1336年），コン改（[没]延元2/建武4（1337）年），コン4（[没]建武4/延元2（1337）年），史人（[没]1336年4月），諸系（[没]1338年），新潮（[没]建武3/延元1（1336）年4月16日），人名（[没]1337年），世人（[没]延元2/建武4（1337）年），日人（[没]1338年）

**相馬次郎師常　そうまじろうもろつね**
→相馬師常（そうまもろつね）

**相馬高胤　そうまたかたね**
？ ～明応1（1492）年
室町時代～戦国時代の武将。相馬氏家臣。
¶系東，戦人

**相馬胤綱　そうまたねつな**
生没年不詳
鎌倉時代前期の武将。
¶茨城百，系東

**相馬胤弘　そうまたねひろ**
生没年不詳
室町時代の武将。
¶系東

**相馬胤村　そうまたねむら**
生没年不詳
鎌倉時代前期の武将。
¶系東

**相馬胤頼　そうまたねより**
正中1（1324）年～建徳2/応安4（1371）年？
南北朝時代の武将。
¶鎌室（生没年不詳），系東，諸系，人名（[生]1315年　[没]？），姓氏宮城（生没年不詳），日人

**相馬親胤　そうまちかたね**
生没年不詳
南北朝時代の武将。重胤の子。
¶朝日，鎌室，系東（[没]1358年？），国史，古中，コン改，コン4，史人，諸系，新潮，人名，世人，日人

**相馬利胤　そうまとしたね**
天正9（1581）年～寛永2（1625）年
安土桃山時代～江戸時代前期の武将、大名。陸奥相馬藩主。
¶近世，系東，国史，史人（[没]1625年9月10日），諸系，人名，戦合，戦国，戦人，日人，藩主1（[没]寛永2（1625）年9月10日），福島百

**相馬憲胤　そうまのりたね**
生没年不詳
南北朝時代の武将。
¶鎌室，系東（[没]1395年？），諸系，日人

**相馬治胤　そうまはるたね**
天文10（1541）年？ ～慶長7（1602）年5月6日？
安土桃山時代の武将、下総守谷城主。
¶人名，戦辞，日人（生没年不詳）

**相馬秀胤　そうまひでたね**
安土桃山時代～江戸時代前期の武将。小田原落城後、徳川家康の臣。
¶人名，日人（生没年不詳）

**相馬孫五郎　そうままごごろう**
戦国時代の武将。足利氏家臣。
¶戦辞（生没年不詳），戦東

**相馬光胤　そうまみつたね**
？ ～延元1/建武3（1336）年
鎌倉時代後期～南北朝時代の武将。
¶鎌室，諸系，人名，日人

**相馬盛胤(1)　そうまもりたね**
文明2（1470）年～大永1（1521）年
戦国時代の武将。相馬氏家臣。
¶系東（[生]1476年），諸系（[生]1470年，（異説）1476年），人名，戦人（[生]文明8（1476）年），日人（[生]1470年，（異説）1476年）

**相馬盛胤(2)　そうまもりたね**
享禄2（1529）年～慶長6（1601）年
戦国時代～安土桃山時代の武将。相馬氏家臣。
¶系東，諸系，人名，戦人，日人

**相馬師胤　そうまもろたね**
生没年不詳
鎌倉時代前期の武将。
¶系東

**相馬師常　そうまもろつね**
保延5（1139）年～元久2（1205）年　[別]相馬次郎師常《そうまじろうもろつね》，平師常《たいらのもろつね》，千葉師常《ちばもろつね》
平安時代後期～鎌倉時代前期の東国武士。千葉常胤の次男。
¶朝日（[没]元久2年11月15日（1205年12月26日）），鎌倉，鎌室，系東，コン改，コン4，史人（[生]1139年，（異説）1143年　[没]1205年11月15日），諸系，新潮（[没]元久2（1205）年11月15日），人名，姓氏宮城，世人，千葉百（相馬次郎師常　そうまじろうもろつね　[生]？），日人，福島百，平史（平師常　たいらのもろつね）

**相馬靫負　そうまゆきえ**
生没年不詳
戦国時代の古河公方足利義氏の家臣。
¶戦辞

**相馬義胤(1)　そうまよしたね**
生没年不詳
鎌倉時代前期の御家人。師常の子。
¶朝日，鎌室，系東，諸系，新潮，人名，日人

**相馬義胤(2)　そうまよしたね**
天文17（1548）年～寛永12（1635）年
安土桃山時代～江戸時代前期の大名。陸奥中村藩主。
¶朝日（[没]寛永12年11月16日（1635年12月25日）），近世，系東，国史，コン改，コン4，史人（[没]1635年11月16日），諸系，新潮（[没]寛永12（1635）年11月16日），人名（[没]1625年），世人，戦合，戦国，戦人，日史（[没]寛永12（1635）年11月16日），日人，百科，歴大

**宗盛明　そうもりあきら**
生没年不詳
鎌倉時代後期の武将。
¶鎌室，諸系，人名，日人

**宗盛直　そうもりなお**
？　～文中1/応安5（1372）年
南北朝時代の武将。
¶鎌室，諸系，人名，日人

**宗盛弘　そうもりひろ**
？　～永正7（1510）年
戦国時代の武将。
¶鎌室，人名，日人

**宗雄　そうゆう**
生没年不詳
戦国時代の武家・連歌作者。
¶国書

**宗義調　そうよししげ**
天文1（1532）年～天正16（1588）年
戦国時代～安土桃山時代の大名。対馬守護。
¶岩史（[没]天正16（1588）年12月12日），国史，古中，コン4，史人（[没]1588年12月12日），諸系（[没]1589年），新潮（[没]天正16（1588）年12月12日），人名，戦合，戦国，戦人，日史（[没]天正16（1588）年12月12日），日人（[没]1589年），藩主4（[没]天正16（1588）年12月12日），百科，歴大

**宗義智　そうよしとし**
永禄11（1568）年～元和1（1615）年　[別]宗義智《そうよしとも》，対馬侍従《つしまじじゅう》
安土桃山時代～江戸時代前期の大名。対馬府中藩主。
¶朝日（[没]元和1年1月3日（1615年1月31日）），岩史（[没]慶長20（1615）年1月3日），角史，郷土長崎，近世，国史，古中，コン改（そうよしとも），コン4（そうよしとも），佐賀百（[生]永禄10（1567）年ごろ　[没]慶長20（1615）年1月3日），史人（[没]1615年1月3日），重要（そうよしとも　[没]元和1（1615）年1月3日），諸系，新潮（[没]元和1（1615）年1月3日），人名（そうよしとも），世人（そうよしとも　[没]元和1（1615）年1月3日），世百（そうよしとも），戦合，戦国（そうよしとも），全書，戦人，大百，長崎百，日史（[没]元和1（1615）年1月3日），日人，藩主4（[没]元和1（1615）年1月3日），百科，歴大

**宗義智　そうよしとも**
→宗義智（そうよしとし）

**宗義成　そうよしなり**
慶長9（1604）年～明暦3（1657）年
江戸時代前期の武将、大名。対馬府中藩主。
¶朝日（[没]明暦3年10月26日（1657年12月1日）），岩史（[没]明暦3（1657）年10月26日），近世，国史，コン改（[生]慶長8（1603）年　[没]明暦2（1656）年），コン4（[生]慶長8（1603）年　[没]明暦2（1656）年），史人（[没]1657年10月26日），諸系，新潮（[没]明暦3（1657）年10月26日），人名（[生]1603年　[没]1656年），日人，藩主4（[没]明暦3（1657）年10月26日），歴大

**宗義盛　そうよしもり**
文明8（1476）年～永正17（1520）年
戦国時代の武将、対馬守護、初名盛順。
¶朝日（[生]文明8（1476）年？　[没]？），岩史（[没]永正17（1520）年12月6日），国史，古中，コン改，コン4，史人（[没]1520年12月6日），諸系（[没]1521年），新潮（[没]永正17（1520）年12月6日），人名，世人，戦合，日史（[生]文明9（1477）年　[没]永正17（1520）年12月6日），日人（[没]1521年）

**宗頼茂　そうよりしげ**
生没年不詳
南北朝時代～室町時代の武将、対馬守護。
¶朝日，鎌室，国史，古中，コン改（[没]応永11（1404）年？），コン4（[没]応永11（1404）年？），史人，諸系，新潮，人名，世人，日人

**副島左近允　そえじまさこんのじょう**
戦国時代の武士。
¶戦人（生没年不詳），戦西

**副島長門守光家入道放牛　そえじまながとのかみみついえにゅうどうほうぎゅう**
→副島光家（そえじまみついえ）

**副島光家　そえじまみついえ**
[別]副島長門守光家入道放牛《そえじまながとのかみみついえにゅうどうほうぎゅう》
戦国時代の武士。
¶戦人（生没年不詳），戦西（副島長門守光家入道放牛　そえじまながとのかみみついえにゅうどうほうぎゅう）

**副田小十郎　そえだこじゅうろう**
生没年不詳
安土桃山時代の織田信長の家臣。
¶織田

**副田甚兵衛　そえだじんべえ**
安土桃山時代の武将。
¶戦国，戦人（生没年不詳）

**曽我兄弟(1)　そがきょうだい**
→曽我時致（そがときむね）

**曽我兄弟(2)　そがきょうだい**
→曽我祐成（そがすけなり）

**曽我惟重　そがこれしげ**
生没年不詳
鎌倉時代前期の武将。
¶鎌室，日人，北条

**曽我五郎** そがごろう
→曽我時致(そがときむね)

**曽我十郎** そがじゅうろう
→曽我祐成(そがすけなり)

**曽我祐家** そがすけいえ
～長寛1(1163)年
平安時代後期の武士。
¶神奈川人

そ

**曽我祐重** そがすけしげ
生没年不詳
戦国時代の武士。扇谷上杉氏家臣。
¶戦辞

**曽我祐次** そがすけつぐ
～慶長15(1610)年
安土桃山時代～江戸時代前期の武士。相模曽我氏第16代の当主。
¶神奈川人

**曽我祐綱** そがすけつな
～安貞1(1227)年
鎌倉時代前期の武将。
¶神奈川人

**曽我祐成** そがすけなり
承安2(1172)年～建久4(1193)年 [別]曽我兄弟《そがきょうだい》,曽我十郎・五郎《そがじゅうろう・ごろう》,藤原祐成《ふじわらのすけなり》,曽我十郎《そがじゅうろう》
平安時代後期～鎌倉時代前期の武士。仇討で有名な曽我兄弟の兄。十郎と号す。河津祐泰の長男。
¶朝日,角史(曽我兄弟 そがきょうだい),神奈川人,神奈川百(曽我兄弟 そがきょうだい),鎌倉(曽我兄弟 そがきょうだい),鎌室,郷土神奈川(曽我兄弟 そがきょうだい),国史(曽我兄弟 そがきょうだい),コン改,コン4,史人(曽我十郎・五郎 そがじゅうろう・ごろう),静岡百(曽我兄弟 そがきょうだい),諸系,新潮([没]建久4(1193)年5月28日),人名,姓氏静岡,世人,世百(曽我兄弟 そがきょうだい),全書(曽我兄弟 そがきょうだい),大百(曽我兄弟 そがきょうだい),日史(曽我兄弟 そがきょうだい),日人,百科(曽我兄弟 そがきょうだい),平史(藤原祐成 ふじわらのすけなり),歴大(曽我兄弟 そがきょうだい)

**曽我祐信** そがすけのぶ
生没年不詳 [別]藤原祐信《ふじわらのすけのぶ》
平安時代後期～鎌倉時代前期の武士。
¶朝日,鎌室,新潮,日人,平史(藤原祐信 ふじわらのすけのぶ)

**曽我助乗** そがすけのり
生没年不詳
戦国時代の武将。
¶国書,人名,日人

**曽我時致** そがときむね
承安4(1174)年～建久4(1193)年 [別]曽我兄弟《そがきょうだい》,曽我十郎・五郎《そがじゅうろう・ごろう》,藤原時致《ふじわらのときむね》,曽我五郎《そがごろう》
平安時代後期～鎌倉時代前期の武士。仇討で有名な曽我兄弟の弟。
¶朝日,角史(曽我兄弟 そがきょうだい),神奈川人,神奈川百(曽我兄弟 そがきょうだい),鎌倉(曽我兄弟 そがきょうだい),鎌室,郷土神奈川(曽我兄弟 そがきょうだい),国史(曽我兄弟 そがきょうだい),コン改,コン4,史人(曽我十郎・五郎 そがじゅうろう・ごろう),静岡百(曽我兄弟 そがきょうだい),静岡歴(曽我兄弟 そがきょうだい),諸系,新潮,人名,姓氏静岡,世百(曽我兄弟 そがきょうだい),全書(曽我兄弟 そがきょうだい),大百(曽我兄弟 そがきょうだい),日史(曽我兄弟 そがきょうだい),日人,百科(曽我兄弟 そがきょうだい),平史(藤原時致 ふじわらのときむね),歴大(曽我兄弟 そがきょうだい)

**曽我尚祐**(曽我尚佑) そがなおすけ
永禄1(1558)年～寛永3(1626)年
安土桃山時代～江戸時代前期の武士。徳川秀忠の右筆。
¶角史(曽我尚佑),国書([没]寛永3(1626)年2月10日),人名,日史([没]寛永3(1626)年2月10日),日人,百科

**蘇我赤兄** そがのあかえ
生没年不詳 [別]蘇我臣赤兄《そがのおみあかえ》
飛鳥時代の廷臣(左大臣)。大臣蘇我馬子の孫。有間皇子を謀反の罪に陥れた。壬申の乱では大友皇子につき流刑。
¶朝日,岩史([生]推古30(622)年),角史,公卿([生]推古31(623)年),高知人,高知百,国史,古史,古代(蘇我臣赤兄 そがのおみあかえ),古中,コン改([生]推古31(623)年 [没]天武1/弘文1(672)年),コン4([生]推古31(623)年 [没]天武1/弘文1(672)年),史人,諸系,新潮([生]推古31(623)年),人名,世人,世百,全書,大百,日史,日人,百科,歴大

**蘇我石川麻呂** そがのいしかわのまろ
→蘇我倉山田石川麻呂(そがのくらやまだいしかわまろ)

**蘇我石川麻呂** そがのいしかわまろ
→蘇我倉山田石川麻呂(そがのくらやまだいしかわまろ)

**蘇我入鹿** そがのいるか
? ～大化1(645)年 [別]蘇我臣入鹿《そがのおみいるか》,蘇我入鹿《そがいるか》
飛鳥時代の大臣。山背大兄王を殺害し、自らを天皇に擬するなどの専横が続き、中大兄皇子・中臣鎌足らに暗殺された。
¶朝日([没]大化1年6月12日(645年7月10日)),岩史([没]皇極4(645)年6月12日),角史,国史,古史,古代(蘇我臣入鹿 そがのおみいるか),古中,コン改,コン4,史人([没]645年6月12日),重要([没]大化1(645)年6月12日),諸系,人書94(そがいるか),新潮([没]皇極4(645)年6月12日),人名,世人,世百,全書,大百,日史([没]大化1(645)年6月12日),日人,百科,歴大

**蘇我馬子**　そがのうまこ

？ ～推古天皇34（626）年　[別]蘇我馬子《そがうまこ》，蘇我馬子宿禰《そがのうまこのすくね》

飛鳥時代の官人（大臣）。蘇我稲目の子。排仏派の物部守屋を討ち、また崇峻天皇を暗殺して権力を掌握。聖徳太子と協力して推古朝の政治を行った。

¶朝日（[没]推古34年5月20日（626年6月19日）），岩史（[没]推古34（626）年5月20日），角史，公卿（[生]欽明12（551）年　[没]推古34（626）年5月），国史，国書（そがうまこ　[没]推古34（626）年5月20日），古史，古代（蘇我馬子宿禰　そがのうまこのすくね），古中，コン改，コン4，史人（[没]625年5月20日），重要，諸系，新潮（[没]推古34（626）年5月20日），人名，姓氏鹿児島，世人，世百，全書，大百，伝記，日史（[没]推古34（626）年5月20日），日人，百科，仏教（[没]推古34（626）年5月20日），歴大

**蘇我蝦夷**　そがのえみし

？ ～大化1（645）年　[別]蘇我蝦夷《そがえみし》，蘇我臣蝦夷《そがのおみえみし》

飛鳥時代の官人（大臣）。蘇我馬子の子。父に続き権勢をふるう。のち子の入鹿が殺されて自殺。

¶朝日（[没]大化1年6月13日（645年7月11日）），岩史（[没]皇極4（645）年6月13日），角史，公卿（[没]皇極4（645）年6月19日），国史，古史，古代（蘇我臣蝦夷　そがのおみえみし），古中，コン改，コン4，史人（[没]645年6月13日），重要（[没]大化1（645）年6月13日），諸系，人書79，人書94（そがえみし），新潮（[没]皇極4（645）年6月13日），人名，世人（[没]大化1（645）年6月13日），世百，全書，大百，日史（[没]大化1（645）年6月13日），日人，百科，歴大

**蘇我韓子**　そがのからこ

[別]蘇我韓子宿禰《そがのからこのすくね》

上代の武将。新羅攻撃にあたる。

¶国史，古代（蘇我韓子宿禰　そがのからこのすくね），古中，史人（生没年不詳），諸系，新潮，世人（生没年不詳），日人

**蘇我倉山田石川麻呂**　そがのくらのやまだのいしかわのまろ

→蘇我倉山田石川麻呂（そがのくらやまだいしかわまろ）

**蘇我倉山田石川麻呂**　そがのくらのやまだのいしかわまろ

→蘇我倉山田石川麻呂（そがのくらやまだいしかわまろ）

**蘇我倉山田石川麻呂**　そがのくらやまだいしかわまろ

？ ～大化5（649）年　[別]蘇我山田石河麻呂《そがのやまだのいしかわまろ》，蘇我石川麻呂《そがのいしかわのまろ，そがのいしかわまろ》，蘇我倉山田石川麻呂《そがのくらのやまだのいしかわのまろ，そがのくらのやまだのいしかわまろ，そがのくらやまだのいしかわのまろ，そがのくらやまだのいしかわまろ》，蘇我倉山田石川麻呂臣《そがのくらやまだのいしかわまろのおみ》，倉山田石川麻呂《くらやまだのいしかわまろ》

飛鳥時代の官人（右大臣）。大臣蘇我馬子の孫。大化改新に参画。のち讒言により中大兄皇子に攻撃され自殺。

¶朝日（そがのくらやまだのいしかわのまろ　[没]大化5年3月25日（649年5月11日）），岩史（蘇我石川麻呂　そがのいしかわのまろ　[没]大化5（649）年3月25日），角史（蘇我石川麻呂　そがのいしかわまろ），公卿（蘇我山田石河麻呂　そがのやまだのいしかわまろ　[没]大化5（649）年3月），国史（蘇我石川麻呂　そがのいしかわまろ），古史（そがのくらやまだのいしかわまろ），古代（蘇我倉山田石川麻呂臣　そがのくらやまだのいしかわまろのおみ），古中（蘇我石川麻呂　そがのいしかわまろ），コン改（そがのくらやまだのいしかわのまろ），コン4（そがのくらやまだのいしかわのまろ），史人（蘇我石川麻呂　そがのいしかわまろ　[没]649年3月25日），重要（蘇我石川麻呂　そがのいしかわまろ），諸系（そがのくらやまだのいしかわまろ），新潮（そがのくらやまだのいしかわまろ　[没]大化5（649）年3月25日），人名，世人，世百，全書（そがのくらのやまだのいしかわのまろ），大百（蘇我石川麻呂　そがのいしかわまろ），日史（蘇我石川麻呂　そがのいしかわのまろ　[没]大化5（649）年3月17日），日人（そがのくらやまだのいしかわまろ），百科（蘇我石川麻呂　そがのいしかわのまろ），歴大（蘇我石川麻呂　そがのいしかわまろ）

**蘇我倉山田石川麻呂**　そがのくらやまだのいしかわのまろ

→蘇我倉山田石川麻呂（そがのくらやまだいしかわまろ）

**蘇我倉山田石川麻呂**　そがのくらやまだのいしかわまろ

→蘇我倉山田石川麻呂（そがのくらやまだいしかわまろ）

**蘇我境部摩理勢**　そがのさかいべのまりせ

→境部摩理勢（さかいべのまりせ）

**蘇我田口川堀**　そがのたぐちのかわほり

[別]蘇我田口臣川堀《そがのたぐちのおみかわほり》

飛鳥時代の豪族。古人大江皇子の謀反に参画したとされた。

¶古代（蘇我田口臣川堀　そがのたぐちのおみかわほり），日人（生没年不詳）

**蘇我果安**（蘇我杲安）　そがのはたやす

？ ～弘文天皇1・天武天皇1（672）年　[別]蘇我臣果安《そがのおみはたやす》

飛鳥時代の廷臣（大納言）。蘇我氏の一族。壬申の乱で大友皇子側につき自殺。

¶朝日（[没]天武1（672）年7月），公卿（蘇我杲安　生没年不詳），国史，古代（蘇我臣果安　そがのおみはたやす），古中，コン改，コン4，史人（[没]672年7月），新潮（[没]天武1（672）年7月），人名，日人，歴大

**曽我信正**　そがのぶまさ

～永禄2（1559）年

戦国時代の武士で相模曽我郷の人。

¶神奈川人

**蘇我山田石河麻呂** そがのやまだのいしかわまろ
→蘇我倉山田石川麻呂(そがのくらやまだいしかわまろ)

**曽我古祐** そがひさすけ
天正14(1586)年～万治1(1658)年 [別]曽我又左衛門古祐《そがまたざえもんひさすけ》
安土桃山時代～江戸時代前期の武将、幕臣。大坂町奉行。
¶朝日([没]万治1年4月21日(1658年5月23日)), 大阪人([没]万治1(1658)年3月), 近世, 国史, 国書([没]明暦4(1658)年4月21日), コン改, コン4, 史人([没]1658年4月21日), 人名, 戦合, 長崎歴(曽我又左衛門古祐 そがまたざえもんひさすけ [生]天正13(1585)年), 日人, 歴大

**曽我兵庫助祐昌** そがひょうごのすけすけまさ
室町時代の忍城主成田氏の家人。
¶埼玉百

**曽我広忠** そがひろただ
? ～
鎌倉時代の御家人。
¶青森人, 青森百(生没年不詳)

**曽我又左衛門古祐** そがまたざえもんひさすけ
→曽我古祐(そがひさすけ)

**曽我元助** そがもとすけ
室町時代の武将、足利氏の臣。
¶人名, 日人(生没年不詳)

**曽我師助** そがもろすけ
生没年不詳
南北朝時代の武士。
¶鎌室, 人名, 日人

**則祐** そくゆう
→赤松則祐(あかまつのりすけ)

**十河一存** そごうかずなが
→十河一存(そごうかずまさ)

**十河一存** そごうかずまさ
? ～永禄4(1561)年 [別]十河一存《そごうかずなが》
戦国時代の武将。三好元長の4男で長慶の弟。
¶朝日([没]永禄4年3月18日(1561年4月2日)), 大阪墓, 香川人, 国史, 古中, 史人([没]1561年3月18日), 諸系, 新潮([没]永禄4(1561)年3月18日), 人名([没]1559年), 戦合, 戦国(そごうかずなが), 戦人(そごうかずなが), 戦西, 徳島百([没]永禄4(1561)年3月18日), 徳島歴([没]永禄4(1561)年4月23日), 日史([没]永禄4(1561)年4月?), 日人, 百科

**十河存英** そごうながひで
? ～元和1(1615)年
安土桃山時代～江戸時代前期の武士。
¶戦国, 戦人

**十河存保** そごうながやす
天文23(1554)年～天正14(1586)年 [別]十河存保《そごうまさやす》, 三好政康《みよしまさやす》, 三好存保《みよしながやす》
安土桃山時代の武士。
¶織田(そごうまさやす [没]天正14(1586)年12月12日), 香川人(そごうまさやす [生]?), 郷土香川(そごうまさやす [生]?), 戦国, 戦人, 戦西(そごうまさやす), 徳島百(そごうまさやす), 徳島歴(そごうまさやす [生]? [没]天正14(1586)年12月)

**十河存保** そごうまさやす
→十河存保(そごうながやす)

**十河元清** そごうもときよ
生没年不詳
鎌倉時代の武士。
¶徳島歴

**素丹** そたん
生没年不詳
安土桃山時代の武家・連歌作者。
¶国書

**曽祢右近助** そねうこんのすけ
生没年不詳
戦国時代の武田氏の家臣。
¶戦辞

**曽禰采女助**(曽祢采女助) そねうねめのすけ
生没年不詳
戦国時代の武士。後北条氏家臣。
¶戦辞(曽祢采女助), 戦人, 戦東

**曽根勝長** そねかつなが
生没年不詳
戦国時代の甲斐武田晴信の家臣。
¶戦辞

**曽根河内守** そねかわちのかみ
? ～天正10(1582)年3月
戦国時代～安土桃山時代の甲斐武田勝頼の家臣。
¶戦辞

**曽禰外記**(曽根外記, 曽祢外記) そねげき
生没年不詳
戦国時代の武士。後北条氏家臣。
¶姓氏神奈川(曽根外記), 戦辞(曽祢外記), 戦人, 戦東

**曽祢崎慶増** そねざきけいぞう
生没年不詳
鎌倉時代の武将。
¶大分歴

**曽根七郎兵衛尉** そねしちろうひょうえのじょう
生没年不詳
戦国時代の甲斐武田晴信の家臣。
¶戦辞

**曽根七郎兵衛** そねしちろうべえ
→曽根七郎兵衛(そねしちろべえ)

**曽根七郎兵衛** そねしちろべい
→曽根七郎兵衛(そねしちろべえ)

**曽根七郎兵衛** そねしちろべえ
[別]曽根七郎兵衛《そねしちろうべえ, そねしちろべい》
戦国時代の武将。武田氏家臣。足軽大将衆。

¶姓氏山梨（そねしちろうべえ），戦人（生没年不詳），戦東（そねしちろべい）

**曽根内匠助** そねたくみのすけ
安土桃山時代の武士，武田信玄の臣。
¶人名

**曽根縄長** そねつななが
？～享禄4（1531）年3月16日
戦国時代の甲斐武田信虎の家臣。
¶戦辞

**曽根藤市郎** そねとういちろう
？～天正6（1578）年
戦国時代～安土桃山時代の武将。別所氏家臣。
¶戦人

**曽根虎長** そねとらなが
生没年不詳
戦国時代の甲斐武田晴信の家臣。
¶戦辞

**曽根長次** そねながつぐ
？～寛永17（1640）年
江戸時代前期の武士。紀州藩士。
¶和歌山人

**曽根孫六** そねまごろく
戦国時代の武士。加藤清正の家臣。
¶人名，日人（生没年不詳）

**曽根昌世** そねまさただ
→曽根昌世（そねまさよ）

**曽根昌長** そねまさなが
生没年不詳
戦国時代の武士。武田氏家臣。
¶戦辞，戦人，戦東

**曽根昌世**（曽祢昌世）そねまさよ
生没年不詳　㋫曽根昌世《そねまさただ》，曽祢昌世《そねまさよ》
戦国時代～安土桃山時代の武将。武田氏家臣。
¶姓氏静岡（そねまさただ），姓氏山梨（そねまさただ），戦辞（そねまさただ），戦人，戦東，日人，山梨百（曽祢昌世）

**曽根与市之助** そねよいちのすけ
戦国時代の武将。武田家臣。奥近習6人の一人。
¶姓氏山梨

**園田伊兵衛** そのだいへえ
→園田栄久（そのだひでひさ）

**園田実明** そのださねあき
戦国時代の武士。
¶姓氏鹿児島，戦人（生没年不詳），戦西

**薗田成朝** そのだしげとも
？～建保1（1213）年
平安時代後期～鎌倉時代前期の鎌倉御家人。
¶姓氏群馬

**薗田丹波守** そのだたんばのかみ
生没年不詳
戦国時代の小山秀綱の家臣。
¶戦辞

**薗田知明坊** そのだちめいぼう
承安3（1173）年～宝治1（1247）年
平安時代後期～鎌倉時代前期の武将・出家僧。源頼朝に仕えたが，のち法然に導かれて出家。
¶郷土群馬

**薗田成重** そのだなりしげ
生没年不詳
鎌倉時代前期の武士。
¶鎌室，人名，日人

**園田成光** そのだなりみつ
？～天正18（1590）年
戦国時代の唐沢城主。
¶群馬人

**園田栄久** そのだひでひさ
天正12（1584）年～承応2（1653）年　㋫園田伊兵衛《そのだいへえ》
安土桃山時代～江戸時代前期の武将，紀伊和歌山藩士。
¶人名（㋬1583年），日人，藩臣5（園田伊兵衛そのだいへえ），和歌山人

**薗部兼彦** そのべかねひこ
生没年不詳
戦国時代～安土桃山時代の武将。
¶戦人

**薗部兼泰** そのべかねやす
生没年不詳
戦国時代の武将。
¶戦人

**園辺忠康** そのべのただやす
生没年不詳
鎌倉時代の武士。
¶和歌山人

**祖父江一秀** そふえかずひで
生没年不詳
安土桃山時代～江戸時代前期の土佐藩士。
¶高知人，高知百，藩臣6

**祖父江勘時** そふえかんじ
生没年不詳
安土桃山時代の武将。
¶藩臣6

**祖父江金法師** そぶえきんぼうし
生没年不詳
安土桃山時代の織田信長の家臣。
¶織田

**祖父江道印** そふえどういん
～永禄2（1559）年
戦国時代の戦国武士。
¶高知人

**祖父江信勝** そふえのぶかつ
生没年不詳
安土桃山時代～江戸時代前期の武士。
¶戦人

**祖父江秀重** そふえひでしげ, そぶえひでしげ
*〜天正13(1585)年
戦国時代〜安土桃山時代の代官。織田氏家臣。
¶織田(そぶえひでしげ　[生]大永4(1524)年　[没]天正13(1585)年10月), 戦人([生]大永2(1522)年)

**祖父江秀盛** そぶえひでもり
？ 〜永禄12(1569)年8月？
戦国時代〜安土桃山時代の織田信長の家臣。
¶織田

**祖父江孫** そぶえまご
？ 〜天正10(1582)年6月2日
戦国時代〜安土桃山時代の織田信長の家臣。
¶織田

**征矢野大炊助宗澄** そやのおおいのすけむねずみ
→征矢野宗澄(そやのむねずみ)

**征矢野甚助宗功** そやのじんすけむねゆき
→征矢野宗功(そやのむねゆき)

**征矢野宗澄** そやのむねずみ
[別]征矢野大炊助宗澄《そやのおおいのすけむねずみ》
安土桃山時代の武士。小笠原氏家臣。
¶戦人(生没年不詳), 戦東(征矢野大炊助宗澄　そやのおおいのすけむねずみ)

**征矢野宗功** そやのむねゆき
？ 〜永禄12(1569)年　[別]征矢野甚助宗功《そやのじんすけむねゆき》
戦国時代の武士。小笠原氏家臣。
¶戦人, 戦東(征矢野甚助宗功　そやのじんすけむねゆき)

**反町幸定** そりまちゆきさだ
生没年不詳
安土桃山時代〜江戸時代前期の武将。武田・北条・上杉・結城などに仕えた。
¶群馬人, 国書, 姓氏山梨

**尊雲** そんうん
→護良親王(もりよししんのう)

**尊願** そんがん
→津戸為守(つのとためもり)

**尊澄** そんちょう
→宗良親王(むねながしんのう)

**尊澄法親王** そんちょうほうしんのう
→宗良親王(むねながしんのう)

**尊澄法親王** そんちょうほっしんのう
→宗良親王(むねながしんのう)

## 【た】

**大好寺** だいこうじ
生没年不詳
戦国時代の武士。北条氏邦の家臣。
¶戦辞

**大高重成** だいこうしげなり
→大高重成(おおたかしげなり)

**大西十兵衛尉** だいさいじゅうべいのじょう
戦国時代の武将。尼子氏家臣。
¶戦西

**大西高由** だいさいたかよし
？ 〜天正16(1588)年
安土桃山時代の武士。尼子氏家臣。
¶戦人

**大聖院宗心** だいしょういんそうしん
生没年不詳
戦国時代の武士。大友家一族。家督簒奪を目論み謀略を画策。
¶大分歴, 系西, 戦人

**大掾清幹** だいじょうきよもと, たいじょうきよもと
天正1(1573)年〜天正18(1590)年
安土桃山時代の武将。
¶戦辞([没]天正18年12月), 戦人, 戦補(たいじょうきよもと　[生]1574年　[没]1591年)

**大掾維幹** だいじょうこれもと
→平維幹(たいらのこれもと)

**大掾貞国** だいじょうさだくに
生没年不詳
戦国時代〜安土桃山時代の武将。
¶戦辞, 日人

**大掾高幹** だいじょうたかもと
生没年不詳
南北朝時代の武将。
¶日人

**大掾忠幹** だいじょうただもと
生没年不詳
戦国時代の常陸の国衆。府中城主。
¶戦辞

**大掾満幹** だいじょうみつもと
？ 〜*
室町時代の武将、常陸大掾、高幹の孫、詮国の子。
¶朝日([没]永享1年12月13日(1430年1月7日)), 国史([没]1429年), 古中([没]1429年), 日人([没]1430年)

**大掾慶幹** だいじょうよしもと
生没年不詳
戦国時代の常陸の国衆。府中城主。
¶戦辞

**大唐** たいとう
生没年不詳
安土桃山時代の織田信長の家臣。
¶織田

**大東某** だいとう
生没年不詳
安土桃山時代の織田信長の家臣。
¶織田

**大藤栄永** だいとうえいえい
？ 〜天文21(1552)年？

戦国時代の北条氏の家臣。
¶戦辞

**大藤景長** だいとうかげなが
生没年不詳
戦国時代の北条氏の家臣。
¶戦辞

**大藤源七郎** だいとうげんしちろう
→大藤源七郎(おおふじげんしちろう)

**大道寺弥三郎** だいどうじいやさぶろう
→大道寺弥三郎(だいどうじやさぶろう)

**大道寺周勝** だいどうじかねかつ
生没年不詳　[別]大道寺周勝《だいどうじちかかつ》
戦国時代～安土桃山時代の北条氏の家臣。
¶神奈川人(だいどうじちかかつ)，埼玉人(だいどうじちかかつ)，戦辞([没]永禄5(1562)年？)

**大道寺重時** だいどうじしげとき
生没年不詳
戦国時代の武将。
¶神奈川人，姓氏神奈川

**大道寺資親** だいどうじすけちか
？～元亀1(1570)年
戦国時代の武将。後北条氏家臣。
¶神奈川人(生没年不詳)，戦辞，戦東

**大道寺帯刀助** だいどうじたちはきのすけ
生没年不詳
戦国時代の北条氏の家臣。
¶戦辞

**大道寺周勝** だいどうじちかかつ
→大道寺周勝(だいどうじかねかつ)

**大道寺直重**(大道寺直繁) だいどうじなおしげ
天正2(1574)年～寛永5(1628)年
安土桃山時代～江戸時代前期の武士。北条氏の家臣、のち徳川義直の臣。
¶神奈川人(生没年不詳)，人名，戦辞(大道寺直繁　生没年不詳)，日人

**大道寺直次** だいどうじなおつぐ
元亀2(1571)年～慶安4(1651)年　[別]遠山長右衛門《とおやまちょうえもん》，遠山長左衛門《とおやまちょうざえもん》
安土桃山時代～江戸時代前期の武将。のち江戸幕府の御家人。
¶朝日([没]慶安4年10月11日(1651年11月23日))，近世，国史，コン改，コン4，史人([没]1651年10月11日)，新潮([没]慶安4(1651)年10月11日)，人名，戦合，戦国，戦人，日人

**大道寺直昌** だいどうじなおまさ
生没年不詳
戦国時代の武士。北条氏の家臣。
¶戦辞

**大道寺隼人** だいどうじはやと
天文21(1552)年～寛永19(1642)年
安土桃山時代～江戸時代前期の陸奥弘前藩家老。
¶青森人，朝日([没]寛永19年8月23日(1642年9月17日))，近世，国史，史人([没]1642年8月22日)，戦合，日人，藩臣1

**大道寺政繁**(大導寺政繁) だいどうじまさしげ
天文2(1533)年～天正18(1590)年
戦国時代～安土桃山時代の武将、駿河守。
¶朝日([没]天正18年7月19日(1590年8月18日))，神奈川人，郷土群馬([生]？)，近世，群馬人([生]？)，群馬百(大導寺政繁)，国史，コン改，コン4，埼玉人([生]不詳　[没]天正18(1590)年7月19日)，史人([没]1590年7月19日)，新潮([没]天正18(1590)年7月19日)，人名([生]？)，姓氏神奈川，姓氏群馬，世人，戦合，戦国([生]1539年)，戦辞([生]？　[没]天正18年7月19日(1590年8月18日))，戦人，戦東，日人

**大道寺盛昌** だいどうじもりまさ
生没年不詳
戦国時代の武士。後北条氏家臣。
¶神奈川人，埼玉人，戦辞，戦人，戦東

**大道寺弥三郎** だいどうじやさぶろう
生没年不詳　[別]大道寺弥三郎《だいどうじいやさぶろう》
戦国時代の武士。後北条氏家臣。
¶姓氏神奈川(だいどうじいやさぶろう)，戦人，戦東

**大藤新兵衛** だいとうしんべえ
→大藤新兵衛(おおふじしんべえ)

**大藤長門守** だいとうながとのかみ
→大藤長門守(おおふじながとのかみ)

**大藤信興** だいとうのぶおき
[別]大藤信興《おおふじのぶおき》
戦国時代～安土桃山時代の武将。後北条氏家臣。
¶神奈川人(生没年不詳)，戦東(おおふじのぶおき)

**大藤信基** だいとうのぶもと
[別]大藤信基《おおふじのぶもと》
室町時代の武将。
¶神奈川人([生]1463年　[没]1526年)，姓氏神奈川(おおふじのぶもと　[生]？　[没]1552年)

**大藤政信**(1) だいとうまさのぶ
？～元亀3(1572)年11月　[別]大藤政信《おおふじまさのぶ》
戦国時代～安土桃山時代の北条氏の家臣。通称与七。
¶戦辞([没]元亀3(1572)年11月末)，戦人(おおふじまさのぶ　生没年不詳)

**大藤政信**(2) だいとうまさのぶ
？～天正14(1586)年5月23日？
安土桃山時代の北条氏の家臣。父の名を継ぐ。2代目与七。
¶戦辞

**大藤与七** だいとうよしち
[別]大藤与七《おおふじよしち》
戦国時代の武将。北条氏家臣。3代目与七。
¶戦辞(生没年不詳)，戦東(おおふじよしち)

た

**大藤与次郎** だいとうよじろう
生没年不詳
戦国時代の武士。北条氏の家臣。
¶戦辞

**田結庄是義** たいのしょうこれよし
? 〜天正3(1575)年
戦国時代〜安土桃山時代の土豪。鶴城主。垣屋氏との争いで敗死。
¶戦人

**田井信高** たいのぶたか
室町時代の武士。
¶岡山人，岡山歴

た

**大宝寺義氏** だいほうじよしうじ
→武藤義氏(むとうよしうじ)

**大宝寺義興** だいほうじよしおき
? 〜天正15(1587)年 [別]武藤義興《むとうよしおき》
安土桃山時代の出羽国庄内地方の武将。
¶国史，古中，史人([没]1587年10月)，庄内(武藤義興 むとうよしおき [生]弘治1(1555)年 [没]天正15(1587)年10月)，戦合，戦国，戦人，日人(武藤義興 むとうよしおき)，山形百(武藤義興 むとうよしおき)

**大宝寺義勝** だいほうじよしかつ
→武藤義勝(むとうよしかつ)

**大宝寺義増** だいほうじよします
生没年不詳
戦国時代の出羽国衆。
¶戦辞

**当麻三人衆** たいまさんにんしゅう
戦国時代の武士。北条氏の家臣。
¶戦辞

**当麻太郎** たいまたろう
生没年不詳
鎌倉時代の武将。
¶姓氏神奈川

**当麻皇子** たいまのおうじ
→当麻皇子(たいまのみこ)

**当麻皇子** たいまのみこ
生没年不詳 [別]当麻皇子《たいまのおうじ》
飛鳥時代の用明天皇の皇子、征新羅将軍。
¶国史(たいまのおうじ)，古代，古中(たいまのおうじ)，コン改，コン4，史人，諸系(たいまのおうじ)，新潮，日人(たいまのおうじ)

**当麻豊後守** たいまぶんごのかみ
生没年不詳
戦国時代の武将。
¶姓氏神奈川

**大門資長** だいもんすけたけ
→大門資長(だいもんすけなが)

**大門資忠** だいもんすけただ
生没年不詳
戦国時代の武士。壬生氏の一族。
¶戦辞

**大門資長** だいもんすけなが
[別]大門資長《だいもんすけたけ》
戦国時代の武士。村井城の城主。
¶戦辞(生没年不詳)，栃木歴(だいもんすけたけ)

**大門弥次郎** だいもんやじろう
生没年不詳
戦国時代の武士。宇都宮氏の家臣。
¶戦辞

**田井頼堅** たいよりかた
戦国時代の武士。
¶人名

**平子牛法師丸** たいらくうしほうしまる
生没年不詳
戦国時代の武士。上杉氏の家臣。
¶戦辞

**平子重道** たいらくしげみち
生没年不詳
戦国時代の武士。上杉氏の家臣。
¶戦辞

**平子朝政** たいらくともまさ
? 〜* [別]平子朝政《たいらこともまさ》
室町時代〜戦国時代の武士。越後守護上杉房定・房能の重臣。
¶戦辞([没]永正4年8月7日(1507年9月13日)?)，新潟百(たいらこともまさ [没]1507年)

**平子孫太郎** たいらくまごたろう
生没年不詳
戦国時代の越後の国人。薭生城主。
¶戦辞

**平子政重** たいらくまさしげ
生没年不詳
戦国時代の武士。上杉氏の家臣。
¶戦辞

**平子重経** たいらごしげつね
生没年不詳
鎌倉時代前期の御家人。
¶姓氏山口

**平子朝政** たいらこともまさ
→平子朝政(たいらくともまさ)

**平子房長** たいらこふさなが
生没年不詳
戦国時代の武将。
¶姓氏神奈川

**平堯知** たいらたかとも
? 〜天正10(1582)年6月頃
戦国時代〜安土桃山時代の武士。能登国守護畠山氏の重臣。
¶戦辞

**平俊忠** たいらとしただ
生没年不詳
戦国時代の武将。南部氏家臣。
¶戦人

**多比良友定**(多比羅友定)　**たいらともさだ**
戦国時代の新堀城主。
¶群馬人(生没年不詳)，姓氏山梨(多比羅友定)

**平章棟　たいらのあきむね**
生没年不詳　[別]平章棟《たいらあきむね》
室町時代の武家・連歌作者。
¶国書(たいらあきむね)

**平敦盛　たいらのあつもり**
嘉応1(1169)年～元暦1(1184)年　[別]平敦盛《たいらあつもり》
平安時代後期の武士。平経盛の末子。一ノ谷の戦いで熊谷直実に討たれる。
¶朝日([没]元暦1年2月7日(1184年3月20日))，岩史([没]寿永3(1184)年2月7日)，角史，鎌室(たいらあつもり)，国史，古中，コン改，コン4，史人([没]1184年2月7日)，重要([没]元暦1(1184)年2月7日)，諸系，人書94(たいらあつもり)，新潮([没]元暦1(1184)年2月7日)，人名，世人([没]元暦1(1184)年2月7日)，世百，全書([生]？)，大百，日音，日史([没]元暦1(1184)年2月7日)，日人，百科，兵庫百，平史，歴大([生]1168年)

**平有重　たいらのありしげ**
→小山田有重(おやまだありしげ)

**平有盛　たいらのありもり**
？～文治1(1185)年　[別]平有盛《たいらありもり》
平安時代後期の武将。平重盛の子。壇ノ浦の戦いで入水。
¶鎌室(たいらありもり)，諸系，新潮([没]文治1(1185)年3月24日)，人名，日人，平史

**平家貞　たいらのいえさだ**
生没年不詳　[別]平家貞《たいらいえさだ》
平安時代後期の武士。平氏の興隆期に仕えた家人。
¶朝日([生]永保2(1082)年　[没]仁安2年5月28日(1167年6月17日))，鎌室(たいらいえさだ)，国史，古中，コン改，コン4，史人，新潮，人名，世人，全書，大百，日史([生]永保2(1082)年　[没]仁安2(1167)年5月28日)，日人，平史，歴大

**平家資　たいらのいえすけ**
生没年不詳
平安時代後期の武士。平家の家人。
¶平史

**平家忠　たいらのいえただ**
→金子家忠(かねこいえただ)

**平家継　たいらのいえつぐ**
→平田家継(ひらたいえつぐ)

**平家長　たいらのいえなが**
→伊賀家長(いがいえなが)

**平家盛　たいらのいえもり**
？～久安5(1149)年
平安時代後期の軍事貴族。
¶平史

**平景清　たいらのかげきよ**
？～建久7(1196)年　[別]悪七兵衛景清《あくしちびょうえかげきよ,あくしちべえかげきよ》,藤原景清《ふじわらかげきよ,ふじわらのかげきよ》,平景清《たいらかげきよ》，悪七兵衛《あくしちべえ》,景清《かげきよ》
平安時代後期～鎌倉時代前期の武将。平家の侍大将。
¶朝日(藤原景清　ふじわらのかげきよ　生没年不詳)，大阪人，鎌倉，鎌室(藤原景清　ふじわらかげきよ　[没]建久6(1195)年？)，国史(生没年不詳)，国書(たいらかげきよ　生没年不詳)，古中(生没年不詳)，コン改，コン4，史人(生没年不詳)，島根人(悪七兵衛景清　あくしちべえかげきよ)，島根歴(生没年不詳)，新潮(藤原景清　ふじわらのかげきよ　[没]建久6(1195)年3月12日)，人名，世人，全書，大百，日史，日人(生没年不詳)，百科，平史(藤原景清　ふじわらのかげきよ　[没]1195年？)，歴大([没]1195年)

**平景季　たいらのかげすえ**
→梶原景季(かじわらかげすえ)

**平景隆　たいらのかげたか**
？～文永11(1274)年　[別]平景隆《たいらかげたか》
鎌倉時代前期の武士。
¶鎌室(たいらかげたか)，人名，日人

**平景親　たいらのかげちか**
→大庭景親(おおばかげちか)

**平景時　たいらのかげとき**
→梶原景時(かじわらかげとき)

**平景久　たいらのかげひさ**
→俣野景久(またのかげひさ)

**平景衡　たいらのかげひら**
生没年不詳　[別]平景衡《たいらかげひら》
鎌倉時代前期の御家人。多賀城の官人。
¶姓氏宮城(たいらかげひら)

**平景政**(平景正)　**たいらのかげまさ**
→鎌倉景政(かまくらかげまさ)

**平景益　たいらのかげます**
→安西景益(あんざいかげます)

**平景宗　たいらのかげむね**
生没年不詳
平安時代後期の武士。
¶平史

**平景義　たいらのかげよし**
→大庭景義(おおばかげよし)

**平兼隆　たいらのかねたか**
→山木兼隆(やまきかねたか)

**平兼忠　たいらのかねただ**
？～長和1(1012)年？
平安時代中期の軍事貴族。
¶平史

**平兼康　たいらのかねやす**
→妹尾兼康(せのおかねやす)

**平公雅** たいらのきみまさ
生没年不詳
平安時代中期の武士。興世王を討った功により従五位上武蔵守となる。
¶国史，古中，コン4，諸系，日人，平史

**平清家** たいらのきよいえ
生没年不詳
平安時代後期の武士。
¶平史

**平清定** たいらのきよさだ
？ 〜元暦1（1184）年
平安時代後期の官人。平清盛の養子。
¶平史

**平清重** たいらのきよしげ
→葛西清重（かさいきよしげ）

**平清綱** たいらのきよつな
生没年不詳 [別]平清綱《たいらきよつな》
鎌倉時代前期の武士。
¶鎌室（たいらきよつな），日人

**平清経** たいらのきよつね
？ 〜寿永2（1183）年 [別]平清経《たいらきよつね》
平安時代後期の武将。平重盛の子。都落ちの後ほどなく入水自殺。
¶大分百，鎌室（たいらきよつね），コン改，コン4，諸系，新潮（[生]長寛1（1163）年？ [没]寿永2（1183）年10月），人名，日音（[生]永暦1（1160）年？），日人，平史

**平清房** たいらのきよふさ
？ 〜元暦1（1184）年 [別]平清房《たいらきよふさ》
平安時代後期の武将。平清盛の子。淡路守。
¶鎌室（たいらきよふさ 生没年不詳），諸系，新潮（生没年不詳），日人，平史

**平清光** たいらのきよみつ
→豊島清光（としまきよみつ）

**平清宗** たいらのきよむね
嘉応2（1170）年〜文治1（1185）年 [別]清宗〔平家（絶家）1〕《きよむね》，平清宗《たいらきよむね》
平安時代後期の公卿、武将。平宗盛の長男。壇ノ浦の戦いで生け捕られ、のち処刑された。
¶朝日（[没]文治1年6月21日（1185年7月19日）），鎌室（たいらきよむね），公卿（[生]仁安3（1168）年 [没]元暦1（1184）年頃），公家（清宗〔平家（絶家）1〕 きよむね [生]1171年 [没]1185年？），諸系，新潮（[没]文治1（1185）年6月21日），人名（[生]1169年），日人，平史（[生]1171年）

**平清基** たいらのきよもと
生没年不詳 [別]平清基《たいらきよもと》
鎌倉時代前期の武将。
¶人名，徳島百，徳島歴（たいらきよもと），日人

**平清盛** たいらのきよもり
元永1（1118）年〜養和1（1181）年 [別]清盛〔平家（絶家）1〕《きよもり》，平清盛《たいらきよもり》
平安時代後期の武将、太政大臣。忠盛の子。保元・平治の乱により実権を握り、娘を高倉天皇に嫁がせ、その子安徳天皇の外祖父となり権勢をふるった。
¶朝日（[没]養和1年閏2月4日（1181年3月20日）），岩史（[没]治承5（1181）年閏2月4日），角史，鎌倉，鎌室（たいらきよもり），京都，京都大，公卿（[没]養和1（1181）年閏2月4日），公家（清盛〔平家（絶家）1〕 きよもり [没]養和1（1181）年閏2月4日），国史，国書（たいらきよもり [没]治承5（1181）年閏2月4日），古史，古中，コン改，コン4，史人（[没]1181年閏2月4日），静岡百，静岡歴，重要（[没]養和1（1181）年閏2月4日），諸系，人書79，人書94（たいらきよもり），新潮（[没]養和1（1181）年閏2月4日），人名，姓氏京都，世人（[没]養和1（1181）年閏2月4日），世百，全書，大百，伝記，日史（[没]養和1（1181）年閏2月4日），日人，百科，兵庫百，広島百（[没]治承5（1181）年2月），福岡百，仏教（[没]治承5（1181）年閏2月4日），平史，歴大，和歌山人

**平国香** たいらのくにか
？ 〜承平5（935）年
平安時代中期の東国の武将。桓武天皇の曽孫高望の子。甥の将門に殺された。
¶朝日，茨城百，角史，国史，古史，古中，コン改，コン4，埼玉百（[没]932年），史人（[没]935年2月），重要（[没]承平5（935）年2月），諸系，新潮（[没]承平5（935）年2月），人名（[没]932年），世人，全書，大百，日史（[没]承平5（935）年2月），日人，百科，平史，歴大

**平国盛** たいらのくにもり
生没年不詳
平安時代後期〜鎌倉時代前期の武将。
¶日人

**平維敏** たいらのこれとし
？ 〜正暦5（994）年
平安時代中期の軍事貴族。
¶平史

**平維叙** たいらのこれのぶ
生没年不詳
平安時代中期の軍事貴族。
¶平史

**平維衡**（平惟衡） たいらのこれひら
生没年不詳
平安時代中期の武将。父は将門の乱を平定した貞盛。
¶朝日，国史，古史，古中，コン改，コン4，史人（平惟衡），重要，諸系，新潮，人名（平惟衡），世人（平惟衡），栃木百，日史，日人，平史

**平維将**（平惟将） たいらのこれまさ
？ 〜天元4（981）年 [別]平維将《たいらのこれゆき》
平安時代中期の官人。
¶コン改，コン4，史人，諸系（平惟将 生没年不詳），新潮（たいらのこれゆき），人名（平惟将），日人（生没年不詳），平史（生没年不詳）

**平維茂**（平惟茂） たいらのこれもち
生没年不詳

平安時代中期の武将。鎮守府将軍。
¶国史，古中，コン改，コン4，史人，諸系，新潮，人名（平惟茂），姓氏長野，世人，世百，大百，長野歴，新潟百別，日史，日人，百科，仏教，平史，歴大

**平維幹** たいらのこれもと
生没年不詳　[別]常陸大掾維幹《ひたちだいじょうのこれもと》，大掾維幹《だいじょうこれもと》
平安時代中期の地方軍事貴族。
¶茨城百（大掾維幹　だいじょうこれもと），郷土茨城（常陸大掾維幹　ひたちだいじょうのこれもと），平史

**平維盛** たいらのこれもり
[別]維盛〔平家（絶家）1〕《これもり》，平維盛《たいらこれもり》，小松中将《こまつちゅうじょう》
平安時代後期の武将。平重盛の長男。平家の嫡流で源頼朝追討の総大将だったが、富士川で戦わずに敗走した。一ノ谷の戦いの後一門とわかれ、出家して熊野で入水自殺。
¶朝日（[生]保元2（1157）年？　[没]元暦1年3月28日？（1184年5月10日？）），岩史（[生]保元2（1157）年？　[没]寿永3年3月28日（1184年）？），角史（[生]保元3（1158）年？　[没]寿永3・元暦1（1184）年？），鎌倉（[生]保元2（1157）年　[没]元暦1（1184）年），鎌室（たいらこれもり　[生]保元3（1158）年？　[没]元暦1（1184）年？），京都大（生没年不詳），公卿（[生]保元3（1158）年頃　[没]元暦1（1184）年以降），公家（維盛〔平家（絶家）1〕　これもり），国史（生没年不詳），古中（生没年不詳），コン改（[生]保元2（1157）年　[没]元暦1（1184）年），コン4（[生]保元2（1157）年　[没]元暦1（1184）年），史人（[生]1158年？　[没]1184年3月28日？），静岡百（[生]保元3（1158）年　[没]寿永3（1184）年），静岡歴（[生]保元3（1158）年　[没]寿永3（1184）年），重要（[生]保元3（1158）年　[没]元暦1（1184）年3月），諸系（[生]1158年？　[没]1184年？），人書94（たいらこれもり　[生]1158年頃　[没]1184年頃），新潮（[生]保元3（1158）年？　[没]元暦1（1184）年3月28日？），人名（[生]1158年　[没]1184年），姓氏京都（[生]1158年　[没]1184年），世人（[生]保元3（1158）年　[没]元暦1（1184）年3月28日），世百（[生]1160年　[没]？），全書（[生]1158年　[没]1184年？），大百（[生]1158年　[没]1184年），日史（[生]保元2（1157）年　[没]元暦1（1184）年3月28日？），日人（[生]1158年？　[没]1184年？），百科（[生]保元2（1157）年　[没]元暦1（1184）年？），平史（[生]1158年？　[没]1184年？），歴大（[生]1157年　[没]1184年？），和歌山人（生没年不詳）

**平維将** たいらのこれゆき
→平維将（たいらのこれまさ）

**平維良** たいらのこれよし
？～治安2（1022）年
平安時代中期の武将。鎮守府将軍。
¶国史，古中，コン4，諸系（生没年不詳），新潮（[没]治安2（1022）年4月13日），世人，日人，平史

**平定景** たいらのさだかげ
→長尾定景(1)（ながおさだかげ）

**平貞時** たいらのさだとき
生没年不詳
平安時代中期の軍事貴族。
¶平史

**平貞俊** たいらのさだとし
生没年不詳
平安時代後期の武士。
¶平史

**平貞道** たいらのさだみち
平安時代中期の武士。源頼光の四天王の一人。
¶姓氏京都（生没年不詳），平史

**平貞盛** たいらのさだもり
生没年不詳
平安時代後期の東国の武将。父は高望王の子国香。平将門の乱を平定。
¶朝日，茨城百，岩史，角史，郷土茨城，国史，古史，古中，コン改，コン4，史人，重要，諸系，新潮，人名，姓氏京都，世人，世百，全書，大百，栃木百，日史，日人，百科，平史（[没]989年？），歴大

**平貞康** たいらのさだやす
？～寿永2（1183）年
平安時代後期の武士。
¶平史

**平貞義** たいらのさだよし
平安時代後期の武士。平重盛の家臣。
¶人名，日人（生没年不詳）

**平貞能** たいらのさだよし
生没年不詳　[別]平貞能《たいらさだよし》
平安時代後期の武将、平氏の家人。家貞の子。
¶朝日，鎌室（たいらさだよし），国史，古中，コン改，コン4，史人，新潮，人名，世人，大百，栃木百，栃木歴，日人，平史，歴大

**平実平** たいらのさねひら
→土肥実平（どひさねひら）

**平実政** たいらのさねまさ
→宇佐美実政（うさみさねまさ）

**平重国(1)** たいらのしげくに
？～治承4（1180）年
平安時代後期の武将。
¶平史

**平重国(2)** たいらのしげくに
→渋谷重国（しぶやしげくに）

**平重助** たいらのしげすけ
→渋谷重助（しぶやしげすけ）

**平重忠** たいらのしげただ
→畠山重忠（はたけやましげただ）

**平重朝** たいらのしげとも
？～元久2（1205）年
平安時代後期～鎌倉時代前期の武士。
¶平史

**平重長** たいらのしげなが
→江戸重長(えどしげなが)

**平重成** たいらのしげなり
→稲毛重成(いなげしげなり)

**平繁成** たいらのしげなり
生没年不詳
平安時代中期の武将。
¶平史

**平重衡** たいらのしげひら
保元2(1157)年～文治1(1185)年 [別]重衡〔平家(絶家)1〕《しげひら》,平重衡《たいらしげひら》
平安時代後期の武将。平清盛の5男。南都焼き討ちの断行で有名。一ノ谷の戦いで捕虜となり、奈良で斬られた。
¶朝日([没]文治1年6月23日(1185年7月21日)),岩史([没]元暦2(1185)年6月23日),角史([生]保元2(1157)年?),鎌倉([生]保元1(1156)年),鎌室(たいらしげひら [生]保元2(1157)年?),京都府([生]保元2(1157)年?),公卿([没]文治1(1185)年6月23日),公家(重衡〔平家(絶家)1〕 しげひら [没]文治1(1185)年6月23日),国史,国書(たいらしげひら [没]元暦2(1185)年6月23日),古史,古中,コン改([生]保元1(1156)年),コン4([生]保元1(1156)年),史人([没]1185年6月23日),重要([生]保元1(1156)年 [没]文治1(1185)年6月23日),諸系,新潮([生]保元2(1157)年? [没]文治1(1185)年6月23日),人名,姓氏京都,世人([生]保元1(1156)年 [没]文治1(1185)年6月23日),世百([生]1156年),全書,大百,日史([没]文治1(1185)年6月23日),日人,百科,広島百([生]保元1(1156)年 [没]寿永3(1184)年),仏教([没]元暦2(1185)年6月23日),平史,歴大

**平重房** たいらのしげふさ
→河越重房(かわごえしげふさ)

**平重政** たいらのしげまさ
→中山重政(なかやましげまさ)

**平重基** たいらのしげもと
生没年不詳 [別]平重基《たいらしげもと》
南北朝時代の武将・歌人。
¶国書(たいらしげもと)

**平重盛** たいらのしげもり
保延4(1138)年～治承3(1179)年 [別]重盛〔平家(絶家)1〕《しげもり》,平重盛《たいらしげもり》,小松内大臣《こまつのないだいじん》
平安時代後期の武将、平清盛の長男。平治の乱で活躍。のち仏教に帰依し父清盛を諫めることも多かった。
¶朝日([没]治承3年7月29日(1179年9月2日)),茨城百,岩史([没]治承3(1179)年7月29日),角史,鎌倉([生]保延3(1137)年),鎌室(たいらしげもり),京都,京都大,公卿([没]治承3(1179)年8月1日),公家(重盛〔平家(絶家)1〕 しげもり [没]治承3(1179)年8月1日),国史,国書(たいらしげもり [没]治承3(1179)年7月29日),古史,古中,コン改([生]保延3(1137)年),コン4([生]保延3(1137)年),史人([没]1179年7月29日),重要([生]保延3(1137)年 [没]治承3(1179)年7月29日),諸系,新潮([没]治承3(1179)年7月29日),人名,姓氏京都,世人([生]保延3(1137)年 [没]治承3(1179)年7月29日),世百,全書,大百,日史([没]治承3(1179)年7月29日),日人,百科,仏教([没]治承3(1179)年7月29日),平史,歴大,和歌山人

**平繁盛** たいらのしげもり
生没年不詳
平安時代中期の常陸国の武将。平国香の子。
¶国史,古中,コン4,諸系,日人,平史

**平重能** たいらのしげよし
→畠山重能(はたけやましげよし)

**平重頼** たいらのしげより
→河越重頼(かわごえしげより)

**平四郎兵衛尉** たいらのしろうひょうえのじょう
生没年不詳 [別]平四郎兵衛尉《たいらしろうひょうえのじょう》
鎌倉時代の武士。
¶北条(たいらしろうひょうえのじょう)

**平季武** たいらのすえたけ
→卜部季武(うらべすえたけ)

**平季広** たいらのすえひろ
生没年不詳
平安時代後期の土豪。
¶平史

**平資国** たいらのすけくに
生没年不詳
平安時代後期の武士。
¶平史

**平資永** たいらのすけなが
→城資永(じょうすけなが)

**平資幹** たいらのすけもと
→馬場資幹(ばばすけもと)

**平資盛** たいらのすけもり
*～文治1(1185)年 [別]資盛〔平家(絶家)1〕《すけもり》,平資盛《たいらすけもり》
平安時代後期の武将。平重盛の次男。車争いで有名。壇ノ浦の戦いで入水。
¶朝日([生]保元3(1158)年 [没]文治1年3月24日(1185年4月25日)),鎌室(たいらすけもり [生]保元3(1158)年?),公卿([生]?),公家(資盛〔平家(絶家)1〕 すけもり [生]記載なし [没]元暦2(1185)年3月24日),国書(たいらすけもり [生]応保1(1161)年 [没]元暦2(1185)年3月24日),古中([生]?),コン改([生]保元3(1158)年 [没]元暦1(1184)年),コン4([生]保元3(1158)年 [没]元暦1(1184)年),諸系([生]1158年?),新潮([生]保元3(1158)年? [没]文治1(1185)年3月24日),人名([生]?),日人([生]1158年?),平史([生]1158年?)

**平千任** たいらのせんとう
? ～寛治1(1087)年
平安時代中期～後期の武将。
¶平史

**平高重** たいらのたかしげ
→渋谷高重（しぶやたかしげ）

**平高望** たいらのたかもち
生没年不詳　[別]高望王《たかもちおう》
平安時代前期の高見王の子。桓武平氏の祖。
¶朝日，茨城百（高望王　たかもちおう），角史（高望王　たかもちおう），京都大（高望王　たかもちおう），国史，古史（高望王　たかもちおう），古代（高望王　たかもちおう），古中，コン改，コン4，埼玉人（高望王　たかもちおう），埼玉百，史人，重要，諸系，新潮，人名，姓氏京都（高望王　たかもちおう），世人（高望王　たかもちおう），世百，全書，大百，日史，日人，百科，平史

**平武基** たいらのたけもと
平安時代の秩父氏の武将。
¶埼玉百

**平忠常** たいらのただつね
？　～長元4（1031）年
平安時代中期の東国の武士。陸奥介忠頼の子。叛乱を起こしたが源氏の追討軍に降服。
¶朝日（[没]長元6年6月6日（1031年6月28日）），角史（[生]康保4（967）年），鎌倉，国史，古中，コン改，コン4，埼玉百（[没]1032年），史人（[生]967年　[没]1031年6月6日），重要（[生]康保4（967）年　[没]長元4（1031）年6月6日），諸系（[生]967年），新潮（[没]長元4（1031）年6月6日），人名，世人（[生]康保4（967）年　[没]長元4（1031）年6月6日），世百，全書，大百（[生]967年），伝記，日史（[生]康保4（967）年　[没]長元4（1031）年6月6日），日人（[生]967年），百科（[生]康保4（967）年），平史，歴大

**平忠度** たいらのただのり
天養1（1144）年～元暦1（1184）年　[別]平忠度《たいらただのり》，薩摩守忠度《さつまのかみただのり》，忠度《ただのり》
平安時代後期の武将、歌人。忠盛の子、清盛の末弟。一ノ谷の戦いで討ち死に。
¶朝日（[没]元暦1年2月7日（1184年3月20日）），岩史（[没]寿永3（1184）年2月7日），角史，鎌室（たいらただのり），国史，国書（たいらただのり　[没]寿永3（1184）年2月7日），古中，コン改，コン4，詩歌，史人（[没]1184年2月7日），諸系，新潮（[没]元暦1（1184）年2月7日），人名，世人（[没]元暦1（1184）年2月7日），世百，全書，大百，日史（[没]元暦1（1184）年2月7日），日人，百科，兵庫百，平史，歴大，和俳（[没]元暦1（1184）年2月7日）

**平忠房** たいらのただふさ
？　～文治1（1185）年　[別]平忠房《たいらただふさ》
平安時代後期の武将。平重盛、藤原経子の子。
¶朝日（[没]文治1（1185）年12月），鎌室（たいらただふさ），諸系（[没]1186年），新潮（[没]文治1（1185）年12月16日），人名，日人（[没]1186年），平史

**平忠正** たいらのただまさ
？　～保元1（1156）年　[別]平忠正《たいらただまさ》
平安時代後期の武士。正盛の子。忠盛の弟。清盛の叔父にあたり保元の乱で敗れ清盛に斬られた。
¶朝日（[没]保元1年7月28日（1156年8月15日）），角史，鎌室（たいらただまさ），国史，古史，古中，コン改，コン4，史人（[没]1156年7月28日），重要（[没]保元1（1156）年7月30日），諸系，新潮（[没]保元1（1156）年7月28日），人名，世人（[没]保元1（1156）年7月30日），全書，大百，日史（[没]保元1（1156）年7月28日），日人，百科，平史，歴大

**平忠致** たいらのただむね
→長田忠致（おさだただむね）

**平忠幹** たいらのただもと
生没年不詳　[別]平忠幹《たいらただもと》
鎌倉時代前期の武将。
¶鎌室（たいらただもと），日人

**平忠盛** たいらのただもり
永長1（1096）年～仁平3（1153）年　[別]平忠盛《たいらただもり》
平安時代後期の武士。父正盛は白川院の近習。鳥羽上皇に登用され、昇殿を許された。
¶朝日（[没]仁平3年1月15日（1153年2月10日）），岩史（[没]仁平3（1153）年1月15日），角史，京都，京都大，国史，国書（たいらただもり　[没]仁平3（1153）年1月15日），古史，古中，コン改（[生]嘉保2（1095）年），コン4（[生]嘉保2（1095）年），史人（[没]1153年1月15日），重要（[没]仁平3（1153）年1月15日），諸系，新潮（[没]仁平3（1153）年1月15日），人名，姓氏京都，世人（[没]仁平3（1153）年1月15日），世百，全書，大百，伝記，日史（[没]仁平3（1153）年1月15日），日人，百科，兵庫百（[生]嘉保2（1095）年），平史，歴大，和俳（[没]仁平3（1153）年1月15日）

**平忠頼** たいらのただより
生没年不詳　[別]村岡忠頼《むらおかのただより》
平安時代中期の武蔵国の地方軍事貴族。
¶国史，古中，コン4，埼玉人（村岡忠頼　むらおかのただより），史人，諸系（[没]1030年），日人（[没]1030年），平史

**平辰清** たいらのたつきよ
生没年不詳
平安時代後期の丹後国大内郷の開発領主。
¶京都府

**平胤信** たいらのたねのぶ
→大須賀胤信（おおすがたねのぶ）

**平胤正** たいらのたねまさ
→千葉胤正（ちばたねまさ）

**平胤通** たいらのたねみち
→国分胤通（こくぶたねみち）

**平胤盛** たいらのたねもり
→武石胤盛（たけいしたねもり）

た

**平胤頼**　たいらのたねより
→東胤頼(とうたねより)

**平為継**　たいらのためつぐ
→三浦為継(みうらためつぐ)

**平為通**　たいらのためみち
→三浦為通(みうらためみち)

**平為宗**　たいらのためむね
生没年不詳
平安時代後期の武士。
¶平史

**平為幹**　たいらのためもと
生没年不詳
平安時代中期の地方豪族。常陸平氏の祖。
¶平史

**平為盛**　たいらのためもり
?　～寿永2(1183)年
平安時代後期の武将。
¶平史

**平親範**　たいらのちかのり
→金子親範(かねこちかのり)

**平常清**　たいらのつねきよ
生没年不詳
平安時代後期の武士。
¶平史

**平経繁**(平常重)　たいらのつねしげ
→千葉常重(1)(ちばつねしげ)

**平常澄**　たいらのつねずみ
生没年不詳
平安時代後期の武士。
¶平史

**平常忠**　たいらのつねただ
生没年不詳
平安時代後期の武士。
¶平史

**平常胤**　たいらのつねたね
→千葉常胤(ちばつねたね)

**平経俊**　たいらのつねとし
?　～元暦1(1184)年　[別]平経俊《たいらつねとし》
平安時代後期の武将。平経盛の子。経正の弟、敦盛の兄。一ノ谷の戦いで討ち死。
¶朝日([没]元暦1年2月7日(1184年3月20日)),鎌室(たいらつねとし),諸系,新潮([没]元暦1(1184)年2月7日),日人,平史

**平常仲**　たいらのつねなか
→伊北常仲(いほくのつねなか)

**平常春**　たいらのつねはる
→片岡常春(かたおかつねはる)

**平経正**　たいらのつねまさ
?　～元暦1(1184)年　[別]平経正《たいらつねまさ》
平安時代後期の武将。平経盛の長男。経俊、敦盛の兄。一ノ谷の戦いで討ち死。
¶朝日([没]元暦1年2月7日(1184年3月20日)),鎌室(たいらつねまさ),国書(たいらつねまさ　[没]寿永3(1184)年2月7日),コン改,コン4,史人([没]1184年2月7日),諸系,新潮([没]元暦1(1184)年2月7日),人名,世人,日音,日人,平史,歴大,和俳

**平経盛**　たいらのつねもり
天治1(1124)年～文治1(1185)年　[別]経盛〔平家(絶家)1〕《つねもり》,平経盛《たいらつねもり》
平安時代後期の武将。平清盛の異母弟。壇ノ浦で入水。
¶朝日([没]文治1年3月24日(1185年4月24日)),鎌室(たいらつねもり),公卿([生]大治3(1128)年),公家(経盛〔平家(絶家)1〕　つねもり　[没]文治1(1185)年3月24日),国史,国書(たいらつねもり　[没]元暦2(1185)年3月24日),古中,コン改([生]天治2(1125)年),コン4([生]天治2(1125)年),諸系,新潮([没]文治1(1185)年3月24日),人名([生]1125年　[没]?),日人,広島百,平史,歴大,和俳

**平常義**　たいらのつねよし
?　～治承4(1180)年
平安時代後期の武士。
¶平史

**平遠平**　たいらのとおひら
→土肥遠平(どひとおひら)

**平時家**　たいらのときいえ
?　～建久4(1193)年　[別]平時家《たいらときいえ》
平安時代後期の貴族。源頼朝の側近。平時忠の次男。
¶朝日([没]建久4年5月10日(1193年6月10日)),鎌室(たいらときいえ),諸系,新潮([没]建久4(1193)年5月10日),日人,平史

**平時国**　たいらのときくに
?　～承久3(1221)年
平安時代後期～鎌倉時代前期の武士。
¶平史

**平時定**　たいらのときさだ
→北条時定(1)(ほうじょうときさだ)

**平時実**　たいらのときざね
仁平1(1151)年～建保1(1213)年　[別]時実〔平家(絶家)3〕《ときざね》,平時実《たいらときざね》
平安時代後期～鎌倉時代前期の公卿(従三位・非参議)。権大納言平時忠の子。
¶朝日([没]建保1年1月28日(1213年2月20日)),鎌室(たいらときざね),公卿([生]応保1(1161)年　[没]建保1(1213)年1月28日),公家(時実〔平家(絶家)3〕　ときざね　[没]建暦3(1213)年1月28日),諸系,新潮([没]建保1(1213)年1月28日),人名,新潟百([生]1153年　[没]1215年),日人,平史

**平時忠**　たいらのときただ
*～文治5(1189)年　[別]時忠〔平家(絶家)3〕《ときただ》,平時忠《たいらときただ》

平安時代後期の公卿（権大納言）。正五位下・兵部権大輔平時信の長男。平清盛の義弟として平氏政権下で権力をふるった。平氏滅亡後、源義経を婿としたが能登に配流された。
¶朝日（㋐大治2（1127）年　㋼文治5年2月24日（1189年3月12日））、石川百（㋐1128年）、岩史（㋐大治2（1127）年？　㋼文治5（1189）年2月24日）、角史（㋐大治3（1128）年）、鎌室（たいらときただ　㋐大治2（1127）年）、公卿（㋐大治5（1130）年　㋼文治5（1189）年2月24日）、公家（時忠〔平家（絶家）3〕　ときただ　㋐1130年　㋼文治5（1189）年2月24日）、国史（㋐？）、国書（たいらときただ　㋐大治5（1130）年　㋼文治5（1189）年2月24日）、古史（㋐1127年？）、古中（㋐？）、コン改（㋐大治2（1127）年）、コン4（㋐大治2（1127）年）、史人（㋐1127年㋼1189年2月24日）、諸系（㋐1127年）、新潮（㋐大治2（1127）年　㋼文治5（1189）年2月24日）、人名（㋐1127年）、姓氏石川（㋐1128年）、姓氏京都（㋐1127年）、世人（㋐大治2（1127）年㋼文治2（1186）年2月24日）、世百（㋐1130年）、全書（㋐1128年）、大百（㋐大治3（1128）年　㋼文治5（1189）年2月24日）、日史（㋐大治3（1128）年　㋼文治5（1189）年2月24日）、日人（㋐1127年）、百科（㋐大治3（1128）年）、平史（㋐1127年）、歴大（㋐？）

## 平時房 たいらのときふさ
→北条時房（ほうじょうときふさ）

## 平時政 たいらのときまさ
→北条時政（ほうじょうときまさ）

## 平知章 たいらのともあき
→平知章（たいらともあきら）

## 平知章 たいらのともあきら
嘉応1（1169）年～元暦1（1184）年　㋼平知章《たいらともあき》
平安時代後期の武将。一ノ谷の戦いで父知盛の身代わりに討ち死。
¶鎌室（たいらともあき）、諸系、新潮（㋼元暦1（1184）年2月7日）、人名、日人、平史

## 平朝景 たいらのともかげ
→梶原友景（かじわらともかげ）

## 平知忠 たいらのともただ
治承1（1177）年～建久7（1196）年
平安時代後期～鎌倉時代前期の武士。平知盛の子。
¶平史

## 平知度 たいらのとものり
？　～寿永2（1183）年　㋼平知度《たいらとものり》
平安時代後期の武士。清盛の子。尾張・三河守。
¶朝日（㋼寿永2年5月12日（1183年6月3日））、鎌室（たいらとものり）、諸系、新潮（㋼寿永2（1183）年5月12日）、日人、平史

## 平知盛 たいらのとももり
仁平2（1152）年～文治1（1185）年　㋼知盛〔平家（絶家）1〕《とももり》、平知盛《たいらとももり》
平安時代後期の武将、平清盛の4男。壇ノ浦の戦いの総指揮をとり、敗れて入水した。

¶朝日（㋼文治1年3月24日（1185年4月25日））、岩史（㋐元暦2（1185）年3月24日）、角史（㋐仁平1（1151）年）、鎌室（たいらとももり）、公卿（知盛〔平家（絶家）1〕　とももり　㋼文治1（1185）年3月24日）、国史、古史、古中、コン改（㋐仁平1（1151）年）、コン4（㋐仁平1（1151）年）、埼玉人、史人（㋼1185年3月24日）、重要（㋐仁平1（1151）年　㋼文治1（1185）年3月）、諸系、人書94（たいらとももり）、新潮（㋼文治1（1185）年3月24日）、人名、姓氏山口、世人（㋐仁平1（1151）年）、世百、全書、大百、日史（㋼文治1（1185）年3月24日）、日人、百科、平史、歴大

## 平知康 たいらのともやす
生没年不詳　㋼平知康《たいらともやす》、鼓判官《つづみほうがん》
平安時代後期～鎌倉時代前期の北面の武士、知親の子、検非遺使左衛門尉。
¶朝日、神奈川人、鎌室（たいらともやす）、国史、古史、コン改、コン4、史人、新潮、人名、姓氏京都、日人、平史、歴大

## 平直家 たいらのなおいえ
→熊谷直家（くまがいなおいえ）

## 平直方 たいらのなおかた
生没年不詳
平安時代中期の武将。父は上総介の維時。
¶朝日、岩史、鎌倉、国史、古史、古中、コン改、コン4、史人、諸系、新潮、人名、姓氏神奈川、世人、日人、平史、歴大

## 平直実 たいらのなおざね
→熊谷直実（くまがいなおざね）

## 平直澄 たいらのなおずみ
？　～元永2（1119）年
平安時代後期の武士。
¶平史

## 平長綱 たいらのながつな
？　～寿永2（1183）年
平安時代後期の武士。
¶平史

## 平永衡 たいらのながひら
？　～天喜4（1056）年
平安時代中期～後期の武将。
¶姓氏宮城、平史、宮城百

## 平長茂 たいらのながもち
→城長茂（じょうながもち）

## 平成胤 たいらのなりたね
→千葉成胤（ちばなりたね）

## 平業盛 たいらのなりもり
仁安3（1168）年？　～元暦1（1184）年　㋼平業盛《たいらなりもり》
平安時代後期の武将、歌人。中納言平教盛の3男、従五位下。
¶朝日（㋐仁安3（1168）年　㋼元暦1年2月7日（1184年3月20日））、鎌室（たいらなりもり）、諸系、新潮（㋐？　㋼元暦1（1184）年2月7日）、

た

日人

**平信兼** たいらののぶかね
生没年不詳　[別]平信兼《たいらのぶかね》
平安時代後期の武将。盛兼の子。
¶朝日，鎌室（たいらのぶかね），新潮

**平信業** たいらののぶなり
保延4（1138）年～寿永1（1182）年
平安時代後期の武士。兵衛尉信重の子。
¶平史



**平教経** たいらののりつね
永暦1（1160）年～文治1（1185）年　[別]平教経《たいらのりつね》
平安時代後期の武将。平清盛の弟教盛の次男。平家の勇将。壇ノ浦で義経を追い詰めたが、逃げられて入水。
¶朝日（生没年不詳），石川百，岩史（生没年不詳），鎌室（たいらのりつね　[没]文治1（1185）年？），国史（生没年不詳），古中（生没年不詳），コン改，コン4，史人（[生]1160年？　[没]1185年3月24日？），諸系，新潮（[生]永暦1（1160）年？　[没]文治1（1185）年3月24日？），人名，姓氏石川，世人，世百，大百，日史（生没年不詳），日人，平史（[生]1160年？　[没]1185年？），歴大（[没]1185年？）

**平教盛** たいらののりもり
大治3（1128）年～文治1（1185）年　[別]教盛〔平家（絶家）1〕《のりもり》，平教盛《たいらのりもり》
平安時代後期の武将。平清盛の異母弟。門脇中納言と称される。壇ノ浦で入水。
¶朝日（[没]文治1年3月24日（1185年4月25日）），岩史（[没]元暦2（1185）年3月24日），鎌室（たいらのりもり），公卿，公家（教盛〔平家（絶家）1〕　のりもり　[没]文治1（1185）年3月24日），国史，古中，コン改，コン4，史人（[没]1185年3月24日），重要（[没]文治1（1185）年3月），諸系，新潮（[没]文治1（1185）年3月24日），人名（[生]1127年），姓氏京都，世人，全書，大百，日史（[没]文治1（1185）年3月24日），日人，百科，平史，歴大

**平秀忠** たいらのひでただ
鎌倉時代前期の薩摩国山門院の領主。
¶姓氏鹿児島

**平広常** たいらのひろつね
？ ～寿永2（1183）年　[別]上総介広常《かずさのすけひろつね》，上総広常《かずさひろつね》，千葉広常《ちばひろつね》，平広常《たいらひろつね》
平安時代後期の武士、大豪族。保元の乱に参加。のち源頼朝の挙兵に参加。
¶朝日（上総広常　かずさひろつね），岩史（[没]寿永2（1183）年12月22日），角史（上総介広常　かずさのすけひろつね），神奈川人（千葉広常　ちばひろつね），鎌倉，鎌室（上総広常　かずさひろつね），国史，古中，コン改（千葉広常　ちばひろつね），コン4（千葉広常　ちばひろつね），史人（[没]1183年12月），新潮（上総広常　かずさひろつね　[没]寿永2（1183）年12月22日），人名，世人，全書（上総介広常　かずさのすけひろつね），千葉百（上総広常　かずさひろつね），日史（[没]寿永2（1183）年12月），日人（[没]1184年），百科，平史，歴大

**平広幹** たいらのひろもと
？ ～建久4（1193）年
平安時代後期～鎌倉時代前期の武士。
¶平史

**平将門** たいらのまさかど
？ ～天慶3（940）年　[別]平将門《たいらまさかど》，将門《まさかど》
平安時代中期の武将。桓武平氏高望王の孫で、父は鎮守府将軍良将。叔父国香を殺し、叛乱を起こして自らを新皇と称するが、平貞盛・藤原秀郷に討たれた。
¶朝日（[没]天慶3年2月14日（940年3月25日）），茨城百，岩史（[没]天慶3（940）年2月14日），江戸，角史，京都，郷土茨城，京都大，群馬人（たいらまさかど），群馬百，国史，古史，古中，コン改，コン4，埼玉人，埼玉百，史人（[没]940年2月），重要（[没]天慶3（940）年2月14日），諸系，人書79，人書94（たいらまさかど），新潮（[没]天慶3（940）年2月13日），人名，姓氏京都，姓氏群馬，世人（[没]天慶3（940）年2月14日），世百，全書，大百，伝記，栃木百，長野歴，日史（[没]天慶3（940）年2月14日），日人，百科，平史，山梨百（[没]天慶3（940）年2月14日），歴大

**平正重** たいらのまさしげ
生没年不詳
平安時代後期～鎌倉時代前期の武士。
¶平史

**平正輔** たいらのまさすけ
生没年不詳
平安時代中期の軍事貴族。
¶平史

**平将恒** たいらのまさつね
平安時代の武将。
¶埼玉人（生没年不詳），埼玉百

**平正度** たいらのまさのり
生没年不詳
平安時代中期の軍事貴族。
¶平史

**平将平** たいらのまさひら
生没年不詳
平安時代中期の武士。
¶コン改，コン4，埼玉人，諸系，新潮，人名，日人

**平正弘** たいらのまさひろ
生没年不詳
平安時代後期の軍事貴族。
¶平史

**平政幹** たいらのまさもと
生没年不詳
平安時代後期～鎌倉時代前期の武士。
¶平史

**平正盛** たいらのまさもり
生没年不詳

平安時代後期の武将、院近臣、正衡の子。伊勢に勢力を広げ、源義親の乱を平定した。
¶朝日（[没]保安2（1121）年），岩史（[没]保安2（1121）年），角史，京都，京都大，国史，古史，古中，コン改，コン4，史人，島根歴，重要，諸系，新潮，人名，姓氏京都（[没]1121年），世人，全書，大百，日史，日人，百科，平史，歴大（[没]1122年）

**平正頼** たいらのまさより
康平2（1059）年〜天承1（1131）年8月
平安時代後期の美作地方の豪族。
¶岡山歴

**平通盛** たいらのみちもり
？〜元暦1（1184）年　[別]通盛〔平家（絶家）1〕《みちもり》，平通盛《たいらみちもり》
平安時代後期の武将。中納言平教盛の次男。越前三位と称される。一ノ谷の戦いで討ち死。
¶朝日（[没]元暦1年2月7日（1184年3月20日）），鎌室（たいらみちもり），公卿，公家（通盛〔平家（絶家）1〕　みちもり　[没]寿永3（1184）年2月7日），古中，コン改，コン4，諸系，新潮（[没]元暦1（1184）年2月7日），人名，日人，兵庫百，平史

**平光盛** たいらのみつもり
承安2（1172）年〜寛喜1（1229）年　[別]光盛〔平家（絶家）1〕《みつもり》，平光盛《たいらみつもり》
鎌倉時代前期の公卿（非参議）。権大納言平頼盛の長男。
¶朝日（[没]寛喜1年7月20日（1229年8月10日）），鎌室（たいらみつもり），公卿（[没]寛喜1（1229）年7月20日），公家（光盛〔平家（絶家）1〕　みつもり　[没]寛喜1（1229）年7月20日），諸系，新潮（[没]寛喜1（1229）年7月20日），日人，平史

**平宗清** たいらのむねきよ
生没年不詳　[別]平宗清《たいらむねきよ》
平安時代後期の武士。伊勢平氏の一流右兵衛尉平季兼の子。
¶朝日，鎌室（たいらむねきよ），コン改，コン4，新潮，人名，日人，平史

**平宗実(1)** たいらのむねざね
生没年不詳　[別]平宗実《たいらむねざね》
平安時代後期〜鎌倉時代前期の武士。重盛の子、藤原経宗の養子。
¶朝日（[生]安元1（1175）年　[没]建久7（1196）年），鎌室（たいらむねざね），諸系，新潮，日人，平史

**平宗実(2)** たいらのむねざね
→和田宗実（わだむねざね）

**平宗親** たいらのむねちか
生没年不詳
鎌倉時代前期の武将、僧。平宗盛の養子。平家滅亡後に出家して入宋。
¶朝日，諸系，日人

**平宗綱** たいらのむねつな
生没年不詳　[別]平宗綱《たいらむねつな》
鎌倉時代後期の武士。
¶新潟百，北条（たいらむねつな）

**平致経** たいらのむねつね
生没年不詳　[別]平致経《たいらむねつね》
平安時代中期の伊勢国の武士。
¶国史，国書（たいらむねつね），古中，コン4，諸系，日人，平史

**平宗連** たいらのむねつら
生没年不詳　[別]平宗連《たいらむねつら》
鎌倉時代の武士。
¶北条（たいらむねつら）

**平宗遠** たいらのむねとお
→土屋宗遠（つちやむねとお）

**平宗時** たいらのむねとき
→北条宗時(1)（ほうじょうむねとき）

**平宗平** たいらのむねひら
→中村宗平（なかむらむねひら）

**平致幹** たいらのむねもと
生没年不詳
平安時代後期の武士。常陸国大掾平国香六代の孫。
¶平史

**平宗盛** たいらのむねもり
久安3（1147）年〜文治1（1185）年　[別]宗盛〔平家（絶家）1〕《むねもり》，平宗盛《たいらむねもり》
平安時代後期の武将。平清盛の3男。清盛の死後、平氏の統領に。壇ノ浦で捕らえられ鎌倉に送られた後、京都に送り返される途中処刑された。
¶朝日（[没]文治1年6月21日（1185年7月19日）），岩史（[没]元暦2（1185）年6月21日），角史，鎌倉（[生]久安2（1146）年），鎌室（たいらむねもり），京都，公卿，公家（宗盛〔平家（絶家）1〕　むねもり　[没]文治1（1185）年6月21日），国史，古史，古中，コン改，コン4，滋賀百，史人（[没]1185年6月21日），重要（[没]文治1（1185）年6月21日），諸系，新潮（[没]文治1（1185）年6月21日），人名，姓氏京都，世人（[没]文治1（1185）年6月21日），世百，全書，大百（[生]1146年），日史（[没]文治1（1185）年6月21日），日人，百科，平史，歴大

**平宗康** たいらのむねやす
→妹尾宗康（せのおのむねやす）

**平致頼** たいらのむねより
？〜寛弘8（1011）年
平安時代中期の武将。父は良兼の子で武蔵守の公雅。
¶朝日（[没]寛弘8年10月2日（1011年10月30日）），国史，古中，コン改，コン4，諸系，新潮（[没]寛弘8（1011）年10月2日），人名，日人，平史

**平基度** たいらのもとのり
？〜元久1（1204）年
平安時代後期〜鎌倉時代前期の武将。
¶人名，日人

**平基盛** たいらのもともり
保延5（1139）年〜応保2（1162）年　[別]平基盛《たいらもともり》
平安時代後期の武士。清盛の次男。保元の乱に参加したが、のち早世。

¶朝日（[没]応保2年3月17日（1162年5月2日）），鎌室（たいらもともり），コン改（[没]？），コン4（[没]？），諸系，新潮（[没]応保2（1162）年3月17日），人名，日人，平史

**平盛方** たいらのもりかた
生没年不詳 [別]平盛方《たいらもりかた》
平安時代中期の武士。
¶北条（たいらもりかた）

**平盛兼** たいらのもりかね
生没年不詳
平安時代後期の武将。桓武平氏兼季の子。
¶朝日，諸系，日人，平史



**平盛国** たいらのもりくに
永久1（1113）年～文治2（1186）年 [別]平盛国《たいらもりくに》
平安時代後期の武士。季衡の子。平氏の家来。
¶朝日（[没]文治2年7月25日（1186年8月11日）），鎌室（たいらもりくに），京都，京都大，国史（生没年不詳），古中（生没年不詳），コン改，コン4，史人（[生]1113年？ [没]1186年7月25日？），新潮（[没]文治2（1186）年7月25日），人名，姓氏京都，世人，世百，日史（[没]文治2（1186）年7月25日），日人，平史

**平盛澄** たいらのもりずみ
生没年不詳
平安時代後期の武将。
¶平史

**平森隆** たいらのもりたか
生没年不詳 [別]平森隆《たいらもりたか》
鎌倉時代の三好郡の武士。
¶徳島歴（たいらもりたか）

**平盛嗣** たいらのもりつぎ
→平盛嗣（たいらのもりつぐ）

**平盛嗣** たいらのもりつぐ
？ ～＊ [別]平盛嗣《たいらのもりつぎ，たいらもりつぐ》
平安時代後期の武将。
¶鎌室（たいらもりつぐ [没]建久5（1194）年），コン改（[没]建久3（1192）年），コン4（[没]建久3（1192）年），新潮（[没]建久5（1194）年？），人名，日人（[没]1194年？），平史（たいらのもりつぎ 生没年不詳）

**平盛綱** たいらのもりつな
生没年不詳 [別]平盛綱《たいらもりつな》
鎌倉時代前期の武士。北条氏御内人。長崎氏の祖。
¶朝日，岩史，国史，古中，コン4，史人，諸系，日人，北条（たいらもりつな）

**平盛時(1)** たいらのもりとき
？ ～元久1（1204）年
平安時代後期～鎌倉時代前期の平氏の余裔。
¶人名，日人

**平盛時(2)** たいらのもりとき
生没年不詳 [別]平盛時《たいらもりとき》
鎌倉時代前期の幕府吏僚。
¶朝日，岩史，鎌室（たいらもりとき），国史，古中，コン4，史人，新潮，日史，日人

**平盛時(3)** たいらのもりとき
生没年不詳 [別]平盛時《たいらもりとき》
鎌倉時代後期の武士、得宗被官。左衛門尉。得宗被官。
¶青森人（[生]寛元4（1246）年ころ），朝日，鎌室（たいらもりとき），史人，諸系，新潮，日人，北条（たいらもりとき）

**平盛俊** たいらのもりとし
？ ～元暦1（1184）年 [別]平盛俊《たいらもりとし》
平安時代後期の武士。盛国の子。清盛の側近。越中守。
¶朝日（[没]元暦1年2月7日（1184年3月20日）），鎌室（たいらもりとし），京都府，国史，古中，コン改，コン4，新潮（[没]元暦1（1184）年2月7日），人名，日人，平史

**平盛長** たいらのもりなが
[別]平盛長《たいらもりなが》
鎌倉時代の武士。織田氏家臣、豊臣氏家臣。
¶戦国（たいらもりなが），戦人（たいらもりなが 生没年不詳）

**平盛信** たいらのもりのぶ
生没年不詳
平安時代後期の武門官人、左衛門尉盛国男。
¶平史

**平盛久** たいらのもりひさ
生没年不詳
平安時代後期の武将。
¶日人，平史

**平師常** たいらのもろつね
→相馬師常（そうまもろつね）

**平師盛** たいらのもろもり
承安1（1171）年～元暦1（1184）年 [別]平師盛《たいらもろもり》
平安時代後期の武士。重盛の子、母は藤原家成の娘。一ノ谷の戦いで討ち死。
¶朝日（[没]元暦1年2月7日（1184年3月20日）），鎌室（たいらもろもり），コン改（[生]嘉応2（1170）年），コン4（[生]嘉応2（1170）年），諸系，新潮（[没]元暦1（1184）年2月7日），人名（[生]1170年），日人，平史（[生]？）

**平保業** たいらのやすなり
生没年不詳 [別]平保業《たいらやすなり》
鎌倉時代前期の武士。頼盛の子。
¶朝日，鎌室（たいらやすなり），コン改，コン4，諸系，新潮，日人，平史

**平康盛** たいらのやすもり
？ ～建久2（1191）年 [別]平康盛《たいらやすもり》
平安時代後期～鎌倉時代前期の武士。
¶鎌室（たいらやすもり），新潮（[没]建久2（1191）年12月6日），人名，日人，平史

**平保盛** たいらのやすもり
生没年不詳 [別]平保盛《たいらやすもり》，保盛

〔平家(絶家)1〕《やすもり》
平安時代後期～鎌倉時代前期の公卿(非参議)。権大納言頼盛の子。
¶鎌室(たいらやすもり)，公卿，公家(保盛〔平家(絶家)1〕 やすもり)，諸系，日人，平史

**平康頼** たいらのやすより
生没年不詳 [別]平康頼《たいらやすより》
平安時代後期～鎌倉時代前期の武士、歌人、後白河院近習。鹿ヶ谷の変で流罪。仏教説話集「宝物集」の編者か。
¶朝日，岩史，鎌室(たいらやすより)，国史，国書(たいらやすより)，古中，コン改，コン4，史人，重要，新潮，人名，姓氏愛知，姓氏京都，全書，大百，徳島百，徳島歴(たいらやすより)，日史，日人，百科，仏教，平史，歴大，和俳

**平行盛** たいらのゆきもり
？ ～文治1(1185)年 [別]平行盛《たいらゆきもり》
平安時代後期の武将。平基盛の子。壇ノ浦の戦いで討ち死。
¶朝日([没]文治1年3月24日(1185年4月25日))，鎌室(たいらゆきもり)，国史，国書(たいらゆきもり [没]元暦2(1185)年3月24日)，古中，コン改，コン4，史人([没]1185年3月24日)，諸系，新潮([没]文治1(1185)年3月24日)，人名，世人，日人，平史，和俳

**平義明** たいらのよしあき
→三浦義明(みうらよしあき)

**平義景** たいらのよしかげ
→長江義景(ながえよしかげ)

**平良兼** たいらのよしかね
？ ～天慶2(939)年
平安時代中期の東国の武将。父は平高望。平将門の乱平定に尽力。
¶朝日，茨城百，国史，古史，古中，コン改，コン4，史人([没]939年6月)，諸系，新潮([没]天慶2(939)年6月)，人名，日人，平史，歴大

**平義清** たいらのよしきよ
→土屋義清(つちやよしきよ)

**平義実** たいらのよしざね
→岡崎義実(おかざきよしざね)

**平義澄** たいらのよしずみ
→三浦義澄(みうらよしずみ)

**平義忠** たいらのよしただ
→佐奈田義忠(さなだよしただ)

**平義連** たいらのよしつら
→三浦義連(みうらよしつら)

**平義時** たいらのよしとき
→北条義時(ほうじょうよしとき)

**平義成** たいらのよしなり
生没年不詳
平安時代後期の武士。
¶平史

**平義久** たいらのよしひさ
→大田和義久(おおたわよしひさ)

**平良文** たいらのよしぶみ，たいらのよしふみ
生没年不詳 [別]村岡良文《むらおかのよしぶみ》
平安時代中期の東国の武将、軍事貴族。父は平高望。
¶朝日(たいらのよしふみ)，国史，古史(たいらのよしふみ)，古中，コン改(たいらのよしふみ)，コン4(たいらのよしふみ)，埼玉人(村岡良文 むらおかのよしぶみ)，埼玉百，史人，諸系，新潮，全書，日人，平史(たいらのよしふみ)，歴大(たいらのよしふみ)

**平良将** たいらのよしまさ
→平良持(たいらのよしもち)

**平良正** たいらのよしまさ
生没年不詳
平安時代中期の武将。
¶史人

**平義宗** たいらのよしむね
→杉本義宗(すぎもとよしむね)

**平義村** たいらのよしむら
→三浦義村(みうらよしむら)

**平義茂** たいらのよしもち
→和田義茂(わだよしもち)

**平良持** たいらのよしもち
生没年不詳 [別]平良将《たいらのよしまさ》
平安時代中期の地方軍事貴族。鎮守府将軍。平将門の父。
¶茨城百(平良将 たいらのよしまさ)，平史

**平義盛** たいらのよしもり
→和田義盛(わだよしもり)

**平義行** たいらのよしゆき
→津久井義行(つくいよしゆき)

**平頼資** たいらのよりすけ
生没年不詳
鎌倉時代の武将。
¶新潟百

**平頼次** たいらのよりつぐ
→金田頼次(かねだよりつぐ)

**平頼綱** たいらのよりつな
？ ～永仁1(1293)年 [別]平頼綱《たいらよりつな》
鎌倉時代後期の武将。平禅門ともいわれた。得宗家の内管領。自分の子を将軍にしようと謀り、執権北条貞時に討たれた。
¶朝日([没]永仁1年4月22日(1293年5月29日))，岩史([没]正応6(1293)年4月22日)，角史，神奈川人，鎌倉，鎌室(たいらよりつな)，国史，古中，コン改，コン4，史人([没]1293年4月22日)，重要([没]永仁1(1293)年4月22日)，諸系，新潮([没]永仁1(1293)年4月22日)，人名，姓氏神奈川，世人([没]永仁2(1294)年)，世百，全書，日史([没]永仁1(1293)年4月22日)，日人，百科，北条(たいらよりつな)，歴大

**平頼秀** たいらのよりひで
? ～天授5/康暦1(1379)年 [別]平頼秀《たいらよりひで》
南北朝時代の武将。
¶鎌室(たいらよりひで), 人名, 日人

**平頼盛** たいらのよりもり
長承1(1132)年～文治2(1186)年 [別]平頼盛《たいらよりもり》, 頼盛〔平家(絶家)1〕《よりもり》, 池大納言《いけだいなごん, いけのだいなごん》
平安時代後期の武将。平清盛の異母弟。池大納言と称される。一門都落ちの中一人都に留まり、源頼朝のもとに下向した。
¶朝日([没]文治2年6月2日(1186年6月20日)), 岩史([没]文治2(1186)年6月2日), 角史, 鎌室(たいらよりもり [生]天承1(1131)年), 京都([生]天承1(1131)年), 京都大([生]天承1(1131)年), 公卿([生]長承2(1133)年 [没]文治2(1186)年6月2日), 公家(頼盛〔平家(絶家)1〕 よりもり [没]文治2(1186)年6月2日), 国史, 古史, 古中, コン改([生]天承1(1131)年), コン4([生]天承1(1131)年), 史人([没]1186年6月2日), 諸系, 新潮([生]天承1(1131)年 [没]文治2(1186)年6月2日), 人名([生]1131年), 姓氏京都, 世人([生]天承1(1131)年), 全書([生]1133年), 大百([生]?), 日史([没]文治2(1186)年6月2日), 日人, 百科, 兵庫百, 広島百([生]天承1(1131)年), 福岡百([生]天承1(1131)年), 平史([生]1131年), 歴大

**平六代** たいらのろくだい
承安3(1173)年～建久9(1198)年 [別]平六代《たいらろくだい》, 六代《ろくだい》, 六代御前《ろくだいごぜん》
平安時代後期～鎌倉時代前期の僧。平重盛の嫡男維盛と藤原成親の娘の嫡男。平家の嫡流だが文覚に庇護された。のち文覚が流罪になると召し出されて斬られた。
¶朝日(六代 ろくだい 生没年不詳), 鎌倉([生]嘉応1(1169)年), 鎌室(たいらろくだい), 京都(六代 ろくだい [生]承安4(1174)年 [没]?), 国史(生没年不詳), 古史(生没年不詳), 古中(生没年不詳), コン改, コン改(六代 ろくだい [生]承安4(1174)年? [没]正治1(1199)年,(異説)1203年), コン4([生]承安4(1174)年? [没]正治1(1199)年,(異説)1203年), 史人(生没年不詳), 諸系, 新潮([没]建久9(1198)年2月5日), 人名, 姓氏京都(生没年不詳), 世人(六代 ろくだい 生没年不詳), 日人, 平史(六代 ろくだい [没]?), 歴大([生]?)

**平彦作** たいらひこさく
安土桃山時代の武将。秀吉馬廻。
¶戦国, 戦人(生没年不詳)

**田内某** たうち
生没年不詳
安土桃山時代の武士。織田信長家臣。
¶織田

**高井大炊助** たかいおおいのすけ
生没年不詳
戦国時代の武士。後北条氏家臣。
¶戦辞, 戦人, 戦東

**高井重茂** たかいしげもち
? ～建保1(1213)年
平安時代後期～鎌倉時代前期の武士。
¶諸系, 日人

**高石左馬之助**(高石左馬助) たかいしさまのすけ
? ～慶長8(1603)年
安土桃山時代の滝山一揆の指導者。
¶高知人(生没年不詳), 高知百, コン改(高石左馬助), コン4(高石左馬助), 日人(生没年不詳)

**高石山城守** たかいしやましろのかみ
[別]武石山城守《たけいしやましろのかみ》
安土桃山時代の武士。里見氏家臣。
¶戦人(生没年不詳), 戦東

**高市俊則** たかいちとしのり
生没年不詳
平安時代後期の武将。
¶愛媛百

**高市皇子** たかいちのみこ
→高市皇子(たけちのおうじ)

**高出昌海** たかいでまさうみ
戦国時代の武将。武田家臣。同心衆として永禄起請文にみえる。
¶姓氏山梨

**高井時茂** たかいときしげ
→高井時茂(たかいときもち)

**高井時茂** たかいときもち
? ～建治3(1277)年 [別]高井時茂《たかいときしげ》
鎌倉時代前期の武士。和田重茂と和田宗実の娘の子。
¶朝日([没]建治3年11月28日(1277年12月24日)), 鎌室(生没年不詳), 諸系, 新潮([没]建治3(1277)年11月28日), 徳島歴(たかいときしげ), 日人

**高井兵庫助** たかいひょうごのすけ
戦国時代の武将。今川氏家臣。
¶戦辞(生没年不詳), 戦東

**高井豊前守** たかいぶぜんのかみ
生没年不詳
戦国時代の武士。小山秀綱の家臣。
¶戦辞

**多賀越中守** たがえっちゅうのかみ
? ～永禄7(1564)年 [別]多賀高方《たがたかかた》
戦国時代の武将。里見氏家臣。
¶人名(多賀高方 たがたかかた), 戦人, 日人(多賀高方 たがたかかた)

**高尾** たかお
生没年不詳
戦国時代の武士。北条氏の家臣。
¶戦辞

**高岡宗泰** たかおかむねやす
生没年不詳
鎌倉時代の隠岐国守護代。
¶島根歴

**高尾佐渡守** たかおさどのかみ
生没年不詳
戦国時代の武人。
¶群馬人，姓氏群馬

**高尾某** たかおぼう
戦国時代の武将。武田家臣。一騎合衆。
¶姓氏山梨

**高柿弾正少弼** たかがきだんじょうしょうひつ
戦国時代の武将。佐竹氏家臣。
¶戦辞（生没年不詳），戦東

**高柿信久** たかがきのぶひさ
天文14（1545）年～元和7（1621）年6月24日
戦国時代～安土桃山時代の武士。佐竹氏家臣。
¶戦辞，戦人（生没年不詳），戦東

**高柿信広** たかがきのぶひろ
戦国時代の武将。佐竹氏家臣。
¶戦東

**高垣吉末**（高柿吉末） たかがきよしすえ
元亀2（1571）年～正保4（1647）年7月27日
安土桃山時代の武将。佐竹氏家臣。
¶戦辞（高柿吉末），戦東

**高河原家盛** たかがわらいえもり
安土桃山時代～江戸時代前期の国人。
¶戦国，戦人（生没年不詳）

**高河原藤二郎大夫** たかがわらとうじろうたゆう
生没年不詳
鎌倉時代後期の武士。「忌部の契約」に加わった一人。
¶徳島歴

**高木鑑房** たかぎあきふさ
[別]高木能登守鑑房《たかぎのとのかみあきふさ》
戦国時代の武士。
¶戦人（生没年不詳），戦西（高木能登守鑑房　たかぎのとのかみあきふさ）

**高木右近大夫** たかぎうこんのたいふ
生没年不詳
安土桃山時代の武士。織田信長家臣。
¶織田

**高木九助広正** たかぎきゅうすけひろまさ
→高木広正（たかぎひろまさ）

**高木清秀** たかぎきよひで
大永6（1526）年～慶長15（1610）年
戦国時代～安土桃山時代の武士。織田氏家臣、徳川氏家臣。
¶織田（[没]慶長15（1610）年7月13日），神奈川人，諸系，人名，姓氏神奈川，戦国（[生]1527年），戦辞（生没年不詳），戦人，日人

**高木小左衛門** たかぎこざえもん
生没年不詳
安土桃山時代の武士。織田信長家臣。
¶織田

**高木貞家** たかぎさだいえ
天文14（1545）年～永禄11（1568）年5月22日
戦国時代～安土桃山時代の武士。織田信長家臣。
¶織田

**高木貞俊** たかぎさだとし
*～正保2（1645）年
安土桃山時代～江戸時代前期の武将。織田信雄の臣。
¶織田（[生]永禄6（1563）年　[没]正保2（1645）年5月16日），神奈川人，戦国（[生]1564年）

**高木貞利** たかぎさだとし
天文20（1551）年～慶長8（1603）年
安土桃山時代の武士。織田氏家臣、徳川氏家臣。
¶織田（[没]慶長8（1603）年8月24日），戦人

**高木貞友** たかぎさだとも
永禄7（1564）年～万治2（1659）年
安土桃山時代～江戸時代前期の武将。信長・信雄、加藤光泰の臣。
¶織田（[没]万治2（1659）年4月17日），人名，戦国（[生]1565年），日人

**高木貞久** たかぎさだひさ
？ ～天正11（1583）年
安土桃山時代の武士。
¶織田（生没年不詳），戦国，戦人，戦西

**高木貞秀** たかぎさだひで
生没年不詳
安土桃山時代の武士。織田信長家臣。
¶織田

**高木貞政** たかぎさだまさ
戦国時代の武将。斎藤氏家臣。
¶戦西

**高木四郎右衛門** たかぎしろうえもん，たかきしろうえもん
戦国時代の武士。葛西氏家臣。
¶戦人（生没年不詳），戦東（たかきしろうえもん）

**高木清七郎** たかぎせいしちろう
戦国時代の武将。武田家臣。永禄10年の諏訪五十騎交名にみえる。
¶姓氏山梨

**高木正兵衛** たかぎせいべえ
戦国時代の武将。武田家臣。永禄10年の諏訪五十騎交名にみえる。
¶姓氏山梨

**高木胤忠** たかぎたねただ
？ ～天文15（1546）年4月25日
戦国時代の武士。下総千葉氏家宰原氏の家臣。
¶戦辞

**高城胤辰**（高木胤辰） たかぎたねとき
？ ～天正10（1582）年
安土桃山時代の武将。
¶人名，戦辞（高木胤辰　[没]天正10年12月16日

（1583年1月19日）），戦人（[没]永禄8（1565）年），戦東，日人

**高城胤則**（高木胤則） たかぎたねのり
元亀2（1571）年～慶長8（1603）年
安土桃山時代の下総小金城主。
¶人名，戦辞（高木胤則 [生]元亀3（1572）年 [没]慶長8年7月17日（1603年8月23日）），日人

**高木胤秀** たかぎたねひで
？ ～元亀3（1572）年 [別]高木肥前守胤秀《たかぎひぜんのかみたねひで》
戦国時代の武士。
¶戦人，戦西（高木肥前守胤秀 たかぎひぜんのかみたねひで）



**高城胤吉**（高木胤吉） たかぎたねよし
？ ～永禄8（1565）年
戦国時代の下総小金城主。
¶人名，戦辞（高木胤吉 生没年不詳），千葉百，日人

**高木内記** たかぎないき
天正10（1582）年～元和2（1616）年
安土桃山時代～江戸時代前期の武士、池田家臣。
¶岡山人，岡山歴（[没]元和2（1616）年8月20日）

**高木能登守鑑房** たかぎのとのかみあきふさ
→高木鑑房（たかぎあきふさ）

**高木信安** たかぎのぶやす
生没年不詳
安土桃山時代の武将。
¶戦人

**高木信行** たかぎのぶゆき
生没年不詳
安土桃山時代～江戸時代前期の武将。
¶戦人

**高木肥前守胤秀** たかぎひぜんのかみたねひで
→高木胤秀（たかぎたねひで）

**高木広正** たかぎひろまさ
天文5（1536）年～慶長11（1606）年 [別]高木九助広正《たかぎきゅうすけひろまさ》
安土桃山時代～江戸時代前期の武士。
¶埼玉百（高木九助広正 たかぎきゅうすけひろまさ），人名，戦辞（[没]慶長11年7月26日（1606年8月29日）），戦人，戦東，日人

**高木法二斎** たかぎほうじさい
生没年不詳
安土桃山時代の蜂須賀家臣。
¶徳島歴

**高城孫市義久** たかぎまごいちよしひさ
戦国時代の武将。大崎氏家臣。
¶戦東

**高木正次**(1) たかぎまさつぐ
永禄6（1563）年～*
安土桃山時代～江戸時代前期の武将、大名。河内丹南藩主。
¶大阪墓（[没]寛永7（1630）年11月29日），史人（[没]1630年11月30日），諸系（[没]1631年），人名（[生]1575年 [没]1651年），日人（[没]1631年），藩主3（[没]寛永7（1630）年11月晦日）

**高木正次**(2) たかぎまさつぐ
天正3（1575）年～慶安4（1651）年
安土桃山時代～江戸時代前期の武士。
¶神奈川人，日人

**高木正成** たかぎまさなり
天正15（1587）年～寛永12（1635）年
安土桃山時代～江戸時代前期の武将、大名。河内丹南藩主。
¶諸系，日人，藩主3（[没]寛永12（1635）年4月2日）

**高木光秀** たかぎみつひで
永禄2（1559）年？ ～天正2（1574）年？
戦国時代～安土桃山時代の武士。織田信長家臣。
¶織田

**高木宗家** たかぎむねいえ
生没年不詳
鎌倉時代前期の武将。
¶鎌室，佐賀百，日人

**高木盛兼** たかぎもりかね
生没年不詳 [別]高木守之《たかぎもりゆき》
安土桃山時代の武将。豊臣氏家臣。
¶岐阜百，戦国（高木守之 たかぎもりゆき），戦人，日人（高木守之 たかぎもりゆき）

**高木守久** たかぎもりひさ
*～延宝7（1679）年
安土桃山時代～江戸時代前期の武士。
¶姓氏京都（[生]？），日人（[生]1599年）

**高木守光** たかぎもりみつ
安土桃山時代の武将、美濃高須城主。
¶人名

**高木守之** たかぎもりゆき
→高木盛兼（たかぎもりかね）

**多賀清忠** たがきよただ
生没年不詳
室町時代～戦国時代の赤江郷・長田西郷の領主。
¶島根歴

**高草木高常** たかくさぎたかつね
生没年不詳
戦国時代～安土桃山時代の勢多郡草木城主。
¶群馬人

**高倉宮以仁王** たかくらのみやもちひとおう
→以仁王（もちひとおう）

**高倉範季** たかくらのりすえ
→藤原範季（ふじわらののりすえ）

**多賀元竜** たがげんりゅう
？ ～天正7（1579）年
戦国時代の出雲の武士。
¶島根歴

**高坂氏重** たかさかうじしげ
生没年不詳 [別]高坂氏重《こうさかうじしげ》
南北朝時代の武蔵武士。
¶神奈川人（こうさかうじしげ），埼玉人

**高坂重家** たかさかしげいえ
生没年不詳
南北朝時代の武蔵武士。
¶埼玉人

**多賀貞能** たがさだよし
？ ～天正15（1587）年
安土桃山時代の武士。
¶戦国，戦人

**高沢兵庫** たかざわひょうご
安土桃山時代～江戸時代前期の武士。里見氏家臣。
¶戦人（生没年不詳），戦東

**高師新左衛門** たかししんざえもん
安土桃山時代の武将。里見氏家臣。
¶戦辞（生没年不詳），戦東

**高階保遠** たかしなやすとお
生没年不詳
鎌倉時代前期の武士。
¶鎌室，日人

**高島孫右衛門** たかしままごえもん
生没年不詳 [別]高島正重《たかしままさしげ》
安土桃山時代～江戸時代前期の武士。長宗我部氏・山内氏の家臣。
¶高知人，高知百，国書（高島正重 たかしままさしげ），戦人（高島正重 たかしままさしげ），戦西

**高島正重** たかしままさしげ
→高島孫右衛門（たかしままごえもん）

**高島正澄** たかしままさずみ
？ ～天正5（1577）年
戦国時代～安土桃山時代の武士。
¶戦人

**高清水直堅** たかしみずなおかた
[別]高清水杢権頭直堅《たかしみずもくごんのかみなおかた》
安土桃山時代の武将。大崎氏家臣。
¶戦人（生没年不詳），戦東（高清水杢権頭直堅 たかしみずもくごんのかみなおかた）

**高清水杢権頭直堅** たかしみずもくごんのかみなおかた
→高清水直堅（たかしみずなおかた）

**高如安行** たかじょやすゆき
生没年不詳 [別]高如安行《こうじょやすゆき，たか（こう）じょやすゆき》
鎌倉時代後期の武士。「忌部の契約」に加わった一人。
¶徳島歴（たか（こう）じょやすゆき）

**高瀬紀伊守** たかせきいのかみ
安土桃山時代の武将。後北条氏家臣。
¶戦辞（生没年不詳），戦東

**高瀬左近将監** たかせさこんのしょうげん
生没年不詳
安土桃山時代の織田信長の家臣。
¶織田

**多賀是兵衛** たがぜべえ
天文21（1552）年～元和5（1619）年
安土桃山時代～江戸時代前期の石見津和野藩士。
¶藩臣5

**高瀬能業** たかせよしなり
戦国時代の土豪。
¶群馬人（生没年不詳），姓氏山梨

**多賀宗十郎** たがそうじゅうろう
安土桃山時代の武士。豊臣氏家臣。
¶戦国，戦人（生没年不詳）

**高田伊豆守** たかだいずのかみ
生没年不詳
戦国時代の上野国衆。
¶戦辞

**高田雅楽助** たかだうたのすけ
生没年不詳
安土桃山時代の織田信長の家臣。
¶織田

**多賀高方** たがたかかた
→多賀越中守（たがえっちゅうのかみ）

**多賀高忠** たがたかただ
応永32（1425）年～文明18（1486）年
室町時代～戦国時代の武将、武家故実家。近江京極氏の重臣。
¶朝日（[没]文明18年8月17日（1486年9月14日）），岩史（[没]文明18（1486）年8月17日），京都（[生]？），京都大（[生]？），国史，国書（[没]文明18（1486）年8月17日），古中，コン4，史人（[没]1486年8月17日），島根歴，人名（[生]？），姓氏京都，戦合，日史（[没]文明18（1486）年8月17日），日人

**高田吉兵衛** たかだきちべえ
生没年不詳
安土桃山時代の武士。
¶戦人

**高田久介** たかだきゅうすけ
生没年不詳
安土桃山時代の織田信長の家臣。
¶織田

**高田源十郎** たかだげんじゅうろう
安土桃山時代の武将。秀吉馬廻。
¶戦国，戦人（生没年不詳）

**高田玄蕃助** たかだげんばのすけ，たかたげんばのすけ
生没年不詳
戦国時代の武士。後北条氏家臣。
¶戦辞（たかたげんばのすけ），戦人，戦東

**高田小五郎** たかだこごろう，たかたこごろう
安土桃山時代の武士。
¶戦国（たかたこごろう），戦人（生没年不詳）

**高田小次郎** たかだこじろう
生没年不詳
戦国時代の上野国衆。
¶戦辞

た

**高田小兵衛**　たかだこへえ，たかたこへえ
安土桃山時代の武将。秀吉馬廻。
¶戦国（たかたこへえ），戦人（生没年不詳）

**高田左衛門**　たかださえもん
生没年不詳　[別]高田左衛門尉《たかたさえもんのじょう》
戦国時代の武士。後北条氏家臣。
¶戦辞（高田左衛門尉　たかたさえもんのじょう），戦人，戦東

**高田左衛門尉**　たかたさえもんのじょう
→高田左衛門（たかださえもん）



**高田繁頼**　たかだしげより
？　～天正1（1573）年4月5日
戦国時代～安土桃山時代の上野国衆。
¶姓氏山梨，戦辞

**高田治郎左衛門**　たかだじろうざえもん
～天正8（1580）年
安土桃山時代の武士。
¶岡山人

**高田佐高**　たかだすけたか
安土桃山時代の武士。
¶岡山人

**高田隆澄**　たかたたかずみ
生没年不詳
平安時代後期～鎌倉時代前期の武士。
¶大分百

**多賀忠郡**　たがただくに
？　～天正18（1590）年
安土桃山時代の武将。
¶人名，日人

**高田長左衛門**　たかだちょうざえもん，たかたちょうざえもん
安土桃山時代の武士。豊臣氏家臣。
¶戦国（たかたちょうざえもん），戦人（生没年不詳）

**高田綱清**　たかだつなきよ
生没年不詳
戦国時代の武将。
¶戦人

**高楯遠江守**　たかだてとおとうみのかみ
生没年不詳
戦国時代の武士。最上氏家臣。
¶戦人

**高楯光延**　たかだてみつのぶ
平安時代後期の在地領主。
¶姓氏富山

**高田新家**　たかたのにいいえ
→高田新家（たかだのにいのみ）

**高田新家**　たかだのにいのみ，たかたのにいのみ
？　～大宝3（703）年　[別]高田首新家《たかたのおびとにいのみ，たかだのおびとにいのみ》，高田新家《たかたのにいいえ》
飛鳥時代の地方豪族。壬申の乱の功臣。高田首名の父、足人の祖父。伊勢国の湯沐（食封）の長官。
¶朝日（生没年不詳），古代（高田首新家　たかだのおびとにいのみ　[没]703年？），コン改，コン4，人名（たかたのにいいえ），長野歴（高田首新家　たかたのおびとにいのみ　[没]大宝1（701）年），日人

**高田則義**　たかだのりよし
安土桃山時代の武将。
¶岡山人

**高田憲頼**　たかだのりより
？　～天文16（1547）年
戦国時代の武将。上杉氏家臣。
¶群馬人（生没年不詳），戦人

**高田治忠**　たかだはるただ，たかたはるただ
安土桃山時代の武士。豊臣氏家臣。
¶戦国（たかたはるただ），戦人（生没年不詳）

**田方兵衛入道**　たかたひょうえにゅうどう
生没年不詳
鎌倉時代後期の武士。「忌部の契約」に加わった一人。
¶徳島歴

**高田孫右衛門**　たかだまごえもん
生没年不詳
安土桃山時代の織田信長の家臣。
¶織田

**高田正行**　たかだまさゆき
？　～寛永8（1631）年
安土桃山時代～江戸時代前期の浅野家臣。
¶和歌山人

**高田又兵衛**　たかだまたべえ，たかたまたべえ
天正18（1590）年～寛文11（1671）年
江戸時代前期の武士、槍術家。宝蔵院流高田派の祖。父とともに大坂の陣に豊臣方として従軍。
¶近世，国史，コン改（[生]天正17（1589）年），コン4（[生]天正17（1589）年），史人（[没]1671年1月23日），新潮（[没]寛文11（1671）年1月23日），人名（たかたまたべえ　[生]1589年），世人（[生]天正17（1589）年），戦合，全書（[生]1589年），戦人（[生]天正17（1589）年），大百，日人（たかたまたべえ），藩臣7（たかたまたべえ），歴大

**高玉常頼**　たかたまつねより
？　～天正17（1589）年
安土桃山時代の武将。
¶戦人

**高玉茂兵衛**　たかたまもへえ
戦国時代の武士。大崎氏家臣。
¶戦人（生没年不詳），戦東

**高田民部**　たかだみんぶ
生没年不詳
戦国時代の武将。
¶徳島歴

**高田盛員**　たかだもりかず
生没年不詳
鎌倉時代前期の武将。

¶群馬人

**高田弥吉郎** たかだやきちろう
安土桃山時代の武士。
¶岡山人

**高田義遠** たかだよしとお
生没年不詳
南北朝時代の武将。
¶日人

**多賀長兵衛** たがちょうべえ
安土桃山時代の武将。秀吉馬廻。
¶戦国，戦人（生没年不詳）

**高築次郎左衛門** たかつきじろうざえもん
生没年不詳
室町時代の武士。
¶日人

**高津道性** たかつどうせい
生没年不詳
鎌倉時代後期～南北朝時代の高津郷領主。
¶島根歴

**高津長幸** たかつながゆき
？ ～興国2/暦応4（1341）年
鎌倉時代後期～南北朝時代の武将。
¶鎌室，島根人，島根百，島根歴（生没年不詳），人名，日人

**多賀常貞** たがつねさだ
天正14（1586）年～元和6（1620）年
安土桃山時代～江戸時代前期の武士。豊臣氏家臣。
¶戦国，戦人

**多賀経忠** たがつねただ
生没年不詳
戦国時代の武士、尼子氏奉行人。
¶島根歴

**多賀常直** たがつねなお
*～元和3（1617）年
安土桃山時代～江戸時代前期の武士。豊臣氏家臣、徳川氏家臣。
¶戦国（[生]1543年），戦人（[生]天文11（1542）年）

**多賀経長** たがつねなが
生没年不詳
戦国時代の楯縫郡宇賀郷領主。
¶島根歴

**多賀常則** たがつねのり
？ ～天正17（1589）年
戦国時代～安土桃山時代の武士。浅井氏家臣、豊臣氏家臣。
¶織田（[没]慶長2（1597）年12月23日），戦国，戦人

**高遠頼継** たかとうよりつぐ
→諏訪頼継（すわよりつぐ）

**高遠頼継** たかとおよりつぐ
→諏訪頼継（すわよりつぐ）

**高徳主計** たかとくかずえ
戦国時代～安土桃山時代の武将。結城氏家臣。
¶戦辞（生没年不詳），戦東

**鷹取神介** たかとりしんすけ
安土桃山時代の武将。
¶岡山人

**鷹取種佐** たかとりたねすけ
？ ～元弘3/正慶2（1333）年
鎌倉時代後期の武士。
¶岡山人，岡山歴（[没]元弘3/正慶2（1333）年4月3日），鎌室，コン改，コン4，新潮（[没]正慶2/元弘3（1333）年4月3日），人名，日人

**高取備中** たかとりびっちゅう
～慶長5（1600）年
安土桃山時代の武士。
¶岡山人，岡山歴，戦人（生没年不詳），戦西

**鷹取宗政** たかとりむねまさ
～永禄12（1569）年
安土桃山時代の武将。
¶岡山人，岡山歴

**鷹取能佐** たかとりよしすけ
安土桃山時代の武将。
¶岡山人，岡山歴

**高梨紀伊** たかなしきい
安土桃山時代～江戸時代前期の武士。里見氏家臣。
¶戦人（生没年不詳），戦東

**高梨外記介** たかなしげきのすけ
？ ～元和9（1623）年4月7日
安土桃山時代～江戸時代前期の武士。越後上杉氏の家臣。
¶戦辞

**高梨源五郎** たかなしげんごろう
戦国時代の武士。
¶人名

**高梨勝五郎** たかなししょうごろう
江戸時代前期の武士。里見氏家臣。
¶戦東

**高梨庄次郎** たかなししょうじろう
安土桃山時代～江戸時代前期の武士。里見氏家臣。
¶戦人（生没年不詳），戦東

**高梨澄頼** たかなしすみより
生没年不詳
戦国時代の武士。
¶長野歴

**高梨丹波守** たかなしたんばのかみ
戦国時代の土豪武士。里見氏家臣。
¶戦東

**高梨経頼** たかなしつねより
生没年不詳
南北朝時代の人。高梨家を中興させた武士。
¶郷土長野，姓氏長野，長野百，長野歴

**高梨朝高** たかなしともたか
生没年不詳
室町時代の武士。
¶長野歴

た

**高梨政高** たかなしまさたか
生没年不詳
戦国時代の武士。
¶長野歴

**高梨政盛** たかなしまさもり
康正1(1455)年～永正10(1513)年
戦国時代の地方豪族・土豪。
¶姓氏長野([没]?), 戦辞([没]永正10年4月27日(1513年5月31日)), 戦人([生]?), 長野歴

**高梨政頼** たかなしまさより
? ～天正4(1576)年
戦国時代の地方豪族・土豪。
¶姓氏長野, 戦辞([没]天正4(1576)年?), 戦人(生没年不詳), 長野歴, 新潟百(生没年不詳)

**高梨頼親** たかなしよりちか
生没年不詳
安土桃山時代の武士。上杉氏家臣。
¶戦人

**高野越中守** たかのえっちゅうのかみ
生没年不詳　[別]平尾刑部《ひらおぎょうぶ》
安土桃山時代の武士。
¶戦国, 戦人, 和歌山人

**高野兼高** たかのかねたか
生没年不詳
安土桃山時代の武士。伊達氏家臣。
¶戦人

**高野兼親** たかのかねちか
? ～慶長6(1601)年
安土桃山時代の武将。
¶藩臣1

**鷹野喜兵衛尉** たかのきへえのじょう
生没年不詳
戦国時代の武田氏の家臣。
¶戦辞

**高野瀬秀隆** たかのせひでたか
戦国時代の武将。浅井氏家臣。
¶戦西

**多賀信家** たがのぶいえ
生没年不詳
戦国時代の上総の国人領主。
¶戦辞

**高野武右衛門** たかのぶえもん
生没年不詳
安土桃山時代～江戸時代前期の武将、最上氏遺臣。
¶庄内

**鷹野昌卿** たかのまさあき
生没年不詳
戦国時代の武田氏の家臣。
¶戦辞

**高野盛定** たかのもりさだ
生没年不詳
安土桃山時代～江戸時代前期の武士。浅野家の家臣。
¶和歌山人

**多賀山通続** たかのやまみちつぐ
→多賀山通続(たがやまみちつぐ)

**鷹野徳繁** たかのよししげ
天文3(1534)年～慶長18(1613)年7月12日
戦国時代～江戸時代前期の武田氏の家臣。
¶戦辞

**高野六郎兵衛** たかのろくろうべえ
→高野六郎兵衛(たかのろくろべえ)

**高野六郎兵衛** たかのろくろべえ
[別]高野六郎兵衛《たかのろくろうべえ》
安土桃山時代の武士。長宗我部氏家臣。
¶戦人(生没年不詳), 戦西(たかのろくろうべえ)

**高野若狭守** たかのわかさのかみ
戦国時代の武将。葛西氏家臣。
¶戦東

**高橋** たかはし
生没年不詳
戦国時代の武蔵国丸子郷領主。
¶戦辞

**高橋鑑種** たかはしあきたね
? ～天正7(1579)年　[別]高橋鑑種《たかはしかねたね》
戦国時代～安土桃山時代の武将、左衛門尉、三河守。
¶朝日([没]天正6(1578)年), 国史, 古中, 史人([没]1579年4月29日), 人名(たかはしかねたね), 戦合, 戦国, 戦人(たかはしかねたね), 戦西, 日史([没]天正7(1579)年4月29日), 日人, 福岡百([没]天正14(1586)年), 歴大

**高橋伊賀** たかはしいが
生没年不詳
江戸時代前期の武士、奉行。
¶庄内

**高橋伊賀守** たかはしいがのかみ
江戸時代前期の武士。最上氏家臣。
¶戦東

**高橋右馬允** たかはしうまのじょう
安土桃山時代の備中国の武将。
¶岡山歴

**高橋興光** たかはしおきみつ
生没年不詳
戦国時代の阿須那藤根城(藤掛城)城主。
¶島根歴

**高橋景業** たかはしかげおき
→高橋景業(たかはしかげなり)

**高橋景業** たかはしかげなり
? ～天正1(1573)年　[別]高橋景業《たかはしかげおき》
戦国時代の武士。
¶戦人, 戦西(たかはしかげおき)

**高橋鑑種** たかはしかねたたね
→高橋鑑種(たかはしあきたね)

**高橋久太郎** たかはしきゅうたろう
生没年不詳
戦国時代の北条氏の家臣。
¶戦辞

**高橋刑部政胤** たかはしぎょうぶまさたね
？ ～天正19(1591)年
安土桃山時代の葛西氏家臣。深谷事件で謀殺。
¶戦東

**高橋源七郎** たかはしげんしちろう
生没年不詳
戦国時代の北条氏の家臣。
¶戦辞

**高橋玄蕃** たかはしげんば
安土桃山時代の武将。
¶岡山人，岡山歴

**高橋郷左衛門尉** たかはしごうざえもんのじょう
生没年不詳
戦国時代の北条氏の家臣。
¶戦辞

**高橋左近将監** たかはしさこんしょうげん
戦国時代の地頭。今川氏家臣。
¶戦辞(生没年不詳)，戦東

**高橋三右衛門** たかはしさんえもん
安土桃山時代の武将。秀吉馬廻。
¶戦国，戦人(生没年不詳)

**高橋鎮種** たかはししげたね
→高橋紹運(たかはしじょううん)

**高橋茂宗** たかはししげむね
生没年不詳
南北朝時代の武将、多田院御家人。
¶兵庫百

**高橋重行** たかはししげゆき
戦国時代の武将。武田家臣。西上野甘楽郡の南牧衆。
¶姓氏山梨

**高橋修理** たかはししゅり
戦国時代の武将。斎藤氏家臣。
¶戦西

**高橋修理進** たかはししゅりのしん
→高橋修理進(たかはしすりのしん)

**高橋紹運** たかはしじょううん
？ ～天正14(1586)年 [別]高橋鎮種《たかはししげたね》
安土桃山時代の武将、三河守。
¶朝日([没]天正14年7月27日(1586年9月10日))，大分歴，国史，古中，コン改([生]天文17(1548)年)，コン4([生]天文17(1548)年)，史人([没]1586年7月27日)，諸系([生]1548年)，新潮([生]天文17(1548)年 [没]天正14(1586)年7月27日)，人名([生]1548年)，戦合，戦国(高橋鎮種 たかはししげたね [生]1548年)，戦人(高橋鎮種 たかはししげたね)，戦西(高橋鎮種 たかはししげたね)，日史([没]天正14(1586)年7月27日)，日人([生]1548年)，百科，福岡百([没]天正14(1586)年7月27日)

**高橋将監** たかはししょうげん
文明2(1470)年～天文19(1550)年
戦国時代の武士。後北条氏家臣。
¶静岡歴，姓氏静岡，戦辞(生没年不詳)，戦人(生没年不詳)，戦東

**高橋修理進** たかはしすりのしん
[別]高橋修理進《たかはししゅりのしん》
戦国時代の武士。今川氏家臣。
¶戦人(生没年不詳)，戦東(たかはししゅりのしん)

**高橋石雲** たかはしせきうん
生没年不詳
戦国時代の北条氏の家臣。
¶戦辞

**高橋丹波守** たかはしたんばのかみ
生没年不詳
戦国時代の北条氏の家臣。
¶戦辞

**高橋虎松** たかはしとらまつ
？ ～天正10(1582)年6月2日
戦国時代～安土桃山時代の織田信長の家臣。
¶織田

**高橋直次** たかはしなおつぐ
→立花直次(たちばななおつぐ)

**高橋則秋** たかはしのりあき
戦国時代の土豪。
¶姓氏富山

**高橋藤** たかはしふじ
？ ～天正10(1582)年6月2日
戦国時代～安土桃山時代の織田信長の家臣。
¶織田

**高橋平左衛門** たかはしへいざえもん
生没年不詳
戦国時代の武士。後北条氏家臣。
¶戦辞，戦人，戦東

**高橋元種** たかはしもとたね
元亀2(1571)年～慶長19(1614)年
安土桃山時代～江戸時代前期の大名。日向延岡藩主。
¶朝日([没]慶長19年10月9日(1614年11月10日))，近世(生没年不詳)，国史(生没年不詳)，史人([生]？ [没]1614年10月9日)，人名([生]？)，戦合(生没年不詳)，戦国([生]？)，戦人，日史(生没年不詳)，日人，藩主4([没]慶長19(1614)年10月9日)，百科(生没年不詳)，宮崎百

**高橋弥三郎** たかはしやさぶろう
安土桃山時代の武将。秀吉馬廻。
¶戦国，戦人(生没年不詳)

**高橋渡之助** たかはしわたりのすけ
安土桃山時代の尼子十勇士の一人。
¶人名

た

**竹葉瀬** たかはせ
上代の遣新羅将軍。
¶古代

**高畠和泉守** たかばたけいずみのかみ
室町時代の武将。
¶岡山人，岡山歴

**高畠定吉** たかばたけさだよし
天文5(1536)年～慶長8(1603)年　[別]高畠孫次郎《たかばたけまごじろう》
安土桃山時代の武士。前田氏家臣。
¶石川百，人名，姓氏石川([生]？)，戦国，戦人，日人，藩臣3([生]？)

**高畠三右衛門** たかばたけさんえもん
生没年不詳
安土桃山時代の織田信長の家臣。
¶織田

**高畠長直** たかはたながただ
？～天文18(1549)年
戦国時代の武将、伊豆守。
¶朝日([没]天文18年6月24日(1549年7月18日))，日人

**高浜正友** たかはままさとも
天正17(1589)年～寛文2(1662)年
安土桃山時代～江戸時代前期の武将、因幡鳥取藩士。
¶鳥取百，藩臣5

**竹迫師員** たかばもろかず
鎌倉時代前期の地頭。
¶人名，日人(生没年不詳)

**高原大次郎** たかはらだいじろう
安土桃山時代の武将。秀吉馬廻。
¶戦国

**高原次勝** たかはらつぎかつ
→高原次勝(たかはらつぐかつ)

**高原次利** たかはらつぎとし
→高原次利(たかはらつぐとし)

**高原次勝** たかはらつぐかつ
天正3(1575)年～元和9(1623)年　[別]高原次勝《たかはらつぎかつ》
安土桃山時代～江戸時代前期の武士。豊臣氏家臣。
¶戦国(たかはらつぎかつ)，戦人

**高原次利** たかはらつぐとし
天文1(1532)年～元和5(1619)年　[別]高原次利《たかはらつぎとし》
安土桃山時代～江戸時代前期の国人。
¶戦国(たかはらつぎとし)，戦人

**多賀久幸** たがひさゆき
生没年不詳
戦国時代の武士、尼子氏奉行人。
¶島根歴

**多賀秀種** たがひでたね
永禄8(1565)年～元和2(1616)年　[別]堀秀種《ほりひでたね》
安土桃山時代～江戸時代前期の武将、大名。大和松山藩主。
¶国書([没]元和2(1616)年11月)，人名，姓氏石川([生]？)，戦国，戦人，日人，藩主3([没]元和2(1616)年10月)

**多賀秀識** たがひでのり
？～寛永7(1630)年
江戸時代前期の武将、加賀藩士。
¶藩臣3

**高部信濃守** たかぶしなののかみ
天文10(1541)年～慶長5(1600)年
安土桃山時代の武士。佐竹氏家臣。
¶戦辞([没]慶長5年3月21日(1600年5月4日))，戦人，戦東([生]？)

**高部駿河守** たかぶするがのかみ
*～天正5(1577)年
戦国時代～安土桃山時代の武士。佐竹氏家臣。
¶戦辞([生]永正10(1513)年　[没]天正5年5月3日(1577年5月20日))，戦人([生]永正3(1506)年)，戦東([生]？)

**高間快全** たかまかいぜん
生没年不詳
南北朝時代の武士。
¶鎌室，日人

**高松加兵衛** たかまつかへえ
天正11(1583)年～？
安土桃山時代～江戸時代前期の武将、陸奥棚倉藩家老。
¶藩臣2

**高松内匠頭** たかまつたくみのかみ
江戸時代前期の武士。大坂の陣で豊臣方として奮戦した。
¶人名，日人(生没年不詳)

**高松頼重** たかまつよりしげ
生没年不詳
鎌倉時代後期～南北朝時代の武士。
¶鎌室，新潮，人名([没]1335年)，日人

**高間行秀** たかまゆきひで
生没年不詳
南北朝時代の武士。
¶鎌室，コン改，コン4，新潮，人名，日人

**高宮右京亮** たかみやうきょうのすけ
？～元亀2(1571)年9月21日
戦国時代～安土桃山時代の織田信長の家臣。
¶織田

**高宮三河守** たかみやみかわのかみ
戦国時代の武将。浅井氏家臣。
¶戦西

**高村清右衛門** たかむらせいえもん
戦国時代の武将。武田家臣。『甲陽軍鑑』に聖道(竜宝)衆としてみえる。
¶姓氏山梨

**高室政秀** たかむろまさひで
？～永禄4(1561)年8月29日

戦国時代～安土桃山時代の武士。
¶山梨百

**高望王** たかもちおう
→平高望（たいらのたかもち）

**高森惟直** たかもりこれなお
？ ～天正14（1586）年
安土桃山時代の武将。
¶戦人

**多賀谷家重** たがやいえしげ
？ ～天文23（1554）年
戦国時代の常陸下妻城主。
¶諸系（[生]1480年），人名，日人

**多賀谷壱岐守** たがやいきのかみ
戦国時代の武将。結城氏家臣。
¶戦東

**多賀谷和泉守** たがやいずみのかみ
？ ～明応8（1499）年8月1日
室町時代～戦国時代の武士。大名結城氏の重臣。
¶戦辞

**多賀谷氏家** たがやうじいえ
応永15（1408）年～寛正6（1465）年
室町時代の武将。
¶鎌室，諸系，人名，日人

**多賀谷河内** たがやかわち
生没年不詳
戦国時代の武士。小山秀綱の家臣。
¶戦辞

**多賀谷宮内少輔** たがやくないしょうゆう
安土桃山時代の武将。結城氏家臣。
¶戦東

**多賀谷重経** たがやしげつね
永禄1（1558）年～元和4（1618）年
安土桃山時代～江戸時代前期の大名。常陸下妻城主。
¶朝日（[没]元和4年11月9日（1618年12月25日）），郷土茨城（[生]？　[没]1601年），近世，国史，コン改（[生]？　[没]慶長6（1601）年），コン4（[生]？　[没]慶長6（1601）年），史人（[没]1618年11月9日），諸系，新潮（[生]？　[没]元和4（1618）年11月），人名（[生]？　[没]1601年），戦合，戦国（[生]？），戦辞（[生]永禄1年2月23日（1558年3月13日）　[没]元和4年11月9日（1618年12月25日）），戦人，日史（[生]永禄1（1558）年2月23日　[没]元和4（1618）年11月9日），日人，藩主2（[生]永禄1（1558）年2月23日　[没]元和4（1618）年11月9日），百科

**多賀谷重茂** たがやしげもち
生没年不詳
鎌倉時代の武蔵武士。
¶埼玉人

**多賀谷祥賀** たがやしょうが
生没年不詳
戦国時代の武士。下総結城氏の重臣。
¶戦辞

**多賀谷将監** たがやしょうげん
戦国時代～安土桃山時代の武士。結城氏家臣。
¶戦人（生没年不詳），戦東

**高安元秀** たかやすもとひで
生没年不詳
室町時代の武家・歌人。
¶国書

**高屋大次郎** たかやだいじろう
生没年不詳
安土桃山時代の地方豪族・土豪。
¶戦人

**多賀谷尊経** たがやたかつね
生没年不詳
戦国時代の常陸下妻城主。
¶諸系，人名（[没]1527年），日人

**多賀谷為広** たがやためひろ
生没年不詳
戦国時代の下総の国衆。
¶戦辞

**多賀谷朝重** たがやともしげ
生没年不詳
戦国時代の武士。結城氏家臣。
¶戦辞，戦人，戦東

**多賀谷朝経**(1) たがやともつね
生没年不詳
戦国時代の武士。下総結城氏の重臣。
¶戦辞

**多賀谷朝経**(2) たがやともつね
？ ～永禄9（1566）年8月23日
戦国時代～安土桃山時代の下総の国衆。
¶戦辞

**多賀谷内膳亮** たがやないぜんのすけ
安土桃山時代の武士。結城氏家臣。
¶戦人（生没年不詳），戦東

**高柳宗信** たかやなぎむねのぶ
生没年不詳
鎌倉時代の御家人。
¶姓氏宮城

**高柳行元** たかやなぎゆきもと
生没年不詳
鎌倉時代前期の武蔵武士。
¶埼玉人

**多賀谷宣家** たがやのぶいえ
→岩城宣隆（いわきのぶたか）

**多賀谷兵衛尉** たがやひょうえのじょう
鎌倉時代の武蔵武士。
¶埼玉人（生没年不詳），埼玉百

**高山** たかやま
生没年不詳
戦国時代の武士。上野国衆白井長尾氏重臣。
¶戦辞

**高山伊賀守**　たかやまいがのかみ
戦国時代の武将。斎藤氏家臣。
¶戦西

**高山伊予守**　たかやまいよのかみ
戦国時代の武将。後北条氏家臣。
¶戦東

**高山右近**　たかやまうこん
天文21(1552)年～慶長20(1615)年　[別]高山重友《たかやましげとも》,高山長房《たかやまながふさ》,ジュスト,南坊《なんぼう》
安土桃山時代～江戸時代前期のキリシタン、大名。高山飛騨守図書の嫡男。高槻・明石の城主だったが、信仰を理由に秀吉に領地を没収された。のち江戸幕府の禁教令によりマニラに追放された。
¶朝日([没]慶長20年1月8日(1615年2月5日)),石川百([没]1614年),岩史([生]天文21(1552)年?　[没]慶長20(1615)年1月8日),織田([生]天文12(1553)年?　[没]元和1(1615)年2月5日),角史,郷土奈良([没]1614年),キリ([生]天文21(1552)年?　[没]慶長20年1月8日(1615年2月5日)),近世,国史,古中,コン改(高山長房　たかやまながふさ　[生]?),コン4(高山長房　たかやまながふさ　[生]?),茶道([生]1553年),史人([没]1615年2月5日),重要([生]天文21(1552)年?　[没]元和1(1615)年2月5日),人書94([没]1614年),新潮(高山長房　たかやまながふさ　[生]天文21(1552)年?　[没]元和1(1615)年1月8日),人名(高山長房　たかやまながふさ　[生]?　[没]1614年),姓氏石川,姓氏富山,世人([没]慶長19(1614)年),世百([生]1553年?),戦合,戦国(高山重友　たかやましげとも　[生]1554年),全書([生]1552年?),戦人(高山重友　たかやましげとも),大百([没]1614年),伝記([没]1614年),富山百([没]慶長20(1615)年2月3日),長崎歴([没]慶長19(1614)年),日史([没]元和1年1月8日(1615年2月5日)),日人,藩臣3,百科,兵庫百,歴大([生]1552年ころ)

**高山喜兵衛**　たかやまきへえ
元亀2(1571)年～
安土桃山時代～江戸時代前期の武士。
¶庄内

**高山外記**　たかやまげき
?　～永禄1(1558)年
戦国時代の武将。京極氏家臣。
¶岐阜百,戦人

**高山定重**　たかやまさだしげ
*～天正18(1590)年
安土桃山時代の武将。
¶群馬人([生]永正17(1520)年),姓氏山梨,戦辞(生没年不詳),戦人([生]?)

**多賀谷政賡**　たがやまさつぐ
生没年不詳
戦国時代の大名結城氏の宿老。
¶戦辞

**多賀谷政経**　たがやまさつね
?　～天正4(1576)年
戦国時代～安土桃山時代の常陸下妻城主。
¶諸系,人名,戦辞([没]天正4年5月8日(1576年6月4日)),日人

**多賀谷政広**　たがやまさひろ
生没年不詳
戦国時代～安土桃山時代の武士。結城氏家臣。
¶戦辞,戦人,戦東

**高山重昭**　たかやましげあき
生没年不詳
平安時代後期～鎌倉時代前期の武将。
¶群馬人,姓氏群馬

**高山重友**　たかやましげとも
→高山右近(たかやまうこん)

**高山重栄**　たかやましげひで
生没年不詳
鎌倉時代後期～南北朝時代の新田義貞の部将。
¶群馬人

**高山図書**　たかやまずしょ
?　～慶長1(1596)年　[別]高山飛騨守《たかやまひだのかみ》,沢フランシスコ《さわふらんしすこ》
安土桃山時代のキリシタン、武将。高山右近の父。
¶朝日,織田(高山飛騨守　たかやまひだのかみ　[没]文禄4(1595)年頃),キリ,近世,国史,コン改([没]文禄4(1595)年),コン4,史人,新潮,世人([没]文禄4(1595)年),戦合,日人

**高山宗砌**　たかやまそうぜい,たかやまそうせい
?　～康正1(1455)年　[別]宗砌《そうぜい》
室町時代の連歌師。但馬国守護山名氏の家臣。
¶朝日([没]康正1年1月16日(1455年2月2日)),鎌室,国史,国書(宗砌　そうぜい　[没]享徳4(1455)年1月16日),古中,コン改,コン4,史人(宗砌　そうぜい　[没]1455年1月16日),人書94,新潮(宗砌　そうぜい　[没]康正1(1455)年1月16日),新文([没]享徳4(1455)年1月16日),人名,世人(宗砌　そうぜい　[没]康正1(1455)年1月16日),世百(宗砌　そうぜい),全書(宗砌　そうぜい),大百(宗砌　そうぜい),日史(宗砌　そうぜい　[没]康正1(1455)年1月16日),日人,俳句(宗砌　そうぜい　[没]享徳4(1455)年1月16日),百科(宗砌　そうぜい),兵庫人(たかやまそうせい　[没]康正1(1455)年1月16日),兵庫百(宗砌　そうぜい),仏教(宗砌　そうぜい　[没]享徳4(1455)年1月16日),文学,歴大(宗砌　そうぜい),和俳([没]康正1(1455)年1月16日)

**高山友照**　たかやまともてる
?　～*　[別]ダリヨ
安土桃山時代の武将。
¶戦人([没]慶長1(1596)年),戦補([没]1593年)

**高山長房**　たかやまながふさ
→高山右近(たかやまうこん)

**高山彦次郎**　たかやまひこじろう
南北朝時代の美作国北部の在地武士。
¶岡山歴

高山飛驒守　たかやまひだのかみ
　　→高山図書（たかやまずしょ）

高山某　たかやまぼう
　　㋕トメー，ドン＝トメー
　　安土桃山時代〜江戸時代前期の武士。加藤氏家臣。
　　¶戦国，戦人（生没年不詳）

多賀山通定　たがやまみちさだ
　　生没年不詳
　　戦国時代の横田庄領主。
　　¶島根歴

多賀山通続　たがやまみちつぐ
　　永正3（1506）年〜元亀1（1570）年　　㋕多賀山通続
　　《たかのやまみちつぐ》
　　戦国時代の武将。
　　¶系西（たかのやまみちつぐ），戦人（生没年不詳）

高山満重　たかやまみつしげ
　　戦国時代の武将。武田家臣。遠江守。西上野衆。
　　¶姓氏山梨

高山泰重　たかやまやすしげ
　　戦国時代の武将。武田家臣。上野国緑野郡の高
　　山衆。
　　¶姓氏山梨

高山行重　たかやまゆきしげ
　　戦国時代の上野国衆。
　　¶姓氏山梨，戦辞（生没年不詳）

多賀谷光親　たがやみつちか
　　生没年不詳
　　戦国時代の武士。結城氏家臣。
　　¶戦辞，戦人，戦東

多賀谷光経　たがやみつつね
　　？〜天文23（1554）年7月11日
　　戦国時代の下総の国衆。
　　¶戦辞

多賀谷三経　たがやみつつね
　　天正6（1578）年〜慶長12（1607）年7月21日
　　安土桃山時代〜江戸時代前期の下総の大名。
　　¶戦辞

多賀谷民部少輔　たがやみんぶしょうゆう
　　？〜永禄6（1563）年　　㋕多賀谷民部少輔《たがや
　　みんぶのしょう》
　　戦国時代の武士。結城氏家臣。
　　¶戦辞（たがやみんぶのしょう　　㋐永禄6（1563）
　　年4月），戦人，戦東

多賀谷民部少輔　たがやみんぶのしょう
　　→多賀谷民部少輔（たがやみんぶしょうゆう）

多賀谷基泰　たがやもとやす
　　生没年不詳
　　戦国時代の下総の国衆。
　　¶戦辞

財部俊賢　たからべとしよし
　　生没年不詳
　　室町時代の武家・連歌作者。
　　¶国書

財部弘延　たからべのひろのぶ
　　生没年不詳
　　平安時代中期の武官。
　　¶平史

田河行文　たがわゆきふみ
　　？〜文治5（1189）年
　　平安時代後期の豪族。奥州藤原氏の郎従。
　　¶平史

滝川一時　たきがわかずとき
　　＊〜慶長8（1603）年
　　安土桃山時代の武士。織田氏家臣、豊臣氏家臣、
　　徳川氏家臣。
　　¶戦国（㋐？），戦人（㋐永禄11（1568）年）

滝川一益　たきがわかずます，たきかわかずます
　　大永5（1525）年〜天正14（1586）年　　㋕滝川左近
　　将監《たきがわさこんしょうげん》
　　戦国時代〜安土桃山時代の武将。近江の滝川一勝
　　の子。
　　¶朝日（㋜天正14年9月9日（1586年10月21日）），
　　織田（たきがわかずます　　㋜天正14（1586）年9
　　月9日），角史，郷土群馬，群馬人，群馬百，国
　　史，古中，コン改，コン4，埼玉百，茶道（たき
　　かわかずます），滋賀百，史人（㋜1586年9月9
　　日），重要（㋜天正14（1586）年9月9日），新潮
　　（㋜天正14（1586）年9月9日），人名（たきがわ
　　かずます），姓氏群馬（たきがわかずます），世
　　人（㋜天正14（1586）年9月9日），世百（たきが
　　わかずます），戦合，戦国，戦辞（㋜天正14年9
　　月9日（1586年10月21日）），全書，戦人，大百
　　（たきがわかずます），長野歴（㋐？　　㋜天正
　　10（1582）年），日史（㋜天正14（1586）年9月9
　　日），日人，百科，歴大

滝川雄利　たきがわかつとし，たきかわかつとし
　　天文12（1543）年〜慶長15（1610）年　　㋕羽柴下総
　　守《はしばしもうさのかみ》，刑部卿法印《ぎょう
　　ぶきょうほういん》
　　安土桃山時代〜江戸時代前期の大名。常陸片野藩
　　主、伊勢神戸藩主。
　　¶朝日（㋜慶長15年2月26日（1610年3月21日）），
　　織田（たきがわかつとし　　㋜慶長15（1610）年2
　　月26日），近世，国史，茶道（たきがわかつと
　　し），史人（㋜1610年2月26日），人名（たきが
　　わかつとし　　㋐？），戦合，戦国（㋐1544年），
　　戦辞（㋜慶長15年2月26日（1610年3月21日）），
　　戦人，日人，藩主2（㋜慶長15（1610）年2月26
　　日），藩主3

滝川助九郎　たきがわすけくろう
　　安土桃山時代の武将。秀吉馬廻。
　　¶戦国，戦人（生没年不詳）

滝川助太郎　たきがわすけたろう
　　安土桃山時代の武将。秀吉馬廻。
　　¶戦国，戦人（生没年不詳）

滝川助義　たきかわすけよし
　　？〜天正3（1575）年
　　戦国時代〜安土桃山時代の武士。滝川郷を領有。
　　¶姓氏愛知

**滝川忠征** たきがわただまさ
→滝川忠征(たきがわただゆき)

**滝川忠征** たきがわただゆき
永禄2(1559)年～寛永12(1635)年 [別]滝川忠征《たきがわただまさ》，木全彦二郎《こまたひこじろう》
安土桃山時代～江戸時代前期の武士。豊臣氏家臣、徳川氏家臣。
¶戦国，戦人([生]永禄1(1558)年)，藩臣4(たきがわただまさ)

**滝川辰政** たきがわたつまさ
天正3(1575)年～承応1(1652)年
安土桃山時代～江戸時代前期の武将、池田家臣。
¶岡山人，岡山歴([没]慶安5(1652)年7月18日)

た

**滝川彦右衛門** たきかわひこえもん
生没年不詳
安土桃山時代の織田信長の家臣。
¶織田

**滝川正利** たきがわまさとし
天正18(1590)年～寛永2(1625)年
江戸時代前期の武将、大名。常陸片野藩主。
¶日人，藩主2([没]寛永2(1625)年11月7日)

**滝川益重** たきがわますしげ,たきかわますしげ
生没年不詳
安土桃山時代の武士。豊臣氏家臣。
¶織田(たきかわますしげ)，戦国，戦人

**滝川弥次郎** たきがわやじろう
安土桃山時代の武士。
¶戦国，戦人(生没年不詳)

**滝聞道房** たきぎみちふさ
平安時代後期～鎌倉時代前期の薩摩国祁答院倉丸の領主。
¶姓氏鹿児島

**滝口** たきぐち
→斎藤時頼(さいとうときより)

**滝口太郎** たきぐちたろう
戦国時代の武将。葛西氏家臣。
¶戦東

**滝口入道** たきぐちにゅうどう
→斎藤時頼(さいとうときより)

**滝口入道時頼** たきぐちにゅうどうときより
→斎藤時頼(さいとうときより)

**滝沢刑部少輔** たきざわぎょうぶしょう
→滝沢刑部少輔(たきざわぎょうぶしょうゆう)

**滝沢刑部少輔** たきざわぎょうぶしょうゆう
[別]滝沢刑部少輔《たきざわぎょうぶしょう》
安土桃山時代～江戸時代前期の地方豪族・土豪。
¶戦国(たきざわぎょうぶしょう)，戦人(生没年不詳)

**滝沢三郎右衛門** たきざわさぶろうえもん
戦国時代の武将。葛西氏家臣。
¶戦東

**滝沢四郎右衛門** たきざわしろうえもん
生没年不詳
安土桃山時代～江戸時代前期の武士。
¶庄内

**滝沢兵庫** たきざわひょうご
江戸時代前期の武将。最上氏家臣。滝沢城主。
¶戦東

**滝沢政家** たきざわまさいえ
? ～天正3(1575)年
戦国時代～安土桃山時代の武士。最上氏家臣。
¶戦人

**滝沢政道** たきざわまさみち
生没年不詳
安土桃山時代～江戸時代前期の武士。最上氏家臣。
¶戦人

**滝沢又五郎** たきざわまたごろう
安土桃山時代～江戸時代前期の地方豪族・土豪。
¶戦国，戦人(生没年不詳)

**高城重誠** たきしげあきら
? ～大永2(1522)年
戦国時代の入来院氏家臣。
¶姓氏鹿児島

**高城重郷** たきしげさと
鎌倉時代の人。薩摩国高城郡高城郷の領主。
¶姓氏鹿児島

**高城重隆** たきしげたか
? ～大永2(1522)年
戦国時代の武将。東郷氏族高城氏の初代。
¶姓氏鹿児島

**高城重仲** たきしげなか
? ～弘安4(1281)年
鎌倉時代の武士。
¶姓氏鹿児島

**高城重棟** たきしげむね
南北朝時代の武将。
¶姓氏鹿児島

**滝新右衛門** たきしんうえもん
? ～寛永12(1635)年
江戸時代前期の武士、丹波園部藩家老。
¶藩臣5

**田北鑑重** たきたあきしげ
? ～天正8(1580)年 [別]田北紹鉄《たきたしょうてつ》
安土桃山時代の武将。
¶大分歴，戦人(田北紹鉄 たきたしょうてつ)，戦西

**田北鑑生** たきたあきなり
? ～永禄4(1561)年
戦国時代の武士。
¶戦人，戦西

**田北鎮周** たきたしげかね
? ～天正6(1578)年
戦国時代～安土桃山時代の武士。

¶戦人，戦西

**田北紹鉄** たきたしょうてつ
→田北鑑重(たきたあきしげ)

**田北親員** たきたちかかず
？～天文9(1540)年
戦国時代の武士。
¶戦人，戦西

**田北親泰** たきたちかやす
？～弘安10(1287)年
鎌倉時代の武将。
¶大分歴

**田北統員** たきたむねかず
？～正保2(1645)年
安土桃山時代～江戸時代前期の武将。
¶戦人，戦西

**多喜直忠** たきなおただ
？～寛永4(1627)年
安土桃山時代～江戸時代前期の浅野家臣。
¶和歌山人

**滝野吉政** たきのよしまさ
？～慶長7(1602)年
安土桃山時代の地方豪族・土豪。
¶戦人

**滝宮豊後** たきみやぶんご
？～天正10(1582)年 [別]滝宮安資《たきみややすすけ》
安土桃山時代の武将。
¶人名，日人(滝宮安資 たきみややすすけ)

**滝宮安資** たきみややすすけ
→滝宮豊後(たきみやぶんご)

**滝本重行** たきもとしげゆき
生没年不詳
戦国時代～安土桃山時代の武士。南部氏家臣。
¶戦人

**滝本播摩** たきもとはりま
生没年不詳
安土桃山時代の大光寺城城代。
¶青森人

**滝山伝三郎** たきやまでんざぶろう
？～永禄1(1558)年3月7日
戦国時代の織田信長の家臣。
¶織田

**田口勘解由** たぐちかげゆ
生没年不詳
戦国時代～安土桃山時代の武士。結城氏家臣。
¶戦辞，戦人，戦東

**田口重光** たぐちしげみつ
？～永禄10(1567)年8月24日
戦国時代の美作国中央部の在地武士。
¶岡山歴

**田口成能**(田口成良) たぐちしげよし
生没年不詳 [別]田口成良《たぐちしげよし，たぐちのしげよし》
平安時代後期の阿波国の有力在地武士。名東郡桜間領主。
¶鎌室，国史(田口成良)，古中(田口成良)，史人，新潮，人名，徳島百(田口成良 たぐちのしげよし)，徳島歴(田口成良)，日人，平史(田口成良 たぐちのしげよし)

**田口新蔵人** たぐちしんくらんど
？～天文19(1550)年
戦国時代の武士。
¶戦人，戦西

**田口親忠** たぐちちかただ
戦国時代の武士。
¶戦人(生没年不詳)，戦西

**田口長能** たぐちながよし
？～天文17(1548)年
戦国時代の地方豪族・土豪。
¶姓氏長野，戦人

**田口成良** たぐちのしげよし
→田口成能(たぐちしげよし)

**田口教能** たぐちののりよし
？～建久8(1197)年 [別]田口範能《たぐちのりよし》
平安時代後期～鎌倉時代前期の阿波国の武将。田口成良の長男。
¶徳島歴(田口範能 たぐちのりよし [没]建久8(1197)年10月)，平史

**田口信連** たぐちのぶつら
生没年不詳
南北朝時代の武士。
¶大分歴

**田口良遠** たぐちのよしとお
生没年不詳 [別]田口良遠《たぐちよしとお》
平安時代後期の阿波国の武将。
¶徳島歴(たぐちよしとお)，平史

**田口範能** たぐちのりよし
→田口教能(たぐちののりよし)

**田口益重** たぐちますしげ
安土桃山時代の武士。
¶岡山人

**田口光重** たぐちみつしげ
安土桃山時代の武将。
¶岡山人

**田口吉真** たぐちよしざね
享禄4(1531)年～慶長19(1614)年
戦国時代～江戸時代前期の武士。
¶姓氏群馬

**田口良遠** たぐちよしとお
→田口良遠(たぐちのよしとお)

**詫磨顕秀** たくまあきひで
生没年不詳
鎌倉時代後期の武士。
¶鎌室，人名，日人

**宅間監物** たくまけんもつ
安土桃山時代〜江戸時代前期の武士。里見氏家臣。
¶戦人（生没年不詳），戦東

**宅間五兵衛** たくまごへえ
安土桃山時代〜江戸時代前期の武士。里見氏家臣。
¶戦人（生没年不詳），戦東

**宅間勝兵衛** たくましょうべえ
安土桃山時代〜江戸時代前期の武士。里見氏家臣。
¶戦人（生没年不詳），戦東

**詫磨親家** たくまちかいえ
生没年不詳
室町時代の武士。
¶鎌室，日人

**詫磨時秀** たくまときひで
生没年不詳
鎌倉時代後期の武士。
¶鎌室，人名，日人

**宅間富朝** たくまとみとも
生没年不詳
戦国時代の北条氏の家臣。
¶戦辞

**宅間規富** たくまのりとみ
？〜元和7（1621）年1月16日
安土桃山時代〜江戸時代前期の北条氏の家臣。
¶戦辞

**詫磨満親** たくまみつちか
生没年不詳
室町時代の武士。
¶鎌室，日人

**詫磨能秀** たくまよしひで
建久9（1198）年〜弘長3（1263）年
鎌倉時代前期の武士。大友能直の次男。
¶朝日，大分歴，鎌室，諸系，新潮，人名，日人

**詫磨頼秀**（詫間頼秀）たくまよりひで
生没年不詳
鎌倉時代後期の武士。
¶鎌室，人名（詫間頼秀），日人

**託美（詫美）景説** たくみかげせん
戦国時代の武将。朝倉氏家臣。
¶戦西（託美景説）

**託美左京亮** たくみさきょうのすけ
戦国時代の武将。朝倉氏家臣。
¶戦西

**多久宗時** たくむねとき
生没年不詳
戦国時代の武将。
¶日人

**多久宗直** たくむねなお
仁安2（1167）年〜寛元1（1243）年
平安時代後期〜鎌倉時代前期の武将。
¶日人

**多久安順** たくやすしげ
永禄9（1566）年〜寛永18（1641）年
安土桃山時代〜江戸時代前期の肥前小城郡多久の領主。
¶諸系，人名，日人

**武井勝伝** たけいかつのり
生没年不詳
戦国時代の武士。結城氏家臣。
¶戦辞，戦人，戦東

**竹居宮内** たけいくない
戦国時代の武将。武田家臣。永禄10年の諏訪五十騎交名にみえる。
¶姓氏山梨

**武居江右衛門** たけいごうえもん
戦国時代の武将。武田家臣。『甲陽軍鑑』に廿人衆頭の一人としてみえる。
¶姓氏山梨

**武石勝左衛門** たけいしかつざえもん
→武石勝左衛門（たけいししょうざえもん）

**武石勝左衛門** たけいししょうざえもん
⑲武石勝左衛門《たけいしかつざえもん》
安土桃山時代〜江戸時代前期の武士。里見氏家臣。
¶戦人（生没年不詳），戦東（たけいしかつざえもん）

**武石胤顕** たけいしたねあき
生没年不詳
南北朝時代の陸奥国府の三番引付奉行人。
¶姓氏宮城

**武石胤盛** たけいしたねもり
久安2（1146）年〜建保3（1215）年　⑲平胤盛《たいらのたねもり》
平安時代後期〜鎌倉時代前期の武将。
¶鎌室，諸系，人名，姓氏宮城（生没年不詳），日人，平史（平胤盛　たいらのたねもり）

**竹井将監** たけいしょうげん
？〜天正10（1582）年4月
戦国時代の備中国の武将。
¶岡山歴

**武和泉守** たけいずみのかみ
？〜永正7（1511）年12月9日？
戦国時代の武士。三浦義意の家臣。
¶戦辞

**武井夕庵** たけいせきあん
生没年不詳
戦国時代〜安土桃山時代の武将。
¶朝日，織田，国史，古中，史人，戦合，戦国，戦人，戦西，日人，歴大

**竹井時友** たけいときとも
生没年不詳
戦国時代の部将。
¶庄内

**竹井直定** たけいなおさだ
安土桃山時代の備中国の武将。

¶岡山歴

**建稲種命** たけいなだねのみこと
生没年不詳
上代の日本武尊の東征に従軍したとされる人物。
¶姓氏愛知

**竹内源介** たけうちげんすけ
安土桃山時代の武士。豊臣氏家臣。
¶戦国, 戦人(生没年不詳)

**竹内虎介** たけうちとらすけ
安土桃山時代の武士。豊臣氏家臣。
¶戦国, 戦人(生没年不詳)

**竹内縫左衛門** たけうちぬいざえもん
安土桃山時代の武士。小笠原氏家臣。
¶戦人(生没年不詳), 戦東

**武内宿禰** たけうちのすくね
→武内宿禰(たけしうちのすくね)

**竹内久盛** たけうちひさもり
→竹内久盛(たけのうちひさもり)

**竹内秀勝** たけうちひでかつ
? ～元亀2(1571)年
戦国時代の武士。
¶戦国, 戦人

**竹内正安** たけうちまさやす
? ～慶長10(1605)年
安土桃山時代～江戸時代前期の水野分長に仕え、関ヶ原の戦で戦功。
¶姓氏愛知

**竹尾源七** たけおげんしち
生没年不詳
安土桃山時代の織田信長の家臣。
¶織田

**武殻王** たけかいこおう
生没年不詳
上代の武将。讃岐綾氏の祖。
¶香川人, 香川百

**武源五郎** たけげんごろう
生没年不詳
戦国時代の武士。三浦義意の家臣。
¶戦辞

**竹腰道鎮** たけごしどうちん
? ～弘治2(1556)年
戦国時代の武士。
¶戦人, 戦西

**竹腰尚光** たけごしひさみつ
戦国時代の武士。
¶戦人(生没年不詳), 戦西

**竹腰正信** たけこしまさのぶ
→竹腰正信(たけのこしまさのぶ)

**竹崎惟満** たけざきこれみつ
生没年不詳
戦国時代の武士。
¶戦人

**竹崎季長** たけざきすえなが,たけさきすえなが
寛元4(1246)年～?
鎌倉時代後期の武士。元寇での武功を子孫に伝えるため「蒙古襲来絵詞」の作成を依頼。
¶朝日(たけさきすえなが), 岩史, 角史, 神奈川人(たけさきすえなが), 鎌倉, 鎌室, 熊本百(生没年不詳), 国史, 古中, コン改, コン4, 史人, 重要, 新潮, 人名, 世人(生没年不詳), 全書, 大百, 日史, 日人, 百科, 歴大

**武左京亮** たけさきょうのすけ
生没年不詳
戦国時代の武士。三浦義意の家臣。
¶戦辞

**多気貞国** たけさだくに
安土桃山時代の武将。
¶人名

**竹沢右京亮** たけざわうきょうのすけ
南北朝時代の武蔵武士。
¶埼玉人(生没年不詳), 埼玉百

**武内宿禰** たけしうちのすくね
*～仁徳天皇55(367)年 [別]武内宿禰《たけうちのすくね,たけのうちすくね,たけのうちのすくね》
上代の大臣、武将。孝元天皇の玄孫。
¶朝日, 岩史(たけのうちのすくね), 大阪人(たけのうちすくね [生]景行天皇9(79)年), 角史, 郷土奈良(たけのうちのすくね [生]?), 郷土和歌山(たけのうちのすくね 生没年不詳), 公卿(たけのうちのすくね [生]景行9年 [没]仁徳50年), 国史, 古史, 古代, 古中, コン改, コン4, 諸系, 神史, 新潮(たけのうちのすくね), 人名(たけのうちのすくね), 姓氏岩手(たけのうちのすくね), 世人(たけのうちのすくね), 世百, 全書, 大百, 鳥取百(たけのうちのすくね), 日音(たけうちのすくね 生没年不詳), 日史(たけうちのすくね), 日人, 百科(たけうちのすくね), 歴大, 和歌山人(たけのうちのすくね)

**武石正棟** たけしまさむね
? ～文禄2(1593)年
戦国時代～安土桃山時代の武田家臣。信濃武石の城主。
¶姓氏長野, 姓氏山梨

**武島茂貞** たけしましげさだ
永禄6(1563)年～寛永13(1636)年
安土桃山時代～江戸時代前期の武士。
¶日人

**武島茂幸** たけしましげゆき
? ～慶長19(1614)年
安土桃山時代～江戸時代前期の武士。
¶日人

**武図書助** たけずしょのすけ
生没年不詳
戦国時代の検地奉行。北条氏家臣。
¶戦辞

**武田有義** たけだありよし
? ～正治2(1200)年 [別]源有義《みなもとのあり

た

よし》
平安時代後期～鎌倉時代前期の武将。甲斐源氏信義の子。
¶朝日，鎌室，諸系（[没]1200年？），人名，日人（[没]1200年？），平史（源有義　みなもとのありよし），山梨百

**武田伊豆千代丸**　たけだいずちよまる
生没年不詳
室町時代の武士。
¶山梨百

**武田犬千代**　たけだいぬちよ
大永3（1523）年～享禄2（1529）年2月19日
戦国時代の武田信虎の次子。
¶戦辞



**武田氏信**　たけだうじのぶ
？～応永1（1394）年　[別]武田信成《たけだのぶしげ，たけだのぶなり》
南北朝時代の武将。武田系図によれば武田陸奥守信武の長男。
¶鎌室，系東（武田信成　たけだのぶしげ），諸系（[生]1312年　[没]1380年），日人（[生]1312年　[没]1380年），山梨百（武田信成　たけだのぶしげ　[没]明徳5（1394）年6月13日）

**竹田栄翁**　たけだえいおう
？～元和1（1615）年
安土桃山時代～江戸時代前期の武士。豊臣氏家臣。
¶戦国，戦人

**武田勝頼**　たけだかつより
天文15（1546）年～天正10（1582）年
安土桃山時代の武将。信玄の4男。家督を相続したが長篠の合戦で敗れ、のち織田軍に攻められ自殺。
¶愛知百（[没]1582年3月11日），朝日（[没]天正10年3月11日（1582年4月3日）），岩史（[没]天正10（1582）年3月11日），角史，群馬人，群馬百，系東，国史，古中，コン改，コン4，史人（[没]1582年3月11日），静岡百，静岡歴，重要（[没]天正10（1582）年3月11日），諸系，人書94，新潮（[没]天正10（1582）年3月11日），人名，姓氏静岡，姓氏長野，世人（[没]天正10（1582）年3月11日），世百，戦合，戦国，戦辞（[没]天正10年3月11日（1582年4月3日）），全書，戦人，大百，長野歴，日史（[没]天正10（1582）年3月11日），日人，百科，山梨百（[没]天正10（1582）年3月11日），歴大

**武田官兵衛**　たけだかんべえ
安土桃山時代～江戸時代前期の武士。里見氏家臣。
¶戦人（生没年不詳），戦東

**武田喜太郎**　たけだきたろう
？～天正10（1582）年6月2日
戦国時代～安土桃山時代の織田信長の家臣。
¶織田

**武田国信**(1)　たけだくにのぶ
嘉吉2（1442）年～延徳2（1490）年　[別]武田宗勲《たけだそうくん》
室町時代～戦国時代の武将。信繁の3男。応仁の乱で東軍につく。
¶朝日（[没]延徳2年6月21日（1490年7月8日）），鎌室（[生]永享10（1438）年　[没]延徳3（1491）年），京都府，郷土福井（[生]？　[没]1491年），系西，国書（[没]延徳2（1490）年6月21日），コン改（[生]永享10（1438）年　[没]延徳3（1491）年），コン4（[生]永享10（1438）年　[没]延徳3（1491）年），諸系，新潮（[生]永享10（1438）年　[没]延徳2（1490）年6月21日），人名（[生]？），戦人，日人，福井百，和俳（[没]延徳2（1490）年6月21日）

**武田国信**(2)　たけだくにのぶ
？～天文21（1552）年
戦国時代の武将。古河公方足利家の臣。
¶戦人

**武田小三郎**　たけだこさぶろう
大永4（1524）年～慶長2（1597）年
戦国時代～安土桃山時代の武士。毛利元就に仕える。
¶姓氏山口

**武田五兵衛**　たけだごひょうえ
永禄12（1569）年～慶長8（1603）年　[別]武田五兵衛《たけだごへえ》
安土桃山時代の武士。加藤氏家臣。
¶コン改，コン4，新潮（[没]慶長8（1603）年11月7日），戦人（たけだごへえ），日人

**武田五兵衛**　たけだごへえ
→武田五兵衛（たけだごひょうえ）

**武田五郎**　たけだごろう
？～天正10（1582）年3月
戦国時代～安土桃山時代の織田信長の家臣。
¶織田

**竹田西忍**　たけださいにん
生没年不詳
室町時代の山城国乙訓郡寺戸の国人。
¶姓氏京都

**武田左吉**　たけださきち
生没年不詳
安土桃山時代の織田信長の家臣。
¶織田

**武田左京亮**　たけださきょうのすけ
戦国時代の武将。今川氏家臣。
¶戦東

**武田貞政**　たけださだまさ
？～正平7/文和1（1352）年
南北朝時代の武将。
¶山梨百

**武田七郎次郎**　たけだしちろうじろう
→武田七郎次郎（たけだしちろじろう）

**武田七郎次郎**　たけだしちろじろう
[別]武田七郎次郎《たけだしちろうじろう》
安土桃山時代～江戸時代前期の武士。里見氏家臣。
¶戦人（生没年不詳），戦東（たけだしちろうじろう）

**武田恕鑑**　たけだじょかん
？～天文3（1534）年7月1日
戦国時代の大名。

¶戦辞

**武田次郎**　たけだじろう
？　～天正10(1582)年4月13日
戦国時代～安土桃山時代の武士。
¶戦辞

**武田信玄**　たけだしんげん
大永1(1521)年～天正1(1573)年　[別]武田晴信《たけだはるのぶ》
戦国時代の武将。もともと甲斐の守護だったが信濃に進出して，数度越後の上杉謙信と川中島で対陣。のち上洛を目指したが道半ばで死去。
¶朝日([生]大永1年11月3日(1521年12月1日)　[没]天正1年4月12日(1573年5月13日))，岩史([生]大永1(1521)年11月3日　[没]元亀4(1573)年4月12日)，江戸，角史，神奈川人，教育，群馬人，群馬百，系東(武田晴信　たけだはるのぶ)，国史，国書([生]大永1(1521)年11月3日　[没]元亀4(1573)年4月12日)，古中，コン改，コン4，埼玉人([生]大永1(1521)年11月3日　[没]天正1(1573)年4月12日)，詩歌，史人([没]1573年4月12日)，静岡百，静岡歴，重要([生]大永1(1521)年11月3日)，諸系，人書79，人書94，人情，新潮([生]大永1(1521)年11月3日　[没]天正1(1573)年4月12日)，人名，姓氏静岡，姓氏長野，世人([没]天正1(1573)年4月12日)，世百，戦合，戦国(武田晴信　たけだはるのぶ)，戦辞(武田晴信　たけだはるのぶ　[生]大永1年11月3日(1521年12月1日)　[没]天正1年4月12日(1573年5月13日))，全書，戦人，大百，伝記，長野百，長野歴，日史([生]大永1(1521)年11月3日　[没]天正1(1573)年4月12日)，日人，百科，山梨百([生]大永1(1521)年11月3日　[没]天正1(1573)年4月12日)，歴大

**武田信廉**　たけだしんれん
→武田信廉(たけだのぶかど)

**武田全芳**　たけだぜんぽう
？　～天文18(1549)年2月3日？
戦国時代の武士。真里谷武田一門。
¶戦辞

**武田高信**　たけだたかのぶ
戦国時代の武将。
¶鳥取百

**武田竹松**　たけだたけまつ
永正14(1517)年～大永3(1523)年11月1日
戦国時代の武士。武田信虎の長子。
¶戦辞

**竹田津鎮満**　たけだつしげみつ
？　～慶長1(1596)年
安土桃山時代の武士。
¶戦人，戦西

**武田常信**　たけだつねのぶ
生没年不詳
戦国時代の守護代。
¶戦辞

**武田道快**　たけだどうかい
→顕了道快(けんりょうどうかい)

**武田道鑑**　たけだどうかん
？　～永正8(1511)年6月24日
戦国時代の大名。
¶戦辞

**武田時綱**　たけだときつな
生没年不詳
鎌倉時代前期の武将。
¶系東

**武田殿**　たけだどの
生没年不詳
戦国時代の武将。北条氏の客将。
¶戦辞

**武田朝信**　たけだとものぶ
？　～天文13(1544)年
戦国時代の武将。
¶戦人

**武田豊信**　たけだとよのぶ
？　～天正18(1590)年
安土桃山時代の上総庁南城主。
¶諸系，人名，戦辞([没]天正18年7月7日(1590年8月6日))，千葉百(生没年不詳)，日人

**武田中務大輔**　たけだなかつかさのたいふ
生没年不詳
安土桃山時代の織田信長の家臣。
¶織田

**竹田能登守**　たけだのとのかみ
安土桃山時代の武将。里見氏家臣。
¶戦東

**武田信顕**　たけだのぶあき
？　～天正10(1582)年
戦国時代～安土桃山時代の武将。
¶日人

**武田信賢**　たけだのぶかた
応永27(1420)年～文明3(1471)年　[別]若狭屋形《わかさやかた》
室町時代の武将。信繁の次男。
¶朝日([没]文明3年6月2日(1471年6月20日))，鎌室，京都府，郷土福井([生]？)，系西，国史，古中，コン改，コン4，史人([没]1471年6月2日)，諸系，新潮([没]文明3(1471)年6月2日)，人名，戦合，戦人，日人

**武田信方**　たけだのぶかた
生没年不詳
戦国時代の若狭の武将。信豊の子。
¶福井百

**武田信勝**　たけだのぶかつ
永禄10(1567)年～天正10(1582)年
安土桃山時代の武将。勝頼の長男。
¶朝日([没]天正10年3月11日(1582年4月3日))，コン改([生]永禄10(1567)年？)，コン4([生]永禄10(1567)年？)，諸系，人名([生]1564年)，姓氏山梨，戦辞([没]天正10年3月11日(1582年4月3日))，日人，山梨百([没]天正10(1582)年3月11日)

**武田信廉** たけだのぶかど
? ～天正10(1582)年 [別]武田信綱《たけだのぶつな》,武田信廉《たけだしんれん》,武田逍遙軒《たけだしょうようけん》
安土桃山時代の武将。信虎の3男。春信の同母弟。
¶朝日([没]天正10(1582)年3月), コン4, 諸系, 新潮, 人名(武田信綱 たけだのぶつな), 姓氏山梨, 戦辞([生]天文1(1532)年 [没]天正10年3月24日(1582年4月16日)), 戦人, 戦東, 長野歴, 日人, 名画(たけだしんれん), 山梨百([没]天正10(1582)年3月)



**武田信清**(1) たけだのぶきよ
? ～天文3(1534)年
戦国時代の武将。
¶戦人

**武田信清**(2) たけだのぶきよ
永禄6(1563)年～寛永19(1642)年
安土桃山時代～江戸時代前期の出羽米沢藩高家。武田信玄の6男。
¶戦辞([没]寛永19年3月21日(1642年4月28日)), 藩臣1, 山形百([生]永禄3(1560)年)

**武田信定** たけだのぶさだ
永禄10(1567)年～天正10(1582)年
安土桃山時代の武将。
¶日人

**武田信実**(1) たけだのぶざね
? ～天正3(1575)年
戦国時代～安土桃山時代の武士。
¶コン改, コン4, 諸系([生]1544年), 新潮([没]天正3(1575)年5月21日), 人名, 戦国, 戦辞([没]天正3年5月21日(1575年6月29日)), 戦人, 日人([生]1544年), 山梨百([没]天正3(1575)年5月21日)

**武田信実**(2) たけだのぶざね
→武田光広(たけだみつひろ)

**武田信栄** たけだのぶしげ
→武田信栄(たけだのぶひで)

**武田信重** たけだのぶしげ
? ～宝徳2(1450)年
室町時代の武将、守護職。
¶鎌室, 系東, 諸系, 人名, 日人, 山梨百([没]宝徳2(1450)年11月24日)

**武田信成** たけだのぶしげ
→武田氏信(たけだうじのぶ)

**武田信繁** たけだのぶしげ
大永5(1525)年～永禄4(1561)年 [別]武田典厩《たけだてんきゅう》
戦国時代の武将。甲斐国守護信虎の次男。信玄の同母弟。
¶朝日([没]永禄4年9月10日(1561年10月18日)), 国史, 国書([没]永禄4(1561)年9月10日), 古中, コン改, コン4, 史人([没]1561年9月10日), 諸系, 新潮([没]永禄4(1561)年9月10日), 人名, 姓氏長野([生]1524年), 姓氏山梨, 戦合, 戦国, 戦辞([没]永禄4年9月10日(1561年10月18日)), 戦人, 戦東([生]?), 長野歴([生]大永4(1524)年), 日史([生]大永4(1524)年 [没]永禄4(1561)年9月10日), 日人, 山梨百([生]大永4(1524)年 [没]永禄4(1561)年9月10日)

**武田信澄** たけだのぶずみ
永禄3(1560)年～天正4(1577)年12月27日
安土桃山時代の武士。
¶戦辞

**武田信隆** たけだのぶたか
? ～天文20(1551)年8月2日
戦国時代の武士。峰上城主。
¶戦辞

**武田信堯** たけだのぶたか
天文23(1554)年～天正10(1582)年3月24日
戦国時代～安土桃山時代の武士。
¶戦辞

**武田信武** たけだのぶたけ
? ～正平14/延文4(1359)年
南北朝時代の武将。
¶鎌室, 系東, 国書([没]延文4(1359)年7月13日), 諸系, 日人, 広島百, 山梨百([没]延文4(1359)年ごろ)

**武田信忠** たけだのぶただ
生没年不詳
鎌倉時代前期の武士。
¶鎌室, 諸系, 人名, 日人

**武田信親**(1) たけだのぶちか
*～永正11(1514)年
戦国時代の武将。
¶鎌室([生]長禄2(1458)年), 諸系([生]1462年 [没]1485年), 新潮([生]長禄2(1458)年 [没]永正11(1514)年8月), 人名([生]?), 日人([生]1462年 [没]1485年)

**武田信親**(2) たけだのぶちか
→武田竜芳(たけだりゅうほう)

**武田信綱**(1) たけだのぶつな
生没年不詳
戦国時代の武将。
¶戦人

**武田信綱**(2) たけだのぶつな
→武田信廉(たけだのぶかど)

**武田信縄** たけだのぶつな
? ～永正4(1507)年
戦国時代の武将。
¶系東, 戦辞([没]永正4年2月14日(1507年3月27日)), 戦人, 山梨百([没]永正4(1507)年2月14日)

**武田信連** たけだのぶつら
戦国時代の武将。武田家臣。油川彦八郎信恵の四男。
¶姓氏山梨

**武田信時** たけだのぶとき
? ～正応2(1289)年
鎌倉時代後期の武将。甲斐源氏信政の子。

¶朝日（㊙正応2年2月9日（1289年3月2日）），鎌室，系東（生没年不詳），国史（生没年不詳），古中（生没年不詳），コン4，諸系，日人

## 武田信友 たけだのぶとも
？～天正10（1582）年3月
戦国時代～安土桃山時代の武士。
¶戦辞

## 武田信豊(1) たけだのぶとよ
永正11（1514）年～？
戦国時代の武将。
¶系西，国書（㊞永正11（1514）年10月5日），福井百

## 武田信豊(2) たけだのぶとよ
？～天正10（1582）年
戦国時代～安土桃山時代の武将。
¶諸系（㊥1549年），人名，姓氏山梨，戦国，戦辞（㊥天文18（1549）年　㊙天正10年3月16日（1582年4月8日）），戦人，戦東，長野歴，日人（㊥1549年），山梨百（㊥天文18（1549）年　㊙天正10（1582）年3月12日）

## 武田信虎 たけだのぶとら
明応3（1494）年～天正2（1574）年
戦国時代～安土桃山時代の武将。甲斐国守護信縄の長男。
¶朝日（㊙天正2年3月5日（1574年3月27日）），角史，系東，国史，古中，コン改，コン4，史人（㊙1574年3月5日），諸系，新潮（㊙明応3（1494）年1月6日　㊙天正2（1574）年3月5日），人名，姓氏長野，世人，戦合，戦国（㊥？），戦辞（㊥明応3年1月6日（1494年2月11日）　㊙天正2年3月5日（1574年3月27日）），戦人，長野歴，日史（㊙天正2（1574）年3月5日），日人，山梨百（㊥明応3（1494）年1月6日　㊙天正2（1574）年3月5日），歴大

## 武田信長(1) たけだのぶなが
生没年不詳
鎌倉時代前期の武士。
¶鎌室，諸系，戦辞，日人

## 武田信長(2) たけだのぶなが
生没年不詳
室町時代の武将。甲斐国守護武田信満の次男。
¶朝日，鎌室，国史，古中，コン改，コン4，史人，諸系，新潮，人名，戦合，戦辞，千葉百（㊞応永7（1400）年　㊙文明9（1477）年），日史，日人，山梨百

## 武田信成 たけだのぶなり
→武田氏信（たけだうじのぶ）

## 武田信春 たけだのぶはる
？～応永20（1413）年
室町時代の武将。
¶鎌室，系東，諸系，日人，山梨百（㊙応永20（1413）年10月23日）

## 武田信栄 たけだのぶひで
応永20（1413）年～永享12（1440）年　㊙武田信栄《たけだのぶしげ》

室町時代の武将。安芸3郡の分郡守護信繁の嫡子。
¶朝日（㊙永享12年7月23日（1440年8月20日）），系西（たけだのぶしげ　㊙1441年），諸系，日人

## 武田信広 たけだのぶひろ
永享3（1431）年～明応3（1494）年　㊙蠣崎信広《かきざきのぶひろ》
室町時代～戦国時代の武将。蝦夷松前藩主松前氏の始祖。
¶朝日（生没年不詳），角史，鎌室，国史，古中，コン4，史人（㊙1494年5月20日），重要（蠣崎信広　かきざきのぶひろ　㊙明応3（1494）年5月20日），諸系，人書79，新潮（㊙明応3（1494）年5月20日），人名，戦合，全書，日人，福井百（生没年不詳），北海道百，北海道歴，歴大

## 武田信房 たけだのぶふさ
？～天正19（1591）年
安土桃山時代の武士。
¶戦国，戦人

## 武田信応 たけだのぶまさ
？～天文21（1552）年
戦国時代の大名。
¶戦辞

## 武田信昌 たけだのぶまさ
文安4（1447）年～永正2（1505）年
室町時代～戦国時代の武将。
¶系東，諸系，人名（㊙？），戦辞（㊞永正2年9月16日（1505年10月13日）），戦人，日人，山梨百（㊙永正2（1505）年9月16日）

## 武田信政 たけだのぶまさ
？～文永2（1265）年
鎌倉時代前期の武将。
¶鎌室，系東，諸系，日人

## 武田信光 たけだのぶみつ
応保2（1162）年～宝治2（1248）年　㊙源信光《みなもとののぶみつ》
平安時代後期～鎌倉時代前期の武将。甲斐源氏信義の子。
¶朝日（㊙宝治2年12月5日（1248年12月21日）），岩史（㊙宝治2（1248）年8月19日），鎌室，系東，国史，古中，コン改，コン4，史人（㊞1162年3月5日　㊙1248年12月5日），諸系，新潮（㊙宝治2（1248）年12月5日），人名（㊙1152年），世人，日人，平史（源信光　みなもとののぶみつ　㊥？），山梨百（㊙宝治2（1248）年8月19日）

## 武田信満 たけだのぶみつ
？～応永24（1417）年
室町時代の武将。甲斐国守護。信春の嫡子。
¶朝日（㊙応永24年2月6日（1417年2月22日）），鎌室，系東，国史，国書（㊙応永24（1417）年2月6日），古中，コン改，コン4，史人（㊙1417年2月6日），諸系，新潮（㊙応永24（1417）年2月6日），人名，日人，山梨百（㊙応永24（1417）年2月6日）

## 武田信宗 たけだのぶむね
？～元徳2（1330）年

た

鎌倉時代後期の武将。
¶系東

**武田信元** たけだのぶもと
生没年不詳
室町時代の武将。甲斐国守護。信春の子。
¶朝日，鎌室，国史，古中，コン改，コン4，史人，諸系，新潮，人名，日人，山梨百

**武田信守** たけだのぶもり
？ ～康正1（1455）年
室町時代の武将。
¶系東，山梨百（[没]享徳4（1455）年5月11日）



**武田信義** たけだのぶよし
大治3（1128）年～文治2（1186）年　[別]源信義《みなもとののぶよし》
平安時代後期の武将。甲斐国の住人。甲斐源氏源清光の子。
¶朝日（[生]大治3年8月15日（1128年9月11日）[没]文治2年3月9日（1186年3月31日）），鎌倉，鎌室，系東，国史，古中，コン改，コン4，史人（[生]1128年8月25日　[没]1186年3月9日），静岡百（[生]大治2（1127）年），静岡歴（[生]大治2（1127）年），諸系，新潮（[没]文治2（1186）年3月9日），人名，姓氏静岡，世人（[没]文治2（1186）年3月9日），日史（[没]文治2（1186）年3月9日），日人，百科，平史（源信義　みなもとののぶよし），山梨百（[生]大治3（1128）年8月15日　[没]文治2（1186）年3月9日），歴大

**武田信吉** たけだのぶよし
天正11（1583）年～慶長8（1603）年　[別]松平信吉《まつだいらのぶよし》
安土桃山時代の大名。水戸藩主、下総佐倉藩主。
¶朝日（松平信吉　まつだいらのぶよし　[生]天正11年9月3日（1583年10月18日）　[没]慶長8年9月11日（1603年10月15日）），近世（松平信吉　まつだいらのぶよし），国史（松平信吉　まつだいらのぶよし），コン4（松平信吉　まつだいらのぶよし），史人（松平信吉　まつだいらのぶよし　[生]1583年9月13日　[没]1603年9月11日），諸系，人名（松平信吉　まつだいらのぶよし），戦合（松平信吉　まつだいらのぶよし），戦国，戦人，日史（[没]慶長8（1603）年9月11日），日人，藩主2（[生]天正11（1583）年9月3日　[没]慶長8（1603）年9月11日），藩主2，百科（[生]天正11（1586）年），山梨百（[没]慶長8（1603）年9月11日）

**武田信恵** たけだのぶよし
？ ～永正5（1508）年10月4日
戦国時代の武士。甲斐守護武田信昌の次子。
¶戦辞

**武田信頼** たけだのぶより
生没年不詳
南北朝時代～室町時代の武将。
¶国書

**武田晴信** たけだはるのぶ
→武田信玄（たけだしんげん）

**武田政綱** たけだまさつな
生没年不詳
鎌倉時代の武士。
¶北条

**武田政友** たけだまさとも
永禄7（1564）年～元和1（1615）年
安土桃山時代～江戸時代前期の豊臣秀頼の馭術の師。
¶大阪人，人名

**武田政義** たけだまさよし
生没年不詳
南北朝時代の武士。
¶鎌室，諸系，日人，山梨百

**竹田三河守** たけだみかわのかみ
？ ～元亀3（1572）年7月16日
戦国時代の武士。
¶徳島歴

**武田光和** たけだみつかず
文亀2（1502）年～天文3（1534）年
戦国時代の武将。
¶諸系，人名，日人

**武田光広** たけだみつひろ
？ ～天文10（1541）年？　[別]武田信実《たけだのぶざね》
戦国時代の武将。
¶諸系（武田信実　たけだのぶざね），人名（[没]1541年），日人（武田信実　たけだのぶざね）

**武田元明** たけだもとあき
天文21（1552）年～天正10（1582）年　[別]武田元次《たけだもとつぐ》
安土桃山時代の大名。義統の子。
¶朝日（[没]天正10年7月19日（1582年8月17日）），織田（[生]？　[没]天正10（1582）年7月19日），系西（[没]1583年），国史，古中，諸系，人名（武田元次　たけだもとつぐ），戦合，戦国（[生]？），戦人，日人，福井百

**武田元繁** たけだもとしげ
？ ～永正14（1517）年
戦国時代の武将。
¶諸系，人名，日人，広島百

**武田元次** たけだもとつぐ
→武田元明（たけだもとあき）

**武田元綱** たけだもとつな
生没年不詳
室町時代の武将。
¶諸系，人名，日人

**武田元信** たけだもとのぶ
*～大永1（1521）年
戦国時代の武将、国信の次男、伊豆守、大膳大夫。
¶朝日（[生]康正1（1455）年　[没]大永1年12月3日（1521年12月31日）），京都府（[生]康正1（1455）年），系西（[生]1455年），国史（[生]？），国書（[生]文明4（1472）年？　[没]大永1（1521）年12月

3日），古中（[生]？），史人（[生]？　[没]1521年12月3日），諸系（[生]？），戦合（[生]？），戦人（[生]康正1（1455）年），日人（[生]？），福井百（[生]康正1（1455）年）

**武田元光** たけだもとみつ
明応3（1494）年～天文20（1551）年　[別]武田宗勝《たけだそうしょう》
戦国時代の武将。
¶系西，国書（[没]天文20（1551）年7月10日），諸系，戦人（[生]明応2（1493）年　[没]？），日人，福井百

**武田盛信** たけだもりのぶ
？ ～天正10（1582）年
安土桃山時代の信濃高遠城主。
¶人名

**武田義統** たけだよしずみ
大永6（1526）年～永禄10（1567）年　[別]武田義統《たけだよしむね》
戦国時代の武将。
¶織田（たけだよしむね　[生]？　[没]天正8（1580）年4月8日？），系西，史人（たけだよしむね　[生]？　[没]1567年4月8日，（異説）11月9日），諸系（たけだよしむね），戦人（[生]大永6（1526）年？），日人（たけだよしむね），福井百（たけだよしむね）

**武田義信** たけだよしのぶ
天文7（1538）年～永禄10（1567）年
戦国時代の武将。
¶諸系，人名，姓氏山梨，戦国（[生]1535年），戦辞（[没]永禄10年10月19日（1567年11月19日）），戦人，日人，山梨百（[没]永禄10（1567）年10月19日）

**武田義統** たけだよしむね
→武田義統（たけだよしずみ）

**武田竜芳** たけだりゅうほう
天文10（1541）年～天正10（1582）年　[別]海野竜宝《うんのりゅうほう》，武田信親《たけだのぶちか》
戦国時代～安土桃山時代の武士。甲斐国主武田晴信の次男。
¶姓氏山梨（武田信親　たけだのぶちか），戦辞（[没]天正10年3月7日（1582年4月19日）），長野歴（海野竜宝　うんのりゅうほう），山梨百

**高市皇子** たけちのおうじ
白雉5（654）年～持統天皇10（696）年　[別]高市皇子《たかいちのみこ，たけちおうじ，たけちのみこ》
飛鳥時代の皇親・公卿（太政大臣）。天武天皇の長男。壬申の乱で大海人皇子側の将帥。
¶朝日（たけちのみこ　[没]持統10年7月10日（696年8月13日）），岩史（たけちのみこ　[生]白雉5（654）年？　[没]持統10（696）年7月10日），角史（たけちおうじ），郷土奈良（たけちのみこ　[生]653年），公卿（たかいちのみこ　[没]持統10（696）年7月13日），国史，古史（たけちのみこ），古代（たけちのみこ　[生]654年？），古中，コン改（たけちのみこ），コン4（たけちのみこ），史人（たけちのみこ　[生]654年？　[没]696年7月10日），重要（[生]白雉5（654）年？　[没]持統10（696）年7月10日），諸系，新潮（たけちのみこ　[没]持統10（696）年7月10日），人名，世人（[没]持統10（696）年7月10日），世百，全書（[生]654年？），大百，日史（[没]持統10（696）年7月10日），日人，百科（たけちのみこ），万葉（たけちのみこ），歴大

**高市皇子** たけちのみこ
→高市皇子（たけちのおうじ）

**武常晴** たけつねはる
建仁2（1202）年～承久3（1221）年
鎌倉時代前期の武士。公暁を討ち取った。
¶姓氏神奈川

**武内膳允** たけないぜんのじょう
戦国時代の武将。足利氏家臣。
¶戦辞（生没年不詳），戦東

**竹中采女正重興** たけなかうねめのしょうしげおき
？ ～寛永11（1634）年
安土桃山時代～江戸時代前期の6代長崎奉行。
¶長崎歴

**竹中源助** たけなかげんすけ
→竹中重利（たけなかしげとし）

**竹中重門** たけなかしげかど
天正1（1573）年～寛永8（1631）年
安土桃山時代～江戸時代前期の武将。
¶近世，国史，国書（[没]寛永8（1631）年閏10月9日），コン改，コン4，茶道（[生]1574年　[没]1632年），史人（[没]1631年閏10月9日），新潮（[没]寛永8（1631）年閏10月9日），人名，戦合，戦国，戦人，日人

**竹中重定** たけなかしげさだ
*～慶長15（1610）年
安土桃山時代～江戸時代前期の武士。豊臣氏家臣、徳川氏家臣。
¶戦国（[生]1552年），戦人（[生]天文20（1551）年）

**竹中重隆** たけなかしげたか
天文21（1552）年～天正16（1588）年
安土桃山時代の豊後府内荷揚城主。
¶人名

**竹中重元** たけなかしげちか
明応8（1499）年～永禄3（1560）年
戦国時代の武将。
¶戦人

**竹中重利** たけなかしげとし
永禄5（1562）年～元和1（1615）年　[別]竹中源助《たけなかげんすけ》，竹中隆重《たけなかたかしげ》
安土桃山時代～江戸時代前期の武将、大名。豊後高田領主、豊後府内藩主。
¶大分百，岐阜百（竹中源助　たけなかげんすけ），茶道，戦国（竹中隆重　たけなかたかしげ），戦人（竹中隆重　たけなかたかしげ），日人，藩主4（[没]元和1（1615）年10月6日）

**竹中重矩** たけなかしげのり
天文15（1546）年～天正10（1582）年

安土桃山時代の武士。織田氏家臣、豊臣氏家臣。
¶織田（[没]天正10（1582）年6月6日），戦国，戦人

**竹中重治**　たけなかしげはる
→竹中半兵衛（たけなかはんべえ）

**竹中隆重**　たけなかたかしげ
→竹中重利（たけなかしげとし）

**竹中遠江守**　たけなかとおとうみのかみ
戦国時代の武将。斎藤氏家臣。
¶戦西

**竹中半兵衛**　たけなかはんべい
→竹中半兵衛（たけなかはんべえ）



**竹中半兵衛**　たけなかはんべえ
天文13（1544）年～天正7（1579）年　[別]竹中重治《たけなかしげはる》，竹中半兵衛《たけなかはんべい》
安土桃山時代の武将、美濃菩提山城主竹中重元の子。
¶朝日（[没]天正7年6月13日（1579年7月6日）），織田（竹中重治　たけなかしげはる　[没]天正7（1579）年6月13日），角史，岐阜百（たけなかはんべい　[生]1545年），国史（竹中重治　たけなかしげはる），国書（竹中重治　たけなかしげはる　[没]天正7（1579）年6月13日），古中（竹中重治　たけなかしげはる），コン改，コン4，史人（竹中重治　たけなかしげはる　[没]1579年6月13日），人書94，新潮（[没]天正7（1579）年6月13日），人名（竹中重治　たけなかしげはる），世人（[没]天正7（1579）年6月13日），戦合（竹中重治　たけなかしげはる），戦国（竹中重治　たけなかしげはる　[生]？　[没]1575年），全書（[生]？），戦人（竹中重治　たけなかしげはる），戦西（竹中重治　たけなかしげはる　[没]1575年），大百（[生]？），日史（[生]？　[没]天正7（1579）年6月13日），日人（竹中重治　たけなかしげはる），百科（[生]？），歴大（竹中重治　たけなかしげはる）

**竹中彦八郎**　たけなかひこはちろう
永禄8（1565）年？～天正10（1582）年6月2日
安土桃山時代の織田信長の家臣。
¶織田

**竹中分六**　たけなかぶんろく
安土桃山時代の武士。豊臣氏家臣。
¶戦国，戦人（生没年不詳）

**武永義忠**　たけながよしただ
生没年不詳
戦国時代の武将。
¶戦人

**武渟名川別**　たけぬなかわのわけ
→武渟川別命（たけぬなかわわけのみこと）

**武渟川別**　たけぬなかわわけ
→武渟川別命（たけぬなかわわけのみこと）

**武渟川別命**　たけぬなかわわけのみこと
[別]武渟川別《たけぬなかわわけ》，武渟名川別《たけぬなかわのわけ》
上代の四道将軍の一人。東海に派遣されたという。
¶古代（武渟川別　たけぬなかわわけ），埼玉人（武渟名川別　たけぬなかわのわけ　生没年不詳），史人，諸系，人名，日人

**竹内五兵衛**　たけのうちごへえ
～慶安1（1648）年6月29日
江戸時代前期の武士、功臣。
¶庄内

**武内宿禰**　たけのうちすくね
→武内宿禰（たけしうちのすくね）

**武内宿禰**　たけのうちのすくね
→武内宿禰（たけしうちのすくね）

**竹内久盛**　たけのうちひさもり
文亀3（1503）年～文禄4（1595）年　[別]竹内久盛《たけうちひさもり》
戦国時代～安土桃山時代の武術家。竹内流腰廻りの開祖。
¶朝日（[没]文禄4年6月30日（1595年8月5日）），岡山人，岡山百（[生]？　[没]文禄4（1595）年6月30日），岡山歴（[没]文禄4（1595）年6月30日），近世，国史，史人（[没]1595年6月30日），人名，戦合，戦人（たけうちひさもり　生没年不詳），日人

**竹内弥三郎**　たけのうちやさぶろう
安土桃山時代の武士。
¶岡山人

**竹内与五左衛門**　たけのうちよござえもん
戦国時代の武将。武田家臣。勝頼に付けられた侍大将8人のうちの一人。
¶姓氏山梨

**竹腰三郎左衛門**　たけのこしさぶろうざえもん
安土桃山時代の武士。豊臣氏家臣。
¶戦国，戦人（生没年不詳）

**竹腰正信**　たけのこしまさのぶ
天正19（1591）年～正保2（1645）年　[別]竹腰正信《たけこしまさのぶ》
江戸時代前期の武将、尾張藩家老。
¶岐阜百（たけこしまさのぶ　[生]1619年），諸系，姓氏愛知，日人，藩臣4

**竹俣清綱**　たけのまたきよつな
寛正2（1461）年～天文12（1543）年
室町時代～戦国時代の武士。越後揚北加地荘の国人。
¶戦辞

**竹俣小太郎**　たけのまたこたろう
安土桃山時代の武将。上杉氏家臣。
¶戦東

**竹俣房綱**　たけのまたふさつな
生没年不詳
戦国時代の武士。越後揚北の国人竹俣氏の一族。
¶戦辞

**竹俣慶綱**　たけのまたよしつな
大永4（1524）年～天正10（1582）年
戦国時代～安土桃山時代の国人。
¶戦辞（[没]天正10年6月3日（1582年6月22日）），

戦人，戦東

**竹原八郎** たけはらはちろう
建治2（1276）年～正平2/貞和3（1347）年
南北朝時代の武士。
¶人名，日人

**竹原義国** たけはらよしくに
？ ～天正18（1590）年
安土桃山時代の武将。
¶戦人

**武久庄兵衛** たけひさしょうべえ
[別]武久庄兵衛《ぶくしょうべえ》
江戸時代前期の武士。最上氏家臣。
¶戦人（生没年不詳），戦東（ぶくしょうべえ）

**武振熊** たけふるくま
→和珥武振熊（わにのたけふるくま）

**建部賢文** たけべかたぶみ
大永2（1522）年～天正18（1590）年 [別]建部賢文《たけべかたぶん，たてべかたぶみ》，建部伝内《たけべでんない，たてべでんない》
戦国時代～安土桃山時代の武将。右筆。
¶朝日（たけべかたぶん [没]天正18年9月21日（1590年10月19日）），郷土滋賀（建部伝内 たてべでんない [生]1544年 [没]1613年），近世（たけべかたぶん），国史（たけべかたぶん），国書（たけべかたぶん [没]天正18（1590）年9月21日），コン4（たけべかたぶん），滋賀百（建部伝内 たけべでんない），新潮（[生]大永3（1523）年 [没]天正18（1590）年9月21日），人名，戦合（たけべかたぶん），戦国（たてべかたぶみ [生]1523年），戦人，日人

**建部賢文** たけべかたぶん
→建部賢文（たけべかたぶみ）

**建部清綱** たけべきよつな
生没年不詳
鎌倉時代前期の地頭。
¶鎌室，姓氏鹿児島，日人

**建部周光** たけべしゅうこう
生没年不詳
安土桃山時代の織田信長の家臣。
¶織田

**建部寿徳** たけべじゅとく
天文5（1536）年～慶長12（1607）年 [別]建部高光《たけべたかみつ》，建部寿徳《たてべじゅとく》
安土桃山時代～江戸時代前期の郡代。
¶織田（[生]天文6（1537）年 [没]慶長12（1607）年9月20日），諸系，人名（建部高光 たけべたかみつ），戦国（たてべじゅとく [生]1538年），戦人，日人

**建部高光** たけべたかみつ
→建部寿徳（たけべじゅとく）

**建部伝内** たけべでんない
→建部賢文（たけべかたぶみ）

**建部秀明** たけべひであきら
？ ～天正4（1576）年
戦国時代～安土桃山時代の織田信長の家臣。
¶織田

**建部政長** たけべまさなが
慶長8（1603）年～寛文12（1672）年
江戸時代前期の武将、大名。摂津尼ヶ崎藩主、播磨林田藩主。
¶史人（[没]1672年4月18日），諸系，人名，日人，藩主3（[没]寛文12（1672）年4月18日），藩主3，兵庫百

**建部光重** たけべみつしげ
天正6（1578）年～慶長15（1610）年 [別]建部光重《たてべみつしげ》
安土桃山時代～江戸時代前期の武士。豊臣氏家臣。
¶諸系，人名（[生]1576年），戦国（たてべみつしげ），戦人，日人

**武光高信** たけみつたかのぶ
鎌倉時代の薩摩郡の在地領主。
¶姓氏鹿児島

**武光忠棟** たけみつただむね
安土桃山時代の武士。豊臣氏家臣。
¶岐阜百，戦国，戦人（生没年不詳）

**武光師永** たけみつもろなが
鎌倉時代の在地領主。
¶姓氏鹿児島

**武宮鎮元** たけみやしげもと
生没年不詳
安土桃山時代～江戸時代前期の武将。
¶戦人

**武宮親実** たけみやちかざね
？ ～文禄2（1593）年
戦国時代の武将。
¶大分歴

**武宮武蔵守** たけみやむさしのかみ
戦国時代の武将。大友氏家臣。
¶戦西

**竹村丹後守** たけむらたんごのかみ
永禄5（1562）年～寛永12（1635）年
安土桃山時代～江戸時代前期の第2代石見銀山奉行。
¶島根百（[没]寛永12（1635）年6月12日），島根歴（[生]永禄5（1562）年ごろ）

**竹村道清** たけむらみちきよ
永禄4（1561）年～寛永12（1635）年
安土桃山時代～江戸時代前期の幕吏。
¶人名，日人

**竹村嘉理** たけむらよしまさ
永禄9（1566）年～寛永8（1631）年
安土桃山時代～江戸時代前期の武士。
¶日人

**岳村与八郎** たけむらよはちろう
安土桃山時代の武士。豊臣氏家臣。
¶戦国，戦人（生没年不詳）

**竹本源三** たけもとげんぞう
生没年不詳
戦国時代の北条氏の家臣。
¶戦辞

**竹本正吉** たけもとまさよし
？ ～寛永1(1624)年
江戸時代前期の武士。紀州藩士。
¶和歌山人

**武本又三郎** たけもとまたさぶろう
安土桃山時代の武士。
¶岡山人，岡山歴

**竹森石見** たけもりいわみ
天文19(1550)年～元和7(1621)年
安土桃山時代～江戸時代前期の筑前福岡藩士。
¶藩臣7

**竹森貞幸** たけもりさだゆき
天正6(1578)年～慶安2(1649)年
安土桃山時代～江戸時代前期の筑前福岡藩士。
¶藩臣7

**竹屋源七** たけやげんしち
生没年不詳
安土桃山時代の織田信長の家臣。
¶織田

**竹谷原七郎** たけやげんしちろう
生没年不詳
戦国時代の岩付太田氏の家臣。
¶戦辞

**武安就安** たけやすなりやす
生没年不詳
戦国時代の温泉津奉行。
¶島根歴

**武康幹** たけやすもと
生没年不詳
鎌倉時代後期の武士。
¶北条

**武山十郎左衛門** たけやまじゅうろうざえもん
戦国時代の武士。葛西氏家臣。
¶戦人(生没年不詳)，戦東

**武山主殿** たけやまとのも
天正8(1580)年～？
安土桃山時代～江戸時代前期の武将、陸奥仙台藩士。
¶藩臣1

**多気義幹** たけよしもと
生没年不詳
鎌倉時代前期の常陸の武将。直幹の子。
¶朝日，茨城百，鎌室，コン4，新潮，日人

**多胡家包** たごいえかね
生没年不詳
鎌倉時代前期の武士。源義仲に仕えた。
¶群馬人

**多胡宇右衛門** たこうえもん
安土桃山時代の武士。朝倉氏家臣。
¶戦人(生没年不詳)，戦補

**多功綱継** たこうつなつぐ
生没年不詳
戦国時代の武士。多功城の城主。
¶戦辞

**多功房朝** たこうふさとも
文亀3(1503)年～天正17(1589)年10月5日
戦国時代～安土桃山時代の宇都宮氏の重臣。
¶戦辞

**多功孫四郎** たこうまごしろう
生没年不詳
戦国時代の武士。
¶戦辞

**多胡左近兵衛** たごさこんひょうえ
生没年不詳
安土桃山時代の織田信長の家臣。
¶織田

**多胡真清** たごさねきよ
天正9(1581)年～寛永19(1642)年
安土桃山時代～江戸時代前期の武将、石見津和野藩家老。
¶日人，藩臣5

**多胡宗右衛門** たごそうえもん
生没年不詳
安土桃山時代の織田信長の家臣。
¶織田

**多胡宗太** たごそうた
鎌倉時代の武将。
¶静岡歴(生没年不詳)，姓氏静岡

**多古胤氏** たこたねうじ
生没年不詳
南北朝時代の多古の領主。
¶千葉百

**多胡辰敬** たこときたか，たごときたか
？ ～永禄5(1562)年
戦国時代の武士。
¶教育，国書(たごときたか [没]永禄5(1562)年2月5日)，島根百(生没年不詳)，島根歴([生]明応3(1494)年)，戦人([没]永禄5(1562)年？)，戦西

**多胡久盛** たごひさもり
生没年不詳
戦国時代の武士。尼子氏奉行人。
¶島根歴

**田子平次** たごへいじ
安土桃山時代の武将。豊臣氏家臣。
¶戦国，戦人(生没年不詳)

**田崎廉親** たざきかどちか
生没年不詳
戦国時代～安土桃山時代の武士。佐竹氏家臣。
¶戦辞，戦人

**田崎相模守** たざきさがみのかみ
安土桃山時代の武士。佐竹氏家臣。

¶戦人（生没年不詳），戦東

**田崎遠江守** たざきとおとうみのかみ
戦国時代～安土桃山時代の武将。佐竹氏家臣。
¶戦東

**田崎久親** たざきひさちか
？ ～元和4（1618）年4月9日
安土桃山時代～江戸時代前期の佐竹氏の家臣。
¶戦辞

**田崎美濃守** たざきみののかみ
生没年不詳
戦国時代～安土桃山時代の武士。結城氏家臣。
¶戦辞，戦人，戦東

**田道** たじ
→上毛野田道（かみつけののたみち）

**多治比県守**（丹比県守） たじひのあがたもり
天智天皇7（668）年～天平9（737）年 [別]多治比真人県守《たじひのまひとあがたもり》
飛鳥時代～奈良時代の官人（中納言，持節征夷将軍）。左大臣多治比島の子。
¶朝日（[生]？ [没]天平9年6月23日（737年7月25日）），神奈川人，公卿（[没]天平9（737）年6月25日），国史，古史，古代（多治比真人県守 たじひのまひとあがたもり），古中，コン改（[生]天智7（668）年？），コン4（[生]天智7（668）年？），埼玉人（[生]不詳 [没]天平9（737）年6月23日），埼玉百（多治比真人県守 たじひのまひとあがたもり），史人（[没]737年6月23日），諸系，新潮（[没]天平9（737）年6月），人名，姓氏群馬（多治比真人県守 たじひのまひとあがたもり），世人，日史（[生]天智7（668）年？ [没]天平9（737）年6月），日人，百科（[生]天智7（668）年？），万葉（丹比県守），歴大

**丹治有直** たじひのありなお
生没年不詳
平安時代後期の武士。
¶平史

**丹治時経** たじひのときつね
生没年不詳
平安時代後期～鎌倉時代前期の武士。
¶平史

**多治部景春** たじべかげはる
安土桃山時代の武将。
¶岡山人

**多治部太郎** たじべのたろう
平安時代後期の備中国北部の在地武士。
¶岡山歴

**多治部師景** たじべもろかげ
生没年不詳
南北朝時代の武士。
¶鎌室，日人

**田島重賢** たじましげかた
生没年不詳
戦国時代の国人。
¶戦人

**田島新左衛門尉** たじましんざえもんのじょう
生没年不詳
戦国時代の今川氏・徳川氏の家臣。
¶戦辞

**田島道喜** たじまどうき，だじまどうき
安土桃山時代～江戸時代前期の武士。里見氏家臣。
¶戦人（生没年不詳），戦東（だじまどうき）

**田島政経**（田嶋政経） たじままさつね
生没年不詳
戦国時代の武士。結城氏家臣。
¶戦辞（田嶋政経），戦人，戦東（田嶋政経）

**多治見国長** たじみくになが
正応2（1289）年～正中1（1324）年
鎌倉時代後期の武士。父は国澄。
¶朝日（[没]正中1年9月19日（1324年10月7日）），角史，鎌室（[生]正応2（1289）年？），岐阜百，郷土岐阜，古中，コン改，コン4，史人（[没]1324年9月19日），新潮（[没]正中1（1324）年9月19日），人名（[生]？），世人（[没]正中1（1324）年9月19日），世百（[生]？），日人，歴大（[生]1289年？）

**多治見修理** たじみしゅり
戦国時代の武将。斎藤氏家臣。
¶戦西

**田尻鑑種** たじりあきたね
？ ～文禄2（1593）年
安土桃山時代の武士。
¶人名，戦人（生没年不詳），戦西，日人

**田尻荒兵衛** たじりこうべえ
戦国時代の武将。島津氏家臣。
¶姓氏鹿児島，戦西

**田尻但馬守** たじりたじまのかみ
？ ～文禄1（1592）年
安土桃山時代の武士。島津氏家臣。
¶戦国，戦人

**田尻忠行** たじりただゆき
？ ～天正6（1578）年
戦国時代～安土桃山時代の地方豪族・土豪。別所氏家臣。
¶戦人

**田尻種重** たじりたねしげ
？ ～弘安4（1281）年
鎌倉時代前期の武士。
¶鎌室，人名，日人

**田尻春種** たじりはるたね
？ ～寛永17（1640）年
安土桃山時代～江戸時代前期の武将、肥前山代領主。
¶人名，日人

**田代顕綱** たしろあきつな
生没年不詳
南北朝時代の武将。
¶鎌室，日人

**田代因幡守** たしろいなばのかみ
戦国時代の武士。
¶戦人（生没年不詳），戦西

**田代角兵衛** たしろかくべえ
？ ～元和5（1619）年
安土桃山時代～江戸時代前期の紀伊和歌山藩士。
¶藩臣5

**田代影綱** たしろかげつな
？ ～慶長16（1611）年
安土桃山時代～江戸時代前期の武士。佐竹氏家臣。
¶戦辞（[生]弘治2（1556）年　[没]慶長16年11月27日（1611年12月30日）），戦人，戦東



**田代久助** たしろきゅうすけ
明徳4（1393）年～応永24（1417）年
室町時代の大隅国田代領主。
¶姓氏鹿児島

**田代外記** たしろげき
天正1（1573）年～慶安3（1650）年
安土桃山時代～江戸時代前期の筑前秋月藩家老。
¶藩臣7

**田代好生軒** たしろこうしょうけん
生没年不詳
戦国時代の武士。宇都宮氏の重臣。
¶戦辞

**田代季綱** たしろすえつな
生没年不詳
室町時代の武将。
¶鎌室

**田代清五郎** たしろせいごろう
生没年不詳
安土桃山時代の武士。南部氏家臣。
¶戦人

**田代中務大輔** たしろなかつかさのたいふ
生没年不詳
戦国時代の武士。宇都宮氏の重臣。
¶戦辞

**田代信綱** たしろのぶつな
生没年不詳　[別]源信綱《みなもとののぶつな》
平安時代後期の武士。後三条天皇の後胤。
¶朝日，神奈川人，鎌室，静岡歴，新潮，姓氏静岡，日人，平史（源信綱　みなもとののぶつな）

**田代道清** たしろみちきよ
南北朝時代の武将。大隅国田代領主。大隅国串良院半分地頭職。
¶姓氏鹿児島

**田代基綱** たしろもとつな
生没年不詳
南北朝時代の武将。
¶鎌室，日人

**多田某** ただ
生没年不詳
安土桃山時代の織田信長の家臣。
¶織田

**多田采女** ただうねめ
生没年不詳
安土桃山時代の武士。
¶戦人

**多田川大膳** ただがわだいぜん
戦国時代の武将。大崎氏家臣。
¶戦東

**多田玄蕃** ただげんば
？ ～慶長5（1600）年　[別]三目内玄蕃《みつめないげんば》
安土桃山時代の武将。三ツ目内館に居住した。
¶青森百（三目内玄蕃　みつめないげんば），戦人

**多田治部右衛門** ただじぶうえもん
→多田治部右衛門（ただじぶえもん）

**多田治部右衛門** ただじぶえもん
[別]多田治部右衛門《ただじぶうえもん》
戦国時代～安土桃山時代の武将。武田氏家臣。
¶戦人（生没年不詳），戦東（ただじぶうえもん）

**多田常昌** ただつねまさ
？ ～天正3（1575）年
戦国時代～安土桃山時代の武将。武田氏家臣。
¶戦人

**忠津則清** ただつのりきよ
生没年不詳
戦国時代～安土桃山時代の武将。
¶日人

**忠説** ただとき
→日下部忠説（くさかべただとき）

**尹良親王** ただながしんのう
？ ～応永31（1424）年　[別]尹良親王《ゆきよししんのう》
南北朝時代～室町時代の宗良親王の王子、宮将軍。
¶静岡歴（ゆきよししんのう　生没年不詳），姓氏静岡（ゆきよししんのう），長野歴（ゆきよししんのう），日人

**多田満仲** ただのまんじゅう
→源満仲（みなもとのみつなか）

**多田満仲** ただのみつなか
→源満仲（みなもとのみつなか）

**只野民部** ただのみんぶ
戦国時代～安土桃山時代の武将。葛西氏家臣。
¶戦人（生没年不詳），戦東

**多田行綱** ただのゆきつな
→多田行綱（ただゆきつな）

**多田春正** ただはるまさ
？ ～天正6（1578）年
戦国時代～安土桃山時代の地方豪族・土豪。
¶戦人

**多田昌綱** ただまさつな
永禄10（1567）年～慶長10（1605）年
安土桃山時代の武将。武田家に仕えた昌俊の子。
¶朝日（[没]慶長10年1月20日（1605年3月9日）），近世，国史，コン改，コン4，新潮（[没]慶長10

(1605)年1月20日)，人名，戦合，戦人，日人

**多田満頼** ただみつより
？ ～永禄6(1563)年
戦国時代～安土桃山時代の武将。
¶姓氏山梨，長野歴，日人，山梨百([没]永禄6(1563)年12月)

**多田行綱** ただゆきつな
生没年不詳　[別]源行綱《みなもとのゆきつな，みなもとゆきつな》，多田行綱《ただのゆきつな》
平安時代後期の武将。多田源氏。
¶朝日(源行綱　みなもとのゆきつな)，鎌室(源行綱　みなもとゆきつな)，鎌室，国史，古史(源行綱　みなもとのゆきつな)，古中，コン改(源行綱　みなもとのゆきつな)，コン4(源行綱　みなもとのゆきつな)，史人(源行綱　みなもとのゆきつな)，史人，諸系，新潮(源行綱　みなもとのゆきつな)，人名，世人(ただのゆきつな)，日史，日人，百科，兵庫百(ただのゆきつな)，平史(源行綱　みなもとのゆきつな)，歴大

**多田頼貞** ただよりさだ
？ ～＊
室町時代の武士。
¶岡山人([没]正平2(1347)年)，岡山百([没]興国4/康永2(1343)年8月12日)

**多々良明宗** たたらあきむね
生没年不詳
鎌倉時代前期の武士。
¶鎌室

**多々良重春** たたらしげはる
～治承4(1180)年
鎌倉時代前期の武将。
¶神奈川人

**立川式部丞** たちかわしきぶのじょう
生没年不詳
戦国時代の岩付太田氏の家臣。
¶戦辞

**立川藤左衛門尉** たちかわとうざえもんのじょう
生没年不詳
戦国時代の岩付太田氏の家臣。
¶戦辞

**立花鑑載** たちばなあきこと
→立花鑑載(たちばなあきとし)

**立花鑑連** たちばなあきつら
→戸次鑑連(べっきあきつら)

**立花鑑載** たちばなあきとし
？ ～永禄11(1568)年　[別]立花鑑載《たちばなあきこと》
戦国時代の武士。
¶諸系，人名(たちばなあきこと)，戦人，戦西，日人

**立花誾千代** たちばなぎんちよ
永禄12(1569)年～慶長7(1602)年　[別]誾千代姫《ぎんちよひめ》，立花宗茂室《たちばなむねしげしつ》
安土桃山時代の女性。筑前国立花城主立花鑑連の娘。柳川藩主立花宗茂の正妻で、実質的な当主にもなった。
¶女性([没]慶長7(1602)年1月17日)，戦人，戦西([生]？)，藩臣7，福岡百([生]永禄12(1569)年8月13日　[没]慶長7(1602)年10月17日)

**橘将監** たちばなしょうげん
？ ～長禄3(1459)年
室町時代の南朝の忠臣。
¶郷土奈良

**立花道雪** たちばなどうせつ
→戸次鑑連(べっきあきつら)

**橘遠江** たちばなとおとうみ
戦国時代の武将。大崎氏家臣。
¶戦東

**橘遠房** たちばなとおふさ
生没年不詳
室町時代の武家・歌人。
¶国書

**橘智正** たちばなともまさ
生没年不詳　[別]橘智正《たちばなとしまさ》
安土桃山時代～江戸時代前期の武士。対馬島主宗義智の家臣。
¶近世，国史，史人(たちばなとしまさ)，日人，歴大(たちばなとしまさ)

**立花直次** たちばななおつぐ
元亀3(1572)年～元和3(1617)年　[別]高橋直次《たかはしなおつぐ》
安土桃山時代～江戸時代前期の筑後国の大名。三池立花家の開祖。
¶近世，国史，古中，史人(高橋直次　たかはしなおつぐ　[生]1574年　[没]1617年7月19日)，諸系，人名，戦合([生]？)，戦国(高橋直次　たかはしなおつぐ　[生]1574年)，戦人([生]？)，日人，藩主4([生]元亀3(1572)年12月1日　[没]元和3(1617)年7月19日)，福岡百(高橋直次　たかはしなおつぐ　[没]元和3(1617)年7月19日)

**橘兼隆**(橘兼高) たちばなのかねたか
生没年不詳　[別]橘兼隆《たちばなかねたか》
平安時代後期～鎌倉時代前期の備後国大田庄の在地領主。
¶朝日(橘兼高)，日人，広島百(たちばなかねたか)

**橘公業** たちばなのきみなり
→小鹿島公業(おがしまきみなり)

**橘清重** たちばなのきよしげ
生没年不詳　[別]橘清重《たちばなきよしげ》
鎌倉時代の土豪。
¶姓氏群馬(たちばなきよしげ)

**橘公長** たちばなのきんなが
生没年不詳
平安時代後期～鎌倉時代前期の武士。
¶平史

**橘公業** たちばなのきんなり
→小鹿島公業(おがしまきみなり)

**橘貞頼** たちばなのさだより
[別]橘貞頼《たちばなさだより》
平安時代中期の出羽国の有力領主。清原武則の一族。
¶秋田百(たちばなさだより)

**橘為範** たちばなのためのり
? ～建久7(1196)年
平安時代後期～鎌倉時代前期の人。平知盛の乳母の夫。
¶平史



**橘遠茂** たちばなのとおしげ
→橘遠茂(たちばなのとおもち)

**橘遠茂** たちばなのとおもち
? ～治承4(1180)年　[別]橘遠茂《たちばなとおもち, たちばなのとおしげ》
平安時代後期の武士。
¶鎌室(たちばなとおもち　生没年不詳), 静岡百(たちばなのとおしげ), 静岡歴(たちばなのとおしげ), 新潮(生没年不詳), 姓氏静岡(たちばなのとおしげ), 日人, 平史

**橘遠保** たちばなのとおやす
? ～天慶7(944)年
平安時代中期の武官。承平天慶の乱鎮定に活躍。
¶愛媛百, 日人, 平史

**橘智正** たちばなのとしまさ
→橘智正(たちばなともまさ)

**橘奈良麻呂** たちばなのならまろ
養老5(721)年～天平宝字1(757)年　[別]橘宿禰奈良麻呂《たちばなのすくねならまろ》, 橘朝臣奈良麻呂《たちばなのあそんならまろ》
奈良時代の官人(参議)。左大臣橘諸兄の子。藤原仲麻呂の勢力拡大に危機感を抱き、旧豪族と結びクーデターを計画したが事前に露見。捕らえられ刑死した。
¶朝日([没]天平勝宝8(757)年7月), 角史, 公卿(生没年不詳), 国史, 古史, 古代(橘朝臣奈良麻呂　たちばなのあそんならまろ), 古中, コン改, コン4, 史人([生]721年?　[没]757年7月2日?), 重要([生]養老5(721)年?), 諸系, 新潮([生]養老5(721)年?　[没]天平宝字1(757)年7月), 人名([生]?), 世人([生]?　[没]天平宝字1(757)年7月4日), 世百([生]?), 全書([生]?), 大百([生]721年?), 伝記([生]721年?), 日史, 日人, 百科, 万葉(橘宿禰奈良麻呂　たちばなのすくねならまろ), 歴大

**橘以綱** たちばなのもちつな
? ～永久3(1115)年
平安時代後期の官人。陸奥守・鎮守府将軍。
¶平史

**橘正治** たちばなまさはる
生没年不詳
戦国時代の武将。
¶戦人

**橘正房** たちばなまさふさ
生没年不詳
安土桃山時代～江戸時代前期の地方豪族・土豪。
¶戦人

**立花宗茂** たちばなむねしげ
永禄12(1569)年～寛永19(1642)年　[別]立花統虎《たちばなむねとら》, 羽柴左近将監《はしばさこんしょうげん》, 柳川侍従《やながわじじゅう》
安土桃山時代～江戸時代前期の武将、大名。
¶朝日([生]永禄12年8月13日(1569年9月23日)?　[没]寛永19年11月25日(1643年1月15日)), 岩史([生]永禄12(1569)年8月13日?　[没]寛永19(1642)年11月25日), 角史, 近世([生]?), 国史([生]?), 国書([生]永禄12(1569)年8月13日　[没]寛永19(1642)年11月25日), 古中([生]?), コン改, コン4, 茶道, 史人([生]?　[没]1642年11月25日), 重要([没]寛永19(1642)年11月25日), 諸系([没]1643年), 新潮([生]永禄12(1569)年8月　[没]寛永19(1642)年11月25日), 人名, 世人([生]永禄12(1569)年8月　[没]寛永19(1642)年11月25日), 戦合([生]?), 戦国([生]1568年), 全書, 戦人([生]永禄10(1567)年), 戦西(立花統虎　たちばなむねとら　[生]?), 大百([生]1568年), 日史([生]永禄11(1568)年　[没]寛永19(1642)年11月25日), 日人([没]1643年), 藩主1, 藩主4([生]永禄12(1569)年8月13日　[没]寛永19(1642)年11月25日), 百科([生]永禄11(1568)年), 福岡百, 歴大([生]1567年)

**橘宗忠** たちばなむねただ
生没年不詳
戦国時代の地方豪族・土豪。
¶戦人

**立花統虎** たちばなむねとら
→立花宗茂(たちばなむねしげ)

**館原大炊助** たちはらおおいのすけ
生没年不詳
安土桃山時代～江戸時代前期の武士。佐竹氏家臣。
¶戦辞, 戦人, 戦東

**立原久綱** たちはらひさつな, たちばらひさつな
享禄4(1531)年～慶長18(1613)年
安土桃山時代～江戸時代前期の武士。
¶島根百([没]慶長18(1613)年4月26日), 島根歴, 戦人, 戦西(たちばらひさつな　[生]?)

**立原幸隆** たちはらゆきたか, たちばらゆきたか
生没年不詳
戦国時代の武士。
¶島根歴, 戦人, 戦西(たちばらゆきたか)

**田使経遠** たつかいのつねとお
→難波経遠(なんばのつねとお)

**田使良男** たづかいのよしお
[別]田使首良男《たづかいのおびとよしお》
平安時代の地方豪族。
¶岡山歴(田使首良男　たづかいのおびとよしお)

**田付景澄** たづけかげずみ, たつけかげずみ
弘治2(1556)年～元和5(1619)年

安土桃山時代～江戸時代前期の砲術家。田付流砲術の創始者。
¶朝日（たつけかげずみ　[没]元和5年10月14日（1619年11月19日）），近世（たつけかげずみ），国史（たつけかげずみ），国書（たつけかげずみ　[没]元和5（1619）年10月14日），史人（たつけかげずみ　[没]1619年10月14日），新潮（[没]元和5（1619）年10月14日），人名（たつけかげずみ），戦合（たつけかげずみ），戦国，戦人，大百，日人

**辰田喜右衛門**　たつたきえもん
？～元和5（1619）年
江戸時代前期の武士。紀州藩士。
¶和歌山人

**竜田為定**　たつたためさだ
生没年不詳
安土桃山時代の地方豪族・土豪。
¶戦人

**立石景泰**　たていしかげやす
？～明応8（1499）年
室町時代の武将。
¶岡山人，岡山歴

**立石助兵衛**　たていしすけべえ
生没年不詳
戦国時代～安土桃山時代の布立石村城主、長宗我部家臣。
¶高知人

**立石久胤**　たていしひさたね
安土桃山時代の武士。
¶岡山人

**立石久朝**　たていしひさとも
？～文亀2（1502）年
戦国時代の武将。
¶戦人

**立石久泰**　たていしひさやす
戦国時代の美作国中央部の在地武士。
¶岡山歴

**立石正賀**　たていしまさよし
永禄8（1565）年～万治2（1659）年
安土桃山時代の武士。
¶高知百，国書，戦人（[没]？），戦西

**伊達氏宗**　だてうじむね
建徳2/応安4（1371）年～応永19（1412）年
南北朝時代～室町時代の武将。
¶系東

**楯岡満茂**　たておかみつしげ
安土桃山時代～江戸時代前期の武将。最上氏家臣。
¶秋田百，戦人（生没年不詳），戦東

**楯岡光直**　たておかみつなお
安土桃山時代～江戸時代前期の武将。最上氏家臣。
¶戦人（生没年不詳），戦東

**伊達景豊**　だてかげとよ
生没年不詳
室町時代の武家・連歌作者。
¶国書

**伊達景宗**　だてかげむね
生没年不詳
南北朝時代の豪族。
¶鎌室，姓氏静岡，日人

**立木藤蔵**　たてぎとうぞう
安土桃山時代の武将。秀吉馬廻。
¶戦国，戦人（生没年不詳）

**伊達源左衛門**　だてげんざえもん
慶長1（1596）年～延宝6（1678）年　[別]伊達正勝《だてまさかつ》
江戸時代前期の武士、紀伊和歌山藩家老。
¶藩臣5，和歌山人（伊達正勝　だてまさかつ）

**伊達貞綱**　だてさだつな
生没年不詳
南北朝時代の但馬国の国人。
¶兵庫百

**伊達真信**　だてさねのぶ
生没年不詳
南北朝時代の但馬国の国人。
¶兵庫百

**伊達実元**　だてさねもと
*～天正15（1587）年
戦国時代～安土桃山時代の武将。伊達氏家臣。
¶戦人（[生]大永7（1527）年），戦東（[生]？）

**伊達成実**　だてしげざね
永禄11（1568）年～正保3（1646）年　[別]伊達成実《だてなりざね》
安土桃山時代～江戸時代前期の武士。伊達氏家臣。
¶国書（[没]正保3（1646）年6月4日），人名（だてなりざね），姓氏宮城，戦国，戦人，戦東，日人，藩臣1，宮城百

**伊達成宗**　だてしげむね
→伊達成宗（だてなりむね）

**伊達大膳大夫政宗**　だてだいぜんのだいぶまさむね
→伊達政宗(1)（だてまさむね）

**立田甚左衛門**　たてだじんざえもん
生没年不詳
戦国時代の武将。長宗我部氏家臣。
¶戦人

**伊達忠宗(1)**　だてただむね
戦国時代の武将。今川氏家臣。
¶戦辞（生没年不詳），戦東

**伊達忠宗(2)**　だてただむね
慶長4（1599）年～明暦4（1658）年
江戸時代前期の武将、大名。陸奥仙台藩主。
¶国書（[生]慶長4（1599）年12月8日　[没]明暦4（1658）年7月12日），諸系（[生]1600年），人名（[生]1589年），姓氏岩手，姓氏宮城，戦人，日人（[生]1600年），藩主1（[生]慶長4（1599）年12月8日　[没]万治1（1658）年7月12日），宮城百

**伊達稙宗**　だてたねむね
長享2（1488）年～永禄8（1565）年

戦国時代の武将。尚宗の子。
¶朝日（[没]永禄8年6月19日（1565年7月16日）），岩史（[没]永禄8（1565）年6月19日），系東，国史，国書（[没]永禄8（1565）年6月19日），古中，コン改（[生]？），コン4（[生]？），史人（[没]1565年6月19日），諸系，姓氏宮城，戦合，戦人，日史（[没]永禄8（1565）年6月19日），日人，百科，福島百，山形百（[生]長享1（1487）年），歴大

**楯親忠** たてちかただ
？～元暦1（1184）年　[別]滋野親忠《しげののちかただ》
平安時代後期の武将、木曽義仲四天王。
¶人名，姓氏長野，長野歴（生没年不詳），日人，平史（滋野親忠　しげののちかただ）



**伊達親宗** だてちかむね
戦国時代の武将。今川氏家臣。
¶戦東

**伊達輝宗** だててるむね
天文13（1544）年～天正13（1585）年
安土桃山時代の武将。晴宗の子。
¶朝日（[没]天正13年10月8日（1585年11月29日）），系東，国史，国書（[生]天文13（1544）年9月　[没]天正13（1585）年10月8日），古中，コン4，史人（[没]1585年10月8日），諸系，人名，姓氏宮城，戦合，戦国（[生]1543年），戦人，日人，宮城百，山形百（[生]天文12（1543）年）

**伊達藤三** だてとうぞう
生没年不詳
戦国時代の今川氏の家臣。
¶戦辞

**伊達朝綱** だてともつな
生没年不詳
南北朝時代の但馬国の国人。
¶兵庫百

**伊達朝宗** だてともむね
生没年不詳　[別]中村朝宗《なかむらともむね》，藤原朝宗《ふじわらのともむね》
平安時代後期～鎌倉時代前期の武将。藤原光隆の子。奥州伊達家の祖。
¶系東（[生]1129年　[没]1199年），諸系，栃木歴（中村朝宗　なかむらともむね），福島百，平史（藤原朝宗　ふじわらのともむね）

**伊達尚宗** だてなおむね
享徳2（1453）年～永正11（1514）年
戦国時代の武将。
¶系東，戦人

**伊達成実** だてなりざね
→伊達成実（だてしげざね）

**伊達成宗** だてなりむね
永享7（1435）年～長享1（1487）年？　[別]伊達成宗《だてしげむね》
室町時代～戦国時代の武将。
¶系東（だてしげむね），戦人

**蓼沼友重** たでぬまともしげ
？～慶長14（1609）年頃
安土桃山時代～江戸時代前期の上杉景勝の家臣。
¶戦辞，新潟百

**蓼沼泰重** たでぬまやすしげ
天文13（1544）年？～天正10（1582）年6月3日
戦国時代～安土桃山時代の上杉謙信・景勝の家臣。
¶戦辞

**舘野右京進** たてのうきょうのじょう
生没年不詳
戦国時代の下総結城氏の家臣。
¶戦辞

**舘野右京亮** たてのうきょうのすけ
生没年不詳
戦国時代の下総結城氏の家臣。
¶戦辞

**伊達宣宗** だてのぶむね
文禄3（1594）年～寛永9（1632）年
江戸時代前期の武将、出羽秋田藩士、横手城代。
¶藩臣1

**立野孫十郎** たてのまごじゅうろう
安土桃山時代の武士。豊臣氏家臣。
¶戦国，戦人（生没年不詳）

**館宗種** たてのむねたね
生没年不詳　[別]館宗種《たてむねたね》
戦国時代の武士。佐竹氏家臣。
¶戦辞（たてむねたね），戦人，戦東

**舘野山城守** たてのやましろのかみ
生没年不詳
戦国時代の下総結城氏の家臣。
¶戦辞

**伊達範宗** だてのりむね
生没年不詳
室町時代の豪族。
¶鎌室，日人

**伊達晴宗** だてはるむね
永正16（1519）年～天正5（1577）年
戦国時代～安土桃山時代の武将。稙宗の子。
¶朝日，系東，国史，古中，コン4，史人（[没]1577年12月5日），諸系（[没]1578年），姓氏宮城，戦合，戦人，日史（[没]天正5（1577）年12月5日），日人（[没]1578年），百科，山形百（[生]永正15（1518）年），歴大

**伊達秀宗** だてひでむね
天正19（1591）年～万治1（1658）年
江戸時代前期の武将、大名。伊予宇和島藩主。
¶朝日（[生]天正19（1592）年12月　[没]万治1年6月8日（1658年7月8日）），愛媛百（[生]文禄1（1592）年9月25日　[没]万治1（1658）年6月8日），近世，国史，国書（[生]天正19（1591）年9月25日　[没]明暦4（1658）年6月8日），コン4，史人（[生]1591年9月25日　[没]1658年6月8日），諸系，姓氏宮城，戦合，戦国（[生]1592年），戦人，日人，藩主4（[生]天正19（1591）年9月25日　[没]万治1（1658）年6月8日），宮城百，歴大

**伊達房実**　だてふさざね
？　～寛永3（1626）年　[別]伊達与兵衛房実《だてよへえふさざね》
安土桃山時代～江戸時代前期の武将。後北条氏家臣。岩付太田氏の家臣。
¶埼玉人（[没]寛永3（1626）年5月19日），埼玉百（伊達与兵衛房実　だてよへえふさざね），戦辞（[没]寛永3年5月19日（1626年7月12日）），戦人，戦東，戦補

**建部賢文**　たてべかたぶみ
→建部賢文（たけべかたぶみ）

**建部寿徳**　たてべじゅとく
→建部寿徳（たけべじゅとく）

**建部伝内**　たてべでんない
→建部賢文（たけべかたぶみ）

**建部光重**　たてべみつしげ
→建部光重（たけべみつしげ）

**伊達政景**　だてまさかげ
→留守政景（るすまさかげ）

**伊達正勝**　だてまさかつ
→伊達源左衛門（だてげんざえもん）

**伊達政隆**　だてまさたか
天正18（1590）年～元和1（1615）年
江戸時代前期の武士、陸奥仙台藩門閥。
¶藩臣1

**伊達政宗(1)**　だてまさむね
正平8/文和2（1353）年～応永12（1405）年　[別]伊達大膳大夫政宗《だてだいぜんのだいぶまさむね》
南北朝時代～室町時代の武将。宗遠の子。
¶朝日（[没]応永12年9月14日（1405年10月7日）），鎌室，系東，国史，国書（[没]応永12（1405）年9月14日），古中，コン改，コン4，史人（[没]1405年9月14日），諸系，新潮（[没]応永12（1405）年9月14日），人名，姓氏宮城，日人，宮城百（伊達大膳大夫政宗　だてだいぜんのだいぶまさむね），和俳

**伊達政宗(2)**　だてまさむね
永禄10（1567）年～寛永13（1636）年　[別]政宗〔伊達家〕《まさむね》，羽柴越前守《はしばえちぜんのかみ》，大崎左衛門督《おおさきさえもんのかみ》，大崎少将《おおさきしょうしょう》，長井侍従《ながいじじゅう》
安土桃山時代～江戸時代前期の大名。陸奥仙台藩主。家督を相続し奥州をほぼ平定したが、豊臣秀吉の天下統一の時期と重なったため自ら小田原に参陣して降伏・恭順の意を示した。関ヶ原の戦いでは東軍につき仙台藩の本領安堵を得、近世大名へ移行。幼くして右目を失明したことから「独眼竜」といわれた。
¶会津，朝日（[生]永禄10年8月3日（1567年9月5日）　[没]寛永13年5月24日（1636年6月27日）），岩史（[生]永禄10（1567）年8月3日　[没]寛永13（1636）年5月24日），岩手百，江戸，角史，キリ，近世，公卿（[没]寛永13（1636）年5月24日），公家（政宗〔伊達家〕　まさむね　[生]1567年　[没]寛永13年5月24日），系東，国史，国書（[生]永禄10（1567）年8月3日　[没]寛永13（1636）年5月24日），古中，コン改，コン4，茶道，詩歌，史人（[生]1567年8月3日　[没]1636年5月24日），重要（[没]寛永13（1636）年5月24日），食文（[生]永禄10（1567）年8月3日　[没]寛永13年5月24日（1636年6月27日）），諸系，人書94，新潮（[没]寛永13（1636）年5月24日），人名，姓氏岩手，姓氏宮城，世人（[生]永禄10（1567）年8月　[没]寛永13（1636）年5月24日），世百，戦合，戦国，戦辞（[生]永禄10年8月3日（1567年9月5日）　[没]寛永13年5月24日（1636年6月27日）），全書，戦人，大百，伝記，日史（[生]永禄10（1567）年8月3日　[没]寛永13（1636）年5月24日），日人，藩主1，藩主1（[生]永禄10（1567）年8月3日　[没]寛永13（1636）年5月24日），百科，福島百，仏教（[生]永禄10（1567）年8月3日　[没]寛永13（1636）年5月24日），宮城百，山形百，歴大

**伊達政依**　だてまさより
安貞1（1227）年？　～正安3（1301）年
鎌倉時代後期の武将。
¶系東

**伊達宗清(1)**　だてむねきよ
？　～慶長9（1604）年
安土桃山時代の武将。
¶戦人，戦東

**伊達宗清(2)**　だてむねきよ
慶長4（1599）年～寛永11（1634）年
江戸時代前期の仙台藩の重臣。
¶姓氏宮城，宮城百

**館宗種**　たてむねたね
→館宗種（たてのむねたね）

**伊達宗綱**　だてむねつな
建長6（1254）年～文保1（1317）年
鎌倉時代後期の武将。
¶系東，戦辞（生没年不詳）

**伊達宗遠**　だてむねとう
正中1（1324）年～元中2/至徳2（1385）年　[別]伊達宗遠《だてむねとお》
南北朝時代の武将。
¶系東，国書（だてむねとお　[没]元中2（1385）年5月20日）

**伊達宗遠**　だてむねとお
→伊達宗遠（だてむねとう）

**田手宗時**　たてむねとき
*～天正10（1582）年
安土桃山時代の武将。伊達氏家臣。
¶戦人（[生]天文20（1551）年），戦東（[生]？），藩臣1（[生]天文19（1550）年　[没]天正9（1581）年）

**伊達宗直**　だてむねなお
天正5（1577）年～寛永6（1629）年
安土桃山時代～江戸時代前期の陸奥仙台門閥。
¶人名，姓氏宮城（[生]1576年），日人，藩臣1

**伊達宗村**　だてむねむら
生没年不詳
平安時代後期の武将。

¶系東

**伊達宗幸** だてむねゆき
生没年不詳
南北朝時代の但馬国養父郡小佐郷の国人。
¶兵庫百

**伊達持宗** だてもちむね
明徳4（1393）年～文明1（1469）年
室町時代の武将。氏宗の子。
¶朝日（[没]文明1年1月8日（1469年2月19日）），鎌室，系東，国史，古中，コン改，コン4，諸系，新潮（[没]文明1（1469）年1月8日），人名，戦合，日人，福島百，歴大，和俳



**伊達基宗** だてもとむね
生没年不詳
鎌倉時代前期の武将。
¶系東

**伊達盛重** だてもりしげ
→国分盛重（こくぶんもりしげ）

**伊達行朝** だてゆきとも
正応4（1291）年～正平3/貞和4（1348）年　[別]伊達行宗《だてゆきむね》
鎌倉時代後期～南北朝時代の武将。基宗の子。
¶朝日（[没]正平3/貞和4年5月9日（1348年6月6日）），岩史（[没]貞和4（1348）年5月9日），鎌室，系東（伊達行宗　だてゆきむね），国史，古中，コン改，コン4，史人（[没]1348年5月9日），諸系，新潮（[没]貞和4/正平3（1348）年5月9日），人名，世人（[没]正平3/貞和4（1348）年5月9日），全書，日史（[没]貞和4/正平3（1348）年5月9日），日人，百科，福島百（[生]正和4（1315）年），宮城百，歴大

**伊達行宗** だてゆきむね
→伊達行朝（だてゆきとも）

**伊達義綱** だてよしつな
生没年不詳
南北朝時代の但馬国の国人。
¶兵庫百

**伊達義広** だてよしひろ
文治1（1185）年～康元1（1256）年
鎌倉時代前期の武将。
¶系東

**伊達与兵衛房実** だてよへえふさざね
→伊達房実（だてふさざね）

**立入宗康** たてりむねやす
？　～永正12（1515）年
戦国時代の武将。
¶日人

**田所信高** たどころのぶたか
南北朝時代の武将。
¶人名，日人（生没年不詳）

**田所平左衛門** たどころへいざえもん
天正5（1577）年～寛永19（1642）年
安土桃山時代～江戸時代前期の紀伊和歌山藩士。
¶藩臣5

**田中淡路** たなかあわじ
戦国時代の武将。武田家臣。永禄10年の諏訪五十騎交名にみえる。
¶姓氏山梨

**田中和泉守** たなかいずみのかみ
安土桃山時代の武将。秀吉馬廻。
¶戦国，戦人（生没年不詳）

**田中角介** たなかかくすけ
安土桃山時代の武将、馬廻。豊臣氏家臣。
¶戦国，戦人（生没年不詳）

**田中惟長** たなかこれなが
生没年不詳
戦国時代の武将。
¶戦人

**田中三郎左衛門** たなかさぶろうざえもん
戦国時代の武士。尼子晴久の家臣。
¶戦人（生没年不詳），戦西

**田中三十郎** たなかさんじゅうろう
安土桃山時代の武将。秀吉馬廻。
¶戦国，戦人（生没年不詳）

**田中重昌** たなかしげまさ
～天正1（1573）年
安土桃山時代の武将。
¶岡山人

**田中真吉** たなかしんきち
生没年不詳
安土桃山時代の織田信長の家臣。
¶織田

**田中新九郎** たなかしんくろう
戦国時代の武将。佐竹氏家臣。
¶戦辞（生没年不詳），戦東

**田中甚五郎** たなかじんごろう
戦国時代の武士。後北条氏家臣。
¶戦人（生没年不詳），戦東

**田中助八郎** たなかすけはちろう
生没年不詳
戦国時代の武士。後北条氏家臣。
¶戦辞，戦人，戦東

**田中大弐** たなかだいに
生没年不詳
戦国時代の嶺城主。
¶群馬人

**田中隆定** たなかたかさだ
生没年不詳
安土桃山時代の武士。佐竹氏家臣。
¶戦辞，戦人，戦東

**田中忠政** たなかただまさ
天正13（1585）年～元和6（1620）年
安土桃山時代～江戸時代前期の武将、大名。筑後柳河藩主。
¶日人，藩主4（[没]元和6（1620）年8月7日）

**田中伝十郎** たなかでんじゅうろう
安土桃山時代〜江戸時代前期の武士。里見氏家臣。
¶戦人(生没年不詳),戦東

**田中藤七郎** たなかとうしちろう
安土桃山時代の武将。秀吉馬廻。
¶戦国,戦人(生没年不詳)

**田中直重** たなかなおしげ
安土桃山時代の武将。
¶岡山人,岡山歴

**田中直種** たなかなおたね
天正7(1579)年〜承応1(1652)年
安土桃山時代〜江戸時代前期の筑後柳河藩士。
¶藩臣7

**田中多太麻呂**(田中多太麿) たなかのただまろ
? 〜宝亀9(778)年 [別]田中多太麻呂《たなかただまろ》,田中朝臣多太麻呂《たなかのあそんただまろ》
奈良時代の官人。
¶朝日([没]宝亀9(778)年1月),古代(田中朝臣多太麻呂 たなかのあそんただまろ),コン改(たなかただまろ),コン4(たなかただまろ),史人([没]778年1月11日),人名(田中多太麿),日人

**田中足麻呂** たなかのたりまろ
→田中足麻呂(たなかのたるまろ)

**田中足麻呂** たなかのたるまろ
? 〜文武天皇2(698)年 [別]田中足麻呂《たなかたるまろ,たなかのたりまろ》
飛鳥時代の武人。壬申の乱で活躍。
¶朝日([没]文武2(698)年6月),コン改(たなかたるまろ),コン4(たなかたるまろ),人名(たなかのたりまろ),日人(たなかのたりまろ)

**田中彦六** たなかひころく
永禄12(1569)年〜寛永15(1638)年 [別]田中由貞《たなかよしさだ》
安土桃山時代〜江戸時代前期の紀伊和歌山藩士。
¶藩臣5,和歌山人(田中由貞 たなかよしさだ)

**田中豊前守** たなかぶぜんのかみ
戦国時代の武将。武田家臣。『武田家過去帳』に永禄12年3月付で中郡花輪之郷居住の妻がみえる。
¶姓氏山梨

**田中孫作** たなかまごさく
〜寛永5(1628)年
安土桃山時代〜江戸時代前期の山内一豊の臣。
¶高知人

**田中正武** たなかまさたけ
安土桃山時代の武士。豊臣氏家臣。
¶戦国,戦人(生没年不詳)

**田中盛兼** たなかもりかね
〜元弘3/正慶2(1333)年
室町時代の武将。
¶岡山人

**田中盛泰** たなかもりやす
〜元弘3/正慶2(1333)年
室町時代の武士。
¶岡山人

**田中泰行** たなかやすゆき
文明12(1480)年〜天正6(1578)年
戦国時代〜安土桃山時代の武士。後北条氏家臣。
¶戦人

**田中由貞** たなかよしさだ
→田中彦六(たなかひころく)

**田中吉次** たなかよしつぐ
? 〜元和3(1617)年
安土桃山時代〜江戸時代前期の武士。豊臣氏家臣。
¶戦国,戦人

**田中吉政** たなかよしまさ
天文17(1548)年〜慶長14(1609)年
安土桃山時代〜江戸時代前期の大名。三河岡崎藩主、筑後柳河藩主。
¶愛知百([生]1549年 [没]1609年2月18日),朝日([没]慶長14年2月18日(1609年3月23日)),岩史([没]慶長14(1609)年2月18日),角史,近世,国史,古中,コン改([生]天文18(1549)年),コン4,滋賀百,史人([没]1609年2月18日),新潮([没]慶長14(1609)年2月18日),人名,姓氏愛知,世人,戦合,戦国([生]1549年),全書,戦人,大百,日史([没]慶長14(1609)年2月18日),日人,藩主2,藩主4([没]慶長14(1609)年2月18日,(異説)慶長16年2月18日),百科,福岡百([没]慶長14(1609)年2月18日),歴大

**田辺九郎次郎** たなべくろうじろう
生没年不詳
安土桃山時代の織田信長の家臣。
¶織田

**田那部小伝次** たなべこでんじ
安土桃山時代の武将。秀吉馬廻。
¶戦国,戦人(生没年不詳)

**田辺式部** たなべしきぶ
→田辺式部丞(たなべしきぶのじょう)

**田辺式部丞** たなべしきぶのじょう
[別]田辺式部《たなべしきぶ》
戦国時代の武士。
¶戦人(生没年不詳),戦西(田辺式部 たなべしきぶ)

**田辺新兵衛** たなべしんべえ
戦国時代の武将。武田家臣。甘利同心。
¶姓氏山梨

**田辺長常** たなべながつね
→田辺八左衛門(たなべはちざえもん)

**田辺小隅** たなべのおすみ
生没年不詳
飛鳥時代の将軍。壬申の乱で近江朝廷方の副将軍。
¶朝日,コン改,コン4,人名,日人

**田辺信吉** たなべのぶよし
? 〜寛永15(1638)年
安土桃山時代〜江戸時代前期の武将、相模小田原藩家老。
¶藩臣3

た

**田辺八左衛門** たなべはちざえもん
天正7 (1579) 年～寛文4 (1664) 年　[別]田辺長常《たなべながつね》
安土桃山時代～江戸時代前期の槍術家、田辺流槍術の祖。大坂の陣で豊臣方。のち尾張家家臣。
¶国書 (田辺長常　たなべながつね　[没]寛文4 (1664) 年7月13日), 人名 ([生]1578年), 日人

**田辺惟良** たなべまさちか
天正15 (1587) 年～明暦4 (1658) 年
安土桃山時代～江戸時代前期の武士。
¶多摩

**田那部与左衛門** たなべよざえもん
安土桃山時代の武将。秀吉馬廻。
¶戦国, 戦人 (生没年不詳)

**田辺与左衛門** たなべよざえもん
生没年不詳
安土桃山時代の武士。織田氏家臣、秀吉馬廻。
¶織田, 戦国, 戦人

**谷口弥七** たにぐちやしち
生没年不詳
安土桃山時代～江戸時代前期の武士。浅野家の家臣。
¶和歌山人

**谷忠澄** たにただずみ
天文3 (1534) 年～慶長5 (1600) 年
安土桃山時代の武士。
¶高知人, 高知百, 戦人, 戦西 ([生]?), 日人

**谷忠兵衛** たにちゅうべえ
戦国時代の武士。土佐一ノ宮城主、長曾我部元親の臣。
¶人名

**谷衛好** たにのもりよし
→谷衛好 (たにもりよし)

**丹波道主命** たにはのみちぬしのみこと
→丹波道主命 (たんばみちぬしのみこと)

**丹波道主命** たにはみちぬしのみこと
→丹波道主命 (たんばみちぬしのみこと)

**谷兵介** たにひょうすけ
安土桃山時代の武将。
¶戦国, 戦人 (生没年不詳)

**谷衛友** たにもりとも
永禄6 (1563) 年～寛永4 (1627) 年
安土桃山時代～江戸時代前期の武将、大名。
¶朝日 ([没]寛永4年12月23日 (1628年1月29日)), 京都府, 近世, 国史, 国書 ([没]寛永4 (1627) 年12月23日), 史人 ([没]1627年12月23日), 諸系 ([没]1628年), 新潮 ([没]寛永4 (1627) 年12月23日), 人名, 戦合, 戦国 ([生]1564年), 戦人, 戦西 ([生]1564年), 日史 ([没]寛永4 (1627) 年12月23日), 日人 ([没]1628年), 藩主3 ([没]寛永4 (1627) 年12月23日), 百科

**谷衛政** たにもりまさ
慶長3 (1598) 年～寛文3 (1663) 年
江戸時代前期の大名。丹波山家藩主。
¶諸系, 日人, 藩主3 ([没]寛文2 (1662) 年12月2日)

**谷衛好** たにもりよし
*～天正7 (1579) 年　[別]谷衛好《たにのもりよし》
戦国時代～安土桃山時代の武士。
¶織田 (たにのもりよし　[生]享禄3 (1530) 年　[没]天正7 (1579) 年9月10日), 諸系 ([生]1530年), 人名 ([生]1530年), 戦国 ([生]1529年　[没]1578年), 戦人 ([生]享禄2 (1529) 年　[没]天正6 (1578) 年), 戦西 ([生]1529年　[没]1578年), 日人 ([生]1530年), 兵庫百 ([生]享禄2 (1529) 年)

**谷山資忠** たにやますけただ
?　～建武1 (1334) 年
鎌倉時代後期の南九州の郡司。忠能の子。
¶朝日 ([没]建武1 (1334) 年12月), 姓氏鹿児島, 日人

**谷山隆信** たにやまたかのぶ
南北朝時代の南朝方の武将、谷山郡司。
¶鹿児島百 (生没年不詳), 姓氏鹿児島

**丹波道主命** たにわのみちぬしのみこと
→丹波道主命 (たんばみちぬしのみこと)

**田貫実長** たぬきさねなが
南北朝時代の南朝方の武士。
¶姓氏静岡

**田沼長貞** たぬまながさだ
生没年不詳
戦国時代の足利長尾氏の家臣。
¶戦辞

**種市中務** たねいちなかつかさ
生没年不詳
安土桃山時代の種市城主。
¶姓氏岩手

**種子島恵時** たねがしまさとき
文亀3 (1503) 年～永禄10 (1567) 年　[別]種子島恵時《たねがしましげとき》
戦国時代の武士。
¶鹿児島百 (たねがしましげとき), 系西 (たねがしましげとき), 諸系 (たねがしましげとき), 姓氏鹿児島 (たねがしましげとき), 戦人, 戦西

**種子島恵時** たねがしましげとき
→種子島恵時 (たねがしまさとき)

**種子島時堯** (種子島時尭) たねがしまときたか
享禄1 (1528) 年～天正7 (1579) 年
戦国時代～安土桃山時代の武将、種子島の領主。
¶朝日 ([没]天正7年10月2日 (1579年10月21日)), 岩史 ([没]天正7 (1579) 年10月2日), 鹿児島百, 角史, 系西, 国史, 古中, コン改, コン4, 史人 ([生]1528年2月10日　[没]1579年10月2日), 重要, 諸系, 新潮 ([没]天正7 (1579) 年10月2日), 人名, 姓氏鹿児島 (種子島時尭), 世人 ([没]天正7 (1579) 年10月2日), 戦合, 戦国, 全書, 戦人, 戦西, 大百, 伝記, 日史 ([没]天正7 (1579) 年10月2日), 日人, 百科, 歴大

**種子島時次** たねがしまときつぐ
弘治2 (1556) 年～永禄5 (1562) 年
戦国時代の武将。

¶系西

**種子島時基** たねがしまときもと
南北朝時代の武将。種子島氏5代。
¶姓氏鹿児島

**種子島久時** たねがしまひさとき
永禄11(1568)年〜慶長16(1611)年
安土桃山時代〜江戸時代前期の武士。
¶鹿児島百，系西，諸系([没]1612年)，姓氏鹿児島，戦人，戦西，戦補

**多禰清頼** たねきよより
生没年不詳
南北朝時代の多禰郷領主。
¶島根歴

**種村彦次郎** たねむらひこじろう
? 〜天正10(1582)年6月2日
戦国時代〜安土桃山時代の織田信長の家臣。
¶織田

**多根元清** たねもときよ
生没年不詳
戦国時代の大東庄領主。
¶島根歴

**多禰頼茂** たねよりしげ
生没年不詳
鎌倉時代後期〜南北朝時代の出雲大社造営奉行、多禰郷の地頭。
¶島根歴

**田野辺重之** たのべしげゆき
? 〜天正14(1586)年
戦国時代〜安土桃山時代の武将。
¶日人

**田野辺秀幹** たのべひでもと
→中居秀幹(なかいひでとも)

**田原氏能** たはらうじよし
→田原氏能(たばるうじよし)

**田原重次** たはらしげつぐ
生没年不詳
安土桃山時代〜江戸時代前期の武士。浅野家の家臣。
¶和歌山人

**田原重綱** たはらしげつな
? 〜天正12(1584)年
安土桃山時代の地方豪族・土豪。北畠氏家臣。
¶戦人

**田原紹忍** たはらじょうにん
→田原親賢(たわらちかかた)

**田原親賢** たはらちかかた
→田原親賢(たわらちかかた)

**田原親虎** たはらちかとら
→田原親虎(たわらちかとら)

**田原直貞** たはらなおさだ
→田原直貞(たばるなおさだ)

**田原氏能** たばるうじよし
生没年不詳 [別]田原氏能《たはらうじよし，たわらうじよし》
南北朝時代の国人領主。
¶大分百(たはらうじよし)，大分歴(たわらうじよし)，鎌室，日人(たはらうじよし)

**田原直貞** たばるなおさだ
生没年不詳 [別]田原直貞《たはらなおさだ，たわらなおさだ》
南北朝時代の国人領主。
¶大分歴(たわらなおさだ)，鎌室，日人(たはらなおさだ)

**田房秀勝** たぶさひでかつ
? 〜天正1(1573)年
戦国時代の武将。朝倉氏家臣。
¶戦西

**田伏次郎大夫** たぶせじろうだゆう
生没年不詳
安土桃山時代の武将。
¶戦人

**田部井泰寛** たべいやすひろ
? 〜元弘3/正慶2(1333)年 [別]田部井泰寛《ためがいやすひろ》
鎌倉時代後期の武将。
¶人名，日人(ためがいやすひろ)

**田部沢久助** たべさわきゅうすけ
戦国時代の武将。武田家臣。御料人衆。
¶姓氏山梨

**玉井小四郎** たまいこしろう
平安時代後期の武士。武蔵七党横山党の族。
¶埼玉百

**玉井四郎助重** たまいしろうすけしげ
[別]藤原助重《ふじわらのすけしげ》
平安時代後期〜鎌倉時代前期の武蔵武士。
¶埼玉百，平史(藤原助重 ふじわらのすけしげ 生没年不詳)

**玉井助景** たまいすけかげ
鎌倉時代の武士。武蔵七党横山党の族で幡羅郡玉井荘の住人。
¶埼玉百

**玉井駿河入道** たまいするがにゅうどう
室町時代の武将。上杉禅秀の配下。
¶埼玉百

**玉井西阿** たまいせいあ
生没年不詳 [別]三輪西阿《みわせいあ》，西阿《さいあ，せいあ》
南北朝時代の大和国の南朝方の武将。
¶鎌室([没]貞和4/正平3(1348)年)，鎌室(西阿 せいあ)，郷土奈良(西阿 さいあ [没]1348年)，国史，国書(西阿 さいあ)，古中，史人，新潮(三輪西阿 みわせいあ)，人名([没]1348年)，人名(西阿 せいあ [没]1349年)，世人(三輪西阿 みわせいあ)，日人

た

**玉井帯刀左衛門** たまいたてわきざえもん
生没年不詳　[別]玉井帯刀左衛門尉《たまいたてわきさえもんのじょう》
戦国時代の武士。後北条氏家臣。
¶戦辞（玉井帯刀左衛門尉　たまいたてわきさえもんのじょう），戦人，戦東

**玉井帯刀左衛門尉** たまいたてわきさえもんのじょう
→玉井帯刀左衛門（たまいたてわきざえもん）

**玉井利次** たまいとしつぐ
戦国時代の武将。斎藤氏家臣。
¶戦西

た

**玉井野七資遠** たまいのしちすけとう
平安時代後期の武士。武蔵七党横山党の族、玉井氏の始祖。
¶埼玉百

**玉井次郎** たまいのじろう
平安時代後期～鎌倉時代前期の武士。
¶岡山歴

**玉井兵衛太郎** たまいひょうえたろう
鎌倉時代前期の武士。宇治橋の合戦で討死。
¶埼玉百

**玉井兵衛太郎助家** たまいひょうえたろうすけいえ
鎌倉時代前期の武士。源頼朝の上洛の随兵。
¶埼玉百

**玉井平六** たまいへいろく
戦国時代の武士。後北条氏家臣。
¶戦人（生没年不詳），戦東

**玉井孫三郎** たまいまごさぶろう
生没年不詳
戦国時代の北条氏の家臣。
¶戦辞

**玉岡政広** たまおかまさひろ
生没年不詳
戦国時代の武将。結城氏家臣。
¶戦辞，戦人，戦東

**玉置小平太** たまきこへいた
生没年不詳
安土桃山時代の地方豪族・土豪、武士。豊臣氏家臣。
¶戦国，戦人，和歌山人

**玉置千光院** たまきせんこういん
?　～慶長4（1599）年
戦国時代～安土桃山時代の武将。
¶和歌山人

**玉木吉保** たまきよしやす
天文21（1552）年～寛永10（1633）年
安土桃山時代～江戸時代前期の武士。毛利氏家臣。
¶国書（[生]天文21（1552）年7月8日　[没]寛永10（1633）年1月13日），戦人

**玉造重幹** たまつくりしげもと
?　～天正19（1591）年
安土桃山時代の武将。
¶戦国，戦辞（[没]天正19年2月9日（1591年4月2日）），戦人

**玉生高宗** たまにゅうたかむね
?　～慶長3（1598）年1月
戦国時代～安土桃山時代の宇都宮氏の重臣。
¶戦辞

**玉ノ井半内** たまのいはんない
戦国時代の武将。葛西氏家臣。
¶戦東

**玉野豊前守** たまのぶぜんのかみ
安土桃山時代～江戸時代前期の武士。里見氏家臣。
¶戦人（生没年不詳），戦東

**玉野又四郎** たまのまたしろう
安土桃山時代～江戸時代前期の武士。里見氏家臣。
¶戦人（生没年不詳），戦東

**玉前式部少輔** たままえしきぶしょう
→玉前式部少輔（たままえしきぶしょうゆう）

**玉前式部少輔** たままえしきぶしょうゆう
[別]玉前式部少輔《たままえしきぶしょう》
安土桃山時代の地方豪族・土豪。
¶戦国（たままえしきぶしょう），戦人（生没年不詳）

**玉虫定茂** たまむしさだもち
戦国時代の武将。武田家臣。城景茂の弟。
¶姓氏山梨

**玉村太郎** たまむらたろう
生没年不詳
鎌倉時代前期の武士。
¶姓氏群馬

**玉村泰清** たまむらやすきよ
生没年不詳
鎌倉時代後期の武士。
¶姓氏群馬

**田丸勝八郎** たまるしょうはちろう
安土桃山時代の武将。秀吉馬廻。
¶戦国，戦人（生没年不詳）

**田丸直昌** たまるただまさ
→田丸直昌（たまるなおまさ）

**田丸直息** たまるなおおき
生没年不詳
安土桃山時代の織田信長の家臣。
¶織田

**田丸直昌** たまるなおまさ
生没年不詳　[別]田丸直昌《たまるただまさ》
安土桃山時代の武将、大名。伊勢田丸城主、信濃松代領主、美濃岩村城主。
¶岐阜百，戦国（たまるただまさ），戦人，長野歴，日人，藩主2

**田道** たみち
→上毛野田道（かみつけののたみち）

**民大火** たみのおおび，たみのおおひ
?　～大宝3（703）年
飛鳥時代の壬申の乱の功臣。

¶人名，日人（たみのおおひ）

**民小鮪** たみのおしび
生没年不詳
奈良時代の武人。壬申の乱で大海人皇子軍の将となる。
¶朝日，コン改，コン4，日人

**田宮長勝** たみやおさかつ
→田宮長勝（たみやながかつ）

**田宮対馬守** たみやつしまのかみ
→田宮長勝（たみやながかつ）

**田宮長勝** たみやながかつ
？～正保2（1645）年　[別]田宮対馬守《たみやつしまのかみ》，田宮長勝《たみやおさかつ》
安土桃山時代～江戸時代前期の武士、剣術家。紀伊和歌山藩士。
¶岡山人（たみやおさかつ），岡山歴（[没]正保2（1645）年1月），剣豪（田宮対馬守　たみやつしまのかみ），日人，和歌山人

**田村家吉** たむらいえよし
？～応永3（1396）年
南北朝時代～室町時代の武士。
¶日人

**田村喜斎** たむらきさい
安土桃山時代～江戸時代前期の武士。里見氏家臣。
¶戦人（生没年不詳），戦東

**田村清顕** たむらきよあき
？～天正14（1586）年
安土桃山時代の武将、隆顕の子。
¶朝日（[没]天正14年10月9日（1586年11月19日）），岩史（[没]天正14（1586）年10月9日），国史，古中，コン4，諸系，人名，戦合，戦国，戦人，日史（[没]天正14（1586）年10月9日），日人

**田村清重** たむらきよしげ
生没年不詳
戦国時代の武士。
¶姓氏群馬

**田村隆顕** たむらたかあき
？～天正2（1574）年
戦国時代～安土桃山時代の武将。
¶戦人

**田村輝顕** たむらてるあき
？～正平17/貞治1（1362）年
南北朝時代の武将。
¶鎌室，人名，日人

**田村宗顕** たむらむねあき
？～天正18（1590）年
戦国時代の武将。
¶諸系，人名，戦国，戦人（生没年不詳），日人

**田村与三左衛門尉** たむらよぞうさえもんのじょう
生没年不詳
戦国時代の北条氏の家臣。
¶戦辞

**田部井経氏** ためがいつねうじ
生没年不詳
鎌倉時代の武人。
¶群馬人，姓氏群馬

**田部井泰寛** ためがいやすひろ
→田部井泰寛（たべいやすひろ）

**多目玄蕃允** ためげんばのじょう
戦国時代の武将。後北条氏家臣。
¶戦東

**多米新左衛門** ためしんざえもん
生没年不詳
戦国時代の武将。後北条氏家臣。
¶姓氏神奈川，戦辞，戦東

**多米周防守**（多目周防守） ためすおうのかみ
？～天正18（1590）年
安土桃山時代の武将。後北条氏家臣。
¶戦辞，戦人，戦東（多目周防守）

**多米倉満** ためのくらみつ
生没年不詳
平安時代後期の豊後国内の開発領主。
¶大分百

**多米彦八郎** ためひこはちろう
生没年不詳
戦国時代の北条氏の家臣。
¶戦辞

**多米又三郎** ためまたさぶろう
戦国時代の武将。今川氏家臣。
¶戦人（生没年不詳），戦東

**多米元興** ためもとおき
？～天正5（1577）年
戦国時代～安土桃山時代の武将。後北条氏家臣。
¶戦人

**多目弥次郎**（多米弥次郎） ためやじろう
安土桃山時代の武士。後北条氏家臣。
¶戦人（生没年不詳），戦東（多米弥次郎）

**田矢三郎左衛門** たやさぶろうざえもん
？～天正9（1581）年
安土桃山時代の地方豪族・土豪。
¶戦人

**田山遠江守** たやまとおとうみのかみ
安土桃山時代～江戸時代前期の武将。里見氏家臣。
¶戦東

**田結庄対馬守** たゆのしょうつしまのかみ
？～天正3（1575）年10月17日
戦国時代～安土桃山時代の武将、鶴城城主。
¶兵庫人

**多羅尾玄蕃** たらおげんば
生没年不詳
安土桃山時代の織田信長の家臣。
¶織田

**多羅尾綱知** たらおつなとも
安土桃山時代の武将。秀吉馬廻？。

¶戦国

**多羅尾常陸介** たらおひたちのすけ
生没年不詳
安土桃山時代の織田信長の家臣。
¶織田

**多羅尾光時** たらおみつとき
安土桃山時代の武将。秀吉馬廻。
¶戦国

**多羅尾光俊** たらおみつとし
\*～慶長14(1609)年
安土桃山時代～江戸時代前期の武将。豊臣秀吉
の臣。
¶織田(㊍永正11(1514)年　㊕慶長14(1609)年2
月4日)，戦国(㊍1534年)

**多羅尾光雅** たらおみつのり
弘治1(1555)年～寛永13(1636)年
安土桃山時代～江戸時代前期の武将。光俊の3男。
¶朝日(㊕寛永13年1月13日(1636年2月19日))，
戦国(㊍1557年)，日人

**多羅尾光太** たらおみつもと
\*～正保4(1647)年
安土桃山時代～江戸時代前期の武将。豊臣秀吉、
徳川家康の臣。
¶織田(㊍天文21(1552)年　㊕正保4(1647)年1
月21日)，戦国(㊍1553年)

**多良木頼観** たらぎよりみ
？　～文安5(1448)年
室町時代の武将。
¶戦人

**樽藤右衛門** たるとうえもん
安土桃山時代～江戸時代前期の武士、のち町年寄。
¶江戸東

**捶水某** たるみ
生没年不詳
安土桃山時代の織田信長の家臣。
¶織田

**樽見悪四郎** たるみあくしろう
南北朝時代の武士。
¶姓氏石川

**垂水勝重** たるみかつしげ
生没年不詳
江戸時代前期の武士、播磨姫路藩士。
¶藩臣5，兵庫百

**垂水左衛門尉繁昌** たるみさえもんのじょうはん
しょう
→垂水繁昌(たるみしげまさ)

**垂水繁昌** たるみしげまさ
生没年不詳　㉕垂水左衛門尉繁昌《たるみさえも
んのじょうはんしょう》，垂水繁昌《たるみはん
じょう》
鎌倉時代後期の在地領主、左衛門尉。
¶朝日(たるみはんじょう)，鎌室，コン改(垂水
左衛門尉繁昌　たるみさえもんのじょうはん
しょう)，コン4(垂水左衛門尉繁昌　たるみさ

えもんのじょうはんしょう)，新潮，日人，兵
庫百

**垂水繁昌** たるみはんじょう
→垂水繁昌(たるみしげまさ)

**太郎丸掃部** たろうまるかもん
？　～天正17(1589)年
安土桃山時代の地頭。
¶戦人，戦東

**田原氏能** たわらうじよし
→田原氏能(たばらうじよし)

**田原貞広** たわらさだひろ
？　～正平8/文和2(1353)年
南北朝時代の武将。
¶大分歴

**田原紹忍** たわらしょうにん，たわらじょうにん
→田原親賢(たわらちかかた)

**田原親家** たわらちかいえ
→大友親家(おおともちかいえ)

**田原親賢** たわらちかかた
？　～慶長5(1600)年　㉕田原紹忍《たはらじょう
にん，たわらしょうにん，たわらじょうにん》，田原
親賢《たはらちかかた》
安土桃山時代の武士。
¶大分百(たはらちかかた)，大分歴，系西(生没
年不詳)，戦国(田原紹忍　たわらしょうに
ん)，戦人，戦西，日史(田原紹忍　たわらじょ
うにん　㊕慶長5(1600)年9月？)，日人(田原
紹忍　たわらしょうにん)，百科(田原紹忍
たはらじょうにん)

**田原親資** たわらちかすけ
？　～天文22(1553)年
戦国時代の武士。
¶戦人，戦西

**田原親董** たわらちかただ
戦国時代の武士。
¶戦人(生没年不詳)，戦西

**田原親貫** たわらちかつら
？　～天正8(1580)年
安土桃山時代の武士。
¶大分歴，戦人，戦西

**田原親虎** たわらちかとら
永禄3(1560)年～？　㉕田原親虎《たはらちかと
ら》
安土桃山時代のキリシタン、武将。豊後大友氏の
家臣。
¶大分百(たはらちかとら　㊍1561年)，国史，
古中，戦合，戦人(㊍永禄5(1562)年？)，戦
西，日史，日人

**田原親述** たわらちかのぶ
戦国時代の武士。
¶戦人(生没年不詳)，戦西

**田原親宏** たわらちかひろ
？　～天正7(1579)年

戦国時代～安土桃山時代の武士。
¶大分歴，戦人，戦西

**俵藤太** たわらとうた,たわらとうだ
→藤原秀郷（ふじわらのひでさと）

**田原直貞** たわらなおさだ
→田原直貞（たばるなおさだ）

**俵藤太** たわらのとうた
→藤原秀郷（ふじわらのひでさと）

**田原泰広** たわらやすひろ
生没年不詳
鎌倉時代の武将。
¶大分歴

**丹下左近将監** たんげさこんしょうげん
安土桃山時代の武将。結城氏家臣。
¶戦東

**丹下信濃守** たんげしなののかみ
生没年不詳
安土桃山時代の武士。結城氏家臣。
¶戦辞，戦人，戦東

**丹後** たんご
生没年不詳
戦国時代の北条氏の家臣。
¶戦辞

**団子森久兵衛** だんごもりきゅうべえ
安土桃山時代の勇士。
¶人名

**壇上行政** だんじょうゆきまさ
生没年不詳
鎌倉時代後期～室町時代の山城国乙訓郡上久世荘の土豪。
¶姓氏京都

**団甚左衛門** だんじんざえもん
安土桃山時代の武士。豊臣氏家臣。
¶戦国，戦人（生没年不詳）

**団忠直** だんただなお
？ ～天正10（1582）年
安土桃山時代の武士。織田氏家臣。
¶戦人，戦補

**団忠正** だんただまさ
？ ～天正10（1582）年6月2日
戦国時代～安土桃山時代の織田信長の家臣。
¶織田

**淡輪助重** たんなわすけしげ
生没年不詳
南北朝時代の武将。
¶鎌室，新潮，日人

**丹与三** たんのよぞう
安土桃山時代の武将。最上氏家臣。
¶戦東

**丹与惣左衛門** たんのよそうざえもん
生没年不詳
安土桃山時代の武士。最上氏家臣。
¶戦人

**淡輪重直** たんのわしげなお
文禄3（1594）年～寛文8（1668）年
江戸時代前期の武士。紀州藩士。
¶和歌山人

**淡輪徹斎** たんのわてっさい
生没年不詳
安土桃山時代の織田信長の家臣。
¶織田

**淡輪大和守** たんのわやまとのかみ
生没年不詳
安土桃山時代の織田信長の家臣。
¶織田

**淡輪六郎兵衛** たんのわろくろうべえ
～元和1（1615）年4月29日
安土桃山時代～江戸時代前期の大坂の陣、大坂方の武将。
¶大阪墓

**丹波道主命** たんばのみちぬしのみこと
→丹波道主命（たんばみちぬしのみこと）

**丹波隼人佐** たんばはやとのすけ
生没年不詳
戦国時代の今川氏の家臣。
¶戦辞

**丹波道主命** たんばみちぬしのみこと
[別]丹波道主命《たにはのみちぬしのみこと,たにはみちぬしのみこと,たにわのみちぬしのみこと,たんばのみちぬしのみこと》
上代の開化天皇皇子彦坐王の子。四道将軍の一人。丹波に派遣されたという。
¶朝日（たにはのみちぬしのみこと），京都府（たんばのみちぬしのみこと），古代（たんばのみちぬしのみこと），コン改，コン4，史人（たにわのみちぬしのみこと），諸系（たんばのみちぬしのみこと），新潮，人名（たにわのみちぬしのみこと），日人（たんばのみちぬしのみこと），歴大（たにはみちぬしのみこと）

## 【ち】

**小子部鉏鉤**（少子部鉏鉤） ちいさこべのさいち
→小子部鉏鉤（ちいさこべのさひち）

**小子部鉏鉤**（少子部鉏鉤） ちいさこべのさひち,ちいさこべのさびち
？ ～弘文天皇1・天武天皇1（672）年 [別]小子部鉏鉤《ちいさこべのさいち》,少子部連鉏鉤《ちいさこべのむらじさいち》
飛鳥時代の官人。尾張国司守。壬申の乱で大海人皇子に帰順。
¶朝日（ちいさこべのさいち [没]天武1（672）年8月），古代（少子部連鉏鉤 ちいさこべのむらじさいち），コン改，コン4，史人（ちいさこべのさいち [没]672年8月），新潮（少子部鉏鉤），人名（ちいさこべのさびち），姓氏愛知，日人

ち

（ちいさこべのさいち）

**千布家利** ちういえとし
[別]千布因幡守家利《ちういなばのかみいえとし》
戦国時代の武士。
¶戦人（生没年不詳），戦西（千布因幡守家利　ちういなばのかみいえとし）

**千布因幡守家利** ちういなばのかみいえとし
→千布家利（ちういえとし）

**智蘊** ちうん
？ ～文安5（1448）年　[別]蜷川親当《にながわちかまさ》，蜷川智蘊《にながわちうん》
室町時代の武士、幕府官僚、連歌師。俗名蜷川新左衛門親当。
¶朝日（[没]文安5年5月12日（1448年6月13日）），鎌室（蜷川智蘊　にながわちうん），国史，国書（[没]文安5（1448）年5月12日），古中，史人（蜷川親当　にながわちかまさ　[没]1448年5月12日），諸系（蜷川智蘊　にながわちうん），新潮（[没]文安5（1448）年5月12日），新文（蜷川智蘊　にながわちうん　[没]文安5（1448）年5月12日），人名（蜷川智蘊　にながわちうん　[没]1447年），全書，日人（蜷川智蘊　にながわちうん），俳句（[没]文安5（1448）年5月12日），仏教（[没]文安5（1448）年5月12日），文学（蜷川智蘊　にながわちうん），和俳（[没]文安5（1448）年5月12日）

ち

**近沢越後守** ちかざわえちごのかみ
戦国時代の武士。
¶戦人（生没年不詳），戦西

**近沢将監** ちかざわしょうげん
生没年不詳
戦国時代の武将。
¶高知人

**近松豊前** ちかまつぶぜん
？ ～永禄12（1569）年9月8日
戦国時代～安土桃山時代の織田信長の家臣。
¶織田

**近松光保** ちかまつみつやす
戦国時代の武将。斎藤氏家臣。
¶戦西

**千竈時家** ちかまときいえ
南北朝時代の武将。
¶姓氏鹿児島

**千木良三郎左衛門** ちぎらさぶろうざえもん
生没年不詳
戦国時代の伊香保七騎の1人。白井長尾氏の家臣。
¶姓氏群馬

**知久敦貞** ちくあつさだ
生没年不詳
南北朝時代の南朝方の武将。
¶長野歴

**千種三郎左衛門** ちぐささぶろうざえもん
？ ～天正12（1584）年5月7日
戦国時代～安土桃山時代の織田信長の家臣。
¶織田

**千種忠顕** ちぐさただあき，ちくさただあき
？ ～延元1/建武3（1336）年　[別]忠顕〔千種家（絶家）〕《ただあき》
鎌倉時代後期～南北朝時代の公卿、武将（参議）。千種家の始祖。太政大臣久我通光の子六条通有の曽孫。後醍醐天皇に従い転戦。足利直義軍と戦い戦死。
¶朝日（ちくさただあき　[没]建武3/延元1年6月7日（1336年7月15日）），岩史（[没]建武3（1336）年6月7日），角史（ちくさただあき），鎌室，公卿（ちくさただあき　生没年不詳），公家（忠顕〔千種家（絶家）〕　ただあき　[没]建武3（1336）年6月7日），国史（ちくさただあき），国書（ちくさただあき　[没]延元1（1336）年6月5日），古中（ちくさただあき），コン改，コン4，史人（[没]1336年6月7日），諸系，新潮（[没]建武3/延元1（1336）年6月5日），人名（ちくさただあき），姓氏京都，世人（[没]延元1/建武3（1336）年6月5日），世百，全書，大百，鳥取百，日史（ちくさただあき　[没]建武3/延元1（1336）年6月7日），日人，百科，歴大

**知久遠包** ちくとおかね
戦国時代の武将。武田家臣。武田信豊同心衆。
¶姓氏山梨

**知久信貞** ちくのぶさだ
生没年不詳
鎌倉時代の武士、弓の名人。
¶長野歴

**知久則直** ちくのりなお
天正6（1578）年～正保1（1644）年
安土桃山時代～江戸時代前期の阿島知行所の旗本初代当主。
¶姓氏長野，長野歴

**知久頼氏** ちくよりうじ
天文9（1540）年～天正11（1583）年
戦国時代～安土桃山時代の武士。
¶姓氏長野，戦辞（[生]天文10（1541）年　[没]天正13（1585）年11月），長野歴

**知久頼竜** ちくよりたつ
生没年不詳
戦国時代の武士。
¶戦辞

**知久頼元** ちくよりもと
？ ～弘治1（1555）年
戦国時代の武将。
¶姓氏長野，戦辞（[没]弘治1年5月28日（1555年6月17日）），戦人（生没年不詳），戦東，長野歴

**知久頼康** ちくよりやす
生没年不詳
戦国時代の武士。
¶戦辞

**知久頼之** ちくよりゆき
戦国時代の武将。武田家臣。信濃神峰の城主。
¶姓氏長野（生没年不詳），姓氏山梨

**千坂景親** ちさかかげちか
　? ～慶長11（1606）年4月24日
　安土桃山時代の国人。
　¶戦辞，戦人（生没年不詳），戦東，新潟百（生没
　　年不詳）

**千坂定高** ちさかさだたか
　生没年不詳
　戦国時代の越後守護上杉房定の重臣。
　¶戦辞

**千坂実高** ちさかさねたか
　生没年不詳
　戦国時代の越後守護上杉房定・房能の重臣。
　¶戦辞

**智尊** ちそん
　生没年不詳
　飛鳥時代の武人。壬申の乱で大友皇子方として
　奮戦。
　¶日人

**千田雅楽之丞** ちだうたのじょう
　戦国時代の武将。大崎氏家臣。
　¶戦東

**千田九兵衛** ちだくへえ
　? ～天正19（1591）年
　安土桃山時代の武士。葛西氏家臣。
　¶姓氏岩手，戦人，戦東

**千田甲運** ちだこううん
　戦国時代の武将。葛西氏家臣。
　¶戦東

**千田大学** ちだだいがく
　戦国時代～安土桃山時代の武将。葛西氏家臣。
　¶戦東

**千田胤貞** ちだたねさだ
　生没年不詳
　鎌倉時代後期～南北朝時代の武士。千葉宗胤の子
　で、千田荘を領有。
　¶千葉百

**千田胤幹** ちだたねもと
　生没年不詳
　鎌倉時代の武士。
　¶千葉百

**千田入道宗念** ちだにゅうどうそうねん
　戦国時代の武将。葛西氏家臣。
　¶戦東

**千田豊後** ちだぶんご
　戦国時代の武将。葛西氏家臣。
　¶戦東

**千田与左衛門** ちだよざえもん
　戦国時代の武将。葛西氏家臣。
　¶戦東

**秩父右近** ちちぶうこん
　戦国時代～安土桃山時代の武将。後北条氏家臣。
　¶戦東

**秩父左近** ちちぶさこん
　戦国時代～安土桃山時代の武将。後北条氏家臣。
　¶戦東

**秩父重隆** ちちぶしげたか
　生没年不詳
　平安時代後期の武士。
　¶埼玉人

**秩父重綱** ちちぶしげつな
　生没年不詳
　平安時代後期の豪族。
　¶埼玉人，諸系

**秩父重弘** ちちぶしげひろ
　生没年不詳
　平安時代中期の武蔵国の豪族、武将。坂東平氏秩
　父氏。
　¶朝日，埼玉人，諸系，日人

**秩父勝菊** ちちぶしょうぎく
　生没年不詳
　戦国時代の北条氏の家臣。
　¶戦辞

**秩父次郎左衛門** ちちぶじろうざえもん
　生没年不詳
　戦国時代の武士。後北条氏家臣。
　¶戦辞，戦人，戦東

**秩父孫四郎** ちちぶまごしろう
　生没年不詳
　戦国時代の武士。後北条氏家臣。
　¶戦辞，戦人，戦東

**秩父孫二郎**（秩父孫次郎）ちちぶまごじろう
　生没年不詳
　安土桃山時代の武士。後北条氏家臣。
　¶埼玉人，戦辞（秩父孫次郎），戦人，戦東

**秩父将常** ちちぶまさつね
　生没年不詳
　平安時代中期の武士。
　¶埼玉人

**千束善右衛門** ちづかぜんえもん
　生没年不詳
　安土桃山時代～江戸時代前期の武士。
　¶日人

**千野伊豆守** ちのいずのかみ
　戦国時代の武将。武田家臣。永禄10年の諏訪五十
　騎交名にみえる。
　¶姓氏山梨

**千野出雲** ちのいずも
　戦国時代の武将。武田家臣。永禄10年の諏訪五十
　騎交名にみえる。
　¶姓氏山梨

**千野左馬允** ちのさまのじょう
　戦国時代の武将。武田家臣。永禄10年の諏訪五十
　騎交名にみえる。
　¶姓氏山梨

ち

ち

**千野重清** ちのしげきよ
生没年不詳
戦国時代の信濃国諏訪氏の家臣。
¶戦辞

**千野宗光** ちのそうこう
生没年不詳
戦国時代の信濃国諏訪氏の家臣。
¶戦辞

**千野房清** ちのふさきよ
戦国時代の武将。武田家臣。丹波守。信濃大熊の城主。
¶姓氏長野（生没年不詳），姓氏山梨

**治野法橋** ちのほうきょう
生没年不詳
鎌倉時代後期の武士。「忌部の契約」に加わった一人。
¶徳島歴

**千野昌房** ちのまさふさ
生没年不詳
戦国時代の信濃国諏訪氏の家臣。
¶戦辞

**千野弥五右衛門** ちのやごえもん
戦国時代の武将。武田家臣。永禄10年の諏訪五十騎交名にみえる。
¶姓氏山梨

**千葉安房守** ちばあわのかみ
戦国時代の武将。葛西氏家臣。
¶戦東

**千葉家胤** ちばいえたね
？ ～天正18（1590）年
戦国時代～安土桃山時代の清水馬場城城主で、葛西氏家臣。
¶姓氏岩手

**千葉伊豆** ちばいず
戦国時代の武将。葛西氏家臣。
¶戦東

**千葉出雲** ちばいずも
戦国時代の武将。葛西氏家臣。
¶戦東

**千葉右衛門** ちばうえもん
戦国時代の武将。葛西氏家臣。
¶戦東

**千葉氏胤** ちばうじたね
延元2/建武4（1337）年～正平20/貞治4（1365）年
南北朝時代の武将。
¶鎌室，諸系，人名（[生]？　[没]1363年），日人

**千葉雅楽之助** ちばうたのすけ
戦国時代の武将。葛西氏家臣。
¶戦東

**千葉右馬之丞重胤** ちばうまのじょうしげたね
→千葉重胤(1)（ちばしげたね）

**千葉大隅** ちばおおすみ
戦国時代の武将。葛西氏家臣。
¶戦東

**千葉興常** ちばおきつね
生没年不詳
室町時代の武将。
¶鎌室，人名，日人

**千葉勝胤** ちばかつたね
文明2（1470）年～天文1（1532）年
戦国時代の武将、下総臼井城主。
¶諸系，人名，戦辞（[没]天文1年5月21日（1532年6月24日）），日人

**千葉兼胤** ちばかねたね
元中9/明徳3（1392）年～永享2（1430）年
室町時代の武将、千葉介、下総守護、清胤の子。
¶朝日（[没]永享2年6月17日（1430年7月7日）），鎌室，国史，古中，コン4，史人（[没]1430年6月17日），諸系，新潮（[没]永享2（1430）年6月17日），人名，千葉百，日人

**千葉兼義** ちばかねよし
？ ～天正19（1591）年　[別]千葉遠江守兼義《ちばとおとうみのかみかねよし》
安土桃山時代の武士。葛西氏家臣。
¶戦人，戦東（千葉遠江守兼義　ちばとおとうみのかみかねよし）

**千葉刑部** ちばぎょうぶ
戦国時代の武将。葛西氏家臣。
¶戦東

**千葉清胤** ちばきよたね
？ ～天正18（1590）年
安土桃山時代の武士。後北条氏家臣。
¶戦人，戦東

**千葉宮内左衛門** ちばくないざえもん
戦国時代の武将。葛西氏家臣。
¶戦東

**千葉邦胤** ちばくにたね
弘治3（1557）年～天正13（1585）年
安土桃山時代の武将。
¶諸系，戦国（[生]？），戦辞（[没]天正13年5月7日（1585年6月4日）），戦人（[生]弘治3（1557）年？），日人

**千葉玄参** ちばげんさん
生没年不詳
戦国時代の武士。
¶戦辞

**千葉玄蕃** ちばげんば
戦国時代の武将。葛西氏家臣。
¶戦東

**千葉自胤** ちばこれたね
→千葉自胤（ちばよりたね）

**千葉五郎三郎** ちばごろさぶろう
戦国時代の武将。葛西氏家臣。
¶戦東

**千葉相模**　ちばさがみ
戦国時代の武将。葛西氏家臣。
¶戦東

**千葉左近**　ちばさこん
戦国時代の武将。葛西氏家臣。
¶戦東

**千葉左近輝胤**　ちばさこんてるたね
戦国時代の武将。葛西氏家臣。
¶戦東

**千葉貞胤**　ちばさだたね
正応4(1291)年～正平6/観応2(1351)年
鎌倉時代後期～南北朝時代の武将、千葉介、下総守護、胤宗の子。
¶朝日([没]観応2/正平6年1月1日(1351年1月28日))，鎌室，諸系([生]1292年)，新潮([生]正応4(1291)年？　[没]観応2/正平6(1351)年1月1日)，人名，姓氏静岡，千葉百，日人([生]1292年)，北条

**千葉実胤**　ちばさねたね
生没年不詳
室町時代の武将。
¶諸系，戦辞，日人

**千葉式部大夫胤成**　ちばしきぶだゆうたねしげ
→千葉胤成(ちばたねしげ)

**千葉重胤**(1)　ちばしげたね
？～天正19(1591)年　[別]千葉右馬之丞重胤《ちばうまのじょうしげたね》
安土桃山時代の武将。葛西氏家臣。
¶戦人，戦東(千葉右馬之丞重胤　ちばうまのじょうしげたね)

**千葉重胤**(2)　ちばしげたね
*～寛永10(1633)年　[別]千葉新介《ちばしんすけ》
安土桃山時代～江戸時代前期の武将。
¶諸系([生]1576年)，戦国([生]1582年)，戦人([生]天正10(1582)年)，日人([生]1576年)

**千葉重胤**(3)　ちばしげたね
→東重胤(とうしげたね)

**千葉成胤**　ちばしげたね
→千葉成胤(ちばなりたね)

**千葉重常**　ちばしげつね
？～天正19(1591)年　[別]矢作重常《やはぎしげつね》，矢作大隅守重常《やはぎおおすみのかみしげつね》
安土桃山時代の武将。葛西氏家臣。
¶戦人，戦人(矢作重常　やはぎしげつね　[生]弘治1(1555)年)，戦東(矢作大隅守重常　やはぎおおすみのかみしげつね)

**千葉茂成**　ちばしげなり
生没年不詳
戦国時代の武将。
¶戦人

**千葉信濃**　ちばしなの
？～天正16(1588)年
安土桃山時代の武将。葛西氏家臣。
¶戦人，戦東

**千葉下野**　ちばしもつけ
安土桃山時代の武将。葛西氏家臣。
¶戦東

**千葉修理**　ちばしゅり
戦国時代の武将。葛西氏家臣。
¶戦東

**千葉四郎右衛門**　ちばしろうえもん
戦国時代の武将。葛西氏家臣。
¶戦東

**千葉四郎兵衛**　ちばしろべえ
戦国時代の武将。葛西氏家臣。
¶戦東

**千葉新左衛門**　ちばしんざえもん
？～天正19(1591)年
安土桃山時代の武将。葛西氏家臣。
¶戦人

**千葉輔胤**　ちばすけたね
応永23(1416)年～明応1(1492)年
室町時代～戦国時代の武将。
¶鎌室([生]応永28(1421)年)，諸系，人名([生]1419年)，戦辞([没]明応1年2月15日(1492年3月13日))，日人

**千葉孝胤**　ちばたかたね
嘉吉3(1443)年～永正2(1505)年　[別]千葉孝胤《ちばのりたね》
室町時代～戦国時代の武将。
¶諸系，戦辞(ちばのりたね　[没]永正2年8月19日(1505年9月16日))，日人

**千葉但馬守**　ちばたじまのかみ
戦国時代の武将。大崎氏家臣。
¶戦東

**千葉但馬守繁勝**　ちばたじまのかみしげかつ
安土桃山時代～江戸時代前期の武将。大崎氏家臣。
¶戦東

**千葉胤氏**　ちばたねうじ
鎌倉時代後期の武将。葛西氏家臣。
¶戦東

**千葉胤貞**　ちばたねさだ
*～延元1/建武3(1336)年
鎌倉時代後期の武士。
¶鎌倉([生]正応1(1288)年)，佐賀百([生]？　[没]建武3(1336)年11月)

**千葉胤成**　ちばたねしげ
[別]千葉式部大夫胤成《ちばしきぶだゆうたねしげ》
安土桃山時代の武士。葛西氏家臣。
¶戦人(生没年不詳)，戦東(千葉式部大夫胤成　ちばしきぶだゆうたねしげ)

**千葉胤資**　ちばたねすけ
？～明応6(1497)年
室町時代の武将、肥前小城城主。
¶諸系，人名，日人

ち

**千葉胤連** ちばたねただ
→千葉胤連（ちばたねつら）

**千葉胤綱** ちばたねつな
承元2（1208）年～安貞2（1228）年
鎌倉時代前期の御家人。成胤の子。
¶朝日（[生]承元2年10月5日（1208年11月14日）[没]安貞2年5月28日（1228年7月1日）），鎌倉，鎌室，諸系，新潮（[生]承元2（1208）年？　[没]安貞2（1228）年5月28日），人名（[生]1198年），千葉百（[生]建永2（1207）年），日人

**千葉胤連** ちばたねつら
[別]千葉胤連《ちばたねただ》
戦国時代の武士。
¶人名，戦人（生没年不詳），戦西（ちばたねただ），戦補，日人（生没年不詳）

**千葉胤富** ちばたねとみ
大永7（1527）年～天正7（1579）年
安土桃山時代の武将、下総千葉城主。
¶諸系，人名（[生]？　[没]1585年），戦辞（[没]天正7年5月4日（1579年5月29日）），日人

**千葉胤朝** ちばたねとも
？～文明18（1486）年
室町時代～戦国時代の武将。
¶鎌室，人名，日人

**千葉胤直** ちばたねなお
応永20（1413）年～康正1（1455）年
室町時代の武将。
¶鎌室（[生]応永21（1414）年），諸系，人名（[生]？），戦辞（[没]康正1年8月15日（1455年9月26日）），千葉百，日人

**千葉胤宣** ちばたねのぶ
文安1（1444）年～康正1（1455）年
室町時代の武将、下総の豪族。
¶諸系，人名（[生]1441年），戦辞（[没]康正1年8月12日（1455年9月23日）），日人

**千葉胤正** ちばたねまさ
永治1（1141）年～建仁3（1203）年　[別]千葉太郎胤正《ちばたろうたねまさ》，平胤正《たいらのたねまさ》
平安時代後期～鎌倉時代前期の御家人。千葉常胤の嫡子。
¶朝日（[生]永治1年4月1日（1141年5月8日）　[没]建仁3年7月20日（1203年8月28日）），神奈川人（[生]1136年　[没]1202年），鎌倉（[生]保延2（1136）年　[没]建仁2（1202）年），鎌室（生没年不詳），諸系，新潮（生没年不詳），人名，戦東（千葉太郎胤正　ちばたろうたねまさ），千葉百（[生]？　[没]建仁2（1202）年），日人，平史（平胤正　たいらのたねまさ）

**千葉胤宗** ちばたねむね
？～延慶2（1309）年
鎌倉時代後期の武士。
¶北条

**千葉胤頼**(1) ちばたねより
？～永禄2（1559）年
戦国時代の武将。
¶諸系，日人

**千葉胤頼**(2) ちばたねより
→東胤頼（とうたねより）

**千葉太郎胤正** ちばたろうたねまさ
→千葉胤正（ちばたねまさ）

**千葉親胤** ちばちかたね
天文10（1541）年～弘治3（1557）年8月7日
戦国時代の武士。下総千葉氏当主、本佐倉城主。
¶戦辞

**千葉筑前** ちばちくぜん
戦国時代の武将。葛西氏家臣。
¶戦東

**千葉対馬胤信** ちばつしまたねのぶ
戦国時代の武将。葛西氏家臣。
¶戦東

**千葉常重**(1) ちばつねしげ
永保3（1083）年～治承4（1180）年　[別]平経繁《たいらのつねしげ》，平常重《たいらのつねしげ》
平安時代後期の武士。常兼の子。常胤の父。
¶朝日（[生]永保3年3月29日（1083年4月18日）？　[没]治承4年5月3日？（1180年5月28日？）），国史（生没年不詳），古中（生没年不詳），コン4，諸系，人名，千葉百（平常重　たいらのつねしげ），日人，平史（平経繁　たいらのつねしげ）

**千葉常重**(2) ちばつねしげ
生没年不詳
鎌倉時代前期の御家人。宝治合戦に連座。
¶徳島歴

**千葉常胤** ちばつねたね
元永1（1118）年～建仁1（1201）年　[別]平常胤《たいらのつねたね》
平安時代後期～鎌倉時代前期の御家人。常重の嫡子。
¶朝日（[生]元永1年5月24日（1118年6月14日）[没]建仁1年3月24日（1201年4月28日）），岩史（[生]元永1（1118）年5月24日　[没]建仁1（1201）年3月24日），角史，神奈川人，鎌倉，鎌室，郷土千葉，国史，古中，コン改，コン4，史人（[生]1118年5月24日　[没]1201年3月24日），重要（[生]元永1（1118）年5月　[没]建仁1（1201）年3月24日），諸系，人書79，人書94，新潮（[生]元永1（1118）年5月24日　[没]建仁1（1201）年3月24日），人名，姓氏鹿児島，姓氏宮城，世人（[生]元永1（1118）年5月　[没]建仁1（1201）年3月24日），世百，全書，大百，千葉百，日史（[生]元永1（1118）年5月24日　[没]建仁1（1201）年3月24日），日人，百科，平史（平常胤　たいらのつねたね），歴大

**千葉常秀** ちばつねひで
生没年不詳　[別]上総常秀《かずさつねひで》，境常秀《さかいつねひで》
鎌倉時代前期の武士、御家人。胤正の子。
¶朝日，神奈川人，鎌倉，鎌室，諸系，新潮，人名（上総常秀　かずさつねひで），人名，日人

**千葉常安** ちばつねやす
生没年不詳 [別]臼井常安《うすいつねやす》
鎌倉時代前期の武将。
¶鎌室，諸系，日人

**千葉遠江守兼義** ちばとおとうみのかみかねよし
→千葉兼義（ちばかねよし）

**千葉時胤**(1) ちばときたね
建保6（1218）年～仁治2（1241）年
鎌倉時代前期の武士。
¶北条

**千葉時胤**(2) ちばときたね
？ ～天正18（1590）年
戦国時代～安土桃山時代の橘城城主。
¶姓氏岩手

**千葉時常** ちばときつね
？ ～宝治1（1247）年 [別]下総次郎時常《しもうさのじろうときつね》
鎌倉時代前期の武将。
¶諸系，千葉百（下総次郎時常 しもうさのじろうときつね），日人

**千葉利胤** ちばとしたね
*～天文16（1547）年
戦国時代の武将、下総千葉城主。
¶諸系（[生]1515年），人名（[生]1526年 [没]1557年），戦辞（[生]永正15（1518）年 [没]天文16年7月12日（1547年7月28日）），日人（[生]1515年）

**千葉殿** ちばどの
生没年不詳
戦国時代の北条氏の家臣。
¶戦辞

**千葉内膳** ちばないぜん
戦国時代の武将。葛西氏家臣。
¶戦東

**千葉直重** ちばなおしげ
？ ～寛永4（1627）年8月7日
安土桃山時代～江戸時代前期の武士。下総千葉氏当主、本佐倉城主。
¶戦辞

**千葉長門**(1) ちばながと
戦国時代の武将。葛西氏家臣。唐丹城主。
¶戦東

**千葉長門**(2) ちばながと
戦国時代の武将。葛西氏家臣。内館館主。
¶戦東

**千葉長門守** ちばながとのかみ
戦国時代の武将。葛西氏家臣。細浦城主、新庄館主。
¶戦東

**千葉成胤** ちばなりたね
*～建保6（1218）年 [別]千葉成胤《ちばしげたね》，平成胤《たいらのなりたね》
鎌倉時代前期の武将。
¶神奈川人（ちばしげたね [生]1156年），鎌室（[生]？），諸系（[生]1155年），人名，千葉百，日人（[生]1155年），平史（平成胤 たいらのなりたね [生]？）

**千葉教胤** ちばのりたね
宝徳3（1451）年～文明1（1469）年
室町時代の武将、肥前の豪族。
¶人名

**千葉憲胤** ちばのりたね
生没年不詳
戦国時代の北条氏の家臣。
¶戦辞

**千葉孝胤** ちばのりたね
→千葉孝胤（ちばたかたね）

**千葉八右衛門** ちばはちえもん
戦国時代の武将。葛西氏家臣。
¶戦東

**千葉彦右衛門** ちばひこえもん
安土桃山時代の武将。葛西氏家臣。
¶戦東

**千葉彦次郎久胤** ちばひこじろうひさたね
戦国時代の武将。葛西氏家臣。
¶戦東

**千葉秀胤** ちばひでたね
？ ～宝治1（1247）年 [別]上総秀胤《かずさひでたね》
鎌倉時代前期の武士、鎌倉幕府評定衆。
¶朝日（上総秀胤 かずさひでたね [没]宝治1年6月7日（1247年7月10日）），岩史（[没]宝治1（1247）年6月7日），鎌室（上総秀胤 かずさひでたね），国史，古中，コン4（上総秀胤 かずさひでたね），史人（[没]1247年6月7日），諸系，人名（上総秀胤 かずさひでたね），千葉百，日史（[没]宝治1（1247）年6月7日），日人

**千葉広常** ちばひろつね
→平広常（たいらのひろつね）

**千葉冬胤** ちばふゆたね
？ ～天正19（1591）年
安土桃山時代の武将。葛西氏家臣。
¶戦人

**千葉豊後** ちばぶんご
戦国時代の武将。葛西氏家臣。
¶戦東

**千葉豊後守** ちばぶんごのかみ
戦国時代の武将。葛西氏家臣。
¶戦東

**千葉豊後守正胤** ちばぶんごのかみまさたね
戦国時代の武将。葛西氏家臣。
¶戦東

**千葉昌胤** ちばまさたね
明応5（1496）年～天文15（1546）年1月7日
戦国時代の武士。下総千葉氏当主、本佐倉城主。
¶戦辞

**千葉道胤**　ちばみちたね
戦国時代の武将。葛西氏家臣。
¶戦東

**千葉満胤**　ちばみつたね
正平14/延文4(1359)年～応永33(1426)年
南北朝時代～室町時代の武将。
¶鎌室

**千葉美濃守**　ちばみののかみ
戦国時代の武将。葛西氏家臣。
¶戦東

**千葉民部**　ちばみんぶ
戦国時代の武将。葛西氏家臣。
¶戦東

ち

**千葉宗胤**　ちばむねたね
文永2(1265)年～永仁2(1294)年
鎌倉時代後期の武将。
¶鎌室，諸系，新潮([没]永仁2(1294)年1月16日)，日人

**千葉元胤**　ちばもとたね
？～寛正5(1464)年
室町時代の武将。
¶鎌室，人名，日人

**千葉守胤**　ちばもりたね
生没年不詳
戦国時代の武士。武蔵国足立郡淵江城主。
¶戦辞

**千葉盛経**　ちばもりつね
戦国時代の武将。大崎氏家臣。
¶戦東

**千葉康胤**　ちばやすたね
応永5(1398)年～康正2(1456)年
室町時代の武将、下総の豪族。
¶諸系，人名，戦辞([没]康正2年11月1日(1456年11月28日))，日人

**千葉泰胤**　ちばやすたね
？～建長3(1251)年
鎌倉時代前期の武将。
¶鎌室(生没年不詳)，北条

**千葉嘉胤**　ちばよしたね
明応9(1500)年～天文12(1543)年
戦国時代の武将、肥前祇園城主。
¶人名

**千葉良胤**　ちばよしたね
大永5(1525)年～天正11(1583)年
戦国時代～安土桃山時代の葛西晴信の家臣。
¶姓氏宮城

**千葉自胤**　ちばよりたね
？～明応3(1494)年　[別]千葉自胤《ちばこれたね》
室町時代～戦国時代の武将。
¶諸系，戦辞(ちばこれたね　[没]明応2年12月6日(1494年1月13日))，日人

**千葉頼胤**　ちばよりたね
延応1(1239)年～建治1(1275)年
鎌倉時代前期の武将。
¶鎌室，諸系，日人，北条([生]暦仁1(1238)年　[没]文永11(1274)年)

**千原勝則**　ちはらかつのり
？～慶長5(1600)年
安土桃山時代の武士。
¶岡山人，岡山歴([没]慶長5(1600)年9月)，戦人，戦西

**知間親経**　ちまちかつね
室町時代の武士。
¶岡山人，岡山歴

**千村良重**　ちむらよししげ
*～寛永7(1630)年
安土桃山時代～江戸時代前期の武士、代官。
¶朝日([生]永禄9(1566)年　[没]寛永7年9月22日(1630年10月27日))，姓氏長野([生]1565年)，戦国([生]1567年)，戦人([生]永禄9(1566)年)，長野歴([生]永禄8(1565)年)，日人([生]1566年)，藩臣4([生]永禄8(1565)年？)

**血矢次郎右衛門**　ちやじろううえもん
生没年不詳
戦国時代の武士。小金城主高城胤辰の家臣。
¶千葉百

**千屋文大夫**　ちやもんだゆう
戦国時代の武将。長宗我部氏家臣。
¶戦西

**中将**　ちゅうじょう
生没年不詳
戦国時代の北条氏の家臣。
¶戦辞

**中条家忠**　ちゅうじょういえただ
生没年不詳
安土桃山時代の織田信長の家臣。
¶織田

**中条家長**　ちゅうじょういえなが
→中条家長(なかじょういえなが)

**中条家平**　ちゅうじょういえひら
→中条家平(なかじょういえひら)

**中条将監**　ちゅうじょうしょうげん
戦国時代の武将。信長馬廻。
¶戦人(生没年不詳)，戦補

**中条出羽守**　ちゅうじょうでわのかみ
生没年不詳　[別]中条出羽守《なかじょうでわのかみ》
戦国時代の武士。後北条氏家臣。
¶戦辞，戦人，戦東(なかじょうでわのかみ)

**中条長秀**　ちゅうじょうながひで
？～元中1/至徳1(1384)年　[別]中条長秀《なかじょうながひで》，中条兵庫助《ちゅうじょうひょうごのすけ》
南北朝時代の剣術家、挙母城主。中条流の開祖。
¶朝日，国書(なかじょうながひで　生没年不

詳），大百（中条兵庫助　ちゅうじょうひょう
ごのすけ），日人（中条兵庫助　ちゅうじょう
ひょうごのすけ）

**中条秀長** ちゅうじょうひでなが
生没年不詳
南北朝時代の武将。
¶姓氏愛知

**中条兵庫助** ちゅうじょうひょうごのすけ
→中条長秀（ちゅうじょうながひで）

**中条又兵衛** ちゅうじょうまたべえ
生没年不詳
安土桃山時代の織田信長の家臣。
¶織田

**中条光家** ちゅうじょうみついえ
鎌倉時代の武士。
¶埼玉百

**中条光宗** ちゅうじょうみつむね
鎌倉時代の武士。
¶埼玉百

**中条頼平** ちゅうじょうよりひら
→中条頼平（なかじょうよりひら）

**中四郎維重** ちゅうしろうこれしげ
生没年不詳
平安時代後期～鎌倉時代前期の武士。
¶平史

**長雲軒妙相** ちょううんけんみょうそう
生没年不詳
安土桃山時代の織田信長の家臣。
¶織田

**長景連** ちょうかげつら
？　～天正10（1582）年
安土桃山時代の武士。上杉氏家臣。
¶姓氏石川，戦辞（㉔天正10年5月22日（1582年6
月12日）），戦人

**長国連** ちょうくにつら
南北朝時代の武将。長盛連の子。
¶姓氏石川

**長慶** ちょうけい
→三好長慶（みよしながよし）

**帖佐宗光** ちょうさむねみつ
永禄3（1560）年～元和2（1616）年3月10日
安土桃山時代～江戸時代前期の武将。
¶国書

**長重連** ちょうしげつら
→長綱連（ちょうつなつら）

**長寿院盛淳** ちょうじゅいんもりあつ
？　～慶長5（1600）年
安土桃山時代の武士。
¶姓氏鹿児島，戦人，戦西

**長宗我部雄親** ちょうそかべかつちか，ちょうそがべか
つちか
？　～文明10（1478）年？

室町時代の武将。
¶系西（ちょうそがべかつちか），戦人

**長宗我部兼序** ちょうそかべかねつぐ，ちょうそがべか
ねつぐ
？　～永正5（1508）年
戦国時代の武将。
¶系西（ちょうそがべかねつぐ），高知人（ちょう
そがべかねつぐ），戦人

**長宗我部兼綱** ちょうそがべかねつな
生没年不詳
南北朝時代の武将。
¶系西

**長宗我部兼光** ちょうそがべかねみつ
生没年不詳
鎌倉時代後期の武将。
¶系西

**長宗我部国親** ちょうそかべくにちか，ちょうそがべく
にちか
永正1（1504）年～永禄3（1560）年
戦国時代の土佐国の武将。兼序の子、元親の父。
土佐支配の基礎を築いた。
¶朝日（ちょうそがべくにちか　㉔永禄3年6月15
日（1560年7月8日）），系西（ちょうそがべくに
ちか），高知人（ちょうそがべくにちか），国史
（ちょうそがべくにちか），古中（ちょうそがべ
くにちか），コン4，史人（㉔1560年6月15日），
新潮（㉕文亀2（1502）年　㉔永禄3（1560）年6月
15日），人名（㉕1502年），世人（㉕文亀2
（1502）年），戦合，戦人，日人

**長宗我部信親**（長曽我部信親）ちょうそかべのぶちか，
ちょうそがべのぶちか
永禄8（1565）年～天正14（1586）年
安土桃山時代の武将。
¶大分歴（長曽我部信親　㉕永禄7（1564）年），高
知人（ちょうそがべのぶちか），戦国，戦人

**長宗我部信能** ちょうそがべのぶよし
生没年不詳
鎌倉時代後期～南北朝時代の武将。
¶系西

**長宗我部文兼** ちょうそかべふみかね，ちょうそがべふ
みかね
生没年不詳
戦国時代の武将。
¶系西（ちょうそがべふみかね），戦人

**長宗我部元親**（長曽我部元親）ちょうそかべもとちか，
ちょうそがべもとちか
天文8（1539）年～慶長4（1599）年　㉙土佐侍従
《とさじじゅう》
安土桃山時代の大名。土佐国岡郡岡豊城主国親
の長子。家督相続後、土佐一条家を倒して土佐一
国を統一。のち阿波・伊予・讃岐にも進出して四
国全土をほぼ制圧したが、豊臣秀吉に攻められ降
伏。土佐一国を安堵された。
¶朝日（ちょうそがべもとちか　㉔慶長4年5月19
日（1599年7月11日）），岩史（ちょうそがべも

とちか　[生]天文7(1538)年　[没]慶長4(1599)年5月19日)，愛媛百([生]天文7(1538)年)，香川人，香川百，角史(ちょうそがべもとちか)，近世(ちょうそがべもとちか　[生]1538年)，系西(ちょうそがべもとちか)，高知人(ちょうそがべもとちか)，高知百(ちょうそがべもとちか)，国史(ちょうそがべもとちか　[生]1538年)，国書([生]天文7(1538)年　[没]慶長4(1599)年5月19日)，古中(ちょうそがべもとちか　[生]1538年)，コン改，コン4，史人([生]1538年　[没]1599年5月19日)，重要([生]天文7(1538)年　[没]慶長4(1599)年5月19日)，人書94，新潮([没]慶長4(1599)年5月19日)，人名，姓氏京都(長曽我部元親)，世人([生]天文7(1538)年　[没]慶長4(1599)年5月19日)，世百，戦合([生]1538年)，戦国([生]1540年)，戦辞([生]天文7(1538)年　[没]慶長4年5月19日(1599年7月11日))，全書(ちょうそがべもとちか)，戦人，大百([生]1540年)，徳島百([没]慶長4(1599)年5月19日)，徳島歴([没]慶長4(1599)年5月19日)，日史(ちょうそがべもとちか　[没]慶長4(1599)年5月19日)，日人([生]1538年)，百科(ちょうそがべもとちか　[生]天文7(1538)年)，歴大(ちょうそがべもとちか　[生]1538年)



**長宗我部盛親**(長曽我部盛親)　**ちょうそがべもりちか，ちょうそかべもりちか**
天正3(1575)年～元和1(1615)年　[別]土佐侍従《とさじじゅう》
安土桃山時代～江戸時代前期の土佐の大名。関ヶ原の戦いで西軍につき領地を没収される。のち大坂の陣で豊臣方につき、大坂落城後捕らえられ処刑された。
¶朝日([没]元和1年5月15日(1615年6月11日))，岩史([没]慶長20(1615)年5月15日)，角史，京都大(長曽我部盛親　ちょうそかべもりちか)，近世，系西，高知人，高知百，国史，国書(ちょうそかべもりちか　[没]慶長20(1615)年5月15日)，古中，コン4(ちょうそかべもりちか)，史人(ちょうそかべもりちか　[没]1615年5月15日)，重要(ちょうそかべもりちか　[没]元和1(1615)年5月15日)，新潮(ちょうそかべもりちか　[没]元和1(1615)年5月15日)，人名(ちょうそかべもりちか)，世人(ちょうそかべもりちか　[没]元和1(1615)年5月15日)，戦合(ちょうそかべもりちか)，戦国(ちょうそかべもりちか)，全書，戦人(ちょうそかべもりちか)，大百(ちょうそかべもりちか)，日史([没]元和1(1615)年5月15日)，日人(ちょうそかべもりちか)，藩主4([没]元和1(1615)年5月15日)，百科，歴大

**長宗我部能重　ちょうそがべよししげ**
生没年不詳
南北朝時代の武将。
¶系西

**長続連　ちょうつぎつら**
→長続連(ちょうつぐつら)

**長続連　ちょうつぐつら**
？　～天正5(1577)年　[別]長続連《ちょうつぎつら》
戦国時代～安土桃山時代の武士。
¶石川百，姓氏石川，戦国(ちょうつぎつら)，戦人，戦西

**長綱連　ちょうつなつら**
？　～天正5(1577)年　[別]長重連《ちょうしげつら》
戦国時代～安土桃山時代の武士。
¶石川百，人名，姓氏石川，戦国(長重連　ちょうしげつら)，戦辞([没]天正5年9月15日(1577年10月26日))，戦人，戦西，日人

**長連竜　ちょうつらたつ**
天文15(1546)年～元和5(1619)年
安土桃山時代～江戸時代前期の加賀藩士。
¶朝日([没]元和5年2月3日(1619年3月18日))，石川百，織田([没]元和5(1619)年2月3日)，近世，国史，史人([没]1619年2月3日)，新潮([没]元和5(1619)年2月3日)，人名，姓氏石川，世人([没]元和5(1619)年2月3日)，戦合，戦国，戦人，日人，藩臣3

**長連理　ちょうつらまさ**
戦国時代の武将。畠山氏家臣。
¶姓氏石川，戦西

**長南和泉　ちょうなんいずみ**
生没年不詳
江戸時代前期の武士、上総国長南領主。
¶姓氏宮城

**長南七郎　ちょうなんしちろう**
？　～永禄7(1564)年
戦国時代の武士。
¶千葉百

**長南内記　ちょうなんないき**
安土桃山時代～江戸時代前期の武士。里見氏家臣。
¶戦人(生没年不詳)，戦東

**長正連　ちょうまさつら**
南北朝時代の武将。
¶姓氏石川

**長盛連　ちょうもりつら**
南北朝時代の武将。
¶姓氏石川

**長弥次郎　ちょうやじろう**
生没年不詳
戦国時代の地方豪族・土豪。
¶戦人

**知覧忠世　ちらんただよ**
南北朝時代の武将。薩摩国知覧院郡司。
¶姓氏鹿児島

**鎮西為忠　ちんぜいためただ**
安土桃山時代の武士。
¶岡山人

# 【つ】

**立木直治** ついきただはる
安土桃山時代の武将。羽柴氏家臣。
¶戦西

**築地資豊** ついじすけとよ
→築地資豊（ついちすけとよ）

**築地資茂** ついじすけもち
→築地資茂（ついちすけもち）

**築地資豊** ついちすけとよ，ついじすけとよ
?　～慶長13（1608）年2月6日
安土桃山時代～江戸時代前期の越後奥山荘の国人。中条氏家臣。
¶戦辞（ついじすけとよ）

**築地資茂** ついちすけもち，ついじすけもち
生没年不詳
戦国時代の越後奥山荘の国人。築地氏の祖。
¶戦辞（ついじすけもち）

**都賀証光** つがあきみつ
生没年不詳
室町時代の都賀郷領主。
¶島根歴

**塚井新右衛門** つかいしんえもん
安土桃山時代の武士。豊臣氏家臣。
¶戦国，戦人（生没年不詳）

**塚越重定** つかこししげさだ
戦国時代の武将。武田家臣。西上野の侍か。
¶姓氏山梨

**塚田和泉守** つかだいずみのかみ
生没年不詳
戦国時代の下野小山氏の重臣。
¶戦辞

**塚田俊行** つかだとしゆき
生没年不詳
戦国時代の小山氏の重臣。
¶戦辞

**津金胤時** つがねたねとき
永正8（1511）年～天正3（1575）年
戦国時代～安土桃山時代の武田家臣。美濃守。原隼人昌胤同心衆。
¶姓氏山梨

**津金胤久** つがねたねひさ
戦国時代の武将。武田家臣。美濃守胤時の子。原隼人昌胤同心衆。
¶姓氏山梨

**塚原小才次** つかはらこさいじ
安土桃山時代の武士。秀吉の臣で兵法家。
¶戦国，戦人（生没年不詳）

**塚原五左衛門** つかはらござえもん
安土桃山時代～江戸時代前期の兵法家。里見氏

家臣。
¶戦人（生没年不詳），戦東

**塚原高幹** つかはらたかもと
→塚原卜伝（つかはらぼくでん）

**塚原但馬守** つかはらたじまのかみ
戦国時代の武将。武田家臣。『武田家過去帳』にみえる。
¶姓氏山梨

**塚原卜伝** つかはらぼくでん
延徳1（1489）年～元亀2（1571）年　別塚原高幹
《つかはらたかもと》
戦国時代の剣術家。
¶朝日（⊕延徳2（1490）年　⊗?），茨城百，岩史，角史，郷土茨城，剣豪，国史，古中，コン改，コン4，史人（⊗1571年2月11日），新潮（⊗元亀2（1571）年2月），人名，世人（生没年不詳），戦合，戦国（⊕1491年　⊗1572年），戦辞（塚原高幹　つかはらたかもと　⊕延徳1（1489）年2月　⊗元亀2年3月11日（1571年4月5日）），全書，戦人（⊕延徳2（1490）年　⊗元亀3（1572）年），体育，大百（⊕1490年），日史（⊗元亀2（1571）年2月11日），日人，百科，歴大（⊕1490年?　⊗1571年?）

**塚原六右衛門** つかはらろくえもん
戦国時代の武将。武田家臣。廿人衆頭。
¶姓氏山梨

**塚本小大膳** つかもとこたいぜん，つかもとこだいぜん
生没年不詳
戦国時代～安土桃山時代の武士。織田氏家臣。
¶織田（つかもとこだいぜん），戦人，戦補（つかもとこだいぜん）

**塚本舎人助** つかもととねりのすけ
生没年不詳
室町時代～安土桃山時代の武士。
¶姓氏群馬

**塚本肥前守** つかもとひぜんのかみ
生没年不詳
戦国時代の武士。上杉・北条・真田に仕えた。
¶群馬人

**津軽石勝富** つがるいしかつとみ
?　～天正11（1583）年
安土桃山時代の武士。
¶戦人

**津軽建広** つがるたけひろ
別津軽建広《つがるたてひろ》
安土桃山時代～江戸時代前期の弘前藩主津軽為信の重臣。のち幕府医官。
¶青森人（⊕永禄8（1565）年　⊗寛永18（1641）年），青森百（つがるたてひろ　⊕?　⊗寛永17（1640）年），日人（生没年不詳）

**津軽建広** つがるたてひろ
→津軽建広（つがるたけひろ）

**津軽為信** つがるためのぶ
天文19（1550）年～慶長12（1607）年　別大浦為信
《おおうらためのぶ》

安土桃山時代～江戸時代前期の大名。陸奥弘前藩主。
¶青森人，青森百，朝日（[生]天文19年1月1日（1550年1月18日）　[没]慶長12年12月5日（1608年1月22日）），岩手百，角史，近世，系東，国史，コン改，コン4，史人（[生]1550年1月1日　[没]1607年12月5日），重要（[生]天文19（1550）年1月1日　[没]慶長12（1607）年12月5日），諸系（[没]1608年），新潮（[生]天文19（1550）年1月1日？　[没]慶長12（1607）年12月5日），人名，姓氏岩手（大浦為信　おおうらためのぶ），姓氏岩手，世人（[生]天文19（1550）年1月1日　[没]慶長12（1607）年2月5日），戦合，戦国，全書，戦人，日史（[生]天文19（1550）年1月5日　[没]慶長12（1607）年12月5日），日人（[没]1608年），藩主1（[生]天文19（1550）年1月1日　[没]慶長12（1607）年12月5日），百科，歴大

つ

**津軽信枚**　つがるのぶかず
→津軽信枚（つがるのぶひら）

**津軽信建**　つがるのぶたけ
天正2（1574）年～慶長12（1607）年　[別]津軽信建《つがるのぶたて》
安土桃山時代の武将。陸奥弘前藩初代藩主為信の長男で2代藩主とする説もある。
¶青森人，青森百，近世，国史，諸系，新潮（[生]天正1（1573）年　[没]慶長12（1607）年10月13日），戦合，戦国（つがるのぶたて），戦人，日人

**津軽信建**　つがるのぶたて
→津軽信建（つがるのぶたけ）

**津軽信枚**（津軽信牧）　つがるのぶひら
天正14（1586）年～寛永8（1631）年　[別]津軽信枚《つがるのぶかず，つがるのぶひろ》
安土桃山時代～江戸時代前期の武将、大名。陸奥弘前藩主。
¶青森人，青森百，朝日（[生]天正14年3月21日（1586年5月9日）　[没]寛永8年1月14日（1631年2月14日）），近世，系東（つがるのぶひろ），国史，コン改（つがるのぶかず），コン4（つがるのぶかず），史人（[生]1586年3月21日　[没]1631年1月14日），諸系，戦合，戦人（津軽信牧），日人，藩主1（[生]天正14（1586）年3月21日　[没]寛永8（1631）年1月14日）

**津軽信枚**　つがるのぶひろ
→津軽信枚（つがるのぶひら）

**津川親行**　つがわちかゆき
？　～元和1（1615）年
安土桃山時代～江戸時代前期の武士。豊臣氏家臣。
¶戦国，戦人

**津川義近**　つがわよしちか
*～慶長5（1600）年　[別]三松《さんしょう》，斯波義近《しばよしちか》
安土桃山時代の武士。織田氏家臣、豊臣氏家臣。
¶織田（[生]天文9（1540）年），戦国（[生]1542年），戦人（[生]天文10（1541）年）

**津川義冬**　つがわよしふゆ
？　～天正12（1584）年
安土桃山時代の武将。織田氏家臣。
¶織田（[没]天正12（1584）年3月6日），戦国，戦人

**月ヶ瀬清勝**　つきがせきよかつ
戦国時代の武将。浅井氏家臣。
¶戦西

**月ヶ瀬忠清**　つきがせただきよ
戦国時代の武将。浅井氏家臣。
¶戦西

**月ヶ瀬播磨守**　つきがせはりまのかみ
戦国時代の武将。浅井氏家臣。
¶戦西

**筑地重房**　つきじしげふさ
→筑地重房（つきぢしげふさ）

**月館隠岐**　つきだておき
生没年不詳
安土桃山時代の武士。
¶戦人

**槻館左兵衛**　つきだてさへえ
生没年不詳
戦国時代～江戸時代前期の武士。葛西氏の家臣で遠山七騎組の一人。
¶姓氏岩手

**筑地重房**　つきぢしげふさ，つきじしげふさ
？　～天文15（1546）年
戦国時代の筑地家3代目当主。駿河久能山広若に仕えた。
¶姓氏静岡（つきじしげふさ）

**調伊企儺**　つきのいきな
？　～欽明天皇23（562）年　[別]調吉士伊企儺《つきのきしいきな》
飛鳥時代の武人。新羅攻撃軍に従軍して殺された。
¶国史，古代（調吉士伊企儺　つきのきしいきな），古中，コン改，コン4，史人，新潮（[没]欽明23（562）年7月），人名，世人，全書，日人

**調吉士伊企儺**　つきのきしいきな
→調伊企儺（つきのいきな）

**月輪六郎**　つきのわろくろう
戦国時代の武将。葛西氏家臣。
¶戦東

**槻橋重能**　つきはししげよし
室町時代の武士。富樫政親の家臣。
¶姓氏石川

**槻橋兵庫允**　つきはしひょうごのじょう
室町時代の加賀国石川郡林郷槻橋村の領主。
¶姓氏石川

**築山清左衛門入道**　つきやませいざえもんにゅうどう
？　～天正1（1573）年
戦国時代の武将。朝倉氏家臣。
¶戦西

**築山俊方**　つきやまとしかた
生没年不詳
安土桃山時代の織田信長の家臣。
¶織田

**津久井義行** つくいよしゆき
生没年不詳　[別]平義行《たいらのよしゆき》
鎌倉時代前期の武将。
¶神奈川人，平史（平義行　たいらのよしゆき）

**机地相模守** つくえぢさがみのかみ
戦国時代の武将。葛西氏家臣。
¶戦東

**机地平蔵** つくえぢへいぞう
戦国時代の武将。葛西氏家臣。
¶戦東

**筑紫川崎** つくしかわさき
生没年不詳
安土桃山時代の織田信長の家臣。
¶織田

**筑紫惟門** つくしこれかど
？～永禄10（1567）年
戦国時代の武将。
¶人名，日人

**筑紫茂成** つくししげなり
天正3（1575）年～正保3（1646）年
安土桃山時代～江戸時代前期の武士。
¶戦国，戦人

**筑紫磐井** つくしのいわい
？～継体天皇22（528）年　[別]筑紫国造磐井《つくしのくにのみやつこいわい》，磐井《いわい》
上代の北九州地域の首長。叛乱を起こし鎮圧されたと伝えられる。
¶朝日，国史，古代（磐井　いわい），古中，コン改，コン4，史人（[没]528年11月），重要（[没]継体22（528）年11月），新潮（筑紫国造磐井　つくしのくにのみやつこいわい　[没]継体22（528）年11月），人名（磐井　いわい），世人（筑紫国造磐井　つくしのくにのみやつこいわい），世百（磐井　いわい），伝記（磐井　いわい），日人（磐井　いわい），福岡百（[没]継体22（528）年11月11日）

**筑紫葛子** つくしのくずこ
生没年不詳　[別]筑紫君葛子《つくしのきみくずこ》
上代の地方豪族。筑紫国造磐井の子。
¶古代（筑紫君葛子　つくしのきみくずこ），日人，福岡百

**筑紫薩野馬** つくしのさつやま
生没年不詳
飛鳥時代の筑紫の豪族。百済救援軍に従軍し捕虜となる。
¶福岡百

**筑紫広門** つくしひろかど
弘治2（1556）年～元和9（1623）年
安土桃山時代～江戸時代前期の大名。筑後山下藩主。
¶朝日（[没]元和9年4月23日（1623年5月22日）），近世，国史，史人（[没]1623年4月23日），人名，戦合，戦国，戦人，日人，藩主4（[没]元和9（1623）年4月23日），歴大

**佃十成** つくだかずなり
天文22（1553）年～寛永11（1634）年
安土桃山時代～江戸時代前期の武将。加藤嘉明の重臣。
¶愛媛百，郷土愛媛，近世，国史，コン改，コン4，史人（[没]1634年3月2日），人名，戦合，日人，藩臣6

**佃又右衛門**（佃田又右衛門，佃又衛門） つくだまたえもん
生没年不詳
安土桃山時代の武士。
¶国書（佃田又右衛門），コン改，コン4，新潮，人名，戦国，戦人（佃又衛門），日人

**津久見鑑清** つくみあききよ
戦国時代の武士。
¶戦人（生没年不詳），戦西

**津久見常清** つくみつねきよ
戦国時代の武士。
¶戦人（生没年不詳），戦西

**津久見美作守** つくみみまさかのかみ
？～天文19（1550）年
戦国時代の武士。
¶戦人，戦西

**柘植市左衛門** つげいちざえもん
生没年不詳
安土桃山時代～江戸時代前期の武士。浅野家の家臣。
¶和歌山人

**柘植玄蕃頭** つげげんばのかみ
生没年不詳
安土桃山時代の織田信長の家臣。
¶織田

**柘植実治** つげさねはる
生没年不詳
安土桃山時代の織田信長の家臣。
¶織田

**柘植三郎左衛門** つげさぶろうざえもん
→柘植三郎左衛門尉（つげさぶろうざえもんのじょう）

**柘植三郎左衛門尉** つげさぶろうざえもんのじょう
？～天正7（1579）年　[別]柘植三郎左衛門《つげさぶろうざえもん》
戦国時代～安土桃山時代の武士。織田氏家臣。
¶織田（柘植三郎左衛門　つげさぶろうざえもん　[没]天正7（1579）年9月），戦人，戦補

**柘植次郎吉** つげじろうきち
→柘植次郎吉（つげじろきち）

**柘植次郎吉** つげじろきち
[別]柘植次郎吉《つげじろうきち》
安土桃山時代の武士。豊臣氏家臣。
¶戦国（つげじろうきち），戦人（生没年不詳）

**柘植与一** つげともかず
→柘植与一（つげよいち）

つ

**柘植平右衛門正時** つげへいえもんまさとき
天正12（1584）年〜寛永19（1642）年
安土桃山時代〜江戸時代前期の14代長崎奉行。
¶長崎歴

**柘植正俊** つげまさとし
＊〜慶長16（1611）年
安土桃山時代〜江戸時代前期の武士。豊臣氏家臣、徳川氏家臣。
¶戦国（⊕1549年），戦人（⊕天文17（1548）年）

**柘植与一** つげよいち
天文10（1541）年〜慶長14（1609）年　別柘植与一《つげともかず》
安土桃山時代〜江戸時代前期の武将。織田氏家臣。
¶織田（つげともかず　⊗慶長14（1609）年7月20日），戦国，戦人

**辻加賀** つじかが
〜正保4（1647）年4月12日
安土桃山時代〜江戸時代前期の武士。
¶庄内

**辻正忠** つじまさただ
天文12（1543）年〜慶長9（1604）年11月15日
戦国時代の美国作西部の武将。
¶岡山歴

**津島伝右衛門** つしまでんえもん
？〜慶長6（1601）年
安土桃山時代の武将。宇喜多氏家臣。
¶岡山歴（⊗慶長6（1601）年10月1日），戦西

**津島政俊** つしままさとし
？〜慶長6（1601）年
安土桃山時代の武士。宇喜多氏家臣。
¶戦人

**辻間統為** つじまむねため
生没年不詳
安土桃山時代の武将。
¶戦人

**辻盛次** つじもりつぐ
戦国時代の武将。武田家臣。同心衆。
¶姓氏山梨

**辻盛昌** つじもりまさ
安土桃山時代の武士。武田氏家臣、徳川氏家臣。
¶姓氏山梨（⊕1538年　⊗1612年），戦国，戦人（生没年不詳），日人（⊕1545年　⊗？）

**辻弥兵衛** つじやへえ
天文14（1545）年〜？
戦国時代の豪雄、甲斐の山県昌景の同心。
¶人名

**辻六郎兵衛** つじろくろうびょうえ
？〜永禄4（1561）年
戦国時代〜安土桃山時代の武田家臣。外様近習衆45騎の一人。
¶姓氏山梨

**津田愛増** つだあいぞう
生没年不詳

**津田大炊頭** つだおおいのかみ
安土桃山時代の武士。豊臣氏家臣。
¶戦国，戦人（生没年不詳）

**津田景康** つだかげやす
永禄6（1563）年〜寛永15（1638）年
安土桃山時代〜江戸時代前期の陸奥仙台藩士。
¶姓氏宮城，藩臣1（⊕永禄7（1564）年），宮城百

**津田算長** つだかずなが
？〜永禄10（1567）年12月23日
戦国時代の砲術家。
¶新潮

**津田一安** つだかずやす
？〜天正4（1576）年12月15日
戦国時代〜安土桃山時代の織田信長の家臣。
¶織田

**津田掃部助** つだかもんのすけ
安土桃山時代の武士。豊臣氏家臣。
¶戦国，戦人（生没年不詳）

**津田河内守** つだかわちのかみ
安土桃山時代の武士。豊臣氏家臣、徳川氏家臣。
¶戦国，戦人（生没年不詳）

**津田清幽** つだきよふか
生没年不詳
安土桃山時代の織田信長の家臣。
¶織田

**津田国千代** つだくにちよ
生没年不詳
安土桃山時代の織田信長の家臣。
¶織田

**津田慶三郎** つだけいざぶろう，つだけいさぶろう
安土桃山時代の武将。秀吉馬廻。
¶戦国（つだけいざぶろう），戦人（生没年不詳）

**津田監物** つだけんもつ
？〜永禄10（1567）年
戦国時代の武将。津田流砲術の始祖。
¶朝日（⊗永禄10年12月23日（1568年1月22日）），郷土和歌山（生没年不詳），国史，古中，史人（⊗1567年12月23日），人名，戦合，戦国，戦人（生没年不詳），大百，日人（⊗1568年），和歌山（生没年不詳）

**津田興庵** つだこうあん
→津田秀政（つだひでまさ）

**津田小八郎** つだこはちろう
安土桃山時代の武士。豊臣氏家臣。
¶戦国，戦人（生没年不詳）

**津田左京** つださきょう
？〜元和4（1618）年
安土桃山時代〜江戸時代前期の備前岡山藩士、播磨姫路藩士。
¶藩臣6

**津田貞永** つださだなが
慶長1(1596)年～天和3(1683)年
江戸時代前期の武士、備前岡山藩士。
¶岡山人，藩臣6

**津田重次** つだしげつぐ
？ ～慶安4(1651)年
江戸時代前期の武将、加賀藩士。
¶藩臣3

**津田重久** つだしげひさ
天文18(1549)年～寛永11(1634)年
安土桃山時代～江戸時代前期の武士。前田氏家臣。
¶人名，戦国([生]1550年)，戦人，日人，藩臣3([生]？)

**津田少兵衛** つだしょうべえ
安土桃山時代の武士。豊臣氏家臣。
¶戦国，戦人(生没年不詳)

**津田四郎兵衛** つだしろうべえ
→津田四郎兵衛(つだしろべえ)

**津田四郎兵衛** つだしろべえ
[別]津田四郎兵衛《つだしろうべえ》
安土桃山時代の武将、馬廻。豊臣氏家臣。
¶戦国(つだしろうべえ)，戦人(生没年不詳)

**津田新右衛門** つだしんえもん
安土桃山時代の武士。織田氏家臣、豊臣氏家臣。
¶戦国，戦人(生没年不詳)

**津田甚三郎** つだじんざぶろう
生没年不詳
安土桃山時代の織田信長の家臣。
¶織田

**津田新八** つだしんぱち
安土桃山時代の武士。豊臣氏家臣。
¶戦国，戦人(生没年不詳)

**津田盛月** つだせいげつ
→織田左馬允(おださまのじょう)

**津田清次** つだせいじ
安土桃山時代の武将、馬廻。豊臣氏家臣。
¶戦国，戦人(生没年不詳)

**津田東市佑** つだとういちのすけ
生没年不詳
安土桃山時代の織田信長の家臣。
¶織田

**津田信清** つだのぶきよ
生没年不詳
戦国時代の武将。
¶戦人

**津田信澄** つだのぶずみ
？ ～天正10(1582)年　[別]織田信澄《おだのぶずみ》
安土桃山時代の武将。
¶織田(織田信澄　おだのぶずみ　[生]永禄1(1558)年頃　[没]天正10(1582)年6月5日)，諸系(織田信澄　おだのぶずみ)，人名(織田信澄　おだのぶずみ　[生]1557年)，戦国，戦人([生]弘治1(1555)年？)，日人(織田信澄　おだのぶずみ)

**津田信次** つだのぶつぐ
→織田信次(おだのぶつぐ)

**津田信任** つだのぶとう
安土桃山時代の武士。
¶戦国，戦人(生没年不詳)，戦西

**津田信成** つだのぶなり
永禄5(1562)年～正保2(1645)年
安土桃山時代～江戸時代前期の武将、大名。山城御牧藩主。
¶戦国，戦人，藩主3([没]正保2(1645)年8月20日)

**津田信広** つだのぶひろ
？ ～天正2(1574)年　[別]織田信広《おだのぶひろ》
戦国時代～安土桃山時代の武将。信長の異母兄。
¶織田(織田信広　おだのぶひろ　[没]天正2(1574)年9月29日)，諸系(織田信広　おだのぶひろ)，新潮([没]天正2(1574)年7月12日)，人名(織田信広　おだのぶひろ)，姓氏愛知(織田信広　おだのぶひろ)，戦国，戦人(織田信広　おだのぶひろ)，日人(織田信広　おだのぶひろ)

**津田信光** つだのぶみつ
→織田信光(おだのぶみつ)

**津田秀政** つだひでまさ
天文15(1546)年～寛永12(1635)年　[別]津田興庵《つだこうあん》
安土桃山時代～江戸時代前期の武士。豊臣氏家臣、徳川氏家臣。
¶織田([没]寛永12(1635)年1月29日)，茶道(津田興庵　つだこうあん　[没]1632年)，戦国([生]1547年)，戦人

**津田平蔵** つだへいぞう
安土桃山時代の武士。明智氏家臣、豊臣氏家臣、前田氏家臣。
¶戦国，戦人(生没年不詳)

**津田正忠** つだまさただ
*～万治3(1660)年
江戸時代前期の武将、加賀藩士。
¶石川百([生]1599年)，藩臣3([生]？)

**津田正時** つだまさとき
？ ～天正10(1582)年
安土桃山時代の国人。
¶戦人

**津田又六** つだまたろく
？ ～天正2(1574)年9月29日
戦国時代～安土桃山時代の織田信長の家臣。
¶織田

**津田元匡** つだもとただ
慶長7(1602)年～慶安1(1648)年
江戸時代前期の武将、因幡鳥取藩家老。
¶藩臣5

**津田元嘉** つだもとよし
？ 〜天正10(1582)年6月2日
戦国時代〜安土桃山時代の織田信長の家臣。
¶織田

**津田盛月** つだもりつき
→織田左馬允(おださまのじょう)

**津田与三郎** つだよさぶろう
生没年不詳
安土桃山時代の織田信長の家臣。
¶織田

**津田利右衛門** つだりえもん
生没年不詳
安土桃山時代の織田信長の家臣。
¶織田

つ

**都治隆行** つちたかゆき
生没年不詳
戦国時代の石見国都治郷の領主。
¶島根歴

**土橋右近将監** つちばしうこんしょうげん
安土桃山時代の武士。
¶戦国，戦人(生没年不詳)

**土橋重治** つちばししげはる
生没年不詳
安土桃山時代の地方豪族・土豪。
¶織田，戦国，戦人

**土橋平次** つちはしへいじ
？ 〜天正10(1582)年
安土桃山時代の土豪。
¶和歌山人

**土橋平治** つちはしへいじ
生没年不詳
安土桃山時代〜江戸時代前期の武士。浅野家の家臣。
¶和歌山人

**土橋守重** つちばしもりしげ
？ 〜天正10(1582)年
安土桃山時代の地侍。
¶織田([没]天正10(1582)年1月23日)，戦国，戦人

**土持親佐** つちもちちかすけ
生没年不詳
戦国時代の武将。
¶戦人

**土持親成** つちもちちかなり
→土持親成(つちもりちかなり)

**土持信綱** つちもちのぶつな
鎌倉時代前期の日向の豪族。
¶宮崎百

**土持宣栄** つちもちのぶひで
生没年不詳
南北朝時代の武士。
¶鎌室，日人

**土持親成** つちもりちかなり
？ 〜天正6(1578)年　[別]土持親成《つちもちちかなり》
戦国時代〜安土桃山時代の武将。
¶戦人，宮崎百(つちもちちかなり)

**土屋和泉** つちやいずみ
生没年不詳
戦国時代の4代小机城主北条氏光の家臣。
¶戦辞

**土屋左衛門太郎** つちやさえもんたろう
生没年不詳
戦国時代の北条氏の家臣。
¶戦辞

**土屋貞綱** つちやさだつな
？ 〜天正3(1575)年
安土桃山時代の武士。武田氏家臣。
¶姓氏山梨，戦人，戦東([没]1582年)，日人

**土屋貞秀** つちやさだひで
？ 〜正平9/文和3(1354)年
南北朝時代の武士。
¶人名

**土屋佐渡守** つちやさどのかみ
生没年不詳
戦国時代の北条氏の家臣。
¶戦辞

**土屋重綱** つちやしげつな
戦国時代の武将。武田家臣。上総守(介)。西上野甘楽郡の山中衆。
¶姓氏山梨

**土屋重治** つちやしげはる
生没年不詳
戦国時代の武士。
¶日人

**土屋二郎右衛門** つちやじろうえもん
戦国時代の武将。武田家臣。土屋惣蔵同心被官。
¶姓氏山梨

**土屋四郎左衛門** つちやしろうざえもん
生没年不詳
戦国時代の北条氏の家臣。
¶戦辞

**土屋善衛門** つちやぜんえもん
戦国時代の武将。武田家臣。『武田家過去帳』にみえる。
¶姓氏山梨

**土屋惣蔵** つちやそうぞう
→土屋昌恒(つちやまさつね)

**土屋忠直** つちやただなお
天正6(1578)年〜慶長17(1612)年
安土桃山時代〜江戸時代前期の武将、大名。上総久留里藩主。
¶神奈川人，諸系，人名([生]1582年)，日人，藩主2([没]慶長17(1612)年4月9日)

**土屋利直** つちやとしなお
　慶長12(1607)年〜延宝3(1675)年
　江戸時代前期の武将、大名。上総久留里藩主。
　¶諸系，人名(㋐1597年)，千葉百，日人，藩主2
　(㋜延宝3(1675)年閏4月24日)

**土屋昌次**(土屋昌続) つちやまさつぐ
　天文14(1545)年〜天正3(1575)年
　安土桃山時代の武将。武田氏家臣。
　¶群馬人，諸系，人名(㋐1544年)，姓氏山梨，戦
　国，戦辞(土屋昌続　㋜天正3年5月21日(1575
　年6月29日))，戦人，戦東(㋺？)，日人，山梨
　百(㋐天文13(1544)年　㋜天正3(1575)年5月
　21日)

**土屋昌恒** つちやまさつね
　弘治2(1556)年〜天正10(1582)年　㋙土屋惣蔵
　《つちやそうぞう》
　安土桃山時代の武士。武田氏家臣。
　¶諸系，人名，姓氏山梨，戦国，戦辞(㋜天正10
　年3月11日(1582年4月3日))，戦人，戦東
　(㋺？)，日人，山梨百(土屋惣蔵　つちやそう
　ぞう　㋜天正10(1582)年3月11日)

**土屋正直** つちやまさなお
　弘治1(1555)年〜元和5(1619)年
　戦国時代〜江戸時代前期の武田家臣。信勝小姓頭。
　¶姓氏山梨

**土山武久** つちやまたけひさ
　安土桃山時代の武士。豊臣氏家臣。
　¶戦国，戦人(生没年不詳)

**土屋宗遠** つちやむねとう
　→土屋宗遠(つちやむねとお)

**土屋宗遠** つちやむねとお
　？　〜建保1(1213)年　㋙土屋宗遠《つちやむねと
　う》，平宗遠《たいらのむねとお》
　平安時代後期〜鎌倉時代前期の武将。
　¶神奈川人(つちやむねとう　生没年不詳)，鎌
　室，諸系，新潮(㋜建保1(1213)年5月3日)，人
　名，日人，平史(平宗遠　たいらのむねとお
　生没年不詳)

**土屋宗光** つちやむねみつ
　寿永3(1184)年〜嘉禎1(1235)年
　鎌倉時代前期の武将。
　¶鎌室，日人

**土屋元高** つちやもとたか
　天正16(1588)年？〜慶安3(1650)年
　安土桃山時代〜江戸時代前期の武将、尾張藩士。
　¶藩臣4

**土屋弥八郎** つちややはちろう
　安土桃山時代の武士。豊臣氏家臣。
　¶戦国，戦人(生没年不詳)

**土屋義清** つちやよしきよ
　？　〜建保1(1213)年　㋙平義清《たいらのよしき
　よ》
　鎌倉時代前期の武将。
　¶神奈川人，鎌倉，鎌室，コン改，コン4，新潮
　(㋜建保1(1213)年5月3日)，人名，日人，平史

(平義清　たいらのよしきよ)

**筒井伊賀守定次** つついいがのかみさだつぐ
　→筒井定次(つついさだつぐ)

**筒井栄舜房順昭** つついえいしゅんぼうじゅんしょう
　→筒井順昭(つついじゅんしょう)

**筒井定次** つついさだつぐ
　永禄5(1562)年〜元和1(1615)年　㋙筒井伊賀守
　定次《つついいがのかみさだつぐ》，伊賀侍従《い
　がじじゅう》，小泉四郎《こいずみしろう》
　安土桃山時代〜江戸時代前期のキリシタン、大
　名。伊賀上野藩主。
　¶近世，系西(筒井伊賀守定次　つついいがのか
　みさだつぐ)，国史，コン改，コン4，茶道
　(㋜1614年)，史人(㋜1615年3月5日)，諸系，
　新潮(㋜元和1(1615)年3月5日)，人名，世人，
　戦合，戦国，戦人，日人，藩主3(㋐永禄5
　(1562)年5月5日　㋜元和1(1615)年3月5日)

**筒井定慶** つついさだよし
　？　〜元和1(1615)年　㋙筒井定慶《つついじょう
　けい》
　安土桃山時代〜江戸時代前期の武士。豊臣氏家
　臣、徳川氏家臣。
　¶諸系，人名，戦国，戦人(つついじょうけい)，
　日人

**筒井順永** つついじゅんえい
　応永26(1419)年〜文明8(1476)年
　室町時代の武将。大和筒井荘の国人。順覚の子。
　¶朝日(㋐応永27(1420)年　㋜文明8年4月5日
　(1476年4月28日))，鎌室，コン改(㋐応永27
　(1420)年)，コン4，諸系，新潮(㋜文明8
　(1476)年4月5日)，仏教(㋜1423年)，日人，
　仏教(㋜文明8(1476)年4月5日)，歴大

**筒井順覚** つついじゅんかく
　生没年不詳
　室町時代の武将、興福寺の衆徒。
　¶鎌室，コン改，コン4，諸系(㋜1434年)，新潮，
　日人(㋜1434年)

**筒井舜覚房順尊** つついしゅんがくぼうじゅんそん
　→筒井順尊(つついじゅんそん)

**筒井順慶** つついじゅんけい
　天文18(1549)年〜天正12(1584)年　㋙筒井陽舜
　房順慶法印《つついようしゅんぼうじゅんけいほ
　ういん》，筒井藤政《つついふじまさ》，陽舜房《よ
　うしゅんぼう》
　安土桃山時代の武将。幼名は藤勝。順昭の子。
　¶朝日(㋜天正12(1584)年8月11日(1584年9月15日))，
　岩史(㋜天正12(1584)年8月11日)，大阪人，
　織田(㋜天正12(1584)年8月11日)，角史，郷
　土奈良，系西(筒井陽舜房順慶法印　つついよ
　うしゅんぼうじゅんけいいほういん)(㋐1548
　年)，国史，古中，コン改，コン4，茶道，史人
　(㋜1584年8月11日)，諸系，人書94，新潮
　(㋜天正12(1584)年8月11日)，人名，世人，世
　百，戦合，戦国，全書，戦人，大百，日史(㋜天
　正12(1584)年8月11日)，日人，百科，仏教
　(㋜天正12(1584)年8月11日)　㋐天文18(1549)年3月3日　㋜天正12(1584)

つ

年8月11日），歴大

## 筒井順賢 つついじゅんけん
生没年不詳　別筒井良舜房順賢法印《つついりょうしゅんぼうじゅんけんほういん》
戦国時代の国衆。
¶系西（筒井良舜房順賢法印　つついりょうしゅんぼうじゅんけんほういん），戦人

## 筒井順興 つついじゅんこう
文明16（1484）年～天文4（1535）年　別筒井順興法印《つついじゅんこうほういん》
戦国時代の国衆。
¶系西（筒井順興法印　つついじゅんこうほういん），コン改（⊕？），コン4（⊕？），諸系，戦人，日人，仏教（⊕？　②天文4（1535）年7月）

## 筒井順興法印 つついじゅんこうほういん
→筒井順興（つついじゅんこう）

## 筒井順昭 つついじゅんしょう
大永3（1523）年～天文19（1550）年　別筒井栄舜房順昭《つついえいしゅんぼうじゅんしょう》
戦国時代の武将，大和国主，興福寺官符衆徒，一乗院家坊人。
¶朝日（②天文19年6月20日（1550年8月2日）），系西（筒井栄舜房順昭　つついえいしゅんぼうじゅんしょう），コン改（⊕？　②天文20（1551）年），コン4（②天文20（1551）年），諸系，戦人，日人，仏教（⊕？　②天文20（1551）年6月20日）

## 筒井順尊 つついじゅんそん
宝徳3（1451）年～延徳1（1489）年　別筒井舜覚房順尊《つついしゅんがくぼうじゅんそん》
室町時代～戦国時代の国衆。
¶系西（筒井舜覚房順尊　つついしゅんがくぼうじゅんそん），戦人

## 筒井定慶 つついじょうけい
→筒井定慶（つついさだよし）

## 筒井城介 つついじょうすけ
安土桃山時代の武士。織田氏家臣、豊臣氏家臣。
¶戦国，戦人（生没年不詳）

## 筒井陽舜房順慶法印 つついようしゅんぼうじゅんけいほういん
→筒井順慶（つついじゅんけい）

## 筒井良舜房順賢法印 つついりょうしゅんぼうじゅんけんほういん
→筒井順賢（つついじゅんけん）

## 津々木蔵人 つづきくらんど
生没年不詳
安土桃山時代の織田信長の家臣。
¶織田

## 都築惣左衛門 つづきそうざえもん
天正10（1582）年～慶安2（1649）年
安土桃山時代～江戸時代前期の武将、大和郡山藩家老。
¶藩臣4

## 都築忠正 つづきただまさ
生没年不詳
戦国時代の武士。松平氏家臣。
¶戦辞

## 都筑為政 つづきためまさ
弘治1（1555）年～元和9（1623）年
戦国時代～江戸時代前期の武将。
¶日人

## 都築太郎左衛門尉 つづきたろうざもんのじょう
生没年不詳
戦国時代の北条氏の家臣。
¶戦辞

## 都筑秀綱 つづきひでつな
天文2（1533）年～慶長5（1600）年
戦国時代～安土桃山時代の武将。
¶人名，戦辞（生没年不詳），日人

## 津々範宗 つつのりむね
室町時代の武将。
¶岡山人

## 堤大蔵 つつみおおくら
安土桃山時代の武士。豊臣氏家臣。
¶戦国，戦人（生没年不詳）

## 堤源介 つつみげんすけ
生没年不詳
安土桃山時代の織田信長の家臣。
¶織田

## 堤弾正左衛門 つつみだんじょうざえもん
？　～天正13（1585）年
戦国時代～安土桃山時代の横内城4代城主。
¶青森人

## 堤弾正少輔 つつみだんじょうしょうゆう
？　～大永3（1523）年
戦国時代の武将。
¶戦人

## 堤根肥前 つつみねひぜん
戦国時代の武将。大崎氏家臣。
¶戦東

## 堤信遠 つつみのぶとお
？　～治承4（1180）年
平安時代後期の武士、堤権守。
¶朝日，鎌室，日人

## 綱島小三郎（綱島小三良） つなしまこさぶろう
戦国時代の武士。足利氏家臣簗田氏に仕える。
¶戦辞（生没年不詳），戦東（綱島小三良）

## 恒岡 つねおか
生没年不詳
戦国時代の北条氏の家臣。江戸衆太田康資の寄子。
¶戦辞

## 恒岡右馬尉 つねおかうまのじょう
生没年不詳
戦国時代の岩付城主北条氏房の家臣。
¶戦辞

**恒岡越後守**(1) **つねおかえちごのかみ**
？ 〜永禄10(1567)年
戦国時代〜安土桃山時代の岩付城主太田氏の家臣。
¶埼玉人([没]永禄10(1567)年8月)，戦辞([没]永禄10年8月23日(1567年9月25日))

**恒岡越後守**(2) **つねおかえちごのかみ**
生没年不詳
安土桃山時代の北条氏の家臣。
¶戦辞

**恒岡資宗 つねおかすけむね**
生没年不詳
戦国時代の岩付城主太田氏の家臣。
¶戦辞

**恒岡弾正忠 つねおかだんじょうのちゅう**
戦国時代の武士。後北条氏家臣。
¶戦人(生没年不詳)，戦東

**恒岡信家 つねおかのぶいえ**
戦国時代の武将。後北条氏家臣。
¶戦東

**恒河久蔵 つねかわきゅうぞう**
生没年不詳
安土桃山時代の織田信長の家臣。
¶織田

**恒屋正友 つねやまさとも**
弘治1(1555)年〜慶長13(1608)年
安土桃山時代〜江戸時代前期の武将。
¶戦人

**都野家頼 つのいえより**
？ 〜慶長2(1597)年
安土桃山時代の都野郷領主。
¶島根歴

**角掛左近 つのかけさこん**
戦国時代の武将。葛西氏家臣。
¶戦東

**角隅石宗**(角隈石宗) **つのくませきそう**
？ 〜*
戦国時代〜安土桃山時代の武士。
¶戦人([没]天正6(1578)年？)，戦西(角隈石宗 [没]1578年)

**津野定勝 つのさだかつ**
生没年不詳
戦国時代の武将。
¶高知人

**角田石見守 つのだいわみのかみ**
生没年不詳
安土桃山時代の織田信長の家臣。
¶織田

**角田勝頼 つのだかつより**
生没年不詳
安土桃山時代の織田信長の家臣。
¶織田

**都野隆安 つのたかやす**
生没年不詳
戦国時代の都野郷領主。
¶島根歴

**角田儀右衛門 つのだぎえもん**
〜寛永8(1631)年
安土桃山時代〜江戸時代前期の功臣。
¶庄内

**角田九郎五郎 つのだくろうごろう**
安土桃山時代の武将。里見氏家臣。
¶戦東

**角田小市郎 つのだこいちろう**
生没年不詳
安土桃山時代の織田信長の家臣。
¶織田

**角田新五 つのだしんご**
？ 〜弘治2(1556)年8月24日
戦国時代の織田信長の家臣。
¶織田

**角田堯常 つのだたかつね**
戦国時代〜安土桃山時代の武将。里見氏家臣。
¶戦東

**角田丹左衛門 つのだたんざえもん**
安土桃山時代〜江戸時代前期の武士。里見氏家臣。
¶戦人(生没年不詳)，戦東

**角田忠右衛門 つのだちゅううえもん**
→角田忠右衛門(つのだちゅうえもん)

**角田忠右衛門 つのだちゅうえもん**
[別]角田忠右衛門《つのだちゅううえもん》
安土桃山時代〜江戸時代前期の武士。里見氏家臣。
¶戦人(生没年不詳)，戦東(つのだちゅううえもん)

**角田中務 つのだなかつかさ**
安土桃山時代の武将。里見氏家臣。
¶戦東

**角田弥平次 つのだやへいじ**
鎌倉時代の美作国中央部の在地武士。
¶岡山歴

**津野親忠 つのちかただ**
*〜慶長5(1600)年
安土桃山時代の武士。
¶高知人，高知百，戦人([生]元亀3(1572)年)，戦西([生]？)

**津戸為守 つのとためもり**
長寛1(1163)年〜寛元1(1243)年　[別]尊願《そんがん》
平安時代後期〜鎌倉時代前期の武蔵国の御家人。法然の根本の弟子とされる。
¶鎌室([生]応保2(1162)年)，国史，古中，史人([没]1243年1月15日)，新潮([生]応保2(1162)年 [没]寛元1(1243)年1月15日)，日人，仏教(尊願 そんがん [没]仁治4(1243)年1月15日)

**津野光高 つのみつたか**
天授6/康暦2(1380)年〜文明9(1477)年
室町時代の土佐半山城主。

¶人名

**津野元実** つのもとざね
? ～永正14(1517)年
戦国時代の土佐半山城主。
¶高知人，人名，日人

**津野基高** つのもとたか
～天文22(1553)年
戦国時代の武将。
¶高知人

**都野保重** つのやすしげ
生没年不詳
室町時代の都野郷領主、多鳩神社神主。
¶島根歴



**津野之高** つのゆきたか
応永25(1418)年～文明11(1479)年
室町時代～戦国時代の武将。
¶高知人，日人

**椿井定房** つばいさだふさ
戦国時代～江戸時代前期の織田信長の家臣。
¶織田([生]享禄2(1529)年　[没]元和1(1615)年3月23日)，京都府([生]享禄3(1530)年　[没]元和3(1617)年)

**椿井政長** つばいまさなが
*～寛永8(1631)年
戦国時代～江戸時代前期の織田信長の家臣。
¶織田([生]天正17(1548)年？　[没]寛永8(1631)年1月20日)，京都府([生]天文16(1547)年)

**坪内家定** つぼうちいえさだ
永禄7(1564)年～慶安1(1648)年10月24日
安土桃山時代～江戸時代前期の織田信長の家臣。
¶織田，岐阜百

**坪内勝定** つぼうちかつさだ
永正13(1516)年～慶長14(1609)年1月10日
戦国時代～江戸時代前期の織田信長の家臣。
¶織田

**坪内源衛門** つぼうちげんえもん
生没年不詳
安土桃山時代の織田信長の家臣。
¶織田

**坪内定仍** つぼうちさだより
～寛文4(1664)年4月
江戸時代前期の武士。坪内氏第3代。
¶岐阜百

**坪内惣兵衛** つぼうちそうべえ
生没年不詳
安土桃山時代の織田信長の家臣。
¶織田

**坪内利定** つぼうちとしさだ
*～慶長14(1609)年
戦国時代～安土桃山時代の武士。
¶織田([生]天文8(1539)年　[没]慶長15(1610)年2月13日)，岐阜百，戦国([生]1517年)，戦人([生]永正13(1516)年)，戦西([生]1517年)，日人([生]1538年)

**妻木貞徳** つまきさだのり，つまぎさだのり
天文13(1544)年～元和4(1618)年
安土桃山時代～江戸時代前期の武士。織田氏家臣。
¶織田([没]元和4(1618)年2月13日)，人名([生]1541年　[没]1615年)，戦国(つまぎさだのり [生]1540年)，戦人，日人

**妻木藤右衛門** つまきとうえもん
→妻木広忠(つまきひろただ)

**妻木広忠** つまきひろただ
永正11(1514)年～天正10(1582)年　[別]妻木藤右衛門《つまきとうえもん》
戦国時代～安土桃山時代の地方豪族・土豪。明智氏家臣。
¶織田(妻木藤右衛門　つまきとうえもん　[没]天正10(1582)年6月18日)，人名，戦人([生]？)，日人

**妻木頼忠** つまぎよりただ，つまきよりただ
永禄8(1565)年～元和9(1623)年
安土桃山時代～江戸時代前期の武士。徳川氏家臣。
¶人名，戦国([生]1566年)，戦人(つまきよりただ)，日人(つまきよりただ)

**妻木頼利** つまぎよりとし
天正13(1585)年～承応2(1653)年
安土桃山時代～江戸時代前期の武士。
¶日人

**都万久清** つまひさきよ
生没年不詳
戦国時代の隠岐国都万院一分領主。
¶島根歴

**津村伝右衛門** つむらでんえもん
? ～
安土桃山時代の武士。南部氏家臣。
¶青森人，戦人(生没年不詳)

**津村信秀** つむらのぶひで
生没年不詳
安土桃山時代の地方豪族・土豪。
¶戦人

**津森幸俊** つもりゆきとし
戦国時代の武士。
¶戦人(生没年不詳)，戦西

**津守与兵衛** つもりよへえ
生没年不詳
安土桃山時代～江戸時代前期の武士。浅野家の家臣。
¶和歌山人

**鶴瀬安左衛門** つるせやすざえもん
戦国時代の武将。武田家臣。上野一騎合衆の一人。
¶姓氏山梨

**鶴田重成** つるたしげなり
室町時代の薩摩国鶴田城城主。
¶姓氏鹿児島

**鶴田進**　つるたすすむ
戦国時代の武士。
¶戦人（生没年不詳），戦西

**鶴田直**　つるたただす
？ ～永禄7（1564）年
戦国時代の武将。
¶戦人

**鶴田兵部大輔直**　つるたひょうぶたゆうただし
戦国時代の武将。竜造寺氏家臣。
¶戦西

**鶴見因幡守**　つるみいなばのかみ
？ ～明応5（1496）年
戦国時代の武将。今川氏家臣。
¶姓氏静岡，戦人（生没年不詳），戦東

**鶴見金三郎**　つるみきんざぶろう
安土桃山時代～江戸時代前期の武士。里見氏家臣。
¶戦人（生没年不詳），戦東

**鶴見佐渡守**　つるみさどのかみ
戦国時代の武将。今川氏家臣。
¶戦東

**鶴見信濃守**　つるみしなののかみ
安土桃山時代の武将。里見氏家臣。
¶戦東

## 【て】

**出浦対馬守**　でうらつしまのかみ
生没年不詳
安土桃山時代の岩櫃城代。吾妻郡奉行人信濃国埴科郡坂城町出浦の士。
¶群馬人

**手賀景幹**　てがかげもと
生没年不詳
戦国時代の武将。
¶戦人

**手賀高幹**　てがたかもと
？ ～天正19（1591）年
安土桃山時代の地方豪族・土豪。
¶戦国，戦人

**手越家綱**　てごしいえつな
鎌倉時代の駿河国有度郡手越村の武士。
¶姓氏静岡

**勅使河原有直**　てしがわらありなお
鎌倉時代前期の武蔵武士。
¶埼玉人（生没年不詳），埼玉百

**勅使河原経直**　てしがわらつねなお
南北朝時代の丹党の武士。
¶埼玉百

**勅使河原直重**　てしがわらなおしげ
？ ～延元1/建武3（1336）年
南北朝時代の武士。
¶鎌室，コン改，コン4，埼玉百，新潮，人名，世人，日人

**豊島有経**　てしまありつね
→豊島有経（としまありつね）

**手島高吉**　てしまたかよし
生没年不詳
戦国時代の武蔵国衆忍成田市の家老。
¶戦辞

**手島美作守**　てしまみまさかのかみ
生没年不詳
戦国時代の武士。
¶埼玉人

**手塚左衛門尉**　てづかさえもんのじょう
生没年不詳
戦国時代の武将。
¶戦人

**手塚太郎光盛**　てづかたろうみつもり
→手塚光盛（てづかみつもり）

**手塚太郎光盛**　てづかのたろうみつもり
→手塚光盛（てづかみつもり）

**手塚光盛**　てづかのみつもり
→手塚光盛（てづかみつもり）

**手塚光盛**　てづかみつもり
？ ～元暦1（1184）年　[別]源光盛《みなもとのみつもり》，手塚光盛《てづかのみつもり》，手塚太郎光盛《てづかたろうみつもり，てづかのたろうみつもり》
平安時代後期の木曽の武将。
¶姓氏長野（てづかのみつもり），長野百（手塚太郎光盛　てづかのたろうみつもり），長野歴（手塚太郎光盛　てづかたろうみつもり），日人，平史（源光盛　みなもとのみつもり）

**寺井賢仲**　てらいかたなか
？ ～永正12（1515）年
戦国時代の武将。武田氏家臣。
¶戦人

**寺井源左衛門**　てらいげんざえもん
生没年不詳
戦国時代～安土桃山時代の武士。武田氏家臣。
¶織田，戦人

**寺井知清**　てらいともきよ
生没年不詳
室町時代の武家・連歌作者。
¶国書

**寺内近江守**　てらうちおうみのかみ
江戸時代前期の武士。最上氏家臣。
¶戦人（生没年不詳），戦東

**寺岡紹経**　てらおかつぐつね
戦国時代の武士。
¶姓氏石川，戦人（生没年不詳），戦西

**寺岡備前守**　てらおかびぜんのかみ
安土桃山時代の武士。
¶岡山人

**寺尾上野介** てらおこうずけのすけ
生没年不詳
戦国時代の山内上杉氏の家臣。
¶戦辞

**寺尾権平** てらおごんぺい
江戸時代前期の武士。里見氏家臣。
¶戦東

**寺尾作左衛門** てらおさくざえもん
安土桃山時代の武士。
¶岡山人，岡山歴，戦人（生没年不詳），戦西

**寺尾左助** てらおさすけ
生没年不詳
安土桃山時代～江戸時代前期の武将、肥後熊本藩士。
¶藩臣7

**寺尾重名** てらおしげな
南北朝時代の武将。薩摩国入来院塔之原の地頭寺尾氏の4代。
¶姓氏鹿児島

**寺尾下野** てらおしもつけ
安土桃山時代～江戸時代前期の武士。里見氏家臣。
¶戦人（生没年不詳），戦東

**寺尾太郎左衛門** てらおたろうざえもん
戦国時代の武将。武田家臣。信濃寺尾の城主。
¶姓氏長野（生没年不詳），姓氏山梨

**寺尾憲清** てらおのりきよ
生没年不詳
室町時代の守護代。
¶鎌室，日人

**寺尾礼春** てらおれいしゅん
生没年不詳
戦国時代の守護代。
¶戦辞

**寺坂桃千代** てらさかももちよ
安土桃山時代の武士。
¶岡山人

**寺崎伊予守祐光** てらさきいよのかみすけみつ
戦国時代の武将。葛西氏家臣。
¶戦東

**寺崎石見守良次** てらさきいわみのかみよしつぐ
→寺崎良次（てらさきよしつぐ）

**寺崎清泰** てらさききよやす
？ ～天正19（1591）年
安土桃山時代の武士。葛西氏家臣。
¶戦人

**寺崎喜六郎** てらさききろくろう
永禄8（1565）年～天正9（1581）年5月頃？
安土桃山時代の織田信長の家臣。
¶織田

**寺崎時胤** てらさきときたね
？ ～永正4（1507）年
戦国時代の武将。
¶戦人

**寺崎備中守** てらさきびっちゅうのかみ
南北朝時代の領主。
¶姓氏富山

**寺崎民部左衛門** てらさきみんぶざえもん
生没年不詳
戦国時代～安土桃山時代の地方豪族・土豪。
¶戦人

**寺崎民部少輔** てらさきみんぶしょうゆう
安土桃山時代の武将。最上氏家臣。
¶戦東

**寺崎盛永** てらさきもりなが
？ ～*
戦国時代～安土桃山時代の織田信長の家臣。
¶織田（[没]天正9（1581）年5月頃？），富山百（[没]天正9（1581）年7月14日）

**寺崎良次** てらさきよしつぐ
？ ～天正10（1582）年 [別]寺崎石見守良次《てらさきいわみのかみよしつぐ》
安土桃山時代の武士。葛西氏家臣。
¶戦人，戦東（寺崎石見守良次 てらさきいわみのかみよしつぐ）

**寺沢宮内少輔胤長** てらざわくないしょうゆうたねなが
戦国時代の武将。葛西氏家臣。
¶戦東

**寺沢志摩守広高** てらさわしまのかみひろたか
→寺沢広高（てらざわひろたか）

**寺沢広高** てらざわひろたか，てらさわひろたか
永禄6（1563）年～寛永10（1633）年 [別]寺沢志摩守広高《てらさわしまのかみひろたか》
安土桃山時代～江戸時代前期の大名。肥前唐津藩主。初代長崎奉行。
¶朝日（[没]寛永10年4月11日（1633年5月18日）），岩史（[没]寛永10（1633）年4月11日），キリ（てらさわひろたか），近世，国史，コン改（[生]永禄7（1564）年），コン4（[生]永禄7（1564）年），茶道（[生]1564年），史人（てらさわひろたか [没]1633年4月11日），新潮（[没]寛永10（1633）年4月11日），人名（てらさわひろたか），戦合，戦国（[生]1564年），戦人，長崎歴（寺沢志摩守広高 てらさわしまのかみひろたか），日史（てらさわひろたか [没]寛永10（1633）年4月11日），日人，藩主4（てらさわひろたか [没]寛永10（1633）年4月11日），百科（てらさわひろたか），歴大（てらさわひろたか）

**寺沢広政** てらざわひろまさ，てらさわひろまさ
大永5（1525）年～慶長1（1596）年
戦国時代～安土桃山時代の武士。
¶織田（てらさわひろまさ [没]慶長1（1596）年1月14日），戦国，戦人，戦西（てらさわひろまさ）

**寺沢弥九郎** てらさわやくろう
？ ～永禄12（1569）年9月8日
戦国時代～安土桃山時代の織田信長の家臣。
¶織田

**寺島牛之助**(寺島牛助)　**てらじまうしのすけ, てらしまうしのすけ**
戦国時代～安土桃山時代の武士。佐々・前田家に仕えた。
¶姓氏富山(寺島牛助　てらしまうしのすけ), 日人(生没年不詳)

**寺島久右衛門**　**てらじまきゅうえもん**
安土桃山時代の武士。豊臣氏家臣。
¶戦国, 戦人(生没年不詳)

**寺島四郎右衛門**　**てらしましろうえもん**
？～天文16(1547)年
戦国時代の武田家臣。上方浪人。
¶姓氏山梨

**寺島長資**　**てらしまながすけ**
？～天正10(1582)年6月3日
戦国時代～安土桃山時代の武士。神保氏家臣、のちに上杉氏家臣。
¶戦辞

**寺嶋職定**　**てらしまもとさだ**
生没年不詳
戦国時代の武将。
¶富山百

**寺田善右衛門**　**てらだぜんえもん**
？～天正10(1582)年6月2日
戦国時代～安土桃山時代の織田信長の家臣。
¶織田

**寺田生家**　**てらだなりいえ**
→寺田又右衛門(てらだまたえもん)

**寺田法念**　**てらだほうねん**
生没年不詳
鎌倉時代後期の御家人。悪党としても知られる。
¶朝日, 鎌室, コン改, コン4, 史人, 新潮, 日人, 兵庫百

**寺田又右衛門**　**てらだまたえもん**
？～天正13(1585)年　[別]寺田生家《てらだなりいえ》
安土桃山時代の武士。
¶織田(寺田生家　てらだなりいえ　[没]天正13(1585)年7月), 戦国, 戦人

**寺田光吉**　**てらだみつよし**
安土桃山時代の武士。羽柴氏家臣、豊臣氏家臣。
¶戦国, 戦人(生没年不詳)

**寺田吉次**　**てらだよしつぐ**
生没年不詳
安土桃山時代～江戸時代前期の武士。浅野家の家臣。
¶和歌山人

**寺津秀清**　**てらづひできよ**
？～天正12(1584)年
安土桃山時代の武士。
¶戦人

**寺西是成**　**てらにしこれなり**
[別]寺西吸庵《てらにしきゅうあん》
安土桃山時代の武士。豊臣氏家臣。
¶戦国, 戦人(生没年不詳)

**寺西次郎助**　**てらにしじろうすけ**
→寺西次郎助(てらにしじろすけ)

**寺西次郎助**　**てらにしじろすけ**
[別]寺西次郎助《てらにしじろうすけ》
安土桃山時代の武士。加藤氏家臣。
¶戦国(てらにしじろうすけ), 戦人(生没年不詳)

**寺西新五郎**　**てらにししんごろう**
安土桃山時代の武士。豊臣氏家臣。
¶戦国, 戦人(生没年不詳)

**寺西駿河守**　**てらにしするがのかみ**
安土桃山時代の武士。豊臣氏家臣。
¶戦国, 戦人(生没年不詳)

**寺西藤五郎**　**てらにしとうごろう**
生没年不詳
安土桃山時代～江戸時代前期の武士。忍藩主松平忠吉の家臣。
¶埼玉人

**寺西利之**　**てらにしとしゆき**
？～正保3(1646)年
安土桃山時代～江戸時代前期の武将、安芸広島藩士。
¶藩臣6

**寺西直次**　**てらにしなおつぐ**
弘治3(1557)年～慶安2(1649)年　[別]寺西意閑《てらにしいかん》
安土桃山時代～江戸時代前期の武士。豊臣氏家臣。
¶戦国, 戦人, 藩臣3

**寺西秀則**　**てらにしひでのり**
？～慶長16(1611)年
安土桃山時代～江戸時代前期の加賀藩士。
¶藩臣3

**寺西平左衛門**　**てらにしへいざえもん**
安土桃山時代の武士。豊臣氏家臣。
¶戦国, 戦人(生没年不詳)

**寺西正勝**　**てらにしまさかつ**
？～慶長5(1600)年
安土桃山時代の武士。丹羽氏家臣、豊臣氏家臣。
¶戦国, 戦人, 日人

**寺西之政**　**てらにしゆきまさ**
生没年不詳
安土桃山時代～江戸時代前期の武士。浅野家の家臣。
¶和歌山人

**寺町権大夫**　**てらまちごんだゆう**
安土桃山時代の武士。豊臣氏家臣。
¶戦国, 戦人(生没年不詳)

**寺町新助**　**てらまちしんすけ**
安土桃山時代の武士。豊臣氏家臣。
¶戦国, 戦人(生没年不詳)

**寺町宗左衛門**　**てらまちそうざえもん**
安土桃山時代の武士。豊臣氏家臣。

¶戦国，戦人（生没年不詳）

**寺町孫四郎** てらまちまごしろう
安土桃山時代の武士。豊臣氏家臣。
¶戦国，戦人（生没年不詳）

**寺町又三郎** てらまちまたさぶろう
室町時代の備中国北部の在地武士。
¶岡山歴

**寺見三右衛門** てらみさんえもん
慶長2（1597）年～寛文5（1665）年
江戸時代前期の武士、池田家臣。
¶岡山人，岡山歴（[没]寛文5（1665）年9月9日）



**寺村小八郎** てらむらこはちろう
戦国時代の武士。
¶戦人（生没年不詳），戦西

**寺村重友** てらむらしげとも
天文9（1540）年～元和1（1615）年
安土桃山時代～江戸時代前期の土佐藩家老。
¶高知人，人名，日人

**寺本橘大夫** てらもときつだゆう
生没年不詳
安土桃山時代の織田信長の家臣。
¶織田

**寺本八左衛門** てらもとはちざえもん
天正17（1589）年～寛永18（1641）年
安土桃山時代～江戸時代前期の武士、肥後熊本藩士。
¶藩臣7

**出羽房雲厳** でわのぼううんげん
生没年不詳
平安時代後期～鎌倉時代前期の若狭国の武士。
¶朝日，日人

**天願太郎治** てんがんたろうじ
生没年不詳
南北朝時代～室町時代の武人。
¶姓氏沖縄

**天竺花氏** てんじくはなうじ
生没年不詳
戦国時代の長岡郡大津城主。二位少将。
¶高知人

**天神林源六郎** てんじんばやしげんろくろう
安土桃山時代の武将。佐竹氏家臣。
¶戦東

**天神林上野介** てんじんばやしこうずけのすけ
生没年不詳
戦国時代の武士。佐竹氏の一族。
¶戦辞

**天神林左京亮** てんじんばやしさきょうのすけ
戦国時代の武士。佐竹氏家臣。
¶戦人（生没年不詳），戦東

**天神林下総守** てんじんばやししもふさのかみ
戦国時代の武将。佐竹氏家臣。
¶戦東

**天神林行宗** てんじんばやしゆきむね
生没年不詳
戦国時代の武士。佐竹氏の一族。
¶戦辞

**天神林義種** てんじんばやしよしたね
生没年不詳
安土桃山時代の武士。佐竹氏家臣。
¶戦辞，戦人，戦東

**天神林義成** てんじんばやしよしなり
？ ～文亀2（1502）年
室町時代～戦国時代の武士。佐竹氏の一族。
¶戦辞

**天神林義広** てんじんばやしよしひろ
生没年不詳
戦国時代～安土桃山時代の武士。佐竹氏家臣。
¶戦辞，戦人，戦東

**天神林義陸** てんじんばやしよしみち
生没年不詳
戦国時代の武士。佐竹氏の一族。
¶戦辞

**天童頼貞** てんどうよりさだ
生没年不詳
戦国時代～安土桃山時代の武将。最上氏家臣。
¶戦人

**天童頼澄** てんどうよりずみ，てんどうよりすみ
生没年不詳
戦国時代～安土桃山時代の武将。伊達氏家臣。
¶姓氏宮城（[生]1563年 [没]1611年），戦人，藩臣1（てんどうよりすみ）

**天徳寺宝衍**（天徳寺法衍） てんとくじほうえん
→佐野房綱（さのふさつな）

## 【と】

**土肥久作** どいきゅうさく
→土肥久作（どひきゅうさく）

**土居清良** どいきよなが
→土居清良（どいきよよし）

**土居清良** どいきよよし
天文15（1546）年～寛永6（1629）年 [別]土居清良《どいきよなが，どいせいりょう》
安土桃山時代～江戸時代前期の伊予国の小領主。清貞の子。
¶朝日（[没]寛永6年3月24日（1629年5月16日）），愛媛百，郷土愛媛（どいせいりょう [生]？），近世，国史，コン改，コン4，新潮（[没]寛永6（1629）年3月24日），戦合，日人，歴大（どいきよなが）

**土肥実平** といさねひら，どいさねひら
→土肥実平（どひさねひら）

**土井実行**（土居実行） どいさねゆき
？ ～元弘2/正慶1（1332）年

鎌倉時代後期の武士。
　¶人名，日人（土居実行　生没年不詳）

**土肥茂近　どいしげちか**
　永禄2（1559）年～元和9（1623）年
　戦国時代～江戸時代前期の弓庄城城主。
　¶姓氏富山

**土肥次郎**(1)　**といじろう，どいじろう**
　戦国時代の武将。足利氏家臣。
　¶戦辞（どいじろう　生没年不詳），戦東

**土肥次郎**(2)　**といじろう，どいじろう**
　生没年不詳
　戦国時代の伊豆の武士。
　¶戦辞（どいじろう）

**土居清良　どいせいりょう**
　→土居清良（どいきよよし）

**土居宗珊**（土井宗算）　**どいそうさん**
　生没年不詳
　戦国時代の武将。
　¶高知人，高知百，日人（土井宗算）

**問田興之　といだおきゆき**
　戦国時代の武士。
　¶戦人（生没年不詳），戦西

**問田亀鶴　といだきかく**
　？　～弘治3（1557）年
　戦国時代の武士。
　¶戦人

**土肥但馬守　どいたじまのかみ**
　→土肥但馬守（どひたじまのかみ）

**問田隆盛　といだたかもり**
　？　～弘治1（1555）年
　戦国時代の武士。
　¶戦人，戦西

**問田弘胤　といだひろたね**
　？　～永正8（1511）年
　戦国時代の武士。
　¶戦人，戦西

**問田弘綱　といだひろつな**
　戦国時代の武将。大内氏家臣。
　¶戦西

**土肥親真　どいちかざね**
　→土肥親真（どひちかざね）

**十市常陸介　といちひたちのすけ**
　㊾十市常陸介《とおちひたちのすけ》
　安土桃山時代の武将。秀長・秀保・秀吉の臣。
　¶織田（とおちひたちのすけ　生没年不詳），戦国

**土肥綱真　どいつなざね**
　生没年不詳
　戦国時代の人。和泉細川氏の被官だった丹治右京
　亮常直の名代。
　¶徳島歴

**土井利勝　どいとしかつ**
　天正1（1573）年～正保1（1644）年　　㊾土井大炊頭

**《どいおおいのかみ》**
　安土桃山時代～江戸時代前期の大名、大老。下総
　小見川藩主、下総古川藩主、下総佐倉藩主。
　¶朝日（㊞正保1年7月10日（1644年8月12日）），
　茨城百，岩史（㊞寛永21（1644）年7月10日），江
　戸東，角史，近世，国史，国書（㊞元亀4（1573）
　年3月18日　㊞寛永21（1644）年7月10日），コ
　ン改，コン4，埼玉百，茶道，史人（㊞1644年7
　月10日），諸系，新潮（㊞正保1（1644）年7月10
　日），人名，姓氏愛知，世人1（㊞正保1（1644）年
　7月10日），世百，戦合，全書，戦人，大百，栃
　木歴，日史（㊞正保1（1644）年7月10日），日人，
　藩主2，藩主2（㊞天正1（1573）年3月18日　㊞正
　保1（1644）年7月10日），藩主2，百科，歴大

**土肥中務少輔　どいなかつかさのしょう**
　生没年不詳
　戦国時代の相模守護扇谷上杉持朝の家臣。
　¶戦辞

**土肥中務大輔　どいなかつかさのたいふ**
　？　～永禄7（1564）年1月8日
　戦国時代～安土桃山時代の武士。古河公方の家臣。
　¶戦辞

**土肥政繁　どいまさしげ**
　→土肥政繁（どひまさしげ）

**土居通郷　どいみちさと**
　南北朝時代の武将。
　¶人名

**土居通重　どいみちしげ**
　？　～延元4/暦応2（1339）年
　鎌倉時代後期～南北朝時代の武将。
　¶日人

**土居通増　どいみちます**
　？　～延元1/建武3（1336）年
　鎌倉時代後期～南北朝時代の武将。土居氏は伊予
　国の豪族河野氏の支流。
　¶朝日（㊞建武3/延元1年10月11日（1336年11月
　14日）），愛媛百，鎌室，郷土愛媛，国史，古
　中，コン改（生没年不詳），コン4，史人
　（㊞1336年10月），諸系，新潮（㊞建武3/延元1
　（1336）年10月），人名，世人（㊞延元4/暦応2
　（1339）年3月），全書，日人，歴大

**土居通安　どいみちやす**
　生没年不詳
　室町時代の武家・連歌作者。
　¶国書

**土居弥太郎　どいやたろう**
　戦国時代の堀江城城主。
　¶姓氏富山

**東氏数　とううじかず**
　？　～文明3（1471）年
　南北朝時代の武将、歌人。
　¶国書（㊞文明3（1471）年5月8日），諸系，人名，
　日人，和俳（生没年不詳）

**東氏胤　とううじたね**
　建武1（1334）年～正平20/貞治4（1365）年9月13日

と

室町時代の武将、歌人。
¶国書，諸系（生没年不詳），人名，日人（生没年不詳）

**東氏村**　とううじむら
？～天授3/永和3（1377）年
南北朝時代の武将、歌人。
¶国書（[没]永和3（1377）年9月4日），諸系，人名，日人

**道悦**　どうえつ
大永4（1524）年～慶長10（1605）年6月22日
戦国時代～江戸時代前期の武将・連歌作者。
¶国書



**東海吉兵衛**　とうかいきちべえ
？～寛永3（1626）年
安土桃山時代～江戸時代前期の武将、陸奥弘前藩士、兵学者。
¶青森人，青森百，藩臣1

**渡岸寺次郎左衛門尉**　どうがんじじろうざえもんのじょう
戦国時代の武将。浅井氏家臣。
¶戦西

**道喜**　どうき
生没年不詳
鎌倉時代後期の武家・歌人。
¶国書

**藤九郎**　とうくろう
？～天正10（1582）年6月2日
戦国時代～安土桃山時代の織田信長の家臣。
¶織田

**道家吉十郎**　どうけきちじゅうろう
？～天正10（1582）年6月2日
戦国時代～安土桃山時代の織田信長の家臣。
¶織田

**道家助十郎**　どうけすけじゅうろう
？～元亀1（1570）年9月19日
戦国時代～安土桃山時代の織田信長の家臣。
¶織田

**道家清十郎**（道化清十郎）　どうけせいじゅうろう
？～元亀1（1570）年
戦国時代の武士。織田氏家臣。
¶織田（[没]元亀1（1570）年9月19日），人名，姓氏愛知（生没年不詳），戦人（道化清十郎），戦補（道化清十郎），日人

**道化六郎左衛門**（道家六郎左衛門）　どうけろくろうざえもん
？～弘治2（1556）年
戦国時代の武士。斎藤氏家臣。
¶新潮（[没]弘治2（1556）年2月），戦人，戦補，日人（道家六郎左衛門）

**道堅**　どうけん
→岩山道堅（いわやまどうけん）

**道洪**　どうこう
仁治2（1241）年～弘安8（1285）年6月10日
鎌倉時代の武将・歌人。
¶国書

**東郷重理**　とうごうしげさだ
戦国時代の武将。渋谷東郷氏12代。
¶姓氏鹿児島

**東郷重位**　とうごうしげただ
→東郷重位（とうごうちゅうい）

**東郷重虎**　とうごうしげとら
天正2（1574）年～元和7（1621）年
戦国時代～安土桃山時代の武士。
¶姓氏鹿児島，戦人（生没年不詳），戦西

**東郷重位**　とうごうじゅうい
→東郷重位（とうごうちゅうい）

**東郷重位**　とうごうちゅうい
永禄4（1561）年～寛永20（1643）年　[別]東郷重位《とうごうしげただ，とうごうじゅうい，とうごうちょうい》，東郷肥前守《とうごうひぜんのかみ》
安土桃山時代～江戸時代前期の武士。
¶朝日（[没]寛永20年6月27日（1643年8月11日）），近世，剣豪（東郷肥前守　とうごうひぜんのかみ），国史，国書（とうごうちょうい　[没]寛永20（1643）年6月27日），姓氏鹿児島（とうごうじゅうい），戦合，全書（とうごうじゅうい），戦人（とうごうしげただ），戦西（とうごうしげただ），日人（とうごうじゅうい），藩臣7（とうごうじゅうい）

**東郷重位**　とうごうちょうい
→東郷重位（とうごうちゅうい）

**東郷肥前守**　とうごうひぜんのかみ
→東郷重位（とうごうちゅうい）

**東重胤**　とうしげたね
生没年不詳　[別]千葉重胤《ちばしげたね》
鎌倉時代前期の武将、歌人。
¶神奈川人，鎌室，諸系，人名（千葉重胤　ちばしげたね），日人

**東使実吉**　とうしさねよし
？～寛永12（1635）年
安土桃山時代～江戸時代前期の武士。紀州藩士。
¶和歌山人

**道助**　どうじょ
→平井道助（ひらいどうじょ）

**東常縁**　とうじょうえん
→東常縁（とうつねより）

**東条景信**　とうじょうかげのぶ
生没年不詳
鎌倉時代の武士、安房国東条御厨地頭。
¶朝日，国史，古中，史人，千葉百，日人

**東条国氏**　とうじょうくにうじ
？～
室町時代～戦国時代の三河守護細川成之の守護代。
¶戦辞（[没]文明8（1473）年）

**東条関之兵衛**　とうじょうせきのひょうえ
生没年不詳

安土桃山時代の那賀郡桑野城主。
¶徳島歴

**東条常政** とうじょうつねまさ
室町時代の房州東条城主。
¶人名，日人(生没年不詳)

**東条光豊** とうじょうみつとよ
？ ～元亀1(1570)年
戦国時代の武将、那賀郡西潟(方)城主。
¶徳島歴

**東条行長** とうじょうゆきなが
天文13(1544)年～慶長13(1608)年　[別]民部卿法印《みんぶきょうほういん》
安土桃山時代～江戸時代前期の武将。秀吉馬廻。
¶国書([没]慶長13(1608)年9月6日)，戦国([生]1546年)，戦人

**東条六兵衛** とうじょうろくべえ
安土桃山時代～江戸時代前期の武士。里見氏家臣。
¶戦人(生没年不詳)，戦東

**道盛** どうせい
？ ～延徳3(1491)年
室町時代～戦国時代の武将・連歌作者。
¶国書

**東禅寺右馬頭** とうぜんじうまのかみ
～天正16(1588)年8月7日
戦国時代～安土桃山時代の勇士。
¶庄内

**東禅寺勝正** とうぜんじかつまさ
？ ～天正16(1588)年
安土桃山時代の武将。最上氏家臣。
¶戦人，戦東

**東禅寺筑前守** とうぜんじちくぜんのかみ
？ ～天正16(1588)年　[別]前森蔵人《まえもりくらんど》
戦国時代～安土桃山時代の武将。最上氏家臣。東禅寺城城主。
¶庄内([没]天正16(1588)年8月7日)，戦東(前森蔵人　まえもりくらんど)，山形百(前森蔵人　まえもりくらんど)，山形百

**東禅寺義長** とうぜんじよしなが
？ ～天正16(1588)年
安土桃山時代の武士。最上氏家臣。
¶戦人，戦東

**東胤氏** とうたねうじ
？ ～享禄3(1530)年
戦国時代の武将、歌人。
¶諸系，人名([生]1479年　[没]1547年)，日人

**東胤行** とうたねゆき
建久5(1194)年～文永10(1273)年
鎌倉時代前期の武将。
¶鎌室([生]？)，詩歌，諸系(生没年不詳)，人名，日人(生没年不詳)，和俳

**東胤頼** とうたねより
生没年不詳　[別]千葉胤頼《ちばたねより》，平胤頼《たいらのたねより》
鎌倉時代前期の御家人。武将千葉常胤の6男。
¶朝日，神奈川人(千葉胤頼　ちばたねより)，鎌倉(千葉胤頼　ちばたねより)，鎌室，諸系，新潮，人名(千葉胤頼　ちばたねより)，日人，平史(平胤頼　たいらのたねより)

**東常顕** とうつねあき
？ ～応永1(1394)年
鎌倉時代後期～南北朝時代の武将、歌人。美濃郡上郡篠脇城主。
¶郷土岐阜(生没年不詳)，国書([没]応永1(1394)年10月3日)，諸系，人名([生]1304年　[没]1371年)，日人

**東常氏** とうつねうじ
室町時代の武将、歌人。
¶人名，日人(生没年不詳)

**東常和** とうつねかず
康正2(1456)年～天文13(1544)年
室町時代～戦国時代の武将、歌人。
¶国書([没]天文13(1544)年1月21日)，諸系，日人

**東常縁** とうつねより
応永8(1401)年～明応3(1494)年　[別]東常縁《とうじょうえん，とうのつねより》
室町時代～戦国時代の武将、歌人。下野守益之の子。
¶朝日([生]？　[没]文明16(1484)年頃)，岩史(とうのつねより　[没]文明16(1484)年？)，角史(とうのつねより)，鎌室，岐阜百(とうのつねより)，郷土岐阜(生没年不詳)，郷土千葉(とうのつねより)，国史([没]？)，国書(生没年不詳)，古中(生没年不詳)，コン改(とうのつねより)，コン4(とうのつねより)，詩歌，史人([生]1405年，(異説)1407年　[没]1484年)，重要(とうのつねより　[没]明応3(1494)年4月18日)，諸系([没]？)，人書94，新潮([没]明応3(1494)年4月18日)，人名，世人([没]明応3(1494)年4月18日)，戦合(生没年不詳)，戦辞(とうのつねより　[没]文明16(1484)年？)，全書(生没年不詳)，大百([没]1484年)，千葉百(とうのつねより)，日史(とうのつねより　[没]明応3(1494)年4月18日？)，日人([没]？)，百科(とうのつねより　[生]応永8(1401)年？　[没]文明16(1484)年頃)，歴大(とうのつねより　[生]？　[没]1484年)，和俳([没]明応3(1494)年4月18日)

**藤堂九郎左衛門尉** とうどうくろうざえもんのじょう
戦国時代の武将。浅井氏家臣。
¶戦西

**藤堂勝右衛門** とうどうしょうえもん
安土桃山時代の武将。秀吉馬廻。
¶戦国，戦人(生没年不詳)

**藤堂高清** とうどうたかきよ
天正13(1585)年～寛永17(1640)年
安土桃山時代～江戸時代前期の武将、伊勢津藩家老。
¶藩臣5

**藤堂高虎** とうどうたかとら
弘治2(1556)年～寛永7(1630)年　[別]藤堂和泉守

《とうどういずみのかみ》
安土桃山時代～江戸時代前期の武将、大名。
¶朝日([没]寛永7年10月5日(1630年11月9日)), 岩史([没]寛永7(1630)年10月5日), 愛媛百([生]弘治2(1556)年1月6日 [没]寛永7(1630)年10月5日), 大阪人, 角史, 京都, 郷土愛媛, 郷土滋賀, 京都大, 京都府, 近世, 国史, 国書([生]弘治2(1556)年1月6日 [没]寛永7(1630)年10月5日), 古中, コン改, コン4, 茶道, 滋賀百, 史人([没]1630年10月5日), 重要([没]寛永7(1630)年10月5日), 諸系, 人書94, 新潮([生]弘治2(1556)年1月6日 [没]寛永7(1630)年10月5日), 人名, 姓氏京都, 世人([没]寛永7(1630)年10月5日), 世百, 戦合, 戦国, 全書, 戦人, 戦西, 大百, 栃木歴, 日史([没]寛永7(1630)年10月5日), 日人, 藩主3([生]弘治2(1556)年1月6日 [没]寛永7(1630)年10月5日), 藩主4, 百科, 歴大, 和歌山人

**藤堂高刑** とうどうたかのり
天正5(1577)年～元和1(1615)年
安土桃山時代～江戸時代前期の伊勢津藩士。
¶日人, 藩臣5

**藤堂高吉** とうどうたかよし
天正7(1579)年～寛文10(1670)年 [別]宮内高吉《くないたかよし》
安土桃山時代～江戸時代前期の武将、伊勢津藩士。丹羽長秀の3男。
¶朝日([生]天正7年6月1日(1579年6月24日) [没]寛文10年7月18日(1670年9月2日)), コン改, コン4, 諸系, 新潮([生]天正7(1579)年6月1日 [没]寛文10(1670)年7月18日), 人名(宮内高吉 くないたかよし), 人名([没]?), 戦国([生]1581年), 戦人([生]天正9(1581)年), 日人, 藩臣5

**藤堂忠蔵** とうどうちゅうぞう
安土桃山時代の武士。羽柴氏家臣、豊臣氏家臣。
¶戦国, 戦人(生没年不詳)

**藤堂正高** とうどうまさたか
天正16(1588)年～寛永6(1629)年
安土桃山時代～江戸時代前期の武士。
¶コン改, コン4, 諸系, 新潮([没]寛永6(1629)年6月27日), 人名, 日人, 藩臣5

**藤堂元則** とうどうもとのり
天正10(1582)年～万治3(1660)年
安土桃山時代～江戸時代前期の武将、伊勢津藩家老。
¶藩臣5

**藤堂良勝** とうどうよしかつ
永禄8(1565)年～元和1(1615)年
安土桃山時代～江戸時代前期の伊勢津藩士。
¶日人, 藩臣5

**藤堂嘉清** とうどうよしきよ
永禄2(1559)年～慶長5(1600)年
安土桃山時代の武士。織田氏家臣、豊臣氏家臣。
¶戦国, 戦人

**藤堂良重** とうどうよししげ
? ～元和1(1615)年
安土桃山時代～江戸時代前期の武将。
¶日人

**藤堂嘉房** とうどうよしふさ
天文12(1543)年～慶長8(1603)年
安土桃山時代の武士。織田氏家臣、丹羽氏家臣、豊臣氏家臣、羽柴氏家臣。
¶織田([没]慶長8(1603)年2月6日), 戦国, 戦人

**東時常** とうときつね
? ～正和1(1312)年?
鎌倉時代の武将、歌人。
¶国書([没]正和1(1312)年4月3日), 諸系, 人名, 日人, 和俳(生没年不詳)

**東修理亮** とうのしゅりのすけ
生没年不詳
戦国時代の上総周東郡の国衆秋元氏の家臣。
¶戦辞

**東常堯** とうのつねたか
生没年不詳
戦国時代の武将。
¶戦人

**東常慶** とうのつねよし
? ～永禄2(1559)年
戦国時代の武将。
¶戦人

**東常縁** とうのつねより
→東常縁(とうつねより)

**塔原藤左衛門** とうのはらとうざえもん
戦国時代の武将。武田家臣。塔原幸貞の被官か。
¶姓氏山梨

**塔原幸貞** とうのはらゆきさだ
→海野幸貞(うんのゆきさだ)

**塔原幸知** とうのはらゆきとも
戦国時代の武将。武田家臣。信濃国筑摩郡の岩下衆。
¶姓氏山梨

**東盛胤** とうのもりたね
? ～正和1(1312)年
鎌倉時代後期の武将。
¶千葉百([没]正和1～2(1312～1313)年)

**藤八** とうはち
? ～天正10(1582)年6月2日
戦国時代～安土桃山時代の織田信長の家臣。
¶織田

**東福寺尾張守** とうふくじおわりのかみ
安土桃山時代の武将。大崎氏家臣。
¶戦人(生没年不詳), 戦東

**藤平弘昌** とうへいひろまさ
戦国時代～安土桃山時代の武将。里見氏家臣。
¶戦東

**藤平光徳** とうへいみつのり, とうべいみつのり
安土桃山時代の武将。里見氏家臣。
¶戦辞(とうべいみつのり 生没年不詳), 戦東

東益之　とうますゆき
　天授2/永和2（1376）年〜嘉吉1（1441）年
　南北朝時代〜室町時代の武将、歌人。
　¶鎌室，諸系，人名，日人，和俳

東満康　とうみつやす
　生没年不詳
　室町時代の武将。
　¶神奈川人

東師氏　とうもろうじ
　興国4/康永2（1343）年〜応永33（1426）年
　南北朝時代〜室町時代の武将、歌人。
　¶鎌室，国書（㊞応永33（1426）年10月12日），諸
　　系，人名，日人，和俳

遠山綱景　とうやまつなかげ
　→遠山綱景（とおやまつなかげ）

遠山綱方　とうやまつなかた
　生没年不詳
　戦国時代の武将。
　¶神奈川人

遠山直景　とうやまなおかげ
　→遠山直景(1)（とおやまなおかげ）

遠山政秀　とうやままさひで
　→遠山政秀（とおやままさひで）

遠山康英　とうやまやすひで
　→遠山康英（とおやまやすひで）

遠山康光　とうやまやすみつ
　→遠山康光（とおやまやすみつ）

東行氏　とうゆきうじ
　鎌倉時代後期の武将、歌人。
　¶鎌室（㊞安貞2（1228）年　㊞正安2（1300）年），
　　国書（㊞？　　㊞正中2（1325）年6月11日），諸
　　系（㊞？　　㊞1325年），人名（㊞1228年
　　㊞1300年），日人（㊞？　　㊞1325年），和俳
　　（㊞安貞2（1228）年　㊞正安2（1300）年）

導誉（道誉）　どうよ
　→佐々木高氏（ささきたかうじ）

東慶隆　とうよしたか
　天文12（1543）年〜寛永2（1625）年
　安土桃山時代〜江戸時代前期の大名。飛驒高山
　藩主。
　¶人名

刀利左衛門　とうりさえもん
　戦国時代の刀利城城主。越中の一向一揆の首領。
　¶姓氏石川，姓氏富山

田路基久　とおじもとひさ
　安土桃山時代の武将。秀吉馬廻。
　¶戦国，戦人（生没年不詳）

十市忠之　とおちただゆき
　安土桃山時代〜江戸時代前期の武士。
　¶戦人（生没年不詳），戦補

十市遠勝　とおちとおかつ
　？　〜永禄12（1569）年

　戦国時代の武将。
　¶戦人

十市遠忠　とおちとおただ
　明応6（1497）年〜天文14（1545）年
　戦国時代の武将、歌人。十市新左衛門の子。兵部
　少輔を自称。
　¶朝日（㊞天文14年3月16日（1545年4月26日）），
　　郷土奈良，国書（㊞天文14（1545）年3月16日），
　　人名，戦人（㊐？），日人，和俳

十市常陸介　とおちひたちのすけ
　→十市常陸介（といちひたちのすけ）

遠江修理高時　とおとうみしゅりたかとき
　生没年不詳
　鎌倉時代前期の武士。
　¶北条

遠山因幡入道　とおやまいなばにゅうどう
　生没年不詳
　戦国時代の北条氏の家臣。
　¶戦辞

遠山犬千世　とおやまいぬちよ
　生没年不詳
　戦国時代の北条氏の家臣。
　¶戦辞

遠山右馬助（遠山右馬介）　とおやまうまのすけ
　安土桃山時代の武士。武田氏家臣。
　¶姓氏山梨，戦人（遠山右馬介　生没年不詳），
　　戦東

遠山景前　とおやまかげさき
　生没年不詳
　戦国時代の武士。松平氏家臣。
　¶戦辞

遠山景任　とおやまかげとう
　？　〜＊
　戦国時代の武将。
　¶戦辞（㊞元亀3（1572）年12月？），戦人（㊞元亀
　　3（1572）年）

遠山景任の妻　とおやまかげとうのつま
　？　〜天正3（1575）年11月21日
　戦国時代〜安土桃山時代の女性。織田信長の叔母。
　¶女性

遠山景朝　とおやまかげとも
　生没年不詳
　鎌倉時代前期の武士。
　¶鎌室，岐阜百，諸系，日人

遠山景広　とおやまかげひろ
　？　〜天正10（1582）年
　戦国時代〜安土桃山時代の武田家臣。遠江守。信
　濃和田の城主。
　¶姓氏長野，姓氏山梨

遠山景行　とおやまかげゆき
　戦国時代の武将。
　¶織田（㊞永禄6（1509）年　㊞元亀3（1572）年12
　　月28日？），戦人（㊞？　　㊞元亀3（1572）年）

と

**遠山源五郎** とおやまげんごろう
生没年不詳
戦国時代の古河公方の家臣。
¶戦辞

**遠山源二郎** とおやまげんじろう
生没年不詳
戦国時代の古河公方の家臣。
¶戦辞

**遠山五郎兵衛** とおやまごろうひょうえ
戦国時代の武将。武田家臣。同心。
¶姓氏山梨

**遠山権大夫** とおやまごんだゆう
生没年不詳
江戸時代前期の武将。大坂の陣に参陣。南遠山家の祖。
¶姓氏長野

**遠山左衛門尉** とおやまさえもんのじょう
？ ～天正7（1579）年
戦国時代～安土桃山時代の武将。後北条氏家臣。
¶戦東

**遠山次郎右衛門** とおやまじろうえもん
生没年不詳
安土桃山時代の織田信長の家臣。
¶織田

**遠山新九郎** とおやましんくろう
生没年不詳
安土桃山時代の織田信長の家臣。
¶織田

**遠山新四郎** とおやましんしろう
戦国時代～安土桃山時代の武将。後北条氏家臣。
¶戦東

**遠山甚太郎** とおやまじんたろう
生没年不詳
安土桃山時代の織田信長の家臣。
¶織田

**遠山綱景** とおやまつなかげ
？ ～永禄7（1564）年　[別]遠山綱景《とうやまつなかげ》
戦国時代の武士。後北条氏家臣。
¶神奈川人（とうやまつなかげ），戦辞（[没]永禄7年1月8日（1564年2月20日）），戦人，戦東

**遠山藤六** とおやまとうろく
生没年不詳
戦国時代の武士。後北条氏家臣。
¶戦辞，戦人，戦東

**遠山利景** とおやまとしかげ
天文10（1541）年～慶長19（1614）年
安土桃山時代～江戸時代前期の武将、美濃恵那郡明知の旗本遠山氏の初代。
¶近世，国史，史人（[没]1614年5月20日），新潮（[没]慶長19（1614）年5月20日），人名，世人，戦合，日人

**遠山友勝** とおやまともかつ
生没年不詳
安土桃山時代の織田信長の家臣。
¶織田

**遠山友重** とおやまともしげ
生没年不詳
安土桃山時代の織田信長の家臣。
¶織田

**遠山友忠** とおやまともただ
生没年不詳
戦国時代の武将。
¶織田，岐阜百，諸系，人名，戦人，日人

**遠山友信** とおやまとものぶ
生没年不詳
安土桃山時代の織田信長の家臣。
¶織田

**遠山友政** とおやまともまさ
弘治2（1556）年～元和5（1619）年
安土桃山時代～江戸時代前期の大名。美濃苗木藩主。
¶織田（[没]元和5（1619）年12月19日），岐阜百，近世，国史，コン改，コン4，史人（[没]1619年12月19日），諸系（[没]1620年），新潮（[没]元和5（1619）年12月19日），人名（[生]？），戦合，戦人，日人（[没]1620年），藩主2（[没]元和5（1619）年12月19日）

**遠山直景**(1) とおやまなおかげ
？ ～天文2（1533）年　[別]遠山直景《とうやまなおかげ》
戦国時代の武士。北条氏の重臣。
¶神奈川人（とうやまなおかげ），戦辞（[没]天文2年3月13日（1533年4月7日）），戦人，戦東

**遠山直景**(2) とおやまなおかげ
？ ～天正15（1587）年5月29日
戦国時代～安土桃山時代の北条氏の家臣。
¶戦辞

**遠山直廉** とおやまなおかど
？ ～*
戦国時代の武将。
¶織田（生没年不詳），戦辞（[没]元亀3年5月18日（1572年6月28日）），戦人（[没]元亀1（1570）年）

**遠山直次** とおやまなおつぐ
？ ～天正7（1579）年
戦国時代～安土桃山時代の武士。後北条氏家臣。
¶戦人

**遠山直吉** とおやまなおよし
永禄6（1563）年？ ～慶長16（1611）年10月27日？
安土桃山時代～江戸時代前期の北条氏の家臣。
¶戦辞

**遠山隼人佐**（遠山隼人佑） とおやまはやとのすけ
？ ～永禄7（1564）年1月8日
戦国時代の武士。後北条氏家臣。
¶戦辞（遠山隼人佑），戦人（生没年不詳），戦東

**遠山彦四郎** とおやまひこしろう
戦国時代の武将。後北条氏家臣。
¶戦東

**遠山政景** とおやままさかげ
？ ～天正8(1580)年
安土桃山時代の武士。後北条氏家臣。
¶戦辞([没]天正8年閏3月23日(1580年5月6日)), 戦人, 戦東

**遠山政秀** とおやままさひで
生没年不詳 [別]遠山政秀《とうやままさひで》
戦国時代の北条氏の家臣。
¶神奈川人(とうやままさひで), 戦辞

**遠山聟千世** とおやまむこちよ
生没年不詳
戦国時代の北条氏の家臣。
¶戦辞

**遠山弥九郎** とおやまやくろう
戦国時代の武士。後北条氏家臣。
¶戦人(生没年不詳), 戦東

**遠山弥次郎** とおやまやじろう
安土桃山時代の武将。後北条氏家臣。
¶戦辞(生没年不詳), 戦東

**遠山康英** とおやまやすひで
生没年不詳 [別]遠山康英《とうやまやすひで》
戦国時代の北条氏の家臣。
¶神奈川人(とうやまやすひで), 戦辞

**遠山康光** とおやまやすみつ
？ ～天正7(1579)年 [別]遠山康光《とうやまやすみつ》
戦国時代～安土桃山時代の武士。後北条氏家臣。
¶神奈川人(とうやまやすみつ), 姓氏神奈川, 戦辞([没]天正7(1579)年3月？), 戦人, 戦補

**遠山弥八郎** とおやまやはちろう
戦国時代の武将。足利氏家臣。
¶戦辞(生没年不詳), 戦東

**富樫家春** とがしいえはる
鎌倉時代後期の武将。
¶石川百(生没年不詳), 姓氏石川

**富樫氏家** とがしうじいえ
戦国時代の武将。今川氏家臣。
¶戦東

**富樫氏賢** とがしうじかた
戦国時代の武将。今川氏家臣。
¶戦辞(生没年不詳), 戦東

**富樫氏春** とがしうじはる
南北朝時代の武将。
¶姓氏石川

**富樫幸千代** とがしこうちよ
→富樫幸千代(とがしゆきちよ)

**富樫成春** とがししげはる
？ ～寛正3(1462)年 [別]富樫成春《とがしなりはる》
室町時代の武将。
¶諸系, 姓氏石川(とがしなりはる), 日人

**富樫次郎** とがしじろう
戦国時代の武将。今川氏家臣。
¶戦東

**富樫高家** とがしたかいえ
？ ～正平6/観応2(1351)年
鎌倉時代後期～南北朝時代の武将。
¶石川百(生没年不詳), 姓氏石川

**富樫稙泰** とがしたねやす
生没年不詳
戦国時代の加賀守護。
¶石川百

**富樫長康** とがしながやす
安土桃山時代の但馬出石城主。
¶人名

**富樫成春** とがしなりはる
→富樫成春(とがししげはる)

**富樫教家** とがしのりいえ
室町時代の加賀守護。
¶石川百(生没年不詳), 姓氏石川

**富樫晴貞** とがしはるさだ
？ ～元亀1(1570)年
戦国時代の武将。
¶戦人

**富樫昌家** とがしまさいえ
？ ～元中4/嘉慶1(1387)年4月
南北朝時代の武将・歌人。
¶国書

**富樫政親** とがしまさちか
*～長享2(1488)年
室町時代～戦国時代の武将。成春の子、教家の孫。
¶朝日([生]康正1(1455)年 [没]長享2年8月22日(1488年9月27日)), 石川百([生]1455年), 岩史([生]？ [没]長享2(1488)年6月9日), 角史([生]康正1(1455)年？), 鎌室([生]康正1(1455)年？), 国史([生]1455年), 古中([生]1455年), コン改([生]康正1(1455)年？), コン4([生]康正1(1455)年？), 史人([生]1455年 [没]1488年6月9日), 重要([生]康正1(1455)年？ [没]長享2(1488)年6月8日), 諸系([生]1455年), 新潮([生]康正1(1455)年？ [没]長享2(1488)年6月9日), 人名([生]1455年？), 姓氏石川([生]1455年), 世人([生]康正1(1455)年？ [没]長享2(1488)年6月8日), 戦合([生]1455年), 全書([生]1455年？), 日史([生]？ [没]長享2(1488)年6月9日), 日人([生]1455年), 百科([生]？), 仏教([生]康正1(1455)年？ [没]長享2(1488)年6月9日), 歴大([生]？)

**富樫満成** とがしみつしげ
→富樫満成(とがしみつなり)

**富樫満成** とがしみつなり
？ ～応永26(1419)年 [別]富樫満成《とがしみつしげ》
室町時代の武将。満家の子。兄弟に満春がいる。

¶朝日（[没]応永26（1419）年2月），石川百（とがしみつしげ），鎌室，諸系，姓氏石川，日人

**富樫民部少輔** とがしみんぶしょうゆう
戦国時代の武将。今川氏家臣。
¶戦東

**富樫持春** とがしもちはる
応永20（1413）年～永享5（1433）年
室町時代の武将。
¶鎌室（[生]？），諸系，日人

**富樫泰高**（富樫安高） とがしやすたか
生没年不詳
室町時代の武将。満家の3男。
¶朝日，石川百，岩史，鎌室，国史，古中，コン改，コン4，史人，諸系，新潮，人名（富樫安高），姓氏石川，世人，戦合，日史，日人



**富樫泰俊** とがしやすとし
永正8（1511）年～天正2（1574）年　[別]富樫泰俊《とがせやすとし》
戦国時代～安土桃山時代の武将。
¶戦人，戦補（とがせやすとし）

**富樫幸千代** とがしゆきちよ
[別]富樫幸千代《とがしこうちよ》
戦国時代の武将。
¶石川百（生没年不詳），姓氏石川（とがしこうちよ）

**富樫泰俊** とがせやすとし
→富樫泰俊（とがしやすとし）

**栂野吉仍** とがのよしあつ
生没年不詳
戦国時代の武士。
¶国書，戦人，戦西

**戸川助左衛門** とがわすけざえもん
天正3（1575）年～？
安土桃山時代～江戸時代前期の武将。
¶岡山歴

**戸川禅門** とがわぜんもん
戦国時代の美作国戸川宿の在地武士か。
¶岡山歴

**戸川達安** とがわたつやす
→戸川逵安（とがわみちやす）

**戸川秀安** とがわひでやす
天文7（1538）年～＊　[別]戸川友林《とがわゆうりん》
戦国時代～安土桃山時代の武士。
¶岡山人（[没]慶長2（1597）年），岡山百（[没]慶長3（1598）年9月6日），岡山歴（[没]慶長2（1597）年9月6日），諸系（[没]1597年），戦国（[生]1533年　[没]1592年），戦人（[生]天文2（1533）年　[没]文禄1（1592）年），戦西（[生]1533年　[没]1592年），日人（[没]1597年）

**戸川逵安**（戸川達安） とがわみちやす
永禄10（1567）年～寛永4（1627）年　[別]戸川達安《とがわたつやす》
安土桃山時代～江戸時代前期の武将、大名。備中庭瀬藩主。
¶岡山人（戸川達安），岡山百（戸川達安　[没]寛永4（1627）年12月25日），岡山歴（戸川達安　[没]寛永4（1627）年12月25日），史人（[没]1627年12月25日），諸系（[没]1628年），人名（戸川達安），戦国（[生]1568年），戦人，戦西（戸川達安　とがわたつやす　[生]？），日人（[没]1628年），藩主4（[没]寛永4（1627）年12月25日）

**土岐詮直** ときあきなお
？　～応永6（1399）年　[別]土岐詮直《ときのりなお》，肥田瀬詮直《ひだせのりなお》
南北朝時代～室町時代の武将。
¶鎌室，国書（肥田瀬詮直　ひだせのりなお　[没]応永6（1399）年11月15日），コン改（生没年不詳），コン4（生没年不詳），史人（[没]1399年11月15日），諸系，新潮，人名（ときのりなお），日人

**土岐悪五郎** ときあくごろう
？　～正平7/文和1（1352）年
南北朝時代の足利義詮の家臣。
¶岐阜百

**土岐氏光** ときうじみつ
生没年不詳
南北朝時代の武将・歌人。
¶国書

**土岐定親** ときさだちか
？　～嘉元3（1305）年
鎌倉時代後期の武士。
¶北条

**土岐定政** ときさだまさ
天文20（1551）年～慶長2（1597）年　[別]菅沼藤蔵《すがぬまとうぞう》
安土桃山時代の大名。下総守谷藩主。
¶朝日（[没]慶長2年3月3日（1597年4月19日）），近世，国史，コン改（[生]弘治2（1556）年？），コン4（[生]弘治2（1556）年？），史人（[没]1597年3月3日），諸系，新潮（[没]慶長2（1597）年3月3日），人名，世人，戦合，戦国，戦人，日人，藩主2（[没]慶長2（1597）年3月3日）

**土岐定義** ときさだよし
天正8（1580）年～元和5（1619）年1月8日
安土桃山時代～江戸時代前期の武将、大名。下総守谷藩主、摂津高槻藩主。
¶大阪墓，諸系，人名（[生]1578年　[没]1618年），日人，藩主2，藩主3

**土岐成頼** ときしげより
→土岐成頼（ときなりより）

**土岐新十郎** ときしんじゅうろう
安土桃山時代～江戸時代前期の武士。里見氏家臣。
¶戦人（生没年不詳），戦東

**鴇田信濃国種** ときたしなのくにたね
戦国時代の武将。大崎氏家臣。
¶戦東

**鴇田新三郎** ときたしんざぶろう
戦国時代の武士。後北条氏家臣。

¶戦人（生没年不詳），戦東

**常田隆家** ときだたかいえ
戦国時代の武将。武田家臣。信濃先方衆。
¶姓氏山梨

**常田綱富** ときだつなとみ
戦国時代の武将。武田家臣。信濃国小県郡の海野衆。
¶姓氏山梨

**常田俊綱** ときたとしつな
？ ～永禄6（1563）年
戦国時代の武士。
¶戦人

**土岐胤倫** ときたねとも
戦国時代～安土桃山時代の武将。
¶戦辞（[生]？　[没]慶長4年3月28日（1598年5月3日）），戦人（生没年不詳）

**土岐為頼** ときためより
？ ～天正11（1583）年　[別]万喜少弼《まんきしょうひつ》
安土桃山時代の武将。
¶戦国，戦人

**富来綱盛**（富木綱盛） とぎつなもり
戦国時代の武将。畠山氏家臣。
¶姓氏石川，戦人（富木綱盛　生没年不詳），戦西

**土岐洞文** ときとうぶん，ときどうぶん；どきどうぶん
？ ～天正10（1582）年？
戦国時代の武人画家。
¶国史（生没年不詳），古中（生没年不詳），史人（生没年不詳），人書94（どきどうぶん　[没]1582年頃），日史，日人（生没年不詳），美術，百科，名画（ときどうぶん）

**富来俊行** ときとしゆき
南北朝時代の武将。
¶姓氏石川

**土岐富景** ときとみかげ
生没年不詳
戦国時代の武士画家。
¶新潮，日人

**土岐直氏** ときなおうじ
？ ～天授6/康暦2（1380）年
南北朝時代の武将、頼宗の子、宮内少輔、伊予守。
¶朝日（[生]元弘1（1331）年　[没]康暦2/天授6年11月14日（1380年12月11日）），鎌室，国書（[生]元徳3（1331）年　[没]康暦2（1380）年11月14日），コン改，コン4，諸系（[生]1331年），新潮（[没]康暦2/天授6（1380）年11月14日），人名，日人（[生]1331年）

**土岐成頼** ときなりより
*～明応6（1497）年　[別]土岐成頼《ときしげより》
室町時代～戦国時代の武将。
¶岐阜百（[生]1441年　[没]1496年），郷土岐阜（[生]1441年　[没]1496年），諸系（ときしげより　[生]1442年），人名（[生]？），姓氏京都（ときしげより　[生]1442年），日人（ときしげより　[生]1442年）

**土岐詮直** ときのりなお
→土岐詮直（ときあきなお）

**土岐八郎** ときはちろう
安土桃山時代～江戸時代前期の武士。里見氏家臣。
¶戦人（生没年不詳），戦東

**土岐原景秀** ときはらかげひで
生没年不詳
戦国時代の土岐原氏の当主、山内上杉氏家臣。
¶戦辞

**土岐原治頼** ときはらはるより
？ ～弘治2（1557）年12月4日
戦国時代の土岐原氏の当主。
¶戦辞

**土岐治綱** ときはるつな
？ ～天正18（1590）年
安土桃山時代の武将。
¶戦辞（生没年不詳），戦人

**土岐治英** ときはるふさ
大永1（1521）年～天正12（1584）年4月25日
戦国時代～安土桃山時代の土岐氏当主。
¶戦辞

**土岐彦太郎** ときひこたろう
南北朝時代の武士。
¶姓氏静岡

**土岐卜千** ときぼくぜん
生没年不詳
戦国時代の久野土岐氏当主。
¶戦辞

**土岐政房** ときまさふさ
応仁1（1467）年～永正16（1519）年
戦国時代の美濃の守護。
¶岐阜百（[生]1466年），郷土岐阜，諸系，人名，日人

**土岐光明** ときみつあきら
生没年不詳
南北朝時代の武将・歌人。
¶国書

**土岐光定** ときみつさだ
生没年不詳
鎌倉時代後期の武士。
¶北条

**土岐満貞** ときみつさだ
生没年不詳
南北朝時代の武将、尾張国守護、土岐揖斐頼雄の子。
¶朝日，鎌室，コン改，コン4，史人，諸系，新潮，姓氏愛知，日人

**土岐光信** ときみつのぶ
？ ～久安1（1145）年
平安時代後期の土岐氏の祖。
¶コン改（[生]延久3（1071）年　[没]保延1（1135）年），コン4（[生]延久3（1071）年），諸系，人名，

日人

**土岐光衡** ときみつひら
鎌倉時代前期の武将。
¶岐阜百，郷土岐阜(生没年不詳)

**土岐光正** ときみつまさ
生没年不詳
南北朝時代の武将・歌人。
¶国書

**土岐光行** ときみつゆき
鎌倉時代前期の武将。
¶岐阜百，郷土岐阜(生没年不詳)

**土岐持益** ときもちます
応永13(1406)年～文明6(1474)年
室町時代の武将。
¶鎌室(㊥?)，岐阜百(㊥1404年)，郷土岐阜，
諸系，人名，日人

**土岐持頼** ときもちより
? ～永享12(1440)年　別世保持頼《よやすもちより》
室町時代の武将、伊勢国守護、康政の子、刑部少輔、大膳大夫。
¶朝日(㊥永享12年5月16日(1440年6月15日))，
鎌室，国史，古中，諸系，日人

**土岐康貞** ときやすさだ
? ～正平7/文和1(1352)年
南北朝時代の武将、射術家。
¶人名，日人

**土岐康政** ときやすまさ
? ～応永25(1418)年
室町時代の武将、伊勢国守護、康行の子、左馬助、
大膳大夫。
¶朝日，国史，古中，諸系，日人

**土岐康行** ときやすゆき
? ～応永11(1404)年
南北朝時代～室町時代の武将、美濃国・伊勢国守護、左馬助、大膳大夫。
¶朝日(㊥応永11年10月6日(1404年11月8日))，
鎌室，岐阜百，郷土岐阜(生没年不詳)，国史，
古中，史人(㊥1404年10月6日)，重要(生没年
不詳)，諸系，新潮(㊥応永11(1404)年10月6
日)，人名，姓氏愛知(生没年不詳)，世人
(㊥元中7/明徳1(1390)年)，日史(㊥応永11
(1404)年10月6日)，日人，百科，歴大

**土岐義成** ときよしなり
生没年不詳
戦国時代の上総の万喜城主。
¶戦辞

**時吉孫太郎** ときよしまごたろう
鎌倉時代後期の薩摩国祁答院時吉名領主。
¶姓氏鹿児島

**土岐頼芸** ときよりあき
→土岐頼芸(ときよりなり)

**土岐頼明** ときよりあき
? ～正平3/貞和4(1348)年？

南北朝時代の武将。
¶鎌室(生没年不詳)，諸系，新潮，人名(㊥1348
年)，日人

**土岐頼雄** ときよりお
? ～天授6/康暦2(1380)年
南北朝時代の武将。
¶岐阜百

**土岐頼兼** ときよりかね
? ～正中1(1324)年
鎌倉時代後期の武士。父は頼貞。美濃国土岐郡の
住人。
¶朝日(㊥正中1年9月19日(1324年10月7日))，
鎌室，岐阜百，郷土岐阜(生没年不詳)，史人
(㊥1324年9月19日)，諸系，新潮(㊥正中1
(1324)年9月19日)，人名，世人(㊥正中1
(1324)年9月19日)，日人

**土岐頼清** ときよりきよ
生没年不詳
南北朝時代の武将。
¶鎌室，岐阜百(㊥1336年)，コン改，コン4，諸
系(㊥1336年)，新潮，日人(㊥1336年)

**土岐頼貞** ときよりさだ
文永8(1271)年～延元4/暦応2(1339)年
鎌倉時代後期～南北朝時代の武将、美濃国守護、
伯耆守、父は光定。
¶朝日(㊥暦応2/延元4年2月22日(1339年4月1
日))，鎌室，岐阜百(㊥?)，郷土岐阜，国書
(㊥暦応2(1339)年2月22日)，コン改，コン4，
諸系，新潮(㊥暦応2/延元4(1339)年2月22
日)，人名，姓氏京都(㊥1324年)，全書，日
人，北条，和俳

**土岐頼重** ときよりしげ
生没年不詳
鎌倉時代後期～南北朝時代の武士。
¶北条

**土岐頼純** ときよりずみ
明応8(1499)年～天文16(1547)年
戦国時代の武将。
¶諸系，新潮(㊥天文16(1547)年11月17日)，人
名，戦国(㊥?)，戦人(㊥?)，日人

**土岐頼忠** ときよりただ
? ～応永4(1397)年
南北朝時代～室町時代の武将。
¶鎌室，岐阜百，郷土岐阜，諸系，日人

**土岐頼為** ときよりため
→土岐頼益(ときよります)

**土岐頼次** ときよりつぐ
天文14(1545)年～慶長19(1614)年
安土桃山時代～江戸時代前期の武士。
¶戦人，戦西，戦補

**土岐頼遠** ときよりとお
? ～興国3/康永1(1342)年
鎌倉時代後期～南北朝時代の武将、美濃国守護、
頼貞の子、弾正少弼。
¶朝日(㊥康永1/興国3年12月1日(1342年12月29

日)), 岩史([没]康永1(1342)年12月1日), 角史, 鎌室, 郷土岐阜, 京都大, 国史, 国書([没]康永1(1342)年12月1日), 古中, コン改([没]興国2/暦応4(1341)年), コン4, 史人([没]1342年12月1日), 諸系, 新潮([没]康永1/興国3(1342)年12月1日), 人名([没]1341年), 姓氏京都, 世人, 全書, 日史([没]康永1/興国3(1342)年12月1日), 日人, 百科, 歴大

**土岐頼豊** ときよりとよ
生没年不詳
南北朝時代の武将・歌人。
¶国書

**土岐頼直** ときよりなお
生没年不詳
鎌倉時代後期～南北朝時代の武将。
¶鎌室, 諸系, 人名, 日人

**土岐頼仲** ときよりなか
生没年不詳
南北朝時代の武将・歌人。
¶国書

**土岐頼芸** ときよりなり
*～天正10(1582)年　[別]土岐頼芸《ときよりあき, ときよりのり, ときよりよし》, 土岐洞文《ときとうぶん, ときどうぶん, どきどうぶん》
戦国時代～安土桃山時代の武将、美濃国守護、政房の子、左京大夫。
¶朝日([生]文亀1(1501)年　[没]天正10年12月4日(1582年12月28日)), 岐阜百([生]1500年　[没]1581年), 国史([生]1501年), 古中([生]1501年), コン改([生]文亀2(1502)年), コン4([生]文亀2(1502)年), 史人([生]1501年　[没]1582年12月4日), 諸系([生]1501年), 新潮([生]文亀2(1502)年　[没]天正10(1582)年12月4日), 人名(ときよりよし　[生]1502年), 戦合([生]1501年), 戦国([生]1502年), 戦辞([生]文亀1(1501)年　[没]天正10年12月4日(1582年12月28日)), 戦人(ときよりあき　[生]文亀2(1502)年), 日史(ときよりのり　[生]文亀2(1502)年　[没]天正10(1582)年12月4日), 日人([生]1501年), 百科(ときよりのり　[生]文亀2(1502)年), 歴大([生]1501年)

**土岐頼芸** ときよりのり
→土岐頼芸(ときよりなり)

**土岐頼春** ときよりはる
生没年不詳
安土桃山時代の武将。
¶戦国, 戦人, 日人

**土岐頼益** ときよります
正平6/観応2(1351)年～応永21(1414)年　[別]土岐頼為《ときよりため》
南北朝時代～室町時代の武将、美濃国守護、美濃守、左京大夫。
¶朝日([没]応永21年4月4日(1414年4月23日)), 鎌室, 岐阜百, 郷土岐阜, 国史, 古中, コン改, コン4, 史人([没]1414年4月4日), 諸系, 新潮([没]応永21(1414)年4月4日), 人名(土岐頼為　ときよりため　[生]?), 人名([生]?), 姓氏愛知, 日史([没]応永21(1414)年4月4日), 日人

**土岐頼基** ときよりもと
生没年不詳
南北朝時代の武将・連歌作者。
¶国書

**土岐頼元** ときよりもと
?　～慶長13(1608)年
安土桃山時代～江戸時代前期の武士。武田氏家臣、豊臣氏家臣、徳川氏家臣。
¶戦国, 戦人

**土岐頼康** ときよりやす
文保2(1318)年～元中4/嘉慶1(1387)年
南北朝時代の武将、美濃・尾張・伊勢3ヵ国守護。
¶朝日([没]嘉慶1/元中4年12月25日(1388年2月3日)), 岩史([没]嘉慶1(1387)年12月25日), 角史, 鎌室, 岐阜百, 郷土岐阜, 国史, 国書([没]嘉慶1(1387)年12月25日), 古中, コン改, コン4, 史人([没]1387年12月25日), 諸系([没]1388年), 新潮([没]嘉慶1/元中4(1387)年12月25日), 人名, 姓氏愛知([生]?), 世人, 全書, 日史([没]嘉慶1/元中4(1387)年12月25日), 日人([没]1388年), 百科, 歴大

**土岐頼行** ときよりゆき
元亀1(1570)年～?
安土桃山時代の久野土岐氏当主。
¶戦辞

**土岐頼芸** ときよりよし
→土岐頼芸(ときよりなり)

**常葉定満** ときわさだみつ
戦国時代の武将。武田家臣。小笠原信貴被官。
¶姓氏山梨

**常葉範貞** ときわのりさだ
?　～元弘3/正慶2(1333)年　[別]北条範貞《ほうじょうのりさだ》
鎌倉時代後期の武将、越後守、六波羅探題、北条時範の子。
¶朝日([没]正慶2/元弘3年5月22日(1333年7月4日)), 鎌倉(北条範貞　ほうじょうのりさだ　生没年不詳), 国書(北条範貞　ほうじょうのりさだ　[没]正慶2(1333)年5月22日), 諸系, 新潟百(北条範貞　ほうじょうのりさだ　生没年不詳), 日人, 北条(北条範貞　ほうじょうのりさだ)

**常盤万右衛門** ときわまんえもん
戦国時代の武将。武田家臣。同心。
¶姓氏山梨

**得居通年** とくいみちとし
?　～慶長2(1597)年
安土桃山時代の武将。豊臣氏家臣。
¶戦国, 戦人

**得江季員** とくえすえかず
南北朝時代の能登国羽咋郡志雄保の領主。
¶姓氏石川

**得江頼員** とくえよりかず
南北朝時代の能登の武将。

¶姓氏石川

## 徳川家康　とくがわいえやす

天文11（1542）年〜元和2（1616）年　*別*家康〔徳川家〕《いえやす》，松平家康《まつだいらいえやす》，三河大納言《みかわだいなごん》，駿河大納言《するがだいなごん》，松平元康《まつだいらもとやす》，東照大権現《とうしょうだいごんげん》

安土桃山時代〜江戸時代前期の江戸幕府初代の将軍（在職1603〜1605）。幼少時は織田・今川で人質生活を送る。今川義元が討たれると三河の大名として独立，織田信長と同盟を結ぶ。信長の没後は豊臣秀吉に臣従，関東の経営を任され江戸を本拠とした。秀吉の死後，関ヶ原に石田三成らを破り，江戸幕府を創設。晩年大坂城に豊臣氏を滅ぼし幕府の土台を盤石にした。

¶愛知百（⊕1542年12月26日　⊗1616年4月17日），朝日（⊕天文11年12月26日（1543年1月31日）　⊗元和2年4月17日（1616年6月1日）），岩史（⊕天文11（1542）年12月26日　⊗元和2（1616）年4月17日），沖縄百（⊕天文11（1542）年12月26日　⊗元和2（1616）年4月17日），角史，神奈川人，鎌倉，教育，京都，京都大，近世，公卿（⊕元和2（1616）年4月17日），公家（家康〔徳川家〕　いえやす　⊗1542年　⊗元和2年4月17日），群馬人，系東（松平家康　⊗まつだいらいえやす），芸能（⊗元和2（1616）年4月17日），国史，国書（⊕天文11（1542）年12月26日　⊗元和2（1616）年4月17日），古中，コン改，コン4，茶道，史人（⊕1542年12月26日　⊗1616年4月17日），静岡百，静岡歴，重要（⊗元和2（1616）年4月14日），食文（⊕天文11年12月26日（1543年1月31日）　⊗元和2年4月17日（1616年6月1日）），諸系（⊕1543年），人書94，人情，神人，新潮（⊕天文11（1542）年12月26日　⊗元和2（1616）年4月17日），人名，姓氏愛知，姓氏京都，姓氏静岡，世人（⊕天文11（1542）年12月26日　⊗元和2（1616）年4月17日），世百，戦合，戦国，戦辞（⊕天文11年12月26日（1543年1月31日）　⊗元和2年4月17日（1616年6月1日）），全書，戦人，大百，多摩，伝記，栃木歴，長野歴，日史（⊕天文11（1542）年12月26日　⊗元和2（1616）年4月17日），日人（⊕1543年），百科，仏教（⊕天文11（1542）年12月26日　⊗元和2（1616）年4月17日），山梨百（⊗元和2（1616）年4月17日），歴大

## 徳川上総介忠輝　とくがわかずさのすけただてる

→松平忠輝（まつだいらただてる）

## 徳川仙千代　とくがわせんちよ

文禄4（1595）年〜慶長5（1600）年
安土桃山時代の徳川家康の八男。
¶大阪人（⊗慶長5（1600）年2月），大阪墓（⊗慶長5（1600）年2月7日）

## 徳川親氏　とくがわちかうじ

？〜応仁1（1467）年
室町時代の武将。
¶群馬人

## 徳川親忠　とくがわちかただ

→松平親忠（まつだいらちかただ）

## 徳川長親　とくがわながちか

戦国時代の武将。
¶人名

## 徳川信忠　とくがわのぶただ

延徳1（1489）年〜享禄4（1531）年
戦国時代の武将。

## 徳川信光　とくがわのぶみつ

応永20（1413）年〜長享2（1488）年
室町時代〜戦国時代の武将。
¶人名

## 徳川信康　とくがわのぶやす

→松平信康（まつだいらのぶやす）

## 徳川秀忠　とくがわひでただ

天正7（1579）年〜寛永9（1632）年　*別*秀忠〔徳川家〕《ひでただ》，羽柴武蔵守《はしばむさしのかみ》，台徳院《たいとくいん，だいとくいん》，台徳院殿《だいとくいんどの》

安土桃山時代〜江戸時代前期の江戸幕府第2代の将軍（在職1605〜1623）。家康の3男。将軍職を譲られたが，しばらくは実権は大御所家康にあった。家康の死後，武家諸法度や禁中並公家諸法度など法制を整備し幕藩制度の充実に力を注いだ。

¶朝日（⊕天正7年4月7日（1579年5月2日）　⊗寛永9年1月24日（1632年3月14日）），岩史（⊕天正7（1579）年4月7日　⊗寛永9（1632）年1月24日），沖縄百（⊕天正7（1579）年4月7日　⊗寛永9（1632）年1月24日），角史，鎌倉，京都，京都大，近世，公卿（⊕天正6（1578）年4月7日　⊗寛永9（1632）年1月24日），公家（秀忠〔徳川家〕　ひでただ　⊗1579年　⊗寛永9年1月24日），群馬人，国史，国書（⊕天正7（1579）年4月7日　⊗寛永9（1632）年1月24日），古中，コン改，コン4，茶道，史人（⊕1579年4月7日　⊗1632年1月24日），重要（⊕天正7（1579）年4月7日　⊗寛永9（1632）年1月24日），諸系，新潮（⊕天正7（1579）年4月7日　⊗寛永9（1632）年1月24日），人名（⊕1578年），姓氏京都，世人（⊕天正7（1579）年4月　⊗寛永9（1632）年1月24日），世百（⊕1578年），戦合，戦国，戦辞（⊕天正7年4月7日（1579年5月2日）　⊗寛永9年1月24日（1632年3月14日）），全書（⊕1578年），戦人，大百（⊕1578年），伝記，日史（⊕天正7（1579）年4月7日　⊗寛永9（1632）年1月24日），日人，百科，歴大

## 徳川秀康　とくがわひでやす

→結城秀康（ゆうきひでやす）

## 徳川広忠　とくがわひろただ

→松平広忠（まつだいらひろただ）

## 徳川政親　とくがわまさちか

？〜文正1（1466）年
室町時代の徳川政義の2子。
¶人名

## 徳川政義　とくがわまさよし

→世良田政義（せらだまさよし）

### 徳川泰親 とくがわやすちか
? ～文明4（1472）年
室町時代の武将。
¶人名

### 徳川義季 とくがわよしすえ
? ～寛元4（1246）年　劒世良田義季《せらだよしすえ》
鎌倉時代前期の御家人。
¶群馬人, 群馬百, 姓氏群馬（世良田義季　せらだよしすえ　㉞1247年）

### 徳川義直 とくがわよしなお
慶長5（1600）年～慶安3（1650）年　劒義直〔徳川家〕《よしなお》, 敬公《けいこう》
江戸時代前期の武将, 大名。徳川家康の9男。尾張藩初代藩主。
¶愛知百, 朝日（⊕慶長5年11月28日（1601年1月2日）　㉞慶安3年5月7日（1650年6月5日）），岩史（⊕慶長5（1600）年11月28日　㉞慶安3（1650）年5月7日），角史, 岐阜百, 近世, 公卿（⊕慶長5（1600）年11月　㉞慶安3（1650）年5月），公家（義直〔徳川家〕　よしなお　⊕1600年　㉞慶安3年5月7日），国史, 国書（⊕慶長5（1600）年11月28日　㉞慶安3（1650）年5月7日），コン改, コン4, 茶道, 史人（⊕1600年11月28日　㉞1650年5月7日），諸系（⊕1601年），神史, 神人, 新潮（⊕慶長5（1600）年11月28日　㉞慶安3（1650）年5月7日），人名, 姓氏愛知, 世人（㉞慶安3（1650）年5月7日），世百, 戦国, 全書, 戦人, 大百, 日史（⊕慶長5（1600）年11月28日　㉞慶安3（1650）年5月7日），日人（⊕1601年），藩主2（⊕慶長5（1600）年11月28日　㉞慶安3（1650）年5月7日），藩主2, 百科, 歴大

### 徳川頼宣 とくがわよりのぶ
慶長7（1602）年～寛文11（1671）年　劒頼宣〔徳川家〕《よりのぶ》, 南竜院《なんりゅういん》
江戸時代前期の武将, 大名。徳川家康の10男。紀伊和歌山藩初代藩主。
¶朝日（⊕慶長7年3月7日（1602年4月28日）　㉞寛文11年1月10日（1671年2月19日）），岩史（⊕慶長7（1602）年3月7日　㉞寛文11（1671）年1月10日），角史, 和歌山, 近世, 公卿（⊕慶長7（1602）年3月7日　㉞寛文11（1671）年1月10日），公家（頼宣〔徳川家〕　よりのぶ　⊕1602年　㉞寛文11年1月10日），国史, 国書（⊕慶長7（1602）年3月7日　㉞寛文11（1671）年1月10日），コン改, コン4, 茶道, 史人（⊕1602年3月7日　㉞1671年1月10日），食文（⊕慶長7年3月7日（1602年4月28日）　㉞寛文11年1月10日（1671年2月19日）），諸系, 人書94, 神人, 新潮（⊕慶長7（1602）年3月7日　㉞寛文11（1671）年1月10日），人名, 姓氏静岡, 世人（⊕慶長7（1602）年3月　㉞寛文11（1671）年1月10日），世百, 戦国, 全書, 戦人, 大百, 日史（⊕慶長7（1602）年3月7日　㉞寛文11（1671）年1月10日），日人, 藩主2（⊕1601年），藩主3（⊕慶長7（1602）年3月7日　㉞寛文11（1671）年1月10日），百科, 歴大, 和歌山人

### 徳川頼房 とくがわよりふさ
慶長8（1603）年～寛文1（1661）年　劒威公《いこう》
江戸時代前期の武将, 大名。徳川家康の11男。水戸藩初代藩主。
¶朝日（⊕慶長8年8月10日（1603年9月15日）　㉞寛文1年7月29日（1661年8月17日）），茨城百, 岩史（⊕慶長8（1603）年8月10日　㉞寛文1（1661）年7月29日），角史, 郷土茨城, 近世, 公卿（⊕慶長8（1603）年8月10日　㉞寛文1（1661）年7月29日），国史, 国書（⊕慶長8（1603）年8月10日　㉞寛文1（1661）年7月29日），コン改, コン4, 茶道, 史人（⊕1603年8月10日　㉞1661年7月29日），諸系, 新潮（⊕慶長8（1603）年8月10日　㉞寛文1（1661）年7月29日），人名, 世人（⊕慶長8（1603）年8月　㉞寛文1（1661）年7月29日），世百, 戦国, 全書, 戦人, 大百, 日史（⊕慶長8（1603）年8月10日　㉞寛文1（1661）年7月29日），日人, 藩主2, 藩主2（⊕慶長8（1603）年8月10日　㉞寛文1（1661）年7月29日），百科, 歴大

### 徳元 とくげん
→斎藤徳元（さいとうとくげん）

### 徳島甲斐守信忠 とくしまかいのかみのぶただ
→徳島信忠（とくしまのぶただ）

### 徳島左馬助 とくしまさまのすけ
戦国時代の武将。竜造寺氏家臣。
¶戦西

### 徳島胤順 とくしまたねつぐ
生没年不詳　劒徳島土佐守胤順《とくしまとさのかみたねつぐ》
戦国時代～安土桃山時代の武士。
¶戦人, 戦西（徳島土佐守胤順　とくしまとさのかみたねつぐ），日人

### 徳島筑後守信盛 とくしまちくごのかみのぶもり
→徳島信盛（とくしまのぶもり）

### 徳島土佐守胤順 とくしまとさのかみたねつぐ
→徳島胤順（とくしまたねつぐ）

### 徳島信忠 とくしまのぶただ
? ～天正12（1584）年　劒徳島甲斐守信忠《とくしまかいのかみのぶただ》
安土桃山時代の武士。
¶戦人, 戦西（徳島甲斐守信忠　とくしまかいのかみのぶただ）

### 徳島信盛 とくしまのぶもり
? ～天正12（1584）年　劒徳島筑後守信盛《とくしまちくごのかみのぶもり》
安土桃山時代の武士。
¶戦人, 戦西（徳島筑後守信盛　とくしまちくごのかみのぶもり）

### 徳雪斎周長 とくせつさいしゅうちょう
? ～天正7（1579）年　劒壬生周長《みぶちかたけ》
戦国時代～安土桃山時代の武士。鹿沼城の城主。
¶戦辞, 栃木歴（壬生周長　みぶちかたけ）

と

**得田章房** とくだあきふさ
南北朝時代の武将。
¶姓氏石川

**徳田重清** とくだしげきよ
生没年不詳
安土桃山時代の武将。
¶戦人

**徳田秀章** とくだひでのり
戦国時代の武士。
¶姓氏石川，戦人（生没年不詳），戦西

**得田正実** とくだまさざね
戦国時代の武将。斎藤氏家臣。
¶戦西



**徳永金兵衛** とくながきんべえ
？ 〜万治2（1659）年
江戸時代前期の武将、備後三次藩家老。
¶藩臣6

**徳永寿昌** とくながじゅしょう
→徳永寿昌（とくながながまさ）

**得永親宣** とくながちかのぶ
戦国時代の武士。
¶戦人（生没年不詳），戦西

**徳永寿昌** とくながながまさ
天文18（1549）年〜慶長17（1612）年　[別]徳永寿昌《とくながじゅしょう，とくながひさまさ，とくながよしまさ》，徳永昌時《とくながまさとき》，式部卿法印《しきぶきょうほういん》
安土桃山時代〜江戸時代前期の武将、大名。美濃松ノ木城主、美濃高須藩主。
¶岐阜百（とくながよしまさ　[没]慶長16（1611）年），郷土岐阜（とくながじゅしょう　[没]1611年），人名，姓氏愛知（徳永昌時　とくながまさとき），戦国（とくながひさまさ　[生]1550年），戦人，日人，藩主2（[没]慶長16（1611）年7月10日），藩主2（[没]1611年）

**徳永寿昌** とくながひさまさ
→徳永寿昌（とくながながまさ）

**徳永昌重** とくながまさしげ
*〜寛永19（1642）年
安土桃山時代〜江戸時代前期の武将、大名。美濃高須藩主。
¶岐阜百（[生]？），人名（[生]1574年），戦国（[生]？），戦人（[生]？），日人（[生]1580年），藩主2（[生]天正8（1580）年　[没]寛永19（1642）年6月19日）

**徳永昌時** とくながまさとき
→徳永寿昌（とくながながまさ）

**徳永寿昌** とくながよしまさ
→徳永寿昌（とくながながまさ）

**得能通綱** とくのうみちつな
？ 〜延元2/建武4（1337）年
鎌倉時代後期〜南北朝時代の武将。通村の子。
¶朝日（[没]建武4/延元2（1337）年3月），愛媛百，鎌室，郷土愛媛，国史，古中，コン改（生没年不詳），コン4，史人（[没]1337年3月6日），諸系，新潮（[没]建武4/延元2（1337）年3月6日），人名，世人（生没年不詳），日人

**得能通言** とくのうみちとき
生没年不詳
南北朝時代の武将。
¶鎌室，新潮，日人

**徳山秀現** とくのやまひであき
→徳山秀現（とくやまひであき）

**徳久亀之助** とくひさかめのすけ
？ 〜慶長6（1601）年
安土桃山時代の武士。
¶戦人，戦西

**得平祐清** とくひらすけきよ
生没年不詳
戦国時代の武将。
¶戦人

**徳弘三郎左衛門** とくひろさぶろうざえもん
？ 〜寛永1（1624）年
安土桃山時代〜江戸時代前期の武将。長宗我部氏家臣。
¶戦西

**徳民駿河** とくみんするが
生没年不詳
奈良時代の人。大野東人が海並山道の開通に着手した際、海道の軍勢に従い磐井郡から江刺郡の地に入ったとされる。
¶姓氏岩手

**徳山五兵衛則秀** とくやまごへえのりひで
→徳山則秀（とくやまのりひで）

**徳山少左衛門** とくやましょうざえもん
安土桃山時代の武将。
¶姓氏石川

**徳山直政** とくやまなおまさ
江戸時代前期の武士。徳山氏第2代。大坂の陣に従軍。
¶岐阜百（[没]寛永11年2月3日）

**徳山則秀** とくやまのりひで
？ 〜慶長11（1606）年　[別]徳山五兵衛則秀《とくやまごへえのりひで》
安土桃山時代〜江戸時代前期の織田信長の家臣。
¶織田（[生]天正13（1585）年　[没]慶長11（1606）年11月22日），岐阜百（徳山五兵衛則秀　とくやまごへえのりひで），岐阜百，姓氏石川

**徳山秀現** とくやまひであき
天文14（1545）年〜慶長11（1606）年　[別]徳山秀現《とくのやまひであき》
安土桃山時代〜江戸時代前期の武士。織田氏家臣、丹羽氏家臣、前田氏家臣、徳川氏家臣。
¶戦国（とくのやまひであき），戦人

**土倉市正** とくらいちのしょう
元亀3（1572）年〜寛永14（1637）年　[別]土倉勝看《とくらかつみ》
安土桃山時代〜江戸時代前期の武人。備前岡山藩家老。

¶岡山人（土倉勝看　とくらかつみ），藩臣6

**土倉勝看　とくらかつみ**
→土倉市正（とくらいちのしょう）

**土蔵四郎兵衛　とくらしろべえ**
生没年不詳
安土桃山時代の織田信長の家臣。
¶織田

**徳若　とくわか**
生没年不詳
安土桃山時代の織田信長の家臣。
¶織田

**都甲惟孝　とごうこれたか**
生没年不詳
南北朝時代の国人領主。
¶鎌室，日人

**都甲惟親　とごうこれちか**
生没年不詳
鎌倉時代後期の御家人。
¶鎌室，日人

**所七郎　ところしちろう**
戦国時代の武将。斎藤氏家臣。
¶戦西

**登坂神兵衛　とさかじんべえ**
？　～慶長13（1608）年9月23日
安土桃山時代～江戸時代前期の上杉景勝の家臣。
¶戦辞

**登坂与衛門尉　とさかよえもんのじょう**
？　～天正6（1578）年9月
戦国時代～安土桃山時代の上杉景勝の家臣。
¶戦辞

**登坂与五郎　とさかよごろう**
？　～慶長6（1601）年
安土桃山時代の上杉景勝の家臣。
¶戦辞

**土佐坊昌俊　とさのぼうしゅんじゅん**
→土佐房昌俊（とさのぼうしょうしゅん）

**土佐房昌俊**（土佐坊昌俊）　**とさのぼうしょうしゅん**
？　～文治1（1185）年　[別]渋谷金王丸《しぶやこんのうまる》，昌俊《しょうしゅん》，土佐坊昌俊《とさのぼうしゅんじゅん，とさぼうしょうしゅん》，土佐房昌俊《とさぼうしょうしゅん》
平安時代後期の武将、僧。源頼朝に従った。
¶朝日（昌俊　しょうしゅん），岩史（[没]文治1（1185）年10月26日），江戸（渋谷金王丸　しぶやこんのうまる），鎌倉（土佐坊昌俊），鎌室（[生]康治2（1143）年），京都（土佐坊昌俊　とさのぼうしゅんじゅん），京都大，国史，国書（昌俊　しょうしゅん　生没年不詳），古中，コン改（土佐坊昌俊　とさぼうしょうしゅん），コン4（土佐坊昌俊　とさぼうしょうしゅん），史人（[没]1185年10月26日），新潮（とさぼうしょうしゅん　[生]康治2（1143）年　[没]文治1（1185）年10月26日），人名（渋谷金王丸　しぶやこんのうまる），人名（土佐坊昌俊　とさぼうしょうしゅん），姓氏京都（昌俊　しょうしゅん），世人（とさぼうしょうしゅん　[没]文治1（1185）年10月17日），全書（とさぼうしょうしゅん），日史（土佐坊昌俊　[没]文治1（1185）年10月26日），日人，百科（土佐坊昌俊　生没年不詳），平史（昌俊　しょうしゅん），歴大（土佐坊昌俊）

**土佐林禅棟　とさばやしぜんとう**
？　～元亀2（1571）年？
戦国時代～安土桃山時代の出羽国衆。
¶戦辞

**土佐坊昌俊**（土佐房昌俊）　**とさぼうしょうしゅん**
→土佐房昌俊（とさのぼうしょうしゅん）

**戸沢家盛　とざわいえもり**
元中3/至徳3（1386）年～寛正6（1465）年
室町時代の武将。
¶系東

**戸沢氏盛　とざわうじもり**
延慶1（1308）年～文中3/応安7（1374）年
鎌倉時代後期～南北朝時代の武将。
¶系東

**戸沢勝盛　とざわかつもり**
？　～文保1（1317）年
鎌倉時代後期の武将。
¶系東

**戸沢兼盛　とざわかねもり**
建久2（1191）年～弘長3（1263）年
鎌倉時代前期の武将。
¶系東

**戸沢伊盛　とざわこれもり**
元弘3/正慶2（1333）年～正平24/応安2（1369）年
南北朝時代の武将。
¶系東

**戸沢親盛　とざわちかもり**
？　～文応1（1260）年
鎌倉時代前期の武将。
¶系東

**戸沢豊盛　とざわとよもり**
正平16/康安1（1361）年～元中8/明徳2（1391）年
南北朝時代の武将。
¶系東

**戸沢寿盛　とざわながもり**
応永33（1426）年～寛正1（1460）年
室町時代の武将。
¶系東

**戸沢玄盛　とざわはるもり**
生没年不詳
鎌倉時代後期～南北朝時代の武将。
¶系東

**戸沢久盛　とざわひさもり**
応永13（1406）年～永享8（1436）年
室町時代の武将。
¶系東

**戸沢英盛** とざわひでもり
正応4(1291)年～正平16/康安1(1361)年
鎌倉時代後期～南北朝時代の武将。
¶系東

**戸沢秀盛** とざわひでもり
文正1(1466)年～享禄2(1529)年
戦国時代の武将。
¶系東，戦人

**戸沢政盛** とざわまさもり
天正13(1585)年～慶安1(1648)年
安土桃山時代～江戸時代前期の武将、大名。出羽新庄藩主、常陸松岡藩主。
¶朝日([没]慶安1年閏1月22日(1648年3月16日))，近世，系東，国史，史人([没]1648年閏1月22日)，庄内([没]慶安1(1648)年閏1月22日)，諸系，人名，戦合，戦国([生]1586年)，戦人，日人，藩主1([没]慶安1(1648)年閏1月22日)，藩主2，山形百新

**戸沢道盛** とざわみちもり
大永4(1524)年～慶長9(1604)年
戦国時代～安土桃山時代の武将。
¶系東，戦人

**戸沢光盛** とざわみつもり
天正4(1576)年～文禄1(1592)年
安土桃山時代の武将。
¶系東，戦国，戦人

**戸沢盛重** とざわもりしげ
天文20(1551)年～文禄1(1592)年
安土桃山時代の武将。
¶系東，戦人

**戸沢盛安** とざわもりやす
永禄9(1566)年～天正18(1590)年
安土桃山時代の武将。
¶系東，諸系，人名，戦国，戦人，日人

**戸沢泰盛** とざわやすもり
正平20/貞治4(1365)年～応永20(1413)年
南北朝時代～室町時代の武将。
¶系東

**戸沢征盛** とざわゆきもり
文安4(1447)年～明応2(1493)年
室町時代～戦国時代の武将。
¶系東，戦人

**戸沢克盛** とざわよしもり
? ～正安3(1301)年
鎌倉時代後期の武将。
¶系東

**豊島明重** としまあきしげ
天正7(1579)年～寛永5(1628)年
安土桃山時代～江戸時代前期の武士。徳川氏家臣。
¶戦国，戦人

**豊島有経** としまありつね
生没年不詳 [別]豊島有経《てしまありつね》
平安時代後期～鎌倉時代前期の武将。関東平氏秩父氏の一族。紀伊国守護。
¶朝日，鎌室(てしまありつね)，新潮，日人，和歌山人

**豊島勘解由左衛門** としまかげゆざえもん
戦国時代の武士。
¶江戸

**豊嶋勘解由左衛門尉**(1) としまかげゆさえもんのじょう
生没年不詳
戦国時代の武士。泰景。
¶戦辞

**豊嶋勘解由左衛門尉**(2) としまかげゆさえもんのじょう
生没年不詳
戦国時代の武士。泰経。
¶戦辞

**豊島清光** としまきよみつ
生没年不詳 [別]平清光《たいらのきよみつ》
平安時代後期～鎌倉時代前期の武士。
¶鎌室，諸系，新潮，日人，平史(平清光 たいらのきよみつ)

**豊島玄蕃** としまげんば
生没年不詳
戦国時代の武将。
¶戦人

**豊嶋貞継** としまさだつぐ
生没年不詳
戦国時代の北条氏の他国衆。
¶戦辞

**豊嶋内匠助** としまたくみのすけ
生没年不詳
戦国時代の武士。
¶戦辞

**豊嶋太郎** としまたろう
生没年不詳
戦国時代の武士。
¶戦辞

**豊嶋継信** としまつぐのぶ
生没年不詳
戦国時代の北条氏の他国衆。
¶戦辞

**豊島朝経** としまともつね
～建仁3(1203)年
鎌倉時代前期の土佐国守護。
¶高知人，高知百

**豊島朝房** としまともふさ
→豊島半之丞(としまはんのじょう)

**豊島信満** としまのぶみつ
? ～寛永5(1628)年
安土桃山時代～江戸時代前期の武士。
¶日人

**豊島半之丞** としまはんのじょう
文禄2(1593)年～慶安2(1649)年 [別]豊島朝房《としまともふさ》

江戸時代前期の武士、紀伊和歌山藩士。
¶藩臣5，和歌山人（豊島朝房　としまともふさ）

**豊嶋平右衛門尉** としまへいえもんのじょう
？ ～文明9（1477）年4月
室町時代～戦国時代の武士。
¶戦辞

**豊嶋弥三郎** としまやさぶろう
生没年不詳
戦国時代の関東管領山内上杉氏の家臣。
¶戦辞

**豊島泰明** としまやすあき
戦国時代の武士。
¶江戸

**豊島泰経** としまやすつね
～文明9（1477）年
室町時代～戦国時代の豪族。
¶多摩

**豊島頼重** としまよりしげ
？ ～天正18（1590）年
安土桃山時代の武将。後北条氏家臣。
¶戦国，戦人

**豊島頼継** としまよりつぐ
？ ～永禄6（1563）年
戦国時代の武将。
¶戦国，戦人，戦東

**利光鑑教** としみつあきのり
→利光宗魚（としみつそうぎょ）

**利光宗魚** としみつそうぎょ
？ ～天正14（1586）年　[別]利光鑑教《としみつあきのり》，越前入道宗魚《えちぜんにゅうどうそうぎょ》
安土桃山時代の武士。
¶大分歴，戦人（利光鑑教　としみつあきのり），戦西

**利光統久** としみつむねひさ
生没年不詳
安土桃山時代の武将。
¶戦人

**戸田堯光** とだあきみつ
？ ～天文16（1547）年9月5日
戦国時代の田原城主。
¶戦辞

**戸田氏鉄** とだうじかね
天正4（1576）年～明暦1（1655）年
安土桃山時代～江戸時代前期の大名。美濃大垣藩主、近江膳所藩主。
¶朝日（[没]明暦1年2月14日（1655年3月21日）），岐阜百，郷土岐阜，近世，国史，国書（[没]承応4（1655）年2月14日），コン改（[生]天正5（1577）年），コン4（[生]天正5（1577）年），史人（[没]1655年2月14日），諸系，新潮（[生]天正5（1577）年　[没]明暦1（1655）年2月24日），人名（[生]1577年），世人（[生]天正5（1577）年　[没]明暦1（1655）年2月14日），戦合，日史（[没]明暦1（1655）年2月14日），日人，藩主2（[没]明暦1（1655）年2月14日），藩主3，藩主3（[生]1577年），百科（[生]天正5（1577）年），兵庫人（[生]天正5（1577）年3月1日　[没]明暦1（1655）年2月14日），兵庫百（[生]天正5（1577）年），歴大

**富田越後守** とだえちごのかみ
→富田重政（とだしげまさ）

**戸田大隅守** とだおおすみのかみ
戦国時代の武将。武田家臣。信濃先方衆。
¶姓氏山梨

**富田景政** とだかげまさ
＊～文禄2（1593）年　[別]富田景政《とみたかげまさ》
安土桃山時代の剣術家、武将。前田氏家臣。
¶人名（とみたかげまさ），姓氏石川（[生]？），戦国，戦人（生没年不詳），日人（[生]1524年）

**戸田一西** とだかずあき
天文10（1541）年～慶長7（1602）年　[別]戸田左門一西《とださもんかずあき》，戸田政成《とだまさなり》，戸田采女正《とだうねめのしょう》
安土桃山時代の武将、大名。近江大津城主、近江膳所城主。
¶埼玉百（戸田左門一西　とださもんかずあき　[没]1603年），諸系，人名（[生]1540年　[没]1601年），戦国（[生]1542年　[没]1603年），戦辞（戸田政成　とだまさなり　[没]慶長7年7月25日（1602年9月10日）），戦人（[生]天文11（1542）年　[没]慶長8（1603）年），日人，藩主3，藩主3（[没]慶長7（1602）年7月25日）

**戸田勝成** とだかつしげ
？ ～慶長5（1600）年　[別]戸田勝成《とだかつなり》
安土桃山時代の武将、大名。越前安居領主。
¶織田（[没]慶長5（1600）年9月15日），戦国，戦人，日人，藩主3（とだかつなり　[没]慶長5（1600）年9月15日）

**戸田勝隆** とだかつたか
？ ～文禄3（1594）年
安土桃山時代の武将、民部少輔・駿河守。
¶朝日（[没]文禄3年10月23日（1594年12月4日）），愛媛百（[没]文禄3（1594）年10月23日），戦国，戦人，戦西，日人

**戸田勝直** とだかつなお
生没年不詳
安土桃山時代～江戸時代前期の武士。浅野氏家臣。
¶戦人，戦補，和歌山人

**戸田勝成** とだかつなり
→戸田勝成（とだかつしげ）

**戸田勝則** とだかつのり
天文3（1534）年～元和6（1620）年
安土桃山時代～江戸時代前期の武将、徳川家康の近侍。
¶神奈川人，諸系，人名，姓氏神奈川，日人

**戸田清堅** とだきよかた
→戸田金左衛門（とだきんざえもん）

**戸田金左衛門** とだきんざえもん
天正3(1575)年～承応3(1654)年　[別]戸田清堅《とだきよかた》
安土桃山時代～江戸時代前期の紀伊和歌山藩士。
¶藩臣5，和歌山人(戸田清堅　とだきよかた)

**戸田左門一西** とださもんかずあき
→戸田一西(とだかずあき)

**戸田重貞** とだしげさだ
？ ～永禄7(1564)年
戦国時代の武将。今川氏家臣。
¶諸系，人名，戦辞([没]永禄7年11月12日(1564年12月15日))，戦人，戦東，日人



**戸田重典** とだしげのり
？ ～慶長5(1600)年
安土桃山時代の武士。
¶戦国，戦人

**戸田重治** とだしげはる
安土桃山時代の武士。豊臣氏家臣。
¶戦人(生没年不詳)，戦補

**富田重政** とだしげまさ
永禄7(1564)年～寛永2(1625)年　[別]富田越後守《とだえちごのかみ》，富田重政《とみたしげまさ》
安土桃山時代～江戸時代前期の武将、剣術家。
¶朝日(富田越後守　とだえちごのかみ　[没]寛永2年4月19日(1625年5月25日))，石川百，近世(富田越後守　とだえちごのかみ)，剣豪(富田越後守　とだえちごのかみ)，国史(富田越後守　とだえちごのかみ)，人名(とみたしげまさ)，姓氏石川([生]？)，戦合，戦国([生]1565年)，全書，戦人([生]天文23(1554)年)，大百([没]1624年)，日人，藩臣3([生]？)

**戸田重道** とだしげみち
生没年不詳
安土桃山時代の武士。
¶姓氏岩手

**戸田重元** とだしげもと
*～慶長15(1610)年
戦国時代～江戸時代前期の武将。
¶埼玉人([生]天文23(1554)年　[没]慶長15(1610)年9月11日)，日人([生]1544年)

**戸田治部左衛門** とだじぶざえもん
天文16(1547)年～慶安4(1651)年7月15日
安土桃山時代～江戸時代前期の武士、大垣藩家老。
¶岐阜百

**戸田新右衛門** とだしんえもん
生没年不詳
戦国時代の武士。後北条氏家臣。
¶戦辞，戦人，戦東

**富田勢源** とだせいげん
生没年不詳
戦国時代の剣術家。朝倉氏家臣。
¶全書，大百，日人

**戸田清左衛門** とだせいざえもん
安土桃山時代の武士。豊臣氏家臣。
¶戦国，戦人(生没年不詳)

**戸田宗二郎** とだそうじろう
生没年不詳
安土桃山時代の織田信長の家臣。
¶織田

**戸田隆重** とだたかしげ
？ ～寛永17(1640)年
江戸時代前期の武士。紀州藩士。
¶和歌山人

**戸田尊次** とだたかつぐ
永禄5(1562)年～元和1(1615)年
安土桃山時代～江戸時代前期の武将、大名。三河田原藩主。
¶諸系，人名([生]1565年)，日人，藩主2([没]元和1(1615)年7月7日)

**戸田忠真** とだただざね
生没年不詳
戦国時代の三河国衆。
¶戦辞

**戸田忠重** とだただしげ
？ ～永禄10(1567)年
戦国時代の武士。徳川氏家臣。
¶戦辞([没]永禄10年5月25日(1567年7月1日))，戦人，戦東

**戸田忠次** とだただつぐ
享禄4(1531)年～慶長2(1597)年
戦国時代～安土桃山時代の武将。徳川家康の家臣。
¶近世，国史，静岡歴，諸系，新潮([生]？　[没]慶長2(1597)年6月23日)，人名，姓氏静岡，戦合，戦国([生]？)，戦辞([没]慶長2年6月23日(1597年8月6日))，戦人([生]？)，日人

**戸田忠光** とだただみつ
慶長3(1598)年～寛永6(1629)年
江戸時代前期の武士。徳川氏家臣。
¶戦人，戦東

**戸田忠能** とだただよし
天正14(1586)年～正保4(1647)年
安土桃山時代～江戸時代前期の武将、大名。三河田原藩主。
¶諸系，日人，藩主2([没]正保4(1647)年1月3日)

**戸田為重** とだためしげ
安土桃山時代の武士。豊臣氏家臣。
¶戦国，戦人(生没年不詳)

**戸田丹波守康長** とだたんばのかみやすなが
→戸田康長(とだやすなが)

**戸田伝十郎** とだでんじゅうろう
？ ～永禄12(1569)年1月20日
戦国時代～安土桃山時代の三河国衆。戸田一族。
¶戦辞

**戸田藤左衛門** とだとうざえもん
？ ～寛永17(1640)年
安土桃山時代～江戸時代前期の武士、紀伊和歌山藩士。
¶藩臣5

**富田直貞** とだなおさだ
　生没年不詳
　南北朝時代の隠岐国守護、美作国守護代。
　¶島根歴

**富田長秀** とだながひで
　→富田長秀（とみたながひで）

**戸田成次** とだなりつぐ
　生没年不詳
　戦国時代の三河国衆。
　¶戦辞

**戸田宣成** とだのぶなり
　？　～天文15（1546）年11月15日
　戦国時代の三河国衆。
　¶戦辞

**戸田信光** とだのぶみつ
　安土桃山時代の武士。松平忠吉の附家老。
　¶人名，日人（生没年不詳）

**戸田宣光** とだのぶみつ
　生没年不詳
　戦国時代の三河国衆。
　¶戦辞

**戸田憲光** とだのりみつ
　？　～＊
　戦国時代の武士。今川氏家臣。
　¶姓氏愛知（㉓1527年），戦辞（㉓永正10年11月1
　日（1513年11月28日）），戦人（生没年不詳），
　戦東

**富田秀貞** とだひでさだ
　生没年不詳
　南北朝時代の南朝方出雲国守護、幕府方美作国守
　護。富田師泰の子。
　¶島根歴

**戸田正次** とだまさつぐ
　生没年不詳
　江戸時代前期の武士。紀州藩士。
　¶和歌山人

**戸田政成** とだまさなり
　→戸田一西（とだかずあき）

**戸田政光** とだまさみつ
　？　～天文17（1548）年8月17日
　戦国時代の田原城主。
　¶戦辞

**戸田光定** とだみつさだ
　天文6（1537）年～元和6（1620）年
　戦国時代～江戸時代前期の武将。
　¶日人

**戸田光正** とだみつまさ
　元亀1（1570）年～慶長18（1613）年
　安土桃山時代～江戸時代前期の武士。
　¶日人

**富田民部丞** とだみんぶのじょう
　戦国時代の武将。朝倉氏家臣。
　¶戦西

**戸田宗光**(1) とだむねみつ
　？　～明応8（1499）年
　戦国時代の三河田原城主。
　¶諸系，人名（㉓1508年），姓氏愛知，戦辞（㉓明
　応8年6月19日（1499年7月27日）），日人

**戸田宗光**(2) とだむねみつ
　？　～天文16（1547）年9月5日
　戦国時代の田原城主。康光（頼光）とも。
　¶戦辞

**戸田康長** とだやすなが
　永禄5（1562）年～寛永9（1632）年　㊡戸田丹波守
　康長《とだたんばのかみやすなが》，松平康長《ま
　つだいらやすなが》
　安土桃山時代～江戸時代前期の大名。武蔵東方藩
　主、上野白井藩主、上野高崎藩主、常陸笠間藩主、
　下総古河藩主、信濃松本藩主。
　¶朝日（㉓寛永9年12月12日（1633年1月21日）），
　　近世，群馬人（松平康長　まつだいらやすなが
　　㊤？），国史，コン改，コン4，埼玉人（㉓寛永9
　　（1632）年12月12日），埼玉百（戸田丹波守康長
　　とだたんばのかみやすなが　㊤1564年），史人
　　（㉓1632年12月12日），諸系（㉓1633年），新潮
　　（㉓寛永9（1632）年12月12日），人名，姓氏長
　　野，戦合，戦国（㊤？），戦辞（㉓寛永9年12月
　　12日（1633年1月21日）），戦人（松平康長　ま
　　つだいらやすなが），戦東（㊤？），栃木歴（松
　　平康長　まつだいらやすなが），日人（㉓1633年），藩主1（㉓寛永9（1632）年12月12
　　日），藩主1（松平康長　まつだいらやすなが
　　㉓寛永9（1632）年12月12日），藩主2（松平康長
　　まつだいらやすなが），藩主2（松平康長　まつ
　　だいらやすなが㉓寛永9（1632）年12月12日）

**戸田康光** とだやすみつ
　？　～天文16（1547）年
　戦国時代の武将。三河田原城主戸田政光の子。
　¶朝日（㉓天文16（1547）年9月），岩史，国史，古
　　中，コン4，史人（㉓1547年9月5日），諸系，姓
　　氏愛知，戦合，日史（㉓天文16（1547）年9月5
　　日），日人

**富田吉清** とだよしきよ
　？　～元亀1（1570）年
　戦国時代の武将。朝倉氏家臣。
　¶戦西

**戸田与次郎** とだよじろう
　生没年不詳
　安土桃山時代の織田信長の家臣。
　¶織田

**栃木大学助** とちぎだいがくのすけ
　生没年不詳
　戦国時代の小山秀綱の重臣。
　¶戦辞

**栃屋縫右衛門** とちやぬいえもん
　生没年不詳
　安土桃山時代の織田信長の家臣。
　¶織田

と

**戸塚重吉**　とづかしげよし
戦国時代の武将。武田家臣。永禄起請文にみえる。
¶姓氏山梨

**富塚善四郎**　とづかぜんしろう
→富塚善四郎(とみづかぜんしろう)

**十時連貞**　とときつれさだ
？～正保1(1644)年
安土桃山時代～江戸時代前期の武将、筑後柳河藩家老。
¶藩臣7

**百々左京亮隆元**　とどさきょうのすけたかもと
→百々隆元(どどたかもと)

**百々隆元**　どどたかもと
？～天正19(1591)年　[別]百々左京亮隆元《とどさきょうのすけたかもと》
安土桃山時代の武将。大崎氏家臣。
¶戦人，戦東(百々左京亮隆元　とどさきょうのすけたかもと)

**百々綱家**　どどつないえ
天文17(1548)年～慶長14(1609)年　[別]百々安信《どどやすのぶ》
安土桃山時代～江戸時代前期の武士。織田氏家臣、豊臣氏家臣。
¶織田(百々安信　どどやすのぶ　[生]天文17(1548)年？　[没]慶長14(1609)年？)，戦国，戦人

**百々安信**　どどやすのぶ
→百々綱家(どどつないえ)

**百々安行**　どどやすゆき
安土桃山時代～江戸時代前期の土佐藩士。
¶高知人([生]1548年　[没]1609年)，藩臣6([生]天文15(1546)年　[没]慶長12(1607)年)

**等々力治右衛門**　とどりきじうえもん
生没年不詳
戦国時代の武将。
¶長野歴

**捕鳥部万**　ととりべのよろず
？～用明天皇2(587)年
飛鳥時代の武人。主人の物部守屋が蘇我馬子に攻められ自決。
¶古代，日人

**等々力定厚**　とどろきさだあつ
戦国時代の武将。武田家臣。豊前守。仁科盛政親類被官衆。
¶姓氏山梨

**戸波平右衛門**　となみへいえもん
生没年不詳
安土桃山時代の武将。
¶戦人

**舎人孫四郎**　とねりまごしろう
生没年不詳
戦国時代の岩付太田氏の家臣。
¶戦辞

**戸野兵衛**　とのひょうえ
南北朝時代の武士。
¶人名，日人(生没年不詳)

**土橋八郎左衛門**　どばしはちろうざえもん
戦国時代の武将。武田家臣。『武田家過去帳』に、河内西フツセキの居住とみえる。
¶姓氏山梨

**鳥羽将景**　とばまさかげ
？～長禄3(1459)年
室町時代の武将。朝倉氏家臣。
¶戦西

**戸張将監**　とばりしょうげん
生没年不詳
戦国時代の武士。
¶埼玉人

**土肥久作**　どひきゅうさく
[別]土肥久作《どいきゅうさく》
安土桃山時代の武士。豊臣氏家臣。
¶戦国(どいきゅうさく)，戦人(生没年不詳)

**土肥実平**　どひさねひら
生没年不詳　[別]土肥実平《といさねひら，どいさねひら》，平実平《たいらのさねひら》
平安時代後期の武将。桓武平氏の中村庄司宗平の子。
¶朝日，岩史([没]建久2(1191)年11月25日)，岡山人，岡山百，岡山歴，神奈川人(どいさねひら)，鎌倉(どいさねひら)，鎌室，系西([没]1191年)，国史，古中，コン改，コン4，史人，諸系，新潮，人名，世人，世百(といさねひら)，全書(どいさねひら)，大百，日史，日人，百科，平史(平実平　たいらのさねひら　[没]1191年)，歴大

**土肥助次郎**　どひすけじろう
生没年不詳
安土桃山時代の織田信長の家臣。
¶織田

**土肥但馬守**　どひたじまのかみ
？～天正11(1583)年頃　[別]土肥但馬守《どいたじまのかみ》
戦国時代の武士。畠山氏家臣。
¶戦辞(どいたじまのかみ)，戦人(生没年不詳)

**土肥親真**　どひちかざね
？～天正11(1583)年　[別]土肥親真《どいちかざね》
戦国時代～安土桃山時代の織田信長の家臣。
¶織田([没]天正11(1583)年4月21日)，姓氏石川(どいちかざね)

**土肥綱実**　どひつなざね
生没年不詳
戦国時代の武将。細川氏家臣。
¶戦人

**土肥遠平**　どひとおひら
生没年不詳　[別]小早川遠平《こばやかわとおひら》，平遠平《たいらのとおひら》
鎌倉時代前期の武将。実平の子。

¶朝日，神奈川人（小早川遠平　こばやかわとおひら），鎌室，系西（小早川遠平　こばやかわとおひら　[没]1237年），古中，諸系，新潮，日人，広島百（小早川遠平　こばやかわとおひら　[没]嘉禎3（1237）年），平史（平遠平　たいらのとおひら）

**飛鳥**　とびとり
生没年不詳
南北朝時代の西銘飛鳥城主。
¶沖縄百

**土肥半左衛門**　どひはんざえもん
～元和2（1616）年4月6日
安土桃山時代の武将。最上氏家臣。
¶庄内，戦東

**土肥半三郎**　どひはんざぶろう，とひはんざぶろう
安土桃山時代～江戸時代前期の武士。里見氏家臣。
¶戦人（生没年不詳），戦東（とひはんざぶろう）

**土肥孫左衛門**　どひまござえもん
生没年不詳
安土桃山時代の織田信長の家臣。
¶織田

**土肥政繁**　どひまさしげ
？　～＊　[別]土肥政繁《どいまさしげ》
戦国時代～安土桃山時代の地方豪族・土豪。上杉氏家臣。
¶織田（[没]天正18年？），姓氏富山（どいまさしげ　[生]1526年　[没]1583年），戦辞（どいまさしげ　[没]天正18（1590）年），戦人（生没年不詳）

**戸部政直**　とべまさなお
？　～弘治3（1557）年
戦国時代の武将。今川氏家臣。
¶戦人

**戸蒔義広**　とまきよしひろ
？　～慶長5（1600）年
安土桃山時代の武将。
¶戦人

**都丸五太夫**　とまるごだゆう
天正1（1573）年～
安土桃山時代～江戸時代前期の勇士。
¶庄内

**富岡亀蔵**　とみおかかめぞう
生没年不詳
戦国時代の上野国衆。
¶戦辞

**富岡喜左衛門**　とみおかきざえもん
戦国時代～安土桃山時代の武士。
¶戦人（生没年不詳），戦西

**富岡玄蕃允**　とみおかげんばのじょう
生没年不詳
戦国時代の上野国衆。
¶戦辞

**富岡重朝**　とみおかしげとも
生没年不詳
戦国時代～安土桃山時代の武将。足利氏家臣、上杉氏家臣、後北条氏家臣。
¶姓氏群馬，戦人

**富岡新三郎**　とみおかしんざぶろう
生没年不詳
戦国時代の上野国衆。
¶戦辞

**富岡清四郎**　とみおかせいしろう
生没年不詳
戦国時代の上野国衆。
¶戦辞

**富岡主税助**(1)　とみおかちからのすけ
生没年不詳
戦国時代の上野国衆。秀信。
¶戦辞

**富岡主税助**(2)　とみおかちからのすけ
生没年不詳
戦国時代の上野国衆。直光。
¶戦辞

**富岡対馬入道**　とみおかつしまにゅうどう
生没年不詳
戦国時代の上野国衆。
¶戦辞

**富岡直光**　とみおかなおみつ
？　～大永3（1523）年
室町時代の武将。
¶群馬人

**富岡秀朝**　とみおかひでとも
？　～元和1（1615）年
安土桃山時代の武将。
¶郷土群馬，戦人（生没年不詳）

**富岡通茂**　とみおかみちしげ
生没年不詳
安土桃山時代の武士。佐竹氏家臣。
¶戦辞，戦人，戦東

**富岡美作守**　とみおかみまさかのかみ
生没年不詳
戦国時代の北条氏の家臣。
¶戦辞

**富岡六郎四郎**　とみおかろくろうしろう
生没年不詳
戦国時代の上野国衆。
¶戦辞

**富谷左衛門入道**　とみがやさえもんにゅうどう
生没年不詳
鎌倉時代後期の武士。
¶北条

**富谷秀高**　とみがやひでたか
生没年不詳
鎌倉時代後期の武士。
¶北条

**富来実直**　とみくさねなお
？　～天正6（1578）年
戦国時代～安土桃山時代の武将。

¶戦人

**富坂右京進** とみさかうきょうのしん
安土桃山時代の武将。
¶岡山人，岡山歴

**富坂景保** とみさかかげやす
室町時代の武士。
¶岡山人

**富沢喜平** とみざわきへい
江戸時代前期の武士。里見氏家臣。
¶戦東

**富沢諸右衛門** とみざわしょうえもん
→富沢諸右衛門（とみざわしょえもん）

と

**富沢諸右衛門** とみざわしょえもん
[別]富沢諸右衛門《とみざわしょうえもん》
安土桃山時代～江戸時代前期の武士。里見氏家臣。
¶戦人（生没年不詳），戦東（とみざわしょうえもん）

**富沢但馬** とみざわたじま
生没年不詳
戦国時代の武士。斎藤氏家臣。
¶戦人

**富沢直景** とみざわなおかげ
？ ～天正19（1591）年
安土桃山時代の武将。
¶戦人

**富沢直綱** とみざわなおつな
生没年不詳
戦国時代～安土桃山時代の武将。
¶戦人

**富沢日向守** とみざわひゅうがのかみ
生没年不詳
安土桃山時代～江戸時代前期の栗原郡三迫の領主。
¶姓氏宮城

**富沢日向守貞連** とみざわひゅうがのかみさだつら
戦国時代の武将。葛西氏家臣。
¶戦東

**富嶋** とみしま
生没年不詳
戦国時代の北条氏の家臣。
¶戦辞

**富島彦左衛門**（富嶋彦左衛門） とみしまひこざえもん
生没年不詳
戦国時代の武士。後北条氏家臣。
¶戦辞（富嶋彦左衛門），戦人，戦東

**富田一白** とみたいっぱく
→富田知信(1)（とみたとものぶ）

**富田氏次** とみたうじつぐ
？ ～正保3（1646）年
江戸時代前期の武士。紀州藩士。
¶和歌山人

**富田景政** とみたかげまさ
→富田景政（とだかげまさ）

**富田一白** とみたかずあき
→富田知信(1)（とみたとものぶ）

**富田外記** とみたげき
安土桃山時代の武士。豊臣氏家臣。
¶戦国，戦人（生没年不詳）

**富田玄蕃允** とみたげんばのじょう
戦国時代の地侍。結城氏家臣。
¶戦東

**富田左馬之丞** とみたさまのじょう
戦国時代の武将。葛西氏家臣。
¶戦東

**富田三蔵** とみたさんぞう
生没年不詳
安土桃山時代の織田信長の家臣。
¶織田

**富田重政** とみたしげまさ
→富田重政（とだしげまさ）

**富田将監** とみたしょうげん
永禄12（1569）年～？
安土桃山時代の武士。
¶戦人，戦東

**富田庄左衛門** とみたしょうざえもん
安土桃山時代の武士。豊臣氏家臣。
¶戦人（生没年不詳），戦補

**富田清左衛門** とみたせいざえもん
安土桃山時代の武士。豊臣氏家臣。
¶織田，戦国，戦人（生没年不詳）

**富田高定** とみたたかさだ
？ ～慶長5（1600）年
安土桃山時代の武士。豊臣氏家臣、前田氏家臣。
¶人名，戦国，戦人，日人

**富田対馬守** とみたつしまのかみ
生没年不詳
安土桃山時代の織田信長の家臣。
¶織田

**富田知信**(1) とみたとものぶ
？ ～慶長4（1599）年 [別]富田一白《とみたいっぱく，とみたかずあき》，富田信広《とみたのぶひろ，とみだのぶひろ》
安土桃山時代の大名。伊勢津藩主。
¶朝日（[没]慶長4年10月28日（1599年12月15日）），織田（富田一白 とみたかずあき [没]慶長4（1599）年10月28日），茶道（富田信広 とみたのぶひろ），茶道，人名（富田信広 とみたのぶひろ），人名，戦国（富田一白 とみたいっぱく），戦辞（富田一白 とみたいっぱく [没]慶長4年10月28日（1599年12月15日）），戦人（富田一白 とみたいっぱく），日史（[没]慶長4（1599）年10月），日人，藩主3（富田信広 とみだのぶひろ [没]慶長4（1599）年10月28日）

**富田知信**(2) とみだとものぶ
→富田信高（とみたのぶたか）

**富田内膳**(冨田内膳)　とみたないぜん
生没年不詳
安土桃山時代の武士。結城氏家臣。
¶戦辞，戦人，戦東(冨田内膳)

**富田直政**　とみたなおまさ
元亀1(1570)年～正保1(1644)年
安土桃山時代～江戸時代前期の越中富山藩国老。
¶藩臣3

**富田長繁**　とみたながしげ
*～天正2(1574)年
安土桃山時代の武将。朝倉氏家臣、織田氏家臣。
¶織田([生]天文20(1551)年？　[没]天正2(1574)年2月18日)，戦人([生]天文21(1552)年　[没]天正3(1575)年)，戦補([生]1551年)，日人([生]1551年)

**富田長秀**　とみたながひで
？～天正2(1574)年　[別]富田長秀《とだながひで》
戦国時代～安土桃山時代の武将。朝倉氏家臣。
¶人名，戦西(とだながひで)

**富田信高**　とみたのぶたか
？～寛永10(1633)年　[別]富田知信《とみだとものぶ》
安土桃山時代～江戸時代前期の武将、大名。伊勢安濃津城主、伊予板島藩主。
¶愛媛百([没]寛永10(1633)年9月)，戦国，戦人，日史([没]寛永10(1633)年2月29日)，日人，藩主3(富田知信　とみだとものぶ　[没]寛永10(1633)年2月29日)，藩主4([没]寛永10(1633)年2月29日)，百科，歴大

**富田信高室**　とみたのぶたかしつ
生没年不詳
安土桃山時代～江戸時代前期の女性。関ヶ原の戦いに夫とともに出陣。
¶戦人

**富田信高の妻**(富田信高妻)　とみたのぶたかのつま
生没年不詳
安土桃山時代～江戸時代前期の女性。宇喜多忠家の娘、伊勢国阿濃津城主に嫁ぐ。
¶女性，日人(富田信高妻)

**富田信広**　とみたのぶひろ，とみだのぶひろ
→富田知信(1)(とみたとものぶ)

**富田弥五作**　とみたやごさく
？～寛文4(1664)年
江戸時代前期の武士、越中富山藩士。
¶藩臣3

**富塚善四郎**　とみづかぜんしろう
生没年不詳　[別]富塚善四郎《とづかぜんしろう》
戦国時代の武士。後北条氏家臣。
¶戦辞(とづかぜんしろう)，戦人，戦東

**富塚仲綱**　とみづかなかつな
戦国時代の武士。伊達氏家臣。
¶戦人(生没年不詳)，戦東

**富塚久行**　とみづかひさゆき
戦国時代の今川氏家臣。鐘を鋳造、進献。
¶戦東

**富塚宗綱**　とみづかむねつな，とみつかむねつな
？～慶長18(1613)年
安土桃山時代～江戸時代前期の武士。伊達氏家臣。
¶戦人(生没年不詳)，戦東，藩臣1(とみつかむねつな)

**富永実時**　とみながさねとき
鎌倉時代の武士。
¶岡山歴

**富永三郎左衛門**　とみながさぶろうざえもん
[別]富永三郎左衛門尉《とみながさぶろうさえもんのじょう》
戦国時代の武将。後北条氏家臣。
¶戦辞(富永三郎左衛門尉　とみながさぶろうさえもんのじょう　生没年不詳)，戦東

**富永三郎左衛門尉**　とみながさぶろうさえもんのじょう
→富永三郎左衛門(とみながさぶろうざえもん)

**富永山随**　とみながさんずい
永正17(1520)年？～文禄1(1592)年
安土桃山時代の武将。後北条氏家臣。
¶静岡歴，姓氏静岡，戦人([生]？　[没]天正18(1590)年)

**富永四郎左衛門**　とみながしろうざえもん
戦国時代の武将。小田原北条氏の重臣。
¶姓氏静岡

**富永駿河守**　とみながするがのかみ
生没年不詳
戦国時代の武士。堀越公方足利政知に仕えた。
¶戦辞

**富永善左衛門**　とみながぜんざえもん
生没年不詳
戦国時代の武士。後北条氏家臣。
¶戦辞，戦人，戦東

**富永武通**　とみながたけみち
生没年不詳
南北朝時代の長門国守護代。
¶姓氏山口

**富永直勝**　とみながなおかつ
永正6(1509)年～永禄7(1564)年
戦国時代の武士。後北条氏家臣。
¶戦人

**富永能登守**　とみながのとのかみ
安土桃山時代の武将。後北条氏家臣。
¶戦東

**富永伴五郎**　とみながばんごろう
？～永禄4(1561)年9月13日
戦国時代～安土桃山時代の三河国衆。
¶戦辞

**富永政家**　とみながまさいえ
天文16(1547)年～慶長12(1607)年

戦国時代の武士。北条氏家臣。
¶静岡歴，姓氏静岡，戦辞（生没年不詳）

**富永政辰** とみながまさとき
？ ～慶長12（1607）年7月？
戦国時代～安土桃山時代の武将。後北条氏家臣。
¶戦辞，戦東

**富永弥四郎** とみながやしろう
戦国時代の江戸衆。後北条氏家臣。
¶戦東

**富並彦一郎** とみなみひこいちろう
生没年不詳
戦国時代の武将。
¶戦人

と

**迹見赤檮** とみのいちい
[別]迹見首赤檮《とみのおびといちい》，迹見赤檮《とみのいちび》
飛鳥時代の舎人。物部守屋を討ち取った。
¶国史，古代（迹見首赤檮　とみのおびといちい），古中，コン改，コン4，史人（生没年不詳），新潮（生没年不詳），人名（とみのいちび），日人（生没年不詳）

**迹見赤檮** とみのいちび
→迹見赤檮（とみのいちい）

**富野左京進** とみのさきょうのしん
？ ～弘治2（1556）年8月24日
戦国時代の織田信長の家臣。
¶織田

**富森冬永** とみのもりふゆなが
？ ～文亀3（1503）年
戦国時代の武将。朝倉氏家臣。
¶戦西

**富増伊予守** とみますいよのかみ
生没年不詳
安土桃山時代の武将。
¶戦人

**富安十郎太夫** とみやすじゅうろうだいふ
？ ～万治1（1658）年
安土桃山時代～江戸時代前期の武士・僧、菅沼定盈の側近。
¶姓氏愛知

**富山藤内** とみやまとうない
生没年不詳
安土桃山時代～江戸時代前期の武将。宇喜多氏家臣。
¶戦人

**戸村義和**(1) とむらよしかず
？ ～天文3（1534）年4月
戦国時代の佐竹氏の一族。
¶戦辞

**戸村義和**(2) とむらよしかず
？ ～文禄2（1593）年
安土桃山時代の武将。佐竹氏家臣。
¶戦辞（[没]文禄2年7月23日（1593年8月19日）），戦人，戦東

**戸村義国** とむらよしくに
天正19（1591）年～＊
江戸時代前期の武将。
¶国書（[没]寛文10（1670）年12月19日），日人（[没]1671年）

**戸村義広** とむらよしひろ
生没年不詳
戦国時代の武士。佐竹氏家臣。
¶戦辞，戦人，戦東

**巴**（鞆絵） ともえ
→巴御前（ともえごぜん）

**巴御前** ともえごぜん
生没年不詳　[別]巴《ともえ》，鞆絵《ともえ》
平安時代後期の女武将。木曽義仲の側女。
¶朝日，岩史，角史，神奈川人（[生]1153年 [没]1243年），鎌倉，鎌室，郷土長野（巴　ともえ [生]1157年），国史，古中，コン改，コン4，史人，諸系，女性，新潮，人名（鞆絵　ともえ），姓氏富山，姓氏長野（巴　ともえ [生]1157年 [没]1247年），世百，全書，大百，長野百（巴　ともえ [生]1157年），長野歴（巴　ともえ [生]保元2（1157）年 [没]宝治1（1247）年），日史，日人，百科，平史（巴　ともえ），歴大

**伴正林** ともしょうりん
？ ～天正10（1582）年6月2日
戦国時代～安土桃山時代の織田信長の家臣。
¶織田

**友田興藤** ともだおきふじ
？ ～天文10（1541）年4月5日
戦国時代の武将。
¶国書，戦人（生没年不詳）

**伴周清** ともちかきよ
？ ～元中1/至徳1（1384）年5月8日
南北朝時代の武家・歌人。
¶国書

**友野石見守** とものいわみのかみ
安土桃山時代の備中国の武将。窪屋郡西郡村の岡谷城主。
¶岡山歴

**伴勝雄** とものかつお
→大伴勝雄（おおとものかつお）

**伴野君家** とものきみいえ
戦国時代の武将。武田家臣。信濃国佐久郡の野沢衆。
¶姓氏山梨

**伴野貞長** とものさだなが
？ ～天正18（1590）年
戦国時代～安土桃山時代の武将。
¶姓氏長野

**伴野貞慶** とものさだよし
戦国時代～安土桃山時代の武士。武田氏家臣。
¶戦人（生没年不詳），戦東

伴野三衛門尉 とものさんえもんのじょう
　戦国時代の武将。武田家臣。信濃国伊那郡の地侍か。
　¶姓氏山梨

伴野重実 とものしげざね
　戦国時代の武将。武田家臣。大膳助。
　¶姓氏山梨

伴助兼 とものすけかね
　生没年不詳
　平安時代後期の武士。
　¶平史

友野高盛 とものたかもり
　安土桃山時代の武将。
　¶岡山人

伴野貞祥 とものていしょう
　? ～永禄2（1559）年
　戦国時代の前山城城主。
　¶姓氏長野

伴野時直 とものときなお
　生没年不詳
　鎌倉時代後期の伴野城城主。
　¶姓氏長野

伴野時長 とものときなが
　生没年不詳
　鎌倉時代前期の御家人、伴野荘地頭伴野氏の祖。
　¶姓氏長野，長野歴

伴野長泰 とものながやす
　? ～弘安8（1285）年
　鎌倉時代の武将。
　¶姓氏長野

伴野如心 とものにょしん
　戦国時代の武将。武田家臣。信濃国佐久郡の野沢衆。
　¶姓氏山梨

伴野信是 とものぶこれ
　生没年不詳
　戦国時代の信濃国衆。
　¶姓氏長野，姓氏山梨，戦辞

伴野信豊 とものぶとよ
　生没年不詳
　戦国時代の信濃国衆。
　¶姓氏長野，姓氏山梨，戦辞

伴野善忠 とものよしただ
　生没年不詳
　戦国時代の武田信玄方の部将。
　¶姓氏長野

鞆六郎 とものろくろう
　? ～元暦2（1185）年
　平安時代後期の武将。
　¶広島百

友松忠右衛門 ともまつちゅうえもん
　安土桃山時代～江戸時代前期の武士。
　¶戦国，戦人（生没年不詳）

友松盛保 ともまつもりやす
　? ～元和7（1621）年
　安土桃山時代～江戸時代前期の武士。豊臣氏家臣。
　¶戦国，戦人

友松行実 ともまつゆきざね
　戦国時代の武将。武田家臣。小幡上総守の覚えの衆。
　¶姓氏山梨

鳥屋尾満栄 とやのおみつひで
　生没年不詳
　安土桃山時代の織田信長の家臣。
　¶織田

富山則忠 とやまのりただ
　平安時代の在地領主。
　¶姓氏鹿児島

外山豊前守 とやまぶぜんのかみ
　生没年不詳
　戦国時代の堀越公方の近臣。
　¶戦辞

冨山義明 とやまよしあき
　鎌倉時代前期の武士。
　¶姓氏鹿児島

富山義光 とやまよしみつ
　仁安2（1167）年～寿永2（1183）年
　平安時代後期の弁済使、鳥浜の高城の城主。
　¶姓氏鹿児島

豊崎主計 とよさきかずえ，とよざきかずえ
　安土桃山時代～江戸時代前期の武士。里見氏家臣。
　¶戦人（生没年不詳），戦東（とよざきかずえ）

豊崎九介 とよさききゅうすけ，とよざききゅうすけ
　安土桃山時代～江戸時代前期の武士。里見氏家臣。
　¶戦人（生没年不詳），戦東（とよざききゅうすけ）

豊崎勝兵衛 とよさきしょうべえ，とよざきしょうべえ
　安土桃山時代～江戸時代前期の武士。里見氏家臣。
　¶戦人（生没年不詳），戦東（とよざきしょうべえ）

豊島源左衛門 とよしまげんざえもん
　生没年不詳
　安土桃山時代の織田信長の家臣。
　¶織田

豊島十郎 とよしまじゅうろう
　生没年不詳
　安土桃山時代の織田信長の家臣。
　¶織田

豊瀬与十郎 とよせよじゅうろう
　生没年不詳
　安土桃山時代の織田信長の家臣。
　¶織田

豊田権守 とよたごんのかみ
　平安時代後期の美作国の在地武士。
　¶岡山歴

豊田藤助 とよだとうすけ
　生没年不詳

と

安土桃山時代の武士。長篠の戦いで武勲をあげた。
¶姓氏愛知

**豊田治親** とよだはるちか
？ 〜天正6（1578）年
戦国時代〜安土桃山時代の下総の国人領主。豊田城主。
¶戦辞

**豊田頼英** とよだよりふさ
→豊田頼英（とよだらいえい）

**豊田頼英** とよだらいえい
応永10（1403）年〜延徳2（1490）年　[別]豊田頼英《とよだよりふさ》
室町時代〜戦国時代の大和国人。
¶郷土奈良（とよだよりふさ），国史，古中，戦合，日人

**豊臣秀勝(1)** とよとみひでかつ
→羽柴秀勝(1)（はしばひでかつ）

**豊臣秀勝(2)** とよとみひでかつ
→羽柴秀勝(2)（はしばひでかつ）

**豊臣秀次** とよとみひでつぐ
永禄11（1568）年〜文禄4（1595）年　[別]羽柴秀次《はしばひでつぐ》，秀次〔豊臣家〕《ひでつぐ》，近江中納言《おうみちゅうなごん》，三好信吉《みよしのぶよし》
安土桃山時代の武将、関白左大臣。豊臣秀吉の姉とも（瑞竜院・日秀）と三好吉房（三位法印）の子で、実子のいなかった秀吉の後継者に指名された。のち淀殿が秀頼を生んでから秀吉と不和になり、高野山に追放・自刃させられ、妻子も三条河原で処刑された。
¶愛知百（[没]1595年7月15日），朝日（[没]文禄4年7月15日（1595年8月20日）），岩史（[没]文禄4（1595）年7月15日），角史，京都，郷土滋賀，京都大，京都府，近世，公卿（[没]文禄4（1595）年7月15日），公家（秀次〔豊臣家〕　ひでつぐ　[生]1568年　[没]文禄4年7月15日），芸能（[没]文禄4（1595）年7月15日），国史，国書（[没]文禄4（1595）年7月15日），古中，コン改，コン4，茶道，史人（[没]1595年7月15日），重要（[没]文禄4（1595）年7月15日），諸系，人書94，新潮（[没]文禄4（1595）年7月15日），人名，姓氏愛知，姓氏京都，世人（[没]文禄4（1595）年7月15日），世百，戦合，戦国，戦辞（羽柴秀次　はしばひでつぐ　[没]文禄4年7月15日（1595年8月20日）），全書，戦人，戦西（羽柴秀次　はしばひでつぐ），大百，日史（[没]文禄4（1595）年7月15日），日人，百科，歴大，和歌山人

**豊臣秀俊** とよとみひでとし
→小早川秀秋（こばやかわひであき）

**豊臣秀長** とよとみひでなが
→羽柴秀長（はしばひでなが）

**豊臣秀保** とよとみひでやす
天正7（1579）年〜文禄4（1595）年　[別]羽柴秀保《はしばひでやす》，秀保〔豊臣家〕《ひでやす》，大和中納言《やまとちゅうなごん》
安土桃山時代の武将（権中納言）。秀吉の姉ともと三好吉房の子。羽柴秀長の養子。
¶近世（羽柴秀保　はしばひでやす），公卿（[生]？　[没]文禄4（1595）年4月），公家（秀保〔豊臣家〕　ひでやす　[生]？　[没]文禄4年4月），国史，史人（[没]1595年4月16日），諸系（羽柴秀保　はしばひでやす），人名，戦合（羽柴秀保　はしばひでやす），戦国（[生]？　[没]1594年），戦人（[没]文禄3（1594）年？），日人（羽柴秀保　はしばひでやす），歴大（羽柴秀保　はしばひでやす），和歌山人（[生]1579年？）

**豊臣秀吉** とよとみひでよし
*〜慶長3（1598）年　[別]羽柴秀吉《はしばひでよし》，秀吉〔豊臣家〕《ひでよし》，羽柴筑前守《はしばちくぜんのかみ》，日吉丸《ひよしまる》，木下藤吉郎《きのしたとうきちろう》，木下籐吉郎《きのしたとうきちろう》
安土桃山時代の武将、関白太政大臣。もと尾張の百姓の子で、織田信長に仕えて頭角を現し、長浜城を本拠として信長の統一事業のため転戦。信長の死後はいち早く明智光秀を討ち、信長の後継者として名乗りを挙げた。その後次々と対抗勢力を平定し、徳川家康をも臣従させ、最後に小田原城を攻略して天下統一を果たした。しかし朝鮮侵略では失敗。また甥の秀次一族を処刑するなど、晩年は往事の明朗さに欠けた治世だった。
¶愛知百（[生]1536年　[没]1598年8月18日），朝日（[生]天文6（1537）年2月　[没]慶長3年8月18日（1598年9月18日）），岩史（[生]天文6（1537）年2月6日？　[没]慶長3（1598）年8月18日），大阪人（[生]天文5（1536）年　[没]慶長3（1598）年8月18日），沖縄百（[生]天文5（1536）年　[没]慶長3（1598）年8月18日），織田（羽柴秀吉　はしばひでよし　[生]天文6（1537）年　[没]慶長3（1598）年8月18日），鹿児島百（[生]天文6（1537）年），角史（[生]天文6（1537）年），神奈川人（[生]1536年），鎌倉（[生]天文5（1536）年），京都（[生]天文5（1536）年），郷土滋賀（[生]1536年），京都大（[生]天文5（1536）年），キリ（[生]天文5（1536）年），近世（[生]1537年），公卿（[生]天文6（1537）年2月6日　[没]慶長3（1598）年8月18日），公家（秀吉〔豊臣家〕　ひでよし　[生]1537年　[没]慶長3年8月18日），芸能（[生]天文5（1536）年　[没]慶長3（1598）年8月18日），国史（[生]1537年），国書（[生]天文6（1537）年　[没]慶長3（1598）年8月18日），古中（[生]1537年），コン改（[生]天文5（1536）年，（異説）1537年），コン4（[生]天文5（1536）年，（異説）1537年），茶道（[生]1536年），滋賀百（[生]1537年），史人（[生]1537年2月6日　[没]1598年8月18日），重要（[生]天文6（1537）年？　[没]慶長3（1598）年8月18日），食文（[生]天文6（1537）年　[没]慶長3年8月18日（1598年9月18日）），諸系（[生]1537年），人書94（[生]1536年），人情（[生]1536年），新潮（[生]天文6（1537）年　[没]慶長3（1598）年8月18日），人名（[生]1536年），姓氏愛知（[生]1536年），姓氏京都（[生]1536年），世人（[生]天文5（1536）年1月1日　[没]慶長3（1598）年8月18日），世百（[生]1536年），戦合（[生]1537年），戦国（[生]1537年），戦辞（羽柴秀吉　はしばひでよし　[生]天文6（1537）年　[没]慶長3年8月18日（1598年9月18日）），全書

([生]1537年), 戦人([生]天文5(1536)年), 大百([生]1537年), 伝記([生]1536年?), 鳥取百([生]天文6(1537)年), 長野歴([生]天文6(1537)年), 日史([生]天文5(1536)年　[没]慶長3(1598)年8月18日), 日人([生]1537年), 百科([生]天文5(1536)年), 兵庫百([生]天文5(1536)年), 福岡百([生]天文5(1536)年　[没]慶長3(1598)年8月18日), 仏教([生]天文5(1536)年　[没]慶長3(1598)年8月18日), 歴大, 和歌山人([生]1537年)

**豊臣秀頼** とよとみひでより
文禄2(1593)年～元和1(1615)年　[別]秀頼〔豊臣家〕《ひでより》
江戸時代前期の大名、右大臣。豊臣秀吉の子。大坂夏の陣で敗れ自刃。
¶朝日([生]文禄2年8月3日(1593年8月29日)　[没]元和1年5月8日(1615年6月4日)), 岩史([生]文禄2(1593)年8月3日　[没]慶長20(1615)年5月8日), 大阪人([生]文禄2(1593)年8月3日), 角史, 京都, 京都大, 近世, 公卿([生]文禄2(1593)年8月3日　[没]元和1(1615)年5月8日), 公家(秀頼〔豊臣家〕　ひでより　[生]1593年　[没]元和1年5月8日), 国史, 国書([生]文禄2(1593)年8月3日　[没]慶長20(1615)年5月8日), 古中, コン改, コン4, 史人([生]1593年8月3日　[没]1615年5月8日), 重要([生]文禄2(1593)年8月3日　[没]元和1(1615)年5月8日), 諸系, 人書94, 新潮([生]文禄2(1593)年8月3日　[没]元和1(1615)年5月8日), 人名, 姓氏京都, 世人([生]文禄2(1593)年8月3日　[没]元和1(1615)年5月8日), 世百, 戦合, 戦国, 全書, 戦人, 大百, 日史([生]文禄2(1593)年8月3日　[没]元和1(1615)年5月8日), 日人, 藩主3([生]文禄2(1593)年8月3日　[没]元和1(1615)年5月8日), 百科, 歴大

**豊永藤五郎** とよながとうごろう
安土桃山時代～江戸時代前期の武士。
¶戦人(生没年不詳), 戦西

**豊福教尹** とよふくのりこれ
～弘治1(1555)年
安土桃山時代の武士。
¶岡山人

**豊良監物** とよらけんもつ
?　～天正19(1591)年
戦国時代～安土桃山時代の土豪。
¶青森人

**虎若** とらわか
?　～天正10(1582)年6月2日
戦国時代～安土桃山時代の織田信長の家臣。
¶織田

**鳥居景純** とりいかげずみ
戦国時代の武将。朝倉氏家臣。
¶戦西

**鳥居景近** とりいかげちか
?　～天正1(1573)年
戦国時代の武士。
¶戦人, 戦西

**鳥居景初** とりいかげはつ
戦国時代の武将。朝倉氏家臣。
¶戦西

**鳥居勝商** とりいかつあき
→鳥居強右衛門(とりいすねえもん)

**鳥居金次郎** とりいきんじろう
安土桃山時代の武士。徳川氏家臣。
¶戦人(生没年不詳), 戦補

**鳥居四郎左衛門** とりいしろうざえもん
→鳥居忠広(とりいただひろ)

**鳥居強右衛門** とりいすねえもん
?　～天正3(1575)年　[別]鳥居勝商《とりいかつあき》
戦国時代～安土桃山時代の武将。名は勝商とも。作手亀山城主奥平貞能に仕えた。
¶愛知百([没]1575年5月16日), 朝日([没]天正3年5月16日(1575年6月24日)), 角史, 国史, 古中, コン改, コン4, 史人([没]1575年5月), 新潮([没]天正3(1575)年5月16日), 人名(鳥居勝商　とりいかつあき), 姓氏愛知(鳥居勝商　とりいかつあき　[生]1540年), 世人, 戦合, 戦国, 全書, 戦人, 大百, 日史([没]天正3(1575)年5月), 日人, 百科, 歴大

**鳥居忠広** とりいただひろ
?　～元亀3(1572)年　[別]鳥居四郎左衛門《とりいしろうざえもん》
戦国時代の武士。徳川氏家臣。
¶諸系([没]1573年), 人名, 戦人, 戦補(鳥居四郎左衛門　とりいしろうざえもん), 日人([没]1573年)

**鳥居忠政** とりいただまさ
永禄9(1566)年～寛永5(1628)年
安土桃山時代～江戸時代前期の大名。陸奥磐城平藩主、出羽山形藩主、下総矢作藩主。
¶朝日([没]寛永5年9月5日(1628年10月2日)), 近世, 国史, コン改, コン4, 史人([没]1628年9月5日), 諸系, 新潮([没]寛永5(1628)年9月5日), 人名([生]1565年　[没]1626年), 戦合, 戦国, 戦人, 日史([没]寛永5(1628)年9月5日), 日人, 藩主1, 藩主1([没]寛永5(1628)年9月5日), 藩主2, 百科, 山形百([生]永禄8(1565)年), 歴大

**鳥居忠吉** とりいただよし
?　～元亀3(1572)年
戦国時代の武士。松平(後の徳川)氏の臣。
¶諸系, 人名([没]1571年), 姓氏愛知, 戦辞([没]元亀3年3月25日(1572年5月7日)), 日人

**鳥居長太夫** とりいちょうだゆう
戦国時代の武将。武田家臣。岡部正綱配下の武辺者。
¶姓氏山梨

**鳥居成次** とりいなりつぐ
元亀1(1570)年～寛永8(1631)年
安土桃山時代～江戸時代前期の武将、大名。甲斐谷村城主、甲斐甲府藩士、駿河駿府藩士。
¶諸系, 人名, 日人, 藩主2([没]寛永8(1631)年6月18日), 藩臣3([生]?), 藩臣4

**鳥居元忠** とりいもとただ
天文8(1539)年～慶長5(1600)年　[別]鳥居彦右衛門《とりいひこえもん》
安土桃山時代の大名。下総矢作藩主。
¶朝日([没]慶長5年8月1日(1600年9月8日)), 岩史([没]慶長5(1600)年8月1日), 角史, 京都大, 近世, 国史, 国書([没]慶長5(1600)年8月1日), 古中, コン改, コン4, 史人([没]1600年8月1日), 諸系, 新潮([没]慶長5(1600)年8月1日), 人名, 姓氏京都, 世人([没]慶長5(1600)年8月1日), 世百, 戦合, 戦国, 戦辞([没]慶長5年8月1日(1600年9月9日)), 全書, 戦人, 戦東([没]?), 千葉百, 日史([没]慶長5(1600)年8月1日), 日人, 藩主2([没]慶長5(1600)年8月1日), 百科, 歴大

**鳥居与一左衛門尉** とりいよいちざえもんのじょう
?　～永禄10(1567)年
戦国時代の武士。
¶戦人, 戦西



**鳥島駿河光清** とりしまするがみつきよ
→鳥島光清(とりしまみつきよ)

**鳥島光清** とりしまみつきよ
?　～天正19(1591)年　[別]鳥島駿河光清《とりしまするがみつきよ》
安土桃山時代の武将。
¶戦人, 戦東(鳥島駿河光清　とりしまするがみつきよ)

**鳥海信道** とりのうみのぶみち
生没年不詳
安土桃山時代の武将。
¶戦人

**鳥畑堅長** とりはたかたなが
[別]鳥畑薩摩堅長《とりはたさつまかたなが》
安土桃山時代の武士。葛西氏家臣。
¶戦人(生没年不詳), 戦東(鳥畑薩摩堅長　とりはたさつまかたなが)

**鳥畑薩摩堅長** とりはたさつまかたなが
→鳥畑堅長(とりはたかたなが)

**鳥屋尾右近将監** とりやおうこんしょうげん
生没年不詳
安土桃山時代の武将。北畠氏家臣。
¶戦人

**鳥山繁雄** とりやましげかつ
生没年不詳
戦国時代の武士。上野国衆由良氏の一族。
¶戦辞

**鳥山忠正** とりやまただまさ
生没年不詳
戦国時代の松平氏の家臣。
¶戦辞

**頓宮四郎左衛門** とんぐうしろうざえもん
室町時代の武将。
¶岡山人, 岡山歴

**頓宮孫三郎** とんぐうまごさぶろう
～元弘3/正慶2(1333)年
室町時代の武士。
¶岡山人

**頓宮又次郎** とんぐうまたじろう
～元弘3/正慶2(1333)年
室町時代の武将。
¶岡山人

## 【な】

**内記昌継** ないきまさつぐ
生没年不詳
戦国時代の武田氏・徳川氏の家臣。
¶戦辞

**内藤秋宣** ないとうあきのぶ
→内藤大和守(ないとうやまとのかみ)

**内藤家長** ないとういえなが
天文15(1546)年～慶長5(1600)年
安土桃山時代の武将、大名。上総佐貫城主。
¶諸系, 人名, 戦国, 戦辞([没]慶長5年8月1日(1600年9月8日)), 戦人, 戦東([没]?), 日人, 藩主2([没]慶長5(1600)年8月1日)

**内藤興盛** ないとうおきもり
*～天文23(1554)年
戦国時代の武士。
¶姓氏山口([生]1493年), 戦人([生]?), 戦西([生]?), 山口百([生]1494年)

**内藤景定** ないとうかげさだ
?　～天文3(1534)年
戦国時代の武将。
¶神奈川人, 姓氏神奈川

**内藤景次** ないとうかげつぐ
?　～正保4(1647)年
安土桃山時代～江戸時代前期の武士、武蔵岩槻藩士。
¶神奈川人(生没年不詳), 藩臣5

**内藤景豊** ないとうかげとよ
～寛永1(1624)年
戦国時代の武将。後北条氏家臣。
¶神奈川人, 戦東

**内藤勝行** ないとうかつゆき
生没年不詳
戦国時代～安土桃山時代の武将。
¶戦人

**内藤休甫** ないとうきゅうほ
?　～延宝1(1673)年
安土桃山時代～江戸時代前期の武将。如安の子。
¶人名, 日人

**内藤清成** ないとうきよしげ
→内藤清成(ないとうきよなり)

**内藤清次** ないとうきよつぐ
天正5(1577)年～元和3(1617)年
安土桃山時代～江戸時代前期の武士、幕臣、老中。

¶近世，国史，史人（[没]1617年7月1日），諸系，人名，戦合，日人，歴大

**内藤清成** ないとうきよなり
弘治1（1555）年〜慶長13（1608）年　[別]内藤清成《ないとうきよしげ》
安土桃山時代〜江戸時代前期の武士。徳川氏家臣。
¶神奈川人，国書（[没]慶長13（1608）年10月20日），諸系，新潮（ないとうきよしげ　[没]慶長13（1608）年10月20日），人名，姓氏神奈川，戦国（ないとうきよしげ），戦人，日史（[没]慶長13（1608）年10月20日），日人，百科，歴大

**内藤国貞** ないとうくにさだ
？〜天文22（1553）年
戦国時代の武士。
¶戦人，戦西

**内藤国高** ないとうくにたか
康正1（1455）年〜大永7（1527）年
戦国時代の武将。武田氏家臣。
¶戦人

**内藤外記** ないとうげき
戦国時代の武将。武田家臣。納戸奉行といわれる。
¶姓氏山梨

**内藤貞弘** ないとうさだひろ
生没年不詳
安土桃山時代の織田家家臣。代官。
¶織田，戦人，戦補

**内藤貞正** ないとうさだまさ
？〜大永5（1525）年
戦国時代の武士。
¶戦人，戦西

**内藤佐渡守** ないとうさどのかみ
生没年不詳
安土桃山時代の織田信長の家臣。
¶織田

**内藤三郎兵衛** ないとうさぶろうびょうえ
戦国時代の武将。後北条氏家臣。
¶戦東

**内藤重政** ないとうしげまさ
生没年不詳
安土桃山時代の織田信長の家臣。
¶織田

**内藤下総守** ないとうしもうさのかみ
？〜元亀2（1571）年
戦国時代の武将。
¶織田（[没]元亀2（1571）年6月17日），戦人

**内藤如安**（内藤ジョアン，内藤汝安，内藤如庵） ないとうじょあん
？〜寛永3（1626）年　[別]小西如安《こにしじょあん》，小西如庵《こにしじょあん》，内藤徳庵《ないとうとくあん》，ジュアン，内藤忠俊《ないとうただとし》
安土桃山時代〜江戸時代前期のキリシタン、武将。小西行長に仕えた。
¶朝日，京都府，キリ（内藤汝安），近世（小西如庵　こにしじょあん），熊本百（小西如安　こにしじょあん　[没]元和2（1616）年），国史（小西如庵　こにしじょあん），古中（小西如庵　こにしじょあん），コン改（小西如安　こにしじょあん），コン改（[没]寛永3（1626）年，（異説）1616年），コン4（小西如安　こにしじょあん），史人（内藤如庵），人書94，新潮，人名（内藤徳庵　ないとうとくあん　[没]1616年），姓氏石川（内藤徳庵　ないとうとくあん），世人（小西如安　こにしじょあん　[没]元和2（1616）年），戦合（小西如庵　こにしじょあん），戦国，戦人，日史，日人，藩臣3（内藤徳庵　ないとうとくあん），百科，歴大（内藤ジョアン）

**内藤勝介** ないとうしょうすけ
生没年不詳
安土桃山時代の織田信長の家臣。
¶織田

**内藤甚五左衛門** ないとうじんござえもん
元亀3（1572）年〜寛永17（1640）年
安土桃山時代〜江戸時代前期の紀伊和歌山藩士。
¶藩臣5

**内藤新十郎** ないとうしんじゅうろう
戦国時代の武将。斎藤氏家臣。
¶戦西

**内藤隆春** ないとうたかはる
享禄1（1528）年〜慶長5（1600）年
戦国時代〜安土桃山時代の武士。
¶姓氏山口，戦人，戦西（[生]？），山口百

**内藤隆世** ないとうたかよ
？〜弘治3（1557）年
戦国時代の武士。
¶戦人，戦西

**内藤忠興** ないとうただおき
文禄1（1592）年〜延宝2（1674）年
江戸時代前期の武将、大名。陸奥磐城平藩主。
¶朝日（[没]延宝2年10月13日（1674年11月10日）），鎌倉，近世，国史，コン改，コン4，史人（[没]1674年10月13日），諸系，新潮（[没]延宝2（1674）年10月13日），人名，戦合，日人，藩主1（[没]延宝2（1674）年10月13日）

**内藤忠重** ないとうただしげ
天正14（1586）年〜承応2（1653）年
安土桃山時代〜江戸時代前期の武将、大名。志摩鳥羽藩主。
¶神奈川人，諸系，人名，日人，藩主3（[没]承応2（1653）年4月23日）

**内藤忠政** ないとうただまさ
〜慶長16（1611）年
安土桃山時代〜江戸時代前期の武士、旗本。
¶神奈川人

**内藤智得** ないとうちとく
正平13/延文3（1358）年〜永享10（1438）年
南北朝時代〜室町時代の長門守護代。
¶姓氏山口

**内藤綱秀** ないとうつなひで
生没年不詳
安土桃山時代の武将。後北条氏家臣。
¶姓氏神奈川，戦辞，戦東

**内藤藤十郎** ないとうとうじゅうろう
？ 〜慶長18（1613）年
安土桃山時代〜江戸時代前期の武士。
¶日人

**内藤徳庵** ないとうとくあん
→内藤如安（ないとうじょあん）

**内藤朝行** ないとうともゆき
生没年不詳
戦国時代の武士。扇谷上杉氏家臣、のち北条氏家臣。
¶戦辞



**内藤直行** ないとうなおゆき
生没年不詳
戦国時代の北条氏の家臣。
¶戦辞

**内藤信照** ないとうのぶてる
文禄1（1592）年〜寛文5（1665）年
江戸時代前期の武将、大名。陸奥棚倉藩主。
¶諸系，新潟百，日人，藩主1（[没]寛文5（1665）年1月19日），福島百

**内藤信成** ないとうのぶなり
天文14（1545）年〜慶長17（1612）年
安土桃山時代〜江戸時代前期の大名。伊豆韮山藩主、近江長浜藩主、駿河府中藩主。
¶朝日（[生]天文14年5月5日（1545年6月13日）　[没]慶長17年7月24日（1612年8月20日）），近世，国史，コン改，コン4，史人（[生]1545年5月5日　[没]1612年7月24日），諸系，新潮（[生]天文14（1545）年5月5日　[没]慶長17（1612）年7月24日），人名，戦合，戦国（[生]1546年），戦辞（[没]慶長17年7月24日（1612年8月20日）），戦人（[生]天文15（1546）年），戦東（[没]？），新潟百，日人，藩主2，藩主2（[生]1549年），藩主3（[没]慶長17（1612）年7月24日），歴大

**内藤信広** ないとうのぶひろ
文禄1（1592）年〜慶安2（1649）年
江戸時代前期の武将、旗本。
¶諸系，日人

**内藤信正** ないとうのぶまさ
永禄11（1568）年〜寛永3（1626）年
安土桃山時代〜江戸時代前期の武将、大名。近江長浜藩主、摂津高槻藩主。
¶諸系，人名，新潟百，日人，藩主3，藩主3（[没]寛永3（1626）年4月28日）

**内藤備前守** ないとうびぜんのかみ
生没年不詳
安土桃山時代の織田信長の家臣。
¶織田

**内藤秀行** ないとうひでゆき
？ 〜天正11（1583）年
安土桃山時代の武士。後北条氏家臣。
¶神奈川人，姓氏神奈川，戦辞（[没]天正11年8月10日（1583年9月25日）），戦人

**内藤兵部少輔** ないとうひょうぶしょうゆう
生没年不詳　[別]内藤兵部少輔《ないとうひょうぶのしょう》
戦国時代の武士。後北条氏家臣。
¶戦辞（ないとうひょうぶのしょう），戦人，戦東

**内藤兵部少輔** ないとうひょうぶのしょう
→内藤兵部少輔（ないとうひょうぶしょうゆう）

**内藤弘矩** ないとうひろのり
？ 〜明応4（1495）年
室町時代〜戦国時代の武士。
¶戦人，戦西

**内藤弘春** ないとうひろはる
？ 〜文亀2（1502）年
戦国時代の武士。
¶戦人，戦西

**内藤藤時** ないとうふじとき
生没年不詳
南北朝時代の武士。時清の子。
¶姓氏山口

**内藤昌月** ないとうまさあき
→内藤昌月（ないとうまさつき）

**内藤昌月** ないとうまさつき
天文19（1550）年〜天正16（1588）年　[別]内藤昌月《ないとうまさあき》
安土桃山時代の武将。武田氏家臣。
¶群馬人（ないとうまさあき　生没年不詳），姓氏群馬（ないとうまさあき　生没年不詳），戦辞（ないとうまさあき　[没]天正16年5月25日（1588年6月18日）），戦東，山梨百（[没]天正16（1588）年5月25日）

**内藤昌豊** ないとうまさとよ
？ 〜天正3（1575）年　[別]内藤昌秀《ないとうまさひで》，工藤源右衛門《くどうげんえもん》
戦国時代〜安土桃山時代の武士。武田氏家臣。
¶郷土群馬，群馬人，群馬百，人名，姓氏群馬（内藤昌秀　ないとうまさひで），姓氏山梨，戦国，戦辞（内藤昌秀　ないとうまさひで　[没]天正3年5月21日（1575年6月29日）），戦人，戦東，長野歴，日人，山梨百（[没]天正3（1575）年5月21日）

**内藤政長** ないとうまさなが
永禄11（1568）年〜寛永11（1634）年
安土桃山時代〜江戸時代前期の大名。陸奥磐城平藩主、上総磐城平藩主。
¶朝日（[没]寛永11年10月17日（1634年12月7日）），近世，国史，コン4，史人（[没]1634年10月17日），諸系，人名，戦合，戦国（[生]1589年），戦人，日史（[没]寛永11（1634）年10月17日），日人，藩主1（[没]寛永11（1634）年10月），藩主2，百科，福島百

**内藤正成(1)** ないとうまさなり
大永7（1527）年〜慶長7（1602）年
戦国時代〜安土桃山時代の武士。徳川氏家臣。
¶埼玉人（[没]慶長7（1602）年4月12日），諸系，人

名，戦国（[生]1528年），戦人（[生]享禄1（1528）年），戦東，日人

**内藤正成(2)** ないとうまさなり
永禄7（1564）年～慶長11（1606）年
安土桃山時代～江戸時代前期の武将。
¶諸系，日人

**内藤昌秀** ないとうまさひで
→内藤昌豊（ないとうまさとよ）

**内藤道勝** ないとうみちかつ
生没年不詳
南北朝時代の丹波の武士。
¶兵庫百

**内藤元貞** ないとうもとさだ
？ ～文明12（1480）年
室町時代～戦国時代の武士。
¶戦人，戦西

**内藤元康** ないとうもとやす
？ ～文安4（1447）年
室町時代の武士、細川氏の家臣。
¶人名，日人

**内藤元泰** ないとうもとやす
戦国時代の武士。毛利氏家臣。
¶戦人（生没年不詳），戦西

**内藤盛家** ないとうもりいえ
保延4（1138）年～嘉禄3（1227）年　[別]内藤六盛家《ないとうろくもりいえ》
平安時代後期～鎌倉時代前期の御家人。
¶鎌室，姓氏山口（内藤六盛家　ないとうろくもりいえ　生没年不詳），日人（[生]1138年，（異説）1139年）

**内藤盛時** ないとうもりとき
建久1（1190）年～建長6（1254）年
鎌倉時代前期の武士。
¶鎌室（生没年不詳），日人

**内藤護道** ないとうもりみち
生没年不詳
室町時代の武家・連歌作者。
¶国書

**内藤主水** ないとうもんど
生没年不詳
戦国時代の武士。北条氏忠の家臣。
¶戦辞

**内藤主水正** ないとうもんどのかみ
生没年不詳
戦国時代の北条氏の家臣。
¶戦辞

**内藤弥二郎** ないとうやじろう
南北朝時代の備前国の武士。
¶岡山歴

**内藤康行** ないとうやすゆき
生没年不詳　[別]内藤左近将監《ないとうさこんしょうげん》
戦国時代の武士。後北条氏家臣。
¶戦辞，戦人

**内藤大和入道** ないとうやまとにゅうどう
生没年不詳
戦国時代の武将。後北条氏家臣。
¶戦辞，戦人，戦東

**内藤大和守** ないとうやまとのかみ
[別]内藤秋宣《ないとうあきのぶ》
戦国時代の武将。武田氏家臣。
¶戦国（内藤秋宣　ないとうあきのぶ），戦人（生没年不詳）

**内藤六盛家** ないとうろくもりいえ
→内藤盛家（ないとうもりいえ）

**苗木勘太郎** なえぎかんたろう
戦国時代の武将。苗木城主。
¶岐阜百

な

**直江景綱** なおえかげつな
？ ～天正5（1577）年　[別]直江実綱《なおえさねつな》
戦国時代～安土桃山時代の国人。上杉謙信の家臣。
¶戦辞（直江実綱　なおえさねつな　[没]天正5年5月20日（1577年6月6日）），戦人，戦東，新潟百（直江実綱　なおえさねつな　生没年不詳）

**直江兼続** なおえかねつぐ
永禄3（1560）年～元和5（1619）年　[別]直江山城守《なおえやましろのかみ》
安土桃山時代～江戸時代前期の武将。越後国与板城主樋口惣右衛門兼豊の子。
¶会津，朝日（[没]元和5年12月19日（1620年1月23日）），角史，近世，群馬人（生没年不詳），国史，国書（[没]元和5（1619）年12月19日），コン改，コン4，茶道，詩歌，史人（[没]1619年12月19日），庄内（[没]元和5（1619）年12月19日），人書94，新潮（[没]元和5（1619）年12月19日），人名，世人（[没]元和5（1619）年12月19日），世百，戦合，戦国，戦辞（[没]元和5年12月19日（1620年1月23日）），全書，戦人，大百，新潟百，日史（[没]元和5（1619）年12月19日），日人（[没]1620年），藩臣1，百科，山形百，歴大

**直江実綱** なおえさねつな
→直江景綱（なおえかげつな）

**直江重綱** なおえしげつな
生没年不詳
戦国時代の武士。直江氏の一族。
¶戦辞

**直江信綱** なおえのぶつな
？ ～天正9（1581）年9月9日
戦国時代～安土桃山時代の上杉氏の家臣。
¶戦辞

**長井一虎** ながいいっこ
→永井一虎（ながいかずとら）

**中井右馬助** なかいうますけ
[別]中井右馬助《なかいうまのすけ》
安土桃山時代の武将。秀吉馬廻。
¶戦国（なかいうまのすけ），戦人（生没年不詳）

**中井右馬助** なかいうまのすけ
→中井右馬助（なかいうますけ）

**中居大炊助** なかいおおいのすけ
戦国時代の代官。里見氏家臣。
¶戦東

**永井一虎** ながいかずとら
[別]長井一虎《ながいいっこ》
戦国時代～安土桃山時代の武将。
¶岡山人（長井一虎　ながいいっこ），戦人（生没年不詳）

**長池越中守** ながいけえっちゅうのかみ
戦国時代の武将。今川氏家臣。
¶戦辞（生没年不詳），戦東

**長池親能** ながいけちかよし
生没年不詳
戦国時代の武士。今川氏家臣。
¶戦辞，戦人，戦東

**永池筑後** ながいけちくご
戦国時代の武士。
¶戦人（生没年不詳），戦西

**長井権助** ながいごんすけ
生没年不詳
戦国時代～江戸時代前期の真田家家臣。
¶姓氏長野

**長井左衛門尉** ながいさえもんのじょう
生没年不詳
戦国時代の山内上杉氏の家臣。
¶戦辞

**長井貞重** ながいさだしげ
？　～元弘1/元徳3（1331）年
鎌倉時代後期の御家人。
¶鎌室，諸系，日人，広島百（[没]元徳3（1331）年2月12日）

**長井貞秀** ながいさだひで
？　～延慶2（1309）年
鎌倉時代後期の武士。
¶京都府（生没年不詳），北条

**長井貞縁** ながいさだまさ
？　～元応2（1320）年
鎌倉時代後期の武士。
¶鎌室，日人

**長井貞泰** ながいさだやす
生没年不詳
鎌倉時代後期～南北朝時代の武士。
¶鎌室

**長井貞頼** ながいさだより
生没年不詳
鎌倉時代後期～南北朝時代の武士。
¶鎌室，島根歴（[没]貞治2（1363）年），諸系，日人

**永井讃岐** ながいさぬき
戦国時代の武将。葛西氏家臣。
¶戦東

**長井新左衛門尉** ながいしんざえもんのじょう
生没年不詳
戦国時代の斎藤道三の父親。
¶系東，戦人

**長井新太郎** ながいしんたろう
？　～天正10（1582）年6月2日
戦国時代～安土桃山時代の織田信長の家臣。
¶織田

**長居助之丞** ながいすけのじょう
江戸時代前期の武士。里見氏家臣。
¶戦東

**長井静瑜** ながいせいゆ
？　～正中1（1324）年
鎌倉時代後期の御家人。
¶鎌室（[没]元亨3（1323）年），諸系，日人

**長井太郎義兼** ながいたろうよしかね
鎌倉時代の武蔵武士。
¶埼玉百

**長井忠左衛門** ながいちゅうざえもん
戦国時代の武士。
¶戦人（生没年不詳），戦西

**中井忠蔵** なかいちゅうぞう
生没年不詳
安土桃山時代の織田信長の家臣。
¶織田

**長井時秀** ながいときひで
生没年不詳
鎌倉時代の武士、御家人。
¶朝日，鎌倉，鎌室，諸系，新潮，日人，北条

**長井時広** ながいときひろ
？　～仁治2（1241）年
鎌倉時代前期の御家人。大江広元の次男。
¶朝日（[没]仁治2年5月28日（1241年7月8日）），神奈川人，鎌室，諸系，新潮（[没]仁治2（1241）年5月28日），日人，北条

**長井利重** ながいとししげ
生没年不詳
安土桃山時代の織田信長の家臣。
¶織田

**永井直勝** ながいなおかつ
永禄6（1563）年～寛永2（1625）年　[別]永井伝八郎《ながいでんぱちろう》
安土桃山時代～江戸時代前期の大名。上野小幡藩主、常陸笠間藩主、下総古河藩主。
¶朝日（[没]寛永2年12月29日（1626年1月27日）），神奈川人，近世，国史，国書（[没]寛永2（1625）年12月29日），コン改，コン4，茶道（[生]1565年[没]1626年），史人（[没]1625年12月29日），諸系（[没]1626年），新潮（[没]寛永2（1625）年12月29日），人名，戦合，戦国，戦人，栃木歴，日史（[没]寛永2（1625）年12月29日），日人（[没]1626年），藩主1，藩主2，藩主2（[没]寛永2（1625）年12月29日），百科

**永井直清** ながいなおきよ
天正19(1591)年～寛文11(1671)年
江戸時代前期の武将、大名。山城越後長岡藩主、摂津高槻藩主。
¶京都府，国書([没]寛文11(1671)年1月9日)，史人([没]1671年1月9日)，諸系，人名，姓氏京都，日人，藩主3，藩主3([没]寛文11(1671)年1月9日)

**永井尚政** ながいなおまさ
天正15(1587)年～寛文8(1668)年
安土桃山時代～江戸時代前期の武将、大名、老中。下総古河藩主、上総潤井戸藩主、山城淀藩主。
¶朝日，岩史([没]寛文8(1668)年9月11日)，黄檗([没]延宝1(1668)年11月11日)，京都，京都大，京都府，近世，国史，国書([没]寛文8(1668)年9月11日)，コン改，コン4，茶道，史人([没]1668年9月11日)，諸系，新潮([没]寛文8(1668)年9月11日)，人名，姓氏京都，戦合，日人，藩主2，藩主3([没]寛文8(1668)年9月11日)，歴大

**長井長重** ながいながしげ
生没年不詳
安土桃山時代の武将。
¶戦人

**長井長利** ながいながとし
→長井道利(ながいみちとし)

**長井信実** ながいのぶざね
生没年不詳
戦国時代の武将。
¶群馬人

**永井半左衛門** ながいはんざえもん
戦国時代～安土桃山時代の武士。葛西氏家臣。
¶戦人(生没年不詳)，戦東

**中井久包** なかいひさかね
戦国時代の武士。
¶戦人(生没年不詳)，戦西

**中居秀幹** なかいひでとも
？～天正19(1591)年　[別]中居秀幹《なかいひでもと》，田野辺秀幹《たのべひでもと》
安土桃山時代の地方豪族・土豪。
¶戦国(なかいひでもと)，戦人，戦人(田野辺秀幹　たのべひでもと)

**中居秀幹** なかいひでもと
→中居秀幹(なかいひでとも)

**長井秀元** ながいひでもと
戦国時代の武将。斎藤氏家臣。
¶戦西

**中井平右衛門** なかいへいえもん
[別]中井平右衛門《なかいへええもん》
安土桃山時代の武士。豊臣氏家臣。
¶戦国(なかいへええもん)，戦人(生没年不詳)

**中井平右衛門** なかいへええもん
→中井平右衛門(なかいへいえもん)

**長井政実**(永井政実) ながいまさざね
生没年不詳
戦国時代の武蔵・上野国衆。
¶群馬人，埼玉人，埼玉百(永井政実)，姓氏山梨，戦辞

**長井道利** ながいみちとし
？～元亀2(1571)年　[別]長井長利《ながいながとし》
戦国時代～安土桃山時代の武将。
¶岐阜百(長井長利　ながいながとし)，戦国，戦人，戦西

**長井宗秀** ながいむねひで
文永2(1265)年～嘉暦2(1327)年　[別]大江宗秀《おおえむねひで》
鎌倉時代後期の御家人。時秀の子。
¶朝日，鎌室(生没年不詳)，国史，国書(大江宗秀　おおえむねひで　[没]嘉暦2(1327)年11月7日)，古中，史人，諸系，日人，北条(生没年不詳)

**長井宗衡** ながいむねひら
生没年不詳
鎌倉時代後期～南北朝時代の武士。
¶鎌室，諸系，日人

**長井村定** ながいむらさだ
戦国時代の武士。上杉朝成の臣。
¶人名

**長井衛安** ながいもりやす
？～永禄4(1561)年
戦国時代の武士。
¶戦人，戦西

**長井泰重** ながいやすしげ
生没年不詳
鎌倉時代前期の御家人。
¶鎌倉，鎌室，諸系，日人

**長井泰秀** ながいやすひで
建暦2(1212)年～建長5(1254)年
鎌倉時代前期の御家人。時広の嫡子。
¶朝日([没]建長5年12月21日(1254年1月11日))，鎌室([生]建暦1(1211)年　[没]建長5(1253)年)，諸系，新潮([生]建暦1(1211)年　[没]建長5(1253)年12月21日)，日人

**長井六郎** ながいろくろう
生没年不詳
戦国時代の山内上杉氏の家臣。
¶戦辞

**中江右近兵衛** なかえうこんびょうえ
安土桃山時代の武士。豊臣氏家臣。
¶戦国，戦人(生没年不詳)

**長江勝景** ながえかつかげ
？～天正19(1591)年
戦国時代～安土桃山時代の桃生郡西部の深谷保の領主。
¶姓氏宮城

**中江為則** なかえためのり
安土桃山時代の武士。
¶戦国，戦人(生没年不詳)

な

**長江藤十郎**　ながえとうじゅうろう
安土桃山時代の武士。豊臣氏家臣。
¶戦国，戦人（生没年不詳）

**中江直澄**　なかえなおずみ
安土桃山時代の武士。豊臣氏家臣。
¶戦国，戦人（生没年不詳）

**長江晴清**　ながえはるきよ
？　～天正19（1591）年
戦国時代～安土桃山時代の桃生郡深谷保領主。
¶宮城百

**長江半丞**　ながえはんのじょう
生没年不詳
安土桃山時代の織田信長の家臣。
¶織田



**長江政綱**　ながえまさつな
生没年不詳
鎌倉時代後期の地頭。
¶鎌室，日人

**長江義景**　ながえよしかげ
生没年不詳　[別]平義景《たいらのよしかげ》
鎌倉時代前期の武士。
¶神奈川人，鎌室，姓氏神奈川，姓氏宮城，日人，平史（平義景　たいらのよしかげ）

**長尾顕景(1)**　ながおあきかげ
生没年不詳
戦国時代の山内上杉氏の家臣。
¶戦辞

**長尾顕景(2)**　ながおあきかげ
→上杉景勝（うえすぎかげかつ）

**長尾顕方**　ながおあきかた
生没年不詳
戦国時代の武士。
¶神奈川人，系東，戦辞，戦人

**長尾顕忠**　ながおあきただ
？　～永正6（1509）年
戦国時代の武士。
¶神奈川人，系東，戦辞（[没]永正6年1月9日（1509年1月29日）），戦人

**長尾顕長**　ながおあきなが
？　～元和7（1621）年
安土桃山時代～江戸時代前期の武将。上杉氏・北条氏に臣従。
¶群馬人，系東，諸系，新潮（生没年不詳），人名，姓氏群馬，戦国，戦辞（[没]元和7年2月8日（1621年3月30日）），戦人，栃木歴，日人

**長尾顕吉**　ながおあきよし
生没年不詳
戦国時代の武士。越後上田の長尾氏当主。
¶戦辞

**長尾右馬助**　ながおうまのすけ
安土桃山時代の武将、上杉景勝の臣。
¶人名

**長岡勘解由**　ながおかかげゆ
慶長3（1598）年～万治1（1658）年
江戸時代前期の武士、肥後熊本藩家老。
¶藩臣7

**長岡休夢**　ながおかきゅうむ
→細川忠隆（ほそかわただたか）

**長尾景誠**　ながおかげしげ
→長尾景誠（ながおかげまさ）

**長尾景孝**　ながおかげたか
生没年不詳
戦国時代の人。総社系高津長尾。
¶戦辞

**長尾景忠(1)**　ながおかげただ
生没年不詳
鎌倉時代前期の武士。
¶鎌室

**長尾景忠(2)**　ながおかげただ
生没年不詳
南北朝時代の武将、越後・上野守護代。
¶朝日，鎌室，群馬人，系西，諸系，新潮，姓氏神奈川，新潟百，日人

**長尾景為**　ながおかげため
生没年不詳
鎌倉時代前期の武将。
¶系西

**長尾景恒**　ながおかげつね
？　～＊
南北朝時代の武将。
¶鎌室（生没年不詳），系西（[没]1367年），諸系（[没]1368年），新潟百（生没年不詳），日人（[没]1368年？）

**長尾景虎**　ながおかげとら
→上杉謙信（うえすぎけんしん）

**長尾景直**　ながおかげなお
生没年不詳
戦国時代～安土桃山時代の国人。上杉氏家臣。
¶戦辞，戦人，戦東

**長尾景仲**　ながおかげなか
元中5/嘉慶2（1388）年～寛正4（1463）年
室町時代の武将。山内上杉氏家臣、武蔵・上野守護代。
¶朝日（[没]寛正4年8月26日（1463年10月8日）），岩史（[没]寛正4（1463）年8月26日），神奈川人，鎌倉，鎌室，郷土群馬，群馬人，群馬百，系東，国史，古中，コン改，コン4，埼玉人（[没]寛正4（1463）年8月26日），史人（[没]1463年8月26日），諸系，新潮（[没]寛正4（1463）年8月26日），人名，姓氏神奈川，姓氏群馬，世人，戦合，戦辞（[没]寛正4年8月26日（1463年10月8日）），日史（[没]寛正4（1463）年8月26日），日人

**長尾景長(1)**　ながおかげなが
文明1（1469）年～享禄1（1528）年
戦国時代の武将。下野足利城城主。
¶朝日（[没]享禄1年1月15日（1528年2月5日）），鎌

室（㋕寛正4（1463）年），系東，国史，古中，史
人（㋛1528年1月15日），諸系，新潮（㋕寛正4
（1463）年　㋚享禄1（1528）年1月15日），戦合，
戦辞（㋚享禄1年1月15日（1528年2月5日）），戦
人，栃木歴，日人

**長尾景長**(2)　**ながおかげなが**
大永7（1527）年〜永禄12（1569）年　㋟長尾当長
《ながおまさなが》
戦国時代の武将。山内上杉氏重臣。館林城主。
　¶系東（長尾当長　ながおまさなが），コン改
（㋕?），コン4（㋕?），姓氏群馬（㋕?），戦
国，戦辞（㋚永禄12年7月15日（1569年8月27
日）），戦人，戦人（長尾当長　ながおまさなが）

**長尾景信**　**ながおかげのぶ**
応永20（1413）年〜文明5（1473）年
室町時代の武将。
　¶神奈川人，鎌室，系東，埼玉人（㋛文明5
（1473）年6月23日），諸系，新潮（㋛文明5
（1473）年6月23日），人名，世人（㋛文明5
（1473）年6月23日），戦辞（㋛文明5年6月23日
（1473年7月15日）），日人

**長尾景春**　**ながおかげはる**
嘉吉3（1443）年〜永正11（1514）年
室町時代〜戦国時代の武将。上野白井城主、白
井長尾氏の当主。
　¶朝日（㋛永正11年8月24日（1514年9月12日）），
岩史（㋛永正11（1514）年8月24日），神奈川人，
鎌室，郷土群馬，群馬人（㋛永正11（1514）年8
月24日），群馬百，系東，国史，古中，コン4，
埼玉人（㋛永正11（1514）年8月24日），埼玉百，
史人（㋛1514年8月24日），諸系，新潮（㋕嘉吉3
（1443）年?　㋛永正11（1514）年8月）），人名，
姓氏群馬，世人（㋕文安4（1447）年　㋛永正11
（1514）年8月24日），戦合，戦辞（㋛永正11
（1514）年8月），戦人，日史（㋛永正11（1514）
年8月24日），日人

**長尾景英**(1)　**ながおかげひで**
生没年不詳
室町時代の武将。
　¶系東

**長尾景英**(2)　**ながおかげひで**
文明11（1479）年〜大永7（1527）年
戦国時代の武将。
　¶系東，戦辞（㋛大永7年12月5日（1527年12月27
日）），戦人

**長尾景人**　**ながおかげひと**
?　〜文明4（1472）年
室町時代の武将。
　¶系東，戦辞（㋛文明4年5月1日（1472年6月7
日）），栃木歴

**長尾景凞**(長尾景熙)　**ながおかげひろ**
生没年不詳
鎌倉時代後期の武士。
　¶鎌室，コン改，コン4，新潮（長尾景熙），日人
（長尾景熙）

**長尾景広**　**ながおかげひろ**
天正11（1583）年〜寛永7（1630）年
安土桃山時代〜江戸時代前期の武将、出羽米沢
藩士。
　¶藩臣1

**長尾景総**　**ながおかげふさ**
生没年不詳
戦国時代の人。総社系高津長尾。
　¶戦辞

**長尾景誠**　**ながおかげまさ**
永正4（1507）年〜享禄1（1528）年　㋟長尾景誠
《ながおかげしげ》
戦国時代の武将。
　¶系東，戦辞（ながおかげしげ　㋚享禄1年1月24
日（1528年2月14日）），戦人

**長尾景棟**　**ながおかげむね**
生没年不詳
室町時代の武将。
　¶系東，戦辞

**長尾景茂**　**ながおかげもち**
?　〜宝治1（1247）年
鎌倉時代前期の武将。
　¶系西

**長尾景行**　**ながおかげゆき**
生没年不詳
戦国時代の越後国衆。
　¶戦辞

**長尾一在**　**ながおかずあき**
?　〜正保4（1647）年
安土桃山時代〜江戸時代前期の武士。紀州藩士。
　¶和歌山人

**長岡但馬守**　**ながおかたじまのかみ**
江戸時代前期の武士。最上氏家臣。義光に殉死。
　¶戦東

**長尾勘兵衛**　**ながおかんべえ**
?　〜正保4（1647）年
安土桃山時代〜江戸時代前期の武将、紀伊和歌山
藩士。
　¶藩臣5

**長尾邦景**　**ながおくにかげ**
?　〜宝徳2（1450）年
室町時代の武将。
　¶系西，新潟百

**長尾蔵人**　**ながおくろうど**
生没年不詳
戦国時代の山内上杉氏の家臣。
　¶戦辞

**中尾源太郎**　**なかおげんたろう**
?　〜天正10（1582）年6月2日
戦国時代〜安土桃山時代の織田信長の家臣。
　¶織田

**長尾謙忠**　**ながおけんちゅう**
?　〜永禄5（1562）年

戦国時代の武将、上杉謙信の老臣。
¶群馬人（生没年不詳），人名

**長尾定明** ながおさだあき
生没年不詳
戦国時代の上野守護代。
¶戦辞

**長尾定景**(1) ながおさだかげ
生没年不詳 [別]平定景《たいらのさだかげ》
平安時代後期〜鎌倉時代前期の武将。
¶鎌倉，鎌室，新潮，人名，日人，平史（平定景 たいらのさだかげ）

**長尾定景**(2) ながおさだかげ
? 〜文明18（1486）年？
室町時代〜戦国時代の武将。
¶系東，戦辞（[没]文明7年2月6日（1475年3月13日）），戦人，栃木歴

な

**長尾実景** ながおさねかげ
生没年不詳
室町時代の武将。
¶系西，系東（[没]1454年），新潟百

**長尾重景** ながおしげかげ
? 〜文明14（1482）年
室町時代〜戦国時代の武将。
¶系西，戦辞（[生]応永32（1425）年？ [没]文明14年2月25日（1482年3月14日）），戦人

**中尾新左衛門** なかおしんざえもん
生没年不詳
安土桃山時代の武士。豊臣氏家臣。
¶織田，戦国，戦人

**長尾輔景** ながおすけかげ
生没年不詳
室町時代の武家・連歌作者。
¶国書，戦辞

**長尾孝景** ながおたかかげ
生没年不詳
戦国時代の越後国衆。
¶戦辞

**長尾高景** ながおたかかげ
? 〜元中6/康応1（1389）年
南北朝時代の武将。
¶系西，新潟百（生没年不詳）

**長尾忠景** ながおただかげ
? 〜文亀1（1501）年
戦国時代の武将。
¶神奈川人，系東，埼玉人（[没]文亀1（1501）年閏6月29日），埼玉百，戦辞（[没]文亀1年閏6月25日（1501年8月8日）），戦人

**長尾忠房** ながおただふさ
? 〜文中2/応安6（1373）年
南北朝時代の武将。
¶群馬人，姓氏群馬

**長尾忠政** ながおただまさ
? 〜宝徳2（1450）年
室町時代の武将。
¶神奈川人，群馬百，系東（生没年不詳），姓氏群馬

**長尾種常** ながおたねつね
[別]山路久之丞《やまじきゅうのじょう》
安土桃山時代〜江戸時代前期の武将。
¶戦国，戦人（生没年不詳）

**長尾為景** ながおためかげ
? 〜*
戦国時代の武将、越後守護代。
¶朝日（生没年不詳），角史（[没]天文11（1542）年？），系西（[没]1536年），国史（[没]1542年），古中（[没]1542年），コン改（[没]天文5（1536）年，（異説）1542年），コン4（[没]天文5（1536）年，（異説）1542年），埼玉百（[没]1536年），史人（[没]1542年），諸系（[没]1542年？），新潮（[没]天文5（1536）年12月24日？），人名（[没]1536年），姓氏富山（[没]1536年），世人（[没]天文5（1536）年12月24日），戦合（[没]1542年），戦国（[没]1545年），戦辞（[没]天文11年12月24日（1543年1月29日）），戦人（[没]天文5（1536）年），大百（[没]1536年），富山百（[没]天文5（1536）年12月24日，（異説）1538年，1542年），新潟百（[没]1536年），日史（生没年不詳），日人（[没]1542年？），百科（[没]天文9（1540）年），歴大（[没]1542年）

**長尾弾正** ながおだんじょう
南北朝時代の武将、上杉憲顕の臣。
¶人名

**長尾輝景** ながおてるかげ
生没年不詳
戦国時代の上野国衆。
¶戦辞

**長尾俊景** ながおとしかげ
? 〜永正9（1512）年1月23日
戦国時代の越後国衆。
¶戦辞

**長尾虎房丸** ながおとらふさまる
生没年不詳
戦国時代の人。佐野昌綱の子。
¶戦辞

**長尾鳥房丸** ながおとりふさまる
生没年不詳
戦国時代の上野国衆。
¶戦辞

**長尾長景** ながおながかげ
生没年不詳
戦国時代の越後国衆。
¶戦辞

**長尾能登守** ながおのとのかみ
生没年不詳
戦国時代の山内上杉氏重臣。
¶戦辞

**長尾憲明** ながおのりあき
生没年不詳
室町時代の武将。

¶姓氏群馬

**長尾憲景** ながおのりかげ
永正8(1511)年～天正11(1583)年
戦国時代～安土桃山時代の武将。
¶系東，姓氏群馬([生]1510年)，戦辞(生没年不詳)，戦人，戦補

**長尾憲長** ながおのりなが
文亀3(1503)年～天文19(1550)年
戦国時代の武士。
¶系東([没]1547年)，コン改，コン4，諸系，新潮，戦辞([没]天文19年3月23日(1550年4月19日))，戦人，栃木歴，日人

**長尾隼人** ながおはやと
戦国時代の武将。葛西氏家臣。
¶戦東

**長尾晴景** ながおはるかげ
？ ～天文22(1553)年
戦国時代の武将。
¶系西，史人([生]1509年 [没]1553年2月10日)，戦国，戦辞([没]天文22年2月10日(1553年3月23日))，戦人，新潟百

**長尾房景** ながおふさかげ
生没年不詳
室町時代の武将。
¶鎌室，系東，諸系，戦辞，日人

**長尾房清** ながおふさきよ
生没年不詳
戦国時代の山内上杉氏の家臣。
¶戦辞

**長尾房長** ながおふさなが
生没年不詳
戦国時代の武士。長尾氏当主。
¶戦辞

**長尾藤景** ながおふじかげ
生没年不詳
戦国時代の上杉氏の家臣。
¶戦辞

**長尾政景** ながおまさかげ
？ ～永禄7(1564)年 [別]上杉政景《うえすぎまさかげ》
戦国時代の武将。
¶系東(生没年不詳)，コン改，コン4，諸系，新潮([没]永禄7(1564)年7月5日)，人名(上杉政景 うえすぎまさかげ [生]1526年)，人名，戦国，戦辞([生]大永6(1526)年？ [没]永禄7年7月5日(1564年8月11日))，戦人，戦東，新潟百，日人

**長尾政長** ながおまさなが
？ ～
戦国時代の足利長尾家当主。景長の子。北条氏に臣従。
¶戦辞(生没年不詳)，栃木歴

**長尾当長** ながおまさなが
→長尾景長(2)(ながおかげなが)

**長尾満景** ながおみつかげ
生没年不詳
戦国時代の上杉氏の家臣。
¶戦辞

**長尾弥五郎** ながおやごろう
？ ～永正1(1505)年12月1日
室町時代～戦国時代の山内上杉氏重臣。
¶戦辞

**長尾能景** ながおよしかげ
？ ～永正3(1506)年
戦国時代の武将。越後国守護代。
¶系西，国史，古中，コン改([生]長禄3(1459)年)，コン4([生]長禄3(1459)年)，史人([没]1506年9月19日)，諸系([生]1459年)，新潮([生]長禄3(1459)年 [没]永正3(1506)年9月19日)，戦合，戦辞([生]長禄3(1459)年？ [没]永正3年9月19日(1506年10月5日))，戦人([生]長禄3(1459)年)，富山百([没]永正3(1506)年9月19日)，新潟百，日史([没]永正3(1506)年9月19日)，日人([生]1459年)，百科

**長尾頼景** ながおよりかげ
？ ～文明1(1469)年
室町時代の武将。
¶系西，戦辞(生没年不詳)

**中川清秀** なかがわきよひで
天文11(1542)年～天正11(1583)年 [別]中川瀬兵衛《なかがわせべえ》
安土桃山時代の武将、中川重清の子。
¶朝日([没]天正11年4月20日(1583年6月10日))，岩史([没]天正11(1583)年4月20日)，大阪墓([没]天正11(1583)年4月20日)，織田([没]天正11(1583)年4月20日)，角史，国史，コン改，コン4，史人([没]1583年4月20日)，諸系，新潮([没]天正11(1583)年4月20日)，人名，世人([生]？)，戦合，戦国([生]？)，戦人，戦西，日史([没]天正11(1583)年4月20日)，日人，百科，歴大

**中川金右衛門** なかがわきんえもん
生没年不詳
安土桃山時代の織田信長の家臣。
¶織田

**中川重清** なかがわしげきよ
天文22(1553)年～寛永8(1631)年
戦国時代～安土桃山時代の武将。
¶神奈川人，諸系，戦人(生没年不詳)，日人

**中川重政** なかがわしげまさ
生没年不詳 [別]織田駿河守《おだするがのかみ》，中川土玄《なかがわどげん》
戦国時代の武士。織田氏家臣。
¶織田，戦人(織田駿河守 おだするがのかみ)，戦人，戦補

**中川駿河守** なかがわするがのかみ
生没年不詳
安土桃山時代の織田信長の家臣。
¶織田

**中川宗伴** なかがわそうはん
→中川光重（なかがわみつしげ）

**中川忠勝** なかがわただかつ
? ～寛永6（1629）年
安土桃山時代～江戸時代前期の武将。織田・豊臣・徳川家臣。
¶戦人，戦補

**中川長助** なかがわちょうすけ
安土桃山時代の武士。豊臣氏家臣。
¶戦国，戦人（生没年不詳）

**中川久盛** なかがわひさもり
文禄3（1594）年～承応2（1653）年
江戸時代前期の武将、大名。豊後岡藩主。
¶国書（[没]承応2（1653）年3月18日），諸系，人名，日人，藩主4（[没]承応2（1653）年3月18日）



**中川秀成** なかがわひでしげ
→中川秀成（なかがわひでなり）

**中川秀成** なかがわひでなり，なががわひでなり
元亀1（1570）年～慶長17（1612）年 [別]中川秀成《なかがわひでしげ》
安土桃山時代～江戸時代前期の武将、大名。豊後岡藩主。
¶大分歴（なかがわひでしげ），諸系，人名（[生]1571年），戦国（なかがわひでしげ [生]1590年），戦人，日人，藩主4（なががわひでなり [没]慶長17（1612）年8月14日）

**中川秀政** なかがわひでまさ
永禄12（1569）年～文禄2（1593）年
安土桃山時代の武将。清秀の長男。
¶朝日（[没]文禄2年10月24日（1593年12月16日）），織田（[没]文禄2（1593）年10月24日），近世，国史，コン改，コン4，茶道，史人（[没]1592年10月24日），諸系，新潮（[没]文禄2（1593）年12月24日），人名，戦合，戦国（[生]1568年 [没]1592年），戦辞（[生]永禄11（1568）年 [没]文禄1年10月24日（1592年11月27日）），戦人，日人，歴大（[生]1568年）

**中川通秀** なかがわみちひで
戦国時代の武士。今川氏家臣。
¶戦人（生没年不詳），戦東

**中川光重** なかがわみつしげ
永禄5（1562）年～慶長19（1614）年 [別]中川宗伴《なかがわそうはん》，中川宗半《なかがわそうはん》
安土桃山時代～江戸時代前期の茶人、武将。織田信長、豊臣秀吉の臣。
¶茶道（中川宗伴 なかがわそうはん），姓氏石川（[生]？），姓氏富山，戦国，藩臣3（[生]？）

**中吉十郎** なかぎりじゅうろう
南北朝時代の備前国の武士。
¶岡山人（なかよし（とう）じゅうろう），岡山歴

**中吉弥八** なかぎりやはち
[別]中吉弥八郎《なかよしやはちろう》
南北朝時代の備前国の武士。
¶岡山人（中吉弥八郎 なかよしやはちろう），岡山歴

**中吉与兵衛** なかぎりよへえ
[別]中吉与兵衛《なかよしよへえ》
安土桃山時代の武士。
¶岡山人（なかよしよへえ），岡山歴，戦人（生没年不詳），戦西

**長窪貞隆** ながくぼさだたか
戦国時代の武将。武田家臣。左衛門督。
¶姓氏長野（生没年不詳），姓氏山梨

**長倉勘解由左衛門** ながくらかげゆざえもん
生没年不詳
安土桃山時代の武士。
¶戦人

**長倉能登守** ながくらのとのかみ
生没年不詳
戦国時代の武士。
¶戦人

**長倉義興** ながくらよしおき
天正1（1573）年～慶長5（1600）年
安土桃山時代の武士。佐竹氏家臣。
¶戦辞（[没]慶長5年4月9日（1600年5月21日）），戦人，戦東（[生]？）

**長倉義重** ながくらよししげ
延徳3（1491）年～天文21（1552）年
戦国時代の武士。佐竹氏家臣。
¶戦辞（[没]天文21年8月5日（1552年8月24日）），戦人，戦東（[生]？）

**長倉義忠** ながくらよしただ
? ～天文9（1540）年4月3日
戦国時代の武将。佐竹氏家臣。
¶戦辞，戦人（生没年不詳），戦東

**長坂宮内左衛門** ながさかくないざえもん
戦国時代の武将。武田家臣。山県同心衆。
¶姓氏山梨

**長坂三十郎** ながさかさんじゅうろう
安土桃山時代の武将。秀吉馬廻。
¶戦国，戦人（生没年不詳）

**長坂助一郎** ながさかすけいちろう
生没年不詳
安土桃山時代の織田信長の家臣。
¶織田

**長坂筑後守** ながさかちくごのかみ
? ～天正10（1582）年3月
戦国時代～安土桃山時代の甲斐武田勝頼の家臣。
¶戦辞

**長坂千葉刑部少輔** ながさかちばぎょうぶしょうゆう
戦国時代の武将。葛西氏家臣。
¶戦東

**長坂血鎗九郎**（長坂血鑓九郎） ながさかちやりくろう
→長坂信政（ながさかのぶまさ）

**長坂長閑**（長坂釣閑） ながさかちょうかん
? ～天正10（1582）年 [別]長坂虎房《ながさかとらふさ》，長坂光堅《ながさかみつかた》，長坂長閑

斎《ながさかちょうかんさい》
安土桃山時代の武将、左衛門尉。武田信玄に仕えた。
¶朝日（[没]天正10（1582）年3月），国史，古中（長坂釣閑），コン改（長坂釣閑），コン4（長坂釣閑），新潮（長坂釣閑　[没]天正10（1582）年3月），人名（長坂釣閑），姓氏山梨（長坂長閑斎　ながさかちょうかんさい），戦合，戦国，戦辞（長坂虎房　ながさかとらふさ　[没]天正10（1582）年3月），戦人（長坂光堅　ながさかみつかた），戦東（長坂光堅　ながさかみつかた），長野歴（長坂虎房　ながさかとらふさ　生没年不詳），日人，山梨百（長坂釣閑　[没]天正10（1582）年3月）

**長坂長閑斎** ながさかちょうかんさい
→長坂長閑（ながさかちょうかん）

**長坂虎房** ながさかとらふさ
→長坂長閑（ながさかちょうかん）

**長坂信宅** ながさかのぶいえ
天文12（1543）年～慶長13（1608）年
安土桃山時代～江戸時代前期の武士。徳川氏家臣。
¶戦国，戦人

**長坂信政** ながさかのぶまさ
？～元亀3（1572）年　[別]長坂血鎗九郎《ながさかちやりくろう》，長坂血鑓九郎《ながさかちやりくろう》，血槍九郎《ちやりくろう》，長坂血槍九郎《ながさかちやりくろう》
戦国時代の武士。松平氏家臣、徳川氏家臣。
¶江戸東（長坂血鎗九郎　ながさかちやりくろう），人名（長坂血鑓九郎　ながさかちやりくろう），戦国，戦人，日人

**長坂昌国** ながさかまさくに
戦国時代の甲斐武田晴信・勝頼の家臣。
¶姓氏山梨，戦辞（生没年不詳）

**長坂光堅** ながさかみつかた
→長坂長閑（ながさかちょうかん）

**長崎休兵衛** ながさききゅうべえ
生没年不詳
安土桃山時代の武将。島津氏家臣。
¶戦人

**長崎重光** ながさきしげみつ
？～天文21（1552）年
戦国時代の武士。後北条氏家臣。
¶戦人

**長崎思元** ながさきしげん
？～元弘3/正慶2（1333）年
鎌倉時代後期の武士。
¶北条

**長崎性杲** ながさきしょうこう
生没年不詳
鎌倉時代後期の武士。
¶北条

**長崎四郎隆実** ながさきしろうたかざね
戦国時代の武将。大崎氏家臣。
¶戦東

**長崎甚左衛門** ながさきじんざえもん
？～元和8（1622）年
安土桃山時代～江戸時代前期のキリシタン大名、肥前大村藩士。
¶郷土長崎，人名（[没]1621年），日人（[生]1548年？），藩臣7（生没年不詳）

**長崎惣兵衛** ながさきそうべえ
生没年不詳
安土桃山時代～江戸時代前期の肥前大村藩士。
¶藩臣7

**長崎高貞** ながさきたかさだ
？～建武1（1334）年
鎌倉時代後期の得宗被官、四郎左衛門尉。
¶朝日（[没]建武1年3月21日（1334年4月25日）），岩史（[没]建武1（1334）年3月21日），国史，古中，コン4，諸系，日人，北条

**長崎高重** ながさきたかしげ
？～元弘3/正慶2（1333）年
鎌倉時代後期の得宗被官。二郎と称す。父は高貞。
¶朝日（[没]正慶2/元弘3年5月22日（1333年7月4日）），鎌倉，鎌室，諸系，新潮（[没]正慶2/元弘3（1333）年5月22日），人名，姓氏群馬，世人（[没]元弘3/正慶2（1333）年5月22日），日人

**長崎高資** ながさきたかすけ
？～元弘3/正慶2（1333）年
鎌倉時代後期の得宗被官、父は高綱、新左衛門尉、四郎左衛門尉。
¶朝日（[没]正慶2/元弘3年5月22日（1333年7月4日）），岩史（[没]正慶2/元弘3（1333）年5月22日），角史，神奈川人，神奈川百，鎌倉，鎌室，国史，古中，コン改，コン4，史人（[没]1333年5月22日），重要，諸系，新潮（[没]正慶2/元弘3（1333）年5月22日），人名，姓氏神奈川，世人，全書，日史（[没]元弘3（1333）年5月22日），日人，百科，北条，歴大

**長崎高綱** ながさきたかつな
？～元弘3/正慶2（1333）年　[別]長崎円喜《ながさきえんき》
鎌倉時代後期の得宗被官、父は光綱、三郎左衛門尉。
¶朝日（[没]正慶2/元弘3年5月22日（1333年7月4日）），岩史（[没]正慶2/元弘3（1333）年5月22日），神奈川人，国史，古中，コン4，史人（[没]1333年5月22日），諸系，姓氏神奈川，日史（[没]元弘3（1333）年5月22日），日人，百科，北条

**長崎高頼** ながさきたかより
生没年不詳
鎌倉時代後期の武士。
¶北条

**長崎時綱** ながさきときつな
生没年不詳
鎌倉時代の武士。
¶北条

な

**長崎光綱** ながさきみつつな
生没年不詳
鎌倉時代後期の得宗被官。内管領・平頼綱の兄弟または従弟。
¶朝日，諸系，日人，北条（[没]永仁5（1297）年）

**長崎木工左衛門尉** ながさきもくさえもんのじょう
生没年不詳
鎌倉時代後期の武士。
¶北条

**長崎元家** ながさきもといえ
天文8（1539）年～慶長15（1610）年
安土桃山時代～江戸時代前期の武将。秀吉馬廻。
¶戦国，戦人

**長崎泰光** ながさきやすみつ
生没年不詳
鎌倉時代後期の武士。
¶北条



**長狭常伴** ながさつねとも
？　～治承4（1180）年　[別]長狭常伴《ながさのつねとも》，長狭六郎常伴《ながさのろくろうつねとも》
平安時代後期の武士。
¶鎌室，新潮（[没]治承4（1180）年9月3日），千葉百（ながさのつねとも），日人，平史（長狭六郎常伴　ながさのろくろうつねとも）

**中里右京進** なかざとうきょうのじょう
→中里右京進（なかざとうきょうのしん）

**中里右京進** なかざとうきょうのしん
生没年不詳　[別]中里右京進《なかざとうきょうのじょう》
安土桃山時代～江戸時代前期の武士。結城氏家臣。
¶戦辞（なかざとうきょうのじょう），戦人，戦東

**中里実次** なかざとさねつぐ
生没年不詳
戦国時代の里見義豊の重臣。
¶戦辞

**中里神太夫** なかざとじんだゆう
生没年不詳
戦国時代の宇都宮大明神の神官。宇都宮氏の重臣。
¶戦辞

**中里藤三郎** なかざととうざぶろう
戦国時代の武将。結城氏家臣。
¶戦東

**中里弥七郎** なかざとやしちろう
安土桃山時代～江戸時代前期の武士。里見氏家臣。
¶戦人（生没年不詳），戦東

**中里吉重** なかざとよししげ
戦国時代の武士。結城氏家臣。
¶戦人（生没年不詳），戦東

**長狭常伴** ながさのつねとも
→長狭常伴（ながさつねとも）

**長狭六郎常伴** ながさのろくろうつねとも
→長狭常伴（ながさつねとも）

**中左門** なかさもん
天正4（1576）年～
安土桃山時代～江戸時代前期の武士。
¶庄内

**長沢市介** ながさわいちすけ，ながざわいちすけ
？　～天正1（1573）年
戦国時代の神主・神官。足利義昭に殺された。
¶織田（[没]天正1（1573）年3月26日），戦人，戦補（ながざわいちすけ）

**中沢円性** なかざわえんしょう
生没年不詳
鎌倉時代の御家人。
¶島根歴

**長沢勘作** ながさわかんさく
生没年不詳
安土桃山時代～江戸時代前期の肥前大村藩士。
¶藩臣7

**長沢九郎兵衛** ながさわくろべえ
生没年不詳
江戸時代前期の武士。後藤又兵衛に仕え、大坂の陣に従軍。
¶国書

**中沢三郎** なかざわさぶろう
生没年不詳
室町時代の武将。
¶鎌室，新潮，日人

**中沢太郎右衛門** なかざわたろうえもん
？　～慶安3（1650）年
安土桃山時代～江戸時代前期の武士。高山右近に仕えた。
¶姓氏石川

**長沢筑前** ながさわちくぜん
→長沢光国（ながさわみつくに）

**長沢光国** ながさわみつくに
？　～天正7（1579）年　[別]長沢筑前《ながさわちくぜん》
戦国時代～安土桃山時代の武将。上杉氏家臣。
¶姓氏石川，姓氏富山（長沢筑前　ながさわちくぜん），戦人（[没]天正6（1578）年）

**中沢基員** なかざわもとかず
生没年不詳
鎌倉時代後期の大山荘地頭。
¶朝日，日人，兵庫百

**中沢基政** なかざわもとまさ
生没年不詳
鎌倉時代前期の武蔵武士。
¶埼玉人

**中路伊豆守** なかじいずのかみ
生没年不詳
安土桃山時代の織田信長の家臣。
¶織田

**長塩左衛門四郎** ながしおさえもんしろう
生没年不詳

戦国時代の武士。
¶姓氏群馬

**中路周防** なかじすおう
? ～寛永14(1637)年
江戸時代前期の武士、肥後熊本藩士。
¶藩臣7

**中路宗西** なかじそうさい
生没年不詳
安土桃山時代の織田信長の家臣。
¶織田

**中島伊勢** なかじまいせ
安土桃山時代の武将。伊達氏家臣。
¶戦東

**中島氏種** なかじまうじたね
? ～元和1(1615)年
安土桃山時代～江戸時代前期の武士。
¶戦国，戦人

**中島大炊助** なかしまおおいのかみ
→中島大炊介(なかしまおおいのすけ)

**中島大炊介** なかしまおおいのすけ
? ～永禄10(1567)年 [別]中島大炊助《なかしまおおいのかみ》
安土桃山時代の武将。
¶岡山人(中島大炊助 なかしまおおいのかみ)，岡山歴

**中島勘解由左衛門** なかじまかげゆざえもん
生没年不詳
安土桃山時代の織田信長の家臣。
¶織田

**中島吉右衛門尉** なかしまきちえもんのじょう
戦国時代の美作国中央部の在地武士。
¶岡山歴

**中島貞清** なかじまさだきよ
戦国時代の武士。
¶戦人(生没年不詳)，戦西

**中島左兵衛** なかじまさへえ
安土桃山時代の武士。豊臣氏家臣。
¶戦国，戦人(生没年不詳)

**中島重尚** なかじましげなお
天正17(1589)年～寛文2(1662)年
安土桃山時代～江戸時代前期の武士、三河岡崎藩家老。
¶藩臣4

**中島重房** なかじましげふさ
生没年不詳
安土桃山時代～江戸時代前期の武士。長宗我部氏家臣。
¶高知人，戦人

**中島将監** なかじましょうげん
生没年不詳
安土桃山時代の織田信長の家臣。
¶織田

**中島勝太** なかじましょうた
生没年不詳
安土桃山時代の織田信長の家臣。
¶織田

**中島承念** なかじまじょうねん
生没年不詳
鎌倉時代後期の有力土豪。
¶姓氏愛知

**永嶋助右衛門** ながしますけえもん
生没年不詳
戦国時代の土豪。
¶姓氏神奈川

**中島惣右衛門入道** なかじまそうえもんにゅうどう
戦国時代の武将。斎藤氏家臣。
¶戦西

**中島宗求** なかじまそうきゅう
→中島宗求(なかじまむねもと)

**中島宗甫斎** なかじまそうほさい
戦国時代の武将。後北条氏家臣。
¶戦東

**中島隆重** なかじまたかしげ
生没年不詳
安土桃山時代の織田信長の家臣。
¶織田

**中島親吉** なかじまちかよし
生没年不詳
戦国時代～安土桃山時代の武士。長宗我部氏家臣。
¶戦人

**中島輝行** なかしまてるゆき
? ～*
安土桃山時代の武将。
¶岡山人([没]天文7(1538)年)，岡山歴([没]永禄10(1567)年)

**永嶋藤六** ながしまとうろく
生没年不詳
戦国時代の北条氏の家臣。
¶戦辞

**中島直親** なかじまなおちか
戦国時代の武士。
¶戦人(生没年不詳)，戦西

**中島直弥** なかじまなおや
戦国時代の武将。浅井氏家臣。
¶戦西

**中島直頼** なかじまなおより
戦国時代の武士。
¶戦人(生没年不詳)，戦西

**中島長利** なかしまながとし
生没年不詳
南北朝時代の在庁官人系有力土豪。
¶姓氏愛知

**中島豊後守** なかじまぶんごのかみ
生没年不詳

安土桃山時代の織田信長の家臣。
¶織田

**中島可之助**　なかじまべくのすけ
安土桃山時代の武将。長宗我部氏家臣。
¶高知人（生没年不詳），戦西

**中島昌行**　なかしままさゆき
？　～寛文2（1662）年
江戸時代前期の武士、大坂の陣に参戦。
¶岡山人，岡山歴（[没]寛文2（1662）年7月19日）

**中島宗忠**　なかじまむねただ
生没年不詳
戦国時代の武将。
¶戦人

**中島宗意**　なかじまむねもと
？　～天正17（1589）年
安土桃山時代の武将。
¶藩臣1

**中島宗求**　なかじまむねもと
生没年不詳　[別]中島宗求《なかじまそうきゅう》
戦国時代～安土桃山時代の武士。伊達氏家臣。
¶姓氏宮城（なかじまそうきゅう），姓氏宮城，戦人，藩臣1

**中島元行**　なかじまもとゆき，なかしまもとゆき
？　～慶長19（1614）年1月16日
安土桃山時代～江戸時代前期の武将。
¶岡山人（なかしまもとゆき），岡山歴（なかしまもとゆき），国書

**中島主水正**　なかじまもんどのしょう
生没年不詳
戦国時代の武士。織田氏家臣。
¶織田，戦人，戦補

**中島大和守**　なかじまやまとのかみ
戦国時代～安土桃山時代の武将。長宗我部氏家臣。
¶戦西

**中島幸家**　なかしまゆきいえ
南北朝時代の美作国の在地武士。
¶岡山歴

**中島幸元**　なかしまゆきもと
安土桃山時代～江戸時代前期の武士。
¶岡山人

**中島与市兵衛**　なかじまよいちべえ
安土桃山時代の武将。長宗我部氏家臣。
¶戦西

**中島与五郎**　なかじまよごろう
生没年不詳
安土桃山時代の織田信長の家臣。
¶織田

**中島義行**　なかしまよしゆき
安土桃山時代の備中国の武将。
¶岡山歴

**中条家長**　なかじょういえなが
永万1（1165）年～嘉禎2（1236）年　[別]中条家長《ちゅうじょういえなが》，藤原家長《ふじわらのいえなが》
平安時代後期～鎌倉時代前期の武将。小野義勝の子、八田知家の養子。
¶朝日（[没]嘉禎2年8月25日（1236年9月26日）），鎌倉（ちゅうじょういえなが），鎌室（[生]長寛2（1164）年），国史，古中，埼玉人（ちゅうじょういえなが　[没]嘉禎2（1236）年8月25日），埼玉百（ちゅうじょういえなが），史人（[没]1236年8月25日），新潮（[没]嘉禎2（1236）年8月25日），日人，平史（藤原家長　ふじわらのいえなが）

**中条家平**　なかじょういえひら
生没年不詳　[別]中条家平《ちゅうじょういえひら》
鎌倉時代前期の武将。
¶鎌室，埼玉人（ちゅうじょういえひら），埼玉百（ちゅうじょういえひら），姓氏愛知（ちゅうじょういえひら），日人

**中条景長**　なかじょうかげなが
生没年不詳　[別]中条景長《ちゅうじょうかげなが》
鎌倉時代後期の武将。
¶鎌室

**中条景泰**　なかじょうかげやす
？　～天正10（1582）年
安土桃山時代の国人。
¶戦辞（[生]永禄1（1558）年　[没]天正10年6月3日（1582年6月22日）），戦人，戦東

**中条玄蕃允**　なかじょうげんばのじょう
生没年不詳
戦国時代の武将。長尾氏家臣。
¶戦辞，戦人

**中条定資**　なかじょうさだすけ
？　～明応3（1494）年9月
室町時代～戦国時代の越後奥山荘中条の国人。
¶戦辞

**中条出羽守**　なかじょうでわのかみ
→中条出羽守（ちゅうじょうでわのかみ）

**中条朝資**　なかじょうともすけ
？　～明応9（1500）年8月28日
室町時代～戦国時代の越後奥山荘中条の国人。
¶戦辞

**中条長秀**　なかじょうながひで
→中条長秀（ちゅうじょうながひで）

**中条房資**　なかじょうふさすけ
生没年不詳
室町時代の国人領主。
¶新潟百

**中条藤資**　なかじょうふじすけ
明応1（1492）年頃～永禄11（1568）年2月13日
戦国時代の国人。
¶戦辞，戦人（生没年不詳），戦東，新潟百（生没年不詳）

**中条頼平**　なかじょうよりひら
生没年不詳　[別]中条頼平《ちゅうじょうよりひら》
鎌倉時代前期の武将。
¶鎌室，埼玉百（ちゅうじょうよりひら），姓氏愛

知(ちゅうじょうよりひら)，日人

**中四郎兵衛** なかしろべえ
生没年不詳
戦国時代の武士。北条氏邦の家臣。
¶戦辞

**長髄彦** ながすねひこ
上代の大和の土豪。神武天皇の東征に抵抗し殺された。
¶朝日，古史，古代，コン改，コン4，史人，新潮，世百，全書，大百，日史，日人，百科

**長洲兵庫** ながすひょうご
生没年不詳
安土桃山時代の織田信長の家臣。
¶織田

**長瀬久左衛門** ながせきゅうざえもん
？ ～寛永4(1627)年
江戸時代前期の武士、丹波園部藩家老。
¶藩臣5

**長瀬七郎** ながせしちろう
？ ～天正8(1580)年
安土桃山時代の武士。
¶岡山歴，戦人，戦西

**長瀬泰貞** ながせやすさだ
生没年不詳
南北朝時代の武将。
¶鎌室，日人

**長瀬与五郎** ながせよごろう
安土桃山時代の武士。
¶岡山人

**中台式右衛門** なかだいしきえもん
天正13(1585)年～慶安2(1649)年9月19日
安土桃山時代～江戸時代前期の功臣。
¶庄内

**長田右衛門尉** ながたうえもんのじょう
→長田右衛門尉(ながたえもんのじょう)

**長田右近丞** ながたうこんのじょう
戦国時代～安土桃山時代の武将。後北条氏家臣。
¶戦東

**長田右衛門尉** ながたえもんのじょう
[別]長田右衛門尉《ながたうえもんのじょう》
安土桃山時代の武士。
¶岡山歴(ながたうえもんのじょう)，戦人(生没年不詳)，戦西

**中田加賀守** なかだかがのかみ, なかたかがのかみ
？ ～天正18(1590)年
安土桃山時代の武士。後北条氏家臣。
¶姓氏神奈川(生没年不詳)，戦辞(なかたかがのかみ 生没年不詳)，戦人，戦東

**永田景弘** ながたかげひろ
生没年不詳
安土桃山時代の織田信長の家臣。
¶織田

**永田九郎兵衛** ながたくろべえ
生没年不詳
江戸時代前期の武士、奉行。代官伊奈半左衛門忠治の家臣。
¶埼玉人

**長田源右衛門** ながたげんえもん
生没年不詳
戦国時代の北条氏の家臣。
¶戦辞

**永田貞行** ながたさだゆき
生没年不詳
安土桃山時代の織田信長の家臣。
¶織田

**中田左馬助** なかたさまのすけ, なかださまのすけ
安土桃山時代の武将。佐竹氏家臣。
¶戦辞(なかださまのすけ 生没年不詳)，戦東

**長田治部** ながたじぶ
安土桃山時代の武将。結城氏家臣。
¶戦東

**中田駿河守** なかたするがのかみ, なかだするがのかみ
天文22(1553)年～慶長12(1607)年11月13日
戦国時代～安土桃山時代の武士。佐竹氏家臣。
¶戦辞(なかだするがのかみ)，戦人(生没年不詳)，戦東

**長田高景** ながたたかかげ
慶長2(1597)年～寛文4(1664)年
江戸時代前期の浅野家臣。
¶和歌山人

**永田高弘** ながたたかひろ
生没年不詳
戦国時代の武将・連歌作者。
¶国書

**長田但馬** ながたたじま
生没年不詳 [別]長田但馬守《ながたたじまのかみ》
戦国時代の御馬廻衆。後北条氏家臣。
¶戦辞(長田但馬守 ながたたじまのかみ)，戦人(長田但馬守 ながたたじまのかみ)，戦東

**長田但馬守** ながたたじまのかみ
→長田但馬(ながたたじま)

**長田対馬守** ながたつしまのかみ
安土桃山時代の武将。結城氏家臣。
¶戦東

**中田藤次郎** なかだとうじろう
戦国時代の武士。後北条氏家臣。
¶戦人(生没年不詳)，戦東

**長谷吉定** ながたによしさだ
生没年不詳
鎌倉時代後期の武士。「忌部の契約」に加わった一人。
¶徳島歴

**長田持重** ながたもちしげ
生没年不詳
安土桃山時代～江戸時代前期の武士。結城氏家臣。

な

¶戦辞，戦人，戦東

**長田弥右衛門** ながたやえもん
生没年不詳
安土桃山時代の織田信長の家臣。
¶織田

**永田可清** ながたよしきよ
？ ～慶長19（1614）年2月26日
江戸時代前期の武士、幕府代官頭伊奈忠次の家臣。
¶埼玉人

**長田吉正** ながたよしまさ
天正15（1587）年～寛文10（1670）年
安土桃山時代～江戸時代前期の武士。紀州藩士。
¶和歌山人

**中田若狭守** なかたわかさのかみ，なかだわかさのかみ
？ ～慶長7（1602）年6月3日
安土桃山時代の武士。佐竹氏家臣。
¶戦辞（なかだわかさのかみ），戦人（生没年不詳），戦東

**中地山城守** なかちやましろのかみ
生没年不詳
戦国時代の武蔵吉良氏の家臣。
¶戦辞

**長束正家** ながつかまさいえ
→長束正家（なつかまさいえ）

**中津川丹波** なかつがわたんば
安土桃山時代の武士。伊達氏家臣。
¶戦人（生没年不詳），戦東

**中津山三郎右衛門** なかつやまさぶろうえもん
戦国時代の武将。葛西氏家臣。
¶戦東

**中津山長四郎** なかつやまちょうしろう
戦国時代の武将。葛西氏家臣。
¶戦東

**中津山善連** なかつやまよしつら
生没年不詳
安土桃山時代の武士。
¶戦人

**長門丹後** ながとたんご
生没年不詳
戦国時代の武士。北条氏忠の家臣。
¶戦辞

**永富季有** ながどみすえあり
生没年不詳
南北朝時代の長門の武士。
¶姓氏山口

**中臣金** なかとみのかね
？ ～弘文天皇1・天武天皇1（672）年　[別]中臣金《なかとみのくがね》，中臣金連《なかとみのかねのむらじ》
飛鳥時代の廷臣（右大臣）。天児屋根命の21世孫。壬申の乱で大友皇子軍の中心人物。
¶朝日（[没]天武1年8月25日（672年9月22日）），公卿（[没]天武1（672）年8月），国史，古史，古代（中臣金連　なかとみのかねのむらじ），古中，コン改，コン4，史人（[没]672年8月25日），諸系，新潮（[没]天武1（672）年8月25日），人名，世人，日史（なかとみのくがね　[没]天武1（672）年8月25日），日人，百科（なかとみのくがね）

**中臣鎌足** なかとみのかまたり
→藤原鎌足（ふじわらのかまたり）

**中臣金** なかとみのくがね
→中臣金（なかとみのかね）

**中臣国** なかとみのくに
生没年不詳　[別]中臣連国《なかとみのむらじくに》
飛鳥時代の将軍。新羅征討軍をおこした。
¶古代（中臣連国　なかとみのむらじくに），諸系，日人

**永留長連** ながとめながつら，ながどめながつら
戦国時代の武士。
¶戦人（生没年不詳），戦西（ながどめながつら）

**長戸路七郎左衛門尉** ながとろしちろうさえもん
生没年不詳
戦国時代の豪族。伊勢宗瑞により八丈島の地頭となる。
¶戦辞

**長瀞光忠** ながとろみつただ
安土桃山時代の武士。最上氏家臣。
¶戦人（生没年不詳），戦東

**長成親王**（良成親王） ながなりしんのう
→良成親王（よしなりしんのう）

**中西権兵衛** なかにしごんべえ
生没年不詳
安土桃山時代の織田信長の家臣。
¶織田

**中西新八郎** なかにししんぱちろう
生没年不詳
安土桃山時代の織田信長の家臣。
¶織田

**中西範顕** なかにしのりあき
～延元1/建武3（1336）年
室町時代の武士。
¶岡山人，岡山歴

**中西守之** なかにしもりゆき
安土桃山時代の武士。
¶戦国，戦人（生没年不詳），戦西

**中西吉蕃** なかにしよししげ
？ ～慶長18（1613）年6月9日
戦国時代の美作国北部の在地武士。
¶岡山歴

**長貫某** ながぬきぼう
戦国時代の武将。武田家臣。信玄旗本の少身。
¶姓氏山梨

**長沼忠左衛門** ながぬまちゅうざえもん
安土桃山時代～江戸時代前期の武士。里見氏家臣。
¶戦人（生没年不詳），戦東

**長沼長右衛門** ながぬまちょうえもん
戦国時代の武将。武田家臣。板垣譜代の臣。
¶姓氏山梨

**長沼時宗** ながぬまときむね
生没年不詳
鎌倉時代前期の武将。
¶鎌室，諸系，日人

**長沼秀行** ながぬまひでゆき
生没年不詳
南北朝時代の武将。
¶鎌室，諸系，新潮，栃木百，栃木歴，日人

**長沼宗実** ながぬまむねざね
生没年不詳
鎌倉時代後期の奈良原郷の地頭領主。
¶福島百

**長沼宗親** ながぬまむねちか
？　～弘和3/永徳3(1383)年3月6日
南北朝時代の武家・歌人。
¶国書

**長沼宗秀** ながぬまむねひで
生没年不詳
鎌倉時代後期～南北朝時代の武将。
¶鎌室，国書

**長沼宗政** ながぬまむねまさ
応保2(1162)年～仁治1(1240)年　[別]小山宗政《おやまむねまさ》，藤原宗政《ふじわらのむねまさ》
平安時代後期～鎌倉時代前期の武士。小山政光の子。
¶朝日([没]仁治1年11月19日(1241年1月2日))，岡山歴([没]仁治1(1240)年11月19日)，神奈川人(小山宗政　おやまむねまさ)，鎌倉，鎌室，郷土栃木([生]1160年)，国史，古中，史人([没]1240年11月19日)，諸系([没]1241年)，新潮([没]仁治1(1240)年11月19日)，人名([生]1412年　[没]1490年)，栃木百，栃木歴，日人([没]1241年)，兵庫百，平史(藤原宗政　ふじわらのむねまさ)

**長沼宗泰** ながぬまむねやす
生没年不詳
鎌倉時代前期の武将。
¶鎌室，国書，諸系，日人

**長沼盛秀** ながぬまもりひで
？　～天正18(1590)年
戦国時代～安土桃山時代の武士。田島鴫山城最後の領主。
¶会津

**中根市之丞** なかねいちのじょう
？　～天正10(1582)年6月2日
戦国時代～安土桃山時代の織田信長の家臣。
¶織田

**長根雅楽助** ながねうたのすけ
生没年不詳
戦国時代の武将。
¶群馬人

**中根桂光** なかねけいこう
？　～元亀3(1572)年
戦国時代の武将。
¶人名

**長根重清** ながねしげきよ
？　～天正8(1580)年　[別]小河原重清《こがわらしげきよ》
安土桃山時代の武将。武田家臣・西上野長根衆。上野長根の城主。
¶姓氏山梨(小河原重清　こがわらしげきよ)，戦人

**中根七右衛門** なかねしちえもん
戦国時代の武将。武田家臣。同心。
¶姓氏山梨

**中根善次郎** なかねぜんじろう
天文18(1549)年～寛永12(1635)年
安土桃山時代～江戸時代前期の上野館林藩士。
¶藩臣2

**中根信照** なかねのぶてる
生没年不詳
安土桃山時代の織田信長の家臣。
¶織田

**中根正照** なかねまさてる
？　～天正1(1573)年
戦国時代～安土桃山時代の武将。
¶日人

**中根正信** なかねまさのぶ
？　～永禄12(1569)年
戦国時代の武士。徳川氏家臣。
¶戦人，戦東

**長野家光** ながのいえみつ
南北朝時代の能登の武将。
¶姓氏石川

**中院具信** なかのいんぐしん
生没年不詳
南北朝時代の武将。
¶庄内

**中院定清** なかのいんさだきよ
→源定清(みなもとのさだきよ)

**中院貞平**(中院定平) なかのいんさだひら
→源定平(みなもとのさだひら)

**長野右近** ながのうこん
安土桃山時代の武士。豊臣氏家臣。
¶戦国，戦人(生没年不詳)

**長野氏業** ながのうじなり
→長野業盛(ながのなりもり)

**中内源兵衛** なかのうちげんべえ
安土桃山時代の武士。
¶戦人(生没年不詳)，戦西

**中内惣右衛門** なかのうちそうえもん
安土桃山時代～江戸時代前期の武士。
¶戦人(生没年不詳)，戦西

**長野越後守** ながのえちごのかみ
生没年不詳
戦国時代の成田氏の旧臣。
¶埼玉人

**中野一安** なかのかずやす
大永6(1526)年？ ～慶長3(1598)年12月30日
戦国時代～安土桃山時代の織田信長の家臣。
¶織田

**長野賢忠** ながのかただ
生没年不詳 [別]長野賢忠《ながのけんちゅう》
戦国時代の武将。
¶戦辞(ながのけんちゅう)，戦人

**長野方業** ながのかたなり
生没年不詳
戦国時代の上野国衆。箕輪長野一族。
¶戦辞



**長野勘左衛門** ながのかんざえもん
天文20(1551)年～慶長5(1600)年9月15日
戦国時代～安土桃山時代の武将。
¶国書

**中野清明** なかのきよあき
？ ～元和6(1620)年 [別]中野式部少輔清明《なかのしきぶのしょうきよあき》
戦国時代～安土桃山時代の武士。
¶佐賀百，戦人(生没年不詳)，戦西(中野式部少輔清明　なかのしきぶのしょうきよあき)

**長野清貞** ながのきよさだ
永禄6(1563)年～寛永16(1639)年
江戸時代前期の武士。紀州藩士。
¶和歌山人

**中野宮内二郎入道** なかのくないじろうにゅうどう
生没年不詳
鎌倉時代後期の武士。
¶北条

**長野賢忠** ながのけんちゅう
→長野賢忠(ながのかただ)

**長野左京進** ながのさきょうのしん
生没年不詳
安土桃山時代の織田信長の家臣。
¶織田

**中野式部少輔清明** なかのしきぶのしょうきよあき
→中野清明(なかのきよあき)

**長野鎮展** ながのしげのぶ
安土桃山時代の武将。
¶戦国，戦人(生没年不詳)

**中野重吉** なかのしげよし
戦国時代の武士。織田氏家臣。
¶戦人(生没年不詳)，戦補

**長野季光** ながのすえみつ
南北朝時代の能登の武将。
¶姓氏石川

**中野助左衛門** なかのすけざえもん
生没年不詳
安土桃山時代の地方豪族・土豪。
¶戦人

**長野祐房** ながのすけふさ
？ ～正平2/貞和3(1347)年
鎌倉時代後期～南北朝時代の武将。
¶系西

**長野祐藤** ながのすけふじ
仁治3(1242)年～正応5(1292)年
鎌倉時代後期の武将。
¶系西

**長野祐政** ながのすけまさ
生没年不詳
鎌倉時代前期の武将。
¶系西

**中野助能** なかのすけよし
生没年不詳
鎌倉時代前期の武士。
¶鎌室，日人

**長野聖仲** ながのせいちゅう
生没年不詳
戦国時代の上野国衆。厩橋長野氏一族。
¶戦辞

**長野宗賢** ながのそうけん
生没年不詳
戦国時代の上野国衆。厩橋長野氏一族。
¶戦辞

**長野大学助** ながのだいがくのすけ
？ ～永禄3(1560)年
戦国時代～安土桃山時代の上野国衆。厩橋長野一族。
¶戦辞

**長野稙藤** ながのたねふじ
永正1(1504)年～*
戦国時代の国人。
¶系西([没]1562年)，戦人([没]永禄4(1561)年？)

**長野為兼** ながのためかね
生没年不詳
戦国時代の上野国衆。箕輪長野一族。
¶戦辞

**長野親成** ながのちかしげ
永禄3(1560)年？ ～天正4(1576)年11月26日
安土桃山時代の織田信長の家臣。
¶織田

**長野経藤** ながのつねふじ
嘉暦3(1328)年～応永4(1397)年
南北朝時代～室町時代の武将。
¶系西

**長野藤九郎** ながのとうくろう
生没年不詳
戦国時代の上野国衆。厩橋長野一族。
¶戦辞

**長野道賢**　ながのどうけん
生没年不詳
戦国時代の上野国衆。厩橋長野一族。
¶戦辞

**長野具藤**　ながのともふじ
？　～天正4（1576）年
戦国時代～安土桃山時代の国人。
¶織田（[生]永禄1（1558）年？　[没]天正4（1576）年11月25日），系西，戦人

**長野豊藤**　ながのとよふじ
生没年不詳
南北朝時代の武将。
¶系西

**中野直康**　なかのなおやす
天文22（1553）年～文禄3（1594）年
戦国時代～江戸時代前期の武士。
¶姓氏岩手

**長野業尚**　ながのなりなお
？　～文亀3（1503）年2月20日
室町時代～戦国時代の上野国衆。箕輪長野一族。
¶戦辞

**長野業真**　ながのなりまさ
？　～慶安2（1649）年
安土桃山時代～江戸時代前期の武将、近江彦根藩家老。
¶藩臣4

**長野業政**（長野業正）　ながのなりまさ
明応8（1499）年～永禄4（1561）年
戦国時代の武将。憲業の次男。信濃守。
¶朝日（[没]永禄4年6月21日（1561年8月2日）），郷土群馬（長野業正　[生]1489年），群馬人（[生]？），国史，古中，史人（[没]1561年6月21日），人名（[生]？），姓氏群馬，戦合，戦辞（長野業正　[生]？　[没]永禄4年6月21日（1561年8月2日）），日人

**長野業盛**　ながのなりもり
天文17（1548）年～永禄9（1566）年　[別]長野氏業《ながのうじなり》
戦国時代の上野国の武将。上野国衆。箕輪長野氏一族。
¶群馬人（長野氏業　ながのうじなり　[生]？），国史，古中，史人（[没]1566年9月），姓氏群馬，戦合，戦国（[生]1546年　[没]1563年），戦辞（長野氏業　ながのうじなり　[生]天文15（1546）年），戦人（[生]天文15（1546）年　[没]永禄6（1563）年），日人

**長野信勝**　ながののぶかつ
安土桃山時代の武士。豊臣氏家臣。
¶戦国，戦人（生没年不詳）

**長野憲業**　ながののりなり
？　～*
戦国時代の上野国衆。箕輪長野一族。
¶群馬人（[没]享禄3（1530）年），戦辞（[没]永正11（1514）年）

**長野彦七郎**　ながのひこしちろう
生没年不詳
戦国時代の上野国衆。厩橋長野一族。
¶戦辞

**長野房兼**　ながのふさかね
？　～永正1（1504）年9月27日
室町時代～戦国時代の上野国衆。箕輪長野一族。
¶戦辞

**長野藤定**　ながのふじさだ
大永6（1526）年～永禄5（1562）年
戦国時代の国人。
¶系西，戦人

**長野藤継**　ながのふじつぐ
宝徳1（1449）年～文明18（1486）年
室町時代～戦国時代の国人。
¶系西，戦人

**長野藤直**　ながのふじなお
宝徳2（1450）年～永正11（1514）年
戦国時代の国人。
¶系西，戦人

**長野藤房**　ながのふじふさ
弘安8（1285）年～？
鎌倉時代後期の武将。
¶系西

**中坊秀祐**　なかのぼうひですけ
？　～慶長14（1609）年
安土桃山時代～江戸時代前期の武士。
¶戦国，戦人

**長野政藤**　ながのまさふじ
文安2（1445）年～*
室町時代の国人。
¶系西（[没]1463年），戦人（[没]寛正3（1462）年）

**長野三河入道**　ながのみかわにゅうどう
？　～永禄9（1566）年5月
戦国時代～安土桃山時代の上野国衆。箕輪長野一族。
¶戦辞

**中野三河守**　なかのみかわのかみ
戦国時代～安土桃山時代の武将。里見氏家臣。
¶戦東

**長野通藤**　ながのみちふじ
文明10（1478）年～享禄3（1530）年
戦国時代の国人。
¶系西，戦人

**長野満藤**　ながのみちふじ
天授3/永和3（1377）年～文安4（1447）年
室町時代の武将。
¶系西

**長野宗忠**　ながのむねただ
応永10（1403）年～康正2（1456）年
室町時代の武将。
¶系西

**中野宗時** なかのむねとき
戦国時代の武士。伊達氏家臣。
¶戦人(生没年不詳)，戦東

**中目式部大輔** なかのめしきぶたゆう
？ ～天正17(1589)年
戦国時代～安土桃山時代の武将。佐瀬源兵衛の長子、式部大輔助常。
¶会津

**中ノ目大学** なかのめだいがく
戦国時代の武将。大崎氏家臣。
¶戦東

**中目隆政** なかのめたかまさ
[別]中ノ目兵庫隆政《なかのめひょうごたかまさ》
安土桃山時代の武将。大崎氏家臣。
¶戦人(生没年不詳)，戦東(中ノ目兵庫隆政　なかのめひょうごたかまさ)

**中目長政** なかのめながまさ
戦国時代の武士。伊達氏家臣。
¶戦人(生没年不詳)，戦東

**中ノ目兵庫隆政** なかのめひょうごたかまさ
→中目隆政(なかのめたかまさ)

**長野盛景** ながのもりかげ
鎌倉時代の加賀国能美郡長野保の在地領主。
¶姓氏石川

**長野盛義** ながのもりよし
永禄5(1562)年～元和1(1615)年
安土桃山時代～江戸時代前期の武士。豊臣氏家臣。
¶戦国，戦人

**長野康業** ながのやすなり
生没年不詳
鎌倉時代の武士。
¶姓氏群馬

**長行任** ながのゆきとう
生没年不詳
平安時代後期の武士。
¶和歌山人

**長野義有** ながのよしあり
安土桃山時代の武士。豊臣氏家臣。
¶戦国，戦人(生没年不詳)

**中野義時** なかのよしとき
？ ～天正2(1574)年
戦国時代～安土桃山時代の武士。最上氏家臣。
¶戦人

**中野能成** なかのよしなり
生没年不詳
鎌倉時代前期の武士。中野五郎と称す。
¶朝日，鎌室([没]暦仁1(1238)年)，国史，古中，史人，新潮([没]暦仁1(1238)年)，姓氏長野，長野歴，日人

**長野義藤** ながのよしふじ
正平7/文和1(1352)年～応永20(1413)年
南北朝時代～室町時代の武将。
¶系西

**長野義通** ながのよしみち
永禄1(1558)年～元和1(1615)年
安土桃山時代～江戸時代前期の武士。豊臣氏家臣。
¶戦国，戦人

**中橋西信** なかはしせいしん
生没年不詳
鎌倉時代後期の武士。「忌部の契約」に加わった一人。
¶徳島歴

**長浜光経** ながはまみつつね
生没年不詳
鎌倉時代後期～南北朝時代の武蔵武士。
¶埼玉人

**長浜吉延** ながはまよしのぶ
天文19(1550)年～元和3(1617)年
戦国時代～江戸時代前期の武士。
¶姓氏鹿児島

**永原伊豆守** ながはらいずのかみ
生没年不詳
安土桃山時代の織田信長の家臣。
¶織田

**永原越後守** ながはらえちごのかみ
生没年不詳
安土桃山時代～江戸時代前期の武士。浅野家の家臣。
¶和歌山人

**長原菅作**(永原菅作) ながはらかんさく
安土桃山時代の武将。宇喜多氏家臣。
¶岡山人(永原菅作)，岡山歴，戦西

**永原実治** ながはらさねはる
永禄4(1561)年？ ～天正10(1582)年6月13日
安土桃山時代の織田信長の家臣。
¶織田

**永原重興** ながはらしげおき
生没年不詳
戦国時代の武将・連歌作者。
¶国書

**永原重康** ながはらしげやす
生没年不詳
安土桃山時代の織田信長の家臣。
¶織田

**長原次郎兵衛** ながはらじろうべえ
→長原次郎兵衛(ながはらじろべえ)

**長原次郎兵衛** ながはらじろべえ
[別]長原次郎兵衛《ながはらじろうべえ》
安土桃山時代の武将。秀吉馬廻。
¶戦国(ながはらじろうべえ)，戦人(生没年不詳)

**永原孝治** ながはらたかはる
→赤座孝治(あかざたかはる)

**中原秋家** なかはらのあきいえ
生没年不詳　[別]中原秋家《なかはらあきいえ》
鎌倉時代前期の武士。
¶鎌室(なかはらあきいえ)，高知人(なかはらあ

きいえ)，高知百(なかはらあきいえ)，日人(なかはらあきいえ)

**中原兼遠** なかはらのかねとお
? ～* [別]中原兼遠《なかはらかねとお》
平安時代後期の武士。
¶姓氏長野(なかはらかねとお [没]1181年?)，長野百(なかはらかねとお [没]?)，長野歴(なかはらかねとお [没]養和1(1181)年)，日人([没]1181年)，平史(生没年不詳)

**中原兼平** なかはらのかねひら
→今井兼平(いまいかねひら)

**中原兼光** なかはらのかねみつ
→樋口兼光(ひぐちかねみつ)

**中原兼行** なかはらのかねゆき
生没年不詳
平安時代後期の武士。
¶平史

**中原季時** なかはらのすえとき
? ～嘉禎2(1236)年 [別]中原季時《なかはらすえとき》，源季時《みなもとすえとき》
鎌倉時代前期の御家人、京都守護、右京進、駿河守、従五位下。
¶朝日([没]嘉禎2年4月6日(1236年5月12日))，鎌室(なかはらすえとき)，国史(なかはらすえとき)，古中(なかはらすえとき)，史人(なかはらすえとき [没]1236年4月6日)，諸系，日人，北条(なかはらすえとき)

**中原親鑒** なかはらのちかあき
生没年不詳 [別]中原親鑒《なかはらちかあき》
鎌倉時代後期の幕府評定衆、引付頭人。
¶国史(なかはらちかあき)，古中(なかはらちかあき)，日史

**中原成通** なかはらのなりみち
生没年不詳
平安時代中期の明法家。平忠常の乱の追討使。
¶平史

**中原信房** なかはらののぶふさ
→宇都宮信房(うつのみやのぶふさ)

**中原久経** なかはらのひさつね
生没年不詳 [別]中原久経《なかはらひさつね》
平安時代後期～鎌倉時代前期の武士。
¶朝日，鎌室(なかはらひさつね)，新潮(なかはらひさつね)，日人(なかはらひさつね)

**中原光家** なかはらのみついえ
生没年不詳 [別]中原光家《なかはらみついえ》
鎌倉時代前期の幕府吏僚。源頼朝の臣。
¶朝日，鎌室(なかはらみついえ)，新潮(なかはらみついえ)，日人(なかはらみついえ)，平史

**中原師員** なかはらのもろかず
文治1(1185)年～建長3(1251)年 [別]中原師員《なかはらもろかず》
鎌倉時代前期の評定衆。中原師茂の子。
¶朝日([没]建長3年6月22日(1251年7月12日))，岩史([没]建長3(1251)年6月22日)，神奈川人(なかはらもろかず)，鎌室(なかはらもろかず [生]元暦1(1184)年)，国史(なかはらもろかず)，国書(なかはらもろかず [没]建長3(1251)年6月22日)，古中(なかはらもろかず)，コン4(なかはらもろかず)，史人(なかはらもろかず [没]1251年6月22日)，諸系，日史([没]建長3(1251)年6月22日)，日人

**中原師連** なかはらのもろつら
承久1(1219)年～弘安6(1283)年 [別]中原師連《なかはらもろつら》
鎌倉時代後期の鎌倉幕府評定衆中原師員の子。
¶朝日([没]弘安6年5月4日(1283年5月31日))，鎌室(なかはらもろつら)，諸系，日人

**中原安資** なかはらのやすすけ
生没年不詳
平安時代後期～鎌倉時代前期の尾張国の御家人。
¶平史

**永原孫左衛門** ながはらまござえもん
安土桃山時代の武士。豊臣氏家臣。
¶戦国，戦人(生没年不詳)

**蒲原元賢** なかばらもとかた
→蒲原元賢(かんばらもとかた)

**長針善左衛門** ながはりぜんざえもん
生没年不詳
江戸時代前期の武士、高井郡田麦村の土豪。
¶姓氏長野

**中平光義** なかひらみつよし
永禄8(1565)年～寛永19(1642)年
安土桃山時代の武将、庄屋。
¶高知人

**中平元忠** なかひらもとただ
明応4(1495)年～元亀3(1572)年
戦国時代の武将。津野氏の臣。
¶高知人

**中平之房** なかひらゆきふさ
永正15(1518)年～慶長10(1605)年
戦国時代の武将。
¶高知人

**永弘氏輔** ながひろうじすけ
生没年不詳
戦国時代の神官、武士。
¶大分歴

**長深某** ながふけ
? ～天正12(1584)年5月7日
戦国時代～安土桃山時代の織田信長の家臣。
¶織田

**中間統種** なかまつねたね
生没年不詳
戦国時代～安土桃山時代の武将。
¶戦人

**那珂通辰**(那河道辰，那珂道辰) なかみちとき
? ～延元1/建武3(1336)年
鎌倉時代後期～南北朝時代の南朝方武将。
¶鎌室(那珂道辰)，郷土茨城，人名(那河道辰)，

日人（[没]1337年）

**長満光綱**　ながみつみつつな
生没年不詳
安土桃山時代の武将。
¶戦人

**長嶺紀伊守**　ながみねきいのかみ
生没年不詳
戦国時代の国衆。
¶戦人

**中村**　なかむら
生没年不詳
戦国時代の武蔵鉢形城主北条氏邦の家臣。
¶戦辞



**中村右近丞**　なかむらうこんのじょう
戦国時代の武将。武田家臣。『武田家過去帳』では、甲斐逸見蔵原に居住の妻が永禄7年3月に逆修している。
¶姓氏山梨

**中村氏次**　なかむらうじつぐ
安土桃山時代の武士。
¶戦国，戦人（生没年不詳）

**中村午四郎**　なかむらうましろう
戦国時代の武将。後北条氏家臣。
¶戦東

**中村右衛門太郎**　なかむらえもんたろう
生没年不詳
戦国時代の今川家の家臣。遠江国宇布見の水運業者。
¶戦辞

**中村織部**　なかむらおりべ
安土桃山時代～江戸時代前期の武士。里見氏家臣。
¶戦人（生没年不詳），戦東

**中村景利**　なかむらかげとし
天文20（1551）年～天正9（1581）年
安土桃山時代の武士。別所氏家臣。
¶戦国，戦人

**中村景平**　なかむらかげひら
生没年不詳
鎌倉時代前期の武将。
¶神奈川人，鎌室，姓氏神奈川，日人

**中村一氏**　なかむらかずうじ
？　～慶長5（1600）年
安土桃山時代の武将、大名。
¶朝日（[没]慶長5年7月17日（1600年8月25日）），岩史（[没]慶長5（1600）年7月17日），織田（[没]慶長5（1600）年7月17日），近世，国史，コン改，コン4，茶道，史人（[没]1600年7月17日），静岡歴，新潮（[没]慶長5（1600）年7月17日），人名，姓氏静岡，戦合，戦国，戦辞（[没]慶長5年7月19日（1600年8月25日）），戦人，戦西，日史（[没]慶長5（1600）年7月17日），日人，藩主2（[没]慶長5（1600）年7月25日），百科，歴大

**中村一忠**　なかむらかずただ
→中村忠一（なかむらただかず）

**中村掃部助**　なかむらかもんのすけ
安土桃山時代の武士。豊臣氏家臣。
¶戦国，戦人（生没年不詳）

**中村閑斎**　なかむらかんさい
安土桃山時代の武将。秀吉馬廻。
¶戦国，戦人（生没年不詳）

**中村久兵衛**　なかむらきゅうべえ
江戸時代前期の武士。里見氏家臣。
¶戦東

**中村玄角**　なかむらげんかく
？　～天文13（1544）年
戦国時代の武将。
¶戦人

**中村源兵衛**　なかむらげんべえ
戦国時代～安土桃山時代の武士。
¶戦国，戦人（生没年不詳）

**中村幸松**　なかむらこうしょう
→中村幸松（なかむらゆきまつ）

**中村惟冬**　なかむらこれふゆ
？　～天正8（1580）年
安土桃山時代の武将。
¶戦人

**中村五郎左衛門**　なかむらごろざえもん
室町時代の武士。
¶岡山人

**中村五郎兵衛**　なかむらごろべえ
生没年不詳
戦国時代の武士。北条氏の家臣、御蔵奉行。
¶戦辞

**中村左馬介**　なかむらさまのすけ
安土桃山時代の武将。
¶岡山人

**中村重勝**　なかむらしげかつ
？　～慶長19（1614）年12月16日
安土桃山時代～江戸時代前期の徳島藩家老。
¶徳島歴

**中村繁勝**　なかむらしげかつ
生没年不詳
戦国時代の武将。武田氏家臣。
¶戦人

**中村重友**　なかむらしげとも
生没年不詳
安土桃山時代の徳島藩家老。
¶徳島歴

**中村重房**　なかむらしげふさ
安土桃山時代の武将。別所氏家臣、豊臣氏家臣。
¶戦国，戦人（生没年不詳）

**中村七助**　なかむらしちすけ
安土桃山時代の武士。豊臣氏家臣。
¶戦国，戦人（生没年不詳）

**中村重右衛門**　なかむらじゅううえもん
江戸時代前期の武士。里見氏家臣。

¶戦東

**中村主馬** なかむらしゅめ
　文禄4(1595)年〜正保2(1645)年
　江戸時代前期の武士、岡山藩士、水軍家。
　¶岡山人，岡山歴(㉒正保2(1645)年5月13日)

**中村次郎兵衛** なかむらじろうべえ
　→中村次郎兵衛(なかむらじろべえ)

**中村次郎兵衛** なかむらじろべえ
　⑩中村次郎兵衛《なかむらじろうべえ》
　安土桃山時代の武士。
　¶岡山歴(なかむらじろうべえ)，戦人(生没年不
　　詳)，戦西(なかむらじろうべえ)

**中村新兵衛尉** なかむらしんべえのじょう
　?　〜天正1(1573)年
　戦国時代の武士。
　¶戦人，戦西

**中村助太夫** なかむらすけだゆう
　戦国時代の武将。武田家臣。同心。
　¶姓氏山梨

**中村宗兵衛** なかむらそうべえ
　生没年不詳
　戦国時代の北条氏の家臣。
　¶戦辞

**中村忠一** なかむらただかず
　天正18(1590)年〜慶長14(1609)年　⑩中村一忠
　《なかむらかずただ》
　江戸時代前期の武将、大名。伯耆米子藩主、駿河
　府中藩主。
　¶朝日，コン改，コン4，人名，戦国(中村一忠
　　なかむらかずただ)，戦人(中村一忠　なかむ
　　らかずただ)，鳥取百(中村一忠　なかむらか
　　ずただ)，日人，藩主2(㉒慶長14(1609)年5月
　　11日)，藩主4(中村一忠　なかむらかずただ
　　㉒慶長14(1609)年5月11日)

**中村知元** なかむらちげん
　江戸時代前期の上田宗箇の家臣、茶人。
　¶茶道

**中村忠左衛門** なかむらちゅうざえもん
　?　〜承応3(1654)年
　江戸時代前期の武士、池田家臣。
　¶岡山人，岡山歴(㉒承応3(1654)年7月27日)

**中村藤内左衛門尉** なかむらとうないざえもんの
　じょう
　戦国時代の武将。朝倉氏家臣。
　¶戦西

**中村利久** なかむらとしひさ
　戦国時代の武将。朝倉氏家臣。
　¶戦西

**中村朝宗** なかむらともむね
　→伊達朝宗(だてともむね)

**中村直頼** なかむらなおより
　戦国時代の武将。浅井氏家臣。
　¶戦西

**中村信義** なかむらのぶよし
　生没年不詳
　戦国時代の武将。
　¶戦人

**中村則治** なかむらのりはる
　?　〜永禄11(1568)年?
　戦国時代の武将。
　¶岡山人，戦人

**中村則久** なかむらのりひさ
　安土桃山時代の武将。
　¶岡山人，岡山歴

**中村隼人佐** なかむらはやとのすけ
　生没年不詳
　安土桃山時代の織田信長の家臣。
　¶織田

**中村春続** なかむらはるつぐ
　?　〜天正9(1581)年
　戦国時代の武将。
　¶鳥取百

**中村平右衛門** なかむらへいえもん
　戦国時代の武将。武田家臣。永禄10年の諏訪五十
　騎交名にみえる。
　¶姓氏山梨

**中村平左衛門尉** なかむらへいざえもんのじょう
　戦国時代の武将。朝倉氏家臣。
　¶戦西

**中村平三郎** なかむらへいざぶろう
　戦国時代の武士。後北条氏家臣。
　¶戦人(生没年不詳)，戦東

**中村平次左衛門** なかむらへいじざえもん
　戦国時代の武士。後北条氏家臣。
　¶戦人(生没年不詳)，戦東

**中村平四郎** なかむらへいしろう
　生没年不詳
　戦国時代の武士。後北条氏家臣。
　¶戦辞，戦人，戦東

**中村平次郎** なかむらへいじろう
　戦国時代の武士。後北条氏家臣。
　¶戦人(生没年不詳)，戦東

**中村正勝** なかむらまさかつ
　?　〜慶長18(1613)年
　安土桃山時代〜江戸時代前期の播磨姫路藩士。
　¶藩臣5，兵庫百

**中村政忠** なかむらまさただ
　永禄8(1565)年〜慶長18(1613)年
　安土桃山時代の水軍家。
　¶岡山人，岡山歴(㉒慶長18(1613)年3月24日)

**中村又四郎** なかむらまたしろう
　戦国時代の武士。後北条氏家臣。
　¶戦人(生没年不詳)，戦東

**中村光長** なかむらみつなが
　生没年不詳

な

安土桃山時代の武将。
¶戦人

**中村宗直** なかむらむねなお
戦国時代の武士。
¶戦人(生没年不詳), 戦西

**中村宗晴** なかむらむねはる
生没年不詳
戦国時代の北条氏の家臣。
¶戦辞

**中村宗平** なかむらむねひら
生没年不詳　[別]平宗平《たいらのむねひら》
平安時代後期～鎌倉時代前期の武士。
¶朝日, 神奈川人, 鎌室, 諸系, 新潮, 日人, 平史(平宗平　たいらのむねひら)

な

**中村本常** なかむらもとつね
生没年不詳
戦国時代の武士。佐竹氏家臣。
¶戦辞, 戦人, 戦東

**中村本治** なかむらもとはる
生没年不詳
戦国時代～安土桃山時代の武士。佐竹氏家臣。
¶戦辞, 戦人, 戦東

**中村門右衛門** なかむらもんえもん
? ～元和2(1616)年
安土桃山時代～江戸時代前期の盛岡藩家臣。
¶姓氏岩手

**中村弥右衛門** なかむらやえもん
安土桃山時代の武士。備前宇喜多家臣。
¶戦人(生没年不詳), 戦西

**中村弥三郎** なかむらやさぶろう
生没年不詳
戦国時代の北条氏の家臣。
¶戦辞

**中村弥太郎** なかむらやたろう
安土桃山時代の武将。後北条氏家臣。
¶戦東

**中村行郷** なかむらゆきさと
生没年不詳
鎌倉時代後期の武蔵武士。
¶埼玉人

**中村幸松** なかむらゆきまつ
生没年不詳　[別]中村幸松《なかむらこうしょう》
戦国時代の武士。後北条氏家臣。
¶戦辞(なかむらこうしょう), 戦人, 戦東

**中村吉勝** なかむらよしかつ
生没年不詳
戦国時代の北条氏の家臣。
¶戦辞

**中村吉照** なかむらよしてる
弘治1(1555)年～寛永1(1624)年
安土桃山時代～江戸時代前期の武蔵岩槻藩士。
¶埼玉人([没]寛永1(1624)年2月13日), 藩臣5

**中村吉富** なかむらよしとみ
戦国時代の武将。朝倉氏家臣。
¶戦西

**中村頼宗** なかむらよりむね
? ～天正18(1590)年3月18日
安土桃山時代の武士。毛利氏家臣。
¶岡山人, 岡山歴, 戦人(生没年不詳)

**中屋左近兵衛** なかやさこんびょうえ
安土桃山時代の武士。豊臣氏家臣。
¶戦国, 戦人(生没年不詳)

**永安兼祐** ながやすかねすけ
生没年不詳
鎌倉時代の在地領主。
¶島根歴

**中安定安** なかやすさだやす
生没年不詳
戦国時代の今川氏の家臣。
¶戦辞

**中安種豊** なかやすたねとよ
戦国時代の武将。今川氏家臣。
¶戦東

**中安民部少輔** なかやすみんぶしょうゆう
戦国時代の武将。今川氏家臣。
¶戦東

**長屋就正** ながやなりまさ
生没年不詳
安土桃山時代～江戸時代前期の武将。
¶国書

**中山家能** なかやまいえただ
[別]中山家能《なかやまいえよし》
安土桃山時代の武将。
¶岡山人, 岡山歴(なかやまいえよし)

**中山家範** なかやまいえのり
天文17(1548)年～天正18(1590)年　[別]中山勘解由家範《なかやまかげゆいえのり》
安土桃山時代の武士。後北条氏家臣。
¶埼玉人([没]天正18(1590)年6月23日), 埼玉百(中山勘解由家範　なかやまかげゆいえのり), 諸系, 人名([生]1549年), 戦国, 戦人, 戦東([生]1549年), 日人

**中山家能** なかやまいえよし
→中山家能(なかやまいえただ)

**中山角助** なかやまかくすけ
安土桃山時代の武士。豊臣氏家臣。
¶戦国, 戦人(生没年不詳)

**中山景信** なかやまかげのぶ
生没年不詳
戦国時代の武将。中山城主。
¶群馬人

**中山勘解由家範** なかやまかげゆいえのり
→中山家範(なかやまいえのり)

**中山勝時** なかやまかつとき
? ～*

戦国時代～安土桃山時代の織田信長の家臣。
¶織田（[没]天正10（1582）年6月2日？），姓氏愛知（[没]1582年）

**長山刑部** ながやまぎょうぶ
安土桃山時代～江戸時代前期の武士。里見氏家臣。
¶戦人（生没年不詳），戦東

**中山玄蕃** なかやまげんば
？～
室町時代～安土桃山時代の村山郡長崎城主。
¶庄内（生没年不詳），山形百

**中山五郎左衛門** なかやまごろうざえもん
戦国時代の武将。浅井氏家臣。
¶戦西

**中山重政** なかやましげまさ
？～建保1（1213）年　[別]平重政《たいらのしげまさ》
平安時代後期～鎌倉時代前期の武蔵武士。
¶埼玉人，平史（平重政　たいらのしげまさ　生没年不詳）

**長山信濃守** ながやましなののかみ
安土桃山時代の武士。佐竹氏家臣。
¶戦人（生没年不詳），戦東

**中山将監** なかやましょうげん
？～正保2（1645）年
安土桃山時代～江戸時代前期の武将、備後福山藩家老。水野勝成に仕えた。
¶藩臣6

**中山生心** なかやましょうしん
生没年不詳
戦国時代の今川氏の家臣。
¶戦辞

**中山次郎右衛門** なかやまじろうえもん
生没年不詳
江戸時代前期の武士、最上氏遺臣。
¶庄内

**中山次郎右衛門尉** なかやまじろうえもんのじょう
戦国時代の武将。後北条氏家臣。
¶戦東

**中山清左衛門** なかやませいざえもん
江戸時代前期の代官。里見氏家臣。
¶戦東

**中山善兵衛** なかやまぜんべえ
安土桃山時代の武士。
¶岡山歴，戦人（生没年不詳），戦西

**永山忠好** ながやまただよし
生没年不詳
戦国時代の宇都宮忠綱の重臣。氏家郡の代官。
¶戦辞

**中山田泰吉** なかやまだやすよし
天文10（1541）年～慶長18（1613）年
安土桃山時代～江戸時代前期の武士。
¶高知人，戦人，戦西（[生]？）

**中山対馬** なかやまつしま
安土桃山時代の武将。里見氏家臣。
¶戦東

**中山照守** なかやまてるもり
＊～寛永11（1634）年
安土桃山時代～江戸時代前期の武将。後北条氏家臣、徳川氏家臣。
¶埼玉人（[生]不詳　[没]寛永11（1634）年1月21日），諸系（[生]1570年），人名（[生]1570年），戦国（[生]1571年），戦人（[生]元亀1（1570）年？），多摩（[生]慶安2（1649）年　[没]正徳4（1714）年），日人（[生]1570年）

**長山伝兵衛** ながやまでんべえ
生没年不詳
安土桃山時代～江戸時代前期の武士。
¶庄内

**中山朝正** なかやまともまさ
生没年不詳
安土桃山時代の武士。最上氏家臣。
¶戦人

**中山信正(1)** なかやまのぶまさ
？～永禄2（1559）年
戦国時代の武将。
¶岡山人，岡山歴，戦人

**中山信正(2)** なかやまのぶまさ
文禄3（1594）年～延宝5（1677）年
江戸時代前期の武将、水戸藩家老。
¶国書（[没]延宝5（1677）年10月28日），諸系，日人，藩臣2

**中山信吉** なかやまのぶよし
天正4（1576）年～寛永19（1642）年　[別]中山備前守信吉《なかやまびぜんのかみのぶよし》
安土桃山時代～江戸時代前期の水戸藩家老。
¶埼玉人（[生]不詳　[没]寛永19（1642）年1月6日），埼玉百（中山備前守信吉　なかやまびぜんのかみのぶよし），諸系，人名，日人，藩臣2

**長山八郎** なかやまはちろう，ながやまはちろう
安土桃山時代～江戸時代前期の武士。里見氏家臣。
¶戦人（生没年不詳），戦東（ながやまはちろう）

**中山彦五郎** なかやまひこごろう
安土桃山時代の武士。
¶戦人（生没年不詳），戦東

**中山備前守信吉** なかやまびぜんのかみのぶよし
→中山信吉（なかやまのぶよし）

**長山通兄** ながやまみちます
生没年不詳
戦国時代の佐竹氏の家臣。
¶戦辞

**中山光直** なかやまみつなお
安土桃山時代の武将。最上氏家臣。
¶戦東

**中山光能** なかやまみつよし
安土桃山時代の武将。

¶岡山人

**中山民部** なかやまみんぶ
戦国時代の武将。今川氏家臣。
¶戦東

**中山木工助** なかやまもくのすけ
生没年不詳
戦国時代の北条氏の家臣。
¶戦辞

**長山幹総** なかやまもとふさ
？ ～大永2（1522）年
戦国時代の武将。
¶戦人

**中吉弥八郎** なかよしやはちろう
→中吉弥八（なかぎりやはち）

**中吉与兵衛** なかよしよへえ
→中吉与兵衛（なかぎりよへえ）

**永良鶴翁** ながらかくおう
生没年不詳
安土桃山時代の武士。
¶国書

**永良鶴水** ながらかくすい
生没年不詳
安土桃山時代の武士。
¶国書

**永良竹叟** ながらちくそう
生没年不詳
安土桃山時代の武士。
¶国書

**永良芳泉** ながらほうせん
生没年不詳
安土桃山時代の武士。
¶国書

**奈倉加賀** なくらかが，なぐらかが
戦国時代の武士。後北条氏家臣。
¶戦人（生没年不詳），戦東（なぐらかが）

**名越朝貞** なごえあささだ
生没年不詳
鎌倉時代後期の武家・歌人。
¶国書

**名越公篤** なごえきんあつ
？ ～元弘3/正慶2（1333）年　[別]北条公篤《ほうじょうきみあつ》
鎌倉時代後期の武家・歌人。
¶国書（[没]正慶2（1333）年5月22日），北条（北条公篤　ほうじょうきみあつ）

**名越公時** なごえきんとき
[別]北条公時《ほうじょうきみとき，ほうじょうきんとき》，名越公時《なごえきみとき》
鎌倉時代後期の武将、評定衆、引付頭人、得宗家の寄合衆、名越時章の子。
¶朝日（[生]？　[没]永仁3年12月28日（1296年2月3日）），鎌室（北条公時　ほうじょうきんとき　[生]？　[没]永仁2（1294）年），諸系（[生]1267年　[没]1295年），新潮（北条公時　ほうじょうきんとき　[生]？　[没]永仁2（1294）年12月28日），新潟百（北条公時　ほうじょうきみとき　[没]1294年），日人（[生]1267年　[没]1295年），北条（北条公時　ほうじょうきみとき　[生]嘉禎1（1235）年　[没]永仁3（1295）年）

**名越山三郎** なごえさんざぶろう
→名古屋山三郎（なごやさんざぶろう）

**名越高家** なごえたかいえ
→北条高家(1)（ほうじょうたかいえ）

**名越時章** なごえときあき
→名越時章（なごえときあきら）

**名越時章** なごえときあきら
建保3（1215）年～文永9（1272）年　[別]北条時章《ほうじょうときあきら，ほうじょうときあき》，名越時章《なごえときあき》，江間時章《えまときあき》
鎌倉時代前期の武将。名越朝時の子。
¶朝日（[没]文永9年2月11日（1272年3月11日）），鹿児島百（なごえときあき），角史（なごえときあき），神奈川人（北条時章　ほうじょうときあきら），鎌倉（北条時章　ほうじょうときあきら），鎌室（北条時章　ほうじょうときあきら），国史（なごえときあき），古中（なごえときあき），史人（[没]1272年2月11日），諸系，新潮（北条時章　ほうじょうときあきら　[没]文永9（1272）年2月11日），人名（北条時章　ほうじょうときあきら），日史（なごえときあき　[没]文永9（1272）年2月11日），日人，北条（北条時章　ほうじょうときあき）

**名越時夏** なごえときなつ
生没年不詳
鎌倉時代後期の武将・歌人。
¶国書

**名越時見** なごえときみ
生没年不詳　[別]北条時見《ほうじょうときみ》
鎌倉時代後期の武家・歌人。
¶国書，北条（北条時見　ほうじょうときみ）

**名越時基** なごえときもと
→北条時基(1)（ほうじょうときもと）

**名越時幸** なごえときゆき
→北条時幸（ほうじょうときゆき）

**名越朝時** なごえともとき
建久4（1193）年～寛元3（1245）年　[別]北条朝時《ほうじょうともとき》
鎌倉時代前期の武士。北条義時の次男。
¶朝日（[没]寛元3年4月6日（1245年5月3日）），石川百（[生]1194年），角史（[生]建久4（1193）年？），神奈川人（北条朝時　ほうじょうともとき　[生]1194年），鎌倉（北条朝時　ほうじょうともとき），鎌室（北条朝時　ほうじょうともとき），国史（[生]1194年），古中（[生]1194年），史人（[生]1194年　[没]1245年4月6日），諸系，新潮（北条朝時　ほうじょうともとき　[没]寛元3（1245）年4月6日），人名（北条朝時　ほうじょうともとき），姓氏石川（[生]1194年），姓氏神奈

川(北条朝時　ほうじょうともとき　[生]1194年)，新潟百(北条朝時　ほうじょうともとき)，日史(北条朝時　ほうじょうともとき　[生]建久5(1194)年　[没]寛元3(1245)年4月6日)，日人，北条(北条朝時　ほうじょうともとき)

**名越教時** なごえのりとき
→北条教時(ほうじょうのりとき)

**名越光時** なごえみつとき
生没年不詳　[別]江馬光時《えまみつとき》，北条光時《ほうじょうみつとき》
鎌倉時代前期の武将。名越朝時の嫡子。越後守護。越後守。
¶朝日，角史，鎌倉(江馬光時　えまみつとき)，鎌倉(北条光時　ほうじょうみつとき)，鎌室(北条光時　ほうじょうみつとき)，国史，古中，コン4，史人，重要，諸系，新潮(北条光時　ほうじょうみつとき)，人名(北条光時　ほうじょうみつとき)，新潟百(北条光時　ほうじょうみつとき)，日史，日人，百科(北条光時　ほうじょうみつとき)，北条(北条光時　ほうじょうみつとき)

**名越高家** なごしたかいえ
→北条高家(1)(ほうじょうたかいえ)

**長牛友義** なごしともよし
生没年不詳　[別]長牛友義《ながうしともよし》
戦国時代の武将。
¶戦人

**名古屋九右衛門** なごやきゅうえもん
→名古屋山三郎(なごやさんざぶろう)

**名古屋九右衛門** なごやくえもん
→名古屋山三郎(なごやさんざぶろう)

**名古屋山三** なごやさんざ
→名古屋山三郎(なごやさんざぶろう)

**名古屋山三郎**(名護屋山三郎) なごやさんざぶろう，なごやさんさぶろう
？ ～慶長8(1603)年　[別]名越山三郎《なごえさんざぶろう》，名古屋九右衛門《なごやきゅうえもん，なごやくえもん》，名古屋山三《なごやさんざ》，名護屋九右衛門《なごやきゅうえもん》
安土桃山時代の歌舞伎役者、武士。慶長初に活躍。
¶愛知百(なごやさんさぶろう)，朝日([没]慶長8年4月10日(1603年5月20日))，岡山歴(名古屋九右衛門　なごやくえもん　[生]元亀3(1572)年　[没]慶長8(1603)年5月6日)，角史，歌舞([没]慶長9年5月3日)，歌舞新([没]慶長9(1604)年5月3日)，京都(名古屋山三　なごやさんざ)，京都大(名古屋山三　なごやさんざ)，近世([生]1572年)，芸能([生]元亀3(1572)年　[没]慶長8(1603)年4月10日)，国史([生]1572年)，コン改，コン4，史人，新潮([没]慶長8(1603)年4月10日)，人名(名越山三郎　なごえさんざぶろう)，姓氏京都(名古屋山三　なごやさんざ)，世人，世百，戦合([生]1572年)，全書，戦人，戦補(名護屋山三郎　[没]1604年)，日史([没]慶長8(1603)年4月10日)，日人([生]1572年，(異説)1576年)，藩臣6(名古屋九右衛門　なごやくえもん　[生]元亀3(1572)年)，百科，歴大(なごやさんさぶろう)

**名児耶高範** なごやたかのり
鎌倉時代後期～南北朝時代の武将。
¶姓氏静岡

**名越時有** なごやときあり
→北条時有(3)(ほうじょうときあり)

**名越時兼** なごやときかね
→北条時兼(3)(ほうじょうときかね)

**那古屋弥五郎** なごややごろう
生没年不詳
安土桃山時代の織田信長の家臣。
¶織田

**奈胡義行** なごよしゆき
久安3(1147)年？ ～建仁3(1203)年6月
鎌倉時代前期の武将。
¶山梨百

**奈佐日本之助** なさにほんのすけ
→奈佐日本之助(なさやまとのすけ)

**奈佐日本之助**(奈佐日本助) なさやまとのすけ
？ ～天正9(1581)年　[別]奈佐日本之助《なさにほんのすけ》，奈佐日本助《なさにほんのすけ》
安土桃山時代の武士。
¶戦人(奈佐日本助)，戦西(なさにほんのすけ)，鳥取百(なさにほんのすけ)

**梨崎近江** なしざきおうみ
戦国時代の武将。葛西氏家臣。
¶戦東

**梨羽紹幽** なしはしょうゆう
天正5(1577)年～延宝3(1675)年
安土桃山時代～江戸時代前期の武将。
¶国書

**南志見光連** なじみみつつら
戦国時代の武士。
¶姓氏石川，戦人(生没年不詳)，戦西

**梨和景久** なしわかげひさ
生没年不詳
戦国時代の武将。
¶戦人

**那須明資** なすあきすけ
生没年不詳
戦国時代の上那須家当主。
¶戦辞

**那須氏資** なすうじすけ
生没年不詳
戦国時代の上那須家当主。
¶戦辞

**那須資景** なすすけかげ
天正14(1586)年～明暦2(1656)年
安土桃山時代～江戸時代前期の武将、大名。下野福原藩主。
¶諸系，戦国([生]1587年)，戦人，栃木歴([生]？)，日人，藩主1([没]明暦2(1656)年1月25日)

**那須助員** なすすけかず
生没年不詳
鎌倉時代前期の武将。
¶鎌室，日人

**那須助左衛門** なすすけざえもん
安土桃山時代の地方豪族・土豪。
¶戦国，戦人（生没年不詳）

**那須資胤** なすすけたけ
→那須資胤（なすすけたね）

**那須資胤** なすすけたね
？～天正11（1583）年 [別]那須資胤《なすすけたけ》
安土桃山時代の武将。修理大夫。政資の子。
¶朝日（[没]天正11年2月11日（1583年4月3日）），国史，古中，コン改，コン4，史人（[没]1583年2月11日），諸系，新潮（[没]天正11（1583）年2月11日），人名，戦合，戦辞（なすすけたけ　生没年不詳），栃木歴，日人

**那須資晴** なすすけはる
弘治2（1556）年～慶長14（1609）年
安土桃山時代～江戸時代前期の武将。大膳大夫、修理大夫。資胤の子。
¶朝日（[没]慶長14年6月19日（1609年7月20日）），近世，国史，史人（[没]1609年6月19日），諸系，新潮（[生]弘治3（1557）年　[没]慶長15（1610）年6月19日），人名，戦合，戦国（[生]1557年　[没]1610年），戦辞（[生]弘治3（1557）年　[没]慶長15年6月19日（1610年8月7日）），戦人（[生]弘治3（1557）年　[没]慶長15（1610）年），栃木百，栃木歴（[生]？），日史（[生]弘治3（1557）年　[没]慶長15（1610）年6月19日），日人，歴大

**那須資房** なすすけふさ
？～天文21（1552）年
戦国時代の武将。
¶鎌室（生没年不詳），諸系，新潮（生没年不詳），人名，戦辞（[没]天文21年11月15日（1552年11月30日）），栃木百，栃木歴，日人

**那須資藤** なすすけふじ
？～正平10/文和4（1355）年
南北朝時代の武将、足利尊氏方として活躍。
¶栃木歴

**那須資持** なすすけもち
元中6/康応1（1389）年～応仁1（1467）年9月13日
南北朝時代～室町時代の下那須家当主。
¶戦辞

**那須資之** なすすけゆき
？～正長1（1428）年
室町時代の武将、福原城城主。
¶栃木歴

**那須高資** なすたかすけ
？～天文20（1551）年
戦国時代の下野烏山城主。
¶諸系，人名，戦辞（[没]天文20年1月21日（1551年2月26日）），栃木百，栃木歴，日人

**なすの喜兵衛** なすのきへえ
戦国時代の武将。武田家臣。土屋惣蔵同心被官。
¶姓氏山梨

**那須宗隆** なすのむねたか
→那須与一（なすのよいち）

**那須与一**（那須余一，那須与市） なすのよいち
生没年不詳 [別]藤原宗高《ふじわらのむねたか》，那須宗隆《なすむねたか》，那須与一《なすよいち》
平安時代後期～鎌倉時代前期の武士。資隆の11男。
¶朝日，岩史，岡山歴，角史，鎌倉，鎌室（那須宗隆　なすむねたか），郷土栃木（那須余一），国史，古中，コン改，コン4，史人，重要，諸系，人書94（なすよいち），新潮，人名（那須与市），世人，世百（那須余一），大百（那須余一），栃木百，栃木歴，日史，日人，百科，平史（藤原宗高　ふじわらのむねたか），歴大

**那須八郎** なすはちろう
安土桃山時代の地方豪族・土豪。
¶戦国，戦人（生没年不詳）

**那須政資** なすまさすけ
？～天文15（1546）年
戦国時代の武将、那須氏当主。
¶戦辞（[没]天文15年7月23日（1546年8月19日）），栃木歴

**奈多鑑基** なたあきもと
？～永禄12（1569）年
戦国時代の武士。
¶大分歴（[生]大永4（1524）年），戦人，戦西

**名高惣五郎大夫** なだかそうごろうだゆう
生没年不詳
鎌倉時代後期の武士。「忌部の契約」に加わった一人。
¶徳島歴

**奈多鎮基**（奈田鎮基） なたしげもと
？～天正15（1587）年
安土桃山時代の武士。
¶戦人，戦西（奈田鎮基）

**長束太郎兵衛** なつかたろうべえ
→長束太郎兵衛（なつかたろべえ）

**長束太郎兵衛** なつかたろべえ
[別]長束太郎兵衛《なつかたろうべえ》
安土桃山時代の武士。豊臣氏家臣。
¶戦国（なつかたろうべえ），戦人（生没年不詳）

**名塚藤兵衛** なつかとうべえ
安土桃山時代の武士。豊臣氏家臣。
¶戦国，戦人（生没年不詳）

**長束直吉** なつかなおよし
？～慶長5（1600）年
安土桃山時代の武士。豊臣氏家臣。
¶戦国，戦人

**長束長吉** なつかながよし
安土桃山時代の武士。豊臣氏家臣。
¶戦国，戦人（生没年不詳）

な

**長束正家** なつかまさいえ, なづかまさいえ
？ ～慶長5（1600）年 [別]長束正家《ながつかまさいえ》
安土桃山時代の大名。近江水口藩主。
¶愛知百（[没]1600年10月），朝日（[没]慶長5年9月30日（1600年11月5日）），岩史（[没]慶長5（1600）年10月3日），角史，郷土滋賀（ながつかまさいえ），京都大，近世，国史，国書（[没]慶長5（1600）年9月30日），古中，コン改，コン4，茶道（なづかまさいえ），滋賀百，史人（[没]1600年9月30日），重要（[没]慶長5（1600）年9月30日），新潮（[没]慶長5（1600）年9月30日），人名（ながつかまさいえ），姓氏愛知，姓氏京都，世人（[没]慶長5（1600）年9月30日），世百，戦合，戦国，戦辞（[没]慶長5年10月3日（1600年11月8日）），全書，戦人，大百，日史（なづかまさいえ [没]慶長5（1600）年10月3日），日人，藩主3（なづかまさいえ [生]永禄5（1562）年 [没]慶長5（1600）年9月18日），歴大

**夏目定次** なつめさだつぐ
生没年不詳
安土桃山時代～江戸時代前期の武士。紀州藩士。
¶和歌山人

**夏目吉信** なつめよしのぶ
*～元亀3（1572）年
戦国時代の武士。徳川氏家臣。
¶静岡歴（[生]永正14（1517）年），人名，姓氏愛知（[生]1518年），戦辞（[生]永正15（1518）年 [没]元亀3年12月22日（1573年1月23日）），戦人（[生]？），戦東，戦補（[生]1518年），日人（[生]？ [没]1573年）

**七井勝忠** なないかつただ
？ ～天正14（1586）年
安土桃山時代の武将。
¶戦人

**七橋平之丞** ななばしへいのじょう
安土桃山時代の武士。
¶戦国，戦人（生没年不詳）

**難波吉師日香蚊** なにわのきしひかか
→難波日香蚊（なにわのひかか）

**難波根子武振熊** なにわのねこたけふるくま
→和珥武振熊（わにのたけふるくま）

**難波日香蚊** なにわのひかか
[別]難波吉師日香蚊《なにわのきしひかか》
上代の武人。仁徳天皇皇子大草香皇子の臣。
¶古代（難波吉師日香蚊 なにわのきしひかか），人名，日人

**生田目大蔵丞**（生田目大蔵尉） なばためおおくらのじょう
生没年不詳
戦国時代～安土桃山時代の武士。佐竹氏家臣。
¶戦辞（生田目大蔵尉），戦人，戦東

**鍋倉四郎** なべくらしろう
？ ～天正18（1590）年
安土桃山時代の地方豪族・土豪。
¶戦人

**鍋島加賀守信昌** なべしまかがのかみのぶまさ
戦国時代～安土桃山時代の武将。竜造寺氏家臣。
¶戦西

**鍋島勝茂** なべしまかつしげ
天正8（1580）年～明暦3（1657）年
安土桃山時代～江戸時代前期の武将、大名。肥前佐賀藩主。
¶朝日（[生]天正8年10月28日（1580年12月4日） [没]明暦3年3月24日（1657年5月7日）），黄檗（[没]寛文1（1657）年9月6日），角史，近世，国史，コン改（[生]天正9（1581）年），コン4（[生]天正9（1581）年），佐賀百（[生]天正8（1580）年3月 [没]明暦3（1657）年3月24日），史人（[生]1580年10月28日 [没]1657年3月24日），諸系，新潮（[生]天正8（1580）年10月11日 [没]明暦3（1657）年3月24日），人名，世人（[没]明暦3（1657）年3月24日），戦合，戦国（[生]1581年），全書，大百，日史（[生]天正8（1580）年10月28日 [没]明暦3（1657）年3月24日），日人，藩主4（[生]天正8（1580）年10月28日 [没]明暦3（1657）年3月24日），百科，歴大

**鍋島清久** なべしまきよひさ
[別]鍋島平右衛門尉清久《なべしまへいうえもんのじょうきよひさ》
戦国時代の武士。
¶戦人（生没年不詳），戦西（鍋島平右衛門尉清久 なべしまへいうえもんのじょうきよひさ）

**鍋島清房** なべしまきよふさ
生没年不詳 [別]鍋島駿河守清房《なべしまするがのかみきよふさ》
戦国時代の武士。
¶諸系，人名，戦人，戦西（鍋島駿河守清房 なべしまするがのかみきよふさ），日人

**鍋島清泰** なべしまきよやす
[別]鍋島左近将監清泰《なべしまさこんのしょうげんきよやす》
戦国時代の武士。
¶戦人（生没年不詳），戦西（鍋島左近将監清泰 なべしまさこんのしょうげんきよやす）

**鍋島左近将監清泰** なべしまさこんのしょうげんきよやす
→鍋島清泰（なべしまきよやす）

**鍋島駿河守清房** なべしまするがのかみきよふさ
→鍋島清房（なべしまきよふさ）

**鍋島忠茂** なべしまただしげ
天正12（1584）年～寛永1（1624）年
安土桃山時代～江戸時代前期の武将、大名。肥前鹿島藩主。
¶諸系，人名，日人，藩主4（[生]天正12（1584）年11月28日 [没]寛永1（1624）年8月4日）

**鍋島種房** なべしまたねふさ
[別]鍋島丹波守種房《なべしまたんばのかみたねふさ》
戦国時代の武士。
¶戦人（生没年不詳），戦西（鍋島丹波守種房 な

べしまたんばのかみたねふさ)

**鍋島丹波守種房**　なべしまたんばのかみたねふさ
→鍋島種房(なべしまたねふさ)

**鍋島直茂**　なべしまなおしげ
天文7(1538)年～元和4(1618)年
安土桃山時代～江戸時代前期の大名。
¶朝日([生]天文7年3月13日(1538年4月12日) [没]元和4年6月3日(1618年7月24日)), 岩史([生]天文7(1538)年3月13日　[没]元和4(1618)年6月3日), 角史, 近世, 国史, 国書([生]天文7(1538)年3月13日　[没]元和4(1618)年6月3日), 古中, コン改, コン4, 佐賀百([生]天文7(1538)年3月13日　[没]元和4(1618)年6月3日), 茶道, 史人([生]1538年3月13日　[没]1618年6月3日), 諸系, 新潮([生]天文7(1538)年3月13日　[没]元和4(1618)年6月3日), 人名, 世人, 世百, 戦合, 戦国, 全書, 戦人, 大百, 長崎百, 長崎歴, 日史([生]天文7(1538)年3月13日　[没]元和4(1618)年6月3日), 日人, 百科, 歴大

**鍋島信房**　なべしまのぶふさ
[別]鍋島豊前守信房《なべしまぶぜんのかみのぶふさ》
安土桃山時代～江戸時代前期の武士。
¶戦人(生没年不詳), 戦西(鍋島豊前守信房　なべしまぶぜんのかみのぶふさ)

**鍋島豊前守信房**　なべしまぶぜんのかみのぶふさ
→鍋島信房(なべしまのぶふさ)

**鍋島平右衛門尉清久**　なべしまへいうえもんのじょうきよひさ
→鍋島清久(なべしまきよひさ)

**鍋山顕綱**　なべやまあきつな
→三木顕綱(みつきあきつな)

**鯰江長言**　なまずえちょうげん
→鯰江長言(なまずえながこと)

**鯰江長言**　なまずえながこと
[別]鯰江長言《なまずえちょうげん》
戦国時代の武士。
¶戦人(生没年不詳), 戦西(なまずえちょうげん)

**鯰江又一郎**(鯰江又市郎)　なまずえまたいちろう
生没年不詳
安土桃山時代の力士。
¶織田, 日人(鯰江又市郎)

**生瀬半右衛門**　なませはんえもん
戦国時代～安土桃山時代の武士。浅井氏家臣、豊臣氏家臣。
¶戦国, 戦人(生没年不詳)

**波合胤成**　なみあいたねなり
?　～天正3(1575)年
戦国時代～安土桃山時代の武田家臣。信濃一騎合衆。
¶姓氏長野, 姓氏山梨

**浪岡具永**(浪岡具永)　なみおかともなが
生没年不詳
戦国時代の武将。具統の子、従四位下、左中将。
¶朝日, 日人(浪岡具永)

**並河掃部**　なみかわかもん
生没年不詳
安土桃山時代の織田信長の家臣。
¶織田

**並木**　なみき
生没年不詳
戦国時代の北条氏照の臣。
¶戦辞

**行貝平右衛門**　なめかいへいうえもん
江戸時代前期の武士。里見氏家臣。
¶戦東

**行方勝義**　なめかたかつよし
安土桃山時代～江戸時代前期の武士。里見氏家臣。
¶戦人(生没年不詳), 戦東

**行方直清**　なめかたなおきよ
?　～天正18(1590)年
安土桃山時代の武士。後北条氏家臣。
¶戦辞([没]天正18年3月15日(1590年4月19日)), 戦人

**行方康親**　なめかたやすちか
生没年不詳
戦国時代の北条氏の家臣。
¶戦辞

**行方与次郎**　なめかたよじろう
戦国時代の武将。後北条氏家臣。
¶戦東

**滑川伊賀守**　なめかわいがのかみ
安土桃山時代の武士。佐竹氏家臣。
¶戦人(生没年不詳), 戦東

**滑河式部少輔**　なめかわしきぶしょうゆう
生没年不詳　[別]滑川式部少輔《なめかわしきぶのしょう》
戦国時代の武士。佐竹氏家臣。
¶戦辞(滑川式部少輔　なめかわしきぶのしょう), 戦人, 戦東

**滑川式部少輔**　なめかわしきぶのしょう
→滑河式部少輔(なめかわしきぶしょうゆう)

**滑河対馬守**(滑川対馬守)　なめかわつしまのかみ
生没年不詳
戦国時代の武士。佐竹氏家臣。
¶戦辞(滑川対馬守), 戦人, 戦東

**滑河藤四郎**(滑川藤四郎)　なめかわとうしろう
戦国時代の武将。佐竹氏家臣。
¶戦辞(滑川藤四郎　生没年不詳), 戦東

**滑河信通**(滑川信通)　なめかわのぶみち
生没年不詳
戦国時代の武士。佐竹氏家臣。
¶戦辞(滑川信通), 戦人, 戦東

**滑川道為**　なめかわみちため
生没年不詳
戦国時代の佐竹氏の家臣。
¶戦辞

**行田宮内少輔** なめたくないのしょう
生没年不詳
戦国時代の下総北西部の国衆多賀谷氏の家臣。
¶戦辞

**奈良井義高** ならいよしたか
？ ～天正18 (1590) 年
戦国時代～安土桃山時代の武士。木曽義仲17代の孫と伝える。
¶姓氏長野

**奈良坂源右衛門** ならさかげんえもん
戦国時代の武将。葛西氏家臣。
¶戦東

**楢崎元兼** ならさきもとかね
安土桃山時代の武将。
¶岡山人, 岡山歴

**奈良清六** ならせいろく
生没年不詳
安土桃山時代の織田信長の家臣。
¶織田

**奈良高家** ならたかいえ
生没年不詳
鎌倉時代前期の武士。
¶鎌室, 日人

**楢原右衛門尉** ならはらうえもんのじょう
生没年不詳
安土桃山時代の織田信長の家臣。
¶織田

**奈良原紀伊守** ならはらきいのかみ
生没年不詳
戦国時代の上野国衆。
¶戦辞

**奈良民部少輔** ならみんぶしょうゆう
生没年不詳 [別]奈良民部少輔《ならみんぶのしょう》
安土桃山時代の武士。佐竹氏家臣。
¶戦辞 (ならみんぶのしょう), 戦人, 戦東

**奈良民部少輔** ならみんぶのしょう
→奈良民部少輔 (ならみんぶしょうゆう)

**楢村監物** ならむらけんもつ
安土桃山時代の武士。
¶岡山人, 岡山歴, 戦人 (生没年不詳), 戦西

**奈良本棟広** ならもとむねひろ
戦国時代の武将。武田家臣。信濃国小県郡の海野衆。
¶姓氏山梨

**楢山義実** ならやまよしざね
大永7 (1527) 年～慶長8 (1603) 年
戦国時代～江戸時代前期の武士。
¶姓氏岩手

**成相源三** なりあいげんぞう
安土桃山時代の地方豪族・土豪。小笠原氏家臣。
¶戦人 (生没年不詳), 戦東

**成合利忠** なりあいとしただ
？ ～慶長5 (1600) 年
安土桃山時代の武士。
¶戦国, 戦人

**成生伯耆守** なりうほうきのかみ
生没年不詳
安土桃山時代の武士。
¶戦人

**成枝忠友** なりえだただとも
平安時代後期の薩摩郡羽島の領主。
¶姓氏鹿児島

**成川宇兵衛** なりかわうへえ
江戸時代前期の武士。里見氏家臣。
¶戦東

**成川五郎右衛門** なりかわごろううえもん
→成川五郎右衛門 (なりかわごろうえもん)

**成川五郎右衛門** なりかわごろうえもん
[別]成川五郎右衛門《なりかわごろううえもん》
安土桃山時代～江戸時代前期の武士。里見氏家臣。
¶戦人 (生没年不詳), 戦東 (なりかわごろううえもん)

**成沢道忠** なりさわみちただ
安土桃山時代～江戸時代前期の武将。最上氏家臣。
¶戦人 (生没年不詳), 戦東

**成田顕泰** なりたあきやす
*～文明16 (1484) 年
室町時代～戦国時代の武将、武蔵国衆。
¶系東 ([生]1423年), 埼玉人 ([生]不詳 [没]文明16 (1484) 年4月8日), 戦辞 ([生]？ [没]大永4年6月8日 (1524年7月9日)), 戦人 ([生]応永30 (1423) 年)

**成田氏長** なりたうじなが
？ ～文禄4 (1595) 年
安土桃山時代の大名。下野烏山藩主。
¶朝日 ([生]天文11 (1542) 年 [没]文禄4年12月11日 (1596年1月10日)), 系東, 国書 ([生]天文11 (1542) 年 [没]文禄4 (1595) 年12月11日), 埼玉人 ([没]文禄4 (1595) 年12月11日), 埼玉百, 戦国, 戦辞 ([生]天文11 (1542) 年 [没]文禄4年12月11日 (1596年1月10日)), 戦人, 戦東, 栃木歴, 日人 ([生]1542年 [没]1596年), 藩主1 ([没]文禄4 (1595) 年12月11日)

**成田氏宗** なりたうじむね
？ ～元和8 (1622) 年
安土桃山時代～江戸時代前期の武将、大名。下野烏山藩主。
¶人名, 日人, 藩主1 ([没]元和8 (1622) 年11月7日)

**成田長忠** なりたおさただ
？ ～元和2 (1616) 年 [別]成田泰喬《なりたやすたか》, 成田長忠《なりたながただ》
安土桃山時代～江戸時代前期の武将、大名。下野烏山藩主。
¶戦国 (なりたながただ), 戦辞 (成田泰喬 なりたやすたか [没]元和2年12月18日 (1617年1月25日)), 戦人, 栃木歴 (なりたながただ), 日人

（なりたながただ　[没]1617年），藩主1（[没]元和2（1616）年12月18日）

**成田外記**　なりたげき
戦国時代の武将。大崎氏家臣。
¶戦東

**成田源兵衛**　なりたげんべえ
戦国時代～安土桃山時代の武将。大崎氏家臣。
¶戦東

**成田五郎盛綱**　なりたごろうもりつな
～承久3（1221）年
鎌倉時代前期の武士。
¶埼玉百

**成田重政**　なりたしげまさ
生没年不詳
安土桃山時代の織田信長の家臣。
¶織田



**成田正等**　なりたしょうとう
？　～文明16（1484）年4月8日
室町時代～戦国時代の武蔵国衆。
¶戦辞

**成田助綱**　なりたすけつな
生没年不詳
鎌倉時代前期の武士。
¶鎌室，埼玉百，日人

**成田親泰**　なりたちかやす
？　～大永4（1524）年
戦国時代の武蔵国衆。山内上杉氏に臣従。
¶系東，埼玉人（[没]大永4（1524）年6月8日），埼玉百，戦辞（[没]天文14年4月17日（1545年5月27日）），戦人（[生]寛正6（1465）年）

**成田直証**　なりたなおあき
生没年不詳
江戸時代前期の武士。紀州藩士。
¶和歌山人

**成田長忠**　なりたながただ
→成田長忠（なりたおさただ）

**成田長泰**　なりたながやす
戦国時代の武将。
¶系東（[生]1508年　[没]？），埼玉人（生没年不詳），埼玉百，戦国，戦辞（[生]？　[没]天正1年12月17日（1574年1月9日）），戦人（生没年不詳），戦東，日人（生没年不詳）

**成田野三刑部丞成綱**　なりたのさんぎょうぶのじょうしげつな
平安時代後期の武士、武蔵七党横山党の族。
¶埼玉百

**成田兵衛尉資泰**　なりたひょうえのじょうすけやす
鎌倉時代の武士。
¶埼玉百

**成田道徳**　なりたみちのり
大永6（1526）年～天正16（1588）年
戦国時代～安土桃山時代の武士。丹羽氏家臣。
¶戦国，戦人

**成田基員**　なりたもとかず
生没年不詳
鎌倉時代後期～南北朝時代の武蔵武士。
¶埼玉人

**成田泰季**　なりたやすすえ
永正13（1516）年～天正18（1590）年6月7日
戦国時代の武将。
¶埼玉人

**成田泰喬**　なりたやすたか
→成田長忠（なりたおさただ）

**成田泰親**　なりたやすちか
？　～元和2（1616）年12月18日
戦国時代の武将。
¶埼玉人

**成田義金**　なりたよしかね
戦国時代～安土桃山時代の武士。
¶戦人（生没年不詳），戦補

**成恒鎮家**　なりつねしげいえ
生没年不詳
戦国時代～安土桃山時代の武将。
¶戦人

**成富甲斐守信種**　なりとみかいのかみのぶたね
→成富信種（なりとみのぶたね）

**成富信種**　なりとみのぶたね
[別]成富甲斐守信種《なりとみかいのかみのぶたね》
戦国時代の武士。
¶戦人（生没年不詳），戦西（成富甲斐守信種　なりとみかいのかみのぶたね）

**成富兵庫**　なりとみひょうご，なりどみひょうご
→成富兵庫（なるとみひょうご）

**成富兵庫茂安**　なりとみひょうごしげやす
→成富兵庫（なるとみひょうご）

**成富兵庫助茂安**　なりとみひょうごのすけしげやす
→成富兵庫（なるとみひょうご）

**成良親王**　なりながしんのう
→成良親王（なりよししんのう）

**成松遠江守信勝**　なりまつとおとうみのかみのぶかつ
→成松信勝（なりまつのぶかつ）

**成松信勝**　なりまつのぶかつ
？　～＊　[別]成松遠江守信勝《なりまつとおとうみのかみのぶかつ》
安土桃山時代の武士。
¶戦人（[没]天正12（1584）年），戦西（成松遠江守信勝　なりまつとおとうみのかみのぶかつ　[没]1543年）

**成良親王**　なりよししんのう
嘉暦1（1326）年～興国5/康永3（1344）年　[別]成良親王《なりながしんのう》
南北朝時代の後醍醐天皇の皇子。建武新政時の鎌倉府将軍・征夷大将軍。
¶朝日（[没]？），岩史（[没]？），角史（[没]康永3（1344）年？），神奈川人，鎌室（なりながしんのう），国史（[没]？），古中（[没]？），コン改（な

りながしんのう），コン4（なりながしんのう），史人（[没]1344年1月6日？），重要（[没]興国5/康永3（1344）年1月6日），諸系（[没]？），新潮（なりながしんのう　[没]康永3/興国5（1344）年1月6日），人名（なりながしんのう），世人（なりながしんのう　[没]興国5/康永3（1344）年1月6日），全書（なりながしんのう），大百，日史（[没]康永3/興国5（1344）年1月6日），日人（[没]？），百科，歴大

**成吉直衡** なりよしなおひら
生没年不詳
戦国時代の丹後国の土豪。
¶京都府

**成瀬国重** なるせくにしげ
生没年不詳
戦国時代の松平氏の家臣。
¶戦辞

**成瀬正一** なるせまさかず
天文7（1538）年～元和6（1620）年
安土桃山時代～江戸時代前期の武士。徳川氏家臣。
¶埼玉人，諸系，人名，姓氏山梨（[生]？），戦辞（[生]永正16（1519）年　[没]慶長6年6月28日（1601年7月27日）），戦人（生没年不詳），日人

**成瀬正成** なるせまさしげ
→成瀬正成（なるせまさなり）

**成瀬正武** なるせまさたけ
？ ～元和1（1615）年
安土桃山時代～江戸時代前期の武士。徳川氏家臣。
¶コン改，コン4，諸系（[没]1616年），人名，戦人，日人（[没]1616年）

**成瀬正虎** なるせまさとら
文禄3（1594）年～寛文3（1663）年
江戸時代前期の武将、尾張藩家老。
¶諸系，人名，日人，藩臣4

**成瀬正成** なるせまさなり
永禄10（1567）年～寛永2（1625）年　[別]成瀬正成《なるせまさしげ》，成瀬隼人正《なるせはやとのしょう》
安土桃山時代～江戸時代前期の大名。下総栗原藩主、尾張藩主。
¶愛知百（[没]1625年1月17日），朝日（[生]永禄11（1568）年頃　[没]寛永2年1月17日（1625年2月23日）），岐阜百（なるせまさしげ），近世，国史，国書（[没]寛永2（1625）年1月17日），コン改（[生]永禄11（1568）年，（異説）1567年），コン4（[生]永禄11（1568）年，（異説）1567年），茶道（[生]1566年），史人（[生]1567年，（異説）1568年　[没]1625年1月17日），諸系（[生]1567年，（異説）1568年），新潮（[没]寛永2（1625）年1月17日），人名，戦合，戦人（[生]永禄11（1568）年），大百，日史（[生]永禄11（1568）年　[没]寛永2（1625）年1月17日），日人（[生]1567年，（異説）1568年），藩主2，藩臣4（[生]永禄11（1568）年），百科（[生]永禄11（1568）年），歴大

**成瀬正義** なるせまさよし
*～元亀3（1572）年
戦国時代の武士。徳川氏家臣。
¶静岡歴（[生]天文3（1534）年），諸系（[生]1535年），戦人（[生]？），戦東，日人（[生]1535年）

**成瀬正頼** なるせまさより
？ ～天文9（1540）年
戦国時代の武将。
¶諸系，日人

**成瀬又太郎** なるせまたたろう
生没年不詳
戦国時代の松平氏の家臣。
¶戦辞

**成瀬之成** なるせゆきなり
慶長1（1596）年～寛永11（1634）年
江戸時代前期の武将、大名。下総栗原藩主。
¶諸系，人名，日人，藩主2（[没]寛永11（1634）年10月28日）

**成瀬吉政** なるせよしまさ
天正5（1577）年～正保1（1644）年
安土桃山時代～江戸時代前期の武将、加賀藩士。
¶石川百，諸系，日人，藩臣3（[生]？）

**成東将胤** なるとうまさたね
？ ～天正18（1590）年
安土桃山時代の武将。後北条氏家臣。
¶戦人

**成富茂安** なるとみしげやす
→成富兵庫（なるとみひょうご）

**成富兵庫** なるとみひょうご
永禄3（1560）年～寛永11（1634）年　[別]成富兵庫《なりとみひょうご，なりどみひょうご》，成富兵庫助茂安《なりとみひょうごのすけしげやす》，成富兵庫茂安《なりとみひょうごしげやす》，成富茂安《しげとみしげやす，なるとみしげやす》
安土桃山時代～江戸時代前期の武将。
¶朝日（なりとみひょうご），近世（なりどみひょうご），国史（なりどみひょうご），コン改（[生]永禄2（1559）年），コン4（[生]永禄2（1559）年），佐賀百（成富兵庫茂安　なりとみひょうごしげやす），史人（[没]1634年9月18日），人書94（[生]1559年），新潮（なりどみひょうご　[没]寛永11（1634）年9月18日），人名（成富茂安　しげとみしげやす），世人（[生]永禄2（1559）年），戦合（なりどみひょうご），戦人（成富茂安　なるとみしげやす　[没]？），戦西（成富兵庫助茂安　なりとみひょうごのすけしげやす），日史（[没]寛永11（1634）年9月18日），日人，藩臣7（なりどみひょうご），百科，歴大

**鳴海助右衛門** なるみすけえもん
生没年不詳
安土桃山時代の織田信長の家臣。
¶織田

**名和顕興** なわあきおき
生没年不詳
南北朝時代の武将、伯耆守、入道紹覚、基長の子。
¶朝日，鎌室，国史，古中，諸系，新潮，人名，日史，日人

**名和顕孝** なわあきたか
→伯耆顕孝(ほうきあきたか)

**名和顕忠** なわあきただ
生没年不詳
室町時代〜戦国時代の武将、肥後国八代郡古麓城主。
¶朝日, 諸系, 戦人, 日人

**那波顕宗** なわあきむね
? 〜*
安土桃山時代の武将。
¶姓氏群馬([没]1590年), 戦国([没]1591年), 戦辞([生]天文17(1548)年? [没]天正18年10月18日(1590年11月15日)), 戦人([没]天正19(1591)年)

**那波和泉守** なわいずみのかみ
安土桃山時代の武将。秀吉馬廻、地侍。
¶戦国, 戦人(生没年不詳)

**名和高光** なわたかみつ
正和4(1315)年〜延元1/建武3(1336)年
鎌倉時代後期〜南北朝時代の武士。
¶諸系, 人名, 日人

**名和武顕** なわたけあき
? 〜天文15(1546)年
戦国時代の武将。
¶戦人

**名和長重** なわながしげ
生没年不詳
南北朝時代の武士。
¶鎌室, 史人, 諸系, 新潮, 人名, 日人

**名和長年** なわながとし
? 〜延元1/建武3(1336)年
鎌倉時代後期〜南北朝時代の武将、伯耆守、行高の子。後醍醐天皇の忠臣。
¶朝日([没]建武3/延元1年6月30日(1336年8月7日)), 岩史([没]建武3/延元1(1336)年6月30日), 角史, 鎌室, 京都大, 国史, 古中, コン改, コン4, 史人([没]1336年6月30日), 諸系, 神人, 新潮([没]建武3/延元1(1336)年6月30日), 人名, 世人([没]延元1/建武3(1336)年6月30日), 世百, 全書, 大百, 鳥取百, 日史([没]建武3/延元1(1336)年6月30日), 日人, 百科, 歴大

**那波政茂** なわまさしげ
? 〜弘長3(1263)年
鎌倉時代前期の引付衆。
¶鎌室, 群馬人, 諸系, 姓氏群馬, 日人

**那波宗俊** なわむねとし
生没年不詳
戦国時代の上野国衆。
¶戦辞

**那波宗弘** なわむねひろ
生没年不詳
鎌倉時代の御家人。
¶姓氏群馬

**那波宗安**(名和宗安) なわむねやす
? 〜天正3(1575)年
戦国時代〜安土桃山時代の武士。武田氏家臣。上野那波の城主。
¶姓氏山梨(名和宗安), 戦人

**名和基長** なわもとなが
生没年不詳
南北朝時代の武士。
¶鎌室, 諸系, 人名, 日人

**名和行興** なわゆきおき
? 〜永禄5(1562)年
戦国時代の武将。
¶戦人

**名和行直** なわゆきなお
? 〜元亀2(1571)年
戦国時代の武将。
¶戦人

**名和義高** なわよしたか
乾元1(1302)年〜延元3/暦応1(1338)年
南北朝時代の武士。
¶鎌室, 諸系, 新潮([没]暦応1/延元3(1338)年5月22日), 人名, 鳥取百, 日人

**南条因幡守** なんじょういなばのかみ
戦国時代〜安土桃山時代の武将。後北条氏家臣。
¶戦東

**南条右京亮** なんじょううきょうのすけ
戦国時代の武将。後北条氏家臣。
¶戦辞(生没年不詳), 戦東

**南条織部** なんじょうおりべ
安土桃山時代の武将。後北条氏家臣。
¶戦東

**南条角左衛門** なんじょうかくざえもん
安土桃山時代〜江戸時代前期の武士。里見氏家臣。
¶戦人(生没年不詳), 戦東

**南条玄蕃助** なんじょうげんばのすけ
戦国時代の武士。後北条氏家臣。
¶戦人(生没年不詳), 戦東

**南条左衛門尉** なんじょうさえもんのじょう
生没年不詳
鎌倉時代後期の武士。
¶北条

**南条貞宗** なんじょうさだむね
室町時代の武将。
¶鳥取百

**南条重長** なんじようしげなが
天文20(1551)年〜元和9(1623)年
安土桃山時代〜江戸時代前期の武士。
¶戦人

**南条下総守隆信** なんじょうしもうさのかみたかのぶ
→南条隆信(なんじょうたかのぶ)

**南条四郎左衛門** なんじょうしろうざえもん
[別]南条四郎左衛門尉《なんじょうしろうざえもん

のじょう》
戦国時代の武将。後北条氏家臣。
¶戦辞(南条四郎左衛門尉　なんじょうしろうざえもんのじょう　生没年不詳)，戦東

**南条四郎左衛門尉** なんじょうしろうざえもんのじょう
→南条四郎左衛門(なんじょうしろうざえもん)

**南条大膳** なんじょうだいぜん
生没年不詳
安土桃山時代～江戸時代前期の武士、肥後熊本藩士。
¶藩臣7

**南条隆信** なんじょうたかのぶ
[別]南条下総守隆信《なんじょうしもうさのかみたかのぶ》
安土桃山時代の武将。大崎氏家臣。
¶戦人(生没年不詳)，戦東(南条下総守隆信　なんじょうしもうさのかみたかのぶ)

**南条綱良** なんじょうつなよし
生没年不詳
戦国時代の北条氏の家臣。
¶戦辞

**南条時員** なんじょうときかず
生没年不詳
鎌倉時代前期の武士。
¶北条

**南条時綱** なんじょうときつな
？　～興国2/暦応4(1341)年
鎌倉時代後期～室町時代の駿河国富士郡上野郷の武士。
¶静岡百([没]興国2/暦応4(1341)年ごろ)，静岡歴([没]興国2/暦応4(1341)年ごろ)，姓氏静岡

**南条時光** なんじょうときみつ
正元1(1259)年～元弘2/正慶1(1332)年
鎌倉時代後期の武士。日蓮の檀越。
¶静岡百，静岡歴，姓氏静岡，仏教([生]建長1(1294)年　[没]正慶1/元弘2(1332)年5月1日)

**南条長吉** なんじょうながよし
生没年不詳
戦国時代の北条氏の家臣。
¶戦辞

**南条信正** なんじょうのぶまさ
安土桃山時代の武将。
¶鳥取百

**南条飛騨入道** なんじょうひだにゅうどう
生没年不詳
戦国時代の北条氏の家臣。
¶戦辞

**南条昌治** なんじょうまさはる
生没年不詳
戦国時代の武士。後北条氏家臣。
¶神奈川人，戦辞，戦人

**南条民部丞** なんじょうみんぶのじょう
戦国時代の武将。後北条氏家臣。
¶戦辞(生没年不詳)，戦東

**南条宗勝** なんじょうむねかつ
？　～天正3(1575)年
戦国時代の武将。
¶鳥取百

**南条元清** なんじょうもときよ
？　～慶長19(1614)年　[別]小鴨元清《おがももときよ，こがももときよ》
安土桃山時代～江戸時代前期の武将。
¶織田(小鴨元清　おがももときよ　生没年不詳)，人名，戦国，戦人(生没年不詳)，鳥取百(小鴨元清　おがももときよ)，鳥取百(生没年不詳)，日人

**南条元忠** なんじょうもとただ
？　～慶長19(1614)年
安土桃山時代～江戸時代前期の武将、大名。伯耆羽衣石藩主。
¶人名([没]1615年)，戦国，戦人，鳥取百，日人([生]1579年)，藩主4([生]天正7(1579)年)

**南条元続** なんじょうもとつぐ
？　～天正19(1591)年
安土桃山時代の武士。
¶織田([没]文禄2(1593)年？)，人名([生]1549年)，戦国，戦人，戦西，鳥取百，日人([生]1549年)

**南条頼員** なんじょうよりかず
生没年不詳
鎌倉時代の武士。
¶北条

**難波十郎左衛門** なんばじゅうろうざえもん
安土桃山時代の武将。
¶岡山人

**難波治郎左衛門** なんばじろうざえもん
安土桃山時代～江戸時代前期の武士。里見氏家臣。
¶戦人(生没年不詳)，戦東

**難波大膳** なんばたいぜん
嘉吉2(1442)年～永正17(1520)年
安土桃山時代の武将。
¶岡山人

**難波田九郎三郎** なんばたくろうさぶろう
生没年不詳
南北朝時代の武蔵武士。
¶埼玉人

**難波武宗** なんばたけむね
～文禄3(1594)年
安土桃山時代の武将。
¶岡山人

**難波田隼人佑** なんばたはやとのすけ
？　～天文6(1537)年7月20日
戦国時代の扇谷上杉氏の家臣。
¶戦辞

**難波田正直** なんばたまさなお,なんばたまさなお
? ～天文15(1546)年
戦国時代の扇谷上杉氏の重臣。
¶埼玉人(なんばたまさなお [没]天文15(1546)年4月20日),戦辞([没]天文15年4月20日(1546年5月19日))

**難波田右衛門** なんばでんえもん
安土桃山時代の備中国の武将。
¶岡山歴

**難波田兵衛** なんばでんべえ
→難波伝兵衛尉(なんばでんべえのじょう)

**難波伝兵衛尉** なんばでんべえのじょう
? ～天正10(1582)年 [別]難波田兵衛《なんばでんべえ》
安土桃山時代の武将。備中国高松城主清水宗治の弟。
¶岡山人,岡山歴(難波田兵衛 なんばでんべえ [没]天正10(1582)年6月4日)

**難波俊定** なんばとしさだ
平安時代の武士。
¶岡山人

**難波経遠** なんばのつねとう
→難波経遠(なんばのつねとお)

**難波経遠** なんばのつねとお
[別]田使経遠《たつかいのつねとお》,難波経遠《なんばのつねとう》
平安時代後期の武士。平清盛の郎等。
¶岡山歴(なんばのつねとう),平史(田使経遠 たつかいのつねとお 生没年不詳)

**難波経房** なんばのつねふさ
平安時代後期の武将。
¶岡山歴

**難波信明** なんばのぶあき
*～元亀2(1571)年
戦国時代の武士。
¶岡山人,岡山歴([生]永正14(1517)年),戦人([生]?),戦西

**難波信正** なんばのぶまさ
安土桃山時代の武士。
¶岡山人

**難波経定** なんばのりさだ
安土桃山時代の武将。
¶岡山人,岡山歴

**難波経俊** なんばのりとし
平安時代の武士。
¶岡山人

**難波秀経** なんばひでつね
[別]難波秀経《なんばひでのり》
安土桃山時代の武士。
¶岡山人(なんばひでのり),岡山歴,戦人(生没年不詳),戦西

**難波秀経** なんばひでのり
→難波秀経(なんばひでつね)

**難波行豊** なんばゆきとよ
室町時代の武将。
¶岡山人,岡山歴

**南部越後** なんぶえちご
江戸時代前期の武将。池田家臣。小田原・関ヶ原・大坂で戦功。
¶岡山人

**南部実親** なんぶさねちか
? ～天正19(1591)年 [別]九戸実親《くのへさねちか》
安土桃山時代の地方豪族・土豪。南部氏家臣。
¶戦人

**南部実継** なんぶさねつぐ
? ～元弘2/正慶1(1332)年
鎌倉時代後期の根城南部家2代当主。
¶青森人

**南部実長** なんぶさねなが
→波木井実長(はきいさねなが)

**南部実光** なんぶさねみつ
建保5(1217)年～建長6(1254)年
鎌倉時代前期の武将。
¶系東

**南部左門** なんぶさもん
江戸時代前期の武士。大坂の陣で活躍。
¶戦国,戦人(生没年不詳)

**南部茂時** なんぶしげとき
正安2(1300)年～元弘3/正慶2(1333)年
鎌倉時代後期の武将。
¶系東

**南部信愛** なんぶしんあい
→北信愛(きたのぶちか)

**南部助政** なんぶすけまさ
応永4(1397)年～文安5(1448)年
室町時代の武将。
¶系東

**南部祐政** なんぶすけまさ
弘安7(1284)年～元応1(1319)年
鎌倉時代後期の武将。
¶系東

**南部祐行** なんぶすけゆき
宝治2(1248)年～弘安5(1282)年
鎌倉時代後期の武将。
¶系東

**南部高信** なんぶたかのぶ
? ～天正9(1581)年
安土桃山時代の武士。南部氏家臣。
¶青森人([没]元亀2(1571)年,(異説)天正9(1581)年),青森百,戦人

**南部経行** なんぶつねゆき
生没年不詳
室町時代～戦国時代の武家・連歌作者。
¶国書

南部時実 なんぶときざね
　? 〜弘安1(1278)年?
　鎌倉時代前期の武将。
　¶系東

南部時政 なんぶときまさ
　応永17(1410)年〜文明5(1473)年
　室町時代の武将。
　¶系東

南部利直 なんぶとしなお
　天正4(1576)年〜寛永9(1632)年
　安土桃山時代〜江戸時代前期の大名。陸奥南部
　藩主。
　¶青森人，青森百，朝日(㋹天正4年3月15日
　　(1576年4月13日)　㋺寛永9年8月18日(1632年
　　10月1日))，岩手百，近世，系東(㋹1577年
　　㋺1633年)，国史，史人(㋹1576年3月15日
　　㋺1632年8月18日)，諸系，姓氏岩手，戦合，戦
　　国，戦人，日人，藩主1(㋹天正4(1576)年3月
　　15日　㋺寛永9(1632)年8月18日)

南部直栄 なんぶなおよし
　元亀2(1571)年〜文禄4(1595)年
　安土桃山時代の根城南部家19代当主。
　¶青森人

南部信時 なんぶのぶとき
　嘉吉2(1442)年〜文亀1(1501)年
　室町時代〜戦国時代の武将。南部氏家臣。
　¶系東，戦人

南部信直 なんぶのぶなお
　天文15(1546)年〜慶長4(1599)年
　安土桃山時代の大名。陸奥南部藩主。
　¶青森人，青森百，朝日(㋺慶長4年10月5日
　　(1599年11月22日))，岩手百，近世，系東，国
　　史，コン改，コン4，史人(㋹1546年3月
　　㋺1599年10月5日)，重要(㋹天文15(1546)年3
　　月　㋺慶長4(1599)年10月5日)，諸系，新潮
　　(㋹天文15(1546)年3月　㋺慶長4(1599)年10
　　月5日)，人名，姓氏岩手，世人，戦合，戦人，
　　戦人，日史(㋺慶長4(1599)年10月5日)，日
　　人，藩主1(㋹天文15(1546)年3月1日　㋺慶長4
　　(1599)年10月5日)，百科，歴大

南部信長 なんぶのぶなが
　嘉元3(1305)年〜延元4/暦応2(1339)年
　鎌倉時代後期〜南北朝時代の武将。
　¶岩手百(生没年不詳)，系東

南部信政 なんぶのぶまさ
　? 〜正平3/貞和4(1348)年
　南北朝時代の武士。
　¶青森人(㋹興国6(1345)年ころ)，岩手百，諸
　　系，人名，姓氏岩手，日人

南部信光 なんぶのぶみつ
　? 〜天授2/永和2(1376)年
　南北朝時代の武将。
　¶青森人，青森百，朝日(㋺永和2/天授2年1月23
　　日(1376年2月13日))，鎌室(生没年不詳)，国
　　史，古中，史人(㋺1376年1月23日)，諸系，新
　　潮(生没年不詳)，人名(㋺1375年)，姓氏岩手，

日人

南部信義 なんぶのぶよし
　寛正3(1462)年〜文亀3(1503)年
　戦国時代の武将。南部氏家臣。
　¶系東，戦人

南部晴継 なんぶはるつぐ
　永禄13(1570)年〜天正10(1582)年
　安土桃山時代の武士。南部氏家臣。
　¶青森人，系東(㋹1553年　㋺1565年)，戦人

南部晴政 なんぶはるまさ
　*〜天正10(1582)年
　戦国時代〜安土桃山時代の武将。
　¶青森人(㋹?)，青森百(生没年不詳)，岩手百
　　(㋹?)，系東(㋹1498年　㋺1563年)，姓氏岩
　　手(㋹1517年)，戦人，戦人，戦人(㋹永正14(1517)年)

南部政経 なんぶまさつね
　康正3(1457)年〜
　室町時代〜戦国時代の根城南部家13代当主。
　¶青森人(㋹康正3(1457)年ころ)，青森百(生没
　　年不詳)

南部政連 なんぶまさつら
　文永3(1266)年〜乾元1(1302)年
　鎌倉時代後期の武将。
　¶系東

南部政長 なんぶまさなが
　? 〜正平15/延文5(1360)年
　南北朝時代の武将。
　¶青森人(㋹正平5(1350)年)，青森百(㋺正平5
　　(1350)年)，朝日(㋺延文5/正平15年8月15日
　　(1360年9月25日))，岩手百(㋹1350年)，鎌
　　倉，鎌室，国史(㋹1350年)，古中，史人
　　(㋺1350年8月18日)，諸系，新潮(㋺延文5/正
　　平15(1360)年8月)，人名，姓氏岩手(㋹1350
　　年)，日人，山梨百

南部政信 なんぶまさのぶ
　? 〜天正16(1588)年
　戦国時代〜安土桃山時代の石川城主。
　¶青森百

南部政栄 なんぶまさひで
　→南部政栄(なんぶまさよし)

南部政光(1) なんぶまさみつ
　生没年不詳
　鎌倉時代前期の武将。
　¶系東(㋹1252年　㋺1265年)，諸系，日人

南部政光(2) なんぶまさみつ
　応永19(1412)年〜
　室町時代の根城南部家8代当主。
　¶青森人(㋹応永19(1412)年ころ)

南部政持 なんぶまさもち
　生没年不詳
　南北朝時代の武士。
　¶諸系，人名，日人

南部政盛 なんぶまさもり
　天授4/永和4(1378)年〜文安2(1445)年

室町時代の武将。
¶系東

**南部政康** なんぶまさやす
寛正2(1461)年～永正4(1507)年
戦国時代の武将。南部氏家臣。
¶系東，戦人

**南部政行** なんぶまさゆき
生没年不詳
南北朝時代の武将。
¶鎌室，系東([生]1328年　[没]1388年)，諸系，人名，日人

**南部政栄** なんぶまさよし
天文13(1544)年～慶長15(1610)年　[別]南部政栄《なんぶまさひで》
戦国時代～江戸時代前期の武士。八戸南部氏の18代目。
¶青森人，青森百，岩手百(なんぶまさひで)，姓氏岩手

**南部通継** なんぶみちつぐ
永享8(1436)年～文明15(1483)年
室町時代～戦国時代の武将。
¶系東

**南部光経** なんぶみつつね
永享4(1432)年～
室町時代～戦国時代の根城南部家10代当主。
¶青森人([生]永享4(1432)年ころ)，青森百(生没年不詳)

**南部光政** なんぶみつまさ
永享12(1440)年～寛正3(1462)年
室町時代の武将。
¶系東

**南部光行** なんぶみつゆき
？～建保3(1215)年　[別]源光行《みなもとのみつゆき》
鎌倉時代前期の武将。
¶青森人([生]久安3(1147)年)，青森百(生没年不詳)，朝日(生没年不詳)，岩手百([生]1147年)，鎌室(生没年不詳)，系東([生]1186年　[没]1236年)，諸系，新潮(生没年不詳)，人名，姓氏岩手(生没年不詳)，日人，平史(源光行　みなもとのみつゆき　[没]1236年)

**南部宗経** なんぶむねつね
宝治2(1248)年～弘安6(1283)年
鎌倉時代後期の武将。
¶系東

**南部宗行** なんぶむねゆき
建長2(1250)年～弘安8(1285)年
鎌倉時代後期の武将。
¶系東

**南部守行** なんぶもりゆき
？～永享9(1437)年
南北朝時代～室町時代の武将。
¶青森人，青森百，岩手百，系東([生]1359年)，姓氏岩手

**南部師行** なんぶもろゆき
？～延元3/暦応1(1338)年
鎌倉時代後期～南北朝時代の武将。遠江守。
¶青森人，青森百，朝日([没]暦応1/延元3年5月22日(1338年6月10日))，岩手百，角史，鎌室，国史，古中，コン改，コン4，史人([没]1338年5月22日)，諸系，新潮([没]暦応1/延元3(1338)年5月22日)，人名，姓氏岩手，世人，日人

**南部弥五八** なんぶやごはち
安土桃山時代の武将。秀吉馬廻。
¶戦国，戦人(生没年不詳)

**南部安信** なんぶやすのぶ
戦国時代の武将。三戸南部氏当主。
¶青森人([生]？　[没]大永5(1525)年)，系東([生]1477年　[没]1508年)，姓氏岩手([生]？　[没]1508年？)，戦人([生]明応2(1493)年　[没]大永5(1525)年)

**南部義政** なんぶよしまさ
天授3/永和3(1377)年～永享12(1440)年
室町時代の武将。
¶青森百(生没年不詳)，系東

**南保家隆** なんぼいえたか
平安時代後期の在地領主。
¶姓氏富山

**南里隼人允** なんりはやとのじょう
安土桃山時代の武士。竜造寺氏家臣。
¶戦人(生没年不詳)，戦西

## 【に】

**新国上総介** にいくにかずさのすけ
安土桃山時代の武将。
¶戦国，戦人(生没年不詳)

**仁位宗香** にいしゅうこう
？～正平24/応安2(1369)年
南北朝時代の武士。
¶鎌室，諸系，新潮([没]応安2/正平24(1369)年3月)，人名，日人

**新関因幡守** にいぜきいなばのかみ
～寛永1(1624)年7月28日
安土桃山時代～江戸時代前期の部将。
¶庄内

**新関久正** にいぜきひさまさ，にいせきひさまさ
生没年不詳
安土桃山時代～江戸時代前期の武士。最上氏家臣。
¶戦人，戦東(にいせきひさまさ)，藩臣3

**新井田刑部隆景** にいだぎょうぶたかかげ
→新井田隆景(にいだたかかげ)

**新井田隆景** にいだたかかげ
[別]新井田刑部隆景《にいだぎょうぶたかかげ》
安土桃山時代の武将。大崎氏家臣。
¶戦人(生没年不詳)，戦東(新井田刑部隆景　に

いだぎょうぶたかかげ）

**新田親光** にいだちかみつ
？ ～応永24（1417）年
南北朝時代～室町時代の新田家2代当主。
¶青森人

**新田信綱** にいたのぶつな
鎌倉時代の武将。
¶静岡歴（生没年不詳），姓氏静岡

**新田政盛** にいだまさもり
天文16（1547）年～慶長8（1603）年
戦国時代～安土桃山時代の新田家10代当主。
¶青森人

**二位田元定** にいだもとさだ
？ ～文禄2（1593）年　[別]斎田元定《さいだもとさだ》
安土桃山時代の武士。豊臣氏家臣。
¶戦国（斎田元定　さいだもとさだ），戦国，戦人

**新田頼遠** にいだよりとお
生没年不詳
戦国時代の玉造郡新田の領主。
¶姓氏宮城

**仁井親清** にいちかきよ
生没年不詳
平安時代後期の武士。
¶日人

**新津大膳亮** にいつだいぜんのすけ
戦国時代～安土桃山時代の国人。上杉氏家臣。
¶戦人（生没年不詳），戦東

**新沼安芸綱清** にいぬまあきつなきよ
→新沼綱清（にいぬまつなきよ）

**新沼甲斐** にいぬまかい
安土桃山時代の武将。大崎氏家臣。
¶戦人（生没年不詳），戦東

**新沼玄蕃** にいぬまげんば
生没年不詳
安土桃山時代の武士。葛西氏家臣。
¶戦人

**新沼薩摩** にいぬまさつま
安土桃山時代の武将。葛西氏家臣。
¶戦人（生没年不詳），戦東

**新沼綱清** にいぬまつなきよ
永享9（1437）年～大永6（1526）年　[別]新沼安芸綱清《にいぬまあきつなきよ》
室町時代～戦国時代の武将。葛西氏家臣。
¶姓氏岩手，戦東（新沼安芸綱清　にいぬまあきつなきよ）

**新沼長門** にいぬまながと
？ ～天正19（1591）年
安土桃山時代の武将。葛西氏家臣。
¶戦人，戦東

**新沼美作** にいぬまみまさか
？ ～＊
安土桃山時代の武将。大崎氏家臣。
¶姓氏岩手（[没]1590年），戦人（[没]天正19（1591）年），戦東

**新野左馬助** にいのさまのすけ
生没年不詳
戦国時代の井伊氏の家臣。
¶戦辞

**新野式部少輔** にいのしきぶしょうゆう
戦国時代の武士。今川氏家臣。
¶戦人（生没年不詳），戦東

**新野親矩** にいのちかのり
？ ～永禄7（1564）年
戦国時代の武将。今川氏家臣。
¶静岡歴，姓氏静岡，戦人，戦東

**新野彦十郎** にいのひこじゅうろう
戦国時代の武将。今川氏家臣。
¶戦東

**新堀義広** にいぼりよしひろ
生没年不詳
安土桃山時代の武士。
¶戦人

**新見貞経** にいみさだつね
生没年不詳
戦国時代の代官。尼子氏家臣。
¶戦人

**新村伝右衛門** にいむらでんえもん
安土桃山時代の武士。小笠原氏家臣。
¶戦人（生没年不詳），戦東

**新山家住** にいやまいえずみ
戦国時代の備中国の武将。
¶岡山歴

**新山蔵人師兼** にいやまくらんどもろかね
戦国時代の武将。葛西氏家臣。
¶戦東

**新納実久** にいろさねひさ
南北朝時代の武将。
¶姓氏鹿児島

**新納武久** にいろたけひさ
安土桃山時代の武将。島津氏家臣。
¶姓氏鹿児島，戦西

**新納忠増** にいろただます
？ ～慶長9（1604）年5月7日
安土桃山時代～江戸時代前期の武将。
¶国書

**新納忠元** にいろただもと
大永6（1526）年～慶長15（1610）年
戦国時代～安土桃山時代の武将、対馬氏の臣。
¶朝日（[没]慶長15年12月3日（1611年1月16日）），鹿児島百，角史，近世，国史，国書（[没]慶長15（1610）年12月3日），コン改，コン4，詩歌（[没]1601年），史人（[没]1610年12月3日），人書94，新潮（[生]？　[没]慶長15（1610）年12月3日），人名，姓氏鹿児島（[生]？），世人，戦合，戦国（[生]1532年　[没]1613年），戦人（[生]？），戦

に

西([生]?), 日史([没]慶長15(1610)年12月3日), 日人([没]1611年), 百科, 歴大, 和俳

**新納時久** にいろときひさ
南北朝時代の武将。
¶姓氏鹿児島

**新納久饒** にいろひさあき
→新納久饒(にいろひさあつ)

**新納久饒** にいろひさあつ
? ～寛永1(1624)年 [別]新納久饒《にいろひさあき》
安土桃山時代の武士。
¶姓氏鹿児島(にいろひさあき), 戦人(生没年不詳), 戦西

**新納康久** にいろやすひさ
戦国時代の武士。
¶戦人(生没年不詳), 戦西

に

**新納旅庵** にいろりょあん
? ～慶長7(1602)年
安土桃山時代の武士。僧籍から還俗して島津家に仕え、関ヶ原にも従軍。
¶国書([生]天文22(1553)年 [没]慶長7(1602)年10月26日), 姓氏鹿児島, 戦人, 戦西

**贄川重有** にえがわしげあり
? ～天正12(1584)年 [別]贄川又兵衛重有《にえがわまたべえしげあり》
安土桃山時代の国人。
¶戦人, 戦東(贄川又兵衛重有 にえがわまたべえしげあり)

**牲川治部丞** にえかわじぶのじょう
生没年不詳
安土桃山時代の織田信長の家臣。
¶織田

**贄川又兵衛重有** にえがわまたべえしげあり
→贄川重有(にえがわしげあり)

**仁保興棟** におおきむね
? ～永正16(1519)年
戦国時代の大内氏武将。
¶姓氏山口

**二階堂氏貞** にかいどううじさだ
生没年不詳
南北朝時代の鎌倉府政所執事。
¶神奈川人

**二階堂氏盛** にかいどううじもり
生没年不詳
室町時代の鎌倉府政所執事。
¶神奈川人

**二階堂氏行** にかいどううじゆき
安土桃山時代の武将。
¶岡山人, 岡山歴

**二階堂維昭** にかいどうこれあき
生没年不詳
安土桃山時代の武士。葛西氏家臣。
¶戦人

**二階堂貞忠** にかいどうさだただ
生没年不詳
鎌倉時代後期の武家・歌人。
¶国書

**二階堂貞綱** にかいどうさだつな
? ～元弘1/元徳3(1331)年
鎌倉時代後期の武将。
¶系東

**二階堂貞衡** にかいどうさだひら
正応4(1291)年～元弘2/正慶1(1332)年
鎌倉時代後期の武士。
¶鎌室, コン改, コン4, 諸系, 新潮([没]正慶1/元弘2(1332)年1月7日), 日人

**二階堂貞藤** にかいどうさだふじ
文永4(1267)年～建武1(1334)年 [別]二階堂道蘊《にかいどうどううん》
鎌倉時代後期の武将、吏僚、鎌倉幕府政所執事。
¶朝日([没]建武1年12月28日(1335年1月23日)), 岩史([没]建武1(1334)年12月28日), 角史, 神奈川人, 鎌倉, 鎌室, 古中, コン改, コン4, 史人([没]1334年12月28日), 諸系([没]1335年), 新潮([没]建武1(1334)年12月28日), 人名, 世人, 全書([生]?), 日史([没]建武1(1334)年12月28日), 日人([没]1335年), 百科, 歴大

**二階堂三郎左衛門** にかいどうさぶろうざえもん
文禄1(1592)年～寛文1(1661)年
江戸時代前期の豪族。もと葛西家臣。
¶姓氏宮城

**二階堂成藤** にかいどうしげふじ
→二階堂成藤(にかいどうなりふじ)

**二階堂成行** にかいどうしげゆき
生没年不詳
戦国時代の古河公方の家臣。
¶戦辞

**二階堂信濃守** にかいどうしなののかみ
生没年不詳
戦国時代の古河公方の家臣。
¶戦辞

**二階堂治部少輔維清** にかいどうじぶしょうゆうこれきよ
戦国時代の武将。葛西氏家臣。
¶戦東

**二階堂次郎** にかいどうじろう
生没年不詳
戦国時代の簗田氏の家臣。
¶戦辞

**二階堂忠行** にかいどうただゆき
生没年不詳
室町時代の武士、幕府吏僚。
¶朝日, 鎌室, コン改, コン4, 諸系, 新潮, 日人

**二階堂為氏** にかいどうためうじ
? ～寛正5(1464)年
室町時代の武将。
¶系東

**二階堂輝行** にかいどうてるゆき
？ ～天文6(1537)年
戦国時代の武将。
¶系東，戦人

**二階堂時綱** にかいどうときつな
弘安3(1280)年～？
鎌倉時代後期～南北朝時代の武将、吏僚。盛綱の子。
¶朝日，鎌室，コン改，コン4，諸系，新潮，日人

**二階堂時藤** にかいどうときふじ
生没年不詳
鎌倉時代後期の武家・歌人。
¶国書

**二階堂成藤** にかいどうなりふじ
生没年不詳　[別]二階堂成藤《にかいどうしげふじ》
南北朝時代の武家・歌人。
¶神奈川人(にかいどうしげふじ)，国書

**二階堂晴行** にかいどうはるゆき
生没年不詳
戦国時代の武将。
¶系東，戦人

**二階堂肥前** にかいどうひぜん
戦国時代の武将。葛西氏家臣。
¶戦東

**二階堂肥前守** にかいどうひぜんのかみ
戦国時代の武将。足利氏家臣。
¶戦東

**二階堂平内** にかいどうへいない
戦国時代の武将。葛西氏家臣。
¶戦東

**二階堂政元** にかいどうまさもと
生没年不詳
南北朝時代の武将。
¶鎌室，コン改，コン4，諸系，新潮，日人

**二階堂政盛** にかいどうまさもり
生没年不詳
戦国時代の古河公方の家臣。
¶戦辞

**二階堂政行** にかいどうまさゆき
？ ～*
室町時代～戦国時代の武家・連歌作者。
¶岡山人([没]大永5(1525)年)，国書([没]文亀3(1503)年7月10日)

**二階堂基行**(二階堂元行) にかいどうもとゆき
正治1(1199)年～仁治1(1240)年
鎌倉時代前期の武将、将軍家近習。
¶神奈川人(二階堂元行)，鎌室

**二階堂盛隆** にかいどうもりたか
→蘆名盛隆(あしなもりたか)

**二階堂盛秀** にかいどうもりひで
生没年不詳
室町時代の鎌倉府政所執事。
¶神奈川人

**二階堂盛義** にかいどうもりよし
？ ～天正9(1581)年
安土桃山時代の武将。
¶系東，史人([没]1581年8月26日)，人名，戦国，戦人，日人，福島百([生]天文12(1543)年)

**二階堂行章** にかいどうゆきあき
嘉禎1(1235)年～文永11(1274)年
鎌倉時代前期の武士。
¶鎌室([生]？)，諸系，日人

**二階堂行詮** にかいどうゆきあきら
？ ～明応6(1497)年
室町時代～戦国時代の武将。
¶神奈川人(生没年不詳)，系東，国書(生没年不詳)，戦人

**二階堂行敦** にかいどうゆきあつ
延慶1(1308)年～？
鎌倉時代後期～南北朝時代の武士、僧。
¶諸系，日人

**二階堂行有** にかいどうゆきあり
*～正応5(1292)年
鎌倉時代後期の武士。
¶鎌室([生]？)，諸系([生]1221年)，日人([生]1221年)，北条([生]承久2(1220)年)

**二階堂行氏** にかいどうゆきうじ
承久3(1221)年～文永8(1271)年
鎌倉時代前期の武士。
¶鎌室([生]？)，諸系，日人

**二階堂行雄**(1) にかいどうゆきお
生没年不詳
鎌倉時代前期の将軍家近習。
¶鎌室

**二階堂行雄**(2) にかいどうゆきお
？ ～正平10/文和4(1355)年
南北朝時代の武士。
¶鎌室([没]文和3/正平9(1354)年)，諸系，日人

**二階堂行景** にかいどうゆきかげ
仁治3(1242)年～弘安8(1285)年
鎌倉時代後期の武士、引付衆。父は二階堂行氏。
¶朝日([生]？　[没]弘安8年11月17日(1285年12月14日))，諸系，日人

**二階堂行方** にかいどうゆきかた
建永1(1206)年～文永4(1267)年　[別]道昭《どうしょう》
鎌倉時代前期の武将、幕府吏僚。二階堂行村の子。
¶朝日([没]文永4年6月8日(1267年7月1日))，鎌室([生]？)，国史，古中，諸系，日人，北条

**二階堂行清** にかいどうゆききよ
寛喜3(1231)年～建治3(1277)年
鎌倉時代前期の武士。
¶鎌室([生]？)，諸系，日人

**二階堂行貞**(1) にかいどうゆきさだ
文永6(1269)年～元徳1(1329)年
鎌倉時代後期の武将、政所執事。二階堂行宗の子。

¶朝日（[没]元徳1年2月2日（1329年3月3日）），鎌室，コン改，コン4，諸系，新潮（[没]元徳1（1329）年2月2日），日人

**二階堂行貞(2)** にかいどうゆきさだ
？ ～応永18（1411）年
室町時代の武士。
¶鎌室，諸系，日人

**二階堂行実** にかいどうゆきざね
嘉禎2（1236）年～文永6（1269）年
鎌倉時代前期の武将、政所執事。二階堂行泰の子。
¶朝日（[生]？ [没]文永6年7月13日（1269年8月12日）），鎌室，コン改，コン4，諸系，新潮（[没]文永6（1269）年7月13日），日人

**二階堂行佐** にかいどうゆきすけ
暦仁1（1238）年～建治3（1277）年
鎌倉時代前期の武士。
¶鎌室（[生]？），諸系，日人



**二階堂行忠** にかいどうゆきただ
承久2（1220）年～正応3（1290）年 [別]信濃行忠《しなのゆきただ》
鎌倉時代の武士。
¶鎌室，コン改，コン4，諸系，新潮（[没]正応3（1290）年11月21日），人名（信濃行忠 しなのゆきただ），日人

**二階堂行種** にかいどうゆきたね
生没年不詳
南北朝時代の鎌倉府政所執事。
¶神奈川人

**二階堂行親** にかいどうゆきちか
？ ～延元1/建武3（1336）年
鎌倉時代後期～南北朝時代の武将。
¶系東

**二階堂行続** にかいどうゆきつぐ
？ ～長禄3（1459）年
室町時代の武将。
¶系東

**二階堂行綱(1)** にかいどうゆきつな
建保4（1216）年～弘安4（1281）年
鎌倉時代後期の武将、政所執事。二階堂行盛の子。
¶朝日（[生]建保5（1217）年 [没]弘安4年6月7日（1281年6月24日）），鎌室，系東，コン改，コン4，諸系，新潮（[没]弘安4（1281）年6月7日），日人

**二階堂行綱(2)** にかいどうゆきつな
生没年不詳
室町時代の武士。
¶鎌室，諸系，日人

**二階堂行朝** にかいどうゆきとも
？ ～正平8/文和2（1353）年
南北朝時代の武将、幕府吏僚、貞綱の子、左衛門尉、信濃守。
¶朝日（[没]文和2/正平8年9月25日（1353年10月22日）），鎌室，系東（生没年不詳），国書（[没]文和2（1353）年7月25日），コン改，コン4，諸系，新潮（[没]文和2/正平8（1353）年9月25日），姓氏岩手，姓氏京都，日人，福島百（生没年不詳）

**二階堂行直** にかいどうゆきなお
？ ～正平3/貞和4（1348）年
南北朝時代の武将。
¶鎌室，コン改，コン4，諸系，新潮（[没]貞和4/正平3（1348）年6月5日），日人

**二階堂行永** にかいどうゆきなが
生没年不詳
南北朝時代の武将。
¶系東

**二階堂行春** にかいどうゆきはる
生没年不詳
南北朝時代の武家・歌人。
¶神奈川人，国書

**二階堂行久(1)** にかいどうゆきひさ
元久2（1205）年～文永4（1267）年
鎌倉時代前期の武士。
¶鎌室（[生]？ [没]文永3（1266）年），諸系，日人

**二階堂行久(2)** にかいどうゆきひさ
生没年不詳
鎌倉時代後期～南北朝時代の武士。
¶鎌室，諸系，日人

**二階堂行藤** にかいどうゆきふじ
寛元4（1246）年～正安4（1302）年
鎌倉時代後期の武将、政所執事。二階堂行有の子。
¶朝日（[没]正安4年8月22日（1302年9月14日）），鎌室，国書（[没]正安4（1302）年8月27日），コン改，コン4，諸系，新潮（[没]乾元1（1302）年8月22日），世人，日史（[没]乾元1（1302）年8月22日），日人，百科，歴大

**二階堂行政** にかいどうゆきまさ
生没年不詳 [別]藤原行政《ふじわらのゆきまさ，ふじわらゆきまさ》
鎌倉時代前期の武士、幕府吏僚。
¶朝日，神奈川人，鎌室，系東，国史，古中，コン改，コン4，史人，諸系，新潮，人名（藤原行政 ふじわらのゆきまさ），全書，日史，日人，百科，平史（藤原行政 ふじわらのゆきまさ），歴大

**二階堂行通** にかいどうゆきみち
？ ～正平6/観応2（1351）年
南北朝時代の武将。
¶鎌室，コン改，コン4，諸系，新潮（[没]観応2/正平6（1351）年7月10日），日人

**二階堂行光(1)** にかいどうゆきみつ
長寛2（1164）年～承久1（1219）年 [別]藤原行光《ふじわらのゆきみつ，ふじわらゆきみつ》
平安時代後期～鎌倉時代前期の武将、吏僚。行政の子。
¶朝日（[没]承久1年9月8日（1219年10月17日）），鎌室，系東（[生]？），コン改，コン4，諸系，新潮（[没]承久1（1219）年9月8日），日人，平史（藤原行光 ふじわらのゆきみつ 生没年不詳），和俳

**二階堂行光(2)** にかいどうゆきみつ
生没年不詳
南北朝時代の武将。
¶系東

**二階堂行光(3)** にかいどうゆきみつ
? ～文明9(1477)年
室町時代の武将。
¶系東

**二階堂行宗(1)** にかいどうゆきむね
寛元4(1246)年～弘安9(1286)年
鎌倉時代後期の武士。
¶鎌室([生]?)，諸系，日人

**二階堂行宗(2)** にかいどうゆきむね
生没年不詳
室町時代の武将。
¶系東

**二階堂行村** にかいどうゆきむら
久寿2(1155)年～暦仁1(1238)年
平安時代後期～鎌倉時代前期の武将、吏僚。父は行政。源実朝の申次。
¶朝日([没]暦仁1年2月16日(1238年3月3日))，鎌室，コン改，コン4，諸系，新潮([没]暦仁1(1238)年2月6日)，日人

**二階堂行元** にかいどうゆきもと
生没年不詳
南北朝時代の鎌倉府政所執事。
¶神奈川人

**二階堂行盛** にかいどうゆきもり
養和1(1181)年～建長5(1253)年
鎌倉時代前期の武将、政所執事。二階堂行光の子。
¶朝日([生]文治5(1189)年 [没]建長5年12月9日(1253年12月30日))，角史，鎌倉，鎌室，系東，国史，古中，コン改，コン4，史人([没]1253年12月8日)，諸系，新潮([没]建長5(1253)年12月9日)，人名，世人([没]建長5(1253)年12月9日)，全書，日史([没]建長5(1253)年12月8日)，日人，歴大

**二階堂行泰** にかいどうゆきやす
建暦1(1211)年～文永2(1265)年
鎌倉時代前期の武将、政所執事。二階堂行盛の子。
¶朝日([没]文永2年10月2日(1265年11月11日))，鎌室，コン改，コン4，諸系，新潮([没]文永2(1265)年10月2日)，日人

**二階堂行義** にかいどうゆきよし
建仁3(1203)年～文永5(1268)年
鎌倉時代前期の武士、評定衆。二階堂行村の子。
¶朝日([没]文永5年閏1月25日(1268年3月10日))，鎌室([生]?)，諸系，日人，北条([生]建仁2(1193)年)

**二階堂行頼(1)** にかいどうゆきより
寛喜2(1230)年～弘長3(1263)年
鎌倉時代前期の武将、政所執事。二階堂行泰の子。
¶朝日([没]弘長3年11月10日(1263年12月12日))，鎌室，コン改，コン4，諸系，新潮([没]弘長3(1263)年11月10日)，日人

**二階堂行頼(2)** にかいどうゆきより
? ～弘安7(1284)年
鎌倉時代後期の武士。
¶鎌室，諸系，日人

**二階堂頼綱** にかいどうよりつな
延応1(1239)年～弘安6(1283)年
鎌倉時代後期の武将。
¶鎌室，系東，コン改，コン4，諸系，新潮([没]弘安6(1283)年10月24日)，日人

**仁賀保挙誠**(二賀保挙誠) にかほたかのぶ，にかぼたかのぶ;にがほたかのぶ
安土桃山時代～江戸時代前期の武将。二賀保挙晴の養子。
¶朝日([生]永禄4(1561)年 [没]寛永1年2月14日(1624年4月1日))，近世([生]1561年 [没]1624年)，国史([生]1561年 [没]1624年)，新潮([生]永禄5(1562)年 [没]寛永2(1625)年2月24日)，人名(二賀保挙誠 にがほたかのぶ [生]1562年 [没]1625年)，世人([生]永禄5(1562)年 [没]寛永2(1625)年)，戦合([生]1561年 [没]1624年)，戦国(にかぼたかのぶ [生]1560年 [没]1625年)，戦人(にがほたかのぶ [生]永禄3(1560)年 [没]寛永2(1625)年)，日人([生]1561年 [没]1624年)

**仁木高家** にきたかいえ
[別]仁木遠江高家《にきとおとうみたかいえ》
安土桃山時代の武将。大崎氏家臣。
¶戦人(生没年不詳)，戦東(仁木遠江高家 にきとおとうみたかいえ)

**仁木高将** にきたかまさ
生没年不詳
戦国時代の名東郡花房城主。
¶徳島歴

**和田賢秀** にぎたけんしゅう
? ～正平3/貞和4(1348)年 [別]和田賢秀《わだかたひで，わだけんしゅう》
鎌倉時代後期～南北朝時代の武将。楠木正成の長子正行の臣。
¶朝日([没]貞和4/正平3年1月5日(1348年2月4日))，大阪墓([没]正平3/貞和4(1348)年1月5日)，鎌室，国史(わだかたひで)，古中(わだかたひで)，コン改(わだかたひで)，コン4(わだかたひで)，史人(わだけんしゅう [没]1348年1月5日)，諸系，新潮([没]貞和4/正平3(1348)年1月5日)，人名(わだけんしゅう)，日人

**和田助家** にぎたすけいえ
生没年不詳
南北朝時代の武将。
¶鎌室，日人

**和田助氏** にぎたすけうじ
生没年不詳
南北朝時代の武将。
¶鎌室，日人

**和田助朝** にぎたすけとも
生没年不詳
南北朝時代の武将。

¶鎌室，日人

**和田正武** にぎたまさたけ
生没年不詳　[別]和田正武《わだまさたけ》
南北朝時代の武将。
¶鎌室，人名(わだまさたけ)，日人(わだまさたけ)

**和田正忠** にぎたまさただ
生没年不詳　[別]和田正忠《わだまさただ》
南北朝時代の武将。
¶鎌室，人名(わだまさただ)，日人(わだまさただ)

**和田正遠** にぎたまさとお
？～延元1/建武3(1336)年　[別]和田正遠《わだまさとお》
鎌倉時代後期～南北朝時代の武将。
¶鎌室，人名(わだまさとお)，日人(わだまさとお)



**仁木遠江高家** にきとおとうみたかいえ
→仁木高家(にきたかいえ)

**仁木長政** にきながまさ
生没年不詳
安土桃山時代の織田信長の家臣。
¶織田

**仁木満長** にきみつなが
生没年不詳
南北朝時代～室町時代の武将。
¶朝日，諸系，日人

**仁木義員** にきよしかず
生没年不詳
室町時代の武将。
¶鎌室，諸系，日人

**仁木義尹** にきよしたか
→仁木義尹(にきよしただ)

**仁木義尹** にきよしただ
生没年不詳　[別]仁木義尹《にきよしたか》
南北朝時代の武将。
¶鎌室，京都府(にきよしたか)，諸系，日人

**仁木義長** にきよしなが
？～天授2/永和2(1376)年　[別]仁木義長《にっきよしなが》
南北朝時代の武将。足利直義の臣。
¶朝日([没]永和2/天授2年9月10日(1376年10月23日))，角史，神奈川人，鎌室，国史(にっきよしなが)，国書(にっきよしなが　[没]永和2(1376)年9月10日)，古中(にっきよしなが)，コン改，コン4，史人(にっきよしなが　[没]1376年9月10日)，静岡百，静岡歴(にっきよしなが)，諸系，新潮([没]永和2/天授2(1376)年9月10日)，人名(にっきよしなが)，姓氏愛知，姓氏静岡，世人，全書，日史(にっきよしなが　[没]永和2/天授2(1376)年9月10日)，日人，百科，歴大

**仁木頼章** にきよりあき
正安1(1299)年～正平14/延文4(1359)年　[別]仁木頼章《にっきよりあき》
鎌倉時代後期～南北朝時代の武将。足利尊氏の臣、執事。
¶朝日([没]延文4/正平14年10月13日(1359年11月4日))，神奈川人，鎌室，京都府，国史(にっきよりあき)，国書(にっきよりあき　[没]延文4(1359)年10月13日)，古中(にっきよりあき)，コン改，コン4，史人(にっきよりあき　[没]1359年10月13日)，諸系，新潮([没]延文4/正平14(1359)年10月13日)，人名(にっきよりあき)，世人([没]正平14/延文4(1359)年10月13日)，全書，日史(にっきよりあき　[没]延文4/正平14(1359)年10月13日)，日人，百科，兵庫百，歴大

**仁木頼勝** にきよりかつ
生没年不詳
南北朝時代の武将。
¶京都府

**西一峰** にしいっぽう
天文20(1551)年～寛永15(1638)年
戦国時代～江戸時代前期の島津義弘の家臣、通訳。
¶姓氏鹿児島

**西右衛門** にしうえもん
生没年不詳　[別]西右衛門《にしえもん》
戦国時代の武士。後北条氏家臣。
¶戦辞(にしえもん)，戦人，戦東

**西内喜兵衛** にしうちきへえ
戦国時代～安土桃山時代の武士。
¶戦人(生没年不詳)，戦西

**西右衛門** にしえもん
→西右衛門(にしうえもん)

**西大枝宗義** にしおおえだむねよし
戦国時代の武将。伊達氏家臣。
¶戦東

**西大枝義政** にしおおえだよしまさ
？～天文20(1551)年
戦国時代の武士。伊達氏家臣。
¶戦人，戦東

**西尾隠岐守吉次** にしおおきのかみよしつぐ
→西尾吉次(にしおよしつぐ)

**西尾五良右衛門**(西尾五郎右衛門) にしおごろうえもん
安土桃山時代の武将。秀吉馬廻。
¶戦国(西尾五郎右衛門)，戦人(生没年不詳)

**西尾忠永** にしおただなが
天正12(1584)年～元和6(1620)年
安土桃山時代～江戸時代前期の武将、大名。武蔵原市藩主、上野白井藩主、常陸土浦藩主。
¶諸系，人名，日人，藩主1，藩主1([没]元和6(1620)年1月14日)，藩主2([没]元和6(1620)年1月14日)

**西尾長昌** にしおながまさ
？～万治1(1658)年
安土桃山時代～江戸時代前期の武将、加賀藩士。
¶藩臣3

**西尾正義** にしおまさよし
安土桃山時代の武士。
¶戦国，戦人(生没年不詳)

**西尾正吉** にしおまさよし
？ ～元和3(1617)年5月25日
安土桃山時代～江戸時代前期の徳島藩家老。
¶徳島歴

**西尾光教** にしおみつのり
天文12(1543)年～元和1(1615)年
安土桃山時代～江戸時代前期の大名。美濃揖斐藩主、美濃曽根藩主。
¶織田([没]元和1(1615)年11月19日)，岐阜百，近世，国史，新潮([没]元和1(1615)年11月19日)，人名，戦合，戦国([生]1544年)，戦人([生]天文2(1544)年　[没]元和2(1616)年)，日人([没]1616年)，藩主2([没]元和1(1615)年11月19日)，藩主2

**西尾宗次** にしおむねつぐ
？ ～寛永12(1635)年
安土桃山時代～江戸時代前期の武士、越前福井藩士。
¶藩臣3

**西尾与九郎** にしおよくろう
安土桃山時代の武士。
¶岡山人

**西尾吉次**(西尾義次) にしおよしつぐ
享禄3(1530)年～慶長11(1606)年　[別]西尾隠岐守吉次《にしおおきのかみよしつぐ》
安土桃山時代～江戸時代前期の武将、大名。武蔵原市藩主。
¶織田(西尾義次　[没]慶長11(1606)年8月26日)，埼玉人([没]慶長11(1606)年8月26日)，埼玉百(西尾隠岐守吉次　にしおおきのかみよしつぐ)，諸系([生]1529年)，人名，戦国，戦辞([没]慶長11年8月26日(1606年9月28日))，戦人，日人([生]1529年)，藩主1([生]享禄2(1529)年　[没]慶長11(1606)年8月26日)

**西尾嘉教** にしおよしのり
天正18(1590)年～元和9(1623)年
江戸時代前期の武将、大名。美濃揖斐藩主。
¶岐阜百，日人，藩主2([没]元和9(1623)年4月2日)

**西方河内守** にしかたかわちのかみ
生没年不詳
戦国時代の西方氏当主。
¶戦辞

**西方綱吉** にしかたつなよし
生没年不詳
戦国時代の西方氏当主。
¶戦辞

**西方房家** にしかたふさいえ
生没年不詳
安土桃山時代の武士。上杉氏家臣。
¶戦辞，戦人

**西方又三郎** にしかたまたさぶろう
生没年不詳
戦国時代の西方氏当主。
¶戦辞

**西川方盛** にしかわかたもり
安土桃山時代の武士。豊臣氏家臣。
¶戦国，戦人(生没年不詳)

**西川慶順** にしかわけいじゅん
？ ～天正5(1577)年1月29日
戦国時代～安土桃山時代の織田信長の家臣。
¶織田

**西川賢珍** にしかわけんちん
？ ～天正17(1589)年2月1日
戦国時代～安土桃山時代の織田信長の家臣。
¶織田

**西川貞則** にしかわさだのり
永正13(1516)年～永禄11(1568)年9月
戦国時代～安土桃山時代の織田信長の家臣。
¶織田

**西川藤四郎** にしかわとうしろう
戦国時代の武士。後北条氏家臣。
¶戦人(生没年不詳)，戦東

**錦織嘉平** にしきおりかへい
→錦織嘉平(にしごりかへい)

**西木戸国衡** にしきどくにひら
→藤原国衡(ふじわらのくにひら)

**西木戸国衡** にしきどのくにひら
→藤原国衡(ふじわらのくにひら)

**錦部刀良** にしきべのとら
→錦部刀良(にしごりのとら)

**西郡新右衛門信明** にしごおりしんえもんのぶあき
→西郡信明(にしごおりのぶあき)

**西郡信明** にしごおりのぶあき
*～天正19(1591)年　[別]西郡新右衛門信明《にしごおりしんえもんのぶあき》
安土桃山時代の武将。葛西氏家臣。
¶戦人([生]天文19(1550)年)，戦東(西郡新右衛門信明　にしごおりしんえもんのぶあき　[生]？)

**錦織嘉平** にしごりかへい
[別]錦織嘉平《にしきおりかへい》
安土桃山時代～江戸時代前期の武士。里見氏家臣。
¶戦人(生没年不詳)，戦東(にしきおりかへい)

**錦織俊政** にしごりとしまさ
？ ～元弘1/元徳3(1331)年
鎌倉時代後期の武将。
¶鎌室，人名，日人

**錦部刀良** にしごりのとら
生没年不詳　[別]錦部刀良《にしきべのとら，にしごりべのとら》
飛鳥時代の武人。白村江の戦いで唐に捕らえられた。
¶香川人(にしごりべのとら)，香川百(にしごりべのとら)，郷土香川(にしきべのとら)，古

代，日人

**錦部刀良** にしごりべのとら
→錦部刀良（にしごりのとら）

**錦織義継** にしごりよしつぐ
？ ～承久3（1221）年
鎌倉時代前期の武将。
¶鎌室，人名，日人

**西沢三右衛門** にしざわさんえもん
生没年不詳
戦国時代の北条氏の家臣。
¶戦辞

**西島藤次郎** にしじまとうじろう
戦国時代の武士。後北条氏家臣。
¶戦人（生没年不詳），戦東

**西嶋吉尚** にしじまよしひさ
？ ～天正1（1573）年
戦国時代の武将。朝倉氏家臣。
¶戦西

**西条治部少輔** にしじょうじぶしょうゆう
生没年不詳
戦国時代の武将。
¶長野歴

**西条信清** にしじょうのぶきよ
戦国時代の武将。武田家臣。信濃先方衆。
¶姓氏長野（生没年不詳），姓氏山梨

**仁科安芸守盛明** にしなあきのかみもりあき
→仁科盛明（にしなもりあき）

**仁科右馬助** にしなうますけ
生没年不詳　[別]仁科右馬助《にしなうまのすけ》
南北朝時代の南朝方の武将。
¶姓氏長野（にしなうまのすけ），長野歴

**仁科右馬助** にしなうまのすけ
→仁科右馬助（にしなうますけ）

**仁科重貞** にしなしげさだ
生没年不詳
南北朝時代の武将。
¶長野歴

**仁科道外** にしなどうがい
生没年不詳
戦国時代の甲斐武田晴信の家臣。
¶戦辞，長野歴

**仁科五郎盛信** にしなのごろうもりのぶ
→仁科盛信（にしなもりのぶ）

**仁科盛明** にしなもりあき
[別]仁科安芸守盛明《にしなあきのかみもりあき》
戦国時代の武士。小笠原氏家臣。
¶戦人（生没年不詳），戦東（仁科安芸守盛明　にしなあきのかみもりあき）

**仁科盛家** にしなもりいえ
生没年不詳
平安時代後期の地方豪族。
¶姓氏長野，長野百，長野歴

に

**仁科盛遠** にしなもりとう
→仁科盛遠（にしなもりとお）

**仁科盛遠** にしなもりとお
生没年不詳　[別]仁科盛遠《にしなもりとう》
鎌倉時代前期の武将。
¶朝日，鎌倉（にしなもりとう　[没]承久3（1221）年），鎌室，郷土長野，国史，古中，史人，新潮，人名，姓氏長野，長野百，長野歴，日史（[没]承久3（1221）年6月14日？），日人，百科（[没]承久3（1221）年）

**仁科盛信** にしなもりのぶ
？ ～天正10（1582）年　[別]仁科五郎盛信《にしなのごろうもりのぶ》
安土桃山時代の武将。武田信玄の5男。
¶朝日（[没]天正10年3月11日（1582年4月3日）），諸系，人書94（[生]1556年），姓氏長野（[生]1557年），姓氏山梨（[生]1557年），戦国，戦辞（[生]弘治3（1557）年　[没]天正10年3月2日（1582年3月25日）），戦人，戦東，長野百（仁科五郎盛信　にしなのごろうもりのぶ），長野歴，日人，山梨百（[生]弘治3（1557）年　[没]天正10（1582）年3月2日）

**仁科盛房** にしなもりふさ
生没年不詳
室町時代の武将。
¶姓氏長野，長野歴

**仁科盛政** にしなもりまさ
生没年不詳
戦国時代の甲斐武田晴信の家臣。
¶姓氏長野，姓氏山梨，戦辞，長野歴

**仁科盛宗** にしなもりむね
生没年不詳
南北朝時代の南朝方の武将。
¶長野歴

**仁科盛康** にしなもりやす
生没年不詳
戦国時代の甲斐武田晴信の家臣。
¶戦辞

**仁科康盛** にしなやすもり
生没年不詳
鎌倉時代前期の安曇の武士。
¶長野歴

**西野太郎左衛門** にしのたろうざえもん
[別]西野太郎左衛門尉《にしのたろうざえもんのじょう》
戦国時代の武士。
¶戦人（生没年不詳），戦西（西野太郎左衛門尉　にしのたろうざえもんのじょう）

**西野太郎左衛門尉** にしのたろうざえもんのじょう
→西野太郎左衛門（にしのたろうざえもん）

**西野丹波守** にしのたんばのかみ
戦国時代の武士。
¶戦人（生没年不詳），戦西

西野道俊 にしのみちとし
　生没年不詳
　安土桃山時代の地方豪族・土豪。
　¶戦人

西野民部 にしのみんぶ
　戦国時代の武将。大崎氏家臣。
　¶戦東

西谷右馬助 にしのやうまのすけ
　生没年不詳
　戦国時代の上野国衆岩松氏一族。
　¶戦辞

西谷下野守 にしのやしもつけのかみ
　生没年不詳
　戦国時代の上野国衆岩松氏一族。
　¶戦辞

西谷守義 にしのやもりよし
　生没年不詳
　戦国時代の上野国衆岩松氏一族。
　¶戦辞

西原源太 にしはらげんた
　生没年不詳
　戦国時代の北条氏の家臣。
　¶戦辞

西原小三郎 にしはらこさぶろう
　生没年不詳
　戦国時代の武士。後北条氏家臣。
　¶戦辞，戦人，戦東

西原次郎右衛門 にしはらじろうえもん
　生没年不詳
　戦国時代の武士。後北条氏家臣。
　¶戦辞，戦人，戦東

西原善右衛門 にしはらぜんえもん
　生没年不詳　䄂西原善右衛門尉《にしはらぜんえ
　もんのじょう》
　戦国時代の武士。後北条氏家臣。
　¶戦辞（西原善右衛門尉　にしはらぜんえもんの
　　じょう），戦人，戦東

西原善右衛門尉 にしはらぜんえもんのじょう
　→西原善右衛門（にしはらぜんえもん）

西原弥七 にしはらやしち
　生没年不詳
　戦国時代の武士。後北条氏家臣。
　¶戦辞，戦人，戦東

西原与太郎 にしはらよたろう
　生没年不詳
　戦国時代の北条氏の家臣。
　¶戦辞

西堀助九郎 にしぼりすけくろう
　安土桃山時代の武将、馬廻。豊臣氏家臣。
　¶戦国，戦人（生没年不詳）

西巻監物 にしまきけんもつ
　戦国時代の武将。武田家臣。山県同心衆のうち采
　配御免の者という。

¶姓氏山梨

西牧四郎左衛門 にしまきしろうざえもん
　戦国時代の武将。武田家臣。信濃北条の城主。
　¶姓氏長野（生没年不詳），姓氏山梨

西松忠兵衛 にしまつちゅうべえ
　生没年不詳
　安土桃山時代の織田信長の家臣。
　¶織田

西牟田鎮豊 にしむたしげとよ
　䄂西牟田播磨守鎮豊《にしむたはりまのかみしげ
　とよ》
　安土桃山時代の武士。
　¶戦人（生没年不詳），戦西（西牟田播磨守鎮豊
　　にしむたはりまのかみしげとよ）

西牟田播磨守鎮豊 にしむたはりまのかみしげとよ
　→西牟田鎮豊（にしむたしげとよ）

西村高定 にしむらたかさだ
　？ ～元和1（1615）年5月1日
　安土桃山時代～江戸時代前期の武将。
　¶兵庫人

西銘按司 にしめあじ
　生没年不詳
　南北朝時代の西銘村領主。
　¶沖縄百

西山旦左衛門 にしやまたんざえもん
　戦国時代の武将。浅井氏家臣。
　¶戦西

西山兵庫亮 にしやまひょうごのすけ
　生没年不詳
　南北朝時代の祖谷山の土豪。
　¶徳島歴

西山昌俊 にしやままさとし
　天文7（1538）年～慶長19（1614）年
　戦国時代～江戸時代前期の武田家臣。「諸国へ御
　使者衆」の一人。
　¶姓氏山梨

西山民部 にしやまみんぶ
　生没年不詳
　南北朝時代の祖谷山の土豪。
　¶徳島歴

西脇外記 にしわきげき
　生没年不詳
　戦国時代の武士。後北条氏家臣。
　¶戦辞，戦人，戦東

仁杉伊賀守 にすぎいがのかみ
　生没年不詳
　戦国時代の北条氏の家臣。
　¶戦辞

仁杉五郎三郎 にすぎごろうさぶろう
　→仁杉五郎三郎（にすぎごろさぶろう）

仁杉五郎三郎 にすぎごろさぶろう
　䄂仁杉五郎三郎《にすぎごろうさぶろう》
　戦国時代の武士。後北条氏家臣。

に

¶戦人（生没年不詳），戦東（にすぎごろうさぶろう）

**仁杉幸通** にすぎよしみち
安土桃山時代の武士。後北条氏家臣。
¶戦人（生没年不詳），戦東

**仁田忠常** にたただつね
→仁田忠常（にったただつね）

**仁田忠常** にたんのただつね
→仁田忠常（にったただつね）

**日胤** にちいん
？　〜治承4（1180）年
平安時代後期の天台宗の僧。千葉常胤の子。以仁王の挙兵に従い戦死。
¶国史，古中，諸系，日人，仏教（生没年不詳），平史

**仁木義長** にっきよしなが
→仁木義長（にきよしなが）

**仁木頼章** にっきよりあき
→仁木頼章（にきよりあき）

**新田景純** にったかげずみ
生没年不詳
戦国時代の武将。武田氏家臣。
¶戦人

**新田景綱** にったかげつな
戦国時代の武士。伊達氏家臣。
¶戦人（生没年不詳），戦東

**新田休雪斎** にったきゅうせつさい
生没年不詳
戦国時代の鉄砲玉薬の薬推の頭。北条氏忠家臣。
¶戦辞

**新田貞方** にったさだかた
正平10/文和4（1355）年〜応永16（1409）年
南北朝時代〜室町時代の武将。
¶鎌室，諸系，新潮（㊧応永16（1409）年7月22日），日人

**仁田忠常** (新田忠常) にったただつね
＊〜建仁3（1203）年　㋾仁田忠常《にたただつね，にたんのただつね》，藤原忠常《ふじわらのただね》，新田忠常《にったただつね》，仁田四郎《にたんのしろう》
平安時代後期〜鎌倉時代前期の武士。工藤、狩野と同族。
¶朝日（㊧仁安2（1167）年　㊥建仁3年9月6日（1203年10月12日）），鎌倉（㊥？），鎌室（新田忠常　㊧仁安3（1168）年），国史（㊧1167年），古中（㊧1167年），コン改（㊧仁安3（1168）年？），コン4（㊧仁安3（1168）年？），史人（㊧1168年　㊥1203年9月6日），静岡百（にたんのただつね　生没年不詳），静岡百（㊧仁安2（1167）年？），新潮（㊧仁安3（1168）年　㊥建仁3（1203）年9月6日），人名（㊥？），姓氏静岡（㊧1168年），世人（㊥？　㊥建仁3（1203）年9月6日），世百（㊥？），大百（㊥？），日史（㊥？㊥建仁3（1203）年9月6日），日人（㊧1167年），百科（㊥？），平史（藤原忠常　ふじわらのただ

つね　㊥？），歴大（にたただつね　㊥？）

**新田尚純** にったひさずみ
生没年不詳
室町時代の武将・連歌作者。
¶国書

**新田政義** にったまさよし
生没年不詳
鎌倉時代前期の武将。
¶鎌室，群馬人（㊥建長6（1254）年），諸系，姓氏群馬，日人

**新田又七郎** にったまたしちろう
戦国時代の武士。後北条氏家臣。
¶戦人（生没年不詳），戦東

**新田喜斎** にったよしあき
大永5（1525）年〜慶長12（1607）年
戦国時代〜江戸時代前期の武将。堀川城合戦時に今川方について戦った。
¶静岡歴，姓氏静岡

**新田義顕** にったよしあき
？　〜延元2/建武4（1337）年
鎌倉時代後期〜南北朝時代の武将。義貞の嫡子。
¶朝日（㊥建武4/延元2年3月6日（1337年4月7日）），鎌室，郷土群馬（㊥1320年），群馬人（㊧元応2（1320）年），群馬百（㊥1320年），国史，古中，コン改，コン4，史人（㊥1337年3月6日），諸系，新潮（㊥建武4/延元2（1337）年3月6日），人名，世人（㊥延元2/建武4（1337）年3月6日），全書，新潟百，日人，歴大

**新田義興** にったよしおき
元弘1/元徳3（1331）年〜正平13/延文3（1358）年
南北朝時代の武将。義貞の次男。
¶朝日（㊥延文3/正平13年10月10日（1358年11月11日）），江戸，神奈川人，神奈川百，鎌倉，鎌室，郷土群馬（㊥1325年），群馬百（㊥？），国史，古中，コン改，コン4，史人（㊥1358年10月10日），諸系，新潮（㊥延文3/正平13（1358）年10月10日），人名，世人（㊥正平13/延文3（1358）年10月10日，㊧1331年？），全書，多摩，日史（㊥延文3/正平13（1358）年10月10日），日人，百科，歴大

**新田義兼** にったよしかね
生没年不詳　㋾源義兼《みなもとのよしかね》
平安時代後期〜鎌倉時代前期の武将。
¶鎌室，群馬人（㊥建保3（1215）年），諸系，姓氏群馬（㊥1215年），日人，平史（源義兼　みなもとのよしかね）

**新田義貞** にったよしさだ
正安3（1301）年〜延元3/暦応1（1338）年
鎌倉時代後期〜南北朝時代の武将。新田朝氏の長子。新田一族の惣領。鎌倉幕府を直接討滅し、後醍醐天皇の忠臣になる。足利尊氏が反旗を翻すと南朝方の総大将として各地を転戦。越前藤島で戦死。
¶朝日（㊥暦応1/延元3年閏7月2日（1338年8月17日）），岩史（㊥？　㊥建武5/延元3（1338）年閏7月2日），江戸東，角史，神奈川人（㊧1302

年)，神奈川百，鎌倉([生]乾元1(1302)年)，鎌室，京都，郷土神奈川，郷土群馬，京都大，郷土福井，群馬人([生]?)，群馬百([生]?)，国史([生]?)，古中([生]?)，コン改，コン4，史人([生]? [没]1338年閏7月2日)，重要([没]延元3/暦応1(1338)年閏4月2日)，諸系，人書94，新潮([没]暦応1/延元3(1338)年閏7月2日)，人名，姓氏京都，姓氏群馬([生]1299年)，世人([没]延元3/暦応1(1338)年閏4月2日)，世百，全書，大百，多摩，伝記([生]1302年?)，新潟百，日史([没]暦応1/延元3(1338)年閏7月2日)，日人，百科，兵庫百，歴大

**新田義重** にったよししげ
保延1(1135)年〜建仁2(1202)年 [別]源義重《みなもとのよししげ,みなもとよししげ》
平安時代後期〜鎌倉時代前期の武将。新田郡西南部の「空閑の郷々」を再開発。
¶朝日([没]建仁2年1月14日(1202年2月8日))，角史，鎌倉，鎌室，郷土群馬，群馬人，群馬百，国史，古中，コン改，コン4，史人([没]1202年1月14日)，諸系，新潮([没]建仁2(1202)年1月14日)，人名，姓氏群馬，世人([没]建仁2(1202)年1月14日)，全書，日史([没]建仁2(1202)年1月14日)，日人，百科，平史(源義重 みなもとのよししげ)，歴大

**新田義直** にったよしなお
? 〜元亀1(1570)年
戦国時代の武士。伊達氏家臣。
¶戦人

**新田義成** にったよしなり
→里見義成(さとみよしなり)

**新田義信** にったよしのぶ
? 〜寛永16(1639)年
安土桃山時代〜江戸時代前期の武将、陸奥仙台藩士。
¶藩臣1

**新田義則** にったよしのり
? 〜応永10(1403)年
南北朝時代〜室町時代の武将。
¶鎌室，人名

**新田義宗** にったよしむね
? 〜正平23/応安1(1368)年
南北朝時代の南朝方の武将。新田義貞の第3子。
¶鎌倉，鎌室，郷土群馬([生]1332年)，群馬人，群馬百，国史，古中，コン改，コン4，諸系，新潮([没]応安1/正平23(1368)年7月)，人名，姓氏群馬，世人([没]正平23/応安1(1368)年7月14日)，新潟百，日人，歴大

**新田頼氏** にったよりうじ
生没年不詳
鎌倉時代の武士。
¶北条

**新渡部頼長** にとべよりなが
? 〜永禄8(1565)年
戦国時代の武将。
¶戦人

**蜷川** にながわ
生没年不詳
戦国時代の北条氏の家臣。
¶戦辞

**蜷川十郎右兵衛** にながわじゅうろうべえ
生没年不詳
戦国時代の成岩の領主。
¶姓氏愛知

**蜷川信永** にながわしんえい
生没年不詳 [別]信永《しんえい》
南北朝時代〜室町時代の連歌師。
¶国書，日人(信永 しんえい)，俳句(信永 しんえい)

**蜷川智蘊** にながわちうん
→智蘊(ちうん)

**蜷川親孝** にながわちかたか
? 〜大永5(1525)年
室町時代の幕臣、歌人。
¶国書([没]大永5(1525)年11月17日)，諸系，人名，日人

**蜷川親綱** にながわちかつな
? 〜元仁1(1224)年
鎌倉時代の在地領主。
¶姓氏富山

**蜷川親俊** にながわちかとし
? 〜永禄12(1569)年
戦国時代の武士、幕府吏僚。政所執事伊勢貞孝に仕えた。
¶朝日([没]永禄12年11月14日(1569年12月21日))，鎌室，国書([没]永禄12(1569)年11月14日)，史人([没]1569年11月14日)，諸系，新潮([没]永禄12(1569)年11月14日)，戦辞([没]永禄12年11月14日(1569年12月21日))，日人

**蜷川親長** にながわちかなが
*〜慶長15(1610)年
安土桃山時代〜江戸時代前期の武士。
¶高知人([生]1530年 [没]1607年)，諸系([生]1533年)，人名([生]? [没]1607年)，姓氏京都([生]1534年)，戦国([生]1534年)，戦人([生]天文3(1534)年)，戦西([生]?)，日人([生]1533年)

**蜷川親度** にながわちかのり
生没年不詳
戦国時代の武家・連歌作者。
¶国書

**蜷川親当** にながわちかまさ
→智蘊(ちうん)

**蜷川親元** にながわちかもと
永享5(1433)年〜長享2(1488)年
室町時代〜戦国時代の武士、幕府吏僚。政所執事伊勢貞親・貞宗父子に仕えた。
¶朝日([没]長享2年5月25日(1488年7月4日))，岩史([没]長享2(1488)年5月25日)，角史，鎌室，国史，国書([没]長享2(1488)年5月25日)，古中，コン改，コン4，史人([没]1488年5月25日)，諸系，新潮([没]長享2(1488)年5月25日)，姓氏

富山(生?)，世人，戦合，戦辞(没長享2年5月25日(1488年7月4日))，全書，大百，日人，歴大，和俳

**蜷川孫三郎**　にながわまごさぶろう
生没年不詳
戦国時代の武士。後北条氏家臣。
¶戦辞，戦人，戦東

**蜷川康親**　にながわやすちか
生没年不詳
戦国時代の北条氏の家臣。
¶戦辞

**二ノ関伊予**　にのせきいよ
戦国時代～安土桃山時代の武将。大崎氏家臣。
¶戦東

**二関平蔵**　にのせきへいぞう
戦国時代の武将。葛西氏家臣。
¶戦東

**二迫加賀守定重**　にのはさまかがのかみさだしげ
戦国時代の武将。大崎氏家臣。
¶戦東

**二宮右近**　にのみやうこん
生没年不詳
戦国時代の北条氏の家臣。
¶戦辞

**二宮織部丞**　にのみやおりべのじょう
戦国時代の武将。後北条氏家臣。
¶戦辞(生没年不詳)，戦東

**二宮覚恵**　にのみやかくえ
?　～徳治2(1307)年
鎌倉時代後期の武士。
¶北条

**二宮左衛門大夫**　にのみやさえもんたゆう
生没年不詳
戦国時代～安土桃山時代の地方豪族・土豪。
¶戦人

**二宮俊実**　にのみやとしざね
大永3(1523)年～慶長8(1603)年8月15日
戦国時代～安土桃山時代の武将。
¶国書

**二宮長恒**　にのみやながつね
生没年不詳
安土桃山時代の織田信長の家臣。
¶織田

**二宮就辰**　にのみやなりたつ
→二宮就辰(にのみやなりとき)

**二宮就辰**　にのみやなりとき
天文18(1549)年～慶長12(1607)年　別二宮就辰《にのみやなりたつ》
安土桃山時代の武士。
¶姓氏山口(にのみやなりたつ)，戦人(生没年不詳)，戦西(にのみやなりたつ)，広島百(にのみやなりたつ　生天文18(1549)年4月17日　没慶長12(1607)年5月3日)

**二宮播磨**　にのみやはりま
生没年不詳
戦国時代の武士。後北条氏家臣。
¶戦辞，戦人，戦東

**二宮春久**　にのみやはるひさ
永正8(1511)年～文禄3(1594)年
戦国時代～安土桃山時代の武士。
¶日人

**二宮兵庫助**　にのみやひょうごのすけ
南北朝時代の武将。
¶姓氏富山

**二宮光家**　にのみやみついえ
南北朝時代の美作国中央部の在地武士。
¶岡山歴

**丹生民部**　にぶみんぶ
安土桃山時代の武将。
¶岡山人

**仁戸田左近大夫**(仁戸田左近大輔)　にへださこんのたゆう
戦国時代の武士。
¶戦人(生没年不詳)，戦西(仁戸田左近大輔)

**仁保隆安**　にほたかやす
安土桃山時代の武将、小早川隆景の臣。
¶茶道

**仁保隆慰**　にほたかやす
戦国時代の武士。
¶戦人(生没年不詳)，戦西

**仁保元棟**　にほもとむね
?　～寛永8(1631)年
戦国時代～江戸時代前期の武将。
¶島根歴

**二本松義継**　にほんまつよしつぐ
?　～天正13(1585)年　別畠山義継《はたけやまよしつぐ》
安土桃山時代の武将。奥州管領畠山国氏の子孫。
¶朝日(生天文22(1553)年)，系東(畠山義継　はたけやまよしつぐ)，国史，古中，史人(没1585年10月8日)，人名，戦合，戦国，戦人，日史(没天正13(1585)年10月8日)，日人(生1553年)，百科，福島百(畠山義継　はたけやまよしつぐ　生天文21(1552)年)

**二本松義綱**　にほんまつよしつな
天正2(1574)年～天正17(1589)年　別畠山義綱《はたけやまよしつな》
安土桃山時代の武将。二本松城から亡命。
¶系東(畠山義綱　はたけやまよしつな)，人名(没?)，日人

**乳井大隅**　にゅういおおすみ
生没年不詳
戦国時代の地方豪族・土豪。
¶青森人，戦人

**乳井建清**　にゅういたてきよ
?　～天正12(1584)年

安土桃山時代の武将。
¶戦人

**新川二郎右衛門** にゅうかわじろうえもん
生没年不詳
安土桃山時代～江戸時代前期の武将、最上氏遺臣。
¶庄内

**入田親廉**(入田親門) にゅうたちかかど,にゅうだちかかど
? ～天文19(1550)年
戦国時代の武将。大友氏家臣。
¶戦人(入田親門　にゅうだちかかど　生没年不詳),戦西

**入田親誠** にゅうたちかざね
? ～天文19(1550)年
戦国時代の武士。
¶大分歴,系西(生没年不詳),戦人,戦西

**入田義実** にゅうたよしざね
天文2(1533)年～慶長6(1601)年
戦国時代～安土桃山時代の武士。
¶大分歴,戦人,戦西([生]?)

**如法寺親武** にょほうじちかたけ
? ～*
安土桃山時代の武士。
¶戦国([没]1587年),戦人([没]慶長4(1599)年)

**楡井治部少輔** にれいじぶのしょう
生没年不詳
戦国時代の上杉氏の家臣。
¶戦辞

**楡井親忠** にれいちかただ
生没年不詳
戦国時代の上杉謙信・景勝の家臣。
¶戦辞

**楡井頼重** にれいよりしげ
? ～正平12/延文2(1357)年
鎌倉時代後期～南北朝時代の武将。
¶姓氏鹿児島

**楡井頼仲** にれいよりなか
正安3(1301)年～正平12/延文2(1357)年
南北朝時代の救仁院・救仁郷の在地領主、南朝側の武将。
¶鹿児島百,姓氏鹿児島,宮崎百

**仁礼頼景** にれよりかげ
天正8(1580)年～正保3(1646)年
安土桃山時代～江戸時代前期の武士、薩摩藩士。
¶藩臣7

**丹羽氏勝** にわうじかつ
大永3(1523)年～慶長2(1597)年
戦国時代～安土桃山時代の武将。織田氏家臣、徳川氏家臣。
¶織田([没]慶長1(1596)年11月22日),戦国([生]1524年),戦人

**丹羽氏清** にわうじきよ
文明17(1485)年? ～永禄2(1559)年11月21日
戦国時代の織田信長の家臣。
¶織田

**丹羽氏識** にわうじさと
明応6(1497)年～永禄8(1565)年
戦国時代の武将。徳川氏家臣、織田氏家臣。
¶戦人

**丹羽氏重** にわうじしげ
永禄12(1569)年～天正12(1584)年
安土桃山時代の武将。
¶諸系,戦国,戦人,日人

**丹羽氏次** にわうじつぐ
天文19(1550)年～慶長6(1601)年
安土桃山時代の武将、大名。三河伊保領主。
¶織田([生]天文19(1550)年?　[没]慶長6(1601)年3月19日),国書([没]慶長6(1601)年3月19日),諸系,人名,戦国,戦人,日人,藩主2([没]慶長6(1601)年3月19日)

**丹羽氏信** にわうじのぶ
天正18(1590)年～正保3(1646)年
江戸時代前期の武将、大名。三河伊保藩主、美濃岩村藩主。
¶諸系,人名,日人,藩主2,藩主2([没]正保3(1646)年5月11日)

**丹羽氏広** にわうじひろ
天文17(1548)年～寛永5(1628)年　[別]丹羽久左衛門《にわきゅうざえもん》
安土桃山時代～江戸時代前期の武士、のち紀伊和歌山藩附家老。
¶人名([生]1546年),日人,藩臣5(丹羽久左衛門　にわきゅうざえもん)

**丹羽久左衛門** にわきゅうざえもん
→丹羽氏広(にわうじひろ)

**丹羽源大夫** にわげんだゆう
安土桃山時代の武将。秀吉馬廻。
¶戦国,戦人(生没年不詳)

**丹羽小四郎** にわこしろう
? ～天正4(1576)年5月3日
戦国時代～安土桃山時代の織田信長の家臣。
¶織田

**丹羽五平次** にわごへいじ
安土桃山時代～江戸時代前期の武士。豊臣氏家臣、浅野氏家臣。
¶戦国,戦人(生没年不詳)

**丹羽佐吉** にわさきち
安土桃山時代～江戸時代前期の武士、岡山藩家老日置氏の臣、丹羽家の祖。
¶岡山歴

**丹羽重勝** にわしげかつ
生没年不詳
安土桃山時代～江戸時代前期の武士。浅野家の家臣。
¶和歌山人

**丹羽忠政** にわただまさ
天正3(1575)年～元和1(1615)年

安土桃山時代～江戸時代前期の武士。
¶日人

**丹羽頼母** にわたのも
天正15(1587)年～延宝9(1681)年
安土桃山時代～江戸時代前期の武士、筑後久留米藩士。
¶藩臣7([生]天正15(1587)年頃),福岡百([没]延宝9(1681)年7月4日)

**庭月広綱** にわつきひろつな
安土桃山時代～江戸時代前期の武士。最上氏家臣。
¶戦人(生没年不詳),戦東

**庭月理右衛門** にわつきりうえもん
? ～慶安3(1650)年
安土桃山時代～江戸時代前期の武将、下総古河藩士。
¶藩臣3

**丹羽藤三** にわとうぞう
安土桃山時代の武将。秀吉馬廻。
¶戦国,戦人(生没年不詳)

**丹羽長重** にわながしげ
元亀2(1571)年～寛永14(1637)年 [別]長重〔丹羽家〕《ながしげ》,小松宰相《こまつさいしょう》,松任侍従《まつとうじじゅう》
安土桃山時代～江戸時代前期の大名。陸奥白河藩主。
¶朝日([没]寛永14年閏3月6日(1637年4月30日)),石川百,近世,公卿([没]寛永14(1637)年3月),公家(長重〔丹羽家〕 ながしげ [生]1571年 [没]寛永14年3月4日),系東([生]1572年),国史,コン改,コン4,史人([没]1637年閏3月4日),諸系,新潮([没]寛永14(1637)年閏3月6日),人名,戦合,戦国([生]1572年),戦辞([没]寛永14年閏3月4日(1637年4月28日)),戦人,日史([没]寛永14(1637)年閏3月6日),日人,藩主1([生]元亀2(1571)年4月18日 [没]寛永14(1637)年閏3月4日),藩主1,藩主2,藩主3,百科,福島百

**丹羽長秀** にわながひで
天文4(1535)年～天正13(1585)年 [別]羽柴越前守《はしばえちぜんのかみ》,丹羽五郎左衛門尉《にわごろうざえもんのじょう》
安土桃山時代の武将。長政の子。
¶朝日([没]天正13年4月16日(1585年5月15日)),岩史([没]天正13(1585)年4月16日),織田([没]天正13(1585)年4月16日),角史,京都大,郷土福井,系東,国史,古中,コン改,コン4,茶道,史人([没]1585年4月16日),諸系,新潮([没]天正13(1585)年4月16日),人名,姓氏石川([生]?),姓氏京都,世人([没]天正13(1585)年4月16日),世百,戦合,戦国,全書,戦人,大百,日史([没]天正13(1585)年4月16日),日人,百科,福井百,歴大

**丹羽長政** にわながまさ
生没年不詳
戦国時代の武将。
¶系東

**丹羽長正** にわながまさ
生没年不詳
安土桃山時代の武将、大名。越前東郷領主。
¶諸系,戦国,戦人,日人,藩主3

**丹羽玄政** にわはるまさ
生没年不詳
安土桃山時代の織田信長の家臣。
¶織田

**丹羽半左衛門** にわはんざえもん
天文11(1542)年～慶長20(1615)年
安土桃山時代～江戸時代前期の三河伊保藩家老。
¶藩臣4

**丹羽正安** にわまさやす
永禄9(1566)年～寛永12(1635)年
安土桃山時代～江戸時代前期の武将。織田氏家臣、豊臣氏家臣、徳川氏家臣。
¶戦国,戦人

**庭屋直元** にわやなおもと
? ～慶長12(1607)年
安土桃山時代～江戸時代前期の武将。西牧根小屋城城主と伝えられる。
¶姓氏群馬

## 【ぬ】

**額熊夜叉** ぬかくまやしゃ
室町時代の守護代。
¶姓氏石川

**額田十郎左衛門** ぬかだじゅうろうざえもん,ぬかたじゅうろうざえもん
室町時代の武将。
¶岡山人,岡山歴(ぬかたじゅうろうざえもん)

**額田照通**(額田照道) ぬかだてるみち
? ～寛永7(1630)年
安土桃山時代～江戸時代前期の武将、常陸額田城主。
¶戦人,戦補(額田照道),日人

**額田与治右衛門**(額田与次右衛門) ぬかだよじえもん
? ～天正3(1575)年
安土桃山時代の武将。
¶岡山人(額田与次右衛門),岡山歴

**貫隆仲** ぬきたかなか
? ～天文20(1551)年
戦国時代の武将。大内氏家臣。
¶戦西

**貫武助** ぬきたけすけ
戦国時代の武将。大内氏家臣。
¶戦西

**温井景隆** ぬくいかげたか
? ～天正10(1582)年
安土桃山時代の武士。
¶織田([没]天正10(1582)年6月26日?),姓氏石

川，戦辞（㊺天正10年6月24日（1582年7月13日）頃），戦人，戦西

**温井孝宗** ぬくいたかむね
　？ ～享禄4（1531）年
　戦国時代の武士。
　¶姓氏石川，戦人，戦西

**温井続宗** ぬくいつぐむね
　戦国時代の武士。
　¶姓氏石川，戦人（生没年不詳），戦西

**温井続基** ぬくいつぐもと
　戦国時代の武士。
　¶姓氏石川，戦人（生没年不詳），戦西

**温井彦五郎** ぬくいひこごろう
　？ ～永正11（1514）年
　戦国時代の武士。
　¶姓氏石川，戦人，戦西

**温井常陸介** ぬくいひたちのすけ
　？ ～天正10（1582）年
　安土桃山時代の武士。武田氏家臣。
　¶姓氏山梨，戦辞（㊺天正10年3月11日（1582年4月3日）），戦人，戦東，山梨百（㊺天正10（1582）年3月11日）

**温井総貞** ぬくいふささだ
　？ ～弘治1（1555）年
　戦国時代の武士。
　¶石川百，姓氏石川，戦人，戦西

**温井統永** ぬくいむねなが
　戦国時代の武将。畠山氏家臣。
　¶姓氏石川，戦西

**沼田越中入道** ぬたえっちゅうにゅうどう
　→沼田越中入道（ぬまたえっちゅうにゅうどう）

**沼田次郎** ぬたのじろう
　生没年不詳
　平安時代後期の武将。
　¶広島百

**布下雅朝** ぬのしたまさとも
　戦国時代の地方豪族・土豪。
　¶姓氏山梨，戦人（生没年不詳）

**布目某** ぬのめ
　生没年不詳
　安土桃山時代の織田信長の家臣。
　¶織田

**沼間興国** ぬまおきくに
　戦国時代の武将。大内氏家臣。
　¶戦西

**沼上出羽守** ぬまかみでわのかみ
　生没年不詳
　戦国時代の武士。北条氏光の家臣。
　¶戦辞

**沼上藤右衛門尉** ぬまかみとうえもんのじょう
　生没年不詳
　戦国時代の北条家臣笠原越前守信為の被官。
　¶戦辞

**沼倉飛騨守** ぬまくらひだのかみ
　？ ～天正19（1591）年
　安土桃山時代の武将。葛西氏家臣。
　¶戦人，戦東

**沼佐右衛門** ぬまさうえもん
　→沼佐右衛門（ぬまそうえもん）

**沼間左門次郎** ぬまさもんじろう
　安土桃山時代～江戸時代前期の武士。里見氏家臣。
　¶戦人（生没年不詳），戦東

**沼沢出雲守** ぬまざわいずものかみ
　安土桃山時代の武士。
　¶戦人（生没年不詳），戦東

**沼沢実通** ぬまざわさねみち
　天文8（1539）年～天正2（1574）年
　戦国時代～安土桃山時代の大沼郡金山谷沼沢丸山城4代目城主。
　¶会津

**沼沢重通** ぬまざわしげみち
　？ ～正保4（1647）年
　安土桃山時代～江戸時代前期の武将、沼沢丸山城主。
　¶会津

**沼沢忠通** ぬまざわただみち
　天正3（1575）年～正保4（1647）年
　安土桃山時代～江戸時代前期の陸奥会津藩士、猪苗代城代。
　¶藩臣2

**沼尻忠久** ぬまじりただひさ
　生没年不詳
　戦国時代の上野国衆岩松氏重臣。
　¶戦辞

**沼佐右衛門** ぬまそうえもん
　㋹沼佐右衛門《ぬまさうえもん》
　安土桃山時代～江戸時代前期の武士。里見氏家臣。
　¶戦人（生没年不詳），戦東（ぬまさうえもん）

**沼田顕泰** ぬまたあきやす
　生没年不詳　㋹沼田万鬼斎顕泰《ぬまたばんきさいあきやす》
　戦国時代の武将。後北条氏家臣、上杉氏家臣。
　¶郷土群馬（㊺1569年），群馬人（沼田万鬼斎顕泰 ぬまたばんきさいあきやす），姓氏群馬，戦人

**沼田越中入道** ぬまたえっちゅうにゅうどう
　㋹沼田越中入道《ぬたえっちゅうにゅうどう》
　室町時代の武将。
　¶岡山人，岡山歴（ぬたえっちゅうにゅうどう）

**沼田景義** ぬまたかげよし
　？ ～天正9（1581）年　㋹沼田平八郎《ぬまたへいはちろう》，沼田平八郎景義《ぬまたへいはちろうかげよし》
　戦国時代～安土桃山時代の武将。
　¶群馬人（沼田平八郎景義 ぬまたへいはちろうかげよし ㊀天文9（1540）年），姓氏群馬，戦辞（沼田平八郎 ぬまたへいはちろう），日人

**沼田上野守** ぬまたこうずけのかみ
生没年不詳
戦国時代の上野国衆。
¶戦辞

**沼田左衛門三郎** ぬまたさえもんさぶろう
生没年不詳
戦国時代の上野国衆沼田万喜斎の長男。
¶戦辞

**沼田四郎宗綱** ぬまたしろうむねつな
→沼田宗綱（ぬまたむねつな）

**沼田内膳** ぬまたないぜん
戦国時代の武将。斎藤氏家臣。
¶戦西

**沼田中務大輔** ぬまたなかつかさのたいふ
生没年不詳
戦国時代の上野国衆。
¶戦辞

**沼田万喜斎** ぬまたばんきさい
生没年不詳
戦国時代の上野国衆。
¶戦辞

**沼田万鬼斎顕泰** ぬまたばんきさいあきやす
→沼田顕泰（ぬまたあきやす）

**沼田平八郎** ぬまたへいはちろう
→沼田景義（ぬまたかげよし）

**沼田平八郎景義** ぬまたへいはちろうかげよし
→沼田景義（ぬまたかげよし）

**沼田統兼** ぬまたむねかね
生没年不詳
戦国時代の武士。
¶戦人

**沼田宗綱** ぬまたむねつな
㋑沼田四郎宗綱《ぬまたしろうむねつな》
安土桃山時代の武士。葛西氏家臣。
¶戦人（生没年不詳），戦東（沼田四郎宗綱　ぬまたしろうむねつな）

**沼田面松斎** ぬまためんしょうさい
？　〜慶長17（1612）年
安土桃山時代〜江戸時代前期の弘前藩祖津軽為信家臣。
¶青森人

**沼田弥七郎** ぬまたやしちろう
生没年不詳
戦国時代の上野国衆。
¶戦辞

**沼田弥七郎朝憲** ぬまたやしちろうとものり
天文2（1533）年〜永禄12（1569）年
戦国時代の武人。
¶群馬人

**沼間伊賀守** ぬまのいがのかみ
？　〜天正4（1576）年7月13日
戦国時代〜安土桃山時代の織田信長の家臣。

¶織田

**沼間越中守** ぬまのえっちゅうのかみ
？　〜天正4（1576）年7月13日
戦国時代〜安土桃山時代の織田信長の家臣。
¶織田

**沼間大隅守** ぬまのおおすみのかみ
生没年不詳
安土桃山時代の織田信長の家臣。
¶織田

**沼間伝内** ぬまのでんない
？　〜天正4（1576）年7月13日
戦国時代〜安土桃山時代の織田信長の家臣。
¶織田

**沼間任世** ぬまのにんせい
生没年不詳
安土桃山時代の織田信長の家臣。
¶織田

**沼間義清** ぬまのよしきよ
？　〜天正4（1576）年7月13日
戦国時代〜安土桃山時代の織田信長の家臣。
¶織田

**沼辺玄蕃** ぬまべげんば
戦国時代の武将。大崎氏家臣。
¶戦東

**沼本景直** ぬもとかげなお
安土桃山時代の武将。
¶岡山人

**沼本新右衛門**（沼元新右衛門）ぬもとしんえもん
？　〜天正10（1582）年4月
安土桃山時代の美作国の武将。宇喜多氏家臣。
¶岡山歴（沼元新右衛門），戦西

**沼本豊国** ぬもととよくに
？　〜慶長2（1597）年
安土桃山時代の武士。宇喜多氏家臣。
¶戦人

**沼本豊盛** ぬもととよもり
安土桃山時代の武将。
¶岡山人

**沼本彦右衛門**（沼元彦右衛門）ぬもとひこえもん
？　〜慶長2（1597）年7月21日
安土桃山時代の武将。美作国の武将。新右衛門の弟。
¶岡山歴（沼元彦右衛門），戦西

**沼本久家** ぬもとひさいえ
安土桃山時代の武将。
¶岡山人

**沼本房家** ぬもとふさいえ
？　〜天正8（1580）年
安土桃山時代の武士。宇喜多氏家臣。
¶戦人

**漆部伊波** ぬりべのいなみ
→漆部伊波（ぬりべのいわ）

漆部伊波 ぬりべのいば
　→漆部伊波（ぬりべのいわ）

漆部伊波 ぬりべのいわ
　生没年不詳　㊙漆部伊波《うるしべのいは，ぬりべ
　のいなみ，ぬりべのいば》，漆部直伊波《ぬりべの
　あたいいわ》
　奈良時代の中央官人。藤原仲麻呂追討の功臣。
　¶朝日，大阪人（うるしべのいは），神奈川人，古
　代（漆部直伊波　ぬりべのあたいいわ），コン改
　（ぬりべのいなみ），コン4（ぬりべのいなみ），
　姓氏神奈川（ぬりべのいば），新潟百，日人

# 【 ね 】

根尾市助 ねおいちすけ
　生没年不詳
　安土桃山時代の織田信長の家臣。
　¶織田

根岸九郎兵衛 ねぎしくろうべえ
　→根岸九郎兵衛（ねぎしくろべえ）

根岸九郎兵衛 ねぎしくろべえ
　㊙根岸九郎兵衛《ねぎしくろうべえ》
　安土桃山時代～江戸時代前期の武士。里見氏家臣。
　¶戦人（生没年不詳），戦東（ねぎしくろうべえ）

根岸勝左衛門 ねぎししょうざえもん
　安土桃山時代～江戸時代前期の武士。里見氏家臣。
　¶戦人（生没年不詳），戦東

根岸丹後守 ねぎしたんごのかみ
　戦国時代～安土桃山時代の武士。佐竹氏家臣。
　¶戦人（生没年不詳），戦東

根岸秀忠 ねぎしひでただ
　生没年不詳
　戦国時代の佐竹氏の家臣。
　¶戦辞

根来寺千職坊 ねごろでらせんしきぼう
　？　～天正10（1582）年2月
　戦国時代～安土桃山時代の織田信長の家臣。
　¶織田

禰寝清重 ねじめきよしげ
　南北朝時代の武将。禰寝氏の7代。
　¶姓氏鹿児島

禰寝清種 ねじめきよたね
　生没年不詳
　鎌倉時代後期～南北朝時代の武将。
　¶鎌室，新潮，日人

禰寝清年 ねじめきよとし
　生没年不詳
　戦国時代の国衆。
　¶戦人

禰寝清平 ねじめきよひら
　？　～応永24（1417）年
　室町時代の武将。

¶鎌室，日人

禰寝重長 ねじめしげたけ
　天文5（1536）年～天正8（1580）年　㊙禰寝重長
　《ねじめしげなが》
　安土桃山時代の武士。
　¶姓氏鹿児島（ねじめしげなが），戦人，戦西

禰寝重長 ねじめしげなが
　→禰寝重長（ねじめしげたけ）

禰寝重張 ねじめしげひら
　永禄9（1566）年～寛永6（1629）年
　安土桃山時代～江戸時代前期の武士。
　¶姓氏鹿児島，戦人，戦西

米多比鎮久 ねたみしげひさ
　永禄8（1565）年～寛永10（1633）年
　安土桃山時代～江戸時代前期の筑後柳河藩家老。
　¶藩臣7

根津小次郎 ねづこじろう
　南北朝時代の武将、上杉憲顕の臣。
　¶人名，日人（生没年不詳）

祢津常安 ねづじょうあん
　？　～慶長2（1597）年11月20日
　戦国時代～安土桃山時代の信濃国衆。
　¶戦辞

禰津信直 ねづのぶなお
　生没年不詳
　戦国時代～安土桃山時代の武将・鷹匠。信濃禰津
　城主。
　¶国書，姓氏長野，姓氏山梨

禰津政直（根津信政） ねづのぶまさ
　生没年不詳
　安土桃山時代～江戸時代前期の武将、大名。上野
　豊岡藩主。
　¶戦人（根津信政），戦補（根津信政），藩主1

祢津昌綱 ねづまさつな
　？　～元和4（1618）年1月29日
　安土桃山時代～江戸時代前期の信濃国衆。
　¶戦辞

禰津元直（祢津元直） ねづもとなお
　？　～天正3（1575）年
　戦国時代～安土桃山時代の武将、武田家臣。信濃
　先方衆。
　¶群馬人（祢津元直　生没年不詳），姓氏山梨

根々井行親 ねねいゆきちか
　→根井行親（ねのいゆきちか）

根井茂次 ねのいしげつぐ
　安土桃山時代の地方豪族・土豪。
　¶戦国，戦人（生没年不詳）

根井行親（根井幸親） ねのいゆきちか
　？　～元暦1（1184）年　㊙根々井行親《ねねいゆき
　ちか》，滋野行親《しげののゆきちか》
　平安時代後期の武士。
　¶人名（根井幸親），姓氏長野，長野歴，日人
　（根々井行親　ねねいゆきちか），平史（滋野行

親　しげののゆきちか)

**根本出雲守** ねもといずものかみ
生没年不詳
戦国時代～安土桃山時代の武士。佐竹氏家臣。
¶戦辞，戦人，戦東

**根本賢行** ねもとかたゆき
生没年不詳
戦国時代の武士。佐竹氏家臣。
¶戦辞，戦人，戦東

**根本勝行** ねもとかつゆき
生没年不詳
戦国時代の鋳物師。佐竹氏の家臣。
¶戦辞

**根本源右衛門尉** ねもとげんうえもんのじょう
㉟根本源右衛門尉《ねもとげんえもんのじょう》
戦国時代の武将。佐竹氏家臣。
¶戦辞(ねもとげんえもんのじょう　生没年不詳)，戦東

**根本源右衛門尉** ねもとげんえもんのじょう
→根本源右衛門尉(ねもとげんうえもんのじょう)

**根本里行** ねもとさとゆき
生没年不詳
戦国時代～江戸時代前期の武士。佐竹氏家臣。
¶戦辞，戦人，戦東

**根本三郎左衛門** ねもとさぶろうざえもん
戦国時代～安土桃山時代の武士。佐竹氏家臣。
¶戦人(生没年不詳)，戦東

**根本為通** ねもとためみち
生没年不詳
戦国時代の鋳物師。佐竹氏の家臣。
¶戦辞

**根本舎人** ねもととねり
安土桃山時代～江戸時代前期の武士。里見氏家臣。
¶戦人(生没年不詳)，戦東

**根本平衛門尉**(根本平右衛門尉) ねもとへいえもんのじょう
生没年不詳
戦国時代の武士。佐竹氏家臣。
¶戦辞(根本平右衛門尉)，戦人，戦東

**根本平次衛門** ねもとへいじえもん
戦国時代～安土桃山時代の武士。佐竹氏家臣。
¶戦人(生没年不詳)，戦東

**根本通国** ねもとみちくに
生没年不詳
安土桃山時代の武士。佐竹氏家臣。
¶戦辞，戦人，戦東

**弥屋定勝** ねやさだかつ
安土桃山時代の武将。
¶岡山人

**襧屋七郎兵衛** ねやしちろうべえ
→襧屋七郎兵衛(ねやしちろうべえ)

**襧屋七郎兵衛** ねやしちろうべえ
？　～永禄7(1564)年　㉟襧屋七郎兵衛《ねやしちろうべえ》
戦国時代の武士。
¶岡山歴(ねやしちろうべえ)，戦人

**弥屋輝秀** ねやてるひで
安土桃山時代の武将。
¶岡山人

**襧屋与七郎** ねやよしちろう
安土桃山時代の備中国の武将。
¶岡山歴

# 【の】

**野一色助義** のいっしきすけよし
天文17(1548)年～慶長5(1600)年
安土桃山時代の武士。
¶戦人，戦補

**納所弥右衛門** のうそやえもん
天文22(1553)年～寛永14(1637)年12月2日
安土桃山時代の備前国の武将。
¶岡山歴

**野内大膳亮** のうちだいぜんのすけ
生没年不詳　㉟野内大膳亮《やないだいぜんのすけ》
安土桃山時代の武士。佐竹氏家臣。
¶戦辞(やないだいぜんのすけ)，戦人，戦東

**野内隼人** のうちはやと
㉟野内隼人《やないはやと》
戦国時代の武将。佐竹氏家臣。
¶戦辞(やないはやと　生没年不詳)，戦東

**野内広忠** のうちひろただ
生没年不詳　㉟野内広忠《やないひろただ》
安土桃山時代の武士。佐竹氏家臣。
¶戦辞(やないひろただ)，戦人，戦東

**納富石見守栄房入道道周** のうとみいわみのかみみつふさにゅうどうみちちか
→納富栄房(のうとみみつふさ)

**納富但馬守信景** のうとみたじまのかみのぶかげ
→納富信景(のうとみのぶかげ)

**納富信景** のうとみのぶかげ
㉟納富但馬守信景《のうとみたじまのかみのぶかげ》
戦国時代の武士。
¶戦人(生没年不詳)，戦西(納富但馬守信景　のうとみたじまのかみのぶかげ)

**納富栄房** のうとみみつふさ
㉟納富石見守栄房入道道周《のうとみいわみのかみみつふさにゅうどうみちちか》
戦国時代の武士。
¶戦人(生没年不詳)，戦西(納富石見守栄房入道道周　のうとみいわみのかみみつふさにゅうど

うみちちか）

**能美政房** のうみまさふさ
　？　～慶長17（1612）年
　安土桃山時代～江戸時代前期の武士、佐渡守。
　¶姓氏山口

**野上七兵衛** のかみしちべえ
　生没年不詳
　安土桃山時代～江戸時代前期の武士。浅野家の
　家臣。
　¶和歌山人

**野上資親** のがみすけちか
　生没年不詳
　南北朝時代の武士。
　¶鎌室，新潮，日人

**野上資直** のがみすけなお
　生没年不詳
　鎌倉時代の武将。
　¶大分歴

**野上房忠** のがみふさただ
　？　～弘治2（1556）年
　戦国時代の武将。
　¶姓氏山口

**野口某** のぐち
　？　～天正4（1576）年7月13日
　戦国時代～安土桃山時代の織田信長の家臣。
　¶織田

**野口喜兵衛** のぐちきへえ
　生没年不詳
　戦国時代の北条氏の家臣。
　¶戦辞

**野口玄蕃** のぐちげんば
　安土桃山時代の武士。結城氏家臣。
　¶戦人（生没年不詳），戦東

**野口左助** のぐちさすけ
　永禄2（1559）年～寛永20（1643）年　別野口卜全
　《のぐちぼくぜん》
　安土桃山時代～江戸時代前期の筑前福岡藩士。
　¶剣豪（野口卜全　のぐちぼくぜん），藩臣7

**野口遠江守** のぐちとおとうみのかみ
　生没年不詳
　戦国時代の北条氏の家臣。
　¶戦辞

**野口利吉** のぐちとしよし
　天正13（1585）年～寛文3（1663）年
　安土桃山時代～江戸時代前期の武士。紀州藩士。
　¶和歌山人

**野口内膳** のぐちないぜん
　安土桃山時代の武士。結城氏家臣。
　¶戦人（生没年不詳），戦東

**野口成吉** のぐちなりよし
　戦国時代の武将。武田家臣。佐渡守。
　¶姓氏山梨

**野口秀房** のぐちひでふさ
　天文6（1537）年～寛永6（1629）年
　戦国時代～江戸時代前期の武士。
　¶多摩

**野口卜全** のぐちぼくぜん
　→野口左助（のぐちさすけ）

**野口政親** のぐちまさちか
　戦国時代の武将。武田家臣。尾張守。仁科盛政親
　類被官衆。
　¶姓氏山梨

**野介次郎兵衛尉** のけじろうびょうえのじょう
　南北朝時代の美作国の在地武士。
　¶岡山歴

**野沢儀左衛門** のざわぎざえもん
　戦国時代の武将。武田家臣。同心。
　¶姓氏山梨

**野沢康光** のざわやすみつ
　戦国時代の武将。武田家臣。信濃国佐久郡の野
　沢衆。
　¶姓氏山梨

**野尻重次** のじりしげつぐ
　？　～慶長3（1598）年　別真野重次《まのしげつ
　ぐ》
　安土桃山時代の武士。織田氏家臣、豊臣氏家臣、
　徳川氏家臣。
　¶戦国（真野重次　まのしげつぐ），戦国，戦人

**野尻高知** のじりたかとも
　南北朝時代の武将。
　¶姓氏富山

**野尻吉正** のじりよしまさ
　安土桃山時代の武士。豊臣氏家臣。
　¶戦国，戦人（生没年不詳）

**能勢宇右衛門** のせうえもん
　安土桃山時代の武将。秀吉馬廻。
　¶戦国，戦人（生没年不詳）

**能勢国基** のせくにもと
　生没年不詳
　鎌倉時代前期の武士。
　¶鎌室

**能勢宗兵衛** のせそうべえ
　江戸時代前期の武士。大坂の陣で長宗我部盛親の
　麾下。
　¶戦人（生没年不詳），戦西

**能勢長頼** のせながより
　生没年不詳
　鎌倉時代の御家人。
　¶徳島歴

**能勢頼次** のせよりつぐ
　永禄5（1562）年～寛永3（1626）年
　安土桃山時代～江戸時代前期の武士。
　¶織田（受寛永3（1626）年1月18日），戦国
　（生1563年），戦人

の

**能勢頼則**　のせよりのり
？　〜永正13(1516)年
戦国時代の武将。
¶国書([没]永正13(1516)年8月10日)，戦人

**能勢頼部**　のせよりひろ
？　〜天正6(1578)年6月26日
戦国時代〜安土桃山時代の織田信長の家臣。
¶織田

**能勢頼道**　のせよりみち
？　〜天正8(1580)年9月17日
戦国時代〜安土桃山時代の織田信長の家臣。
¶織田

**能勢頼之**(1)　のせよりゆき
？　〜慶長5(1600)年
安土桃山時代の武将。豊臣秀次の臣。
¶戦国

**能勢頼之**(2)　のせよりゆき
文禄1(1592)年〜寛文5(1665)年
江戸時代前期の武士。大坂の陣に参加。のち幕臣。
¶戦人

**能勢頼吉**　のせよりよし
[別]能勢頼吉《のせらいきち》
安土桃山時代の武士。
¶岡山人(のせらいきち)，岡山歴，戦人(生没年不詳)，戦西

**能勢頼吉**　のせらいきち
→能勢頼吉(のせよりよし)

**野田顕基**　のだあきもと
生没年不詳
鎌倉時代後期の武士。
¶北条

**野田氏範**　のだうじのり
生没年不詳
戦国時代の古河公方足利成氏の家臣。
¶戦辞

**野田右馬助**　のだうまのすけ
生没年不詳
戦国時代の古河公方足利高基・晴氏の重臣。
¶戦辞

**野田興方**　のだおきかた
戦国時代の武士。
¶戦人(生没年不詳)，戦西

**野田景範**　のだかげのり
？　〜寛永1(1624)年8月1日
安土桃山時代〜江戸時代前期の古河公方の家臣。
¶戦辞

**野田内蔵助**　のだくらすけ
？　〜天文22(1553)年
戦国時代の名東郡佐那河内城主。
¶徳島歴

**野田三郎**　のださぶろう
生没年不詳
戦国時代の古河公方足利義氏の家臣。
¶戦辞

**野田成朝**　のだしげとも
生没年不詳
戦国時代の武将。足利氏家臣。
¶戦辞，戦人，戦東

**野田七左衛門**　のだしちざえもん
生没年不詳
安土桃山時代〜江戸時代前期の武将、最上氏遺臣。
¶庄内

**野田甚左衛門**　のだじんざえもん
安土桃山時代〜江戸時代前期の武士。
¶戦人(生没年不詳)，戦西

**野田弘朝**　のだひろとも
生没年不詳
戦国時代の古河公方の家臣。
¶戦辞

**野田政親**　のだまさちか
生没年不詳
戦国時代〜江戸時代前期の武士。
¶姓氏岩手

**野田政保**　のだまさやす
生没年不詳
戦国時代の武士。
¶埼玉人

**野田持忠**　のだもちただ
生没年不詳
戦国時代の古河公方足利成氏の重臣。
¶戦辞

**野田泰忠**　のだやすただ
生没年不詳
室町時代の西岡被官衆の中心的な土豪。
¶京都大，京都府，姓氏京都

**野津原能泰**　のつはるよしやす
生没年不詳
鎌倉時代の武将。
¶大分歴

**能登馬身竜**　のとのまむたつ
[別]能登臣馬身竜《のとのおみまむたつ》
飛鳥時代の武人。阿倍引田臣比羅夫の征討軍に参加した。
¶石川百(能登臣馬身竜　のとのおみまむたつ　生没年不詳)，姓氏石川(能登臣馬身竜　のとのおみまむたつ)

**野中三郎左衛門**　のなかさぶろうざえもん
戦国時代の武将。長宗我部氏家臣。
¶戦西

**野中鎮兼**　のなかしげかね
生没年不詳
戦国時代〜安土桃山時代の武士。
¶戦人

**野長瀬盛秀**　のながせもりひで
？　〜天正14(1586)年
安土桃山時代の武士。

¶戦国，戦人

**野中親孝** のなかちかたか
　生没年不詳
　安土桃山時代～江戸時代前期の武士。長宗我部氏
　家臣。
　¶戦人

**野中直継** のなかなおつぐ
　天正15（1587）年～寛永13（1636）年
　安土桃山時代～江戸時代前期の土佐藩家老。
　¶高知人

**野中益継** のなかますつぐ
　永禄5（1562）年～元和9（1623）年
　安土桃山時代～江戸時代前期の武士、土佐藩重臣。
　¶高知人

**野仲道棟** のなかみちむね
　生没年不詳
　南北朝時代の武士。
　¶大分歴

**野中良明** のなかよしあき
　天正1（1573）年～元和4（1618）年
　安土桃山時代～江戸時代前期の土佐藩重臣。
　¶高知人

**野中良平** のなかよしひら
　→野中良平（のなかりょうへい）

**野中良平** のなかりょうへい
　㋑野中良平《のなかよしひら》
　安土桃山時代の武将。
　¶戦国（のなかよしひら），戦人（生没年不詳）

**野々口五兵衛** ののぐちごへえ
　安土桃山時代の武将。秀吉馬廻。
　¶戦国，戦人（生没年不詳）

**野介有朝** ののすけありとも
　生没年不詳
　平安時代後期の周防国玖珂郡南部地方の在地領主。
　¶姓氏山口

**野々村三十郎** ののむらさんじゅうろう
　？　～天正12（1584）年
　安土桃山時代の武士。
　¶戦国，戦人，戦西

**野々村次兵衛** ののむらじへえ
　天正12（1584）年～慶長17（1612）年
　安土桃山時代～江戸時代前期の武将。豊臣氏家臣。
　¶戦国，戦人

**野々村迅政**（野野村迅政）ののむらとしまさ
　→野々村迅政（ののむらはやまさ）

**野々村迅成** ののむらはやなり
　→野々村迅政（ののむらはやまさ）

**野々村迅政** ののむらはやまさ
　元亀1（1570）年～慶長19（1614）年　㋑野々村迅
　成《ののむらはやなり》，野々村迅政《ののむらと
　しまさ》，野野村迅政《ののむらとしまさ》
　安土桃山時代～江戸時代前期の武士。豊臣氏家臣。
　¶高知人（ののむらとしまさ），戦人，戦補（野々

村迅成　ののむらはやなり），藩臣6（野野村迅
政　ののむらとしまさ）　㋐永禄3（1560）年）

**野々村正成** ののむらまさなり
　？　～天正10（1582）年6月2日
　戦国時代～安土桃山時代の織田信長の家臣。
　¶織田

**野々村雅春** ののむらまさはる
　？　～元和1（1615）年
　安土桃山時代～江戸時代前期の武士。豊臣氏家臣。
　¶戦国，戦人

**野々村又右衛門** ののむらまたえもん
　生没年不詳
　安土桃山時代の織田信長の家臣。
　¶織田

**野々村主水正** ののむらもんどのしょう
　？　～天正12（1584）年9月11日？
　戦国時代～安土桃山時代の織田信長の家臣。
　¶織田

**野々山頼兼** ののやまよりかね
　～慶長9（1604）年
　安土桃山時代～江戸時代前期の武士、旗本。
　¶神奈川人

**乃不九郎** のぶくろう
　？　～元和1（1615）年5月8日？
　安土桃山時代～江戸時代前期の織田信長の家臣。
　¶織田

**延沢満延** のぶさわみつのぶ
　→延沢満延（のべさわみつのぶ）

**延時忠륭** のぶときただたね
　鎌倉時代の在地領主。
　¶姓氏鹿児島

**延友佐渡守** のぶともさどのかみ
　生没年不詳
　安土桃山時代の織田信長の家臣。
　¶織田

**延永宗清** のぶながそうせい
　生没年不詳
　安土桃山時代の織田信長の家臣。
　¶織田

**延永春信** のぶながはるのぶ
　生没年不詳
　戦国時代の武将。
　¶京都府

**延原家次** のぶらいえつぐ
　生没年不詳
　安土桃山時代の武士。宇喜多氏家臣。
　¶戦人

**延原景光** のぶはらかげみつ
　安土桃山時代の武将。
　¶岡山人

**延原景能** のぶはらかげよし
　生没年不詳

の

安土桃山時代の武士。宇喜多氏家臣。
¶戦人

**延原内蔵允** のぶはらくらのじょう
→延原内蔵允(のぶはらくらのすけ)

**延原内蔵允** のぶはらくらのすけ
[別]延原内蔵允《のぶはらくらのじょう》
安土桃山時代の武将。宇喜多氏家臣。
¶岡山歴(のぶはらくらのじょう), 戦西

**延原弾正** のぶはらだんじょう
安土桃山時代の武将。宇喜多氏家臣。
¶岡山歴, 戦西

**野辺沢満重** のべさわみつしげ
生没年不詳
戦国時代の武将。
¶戦人

の

**延沢満延**(野辺沢満延) のべさわみつのぶ
*~天正19(1591)年 [別]延沢満延《のぶざわみつのぶ》
安土桃山時代の武将。最上氏家臣。
¶人名(のぶざわみつのぶ [生]?), 戦人(野辺沢満延 [生]天文13(1544)年), 戦東([生]?), 日人(野辺沢満延 [生]1544年), 藩臣1([生]永禄6(1563)年)

**野辺沢光昌** のべさわみつまさ
生没年不詳
安土桃山時代~江戸時代前期の武将。最上氏家臣。
¶戦人

**延沢康満** のべさわやすみつ
安土桃山時代~江戸時代前期の武将。最上氏家臣。
¶戦東

**野辺将監** のべしょうげん
生没年不詳
戦国時代の武士。鉢形城主北条氏邦の家臣。
¶埼玉人

**野辺盛忠** のべもりただ
南北朝時代の武将。
¶姓氏鹿児島

**野間鶺鷹** のまうたか
安土桃山時代の武将。秀吉馬廻。
¶戦国, 戦人(生没年不詳)

**野間久左衛門** のまきゅうざえもん
? ~寛永20(1643)年
安土桃山時代の武士。秀吉馬廻。
¶戦国, 戦人(生没年不詳), 藩臣5

**野間乙長** のまくにのぶ
? ~寛永20(1643)年
安土桃山時代~江戸時代前期の武士。紀州藩士。
¶和歌山人

**野間左吉** のまさきち
戦国時代の武将、若江の3人衆。
¶茶道

**野間左橘兵衛** のまさきつひょうえ
生没年不詳
安土桃山時代の武士、茶人。
¶戦人

**野間長次郎** のまちょうじろう
安土桃山時代の武将。秀吉馬廻。
¶戦国, 戦人(生没年不詳)

**野間藤六** のまとうろく
安土桃山時代の武将。秀吉馬廻。
¶戦国, 戦人(生没年不詳)

**野間長前** のまながさき
生没年不詳
安土桃山時代の織田信長の家臣。
¶織田

**野間孫兵衛** のままごべえ
生没年不詳
安土桃山時代の織田信長の家臣。
¶織田

**野間武蔵** のまむさし
? ~文禄1(1592)年
戦国時代~安土桃山時代の野間城の城主。
¶姓氏鹿児島

**野間吉勝** のまよしかつ
生没年不詳
安土桃山時代の織田信長の家臣。
¶織田

**野間六蔵** のまろくぞう
生没年不詳
安土桃山時代の織田信長の家臣。
¶織田

**乃美宗勝** のみむねかつ
大永7(1527)年~文禄1(1592)年
戦国時代~安土桃山時代の武士。
¶戦人, 戦西([生]?), 日人

**乃美主水** のみもんど
? ~寛永12(1635)年
江戸時代前期の武士、肥後熊本藩士。
¶藩臣7

**野村市右衛門** のむらいちうえもん
天正9(1581)年~寛永8(1631)年
安土桃山時代~江戸時代前期の武士、筑前福岡藩士。
¶藩臣7

**野村右京助** のむらうきょうのすけ
生没年不詳
戦国時代の結城氏の家臣。
¶戦辞

**野村雅楽助** のむらうたのすけ
安土桃山時代の地侍。結城氏家臣。
¶戦東

**野村越中守** のむらえっちゅうのかみ
→野村定常(のむらさだつね)

**野村勝英** のむらかつひで
戦国時代の武士。武田氏家臣。

¶姓氏山梨，戦辞（生没年不詳），戦人（生没年不詳），戦東

**野村勝政** のむらかつまさ
生没年不詳
戦国時代の武田氏の家臣。
¶戦辞

**野村勘右衛門** のむらかんえもん
安土桃山時代の武士。
¶戦人（生没年不詳），戦補

**野村刑部少輔** のむらぎょうぶのしょうゆう
生没年不詳
安土桃山時代の武将。
¶戦人

**野村左京亮** のむらさきょうのすけ
＊〜慶長9（1604）年
戦国時代〜安土桃山時代の地侍。結城氏家臣。
¶戦人（㊞大永2（1522）年），戦東（野村左京助㊞？）

**野村定但** のむらさだただ
戦国時代の武士。
¶戦人（生没年不詳），戦西

**野村貞常** のむらさだつね
？ 〜天正18（1590）年？
安土桃山時代の武士。北条氏に仕えた。
¶戦人

**野村定常** のむらさだつね
？ 〜元亀1（1570）年 ㊞野村越中守《のむらえっちゅうのかみ》
戦国時代の武士。足利氏家臣、織田氏家臣。
¶織田（野村越中守 のむらえっちゅうのかみ ㊐元亀1（1570）年9月20日），戦人，戦補

**野村士悦** のむらしえつ
？ 〜天正4（1576）年
戦国時代の武士。
¶島根歴

**野村勝次郎** のむらしょうじろう
安土桃山時代の武士。
¶戦国，戦人（生没年不詳）

**野村内匠助** のむらたくみのすけ
安土桃山時代の武士。豊臣氏家臣。
¶戦国，戦人（生没年不詳）

**野村太郎兵衛** のむらたろべえ
永禄3（1560）年〜慶長2（1597）年
安土桃山時代の武将。
¶藩臣7

**野村直隆** のむらなおたか
生没年不詳
戦国時代〜安土桃山時代の武士、浅井長政の臣。
¶朝日，織田，戦国，戦人，戦西，日人

**野村直俊** のむらなおとし
安土桃山時代の武士。
¶戦国，戦人（生没年不詳）

**野村伯耆守** のむらほうきのかみ
？ 〜天正1（1573）年
戦国時代の武士。
¶戦人，戦西

**野村孫右衛門** のむらまごえもん
？ 〜慶長6（1601）年
安土桃山時代の武士。
¶戦人，戦西

**野村元貞** のむらもとさだ
？ 〜寛永2（1625）年
安土桃山時代〜江戸時代前期の武士。秀吉馬廻、徳川氏家臣。
¶戦国，戦人

**野本将監** のもとしょうげん
安土桃山時代の武将。後北条氏家臣。
¶戦辞（生没年不詳），戦東

**野本時員** のもとときかず
生没年不詳
鎌倉時代前期の武蔵武士。
¶埼玉人

**野本友憲** のもととものり
？ 〜正保4（1647）年
江戸時代前期の武士。紀州藩士。
¶和歌山人

**野本基員** のもともとかず
保延6（1140）年〜貞永1（1232）年
平安時代後期〜鎌倉時代前期の武士。
¶日人

**野本弥大夫** のもとやだゆう
慶長4（1599）年〜正保4（1647）年
江戸時代前期の武士、紀伊和歌山藩士。
¶藩臣5

**野山益朝** のやまますとも
？ 〜文禄4（1595）年7月9日
安土桃山時代の備中国の武将。
¶岡山歴

**野与基永** のよもとなが
平安時代後期の武士。武蔵七党野与党の祖。
¶埼玉百

**則武三太夫** のりたけさんだゆう
戦国時代の武士。
¶人名，日人（生没年不詳）

**則武六郎** のりたけろくろう
戦国時代の武将。斎藤氏家臣。
¶戦西

**憲長** のりなが
生没年不詳 ㊞憲長《けんちょう》
鎌倉時代後期の地頭代。
¶鎌室，日人

**野呂助左衛門** のろすけざえもん
？ 〜天正12（1584）年
戦国時代〜安土桃山時代の武士。豊臣秀吉方、森長可の臣。

の

¶姓氏愛知

**野呂助三郎** のろすけさぶろう
? ～天正12(1584)年
戦国時代～安土桃山時代の武士。
¶日人

**野呂民部** のろみんぶ
戦国時代の武将。今川氏家臣。
¶戦東

**野辺正則** のんべまさなり
? ～天正2(1574)年6月22日
戦国時代～安土桃山時代の織田信長の家臣。
¶織田

## 【は】



**梅月致定** ばいげつむねさだ
生没年不詳
戦国時代の武将。大内氏家臣。
¶戦人

**拝郷家嘉** はいごういえよし
? ～天正11(1583)年
安土桃山時代の武士。
¶戦人

**拝郷可乗** はいごうよしのり
? ～慶安1(1648)年
江戸時代前期の武将、三河岡崎藩家老。
¶藩臣4

**羽石時政** はいしときまさ
? ～天正13(1585)年
安土桃山時代の武将。
¶戦人

**早田理右衛門** はいだりえもん
生没年不詳
江戸時代前期の武士、最上氏遺臣。
¶庄内

**埴原次郎右衛門** はいばらじろうえもん
→埴原次郎右衛門(はいばらじろえもん)

**埴原次郎右衛門** はいばらじろえもん
[別]埴原次郎右衛門《はいばらじろうえもん》
安土桃山時代の武士。豊臣氏家臣。
¶戦国(はいばらじろうえもん), 戦人(生没年不詳)

**埴原新右衛門** はいばらしんえもん
生没年不詳
安土桃山時代の織田信長の家臣。
¶織田

**埴原常安** はいばらつねやす
生没年不詳
安土桃山時代の織田信長の家臣。
¶織田

**埴原八蔵** はいばらはちぞう
? ～元和1(1615)年
安土桃山時代～江戸時代前期の武士。豊臣氏家臣。
¶戦国, 戦人

**梅北国兼** ばいほくくにかね
→梅北国兼(うめきたくにかね)

**芳賀伊賀守禅可** はがいがのかみぜんか
→芳賀禅可(はがぜんか)

**芳賀因幡守** はがいなばのかみ
生没年不詳
戦国時代～安土桃山時代の武士。佐竹氏家臣。
¶戦辞, 戦人, 戦東

**垪和伊予守** はがいよのかみ
生没年不詳
戦国時代の北条氏の家臣。
¶戦辞

**垪和氏続** はがうじつぐ
生没年不詳
安土桃山時代の武士。後北条氏家臣。
¶神奈川人, 戦人, 戦東

**芳賀景高** はがかげたか
? ～明応6(1497)年9月10日
室町時代～戦国時代の宇都宮氏の重臣。
¶戦辞

**塀和刑部小輔** はがぎょうぶしょうゆう
戦国時代の武将、北条氏康の家臣。
¶埼玉百

**芳賀刑部少輔** はがぎょうぶしょうゆう
生没年不詳 [別]芳賀刑部少輔《はがぎょうぶのしょう》
安土桃山時代の武士。佐竹氏家臣。
¶戦辞(はがぎょうぶのしょう), 戦人, 戦東

**芳賀刑部少輔** はがぎょうぶのしょう
→芳賀刑部少輔(はがぎょうぶしょうゆう)

**垪和刑部丞** はがぎょうぶのじょう
生没年不詳
安土桃山時代の武蔵鉢形城主北条氏邦の家臣。
¶戦辞

**芳賀宮内少輔** はがくないしょう
→芳賀宮内少輔(はがくないしょうゆう)

**芳賀宮内少輔** はがくないしょうゆう
[別]芳賀宮内少輔《はがくないしょう》
安土桃山時代の武士。羽柴氏家臣。
¶戦国(はがくないしょう), 戦人(生没年不詳)

**芳賀内蔵允** はがくらのすけ
天正5(1577)年～寛永19(1642)年
安土桃山時代～江戸時代前期の武将、備前岡山藩士。
¶岡山人, 岡山歴, 日人, 藩臣6([生]?)

**芳賀左京之進** はがさきょうのしん
戦国時代の武将。葛西氏家臣。
¶戦東

芳賀讃岐守 はがさぬきのかみ
　　戦国時代～安土桃山時代の武士。佐竹氏家臣。
　　¶戦人（生没年不詳），戦東

芳賀成高 はがしげたか
　　生没年不詳
　　戦国時代の宇都宮氏の重臣。
　　¶戦辞

芳賀禅可 はがぜんか
　　？　～文中1/応安5（1372）年　別芳賀伊賀守禅可
　　《はがいがのかみぜんか》,芳賀高名《はがたかな》
　　鎌倉時代後期～南北朝時代の武将。高久の嫡子。
　　¶朝日（逆応安5/文中1年11月30日（1372年12月
　　25日）），国史，古中，埼玉百（芳賀伊賀守禅可
　　はがいがのかみぜんか），史人，栃木百（芳賀高
　　名　はがたかな　逆正応3（1290）年，栃木歴
　　（逆正応4（1291）年，新潟百（生没年不詳），
　　日史（逆明徳2/元中8（1291）年），日人，百科
　　（生没年不詳）

垪和善次郎 はがぜんじろう
　　生没年不詳
　　戦国時代の北条氏の家臣。
　　¶戦辞

芳賀高景 はがたかかげ
　　生没年不詳
　　戦国時代の氏家勝山城の城主。
　　¶戦辞

芳賀高勝(1) はがたかかつ
　　？　～永正9（1512）年4月
　　戦国時代の宇都宮氏の重臣。
　　¶戦辞

芳賀高勝(2) はがたかかつ
　　天正8（1580）年～元和9（1623）年6月4日
　　安土桃山時代～江戸時代前期の武将、庄内藩家老。
　　¶庄内

芳賀高貞 はがたかさだ
　　生没年不詳　別宇都宮高貞《うつのみやたかさだ》
　　南北朝時代の東国の武将。宇都宮氏の家臣。
　　¶国史，古中，史人，日人

芳賀高定 はがたかさだ
　　＊～天正16（1588）年　別益子高定《ましこたかさ
　　だ》
　　戦国時代～安土桃山時代の武将。宇都宮氏重臣。
　　¶系東（逆享禄・天文年間（1520年代末～1530年
　　代初め）　逆永禄年間（1570年頃）），戦辞
　　（逆大永1（1521）年），戦人（生没年不詳），栃
　　木百（逆永正17（1520）年），栃木歴（逆大永1
　　（1521）年）

芳賀高孝 はがたかたか
　　生没年不詳
　　戦国時代の宇都宮氏の重臣。
　　¶戦辞

芳賀高武 はがたかたけ
　　＊～慶長17（1612）年
　　安土桃山時代～江戸時代前期の武士。

　　¶系東（逆元亀・天正年間初年（1570年代前半）
　　頃），戦国，戦辞（逆？　　逆慶長17年10月20日
　　（1612年11月12日）），戦人（逆元亀3（1572）
　　年），栃がし歴（逆元亀3（1572）年）

芳賀高親 はがたかちか
　　保延3（1137）年～建久9（1198）年
　　鎌倉時代前期の武将。
　　¶栃木歴

芳賀高継 はがたかつぐ
　　？　～文禄1（1592）年　別芳賀高規《はがたかの
　　り》
　　安土桃山時代の下野国の武将。宇都宮氏の家臣。
　　¶近世（逆1596年），系東（逆16世紀半ば），国史，
　　戦合，戦辞（逆慶長1年2月13日（1596年3月11
　　日）），戦人，栃木百（生没年不詳），栃木歴
　　（逆文禄2（1593）年），日人

芳賀高経 はがたかつね
　　？　～天文10（1541）年
　　戦国時代の武将。
　　¶系東（逆15世紀末頃），戦辞，戦人，栃木歴
　　（逆天文8（1539）年）

芳賀高照 はがたかてる
　　？　～弘治1（1555）年
　　戦国時代の宇都宮氏の重臣。
　　¶戦辞（逆弘治1（1555）年3月），栃木歴

芳賀高俊 はがたかとし
　　生没年不詳
　　戦国時代の佐竹氏の家臣。
　　¶戦辞

芳賀高名 はがたかな
　　→芳賀禅可（はがぜんか）

芳賀高益 はがたかます
　　？　～
　　室町時代～戦国時代の宇都宮氏の重臣。
　　¶戦辞（逆長享1年12月3日（1488年11月6日））

垪和為長 はがためなが
　　安土桃山時代の武将。
　　¶岡山人

垪和豊繁 はがとよしげ
　　生没年不詳
　　戦国時代の北条氏の家臣。
　　¶戦辞

芳賀信高 はがのぶたか
　　？　～永正4（1507）年
　　戦国時代の地方豪族・土豪。
　　¶戦人

垪和彦十郎 はがひこじゅうろう
　　生没年不詳
　　戦国時代の武士。後北条氏家臣。
　　¶戦辞，戦人，戦東

垪和又太郎 はがまたたろう
　　生没年不詳
　　戦国時代の北条氏の家臣。
　　¶戦辞

は

**袴垂保輔**　はかまだれやすすけ
→藤原保輔（ふじわらのやすすけ）

**丼和康忠**　はがやすただ
生没年不詳
戦国時代～安土桃山時代の武士。後北条氏家臣。
¶神奈川人，群馬人，埼玉人，姓氏神奈川，戦辞，戦人，戦東

**波川清宗**　はかわきよむね
？～天正8（1580）年
安土桃山時代の武将。長宗我部氏家臣。
¶戦人

**波川玄蕃**　はかわげんば
？～天正8（1580）年
安土桃山時代の武将。長宗我部氏家臣。
¶高知人，高知百，戦西

**波木井実長**　はきいさねなが
貞応1（1222）年～永仁5（1297）年　(別)南部実長《なんぶさねなが》
鎌倉時代後期の武士。甲斐国の波木井郷の領主。
¶青森人（南部実長　なんぶさねなが），朝日（(没)永仁5年9月25日（1297年10月12日）），岩手百（南部実長　なんぶさねなが），鎌室，国史，国書（(没)永仁5（1297）年9月25日），古中，コン改，コン4，史人（(没)1297年9月25日），新潮，人名，姓氏岩手（南部実長　なんぶさねなが），世人，日人，仏教（(没)永仁5（1297）年9月25日），山梨百（(没)永仁5（1297）年9月25日），歴大

**萩沢讃岐守**　はぎさわさぬきのかみ
戦国時代の武将。大崎氏家臣。
¶戦東

**萩野越中**　はぎのえっちゅう
生没年不詳
戦国時代の玉縄城主北条氏勝の家臣。
¶戦辞

**萩野織部**　はぎのおりべ
生没年不詳
戦国時代～安土桃山時代の武将。
¶戦人

**萩野宮内左衛門**　はぎのくないざえもん
戦国時代の武将。武田家臣。『武田家過去帳』に八代郡小石和に居住とみえる。
¶姓氏山梨

**萩野九郎三郎**　はぎのくろうさぶろう
生没年不詳
戦国時代の北条氏の家臣。
¶戦辞

**萩野又一**　はぎのまたいち
生没年不詳
安土桃山時代～江戸時代前期の武士。
¶日人

**萩谷新左衛門**　はぎのやしんざえもん
生没年不詳
戦国時代～安土桃山時代の武士。佐竹氏家臣。
¶戦辞，戦人，戦東

**萩屋為定**　はぎのやためさだ
生没年不詳
戦国時代の佐竹氏の家臣。
¶戦辞

**萩屋弥右衛門尉**　はぎのややうえもんのじょう
安土桃山時代の武将。佐竹氏家臣。
¶戦東

**萩原重次**　はぎはらしげつぐ
→萩原重次（はぎわらしげつぐ）

**萩原無重**　はぎはらなししげ
→萩原無重（はぎわらなししげ）

**萩原宗俊**　はぎはらむねとし
→萩原宗俊（はぎわらむねとし）

**萩原嘉右衛門**　はぎわらかうえもん
→萩原嘉右衛門（はぎわらかえもん）

**萩原嘉右衛門**　はぎわらかえもん
(別)萩原嘉右衛門《はぎわらかうえもん》
安土桃山時代～江戸時代前期の武士。里見氏家臣。
¶戦人（生没年不詳），戦東（はぎわらかうえもん）

**萩原源五左衛門**　はぎわらげんござえもん
戦国時代の武将。武田家臣。山梨郡萩原郷が名字地。
¶姓氏山梨

**萩原重次**　はぎわらしげつぐ
(別)萩原重次《はぎはらしげつぐ》
安土桃山時代の武士。武田氏家臣、明智氏家臣、豊臣氏家臣。
¶戦国（はぎはらしげつぐ），戦人（生没年不詳）

**萩原修理進**　はぎわらしゅりのしん
生没年不詳
安土桃山時代の織田信長の家臣。
¶織田

**萩原無重**　はぎわらなししげ
＊～寛永10（1633）年　(別)萩原無重《はぎはらなししげ》
安土桃山時代～江戸時代前期の武士。武田氏家臣、明智氏家臣、羽柴氏家臣、豊臣氏家臣、宇喜多氏家臣、徳川氏家臣。
¶戦国（はぎはらなししげ　(生)1568年），戦人（(生)永禄10（1567）年）

**萩原昌明**　はぎわらまさあき
？～天正9（1581）年
安土桃山時代の武士。武田氏家臣。
¶戦人，戦東

**萩原宗俊**　はぎわらむねとし
？～元亀1（1570）年　(別)萩原宗俊《はぎはらむねとし》
戦国時代の武士。
¶戦人，戦西（はぎはらむねとし）

**萩原森廷**　はぎわらもりたか
？～寛永16（1639）年
江戸時代前期の武士、武蔵岩槻藩士。
¶藩臣5

**羽倉元陰　はぐらもとかげ**
生没年不詳
安土桃山時代の武士。
¶戦人

**羽黒堂下野守　はぐろどうしもつけのかみ**
生没年不詳
安土桃山時代の武士。葛西氏家臣。
¶戦人

**羽黒堂修理　はぐろどうしゅり**
戦国時代の武将。葛西氏家臣。
¶戦東

**箱田弥秀　はこだひさひで**
生没年不詳
戦国時代の武将。
¶戦人

**狭間鎮秀　はざましげひで**
?　～天正16(1588)年
安土桃山時代の武将。大友氏家臣。
¶大分歴，戦人(生没年不詳)

**狭間直重　はざまなおしげ**
生没年不詳
鎌倉時代の武将。
¶大分歴

**箸尾高春　はしおたかはる**
安土桃山時代～江戸時代前期の武士。豊臣氏家臣。
¶戦国，戦人(生没年不詳)

**箸尾為量　はしおためかず**
?　～永享11(1439)年
室町時代の武将。大和広瀬郡箸尾郷の国人。
¶朝日([没]永享11年4月11日(1439年5月23日))，日人

**箸尾為綱　はしおためつな**
生没年不詳
安土桃山時代の織田信長の家臣。
¶織田

**初鹿野源五郎　はじかのげんごろう**
天文3(1534)年～永禄4(1561)年　[別]初鹿野忠次《はじかのただつぐ》
戦国時代～安土桃山時代の武将。武田家臣で信玄の足軽大将。
¶姓氏山梨(初鹿野忠次　はじかのただつぐ)，日人

**初鹿野忠次　はじかのただつぐ**
→初鹿野源五郎(はじかのげんごろう)

**初鹿野伝右衛門　はじかのでんうえもん**
天文13(1544)年～寛永1(1624)年11月15日
戦国時代～江戸時代前期の武士。武田信玄、勝頼に仕える。
¶山梨百

**初鹿野昌次　はじかのまさつぐ**
?　～寛永1(1624)年
安土桃山時代～江戸時代前期の武士。武田氏家臣。
¶姓氏山梨，戦人([生]天文14(1545)年)，戦東，日人

**初鹿野昌久　はじかのまさひさ，はしかのまさひさ**
天文10(1541)年～寛永1(1624)年
安土桃山時代～江戸時代前期の武士。武田信玄の臣。
¶埼玉人(はしかのまさひさ)，人名

**蜂須賀至鎮　はしすかよししげ**
→蜂須賀至鎮(はちすかよししげ)

**橋田文右衛門　はしだぶんえもん**
戦国時代の武将。武田家臣。『武田家過去帳』に八代郡長井に居住とみえる。
¶姓氏山梨

**橋爪鑑種　はじづめあきたね**
生没年不詳
戦国時代の武士。大友氏家臣。
¶戦人

**土師猪手　はじのいて**
?　～皇極天皇2(643)年　[別]土師連猪手《はじのむらじいて》
飛鳥時代の豪族。山背大兄皇子を襲撃した一人か。
¶古代(土師連猪手　はじのむらじいて)，姓氏山口(土師連猪手　はじのむらじいて)，日人

**土師忠道　はじのただみち**
平安時代前期の下級官人、武人。源信に仕えた。
¶古代，日人(生没年不詳)

**土師富杼　はじのほど**
[別]土師連富杼《はじのむらじほど》
飛鳥時代の豪族。百済救援軍に従軍し捕虜となった。
¶古代(土師連富杼　はじのむらじほど)，日人(生没年不詳)

**羽柴長秀　はしばながひで**
→羽柴秀長(はしばひでなが)

**羽柴秀勝(1)　はしばひでかつ**
永禄11(1568)年～天正13(1585)年　[別]豊臣秀勝《とよとみひでかつ》，丹波少将《たんばしょうしょう》，丹波中納言《たんばちゅうなごん》
安土桃山時代の武将。織田信長の4男で、豊臣秀吉の養子。
¶朝日(豊臣秀勝　とよとみひでかつ　[生]?　[没]天正13年12月10日(1586年1月29日))，京都府，国史，古中，コン改，コン4，コン4(豊臣秀勝　とよとみひでかつ　[生]?　[没]天正13(1586)年)，史人([没]1585年12月10日)，諸系([没]1586年)，新潮([没]天正13(1585)年12月10日)，人名，世人([没]天正13(1585)年12月10日)，戦合，戦国，戦人，戦西，日人([没]1586年)，歴大

**羽柴秀勝(2)　はしばひでかつ**
永禄12(1569)年～文禄1(1592)年　[別]秀勝〔豊臣家〕《ひでかつ》，豊臣秀勝《とよとみひでかつ》，丹波少将《たんばしょうしょう》，丹波中納言《たんばちゅうなごん》
安土桃山時代の武将、豊臣秀吉の甥。
¶朝日([没]文禄1年9月9日(1592年10月14日))，

京都府，近世，公卿（豊臣秀勝　とよとみひでかつ　[生]？　[没]文禄1（1592）年9月），公家（秀勝〔豊臣家〕　ひでかつ　[生]？　[没]天正20年9月），国史，古中，コン改，コン4，史人（[没]1592年9月9日），諸系（豊臣秀勝　とよとみひでかつ），新潮（[没]文禄1（1592）年9月9日），人名，世人（[没]文禄1（1592）年9月9日），戦合，戦国（豊臣秀勝　とよとみひでかつ　[生]？），戦辞（[生]？），戦人（豊臣秀勝　とよとみひでかつ　[生]永禄12（1569）年？），日人（豊臣秀勝　とよとみひでかつ），歴大

**羽柴秀次**　はしばひでつぐ
→豊臣秀次（とよとみひでつぐ）

**羽柴秀直**　はしばひでなお
安土桃山時代の武士。豊臣氏家臣。
¶戦人（生没年不詳），戦補



**羽柴秀長**　はしばひでなが
＊〜天正19（1591）年　[別]羽柴長秀《はしばながひで》，秀長〔豊臣家〕《ひでなが》，豊臣秀長《とよとみひでなが》，大和大納言《やまとだいなごん》
安土桃山時代の武将、豊臣秀吉の異母弟。兄秀吉の補佐役として統一事業を助ける。
¶朝日（[生]天文9（1540）年　[没]天正19年1月22日（1591年2月15日）），岩史（豊臣秀長　とよとみひでなが　[生]天文9（1540）年3月2日　[没]天正19（1591）年1月22日），織田（羽柴長秀　はしばながひで　[生]天文9（1540）年　[没]天正19（1591）年1月22日），角史（豊臣秀長　とよとみひでなが　[生]天文9（1540）年），京都（豊臣秀長　とよとみひでなが　[生]天文10（1541）年），京都大（[生]天文10（1541）年），郷土奈良（豊臣秀長　とよとみひでなが　[生]1540年），郷土和歌山（[生]1540年），近世（[生]？），公卿（豊臣秀長　とよとみひでなが　[生]天文10（1541）年　[没]天正19（1591）年1月），公家（秀長〔豊臣家〕　ひでなが　[生]？　[没]天正19年1月），国史（[生]？），古中（[生]？），コン改（[生]天文10（1541）年），コン4（[生]天文9（1540）年），茶道（豊臣秀長　とよとみひでなが　[生]1540年），史人（豊臣秀長　とよとみひでなが　[生]1540年3月2日　[没]1591年1月22日），重要（[生]天文10（1541）年　[没]天正19（1591）年1月22日），諸系（[生]1540年），新潮（豊臣秀長　とよとみひでなが　[生]天文10（1541）年　[没]天正19（1591）年1月22日），人名（[生]1541年），姓氏京都（豊臣秀長　とよとみひでなが　[生]1541年），世人（[生]天文10（1541）年　[没]天正19（1591）年1月），戦合（[生]？），戦国（豊臣秀長　とよとみひでなが　[生]？），戦辞（[生]天文9（1540）年　[没]天正19年1月22日（1591年2月15日）），全書（[生]1540年），戦人（豊臣秀長　とよとみひでなが　[生]天文9（1540）年），戦西（[生]1540年），大百（[生]1541年），鳥取百（豊臣秀長　とよとみひでなが　[生]？），日史（豊臣秀長　とよとみひでなが　[生]天文10（1541）年　[没]天正19（1591）年1月22日），日人（[生]1540年），百科（豊臣秀長　とよとみひでなが　[生]天文10（1541）年），歴大（[生]1540年），和歌山人（豊臣秀長　とよとみひでなが　[生]1540年）

**羽柴秀保**　はしばひでやす
→豊臣秀保（とよとみひでやす）

**羽柴秀吉**　はしばひでよし
→豊臣秀吉（とよとみひでよし）

**間人大蓋**　はしひとのおおふた
[別]間人連大蓋《はしひとのむらじおおふた》
飛鳥時代の武人。百済救援軍の前将軍。
¶古代（間人連大蓋　はしひとのむらじおおふた），日人（生没年不詳）

**橋本一巴**　はしもといっぱ
？　〜永禄1（1558）年
戦国時代の織田信長の家臣。
¶織田（生没年不詳），歴大

**橋本勘解由左衛門**　はしもとかげゆさえもん
生没年不詳
戦国時代の下野小山氏の家臣。
¶戦辞

**橋本九右衛門**　はしもとくえもん
安土桃山時代の武将。秀吉馬廻。
¶戦国

**橋本宮内丞**　はしもとくないのじょう
生没年不詳
戦国時代の武士。北条氏家臣。
¶戦辞

**橋本九郎五郎**　はしもとくろうごろう
生没年不詳
戦国時代の北条氏の家臣。
¶戦辞

**橋本外記**　はしもとげき
生没年不詳
戦国時代の北条氏の家臣。
¶戦辞

**橋本源兵衛**　はしもとげんべえ
？　〜寛永3（1626）年
江戸時代前期の武士。紀州藩士。
¶和歌山人

**橋本三郎左衛門**　はしもとさぶろうざえもん
生没年不詳
安土桃山時代の織田信長の家臣。
¶織田

**橋本中務**　はしもとなかつかさ
安土桃山時代の武士。
¶戦国，戦人（生没年不詳）

**橋本豊後守**　はしもとぶんごのかみ
？　〜天正6（1578）年
戦国時代〜安土桃山時代の武将。
¶戦人

**橋本正高**　はしもとまさたか
？　〜天授6/康暦2（1380）年
南北朝時代の武士、楠木正成の一族。
¶人名，日人

**橋本正茂**　はしもとまさもち
南北朝時代の武士。
¶人名，日人（生没年不詳）

**橋本道一**　はしもとみちかず
？　～慶長1（1596）年
安土桃山時代の武士。織田氏家臣、豊臣氏家臣。
¶戦国，戦人

**蓮池家綱**　はすいけいえつな
生没年不詳
平安時代後期の武士。
¶高知人，高知百（[没]1184年），平史

**蓮池親実**　はすいけちかざね
→吉良親実（きらちかざね）

**蓮田兵衛**　はすだひょうえ
？　～寛正3（1462）年
室町時代の土豪。徳政一揆の張本。
¶朝日（[没]寛正3年11月2日（1462年11月23日）），日人

**長谷川**　はせがわ
生没年不詳
戦国時代の北条氏の家臣。
¶戦辞

**長谷川嘉竹**　はせがわかちく
安土桃山時代の武将。信長・秀吉の臣。
¶戦国

**長谷川吉左衛門**　はせがわきちざえもん
安土桃山時代の武士。
¶戦国，戦人（生没年不詳）

**長谷川橋介**　はせがわきょうすけ
→長谷川橋介（はせがわはしすけ）

**長谷川九郎左衛門尉**　はせがわくろうざえもんのじょう
安土桃山時代の武士。北条氏規の側近。
¶戦辞（生没年不詳），戦東

**長谷川権左衛門**　はせがわごんざえもん
？　～＊
江戸時代前期の武将、出羽庄内藩家老。
¶庄内（[没]万治1（1658）年9月13日），藩臣1（[没]万治2（1659）年）

**長谷川権六**　はせがわごんろく
？　～寛永7（1630）年
安土桃山時代～江戸時代前期の武士、長崎奉行。
¶朝日（生没年不詳），近世（生没年不詳），国史（生没年不詳），コン改，コン4，史人，新潮（生没年不詳），日史，日人，百科，歴大（生没年不詳）

**長谷川権六郎守直**　はせがわごんろくろうもりなお
生没年不詳
安土桃山時代～江戸時代前期の武士、4代長崎奉行。
¶長崎歴

**長谷川左近**　はせがわさこん
戦国時代の武田家臣。朝比奈信置配下の武辺者。
¶姓氏山梨

**長谷川貞安**　はせがわさだやす
？　～慶長17（1612）年12月30日
安土桃山時代～江戸時代前期の徳島藩家老。
¶徳島歴

**長谷川左兵衛藤広**　はせがわさひょうえふじひろ
→長谷川藤広（はせがわふじひろ）

**長谷川重次**　はせがわしげつぐ
？　～寛永8（1631）年
安土桃山時代～江戸時代前期の武士。豊臣氏のち徳川氏家臣。
¶戦国，戦人

**長谷川重成**　はせがわしげなり
？　～慶長8（1603）年
安土桃山時代の武士。斎藤氏家臣、織田氏家臣、豊臣氏家臣、徳川氏家臣。
¶織田（[没]慶長8（1603）年6月18日），戦国，戦人

**長谷川七郎左衛門尉**　はせがわしちろうざえもんのじょう
戦国時代の武将。今川氏家臣。
¶戦東

**長谷川志摩守**　はせがわしまのかみ
生没年不詳
安土桃山時代～江戸時代前期の武士。浅野家の家臣。
¶和歌山人

**長谷川次郎右衛門**　はせがわじろうえもん
戦国時代の武士。今川氏家臣。
¶戦人（生没年不詳），戦東

**長谷川宗次郎**　はせがわそうじろう
安土桃山時代の武将。秀吉馬廻。
¶戦国，戦人（生没年不詳）

**長谷川宗仁**　はせがわそうにん
天文8（1539）年～慶長11（1606）年　[別]刑部卿法印《ぎょうぶきょうほういん》
安土桃山時代～江戸時代前期の茶人、武将。信長、秀吉の臣。
¶朝日（[没]慶長11年2月9日（1606年3月17日）），織田（[没]慶長11（1606）年2月9日），近世，国史，国書（[没]慶長11（1606）年2月9日），茶道，史人（[没]1606年2月9日），新潮，人名，姓氏京都（[生]1511年　[没]1589年），戦合，戦国，戦人，日人

**長谷川宗六**　はせがわそうろく
安土桃山時代の武将。秀吉馬廻。
¶戦国

**長谷川丹波守**　はせがわたんばのかみ
生没年不詳
安土桃山時代の織田信長の家臣。
¶織田

**長谷川忠兵衛**　はせがわちゅうべえ
？　～寛文5（1665）年　[別]長谷川藤継《はせがわふじつぐ》
江戸時代前期の武将、徳川家康の側近代官。

¶朝日（[没]寛文5年3月27日（1665年5月12日）），近世，国史，国書（長谷川藤継　はせがわふじつぐ　[没]寛文5（1665）年3月27日），日人

**長谷川長綱　はせがわながつな**
天文12（1543）年～慶長9（1604）年
安土桃山時代の武士、代官頭。
¶朝日（[没]慶長9年4月12日（1604年5月10日）），神奈川人（[生]1542年），近世，国史，姓氏神奈川（[生]1542年），戦合，戦辞（[没]慶長9年4月12日（1604年5月10日）），日人

**長谷川鍋　はせがわなべ**
安土桃山時代の武士。
¶戦国，戦人（生没年不詳）

**長谷川橋介　はせがわはしすけ**
？　～元亀3（1572）年　[別]長谷川橋介《はせがわきょうすけ》
戦国時代の武将、馬廻。織田氏家臣。
¶織田（はせがわきょうすけ　[没]元亀3（1572）年12月22日），戦人，戦補



**長谷川八郎左衛門尉　はせがわはちろうざえもんのじょう**
戦国時代の武将。後北条氏家臣。
¶戦辞（生没年不詳），戦東

**長谷川隼人　はせがわはやと**
江戸時代前期の武士。里見氏家臣。
¶戦東

**長谷川秀一　はせがわひでかず**
？　～文禄3（1594）年　[別]東郷侍従《とうごうじじゅう》
安土桃山時代の大名。越前東郷領主。
¶朝日（[没]文禄3（1594）年2月），織田（[没]文禄3（1594）年2月），近世，国史，コン改，コン4，茶道，史人（[没]1594年？），新潮（[没]文禄3（1594）年2月），人名，戦合，戦国，戦辞，戦人，日人，藩主3（[没]文禄3（1594）年2月），福井百，歴大

**長谷川秀真　はせがわひでざね**
安土桃山時代の武将。秀吉馬廻。
¶戦国，戦人（生没年不詳）

**長谷川藤継　はせがわふじつぐ**
→長谷川忠兵衛（はせがわちゅうべえ）

**長谷川藤広　はせがわふじひろ**
永禄10（1567）年～元和3（1617）年　[別]長谷川左兵衛藤広《はせがわさひょうえふじひろ》
安土桃山時代～江戸時代前期の長崎奉行兼堺奉行。家康の側近の一人。
¶朝日（[没]元和3年10月26日（1617年11月24日）），岩史（[没]元和3（1617）年10月26日），近世，国史，コン改，コン4，史人（[生]1568年　[没]1617年10月26日），新潮（[没]元和3（1617）年10月26日），人名（[生]1568年），戦合，戦国，戦人（[生]永禄9（1566）年），長崎歴（長谷川左兵衛藤広　はせがわさひょうえふじひろ　[生]永禄9（1566）年），日史（[没]元和3（1617）年10月26日），日人，百科（[生]？），歴大（[生]？）

**長谷川正長　はせがわまさなが**
？　～元亀3（1572）年
戦国時代の武士。今川氏家臣。
¶姓氏静岡，戦人（生没年不詳），戦東

**長谷川正宣　はせがわまさのぶ**
永享2（1430）年～永正13（1516）年
室町時代～戦国時代の武将。今川氏家臣。
¶静岡歴，姓氏静岡，戦辞（[没]永正13年6月1日（1516年6月30日）），戦人，戦東

**長谷川以長　はせがわもちなが**
生没年不詳
戦国時代の今川氏の家臣。
¶戦辞

**長谷川元長　はせがわもとなが**
？　～永禄3（1560）年
戦国時代の武将。今川氏家臣。
¶姓氏静岡，戦人（生没年不詳），戦東

**長谷川守知　はせがわもりとも**
永禄12（1569）年～寛永9（1632）年
安土桃山時代～江戸時代前期の武士。豊臣氏家臣。
¶戦国，戦人，日人（[没]1633年）

**長谷川弥五郎　はせがわやごろう**
戦国時代の武士。後北条氏家臣。
¶戦人（生没年不詳），戦東

**長谷川与五左衛門　はせがわよござえもん**
天文9（1540）年～寛永3（1626）年
戦国時代～江戸時代前期の武士。
¶日人

**長谷川与次　はせがわよじ**
生没年不詳
安土桃山時代の織田信長の家臣。
¶織田

**支倉忠常　はせくらただつね**
戦国時代の武士。伊達氏家臣。
¶戦人（生没年不詳），戦東

**支倉常長　はせくらつねなが，はぜくらつねなが**
元亀2（1571）年～元和8（1622）年　[別]支倉六右衛門《はせくらろくえもん》，フィリッポ・フランシスコ，フィリポ=フランシスコ
安土桃山時代～江戸時代前期の武士。伊達政宗の家臣、慶長遣欧使節の一人。
¶朝日（[没]元和8年7月1日（1622年8月7日）），岩史（[没]元和8（1622）年7月1日），海越（[没]元和8（1622）年7月1日），海越新（[没]元和8（1622）年7月1日），角史，キリ（[没]元和8年7月1日（1622年8月7日）），近世（[没]1621年），国史，古中（[没]1621年），コン改，コン4，史人（[没]1622年7月1日），重要（[没]元和8（1622）年7月1日），人書94，新潮（[没]元和8（1622）年7月1日），人名，姓氏宮城，世人（[没]元和8（1622）年7月7日），世百，戦合（[没]1621年），戦国（はぜくらつねなが），全書（[生]1571年？），戦人，大百，伝記（支倉六右衛門　はせくらろくえもん　[生]1571年頃），日史（[没]元和8（1622）年7月1日），日人，藩臣1，百科，宮城百，歴大

**支倉六右衛門** はせくらろくえもん
→支倉常長（はせくらつねなが）

**丈部善理** はせつかべのよしまろ
？ ～延暦8（789）年
平安時代前期の磐城郡の豪族。蝦夷アテルイの征討に従軍して戦死。
¶福島百

**長谷場宗純** はせばそうじゅん
天文15（1546）年～元和9（1623）年10月7日
戦国時代～江戸時代前期の武将。
¶国書

**長谷部信連** はせべののぶつら
→長谷部信連（はせべのぶつら）

**長谷部信連** はせべのぶつら
？ ～建保6（1218）年 [別]長谷部信連《はせべののぶつら》
鎌倉時代前期の武士。後白河法皇の皇子以仁王に仕える。
¶朝日（[没]建保6年10月27日（1218年11月16日）），石川百，岩史（[没]建保6（1218）年10月27日），大分歴，鎌室，国史，古中，コン改，コン4，史人（[没]1218年10月27日），新潮（[没]建保6（1218）年10月27日），人名，姓氏石川（[生]1147年），世人（はせべののぶつら），日史（[没]建保6（1218）年10月27日），日人，百科，広島百（[生]久安3（1147）年 [没]建保6（1218）年10月），平史（はせべののぶつら）

**長谷部兵庫** はせべひょうご
生没年不詳
戦国時代の武士。
¶埼玉人

**長谷部元信** はせべもとのぶ
生没年不詳
戦国時代の武将。
¶戦人

**羽田井高泰** はたいたかやす
生没年不詳
南北朝時代の出雲国・美作国守護代。
¶島根歴

**幡鎌右近丞** はたかまうこんのじょう
戦国時代の武将。今川氏家臣。
¶戦東

**幡鎌平四郎** はたかまへいしろう
生没年不詳
戦国時代の武士。今川氏家臣。
¶戦辞，戦人，戦東

**畠山昭高** はたけやまあきたか
？ ～＊ [別]畠山昭高《はたけやまてるたか》，畠山政頼《はたけやままさより》
戦国時代の武将。
¶織田（[生]天文14（1545）年？ [没]天正1（1573）年6月25日？），系西（[没]1574年），史人（[没]1573年6月25日），諸系（[生]1545年 [没]1573年），人名（はたけやまてるたか [没]1572年），戦国（[没]1572年），戦人（[没]天正1（1573）年），日人（[生]1545年 [没]1573年）

**畠山在氏** はたけやまありうじ
生没年不詳
戦国時代の武将。
¶和歌山人

**畠山家俊** はたけやまいえとし
？ ～享禄4（1531）年
戦国時代の武士。
¶系西，姓氏石川，戦人，戦西

**畠山家泰** はたけやまいえやす
生没年不詳
戦国時代の武将。
¶系東，戦人

**畠山国詮** はたけやまくにあき
→畠山国詮（はたけやまくにあきら）

**畠山国詮** はたけやまくにあきら
生没年不詳 [別]畠山国詮《はたけやまくにあき》
南北朝時代～室町時代の武将。
¶系東，姓氏宮城（はたけやまくにあき），福島百

**畠山国氏** はたけやまくにうじ
？ ～正平6/観応2（1351）年
南北朝時代の武将。
¶系東，姓氏宮城，福島百

**畠山国清** はたけやまくにきよ
？ ～正平17/貞治1（1362）年
鎌倉時代後期～南北朝時代の武将。父は家国。
¶朝日（[没]貞治1/正平17（1362）年9月），岩史（[没]貞治1（1362）年9月），角史，神奈川人（生没年不詳），鎌倉（[没]正平19/貞治3（1364）年），鎌室，国史，国書，古中，コン改（[没]正平18/貞治2（1363）年），コン4（[没]貞治2/正平18（1363）年），埼玉百（[没]1364年），史人，諸系，新潮（[没]貞治3/正平19（1364）年，（異説）貞治1/正平17（1362）年），人名，姓氏神奈川，姓氏静岡，世人（生没年不詳），世百，全書（[没]1364年），日史（[生]嘉元1（1303）年），日人，百科（[生]嘉元1（1303）年），歴大

**畠山貞政** はたけやまさだまさ
弘治3（1557）年～寛永18（1641）年
安土桃山時代の武将、紀伊守護。
¶諸系，人名，日人

**畠山式部少輔** はたけやましきぶのしょう
戦国時代の武士。
¶茶道

**畠山重忠** はたけやましげただ
長寛2（1164）年～元久2（1205）年 [別]平重忠《たいらのしげただ》
平安時代後期～鎌倉時代前期の武将。御家人。北条氏により謀殺された。
¶朝日（[没]元久2年6月22日（1205年7月10日）），岩史（[没]元久2（1205）年6月22日），江戸，角史，神奈川人，神奈川百，鎌倉，鎌室，郷土神奈川，国史，古中，コン改，コン4，埼玉人（[没]元久2（1205）年6月22日），埼玉百，史人（[没]1205年6月22日），静岡百（[生]永万1（1165）年），静岡歴

（㊙永万1（1165）年），重要（㊙元久2（1205）年6月22日），諸系，新潮（㊙元久2（1205）年6月22日），人名，姓氏宮城，世人（㊙元久2（1205）年6月22日），世百，全書，日史（㊙元久2（1205）年6月22日），日人，百科，平史（平重忠たいらのしげただ），北条，歴大

## 畠山重保　はたけやましげやす
？　〜元久2（1205）年
平安時代後期〜鎌倉時代前期の武将。執権時政の外孫。
¶朝日（㊙元久2年6月22日（1205年7月10日）），鎌倉，埼玉人（㊙元久2（1205）年6月22日），諸系，人名，日人，北条

## 畠山重能　はたけやましげよし
生没年不詳　㊙平重能《たいらのしげよし》
平安時代後期の武将。関東平氏秩父氏の一流、武蔵国男衾郡畠山郷の在地領主。
¶朝日，国史，古中，コン改，コン4，埼玉人，史人，諸系，新潮，世人，日人，平史（平重能たいらのしげよし）

## 畠山高国　はたけやまたかくに
嘉元3（1305）年〜正平6/観応2（1351）年
鎌倉時代後期〜南北朝時代の武将。系図では国氏を父とする。
¶朝日（㊙観応2/正平6年2月12日（1351年3月10日）），系東，国史，国書（㊙観応2（1351）年2月12日），古中，史人（㊙1351年2月12日），諸系，姓氏宮城，日史（㊙観応2/正平6（1351）年2月12日），日人，百科

## 畠山高政　はたけやまたかまさ
大永7（1527）年〜天正4（1576）年
戦国時代〜安土桃山時代の武将。父は政国。尾張守。
¶朝日（㊙天正4年10月15日（1576年11月5日）），織田（㊙天正4（1576）年10月15日），系西，国史，古中，コン4，史人（㊙1576年10月15日），諸系，新潮（㊙天正4（1576）年10月15日），人名（㊥？），戦合，戦国，戦人，日人，和歌山人

## 畠山直顕　はたけやまただあき
生没年不詳《畠山直顕《はたけやまなおあき》
南北朝時代の武将。宗義の4男。
¶朝日，鹿児島百，鎌室（はたけやまなおあき），国史，古中，史人，諸系，姓氏鹿児島，日史，日人

## 畠山直宗　はたけやまただむね
？　〜正平4/貞和5（1349）年
鎌倉時代後期〜南北朝時代の武将、大蔵少輔、父は宗国。
¶朝日（㊙貞和5/正平4（1349）年12月），国史，古中，諸系（㊙1350年），日人（㊙1350年）

## 畠山稙長　はたけやまたねなが
＊〜天文14（1545）年
戦国時代の武将。父は尚順。尾張守。
¶朝日（㊥永正2（1505）年　㊙天文14年5月15日（1545年6月23日）），鎌室（㊥永正1（1504）年），系西（㊥？），コン改（㊥？），コン4（㊥？），諸系（㊥1504年），新潮（㊥永正1

（1504）年　㊙天文14（1545）年5月15日），人名（㊥？），戦人（㊥？），日人（㊥1504年），和歌山人（㊥1504年）

## 畠山昭高　はたけやまてるたか
→畠山昭高（はたけやまあきたか）

## 畠山時国　はたけやまときくに
生没年不詳
鎌倉時代後期の武将。
¶系東

## 畠山直顕　はたけやまなおあき
→畠山直顕（はたけやまただあき）

## 畠山尚順　はたけやまなおのぶ
→畠山尚順（はたけやまひさのぶ）

## 畠山慶致　はたけやまのりむね
→畠山義統(2)（はたけやまよしむね）

## 畠山晴国　はたけやまはるくに
生没年不詳
戦国時代の武将。
¶系東，戦人

## 畠山晴俊　はたけやまはるとし
？　〜＊
戦国時代の武士。
¶系西（㊙1558年），戦人（㊙永禄1（1558）年？）

## 畠山尚順　はたけやまひさのぶ
文明7（1475）年〜大永2（1522）年　㊙畠山尚順《はたけやまなおのぶ，はたけやまひさよし》
戦国時代の武将、父は政長、尾張守。
¶朝日（㊙大永2年7月17日（1522年8月8日）），岩史（㊙大永2（1522）年7月17日），角史，鎌室（はたけやまひさよし），系西（はたけやまなおのぶ　生没年不詳），国史，古中，コン改（㊥？），コン4（㊥？），史人（㊙1522年7月17日），諸系，新潮（はたけやまひさよし　㊙大永2（1522）年7月17日），人名（はたけやまなおのぶ　㊥？），世人，戦合，戦辞（㊙大永2年7月17日（1522年8月8日）），戦人（はたけやまなおのぶ　生没年不詳），日史，日人，歴大，和歌山人（㊥1474年）

## 畠山尚順　はたけやまひさよし
→畠山尚順（はたけやまひさのぶ）

## 畠山深秋　はたけやまふかあき
生没年不詳
南北朝時代の尾張守護。
¶姓氏愛知

## 畠山政国(1)　はたけやままさくに
生没年不詳
戦国時代の武将。奥州畠山氏。
¶系東

## 畠山政国(2)　はたけやままさくに
？　〜天文19（1550）年　㊙花園宗貞《はなぞのむねさだ》
戦国時代の武将。
¶系西，諸系，人名，戦人，日人，和歌山人（生没年不詳）

**畠山政長**　はたけやままさなが
嘉吉2(1442)年～明応2(1493)年
室町時代～戦国時代の武将、室町幕府管領。父は持富。同族の義就との家督争いが応仁の乱の一因となる。
¶朝日([没]明応2年閏4月25日(1493年6月9日)), 岩史([没]明応2(1493)年閏4月25日), 大阪人([没]明応2(1493)年4月25日), 大阪墓([没]明応2(1493)年閏4月25日), 角史, 鎌室, 京都, 京都大, 系西, 国史, 国書([没]明応2(1493)年閏4月25日), 古中, コン改, コン4, 史人([没]1493年閏4月25日), 重要([生]嘉吉2(1442)年? [没]明応2(1493)年閏4月25日), 諸系, 新潮([没]明応2(1493)年閏4月25日), 人名([生]?), 姓氏京都, 姓氏富山, 世人([没]明応2(1493)年閏4月25日), 世百([生]?), 戦合, 全書([生]?), 戦人, 大百, 伝記, 日史([没]明応2(1493)年閏4月25日), 日人, 百科, 歴大, 和歌山人

**畠山政信**　はたけやままさのぶ
生没年不詳
江戸時代前期の武士。大坂夏の陣で武功。
¶日人

**畠山政尚**　はたけやままさひさ
戦国時代の武将、紀伊岩室城主。
¶人名

**畠山政慶**　はたけやままさよし
生没年不詳
安土桃山時代の武将。
¶新潮, 人名, 日人

**畠山満家**　はたけやまみちいえ
→畠山満家(はたけやまみついえ)

**畠山満家**　はたけやまみついえ
文中1/応安5(1372)年～永享5(1433)年　[別]畠山満家《はたけやまみちいえ》
南北朝時代～室町時代の武将、室町幕府管領。父は基国。
¶朝日([没]永享5年9月19日(1433年10月31日)), 岩史([没]永享5(1433)年9月19日), 大阪墓([没]永享5(1433)年9月19日), 角史, 鎌室, 京都大, 系西(はたけやまみちいえ), 国史, 古中, コン改, コン4, 史人([没]1433年9月19日), 諸系, 新潮([没]永享5(1433)年9月19日), 人名([生]?), 姓氏石川, 姓氏京都, 姓氏富山, 世人, 全書, 日史([没]永享5(1433)年9月19日), 日人, 百科, 歴大, 和歌山人

**畠山満慶**(畠山満則)　はたけやまみつのり
文中1/応安5(1372)年～永享4(1432)年　[別]畠山満慶《はたけやまみつよし》
南北朝時代～室町時代の武将。父は基国。
¶朝日(畠山満則　[没]永享4年6月27日(1432年7月24日)), 石川百([生]1371年), 鎌室([生]?), 系西, 国史, 古中, コン改(畠山満則　[生]?), コン4(畠山満則　[生]?), 諸系, 新潮([生]? [没]永享4(1432)年6月27日), 人名(畠山満則　[生]?), 姓氏石川(はたけやまみつよし　[没]1433年), 日人, 和歌山人

**畠山満泰**　はたけやまみつやす
生没年不詳
室町時代の武将。
¶系東

**畠山満慶**　はたけやまみつよし
→畠山満慶(はたけやまみつのり)

**畠山村国**　はたけやまむらくに
生没年不詳
戦国時代の武将。
¶系東, 戦人

**畠山持国**　はたけやまもちくに
応永5(1398)年～康正1(1455)年　[別]持国〔畠山家〕《もちくに》
室町時代の武将、室町幕府管領。
¶朝日([没]康正1年3月26日(1455年4月12日)), 岩史([没]享徳4(1455)年3月26日), 角史, 鎌室, 京都大, 公卿([生]応永4(1397)年　[没]康正1(1455)年3月), 公家(持国〔畠山家〕　もちくに　[生]1398年　[没]享徳4年3月26日), 系西([生]1397年), 国史, 古中, コン改, コン4, 史人([没]1455年3月26日), 諸系, 新潮([没]康正1(1455)年3月26日), 人名, 姓氏京都, 姓氏富山, 世人([没]康正1(1455)年3月26日), 戦合, 日史([没]康正1(1455)年3月26日), 日人, 歴大, 和歌山人

**畠山持永**　はたけやまもちなが
?　～嘉吉1(1441)年
室町時代の武将。
¶和歌山人

**畠山持泰**　はたけやまもちやす
生没年不詳
室町時代の武将。
¶系東

**畠山基家**　はたけやまもといえ
→畠山義豊(はたけやまよしとよ)

**畠山基国**　はたけやまもとくに
正平7/文和1(1352)年～応永13(1406)年
南北朝時代～室町時代の武将、室町幕府管領。父は義深。
¶朝日([生]観応2/正平6(1351)年　[没]応永13年1月17日(1406年2月5日)), 石川百, 鎌室, 系西([生]1353年), 国史, 古中, 史人([没]1406年1月17日), 諸系, 新潮([没]応永13(1406)年1月17日), 人名, 姓氏石川, 姓氏富山, 世人, 全書([生]1351年), 富山百([没]応永13(1406)年1月17日), 日人, 歴大, 和歌山人

**畠山泰国**　はたけやまやすくに
生没年不詳
鎌倉時代前期の武将。
¶系東, 北条

**畠山義有**　はたけやまよしあり
室町時代の武将。
¶系西(生没年不詳), 姓氏石川

**畠山義氏**　はたけやまよしうじ
生没年不詳

戦国時代の武将。
¶系東，戦人

**畠山義国** はたけやまよしくに
？～天正8（1580）年
安土桃山時代の武将。
¶系東，戦人

**畠山義純** はたけやまよしずみ
安元2（1176）年～承元4（1210）年　[別]足利義純《あしかがよしずみ》
平安時代後期～鎌倉時代前期の武将、遠江守、足利義兼の子、畠山氏の祖。
¶朝日（[生]安元1（1175）年　[没]承元4年10月7日（1210年10月26日）），鎌倉，鎌室，系東（[生]1188年　[没]1222年），国史，古中，諸系，新潮（[没]承元4（1210）年10月7日），人名（[生]？），日人，北条（足利義純　あしかがよしずみ）

**畠山義高** はたけやまよしたか
→畠山義慶（はたけやまよしのり）

**畠山義隆** はたけやまよしたか
？～天正4（1576）年　[別]二本松伊賀守《にほんまついがのかみ》
安土桃山時代の武将。
¶系西，諸系，人名（[生]1557年　[没]1574年），姓氏石川，戦人，日人

**畠山義忠** はたけやまよしただ
？～寛正4（1463）年　[別]畠山義忠《はたやまよしただ》
室町時代の武将。
¶石川百（はたやまよしただ），系西，国書（[没]寛正4（1463）年8月21日），姓氏石川，戦人

**畠山義辰** はたけやまよしたつ
戦国時代の武将。
¶戦国

**畠山義親** はたけやまよしちか
？～天正1（1573）年
戦国時代の武将。
¶系西

**畠山義継** はたけやまよしつぐ
→二本松義継（にほんまつよしつぐ）

**畠山義続** はたけやまよしつぐ
？～天正18（1590）年　[別]畠山義続《はたやまよしつぐ》，左衛門佐入道悳祐《さえもんのすけにゅうどうとくゆう》，悳祐《とくゆう》
安土桃山時代の武将。
¶石川百（はたやまよしつぐ），系西，姓氏石川，戦人

**畠山義綱(1)** はたけやまよしつな
？～文禄2（1593）年　[別]畠山義則《はたけやまよしのり》
安土桃山時代の武将、父は義続、能登国主、修理大夫。
¶朝日（[没]文禄2年12月21日（1594年2月11日）），石川百，近世，系西，国史，諸系（[没]1594年），人名（畠山義則　はたけやまよしのり），姓氏石川，戦合，戦国（[生]1568年　[没]1577年），戦国（畠山義則　はたけやまよしのり），戦辞（[没]文禄2年12月21日（1594年2月11日）），戦人（生没年不詳），日人（[没]1594年）

**畠山義綱(2)** はたけやまよしつな
→二本松義綱（にほんまつよしつな）

**畠山義綱(3)** はたけやまよしつな
→畠山義総（はたけやまよしふさ）

**畠山義深** はたけやまよしとお
元弘1/元徳3（1331）年～天授5/康暦1（1379）年　[別]畠山義深《はたけやまよしふか》
南北朝時代の武将。父は家国。室町幕府で従五位下尾張守。
¶朝日（はたけやまよしふか　[没]康暦1/天授5（1379）年1月），鎌室，諸系（はたけやまよしふか），人名，姓氏富山，日人（はたけやまよしふか），和歌山人（はたけやまよしふか）

**畠山義豊** はたけやまよしとよ
？～明応8（1499）年　[別]畠山基家《はたけやまもといえ》
室町時代～戦国時代の武将。
¶大阪墓（[没]明応8（1499）年1月），鎌室，諸系，人名，日人，和歌山人（畠山基家　はたけやまもといえ）

**畠山義生** はたけやまよしなお
生没年不詳
鎌倉時代の武士。
¶北条

**畠山義就** はたけやまよしなり
？～延徳2（1490）年
室町時代～戦国時代の武将。父は持国。側室の子。政長と家督を争い、応仁の乱の一因となった。
¶朝日（[生]永享9（1437）年　[没]延徳2年12月12日（1491年1月21日）），岩史（[生]永享9（1437）年　[没]延徳2（1490）年12月12日），角史（[生]永享9（1437）年），鎌室，京都，京都大，京都府，系西，国史（[生]1437年），古中（[生]1437年），コン改，コン4，史人（[生]1437年　[没]1490年12月12日），重要（[没]延徳2（1490）年12月18日），諸系（[生]1437年　[没]1491年），新潮（[没]延徳2（1490）年12月12日），人名，姓氏京都（[生]1437年），世人（[没]延徳2（1490）年12月18日），世百，戦合（[生]1437年），全書，戦人，大百，伝記，富山百（[生]永享9（1437）年　[没]延徳2（1490）年12月12日），日史（[没]延徳2（1490）年12月12日），日人（[生]1437年　[没]1491年），百科，歴大，和歌山人（[生]1437年）

**畠山義慶** はたけやまよしのり
？～天正2（1574）年　[別]畠山義高《はたけやまよしたか》
戦国時代～安土桃山時代の武将、能登七尾城主。
¶石川百，系西，諸系（[生]1556年），姓氏石川，戦国（畠山義高　はたけやまよしたか　[没]1571年），戦人，日人（[生]1556年）

**畠山義則** はたけやまよしのり
→畠山義綱(1)（はたけやまよしつな）

**畠山義春(1)**　はたけやまよしはる
？ ～寛永20(1643)年　[別]上杉義春《うえすぎよしはる》，上条宜順斎《かみじょうぎじゅんさい，じょうじょうぎじゅんさい》
戦国時代～安土桃山時代の武士。上杉氏家臣、秀吉馬廻。
¶コン改，コン4，諸系，新潮([没]寛永20(1643)年8月23日)，人名(上杉義春　うえすぎよしはる　[生]1527年　[没]1625年)，人名([生]1527年　[没]1625年)，姓氏石川，戦国(上杉義春　うえすぎよしはる　[生]1517年)，戦人(上杉義春　うえすぎよしはる)，日人

**畠山義春(2)**　はたけやまよしはる
元亀3(1572)年～天正5(1577)年
安土桃山時代の武士。畠山義隆の子。
¶諸系，日人

**畠山義英**　はたけやまよしひで
生没年不詳
戦国時代の武将、基家の子、義就の孫、河内守護。
¶朝日([没]天文1年6月17日(1532年7月19日))，国史，古中，諸系，人名([没]1532年)，戦合，戦人([没]天文1(1532)年)，日人，和歌山人([生]1486年)

**畠山義深**　はたけやまよしふか
→畠山義深(はたけやまよしとお)

**畠山義総**　はたけやまよしふさ
延徳3(1491)年～天文14(1545)年　[別]畠山義綱《はたけやまよしつな》
戦国時代の武将。能登国守護。能登畠山文化の黄金時代を築いた。
¶石川百，系西，国史，古中，史人([没]1545年7月12日)，諸系，人名(畠山義綱　はたけやまよしつな　[生]？)，姓氏石川，戦合，戦辞([没]天文14年7月12日(1545年8月19日))，戦人，日人

**畠山義統(1)**　はたけやまよしむね
？ ～明応6(1497)年
室町時代～戦国時代の武将、父は義有、能登守護、左衛門佐。
¶朝日([没]明応6年8月20日(1497年9月16日))，石川百，鎌室([生]嘉吉3(1443)年？)，系西，国史，国書([没]明応6(1497)年8月20日)，古中，諸系，新潮([生]嘉吉3(1443)年)，姓氏石川，姓氏富山，戦合，戦人，日人

**畠山義統(2)**(畠山慶致)　はたけやまよしむね
？ ～大永5(1525)年　[別]畠山慶致《はたけやまのりむね，はたけやまよしむね》
戦国時代の武将。
¶石川百(畠山慶致　はたけやまのりむね)，鎌室，系西(畠山慶致)，コン改，コン4，新潮([没]大永5(1525)年閏11月18日)，人名，姓氏石川(畠山慶致)，戦人(畠山慶致)

**畠山義元**　はたけやまよしもと
？ ～永正13(1516)年
戦国時代の武将。
¶石川百，系西，姓氏石川，戦人([没]永正12(1515)年)

**畑五郎左衛門**　はたごろうざえもん
安土桃山時代の流鏑馬役。伊達氏家臣。
¶戦東

**畑崎内匠**　はたざきたくみ
戦国時代の武将。葛西氏家臣。
¶戦東

**波多下野守信時**　はたしもつけのかみのぶとき
→波多親(はたしん)

**波多親**　はたしん
？ ～慶長3(1598)年　[別]波多下野守信時《はたしもつけのかみのぶとき》，波多信時《はたのぶとき》
安土桃山時代の武士。
¶戦国(波多信時　はたのぶとき)，戦人(生没年不詳)，戦西(波多下野守信時　はたしもつけのかみのぶとき)，日人(生没年不詳)

**波多盛**　はたせい
生没年不詳
戦国時代の武将。
¶戦人

**畑田加賀守**　はただかがのかみ
生没年不詳
安土桃山時代の織田信長の家臣。
¶織田

**畑対馬**　はたつしま
戦国時代の武将。葛西氏家臣。
¶戦東

**畑時能**　はたときよし
？ ～興国2/暦応4(1341)年
南北朝時代の南朝方の武将。
¶鎌室，郷土福井([没]1340年)，国史，古中，埼玉人([没]興国2/暦応4(1341)年10月)，史人([没]1341年10月24日)，新潮，人名，姓氏石川，姓氏長野([没]1339年)，世人([没]興国2/暦応4(1341)年10月22日)，日史([没]暦応4/興国2(1341)年10月22日)，日人，百科，福井百

**波多野有常**　はたのありつね
生没年不詳
鎌倉時代前期の武将。
¶神奈川人

**波多野伊賀入道**　はたのいがのにゅうどう
生没年不詳
戦国時代の相模の国人領主。
¶戦辞

**波多野右京亮**　はたのうきょうのすけ
安土桃山時代の武将。里見氏家臣。
¶戦東

**秦氏村**　はたのうじむら
生没年不詳　[別]秦忌寸氏村《はたのいみきうじむら》
鎌倉時代後期の武士。「忌部の契約」に加わった一人。
¶徳島歴(秦忌寸氏村　はたのいみきうじむら)

**秦河勝**　はたのかわかつ
生没年不詳　[別]秦造河勝《はたのみやつこかわか

つ》
飛鳥時代の厩戸皇子の側近。物部守屋征討に従軍。また後年大生部多を討ち取った。
¶朝日，岩史，角史，京都，京都大，芸能，国史，古史，古代（秦造河勝　はたのみやつこかわかつ），古中，コン改，コン4，史人，重要，新潮，人名，姓氏京都，世人，世百，全書，日音，日史，日人，百科，仏教，歴大

## 波多野清秀 はたのきよひで
嘉吉3（1443）年〜永正1（1504）年
戦国時代の武将。土豪吉見氏の一族。
¶朝日（㊊？　㊋永正1年7月24日（1504年9月2日）），諸系，日人

## 波多野滋信 はだのしげのぶ
？　〜天文23（1554）年
戦国時代の阿武郡嘉年の賀年城（勝山城）城主。
¶姓氏山口

## 波多野勝左衛門 はたのしょうざえもん
安土桃山時代〜江戸時代前期の武士。里見氏家臣。
¶戦人（生没年不詳），戦東

## 波多野次郎左衛門尉 はたのじろうざえもんのじょう
？　〜康正1（1455）年4月頃
室町時代の相模の国人領主。
¶戦辞

## 秦武元 はたのたけもと
？　〜承徳2（1098）年　㋾秦武元《はたたけもと》
平安時代中期〜後期の武人，高僧。
¶人名，日人

## 波多野忠綱 はたのただつな
生没年不詳　㋾藤原忠綱《ふじわらのただつな》
鎌倉時代の武将。
¶姓氏神奈川，平史（藤原忠綱　ふじわらのただつな）

## 波多野稙通 はたのたねみち
→波多野元清（はたのもときよ）

## 波多野経範 はたのつねのり
→佐伯経範（さえきのつねのり）

## 波多野晴通 はたのはるみち
生没年不詳
戦国時代の武士。
¶系西，諸系，戦人，戦西

## 波多野秀忠 はたのひでただ
戦国時代の武士。
¶戦人（生没年不詳），戦西

## 波多野秀尚 はたのひでなお
？　〜天正7（1579）年6月8日
戦国時代〜安土桃山時代の織田信長の家臣。
¶織田

## 波多野秀治 はたのひではる
？　〜天正7（1579）年
戦国時代〜安土桃山時代の武士。元秀の養子。
¶朝日（㊋天正7年6月2日（1579年6月25日）），織田（㊋天正7（1579）年6月8日），系西，国史，古中，諸系，新潮（㊋天正7（1579）年6月2日），人

名，世人，戦合，戦国，戦人，戦西，日史（㊋天正7（1579）年6月2日），日人，百科，兵庫人（㊊享禄2（1529）年　㊋天正7（1579）年6月2日），兵庫百（㊊享禄2（1529）年），歴大

## 波多野信時 はたのぶとき
→波多親（はたしん）

## 波多野政兼 はたのまさかね
？　〜永享11（1439）年？
室町時代の土豪。
¶姓氏愛知

## 波多野通貞 はたのみちさだ
生没年不詳
南北朝時代の武士。
¶鎌室，

## 波多野通郷 はたのみちさと
生没年不詳
南北朝時代〜室町時代の武将，連歌師。
¶日人

## 波多野宗貞 はたのむねさだ
？　〜天正7（1579）年5月5日？
戦国時代〜安土桃山時代の織田信長の家臣。
¶織田

## 波多野宗高 はたのむねたか
？　〜天正1（1573）年
戦国時代〜安土桃山時代の勤王家，西丹波の豪族。
¶諸系，人名（㊋1579年），日人，兵庫人（㊋天正1（1573）年11月6日）

## 波多野宗長 はたのむねなが
？　〜天正7（1579）年
戦国時代〜安土桃山時代の武将。
¶織田（㊋天正7（1579）年5月5日？），諸系，日人，兵庫人（㊋天正7（1579）年5月29日）

## 波多野元清 はたのもときよ
生没年不詳　㋾波多野稙通《はたのたねみち》
戦国時代の武将。丹波国多紀郡八上城城主。清秀の子。
¶朝日（波多野稙通　はたのたねみち），系西（波多野稙通　はたのたねみち），諸系，戦人，日人（㊋1530年），兵庫百（㊊享禄3（1530）年）

## 羽田八国（羽田矢国） はたのやくに
？　〜朱鳥1（686）年　㋾羽田公八国《はたのきみやくに》，羽田公矢国《はたのきみやくに》
飛鳥時代の武将。大海人皇子方に投降。
¶朝日（㊋朱鳥1（686）年3月），国史，古代（羽田公八国　はたのきみやくに），古中，コン改，コン4，滋賀百（羽田公矢国　はたのきみやくに），史人（㊋686年3月25日），新潮（㊋朱鳥1（686）年3月25日），人名，世人（羽田矢国），日人

## 波多野弥三 はたのやぞう
？　〜永禄12（1569）年9月8日
戦国時代〜安土桃山時代の織田信長の家臣。
¶織田

## 波多野義景 はたのよしかげ
生没年不詳

鎌倉時代前期の武士。
¶神奈川人，鎌室，日人

**波多野義重** はたのよししげ
生没年不詳
鎌倉時代前期の武士。忠綱の子。
¶朝日，神奈川人，鎌室，郷土福井，国史，古中，史人，新潮，日史，日人，北条（[没]正嘉2（1258）年）

**波多野義常** はたのよしつね
？ ～治承4（1180）年 [別]松田義常《まつだよしつね》，藤原義常《ふじわらのよしつね》
平安時代後期の武士。義通の子。
¶朝日（[没]治承4年10月17日（1180年11月6日）），神奈川人（松田義常　まつだよしつね），鎌室，新潮（[没]治承4（1180）年10月17日），日人，平史（藤原義常　ふじわらのよしつね）

**波多野義通** はたのよしみち
天仁1（1108）年～嘉応1（1169）年 [別]藤原義通《ふじわらのよしみち》
平安時代後期の武将。
¶神奈川人，姓氏神奈川（生没年不詳），平史（藤原義通　ふじわらのよしみち）

**波多野頼武** はだのよりたけ
生没年不詳
戦国時代の武士。吉見譜代の家臣。
¶姓氏山口

**畑彦十郎** はたひこじゅうろう
生没年不詳
戦国時代の武士。後北条氏家臣。
¶戦辞，戦人，戦東

**波多某** はたぼう
安土桃山時代の武将。豊臣秀吉の臣。
¶戦国

**羽田正親** はたまさちか
？ ～文禄4（1595）年 [別]羽田正親《はねだまさちか》
安土桃山時代の武士。羽柴氏家臣、豊臣氏家臣。
¶戦国（はねだまさちか），戦人，和歌山人（はねだまさちか）

**波多三河守親** はたみかわのかみちかし
生没年不詳
戦国時代の岸岳城主。
¶佐賀百

**畑元定** はたもとさだ
生没年不詳
安土桃山時代の武士。伊達氏家臣。
¶戦人

**幡谷胤相** はたやたねすけ
生没年不詳
戦国時代の武士。千葉勝胤の家臣・押畑城主。
¶戦辞

**畠山義忠** はたやまよしただ
→畠山義忠（はたけやまよしただ）

**畠山義続** はたやまよしつぐ
→畠山義続（はたけやまよしつぐ）

**秦能俊** はたよしとし
生没年不詳
平安時代後期の武将。
¶系西

**八条左衛門尉** はちじょうさえもんのじょう
？ ～永正11（1514）年1月16日
戦国時代の武士。越後守護上杉氏の一族。
¶戦辞

**蜂須賀家政** はちすかいえまさ
永禄1（1558）年～寛永15（1638）年
安土桃山時代～江戸時代前期の大名。阿波徳島藩主。
¶朝日（[没]寛永15年12月30日（1639年2月2日）），岩史（[没]寛永15（1638）年12月30日），織田（[没]寛永15（1638）年12月30日），角史，近世，系西，国史，コン改（[生]永禄2（1559）年），コン4，茶道，史人（[没]1638年12月30日），諸系（[没]1639年），新潮（[没]寛永15（1638）年12月30日），人名，姓氏愛知，世人（[没]寛永15（1638）年12月30日），戦合，戦国（[生]1559年），全書，戦人（[生]永禄2（1559）年），徳島百（[没]寛永15（1638）年12月晦日），徳島歴（[没]寛永15（1638）年12月晦日），日史（[没]寛永15（1638）年12月30日），日人（[没]1639年），藩主4（[没]寛永15（1638）年12月晦日），百科

**蜂須賀小六** はちすかころく
→蜂須賀正勝（はちすかまさかつ）

**蜂須賀正勝** はちすかまさかつ
大永6（1526）年～天正14（1586）年 [別]蜂須賀小六《はちすかころく》
戦国時代～安土桃山時代の武将、秀吉の直臣。
¶愛知百（[没]1586年5月22日），朝日（[没]天正14年5月22日（1586年7月8日）），岩史（[没]天正14（1586）年5月22日），大阪人（[没]天正14（1586）年5月），織田（[没]天正14（1586）年5月22日），角史，系西，国史，古中，コン改，コン4，史人（[没]1586年5月22日），重要（[没]天正14（1586）年5月22日），諸系，人書94（[没]1588年），新潮（[没]天正14（1586）年5月22日），人名，姓氏愛知（蜂須賀小六　はちすかころく），世人（[没]天正16（1588）年5月22日），戦合，戦国（[生]？），全書，戦人，戦西（[生]？），大百（蜂須賀小六　はちすかころく），徳島百（[没]天正14（1586）年5月2日），徳島歴（[没]天正14（1586）年5月21日），日史（[没]天正14（1586）年5月22日），日人，百科，兵庫百，歴大

**蜂須賀正元** はちすかまさもと
？ ～元亀2（1571）年5月
戦国時代～安土桃山時代の織田信長の家臣。
¶織田

**蜂須賀又十郎** はちすかまたじゅうろう
生没年不詳
安土桃山時代の織田信長の家臣。
¶織田

は

**蜂須賀至鎮　はちすかよししげ**
天正14(1586)年～元和6(1620)年　[別]蜂須賀至鎮《はしすかよししげ》
安土桃山時代～江戸時代前期の武将、大名。阿波徳島藩主。
¶朝日([没]元和6年2月26日(1620年3月29日)), 岩史([没]元和6(1620)年2月26日), 近世, 国史, 国書([生]天正14(1586)年1月2日　[没]元和6(1620)年2月26日), コン改, コン4, 史人([没]1620年2月26日), 諸系, 新潮([生]天正14(1586)年1月2日　[没]元和6(1620)年2月26日), 人名, 世人([生]天正14(1586)年1月2日　[没]元和6(1620)年2月26日), 戦合(はしすかよししげ), 戦国([生]1568年), 戦人, 大百, 徳島百([生]天正14(1586)年1月2日　[没]元和6(1620)年2月26日), 徳島歴([生]天正14(1586)年1月2日　[没]元和6(1620)年2月26日), 日人, 藩主4([生]天正14(1586)年1月2日　[没]元和6(1620)年2月26日), 歴大(はしすかよししげ)



**蜂塚右衛門尉　はちづかうえもんのじょう**
？　～永禄8(1565)年
戦国時代の地方豪族・土豪。毛利氏家臣、尼子氏家臣。
¶戦人

**八戸直栄　はちのへなおひで**
安土桃山時代の武将、陸奥八戸城主。
¶戦国

**八幡六郎　はちまんろくろう**
？　～興国2/暦応4(1341)年
鎌倉時代後期～南北朝時代の武士。
¶日人

**蜂屋市左衛門　はちやいちざえもん**
安土桃山時代の武将。秀吉馬廻。
¶戦国, 戦人(生没年不詳)

**蜂屋勝千代　はちやかつちよ**
安土桃山時代の武将。豊臣秀頼の臣。
¶戦国

**蜂屋謙入　はちやけんにゅう**
？　～文禄2(1593)年　[別]津川大膳大夫《つがわだいぜんだいふ》
安土桃山時代の武士。豊臣氏家臣。
¶戦人

**蜂屋五郎助　はちやごろうすけ**
→蜂屋五郎助(はちやごろすけ)

**蜂屋五郎助　はちやごろすけ**
[別]蜂屋五郎助《はちやごろうすけ》
安土桃山時代の武士。豊臣氏家臣。
¶戦国(はちやごろうすけ), 戦人(生没年不詳)

**蜂屋貞次　はちやさだつぐ**
天文8(1539)年～永禄7(1564)年
戦国時代の武士。徳川氏家臣。
¶人名([生]？), 戦人, 戦東([生]？), 戦補, 日人

**蜂谷宗悟　はちやそうご**
？　～天正16(1588)年
戦国時代～安土桃山時代の武将、香道家。
¶国書([没]天正16(1588)年8月5日), 新潮([没]天正12(1584)年), 姓氏京都(生没年不詳), 日人

**蜂屋大膳大夫　はちやだいぜんだいぶ**
？　～文禄2(1593)年
安土桃山時代の武将。豊臣秀吉の臣。
¶戦国

**蜂谷筑前守　はちやちくぜんのかみ**
室町時代の武将。大崎氏家臣。
¶戦東

**八谷筑前守氏則　はちやちくぜんのかみうじのり**
戦国時代～安土桃山時代の武将。大崎氏家臣。
¶戦東

**蜂谷破鏡　はちやはきょう**
戦国時代の武将。葛西氏家臣。
¶戦東

**蜂屋般若介　はちやはんにゃのすけ**
生没年不詳
安土桃山時代の織田信長の家臣。
¶織田

**蜂屋栄勝　はちやよしかつ**
？　～弘治2(1556)年8月24日
戦国時代の織田信長の家臣。
¶織田

**蜂屋頼隆　はちやよりたか**
天文3(1534)年～天正17(1589)年　[別]敦賀侍従《つるがじじゅう》
安土桃山時代の武将。美濃出身の士豪。
¶朝日([没]天正17年9月25日(1589年11月3日)), 織田([生]？　[没]天正17(1589)年9月25日), 国書([没]天正17(1589)年9月25日), 茶道, 人名, 戦国([生]？), 戦人, 日人

**八田金十郎　はったきんじゅうろう**
天正14(1586)年～明暦1(1655)年
安土桃山時代～江戸時代前期の武将、近江彦根藩士。
¶藩臣4

**八田知家　はったともいえ**
生没年不詳　[別]藤原知家《ふじわらのともいえ》
平安時代後期～鎌倉時代前期の武士。
¶朝日, 茨城百([生]1144年　[没]1218年), 神奈川人, 鎌倉, 鎌室, 郷土茨城, 系東([生]1142年　[没]1218年), コン改, コン4, 史人, 重要, 諸系, 新潮, 人名, 栃木歴, 日史, 日人, 百科, 平史(藤原知家　ふじわらのともいえ), 歴大

**八田知重　はったともしげ**
長寛2(1164)年～安貞2(1228)年
平安時代後期～鎌倉時代前期の武将。
¶茨城百, 神奈川人(生没年不詳), 系東

**八田知尚　はったともひさ**
？　～承久3(1221)年
鎌倉時代前期の武将。
¶神奈川人, 鎌室, 人名, 日人

**八田村新左衛門　はったむらしんざえもん**
戦国時代の武将。武田家臣。蔵前衆。

¶姓氏山梨

**八田泰知　はったやすとも**
貞応1(1222)年～寛元3(1245)年
鎌倉時代前期の武将。
¶系東

**服部出雲守　はっとりいずものかみ**
[別]村瀬平右衛門《むらせへいえもん》
安土桃山時代～江戸時代前期の武士。前田氏家臣。
¶戦国，戦人(生没年不詳)

**服部一忠　はっとりかずただ**
？～文禄4(1595)年　[別]服部小平太《はっとりこへいた》
安土桃山時代の武士。織田氏家臣、豊臣氏家臣。桶狭間で活躍。
¶織田([没]文禄4(1595)年7月)，静岡歴(服部小平太　はっとりこへいた　[生]大永5(1525)年　[没]天正15(1587)年)，人名，戦国，戦人，日人

**服部勘介　はっとりかんすけ**
生没年不詳
安土桃山時代の武士。宇喜多氏家臣。
¶戦人

**服部小藤太　はっとりことうた**
？～天正10(1582)年6月2日
戦国時代～安土桃山時代の織田信長の家臣。
¶織田

**服部小平太　はっとりこへいた**
→服部一忠(はっとりかずただ)

**服部権大夫　はっとりごんだゆう**
生没年不詳
安土桃山時代の織田信長の家臣。
¶織田

**服部左衛門六郎　はっとりさえもんろくろう**
鎌倉時代の武士。
¶岡山人，岡山歴

**服部左近衛門　はっとりさこんえもん**
天文18(1549)年～寛永5(1628)年　[別]服部宗重《はっとりむねしげ》
安土桃山時代～江戸時代前期の武士、薩摩藩煙草奉行。名産国分煙草の祖。
¶朝日(服部宗重　はっとりむねしげ　[没]寛永5年11月21日(1628年12月16日))，鹿児島百(服部宗重　はっとりむねしげ　生没年不詳)，近世(生没年不詳)，国史(生没年不詳)，コン4(服部宗重　はっとりむねしげ)，新潮(生没年不詳)，人名，姓氏鹿児島(服部宗重　はっとりむねしげ　[生]1594年)，日人，歴大(生没年不詳)

**服部三太夫　はっとりさんだゆう**
生没年不詳
安土桃山時代の武士。結城氏家臣。
¶戦人

**服部持法　はっとりじほう**
生没年不詳　[別]高畠持法《たかはたじほう》
鎌倉時代後期～南北朝時代の武士、北伊賀地方の悪党張本。
¶朝日，鎌室，国史，古中，コン4，史人，新潮，全書，日人

**服部石斎　はっとりせきさい**
[別]入江石見《いりえいわみ》
安土桃山時代の秀吉の家人。
¶戦国，戦人(生没年不詳)

**服部太郎八　はっとりたろうはち**
→服部太郎八(はっとりたろはち)

**服部太郎八　はっとりたろはち**
[別]服部太郎八《はっとりたろうはち》
安土桃山時代の武将。秀吉馬廻。
¶戦国(はっとりたろうはち)，戦人(生没年不詳)

**服部長門守　はっとりながとのかみ**
→服部康成(はっとりやすなり)

**服部長門守康成　はっとりながとのかみやすなり**
→服部康成(はっとりやすなり)

**服部半蔵　はっとりはんぞう**
天文11(1542)年～慶長1(1596)年　[別]服部正成《はっとりまさなり》
安土桃山時代の武士。家康に仕え、伊賀者を支配。
¶朝日([没]慶長1年11月4日(1596年12月23日))，岩史([没]慶長1(1596)年11月4日)，江戸，近世(服部正成　はっとりまさなり)，国史(服部正成　はっとりまさなり)，コン4，史人(服部正成　はっとりまさなり　[没]1596年11月4日)，新潮([没]慶長1(1596)年11月4日)，人名(服部正成　はっとりまさなり)，戦合(服部正成　はっとりまさなり)，戦国(服部正成　はっとりまさなり　[生]1543年)，全書，戦人(服部正成　はっとりまさなり)，戦東(服部正成　はっとりまさなり)，大百([生]1524年)，日史([没]慶長1(1596)年11月4日)，日人，百科，山梨百([没]慶長1(1596)年11月4日)，歴大

**服部彦右衛門　はっとりひこうえもん**
戦国時代の武将。朝倉氏家臣。
¶戦西

**服部平左衛門　はっとりへいざえもん**
生没年不詳
安土桃山時代の織田信長の家臣。
¶織田

**服部正成　はっとりまさなり**
→服部半蔵(はっとりはんぞう)

**服部正栄　はっとりまさひで**
安土桃山時代の武将。秀吉馬廻。
¶戦国，戦人(生没年不詳)

**服部正之　はっとりまさゆき**
生没年不詳
安土桃山時代～江戸時代前期の武士。浅野家の家臣。
¶和歌山人

**服部宗重　はっとりむねしげ**
→服部左近衛門(はっとりさこんえもん)

**服部弥五八　はっとりやごはち**
生没年不詳

安土桃山時代の織田信長の家臣。
¶織田

**服部康成** はっとりやすなり
? 〜寛永12(1635)年 [別]服部長門守《はっとりながとのかみ》,服部長門守康成《はっとりながとのかみやすなり》
安土桃山時代〜江戸時代前期の弘前藩家老で、弘前藩祖津軽為信以来の家臣。
¶青森人(服部長門守康成　はっとりながとのかみやすなり),青森百,藩臣1(服部長門守　はっとりながとのかみ)

**服部保政** はっとりやすまさ
生没年不詳
江戸時代前期の武士。伊賀忍者の裔。
¶国書

**服部弥六郎** はっとりやろくろう
生没年不詳
安土桃山時代の織田信長の家臣。
¶織田

は

**服部六兵衛** はっとりろくべえ
? 〜天正10(1582)年6月2日
戦国時代〜安土桃山時代の織田信長の家臣。
¶織田

**鳩井義景** はといよしかげ
生没年不詳
南北朝時代の武蔵武士。
¶埼玉人

**鳩谷重元** はとがやしげもと
生没年不詳
鎌倉時代の武蔵武士。
¶埼玉人

**羽床貞久** はとこさだひさ
安土桃山時代の武将。
¶岡山人,岡山歴

**花井右衛門尉兵衛** はないうえもんのじょうびょうえ
生没年不詳
安土桃山時代の織田信長の家臣。
¶織田

**花井雅楽助** はないうたのすけ
生没年不詳
戦国時代の松平氏の家臣。
¶戦辞

**花井勘八郎** はないかんぱちろう
生没年不詳
安土桃山時代の織田信長の家臣。
¶織田,姓氏愛知

**花井田右衛門** はないでんえもん
生没年不詳
安土桃山時代の織田信長の家臣。
¶織田

**花井三河守** はないみかわのかみ
? 〜永禄5(1562)年2月15日
戦国時代〜安土桃山時代の織田信長の家臣。
¶織田

**花井吉成** はないよしなり
? 〜慶長18(1613)年 [別]松平吉成《まつだいらよしなり》
安土桃山時代〜江戸時代前期の信濃海津城代。
¶郷土長野,人名,姓氏長野,長野百,長野歴,新潟百(松平吉成　まつだいらよしなり),日人

**花岡藤兵衛** はなおかとうべえ
戦国時代の武将。武田家臣。永禄10年の諏訪五十騎交名にみえる。
¶姓氏山梨

**羽中田虎具** はなかだとらとも
戦国時代の武将。武田家臣。永禄起請文にみえる。
¶姓氏山梨

**花之木** はなのき
生没年不詳
戦国時代の北条氏の家臣。天文—永禄頃。
¶戦辞

**花木隠居** はなのきいんきょ
生没年不詳
戦国時代の北条氏の家臣。
¶戦辞

**花房政真** はなぶさまさちか
? 〜寛永4(1627)年
安土桃山時代〜江戸時代前期の武士。紀州藩士。
¶和歌山人

**花房正成** はなぶさまさなり,はなふさまさなり
*〜元和9(1623)年 [別]花房志摩守《はなぶさしまのかみ》,華房志摩守《はなぶさしまのかみ》
安土桃山時代〜江戸時代前期の武士。
¶岡山人(はなふさまさなり),岡山歴(はなふさまさなり [生]弘治2(1556)年 [没]元和9(1623)年2月8日),戦国([生]1537年 [没]1604年),戦人([生]弘治1(1555)年),戦西(はなふさまさなり [生]?)

**花房正幸** はなぶさまさゆき
*〜慶長10(1605)年 [別]花房正幸《はなふさまさよし》
戦国時代〜安土桃山時代の武士。
¶岡山歴(はなふさまさよし [生]大永6(1526)年 [没]慶長10(1605)年6月22日),戦人([生]大永4(1524)年),戦西(はなふさまさよし [生]?)

**花房正幸** はなふさまさよし
→花房正幸(はなぶさまさゆき)

**花房職則** はなふさもとのり
天正8(1580)年〜元和6(1620)年
安土桃山時代〜江戸時代前期の武将。
¶岡山人,岡山歴([没]元和6(1620)年11月27日)

**花房職秀** はなふさもとひで,はなぶさもとひで
→花房職之(はなぶさもとゆき)

**花房職之** はなぶさもとゆき
天文18(1549)年〜* [別]花房職秀《はなふさもとひで,はなぶさもとひで》,花房助兵衛《はなぶさすけべえ》

安土桃山時代～江戸時代前期の武将。
　¶岡山人（花房職秀　はなふさもとひで　㊤天文
　17（1548）年　㊥元和2（1616）年），岡山歴（花
　房職秀　はなふさもとひで　㊥元和3（1617）年
　2月11日），人名，戦人（㊥元和2（1616）年），
　戦西（花房職秀　はなぶさもとひで　㊤？
　㊥1616年），戦補（㊥1617年），日人（㊥1617年）

### 花房幸次 はなふさゆきつぐ
　→花房幸次（はなふさよしつぐ）

### 花房与左衛門 はなふさよざえもん
　安土桃山時代の武将。
　¶岡山人，岡山歴

### 花房幸次 はなふさよしつぐ
　㊞花房幸次《はなふさゆきつぐ》
　安土桃山時代～江戸時代前期の武将，旗本・猿掛
　花房氏当主。
　¶岡山人（はなふさゆきつぐ　㊤弘治1（1555）年
　㊥元和9（1623）年），岡山歴（㊤天正9（1581）年
　㊥寛永18（1641）年4月12日）

### 花山内記 はなやまないき
　元亀1（1570）年～
　安土桃山時代～江戸時代前期の武士。
　¶庄内

### 花輪親行 はなわちかゆき
　生没年不詳
　戦国時代～安土桃山時代の地方豪族・土豪。
　¶戦人

### 塙直政 はなわなおまさ
　→原田直政（はらだなおまさ）

### 塙安友 はなわやすとも
　弘治2（1556）年～寛永6（1629）年　㊞塙安友《ば
　んやすとも》
　安土桃山時代～江戸時代前期の武士，医師。
　¶人名，戦国（ばんやすとも），戦人（ばんやすと
　も），日人

### 埴谷宮内少輔 はにやくないのしょう
　生没年不詳
　戦国時代の岩付城主北条氏房の家臣。
　¶戦辞

### 埴生盛兼 はにゅうもりかね
　生没年不詳
　平安時代後期の武士。
　¶平史

### 羽尾景幸 はねおかげゆき
　生没年不詳
　戦国時代の吾妻郡羽尾城主。
　¶群馬人

### 羽尾業幸 はねおなりゆき
　生没年不詳
　戦国時代の上野国衆。
　¶戦辞

### 判門田鶴寿 はねだつるじゅ
　生没年不詳
　戦国時代の山内上杉氏の家臣。

　¶戦辞

### 羽田正親 はねだまさちか
　→羽田正親（はたまさちか）

### 判門田祐元 はねだゆうげん
　生没年不詳
　戦国時代の山内上杉氏の家臣。
　¶神奈川人，戦辞

### 波根久綱 はねひさつな
　生没年不詳
　戦国時代の波根保の領主。
　¶島根歴

### 波根泰次 はねやすつぐ
　生没年不詳
　戦国時代の石見国波根郷の領主。
　¶島根歴

### 馬場鑑周 ばばあきちか
　㊞馬場肥前守鑑周《ばばひぜんのかみあきちか》
　戦国時代～安土桃山時代の武士。
　¶戦人（生没年不詳），戦西（馬場肥前守鑑周　ば
　ばひぜんのかみあきちか）

### 馬場篤親 ばばあつちか
　永正4（1507）年～元亀2（1571）年1月23日　㊞佐
　竹基親《さたけもとちか》
　戦国時代の武士。佐竹氏家臣。
　¶戦辞，戦人（生没年不詳），戦東

### 馬場家職 ばばかしょく
　→馬場職家（ばばもといえ）

### 波々伯部九兵衛 ははかべきゅうべえ
　生没年不詳
　江戸時代前期の武士，上総姉崎藩士。
　¶藩臣3

### 馬場国平 ばばくにひら
　戦国時代の武将。浅井氏家臣。
　¶戦西

### 馬場実職 ばばさねとも
　→馬場実職（ばばさねもと）

### 馬場実職 ばばさねもと
　？～正保2（1645）年　㊞馬場実職《ばばさねと
　も，ばばじっしょく》
　安土桃山時代～江戸時代前期の武士。
　¶岡山人（ばばじっしょく），岡山歴（ばばさねと
　も　㊥正保2（1645）年6月），戦人，戦西

### 馬場七九郎 ばばしちくろう
　戦国時代の武将。大崎氏家臣。
　¶戦東

### 馬場実職 ばばじっしょく
　→馬場実職（ばばさねもと）

### 馬場四郎左衛門 ばばしろうざえもん
　生没年不詳
　戦国時代の丹後国の土豪。
　¶京都府

は

**馬場資幹**　**ばばすけもと**
生没年不詳　[別]平資幹《たいらすけもと,たいらのすけもと》
鎌倉時代前期の常陸の武将。常陸平氏吉田流に属す。
¶朝日，鎌室（平資幹　たいらすけもと），郷土茨城，新潮（平資幹　たいらのすけもと），姓氏宮城（平資幹　たいらすけもと），日人

**馬場忠時**　**ばばただとき**
生没年不詳
戦国時代の武士。穴山信君・勝千代・武田万千代の家臣。
¶戦辞

**馬場経周**　**ばばつねちか**
生没年不詳
戦国時代の武士。
¶戦人

**馬場藤左衛門**　**ばばとうざえもん**
生没年不詳
安土桃山時代～江戸時代前期の武士。武田家遺臣。
¶国書

**馬場信勝**　**ばばのぶかつ**
→馬場信春(1)（ばばのぶはる）

**馬場信春**(1)　**ばばのぶはる**
*～天正3（1575）年　[別]馬場信勝《ばばのぶかつ》,馬場信房《ばばのぶふさ》,馬塲信房《ばばのぶふさ》，教来石民部《きょうらいいしみんぶ》,馬場美濃守《ばばみののかみ》
戦国時代～安土桃山時代の武将。武田氏家臣。信房、信勝ともいう。
¶群馬人（馬場信房　ばばのぶふさ　[生]永正11（1514）年），人名（馬場信勝　ばばのぶかつ　[生]1514年），姓氏山梨（[生]1514年），戦国（馬場信房　ばばのぶふさ　[生]1515年），戦辞（[生]？　[没]天正3年5月21日（1575年6月29日）），戦人（馬場信房　ばばのぶふさ　[生]？），戦東（[生]？），長野歴（馬場信房　ばばのぶふさ　[生]永正10（1513）年），日史（[生]永正1（1513）年　[没]天正3（1575）年5月21日），日人（[生]1514年），百科（[生]永正10（1513）年　[没]天正3（1573）年），山梨百（[生]永正10（1513）年　[没]天正3（1575）年5月21日）

**馬場信春**(2)　**ばばのぶはる**
生没年不詳　[別]馬場昌房《ばばまさふさ》
安土桃山時代の武将。信春（信房、信勝）の子。昌房ともいう。
¶人名（馬場昌房　ばばまさふさ），長野歴，日人

**馬場信房**（馬塲信房）　**ばばのぶふさ**
→馬場信春(1)（ばばのぶはる）

**馬場信盈**　**ばばのぶみつ**
戦国時代の武将。武田家臣。巨摩郡武川衆。
¶姓氏山梨

**馬場目正勝**　**ばばのめまさかつ**
生没年不詳
安土桃山時代の地方豪族・土豪。
¶戦人

**馬場彦尉**　**ばばひこのじょう**
生没年不詳
戦国時代の甲斐武田一族穴山信君の家臣。
¶戦辞

**馬場肥前守鑑周**　**ばばひぜんのかみあきちか**
→馬場鑑周（ばばあきちか）

**馬場孫次郎**　**ばばまごじろう**
生没年不詳
安土桃山時代の織田信長の家臣。
¶織田

**馬場昌房**　**ばばまさふさ**
→馬場信春(2)（ばばのぶはる）

**馬場民部少輔**　**ばばみんぶのしょう**
？　～天正10（1582）年3月
戦国時代～安土桃山時代の甲斐武田勝頼の家臣。
¶戦辞

**馬場職家**　**ばばもといえ**
天文1（1532）年～慶長13（1608）年　[別]馬場家職《ばばかしょく》
安土桃山時代～江戸時代前期の武士。
¶岡山人（馬場家職　ばばかしょく），岡山歴（[没]慶長8（1603）年），戦人，戦西（[生]？）

**馬場頼周**　**ばばよりちか**
？　～天文14（1545）年4月2日
戦国時代の三根郡の綾部、中野両城主。経周の子。
¶佐賀百

**馬場六郎**　**ばばろくろう**
戦国時代の武将。大崎氏家臣。
¶戦東

**上穂重清**　**はぶしげきよ**
？　～天正10（1582）年
戦国時代～安土桃山時代の武田家臣。信濃上穂の城主。
¶姓氏長野，姓氏山梨

**上穂為光**　**はぶためみつ**
戦国時代の武将。武田家臣。信濃国伊那郡の地侍。
¶姓氏山梨

**羽淵家次**　**はぶちいえつぐ**
安土桃山時代の武将。豊臣秀次の奉行。
¶戦国

**祝甲斐守**　**はふりかいのかみ**
？　～天文22（1553）年
戦国時代の武士。
¶戦人

**祝重正**　**はふりしげまさ**
生没年不詳
安土桃山時代の織田信長の家臣。
¶織田

**祝安親**　**はふりやすちか**
生没年不詳
鎌倉時代後期～南北朝時代の武将。
¶愛媛百，郷土愛媛

**浜口家職** はまぐちいえもと
？ ～天正9（1581）年6月 [別]浜口家職《はまぐちかしょく》
戦国時代～安土桃山時代の武士。宇喜多氏家臣。
¶岡山人（はまぐちかしょく），岡山歴，戦人（生没年不詳）

**浜口家職** はまぐちかしょく
→浜口家職（はまぐちいえもと）

**浜田安房守広綱** はまだあわのかみひろつな
→浜田広綱（はまだひろつな）

**浜田景隆** はまだかげたか
天文23（1554）年～天正19（1591）年
安土桃山時代の武士。伊達氏家臣。
¶戦人，戦東，藩臣1

**浜田治部** はまだじぶ
生没年不詳
安土桃山時代～江戸時代前期の武将。
¶日人

**浜田甚兵衛** はまだじんべえ
→島清興（しまきよおき）

**浜田善左衛門** はまだぜんざえもん
戦国時代の武将。長宗我部氏家臣。
¶戦西

**浜田広綱** はまだひろつな
[別]浜田安房守広綱《はまだあわのかみひろつな》
戦国時代～安土桃山時代の武将。葛西氏家臣。
¶姓氏岩手（[生]1523年？ [没]1592年？），戦人（[生]大永3（1523）年 [没]文禄1（1592）年），戦東（浜田安房守広綱 はまだあわのかみひろつな）

**浜田宗景** はまだむねかげ
戦国時代の武士。伊達氏家臣。
¶戦人（生没年不詳），戦東

**浜田与右衛門** はまだよえもん
生没年不詳
安土桃山時代の織田信長の家臣。
¶織田

**浜名清政** はまなきよまさ
*～文中2/応安6（1373）年
鎌倉時代後期～南北朝時代の遠州浜名地区統治の重鎮。
¶静岡歴（[生]弘安3（1280）年推定），姓氏静岡（[生]1280年？）

**浜名重政** はまなしげまさ
戦国時代の武士。今川氏家臣。
¶戦人（生没年不詳），戦東

**浜名時成** はまなときしげ
生没年不詳
戦国時代の武士。北条氏家臣。
¶戦辞

**浜名政明** はまなまさあき
生没年不詳
戦国時代の武士。今川氏家臣。
¶戦辞，戦人，戦東

**浜名正国** はまなまさくに
戦国時代の武士。今川氏家臣。
¶戦人（生没年不詳），戦東

**浜野弥六郎** はまのやろくろう
生没年不詳
戦国時代の北条氏の家臣。
¶戦辞

**羽村是心入道義尚** はむらぜしんにゅうどうよしひさ
永禄6（1563）年～天正18（1590）年
安土桃山時代の武士。
¶多摩

**早川右衛門尉** はやかわうえもんのじょう
安土桃山時代の武将。里見氏家臣。
¶戦東

**早川九右衛門** はやかわくえもん
安土桃山時代～江戸時代前期の武士。細川氏家臣。
¶戦国，戦人（生没年不詳）

**早川源三** はやかわげんぞう
安土桃山時代の武将。秀吉馬廻。
¶戦国，戦人（生没年不詳）

**早川対馬** はやかわつしま
安土桃山時代～江戸時代前期の武士。里見氏家臣。
¶戦東

**早川長敏** はやかわながとし
生没年不詳
安土桃山時代の武将、大名。豊後府内領主。
¶大分百（[没]1600年），大分歴，日人，藩主4

**早川長政** はやかわながまさ
生没年不詳
安土桃山時代の武将。豊臣氏家臣。
¶戦国，戦辞，戦人

**早川彦四郎** はやかわひこしろう
江戸時代前期の武士。里見氏家臣。
¶戦東

**早川万千代** はやかわまんちよ
安土桃山時代～江戸時代前期の武士。里見氏家臣。
¶戦人（生没年不詳），戦東

**早川民部** はやかわみんぶ
戦国時代の武将。大崎氏家臣。
¶戦東

**早川幸豊** はやかわゆきとよ
？ ～慶長5（1600）年
安土桃山時代の地方豪族・土豪。
¶姓氏山梨，戦人，山梨百（生没年不詳）

**早川臨斎** はやかわりんさい
江戸時代前期の武士。里見氏家臣。
¶戦東

**早崎吉兵衛** はやさききちべえ
？ ～元亀1（1570）年
戦国時代の武将。浅井氏家臣。
¶戦西

**早崎平三** はやざきへいぞう
安土桃山時代の武将。秀吉馬廻。
¶戦国，戦人（生没年不詳）

**早崎孫三郎** はやさきまごさぶろう
戦国時代の武将。浅井氏家臣。
¶戦西

**林伊賀守** はやしいがのかみ
生没年不詳
戦国時代の上野国衆由良氏重臣。
¶戦辞

**林市助** はやしいちすけ
生没年不詳
安土桃山時代の織田信長の家臣。
¶織田

**林猪兵衛** はやしいへえ
安土桃山時代の武将。秀吉馬廻。
¶戦国，戦人（生没年不詳）

は

**林員清** はやしかずきよ
？　～天正3（1575）年9月2日
戦国時代～安土桃山時代の織田信長の家臣。
¶織田

**林勝久** はやしかつひさ
天正9（1581）年～承応1（1652）年　[別]山内勝久《やまうちかつひさ》
安土桃山時代～江戸時代前期の武将、土佐藩窪川城付き家老。
¶高知人（山内勝久　やまうちかつひさ），藩臣6

**林掃部** はやしかもん
永禄12（1569）年～寛永6（1629）年
安土桃山時代～江戸時代前期の筑前福岡藩士。
¶藩臣7

**林喜六** はやしきろく
安土桃山時代の武将。秀吉馬廻。
¶戦国，戦人（生没年不詳）

**林玄朴** はやしげんぼく
生没年不詳
戦国時代の武将。
¶戦人

**林高兵衛** はやしこうべえ
生没年不詳
安土桃山時代の織田信長の家臣。
¶織田

**林佐渡守** はやしさどのかみ
→林通勝（はやしみちかつ）

**林三郎左衛門** はやしさぶろうざえもん
安土桃山時代の備中国の武将。
¶岡山歴

**林重真** はやししげざね
？　～天正10（1582）年　[別]林重真《はやししげまさ》
安土桃山時代の武将。
¶岡山人（はやししげまさ），戦人

**林重真** はやししげまさ
→林重真（はやししげざね）

**林新次郎** はやししんじろう
？　～天正1（1573）年10月25日
戦国時代～安土桃山時代の織田信長の家臣。
¶織田

**林助十郎** はやしすけじゅうろう
安土桃山時代の武将。秀吉馬廻。
¶戦国，戦人（生没年不詳）

**林善兵衛** はやしぜんべえ
天正15（1587）年～寛永20（1643）年
安土桃山時代～江戸時代前期の総社藩重臣。
¶姓氏群馬

**林長次郎** はやしちょうじろう
安土桃山時代の武将。秀吉馬廻。
¶戦国，戦人（生没年不詳）

**林伝右衛門** はやしでんえもん
安土桃山時代の武士。豊臣氏家臣。
¶戦国，戦人（生没年不詳）

**林道感** はやしどうかん
→林能勝（はやしよしかつ）

**林道休** はやしどうきゅう
生没年不詳
安土桃山時代の武家。
¶国書

**林藤四郎** はやしとうしろう
～元和1（1615）年5月7日
安土桃山時代～江戸時代前期の武士。徳川秀忠の臣。
¶大阪墓

**林藤助** はやしとうすけ
？　～天文9（1540）年
戦国時代の武士。徳川氏家臣。
¶戦辞（生没年不詳），戦人，戦東

**林就長** はやしなりなが
生没年不詳
安土桃山時代の武将。毛利氏家臣。
¶戦人

**林源琳** はやしのげんりん
生没年不詳
鎌倉時代後期～南北朝時代の武将。
¶日人

**林信勝** はやしのぶかつ
生没年不詳
安土桃山時代の織田信長の家臣。
¶織田

**林教泉** はやしのりもと
生没年不詳
安土桃山時代～江戸時代前期の武士。浅野家臣。
¶和歌山人

**林備前守** はやしびぜんのかみ
生没年不詳

戦国時代の北条氏の家臣。
¶戦辞

**林秀貞**　はやしひでさだ
生没年不詳
戦国時代～安土桃山時代の武将。
¶織田，日人

**林正俊**　はやしまさとし
？～永禄4(1561)年
戦国時代～安土桃山時代の井田城城主。
¶姓氏愛知

**林通勝**　はやしみちかつ
生没年不詳　[別]林佐渡守《はやしさどのかみ》
安土桃山時代の武士。織田氏家臣。
¶人名，姓氏愛知，戦国，戦辞(林佐渡守　はやしさどのかみ)，戦人

**林通慶**(林道慶)　はやしみちよし
戦国時代の武将。斎藤氏家臣。
¶戦人(生没年不詳)，戦西(林道慶)

**林光明**　はやしみつあき
鎌倉時代前期の武士団林氏の棟梁。
¶石川百(生没年不詳)，姓氏石川

**林光家**　はやしみついえ
？～久寿1(1154)年
平安時代後期の北加賀の武士団の棟梁。
¶石川百(生没年不詳)，姓氏石川

**林光時**　はやしみつとき
？～天正1(1573)年
戦国時代の武士。織田氏家臣。
¶戦人，戦補

**林光平**　はやしみつひら
？～寿永2(1183)年
平安時代後期の武士。林光明の嫡子、光家の孫。
¶石川百，姓氏石川

**林美作守**　はやしみまさかのかみ
？～弘治2(1556)年8月24日
戦国時代の織田信長の家臣。
¶織田

**林守家**　はやしもりいえ
永禄2(1559)年～元和7(1621)年
戦国時代～江戸時代前期の浅野家臣。
¶和歌山人

**林守信**　はやしもりのぶ
生没年不詳
戦国時代～安土桃山時代の武将。
¶国書5

**林弥助**　はやしやすけ
生没年不詳
戦国時代の狩宿城城主。
¶姓氏愛知

**林与左衛門**　はやしよざえもん
弘治1(1555)年～？
安土桃山時代の武士。
¶戦人，戦西

**林能勝**　はやしよしかつ
天文3(1534)年～元和2(1616)年　[別]林道感《はやしどうかん》
安土桃山時代～江戸時代前期の阿波徳島藩家老。
¶徳島百(林道感　はやしどうかん　[没]元和2(1616)年2月6日)，徳島歴，藩臣6

**林与平治**　はやしよへいじ
安土桃山時代の武将。秀吉馬廻。
¶戦国，戦人(生没年不詳)

**林六郎左衛門尉**　はやしろくろうざえもんのじょう
生没年不詳
戦国時代の北条氏の家臣。
¶戦辞

**羽山喜右衛門**　はやまきうえもん
江戸時代前期の武士。里見氏家臣。
¶戦東

**葉山五郎右衛門**　はやまごろうえもん
安土桃山時代～江戸時代前期の武士。
¶戦人(生没年不詳)，戦西

**速水喜四郎**　はやみきしろう
戦国時代の武将。浅井氏家臣。
¶戦西

**速水守久**　はやみもりひさ
？～元和1(1615)年
安土桃山時代～江戸時代前期の武士。
¶戦国，戦人，戦西

**羽床資載**　はゆかすけとし
？～天正10(1582)年
安土桃山時代の武将。
¶戦人

**原市右衛門**　はらいちえもん
生没年不詳
戦国時代の武士。木曽義昌の従士。
¶姓氏長野

**原大隅守**　はらおおすみのかみ
？～天正12(1584)年
安土桃山時代の武将。武田氏家臣。
¶戦国，戦人，日人

**原景広**　はらかげひろ
？～明応8(1499)年8月16日
室町時代～戦国時代の武士。弥富原氏当主。
¶戦辞

**原勝重**　はらかつしげ
？～天正9(1581)年
安土桃山時代の武将。武田氏家臣。
¶姓氏長野，姓氏山梨，戦人，戦東

**原勝胤**　はらかつたね
→原長頼(はらながより)

**原川又太郎**　はらかわまたたろう
生没年不詳
戦国時代の今川氏の家臣。
¶戦辞

**原邦長** はらくになが
生没年不詳
戦国時代の武士。千葉宗家直臣。
¶戦辞

**原邦房** はらくにふさ
生没年不詳
戦国時代の武士。森山城将。
¶戦辞

**原貞胤** はらさだたね
生没年不詳
戦国時代の甲斐武田勝頼の家臣。
¶姓氏山梨，戦辞，山梨百

**原信濃入道** はらしなのにゅうどう
？～文明2（1470）年8月12日
室町時代～戦国時代の武士。弥富原氏一族の一人。
¶戦辞

**原大夫高春** はらだいぶたかはる
生没年不詳
平安時代後期～鎌倉時代前期の武士。
¶愛知百



**原田氏重** はらだうじしげ
生没年不詳
戦国時代の福谷城城主。
¶姓氏愛知

**原田大蔵** はらだおおくら
安土桃山時代の武将。伊達氏家臣。
¶戦東

**原田景種** はらだかげたね
？～慶長19（1614）年
安土桃山時代～江戸時代前期の明知城城主。
¶姓氏愛知

**原高村** はらたかむら
室町時代の武士。
¶岡山人，岡山歴

**原田権左衛門** はらだごんざえもん
弘治2（1556）年～寛永5（1628）年
安土桃山時代～江戸時代前期の上野館林藩士。
¶日人（生没年不詳），藩臣2

**原田貞佐** はらださだすけ
？～天正14（1586）年
安土桃山時代の武士。
¶岡山人，岡山歴（[没]天正14（1586）年12月28日），戦人，戦西

**原田佐秀** はらだすけひで
？～元弘3/正慶2（1333）年
鎌倉時代後期の武士。
¶岡山人，岡山歴（[没]元弘3/正慶2（1333）年4月3日），鎌室，人名，日人

**原田隆種** はらだたかたね
安土桃山時代の武将、筑前高祖城主。
¶人名，日人（生没年不詳）

**原田忠佐** はらだただすけ
？～元和7（1621）年
安土桃山時代の武将。
¶岡山歴（[没]元和7（1621）年9月29日），戦人，戦西

**原田忠長** はらだただなが
？～天文12（1543）年
安土桃山時代の武将。
¶岡山人，岡山歴

**原田忠政** はらだただまさ
？～元和6（1620）年
安土桃山時代～江戸時代前期の武将、尾張藩士。
¶藩臣4

**原田帯刀** はらだたてわき
安土桃山時代の武士。豊臣氏家臣。
¶戦国，戦人（生没年不詳）

**原田種次** はらだたねつぐ
？～万治3（1660）年
安土桃山時代～江戸時代前期の武将、陸奥会津藩士。
¶藩臣2

**原田種直** はらだたねなお
生没年不詳
平安時代後期の武将。妻は平頼盛の娘。
¶朝日，角史（[没]文治1（1185）年），鎌室，日史，日人（[没]1185年），百科，福岡百，歴大

**原田種久** はらだたねひさ
生没年不詳
戦国時代の三河国衆。
¶戦辞

**原田藤七郎** はらだとうしちろう
安土桃山時代の武士。
¶岡山人

**原田直政** はらだなおまさ
？～天正4（1576）年　[別]塙直政《はなわなおまさ，ばんなおまさ》，原田備中守《はらだびっちゅうのかみ》，塙重友《ばんしげとも》
戦国時代～安土桃山時代の武将。織田信長の重臣。
¶朝日（塙直政　はなわなおまさ　[没]天正4年5月3日（1576年5月30日）），岩史（塙直政　ばんなおまさ　[没]天正4（1576）年5月3日），織田（塙直政　ばんなおまさ　[没]天正4（1576）年5月3日），角史（塙直政　はなわなおまさ），京都府，コン4（塙直政　ばんなおまさ），姓氏京都，戦国，戦人，日史（[没]天正4（1576）年5月3日），日人，百科，歴大（塙直政　はなわなおまさ）

**原田長俊** はらだながとし
？～天正4（1576）年
戦国時代～安土桃山時代の武士。
¶人名

**原胤清** はらたねきよ
？～弘治2（1556）年2月12日
戦国時代の武士。下総原氏の惣領、小弓城主。
¶戦辞

**原胤貞** はらたねさだ
？～永禄12（1569）年5月

戦国時代の武将。
¶戦辞，戦人（生没年不詳）

**原胤隆　はらたねたか**
？　～天文5（1536）年7月10日
戦国時代の武将。
¶戦辞（[没]天文5（1536）年7月10日もしくは11日），戦人（生没年不詳）

**原胤長　はらたねなが**
生没年不詳
戦国時代の武士。千葉宗家直臣。
¶戦辞

**原胤成　はらたねなり**
安土桃山時代の武将、下総臼井城主。
¶人名，日人（生没年不詳）

**原胤信　はらたねのぶ**
→原主水（はらもんど）

**原胤房　はらたねふさ**
？　～＊
室町時代の武将。
¶鎌室（生没年不詳），人名，戦辞（[没]文明3年9月9日（1471年10月22日）），千葉百（[没]文明10（1478）年12月10日），日人（生没年不詳）

**原胤栄　はらたねよし**
天文20（1551）年～天正17（1590）年12月5日
戦国時代～安土桃山時代の武士。下総原氏の惣領、臼井城主。
¶戦辞

**原田信種　はらだのぶたね**
？　～慶長3（1598）年
安土桃山時代の武将。
¶戦国，戦人

**原田秀兼　はらだひでかね**
？　～永禄3（1560）年
戦国時代の武将。
¶戦人

**原田宗資　はらだむねすけ**
生没年不詳
安土桃山時代～江戸時代前期の武士。伊達氏家臣。
¶戦人

**原田宗時　はらだむねとき**
永禄8（1565）年～文禄2（1593）年　[別]原田左馬助《はらださまのすけ》
安土桃山時代の武士。伊達氏家臣。
¶姓氏宮城，戦人，戦東，藩臣1

**原田与助　はらだよすけ**
生没年不詳
安土桃山時代の織田信長の家臣。
¶織田

**原田了栄　はらだりょうえい**
生没年不詳
戦国時代の武将。
¶福岡百

**原親幹　はらちかもと**
生没年不詳
戦国時代の武士。森山城将、千葉氏家臣。
¶戦辞

**原道儀　はらどうぎ**
生没年不詳
戦国時代の武士。弥富原氏の祖。
¶戦辞

**原虎胤　はらとらたね**
明応6（1497）年～永禄7（1564）年　[別]原美濃守《はらみののかみ》
戦国時代の武士。
¶人名，姓氏山梨，戦国，戦辞，戦人，戦東（[生]？），長野歴，日人

**原虎常　はらとらつね**
戦国時代の武将。武田家臣。丹後守。
¶姓氏山梨

**原虎吉　はらとらよし**
戦国時代の武将。武田氏家臣。
¶姓氏山梨，戦東

**原長頼　はらながより**
？　～慶長5（1600）年　[別]原勝胤《はらかつたね》
安土桃山時代の武将、大名。美濃太田山領主。
¶織田（[没]慶長5（1600）年10月13日），岐阜百（原勝胤　はらかつたね），戦国，戦人，日人（原勝胤　はらかつたね），藩主2（原勝胤　はらかつたね　[没]慶長5（1600）年10月13日）

**原八右衛門　はらはちえもん**
安土桃山時代～江戸時代前期の武士。上杉氏家臣、最上氏家臣。
¶戦人（生没年不詳），戦東

**原隼人祐　はらはやとのすけ**
戦国時代の武将。武田家臣。『武田家過去帳』に甲斐国府中六方小路に居住とみえる。
¶姓氏山梨

**原彦作　はらひこさく**
？　～慶長19（1614）年
安土桃山時代～江戸時代前期の武士。
¶戦国，戦人

**原房親　はらふさちか**
安土桃山時代の武将。
¶人名

**原豊前守　はらぶぜんのかみ**
安土桃山時代の武士。小泉城主富岡氏の老臣。
¶群馬人

**原昌勝　はらまさかつ**
？　～天正3（1575）年
戦国時代～安土桃山時代の武士。武田氏家臣。
¶戦人

**原昌胤　はらまさたね**
？　～天正3（1575）年
戦国時代～安土桃山時代の武将。武田氏家臣。原加賀守昌俊の子。

¶姓氏山梨，戦辞（[没]天正3年5月21日（1575年6月29日）），戦東，山梨百（[没]天正3（1575）年5月21日）

**原政時** はらまさとき
生没年不詳
安土桃山時代～江戸時代前期の武士。浅野家の家臣。
¶和歌山人

**原昌俊** はらまさとし
？～天文18（1549）年
戦国時代の武将。
¶姓氏山梨，戦辞（[没]天文18年5月1日（1549年5月27日）），日人

**原昌栄** はらまさひで
？～天正8（1580）年
戦国時代～安土桃山時代の甲斐武田勝頼の家臣。
¶戦辞（[没]天正8（1580）年10月），山梨百

**原昌弘** はらまさひろ
弘治1（1555）年～元亀3（1573）年12月23日
戦国時代～安土桃山時代の甲斐武田晴信の家臣。
¶戦辞

は

**孕石源右衛門** はらみいしげんえもん
？～慶長19（1614）年
安土桃山時代～江戸時代前期の武田家臣。山県同心衆のうちで采配御免の衆の一人という。
¶姓氏山梨

**孕石郷左衛門尉** はらみいしごうざえもんのじょう
戦国時代の武将。今川氏家臣。
¶戦東

**孕石忠高** はらみいしただたか
戦国時代の武将。今川氏家臣。
¶戦東

**孕石光尚** はらみいしみつひさ
生没年不詳
戦国時代の遠江の国衆。
¶戦辞

**孕石元成** はらみいしもとなり
永禄6（1563）年～寛永9（1632）年
戦国時代の武将。
¶高知人，高知百

**孕石元泰** はらみいしもとやす
？～天正9（1581）年　[別]孕石主水《はらみいしもんど》
安土桃山時代の武士。今川氏・武田氏の家臣。
¶静岡歴（孕石主水　はらみいしもんど　[生]大永1（1521）年），人名，姓氏静岡（[生]1521年），姓氏山梨（[没]1580年），戦辞（[没]天正9年3月22日（1581年4月25日）），戦人，戦東（[没]1581年，（異説）1580年），日人（[生]1521年）

**孕石主水** はらみいしもんど
→孕石元泰（はらみいしもとやす）

**孕石行重** はらみいしゆきしげ
寛正3（1462）年～天文15（1546）年10月29日
室町時代～戦国時代の遠江国孕石の国衆。
¶戦辞

**原光広** はらみつひろ
戦国時代の武将。斎藤氏家臣。
¶戦西

**原盛胤** はらもりたね
？～天正3（1575）年
戦国時代～安土桃山時代の武田家臣。虎胤の次男。
¶姓氏山梨

**原主水** はらもんど
天正15（1587）年～元和9（1623）年　[別]原胤信《はらたねのぶ》
江戸時代前期のキリシタン、武士。徳川氏家臣。
¶朝日（[没]元和9年10月13日（1623年12月4日）），江戸東，キリ（[生]？），近世，国史，コン改，コン4，埼玉人（[生]天正15（1587）年12月4日　[没]元和9（1623）年10月13日），埼玉百（[没]1615年），史人（[没]1623年10月13日），静岡歴（[生]？），新潮（[没]元和9（1623）年10月13日），人名，姓氏静岡（[生]？），世人，戦合，戦人（原胤信　はらたねのぶ），戦補（原胤信　はらたねのぶ　[生]？），日人，歴大

**原主水佑** はらもんどのすけ
生没年不詳
戦国時代の漆原の領主。
¶姓氏群馬

**原可永** はらよしなが
生没年不詳
安土桃山時代～江戸時代前期の武士。浅野家の家臣。
¶和歌山人

**原頼景** はらよりかげ
戦国時代の武将。今川氏家臣。
¶戦東

**原頼賢** はらよりかた
戦国時代の武将。今川氏家臣。
¶戦東

**原頼郷** はらよりさと
戦国時代の武将。今川氏家臣。
¶戦辞（生没年不詳），戦東

**原頼延** はらよりのぶ
？～天正15（1587）年
安土桃山時代の武将。今川氏家臣。
¶姓氏山梨，戦辞（生没年不詳），戦東

**原頼秀** はらよりひで
安土桃山時代の武士。最上氏家臣。
¶戦人（生没年不詳），戦東

**春王丸** はるおうまる
→足利春王丸（あしかがはるおうまる）

**春名重勝** はるなしげかつ
安土桃山時代の武士。
¶岡山人

**春成久正** はるなりひさまさ
？～永禄2（1559）年

戦国時代の武士。
¶姓氏鹿児島，戦人，戦西

**伴家次** ばんいえつぐ
生没年不詳
安土桃山時代～江戸時代前期の武士。浅野家の
家臣。
¶和歌山人

**番和泉** ばんいずみ
慶長8（1603）年～明暦3（1657）年
江戸時代前期の武士。
¶岡山人

**番氏明** ばんうじあき
生没年不詳
江戸時代前期の武士。
¶日人

**板額**（坂額）**はんがく**
生没年不詳
鎌倉時代前期の女性。弓の名手。
¶朝日（坂額），鎌室，国史，古中，コン改（坂
額），コン4（坂額），史人，女性，新潮，人名，
全書（坂額），日人，百科，平史，歴大

**番次** ばんかげつぐ
安土桃山時代～江戸時代前期の武士。
¶人名

**番頭大炊頭** ばんがしらおおいのかみ
生没年不詳
安土桃山時代の織田信長の家臣。
¶織田

**塙小七郎** ばんこしちろう
？　～天正4（1576）年5月3日
戦国時代～安土桃山時代の織田信長の家臣。
¶織田

**坂西周次** ばんざいかねつぐ
？　～永禄5（1562）年
戦国時代～安土桃山時代の武田家臣。信濃先方衆。
¶姓氏長野，姓氏山梨

**坂西長忠** ばんざいながただ
生没年不詳
戦国時代の甲斐武田晴信・勝頼の家臣。
¶戦辞

**榛沢成清** はんざわなりきよ
？　～元久2（1205）年6月22日
鎌倉時代前期の武蔵武士。
¶埼玉人

**伴十左衛門** ばんじゅうざえもん
生没年不詳
安土桃山時代の織田信長の家臣。
¶織田

**番大膳** ばんだいぜん，ばんたいぜん
？　～寛永13（1636）年
江戸時代前期の武士、備前岡山藩士。
¶岡山人（ばんたいぜん　㋐永禄12（1569）年），
岡山歴（㋑寛永13（1636）年7月6日），藩臣6

**半田土佐守** はんだとさのかみ
戦国時代の武将。大崎氏家臣。
¶戦東

**半田吉就** はんだよしなり
安土桃山時代の武士。朝倉氏家臣。
¶戦人（生没年不詳），戦西

**伴太郎左衛門** ばんたろうざえもん
？　～天正10（1582）年6月2日
戦国時代～安土桃山時代の織田信長の家臣。
¶織田

**塙団右衛門** ばんだんえもん
→塙直之（ばんなおゆき）

**塙団右衛門直之** ばんだんえもんなおゆき
→塙直之（ばんなおゆき）

**塙伝三郎** ばんでんざぶろう
？　～天正10（1582）年6月2日
戦国時代～安土桃山時代の織田信長の家臣。
¶織田

**番藤左衛門** ばんとうざえもん
？　～元和8（1622）年
安土桃山時代～江戸時代前期の武将、備前岡山
藩士。
¶日人，藩臣6

**塙直政** ばんなおまさ
→原田直政（はらだなおまさ）

**塙直之** ばんなおゆき
永禄10（1567）年～元和1（1615）年　㋑塙団右衛
門《ばんだんえもん》，塙団右衛門直之《ばんだん
えもんなおゆき》，鉄牛《てつぎゅう》
安土桃山時代～江戸時代前期の武将。豊臣秀吉の
武将加藤嘉明の鉄砲大将。
¶朝日，大阪人（㋒元和1（1615）年4月29日），大
阪墓（塙団右衛門直之　ばんだんえもんなおゆ
き（㋒元和1（1615）年4月29日），角史，近世，
国史，コン改，コン4，史人（㋒1615年4月29
日），静岡歴（塙団右衛門　ばんだんえもん），
新潮（㋒元和1（1615）年4月29日），人名
（㋐？），姓氏静岡（塙団右衛門　ばんだんえも
ん），世人，世百（塙団右衛門　ばんだんえもん
㋐？），戦合，戦国，全書，戦人，大百（塙団右
衛門　ばんだんえもん），日史（㋒元和1（1615）
年4月29日），日人，百科

**伴長之** ばんながゆき
？　～明暦1（1655）年
江戸時代前期の武将、加賀藩士。
¶藩臣3

**榛谷重氏** はんのやしげうじ
？　～応永26（1419）年
南北朝時代～室町時代の武蔵国の御家人。
¶千葉百

**伴盛兼** ばんもりかね
天文16（1547）年～天正12（1584）年4月9日
戦国時代～安土桃山時代の織田信長の家臣。
¶織田

は

**塙安友** ばんやすとも
→塙安友(はなわやすとも)

**塙安弘** ばんやすひろ
？ ～天正4(1576)年5月3日
戦国時代～安土桃山時代の織田信長の家臣。
¶織田

## 【ひ】

**稗田善助** ひえだぜんすけ
戦国時代の武将。
¶姓氏富山

**稗貫広忠** ひえぬきひろただ
生没年不詳
安土桃山時代の武将。
¶戦人



**比江山掃部助** ひえやまかもんのすけ
～天正16(1588)年？
安土桃山時代の武将。長宗我部氏家臣。
¶高知人，戦西

**比江山親興** ひえやまちかおき
？ ～天正16(1588)年
安土桃山時代の武士。長宗我部氏家臣。
¶戦人

**日置大膳亮** ひおきだいぜんのすけ
生没年不詳
戦国時代の武士。北畠氏家臣。
¶戦人

**日笠源太** ひかさげんた
？ ～永禄12(1569)年
安土桃山時代の武将。
¶岡山人，岡山歴

**日笠甚左衛門** ひかさじんざえもん
戦国時代の備前国武将。
¶岡山歴

**日笠頼房** ひかさよりふさ
永正15(1518)年～天正10(1582)年3月14日
安土桃山時代の武将。
¶岡山人，岡山歴

**東長兄** ひがしながえ
戦国時代の武士。
¶戦人(生没年不詳)，戦西

**東根景佐** ひがしねかげすけ
安土桃山時代の武将。最上氏家臣。
¶戦東

**東野刑部左衛門** ひがしのぎょうぶざえもん
戦国時代の武将。浅井氏家臣。
¶戦西

**東野道義** ひがしのどうぎ
戦国時代の武将。浅井氏家臣。
¶戦西

**東野行成** ひがしのゆきなり
戦国時代の武将。浅井氏家臣。
¶戦西

**東野幸政** ひがしのゆきまさ
～寛永17(1640)年
安土桃山時代～江戸時代前期の武将。山内氏家臣。
¶高知人

**東野与次郎** ひがしのよじろう
戦国時代の武将。浅井氏家臣。
¶戦西

**東政勝** ひがしまさかつ
？ ～天正18(1590)年
戦国時代～安土桃山時代の武士、三戸城主南部晴政と信直の重臣。
¶青森人

**東義久** ひがしよしひさ
安土桃山時代の武将。佐竹義重・義宣の族臣。
¶戦国

**比企掃部允** ひきかもんのじょう
生没年不詳
平安時代後期の武士。
¶埼玉人

**比企左馬助** ひきさまのすけ
生没年不詳
戦国時代の岩付城主太田資正の家臣。
¶埼玉人，戦辞

**引田伊勢守** ひきたいせのかみ
生没年不詳
安土桃山時代の武将。
¶戦人

**疋田助右衛門** ひきたすけえもん
生没年不詳
安土桃山時代の織田信長の家臣。
¶織田

**日置忠俊** ひきただとし
元亀3(1572)年～寛永18(1641)年　[別]日置豊前《へきぶぜん》
安土桃山時代～江戸時代前期の武士、備前岡山藩家老。
¶岡山人，岡山歴([没]寛永18(1641)年5月19日)，藩臣6(日置豊前　へきぶぜん)

**疋田就長** ひきたなりなが，ひきだなりなが
戦国時代～安土桃山時代の武士。豊臣氏家臣。
¶戦国(ひきだなりなが)，戦人(生没年不詳)

**疋田元久** ひきたもとひさ
安土桃山時代の武将。
¶岡山人

**日岐丹波守盛武** ひきたんばのかみもりたけ
→日岐盛武(ひきもりたけ)

**比企藤四郎** ひきとうしろう
生没年不詳
戦国時代の岩村太田市の家臣。
¶戦辞

**比企時員** ひきときかず
？ ～建仁3（1203）年9月2日
鎌倉時代前期の武士。
¶埼玉人

**比企朝宗** ひきともむね
生没年不詳　[別]藤原朝宗《ふじわらのともむね》
平安時代後期～鎌倉時代前期の武士。母は源頼朝の乳母の比企尼。
¶朝日，石川百，鎌倉，鎌室，国史，古中，埼玉人，史人，新潮，姓氏石川，富山百，日史，日人，平史（藤原朝宗　ふじわらのともむね），北条

**蟇浦経利** ひきのうらつねとし
生没年不詳
戦国時代の武将。
¶戦人

**日岐盛武** ひきもりたけ
[別]日岐丹波守盛武《ひきたんばのかみもりたけ》
安土桃山時代の武将。
¶戦人（生没年不詳），戦東（日岐丹波守盛武　ひきたんばのかみもりたけ）

**日岐盛次** ひきもりつぐ
戦国時代の武将。武田家臣。信濃日岐の城主か。
¶姓氏山梨

**比企能員** ひきよしかず
？ ～建仁3（1203）年　[別]藤原能員《ふじわらのよしかず》
平安時代後期～鎌倉時代前期の武将。源頼朝の乳母比企尼の養子。娘が2代頼家の妻で一時権勢を得たが、北条氏と争い殺された。
¶朝日（[没]建仁3年9月2日（1203年10月8日）），角史，神奈川人，神奈川百，鎌倉，鎌室，郷土神奈川，郷土長野，群馬人，群馬百，国史，古中，コン改，コン4，埼玉人（[没]建仁3（1203）年9月2日），埼玉百，史人（[没]1203年9月2日），静岡百，静岡歴，重要（[没]建仁3（1203）年9月3日），新潮（[没]建仁3（1203）年9月2日），人名，姓氏長野，世人（[没]建仁3（1203）年9月3日），世百，全書，大百，長野歴，日史（[没]建仁3（1203）年9月2日），日人，百科，平史（藤原能員　ふじわらのよしかず），歴大

**樋口兼豊** ひぐちかねとよ
生没年不詳
安土桃山時代の武士。上杉氏家臣。
¶戦辞，戦人

**樋口兼光** ひぐちかねみつ
？ ～元暦1（1184）年　[別]中原兼光《なかはらのかねみつ》
平安時代後期の武士。木曽義仲の家人。
¶朝日（[没]元暦1年2月2日（1184年3月15日）），鎌室，国史，古中，新潮（[没]元暦1（1184）年1月25日），人名，姓氏長野，長野百，長野歴，日人，平史（中原兼光　なかはらのかねみつ）

**樋口七郎右衛門** ひぐちしちろうえもん
戦国時代の武将。武田家臣。信濃大石の城主。
¶姓氏長野（生没年不詳），姓氏山梨

**樋口助三郎** ひぐちすけさぶろう
戦国時代～安土桃山時代の武士。豊臣氏家臣。
¶戦国，戦人（生没年不詳）

**樋口直房** ひぐちなおふさ
？ ～天正2（1574）年8月
戦国時代の武将。浅井氏家臣。
¶織田，戦西

**樋口雅兼** ひぐちまさかね
安土桃山時代の武士。豊臣氏家臣。
¶戦国，戦人（生没年不詳）

**樋口正長** ひぐちまさなが
？ ～寛永6（1629）年5月22日
安土桃山時代～江戸時代前期の徳島藩家老。
¶徳島歴

**樋口主水助** ひぐちもんどのすけ
生没年不詳
戦国時代の上杉景勝の家臣。
¶戦辞

**肥後家光** ひごいえみつ
？ ～元弘3/正慶2（1333）年5月17日
鎌倉時代後期の越中守護代。
¶富山百

**彦一** ひこいち
？ ～天正10（1582）年6月2日
戦国時代～安土桃山時代の織田信長の家臣。
¶織田

**彦国葺** ひこくにふく
上代の和珥臣の遠祖。謀反を起こした埴安彦を誅滅。
¶古代，日人

**彦坂九兵衛** ひこさかきゅうべえ
→彦坂光正（ひこさかみつまさ）

**彦坂春光** ひこさかはるみつ
？ ～慶安2（1649）年
江戸時代前期の武士。紀州藩士。
¶和歌山人

**彦坂光正**（彦坂光政） ひこさかみつまさ
永禄8（1565）年～寛永9（1632）年　[別]彦坂九兵衛《ひこさかきゅうべえ》
安土桃山時代～江戸時代前期の駿府町奉行。徳川家康に仕える。
¶朝日（[生]弘治1（1555）年　[没]元和9年2月29日（1623年3月29日）），神奈川人（[没]1623年），近世，国史，コン改，コン4，史人（[没]1632年2月29日），人名，姓氏静岡（彦坂光政　[没]1633年），戦合，戦辞，戦人，日人，藩臣5（彦坂九兵衛　ひこさかきゅうべえ），和歌山人（[生]1564年）

**彦坂元正** ひこさかもとまさ
？ ～寛永11（1634）年
安土桃山時代～江戸時代前期の武士、代官頭。徳川体制の奉行を務めた。
¶朝日（[没]寛永11年1月8日（1634年2月5日）），岩史（[没]寛永11（1634）年1月8日），神奈川人，近世，国史，コン改，コン4，史人（[没]1634年1月8

日），姓氏神奈川，戦合，戦辞，戦人，日史（㉔寛
永11（1634）年1月8日），日人，百科，歴大

**彦部雅楽頭** ひこべうたのかみ
永正8（1511）年〜永禄8（1565）年
戦国時代の武将。
¶群馬人

**彦部左馬助** ひこべさまのすけ
戦国時代の武将。足利氏家臣。
¶戦東

**彦部晴直** ひこべはるなお
？〜永禄8（1565）年
戦国時代の武士。足利氏家臣。
¶人名，戦人，日人

**肥後盛家** ひごもりいえ
？〜天文5（1536）年
戦国時代の武将。薩摩国伊集院谷口城城主。
¶姓氏鹿児島

**久明親王** ひさあきしんのう
建治2（1276）年〜嘉暦3（1328）年　⑲久明親王
《ひさあきらしんのう》
鎌倉時代後期の鎌倉幕府第8代の将軍（在職1289
〜1308）。後深草天皇の皇子。大覚寺統の惟康親
王にかわり東下。
¶朝日（㊨建治2年9月11日（1276年10月19日）
㉔嘉暦3年10月14日（1328年11月16日）），岩史
（ひさあきらしんのう　㊨建治2（1276）年9月11
日　㉔嘉暦3（1328）年10月14日），角史（ひさ
あきらしんのう），神奈川人（ひさあきらしんの
う），鎌倉，鎌室，郷土神奈川（ひさあきらし
んのう），国史（ひさあきらしんのう），国書
（ひさあきらしんのう　㊨建治2（1276）年9月11
日　㉔嘉暦3（1328）年10月14日），古中（ひさ
あきらしんのう），コン改（ひさあきらしんの
う），コン4（ひさあきらしんのう），史人
（㊨1276年9月11日　㉔1328年10月14日），重要
（ひさあきらしんのう　㊨建治2（1276）年9月11
日　㉔嘉暦3（1328）年10月14日），諸系（ひさ
あきらしんのう），新潮（㊨建治2（1276）年9月
11日　㉔嘉暦3（1328）年10月14日），人名（ひ
さあきらしんのう），世人，全書，大百，日人（ひさあきらしんのう），歴大（ひさ
あきらしんのう）

**久明親王** ひさあきらしんのう
→久明親王（ひさあきしんのう）

**日前金里** ひさきのかねさと
承徳1（1097）年〜？
平安時代後期の尾張国人。
¶姓氏愛知

**久佐将監** ひさしょうかん
生没年不詳
安土桃山時代〜江戸時代前期の武士。尼子倫久
の子。
¶姓氏山口

**久武親直** ひさたけちかなお
安土桃山時代〜江戸時代前期の武士。
¶高知人（生没年不詳），高知百，戦人（生没年不

詳），戦西

**久武親信** ひさたけちかのぶ
？〜天正7（1579）年
戦国時代〜安土桃山時代の武士。
¶高知人，戦人，戦西

**久長但馬守** ひさながたじまのかみ
生没年不詳
安土桃山時代の武将。後北条氏家臣、上杉氏家臣。
¶戦人

**久原平兵衛尉** ひさはらへいべえのじょう
戦国時代の武将。朝倉氏家臣。
¶戦西

**久松定員** ひさまつさだかず
？〜天正5（1577）年7月19日？
戦国時代〜安土桃山時代の織田信長の家臣。
¶織田

**久松定益** ひさまつさだます
？〜永正7（1510）年
戦国時代の武士。久松家9代（一説に8代）。
¶姓氏愛知

**久松定行** ひさまつさだゆき
→松平定行（まつだいらさだゆき）

**久松俊勝** ひさまつとしかつ
大永6（1526）年〜天正15（1587）年　別久松長家
《ひさまつながいえ》
戦国時代〜安土桃山時代の武将、佐渡守、阿久比
城の城主。
¶朝日（㉔天正15年3月13日（1587年4月20日）），
国史，古中，史人（㉔1587年3月13日），諸系，
戦合，戦辞（久松長家　ひさまつながいえ
㉔天正15年3月14日（1587年4月21日）），日人

**久松長家** ひさまつながいえ
→久松俊勝（ひさまつとしかつ）

**土方おひさ** ひじかたおひさ
→土方雄久（ひじかたかつひさ）

**土方雄氏** ひじかたかつうじ
天正11（1583）年〜寛永15（1638）年
安土桃山時代〜江戸時代前期の武将、大名。伊勢
菰野藩主。
¶国書（㊨天正11（1583）年7月　㉔寛永15（1638）
年6月28日），諸系，人名，戦国，戦人，日人，
藩主3（㊨天正11（1583）年7月　㉔寛永15
（1638）年6月28日）

**土方雄重**（土方勝重）ひじかたかつしげ
文禄1（1592）年〜寛永5（1628）年
江戸時代前期の武将、大名。加賀野々市藩主、陸
奥窪田藩主。
¶諸系（㉔1629年），人名，日人（㊨1629年），藩主
1（㉔寛永5（1628）年12月），藩主3（土方勝重）

**土方雄久** ひじかたかつひさ
天文22（1553）年〜慶長13（1608）年　別土方雄久
《ひじかたおひさ》，土方雄良《ひじかたかつよし》
安土桃山時代〜江戸時代前期の大名。加賀野々市
藩主。

¶朝日（[没]慶長13年11月12日（1608年12月19日）），石川百，織田（土方雄良　ひじかたかつよし　[没]慶長13（1608）年11月12日），近世，国史，史人（ひじかたおひさ　[没]1608年11月12日），諸系，新潮（[没]慶長13（1608）年11月12日），人名，姓氏石川，世人，戦合，戦国，戦人，日人，藩主3（[没]慶長13（1608）年11月12日）

**土方雄良** ひじかたかつよし
→土方雄久（ひじかたかつひさ）

**土方次郎兵衛** ひじかたじろべえ
？～天正10（1582）年6月2日
戦国時代～安土桃山時代の織田信長の家臣。
¶織田

**土方信治** ひじかたのぶはる
天文5（1536）年～弘治2（1556）年4月20日？
戦国時代の織田信長の家臣。
¶織田

**菱刈源兵衛** ひしかりげんびょうえ
安土桃山時代の武将。相良氏家臣。
¶戦西

**菱刈重妙** ひしかりしげたえ
鎌倉時代の武将。
¶姓氏鹿児島

**菱刈重俊** ひしかりしげとし
鎌倉時代の大隅国禰寝院南俣郡本の領主。
¶姓氏鹿児島

**菱刈重広** ひしかりしげひろ
戦国時代の武将。
¶姓氏鹿児島

**菱刈隆秋** ひしかりたかあき
戦国時代の武将。島津氏家臣。
¶姓氏鹿児島，戦西

**菱川右京亮** ひしかわうきょうのすけ
安土桃山時代の武将。
¶岡山人，岡山歴

**比志島国貞** ひしじまくにさだ
？～元和6（1620）年
安土桃山時代～江戸時代前期の武将。
¶姓氏鹿児島，戦人，戦西

**比志島国守** ひしじまくにもり
室町時代の武士。
¶姓氏鹿児島

**比志島祐範** ひしじますけのり
鎌倉時代の武将。
¶姓氏鹿児島

**比志島義基** ひしじまよしもと
戦国時代～安土桃山時代の武士。
¶姓氏鹿児島，戦人（生没年不詳），戦西

**ひし屋** ひしや
生没年不詳
安土桃山時代の織田信長の家臣。
¶織田

**備前宮内大夫** びぜんくないだいふ
生没年不詳
鎌倉時代の武士。
¶北条

**備前新式部大夫入道** びぜんしんしきぶだいふにゅうどう
？～建武2（1335）年
鎌倉時代後期～南北朝時代の武士。
¶北条

**備前房成** びぜんふさなり
生没年不詳
平安時代後期～鎌倉時代前期の武士。
¶鎌室，人名，日人

**備前平四郎** びぜんへいしろう
？～文治5（1189）年
鎌倉時代前期の武将。
¶岡山歴

**肥田**(1) ひだ
生没年不詳
戦国時代の北条氏の家臣。
¶戦辞

**肥田**(2) ひだ
生没年不詳
戦国時代の北条氏忠の家臣。御蔵奉行。
¶戦辞

**肥田越中守** ひだえっちゅうのかみ
生没年不詳
戦国時代の北条氏の家臣。
¶戦辞

**日高九兵衛尉** ひだかきゅうべえのじょう
永禄11（1568）年？～寛永11（1634）年
安土桃山時代～江戸時代前期の武士。
¶姓氏鹿児島

**肥田木越前守** ひだきえちぜんのかみ
生没年不詳
戦国時代の地方豪族・土豪。
¶戦人

**肥田玄蕃允** ひだげんばのじょう
生没年不詳
安土桃山時代の織田信長の家臣。
¶織田

**肥田助七郎** ひだすけしちろう
生没年不詳
戦国時代の北条氏の家臣。
¶戦辞

**肥田助次郎** ひだすけじろう
生没年不詳
戦国時代の北条氏の家臣。
¶戦辞

**肥田瀬詮直** ひだせのりなお
→土岐詮直（ときあきなお）

ひ

**日田親将** ひたちかまさ
生没年不詳
戦国時代の武将。大友氏家臣。
¶戦人

**常陸大掾維幹** ひたちだいじょうのこれもと
→平維幹（たいらのこれもと）

**常陸坊海尊** ひたちぼうかいそん
生没年不詳
平安時代後期の伝説的僧兵。源義経の家臣。
¶朝日，コン改，コン4，史人，新潮，姓氏岩手，姓氏宮城，日史，日人

**日田永秀** ひたながひで
仁平3（1153）年〜？
平安時代後期〜鎌倉時代前期の武将。
¶大分歴

**日田永季** ひたのながすえ
天喜4（1056）年〜長治1（1104）年　[別]大蔵永季《おおくらのながすえ》
平安時代後期の日田地方の豪族。
¶大分百（大蔵永季　おおくらのながすえ），日人



**肥田彦左衛門** ひだひこざえもん
生没年不詳
安土桃山時代の織田信長の家臣。
¶織田

**肥田宗直** ひだむねなお
鎌倉時代前期の武人・蹴鞠の名手。
¶静岡歴（生没年不詳），姓氏静岡

**日近定直** ひちかさだなお
生没年不詳
安土桃山時代の織田信長の家臣。
¶織田

**樋爪俊衡** ひづめとしひら
生没年不詳
平安時代後期〜鎌倉時代前期の武将。
¶鎌室，姓氏岩手，日人

**秀島淡路守信純** ひでしまあわじのかみのぶすみ
戦国時代の武将。竜造寺氏家臣。
¶戦西

**秀島家周** ひでしまいえちか
？〜天正12（1584）年　[別]秀島孫五郎家周《ひでしままごごろういえちか》
安土桃山時代の武士。
¶戦人，戦西（秀島孫五郎家周　ひでしままごごろういえちか）

**秀島孫五郎家周** ひでしままごごろういえちか
→秀島家周（ひでしまいえちか）

**尾藤景氏** びとうかげうじ
生没年不詳
鎌倉時代の武士。
¶北条

**尾藤景綱** びとうかげつな
？〜文暦1（1234）年
鎌倉時代前期の武士。北条泰時の被官人。
¶朝日（[没]文暦1年8月22日（1234年9月16日）），岩史（[没]文暦1（1234）年8月22日），角史，神奈川人，鎌室，国史，古中，コン4，史人（[没]1234年8月22日），新潮（[没]文暦1（1234）年8月22日），姓氏神奈川，日人，北条

**尾藤金左衛門** びとうきんざえもん
？〜寛永15（1638）年
安土桃山時代〜江戸時代前期の武士、肥後熊本藩士。
¶藩臣7

**尾藤源内** びとうげんない
？〜元亀1（1570）年9月20日
戦国時代〜安土桃山時代の織田信長の家臣。
¶織田

**尾藤二郎三郎** びとうじろうさぶろう
安土桃山時代の武将。羽柴氏家臣。
¶戦西

**尾藤時綱** びとうときつな
生没年不詳
鎌倉時代後期の武士。
¶北条

**尾藤知定** びとうともさだ
→尾藤知宣（びとうとものぶ）

**尾藤知宣** びとうとものぶ
？〜天正18（1590）年　[別]尾藤知定《びとうともさだ》
安土桃山時代の武士。
¶人名（尾藤知定　びとうともさだ），戦国，戦人，戦西，日人（尾藤知定　びとうともさだ）

**尾藤内左衛門入道** びとうないさえもんにゅうどう
生没年不詳
鎌倉時代後期の武士。
¶北条

**尾藤又八** びとうまたはち
？〜元亀1（1570）年9月20日
戦国時代〜安土桃山時代の織田信長の家臣。
¶織田

**尾藤頼氏** びとうよりうじ
生没年不詳
鎌倉時代後期の武将・歌人。
¶国書

**人首権太夫** ひとかべごんだゆう
戦国時代の武将。葛西氏家臣。
¶戦東

**一栗兵部** ひとつくりひょうぶ
→一栗兵部（いっくりひょうぶ）

**一柳可遊** ひとつやなぎかゆう
→一柳弥三右衛門（ひとつやなぎやざえもん）

**一柳勘左衛門** ひとつやなぎかんざえもん
→一柳直次（ひとつやなぎなおつぐ）

**一柳次郎兵衛** ひとつやなぎじろうべえ
[別]一柳次郎兵衛《ひとつやなぎじろべえ》
安土桃山時代の武士。

¶戦国，戦人（ひとつやなぎじろべえ　生没年不詳），戦西

**一柳次郎兵衛** **ひとつやなぎじろべえ**
→一柳次郎兵衛（ひとつやなぎじろうべえ）

**一柳大六** **ひとつやなぎだいろく**
安土桃山時代の武将。秀吉馬廻。
¶戦国，戦人（生没年不詳）

**一柳直家** **ひとつやなぎなおいえ**
慶長4（1599）年～寛永19（1642）年
江戸時代前期の武将、大名。播磨小野藩主。
¶史人（[没]1642年5月29日），諸系，人名（[生]？），日人，藩主3（[没]寛永19（1642）年5月29日）

**一柳直重** **ひとつやなぎなおしげ**
慶長3（1598）年～正保2（1645）年
江戸時代前期の武将、大名。伊予西条藩主。
¶愛媛百（[生]？），諸系，日人，藩主4（[没]正保2（1645）年6月24日）

**一柳直末** **ひとつやなぎなおすえ**
天文22（1553）年～天正18（1590）年
安土桃山時代の武将。秀吉の播磨国平定に戦功。
¶朝日（[没]天正18年3月29日（1590年5月3日）），近世，国史，コン改，コン4，史人（[没]1590年3月29日），静岡歴，諸系，新潮（[没]天正18（1590）年3月29日），人名，戦合，戦国（[生]？），戦辞（[没]天正18年3月29日（1590年5月3日）），戦人（[生]天文15（1546）年），戦西，日人，歴大

**一柳直高** **ひとつやなぎなおたか**
享禄2（1529）年～天正8（1580）年7月2日？
戦国時代～安土桃山時代の織田信長の家臣。
¶織田

**一柳直次** **ひとつやなぎなおつぐ**
[別]一柳勘左衛門《ひとつやなぎかんざえもん》
安土桃山時代の武士。秀吉の家臣。
¶姓氏京都（生没年不詳），戦国（一柳勘左衛門　ひとつやなぎかんざえもん），戦人（生没年不詳），戦西

**一柳直政** **ひとつやなぎなおまさ**
安土桃山時代の武将。秀吉馬廻。
¶戦国，戦人（生没年不詳）

**一柳直盛** **ひとつやなぎなおもり**
永禄7（1564）年～寛永13（1636）年
安土桃山時代～江戸時代前期の大名。尾張黒田藩主、伊勢神戸藩主、伊予西条藩主。
¶朝日（[没]寛永13年8月19日（1636年9月18日）），大阪人，大阪墓（[没]寛永13（1636）年8月19日），近世，国史，史人（[没]1636年8月19日），諸系，人名，戦合，戦国（[生]1566年），戦人，日史（[没]寛永13（1636）年8月19日），日人，藩主2（[没]寛永13（1636）年8月19日，（異説）寛永11年8月19日），藩主3，藩主4（[没]寛永13（1636）年8月19日）

**一柳宣高** **ひとつやなぎのぶたか**
生没年不詳
戦国時代の武将。
¶諸系，日人

**一柳茂左衛門** **ひとつやなぎもざえもん**
→一柳茂左衛門（ひとつやなぎもざもえん）

**一柳茂左衛門** **ひとつやなぎもざもえん**
[別]一柳茂左衛門《ひとつやなぎもざえもん》
安土桃山時代の武将。秀吉馬廻。
¶戦国（ひとつやなぎもざえもん），戦人（生没年不詳）

**一柳弥三右衛門** **ひとつやなぎやざえもん**
？～文禄4（1595）年　[別]一柳可遊《ひとつやなぎかゆう》，一柳弥三右衛門《ひとつやなぎやさんえもん》
安土桃山時代の武士。豊臣氏家臣。
¶戦国（一柳可遊　ひとつやなぎかゆう），戦国（ひとつやなぎやさんえもん），戦人

**一柳弥三右衛門** **ひとつやなぎやさんえもん**
→一柳弥三右衛門（ひとつやなぎやざえもん）

**人見右京亮** **ひとみうきょうのすけ**
生没年不詳
戦国時代の多賀谷氏の家臣。
¶戦辞

**人見恩阿** **ひとみおんあ**
弘長1（1261）年～元弘3/正慶2（1333）年　[別]人見光行《ひとみみつゆき》，人見四郎光行《ひとみしろうみつゆき》
鎌倉時代後期の武将。
¶群馬人（人見四郎光行　ひとみしろうみつゆき），埼玉人（人見光行　ひとみみつゆき　[没]元弘3/正慶2（1333）年2月2日），人名，日人

**人見四郎** **ひとみしろう**
生没年不詳
平安時代後期の武士。
¶平史

**人見四郎光行** **ひとみしろうみつゆき**
→人見恩阿（ひとみおんあ）

**人見藤通**（人見藤道）　**ひとみふじみち**
永禄8（1565）年～慶長5（1600）年6月17日
安土桃山時代の武士。佐竹氏家臣。
¶戦辞（人見藤道），戦人（生没年不詳），戦東

**人見弁斎** **ひとみべんさい**
生没年不詳
江戸時代前期の武芸家。佐竹氏・上杉氏に仕えた。
¶国書

**人見光行** **ひとみみつゆき**
→人見恩阿（ひとみおんあ）

**日向玄東斎** **ひなたげんとうさい**
？～慶長13（1608）年
安土桃山時代～江戸時代前期の武田家臣。父は上杉家臣新津右京亮。
¶姓氏山梨

**日向是吉**(1)　**ひなたこれよし**
？～天文19（1550）年10月1日
戦国時代の甲斐武田晴信の家臣。
¶戦辞

**日向是吉**(2) **ひなたこれよし**
？ ～天正10(1582)年　[別]日向虎頭《ひなたとらあき》,日向大和守《ひなたやまとのかみ》
安土桃山時代の武士。甲斐武田晴信・勝頼の家臣。
¶姓氏長野，姓氏山梨，戦辞(日向虎頭　ひなたとらあき　[没]天正10年3月13日(1582年4月5日))，戦人，戦東，長野歴，山梨百(日向大和守　ひなたやまとのかみ　[没]天正10(1582)年3月21日)

**日向将監** **ひなたしょうげん**
天正14(1586)年～寛永17(1640)年1月1日
安土桃山時代～江戸時代前期の武士。
¶庄内

**日向宗立** **ひなたそうりゅう**
？ ～慶長13(1608)年
安土桃山時代～江戸時代前期の武士。武田氏家臣。
¶戦辞([生]大永2(1522)年？　[没]慶長13年5月14日(1608年6月26日))，戦人，戦東

**日向虎頭** **ひなたとらあき**
→日向是吉(2)(ひなたこれよし)

**日向虎忠** **ひなたとらただ**
生没年不詳
戦国時代の甲斐武田信虎の家臣。
¶戦辞

**日向昌成** **ひなたまさしげ**
→日向昌成(ひなたまさなり)

**日向昌成** **ひなたまさなり**
？ ～永禄7(1564)年　[別]日向昌成《ひなたまさしげ》
戦国時代～安土桃山時代の甲斐武田晴信の家臣。
¶姓氏山梨(ひなたまさしげ)，戦辞([没]永禄7年5月6日(1564年6月14日))

**日向政成** **ひなたまさなり**
？ ～寛永20(1643)年
安土桃山時代～江戸時代前期の武田家臣。のち徳川家に仕える。
¶姓氏山梨

**日当山侏儒どん** **ひなたやましゅじゅどん**
天正12(1584)年～寛永11(1634)年
安土桃山時代～江戸時代前期の島津家久の家臣。
¶姓氏鹿児島

**日向大和守** **ひなたやまとのかみ**
→日向是吉(2)(ひなたこれよし)

**日夏三郎兵衛尉** **ひなつさぶろびょうえのじょう**
戦国時代の武将。浅井氏家臣。
¶戦西

**日禰野勘右衛門** **ひねのかんえもん**
生没年不詳
安土桃山時代の織田信長の家臣。
¶織田

**日根野勘左衛門** **ひねのかんざえもん**
安土桃山時代の武将。秀吉馬廻。
¶戦国，戦人(生没年不詳)

**日根野五右衛門**(日禰野五右衛門) **ひねのごえもん**
生没年不詳
戦国時代～安土桃山時代の武将、馬廻。豊臣氏家臣。
¶織田(日禰野五右衛門)，戦国，戦人

**日根野重之**(日禰野重之) **ひねのしげゆき**
戦国時代の武士。
¶戦国，戦人(生没年不詳)，戦西(日禰野重之)

**日根野高弘** **ひねのたかひろ**
→日根野高吉(ひねのたかよし)

**日根野高吉** **ひねのたかよし**
＊～慶長5(1600)年　[別]日根野高弘《ひねのたかひろ》
安土桃山時代の武将、大名。信濃高島城主。
¶諸系([生]1539年)，人名([生]？)，姓氏長野([生]？)，戦国(日根野高弘　ひねのたかひろ　[生]1540年)，戦人(日根野高弘　ひねのたかひろ　[生]天文8(1539)年)，長野歴([生]？)，日人([生]1539年)，藩主2([生]？　[没]慶長5(1600)年6月26日)

**日根野時盛** **ひねのときもり**
生没年不詳
南北朝時代の武将。
¶鎌室，日人

**日根野信勝** **ひねののぶかつ**
安土桃山時代の武士。豊臣氏家臣。
¶戦国，戦人(生没年不詳)

**日禰野半左衛門** **ひねのはんざえもん**
生没年不詳
安土桃山時代の織田信長の家臣。
¶織田

**日根野弘勝** **ひねのひろかつ**
安土桃山時代の武士。豊臣氏家臣、徳川氏家臣。
¶戦国，戦人(生没年不詳)

**日根野弘就**(日禰野弘就) **ひねのひろなり**
？ ～慶長7(1602)年　[別]治部卿法印《じぶきょうほういん》
安土桃山時代の武将。豊臣秀吉の臣。
¶織田(日禰野弘就　[没]慶長7(1602)年5月28日)，近世，国史，史人([没]1602年5月28日)，諸系，人名，戦合，戦国，戦人，戦西(日禰野弘就)，日人

**日根野孫二郎** **ひねのまごじろう**
生没年不詳
安土桃山時代の織田信長の家臣。
¶織田

**日禰野盛就** **ひねのもりなり**
？ ～天正13(1585)年8月5日
戦国時代～安土桃山時代の織田信長の家臣。
¶織田

**日根野吉明** **ひねのよしあき**
→日根野吉明(ひねのよしあきら)

**日根野吉明** **ひねのよしあきら**
天正15(1587)年～明暦2(1656)年　[別]日根野吉

朋《ひねのよしとも》, 日根野吉明《ひねのよしあき》
安土桃山時代〜江戸時代前期の武将、大名。信濃高島藩主、下野壬生藩主、豊後府内藩主。
¶大分百(ひねのよしあき), 大分歴, 史人(ひねのよしあき [没]1656年3月26日), 諸系, 人名(日根野吉朋 ひねのよしとも [生]1588年 [没]1658年), 戦国(ひねのよしあき [生]1588年), 戦人(ひねのよしあき), 栃木歴(ひねのよしあき), 長野歴, 日史([没]明暦2(1656)年3月26日), 日人, 藩主1, 藩主2([没]明暦2(1656)年3月26日), 藩主4(ひねのよしあき [没]明暦2(1656)年3月26日), 百科

**日根野吉時** ひねのよしとき
安土桃山時代の武士。豊臣氏家臣、徳川氏家臣。
¶戦国, 戦人(生没年不詳)

**日根野吉朋** ひねのよしとも
→日根野吉明(ひねのよしあきら)

**日禰野六郎左衛門** ひねのろくろうざえもん
生没年不詳
安土桃山時代の織田信長の家臣。
¶織田

**日野右馬之允** ひのうまのじょう
戦国時代の武将。葛西氏家臣。
¶戦東

**日野将監** ひのしょうげん
安土桃山時代〜江戸時代前期の武士。最上氏家臣。
¶戦人(生没年不詳), 戦東

**日野遠江守** ひのとおとうみのかみ
戦国時代の武将。葛西氏家臣。
¶戦東

**日戸内膳** ひのとないぜん
生没年不詳
安土桃山時代の南部家臣。
¶姓氏岩手

**日野備中守** ひのびっちゅうのかみ
生没年不詳
安土桃山時代〜江戸時代前期の武士。最上氏家臣。
¶庄内, 戦人, 戦東

**日畑景親** ひはたかげちか
〜天正10(1582)年
安土桃山時代の武将。
¶岡山人

**日幡六郎兵衛** ひばたろくろうべえ
? 〜天正10(1582)年4月
安土桃山時代の備中国の武将。
¶岡山歴

**日比久三郎** ひびきゅうざぶろう
安土桃山時代の武将。秀吉馬廻。
¶戦国, 戦人(生没年不詳)

**日比野清実** ひびのきよざね
? 〜永禄4(1561)年
戦国時代の武士。
¶戦人, 戦西

**日比野小十郎** ひびのこじゅうろう
安土桃山時代の武将。秀吉馬廻。
¶戦国, 戦人(生没年不詳)

**日比野下野守** ひびのしもつけのかみ
? 〜文禄4(1595)年
安土桃山時代の武士。豊臣氏家臣。
¶戦国, 戦人

**日比野修理** ひびのしゅり
生没年不詳
安土桃山時代の織田信長の家臣。
¶織田

**日比野彦左衛門** ひびのひこざえもん
生没年不詳
安土桃山時代の織田信長の家臣。
¶織田

**日比野孫一** ひびのまごいち
生没年不詳
安土桃山時代の織田信長の家臣。
¶織田

**日比野弥次郎** ひびのやじろう
生没年不詳
安土桃山時代の織田信長の家臣。
¶織田

**日比野六大夫** ひびのろくだゆう
生没年不詳
安土桃山時代の織田信長の家臣。
¶織田

**日奉季重** ひまつりのすえしげ
→平山季重(ひらやますえしげ)

**日奉宗頼** ひまつりむねより
平安時代前期の豪族。武蔵七党の一つ西党を形成。
¶多摩

**氷見屋善徳** ひみやぜんとく
安土桃山時代〜江戸時代前期の能登国鹿島郡所口村の人。前田利家の家臣。
¶姓氏石川

**氷室広長** ひむろひろなが
生没年不詳
安土桃山時代の織田信長の家臣。
¶織田

**姫島入道** ひめじまにゅうどう
生没年不詳
戦国時代の武将。大友氏家臣。
¶戦人

**姫田藤家** ひめだふじいえ
? 〜天正5(1577)年
戦国時代〜安土桃山時代の武将。
¶戦人

**百武志摩守賢兼** ひゃくたけしまのかみともかね
→百武賢兼(ひゃくたけともかね)

**百武新三郎** ひゃくたけしんざぶろう
戦国時代〜安土桃山時代の武将。竜造寺氏家臣。

¶戦西

**百武賢兼** ひゃくたけともかね
? ～天正12（1584）年 [別]百武志摩守賢兼《ひゃくたけしまのかみともかね》
安土桃山時代の武士。
¶佐賀百（[没]天正12（1584）年3月24～日），戦人，戦西（百武志摩守賢兼 ひゃくたけしまのかみともかね）

**日向半之丞** ひゅうがはんのじょう
? ～明暦3（1657）年
江戸時代前期の武将、出羽山形藩士。
¶藩臣1

**日向通良** ひゅうがみちよし
? ～永暦1（1160）年
平安時代後期の肥前国の豪族。藤原氏。
¶朝日（[没]永暦1（1160）年4月），日人，平史

**兵主源六** ひょうすげんろく
生没年不詳
戦国時代～安土桃山時代の武将。毛利氏家臣。
¶戦人

**平藤仙右衛門** ひょうどうせんえもん
生没年不詳
安土桃山時代～江戸時代前期の武将、最上氏遺臣。
¶庄内

**兵頭太郎右衛門** ひょうどうたろうえもん
*～慶長2（1597）年 [別]兵頭太郎右衛門《ひょうどうたろえもん》
戦国時代の武士・泉貨紙の発明者。
¶愛媛百（ひょうどうたろえもん [生]?），郷土愛媛（[生]1556年）

**兵頭太郎右衛門** ひょうどうたろえもん
→兵頭太郎右衛門（ひょうどうたろうえもん）

**豹徳軒** ひょうとくけん
生没年不詳
戦国時代の扇谷上杉氏・北条氏の家臣。
¶戦辞

**日吉六郎右衛門** ひよしろくろうえもん
生没年不詳
戦国時代～安土桃山時代の武士。
¶戦人

**平井家兼** ひらいいえかね
安土桃山時代の武将。
¶岡山人，岡山歴

**平井久右衛門** ひらいきゅうえもん
安土桃山時代の武将。織田信長の臣。
¶織田（生没年不詳），戦補

**平井金十郎** ひらいきんじゅうろう
安土桃山時代の武将。秀吉馬廻。
¶戦国，戦人（生没年不詳）

**平井定武** ひらいさだたけ
生没年不詳
戦国時代の武将・連歌作者。
¶織田，国書

**平井助之進** ひらいすけのしん
室町時代の武将。
¶岡山人

**平井相助** ひらいそうじょ
元徳1（1329）年～?
鎌倉時代後期～南北朝時代の武将。
¶国書

**平井経治** ひらいつねはる
? ～天正2（1574）年
戦国時代～安土桃山時代の武将。
¶佐賀百，戦人

**平井道助** ひらいどうじょ
生没年不詳 [別]道助《どうじょ》
室町時代の武士、連歌師。
¶姓氏山口，日人，俳句（道助 どうじょ）

**平井長勝** ひらいながかつ
? ～正保1（1644）年
江戸時代前期の武士。徳川氏家臣。大坂夏の陣で戦功。
¶戦人

**平岩近吉** ひらいわちかよし
天正4（1576）年～寛永5（1628）年
安土桃山時代～江戸時代前期の武士。紀州藩士。
¶和歌山人

**平岩親吉** ひらいわちかよし
天文11（1542）年～慶長16（1611）年
安土桃山時代～江戸時代前期の大名。上野前橋藩主、尾張犬山藩主。
¶愛知百（[生]1543年 [没]1611年12月30日），朝日（[没]慶長16年12月30日（1612年2月1日）），角史，近世，群馬人，群馬百，国史，国書（[没]慶長16（1611）年12月30日），コン改，コン4，史人（[没]1611年12月30日），新潮（[没]慶長16（1611）年12月30日），人名，姓氏愛知，姓氏群馬，世人，戦合，戦国（[生]1543年），戦辞（[没]慶長16年12月30日（1612年2月1日）），戦人，戦東（[没]?），日史（[没]慶長16（1611）年12月30日），日人（[没]1612年），藩主1（[没]慶長16（1611）年12月30日），藩主2（[没]慶長16（1611）年12月30日），藩臣4，百科，山梨百（[没]慶長16（1611）年12月30日）

**平岩光吉** ひらいわみつよし
生没年不詳
戦国時代の武士。松平氏家臣。
¶戦辞

**平岩元重** ひらいわもとしげ
天文3（1534）年～元和5（1619）年8月13日
戦国時代～江戸時代前期の武将。
¶国書

**平岡某** ひらおか
生没年不詳
安土桃山時代の織田信長の家臣。
¶織田

**平岡実俊** ひらおかさねとし
生没年不詳

鎌倉時代の武士。
¶北条

**平岡下総守** ひらおかしもうさのかみ
生没年不詳
戦国時代の武将。
¶戦人

**平岡為時** ひらおかためとき
生没年不詳
鎌倉時代の武士。
¶北条

**平岡為尚** ひらおかためひさ
生没年不詳
鎌倉時代後期の武士。
¶北条

**平岡為政** ひらおかためまさ
生没年不詳
鎌倉時代後期の武士。
¶北条

**平岡直房** ひらおかなおふさ
生没年不詳
安土桃山時代～江戸時代前期の武士。
¶戦人

**平岡房実** ひらおかふさざね
生没年不詳
戦国時代の武将。
¶戦人

**平岡正治** ひらおかまさはる
＊～慶長5 (1600) 年
安土桃山時代の武士。豊臣氏家臣。
¶戦国 (㋹1549年)，戦人 (㋹天文17 (1548) 年)

**平岡道成** ひらおかみちなり
？ ～元和9 (1623) 年
安土桃山時代～江戸時代前期の武田家臣。蔵前衆の一人。
¶姓氏山梨

**平岡頼勝** ひらおかよりかつ
永禄3 (1560) 年～慶長12 (1607) 年
安土桃山時代～江戸時代前期の武将、大名。美濃徳野藩主。
¶岐阜百，人名 (㋹1561年)，戦国，戦人，日人，藩主2 (㋹慶長12 (1607) 年2月24日)

**平尾久助** ひらおきゅうすけ
？ ～天正10 (1582) 年6月2日
戦国時代～安土桃山時代の織田信長の家臣。
¶織田

**平尾守芳** ひらおもりよし
天文8 (1539) 年～寛永14 (1637) 年
戦国時代～江戸時代前期の平尾氏5代の武将、平尾氏中興の祖。
¶長野歴

**平賀興貞** ひらがおきさだ
生没年不詳
戦国時代の武士。

¶戦人

**比楽勝広** ひらがかつひろ
→比楽勝広 (ひらかつひろ)

**平賀源心** ひらがげんしん
？ ～＊
戦国時代の武将。
¶長野歴 (㋼天文5 (1536) 年)，日人 (㋳1537年？)，山梨百 (生没年不詳)

**平賀惟義** ひらがこれよし
→大内惟義 (おおうちこれよし)

**平賀三郎** ひらがさぶろう
生没年不詳
鎌倉時代後期の武士。護良親王の従臣。
¶姓氏長野，長野歴

**平賀重資** ひらがしげすけ
戦国時代～安土桃山時代の武士。上杉氏家臣。
¶戦人 (生没年不詳)，戦東

**平賀隆宗** ひらがたかむね
？ ～天文18 (1549) 年
戦国時代の武士。
¶戦人

**平賀隆保** ひらがたかやす
生没年不詳
戦国時代の武将。
¶戦人

**比楽勝広** ひらかつひろ
生没年不詳　㋙比楽勝広《ひらがかつひろ》
戦国時代の武士。結城氏家臣。
¶戦辞 (ひらがかつひろ)，戦人，戦東

**平賀朝雅** ひらがともまさ
？ ～元久2 (1205) 年　㋙源朝雅《みなもとのともまさ》
平安時代後期～鎌倉時代前期の武将。「三日平氏の乱」を平定。
¶朝日 (㋼元久2年閏7月26日 (1205年9月11日))，角史，神奈川人，鎌倉，鎌室，京都，京都大，国史，古中，コン改，コン4，史人 (㋼1205年閏7月26日)，重要 (㋼元久2 (1205) 年閏7月26日)，諸系，新潮 (㋼元久2 (1205) 年8月2日)，人名，姓氏京都，姓氏長野，世人 (㋼元久2 (1205) 年閏7月26日)，世百，全書，日史 (㋼元久2 (1205) 年閏7月26日)，日人，百科，平史 (源朝雅　みなもとのともまさ)，北条，歴大

**平賀彦五郎** ひらがひこごろう
生没年不詳
安土桃山時代の部将。
¶庄内

**平賀広相** ひらがひろすけ
＊～永禄10 (1567) 年
戦国時代の武士。
¶姓氏山口 (生没年不詳)，戦人 (㋳享禄1 (1528) 年)，戦西 (㋳？)

**平賀元相** ひらがもとすけ
＊～正保2 (1645) 年

安土桃山時代～江戸時代前期の武士。毛利氏家臣。
¶戦国（[生]1548年），戦人（[生]天文16（1547）年）

**平賀元忠** ひらがもとただ
生没年不詳
江戸時代前期の武士。安芸国高屋の頭崎城主平賀元相の子。
¶姓氏山口

**平賀盛義** ひらがもりよし
生没年不詳　[別]源盛義《みなもとのもりよし》
平安時代後期の武将。
¶姓氏長野，長野歴，平史（源盛義　みなもとのもりよし）

**平賀善可** ひらがよしかず
～天正18（1590）年12月
戦国時代～安土桃山時代の土豪。
¶庄内

**平賀義信** ひらがよしのぶ
生没年不詳　[別]源義信《みなもとのよしのぶ，みなもとよしのぶ》，大内義信《おおうちよしのぶ》
平安時代後期～鎌倉時代前期の武将。平治の乱敗北後も源義朝に従う。
¶朝日（大内義信　おおうちよしのぶ），鎌室，国史，古中，コン改，コン4，史人，諸系，新潮，人名，長野歴，日史，日人，百科，平史（源義信　みなもとのよしのぶ），歴大

**平川左衛門** ひらかわさえもん
戦国時代の武士。後北条氏家臣。
¶戦人（生没年不詳），戦東

**平川高親** ひらかわたかちか
弘安7（1284）年3月3日～天授1/永和1（1375）年10月3日
南北朝時代の備中国の武将。
¶岡山歴

**平川忠正** ひらかわただまさ
安土桃山時代の武将。
¶岡山人

**平古種豊** ひらこたねとよ
生没年不詳
安土桃山時代の織田信長の家臣。
¶織田

**平佐就言** ひらさなりこと
生没年不詳
安土桃山時代の武将。
¶国書

**平佐就之** ひらさなりゆき
戦国時代の武将。毛利氏家臣。
¶戦西

**平沢篤通** ひらさわあつみち
生没年不詳
戦国時代の佐竹氏の家臣。
¶戦辞

**平沢蔵人** ひらさわくらんど
生没年不詳　[別]平沢蔵人《ひらさわくろうど》
戦国時代の武士。佐竹氏家臣。
¶戦辞（ひらさわくろうど），戦人，戦東

**平沢蔵人** ひらさわくろうど
→平沢蔵人（ひらさわくらんど）

**平沢藤左衛門** ひらさわとうざえもん
戦国時代の武将。大崎氏家臣。
¶戦東

**平沢道正** ひらさわどうしょう
生没年不詳
戦国時代の土豪。
¶戦辞

**平沢美濃守** ひらさわみののかみ
戦国時代の武将。佐竹氏家臣。
¶戦東

**平清水下野** ひらしみずしもつけ
安土桃山時代～江戸時代前期の武士。最上氏家臣。
¶戦東

**広瀬加兵衛** ひらせかへえ
[別]広瀬加兵衛《ひろせかへえ》
安土桃山時代の武将。秀吉馬廻。
¶戦国（ひろせかへえ），戦人（生没年不詳）

**平瀬新之丞** ひらせしんのじょう
？　～天文20（1551）年
戦国時代の安曇郡平瀬城城主。
¶姓氏長野

**平瀬甚平義兼** ひらせじんべえよしかね
→平瀬義兼（ひらせよしかね）

**平瀬義兼** ひらせよしかね
？　～天文20（1551）年　[別]平瀬甚平義兼《ひらせじんべえよしかね》
戦国時代の武士。小笠原氏家臣。
¶戦人，戦東（平瀬甚平義兼　ひらせじんべえよしかね）

**平田家継** ひらたいえつぐ
？　～元暦1（1184）年　[別]平家継《たいらのいえつぐ》
平安時代後期の武士。
¶鎌室，人名，日人，平史（平家継　たいらのいえつぐ）

**平堯知**（平尭知）　ひらたかとも
戦国時代の武士。畠山氏の家臣。畠山七人衆。
¶姓氏石川（平尭知），戦人（生没年不詳），戦西

**平田兼宗** ひらたかねむね
生没年不詳
戦国時代の地方豪族・土豪。
¶戦人

**平田五郎** ひらたごろう
生没年不詳
安土桃山時代の武将。
¶藩臣1

**平田三五郎** ひらたさんごろう
*～慶長4（1599）年
安土桃山時代の島津家家老平田太郎左衛門増宗の嫡男。

¶人名([生]?)，日人([生]1585年)

**平田三位** ひらたさんみ
生没年不詳
安土桃山時代の織田信長の家臣。
¶織田

**平田俊遠** ひらたとしとお
生没年不詳
平安時代後期～鎌倉時代前期の武士。
¶平史

**平田歳宗** ひらたとしむね
? ～慶長3(1598)年
安土桃山時代の武士。
¶姓氏鹿児島，戦人，戦西

**平田昌宗** ひらたまさむね
? ～天正7(1579)年
戦国時代～安土桃山時代の武士。
¶姓氏鹿児島，戦人，戦西

**平田増宗** ひらたますむね
*～慶長15(1610)年
安土桃山時代～江戸時代前期の武士。琉球侵入時の島津軍の副大将。
¶沖縄百([生]永禄9(1566)年　[没]慶長15(1610)年6月19日)，姓氏鹿児島([生]1565年)

**平田光宗** ひらたみつむね
? ～慶長10(1605)年
安土桃山時代の武士。
¶姓氏鹿児島，戦人，戦西

**平田宗清** ひらたむねきよ
戦国時代の武将。
¶姓氏鹿児島

**平田宗茂** ひらたむねしげ
戦国時代の武士。
¶姓氏鹿児島，戦人(生没年不詳)，戦西

**平田宗応** ひらたむねまさ
生没年不詳
戦国時代～安土桃山時代の武将。島津氏家臣。
¶戦人

**平塚勘兵衛** ひらつかかんべえ
慶長2(1597)年～延宝7(1679)年　[別]平塚重近《ひらつかしげちか》
江戸時代前期の武士、紀伊和歌山藩士。
¶藩臣5，和歌山人(平塚重近　ひらつかしげちか)

**平塚紀八** ひらつかきはち
安土桃山時代の武将。秀吉馬廻。
¶戦国，戦人(生没年不詳)

**平塚刑部大輔** ひらつかぎょうぶのたいふ
生没年不詳
戦国時代の常陸小田氏の家臣。
¶戦辞

**平塚三郎右衛門** ひらつかさぶろうえもん
安土桃山時代の武将。豊臣秀吉の臣。
¶戦補

**平塚三郎兵衛** ひらつかさぶろべえ
生没年不詳
安土桃山時代の武士。豊臣氏家臣。
¶戦人

**平塚重近** ひらつかしげちか
→平塚勘兵衛(ひらつかかんべえ)

**平塚将監** ひらつかしょうげん
戦国時代の武将。葛西氏家臣。
¶戦東

**平塚為景** ひらつかためかげ
? ～寛永4(1627)年
江戸時代前期の武士。紀州藩士。
¶和歌山人

**平塚為広** ひらつかためひろ
? ～慶長5(1600)年
安土桃山時代の武士。豊臣氏家臣。
¶人名，戦国，戦人，日人

**平塚藤右衛門** ひらつかとうえもん
戦国時代の武士。後北条氏家臣。
¶戦人(生没年不詳)，戦東，戦補

**平塚長信** ひらつかながのぶ
? ～永禄2(1559)年
戦国時代の武士。
¶戦人

**平塚増次** ひらつかますつぐ
? ～寛永7(1630)年
安土桃山時代～江戸時代前期の武士、筑後三池藩士。
¶藩臣7

**平手監物** ひらてけんもつ
大永7(1527)年? ～天正2(1574)年9月?
戦国時代～安土桃山時代の織田信長の家臣。
¶織田

**平手五郎右衛門** ひらてごろうえもん
? ～天正2(1574)年9月?
戦国時代～安土桃山時代の織田信長の家臣。
¶織田

**平手甚左衛門** ひらてじんざえもん
? ～元亀3(1572)年　[別]平手汎秀《ひらてひろひで》
戦国時代の武士。織田氏家臣。
¶織田(平手汎秀　ひらてひろひで　[没]元亀3(1572)年12月22日)，人名(平手汎秀　ひらてひろひで)，戦人，戦補，日人(平手汎秀　ひらてひろひで　[没]1573年)

**平手内膳** ひらてないぜん
生没年不詳
安土桃山時代の織田信長の家臣。
¶織田

**平手長政** ひらてながまさ
生没年不詳
安土桃山時代の織田信長の家臣。
¶織田

**平手汎秀** ひらてひろひで
→平手甚左衛門（ひらてじんざえもん）

**平手政秀** ひらてまさひで，ひらでまさひで
明応1（1492）年～天文22（1553）年
戦国時代の武将。平手経秀の子。織田信秀の重臣。
¶愛知百（[生]1493年　[没]1544年1月13日），朝日（[没]天文22年閏1月13日（1553年2月25日）），織田（[没]天文22（1553）年閏1月13日），国史，古中，コン改（ひらでまさひで），コン4（ひらでまさひで），史人（[没]1553年閏1月13日），新潮（ひらでまさひで　[没]天文22（1553）年閏1月13日），人名，姓氏愛知（ひらでまさひで），世人（[没]天文22（1553）年閏1月13日），世百，戦合，戦国（[生]1493年），全書，戦人，日史（[生]明応2（1493）年　[没]天文22（1553）年閏1月13日），日人，百科（[生]明応2（1493）年），歴大



**平戸通国** ひらとみちくに
生没年不詳
戦国時代の水戸城主江戸氏の家臣。
¶戦辞

**平野勘右衛門** ひらのかんえもん
？～天正10（1582）年6月2日
戦国時代～安土桃山時代の織田信長の家臣。
¶織田

**平野権作** ひらのごんさく
生没年不詳
安土桃山時代～江戸時代前期の武士。浅野家臣。
¶和歌山人

**平野甚右衛門** ひらのじんえもん
生没年不詳
戦国時代～安土桃山時代の武士。織田氏家臣、上杉氏家臣。
¶織田，戦人，戦補

**平野新左衛門** ひらのしんざえもん
？～天正10（1582）年6月2日
戦国時代～安土桃山時代の織田信長の家臣。
¶織田

**平野甚介** ひらのじんすけ
安土桃山時代の武将。秀吉馬廻。
¶戦国，戦人（生没年不詳）

**平野新八郎** ひらのしんぱちろう
安土桃山時代の武将。秀吉馬廻。
¶戦国，戦人（生没年不詳）

**平野土佐** ひらのとさ
？～慶長18（1613）年3月25日
江戸時代前期の土豪。
¶埼玉人

**平野土佐守** ひらのとさのかみ
生没年不詳
安土桃山時代の織田信長の家臣。
¶織田

**平野長重** ひらのながしげ
永禄3（1560）年～慶安3（1650）年
安土桃山時代～江戸時代前期の武士。織田氏家臣、豊臣氏家臣。
¶戦国，戦人

**平野長治** ひらのながはる
？～慶長11（1606）年
安土桃山時代～江戸時代前期の武士。織田氏家臣、豊臣氏家臣。
¶織田（生没年不詳），戦国，戦人

**平野長泰** ひらのながやす
永禄2（1559）年～寛永5（1628）年
安土桃山時代～江戸時代前期の武士。
¶史人（[没]1628年5月7日），人名，戦国，戦人，戦西，日史（[没]寛永5（1628）年5月7日），日人，百科，歴大

**平野久利** ひらのひさとし
？～永禄8（1565）年
戦国時代の武士。
¶戦人，戦西，日人

**平野久村** ひらのひさむら
戦国時代の武士、尼子義久の臣。
¶人名

**平野又右衛門** ひらのまたうえもん
→平野又右衛門（ひらのまたえもん）

**平野又右衛門** ひらのまたえもん
[別]平野又右衛門《ひらのまたうえもん》
安土桃山時代～江戸時代前期の武士。里見氏家臣。
¶戦人（生没年不詳），戦東（ひらのまたうえもん）

**平林正家** ひらばやしまさいえ
？～永禄12（1569）年
戦国時代～安土桃山時代の武田家臣。信濃上尾の城主。
¶姓氏長野，姓氏山梨

**平林正恒** ひらばやしまさつね
生没年不詳
安土桃山時代～江戸時代前期の地侍。
¶戦人，長野歴，藩臣1（[生]天文19（1550）年　[没]元和8（1622）年）

**平林弥右衛門** ひらばやしやえもん
安土桃山時代の武士。小笠原氏家臣。
¶戦人（生没年不詳），戦東

**平林頼宗** ひらばやしよりむね
？～仁治1（1240）年
鎌倉時代前期の武将。
¶大分歴（生没年不詳），長野歴

**平原宮内介** ひらはらくないのすけ
戦国時代の武将。武田家臣。板垣配下の武辺者。
¶姓氏山梨

**平総知** ひらふさとも
戦国時代の武士。
¶姓氏石川，戦人（生没年不詳），戦西

**平松金次郎** ひらまつきんじろう
永禄3（1560）年～天正15（1587）年
安土桃山時代の武士。徳川氏家臣、豊臣氏家臣。
¶戦人，戦補

**平松助十郎** ひらまつすけじゅうろう
生没年不詳
安土桃山時代の織田信長の家臣。
¶織田

**平松資直** ひらまつすけなお
～天正3(1575)年
安土桃山時代の武将。
¶岡山人

**平松宗時** ひらまつむねとき
生没年不詳
安土桃山時代の地方豪族・土豪。
¶戦人

**平光知** ひらみつとも
戦国時代の武士。
¶姓氏石川，戦人(生没年不詳)，戦西

**平屋玄蕃** ひらやげんば
戦国時代の武将。武田家臣。信濃一騎合衆。
¶姓氏山梨

**平柳蔵人佑** ひらやなぎくろうどのすけ
？ ～永禄7(1564)年
戦国時代の武士。
¶埼玉人

**平山伊賀守** ひらやまいがのかみ
→平山氏重(ひらやまうじしげ)

**平山以清斎** ひらやまいせいさい
生没年不詳
戦国時代の武蔵国衆。
¶戦辞

**平山氏重** ひらやまうじしげ
？ ～天正18(1590)年 [別]平山伊賀守《ひらやまいがのかみ》
安土桃山時代の地方豪族・土豪。後北条氏家臣。
¶戦辞(平山伊賀守　ひらやまいがのかみ　[没]天正18(1590)年6月？)，戦人，多摩

**平山源太郎** ひらやまげんたろう
生没年不詳
戦国時代の北条氏の家臣。
¶戦辞

**平山重吉** ひらやましげよし
～天正12(1584)年
戦国時代～安土桃山時代の武士。
¶多摩

**平山季重** ひらやますえしげ
生没年不詳 [別]日奉季重《ひまつりのすえしげ》
平安時代後期～鎌倉時代前期の武士。武蔵七党の西党に属す。
¶朝日，鎌室，国史，古中，史人，新潮，人名，多摩([没]承久1(1219)年？)，日史，日人，平史(日奉季重　ひまつりのすえしげ)

**平山忠智** ひらやまただとも
？ ～永禄2(1559)年
戦国時代の日向国松山城の城主。
¶姓氏鹿児島

**平山忠康** ひらやまただやす
戦国時代の武将。
¶姓氏鹿児島

**平山綱景** ひらやまつなかげ
生没年不詳
戦国時代の武蔵国衆。
¶戦辞

**平山直重** ひらやまなおしげ
生没年不詳
戦国時代の武蔵国衆。
¶戦辞

**平山了清** ひらやまりょうせい
鎌倉時代の武士。
¶姓氏鹿児島

**平渡五郎** ひらわたごろう
戦国時代の武将。大崎氏家臣。
¶戦東

**比留正元** ひるまさもと
？ ～天正5(1577)年
戦国時代～安土桃山時代の織田信長の家臣。
¶織田

**広居忠家** ひろいただいえ
天文6(1537)年～？
戦国時代～安土桃山時代の上杉氏の家臣。
¶戦辞

**広井六郎右衛門** ひろいろくろうえもん
？ ～天正14(1586)年
安土桃山時代の武将。長宗我部氏家臣。
¶戦西

**広岡祐貴** ひろおかすけたか
室町時代の美作国東部の在地武士。
¶岡山歴

**広川喜右衛門** ひろかわきえもん
生没年不詳
安土桃山時代～江戸時代前期の武将、最上氏遺臣。
¶庄内

**広瀬景房** ひろせかげふさ
戦国時代～安土桃山時代の武士。
¶姓氏山梨，戦人(生没年不詳)，戦東

**広瀬加兵衛** ひろせかへえ
→広瀬加兵衛(ひらせかへえ)

**広瀬郷左衛門** ひろせごうざえもん
大永7(1527)年～？
安土桃山時代の武将、武田氏の同心。
¶人名，日人(生没年不詳)，山梨百

**広瀬兵庫助** ひろせひょうごのすけ
生没年不詳
安土桃山時代の織田信長の家臣。
¶織田

**広瀬宗域** ひろせむねくに
戦国時代の武将。
¶岐阜百

**弘田四郎兵衛** ひろたしろうべえ
戦国時代～安土桃山時代の武将。長宗我部氏家臣。
¶戦西

**広田図書** ひろたずしょ
？ ～寛永17（1640）年
江戸時代前期の武将、備後福山藩家老。
¶藩臣6

**広田太郎右衛門** ひろたたろうえもん
生没年不詳
江戸時代前期の武士、遠野南部氏家老。
¶姓氏岩手

**広田直繁** ひろたなおしげ
生没年不詳
戦国時代の羽生城主・館林城主。
¶埼玉人，戦辞

**弘田伸泰** ひろたのぶやす
？ ～慶長6（1601）年
安土桃山時代の武士。長宗我部氏家臣。
¶戦人

ふ

**広田民部** ひろたみんぶ
生没年不詳
戦国時代～安土桃山時代の武士。尼子氏家臣。
¶戦人

**広戸左近将監** ひろどさこんしょうげん
南北朝時代の美作国東部の在地武士。
¶岡山歴

**広戸重久** ひろとしげひさ
大永7（1527）年～慶長17（1612）年
戦国時代～安土桃山時代の武将。今川氏家臣。
¶戦東

**広戸弾正左衛門** ひろどだんじょうざえもん
南北朝時代の美作国東部の那岐山麓の武士。
¶岡山歴

**広戸広家** ひろとひろいえ
？ ～天文2（1533）年
戦国時代の武将。
¶岡山人，戦人

**広戸与右衛門** ひろとよえもん
？ ～慶長5（1600）年
安土桃山時代の武士。
¶岡山歴（[没]慶長5（1600）年9月15日），戦人，戦西

**弘中興勝** ひろなかおきかつ
戦国時代の武将。大内氏家臣。
¶戦西

**弘中隆兼** ひろなかたかかね
？ ～弘治1（1555）年
戦国時代の武士。
¶姓氏山口，戦人，戦西

**弘中武長** ひろなかたけなが
戦国時代の武士。
¶戦人（生没年不詳），戦西

**弘中弘信** ひろなかひろのぶ
生没年不詳
室町時代の武士。大内氏家臣。
¶姓氏山口

**弘中正長** ひろなかまさなが
戦国時代の武将。大内氏家臣。
¶戦西

**広野孫三郎** ひろのまござぶろう
生没年不詳
安土桃山時代の織田信長の家臣。
¶織田

**広葉** ひろは
生没年不詳
安土桃山時代の織田信長の家臣。
¶織田

**広橋経泰** ひろはしつねやす
生没年不詳
南北朝時代の陸奥国の南朝方の武将。
¶鎌室，国史，古中，新潮，日人

**琵琶島善次郎** びわじまぜんじろう
生没年不詳
戦国時代の武士。
¶戦辞

**琵琶島弥七郎** びわじまやしちろう
生没年不詳
戦国時代の越後国刈羽郡の領主。
¶戦辞

**樋渡典膳** ひわたてんぜん
戦国時代の武将。葛西氏家臣。
¶戦東

**火渡広家** ひわたりひろいえ
？ ～慶長5（1600）年
安土桃山時代の武士。
¶戦人

## 【ふ】

**風魔小太郎** ふうまこたろう
戦国時代の乱波の首領。
¶コン4，大百，日人（生没年不詳）

**深井** ふかい
生没年不詳
戦国時代の北条氏の家臣。
¶戦辞

**深井景吉** ふかいかげよし
→深井対馬守（ふかいつしまのかみ）

**深井対馬守** ふかいつしまのかみ
天文3（1534）年～慶長16（1611）年　[別]深井景吉《ふかいかげよし》
戦国時代～江戸時代前期の岩付太田氏の家臣。
¶埼玉人（深井景吉　ふかいかげよし　[没]慶長16（1611）年2月11日），戦辞（[没]慶長16年2月11日

(1611年3月25日))

**深井藤右衛門** ふかいとうえもん
? ～慶長9(1605)年11月16日
安土桃山時代～江戸時代前期の岩付城主北条氏房の家臣。
¶戦辞

**深井吉親** ふかいよしちか
天正14(1586)年～慶安3(1650)年
安土桃山時代～江戸時代前期の武将。
¶日人

**深江純忠** ふかえすみただ
生没年不詳
戦国時代の武士。
¶戦人

**深尾和泉守** ふかおいずみのかみ
戦国時代の武将。斎藤氏家臣。
¶戦西

**深尾重忠** ふかおしげただ
永禄12(1569)年～万治1(1658)年
安土桃山時代～江戸時代前期の武士、山内家功臣。
¶高知人

**深尾重昌** ふかおしげまさ
慶長3(1598)年～寛文12(1672)年
江戸時代前期の武士、土佐藩家老。
¶高知人，藩臣6

**深尾重良** ふかおしげよし
弘治3(1557)年～寛永9(1632)年
安土桃山時代～江戸時代前期の土佐藩家老。
¶高知人，高知百，藩臣6

**深尾二郎兵衛** ふかおじろべえ
生没年不詳
安土桃山時代の織田信長の家臣。
¶織田

**深尾又次郎** ふかおまたじろう
生没年不詳
安土桃山時代の織田信長の家臣。
¶織田

**深川胤兼** ふかがわつぐかね
生没年不詳
戦国時代の地方豪族・土豪。大内氏家臣。
¶戦人

**深沢刑部少輔** ふかざわぎょうぶのしょう
生没年不詳
戦国時代の上杉景勝の家臣。
¶戦辞

**深沢利重** ふかざわとししげ
生没年不詳
安土桃山時代の坂戸城将と伝えられる。
¶新潟百

**深沢備後守** ふかざわびんごのかみ
生没年不詳
戦国時代の北条氏の家臣。
¶戦辞

**深須光重** ふかすみつしげ
生没年不詳
平安時代後期～鎌倉時代前期の武士。
¶群馬人

**深瀬隆兼** ふかせたかかね
生没年不詳
戦国時代の武将。
¶戦人

**武津高勝** ふかつたかかつ
生没年不詳
安土桃山時代～江戸時代前期の武士。紀州藩士。
¶和歌山人

**深野房隆** ふかのふさたか
? ～天文20(1551)年
戦国時代の武将。
¶日人

**深堀新左衛門武虎** ふかほりしんざえもんたけとら
→深堀武虎(ふかぼりたけとら)

**深堀純賢** ふかぼりすみまさ，ふかほりすみまさ
天文16(1547)年～元和5(1619)年 [別]西郷純賢《さいごうすみまさ》
戦国時代～安土桃山時代の武士。
¶戦人(生没年不詳)，戦西，長崎百(ふかほりすみまさ)

**深堀武虎** ふかぼりたけとら
? ～天正19(1591)年 [別]深堀新左衛門武虎《ふかほりしんざえもんたけとら》，深堀武虎《しんぼりたけとら》
安土桃山時代の武士。葛西氏家臣。
¶姓氏岩手(しんぼりたけとら)，戦人(生没年不詳)，戦東(深堀新左衛門武虎 ふかほりしんざえもんたけとら)

**深堀行光** ふかほりゆきみつ
生没年不詳
鎌倉時代前期の武士。
¶鎌室，日人

**深堀能仲** ふかほりよしなか
生没年不詳
鎌倉時代前期の武士。
¶鎌室，日人

**深町理忠** ふかまちまさただ
? ～永禄1(1558)年 [別]深町理忠《ふかまちりちゅう》
戦国時代の武士。
¶佐賀百(ふかまちりちゅう [没]永禄1(1558)年11月15日)，戦人，戦西

**深町理忠** ふかまちりちゅう
→深町理忠(ふかまちまさただ)

**深海七郎左衛門** ふかみしちろうざえもん
戦国時代の武将。武田家臣。『武田家過去帳』に巨摩郡志摩荘中下条に居住とみえる。
¶姓氏山梨

**深水宗方** ふかみそうほう
→深水頼方(ふかみよりかた)

深水丹後　ふかみたんご
　？　〜天正9（1581）年
　安土桃山時代の武将。相良氏家臣。
　¶戦西

深水長智　ふかみながとも
　？　〜天正18（1590）年
　安土桃山時代の武将。
　¶戦人

深美秀剰　ふかみひでのり
　＊〜寛文12（1672）年
　江戸時代前期の武士、加賀藩士。
　¶日人（㋐1598年），藩臣3（㋐？）

深水頼方　ふかみよりかた
　？　〜天正18（1590）年　㋿深水宗方《ふかみそう
　ほう》
　安土桃山時代の武将。相良氏家臣。
　¶熊本百（深水宗方　ふかみそうほう　㋜天正18
　（1590）年8月21日），戦西

深谷顕衡　ふかやあきひら
　？　〜大永1（1521）年
　戦国時代の武将。
　¶戦人

深谷右馬允　ふかやうまのじょう
　安土桃山時代〜江戸時代前期の茶人。佐竹氏家臣。
　¶戦人（生没年不詳），戦東

深谷外記助　ふかやげきのすけ
　戦国時代の茶人。佐竹氏家臣。
　¶戦人（生没年不詳），戦東

深谷甚右衛門　ふかやじんえもん
　？　〜承応2（1653）年
　江戸時代前期の武士、岡山藩士。
　¶岡山人，岡山歴

深谷能登　ふかやのと
　戦国時代の武将。葛西氏家臣。
　¶戦東

福井玄蕃　ふくいげんば
　生没年不詳
　戦国時代の武将。
　¶高知人

福井小次郎　ふくいこじろう
　＊〜文明15（1483）年　㋿福井小次郎《ふくいしょ
　うじろう》
　室町時代〜戦国時代の武士。
　¶岡山人（ふくいしょうじろう），岡山歴（㋐？
　㋜文明15（1483）年12月13日），日人（㋐1463
　年？　㋜1484年）

福井小次郎　ふくいしょうじろう
　→福井小次郎（ふくいこじろう）

福井孫六左衛門　ふくいまごろくざえもん
　安土桃山時代の武将。
　¶岡山人

福王寺掃部助　ふくおうじかもんのすけ
　生没年不詳

戦国時代の越後魚沼郡下倉城主。
　¶戦辞

福王寺孝重　ふくおうじたかしげ
　生没年不詳
　戦国時代の武将。
　¶戦辞，戦人

福岡干孝　ふくおかもとたか
　弘治3（1557）年〜寛永9（1632）年
　安土桃山時代〜江戸時代前期の土佐藩中老。
　¶高知人，藩臣6

福岡吉清　ふくおかよしきよ
　戦国時代の武士。
　¶戦人（生没年不詳），戦西

福喜多将監　ふくぎたしょうげん
　生没年不詳
　安土桃山時代の地方豪族・土豪。
　¶戦人

福士秀純　ふくしひでずみ
　？　〜元和3（1617）年
　安土桃山時代〜江戸時代前期の武士、森岡藩家臣。
　¶青森人

福島一盛　ふくしまいっせい
　生没年不詳
　戦国時代の武士。
　¶戦人

福島高晴　ふくしまかたはる
　→福島高晴（ふくしまたかはる）

福島勘五郎　ふくしまかんごろう
　戦国時代の武将。斎藤氏家臣。
　¶戦西

福島左衛門四郎入道　ふくしまさえもんしろうにゅう
　どう
　生没年不詳
　南北朝時代の武将。
　¶広島百

福島四郎右衛門尉　ふくしましろうえもんのじょう
　戦国時代の武将。斎藤氏家臣。
　¶戦西

福島新四郎　ふくしましんしろう
　戦国時代の武将。斎藤氏家臣。
　¶戦西

福島高晴　ふくしまたかはる
　天正1（1573）年〜寛永10（1633）年　㋿福島高晴
　《ふくしまかたはる》
　安土桃山時代〜江戸時代前期の武将、大名。伊勢
　長島城主、大和松山藩主。
　¶姓氏愛知，戦国（ふくしまかたはる），戦人，日
　人，藩主3，藩主3（㋜寛永10（1633）年9月25日）

福島忠勝　ふくしまただかつ
　慶長4（1599）年〜元和6（1620）年
　江戸時代前期の武将、大名。信濃高井野藩主。
　¶日人，藩主2（㋜元和6（1620）年9月14日）

**福島大夫** ふくしまたゆう
戦国時代の武将。斎藤氏家臣。
¶戦西

**福島綱成** ふくしまつなしげ
→北条綱成(ほうじょうつなしげ)

**福島治重** ふくしまはるしげ
安土桃山時代～江戸時代前期の福島正則の家老。
¶人名，日人(生没年不詳)

**福島正信** ふくしままさのぶ
？ ～慶長2(1597)年
安土桃山時代の武士。
¶戦国，戦人

**福島正則** ふくしままさのり
永禄4(1561)年～寛永1(1624)年　[別]正則〔福島家〕《まさのり》，羽柴左衛門大夫《はしばさえもんだいぶ》,清洲侍従《きよすじじゅう》
安土桃山時代～江戸時代前期の武将。関ヶ原の戦いで東軍につき安芸広島藩主に。しかし後に改易された。
¶愛知百([没]1624年7月13日)，朝日([没]寛永1年7月13日(1624年8月26日))，岩史([没]寛永1(1624)年7月13日)，角史，郷土長野，近世，公卿([没]寛永1(1624)年7月)，公家(正則〔福島家〕　まさのり　[生]1561年　[没]寛永1年7月13日)，国史，国書([没]寛永1(1624)年7月13日)，古中，コン改，コン4，茶道，史人([没]1624年7月13日)，重要([没]寛永1(1624)年7月13日)，人書94，新潮([没]寛永1(1624)年7月13日)，人名，姓氏愛知，姓氏長野，世人([没]寛永1(1624)年7月13日)，世百，戦合，戦国([生]1562年)，全書，戦人，戦西([生]1562年)，大百，長野百([生]？)，長野歴，新潟百，日史([没]寛永1(1624)年7月13日)，日人，藩主2，藩主2([没]寛永1(1624)年7月13日)，藩主4([没]寛永1(1624)年7月13日)，百科，広島百([没]寛永1(1624)年7月)，歴大

**福島元長** ふくしまもとなが
？ ～慶長2(1597)年
戦国時代の武士。
¶広島百

**福島与吉** ふくしまよきち
安土桃山時代の武士。
¶戦国，戦人(生没年不詳)

**福士保定** ふくしやすさだ
生没年不詳
室町時代の山田村・飯岡村・大沢村・織笠村の領主。
¶姓氏岩手

**武久庄兵衛** ぶくしょうべえ
→武久庄兵衛(たけひさしょうべえ)

**福富秀勝** ふくずみひでかつ
→福富平左衛門(ふくとみへいざえもん)

**福住宗職** ふくすみむねもと
生没年不詳
戦国時代～安土桃山時代の武将。
¶郷土奈良

**福瀬甚七** ふくせじんしち
江戸時代前期の代官。里見氏家臣。
¶戦東

**福田** ふくだ
生没年不詳
戦国時代の北条氏の家臣。
¶戦辞

**福田牛介** ふくだうしすけ
→福田牛介(ふくだうしのすけ)

**福田牛介** ふくだうしのすけ
[別]福田牛介《ふくだうしすけ》
安土桃山時代の地侍。豊臣氏家臣。
¶戦国(ふくだうしすけ)，戦人(生没年不詳)

**福田勝昌** ふくだかつまさ
安土桃山時代の武将。
¶岡山人，岡山歴

**福田兼親** ふくだかねちか
生没年不詳
安土桃山時代の武将。
¶戦人

**福田治部** ふくだじぶ
生没年不詳
安土桃山時代の武士。南部氏家臣。
¶戦人

**福田忠兼** ふくだただかね
生没年不詳
戦国時代の武将。
¶戦人

**福田忠光** ふくだただみつ
生没年不詳
戦国時代の武将。
¶姓氏神奈川

**福田太郎左衛門** ふくだたろうざえもん
戦国時代の武将。大崎氏家臣。
¶戦東

**福田俊幹** ふくだとしもと
？ ～永禄12(1569)年11月23日
戦国時代～安土桃山時代の常陸小田氏の家臣。
¶戦辞

**福田範高** ふくだのりたか
平安時代後期の在地領主。
¶姓氏富山

**福田隼人助** ふくだはやとのすけ
享禄2(1529)年～慶長5(1600)年1月17日
安土桃山時代の武士、北条氏邦旧臣。
¶埼玉人

**福田久重** ふくだひさしげ
？ ～弘治1(1555)年
戦国時代の武将。
¶戦人

**福田備後** ふくだびんご
戦国時代の武将。伊達氏家臣。

ふ

¶戦人（生没年不詳），戦東

**福田孫八**　ふくだまごはち
安土桃山時代の武将。
¶岡山人

**福田孫八郎**　ふくだまごはちろう
生没年不詳
安土桃山時代の織田信長の家臣。
¶織田

**福田三河守**　ふくだみかわのかみ
生没年不詳
安土桃山時代の織田信長の家臣。
¶織田

**福田光信**　ふくだみつのぶ
生没年不詳
戦国時代～安土桃山時代の武士。
¶戦人

**福田民部少輔**　ふくだみんぶのしょう
生没年不詳
戦国時代の古河公方の家臣。
¶戦辞

ふ

**福田盛清**　ふくだもりきよ
安土桃山時代の武士。
¶岡山人

**福田盛昌**　ふくだもりまさ
安土桃山時代の武士。
¶岡山人

**福田与一**　ふくだよいち
生没年不詳
安土桃山時代の織田信長の家臣。
¶織田

**福地某**　ふくち
生没年不詳
安土桃山時代の織田信長の家臣。
¶織田

**福池家盈**　ふくちいえみつ
[別]福地右衛門家盈《ふくちうえもんいえみつ》
戦国時代の武士。
¶戦人（生没年不詳），戦西（福地右衛門家盈　ふくちうえもんいえみつ）

**福地右衛門家盈**　ふくちうえもんいえみつ
→福池家盈（ふくちいえみつ）

**福地貞久**　ふくちさだひさ
生没年不詳
戦国時代の佐竹氏の家臣。
¶戦辞

**福地周防守**　ふくちすおうのかみ
戦国時代の武将。竜造寺氏家臣。
¶戦西

**福地帯刀**　ふくちたてわき
生没年不詳
戦国時代の北条氏忠の家臣。佐野衆。
¶戦辞

**福地出羽守**　ふくちでわのかみ
生没年不詳
戦国時代の北条氏忠の家臣。佐野衆。
¶戦辞

**福地彦三郎**　ふくちひこさぶろう
戦国時代の武士。佐竹氏家臣。
¶戦人（生没年不詳），戦東

**福智政直**　ふくちまさなお
安土桃山時代の武士。豊臣氏家臣。
¶戦国，戦人（生没年不詳）

**福地守重**　ふくちもりしげ
生没年不詳
安土桃山時代～江戸時代前期の武士。浅野家の家臣。
¶和歌山人

**福富大膳**（福冨大膳）　ふくとみだいぜん
安土桃山時代の武士。織田氏家臣、豊臣氏家臣。
¶戦国（福冨大膳），戦人（生没年不詳）

**福富平左衛門**（福冨平左衛門）　ふくとみへいざえもん
？～天正10（1582）年　[別]福富秀勝《ふくずみひでかつ》
安土桃山時代の武士。織田氏家臣。
¶織田（福富秀勝　ふくずみひでかつ　[没]天正10（1582）年6月2日），戦国（福冨平左衛門），戦人

**福富平兵衛**（福冨平兵衛）　ふくとみへいべえ
安土桃山時代の武将。秀吉馬廻。
¶戦国（福冨平兵衛），戦人（生没年不詳）

**福留親政**　ふくとめちかまさ，ふくどめちかまさ
？～天正5（1577）年　[別]福留飛驒守《ふくどめひだのかみ》
戦国時代～安土桃山時代の武士。
¶高知人（ふくどめちかまさ　[生]1511年），戦人，戦西（福留飛驒守　ふくどめひだのかみ）

**福留儀重**　ふくとめのりしげ
天文18（1549）年～天正14（1586）年
安土桃山時代の武将。長宗我部氏家臣。
¶戦人

**福留隼人**　ふくどめはやと
？～天正14（1586）年
安土桃山時代の武将。長宗我部氏家臣。
¶戦西

**福留飛驒守**　ふくどめひだのかみ
→福留親政（ふくとめちかまさ）

**福永伊豆守**　ふくながいずのかみ
生没年不詳
戦国時代の武将。
¶戦人

**福永将監**　ふくながしょうげん
戦国時代の武将。浅井氏家臣。
¶戦西

**福原貞俊**　ふくはらさだとし
戦国時代の武士。
¶戦人（生没年不詳），戦西

**福原信濃守**　ふくはらしなののかみ
安土桃山時代の武将。里見氏家臣。
¶戦東

**福原資孝**　ふくはらすけたか
？～慶長19(1614)年
安土桃山時代～江戸時代前期の地方豪族・土豪。
¶戦国，戦辞([没]慶長19年2月26日(1614年4月5日))，戦人

**福原助就**　ふくはらすけなり
？～天正5(1577)年
戦国時代～安土桃山時代の武将。
¶戦人

**福原資広**　ふくはらすけひろ
？～天正19(1591)年6月13日
戦国時代～安土桃山時代の福原氏当主。
¶戦辞

**福原資保**　ふくはらすけやす
*～寛永10(1633)年
安土桃山時代～江戸時代前期の地方豪族・土豪。
¶戦国([生]1572年)，戦人([生]元亀2(1571)年)

**福原善七**　ふくはらぜんしち
安土桃山時代～江戸時代前期の武士。里見氏家臣。
¶戦人(生没年不詳)，戦東

**福原太郎右衛門**　ふくはらたろうえもん
安土桃山時代の武将。秀吉馬廻。
¶戦国，戦人(生没年不詳)

**福原直高**　ふくはらなおたか
？～慶長5(1600)年　[別]福原長堯《ふくはらながたか》
安土桃山時代の武将。豊臣秀吉の臣。関ヶ原合戦後に自害。
¶朝日([没]慶長5年10月2日(1600年11月7日))，大分歴，近世，国史，人名，戦合，戦国(福原長堯　ふくはらながたか)，戦人(福原長堯　ふくはらながたか)，日人，歴大

**福原長堯**　ふくはらながたか
→福原直高(ふくはらなおたか)

**福原則尚**　ふくはらのりひさ
？～天正5(1577)年
戦国時代～安土桃山時代の武将。
¶戦人

**福原広俊**　ふくはらひろとし
永禄10(1567)年～元和9(1623)年
安土桃山時代～江戸時代前期の武士。
¶姓氏山口，戦人(生没年不詳)，戦西，藩臣6

**福原元俊**　ふくはらもととし
？～天正19(1591)年
安土桃山時代の武士。毛利氏家臣。
¶戦国，戦人

**福原元秀**　ふくはらもとひで
生没年不詳
戦国時代の武将。毛利氏家臣。
¶戦人

**福光兼教**　ふくみつかねのり
生没年不詳
戦国時代の石見の武士。
¶島根歴

**福満五郎**　ふくみつごろう
平安時代後期の在地領主。
¶姓氏富山

**福光佐長**　ふくみつすけなが
？～元弘3/正慶2(1333)年
鎌倉時代後期の武士。
¶岡山人，岡山歴([没]元弘3/正慶2(1333)年4月3日)，鎌室，人名，日人

**福本家高**　ふくもといえたか
室町時代の武士・備中国新見庄の庄官。
¶岡山歴

**福本掃部入道**　ふくもとかもんにゅうどう
生没年不詳
安土桃山時代の織田信長の家臣。
¶織田

**福屋隆兼**　ふくやたかかね
生没年不詳
戦国時代の武将。
¶島根百，島根歴，戦人

**福山次郎左衛門尉**　ふくやまじろうさえもんのじょう
戦国時代の武士。尼子氏の家臣。
¶鳥取百

**布佐伊予晴清**　ふさいよはるきよ
→布佐晴清(ふさはるきよ)

**保里天太**　ふさとてぃだ
→保里天太(ふさとてだ)

**保里天太**　ふさとてだ
生没年不詳　[別]保里天太《ふさとてぃだ》
南北朝時代の宮古の豪族。
¶沖縄百(ふさとてぃだ)，姓氏沖縄

**布佐晴清**　ふさはるきよ
[別]布佐伊予晴清《ふさいよはるきよ》
安土桃山時代の武士。葛西氏家臣。
¶戦人(生没年不詳)，戦東(布佐伊予晴清　ふさいよはるきよ)

**富士**　ふじ
生没年不詳
戦国時代の北条幻庵の家臣。
¶戦辞

**藤井加賀守**　ふじいかがのかみ
戦国時代の武将。足利氏家臣。
¶戦辞(生没年不詳)，戦東

**藤井九郎右衛門**　ふじいくろうえもん
戦国時代の土豪、金森重直の家臣。
¶姓氏富山

**藤井広玄**　ふじいこうげん
～永禄12(1569)年
安土桃山時代の武将。

ふ

¶岡山人

**藤井貞政** ふじいさだまさ
生没年不詳
室町時代の武将。
¶福島百

**藤井忠勝** ふじいただかつ
～建武2(1335)年
室町時代の武将。
¶岡山人

**藤井俊長** ふじいとしなが
生没年不詳　[別]鎌田俊長《かまたとしなが》
鎌倉時代前期の幕府官人。
¶鎌室，新潮，日人

**藤井友忠** ふじいともただ
生没年不詳
戦国時代～安土桃山時代の箕輪長野氏の重臣。
¶群馬人

**藤井宗朝** ふじいむねとも
鎌倉時代後期の小山一族の御家人。
¶栃木歴

**藤井与兵衛** ふじいよへえ
？　～＊　[別]魚住与兵衛《うおずみよへえ》
安土桃山時代の武士。豊臣氏家臣。
¶戦国([没]1548年)，戦人([没]天正12(1584)年)

**藤生紀伊守** ふじうきいのかみ
生没年不詳
戦国時代の上野国衆由良氏の重臣。
¶戦辞

**藤江九蔵** ふじえきゅうぞう
生没年不詳
安土桃山時代の織田信長の家臣。
¶織田

**藤江善左衛門** ふじえぜんざえもん
安土桃山時代の武士。豊臣氏家臣、浅野氏家臣。
¶戦国，戦人(生没年不詳)

**藤枝氏秋** ふじえだうじあき
戦国時代の武士。今川氏家臣。
¶戦人(生没年不詳)，戦東

**藤岡清房** ふじおかきよふさ
？　～天正5(1577)年
戦国時代～安土桃山時代の武将。
¶戦人

**藤岡源助** ふじおかげんすけ
安土桃山時代の武士。
¶戦人(生没年不詳)，戦西

**藤岡忠永** ふじおかただなが
戦国時代の武将。武田家臣。永禄起請文にみえる。
¶姓氏山梨

**藤岡六左衛門** ふじおかろくざえもん
天正7(1579)年～寛永10(1633)年
安土桃山時代の武士。
¶岡山人

**藤生善久** ふじおよしひさ
？　～天正18(1590)年　[別]藤生善久《ふじゅうよしひさ》
安土桃山時代の武士。
¶姓氏群馬(ふじゅうよしひさ)，戦人

**藤懸永勝**(藤掛永勝) ふじかけながかつ，ふじかけながかつ
弘治3(1557)年～元和3(1617)年
安土桃山時代～江戸時代前期の武将。織田信長の臣。
¶朝日([没]元和3年6月5日(1617年7月7日))，織田(ふじかけながかつ　[没]元和3(1617)年6月5日)，京都府([生]？)，近世，国史，新潮([没]元和3(1617)年6月5日)，人名，戦合，戦国(藤掛永勝)，戦人(藤掛永勝)，日人，歴大

**藤方具俊** ふじかたともとし
→藤方朝成(ふじかたともなり)

**藤方朝成** ふじかたともなり
享禄3(1530)年～慶長2(1597)年　[別]藤方具俊《ふじかたともとし》
戦国時代～安土桃山時代の武将。北畠氏家臣、豊臣氏家臣。
¶織田(藤方具俊　ふじかたともとし)，戦国([生]1550年)，戦人

**藤方安正** ふじかたやすまさ
元亀2(1571)年～元和8(1622)年
安土桃山時代～江戸時代前期の武士。織田氏家臣、豊臣氏家臣、徳川氏家臣。
¶戦国，戦人

**藤川重勝** ふじかわしげかつ
天正7(1579)年～寛永10(1633)年
安土桃山時代～江戸時代前期の武士。
¶日人

**富士九郎次郎** ふじくろうじろう
戦国時代の武将。今川氏家臣。
¶戦東

**藤崎刑部九郎** ふじさきぎょうぶくろう
室町時代の大隅国向島藤野村の領主。
¶姓氏鹿児島

**藤沢清親** ふじさわきよちか
生没年不詳
平安時代後期～鎌倉時代前期の武士。
¶神奈川人，姓氏長野，長野歴，平史

**藤沢隆親** ふじさわたかちか
生没年不詳
戦国時代の信濃国伊那郡箕輪(福与)城主。
¶戦辞

**藤沢弥三右衛門** ふじさわやぞうえもん
戦国時代の土豪。
¶姓氏富山

**藤沢頼親** ふじさわよりちか
生没年不詳
戦国時代の地方豪族・土豪。
¶姓氏長野，戦辞([没]天正10(1582)年11月)，

　戦人

**藤代次郎兵衛尉** ふじしろじろうひょうえのじょう
　生没年不詳
　室町時代の小守護代。
　¶富山百

**富士図書助** ふじずしょのすけ
　戦国時代の武将。今川氏家臣。
　¶戦東

**藤田大蔵** ふじたおおくら
　生没年不詳
　戦国時代の小田原北条氏の家臣。
　¶姓氏神奈川

**藤田大蔵丞** ふじたおおくらのじょう
　戦国時代の武士。後北条氏家臣。
　¶戦人（生没年不詳），戦東

**藤田五兵衛** ふじたごへえ
　戦国時代の土豪。
　¶姓氏富山

**藤田三郎** ふじたさぶろう
　生没年不詳
　鎌倉時代の武蔵国の御家人・武士。
　¶史人

**藤田重信** ふじたしげのぶ
　→藤田信吉（ふじたのぶよし）

**藤田丹波** ふじたたんば
　生没年不詳
　安土桃山時代～江戸時代前期の武将、上杉氏・最
　上氏遺臣。
　¶庄内

**藤田綱高** ふじたつなたか
　生没年不詳
　戦国時代の北条氏の家臣。
　¶戦辞

**藤田業繁** ふじたなりしげ
　生没年不詳
　戦国時代の武士。天神山城主。
　¶戦辞

**藤田信吉** ふじたのぶよし
　＊～元和2（1616）年　㋺藤田重信《ふじたしげの
　ぶ》，藤田源心《ふじたげんしん》
　安土桃山時代～江戸時代前期の武将、大名。下野
　西方藩主。
　¶群馬人（㋐？　　㋑元和1（1615）年），埼玉人
　　（藤田重信　ふじたしげのぶ　㋐不詳　㋑元和2
　　（1616）年7月14日），人名（藤田重信　ふじた
　　しげのぶ　㋐？　㋑1615年），戦国（㋑1559
　　年），戦辞（㋑永禄1（1558）年？　　㋑元和2年7
　　月14日（1616年8月26日）？），戦人（㋑永禄2
　　（1559）年），日人（㋑1560年），藩主1（㋑永禄3
　　（1560）年　㋑元和2（1616）年7月14日）

**藤田晴親** ふじたはるちか
　生没年不詳
　戦国時代の武士。伊達氏家臣。
　¶戦人

**藤田弥七郎** ふじたやしちろう
　生没年不詳
　戦国時代の北条氏の家臣。
　¶戦辞

**藤田康邦**（藤田泰邦）ふじたやすくに
　？　～天文24（1555）年　㋺用土康邦《ようどやす
　くに》，藤田重利《ふじたしげとし》
　戦国時代の武将。上杉氏家臣。
　¶埼玉人（㋑天文24（1555）年9月13日），戦辞（藤
　　田泰邦　㋑弘治1年9月23日（1555年10月8
　　日）），戦人，戦東（用土康邦　ようどやすく
　　に），日人

**藤田行政** ふじたゆきまさ
　？　～天正10（1582）年
　安土桃山時代の武士。明智氏家臣。
　¶戦人，戦補

**藤田能国** ふじたよしくに
　生没年不詳
　鎌倉時代前期の武蔵武士。
　¶埼玉人

**藤田吉連** ふじたよしつら
　戦国時代の武将。朝倉氏家臣。
　¶戦西

**富士親時** ふじちかとき
　戦国時代の武将。今川氏家臣。
　¶戦東

**富士中務大輔** ふじなかつかさだゆう
　戦国時代の武将。今川氏家臣。
　¶戦東

**富士名雅清** ふじなまさきよ
　？　～延元1/建武3（1336）年
　南北朝時代の意宇郡湯郷内富士名地頭、若狭国守
　護。富士名宗清の子。
　¶島根歴

**富士名義綱** ふじなよしつな
　生没年不詳
　鎌倉時代後期の武士。
　¶朝日，鎌室，国史，古中，島根人（㋑延元1
　　（1336）年），新潮，人名，日人

**富士信忠** ふじのぶただ
　？　～天正11（1583）年
　安土桃山時代の武士。今川氏家臣。
　¶静岡歴（㋑永禄12（1569）年），姓氏静岡
　　（㋑1569年），戦辞（㋑天正11年8月8日（1583年
　　9月23日）），戦人，戦東

**富士信通** ふじのぶみち
　？　～元和5（1619）年10月27日
　戦国時代～安土桃山時代の神主・神官。今川氏家
　臣、武田氏家臣。
　¶姓氏静岡，戦辞，戦人（生没年不詳），戦東，
　　戦補

**藤橋紀伊** ふじはしきい
　生没年不詳
　戦国時代の武士。相馬氏家臣。

ふ

¶戦人

**藤林綱次** ふじばやしつなつぐ
＊～慶長9(1604)年
戦国時代～安土桃山時代の武士。織田氏家臣、豊臣氏家臣。
¶戦国([生]1532年), 戦人([生]享禄4(1531)年)

**藤林長門守** ふじばやしながとのかみ
戦国時代の伊賀国の土豪。
¶大百

**藤林宗政** ふじばやしむねまさ
天文18(1549)年～慶長11(1606)年
安土桃山時代～江戸時代前期の武士。豊臣氏家臣、徳川氏家臣。
¶戦国, 戦人

**藤平彦八郎** ふじひらひこはちろう
安土桃山時代～江戸時代前期の武士。里見氏家臣。
¶戦人(生没年不詳), 戦東

**富士又八郎** ふじまたはちろう
戦国時代の武将。今川氏家臣。
¶戦東

**藤丸勝俊** ふじまるかつとし
？　～天正10(1582)年6月3日
戦国時代～安土桃山時代の武士。上杉氏家臣。
¶戦辞

**藤丸新介** ふじまるしんすけ
戦国時代の加賀一向一揆の将、赤岩城主。
¶姓氏石川

**伏見広綱** ふしみひろつな
生没年不詳
鎌倉時代前期の源頼朝の家臣、右筆。
¶鎌倉

**藤森治部** ふじもりじぶ
戦国時代の武将。武田家臣。永禄10年の諏訪五十騎交名にみえる。
¶姓氏山梨

**藤森若狭** ふじもりわかさ
戦国時代の武将。武田家臣。永禄10年の諏訪五十騎交名にみえる。
¶姓氏山梨

**藤生善久** ふじゅうよしひさ
→藤生善久(ふじおよしひさ)

**藤原国正** ふじわらくにまさ
？　～天正10(1582)年8月
戦国時代の武将。
¶徳島歴

**藤原貞吉** ふじわらさだきち
[別]藤原貞吉《ふじわらさだよし》
室町時代の水軍の頭目。
¶岡山人, 岡山歴(ふじわらさだよし)

**藤原季長** ふじわらすえなが
生没年不詳
南北朝時代の小野郷の領主。
¶姓氏群馬

**藤原宗円** ふじわらそうえん
長元5(1032)年～天永2(1111)年
平安時代中期～後期の武将。
¶郷土栃木

**藤原顕盛** ふじわらのあきもり
→安達顕盛(あだちあきもり)

**藤原朝猟** ふじわらのあさかり
？　～天平宝字8(764)年
奈良時代の陸奥出羽按察使兼鎮守将軍で雄勝城完成の当事者。
¶秋田百

**藤原朝業** ふじわらのあさなり
→信生(しんしょう)

**藤原有教** ふじわらのありのり
生没年不詳
平安時代後期の武士。平経正の家臣。
¶平史

**藤原有範** ふじわらのありのり
→五条有範(ごじょうありのり)

**藤原家経** ふじわらのいえつね
生没年不詳
平安時代後期の武士。
¶平史

**藤原家長** ふじわらのいえなが
→中条家長(なかじょういえなが)

**藤原宇合** ふじわらのうまかい
持統天皇8(694)年～天平9(737)年　[別]藤原宇合《ふじわらうまかい》, 藤原朝臣宇合《ふじわらのあそみうまかい, ふじわらのあそんうまかい》
飛鳥時代～奈良時代の官人(持節大将軍, 参議)。藤原式家の祖。右大臣藤原不比等の三男。神亀元年蝦夷征討にあたる。
¶朝日([没]天平9年8月5日(737年9月3日)), 茨城百, 岩史([没]天平9(737)年8月5日), 大阪人(ふじわらうまかい　[没]天平9(737)年8月), 角史, 郷土茨城, 公卿([没]天平9(737)年8月5日), 国史([生]？), 国書(ふじわらうまかい　[没]天平9(737)年8月5日), 古史, 古代(藤原朝臣宇合　ふじわらのあそんうまかい), 古中([生]？), コン改([生]持統8(694)年？), コン4([生]持統8(694)年？), 史人([没]737年8月5日), 重要([没]天平9(737)年8月5日), 諸系, 新潮([没]天平9(737)年8月5日), 人名, 姓氏京都, 世人([没]天平9(737)年8月5日), 世百, 全書, 大百, 日史([生]持統8(694)年？　[没]天平9(737)年4月3日), 日人, 百科([生]持統8(694)年？), 福岡百([没]天平9(737)年8月5日), 万葉(藤原朝臣宇合　ふじわらのあそみうまかい), 歴大, 和俳([没]天平9(737)年8月5日)

**藤原小黒麻呂**(藤原小黒麿) ふじわらのおぐろまろ
天平5(733)年～延暦13(794)年　[別]藤原小黒麻呂《ふじわらのこぐろまろ》, 藤原朝臣小黒麻呂《ふじわらのあそんおぐろまろ》
奈良時代の官人(大納言)。参議藤原房前の孫。持節征東大使として蝦夷征討にあたる。
¶朝日([没]延暦13年7月1日(794年7月31日)), 京

都，京都大，公卿（[没]延暦13（794）年7月1日），国史，古史，古代（藤原朝臣小黒麻呂　ふじわらのあそんおぐろまろ），古中，コン改（藤原小黒麿），コン4（藤原小黒麿），史人（[没]794年7月1日），諸系，新潮（[没]延暦13（794）年7月1日），人名（藤原小黒麿），姓氏京都（ふじわらのこぐろまろ），姓氏群馬（藤原朝臣小黒麻呂　ふじわらのあそんおぐろまろ），世人（[没]延暦13（794）年7月1日），日史（[没]延暦13（794）年7月1日），日人，百科，歴大

**藤原景家**　ふじわらのかげいえ

生没年不詳　[別]藤原景家《ふじわらかげいえ》

平安時代後期の武将。藤原景綱の子、平氏家人。

¶朝日，鎌室（ふじわらかげいえ），岐阜百，国書（ふじわらかげいえ），新潮，人名，日人，平史

**藤原景員**　ふじわらのかげかず

→加藤景員（かとうかげかず）

**藤原景廉**　ふじわらのかげかど

→加藤景廉（かとうかげかど）

**藤原景清**　ふじわらのかげきよ

→平景清（たいらのかげきよ）

**藤原景高**　ふじわらのかげたか

？～寿永2（1183）年　[別]藤原景高《ふじわらかげたか》

平安時代後期の武将、家人（平氏）。以仁王挙兵を鎮圧。

¶朝日（[没]寿永2年5月11日（1183年6月2日）），鎌室（ふじわらかげたか　[没]寿永1（1182）年），新潮（[没]寿永2（1183）年6月），人名（[没]1182年），日人，平史

**藤原景綱**　ふじわらのかげつな

生没年不詳

平安時代後期の武将。

¶日人，平史

**藤原景経**　ふじわらのかげつね

？～文治1（1185）年　[別]藤原景経《ふじわらかげつね》

平安時代後期の武士。

¶鎌室（ふじわらかげつね），コン改，コン4，新潮（[没]文治1（1185）年3月24日），人名，日人

**藤原景房**　ふじわらのかげふさ

生没年不詳　[別]藤原景房《ふじわらかげふさ》

鎌倉時代の武家・歌人。

¶国書（ふじわらかげふさ）

**藤原梶長**　ふじわらのかじなが

生没年不詳　[別]藤原朝臣梶長《ふじわらのあそんかじなが》

平安時代前期の武官。押領使として元慶の乱鎮圧にあたるが大敗。

¶古代（藤原朝臣梶長　ふじわらのあそんかじなが），日人，平史

**藤原兼高**　ふじわらのかねたか

→益田兼高（ますだかねたか）

**藤原兼光**　ふじわらのかねみつ

生没年不詳

平安時代中期の武将。鎮守府将軍。

¶平史

**藤原鎌足**　ふじわらのかまたり

推古天皇22（614）年～天智天皇8（669）年　[別]中臣鎌足《なかとみのかまたり》，中臣連鎌足《なかとみのむらじかまたり》，藤原鎌足《ふじわらかまたり》，藤原卿《ふじわらのまえつきみ》，藤原朝臣鎌足《ふじわらのあそみかまたり》，中臣鎌子《なかとみのかまこ》

飛鳥時代の廷臣（内大臣）。藤原家の始祖。天児屋尊の裔。中大兄皇子と協力して蘇我入鹿・蝦夷を討ち、大化改新を断行。改新後は内臣として政治にあたり、死の直前に藤原姓を賜る。

¶朝日（中臣鎌足　なかとみのかまたり　[没]天智8年10月16日（669年11月14日）），茨城百，岩史（[没]天智8（669）年10月16日），角史，鎌倉，郷土茨城，郷土奈良，公卿（[没]天智8（669）年10月16日），国史，国書（ふじわらかまたり　[没]天智8（669）年10月16日），古史（中臣鎌足　なかとみのかまたり），古代（中臣連鎌足　なかとみのむらじかまたり），古中，コン改（中臣鎌足　なかとみのかまたり），コン4（中臣鎌足　なかとみのかまたり），史人（[没]669年10月16日），重要（中臣鎌足　なかとみのかまたり　[没]天智8（669）年10月16日），諸系，神史，神人（ふじわらかまたり），新潮（[没]天智8（669）年10月16日），人名，姓氏京都（中臣鎌足　なかとみのかまたり），世人（中臣鎌足　なかとみのかまたり　[没]天智8（669）年10月16日），世百，全書，大百，伝記，日史（[没]天智8（669）年10月16日），日人，百科，仏教（[没]天智8（669）年10月16日），万葉（藤原卿　ふじわらのまえつきみ），万葉（藤原朝臣鎌足　ふじわらのあそみかまたり），歴大

**藤原清衡**　ふじわらのきよひら

天喜4（1056）年～大治3（1128）年　[別]清原清衡《きよはらきよひら，きよはらのきよひら》，藤原清衡《ふじわらきよひら》

平安時代後期の武将、奥州藤原氏の初代、陸奥国押領使。後三年の役の結果、奥州の覇権を手にする。平泉に中尊寺を建立。

¶秋田百（清原清衡　きよはらきよひら），朝日（[没]大治3年7月16日（1128年8月13日）），岩史（[没]大治3（1128）年7月13日），岩手百，角史，国史，古史，古中，コン改（清原清衡　きよはらのきよひら　[生]？），コン4（清原清衡　きよはらのきよひら　[生]？），史人（[没]1128年7月13日，（異説）7月16日），重要（[生]？　[没]大治3（1128）年7月16日），諸系，人書94（ふじわらきよひら　[生]？），新潮（[生]？　[没]大治3（1128）年7月13日），人名，姓氏岩手，姓氏宮城，世人，世百，全書，大百，伝記，日史（[没]大治3（1128）年7月13日），日人，百科，仏教（[没]大治3（1128）年7月13日），平史，宮城百，歴大

**藤原公清**　ふじわらのきんきよ

生没年不詳

平安時代中期の武士。

¶平史

**藤原国重**　ふじわらのくにしげ

生没年不詳　[別]藤原国重《ふじわらくにしげ》

鎌倉時代前期の武将。
¶鎌室（ふじわらくにしげ），日人

**藤原国高** ふじわらのくにたか
生没年不詳
平安時代後期の武士。
¶平史

**藤原国衡** ふじわらのくにひら
？～文治5（1189）年 [別]西木戸国衡《にしきどくにひら，にしきどのくにひら》，藤原国衡《ふじわらくにひら》
平安時代後期の武将。奥州藤原氏の3代秀衡嫡子。
¶朝日（[没]文治5年8月10日（1189年9月21日）），岩手百（西木戸国衡 にしきどのくにひら），鎌室（ふじわらくにひら），国史，古中，コン改，コン4，史人（[没]1189年8月10日），諸系，新潮（[没]文治5（1189）年8月10日），姓氏岩手，姓氏宮城（西木戸国衡 にしきどくにひら），世人，日人，平史，宮城百（西木戸国衡 にしきどくにひら），歴大



**藤原国平** ふじわらのくにひら
→近藤国平（こんどうくにひら）

**藤原邦通** ふじわらのくにみち
生没年不詳 [別]藤原邦通《ふじわらくにみち》，邦通《くにみち》，邦道《くにみち》
平安時代後期～鎌倉時代前期の幕府吏僚。源頼朝の側近。
¶朝日，鎌室（ふじわらくにみち），鎌室（邦通 くにみち），国史，古中，コン4，新潮，人名，人名（邦道 くにみち），日人，平史

**藤原蔵規** ふじわらのくらのり
→藤原蔵規（ふじわらのまさのり）

**藤原小黒麻呂** ふじわらのこぐろまろ
→藤原小黒麻呂（ふじわらのおぐろまろ）

**藤原是助** ふじわらのこれすけ
生没年不詳
平安時代中期の伯耆国の土豪。物部高茂・忠明父子との争乱を起こす。
¶平史

**藤原貞直** ふじわらのさだなお
鎌倉時代の幕府の関東御家人。
¶姓氏富山

**藤原貞平** ふじわらのさだひら
生没年不詳
平安時代後期の豊後国津守郷の郷司、在地領主。
¶大分歴

**藤原貞吉** ふじわらのさだよし
→藤原貞吉（ふじわらさだきち）

**藤原真雄** ふじわらのさねお
神護景雲1（767）年～弘仁2（811）年
奈良時代～平安時代前期の貴族。左大臣魚名の孫、左京大夫鷹取の子。武人として平城天皇に近侍。
¶平史

**藤原実盛** ふじわらのさねもり
→斎藤実盛（さいとうさねもり）

**藤原滋実** ふじわらのしげざね
？～延喜1（901）年 [別]藤原朝臣滋実《ふじわらのあそんしげざね》
平安時代前期～中期の武官。元慶の乱鎮圧にあたる。
¶古代（藤原朝臣滋実 ふじわらのあそんしげざね），日人，平史

**藤原重綱** ふじわらのしげつな
生没年不詳 [別]藤原重綱《ふじわらしげつな》
鎌倉時代後期の武家・歌人。
¶国書（ふじわらしげつな）

**藤原茂永** ふじわらのしげなが
生没年不詳
平安時代中期の官人。陸奥鎮守将軍。
¶平史

**藤原重房** ふじわらのしげふさ
→上杉重房（うえすぎしげふさ）

**藤原重行** ふじわらのしげゆき
→大河戸重行（おおかわどしげゆき）

**藤原季家** ふじわらのすえいえ
生没年不詳 [別]南二郎季家《みなみじろうすえいえ》
平安時代後期の武士。龍造寺氏の祖。
¶佐賀百（南二郎季家 みなみじろうすえいえ），平史

**藤原祐清** ふじわらのすけきよ
→伊東祐清（いとうすけきよ）

**藤原助重** ふじわらのすけしげ
→玉井四郎助重（たまいしろうすけしげ）

**藤原助忠** ふじわらのすけただ
生没年不詳
平安時代後期の武士。尾張太郎成田行直の子。
¶平史

**藤原祐親** ふじわらのすけちか
→伊東祐親（いとうすけちか）

**藤原祐経** ふじわらのすけつね
→工藤祐経（くどうすけつね）

**藤原祐成** ふじわらのすけなり
→曽我祐成（そがすけなり）

**藤原祐信** ふじわらのすけのぶ
→曽我祐信（そがすけのぶ）

**藤原資通** ふじわらのすけみち
生没年不詳
平安時代後期の武士。山内首藤家の祖。
¶平史

**藤原祐茂** ふじわらのすけもち
→宇佐美祐茂（うさみすけもち）

**藤原祐泰** ふじわらのすけやす
→河津祐泰（かわづすけやす）

**藤原資頼** ふじわらのすけより
→武藤資頼（むとうすけより）

**藤原純友** ふじわらのすみとも
？ ～天慶4（941）年 [別]藤原純友《ふじわらすみとも》
平安時代中期の官人。伊予に赴任したが、日振島を本拠に海賊の棟梁となって朝廷に反乱。小野好古・源経基に鎮圧された。
¶朝日（[没]天慶4年6月20日（941年7月17日）），岩史（[没]天慶4（941）年6月20日），愛媛百，角史，京都，郷土愛媛，京都大，国史，古史，古中，コン改，コン4，史人（[没]941年6月20日），重要（[没]天慶4（941）年6月20日），諸系，人書94（ふじわらすみとも），新潮（[没]天慶4（941）年6月），人名，姓氏京都，姓氏山口（ふじわらすみとも），世人（[没]天慶4（941）年6月20日），世百，全書，大百，伝記，日史（[没]天慶4（941）年6月20日），日人，百科，福岡百（[没]天慶4（941）年6月20日），平史，歴大

**藤原高直** ふじわらのたかなお
→菊池隆直（きくちたかなお）

**藤原隆衡**（藤原高衡） ふじわらのたかひら
？ ～建仁1（1201）年 [別]本吉高衡《もとよしたかひら》
平安時代後期～鎌倉時代前期の武士。平泉藤原秀衡四男、泰衡弟。本吉冠者と称す。
¶朝日（[没]建仁1年2月29日（1201年4月4日）），姓氏宮城（本吉高衡　もとよしたかひら），平史（藤原高衡），宮城百（本吉高衡　もとよしたかひら）

**藤原忠清** ふじわらのただきよ
？ ～文治1（1185）年 [別]藤原忠清《ふじわらただきよ》
平安時代後期の武将。平氏の家人。保元の乱に参戦。
¶朝日（[没]文治1年5月16日（1185年6月15日）），鎌室（ふじわらただきよ　生没年不詳），新潮（生没年不詳），人名，姓氏京都，日人，平史

**藤原忠綱**(1) ふじわらのただつな
？ ～寿永2（1183）年
平安時代後期の平氏の有力家人。
¶平史

**藤原忠綱**(2) ふじわらのただつな
生没年不詳
鎌倉時代前期の後鳥羽院の北面武士。
¶朝日，姓氏京都，日人

**藤原忠綱**(3) ふじわらのただつな
→足利忠綱（あしかがただつな）

**藤原忠綱**(4) ふじわらのただつな
→波多野忠綱（はたのただつな）

**藤原忠常** ふじわらのただつね
→仁田忠常（にったただつね）

**藤原忠信** ふじわらのただのぶ
→佐藤忠信（さとうただのぶ）

**藤原忠衡** ふじわらのただひら
→泉忠衡（いずみただひら）

**藤原忠文** ふじわらのただぶみ，ふじわらのただふみ
貞観15（873）年～天暦1（947）年
平安時代前期～中期の公卿（参議・征東大将軍・征西大将軍）。参議藤原枝良の三男。
¶朝日（ふじわらのただふみ　[没]天暦1年6月26日（947年7月16日）），岩史（ふじわらのただふみ　[没]天暦1（947）年6月26日），京都（ふじわらのただふみ），公卿（ふじわらのただふみ　[没]天暦1（947）年6月26日），国史，古史（ふじわらのただふみ），古中，コン改（ふじわらのただふみ），コン4（ふじわらのただふみ），史人（ふじわらのただふみ　[没]947年6月26日），諸系（ふじわらのただふみ），新潮（[没]天暦1（947）年6月26日），人名，姓氏京都（ふじわらのただふみ），世人（[没]天暦1（947）年6月26日），日人（ふじわらのただふみ），平史（ふじわらのただふみ）

**藤原忠光** ふじわらのただみつ
？ ～建久3（1192）年 [別]藤原忠光《ふじわらただみつ》，上総五郎兵衛尉《かずさごろうびょうえのじょう》
平安時代後期の武士。
¶鎌室（ふじわらただみつ　[没]建久3（1192）年？），新潮（[没]建久3（1192）年2月24日），人名，日人，平史

**藤原忠村** ふじわらのただむら
生没年不詳
平安時代後期の武士。
¶和歌山人

**藤原為憲** ふじわらのためのり
生没年不詳
平安時代中期の官人。平将門追討にあたる。
¶コン改，コン4，諸系，新潮，人名，姓氏静岡，日人

**藤原親秀** ふじわらのちかひで
生没年不詳 [別]藤原親秀《ふじわらちかひで》
鎌倉時代後期～南北朝時代の武家・連歌作者。
¶国書（ふじわらちかひで）

**藤原親盛** ふじわらのちかもり
生没年不詳 [別]藤原親盛《ふじわらちかもり》
平安時代後期～鎌倉時代前期の武士、歌人。
¶国書（ふじわらちかもり），日人，平史

**藤原千常** ふじわらのちつね
生没年不詳
平安時代中期の地方軍事貴族。
¶平史

**藤原千晴** ふじわらのちはる
生没年不詳
平安時代中期の軍事貴族。藤原秀郷の子。
¶朝日，国史，古中，コン4，史人，諸系，日人，平史

**藤原継信** ふじわらのつぐのぶ
→佐藤継信（さとうつぐのぶ）

**藤原経家** ふじわらのつねいえ
生没年不詳
平安時代後期の武士。

¶平史

**藤原経清**　ふじわらのつねきよ
？～康平5(1062)年
平安時代中期～後期の陸奥国の官人・武将。
¶岩史([没]康平5(1062)年9月17日)，岩手百，コン4，姓氏岩手，姓氏宮城，平史，宮城百，歴大

**藤原恒利**　ふじわらのつねとし
生没年不詳
平安時代中期の武士。藤原純友軍の次将。
¶平史

**藤原遠景**　ふじわらのとおかげ
→天野遠景(あまのとおかげ)

**藤原時朝**　ふじわらのときあさ
→藤原時朝(ふじわらのときとも)

**藤原時朝**　ふじわらのときとも
元久1(1204)年～文永2(1265)年　[別]笠間時朝《かさまときとも》，藤原時朝《ふじわらのときあさ》
鎌倉時代の武将、歌人。笠間領主。
¶茨城百(笠間時朝　かさまときとも　[生]1203年)，郷土茨城(笠間時朝　かさまときとも　生没年不詳)，国書(笠間時朝　かさまときとも　[生]元久1(1204)年5月5日　[没]文永2(1265)年2月9日)，人名(ふじわらのときあさ)，栃木歴(笠間時朝　かさまときとも)，日人，和俳(ふじわらのときあさ　生没年不詳)

**藤原時致**　ふじわらのときむね
→曽我時致(そがときむね)

**藤原時頼**　ふじわらのときより
→斎藤時頼(さいとうときより)

**藤原俊綱**　ふじわらのとしつな
→足利俊綱(あしかがとしつな)

**藤原利仁**　ふじわらのとしひと
生没年不詳　[別]利仁将軍《りじんしょうぐん》
平安時代中期の武士、上野介、上総介、鎮守府将軍。
¶朝日，石川百，岩史，角史，郷土福井，国史，古史，古中，コン4，埼玉人，史人，諸系，新潮，人名，姓氏石川，世人，全書，大百，富山百，日史，日人，百科，福井百，平史，歴大

**藤原俊衡**　ふじわらのとしひら
生没年不詳
平安時代後期の武将。
¶姓氏岩手

**藤原俊通**　ふじわらのとしみち
→山内首藤俊通(やまのうちすどうとしみち)

**藤原知家**　ふじわらのともいえ
→八田知家(はったともいえ)

**藤原友実**　ふじわらのともざね
→斎藤友実(さいとうともざね)

**藤原朝重**　ふじわらのともしげ
生没年不詳
平安時代後期～鎌倉時代前期の武士。
¶平史

**藤原朝綱**　ふじわらのともつな
→宇都宮朝綱(うつのみやともつな)

**藤原朝俊**　ふじわらのともとし
？～承久3(1221)年　[別]藤原朝俊《ふじわらともとし》
鎌倉時代前期の廷臣、武人。承久の乱で戦死。
¶鎌室(ふじわらともとし)，人名，日人

**藤原朝業**　ふじわらのともなり
→信生(しんしょう)

**藤原知宣**　ふじわらのとものぶ
生没年不詳
平安時代後期の武士。
¶平史

**藤原朝政**　ふじわらのともまさ
→小山朝政(おやまともまさ)

**藤原朝光**　ふじわらのともみつ
→結城朝光(ゆうきともみつ)

**藤原朝宗**(1)　ふじわらのともむね
→伊達朝宗(だてともむね)

**藤原朝宗**(2)　ふじわらのともむね
→比企朝宗(ひきともむね)

**藤原仲麻呂**(藤原仲麿)　ふじわらのなかまろ
慶雲3(706)年～天平宝字8(764)年　[別]恵美押勝《えみおしかつ，えみのおしかつ》，藤原仲麻呂《ふじわらなかまろ》，藤原仲麻呂朝臣《ふじわらのなかまろあそみ》，藤原朝臣仲麻呂《ふじわらのあそんなかまろ》
奈良時代の官人(太師)。贈太政大臣・左大臣藤原武智麻呂の次男。光明皇后に引き立てられ政界に。橘諸兄・奈良麻呂等の勢力を抑え専権をふるう。淳仁天皇を即位させ自らは太師恵美押勝として頂点に。のち孝謙上皇に登用された道鏡を除こうとして乱をおこし敗死。
¶朝日([没]天平宝字8年9月18日(764年10月17日))，岩史([没]天平宝字8(764)年9月18日)，角史，公卿(藤原仲麿　[没]天平宝字8(764)年9月)，国史，国書(ふじわらなかまろ　[没]天平宝字8(764)年9月18日)，古史，古代(藤原朝臣仲麻呂　ふじわらのあそんなかまろ　[生]716年)，古中，コン改([生]慶雲3(706)年？)，コン4([生]慶雲3(706)年？)，史人([没]764年9月18日)，重要([没]天平宝字8(764)年9月18日)，諸系，人書79([生]706年？)，人書94(ふじわらなかまろ)，新潮([没]天平宝字8(764)年9月18日)，人名，世人([没]天平宝字8(764)年9月18日)，世百(恵美押勝　えみのおしかつ)，全書，大百，伝記，日史([没]天平宝字8(764)年9月18日)，日人，百科，仏教([没]天平宝字8(764)年9月19日)，万葉(藤原仲麻呂朝臣　ふじわらのなかまろあそみ)，歴大

**藤原長光**　ふじわらのながみつ
康和3(1101)年～？
平安時代後期の官人。陸奥守・鎮守府将軍。
¶平史

**藤原長泰** ふじわらのながやす
建暦1(1211)年〜弘長2(1262)年8月13日　[別]藤原長泰《ふじわらながやす》
鎌倉時代の武家・連歌作者。
¶国書(ふじわらながやす)

**藤原仲能** ふじわらのなかよし
生没年不詳　[別]藤原仲能《ふじわらなかよし》
鎌倉時代前期の武家・歌人。
¶国書(ふじわらなかよし)

**藤原長頼** ふじわらのながより
→相良長頼(さがらながより)

**藤原成澄** ふじわらのなりずみ
？ 〜寿永2(1183)年
平安時代後期の武士。藤原利仁の裔。
¶平史

**藤原信氏** ふじわらののぶうじ
生没年不詳　[別]藤原信氏《ふじわらのぶうじ》
鎌倉時代後期の武家・歌人。
¶国書(ふじわらのぶうじ)

**藤原信盛** ふじわらののぶもり
生没年不詳
平安時代後期の武士。後白河法皇の近侍。
¶平史

**藤原則明** ふじわらののりあき
生没年不詳
平安時代後期の武士。
¶平史

**藤原範季** ふじわらののりすえ
大治5(1130)年〜元久2(1205)年　[別]高倉範季《たかくらのりすえ》,藤原範季《ふじわらのりすえ》,範季〔藪家〕《のりすえ》
平安時代後期〜鎌倉時代前期の公卿(非参議)。非参議藤原範兼の子。陸奥守・鎮守府将軍。
¶朝日([没]元久2年5月10日(1205年5月30日)), 岩史([没]元久2(1205)年5月10日), 鎌室(ふじわらのりすえ), 公卿([没]元久2(1205)年5月10日), 公家(範季〔藪家〕　のりすえ　[没]元久2(1205)年5月10日), 国史, 古中, コン4, 史人([没]1205年5月10日), 諸系, 新潮([没]元久2(1205)年5月10日), 日史(高倉範季　たかくらのりすえ　[没]元久2(1205)年5月10日), 日人, 百科(高倉範季　たかくらのりすえ), 平史, 和歌山人

**藤原玄明** ふじわらのはるあき
→藤原玄明(ふじわらのはるあきら)

**藤原玄明** ふじわらのはるあきら
？ 〜天慶3(940)年　[別]藤原玄明《ふじわらのはるあき》
平安時代前期〜中期の常陸国の住人。平将門に庇護され、天慶の乱の端緒となる。
¶茨城百(ふじわらのはるあき), 平史

**藤原秀郷** ふじわらのひでさと
生没年不詳　[別]藤原秀郷《ふじわらひでさと》,俵藤太《たわらとうた,たわらとうだ,たわらのとうた》
平安時代中期の東国の武将、下野国の押領使。平貞盛と協力して平将門の乱を平定。
¶朝日, 茨城百, 岩史, 江戸(ふじわらひでさと), 角史, 郷土茨城, 郷土滋賀, 郷土栃木, 群馬人(ふじわらひでさと), 群馬百, 国史, 古史([没]958年？), 古中, コン改, コン4, 埼玉人, 滋賀百(ふじわらひでさと), 史人, 重要, 諸系, 新潮, 人名, 姓氏岩手, 世人, 世百, 全書, 大百, 大百(俵藤太　たわらとうた), 栃木歴, 日史, 日人, 百科, 平史([没]958年？), 歴大([没]958年？)

**藤原秀能** ふじわらのひでとう
→藤原秀能(ふじわらのひでよし)

**藤原秀遠** ふじわらのひでとお
→山鹿秀遠(やまがひでとお)

**藤原秀長** ふじわらのひでなが
生没年不詳　[別]藤原秀長《ふじわらひでなが》
鎌倉時代後期の武家・歌人。
¶国書(ふじわらひでなが)

**藤原秀衡** ふじわらのひでひら
*〜文治3(1187)年　[別]藤原秀衡《ふじわらひでひら》
平安時代後期の武将。奥州藤原氏の3代。鎮守府将軍・陸奥守になり奥州藤原氏の最盛期を築く。源義経の庇護者として頼朝に対抗した。
¶朝日([生]保安3(1122)年　[没]文治3年10月29日(1187年11月30日)), 岩史([生]保安3(1122)年？　[没]文治3(1187)年10月29日), 岩手百([生]？), 角史([生]？), 鎌倉([生]？), 鎌室(ふじわらひでひら　[生]保安3(1122)年), 国史([生]？), 古史([生]？), 古中([生]？), コン改([生]？), コン4([生]？), 史人([生]1122年　[没]1187年10月29日), 重要([生]？　[没]文治3(1187)年10月29日), 諸系([生]1122年), 新潮([生]？　[没]文治3(1187)年10月29日), 人名([生]？), 姓氏岩手([生]1122年), 姓氏宮城([生]？), 世人([生]？　[没]文治3(1187)年10月29日), 世百([生]1122年), 全書([生]1122年), 大百([生]？), 日史([生]保安3(1122)年　[没]文治3(1187)年10月29日), 日人([生]1122年), 百科([生]保安3(1122)年), 仏教([生]保安3(1122)年　[没]文治3(1187)年10月29日), 平史([生]1122年), 宮城百([生]保安3(1122)年？), 歴大([生]1122年？)

**藤原秀茂** ふじわらのひでもち
元久2(1205)年〜文永5(1268)年7月16日　[別]藤原秀茂《ふじわらひでもち》
鎌倉時代の武家・歌人。
¶国書(ふじわらひでもち)

**藤原秀康** ふじわらのひでやす
？ 〜承久3(1221)年　[別]藤原秀康《ふじわらひでやす》
鎌倉時代前期の武将、検非違使。
¶朝日([没]承久3年10月14日(1221年10月30日)), 岩史([没]承久3(1221)年10月14日), 角史, 鎌倉, 鎌室(ふじわらひでやす), 国史, 古中, コン改, コン4, 史人([没]1221年10月), 新潮, 人

名，姓氏京都，世人，世百，全書，大百，日史（[没]承久3(1221)年10月14日），日人，百科（[没]承久3(1221)年？），平史，歴大

**藤原秀能** ふじわらのひでよし
元暦1(1184)年～仁治1(1240)年　[別]藤原秀能《ふじわらのひでとう,ふじわらひでよし》
鎌倉時代前期の武士、歌人。承久の乱で朝廷方の将。
¶朝日（[没]仁治1年5月21日(1240年6月12日)），鎌室（ふじわらひでよし），国書（ふじわらひでよし　[没]延応2(1240)年5月21日），人名（ふじわらのひでとう），全書（ふじわらのひでとう），日人，仏教（[没]延応2(1240)年5月21日），和俳

**藤原広澄** ふじわらのひろずみ
生没年不詳
平安時代後期～鎌倉時代前期の武士。
¶平史

**藤原広高** ふじわらのひろたか
？～延元1/建武3(1336)年
鎌倉時代後期～南北朝時代の武官。
¶人名，日人（生没年不詳）

**藤原広綱** ふじわらのひろつな
生没年不詳
平安時代後期の武士。
¶平史

**藤原広行** ふじわらのひろゆき
→大河戸広行（おおかわどひろゆき）

**藤原文脩** ふじわらのふみなが
生没年不詳
平安時代中期の軍事貴族。
¶平史

**藤原文行** ふじわらのふみゆき
生没年不詳
平安時代中期の軍事貴族。
¶平史

**藤原卿** ふじわらのまえつきみ
→藤原鎌足（ふじわらのかまたり）

**藤原正清** ふじわらのまさきよ
→鎌田正清(1)（かまたまさきよ）

**藤原蔵隆** ふじわらのまさたか
→藤原蔵規（ふじわらのまさのり）

**藤原雅忠** ふじわらのまさただ
？～延元1/建武3(1336)年　[別]藤原雅忠《ふじわらまさただ》
鎌倉時代後期～南北朝時代の武将。
¶鎌室（ふじわらまさただ），新潮（[没]建武3/延元1(1336)年6月5日），人名，日人

**藤原蔵規** ふじわらのまさのり
生没年不詳　[別]藤原蔵規《ふじわらのくらのり》，藤原蔵隆《ふじわらのまさたか》
平安時代中期の官人、武将。肥後菊池氏の祖。藤原隆家のもと、刀伊の入寇に際し奮闘。
¶熊本百，諸系，新潮（ふじわらのくらのり），日人，福岡百（藤原蔵隆　ふじわらのまさたか）

**藤原政光** ふじわらのまさみつ
→小山政光（おやままさみつ）

**藤原政義** ふじわらのまさよし
→下河辺政義（しもこうべまさよし）

**藤原麻呂** ふじわらのまろ
持統天皇9(695)年～天平9(737)年　[別]藤原朝臣麻呂《ふじわらのあそみまろ,ふじわらのあそんまろ》
飛鳥時代～奈良時代の官人（参議）。藤原京家の祖。右大臣藤原不比等の四男。兵部卿・持節大使として大野東人とともに陸奥・出羽の直通路開削にあたる。
¶朝日（[没]天平9年7月13日(737年8月13日)），岩史（[生]持統9(695)年？　[没]天平9(737)年7月13日），角史，公卿（[没]天平9(737)年7月13日），国史（[生]？），古史，古代（藤原朝臣麻呂　ふじわらのあそんまろ），古中（[生]？），コン改，コン4，史人（[没]737年7月13日），重要（[没]天平9(737)年7月13日），諸系，新潮（[没]天平9(737)年7月13日），人名，世人（[没]天平9(737)年7月13日），世百，全書，大百，日史（[生]持統9(695)年？　[没]天平9(737)年7月13日），日人，百科（[生]持統9(695)年？），万葉（藤原朝臣麻呂　ふじわらのあそみまろ），歴大（[生]695年？），和俳（[没]天平9(737)年7月13日）

**藤原道綱** ふじわらのみちつな
生没年不詳
平安時代後期の武士。
¶平史

**藤原光員** ふじわらのみつかず
→加藤光員（かとうみつかず）

**藤原宗重** ふじわらのむねしげ
→湯浅宗重（ゆあさむねしげ）

**藤原宗高** ふじわらのむねたか
→那須与一（なすのよいち）

**藤原宗綱** ふじわらのむねつな
→宇都宮宗綱（うつのみやむねつな）

**藤原統行** ふじわらのむねつら
[別]藤原朝臣統行《ふじわらのあそんむねつら》
平安時代前期の武官。元慶の乱鎮圧に失敗。
¶古代（藤原朝臣統行　ふじわらのあそんむねつら），日人（生没年不詳）

**藤原宗永** ふじわらのむねなが
生没年不詳
平安時代後期の武士。
¶和歌山人

**藤原宗政** ふじわらのむねまさ
→長沼宗政（ながぬまむねまさ）

**藤原宗光** ふじわらのむねみつ
→湯浅宗光（ゆあさむねみつ）

**藤原宗茂** ふじわらのむねもち
→狩野宗茂（かのむねしげ）

**藤原茂光** ふじわらのもちみつ
→工藤茂光（くどうしげみつ）

**藤原元方　ふじわらのもとかた**
生没年不詳　[別]藤原元方《ふじわらもとかた》
平安時代後期の武人。
¶姓氏神奈川（ふじわらもとかた）

**藤原基清　ふじわらのもときよ**
→後藤基清（ごとうもときよ）

**藤原基綱　ふじわらのもとつな**
→後藤基綱（ごとうもとつな）

**藤原元治　ふじわらのもとはる**
→佐藤元治（さとうもとはる）

**藤原基衡　ふじわらのもとひら**
？　～保元2（1157）年？
平安時代後期の武将。奥州藤原氏の2代。毛越寺を建立。
¶朝日（[没]保元2（1157）年頃），岩史，岩手百（生没年不詳），角史（生没年不詳），国史（生没年不詳），古史（[没]1157年），古中（生没年不詳），コン改（生没年不詳），コン4（生没年不詳），史人，重要（[生]長治2（1105）年？），諸系（生没年不詳），新潮（[没]保元2（1157）年頃），人名，姓氏岩手，世人（生没年不詳），世百，全書（生没年不詳），大百，日史（[没]保元2（1157）年3月19日？），日人（生没年不詳），百科（[没]保元2（1157）年頃），仏教（生没年不詳），平史（生没年不詳），歴大

**藤原基頼　ふじわらのもとより**
長久1（1040）年～保安3（1122）年　[別]持明院基頼《じみょういんもとより》
平安時代中期～後期の貴族・武人。持明院家の祖。陸奥守・鎮守府将軍。
¶コン改（持明院基頼　じみょういんもとより），コン4（持明院基頼　じみょういんもとより），諸系，人名（持明院基頼　じみょういんもとより　[生]？），日人，平史

**藤原盛景　ふじわらのもりかげ**
生没年不詳　[別]藤原盛景《ふじわらもりかげ》
鎌倉時代前期の武士。
¶鎌室（ふじわらもりかげ），日人

**藤原盛重　ふじわらのもりしげ**
生没年不詳
平安時代中期の武官。
¶平史

**藤原盛長　ふじわらのもりなが**
→安達盛長（あだちもりなが）

**藤原保輔　ふじわらのやすすけ**
？　～永延2（988）年　[別]袴垂保輔《はかまだれやすすけ》
平安時代中期の下級官人・盗賊。切腹で自決した初例といわれる。以後東国武士に自決法として定着する。
¶朝日（[没]永延2年6月17日（988年8月2日）），国史，古史，古中，コン改（袴垂保輔　はかまだれやすすけ），コン4（袴垂保輔　はかまだれやすすけ），コン4，史人（[没]988年6月17日），諸系，新潮（[没]永延2（988）年6月），姓氏京都，日人，平史，歴大

**藤原泰綱　ふじわらのやすつな**
→岡部泰綱（おかべやすつな）

**藤原泰経　ふじわらのやすつね**
生没年不詳　[別]藤原泰経《ふじわらやすつね》
鎌倉時代前期の武士。
¶鎌室（ふじわらやすつね），日人

**藤原泰衡　ふじわらのやすひら**
久寿2（1155）年～文治5（1189）年　[別]藤原泰衡《ふじわらやすひら》
平安時代後期の武将。藤原秀衡の次男。
¶朝日（[没]文治5（1189）年9月），岩史（[没]文治5（1189）年9月3日），岩手百，角史，鎌室（ふじわらやすひら），国史（[生]？），古史（[生]1165年），古中（[生]？），コン改（[生]久寿2（1155）年，（異説）1165年），コン4（[生]久寿2（1155）年，（異説）1165年），史人（[没]1189年9月3日），重要（[生]久寿2（1155）年？　[没]文治5（1189）年9月3日），諸系，新潮（[没]文治5（1189）年9月3日），人名，姓氏岩手，世人（[没]文治5（1189）年9月3日），世百（[生]？），全書，大百，日史（[没]文治5（1189）年9月3日），日人，百科，平史，歴大

**藤原保昌　ふじわらのやすまさ**
天徳2（958）年～長元9（1036）年　[別]藤原保昌《ふじわらやすまさ》
平安時代中期の中級貴族。武勇に秀でていたという。
¶朝日（[没]長元9（1036）年9月），国史，国書（ふじわらやすまさ　[没]長元9（1036）年9月），古史，古中，コン改，コン4，史人（[没]1036年9月），諸系，新潮（[没]長元9（1036）年9月），人名，姓氏京都，日音，日史（[没]長元9（1036）年9月），日人，百科，平史，和俳

**藤原行平　ふじわらのゆきひら**
→下河辺行平（しもこうべゆきひら）

**藤原行政　ふじわらのゆきまさ**
→二階堂行政（にかいどうゆきまさ）

**藤原行光　ふじわらのゆきみつ**
→二階堂行光(1)（にかいどうゆきみつ）

**藤原能氏　ふじわらのよしうじ**
？　～承久3（1221）年　[別]藤原能氏《ふじわらよしうじ》
鎌倉時代前期の武将。
¶鎌室（ふじわらよしうじ），人名

**藤原能員　ふじわらのよしかず**
→比企能員（ひきよしかず）

**藤原義常　ふじわらのよしつね**
→波多野義常（はたのよしつね）

**藤原能直　ふじわらのよしなお**
→大友能直（おおともよしなお）

**藤原義秀　ふじわらのよしひで**
→河村義秀（かわむらよしひで）

**藤原義通　ふじわらのよしみち**
→波多野義通（はたのよしみち）

**藤原頼方** ふじわらのよりかた
→監物頼方(けんもつよりかた)

**藤原頼嗣** ふじわらのよりつぐ
延応1(1239)年～康元1(1256)年 [別]九条頼嗣《くじょうよりつぐ》,藤原頼嗣《ふじわらよりつぐ》,頼嗣〔鎌倉将軍家(絶家)〕《よりつぐ》
鎌倉時代前期の鎌倉幕府第5代の将軍(在職1244～1252)。権大納言藤原頼経(4代将軍)の子。
¶朝日([生]延応1年11月21日(1239年12月17日) [没]康元1年9月25日(1256年10月14日)),角史(九条頼嗣 くじょうよりつぐ),神奈川人,鎌倉,鎌室(九条頼嗣 くじょうよりつぐ),京都大(九条頼嗣 くじょうよりつぐ),公卿([没]康元1(1256)年9月25日),公家(頼嗣〔鎌倉将軍家(絶家)〕 よりつぐ [没]建長8(1256)年9月25日),国史,古中,コン改(九条頼嗣 くじょうよりつぐ),コン4(九条頼嗣 くじょうよりつぐ),史人([生]1239年11月21日 [没]1256年9月25日),重要([没]康元1(1256)年9月25日),諸系(九条頼嗣 くじょうよりつぐ),新潮(九条頼嗣 くじょうよりつぐ [生]延応1(1239)年11月21日 [没]康元1(1256)年9月25日),人名,姓氏神奈川(九条頼嗣 くじょうよりつぐ),世人(九条頼嗣 くじょうよりつぐ [没]康元1(1256)年9月25日),日史([生]延応1(1239)年11月21日 [没]康元1(1256)年9月25日),日人(九条頼嗣 くじょうよりつぐ),百科,北条(ふじわらよりつぐ),歴大(九条頼嗣 くじょうよりつぐ)

**藤原頼経** ふじわらのよりつね
建保6(1218)年～康元1(1256)年 [別]九条頼経《くじょうよりつね》,頼経〔鎌倉将軍家(絶家)〕《よりつね》,三寅《みとら》,藤原頼経《ふじわらよりつね》
鎌倉時代前期の鎌倉幕府第4代の将軍(在職1226～1244)。関白・左大臣九条道家の三男。初の摂家将軍として鎌倉下向。のち反北条の立場をとり送還された。
¶朝日([生]建保6年1月16日(1218年2月12日) [没]康元1年8月11日(1256年9月1日)),岩史([生]建保6(1218)年1月16日 [没]建長8(1256)年8月11日),角史(九条頼経 くじょうよりつね),神奈川人,鎌倉,鎌室(九条頼経 くじょうよりつね),京都大(九条頼経 くじょうよりつね),公卿([没]康元1(1256)年8月11日),公家(頼経〔鎌倉将軍家(絶家)〕 よりつね [没]建長8(1256)年8月11日),国史,古中,コン改(九条頼経 くじょうよりつね),コン4(九条頼経 くじょうよりつね),史人([生]1218年1月16日 [没]1256年8月11日),重要([没]康元1(1256)年8月11日),諸系(九条頼経 くじょうよりつね),新潮(九条頼経 くじょうよりつね [生]建保6(1218)年1月16日 [没]康元1(1256)年8月11日),人名,姓氏神奈川(九条頼経 くじょうよりつね),姓氏京都(九条頼経 くじょうよりつね),世人(九条頼経 くじょうよりつね [没]康元1(1256)年8月11日),世百,全書(九条頼経 くじょうよりつね),大百(九条頼経 くじょうよりつね),伝記,日史([生]建保6(1218)年1月16日 [没]康元1(1256)年8月11日),日人(九条頼経 くじょうよりつね),百科,歴大(九条頼経 くじょうよりつね)

**藤原頼行** ふじわらのよりゆき
生没年不詳
平安時代中期の軍事貴族。
¶平史

**藤原広家** ふじわらひろいえ
室町時代の水軍の頭目。
¶岡山人,岡山歴

**藤原藤茂** ふじわらふじしげ
生没年不詳
南北朝時代の武家・歌人。
¶国書

**藤原持共** ふじわらもちとも
生没年不詳 [別]本木下野守《もときしもつけのかみ》
戦国時代の武将。
¶戦人

**藤原行親** ふじわらゆきちか
天授6/康暦2(1380)年～
南北朝時代～室町時代の八戸の悪虫郷の領主。
¶青森人([生]天授6(1380)年ころ)

**藤原頼兼** ふじわらよりかね
生没年不詳
南北朝時代の武家・歌人。
¶国書

**布施淡路守公雄** ふせあわじのかみきみお
→布施公雄(ふせきみお)

**布施景尊** ふせかげたか
生没年不詳
戦国時代の北条氏照の重臣。
¶戦辞

**布施公雄** ふせきみお
[別]布施淡路守公雄《ふせあわじのかみきみお》
戦国時代の武士。
¶戦人(生没年不詳),戦西(布施淡路守公雄 ふせあわじのかみきみお)

**布勢公保** ふせきみやす
生没年不詳
安土桃山時代の織田信長の家臣。
¶織田

**布施蔵人佑** ふせくらんどのすけ
生没年不詳 [別]布施蔵人佑《ふせくろうどのすけ》
戦国時代の武士。後北条氏家臣。
¶戦辞(ふせくろうどのすけ),戦人,戦東

**布施蔵人佑** ふせくろうどのすけ
→布施蔵人佑(ふせくらんどのすけ)

**布勢五介** ふせごすけ
生没年不詳
安土桃山時代の織田信長の家臣。
¶織田

**布施左京亮** ふせさきょうのすけ
[別]布施右京亮《ふせうきょうのすけ》

安土桃山時代〜江戸時代前期の地侍。豊臣氏家臣。
¶戦国，戦人 (生没年不詳)

**布施定時** ふせさだとき
生没年不詳
安土桃山時代の武将。
¶藩臣1

**布施貞基** ふせさだもと
？ 〜文明7 (1475) 年
室町時代〜戦国時代の室町幕府奉行人。
¶戦辞

**布施重紹** ふせしげつぐ
？ 〜寛永12 (1635) 年
安土桃山時代〜江戸時代前期の武士。紀州藩士。
¶和歌山人

**布施資連** ふせすけつら
生没年不詳
南北朝時代の武家・歌人。
¶国書

**布施善三** ふせぜんぞう
？ 〜元亀2 (1571) 年
戦国時代の武士。後北条氏家臣。
¶戦人，戦東

**布施田長映** ふせだながあき
生没年不詳
戦国時代の武士。長章の子。成田氏の旧臣。
¶埼玉人

**布施田長章** ふせだながあき
？ 〜天正18 (1590) 年6月6日
戦国時代の武士。小田原籠城戦で討死。
¶埼玉人

**布施為基** ふせためもと
生没年不詳
戦国時代の堀越公方足利政知の奉行人。
¶戦辞

**布施田山城守** ふせだやましろのかみ
戦国時代の武士。後北条氏家臣。
¶戦人 (生没年不詳)，戦東

**布施藤九郎** ふせとうくろう
安土桃山時代の武士。織田氏家臣。
¶戦人 (生没年不詳)，戦補

**布施英基** ふせひでもと
？ 〜文明17 (1485) 年
室町時代の武将。
¶京都大，姓氏京都

**布勢三河守** ふせみかわのかみ
生没年不詳
安土桃山時代の織田信長の家臣。
¶織田

**布施美作守** ふせみまさかのかみ
安土桃山時代の武将。後北条氏家臣。
¶戦東

**布施持長** ふせもちなが
戦国時代の武士。
¶戦人 (生没年不詳)，戦西

**伏屋市兵衛** ふせやいちべえ
生没年不詳
安土桃山時代〜江戸時代前期の国人。
¶織田，戦国，戦人

**布施康貞** ふせやすさだ
？ 〜元亀2 (1571) 年
戦国時代の武将。後北条氏家臣。
¶神奈川人，戦東

**布施康純** ふせやすずみ
安土桃山時代の武将。後北条氏家臣。
¶戦東

**布施康朝** ふせやすとも
生没年不詳
戦国時代の北条氏の家臣。
¶姓氏神奈川，戦辞

**布施康則** ふせやすのり
？ 〜天正13 (1585) 年
安土桃山時代の武士。後北条氏家臣。
¶神奈川人，戦人，戦東

**布施康能** ふせやすよし
生没年不詳
戦国時代の北条氏の家臣。
¶戦辞

**伏屋為長** ふせやためなが
永禄6 (1563) 年〜慶長9 (1604) 年
安土桃山時代の武士。豊臣氏家臣、徳川氏家臣。
¶戦国，戦人

**伏屋飛騨守** ふせやひだのかみ
？ 〜元和1 (1615) 年
安土桃山時代〜江戸時代前期の武士。豊臣氏家臣。
¶戦国，戦人

**豊前氏景** ぶぜんうじかげ
戦国時代の武将。足利氏家臣。
¶戦辞 (生没年不詳)，戦東

**豊前左衛門佐** ぶぜんさえもんのすけ
？ 〜慶長10 (1605) 年2月21日
安土桃山時代〜江戸時代前期の古河公方の家臣。
¶戦辞

**豊前左京亮** ぶぜんさきょうのすけ
生没年不詳
戦国時代の古河公方の家臣。
¶戦辞

**豊前助** ぶぜんすけ
生没年不詳
戦国時代の古河公方の家臣。
¶戦辞

**豊前山城守** ぶぜんやましろのかみ
？ 〜永禄12 (1569) 年10月6日
戦国時代〜安土桃山時代の古河公方の家臣。
¶戦辞

ふ

**二方兵庫助** ふたかたひょうごのすけ
生没年不詳
戦国時代の武士。佐竹氏家臣。
¶戦辞，戦人，戦東

**二ツ木三五郎**（二木三五郎）ふたつきさんごろう，ふたつぎさんごろう
？　〜天正18（1590）年
戦国時代の武将。葛西氏家臣。
¶戦人（二木三五郎　ふたつぎさんごろう），戦東

**二木重高** ふたつぎしげたか
㊿二木豊後守重高《ふたつぎぶんごのかみしげたか》
戦国時代の武将。
¶姓氏長野（生没年不詳），姓氏山梨，戦人（生没年不詳），戦東（二木豊後守重高　ふたつぎぶんごのかみしげたか）

**二木重次** ふたつぎしげつぐ
㊿二木八右衛門重次《ふたつぎはちえもんしげつぐ》
安土桃山時代の武士。小笠原氏家臣。
¶戦人（生没年不詳），戦東（二木八右衛門重次　ふたつぎはちえもんしげつぐ）

**二木重吉** ふたつぎしげよし
㊿二木豊後守重吉《ふたつぎぶんごのかみしげよし》
戦国時代〜江戸時代前期の武士。小笠原氏家臣。
¶戦人（生没年不詳），戦東（二木豊後守重吉　ふたつぎぶんごのかみしげよし）

**二木八右衛門重次** ふたつぎはちえもんしげつぐ
→二木重次（ふたつぎしげつぐ）

**二木豊後守重高** ふたつぎぶんごのかみしげたか
→二木重高（ふたつぎしげたか）

**二木豊後守重吉** ふたつぎぶんごのかみしげよし
→二木重吉（ふたつぎしげよし）

**二俣扶長** ふたまたすけなが
戦国時代の武将。今川氏家臣。
¶戦辞（生没年不詳），戦東

**二俣長富** ふたまたながとみ
戦国時代の今川氏家臣。鐘を鋳造、寄進。
¶戦辞（生没年不詳），戦東

**二俣昌長** ふたまたまさなが
？　〜天文20（1551）年2月26日
戦国時代の武将。今川氏家臣。
¶静岡歴（生没年不詳），姓氏静岡，戦辞，戦人（生没年不詳），戦東

**二見右馬助** ふたみうまのすけ
生没年不詳
戦国時代の北条氏の家臣。
¶戦辞

**二見将監** ふたみしょうげん
生没年不詳
戦国時代の北条氏の家臣。
¶戦辞

**二見民部丞** ふたみみんぶのじょう
生没年不詳
戦国時代の北条氏の家臣。
¶戦辞

**札幹繁** ふだもとしげ
？　〜＊
安土桃山時代の国人。
¶戦国（㉒1591年），戦人（㉒天正19（1591）年？）

**淵名大炊助** ふちなおおいのすけ
生没年不詳
戦国時代の足利長尾氏の家臣。
¶戦辞

**淵名兼行** ふちなかねゆき
生没年不詳
平安時代後期の上野国淵名荘の豪族。藤原秀郷6代の孫。
¶群馬人

**淵辺義博** ふちのべよしひろ
？　〜建武2（1335）年
南北朝時代の武将。
¶神奈川人，姓氏神奈川，日人（生没年不詳）

**武藤氏雄** ぶどううじたか
→砂越氏雄（さごしうじたか）

**武藤氏維** ぶどううじつな
生没年不詳
戦国時代の武将。
¶戦人

**武藤晴時** ぶどうはるとき
文亀1（1501）年〜天文10（1541）年11月29日
㊿武藤晴時《むとうはるとき》
戦国時代〜安土桃山時代の地方豪族・土豪。
¶庄内（むとうはるとき），戦人（生没年不詳）

**武藤平左衛門** ぶとうへいざえもん
？　〜寛永5（1628）年　㊿武藤平左衛門《むとうへいざえもん》
安土桃山時代〜江戸時代前期の武士、紀伊和歌山藩士。
¶藩臣5，和歌山人（むとうへいざえもん）

**富所業久** ふどころなりひさ
戦国時代の武将。武田家臣。西上野の侍か。
¶姓氏山梨

**船尾昭直** ふなおあきなお
生没年不詳
安土桃山時代の武士。佐竹氏家臣。
¶戦辞，戦人，戦東

**船尾下野守** ふなおしもつけのかみ
戦国時代〜安土桃山時代の武士。佐竹氏家臣。
¶戦人（生没年不詳），戦東

**船尾隆直** ふなおたかなお
生没年不詳
戦国時代の佐竹氏の外様家臣。
¶戦辞

**船尾義綱** ふなおよしつな
天正1(1573)年～寛永7(1630)年9月4日
安土桃山時代～江戸時代前期の武士。佐竹氏家臣。
¶戦辞，戦人(生没年不詳)，戦東

**船木新兵衛** ふなきしんべえ
生没年不詳
戦国時代の北条氏隆の家臣。
¶戦辞

**船木大学** ふなきだいがく
戦国時代の武将。斎藤氏家臣。
¶戦西

**舟木藤左衛門** ふなきとうざえもん
安土桃山時代の備中国の武将。
¶岡山歴

**舟木頼重** ふなきよりしげ
生没年不詳
鎌倉時代後期の武将。
¶郷土香川

**船越景直** ふなこしかげなお
天文9(1540)年～慶長16(1611)年
安土桃山時代～江戸時代前期の武士。
¶茶道([生]1536年)，戦国，戦人，戦西

**船越三郎** ふなこしさぶろう
鎌倉時代の武士。駿河国有度郡入江荘を本拠とする入江武士団の一人。
¶姓氏静岡

**舟坂弥次右衛門** ふなさかやじえもん
生没年不詳
安土桃山時代の織田信長の家臣。
¶織田

**船沢紀伊守** ふなざわきいのかみ
安土桃山時代の武将。後北条氏家臣。
¶戦東

**船田経政** ふなだつねまさ
生没年不詳
南北朝時代の武将。
¶鎌室，人名，姓氏群馬，日人

**船田義昌** ふなだよしまさ
？ ～延元1/建武3(1336)年
鎌倉時代後期～南北朝時代の武将。
¶鎌室，群馬人，人名，日人

**船津九郎右衛門**(舟津九郎右衛門) ふなつくろうえもん
安土桃山時代～江戸時代前期の武将。秀吉馬廻。
¶戦国(舟津九郎右衛門)，戦人(生没年不詳)

**船津八郎兵衛** ふなづはちろべえ
生没年不詳
安土桃山時代～江戸時代前期の武術家。松平信綱家臣。
¶日人

**船迫大和** ふなはざまやまと
戦国時代の地頭。伊達氏家臣。
¶戦東

**船橋半左衛門** ふなはしはんざえもん，ふなばしはんざえもん
？ ～＊
安土桃山時代～江戸時代前期の武士、陸奥弘前藩家老。
¶青森人(ふなばしはんざえもん [没]承応1(1652)年)，藩臣1([没]承応3(1654)年)

**舟山伊賀** ふなやまいが
生没年不詳
安土桃山時代の武将。
¶藩臣1

**舟生治右衛門** ふにうじうえもん
天正3(1575)年～寛文3(1663)年
安土桃山時代～江戸時代前期の出羽新庄藩士。
¶藩臣1

**豊饒永源** ぶにょうえいげん
戦国時代の武士。
¶戦人(生没年不詳)，戦西

**豊饒親富** ぶにょうちかとみ
戦国時代の武士。
¶戦人(生没年不詳)，戦西

**史根麻呂** ふひとのねまろ
→文禰麻呂(ふみのねまろ)

**府馬左衛門尉時持** ふまさえもんのじょうときもち
生没年不詳
南北朝時代の武将。
¶千葉百

**夫間正五郎** ぶましょうごろう
安土桃山時代の武将。秀吉馬廻。
¶戦国，戦人(生没年不詳)

**夫間勝兵衛** ぶましょうべえ
安土桃山時代の武士。豊臣氏家臣。
¶戦国，戦人(生没年不詳)

**夫間甚次郎** ぶまじんじろう
安土桃山時代の武将。秀吉馬廻。
¶戦国，戦人(生没年不詳)

**書薬** ふみのくすり
生没年不詳
飛鳥時代の武人。壬申の乱で大友皇子の将。
¶日人

**文成覚** ふみのじょうかく
[別]文直成覚《ふみのあたいじょうかく》
飛鳥時代の武人。壬申の乱の功臣。
¶古代(文直成覚 ふみのあたいじょうかく)，日人(生没年不詳)

**書智徳**(書知徳) ふみのちとこ
？ ～持統天皇6(692)年 [別]書直智徳《ふみのあたいちとこ》
飛鳥時代の官人。舎人として大海人皇子に従う。
¶朝日(生没年不詳)，古代(書直智徳 ふみのあたいちとこ)，コン改(書知徳)，コン4(書知徳)，日人(生没年不詳)

**文禰麻呂**（文根麻呂, 書根麻呂）　ふみのねまろ
？ ～慶雲4(707)年　[別]史根麻呂《ふひとのねまろ》, 書忌寸根麻呂《ふみのいみきねまろ》
飛鳥時代の官人、壬申の乱で活躍。
¶朝日([没]慶雲4年9月21日(707年10月21日)), 国史(文根麻呂), 古代(書忌寸根麻呂　ふみのいみきねまろ), 古中(文根麻呂), コン改, コン4, 史人(文根麻呂　[没]707年9月21日), 新潮([没]慶雲4(707)年9月21日,(異説)10月24日), 人名(史根麻呂　ふひとのねまろ), 世人(文根麻呂), 日人

**文室綿麻呂**　ふむろのわたまろ
→文室綿麻呂(ふんやのわたまろ)

**布寄左衛門尉**　ふよりさえもんのじょう
～天正3(1575)年
安土桃山時代の武将。
¶岡山人

**古市胤栄**　ふるいちいんえい
？ ～永正2(1505)年
戦国時代の興福寺衆徒、奈良古市郷の土豪。
¶茶道

**古市澄胤**　ふるいちすみたね
→古市澄胤(ふるいちちょういん)

**古市澄胤**　ふるいちちょういん
享徳1(1452)年～永正5(1508)年　[別]古市澄胤《ふるいちすみたね》, 倫勧房《りんかんぼう》
戦国時代の武将。大和国国人、興福寺衆徒。胤仙の子。高屋城の畠山氏と争い敗死。
¶朝日, 岩史, 京都府, 国史, 国書([没]永正5(1508)年7月26日), 古中, コン改, コン4, 茶道([生]1459年), 史人([没]1508年7月25日), 新潮([没]永正5(1508)年7月), 人名(ふるいちすみたね), 戦合, 戦人(ふるいちすみたね), 日史([没]永正5(1508)年7月), 日人, 歴大

**古内重広**　ふるうちしげひろ
*～万治1(1658)年
江戸時代前期の武将、陸奥仙台藩士。
¶姓氏宮城([生]1588年), 日人([生]1589年), 藩臣1([生]天正17(1589)年), 宮城百([生]天正16(1588)年)

**古内義貞**　ふるうちよしさだ
～寛永11(1634)年11月10日
安土桃山時代の武将。佐竹氏家臣。
¶戦辞, 戦東

**古江加兵衛**　ふるえかへえ
生没年不詳
安土桃山時代の織田信長の家臣。
¶織田

**古尾谷治部左衛門**　ふるおやじぶざえもん
生没年不詳
戦国時代の北条氏の家臣。
¶戦辞

**古尾屋周防**　ふるおやすおう
[別]古尾屋周防《こおやすおう》
戦国時代の武士。後北条氏家臣。
¶戦人(生没年不詳), 戦東(こおやすおう)

**古屋資吉**　ふるおやすけよし
生没年不詳
戦国時代の北条氏の家臣。
¶戦辞

**古尾谷兵部大輔**　ふるおやひょうぶたいふ
南北朝時代の北朝の武士。
¶埼玉百

**古川久介**　ふるかわきゅうすけ
？ ～永禄12(1569)年9月8日
戦国時代～安土桃山時代の織田信長の家臣。
¶織田

**古河重吉**　ふるかわしげよし
天正4(1576)年～寛永14(1637)年
安土桃山時代～江戸時代前期の上杉氏の家臣。
¶福島百

**古河善兵衛**（古川善兵衛）　ふるかわぜんべえ
天正4(1576)年～寛永14(1637)年
安土桃山時代～江戸時代前期の出羽米沢藩士、福島奉行兼群代。
¶朝日, 近世, 国史, コン改([生]天正5(1577)年), コン4([生]天正5(1577)年), 史人, 新潮([生]天正5(1577)年　[没]寛永14(1637)年12月12日), 人名([生]1577年), 世人(古川善兵衛　[生]天正5(1577)年), 戦合, 日人, 藩臣1

**古川忠隆**　ふるかわただたか
[別]古川弾正忠隆《ふるかわだんじょうただたか》
安土桃山時代の武将。大崎氏家臣。
¶戦人(生没年不詳), 戦東(古川弾正忠隆　ふるかわだんじょうただたか)

**古川弾正忠隆**　ふるかわだんじょうただたか
→古川忠隆(ふるかわただたか)

**古川持煕**　ふるかわもちひろ
*～天文5(1536)年
戦国時代の武将。大崎氏家臣。
¶姓氏宮城([生]1498年), 戦人([生]永正3(1506)年)

**古沢平蔵**　ふるさわへいぞう
戦国時代の武将。武田家臣。朝比奈信置配下の武辺者。
¶姓氏山梨

**古庄一閑**　ふるしょういっかん
安土桃山時代の武士。
¶戦人(生没年不詳), 戦西

**古庄重能**　ふるしょうしげよし
生没年不詳
鎌倉時代の武将。
¶大分歴

**古田織部**　ふるたおりべ
天文13(1544)年～元和1(1615)年　[別]古田重然《ふるたしげてる,ふるたしげなり》, 金甫宗屋《きんぽそうおく》
安土桃山時代～江戸時代前期の武将、茶人。豊臣秀吉に仕える。

¶朝日（[没]元和1年6月11日（1615年7月6日）），岩史（[生]天文12（1543）年　[没]慶長20（1615）年6月11日），織田（古田重然　ふるたしげなり　[没]元和1（1615）年6月11日），角史，京都（[生]天文12（1543）年），京都大，京都府，近世，国史，国書（[没]慶長20（1615）年6月11日），古中，コン改，コン4，茶道，史人（[生]1544年？　[没]1615年6月11日），重要（[没]元和1（1615）年6月11日），人書94，新潮（[生]天文12（1543）年　[没]元和1（1615）年6月11日），人名（古田重然　ふるたしげなり），姓氏京都，世人（[生]天文12（1543）年　[没]元和1（1615）年6月11日），世百，戦合，戦国（古田重然　ふるたしげてる　[生]？），戦辞（古田重然　ふるたしげてる　[没]元和1年6月11日（1615年7月6日）），全書，戦人（古田重然　ふるたしげてる　[生]？），大百，伝記，日史（[没]元和1（1615）年6月11日），日人（[生]1543年，（異説）1544年），美術，百科，仏教（[没]慶長20（1615）年6月11日），歴大（[生]1543年）

**古田九一郎**　ふるたくいちろう
安土桃山時代の武将。秀吉馬廻。
¶戦国，戦人（生没年不詳）

**古田三左衛門**　ふるたさんざえもん
安土桃山時代の武将。秀吉馬廻。
¶戦国，戦人（生没年不詳）

**古田重勝**　ふるたしげかつ
永禄3（1560）年～慶長11（1606）年
安土桃山時代～江戸時代前期の武将、大名。伊勢松坂藩主。
¶史人（[没]1606年6月16日），諸系，人名（[生]1561年），戦国，戦人，日人，藩主3（[没]慶長11（1606）年6月16日）

**古田重忠**　ふるたしげただ
永禄11（1568）年～元和1（1615）年
安土桃山時代～江戸時代前期の武士。豊臣氏家臣。
¶戦国，戦人

**古田重然**　ふるたしげてる
→古田織部（ふるたおりべ）

**古田重直**　ふるたしげなお
*～元和2（1616）年
安土桃山時代～江戸時代前期の陸奥仙台藩士。
¶姓氏宮城（[生]1559年），藩臣1（[生]？）

**古田重然**　ふるたしげなり
→古田織部（ふるたおりべ）

**古田重則**　ふるたしげのり
享禄2（1529）年～天正7（1579）年
戦国時代～安土桃山時代の武士。
¶戦国，戦人，戦西

**古田重治**　ふるたしげはる
天正6（1578）年～寛永2（1625）年　[別]古田大膳大夫重治《ふるただいぜんたゆうしげはる》
安土桃山時代～江戸時代前期の武将、大名。伊勢松坂藩主、石見浜田藩主。
¶島根人，島根百（古田大膳大夫重治　ふるただいぜんたゆうしげはる　[没]寛永2（1625）年11月25日），島根歴，諸系，人名，日人，藩主3（[没]寛永2（1625）年11月25日），藩主4（[没]寛永2（1625）年11月25日）

**古田新兵衛**　ふるたしんべえ
→古田直次（ふるたなおつぐ）

**古田宗五郎**　ふるたそうごろう
安土桃山時代の武将。秀吉馬廻。
¶戦国，戦人（生没年不詳）

**古田宗四郎**　ふるたそうしろう
安土桃山時代の武将。秀吉馬廻。
¶戦国，戦人（生没年不詳）

**古田大膳大夫重治**　ふるただいぜんたゆうしげはる
→古田重治（ふるたしげはる）

**古田直次**　ふるたなおじ
→古田直次（ふるたなおつぐ）

**古田直次**　ふるたなおつぐ
？～寛文5（1665）年　[別]古田新兵衛《ふるたしんべえ》，古田直次《ふるたなおじ》
江戸時代前期の武士、砲術家。心極流の祖。
¶岡山人（ふるたなおじ），剣豪（古田新兵衛　ふるたしんべえ），人名，日人

**古田彦三郎**　ふるたひこさぶろう
安土桃山時代の武士。豊臣氏家臣。
¶戦国，戦人（生没年不詳）

**古田肥前守**　ふるたひぜんのかみ
安土桃山時代の武士。豊臣氏家臣。
¶戦国，戦人（生没年不詳）

**古田山城守**　ふるたやましろのかみ
？～元和1（1615）年
安土桃山時代～江戸時代前期の武士。
¶戦国，戦人

**古橋又玄**　ふるはしゆうげん
生没年不詳
江戸時代前期の武将。加藤家家臣。
¶国書

**古畑重家**　ふるはたしげいえ
[別]古畑伯耆守重家《ふるはたほうきのかみしげいえ》
安土桃山時代の国人。
¶戦人（生没年不詳），戦東（古畑伯耆守重家　ふるはたほうきのかみしげいえ）

**古畑伯耆**　ふるはたほうき
戦国時代の武将。武田家臣。山県昌景同心衆のうちで采配御免の衆の一人という。
¶姓氏山梨

**古畑伯耆守重家**　ふるはたほうきのかみしげいえ
→古畑重家（ふるはたしげいえ）

**古幡幸俊**　ふるはたゆきとし
戦国時代の武将。武田家臣。信濃国筑摩郡の岩下衆（会田家臣か）。
¶姓氏山梨

**古槙淡路守**　ふるまきあわじのかみ
戦国時代の武将。今川氏家臣。
¶戦東

**古槇平三郎** ふるまきへいざぶろう
戦国時代の武将。今川氏家臣。
¶戦東

**古厩因幡守盛勝** ふるまやいなばのかみもりかつ
→古厩盛勝（ふるまやもりかつ）

**古厩盛勝** ふるまやもりかつ
？〜天正11（1583）年　[別]古厩因幡守盛勝《ふるまやいなばのかみもりかつ》
安土桃山時代の国人。
¶戦人，戦東（古厩因幡守盛勝　ふるまやいなばのかみもりかつ）

**古厩盛隆** ふるまやもりたか
戦国時代の武将。武田家臣。仁科盛政親類被官衆。
¶姓氏長野（生没年不詳），姓氏山梨

**古屋惣二郎** ふるやそうじろう
戦国時代の武将。武田家臣。信玄の長男義信の臣。
¶姓氏山梨

**古屋内匠** ふるやたくみ
戦国時代の武将。武田家臣。『甲陽軍鑑』に蔵前衆の一人としてみえる。
¶姓氏山梨

**古屋道忠** ふるやどうちゅう
戦国時代の武将。武田家臣。『甲陽軍鑑』に蔵前衆の一人としてみえる。
¶姓氏山梨

**古屋兵部** ふるやひょうぶ
戦国時代の武将。武田家臣。『甲陽軍鑑』に蔵前衆の一人としてみえる。
¶姓氏山梨

**不破壱岐守** ふわいきのかみ
安土桃山時代の武将。秀吉馬廻。
¶戦国，戦人（生没年不詳）

**不破大炊助** ふわおおいのすけ
生没年不詳
安土桃山時代の織田信長の家臣。
¶織田

**不破源六** ふわげんろく
安土桃山時代の武将、竹ヶ鼻城主。
¶岐阜百

**不破重正** ふわしげまさ
弘治2（1556）年〜元和1（1615）年
戦国時代〜江戸時代前期の武将。
¶高知人

**不破直光** ふわなおみつ
生没年不詳
安土桃山時代の織田信長の家臣。
¶織田

**不破広綱** ふわひろつな
？〜慶長5（1600）年
安土桃山時代の武将。織田氏家臣、前田氏家臣。
¶戦国，戦人

**不破光治** ふわみつはる
？〜＊
安土桃山時代の武士。
¶織田（[没]天正11（1583）年頃），岐阜百，戦国，戦人（[没]天正8（1580）年），戦西

**文三家安** ぶんざいえやす
→豊三家康（ぶんぞういえやす）

**豊三家康**（文三家安） ぶんぞういえやす
天治1（1124）年〜治承4（1180）年　[別]文三家安《ぶんざいえやす》
平安時代後期の武将。
¶鎌室（[生]天治2（1124）年），人名（文三家安　ぶんざいえやす），日人（文三家安）

**文室有房** ふんやのありふさ
[別]文室真人有房《ふんやのまひとありふさ》
平安時代前期の武官。元慶の乱鎮圧にあたる。
¶古代（文室真人有房　ふんやのまひとありふさ），日人（生没年不詳）

**文室大原** ふんやのおおはら
？〜大同1（806）年　[別]三諸大原《みもろのおおはら》，文室真人大原《ふんやのまひとおおはら》
平安時代前期の武官。陸奥介・鎮守副将軍。
¶古代（文室真人大原　ふんやのまひとおおはら），日人，平史（三諸大原　みもろのおおはら）

**文室甘楽麻呂** ふんやのかむらまろ
生没年不詳
平安時代前期の官人。陸奥介・鎮守府将軍。
¶平史

**文室巻雄** ふんやのまきお
弘仁1（810）年〜仁和3（887）年　[別]文室朝臣巻雄《ふんやのあそんまきお》
平安時代前期の武官。弓馬に秀でた。
¶古代（文室朝臣巻雄　ふんやのあそんまきお），人名，日人，平史

**文室綿麻呂**（文屋綿麻呂） ふんやのわたまろ
天平神護1（765）年〜弘仁14（823）年　[別]文室朝臣綿麻呂《ふんやのあそんわたまろ》，文室綿麻呂《ふむろのわたまろ》
奈良時代〜平安時代前期の公卿（中納言）。大納言文室浄三（智努王）の孫。蝦夷地遠征で功績を残す。
¶朝日（[没]弘仁14年4月24日（823年6月6日）），岩史（[没]弘仁14（823）年4月24日），岩手百，角史，公卿（[没]弘仁14（823）年4月24日），国史，古史，古代（文室朝臣綿麻呂　ふんやのあそんわたまろ），古中，コン改，コン4，史人（[没]823年4月24日），重要，庄内（ふむろのわたまろ　生没年不詳），新潮（[没]弘仁14（823）年4月26日），人名，姓氏岩手，世人（文屋綿麻呂　[没]弘仁14（823）年4月26日），世百，全書，大百，日史，日人，百科，平史，宮城百，歴大

## 【へ】

**閉伊光員** へいみつかず
？ ～正応3(1290)年
鎌倉時代後期の御家人。
¶姓氏岩手

**閉伊光頼** へいみつより
？ ～興国5/康永3(1344)年
鎌倉時代後期～南北朝時代の地頭職。
¶岩手百, 姓氏岩手(生没年不詳)

**辺川忠直** へがわただなお
室町時代の武将。
¶姓氏鹿児島

**日置豊前** へきぶぜん
→日置忠俊(ひきただとし)

**平群真鳥** へぐりのまとり
？ ～仁賢天皇11(498)年 [別]平群臣真鳥《へぐりのおみまとり》
上代の豪族(大臣)。大臣武内宿禰の孫。大伴金村に討たれた。
¶朝日, 角史, 公卿, 国史, 古史(生没年不詳), 古代(平群臣真鳥 へぐりのおみまとり), 古中, コン改, コン4, 史人, 重要(生没年不詳), 新潮, 人名, 世人(生没年不詳), 日史(生没年不詳), 日人, 百科(生没年不詳), 歴大

**戸次鑑連** べっきあきつら, へつぎあきつら
永正13(1516)年～天正13(1585)年 [別]戸次道雪《へつぎどうせつ, べっきどうせつ》, 立花鑑連《たちばなあきつら》, 立花道雪《たちばなどうせつ》
戦国時代～安土桃山時代の武士。伯耆守。
¶朝日([没]天正13(1585)年9月), 大分歴, 系西(立花道雪 たちばなどうせつ [生]1513年), 国史, 国書(戸次道雪 べっきどうせつ [生]永正10(1513)年3月17日 [没]天正13(1585)年9月11日), 古中, コン改(立花鑑連 たちばなあきつら), コン4(立花鑑連 たちばなあきつら), 史人(戸次道雪 べっきどうせつ [生]1513年3月17日 [没]1585年9月11日), 諸系, 新潮(立花鑑連 たちばなあきつら [没]天正13(1585)年9月11日), 人名(立花鑑連 たちばなあきつら), 戦合, 戦国(へつぎあきつら [生]1515年), 戦人(立花道雪 たちばなどうせつ [生]永正10(1513)年), 戦西([生]？), 日史(戸次道雪 べっきどうせつ [生]？ [没]天正13(1585)年9月11日), 日人, 百科(戸次道雪 べっきどうせつ [生]？), 福岡百(戸次道雪 べっきどうせつ [生]永正10(1513)年3月17日 [没]天正13(1585)年9月11日), 歴大(立花鑑連 たちばなあきつら)

**戸次鎮連** べつきしげつら, べっきしげつら
生没年不詳
戦国時代～安土桃山時代の武士。
¶戦人, 戦西(べっきしげつら), 日人(べっきしげつら)

**戸次重秀** べっきしげひで
寛喜2(1230)年～弘安5(1282)年
鎌倉時代の武士。戸次氏の始祖。
¶大分歴

**戸次鎮秀** べつきしげひで, べっきしげひで
戦国時代～安土桃山時代の武士。
¶戦人(生没年不詳), 戦西(べっきしげひで)

**戸次道雪** へつぎどうせつ, べっきどうせつ
→戸次鑑連(べっきあきつら)

**戸次広正** へつぎひろまさ
安土桃山時代の武将。
¶姓氏石川

**戸次統虎** べっきむねとら
永禄12(1569)年～寛永19(1642)年
戦国時代～江戸時代前期の武将。
¶大分歴

**戸次頼時** べっきよりとき
生没年不詳
鎌倉時代後期の武将・歌人。
¶国書

**別所久路** べっしょきゅうろ
安土桃山時代の武士。豊臣氏家臣。
¶戦人(生没年不詳), 戦補

**別所重棟**(別所重宗) べっしょしげむね
？ ～天正19(1591)年
安土桃山時代の武将、大名。但馬八木城主。三木城主別所就治の子。
¶織田([没]天正19(1591)年6月6日), 系西, 戦国(別所重宗), 戦人(別所重宗), 日人, 藩主3([没]天正19(1591)年6月6日), 兵庫百

**別所友之** べっしょともゆき
弘治2(1556)年？ ～天正8(1580)年1月17日
戦国時代～安土桃山時代の織田信長の家臣。
¶織田

**別所豊治** べっしょとよはる
天正7(1579)年～？
安土桃山時代の武士。豊臣秀吉の臣。
¶人名, 日人

**別所長門守** べっしょながとのかみ
安土桃山時代の武将。秀吉馬廻。
¶戦国, 戦人(生没年不詳)

**別所長治** べっしょながはる
*～天正8(1580)年
安土桃山時代の武将。播磨国守護赤松氏の一族。
¶朝日([生]永禄1(1558)年 [没]天正8年1月17日(1580年2月2日)), 岩史([生]？ [没]天正8(1580)年1月17日), 織田([生]弘治1(1555)年？ [没]天正8(1580)年1月17日), 系西([生]1554年), 国史([生]？), 古中([生]？), コン改([生]永禄1(1558)年), コン4([生]永禄1(1558)年), 史人([生]？ [没]1580年1月17日), 新潮([生]？ [没]天正8(1580)年1月17日), 人名([生]1558年), 世人([生]永禄1(1558)年 [没]天正8(1580)年1月17日), 戦合([生]？), 戦国([生]1558年), 戦人

へ

（[生]？），日史（[生]？　[没]天正8（1580）年1月17日），日人（[生]？），百科（[生]？），兵庫人（[生]永禄1（1558）年　[没]天正8（1580）年1月17日），兵庫百（[生]永禄1（1558）年），歴大（[生]1558年）

**別所就治**　べっしょなりはる
文亀2（1502）年～永禄6（1563）年　[別]別所村治《べっしょむらはる》
戦国時代の武将。
¶戦人（別所村治　べっしょむらはる），兵庫百

**別所孫三郎**　べっしょまごさぶろう
安土桃山時代の武将。秀吉馬廻。
¶戦国，戦人（生没年不詳）

**別所村治**　べっしょむらはる
→別所就治（べっしょなりはる）

**別所吉親**　べっしょよしちか
？　～天正8（1580）年1月17日
戦国時代～安土桃山時代の織田信長の家臣。
¶織田

へ

**別所吉治**　べっしょよしはる
？　～*
安土桃山時代～江戸時代前期の武将、大名。但馬八木藩主。
¶系西（生没年不詳），戦国，戦人（生没年不詳），日人（[没]1652年，（異説）1654年），藩主3（[没]承応3（1654）年7月13日，（異説）承応1年7月13日？）

**別役三吉郎**　べっちやくさんきちろう
戦国時代の武将。長宗我部氏家臣。
¶戦西

**別役重忠**　べっちゃくしげただ
生没年不詳
戦国時代の地方豪族・土豪。
¶戦人

**別府忠明**　べっぷただあき
保安2（1121）年～？
平安時代後期の河辺郡加世田領主。
¶姓氏鹿児島

**別府忠親**　べっぷただちか
応仁1（1467）年～？
室町時代～戦国時代の武士。別府氏11代。
¶姓氏鹿児島

**別府直満**　べっぷなおみつ
戦国時代の武将。武田家臣。禰津被官衆。
¶姓氏山梨

**別符宗幸**　べっぷむねゆき
生没年不詳
室町時代の武蔵武士。
¶埼玉人

**別符幸実**　べっぷゆきざね
？　～正平15/延文5（1360）年4月11日
南北朝時代の武蔵武士。
¶埼玉人

**別符幸忠**　べっぷゆきただ
生没年不詳
室町時代の武蔵武士。
¶埼玉人

**別符幸時**　べっぷゆきとき
生没年不詳
南北朝時代の武蔵武士。
¶埼玉人

**別符幸直**　べっぷゆきなお
生没年不詳
南北朝時代の武蔵武士。
¶埼玉人

**別符能行**　べっぷよしゆき
生没年不詳
鎌倉時代前期の武蔵武士。
¶埼玉人

**辺春親行**　へばるちかゆき
生没年不詳
安土桃山時代の武将。
¶戦人

**逸見有直**　へみありなお
？　～永享11（1439）年
室町時代の武将。
¶山梨百

**逸見昌経**　へみまさつね
→逸見昌経（へんみまさつね）

**戸矢子有綱**　へやこありつな
平安時代後期～鎌倉時代前期の武士、都賀郡戸矢子保の領主。
¶栃木歴

**戸来政秀**　へらいまさひで
？　～長享1（1487）年
室町時代～戦国時代の三戸南部氏の家臣。
¶青森人

**戸波右衛門尉**　へわうえもんのじょう
安土桃山時代～江戸時代前期の武将。長宗我部氏家臣。
¶戦西

**戸波右兵衛**　へわうひょうえ
戦国時代～安土桃山時代の武将。長宗我部氏家臣。
¶戦西

**戸波親武**　へわちかたけ
生没年不詳
戦国時代～安土桃山時代の武士。長宗我部氏家臣。
¶戦人

**弁慶**　べんけい
？　～文治5（1189）年　[別]武蔵坊弁慶《むさしぼうべんけい》
平安時代後期の僧。源義経の腹心の武将。
¶朝日（[没]文治5年4月29日？（1189年5月16日？）），岩史，岩手百（武蔵坊弁慶　むさしぼうべんけい），江戸（武蔵坊弁慶　むさしぼうべんけい），角史，鎌室，京都，京都大，郷土

和歌山（武蔵坊弁慶　むさしぼうべんけい　[生]1151年），国史，古中，コン改，コン4，史人（[没]1189年閏4月？），島根人（武蔵坊弁慶　むさしぼうべんけい　[生]仁平1（1151）年），島根歴（武蔵坊弁慶　むさしぼうべんけい　生没年不詳），重要（[没]文治5（1189）年閏4月），人書94，新潮，人名，姓氏岩手（武蔵坊弁慶　むさしぼうべんけい　生没年不詳），姓氏京都，世人，世百，全書，大百，日史，日人，百科，福井百，仏教（[没]文治5（1189）年？），平史，歴大，和歌山人（生没年不詳）

**逸見右馬之助**　へんみうまのすけ
生没年不詳
戦国時代の足利頼淳の家臣。
¶戦辞

**逸見蔵人**　へんみくろうど
→逸見蔵人佐（へんみくろうどのすけ）

**逸見蔵人佐**　へんみくろうどのすけ
生没年不詳　[別]逸見蔵人《へんみくろうど》
戦国時代の北条氏邦の家臣。
¶埼玉人（逸見蔵人　へんみくろうど），戦辞

**逸見祥仙**　へんみしょうせん
？　～天文6（1537）年
戦国時代の武将。足利氏家臣。
¶戦辞（[没]天文7年10月15日（1538年8月9日）），戦人，戦東

**逸見昌経**　へんみまさつね
？　～天正9（1581）年　[別]逸見昌経《へみまさつね》
安土桃山時代の地方豪族・土豪。
¶織田（へみまさつね　[没]天正9（1591）年3月6日？），国書（[没]天正9（1581）年3月26日），戦人，福井百（生没年不詳）

**逸見与八郎**　へんみよはちろう
生没年不詳
戦国時代の武士。北条氏邦の家臣、秩父衆。
¶戦辞

**逸見若狭守**　へんみわかさのかみ
戦国時代～安土桃山時代の武士。後北条氏家臣。
¶戦人（生没年不詳），戦東

## 【ほ】

**帆足鑑直**　ほあしあきなお
生没年不詳
安土桃山時代の武将。大友氏家臣。
¶戦人

**穂田庄大夫**　ほいだしょうだゆう
戦国時代の備中国の武将。
¶岡山歴

**穂井田元清**（穂田元清）　ほいだもときよ
→毛利元清（もうりもときよ）

**穂田元祐**　ほいだもとすけ
？　～元亀2（1571）年
戦国時代の備中国の武将・備中猿懸（掛）城主。
¶岡山歴

**泊々部某**　ほうかべ
？　～天正7（1579）年12月16日
戦国時代～安土桃山時代の織田信長の家臣。
¶織田

**伯耆顕孝**　ほうきあきたか
永禄4（1561）年～慶長13（1608）年　[別]名和顕孝《なわあきたか》
安土桃山時代～江戸時代前期の武将。
¶戦国，戦人，戦人（名和顕孝　なわあきたか　[生]永禄3（1560）年）

**伯耆郷右衛門**　ほうきごううえもん
→伯耆郷右衛門（ほうきごうえもん）

**伯耆郷右衛門**　ほうきごうえもん
[別]伯耆郷右衛門《ほうきごううえもん》
安土桃山時代～江戸時代前期の武士。里見氏家臣。
¶戦人（生没年不詳），戦東（ほうきごううえもん）

**伯耆四郎左衛門**　ほうきしろうざえもん
安土桃山時代～江戸時代前期の武士。里見氏家臣。
¶戦人（生没年不詳），戦東

**法木出羽**　ほうきでわ
安土桃山時代～江戸時代前期の武士。里見氏家臣。
¶戦人（生没年不詳），戦東

**法行六郎左衛門**　ほうぎょうろくろざえもん
安土桃山時代の武将。
¶岡山人

**北条顕香**　ほうじょうあきか
生没年不詳
鎌倉時代後期の武士。
¶北条

**北条顕景**　ほうじょうあきかげ
？　～文保1（1317）年
鎌倉時代後期の武士。
¶北条

**北条顕実**　ほうじょうあきざね
文永10（1273）年～嘉暦2（1327）年
鎌倉時代後期の武士。
¶北条

**北条顕時**　ほうじょうあきとき
宝治2（1248）年～正安3（1301）年　[別]金沢顕時《かなざわあきとき，かねさわあきとき，かねざわあきとき》
鎌倉時代後期の武将。父は実時、母は政村の娘。
¶朝日（[没]正安3年3月28日（1301年5月7日）），岩史（[没]正安3（1301）年3月28日），神奈川人（金沢顕時　かねさわあきとき），鎌倉，鎌室，国史（金沢顕時　かねざわあきとき），古中（金沢顕時　かねざわあきとき），コン改，コン4，史人（金沢顕時　かねざわあきとき　[没]1301年3月28日），諸系（金沢顕時　かねざわあきとき），新潮（金沢顕時　かねざわあきとき

[没]正安3(1301)年3月28日), 人名([生]?), 世人([没]正安3(1301)年3月28日), 世百(金沢顕時　かねさわあきとき), 日史(金沢顕時　かねさわあきとき　[没]正安3(1301)年3月28日), 日人(金沢顕時　かねざわあきとき), 百科(金沢顕時　かねさわあきとき), 北条,(生没年不詳), 歴大(金沢顕時　かねさわあきとき)

**北条顕朝** ほうじょうあきとも
生没年不詳
鎌倉時代後期の武士。
¶北条

**北条顕業** ほうじょうあきなり
生没年不詳
鎌倉時代後期の武士。
¶北条

**北条顕秀** ほうじょうあきひで
?　~元弘3/正慶2(1333)年
鎌倉時代後期の武士。
¶北条

ほ

**北条顕政**(1) ほうじょうあきまさ
生没年不詳
鎌倉時代後期の武士。時雄の子。
¶北条

**北条顕政**(2) ほうじょうあきまさ
生没年不詳
鎌倉時代後期の武士。政公の子。
¶北条

**北条顕益** ほうじょうあきます
?　~元弘3/正慶2(1333)年
鎌倉時代後期の武士。
¶北条

**北条顕茂**(1) ほうじょうあきもち
生没年不詳
鎌倉時代後期の武士。政顕の子。
¶北条

**北条顕茂**(2) ほうじょうあきもち
?　~元弘3/正慶2(1333)年
鎌倉時代後期の武士。顕実の子。
¶北条

**北条顕義**(1) ほうじょうあきよし
生没年不詳
鎌倉時代後期の武士。顕実の子。
¶北条

**北条顕義**(2) ほうじょうあきよし
生没年不詳
鎌倉時代後期の武士。政顕の子。
¶北条

**北条篤家** ほうじょうあついえ
生没年不詳
鎌倉時代後期の武士。
¶北条

**北条篤貞** ほうじょうあつさだ
生没年不詳
鎌倉時代後期の武士。
¶北条

**北条篤時**(1) ほうじょうあつとき
生没年不詳
鎌倉時代の武士。実時の子。
¶北条

**北条篤時**(2) ほうじょうあつとき
?　~正応5(1292)年
鎌倉時代後期の武士。時章の子。
¶北条

**北条敦時** ほうじょうあつとき
生没年不詳
鎌倉時代後期の武士。
¶北条

**北条篤長** ほうじょうあつなが
生没年不詳
鎌倉時代後期の武士。
¶北条

**北条有公** ほうじょうありきみ
?　~元弘3/正慶2(1333)年
鎌倉時代後期の武士。
¶北条

**北条有隆** ほうじょうありたか
生没年不詳
鎌倉時代後期の武士。
¶北条

**北条有時**(1) ほうじょうありとき
正治2(1200)年~文永7(1270)年　[別]伊具有時《いぐありとき》,佐介有時《さすけありとき》
鎌倉時代前期の武将。北条義時の子。
¶鎌室, 諸系, 日人, 北条

**北条有時**(2) ほうじょうありとき
生没年不詳
鎌倉時代後期の武士。有政の子。
¶北条

**北条有直** ほうじょうありなお
生没年不詳
鎌倉時代後期の武士。
¶北条

**北条有秀** ほうじょうありひで
生没年不詳
鎌倉時代の武士。
¶北条

**北条有政**(1) ほうじょうありまさ
生没年不詳
鎌倉時代の武士。有基の子。
¶北条

**北条有政**(2) ほうじょうありまさ
?　~元弘3/正慶2(1333)年
鎌倉時代後期の武士。宗有の子。
¶北条

**北条有基** ほうじょうありもと
生没年不詳
鎌倉時代後期の武士。
¶北条

**北条有泰** ほうじょうありやす
生没年不詳
鎌倉時代の武士。
¶北条

**北条有義** ほうじょうありよし
? ～弘長3(1263)年
鎌倉時代の武士。
¶北条

**北条家時** ほうじょういえとき
正和1(1312)年～元弘3/正慶2(1333)年
鎌倉時代後期の武士、評定衆。
¶北条

**北条家政**(1) ほうじょういえまさ
生没年不詳
鎌倉時代後期の武士。宗長の子。
¶北条

**北条家政**(2) ほうじょういえまさ
生没年不詳
鎌倉時代後期の武士。政顕の子。
¶北条

**北条氏勝** ほうじょううじかつ
永禄2(1559)年～慶長16(1611)年
安土桃山時代～江戸時代前期の大名。下総岩富藩主。
¶朝日([没]慶長16年3月24日(1611年5月6日)), 神奈川人, 鎌倉, 京都府, 近世, 国史, 古中, コン改, コン4, 史人([没]1611年3月24日), 諸系, 新潮([没]慶長16(1611)年3月24日), 人名, 姓氏神奈川, 戦合, 戦国([生]?), 戦辞([生]? [没]慶長16年3月24日(1611年5月6日)), 戦人, 戦東, 日人, 藩主2([没]慶長16(1611)年3月24日)

**北条氏舜** ほうじょううじきよ
→北条氏舜(ほうじょううじとし)

**北条氏邦** ほうじょううじくに
*～慶長2(1597)年 [別]藤田新太郎《ふじたしんたろう》
安土桃山時代の武将、武蔵鉢形城城主。
¶朝日([生]天文10(1541)年? [没]慶長2年8月8日(1597年9月19日)), 岩史([生]? [没]慶長2(1597)年8月8日), 角史([生]?), 神奈川人, 近世([生]?), 群馬人([生]?), 系東([生]1541年), 国史([生]?), コン4([生]天文10(1541)年?), 埼玉人([生]不詳 [没]慶長2(1597)年8月8日), 史人([生]1541年, (異説)1543年? [没]1597年8月8日), 諸系([生]1541年, (異説)1543年), 人書94([生]1543年), 姓氏石川([生]?), 戦合([生]?), 戦国, 戦辞([生]天文10年あるいは同12(1541)年), 戦人([生]天文10(1541)年, (異説)天文12(1543)年), 戦東([生]1543年), 日人([生]1541年, (異説)1543年)

**北条氏定** ほうじょううじさだ
生没年不詳
戦国時代の武将。
¶神奈川人

**北条氏重** ほうじょううじしげ
文禄4(1595)年～万治1(1658)年
江戸時代前期の武将、大名。下総岩富藩主、下野富田藩主、遠江久野藩主、下総関宿藩主、駿河田中藩主、遠江掛川藩主。
¶静岡歴, 諸系, 姓氏静岡, 日人, 藩主1, 藩主2, 藩主2([没]万治1(1658)年10月1日), 藩主2

**北条氏繁** ほうじょううじしげ
天文5(1536)年～天正6(1578)年
戦国時代～安土桃山時代の武将。北条氏康の家臣。
¶神奈川人([生]1538年), 神奈川百, 国史, 古中, コン4, 埼玉人([没]天正6(1578)年6月13日), 諸系, 人名, 姓氏神奈川([生]1538年), 戦合, 戦国, 戦辞([生]? [没]天正6年6月13日(1578年7月17日)), 戦人, 戦東, 日人

**北条氏高** ほうじょううじたか
? ～天正2(1574)年
戦国時代～安土桃山時代の武将。
¶戦人

**北条氏隆** ほうじょううじたか
? ～慶長14(1609)年11月9日
安土桃山時代～江戸時代前期の武士。
¶戦辞

**北条氏堯**(北条氏尭) ほうじょううじたか
大永2(1522)年～*
戦国時代～安土桃山時代の北条氏の一族。
¶神奈川人, 神奈川百([没]?), 姓氏神奈川(北条氏尭 [没]1562年), 戦国, 戦辞([生]大永2年3月15日(1522年4月11日) [没]?), 戦人([生]? [没]天正18(1590)年), 戦東

**北条氏忠** ほうじょううじただ
→佐野氏忠(さのうじただ)

**北条氏綱** ほうじょううじつな
長享1(1487)年～天文10(1541)年
戦国時代の武将。相模小田原城主、後北条氏の第2代。関東各地の武将と戦い、関東南部を平定した。
¶朝日([没]天文10年7月19日(1541年8月10日)), 岩史([没]天文10(1541)年7月19日), 角史([生]文明18(1486)年), 神奈川人([生]1486年), 神奈川百, 鎌倉, 郷土神奈川([生]1486年), 系東, 国史, 古中, コン改([生]文明18(1486)年), コン4([生]文明18(1486)年), 埼玉人([没]天文10(1541)年7月19日), 埼玉百([生]1486年), 史人([没]1541年7月19日), 静岡百([生]文明18(1486)年), 静岡歴([生]文明18(1486)年), 重要([生]文明18(1486)年), 諸系, 人書94, 新潮([生]文明18(1486)年 [没]天文10(1541)年7月17日), 人名, 姓氏神奈川([生]1486年), 姓氏静岡([生]1486年), 世人([生]文明18(1486)年 [没]天文10(1541)年7月19日), 世百, 戦合, 戦辞([没]天文10年7月17日(1541年8月8日)), 全書([生]1486年), 戦人([生]文明18(1486)年), 大百([生]1486

ほ

年），伝記，日史（[没]天文10（1541）年7月19日），日人，百科，山梨百（[没]天文10（1541）年7月），歴大

**北条氏照** ほうじょううじてる
＊～天正18（1590）年
安土桃山時代の武将。武蔵滝山城主。
¶朝日（[生]天文9（1540）年？　[没]天正18年7月11日（1590年8月10日）），岩史（[生]？　[没]天正18（1590）年7月11日），角史（[生]？），神奈川人，神奈川百（[生]？），近世（[生]？），群馬人（[生]天文9（1540）年），系東（[生]1540年），国史（[生]？），古中（[生]？），コン改（[生]天文9（1540）年），コン4（[生]天文9（1540）年），埼玉人（[生]不詳　[没]天正18（1590）年7月11日），埼玉百（[生]1540年），史人（[生]1540年？　[没]1590年7月11日），重要（[生]？　[没]天正18（1590）年7月），諸系（[生]1540年？），人書94（[生]1540年），新潮（[生]天文9（1540）年？　[没]天正18（1590）年7月11日），人名（[生]1540年），世人（[生]？），戦合（[生]？），戦国（[生]？），戦辞（[生]天文10（1541）年？　[没]天正18年7月11日（1590年8月10日）），戦人（[生]天文9（1540）年，（異説）天文10（1541）年），戦東（[生]1540年），多摩（[生]天文9（1540）年），栃木歴（[生]？），日史（[生]？　[没]天正18（1590）年7月11日），日人（[生]1540年？），百科（[生]？），歴大（[生]1541年ころ）

**北条氏時** ほうじょううじとき
？　～＊
戦国時代の北条氏の一族、武将。
¶神奈川人（[没]1531年），姓氏神奈川（[没]1542年），戦辞（[没]享禄4年8月18日（1531年9月28日）），戦人（[没]天文11（1542）年）

**北条氏舜** ほうじょううじとし
生没年不詳　[別]北条氏舜《ほうじょううじきよ》
安土桃山時代の武将。
¶神奈川人（ほうじょううじきよ），姓氏神奈川，戦辞（ほうじょううじきよ），戦人，戦東

**北条氏直** ほうじょううじなお
永禄5（1562）年～天正19（1591）年
安土桃山時代の武将、相模小田原城主。小田原籠城後、秀吉に降伏して高野山に追放された。
¶朝日（[没]天正19年11月4日（1591年12月19日）），岩史（[没]天正19（1591）年11月4日），角史，神奈川人，神奈川百，鎌倉，郷土神奈川，近世，群馬人，系東（[没]1592年），国史，古中，コン改，コン4，埼玉人（[没]天正19（1591）年11月4日），史人（[没]1591年11月4日），重要（[没]文禄1（1592）年11月4日），諸系，新潮（[没]天正19（1591）年11月4日），人名，姓氏神奈川，姓氏静岡，世人（[没]天正19（1591）年11月4日），世百，戦合，戦国，戦辞（[没]天正19年11月4日（1591年12月19日）），全書，戦人，長野歴（[没]文禄1（1592）年），日史（[没]天正19（1591）年11月4日），日人，百科（[生]永禄5（1562）年？），山梨百（[没]天正19（1591）年11月4日），歴大

**北条氏長** ほうじょううじなが
戦国時代～安土桃山時代の武蔵忍の城主。
¶人名

**北条氏信** ほうじょううじのぶ
？　～永禄12（1570）年12月6日
戦国時代～安土桃山時代の武士。3代小机城主、駿河国蒲原城将。
¶戦辞

**北条氏規** ほうじょううじのり
天文14（1545）年～慶長5（1600）年
安土桃山時代の武将、相模三崎城城主。
¶朝日（[没]慶長5年2月8日（1600年3月22日）），岩史（[没]慶長5（1600）年2月8日），大阪人（[没]慶長5（1600）年2月），大阪墓（[没]慶長5（1600）年2月8日），角史，神奈川人，神奈川百，近世，群馬人（[生]？），系東（[生]1544年），国史，コン改，コン4，史人（[没]1600年2月8日），静岡百，静岡歴，諸系，新潮（[没]慶長5（1600）年2月8日），人名，姓氏静岡，世人，戦合，戦国（[生]？），戦辞（[生]？　[没]慶長5年2月8日（1600年3月22日）），戦人，戦東，日史（[没]慶長5（1600）年2月8日），日人，百科，歴大

**北条氏秀(1)** ほうじょううじひで
？　～天正11（1583）年
戦国時代～安土桃山時代の武士。
¶姓氏神奈川，戦辞（[没]天正11年6月2日（1583年7月20日））

**北条氏秀(2)** ほうじょううじひで
→上杉景虎（うえすぎかげとら）

**北条氏房** ほうじょううじふさ
永禄8（1565）年～文禄1（1592）年　[別]太田氏房《おおたうじふさ》
安土桃山時代の武将、武蔵岩槻城城主。
¶朝日（[没]文禄1年4月20日（1592年5月31日）），神奈川人（太田氏房　おおたうじふさ　生没年不詳），神奈川人，近世，系東（太田氏房　おおたうじふさ），国史，コン改（[生]永禄6（1563）年　[没]文禄2（1593）年），コン4（[生]永禄6（1563）年　[没]文禄2（1593）年），埼玉人（太田氏房　おおたうじふさ　[生]不詳　[没]文禄1（1592）年4月12日），諸系，新潮（[没]文禄1（1592）年4月20日），姓氏神奈川（太田氏房　おおたうじふさ　生没年不詳），戦合，戦国（太田氏房　おおたうじふさ），戦辞（[没]文禄1年4月12日（1592年5月23日）），戦人（太田氏房　おおたうじふさ　生没年不詳），戦東（太田氏房　おおたうじふさ），日人

**北条氏政** ほうじょううじまさ
天文7（1538）年～天正18（1590）年
安土桃山時代の武将、相模小田原城主。
¶朝日（[没]天正18年7月11日（1590年8月10日）），岩史（[没]天正18（1590）年7月11日），角史，神奈川人，神奈川百（[生]1528年），鎌倉，郷土神奈川，近世，群馬人，系東，国史，古中，コン改，コン4，埼玉人（[没]天正18（1590）年7月11日），史人（[没]1590年7月11日），重要（[没]天正18（1590）年7月11日），諸系，新潮（[没]天正18（1590）年7月11日），人名，姓氏神奈川，姓氏静岡，世人（[没]天正18（1590）年7月11日），世百，戦合，戦国，戦辞（[没]天正18年7月11日（1590年8月10日）），全書，戦人，日史（[没]天正18

(1590)年7月11日), 日人, 百科, 山梨百, 歴大

**北条氏光** ほうじょううじみつ
? ～天正18(1590)年9月15日
戦国時代～安土桃山時代の武士。4代小机城主、大平城将・足柄城将。
¶姓氏神奈川(生没年不詳), 戦辞

**北条氏盛** ほうじょううじもり
天正5(1577)年～慶長13(1608)年
安土桃山時代～江戸時代前期の大名。河内狭山藩主。
¶大阪人, 大阪墓([没]慶長13(1608)年5月18日), 近世, 国史, 古中, コン改, コン4, 諸系, 新潮([没]慶長13(1608)年5月18日), 人名, 世人, 戦合, 戦国, 戦辞([生]? [没]慶長13年5月18日(1608年6月30日)), 戦人, 日史([没]慶長13(1608)年5月18日), 日人, 藩主3([没]慶長13(1608)年5月18日)

**北条氏康** ほうじょううじやす
永正12(1515)年～元亀2(1571)年
戦国時代の武将。相模小田原城主、後北条氏の第3代。先代からさらに領域を広げ、北条氏の全盛期を築いた。
¶朝日([没]元亀2年10月3日(1571年10月21日)), 岩史([没]元亀2(1571)年10月3日), 角史, 神奈川人, 神奈川百, 鎌倉, 郷土神奈川, 系東, 国史, 国書([没]元亀2(1571)年10月3日), 古中, コン改([没]元亀2(1571)年,(異説)1570年), コン4([没]元亀2(1571)年,(異説)1570年), 埼玉人([没]元亀2(1571)年10月3日), 埼玉百, 史人([没]1571年10月3日), 重要, 諸系, 新潮([没]元亀2(1571)年10月3日), 人名, 姓氏神奈川, 世人([没]元亀2(1571)年10月3日), 世百, 戦合, 戦国, 戦辞([没]元亀2年10月3日(1571年10月21日)), 全書, 戦人, 大百, 多摩, 伝記, 日史([没]元亀2(1571)年10月3日), 日人, 百科, 山梨百([没]元亀2(1571)年10月3日), 歴大

**北条氏吉** ほうじょううじよし
室町時代の武将。
¶岡山人

**北条兼貞** ほうじょうかねさだ
? ～元弘3/正慶2(1333)年
鎌倉時代後期の武士。
¶北条

**北条金寿丸**(1) ほうじょうかねじゅまる
生没年不詳
鎌倉時代後期の武士。泰家の子。
¶北条

**北条金寿丸**(2) ほうじょうかねじゅまる
? ～嘉元3(1305)年
鎌倉時代後期の武士。貞時の子。
¶北条

**北条兼寿丸** ほうじょうかねじゅまる
生没年不詳
鎌倉時代後期の武士。
¶北条

**北条兼時**(1) ほうじょうかねとき
? ～弘長3(1263)年
鎌倉時代後期の武将。有時の子。
¶鎌室, 諸系, 日人, 北条(生没年不詳)

**北条兼時**(2) ほうじょうかねとき
文永1(1264)年～永仁3(1295)年 [別]北条時業《ほうじょうときなり》
鎌倉時代後期の武将。宗頼の子。モンゴル襲来に備え、軍事指揮。
¶朝日([没]永仁3年9月18日(1295年10月27日)), 角史, 鎌倉, 鎌室, 国史, 古中, コン改, コン4, 史人([没]1295年9月18日), 諸系, 新潮([没]永仁3(1295)年9月18日), 人名, 新潟百, 日史([没]永仁3(1295)年9月19日), 日人, 北条

**北条兼義** ほうじょうかねよし
生没年不詳
鎌倉時代の武士。
¶北条

**北条河内守** ほうじょうかわちのかみ
生没年不詳
安土桃山時代の織田信長の家臣。
¶織田

**北条菊寿丸**(1) ほうじょうきくじゅまる
生没年不詳
鎌倉時代後期の武士。泰家の子。
¶北条

**北条菊寿丸**(2) ほうじょうきくじゅまる
永仁6(1298)年～乾元1(1302)年
鎌倉時代後期の武士。貞時の子。
¶北条

**北条公篤** ほうじょうきみあつ
→名越公篤(なごえきんあつ)

**北条公貞** ほうじょうきみさだ
? ～延慶2(1309)年
鎌倉時代後期の武士。
¶北条

**北条公時** ほうじょうきみとき
→名越公時(なごえきんとき)

**北条公長** ほうじょうきみなが
生没年不詳
鎌倉時代後期の武士。
¶北条

**北条公教** ほうじょうきみのり
生没年不詳
鎌倉時代の武士。
¶北条

**北条公村** ほうじょうきみむら
生没年不詳
鎌倉時代後期の武士。
¶北条

**北条清時** ほうじょうきよとき
生没年不詳
鎌倉時代後期の武将・歌人。

¶国書，北条

**北条公時** ほうじょうきんとき
→名越公時（なごえきんとき）

**北条国時**(1) ほうじょうくにとき
生没年不詳
鎌倉時代の武士。有時の子。
¶北条

**北条国時**(2) ほうじょうくにとき
？ 〜元弘3/正慶2（1333）年 [別]塩田国時《しおだくにとき》
鎌倉時代後期の武将・歌人。義政の子。
¶国書（[没]正慶2（1333）年5月22日），長野歴（塩田国時 しおだくにとき），北条

**北条邦時** ほうじょうくにとき
正中2（1325）年〜元弘3/正慶2（1333）年
鎌倉時代後期の武士。
¶北条



**北条邦時男** ほうじょうくにときだん
生没年不詳
鎌倉時代後期の武士。
¶北条

**北条国房** ほうじょうくにふさ
生没年不詳
鎌倉時代後期の武士。
¶北条

**北条国政** ほうじょうくにまさ
生没年不詳
鎌倉時代の武士。
¶北条

**北条蔵人** ほうじょうくろうど
生没年不詳
鎌倉時代後期の武士。
¶北条

**北条幻庵** ほうじょうげんあん
明応2（1493）年〜天正17（1589）年 [別]北条長綱《ほうじょうながつな》
戦国時代〜安土桃山時代の北条氏の武将、別当。
¶朝日（[生]明応2（1493）年？ [没]天正17（1589）年？），神奈川人（北条長綱 ほうじょうながつな），神奈川百，系東，国書（[没]天正17（1589）年11月1日），史人（[生]1493年？ [没]1589年11月1日？），姓氏神奈川（北条長綱 ほうじょうながつな），戦辞（生没年不詳），戦人，戦東，戦補，日人，歴大（生没年不詳）

**北条上野四郎** ほうじょうこうづけしろう
？ 〜建武2（1335）年
鎌倉時代後期の武士。
¶北条

**北条維貞** ほうじょうこれさだ
→大仏維貞（おさらぎこれさだ）

**北条維基** ほうじょうこれもと
生没年不詳
鎌倉時代後期の武士。
¶北条

**北条五郎** ほうじょうごろう
？ 〜承久3（1221）年
平安時代後期〜鎌倉時代前期の武士。
¶北条

**北条貞顕** ほうじょうさだあき
→金沢貞顕（かねさわさだあき）

**北条貞有** ほうじょうさだあり
？ 〜元弘3/正慶2（1333）年
鎌倉時代後期の武士。
¶北条

**北条貞家** ほうじょうさだいえ
生没年不詳
鎌倉時代後期の武士。
¶北条

**北条貞氏** ほうじょうさだうじ
生没年不詳
鎌倉時代後期の武士。
¶北条

**北条貞国** ほうじょうさだくに
？ 〜元弘3/正慶2（1333）年
鎌倉時代後期の武士。
¶北条

**北条貞重** ほうじょうさだしげ
生没年不詳
鎌倉時代後期の武士。
¶北条

**北条貞資** ほうじょうさだすけ
生没年不詳
鎌倉時代後期の武将・歌人。
¶国書，北条

**北条貞澄**(1) ほうじょうさだすみ
生没年不詳
鎌倉時代後期の武士。時澄の子。
¶北条

**北条貞澄**(2) ほうじょうさだすみ
生没年不詳
鎌倉時代後期の武士。有基の子。
¶北条

**北条貞高**(1) ほうじょうさだたか
生没年不詳
鎌倉時代後期の武士。盛房の子。
¶北条

**北条貞高**(2) ほうじょうさだたか
？ 〜元弘3/正慶2（1333）年
鎌倉時代後期の武士。貞顕の子。
¶北条

**北条貞隆** ほうじょうさだたか
生没年不詳
鎌倉時代後期の武士。
¶北条

**北条貞親** ほうじょうさだちか
生没年不詳

鎌倉時代後期の武士。
¶北条

**北条貞綱**　ほうじょうさだつな
生没年不詳
鎌倉時代後期の武士。
¶北条

**北条貞遠**　ほうじょうさだとお
生没年不詳
鎌倉時代後期の武士。
¶北条

**北条貞時**　ほうじょうさだとき
文永8(1271)年～応長1(1311)年
鎌倉時代後期の鎌倉幕府第9代の執権(在職1284～1301)。時宗の子。得宗専制を確立。
¶朝日([没]応長1年10月26日(1311年12月6日)), 岩史([没]応長1(1311)年10月26日), 角史, 神奈川人, 神奈川百, 鎌倉, 鎌室, 郷土神奈川, 国史, 国書([生]文永8(1271)年12月12日　[没]応長1(1311)年10月26日), 古中, コン改, コン4, 史人([没]1311年10月26日), 重要([生]文永8(1271)年12月12日　[没]応長1(1311)年10月26日), 諸系, 新潮([生]文永8(1271)年12月12日　[没]応長1(1311)年10月26日), 人名, 姓氏神奈川, 世人([没]応長1(1311)年10月26日), 全書, 大百, 日史([生]文永8(1271)年12月12日　[没]応長1(1311)年10月26日), 日人, 百科, 北条, 歴大

**北条貞俊**　ほうじょうさだとし
生没年不詳
鎌倉時代後期の武将・歌人。
¶国書, 北条

**北条貞朝**　ほうじょうさだとも
?　～元弘3/正慶2(1333)年
鎌倉時代後期の武士。
¶北条

**北条貞名**　ほうじょうさだな
生没年不詳
鎌倉時代後期の武士。
¶北条

**北条貞直(1)**　ほうじょうさだなお
生没年不詳
鎌倉時代後期の武士。
¶北条

**北条貞直(2)**　ほうじょうさだなお
→大仏貞直(おさらぎさだなお)

**北条定長**　ほうじょうさだなが
生没年不詳
鎌倉時代の武士。
¶北条

**北条貞宣**　ほうじょうさだのぶ
?　～元応2(1320)年
鎌倉時代後期の武士、引付頭人。
¶北条

**北条貞規**　ほうじょうさだのり
永仁6(1298)年～元応1(1319)年
鎌倉時代後期の武士。
¶北条

**北条貞久**　ほうじょうさだひさ
生没年不詳
鎌倉時代後期の武士。
¶北条

**北条貞尚**　ほうじょうさだひさ
生没年不詳
鎌倉時代後期の武士。
¶北条

**北条貞凞**　ほうじょうさだひろ
生没年不詳
鎌倉時代後期の武士。
¶北条

**北条貞煕**(北条貞凞)　ほうじょうさだひろ
生没年不詳
鎌倉時代後期の武将・歌人。
¶国書, 北条(北条貞凞)

**北条貞芙**　ほうじょうさだふ
?　～元弘3/正慶2(1333)年
鎌倉時代後期の武士。
¶北条

**北条貞房(1)**　ほうじょうさだふさ
文永9(1272)年～延慶2(1309)年　[別]大仏貞房《おさらぎさだふさ》, 佐介貞房《さすけさだふさ》, 佐竹貞房《さたけさだふさ》
鎌倉時代後期の武将。宣時の子。
¶鎌倉, 鎌室, 国書(大仏貞房　おさらぎさだふさ　[没]延慶2(1309)年12月2日), 諸系(大仏貞房　おさらぎさだふさ　[没]1310年), 新潮(大仏貞房　おさらぎさだふさ　[没]延慶2(1309)年12月2日), 人名, 日人(大仏貞房　おさらぎさだふさ　[没]1310年), 北条

**北条貞房(2)**　ほうじょうさだふさ
生没年不詳
鎌倉時代後期の武士。朝房の子。
¶北条

**北条貞冬(1)**　ほうじょうさだふゆ
生没年不詳
鎌倉時代後期の武士、評定衆。貞顕の子。
¶北条

**北条貞冬(2)**　ほうじょうさだふゆ
生没年不詳
鎌倉時代後期の武士。時澄の子。
¶北条

**北条貞匡**　ほうじょうさだまさ
生没年不詳
鎌倉時代後期の武士。
¶北条

**北条貞将**　ほうじょうさだまさ
→金沢貞将(かねざわさだまさ)

**北条貞政(1)**　ほうじょうさだまさ
生没年不詳

鎌倉時代後期の武士。政頼の子。
¶北条

**北条貞政(2)　ほうじょうさだまさ**
生没年不詳
鎌倉時代後期の武士。貞房の子。
¶北条

**北条貞宗(1)　ほうじょうさだむね**
？～嘉元3(1305)年
鎌倉時代後期の武士。宗長の子。
¶北条

**北条貞宗(2)　ほうじょうさだむね**
？～建武1(1334)年
鎌倉時代後期の武士。維貞の子。
¶北条

**北条定宗(1)　ほうじょうさだむね**
生没年不詳
鎌倉時代後期の武士。時村の子。
¶北条



**北条定宗(2)　ほうじょうさだむね**
？～永仁3(1295)年
鎌倉時代後期の肥前守護。時厳の子。
¶北条

**北条貞村　ほうじょうさだむら**
？～嘉元3(1305)年
鎌倉時代後期の武士。
¶北条

**北条貞持　ほうじょうさだもち**
？～元弘3/正慶2(1333)年
鎌倉時代後期の武士。
¶北条

**北条貞茂　ほうじょうさだもち**
生没年不詳
鎌倉時代後期の武士。
¶北条

**北条貞泰　ほうじょうさだやす**
生没年不詳
鎌倉時代後期の武士。
¶北条

**北条貞将　ほうじょうさだゆき**
→金沢貞将(かねざわさだまさ)

**北条貞義　ほうじょうさだよし**
→糸田貞義(いとださだよし)

**北条実時　ほうじょうさねとき**
元仁1(1224)年～建治2(1276)年　[別]金沢実時《かなざわさねとき,かねさわさねとき,かねざわさねとき》,称名寺殿《しょうみょうじどの》
鎌倉時代前期の武将。金沢文庫を創設。
¶朝日([没]建治2年10月23日(1276年11月30日)),角史,神奈川人,神奈川百,鎌倉,鎌室,教育([生]1224年？),郷土神奈川,国史(金沢実時　かねざわさねとき),古中(金沢実時　かねざわさねとき),コン改(金沢実時　かねざわさねとき),コン4(金沢実時　かねざわさねとき),史人(金沢実時　かねざわさねとき　[没]1276年10月23日),重要([没]建治2(1276)年10月23日),諸系(金沢実時　かねざわさねとき),新潮(金沢実時　かねざわさねとき　[没]建治2(1276)年10月23日),人名([生]1225年),姓氏神奈川,世人([没]建治2(1276)年10月23日),世百(金沢実時　かねさわさねとき),全書(金沢実時　かねさわさねとき),大百,伝記,新潟百,日史(金沢実時　かねさわさねとき　[没]建治2(1276)年10月23日),日人(金沢実時　かねざわさねとき),百科(金沢実時　かねさわさねとき),仏教(金沢実時　かねさわさねとき　[没]建治2(1276)年10月),北条,歴大(金沢実時　かねさわさねとき)

**北条実政　ほうじょうさねまさ**
建長1(1249)年～乾元1(1302)年　[別]金沢実政《かなざわさねまさ,かねさわさねまさ,かねざわさねまさ》
鎌倉時代後期の武将、長門・周防両国守護、鎮西探題。
¶朝日(金沢実政　かねさわさねまさ　[没]乾元1年12月7日(1302年12月26日)),角史,鎌室,国史(金沢実政　かねざわさねまさ),古中(金沢実政　かねざわさねまさ),コン改,コン4,史人(金沢実政　かねざわさねまさ　[没]1302年12月7日),諸系(金沢実政　かねざわさねまさ),新潮(金沢実政　かねざわさねまさ　[没]乾元1(1302)年12月7日),人名,世人([生]宝治2(1248)年),全書(金沢実政　かねさわさねまさ),大百([生]1247年),日史(金沢実政　かねさわさねまさ　[没]乾元1(1302)年12月7日),日人(金沢実政　かねざわさねまさ),福岡百,北条,歴大(金沢実政　かねさわさねまさ)

**北条実村　ほうじょうさねむら**
生没年不詳
鎌倉時代の武士。
¶北条

**北条実泰　ほうじょうさねやす**
承元2(1208)年～弘長3(1263)年　[別]金沢実泰《かねざわさねやす》
鎌倉時代前期の武将。「東撰和歌六帖」に和歌が収録。
¶朝日([没]弘長3年9月26日(1263年10月29日)),鎌倉,諸系(金沢実泰　かねざわさねやす),新潮(金沢実泰　かねざわさねやす　[没]弘長3(1263)年9月26日),日人(金沢実泰　かねざわさねやす),北条,和俳([没]弘長3(1263)年9月26日)

**北条三郎　ほうじょうさぶろう**
？～永禄3(1560)年7月20日
戦国時代～安土桃山時代の北条氏の一族。
¶戦辞

**北条重貞　ほうじょうしげさだ**
？～元弘3/正慶2(1333)年
鎌倉時代後期の武士。
¶北条

**北条重高** ほうじょうしげたか
生没年不詳
鎌倉時代後期の武士。
¶北条

**北条重時(1)** ほうじょうしげとき
建久9(1198)年～弘長1(1261)年 [別]極楽寺重時《ごくらくじしげとき》
鎌倉時代前期の武将。鎌倉幕府執権義時の3男。
¶朝日([生]建久9年6月6日(1198年7月11日) [没]弘長1年11月3日(1261年11月26日)), 岩史([生]建久9(1198)年6月6日 [没]弘長1(1261)年11月3日), 角史, 神奈川人, 神奈川百, 鎌倉, 鎌室, 教育, 京都, 郷土神奈川, 京都大, 郷土長野, 国史, 国書([生]建久9(1198)年6月6日 [没]弘長1(1261)年11月3日), 古中, コン改, コン4, 史人([生]1198年6月6日 [没]1261年11月3日), 重要, 諸系, 新潮([没]弘長1(1261)年11月3日), 人名, 姓氏京都, 姓氏長野, 世人, 世百, 全書, 大百([生]1196年), 長野百, 長野歴, 日史([生]建久9(1198)年6月6日 [没]弘長1(1261)年11月3日), 日人, 百科, 仏教([没]弘長1(1261)年11月3日), 北条, 歴大

**北条重時(2)** ほうじょうしげとき
生没年不詳
南北朝時代の武士。宗時の子。
¶北条

**北条茂時** ほうじょうしげとき
? ～元弘3/正慶2(1333)年
鎌倉時代後期の武将。父は熙時。
¶朝日([没]正慶2/元弘3年5月22日(1333年7月4日)), 鎌倉, 鎌室, 諸系, 新潮([没]正慶2/元弘3(1333)年5月22日), 人名, 日人, 北条

**北条繁広** ほうじょうしげひろ
天正2(1574)年～慶長17(1612)年
安土桃山時代～江戸時代前期の武将。
¶諸系, 日人

**北条重政** ほうじょうしげまさ
生没年不詳
鎌倉時代の武士。
¶北条

**北条重村** ほうじょうしげむら
? ～元徳1(1329)年
鎌倉時代後期の武将・歌人。
¶国書(生没年不詳), 北条

**北条七郎** ほうじょうしちろう
生没年不詳
鎌倉時代の武士。
¶北条

**北条十郎** ほうじょうじゅうろう
生没年不詳
鎌倉時代後期の武士。
¶北条

**北条資時** ほうじょうすけとき
正治1(1199)年～建長3(1251)年
鎌倉時代の武士、評定衆。
¶北条

**北条相時** ほうじょうすけとき
生没年不詳
鎌倉時代後期の武士。
¶北条

**北条亮時** ほうじょうすけとき
生没年不詳
鎌倉時代後期の武士。
¶北条

**北条早雲** ほうじょうそううん
永享4(1432)年～永正16(1519)年 [別]伊勢宗瑞《いせそうずい》, 伊勢盛時《いせもりとき》, 伊勢新九郎《いせしんくろう》, 伊勢早雲《いせそううん》, 伊勢長氏《いせおさうじ, いせながうじ》, 宗瑞《そうずい》, 早雲庵宗瑞《そううんあんそうずい》, 天岳《てんがく》, 北条長氏《ほうじょうながうじ》
室町時代～戦国時代の武将。後北条氏の初代。堀越公方を滅ぼし小田原城を本拠地とする。戦国大名北条氏の基礎を築いた。
¶朝日([没]永正16年8月15日(1519年9月8日)), 岩史([生]永享4(1432)年? [没]永正16(1519)年8月15日), 岡山人, 岡山百, 岡山歴(伊勢盛時 いせもりとき [没]永正16(1519)年8月15日), 角史, 神奈川人, 神奈川百, 鎌倉, 鎌室, 教育, 郷土神奈川, 系東, 国史, 古中, コン改, コン4, 埼玉人([没]永正16(1519)年8月15日), 埼玉百, 史人([没]1519年8月15日), 静岡百, 静岡歴, 重要, 諸系, 人書94, 人情, 新潮([没]永正16(1519)年8月15日), 人名, 姓氏神奈川, 姓氏静岡, 世人([没]永正16(1519)年8月15日), 世百, 戦合, 戦辞(伊勢宗瑞 いせそうずい [生]康正2(1456)年 [没]永正16年8月15日(1519年9月8日)), 全書, 戦人, 大百, 伝記, 日史([没]永正16(1519)年8月15日), 日人, 百科, 山梨百([没]永正16(1519)年8月15日), 歴大([生]?)

**北条高有(1)** ほうじょうたかあり
生没年不詳
鎌倉時代後期の武士。斉時の子。
¶北条

**北条高有(2)** ほうじょうたかあり
? ～元弘3/正慶2(1333)年
鎌倉時代後期の武士。貞有の子。
¶北条

**北条高家(1)** ほうじょうたかいえ
? ～元弘3/正慶2(1333)年 [別]名越高家《なごえたかいえ, なごしたかいえ》
鎌倉時代後期の武将。父は北条氏一族の名越貞家。尾張守。
¶朝日([没]正慶2/元弘3年4月27日(1333年6月10日)), 国史(名越高家 なごえたかいえ), 古中(名越高家 なごえたかいえ), 諸系(名越高家 なごえたかいえ), 新潮([没]正慶2/元弘3(1333)年4月27日), 人名(名越高家 なごえたかいえ), 世人(名越高家 なごしたかいえ [没]元弘3/正慶2(1333)年4月27日), 日人(名越高家 なごえたかいえ), 北条

**北条高家(2)** ほうじょうたかいえ
生没年不詳
鎌倉時代後期の武士。家政の子。
¶北条

**北条高邦** ほうじょうたかくに
生没年不詳
鎌倉時代後期の武士。
¶北条

**北条高貞** ほうじょうたかさだ
生没年不詳
鎌倉時代後期の武士。
¶北条

**北条高時** ほうじょうたかとき
嘉元1(1303)年～元弘3/正慶2(1333)年
鎌倉時代後期の鎌倉幕府第14代の執権(在職1316～1326)。時宗の孫、貞時の子。得宗家の嫡流として期待されたが、政務を顧みず遊興にふける。新田義貞に攻められ自刃。
¶朝日([没]正慶2/元弘3年5月22日(1333年7月4日)), 岩史([没]正慶2/元弘3(1333)年5月22日), 角史, 神奈川人, 神奈川百, 鎌倉, 鎌室, 国史, 古中, コン改, コン4, 史人([没]1333年5月22日), 重要([没]元弘3/正慶2(1333)年5月22日), 諸系, 新潮([没]正慶2/元弘3(1333)年5月22日), 人名, 姓氏神奈川, 世人([没]元弘3/正慶2(1333)年5月22日), 世百, 全書, 大百, 伝記, 日史([没]元弘3(1333)年5月22日), 日人, 百科, 北条, 歴大

**北条高朝** ほうじょうたかとも
? ～元弘3/正慶2(1333)年
鎌倉時代後期の武士。
¶北条

**北条高直** ほうじょうたかなお
→大仏高直(おさらぎたかなお)

**北条高長(1)** ほうじょうたかなが
生没年不詳
鎌倉時代後期の武士。家政の子。
¶北条

**北条高長(2)** ほうじょうたかなが
生没年不詳
鎌倉時代後期の武士。政長の孫で政村の子。
¶北条

**北条高成** ほうじょうたかなり
生没年不詳
鎌倉時代後期の武士。
¶北条

**北条高宣(1)** ほうじょうたかのぶ
生没年不詳
鎌倉時代後期の武士。宣直の子。
¶北条

**北条高宣(2)** ほうじょうたかのぶ
? ～嘉暦3(1328)年
鎌倉時代後期の武士。維貞の子。
¶北条

**北条高則** ほうじょうたかのり
生没年不詳
鎌倉時代後期の武士。
¶北条

**北条高範** ほうじょうたかのり
生没年不詳
鎌倉時代後期の武士。
¶北条

**北条高房** ほうじょうたかふさ
生没年不詳
鎌倉時代後期の武士。
¶北条

**北条高政(1)** ほうじょうたかまさ
? ～建武1(1334)年　[別]規矩高政《きくたかまさ》
鎌倉時代後期の武士。政顕の子。
¶福岡百(規矩高政　きくたかまさ), 北条

**北条高政(2)** ほうじょうたかまさ
生没年不詳
鎌倉時代後期の武士。義村の子。
¶北条

**北条高政(3)** ほうじょうたかまさ
生没年不詳
鎌倉時代後期の武士。駿州の子。
¶北条

**北条隆政** ほうじょうたかまさ
生没年不詳
鎌倉時代後期の武士。
¶北条

**北条高基(1)** ほうじょうたかもと
生没年不詳
鎌倉時代後期の武士。時貞の子。
¶北条

**北条高基(2)** ほうじょうたかもと
? ～元弘3/正慶2(1333)年
鎌倉時代後期の武士。基時の子。
¶北条

**北条忠時(1)** ほうじょうただとき
建長1(1249)年～弘安7(1284)年
鎌倉時代の武将・歌人・連歌作者。重時の子。
¶国書([没]弘安7(1284)年10月2日), 北条

**北条忠時(2)** ほうじょうただとき
? ～元弘3/正慶2(1333)年
鎌倉時代後期の武士。貞将の子。
¶北条

**北条忠直** ほうじょうただなお
生没年不詳
鎌倉時代後期の武士。
¶北条

**北条胤時(1)** ほうじょうたねとき
生没年不詳
鎌倉時代後期の武士。義政の子。
¶北条

**北条胤時(2)**　ほうじょうたねとき
生没年不詳
鎌倉時代後期の武士。煕時の子。
¶北条

**北条種時(1)**　ほうじょうたねとき
生没年不詳
鎌倉時代後期の武士。久時の子。
¶北条

**北条種時(2)**　ほうじょうたねとき
?　～元弘3/正慶2(1333)年
鎌倉時代後期の武士。政顕の子。
¶北条

**北条珠鶴**　ほうじょうたまつる
生没年不詳
鎌倉時代後期の武士。
¶北条

**北条為明**　ほうじょうためあき
生没年不詳
鎌倉時代後期の武士。
¶北条

**北条為時(1)**　ほうじょうためとき
生没年不詳
鎌倉時代の武士。重時の子。
¶北条

**北条為時(2)**　ほうじょうためとき
文永2(1265)年～弘安9(1286)年
鎌倉時代後期の武将・歌人。時村の子。
¶国書([没]弘安9(1286)年10月6日)，北条

**北条為直**　ほうじょうためなお
生没年不詳
鎌倉時代の武士。
¶北条

**北条為長**　ほうじょうためなが
生没年不詳
鎌倉時代後期の武士。
¶北条

**北条為秀**　ほうじょうためひで
生没年不詳
鎌倉時代後期の武士。
¶北条

**北条為昌**　ほうじょうためまさ
永正17(1520)年～天文11(1542)年
戦国時代の武将。
¶神奈川人，神奈川百([没]1543年)，埼玉人([生]不詳　[没]天文11(1542)年5月3日)，姓氏神奈川，戦辞([生]?　[没]天文11年5月3日(1542年6月15日))，戦人，戦東([生]?)

**北条為宗**　ほうじょうためむね
生没年不詳
鎌倉時代の武士。
¶北条

**北条周時**　ほうじょうちかとき
?　～延慶2(1309)年
鎌倉時代後期の武士。
¶北条

**北条親時(1)**　ほうじょうちかとき
生没年不詳
鎌倉時代の武士。光時の子。
¶北条

**北条親時(2)**　ほうじょうちかとき
生没年不詳
鎌倉時代後期の武士。忠時の子。
¶北条

**北条親房**　ほうじょうちかふさ
生没年不詳
鎌倉時代後期の武士。
¶北条

**北条親盛**　ほうじょうちかもり
生没年不詳
鎌倉時代の武士。
¶北条

**北条千代寿丸**　ほうじょうちよじゅまる
生没年不詳
鎌倉時代後期の武士。
¶北条

**北条千代丸**　ほうじょうちよまる
生没年不詳
鎌倉時代後期の武士。
¶北条

**北条綱重**　ほうじょうつなしげ
～永禄12(1569)年
戦国時代の武将。
¶神奈川人

**北条綱成**　ほうじょうつなしげ
永正12(1515)年～天正15(1587)年　[別]福島綱成《くしまつなしげ,ふくしまつなしげ》,北条綱成《ほうじょうつななり》，上総入道《かずさにゅうどう》,道感《どうかん》
戦国時代～安土桃山時代の武将。相模国玉縄城第3代城主。
¶神奈川人，神奈川百，鎌倉(ほうじょうつななり)，国史(ほうじょうつななり)，古中(ほうじょうつななり)，コン改([生]永正13(1516)年)，埼玉人([没]天正15(1587)年5月6日)，埼玉百(福島綱成　ふくしまつなしげ　[没]1558年)，史人([没]1587年5月6日)，諸系，新潮，人名(ほうじょうつななり)，姓氏神奈川，世人，戦合，戦国([生]1516年)，戦辞([生]?　[没]天正15年5月6日(1587年6月11日))，戦人，戦東([生]1516年)，日人

**北条綱成**　ほうじょうつななり
→北条綱成(ほうじょうつなしげ)

**北条綱栄**　ほうじょうつなひで
生没年不詳
鎌倉時代の武士。
¶北条

ほ

**北条綱房** ほうじょうつなふさ
生没年不詳
戦国時代の北条氏の家臣。
¶戦辞

**北条恒兼** ほうじょうつねかね
生没年不詳
鎌倉時代後期の武士。
¶北条

**北条経時** ほうじょうつねとき
元仁1(1224)年～寛元4(1246)年
鎌倉時代前期の鎌倉幕府第4代の執権(在職1242～1246)。泰時の孫、時氏の子。
¶朝日([没]寛元4年閏4月1日(1246年5月17日)),岩史([没]寛元4(1246)年閏4月1日),角史,神奈川人,鎌倉,鎌室,国史,古中,コン4,史人([没]1246年閏4月1日),重要([没]寛元4(1246)年4月1日),諸系,新潮([没]寛元4(1246)年閏4月1日),人名([生]1214年),姓氏神奈川,世人([生]建保2(1214)年),日史([没]寛元4(1246)年閏4月1日),日人,百科,北条,歴大([生]1234年)



**北条時顕(1)** ほうじょうときあき
? ～元弘3/正慶2(1333)年
鎌倉時代後期の武将。北条宗顕の子。
¶鎌室,日人,北条

**北条時顕(2)** ほうじょうときあき
生没年不詳
鎌倉時代後期の武士。時景の子。
¶北条

**北条時章** ほうじょうときあき
→名越時章(なごえときあきら)

**北条時章** ほうじょうときあきら
→名越時章(なごえときあきら)

**北条時敦** ほうじょうときあつ
弘安4(1281)年～元応2(1320)年
鎌倉時代後期の武将・歌人。
¶鎌倉,国書([没]元応2(1320)年5月24日),新潟百,北条

**北条時有(1)** ほうじょうときあり
生没年不詳
鎌倉時代の武士。時基の子。
¶北条

**北条時有(2)** ほうじょうときあり
生没年不詳
鎌倉時代後期の武将・歌人。宣房の子。
¶国書,北条

**北条時有(3)** ほうじょうときあり
? ～元弘3/正慶2(1333)年　[別]名越時有《なごやときあり》
鎌倉時代後期の武士。公貞の子。
¶姓氏富山(名越時有　なごやときあり),北条

**北条時家(1)** ほうじょうときいえ
生没年不詳
平安時代後期の武士。時方の子。
¶静岡歴,北条

**北条時家(2)** ほうじょうときいえ
生没年不詳
鎌倉時代の武士。時盛の子。
¶北条

**北条時家(3)** ほうじょうときいえ
生没年不詳
鎌倉時代の武士。時定の子。
¶北条

**北条時家(4)** ほうじょうときいえ
生没年不詳
鎌倉時代後期の武士。公時の子。
¶北条

**北条時家(5)** ほうじょうときいえ
生没年不詳
鎌倉時代後期の武士。時親の子。
¶北条

**北条時氏** ほうじょうときうじ
建仁3(1203)年～寛喜2(1230)年
鎌倉時代前期の武将。六波羅探題北方。
¶朝日([没]寛喜2年6月18日(1230年7月29日)),神奈川人,鎌倉,鎌室,コン改,コン4,諸系,新潮([没]寛喜2(1230)年6月18日),人名,日人,北条

**北条時香(1)** ほうじょうときか
? ～元弘3/正慶2(1333)年
鎌倉時代後期の武将・歌人。朝賢の子。
¶国書(生没年不詳),北条

**北条時香(2)** ほうじょうときか
生没年不詳
鎌倉時代後期の武士。泰宗の子。
¶北条

**北条時景(1)** ほうじょうときかげ
生没年不詳
鎌倉時代の武士。通時の子。
¶北条

**北条時景(2)** ほうじょうときかげ
生没年不詳
鎌倉時代の武士。有時の子。
¶北条

**北条時景(3)** ほうじょうときかげ
建永1(1206)年～寛元1(1243)年
鎌倉時代前期の武士。時盛の子。
¶北条

**北条時員(1)** ほうじょうときかず
生没年不詳
鎌倉時代の武士。時盛の子。
¶北条

**北条時員(2)** ほうじょうときかず
生没年不詳
鎌倉時代の武士。長重の子。
¶北条

北条時員⑶　ほうじょうときかず
　　生没年不詳
　　鎌倉時代後期の武士。時隆の子。
　　¶北条

北条時賢⑴　ほうじょうときかた
　　生没年不詳
　　鎌倉時代の武士。時章の子。
　　¶北条

北条時賢⑵　ほうじょうときかた
　　生没年不詳
　　鎌倉時代後期の武士。義村の子。
　　¶北条

北条時賢⑶　ほうじょうときかた
　　生没年不詳
　　鎌倉時代後期の武士。時光の子。
　　¶北条

北条時賢⑷　ほうじょうときかた
　　？　～元弘3/正慶2(1333)年
　　鎌倉時代後期の武士。時基の子。
　　¶北条

北条時方⑴　ほうじょうときかた
　　生没年不詳
　　平安時代後期の武士。時政の祖父。
　　¶北条

北条時方⑵　ほうじょうときかた
　　生没年不詳
　　鎌倉時代後期の武士。時親の子。
　　¶北条

北条時方⑶　ほうじょうときかた
　　生没年不詳
　　鎌倉時代後期の武士。房忠の子。
　　¶北条

北条時雄　ほうじょうときかつ
　　生没年不詳
　　鎌倉時代後期の武士。
　　¶北条

北条時兼⑴　ほうじょうときかね
　　生没年不詳
　　平安時代後期の武士。時方の子。
　　¶北条

北条時兼⑵　ほうじょうときかね
　　？　～建長4(1252)年
　　鎌倉時代の武士。朝時の子。
　　¶北条

北条時兼⑶　ほうじょうときかね
　　？　～建武2(1335)年　⑲名越時兼《なごやときか
　　ね》
　　鎌倉時代後期の武士。時有の子。
　　　¶姓氏富山(名越時兼　なごやときかね)，北条

北条時兼⑷　ほうじょうときかね
　　生没年不詳
　　鎌倉時代後期の武士。長重の子。
　　¶北条

北条時兼⑸　ほうじょうときかね
　　文永3(1266)年～永仁4(1296)年
　　鎌倉時代後期の武士、評定衆。業時の子。
　　¶北条

北条時清　ほうじょうとききよ
　　生没年不詳
　　鎌倉時代後期の武士。
　　¶北条

北条時国⑴　ほうじょうときくに
　　？　～弘安7(1284)年
　　鎌倉時代後期の六波羅探題。時貞の子。左近将監。
　　　¶朝日(㋐弘長3(1263)年　㋑弘安7年10月3日
　　　(1284年11月11日))，鎌倉，国史，古中，コン
　　　4(㋑弘長3(1263)年)，諸系，日人，北条(㋑弘
　　　長3(1263)年)

北条時国⑵　ほうじょうときくに
　　生没年不詳
　　鎌倉時代後期の武士。時元の子。
　　¶北条

北条時邦　ほうじょうときくに
　　生没年不詳
　　鎌倉時代後期の武将・歌人。
　　¶国書，北条

北条時貞　ほうじょうときさだ
　　生没年不詳
　　鎌倉時代の武士。
　　¶北条

北条時定⑴　ほうじょうときさだ
　　久安1(1145)年～建久4(1193)年　⑲平時定《た
　　いらのときさだ》
　　平安時代後期の武将。時政の甥。源頼朝の挙兵に
　　参加。
　　　¶朝日(㋒建久4年2月25日(1193年3月29日))，
　　　神奈川人，鎌室，国史，古中，コン4，史人
　　　(㋒1193年2月25日)，新潮(㋒建久4(1193)年2
　　　月25日)，日人，平史(平時定　たいらのとき
　　　さだ)，北条

北条時定⑵　ほうじょうときさだ
　　？　～弘安1(1278)年　⑲佐介時定《さすけときさ
　　だ》
　　鎌倉時代の武将。時房の子。
　　　¶神奈川人(生没年不詳)，鎌室(生没年不詳)，
　　　諸系，日人，北条

北条時定⑶　ほうじょうときさだ
　　？　～＊
　　鎌倉時代後期の武将。時氏の子。肥前国守護。
　　　¶神奈川人(㋒1289年)，鎌室(㋒正応3(1290)
　　　年)，国史(㋒1290年)，古中(㋒1290年)，コ
　　　ン4(㋒正応3(1290)年?)，諸系(㋒1289年，
　　　(異説)1290年)，日人(㋒1289年，(異説)1290
　　　年)，北条(㋒正応3(1290)年)

北条時郡　ほうじょうときさと
　　生没年不詳

ほ

鎌倉時代後期の武士。
¶北条

**北条時実** ほうじょうときざね
建暦2(1212)年～安貞1(1227)年
鎌倉時代前期の武士。
¶北条

**北条時茂** ほうじょうときしげ
仁治2(1241)年～文永7(1270)年　[別]北条時茂《ほうじょうときもち》，極楽寺時茂《ごくらくじときしげ》
鎌倉時代前期の武士。重時の子。六波羅探題北方。「続古今和歌集」などに入集。
¶朝日([没]文永7年1月27日(1270年2月18日))，鎌倉，鎌室([生]仁治1(1240)年)，国史(ほうじょうときもち)，国書([没]文永7(1270)年1月27日)，古中(ほうじょうときもち)，コン4，諸系，新潮([没]文永7(1270)年1月27日)，日人，北条(ほうじょうときもち)，和俳([没]文永7(1270)年1月27日)

ほ

**北条時相** ほうじょうときすけ
生没年不詳
鎌倉時代の武士。
¶北条

**北条時輔** ほうじょうときすけ
宝治2(1248)年～文永9(1272)年
鎌倉時代前期の六波羅探題。
¶朝日([生]宝治2年5月28日(1248年6月21日)[没]文永9年2月15日(1272年3月15日))，岩史([生]宝治2(1248)年5月28日　[没]文永9(1272)年2月15日)，神奈川人，鎌倉([生]宝治1(1247)年)，鎌室，京都大，国史，古中，コン4，史人([生]1248年5月28日　[没]1272年2月15日)，諸系，新潮([生]宝治2(1248)年5月28日　[没]文永9(1272)年2月15日)，人名，世人([生]宝治1(1247)年)，日史([生]宝治2(1248)年5月28日[没]文永9(1272)年2月15日)，日人，北条

**北条時輔男(1)** ほうじょうときすけだん
生没年不詳
鎌倉時代の武士。時輔の子。
¶北条

**北条時輔男(2)** ほうじょうときすけだん
？　～正応3(1290)年
鎌倉時代の武士。時輔の次男。
¶北条

**北条時澄** ほうじょうときずみ
生没年不詳
鎌倉時代後期の武士。
¶北条

**北条時高** ほうじょうときたか
生没年不詳
鎌倉時代の武士。
¶北条

**北条時隆** ほうじょうときたか
生没年不詳
鎌倉時代の武士。
¶北条

**北条時雄** ほうじょうときたか
生没年不詳
鎌倉時代後期の武士。
¶北条

**北条時親(1)** ほうじょうときちか
生没年不詳　[別]大仏時親《おさらぎときちか》
鎌倉時代の武将・歌人。時貞の子。
¶国書(大仏時親　おさらぎときちか)，北条

**北条時親(2)** ほうじょうときちか
生没年不詳
鎌倉時代の武士。為時の子。
¶北条

**北条時親(3)** ほうじょうときちか
？　～文永10(1273)年
鎌倉時代の武士。時盛の子。
¶北条

**北条時綱(1)** ほうじょうときつな
生没年不詳
平安時代後期の武士。時方の子。
¶北条

**北条時綱(2)** ほうじょうときつな
生没年不詳
鎌倉時代後期の武将・歌人。時貞の子。
¶国書，北条

**北条時綱(3)** ほうじょうときつな
生没年不詳
鎌倉時代後期の武士。公時の子。
¶北条

**北条時綱(4)** ほうじょうときつな
生没年不詳
鎌倉時代後期の武士。時景(朝盛)の子。
¶北条

**北条時経** ほうじょうときつね
生没年不詳
鎌倉時代の武士。
¶北条

**北条時連** ほうじょうときつら
生没年不詳
鎌倉時代の武士。
¶北条

**北条時遠(1)** ほうじょうときとお
生没年不詳
鎌倉時代の武士。朝直の子。
¶北条

**北条時遠(2)** ほうじょうときとお
生没年不詳
鎌倉時代後期の武将・歌人。時直の子。
¶国書，北条

**北条時俊(1)** ほうじょうときとし
生没年不詳
鎌倉時代の武士。為時の子。

¶北条

**北条時俊(2)** ほうじょうときとし
生没年不詳
鎌倉時代の武士。時盛の子。
¶北条

**北条時俊(3)** ほうじょうときとし
生没年不詳
鎌倉時代後期の武士。政氏の子。
¶北条

**北条時俊(4)** ほうじょうときとし
生没年不詳
鎌倉時代後期の武士。貞俊の子。
¶北条

**北条時俊(5)** ほうじょうときとし
? ～建武1(1334)年
鎌倉時代後期の武士。清時の子。
¶北条

**北条時敏** ほうじょうときとし
生没年不詳
鎌倉時代後期の武士。
¶北条

**北条時利(1)** ほうじょうときとし
生没年不詳
鎌倉時代後期の武士。時基の子。
¶北条

**北条時利(2)** ほうじょうときとし
生没年不詳
鎌倉時代後期の武士。時綱の子。
¶北条

**北条時知** ほうじょうときとも
生没年不詳
鎌倉時代後期の武士。
¶北条

**北条時朝(1)** ほうじょうときとも
生没年不詳
鎌倉時代後期の武士。時遠の子。
¶北条

**北条時朝(2)** ほうじょうときとも
生没年不詳
鎌倉時代後期の武士。時輔の子。
¶北条

**北条時友** ほうじょうときとも
生没年不詳
鎌倉時代後期の武士。
¶北条

**北条時名** ほうじょうときな
生没年不詳
鎌倉時代後期の武士。
¶北条

**北条時直(1)** ほうじょうときなお
生没年不詳
鎌倉時代の武将・歌人。時房の子。
¶国書，北条

**北条時直(2)** ほうじょうときなお
? ～元弘3/正慶2(1333)年 [別]金沢時直《かねさわときなお，かねざわときなお》
鎌倉時代後期の武将、大隅国守護、周防・長門守護。実時の子。
¶朝日(金沢時直 かねさわときなお)，鎌室，コン改(生没年不詳)，コン4(生没年不詳)，新潮(金沢時直 かねざわときなお)，人名，姓氏山口(生没年不詳)，日人(金沢時直 かねざわときなお)，北条

**北条時直(3)** ほうじょうときなお
生没年不詳
鎌倉時代後期の武士。朝直の子。
¶北条

**北条時直(4)** ほうじょうときなお
弘安8(1285)年～嘉暦2(1327)年
鎌倉時代後期の武士。系譜不詳。
¶北条

**北条時仲(1)** ほうじょうときなか
生没年不詳
鎌倉時代の武士。朝直の子。
¶北条

**北条時仲(2)** ほうじょうときなか
生没年不詳
鎌倉時代後期の武将・歌人。為時の子。
¶国書，北条

**北条時仲(3)** ほうじょうときなか
生没年不詳
鎌倉時代後期の武士。時盛の子。
¶北条

**北条時長(1)** ほうじょうときなが
生没年不詳
鎌倉時代の武士。朝直の子。
¶北条

**北条時長(2)** ほうじょうときなが
? ～建長4(1252)年
鎌倉時代前期の武士。朝時の子。
¶北条

**北条時成(1)** ほうじょうときなり
生没年不詳
鎌倉時代の武士。資時の子。
¶北条

**北条時成(2)** ほうじょうときなり
生没年不詳
鎌倉時代の武士。時盛の子。
¶北条

**北条時成(3)** ほうじょうときなり
生没年不詳
鎌倉時代後期の武士。篤時の子。
¶北条

**北条時信(1)** ほうじょうときのぶ
生没年不詳

ほ

鎌倉時代後期の武士。時光の子。
¶北条

**北条時信(2)　ほうじょうときのぶ**
生没年不詳
鎌倉時代後期の武士。宗政の子。
¶北条

**北条時範　ほうじょうときのり**
*～徳治2(1307)年
鎌倉時代後期の六波羅探題。
¶朝日([生]文永7(1270)年　[没]徳治2年8月14日(1307年9月11日))，鎌倉([生]文永1(1264)年)，国書([生]文永1(1264)年　[没]徳治2(1307)年8月14日)，諸系([生]1270年)，日人([生]1270年)，北条([生]文永1(1264)年)

**北条時治(1)　ほうじょうときはる**
生没年不詳
鎌倉時代後期の武士。義政の子。
¶北条



**北条時治(2)　ほうじょうときはる**
?　～元弘3/正慶2(1333)年
鎌倉時代後期の武士。宗教の子。
¶北条

**北条時治(3)　ほうじょうときはる**
→淡河時治(あいかわときはる)

**北条時春　ほうじょうときはる**
生没年不詳
鎌倉時代後期の武将・歌人。
¶国書

**北条時久(1)　ほうじょうときひさ**
生没年不詳
鎌倉時代の武士。為時の子。
¶北条

**北条時久(2)　ほうじょうときひさ**
生没年不詳
鎌倉時代の武士。時幸の子。
¶北条

**北条時久(3)　ほうじょうときひさ**
生没年不詳
鎌倉時代後期の武士。時盛の子。
¶北条

**北条時久(4)　ほうじょうときひさ**
生没年不詳
鎌倉時代後期の武士。清時の子。
¶北条

**北条時久(5)　ほうじょうときひさ**
生没年不詳
鎌倉時代後期の武士。通時の子。
¶北条

**北条時尚　ほうじょうときひさ**
生没年不詳
鎌倉時代の武士。
¶北条

**北条時英　ほうじょうときひで**
?　～元弘3/正慶2(1333)年
鎌倉時代後期の武士。
¶北条

**北条時秀(1)　ほうじょうときひで**
生没年不詳
鎌倉時代の武士。有時の子。
¶北条

**北条時秀(2)　ほうじょうときひで**
生没年不詳
鎌倉時代後期の武士。時村の子。
¶北条

**北条時秀(3)　ほうじょうときひで**
生没年不詳
鎌倉時代後期の武士。長重の子。
¶北条

**北条時広　ほうじょうときひろ**
貞応1(1222)年～文永12(1275)年
鎌倉時代の武将、歌人。
¶国書([没]文永12(1275)年6月25日)，諸系，日人，北条

**北条時房　ほうじょうときふさ**
安元1(1175)年～仁治1(1240)年　[別]平時房《たいらのときふさ》，北条時連《ほうじょうときつら》
鎌倉時代前期の武士。北条時政の子。
¶朝日([没]仁治1年1月24日(1240年2月18日))，岩史([没]延応2(1240)年1月24日)，角史，神奈川人，鎌倉，鎌室，京都大，京都府，国史，古中，コン改，コン4，史人([没]1240年1月24日)，重要([没]仁治1(1240)年1月24日)，諸系，新潮([没]仁治1(1240)年1月24日)，人名，姓氏京都，世人([没]仁治1(1240)年1月24日)，全書，大百，日史([没]仁治1(1240)年1月24日)，日人，百科，平史(平時房　たいらのときふさ)，北条，歴大

**北条時藤(1)　ほうじょうときふじ**
生没年不詳
鎌倉時代の武士。時幸の子。
¶北条

**北条時藤(2)　ほうじょうときふじ**
生没年不詳
鎌倉時代の武士、歌人。時直の子。
¶北条

**北条時藤(3)　ほうじょうときふじ**
生没年不詳
鎌倉時代後期の武将・歌人。清時の子。
¶国書，北条

**北条時藤(4)　ほうじょうときふじ**
生没年不詳
鎌倉時代後期の武士。時信の子。
¶北条

**北条時政　ほうじょうときまさ**
保延4(1138)年～建保3(1215)年　[別]平時政《たいらのときまさ》

平安時代後期～鎌倉時代前期の武将, 鎌倉幕府初代の執権（在職1203～1205）。源頼朝の妻政子の父。頼朝の旗上げから協力して幕府の基盤を築く。2代将軍頼家を謀殺し、3代将軍実朝も除こうとしたが失敗。2代執権義時により引退させられた。
¶朝日（[没]建保3年1月6日（1215年2月6日）），岩史（[没]建保3（1215）年1月6日），角史，神奈川人，鎌倉，鎌室，京都，郷土神奈川，京都大，国史，古中，コン改，コン4，史人（[没]1215年1月6日），静岡百，静岡歴，重要（[没]建保3（1215）年1月6日），諸系，新潮（[没]建保3（1215）年1月6日），人名，姓氏神奈川，姓氏京都，姓氏静岡，世人（[没]建保3（1215）年1月6日），世百，全書，大百，伝記，日史（[没]建保3（1215）年1月6日），日人，百科，仏教（[没]建保3（1215）年1月6日），平史（平時政　たいらのときまさ），北条，歴大

**北条時益**　ほうじょうときます
?　～元弘3/正慶2（1333）年
鎌倉時代後期の六波羅探題。左近将監。
¶朝日（[没]正慶2/元弘3年5月7日（1333年6月19日）），鎌倉，鎌室，国史，古中，コン改，コン4，史人（[没]1333年5月7日），諸系，新潮（[没]正慶2/元弘3（1333）年5月7日），人名，姓氏京都，日人，北条

**北条時見**　ほうじょうときみ
→名越時見（なごえときみ）

**北条時躬**　ほうじょうときみ
生没年不詳
鎌倉時代後期の武士。
¶北条

**北条時通**(1)　ほうじょうときみち
生没年不詳
鎌倉時代の武士。時章の子。
¶北条

**北条時通**(2)　ほうじょうときみち
生没年不詳
鎌倉時代の武士。時直の子。
¶北条

**北条時通**(3)　ほうじょうときみち
生没年不詳
鎌倉時代の武士。政村の子。
¶北条

**北条時通**(4)　ほうじょうときみち
生没年不詳
鎌倉時代後期の武士。師村の子。
¶北条

**北条時光**(1)　ほうじょうときみつ
生没年不詳
鎌倉時代の武士。時盛の子。
¶新潟百，北条

**北条時光**(2)　ほうじょうときみつ
生没年不詳
鎌倉時代後期の武士。時元の子。
¶北条

**北条時光**(3)　ほうじょうときみつ
生没年不詳
鎌倉時代後期の武士。政宗の子。
¶北条

**北条時光**(4)　ほうじょうときみつ
生没年不詳
鎌倉時代後期の武士。政直の子。
¶北条

**北条時光**(5)　ほうじょうときみつ
生没年不詳
鎌倉時代後期の武士。貞国の子。
¶北条

**北条時宗**　ほうじょうときむね
建長3（1251）年～弘安7（1284）年　[別]相模太郎《さがみたろう》
鎌倉時代後期の鎌倉幕府第8代の執権（在職1268～1284）。時頼の子。得宗家の嫡流として期待されて執権に就任。元寇を撃退したが、同時に得宗家の専制体制も確立。
¶朝日（[生]建長3年5月15日（1251年6月5日）　[没]弘安7年4月4日（1284年4月20日）），岩史（[生]建長3（1251）年5月15日　[没]弘安7（1284）年4月4日），角史，神奈川人，神奈川百，鎌倉，鎌室，郷土神奈川，国史，古中，コン改，コン4，史人（[生]1251年5月15日　[没]1284年4月4日），重要（[生]建長3（1251）年5月15日　[没]弘安7（1284）年4月4日），諸系，新潮（[生]建長3（1251）年5月15日　[没]弘安7（1284）年4月4日），人名，姓氏神奈川，世人（[没]弘安7（1284）年4月4日），世百，全書，大百，伝記，日史（[生]建長3（1251）年5月15日　[没]弘安7（1284）年4月4日），日人，百科，仏教（[没]弘安7（1284）年4月4日），北条，歴大

**北条時村**(1)　ほうじょうときむら
?　～*
鎌倉時代前期の武将、歌人。時房の子。
¶鎌室（[没]嘉禄1（1225）年），諸系（[没]1226年），日人（[没]1226年），北条（[没]嘉禄1（1225）年）

**北条時村**(2)　ほうじょうときむら
仁治3（1242）年～嘉元3（1305）年
鎌倉時代後期の御家人（連署）。政村の子。六波羅探題北方。歌人としても知られる。
¶朝日（[没]嘉元3年4月23日（1305年5月17日）），神奈川人，鎌倉，鎌室，郷土神奈川，国史，国書（[没]嘉元3（1305）年4月23日），古中，コン改，コン4，史人（[没]1305年4月23日），諸系，新潮（[没]嘉元3（1305）年4月23日），人名，世人，日史（[没]嘉元3（1305）年4月23日），日人，北条

**北条時最**　ほうじょうときも
生没年不詳
鎌倉時代後期の武士。
¶北条

**北条時茂**(1)　ほうじょうときもち
生没年不詳
鎌倉時代後期の武士。北条師時の子。
¶北条

**北条時茂(2)　ほうじょうときもち**
生没年不詳
鎌倉時代後期の武士。北条宗方の子。
¶北条

**北条時茂(3)　ほうじょうときもち**
→北条時茂（ほうじょうときしげ）

**北条時基(1)　ほうじょうときもと**
生没年不詳　[別]名越時基《なごえときもと》
鎌倉時代の武将。朝時の子。
¶鎌室，諸系（名越時基　なごえときもと），新潮，日人（名越時基　なごえときもと），北条（[生]嘉禎1（1235）年）

**北条時基(2)　ほうじょうときもと**
生没年不詳
鎌倉時代の武士。時盛の子。
¶北条

**北条時基(3)　ほうじょうときもと**
生没年不詳
鎌倉時代の武士。時直の子。
¶北条

ほ

**北条時基(4)　ほうじょうときもと**
生没年不詳
鎌倉時代の武士。有時の子。
¶北条

**北条時元(1)　ほうじょうときもと**
生没年不詳
鎌倉時代の武士。時幸の子。
¶北条

**北条時元(2)　ほうじょうときもと**
？　～元弘3/正慶2（1333）年5月22日
鎌倉時代後期の武将・歌人。時国の子。
¶国書，北条（生没年不詳）

**北条時元(3)　ほうじょうときもと**
？　～正中2（1325）年
鎌倉時代後期の武士。時員の子。
¶北条

**北条時守　ほうじょうときもり**
生没年不詳
鎌倉時代後期の武士。
¶北条

**北条時盛(1)　ほうじょうときもり**
生没年不詳
鎌倉時代の武士。有時の子。
¶北条

**北条時盛(2)　ほうじょうときもり**
建久8（1197）年～建治3（1277）年
鎌倉時代前期の武士。北条時房の子。六波羅探題南方。
¶朝日（[没]建治3年5月2日（1277年6月4日）），鎌倉，鎌室，国史，古中，コン4，諸系，新潮（[没]建治3（1277）年5月2日），人名，日史（[没]建治3（1277）年5月2日），日人，北条

**北条時幸　ほうじょうときゆき**
？　～寛元4（1246）年　[別]名越時幸《なごえときゆき》
鎌倉時代前期の武将。
¶鎌室，諸系（名越時幸　なごえときゆき），日人（名越時幸　なごえときゆき），北条

**北条時行　ほうじょうときゆき**
？　～正平8/文和2（1353）年
南北朝時代の武将。北条高時の2男。中先代の乱を起こす。
¶朝日（[没]文和2/正平8年5月20日（1353年6月21日）），岩史（[没]文和2/正平8（1353）年5月20日），神奈川人，神奈川百，鎌倉，鎌室，国史，古中，コン改，コン4，史人（[没]1353年5月20日），重要（[没]正平8/文和2（1353）年5月20日），諸系，新潮（[没]文和2/正平8（1353）年5月20日），人名，姓氏神奈川，姓氏長野，世人（[没]正平8/文和2（1353）年5月20日），世百，全書，大百，長野歴，日史（[没]文和2/正平8（1353）年5月20日），日人，百科，北条，歴大

**北条時如　ほうじょうときゆき**
生没年不詳
鎌倉時代後期の武士。
¶北条

**北条時頼　ほうじょうときより**
安貞1（1227）年～弘長3（1263）年　[別]最明寺殿《さいみょうじどの》，最明寺入道殿《さいみょうじにゅうどうどの》
鎌倉時代前期の鎌倉幕府第5代の執権（在職1246～1256）。時氏の子で経時の弟。執権政治の強化充実に努め、皇族将軍を擁立し、宝治合戦で三浦氏を倒し、また引付衆を新設した。
¶朝日（[生]安貞1年5月14日（1227年6月29日）[没]弘長3年11月22日（1263年12月24日）），岩史（[生]嘉禄3（1227）年5月14日　[没]弘長3（1263）年11月22日），江戸，角史，神奈川人，鎌倉，鎌室，郷土神奈川，国史，国書（[生]嘉禄3（1227）年5月14日　[没]弘長3（1263）年11月22日），古中，コン改，コン4，詩歌，史人（[生]1227年5月14日[没]1263年11月22日），重要（[生]安貞1（1227）年5月14日　[没]弘長3（1263）年11月22日），諸系，新潮（[生]安貞1（1227）年5月14日　[没]弘長3（1263）年11月22日），人名，姓氏神奈川，姓氏宮城，世人（[没]弘長3（1263）年10月22日），世百，全書，大百，日史（[生]安貞1（1227）年5月14日　[没]弘長3（1263）年11月22日），日人，百科，仏教（[没]弘長3（1263）年11月22日），北条，歴大，和俳（[没]弘長3（1263）年11月22日）

**北条俊兼　ほうじょうとしかね**
？　～元弘3/正慶2（1333）年
鎌倉時代後期の武士。
¶北条

**北条俊時　ほうじょうとしとき**
？　～元弘3/正慶2（1333）年
鎌倉時代後期の武士、評定衆。
¶北条

北条斉時　ほうじょうとしとき
　→北条斉時（ほうじょうなりとき）

北条朝氏　ほうじょうともうじ
　生没年不詳
　鎌倉時代の武士。
　¶北条

北条朝員　ほうじょうともかず
　生没年不詳
　鎌倉時代の武士。
　¶北条

北条朝賢　ほうじょうともかた
　生没年不詳
　鎌倉時代の武士。
　¶北条

北条朝貞(1)　ほうじょうともさだ
　生没年不詳
　鎌倉時代の武士。朝直の子。
　¶北条

北条朝貞(2)　ほうじょうともさだ
　？　～元弘3/正慶2（1333）年
　鎌倉時代後期の武士。時基の子。
　¶北条

北条朝言　ほうじょうともとき
　生没年不詳
　鎌倉時代の武士。
　¶北条

北条朝時　ほうじょうともとき
　→名越朝時（なごえともとき）

北条友時　ほうじょうともとき
　？　～延元4/暦応2（1339）年
　鎌倉時代後期～南北朝時代の武士。
　¶北条

北条朝俊　ほうじょうともとし
　生没年不詳
　鎌倉時代後期の武士。
　¶北条

北条朝直　ほうじょうともなお
　→大仏朝直（おさらぎともなお）

北条朝長　ほうじょうともなが
　生没年不詳
　鎌倉時代の武士。
　¶北条

北条朝宣(1)　ほうじょうとものぶ
　生没年不詳
　鎌倉時代後期の武士。朝房の子。
　¶北条

北条朝宣(2)　ほうじょうとものぶ
　？　～建武1（1334）年
　鎌倉時代後期の武士。公篤の子。
　¶北条

北条朝房(1)　ほうじょうともふさ
　生没年不詳

北条朝房(2)　ほうじょうともふさ
　鎌倉時代後期の武士。政房の子。
　¶北条

北条朝房(2)　ほうじょうともふさ
　？　～永仁3（1295）年
　鎌倉時代後期の武士。朝直の子。
　¶北条

北条朝政(1)　ほうじょうともまさ
　生没年不詳
　鎌倉時代の武士。朝直の子。
　¶北条

北条朝政(2)　ほうじょうともまさ
　生没年不詳
　鎌倉時代後期の武士。政房の子。
　¶北条

北条朝宗　ほうじょうともむね
　生没年不詳
　鎌倉時代後期の武士。
　¶北条

北条直重　ほうじょうなおしげ
　生没年不詳
　戦国時代の北条氏の家臣。
　¶戦辞

北条直時(1)　ほうじょうなおとき
　生没年不詳
　鎌倉時代後期の武士。時元の子。
　¶北条

北条直時(2)　ほうじょうなおとき
　生没年不詳
　鎌倉時代後期の武士。朝房の子。
　¶北条

北条直時(3)　ほうじょうなおとき
　？　～元弘3/正慶2（1333）年
　鎌倉時代後期の武士。宗直の子。
　¶北条

北条直俊　ほうじょうなおとし
　生没年不詳
　鎌倉時代後期の武士。
　¶北条

北条直房　ほうじょうなおふさ
　生没年不詳
　鎌倉時代の武士。
　¶北条

北条長国　ほうじょうながくに
　？　～天正7（1579）年
　戦国時代～安土桃山時代の武将、上杉謙信の臣。
　¶人名

北条長重　ほうじょうながしげ
　生没年不詳
　鎌倉時代の武士。
　¶北条

北条長綱　ほうじょうながつな
　→北条幻庵（ほうじょうげんあん）

ほ

**北条仲時**　ほうじょうなかとき
徳治1(1306)年～元弘3/正慶2(1333)年
鎌倉時代後期の六波羅探題。
¶朝日([没]正慶2/元弘3年5月9日(1333年6月21日)),角史,神奈川人,鎌倉,鎌室,国史,古中,コン改,コン4,史人([没]1333年5月9日),諸系,新潮([没]正慶2/元弘3(1333)年5月9日),人名,姓氏京都,世人([没]元弘3/正慶2(1333)年5月9日),新潟百,日人,北条,歴大

**北条長時**　ほうじょうながとき
寛喜2(1230)年～文永1(1264)年　[別]極楽寺長時《ごくらくじながとき》
鎌倉時代前期の鎌倉幕府第6代の執権(在職1256～1264)。義時の孫、重時の子。
¶朝日([生]寛喜2年2月27日(1230年4月11日) [没]文永1年8月21日(1264年9月12日)),神奈川人,鎌倉,鎌室([生]安貞3(1229)年),郷土神奈川([生]1229年),国史,国書([生]安貞3(1229)年2月27日　[没]文永1(1264)年8月21日),古中,コン改([生]寛喜1(1229)年),コン4([生]寛喜1(1229)年),史人([生]1230年2月27日　[没]1264年8月21日),諸系,新潮([生]寛喜1(1229)年2月27日　[没]文永1(1264)年8月21日),人名([生]1229年),世人([生]寛喜1(1229)年　[没]文永1(1264)年8月21日),日人,北条([生]寛喜2(1229)年),歴大

**北条長朝**　ほうじょうながとも
生没年不詳
鎌倉時代後期の武士。
¶北条

**北条長頼**　ほうじょうながより
生没年不詳
鎌倉時代の武士。
¶北条

**北条夏時**　ほうじょうなつとき
生没年不詳
鎌倉時代後期の武士。
¶北条

**北条業時**　ほうじょうなりとき
仁治2(1241)年～弘安10(1287)年
鎌倉時代後期の武将。鎌倉極楽寺の多宝塔造営の発願者。
¶朝日([没]弘安10年6月26日(1287年8月6日)),神奈川人,鎌倉,国史,古中,コン4,諸系,新潟百,日人,北条

**北条斉時**　ほうじょうなりとき
弘長2(1262)年～元徳1(1329)年　[別]北条斉時《ほうじょうとしとき》
鎌倉時代後期の武将・歌人。
¶国書(ほうじょうとしとき　生没年不詳),北条

**北条成治**　ほうじょうなりはる
生没年不詳
鎌倉時代後期の武士。
¶北条

**北条斉政**　ほうじょうなりまさ
生没年不詳
鎌倉時代後期の武士。
¶北条

**北条宣遠**(1)　ほうじょうのぶとお
生没年不詳
鎌倉時代後期の武士。時遠の子。
¶北条

**北条宣遠**(2)　ほうじょうのぶとお
生没年不詳
鎌倉時代後期の武士。頼房の子。
¶北条

**北条信時**(1)　ほうじょうのぶとき
生没年不詳
鎌倉時代後期の武士。(有時流)時景の子。
¶北条

**北条信時**(2)　ほうじょうのぶとき
生没年不詳
鎌倉時代後期の武士。宣房の子。
¶北条

**北条信時**(3)　ほうじょうのぶとき
？～
鎌倉時代後期の武士。(時房流)時景の子。
¶北条([没]永仁年間(1293～99年))

**北条宣時**　ほうじょうのぶとき
→大仏宣時(おさらぎのぶとき)

**北条宣俊**　ほうじょうのぶとし
生没年不詳
鎌倉時代後期の武士。
¶北条

**北条宣朝**　ほうじょうのぶとも
生没年不詳
鎌倉時代後期の武士。
¶北条

**北条宣直**　ほうじょうのぶなお
生没年不詳
鎌倉時代後期の武将・歌人。
¶国書,北条

**北条宣房**　ほうじょうのぶふさ
生没年不詳
鎌倉時代後期の武士。
¶北条

**北条宣政**　ほうじょうのぶまさ
生没年不詳
鎌倉時代後期の武士。
¶北条

**北条範貞**　ほうじょうのりさだ
→常葉範貞(ときわのりさだ)

**北条教時**　ほうじょうのりとき
嘉禎1(1235)年～文永9(1272)年　[別]名越教時《なごえのりとき》
鎌倉時代前期の武将。
¶神奈川人(名越教時　なごえのりとき),史人(名越教時　なごえのりとき　[没]1272年2月11日),日史([没]文永9(1272)年2月11日),北条

**北条春顕** **ほうじょうはるあき**
生没年不詳
鎌倉時代後期の武士。
¶北条

**北条治時** **ほうじょうはるとき**
文保2(1318)年～元弘3/正慶2(1333)年
鎌倉時代後期の武士。
¶北条

**北条春時** **ほうじょうはるとき**
生没年不詳
鎌倉時代後期の武将・歌人。
¶国書，北条

**北条春朝** **ほうじょうはるとも**
生没年不詳
鎌倉時代後期の武士。
¶北条

**北条久時** **ほうじょうひさとき**
文永9(1272)年～徳治2(1307)年　[別]赤橋久時《あかはしひさとき，あかばしひさとき》
鎌倉時代後期の武将。寄合衆兼官途奉行として幕政の中枢に参画。
¶朝日(赤橋久時　あかはしひさとき　[没]徳治2年11月28日(1307年12月23日))，鎌倉，鎌室，国史，国書([没]徳治2(1307)年11月28日)，古中，コン改，コン4，史人([没]1307年11月28日)，諸系(赤橋久時　あかはしひさとき)，新潮(赤橋久時　あかばしひさとき　[没]徳治2(1307)年11月28日)，人名，新潟百，日人(赤橋久時　あかはしひさとき)，北条

**北条久宗** **ほうじょうひさむね**
生没年不詳
鎌倉時代後期の武士。
¶北条

**北条英時** **ほうじょうひでとき**
→赤橋英時(あかはしひでとき)

**北条秀時**(1) **ほうじょうひでとき**
生没年不詳
鎌倉時代後期の武士。久宗の子。
¶北条

**北条秀時**(2) **ほうじょうひでとき**
生没年不詳
鎌倉時代後期の武士。篤時の子。
¶北条

**北条煕時**(北条凞時，北条熈時) **ほうじょうひろとき**
弘安2(1279)年～正和4(1315)年
鎌倉時代後期の鎌倉幕府第12代の執権(在職1312～1315)。政村の曽孫。
¶朝日([没]正和4年7月18日(1315年8月18日))，神奈川人，鎌倉，鎌室，郷土神奈川，国史，国書([没]正和4(1315)年7月18日)，古中，コン4，史人([没]1315年7月18日，(異説)10月9日)，諸系，新潮([没]正和4(1315)年7月18日)，日人，北条(北条凞時)，歴大(北条熈時)

**北条房貞** **ほうじょうふささだ**
生没年不詳
鎌倉時代後期の武士。
¶北条

**北条房実** **ほうじょうふさざね**
生没年不詳
鎌倉時代後期の武士。
¶北条

**北条房忠** **ほうじょうふさただ**
生没年不詳
鎌倉時代後期の武士。
¶北条

**北条房宣** **ほうじょうふさのぶ**
生没年不詳
鎌倉時代後期の武士。
¶北条

**北条房元** **ほうじょうふさもと**
生没年不詳
鎌倉時代後期の武士。
¶北条

**北条藤時** **ほうじょうふじとき**
？～元弘3/正慶2(1333)年
鎌倉時代後期の武士。
¶北条

**北条冬時** **ほうじょうふゆとき**
生没年不詳
鎌倉時代後期の武士。
¶北条

**北条政顕** **ほうじょうまさあき**
文永6(1269)年～？　[別]金沢政顕《かねざわまさあき》
鎌倉時代後期の鎮西探題、肥前、肥後、豊前各国守護も兼帯。
¶朝日，国史，古中，コン4，諸系(金沢政顕　かねざわまさあき)，日人(金沢政顕　かねざわまさあき)，北条

**北条政有** **ほうじょうまさあり**
生没年不詳
鎌倉時代の武士。
¶北条

**北条政家** **ほうじょうまさいえ**
生没年不詳
鎌倉時代後期の武士。
¶北条

**北条政氏** **ほうじょうまさうじ**
生没年不詳
鎌倉時代の武士。
¶北条

**北条政方** **ほうじょうまさかた**
生没年不詳
鎌倉時代後期の武士。
¶北条

**北条政雄** ほうじょうまさかつ
生没年不詳
鎌倉時代の武士。
¶北条

**北条政公** ほうじょうまさきみ
生没年不詳
鎌倉時代後期の武士。
¶北条

**北条政国**(1) ほうじょうまさくに
生没年不詳
鎌倉時代後期の武士。時顕の子。
¶北条

**北条政国**(2) ほうじょうまさくに
生没年不詳
鎌倉時代後期の武士。重村の子。
¶北条

**北条政貞** ほうじょうまささだ
生没年不詳
鎌倉時代後期の武士。
¶北条

**北条政高** ほうじょうまさたか
生没年不詳
鎌倉時代後期の武士。
¶北条

**北条政忠** ほうじょうまさただ
生没年不詳
鎌倉時代後期の武士。
¶北条

**北条政胤** ほうじょうまさたね
生没年不詳
鎌倉時代の武士。
¶北条

**北条政近** ほうじょうまさちか
生没年不詳
鎌倉時代後期の武士。
¶北条

**北条政俊**(1) ほうじょうまさとし
生没年不詳
鎌倉時代の武士。時盛の子。
¶北条

**北条政俊**(2) ほうじょうまさとし
? ～延慶2(1309)年
鎌倉時代後期の武士。光時の子。
¶北条

**北条政直**(1) ほうじょうまさなお
生没年不詳
鎌倉時代後期の武士。時通の子。
¶北条

**北条政直**(2) ほうじょうまさなお
生没年不詳
鎌倉時代後期の武士。政幸の子。
¶北条

**北条政長** ほうじょうまさなが
建長2(1250)年～正安3(1301)年
鎌倉時代の武将・歌人。
¶国書([没]正安3(1301)年7月14日), 北条

**北条政憲** ほうじょうまさのり
生没年不詳
鎌倉時代後期の武士。
¶北条

**北条政範**(1) ほうじょうまさのり
～元久1(1204)年
平安時代後期～鎌倉時代前期の武士。時政の子。
¶北条([生]建久1(1189)年)

**北条政範**(2) ほうじょうまさのり
生没年不詳
鎌倉時代後期の武士。政頼の子。
¶北条

**北条政春** ほうじょうまさはる
生没年不詳
鎌倉時代後期の武士。
¶北条

**北条政平** ほうじょうまさひら
生没年不詳
鎌倉時代後期の武士。
¶北条

**北条政房**(1) ほうじょうまさふさ
? ～文永2(1265)年
鎌倉時代の武士。時直の子。
¶北条

**北条政房**(2) ほうじょうまさふさ
生没年不詳
鎌倉時代後期の武士。時員の子。
¶北条

**北条政房**(3) ほうじょうまさふさ
生没年不詳
鎌倉時代後期の武士。朝房の子。
¶北条

**北条政通**(1) ほうじょうまさみち
生没年不詳
鎌倉時代の武士。光時の子。
¶北条

**北条政通**(2) ほうじょうまさみち
生没年不詳
鎌倉時代後期の武士。通時の子。
¶北条

**北条政宗**(1) ほうじょうまさむね
生没年不詳
鎌倉時代後期の武士。時員の子。
¶北条

**北条政宗**(2) ほうじょうまさむね
生没年不詳
鎌倉時代後期の武士。政公の子。
¶北条

**北条政村(1)** ほうじょうまさむら
元久2(1205)年～文永10(1273)年
鎌倉時代前期の鎌倉幕府第7代の執権(在職1264～1268)。義時の子。
¶朝日(生元久2年6月22日(1205年7月10日) 没文永10年5月27日(1273年6月13日)),岩史(生元久2(1205)年6月22日 没文永10(1273)年5月17日),角史,神奈川人,神奈川百,鎌倉,鎌室,郷土神奈川(没1272年),国史,国書(生元久2(1205)年6月22日 没文永10(1273)年5月21日),古中,コン改,コン4,史人(生1205年6月22日 没1273年5月27日),諸系,新潮(没文永10(1273)年5月27日),人名,世人(没文永10(1273)年5月27日),全書,大百,日史(生元久2(1205)年6月22日 没文永10(1273)年5月27日),日人,百科,北条,歴大,和俳(没文永10(1273)年5月27日)

**北条政村(2)** ほうじょうまさむら
生没年不詳
鎌倉時代後期の武士。政長の子。
¶北条

**北条政茂(1)** ほうじょうまさもち
生没年不詳
鎌倉時代の武士。光時の子。
¶北条

**北条政茂(2)** ほうじょうまさもち
生没年不詳
鎌倉時代後期の武士。時光の子。
¶北条

**北条政茂(3)** ほうじょうまさもち
生没年不詳
鎌倉時代後期の武士。時茂の子。
¶北条

**北条政茂(4)** ほうじょうまさもち
生没年不詳
鎌倉時代後期の武士。政氏の子。
¶北条

**北条政基(1)** ほうじょうまさもと
生没年不詳
鎌倉時代の武士。時幸の子。
¶北条

**北条政基(2)** ほうじょうまさもと
生没年不詳
鎌倉時代後期の武士。幸継の子。
¶北条

**北条政基(3)** ほうじょうまさもと
生没年不詳
鎌倉時代後期の武士。実政の子。
¶北条

**北条政幸** ほうじょうまさゆき
生没年不詳
鎌倉時代の武士。
¶北条

**北条政義** ほうじょうまさよし
生没年不詳
鎌倉時代後期の武士。
¶北条

**北条政頼(1)** ほうじょうまさより
生没年不詳
鎌倉時代の武士。時頼の子。
¶北条

**北条政頼(2)** ほうじょうまさより
生没年不詳
鎌倉時代後期の武士。政村の子。
¶北条

**北条益時** ほうじょうますとき
? ～元弘3/正慶2(1333)年
鎌倉時代後期の武士。
¶北条

**北条万寿** ほうじょうまんじゅ
生没年不詳
鎌倉時代後期の武士。
¶北条

**北条通時(1)** ほうじょうみちとき
生没年不詳
鎌倉時代の武将、歌人。有時の子。
¶国書,北条

**北条通時(2)** ほうじょうみちとき
生没年不詳
鎌倉時代の武士。政村の子。
¶北条

**北条通時(3)** ほうじょうみちとき
生没年不詳
鎌倉時代後期の武士。時相の子。
¶北条

**北条通時(4)** ほうじょうみちとき
生没年不詳
鎌倉時代後期の武士。盛時の子。
¶北条

**北条道成** ほうじょうみちなり
生没年不詳
鎌倉時代の武士。
¶北条

**北条光時(1)** ほうじょうみつとき
生没年不詳
鎌倉時代後期の武士。有政の子。
¶北条

**北条光時(2)** ほうじょうみつとき
生没年不詳
鎌倉時代後期の武士。頼房の子。
¶北条

**北条光時(3)** ほうじょうみつとき
→名越光時(なごえみつとき)

**北条光朝** ほうじょうみつとも
生没年不詳

鎌倉時代の武士。
¶北条

**北条宗顕** ほうじょうむねあき
？ ～元弘3/正慶2 (1333) 年
鎌倉時代後期の武士。
¶北条

**北条宗有** ほうじょうむねあり
？ ～元弘3/正慶2 (1333) 年
鎌倉時代後期の武士。
¶北条

**北条宗氏** ほうじょうむねうじ
？ ～文永9 (1272) 年
鎌倉時代の武士。
¶北条

**北条宗方** ほうじょうむねかた
弘安1 (1278) 年～嘉元3 (1305) 年
鎌倉時代後期の武将。父は宗頼。
¶朝日 ([没]嘉元3年5月4日 (1305年5月27日))，岩史 ([没]嘉元3 (1305) 年5月4日)，鎌倉，鎌室，国史，古中，コン4，史人 ([没]1305年5月4日)，諸系，新潮 ([没]嘉元3 (1305) 年5月4日)，日史 ([没]嘉元3 (1305) 年5月4日)，日人，北条

ほ

**北条宗兼(1)** ほうじょうむねかね
生没年不詳
鎌倉時代の武士。有時の子。
¶北条

**北条宗兼(2)** ほうじょうむねかね
生没年不詳
鎌倉時代後期の武士。兼時の子。
¶北条

**北条宗遠** ほうじょうむねとお
生没年不詳
鎌倉時代後期の武士。
¶北条

**北条宗時(1)** ほうじょうむねとき
？ ～治承4 (1180) 年　[別]平宗時《たいらのむねとき》
平安時代後期の武士。時政の子。
¶平史 (平宗時　たいらのむねとき)，北条

**北条宗時(2)** ほうじょうむねとき
生没年不詳
鎌倉時代の武士。時頼の子。
¶北条

**北条宗時(3)** ほうじょうむねとき
生没年不詳
鎌倉時代後期の武士。久時の子。
¶北条

**北条宗朝(1)** ほうじょうむねとも
生没年不詳
鎌倉時代後期の武士。時遠の子。
¶北条

**北条宗朝(2)** ほうじょうむねとも
生没年不詳
鎌倉時代後期の武士。宗長の子。
¶北条

**北条宗朝(3)** ほうじょうむねとも
生没年不詳
鎌倉時代後期の武士。政俊の子。
¶北条

**北条宗朝(4)** ほうじょうむねとも
生没年不詳
鎌倉時代後期の武士。直房の子。
¶北条

**北条宗直(1)** ほうじょうむねなお
生没年不詳
鎌倉時代の武士。直房の子。
¶北条

**北条宗直(2)** ほうじょうむねなお
？ ～元弘3/正慶2 (1333) 年
鎌倉時代後期の武士。頼直の子。
¶北条

**北条宗長(1)** ほうじょうむねなが
生没年不詳
鎌倉時代後期の武士。家政の子。
¶北条

**北条宗長(2)** ほうじょうむねなが
？ ～延慶2 (1309) 年
鎌倉時代後期の武士。長頼の子。
¶北条

**北条宗宣** ほうじょうむねのぶ
→大仏宗宣 (おさらぎむねのぶ)

**北条宗教** ほうじょうむねのり
？ ～元弘3/正慶2 (1333) 年
鎌倉時代後期の武士。
¶北条

**北条宗春(1)** ほうじょうむねはる
生没年不詳
鎌倉時代後期の武士。夏時の子。
¶北条

**北条宗春(2)** ほうじょうむねはる
生没年不詳
鎌倉時代後期の武士。家政の子。
¶北条

**北条宗久** ほうじょうむねひさ
生没年不詳
鎌倉時代後期の武士。
¶北条

**北条宗房(1)** ほうじょうむねふさ
生没年不詳
鎌倉時代後期の武士、引付衆。政村の子。
¶北条

**北条宗房(2)** ほうじょうむねふさ
生没年不詳
鎌倉時代後期の武士。時隆の子。
¶北条

**北条宗政(1)** ほうじょうむねまさ
建長5(1253)年～弘安4(1281)年
鎌倉時代後期の武将。得宗北条時頼の子。
¶朝日([生]建長5年1月28日(1253年2月27日)　[没]弘安4年8月9日(1281年9月23日)), 鎌倉([生]建久1(1190)年), 鎌室, 諸系, 新潮([生]建長5(1253)年1月28日　[没]弘安4(1281)年8月9日), 日人, 北条

**北条宗政(2)** ほうじょうむねまさ
生没年不詳
鎌倉時代後期の武士。家政の子。
¶北条

**北条宗基** ほうじょうむねもと
生没年不詳
鎌倉時代の武士。
¶北条

**北条宗泰** ほうじょうむねやす
生没年不詳
鎌倉時代後期の武士、引付頭人。
¶北条

**北条宗頼** ほうじょうむねより
正元1(1259)年～弘安2(1279)年
鎌倉時代前期の武将。
¶鎌室([生]?), 諸系, 人名, 日人, 北条(生没年不詳)

**北条持定** ほうじょうもちさだ
生没年不詳
鎌倉時代の武士。
¶北条

**北条基明** ほうじょうもとあき
生没年不詳
鎌倉時代後期の武士。
¶北条

**北条基家** ほうじょうもといえ
生没年不詳
鎌倉時代後期の武士。
¶北条

**北条基時** ほうじょうもととき
?　～元弘3/正慶2(1333)年　[別]普恩寺基時《ふおんじもととき》
鎌倉時代後期の鎌倉幕府第13代の執権(在職1315)。時兼の子。
¶朝日([生]弘安8(1285)年　[没]正慶2/元弘3年5月22日(1333年7月4日)), 神奈川人, 鎌倉, 鎌室, 国史, 古中, コン4([生]弘安8(1285)年?), 史人([没]1333年5月22日), 諸系, 新潮([没]正慶2/元弘3(1333)年5月22日), 日人, 北条([生]弘安9(1286)年), 歴大

**北条守時** ほうじょうもりとき
→赤橋守時(あかはしもりとき)

**北条盛時(1)** ほうじょうもりとき
生没年不詳
鎌倉時代の武士。光時の子。
¶北条

**北条盛時(2)** ほうじょうもりとき
生没年不詳
鎌倉時代後期の武士。時雄の子。
¶北条

**北条盛信** ほうじょうもりのぶ
生没年不詳
鎌倉時代後期の武士。
¶北条

**北条盛房(1)** ほうじょうもりふさ
仁治3(1242)年～永仁5(1297)年
鎌倉時代後期の六波羅探題。政氏の子。
¶朝日([没]永仁5年7月9日(1297年7月29日)), 鎌倉, 国書([没]永仁5(1297)年7月9日), 諸系, 日人, 北条

**北条盛房(2)** ほうじょうもりふさ
生没年不詳
鎌倉時代後期の武士。時基の子。
¶北条

**北条師顕** ほうじょうもろあき
生没年不詳
鎌倉時代後期の武士。
¶北条

**北条師時** ほうじょうもろとき
建治1(1275)年～応長1(1311)年
鎌倉時代後期の鎌倉幕府第10代の執権(在職1301～1311)。時頼の孫、宗政の子。
¶朝日([没]応長1年9月22日(1311年11月3日)), 神奈川人, 鎌倉([生]?), 鎌室([生]建治1(1275)年?), 国史, 古中, コン4, 史人([没]1311年9月22日), 諸系, 新潮([生]建治1(1275)年?　[没]応長1(1311)年9月22日), 日人, 北条, 歴大

**北条師朝** ほうじょうもろとも
生没年不詳
鎌倉時代後期の武士。
¶北条

**北条師政** ほうじょうもろまさ
生没年不詳
鎌倉時代後期の武士。
¶北条

**北条師村** ほうじょうもろむら
生没年不詳
鎌倉時代後期の武士。
¶北条

**北条師頼** ほうじょうもろより
生没年不詳
鎌倉時代後期の武士。
¶北条

**北条泰家** ほうじょうやすいえ
生没年不詳　[別]北条時興《ほうじょうときおき》
鎌倉時代後期の武将。北条貞時と安達泰宗の娘の子。
¶朝日, 神奈川人, 鎌倉, 鎌室, 国史, 古中, コン4, 史人, 諸系, 新潮, 人名, 多摩([没]正平8(1353)年), 日人, 北条, 歴大

ほ

**北条泰氏** ほうじょうやすうじ
生没年不詳
鎌倉時代後期の武士。
¶北条

**北条泰時** ほうじょうやすとき
寿永2（1183）年～仁治3（1242）年
鎌倉時代前期の鎌倉幕府第3代の執権（在職1224～1242）。義時の長男。和田義盛の乱、承久の乱に活躍。六波羅探題の後執権に就任。連署・評定衆を創設し、また後成敗式目を制定するなど幕府制度の確立に尽力した。
¶朝日（[没]仁治3年6月15日（1242年7月14日）），岩史（[没]仁治3（1242）年6月15日），角史，神奈川人，神奈川百，鎌倉，鎌室，京都，郷土神奈川，京都大，国史，国書（[没]仁治3（1242）年6月15日），古中，コン改，コン4，詩歌，史人（[没]1242年6月15日），重要（[没]仁治3（1242）年6月15日），諸系，新潮（[没]仁治3（1242）年6月15日），人名，姓氏神奈川，姓氏京都，世人（[没]仁治3（1242）年6月15日），世百，全書，大百，伝記，日史（[没]仁治3（1242）年6月15日），日人，百科，仏教（[没]仁治3（1242）年6月15日），北条，歴大，和俳（[没]仁治3（1242）年6月15日）

**北条泰房** ほうじょうやすふさ
生没年不詳
鎌倉時代後期の武士。
¶北条

**北条泰政** ほうじょうやすまさ
生没年不詳
鎌倉時代後期の武士。
¶北条

**北条泰宗** ほうじょうやすむね
生没年不詳
鎌倉時代後期の武士。
¶北条

**北条泰茂** ほうじょうやすもち
生没年不詳
鎌倉時代の武士。
¶北条

**北条行実** ほうじょうゆきざね
生没年不詳
南北朝時代の武士。実泰流。
¶北条

**北条幸澄** ほうじょうゆきずみ
生没年不詳
鎌倉時代後期の武士。
¶北条

**北条幸継** ほうじょうゆきつぐ
生没年不詳
鎌倉時代の武士。
¶北条

**北条幸時**(1) ほうじょうゆきとき
生没年不詳
鎌倉時代後期の武士。時員の子。
¶北条

**北条幸時**(2) ほうじょうゆきとき
生没年不詳
鎌倉時代後期の武士。政忠の子。
¶北条

**北条随時**(1) ほうじょうゆきとき
？　～元亨1（1321）年
鎌倉時代後期の鎮西探題。時定の子。
¶朝日（[没]元亨1年6月23日（1321年7月18日）），国史，古中，コン4，日人，北条（[生]正応4（1291）年）

**北条随時**(2) ほうじょうゆきとき
生没年不詳
鎌倉時代後期の武士。定宗の子。
¶北条

**北条幸夜叉丸** ほうじょうゆきやしゃまる
生没年不詳
鎌倉時代後期の武将。北条周時の子。
¶北条

**北条義時** ほうじょうよしとき
長寛1（1163）年～元仁1（1224）年　[別]平義時《たいらのよしとき》，江間小四郎《えまこしろう》
平安時代後期～鎌倉時代前期の鎌倉幕府第2代の執権（在職1205～1224）。時政の2男。父時政を引退させた後、源氏勢力・有力御家人を次第に排斥し専権を握る。承久の乱の平定の立役者。また摂家将軍を実現させた。
¶朝日（[没]元仁1年6月13日（1224年7月1日）），岩史（[没]貞応3（1224）年6月13日），角史，神奈川人，神奈川百，鎌倉，鎌室，郷土神奈川，国史，古中，コン改，コン4，史人（[没]1224年6月13日），重要（[没]元仁1（1224）年6月13日），諸系，新潮（[没]元仁1（1224）年6月13日），人名（[生]1162年），姓氏神奈川，世人（[没]元仁1（1224）年6月13日），世百，全書，大百，伝記，新潟百，日史（[没]元仁1（1224）年6月13日），日人，百科，平史（平義時　たいらのよしとき），北条，歴大

**北条義政**(1) ほうじょうよしまさ
仁治3（1242）年～弘安4（1281）年　[別]塩田義政《しおだよしまさ》
鎌倉時代後期の御家人（連署）。北条重時の子。
¶朝日（[没]弘安4年11月27日（1282年1月8日）），神奈川人，鎌室，国史，国書（[没]弘安4（1281）年11月27日），古中，コン改，コン4，史人（[没]1281年11月27日），諸系（[没]1282年），新潮（[没]弘安4（1281）年11月27日），人名，姓氏長野（塩田義政　しおだよしまさ），長野歴（塩田義政　しおだよしまさ），日史（[没]弘安4（1281）年11月27日），日人（[没]1282年），百科，北条，和俳

**北条義政**(2) ほうじょうよしまさ
生没年不詳
鎌倉時代後期の武士。実政の子。
¶北条

**北条義宗** ほうじょうよしむね
→赤橋義宗（あかはしよしむね）

**北条義村** ほうじょうよしむら
生没年不詳
鎌倉時代後期の武士。
¶北条

**北条頼章** ほうじょうよりあき
寛元3(1245)年～康元1(1256)年
鎌倉時代の武士。
¶北条

**北条頼忠** ほうじょうよりただ
生没年不詳
鎌倉時代の武士。
¶北条

**北条頼直** ほうじょうよりなお
生没年不詳
鎌倉時代の武士。
¶北条

**北条頼房** ほうじょうよりふさ
生没年不詳
鎌倉時代の武士。
¶北条

**保多兵庫介** ほうだひょうごのすけ
戦国時代の武将。浅井氏家臣。
¶戦西

**芳野宮内少輔** ほうのくないのしょう
→芳野宮内少輔(よしのくないしょう)

**保柳主計** ほうやなぎかずえ
戦国時代の武将。大崎氏家臣。
¶戦東

**波々伯部盛郷** ほおかべもりさと
? ～永正4(1507)年8月1日
室町時代～戦国時代の武将・歌人・連歌作者。
¶国書

**朴木文躬** ほおのきふみちか
生没年不詳
戦国時代の武家・連歌作者。
¶国書

**法華津前延** ほけづさきのぶ
生没年不詳 [別]清家三郎秋延《せいけさぶろうあきのぶ》
戦国時代～安土桃山時代の武将。
¶戦人

**穂坂織部佑** ほさかおりべのすけ
戦国時代の武将。武田家臣。『武田家過去帳』に河内在住の老母と妻が天正6年に逆修しているのがみえる。
¶姓氏山梨

**穂坂君吉** ほさかきみよし
生没年不詳
戦国時代の甲斐穴山信君・勝千代の重臣。
¶戦辞

**星合具種** ほしあいともかず
→星合具祐(ほしあいともすけ)

**星合具祐** ほしあいともすけ
? ～元亀3(1572)年 [別]具祐〔北畠・木造・大河内家(絶家)〕《ともすけ》, 星合具種《ほしあいともかず》, 北畠具祐《きたばたけともすけ》
戦国時代の武将、伊勢星合城主。
¶公卿(北畠具祐 きたばたけともすけ 生没年不詳), 公家(具祐〔北畠・木造・大河内家(絶家)〕 ともすけ), 人名, 日人(星合具種 ほしあいともかず)

**星合具泰** ほしあいともひろ
→星合具泰(ほしあいともやす)

**星合具泰** ほしあいともやす
永禄10(1567)年～寛永16(1639)年 [別]星合具泰《ほしあいともひろ》
安土桃山時代～江戸時代前期の武将、伊勢星合城主。織田氏家臣。
¶人名, 戦国([生]1568年), 日人(ほしあいともひろ)

**星右京亮** ほしうきょうのすけ
生没年不詳
戦国時代の武士。結城氏家臣。
¶戦辞, 戦人, 戦東

**星賀光重** ほしがみつしげ
? ～天正7(1579)年
戦国時代～安土桃山時代の武将。
¶岡山人, 戦人

**星川久左衛門** ほしかわきゅうざえもん
生没年不詳
戦国時代の武士。北条氏光の家臣。
¶戦辞

**星川麻呂** ほしかわのまろ
? ～天武天皇9(680)年 [別]星川臣麻呂《ほしかわのおみまろ》
飛鳥時代の壬申の乱の功臣。
¶古代(星川臣麻呂 ほしかわのおみまろ), 日人

**保科正貞** ほしなまささだ
天正16(1588)年～寛文1(1661)年
安土桃山時代～江戸時代前期の武将、大名。上総飯野藩主。
¶近世, 国史, コン改, コン4, 諸系, 新潮([没]寛文1(1661)年11月1日), 人名, 戦合, 日人, 藩主2([生]天正16(1588)年5月21日 [没]寛文1(1661)年11月1日)

**保科正俊** ほしなまさとし
永正8(1511)年～文禄2(1593)年
戦国時代～安土桃山時代の武将。武田氏家臣。
¶古中, 諸系, 人名, 姓氏長野([生]?), 姓氏山梨([生]?), 戦辞([没]文禄2年8月6日(1593年9月1日)), 戦人([生]永正6(1509)年), 戦東, 日人

**保科正直** ほしなまさなお
天文11(1542)年～慶長6(1601)年
安土桃山時代の武将。武田氏、徳川家康の臣。
¶朝日([没]慶長6年9月29日(1601年10月24日)), 国史, 古中, 史人([没]1601年9月29日), 諸系, 人名, 戦合, 戦国([生]1543年), 戦辞([没]慶長6

ほ

年9月29日 (1601年10月24日))，戦人，長野百 ([生]?)，長野歴，日人

**保科正光** ほしなまさみつ
永禄4 (1561) 年～寛永8 (1631) 年
安土桃山時代～江戸時代前期の大名。下総多古藩主、信濃高遠藩主。
¶郷土長野，近世，国史，コン改，コン4，史人 ([没]1631年10月7日)，諸系，新潮 ([没]寛永8 (1631) 年10月7日)，人名，姓氏長野，戦合，戦国 ([生]1562年)，戦辞 ([没]寛永8年10月7日 (1631年10月31日))，戦人，長野百，長野歴，日史 ([没]寛永8 (1631) 年10月7日)，日人，藩主2，藩主2 ([没]寛永8 (1631) 年10月7日)，百科

**星野右京亮** ほしのうきょうのすけ
安土桃山時代の土豪。里見氏家臣。
¶戦東

**星野左衛門** ほしのさえもん
生没年不詳
安土桃山時代の織田信長の家臣。
¶織田

ほ

**星野鎮種** ほしのしげたね
生没年不詳
戦国時代～安土桃山時代の武士。大友氏家臣。
¶戦人

**星野新左衛門** ほしのしんざえもん
安土桃山時代の武士。豊臣氏家臣。
¶戦国，戦人 (生没年不詳)

**星野忠能** ほしのただよし
生没年不詳
鎌倉時代後期の武家・歌人。
¶国書

**星野親忠** ほしのちかただ
?　～天文1 (1532) 年
戦国時代の武将。
¶戦人

**星野永能** ほしのながよし
生没年不詳
南北朝時代の武家・歌人。
¶国書

**星野民部** ほしのみんぶ
生没年不詳
戦国時代の武士。北条氏忠家臣。
¶戦辞

**星野保能** ほしのやすよし
生没年不詳
鎌倉時代後期～南北朝時代の武家・歌人。
¶国書

**星屋右衛門四郎** ほしやえもんしろう
生没年不詳
戦国時代の土豪。
¶戦辞

**北条時継**(1) ほじょうときつぐ
生没年不詳
鎌倉時代後期の武士。時親の子。
¶北条

**北条時継**(2) ほじょうときつぐ
生没年不詳
鎌倉時代後期の武士。政顕の子。
¶北条

**北条時継**(3) ほじょうときつぐ
?　～元弘3/正慶2 (1333) 年
鎌倉時代後期の武士。宣房の子。
¶北条

**北条時嗣** ほじょうときつぐ
生没年不詳
鎌倉時代後期の武士。
¶北条

**細井伊勢守** ほそいいせのかみ
生没年不詳
戦国時代の小山氏の家臣。
¶戦辞

**細井左京亮** ほそいさきょうのすけ
生没年不詳
戦国時代の小山秀綱の重臣。
¶戦辞

**細井光明** ほそいみつあき
?　～永禄3 (1560) 年
戦国時代の武将。
¶戦人

**細江左馬助** ほそえさまのすけ
?　～元亀1 (1570) 年
戦国時代の武士。
¶戦人，戦西

**細江政常** ほそえまさつね
戦国時代の武将。浅井氏家臣。
¶戦西

**細萱河内守長知** ほそがやかわちのかみながとも
→細萱長知 (ほそがやながとも)

**細萱長知** ほそがやながとも
[別]細萱河内守長知《ほそがやかわちのかみながとも》
安土桃山時代の地方豪族・土豪。
¶戦人 (生没年不詳)，戦東 (細萱河内守長知　ほそがやかわちのかみながとも)

**細萱光仲** ほそがやみつなか
生没年不詳
戦国時代の武将。後北条氏家臣。
¶戦人

**細川顕氏** ほそかわあきうじ
?　～正平7/文和1 (1352) 年
南北朝時代の武将。護良親王の鎌倉幽閉の際、警護に当たる。
¶朝日 ([没]文和1/正平7年7月5日 (1352年8月15日))，岩史 ([没]観応3 (1352) 年7月5日)，角史，鎌室，京都大，高知人，高知百，国史，国書 ([没]正平7 (1352) 年7月5日)，古中，コン改，コン4，史人 ([没]1352年7月5日)，諸系，新潮

（[没]文和1/正平7（1352）年7月5日），人名，世人，日史（[没]文和1/正平7（1352）年7月5日），日人，百科，歴大

**細川詮春**　ほそかわあきはる
元徳2（1330）年～正平22/貞治6（1367）年
鎌倉時代後期～南北朝時代の武将。
¶諸系，徳島百（[生]元弘1（1331）年　[没]永和2（1376）年4月24日），徳島歴（[没]貞治6（1367）年4月25日），日人

**細川昭元**　ほそかわあきもと
天文17（1548）年～文禄1（1592）年　[別]細川信良《ほそかわのぶよし》
安土桃山時代の武士。信長の妹お犬の夫。
¶朝日（[生]？　[没]文禄1年5月7日（1592年6月16日）），織田（細川信良　ほそかわのぶよし　[生]天文15（1546）年？　[没]天正20（1592）年5月7日？），史人（[没]1592年5月7日），諸系，人名（細川信良　ほそかわのぶよし　[生]？　[没]1615年），戦国，戦人（[没]文禄1（1592）年？），戦西，日人

**細川壱岐**　ほそかわいき
戦国時代の武将。大崎氏家臣。
¶戦東

**細川氏綱**　ほそかわうじつな
？　～永禄6（1563）年
戦国時代の武将、室町幕府最後の管領。
¶朝日（[没]永禄6年12月20日（1564年1月4日）），系西，国史，古中，コン改，コン4，史人（[没]1563年12月20日），諸系（[没]1564年），新潮（[没]永禄6（1563）年12月20日），人名，戦合，戦人，戦西，日史（[没]永禄6（1563）年12月20日），日人（[没]1564年）

**細川氏春**　ほそかわうじはる
？　～元中4/嘉慶1（1387）年
南北朝時代の武将、淡路守護。
¶朝日（[没]嘉慶1/元中4年10月19日（1387年11月30日）），鎌室，国史，国書（[没]嘉慶1（1387）年10月19日），古中，史人（[没]1387年10月19日），諸系，新潮（[没]嘉慶1/元中4（1387）年10月19日），人名，日人，兵庫百

**細川興秋**　ほそかわおきあき
*～元和1（1615）年　[別]ジョアン
安土桃山時代～江戸時代前期の武士。
¶戦国（[生]1585年），戦人（[生]？），藩臣7（[生]天正11（1583）年）

**細川興元**　ほそかわおきもと
*～元和5（1619）年
安土桃山時代～江戸時代前期の大名。下野茂木藩主、常陸谷田部藩主。
¶近世（[生]1562年），国史（[生]1562年），コン改（[生]永禄6（1563）年　[没]元和4（1618）年），コン4（[生]永禄6（1563）年　[没]元和4（1618）年），史人（[生]1566年　[没]1619年3月18日），諸系（[生]1564年），新潮（[生]永禄7（1564）年　[没]元和5（1619）年3月18日），人名（[生]1563年），世人（[生]永禄7（1564）年），戦合（[生]1562年），栃木歴（[生]永禄5（1562）年），日人（[生]1564年），藩主1（[生]1562年），藩主2（[生]永禄7（1564）年　[没]元和5（1619）年3月18日），藩臣7（[生]永禄7（1564）年）

**細川和氏**　ほそかわかずうじ
永仁4（1296）年～興国3/康永1（1342）年　[別]細川知氏《ほそかわともうじ》
南北朝時代の武将。侍所頭人、初代阿波守護。
¶岩史（[没]康永1（1342）年9月23日），鎌室，国史，国書（[没]康永1（1342）年9月23日），古中，コン改，コン4，史人（[没]1342年9月23日），諸系，新潮（[没]康永1/興国3（1342）年9月13日），人名，姓氏愛知，世人，徳島百（[没]興国3（1342）年9月23日），徳島歴（[没]康永1（1342）年9月13日），日史（[没]康永1/興国3（1342）年9月23日），日人，歴大

**細川勝久**　ほそかわかつひさ
安土桃山時代の武将。
¶岡山人，岡山百（生没年不詳），岡山歴

**細川勝益**　ほそかわかつます
？　～文亀2（1502）年
戦国時代の武将。土佐守護代。
¶高知人（[没]1502年？），高知百，国史，古中，戦合，戦人，戦西，日人

**細川勝元**　ほそかわかつもと
永享2（1430）年～文明5（1473）年
室町時代の武将、室町幕府管領。応仁の乱では東軍の総大将として足利義視を奉じた。
¶朝日（[没]文明5年5月11日（1473年6月6日）），岩史（[没]文明5（1473）年5月11日），角史，鎌室，京都，京都大，京都府，系西，国史，国書（[没]文明5（1473）年5月11日），古中，コン改，コン4，史人（[没]1473年5月11日），静岡百（[生]永享3（1431）年），静岡歴，重要（[没]文明5（1473）年5月11日），諸系，新潮（[没]文明5（1473）年5月11日），人名，姓氏京都，世人（[没]文明5（1473）年5月11日），世百，戦合，全書，戦人，戦西，大百，伝記，日史（[没]文明5（1473）年5月11日），日人，百科，仏教（[没]文明5（1473）年5月11日），歴大，和俳（[没]文明5（1473）年5月11日）

**細川清氏**　ほそかわきようじ
？　～正平17/貞治1（1362）年　[別]細川元氏《ほそかわもとうじ》
南北朝時代の武将、執事。足利尊氏に仕える。
¶朝日（[没]貞治1/正平17年7月24日（1362年8月14日）），岩史（[没]康安2（1362）年7月24日），香川人，香川百，角史，鎌室，郷土香川，国史，国書（[没]正平17（1362）年7月24日），古中，コン改，コン4，史人（[没]1362年7月24日），諸系，新潮（[没]貞治1/正平17（1362）年7月24日），人名，世人，全書，徳島百（[没]正平17（1362）年7月24日），徳島歴（[没]貞治1（1362）年7月24日），日史（[没]貞治1/正平17（1362）年7月24日），日人，百科，歴大

**細川皇海**　ほそかわこうかい
生没年不詳
南北朝時代の武将。
¶鎌室，高知人，諸系，日人

**細川尹賢** ほそかわこれかた
？ ～享禄4（1531）年
戦国時代の武士。
¶戦人，戦西

**細川之持** ほそかわこれもち
？ ～永正9（1512）年1月21日
戦国時代の阿波守護10代。
¶徳島歴

**細川定輔** ほそかわさだすけ
生没年不詳
戦国時代～安土桃山時代の武将。長宗我部氏家臣。
¶戦人

**細川真之** ほそかわさねゆき
*～天正10（1582）年 [別]細川真元《ほそかわまさもと》
安土桃山時代の武士。
¶諸系（[生]1542年），人名（細川真元 ほそかわまさもと [生]？），戦人（[生]？），戦西（[生]？），徳島百（[生]弘治2（1556）年），徳島歴（[生]弘治2（1556）年 [没]天正10（1582）年10月8日），日人（[生]1542年）

ほ

**細川三斎** ほそかわさんさい
→細川忠興（ほそかわただおき）

**細川繁氏** ほそかわしげうじ
？ ～正平14/延文4（1359）年
南北朝時代の武将。
¶鎌室（[没]延文4/正平14（1359）年？），高知人（[没]1359年？），諸系，人名，日人

**細川慈忠** ほそかわしげただ
生没年不詳
室町時代の信濃国の代官。
¶長野歴

**細川成春** ほそかわしげはる
*～文明17（1485）年 [別]細川成春《ほそかわなりはる》
室町時代～戦国時代の武士。
¶国書（ほそかわなりはる [生]？ [没]文明17（1485）年5月15日），戦人（[生]永享5（1433）年），戦西（[生]1433年），兵庫百（[生]？）

**細川成之** ほそかわしげゆき
永享6（1434）年～永正8（1511）年 [別]細川成之《ほそかわなりゆき》
室町時代～戦国時代の武将、讃岐守護。
¶朝日（[没]永正8年9月12日（1511年10月3日）），鎌室，京都大（ほそかわなりゆき [生]？），国書（[没]永正8（1511）年9月12日），諸系，新潮（[没]永正8（1511）年9月12日），人名（ほそかわなりゆき [生]？），戦辞（[没]永正8年9月12日（1511年10月3日）），戦人，戦西，徳島百（[没]永正8（1511）年9月12日），徳島歴（[没]永正8（1511）年9月12日），日人

**細川紹高** ほそかわじょうこう
？ ～文禄4（1595）年
安土桃山時代の武士。織田信長・豊臣秀吉の臣。
¶茶道

**細川定禅** ほそかわじょうぜん
生没年不詳
南北朝時代の武将、六条若宮別当。
¶朝日，鎌室，コン改，コン4，諸系，新潮，人名，日人

**細川澄元** ほそかわすみもと
延徳1（1489）年～永正17（1520）年
戦国時代の武将、細川家当主政元の養子。
¶朝日（[没]永正17年6月10日（1520年6月24日）），岩史（[没]永正17（1520）年6月10日），角史，京都大（[生]延徳1（1489）年？），系西，国史，国書（[没]永正17（1520）年6月10日），古中，コン改，コン4，史人（[没]1520年6月10日），諸系，新潮（[没]永正17（1520）年6月10日），人名（[生]？），姓氏京都，世人（[没]永正17（1520）年6月10日），戦合，戦人，戦西，徳島歴（[生]？ [没]永正17（1520）年6月10日），日史（[没]永正17（1520）年6月10日），日人，兵庫百，歴大

**細川澄之** ほそかわすみゆき
延徳1（1489）年～永正4（1507）年
戦国時代の武将、細川家当主政元の養子。
¶朝日（[没]永正4年8月1日（1507年9月7日）），系西，国史，古中，史人（[没]1507年8月1日），諸系，人名，世人（[没]永正4（1507）年8月1日），戦合，戦人，戦西，日人，歴大

**細川高国** ほそかわたかくに
文明16（1484）年～享禄4（1531）年
戦国時代の武将、室町幕府管領。
¶朝日（[没]享禄4年6月8日（1531年7月21日）），岩史（[没]享禄4（1531）年6月8日），角史，京都，京都大，系西，国史，国書（[没]享禄4（1531）年6月8日），古中，コン改，コン4，史人（[没]1531年6月8日），重要（[没]享禄4（1531）年6月8日），諸系，新潮（[没]享禄4（1531）年6月8日），人名，姓氏京都，世人（[没]享禄4（1531）年6月8日），戦合，戦辞（[没]享禄4年6月8日（1531年7月21日）），戦人，戦西，日史（[没]享禄4（1531）年6月8日），日人，百科，兵庫百，歴大

**細川忠興** ほそかわただおき
永禄6（1563）年～正保2（1645）年 [別]細川三斎《ほそかわさんさい》，三斉《さんさい》，忠興〔細川家〕《ただおき》，羽柴越中守《はしばえっちゅうのかみ》，細川越中守《ほそかわえっちゅうのかみ》，丹後侍従《たんごじじゅう》，丹後少将《たんごしょうしょう》，長岡越中守《ながおかえっちゅうのかみ》
安土桃山時代～江戸時代前期の武将、歌人。幽斎の長男。豊前小倉藩主。
¶朝日（[生]永禄6年11月13日（1563年11月28日） [没]正保2年12月2日（1646年1月18日）），岩史（[生]永禄6（1563）年11月13日 [没]正保2（1645）年12月2日），江戸東，大分百，大分歴，織田（[没]正保2（1645）年12月2日），角史，京都（細川三斎 ほそかわさんさい），京都大（細川三斎 ほそかわさんさい），京都府（細川三斎 ほそかわさんさい），近世，公卿（[没]正保2（1645）年12月2日），公家（忠興〔細川家〕 ただおき [生]1563年 [没]正保2年12月2日），熊本

百 ([没]正保2 (1645) 年12月2日), 国史, 国書 ([生]永禄6 (1563) 年11月13日 [没]正保2 (1645) 年12月2日), 古中, コン改, コン4, 茶道 (細川三斎 ほそかわさんさい), 史人 ([生]1563年11月13日 [没]1645年12月2日), 重要 ([没]正保2 (1645) 年12月2日), 諸系 ([没]1646年), 新潮 ([生]永禄6 (1563) 年11月 [没]正保2 (1645) 年12月2日), 人名, 姓氏京都 (細川三斎 ほそかわさんさい), 世人 ([没]正保2 (1645) 年12月2日), 世百, 戦合, 戦国 ([生]1564年), 戦辞 ([没]正保2年12月2日 (1646年1月18日)), 全書, 戦人, 戦西, 大百, 伝記 (細川三斎 ほそかわさんさい), 日史 ([生]永禄6 (1563) 年11月13日 [没]正保2 (1645) 年12月2日), 日人 ([没]1646年), 俳句 (三斉 さんさい), 藩主3, 藩主4 ([生]永禄6 (1563) 年11月13日 [没]正保2 (1645) 年12月2日), 藩主4 ([生]永禄6 (1563) 年1月13日 [没]正保2 (1645) 年12月2日), 百科, 福岡百, 歴大, 和俳 ([没]正保2 (1645) 年12月2日)

**細川忠隆 ほそかわただたか**
天正9 (1581) 年～正保3 (1646) 年 [別]長岡休夢《ながおかきゅうむ》
安土桃山時代～江戸時代前期の武将・茶人、細川忠興の長男。
¶茶道 (長岡休夢 ながおかきゅうむ [生]1580年), 諸系, 人名, 戦国, 戦人 ([生]天正8 (1580) 年), 日人, 藩臣7 ([生]天正8 (1580) 年)

**細川忠利 ほそかわただとし**
天正14 (1586) 年～寛永18 (1641) 年
安土桃山時代～江戸時代前期の武将、大名。豊前小倉藩主、肥後熊本藩主。
¶朝日 ([生]天正14年10月11日 (1586年11月21日) [没]寛永18年3月17日 (1641年4月26日)), 大分百, 近世, 熊本百 ([没]寛永18 (1641) 年3月17日), 国史, 国書 ([生]天正14 (1586) 年10月11日 [没]寛永18 (1641) 年3月17日), コン改, コン4, 茶道, 史人 ([生]1586年10月11日 [没]1641年3月17日), 諸系, 人名, 世人, 戦合, 戦国, 戦人, 日人, 藩主4, 藩主4 ([生]天正14 (1586) 年11月11日 [没]寛永18 (1641) 年3月17日), 福岡百

**細川直俊 ほそかわただとし**
元応1 (1319) 年～延元2/建武4 (1337) 年 [別]細川直俊《ほそかわなおとし》
鎌倉時代後期～南北朝時代の武将。
¶鎌室, 諸系 (ほそかわなおとし), 人名 (ほそかわなおとし [生]?), 日人 (ほそかわなおとし)

**細川常有 ほそかわつねあり**
? ～文明12 (1480) 年10月7日
室町時代～戦国時代の和泉半国守護4代。教春の弟。
¶徳島歴

**細川経氏 ほそかわつねうじ**
生没年不詳
鎌倉時代後期の武将・歌人。
¶国書

**細川直俊 ほそかわなおとし**
→細川直俊 (ほそかわただとし)

**細川成春 ほそかわなりはる**
→細川成春 (ほそかわしげはる)

**細川成之 ほそかわなりゆき**
→細川成之 (ほそかわしげゆき)

**細川信良 ほそかわのぶよし**
→細川昭元 (ほそかわあきもと)

**細川教春 ほそかわのりはる**
応永31 (1424) 年9月15日～宝徳2 (1450) 年4月27日
室町時代の和泉半国守護3代。持有の子。
¶徳島歴

**細川晴国 ほそかわはるくに**
? ～天文5 (1536) 年
戦国時代の武将。
¶京都大, 姓氏京都, 戦人, 戦西

**細川晴元 ほそかわはるもと**
永正11 (1514) 年～永禄6 (1563) 年
戦国時代の武将、室町幕府管領。
¶朝日 ([没]永禄6年3月1日 (1563年3月24日)), 岩史 ([没]永禄6 (1563) 年3月1日), 大阪墓 ([没]永禄6 (1563) 年3月1日), 角史, 京都, 京都大, 系西, 国史, 国書 ([没]永禄6 (1563) 年3月1日), 古中, コン改, コン4, 史人 ([没]1563年3月1日), 重要 ([没]永禄6 (1563) 年3月1日), 諸系, 新潮 ([没]永禄6 (1563) 年3月1日), 人名, 姓氏京都, 世人 ([没]永禄6 (1563) 年3月1日), 世百, 戦合, 全書, 戦人, 戦西, 大百, 伝記, 徳島歴 (生没年不詳), 日史 ([没]永禄6 (1563) 年3月1日), 日人, 百科, 歴大

**細川尚春 ほそかわひさはる**
? ～永正16 (1519) 年
戦国時代の武士。
¶戦人, 戦西

**細川備後守 ほそかわびんごのかみ**
戦国時代～安土桃山時代の武将。長宗我部氏家臣。
¶戦西

**細川藤賢 ほそかわふじかた**
永正14 (1517) 年～天正18 (1590) 年
戦国時代～安土桃山時代の武士。足利氏家臣、織田氏家臣。
¶織田 ([没]天正18 (1590) 年7月23日), 戦人, 戦補

**細川藤孝 ほそかわふじたか**
→細川幽斎 (ほそかわゆうさい)

**細川政有 ほそかわまさあり**
宝徳1 (1449) 年10月6日～文明12 (1480) 年4月24日
室町時代～戦国時代の武士。刑部少輔。常有の子。
¶徳島歴

**細川正氏 ほそかわまさうじ**
生没年不詳
南北朝時代の武士。
¶徳島歴

**細川昌興 ほそかわまさおき**
*～元和4 (1618) 年

安土桃山時代〜江戸時代前期の武士。
¶織田（[生]永禄8（1565）年？　[没]元和4（1618）年3月18日），戦国，戦人（[生]永禄5（1562）年　[没]元和4（1618）年，（異説）元和5（1619）年）

**細川政賢　ほそかわまさかた**
？　〜永正8（1511）年
戦国時代の武将。
¶諸系，人名，戦人，戦西，日人

**細川政国　ほそかわまさくに**
*〜明応4（1495）年　[別]細川元国《ほそかわもとくに》
室町時代〜戦国時代の武士。
¶鎌室（[生]正長1（1428）年），京都府（生没年不詳），国書（[生]永享1（1429）年　[没]明応4（1495）年8月24日），諸系（[生]1428年），人名（[生]？），戦人（[生]？），戦西（[生]？），日人（[生]1428年）



**細川全隆　ほそかわまさたか**
元亀1（1570）年〜万治1（1658）年　[別]細川全隆《ほそかわまたたか》
安土桃山時代〜江戸時代前期の武士。豊臣氏家臣、徳川氏家臣。
¶戦国（ほそかわまたたか），戦人

**細川政春　ほそかわまさはる**
康正2（1456）年〜永正15（1518）年1月9日
室町時代〜戦国時代の武将。
¶岡山人，国書

**細川真元　ほそかわまさもと**
→細川真之（ほそかわさねゆき）

**細川政元　ほそかわまさもと**
文正1（1466）年〜永正4（1507）年
戦国時代の武将、室町幕府管領。摂津、丹波、讃岐、土佐の守護。
¶朝日（[没]永正4年6月23日（1507年8月1日）），岩史（[生]文正1（1466）年12月20日　[没]永正4（1507）年6月23日），角史，鎌室，京都大，系西，国史，国書（[没]永正4（1507）年6月23日），古中，コン改，コン4，史人（[没]1507年6月23日），重要（[没]永正4（1507）年6月23日），諸系，新潮（[没]永正4（1507）年6月23日），人名，姓氏京都，世人（[没]永正4（1507）年6月23日），戦合，全書，戦人，戦西，大百，新潟百別，日史（[没]永正4（1507）年6月23日），日人，百科，歴大

**細川政之　ほそかわまさゆき**
康正1（1455）年〜長享2（1488）年
室町時代〜戦国時代の武士。
¶諸系，戦人，戦西，徳島歴（生没年不詳），日人

**細川全隆　ほそかわまたたか**
→細川全隆（ほそかわまさたか）

**細川道薫**（細川通薫）　**ほそかわみちただ**
天文4（1535）年〜天正15（1587）年
安土桃山時代の武将。
¶岡山人（細川通薫），岡山歴（[没]天正15（1587）年7月）

**細川通政　ほそかわみちまさ**
〜天文22（1553）年
安土桃山時代の武将。
¶岡山人

**細川満久　ほそかわみつひさ**
？　〜永享2（1430）年9月28日
南北朝時代〜室町時代の武士。阿波守護5代。
¶徳島歴

**細川満元　ほそかわみつもと**
天授4/永和4（1378）年〜応永33（1426）年
室町時代の武将、室町幕府管領。
¶鎌室，系西，国史，国書（[没]応永33（1426）年10月16日），古中，史人（[没]1426年10月16日），諸系，新潮（[没]応永33（1426）年10月16日），人名，日史（[没]応永33（1426）年10月16日），日人，歴大

**細川満之　ほそかわみつゆき**
？　〜応永12（1405）年
南北朝時代〜室町時代の武将。
¶岡山歴（[没]応永12（1405）年12月15日），国書（[没]応永12（1405）年12月15日），諸系，日人

**細川持有　ほそかわもちあり**
応永2（1395）年2月18日〜永享10（1438）年9月21日
室町時代の武士。和泉半国守護2代。頼長の子。
¶徳島歴

**細川持賢　ほそかわもちかた**
応永10（1403）年〜応仁2（1468）年
室町時代の武将。摂津欠郡守護に任ぜられた。
¶朝日（[没]応仁2年10月7日（1468年10月22日）），鎌室（[生]？），国書（[没]応仁2（1468）年10月7日），諸系，日人

**細川持隆　ほそかわもちたか**
？　〜天文22（1553）年
戦国時代の武士。
¶諸系，人名（[没]1552年），戦人，戦西，徳島百（[没]天文21（1552）年），徳島歴（[没]天文21（1552）年8月19日），日人

**細川持常　ほそかわもちつね**
応永16（1409）年〜宝徳1（1449）年12月17日
室町時代の阿波・三河守護。
¶戦辞（[没]宝徳1年12月16日（1450年1月28日）），徳島百（[生]応永17（1410）年），徳島歴

**細川持春　ほそかわもちはる**
応永7（1400）年〜寛正7（1466）年2月10日
室町時代の武将・歌人。
¶国書

**細川持元　ほそかわもちもと**
応永5（1398）年〜正長2（1429）年7月14日
室町時代の武将・歌人。
¶国書

**細川持之　ほそかわもちゆき**
応永7（1400）年〜嘉吉2（1442）年
室町時代の武将、室町幕府管領。
¶朝日（[没]嘉吉2年8月4日（1442年9月8日）），角史，鎌室，京都大，系西，国史，国書（[没]嘉吉2（1442）年8月4日），古中，コン改，コン4，史

人（[没]1442年8月4日），諸系，新潮（[没]嘉吉2（1442）年8月4日），人名，姓氏京都，世人（[没]嘉吉2（1442）年8月4日），日人，歴大

**細川元有　ほそかわもとあり**
長禄3（1459）年〜明応9（1500）年
戦国時代の武士。
¶戦人，戦西，徳島歴

**細川元定　ほそかわもとさだ**
天文6（1537）年〜文禄4（1595）年
安土桃山時代の武士。織田氏家臣、豊臣氏家臣。
¶織田（[没]文禄4（1595）年1月5日），戦国，戦人

**細川元常　ほそかわもとつね**
文明14（1482）年〜天文23（1554）年
戦国時代の武士。
¶戦人，戦西，徳島歴（[生]文明14（1482）年8月5日　[没]天文23（1554）年6月16日）

**細川基之　ほそかわもとゆき**
？　〜文安5（1448）年10月12日
室町時代の武将・歌人。
¶国書

**細川師氏　ほそかわもろうじ**
嘉元3（1305）年〜正平3/貞和4（1348）年
鎌倉時代後期〜南北朝時代の武将。
¶鎌室，諸系，日人

**細川弥次郎　ほそかわやじろう**
安土桃山時代の武士。大崎氏家臣。
¶戦人（生没年不詳），戦東

**細川幽斎**（細川幽斉）　**ほそかわゆうさい**
天文3（1534）年〜慶長15（1610）年　[別]細川藤孝《ほそかわふじたか》，幽斉《ゆうさい》，玄旨法印《げんしほういん》，長岡藤孝《ながおかふじたか》，幽斎《ゆうさい》
安土桃山時代〜江戸時代前期の武将。母は将軍足利義晴の側室。最初足利義昭を奉じ、のち織田信長の家臣となる。本能寺の変では明智光秀の誘いに応じなかった。文化人として著名。
¶朝日（[生]天文3年4月22日（1534年6月3日）　[没]慶長15年8月20日（1610年10月6日）），岩史（[生]天文3（1534）年4月22日　[没]慶長15（1610）年8月20日），織田（細川藤孝　ほそかわふじたか　[没]慶長15（1610）年8月20日），角史（細川藤孝　ほそかわふじたか），京都，京都大，京都府，近世（細川藤孝　ほそかわふじたか），熊本百（[没]慶長15（1610）年8月20日），国史（細川藤孝　ほそかわふじたか），国書（[生]天文3（1534）年4月22日　[没]慶長15（1610）年8月20日），古中（細川藤孝　ほそかわふじたか），コン改，コン4，埼玉人（[生]天文3（1534）年4月22日　[没]慶長15（1610）年8月20日），茶道，詩歌，史人（細川藤孝　ほそかわふじたか　[生]1534年4月22日　[没]1610年8月20日），島根歴，諸系，人書79，人書94，新潮（[生]天文3（1534）年4月22日　[没]慶長15（1610）年8月20日），新文（[生]天文3（1534）年4月22日　[没]慶長15（1610）年8月20日），人名（細川藤孝　ほそかわふじたか），姓氏京都，世人（[没]慶長15（1610）年8月20日），世百，戦合（細川藤孝　ほそかわふじたか），戦国（細川藤孝　ほそかわふじたか　[生]1535年），戦辞（細川藤孝　ほそかわふじたか　[没]慶長15年8月20日（1610年10月6日）），全書，戦人（細川藤孝　ほそかわふじたか），戦西（細川藤孝　ほそかわふじたか），大百，日史（細川藤孝　ほそかわふじたか　[生]天文3（1534）年4月22日　[没]慶長15（1610）年8月20日），日人，俳句（幽斉　ゆうさい　[没]慶長15（1610）年8月2日），百科（細川藤孝　ほそかわふじたか），文学，平史，山梨百（細川幽斉　[生]天文5（1536）年　[没]慶長15（1610）年8月20日），歴大（細川藤孝　ほそかわふじたか），和俳（[没]慶長15（1610）年8月20日）

**細川幸隆　ほそかわゆきたか**
生没年不詳
安土桃山時代の武家。
¶国書

**細川義春　ほそかわよしはる**
応仁2（1468）年〜明応4（1495）年
室町時代の武将。
¶諸系，人名，徳島歴（[没]明応3（1494）年12月21日），日人

**細川義之　ほそかわよしゆき**
正平18/貞治2（1363）年〜応永29（1422）年
南北朝時代〜室町時代の武将。
¶諸系，徳島歴（[生]？　[没]応永29（1422）年2月1日），日人

**細川頼有　ほそかわよりあり**
元弘2/正慶1（1332）年〜元中8/明徳2（1391）年
南北朝時代の武将。
¶鎌室，諸系，徳島歴（[生]正慶1（1332）年5月2日　[没]明徳2（1391）年9月9日），日人

**細川頼和　ほそかわよりかず**
南北朝時代の越中守護。
¶姓氏富山，富山百（生没年不詳）

**細川頼貞　ほそかわよりさだ**
？　〜建武2（1335）年
鎌倉時代後期〜南北朝時代の武将。
¶諸系，日人

**細川頼重　ほそかわよりしげ**
？　〜嘉吉2（1442）年3月17日
室町時代の備中国守護。
¶岡山歴

**細川頼長　ほそかわよりなが**
文中2/応安6（1373）年〜応永18（1411）年5月25日
南北朝時代〜室町時代の備後半国守護。頼有の子。
¶徳島歴

**細川頼範　ほそかわよりのり**
*〜寛永5（1628）年
安土桃山時代〜江戸時代前期の武士。豊臣氏家臣。
¶戦人（[生]永禄4（1561）年），戦補（[生]1581年）

**細川頼春　ほそかわよりはる**
正安1（1299）年〜正平7/文和1（1352）年
鎌倉時代後期〜南北朝時代の武将、越前守護。
¶朝日（[没]文和1/正平7年閏2月20日（1352年4月5

日））, 岩史（[生]正安1（1299）年,（異説）嘉元2（1304）年　[没]観応3（1352）年閏2月20日）, 角史（[生]？）, 鎌室（[生]嘉元2（1304）年？）, 系西（[没]1351年）, 国史（[生]？）, 国書（[生]嘉元2（1304）年　[没]観応3（1352）年閏2月20日）, 古中（[生]？）, コン改, コン4, 史人（[生]1299年,（異説）1304年　[没]1352年閏2月20日）, 諸系, 新潮（[生]嘉元2（1304）年？　[没]文和1/正平7（1352）年閏2月20日）, 人名, 世人, 徳島百, 徳島歴（[生]？　[没]文和1（1352）年閏2月20日）, 日史（[没]文和1/正平7（1352）年閏2月20日）, 日人, 百科, 歴大（[生]？）

**細川頼久**　ほそかわよりひさ
生没年不詳
室町時代の武将・歌人・連歌作者。
¶国書

**細川頼益**　ほそかわよります
生没年不詳
南北朝時代の武将・歌人。
¶高知人, 国書



**細川頼元**　ほそかわよりもと
興国4/康永2（1343）年～応永4（1397）年
南北朝時代～室町時代の武将、室町幕府管領。
¶朝日（[没]応永4年5月7日（1397年6月2日））, 岩史（[没]応永4（1397）年5月7日）, 角史, 鎌室, 京都府, 系西, 国史, 国書（[没]応永4（1397）年5月7日）, 古中, コン改, コン4, 史人（[没]1397年5月7日）, 諸系, 人書79, 新潮（[没]応永4（1397）年5月7日）, 人名, 世人, 日史（[没]応永4（1397）年5月7日）, 日人, 歴大, 和俳

**細川頼之**　ほそかわよりゆき
元徳1（1329）年～元中9/明徳3（1392）年
南北朝時代の武将、室町幕府管領。
¶朝日（[没]明徳3/元中9年3月2日（1392年3月25日））, 岩史（[没]明徳3（1392）年3月2日）, 香川人, 香川百, 角史, 鎌室, 京都, 京都大（[生]元徳1（1329）年？）, 京都府（[生]元徳1（1329）年？）, 系西, 国史, 国書（[没]明徳3（1392）年3月2日）, 古中, コン改, コン4, 史人（[没]1392年3月2日）, 重要（[没]元中9/明徳3（1392）年3月2日）, 諸系, 人書94, 新潮（[没]明徳3/元中9（1392）年3月2日）, 人名, 姓氏京都, 世人（[没]元中9/明徳3（1392）年3月2日）, 世百, 全書, 大百, 徳島百（[没]明徳3（1392）年3月2日）, 徳島歴（[没]明徳3（1392）年3月2日）, 富山百（[没]明徳3（1392）年3月2日）, 日史（[没]明徳3/元中9（1392）年3月2日）, 日人, 百科, 仏教（[没]明徳3/元中9（1392）年3月2日）, 歴大, 和俳（[没]明徳3/元中9（1392）年3月2日）

**細野修理**　ほそのしゅり
安土桃山時代～江戸時代前期の武士。里見氏家臣。
¶戦人（生没年不詳）, 戦東

**細野藤敦**　ほそのふじあつ
天文10（1541）年～慶長8（1603）年
安土桃山時代の武士。
¶織田（[生]天文19（1540）年　[没]慶長8（1603）年2月26日）, 系西, 戦国, 戦人

**細見光信**　ほそみみつのぶ
生没年不詳
室町時代の武将・連歌作者。
¶国書

**細谷資道**　ほそやすけみち
生没年不詳
戦国時代の武士。後北条氏家臣。
¶戦辞, 戦人, 戦東

**細谷資満**　ほそやすけみつ
生没年不詳
戦国時代の武士。岩付太田氏家臣。
¶埼玉人, 戦辞

**細谷中務大夫**　ほそやなかつかさのだいぶ
生没年不詳
戦国時代の上杉氏の家臣。
¶戦辞

**細谷秀国**　ほそやひでくに
南北朝時代の武士。
¶人名, 日人（生没年不詳）

**穂高内膳佐盛員**　ほたかないぜんのすけもりかず
→穂高盛員（ほたかもりかず）

**穂高盛員**　ほたかもりかず
[別]穂高内膳佐盛員《ほたかないぜんのすけもりかず》
安土桃山時代の国人。
¶戦人（生没年不詳）, 戦東（穂高内膳佐盛員　ほたかないぜんのすけもりかず）

**穂高盛棟**　ほだかもりむね
戦国時代の武将。武田家臣。仁科盛政親類被官衆。
¶姓氏山梨

**穂田元清**　ほだもときよ
→毛利元清（もうりもときよ）

**堀田右馬大夫**　ほったうまのたいふ
生没年不詳
安土桃山時代の織田信長の家臣。
¶織田

**堀田一継**　ほったかずつぐ
天文19（1550）年～寛永7（1630）年
安土桃山時代～江戸時代前期の武士。織田氏家臣、豊臣氏家臣、徳川氏家臣。
¶織田（[没]寛永7（1630）年6月25日）, 戦国, 戦人

**堀田一輝**　ほったかずてる
天文18（1549）年～寛永2（1625）年
安土桃山時代～江戸時代前期の武士。
¶茶道

**堀田勝家**　ほったかついえ
生没年不詳
安土桃山時代の織田信長の家臣。
¶織田

**堀田勘平**　ほったかんべい
？　～寛永12（1635）年
安土桃山時代～江戸時代前期の武将、紀伊和歌山藩士。

¶藩臣5

**堀田権八郎** ほったごんはちろう, ほったごんぱちろう
安土桃山時代の武士。
¶戦国（ほったごんぱちろう），戦人（生没年不詳）

**堀田左内** ほったさない
生没年不詳
安土桃山時代の織田信長の家臣。
¶織田

**堀田三左衛門** ほったさんざえもん
安土桃山時代の武士。
¶戦国，戦人（生没年不詳）

**堀田清十郎** ほったせいじゅうろう
安土桃山時代の武将。豊臣秀頼に伺候。
¶戦国

**堀田道空** ほったどうくう
戦国時代の武将。斎藤氏家臣。
¶戦西

**堀田部介** ほったぶすけ
安土桃山時代の武士。
¶戦国，戦人（生没年不詳）

**堀田正利** ほったまさとし
天正2（1574）年～寛永9（1632）年2月17日
安土桃山時代～江戸時代前期の武将。
¶岡山歴

**堀田正広** ほったまさひろ
安土桃山時代の武将。秀吉馬廻、浅野氏家臣。
¶戦国，戦人（生没年不詳）

**堀田正道** ほったまさみち
生没年不詳
安土桃山時代の武士。織田氏家臣、豊臣氏家臣。
¶織田，戦国，戦人

**堀田正泰** ほったまさやす
？ ～正平3/貞和4（1348）年
鎌倉時代後期～南北朝時代の武将。
¶鎌室，人名，日人

**堀田正吉** ほったまさよし
元亀2（1571）年～寛永6（1629）年
安土桃山時代～江戸時代前期の武将。
¶諸系，日人

**堀田盛重** ほったもりしげ
？ ～元和1（1615）年
安土桃山時代～江戸時代前期の武将。秀吉馬廻。
¶戦国，戦人

**堀田之吉** ほったゆきよし
戦国時代の武将。武田家臣。室賀氏の親族でその被官。
¶姓氏山梨

**発智景儀** ほっちかげのり
？ ～長享2（1488）年3月
室町時代～戦国時代の越後藪神の国人。守護上杉氏家臣。
¶戦辞（[没]長享2（1488）年3月末？）

**発知景宗** ほっちかげむね
生没年不詳
鎌倉時代の武士。
¶群馬人

**発智六郎右衛門尉** ほっちろくろうえもんのじょう
生没年不詳
戦国時代の越後藪神の国人。守護上杉氏家臣。
¶戦辞

**穂積五百枝** ほづみのいおえ
[別]穂積臣五百枝《ほづみのおみいおえ》
飛鳥時代の武将。大友皇子に仕えた。
¶古代（穂積臣五百枝　ほづみのおみいおえ），日人（生没年不詳）

**穂積百足** ほづみのももたり
？ ～弘文天皇1・天武天皇1（672）年　[別]穂積臣百足《ほづみのおみももたり》
飛鳥時代の武将。大友皇子に仕え、大伴吹負に殺された。
¶古代（穂積臣百足　ほづみのおみももたり），日人

**保土原江南斎** ほどはらこうなんさい
天文7（1538）年～元和6（1620）年　[別]保土原行藤《ほどわらゆきふじ》
安土桃山時代～江戸時代前期の陸奥仙台藩士。
¶姓氏宮城（保土原行藤　ほどわらゆきふじ），藩臣1

**保土原行藤** ほどわらゆきふじ
→保土原江南斎（ほどはらこうなんさい）

**骨皮道賢** ほねかわどうけん
？ ～応仁2（1468）年
室町時代の管領細川勝元の足軽大将。
¶朝日（[没]応仁2年3月21日（1468年4月13日）），全書，日人，歴大

**保々麻窓** ほぼまそう
安土桃山時代の武士。豊臣氏家臣。
¶戦国，戦人（生没年不詳）

**洞内由之進** ほらないゆいのしん
生没年不詳
鎌倉時代後期の豪族。洞内氏の祖。池福山法蓮寺開基。
¶青森人（[生]文永ころ　[没]鎌倉中期）

**堀池備中守** ほりいけびっちゅうのかみ
戦国時代の武将。斎藤氏家臣。
¶戦西

**堀池元盛** ほりいけもともり
戦国時代の武将。斎藤氏家臣。
¶戦西

**母里雅楽之助** ぼりうたのすけ
天文19（1550）年～寛永3（1626）年
安土桃山時代～江戸時代前期の筑前福岡藩士。
¶藩臣7

**堀内氏久** ほりうちうじひさ
生没年不詳

安土桃山時代〜江戸時代前期の武将。
¶日人

**堀内氏弘** ほりうちうじひろ
生没年不詳 [別]堀内氏弘《ほりのうちうじひろ》，新宮左馬助《しんぐうさまのすけ》
安土桃山時代〜江戸時代前期の武将。
¶戦国，戦人（ほりのうちうじひろ），日人

**堀内氏善** ほりうちうじよし
天文18（1549）年〜元和1（1615）年 [別]堀内氏善《ほりのうちうじよし》
安土桃山時代〜江戸時代前期の大名。紀伊新宮藩主。
¶朝日（[没]元和1年4月10日（1615年5月7日）），織田（[没]元和1（1615）年4月10日），近世（生没年不詳），国史（生没年不詳），新潮，人名，戦合（生没年不詳），戦国，戦人（ほりのうちうじよし），日人，藩主3（[生]？ [没]慶長14（1609）年8月15日，（異説）元和1年4月10日，元和2年4月12日，元和4年），和歌山人

ほ

**堀内河内** ほりうちかわち
江戸時代前期の武士。里見氏家臣。
¶戦東

**堀内次郎左衛門** ほりうちじろうざえもん
生没年不詳
安土桃山時代の織田信長の家臣。
¶織田

**堀内大学** ほりうちだいがく
生没年不詳
江戸時代前期の土豪。旧領主の一族か。北山一揆の中心人物。
¶和歌山人

**堀江伊勢** ほりえいせ
戦国時代の武将。葛西氏家臣。
¶戦東

**堀江景実** ほりえかげざね
戦国時代〜安土桃山時代の武士。
¶戦人（生没年不詳），戦西

**堀江景忠** ほりえかげただ
？ 〜*
戦国時代の武士。
¶織田（[没]天正4（1576）年4月15日？），郷土福井（[没]1575年），戦人（生没年不詳），戦西

**堀江景任** ほりえかげただ
戦国時代の武将。朝倉氏家臣。
¶戦西

**堀江景用** ほりえかげちか
→堀江景用（ほりえかげもち）

**堀江景用** ほりえかげもち
[別]堀江景用《ほりえかげちか》
戦国時代の武士。
¶戦人（生没年不詳），戦西（ほりえかげちか）

**堀江賢重** ほりえかたしげ
生没年不詳
室町時代〜戦国時代の武将・連歌作者。
¶国書

**堀江三蔵** ほりえさんぞう
生没年不詳
江戸時代前期の武士。紀州藩士。
¶和歌山人

**堀江四郎左衛門** ほりえしろうざえもん
安土桃山時代〜江戸時代前期の武士。里見氏家臣。
¶戦人（生没年不詳），戦東

**堀江種久** ほりえたねひさ
生没年不詳
室町時代の武家・連歌作者。
¶国書

**堀江為清** ほりえためきよ
生没年不詳
戦国時代の武士。斯波氏の被官。
¶戦辞

**堀江時秀** ほりえときひで
生没年不詳
戦国時代の武将。
¶戦人

**堀江長門守** ほりえながとのかみ
生没年不詳
戦国時代〜安土桃山時代の武士。
¶姓氏宮城

**堀江兵部少輔家秀** ほりえひょうぶのしょういえひで
安土桃山時代の武将。竜造寺氏家臣。
¶戦西

**堀江光傅** ほりえみつすけ
生没年不詳
戦国時代の武家・連歌作者。
¶国書

**堀江宗親** ほりえむねちか
生没年不詳
安土桃山時代の武将。
¶戦辞，戦人，新潟百

**堀江頼忠** ほりえよりただ
？ 〜元和3（1617）年
安土桃山時代〜江戸時代前期の武将。里見氏家臣。
¶戦辞（[没]元和3年9月12日（1617年10月11日）），戦人，戦東

**堀尾金介**（堀尾金助） ほりおきんすけ
天正1（1573）年〜天正18（1590）年
安土桃山時代の武将。
¶愛知百（堀尾金助 [没]1590年6月18日），戦国，戦人

**堀尾但馬** ほりおたじま
？ 〜正保1（1644）年
江戸時代前期の武将、出雲松江藩家老。
¶島根歴，藩臣5

**堀尾忠氏** ほりおただうじ
天正5（1577）年〜慶長9（1604）年
安土桃山時代の大名。遠江浜松藩主、出雲松江藩主。

¶近世，国史，島根人，島根百（[没]慶長9（1604）年8月4日），島根歴，諸系，人名（[生]1575年），戦合，戦国（[生]1578年），戦人（[生]天正6（1578）年），日人，藩主2，藩主4（[没]慶長9（1604）年8月4日）

**堀尾忠晴** ほりおただはる
慶長4（1599）年～寛永10（1633）年
江戸時代前期の武将、大名。出雲松江藩主。
¶朝日（[没]寛永10年9月20日（1633年10月22日）），近世，国史，国書（[没]寛永10（1633）年9月20日），コン改，コン4，茶道，史人（[没]1633年9月20日），島根人，島根百（[没]寛永10（1633）年9月20日），島根歴，諸系，新潮（[没]寛永10（1633）年9月20日），人名（[生]1595年），戦合，戦国，戦人，日人，藩主4（[没]寛永10（1633）年9月20日），歴大

**堀尾泰晴** ほりおやすはる
永正14（1517）年～慶長4（1599）年
戦国時代～安土桃山時代の織田信長の家臣。
¶織田

**堀尾吉晴**（堀尾可晴，堀尾義晴） ほりおよしはる
天文12（1543）年～慶長16（1611）年
安土桃山時代～江戸時代前期の武将、大名。
¶愛知百，朝日（[没]慶長16年6月17日（1611年7月26日）），岩史（[没]慶長16（1611）年6月17日），織田（堀尾可晴　[没]慶長16（1611）年6月17日），角史，近世，国史，コン改，コン4，茶道，史人（[没]1611年6月17日），静岡百，静岡歴，島根人（堀尾義晴），島根百（[没]慶長16（1611）年6月17日），島根歴，諸系，新潮（[生]天文13（1544）年[没]慶長16（1611）年6月17日），人名，姓氏愛知（[生]？），姓氏静岡（[生]1544年），世人（[没]慶長16（1611）年6月17日），戦合，戦国（[生]1544年），戦辞，全書，戦人（[生]天文13（1544）年），戦西（[生]1544年），大百，日史（[没]慶長16（1611）年6月17日），日人，藩主2（堀尾可晴[没]慶長16（1611）年6月17日），藩主4（[没]慶長16（1611）年6月17日），百科，歴大

**堀加賀守** ほりかがのかみ
安土桃山時代の武士。
¶戦国，戦人（生没年不詳）

**堀勝政** ほりかつまさ
慶長3（1598）年～寛文9（1669）年
江戸時代前期の武士。
¶人名，日人

**堀金盛広** ほりがねもりひろ
戦国時代の武将。武田家臣。仁科盛政親類被官衆。
¶姓氏長野（生没年不詳），姓氏山梨

**堀口家貞** ほりぐちいえさだ
生没年不詳
鎌倉時代の武士。
¶北条

**堀口氏政** ほりぐちうじまさ
南北朝時代の武将。
¶人名，日人（生没年不詳）

**堀口貞祐** ほりぐちさだすけ
生没年不詳
南北朝時代の武将。
¶日人

**堀口貞満** ほりぐちさだみつ
永仁5（1297）年～延元3/暦応1（1338）年
鎌倉時代後期～南北朝時代の武士。南軍の武将として活躍。
¶朝日（[没]暦応1/延元3（1338）年1月），鎌室，郷土群馬（[生]1293年），群馬人（[没]？），国史，古中，コン改，コン4，史人（[没]1338年1月），新潮，人名（[生]？），世人，日人

**堀口貞義** ほりぐちさだよし
生没年不詳
鎌倉時代の武士。
¶北条

**堀内蔵之允** ほりくらのすけ
戦国時代の武将。浅井氏家臣。
¶戦西

**堀越氏延** ほりこしうじのぶ
？～永禄6（1563）年
戦国時代の武士。今川氏家臣。
¶姓氏静岡，戦辞，戦人（生没年不詳），戦東

**堀越公方** ほりこしくぼう
→足利政知（あしかがまさとも）

**堀越貞延** ほりこしさだのぶ
？～文明3（1471）年
室町時代～戦国時代の今川氏の家臣。
¶戦辞

**堀越貞基** ほりこしさだもと
？～天文6（1537）年
戦国時代の武将。
¶姓氏静岡，戦辞，戦人，戦東

**堀越能登** ほりこしのと
[別]堀越能登守《ほりこしのとのかみ》
戦国時代の武将。伊達氏家臣。
¶戦人（堀越能登守　ほりこしのとのかみ　生没年不詳），戦東

**堀越能登守** ほりこしのとのかみ
→堀越能登（ほりこしのと）

**堀越久治** ほりごしひさはる
生没年不詳
江戸時代前期の武将、陸奥仙台藩士。
¶藩臣1

**堀越伯耆守** ほりこしほうきのかみ
安土桃山時代の武将。里見氏家臣。
¶戦東

**堀越宗範** ほりこしむねのり
生没年不詳
戦国時代の武将。伊達氏家臣。
¶戦人

**堀籠宗重** ほりごめむねしげ
南北朝時代の武将。

¶姓氏石川

**堀重利** ほりしげとし
？ ～永禄4（1561）年
戦国時代の武将。
¶戦人

**堀重政** ほりしげまさ
生没年不詳
戦国時代の松平氏の家臣。
¶戦辞

**堀然兵衛** ほりぜんべえ
安土桃山時代の武将。里見氏家臣。
¶戦東

**堀宗政** ほりそうせい
生没年不詳
戦国時代の松平氏の家臣。
¶戦辞



**堀忠俊** ほりただとし
慶長1（1596）年～元和7（1621）年
江戸時代前期の武将、大名。越後福島藩主。
¶朝日（[没]元和7年12月22日（1622年2月2日）），近世，国史，コン改，コン4，諸系（[没]1622年），新潮（[没]元和7（1621）年12月22日），人名，戦合，戦国，戦人，新潟百，日人（[没]1622年），藩主3（[没]元和7（1621）年12月22日）

**母里太兵衛** ぼりたへえ
→母里友信（もりとものぶ）

**堀親家** ほりちかいえ
？ ～建仁3（1203）年
平安時代後期～鎌倉時代前期の武士。伊豆国出身。源頼朝の側近。
¶朝日（[没]建仁3年9月5日（1203年10月11日）），神奈川人，鎌室，静岡歴，新潮（[没]建仁3（1203）年9月15日），姓氏静岡，日人，平史

**堀親良** ほりちかよし
天正8（1580）年～寛永14（1637）年　[別]羽柴美作守《はしばみまさかのかみ》
安土桃山時代～江戸時代前期の武将、大名。下野烏山藩主、下野真岡藩主、越後蔵王藩主。
¶朝日（[没]寛永14年5月13日（1637年7月5日）），近世，国史，コン改，コン4，茶道，史人（[没]1637年5月13日），諸系，新潮（[没]寛永14（1637）年5月13日），人名，世人，戦合，戦国，戦人，栃木歴，日人，藩主1（[没]寛永14（1637）年5月13日），藩主3（[没]寛永14（1637）年5月13日）

**堀利重** ほりとししげ
天正9（1581）年～寛永15（1638）年
安土桃山時代～江戸時代前期の武将、大名。常陸玉取藩主。
¶近世，国史，コン改，コン4，諸系，新潮（[没]寛永15（1638）年4月24日），人名，世人，戦合，日人，藩主2（[没]寛永15（1638）年4月24日）

**堀直清** ほりなおきよ
天正5（1577）年～寛永11（1634）年
安土桃山時代の越後三条城主。
¶人名，新潟百

**堀直重** ほりなおしげ
天正13（1585）年～元和2（1616）年
安土桃山時代～江戸時代前期の武将、大名。信濃須坂藩主。
¶諸系（[生]1584年），人名，姓氏長野，長野歴，日人（[生]1584年），藩主2（[没]元和3（1617）年6月13日）

**堀直次** ほりなおつぐ
天正1（1573）年～？
安土桃山時代～江戸時代前期の武将、大名。越後三条藩主。
¶諸系，戦国，戦人（生没年不詳），日人，藩主3

**堀直政** ほりなおまさ
天文16（1547）年～慶長13（1608）年
安土桃山時代～江戸時代前期の大名。越後三条藩主。
¶朝日（[没]慶長13年2月26日（1608年4月11日）），織田（[没]慶長13（1608）年2月26日），岐阜百（[生]1548年），近世，国史，コン改，コン4，史人（[没]1608年2月26日），諸系，新潮（[没]慶長13（1608）年2月26日），人名（[生]？），世人，戦合，戦国（[生]1548年），戦人，新潟百，日史（[生]天文17（1548）年　[没]慶長13（1608）年2月26日），日人，藩主3（[没]慶長13（1608）年2月26日），百科（[生]天文17（1548）年）

**堀直之** ほりなおゆき
天正13（1585）年～寛永19（1642）年
安土桃山時代～江戸時代前期の武将。大坂の陣で奮戦。江戸町奉行、寺社奉行、越後国椎谷藩祖。
¶近世，国史，コン改，コン4，諸系，人名，戦合，長野歴（[生]？），新潟百，日人

**堀直寄**（堀直竒） ほりなおより
天正5（1577）年～寛永16（1639）年
安土桃山時代～江戸時代前期の大名。信濃飯山藩主、愛知後越後村上藩主、越後坂戸藩主。
¶朝日（[没]寛永16年6月29日（1639年7月29日）），近世，国史，国書（[生]天正5（1577）年12月　[没]寛永16（1639）年6月29日），コン改，コン4，諸系，新潮（[没]寛永16（1639）年6月29日），人名，姓氏長野，戦合，戦国，戦人，長野百，長野歴，新潟百（堀直竒），日人，藩主2，藩主3（[没]寛永16（1639）年6月29日），藩主3（堀直竒）

**堀長利** ほりながとし
生没年不詳
安土桃山時代の織田信長の家臣。
¶織田

**堀中隼人** ほりなかはやと
戦国時代の武将。結城氏家臣。
¶戦東

**堀存村** ほりながむら
弘治3（1557）年～慶長4（1599）年
安土桃山時代の武士。織田氏家臣、豊臣氏家臣。
¶織田，戦国，戦人

**堀内氏弘** ほりのうちうじひろ
→堀内氏弘（ほりうちうじひろ）

**堀内氏善**　ほりのうちうじよし
→堀内氏善(ほりうちうじよし)

**堀内貞維**　ほりのうちさだこれ
戦国時代の武将。武田家臣。塔原幸貞の被官か。
¶姓氏山梨

**堀内下総守**　ほりのうちしもうさのかみ
戦国時代の武将。武田家臣。『武田家過去帳』にみえる。
¶姓氏山梨

**堀内庄左衛門**　ほりのうちしょうざえもん
安土桃山時代〜江戸時代前期の武士。里見氏家臣。
¶戦人(生没年不詳), 戦東

**堀信増**　ほりのぶます
生没年不詳
南北朝時代の武士。
¶鎌室, 新潮, 人名, 世人, 日人

**堀秀重**　ほりひでしげ
天文1(1532)年〜慶長11(1606)年
安土桃山時代〜江戸時代前期の武士。斎藤氏家臣、織田氏家臣、豊臣氏家臣。
¶織田([没]慶長11(1606)年11月28日), 戦国, 戦人

**堀秀信**　ほりひでのぶ
天正15(1587)年〜寛永4(1627)年
安土桃山時代〜江戸時代前期の武士。徳川氏家臣。
¶戦国, 戦人

**堀秀治**　ほりひではる
天正4(1576)年〜慶長11(1606)年　[別]羽柴左衛門督《はしばさえもんのかみ》, 北庄侍従《きたのしょうじじゅう》
安土桃山時代〜江戸時代前期の大名。越後春日山藩主。
¶朝日([没]慶長11年5月26日(1606年7月1日)), 近世, 国史, 史人([没]1606年5月26日), 諸系, 新潮([没]慶長11(1606)年5月26日), 人名([生]1575年), 世人([生]天正3(1575)年), 戦合, 戦国, 戦人, 新潟百, 日史([没]慶長11(1606)年5月26日), 日人, 藩主3([没]慶長11(1606)年5月26日)

**堀秀政**　ほりひでまさ
天文22(1553)年〜天正18(1590)年　[別]羽柴左衛門督《はしばさえもんのかみ》, 北庄侍従《きたのしょうじじゅう》
安土桃山時代の武将。斎藤氏、織田信長に仕える。
¶朝日([没]天正18年5月27日(1590年6月28日)), 岩史([没]天正18(1590)年5月27日), 織田([没]天正18(1590)年5月27日), 角史, 岐阜百, 近世, 国史, コン改, コン4, 茶道, 史人([没]1590年5月27日), 諸系, 新潮([没]天正18(1590)年5月27日), 人名, 世人([没]天正18(1590)年5月27日), 戦合, 戦国, 戦辞([没]天正18年5月27日(1590年6月28日)), 全書, 戦人, 戦西, 大百, 日史([没]天正18(1590)年5月27日), 日人, 百科, 福井百, 歴大

**堀秀村**　ほりひでむら
弘治3(1557)年?〜慶長4(1599)年8月1日?
戦国時代〜安土桃山時代の織田信長の家臣。
¶織田

**堀平右衛門**　ほりへいえもん
?〜正保2(1645)年
安土桃山時代〜江戸時代前期の武士、筑前秋月藩家老。
¶藩臣7

**堀平助**　ほりへいすけ
生没年不詳
安土桃山時代〜江戸時代前期の武士。浅野家の家臣。
¶和歌山人

**堀道利**　ほりみちとし
安土桃山時代の武士。豊臣氏家臣。
¶戦人(生没年不詳), 戦補

**堀武手右衛門**(掘武手右衛門, 堀無手右衛門)　ほりむずえもん
?〜天正3(1575)年
戦国時代〜安土桃山時代の武士、甲斐武田氏の家臣。
¶人名(堀無手右衛門), 姓氏山梨(掘武手右衛門), 日人

**堀元積**　ほりもとづみ
戦国時代の武士。
¶戦人(生没年不詳), 戦西

**堀主水**　ほりもんど
慶長5(1600)年〜寛永18(1641)年
江戸時代前期の武将、陸奥会津藩家老。
¶会津, 藩臣2([生]天正12(1584)年), 福島百

**堀吉重**　ほりよししげ
?〜元亀1(1570)年
戦国時代の武士。
¶戦人, 戦西

**堀六蔵**　ほりろくぞう
安土桃山時代の武将。秀吉馬廻。
¶戦国

**本位田外記之助**　ほんいでんげきのすけ
永禄5(1562)年〜天正16(1588)年
安土桃山時代の武士。
¶岡山人

**本位田正重**　ほんいでんまさしげ
永正17(1520)年〜元和1(1615)年
戦国時代〜江戸時代前期の武士。
¶岡山人

**本郷越前守**　ほんごうえちぜんのかみ
生没年不詳
戦国時代の武蔵鉢形城主北条氏邦の家臣。
¶戦辞

**本郷国忠**　ほんごうくにただ
安土桃山時代の武将。秀吉馬廻。
¶戦国, 戦人(生没年不詳)

**本郷少左衛門**　ほんごうしょうざえもん
安土桃山時代の武士。

¶戦国，戦人（生没年不詳）

**北郷資忠**　ほんごうすけただ
南北朝時代の武将。
¶姓氏鹿児島，宮崎百（生没年不詳）

**北郷忠相**　ほんごうただすけ
*～永禄2（1559）年　[別]北郷忠相《ほんごうただまさ》
戦国時代の武将。都城島津家8代。
¶姓氏鹿児島（ほんごうただまさ　[生]？），宮崎百（[生]文明19（1487）年）

**北郷忠虎**　ほんごうただとら
弘治2（1556）年～文禄3（1594）年
安土桃山時代の武士。
¶姓氏鹿児島，戦人，戦西

**北郷忠相**　ほんごうただまさ
→北郷忠相（ほんごうただすけ）

ほ

**北郷忠能**　ほんごうただよし
天正18（1590）年～寛永8（1631）年
江戸時代前期の武将。都城島津家12代。
¶宮崎百

**北郷時久**　ほんごうときひさ
享禄3（1530）年～慶長1（1596）年
戦国時代～安土桃山時代の武士。
¶姓氏鹿児島，戦人，戦西

**本郷直頼**　ほんごうなおより
生没年不詳
南北朝時代の武家・歌人。
¶国書

**本郷信富**　ほんごうのぶとみ
享禄4（1531）年～慶長10（1605）年9月23日
戦国時代～江戸時代前期の織田信長の家臣。
¶織田

**本郷八郎左衛門**　ほんごうはちろうざえもん
？　～永禄4（1561）年
戦国時代～安土桃山時代の武田家臣。感状を18度も受けた武勇の士。
¶姓氏山梨

**北郷久家**　ほんごうひさいえ
？　～大永2（1522）年
戦国時代の武士。
¶戦人

**北郷三久**　ほんごうみつひさ
天正1（1573）年～元和6（1620）年
安土桃山時代～江戸時代前期の武将。
¶姓氏鹿児島

**本郷可一**　ほんごうよしかず
元亀3（1572）年～寛永9（1632）年
安土桃山時代～江戸時代前期の武将。秀吉馬廻。
¶戦国，戦人

**本郷与七郎**　ほんごうよしちろう
安土桃山時代の武将。秀吉馬廻。
¶戦国，戦人（生没年不詳）

**本庄顕長**　ほんじょうあきなが
生没年不詳
戦国時代の本庄繁長の長子。
¶戦辞

**本庄宮内少輔**　ほんじょうくないのしょう
生没年不詳
戦国時代の山内上杉氏の家臣。
¶戦辞

**本庄実乃**　ほんじょうさねより
→本庄実乃（ほんじょうじつの）

**本庄繁長**（本荘繁長）　ほんじょうしげなが
天文8（1539）年～慶長18（1613）年　[別]雨順斎全長《うじゅんさいぜんちょう》
安土桃山時代～江戸時代前期の武将。上杉謙信による越後統一に従う。
¶朝日（[没]慶長18（1613）年12月），角史（本荘繁長），近世，国史，コン改（本荘繁長），コン4（本荘繁長），史人（[没]1613年12月），庄内（[没]慶長18（1613）年12月20日），新潮（[没]慶長18（1613）年12月），人名（本荘繁長），世人（本荘繁長），戦合，戦辞（[生]天文8年12月4日（1540年1月12日）　[没]慶長18年12月20日（1614年1月29日）），戦人（本荘繁長），戦東，戦補，新潟百，日史（[没]慶長18（1613）年12月），日人（[没]1614年），藩臣1，百科，福島百，山形百（本荘繁長），歴大

**本荘繁栄**　ほんじょうしげよし
戦国時代の武士。
¶戦人（生没年不詳），戦西

**本庄実乃**　ほんじょうじつの
生没年不詳　[別]本庄実乃《ほんじょうさねより》
戦国時代の国人。
¶戦辞（ほんじょうさねより），戦人，戦東

**本荘新左衛門尉**　ほんじょうしんざえもんのじょう
？　～弘治2（1556）年
戦国時代の武士。
¶戦人（生没年不詳），戦西

**本荘右述**　ほんじょうすけのぶ
戦国時代の武士。
¶戦人（生没年不詳），戦西

**本城常光**　ほんじょうつねみつ
？　～永禄5（1562）年
戦国時代の武士。
¶島根歴，戦人，戦西

**本庄時家**　ほんじょうときいえ
生没年不詳
鎌倉時代前期の武将。
¶鎌室，日人

**本庄時長**　ほんじょうときなが
？　～永正6（1509）年1月28日
戦国時代の越後国小泉荘の国人。
¶戦辞

**本庄秀綱**　ほんじょうひでつな
生没年不詳

戦国時代～安土桃山時代の国人。
¶戦辞，戦人，戦東，新潟百

**本庄房長** ほんじょうふさなが
？ ～*
戦国時代の越後国小泉荘の国人、城主。
¶庄内（[没]天正8（1580）年11月28日），戦辞（[没]天文8年11月28日（1540年1月7日）），新潟百（[没]1539年）

**本城満茂** ほんじょうみつしげ
弘治2（1556）年～寛永16（1639）年
戦国時代～江戸時代前期の最上義光の老臣のち厩橋城代。
¶姓氏群馬

**本庄宗成** ほんじょうむねしげ
？ ～元中6/康応1（1389）年
南北朝時代の能登守護。
¶石川百

**本庄宗正** ほんじょうむねまさ
天正8（1580）年～寛永16（1639）年
安土桃山時代～江戸時代前期の武士、児玉党本庄氏を自称。
¶諸系，人名，日人

**本庄慶秀** ほんじょうよしひで
明応6（1497）年～天正6（1578）年
戦国時代～安土桃山時代の武将。
¶日人

**本田家吉** ほんだいえよし
→本田家吉（もとだいえよし）

**本多出雲守忠朝** ほんだいずものかみただとも
→本多忠朝（ほんだただとも）

**本田右近允** ほんだうこんのじょう
生没年不詳
戦国時代の上杉氏の家臣。
¶戦辞

**本田氏親** ほんだうじちか
南北朝時代の武将。
¶姓氏鹿児島

**本田兼親** ほんだかねちか
生没年不詳
戦国時代の地方豪族・土豪。
¶戦人

**本田公親** ほんだきみちか
安土桃山時代の武士。
¶姓氏鹿児島，戦人（生没年不詳），戦西

**本多定忠** ほんださだただ
生没年不詳
室町時代の武将。伊奈本多氏の祖。
¶姓氏愛知

**本田董親** ほんだしげちか
生没年不詳 [別]本田董親《ほんだただちか》
戦国時代の武将。
¶鹿児島百（ほんだただちか），姓氏鹿児島（ほんだただちか），戦人

**本多重次** ほんだしげつぐ
享禄2（1529）年～慶長1（1596）年 [別]本多作左衛門《ほんださくざえもん》
戦国時代～安土桃山時代の武将。松平清康、広忠に仕え、家康の重臣。
¶朝日（[没]慶長1年7月26日（1596年8月19日）），近世，国史，コン4，史人（[没]1596年7月26日），諸系，新潮（[没]慶長1（1596）年7月16日），人名，姓氏愛知，世人（[没]慶長1（1596）年7月16日），戦合，戦国（[生]1530年），戦辞（[没]慶長1年7月16日（1596年8月9日）），戦人，戦東（[没]？），日史（[没]慶長1（1596）年7月16日），日人，百科

**本多重能** ほんだしげよし
天正18（1590）年～承応1（1652）年
江戸時代前期の武将、大名。越前丸岡藩主。
¶諸系，日人，藩主3（[没]慶安4（1651）年12月7日）

**本田次郎** ほんだじろう
生没年不詳
平安時代後期～鎌倉時代前期の武士。
¶日人

**本多甚七郎** ほんだじんしちろう
？ ～天正3（1575）年
戦国時代～安土桃山時代の武士。
¶日人

**本田助大夫** ほんだすけだゆう
？ ～永禄7（1564）年3月4日
戦国時代～安土桃山時代の三河国衆。
¶戦辞

**本多清七** ほんだせいしち
生没年不詳
安土桃山時代の織田信長の家臣。
¶織田

**本多忠勝** ほんだただかつ
天文17（1548）年～慶長15（1610）年 [別]本多平八郎《ほんだへいはちろう》
安土桃山時代～江戸時代前期の大名。上総大多喜藩主、伊勢桑名藩主。
¶愛知百（[没]1610年10月18日），朝日（[没]慶長15年10月18日（1610年12月3日）），岩史（[没]慶長15（1610）年10月18日），角史，郷土千葉，近世，国史，国書（[没]慶長15（1610）年10月18日），コン改，コン4，史人（[没]1610年10月18日），諸系，新潮（[没]慶長15（1610）年10月18日），人名，姓氏静岡（[生]1546年），世人（[没]慶長15（1610）年10月18日），世百，戦合，戦国，戦辞（[没]慶長15年10月28日（1610年12月13日）），全書，戦人，戦東（[没]？），大百，千葉百，伝記，日史（[没]慶長15（1610）年10月18日），日人，藩主2，藩主3（[没]慶長15（1610）年10月18日），百科，歴大

**本多忠真** ほんだただざね
？ ～元亀3（1572）年
戦国時代の武士。徳川氏家臣。
¶戦人，戦補

**本多忠純** ほんだただずみ，ほんだただすみ
天正14（1586）年～寛永8（1631）年 [別]本多忠継《ほんだただつぐ》

ほ

安土桃山時代～江戸時代前期の武将、大名。下野榎本藩主。
¶茶道(ほんだただすみ), 諸系([没]1632年), 人名(本多忠継　ほんだただつぐ), 栃木歴, 日人([没]1632年), 藩主1([没]寛永8(1631)年12月13日)

**本田董親** ほんだただちか
→本田董親(ほんだしげちか)

**本多忠継** ほんだただつぐ
→本多忠純(ほんだただずみ)

**本多忠次** ほんだただつぐ
天文17(1548)年～慶長17(1612)年
安土桃山時代～江戸時代前期の武将。徳川家康の家臣。
¶近世, 国史, コン改([生]天文16(1547)年), コン4([生]天文16(1547)年), 史人, 諸系, 新潮([没]慶長18(1613)年4月6日), 人名([生]1549年 [没]1613年), 世人([生]天文16(1547)年), 戦合, 戦人([生]天文18(1549)年　[没]慶長18(1613)年), 日人, 歴大



**本多忠刻** ほんだただとき
慶長1(1596)年～寛永3(1626)年
江戸時代前期の武将、大名。播磨姫路分封藩主。
¶諸系, 日人, 藩主3([没]寛永3(1626)年5月7日), 兵庫百

**本多忠利** ほんだただとし
慶長5(1600)年～正保2(1645)年
江戸時代前期の武将、大名。三河岡崎藩主。
¶諸系, 新潮([没]正保2(1645)年2月10日), 日人, 藩主2([没]正保2(1645)年2月10日)

**本多忠知** ほんだただとも
生没年不詳
安土桃山時代の孫根城城主。
¶姓氏愛知

**本多忠朝** ほんだただとも
天正10(1582)年～元和1(1615)年　[別]本多出雲守忠朝《ほんだいずものかみただとも》
安土桃山時代～江戸時代前期の武将、大名。上総大多喜藩主。
¶大阪人([没]慶長19(1614)年5月7日), 大阪墓(本多出雲守忠朝　ほんだいずものかみただとも　[没]元和1(1615)年5月7日), 諸系, 人名, 戦国, 戦人, 千葉百, 日人, 藩主2([没]元和1(1615)年5月)

**本多忠政** ほんだただまさ
天正3(1575)年～寛永8(1631)年
安土桃山時代～江戸時代前期の大名。伊勢桑名藩主、播磨姫路藩主。
¶朝日([没]寛永8年8月10日(1631年9月6日)), 近世, 国史, コン改, コン4, 史人([没]1631年8月10日), 諸系, 新潮([没]寛永8(1631)年8月10日), 人名, 戦合, 戦国, 戦人, 日人, 藩主3, 藩主3([没]寛永8(1631)年8月10日), 兵庫百

**本多忠義**(本田忠義) ほんだただよし
慶長7(1602)年～延宝4(1676)年
江戸時代前期の武将、大名。播磨姫路分封藩主、遠江掛川藩主、越後村上藩主、陸奥白河藩主。
¶諸系, 人名(本田忠義), 新潟百, 日人, 藩主1([没]延宝4(1676)年9月), 藩主2, 藩主3, 藩主3([没]延宝4(1676)年9月26日), 福島百([生]天正18(1590)年)

**本田親貞** ほんだちかさだ
?　～慶長1(1596)年
安土桃山時代の武将。島津氏家臣。
¶鹿児島百(生没年不詳), 姓氏鹿児島, 戦西

**本田近常** ほんだちかつね
?　～元久2(1205)年6月22日
鎌倉時代前期の武蔵武士。
¶埼玉人

**本田親正**(本田親政) ほんだちかまさ
?　～寛永16(1639)年
安土桃山時代～江戸時代前期の島津家臣。琉球在番奉行の嚆矢。
¶沖縄百([没]寛永16(1639)年7月20日), 姓氏沖縄, 姓氏鹿児島(本田親政)

**本多藤左衛門** ほんだとうざえもん
安土桃山時代～江戸時代前期の武士。里見氏家臣。
¶戦人(生没年不詳), 戦東

**本多俊次** ほんだとしつぐ
文禄4(1595)年～寛文8(1668)年
江戸時代前期の武将、大名。近江膳所藩主、三河西尾藩主、伊勢亀山藩主。
¶郷土滋賀, 諸系, 日人, 藩主2, 藩主3([没]寛文8(1668)年8月11日)

**本多利朝** ほんだとしとも
?　～慶長15(1610)年
安土桃山時代～江戸時代前期の武将。
¶戦国, 戦人

**本多利長** ほんだとしなが
慶長3(1598)年～寛永14(1637)年　[別]本多政武《ほんだまさたけ》
江戸時代前期の武将、大名。大和高取藩主。
¶戦国, 戦人, 日人(本多政武　ほんだまさたけ), 藩主3(本多政武　ほんだまさたけ　[没]寛永14(1637)年7月13日)

**本多利久** ほんだとしひさ
?　～慶長8(1603)年　[別]水野半右衛門《みずのはんえもん》
安土桃山時代の武将。織田氏家臣、豊臣氏家臣。
¶戦国, 戦人

**本多俊政** ほんだとしまさ
?　～*
安土桃山時代～江戸時代前期の武将、大名。大和高取藩主。
¶日人([没]1610年), 藩主3([没]慶長13(1608)年閏2月8日)

**本多富正** ほんだとみまさ
元亀3(1572)年～慶安2(1649)年
安土桃山時代～江戸時代前期の武将。大坂の陣に参戦。
¶朝日([没]慶安2年8月12日(1649年9月18日)),

郷土福井，近世，国史，コン4，諸系，人名，戦合，日人，藩臣3，福井百

**本多成重** ほんだなりしげ
元亀3 (1572) 年～正保4 (1647) 年
安土桃山時代～江戸時代前期の大名。越前丸岡藩主。
¶朝日 ([没]正保4年6月23日 (1647年7月25日))，郷土福井，近世，国史，コン4，諸系，人名，戦合，戦国 ([生]1571年　[没]1645年)，戦人，日人，藩主3 ([没]正保4 (1647) 年6月23日)，福井百

**本田縫殿助** ほんだぬいどののすけ
生没年不詳
戦国時代の三河国衆。
¶戦辞

**本多信俊** ほんだのぶとし
天文4 (1535) 年～天正10 (1582) 年
安土桃山時代の武士。徳川氏家臣。
¶戦辞 (生没年不詳)，戦人，戦補，日人

**本多紀貞** ほんだのりさだ
天正8 (1580) 年～元和9 (1623) 年
安土桃山時代～江戸時代前期の武将、大名。上野白井藩主。
¶諸系，日人，藩主1 ([没]元和9 (1623) 年4月26日)

**本多広孝** ほんだひろたか
大永7 (1527) 年～＊
戦国時代～安土桃山時代の武士。徳川氏家臣。
¶郷土群馬 ([生]1529年　[没]1597年)，群馬人 ([生]大永6 (1526) 年　[没]慶長1 (1596) 年)，諸系 ([没]1597年)，人名 ([没]1596年)，姓氏愛知 ([没]1596年)，戦国 ([生]1529年　[没]1597年)，戦辞 ([没]慶長1年12月27日 (1597年2月13日))，戦人 ([没]慶長1 (1596) 年)，戦東 ([没]？)，日人 ([没]1597年)

**本田正家** ほんだまさいえ
永禄1 (1558) 年～元和4 (1619) 年12月18日
戦国時代～江戸時代前期の北条氏の家臣。
¶戦辞

**本多正氏** ほんだまさうじ
元亀1 (1570) 年～文禄4 (1595) 年
安土桃山時代の武士。徳川氏家臣。
¶戦人，戦補

**本田正勝** ほんだまさかつ
享禄3 (1530) 年～永禄12 (1569) 年4月17日
戦国時代～安土桃山時代の太田氏・北条氏の家臣。
¶戦辞

**本多政重** ほんだまさしげ
天正8 (1580) 年～正保4 (1647) 年　[別]正木左兵衛《まさきさへえ》，直江大和守《なおえやまとのかみ》
安土桃山時代～江戸時代前期の武将。家康の謀臣本多正信の次男。
¶朝日 ([没]正保4年6月3日 (1647年7月5日))，石川百，近世，国史，国書 ([没]正保4 (1647) 年6月3日)，コン4，茶道，諸系，人名，姓氏石川，戦合，戦国 ([生]1582年)，戦人，日人，藩臣3

**本多正重** ほんだまさしげ
天文14 (1545) 年～元和3 (1617) 年
安土桃山時代～江戸時代前期の大名。下総相馬藩主。
¶近世，国史，諸系，新潮 ([没]元和3 (1617) 年7月3日)，人名，世人，戦合，戦国 ([生]1546年)，戦人，日人，藩主2 ([没]元和3 (1617) 年7月3日)

**本多正純** ほんだまさずみ
永禄8 (1565) 年～寛永14 (1637) 年　[別]本多上野介《ほんだこうずけのすけ》
安土桃山時代～江戸時代前期の大名。下野宇都宮藩主、下野小山藩主。
¶朝日 ([没]寛永14年3月10日 (1637年4月5日))，岩史 ([没]寛永14 (1637) 年3月10日)，江戸東，角史，郷土栃木 ([生]1562年　[没]1628年)，近世，国史，コン改，コン4，史人 ([没]1637年3月10日)，静岡歴，重要 ([没]寛永14 (1637) 年3月10日)，諸系，新潮 ([没]寛永14 (1637) 年3月10日)，人名，世人 ([没]寛永14 (1637) 年3月10日)，世百，戦合，戦国，全書，戦人，大百，栃木百，栃木歴，日史 ([没]寛永14 (1637) 年3月10日)，日人，藩主1 ([没]寛永14 (1637) 年3月10日)，百科，歴大

**本多政武** ほんだまさたけ
→本多利長 (ほんだとしなが)

**本多正忠** (本田正忠) ほんだまさただ
生没年不詳
室町時代の武将、三河伊奈城主。
¶諸系，人名，姓氏愛知，戦東 (本田正忠)，日人

**本多正貫** ほんだまさつら
文禄2 (1593) 年～寛文12 (1672) 年
江戸時代前期の武将、大名。下総相馬藩主。
¶諸系，日人，藩主2 ([没]寛文12 (1672) 年2月1日)

**本多政朝** ほんだまさとも
慶長4 (1599) 年～寛永15 (1638) 年
江戸時代前期の武将、大名。上総大多喜藩主、播磨竜野藩主、播磨姫路藩主。
¶諸系，人名 ([生]1597年)，日人，藩主2 ([没]1671年)，藩主3 ([生]慶長5 (1600) 年　[没]寛永15 (1638) 年11月20日)，藩主3 ([没]1671年)，兵庫百

**本多正信** ほんだまさのぶ
天文7 (1538) 年～元和2 (1616) 年　[別]本多佐渡守《ほんださどのかみ》
安土桃山時代～江戸時代前期の武将。家康に仕えた。「本佐録」著者。
¶愛知百 ([生]1539年　[没]1616年6月7日)，朝日 ([没]元和2年6月7日 (1616年7月20日))，岩史 ([没]元和2 (1616) 年6月7日)，角史，近世，国史，国書 ([没]元和2 (1616) 年6月7日)，コン改，コン4，史人 ([没]1616年6月7日)，諸系，新潮 ([没]元和2 (1616) 年6月7日)，人名，世人，世百，戦合，戦国 ([生]1539年)，戦辞 ([没]元和2年6月7日 (1616年7月20日))，全書，戦人，戦東 ([没]？)，大百，日史 ([没]元和2 (1616) 年6月7日)，日人，百科，歴大

**本多政元** ほんだまさもと
永禄11 (1568) 年～慶安2 (1649) 年

安土桃山時代〜江戸時代前期の三河岡崎藩家老。
¶藩臣4

**本多光忠** ほんだみつただ
生没年不詳
戦国時代の武士。徳川家康の臣。
¶諸系，人名，日人

**本多光典** ほんだみつのり
生没年不詳
戦国時代の武士。徳川家康の臣。
¶諸系，人名，日人

**本多康重** ほんだやすしげ
天文23（1554）年〜慶長16（1611）年
安土桃山時代〜江戸時代前期の大名。上野白井藩主、三河岡崎藩主。
¶朝日（[没]慶長16年3月22日（1611年5月4日）），郷土群馬（[生]1555年），近世，国史，コン4，諸系，人名，姓氏愛知，姓氏群馬，戦合，戦国（[生]1555年），戦辞（[没]慶長16年3月22日（1611年5月4日）），戦人，日人，藩主1（[没]慶長16（1611）年3月22日），藩主2（[没]慶長16（1611）年3月23日）



**本多康紀** ほんだやすとし
→本多康紀（ほんだやすのり）

**本多康俊** ほんだやすとし
永禄12（1569）年〜元和7（1621）年
安土桃山時代〜江戸時代前期の大名。三河西尾藩主、近江膳所藩主。
¶近世，国史，諸系，新潮（[没]元和7（1621）年2月7日），人名，姓氏愛知，戦合，戦人，戦補，千葉百，日人，藩主2，藩主3（[没]元和7（1621）年2月7日）

**誉田康俊** ほんだやすとし
戦国時代の武将。畠山氏家臣。
¶姓氏石川，戦西

**本多康紀** ほんだやすのり
天正7（1579）年〜元和9（1623）年　[別]本多康紀《ほんだやすとし》
安土桃山時代〜江戸時代前期の武将、大名。三河岡崎藩主。
¶諸系，人名（ほんだやすとし），日人，藩主2（[没]元和9（1623）年9月25日）

**本堂忠親** ほんどうただちか
？　〜慶長4（1599）年　[別]和賀忠親《わかただちか》
安土桃山時代の武将。
¶戦国，戦人

**本間右衛門尉** ほんまうえもんのじょう
安土桃山時代の武将。里見氏家臣。
¶戦東

**本間右衛門佐** ほんまえもんのすけ
生没年不詳
戦国時代の古河公方の家臣。
¶戦辞

**本間近江守** ほんまおうみのかみ
生没年不詳
戦国時代の相模の武士。
¶戦辞

**本間勘解由左衛門尉** ほんまかげゆさえもんのじょう
生没年不詳
戦国時代の武士。下野壬生氏の家臣。
¶戦辞

**本間宮内** ほんまくない
安土桃山時代〜江戸時代前期の武士。里見氏家臣。
¶戦人（生没年不詳），戦東

**本間左衛門佐** ほんまさえもんのすけ
戦国時代の武将。足利氏家臣。
¶戦東

**本間左近将監** ほんまさこんしょうげん
生没年不詳
戦国時代の相模の武士。
¶戦辞

**本間三右衛門** ほんまさんうえもん
→本間三右衛門（ほんまさんえもん）

**本間三右衛門** ほんまさんえもん
[別]本間三右衛門《ほんまさんうえもん》
安土桃山時代〜江戸時代前期の武士。里見氏家臣。
¶戦人（生没年不詳），戦東（ほんまさんうえもん）

**本間式部** ほんましきぶ
安土桃山時代〜江戸時代前期の武士。里見氏家臣。
¶戦人（生没年不詳），戦東

**本間重連** ほんましげつら
生没年不詳
鎌倉時代の武将。
¶神奈川人，姓氏神奈川，新潟百

**本間季直** ほんますえなお
永禄12（1569）年〜慶長17（1612）年
安土桃山時代〜江戸時代前期の武士、旗本。
¶神奈川人，姓氏神奈川

**本間資貞** ほんますけさだ
？　〜元弘3/正慶2（1333）年
鎌倉時代後期の武士。
¶日人

**本間資忠** ほんますけただ
正和5（1316）年〜元弘3/正慶2（1333）年
鎌倉時代後期の武将。
¶鎌室，人名，姓氏神奈川（[生]1315年），日人

**本間忠秀** ほんまただひで
鎌倉時代後期の武士。弓馬にすぐれた。
¶人名，日人（生没年不詳）

**本間直季** ほんまなおすえ
生没年不詳
戦国時代の古河公方の家臣。
¶戦辞

**本間八郎** ほんまはちろう
安土桃山時代〜江戸時代前期の武士。里見氏家臣。

¶戦人(生没年不詳), 戦東

**本間八郎三郎** ほんまはちろうさぶろう
生没年不詳
戦国時代の徳川・武田氏の家臣。
¶戦辞

**本間久季** ほんまひさすえ
生没年不詳
戦国時代の遠江国人。
¶戦辞

**本間孫四郎** ほんままごしろう
生没年不詳
南北朝時代の南朝方の武士。
¶大阪墓

**本間政能** ほんままさよし
生没年不詳
戦国時代の古河公方の家臣。
¶戦辞

**本間民部少輔** ほんまみんぶのしょう
生没年不詳
戦国時代の古河公方の家臣。
¶戦辞

**本間宗季** ほんまむねすえ
生没年不詳
戦国時代の今川氏の家臣。
¶戦辞

**本間元忠** ほんまもとただ
生没年不詳
鎌倉時代の武士。
¶北条

**本間弥次郎** ほんまやじろう
安土桃山時代～江戸時代前期の武士。里見氏家臣。
¶戦人(生没年不詳), 戦東

**本間泰宣** ほんまやすのぶ
生没年不詳
鎌倉時代後期の武将。
¶新潟百

**本間山城** ほんまやましろ
生没年不詳
鎌倉時代の武将。
¶日人

**本間可近** ほんまよしちか
慶長4(1599)年～明暦1(1655)年
江戸時代前期の武士。紀州藩士。
¶和歌山人

**本間六郎右衛門** ほんまろくろううえもん
安土桃山時代～江戸時代前期の武将。里見氏家臣。
¶戦東

**本村監物** ほんむらけんもつ
～慶長5(1600)年9月17日
安土桃山時代の勇士。
¶庄内

## 【ま】

**舞木宮内丞** まいきくないのじょう, まいぎくないのじょう
生没年不詳
南北朝時代の在地領主。
¶群馬人, 姓氏群馬(まいぎくないのじょう)

**舞木定綱** まいきさだつな
戦国時代の武将。足利氏家臣。
¶戦辞(生没年不詳), 戦東

**舞木持広** まいぎもちひろ
？ ～永享12(1440)年
室町時代の武将。
¶姓氏群馬

**蒔田淡路守** まいたあわじのかみ
安土桃山時代の武士、茶人(利休門)。
¶茶道

**蒔田定正** まいたさだまさ
天正19(1591)年～寛永17(1640)年12月29日
江戸時代前期の武将、大名。備中浅尾藩主。
¶岡山歴, 神奈川人, 日人([没]1641年), 藩主4

**真板仲貞** まいたなかさだ
生没年不詳
南北朝時代の武士。山城国上久世荘の公文。
¶朝日([没]応安1/正平23(1368)年頃), 鎌室, 新潮, 姓氏京都, 日人

**蒔田広定** まいたひろさだ
→蒔田広定(まきたひろさだ)

**蒔田広光** まいたひろみつ
*～文禄4(1595)年 [別]蒔田広光《まきたひろみつ》
戦国時代～安土桃山時代の武士。織田氏家臣、豊臣氏家臣。
¶戦国(まきたひろみつ [生]？), 戦人([生]天文2(1533)年)

**蒔田政勝** まいたまさかつ
？ ～慶長12(1607)年 [別]蒔田政勝《まきたまさかつ》
安土桃山時代～江戸時代前期の武士。豊臣氏家臣。
¶茶道, 戦国(まきたまさかつ), 戦人

**蒔田政行** まいたまさゆき
慶長5(1600)年～？ [別]蒔田政行《まきたまさゆき》
江戸時代前期の武士。豊臣氏家臣。大坂落城で没落。
¶戦国(まきたまさゆき), 戦人

**米谷喜右衛門** まいやきえもん
生没年不詳
江戸時代前期の武士、葛西氏の家臣。
¶姓氏宮城

## 米谷左馬之尉常秀 まいやさまのじょうつねひで
→米谷常秀（まいやつねひで）

## 米谷修理之亮常忠 まいやしゅりのすけつねただ
→米谷常忠（まいやつねただ）

## 米谷常忠 まいやつねただ
＊〜天正19（1591）年　別米谷修理之亮常忠《まいやしゅりのすけつねただ》
安土桃山時代の武将。葛西氏家臣。
¶戦人（④天文15（1546）年）、戦東（米谷修理之亮常忠　まいやしゅりのすけつねただ　④？）

## 米谷常秀 まいやつねひで
天文4（1535）年〜天正19（1591）年　別米谷左馬之尉常秀《まいやさまのじょうつねひで》
安土桃山時代の武将。葛西氏家臣。
¶戦人、戦東（米谷左馬之尉常秀　まいやさまのじょうつねひで）

## 前沢昭胤 まえざわあきたね
戦国時代の武将。佐竹氏家臣。
¶戦辞（生没年不詳）、戦東

## 前沢昭為 まえざわあきため
？　〜永禄5（1562）年2月
戦国時代の武将。佐竹氏家臣。
¶戦辞、戦東

## 前沢重胤 まえざわしげたね
？　〜慶長17（1612）年9月22日
安土桃山時代〜江戸時代前期の佐竹氏の側近家臣。
¶戦辞

## 前沢繁直 まえざわしげなお
戦国時代の武将。武田家臣。六郎次郎（武田信豊）同心衆。
¶姓氏山梨

## 前沢筑後守 まえざわちくごのかみ
安土桃山時代の武士。佐竹氏家臣。
¶戦人（生没年不詳）、戦東

## 前島和泉 まえじまいずみ
戦国時代の武将。武田家臣。『甲陽軍鑑』に御料人衆の一人としてみえる。
¶姓氏山梨

## 前島加賀守 まえじまかがのかみ
戦国時代の武将。武田家臣。台所頭2人のうちの一人。
¶姓氏山梨

## 前島修理亮 まえじましゅりのすけ
生没年不詳
戦国時代の越後国刈羽郡の武士。
¶戦辞

## 前田慶次 まえだけいじ
天文12（1543）年〜慶長17（1612）年
安土桃山時代〜江戸時代前期の出羽米沢藩士。
¶石川百（生没年不詳）、藩主1

## 前田玄以 まえだげんい
天文8（1539）年〜慶長7（1602）年　別徳善院《とくぜんいん》、民部卿法印《みんぶきょうほういん》

安土桃山時代の大名。丹波亀山藩主。豊臣政権の五奉行の一人。
¶朝日（②慶長7年5月20日（1602年7月9日））、岩史（②慶長7（1602）年5月7日）、織田（②慶長7（1602）年5月7日）、角史、京都、京都大、京都府、近世、国史、国書（②慶長7（1602）年5月7日）、古中、コン改、コン4、茶道、史人（②慶長7（1602）年5月7日）、重要（②慶長7（1602）年5月7日）、新潮（②慶長7（1602）年5月7日）、人名、姓氏京都、世人（②慶長7（1602）年5月7日）、世百、戦合、戦国（④1540年）、全書、戦人（④天文8（1539）年？）、大百、日史（②慶長7（1602）年5月7日）、日人、藩主3（②慶長7（1602）年5月7日）、百科、歴大

## 前田薩摩 まえださつま
生没年不詳
安土桃山時代の武将。
¶戦人

## 前田左馬允 まえださまのじょう
？　〜永禄2（1559）年7月12日
戦国時代の織田信長の家臣。
¶織田

## 前田茂勝 まえだしげかつ
→前田主膳（まえだしゅぜん）

## 前田主膳 まえだしゅぜん
天正7（1579）年〜？　別前田茂勝《まえだしげかつ》、コンスタンチノ、コンスタンチン
安土桃山時代〜江戸時代前期の大名、キリシタン。丹波国八上城主。
¶京都府（前田茂勝　まえだしげかつ　④天正10（1582）年　②元和7（1621）年）、近世、国史、コン改、コン4、新潮、戦合、戦国（前田茂勝　まえだしげかつ）、戦人（前田茂勝　まえだしげかつ　生没年不詳）、日人（前田茂勝　まえだしげかつ）、藩主3（前田茂勝　まえだしげかつ　④1582年　②1621年）、藩主3（前田茂勝　まえだしげかつ　④天正10（1582）年　②元和7（1621）年）

## 前田種利 まえだたねとし
生没年不詳
安土桃山時代の地方豪族・土豪。
¶戦人

## 前田太郎助 まえだたろうすけ
→前田太郎助（まえだたろうすけ）

## 前田太郎助 まえだたろうすけ
別前田太郎助《まえだたろうすけ》
安土桃山時代の武将。秀吉馬廻。
¶戦国（まえだたろうすけ）、戦人（生没年不詳）

## 前田利家 まえだとしいえ
天文7（1538）年〜慶長4（1599）年　別利家〔前田家〕《としいえ》、羽柴筑前守《はしばちくぜんのかみ》、加賀大納言《かがだいなごん》
安土桃山時代の大名。加賀藩主前田家の祖。五大老の一人で徳川家康と同格だったが、秀吉に続いて病死。
¶愛知百（②1599年3月3日）、朝日（②慶長4年閏3

月3日（1599年4月27日）），石川百，岩史（[没]慶長4（1599）年閏3月3日），岩手百，織田（[没]慶長4（1599）年閏3月3日），角史，京都，京都大，近世，公卿（[生]天文6（1537）年 [没]慶長4（1599）年閏2月），公家（利家〔前田家〕 としいえ [生]1538年 [没]慶長4年閏3月3日），群馬人（[生]天文6（1537）年），系西，国史，国書（[生]天文7（1538）年12月25日 [没]慶長4（1599）年閏3月3日），古中，コン改，コン4，茶道，史人（[没]1599年閏3月3日），重要（[没]慶長4（1599）年閏3月3日），諸系，人書94，新潮（[没]慶長4（1599）年閏3月3日），人名，姓氏愛知，姓氏石川，姓氏岩手，姓氏京都，姓氏群馬，姓氏富山，世人（[没]慶長4（1599）年閏3月3日），世百，戦合，戦国（[生]1539年），戦辞（[没]慶長4年閏3月3日（1599年4月27日）），全書，戦人，大百，伝記，富山百（[没]慶長4（1599）年閏3月3日），日史（[没]慶長4（1599）年閏3月3日），日人，藩主3（[没]慶長4（1599）年閏3月3日），百科（[生]天文6（1537）年），歴大

**前田利大** まえだとしおき
安土桃山時代～江戸時代前期の武士。織田氏家臣、前田氏家臣、上杉氏家臣。
¶戦国，戦人（生没年不詳）

**前田利勝** まえだとしかつ
→前田利長（まえだとしなが）

**前田利貞** まえだとしさだ
慶長3（1598）年～元和6（1620）年
江戸時代前期の武将、加賀藩士。
¶藩臣3

**前田利孝** まえだとしたか
文禄3（1594）年～寛永14（1637）年
江戸時代前期の武将、大名。上野七日市藩主。
¶近世，国史，コン改，コン4，諸系，新潮（[没]寛永14（1637）年6月4日），人名，姓氏石川，戦合，日人，藩主1（[没]寛永14（1637）年6月4日）

**前田利太** まえだとしたか
生没年不詳 [別]前田利太《まえだとします》
安土桃山時代～江戸時代前期の武将。前田利家の兄利久の子。
¶近世，国史，国書，人名（まえだとします），戦合，日人

**前田利隆** まえだとしたか
生没年不詳
戦国時代の利家の祖父。
¶系西，諸系，戦人，日人

**前田利常** まえだとしつね
文禄2（1593）年～万治1（1658）年 [別]前田利光《まえだとしみつ》，利常〔前田家〕《としつね》
江戸時代前期の武将、大名。前田利家の4男。加賀藩主。
¶朝日（[生]文禄2年11月25日（1594年1月16日） [没]万治1年10月12日（1658年11月7日）），石川百，近世，公卿（前田利光 まえだとしみつ 生没年不詳），公家（利常〔前田家〕 としつね [生]1593年 [没]万治1年10月12日），国史，国書（[生]文禄2（1593）年11月25日 [没]万治1（1658）年10月12日），コン改，コン4，茶道，史人（[生]1593年11月25日 [没]1658年10月12日），諸系（[生]1594年），人書94，新潮（[没]万治1（1658）年10月12日），人名，姓氏石川，姓氏富山，世人，戦合，戦人，富山百（[生]文禄2（1593）年11月25日 [没]万治1（1658）年10月12日），日史（[没]万治1（1658）年10月12日），日人（[生]1594年），藩主3（[生]文禄2（1593）年11月25日 [没]万治1（1658）年10月12日），百科，歴大

**前田利長** まえだとしなが
永禄5（1562）年～慶長19（1614）年 [別]前田利勝《まえだとしかつ》，利長〔前田家〕《としなが》，羽柴肥前守《はしばひぜんのかみ》，加賀中納言《かがちゅうなごん》
安土桃山時代～江戸時代前期の大名。前田利家の長男。加賀藩主。
¶朝日（[生]永禄5年1月12日（1562年2月15日） [没]慶長19年5月20日（1614年6月27日）），石川百，岩史（[生]永禄5（1562）年1月12日 [没]慶長19（1614）年5月20日），角史，近世，公卿（前田利勝 まえだとしかつ 生没年不詳），公家（利長〔前田家〕 としなが [生]1562年 [没]慶長19年5月20日），系西，国史，国書（[生]永禄5（1562）年1月12日 [没]慶長19（1614）年5月20日），古中，コン改，コン4，茶道，史人（[生]1562年1月12日 [没]1614年5月20日），諸系，新潮（[没]慶長19（1614）年5月20日），人名，姓氏石川，姓氏富山，世人（[没]慶長19（1614）年5月20日），戦合，戦国，戦辞（[生]永禄5年1月12日（1562年2月15日） [没]慶長19年5月20日（1614年6月27日）），全書，戦人，大百，富山百（[生]永禄5（1562）年1月12日 [没]慶長19（1614）年5月20日），日史（[没]慶長19（1614）年5月20日），日人，藩主3（[生]永禄5（1562）年1月12日 [没]慶長19（1614）年5月20日），百科，歴大

**前田利春** まえだとしはる
？ ～永禄3（1560）年 [別]前田利昌《まえだとしまさ》
戦国時代の武将。尾張国荒子を領す。
¶朝日（[没]永禄3年7月13日（1560年8月4日）），石川百，系西（前田利昌 まえだとしまさ），国史，古中，諸系（前田利昌 まえだとしまさ），姓氏石川（前田利昌 まえだとしまさ），戦合，戦人（前田利昌 まえだとしまさ），日人（前田利昌 まえだとしまさ）

**前田利久** まえだとしひさ
？ ～天正15（1587）年
戦国時代の地方豪族・土豪。
¶石川百，織田（[没]天正15（1587）年8月14日），系西（生没年不詳），姓氏石川，戦人（生没年不詳）

**前田利秀** まえだとしひで
天正5（1577）年～文禄2（1593）年
安土桃山時代の今石動城城主。
¶姓氏富山

**前田利昌** まえだとしまさ
→前田利春（まえだとしはる）

**前田利政** まえだとしまさ
天正6（1578）年～寛永10（1633）年 [別]能登侍従

《のとじじゅう》
安土桃山時代〜江戸時代前期の武将、大名。能登七尾藩主。
¶石川百，コン改（[没]寛永9（1632）年），コン4，諸系，新潮（[没]寛永9（1632）年），人名，姓氏石川，戦国，戦人，日人，藩主3（[没]寛永10（1633）年7月14日）

**前田利太** まえだとします
→前田利太（まえだとしたか）

**前田利光** まえだとしみつ
→前田利常（まえだとしつね）

**前田知好** まえだともよし
天正18（1590）年〜寛永5（1628）年
江戸時代前期の武将、加賀藩士。
¶国書（[生]天正18（1590）年12月8日　[没]寛永5（1628）年6月23日），藩臣3

**前田長定** まえだながさだ
？ 〜天正12（1584）年
戦国時代〜安土桃山時代の武将。
¶姓氏愛知

ま

**前田長種** まえだながたね
*〜寛永8（1631）年
安土桃山時代〜江戸時代前期の武将、加賀藩士。
¶石川百（[生]1550年），姓氏石川（[生]1550年），富山百（[生]？　[没]寛永8（1631）年3月11日），藩臣3（[生]？）

**前田長時** まえだながとき
文禄1（1592）年〜延宝4（1676）年
江戸時代前期の武士、加賀藩士。
¶藩臣3

**前田秀継** まえだひでつぐ
？ 〜天正13（1585）年
安土桃山時代の武士。前田氏家臣。
¶姓氏富山，戦人，富山百（[没]天正13（1585）年11月29日）

**前田秀以** まえだひでもち
天正4（1576）年〜慶長6（1601）年　[別]パウロ，羽柴左近将監《はしばさこんしょうげん》，亀山侍従《かめやまじじゅう》
安土桃山時代の武士。
¶戦国，戦人

**前田正虎** まえだまさとら
生没年不詳
江戸時代前期の加賀藩士。
¶国書

**前田道信** まえだみちのぶ
？ 〜天文1（1532）年
戦国時代の武将。
¶戦人

**前田弥次右衛門** まえだやじえもん
生没年不詳
安土桃山時代〜江戸時代前期の武将、最上氏遺臣。
¶庄内

**前田安勝** まえだやすかつ
？ 〜文禄3（1594）年
戦国時代〜安土桃山時代の武将。
¶石川百，姓氏石川，姓氏富山，富山百（[没]文禄3（1594）年9月23日）

**前田与十郎** まえだよじゅうろう
生没年不詳
安土桃山時代の織田信長の家臣。
¶織田

**前野景定** まえのかげさだ
？ 〜文禄4（1595）年
安土桃山時代の武士。
¶戦国，戦人

**前野勝長** まえのかつなが
？ 〜天正13（1585）年4月29日
戦国時代〜安土桃山時代の織田信長の家臣。
¶織田

**前野雄吉** まえのかつよし
大永6（1526）年〜慶長6（1601）年
戦国時代〜安土桃山時代の武将。
¶日人

**前野小兵衛** まえのこへえ
戦国時代〜安土桃山時代の武士。佐々成政の家臣。
¶姓氏富山

**前野茂定** まえのしげさだ
安土桃山時代の武将。秀吉馬廻。
¶戦国，戦人（生没年不詳）

**前野重純** まえのしげずみ
鎌倉時代前期の武将。
¶人名，日人（生没年不詳）

**前野豊成** まえのとよなり
天正3（1575）年〜慶長17（1612）年
安土桃山時代〜江戸時代前期の武士、土佐藩中老。
¶高知人，高知百，藩臣6

**前野長康** まえのながやす
享禄1（1528）年〜文禄4（1595）年
戦国時代〜安土桃山時代の大名。但馬出石城主。
¶織田（[没]文禄4（1595）年8月19日），戦国（[生]？），戦人（[生]？），日人，藩主3（[没]文禄4（1595）年10月19日）

**前野兵庫助** まえのひょうごのすけ
[別]舞野兵庫助《まいのひょうごのすけ》
安土桃山時代の武士。豊臣氏家臣。
¶戦国，戦人（生没年不詳）

**前野宗康** まえのむねやす
延徳1（1489）年〜永禄3（1560）年3月16日
戦国時代〜安土桃山時代の織田信長の家臣。
¶織田

**前野義高** まえのよしたか
永正12（1515）年〜永禄4（1561）年4月
戦国時代〜安土桃山時代の織田信長の家臣。
¶織田

**前波景定** まえばかげさだ
戦国時代の武将。朝倉氏家臣。
¶戦西

**前波景当** まえばかげまさ
? ～元亀1(1570)年
戦国時代の武士。
¶戦人，戦西

**前波勝秀** まえばかつひで
? ～元和6(1620)年
安土桃山時代～江戸時代前期の武士。朝倉氏家臣、豊臣氏家臣、徳川氏家臣。
¶織田([没]元和6(1620)年3月2日)，戦国，戦人

**前波九郎兵衛尉** まえばくろうひょうえのじょう
安土桃山時代の武士。
¶茶道

**前波七郎兵衛尉** まえばしちろうひょうえのじょう
戦国時代の武将。朝倉氏家臣。
¶戦西

**前波長俊** まえばながとし
? ～天正2(1574)年
戦国時代～安土桃山時代の武士。戦国大名朝倉義景の被官。
¶福井百

**前波孫太郎** まえばまごたろう
生没年不詳
安土桃山時代の織田信長の家臣。
¶織田

**前波弥五郎** まえばやごろう
生没年不詳
安土桃山時代の織田信長の家臣。
¶織田

**前波吉勝** まえばよしかつ
戦国時代の武士。
¶戦人(生没年不詳)，戦西

**前波吉熙** まえばよしさと
戦国時代の武将。朝倉氏家臣。
¶戦西

**前波吉継** まえばよしつぐ
? ～天正2(1574)年 [別]桂田長俊《かつらだながとし》
戦国時代～安土桃山時代の武士。
¶織田([没]天正2(1574)年1月19日)，人名(桂田長俊 かつらだながとし [生]1524年)，戦国(桂田長俊 かつらだながとし)，戦人，戦西，日人(桂田長俊 かつらだながとし [生]1524年)

**前波吉連** まえばよしつら
戦国時代の武将。朝倉氏家臣。
¶戦西

**前波吉長** まえばよしなが
戦国時代の武士。
¶戦人(生没年不詳)，戦西

**前森蔵人** まえもりくらんど
→東禅寺筑前守(とうぜんじちくぜんのかみ)

**真壁顕幹** まかべあきもと
正平11/延文1(1356)年～応永22(1415)年
南北朝時代～室町時代の武将。
¶鎌室

**真壁氏幹** まかべうじもと
天文19(1550)年～元和8(1622)年
安土桃山時代～江戸時代前期の武将。
¶人名，戦国([生]? [没]1589年)，戦辞([生]天文19年8月2日(1550年9月12日) [没]元和8年3月7日(1622年4月17日))，戦人，日人

**真壁高幹** まかべたかもと
正安1(1299)年～正平9/文和3(1354)年 [別]多気高幹《たけたかもと》
鎌倉時代後期～南北朝時代の武将。
¶鎌室，日人

**真壁長幹** まかべながもと
生没年不詳
鎌倉時代前期の武将。
¶鎌室，日人

**真壁治幹** まかべはるもと
文正1(1466)年7月16日～天文8(1539)年2月6日
室町時代～戦国時代の常陸国真壁郡の国衆。真壁城主。
¶戦辞

**真壁彦九郎** まかべひこくろう
安土桃山時代の武将。
¶岡山人

**真壁久幹** まかべひさもと
大永2(1522)年6月3日～天正17(1589)年3月30日
戦国時代～安土桃山時代の常陸国真壁郡の国衆。佐竹氏の家臣。
¶戦辞

**真壁秀幹** まかべひでもと
天授6/康暦2(1380)年～応永31(1424)年
室町時代の武将。
¶鎌室，日人

**真壁房幹** まかべふさもと
永禄12(1569)年～慶長17(1612)年
安土桃山時代～江戸時代前期の武将。佐竹氏家臣。
¶戦国，戦辞([生]永禄12年5月4日(1569年5月19日) [没]慶長17年7月5日(1612年8月1日))，戦人，日人

**真壁政幹** まかべまさもと
文保1(1317)年～正平8/文和2(1353)年
鎌倉時代後期～南北朝時代の武士。
¶鎌室，日人

**真壁宗幹** まかべむねもと
明応5(1496)年5月5日～永禄8(1565)年8月6日
戦国時代～安土桃山時代の常陸国の国衆。真壁城主。
¶戦辞

**真壁義幹** まかべよしもと
天文21(1552)年～寛永7(1630)年
安土桃山時代～江戸時代前期の武将。佐竹氏家臣。

ま

¶戦辞（[生]天文21年5月18日（1552年6月10日）[没]寛永7年6月21日（1630年8月29日）），戦人，戦東（[生]？）

**真柄景忠** まがらかげただ
戦国時代の武将。朝倉氏家臣。
¶戦西

**真柄直澄** まがらなおずみ
？ 〜元亀1（1570）年 [別]真柄十郎左衛門《まがらじゅうろうざえもん》
戦国時代の武士。朝倉氏家臣。
¶戦国，戦人，日人

**真柄直隆** まがらなおたか
？ 〜元亀1（1570）年 [別]真柄直元《まがらなおもと》
戦国時代の武士。
¶戦人，戦西，日人（真柄直元　まがらなおもと）

**真柄直元** まがらなおもと
→真柄直隆（まがらなおたか）

**曲淵勝左衛門**（曲淵庄左衛門） まがりぶちしょうざえもん
→曲淵吉景（まがりぶちよしかげ）

ま

**曲淵吉景** まがりぶちよしかげ
永正15（1518）年〜文禄2（1593）年 [別]曲淵勝左衛門《まがりぶちしょうざえもん》，曲淵庄左衛門《まがりぶちしょうざえもん》
安土桃山時代の武士。武田信玄の家臣板垣信形に仕え、のち徳川家臣。
¶神奈川人，人名（曲淵庄左衛門　まがりぶちしょうざえもん），姓氏神奈川，姓氏山梨，日人（曲淵勝左衛門　まがりぶちしょうざえもん [没]1594年）

**牧家継** まきいえつぐ
生没年不詳
安土桃山時代の武士。宇喜多氏家臣。
¶戦人

**牧和泉守** まきいずみのかみ
？ 〜天正13（1585）年 [別]牧和泉守《もくいずみのかみ》
安土桃山時代の武士。長尾氏家臣。
¶戦辞（もくいずみのかみ），戦人（生没年不詳）

**馬来氏綱** まきうじつな
？ 〜元中8/明徳2（1391）年
室町時代の馬木郷領主。
¶島根歴

**牧河内** まきかわち
安土桃山時代の武将。宇喜多氏家臣。
¶岡山人，岡山歴，戦西

**牧菅兵衛**(1) まきかんべえ
〜天文16（1547）年
安土桃山時代の武将。清冬の父。
¶岡山人

**牧菅兵衛**(2) まきかんべえ
→牧清冬（まききよふゆ）

**牧清冬** まききよふゆ
大永2（1522）年〜文禄3（1594）年2月18日 [別]牧菅兵衛《まきかんべえ》
安土桃山時代の武将。父菅兵衛の通称を継ぐ。
¶岡山人，岡山歴（牧菅兵衛　まきかんべえ）

**牧国信** まきくにのぶ
生没年不詳
安土桃山時代の武士。宇喜多氏家臣。
¶戦人

**牧源之丞** まきげんのじょう
安土桃山時代の武士。
¶岡山人，岡山歴，戦人（生没年不詳），戦西

**牧五郎左衛門** まきごろうざえもん
生没年不詳
安土桃山時代〜江戸時代前期の武将、最上氏遺臣。
¶庄内

**牧佐介** まきさすけ
安土桃山時代の武士。
¶岡山人，岡山歴，戦人（生没年不詳），戦西

**牧左馬助** まきさまのすけ
？ 〜元和4（1618）年 [別]牧左馬助《まきさめのすけ》
安土桃山時代〜江戸時代前期の武士。
¶岡山人，岡山歴（まきさめのすけ [没]元和4（1618）年5月18日），戦人，戦西（まきさめのすけ）

**牧左馬助** まきさめのすけ
→牧左馬助（まきさまのすけ）

**真木嶋昭光**（真木島昭光） まきしまあきみつ
生没年不詳
戦国時代の武将、将軍足利義昭の奉公衆。
¶朝日，岩史，近世，国史，古中，コン4，戦合，戦辞（真木島昭光），日史（真木島昭光），日人

**巻島主水助** まきしまもんどのすけ
安土桃山時代の武将。足利氏家臣。
¶戦辞（生没年不詳），戦東

**牧主馬** まきしゅめ
安土桃山時代の武士。豊臣氏家臣。
¶戦国，戦人（生没年不詳）

**真木宗十郎** まきそうじゅうろう
生没年不詳
安土桃山時代の織田信長の家臣。
¶織田

**牧宗兵衛** まきそうべえ
安土桃山時代の武将。宇喜多氏家臣。
¶戦西

**蒔田広定** まきたひろさだ
元亀2（1571）年〜寛永13（1636）年8月23日 [別]蒔田広定《まいたひろさだ》
安土桃山時代〜江戸時代前期の武将、大名。伊勢雲出領主、備中浅尾藩主。
¶岡山人，岡山歴（まいたひろさだ），国書（まいたひろさだ），史人（まいたひろさだ），人名（[生]1576年），戦国（[生]1576年），戦人（まいた

ひろさだ　[生]？），日人（まいたひろさだ），藩主3（[生]天正3（1575）年），藩主4（まいたひろさだ　[生]元亀2（1571）年，（異説）天正3年）

**蒔田広光**　**まきたひろみつ**
→蒔田広光（まいたひろみつ）

**蒔田政勝**　**まきたまさかつ**
→蒔田政勝（まいたまさかつ）

**蒔田政行**　**まきたまさゆき**
→蒔田政行（まいたまさゆき）

**牧藤左衛門**（牧籐左衛門）　**まきとうざえもん**
安土桃山時代の武将。宇喜多氏家臣。
¶岡山人（牧籐左衛門），岡山歴，戦西

**牧藤蔵**　**まきとうぞう**
安土桃山時代の武将。宇喜多氏家臣。
¶岡山歴，戦西

**牧長清**　**まきながきよ**
？　～元亀1（1570）年2月15日
戦国時代～安土桃山時代の織田信長の家臣。
¶織田

**牧長治**　**まきながはる**
生没年不詳
安土桃山時代の織田信長の家臣。
¶織田

**牧長義**　**まきながよし**
生没年不詳
戦国時代の武将。織田氏家臣。
¶織田，姓氏愛知，戦人

**牧野織部**　**まきのおりべ**
生没年不詳
安土桃山時代～江戸時代前期の武士。姫路藩池田利隆の臣。
¶日人

**牧野清乗**　**まきのきよのり**
戦国時代の武将。今川氏家臣。
¶戦東

**牧野古白**（牧野古伯）　**まきのこはく**
？　～永正3（1506）年　[別]牧野成時《まきのしげとき》
戦国時代の武将。今川氏に臣従。
¶国書（[没]永正3（1506）年11月3日），人名，姓氏愛知，戦辞（牧野古伯　[没]永正3年11月3日（1506年11月17日）），戦辞（牧野成時　まきのしげとき　生没年不詳），戦人（牧野成時　まきのしげとき），日人

**牧野定成**　**まきのさだしげ**
？　～天正1（1573）年8月13日
戦国時代～安土桃山時代の三河国の国衆。牧野氏の一族。
¶戦辞

**牧野貞成**　**まきのさだなり**
？　～永禄9（1566）年
戦国時代の武将。
¶諸系，戦国，戦人（生没年不詳），戦東，日人

**牧野讃岐守康成**　**まきのさぬきのかみやすなり**
→牧野康成（まきのやすしげ）

**牧野成里**　**まきのしげさと**
→牧野成里（まきのなりさと）

**牧野成時**　**まきのしげとき**
→牧野古白（まきのこはく）

**牧野成敏**　**まきのしげとし**
生没年不詳
戦国時代の三河国の国衆。牧野氏の一族。
¶戦辞

**牧野忠成**　**まきのただなり**
天正9（1581）年～承応3（1654）年
安土桃山時代～江戸時代前期の武将、大名。上野大胡藩主、越後長峯藩主、越後長岡藩主。
¶近世，国史，コン改，コン4，史人（[没]1654年12月16日），諸系（[没]1655年），新潮（[没]承応3（1654）年12月16日），人名（[生]？），世人，戦合，新潟百，日人（[没]1655年），藩主1（[没]承応3（1654）年12月16日），藩主3（[没]承応3（1654）年12月16日），藩主3

**牧野成定**　**まきのなりさだ**
大永5（1525）年～永禄9（1566）年　[別]牧野成守《まきのなりもり》
戦国時代の武将。
¶諸系，人名，姓氏愛知（牧野成守　まきのなりもり），戦辞（[生]？　[没]永禄9年10月23日（1566年12月4日）），新潟百，日人

**牧野成里**　**まきのなりさと**
弘治2（1556）年～慶長19（1614）年　[別]牧野成里《まきのしげさと》
安土桃山時代～江戸時代前期の武士。
¶人名，戦国，戦人（まきのしげさと），日人（まきのしげさと）

**牧野成常**　**まきのなりつね**
慶長2（1597）年～寛文9（1669）年2月23日
江戸時代前期の武将、幕臣。
¶黄檗

**牧野成命**　**まきのなりなが**
→牧野信成(1)（まきののぶしげ）

**牧野成守**　**まきのなりもり**
→牧野成定（まきのなりさだ）

**牧野信成(1)**　**まきののぶしげ**
？　～享禄2（1529）年　[別]牧野成命《まきのなりなが》
戦国時代の武将。
¶人名（牧野成命　まきのなりなが），姓氏愛知（[没]1532年），戦辞（生没年不詳），日人

**牧野信成(2)**　**まきののぶしげ**
天正6（1578）年～慶安3（1650）年4月11日　[別]牧野豊前守信成《まきのぶぜんのかみのぶなり》
安土桃山時代～江戸時代前期の武将、大名。武蔵石戸藩主、下総関宿藩主。
¶埼玉人，埼玉百（牧野豊前守信成　まきのぶぜんのかみのぶなり），諸系，日人，藩主1，藩主2

**牧野久仲** まきのひさなか
　　戦国時代の武士。伊達氏家臣。
　　¶戦人（生没年不詳），戦東

**牧野豊前守信成** まきのぶぜんのかみのぶなり
　　→牧野信成⑵（まきののぶしげ）

**牧野宗興** まきのむねおき
　　戦国時代の武士。伊達氏家臣。
　　¶戦人（生没年不詳），戦東

**牧野盛仲** まきのもりなか
　　生没年不詳
　　江戸時代前期の武将。陸奥仙台藩士。
　　¶藩臣1

**牧野康成** まきのやすしげ
　　天文17（1548）年〜慶長4（1599）年　別牧野康成
　　《まきのやすなり》，牧野讃岐守康成《まきのさぬ
　　きのかみやすなり》
　　安土桃山時代の武将。徳川家康の直参。
　　¶近世（まきのやすなり），国史（まきのやすな
　　り），埼玉人（㉛慶長4（1599）年3月8日），埼玉
　　百（牧野讃岐守康成　まきのさぬきのかみやす
　　なり），史人（㉛1599年3月8日），諸系，新潮
　　（㉛慶長4（1599）年3月8日），世人（まきのやす
　　なり），戦合（まきのやすなり），戦国，戦人，
　　日人

**牧野康成**⑴ まきのやすなり
　　弘治1（1555）年〜慶長14（1609）年
　　安土桃山時代〜江戸時代前期の大名。上野大胡
　　藩主。
　　¶朝日（㉛慶長14年12月12日（1610年1月6日）），
　　郷土群馬，近世，群馬人，国史，コン改，コン
　　4，史人（㉛1609年12月12日），諸系（㉛1610
　　年），新潮（㉛慶長14（1609）年12月12日），
　　人名，姓氏愛知，姓氏群馬，世人，戦合，戦国，
　　戦辞（㉛慶長14年12月12日（1610年1月8日）），
　　戦人，戦東，新潟百，日史（㉛慶長14（1609）年
　　12月12日），日人（㉛1610年），藩主1（㉛慶長
　　14（1609）年12月12日），百科

**牧野康成**⑵ まきのやすなり
　　→牧野康成（まきのやすしげ）

**牧野保成** まきのやすなり
　　？　〜永禄6（1563）年
　　戦国時代の三河国牛久保の国衆。
　　¶姓氏愛知，戦辞（生没年不詳）

**牧兵庫** まきひょうご
　　安土桃山時代の武将。
　　¶岡山人

**牧弘清** まきひろきよ
　　生没年不詳
　　戦国時代〜安土桃山時代の武士。宇喜多氏家臣。
　　¶戦人

**牧宗親** まきむねちか
　　生没年不詳
　　平安時代後期〜鎌倉時代前期の御家人。頼朝の臣。
　　¶朝日，鎌室，静岡百，静岡歴，新潮，姓氏静岡，
　　日人，平史，北条

**牧村牛之助** まきむらうしのすけ
　　文禄2（1593）年〜慶長12（1607）年
　　安土桃山時代〜江戸時代前期の武士。
　　¶戦国，戦人

**牧村土佐** まきむらとさ
　　安土桃山時代の武士。豊臣氏家臣、浅野氏家臣。
　　¶戦国，戦人（生没年不詳）

**牧村利貞** まきむらとしさだ
　　？　〜文禄2（1593）年
　　安土桃山時代の武将。豊臣氏家臣。
　　¶織田（㉛文禄2（1593）年7月10日），戦国，戦人
　　（㉙天文15（1546）年）

**牧村兵部** まきむらひょうぶ
　　天文14（1545）年〜文禄2（1593）年　別牧村政治
　　《まきむらまさはる》
　　安土桃山時代の大名、茶人、キリシタン。
　　¶朝日（㉛文禄2年7月10日（1593年8月6日）），京
　　都大，近世（牧村政治　まきむらまさはる），国
　　史（牧村政治　まきむらまさはる），茶道，諸系
　　（牧村政治　まきむらまさはる），新潮（牧村政
　　治　まきむらまさはる），姓氏京都，戦合（牧村
　　政治　まきむらまさはる），日人（牧村政治
　　まきむらまさはる）

**牧村政治** まきむらまさはる
　　→牧村兵部（まきむらひょうぶ）

**牧村光重** まきむらみつしげ
　　生没年不詳
　　安土桃山時代〜江戸時代前期の武士。浅野家の
　　家臣。
　　¶和歌山人

**牧康信** まきやすのぶ
　　生没年不詳
　　安土桃山時代の地方豪族・土豪。
　　¶戦人

**牧良長** まきよしなが
　　生没年不詳
　　戦国時代〜安土桃山時代の武士。
　　¶戦人

**真木与十郎** まきよじゅうろう
　　生没年不詳
　　安土桃山時代の織田信長の家臣。
　　¶織田

**万喜頼春** まきよりはる
　　安土桃山時代の上総万喜の城主。
　　¶人名

**馬鞍右衛門尉** まぐらうえもんのじょう
　　生没年不詳
　　安土桃山時代の武将。
　　¶戦人

**馬加康胤** まくわりやすたね
　　文中3/応安7（1374）年〜康正2（1456）年11月
　　室町時代の房総の武将。
　　¶千葉百

**馬越重隆** まこししげたか
南北朝時代の武将。
¶姓氏鹿児島

**馬籠四郎兵衛** まごめしろべえ
戦国時代の武将。葛西氏家臣。
¶戦東

**正岡経貞** まさおかつねさだ
生没年不詳
戦国時代の武将。
¶戦人

**正木安芸守** まさきあきのかみ
安土桃山時代の土豪武士。里見氏家臣。
¶戦東

**正木大炊助** まさきおおいのすけ
戦国時代の武将。里見氏家臣。
¶戦東

**正木久太郎** まさききゅうたろう
安土桃山時代～江戸時代前期の武士。里見氏家臣。
¶戦人（生没年不詳），戦東

**正木金太郎** まさききんたろう
安土桃山時代～江戸時代前期の武士。里見氏家臣。
¶戦人（生没年不詳），戦東

**正木宮内大輔** まさきくないだゆう
安土桃山時代の武将。里見氏家臣。
¶戦東

**正木蔵人** まさきくらんど
[別]正木蔵人《まさきくろうど》
安土桃山時代～江戸時代前期の武士。里見氏家臣。
¶戦人（生没年不詳），戦東（まさきくろうど）

**正木蔵人** まさきくろうど
→正木蔵人（まさきくらんど）

**正木源五次郎** まさきげんごじろう
安土桃山時代の武将。里見氏家臣。
¶戦東

**正木源七郎** まさきげんしちろう
安土桃山時代～江戸時代前期の武士。里見氏家臣。
¶戦人（生没年不詳），戦東

**正木五郎左衛門** まさきごろうざえもん
安土桃山時代～江戸時代前期の武士。里見氏家臣。
¶戦人（生没年不詳），戦東

**正木佐市右衛門** まさきさいちうえもん
→正木佐市右衛門（まさきさいちえもん）

**正木佐市右衛門** まさきさいちえもん
[別]正木佐市右衛門《まさきさいちうえもん》
安土桃山時代～江戸時代前期の武士。里見氏家臣。
¶戦人（生没年不詳），戦東（まさきさいちうえもん）

**正木左京亮** まさきさきょうのすけ
安土桃山時代の武将。里見氏家臣。
¶戦東

**真幸貞房** まさきさだふさ
生没年不詳
戦国時代の武将。
¶戦人

**真崎重宗** まざきしげむね，まさきしげむね
生没年不詳
戦国時代～安土桃山時代の武士。佐竹氏家臣。
¶戦辞（まさきしげむね），戦人，戦東

**正木信濃守** まさきしなののかみ
安土桃山時代～江戸時代前期の武士。里見氏家臣。
¶戦人（生没年不詳），戦東

**正木駿河守** まさきするがのかみ
安土桃山時代の武将。里見氏家臣。
¶戦東

**正木善九郎** まさきぜんくろう
安土桃山時代～江戸時代前期の武士。里見氏家臣。
¶戦人（生没年不詳），戦東

**正木大膳** まさきだいぜん
室町時代の武将。
¶岡山人

**正木丹波** まさきたんば
安土桃山時代～江戸時代前期の武士。里見氏家臣。
¶戦人（生没年不詳），戦東

**正木輝綱** まさきてるつな
？ ～慶長9（1604）年9月19日
安土桃山時代～江戸時代前期の里見氏の重臣。
¶戦辞

**正木藤太郎** まさきとうたろう
生没年不詳
戦国時代の上総一宮城主。
¶戦辞

**正木時茂(1)** まさきときしげ
？ ～＊
戦国時代～安土桃山時代の里見氏の重臣。武将。安房国衙奉行。
¶朝日（生没年不詳），系東（[没]1573年），戦辞（[没]永禄4（1561）年4月），戦人（生没年不詳），戦東，千葉百（[没]天正4（1576）年8月）

**正木時茂(2)** まさきときしげ
→正木時堯（まさきときたか）

**正木時堯** まさきときたか
？ ～寛永7（1630）年 [別]正木時茂《まさきときしげ》
安土桃山時代～江戸時代前期の武将。房総の里見氏重臣。
¶近世，系東（正木時茂 まさきときしげ [没]1632年），国史，新潮（生没年不詳），人名，戦合，戦辞（正木時茂 まさきときしげ），戦人（正木時茂 まさきときしげ [没]寛永9（1632）年），戦東（正木時茂 まさきときしげ），日人（正木時茂 まさきときしげ）

**正木時忠** まさきときただ
？ ～天正4（1576）年
戦国時代～安土桃山時代の武士。里見氏家臣。
¶系東（[没]1567年），人名，戦辞（[没]天正4年8月1日（1576年8月24日）），戦人，戦東，千葉百

（[没]元亀2（1571）年8月），日人

**正木時綱(1)**　まさきときつな
永正4（1507）年～天正9（1581）年
戦国時代～安土桃山時代の武将、上総大喜多城主。
¶新潮，人名，戦国

**正木時綱(2)**　まさきときつな
→正木通綱（まさきみちつな）

**正木時通**　まさきときみち
？　～天正3（1575）年
戦国時代～安土桃山時代の武士。里見氏家臣。
¶系東，戦辞（[没]天正3年11月8日（1575年12月10日）），戦人，戦東

**正木時盛**　まさきときもり
生没年不詳
戦国時代の金谷城主。
¶戦辞

**正木長門守**　まさきながとのかみ
安土桃山時代の武将。里見氏家臣。
¶戦東



**正木信茂**　まさきのぶしげ
？　～永禄7（1564）年？
戦国時代～安土桃山時代の小田喜城主。
¶戦辞

**真崎宣広**　まざきのぶひろ，まさきのぶひろ
天正9（1581）年～慶安1（1648）年4月27日
安土桃山時代の武士。佐竹氏家臣。
¶戦辞（まさきのぶひろ），戦人（生没年不詳），戦東

**正木憲時**　まさきのりとき
？　～天正9（1581）年
安土桃山時代の武将。房総の里見氏家臣。
¶系東，国史，古中，新潮（[没]天正6（1578）年），人名，戦合，戦辞（[没]天正9年9月29日（1581年10月26日）），戦人，戦東，千葉百，日人

**正木兵庫**　まさきひょうご
安土桃山時代～江戸時代前期の武士。里見氏家臣。
¶戦人（生没年不詳），戦東

**正木兵部大輔**　まさきひょうぶだゆう
[別]正木兵部大輔《まさきひょうぶのたいふ》
戦国時代の武将。後北条氏家臣。
¶戦辞（まさきひょうぶのたいふ　生没年不詳），戦東

**正木兵部大輔**　まさきひょうぶのたいふ
→正木兵部大輔（まさきひょうぶだゆう）

**正木孫市**　まさきまごいち
江戸時代前期の武士。里見氏家臣。
¶戦東

**正木孫作**　まさきまごさく
安土桃山時代～江戸時代前期の武士。里見氏家臣。
¶戦人（生没年不詳），戦東

**正木正康**　まさきまさやす
生没年不詳
戦国時代～安土桃山時代の房総の武将、海賊。
¶国史，古中，新潮，人名，日人

**正木通綱**　まさきみちつな
？　～天文2（1533）年　[別]正木時綱《まさきときつな》
戦国時代の房総の武将。正木氏の初代。
¶神奈川人（正木時綱　まさきときつな），系東，国史（正木時綱　まさきときつな），古中（正木時綱　まさきときつな），戦合（正木時綱　まさきときつな），戦辞（[没]天文2（1533）年7月），戦人，戦東，日人

**正木道俊**　まさきみちとし
？　～慶長16（1611）年　[別]正木頼房《まさきよりふさ》
安土桃山時代～江戸時代前期の武士。里見氏家臣。
¶戦辞（正木頼房　まさきよりふさ），戦人，戦東

**正木美濃守**　まさきみののかみ
安土桃山時代～江戸時代前期の武士。里見氏家臣。
¶戦人（生没年不詳），戦東

**正木弥市**　まさきやいち
江戸時代前期の武士。里見氏家臣。
¶戦東

**真崎義直**　まざきよしなお，まさきよしなお
戦国時代の武将。佐竹氏家臣。
¶戦辞（まさきよしなお　生没年不詳），戦東

**真崎義保**　まざきよしやす，まさきよしやす
？　～元亀4（1573）年
戦国時代の武士。佐竹氏家臣。
¶戦辞（まさきよしやす　生没年不詳），戦人，戦東

**正木頼定**　まさきよりさだ
安土桃山時代～江戸時代前期の武士。里見氏家臣。
¶戦人（生没年不詳），戦東

**正木頼忠**　まさきよりただ
？　～元和8（1622）年
安土桃山時代～江戸時代前期の武士。里見氏家臣。
¶系東（[生]1551年），戦辞（[没]元和8年8月19日（1622年9月24日）），戦人，戦東，千葉百（[生]天文20（1551）年）

**正木頼時**　まさきよりとき
安土桃山時代～江戸時代前期の武将。里見氏家臣。
¶戦人（生没年不詳），戦東

**正木頼房**　まさきよりふさ
→正木道俊（まさきみちとし）

**正弘**　まさひろ
→大内政弘（おおうちまさひろ）

**益木中務丞**　ましきなかつかさのじょう
戦国時代の武将。
¶姓氏富山

**益子家宗**　ましこいえむね
戦国時代の益子氏当主。
¶栃木歴

**益子重綱**　ましこしげつな
生没年不詳

安土桃山時代の武将。
¶戦辞（[没]寛永12年3月25日（1635年5月11日）），戦人，日人

**益子治宗** ましこはるむね
生没年不詳
戦国時代の益子氏当主。
¶戦辞

**益子増宗** ましこますむね
生没年不詳
戦国時代の益子氏当主。
¶戦辞

**増田長盛** ましたながもり，ましだながもり
天文14（1545）年～元和1（1615）年　[別]増田長盛《ますだながもり》
安土桃山時代～江戸時代前期の武将、大名。秀吉の側近として実務を担当。関ヶ原の戦いでは西軍につき、高野山に追放された。
¶愛知百，朝日（[没]元和1年5月27日（1615年6月23日）），岩史（[没]慶長20（1615）年5月27日），角史，郷土滋賀（ますだながもり），京都大，近世，国史，国書（[没]慶長20（1615）年5月27日），古中，コン改，コン4，茶道（ましだながもり），滋賀百，史人（[没]1615年5月27日），重要（[没]元和1（1615）年5月27日），新潮（[没]元和1（1615）年5月27日），人名（ますだながもり），姓氏京都，世人（[没]元和1（1615）年5月27日），世百，戦合，戦国（[生]？），戦辞（[没]元和1年5月27日（1615年6月23日）），全書，戦人，戦西（[生]？），大百，長崎歴（ますだながもり），日史（[没]元和1（1615）年5月27日），日人，藩主3，百科，歴大，和歌山人（ましだながもり　[生]1544年？）

**益田長行** ましだながゆき
天正8（1580）年～正保3（1646）年　[別]益田豊後《ますだぶんご》
安土桃山時代～江戸時代前期の武将、阿波徳島藩家老。
¶徳島百（益田豊後　ますだぶんご　[没]正保3（1646）年3月9日），徳島歴，藩臣6

**益田正忠** ましだまさただ
？～慶長9（1604）年12月2日
安土桃山時代～江戸時代前期の徳島藩家老。
¶徳島歴

**増田盛次** ましたもりつぐ
？～元和1（1615）年　[別]増田盛次《ますだもりつぐ》
安土桃山時代～江戸時代前期の武士。豊臣氏家臣。
¶人名（ますだもりつぐ），戦国，戦人，日人

**間島氏勝** まじまうじかつ
安土桃山時代の武士。豊臣氏家臣。
¶戦国，戦人（生没年不詳）

**間島美作** まじまみまさか
生没年不詳
安土桃山時代～江戸時代前期の武士、安芸広島藩士。
¶藩臣6

**真下満広** ましもみつひろ
～長禄2（1458）年　[別]満広《みつひろ》
室町時代の武士、連歌師。
¶日人（生没年不詳），俳句（満広　みつひろ）

**増子左七郎** ますこさしちろう
生没年不詳
安土桃山時代の武士。
¶戦人

**増子浄雲** ますこじょううん
戦国時代の峠城の客分。葛西氏家臣。
¶戦東

**升沢隼人** ますざわはやと
戦国時代の武将、鱒沢城主。葛西氏家臣。
¶戦東

**鱒沢広勝** ますざわひろかつ
？～慶長5（1600）年
安土桃山時代の武士。
¶姓氏岩手（生没年不詳），戦人

**益田一政** ますだかずまさ
生没年不詳
安土桃山時代の武将。
¶戦人

**益田兼家** ますだかねいえ
？～応永26（1419）年
室町時代の武将。
¶鎌室

**益田兼方** ますだかねかた
南北朝時代の石見守護。
¶島根人

**益田兼季** ますだかねすえ
鎌倉時代前期の地頭。益田氏第5代当主。
¶島根人，島根歴（生没年不詳）

**益田兼高** ますだかねたか
生没年不詳　[別]藤原兼高《ふじわらのかねたか》
平安時代後期～鎌倉時代前期の武将。
¶島根人，島根百，島根歴，諸系，平史（藤原兼高　ふじわらのかねたか）

**益田兼堯** ますだかねたか
？～文明17（1485）年
室町時代～戦国時代の武将。応仁の乱で東軍に属する。
¶朝日（[没]文明17年5月23日（1485年7月5日）），国史，古中，コン4，史人（[没]1485年5月23日），島根百（[没]文明17（1485）年5月23日），島根歴，諸系，戦合，日史（[没]文明17（1485）年5月23日），日人

**益田兼胤** ますだかねたね
鎌倉時代後期の石見守護。
¶島根人

**益田兼時** ますだかねとき
鎌倉時代前期の御家人。益田氏第6代当主。
¶島根人，島根歴（生没年不詳）

**益田兼長**　ますだかねなが
生没年不詳
鎌倉時代後期の地頭。益田氏第7代当主。
¶島根歴

**益田兼見**　ますだかねはる
→益田兼見（ますだかねみ）

**益田兼久**　ますだかねひさ
鎌倉時代後期の石見守護。
¶島根人

**益田兼弘**　ますだかねひろ
鎌倉時代後期の惣領。益田氏第8代当主。
¶島根人，島根歴（生没年不詳）

**益田兼理**　ますだかねまさ
？ ～永享3（1431）年
室町時代の豪族。
¶島根百（[没]永享3（1431）年6月29日），島根歴

**益田兼見**　ますだかねみ
？ ～元中8/明徳2（1391）年　[別]益田兼見《ますだかねはる》
南北朝時代の武将。
¶系西，島根百（ますだかねはる　[没]明徳2（1391）年7月14日），島根歴，諸系



**益田兼世**　ますだかねよ
？ ～応永14（1407）年
南北朝時代～室町時代の武将。
¶鎌室，島根百（[没]応永14（1407）年1月18日），諸系，日人

**益田牛庵**　ますだぎゅうあん
弘治2（1556）年～寛永15（1638）年
安土桃山時代～江戸時代前期の長州（萩）藩家老。
¶藩臣6

**益田元祥**　ますだげんしょう
→益田元祥（ますだもとよし）

**益田貞兼**　ますださだかね
？ ～大永6（1526）年
戦国時代の地方豪族・土豪。
¶系西，島根百（[没]大永6（1526）年7月2日），島根歴，諸系，全書，戦人，日人

**増田繁政**　ますだしげまさ
生没年不詳
戦国時代の武将。
¶戦人

**益田信濃守**　ますだしなののかみ
戦国時代の武将。今川氏家臣。
¶戦東

**増田将監**　ますだしょうげん
生没年不詳
戦国時代の武士。北条氏家臣、小机衆。
¶戦辞

**益田尹兼**　ますだただかね
？ ～永禄8（1565）年
安土桃山時代の豪族。
¶島根百（[没]永禄8（1565）年9月3日），島根歴

**増田長盛**　ますだながもり
→増田長盛（ましたながもり）

**益田藤兼**　ますだふじかね
享禄2（1529）年～慶長1（1596）年
戦国時代～安土桃山時代の武士。
¶系西（[生]？），島根百（[没]慶長1（1596）年12月1日），島根歴，戦人，戦西（[生]？）

**益田豊後**　ますだぶんご
→益田長行（ましだながゆき）

**益田宗兼**　ますだむねかね
？ ～天文13（1544）年
戦国時代の豪族。
¶島根百（[没]天文13（1544）年1月10日），島根歴

**益田元堯**　ますだもとたか
文禄4（1595）年～万治1（1658）年
江戸時代前期の武士、長州（萩）藩家老。
¶国書（[没]万治1（1658）年10月17日），藩臣6

**益田元祥**（増田元祥）　ますだもとなが
→益田元祥（ますだもとよし）

**益田元祥**　ますだもとよし
永禄1（1558）年～寛永17（1640）年　[別]益田元祥《ますだげんしょう，ますだもとなが》，増田元祥《ますだもとなが》
安土桃山時代～江戸時代前期の長州（萩）藩永代家老。先収貢祖返還の方途の立案者。
¶朝日（[没]寛永17年9月22日（1640年11月5日）），近世（ますだげんしょう），系西（[生]？），国史（ますだげんしょう），国書（[没]寛永17（1640）年9月22日），史人（ますだげんしょう　[没]1640年9月22日），島根人，島根百（[没]寛永17（1640）年9月22日），島根歴，諸系，人名（ますだもとなが），姓氏山口，戦合（ますだげんしょう），戦国（ますだげんしょう），戦人（増田元祥　ますだもとなが），日人（ますだげんしょう），山口百，歴大（ますだげんしょう）

**増田盛次**　ますだもりつぐ
→増田盛次（ましたもりつぐ）

**真館好久**　まだちよしひさ
？ ～正長1（1428）年
南北朝時代～室町時代の能登国羽咋郡土田荘館の土豪。
¶姓氏石川

**俣野景久**　またのかげひさ
？ ～寿永2（1183）年　[別]平景久《たいらのかげひさ》
平安時代後期の武士。相撲の名手。
¶朝日（[没]寿永2年5月11日（1183年6月2日）），鎌室（生没年不詳），新潮，日人，平史（平景久　たいらのかげひさ）

**俣野景平**　またのかげひら
生没年不詳
鎌倉時代の幕府御家人。
¶姓氏神奈川

股野五郎 またのごろう
　　㋓大庭景久《おおばかげひさ》
　　平安時代後期の相模の武族。
　　¶人名

真玉統寛 またまむねひろ
　　？　～天正18(1590)年
　　安土桃山時代の武将。大友氏家臣。
　　¶戦人

町顕量 まちあきかず
　　生没年不詳
　　戦国時代の土佐一条家家臣、町顕基の猶子。
　　¶高知人

町田右馬助 まちだうまのすけ
　　生没年不詳
　　安土桃山時代の武士。佐竹氏家臣。
　　¶戦辞，戦人，戦東

町田勘解由 まちだかげゆ
　　安土桃山時代の地侍。結城氏家臣。
　　¶戦辞(生没年不詳)，戦東

町田助久 まちだすけひさ
　　南北朝時代の武将。
　　¶姓氏鹿児島

町田土佐守 まちだとさのかみ
　　？　～元和3(1617)年3月5日
　　安土桃山時代～江戸時代前期の武蔵鉢形城主北条
　　氏邦の家臣。
　　¶戦辞

町田久倍 まちだひさます
　　？　～慶長5(1600)年
　　戦国時代～安土桃山時代の武士。
　　¶鹿児島百，姓氏鹿児島，戦人(生没年不詳)，
　　戦西

町田豊後守 まちだぶんごのかみ
　　安土桃山時代の地侍。結城氏家臣。
　　¶戦東

町田祐慶 まちだゆうけい
　　？　～元和3(1617)年3月5日
　　戦国時代の武将。
　　¶埼玉人

馬乳久左衛門 まちぎゅうざえもん
　　安土桃山時代～江戸時代前期の武士。里見氏家臣。
　　¶戦人(生没年不詳)，戦東

馬乳式部大輔 まちしきぶだゆう
　　安土桃山時代の武将。里見氏家臣。
　　¶戦東

町野氏俊 まちのうじとし
　　㋓町野氏俊・義俊《まちのうじとし・よしとし》
　　戦国時代の武将。足利氏家臣。
　　¶戦東(町野氏俊・義俊　まちのうじとし・よし
　　とし)

町野氏吉 まちのうじよし
　　生没年不詳
　　安土桃山時代～江戸時代前期の武士。

¶戦人

町野貞康 まちのさだやす
　　生没年不詳
　　鎌倉時代後期の武将・歌人。
　　¶国書

町野成康 まちのしげやす
　　生没年不詳
　　戦国時代の古河公方の家臣。
　　¶戦辞

町野能悦 まちののうえつ
　　生没年不詳
　　戦国時代の古河公方の家臣。
　　¶戦辞

町野信方 まちののぶかた
　　生没年不詳
　　南北朝時代の武将・歌人。
　　¶国書

町野備中守 まちのびっちゅうのかみ
　　生没年不詳
　　戦国時代の古河公方の家臣。
　　¶戦辞

町野弘風 まちのひろかぜ
　　戦国時代の武将。大内氏家臣。
　　¶戦西

町野康持 まちのやすもち
　　→三善康持(みよしやすもち)

町野幸和 まちのゆきかず
　　？　～正保4(1647)年
　　安土桃山時代～江戸時代前期の武士。徳川氏家臣。
　　¶戦国，戦人，藩臣2(㋐天正2(1574)年)

町野幸仍 まちのゆきより
　　＊～慶長18(1613)年
　　安土桃山時代～江戸時代前期の武将。
　　¶戦国(㋐1542年)，戦人(㋐天文12(1543)年)

町野義俊 まちのよしとし
　　㋓町野氏俊・義俊《まちのうじとし・よしとし》
　　戦国時代の古河公方の家臣。
　　¶戦辞(生没年不詳)，戦東(町野氏俊・義俊　ま
　　ちのうじとし・よしとし)

松井和泉守 まついいずみのかみ
　　戦国時代の武将。今川氏家臣。
　　¶戦東

松井興長 まついおきなが
　　天正8(1580)年～寛文1(1661)年
　　安土桃山時代～江戸時代前期の武士、肥後熊本藩
　　家老。
　　¶藩臣7

松井織部 まついおりべ
　　生没年不詳
　　戦国時代の北条氏の家臣。
　　¶戦辞

松井貞宗 まついさだむね
　　生没年不詳

ま

戦国時代の武士。今川氏家臣。
¶戦辞，戦人，戦東

**松井新介**　まついしんすけ
安土桃山時代の武将。秀吉馬廻。
¶戦国，戦人（生没年不詳）

**松井惣左衛門**　まついそうざえもん
生没年不詳
戦国時代の今川義元の家臣。
¶戦辞

**松井忠次**　まついただつぐ
→松平康親(1)（まつだいらやすちか）

**松井藤助**　まついとうすけ
安土桃山時代の武士。豊臣氏家臣。
¶戦国，戦人（生没年不詳）

**松井信薫**　まついのぶしげ
？～享禄2（1529）年
戦国時代の武将。今川氏家臣。
¶戦人，戦東

**松井儀長**　まついのりなが
元亀1（1570）年～明暦3（1657）年　[別]松井儀長《まついよしなが》
安土桃山時代～江戸時代前期の日向飫肥藩士。松井疏水の開削者。
¶朝日（まついよしなが　[生]永禄12（1569）年頃　[没]明暦3年11月22日（1657年12月26日）），近世，国史，コン改，コン4，史人，人名，日人，藩臣7（まついよしなが）

**松井豊後守**　まついぶんごのかみ
生没年不詳
戦国時代の黒川谷の土豪。
¶姓氏群馬

**松井宗親**　まついむねちか
？～永禄8（1565）年
戦国時代の武士。今川氏家臣。
¶戦人，戦東

**松井宗恒**　まついむねつね
戦国時代の武将。今川氏家臣。
¶姓氏静岡，戦辞（生没年不詳），戦人（生没年不詳），戦東

**松井宗信**　まついむねのぶ
？～永禄3（1560）年
戦国時代の武士。今川氏家臣。
¶静岡歴，姓氏静岡，戦辞（[没]永禄3年5月19日（1560年6月12日）），戦人（生没年不詳），戦東

**松井宗能**　まついむねよし
戦国時代の武将。今川氏家臣。
¶戦辞（生没年不詳），戦東

**松井康之**　まついやすゆき
天文19（1550）年～慶長17（1612）年
安土桃山時代～江戸時代前期の武将。将軍足利義輝の近習。
¶朝日（[生]天文19年11月1日（1550年12月8日）　[没]慶長17年1月23日（1612年2月24日）），大分歴，織田（[没]慶長17（1612）年1月23日），角史，京都府，近世，国史，国書（[生]天文19（1550）年11月1日　[没]慶長17（1612）年1月23日），茶道，史人（[生]1550年11月1日　[没]1612年1月23日），新潮（[生]天文19（1550）年11月1日　[没]慶長17（1612）年1月23日），人名，世人，戦合，戦国（[生]1551年），戦人，日史（[生]天文19（1550）年11月1日　[没]慶長17（1612）年1月23日），日人，藩臣7，百科，歴大

**松井友閑**　まついゆうかん
生没年不詳　[別]宮内卿法印《くないきょうほういん》
安土桃山時代の武将。
¶朝日，岩史，織田，角史，国史，古中，コン改，コン4，茶道，史人，新潮，人名，世人，戦合，戦国，全書，戦人，日史，日人，百科，歴大

**松井儀長**　まついよしなが
→松井儀長（まついのりなが）

**松井与八郎**　まついよはちろう
天正4（1576）年～文禄2（1593）年
安土桃山時代の武将。
¶京都府

**松浦興信**　まつうらおきのぶ
？～天文10（1541）年　[別]松浦興信《まつらおきのぶ》
戦国時代の武将、肥前平戸城主。
¶諸系（まつらおきのぶ），人名，日人（まつらおきのぶ）

**松浦亀介**　まつうらかめすけ
生没年不詳
安土桃山時代の織田信長の家臣。
¶織田

**松浦金平**　まつうらきんぺい
[別]松浦金平《まつらきんぺい》
安土桃山時代の武将。秀吉馬廻。
¶戦国（まつらきんぺい），戦人（生没年不詳）

**松浦答**　まつうらこたう
→松浦答（まつらこたう）

**松浦定**　まつうらさだむ
→松浦定（まつらさだむ）

**松浦鎮信**　まつうらしげのぶ
→松浦鎮信（まつらしげのぶ）

**松浦重政**　まつうらしげまさ
[別]松浦重政《まつらしげまさ》
安土桃山時代の武将。秀吉馬廻。
¶戦国（まつらしげまさ），戦人（生没年不詳）

**松浦宗案**　まつうらそうあん
生没年不詳　[別]松浦宗案《まつらそうあん》
戦国時代の武士、農学者。
¶愛媛百，国史，国書，古中，コン改（まつらそうあん），コン4（まつらそうあん），新潮（まつらそうあん），人名，世人，日人

**松浦隆信(1)**　まつうらたかのぶ
→松浦隆信(1)（まつらたかのぶ）

**松浦隆信(2)** まつうらたかのぶ
→松浦隆信(2)(まつらたかのぶ)

**松浦義** まつうらただし
→松浦義(まつらよろし)

**松浦秀任** まつうらひでとう
？ ～慶長5(1600)年 [別]松浦秀任《まつらひでとう》
安土桃山時代の武士。豊臣氏家臣。
¶戦国(まつらひでとう)，戦人

**松浦兵庫助** まつうらひょうごのすけ
？ ～明応6(1497)年
室町時代～戦国時代の武将。今川氏家臣。
¶姓氏静岡，戦人，戦東

**松浦宗清** まつうらむねきよ
→松浦宗清(まつらむねきよ)

**松岡右京進** まつおかうきょうのしん
生没年不詳
安土桃山時代の武将。秀吉馬廻。
¶戦人

**松岡右京亮** まつおかうきょうのすけ
安土桃山時代の武将。秀吉馬廻。
¶戦国

**松岡刑部** まつおかぎょうぶ
戦国時代の武将。武田家臣。信濃先方衆。
¶姓氏長野(生没年不詳)，姓氏山梨

**松岡九郎左衛門** まつおかくろうざえもん
安土桃山時代の武将。信長・秀吉の臣。
¶戦国

**松岡九郎次郎**(松岡九郎二郎) まつおかくろうじろう
→松岡九郎次郎(まつおかくろじろう)

**松岡九郎次郎** まつおかくろじろう
生没年不詳 [別]松岡九郎次郎《まつおかくろうじろう》，松岡九郎二郎《まつおかくろうじろう》
安土桃山時代の武士。織田氏家臣、豊臣氏家臣。
¶織田(松岡九郎二郎 まつおかくろうじろう)，戦国(まつおかくろうじろう)，戦人

**松岡貞利** まつおかさだとし
？ ～天正13(1585)年
戦国時代～安土桃山時代の甲斐武田晴信・勝頼の家臣。
¶戦辞

**松岡新左衛門** まつおかしんざえもん
戦国時代の土豪。
¶姓氏富山

**松尾勝慶** まつおかつよし
天正18(1590)年？ ～寛永8(1631)年
江戸時代前期の武士、肥前福江藩家老。
¶藩臣7

**松岡土佐** まつおかとさ
戦国時代の武士。伊達氏家臣。
¶戦人(生没年不詳)，戦東

**松岡長時** まつおかながとき
永禄7(1564)年～正保1(1644)年
安土桃山時代～江戸時代前期の陸奥仙台藩士。
¶藩臣1

**松岡頼貞** まつおかよりさだ
生没年不詳
戦国時代の甲斐武田晴信・勝頼の家臣。
¶戦辞

**松尾遠江守** まつおとおとうみのかみ
生没年不詳
戦国時代の武士。尼子氏家臣。
¶戦人

**松尾信賢** まつおのぶかた
生没年不詳
戦国時代の甲斐守護武田信昌の四男。
¶戦辞

**松尾信是** まつおのぶこれ
？ ～元亀2(1571)年
戦国時代の武士。武田氏家臣。
¶姓氏山梨，戦辞([没]元亀2年3月10日(1571年4月4日))，戦人，戦東

**松川千葉民部** まつかわちばみんぶ
戦国時代の武将。葛西氏家臣。
¶戦東

**松川美作守** まつかわみまさかのかみ
戦国時代の武将。里見氏家臣。
¶戦東

**松木珪琳** まつきけいりん
戦国時代の武田家臣。蔵前衆。
¶江戸，姓氏山梨

**松倉右馬之允** まつくらうまのじょう
戦国時代の武将。葛西氏家臣。
¶戦東

**松倉勝家** まつくらかついえ
慶長2(1597)年～寛永15(1638)年
江戸時代前期の武将、大名。肥前島原藩主。
¶朝日([没]寛永15年7月19日(1638年8月28日))，近世，国史，コン改([生]？)，コン4([生]？)，重要([没]寛永15(1638)年7月19日)，新潮([生]？ [没]寛永15(1638)年7月19日)，人名，世人([生]？ [没]寛永15(1638)年7月19日)，戦合，戦国([生]？)，全書，戦人，日人，藩主4([没]寛永15(1638)年7月19日)，歴大

**松倉三郎左衛門** まつくらさぶろうざえもん
安土桃山時代の武将。秀吉馬廻。
¶戦国，戦人(生没年不詳)

**松倉重信** まつくらしげのぶ
天文7(1538)年～文禄2(1593)年
安土桃山時代の武将。
¶戦国，戦人([生]？)，日人

**松倉重政** まつくらしげまさ
？ ～寛永7(1630)年
安土桃山時代～江戸時代前期の大名。肥前島原藩

ま

主、大和五条藩主。
¶朝日([没]寛永7年11月16日(1630年12月19日)),岩史([没]寛永7(1630)年11月16日),角史,郷土長崎,郷土奈良([生]1579年),近世,国史,コン改,コン4,史人([没]1630年11月16日),重要([没]寛永7(1630)年12月),新潮([没]寛永7(1630)年11月16日),人名,世人([没]寛永8(1631)年11月16日),世百([生]1574年),戦合,戦国,全書,戦人,大百,長崎百([生]天正1(1573)年),長崎歴,日史([没]寛永8(1631)年11月16日),日人,藩主3([生]1578年),藩主4([没]寛永7(1630)年12月26日,(異説)11月16日),百科([没]寛永8(1631)年),歴大

**松坂定頼** まつさかさだより
? ～天正19(1591)年 [別]松坂周防定頼《まつさかすおうさだより》
安土桃山時代の武将。大崎氏家臣。
¶戦人,戦東(松坂周防定頼 まつさかすおうさだより)

**松坂周防定頼** まつさかすおうさだより
→松坂定頼(まつさかさだより)

**松崎範家** まつさきのりいえ,まつざきのりいえ
室町時代の武士。
¶岡山人(まつざきのりいえ),岡山百(生没年不詳),岡山歴(まつざきのりいえ)

**松下加兵衛** まつしたかへえ
→松下之綱(まつしたゆきつな)

**松下五郎三郎** まつしたごろうさぶろう
生没年不詳
戦国時代の武士。伊豆に漂流し、東国に鉄砲を伝播させる。
¶戦辞

**松下三郎左衛門** まつしたさぶろうざえもん
生没年不詳
戦国時代の武士。後北条氏家臣。
¶戦辞,戦人,戦東

**松下重綱** まつしたしげつな
天正7(1579)年～寛永4(1627)年
安土桃山時代～江戸時代前期の大名。陸奥二本松藩主、下野烏山藩主、常陸小張藩主。
¶朝日([没]寛永4年10月2日(1627年11月9日)),近世,国史,コン改,コン4,史人([没]1627年10月2日),新潮([没]寛永4(1627)年10月2日),人名,戦合,戦国,戦人,栃木歴,日人,藩主1([没]寛永4(1627)年10月2日),藩主1,藩主2([没]寛永4(1627)年10月2日),藩主2,福島百

**松下之綱** まつしたゆきつな
天文7(1538)年～慶長3(1598)年 [別]松下加兵衛《まつしたかへえ》
安土桃山時代の武将、大名。遠江久野城主。
¶静岡歴,人書94(松下加兵衛 まつしたかへえ 生没年不詳),姓氏静岡,戦国,戦辞([生]天文6(1537)年),戦人,戦東,日人([生]1537年),藩主2([生]天文6(1537)年 [没]慶長3(1598)年2月晦日)

**松下吉綱** まつしたよしつな
天文4(1535)年～慶長3(1598)年
安土桃山時代の駿州久能城主。
¶人名

**松島古伯** まつしまこはく
生没年不詳
戦国時代の武士。
¶姓氏群馬

**松島善兵衛** まつしまぜんべえ
安土桃山時代の国人。
¶戦人(生没年不詳),戦東

**松田因幡** まつだいなば
→松田因幡守(まつだいなばのかみ)

**松田因幡守** まつだいなばのかみ
生没年不詳 [別]松田因幡《まつだいなば》
戦国時代の武士。後北条氏家臣。
¶戦辞(松田因幡 まつだいなば),戦人,戦東

**松平家勝** まつだいらいえかつ
生没年不詳
戦国時代の人。丸根松平氏。
¶戦辞

**松平家清** まつだいらいえきよ
永禄9(1566)年～慶長15(1610)年
安土桃山時代～江戸時代前期の武将、大名。武蔵八幡山領主、三河吉田藩主。
¶埼玉人([没]慶長15(1610)年12月21日),諸系([没]1611年),人名,姓氏愛知,戦国,戦辞([没]慶長15年12月21日(1611年2月3日)),戦人,日人([没]1611年),藩主1,藩主2([没]慶長15(1610)年12月21日)

**松平家忠(1)** まつだいらいえただ
? ～天正9(1581)年11月1日
戦国時代の武将。東条松平氏。今川氏家臣。
¶戦辞,戦東

**松平家忠(2)** まつだいらいえただ
*～天正10(1582)年
安土桃山時代の武将。形原松平氏。徳川家康に仕える。
¶朝日([生]弘治1(1555)年 [没]天正10年7月29日(1582年8月17日)),角史([生]天文16(1547)年),国史([生]1547年),古中([生]1547年),コン改([生]天文17(1548)年),コン4([生]天文17(1548)年),諸系([生]1547年),新潮([生]天文16(1547)年 [没]天正10(1582)年10月16日),人名([生]1548年 [没]1583年),世人([生]天文17(1548)年),戦合([生]1547年),戦辞([生]? [没]天正11年10月16日(1583年11月30日)),戦東([生]1548年),日人([生]1547年)

**松平家忠(3)** まつだいらいえただ
弘治1(1555)年～慶長5(1600)年 [別]松平主殿助家忠《まつだいらとのものすけいえただ》
安土桃山時代の武将。深溝松平氏。伏見城番。
¶愛知百([没]1600年8月1日),角史,近世,国史,国書([没]慶長5(1600)年7月30日),古中,コン改,コン4,埼玉人([没]慶長5(1600)年7月30

日)，埼玉百(松平主殿助家忠　まつだいらとのものすけいえただ)，茶道，史人([没]1600年7月30日)，諸系，新潮([没]慶長5(1600)年7月18日)，人名，姓氏愛知，世人，戦合，戦国，戦辞([没]慶長5年8月1日(1600年9月8日))，戦人，大百，千葉百，日史([没]慶長5(1600)年7月30日)，日人，藩主2([没]慶長5(1600)年7月晦日)，藩主2，百科，歴大

**松平家次** まつだいらいえつぐ
? 〜永禄6(1563)年
戦国時代の武士。松平氏家臣。
¶諸系，戦辞(生没年不詳)，戦人([没]永禄7(1564)年)，日人

**松平家信** まつだいらいえのぶ
永禄8(1565)年〜寛永15(1638)年
安土桃山時代〜江戸時代前期の大名。下総佐倉藩主、三河形原藩主、摂津高槻藩主。
¶朝日([没]寛永15年1月14日(1638年2月27日))，近世，国史，コン改，コン4，諸系，新潮([没]寛永15(1638)年1月14日)，人名，世人，戦合，戦国([生]1566年)，戦辞([没]寛永15年1月14日(1638年2月27日))，戦人，日人，藩主2([没]寛永15(1638)年1月14日)，藩主2，藩主3

**松平家乗** まつだいらいえのり
天正3(1575)年〜慶長19(1614)年
安土桃山時代〜江戸時代前期の武将、大名。上野那波領主、美濃岩村藩主。
¶岐阜百，群馬人，諸系，人名([生]1561年 [没]1600年)，姓氏群馬，戦国，戦辞(生没年不詳)，戦人，日人，藩主1([没]慶長19(1614)年2月19日)，藩主2([没]慶長19(1614)年2月19日)

**松平家広**(1) まつだいらいえひろ
生没年不詳
戦国時代の武将。形原松平氏。徳川氏家臣。
¶戦辞

**松平家広**(2) まつだいらいえひろ
天正5(1577)年〜慶長6(1601)年　[別]松平内膳正家広《まつだいらないぜんのしょういえひろ》
安土桃山時代の武将、大名。武蔵松山城主。
¶埼玉人([没]慶長6(1601)年6月14日)，埼玉百(松平内膳正家広　まつだいらないぜんのしょういえひろ)，諸系，戦辞(生没年不詳)，日人，藩主1([没]慶長6(1601)年6月14日)

**松平家康** まつだいらいえやす
→徳川家康(とくがわいえやす)

**松平伊豆守信綱** まつだいらいずのかみのぶつな
→松平信綱(まつだいらのぶつな)

**松平一伯** まつだいらいっぱく
→松平忠直(まつだいらただなお)

**松平景忠** まつだいらかげただ
天文10(1541)年〜文禄2(1593)年
安土桃山時代の武士。徳川氏家臣。
¶人名，戦人，戦東，日人

**松平一生** まつだいらかずなり
元亀1(1570)年〜慶長9(1604)年
安土桃山時代の武将、大名。上野三蔵領主、下野板橋城主。
¶諸系，人名([生]1568年)，栃木歴，日人，藩主1([没]慶長9(1604)年4月25日)

**松平勝隆** まつだいらかつたか
天正17(1589)年〜寛文6(1666)年
安土桃山時代〜江戸時代前期の武将、大名。上総佐貫藩主。
¶近世，国史，コン改，コン4，諸系，新潮([没]寛文6(1666)年2月3日)，人名，戦合，日人，藩主2([没]寛文6(1666)年2月3日)

**松平勝親** まつだいらかつちか
生没年不詳
戦国時代の日野家領近江国菅浦・大浦両庄の代官。
¶戦辞

**松平勝政** まつだいらかつまさ
? 〜寛永13(1636)年
安土桃山時代〜江戸時代前期の武将、旗本。
¶静岡歴

**松平清直** まつだいらきよなお
天正12(1584)年〜慶安4(1651)年
安土桃山時代〜江戸時代前期の松平・徳川氏の一支族長沢松平の分家。
¶新潟百

**松平清昌** まつだいらきよまさ
文禄2(1593)年〜明暦1(1655)年
江戸時代前期の武士、西郡竹谷松平家初代領主。
¶姓氏愛知

**松平清宗** まつだいらきよむね
天文7(1538)年〜慶長10(1605)年
安土桃山時代の武士。徳川氏家臣。
¶諸系，人名，戦辞([没]慶長10年11月10日(1605年12月19日))，戦人，戦東([没]?)，日人

**松平清康** まつだいらきよやす
永正8(1511)年〜天文4(1535)年　[別]徳川清康《とくがわきよやす》
戦国時代の武将。徳川家康の祖父。三河を制圧。
¶愛知百([生]1511年9月 [没]1535年12月5日)，朝日([没]天文4年12月5日(1535年12月29日))，岩史([没]天文4(1535)年12月5日)，角史，系東，国史，古中，コン改，コン4，史人([没]1535年12月5日)，諸系，新潮([生]永正8(1511)年9月7日 [没]天文4(1535)年12月5日)，人名，姓氏愛知，世人，戦合，戦国，戦辞([生]永正8年9月7日(1511年9月28日) [没]天文4年12月5日(1535年12月29日))，全書，戦人([生]永正8(1511)年?)，大百，日史([没]天文4(1535)年12月5日)，日人，百科，歴大

**松平清善** まつだいらきよよし
永正2(1505)年〜天正15(1587)年
戦国時代〜安土桃山時代の武士。徳川家康の臣。
¶諸系，人名，姓氏愛知，戦辞([生]永正5(1508)年 [没]天正18年5月26日(1590年6月27日))，日人

**松平源七郎康直** まつだいらげんしちろうやすなお
→松平康直(まつだいらやすなお)

**松平玄鉄** まつだいらげんてつ
生没年不詳
戦国時代の武士。徳川家康の臣。
¶諸系，人名([没]1571年)，日人

**松平伊忠** まつだいらこれただ
天文6(1537)年～天正3(1575)年
安土桃山時代の武士。徳川氏家臣。
¶諸系，新潮([没]天正3(1575)年5月21日)，人名，戦国([生]?)，戦辞([没]天正3年5月21日(1575年6月29日))，戦人([生]?)，戦東([生]?)，日人

**松平定勝** まつだいらさだかつ
永禄3(1560)年～寛永1(1624)年　[別]久松定勝《ひさまつさだかつ》
安土桃山時代～江戸時代前期の大名。遠江掛川藩主、伊勢桑名藩主、山城伏見藩主。
¶朝日([没]寛永1年3月14日(1624年5月1日))，近世，国史，コン改，コン4，史人([没]1624年3月14日)，静岡百，静岡歴，諸系，新潮([没]寛永1(1624)年3月14日)，人名，姓氏静岡，世人，戦合，戦人，戦補，千葉百，日史([没]寛永1(1624)年3月14日)，日人，藩主2，藩主3([没]寛永1(1624)年3月14日)，藩主3，百科

ま

**松平定綱** まつだいらさだつな
文禄1(1592)年～慶安4(1651)年
江戸時代前期の武将、大名。常陸下妻藩主、下総山川藩主、遠江掛川藩主、美濃大垣藩主、伊勢桑名藩主、山城淀藩主。
¶朝日([没]慶安4年12月25日(1652年2月4日))，岐阜百，近世，国史，国書([生]天正20(1592)年1月25日　[没]慶安4(1651)年12月25日)，コン改，コン4，諸系([没]1652年)，人名，姓氏京都，戦合，日人([没]1652年)，藩主2，藩主3([生]文禄1(1592)年1月25日　[没]慶安4(1651)年12月25日)，藩主3，三重

**松平貞広** まつだいらさだひろ
生没年不詳
戦国時代の武士。
¶戦辞

**松平定広** まつだいらさだひろ
天文17(1548)年～寛永16(1639)年
安土桃山時代～江戸時代前期の三河深溝藩家老。
¶藩臣4

**松平定行** まつだいらさだゆき
天正15(1587)年～寛文8(1668)年　[別]久松定行《ひさまつさだゆき》
江戸時代前期の武将、大名。遠江掛川藩主、伊勢桑名藩主、伊予松山藩主。
¶愛媛百([没]寛文8(1668)年10月19日)，郷土愛媛，諸系，人名(久松定行　ひさまつさだゆき)，日人，藩主2，藩主3，藩主4([没]寛文8(1668)年10月19日)

**松平定吉** まつだいらさだよし
天正13(1585)年～慶長8(1603)年
安土桃山時代の武将。
¶静岡歴，姓氏静岡

**松平薩摩守忠吉** まつだいらさつまのかみただよし
→松平忠吉(まつだいらただよし)

**松平真次** まつだいらさねつぐ
天正5(1577)年～正保3(1646)年
安土桃山時代～江戸時代前期の幕臣。
¶諸系，人名，日人

**松平真乗** まつだいらさねのり
天文15(1546)年～天正10(1582)年　[別]松平直乗《まつだいらなおのり》
安土桃山時代の武士。徳川氏家臣。
¶諸系，人名([生]1553年)，人名(松平直乗　まつだいらなおのり)，戦国，戦辞(生没年不詳)，戦人([生]?)，戦東([生]1553年)，日人

**松平三郎兵衛** まつだいらさぶろうべえ
?　～寛永2(1625)年
江戸時代前期の武将、紀伊和歌山藩士。
¶日人，藩臣5

**松平左馬允忠頼** まつだいらさまのじょうただより
→松平忠頼(まつだいらただより)

**松平重勝** まつだいらしげかつ
天文18(1549)年～元和6(1620)年
安土桃山時代～江戸時代前期の大名。下総関宿藩主、越後三条藩主、遠江横須賀藩主。
¶近世，国史，コン4，諸系([没]1621年)，新潮([没]元和6(1620)年12月14日)，人名，世人，戦合，日人([没]1621年)，藩主2，藩主2([没]元和6(1620)年12月14日)，藩主3

**松平重忠** まつだいらしげただ
元亀1(1570)年～寛永3(1626)年
安土桃山時代～江戸時代前期の武将、大名。遠江横須賀藩主、出羽上山藩主。
¶諸系，日人，藩主1([没]寛永3(1626)年7月1日)，藩主2

**松平重則** まつだいらしげのり
天正8(1580)年～寛永18(1641)年
安土桃山時代～江戸時代前期の武将、大名。上総百首藩主、下野皆川藩主。
¶諸系([没]1642年)，栃木歴，日人([没]1642年)，藩主1([没]寛永18(1641)年12月27日)，藩主2

**松平重吉** まつだいらしげよし
明応2(1493)年～天正8(1580)年
戦国時代～安土桃山時代の武士。徳川氏家臣。
¶諸系，新潮([没]天正8(1580)年8月27日)，人名，姓氏愛知([生]1498年)，戦辞(生没年不詳)，戦人，戦東([生]?)，日人

**松平康安** まつだいらしずやす
→松平康安(まつだいらやすやす)

**松平甚三郎** まつだいらじんざぶろう
天正12(1584)年～承応1(1652)年
安土桃山時代～江戸時代前期の武将、出羽庄内藩家老。
¶庄内([没]承応1(1652)年9月22日)，日人，藩臣1

**松平周防守康重** まつだいらすおうのかみやすしげ
→松平康重(まつだいらやすしげ)

**松平助十郎正勝** まつだいらすけじゅうろうまさかつ
→松平正勝(まつだいらまさかつ)

**松平忠明** まつだいらただあき
→松平忠明(まつだいらただあきら)

**松平忠明** まつだいらただあきら
天正11(1583)年～正保1(1644)年 [別]松平忠明《まつだいらただあき》, 奥平忠明《おくだいらただあき》
安土桃山時代～江戸時代前期の武将、大名。三河作手藩主、伊勢亀山藩主、播磨姫路藩主、摂津大坂藩主、大和郡山藩主。
¶朝日([没]正保1年3月23日(1644年4月29日)), 大阪人([生]天正10(1582)年), 近世, 国史, 国書([没]寛永21(1644)年3月25日), コン4, 茶道, 史人([没]1644年3月25日), 諸系, 姓氏愛知(まつだいらただあき), 戦合, 戦国([生]1584年), 戦人(まつだいらただあき), 日史([没]正保1(1644)年3月25日), 日人, 藩主2, 藩主3([没]正保1(1644)年3月25日), 藩主3, 百科(まつだいらただあき), 歴大

**松平忠景** まつだいらただかげ
戦国時代の武将、深溝松平氏の祖。
¶人名

**松平忠勝** まつだいらただかつ
弘治3(1557)年～慶長14(1609)年
安土桃山時代～江戸時代前期の三河深溝藩士。
¶国書([没]慶長14(1609)年1月14日), 藩臣4

**松平忠清** まつだいらただきよ
天正13(1585)年～慶長17(1612)年
安土桃山時代～江戸時代前期の武将、大名。三河吉田藩主。
¶諸系, 日人, 藩主2([没]慶長17(1612)年4月20日)

**松平忠国** まつだいらただくに
慶長2(1597)年～万治2(1659)年
江戸時代前期の武将、大名。丹波篠山藩主、播磨明石藩主。
¶諸系, 人名, 日人, 藩主3([生]慶長2(1597)年8月17日 [没]万治2(1659)年2月20日), 藩主3([没]万治2(1659)年2月20日), 兵庫百

**松平忠定** まつだいらたださだ
? ～享禄4(1531)年
戦国時代の三河吉田城主。
¶諸系, 人名, 日人

**松平忠重** まつだいらただしげ
? ～寛永2(1625)年
安土桃山時代～江戸時代前期の武士。家忠の子。徳川頼宣に仕えた。
¶和歌山人

**松平忠茂** まつだいらただしげ
? ～弘治2(1556)年2月20日
戦国時代の武将。今川氏家臣。
¶戦辞, 戦東

**松平忠次** まつだいらただつぐ
大永1(1521)年～天文16(1547)年
戦国時代の武将。
¶日人

**松平忠輝** まつだいらただてる
文禄1(1592)年～天和3(1683)年 [別]川中島少将《かわなかじましょうしょう》, 徳川上総介忠輝《とくがわかずさのすけただてる》, 徳川忠輝《とくがわただてる》
江戸時代前期の武将、大名。武蔵深谷藩主、下総佐倉藩主、信濃松代藩主、越後福島販推、越後高田藩主。
¶朝日([生]文禄1年1月4日(1592年2月16日) [没]天和3年7月3日(1683年8月24日)), 岩史([生]天正20(1592)年1月4日 [没]天和3(1683)年7月3日), 江戸東(川中島少将 かわなかじましょうしょう), 角史, 近世, 国史, 国書([生]天正20(1592)年1月4日 [没]天和3(1683)年7月3日), コン改, コン4, 埼玉人([没]天和3(1683)年2月22日), 埼玉百(徳川上総介忠輝 とくがわかずさのすけただてる), 史人([生]1592年1月4日 [没]1683年7月3日), 諸系, 新潮([生]文禄1(1592)年1月4日 [没]天和3(1683)年7月3日), 人名, 姓氏長野, 世人([生]文禄1(1592)年1月4日 [没]天和3(1683)年閏7月3日), 戦合, 戦国, 全書, 戦人, 大百, 長野百, 長野歴, 新潟百, 日史([生]文禄1(1592)年1月4日 [没]天和3(1683)年7月3日), 日人, 藩主1([没]天和3(1683)年2月22日), 藩主2, 藩主3, 藩主3([生]文禄1(1592)年8月9日 [没]天和3(1683)年7月3日), 百科, 歴大

**松平忠利(1)** まつだいらただとし
天正10(1582)年～慶安2(1649)年
安土桃山時代～江戸時代前期の武士、旗本。秀忠に仕えた。
¶日人

**松平忠利(2)** まつだいらただとし
天正10(1582)年～寛永9(1632)年
安土桃山時代～江戸時代前期の武将、大名。下総小見川藩主、三河深溝藩主、三河吉田藩主。
¶国書([生]天正10(1582)年1月16日 [没]寛永9(1632)年6月5日), 諸系, 人名, 日人, 藩主2, 藩主2([生]天正10(1582)年1月16日 [没]寛永9(1632)年6月5日)

**松平忠直** まつだいらただなお
文禄4(1595)年～慶安3(1650)年 [別]越前忠直《えちぜんただなお》,松平一伯《まつだいらいっぱく》,忠直〔徳川家〕《ただなお》
江戸時代前期の武将、大名。越前北庄藩主。
¶朝日([生]文禄4年6月10日(1595年7月16日) [没]慶安3年9月10日(1650年10月5日)), 岩史([生]文禄4(1595)年6月10日 [没]慶安3(1650)年9月10日), 江戸(越前忠直 えちぜんただなお), 大分百, 大分歴(まつだいらただなお(いっぱく)), 角史, 郷土福井, 近世, 公卿([生]天正4(1576)年 [没]慶安3(1650)年9月), 公家(忠直〔徳川家〕 ただなお [生]1595年 [没]慶安3年9月10日), 国史, 国書([生]文禄4(1595)年6月10日 [没]慶安3(1650)年9月10日), コン改, コン4, 茶道(松平一伯 まつだ

いらいっぱく)，史人([没]1650年9月10日)，重要([没]慶安3(1650)年9月10日)，諸系，新潮([没]慶安3(1650)年9月10日)，人名，世人，戦合，全書，大百([生]1607年)，日史([没]慶安3(1650)年9月10日)，日人，藩主3([生]文禄4(1595)年6月10日　[没]慶安3(1650)年9月10日)，百科，福井百，歴大

**松平忠良　まつだいらただなが**
→松平忠良(まつだいらただよし)

**松平忠晴　まつだいらただはる**
慶長3(1598)年～寛文9(1669)年
江戸時代前期の武将、大名。駿河田中藩主、遠江掛川藩主、丹波亀山藩主。
¶京都府，国書([没]寛文9(1669)年3月23日)，諸系，人名，日人，藩主2，藩主3([没]寛文9(1669)年3月23日)

**松平忠昌　まつだいらただまさ**
慶長2(1597)年～正保2(1645)年
江戸時代前期の武将、大名。常陸下妻藩主、下総姉崎藩主、信濃松代藩主、越後高田藩主、越前福井藩主。
¶朝日([生]慶長2年12月14日(1598年1月21日)　[没]正保2年8月1日(1645年9月20日))，近世，国史，コン改，コン4，史人([生]1597年12月14日　[没]1645年8月1日)，諸系([生]1598年)，人名，戦合，長野歴，新潟百，日人([生]1598年)，藩主2，藩主3([生]慶長2(1597)年12月　[没]正保2(1645)年8月)，藩主3([生]慶長2(1597)年12月14日　[没]正保2(1645)年8月1日)，福井百

**松平忠政(1)　まつだいらただまさ**
天正9(1581)年～慶長12(1607)年　[別]大須賀忠政《おおすかただまさ，おおすがただまさ》
安土桃山時代～江戸時代前期の武将、大名。上総久留里領主、遠江横須賀藩主。
¶静岡百([生]天正9(1581)年？)，静岡歴(大須賀忠政　おおすかただまさ)，諸系，人名(大須賀忠政　おおすがただまさ)，姓氏静岡(大須賀忠政　おおすがただまさ)，日人，藩主2，藩主2([没]慶長12(1607)年9月11日)

**松平忠政(2)　まつだいらただまさ**
～元和5(1619)年
安土桃山時代～江戸時代前期の武士、旗本。
¶神奈川人

**松平忠政(3)　まつだいらただまさ**
→菅沼忠政(すがぬまただまさ)

**松平忠正　まつだいらただまさ**
天文13(1544)年～天正5(1577)年
安土桃山時代の武士。徳川氏家臣。
¶諸系，人名，戦人，戦東，日人

**松平忠吉　まつだいらただよし**
天正8(1580)年～慶長12(1607)年　[別]松平薩摩守忠吉《まつだいらさつまのかみただよし》
安土桃山時代～江戸時代前期の大名。武蔵忍藩主、尾張清洲藩主。
¶愛知百([生]1580年9月　[没]1607年3月5日)，朝日([没]慶長12年3月5日(1607年4月1日))，岩史([生]天正8(1580)年9月　[没]慶長12(1607)年3月5日)，角史，近世，国史，コン改，コン4，埼玉人([生]天正8(1580)年9月10日　[没]慶長12(1607)年3月5日)，埼玉百(松平薩摩守忠吉　まつだいらさつまのかみただよし　[生]1585年)，史人([生]1580年9月　[没]1607年3月5日)，諸系，新潮([没]慶長12(1607)年3月5日)，人名，世人([生]天正11(1583)年)，戦合，戦国，戦人，日史([没]慶長12(1607)年3月5日)，日人，藩主1，藩主2([生]天正8(1580)年9月　[没]慶長12(1607)年3月5日)，百科，歴大

**松平忠良　まつだいらただよし**
天正10(1582)年～寛永1(1624)年　[別]松平忠良《まつだいらただなが》
安土桃山時代～江戸時代前期の武将、大名。下総関宿藩主、美濃大垣藩主。
¶岐阜百([生]？)，諸系，人名(まつだいらただなが)，日人，藩主2，藩主2([没]寛永1(1624)年5月18日)

**松平忠頼　まつだいらただより**
天正10(1582)年～慶長14(1609)年　[別]松平左馬允忠頼《まつだいらさまのじょうただより》
安土桃山時代～江戸時代前期の武将、大名。武蔵松山城主、遠江浜松藩主。
¶埼玉人([没]慶長14(1609)年9月29日)，埼玉百(松平左馬允忠頼　まつだいらさまのじょうただより)，諸系，日人，藩主1([没]慶長14(1609)年9月29日)，藩主2([没]慶長14(1609)年9月29日)

**松平親宅　まつだいらちかいえ**
＊～慶長9(1604)年　[別]松平念誓《まつだいらねんせい》
戦国時代～安土桃山時代の武士。徳川氏家臣、松平氏家臣。
¶茶道(松平念誓　まつだいらねんせい　[生]1533年)，姓氏愛知([生]1532年)，戦辞([生]？)，戦人([生]天文3(1534)年)，日人(松平念誓　まつだいらねんせい　[生]1534年)

**松平親氏　まつだいらちかうじ**
生没年不詳
室町時代の武士。源姓松平氏の祖。
¶系東，国史，古中，諸系，日人

**松平近清　まつだいらちかきよ**
？　～天正11(1583)年
戦国時代～安土桃山時代の大沼城主。
¶姓氏愛知

**松平親清　まつだいらちかきよ**
？　～永正6(1509)年3月1日
戦国時代の人。長沢松平氏。
¶戦辞

**松平親忠　まつだいらちかただ**
？　～文亀1(1501)年　[別]徳川親忠《とくがわちかただ》，西忠《せいちゅう》
室町時代～戦国時代の武士。三河の国人。
¶系東([生]1431年)，国史，古中，史人([生]1431年，(異説)1439年　[没]1501年8月10日)，諸系，人名(徳川親忠　とくがわちかただ　[生]1438年

[没]1500年)，姓氏愛知(生没年不詳)，世人(生没年不詳)，戦合，戦辞([生]永享10(1438)年 [没]文亀1年8月10日(1501年9月22日))，戦人([生]永享3(1431)年)，日人

**松平親次** まつだいらちかつぐ
文亀3(1503)年～享禄3(1530)年
戦国時代の武将。
¶日人

**松平親俊** まつだいらちかとし
? ～天正9(1581)年
安土桃山時代の武士。徳川氏家臣。
¶戦人，戦東

**松平親長(1)** まつだいらちかなが
生没年不詳
戦国時代の室町幕府政所執事伊勢氏被官。
¶戦辞

**松平親長(2)** まつだいらちかなが
生没年不詳
戦国時代の三河武士。
¶姓氏愛知，戦辞

**松平親乗** まつだいらちかのり
永正12(1515)年～天正5(1577)年
戦国時代～安土桃山時代の武将。徳川家康の臣。
¶諸系，人名，戦辞(生没年不詳)，戦東，日人

**松平親則** まつだいらちかのり
永享9(1437)年～寛正2(1461)年
室町時代の武将。
¶諸系，戦辞([生]永享8(1436)年)，日人

**松平親広** まつだいらちかひろ
? ～元亀2(1571)年2月24日
戦国時代～安土桃山時代の人。長沢松平氏。
¶戦辞

**松平近正** まつだいらちかまさ
天文16(1547)年～慶長5(1600)年
安土桃山時代の武将、大名。上野三蔵領主。
¶諸系，人名，姓氏愛知，戦国，戦辞([生]? [没]慶長5年8月1日(1600年9月8日))，戦人，日人，藩主1([没]慶長5(1600)年8月1日)

**松平親盛** まつだいらちかもり
? ～享禄3(1530)年
戦国時代の武将。
¶人名，日人

**松平親世** まつだいらちかよ
→松平乗正(まつだいらのりまさ)

**松平利長** まつだいらとしなが
? ～永禄3(1560)年
戦国時代の国人。
¶諸系，人名，戦辞(生没年不詳)，戦人(生没年不詳)，日人

**松平主殿助家忠** まつだいらとのものすけいえただ
→松平家忠(3)(まつだいらいえただ)

**松平与副** まつだいらともすけ
生没年不詳
戦国時代の武将。
¶諸系，日人

**松平内膳正家広** まつだいらないぜんのしょういえひろ
→松平家広(2)(まつだいらいえひろ)

**松平直勝** まつだいらなおかつ
戦国時代の武士。徳川氏家臣。
¶戦人(生没年不詳)，戦東

**松平直乗** まつだいらなおのり
→松平真乗(まつだいらさねのり)

**松平直政** まつだいらなおまさ
慶長6(1601)年～寛文6(1666)年
江戸時代前期の武将、大名。上総姉崎藩主、信濃松本藩主、越前大野藩主、出雲松江藩主。
¶朝日([生]慶長6年8月5日(1601年9月1日) [没]寛文6年2月3日(1666年3月8日))，近世，国史，国書([生]慶長6(1601)年8月5日 [没]寛文6(1666)年2月3日)，コン改，コン4，島根人，島根人，島根百([生]慶長6(1601)年8月5日 [没]寛文6(1666)年2月3日)，島根歴，諸系，新潮([生]慶長6(1601)年8月5日 [没]寛文6(1666)年2月3日)，人名，姓氏長野，戦合，長野歴，日人，藩主2，藩主3([生]慶長6(1601)年8月5日 [没]寛文6(1666)年2月3日)，藩主4([生]慶長6(1601)年8月5日 [没]寛文6(1666)年2月3日)，福井百

**松平長家** まつだいらながいえ
? ～天文9(1540)年
戦国時代の国人。
¶人名，戦辞(生没年不詳)，戦人，日人

**松平長親** まつだいらながちか
文明5(1473)年～天文13(1544)年 [別]松平長忠《まつだいらながただ》
戦国時代の武将。
¶系東，国書([没]天文13(1544)年8月27日)，諸系，姓氏愛知(生没年不詳)，戦辞([生]康正1(1455)年頃 [没]天文13年8月22日(1544年9月9日))，戦人，日人

**松平成重** まつだいらなりしげ
文禄3(1594)年～寛永10(1633)年
江戸時代前期の武将、大名。下野板橋藩主、三河西尾藩主、丹波亀山藩主。
¶京都府，諸系，日人，藩主1，藩主2，藩主3([没]寛永10(1633)年9月16日)

**松平念誓** まつだいらねんせい
→松平親宅(まつだいらちかいえ)

**松平信一** まつだいらのぶかず
天文8(1539)年～寛永1(1624)年
安土桃山時代～江戸時代前期の武将、大名。常陸土浦藩主。
¶諸系，人名([生]1537年)，戦国([生]1540年)，戦辞([没]寛永1年7月16日(1624年8月29日))，戦人，戦東([没]?)，日人，藩主2([没]寛永1(1624)年7月16日)

**松平信定** まつだいらのぶさだ
? ～天文7(1538)年
戦国時代の武士。徳川氏家臣。

¶諸系，人名，姓氏愛知（[没]1537年），戦辞（生没年不詳），戦人，日人

**松平信重**　まつだいらのぶしげ
？ ～文禄4（1595）年6月18日
戦国時代～安土桃山時代の長沢松平氏庶流。
¶戦辞

**松平信孝**　まつだいらのぶたか
？ ～天文17（1548）年
戦国時代の国人。
¶人名，戦辞（[没]天文17年4月15日（1548年5月22日）），戦人，日人

**松平信忠**　まつだいらのぶただ
生没年不詳
戦国時代の武士。
¶系東，諸系，姓氏愛知，戦辞（[没]享禄4年7月27日（1531年9月8日）），戦人，日人

**松平信綱**　まつだいらのぶつな
慶長1（1596）年～寛文2（1662）年　[別]松平伊豆守信綱《まつだいらいずのかみのぶつな》
江戸時代前期の武将、大名、幕府老中。武蔵忍藩主、武蔵川越藩主。
¶朝日（[生]慶長1年10月30日（1596年12月19日）[没]寛文2年3月16日（1662年5月4日）），岩史（[生]慶長1（1596）年10月30日　[没]寛文2（1662）年3月16日），江戸東，角史，郷土長崎，近世，国史，国書（[生]慶長1（1596）年10月30日　[没]寛文2（1662）年3月16日），コン改，コン4，埼玉人（[没]寛文2（1662）年3月16日），埼玉百（松平伊豆守信綱　まつだいらいずのかみのぶつな），茶道，史人（[生]1596年10月30日　[没]1662年3月16日），重要（[没]寛文2（1662）年3月16日），諸系，新潮（[没]寛文2（1662）年2月16日），人名，世人（[生]慶長1（1596）年10月30日　[没]寛文2（1662）年3月16日），世百，戦合，全書，大百，多摩，伝記，日史（[没]寛文2（1662）年3月16日），日人，藩主1，藩主1（[生]慶長1（1596）年10月晦日　[没]寛文2（1662）年3月16日），百科，歴大

**松平信長**　まつだいらのぶなが
生没年不詳
戦国時代の人。松平郷松平氏。
¶戦辞

**松平信秀**　まつだいらのぶひで
生没年不詳
戦国時代の武士。徳川氏家臣。
¶戦辞

**松平信広**　まつだいらのぶひろ
生没年不詳
戦国時代の佐竹氏の家臣。
¶戦辞

**松平信光**　まつだいらのぶみつ
？ ～長享2（1488）年
室町時代～戦国時代の武将。
¶鎌室，系東（[生]1404年），史人（[生]1404年[没]1488年7月22日），諸系，姓氏愛知（[生]1403年），戦辞（[生]応永11（1404）年　[没]長享2年7月22日（1488年8月29日）），戦人（[生]応永11（1404）年），日人

**松平信康**　まつだいらのぶやす
永禄2（1559）年～天正7（1579）年　[別]徳川信康《とくがわのぶやす》，岡崎三郎《おかざきさぶろう》，岡崎信康《おかざきのぶやす》
安土桃山時代の武将。徳川家康の長男。
¶愛知百（[生]1559年3月6日　[没]1579年9月15日），朝日（[生]永禄2年3月6日（1559年4月13日）[没]天正7年9月15日（1579年10月5日）），岩史（徳川信康　とくがわのぶやす　[生]永禄2（1559）年3月6日　[没]天正7（1579）年9月15日），角史，国史，古中，コン改（徳川信康　とくがわのぶやす），コン4（徳川信康　とくがわのぶやす），史人（[生]1559年3月6日　[没]1579年9月15日），静岡百（徳川信康　とくがわのぶやす），静岡歴（徳川信康　とくがわのぶやす），諸系（徳川信康　とくがわのぶやす），新潮（徳川信康　とくがわのぶやす　[生]永禄2（1559）年3月6日　[没]天正7（1579）年9月15日），人名（徳川信康　とくがわのぶやす），姓氏愛知（徳川信康　とくがわのぶやす），姓氏静岡（徳川信康　とくがわのぶやす），世人，世人（徳川信康　とくがわのぶやす　[没]天正7（1579）年9月），戦合，戦国，戦辞（徳川信康　とくがわのぶやす　[生]永禄2年3月6日（1559年4月13日）　[没]天正7年9月15日（1579年10月5日）），全書，戦人，大百，日史（徳川信康　とくがわのぶやす　[生]永禄2（1559）年3月6日　[没]天正7（1579）年9月15日），日人（徳川信康　とくがわのぶやす），百科（徳川信康　とくがわのぶやす），歴大（徳川信康　とくがわのぶやす）

**松平信吉**(1)　まつだいらのぶよし
天正3（1575）年～元和6（1620）年
安土桃山時代～江戸時代前期の武将、大名。常陸土浦藩主、上野高崎藩主、丹波篠山藩主。
¶諸系，日人，藩主1，藩主2，藩主3（[生]天正3（1575）年，（異説）天正8年　[没]元和6（1620）年8月1日）

**松平信吉**(2)　まつだいらのぶよし
→武田信吉（たけだのぶよし）

**松平乗高**　まつだいらのりたか
？ ～文禄1（1592）年
安土桃山時代の武士。徳川家康の臣。
¶人名，姓氏静岡，日人

**松平乗寿**　まつだいらのりなが
慶長5（1600）年～承応3（1654）年
江戸時代前期の武将、大名。美濃岩村藩主、遠江浜松藩主、上野館林藩主。
¶岐阜百，コン改（[生]慶長9（1604）年），コン4（[生]慶長9（1604）年），諸系，人名（[生]1604年），姓氏群馬，日人，藩主1（[生]慶長5（1600）年1月12日　[没]承応3（1654）年1月26日），藩主2，藩主2（[没]承応3（1654）年1月26日）

**松平乗正**　まつだいらのりまさ
文明14（1482）年～天文10（1541）年　[別]松平親世《まつだいらちかよ》
戦国時代の武士。

¶諸系，人名，戦辞（松平親世　まつだいらちかよ　[没]天文10年4月1日（1541年4月1日）），日人

**松平乗元**　まつだいらのりもと
嘉吉3（1443）年～天文6（1537）年
室町時代～戦国時代の三河大給領主。
¶諸系，人名，日人

**松平張忠**　まつだいらはるただ
生没年不詳
戦国時代の松平一族。
¶戦辞

**松平英親**　まつだいらひでちか
天文14（1545）年～寛永3（1626）年
安土桃山時代～江戸時代前期の大名。豊後杵築藩主。
¶人名

**松平広忠**　まつだいらひろただ
大永6（1526）年～天文18（1549）年　[別]徳川広忠《とくがわひろただ》
戦国時代の武将。尾張の織田信秀による三河への侵略と戦う。
¶愛知百（[没]1549年3月10日），朝日（[没]天文18年3月6日（1549年4月3日）），岩史（[没]天文18（1549）年3月6日），角史，系東，国史，古中，コン改，コン4，史人（[没]1549年3月6日），諸系，新潮（[生]大永6（1526）年4月29日　[没]天文18（1549）年3月6日），人名，姓氏愛知，世人，世百，戦合，戦国（徳川広忠　とくがわひろただ），戦辞（[没]天文18年3月6日（1549年4月3日）），全書，戦人，大百，日史（[没]天文18（1549）年3月6日），日人，百科，歴大

**松平正勝**　まつだいらまさかつ
～元和1（1615）年　[別]松平助十郎正勝《まつだいらすけじゅうろうまさかつ》
安土桃山時代～江戸時代前期の徳川家康の臣。
¶大阪人（[没]元和1（1615）年5月），大阪墓（松平助十郎正勝　まつだいらすけじゅうろうまさかつ　[没]元和1（1615）年5月7日）

**松平正綱**　まつだいらまさつな
天正4（1576）年～慶安1（1648）年　[別]大河内金兵衛正綱《おおこうちきんべえまさつな》，大河内正綱《おおこうちまさつな》
安土桃山時代～江戸時代前期の大名。相模玉縄藩主。
¶朝日（[没]慶安1年6月22日（1648年8月10日）），岩史（[没]慶安1（1648）年6月22日），神奈川人（大河内正綱　おおこうちまさつな），郷土栃木（[生]1573年），近世，国史，コン4，埼玉百（大河内金兵衛正綱　おおこうちきんべえまさつな），史人（[没]1648年6月22日），諸系（大河内正綱　おおこうちまさつな），新潮（[没]慶安1（1648）年6月22日），人名，姓氏愛知，姓氏神奈川，戦合，戦国（[生]1577年），戦人，栃木歴，日史（[没]慶安1（1648）年6月22日），日人（大河内正綱　おおこうちまさつな），藩主1（[没]慶安1（1648）年6月22日），百科，歴大

**松平松千代**　まつだいらまつちよ
文禄3（1594）年～慶長4（1599）年
安土桃山時代の武将、大名。武蔵深谷城主。
¶日人，藩主1（[没]慶長4（1599）年1月12日）

**松平光親**　まつだいらみつちか
？　～天文5（1536）年
戦国時代の武将。
¶諸系，日人

**松平守家**　まつだいらもりいえ
？　～文亀3（1503）年
室町時代～戦国時代の松平本家、3代信光の長男で竹谷松平家の祖。
¶姓氏愛知

**松平康国**　まつだいらやすくに
→依田康国（よだやすくに）

**松平康定**(1)　まつだいらやすさだ
？　～文禄1（1592）年5月7日
戦国時代～安土桃山時代の武士。深溝松平氏の族臣。
¶戦辞

**松平康定**(2)　まつだいらやすさだ
？　～元和6（1620）年
安土桃山時代の武将。柴田・佐々・前田の臣。
¶姓氏石川，戦国，藩臣3

**松平康真**　まつだいらやすざね
→依田康真（よだやすざね）

**松平康重**　まつだいらやすしげ
永禄11（1568）年～寛永17（1640）年　[別]松平康次《まつだいらやすつぐ》，松平周防守康重《まつだいらすおうのかみやすしげ》，松井康重《まついやすしげ》
安土桃山時代～江戸時代前期の大名。武蔵私市藩主、常陸笠間藩主、丹波篠山藩主、丹波八上藩主、和泉岸和田藩主。
¶朝日，大阪墓（[没]寛永17（1640）年6月27日），コン改，コン4，埼玉人（[没]寛永17（1640）年6月27日），埼玉百（松平周防守康重　まつだいらすおうのかみやすしげ），諸系，新潮（[没]寛永17（1640）年6月27日），人名，戦辞（松平康次　まつだいらやすつぐ　[没]寛永17年6月27日（1640年8月14日）），戦人，戦補（[生]1540年　[没]1612年），日人，藩主1（[没]寛永17（1640）年6月27日），藩主2，藩主3（[没]寛永17（1640）年6月27日），兵庫百

**松平康孝**　まつだいらやすたか
？　～*
戦国時代の武士、松平清康の臣。
¶人名（[没]1542年），日人（[没]1537年）

**松平康高**　まつだいらやすたか
天文3（1534）年～元和4（1618）年
安土桃山時代～江戸時代前期の武士。徳川家康の臣。
¶人名

**松平康忠**　まつだいらやすただ
*～元和4（1618）年
安土桃山時代～江戸時代前期の武士。徳川氏家臣。
¶戦辞（[生]天文15（1546）年　[没]元和4年8月10日

(1618年9月28日)), 戦人([生]天文14(1545)年), 戦東([生]? [没]1603年), 日人([生]1546年)

**松平康親(1)** まつだいらやすちか
大永1(1521)年～天正11(1583)年 [別]松井忠次《まついただつぐ》
戦国時代～安土桃山時代の武将。駿河三枚橋城主。
¶国史, 古中, 諸系, 人名, 姓氏愛知(松井忠次 まついただつぐ), 戦合, 戦辞(松井忠次 まついただつぐ [没]天正11年6月17日(1583年8月4日)), 戦人(松井忠次 まついただつぐ), 戦人, 戦東(松井忠次 まついただつぐ [没]?), 日人

**松平康親(2)** まつだいらやすちか
永禄10(1567)年～元和3(1617)年
安土桃山時代～江戸時代前期の武将。伏見城番。
¶近世, 国史, 戦合

**松平泰親** まつだいらやすちか
生没年不詳
南北朝時代～室町時代の武将。
¶系東, 諸系, 姓氏愛知([生]1363年? [没]1436年?), 日人



**松平康次(1)** まつだいらやすつぐ
天文13(1544)年～元和1(1615)年
安土桃山時代～江戸時代前期の武士。徳川家康の臣。
¶人名, 日人

**松平康次(2)** まつだいらやすつぐ
→松平康重(まつだいらやすしげ)

**松平康俊** まつだいらやすとし
弘治1(1555)年～天正14(1586)年
安土桃山時代の武将、駿河久能城主。
¶諸系, 人名, 日人

**松平康直** まつだいらやすなお
永禄12(1569)年～文禄2(1593)年 [別]松平源七郎康直《まつだいらげんしちろうやすなお》
安土桃山時代の武将、大名。武蔵深谷城主。
¶埼玉人([没]文禄2(1593)年10月29日), 埼玉百(松平源七郎康直 まつだいらげんしちろうやすなお), 姓氏愛知, 戦国, 戦人, 日人, 藩主1([没]文禄2(1593)年10月29日)

**松平康長** まつだいらやすなが
→戸田康長(とだやすなが)

**松平康信** まつだいらやすのぶ
慶長5(1600)年～天和2(1682)年
江戸時代前期の武将、大名。下総佐倉藩主、摂津高槻藩主、丹波篠山藩主。
¶諸系, 人名, 日人, 藩主2, 藩主3([生]慶長5(1600)年2月9日 [没]天和2(1682)年6月13日), 藩主3

**松平康元** まつだいらやすもと
天文21(1552)年～慶長8(1603)年 [別]久松康元《ひさまつやすもと》
安土桃山時代の武将。下総国関宿城主。
¶近世, 国史, 諸系, 新潮([没]慶長8(1603)年8月14日), 人名, 世人([生]天文20(1551)年), 戦合, 戦国, 戦辞([没]慶長8年8月14日(1603年9月19日)), 戦人, 戦東([没]?), 千葉百, 日人, 藩主2([没]慶長8(1603)年8月14日)

**松平康安** まつだいらやすやす
弘治1(1555)年～元和9(1623)年 [別]松平康安《まつだいらしずやす》
安土桃山時代～江戸時代前期の武士。徳川氏家臣。
¶人名(まつだいらしずやす), 戦辞([没]元和9年5月2日(1623年5月30日)), 戦人, 戦東, 日人

**松平好景** まつだいらよしかげ
永正13(1516)年～永禄4(1561)年
戦国時代の武士。徳川氏家臣。
¶諸系, 人名, 戦辞([生]? [没]弘治2(1556)年), 戦人, 日人

**松平由重** まつだいらよししげ
? ～慶長8(1603)年
安土桃山時代の武士。徳川氏家臣。
¶戦人, 戦東

**松平吉成** まつだいらよしなり
→花井吉成(はないよしなり)

**松平義春** まつだいらよしはる
? ～弘治2(1556)年
戦国時代の美濃青野城主。
¶人名, 戦辞(生没年不詳), 日人

**松田賢朝** まつだかたとも
室町時代の備前国の武士。
¶岡山歴

**松田元運** まつだげんうん
? ～応永21(1414)年12月16日
南北朝時代の武士。
¶岡山歴

**松田源兵衛** まつだげんべえ
[別]松田源兵衛尉《まつだげんべえのじょう》
安土桃山時代の武将。秀吉馬廻。
¶戦国, 戦人(生没年不詳)

**松田監物** まつだけんもつ
生没年不詳
安土桃山時代の織田信長の家臣。
¶織田

**松田貞清** まつださだきよ
生没年不詳
室町時代の幕府奉行人。
¶鎌室, コン改, コン4, 新潮, 日人

**松田定久** まつださだひさ
生没年不詳
安土桃山時代の織田信長の家臣。
¶織田

**松田貞秀** まつださだひで
生没年不詳
南北朝時代の幕府奉行人。
¶鎌室, 国書, 人名, 日人, 和俳

**松田左馬助**　まつださまのすけ
戦国時代の武士。後北条氏家臣。
¶戦人（生没年不詳），戦東

**松田式部丞**　まつだしきぶのじょう
戦国時代の武将。武田家臣。八幡神主。
¶姓氏長野（生没年不詳），姓氏山梨

**松田重明**　まつだしげあきら
南北朝時代の武士。
¶岡山歴

**松田次郎左衛門**(1)　まつだじろうざえもん
？　～応仁1（1467）年10月
室町時代の備前の国の武将。
¶岡山歴

**松田次郎左衛門**(2)　まつだじろうざえもん
戦国時代の加賀一向一揆の将。
¶姓氏石川

**松田新次郎**　まつだしんじろう
戦国時代の武士。後北条氏家臣。
¶戦人（生没年不詳），戦東

**松田助六郎**　まつだすけろくろう
戦国時代の御馬廻衆。後北条氏家臣。
¶戦東

**松田摂津守**　まつだせっつのかみ
生没年不詳
安土桃山時代の織田信長の家臣。
¶織田

**松田親承**　まつだちかつぐ
生没年不詳
戦国時代の武将。
¶戦人

**松田親秀**　まつだちかひで
室町時代の武将。
¶岡山人

**松田筑前守**　まつだちくぜんのかみ
戦国時代の武将。後北条氏家臣。
¶戦辞（生没年不詳），戦東

**松田直長**　まつだなおなが
永禄5（1562）年～明暦3（1657）年
安土桃山時代～江戸時代前期の北条氏の家臣。
¶神奈川人，姓氏神奈川，戦辞（[没]明暦3年8月30日（1657年10月7日）？）

**松田直憲**　まつだなおのり
戦国時代の武将。後北条氏家臣。
¶戦辞（生没年不詳），戦東

**松田直秀**　まつだなおひで
生没年不詳
戦国時代の北条氏の家臣。
¶戦辞

**松田長秀**　まつだながひで
？　～永正14（1517）年
戦国時代の武士、幕府吏僚。
¶朝日（[没]永正14（1517）年8月），国書（生没年不詳），日人

**松田信重**　まつだのぶしげ
南北朝時代の備前国の武士。
¶岡山歴

**松田憲秀**　まつだのりひで
？　～天正18（1590）年
安土桃山時代の武士。北条氏の重臣。
¶朝日（[没]天正18（1590）年7月），神奈川人，近世，国史，コン改，コン4，人名，姓氏神奈川，戦合，戦国，戦辞（[没]天正18（1590）年？），戦人，戦東，日史（[没]天正18（1590）年7月5日），日人，百科

**松田彦次郎**　まつだひこじろう
安土桃山時代の武将。
¶岡山人，岡山歴

**松田肥後守**　まつだひごのかみ
→松田康郷（まつだやすさと）

**松田秀治**　まつだひではる
安土桃山時代の武士。後北条氏家臣。
¶人名，戦国，戦人（生没年不詳），日人（生没年不詳）

**松田英致**　まつだひでむね
生没年不詳
室町時代の武家。
¶国書

**松田兵衛大夫**　まつだひょうえだゆう
安土桃山時代の武将。後北条氏家臣。
¶戦東

**松田兵部丞**　まつだひょうぶのじょう
生没年不詳
戦国時代の北条氏の家臣。
¶戦辞

**松田孫太郎**　まつだまごたろう
戦国時代の武将。北条氏家臣。
¶人名，戦東，日人（生没年不詳）

**松田政堯**　まつだまさたか
→笠原政堯（かさはらまさたか）

**松田政近**　まつだまさちか
？　～天正10（1582）年
安土桃山時代の武士。明智氏家臣。
¶戦人，戦補

**松田誠保**　まつだまさやす
生没年不詳　[別]松田誠保《まつださねやす》
戦国時代～安土桃山時代の武士。
¶島根歴，戦人，戦西

**松田政行**　まつだまさゆき
天文23（1554）年～慶長11（1606）年
安土桃山時代～江戸時代前期の武士。前田氏家臣、徳川氏家臣。
¶国書（[没]慶長11（1606）年5月27日），戦国，戦人

**松田満秀**　まつだみつひで
生没年不詳
室町時代の幕府奉行人。

¶鎌室，コン改，コン4，新潮，日人

**松田元氏** まつだもとうじ
戦国時代の武士。
¶岡山歴

**松田元賢** まつだもとかた
？ ～永禄11(1568)年7月7日
安土桃山時代の武士。
¶岡山人，岡山歴

**松田元方** まつだもとかた
？ ～応永1(1394)年8月8日
南北朝時代の備前国の武士。
¶岡山歴

**松田元勝** まつだもとかつ
＊～永正7(1510)年
室町時代の武将。
¶岡山人([生]嘉吉2(1442)年)，岡山百(生没年不詳)，岡山歴([生]？ [没]永正7(1510)年8月13日)

**松田元国** まつだもとくに
＊～興国1/暦応3(1340)年
室町時代の武将。
¶岡山人([生]弘安1(1278)年)，岡山歴([生]？ [没]延元5/暦応3(1340)年4月10日)

**松田元貞** まつだもとさだ
＊～文明16(1484)年
室町時代の武将。
¶岡山人([生]応永24(1417)年)，岡山歴([生]？ [没]文明16(1484)年2月8日)

**松田元澄** まつだもとずみ
？ ～文明5(1473)年9月17日
室町時代の備前国の武士。
¶岡山歴

**松田元喬** まつだもとたか
＊～興国5/康永3(1344)年
室町時代の武将。
¶岡山人([生]永仁5(1297)年)，岡山歴([生]？ [没]興国5/康永3(1344)年12月4日)

**松田元隆(1)** まつだもとたか
～文明5(1473)年
室町時代の武将。
¶岡山人

**松田元隆(2)** まつだもとたか
？ ～天文4(1535)年2月14日
室町時代の武将、3代金川城主。
¶岡山百(生没年不詳)，岡山歴

**松田元親** まつだもとちか
？ ～文明16(1484)年
室町時代の武将。
¶岡山人，岡山歴([没]文明16(1484)年1月6日)

**松田元輝** まつだもとてる
？ ～永禄11(1568)年
戦国時代の武将。
¶岡山人，岡山歴([没]永禄11(1568)年7月5日)，戦人，戦補

**松田元成** まつだもとなり
？ ～文明16(1484)年2月8日
室町時代の武将。
¶岡山人，岡山百，岡山歴

**松田元房** まつだもとふさ
？ ～天授6/康暦2(1380)年6月2日
南北朝時代の備前国の武士。
¶岡山歴

**松田元盛** まつだもともり
安土桃山時代の武将。
¶岡山人([生]永正11(1514)年 [没]永禄11(1568)年)，岡山歴([生]？ [没]永禄1(1558)年4月)

**松田元泰** まつだもとやす
？ ～文中1/応安5(1372)年3月3日
南北朝時代の備前国の武士。
¶岡山歴

**松田盛明** まつだもりあき
？ ～元和2(1616)年2月3日
安土桃山時代の武士。
¶岡山人，岡山歴

**松田盛朝** まつだもりとも
鎌倉時代の武将。
¶岡山人，岡山歴

**松田盛直** まつだもりなお
生没年不詳
安土桃山時代の武士。上杉氏家臣。
¶姓氏長野，戦人，長野歴

**松田盛秀** まつだもりひで
生没年不詳
戦国時代の北条氏の家臣。
¶戦辞

**松田康定** まつだやすさだ
戦国時代の武士。後北条氏家臣。
¶戦人(生没年不詳)，戦東

**松田康郷** まつだやすさと
天文9(1540)年～＊ [別]松田肥後守《まつだひごのかみ》
安土桃山時代～江戸時代前期の武士。後北条氏家臣。
¶戦辞(松田肥後守 まつだひごのかみ [生]天文9(1540)年？ [没]慶長14年5月2日(1609年6月3日)？)，戦人([没]慶長14(1609)年)，戦東([没]1590年)

**松田康隆** まつだやすたか
生没年不詳
戦国時代の北条氏の家臣。
¶戦辞

**松田康長** まつだやすなが
天文6(1537)年～天正18(1590)年
安土桃山時代の武士。後北条氏家臣。
¶神奈川人，戦辞([生]？ [没]天正18年3月29日(1590年5月3日))，戦人，戦補

**松田義常**　まつだよしつね
→波多野義常（はたのよしつね）

**松田頼重**　まつだよりしげ
戦国時代の武将。後北条氏家臣。
¶戦東

**松田頼亮**　まつだよりすけ
？～永正8（1511）年
室町時代の幕府奉行人。
¶姓氏京都

**松田頼秀**　まつだよりひで
？～明応3（1494）年
戦国時代の相模の国人領主。
¶姓氏神奈川，戦辞（生没年不詳）

**松田六郎左衛門尉**　まつだろくろうざえもんのじょう
生没年不詳
戦国時代の北条氏の家臣。
¶戦辞

**松永右衛門佐久通**　まつながうえもんのすけひさみち
→松永久通（まつながひさみち）

**松永弾正忠久秀**　まつながだんじょうちゅうひさひで
→松永久秀（まつながひさひで）

**松永長頼**　まつながながより
？～永禄8（1565）年
戦国時代の武将。幕府領の山科七郷を押領。
¶朝日（[没]永禄8年8月2日（1565年8月27日）），京都府，日人

**松永久秀**　まつながひさひで
永正7（1510）年～天正5（1577）年　[別]松永弾正忠久秀《まつながだんじょうちゅうひさひで》，松永弾正《まつながだんじょう》
戦国時代～安土桃山時代の武将、三好長慶の被官だったが、主家を乗っ取る形で独立。織田信長にいったんは降伏したが再度背いて攻められ自殺。
¶朝日（[没]天正5年10月10日（1577年11月19日）），岩史（[没]天正5（1577）年10月10日），織田（[生]？[没]天正5（1577）年10月10日），角史，京都，京都大，郷土奈良，系西（松永弾正忠久秀　まつながだんじょうちゅうひさひで），国史，古中，コン改，コン4，茶道，史人（[没]1577年10月10日），重要（[没]天正5（1577）年10月10日），人書94，新潮（[生]？　[没]天正5（1577）年10月10日），人名，姓氏京都，世人（[没]天正5（1577）年10月10日），世百（[生]1510年？），戦合，戦国（[生]？），全書，戦人（[生]永正7（1510）年？），戦西（[生]？），大百，伝記，徳島百（[没]天正5（1577）年10月10日），徳島歴（[没]天正5（1577）年10月），日史（[没]天正5（1577）年10月10日），日人，百科，兵庫百，仏教（[没]天正5（1577）年10月10日），山梨百（[没]天正5（1577）年10月10日），歴大

**松永久通**　まつながひさみち
？～天正5（1577）年　[別]松永右衛門佐久通《まつながうえもんのすけひさみち》
戦国時代～安土桃山時代の武将。将軍足利義輝の弑殺に加担。
¶朝日（[没]天正5年10月10日（1577年11月19日）），織田（[没]天正5（1576）年10月10日），系西（松永右衛門佐久通　まつながうえもんのすけひさみち），戦国，戦人，日人

**松波重隆**　まつなみしげたか
大永5（1525）年～慶長11（1606）年
戦国時代～安土桃山時代の武士。徳川氏家臣。
¶国書（[没]慶長11（1606）年8月15日），戦国，戦人

**松波七郎左衛門**　まつなみしちろうざえもん
生没年不詳
安土桃山時代の織田信長の家臣。
¶織田

**松波三河入道**　まつなみみかわにゅうどう
生没年不詳
安土桃山時代の織田信長の家臣。
¶織田

**松波義親**　まつなみよしちか
？～天正5（1577）年
戦国時代～安土桃山時代の武士。
¶姓氏石川，戦人，戦西

**松根備前守**　まつねびぜんのかみ
天正16（1588）年～寛文12（1672）年9月11日
安土桃山時代～江戸時代前期の白岩城主、松根城主。
¶庄内

**松根光広**　まつねみつひろ
生没年不詳
江戸時代前期の武将。最上氏家臣。義光の甥。
¶戦人，戦東，藩臣1，山形百

**松木内記助**　まつのきないきのすけ
戦国時代の武士。伊達氏家臣。
¶戦人（生没年不詳），戦東

**松野重元**　まつのしげもと
？～明暦1（1655）年
安土桃山時代～江戸時代前期の武将。豊臣・小早川などの家臣。
¶戦国，戦人

**松野主馬助**　まつのしゅめのすけ
生没年不詳
安土桃山時代～江戸時代前期の武士。浅野家の家臣。
¶和歌山人

**松野資通**　まつのすけみち
生没年不詳
安土桃山時代の武士。佐竹氏家臣。
¶戦辞，戦人，戦東

**松野綱高**　まつのつなたか
生没年不詳
安土桃山時代の武士。佐竹氏家臣。
¶戦辞，戦人，戦東

**松野縫殿助**　まつのぬいのすけ
戦国時代の武将。武田家臣。岡部正綱配下の武辺者。
¶姓氏山梨

**松野平介** まつのへいすけ
？ ～天正10(1582)年6月
戦国時代～安土桃山時代の織田信長の家臣。
¶織田

**松野平八** まつのへいはち
安土桃山時代の武将。秀吉馬廻。
¶戦国

**松野正重** まつのまさしげ
？ ～明暦1(1655)年
安土桃山時代～江戸時代前期の武将。小早川秀秋の重臣。
¶岡山人，人名，日人

**松野政通** まつのまさみち
生没年不詳
戦国時代の松野城主。
¶戦辞

**松原五郎兵衛** まつばらごろうべえ
→松原五郎兵衛(まつばらごろべえ)

**松原五郎兵衛** まつばらごろべえ
[別]松原五郎兵衛《まつばらごろうべえ》，松原五郎兵衛尉《まつばらごろべえのじょう》
安土桃山時代の武士。豊臣氏家臣。
¶戦国(まつばらごろうべえ)，戦人(生没年不詳)

**松原貞利** まつばらさだとし
？ ～天正7(1579)年
戦国時代～安土桃山時代の武将。別所氏家臣。
¶戦人

**松原佐渡守** まつばらさどのかみ
生没年不詳
戦国時代の武蔵吉良頼康の家臣。
¶戦辞

**松原自休** まつばらじきゅう
天正15(1587)年～？
安土桃山時代～江戸時代前期の藤堂高虎の家臣・軍記作家。
¶国書

**松原重義** まつばらしげよし
生没年不詳
戦国時代の武将。
¶姓氏長野

**松原内匠助** まつばらたくみのすけ
生没年不詳
安土桃山時代の織田信長の家臣。
¶織田

**松原常陸介** まつばらひたちのすけ
生没年不詳
戦国時代の武蔵吉良頼康の家臣。
¶戦辞

**松原広長** まつばらひろなが
生没年不詳
戦国時代の尾州今村城城主。
¶姓氏愛知

**松原安清** まつばらやすきよ
生没年不詳
安土桃山時代～江戸時代前期の武士。浅野家の家臣。
¶和歌山人

**松前公広** まつまえきみひろ
慶長3(1598)年～寛永18(1641)年　[別]松前公広《まつまえきんひろ》
江戸時代前期の武将、大名。蝦夷松前藩主。
¶朝日([没]寛永18年7月8日(1641年8月14日))，近世(まつまえきんひろ)，国史(まつまえきんひろ)，国書(まつまえきんひろ　[没]寛永18(1641)年7月8日)，コン改，コン4，諸系(まつまえきんひろ)，新潮(まつまえきんひろ　[没]寛永18(1641)年7月8日)，人名，世人，日人(まつまえきんひろ)，藩主1(まつまえきんひろ　[没]寛永18(1641)年7月8日)，歴大(まつまえきんひろ)

**松前公広** まつまえきんひろ
→松前公広(まつまえきみひろ)

**松前季広** まつまえすえひろ
→蠣崎季広(かきざきすえひろ)

**松前忠広** まつまえただひろ
天正8(1580)年～元和3(1617)年
安土桃山時代～江戸時代前期の蝦夷松前藩主一族。
¶藩臣1

**松前利広** まつまえとしひろ
生没年不詳
江戸時代前期の武士、蝦夷松前藩家老。
¶藩臣1

**松前盛広** まつまえもりひろ
元亀2(1571)年～慶長13(1608)年
安土桃山時代～江戸時代前期の大名。蝦夷松前藩主。
¶諸系，人名([生]1572年　[没]1607年)，日人

**松前慶広** まつまえよしひろ
天文17(1548)年～元和2(1616)年　[別]蠣崎義広《かきざきよしひろ》，蠣崎慶広《かきざきよしひろ》
安土桃山時代～江戸時代前期の大名。蝦夷松前藩主。
¶朝日([生]天文17年9月3日(1548年10月4日)　[没]元和2年10月12日(1616年11月20日))，岩史([生]天文17(1548)年9月3日　[没]元和2(1616)年10月12日)，近世，国史，国書([生]天文17(1548)年9月3日　[没]元和2(1616)年10月12日)，コン4，史人([生]1548年9月3日　[没]1616年10月12日)，重要([生]天文18(1549)年　[没]元和2(1616)年10月12日)，諸系，人名([生]1549年　[没]1617年)，戦合，戦国([生]1549年)，全書，戦人([生]天文18(1549)年)，日史([生]天文17(1548)年9月3日　[没]元和2(1616)年10月12日)，日人，藩主1([生]天文17(1548)年9月3日　[没]元和2(1616)年10月12日)，百科，北海道百，北海道歴，歴大

**松前由広**　まつまえよしひろ
文禄3（1594）年～慶長19（1614）年
江戸時代前期の武将。
¶戦国，戦人，藩臣1

**松宮玄蕃允**　まつみやげんばのじょう
生没年不詳
戦国時代～安土桃山時代の武将。
¶織田，戦人

**松村藤右衛門**　まつむらとうえもん
戦国時代の武将。武田家臣。岡部正綱配下の武辺者。
¶姓氏山梨

**松村与右衛門**　まつむらよえもん
生没年不詳
安土桃山時代の織田信長の家臣。
¶織田

**松室重頼**　まつむろしげより
生没年不詳
安土桃山時代の織田信長の家臣。
¶織田

**松本為足**　まつもといそく
生没年不詳
安土桃山時代の織田信長の家臣。
¶織田

**松本景繁**　まつもとかげしげ
生没年不詳
戦国時代の国人。
¶群馬人，戦辞（[没]元亀1（1570）年），戦人，戦東，新潟百

**松本勘解由**　まつもとかげゆ
戦国時代の武将。
¶戦人（生没年不詳），戦東

**松本定吉**　まつもとさだよし
安土桃山時代の武田家臣。西上野の侍。
¶姓氏山梨

**松本重友**　まつもとしげとも
戦国時代の武将。武田家臣。西上野安中衆か。
¶姓氏山梨

**松本信濃**　まつもとしなの
～慶長6（1601）年
安土桃山時代の部将。
¶庄内

**松本珠報**　まつもとしゅほう
生没年不詳
戦国時代の武士。畠山氏家臣。
¶茶道，戦人，日人

**松本助持**　まつもとすけもち
永禄9（1566）年～寛永14（1637）年
安土桃山時代～江戸時代前期の武士。
¶人名，日人

**松本図書助**　まつもとずしょのすけ
？　～天正2（1574）年
戦国時代～安土桃山時代の武将。
¶戦人

**松本太郎**　まつもとたろう
？　～天正12（1584）年
安土桃山時代の武将。蘆名氏家臣。
¶戦東

**松本備中**　まつもとびっちゅう
？　～天正13（1585）年
安土桃山時代の地方豪族・土豪。
¶戦人，戦東

**松本兵部丞**　まつもとひょうぶのじょう
安土桃山時代の武将。後北条氏家臣。
¶戦東

**松本豊右衛門**　まつもとぶうえもん
→松本豊右衛門（まつもとぶえもん）

**松本豊右衛門**　まつもとぶえもん
[別]松本豊右衛門《まつもとぶうえもん》
安土桃山時代～江戸時代前期の武士。里見氏家臣。
¶戦人（生没年不詳），戦東（まつもとぶうえもん）

**松本房繁**　まつもとふさしげ
生没年不詳
戦国時代の上杉氏の家臣。
¶戦辞

**松本行定**　まつもとゆきさだ
戦国時代の武将。武田家臣。西上野安中衆か。
¶姓氏山梨

**松本行長**　まつもとゆきなが
戦国時代の武将。武田家臣。西上野衆。
¶姓氏山梨

**松本吉久**　まつもとよしひさ
戦国時代の武将。武田家臣。西上野の侍と思われる。
¶姓氏山梨

**松山刑部**　まつやまぎょうぶ
戦国時代の武将。斎藤氏家臣。
¶戦西

**松山源兵衛**　まつやまげんべえ
安土桃山時代の武将。豊臣秀吉の臣。
¶戦国

**松山権兵衛**　まつやまごんべえ
天正15（1587）年～明暦2（1656）年
安土桃山時代～江戸時代前期の武士、肥後熊本藩士。
¶藩臣7

**松山新介**　まつやましんすけ
生没年不詳
安土桃山時代の織田信長の家臣。
¶織田

**松浦興信**　まつらおきのぶ
→松浦興信（まつうらおきのぶ）

**松浦金平**　まつらきんぺい
→松浦金平（まつうらきんぺい）

**松浦答** まつらこたう
生没年不詳　[別]松浦答《まつうらこたう》
鎌倉時代後期の御家人。
¶鎌室，諸系，人名（まつうらこたう），日人

**松浦定** まつらさだむ
生没年不詳　[別]松浦定《まつうらさだむ》
南北朝時代の武将。
¶鎌室，諸系，人名（まつうらさだむ），日人

**松浦鎮信** まつらしげのぶ
天文18（1549）年～慶長19（1614）年　[別]松浦鎮信《まつうらしげのぶ》，刑部卿法印《ぎょうぶきょうほういん》，式部卿法印《しきぶきょうほういん》，松浦法印《まつらほういん》
安土桃山時代～江戸時代前期の武将、大名。肥前平戸藩主。
¶朝日（[没]慶長19年5月26日（1614年7月3日）），角史，近世，国史，古中，コン改，コン4，史人（まつうらしげのぶ　[没]1614年5月26日），重要（[没]慶長19（1614）年5月26日），諸系，新潮（[没]慶長19（1614）年5月26日），人名（まつうらしげのぶ），世人（[没]慶長19（1614）年5月26日），戦合，戦国，全書，戦人，大百，長崎百（まつらしげのぶ（ほういん）），日史（[没]慶長19（1614）年5月26日），日人，藩主4（[没]慶長19（1614）年5月26日），百科，歴大

**松浦重政** まつらしげまさ
→松浦重政（まつうらしげまさ）

**松浦宗案** まつらそうあん
→松浦宗案（まつうらそうあん）

**松浦総五郎** まつらそうごろう
生没年不詳
安土桃山時代の織田信長の家臣。
¶織田

**松浦総八郎** まつらそうはちろう
生没年不詳
安土桃山時代の織田信長の家臣。
¶織田

**松浦隆信(1)** まつらたかのぶ
享禄2（1529）年～慶長4（1599）年　[別]松浦隆信《まつうらたかのぶ》，松浦隆信入道道嘉《まつらたかのぶにゅうどうみちよし》，松浦道可《まつらどうか》
戦国時代～安土桃山時代の武将。肥前平戸城主。
¶朝日（[没]慶長4年閏3月6日（1599年4月30日）），角史，郷土長崎（まつうらたかのぶ），近世，国史，古中，コン改，コン4，史人（[没]1599年閏3月6日），諸系，新潮（[没]慶長4（1599）年閏3月6日），人名（まつうらたかのぶ），世百（まつうらたかのぶ），戦合，戦国（[生]?），全書，戦人（まつうらたかのぶ　生没年不詳），戦西（松浦隆信入道道嘉　まつらたかのぶにゅうどうみちよし），長崎百（まつらたかのぶ（どうか）），日史（[没]慶長4（1599）年閏3月6日），日人，百科，歴大（まつうらたかのぶ）

**松浦隆信(2)** まつらたかのぶ
天正19（1591）年～寛永14（1637）年　[別]松浦隆信《まつうらたかのぶ》，松浦宗陽《まつらそうよう》
江戸時代前期の武将、大名。肥前平戸藩主。
¶近世，国史，コン改，コン4，諸系（[生]1592年），新潮（[没]寛永14（1637）年5月24日），人名（まつうらたかのぶ），世人，戦合，戦国，長崎百（まつらたかのぶ（そうよう）），日人（[生]1592年），藩主4（[生]天正19（1591）年11月29日　[没]寛永14（1637）年5月24日）

**松浦隆信入道道嘉** まつらたかのぶにゅうどうみちよし
→松浦隆信(1)（まつらたかのぶ）

**松浦久信** まつらひさのぶ
元亀2（1571）年～慶長7（1602）年
安土桃山時代の武将、大名。肥前平戸城主。
¶国書（[没]慶長7（1602）年8月29日），諸系，戦国，日人，藩主4（[没]慶長7（1602）年8月29日）

**松浦肥前守** まつらひぜんのかみ
生没年不詳
安土桃山時代の織田信長の家臣。
¶織田

**松浦秀任** まつらひでとう
→松浦秀任（まつうらひでとう）

**松浦宗清** まつらむねきよ
?　～慶長6（1601）年　[別]松浦宗清《まつうらむねきよ》
安土桃山時代の武将、大名。伊勢井生領主。
¶戦国，戦人，日人（まつうらむねきよ），藩主3（まつうらむねきよ　[没]慶長6（1601）年9月）

**松浦康成** まつらやすしげ
生没年不詳
戦国時代の岩付城主北条氏房の家臣。
¶戦辞

**松浦安大夫** まつらやすだゆう
生没年不詳
安土桃山時代の織田信長の家臣。
¶織田

**松浦義** まつらよし
→松浦義（まつらよろし）

**松浦義** まつらよろし
?　～文明2（1470）年　[別]松浦義《まつうらただし，まつらよし》
室町時代の武士。
¶鎌室，諸系（まつらよし　生没年不詳），人名（まつうらただし），日人（まつらよし　生没年不詳）

**的場内蔵助** まとばくらのすけ
戦国時代の武士。
¶戦人（生没年不詳），戦西

**的場源八** まとばげんはち
生没年不詳
安土桃山時代～江戸時代前期の武士。浅野家の家臣。
¶和歌山人

ま

**的場源八郎** まとばげんはちろう
生没年不詳
安土桃山時代～江戸時代前期の武士。浅野家の家臣。
¶和歌山人

**的場自休** まとばじきゅう
安土桃山時代の武士。
¶戦人（生没年不詳），戦西

**的場光長** まとばみつなが
安土桃山時代の武将。
¶戦国

**的場光政** まとばみつまさ
安土桃山時代の国人。豊臣氏家臣。
¶戦国，戦人（生没年不詳）

**真名辺五郎** まなべごろう
生没年不詳
平安時代後期の武士。
¶平史

**真鍋五郎右衛門** まなべごろうえもん
→真鍋貞成（まなべさだなり）

**真鍋貞成** まなべさだなり
永禄11（1568）年～明暦2（1656）年 ㊍真鍋五郎右衛門《まなべごろうえもん》
安土桃山時代の地方豪族・土豪。のち紀伊和歌山藩士。
¶戦国，戦人（生没年不詳），藩臣5（真鍋五郎右衛門 まなべごろうえもん），和歌山人

**真鍋七五三兵衛** まなべしめのひょうえ
？ ～天正4（1576）年7月13日
戦国時代～安土桃山時代の織田信長の家臣。
¶織田

**真鍋祐重** まなべすけしげ
安土桃山時代の武士、生駒親正の臣。
¶人名，日人（生没年不詳）

**馬庭家重** まにわいえしげ
戦国時代の武将。武田家臣。上野馬庭の城主。
¶姓氏山梨

**真野有国** まのありくに
天文17（1548）年～慶長10（1605）年
安土桃山時代の武士。織田氏家臣、豊臣氏家臣。
¶戦国，戦人

**真野有春** まのありはる
天正19（1591）年～寛永6（1629）年
江戸時代前期の武士。秀吉馬廻、豊臣氏家臣、徳川氏家臣。
¶戦国，戦人

**真野佐太郎** まのさたろう
安土桃山時代の武士。
¶戦国，戦人（生没年不詳）

**真野重次** まのしげつぐ
→野尻重次（のじりしげつぐ）

**真野重吉** まのしげよし
？ ～元亀2（1571）年
戦国時代～安土桃山時代の織田信長の家臣。
¶織田

**真野助宗** まのすけむね
？ ～元和1（1615）年
安土桃山時代～江戸時代前期の武士。
¶戦国，戦人，戦西

**真野善二郎** まのぜんじろう
生没年不詳
安土桃山時代の織田信長の家臣。
¶織田

**真野兵部** まのひょうぶ
生没年不詳
安土桃山時代の織田信長の家臣。
¶織田

**真野正次** まのまさつぐ
*～元和8（1622）年
安土桃山時代～江戸時代前期の武士。織田氏家臣、豊臣氏家臣、徳川氏家臣。
¶戦国（㊤1563年），戦人（㊤永禄5（1562）年）

**真野頼包** まのよりかね
江戸時代前期の武士。豊臣氏家臣。
¶戦国，戦人（生没年不詳）

**馬淵綱重** まぶちつなしげ
戦国時代の武士。
¶姓氏石川，戦人（生没年不詳），戦西

**真々部尾張守真光** ままべおわりのかみまさみつ
→真々部真光（ままべまさみつ）

**真々部真光** ままべまさみつ
㊍真々部尾張守真光《ままべおわりのかみまさみつ》
戦国時代～安土桃山時代の武士。
¶戦人（生没年不詳），戦東（真々部尾張守真光 ままべおわりのかみまさみつ）

**万見重元** まみしげもと
→万見重元（まんみしげもと）

**間宮宗甫** まみやそうほ
生没年不詳
戦国時代～安土桃山時代の武士。後北条氏家臣。
¶姓氏神奈川，戦人

**間宮綱信** まみやつなのぶ
*～慶長14（1609）年
戦国時代の地方豪族・土豪。
¶神奈川人，姓氏神奈川（㊤1536年），戦辞（生没年不詳），戦人（㊤天文2（1533）年 ㊦？）

**間宮藤太郎** まみやとうたろう
生没年不詳
安土桃山時代の武士。後北条氏家臣。
¶戦辞，戦人，戦東

**間宮直元** まみやなおもと
元亀2（1571）年～慶長19（1614）年
戦国時代の北条氏の家臣。
¶姓氏神奈川，戦辞（生没年不詳）

**間宮信繁** まみやのぶしげ
永禄2（1559）年〜元和3（1617）年
安土桃山時代〜江戸時代前期の武士、旗本。
¶神奈川人，姓氏神奈川

**間宮信高** まみやのぶたか
？　〜天正12（1584）年
戦国時代〜安土桃山時代の武田家臣。海賊衆。
¶姓氏山梨

**間宮信親** まみやのぶちか
生没年不詳
戦国時代の北条氏の家臣。
¶戦辞

**間宮信常** まみやのぶつね
？　〜天文15（1546）年
戦国時代の地方豪族・土豪。
¶戦人

**間宮肥前守** まみやひぜんのかみ
生没年不詳
戦国時代の武士。足利成氏に仕えた。
¶戦辞

**間宮武兵衛** まみやぶへえ
戦国時代の武将。武田家臣。海賊衆。
¶姓氏山梨

**間宮政光** まみやまさみつ
生没年不詳
戦国時代の北条氏の家臣。
¶戦辞

**間宮康俊** まみややすとし
永正15（1518）年〜天正18（1590）年
戦国時代〜安土桃山時代の武士。後北条氏家臣。
¶姓氏神奈川，戦辞（㋫？　㋐天正18年3月29日
（1590年5月3日）），戦人，戦東

**間宮康信** まみややすのぶ
＊〜天正10（1582）年
安土桃山時代の玉縄衆の間宮康俊の子。後北条氏
家臣。
¶戦辞（㋫天文10（1541）年　㋐天正10年8月12日
（1582年8月29日）），戦東（㋫？）

**真山正兵衛** まやましょうべえ
生没年不詳
江戸時代前期の武将、陸奥仙台藩士。
¶藩臣1

**真山杢左衛門** まやまもくざえもん
戦国時代の武将。大崎氏家臣。
¶戦東

**真理谷源太郎** まりやげんたろう
㋾真里谷源太郎《まりやつげんたろう》
安土桃山時代〜江戸時代前期の武士。里見氏家臣。
¶戦人（生没年不詳），戦東（真里谷源太郎　まり
やつげんたろう）

**真理谷佐右衛門** まりやさえもん
㋾真里谷佐右衛門《まりやつさうえもん》
安土桃山時代〜江戸時代前期の武士。里見氏家臣。

¶戦人（生没年不詳），戦東（真里谷佐右衛門　ま
りやつさうえもん）

**真里谷源太郎** まりやつげんたろう
→真理谷源太郎（まりやげんたろう）

**真里谷佐右衛門** まりやつさうえもん
→真理谷佐右衛門（まりやさえもん）

**真里谷信隆** まりやつのぶたか
明応5（1496）年〜？
戦国時代の房総の武将。
¶千葉百

**真里谷三河守**（真里谷三河守）まりやみかわのかみ
戦国時代の武将。
¶戦国（真里谷三河守），戦人（生没年不詳）

**丸岡民部少輔** まるおかみんぶのしょう
生没年不詳
安土桃山時代の織田信長の家臣。
¶織田

**丸毛親吉** まるげちかよし
→丸毛兼利（まるもかねとし）

**丸子三右衛門** まるこさんえもん
？　〜元和4（1618）年
安土桃山時代〜江戸時代前期の武田家臣。信濃先
方衆。
¶姓氏長野，姓氏山梨

**丸五郎信俊** まるごろうのぶとし
生没年不詳
鎌倉時代の安房国の武将。
¶千葉百

**丸作右衛門** まるさくうえもん
江戸時代前期の武士。里見氏家臣。
¶戦東

**丸田高俊** まるたたかとし
生没年不詳
戦国時代〜安土桃山時代の武将、馬廻。上杉氏
家臣。
¶戦人

**丸田俊次** まるたとしつぐ
生没年不詳
戦国時代の上杉景勝の家臣。
¶戦辞

**丸田盛次** まるたもりつぐ
？　〜寛永5（1628）年
江戸時代前期の出羽米沢藩士、砲術家。
¶国書（㋺寛永5（1628）年12月），人名，日人，
藩臣1

**丸目蔵人** まるめくらんど
天文9（1540）年〜寛永6（1629）年　㋾丸目蔵人佐
《まるめくらんどのすけ》,丸目長恵《まるめちょう
え,まるめながよし》,丸目徹斎《まるめてっさい》
安土桃山時代〜江戸時代前期の武士。
¶朝日（㋺寛永6年2月7日（1629年3月1日）），近
世，熊本百（㋺寛永6（1629）年2月7日），剣豪，
国史，史人（㋺1629年5月7日），新潮（㋺寛永6

ま

(1629)年2月7日)，人名，戦合，全書(丸目蔵人佐　まるめくらんどのすけ)，戦人(丸目長恵　まるめながよし)，戦西(丸目長恵　まるめながよし　[生]?)，戦補(丸目長恵　まるめちょうえ　[生]?)，大百(丸目蔵人佐　まるめくらんどのすけ)，日人，藩臣7(丸目徹斎　まるめてっさい)，歴大(丸目蔵人佐　まるめくらんどのすけ)

**丸目蔵人佐** まるめくらんどのすけ
→丸目蔵人(まるめくらんど)

**丸目長恵** まるめちょうえ
→丸目蔵人(まるめくらんど)

**丸目徹斎** まるめてっさい
→丸目蔵人(まるめくらんど)

**丸目長恵** まるめながよし
→丸目蔵人(まるめくらんど)

**丸毛兼利** まるもかねとし
?　〜正保4(1647)年　[別]丸毛親吉《まるげちかよし，まるもちかよし》
安土桃山時代〜江戸時代前期の武将、大名。美濃福束藩主。
¶織田([没]正保4(1647)年1月28日)，岐阜百，人名(丸毛親吉　まるもちかよし)，戦国，戦人，日人，藩主2([没]正保4(1647)年1月28日?)，歴大(丸毛親吉　まるげちかよし)

**丸茂三郎兵衛** まるもさぶろうびょうえ
戦国時代の武将。斎藤氏家臣。
¶戦西

**丸毛親吉** まるもちかよし
→丸毛兼利(まるもかねとし)

**丸茂兵庫助** まるもひょうごのすけ
戦国時代の武将。斎藤氏家臣。
¶戦西

**丸毛不心斎** まるもふしんさい
?　〜文禄4(1595)年7月
戦国時代〜安土桃山時代の織田信長の家臣。
¶織田

**丸毛光兼** まるもみつかね
生没年不詳
戦国時代〜安土桃山時代の地方豪族・土豪。斎藤氏家臣、織田氏家臣、豊臣氏家臣。
¶織田，戦国，戦人

**丸山丹後守政知** まるやまたんごのかみまさとも
→丸山政知(まるやままさとも)

**丸山梅雪** まるやまばいせつ
?　〜天文11(1542)年
戦国時代の武士。
¶姓氏石川，戦人，戦西

**丸山政知** まるやままさとも
[別]丸山丹後守政知《まるやまたんごのかみまさとも》
戦国時代〜安土桃山時代の武将。
¶戦人(生没年不詳)，戦東(丸山丹後守政知　まるやまたんごのかみまさとも)

**丸雅連** まろまさつら
生没年不詳
戦国時代の武将・連歌作者。
¶国書

**馬渡秀岩** まわたりしゅうがん
?　〜永禄9(1566)年
戦国時代〜安土桃山時代の橘氏主流日鼓城主渋江公勢の部将。
¶佐賀百

**馬関田右衛門** まんがだうえもん
生没年不詳
戦国時代の武将。
¶戦人

**満願寺仙右衛門** まんがんじせんえもん
生没年不詳
安土桃山時代の武士。上杉氏家臣。
¶戦人

**万沢君元** まんざわきみもと
生没年不詳
戦国時代の甲斐武田一族穴山信君・勝千代の重臣。
¶戦辞

**万沢君泰** まんざわきみやす
?　〜元亀1(1570)年
戦国時代〜安土桃山時代の武田家臣。遠江守。
¶姓氏山梨

**万沢遠江守** まんざわとおとうみのかみ
?　〜元亀1(1570)年1月13日
戦国時代〜安土桃山時代の甲斐武田一族穴山信君の重臣。
¶戦辞

**万年右馬允** まんねんうまのじょう
生没年不詳
鎌倉時代の武士。
¶北条

**万年久右衛門** まんねんきゅうえもん
生没年不詳
安土桃山時代〜江戸時代前期の武士。最上氏遺臣。
¶庄内

**万年秀幸** まんねんひでゆき
生没年不詳
鎌倉時代の武士。
¶北条

**万見重元** まんみしげもと
?　〜天正6(1578)年　[別]万見重元《まみしげもと》
戦国時代〜安土桃山時代の武士、信長の小姓。
¶織田([没]天正6(1578)年12月8日)，姓氏京都(まみしげもと)，戦国，戦人

## 【み】

**三井資平** みいすけひら
生没年不詳
鎌倉時代の御家人。
¶姓氏山口

**三浦安芸入道** みうらあきにゅうどう
戦国時代の武士。今川氏家臣。
¶戦人(生没年不詳), 戦東

**三浦右衛門佐** みうらうえもんのすけ
? ～元亀1(1570)年 [別]無藤新三郎《むとうしんざぶろう》
戦国時代の武士。今川氏家臣。
¶戦国, 戦人, 戦東

**三浦右近** みうらうこん
戦国時代の武将。武田家臣。駿河先方衆。
¶姓氏山梨

**三浦氏員** みうらうじかず
戦国時代の武将。今川氏家臣。
¶戦辞(生没年不詳), 戦東

**三浦氏満** みうらうじみつ
戦国時代の武将。今川氏家臣。
¶戦辞(生没年不詳), 戦東

**三浦右馬丞** みうらうまのじょう
戦国時代の武将。大崎氏家臣。
¶戦東

**三浦右馬助** みうらうまのすけ
戦国時代の武将。武田家臣。駿河先方衆。
¶姓氏山梨

**三浦員久** みうらかずひさ
生没年不詳
戦国時代の今川氏・武田氏の家臣。
¶戦辞

**三浦元精** みうらがんしょう
? ～慶長15(1610)年
安土桃山時代～江戸時代前期の毛利氏の重臣。
¶姓氏山口

**三浦権七郎** みうらごんしちろう
文禄2(1593)年～寛永11(1634)年 [別]三浦義雄《みうらよしかつ》
江戸時代前期の武士、紀伊和歌山藩士。
¶藩臣5, 和歌山人(三浦義雄 みうらよしかつ)

**三浦貞勝** みうらさだかつ
*～永禄8(1565)年
戦国時代の武将。
¶岡山人, 岡山百([生]天文14(1545)年), 岡山歴([生]天文13(1544)年 [没]永禄8(1565)年11月), 戦人([生]?)

**三浦貞国** みうらさだくに
? ～天文1(1532)年
戦国時代の武士。
¶岡山人, 戦人

**三浦貞連**(1) みうらさだつら
? ～延元1/建武3(1336)年
鎌倉時代後期～南北朝時代の武将。侍所頭人。
¶朝日(生没年不詳), 鎌室, コン改(生没年不詳), コン4(生没年不詳), 新潮([没]建武3/延元1(1336)年1月27日), 日人

**三浦貞連**(2) みうらさだつら
? ～永正6(1509)年 [別]三浦貞連《みうらていれん》
鎌倉時代後期～南北朝時代の武将。侍所頭人。
¶岡山人(みうらていれん), 岡山歴

**三浦貞尚** みうらさだなお
安土桃山時代の武将。
¶岡山人

**三浦貞久** みうらさだひさ
? ～天文17(1548)年
安土桃山時代の武将。
¶岡山人, 岡山歴([没]天文17(1548)年9月16日)

**三浦貞広** みうらさだひろ
? ～天正9(1581)年8月10日
安土桃山時代の武将。
¶岡山人, 岡山歴

**三浦貞宗** みうらさだむね
? ～元中9/明徳3(1392)年3月17日
南北朝時代の美作国真島郡周辺の武士。
¶岡山歴

**三浦真俊** みうらさねとし
→三浦真俊(みうらまさとし)

**三浦重澄** みうらしげずみ
? ～宝治1(1247)年
鎌倉時代前期の相模国の御家人。
¶北条

**三浦重成** みうらしげなり
[別]佐原作十郎《さわらさくじゅうろう》,佐原重成《さわらしげなり》
安土桃山時代～江戸時代前期の武士。徳川氏家臣。
¶戦国, 戦人(生没年不詳)

**三浦茂正** みうらしげまさ
→三浦浄心(みうらじょうしん)

**三浦下野守** みうらしもつけのかみ
安土桃山時代～江戸時代前期の武士。里見氏家臣。
¶戦人(生没年不詳), 戦東

**三浦浄心** みうらじょうしん
永禄8(1565)年～正保1(1644)年 [別]三浦茂正《みうらしげまさ》
安土桃山時代～江戸時代前期の仮名草子作者。北条氏政に仕える武士。
¶朝日([没]正保1年3月12日(1644年4月18日)), 神奈川人([没]1645年), 京都大, 近世, 国史, 国書([没]寛永21(1644)年3月12日), コン改, コン4, 史人([没]1644年3月12日), 新潮([没]正保1(1644)年3月12日), 人名, 世人, 戦辞(三浦茂

正　みうらしげまさ　[没]正保1年3月12日(1644年4月18日)），戦人，日史([没]正保1(1644)年3月12日)，日人，百科

**三浦次郎左衛門尉**(三浦二郎左衛門尉)　**みうらじろうさえもんのじょう，みうらじろうざえもんのじょう**
生没年不詳
戦国時代の武士。今川氏家臣。
¶戦辞(三浦二郎左衛門尉　みうらじろうざえもんのじょう)，戦人，戦東(三浦二郎左衛門尉　みうらじろうざえもんのじょう)

**三浦高継**　**みうらたかつぐ**
～延元4/暦応2(1339)年
南北朝時代の武将。
¶神奈川人

**三浦高連**　**みうらたかつら**
生没年不詳
南北朝時代～室町時代の武将。
¶神奈川人，鎌室，諸系，日人

**三浦高長**　**みうらたかなが**
戦国時代の武将。今川氏家臣。
¶戦辞(生没年不詳)，戦東

**三浦高通**　**みうらたかみち**
生没年不詳
南北朝時代の武将。
¶神奈川人

**三浦胤義**　**みうらたねよし**
？～承久3(1221)年
鎌倉時代前期の武士。左衛門尉・検非違使。
¶朝日([没]承久3年6月15日(1221年7月6日))，岩史([没]承久3(1221)年6月15日)，鎌倉，鎌室，国史，古中，コン4，史人([没]1221年6月15日)，諸系，新潮([没]承久3(1221)年6月15日)，人名，姓氏京都，世人，日史([没]承久3(1221)年6月15日)，日人，北条

**三浦為継**　**みうらためつぐ**
～天仁1(1108)年　[別]平為継《たいらのためつぐ》
平安時代後期の武士。
¶神奈川人，平史(平為継　たいらのためつぐ　生没年不詳)

**三浦為春**　**みうらためはる**
天正1(1573)年～承応1(1652)年
安土桃山時代～江戸時代前期の武士、仮名草子作者。北条氏・徳川氏家臣。「あだ物語」などの著者。
¶朝日([没]承応1年7月2日(1652年8月5日))，国書([没]慶安5(1652)年7月2日)，コン改，コン4，史人([没]1652年7月2日)，新潮([没]承応1(1652)年7月2日)，戦人，日人，藩臣5，百科，和歌山人，和俳

**三浦為通**　**みうらためみち**
*～永保3(1083)年　[別]平為通《たいらのためみち》
平安時代中期～後期の武士。前九年の役に従軍。
¶神奈川人([生]1029年)，平史(平為通　たいらのためみち　[生]？　[没]1083年ごろ)

**三浦太夫**　**みうらたゆう**
生没年不詳
鎌倉時代前期の武将。
¶姓氏長野

**三浦鶴千代**　**みうらつるちよ**
生没年不詳
戦国時代の今川氏の家臣。
¶戦辞

**三浦貞連**　**みうらていれん**
→三浦貞連(2)(みうらさだつら)

**三浦道含斎**　**みうらどうがんさい**
生没年不詳
戦国時代の相模の豪族三浦時高の養嗣子。
¶戦辞

**三浦時高**　**みうらときたか**
応永23(1416)年～明応3(1494)年
室町時代の相模国の豪族。
¶神奈川人，鎌倉，鎌室，国史，古中，コン改，コン4，史人([没]1494年9月23日)，諸系，新潮([没]明応3(1494)年9月23日)，人名，戦合，戦辞([生]応永23(1416)年？　[没]明応3年9月23日(1494年10月22日)？)，日人

**三浦時経**　**みうらときつね**
南北朝時代の武士。
¶埼玉百

**三浦土佐守**　**みうらとさのかみ**
戦国時代の武将。今川氏家臣。
¶戦東

**三浦半右衛門**　**みうらはんうえもん**
→三浦半右衛門(みうらはんえもん)

**三浦半右衛門**　**みうらはんえもん**
[別]三浦半右衛門《みうらはんうえもん》
安土桃山時代～江戸時代前期の武士。里見氏家臣。
¶戦人(生没年不詳)，戦東(みうらはんうえもん)

**三浦平五**(1)　**みうらへいご**
戦国時代の武将。今川氏家臣。
¶戦辞(生没年不詳)，戦東

**三浦平五**(2)　**みうらへいご**
戦国時代の武将。里見氏家臣。
¶戦東

**三浦正次**　**みうらまさつぐ**
～寛永5(1628)年
安土桃山時代～江戸時代前期の武士、旗本。秀忠に仕え、上田城攻めに従軍。
¶神奈川人

**三浦政連**　**みうらまさつら**
生没年不詳
鎌倉時代後期の武士。執権貞時に仕えた。
¶鎌倉

**三浦真俊**　**みうらまさとし**
[別]三浦真俊《みうらさねとし》
戦国時代の武将。今川氏家臣。
¶戦辞(みうらさねとし　生没年不詳)，戦東

**三浦正俊** みうらまさとし
戦国時代の武将。今川氏家臣。
¶戦辞（生没年不詳），戦東

**三浦光村** みうらみつむら
元久2（1205）年～宝治1（1247）年
鎌倉時代前期の武将。検非違使。
¶朝日（[没]宝治1年6月5日（1247年7月8日）），神奈川人，鎌倉（[生]？），鎌室（[生]？），国史（[生]？），古中，コン4，史人（[生]？　[没]1247年6月5日），諸系，新潮（[没]宝治1（1247）年6月5日），日史（[没]宝治1（1247）年6月5日），日人

**三浦元兼** みうらもとかね
安土桃山時代の武将。
¶岡山人

**三浦元清** みうらもときよ
天正14（1586）年～慶安4（1651）年
安土桃山時代～江戸時代前期の武将、近江彦根藩士。
¶藩臣4

**三浦元貞** みうらもとさだ
天文15（1546）年～元和4（1618）年
安土桃山時代～江戸時代前期の近江彦根藩士。
¶藩臣4

**三浦元澄** みうらもとずみ
生没年不詳
安土桃山時代～江戸時代前期の武士。萩築城にあたって普請奉行をつとめた。
¶姓氏山口

**三浦元忠** みうらもとただ
*～慶長1（1596）年
安土桃山時代の武士。
¶戦人（[生]弘治1（1555）年），戦西（[生]？）

**三浦元政** みうらもとまさ
戦国時代の武将。今川氏家臣。
¶戦辞（生没年不詳），戦東

**三浦盛連** みうらもりつら
→佐原盛連（さはらもりつら）

**三浦盛時** みうらもりとき
生没年不詳
鎌倉時代の武士。
¶北条

**三浦弥次郎** みうらやじろう
戦国時代の武将。今川氏家臣。
¶戦辞（生没年不詳），戦東

**三浦泰村** みうらやすむら
？～宝治1（1247）年
鎌倉時代前期の武将。承久の乱で功績をあげるが、北条氏により宝治合戦で滅ぼされた。
¶朝日（[生]元久1（1204）年？　[没]宝治1年6月5日（1247年7月8日）），岩史（[生]元久1（1204）年？　[没]宝治1（1247）年6月5日），角史，神奈川人，鎌倉，鎌室，国史，古中（[生]1184年），コン改，コン4，史人（[没]1247年6月5日），重要（[没]宝治1（1247）年6月），諸系，新潮（[生]建仁3（1203）年？　[没]宝治1（1247）年6月5日），人名，姓氏神奈川（[生]1203年），世人，世百（[生]1184年？），全書（[生]1184年），大百，日史（[生]元暦1（1184）年　[没]宝治1（1247）年6月5日），日人，百科（[生]元暦1（1184）年），北条（[生]元暦1（1184）年），歴大

**三浦義鏡** みうらよしあき
？～天正8（1580）年
戦国時代～安土桃山時代の武田家臣。駿河先方衆。
¶姓氏山梨

**三浦義明** みうらよしあき
寛治6（1092）年～治承4（1180）年　[別]三浦義明《みうらよしあきら》，平義明《たいらのよしあき》
平安時代後期の武士。相模国の在庁官人。
¶朝日（[没]治承4年8月27日（1180年9月18日）），神奈川人（みうらよしあきら），神奈川百，鎌倉，鎌室，郷土神奈川（[生]1088年　[没]1177年），国史，古中，コン改，コン4，史人（[没]1180年8月27日），諸系，新潮（[没]治承4（1180）年8月27日），人名，姓氏神奈川（みうらよしあきら），世人，全書，日人，平史（平義明　たいらのよしあき　[生]？），歴大

**三浦義明** みうらよしあきら
→三浦義明（みうらよしあき）

**三浦義同** みうらよしあつ
？～永正13（1516）年　[別]三浦道寸《みうらどうすん》
戦国時代の武将。相模守護上杉朝興に協力。
¶朝日（[生]宝徳3（1451）年？　[没]永正13年7月11日（1516年8月9日）），神奈川人（[生]1464年），神奈川百（[生]1457年），鎌倉（[生]寛正5（1464）年），郷土神奈川，国史，古中，コン改，コン4，史人（[没]1516年7月11日），諸系，新潮（[没]永正13（1516）年7月11日），姓氏神奈川（[生]1464年），戦合，戦辞（[生]宝徳3（1451）年　[没]永正13年7月11日（1516年8月9日）），戦人，日史（[生]宝徳3（1451）年？　[没]永正13（1516）年7月11日），日人，百科（[生]長禄1（1457）年？），歴大（[生]1457年），和俳

**三浦義意** みうらよしおき
→三浦義意（みうらよしもと）

**三浦義雄** みうらよしかつ
→三浦権七郎（みうらごんしちろう）

**三浦義澄** みうらよしずみ
大治2（1127）年～正治2（1200）年　[別]平義澄《たいらのよしずみ》
平安時代後期～鎌倉時代前期の武士。源義朝の家人、平治の乱に参加。
¶朝日（[没]正治2年1月23日（1200年2月9日）），岩史（[没]正治2（1200）年1月23日），角史，神奈川人，神奈川百，鎌倉，鎌室，国史，古中，コン4，史人（[没]1200年1月23日），重要，諸系，新潮（[没]正治2（1200）年1月23日），人名，姓氏神奈川，世百，全書，日史（[没]正治2（1200）年1月23日），日人，平史（平義澄　たいらのよしずみ），歴大

**三浦義継** みうらよしつぐ
治暦3(1067)年～平治1(1159)年
平安時代後期の武将。源義朝につかえた。
¶神奈川人，国史，古中，諸系，日人

**三浦義連** みうらよしつら
生没年不詳 [別]佐原義連《さはらよしつら，さわらよしつら》，平義連《たいらのよしつら》，蘆名義連《あしなよしつら》
平安時代後期～鎌倉時代前期の武将。源頼朝から重用された。
¶会津(佐原義連 さわらよしつら [没]建仁3(1203)年)，朝日，神奈川人(佐原義連 さはらよしつら)，神奈川人，鎌室，系東(蘆名義連 あしなよしつら)，諸系，新潮，日人，福島百(佐原義連 さわらよしつら [生]保延4(1138)年 [没]承久3(1221)年)，平史(平義連 たいらのよしつら)，和歌山人(佐原義連 さわらよしつら [没]1203年)

**三浦義就** みうらよしなり
? ～永禄3(1560)年
戦国時代の武士。今川氏家臣。
¶戦人，戦東

**三浦義村** みうらよしむら
? ～延応1(1239)年 [別]平義村《たいらのよしむら》
鎌倉時代前期の武士。
¶朝日([没]延応1年12月5日(1239年12月31日))，岩史([没]延応1(1239)年12月5日)，角史，神奈川人，神奈川百，鎌倉，鎌室，高知人，高知百，国史，古中，コン改，コン4，史人([没]1239年12月5日)，重要([没]延応1(1239)年12月5日)，諸系，新潮([没]延応1(1239)年12月5日)，人名，姓氏神奈川，姓氏宮城，世人([没]延応1(1239)年12月5日)，世百，全書，大百，日史([没]延応1(1239)年12月5日)，日人，百科，平史(平義村 たいらのよしむら)，北条，歴大，和歌山人

**三浦義意** みうらよしもと
明応5(1496)年～永正13(1516)年 [別]三浦義意《みうらよしおき》
戦国時代の相模新井城主。
¶神奈川人(みうらよしおき)，諸系(みうらよしおき)，人名，戦辞(みうらよしおき [生]? [没]永正13年7月11日(1516年8月9日))，日人(みうらよしおき)

**三尾長次** みおながつぐ
生没年不詳
戦国時代～安土桃山時代の武将。
¶姓氏長野

**水尾谷十郎** みおのやじゅうろう
[別]三尾谷十郎広徳《みおのやじゅうろうひろのり》
鎌倉時代前期の武蔵武士。
¶埼玉人(生没年不詳)，埼玉百(三尾谷十郎広徳 みおのやじゅうろうひろのり)

**三尾谷十郎広徳** みおのやじゅうろうひろのり
→水尾谷十郎(みおのやじゅうろう)

**三穂屋十郎** みおのやのじゅうろう
生没年不詳
平安時代後期～鎌倉時代前期の武士。
¶平史

**三ヶ島又右衛門** みがしままたうえもん
→三ヶ島又右衛門(みがしままたえもん)

**三ヶ島又右衛門** みがしままたえもん
[別]三ヶ島又右衛門《みがしままたうえもん》
戦国時代～安土桃山時代の武士。
¶戦人(生没年不詳)，戦西(みがしままたうえもん)

**三ヵ尻加賀** みかじりかが
生没年不詳
安土桃山時代の武士。江刺家臣、のち南部家臣。
¶姓氏岩手

**瓺尻十郎** みかじりじゅうろう
南北朝時代の武士。
¶埼玉百

**三ヶ尻恒逢** みかじりつねとよ
生没年不詳
安土桃山時代～江戸時代前期の武将。
¶戦人

**三方正秀** みかたまさひで
生没年不詳
安土桃山時代の武将。
¶戦人

**三上大蔵丞** みかみおおくらじょう
→三上大蔵丞(みかみおおくらのじょう)

**三上大蔵丞** みかみおおくらのじょう
[別]三上大蔵丞《みかみおおくらじょう》
安土桃山時代の武将。秀吉馬廻。
¶戦国(みかみおおくらじょう)，戦人(生没年不詳)

**三上刑部** みかみぎょうぶ
生没年不詳
戦国時代の武士。
¶埼玉人

**三上季直** みかみすえなお
? ～文禄1(1592)年
安土桃山時代の武士。豊臣氏家臣。
¶戦国，戦人

**三上宗三** みかみそうさん
? ～永禄7(1564)年
戦国時代～安土桃山時代の武将。
¶国書

**三上長隆** みかみながたか
生没年不詳
戦国時代の足利長尾氏の家臣。
¶戦辞

**三上士秀** みかみひとひで
安土桃山時代の武将。秀吉馬廻。
¶戦国，戦人(生没年不詳)

み

**三上平四郎** みかみへいしろう
安土桃山時代の武将。秀吉馬廻。
¶戦国，戦人(生没年不詳)

**美甘義清** みかもよしきよ
安土桃山時代の武将。
¶岡山人

**三河一正** みかわかずまさ
戦国時代の武将。斎藤氏家臣。
¶戦西

**三木氏村** みきうじむら
永仁2(1294)年1月10日～正平20/貞治4(1365)年6月12日
鎌倉時代後期～南北朝時代の勤王家。
¶徳島百，徳島歴(生没年不詳)

**右田宗味** みぎたそうみ
～慶長19(1614)年
安土桃山時代～江戸時代前期の益田の宿老、宗味市の創始者。
¶島根人，島根歴

**右田弘詮** みぎたひろあき
→陶弘詮(すえひろあき)



**三木通秋** みきみちあき
天文3(1534)年～天正11(1583)年
戦国時代～安土桃山時代の武将。
¶戦人(生没年不詳)，兵庫百

**三木通規** みきみちのり
康正2(1456)年～享禄3(1530)年
戦国時代の英賀城主と称せられる武将。
¶兵庫百

**三木宗秀** みきむねひで
永仁3(1295)年～正平4/貞和5(1349)年
鎌倉時代後期～南北朝時代の武将。
¶鎌室，島根歴(生没年不詳)，人名，日人

**三木之次** みきゆきつぐ
天正3(1575)年～正保3(1646)年
安土桃山時代～江戸時代前期の水戸藩士。
¶藩臣2

**三雲成持** みくもしげもち
*～慶長8(1603)年　[別]三雲新左衛門尉成持《みぐもしんざえもんのじょうしげもち》
安土桃山時代の武士。
¶戦人([生]天文9(1540)年)，戦西(三雲新左衛門尉成持　みぐもしんざえもんのじょうしげもち　[生]?)

**三雲新左衛門尉成持** みぐもしんざえもんのじょうしげもち
→三雲成持(みくもしげもち)

**三倉宗正** みくらむねまさ
?　～寛永18(1641)年?
安土桃山時代～江戸時代前期の武士。今川氏の被官矢部正時の子。
¶姓氏静岡

**三毛源十郎** みけげんじゅうろう
安土桃山時代の武将。秀吉馬廻。
¶戦国，戦人(生没年不詳)

**御子神大蔵丞** みこがみおおくらのじょう
安土桃山時代～江戸時代前期の武士。里見氏家臣。
¶戦人(生没年不詳)，戦東

**神子上忠明** みこがみただあき
→小野忠明(おのただあき)

**御子神彦作** みこがみひこさく
安土桃山時代～江戸時代前期の武士。里見氏家臣。
¶戦人(生没年不詳)，戦東

**御子田正治**(神子田正治) みこだまさはる，みこたまさはる
?　～天正15(1587)年
安土桃山時代の武士。
¶戦国，戦人，戦西(神子田正治　みこたまさはる)

**三沢小次郎** みさわこじろう
鎌倉時代の駿河国有度郡入江荘を本拠とする武士団の一人。
¶姓氏静岡

**三沢為清** みさわためきよ，みざわためきよ
*～天正16(1588)年
安土桃山時代の武士。
¶島根百(みざわためきよ　[生]天文5(1536)年)，島根歴(みざわためきよ　[生]天文6(1537)年)，戦人([生]天文5(1536)年)，戦西([生]?　[没]1586年)

**三沢為国** みざわためくに
?　～天文5(1536)年
戦国時代の横田庄領主。
¶島根歴

**三沢為忠** みさわためただ，みざわためただ
?　～永正16(1519)年
戦国時代の地方豪族・土豪。
¶島根歴(みざわためただ)，戦人(生没年不詳)

**三沢為虎** みざわためとら
元亀2(1571)年～寛永2(1625)年
安土桃山時代～江戸時代前期の武士。
¶島根歴

**三沢為幸** みざわためゆき
?　～天文9(1540)年
戦国時代の武士。
¶島根歴

**三沢対馬守** みさわつしまのかみ
戦国時代の武将。武田家臣。永禄10年の諏訪五十騎交名にみえる。
¶姓氏山梨

**三沢秀次** みさわひでつぐ
?　～天正10(1582)年6月?
戦国時代～安土桃山時代の織田信長の家臣。
¶織田

**三科形幸** みしなかたゆき
戦国時代の武将。武田家臣。はじめ板垣信方同心衆、のち山県昌景同心衆。長篠の戦後は足軽大将。
¶姓氏山梨

**三科伝右衛門** みしなでんえもん
生没年不詳
安土桃山時代の武将。
¶日人

**三島外記** みしまげき
？ ～元中9/明徳3（1392）年
南北朝時代の武士。
¶日人

**見島弘康** みしまひろやす
生没年不詳
戦国時代の大内氏家臣、奉行衆の一人。
¶姓氏山口

**御宿越前守** みしゅくえちぜんのかみ
生没年不詳
戦国時代の北条氏重臣の松田憲秀の家臣。
¶戦辞

**御宿監物** みしゅくけんもつ
→御宿友綱（みしゅくともつな）

**御宿左衛門** みしゅくさえもん
生没年不詳
戦国時代の北条氏の家臣。
¶戦辞

**御宿藤七郎** みしゅくとうしちろう
生没年不詳
戦国時代の武士。今川氏家臣。
¶戦辞

**御宿友綱** みしゅくともつな
？ ～天正10（1582）年 [別]御宿監物《みしゅくけんもつ》
戦国時代～安土桃山時代の国人、武田家臣。駿州駿東郡葛山城主・葛山播磨守綱春の子。
¶姓氏山梨，戦人（生没年不詳），戦東，山梨百（御宿監物 みしゅくけんもつ）

**御宿隼人佑** みしゅくはやとのすけ
生没年不詳
戦国時代の武士。後北条氏家臣。
¶戦辞，戦人，戦東

**御宿政綱** みしゅくまさつな
生没年不詳
戦国時代の北条氏の家臣。
¶戦辞

**御宿政友**（御宿正倫） みしゅくまさとも
？ ～元和1（1615）年
安土桃山時代～江戸時代前期の武将。今川・武田・北条・結城に仕え、最後は大坂夏の陣で討死。
¶姓氏山梨（御宿正倫），戦国，戦人，戦東（御宿正倫 [生]1567年），日人

**水上宗富**（水上宗普） みずかみそうふ
生没年不詳
戦国時代の甲斐武田晴信・勝頼の家臣・武将。松本深志城代。
¶戦辞，長野歴（水上宗普）

**水越左馬助** みずこしさまのすけ
生没年不詳
安土桃山時代の織田信長の家臣。
¶織田

**水谷蟠竜斎** みずたにばんりゅうさい
→水谷正村（みずのやまさむら）

**三須倫篤** みすともあつ
生没年不詳
南北朝時代の武家・連歌作者。
¶国書

**水沼上野介** みずぬまこうずけのすけ
戦国時代の武将。葛西氏家臣。
¶戦東

**水野伊織** みずのいおり
天正14（1586）年～明暦3（1657）年
安土桃山時代～江戸時代前期の武士、岡山藩士。
¶岡山人

**水野右京進** みずのうきょうのしん
生没年不詳
安土桃山時代の織田信長の家臣。
¶織田，姓氏愛知

**水野勝成** みずのかつしげ
→水野勝成（みずのかつなり）

**水野勝俊** みずのかつとし
慶長3（1598）年～明暦1（1655）年
江戸時代前期の武将、大名。備後福山藩主。
¶諸系，日人，藩主4（[生]慶長3（1598）年7月25日 [没]承応4（1655）年2月21日），広島百（[生]慶長3（1598）年7月25日 [没]承応4（1655）年2月22日）

**水野勝成** みずのかつなり
永禄7（1564）年～慶安4（1651）年 [別]水野勝成《みずのかつしげ》
安土桃山時代～江戸時代前期の大名。三河刈谷藩主、備後福山藩主、大和郡山藩主。
¶朝日（[没]慶安4年3月15日（1651年5月4日）），近世，国史，国書（[生]永禄7（1564）年8月15日 [没]慶安4（1651）年3月15日），コン改，コン4，史人（[没]1651年3月15日），諸系，人書94，新潮（[没]慶安4（1651）年3月15日），人名，姓氏神奈川，世人，戦合，戦国（みずのかつしげ [生]1565年），戦人，日人，藩主2，藩主3（みずのかつしげ），藩主4（[生]永禄7（1564）年8月15日 [没]慶安4（1651）年3月15日），広島百（[没]慶安4（1651）年3月15日），歴大

**水野河内守守信** みずのかわちのかみもりのぶ
天正5（1577）年～寛永13（1636）年
安土桃山時代～江戸時代前期の5代長崎奉行。
¶長崎歴

**水野喜八郎** みずのきはちろう
生没年不詳

安土桃山時代の織田信長の家臣。
¶織田

**水野久右衛門** みずのきゅうえもん
[別]水野久右衛門尉《みずのきゅうえもんのじょう》
安土桃山時代の武士。豊臣氏家臣。
¶戦国，戦人（生没年不詳）

**水野九蔵** みずのきゅうぞう
？ ～天正10（1582）年6月2日
戦国時代～安土桃山時代の織田信長の家臣。
¶織田

**水野源左衛門** みずのげんざえもん
[別]水野源左衛門尉《みずのげんざえもんのじょう》
安土桃山時代の武将。秀吉馬廻。
¶戦国，戦人（生没年不詳）

**水野監物** みずのけんもつ
安土桃山時代の武士。
¶茶道

**水野左近大夫** みずのさこんだゆう
天文14（1545）年～元和7（1621）年
安土桃山時代～江戸時代前期の紀伊和歌山藩士。
¶藩臣5



**水野重次** みずのしげつぐ
天正11（1583）年～明暦1（1655）年
安土桃山時代～江戸時代前期の武士、出羽庄内藩家老。
¶庄内（[没]明暦1（1655）年5月10日），藩臣1

**水野重仲**（水野重央） みずのしげなか
元亀1（1570）年～元和7（1621）年
安土桃山時代～江戸時代前期の武将、大名。紀伊和歌山藩士、遠江浜松藩主。
¶郷土和歌山，諸系，日人，藩主2（水野重央），藩臣5，和歌山人

**水野重良** みずのしげよし
慶長1（1596）年～寛文8（1668）年
江戸時代前期の武将、紀伊和歌山藩家老。
¶姓氏神奈川，藩臣5，和歌山人

**水野四郎右衛門** みずのしろうえもん
生没年不詳
安土桃山時代の織田信長の家臣。
¶織田

**水野善左衛門** みずのぜんざえもん
安土桃山時代～江戸時代前期の武士、池田家臣。
¶岡山人，岡山歴

**水野宗介** みずのそうすけ
？ ～天正10（1582）年6月2日
戦国時代～安土桃山時代の織田信長の家臣。
¶織田

**水野惣兵衛** みずのそうべえ
戦国時代の武将。今川氏家臣。
¶戦東

**水野大膳大夫** みずのだいぜんのだいぶ
生没年不詳
安土桃山時代の織田信長の家臣。
¶織田

**水野忠清** みずのただきよ
天正10（1582）年～正保4（1647）年
安土桃山時代～江戸時代前期の武将、大名。上野小幡藩主、三河刈谷藩主、三河吉田藩主、信濃松本藩主。
¶郷土群馬，近世，群馬人，国史，コン改，コン4，諸系，新潮（[没]正保4（1647）年5月28日），人名，姓氏長野，世人（[没]寛永20（1643）年），戦合，長野歴，日人，藩主1（[生]1581年），藩主2，藩主2（[没]正保4（1647）年5月28日）

**水野忠貞** みずのたださだ
慶長2（1597）年～寛文10（1670）年
江戸時代前期の武士、第2代伏見代官奉行、初代伏見奉行。
¶京都大，姓氏京都

**水野忠重** みずのただしげ
天文10（1541）年～慶長5（1600）年
安土桃山時代の武将。織田信長に仕えた。
¶朝日（[没]慶長5年7月19日（1600年8月27日）），織田（[没]慶長5（1600）年7月19日），近世，国史，コン4，諸系，新潮（[没]慶長5（1600）年7月19日），人名，姓氏愛知，戦合，戦国（[生]1542年），戦辞（[没]慶長5年7月19日（1600年8月27日）），戦人，戦東（[没]？），日人，歴大

**水野忠分** みずのただちか
天文6（1537）年～天正6（1578）年12月8日
戦国時代～安土桃山時代の織田信長の家臣。
¶織田

**水野忠政** みずのただまさ
*～天文12（1543）年
戦国時代の武将。
¶愛知百（[生]1483年　[没]1533年7月12日），姓氏愛知（[生]1493年），戦人（[生]？）

**水野三元** みずのただもと
？ ～寛永17（1640）年
安土桃山時代～江戸時代前期の武士。紀州藩士。
¶和歌山人

**水野忠元** みずのただもと
天正4（1576）年～元和6（1620）年
安土桃山時代～江戸時代前期の武将、大名。下総山川藩主。
¶諸系，日人，藩主2（[没]元和6（1620）年10月6日）

**水野忠守** みずのただもり
大永5（1525）年～慶長5（1600）年3月28日
戦国時代～安土桃山時代の織田信長の家臣。
¶織田

**水野帯刀左衛門** みずのたてわきざえもん
生没年不詳　[別]水野帯刀左衛門尉《みずのたてわきさえもんのじょう，みずのたてわきざえもんのじょう》
戦国時代の武士。織田氏家臣。
¶織田，戦人，戦補（水野帯刀左衛門尉　みずのたてわきさえもんのじょう）

**水野帯刀左衛門尉** みずのたてわきさえもんのじょう，

みずのたてわきざえもんのじょう
→水野帯刀左衛門（みずのたてわきざえもん）

**水野近信** みずのちかのぶ
？ ～慶長7（1602）年
安土桃山時代の織田信長の家臣。
¶織田（[没]慶長7（1602）年8月9日），神奈川人

**水野近守** みずのちかもり
？ ～弘治2（1556）年3月20日？
戦国時代の三河刈谷城主。
¶戦辞

**水野照昌** みずのてるまさ
戦国時代の武将。
¶姓氏愛知

**水野藤九郎** みずのとうくろう
生没年不詳
安土桃山時代の織田信長の家臣。
¶織田

**水野藤次郎** みずのとうじろう
安土桃山時代の織田信長の家臣。
¶織田

**水野直貞** みずのなおさだ
戦国時代の武将。武田家臣。禰津被官衆。
¶姓氏山梨

**水野長勝** みずのながかつ
天文1（1532）年～慶長14（1609）年
戦国時代～江戸時代前期の織田信長の家臣。
¶織田（[没]慶長14（1609）年11月3日），埼玉人

**水野信近** みずののぶちか
？ ～永禄3（1560）年
戦国時代の武将。
¶戦人

**水野信政** みずののぶまさ
？ ～天正3（1575）年12月27日
戦国時代～安土桃山時代の織田信長の家臣。
¶織田

**水野信元** みずののぶもと
？ ～天正3（1575）年
戦国時代～安土桃山時代の武将。
¶朝日（[没]天正3年12月27日（1576年1月27日）），織田（[没]天正3（1575）年12月27日），諸系（[没]1576年），人名，姓氏愛知，戦国，戦辞（[没]天正3年12月27日（1576年1月27日）），戦人，日人（[没]1576年）

**水野孫作** みずのまごさく
安土桃山時代の武士。豊臣氏家臣。
¶戦国，戦人（生没年不詳）

**水野孫太郎** みずのまごたろう
生没年不詳
安土桃山時代の織田信長の家臣。
¶織田

**水野光康** みずのみつやす
？ ～寛文6（1666）年
江戸時代前期の武士、河和村地頭。
¶姓氏愛知

**水野宗国** みずのむねくに
生没年不詳
戦国時代の武将。
¶姓氏愛知

**水野宗信** みずのむねのぶ
生没年不詳
戦国時代～安土桃山時代の新居城城主。
¶姓氏愛知

**水野元綱** みずのもとつな
文禄3（1594）年～寛文5（1665）年
江戸時代前期の武将、大名。三河新城藩主、上野安中藩主。
¶群馬人，諸系，姓氏群馬，日人，藩主1（[生]慶長6（1601）年　[没]寛文5（1665）年5月16日），藩主2

**水野守隆** みずのもりたか
？ ～慶長3（1598）年4月21日
戦国時代～安土桃山時代の織田信長の家臣。
¶織田，国書

**水谷勝隆** みずのやかつたか
慶長2（1597）年～寛文4（1664）年
江戸時代前期の武将、大名。常陸下館藩主、備中成羽藩主、備中松山藩主。
¶岡山人，岡山百（[没]寛文4（1664）年閏5月3日），岡山歴（[没]寛文4（1664）年閏5月3日），日人，藩主3，藩主4，藩主4（[没]寛文4（1664）年閏5月3日）

**水谷勝俊** みずのやかつとし
天文11（1542）年～慶長11（1606）年
安土桃山時代～江戸時代前期の武将、大名。常陸下館藩主。
¶戦国，戦辞（[生]天文11年10月12日（1542年11月18日）　[没]慶長11年6月3日（1606年7月7日）），戦人，日人（[生]1541年），藩主3（[生]天文10（1541）年　[没]慶長11（1606）年6月3日）

**水谷次右衛門** みずのやじえもん
[別]水谷次右衛門尉《みずのやじえもんのじょう》
安土桃山時代の武将。秀吉馬廻。
¶戦国，戦人（生没年不詳）

**水野連成** みずのやすしげ
永禄11（1568）年～寛永15（1638）年
安土桃山時代～江戸時代前期の武士。紀州藩士。
¶和歌山人

**水谷蟠竜** みずのやばんりゅう
→水谷正村（みずのやまさむら）

**水谷蟠竜斎** みずのやばんりゅうさい
→水谷正村（みずのやまさむら）

**水谷正村**（水谷政村） みずのやまさむら
大永1（1521）年～慶長1（1596）年　[別]水谷蟠竜《みずのやばんりゅう》，水谷蟠竜斎《みずたにばんりゅうさい，みずのやばんりゅうさい》
戦国時代～安土桃山時代の武士。
¶茨城百（水谷蟠竜斎　みずのやばんりゅうさい　[生]1524年？　[没]1598年？），郷土栃木（水谷蟠

竜斎 みずたにばんりゅうさい [生]1524年 [没]1598年），人名，戦国（[生]1522年），戦辞（水谷政村 [生]大永4年1月17日（1524年2月21日）[没]慶長3年6月20日（1598年7月23日）），戦人，栃木歴（水谷蟠竜 みずのやばんりゅう），日史（水谷蟠竜 みずのやばんりゅう [没]慶長1（1596）年6月20日），日人，百科（水谷蟠竜 みずのやばんりゅう）

**水野義重** みずのよししげ
天正17（1589）年～承応3（1654）年
安土桃山時代～江戸時代前期の武士。紀州藩士。
¶和歌山人

**水野良春** みずのよしはる
？ ～文中2/応安6（1373）年
鎌倉時代後期～南北朝時代の新居城主、退養寺の開基。
¶姓氏愛知

**水野良宗** みずのよしむね
生没年不詳
安土桃山時代の新居城城主。
¶姓氏愛知

**水野分長** みずのわけなが
永禄5（1562）年～元和9（1623）年
安土桃山時代～江戸時代前期の武将、大名。三河新城藩主。
¶諸系，日人，藩主2（[没]元和9（1623）年3月1日）

**水橋将監** みずはししょうげん
戦国時代の土豪。
¶姓氏富山

**水原茂親** みずはらしげちか
天文20（1551）年～慶長5（1600）年5月9日
戦国時代～安土桃山時代の織田信長の家臣。
¶織田

**水原彦三郎** みずはらひこさぶろう
安土桃山時代の武将。秀吉馬廻。
¶戦国，戦人（生没年不詳）

**水原又之進** みずはらまたのしん
安土桃山時代の武将。秀吉馬廻。
¶戦国，戦人（生没年不詳）

**水原吉一** みずはらよしかず
？ ～元和1（1615）年
安土桃山時代～江戸時代前期の武士。豊臣氏家臣。
¶戦国，戦人

**水巻安高** みずまきやすたか
平安時代後期の在地領主。
¶姓氏富山

**三隅興兼** みすみおきかね
生没年不詳
戦国時代の三隅郷領主。
¶島根歴

**三隅兼忠** みすみかねただ
生没年不詳
戦国時代の武将。
¶戦人

**三隅兼連** みすみかねつら
？ ～正平10/文和4（1355）年
南北朝時代の南朝方の武将。石州三隅高城主。
¶鎌室，国史，古中，史人（[没]1355年3月12日），島根人，島根百，島根歴（[没]文和5（1356）年），諸系，新潮（[没]文和4/正平10（1355）年3月12日），人名，世人，日史（[没]文和4/正平10（1355）年3月12日），日人

**三隅兼信** みすみかねのぶ
生没年不詳
鎌倉時代の在地領主、三隅氏初代。
¶島根歴

**三隅兼村** みすみかねむら
生没年不詳
鎌倉時代の在地領主、三隅氏第2代惣領。
¶島根歴

**三須三河守** みすみかわのかみ
？ ～永正13（1516）年7月11日
戦国時代の豪族。伊豆南部の海賊衆。
¶戦辞

**三隅貞信** みすみさだのぶ
生没年不詳
戦国時代の三隅郷領主。
¶島根歴

**三隅豊信** みすみとよのぶ
生没年不詳
室町時代の三隅郷領主。
¶島根歴

**三隅信兼** みすみのぶかね
？ ～康正2（1456）年
室町時代の石見の在地領主、三隅氏第9代惣領。
¶島根歴

**三隅信光** みすみのぶみつ
生没年不詳
戦国時代の三隅氏老臣。
¶島根歴

**溝江景逸** みぞえかげやす
？ ～天正2（1574）年
戦国時代～安土桃山時代の武将。朝倉氏家臣。
¶戦西

**溝江左馬允** みぞえさまのすけ
？ ～天正1（1573）年
戦国時代の武将。朝倉氏家臣。
¶戦西

**溝江長逸** みぞえちょういつ
→溝江長逸（みぞえながやす）

**溝江長氏** みぞえながうじ
戦国時代～安土桃山時代の武士。朝倉氏家臣、秀吉馬廻。
¶戦国，戦人（生没年不詳）

**溝江長澄** みぞえながずみ
？ ～慶長5（1600）年4月頃
安土桃山時代の織田信長の家臣。

¶織田，国書（生没年不詳）

**溝江長逸** みぞえながやす
？ ～天正2（1574）年 [別]溝江長逸《みぞえちょういつ，みぞえながゆき》
戦国時代～安土桃山時代の武士。
¶織田（みぞえながゆき [没]天正2（1574）年2月19日），郷土福井，戦人，戦西，戦補（みぞえちょういつ）

**溝江長逸** みぞえながゆき
→溝江長逸（みぞえながやす）

**溝江彦三郎** みぞえひこさぶろう
安土桃山時代～江戸時代前期の武士。豊臣氏家臣。
¶戦国，戦人（生没年不詳）

**溝口因幡守** みぞぐちいなばのかみ
生没年不詳
安土桃山時代～江戸時代前期の武士。浅野家の家臣。
¶和歌山人

**溝口右馬助長勝** みぞぐちうまのすけながかつ
→溝口長勝（みぞぐちながかつ）

**溝口勝政** みぞくちかつまさ，みぞぐちかつまさ
？ ～天正3（1575）年
戦国時代～安土桃山時代の武将。
¶姓氏愛知（みぞぐちかつまさ），新潟百

**溝口外記** みぞぐちげき
安土桃山時代の武将。秀吉馬廻？。
¶戦国

**溝口源太郎** みぞぐちげんたろう
安土桃山時代の武将。秀吉馬廻。
¶戦国

**溝口定勝** みぞぐちさだかつ
→溝口秀勝（みぞぐちひでかつ）

**溝口貞泰** みぞぐちさだやす
[別]溝口美作守貞泰《みぞぐちみまさかのかみさだやす》
安土桃山時代～江戸時代前期の武士。小笠原氏家臣。
¶戦人（生没年不詳），戦東（溝口美作守貞泰 みぞぐちみまさかのかみさだやす）

**溝口新介** みぞぐちしんすけ
安土桃山時代の武将。秀吉馬廻。
¶戦国，戦人（生没年不詳）

**溝口常長** みぞぐちつねなが
天文13（1544）年～慶長6（1601）年
安土桃山時代の武士。織田氏家臣、秀吉馬廻、徳川氏家臣。
¶戦国，戦人

**溝口伝三郎** みぞぐちでんざぶろう
安土桃山時代の武将。秀吉馬廻。
¶戦国，戦人（生没年不詳）

**溝口富介** みぞぐちとみすけ
？ ～永禄12（1569）年9月8日
戦国時代～安土桃山時代の織田信長の家臣。
¶織田

**溝口長勝** みぞぐちながかつ
？ ～天文23（1554）年 [別]溝口右馬助長勝《みぞぐちうまのすけながかつ》
戦国時代の武士。小笠原氏家臣。
¶戦人，戦東（溝口右馬助長勝 みぞぐちうまのすけながかつ）

**溝口宣勝** みぞぐちのぶかつ，みぞくちのぶかつ
天正10（1582）年～寛永5（1628）年
安土桃山時代～江戸時代前期の武将、大名。越後新発田藩主。
¶諸系，新潟百（みぞくちのぶかつ），日人，藩主3（[没]寛永5（1628）年10月29日）

**溝口半五郎** みぞぐちはんごろう
？ ～天正9（1581）年
安土桃山時代の武将。相良氏家臣。
¶戦西

**溝口秀勝** みぞぐちひでかつ，みぞくちひでかつ
天文17（1548）年～慶長15（1610）年 [別]溝口定勝《みぞぐちさだかつ》
安土桃山時代～江戸時代前期の大名。越後新発田藩主。
¶朝日（[没]慶長15年9月28日（1610年11月13日）），織田（溝口定勝 みぞぐちさだかつ [没]慶長15（1610）年9月28日），近世（みぞくちひでかつ），国史（みぞくちひでかつ），コン改（[生]天文7（1538）年 [没]慶長5（1600）年），コン4（[生]天文7（1538）年 [没]慶長5（1600）年），史人（[没]1610年9月28日），諸系，新潮（[没]慶長15（1610）年9月28日），人名（[生]？），姓氏愛知，姓氏石川，戦合（みぞくちひでかつ），戦国（[生]1546年），戦辞（[没]慶長15年9月28日（1610年11月13日）），戦人，新潟百（みぞくちひでかつ），日史（[没]慶長15（1610）年9月28日），日人，藩主3（[没]慶長15（1610）年9月28日），百科，歴大

**溝口美作守貞泰** みぞぐちみまさかのかみさだやす
→溝口貞泰（みぞぐちさだやす）

**溝口善勝** みぞぐちよしかつ，みぞくちよしかつ
天正12（1584）年～寛永11（1634）年
安土桃山時代～江戸時代前期の武将、大名。越後沢海藩主。
¶諸系，戦国，戦人，新潟百（みぞくちよしかつ），日人，藩主3（[没]寛永11（1634）年5月2日）

**溝口理兵衛** みぞぐちりへえ
生没年不詳
安土桃山時代～江戸時代前期の武士。浅野家の家臣。
¶和歌山人

**溝呂木** みぞろぎ
生没年不詳
戦国時代の長尾景春の家臣。
¶戦辞

**三田顕昌** みたあきまさ
生没年不詳

み

戦国時代の武蔵国衆三田氏宗の次男。
¶戦辞

**三田氏宗** みたうじむね
生没年不詳
戦国時代の地方豪族・土豪。
¶戦辞，戦人，多摩

**三田刑部** みたぎょうぶ,みだぎょうぶ
？ ～天正9(1581)年
安土桃山時代の武将。葛西氏家臣。
¶戦人，戦東(みだぎょうぶ)

**三段崎紀存** みたざきただあり
戦国時代の武士。
¶戦人(生没年不詳)，戦西

**三田治部少輔** みたじぶのしょう
生没年不詳
戦国時代の北条氏照の臣。
¶戦辞

**三田綱勝** みたつなかつ
～天正6(1578)年
戦国時代～安土桃山時代の武将。
¶多摩



**三田綱定** みたつなさだ
？ ～永禄4(1561)年9月？
戦国時代～安土桃山時代の武蔵国多摩郡の豪族。
¶戦辞

**三田綱秀** みたつなひで
延徳2(1490)年？ ～永禄6(1563)年
戦国時代～安土桃山時代の辛垣城主。
¶多摩

**三谷景久** みたにかげひさ
生没年不詳
戦国時代の地方豪族・土豪。
¶戦人

**三谷半太夫** みたにはんだゆう
慶長2(1597)年～寛文6(1666)年
江戸時代前期の武士、出雲松江藩家老。
¶藩臣5

**三谷弥七郎** みたにやしちろう
生没年不詳
室町時代の武将。
¶日人

**三田塩籠** みたのしおこ
？ ～天平12(740)年
奈良時代の官人。藤原広嗣の乱に参加。征討された。
¶古代，日人

**三田政定** みたまささだ
戦国時代の武蔵国衆。
¶戦辞(生没年不詳)，多摩

**三田村国貞**(三田村国定) みたむらくにさだ
？ ～天正1(1573)年
戦国時代の武士。浅井氏家臣。
¶戦人，戦補(三田村国定)

**三田村左衛門尉** みたむらさえもんのじょう
？ ～天正1(1573)年
戦国時代の武将。浅井氏家臣。
¶戦西

**三田村貞政** みたむらさだまさ
戦国時代の武将。浅井氏家臣。
¶戦西

**三田村定頼** みたむらさだより
戦国時代の武士。
¶戦人(生没年不詳)，戦西

**三田村三助** みたむらさんすけ
生没年不詳
安土桃山時代の織田信長の家臣。
¶織田

**三田村忠政** みたむらただまさ
戦国時代の武士。
¶戦人(生没年不詳)，戦西

**三田村直政** みたむらなおまさ
戦国時代の武士。
¶戦人(生没年不詳)，戦西

**道嶋大楯** みちしまのおおだて,みちしまのおおたて
？ ～宝亀11(780)年
奈良時代の武人。蝦夷征討軍に参加。
¶古代，姓氏宮城(みちしまのおおたて)，日人，宮城百(みちしまのおおたて)

**道嶋嶋足**(道島島足) みちしまのしまたり
？ ～延暦2(783)年　[別]牡鹿嶋足《おがのしまたり,おしかのしまたり》,道島島足《みちしましまたり》,道嶋宿禰嶋足《みちしまのすくねしまたり》,道嶋嶋足《みちのしまのしまたり》
奈良時代の武将。藤原仲麻呂の乱鎮圧に武功。
¶朝日([没]延暦2年1月8日(783年2月13日))，岩手百，神奈川人(みちのしまのしまたり)，国史，古代(道嶋宿禰嶋足　みちしまのすくねしまたり)，古中，コン改(牡鹿嶋足　おがのしまたり)，コン改(みちのしまのしまたり)，コン4(牡鹿嶋足　おがのしまたり)，コン4(みちのしまのしまたり)，史人(道島島足　[没]783年1月8日)，新潮(みちのしまのしまたり　[没]延暦2(783)年1月8日)，人名(道島島足　みちしましまたり)，姓氏岩手(生没年不詳)，姓氏宮城，全書(みちのしまのしまたり)，日史([没]延暦2(783)年1月8日)，日人，百科，宮城百，歴大

**道嶋御楯**(道島御楯) みちしまのみたて
生没年不詳　[別]道嶋宿禰御楯《みちしまのすくねみたて》，道島御楯《みちしまのみたて》
奈良時代～平安時代前期の武官。征夷副将軍・鎮守副将軍。
¶古代(道嶋宿禰御楯　みちしまのすくねみたて)，姓氏宮城，日人，平史(道島御楯)，宮城百

**道嶋三山** みちしまのみやま
生没年不詳
奈良時代の陸奥出身武官。
¶姓氏宮城，日人，宮城百

**道嶋嶋足** みちのしまのしまたり
　→道嶋嶋足（みちしまのしまたり）

**路益人** みちのますひと
　㊿路直益人《みちのあたいますひと》
　飛鳥時代の壬申の乱の功臣。
　¶古代（路直益人　みちのあたいますひと），日
　人（生没年不詳）

**光井兼種** みついかねたね
　生没年不詳
　戦国時代の武士。
　¶姓氏山口

**三井十右衛門** みついじゅうえもん
　永禄2（1559）年〜天正12（1584）年
　安土桃山時代の武士。
　¶戦人，戦補

**三井宗三** みついそうぞう
　戦国時代の武将。武田家臣。『武田家過去帳』に
　甲斐篠原八幡に居住とみえる。
　¶姓氏山梨

**光井隆貞** みついたかさだ
　生没年不詳
　戦国時代の武士。
　¶戦人

**光井尚春** みついなおはる
　〜慶長2（1597）年
　安土桃山時代の武将。
　¶岡山人

**三井光正** みついみつまさ
　天正4（1576）年〜寛永8（1631）年
　安土桃山時代〜江戸時代前期の武士。紀州藩士。
　¶和歌山人

**三日市越中** みっかいちえっちゅう
　？　〜天正19（1591）年
　安土桃山時代の武士。南部氏家臣。
　¶戦人

**三木顕綱** みつきあきつな
　？　〜＊　㊿鍋山顕綱《なべやまあきつな》
　安土桃山時代の武将。
　¶織田（鍋山顕綱　なべやまあきつな　⑫天正11
　（1583）年1月），戦人（⑫天正11（1583）年？）

**三木国綱** みつきくにつな
　？　〜天正13（1585）年
　安土桃山時代の武将。
　¶戦人

**三木重頼** みつきしげより
　？　〜永正13（1516）年
　戦国時代の武将。
　¶郷土岐阜

**三木直頼** みつきなおより
　？　〜天文22（1553）年
　戦国時代の武士。三仏寺城主、桜洞城主。
　¶岐阜百，郷土岐阜，戦辞（⑭明応7（1498）年
　⑫天文23年6月14日（1554年7月13日））

**三木良頼** みつきよしより，みつぎよしより
　→姉小路嗣頼（あねがこうじつぐより）

**三木自綱** みつきよりつな，みつぎよりつな
　→姉小路頼綱（あねがこうじよりつな）

**三塚平左衛門** みつつかへいざえもん
　戦国時代の武将。大崎氏家臣。
　¶戦東

**光富権之助** みつとみごんのすけ
　？　〜文禄2（1593）年
　安土桃山時代の武士。
　¶戦人，戦西

**光永惟純** みつながこれずみ
　生没年不詳
　戦国時代の武将。
　¶戦人

**三橋新右衛門** みつはししんうえもん
　→三橋新右衛門（みつはししんえもん）

**三橋新右衛門** みつはししんえもん
　㊿三橋新右衛門《みつはししんうえもん》
　安土桃山時代〜江戸時代前期の武士。里見氏家臣。
　¶戦人（生没年不詳），戦東（みつはししんうえも
　ん）

**三林善四郎** みつばやしぜんしろう
　安土桃山時代の土豪。
　¶姓氏石川

**満広** みつひろ
　→真下満広（ましもみつひろ）

**三淵秋豪** みつぶちあきひで
　？　〜天正2（1574）年7月6日
　戦国時代〜安土桃山時代の織田信長の家臣。
　¶織田

**三淵晴員** みつぶちはるかず
　＊〜元亀1（1570）年
　戦国時代の武士。足利氏家臣。
　¶戦国（⑭1501年），戦人（⑭明応9（1500）年）

**三淵藤英** みつぶちふじひで
　？　〜天正2（1574）年
　戦国時代〜安土桃山時代の武士。足利氏家臣。
　¶国書（⑫天正2（1574）年7月6日），戦国，戦人

**三淵光行** みつぶちみつゆき
　元亀2（1571）年〜元和9（1623）年
　安土桃山時代〜江戸時代前期の武士。
　¶日人

**三潴政長** みづままさなが
　生没年不詳
　戦国時代の越後岩船郡上関城主。
　¶戦辞

**三目内玄蕃** みつめないげんば
　→多田玄蕃（ただげんば）

**三矢喜太郎** みつやきたろう
　永禄11（1568）年〜寛文3（1663）年
　安土桃山時代〜江戸時代前期の武士。徳川家康に

み

仕えた。
¶姓氏愛知

**光吉心臓** みつよししんぞう
生没年不詳
南北朝時代の北朝方の武士。
¶徳島歴

**水戸五左衛門** みとござえもん
戦国時代の武将。葛西氏家臣。
¶戦東

**三戸七郎** みとしちろう
？ ～正平6/観応2(1351)年　[別]高氏鎮《こううじしげ，こうのうじしげ》，三戸師親《さんのへもろちか，みともろちか》，御津七郎《みつしちろう》
南北朝時代の武将。
¶鎌室，新潮([没]観応2/正平6(1351)年12月)，人名(高氏鎮　こううじしげ)，人名(三戸師親　さんのへもろちか)，日人(高氏鎮　こうのうじしげ)，日人(三戸師親　さんのへもろちか)，日人

**三戸次郎** みとじろう
平安時代後期の武家。
¶静岡歴(生没年不詳)，姓氏静岡



**三戸駿河守** みとするがのかみ
天文7(1538)年～元和3(1617)年3月7日
戦国時代～江戸時代前期の武士。扇谷上杉氏家臣、ついで岩村大田氏家臣。
¶戦辞

**三津肥前** みとひぜん
生没年不詳
戦国時代の武士。北条氏忠の家臣。
¶戦辞

**三戸師親** みともろちか
→三戸七郎(みとしちろう)

**三刀谷監物** みとやけんもつ
→三刀屋孝和(みとやたかかず)

**三刀屋孝和**(三刀谷孝和) みとやたかかず
元亀1(1570)年～明暦3(1657)年　[別]三刀谷監物《みとやけんもつ》
安土桃山時代～江戸時代前期の紀伊和歌山藩士。
¶人名，日人，藩臣5(三刀谷監物　みとやけんもつ)，和歌山人(三刀谷孝和)

**三刀屋久祐**(三刀屋久扶) みとやひさすけ
？ ～天正19(1591)年
安土桃山時代の武士。
¶島根百([没]天正19(1591)年10月20日)，島根歴(三刀屋久扶　生没年不詳)，戦人，戦西([没]1588年)

**三刀屋誠扶** みとやまさすけ
生没年不詳
戦国時代の飯石郡三刀屋郷の領主。
¶島根歴

**三刀屋宗忠** みとやむねただ
？ ～元亀1(1570)年
戦国時代の武士。
¶戦人，戦西

**三戸義宣** みとよしのぶ
生没年不詳
戦国時代の扇谷上杉氏の家臣。
¶戦辞

**薬袋靭負助** みないゆきえのすけ
戦国時代の武将。武田家臣。直参衆。
¶姓氏山梨

**南方就正** みなかたなりまさ
生没年不詳
戦国時代の武将。毛利氏家臣。
¶戦人

**水上宗浮** みなかみそうふ
戦国時代の武将。武田家臣。信濃深志の留守居。
¶姓氏山梨

**皆川成明** みながわしげあき
？ ～大永3(1523)年
戦国時代の武将。
¶戦人

**皆川成勝** みながわしげかつ
生没年不詳
戦国時代の皆川城の城主。
¶戦辞

**皆川隆庸** みなかわたかつね，みながわたかつね
天正9(1581)年～正保2(1645)年
安土桃山時代～江戸時代前期の武将、大名。常陸府中藩主。
¶諸系(みながわたかつね)，栃木歴(みながわたかつね)，日人(みながわたかつね)，藩主2([没]正保2(1645)年2月5日)

**皆川俊宗** みながわとしむね
大永5(1525)年～天正1(1573)年
戦国時代～安土桃山時代の皆川城(栃木市)の城主。
¶戦辞([没]天正1年9月1日(1573年9月26日))，栃木歴

**皆川広勝** みながわひろかつ
永禄6(1563)年～天正4(1576)年12月8日
安土桃山時代の皆川城(栃木市)の城主。
¶戦辞

**皆川広照** みながわひろてる，みなかわひろてる
天文17(1548)年～寛永4(1627)年
安土桃山時代～江戸時代前期の大名。下野皆川藩主、信濃飯山藩主、常陸府中藩主。
¶近世，国史，国書([没]寛永4(1627)年12月22日)，史人([没]1627年12月22日)，諸系([没]1628年)，戦合，戦国([生]1549年)，戦辞([没]寛永4年12月22日(1628年1月28日))，戦人，栃木百，栃木歴，長野歴([生]天文16(1547)年)，日史([没]寛永4(1627)年12月22日)，日人([没]1628年)，藩主1(みなかわひろてる)，藩主2(みなかわひろてる　[没]寛永4(1627)年12月22日)，藩主2([没]寛永4(1627)年12月22日)，百科

**皆川宗成　みながわむねしげ**
→皆川宗成（みながわむねなり）

**皆川宗成　みながわむねなり**
？～大永3（1523）年　[別]皆川宗成《みながわむねしげ》
戦国時代の武将。
¶諸系（みながわむねしげ），戦辞（みながわむねしげ），戦人，栃木歴（みながわむねしげ）

**皆吉修理亮　みなきちしゅりのすけ**
生没年不詳　[別]皆吉修理亮《みなよししゅりのすけ》
戦国時代の武士。足利氏家臣。
¶戦辞（みなよししゅりのすけ），戦人，戦東

**皆木季長　みなきとしなが**
安土桃山時代の武士。
¶岡山人

**湊高秀　みなとたかひで**
生没年不詳
安土桃山時代の武士。
¶織田，戦国，戦人

**湊親正　みなとちかまさ**
生没年不詳
安土桃山時代～江戸時代前期の武士。浅野家の家臣。
¶和歌山人

**南二郎季家　みなみじろうすえいえ**
→藤原季家（ふじわらのすえいえ）

**南図書頭　みなみずしょのかみ**
安土桃山時代の武将。足利氏家臣。
¶戦東

**南図書助　みなみずしょのすけ**
生没年不詳
戦国時代の北条氏の家臣。
¶戦辞

**南地井重秀　みなみちいしげひで**
戦国時代の武将。武田家臣。永禄起請文にみえる。
¶姓氏山梨

**南直道　みなみなおみち**
？～慶長11（1606）年
安土桃山時代～江戸時代前期の上野館林藩士。
¶藩臣2

**南直義　みなみなおよし**
？～寛永3（1626）年
安土桃山時代～江戸時代前期の南康義の3男。九戸政実の乱に信直方として奮戦した。
¶青森百

**南半田宗親　みなみはんだむねちか**
戦国時代の武士。伊達氏家臣。
¶戦人（生没年不詳），戦東

**南見孫介**（南孫介）　**みなみまごすけ**
安土桃山時代の武将。秀吉馬廻。
¶戦国，戦人（南孫介　生没年不詳）

**南通景　みなみみちかげ**
生没年不詳
戦国時代の武将。
¶戦人

**南宗継　みなみむねつぐ**
？～建徳2/応安4（1371）年
南北朝時代の武将、足利尊氏の執事。
¶栃木歴

**南慶儀　みなみよしのり**
？～天正19（1591）年
戦国時代～安土桃山時代の南部信直の重臣。
¶青森人

**源明国　みなもとのあきくに**
生没年不詳　[別]源明国《みなもとあきくに》
平安時代後期の武士。左衛門尉源頼綱の子。佐渡に流刑となる。
¶新潟百（みなもとあきくに），平史

**源顕時　みなもとのあきとき**
→春日顕国（かすがあきくに）

**源与　みなもとのあたう**
生没年不詳
平安時代後期の武士。源頼政の配下。
¶平史

**源宛　みなもとのあつる**
生没年不詳
平安時代中期の地方軍事貴族。
¶埼玉人，埼玉百（[生]929年　[没]953年），平史

**源有綱　みなもとのありつな**
？～文治2（1186）年　[別]伊豆有綱《いずありつな》，源有綱《みなもとありつな》
平安時代後期の武将。源頼朝に属して平氏討滅の戦いに参加。
¶朝日（[没]文治2年6月16日（1186年7月4日）），鎌室（みなもとありつな），静岡歴（伊豆有綱　いずありつな），新潮（[没]文治2（1186）年6月16日），姓氏静岡（伊豆有綱　いずありつな），日人，平史

**源有治　みなもとのありはる**
保延5（1139）年～＊
平安時代後期～鎌倉時代前期の武士。
¶人名（[没]1209年），日人（[没]1221年）

**源有光　みなもとのありみつ**
→石川有光（いしかわありみつ）

**源有義　みなもとのありよし**
→武田有義（たけだありよし）

**源一幡　みなもとのいちまん**
→一幡（いちまん）

**源氏義　みなもとのうじよし**
生没年不詳　[別]源氏義《みなもとうじよし》
鎌倉時代後期の武士。宮田不動明王像の造立者。
¶群馬人（みなもとうじよし）

**源兼綱　みなもとのかねつな**
？～治承4（1180）年　[別]源兼綱《みなもとかねつ

な》
平安時代後期の武将。
¶鎌室（みなもとかねつな），諸系，姓氏京都，日人，平史

**源兼信** みなもとのかねのぶ
→板垣兼信（いたがきかねのぶ）

**源兼頼** みなもとのかねより
生没年不詳　[別]源兼頼《みなもとかねより》
鎌倉時代前期の御家人。
¶鎌室（みなもとかねより）

**源義円** みなもとのぎえん
→義円（ぎえん）

**源競** みなもとのきおう
→渡辺競（わたなべのきおう）

**源清光** みなもとのきよみつ
天永1（1110）年～仁安3（1168）年
平安時代後期の武将。
¶系東，山梨百（[生]天永1（1110）年6月19日　[没]仁安3（1168）年6月8日）

**源邦業** みなもとのくになり
生没年不詳　[別]源邦業《みなもとくになり》
鎌倉時代前期の武士。
¶朝日，鎌室（みなもとくになり），日人

**源国房** みなもとのくにふさ
生没年不詳
平安時代後期の軍事貴族。美濃源氏の祖。
¶平史

**源国基** みなもとのくにもと
生没年不詳
平安時代後期～鎌倉時代前期の武将。
¶日人

**源惟康** みなもとのこれやす
→惟康親王（これやすしんのう）

**源惟義** みなもとのこれよし
→大内惟義（おおうちこれよし）

**源定清** みなもとのさだきよ
？～建武2（1335）年　[別]源定清《みなもとさだきよ》，中院定清《なかのいんさだきよ》
鎌倉時代後期～南北朝時代の公家、武将。国司。
¶鎌室（みなもとさだきよ），人名，姓氏石川（中院定清　なかのいんさだきよ），富山百（中院定清　なかのいんさだきよ　[没]建武2（1335）年12月12日），日人

**源定高** みなもとのさだたか
生没年不詳
平安時代後期の武士。
¶平史

**源定綱** みなもとのさだつな
→佐々木定綱（ささきさだつな）

**源定平** みなもとのさだひら
生没年不詳　[別]源定平《みなもとさだひら》，中院貞平《なかのいんさだひら》，中院定平《なかのいんさだひら》
南北朝時代の公家、武将。村上源氏。左少将、のち右中将。
¶朝日（中院定平　なかのいんさだひら），鎌室（みなもとさだひら），国史（中院定平　なかのいんさだひら），国書（中院定平　なかのいんさだひら），古中（中院定平　なかのいんさだひら），コン改，コン4，史人（中院定平　なかのいんさだひら），新潮，人名，世人，新潟百（中院貞平　なかのいんさだひら），日人

**源実朝** みなもとのさねとも
建久3（1192）年～承久1（1219）年　[別]源実朝《みなもとさねとも》，実朝〔源家（絶家）2〕《さねとも》，源千幡《みなもとのせんまん》，実朝《さねとも》，千幡《せんまん》
鎌倉時代前期の鎌倉幕府第3代の将軍（在職1203～1219）。頼朝と政子の2男。頼家の後将軍になるが、実権は北条一族の手にあり、自らは歌道に精進。「金塊和歌集」として今に残る。1219年鶴岡八幡宮で甥の公暁により殺害され、源氏の正統が絶えることになった。
¶朝日（[生]建久3年8月9日（1192年9月17日）　[没]承久1年1月27日（1219年2月13日）），岩史（[生]建久3（1192）年8月9日　[没]建保7（1219）年1月27日），角史，神奈川人，神奈川百，鎌倉，鎌室（みなもとさねとも），郷土神奈川，公卿（[没]承久1（1219）年1月27日），公家（実朝〔源家（絶家）2〕　さねとも　[没]建保7（1219）年1月27日），国史，国書（みなもとさねとも　[生]建久3（1192）年8月9日　[没]建保7（1219）年1月27日），古中，コン改，コン4，茶道，詩歌，史人（[生]1192年8月9日　[没]1219年1月27日），静岡百，静岡歴，重要（[没]承久1（1219）年1月27日），諸系，人書79，人書94（みなもとさねとも），新潮（[生]建久3（1192）年8月9日　[没]承久1（1219）年1月27日），新文（[生]建久3（1192）年8月9日　[没]建保7（1219）年1月27日），人名，姓氏神奈川，姓氏静岡，世人（[没]承久1（1219）年1月27日），世百，全書，大百，伝記，富山文（[生]建久3（1192）年8月9日　[没]建保7（1219）年1月27日），日史（[生]建久3（1192）年8月9日　[没]承久1（1219）年1月27日），日人，百科，文学，平史，北条（みなもとさねとも），歴大，和俳（[没]承久1（1219）年1月27日）

**源重家** みなもとのしげいえ
生没年不詳
平安時代後期の尾張の武士。
¶平史

**源重清** みなもとのしげきよ
？～養和1（1181）年
平安時代後期の武士。
¶平史

**源重定**（源重貞） みなもとのしげさだ
？～治承4（1180）年　[別]源重定《みなもとしげさだ》
平安時代後期の武将。保元の乱後に源為朝を捕らえた。
¶朝日，鎌室（みなもとしげさだ），新潮，人名，日人，平史（源重貞　生没年不詳）

源重実　みなもとのしげざね
　生没年不詳
　平安時代後期の武士。
　¶平史

源重遠　みなもとのしげとお
　生没年不詳
　平安時代後期の武士。
　¶平史

源重時　みなもとのしげとき
　？　～康治1（1142）年
　平安時代後期の官人、武士。清和源氏。
　¶平史

源重成　みなもとのしげなり
　天承1（1131）年～平治1（1159）年
　平安時代後期の武士。
　¶平史

源重宗　みなもとのしげむね
　生没年不詳
　平安時代中期の武士。駿河守源定宗の子。
　¶平史

源重保　みなもとのしげやす
　生没年不詳　　㋺源重保《みなもとしげやす》
　平安時代後期の武士。源義経の家来。
　¶姓氏岩手（みなもとしげやす）

源季景　みなもとのすえかげ
　生没年不詳　　㋺源季景《みなもとすえかげ》
　平安時代後期～鎌倉時代前期の武将・歌人。
　¶国書（みなもとすえかげ），平史

源季貞　みなもとのすえさだ
　生没年不詳　　㋺源季貞《みなもとすえさだ》
　平安時代後期の武将。歌人。
　¶朝日，国書（みなもとすえさだ），日人，平史

源季実　みなもとのすえざね
　？　～平治1（1159）年
　平安時代後期の武将。
　¶平史

源季遠　みなもとのすえとお
　生没年不詳　　㋺源季遠《みなもとすえとお》
　平安時代後期の武将・歌人。
　¶国書（みなもとすえとお），平史

源季範　みなもとのすえのり
　？　～保元1（1156）年
　平安時代後期の武者。文徳源氏。
　¶平史

源季茂　みなもとのすえもち
　生没年不詳　　㋺源季茂《みなもとすえもち》
　鎌倉時代の武将・歌人。
　¶国書（みなもとすえもち）

源輔道　みなもとのすけみち
　生没年不詳　　㋺源輔道《みなもとすけみち》
　鎌倉時代の武士。
　¶北条（みなもとすけみち）

源高綱　みなもとのたかつな
　→佐々木高綱（ささきたかつな）

源隆義　みなもとのたかよし
　→佐竹隆義（さたけたかよし）

源高頼　みなもとのたかより
　生没年不詳
　平安時代後期の武士。
　¶平史

源忠清　みなもとのただきよ
　生没年不詳　　㋺源忠清《みなもとただきよ》
　平安時代後期の武士。清和源氏。
　¶鎌室（みなもとただきよ），日人，平史

源直朝　みなもとのただとも
　→一色直朝（いっしきなおとも）

源斉頼　みなもとのただより
　生没年不詳
　平安時代後期の武将、官人。清和源氏満政流。前
　九年の役の際の出羽守。
　¶平史

源忠頼　みなもとのただより
　→一条忠頼（いちじょうただより）

源為重　みなもとのためしげ
　平安時代後期の武士。源為朝の次子。
　¶姓氏鹿児島

源為時　みなもとのためとき
　生没年不詳
　鎌倉時代後期の高野山領紀伊国荒川荘の悪党の
　帳本。
　¶朝日，日人

源為朝　みなもとのためとも
　保延5（1139）年～＊　㋺鎮西八郎為朝《ちんぜいは
　ちろうためとも》
　平安時代後期の武将。保元の乱に参加。敗れて伊
　豆大島に流されたが、多くの伝説を残す。
　¶朝日（㋺治承1年3月6日？（1177年4月6日？）），
　岩史（㋐保延4（1138）年　㋒嘉応2（1170）
　年？），大分百（㋒1177年），角史（㋒？），鎌倉
　（㋒嘉応2（1170）年），京都（㋒嘉応2（1170）
　年），国史（㋒1170年），古中（㋒1170年），コ
　ン改（㋒嘉応2（1170）年，（異説）1177年），コン
　4（㋒嘉応2（1170）年，（異説）1177年），史人
　（㋒1170年，（異説）1177年），静岡百（㋒治承1
　（1177）年），静岡歴（㋒治承1（1177）年），重要
　（㋒嘉応2（1170）年？），諸系（㋒1170年），新
　潮（㋒安元2（1176）年3月6日？），人名（㋒1170
　年），姓氏京都（㋐1138年　㋒1170年？），世人
　（㋒嘉応2（1170）年），世百（㋒1176年），全書
　（㋒1177年），大百（㋒1170年），伝記（㋒1176
　年？），日史（㋒治承1（1177）年3月6日？），日
　人（㋒1170年），百科（㋒治承1（1177）年？），
　福島百（㋒治承1（1177）年），平史（㋐1138年
　㋒1170年？），歴大（㋒？）

源為安　みなもとのためやす
　→片桐為安（かたぎりためやす）

み

**源為義　みなもとのためよし**
永長1（1096）年～保元1（1156）年　[別]源為義《みなもとためよし》
平安時代後期の武将。平氏の台頭に危機感を持ち、保元の乱では嫡男義朝と別れて崇徳上皇方に加わり、敗れて刑死した。
¶朝日（[没]保元1年7月30日（1156年8月17日）），岩史（[没]保元1（1156）年7月30日），角史，鎌倉，京都大，国史，国書（みなもとためよし　[没]保元1（1156）年7月30日），古史，古中，コン改，コン4，史人（[没]1156年7月30日），重要，諸系，新潮（[没]保元1（1156）年7月30日），人名，姓氏京都，世人，世百，全書，大百，伝記，日史（[没]保元1（1156）年7月30日），日人，百科，平史，歴大

**源親治　みなもとのちかはる**
生没年不詳　[別]源親治《みなもとちかはる》
平安時代後期の武士。宇野荘を醍醐寺三宝院の勝賢に寄進。
¶朝日，鎌室（みなもとちかはる　[生]永久4（1116）年　[没]文治2（1186）年），コン改，コン4，新潮，人名（[生]1116年　[没]1186年），日人（[生]1116年　[没]1186年），平史

み

**源親広　みなもとのちかひろ**
→大江親広（おおえのちかひろ）

**源近康　みなもとのちかやす**
？～久安6（1150）年
平安時代後期の武士。
¶平史

**源番　みなもとのつがう**
生没年不詳
平安時代後期の武士。
¶平史

**源伝　みなもとのつたう**
→渡辺伝（わたなべのつとう）

**源綱　みなもとのつな**
生没年不詳
平安時代中期の武将。
¶平史

**源経高　みなもとのつねたか**
→佐々木経高（ささきつねたか）

**源経俊　みなもとのつねとし**
生没年不詳
平安時代後期の国埼郡の豪族。
¶大分百，大分歴

**源経光　みなもとのつねみつ**
？～久安2（1146）年
平安時代後期の武士。清和源氏。
¶平史

**源経基　みなもとのつねもと**
？～応和1（961）年　[別]源経基《みなもとつねもと》，六孫王経基《ろくそんおうつねもと，ろくそんのうつねもと》，六孫王《ろくそんおう》
平安時代中期の武将。藤原純友の乱の鎮定にあたる。清和源氏の興隆の基礎を築いた。
¶朝日，岩史，江戸東（六孫王経基　ろくそんおうつねもと），角史，京都，京都大，国史，国書（みなもとつねもと　[没]応和1（961）年11月4日），古史，古中，コン改，コン4，埼玉人（[生]延喜17（917）年　[没]応和1（961）年11月4日），埼玉百（[生]917年），史人（[没]961年11月4日），重要，諸系，新潮（[生]延喜17（917）年，（異説）寛平2（890）年　[没]応和1（961）年11月4日），人名，姓氏京都，世人（[生]延喜17（917）年），世百（[生]921年，（異説）925年），全書（[生]916年），大百（[生]917年），多摩（みなもとつねもと　[生]延喜16（916）年），日史（生没年不詳），日人，百科（生没年不詳），福岡百（[没]応和1（961）年11月4日），平史，歴大

**源遠光　みなもとのとおみつ**
→加賀美遠光（かがみとおみつ）

**源時秀　みなもとのときひで**
生没年不詳　[別]源時秀《みなもとときひで》
鎌倉時代の武将・歌人。
¶国書（みなもとときひで）

**源俊方　みなもとのとしかた**
生没年不詳
平安時代後期の伊賀国名張郡司近国の子。
¶朝日，コン改，コン4，日人，平史

**源朝長　みなもとのともなが**
天養1（1144）年～＊　[別]源朝長《みなもとともなが》
平安時代後期の武士。源義朝の次男。
¶朝日（[没]平治1年12月29日（1160年2月8日）），鎌室（みなもとともなが　[生]康治2（1143）年　[没]平治1（1159）年），諸系（[没]1160年），新潮（[生]康治2（1143）年　[没]平治1（1159）年），人名，日人（[没]1160年），平史（[没]1159年）

**源朝雅　みなもとのともまさ**
→平賀朝雅（ひらがともまさ）

**源直朝　みなもとのなおとも**
→一色直朝（いっしきなおとも）

**源仲家　みなもとのなかいえ**
？～治承4（1180）年
平安時代後期の武将。
¶諸系，日人，平史

**源仲兼　みなもとのなかかね**
生没年不詳
平安時代後期～鎌倉時代前期の武士。
¶朝日，諸系，日人，平史

**源長清　みなもとのながきよ**
→小笠原長清（おがさわらながきよ）

**源仲綱　みなもとのなかつな**
大治1（1126）年～治承4（1180）年　[別]源仲綱《みなもとなかつな》
平安時代後期の武将、歌人。以仁王を擁して平家討滅の兵を挙げた。
¶朝日（[没]治承4年5月26日（1180年6月20日）），鎌室（みなもとなかつな　[生]？），国書（みなもとなかつな　[没]治承4（1180）年5月26日），静岡

歴([生]?), 諸系, 新潮([生]? [没]治承4(1180)年5月26日), 姓氏京都, 姓氏静岡([生]?), 日人, 平史, 歴大, 和俳([生]? [没]治承4(1180)年5月26日)

**源仲正 みなもとのなかまさ**
生没年不詳 [別]源仲正《みなもとなかまさ》
平安時代後期の武将、歌人。「金葉集」などに15首。
¶朝日, 国書(みなもとなかまさ), 諸系, 人名([没]1156年), 日人, 平史, 和俳([没]保元1(1156)年)

**源仲光 みなもとのなかみつ**
? ～治承4(1180)年
平安時代後期の武将。清和源氏。
¶平史

**源仲宗 みなもとのなかむね**
? ～治承4(1180)年 [別]源仲宗《みなもとなかむね》
平安時代後期の武士。
¶鎌室(みなもとなかむね 生没年不詳), 諸系, 日人, 平史(生没年不詳)

**源仲頼(1) みなもとのなかより**
生没年不詳 [別]源仲頼《みなもとなかより》
平安時代後期の武士。卜部兼仲の子。鎌倉幕府御家人。
¶鎌室(みなもとなかより), 国書(みなもとなかより), 日人, 平史

**源仲頼(2) みなもとのなかより**
保元2(1157)年～*
平安時代後期の武士。後白河院の近臣源仲兼に仕え、法住寺合戦で討死。
¶日人([没]1184年), 平史([没]1183年)

**源成直 みなもとのなりなお**
生没年不詳 [別]源成直《みなもとなりなお》
南北朝時代の武将・歌人。
¶国書(みなもとなりなお)

**源信綱 みなもとののぶつな**
→田代信綱(たしろのぶつな)

**源信光 みなもとののぶみつ**
→武田信光(たけだのぶみつ)

**源信義 みなもとののぶよし**
→武田信義(たけだのぶよし)

**源則清 みなもとののりきよ**
生没年不詳 [別]源則清《みなもとのりきよ》
平安時代後期の国司。
¶鎌室(みなもとのりきよ), 日人, 平史

**源範頼 みなもとののりより**
? ～建久4(1193)年 [別]源範頼《みなもとのりより》, 蒲冠者《かばのかじゃ》
平安時代後期の武将。源義朝の6男。平氏追討の総大将として遠征。義経の活躍の陰で目立たなかった。のち頼朝に疑われて暗殺された。
¶朝日([没]建久4(1193)年8月), 岩史(生没年不詳), 角史(生没年不詳), 神奈川人, 神奈川百(生没年不詳), 鎌倉, 鎌室(みなもとのりより 生没年不詳), 国史(生没年不詳), 古史(生没年不詳), 古中(生没年不詳), コン改, コン4, 埼玉人(生没年不詳), 史人(生没年不詳), 静岡百, 静岡歴, 重要([没]建久4(1193)年8月), 諸系(生没年不詳), 新潮(生没年不詳), 人名, 姓氏静岡([没]1193年?), 世人, 世百, 全書, 大百, 日史([没]建久4(1193)年8月), 日人(生没年不詳), 百科, 福岡百, 平史(生没年不詳), 歴大

**源省 みなもとのはぶく**
? ～治承4(1180)年
平安時代後期の武士。
¶平史

**源秀義(1) みなもとのひでよし**
→佐々木秀義(ささきひでよし)

**源秀義(2) みなもとのひでよし**
→佐竹秀義(さたけひでよし)

**源広綱 みなもとのひろつな**
生没年不詳 [別]源広綱《みなもとひろつな》
鎌倉時代前期の武士。
¶鎌室(みなもとひろつな), 日人, 平史

**源弘綱(源広綱) みなもとのひろつな**
生没年不詳 [別]源弘綱《みなもとひろつな》, 源広綱《みなもとのひろつな》
平安時代後期～鎌倉時代前期の武士。
¶鎌室(みなもとひろつな), 日人, 平史(源広綱)

**源房縄 みなもとのふさつな**
生没年不詳
戦国時代の伊豆湯賀野の領主。
¶戦辞

**源政綱 みなもとのまさつな**
生没年不詳
平安時代後期の武士、官人。伯父源頼政の養子。
¶平史

**源昌義 みなもとのまさよし**
→佐竹昌義(さたけまさよし)

**源護 みなもとのまもる**
生没年不詳
平安時代中期の武士。
¶茨城百, 平史

**源希義 みなもとのまれよし**
? ～寿永1(1182)年 [別]源希義《みなもとまれよし》
平安時代後期の武士。平治の乱で土佐国に配流。
¶朝日([没]治承4(1180)年), 鎌室(みなもとまれよし), 高知人, 高知百, 諸系([没]1180年), 新潮([没]寿永1(1182)年3月25日), 日人([没]1180年), 平史

**源光氏 みなもとのみつうじ**
[別]源光氏《みなもとみつうじ》
鎌倉時代の高杉村の豪族。
¶青森人(みなもとみつうじ 生没年不詳), 青森百(みなもとみつうじ)

**源光国** みなもとのみつくに
康平6（1063）年〜久安3（1147）年
平安時代後期の美濃国の武士。清和源氏。
¶平史

**源満季** みなもとのみつすえ
生没年不詳
平安時代中期の武将。
¶平史

**源満仲** みなもとのみつなか
延喜12（912）年〜長徳3（997）年　㊍源満仲《みなもとみつなか》，多田満仲《ただのまんじゅう，ただのみつなか》
平安時代中期の武将。多田源氏の祖。安和の変により摂関家と源氏が接近する契機を作った。
¶朝日，岩史，江戸（多田満仲　ただのまんじゅう），角史（㊌延喜13（913）年），鎌倉（㊌延喜13（913）年），京都，京都大（㊌延喜13（913）年），国史，国書（みなもとみつなか），古史（㊌912年？　㊋997年？），古中，コン改，コン4，埼玉人，史人（㊌912年，（異説）913年？），重要，諸系，新潮，人名，姓氏京都，世人（㊌延喜13（913）年），世百，全書，大百（㊌913年　㊋999年），伝記（㊌913年？），日史（㊌？），日人，百科（㊌？），兵庫人（㊌延喜12（912）年4月），兵庫百（多田満仲　ただのみつなか），仏教，平史，歴大，和俳

**源光長** みなもとのみつなが
？　〜寿永2（1183）年
平安時代後期の武将、衛門府官人。美濃源氏。法住寺合戦で木曽義仲に敗死。
¶平史

**源光信** みなもとのみつのぶ
寛治7（1093）年〜久安1（1145）年
平安時代後期の武将。美濃源氏。
¶朝日（㊌寛治5（1091）年　㊋久安1年10月4日（1145年10月21日）），コン改，コン4，平史

**源満政** みなもとのみつまさ
生没年不詳
平安時代中期の武将。
¶朝日，国史，古中，諸系，日人，平史

**源光基** みなもとのみつもと
生没年不詳
平安時代後期の武将。
¶平史

**源光盛** みなもとのみつもり
→手塚光盛（てづかみつもり）

**源光保** みなもとのみつやす
？　〜永暦1（1160）年
平安時代後期の武将。院の近臣。
¶朝日，諸系，日人，平史

**源光行**(1) みなもとのみつゆき
長寛1（1163）年〜寛元2（1244）年　㊍源光行《みなもとみつゆき》
平安時代後期〜鎌倉時代前期の文人、学者、歌人。清和源氏の出で、承久の乱では朝廷側につく。
¶朝日（㊋寛元2年2月17日（1244年3月27日）），岩史（㊋寛元2（1244）年2月17日），郷土神奈川，国史，国書（みなもとみつゆき），古中，コン4，史人（㊋1244年2月17日），人書94（みなもとみつゆき），人名，世人，全書，日人，平史

**源光行**(2) みなもとのみつゆき
→南部光行（なんぶみつゆき）

**源昵** みなもとのむつる
生没年不詳
平安時代後期の武士。建礼門院を救助。
¶平史

**源基国** みなもとのもとくに
生没年不詳
平安時代後期の武士。
¶平史

**源盛綱** みなもとのもりつな
→佐々木盛綱（ささきもりつな）

**源盛義** みなもとのもりよし
→平賀盛義（ひらがもりよし）

**源師光** みなもとのもろみつ
生没年不詳　㊍源師光《みなもともろみつ》
平安時代中期〜後期の武将・歌人・漢詩人。
¶国書（みなもともろみつ），平史

**源保茂** みなもとのやすしげ
生没年不詳　㊍源保茂《みなもとやすしげ》
鎌倉時代前期の武士。
¶鎌室（みなもとやすしげ），日人

**源康季** みなもとのやすすえ
治暦3（1067）年〜大治5（1130）年
平安時代後期の武士。
¶平史

**源康綱** みなもとのやすつな
長承1（1132）年〜正治1（1199）年
平安時代後期〜鎌倉時代前期の在京武者。
¶平史

**源康政** みなもとのやすまさ
生没年不詳
戦国時代の土佐一条家家臣。
¶高知人

**源行家** みなもとのゆきいえ
？　〜文治2（1186）年　㊍源行家《みなもとゆきいえ》
平安時代後期の武将。
¶朝日（㊋文治2年5月12日（1186年6月1日）），岩史（㊋文治2（1186）年5月12日），大阪墓，角史，鎌倉，鎌室（みなもとゆきいえ），京都大，国史，古史，古中，コン改，コン4，史人（㊋1186年5月12日），諸系，新潮（㊋文治2（1186）年5月12日），人名，姓氏京都，世人，世百，全書，大百，日史（㊋文治2（1186）年5月12日），日人，百科，平史，歴大，和歌山人

**源行綱** みなもとのゆきつな
→多田行綱（ただゆきつな）

み

源義明 みなもとのよしあき
　？　〜天仁2（1109）年
　平安時代後期の武将。
　¶平史

源義家 みなもとのよしいえ
　長暦3（1039）年〜嘉承1（1106）年　㉕源義家《み
なもとよしいえ》，八幡太郎《はちまんたろう》，
八幡太郎義家《はちまんたろうよしいえ》
　平安時代中期〜後期の武将。前九年の役・後三年
の役に参戦。恩賞に私財を分け与え、東国武士の
信頼を得る。また武士として初めて院の昇殿を許
された。
　¶秋田百，朝日（㉕嘉承1（1106）年7月），岩史
（㉕嘉承1（1106）年7月4日），岩手百，大阪墓，
角史（㉕長暦3（1039）年？），鎌倉，京都，京都
大，国史，国書（みなもとよしいえ），嘉承1
（1106）年7月4日），古史，古中，コン改（㊥長
暦3（1039）年，（異説）1038年，1041年　㉕嘉承
1（1106）年，（異説）1105年，1108年），コン4
（㊥長暦3（1039）年，（異説）1038年，1041年
㉕嘉承1（1106）年，（異説）1105年，1108年），
詩歌，史人（㉕1106年7月），重要（㊥長暦3
（1039）年？　㉕嘉承1（1106）年？），庄内
（㉕嘉承1（1106）年7月16日），諸系，人書94
（みなもとよしいえ），新潮㉕嘉承1（1106）年
7月4日），人名（㊥1041年　㉕1108年），姓氏岩
手，姓氏京都，姓氏宮城，世人，世百（㊥1039
年？），全書，大百，伝記，栃木百，日史（㉕嘉
承1（1106）年7月），日人，百科，平史，宮城
百，歴大，和俳

源義賢 みなもとのよしかた
　？　〜久寿2（1155）年　㉙源義賢《みなもとのよし
たか》
　平安時代後期の武将。摂関家の藤原忠実・頼長に
臣従。
　¶朝日（㉕久寿2年8月16日（1155年9月14日）），
国史，古中，コン4，埼玉人（みなもとのよした
か　㉕久寿2（1155）年8月16日），埼玉百，史人
（㉕1155年8月16日），諸系，姓氏群馬（みなもと
のよしたか），日人，平史（㊥1126年）

源義兼⑴ みなもとのよしかね
　生没年不詳
　平安時代後期の武士。山本義経の弟とも。
　¶平史

源義兼⑵ みなもとのよしかね
　→足利義兼（あしかがよしかね）

源義兼⑶ みなもとのよしかね
　→新田義兼（にったよしかね）

源義清⑴ みなもとのよしきよ
　承保2（1075）年〜久安5（1149）年
　平安時代後期の武将。
　¶系東，山梨百（㊥承保2（1075）年4月16日　㉕久
安5（1149）年7月23日）

源義清⑵ みなもとのよしきよ
　→足利義清（あしかがよしきよ）

源義国 みなもとのよしくに
　？　〜久寿2（1155）年
　平安時代後期の武将。足利・新田両氏の祖。
　¶朝日（㉕久寿2年6月26日（1155年7月27日）），
郷土群馬，国史，古中，コン改（㊥寛治5（1089）
年，（異説）1091年），コン4（㊥寛治5（1089）年，
（異説）1091年），史人（㊥1091年？　㉕1155
年6月26日），諸系，新潮（㊥永保2（1082）年
㉕久寿2（1155）年6月26日），人名，姓氏群馬，
世人（㊥永保2（1082）年），栃木百（㊥1082年），
栃木歴，日史（㉕久寿2（1155）年6月26日），日
人，百科，平史（㊥1089年），歴大（㊥1089年）

源義定 みなもとのよしさだ
　→安田義定（やすだよしさだ）

源義重 みなもとのよししげ
　→新田義重（にったよししげ）

源義成⑴ みなもとのよししげ
　生没年不詳
　平安時代後期の武士。浅利氏の祖。
　¶平史

源義成⑵ みなもとのよししげ
　→里見義成（さとみよしなり）

源義資⑴ みなもとのよしすけ
　生没年不詳
　平安時代後期の武将。石川義時の子。
　¶平史

源義資⑵ みなもとのよしすけ
　→安田義資（やすだよしすけ）

源義賢 みなもとのよしたか
　→源義賢（みなもとのよしかた）

源義高⑴ みなもとのよしたか
　承安3（1173）年〜元暦1（1184）年　㉙源義高《み
なもとよしたか》，清水義高《しみずよしたか》，木
曽義高《きそよしたか》
　平安時代後期の武士。木曽義仲の子。
　¶朝日（清水義高　しみずよしたか　㉕承安2
（1172）年　㉕元暦1年4月26日（1184年6月6
日）），鎌倉（木曽義高　きそよしたか），鎌室
（みなもとよしたか），諸系，新潮（㉕元暦1
（1184）年4月26日），姓氏長野（木曽義高　き
そよしたか　㊥？　㉕1185年），長野歴（木曽
義高　きそよしたか　㊥？　㉕文治1（1185）
年），日人，平史

源義高⑵ みなもとのよしたか
　生没年不詳
　平安時代後期の武士。山本義経の子。
　¶平史

源義隆 みなもとのよしたか
　？　〜＊　㉙陸奥義隆《むつよしたか》
　平安時代後期の武将。
　¶神奈川人（陸奥義隆　むつよしたか　㉕1159
年），諸系（㉕1160年），日人（㉕1160年），平
史（㉕1159年）

み

**源義忠** みなもとのよしただ
応徳1（1084）年～天仁2（1109）年
平安時代後期の武将。
¶平史

**源義親** みなもとのよしちか
？ ～天仁1（1108）年
平安時代後期の武将。義家の子。反乱を起こし、平正盛に追討された。
¶朝日（[没]天仁1年1月6日（1108年2月19日）），岩史（[没]嘉承3（1108）年1月6日），角史，国史，古史，古中，コン改，コン4，史人（[没]1108年1月6日），島根歴，重要，諸系，新潮（[没]天仁1（1108）年1月6日），人名，世人，日史（[没]天仁1（1108）年1月6日），日人，百科，平史，歴大

**源義綱** みなもとのよしつな
？ ～＊ [別]源義綱《みなもとよしつな》
平安時代後期の武将。前九年の役に参戦。
¶朝日（[没]長承3（1134）年？），岩史（[没]長承3（1134）年？），角史（[没]長承1（1132）年？），国史（[没]1134年），古中（[没]1134年），コン改（[没]長承1（1132）年），コン4（[没]長承1（1132）年），史人（[没]1132年，（異説）1134年？），諸系（[没]1134年），新潮（[没]長承1（1132）年），人名（[没]1134年），世人（[没]長承3（1134）年），全書（[没]1134年），新潟百（みなもとよしつな　生没年不詳），日史（[没]長承1（1132）年？），日人（[没]1134年），百科（[没]長承1（1132）年？），平史（[没]1132年？），歴大（[没]1134年）

**源義経(1)** みなもとのよしつね
平治1（1159）年～文治5（1189）年 [別]源義経《みなもとよしつね》，牛若丸《うしわかまる》，九郎判官《くろうほうがん》，源義顕《みなもとよしあき》，源義行《みなもとよしゆき》
平安時代後期の武将。幼名は牛若丸。平治の乱の後鞍馬寺に入れられたが、藤原秀衡を頼って奥州に下向。兄頼朝が挙兵すると駆けつけ、代官として木曽義仲・平家の追討にあたる。一ノ谷、屋島、壇ノ浦で勝利をおさめ平家を滅ぼしたが、却って頼朝に恐れられ追討の対象となった。再び秀衡を頼って奥州に下ったが、秀衡の死後にその子泰衡に襲われ自殺した。
¶朝日（[没]文治5年閏4月30日（1189年6月15日）），岩史（[没]文治5（1189）年閏4月30日），岩手百，角史，神奈川人，鎌倉，鎌室（みなもとよしつね），京都，京都大，京都府，国史，国書（みなもとよしつね　[没]文治5（1189）年閏4月30日），古史，古中，コン改，コン4，史人（[没]1189年閏4月30日），静岡百，静岡歴，重要（[没]文治5（1189）年4月30日），諸系，人書94（みなもとよしつね），新潮（[没]文治5（1189）年閏4月30日），人名，姓氏岩手，姓氏京都，姓氏静岡，姓氏宮城，世人，世百，全書，大百，多摩（みなもとよしつね），伝記，徳島歴（みなもとよしつね），新潟百，日史（[没]文治5（1189）年閏4月30日），日人，百科，兵庫百，仏教（[没]文治5（1189）年閏4月30日），平史，山形百，歴大，和歌山人

**源義経(2)** みなもとのよしつね
→山本義経（やまもとよしつね）

**源義朝** みなもとのよしとも
保安4（1123）年～永暦1（1160）年 [別]源義朝《みなもとよしとも》
平安時代後期の武将。為義の長男。保元の乱で父・兄弟と争い勝利。のち藤原信頼と結び平治の乱を起こしたが平清盛に敗れ東国落ちの途中殺された。
¶愛知百（[没]1160年1月4日），朝日（[没]永暦1年1月3日（1160年2月11日）），岩史（[没]平治2（1160）年1月3日），角史（[没]永暦1（1160）年？），神奈川人，鎌倉，鎌室（みなもとよしとも），京都，京都大，国史，古史，古中，コン改，コン4，史人（[没]1160年1月3日），重要（[没]永暦1（1160）年1月），諸系，新潮（[没]永暦1（1160）年1月4日），人名，姓氏愛知，姓氏神奈川，姓氏京都，世人，世百，全書（[没]1160年？），大百，伝記，日史（[没]永暦1（1160）年？），日人，百科（[没]永暦1（1160）年？），平史，歴大（[生]1136年）

**源義直** みなもとのよしなお
生没年不詳
平安時代後期～鎌倉時代前期の武士。
¶平史

**源義仲** みなもとのよしなか
久寿1（1154）年～元暦1（1184）年 [別]源義仲《みなもとよしなか》，木曽義仲《きそのよしなか，きそよしなか》，朝日将軍《あさひしょうぐん》
平安時代後期の武将。頼朝・義経とは従兄弟。北陸で反平氏の挙兵をし、そのまま上洛して平家を都落ちに追い込むが、後白河法皇と対立。西上した源範頼・義経に敗れ戦死した。
¶朝日（[没]元暦1年1月20日（1184年3月4日）），岩史（[没]寿永3（1184）年1月20日），角史，鎌倉（木曽義仲　きそよしなか），鎌室（みなもとよしなか），京都，郷土滋賀（木曽義仲　きそよしなか），京都大（木曽義仲　きそよしなか），郷土長野（木曽義仲　きそよしなか），群馬人（木曽義仲　きそよしなか），国史，古史，古中，コン改，コン4，埼玉人（[生]仁平2（1152）年 [没]元暦1（1184）年1月20日），滋賀百（木曽義仲　きそのよしなか），史人（[没]1184年1月20日），重要（[没]元暦1（1184）年1月20日），諸系，人書94（みなもとよしなか），新潮（[没]元暦1（1184）年1月20日），人名，姓氏京都，姓氏群馬（木曽義仲　きそよしなか），姓氏長野（木曽義仲　きそよしなか），世人，世百，全書，大百，伝記，富山百（木曽義仲　きそよしなか [没]寿永3（1184）年1月20日），長野百（木曽義仲　きそよしなか），長野歴（木曽義仲　きそよしなか），新潟百，日史（[没]元暦1（1184）年1月20日），日人，百科，平史，歴大

**源義業** みなもとのよしなり
生没年不詳
平安時代後期の武将。
¶諸系，日人

**源義信** みなもとのよしのぶ
→平賀義信（ひらがよしのぶ）

**源義範(1)** みなもとのよしのり
→源義広（みなもとのよしひろ）

**源義範**(2) みなもとのよしのり

→山名義範（やまなよしのり）

**源義平** みなもとのよしひら

永治1（1141）年～永暦1（1160）年　[別]源義平《みなもとよしひら》，悪源太《あくげんた》，悪源太義平《あくげんたよしひら》

平安時代後期の武士。鎌倉を本拠に活動。

¶朝日（[没]永暦1年1月19日（1160年2月27日）），岩史（[没]永暦1（1160）年1月19日），角史，鎌倉，鎌室（みなもとよしひら），国史，古史，古中，コン改，コン4，埼玉百，史人（[没]1160年1月19日），重要，諸系，新潮（[没]永暦1（1160）年1月19日），人名，姓氏神奈川，姓氏京都，世人，世百，全書，大百，日史（[没]永暦1（1160）年1月），日人，百科，平史，歴大

**源義広** みなもとのよしひろ

？ ～元暦1（1184）年　[別]源義広《みなもとよしひろ》，源義範《みなもとのよしのり》，志太義広《しだよしひろ》，志田義広《しだよしひろ》，信太義広《しだよしひろ》

平安時代後期の武将。甥は源頼朝。

¶朝日（志太義広　しだよしひろ　生没年不詳），茨城百（志田義広　しだよしひろ），岩史（志田義広　しだよしひろ　[没]元暦1（1184）年5月4日），角史（志田義広　しだよしひろ　[没]元暦1（1184）年？），鎌倉（志田義広　しだよしひろ），鎌室（みなもとよしひろ），郷土茨城（志田義広　しだよしひろ），国史（生没年不詳），古中（生没年不詳），コン改，コン4，史人（[没]1184年，（異説）1186年？），新潮（[没]元暦1（1184）年5月），人名，日史（[没]元暦1（1184）年5月4日），日人，百科，平史（源義範　みなもとのよしのり），歴大（生没年不詳）

**源義光** みなもとのよしみつ

寛徳2（1045）年～大治2（1127）年　[別]新羅義光《しんらよしみつ》，新羅三郎《しんらさぶろう》，新羅三郎義光《しんらさぶろうよしみつ》

平安時代中期～後期の武将。

¶青森人（新羅三郎義光　しんらさぶろうよしみつ），朝日（[没]大治2年10月20日（1127年11月25日）），茨城百（新羅三郎義光　しんらさぶろうよしみつ　[生]？），岩史（[没]大治2（1127）年10月20日），神奈川百，鎌倉（[生]長久2（1041）年），郷土神奈川，系東（[生]1057年），国史，古史，古中，コン改，コン4，滋賀百（新羅三郎　しんらさぶろう　[生]？），史人（[没]1127年10月20日），静岡百（新羅義光　しんらよしみつ），静岡歴（新羅義光　しんらよしみつ　[生]寛徳2（1045）年？），諸系，新潮（[没]大治2（1127）年10月20日），人名（[生]？），姓氏岩手（新羅三郎義光　しんらさぶろうよしみつ），姓氏静岡（[生]1045年？），世人，世百（[生]？），全書，大百，日音（[生]？　[没]大治2（1127）年10月20日），日史（[没]大治2（1127）年10月20日），日人，百科，平史，山梨百（[没]大治2（1127）年10月20日），歴大

**源義宗** みなもとのよしむね

→佐竹義宗（さたけよしむね）

**源義基** みなもとのよしもと

？ ～養和1（1181）年

平安時代後期の武士。

¶平史

**源義康** みなもとのよしやす

→足利義康（あしかがよしやす）

**源頼家** みなもとのよりいえ

寿永1（1182）年～元久1（1204）年　[別]源頼家《みなもとよりいえ》，頼家〔源家（絶家）2〕《よりいえ》

鎌倉時代前期の鎌倉幕府第2代の将軍（在職1202～1203）。頼朝と政子の長男。頼朝の死後将軍となったが、妻の実家の比企氏と母の実家の北条氏の対立の中で幽閉され、北条時政により暗殺された。

¶朝日（[生]寿永1年8月12日（1182年9月11日）[没]元久1年7月18日（1204年8月14日）），岩史（[生]寿永1（1182）年8月12日　[没]元久1（1204）年7月18日），角史，神奈川人，神奈川百，鎌倉，鎌室（みなもとよりいえ），郷土神奈川，公卿，公家（頼家〔源家（絶家）2〕　よりいえ　[没]元久1（1204）年7月18日），国史，古中，コン改，コン4，史人（[生]1182年8月12日　[没]1204年7月18日），静岡百，静岡歴，重要（[没]元久1（1204）年7月18日），諸系，新潮（[生]寿永1（1182）年8月12日　[没]元久1（1204）年7月18日），人名，姓氏神奈川，姓氏静岡，世人（[没]元久1（1204）年7月18日），世百，全書，大百，日史（[生]寿永1（1182）年8月12日　[没]元久1（1204）年7月18日），日人，百科，平史，北条（みなもとよりいえ），歴大

**源頼賢** みなもとのよりかた

？ ～保元1（1156）年

平安時代後期の武将。天王寺念仏堂を造進。

¶朝日（[没]保元1年7月30日（1156年8月17日）），諸系，人名，日人，平史

**源頼兼** みなもとのよりかね

生没年不詳　[別]源頼兼《みなもとよりかね》

平安時代後期～鎌倉時代前期の武将。

¶鎌室（みなもとよりかね），諸系，日人，平史

**源頼清** みなもとのよりきよ

生没年不詳

平安時代中期の武士・官人。源頼信の次男。

¶諸系，日人，平史

**源頼国** みなもとのよりくに

？ ～康平1（1058）年

平安時代中期～後期の武将・官人。清和源氏源頼光の子。

¶平史

**源頼茂** みなもとのよりしげ

→源頼茂（みなもとのよりもち）

**源頼季** みなもとのよりすえ

生没年不詳

平安時代中期の武人。

¶諸系，日人

### 源頼資　みなもとのよりすけ
？　～治暦2（1066）年
平安時代中期～後期の武将・官人。清和源氏・頼国の子。
¶平史

### 源頼隆　みなもとのよりたか
平治1（1159）年～？
平安時代後期～鎌倉時代前期の武将。
¶諸系，日人，平史

### 源頼親　みなもとのよりちか
生没年不詳
平安時代中期の武将。清和源氏の一流大和源氏の祖。
¶朝日，国史，古史，古中，コン改，コン4，史人，諸系，新潮，人名，世人（㊞天慶8（954）年），日史，日人，百科，平史

### 源頼綱　みなもとのよりつな
＊～永長2（1097）年　㊞源頼綱《みなもとよりつな》
平安時代中期～後期の武将・歌人。源頼国の子。
¶国書（みなもとよりつな　㊞？　㊞永長2（1097）年閏1月27日），諸系（㊞1024年），日人（㊞1024年），平史（㊞？）

### 源頼俊　みなもとのよりとし
生没年不詳　㊞源頼俊《みなもとよりとし》
平安時代中期～後期の武人。
¶国書（みなもとよりとし），諸系，姓氏岩手，日人，平史

### 源頼朝　みなもとのよりとも
久安3（1147）年～正治1（1199）年　㊞源頼朝《みなもとよりとも》，頼朝〔源家（絶家）2〕《よりとも》
平安時代後期～鎌倉時代前期の鎌倉幕府初代の将軍（在職1192～1199）。
¶愛知百（㊞1199年1月13日），朝日（㊞正治1年1月13日（1199年2月9日）），岩史（㊞建久10（1199）年1月13日），岩手百，角史，神奈川人，神奈川百，鎌倉，鎌室（みなもとよりとも），京都，郷土神奈川，京都大，公卿（㊞正治1（1199）年1月13日），公家（頼朝〔源家（絶家）2〕　㊞正治1（1199）年1月13日），群馬人（みなもとよりとも），国史，国書（みなもとよりとも　㊞建久10（1199）年1月13日），古史，古中，コン改，コン4，史人（㊞1199年1月13日），静岡百，静岡歴，重要（㊞正治1（1199）年1月13日），諸系，人書79，人書94（みなもとよりとも），人情，神人，新潮（㊞正治1（1199）年1月13日），人名，姓氏愛知，姓氏岩手，姓氏神奈川，姓氏京都，姓氏静岡，姓氏宮城，世人（㊞正治1（1199）年1月13日），世百，全書，大百，多摩（みなもとよりとも），千葉百，伝記，日史（㊞正治1（1199）年1月13日），日人，百科，仏教（㊞建久10（1199）年1月13日），平史，北条（みなもとよりとも），山梨百（㊞正治1（1199）年1月13日），歴大

### 源頼信　みなもとのよりのぶ
安和1（968）年～永承3（1048）年

平安時代中期の武将。平忠常の乱を平定し，源氏の東国進出に道を開いた。
¶朝日，岩史，大阪墓，角史，鎌倉，京都，京都大，国史，古史，古中，コン改，コン4，史人（㊞1048年9月1日），重要，諸系，新潮（㊞永承3（1048）年4月17日），人名，姓氏京都，姓氏群馬，世人，全書，大百，日史（㊞永承3（1048）年4月17日），日人，百科，平史，山梨百（㊞永承3（1048）年4月17日），歴大

### 源頼治　みなもとのよりはる
生没年不詳
平安時代後期の武人。
¶諸系，日人，平史

### 源頼弘　みなもとのよりひろ
寛治5（1091）年～康治2（1143）年
平安時代後期の武人。
¶日人

### 源頼房　みなもとのよりふさ
生没年不詳
平安時代中期～後期の武人。
¶諸系，日人，平史（㊞1024年　㊞1123年）

### 源頼政　みなもとのよりまさ
長治1（1104）年～治承4（1180）年　㊞源頼政《みなもとよりまさ》，頼政〔源家（絶家）1〕《よりまさ》，源三位《げんさんみ》，源三位入道《げんざんみにゅうどう》，源三位入道頼政《げんざんみにゅうどうよりまさ》，源三位頼政《げんざんみよりまさ》
平安時代後期の武将，歌人。平治の乱では中立を守り，平氏政権下で唯一の源氏として三位にまで昇進。しかし以仁王の令旨を奉じて挙兵。王とともに宇治で敗死した。
¶朝日（㊞治承4年5月26日（1180年6月20日）），岩史（㊞治承4（1180）年5月26日），角史，鎌倉（㊞長治2（1105）年），鎌室（みなもとよりまさ），京都（㊞？），京都大，京都府，公卿（㊞治承4（1180）年5月26日），公家（頼政〔源家（絶家）1〕　よりまさ　㊞治承4（1180）年5月26日），国史，国書（みなもとよりまさ　㊞治承4（1180）年5月26日），古史，古中，コン改（㊞長治1（1104）年，（異説）1102年，1103年），コン4（㊞長治1（1104）年，（異説）1102年，1103年），詩歌，史人（㊞1180年5月26日），重要（㊞長治1（1104）年？　㊞治承4（1180）年5月26日），諸系，人書79（㊞1104年？），人書94（みなもとよりまさ），新潮（㊞治承4（1180）年5月26日），人名，姓氏京都，世人（㊞長治2（1105）年），世百，全書，大百（㊞1105年），伝記，日史（㊞治承4（1180）年5月26日），日人，百科（㊞長治2（1105）年），仏教（㊞治承4（1180）年5月26日），平史，歴大，和俳（㊞治承4（1180）年5月26日）

### 源頼光　みなもとのよりみつ
天暦2（948）年～治安1（1021）年　㊞源頼光《みなもとのらいこう，みなもとよりみつ》
平安時代中期の武将。東宮時代の三条天皇に仕えた。
¶朝日（㊞治安1年7月19日（1021年8月29日）），

岩史（[没]治安1（1021）年7月19日），角史，鎌倉，京都，京都大，京都府，国史，国書（みなもとよりみつ　[没]治安1（1021）年7月19日），古史，古中，コン改，コン4，史人（[没]1021年7月19日），重要（[没]治安1（1021）年7月19日），諸系，人書79，人書94（みなもとよりみつ），新潮（[没]治安1（1021）年7月19日），人名（[生]？），姓氏京都，世人，世百，全書，大百（[生]945年），日史（[生]天暦2（948）年？　[没]治安1（1021）年7月19日），日人，百科（[生]天暦2（948）年？），平史，歴大，和俳（[没]治安1（1021）年7月19日）

**源頼茂** みなもとのよりもち
？ ～承久1（1219）年　[別]源頼茂《みなもとのよりしげ，みなもとよりしげ》
鎌倉時代前期の武将。大内守護を相伝。
¶朝日（[没]承久1年7月13日（1219年8月24日）），岩史（[没]承久1（1219）年7月13日），鎌室（みなもとよりしげ），国史，古中，コン4，諸系，人名（みなもとのよりしげ），姓氏京都，日人

**源頼基** みなもとのよりもと
生没年不詳
平安時代後期の武士。
¶平史

**源頼盛** みなもとのよりもり
生没年不詳
平安時代後期の武将。
¶平史

**源頼行** みなもとのよりゆき
？ ～保元2（1157）年
平安時代後期の武士。
¶平史

**源頼義** みなもとのよりよし
永延2（988）年～承保2（1075）年　[別]源頼義《みなもとよりよし》
平安時代中期の武将。前九年の役を鎮圧。
¶朝日，岩史，岩手百，愛媛百，大阪墓（[没]承保2（1075）年？），角史，神奈川百，鎌倉，京都，京都大，国史，国書（みなもとよりよし　[没]承保2（1075）年10月12日），古史，古中，コン改（[生]永延2（988）年，（異説）994年　[没]承保2（1075）年，（異説）1082年），コン4（[生]永延2（988）年，（異説）994年　[没]承保2（1075）年，（異説）1082年），史人（[没]1075年10月12日），重要，諸系，新潮（[生]永延2（988）年，（異説）正暦5（994）年　[没]承保2（1075）年7月13日），人名（[生]998年），姓氏岩手，姓氏神奈川，姓氏京都，世人，世百，全書，大百，伝記，日史（[没]承保2（1075）年10月12日），日人，百科，平史，宮城百，山梨百（[没]承保2（1075）年7月），歴大

**源頼光** みなもとのらいこう
→源頼光（みなもとのよりみつ）

**皆吉修理亮** みなよししゅりのすけ
→皆吉修理亮（みなきちしゅりのすけ）

**皆吉武真** みなよしたけざね
？ ～天文19（1550）年
戦国時代の武将。
¶戦人

**三根伊右衛門** みねいえもん
生没年不詳
安土桃山時代～江戸時代前期の肥前大村藩士。
¶藩臣7

**峰岸数馬守有盛** みねぎしかずまのかみありもり
戦国時代の武将。葛西氏家臣。
¶戦東

**峰将監** みねしょうげん
生没年不詳
戦国時代の武将。
¶戦人

**峰広政** みねひろまさ
？ ～天正1（1573）年10月？
戦国時代～安土桃山時代の織田信長の家臣。
¶織田

**箕浦大内蔵** みのうらおおくら
生没年不詳
安土桃山時代の武士。明智氏家臣、豊臣氏家臣、浅野氏家臣。
¶戦国，戦人，和歌山人

**箕浦次郎右衛門** みのうらじろうえもん
生没年不詳
安土桃山時代の織田信長の家臣。
¶織田

**三野小根** みののおね
[別]三野県主小根《みののあがたぬしおね》
上代の「日本書紀」にみえる豪族。星川皇子の乱に参加。
¶古代（三野県主小根　みののあがたぬしおね），日人

**三野頼延** みののよりのぶ
平安時代後期の田原庄の開発領主。
¶岡山歴

**美濃部茂濃** みのべしげあつ
生没年不詳
安土桃山時代の織田信長の家臣。
¶織田

**美濃部四郎三郎** みのべしろさぶろう
→美濃部美濃守（みのべみののかみ）

**美濃部美濃守** みのべみののかみ
[別]美濃部四郎三郎《みのべしろさぶろう》
安土桃山時代の武士。
¶戦国，戦人（美濃部四郎三郎　みのべしろさぶろう　生没年不詳），戦西

**美濃屋小四郎** みのやこしろう
天文19（1550）年～永禄8（1565）年
戦国時代～安土桃山時代の武士。
¶日人

**箕匂大炊助**（箕勾大炊助） みのわおおいのすけ
戦国時代の武将。足利氏家臣。
¶戦辞（箕勾大炊助　生没年不詳），戦東

み

**蓑輪重澄**(箕輪重澄) **みのわしげずみ, みのわしげずみ**
戦国時代～安土桃山時代の武士。
¶国書(箕輪重澄　みのわしげずみ　生没年不詳), 姓氏鹿児島, 戦人(生没年不詳), 戦西

**箕輪田弥右衛門 みのわだやえもん**
戦国時代の武将。葛西氏家臣。
¶戦東

**箕勾道栄 みのわどうえい**
生没年不詳
室町時代の武士。
¶埼玉人

**箕勾師政 みのわもろまさ**
生没年不詳
鎌倉時代の武蔵武士。
¶埼玉人

**三原重秋 みはらしげあき**
戦国時代の武士。
¶姓氏鹿児島, 戦人(生没年不詳), 戦西

**御春浜主 みはるのはまぬし**
生没年不詳
平安時代前期の官人。鎮守府将軍。
¶平史

**壬生胤業 みぶたねなり**
? ～明応3(1494)年
室町時代の武将、壬生城主。
¶栃木歴

**壬生周長 みぶちかたけ**
→徳雪斎周長(とくせつさいしゅうちょう)

**壬生綱雄 みぶつなお**
? ～永禄5(1562)年頃　[別]壬生綱雄《みぶつなかつ, みぶつなたけ》
戦国時代～安土桃山時代の武将。
¶戦辞(みぶつなかつ), 戦人([没]天正4(1576)年), 栃木歴(みぶつなたけ)

**壬生綱雄 みぶつなかつ**
→壬生綱雄(みぶつなお)

**壬生綱重 みぶつなしげ**
*～永正13(1516)年
戦国時代の鹿沼城(栃木県鹿沼市)の城主。
¶戦辞([生]?　[没]永正13年9月17日(1516年10月12日)), 栃木歴([生]文安5(1448)年)

**壬生綱雄 みぶつなたけ**
→壬生綱雄(みぶつなお)

**壬生綱房 みぶつなふさ**
? ～弘治1(1555)年
戦国時代の鹿沼城(栃木県鹿沼市)の城主。
¶戦辞([没]弘治1年3月17日(1555年4月8日)), 栃木歴

**三船惟安 みふねこれやす**
生没年不詳
戦国時代の国人。
¶戦人

**御船房行 みふねふさゆき**
生没年不詳
戦国時代の武将。
¶戦人

**壬生義雄 みぶよしお**
*～天正18(1590)年　[別]壬生義雄《みぶよしかつ, みぶよしたけ》
安土桃山時代の武将。
¶戦辞(みぶよしかつ　[生]天文14(1545)年　[没]天正18年7月8日(1590年8月7日)), 戦人([生]?), 戦補([生]?), 栃木歴(みぶよしたけ　[生]天文14(1545)年)

**壬生義雄 みぶよしかつ**
→壬生義雄(みぶよしお)

**壬生義雄 みぶよしたけ**
→壬生義雄(みぶよしお)

**御牧景重 みまきかげしげ**
? ～天正10(1582)年
安土桃山時代の武士。明智氏家臣。
¶戦国, 戦人

**御牧景則 みまきかげのり**
? ～慶長5(1600)年　[別]四手井景則《しでいかげのり》
安土桃山時代の武将。秀吉馬廻。
¶織田([没]慶長5(1600)年4月頃), 京都府, 戦国, 戦人

**御牧摂津守 みまきせっつのかみ**
生没年不詳
安土桃山時代の織田信長の家臣。
¶織田

**三牧太郎右衛門 みまきたろうえもん**
[別]三牧太郎右衛門尉《みまきたろうえもんのじょう》
安土桃山時代の武将。秀吉馬廻。
¶戦国, 戦人(生没年不詳)

**御牧信景 みまきのぶかげ**
[別]四手井清庵《しでいせいあん》
安土桃山時代～江戸時代前期の武士。
¶戦国, 戦人(生没年不詳)

**御牧信重 みまきのぶしげ**
? ～寛文3(1663)年
江戸時代前期の浅野家臣。
¶和歌山人

**耳須弥次郎 みみずやじろう**
? ～天正9(1581)年
安土桃山時代の武士。
¶戦人

**耳塚作左衛門元直 みみづかさくざえもんもとなお**
→耳塚元直(みみづかもとなお)

**耳塚元直 みみづかもとなお**
? ～天正10(1582)年　[別]耳塚作左衛門元直《みみづかさくざえもんもとなお》
安土桃山時代の武士。小笠原氏家臣。

¶戦人，戦東（耳塚作左衛門元直　みみづかさくざえもんもとなお）

**三村家親** みむらいえちか
？ ～永禄9（1566）年
戦国時代の武将。毛利氏家臣。
¶岡山人，岡山百（[没]永禄9（1566）年2月5日），岡山歴（[没]永禄9（1566）年2月5日），人名，戦人，戦補，日人

**三村五郎兵衛** みむらごろびょうえ
～永禄9（1566）年
戦国時代の武将。
¶岡山人

**三村五郎兵衛** みむらごろべえ
？ ～寛文12（1672）年
江戸時代前期の武将、備後福山藩家老。大坂の陣に従軍。
¶藩臣6

**三村左京** みむらさきょう
安土桃山時代の武将。
¶岡山人

**三村親氏** みむらちかうじ
戦国時代の備中国の武将。
¶岡山歴

**三村親重** みむらちかしげ
戦国時代の備中国の武将。
¶岡山歴

**三村親成** みむらちかしげ
[別]三村親成《みむらちかなり》
戦国時代の武将。鶴首城主。
¶岡山人（みむらちかなり），岡山歴，戦人（生没年不詳）

**三村親友** みむらちかとも
戦国時代の備中国の武将。
¶岡山歴

**三村親成** みむらちかなり
→三村親成（みむらちかしげ）

**三村親宣** みむらちかのぶ
→三村親宣（みむらちかのり）

**三村親宣** みむらちかのり
[別]三村親宣《みむらちかのぶ》
安土桃山時代の武士。
¶岡山人，岡山歴（みむらちかのぶ）

**三村長親** みむらながちか
？ ～弘治1（1555）年
戦国時代の武田家臣。駿河守。信濃洗場の城主。
¶姓氏長野，姓氏山梨

**三村政親** みむらまさちか
安土桃山時代の武将。
¶岡山人，岡山歴

**三村元親** みむらもとちか
？ ～天正3（1575）年
戦国時代～安土桃山時代の武将。
¶岡山人，岡山百（[没]天正3（1575）年6月2日），岡山歴（[没]天正3（1575）年6月2日），人名，戦人，戦補，日人

**三村元宣** みむらもとのぶ
～天正3（1575）年
戦国時代～安土桃山時代の武将。
¶岡山人

**三村元範** みむらもとのり
？ ～天正3（1575）年
戦国時代～安土桃山時代の武将。
¶岡山人，岡山歴（[没]天正3（1575）年1月8日）

**三村友梅** みむらゆうばい
～天正2（1574）年
安土桃山時代の武士。
¶岡山人

**三諸大原** みもろのおおはら
→文室大原（ふんやのおおはら）

**宮内清定** みやうちきよさだ
生没年不詳
江戸時代前期の武士、和泉岸和田藩士。
¶藩臣5

**宮内内蔵丞** みやうちくらのじょう
生没年不詳
安土桃山時代～江戸時代前期の武士。最上氏家臣。
¶戦人

**宮内常清** みやうちつねきよ
生没年不詳
安土桃山時代の武将。
¶戦人

**宮川吉左衛門尉** みやがわきちざえもんのじょう
戦国時代の武将。斎藤氏家臣。
¶戦西

**宮川左近将監** みやがわさこんしょうげん
生没年不詳
戦国時代の武士。後北条氏家臣。
¶戦辞，戦人，戦東

**宮川但馬守** みやかわたじまのかみ
生没年不詳
安土桃山時代の織田信長の家臣。
¶織田

**宮川房勝** みやがわふさかつ
？ ～天文20（1551）年
戦国時代の陶晴賢の家人。
¶人名，日人

**宮川房長** みやかわふさなが
？ ～天文23（1554）年
戦国時代の大内氏の武将。
¶姓氏山口

**宮川弥九郎** みやがわやくろう
戦国時代の武士。後北条氏家臣。
¶戦人（生没年不詳），戦東

**宮川弥三郎** みやがわやさぶろう
生没年不詳

戦国時代の北条氏の家臣。
¶戦辞

**宮川安熙** みやかわやすひろ
生没年不詳
安土桃山時代の織田信長の家臣。
¶織田

**宮城家業** みやぎいえなり
生没年不詳
鎌倉時代の御家人。
¶姓氏宮城

**宮木右衛門尉賢祐** みやぎうえもんのじょうかたすけ
戦国時代の武将。六角氏家臣。
¶戦西

**宮城堅甫** みやぎかたよし
生没年不詳
安土桃山時代の武士。
¶織田，戦国，戦人

**宮城四郎兵衛** みやぎしろべえ
生没年不詳
戦国時代の岩付城主太田氏房の家臣。
¶戦辞



**宮城為業** みやぎためなり
天文3（1534）年～天正16（1588）年
戦国時代～安土桃山時代の武士。後北条氏家臣。
¶埼玉人（[没]天正16（1588）年5月7日），戦辞（[没]天正16年5月7日（1588年5月31日）），戦人（[生]天文2（1533）年），戦東

**宮城筑後** みやぎちくご
～元和8（1622）年
江戸時代前期の武士、備前藩士。
¶岡山人

**宮木長次** みやぎちょうじ
天文23（1554）年～元和6（1620）年
戦国時代～江戸時代前期の豊臣秀吉の家臣、のち幕臣。
¶大分歴

**宮木藤左衛門** みやぎとうざえもん
安土桃山時代の武士。豊臣氏家臣。
¶戦国，戦人（生没年不詳）

**宮城豊盛** みやぎとよもり
*～元和6（1620）年
安土桃山時代～江戸時代前期の武将。豊臣氏家臣、徳川氏家臣。
¶戦国（[生]1555年），戦人（[生]天文23（1554）年）

**宮城文利** みやぎふみとし
→宮城文利（みやぎふんとし）

**宮城文利** みやぎふんとし
[別]宮城文利《みやぎふみとし》
安土桃山時代の武将。秀吉馬廻。
¶戦国（みやぎふみとし），戦人（生没年不詳）

**宮城正重** みやぎまさしげ
？～慶長16（1611）年
安土桃山時代～江戸時代前期の武将。秀吉馬廻、豊臣氏家臣。
¶戦国，戦人

**宮城政業** みやぎまさなり
明応4（1495）年～天正17（1589）年
戦国時代～安土桃山時代の武士。
¶戦辞（[没]天正17年6月23日（1589年8月4日）），戦人

**宮城美作守** みやぎみまさかのかみ
戦国時代の武士。
¶埼玉百

**宮城泰業** みやぎやすなり
弘治2（1556）年～天正19（1591）年
安土桃山時代の武士。
¶埼玉人（[没]天正19（1591）年7月13日），戦辞（[没]天正19年7月13日（1591年8月31日）），戦人，戦東

**宮城頼久** みやぎよりひさ
元亀1（1570）年～慶長14（1609）年　[別]宮城頼久《みやぎよりふさ》
安土桃山時代～江戸時代前期の武士。豊臣氏家臣、徳川氏家臣。
¶戦国（みやぎよりふさ），戦人

**宮城頼久** みやぎよりふさ
→宮城頼久（みやぎよりひさ）

**三宅大炊助** みやけおおいのすけ
安土桃山時代の武将。
¶岡山人

**三宅国秀** みやけくにひで
？～永正13（1516）年
戦国時代の蓮島の領主。琉球遠征を企てた。
¶朝日（生没年不詳），岡山人，岡山歴，日人

**三宅国村** みやけくにむら
戦国時代の武士。
¶戦人（生没年不詳），戦西

**三宅九郎左衛門** みやけくろうざえもん
安土桃山時代の武将。秀吉馬廻。
¶戦国

**三宅権右衛門** みやけごんえもん
生没年不詳
安土桃山時代の織田信長の家臣。
¶織田

**三宅重直** みやけしげなお
文禄3（1594）年～承応1（1652）年
江戸時代前期の武将、陸奥会津藩士。
¶藩臣2

**三宅善兵衛** みやけぜんべえ
[別]三宅善兵衛尉《みやけぜんべえのじょう》
安土桃山時代の武将。秀吉馬廻。
¶戦国，戦人（生没年不詳）

**三宅惣右衛門康貞** みやけそうえもんやすさだ
→三宅康貞（みやけやすさだ）

**三宅忠俊** みやけただとし
戦国時代の武将。畠山氏家臣。

¶姓氏石川，戦西

**三宅続長** みやけつぐなが
戦国時代の武士。
¶姓氏石川，戦人（生没年不詳），戦西

**三宅綱久** みやけつなひさ
戦国時代の武士。
¶姓氏石川，戦人（生没年不詳），戦西

**三宅藤兵衛** みやけとうべえ
*～寛永14（1637）年
江戸時代前期の武士、肥前唐津藩家老。
¶熊本百（[生]天正9（1581）年 [没]寛永14（1637）年11月14日），藩臣7（[生]？）

**三宅俊長** みやけとしなが
？ ～享禄4（1531）年
戦国時代の武士。
¶姓氏石川，戦人，戦西

**三宅長盛** みやけながもり
？ ～天正10（1582）年
安土桃山時代の武士。
¶織田（[没]天正10（1582）年6月26日？），姓氏石川，戦辞（[没]天正10年6月24日（1582年7月13日）頃），戦人，戦西

**三宅総賢** みやけふさかた
戦国時代の武士。
¶姓氏石川，戦人（生没年不詳），戦西

**三宅総広** みやけふさひろ
戦国時代の武士。
¶姓氏石川，戦人（生没年不詳），戦西

**三宅武兵衛** みやけぶへえ
天正9（1581）年～寛文1（1661）年
安土桃山時代～江戸時代前期の武士、備後福山藩士。
¶藩臣6

**三宅宗隆** みやけむねたか
？ ～天正10（1582）年
安土桃山時代の武士。
¶姓氏石川，戦人，戦西

**三宅盛久** みやけもりひさ
南北朝時代の武士。
¶岡山歴

**三宅弥次兵衛尉** みやけやじひょうえのじょう
永禄1（1558）年？ ～慶長1（1597）年12月5日
戦国時代～安土桃山時代の徳川家の家臣。
¶戦辞

**三宅康貞** みやけやすさだ
天文13（1544）年～元和1（1615）年 [別]三宅惣右衛門康貞《みやけそうえもんやすさだ》
安土桃山時代～江戸時代前期の武将、大名。三河衣藩主。
¶埼玉人（[没]元和1（1615）年10月23日），埼玉百（三宅惣右衛門康貞 みやけそうえもんやすさだ），諸系，戦人，戦東，日人，藩主2（[没]元和1（1615）年10月23日）

**三宅康信** みやけやすのぶ
永禄6（1563）年～寛永9（1632）年
安土桃山時代～江戸時代前期の武将、大名。三河衣藩主、伊勢亀山藩主。
¶諸系，日人，藩主2，藩主3（[没]寛永9（1632）年9月27日）

**三宅康盛** みやけやすもり
慶長5（1600）年～*
江戸時代前期の武将、大名。伊勢亀山藩主、三河衣藩主。
¶諸系（[没]1658年），日人（[没]1658年），藩主2（[没]明暦3（1657）年12月29日），藩主3（[没]明暦3（1657）年12月29日）

**三宅行名** みやけゆきかた
慶長4（1599）年～万治3（1660）年
江戸時代前期の武士、茂木藩祖細川興元股肱の臣。
¶栃木歴

**三宅若狭** みやけわかさ
天文20（1551）年～元和8（1622）年
安土桃山時代～江戸時代前期の筑前福岡藩士。
¶藩臣7

**都沢豊前** みやこざわぶぜん
戦国時代の武将。葛西氏家臣。
¶戦東

**宮崎伊勢守信照** みやざきいせのかみのぶてる
→宮崎信照（みやざきのぶてる）

**宮崎鹿目介** みやざきかなめのすけ
？ ～天正4（1576）年7月13日
戦国時代～安土桃山時代の織田信長の家臣。
¶織田

**宮崎鎌大夫** みやざきかまだゆう
？ ～天正4（1576）年7月13日
戦国時代～安土桃山時代の織田信長の家臣。
¶織田

**宮崎刑部** みやざきぎょうぶ
安土桃山時代の武士。
¶岡山人，岡山歴

**宮崎定範** みやざきさだのり
生没年不詳
鎌倉時代前期の武将。
¶鎌室，人名，日人

**宮崎二郎七郎** みやざきじろしちろう
生没年不詳
安土桃山時代の織田信長の家臣。
¶織田

**宮崎隆親** みやざきたかちか
[別]宮崎民部少輔隆親《みやざきみんぶしょうゆうたかちか》
安土桃山時代の武将。大崎氏家臣。
¶戦人（生没年不詳），戦東（宮崎民部少輔隆親 みやざきみんぶしょうゆうたかちか）

**宮崎太郎** みやざきたろう
→宮崎太郎長康（みやざきたろうながやす）

**宮崎太郎長康** みやざきたろうながやす
[別]宮崎太郎《みやざきたろう》
平安時代後期の武将。
¶姓氏富山（宮崎太郎　みやざきたろう），富山百（生没年不詳）

**宮崎信照** みやざきのぶてる
[別]宮崎伊勢守信照《みやざきいせのかみのぶてる》
戦国時代～安土桃山時代の武士。
¶戦人（生没年不詳），戦西（宮崎伊勢守信照　みやざきいせのかみのぶてる）

**宮崎半四郎** みやざきはんしろう
安土桃山時代の武将。秀吉馬廻。
¶戦国，戦人（生没年不詳）

**宮崎民部少輔隆親** みやざきみんぶしょうゆうたかちか
→宮崎隆親（みやざきたかちか）

**宮崎泰春** みやざきやすはる
？～慶安3（1650）年
江戸時代前期の武士。紀州藩士。
¶和歌山人

**宮里正聡** みやざとまさとし
戦国時代の入来院重聡の重臣。
¶姓氏鹿児島

**宮沢実家** みやざわさねいえ
戦国時代の武将。伊達氏家臣。
¶戦東

**宮沢泰忠** みやざわやすただ
戦国時代の武将。武田家臣。信濃国筑摩郡の岩下衆（会田家臣か）。
¶姓氏山梨

**宮地五郎左衛門** みやじごろうざえもん
→宮地五郎左衛門（みやぢごろうざえもん）

**宮道季式** みやじすえのり
平安時代後期の越中堀江荘の下司。
¶姓氏富山，富山百（生没年不詳）

**宮下太郎左衛門** みやしたたろうざえもん
安土桃山時代の武将。後北条氏家臣。
¶戦東

**宮島甚五右衛門** みやじまじんごえもん
[別]宮島甚五右衛門尉《みやじまじんごえもんのじょう》
安土桃山時代の武将。秀吉馬廻。
¶戦国，戦人（生没年不詳）

**宮庄経友** みやしょうつねとも
生没年不詳
戦国時代の武士。
¶戦人

**宮地吉久** みやじよしひさ
→宮地五郎左衛門（みやぢごろうざえもん）

**宮田喜八** みやたきはち
→宮田喜八郎（みやたきはちろう）

**宮田喜八郎** みやたきはちろう
？～天正6（1578）年　[別]宮田喜八《みやたきはち》
戦国時代～安土桃山時代の武士。豊臣氏家臣。
¶戦国（宮田喜八　みやたきはち），戦人

**宮田新左衛門** みやたしんざえもん
安土桃山時代の武将。羽柴氏家臣。
¶戦西

**宮田彦次郎** みやたひこじろう
？～天正10（1582）年6月2日
戦国時代～安土桃山時代の織田信長の家臣。
¶織田

**宮田光次** みやたみつつぐ
？～天正6（1578）年
戦国時代～安土桃山時代の武将。羽柴氏家臣。
¶戦西

**宮田盛吉** みやたもりよし
室町時代の武士、備中国新見庄の庄官。
¶岡山歴

**宮地五郎左衛門**（宮地五良左衛門） みやぢごろうざえもん，みやじごろうざえもん
生没年不詳　[別]宮地吉久《みやじよしひさ》
安土桃山時代の武将。長宗我部氏家臣。
¶高知人（宮地五良左衛門　みやじごろうざえもん），戦人（宮地吉久　みやじよしひさ），戦西

**宮地新三郎** みやちしんざぶろう
生没年不詳
戦国時代の松平氏の家臣。
¶戦辞

**宮寺定吉** みやでらさだよし
生没年不詳
戦国時代の北条氏の家臣。
¶戦辞

**宮時政** みやときまさ
安土桃山時代の武将。
¶岡山人

**宮西遊左衛門** みやにしゆうざえもん
生没年不詳
安土桃山時代の織田信長の家臣。
¶織田

**宮守光治** みやのかみみつじ
南北朝時代の南朝方の武士。
¶岐阜百

**宮野豊後守** みやのぶんごのかみ
安土桃山時代の武将。葛西氏家臣。
¶戦人（生没年不詳），戦東

**宮原景種** みやはらかげたね
？～天正15（1587）年
安土桃山時代の武士。
¶姓氏鹿児島，戦人，戦西

**宮原景晴** みやはらかげはる
？～寛永1（1624）年
安土桃山時代～江戸時代前期の出水郡高尾野郷の

地頭。左近将監。
¶姓氏鹿児島

**宮原盛孝** みやはらもりたか
生没年不詳
戦国時代の武将・連歌作者。
¶国書

**宮部岩徳丸** みやべいわとくまる
安土桃山時代の武将。豊臣秀次の臣。
¶戦国

**宮部勘兵衛** みやべかんべえ
安土桃山時代の武将。秀吉馬廻？。
¶戦国

**宮部継潤** みやべけいじゅん
？ ～慶長4(1599)年 [別]宮部継潤《みやべつぐひろ》, 善祥坊《ぜんしょうぼう》, 中務卿法印《なかつかさきょうほういん》
戦国時代～安土桃山時代の武将、大名。
¶朝日([没]慶長4年3月25日(1599年4月20日)), 大分百(生没年不詳), 大分歴, 織田([没]慶長4(1599)年3月25日), 近世, 国史, 史人([没]1599年3月25日), 新潮([没]慶長4(1599)年3月25日), 人名([生]1528年), 姓氏京都, 戦合, 戦国, 戦人, 戦西, 鳥取百(みやべつぐひろ [生]享禄1(1528)年), 日史([没]慶長4(1599)年閏3月25日), 日人, 藩主4([生]享禄1(1528)年 [没]慶長4(1599)年3月25日), 百科

**宮部才吉** みやべさいきち
安土桃山時代の武将。豊臣秀頼に伺候。
¶戦国

**宮部太郎兵衛** みやべたろうべえ
→宮部太郎兵衛(みやべたろべえ)

**宮部太郎兵衛** みやべたろべえ
[別]宮部太郎兵衛《みやべたろうべえ》
安土桃山時代の武将、馬廻。豊臣氏家臣。
¶戦国(みやべたろうべえ), 戦人(生没年不詳)

**宮部継潤** みやべつぐひろ
→宮部継潤(みやべけいじゅん)

**宮部藤左衛門** みやべとうざえもん
[別]土肥藤左衛門《どいとうざえもん, どひとうざえもん》
安土桃山時代の武士。豊臣氏家臣。
¶戦国, 戦人(生没年不詳)

**宮部長次** みやべながつぐ
？ ～寛永11(1634)年
安土桃山時代～江戸時代前期の因藩国領主。南部家お預かり人。
¶姓氏岩手

**宮部長煕** みやべながひろ
＊～寛永11(1634)年
安土桃山時代～江戸時代前期の大名。因幡鳥取藩主。
¶朝日([生]天正9(1581)年 [没]寛永11年11月18日(1635年1月6日)), 近世([生]？), 国史([生]？), 人名([生]1581年), 戦合([生]？), 戦国([生]？), 戦人([生]天正9(1581)年？), 鳥取百([生]天正9(1581)年), 日史([生]？ [没]寛永11(1634)年11月18日), 日人([生]1581年 [没]1635年), 藩主4([生]天正9(1581)年 [没]寛永11(1634)年11月18日), 百科([生]？)

**宮部肥前守** みやべひぜんのかみ
安土桃山時代の武士。豊臣氏家臣。
¶戦国, 戦人(生没年不詳)

**宮村清三郎** みやむらせいざぶろう
安土桃山時代の武将。秀吉馬廻。
¶戦国, 戦人(生没年不詳)

**宮本上野** みやもとこうずけ
安土桃山時代～江戸時代前期の武士。里見氏家臣。
¶戦人(生没年不詳), 戦東

**宮本佐渡守** みやもとさどのかみ
生没年不詳
室町時代の塩飽の船大将。
¶郷土香川

**宮本出羽** みやもとでわ
安土桃山時代～江戸時代前期の武士。里見氏家臣。
¶戦人(生没年不詳), 戦東

**宮本兵大夫** みやもとへいだゆう
生没年不詳
安土桃山時代の織田信長の家臣。
¶織田

**宮美兼** みやよしかね
室町時代の武将。
¶岡山人

**宮脇種友** みやわきたねとも
戦国時代の武将。武田家臣。巨摩郡の武川衆。
¶姓氏山梨

**宮脇又兵衛** みやわきまたべえ
生没年不詳
安土桃山時代の織田信長の家臣。
¶織田

**明院良政** みょういんりょうせい
生没年不詳
安土桃山時代の織田信長の家臣。
¶織田

**明神六郎左衛門** みょうじんろくろうざえもん
？ ～文禄1(1592)年
安土桃山時代の武士。
¶戦人, 戦西

**妙仁** みょうにん
生没年不詳
安土桃山時代の織田信長の家臣。
¶織田

**妙麟尼**(妙林尼) みょうりんに
生没年不詳
戦国時代～安土桃山時代の武家女性。豊後国鶴崎城主吉岡鎮興の継室。
¶朝日, 女性(妙林尼), 日人, 歴大(妙林尼)

**三好為三** みよしいさん
天文6（1537）年〜寛永8（1631）年
安土桃山時代〜江戸時代前期の武士。豊臣秀吉・徳川家康の臣。
¶茶道

**三善一守** みよしかずもり
天文16（1547）年〜元和1（1615）年
安土桃山時代〜江戸時代前期の武将。
¶戦人

**三好三人衆** みよしさんにんしゅう
戦国時代の三好氏の一族・重臣。
¶戦合

**三好式部少輔** みよししきぶしょうゆう
→三好式部少輔（みよししきぶのしょう）

**三好式部少輔** みよししきぶのしょう
生没年不詳　砌三好式部少輔《みよししきぶしょうゆう》
安土桃山時代の織田信長の家臣。
¶織田，徳島歴（みよししきぶしょうゆう）

**三好実休** みよしじっきゅう
→三好義賢（みよしよしかた）

**三好笑岩** みよししょうがん
→三好康長（みよしやすなが）

**三好助兵衛** みよしすけべえ
安土桃山時代の武将。秀吉馬廻。
¶戦国，戦人（生没年不詳）

**三好清海入道** みよしせいかいにゅうどう
？　〜元和1（1615）年
安土桃山時代〜江戸時代前期の豪傑。真田幸村に仕えた。
¶朝日，コン4，新潮，日人

**三好宗三** みよしそうさん
永正4（1507）年〜天文18（1549）年
戦国時代の武将。
¶茶道

**三吉隆亮** みよしたかすけ
戦国時代の武士。
¶戦人（生没年不詳），戦西

**三吉隆信** みよしたかのぶ
生没年不詳
戦国時代の武将。
¶戦人

**三好釣竿斎** みよしちょうかんさい
？　〜元亀1（1570）年
戦国時代の武将。
¶茶道

**三好長慶** みよしちょうけい
→三好長慶（みよしながよし）

**三善時連** みよしときつら
→太田時連（おおたときつら）

**三善倫重** みよしともしげ
建久1（1190）年〜寛元2（1244）年

鎌倉時代前期の評定衆。
¶鎌室，国書（砌寛元1（1244）年6月4日），諸系，日人

**三善倫経** みよしともつね
生没年不詳
鎌倉時代後期の引付衆。
¶鎌室，諸系，日人

**三善倫長** みよしともなが
→矢野倫長（やのみちなが）

**三善朝宗** みよしともむね
正中2（1325）年〜元中2/至徳2（1385）年
戦国時代の武将、氷見市池田城城主。
¶姓氏富山

**三好長輝** みよしながてる
？　〜＊
戦国時代の武将。
¶鎌室（砌永正5（1508）年），人名（砌1485年）

**三好長直**(1) みよしながなお
生没年不詳
戦国時代の武士。
¶戦人

**三好長直**(2) みよしながなお
生没年不詳
安土桃山時代〜江戸時代前期の武士、旗本。関ヶ原、大坂の陣に従軍。
¶神奈川人

**三好長治** みよしながはる
天文22（1553）年〜天正5（1577）年
安土桃山時代の武士。
¶史人（砌1577年3月28日），諸系，人名（砌？），戦国，戦人，戦西，徳島百（砌天正5（1577）年3月28日），徳島歴（砌天正5（1577）年3月28日），日人

**三好長房** みよしながふさ
生没年不詳
戦国時代の武士。
¶織田，戦国，戦人

**三好長基** みよしながもと
？　〜天文1（1532）年
戦国時代の武士。阿波細川氏の臣。
¶人名

**三好長逸**（三好長縁） みよしながやす
生没年不詳　砌三好長逸《みよしながゆき》
戦国時代の武士。
¶史人（みよしながゆき），諸系（みよしながゆき），姓氏京都（みよしながゆき），戦国（三好長縁），戦人（みよしながゆき），戦西，日人（みよしながゆき）

**三好長逸** みよしながゆき
→三好長逸（みよしながやす）

**三好長慶** みよしながよし
大永2（1522）年〜永禄7（1564）年　砌三好長慶《みよしちょうけい》，長慶《ちょうけい》

戦国時代の武将。管領細川氏の家臣だったが主を追放。のちには部将の松永久秀に実権を奪われた。
¶朝日（[生]大永2年2月13日（1522年3月10日）[没]永禄7年7月4日（1564年8月10日）），岩史（[没]永禄7（1564）年7月4日），大阪人（みよしちょうけい　[生]大永3（1523）年　[没]永禄7（1564）年7月），大阪墓（[生]大永3（1523）年　[没]永禄7（1564）年7月4日），角史（[生]大永3（1523）年），京都，京都大（[生]大永3（1523）年），系西（[生]1523年），国史，国書（[没]永禄7（1564）年7月4日），古中，コン改，コン4，茶道（[生]1523年），史人（[没]1564年7月4日），重要（[没]永禄7（1564）年7月4日），諸系，人書79，人書94，新潮（[生]大永3（1523）年　[没]永禄7（1564）年7月4日），人名（みよしちょうけい　[生]1523年），姓氏京都（[生]1523年），世人（[生]大永3（1523）年），世百（[生]1523年），戦合，全書，戦人（みよしちょうけい　[生]大永3（1523）年），戦西，戦補（みよしちょうけい），大百，伝記（[生]1523年），徳島百（[没]永禄7（1564）年7月4日），徳島歴（[生]大永3（1523）年　[没]永禄7（1564）年7月4日），日史（[生]大永2（1522）年2月13日　[没]永禄7（1564）年7月4日），日人，俳句（長慶　ちょうけい　[没]永禄7（1564）年7月4日），百科，兵庫百，歴大（[生]1523年）

**三善時連** みよしのときつら
→太田時連（おおたときつら）

**三善康有** みよしのやすあり
→太田康有（おおたやすあり）

**三善康連** みよしのやすつら
→三善康連（みよしやすつら）

**三吉広高** みよしひろたか
？ ～寛永11（1634）年
安土桃山時代～江戸時代前期の備後の豪族。
¶戦人

**三好房一** みよしふさかず
天文23（1554）年～慶長19（1614）年
安土桃山時代～江戸時代前期の武士。織田氏家臣、豊臣氏家臣、徳川氏家臣。
¶織田（[没]慶長19（1614）年7月12日），戦国（[生]1555年），戦人

**三好冬康** みよしふゆやす
→安宅冬康（あたぎふゆやす）

**三好孫九郎** みよしまごくろう
生没年不詳
安土桃山時代の織田信長の家臣。
¶織田

**三好政生** みよしまさいく
→三好政康（みよしまさやす）

**三好政勝** みよしまさかつ
天文5（1536）年～寛永8（1631）年
安土桃山時代～江戸時代前期の武士。
¶織田（[没]寛永8（1631）年12月10日），戦国，戦人，戦西

**三好政高** みよしまさたか
→浅井政高（あさいまさたか）

**三好政長** みよしまさなが
？ ～天文18（1549）年
戦国時代の武士。
¶大阪墓（[没]天文18（1549）年6月24日），諸系，人名，戦人，戦西，日人

**三好政康** みよしまさやす
享禄1（1528）年～元和1（1615）年　[別]三好政生《みよしまさいく》，清海入道《じょうかいにゅうどう》，釣閑斎宗渭《ちょうかんさいそうい》
戦国時代～安土桃山時代の武士。
¶史人（生没年不詳），諸系（生没年不詳），姓氏京都，戦国（三好政生　みよしまさいく），戦人，戦西，日人（生没年不詳）

**三好元長** みよしもとなが
文亀1（1501）年～天文1（1532）年
戦国時代の武将、筑前守。
¶朝日（[没]天文1年6月20日（1532年7月22日）），大阪墓（[没]天文1（1532）年6月20日），京都大（[生]？），系西，諸系，姓氏京都，戦人，戦西，徳島百（[生]文亀2（1502）年），徳島歴（[生]文亀2（1502）年　[没]天文1（1532）年6月20日），日人

**三善康有** みよしやすあり
→太田康有（おおたやすあり）

**三善康連** みよしやすつら
建久4（1193）年～康元1（1256）年　[別]三善康連《みよしのやすつら》，太田康連《おおたやすつら》
鎌倉時代前期の幕府官僚。御成敗式目を起草。
¶朝日（[没]康元1年10月3日（1256年10月22日）），鎌室（[生]建久3（1192）年），国史，古中，コン改，コン4，史人（みよしのやすつら　[没]1256年10月3日），諸系，新潮（[生]建久3（1192）年　[没]康元1（1256）年10月3日），世人（[生]建久3（1192）年　[没]康元1（1256）年10月3日），日人

**三好康長** みよしやすなが
生没年不詳　[別]三好笑岩《みよししょうがん》
安土桃山時代の武将、阿波国美馬郡岩倉城主、河内教興寺の戦で活躍。
¶朝日，織田，茶道（三好笑岩　みよししょうがん），諸系，人名，世人，戦国，戦人，戦西，徳島百，日人

**三善康宗** みよしやすむね
→太田康宗（おおたやすむね）

**三善康持** みよしやすもち
建永1（1206）年～正嘉1（1257）年　[別]町野康持《まちのやすもち》
鎌倉時代前期の幕府問注所執事、評定衆。
¶朝日（町野康持　まちのやすもち），鎌室，コン改，コン4，諸系，新潮（[没]正嘉1（1257）年10月26日），日人

**三好之長** みよしゆきなが
長禄2（1458）年～永正17（1520）年
戦国時代の武将。応仁の乱に参加。
¶朝日（[没]永正17年5月11日（1520年5月27日）），系西，諸系，戦人，戦西，徳島百（[没]永正17（1520）年5月11日），徳島歴（[没]永正17（1520）年5月11日），日人

**三好慶家** みよしよしいえ
生没年不詳
戦国時代の上杉氏の家臣。
¶戦辞

**三好義興** みよしよしおき
天文11(1542)年～永禄6(1563)年 [別]三好義長《みよしよしなが》
戦国時代の武士。
¶大阪墓([没]永禄6(1563)年8月15日)，戦人，戦西，戦補([生]?)

**三好義賢** みよしよしかた
大永6(1526)年～永禄5(1562)年 [別]三好義賢《みよしよしたか》，三好実休《みよしじっきゅう》，物外軒実休《ぶつがいけんじっきゅう》
戦国時代の武将、阿波守護細川持隆の被官。
¶朝日([没]永禄5年3月5日(1562年4月8日))，大阪墓，大阪墓，国史，古中，茶道(三好実休　みよしじっきゅう　[生]1528年)，史人([没]1562年3月5日)，諸系，人名(三好実休　みよしじっきゅう　[生]?　[没]1559年)，戦合，戦人([生]大永7(1527)年?)，戦西([生]?)，戦補([生]?)，徳島百(みよしよしたか　[没]永禄5(1562)年3月5日)，徳島歴([没]永禄5(1562)年3月5日)，日史([没]永禄5(1562)年3月5日)，日人

**三好義賢** みよしよしたか
→三好義賢(みよしよしかた)

**三好義継** みよしよしつぐ
?　～天正1(1573)年
戦国時代の武士。新将軍足利義昭の妹と結婚。
¶朝日([没]天正1年11月16日(1573年12月10日))，大阪墓([没]天正1(1573)年11月)，織田([生]天文20(1549)年　[没]天正1(1573)年11月16日)，角史，系西，国史，古中，コン改，コン4，茶道，史人([没]1573年11月16日)，諸系([生]1549年)，新潮([没]天正1(1573)年11月16日)，人名，姓氏京都，世人，戦合，戦国，戦人，戦西，日史([没]天正1(1573)年11月16日)，日人([生]1549年)

**三好吉房** みよしよしふさ
[別]長尾常閑《ながおじょうかん》
安土桃山時代の武将。
¶姓氏愛知([生]1522年?　[没]1600年)，戦国，戦人([生]?　[没]慶長5(1600)年?)

**海松橿媛** みるかしひめ
上代の九州土着民の首長。土蜘蛛といわれたが、景行天皇の遠征で滅ぼされた。
¶古代，日人

**三輪喜平次** みわきへいじ
戦国時代の武将。
¶姓氏富山

**三和九郎左衛門** みわくろうざえもん
生没年不詳
戦国時代の今川氏の家臣。
¶戦辞

**神実員** みわさねかず
生没年不詳
鎌倉時代の武士。
¶北条

**三輪次郎右衛門尉** みわじろううえもんのじょう
戦国時代の武将。朝倉氏家臣。
¶戦西

**三輪西阿** みわせいあ
→玉井西阿(たまいせいあ)

**三輪出羽守** みわでわのかみ
安土桃山時代の武士。豊臣氏家臣。
¶戦国，戦人(生没年不詳)

**三輪藤兵衛尉** みわとうべえのじょう
?　～永正3(1506)年
戦国時代の武将。朝倉氏家臣。
¶戦西

**三輪長好** みわながよし
?　～寛永7(1630)年
安土桃山時代～江戸時代前期の武将、加賀藩士。
¶藩臣3

**三輪子首** みわのこびと
?　～天武天皇5(676)年 [別]三輪君子首《みわのきみこびと》
飛鳥時代の壬申の乱の功臣。
¶古代(三輪君子首　みわのきみこびと)，諸系，日人

**三輪逆** みわのさかう
?　～用明天皇1(586)年 [別]三輪君逆《みわのきみさかう，みわのきみさかし》
飛鳥時代の敏達天皇の寵臣。殯宮警備にあたったが、穴穂部皇子と物部守屋に殺された。
¶国史，古史(三輪君逆　みわのきみさかし　生没年不詳)，古代(三輪君逆　みわのきみさかう)，古中，コン改，コン4，諸系，日人

**三輪逆** みわのさかし
→三輪逆(みわのさかう)

**三輪高市麻呂** みわのたけちまろ
→大神高市麻呂(おおみわのたけちまろ)

**三輪根麻呂** みわのねまろ
生没年不詳 [別]三輪君根麻呂《みわのきみねまろ》
飛鳥時代の将軍。百済救援軍を率いた。
¶古代(三輪君根麻呂　みわのきみねまろ)，諸系，日人

**三輪久直** みわひさなお
?　～文明10(1478)年
室町時代の武将。朝倉氏家臣。
¶戦西

**神部根閛** みわべのねまろ
[別]神部直根閛《みわべのあたいねまろ》
飛鳥時代の豪族。百済救援軍に参加。
¶古代(神部直根閛　みわべのあたいねまろ)，日人(生没年不詳)

**三輪弥次郎** みわやじろう
？ ～延徳3(1491)年
室町時代～戦国時代の武将。朝倉氏家臣。
¶戦西

**三輪吉宗** みわよしむね
？ ～元和4(1618)年
安土桃山時代～江戸時代前期の所口町奉行。
¶石川百，姓氏石川

## 【む】

**向井将監** むかいしょうげん
→向井忠勝(むかいただかつ)

**向井甚之助** むかいじんのすけ
安土桃山時代～江戸時代前期の武士。里見氏家臣。
¶戦人(生没年不詳)，戦東

**迎助俊** むかいすけとし
？ ～慶長2(1597)年4月
戦国時代～安土桃山時代の佐竹氏の外様家臣。
¶戦辞

**向駿河守** むかいするがのかみ
生没年不詳
安土桃山時代の織田信長の家臣。
¶織田

**向井忠勝** むかいただかつ
天正10(1582)年～寛永18(1641)年　[別]向井将監《むかいしょうげん》
安土桃山時代～江戸時代前期の武将、旗本。幕府の船手頭。
¶朝日(向井将監　むかいしょうげん　[没]寛永18年10月14日(1641年11月16日))，神奈川人([生]1581年)，史人(向井将監　むかいしょうげん　[没]1641年10月14日)，新潮(向井将監　むかいしょうげん　[没]寛永18(1641)年10月14日)，人名，日人

**迎隼人佐** むかいはやとのすけ
戦国時代～安土桃山時代の武将。佐竹氏家臣。
¶戦東

**向井兵庫助** むかいひょうごのすけ
安土桃山時代の武士、武田勝頼の臣。
¶人名

**向井政勝** むかいまさかつ
？ ～天正7(1579)年
戦国時代～安土桃山時代の武士。北畠氏家臣、武田氏家臣。
¶戦人，戦東

**向井正重** むかいまさしげ
永正16(1519)年～天正7(1579)年
戦国時代～安土桃山時代の武田家臣。伊勢水軍の将。
¶姓氏山梨

**向井正綱**(向井政綱) むかいまさつな
＊～寛永2(1625)年
戦国時代～江戸時代前期の武将。
¶神奈川人，姓氏神奈川(向井政綱　[生]？)，日人([生]1557年)

**向笠伯耆守** むかさほうきのかみ
戦国時代の武将。武田家臣。遠江向笠の城主。
¶姓氏山梨

**向笠与一郎** むかさよいちろう
？ ～天文16(1547)年
戦国時代の武田家臣。遠江の浪人。
¶姓氏山梨

**武河実吉** むかわさねよし
戦国時代の武将。武田家臣。永禄起請文にみえる。
¶姓氏山梨

**武河高行** むかわたかゆき
戦国時代の武将。武田家臣。永禄起請文にみえる。
¶姓氏山梨

**牟久新次郎** むくしんじろう
生没年不詳
戦国時代の武士。後北条氏家臣。
¶戦辞，戦人，戦東

**向田荒次郎** むくたあらじろう
平安時代後期の在地領主。
¶姓氏富山

**むく原日向守** むくはらひゅうがのかみ
戦国時代の武将。武田家臣。朝比奈信置配下の武辺者。
¶姓氏山梨

**身毛広** むげのひろ
[別]身毛君広《むげのきみひろ》
飛鳥時代の壬申の乱の功臣。
¶古代(身毛君広　むげのきみひろ)，日人(生没年不詳)

**向原政秀** むこうはらまさひで
生没年不詳
戦国時代の北条氏の家臣。
¶戦辞

**向原山城守** むこうはらやましろのかみ
生没年不詳
戦国時代の北条氏の家臣。
¶戦辞

**向山敦利** むこうやまあつとし
生没年不詳
鎌倉時代後期の武士。
¶北条

**向山出雲** むこうやまいずも
戦国時代の武将。武田家臣。勝頼に付された侍大将8人のうちの一人。
¶姓氏山梨

**向山景定** むこうやまかげさだ
生没年不詳
鎌倉時代後期の武士。
¶北条

**向山利宗** むこうやまとしむね
生没年不詳
鎌倉時代後期の武士。
¶北条

**向山又七郎** むこやままたしちろう
生没年不詳
戦国時代の甲斐武田晴信の家臣。
¶戦辞

**武蔵有国** むさしありくに
生没年不詳
平安時代後期の武士。平家方の侍大将。
¶平史

**武蔵武芝** むさしのたけしば
生没年不詳　[別]武蔵武芝《むさしたけしば》
平安時代中期の豪族。興世王・源経基と対立、平将門の乱に発展する。
¶埼玉人（むさしたけしば），日人，平史（むさしたけしば）

**武蔵坊弁慶** むさしぼうべんけい
→弁慶（べんけい）

む

**虫明市左衛門** むしあけいちざえもん，むしあげいちざえもん
安土桃山時代の武士。
¶岡山歴（むしあげいちざえもん），戦人（生没年不詳），戦西

**虫明市内** むしあけいちない，むしあげいちない
？　～天正9（1581）年
安土桃山時代の武士。
¶岡山人，岡山歴（むしあげいちない　[没]天正9（1581）年8月23日），戦人，戦西

**虫明九平次**（虫明九平治） むしあけくへいじ，むしあげくへいじ
安土桃山時代の武士。宇喜多氏家臣。
¶岡山人（虫明九平治），岡山歴（虫明九平治　むしあげくへいじ），戦人（生没年不詳），戦西

**陸奥武蔵守** むつむさしのかみ
生没年不詳
鎌倉時代の武士。
¶北条

**陸奥義隆** むつよしたか
→源義隆（みなもとのよしたか）

**武藤某** むとう
？　～元亀1（1570）年9月20日
戦国時代～安土桃山時代の織田信長の家臣。
¶織田

**武藤氏定** むとううじさだ
？　～*
戦国時代の武将。今川氏家臣。
¶姓氏静岡（[没]1581年），姓氏山梨（[没]1572年），戦東

**武藤景泰** むとうかげやす
？　～弘安8（1285）年
鎌倉時代後期の武士。幕府の吏僚。
¶朝日（[没]弘安8年11月17日（1285年12月14日）），鎌室，日人

**武藤景頼** むとうかげより
元久1（1204）年～文永4（1267）年
鎌倉時代前期の武士。
¶鎌室，日人

**武藤勝秀** むとうかつひで
戦国時代の武将。斎藤氏家臣。
¶戦西

**武藤淳氏** むとうきようじ
～永正9（1512）年
戦国時代の大宝寺城主。
¶庄内

**武藤舜秀** むとうきよひで
→武藤舜秀（むとうしゅんしゅう）

**武藤五郎右衛門** むとうごろうえもん
生没年不詳
安土桃山時代の織田信長の家臣。
¶織田

**武藤左衛門尉** むとうさえもんのじょう
生没年不詳
戦国時代の武田氏の家臣。
¶戦辞

**武藤左京亮** むとうさきょうのすけ
？　～*
安土桃山時代～江戸時代前期の武士。豊臣秀次家臣。
¶戦国（[没]1641年），戦人（[没]寛永18（1641）年？）

**武藤三郎左衛門尉** むとうさぶろうさえもんのじょう
生没年不詳
戦国時代の武田氏の家臣。
¶戦辞

**武藤舜秀** むとうしゅんしゅう
？　～天正7（1579）年　[別]武藤舜秀《むとうきよひで》
戦国時代～安土桃山時代の武将。織田氏家臣。
¶織田（むとうきよひで　[没]天正7（1579）年7月3日），戦人，戦補，福井百

**武藤新左衛門尉** むとうしんざえもんのじょう
生没年不詳
戦国時代の駿東の国人領主葛山氏被官。
¶戦辞

**武藤資時** むとうすけとき
弘長3（1263）年～弘安4（1281）年　[別]少弐資時《しょうにすけとき》
鎌倉時代後期の武士。
¶鎌室（少弐資時　しょうにすけとき），鎌室（[生]？），諸系（少弐資時　しょうにすけとき），人名，日人（少弐資時　しょうにすけとき）

**武藤資能** むとうすけよし
→少弐資能（しょうにすけよし）

**武藤資頼** むとうすけより
永暦1（1160）年～安貞2（1228）年　[別]少弐資頼

《しょうにすけより》，藤原資頼《ふじわらのすけより》
平安時代後期～鎌倉時代前期の大宰少弐。筑前、豊前、肥前、対馬各国守護。
¶朝日（[没]安貞2年8月25日（1228年9月24日）），鎌室（[生]平治1（1159）年），国史（少弐資頼　しょうにすけより），古中（少弐資頼　しょうにすけより），コン改（生没年不詳），コン4（生没年不詳），史人（少弐資頼　しょうにすけより　[没]1228年8月25日），庄内（[没]安貞2（1228）年8月25日），諸系（少弐資頼　しょうにすけより），新潮（少弐資頼　しょうにすけより　[生]永暦1（1160）年頃　[没]安貞2（1228）年8月25日？），世人（生没年不詳），日史（生没年不詳），日人（少弐資頼　しょうにすけより），百科（生没年不詳），福岡百（[没]安貞2（1228）年8月25日），平史（藤原資頼　ふじわらのすけより　生没年不詳），歴大

**武藤常昭**　むとうつねあき
*～天正15（1587）年
戦国時代～安土桃山時代の武士。武田氏家臣。
¶姓氏山梨（[生]1508年），戦辞（生没年不詳），戦人（[生]永正6（1509）年），戦東（[生]？）

**武藤経資**　むとうつねすけ
→少弐経資（しょうにつねすけ）

**武藤友賢**　むとうともかた
生没年不詳
戦国時代の地方豪族・土豪。
¶戦人

**武藤友益**　むとうともます
生没年不詳
戦国時代の武将。
¶織田，戦人

**武藤長門守**　むとうながとのかみ
[別]武藤長入《むとうちょうにゅう》
安土桃山時代の武士。豊臣氏家臣。
¶戦国，戦人（生没年不詳）

**武藤長盛**　むとうながもり
生没年不詳
鎌倉時代の大宝寺城主。
¶庄内

**武藤信堯**（武藤信尭）　むとうのぶたか
？～天文19（1550）年　[別]大井信尭《おおいのぶたか》
戦国時代の武田氏の家臣。。大井信達の三男。
¶姓氏山梨（大井信尭　おおいのぶたか），姓氏山梨（武藤信尭），戦辞

**武藤晴時**　むとうはるとき
→武藤晴時（ぶどうはるとき）

**武藤平左衛門**　むとうへいざえもん
→武藤平左衛門（ぶとうへいざえもん）

**武藤万休**　むとうまんきゅう
？～元和7（1621）年
安土桃山時代～江戸時代前期の武士。紀州藩士。
¶和歌山人

**武藤三河守**　むとうみかわのかみ
生没年不詳
戦国時代の武田氏の家臣。
¶戦辞

**武藤師氏**　むとうもろうじ
生没年不詳
南北朝時代の部将。
¶庄内

**武藤康秀**　むとうやすひで
生没年不詳
安土桃山時代の織田信長の家臣。
¶織田

**武藤義氏**　むとうよしうじ
天文20（1551）年～天正11（1583）年　[別]大宝寺義氏《だいほうじよしうじ》
安土桃山時代の武将。
¶史人（大宝寺義氏　だいほうじよしうじ　[生]？　[没]1583年3月6日），庄内（[没]天正11（1583）年3月6日），人名（[生]1552年　[没]1584年），戦国（大宝寺義氏　だいほうじよしうじ），戦辞（大宝寺義氏　だいほうじよしうじ　[没]天正11年3月6日（1583年4月27日）），戦人（大宝寺義氏　だいほうじよしうじ），日人，山形百（[生]天文19（1550）年）

**武藤義興**　むとうよしおき
→大宝寺義興（だいほうじよしおき）

**武藤義勝**　むとうよしかつ
天正1（1573）年～元和9（1623）年　[別]大宝寺義勝《だいほうじよしかつ》
安土桃山時代～江戸時代前期の武将。上杉氏家臣。
¶国書（[没]元和9（1623）年8月18日），庄内（[没]元和9（1623）年8月18日），人名，戦国（大宝寺義勝　だいほうじよしかつ），戦人（大宝寺義勝　だいほうじよしかつ　生没年不詳），日人，山形百

**武藤義忠**　むとうよしただ
天正19（1591）年～寛文12（1672）年12月11日
江戸時代前期の武士。
¶庄内

**武藤義増**　むとうよします
～天正9（1581）年8月1日
戦国時代～安土桃山時代の尾浦城主。
¶庄内

**宗像氏男**　むなかたうじお
？～天文20（1551）年
戦国時代の武将、神職。宗像神社大宮司。
¶諸系，人名，日人

**宗像氏国**　むなかたうじくに
生没年不詳
鎌倉時代前期の武将、神官。
¶鎌室，諸系，人名，日人

**宗像氏貞**　むなかたうじさだ
*～天正14（1586）年
安土桃山時代の神主・神官。大内氏家臣。

¶諸系(㊊1545年), 神人(㊊天文6(1537)年 ㊋天正14(1568)年), 新潮(㊊天文6(1537)年 ㊋天正14(1586)年3月4日), 人名(㊊?), 世人(㊊天文6(1537)年 ㊋天正14(1586)年3月4日), 戦人(㊊?), 日人(㊊1545年), 福岡百(㊊天文6(1537)年 ㊋天正14(1586)年4月6日)

**宗像氏続** むなかたうじつぐ
生没年不詳
室町時代の武将、神職。宗像神社大宮司。
¶諸系, 人名, 日人

**宗像氏俊** むなかたうじとし
? 〜文中1/応安5(1372)年
南北朝時代の武将、神官。
¶鎌室(生没年不詳), 国書(生没年不詳), 諸系, 日人

**宗像氏弘** むなかたうじひろ
生没年不詳
室町時代の武将、神官。
¶鎌室, 諸系, 人名, 日人

**宗像氏盛** むなかたうじもり
生没年不詳
鎌倉時代後期の筑前宗像神社の武将、大宮司。「宗像氏事書」を発布。
¶朝日, 国書, 諸系, 日人

**宗像興氏** むなかたおきうじ
? 〜永正8(1511)年
室町時代の武将、神職。宗像神社大宮司。
¶諸系, 人名, 日人

**宗像鎮続**(宗像鎮次) むなかたしげつぐ
? 〜慶長5(1600)年
安土桃山時代の武士。
¶戦国(宗像鎮次), 戦人, 戦西

**宗像正氏** むなかたまさうじ
? 〜* ㊑黒川隆尚《くろかわたかひさ》
戦国時代の武士。
¶戦人(㊋天文16(1547)年), 戦西(黒川隆尚 くろかわたかひさ ㊋1551年)

**宗尊親王** むねたかしんのう
仁治3(1242)年〜文永11(1274)年
鎌倉時代前期の鎌倉幕府第6代の将軍(在職1252〜1266)。後嵯峨天皇の子。初の皇族将軍として東下。
¶朝日(㊊仁治3年11月22日(1242年12月15日) ㊋文永11年8月1日(1274年9月2日)), 岩史(㊊仁治3(1242)年11月22日 ㊋文永11(1274)年8月1日), 角史, 神奈川人, 鎌倉, 鎌室, 国史, 国書(㊊仁治3(1242)年11月22日 ㊋文永11(1274)年8月1日), 古中, コン改, コン4, 詩歌, 史人(㊊1242年11月22日 ㊋1274年8月1日), 重要(㊊仁治3(1242)年11月22日 ㊋文永11(1274)年7月29日), 諸系, 新潮(㊊仁治3(1242)年11月22日 ㊋文永11(1274)年8月1日), 新文(㊊仁治3(1242)年11月22日 ㊋文永11(1274)年7月29日), 人名, 姓氏神奈川, 世人, 世百, 全書, 大百, 日史(㊊仁治3(1242)年11月22日 ㊋文永11(1274)年8月1日), 日人, 百科, 文学, 歴大, 和俳(㊊仁治3(1242)年11月22日)

**宗良親王** むねながしんのう
応長1(1311)年〜* ㊑宗良親王《むねよししんのう》, 尊澄《そんちょう》, 尊澄法親王《そんちょうほうしんのう, そんちょうほっしんのう》
南北朝時代の後醍醐天皇の皇子、歌人、南朝の征夷大将軍。
¶朝日(むねよししんのう ㊋?), 岩史(むねよししんのう ㊋?), 香川人(㊊正和1(1312)年 ㊋元中2(1385)年), 香川百(㊊正和1(1312)年 ㊋元中2(1385)年), 角史(むねよししんのう ㊋?), 鎌室(㊋至徳2/元中2(1385)年?), 鎌室(尊澄法親王 そんちょうほっしんのう ㊋?), 郷土長野(㊋1385年), 国史(むねよししんのう ㊋?), 国書(㊋?), 古中(むねよししんのう ㊋?), コン改(㊋元中2/至徳2(1385)年), コン4(むねよししんのう ㊋至徳2/元中2(1385)年), 詩歌(㊋?), 史人(むねよししんのう ㊋1385年8月10日?), 静岡百(㊋元中2/至徳2(1385)年), 静岡歴(㊋元中2/至徳2(1385)年), 重要(むねよししんのう ㊋元中2/至徳2(1385)年?), 諸系(むねよししんのう ㊋?), 人書94(㊋1385年), 新潮(㊋?), 新文(㊋?), 人名(㊋1385年), 姓氏静岡(むねよししんのう ㊋1385年?), 姓氏長野(むねよししんのう ㊋1385年), 世人(㊋?), 世百(㊋1385年), 全書(㊋?), 大百(㊋?), 伝記(㊋1385年), 富山百(むねよししんのう ㊋?), 富山文(㊋元中2(1385)年?), 長野百(㊊? ㊋?), 長野歴(むねよししんのう ㊋至徳2(1385)年), 新潟百, 日史(むねよししんのう ㊋至徳2/元中2(1385)年?), 日人(むねよししんのう ㊋?), 百科(むねよししんのう ㊋元中2/至徳2(1385)年), 仏教(尊澄 そんちょう ㊋至徳2/元中2(1385)年8月), 文学(㊋?), 歴大(むねよししんのう ㊋?), 和俳(㊋至徳2/元中2(1385)年)

**宗政右馬助** むねまさうまのすけ
安土桃山時代の代官。里見氏家臣。
¶戦東

**宗良親王** むねよししんのう
→宗良親王(むねながしんのう)

**武茂堅綱** むもかたつな
生没年不詳
戦国時代の武士。佐竹氏家臣。
¶戦辞, 戦人, 戦東

**武茂輝綱** むもてるつな
? 〜天正17(1589)年10月
安土桃山時代〜江戸時代前期の武士。佐竹氏家臣。
¶戦辞, 戦人(生没年不詳), 戦東

**武茂正綱** むもまさつな
生没年不詳
戦国時代の武将。
¶戦人

む

**武茂泰藤**　むもやすふじ
生没年不詳
鎌倉時代後期～南北朝時代の武将。
¶栃木歴

**武茂泰宗**　むもやすむね
鎌倉時代の武将、那須郡武茂城主、歌人。
¶栃木歴

**武鑓重信**　むやりしげのぶ
*～天正19（1591）年　[別]武鑓典膳重信《むやりてんぜんしげのぶ》
戦国時代～安土桃山時代の武将。葛西氏家臣。
¶戦人（[生]大永6（1526）年），戦東（武鑓典膳重信　むやりてんぜんしげのぶ　[生]？）

**武鑓典膳重信**　むやりてんぜんしげのぶ
→武鑓重信（むやりしげのぶ）

**村井右近大夫**　むらいうこんだいぶ
安土桃山時代の武士。豊臣氏家臣。
¶戦国，戦人（生没年不詳）

**村井吉兵衛**　むらいきちべえ
[別]村井吉兵衛尉《むらいきちべえのじょう》
安土桃山時代の武将。秀吉馬廻。
¶戦国，戦人（生没年不詳）

**村井貞勝**　むらいさだかつ
？　～天正10（1582）年　[別]春長軒《しゅんちょうけん》
安土桃山時代の武将。織田信長の臣。
¶朝日（[没]天正10年6月2日（1582年6月21日）），岩史（[没]天正10（1582）年6月2日），織田（[没]天正10（1582）年6月2日），京都，京都大，国史，国書（[没]天正10（1582）年6月2日），古中，コン改，コン4，史人（[没]1582年6月2日），新潮（[没]天正10（1582）年6月2日），人名，姓氏京都，戦合，戦国，戦人，日史（[没]天正10（1582）年6月2日），日人，百科，歴大

**村井貞成**　むらいさだなり
？　～天正10（1582）年6月2日
戦国時代～安土桃山時代の織田信長の家臣。
¶織田

**村井将監**　むらいしょうげん
生没年不詳
安土桃山時代の織田信長の家臣。
¶織田

**村井新右衛門**　むらいしんえもん
？　～天正10（1582）年6月2日
戦国時代～安土桃山時代の織田信長の家臣。
¶織田

**村井新四郎**　むらいしんしろう
生没年不詳
安土桃山時代の織田信長の家臣。
¶織田

**村井助左衛門**　むらいすけざえもん
生没年不詳
安土桃山時代の織田信長の家臣。
¶織田

**村井清次**　むらいせいじ
？　～天正10（1582）年6月2日
戦国時代～安土桃山時代の織田信長の家臣。
¶織田

**村井清三**　むらいせいぞう
生没年不詳
安土桃山時代の織田信長の家臣。
¶織田

**村井専次**　むらいせんじ
？　～天正10（1582）年6月2日？
戦国時代～安土桃山時代の織田信長の家臣。
¶織田

**村井長頼**（村井長瀬）　むらいながより
天文12（1543）年～慶長10（1605）年　[別]村井又兵衛《むらいまたべえ》
安土桃山時代の武士。前田氏家臣。
¶石川百（村井長瀬），国書（[没]慶長10（1605）年10月26日），人名（村井又兵衛　むらいまたべえ），姓氏石川，戦国，戦人，日人，藩臣3

**村井又左衛門**　むらいまたざえもん
生没年不詳
安土桃山時代の織田信長の家臣。
¶織田

**村井又兵衛(1)**　むらいまたべえ
生没年不詳
安土桃山時代の織田信長の家臣。
¶織田

**村井又兵衛(2)**　むらいまたべえ
→村井長頼（むらいながより）

**村岡右兵衛**　むらおかうひょうえ
？　～元亀1（1570）年
戦国時代～安土桃山時代の宮城郡村岡城城主。
¶姓氏宮城

**村岡長門守**　むらおかながとのかみ
生没年不詳
室町時代の武士。
¶姓氏宮城

**村岡忠頼**　むらおかのただより
→平忠頼（たいらのただより）

**村岡良文**　むらおかのよしぶみ
→平良文（たいらのよしぶみ）

**村岡兵衛**　むらおかひょうえ
？　～元亀1（1570）年
戦国時代の武将。
¶戦人

**村岡兵部少輔**　むらおかひょうぶしょうゆう
生没年不詳
室町時代の人。大崎氏の軍奉行。
¶姓氏宮城

**村尾重侯**　むらおしげあり
戦国時代～安土桃山時代の武士。
¶姓氏鹿児島，戦人（生没年不詳），戦西

**村尾松清** むらおまつきよ
生没年不詳
安土桃山時代～江戸時代前期の武将。島津氏家臣。
¶戦人

**村垣徳室** むらがきとくしつ
生没年不詳
安土桃山時代の織田信長の家臣。
¶織田

**村上景国** むらかみかげくに
→村上国清（むらかみくにきよ）

**村上景広** むらかみかげひろ
生没年不詳
戦国時代～安土桃山時代の武将。
¶岡山人，国書，戦人

**村上義明** むらかみぎめい
→村上義明(2)（むらかみよしあきら）

**村上国清** むらかみくにきよ
天文15（1546）年～＊　[別]山浦国清《やまうらくにきよ》,村上景国《むらかみかげくに》
戦国時代の武士。
¶系東（[没]？），戦国，戦辞（生没年不詳），戦人（山浦国清　やまうらくにきよ　生没年不詳），戦人（生没年不詳），戦東（山浦国清　やまうらくにきよ），長野歴（村上景国　むらかみかげくに　[没]文禄1（1592）年）

**村上助左衛門** むらかみすけざえもん
安土桃山時代～江戸時代前期の武士。里見氏家臣。
¶戦東

**村上助三郎** むらかみすけさぶろう
生没年不詳
安土桃山時代～江戸時代前期の武士。里見氏家臣。
¶戦辞，戦人，戦東

**村上亮康** むらかみすけやす
生没年不詳
戦国時代～安土桃山時代の武将。
¶戦人

**村上隆重** むらかみたかしげ
生没年不詳
戦国時代の武将。
¶戦人

**村上武吉** むらかみたけよし
＊～慶長9（1604）年
安土桃山時代の武士。厳島合戦で活躍。
¶朝日（[生]天文1（1532）年　[没]慶長9年8月22日（1604年9月15日）），コン4（[生]天文1（1532）年），人書94（[生]1534年），姓氏山口（[生]1533年），戦国（[生]1534年），戦人（[生]天文2（1533）年），戦西（[生]1534年），日史（[生]天文2（1533）年　[没]慶長9（1604）年8月22日），日人（[生]1533年）

**村上武慶** むらかみたけよし
生没年不詳
戦国時代の武将。
¶国書

**村上忠勝** むらかみただかつ
→村上義明(2)（むらかみよしあきら）

**村上為国** むらかみためくに
？　～保元1（1156）年
平安時代後期の武人、更級、埴科両郡に栄えた村上家中興の祖。
¶姓氏長野，長野歴

**村上太郎兵衛** むらかみたろうべえ
→村上太郎兵衛（むらかみたろべえ）

**村上太郎兵衛** むらかみたろべえ
[別]村上太郎兵衛《むらかみたろうべえ》，村上太郎兵衛尉《むらかみたろべえのじょう》
安土桃山時代の武将。秀吉馬廻。
¶戦国（むらかみたろうべえ），戦人（生没年不詳）

**村上弾正** むらかみだんじょう
？　～天正3（1575）年
戦国時代の村上水軍の武将。
¶岡山歴

**村上綱清** むらかみつなきよ
生没年不詳
戦国時代の足利氏の根本家臣。
¶戦辞

**村上経業** むらかみつねなり
生没年不詳
鎌倉時代前期の武人。
¶長野歴

**村上信国** むらかみのぶくに
～永禄5（1562）年
安土桃山時代の武将。
¶岡山人

**村上信貞** むらかみのぶさだ
生没年不詳
南北朝時代の武将。
¶鎌室，新潮，姓氏長野，長野百，長野歴，日人

**村上彦右衛門** むらかみひこえもん
→村上吉清（むらかみよしきよ）

**村上久成** むらかみひさなり
～天正7（1579）年
安土桃山時代の武士。
¶岡山人

**村上兵部丞** むらかみひょうぶじょう
→村上兵部丞（むらかみひょうぶのじょう）

**村上兵部丞** むらかみひょうぶのじょう
[別]村上兵部丞《むらかみひょうぶじょう》
安土桃山時代の武将。秀吉馬廻。
¶戦国（むらかみひょうぶじょう），戦人（生没年不詳）

**村上政清** むらかみまさきよ
生没年不詳
戦国時代の信濃国衆。坂木城主。
¶戦辞

**村上雅房**　むらかみまさふさ
生没年不詳
室町時代の武将。
¶国書

**村上通総**　むらかみみちふさ
生没年不詳
安土桃山時代の武将。
¶戦人

**村上通康**　むらかみみちやす
→来島通康（くるしまみちやす）

**村上満信**　むらかみみつのぶ
正平20/貞治4（1365）年～宝徳3（1451）年
室町時代の武人。
¶郷土長野（生没年不詳），姓氏長野，長野歴

**村上民部大輔**　むらかみみんぶのたいゆう
戦国時代の武将。足利氏家臣。
¶戦東

**村上元吉**　むらかみもとよし
？　～慶長5（1600）年
安土桃山時代の武将。
¶戦人

**村上義明**(1)　むらかみよしあき
→村上義明(1)（むらかみよしあきら）

**村上義明**(2)　むらかみよしあき
→村上義明(2)（むらかみよしあきら）

**村上義明**(1)　むらかみよしあきら
生没年不詳　[別]村上義明《むらかみよしあき》，村上頼勝《むらかみよりかつ》
安土桃山時代～江戸時代前期の武将。村上城主。丹羽長秀、堀秀政・秀治父子に仕えた。
¶朝日，近世，国史，史人，姓氏石川（むらかみよしあき），戦合，新潟百（村上頼勝　むらかみよりかつ　[生]1543年），日人（村上頼勝　むらかみよりかつ）

**村上義明**(2)　むらかみよしあきら
？　～元和9（1623）年　[別]村上義明《むらかみぎめい，むらかみよしあき》，村上忠勝《むらかみただかつ》
安土桃山時代～江戸時代前期の武将、大名。越後村上藩主。
¶朝日（[没]元和9年9月26日（1623年11月18日）），近世，国史，史人（[没]1623年9月26日），人名，戦合（むらかみよしあき），戦国（むらかみよしあき），戦人，新潟百（むらかみぎめい　[生]1597年），日人（村上忠勝　むらかみただかつ），藩主3（むらかみぎめい　[没]元和8（1622）年5月28日）

**村上義清**　むらかみよしきよ
＊～天正1（1573）年
戦国時代の信濃の武将。武田信玄と争う。埴科郡葛尾城主。
¶朝日（[生]文亀1（1501）年　[没]天正1年1月1日（1573年2月3日）），岩史（[生]文亀1（1501）年　[没]元亀4（1573）年1月1日），郷土長野（[生]1500年），系東（[生]1503年），国史（[生]？），古中（[生]？），コン改（[生]？），コン4（[生]？），史人（[生]1501年？　[没]1573年1月10日），人書94（[生]？），新潮（[生]？　[没]天正1（1573）年1月10日），人名（[生]1501年），姓氏長野（[生]1501年），戦合（[生]？），戦国（[生]？），戦辞（[生]文亀1（1501）年？　[没]天正1年1月10日（1573年2月12日）），戦人（[生]文亀3（1503）年），長野百（[生]1500年），長野歴（[生]文亀1（1501）年），新潟百別（生没年不詳），日史（[生]文亀1（1501）年　[没]天正1（1573）年1月1日），日人（[生]1501年），百科（[生]文亀1（1501）年），山梨百（[生]文亀1（1501）年　[没]天正1（1573）年1月1日）

**村上吉清**（村上義清）　むらかみよしきよ
永禄6（1563）年～寛永15（1638）年　[別]村上彦右衛門《むらかみひこえもん》
安土桃山時代～江戸時代前期の武士。黒田家・福島家に仕え、のち徳川頼宣家臣に。
¶日人，藩臣5（村上彦右衛門　むらかみひこえもん），和歌山人（村上義清）

**村上義隆**　むらかみよしたか
＊～元弘3/正慶2（1333）年
鎌倉時代後期の武将。
¶鎌室（[生]正和5（1316）年？），人名（[生]1316年），長野歴（[生]正和4（1315）年），日人（[生]1316年）

**村上義光**　むらかみよしてる
？　～元弘3/正慶2（1333）年
鎌倉時代後期の武将。護良親王に属して鎌倉幕府軍と戦う。
¶朝日（[没]正慶2/元弘3年閏2月1日（1333年3月17日）），岩史（[没]元弘3/正慶2（1333）年閏2月1日），鎌室，国史，古中，コン改，コン4，史人（[没]1333年閏2月1日），新潮（[没]正慶2/元弘3（1333）年閏2月1日），人名，姓氏長野，世人，全書，大百，長野百，長野歴，日史（[没]元弘3（1333）年閏2月1日），日人，百科，歴大

**村上義信**　むらかみよしのぶ
？　～元弘3/正慶2（1333）年
鎌倉時代後期の武将。
¶日人

**村上義弘**　むらかみよしひろ
生没年不詳
南北朝時代の武士。
¶愛媛百，鎌室，郷土愛媛，新潮，人名，日人

**村上吉房**　むらかみよしふさ
生没年不詳
戦国時代の武将。
¶戦人

**村上吉充**　むらかみよしみつ
戦国時代の武将。毛利氏家臣。
¶戦西

**村上頼勝**　むらかみよりかつ
→村上義明(1)（むらかみよしあきら）

**村上頼国**　むらかみよりくに
？　～宝徳2（1450）年

南北朝時代の武将。
¶長野歴

**村国男依**　むらくにのおより
？ ～天武天皇5(676)年　[別]村国連男依《むらくにのむらじおより》
飛鳥時代の武将。壬申の乱で活躍。
¶朝日([没]天武5(676)年7月)，郷土岐阜([没]677年)，国史，古史，古代(村国連男依　むらくにのむらじおより)，古中，コン改，コン4，史人([没]676年7月)，新潮([没]天武5(676)年7月)，人名，姓氏愛知，世人，日史([没]天武5(676)年7月)，日人，百科，歴大

**村越忠勝**　むらこしただかつ
江戸時代前期の武士。直吉の子。徳川家康の臣。
¶人名

**村越道伴**　むらこしどうはん
→村越吉勝(むらこしよしかつ)

**村越直吉**　むらこしなおよし
永禄5(1562)年～慶長19(1614)年
安土桃山時代～江戸時代前期の武将。徳川家康の近侍。
¶近世，国史，コン改，コン4，新潮([没]慶長19(1614)年1月15日)，人名，世人，戦合，戦人，日人，歴大

む

**村越光**　むらこしみつ
？ ～慶長5(1600)年
安土桃山時代の武士。徳川氏家臣、豊臣氏家臣。
¶戦国，戦人

**村越吉勝**　むらこしよしかつ
慶長6(1601)年～延宝9(1681)年　[別]村越道伴《むらこしどうはん》
江戸時代前期の武士。大坂の陣の戦記「村越道伴覚書」著者。
¶国書(村越道伴　むらこしどうはん　[没]延宝9(1681)年6月13日)，日人

**村島豊左衛門**(村嶋豊左衛門)　むらしまとよざえもん
→村島豊左衛門(むらしまぶざえもん)

**村島豊左衛門**　むらしまぶざえもん
生没年不詳　[別]村島豊左衛門《むらしまとよざえもん》,村嶋豊左衛門《むらしまとよざえもん》
戦国時代の武士。後北条氏家臣。
¶戦辞(村嶋豊左衛門　むらしまとよざえもん)，戦人，戦東(むらしまとよざえもん)

**村瀬喜八郎**　むらせきはちろう
安土桃山時代の武将。秀吉馬廻。
¶戦国，戦人(生没年不詳)

**村瀬重治**　むらせしげはる
？ ～寛永10(1633)年　[別]磯貝重治《いそがいしげはる》,磯貝小三郎《いそがいこざぶろう》
安土桃山時代～江戸時代前期の武将。織田氏家臣、徳川氏家臣。
¶戦人，戦補

**村瀬宗七郎**　むらせそうしちろう
安土桃山時代の武将。秀吉馬廻。
¶戦国，戦人(生没年不詳)

**村瀬虎**　むらせとら
？ ～天正10(1582)年6月2日
戦国時代～安土桃山時代の織田信長の家臣。
¶織田

**村田市之助**　むらたいちのすけ
生没年不詳
戦国時代の武士。後北条氏家臣。
¶戦辞，戦人，戦東

**村田吉五**　むらたきつご
？ ～天正10(1582)年6月2日
戦国時代～安土桃山時代の織田信長の家臣。
¶織田

**村田久兵衛**　むらたきゅうべえ
戦国時代の八丈島渡海者。後北条氏家臣。
¶戦辞(生没年不詳)，戦東

**村田治部丞**　むらたじぶのじょう
生没年不詳
安土桃山時代の織田信長の家臣。
¶織田

**村田将監**　むらたしょうげん
生没年不詳
安土桃山時代の武将。秀吉馬廻。
¶織田，戦国，戦人

**村田新左衛門尉**　むらたしんざえもんのじょう
生没年不詳
戦国時代の北条氏の家臣。
¶戦辞

**村田近重**　むらたちかしげ
生没年不詳
戦国時代～安土桃山時代の武士。伊達氏家臣。
¶戦人

**村田経定**　むらたつねさだ
戦国時代の武士。
¶姓氏鹿児島，戦人(生没年不詳)，戦西

**村田経平**　むらたつねひら
安土桃山時代の武士。
¶姓氏鹿児島，戦人(生没年不詳)，戦西

**村田出羽**　むらたでわ
永禄8(1565)年～元和7(1621)年
安土桃山時代～江戸時代前期の筑前福岡藩士。
¶藩臣7

**村田藤左衛門**　むらたとうざえもん
戦国時代の武将。今川氏家臣。
¶戦東

**村田八郎左衛門**　むらたはちろうざえもん
生没年不詳
戦国時代の北条氏の家臣。
¶戦辞

**村田秀頼**　むらたひでより
生没年不詳
戦国時代～安土桃山時代の武士。上杉氏家臣。

¶戦人

**村田孫兵衛** むらたまごべえ
戦国時代の武将。浅井氏家臣。
¶戦西

**村田宗殖** むらたむねたね
→村田宗殖(むらたむねふゆ)

**村田宗殖** むらたむねふゆ
天文3(1534)年～慶長1(1596)年　[別]村田宗殖《むらたむねたね》
安土桃山時代の武将。伊達氏家臣。
¶姓氏宮城，戦人，戦東，藩臣1(むらたむねたね　[生]天文11(1542)年　[没]慶長9(1604)年)

**村田頼兼** むらたよりかね
生没年不詳
鎌倉時代後期の武士。
¶群馬人

**村野安芸守** むらのあきのかみ
生没年不詳
戦国時代の北条氏の家臣。
¶戦辞

**村橋伊豆** むらはしいず
戦国時代の武将。斎藤氏家臣。
¶戦西

**村松石見守** むらまついわみのかみ
戦国時代の武将。武田家臣。永禄10年の諏訪五十騎交名にみえる。
¶姓氏山梨

**村松藤左衛門** むらまつとうざえもん
戦国時代の武将。武田家臣。少身衆。
¶姓氏山梨

**村松縫殿** むらまつぬいどの
戦国時代の武将。武田家臣。『武田家過去帳』では、八代郡市河六日市場村に居住の妻が天文16年に逆修している。
¶姓氏山梨

**村松正久** むらまつまさひさ
生没年不詳
戦国時代の遠江国榛原郡の土豪。
¶戦辞

**村山家久** むらやまいえひさ
生没年不詳
安土桃山時代の武士。
¶戦人

**村山越後守** むらやまえちごのかみ
戦国時代の武将。斎藤氏家臣。
¶戦西

**村山惟貞** むらやまこれさだ
生没年不詳
戦国時代の武士。
¶戦人

**村山三右衛門** むらやまさんえもん
永禄10(1567)年～慶長16(1611)年
安土桃山時代～江戸時代前期の美濃郡上藩士。
¶藩臣3

**村山次郎右衛門** むらやまじろうえもん
戦国時代の武将。浅井氏家臣。
¶戦西

**村山隆義** むらやまたかよし
？　～建武2(1335)年
鎌倉時代後期～南北朝時代の武士。
¶人名，新潟百，日人

**村山直義** むらやまなおよし
生没年不詳
戦国時代の武士。
¶戦辞

**村山信義** むらやまのぶよし
生没年不詳
南北朝時代の武将。
¶鎌室，人名，日人

**村山盛義** むらやまもりよし
？　～永正6(1509)年9月？
戦国時代の武士。
¶戦辞

**村山義隆** むらやまよしたか
～享徳2(1453)年
室町時代の武士。越後守護上杉房定軍に属し、長尾実景討伐に軍功をたてた。
¶新潟百

**村山慶綱** むらやまよしつな
生没年不詳
戦国時代の越後国衆。
¶戦辞

**村山義信** むらやまよしのぶ
？　～元弘3/正慶2(1333)年
鎌倉時代後期の武将。
¶鎌室，人名，日人

**村山義盛** むらやまよしもり
？　～正平7/文和1(1352)年
南北朝時代の武士。
¶人名，日人(生没年不詳)

**牟礼光茂** むれみつしげ
？　～元和1(1615)年
安土桃山時代～江戸時代前期の武将。
¶戦人

**牟礼元誠** むれもとのぶ
戦国時代の武将。今川氏家臣。
¶戦辞(生没年不詳)，戦東

**室賀経秀** むろがつねひで
戦国時代の武将。武田家臣。治部少輔・兵部大輔。
¶姓氏長野(生没年不詳)，姓氏山梨

**室賀信俊** むろがのぶとし
？　～天正3(1575)年6月12日
戦国時代～安土桃山時代の信濃国衆。
¶姓氏長野(生没年不詳)，姓氏山梨，戦辞

む

**室賀正吉** むろがまさよし
戦国時代の武将。武田家臣。常陸守(介)。
¶姓氏山梨

**室賀満俊** むろがみつとし
永禄3(1560)年～寛永3(1626)年
安土桃山時代～江戸時代前期の信濃国衆。
¶神奈川人，戦辞([没]寛永3年3月24日(1626年4月20日))

**室賀満正** むろがみつまさ
？ ～天正10(1582)年4月28日
戦国時代～安土桃山時代の信濃国衆。
¶戦辞

**室賀吉久** むろがよしひさ
戦国時代の武将。武田家臣。室賀正吉の弟。
¶姓氏山梨

**室住虎定** むろずみとらさだ
→両角虎定(もろずみとらさだ)

**室住豊後守** むろずみぶんごのかみ
→両角虎定(もろずみとらさだ)

**室田右衛門** むろたうえもん
戦国時代の武将。大崎氏家臣。
¶戦東

**室田小斎隆視** むろたこさいたかみ
戦国時代～安土桃山時代の武将。大崎氏家臣。
¶戦東

**室朝兼** むろのともかね
生没年不詳
南北朝時代の室津にいた武士。
¶兵庫百

## 【め】

**目賀田玄向** めがたげんこう
生没年不詳
南北朝時代の武士。
¶鎌室，日人

**目賀田信有** めがたのぶあり
生没年不詳
室町時代の武士。
¶鎌室，日人

**目賀田幸宣** めかだゆきのぶ，めがたゆきのぶ
？ ～永禄12(1569)年
戦国時代の武士。
¶戦人，戦西(めがたゆきのぶ)

**妻鹿長宗** めがながむね
生没年不詳
南北朝時代の武将。
¶日人

**女鹿信宗** めがのぶむね
生没年不詳
安土桃山時代～江戸時代前期の武将、陸奥南部藩士。
¶藩臣1

**目黒織部丞** めぐろおりべのじょう
生没年不詳
戦国時代の黒川谷の土豪。
¶姓氏群馬

**目黒盛豊見親** めぐろもりとうゆみや，めぐろもりとぅゆみや
生没年不詳
南北朝時代の平良地域の支配者。
¶沖縄百(めぐろもりとぅゆみや)，姓氏沖縄

**目瀬永基** めせながもと
？ ～元和2(1616)年
安土桃山時代～江戸時代前期の武士。宇喜多氏家臣。
¶戦人

**目瀬平吉** めせへいきち
？ ～元和2(1616)年
安土桃山時代～江戸時代前期の武将。宇喜多氏家臣。
¶岡山歴([没]元和2(1616)年11月24日)，戦西

**米良四郎右衛門尉** めらしろうえもんのじょう
？ ～天正6(1578)年
戦国時代～安土桃山時代の武将。
¶戦人

**米良筑後守** めらちくごのかみ
？ ～元亀3(1572)年
戦国時代の武士。
¶戦人

**米良美濃守** めらみののかみ
生没年不詳
安土桃山時代の武将。
¶戦人

**毛受勝照** めんじゅかつてる
？ ～天正11(1583)年
安土桃山時代の武士。
¶戦人，戦補

**毛受家照** めんじょういえてる
*～天正11(1583)年
戦国時代～安土桃山時代の武将。
¶姓氏愛知([生]？　[没]1853年)，日人([生]1559年)

**毛受茂左衛門** めんじょうしげざえもん
→毛受茂左衛門(めんじょうもざえもん)

**毛受照清** めんじょうてるきよ
生没年不詳
安土桃山時代の武士。柴田勝家に仕えた。
¶姓氏愛知

**毛受茂左衛門** めんじょうもざえもん
？ ～天正11(1583)年　[別]毛受茂左衛門《めんじょうしげざえもん》
戦国時代～安土桃山時代の武将。
¶姓氏愛知(めんじょうしげざえもん　[没]1853年)，日人

## 【も】

**毛国鼎　もうこくてい**
→護佐丸（ごさまる）

**馬渡俊光　もうたいとしみつ**
[別]馬渡兵部少輔俊光《もうたいひょうぶのしょうとしみつ》
戦国時代の武士。
¶戦人（生没年不詳），戦西（馬渡兵部少輔俊光　もうたいひょうぶのしょうとしみつ）

**馬渡兵部少輔俊光　もうたいひょうぶのしょうとしみつ**
→馬渡俊光（もうたいとしみつ）

**毛利岩　もうりいわ**
？～天正10（1582）年6月2日
戦国時代～安土桃山時代の織田信長の家臣。
¶織田

**毛利興元　もうりおきもと**
明応2（1493）年～永正13（1516）年
戦国時代の武将。家臣団の充実を図った。
¶朝日（[没]永正13年8月25日（1516年9月21日）），系西（[生]1492年），国史，古中，史人（[没]1516年8月25日），諸系，戦合，戦人（[生]明応1（1492）年），日人

**毛利景行　もうりかげゆき**
？～建保1（1213）年
鎌倉時代前期の武将。
¶姓氏神奈川

**毛利勝永　もうりかつなが**
？～元和1（1615）年　[別]毛利吉政《もうりよしまさ》
安土桃山時代～江戸時代前期の武士。豊臣氏家臣、豊前守。
¶大阪人（[没]元和4（1618）年9月9日），高知人，高知百，人名，戦国（毛利吉政　もうりよしまさ），戦人（毛利吉政　もうりよしまさ），日人

**毛利勝信　もうりかつのぶ**
？～慶長16（1611）年　[別]毛利吉成《もうりよしなり》
安土桃山時代～江戸時代前期の武将、大名。豊前小倉藩主。
¶高知人（毛利吉成　もうりよしなり），人名，戦国（毛利吉成　もうりよしなり），戦人（毛利吉成　もうりよしなり），日人，藩主4（[没]慶長16（1611）年9月8日），福岡百（[没]慶長16（1611）年5月7日）

**毛利勘右衛門　もうりかんえもん**
安土桃山時代の武士。豊臣氏家臣。
¶戦国，戦人（生没年不詳）

**毛利清広　もうりきよひろ**
生没年不詳
戦国時代の越後国刈羽郡の国人。
¶戦辞

**毛利宮内　もうりくない**
戦国時代の武将。斎藤氏家臣。
¶戦西

**毛利九郎兵衛　もうりくろべえ**
？～天正9（1581）年
安土桃山時代の武士。
¶姓氏石川，戦人

**毛利幸松丸　もうりこうまつまる**
永正12（1515）年～大永3（1523）年
戦国時代の武将。
¶系西，戦人

**毛利貞親　もうりさだちか**
？～正平6/観応2（1351）年
南北朝時代の武将。
¶系西，新潟百

**毛利重次　もうりしげつぐ**
文禄3（1594）年～寛永17（1640）年
江戸時代前期の武士。豊臣秀頼家臣。大坂の陣では徳川につく。
¶戦国，戦人

**毛利重広　もうりしげひろ**
生没年不詳
室町時代の武家・連歌作者。
¶国書，戦辞

**毛利重政　もうりしげまさ**
天文20（1551）年～慶長2（1597）年
安土桃山時代の武士。織田氏家臣、豊臣氏家臣。
¶戦国，戦人

**毛利十郎　もうりじゅうろう**
生没年不詳
安土桃山時代の織田信長の家臣。
¶織田

**毛利新介　もうりしんすけ**
？～天正10（1582）年　[別]毛利良勝《もうりよしかつ》
安土桃山時代の武将。黒母衣衆の一員。
¶朝日（[没]天正10年6月2日（1582年6月21日）），織田（毛利良勝　もうりよしかつ　[没]天正10（1582）年6月2日），戦国，戦人（生没年不詳），日人

**毛利季光　もうりすえみつ**
建仁2（1202）年～宝治1（1247）年　[別]西阿《さいあ》，大江季光《おおえすえみつ，おおえのすえみつ》
鎌倉時代前期の武将、評定衆。相模国毛利庄を基盤とする。
¶朝日（[没]宝治1年6月5日（1247年7月8日）），神奈川人（大江季光　おおえのすえみつ），神奈川人，鎌倉（大江季光　おおえのすえみつ），鎌倉，鎌室（[生]？），系西，国史，古中，史人（[没]1247年6月5日），諸系，新潮（[没]宝治1（1247）年6月5日），姓氏神奈川，日史（[没]宝治1（1247）年6月5日），日人，仏教（西阿　さいあ　[生]？　[没]宝治1（1247）年6月5日）

**毛利高次** もうりたかつぐ
享禄1 (1528) 年～慶長2 (1597) 年
戦国時代～安土桃山時代の武将。秀吉馬廻。
¶戦国，戦人

**毛利高政** もうりたかまさ
永禄2 (1559) 年～寛永5 (1628) 年　[別]森勘八《もりかんぱち》
安土桃山時代～江戸時代前期の大名。豊後佐伯藩主、豊後隈府藩主。
¶朝日 ([没]寛永5年11月16日 (1628年12月11日))，大分百，大分歴，近世，国史，諸系，新潮 ([没]寛永5 (1628) 年11月16日)，人名 ([生]1556年)，戦合，戦国 ([生]1560年)，戦人，日人，藩主4 ([没]寛永5 (1628) 年11月16日)，歴大

**毛利隆元** もうりたかもと
大永3 (1523) 年～永禄6 (1563) 年
戦国時代の武将。陶・尼子・大友氏との戦いを指揮。
¶朝日 ([没]永禄6年8月4日 (1563年8月22日))，系西，国史，国書 ([没]永禄6 (1563) 年8月4日)，古中，コン改，コン4，史人 ([没]1563年8月4日)，島根歴，諸系，新潮 ([没]永禄6 (1563) 年8月4日)，人名，戦合，戦国，戦人，日史 ([没]永禄6 (1563) 年8月4日)，日人，百科，広島百，山口百，歴大



**毛利親衡** もうりちかひら
？ ～天授1/永和1 (1375) 年
南北朝時代の武将。
¶系西

**毛利経光** もうりつねみつ
生没年不詳
鎌倉時代前期の武将。
¶鎌室，系西，諸系，日人

**毛利輝元** もうりてるもと
天文22 (1553) 年～寛永2 (1625) 年　[別]輝元〔毛利家〕《てるもと》，安芸宰相《あきさいしょう》，安芸中納言《あきちゅうなごん》，幻庵宗瑞《げんあんそうずい》，毛利宗瑞《もうりそうずい》
安土桃山時代～江戸時代前期の大名、五大老。安芸広島の大大名だったが関ヶ原の戦いで西軍の主将に推され、戦後周防・長門のみに減封された。
¶朝日 ([生]天文22年1月22日 (1553年2月4日)　[没]寛永2年4月27日 (1625年6月2日))，岩史 ([生]天文22 (1553) 年1月22日　[没]寛永2 (1625) 年4月27日)，角史，近世，公卿 ([没]寛永2 (1625) 年4月)，公家 (輝元〔毛利家〕　てるもと　[生]1553年　[没]寛永2年4月27日)，系西，国史，国書 ([生]天文22 (1553) 年1月22日　[没]寛永2 (1625) 年4月27日)，古中，コン改，コン4，茶道，史人 ([生]1553年1月22日　[没]1625年4月27日)，島根歴，重要 ([没]寛永2 (1625) 年4月27日)，諸系，新潮 ([生]天文22 (1553) 年1月22日　[没]寛永2 (1625) 年4月27日)，人名，姓氏山口，世人 ([没]寛永2 (1625) 年4月27日)，世百，戦合，戦国 ([生]1554年)，戦辞 ([生]天文22年1月22日 (1553年2月4日)　[没]寛永2年4月27日 (1625年6月2日))，全書，戦人，大百，鳥取百，日史 ([生]天文22 (1553) 年1月22日　[没]寛永2 (1625) 年4月27日)，日人，藩主4 ([生]天文22 (1553) 年1月22日　[没]寛永2 (1625) 年4月27日)，百科，広島百，山口百，歴大

**毛利時定** もうりときさだ
？ ～慶長5 (1600) 年
安土桃山時代の武将。
¶藩臣7

**毛利時親** もうりときちか
？ ～興国2/暦応4 (1341) 年
鎌倉時代後期～南北朝時代の武将。
¶朝日，系西，国史，古中，史人，諸系，日人，歴大

**毛利豊元(1)** もうりとよもと
文安1 (1444) 年～文明8 (1476) 年
室町時代の武士。
¶系西，戦人

**毛利豊元(2)** もうりとよもと
戦国時代～安土桃山時代の武将。因幡私部城主。
¶鳥取百

**毛利長秀(1)** もうりながひで
戦国時代の武将。斎藤氏家臣。
¶戦西

**毛利長秀(2)** もうりながひで
→毛利秀頼 (もうりひでより)

**毛利長良** もうりながよし
生没年不詳
安土桃山時代の織田信長の家臣。
¶織田

**毛利秀秋** もうりひであき
？ ～元和1 (1615) 年　[別]毛利秀政《もうりひでまさ》
安土桃山時代～江戸時代前期の武士。豊臣氏家臣。
¶戦国，戦人

**毛利秀包** もうりひでかね
→小早川秀包 (こばやかわひでかね)

**毛利秀就** もうりひでなり
文禄4 (1595) 年～慶安4 (1651) 年
江戸時代前期の武将、大名。安芸広島藩主、長州 (萩) 藩主。
¶朝日 ([生]文禄4年10月18日 (1595年11月19日)　[没]慶安4年1月5日 (1651年2月24日))，近世，国史，国書 ([生]文禄4 (1595) 年10月18日　[没]慶安4 (1651) 年1月5日)，コン改，コン4，史人 ([生]1595年10月18日　[没]1651年1月5日)，諸系，新潮 ([生]文禄4 (1595) 年10月18日　[没]慶安4 (1651) 年1月5日)，人名，姓氏山口，戦合，戦国，戦人，日人，藩主4，藩主4 ([生]文禄4 (1595) 年10月18日　[没]慶安4 (1651) 年1月5日)

**毛利秀広** もうりひでひろ
？ ～天正9 (1581) 年9月
戦国時代～安土桃山時代の上杉氏の家臣。
¶戦辞

**毛利秀元**　もうりひでもと
天正7(1579)年～慶安3(1650)年　[別]秀元〔毛利家〕《ひでもと》，安芸侍従《あきじじゅう》
安土桃山時代～江戸時代前期の大名。長門長府藩主。
¶朝日([生]天正7年11月7日(1579年11月25日)　[没]慶安3年閏10月3日(1650年11月26日))，近世，公卿([没]慶安3(1650)年閏10月)，公家(秀元〔毛利家〕　ひでもと　[生]1579年　[没]慶安3年10月3日)，国史，国書([生]天正7(1579)年11月7日　[没]慶安3(1650)年閏10月3日)，コン改，コン4，茶道，史人([生]1579年11月7日　[没]1650年閏10月3日)，諸系，新潮([生]天正7(1579)年11月7日　[没]慶安3(1650)年閏10月3日)，人名，姓氏山口，世人，戦合，戦国([生]1581年)，戦人，日人，藩主4([生]天正7(1579)年11月7日　[没]慶安3(1650)年閏10月3日)，山口百

**毛利秀頼**　もうりひでより
？ ～文禄2(1593)年　[別]毛利長秀《もうりながひで》，伊奈侍従《いなじじゅう》，河内侍従《かわちじじゅう》
安土桃山時代の武将。河内守。斯波源氏の支流。
¶朝日([没]文禄2年閏9月17日(1593年11月9日))，織田(毛利長秀　もうりながひで　[没]文禄2(1593)年閏9月17日)，新潮([没]文禄2(1593)年閏9月17日)，人名，戦国，戦辞([没]文禄2年閏9月17日(1593年11月9日))，戦人，長野歴，日人

**毛利広春**　もうりひろはる
生没年不詳
戦国時代の越後国刈羽郡の国人。
¶戦辞

**毛利広房**　もうりひろふさ
？ ～元中2/至徳2(1385)年
南北朝時代の武将。
¶系西

**毛利広光**　もうりひろみつ
？ ～宝治1(1247)年
鎌倉時代前期の武士。
¶北条

**毛利弘元**　もうりひろもと
文正1(1466)年～永正3(1506)年
戦国時代の武士。
¶系西，戦人

**毛利煕元**(毛利凞元)　もうりひろもと
？ ～寛正5(1464)年
室町時代の武士。
¶系西(毛利凞元)，戦人

**毛利広盛**　もうりひろもり
？ ～元和2(1616)年
安土桃山時代～江戸時代前期の武士。織田氏家臣、豊臣氏家臣。
¶織田，戦国，戦人

**毛利房朝**　もうりふさとも
？ ～文明3(1471)年5月
室町時代～戦国時代の越後国刈羽郡の国人。
¶戦辞

**毛利道元**　もうりみちもと
生没年不詳
戦国時代の越後国刈羽郡の国人。
¶戦辞

**毛利光房**　もうりみつふさ
元中3/至徳3(1386)年～応永33(1426)年
室町時代の武将。
¶系西

**毛利元秋**　もうりもとあき
天文21(1552)年～天正13(1585)年
戦国時代の武将、富田城督。毛利元就の5男。
¶島根歴

**毛利元氏**　もうりもとうじ
安土桃山時代～江戸時代前期の長州(萩)藩士。
¶姓氏山口([生]1556年　[没]1631年)，藩臣6([生]天文19(1550)年　[没]寛永2(1625)年)

**毛利元清**　もうりもときよ
天文20(1551)年～慶長2(1597)年　[別]穂井田元清《ほいだもときよ》，穂田元清《ほいだもときよ，ほだもときよ》
安土桃山時代の武将。毛利元就の四男。
¶朝日([没]慶長2年7月9日(1597年8月21日))，岡山人(穂田元清　ほだもときよ　[没]慶長9(1604)年)，岡山歴(穂田元清　ほいだもときよ　[生]？　[没]慶長2(1597)年7月9日)，コン改，コン4，史人(穂田元清　ほいだもときよ　[没]1597年7月9日)，諸系，人名，戦国(穂田元清　ほいだもときよ)，戦人(穂井田元清　ほいだもときよ)，戦西(穂田元清　ほいだもときよ　[生]？)，日人，広島百(穂田元清　ほいだもときよ　[没]慶長2(1597)年7月9日)，山口百

**毛利元鎮**　もうりもとしげ
天正17(1589)年～寛文10(1670)年
安土桃山時代～江戸時代前期の武将。吉敷毛利氏の祖。
¶姓氏山口

**毛利元綱**　もうりもとつな
？ ～大永3(1523)年
戦国時代の武将。
¶国書

**毛利元倶**　もうりもととも
天正13(1585)年～正保2(1645)年
安土桃山時代～江戸時代前期の武将。
¶姓氏山口

**毛利元就**　もうりもとなり
明応6(1497)年～元亀2(1571)年
戦国時代の大名。安芸の国人だったが、陶氏・大内氏を滅ぼし安芸・周防・長門の戦国大名に成長。のち尼子氏も滅ぼし、中国全域を領有する大大名となった。三本の矢の逸話は有名。
¶朝日([生]明応6年3月14日(1497年4月16日)　[没]元亀2年6月14日(1571年7月6日))，岩史([生]明応6(1497)年3月14日　[没]元亀2(1571)年6月14日)，角史，系西，国史，国書([生]明応6

(1497)年3月14日　[没]元亀2(1571)年6月14日)，古中，コン改，コン4，史人([生]1497年3月14日　[没]1571年6月14日)，島根百([生]明応6(1497)年3月14日　[没]元亀2(1571)年6月14日)，島根歴，重要([没]元亀2(1571)年6月14日)，諸系，人書94，神人，新潮([生]明応6(1497)年3月14日　[没]元亀2(1571)年6月14日)，人名，姓氏山口，世人([没]元亀2(1571)年6月14日)，世百，戦合，戦国，全書，戦人，大百，伝記，鳥取百，日史([生]明応6(1497)年3月14日　[没]元亀2(1571)年6月14日)，日人，百科，広島百，山口百，歴大

**毛利元春　もうりもとはる**
生没年不詳
南北朝時代の武将。
¶鎌室，系西([生]1323年)，諸系，日人

**毛利元政　もうりもとまさ**
→天野元政(あまのもとまさ)

**毛利元康　もうりもとやす**
永禄3(1560)年～慶長6(1601)年　[別]末次元康《すえつぐもとやす》
安土桃山時代の武士。
¶国書([没]慶長6(1601)年1月13日)，島根歴，諸系，人名，戦国，戦人(末次元康　すえつぐもとやす)，戦人，戦西(末次元康　すえつぐもとやす　[生]？)，日人



**毛利吉雄　もうりよしお**
安土桃山時代の武将。豊臣氏家臣。
¶戦国，戦人(生没年不詳)

**毛利良勝　もうりよしかつ**
→毛利新介(もうりしんすけ)

**毛利吉成　もうりよしなり**
→毛利勝信(もうりかつのぶ)

**毛利吉政　もうりよしまさ**
→毛利勝永(もうりかつなが)

**毛利吉安　もうりよしやす**
安土桃山時代～江戸時代前期の武将。豊臣氏家臣、徳川氏家臣。
¶戦国([生]1574年　[没]1640年)，戦人([生]天正1(1573)年　[没]慶長17(1612)年)

**最上家親　もがみいえちか**
天正10(1582)年～元和3(1617)年
安土桃山時代～江戸時代前期の武将、大名。出羽山形藩主。
¶系東，庄内([没]元和3(1617)年3月6日)，諸系，戦国，戦人，日人，藩主1([没]元和3(1617)年3月6日)，山形百

**最上兼頼　もがみかねより**
元応2(1320)年～天授5/康暦1(1379)年
南北朝時代の武将。
¶系東

**最上直家　もがみなおいえ**
？～応永17(1410)年
室町時代の武将。
¶系東

**最上満家　もがみみついえ**
？～嘉吉3(1443)年
室町時代の武将。
¶系東

**最上満氏　もがみみつうじ**
？～明応3(1494)年
室町時代～戦国時代の武将。
¶系東

**最上満直　もがみみつなお**
？～応永20(1413)年
室町時代の武将。
¶系東

**最上義光　もがみよしあき**
天文15(1546)年～慶長19(1614)年　[別]最上義光《もがみよしみつ》，出羽侍従《でわじじゅう》
安土桃山時代～江戸時代前期の大名。出羽山形藩主。
¶朝日([没]慶長19年1月18日(1614年2月26日))，岩史([没]慶長19(1614)年1月18日)，角史，近世，系東，国史，国書([没]慶長19(1614)年1月18日)，古中，コン改(もがみよしみつ)，コン4，史人([没]1614年1月18日)，重要([没]慶長19(1614)年1月18日)，庄内([没]慶長19(1614)年1月18日)，諸系，人書94，新潮([没]慶長19(1614)年1月18日)，人名，世人([没]慶長19(1614)年1月18日)，戦合，戦国([生]1547年)，全書，戦人，日史([没]慶長19(1614)年1月18日)，日人，藩主1([生]天文15(1546)年1月1日，(異説)天文19年1月1日　[没]慶長19(1614)年1月18日，(異説)1月28日)，百科，山形百，歴大

**最上義秋　もがみよしあき**
？～文明12(1480)年
室町時代～戦国時代の武将。
¶系東

**最上義淳　もがみよしあつ**
？～永正1(1504)年
戦国時代の武将。
¶系東，戦人

**最上義定　もがみよしさだ**
？～永正17(1520)年
戦国時代の武将。
¶系東，戦人

**最上義春　もがみよしはる**
？～文明6(1474)年
室町時代の武将。
¶系東

**最上義光　もがみよしみつ**
→最上義光(もがみよしあき)

**最上義守　もがみよしもり**
大永1(1521)年～天正18(1590)年
戦国時代～安土桃山時代の武将。
¶系東，戦人，山形百([生]永正16(1519)年)

**最上義康　もがみよしやす**
？～慶長16(1611)年
安土桃山時代～江戸時代前期の武将。最上義光の

長男。

¶庄内（㊐天正3（1575）年　㊦慶長8（1603）年8月
16日），戦国，戦人

**牧和泉守** もくいずみのかみ
→牧和泉守（まきいずみのかみ）

**舞草内匠** もくさたくみ
安土桃山時代の武将。葛西氏家臣。
¶戦東

**門司武員** もじたけかず
生没年不詳
室町時代の武将・連歌作者。
¶国書

**門司能秀** もじよしひで
生没年不詳
室町時代の武将・連歌作者。
¶国書

**鵙目善十郎** もずめぜんじゅうろう
戦国時代の武将。大崎氏家臣。
¶戦東

**物集女忠重** もずめただしげ
？　～天正3（1575）年
戦国時代の武士。
¶京都府

**物集女縫殿助** もずめぬいのすけ
？　～天正3（1575）年
戦国時代～安土桃山時代の織田信長の家臣。
¶織田

**持田尾張守** もちだおわりのかみ
安土桃山時代の武将。里見氏家臣。
¶戦東

**持田治部少輔** もちだじぶしょうゆう
生没年不詳　㊾持田治部少輔《もったじぶしょう
ゆう，もったじぶのしょう》
戦国時代～安土桃山時代の神主・神官。結城氏
家臣。
¶戦辞（もったじぶのしょう），戦人，戦東（もっ
たじぶしょうゆう）

**持田四郎左衛門** もちだしろうざえもん
生没年不詳
戦国時代の武士。北条氏邦の臣。
¶埼玉人

**持田四郎左衛門尉** もちだしろうざえもんのじょう
生没年不詳
戦国時代の武蔵鉢形城主北条氏邦の家臣。
¶戦辞

**望月左衛門尉** もちづきさえもんのじょう
天文21（1552）年～天正3（1575）年　㊾望月義勝
《もちづきよしかつ》
戦国時代～安土桃山時代の甲斐武田晴信の家臣。
¶姓氏長野（望月義勝　もちづきよしかつ），姓
氏山梨（望月義勝　もちづきよしかつ），戦辞
（㊐天文21（1552）年？　㊦天正3年5月21日
（1575年6月29日））

**望月重氏** もちづきしげうじ
？　～天正3（1575）年
戦国時代～安土桃山時代の武田家臣。信雅の弟か。
¶姓氏山梨

**望月重元** もちづきしげもと
生没年不詳
安土桃山時代の織田信長の家臣。
¶織田

**望月七郎左衛門** もちづきしちろうざえもん
戦国時代の武将。武田家臣。岡部正綱配下の武辺
者で，少身衆。
¶姓氏山梨

**望月新右衛門** もちづきしんえもん
戦国時代の武将。武田家臣。『武田家過去帳』に
甲斐下山に居住とみえる。
¶姓氏山梨

**望月信雅** もちづきのぶまさ
＊～天正3（1575）年
安土桃山時代の武将。武田氏家臣。
¶姓氏山梨，戦辞（生没年不詳），戦人（㊐天文20
（1551）年），戦東（㊦？）

**望月信頼** もちづきのぶより
天文16（1547）年～永禄7（1564）年9月21日
戦国時代～安土桃山時代の甲斐武田晴信の家臣。
¶戦辞

**望月昌頼** もちづきまさより
生没年不詳
戦国時代の信濃国衆。
¶戦辞

**望月元次** もちづきもとつぐ
？　～寛永20（1643）年
江戸時代前期の武士。紀州藩士。
¶和歌山人

**望月義勝** もちづきよしかつ
→望月左衛門尉（もちづきさえもんのじょう）

**望月吉棟** もちづきよしむね
戦国時代の武士。
¶戦人（生没年不詳），戦西

**望月与三兵衛尉** もちづきよぞうひょうえのじょう
生没年不詳
戦国時代の甲斐武田一族穴山信君の家臣。
¶戦辞

**持永新次郎盛秀** もちながしんじろうもりひで
→持永盛秀（もちながもりひで）

**持永盛秀** もちながもりひで
㊾持永新次郎盛秀《もちながしんじろうもりひで》
戦国時代の武士。
¶戦人（生没年不詳），戦西（持永新次郎盛秀　も
ちながしんじろうもりひで）

**以仁王** もちひとおう
仁平1（1151）年～治承4（1180）年　㊾以仁王《も
とひとおう》，高倉宮以仁王《たかくらのみやもち
ひとおう》，高倉宮《たかくらのみや》，三条宮《さ

も

んじょうのみや》
平安時代後期の後白河天皇の皇子。平氏追討の令旨を発し、全国の源氏が蜂起する契機を作った。源頼政とともに宇治で戦死。
¶会津（高倉宮以仁王　たかくらのみやもちひとおう），朝日（[没]治承4年5月26日（1180年6月20日）），岩史（[没]治承4（1180）年5月26日），角史，鎌倉，鎌室，京都，京都大，京都府，国史，古史，古中，コン改，コン4，史人（[没]1180年5月26日），重要（[没]治承4（1180）年5月25日），諸系，人書94，人情1，新潮（[没]治承4（1180）年5月26日），人名，姓氏京都，世人（[没]治承4（1180）年5月26日），世百，全書，大百，新潟百，日音（[没]治承4（1180）年5月26日？），日史（[没]治承4（1180）年5月26日），日人，百科，平史，歴大（もとひとおう）

**持田治部少輔**　もったじぶしょうゆう
→持田治部少輔（もちだじぶしょうゆう）

**持田治部少輔**　もったじぶのしょう
→持田治部少輔（もちだじぶしょうゆう）

**持田若狭守**　もったわかさのかみ
戦国時代の高橋神社の社守。結城氏家臣。
¶戦辞（生没年不詳），戦東

**茂木知氏**　もてぎともうじ
生没年不詳
鎌倉時代後期の御家人。
¶姓氏岩手

**茂木朝音**　もてぎともおと
？　～元中1/至徳1（1384）年
南北朝時代の武将、茂木氏惣領。
¶栃木歴

**茂木知貞**　もてぎともさだ
？　～正平10/文和4（1355）年
南北朝時代の武将。
¶鎌室，栃木歴，日人（[没]1356年）

**茂木知基**　もてぎとももと
？　～延応1（1239）年
鎌倉時代前期の武将、茂木氏の祖。
¶栃木歴

**茂木知行**　もてぎともゆき
？　～明応8（1499）年8月21日
室町時代～戦国時代の国人領主。茂木荘を拠点。
¶戦辞

**茂木知世**　もてぎともよ
？　～正平16/康安1（1361）年　[別]茂木賢安《もてぎけんあん》
南北朝時代の武将。
¶全書（生没年不詳），栃木歴，日人

**茂木治清**　もてぎはるきよ
？　～天正1（1573）年1月4日
戦国時代～安土桃山時代の国人領主。茂木荘を拠点。
¶戦辞

**茂木治重**　もてぎはるしげ
生没年不詳
戦国時代の国人領主。茂木荘が拠点。
¶戦辞

**茂木治時**　もてぎはるとき
？　～文明11（1479）年3月15日
室町時代～戦国時代の国人領主。茂木荘を拠点。
¶戦辞

**茂木治利**　もてぎはるとし
？　～慶長20（1615）年
安土桃山時代～江戸時代前期の武士。佐竹氏家臣。
¶戦辞，戦人，戦東

**茂木治良**　もてぎはるなが
＊～寛永11（1634）年
安土桃山時代～江戸時代前期の武将。佐竹氏家臣。
¶戦辞（[生]永禄5（1562）年　[没]寛永11年3月14日（1634年4月11日）），戦人（生没年不詳），栃木歴（[生]永禄4（1561）年）

**茂木治房**　もてぎはるふさ
？　～慶長11（1607）年12月24日
安土桃山時代～江戸時代前期の国人領主。茂木荘を拠点。
¶戦辞

**茂木満知**　もてぎみつとも
？　～永享2（1430）年
室町時代の武将、茂木氏惣領。
¶栃木歴

**茂木持知**　もてぎもちとも
？　～永正15（1518）年
戦国時代の武将・連歌作者。
¶国書（[没]永正15（1518）年8月11日），戦辞（[没]永正15年8月11日（1518年9月15日）），栃木歴

**茂木義範**　もできよしのり，もてぎよしのり
？　～慶長8（1603）年
安土桃山時代の武士。佐竹氏家臣。
¶国書（もてぎよしのり　[没]慶長8（1603）年1月27日），戦辞（もてぎよしのり　[没]慶長8年1月28日（1603年3月10日）），戦人，戦東（もてぎよしのり）

**本内駿河**　もとうちするが
安土桃山時代の武士。伊達氏家臣。
¶戦人（生没年不詳），戦東

**本告左馬大夫信景**　もとおいさまのたゆうのぶかげ
→本告信景（もとおいのぶかげ）

**本告信景**　もとおいのぶかげ
[別]本告左馬大夫信景《もとおいさまのたゆうのぶかげ》
戦国時代～安土桃山時代の武士。
¶戦人（生没年不詳），戦西（本告左馬大夫信景　もとおいさまのたゆうのぶかげ）

**元重統信**　もとしげかねのぶ
生没年不詳
安土桃山時代の武将。大友氏家臣。
¶戦人

**本田家吉** もとだいえよし
生没年不詳 [別]本田家吉《ほんだいえよし》
戦国時代の武士。
¶島根歴(ほんだいえよし), 戦人, 戦西([没]1566年)

**職直** もとなお
生没年不詳
鎌倉時代の武士。
¶北条

**本名綱秀** もとなつなひで
生没年不詳
戦国時代の里見氏の家臣。
¶戦辞

**本名肥後守** もとなひごのかみ
安土桃山時代の武将。里見氏家臣。
¶戦東

**本名弘永** もとなひろなが
戦国時代の武将。里見氏家臣。
¶戦辞(生没年不詳), 戦東

**以仁王** もとひとおう
→以仁王(もちひとおう)

**本山清茂** もとやまきよしげ
生没年不詳
戦国時代の武将。
¶戦人

**本山茂辰** もとやましげとき
生没年不詳
戦国時代の武将。
¶高知人

**本山梅慶**(本山梅渓) もとやまばいけい
永正5(1508)年～弘治1(1555)年
戦国時代の武将。
¶高知人(本山梅渓), 高知百

**本山安政** もとやまやすまさ
? ～寛永3(1626)年 [別]加藤清兵衛《かとうせいべえ》,桑原平八郎《くわばらへいはちろう》
安土桃山時代～江戸時代前期の武将。本山城主。
¶戦国, 戦人(生没年不詳)

**本吉三郎兵衛** もとよしさぶろべえ
? ～天正7(1579)年
戦国時代～安土桃山時代の地方豪族・土豪。里見氏家臣。
¶戦人

**本吉大膳大夫千葉胤正** もとよしだいぜにだゆうちばたねまさ
安土桃山時代の武将。葛西氏家臣。
¶戦東

**本吉高衡** もとよしたかひら
→藤原隆衡(ふじわらのたかひら)

**茂庭駿河** もにわするが
生没年不詳
戦国時代の武将。
¶姓氏宮城

**茂庭延元** もにわのぶもと
*～寛永17(1640)年
安土桃山時代～江戸時代前期の陸奥仙台藩士。
¶姓氏宮城([生]1549年), 藩臣1([生]天文19(1550)年)

**茂庭良直** もにわよしなお
→鬼庭良直(おににわよしなお)

**茂庭良元** もにわよしもと
天正7(1579)年～寛文3(1663)年
安土桃山時代～江戸時代前期の仙台藩奉行、家格一族。
¶姓氏宮城, 宮城百

**物部麤鹿火** もののべのあらかい
→物部麤鹿火(もののべのあらかび)

**物部麤鹿火**(物部麁鹿火) もののべのあらかび,もののべのあらかひ
? ～宣化天皇1(536)年 [別]物部麤鹿火《もののべのあらかい》
上代の武将、豪族(大連)。饒速日命の裔。磐井の反乱の大将軍。
¶朝日(物部麁鹿火 もののべのあらかひ [没]宣化1(536)年7月), 岩史(物部麁鹿火 もののべのあらかひ [没]宣化1(536)年7月), 角史(物部麁鹿火 もののべのあらかひ 生没年不詳), 公卿(物部麁鹿火 もののべのあらかひ [没]宣化1(536)年7月?), 国史(物部麁鹿火 もののべのあらかひ), 古史(物部麁鹿火 生没年不詳), 古代(物部麁鹿火 もののべのあらかひ), 古中(物部麁鹿火 もののべのあらかひ), コン改(物部麁鹿火 生没年不詳), コン4(物部麁鹿火 生没年不詳), 史人(物部麁鹿火 もののべのあらかひ 生没年不詳), 諸系(もののべのあらかひ), 新潮(物部麁鹿火 生没年不詳), 人名(物部麁鹿火), 世人(生没年不詳), 全書(もののべのあらかい), 大百(物部麁鹿火), 日史(物部麁鹿火 もののべのあらかひ [没]宣化1(536)年7月), 日人(もののべのあらかひ), 百科(物部麁鹿火), 福岡百(もののべのあらかひ), 歴大(物部麁鹿火)

**物部伊勢父根** もののべのいせのちちね
[別]物部伊勢連父根《もののべのいせのむらじちちね》
上代の武将。
¶古代(物部伊勢連父根 もののべのいせのむらじちちね), 日人(生没年不詳)

**物部菟代** もののべのうしろ
[別]物部菟代宿禰《もののべのうしろのすくね》
上代の武官。征討戦で卑怯な振舞があり領地没収された。
¶古代(物部菟代宿禰 もののべのうしろのすくね), 日人

**物部朴井鮪** もののべのえのいのしび
[別]物部朴井連鮪《もののべのえのいのむらじしび》
飛鳥時代の武将。
¶古代(物部朴井連鮪 もののべのえのいのむらじしび), 日人(生没年不詳)

**物部大斧手** もののべのおおおのて
上代の武将。
¶古代，日人

**物部雄君** もののべのおきみ
？～天武天皇5(676)年　㊀朴井雄君《えのいのおきみ》，朴井連雄君《えのいのむらじおきみ》
飛鳥時代の舎人。壬申の乱で活躍。
¶朝日(朴井雄君　えのいのおきみ　㊁天武5(676)年6月)，国史，古代(朴井連雄君　えのいのむらじおきみ)，古中，コン改，コン改(朴井雄君　えのいのおきみ)，コン4，コン4(朴井雄君　えのいのおきみ)，史人(㊁676年6月)，諸系，新潮(㊁天武5(676)年6月)，人名(㊁677年)，世人，日人，歴大

**物部小事** もののべのおごと
㊀物部小事大連《もののべのおごとのおおむらじ》
上代の豪族。坂東に出征して凱旋したという。
¶古代(物部小事大連　もののべのおごとのおおむらじ)，諸系，日人

も

**物部熊猪** もののべのくまい
生没年不詳
平安時代前期の武人。
¶平史

**物部足継** もののべのたりつぐ
生没年不詳
平安時代前期の武人。
¶平史

**物部日向** もののべのひむか
㊀物部首日向《もののべのおびとひむか》
飛鳥時代の武将。壬申の乱で大友皇子につく。
¶古代(物部首日向　もののべのおびとひむか)，日人(生没年不詳)

**物部二田塩** もののべのふつたのしお
㊀物部二田造塩《もののべのふつたのみやつこしお》
飛鳥時代の武士。
¶古代(物部二田造塩　もののべのふつたのみやつこしお)，日人(生没年不詳)

**物部目** もののべのめ
㊀物部連目《もののべのむらじめ》
上代の官人。大連。伊勢の乱賊朝日郎を征討。
¶公卿(生没年不詳)，古代(物部連目　もののべのむらじめ)，コン改(生没年不詳)，コン4(生没年不詳)，諸系，日人

**物部守屋** もののべのもりや
？～用明天皇2(587)年　㊀物部弓削守屋《もののべのゆげのもりや》，物部弓削守屋大連《もののべのゆげのもりやのおおむらじ》，物部守屋《もののべもりや》
飛鳥時代の廷臣(大連)。大連物部目の曽孫。蘇我馬子と対立し、兵を挙げたが敗死した。
¶朝日(㊁用明2(587)年7月)，岩史，大阪人(もののべもりや)，角史，公卿(物部弓削守屋　もののべのゆげのもりや　㊁用明2(587)年7月)，国史，古史，古代(物部弓削守屋大連　もののべのゆげのもりやのおおむらじ)，古中，コン改，コン4，史人(㊁587年7月)，諸系，神人(もののべもりや)，新潮(㊁用明2(587)年7月)，人名，世人(㊁崇峻3(587)年7月)，世百，全書，大百，伝記，日史(㊁用明2(587)年7月)，日人，百科，仏教，歴大

**物部弓削守屋** もののべのゆげのもりや
→物部守屋(もののべのもりや)

**籾井教業** もみいのりなり
？～天正4(1576)年
戦国時代～安土桃山時代の武将。
¶戦人

**桃井弥次郎** ももいやじろう
～天文10(1541)年10月
戦国時代の部将。
¶庄内

**桃ヶ谷国仲** ももがやくになか
天文17(1548)年～慶長16(1611)年
安土桃山時代～江戸時代前期の伊賀名張城主。
¶人名，日人

**桃田金平** ももたきんぺい
安土桃山時代の武士。
¶大阪人

**桃井詮信** もものいあきのぶ
→桃井詮信(もものいのりのぶ)

**物射五郎** もものいごろう
生没年不詳
平安時代後期～鎌倉時代前期の武士。
¶姓氏群馬

**物射二郎太郎** もものいじろうたろう
？～承久3(1221)年
鎌倉時代前期の武士。
¶姓氏群馬

**桃井直和** もものいただかず
？～建徳1/応安3(1370)年
鎌倉時代後期～南北朝時代の武将。
¶富山百

**桃井直常** もものいただつね
→桃井直常(もものいなおつね)

**桃井直信** もものいただのぶ
生没年不詳　㊀桃井直信《もものいなおのぶ》
南北朝時代の武将。観応の擾乱で直義党に所属。
¶朝日，鎌室(もものいなおのぶ)，国史，古中，新潮(もものいなおのぶ)，姓氏富山(もものいなおのぶ)，富山百，日人

**桃井直常** もものいなおつね
生没年不詳　㊀桃井直常《もものいただつね》
南北朝時代の武将。
¶朝日(もものいただつね)，角史，鎌室，京都大，群馬人，国史(もものいただつね)，古中(もものいただつね)，コン改，コン4，史人(もものいただつね)，新潮，人名(もものいただつね)，姓氏京都(もものいただつね)，姓氏富山，世人，全書，富山百(もものいただつね)，日史，日人(もものいただつね)，百科，

歴大（もものいただつね）

**桃井直信** もものいなおのぶ
→桃井直信（もものいただのぶ）

**桃井尚義** もものいなおよし
?　〜元弘3/正慶2（1333）年　別桃井尚義《ももの
いひさよし》
南北朝時代の武将。
¶群馬人（もものいひさよし　生没年不詳），姓
氏群馬

**桃井宣胤** もものいのぶたね
生没年不詳
戦国時代の武家・連歌作者。
¶国書

**桃井詮信** もものいのりのぶ
生没年不詳　別桃井詮信《もものいあきのぶ》
南北朝時代の武家・歌人。
¶国書，島根歴（もものいあきのぶ）

**桃井尚義** もものいひさよし
→桃井尚義（もものいなおよし）

**桃井盛義** もものいもりよし
生没年不詳
南北朝時代の能登守護。
¶石川百

**桃井義繁** もものいよししげ
?　〜＊
南北朝時代の武将。
¶鎌室（㊺応永1（1394）年），日人（㊺1395年）

**桃井義孝** もものいよしたか
?　〜天正6（1578）年
戦国時代〜安土桃山時代の越後国衆。
¶戦辞（㊺天正6年5月17日（1578年6月22日）），
新潟百

**桃井義胤** もものいよしたね
生没年不詳
鎌倉時代の武士。
¶姓氏群馬

**桃井頼光** もものいよりみつ
戦国時代の武将。武田家臣。西上野の地侍か。
¶姓氏山梨

**盛岡金吾** もりおかきんご
?　〜慶長5（1600）年
安土桃山時代の津軽為信の帷幄として津軽統一に
活躍。
¶青森百

**守岡守馬** もりおかしゅめ
?　〜寛永20（1643）年
安土桃山時代〜江戸時代前期の加藤氏の家臣。
¶会津

**森岡助之進** もりおかすけのしん
生没年不詳
戦国時代の地方豪族・土豪。
¶戦人

**森岡信元** もりおかのぶもと
?　〜慶長5（1600）年
安土桃山時代の武士。
¶戦人

**守賀新兵衛** もりがしんべえ
生没年不詳
戦国時代の北条氏の家臣。
¶戦辞

**森勝也** もりかつなり
→森可政（もりよしまさ）

**森勝也** もりかつや
→森可政（もりよしまさ）

**森川重俊** もりかわしげとし
天正12（1584）年〜寛永9（1632）年
安土桃山時代〜江戸時代前期の武将，大名。下総
生実藩主。
¶朝日（㊺寛永9年1月24日（1632年3月14日）），
近世，国史，史人（㊺1632年1月24日），諸系，
人名，戦合，千葉百，日人，藩主2（㊺寛永9
（1632）年1月24日）

**森川藤左衛門** もりかわとうざえもん
安土桃山時代〜江戸時代前期の武士。里見氏家臣。
¶戦人（生没年不詳），戦東

も

**森九兵衛** もりきゅうべえ
→森九兵衛（もりくへえ）

**守邦親王** もりくにしんのう
正安3（1301）年〜元弘3/正慶2（1333）年
鎌倉時代後期の皇族。鎌倉幕府第9代将軍。8代将
軍久明親王の子。
¶朝日（㊺正慶2/元弘3年8月16日（1333年9月25
日），角史，神奈川人（㊺1302年），鎌倉（㊺乾
元1（1302）年），鎌室，国史，古中，コン改，コ
ン4，史人（㊺1301年5月12日　㊺1333年8月16
日），重要（㊺元弘3/正慶2（1333）年8月16日），
諸系，新潮（㊺正安3（1301）年5月　㊺正慶2/元
弘3（1333）年8月16日），人名（㊺1302年），姓
氏神奈川，世人（㊺元弘3/正慶2（1333）年8月16
日），全書，大百，日史（㊺正安3（1301）年5月
12日　㊺元弘3（1333）年8月16日），日人，歴大

**森九兵衛** もりくへい
→森九兵衛（もりくへえ）

**森九兵衛** もりくへえ
生没年不詳　別森九兵衛《もりきゅうべえ，もりく
へい》
安土桃山時代の武士。豊臣氏家臣。
¶織田（もりきゅうべえ），戦国（もりくへい），
戦人

**森監物** もりけんもつ
生没年不詳
安土桃山時代の徳島藩家老。
¶徳島歴

**森小介** もりこすけ
生没年不詳
安土桃山時代の織田信長の家臣。

¶織田

**森五介** もりごすけ
生没年不詳
安土桃山時代～江戸時代前期の武士。浅野家の家臣。
¶和歌山人

**森権六郎** もりごんろくろう
安土桃山時代の武将。秀吉馬廻。
¶戦国，戦人（生没年不詳）

**森迫鎮富** もりさこしげとみ
？～天正6（1578）年
戦国時代～安土桃山時代の武士。大友氏家臣。
¶戦人

**森定春** もりさだはる
安土桃山時代の武将。秀吉馬廻。
¶戦国，戦人（生没年不詳）

**森三十郎** もりさんじゅうろう
戦国時代の土豪。
¶姓氏富山

**森下丹波** もりしたたんば
安土桃山時代～江戸時代前期の武士。里見氏家臣。
¶戦人（生没年不詳），戦東

**森下道誉** もりしたどうよ
戦国時代の武将。山名豊国の重臣。
¶鳥取百

**森下三河守** もりしたみかわのかみ
？～天正10（1582）年
安土桃山時代の武将。
¶戦人

**森下通与** もりしたみちよ
？～天正9（1581）年
安土桃山時代の武将。
¶戦人

**森下弥平次** もりしたやへいじ
安土桃山時代～江戸時代前期の武士。里見氏家臣。
¶戦人（生没年不詳），戦東

**森島長意** もりしまちょうい
？～元和1（1615）年
安土桃山時代～江戸時代前期の武将。秀吉馬廻。
¶戦国，戦人

**森十蔵** もりじゅうぞう
安土桃山時代の武将。秀吉馬廻。
¶戦国，戦人（生没年不詳）

**森新三郎** もりしんざぶろう
生没年不詳
戦国時代の武士。後北条氏家臣。
¶戦辞，戦人，戦東

**森祐知** もりすけとも
慶長4（1599）年～寛文9（1669）年
江戸時代前期の武士。加賀金沢藩士。
¶日人

**森孝頼** もりたかより
生没年不詳
戦国時代の武士。
¶高知人，戦人，戦西

**森田小伝次** もりたこでんじ
安土桃山時代の武士。
¶岡山歴，戦人（生没年不詳），戦西

**森田浄雲** もりたじょううん
永正7（1510）年～天正9（1581）年
戦国時代～安土桃山時代の地方豪族・土豪。
¶戦人

**森忠政** もりただまさ
元亀1（1570）年～寛永11（1634）年　別金山侍従《かねやまじじゅう》，川中島侍従《かわなかじまじじゅう》
安土桃山時代～江戸時代前期の大名。美濃金山藩主、信濃松代藩主、美作津山藩主。
¶朝日（忌寛永11年7月7日（1634年7月31日）），岡山人，岡山百（忌寛永11（1634）年7月7日），岡山歴（忌寛永11（1634）年7月7日），岐阜百（忌1624年），近世，国史，コン改，コン4，茶道，史人（忌1634年7月7日），諸系，新潮（忌寛永11（1634）年7月7日），人名，姓氏長野，戦合，戦国（忌1571年），戦辞（忌寛永11年7月7日（1634年7月31日）），戦人，長野歴，日史（忌寛永11（1634）年7月7日），日人，藩主2，藩主4（忌寛永11（1634）年7月7日），百科，歴大

**母里太兵衛** もりたへえ
→母里友信（もりとものぶ）

**森藤右衛門** もりとうえもん
別森藤右衛門尉《もりとうえもんのじょう》
安土桃山時代の武将。秀吉馬廻。
¶戦国，戦人（生没年不詳）

**母里友信** もりとものぶ
弘治2（1556）年～元和1（1615）年　別母里太兵衛《ぼりたへえ，もりたへえ》
安土桃山時代～江戸時代前期の武士。福岡藩重臣。
¶戦国（母里太兵衛　もりたへえ），戦人（生没年不詳），日人（母里太兵衛　ぼりたへえ），藩臣7（母里太兵衛　ぼりたへえ），福岡百（母里太兵衛　ぼりたへえ　④？　忌慶長20（1615）年6月）

**森長氏** もりながうじ
永禄10（1567）年～天正10（1582）年　別森力丸《もりりきまる》
安土桃山時代の武士。信長の小姓。
¶織田（森力丸　もりりきまる　忌天正10（1582）年6月2日），戦国（④？），戦人

**森長定** もりながさだ
→森蘭丸（もりらんまる）

**護良親王** もりながしんのう
→護良親王（もりよししんのう）

**森長隆** もりながたか
永禄9（1566）年～天正10（1582）年　別森坊丸《もりぼうまる》

安土桃山時代の武士。信長の小姓。
¶織田(森坊丸　もりぼうまる　[没]天正10(1582)年6月2日)，戦国([生]？)，戦人

**森長可** もりながよし
永禄1(1558)年～天正12(1584)年　[別]森武蔵守長可《もりむさしのかみながよし》
安土桃山時代の武将。織田信長の臣。
¶愛知百([没]1584年4月8日)，朝日([没]天正12年4月9日(1584年5月18日))，岩史([没]天正12(1584)年4月9日)，織田([没]天正12(1584)年4月9日)，角史，岐阜百，岐阜百(森武蔵守長可　もりむさしのかみながよし　[生]？　[没]1582年)，国史，古中，コン改，コン4，茶道，史人([没]1584年4月9日)，諸系，新潮([没]天正12(1584)年4月8日)，人名，世人，戦合，戦国，戦辞([没]天正12年4月9日(1584年5月18日))，戦人，長野歴([没]慶長12(1607)年)，日史([没]天正12(1584)年4月9日)，日人，百科，歴大

**森成利** もりなりとし
→森蘭丸(もりらんまる)

**森彦左衛門尉** もりひこざえもんのじょう
生没年不詳
戦国時代の今川氏給人。駿河国橋上の土豪。
¶戦辞

**森伯耆** もりほうき
安土桃山時代～江戸時代前期の武士。里見氏家臣。
¶戦人(生没年不詳)，戦東

**森坊丸** もりぼうまる
→森長隆(もりながたか)

**森正俊** もりまさとし
生没年不詳
安土桃山時代～江戸時代前期の武士。浅野家の家臣。
¶和歌山人

**森光景近** もりみつかげちか
生没年不詳
戦国時代の武将。
¶戦人

**森武蔵守長可** もりむさしのかみながよし
→森長可(もりながよし)

**森村左衛門** もりむらさえもん
[別]森村左衛門尉《もりむらさえもんのじょう》
安土桃山時代の武将。秀吉馬廻。
¶戦国，戦人(生没年不詳)

**森村三平** もりむらさんぺい
安土桃山時代の武将。秀吉馬廻。
¶戦国，戦人(生没年不詳)

**森村重** もりむらしげ
永禄9(1566)年～寛永14(1637)年
安土桃山時代～江戸時代前期の阿波徳島藩中老。
¶徳島歴，藩臣6

**森村忠右衛門** もりむらちゅうえもん
戦国時代の武将。武田家臣。甲斐国府中広小路の京饅頭屋。
¶姓氏山梨

**森村春** もりむらはる
？～文禄1(1592)年
安土桃山時代の武将。
¶戦人

**森杢之助** もりもくのすけ
安土桃山時代～江戸時代前期の武士。里見氏家臣。
¶戦人(生没年不詳)，戦東

**森本儀太夫** もりもとぎだゆう
永禄3(1560)年～慶長17(1612)年
安土桃山時代～江戸時代前期の武士。
¶熊本百([没]慶長17(1612)年6月)，日人

**森本具俊** もりもとともとし
？～天正12(1584)年
安土桃山時代の武士。北畠氏家臣。
¶戦人

**森本蒲庵** もりもとほあん
生没年不詳
戦国時代の甲斐武田晴信・勝頼の家臣。
¶戦辞

**森本基長** もりもともとなが
生没年不詳
南北朝時代の武将。
¶兵庫百

**森弥五八郎** もりやごはちろう
？～天正10(1582)年5月
戦国時代～安土桃山時代の織田信長の家臣。
¶織田

**森弥三郎** もりやさぶろう
生没年不詳
戦国時代の武士。後北条氏家臣。
¶戦辞，戦人，戦東

**守安采女** もりやすうねめ
～永禄10(1567)年
安土桃山時代の武士。
¶岡山人

**守屋親成** もりやちかなり
戦国時代の武士。伊達氏家臣。
¶戦人(生没年不詳)，戦東

**守谷俊重** もりやとししげ
生没年不詳
安土桃山時代の武士。
¶戦人

**守屋彦七郎** もりやひこしちろう
戦国時代の武将。武田家臣。永禄10年の諏訪五十騎交名にみえる。
¶姓氏山梨

**森屋某** もりやぼう
戦国時代の武将。武田家臣。土屋惣蔵同心衆のうちの覚えの者。
¶姓氏山梨

**森山内蔵之助** もりやまくらのすけ
→森山弥七郎(もりやましちろう)

**森山弥七郎** もりやまやしちろう
天正1（1573）年～寛文6（1666）年　[別]阿保内蔵之助《あほくらのすけ》，森山内蔵之助《もりやまくらのすけ》
安土桃山時代～江戸時代前期の陸奥弘前藩士。土木建設に従事。
¶青森人，青森百，朝日，人名（阿保内蔵之助　あほくらのすけ），日人，藩臣1（森山内蔵之助　もりやまくらのすけ）

**守屋行重** もりやゆきしげ
享禄3（1530）年～慶長9（1604）年
戦国時代の北条氏の家臣。
¶神奈川人，姓氏神奈川，戦辞（生没年不詳）

**護良親王** もりよししんのう
延慶1（1308）年～建武2（1335）年　[別]護良親王《もりながしんのう》，尊雲《そんうん》，尊雲親王《そんうんしんのう》，尊雲法親王《そんうんほうしんのう，そんうんほっしんのう》，大塔宮《おおとうのみや，だいとうのみや》
鎌倉時代後期～南北朝時代の後醍醐天皇の皇子。天台座主だったが還俗して後醍醐天皇の討幕を助ける。建武新政で征夷大将軍。のち足利尊氏により幽閉され殺された。
¶朝日（[没]建武2年7月23日（1335年8月12日）），岩史（[没]建武2（1335）年7月23日），角史，神奈川人，鎌倉（もりながしんのう），鎌室（もりながしんのう），京都（もりながしんのう），京都大（もりながしんのう），郷土奈良（もりながしんのう），国史（[生]？），古中（[生]？），コン改，コン4，史人（[没]1335年7月23日），重要（[没]建武2（1335）年7月23日），諸系，人書94（もりながしんのう），新潮（もりながしんのう　[没]建武2（1335）年7月23日），人名（もりながしんのう），姓氏京都，世人（もりながしんのう　[没]建武2（1335）年7月23日），世百（もりながしんのう），全書，大百（もりながしんのう），日史（[没]建武2（1335）年7月23日），日人，百科，仏教（尊雲　そんうん），山梨百（もりながしんのう），歴大，和歌山人（もりながしんのう）

**森可成** もりよしなり
大永3（1523）年～元亀1（1570）年
戦国時代の武将。織田信長の家臣。
¶岩史（[没]元亀1（1570）年9月20日），岡山歴（[生]？　[没]元亀1（1570）年9月），織田（[没]元亀1（1570）年9月20日），国史，古中，コン改，コン4，茶道，史人（[没]1570年9月20日），諸系，新潮（[没]元亀1（1570）年9月20日），人名，世人，戦合，戦国，戦人，戦西，日史（[没]元亀1（1570）年9月20日），日人，百科，歴大

**森可政** もりよしまさ
*～元和9（1623）年　[別]森勝也《もりかつなり，もりかつや》
安土桃山時代～江戸時代前期の武士。
¶岡山人（[生]天文20（1551）年　[没]元和1（1615）年），岡山歴（[生]永禄3（1560）年　[没]元和9（1623）年5月），戦国（森勝也　もりかつなり　[生]1561年），戦人（[生]永禄3（1560）年），戦西（森勝也　もりかつなり　[生]1561年）

**森可隆** もりよりたか
天文21（1552）年～元亀1（1570）年4月25日
戦国時代～安土桃山時代の織田信長の家臣。
¶織田

**森蘭丸** もりらんまる
永禄8（1565）年～天正10（1582）年　[別]森成利《もりなりとし》，森長定《もりながさだ》，森蘭丸長定《もりらんまるながさだ》
安土桃山時代の武士、織田信長の近習。
¶朝日（[生]永禄8（1565）年？　[没]天正10年6月7日（1582年6月26日）），岩史（[没]天正10（1582）年6月2日），江戸東，織田（森成利　もりなりとし　[没]天正10（1582）年6月2日），岐阜百（森蘭丸長定　もりらんまるながさだ　[生]？），国史，古中，コン改，コン4，史人（[没]1582年6月2日），諸系，新潮（[没]天正10（1582）年6月2日），人名，世人，戦合，戦国（森長定　もりながさだ　[生]？），全書，戦人（森長定　もりながさだ），大百，日史（[没]天正10（1582）年6月2日），日人，百科，歴大

**森蘭丸長定** もりらんまるながさだ
→森蘭丸（もりらんまる）

**森力丸** もりりきまる
→森長氏（もりながうじ）

**森若狭守** もりわかさのかみ
安土桃山時代の武将、馬廻。豊臣氏家臣。
¶戦国，戦人（生没年不詳）

**森脇家貞** もりわきいえさだ
生没年不詳
戦国時代の横田庄総代官、尼子氏奉行人。
¶島根歴

**森脇春方** もりわきはるかた
天文2（1533）年～元和7（1621）年6月
戦国時代の武将。
¶国書，戦人（生没年不詳）

**森脇久仍** もりわきひさのり
[別]森脇久仍《もりわきひさより》
戦国時代～安土桃山時代の武士。
¶戦人（生没年不詳），戦西（もりわきひさより）

**森脇久仍** もりわきひさより
→森脇久仍（もりわきひさのり）

**もるが甚五郎** もるがじんごろう
戦国時代の武将。武田家臣。『甲陽軍鑑』に御料人衆としてみえる。
¶姓氏山梨

**毛呂顕繁** もろあきしげ
？～
戦国時代～安土桃山時代の武蔵国衆。
¶戦辞（[没]天文15年12月27日（1574年1月18日）？）

**毛呂顕季** もろあきすえ
生没年不詳
戦国時代の武蔵国衆。
¶埼玉人，戦辞

**茂呂因幡守** もろいなばのかみ
生没年不詳
戦国時代の上野国衆。
¶戦辞

**茂呂右衛門佐** もろえもんのすけ
生没年不詳
戦国時代の上野国衆。
¶戦辞

**諸岡一羽** もろおかいつう
→諸岡一羽(もろおかいっぱ)

**諸岡一羽**(師岡一波) もろおかいっぱ
天文2(1533)年～文禄2(1593)年　[別]諸岡一羽《もろおかいつう》
戦国時代～安土桃山時代の剣術家。土岐原氏に仕えた。
¶人名(もろおかいつう), 全書([没]1593年?), 大百([生]1532年), 日人(師岡一波)

**諸岡尾張守信良** もろおかおわりのかみのぶよし
? ～天正12(1584)年
安土桃山時代の武将。竜造寺氏家臣。
¶戦西

**師岡秀光** もろおかひでみつ
～元和1(1615)年
安土桃山時代の北条氏照の臣。
¶戦辞(生没年不詳), 多摩

**師岡将景** もろおかまさかげ
安土桃山時代の武将。
¶多摩

**毛呂幻世** もろげんせい
生没年不詳
戦国時代の武蔵国衆。
¶戦辞

**諸沢信隆** もろさわのぶたか
戦国時代の武将。武田家臣。望月信雅家中。
¶姓氏山梨

**毛呂季綱** もろすえつな
生没年不詳
鎌倉時代前期の武将。
¶鎌室, 埼玉人, 日人

**毛呂季長** もろすえなが
生没年不詳
戦国時代の武蔵国衆三田氏宗の三男。
¶戦辞

**毛呂季光** もろすえみつ
生没年不詳
鎌倉時代前期の武将。
¶鎌室, 埼玉人, 日人

**両角筑後守** もろずみちくごのかみ
戦国時代の武将。武田家臣。永禄10年の諏訪五十騎交名にみえる。
¶姓氏山梨

**両角虎定**(両住虎定) もろずみとらさだ
? ～永禄4(1561)年　[別]室住虎定《むろずみとらさだ》, 室住豊後守《むろずみぶんごのかみ》, 両角虎光《もろずみとらみつ》
戦国時代の武将。武田氏家臣。
¶姓氏山梨, 戦辞(両角虎光　もろずみとらみつ　[没]永禄4年9月10日(1561年10月18日)), 戦人, 戦東, 長野歴(室住虎定　むろずみとらさだ), 日人, 山梨百(室住豊後守　むろずみぶんごのかみ　[没]永禄4(1561)年9月10日), 山梨百(両住虎定)

**両角虎登** もろずみとらなり
生没年不詳
戦国時代の甲斐武田晴信の家臣。
¶戦辞

**両角虎光** もろずみとらみつ
→両角虎定(もろずみとらさだ)

**諸角豊後守** もろずみぶんごのかみ
? ～永禄4(1561)年
戦国時代の武将。武田信虎・信玄の臣。
¶戦国

**両角昌守** もろずみまさもり
戦国時代の甲斐武田晴信の家臣。
¶姓氏山梨, 戦辞(生没年不詳)

**茂呂弾正** もろだんじょう
生没年不詳
戦国時代の上野国衆。
¶戦辞

**師出羽守** もろではのかみ
安土桃山時代の武将。里見氏家臣。
¶戦東

**茂呂久重** もろひさしげ
? ～天正18(1590)年
安土桃山時代の武将。
¶戦人

**茂呂康秀** もろやすひで
生没年不詳
戦国時代の上野国衆。
¶戦辞

**師山伊予守** もろやまいよのかみ
安土桃山時代の武将。大崎氏家臣。
¶戦人(生没年不詳), 戦東

**文覚** もんがく
生没年不詳　[別]文覚上人《もんがくしょうにん》, 遠藤盛遠《えんどうもりとお》
平安時代後期～鎌倉時代前期の真言宗の僧。もとは北面の武士。
¶朝日([生]保延5(1139)年　[没]建仁3(1203)年), 岩史, 大阪人([生]保延5(1139)年　[没]建仁3(1203)年), 角史, 神奈川人, 鎌倉, 鎌室, 京都, 京都大, 京都府, 国史([生]1139年　[没]1203年), 国書, 古中([生]1139年　[没]1203年), コン改, コン4, 史人([生]1139年　[没]1203年7月21日), 静岡歴, 島根人(文覚上人　もんがくしょうにん　[生]正治頃), 人書94, 新潮, 人名, 姓氏京都, 世人, 世百, 全書, 大百, 新潟百, 日史([生]保延5(1139)年　[没]建仁3(1203)年7月21

も

日)，日人([生]1139年　[没]1203年)，百科，仏教，仏史([生]1139年　[没]1203年)，仏人，平史([生]1139年？　[没]1203年)，名僧([生]1139年　[没]1203年)，歴大([生]1139年　[没]1203年)，和歌山人([生]1139年　[没]1203年)

**文覚上人**　もんがくしょうにん
→文覚(もんがく)

**問註所統景**　もんぢゅうじょむねかげ
？　～文禄2(1593)年
安土桃山時代の武将。大友氏家臣。
¶戦人

## 【や】

**八重葉左衛門尉**　やえばさえもんのじょう
安土桃山時代の武士。豊臣氏家臣。
¶戦国，戦人(生没年不詳)

**八重畑美濃守**　やえはたみののかみ
生没年不詳
安土桃山時代の武士。
¶戦人

**八重森因幡**　やえもりいなば
戦国時代の武将。武田家臣。「諸国への御使者衆」の一人。
¶姓氏山梨

**八尾別当顕幸**　やおべっとうけんこう
～延元3/暦応1(1338)年7月
鎌倉時代後期～南北朝時代の南朝の臣。
¶大阪墓

**矢崎五郎右衛門尉**　やがさきごろうえもんのじょう
戦国時代の武将。武田家臣。永禄10年の諏訪五十騎交名にみえる。
¶姓氏山梨

**矢崎新九郎**　やがさきしんくろう
戦国時代の武将。武田家臣。永禄元年信濃において長沼兄弟の敵討ちに助太刀した。
¶姓氏山梨

**谷柏相模守**　やがしわさがみのかみ
戦国時代～安土桃山時代の武将。最上氏家臣。
¶戦東

**谷柏直家**　やがしわなおいえ
生没年不詳　[別]片桐蔵人《かたぎりくらんど》
安土桃山時代の武将。最上氏家臣。
¶戦人

**屋形諸利**　やかたもろとし
生没年不詳
南北朝時代の神官武士。
¶大分歴

**矢上貞純**　やがみさだすみ
鎌倉時代の御家人。
¶姓氏鹿児島

**矢上高澄**　やがみたかずみ
南北朝時代の武将。
¶姓氏鹿児島

**八木**　やぎ
生没年不詳
戦国時代の武蔵鉢形城主北条氏邦の家臣。
¶戦辞

**八木和泉守**　やぎいずみのかみ
生没年不詳
戦国時代の北条氏の家臣。
¶戦辞

**家喜九郎**　やぎくろう
？　～元中9/明徳3(1392)年
南北朝時代の武士。
¶日人

**八木三郎兵衛**　やぎさぶろうべえ
生没年不詳
戦国時代の武士。北条氏家臣。
¶戦辞

**八木沢備前守隆綱**　やぎさわびぜんのかみたかつな
戦国時代の武将。大崎氏家臣。
¶戦東

**柳下(1)**　やぎした
生没年不詳
戦国時代の武士。北条氏光の家臣。
¶戦辞

**柳下(2)**　やぎした
生没年不詳
戦国時代の北条氏忠の家臣・御蔵奉行。
¶戦辞

**柳下右馬助**　やぎしたうまのすけ
生没年不詳
戦国時代の北条氏の家臣。
¶戦辞

**八木清次郎**　やぎせいじろう，やきせいじろう
生没年不詳
安土桃山時代の武士。佐竹氏家臣。
¶戦辞(やきせいじろう)，戦人，戦東(やきせいじろう)

**矢木胤家**　やぎたねいえ
生没年不詳
鎌倉時代前期の武士。
¶鎌室，日人

**八木豊信**　やぎとよのぶ
生没年不詳
安土桃山時代の地方豪族・土豪。
¶織田，戦人

**八木原俊平**　やぎはらとしひら
？　～永禄7(1564)年　[別]八木原与十郎俊平《やぎわらよじゅうろうとしひら》
戦国時代～安土桃山時代の戦国武将。
¶群馬人(八木原与十郎俊平　やぎわらよじゅうろうとしひら　[没]永禄7(1564)年3月5日)，姓

氏群馬

**八木元経** やぎもとつね
戦国時代の武士。
¶戦人(生没年不詳), 戦西

**柳生五郎右衛門** やぎゅうごろううえもん
→柳生五郎右衛門(やぎゅうごろうえもん)

**柳生五郎右衛門** やぎゅうごろうえもん
? ～慶長8(1603)年 [別]柳生五郎右衛門《やぎゅうごろううえもん》,柳生五郎左衛門《やぎゅうごろうざえもん》
安土桃山時代の剣術家。柳生新陰流の剣客。
¶戦国, 戦人(柳生五郎左衛門 やぎゅうごろうざえもん), 鳥取百(やぎゅうごろううえもん), 日人

**柳生五郎左衛門** やぎゅうごろうざえもん
→柳生五郎右衛門(やぎゅうごろうえもん)

**柳生石舟斎** やぎゅうせきしゅうさい
→柳生宗厳(やぎゅうむねよし)

**柳生宗厳** やぎゅうむねとし
→柳生宗厳(やぎゅうむねよし)

**柳生宗矩** やぎゅうむねのり
元亀2(1571)年～正保3(1646)年 [別]柳生但馬守《やぎゅうたじまのかみ》
安土桃山時代～江戸時代前期の大名。大和柳生藩主。
¶朝日([没]正保3年3月26日(1646年5月11日)), 岩史([没]正保3(1646)年3月26日), 江戸東, 角史, 郷土奈良, 近世, 剣豪, 国史, 国書([没]正保3(1646)年3月26日), コン改, コン4, 茶道, 史人([没]1646年3月26日), 重要([没]正保3(1646)年4月26日), 諸系, 人書79, 新潮([没]正保3(1646)年3月26日), 人名, 世人([没]正保3(1646)年3月26日), 戦合, 戦国([生]1572年), 全書, 戦人, 大百, 伝記, 日史([没]正保3(1646)年3月26日), 日人, 藩主3([没]正保3(1646)年3月26日), 百科, 歴大

**柳生宗厳** やぎゅうむねよし
享禄2(1529)年～慶長11(1606)年 [別]柳生宗厳《やぎゅうむねとし》,柳生石舟斎《やぎゅうせきしゅうさい》
戦国時代～安土桃山時代の武士、剣術家。柳生家の祖。
¶朝日(やぎゅうむねとし [没]慶長11年4月19日(1606年5月25日)), 織田([生]大永7(1527)年 [没]慶長11(1606)年4月19日), 近世, 剣豪(柳生石舟斎 やぎゅうせきしゅうさい), 国史, コン改([生]大永7(1527)年), コン4([生]大永7(1527)年), 史人([没]1606年4月19日), 諸系, 新潮([生]大永7(1527)年? [没]慶長11(1606)年4月19日), 人名([生]1527年), 世人([生]大永7(1527)年 [没]慶長11(1606)年4月19日), 戦合, 戦国([生]1527年), 全書, 戦人([生]大永7(1527)年), 大百, 日人, 歴大([生]1527年)

**八木与一左衛門** やぎよいちざえもん
戦国時代の武将。浅井氏家臣。
¶戦西

**八木原与十郎俊平** やぎわらよじゅうろうとしひら
→八木原俊平(やぎはらとしひら)

**施薬院秀隆** やくいんひでたか
天正1(1573)年～天正18(1590)年 [別]施薬院秀隆《せやくいんしゅうりゅう,せやくいんひでたか》
安土桃山時代の医師。豊臣氏家臣。
¶姓氏京都(せやくいんしゅうりゅう), 戦国, 戦人(生没年不詳), 日人(せやくいんしゅうりゅう)

**薬師寺公義** やくしじきみよし
→薬師寺公義(やくしじきんよし)

**薬師寺公義** やくしじきんよし
[別]薬師寺公義《やくしじきみよし》
南北朝時代の武士、歌人。
¶岡山人(やくしじきみよし), 栃木百(やくしじきみよし 生没年不詳), 栃木歴, 日人(生没年不詳)

**薬師寺国長** やくしじくになが
? ～天文2(1533)年
戦国時代の武士。
¶京都大, 京都府, 姓氏京都(生没年不詳), 戦人, 戦西

**薬師寺国盛** やくしじくにもり
戦国時代の武士。
¶戦人(生没年不詳), 戦西

**薬師寺七左衛門** やくしじしちざえもん
? ～寛永12(1635)年
安土桃山時代～江戸時代前期の浅野家臣。
¶和歌山人

**薬師寺次郎左衛門** やくしじじろざえもん
～文明16(1484)年
室町時代の武士。
¶岡山人

**薬師寺貴能** やくしじたかよし
? ～文明16(1484)年
室町時代～戦国時代の武士。
¶岡山歴([没]文明16(1484)年1月6日), 日人

**薬師寺長忠** やくしじながただ
? ～永正4(1507)年
戦国時代の武士。
¶戦人, 戦西

**薬師寺八郎** やくしじはちろう
室町時代の武将。
¶岡山人, 岡山歴

**薬師寺久持** やくしじひさもち
安土桃山時代の武士。
¶岡山人

**薬師寺政氏** やくしじまさうじ
生没年不詳
鎌倉時代の御家人。
¶徳島歴

**薬師寺元一** やくしじもとかず
？ ～永正1(1504)年 [別]薬師寺与一《やくしじよいち》
戦国時代の武将、細川政元の被官。
¶朝日([没]永正1年9月20日(1504年10月27日)), 戦人(薬師寺与一 やくしじよいち), 戦西, 日人

**薬師寺元長** やくしじもとなが
？ ～文亀1(1501)年
戦国時代の武士。
¶戦人, 戦西

**薬師寺元吉** やくしじもとよし
生没年不詳
室町時代の武家・歌人。
¶国書

**薬師寺与一** やくしじよいち
→薬師寺元一(やくしじもとかず)

**矢口作之丞** やぐちさくのじょう
天正3(1575)年～正保2(1645)年1月21日
安土桃山時代～江戸時代前期の武士。
¶庄内

**谷口重昌** やぐちしげまさ
天正12(1584)年～天和3(1683)年
安土桃山時代～江戸時代前期の始羅郡蒲生郷地頭阿多長寿院の家臣。
¶姓氏鹿児島

**八国甚六郎** やこうじんろくろう
生没年不詳
戦国時代の松平氏の家臣。
¶戦辞

**谷沢貞儀** やざわさだのり
生没年不詳
戦国時代の下総臼井・生実城主原胤栄の家臣。
¶戦辞

**矢沢綱頼** やざわつなより
？ ～慶長2(1597)年5月7日
戦国時代～安土桃山時代の信濃国衆真田氏の家臣。
¶戦辞

**矢沢頼綱** やざわよりつな
*～慶長2(1597)年
安土桃山時代の武将。沼田城代。真田氏家臣。
¶群馬人([生]永正15(1518)年 [没]慶長1(1596)年), 姓氏長野([生]1517年？), 姓氏山梨([生]？), 戦人(生没年不詳)

**矢島淡路** やじまあわじ
生没年不詳
安土桃山時代の武士。
¶日人

**八嶋出雲守** やじまいずものかみ
生没年不詳
安土桃山時代～江戸時代前期の武士。浅野家の家臣。
¶和歌山人

**矢島織部** やじまおりべ
戦国時代の武将。武田家臣。永禄10年の諏訪五十騎交名にみえる。
¶姓氏山梨

**八島冠者** やしまかじゃ
生没年不詳
鎌倉時代の隠岐国守護佐々木政義の代官。
¶島根歴

**八島久兵衛** やじまきゅうべえ
安土桃山時代の武士。豊臣氏家臣。
¶戦国, 戦人(生没年不詳)

**矢島定勝** やじまさだかつ
生没年不詳
戦国時代の地侍。武田氏家臣。
¶群馬人, 戦人

**矢島四郎右衛門** やしましろうえもん
生没年不詳
安土桃山時代の織田信長の家臣。
¶織田

**矢島正忠** やじままさただ
？ ～正平10/文和4(1355)年
南北朝時代の武士。
¶長野歴

**八島増行** やじまますゆき
生没年不詳 [別]八島久右衛門《やじまきゅうえもん》
安土桃山時代の武将。秀吉馬廻。
¶戦国, 戦人, 日人

**矢島満安** やじまみつやす
？ ～文禄2(1593)年 [別]大井満安《おおいみつやす》
安土桃山時代の武将。
¶戦国, 戦人(大井満安 おおいみつやす), 戦人, 日人

**屋代景頼** やしろかげより
*～慶長13(1608)年？
安土桃山時代～江戸時代前期の武士。伊達氏家臣。
¶姓氏宮城(生没年不詳), 戦人([生]永禄6(1563)年 [没]慶長13(1608)年), 戦東, 藩臣1([生]永禄4(1561)年), 宮城百([生]永禄5(1562)年？)

**屋代勝永** やしろかつなが
→屋代秀正(やしろひでまさ)

**屋代十郎左衛門** やしろじゅうろうざえもん
安土桃山時代の織田信長の家臣。
¶織田(生没年不詳), 姓氏富山

**八代俊盛** やしろしゅんせい
→八代俊盛(やしろとしもり)

**矢代勝介** やしろしょうすけ
？ ～天正10(1582)年6月2日
戦国時代～安土桃山時代の織田信長の家臣。
¶織田

**屋代忠正** やしろただまさ
文禄3(1594)年～寛文2(1662)年

江戸時代前期の武将、大名。安房北条藩主。
¶諸系，人名（[生]？），日人，藩主2（[没]寛文2（1662）年4月24日）

**八代俊盛** やしろとしもり
？ ～永禄12（1569）年　[別]八代俊盛《やしろしゅんせい》
戦国時代の武士。
¶姓氏富山，戦人（生没年不詳），戦西（やしろしゅんせい）

**屋代信仲** やしろのぶなか
室町時代の埴科郡屋代、船山郷の領主。
¶長野歴

**屋代秀正** やしろひでまさ
永禄1（1558）年～元和9（1623）年　[別]屋代勝永《やしろかつなが》
安土桃山時代～江戸時代前期の武将。武田氏家臣、徳川氏家臣。
¶諸系，人名（屋代勝永　やしろかつなが），姓氏長野（[生]？），姓氏山梨（屋代勝永　やしろかつなが），戦国（屋代勝永　やしろかつなが　[生]1559年），戦辞（[没]元和9年閏8月3日（1623年9月27日）），戦人（[生]？），戦人（屋代勝永　やしろかつなが），長野歴（[生]？），日人

**屋代政国** やしろまさくに
戦国時代～安土桃山時代の地方豪族・土豪。武田氏家臣。
¶姓氏長野（生没年不詳），姓氏山梨，戦辞（[生]永正17（1520）年　[没]？），戦人（生没年不詳），長野歴（[生]？　[没]天正6（1578）年）

**安井喜内** やすいきない
安土桃山時代～江戸時代前期の武士。豊臣氏家臣、浅野氏家臣。
¶戦国，戦人（生没年不詳）

**安井左近** やすいさこん
？ ～天正11（1583）年
安土桃山時代の武士。
¶戦人

**安井定次** やすいさだつぐ
安土桃山時代の武士。織田氏家臣。
¶戦国，戦人（生没年不詳）

**安井次右衛門** やすいじえもん
[別]安井次右衛門尉《やすいじえもんのじょう》
安土桃山時代の武将。秀吉馬廻。
¶戦国，戦人（生没年不詳）

**安井清右衛門** やすいせいえもん
生没年不詳
安土桃山時代の織田信長の家臣。
¶織田

**安井正忠** やすいまさただ
生没年不詳
安土桃山時代～江戸時代前期の武士。浅野家の家臣。
¶和歌山人

**康定** やすさだ
生没年不詳
戦国時代の古河公方の奉行人。
¶戦辞

**安沢彦助** やすざわひこすけ
戦国時代の武将。武田家臣。同心。
¶姓氏山梨

**安田顕元** やすだあきもと
？ ～天正8（1580）年
安土桃山時代の武士。
¶戦辞，戦人（[生]天文7（1538）年），戦東

**安田市正** やすだいちのかみ
安土桃山時代～江戸時代前期の武士。里見氏家臣。
¶戦人（生没年不詳），戦東

**安田近江守** やすだおうみのかみ
安土桃山時代の武将。里見氏家臣。
¶戦辞（生没年不詳），戦東

**安田大炊助** やすだおおいのすけ
安土桃山時代の武将。里見氏家臣。
¶戦東

**安田大蔵丞** やすだおおくらのじょう
生没年不詳
戦国時代の武士。後北条氏家臣。
¶戦辞，戦人，戦東

**安田景元** やすだかげもと
生没年不詳
戦国時代の地方豪族・土豪。
¶戦辞，戦人

**安田上総介** やすだかずさのすけ
→安田能元（やすだよしもと）

**安田国継** やすだくにつぐ
[別]安田作兵衛《やすださくべえ》，天野源右衛門《あまのげんえもん》
安土桃山時代の武士。明智氏家臣。
¶人名（安田作兵衛　やすださくべえ），戦国，戦人（生没年不詳），日人（生没年不詳）

**安武茂庵** やすたけもあん
生没年不詳
安土桃山時代～江戸時代前期の筑後柳河藩士。
¶藩臣7

**安田作兵衛** やすださくべえ
→安田国継（やすだくにつぐ）

**安田実秀** やすださねひで
？ ～永正11（1514）年11月
戦国時代の越後白河荘の国人。
¶戦辞

**保田繁宗** やすだしげむね
*～慶長1（1596）年　[別]快惺《かいせい》
戦国時代～安土桃山時代の武士。豊臣氏家臣。
¶戦国（[生]1529年），戦人（[生]享禄1（1528）年）

**安田次郎兵衛** やすだじろうべえ
？ ～文禄4（1595）年

戦国時代〜安土桃山時代の武将。島津彰久の家臣。
¶姓氏鹿児島

**安田新太郎** やすだしんたろう
安土桃山時代の武将。上杉氏家臣。
¶戦辞（生没年不詳），戦東

**安田筑前守** やすだちくぜんのかみ
生没年不詳
戦国時代の武士。上杉景勝の家臣。
¶戦辞

**保田知宗** やすだともむね
？ 〜天正4（1576）年5月3日？
戦国時代〜安土桃山時代の織田信長の家臣。
¶織田

**安田長秀** やすだながひで
生没年不詳
戦国時代の国人。上杉氏家臣。
¶戦辞，戦人，戦東

**保田則宗** やすだのりむね
永禄12（1569）年〜慶長19（1614）年
安土桃山時代〜江戸時代前期の武士。豊臣氏家臣、徳川氏家臣。
¶戦国，戦人

**安田彦右衛門** やすだひこうえもん
→安田彦右衛門（やすだひこえもん）

**安田彦右衛門** やすだひこえもん
[別]安田彦右衛門《やすだひこうえもん》
安土桃山時代〜江戸時代前期の武士。里見氏家臣。
¶戦人（生没年不詳），戦東（やすだひこうえもん）

**安田彦九郎** やすだひこくろう
江戸時代前期の武士。里見氏家臣。
¶戦東

**安田豊前守** やすだぶぜんのかみ
安土桃山時代の武将。里見氏家臣。
¶戦東

**保田安政** やすだやすまさ
→佐久間安政（さくまやすまさ）

**安田義定** やすだよしさだ
長承3（1134）年〜建久5（1194）年　[別]源義定《みなもとのよしさだ》
平安時代後期の武将。源頼朝の挙兵に従う。
¶朝日（[没]建久5年8月19日（1194年9月5日）），岩史（[没]建久5（1194）年8月19日），角史，鎌倉，鎌室，国史，古中，コン改，コン4，史人（[没]1194年8月19日），静岡百（[生]？），静岡歴（[生]？），諸系，新潮（[没]建久5（1194）年8月19日），人名（[生]？），姓氏静岡，世人（[生]？），日史（[没]建久5（1194）年8月19日），日人，百科，平史（源義定　みなもとのよしさだ），山梨百（[生]長承3（1134）年3月10日　[没]建久5（1194）年8月19日），歴大

**安田義資** やすだよしすけ
？ 〜建久4（1193）年　[別]源義資《みなもとのよしすけ》，田中義資《たなかよしすけ》
平安時代後期の武将。源頼朝の推挙により、越後守となる。
¶朝日（[没]建久4年11月28日（1193年12月23日）），鎌室，新潮（[没]建久4（1193）年11月28日），日人，平史（源義資　みなもとのよしすけ）

**安田能元** やすだよしもと
弘治3（1557）年〜元和8（1622）年　[別]安田上総介《やすだかずさのすけ》
安土桃山時代〜江戸時代前期の出羽米沢藩士。
¶庄内（安田上総介　やすだかずさのすけ　[没]元和8（1622）年6月25日），戦辞（生没年不詳），藩臣1

**安田与大郎**（安田与太郎） やすだよたろう
戦国時代の武将。里見氏家臣。
¶戦辞（安田与太郎　生没年不詳），戦東

**安田頼家** やすだよりいえ
生没年不詳
戦国時代の上杉氏の家臣。
¶戦辞

**安富下野守純泰** やすとみしもつけのかみすみやす
→安富純泰（やすとみすみやす）

**安富純治** やすとみすみはる
？ 〜天正12（1584）年　[別]安富伯耆守純治《やすとみほうきのかみすみはる》
安土桃山時代の武士。
¶戦人，戦西（安富伯耆守純治　やすとみほうきのかみすみはる）

**安富純泰** やすとみすみやす
[別]安富下野守純泰《やすとみしもつけのかみすみやす》
安土桃山時代の武士。
¶戦人（生没年不詳），戦西（安富下野守純泰　やすとみしもつけのかみすみやす）

**安富智安**（安富知安） やすとみちあん
生没年不詳　[別]安富智安《やすとみともやす》
室町時代の武将。細川氏被官。
¶朝日，岩史（やすとみともやす），岡山歴，鎌室，国史，古中，コン改（安富知安），コン4（安富知安），史人，新潮，日人，歴大

**安富智安** やすとみともやす
→安富智安（やすとみちあん）

**安富房行** やすとみふさゆき
戦国時代の武将。大内氏家臣。
¶戦西

**安富伯耆守純治** やすとみほうきのかみすみはる
→安富純治（やすとみすみはる）

**安富元家** やすとみもといえ
生没年不詳
戦国時代の武士。新兵衛尉、筑後守。
¶朝日，戦人，戦西，日人

**安富盛方** やすとみもりかた
生没年不詳
戦国時代の武将。
¶戦人

**安富盛長**　やすとみもりなが
生没年不詳
室町時代の武将・連歌作者。
¶国書

**安富泰重**　やすとみやすしげ
生没年不詳
南北朝時代の武士。
¶鎌室，日人

**安富泰治**　やすとみやすはる
？　～正平14/延文4(1359)年
南北朝時代の武士。
¶鎌室，日人

**安富行房**　やすとみゆきふさ
戦国時代の武将。大内氏家臣。
¶戦西

**安原彦左衛門**　やすはらひこざえもん
安土桃山時代の武士。
¶岡山人

**安原宗範**　やすはらむねのり
？　～応永25(1418)年
南北朝時代～室町時代の武将。鳴海城を築城。
¶姓氏愛知

**安福定則**　やすふくさだのり
戦国時代の武将。結城氏家臣。
¶戦辞(生没年不詳)，戦東

**安見隠岐**　やすみおき
生没年不詳
江戸時代前期の武将、加賀藩士。
¶藩臣3

**安見新七郎**　やすみしんしちろう
生没年不詳
安土桃山時代の織田信長の家臣。
¶織田

**休塚若狭守**　やすみつかわかさのかみ
戦国時代～安土桃山時代の武将。大崎氏家臣。
¶戦東

**安見直政**　やすみなおまさ
→安見直政(あみなおまさ)

**安見元勝**　やすみもとかつ
生没年不詳
安土桃山時代～江戸時代前期の武将、銃術家。前田氏家臣。大坂の陣で武功。
¶石川百，日人

**安村之安**　やすむらゆきやす
安土桃山時代の武将。豊臣秀吉の臣。
¶戦補

**夜須行家**　やすゆきいえ
平安時代後期の武将。
¶高知百

**夜須行宗**　やすゆきむね
生没年不詳
平安時代後期～鎌倉時代前期の武士。
¶鎌室，高知人，日人，平史

**安良岡舎人**　やすらおかとねり
生没年不詳
戦国時代の北条氏照の臣。
¶戦辞

**野三成綱**　やそうなりつな
生没年不詳
鎌倉時代の御家人。
¶徳島歴

**矢田作十郎**　やださくじゅうろう
？　～永禄6(1563)年
戦国時代の武士。徳川氏家臣。
¶戦人([没]永禄7(1563)年)，戦補，日人

**矢田七郎左衛門**　やだしちろうざえもん
生没年不詳
戦国時代～安土桃山時代の武将。武田氏家臣、毛利氏家臣。
¶戦人

**矢田野伊豆守**　やだのいずのかみ
生没年不詳
安土桃山時代の武将。
¶戦人

**矢田半右衛門**　やだはんえもん
安土桃山時代の武将。秀吉馬廻か。
¶戦国

**矢田部掃部助**　やたべかもんのすけ
生没年不詳
安土桃山時代の織田信長の家臣。
¶織田

**谷田部重種**　やたべしげたね
？　～天正18(1591)年12月19日
戦国時代～安土桃山時代の水戸城主江戸氏の宿老。
¶戦辞

**谷田部通種**　やたべみちたね
？　～天正10(1582)年8月10日
戦国時代～安土桃山時代の水戸城主江戸氏の宿老。
¶戦辞

**谷田部通直**　やたべみちなお
？　～天正18(1590)年
安土桃山時代の武士。
¶戦人

**谷地森主膳隆景**　やちもりしゅぜんたかかげ
戦国時代の武将。大崎氏家臣。
¶戦東

**八相長祐**　やつあいながすけ
戦国時代の武将。浅井氏家臣。
¶戦西

**八相則祐**　やつあいのりすけ
戦国時代の武士。
¶戦人(生没年不詳)，戦西

**八相頼祐**　やつあいよりすけ
戦国時代の武将。浅井氏家臣。

¶戦西

**八代長門守**　やつしろながとのかみ
？　～天文1（1532）年
戦国時代の武将。
¶戦人

**八綱田**　やつなた，やつなだ
[別]八綱田命《やつなだのみこと》
上代の豪族。上毛野君の遠祖。狭穂彦謀反の時に将軍に任じられ征討の指揮をとった。
¶郷土群馬（八綱田命　やつなだのみこと　生没年不詳），群馬人（やつなだ），古代，姓氏群馬（生没年不詳），日人

**八綱田命**　やつなだのみこと
→八綱田（やつなた）

**屋戸矢実永**　やどやさねなが
鎌倉時代の武士。
¶北条

**宿屋光則**　やどやみつのり
生没年不詳　[別]宿屋光則《しゅくやみつのり》
鎌倉時代の武士。
¶神奈川人（しゅくやみつのり），鎌倉，北条

**野内大膳亮**　やないだいぜんのすけ
→野内大膳亮（のうちだいぜんのすけ）

や

**柳津参河守**　やないづみかわのかみ
戦国時代の武将。葛西氏家臣。
¶戦東

**野内隼人**　やないはやと
→野内隼人（のうちはやと）

**野内広忠**　やないひろただ
→野内広忠（のうちひろただ）

**簗大蔵丞**　やなおおくらのじょう
生没年不詳
戦国時代の武将。結城氏家臣。
¶戦辞，戦人，戦東

**簗勝重**　やなかつしげ
生没年不詳
戦国時代の武士。結城氏家臣。
¶戦辞，戦人，戦東

**簗賀吉久**　やながよしひさ
戦国時代の武将。武田家臣。永禄起請文にみえる。
¶姓氏山梨

**柳川調信**　やながわしげのぶ
？　～慶長10（1605）年
安土桃山時代の武士。対馬宗氏の重臣。
¶朝日（[没]慶長10（1605）年9月），岩史，近世，国史，コン4，史人，戦合，戦国（[生]1539年），戦人（[生]天文8（1539）年），日人，藩臣7，歴大

**柳川智永**　やながわとしなが
？　～慶長18（1613）年　[別]柳川智永《やながわともなが》
安土桃山時代～江戸時代前期の武士。対馬府中藩宗氏家臣。
¶岩史，近世（やながわともなが），国史（やながわともなが），コン4，史人，戦合（やながわともなが），日人，藩臣7

**柳川智永**　やながわともなが
→柳川智永（やながわとしなが）

**柳川正次**　やながわまさつぐ
永禄9（1566）年～慶長8（1603）年
安土桃山時代の武士。仙台伊達家臣。
¶人名

**柳沢信勝**　やなぎさわのぶかつ
戦国時代の武将。武田家臣。巨摩郡の武川衆。
¶姓氏山梨

**柳沢信兼**　やなぎさわのぶかね
？　～天正8（1580）年
戦国時代～安土桃山時代の武田家臣。靭負信房の子。
¶姓氏山梨

**柳沢信俊**　やなぎさわのぶとし
天文17（1548）年～慶長19（1614）年
戦国時代～江戸時代前期の武田家臣。青木尾張守信立の三男。
¶姓氏山梨

**柳沢信久**　やなぎさわのぶひさ
？　～天正10（1582）年
戦国時代～安土桃山時代の武田家臣。信兼の子。
¶姓氏山梨

**柳沢元政**　やなぎさわもとまさ
天文5（1536）年～慶長18（1613）年
安土桃山時代～江戸時代前期の武将。足利氏家臣、毛利氏家臣、豊臣氏家臣。
¶戦国，戦人

**柳沢安忠**　やなぎさわやすただ
慶長7（1602）年～貞享4（1687）年
江戸時代前期の武将。
¶諸系，日人

**柳多四郎兵衛**　やなぎたしろべえ
文禄2（1593）年～寛永10（1633）年
江戸時代前期の武将、上総姉崎藩士。
¶藩臣3

**柳本賢治**　やなぎもとかたはる
？　～享禄3（1530）年
戦国時代の武将。細川晴元に従う。
¶朝日（[没]享禄3年6月29日（1530年7月23日）），岩史（[没]享禄3（1530）年6月29日），京都大，京都府，国史，古中，コン4，史人（[没]1530年6月29日），諸系，姓氏京都，戦合，戦人，戦西，日史（[没]享禄3（1530）年6月29日），日人，兵庫百，歴大

**揚本藤虎**　やなぎもとふじとら
生没年不詳
安土桃山時代の織田信長の家臣。
¶織田

**簗貞秀**　やなさだひで
生没年不詳
戦国時代の武士。結城氏家臣。

¶戦辞，戦人，戦東

**簗瀬家弘** やなせいえひろ
生没年不詳
戦国時代の三河国衆。
¶戦辞

**柳瀬右兵衛** やなせうひょうえ
→柳瀬孝重（やなせたかしげ）

**柳瀬五郎兵衛** やなせごろうべえ
→柳瀬道重（やなせみちしげ）

**柳瀬孝重** やなせたかしげ
[別]柳瀬右兵衛《やなせうひょうえ》
安土桃山時代～江戸時代前期の武士。
¶戦人（生没年不詳），戦西（柳瀬右兵衛　やなせうひょうえ）

**柳瀬道重** やなせみちしげ
[別]柳瀬五郎兵衛《やなせごろうべえ》
戦国時代の武士。
¶戦人（生没年不詳），戦西（柳瀬五郎兵衛　やなせごろうべえ）

**簗田成助** やなだしげすけ
？～永正9（1512）年　[別]簗田成助《やなだなりすけ》
戦国時代の武将。足利氏家臣。
¶戦辞（生没年不詳），戦東，千葉百（やなだなりすけ）

**簗田下野守** やなだしもつけのかみ
生没年不詳
戦国時代の古河公方家臣簗田持助の一門。
¶戦辞

**簗田助実** やなだすけざね
戦国時代の武将。足利氏家臣。
¶戦辞（生没年不詳），戦東

**簗田助縄** やなだすけつな
生没年不詳　[別]簗田助縄《やなだすけなわ》
戦国時代の古河公方の家臣。
¶埼玉人（やなだすけなわ），戦辞

**簗田助利** やなだすけとし
？～元和1（1615）年5月7日
安土桃山時代～江戸時代前期の古河公方の家臣。
¶戦辞

**簗田助縄** やなだすけなわ
→簗田助縄（やなだすけつな）

**梁田高助**（簗田高助） やなだたかすけ
明応2（1493）年～天文19（1550）年
戦国時代の地方豪族・土豪。足利氏家臣。
¶埼玉人（簗田高助　[没]天文19（1550）年9月30日），戦辞（簗田高助　[没]天文19年9月30日（1550年11月8日）），戦人（生没年不詳）

**簗田出羽守** やなだでわのかみ
生没年不詳
安土桃山時代の織田信長の家臣。
¶織田

**簗田成助** やなだなりすけ
→簗田成助（やなだしげすけ）

**簗田晴助** やなだはるすけ
大永4（1524）年～文禄3（1594）年
戦国時代～安土桃山時代の地方豪族・土豪。足利氏家臣。
¶埼玉人（[生]大永4（1524）年7月24日　[没]文禄3（1594）年9月24日），戦辞（[生]1524年11月19日（大永4年10月24日）　[没]1594年11月6日（文禄3年9月24日）），戦人（生没年不詳）

**簗田彦四郎** やなだひこしろう
生没年不詳
安土桃山時代の織田信長の家臣。
¶織田

**簗田広正** やなだひろまさ
？～天正7（1579）年6月6日　[別]戸次右近大夫《べつきうこんたゆう》，別喜右近大夫《べっきうこんだいぶ，べつきうこんたゆう》
戦国時代～安土桃山時代の武士。信長の臣。
¶織田，戦人（生没年不詳），戦補

**簗田政助** やなだまさすけ
生没年不詳
戦国時代の古河公方足利政氏の家臣。
¶戦辞

**梁田政信** やなだまさのぶ
室町時代の下総猿島郡関宿城主。
¶人名

**簗田満助** やなだみつすけ
？～永享10（1438）年11月
室町時代の武士。鎌倉公方足利持氏に仕え関宿を領有。
¶千葉百

**簗田持助**(1) やなだもちすけ
応永29（1422）年～文明14（1482）年
室町時代の武将。古川公方足利成氏の重臣。
¶国史，古中，史人（[没]1482年4月6日），戦合，戦辞（[没]文明14年4月6日（1482年4月23日）），日人

**簗田持助**(2) やなだもちすけ
＊～天正15（1587）年
戦国時代～安土桃山時代の古河公方足利義氏の宿老。
¶埼玉人（[生]天文18（1549）年8月　[没]天正15（1587）年5月14日），埼玉百，戦辞（[生]天文18年8月15日（1546年9月6日）　[没]天正15年5月14日（1587年6月19日）），戦人（生没年不詳）

**簗田弥次右衛門** やなだやじえもん
生没年不詳
安土桃山時代の織田信長の家臣。
¶織田

**八波荒五郎** やなみあらごろう
？～永禄11（1568）年
安土桃山時代の武士。
¶岡山人，岡山歴（[没]永禄11（1568）年7月7日）

**簗民部少輔** やなみんぶしょうゆう
安土桃山時代の武将。結城氏家臣。
¶戦東

**簗宗勝** やなむねかつ
生没年不詳
戦国時代の大名結城氏の家臣。
¶戦辞

**矢野安芸守** やのあきのかみ
生没年不詳
戦国時代の武士。北条氏家臣。
¶戦辞

**矢野右馬助** やのうまのすけ
生没年不詳 [別]矢野右馬助《やのうめのすけ》
戦国時代の武士。北条氏家臣。
¶姓氏神奈川（やのうめのすけ），戦辞

**矢野右馬助** やのうめのすけ
→矢野右馬助（やのうまのすけ）

**矢野廉俊** やのかどとし
安土桃山時代～江戸時代前期の武将。佐竹氏家臣。
¶戦辞（生没年不詳），戦東

**矢野久三郎** やのきゅうざぶろう，やのきゅうさぶろう
安土桃山時代の武将。秀吉馬廻。
¶戦国（やのきゅうさぶろう），戦人（生没年不詳）

や

**矢野久八** やのきゅうはち
戦国時代の武将。浅井氏家臣。
¶戦西

**矢野国村** やのくにむら
？ ～天正7（1579）年
戦国時代～安土桃山時代の武将。
¶戦人，徳島歴（[没]天正7（1579）年12月27日）

**矢野九郎次郎** やのくろうじろう
→矢野九郎次郎（やのくろじろう）

**矢野九郎次郎** やのくろじろう
[別]矢野九郎次郎《やのくろうじろう》
安土桃山時代の武将。秀吉馬廻。
¶戦国（やのくろうじろう），戦人（生没年不詳）

**矢野源七** やのげんしち
安土桃山時代の武将。織田信長の臣。
¶戦補

**矢野源六郎** やのげんろくろう
安土桃山時代の武将。秀吉馬廻。
¶戦国，戦人（生没年不詳）

**矢野五右衛門** やのごえもん
安土桃山時代の揖斐郡白樫村の人。関ヶ原の戦いの後宇喜多秀家をかくまった。
¶岐阜百

**矢野五郎左衛門** やのごろうざえもん
？ ～天文23（1554）年
戦国時代の武将。
¶日人

**矢野定満** やのさだみつ
安土桃山時代の武将。秀吉馬廻。
¶戦国，戦人（生没年不詳）

**矢野重清** やのしげきよ
戦国時代～安土桃山時代の武将。佐竹氏家臣。
¶戦辞（生没年不詳），戦東

**矢野重里** やのしげさと
生没年不詳
戦国時代の武士。佐竹氏家臣。
¶戦辞，戦人，戦東

**矢野重玄** やのしげはる
？ ～寛永8（1631）年
安土桃山時代～江戸時代前期の武士。佐竹氏家臣。
¶戦辞（[没]寛永8（1631）年12月），戦人（[生]天文17（1548）年），戦東

**矢野下野守** やのしもつけのかみ
安土桃山時代の武将。秀吉馬廻。
¶戦国，戦人（生没年不詳）

**矢野十左衛門** やのじゅうざえもん
[別]矢野十左衛門尉《やのじゅうざえもんのじょう》
安土桃山時代の武将。秀吉馬廻。
¶戦国，戦人（生没年不詳）

**矢野次郎左衛門** やのじろうざえもん
生没年不詳
戦国時代の北条氏の家臣。
¶戦辞

**矢野斯重** やのつなしげ
？ ～寛永12（1635）年
安土桃山時代～江戸時代前期の武士。佐竹氏家臣。
¶戦辞（[没]寛永10（1633）年2月），戦人（[生]天文20（1551）年），戦東

**矢野藤一郎** やのとういちろう
生没年不詳
安土桃山時代の織田信長の家臣。
¶織田

**矢野遠村** やのとおむら
生没年不詳
南北朝時代の武家・歌人。
¶国書

**矢野虎村** やのとらむら
？ ～天正10（1582）年8月28日
戦国時代～安土桃山時代の板野郡矢上城主。伯耆守を称す。
¶徳島歴

**矢野信正** やののぶまさ
生没年不詳
戦国時代の北条氏の家臣。
¶戦辞

**矢野憲信** やののりのぶ
生没年不詳
戦国時代の惣社長尾氏年寄。
¶神奈川人，戦辞

**矢野彦六** やのひころく
生没年不詳
戦国時代の武将。

¶姓氏神奈川

**矢野久重** やのひさしげ
生没年不詳
安土桃山時代〜江戸時代前期の武士。佐竹氏家臣。
¶戦辞，戦人，戦東

**矢野兵衛** やのひょうえ
安土桃山時代の武将。秀吉馬廻。
¶戦国

**矢野兵庫助** やのひょうごのすけ
生没年不詳
戦国時代の武士。武蔵小机の城主。
¶戦辞

**矢野兵部丞** やのひょうぶのじょう
安土桃山時代の武将。羽柴氏家臣。
¶戦西

**矢延忠之** やのぶただゆき
生没年不詳
戦国時代の武将。
¶岡山百

**矢延忠元** やのべただもと
安土桃山時代の武士。
¶岡山人

**矢野孫六** やのまごろく
安土桃山時代の武士。
¶岡山人，岡山歴

**矢野正倫** やのまさとも
？ 〜慶長19(1614)年
安土桃山時代〜江戸時代前期の武将。
¶日人

**矢野倫長** やのみちなが
承元4(1210)年〜文永10(1273)年 [別]三善倫長《みよしともなが》
鎌倉時代前期の奉行人。評定と寄合を結ぶ役割を果たした。
¶朝日([没]文永10年2月15日(1273年3月5日))，鎌室(三善倫長 みよしともなが)，諸系(三善倫長 みよしともなが)，日人(三善倫長 みよしともなが)

**矢野弥右衛門** やのやえもん
生没年不詳
安土桃山時代の織田信長の家臣。
¶織田

**矢野弥三郎** やのやさぶろう
生没年不詳
安土桃山時代の織田信長の家臣。
¶織田

**矢野山城守** やのやましろのかみ
生没年不詳
戦国時代の上野国衆白井長尾氏重臣。
¶戦辞

**矢野与次郎** やのよじろう
生没年不詳
戦国時代の武士。享徳の乱で活躍。
¶戦辞

**矢作大隅守重常** やはぎおおすみのかみしげつね
→千葉重常(ちばしげつね)

**矢作重常** やはぎしげつね
→千葉重常(ちばしげつね)

**矢場国隆** やばくにたか
生没年不詳
戦国時代の武将。
¶戦人

**矢場繁勝** やばしげかつ
？ 〜元和9(1623)年
安土桃山時代〜江戸時代前期の上野国衆由良氏の一族。
¶戦辞

**屋葺幸保** やぶきゆきやす
戦国時代の武士。
¶戦人(生没年不詳)，戦西

**藪三左衛門** やぶさんざえもん
文禄4(1595)年〜慶安2(1649)年
江戸時代前期の武士、紀伊和歌山藩士。
¶藩臣5

**藪田伊賀守** やぶたいがのかみ，やぶだいがのかみ
安土桃山時代の武将。秀吉馬廻。
¶戦国(やぶだいがのかみ)，戦人(生没年不詳)

**藪内匠** やぶたくみ
安土桃山時代の武士。
¶戦国，戦人(生没年不詳)

**藪塚朝兼** やぶつかともかね
生没年不詳
鎌倉時代後期の武士。
¶群馬人

**藪正利** やぶまさとし
慶長1(1596)年〜慶安2(1649)年
江戸時代前期の武士。紀州藩士。
¶和歌山人

**矢部家定** やべいえさだ
生没年不詳
安土桃山時代の武士。織田氏家臣、豊臣氏家臣。
¶織田，戦国，戦人

**矢部刑部丞**(矢部刑部允) やべぎょうぶのじょう
戦国時代〜安土桃山時代の武士。大友宗麟の家臣。
¶人名，日人(矢部刑部允 生没年不詳)

**矢部小次郎** やべこじろう
鎌倉時代の武士。駿河国有度郡入江荘を本拠とする入江武士団の一人。
¶姓氏静岡

**矢部定信** やべさだのぶ
戦国時代の武将。今川氏家臣。
¶戦辞(生没年不詳)，戦東

**矢部定政** やべさだまさ
[別]本郷定政《ほんごうさだまさ》
安土桃山時代の武将。秀吉馬廻。

¶戦国，戦人（生没年不詳）

**八戸下野守宗暘**　やへしもつけのかみむねてる
→八戸宗暘（やへむねてる）

**矢部縫殿丞**　やべぬいのじょう
戦国時代の武将。今川氏家臣。
¶戦東

**矢部信定**　やべのぶさだ
？～天文23（1554）年
戦国時代の武将。今川氏家臣。
¶戦辞，戦東

**矢部豊前**　やべぶぜん
生没年不詳
安土桃山時代の武士。
¶戦人

**矢部平次**　やべへいじ
鎌倉時代の武士。駿河国有度郡入江荘を本拠とする入江武士団の一人。
¶姓氏静岡

**矢部美濃守**　やべみののかみ
戦国時代の武将。今川氏家臣。
¶戦東



**八戸宗暘**　やへむねてる
[別]八戸下野守宗暘《やへしもつけのかみむねてる》
戦国時代の武士。
¶戦人（生没年不詳），戦西（八戸下野守宗暘　やへしもつけのかみむねてる）

**矢部弥三郎**　やべやさぶろう
戦国時代の武将。武田家臣。朝比奈信置配下の武辺者。
¶姓氏山梨

**矢部弥次郎**　やべやじろう
戦国時代の武士。後北条氏家臣。
¶戦人（生没年不詳），戦東

**矢部弥太郎**　やべやたろう
生没年不詳
戦国時代の北条氏の家臣。
¶戦辞

**山入与義**　やまいりともよし
？～応永29（1422）年　[別]佐竹与義《さたけともよし》
室町時代の武将。常陸国久米城城主。
¶朝日（佐竹与義　さたけともよし　[没]応永29年10月13日（1422年10月28日）），岩史（[没]応永29（1422）年閏10月13日），国史，古中，コン4，史人（[没]1422年閏10月13日），諸系，日史（[没]応永29（1422）年閏10月13日），日人，百科

**山入義藤**　やまいりよしふじ
？～明応1（1492）年2月4日
室町時代～戦国時代の武士。佐竹義舜と家督を争う。
¶戦辞

**山氏女**　やまうじめ
鎌倉時代前期の布施社の在地領主。
¶岡山歴

**山内伊賀**　やまうちいが
戦国時代の武将。葛西氏家臣。
¶戦東

**山内一豊**　やまうちかずとよ
→山内一豊（やまのうちかずとよ）

**山内和三**　やまうちかずみつ
永禄6（1563）年～寛永10（1633）年
安土桃山時代～江戸時代前期の土佐藩家老。
¶高知人

**山内一照**　やまうちかつあき
～元和6（1620）年
安土桃山時代～江戸時代前期の初代本山城付き家老。
¶高知人

**山内一豊**　やまうちかつとよ
→山内一豊（やまのうちかずとよ）

**山内勝久**　やまうちかつひさ
→林勝久（はやしかつひさ）

**山内一吉**　やまうちかつよし
天文19（1550）年～慶長9（1604）年
戦国時代～江戸時代前期の戦国武将、初代窪川城付き家老。
¶高知人

**山内左馬之介**　やまうちさまのすけ
戦国時代の武将。葛西氏家臣。
¶戦東

**山内但馬**　やまうちたじま
～寛永17（1640）年
安土桃山時代～江戸時代前期の本山城付き家老。
¶高知人

**山内忠義**　やまうちただよし
文禄1（1592）年～寛文4（1664）年　[別]山内忠義《やまのうちただよし》
江戸時代前期の武将、大名。土佐藩主。
¶朝日（[没]寛文4年11月24日（1665年1月10日）），角史，近世，高知人，高知百，国史，国書（やまのうちただよし　[没]寛文4（1664）年11月24日），コン改（やまのうちただよし），コン4（やまのうちただよし），茶道（やまのうちただよし），史人（[没]1664年11月24日），諸系（[没]1665年），人書94（やまのうちただよし），新潮（[没]寛文4（1664）年11月24日），人名（やまのうちただよし），戦合，日史（[没]寛文4（1664）年11月24日），日人（[没]1665年），藩主4（[没]寛文4（1664）年11月24日），百科

**山内時通**　やまうちときみち
→山内首藤時通(2)（やまのうちすどうときみち）

**山内政豊**　やまうちまさとよ
慶長3（1598）年～寛永6（1629）年
江戸時代前期の武将、大名。土佐陸奥中村藩主。
¶高知人，諸系，日人，藩主4（[没]寛永6（1629）年4月8日）

**山内通輔** やまうちみちすけ
戦国時代の武将。今川氏家臣。
¶戦東

**山内通泰** やまうちみちやす
戦国時代の武将。今川氏家臣。
¶戦東

**山内康豊** やまうちやすとよ
天文18(1549)年～寛永2(1625)年 [別]山内康豊《やまのうちやすとよ》
安土桃山時代～江戸時代前期の武将、大名。土佐陸奥中村藩主。
¶織田(やまのうちやすとよ [没]寛永2(1625)年8月29日),高知人,諸系,日人,藩主4([没]寛永2(1625)年8月29日)

**山浦国清** やまうらくにきよ
→村上国清(むらかみくにきよ)

**山岡景佐** やまおかかげすけ
享禄4(1531)年～天正17(1589)年
戦国時代～安土桃山時代の武将。
¶織田([没]天正17(1589)年1月),戦国,戦人,日人

**山岡景隆** やまおかかげたか
大永5(1525)年～天正13(1585)年
戦国時代～安土桃山時代の織田信長麾下の武将。
¶織田([没]天正13(1585)年1月14日),郷土滋賀(生没年不詳),国史,古中,滋賀百,人名,戦合,戦国([生]1526年),戦人([生]大永6(1526)年),日人,歴大

**山岡景友** やまおかかげとも
*～慶長8(1603)年 [別]山岡道阿弥《やまおかどうあみ》,宮内卿法印《くないきょうほういん》,道阿弥《どうあみ》
安土桃山時代の武将。豊臣秀吉の麾下。
¶朝日([生]天文11(1542)年 [没]慶長8年12月20日(1604年1月21日)),織田([生]天文9(1540)年 [没]慶長8(1603)年12月20日),近世([生]1542年),国史([生]1542年),茶道(山岡道阿弥 やまおかどうあみ [生]1543年 [没]1604年),滋賀百([生]1540年),新潮([生]天文10(1541)年 [没]慶長8(1603)年12月20日),人名([生]1542年),世人([生]天文9(1540)年),戦合([生]1542年),戦国([生]1541年),戦人([生]天文9(1540)年),日史([生]天文9(1540)年 [没]慶長8(1603)年12月20日),日人([生]1542年 [没]1604年),百科([生]天文9(1540)年)

**山岡景猶** やまおかかげなお
? ～慶長4(1599)年
安土桃山時代の武将。織田氏家臣、加藤氏家臣。
¶織田,戦国,戦人,日人

**山岡景宗** やまおかかげむね
生没年不詳
安土桃山時代の武士。織田氏家臣、秀吉馬廻、徳川氏家臣。
¶織田,戦国,戦人,日人

**山岡景以** やまおかかげもち
天正2(1574)年～寛永19(1642)年
安土桃山時代～江戸時代前期の武将。豊臣氏家臣、徳川氏家臣。
¶戦国,戦人,日人

**山岡景之** やまおかかげゆき
生没年不詳
戦国時代～安土桃山時代の武士。
¶戦国,戦人,日人

**山岡左京** やまおかさきょう
? ～天正18(1590)年
安土桃山時代の武将。後北条氏家臣。
¶戦東

**山岡重長** やまおかしげなが
天文13(1544)年～寛永3(1626)年
安土桃山時代～江戸時代前期の陸奥仙台藩士。
¶人名,日人,藩臣1

**山岡如軒** やまおかじょけん
安土桃山時代の武将。秀吉馬廻。
¶戦国,戦人(生没年不詳)

**山岡道阿弥** やまおかどうあみ
→山岡景友(やまおかかげとも)

**山岡半左衛門** やまおかはんざえもん
生没年不詳
安土桃山時代の織田信長の家臣。
¶織田

**山岡豊前守** やまおかぶぜんのかみ
戦国時代の武士。後北条氏家臣。
¶戦人(生没年不詳),戦東

**山岡弥源次** やまおかやげんじ
安土桃山時代の武将。豊臣秀頼に伺候。
¶戦国

**山角定勝** やまかくさだかつ
享禄2(1529)年～慶長8(1603)年 [別]山角定勝《やまかどさだかつ》
戦国時代～安土桃山時代の武士。後北条氏家臣。
¶神奈川人,国書(やまかどさだかつ [没]慶長8(1603)年5月8日),戦辞(生没年不詳),戦人,戦東([生]?)

**山角定次** やまかくさだつぐ
安土桃山時代の武将。後北条氏家臣。
¶戦東

**山角定吉** やまかくさだよし
～寛永15(1638)年 [別]山角定吉《やまかどさだよし》
安土桃山時代～江戸時代前期の武士、旗本。後北条氏家臣。
¶神奈川人(やまかどさだよし),戦人(生没年不詳),戦東

**山角信濃守** やまかくしなののかみ
戦国時代の武将。後北条氏家臣。
¶戦東

**山角治部大輔**　やまかくじぶだゆう
安土桃山時代の武将。後北条氏家臣。
¶戦東

**山角四郎衛門**（山角四郎右衛門）　やまかくしろうえもん
生没年不詳　[別]山角四郎右衛門尉《やまかくしろうえもんのじょう》
戦国時代の武士。後北条氏家臣。
¶戦辞（山角四郎右衛門尉　やまかくしろうえもんのじょう），戦人，戦東（山角四郎右衛門）

**山角四郎右衛門尉**　やまかくしろうえもんのじょう
→山角四郎衛門（やまかくしろうえもん）

**山角為久**　やまかくためひさ
生没年不詳
戦国時代の武士。
¶神奈川人

**山角対馬入道**　やまかくつしまにゅうどう
生没年不詳
戦国時代の北条氏の家臣。
¶戦辞

**山角直繁**　やまかくなおしげ
生没年不詳
戦国時代の北条氏の家臣。
¶戦辞



**山角孫十郎**　やまかくまごじゅうろう
安土桃山時代の武将。後北条氏家臣。
¶戦東

**山角政定**　やまかくまささだ
天文21（1552）年～元和4（1618）年
安土桃山時代～江戸時代前期の武士。後北条氏家臣。
¶戦人，戦東

**山角弥重郎**（山角弥十郎）　やまかくやじゅうろう
生没年不詳
戦国時代の武士。後北条氏家臣。
¶戦辞（山角弥十郎），戦人，戦東

**山角康定**　やまかくやすさだ
生没年不詳　[別]山角康定《やまかどやすさだ》
戦国時代～安土桃山時代の武士。後北条氏家臣。
¶神奈川人，姓氏神奈川（やまかどやすさだ），戦辞，戦人，戦東

**山角康資**　やまかくやすすけ
安土桃山時代の武士。後北条氏家臣。
¶戦人（生没年不詳），戦東

**山角康豊**　やまかくやすとよ
→山中康豊（やまなかやすとよ）

**山角弥三**　やまかくやぞう
安土桃山時代の武将。後北条氏家臣。
¶戦辞（生没年不詳），戦東

**山香貞高**　やまがさだたか
生没年不詳
安土桃山時代～江戸時代前期の武士。浅野家の家臣。
¶和歌山人

**山方篤定**　やまがたあつさだ
永正16（1519）年～慶長1（1596）年8月25日
安土桃山時代の武士。佐竹氏家臣。
¶戦辞，戦人（生没年不詳），戦東

**山県源左衛門**　やまがたげんざえもん
？　～天正3（1575）年
戦国時代～安土桃山時代の武田家臣。『武田家過去帳』には天正3年に死去した霊を妻が同5年に弔っているのがみえる。
¶姓氏山梨

**山方重泰**　やまがたしげやす
？　～寛永19（1642）年
安土桃山時代～江戸時代前期の武士。佐竹氏家臣。
¶戦辞（[生]永禄2（1559）年　[没]寛永19年5月19日（1642年6月16日）），戦人，戦東

**山県信濃守**　やまがたしなののかみ
安土桃山時代の武士。佐竹氏家臣。
¶戦人（生没年不詳），戦東

**山県善右衛門尉**　やまがたぜんえもんのじょう
？　～
戦国時代～安土桃山時代の武田氏の家臣。
¶戦辞（[没]天正3年5月21日（1573年6月29日））

**山県善左衛門**　やまがたぜんざえもん
？　～天正3（1575）年
戦国時代～安土桃山時代の武田家臣。『武田家過去帳』には、甲斐御前小路居住で天正3年3月21日に死去した霊が同5年に弔われているのがみえる。
¶姓氏山梨

**山県虎清**　やまがたとらきよ
戦国時代の武士、甲斐国主武田信虎の家臣。
¶人名，日人（生没年不詳）

**山県信春**　やまがたのぶはる
生没年不詳　[別]庄野信春《しょうののぶはる》
戦国時代の武将。
¶戦人

**山県秀政**　やまがたひでまさ
生没年不詳
安土桃山時代の織田信長の家臣。
¶織田

**山県昌景**　やまがたまさかげ
？　～天正3（1575）年　[別]飯富源四郎《おぶげんしろう》
戦国時代～安土桃山時代の武将。武田氏家臣。
¶姓氏山梨，戦国，戦辞（[没]天正3年5月21日（1575年6月29日）），戦人，戦東，日人，山梨百（[没]天正3（1575）年5月21日）

**山県昌次**　やまがたまさつぐ
？　～天正3（1575）年
戦国時代～安土桃山時代の武田家臣。『武田家過去帳』に甲斐広小路居住とみえる。
¶姓氏山梨

**山県昌満**　やまがたまさみつ
？　～天正10（1582）年3月
戦国時代～安土桃山時代の甲斐武田勝頼の家臣。

¶戦辞

**山県義行** やまがたよしゆき
生没年不詳
戦国時代の佐竹氏の譜代側近家臣。
¶戦辞

**山角勝長** やまかどかつなが
? 〜慶長19(1614)年
江戸時代前期の大住郡酒井村領主。
¶姓氏神奈川

**山角定勝** やまかどさだかつ
→山角定勝(やまかくさだかつ)

**山角定吉** やまかどさだよし
→山角定吉(やまかくさだよし)

**山角康定** やまかどやすさだ
→山角康定(やまかくやすさだ)

**山鹿秀遠** やまがひでとう
→山鹿秀遠(やまがひでとお)

**山鹿秀遠** やまがひでとお
生没年不詳 [別]山鹿秀遠《やまがひでとう》,藤原秀遠《ふじわらのひでとお》
平安時代後期の武将。壇ノ浦の合戦における平家方の先陣。
¶朝日,国史,古中,史人,日人,福岡百(やまがひでとう),平史(藤原秀遠 ふじわらのひでとお)

**山上** やまかみ
生没年不詳
戦国時代の北条氏の家臣。
¶戦辞

**山上顕将** やまがみあきまさ
生没年不詳
戦国時代の武士。
¶姓氏群馬

**山上公秀** やまがみきみひで
生没年不詳
戦国時代の上野国衆。
¶戦辞

**山上強右衛門尉** やまがみごうえもんのじょう
生没年不詳
戦国時代の北条氏の家臣。
¶戦辞

**山上高綱** やまがみたかつな
鎌倉時代前期の武人。
¶群馬人

**山上高光** やまがみたかみつ
生没年不詳
鎌倉時代前期の御家人。
¶姓氏群馬

**山上道牛** やまがみどうぎゅう
戦国時代の佐野氏の武将。
¶栃木歴

**山上久忠** やまがみひさただ
生没年不詳
安土桃山時代の武士。後北条氏家臣。
¶神奈川人,戦人,戦東

**山上光忠** やまがみみつただ
鎌倉時代後期の人。加賀国能美郡能美荘山上郷の領主か。
¶姓氏石川

**山川景貞** やまかわかげさだ
? 〜明応8(1499)年
室町時代〜戦国時代の武士。結城氏家臣。
¶系東,戦辞([生]嘉吉2(1442)年 [没]明応8年8月5日(1499年9月10日)),戦人

**山川五郎左衛門** やまかわごろうざえもん
安土桃山時代の武将。長宗我部氏家臣。
¶戦西

**山川親徳** やまかわちかのり
生没年不詳
安土桃山時代の武士。長宗我部氏家臣。
¶戦人

**山川朝信** やまかわとものぶ
安土桃山時代の武将。結城氏家臣。
¶戦国,戦人(生没年不詳)

**山川晴重** やまかわはるしげ
永禄9(1566)年〜文禄2(1593)年8月14日
安土桃山時代の結城氏国衆。山川城主。
¶戦辞

**山川弥三郎** やまかわやさぶろう
生没年不詳
戦国時代の小山秀綱の家臣。
¶戦辞

**山木兼隆** やまきかねたか,やまぎかねたか
? 〜治承4(1180)年 [別]関兼隆《せきかねたか》,平兼隆《たいらかねたか,たいらのかねたか》,山木判官兼隆《やまきはんがんかねたか》
平安時代後期の平家の武士。検非違使、右衛門尉。
¶朝日([没]治承4年8月17日(1180年9月8日)),岩史([没]治承4(1180)年8月17日),鎌倉(平兼隆 たいらのかねたか),鎌室(やまぎかねたか),国史,古中,コン改(平兼隆 たいらのかねたか),コン4(平兼隆 たいらのかねたか),史人([没]1180年8月17日),静岡百(平兼隆 たいらのかねたか),静岡歴,静岡歴(平兼隆 たいらのかねたか),諸系,新潮(やまぎかねたか [没]治承4(1180)年8月17日),人名(関兼隆 せきかねたか),人名(平兼隆 たいらのかねたか),姓氏静岡,世人(平兼隆 たいらのかねたか),日史([没]治承4(1180)年8月17日),日人,百科,平史(平兼隆 たいらのかねたか),歴大

**山岸勘解由左衛門** やまぎしかげゆざえもん
戦国時代の武将。斎藤氏家臣。
¶戦西

**山岸宮内少輔** やまぎしくないしょうゆう
生没年不詳
戦国時代の上杉氏の部将。

¶新潟百

**山岸光祐** やまぎしこうゆう
生没年不詳
戦国時代の上杉謙信・景勝の家臣。
¶戦辞

**山岸左馬之助** やまぎしさまのすけ
慶長2(1597)年～寛文6(1666)年
江戸時代前期の武士、小奉行。
¶姓氏宮城

**山岸中務少輔** やまぎしなかつかさしょうゆう
生没年不詳
安土桃山時代の武士。上杉氏家臣。
¶戦人

**山岸隼人佐** やまぎしはやとのすけ
安土桃山時代の武将。上杉氏家臣。
¶戦東

**山岸秀能** やまぎしひでよし
生没年不詳
戦国時代の上杉景勝の家臣。
¶戦辞

**山口大炊助** やまぐちおおいのすけ
生没年不詳
戦国時代の北条氏の家臣。
¶戦辞

**山口喜内** やまぐちきない
？ ～元和1(1615)年
江戸時代前期の紀伊国山口の土豪。大坂夏の陣の時に一揆を起こす。
¶和歌山人

**山口休庵** やまぐちきゅうあん
生没年不詳
江戸時代前期の武将。豊臣秀頼の臣。
¶国書

**山口軍八郎** やまぐちぐんぱちろう
生没年不詳
戦国時代の北条氏の家臣。
¶戦辞

**山口玄蕃頭** やまぐちげんばのかみ
→山口正弘(やまぐちまさひろ)

**山口郷左衛門尉** やまぐちごうざえもんのじょう
生没年不詳
戦国時代の武士。北条氏家臣松田憲秀の被官。
¶戦辞

**山口小弁** やまぐちこべん
→小口小弁(こぐちこべん)

**山口左馬助** やまぐちさまのすけ
生没年不詳
戦国時代の尾張国鳴海城城主。
¶戦辞

**山口三十郎** やまぐちさんじゅうろう
安土桃山時代の武将。秀吉馬廻。
¶戦国，戦人(生没年不詳)

**山口重勝** やまぐちしげかつ
天文16(1547)年～文禄4(1595)年
安土桃山時代の武士。豊臣氏家臣。
¶戦国，戦人

**山口重成** やまぐちしげなり
天正14(1586)年～承応3(1654)年
安土桃山時代～江戸時代前期の武士、近江水口藩士。
¶日人，藩臣4

**山口重信** やまぐちしげのぶ
～元和1(1615)年5月6日
安土桃山時代～江戸時代前期の徳川方の武将。
¶大阪墓

**山口重政** やまぐちしげまさ
永禄7(1564)年～寛永12(1635)年
安土桃山時代～江戸時代前期の大名。常陸牛久藩主。
¶近世，国史，史人([没]1635年9月19日)，諸系，人名，戦合，戦国([生]1565年)，戦人，日人，藩主2([生]永禄7(1564)年2月25日　[没]寛永12(1635)年9月19日)

**山口下総守** やまぐちしもうさのかみ
安土桃山時代の武将。後北条氏家臣。
¶戦東

**山口二郎五郎** やまぐちじろうごろう
戦国時代の武将。後北条氏家臣。
¶戦東

**山口新左衛門** やまぐちしんざえもん
戦国時代の武将。
¶姓氏富山

**山口瀬兵衛** やまぐちせひょうえ
？ ～寛永5(1628)年　[別]白取瀬兵衛《しらとりせへい》
江戸時代前期の武士、陸奥弘前藩家老。
¶青森人(白取瀬兵衛　しらとりせへい)，藩臣1

**山口高清** やまぐちたかきよ
戦国時代の武将。武田家臣。信濃先方衆。
¶姓氏山梨

**山口太郎兵衛** やまぐちたろべえ
生没年不詳
安土桃山時代の織田信長の家臣。
¶織田

**山口道斎** やまぐちどうさい
生没年不詳
戦国時代～安土桃山時代の武将。
¶国書

**山口藤左衛門** やまぐちとうざえもん
[別]山口藤左衛門尉《やまぐちとうざえもんのじょう》
安土桃山時代の武将。秀吉馬廻。
¶戦国，戦人(生没年不詳)

**山口取手介** やまぐちとりでのすけ
？ ～弘治2(1556)年4月20日

戦国時代の織田信長の家臣。

¶織田

## 山口直友 やまぐちなおとも

天文15（1546）年〜元和8（1622）年

安土桃山時代〜江戸時代前期の武士。徳川氏家臣。

¶姓氏京都（㋖1545年），戦人，戦補，日史（㋕元和8（1622）年9月27日），日人，百科

## 山口修広 やまぐちなおひろ

→山口修弘（やまぐちなかひろ）

## 山口修弘 やまぐちなかひろ，やまぐちながひろ

？　〜慶長5（1600）年　㋵山口修広《やまぐちなおひろ》

安土桃山時代の武士。豊臣氏家臣。加賀大聖寺城主。

¶姓氏石川（やまぐちながひろ），戦国，戦人（山口修広　やまぐちなおひろ）

## 山口教継 やまぐちのりつぐ

？　〜天文22（1553）年

戦国時代の武士。織田氏家臣。

¶姓氏愛知（生没年不詳），戦人，戦東，戦補

## 山口半四郎 やまぐちはんしろう

？　〜天正10（1582）年6月2日

戦国時代〜安土桃山時代の織田信長の家臣。

¶織田

## 山口飛騨守 やまぐちひだのかみ

？　〜元亀3（1572）年

戦国時代の武士。織田氏家臣。

¶織田（㋕元亀3（1572）年12月22日），戦人，戦補

## 山口秀景 やまぐちひでかげ

生没年不詳

安土桃山時代の織田信長の家臣。

¶織田

## 山口秀康 やまぐちひでやす

？　〜天正11（1583）年

戦国時代の武将。

¶京都府

## 山口弘定 やまぐちひろさだ

？　〜元和1（1615）年

安土桃山時代〜江戸時代前期の武士。豊臣氏家臣。

¶戦国，戦人

## 山口正弘 やまぐちまさひろ

？　〜慶長5（1600）年　㋵山口玄蕃頭《やまぐちげんばのかみ》，山口宗永《やまぐちむねなが》

安土桃山時代の武将。豊臣秀吉の臣。

¶朝日（㋕慶長5年8月4日（1600年9月11日）），大分百（山口宗永　やまぐちむねなが），大分歴（山口宗永　やまぐちむねなが），国書（㋖天文14（1545）年　㋕慶長5（1600）年8月3日），コン改，コン4，史人（㋖1545年　㋕1600年8月4日），人名（山口宗永　やまぐちむねなが㋖1545年），姓氏石川（山口宗永　やまぐちむねなが㋖1545年），戦国，戦人，日史（㋕慶長5（1600）年8月4日），日人（㋖1545年），百科，福岡百（山口玄蕃頭　やまぐちげんばのかみ㋕慶長5（1600）年8月4日），歴大

## 山口光広 やまぐちみつひろ

永禄6（1563）年〜正保4（1647）年

安土桃山時代〜江戸時代前期の武将。

¶京都府，戦国，戦人

## 山口宗永 やまぐちむねなが

→山口正弘（やまぐちまさひろ）

## 山口茂左衛門 やまぐちもざえもん

？　〜元和1（1615）年

安土桃山時代〜江戸時代前期の大坂の役の勇士。

『於菊物語』の作者菊の父。

¶大阪人（㋕元和1（1615）年5月），人名（㋕1614年），日人

## 山口守孝 やまぐちもりたか

生没年不詳

安土桃山時代の織田信長の家臣。

¶織田

## 山口弥七郎 やまぐちやしちろう

生没年不詳

安土桃山時代の織田信長の家臣。

¶織田

## 山口若狭守 やまぐちわかさのかみ

生没年不詳

戦国時代の北条氏家臣松田憲秀の被官。

¶戦辞

## 山崎家治 やまさきいえはる，やまざきいえはる

文禄3（1594）年〜慶安1（1648）年

江戸時代前期の武将，大名。因幡若桜藩主，備中成羽藩主，肥後富岡藩主，讃岐丸亀藩主。

¶岡山人（㋖慶長7（1602）年　㋕慶安3（1650）年），岡山百，岡山歴（㋕慶安1（1648）年3月17日），香川人，香川百（やまざきいえはる），郷土香川，諸系（やまざきいえはる），日人（やまざきいえはる），藩主4（やまざきいえはる㋕慶安1（1648）年3月17日），藩主4，藩主4（㋕慶安1（1648）年3月17日）

## 山崎家盛 やまさきいえもり，やまざきいえもり

永禄10（1567）年〜慶長19（1614）年

安土桃山時代〜江戸時代前期の武将，大名。摂津三田城主，因幡若桜藩主。

¶岡山人（やまさきいえもり），諸系，人名，戦国（㋖1568年），戦人，鳥取百（やまさきいえもり㋖1568年），藩主3，藩主4（㋕慶長19（1614）年10月8日），兵庫百

## 山崎興盛 やまさきおきもり

？　〜弘治3（1557）年

戦国時代の武士。

¶戦人

## 山崎片家 (山崎堅家) やまさきかたいえ

天文16（1547）年〜天正19（1591）年　㋵山崎秀家《やまざきひでいえ》

安土桃山時代の武将，大名。摂津三田城主。

¶織田（山崎秀家　やまざきひでいえ㋕天正19（1591）年3月28日），諸系，戦国，戦辞（山崎堅家㋕天正19年3月28日（1591年5月21日）），戦人，日人，藩主3（㋕天正19（1591）年3月28

日）

**山路玄蕃允** やまざきげんばのじょう
　生没年不詳
　安土桃山時代の織田信長の家臣。
　¶織田

**山崎権八郎正信** やまざきごんぱちろうまさのぶ
　文禄2（1593）年〜慶安3（1650）年
　江戸時代前期の武士、長崎奉行。
　¶長崎歴

**山崎左近** やまざきさこん
　？　〜寛永18（1641）年
　安土桃山時代〜江戸時代前期の宇都宮藩奥平家
　家老。
　¶栃木歴

**山崎定勝** やまざきさだかつ
　生没年不詳
　安土桃山時代の武将、大名。伊勢八知領主。
　¶戦国，人，藩主3

**山崎貞吉** やまざきさだよし
　戦国時代の武将。武田家臣。塩原幸貞の被官か。
　¶姓氏山梨

**山崎重有** やまざきしげあり
　生没年不詳
　戦国時代の武将。
　¶戦人

**山崎秀仙** やまざきしゅうせん
　？　〜天正9（1581）年9月1日
　戦国時代〜安土桃山時代の上杉氏の家臣。
　¶戦辞

**山崎庄兵衛** やまざきしょうべえ
　安土桃山時代の武士。前田利家の家臣。
　¶姓氏富山

**山崎四郎右衛門** やまざきしろうえもん
　安土桃山時代の武将。羽柴家臣。
　¶戦西

**山崎善七郎** やまざきぜんしちろう
　戦国時代の武将。武田家臣。塩原幸貞の被官か。
　¶姓氏山梨

**山崎丹後** やまざきたんご
　生没年不詳
　安土桃山時代の武士。伊達氏家臣。
　¶戦人

**山崎長有** やまざきながあり
　天正17（1589）年〜寛文7（1667）年
　安土桃山時代〜江戸時代前期の武士。
　¶日人

**山崎長徳** やまざきながのり
　天文21（1552）年〜元和6（1620）年
　安土桃山時代〜江戸時代前期の武将。加賀藩重臣。
　¶石川百，近世，国史，人名，姓氏石川（㊟？），
　　戦合，戦国（㊟1553年），戦人，日人，藩臣3
　　（㊟？）

**山崎長吉** やまざきながよし
　戦国時代の武士。
　¶戦人（生没年不詳），戦西

**山崎彦七** やまざきひこしち
　生没年不詳
　戦国時代の武将。伊達氏家臣。
　¶戦人

**山崎秀家** やまざきひでいえ
　→山崎片家（やまざきかたいえ）

**山崎平左衛門** やまざきへいざえもん
　生没年不詳
　戦国時代の北条氏の家臣。
　¶戦辞

**山崎平三郎** やまざきへいざぶろう
　生没年不詳
　安土桃山時代の織田信長の家臣。
　¶織田

**山崎弥三郎** やまざきやさぶろう
　生没年不詳
　安土桃山時代の武将。後北条氏家臣。
　¶埼玉人，戦辞，戦東

**山崎吉家**(1) やまざきよしいえ
　生没年不詳
　戦国時代の武将。朝倉孝景の臣。
　¶戦西

**山崎吉家**(2) やまざきよしいえ
　？　〜天正1（1573）年
　戦国時代の武将。朝倉義景の臣。
　¶戦人，戦西，戦補

**山崎吉延** やまざきよしのぶ
　？　〜天正1（1573）年
　戦国時代の武士。
　¶戦人，戦西

**山崎若狭守** やまざきわかさのかみ
　生没年不詳
　安土桃山時代の武士。後北条氏家臣。
　¶戦人

**山路将監** やまじしょうげん
　→山路正国（やまじまさくに）

**山下伊勢** やましたいせ
　戦国時代の武将。武田家臣。武田家重宝の御旗・
　楯無の別当。
　¶姓氏山梨

**山下市左衛門** やましたいちざえもん
　安土桃山時代〜江戸時代前期の武士。里見氏家臣。
　¶戦人（生没年不詳），戦東

**山下治勝** やましたはるかつ
　永禄11（1568）年〜承応2（1653）年
　安土桃山時代〜江戸時代前期の尾張藩士。
　¶姓氏愛知，藩臣4

**山下三右衛門** やましたさんえもん
　生没年不詳

安土桃山時代の織田信長の家臣。
¶織田

**山下治部少輔** やましたじぶしょうゆう
戦国時代の武士。後北条氏家臣。
¶戦人（生没年不詳），戦東

**山下甚介** やましたじんすけ
戦国時代の武将。武田家臣。同心。
¶姓氏山梨

**山下長就** やましたながなり
㉓山下長就《やましたながのり》
戦国時代の武士。
¶戦人（生没年不詳），戦西（やましたながのり）

**山下長就** やましたながのり
→山下長就（やましたながなり）

**山路種清** やまじたねきよ
？ ～元和5（1619）年
安土桃山時代～江戸時代前期の武将。
¶姓氏鹿児島

**山路正国** やまじまさくに
天文15（1546）年～天正11（1583）年　㉓山路将監
《やまじしょうげん》
安土桃山時代の武士。
¶人名（山路将監　やまじしょうげん），戦国，戦
人，日人

**山代固** やましろかたし
生没年不詳
鎌倉時代前期の御家人。
¶鎌室，日人

**山代忠久** やましろただひさ
？ ～元和3（1617）年
安土桃山時代～江戸時代前期の武士。豊臣氏家臣。
¶戦国，戦人

**山背部小田** やましろべのおだ
？ ～＊
飛鳥時代の武人。大海人皇子の舎人。壬申の乱で
活躍。
¶古代（㉓698年），姓氏京都（㉓697年），日人
（㉓699年）

**山城宗村** やましろむねむら
？ ～興国2/暦応4（1341）年
鎌倉時代後期～南北朝時代の武士。
¶日人

**山田** やまだ
生没年不詳
戦国時代の北条氏の家臣。
¶戦辞

**山田有親** やまだありちか
生没年不詳
戦国時代の武将。
¶戦人

**山田有栄** やまだありなが
天正6（1578）年～寛文8（1668）年　㉓山田昌巌
《やまだしょうがん》

安土桃山時代～江戸時代前期の武士。地頭・家老。
¶鹿児島百（山田昌巌　やまだしょうがん），国
書（山田昌巌　やまだしょうがん　㉓寛文8
（1668）年9月2日），姓氏鹿児島（山田昌巌　や
まだしょうがん），戦人，戦西

**山田有信** やまだありのぶ
天文13（1544）年～慶長14（1609）年　㉓山田新介
《やまだしんすけ》
安土桃山時代～江戸時代前期の武士。
¶鹿児島百，姓氏鹿児島，戦人，戦西（㊥1549
年），宮崎百（山田新介　やまだしんすけ）

**山田家重** やまだいえしげ
生没年不詳
鎌倉時代の御家人。
¶徳島歴

**山田家元** やまだいえもと
安土桃山時代の武士。豊臣秀次の臣。
¶戦国

**山田越中守** やまだえっちゅうのかみ
戦国時代の武将。南条家重臣。
¶鳥取百

**山田景隆** やまだかげたか
？ ～永禄3（1560）年5月
戦国時代の武将。今川氏家臣。
¶戦辞，戦東

**山高親之** やまたかちかゆき
永正6（1509）年～永禄9（1566）年
戦国時代～安土桃山時代の武田家臣。武川衆。
¶姓氏山梨

**山田勝盛** やまだかつもり
天文7（1538）年～天正2（1574）年
戦国時代～安土桃山時代の織田信長の家臣。
¶織田

**山田喜右衛門** やまだきえもん
生没年不詳　㉓山田喜右衛門尉《やまだきえもん
のじょう》
安土桃山時代の武士。上杉氏家臣。
¶戦辞（山田喜右衛門尉　やまだきえもんのじょ
う），戦人

**山田喜右衛門尉** やまだきえもんのじょう
→山田喜右衛門（やまだきえもん）

**山田喜左衛門** やまだきざえもん
安土桃山時代の武将。秀吉馬廻。
¶戦国，戦人（生没年不詳）

**山田喜三郎** やまだきさぶろう
安土桃山時代の武将。秀吉馬廻。
¶戦国

**山田喜四郎** やまだきしろう
安土桃山時代～江戸時代前期の武将。秀吉馬廻。
¶戦国

**山田久三郎** やまだきゅうざぶろう，やまだきゅうさぶ
ろう
安土桃山時代の武士。豊臣氏家臣。

や

¶戦国(やまだきゅうさぶろう)，戦人(生没年不詳)

**山田清氏** やまだきようじ
戦国時代の武士。
¶戦人(生没年不詳)，戦西

**山田去暦** やまだきょれき
生没年不詳
戦国時代の武将、兵術家。
¶高知人

**山田金助** やまだきんすけ
安土桃山時代の武将。秀吉馬廻。
¶戦国，戦人(生没年不詳)

**山田玄蕃** やまだげんば
安土桃山時代の土豪。里見氏家臣。
¶戦東

**山田左衛門尉** やまださえもんのじょう
生没年不詳
安土桃山時代の織田信長の家臣。
¶織田

**山田左近助** やまださこんのすけ
戦国時代の武将。畠山氏家臣。
¶戦西

**山田重澄** やまだしげずみ
生没年不詳　㊞葦敷重澄《あじきしげずみ》, 山田重高《やまだしげたか》
平安時代後期～鎌倉時代前期の武士。
¶鎌室

**山田重隆** やまだしげたか
生没年不詳
鎌倉時代前期の武士。
¶鎌室

**山田重忠** やまだしげただ
？～承久3(1221)年
鎌倉時代前期の武将。後鳥羽上皇に仕えた。
¶愛知百(㊀1221年6月15日)，朝日(㊀承久3年6月15日(1221年7月6日))，鎌室，国史，古中，史人(㊀1221年6月15日)，新潮(㊀承久3(1221)年6月15日)，人名，姓氏愛知，姓氏京都，日人

**山田重継** やまだしげつぐ
建久2(1191)年～承久3(1221)年
鎌倉時代前期の武将。
¶鎌室，人名，姓氏愛知(㊉？)，日人

**山田重利** やまだしげとし
永禄9(1566)年～寛永13(1636)年
安土桃山時代～江戸時代前期の武士。徳川家康の臣。
¶人名，日人

**山田重直** やまだしげなお
？～文禄1(1592)年
戦国時代～安土桃山時代の武将。毛利氏家臣。
¶戦人，鳥取百

**山田重則** やまだしげのり
天文1(1532)年～天正12(1584)年
戦国時代～安土桃山時代の武士。徳川家康の臣。
¶人名，日人

**山田七郎五郎** やまだしちろごろう
生没年不詳
安土桃山時代の織田信長の家臣。
¶織田

**山田信濃守** やまだしなののかみ
安土桃山時代～江戸時代前期の武将。秀吉馬廻、豊臣氏家臣。
¶戦国，戦人(生没年不詳)

**山田治部左衛門** やまだじぶざえもん
？～弘治2(1556)年8月24日
戦国時代の織田信長の家臣。
¶織田

**山田修理亮** やまだしゅりのすけ
生没年不詳
安土桃山時代の織田信長の家臣。
¶織田

**山田聖栄** やまだしょうえい
明徳4(1393)年～文明15(1483)年
室町時代～戦国時代の島津氏の武将。
¶姓氏鹿児島，宮崎百

**山田昌巌** やまだしょうがん
→山田有栄(やまだありなが)

**山田将監** やまだしょうげん
戦国時代の武士。結城氏家臣。
¶戦人(生没年不詳)，戦東

**山田新十郎** やまだしんじゅうろう
生没年不詳
戦国時代の北条氏の家臣。
¶戦辞

**山田新介** やまだしんすけ
→山田有信(やまだありのぶ)

**山田太左衛門** やまだたざえもん
安土桃山時代の武将。秀吉馬廻。
¶戦国，戦人(生没年不詳)

**山田忠広** やまだただひろ
生没年不詳
戦国時代の武将。島津氏家臣。
¶戦人

**山田忠房** やまだただふさ
？～文中1/応安5(1372)年
南北朝時代の武将。
¶姓氏鹿児島

**山田忠能** やまだただよし
生没年不詳
鎌倉時代後期～南北朝時代の武士。
¶鎌室，日人

**山田大兵衛** やまだたへえ
？～永禄12(1569)年9月8日

戦国時代～安土桃山時代の織田信長の家臣。
¶織田

**山田忠左衛門** やまだちゅうざえもん
安土桃山時代の武将。秀吉馬廻。
¶戦国，戦人（生没年不詳）

**山田対馬守** やまだつしまのかみ
生没年不詳
戦国時代の北条氏の家臣。
¶戦辞

**山田道安** やまだどうあん
？ ～天正1（1573）年
戦国時代の武将。
¶鎌倉（[没]元亀2（1571）年），郷土奈良，新潮（[没]天正1（1573）年10月21日），人名，世人，日史，日人，美術，百科，仏教（[没]天正1（1573）年10月21日），名画，歴大

**山田藤左衛門** やまだとうざえもん
戦国時代の武将。武田家臣。『武田家過去帳』に中郡上石田に居住とみえる。
¶姓氏山梨

**山田藤三** やまだとうぞう
安土桃山時代の武将。秀吉馬廻。
¶戦人（生没年不詳），戦補

**山田遠江** やまだとおとうみ
安土桃山時代～江戸時代前期の武士。里見氏家臣。
¶戦人（生没年不詳），戦東

**山田直定** やまだなおさだ
？ ～永禄5（1562）年7月26日
戦国時代の武士。
¶埼玉人

**山田直安** やまだなおやす
？ ～慶長5（1600）年
安土桃山時代の武将。
¶戦人

**山田長秀** やまだながひで
生没年不詳
戦国時代の武士。河田氏の年寄、越後上杉氏の家臣。
¶戦辞

**山田業辰** やまだなりとき
？ ～天正13（1585）年
安土桃山時代の武将。
¶戦人

**山田八左衛門** やまだはちざえもん
安土桃山時代の武将。秀吉馬廻。
¶戦補

**山田半三郎** やまだはんざぶろう，やまだはんさぶろう
安土桃山時代の武将。秀吉馬廻。
¶戦国（やまだはんさぶろう），戦人（生没年不詳）

**山田半兵衛** やまだはんべえ
生没年不詳
安土桃山時代の織田信長の家臣。
¶織田

**山田彦太郎** やまだひこたろう
生没年不詳
戦国時代の北条氏の家臣。
¶戦辞

**山田備前守** やまだびぜんのかみ
戦国時代の武将。武田家臣。永禄10年の諏訪五十騎交名にみえる。
¶姓氏山梨

**山田平兵衛** やまだへいべえ
[別]山田平兵衛尉《やまだへいべえのじょう》
安土桃山時代の武将。秀吉馬廻。
¶戦国，戦人（生没年不詳）

**山田正勝** やまだまさかつ
？ ～慶長6（1601）年
安土桃山時代の武士。徳川氏家臣、豊臣氏家臣、前田氏家臣。
¶戦国，戦人

**山田匡徳** やまだまさのり
生没年不詳
安土桃山時代の武士。
¶戦人

**山田又右衛門** やまだまたえもん
安土桃山時代の武将。秀吉馬廻。
¶戦国

**山田宗重** やまだむねしげ
*～元和4（1618）年2月20日
戦国時代～江戸時代前期の徳島藩和食城代。
¶徳島百（[生]？），徳島歴（[生]天文7（1538）年）

**山田宗登** やまだむねと
？ ～天和1（1681）年3月17日
安土桃山時代～江戸時代前期の武将、徳島藩家老。
¶徳島歴

**山田宗久** やまだむねひさ
生没年不詳 [別]島津宗久《しまづむねひさ》
鎌倉時代後期の南九州の地頭。山田氏の祖。
¶朝日，鎌室，新潮，姓氏鹿児島，日人

**山田元義** やまだもとよし
戦国時代の武将。
¶高知人（生没年不詳），高知百

**山田弥右衛門** やまだやえもん
戦国時代の武将。葛西氏家臣。
¶戦東

**山田弥太郎** やまだやたろう
生没年不詳
安土桃山時代の織田信長の家臣。
¶織田

**山田与兵衛** やまだよへえ
生没年不詳
安土桃山時代の織田信長の家臣。
¶織田

**山田若狭守** やまだわかさのかみ
戦国時代の武将。武田家臣。永禄10年の諏訪五十騎交名にみえる。

¶姓氏山梨

**山寺信明** やまでらのぶあき
? ～永禄4(1561)年 [別]山寺信明《やまでらのぶあきら》
安土桃山時代の地方豪族・土豪。
¶姓氏山梨(やまでらのぶあきら), 戦人(生没年不詳)

**山寺信明** やまでらのぶあきら
→山寺信明(やまでらのぶあき)

**山寺信昌** やまでらのぶまさ
? ～天正19(1591)年
戦国時代～安土桃山時代の武田家臣。信玄・勝頼に仕え、使番。
¶姓氏山梨

**山寺昌吉** やまでらまさよし
戦国時代の武将。武田家臣。巨摩郡の武川衆。
¶姓氏山梨

**大和淡路守** やまとあわじのかみ
生没年不詳
戦国時代の足利義昭の家臣。
¶戦辞

**大和監物** やまとけんもつ
戦国時代の武将。武田家臣。永禄10年の諏訪五十騎交名にみえる。
¶姓氏山梨



**倭建** やまとたける
→日本武尊(やまとたけるのみこと)

**倭武天皇** やまとたけるのてんのう
→日本武尊(やまとたけるのみこと)

**日本武尊**(倭建命) やまとたけるのみこと
[別]倭建《やまとたける》,倭武天皇《やまとたけるのてんのう》,小碓皇子《おうすのみこ》,小碓尊《おうすのみこと》,小碓命《おうすのみこと》
上代の伝説上の英雄。景行天皇の皇子。
¶朝日, 茨城百(倭武天皇 やまとたけるのてんのう), 岩史, 角史(倭建 やまとたける), 群馬人, 国史, 国書, 古史, 古代, 古中, コン改, コン4, 詩歌, 史人, 静岡百, 静岡歴, 島根歴(倭建命), 重要(生没年不詳), 諸系, 神史, 人書79, 人書94, 新潮, 人名, 姓氏愛知, 姓氏岩手, 姓氏鹿児島, 世人(生没年不詳), 全書, 大百, 多摩, 千葉百, 伝記, 長野歴, 新潟百, 日史, 日人, 百科, 宮崎百, 山梨百, 歴大, 和俳(生没年不詳)

**倭馬飼** やまとのうまかい
飛鳥時代の豪族。蘇我入鹿の命で山背大兄皇子一族を襲撃した。
¶古代(倭馬飼首 やまとのうまかいのおびと)

**倭手彦** やまとのてひこ
[別]倭国造手彦《やまとのくにのみやつこてひこ》
上代の豪族。対新羅戦の将。
¶古代(倭国造手彦 やまとのくにのみやつこてひこ), 日人(生没年不詳)

**大和晴親** やまとはるちか
戦国時代の武士。後北条氏家臣。
¶戦人(生没年不詳), 戦東

**大和晴統** やまとはるむね
生没年不詳
戦国時代の武士。後北条氏家臣。
¶姓氏神奈川, 戦辞, 戦人, 戦東

**大和兵部丞** やまとひょうぶのじょう
生没年不詳
戦国時代の北条氏の家臣。
¶戦辞

**大和弥九郎** やまとやくろう
生没年不詳
戦国時代の丹後国の土豪。
¶京都府

**山名韶熙** やまなあきひろ
→山名祐豊(やまなすけとよ)

**山名市十郎** やまないちじゅうろう
安土桃山時代の武将。秀吉馬廻。
¶戦国

**山名猪臥入道** やまないふせにゅうどう
室町時代の武将。
¶岡山人

**山名氏家** やまなうじいえ
生没年不詳
南北朝時代～室町時代の武将。因幡守護。
¶朝日, 諸系, 鳥取百, 日人

**山名氏兼** やまなうじかね
生没年不詳
戦国時代の武将。
¶戦人

**山名氏清** やまなうじきよ
興国5/康永3(1344)年～元中8/明徳2(1391)年
南北朝時代の武将。全国の6分の1にあたる領国を有し、六分一殿と称されたが明徳の乱で敗死した。
¶朝日([没]明徳2/元中8年12月30日(1392年1月24日)), 岩史([没]明徳2(1391)年12月30日), 角史, 鎌室, 京都府, 国史, 国書([没]明徳2(1391)年12月30日), 古中, コン改, コン4, 史人([没]1391年12月30日), 重要([没]元中8/明徳2(1391)年12月30日), 諸系([没]1392年), 新潮([没]明徳2/元中8(1391)年12月30日), 人名([生]?), 姓氏京都, 世人([没]元中8/明徳2(1391)年12月29日), 世百([生]1344年?), 全書, 大百([生]1343年), 伝記([生]?), 鳥取百([生]康永2(1343)年), 日史([没]明徳2/元中8(1391)年12月30日), 日人([没]1392年), 百科, 兵庫百, 歴大

**山名氏利** やまなうじとし
生没年不詳
室町時代の武将。
¶鎌室, 島根歴

**山名氏冬** やまなうじふゆ
? ～建徳1/応安3(1370)年

南北朝時代の武将。
¶鎌室，諸系，人名，鳥取百，日人

### 山名氏幸 (山名氏之) やまなうじゆき
生没年不詳
南北朝時代～室町時代の武将。幕府に協力して氏清を打倒。伯耆守護。
¶朝日，角史，鎌室，鎌室 (山名氏之)，系西 (山名氏之)，コン改，コン4，諸系，新潮，人名，鳥取百 (山名氏之)，日人

### 山中市十郎 やまなかいちじゅうろう
生没年不詳
安土桃山時代の武将。秀吉馬廻。
¶戦人

### 山中大炊 やまなかおおい
生没年不詳
戦国時代の武将。
¶姓氏神奈川

### 山中大炊助 やまなかおおいのすけ
生没年不詳
戦国時代の北条氏の家臣。
¶戦辞

### 山中五郎作 やまなかごろうさく
→山中五郎作 (やまなかごろさく)

### 山中五郎作 やまなかごろさく
㋺山中五郎作《やまなかごろうさく》
安土桃山時代の武将。秀吉馬廻。
¶戦国 (やまなかごろうさく)，戦人 (生没年不詳)

### 山中作右衛門 やまなかさくえもん
慶長4 (1599) 年～寛文12 (1672) 年　㋺山中友俊《やまなかともとし》
江戸時代前期の武士，紀伊和歌山藩士。
¶藩臣5，和歌山人 (山中友俊　やまなかともとし)

### 山中貞信 やまなかさだのぶ
生没年不詳
戦国時代の武士。後北条氏家臣。
¶戦人

### 山中鹿介 (山中鹿之介，山中鹿之助) やまなかしかのすけ
→山中幸盛 (やまなかゆきもり)

### 山中鹿介幸盛 やまなかしかのすけゆきもり
→山中幸盛 (やまなかゆきもり)

### 山中修理亮 やまなかしゅりのすけ
戦国時代の武将。後北条氏家臣。
¶戦東

### 山中内匠助 やまなかたくみのすけ
生没年不詳
戦国時代の北条氏の家臣。河越衆。
¶戦辞

### 山名勝豊 やまなかつとよ
？ ～長禄3 (1459) 年
室町時代の武将。因幡守護。
¶鎌室 (㋺永享3 (1431) 年　㋺長禄3 (1459)

年？)，系西，国史，古中，史人 (㋺1459年4月14日)，諸系，新潮 (㋺永享3 (1431) 年　㋺長禄3 (1459) 年4月14日)，戦人，鳥取百 (生没年不詳)，日人

### 山中俊好 やまなかとしよし
㋺山中大和守俊好《やまなかやまとのかみとしよし》
戦国時代の武士。
¶戦人 (生没年不詳)，戦西 (山中大和守俊好　やまなかやまとのかみとしよし)

### 山中友俊 やまなかともとし
→山中作右衛門 (やまなかさくえもん)

### 山中長俊 やまなかながとし
天文16 (1547) 年～慶長12 (1607) 年
安土桃山時代～江戸時代前期の武将，豊臣秀吉の演奏者，右筆。
¶朝日 (㋺慶長12年12月24日 (1608年2月10日))，岩史 (㋺慶長12 (1607) 年12月24日)，織田 (㋺慶長12 (1607) 年12月24日)，国書 (慶長12 (1607) 年12月24日)，コン4，史人 (㋺1607年12月24日)，戦国，戦辞 (㋺慶長12年12月24日 (1608年2月10日))，戦人，日史 (㋺慶長12 (1607) 年12月14日)，日人 (㋺1608年)，百科，歴大

### 山中彦次郎 やまなかひこじろう
生没年不詳
戦国時代の武士。後北条氏家臣。
¶戦辞，戦人，戦東

### 山中彦八郎 やまなかひこはちろう
生没年不詳
戦国時代の武士。後北条氏家臣。
¶戦辞，戦人，戦東

### 山中孫七郎 やまなかまごしちろう
戦国時代の武士。後北条氏家臣。
¶戦人 (生没年不詳)，戦東

### 山中政信 やまなかまさのぶ
生没年不詳
戦国時代の北条氏の家臣。
¶戦辞

### 山中又左衛門 やまなかまたざえもん
㋺山中又左衛門尉《やまなかまたざえもんのじょう》
安土桃山時代の武将。秀吉馬廻。
¶戦国，戦人 (生没年不詳)

### 山中又三郎 やまなかまたさぶろう
生没年不詳
戦国時代の武士。細川氏家臣。
¶戦人

### 山中主水 やまなかもんど
戦国時代の武将。武田家臣。永禄10年の諏訪五十騎交名にみえる。
¶姓氏山梨

### 山中康豊 やまなかやすとよ
生没年不詳　㋺山角康豊《やまかくやすとよ》

戦国時代の北条氏の家臣。
　¶戦辞，戦人（山角康豊　やまかくやすとよ），戦
　東（山角康豊　やまかくやすとよ）

## 山中大和守俊好 やまなかやまとのかみとしよし
　→山中俊好（やまなかとしよし）

## 山中幸俊 やまなかゆきとし
　安土桃山時代〜江戸時代前期の武士。豊臣氏家臣。
　¶戦国，戦人（生没年不詳）

## 山中幸盛 やまなかゆきもり
　＊〜天正6（1578）年　別山中鹿介《やまなかしかの
　すけ》，山中鹿介幸盛《やまなかしかのすけゆきも
　り》，山中鹿之介《やまなかしかのすけ》，山中鹿之
　助《やまなかしかのすけ》
　安土桃山時代の武将、通称は鹿介、尼子十勇士の
　一人。
　　¶朝日（㋳天文14（1545）年　　㋺天正6年7月17
　　日（1578年8月20日），岩史（㋳），岡山人
　　（山中鹿之助　やまなかしかのすけ），岡山百
　　（山中鹿之介　やまなかしかのすけ）㋳天文14
　　（1545）年　㋺天正6（1578）年7月17日），角史
　　（山中鹿介　やまなかしかのすけ　㋳？），国
　　史（㋳？），古中（㋳？），コン改（㋳天文14
　　（1545）年？），コン4（㋳天文14（1545）年？），
　　詩歌（山中鹿之助　やまなかしかのすけ
　　㋳1540年），史人（山中鹿介　やまなかしかの
　　すけ　㋳1541年？　㋺1578年7月17日），島根
　　人（山中鹿之助　やまなかしかのすけ　㋳天文
　　14（1545）年），島根百（山中鹿介幸盛　やまな
　　かしかのすけゆきもり　㋳天文14（1545）年8月
　　15日　㋺天正6（1578）年7月17日），島根歴（山
　　中鹿介　やまなかしかのすけ　㋳？），人書94
　　（山中鹿之介　やまなかしかのすけ　㋳？），
　　新潮（㋳？　　㋺天正6（1578）年7月17日），人
　　名（山中鹿之助　やまなかしかのすけ），世人
　　（㋳？　　㋺天正5（1577）年7月3日），世百（山
　　中鹿之助　やまなかしかのすけ），戦合
　　（㋳？），戦国（㋳？），全書（山中鹿介　やまな
　　かしかのすけ　㋳1545年），戦人（㋳天文14
　　（1545）年？），戦西（㋳1541年），大百（山中鹿
　　之助　やまなかしかのすけ），鳥取百（山中鹿介
　　やまなかしかのすけ　㋳天文14（1545）年），長
　　野歴（山中鹿之助　やまなかしかのすけ　㋳？
　　㋺天正5（1577）年），日史（山中鹿介　やまな
　　かしかのすけ　㋳？），日人（㋳？），百科（山
　　中鹿之介　やまなかしかのすけ　㋳？），兵庫
　　百（㋳天文14（1545）年？），歴大（山中鹿介
　　やまなかしかのすけ　㋳1545年）

## 山中与三左衛門 やまなかよそうざえもん
　戦国時代の武将。浅井氏家臣。
　¶戦西

## 山中頼次 やまなかよりつぐ
　戦国時代の武士。後北条氏家臣。
　¶戦人（生没年不詳），戦東

## 山中頼元 やまなかよりもと
　生没年不詳
　戦国時代の北条氏の家臣。河越衆。
　¶戦辞

## 山名是豊 やまなこれとよ
　生没年不詳
　室町時代の武将。
　¶諸系，人名，日人，広島百

## 山名重国 やまなしげくに
　生没年不詳
　鎌倉時代前期の武士。
　¶鎌室，諸系，日人

## 山名七郎 やまなしちろう
　安土桃山時代の武将。
　¶戦国，戦人（生没年不詳）

## 山梨孫九郎 やまなしまごくろう
　安土桃山時代〜江戸時代前期の武士。里見氏家臣。
　¶戦人（生没年不詳），戦東

## 山名勝七 やまなしょうしち
　安土桃山時代の武将。秀吉馬廻。
　¶戦国，戦人（生没年不詳）

## 山名祐豊 やまなすけとよ
　永正8（1511）年〜天正8（1580）年　別山名韶熙
　《やまなあきひろ》
　戦国時代〜安土桃山時代の武将。
　¶織田（山名韶熙　やまなあきひろ　㋺天正8
　（1580）年5月21日），系西，戦国（山名韶熙
　やまなあきひろ　㋳？），戦人，鳥取百

## 山名澄之 やまなすみゆき
　？　〜天文2（1533）年
　戦国時代の武将。
　¶鳥取百

## 山名禅高 やまなぜんこう
　→山名豊国（やまなとよくに）

## 山名宗全 やまなそうぜん
　→山名持豊（やまなもちとよ）

## 山名尭熙 やまなたかひろ
　安土桃山時代の武将。秀吉馬廻。
　¶戦国，戦人（生没年不詳）

## 山名尭政 やまなたかまさ
　？　〜元和1（1615）年
　安土桃山時代〜江戸時代前期の武将。秀吉馬廻。
　¶戦国，戦人

## 山名理興 やまなただおき
　→杉原理興（すぎはらまさおき）

## 山名忠重 やまなただしげ
　安土桃山時代の武将。
　¶岡山人

## 山名忠政 やまなただまさ
　室町時代の武将。
　¶岡山人，岡山歴

## 山名時氏 やまなときうじ
　嘉元1（1303）年〜建徳2/応安4（1371）年
　鎌倉時代後期〜南北朝時代の武将。伊豆守。
　¶朝日（㋳正安1（1299）年　㋺応安4/建徳2年2月
　28日（1371年3月15日）），岩史（㋳？　㋺応安
　4（1371）年2月28日），岡山人（㋺応安2（1369）

年)，岡山百([生]正安1(1299)年 [没]建徳2/応安4(1371)年2月28日)，角史，鎌室，京都府，国史([生]?)，古中([生]?)，コン改，コン4，史人([生]1303年? [没]1371年2月28日)，島根人，島根歴([生]?)，諸系，新潮([没]応安4/建徳2(1371)年2月28日)，人名，世人([没]建徳2/応安4(1371)年2月28日)，世百([生]1299年?)，全書，大百([生]1299年)，鳥取百([生]正安1(1299)年)，日史([生]? [没]応安4/建徳2(1371)年2月28日)，日人，百科，兵庫百，歴大([生]?)

**山名時熙**(山名時凞) やまなときひろ
正平22/貞治6(1367)年～永享7(1435)年
南北朝時代～室町時代の武将。足利義教政権下の再有力宿老。
¶朝日([没]永享7年7月4日(1435年7月29日))，岩史([没]永享7(1435)年7月4日)，角史，鎌室，系西，国史，国書([没]永享7(1435)年7月4日)，古中，コン改，コン4，史人([没]1435年7月4日)，諸系，新潮([没]永享7(1435)年7月4日)，人名，世人，全書(山名時凞)，鳥取百，日史([没]永享7(1435)年7月4日)，日人，百科，兵庫百，歴大([生]1364年)

**山名時義** やまなときよし
正平1/貞和2(1346)年～元中6/康応1(1389)年
南北朝時代の武将。伊豆守。時氏の子。
¶朝日([没]康応1/元中6年5月4日(1389年5月29日))，系西，国史，古中，コン4，史人([没]1389年5月4日)，島根人，島根歴，諸系，鳥取百，日史([生]? [没]康応1/元中6(1389)年5月4日)，日人，兵庫百([生]貞和4(1348)年)，広島百([生]? [没]康応1(1389)年5月)

**山名俊豊** やまなとしとよ
? ～明応8(1499)年
室町時代の武将。
¶兵庫百

**山名豊国** やまなとよくに
天文17(1548)年～寛永3(1626)年 [別]山名禅高《やまなぜんこう》
安土桃山時代～江戸時代前期の武将。因幡守護。
¶織田([没]寛永3(1626)年10月7日)，近世，系西，国史，国書(山名禅高 やまなぜんこう [没]寛永3(1626)年10月7日)，史人([没]1626年10月7日)，諸系，新潮([没]寛永3(1626)年10月7日)，人名，戦合，戦国([生]1549年)，戦人([生]?)，鳥取百，日人，兵庫百，歴大

**山名豊定** やまなとよさだ
永正9(1512)年～永禄3(1560)年
戦国時代の武士。
¶系西，戦人，鳥取百

**山名豊重** やまなとよしげ
生没年不詳
戦国時代の武士。
¶系西，戦人，鳥取百

**山名豊成** やまなとよしげ
生没年不詳
戦国時代の武士。
¶戦人

**山名豊澄** やまなとよずみ
生没年不詳
戦国時代の武将。
¶戦人

**山名豊時** やまなとよとき
生没年不詳
戦国時代の武将。
¶系西，戦人，鳥取百

**山名豊直** やまなとよなお
生没年不詳
戦国時代～安土桃山時代の武将。
¶戦人

**山名豊治** やまなとよはる
? ～大永7(1527)年
戦国時代の武将。
¶鳥取百

**山名豊弘** やまなとよひろ
? ～永禄7(1564)年 [別]三上兵庫《みかみひょうご》
戦国時代の武士。
¶戦人

**山名誠通** やまなのぶみち
? ～天文17(1548)年
戦国時代の武士。
¶系西，戦人，鳥取百

**山名教清** やまなのりきよ
生没年不詳
室町時代の武将。美作守護。
¶岡山歴，鎌室，国史，古中，島根歴，諸系，新潮，日人，兵庫百

**山名教豊** やまなのりとよ
応永31(1424)年～応仁1(1467)年
室町時代の武将。
¶鎌室([生]?)，諸系，日人

**山名教之** やまなのりゆき
? ～文明5(1473)年
室町時代の武士。
¶岡山人，岡山歴([没]文明5(1473)年1月13日)，鎌室，系西，国書([没]文明5(1473)年1月13日)，諸系，戦人，鳥取百，日人，兵庫百

**山名熙重** やまなひろしげ
生没年不詳
室町時代の武将。
¶鎌室

**山名熙貴**(山名凞貴) やまなひろたか
? ～嘉吉1(1441)年
室町時代の武将。
¶鎌室，国書([没]嘉吉1(1441)年6月24日)，島根歴，諸系，日人，兵庫百(山名凞貴)

**山名政清** やまなまさきよ
生没年不詳
室町時代の武将。応仁の乱で西軍に参加。
¶朝日，鎌室，国史，古中，史人，島根歴，諸系，新潮，戦合，日人

**山名政豊**　やまなまさとよ
嘉吉1(1441)年～明応8(1499)年
室町時代～戦国時代の武将。但馬、山城守護。持豊の子。
¶朝日([没]明応8年1月23日(1499年3月4日))，鎌室([生]？　[没]文亀2(1502)年)，京都大([生]？　[没]文亀2(1502)年)，系西，国史，国書([没]明応8(1499)年1月23日)，古中，コン4，史人([没]1499年1月23日)，諸系，新潮([生]？　[没]明応8(1499)年1月23日)，人名([生]？　[没]1502年)，戦合，戦人，鳥取百，日史([生]？　[没]明応8(1499)年1月23日)，日人，百科([生]？)，兵庫百([生]？)，歴大

**山名政之**　やまなまさゆき
生没年不詳
戦国時代の武将。
¶系西，戦人，鳥取百

**山名満幸**　やまなみちたか
→山名満幸(やまなみつゆき)

**山名満氏**　やまなみつうじ
生没年不詳
室町時代の武将。
¶鎌室

**山名満幸**　やまなみつゆき
？～応永2(1395)年　[別]山名満幸《やまなみちたか》
南北朝時代の武将。侍所頭人。明徳の乱の張本人。
¶朝日([没]応永1年3月10日(1394年4月10日))，角史，鎌室，京都府，国史([没]1394年)，古中，コン改，コン4，史人([没]1395年3月10日)，島根人(やまなみちたか)，島根歴，重要([没]応永2(1395)年3月10日)，諸系，新潮([没]応永2(1395)年3月10日)，人名，世人，全書，鳥取百，日史([没]応永2(1395)年3月10日)，日人，兵庫百，歴大

**山名持豊**　やまなもちとよ
応永11(1404)年～文明5(1473)年　[別]山名宗全《やまなそうぜん》
室町時代の武将。時熙の子。領国を9ヵ国に拡大。応仁の乱では西軍の主将となる。
¶朝日([没]文明5年3月18日(1473年4月15日))，岩史([没]文明5(1473)年3月18日)，角史，鎌室，京都(山名宗全　やまなそうぜん)，京都大(山名宗全　やまなそうぜん)，系西，国史，古中，コン改，コン4，史人([没]1473年3月18日)，重要([生]応永11(1404)年5月29日　[没]文明5(1473)年3月18日)，諸系，新潮([没]文明5(1473)年3月18日)，人名，姓氏京都(山名宗全　やまなそうぜん)，世人([没]文明5(1473)年3月18日)，世百，戦合，全書，戦人，大百，伝記(山名宗全　やまなそうぜん)，鳥取百，日史([没]文明5(1473)年3月18日)，日人，百科，兵庫百，仏教(山名宗全　やまなそうぜん)，歴大

**山名持熈**　やまなもちひろ
？～永享9(1437)年
室町時代の武将。
¶兵庫百

**山名元之**　やまなもとゆき
生没年不詳
室町時代の武将。
¶鳥取百

**山名師義**　やまなもろよし
嘉暦3(1328)年～天授2/永和2(1376)年　[別]山名師氏《やまなもろうじ》
南北朝時代の武将。丹後守護。
¶岡山百([生]？　[没]天授2/永和2(1376)年3月11日)，岡山歴([没]天授2/永和2(1376)年3月11日)，鎌室，京都府，国史，古中，コン改([没]天授4/永和4(1378)年)，コン4([没]永和4/天授4(1378)年)，史人([没]1376年3月11日)，島根人，島根歴([没]永和3(1377)年)，諸系，新潮([没]永和2/天授2(1376)年3月11日)，人名，鳥取百，日史([没]永和2/天授2(1376)年3月11日)，日人，兵庫百

**山名義理**　やまなよしさと
→山名義理(やまなよしただ)

**山名義季**　やまなよしすえ
生没年不詳
安土桃山時代の武士。真田氏家臣。
¶戦人

**山名義理**　やまなよしただ
生没年不詳　[別]山名義理《やまなよしさと，やまなよしまさ》
南北朝時代の武将。時氏の次男。
¶朝日([生]建武4/延元2(1337)年)，岡山百(やまなよしまさ　[生]建武4/延元2(1337)年)，岡山歴(やまなよしまさ　[生]建武4/延元2(1337)年)，角史(やまなよしまさ)，鎌室，国史，古中，コン改(やまなよしまさ)，コン4(やまなよしまさ)，史人([生]1337年？)，諸系([生]1337年)，新潮，人名(やまなよしまさ)，日史(やまなよしまさ)，日人([生]1337年)，和歌山人(やまなよしさと)

**山名義俊**　やまなよしとし
生没年不詳
鎌倉時代後期の武士。
¶群馬人

**山名義範**　やまなよしのり
？～承久1(1219)年？　[別]源義範《みなもとのよしのり，みなもとよしのり》，新田義範《にったよしのり》
鎌倉時代前期の武将。
¶鎌室(生没年不詳)，群馬人([没]承久3(1221)年)，諸系，新潮(生没年不詳)，日人，平史(源義範　みなもとのよしのり　生没年不詳)

**山名義理**　やまなよしまさ
→山名義理(やまなよしただ)

**山名義幸**　やまなよしゆき
生没年不詳
南北朝時代の武将。讃岐守。室町幕府侍所頭人。
¶朝日，鎌室，京都府，コン改，コン4，諸系，新潮，日人

**山野井彦六郎** やまのいひころくろう
安土桃山時代～江戸時代前期の武士。里見氏家臣。
¶戦人（生没年不詳），戦東

**山内氏勝** やまのうちうじかつ
天文9（1540）年～慶長13（1608）年
安土桃山時代～江戸時代前期の武将。
¶会津（[生]天文7（1538）年），戦人，戦補

**山内一唯** やまのうちかずただ
慶長5（1600）年～寛文3（1663）年 [別]山内豊前守一唯《やまのうちぶぜんのかみかずただ》
江戸時代前期の武士、旗本。
¶埼玉人（[没]寛文3（1663）年6月27日），埼玉百（山内豊前守一唯 やまのうちぶぜんのかみかずただ）

**山内一豊** やまのうちかずとよ
*～慶長10（1605）年 [別]山内一豊《やまうちかずとよ，やまうちかつとよ》
安土桃山時代の武将、大名。
¶愛知百（やまうちかずとよ [生]1546年），朝日（やまうちかずとよ [生]天文15（1546）年 [没]慶長10年9月20日（1605年11月1日）），岩史（[生]天文14（1545）年 [没]慶長10（1605）年9月20日），織田（[生]天文15（1546）年 [没]慶長10（1605）年9月20日），角史（やまうちかずとよ [生]天文14（1545）年？），近世（やまうちかずとよ [生]1545年），高知人（やまうちかつとよ [生]1545年），高知百（やまうちかずとよ [生]1546年），国史（やまうちかずとよ [生]1545年），古中（やまうちかずとよ [生]1545年），コン改（[生]天文15（1546）年），コン4（[生]天文15（1546）年），茶道（[生]1546年），史人（やまうちかずとよ [生]1545年，（異説）1546年 [没]1605年9月20日），静岡百（[生]天文15（1546）年），静岡歴（[生]天文15（1546）年），諸系（やまうちかずとよ [生]1545年，（異説）1546年），人書94（[生]1545年，（異説）1546年），新潮（やまうちかずとよ [生]天文14（1545）年，（異説）天文15（1546）年 [没]慶長10（1605）年9月20日），人名（[生]1546年），姓氏愛知（[生]1545年），姓氏静岡（[生]1546年），世人（[生]天文15（1546）年），世百（[生]1546年？），戦合（やまうちかずとよ [生]1545年），戦国（[生]1546年），戦辞（やまうちかずとよ [生]天文14（1545）年 [没]慶長10年9月20日（1605年11月1日）），全書（やまうちかずとよ [生]1546年），戦人（[生]天文15（1546）年），戦西（[生]1546年），大百（[生]1546年），日史（やまうちかずとよ [生]天文14（1545）年，（異説）天文15（1546）年 [没]慶長10（1605）年9月20日），日人（やまうちかずとよ [生]1545年，（異説）1546年），藩主2（やまうちかずとよ [生]1546年），藩主4（やまうちかずとよ [生]天文14（1545）年 [没]慶長10（1605）年9月20日），百科（やまうちかずとよ [生]天文14（1545）年，（異説）天文15（1546）年），歴大（[生]1545年，（異説）1546年）

**山内宮内大輔政綱** やまのうちくないだいふまさつな
？ ～延徳3（1491）年
室町時代～戦国時代の武将。六角氏家臣。
¶戦西

**山内小三郎就綱** やまのうちこさぶろうつぐつな
→山内就綱（やまのうちなりつな）

**山内三郎右衛門** やまのうちさぶろううえもん
→山内三郎右衛門（やまのうちさぶろうえもん）

**山内三郎右衛門** やまのうちさぶろうえもん
[別]山内三郎右衛門《やまのうちさぶろううえもん》
安土桃山時代の武士。
¶戦人（生没年不詳），戦西（やまのうちさぶろううえもん）

**山内首藤経俊** やまのうちすどうつねとし
保延3（1137）年～嘉禄1（1225）年 [別]山内経俊《やまのうちつねとし》，首藤経俊《すどうつねとし》
平安時代後期～鎌倉時代前期の武将。源氏の家人俊通の子。
¶朝日（[没]嘉禄1年6月21日（1225年7月27日）），神奈川人（首藤経俊 すどうつねとし 生没年不詳），鎌倉（山内経俊 やまのうちつねとし），鎌室，国史，古中，コン改（首藤経俊 すどうつねとし），コン4（首藤経俊 すどうつねとし），史人（[没]1225年6月21日），諸系，新潮（[没]嘉禄1（1225）年6月21日），人名（首藤経俊 すどうつねとし），日史（[没]嘉禄1（1225）年6月21日），日人

**山内首藤時通(1)** やまのうちすどうときみち
生没年不詳 [別]山内時通《やまのうちときみち》，首藤時通《すどうときみち》
南北朝時代の武将。
¶鎌室，諸系，新潮，姓氏宮城（山内時通 やまのうちときみち），日人

**山内首藤時通(2)** やまのうちすどうときみち
？ ～康正2（1456）年 [別]山内時通《やまうちときみち》，首藤時通《すどうときみち》
室町時代の武将。
¶鎌室（山内時通 やまうちときみち 生没年不詳），諸系，日人

**山内首藤俊綱** やまのうちすどうとしつな
？ ～平治1（1159）年 [別]首藤俊綱《すどうとしつな》
平安時代後期の武士。
¶鎌室，諸系（[没]1160年），新潮（[没]平治1（1159）年12月27日），人名（首藤俊綱 すどうとしつな），日人（[没]1160年）

**山内首藤俊秀** やまのうちすどうとしひで
？ ～治承4（1180）年 [別]首藤俊秀《すどうとしひで》
平安時代後期～鎌倉時代前期の武将。
¶鎌室，諸系，人名（首藤俊秀 すどうとしひで），日人

**山内首藤俊通** やまのうちすどうとしみち
？ ～平治1（1159）年 [別]首藤俊通《すどうとしみち》，藤原俊通《ふじわらのとしみち》
平安時代後期の武士。保元の乱で源義朝に従った。
¶朝日（[没]平治1年11月28日（1160年1月8日）），鎌室，国史，古中，諸系（[没]1160年），新潮（[没]平治1（1159）年11月28日），人名（首藤俊通

すどうとしみち)，日人(没1160年)，平史(藤原俊通　ふじわらのとしみち)

**山内首藤熙通** やまのうちすどうひろみち
生没年不詳　[別]山内熙通《やまのうちひろみち》
室町時代の備後の武将。
¶朝日，鎌室(山内熙通　やまのうちひろみち)，諸系，日人

**山内首藤通資** やまのうちすどうみちすけ
→山内通資(やまのうちみちすけ)

**山内首藤通忠** やまのうちすどうみちただ
生没年不詳　[別]山内通忠《やまのうちみちただ》
南北朝時代～室町時代の武将。
¶鎌室(山内通忠　やまのうちみちただ)，島根歴(山内通忠　やまのうちみちただ)，諸系，日人

**山内首藤通広** やまのうちすどうみちひろ
生没年不詳
南北朝時代の備後の武将。
¶朝日，諸系，日人

**山内善介**(山内善助) やまのうちぜんすけ
安土桃山時代の武将。秀吉馬廻。
¶戦国(山内善助)，戦人(生没年不詳)

**山内隆通** やまのうちたかみち
*～天正14(1586)年
戦国時代～安土桃山時代の武士。
¶系西(生1530年)，島根歴(生?)，戦人(生享禄3(1530)年)，戦西(生?)

**山内忠義** やまのうちただよし
→山内忠義(やまうちただよし)

**山内経俊** やまのうちつねとし
→山内首藤経俊(やまのうちすどうつねとし)

**山内道美** やまのうちどうび
?　～応永32(1425)年
室町時代の武将。
¶姓氏静岡

**山内時業** やまのうちときなり
生没年不詳
鎌倉時代の御家人。
¶姓氏宮城

**山内時通** やまのうちときみち
→山内首藤時通(1)(やまのうちすどうときみち)

**山内直通** やまのうちなおみち
生没年不詳
戦国時代の武将。
¶戦人

**山内就綱** やまのうちなりつな
[別]山内小三郎就綱《やまのうちこさぶろうつぐつな》
戦国時代の武士。
¶戦人(生没年不詳)，戦西(山内小三郎就綱　やまのうちこさぶろうつぐつな)

**山内熙通** やまのうちひろみち
→山内首藤熙通(やまのうちすどうひろみち)

**山内豊前守一唯** やまのうちぶぜんのかみかずただ
→山内一唯(やまのうちかずただ)

**山内通資** やまのうちみちすけ
生没年不詳　[別]山内首藤通資《やまのうちすどうみちすけ》
鎌倉時代後期～南北朝時代の武将。備後山内首藤氏発展の基礎を築いた。
¶朝日(山内首藤通資　やまのうちすどうみちすけ)，鎌室，系西，諸系(山内首藤通資　やまのうちすどうみちすけ)，新潮，日人(山内首藤通資　やまのうちすどうみちすけ)

**山内通忠** やまのうちみちただ
→山内首藤通忠(やまのうちすどうみちただ)

**山内康豊** やまのうちやすとよ
→山内康豊(やまうちやすとよ)

**山内弥六左衛門尉** やまのうちやろくざえもんのじょう
戦国時代の武将。朝倉氏家臣。
¶戦西

**山内頼重** やまのうちよりしげ
生没年不詳
戦国時代の武士。葛西氏家臣。
¶戦人

**山野辺光茂** やまのべみつしげ
→山野辺義忠(やまのべよしただ)

**山野辺義忠** やまのべよしただ
天正16(1588)年～寛文4(1664)年　[別]山野辺光茂《やまのべみつしげ》
安土桃山時代～江戸時代前期の武将。最上義光の子。山辺城主。のち水戸藩家老。
¶戦東(山野辺光茂　やまのべみつしげ)，藩臣1，藩臣2

**山羽虎蔵** やまはとらぞう
安土桃山時代の武将。秀吉馬廻。
¶戦国，戦人(生没年不詳)

**山羽文蔵** やまはぶんぞう
安土桃山時代の武将。羽柴氏家臣。
¶戦西

**山家公頼** やまべきみより
→山家清兵衛(やんべせいべえ)

**山部王** やまべのおう
?　～弘文天皇1・天武天皇1(672)年　[別]山部王《やまべのおおきみ》
飛鳥時代の皇族。壬申の乱でやむなく大友皇子側についたが、内訌で殺された。
¶古代，日人，万葉(やまべのおおきみ)

**山部王** やまべのおおきみ
→山部王(やまべのおう)

**山部大楯** やまべのおおたて
[別]山部大楯連《やまべのおおたてのむらじ》
上代の武人。
¶古代(山部大楯連　やまべのおおたてのむらじ)，日人

山部昌実　やまべまさざね
　　戦国時代の武将。武田家臣。信濃中入の城主。
　　¶姓氏山梨

山宮右馬助　やまみやうまのすけ
　　生没年不詳
　　戦国時代の甲斐武田晴信・勝頼の家臣。
　　¶戦辞

山村良勝　やまむらたかかつ
　　→山村良勝（やまむらよしかつ）

山村良候　やまむらたかとき
　　→山村良候（やまむらよしとき）

山村良安　やまむらたかやす
　　文禄1（1592）年〜元和4（1618）年
　　江戸時代前期の武将、尾張藩士。
　　¶藩臣4

山村良勝　やまむらながかつ
　　→山村良勝（やまむらよしかつ）

山村吉則　やまむらのよしのり
　　→山村吉則（やまむらのよしのり）

山村良勝　やまむらよしかつ
　　永禄6（1563）年〜寛永11（1634）年　㋝山村良勝
　　《やまむらたかかつ，やまむらながかつ》
　　安土桃山時代〜江戸時代前期の木曽代官。徳川家
　　康の木曽攻略に参加。
　　¶朝日（㋜寛永11年8月3日（1634年9月24日）），
　　人名（やまむらながかつ），姓氏長野（やまむら
　　たかかつ），戦国（㋐1564年），戦人，長野歴
　　（やまむらたかかつ），日人（やまむらたかかか
　　つ），藩臣4（やまむらたかかつ）

山村良候　やまむらよしとき
　　天文13（1544）年〜慶長7（1602）年　㋝山村良候
　　《やまむらたかとき》
　　安土桃山時代の武士。
　　¶人名，姓氏長野（やまむらたかとき），戦国
　　（㋐1545年），戦人，長野歴（やまむらたかと
　　き），日人（やまむらたかとき）

山村良利　やまむらよしとし
　　永正13（1516）年〜慶長4（1599）年
　　戦国時代の信濃木会氏・甲斐武田氏両属の重臣。
　　¶姓氏山梨，戦辞（生没年不詳）

山村吉則　やまむらのよしのり
　　生没年不詳　㋝山村吉則《やまむらのよしのり》
　　平安時代後期の大和国広瀬郡下倉郷の在地土豪。
　　¶朝日，日人，平史（やまむらのよしのり）

山室宮内少輔　やまむろくないのしょう
　　生没年不詳
　　戦国時代の下総飯櫃城主。
　　¶戦辞

山本家次　やまもといえつぐ
　　生没年不詳
　　戦国時代の北条氏の家臣。
　　¶戦辞

山本加兵衛　やまもとかへえ
　　安土桃山時代の武将。秀吉馬廻。
　　¶戦国，戦人（生没年不詳）

山本勘右衛門　やまもとかんえもん
　　？〜寛文2（1662）年
　　江戸時代前期の武将、上野大胡藩家老。
　　¶藩臣2

山本勘助（山本勘介，山本菅助）　やまもとかんすけ
　　？〜永禄4（1561）年　㋝山本晴幸《やまもとはる
　　ゆき》
　　戦国時代の武将。武田信玄に仕えた。
　　¶朝日（㋐明応2（1493）年　㋜永禄4年9月10日
　　（1561年10月18日）），岩史（㋐明応2（1493）年
　　㋜永禄4（1561）年9月10日），角史（生没年不
　　詳），国史，国書（㋐明応2（1493）年？　㋜永
　　禄4（1561）年9月10日？），古中，コン改（㋜永
　　禄4（1561）年？），コン4（㋜永禄4（1561）
　　年？），史人（山本勘介　㋜1561年9月10日？），
　　静岡百（生没年不詳），静岡歴（生没年不詳），
　　人書94（㋜1561年頃），新潮（山本勘介　㋜永禄
　　4（1561）年9月10日？），人名（山本晴幸　やま
　　もとはるゆき　㋐1493年），姓氏静岡，姓氏山
　　梨，世人（生没年不詳），世百（㋜1561年？），
　　戦合，戦辞（山本菅助　㋜永禄4年9月10日
　　（1561年10月18日）），全書（山本勘介　㋐1500
　　年），戦人（山本晴幸　やまもとはるゆき
　　㋜永禄4（1561）年？），戦東（山本晴幸　やま
　　もとはるゆき），戦補（山本晴幸　やまもとは
　　るゆき），大百（㋜1561年？），多摩（㋐明応9
　　（1500）年），長野歴（㋐明応2（1493）年），日
　　史（㋐明応2（1493）年？　㋜永禄4
　　（1561）年？），日人（山本勘介　㋐1493年？），
　　百科（山本勘介　㋐明応2（1493）年？　㋜永禄
　　4（1561）年？），山梨百（㋐明応2（1493）年
　　㋜永禄4（1561）年9月10日），歴大

山本勘蔵　やまもとかんぞう
　　生没年不詳
　　安土桃山時代の甲州の人。山本勘助の孫とされる。
　　¶姓氏神奈川

山本宮内大夫　やまもとくないたいふ
　　㋝山本宮内大夫《やまもとくないだゆう》
　　安土桃山時代〜江戸時代前期の武士。里見氏家臣。
　　¶戦人（生没年不詳），戦東（やまもとくないだゆ
　　う）

山本宮内大夫　やまもとくないだゆう
　　→山本宮内大夫（やまもとくないたいふ）

山本玄常　やまもとげんじょう
　　安土桃山時代の剣道家、山本流の祖。
　　¶人名，日人（生没年不詳）

山本権之助　やまもとごんのすけ
　　安土桃山時代〜江戸時代前期の武士。里見氏家臣。
　　¶戦人（生没年不詳），戦東

山本実尚　やまもとさねひさ
　　？〜天正1（1573）年10月
　　戦国時代〜安土桃山時代の織田信長の家臣。
　　¶織田

や

**山本重成** やまもとしげなり
天文23(1554)年～元和2(1616)年
安土桃山時代～江戸時代前期の武士。徳川氏家臣。
¶戦人，戦補

**山本主膳佐** やまもとしゅぜんのすけ
生没年不詳
戦国時代の武士。
¶和歌山人

**山本新四郎** やまもとしんしろう
戦国時代の武士。
¶戦人(生没年不詳)，戦西

**山本清七** やまもとせいしち
安土桃山時代～江戸時代前期の武士。里見氏家臣。
¶戦人(生没年不詳)，戦東

**山本太郎右衛門** やまもとたろうえもん
生没年不詳　[別]山本太郎右衛門尉《やまもとたろうえもんのじょう》
安土桃山時代の武将。秀吉馬廻。
¶戦国，戦辞(山本太郎右衛門尉　やまもとたろうえもんのじょう)，戦人

**山本太郎右衛門尉** やまもとたろうえもんのじょう
→山本太郎右衛門(やまもとたろうえもん)

**山本太郎左衛門** やまもとたろうざえもん
[別]山本太郎左衛門尉《やまもとたろうざえもんのじょう》
戦国時代の武士。後北条氏家臣。
¶戦人(生没年不詳)，戦東(山本太郎左衛門尉　やまもとたろうざえもんのじょう)

**山本太郎左衛門尉** やまもとたろうざえもんのじょう
→山本太郎左衛門(やまもとたろうざえもん)

**山本忠玄** やまもとちゅうげん
～天正11(1583)年
戦国時代の武士。
¶多摩

**山本対馬守** やまもとつしまのかみ
？　～天正1(1573)年
室町時代～安土桃山時代の京都近郊の土豪。
¶姓氏京都

**山本寺孝長** やまもとでらたかなが
？　～天正10(1582)年
戦国時代～安土桃山時代の武将。
¶日人

**山本土佐守** やまもととさのかみ
安土桃山時代の武士。武田氏家臣。
¶戦人(生没年不詳)，戦東

**山本主殿** やまもとともの
生没年不詳
安土桃山時代の織田信長の家臣。
¶織田

**山本成行** やまもとなりゆき
戦国時代～安土桃山時代の武士。徳川家康の臣。
¶人名，日人(生没年不詳)

**山本信供** やまもとのぶとも
？　～天正3(1575)年
戦国時代～安土桃山時代の武田家臣。勘助の子。
¶姓氏山梨

**山本晴幸** やまもとはるゆき
→山本勘助(やまもとかんすけ)

**山本正国** やまもとまさくに
天文19(1550)年～寛永6(1629)年
安土桃山時代～江戸時代前期の武士。紀州藩士。
¶和歌山人

**山本正次** やまもとまさつぐ
～寛文9(1669)年
戦国時代の北条氏規の家臣。
¶神奈川人，戦辞(生没年不詳)

**山本正直** やまもとまさなお
？　～天正5(1577)年4月
戦国時代～安土桃山時代の北条氏規の家臣。
¶神奈川人(生没年不詳)，戦辞

**山本正春** やまもとまさはる
？　～万治2(1659)年
江戸時代前期の武士。紀州藩士。
¶和歌山人

**山本与左衛門** やまもとよざえもん
安土桃山時代の武士。
¶岡山人

**山本義純** やまもとよしずみ
生没年不詳
戦国時代～安土桃山時代の武将。
¶日人

**山本義経** やまもとよしつね
生没年不詳　[別]源義経《みなもとのよしつね》
平安時代後期の武士。左兵衛尉。
¶朝日，鎌倉，鎌室，国史(源義経　みなもとのよしつね)，古中(源義経　みなもとのよしつね)，新潮，人名，新潟百，日史，日人，平史(源義経　みなもとのよしつね)，歴大

**山本義安** やまもとよしやす
慶長2(1597)年～*
江戸時代前期の武士。大坂の陣で戦功。
¶人名([没]1661年)，日人([没]1662年)

**山吉景長** やまよしかげなが
？　～慶長16(1611)年10月28日
安土桃山時代～江戸時代前期の武士。上杉謙信・景勝の家臣。
¶戦辞

**山吉豊守** やまよしとよもり
→山吉豊守(やまよしとより)

**山吉豊守** やまよしとより
*～天正5(1577)年　[別]山吉豊守《やまよしとよもり》
安土桃山時代の国人。
¶戦辞(やまよしとよもり　[生]天文11(1542)年　[没]天正5年6月9日(1577年6月24日))，戦人

（㊐天文10（1541）年），戦東（やまよしとよもり　㊣？）

## 山吉政久 やまよしまさひさ
生没年不詳
戦国時代の越後国三条城主。
¶戦辞

## 山吉能盛 やまよしよしもり
生没年不詳
戦国時代の越後国三条城主。
¶戦辞

## 山脇勘左衛門 やまわきかんざえもん
生没年不詳
安土桃山時代の織田信長の家臣。
¶織田

## 山脇重信 やまわきしげのぶ
生没年不詳
安土桃山時代の武将。
¶日人

## 鑓田勝定 やりたかつさだ
生没年不詳
安土桃山時代の武将。
¶戦人

## 弥六 やろく
？　〜天正10（1582）年6月2日
戦国時代〜安土桃山時代の織田信長の家臣。
¶織田

## 八幡三郎 やわたさぶろう
生没年不詳
平安時代後期の武人。
¶日人

## 八幡尚成 やわたなおなり
南北朝時代の加賀国御家人。
¶姓氏石川

## 山家公頼 やんべきんより
→山家清兵衛（やんべせいべえ）

## 山家河内守 やんべこうちのかみ
安土桃山時代〜江戸時代前期の武士。最上義光に殉死。
¶戦東

## 山家清兵衛 やんべせいべい
→山家清兵衛（やんべせいべえ）

## 山家清兵衛 やんべせいべえ
天正7（1579）年〜元和6（1620）年　㊞山家公頼《やまべきみより，やんべきんより》，山家清兵衛《やんべせいべい》
安土桃山時代〜江戸時代前期の武士。
¶愛媛百（㊐？　㊤元和6（1620）年6月30日），郷土愛媛（㊐1579年，（異説）1561年），人名（山家公頼　やまべきみより），日史（㊥元和6（1620）年6月30日），日人（山家公頼　やんべきんより），藩臣1（山家公頼　やんべきんより㊣？），藩臣6（やんべせいべい　㊣？），百科

## 【ゆ】

## 湯浅右近大夫 ゆあさうこんだいぶ
安土桃山時代の武将。豊臣秀吉・秀頼の臣。
¶戦国

## 湯浅九郎兵衛 ゆあさくろうべえ
→湯浅九郎兵衛（ゆあさくろべえ）

## 湯浅九郎兵衛 ゆあさくろべえ
㊞湯浅九郎兵衛《ゆあさくろうべえ》
安土桃山時代の武士。
¶岡山歴（ゆあさくろうべえ），戦人（生没年不詳），戦西（ゆあさくろうべえ）

## 湯浅直宗 ゆあさなおむね
天文14（1545）年〜天正10（1582）年
安土桃山時代の武士。織田氏家臣。
¶織田（㊥天正10（1582）年6月2日），戦人，戦補

## 湯浅宗家 ゆあさむねいえ
生没年不詳
鎌倉時代後期の武将。湯浅一族主導。
¶朝日，鎌室，新潮，日人

## 湯浅宗重 ゆあさむねしげ
生没年不詳　㊞藤原宗重《ふじわらのむねしげ》
平安時代後期〜鎌倉時代前期の武士。紀伊湯浅党の祖。
¶朝日，鎌室，国史，古中，史人，新潮，日人，平史（藤原宗重　ふじわらのむねしげ），和歌山人

## 湯浅宗親 ゆあさむねちか
生没年不詳
鎌倉時代前期の紀伊国の武士。
¶国史，古中，史人，日人

## 湯浅宗業 ゆあさむねなり
建久6（1195）年〜？
鎌倉時代前期の武士。六波羅探題に仕えた。
¶朝日（㊞建久6（1195）年？），鎌室（生没年不詳），国史，古中，史人，新潮（生没年不詳），日人

## 湯浅宗弘 ゆあさむねひろ
生没年不詳
鎌倉時代前期の武士。湯浅一族の嫡流の家の当主。
¶朝日，鎌室，新潮，日人

## 湯浅宗藤 ゆあさむねふじ
生没年不詳　㊞阿氏河宗藤《あてがわむねふじ》，阿氏川宗藤《あてがわむねふじ》，阿瀬川宗藤《あせがわむねふじ》
鎌倉時代後期〜南北朝時代の紀伊国の武士。
¶鎌室，国史，古中，史人，新潮，日人

## 湯浅宗光 ゆあさむねみつ
生没年不詳　㊞藤原宗光《ふじわらのむねみつ》
平安時代後期〜鎌倉時代前期の武士。保田氏を名乗る。
¶朝日，鎌室，国史，古中，史人，新潮，日人，

ゆ

平史（藤原宗光　ふじわらのむねみつ）

**湯浅宗良** ゆあさむねよし
生没年不詳
鎌倉時代前期の武士。
¶鎌室，日人

**湯浅茂左衛門** ゆあさもざえもん
安土桃山時代の武将。秀吉馬廻。
¶戦国，戦人（生没年不詳）

**湯浅行家** ゆあさゆきいえ
戦国時代の武将。武田家臣。出羽守。
¶姓氏山梨

**由井家常** ゆいいえつね
生没年不詳
鎌倉時代前期の武士。
¶鎌室，日人

**由井市之丞** ゆいいちのじょう
戦国時代の武将。武田家臣。騎馬二騎持の駿河一騎合衆。
¶姓氏山梨

**湯家綱** ゆいえつな
？　～天文20（1551）年
戦国時代の武将。
¶戦人

ゆ

**由比主計允** ゆいかずえのじょう
戦国時代の武将。今川氏家臣。
¶戦東

**由比玄陽** ゆいげんよう
戦国時代の武将。今川氏家臣。
¶戦東

**由比五郎右衛門** ゆいごろうえもん
戦国時代の武将。今川氏家臣。
¶戦東

**由比左近** ゆいさこん
戦国時代の武将。今川氏家臣。
¶戦東

**唯信**（唯心） ゆいしん
生没年不詳
鎌倉時代の武将、僧。もと常陸国畠谷城主で、親鸞門弟二十四輩の第二十三。
¶鎌室（唯心），日人，仏教

**由井甚四郎** ゆいじんしろう
戦国時代の武将。武田家臣。岡部正綱配下の武辺者の一人。
¶姓氏山梨

**由比千菊** ゆいちぎく
生没年不詳
戦国時代の北条氏の家臣。
¶戦辞

**由比寅寿丸** ゆいとらじゅまる
戦国時代の武将。今川氏家臣。
¶戦東

**由比縫殿左衛門** ゆいぬいざえもん
戦国時代の武将。今川氏家臣。
¶戦東

**由比法悟** ゆいほうご
戦国時代の武将。今川氏家臣。
¶戦東

**由比正純** ゆいまさずみ
？　～永禄12（1569）年
戦国時代の武士。今川氏家臣。
¶戦人，戦東

**由比正信** ゆいまさのぶ
？　～永禄3（1560）年
戦国時代の武士。今川氏家臣。
¶戦人，戦東

**由比正吉** ゆいまさよし
？　～元和8（1622）年
安土桃山時代～江戸時代前期の武士。紀州藩士。
¶和歌山人

**由比光資** ゆいみつすけ
生没年不詳
戦国時代の今川氏の家臣。
¶戦辞

**由比光澄** ゆいみつずみ
生没年不詳
戦国時代の今川氏の家臣。
¶戦辞

**由比光詔** ゆいみつつぐ
戦国時代の武将。今川氏家臣。
¶戦東

**由比光綱** ゆいみつつな
戦国時代の武将。今川氏家臣。
¶戦辞（生没年不詳），戦東

**由比光恒** ゆいみつつね
生没年不詳
戦国時代の今川氏の家臣。
¶戦辞

**由比光階** ゆいみつとも
？　～大永6（1526）年　[別]由比光階《ゆいみつはし》
戦国時代の武将。今川氏家臣。
¶戦辞（ゆいみつはし），戦東

**由比光規** ゆいみつのり
戦国時代の武将。今川氏家臣。
¶戦辞（生没年不詳），戦東

**由比光教** ゆいみつのり
生没年不詳
戦国時代の武士。今川氏家臣。
¶戦辞，戦人，戦東

**由比光階** ゆいみつはし
→由比光階（ゆいみつとも）

**由比光英** ゆいみつひで
生没年不詳

戦国時代の今川氏の家臣。
¶戦辞

**由比安儀** ゆいやすのり
天正4(1576)年～寛文10(1670)年
安土桃山時代～江戸時代前期の武士。紀州藩士。
¶和歌山人

**由井弥兵衛** ゆいやひょうえ
戦国時代の武将。武田家臣。騎馬二騎持の駿河一騎合衆。
¶姓氏山梨

**結城顕朝** ゆうきあきとも
生没年不詳
南北朝時代の武将。
¶鎌室，諸系，人名，日人

**結城顕頼** ゆうきあきより
生没年不詳
戦国時代の武将。
¶諸系，日人

**由宇喜一** ゆうきいち
生没年不詳
安土桃山時代の織田信長の家臣。
¶織田

**結城氏朝(1)** ゆうきうじとも
生没年不詳
室町時代の武将。結城満朝の養子。
¶諸系，日人

**結城氏朝(2)** ゆうきうじとも
応永9(1402)年～嘉吉1(1441)年
室町時代の武将。下野守護。結城合戦を戦う。
¶朝日([生]応永9(1402)年頃　[没]嘉吉1年4月16日(1441年5月6日))，角史，鎌室，郷土茨城，国史，古中，コン改，コン4，史人([没]1441年4月16日)，重要([没]嘉吉1(1441)年4月16日)，諸系，新潮([没]嘉吉1(1441)年4月16日)，人名，世人([没]嘉吉1(1441)年4月16日)，全書，栃木歴，日史([生]応永4(1397)年　[没]嘉吉1(1441)年4月16日)，日人，百科([生]応永4(1397)年)，歴大([生]1397年)

**結城氏広** ゆうきうじひろ
宝徳3(1451)年～文明13(1481)年3月29日
室町時代～戦国時代の下総結城氏当主。
¶戦辞

**結城左衛門尉** ゆうきさえもんのじょう
天文3(1534)年～永禄8(1565)年
戦国時代の武士。
¶コン改，コン4，新潮，戦人，日人

**結城成朝** ゆうきしげとも
永享11(1439)年～寛正4(1463)年
室町時代の武将。
¶鎌室([没]寛正3(1462)年)，諸系，人名([没]1462年)，戦辞([没]寛正3年12月29日(1463年1月18日))，日人

**結城治部** ゆうきじぶ
生没年不詳
安土桃山時代の武士。伊達氏家臣。
¶戦人

**結城ジョアン** ゆうきじょあん
弘治2(1556)年頃～天正12(1584)年4月9日
戦国時代～安土桃山時代の織田信長の家臣。
¶織田

**結城白川直朝** ゆうきしらかわなおとも
→結城直朝(2)(ゆうきなおとも)

**結城進斎** ゆうきしんさい
戦国時代の武将、足利義昭の侍臣。
¶茶道

**結城忠秀** ゆうきただひで
安土桃山時代の武将。
¶岡山人

**結城忠正** ゆうきただまさ
生没年不詳　[別]アンリケ
戦国時代の大名、キリシタン。畿内キリシタン宗門の発展に寄与。
¶朝日，織田，キリ([生]明応9(1500)年頃)，国史，古中，コン改，コン4，史人，新潮，世人，戦人，戦補，日人

**結城親朝** ゆうきちかとも
？～正平2/貞和3(1347)年
鎌倉時代後期～南北朝時代の武将。小峰氏の祖。
¶朝日，角史，鎌室，国史(生没年不詳)，古中(生没年不詳)，コン改，コン4，史人([没]1347年？)，諸系([没]1347年頃)，新潮([没]貞和3/正平2(1347)年？)，人名，姓氏岩手，世人，世百，全書，日史([没]貞和3/正平2(1347)年？)，日人([没]1347年頃)，百科([没]正平2/貞和3(1347)年？)，福島百，歴大(生没年不詳)

**結城親光** ゆうきちかみつ
？～延元1/建武3(1336)年
南北朝時代の南朝方の武将。三木一草の一人。
¶鎌室，国史，古中，コン改，コン4，史人([没]1336年1月11日)，諸系，新潮([没]建武3/延元1(1336)年1月11日)，人名，世人，日史([没]建武3/延元1(1336)年1月11日)，日人，歴大

**結城朝勝** ゆうきともかつ
永禄12(1569)年～寛永5(1628)年
安土桃山時代～江戸時代前期の武士。
¶系東，戦辞(生没年不詳)，戦人，栃木歴

**結城朝常** ゆうきともつね
生没年不詳
南北朝時代の武将。
¶鎌室，諸系，日人

**結城朝広** ゆうきともひろ
建久1(1190)年～？
鎌倉時代前期の武将。鎌倉幕府将軍に近侍。
¶朝日，鎌倉([没]正嘉1(1257)年)，鎌室，諸系，新潮，人名，日人

**結城朝光** ゆうきともみつ
仁安2(1167)年～建長6(1254)年　[別]小山朝光《おやまともみつ》，藤原朝光《ふじわらのともみ

ゆ

つ》，結城宗朝《ゆうきむねとも》
平安時代後期～鎌倉時代前期の武将。源頼朝の側近。
¶朝日（[没]建長6年2月24日（1254年3月14日）），岩史（[没]建長6（1254）年2月24日），角史（[生]仁安3（1168）年），神奈川人（小山朝光　おやまともみつ　[生]1168年），神奈川百（[生]1168年），鎌倉（[生]仁安3（1168）年），鎌室，郷土茨城（[生]1168年），郷土栃木，国史，古中，コン改（[生]仁安3（1168）年），コン4（[生]仁安3（1168）年），史人（[没]1254年2月24日），諸系，新潮（[没]建長6（1254）年2月24日），人名，世人（[生]仁安3（1168）年　[没]建長6（1254）年2月24日），全書（[生]1168年），栃木歴，日史（[生]仁安3（1168）年　[没]建長6（1254）年2月24日），日人，百科（[生]仁安3（1168）年），平史（藤原朝光　ふじわらのともみつ），歴大

**結城朝村** ゆうきともむら
生没年不詳
鎌倉時代の武将、二条家の御簡衆。
¶朝日，鎌倉，鎌室，諸系，新潮，日人

**結城直朝(1)** ゆうきなおとも
正中2（1325）年～興国4/康永2（1343）年
南北朝時代の武将。
¶鎌室，諸系，人名，千葉百，日人

ゆ

**結城直朝(2)** ゆうきなおとも
生没年不詳　[別]結城白川直朝《ゆうきしらかわなおとも》
室町時代の武将。氏朝の養子。
¶鎌室，諸系，人名，日人，福島百（結城白川直朝　ゆうきしらかわなおとも）

**結城直光** ゆうきなおみつ
*～応永2（1395）年
南北朝時代の武将。
¶鎌室（[生]元徳2（1330）年），諸系（[生]1329年），千葉百（[生]嘉暦3（1328）年），日人（[生]1329年）

**結城晴綱** ゆうきはるつな
生没年不詳
戦国時代の武将。
¶諸系，日人

**結城晴朝** ゆうきはるとも
天文3（1534）年～慶長19（1614）年
安土桃山時代～江戸時代前期の武将。下総国結城城城主。羽柴秀康を養子に迎えて家督を譲る。
¶朝日（[没]慶長19年7月20日（1614年8月25日）），茨城百，近世，系東（[生]1533年），国史，国書（[生]天文3（1534）年8月11日　[没]慶長19（1614）年7月20日），コン改，コン4，諸系，新潮（[没]慶長19（1614）年7月20日），人名，世人，戦合，戦国（[生]1535年），戦辞（[没]慶長19年7月20日（1614年8月25日）），戦人，栃木歴，日史（[生]天文3（1534）年8月11日　[没]慶長19（1614）年7月20日），日人，歴大

**結城尚豊** ゆうきひさとよ
生没年不詳
室町時代の武将。
¶朝日，日人

**結城秀康** ゆうきひでやす
天正2（1574）年～慶長12（1607）年　[別]秀康〔徳川家〕《ひでやす》，徳川秀康《とくがわひでやす》，三河少将《みかわしょうしょう》，松平秀康《まつだいらひでやす》，豊臣秀康《とよとみひでやす》
安土桃山時代～江戸時代前期の大名、徳川家康の次男。越前北庄藩主。
¶朝日（[生]天正2年2月8日（1574年3月1日）　[没]慶長12年閏4月8日（1607年6月2日）），茨城百，岩史（[生]天正2（1574）年2月8日　[没]慶長12（1607）年閏4月8日），江戸東，角史，郷土福井，近世，公卿（[没]慶長12（1607）年閏4月8日），公家（秀康〔徳川家〕　ひでやす　[生]1574年　[没]慶長12年閏4月8日），系東，国史，コン改，コン4，史人（[生]1574年2月8日　[没]1607年閏4月8日），諸系，新潮（[没]慶長12（1607）年閏4月8日），人名（徳川秀康　とくがわひでやす），世人（[生]天正2（1574）年4月8日　[没]慶長12（1607）年閏4月8日），戦合，戦国，戦辞（[生]天正2年2月8日（1574年3月1日）　[没]慶長12年閏4月8日（1607年6月2日）），全書，戦人，大百，栃木歴，日史（[没]慶長12（1607）年閏4月8日），日人，藩主2，藩主3（[生]天正2（1574）年4月8日　[没]慶長12（1607）年閏4月8日），百科，福井百，歴大

**結城政勝** ゆうきまさかつ
永正1（1504）年～永禄2（1559）年
戦国時代の武将。下総国結城城城主。「結城氏新法度」を制定。
¶朝日（[没]永禄2年8月1日（1559年9月2日）），茨城百，系東（[生]1503年），国書（[没]永禄2（1559）年8月1日），コン4，諸系，人名，戦辞（[没]永禄2年8月1日（1559年9月2日）），戦人（[生]？），栃木歴，日人

**結城政朝(1)** ゆうきまさとも
生没年不詳
室町時代の武将、奥州白河城主。直朝の子。
¶諸系，人名，日人

**結城政朝(2)** ゆうきまさとも
文明11（1479）年～*
戦国時代の武将。氏広の子。下総結城城主。
¶系東（[生]1478年　[没]1547年），国史（[没]？），古中（[没]？），コン改（[生]文明9（1477）年　[没]天文14（1545）年），コン4（[生]文明9（1477）年　[没]天文14（1545）年），史人（[没]1545年7月13日，（異説）1547年7月13日），諸系（[没]1547年），人名（[生]1477年　[没]1545年），戦合（[没]？），戦辞（[生]文明9（1477）年　[没]天文14年7月13日（1545年8月20日）），戦人（[没]天文16（1547）年），栃木歴（[没]天文16（1547）年），日人（[没]1547年）

**結城政直** ゆうきまさなお
生没年不詳
戦国時代の武士。
¶系東，戦人

**結城満朝** ゆうきみつとも
生没年不詳
室町時代の武将。

¶鎌室，諸系，人名，日人

**結城満藤** ゆうきみつふじ
生没年不詳
室町時代の武将。越後守。
¶朝日，岩史，鎌室，国史，古中，コン4，史人，日史，日人，歴大

**結城宗俊** ゆうきむねとし
室町時代の加賀国石川郡福岡村の土豪。
¶姓氏石川

**結城宗広** ゆうきむねひろ
？ ～延元3/暦応1(1338)年
鎌倉時代後期～南北朝時代の武将。奥州南部に権力を振るう。
¶朝日([没]暦応1/延元3年11月21日(1339年1月1日))，岩史([没]暦応1(1338)年12月)，角史，鎌室，国史，古中，コン改，コン4，史人，庄内，諸系([没]1339年)，人書94，新潮([没]暦応1/延元3(1338)年11月21日)，人名，世人([没]延元3/暦応1(1338)年11月21日)，世百，全書，大百，日史，日人([没]1339年)，百科，福島百，歴大

**結城持朝** ゆうきもちとも
応永28(1421)年～嘉吉1(1441)年
室町時代の武将。
¶千葉百

**結城基光** ゆうきもとみつ
正平4/貞和5(1349)年～永享2(1430)年
南北朝時代～室町時代の武将。下総国結城城城主。
¶朝日([没]永享2年5月11日(1430年6月1日))，諸系，栃木歴([生]元徳2(1330)年？)，日人

**結城弥平治**(結城弥平次) ゆうきやへいじ
天文13(1544)年～？
安土桃山時代～江戸時代前期のキリシタン、武将。
¶織田(結城弥平次　[生]天文14(1545)年頃)，近世，国史，姓氏京都(生没年不詳)，戦合，日人，歴大(結城弥平次)

**結城義顕** ゆうきよしあき
生没年不詳
安土桃山時代の武将。
¶諸系，日人

**結城義親** ゆうきよしちか
天文10(1541)年～寛永3(1626)年　[別]白河義親《しらかわよしちか》，白川義親《しらかわよしちか》
安土桃山時代～江戸時代前期の武将。白河城主。
¶朝日，近世(白川義親　しらかわよしちか)，国史，コン改(生没年不詳)，コン4(生没年不詳)，諸系，新潮(生没年不詳)，人名，世人(生没年不詳)，戦合(白川義親　しらかわよしちか)，戦国(白川義親　しらかわよしちか)，戦人(生没年不詳)，日人，藩臣1(白河義親　しらかわよしちか)，福島百(白川義親　しらかわよしちか)

**幽斉** ゆうさい
→細川幽斎(ほそかわゆうさい)

**遊佐信教** ゆうさのぶのり
→遊佐信教(ゆさのぶのり)

**由已法橋** ゆうしほっきょう
安土桃山時代の豊臣秀吉の臣、茶人(利休門)。
¶茶道

**湯川勝春** ゆかわかつはる
元亀3(1572)年～寛永9(1632)年
安土桃山時代～江戸時代前期の戦国末の土豪・浅野家臣。
¶和歌山人

**湯河太郎五郎** ゆかわたろうごろう，ゆがわたろうごろう
→湯河太郎五郎(ゆかわたろごろう)

**湯河太郎五郎** ゆかわたろごろう
生没年不詳　[別]湯河太郎五郎《ゆかわたろうごろう，ゆがわたろうごろう》
安土桃山時代の地侍。
¶戦国(ゆがわたろうごろう)，戦人，和歌山人(ゆかわたろうごろう)

**湯河直春** ゆかわなおはる，ゆがわなおはる
？ ～天正14(1586)年
安土桃山時代の地侍。
¶戦国(ゆがわなおはる)，戦人，和歌山人

**湯河直光** ゆかわなおみつ
？ ～永禄5(1562)年
戦国時代の武将。
¶和歌山人

**湯川春種** ゆかわはるたね
生没年不詳
安土桃山時代～江戸時代前期の武士。浅野家の家臣。
¶和歌山人

**湯川政春**(湯河政春) ゆかわまさはる
生没年不詳
室町時代の武将・連歌作者。
¶国書，和歌山人(湯河政春)

**由岐有興** ゆきありおき
？ ～天正10(1582)年8月28日
戦国時代～安土桃山時代の海部郡由岐城主。
¶徳島歴

**由木景盛** ゆぎかげもり
天文11(1542)年？ ～慶長17(1612)年10月21日
戦国時代～江戸時代前期の北条氏照の奉行人。
¶戦辞

**行松正盛** ゆきまつまさもり
？ ～永禄7(1564)年
戦国時代の地方豪族・土豪。
¶戦人

**尹良親王** ゆきよししんのう
→尹良親王(ただながしんのう)

**弓削家澄** ゆげいえずみ
？ ～元亀1(1570)年
戦国時代の武士。

¶戦人，戦西

**弓削牛之助** ゆげうしのすけ
生没年不詳
安土桃山時代の織田信長の家臣。
¶織田

**弓削清左衛門** ゆげせいざえもん
？ ～寛永18（1641）年
江戸時代前期の武士、肥後熊本藩士。
¶藩臣7

**弓気多七郎次郎** ゆげたしちろうじろう
生没年不詳
戦国時代の武士。三河の領主。
¶戦辞

**弓気多昌利** ゆげたまさとし
戦国時代の武士。今川氏家臣。
¶戦人（生没年不詳），戦東

**弓削丹後守** ゆげたんごのかみ
生没年不詳
安土桃山時代～江戸時代前期の武士。浅野家の家臣。
¶和歌山人

**弓削豊穂** ゆげのとよほ
[別]弓削連豊穂《ゆげのむらじとよほ》
上代の豪族。凡河内香賜を追討。
¶古代（弓削連豊穂　ゆげのむらじとよほ），日人

**弓削師秀** ゆげもろひで
戦国時代の武将。浅井氏家臣。
¶戦西

**弓削与三郎** ゆげよさぶろう
戦国時代の武将。浅井氏家臣。
¶戦西

**湯惟宗** ゆこれむね
生没年不詳
戦国時代の武士。
¶島根歴，戦人，戦西

**遊佐家長** ゆさいえなが
生没年不詳
室町時代の越中守護代。
¶富山百

**遊佐家光** ゆさいえみつ
生没年不詳
室町時代の越中国守護代。
¶富山百

**遊佐勘解由左衛門** ゆさかげゆざえもん
生没年不詳
安土桃山時代の織田信長の家臣。
¶織田

**遊佐国助** ゆさくにすけ
？ ～寛正1（1460）年
室町時代の武将、河内若江城主。
¶諸系，人名，日人

**遊佐国長** ゆさくになが
？ ～＊
室町時代の武将。
¶鎌室（[没]応永19（1412）年），諸系（[没]1413年），富山百（[没]応永19（1412）年12月19日），日人（[没]1413年）

**遊佐国政** ゆさくにまさ
？ ～嘉吉1（1441）年
室町時代の越中国守護代。
¶富山百

**遊佐国盛** ゆさくにもり
生没年不詳
室町時代の越中守護代。
¶富山百

**遊佐新右衛門** ゆさしんえもん
戦国時代の越中守護代。畠山氏家臣。
¶姓氏富山

**遊佐助国** ゆさすけくに
生没年不詳
南北朝時代～室町時代の武将。
¶鎌室

**遊佐宗円** ゆさそうえん
戦国時代の武士。
¶姓氏石川，戦人（生没年不詳），戦西

**遊佐太郎** ゆざたろう
生没年不詳
室町時代～戦国時代の在地領主。
¶庄内

**遊佐続光** ゆさつぐみつ
？ ～天正9（1581）年
安土桃山時代の武士。
¶石川百，織田（[没]天正9（1581）年6月27日），諸系，姓氏石川，戦辞（[没]天正9年6月27日（1581年7月27日）？），戦人，戦西

**遊佐長滋** ゆさながしげ
？ ～明応2（1493）年
室町時代～戦国時代の武将・連歌作者。
¶国書（[没]明応2（1493）年閏4月25日），富山百

**遊佐長教** ゆさながのり
？ ～天文20（1551）年
戦国時代の武将。河内守。
¶朝日（[没]天文20年5月5日（1551年6月8日）），諸系，人名，戦人（生没年不詳），日人

**遊佐長衛** ゆさながもり
生没年不詳
室町時代の武将・連歌作者。
¶国書

**遊佐信教** ゆさのぶのり
？ ～＊　[別]遊佐信教《ゆうさのぶのり》
戦国時代の武将。畠山氏家臣。
¶織田（[没]天正2（1574）年4月12日），史人（[没]1575年4月19日），諸系（生没年不詳），戦国（ゆうさのぶのり　[没]1572年），戦人（[没]元亀3（1572）年）

**遊佐順盛** ゆさのぶもり
? ～永正8(1511)年
戦国時代の武将。
¶日人

**遊佐秀倫** ゆさひでみち
戦国時代の武士。
¶姓氏石川，戦人(生没年不詳)，戦西

**遊佐秀盛** ゆさひでもり
戦国時代の武士。
¶姓氏石川，戦人(生没年不詳)，戦西

**遊佐秀頼** ゆさひでより
戦国時代の武士。
¶姓氏石川，戦人(生没年不詳)，戦西

**遊佐統秀** ゆさむねひで
戦国時代の武将。畠山氏家臣。
¶姓氏石川，戦西

**遊佐盛光** ゆさもりみつ
? ～天正9(1581)年
安土桃山時代の武士。
¶姓氏石川，戦辞([没]天正9年6月24日または27日(1581年7月24日))，戦人，戦西

**遊佐慶親** ゆさよしちか
戦国時代の越中国砺波郡守護代。
¶姓氏富山，富山百(生没年不詳)

**湯谷実義** ゆたにさねよし
? ～永禄12(1569)年
戦国時代の武将。
¶戦人

**湯地出雲守** ゆちいずものかみ
生没年不詳
戦国時代の武将。
¶戦人

**由木左衛門尉** ゆのきさえもんのじょう
安土桃山時代の武将。後北条氏家臣。
¶戦東

**温泉英永** ゆのひでなが
生没年不詳
戦国時代の石見国温泉郷領主、温泉津串山城主。
¶島根歴

**湯原国信** ゆはらくにのぶ
戦国時代の武将。
¶姓氏富山

**湯原貞基** ゆはらさだもと
生没年不詳
鎌倉時代前期の武士。
¶姓氏長野

**湯原信綱** ゆはらのぶつな
? ～永禄6(1563)年
戦国時代の出雲の武士、満願寺城主。
¶島根歴

**湯原春綱** ゆはらはるつな
? ～天正19(1591)年
安土桃山時代の武将。毛利氏家臣。
¶島根歴，戦人(生没年不詳)

**由布惟信** ゆふこれのぶ
大永7(1527)年～慶長17(1612)年
戦国時代～安土桃山時代の武将。
¶藩臣7

**揖斐庄助五郎** ゆみしょうすけごろう
戦国時代の土豪。
¶姓氏富山

**湯本善太夫**(湯本善大夫) ゆもとぜんだゆう
*～天正3(1575)年
戦国時代～安土桃山時代の武将。草津の領主。
¶姓氏群馬([生]1549年)，戦人(湯本善大夫[生]?)

**湯本幸胤** ゆもとゆきたね
生没年不詳
戦国時代の武士。
¶群馬人

**湯本幸綱** ゆもとゆきつな
? ～寛永3(1626)年
安土桃山時代～江戸時代前期の草津の領主。
¶姓氏群馬

**湯本幸久** ゆもとゆきひさ
生没年不詳
平安時代後期～鎌倉時代前期の武士。
¶姓氏群馬

**湯山雅楽之允** ゆやまうたのじょう
戦国時代の武将。大崎氏家臣。
¶戦東

**湯山左衛門** ゆやまさえもん
戦国時代の武将。
¶姓氏富山

**湯山修理基綱** ゆやましゅりもとつな
戦国時代の武将。大崎氏家臣。
¶戦東

**由良氏繁** ゆらうじしげ
永禄10(1567)年～天正10(1582)年11月28日
安土桃山時代の上野国衆。
¶戦辞

**由良兼光** ゆらかねみつ
生没年不詳
戦国時代の武将。
¶戦人

**由良国繁** ゆらくにしげ
天文19(1550)年～慶長16(1611)年
安土桃山時代～江戸時代前期の武将。上野国新田金山城主。
¶朝日([没]慶長16年1月3日(1611年2月15日))，郷土群馬([生]1551年)，近世，群馬人([生]?[没]慶長16(1611)年1月3日)，系東，国史，コン改，コン4，茶道，諸系，新潮([没]慶長16(1611)年1月3日)，人名，姓氏群馬([生]?)，戦合，戦国([生]1551年)，戦辞([没]慶長16年1月3日(1611年2月15日))，戦人，日人

ゆ

**由良貞繁**　ゆらさだしげ
天正2（1574）年～元和7（1621）年3月22日
安土桃山時代～江戸時代前期の上野国衆。
¶戦辞

**由良具滋**　ゆらともしげ
？　～延元2/建武4（1337）年
鎌倉時代後期～南北朝時代の武将。
¶鎌室，日人

**由良成繁**　ゆらなりしげ
永正3（1506）年～天正6（1578）年　[別]横瀬成繁《よこせなりしげ》
戦国時代～安土桃山時代の武将。長尾景虎の関東侵攻に参陣。
¶朝日（[没]天正6年6月30日（1578年8月3日）），群馬人，系東（横瀬成繁　よこせなりしげ），国史，古中，コン改，コン4，茶道，史人（[没]1578年6月30日），諸系，新潮（[没]天正6（1578）年6月30日），人名，姓氏群馬，戦合，戦辞（[没]天正6年6月30日（1578年8月3日）），戦人，戦補，日人

**由良光氏**　ゆらみつうじ
南北朝時代の武士。
¶人名，日人（生没年不詳）

**由利維平**　ゆりこれひら
→由利八郎（ゆりはちろう）

**由利八郎**　ゆりはちろう
？　～文治6（1190）年　[別]由利維平《ゆりこれひら》
平安時代後期～鎌倉時代前期の武将。出羽国由利郡の領主。
¶秋田百（由利維平　ゆりこれひら），朝日（由利維平　ゆりこれひら　[没]建久1年1月6日（1190年2月12日）），岩手百，鎌室（由利維平　ゆりこれひら），鎌室（生没年不詳），新潮（生没年不詳），姓氏岩手（由利維平　ゆりこれひら），日人

**与湾大親**　ゆわんうふや
？　～天文6（1537）年　[別]与湾大親《よわんうふや》
室町時代の奄美大島の豪族。
¶朝日（生没年不詳），日人（よわんうふや）

## 【よ】

**養謙斎**　ようけんさい
戦国時代の武将。足利氏家臣。
¶戦辞（生没年不詳），戦東

**養徳院但阿**　ようとくいんたんあ
生没年不詳
戦国時代の今川家の家臣。
¶戦辞

**用土新左衛門尉**　ようどしんざえもんのじょう
生没年不詳
戦国時代の武士。
¶埼玉人

**用土業国**　ようどなりくに
生没年不詳
戦国時代の北条氏の家臣。北武蔵の国人藤田氏一門。
¶戦辞

**用土康邦**　ようどやすくに
→藤田康邦（ふじたやすくに）

**瑤甫恵瓊**　ようほえけい
→安国寺恵瓊（あんこくじえけい）

**横井伊織介**　よこいいおりのすけ
安土桃山時代の武将。織田氏家臣、豊臣氏家臣。
¶戦国，戦人（生没年不詳）

**横井雅楽助**　よこいうたのすけ
生没年不詳
安土桃山時代の織田信長の家臣。
¶織田

**横井越前守**　よこいえちぜんのかみ
戦国時代の武将。後北条氏家臣。
¶戦東

**横井三右衛門**　よこいさんえもん
？　～元和1（1615）年
安土桃山時代～江戸時代前期の武士。豊臣氏家臣。
¶戦国，戦人

**横井神助**　よこいしんすけ
戦国時代の武将。後北条氏家臣。
¶戦東

**横井時朝**　よこいときとも
？　～慶長8（1603）年
安土桃山時代の武士。織田信長に仕え、のち徳川家康に尽くす。
¶姓氏愛知

**横井時延**　よこいときのぶ
安土桃山時代の武将。豊臣氏家臣。
¶戦国，戦人（生没年不詳）

**横井時泰**　よこいときやす
？　～慶長12（1607）年？
安土桃山時代の織田信長の家臣。
¶織田（生没年不詳），姓氏愛知

**横井土佐**　よこいとさ
室町時代の武将。
¶岡山人，岡山歴

**横内民部右衛門**　よこうちみんぶえもん
戦国時代の武将。武田家臣。永禄10年の諏訪五十騎交名にみえる。
¶姓氏山梨

**横江新助**　よこえしんすけ
生没年不詳
安土桃山時代の戦国武将。
¶郷土神奈川

**横尾刑部少輔広正**　よこおぎょうぶのしょうひろまさ
戦国時代の武将。竜造寺氏家臣。
¶戦西

**余語勝直** よごかつなお
生没年不詳
安土桃山時代の織田信長の家臣。
¶織田

**横河重陳** よこがわしげのぶ, よこかわしげのぶ
天正14(1586)年～慶安2(1649)年
安土桃山時代～江戸時代前期の武士、因幡鳥取藩士、播磨姫路藩士。
¶藩臣5, 藩臣5(よこかわしげのぶ　生没年不詳)

**横倉右近** よこくらうこん
戦国時代の武士。結城氏家臣。
¶戦人(生没年不詳), 戦東

**横倉藤三** よこくらとうぞう
？ ～天正13(1585)年
戦国時代～安土桃山時代の小山秀綱の家臣。
¶戦辞

**横倉豊前** よこくらぶぜん
生没年不詳
戦国時代の小山秀綱の家臣。
¶戦辞

**横倉民部少輔** よこくらみんぶしょうゆう
生没年不詳　[別]横倉民部少輔《よこくらみんぶのしょう》
戦国時代の武士。結城氏家臣。
¶戦辞(よこくらみんぶのしょう), 戦人, 戦東

**横倉民部少輔** よこくらみんぶのしょう
→横倉民部少輔(よこくらみんぶしょうゆう)

**余語源三郎** よごげんさぶろう
安土桃山時代の武将。秀吉馬廻。
¶戦国

**余語源太郎** よごげんたろう
安土桃山時代の武将。秀吉馬廻。
¶戦国

**横小路将監** よここうじしょうげん
安土桃山時代～江戸時代前期の武士。里見氏家臣。
¶戦人(生没年不詳), 戦東

**横沢出雲** よこさわいずも
戦国時代の武将。葛西氏家臣。
¶戦東

**横沢重持** よこさわしげもち
生没年不詳
戦国時代の武士。
¶姓氏岩手

**横沢将監** よこざわしょうげん, よこさわしょうげん
生没年不詳
安土桃山時代～江戸時代前期の切支丹武士。
¶姓氏宮城(よこさわしょうげん), 宮城百

**横沢彦三郎** よこざわひこさぶろう
生没年不詳
安土桃山時代の武士。
¶戦人

**横道政光** よこじまさみち, よこぢまさみち
戦国時代の武将。尼子氏家臣。
¶戦西(よこぢまさみち)

**横道正光** よこじまさみつ
→横道兵庫助(よこみちひょうごのすけ)

**横須賀安芸守** よこすかあきのかみ
生没年不詳
戦国時代の武士。後北条氏家臣。
¶戦辞, 戦人, 戦東

**横瀬景繁** よこぜかげしげ, よこせかげしげ
？ ～大永3(1523)年
戦国時代の地方豪族・土豪。
¶系東(よこせかげしげ), 戦辞(よこせかげしげ　[没]永正17年2月20日(1520年3月9日)), 戦人

**横瀬国繁** よこせくにしげ, よこぜくにしげ
？ ～＊
室町時代～戦国時代の地方豪族・土豪。
¶系東([没]1489年), 国書(生没年不詳), 諸系([没]1488年), 人名([没]1488年), 姓氏群馬(生没年不詳), 戦辞([生]応永32(1425)年　[没]？), 戦人(よこぜくにしげ　[没]延徳1(1489)年), 日人([没]1488年)

**横瀬国広** よこせくにひろ
生没年不詳
戦国時代の上野国衆由良氏の一族。
¶戦辞

**横瀬貞氏** よこせさだうじ
応永4(1397)年～応永29(1422)年
室町時代の武将。
¶鎌室, 群馬人(生没年不詳), 系東(生没年不詳), 諸系, 人名, 日人

**横瀬貞国** よこせさだくに
？ ～康正1(1455)年
室町時代の武将。
¶系東

**横瀬貞治** よこせさだはる
？ ～文安2(1445)年
室町時代の武将。
¶系東

**横瀬宗稟** よこせそうりん
生没年不詳
戦国時代の上野国衆。
¶戦辞

**横瀬長繁** よこせながしげ
生没年不詳
戦国時代の上野国衆由良氏の一族。
¶戦辞

**横瀬成繁**(1)(横瀬業繁) よこせなりしげ
？ ～文亀1(1501)年
戦国時代の武将。
¶系東([没]1511年), 国書(横瀬業繁　[没]永正8(1511)年8月8日), 諸系, 人名(横瀬業繁　[没]1511年), 姓氏群馬, 戦辞([没]文亀1年7月7日(1501年9月20日)), 日人

**横瀬成繁(2)　よこせなりしげ**
→由良成繁(ゆらなりしげ)

**横瀬成高　よこせなりたか**
？　～文禄2(1593)年
戦国時代～安土桃山時代の上野国衆由良氏の一族。
¶戦辞

**横瀬泰繁　よこせやすしげ, よこぜやすしげ**
*～天文14(1545)年
戦国時代の地方豪族・土豪。
¶系東([生]？)，諸系([生]1497年)，人名([生]1497年)，戦辞([生]？　[没]天文14年9月9日(1545年10月14日))，戦人(よこぜやすしげ　[生]？)，日人([生]1497年)

**横瀬良順　よこせりょうじゅん**
？　～康正1(1456)年12月3日
室町時代の上野国衆岩松氏重臣。
¶戦辞

**横岳実家　よこだけいえざね**
[別]横岳兵庫守家実《よこだけひょうごのかみいえざね》
戦国時代～安土桃山時代の武士。
¶戦人(生没年不詳)，戦西(横岳兵庫守家実　よこだけひょうごのかみいえざね)



**横岳右馬頭資誠　よこだけうまのかみすけまさ**
→横岳資誠(よこだけすけまさ)

**横岳下野守頼続　よこだけしもつけのかみよりつぐ**
→横岳頼続(よこだけよりつぐ)

**横岳資誠　よこだけすけまさ**
[別]横岳右馬頭資誠《よこだけうまのかみすけまさ》
戦国時代の武士。
¶戦人(生没年不詳)，戦西(横岳右馬頭資誠　よこだけうまのかみすけまさ)

**横岳兵庫守家実　よこだけひょうごのかみいえざね**
→横岳実家(よこだけいえざね)

**横岳頼続　よこだけよりつぐ**
[別]横岳下野守頼続《よこだけしもつけのかみよりつぐ》
戦国時代～安土桃山時代の武士。
¶戦人(生没年不詳)，戦西(横岳下野守頼続　よこだけしもつけのかみよりつぐ)

**横田維行　よこたこれゆき**
生没年不詳
平安時代後期の横田地域の領主。
¶島根歴

**横田重道　よこたしげみち**
戦国時代の武士。のち帰農し遠江国長上郡内野村の庄屋横田家の祖となる。
¶姓氏静岡

**横田高松　よこたたかとし**
→横田高松(よこたたかまつ)

**横田高松　よこたたかまつ**
？　～天文19(1550)年　[別]横田高松《よこたたかとし》
戦国時代の武士。武田氏家臣。
¶姓氏山梨，戦辞(よこたたかとし　[生]長享1(1487)年　[没]天文19年10月1日(1550年11月9日))，戦人，戦東，長野歴(よこたたかとし)，日人，山梨百(よこたたかとし)

**横田尹松　よこたただとし**
→横田尹松(よこたただまつ)

**横田尹松　よこたただまつ**
天文23(1554)年～寛永12(1635)年　[別]横田尹松《よこたただとし》
安土桃山時代～江戸時代前期の武士。
¶人名([生]1556年)，戦辞(よこたただとし　[没]寛永12年7月5日(1635年8月17日))，日人

**横田藤四郎　よこたとうしろう**
戦国時代の武将。足利氏家臣。
¶戦辞(生没年不詳)，戦東

**横田光胤　よこたみつたね**
？　～寛永12(1635)年
安土桃山時代～江戸時代前期の武田家臣。康景の子。
¶姓氏山梨

**横田村詮　よこたむらあき**
？　～慶長8(1603)年
安土桃山時代の武将。
¶姓氏静岡([生]1552年)，戦国，戦人，鳥取百([生]天文21(1552)年)，日史([没]慶長8(1603)年11月14日)，日人，百科

**横田康景　よこたやすかげ**
*～天正3(1575)年
戦国時代～安土桃山時代の武士。武田氏家臣。
¶姓氏山梨([生]1525年)，戦辞([生]大永5(1525)年　[没]天正3年5月21日(1575年6月29日))，戦人([生]大永4(1524)年)，戦東([生]？)，日人([生]1524年)

**横田頼業　よこたよりなり**
→宇都宮頼業(うつのみやよりなり)

**横地家長　よこちいえなが**
永承6(1051)年～天治1(1124)年
平安時代後期の武士。八幡太郎義家の子。
¶姓氏静岡

**横地助四郎　よこちすけしろう**
生没年不詳
戦国時代の北条氏の家臣。
¶戦辞

**横地図書助　よこちずしょのすけ**
生没年不詳
戦国時代の武士。後北条氏家臣。
¶戦辞，戦人，戦東

**横地忠春　よこちただはる**
安土桃山時代の武士。後北条氏家臣。
¶戦人(生没年不詳)，戦東

**横地鶴寿　よこちつるじゅ**
生没年不詳
戦国時代の遠江国の国人。

¶戦辞

**横地長重** よこちながしげ
応保2(1162)年～貞応1(1222)年
平安時代後期～鎌倉時代前期の遠江国城飼郡横地の在地領主。
¶姓氏静岡

**横地秀種** よこちひでたね
? ～天正12(1584)年
戦国時代～安土桃山時代の植田城主。
¶姓氏愛知

**横地秀次** よこちひでつぐ
? ～元和2(1616)年
安土桃山時代の武将。
¶姓氏愛知, 戦人(生没年不詳)

**横地秀綱** よこちひでつな
生没年不詳
戦国時代の武将。遠州横地村城主、植田村城主。
¶姓氏愛知

**横道政光** よこぢまさみち
→横道政光(よこじまさみち)

**横地与三郎** よこちよさぶろう
? ～天正18(1590)年6月23日
戦国時代～安土桃山時代の北条氏照の奉行人。
¶戦辞

**横地吉信** よこちよしのぶ
? ～天正18(1590)年
安土桃山時代の武士。後北条氏家臣。
¶戦辞([没]天正18(1590)年6月), 戦人, 戦東

**横地義晴** よこちよしはる
? ～元和2(1616)年
安土桃山時代～江戸時代前期の近江彦根藩士。
¶藩臣4

**横手繁世** よこてしげよ
生没年不詳
戦国時代の武将・連歌作者。
¶国書

**横手満俊** よこてみつとし
? ～永禄11(1568)年
戦国時代の地方豪族・土豪。武田氏家臣。
¶姓氏山梨, 戦人

**横浜一庵** よこはまいちあん
? ～慶長1(1596)年
安土桃山時代の武士。豊臣氏家臣。
¶戦国, 戦人

**横浜茂勝** よこはましげかつ
安土桃山時代の武士。豊臣氏家臣。
¶戦国, 戦人(生没年不詳)

**横浜良慶** よこはまりょうけい
天文19(1550)年～慶長1(1596)年
安土桃山時代の武士。
¶和歌山人

**余語正勝** よごまさかつ
安土桃山時代の武士。織田氏家臣、秀吉馬廻。
¶戦国, 戦人(生没年不詳)

**横道兵庫助**(横道兵庫之助) よこみちひょうごのすけ
? ～元亀1(1570)年 [別]横道正光《よこじまさみつ, よこみちまさみつ》
戦国時代の武士。尼子氏家臣。
¶人名(横道兵庫之助), 戦人(横道正光 よこみちまさみつ), 日人

**横道正光** よこみちまさみつ
→横道兵庫助(よこみちひょうごのすけ)

**横山家政** よこやまいえまさ
戦国時代の武将。浅井氏家臣。
¶戦西

**横山右近高継** よこやまうこんたかつぐ
戦国時代の武将。葛西氏家臣。
¶戦東

**横山九郎兵衛** よこやまくろうべえ
戦国時代の武将。長宗我部氏家臣。
¶戦西

**横山隆兼** よこやまたかかね
[別]横山経兼・隆兼《よこやまつねかねたかかね》
平安時代後期の武士。武蔵横山党に属した。
¶埼玉人(生没年不詳), 多摩(横山経兼・隆兼 よこやまつねかねたかかね)

**横山大夫義隆** よこやまだゆうよしたか
平安時代中期の武士。武蔵七党の1つ横山党(小野党)の祖。
¶埼玉百

**横山経兼** よこやまつねかね
[別]横山経兼・隆兼《よこやまつねかねたかかね》
平安時代後期の豪族。
¶多摩(横山経兼・隆兼 よこやまつねかねたかかね)

**横山時兼** よこやまときかね
*～建保1(1213)年
平安時代後期～鎌倉時代前期の武士。源頼朝に従う。
¶朝日([生]仁平3(1153)年 [没]建保1年5月4日(1213年5月25日)), 鎌室([生]?, 新潮([生]? [没]建保1(1213)年5月4日), 多摩([没]建暦2(1212)年), 日人([生]1153年)

**横山友隆** よこやまともたか
生没年不詳
戦国時代の武士。長宗我部氏家臣。
¶高知人, 戦人

**横山長隆** よこやまながたか
天文8(1539)年～天正11(1583)年
戦国時代～安土桃山時代の加賀藩老臣。横山家の初代。
¶姓氏石川

**横山長知** よこやまながちか
永禄11(1568)年～正保3(1646)年
安土桃山時代～江戸時代前期の武士。加賀藩重臣。

¶石川百，近世，国史，国書（[没]正保3（1646）年1月21日），コン改，コン4，新潮（[没]正保3（1646）年1月），人名，姓氏石川，世人（[没]慶安1（1648）年），戦合，日人，藩臣3

**横山孫大夫**　よこやままごだゆう
戦国時代の武将。長宗我部氏家臣。
¶戦西

**横山盛資**　よこやまもりすけ
生没年不詳
安土桃山時代の武将。
¶戦人

**横山康玄**　よこやまやすはる
天正18（1590）年～正保2（1645）年
江戸時代前期の武士。加賀藩家老。
¶石川百，近世，国史，コン改，コン4，人名，姓氏石川，戦合，日人，藩臣3

**与三兵衛重景**　よさひょうえしげかげ
保元3（1158）年～元暦1（1184）年
平安時代後期の平維盛の家臣。
¶平史

**吉江景資**　よしえかげすえ
→吉江景資（よしえかげすけ）

**吉江景資**　よしえかげすけ
大永7（1527）年～天正10（1582）年　[別]吉江景資《よしえかげすえ》
戦国時代～安土桃山時代の国人。上杉氏家臣。
¶戦辞（よしえかげすえ　[生]？　[没]天正10年6月3日（1582年6月22日）），戦人，戦東

**吉江茂高**　よしえしげたか
生没年不詳
戦国時代の長尾景虎の家臣。
¶戦辞

**吉江資堅**　よしえすけかた
*～天正10（1582）年　[別]吉江信景《よしえのぶかげ》
安土桃山時代の武士。
¶戦辞（吉江信景　よしえのぶかげ　[生]天文7（1538）年？　[没]天正10年6月3日（1582年6月22日）），戦人（[生]天文6（1537）年），戦東（[生]1538年）

**吉江長資**　よしえながすけ
生没年不詳
戦国時代の長尾氏の家臣。
¶戦辞

**吉江長忠**　よしえながただ
永禄9（1566）年～正保4（1647）年4月26日
安土桃山時代～江戸時代前期の上杉景勝の家臣。
¶戦辞

**吉江信景**　よしえのぶかげ
→吉江資堅（よしえすけかた）

**吉江宗信**　よしえむねのぶ
永正2（1505）年～天正10（1582）年　[別]常陸入道宗闇《ひたちにゅうどうそうあん》
戦国時代～安土桃山時代の国人。上杉氏家臣。
¶戦辞（[生]永正2（1505）年？　[没]天正10年6月3日（1582年6月22日）），戦人，戦東

**吉岡鑑興**　よしおかあきおき
？　～天正6（1578）年
戦国時代～安土桃山時代の武士。
¶戦人，戦西

**吉岡玄蕃允**　よしおかげんばのじょう
戦国時代の武士。
¶戦人（生没年不詳），戦西

**吉岡定勝**　よしおかさだかつ
生没年不詳
安土桃山時代の武将。
¶戦人

**吉岡甚吉**　よしおかじんきち
安土桃山時代の武士。
¶戦人（生没年不詳），戦西

**吉岡長増**　よしおかながます
？　～*
戦国時代の武士。
¶大分歴（[没]天正6（1578）年），戦人（[没]天正1（1573）年），戦西

**吉岡統増**　よしおかむねます
生没年不詳
安土桃山時代の武将。大友氏家臣。
¶戦人

**吉川蔵人**　よしかわくらんど
？　～元和3（1617）年
安土桃山時代～江戸時代前期の武士。
¶日人

**吉川平助**　よしかわへいすけ
？　～天正16（1588）年
安土桃山時代の船奉行。
¶戦補，和歌山人

**吉里対馬守**　よしさとつしまのかみ
生没年不詳
戦国時代の上野国衆白井長尾氏重臣。
¶戦辞

**吉里備前守**　よしさとびぜんのかみ
生没年不詳
戦国時代の上野国衆白井長尾氏重臣。
¶戦辞

**吉田**　よしだ
生没年不詳
戦国時代の北条氏の家臣。
¶戦辞

**吉田家隆**　よしだいえたか
生没年不詳
安土桃山時代の武士。織田氏家臣、秀吉馬廻、徳川氏家臣。
¶織田，戦国，戦人

**吉田伊賀介**　よしだいがのすけ
戦国時代の武将。長宗我部氏家臣。
¶戦西

**吉田壱岐** よしだいき
天文16(1547)年〜元和9(1623)年
安土桃山時代〜江戸時代前期の筑前福岡藩士。
¶藩臣7

**吉田出雲守** よしだいずものかみ
戦国時代の土豪。里見氏家臣。
¶戦東

**吉田出雲守重政** よしだいずものかみしげまさ
→吉田重政(よしだしげまさ)

**吉田市蔵** よしだいちぞう
安土桃山時代の武将。秀吉馬廻。
¶戦国，戦人(生没年不詳)

**吉田印西** よしだいんさい
→吉田重氏(よしだしげうじ)

**吉田氏好** よしだうじよし
戦国時代の武士。今川氏家臣。
¶戦人(生没年不詳)，戦東

**吉田右馬助** よしだうまのすけ
安土桃山時代の武将。里見氏家臣。
¶戦東

**吉田興種** よしだおきたね
？〜永禄12(1569)年
戦国時代の武士。
¶戦人，戦西

**吉田勘解由** よしだかげゆ
戦国時代の武士。後北条氏家臣。
¶戦人(生没年不詳)，戦東

**吉田周孝** よしだかねたか
戦国時代の武将。
¶高知百

**吉田吉左衛門** よしだきちざえもん
安土桃山時代の武将。羽柴氏家臣。
¶戦西

**吉田清存** よしだきよあり
安土桃山時代の武士。
¶姓氏鹿児島，戦人(生没年不詳)，戦西

**吉田清秀** よしだきよひで
生没年不詳
室町時代〜戦国時代の能義郡吉田庄領主。
¶島根歴

**吉田清正** よしだきよまさ
室町時代の島津氏家臣。
¶姓氏鹿児島

**吉田厳覚** よしだげんかく
？〜正平18/貞治2(1363)年
南北朝時代の京極高氏の出雲国守護代。
¶島根歴

**吉田源四郎** よしだげんしろう
生没年不詳
戦国時代の武将。
¶戦人

**吉田上野介重賢** よしだこうずけのすけしげかた
→吉田重賢(よしだしげかた)

**吉田五左衛門** よしだござえもん
生没年不詳
安土桃山時代〜江戸時代前期の武士。浅野家の家臣。
¶和歌山人

**吉田位清** よしだこれきよ
？〜永正14(1517)年
戦国時代の武士。大隅国吉田院を支配した吉田家の14代。
¶姓氏鹿児島

**吉田貞重** よしださだしげ
生没年不詳
安土桃山時代の武将。長宗我部氏家臣。
¶戦人

**吉田真重** よしださねしげ
生没年不詳
戦国時代の武蔵鉢形城主北条氏邦の家臣。
¶戦辞

**吉田重氏** よしだしげうじ
永禄5(1562)年〜寛永15(1638)年　[別]吉田印西《よしだいんさい》
安土桃山時代〜江戸時代前期の武将、弓術家。日置流印西派の祖。
¶近世(吉田印西　よしだいんさい)，国史(吉田印西　よしだいんさい)，国書([没]寛永15(1638)年3月4日)，新潮([没]寛永15(1638)年3月4日)，人名，世人，戦合(吉田印西　よしだいんさい)，大百，日人

**吉田重賢** よしだしげかた
寛正4(1463)年〜天文12(1543)年　[別]吉田上野介重賢《よしだこうずけのすけしげかた》
戦国時代の武士。吉田流開祖。
¶朝日([生]寛正3(1462)年　[没]天文12年4月3日(1543年5月6日))，国史，古中，新潮(生没年不詳)，世人(生没年不詳)，戦合，戦人(生没年不詳)，戦西(吉田上野介重賢　よしだこうずけのすけしげかた)，日人

**吉田重俊** よしだしげとし
生没年不詳
戦国時代の武将。長宗我部氏家臣。
¶高知人，高知百，戦人

**吉田重成** よしだしげなり
元亀2(1571)年〜寛永15(1638)年
安土桃山時代〜江戸時代前期の筑前直方藩家老。
¶藩臣7

**吉田重政** よしだしげまさ
文明17(1485)年〜永禄12(1569)年　[別]吉田出雲守重政《よしだいずものかみしげまさ》
戦国時代の武将。六角氏家臣。弓術を継承。
¶戦人(生没年不詳)，戦西(吉田出雲守重政　よしだいずものかみしげまさ)，日人

**吉田重康** よしだしげやす
生没年不詳

戦国時代の武士。長宗我部氏家臣。
¶高知人，高知百，戦人

**吉田次兵衛(1)** よしだじへえ
戦国時代～安土桃山時代の武将。柴田勝家の臣。越前丸岡城主。
¶戦国，戦人（生没年不詳）

**吉田次兵衛(2)** よしだじへえ
[別]吉田次兵衛尉《よしだじへえのじょう》
安土桃山時代の武将。秀吉馬廻。
¶戦国，戦人（生没年不詳）

**吉田修理** よしだしゅうり
？ ～元和1（1615）年
安土桃山時代～江戸時代前期の越前福井藩士。
¶藩臣3

**吉田主膳** よしだしゅぜん
安土桃山時代～江戸時代前期の武士。里見氏家臣。
¶戦人（生没年不詳），戦東

**吉田次郎左衛門** よしだじろうざえもん
戦国時代の武将。長宗我部氏家臣。
¶戦西

**吉田新右衛門** よしだしんうえもん
→吉田新右衛門（よしだしんえもん）

**吉田新右衛門** よしだしんえもん
[別]吉田新右衛門《よしだしんうえもん》
安土桃山時代～江戸時代前期の武士。里見氏家臣。
¶戦人（生没年不詳），戦東（よしだしんうえもん）

**吉田新左衛門** よしだしんざえもん
安土桃山時代の武将。後北条氏家臣。
¶戦東

**吉田新四郎** よしだしんしろう
安土桃山時代～江戸時代前期の武士。里見氏家臣。
¶戦人（生没年不詳），戦東

**吉田正林** よしだせいりん
戦国時代の武将。里見氏家臣。
¶戦東

**吉田孝頼** よしだたかより
生没年不詳
戦国時代の武将。長宗我部氏家臣。
¶高知人，戦人

**吉田時勝** よしだときかつ
＊～慶長15（1610）年
安土桃山時代～江戸時代前期の武士。織田氏家臣、秀吉馬廻。
¶戦国（[生]1547年），戦人（[生]天文15（1546）年）

**吉田俊定** よしだとしさだ
生没年不詳
戦国時代の伊豆横川の在地領主。
¶戦辞

**吉田信生** よしだのぶなり
生没年不詳
戦国時代の甲斐武田晴信の家臣。
¶戦辞

**吉田半十郎** よしだはんじゅうろう
安土桃山時代～江戸時代前期の武士。里見氏家臣。
¶戦人（生没年不詳），戦東

**吉田彦四郎** よしだひこしろう
安土桃山時代の武将。秀吉馬廻。
¶戦国，戦人（生没年不詳）

**吉田彦六郎** よしだひころくろう
生没年不詳
安土桃山時代の武将。秀吉馬廻。
¶戦人

**吉田備中守** よしだびっちゅうのかみ
戦国時代の武将。長宗我部氏家臣。
¶戦西

**吉田広典** よしだひろのり
生没年不詳
戦国時代の但馬守護山名家の臣・歌人。
¶国書

**吉田備後守** よしだびんごのかみ
戦国時代の武将。長宗我部氏家臣。
¶戦西

**吉田豊後守** よしだぶんごのかみ
安土桃山時代の武将。秀吉馬廻か。
¶戦補

**吉田平右衛門** よしだへいえもん
生没年不詳
戦国時代の北条氏の家臣。
¶戦辞

**吉田平内** よしだへいない
生没年不詳
安土桃山時代の織田信長の家臣。
¶織田

**吉田政重** よしだまさしげ
生没年不詳
安土桃山時代～江戸時代前期の武士。
¶高知人，埼玉人，戦辞，戦人，戦西

**吉田又左衛門** よしだまたざえもん
[別]吉田又左衛門尉《よしだまたざえもんのじょう》
安土桃山時代の武将。秀吉馬廻。
¶戦国，戦人（生没年不詳）

**吉田又三郎** よしだまたさぶろう
安土桃山時代の武士。後北条氏家臣。
¶戦人（生没年不詳），戦東

**吉田又七郎** よしだまたしちろう
安土桃山時代の武将。秀吉馬廻。
¶戦国，戦人（生没年不詳）

**吉田盛行** よしだもりゆき
？ ～天正18（1590）年
安土桃山時代の武将。後北条氏家臣。
¶戦東

**吉田康俊** よしだやすとし
永禄8（1565）年～寛永11（1634）年
安土桃山時代～江戸時代前期の武士。

¶高知人（[没]1634年？），高知百，戦人，戦西（[生]？）

**吉田泰盛** よしだやすもり
生没年不詳
戦国時代の北条氏の家臣。
¶戦辞

**吉田与市** よしだよいち
安土桃山時代～江戸時代前期の武士。里見氏家臣。
¶戦人（生没年不詳），戦東

**吉田吉長** よしだよしなが
生没年不詳
戦国時代の北条氏の家臣。
¶戦辞

**吉田好寛** よしだよしひろ
？ ～元和1（1615）年
安土桃山時代～江戸時代前期の武士。徳川氏家臣、豊臣氏家臣。
¶戦国，戦人

**吉田吉康** よしだよしやす
生没年不詳
戦国時代の伊豆の横川の在地領主。
¶戦辞

**木曽義利** よしとし
→木曽義利（きそよしとし）

**吉利忠澄** よしとしただずみ
戦国時代～安土桃山時代の武士。
¶鹿児島百（生没年不詳），姓氏鹿児島，戦人（生没年不詳），戦西

**吉成織部** よしなりおりべ
生没年不詳
安土桃山時代の武士。佐竹氏家臣。
¶戦辞，戦人，戦東

**吉成五郎右衛門** よしなりごろうえもん
安土桃山時代の武士。
¶戦人（生没年不詳），戦西

**吉成相模守** よしなりさがみのかみ
生没年不詳
戦国時代の武士。佐竹氏家臣。
¶戦辞，戦人，戦東

**良成親王** よしなりしんのう
生没年不詳 [別]長成親王《ながなりしんのう》，良成親王《ながなりしんのう，りょうせいしんのう》
南北朝時代の後村上天皇の皇子。後征西将軍宮。
¶朝日，鎌室（ながなりしんのう），鎌室，国史，古中，コン改（ながなりしんのう），コン4（ながなりしんのう），史人（[没]1395年？），諸系，新潮（ながなりしんのう），人名（りょうせいしんのう [生]1364年？ [没]1395年？），世人（長成親王 ながなりしんのう），世人（りょうせいしんのう），全書，日人，福岡百（ながなりしんのう），歴大

**吉成助道** よしなりすけみち
生没年不詳
戦国時代の佐竹氏の家臣。
¶戦辞

**吉成豊後守** よしなりぶんごのかみ
安土桃山時代～江戸時代前期の武士。佐竹氏家臣。
¶戦人（生没年不詳），戦東

**吉野雅楽助** よしのうたのすけ
生没年不詳
戦国時代の古河公方足利義氏の家臣。
¶戦辞

**芳野宮内少輔** よしのくないしょう
[別]芳野宮内少輔《ほうのくないのしょう》
安土桃山時代の武将。織田信雄の臣。
¶織田（ほうのくないのしょう 生没年不詳），戦国

**吉野直正** よしのなおまさ
？ ～承応2（1653）年
安土桃山時代～江戸時代前期の武士。成田氏家臣。
¶人名

**吉橋和泉守** よしはしいずみのかみ
？ ～元和4（1619）年11月28日
安土桃山時代～江戸時代前期の武蔵鉢形城主北条氏邦の家臣。
¶戦辞

**吉橋大膳亮** よしはしだいぜんのすけ
？ ～元和4（1618）年11月28日
戦国時代の武蔵鉢形城主北条氏邦の家臣。
¶埼玉人，戦辞（生没年不詳）

**吉羽図書** よしばずしょ
→吉羽図書（よしばねずしょ）

**吉羽図書** よしばねずしょ
？ ～寛永10（1633）年 [別]吉羽図書《よしばずしょ》
戦国時代の武士。忍城主成田氏長の家臣。
¶埼玉人，埼玉百（よしばずしょ）

**吉原主馬允** よしはらしゅめのじょう
生没年不詳
戦国時代の遠山直景の家臣。
¶戦辞

**吉原新兵衛** よしはらしんべえ
→吉原新兵衛（よしわらしんべえ）

**吉原西雲** よしはらせいうん
？ ～天正8（1580）年8月
戦国時代～安土桃山時代の織田信長の家臣。
¶織田

**吉原俊平** よしはらとしひら
鎌倉時代の武士。
¶姓氏鹿児島

**吉原元親** よしはらもとちか
生没年不詳
戦国時代～安土桃山時代の武将。
¶戦人

**吉弘鑑理** よしひろあきただ
？ ～*
戦国時代の武士。

¶大分歴([没]元亀2(1571)年)，戦人([没]元亀2(1571)年？)，戦西，福岡百([没]永禄12(1569)年)

**吉弘氏輔** よしひろうじすけ
生没年不詳
南北朝時代の武将。
¶大分歴

**吉弘氏直** よしひろうじなお
？ ～天文3(1534)年
戦国時代の武士。
¶戦人，戦西

**吉弘鎮信** よしひろしげのぶ
？ ～天正6(1578)年
戦国時代～安土桃山時代の武士。
¶戦人，戦西

**吉弘統幸**(吉弘統之) よしひろむねゆき
？ ～慶長5(1600)年
安土桃山時代の武将。大友義統の旧臣。
¶大分歴(吉弘統之 [生]永禄6(1563)年)，戦国，戦人，戦西

**吉益匡明** よしますただあき
生没年不詳
安土桃山時代～江戸時代前期の武士。浅野家の家臣。
¶和歌山人



**吉益伯耆守** よしますほうきのかみ
生没年不詳
戦国時代の上田氏の家臣。
¶戦辞

**吉松十右衛門** よしまつじゅううえもん
→吉松十右衛門(よしまつじゅうえもん)

**吉松十右衛門** よしまつじゅうえもん
[別]吉松十右衛門《よしまつじゅううえもん》
戦国時代の武士。
¶戦人(生没年不詳)，戦西(よしまつじゅううえもん)

**好島盛隆**(好嶋盛隆) よしまもりたか
生没年不詳
鎌倉時代後期の武士。
¶鎌室，日人(好嶋盛隆)

**吉見氏頼** よしみうじより
生没年不詳
南北朝時代の武将。
¶石川百，鎌室，姓氏石川，日人

**吉見興滋** よしみおきしげ
戦国時代の武将。大内氏家臣。
¶戦西

**良岑高春** よしみねのたかはる
生没年不詳
平安時代後期の武士。
¶平史

**吉見信頼** よしみのぶより
？ ～文明14(1482)年
室町時代～戦国時代の武士。
¶系西，島根百([没]文明14(1482)年5月27日)，島根歴，戦人

**吉見広長** よしみひろなが
*～元和4(1618)年
安土桃山時代～江戸時代前期の武士。
¶系西([生]1582年)，姓氏山口([生]1581年)，戦人([生]天正10(1582)年)，藩臣6([生]天正9(1581)年)

**吉見弘信** よしみひろのぶ
室町時代の津和野城主。
¶島根百

**吉見広行** よしみひろゆき
？ ～元和4(1618)年
安土桃山時代～江戸時代前期の武将。
¶島根歴

**吉見広頼** よしみひろより
天文4(1535)年～慶長18(1613)年
安土桃山時代～江戸時代前期の武将。
¶系西，島根百([没]慶長18(1613)年6月20日)，姓氏山口([生]1542年)

**吉見弘頼** よしみひろより
戦国時代の武将。大内氏家臣。
¶戦西

**吉見正頼** よしみまさより
永正10(1513)年～天正16(1588)年
戦国時代～安土桃山時代の武士。
¶系西，史人([没]1588年閏5月22日)，島根百，島根歴，姓氏山口，戦国，戦人，戦西([生]？)，山口百

**吉見統範** よしみむねのり
戦国時代の武将。畠山氏家臣。
¶姓氏石川，戦西

**吉見元頼** よしみもとより
？ ～文禄3(1594)年
安土桃山時代の吉賀郷領主。吉見広頼の嫡子。
¶島根歴

**吉見義世** よしみよしよ
？ ～永仁4(1296)年
鎌倉時代後期の武士。鎌倉幕府御家人。
¶国史，古中，埼玉人，史人([没]1296年11月20日)，日史([没]永仁4(1296)年11月20日)，日人

**吉見頼顕** よしみよりあき
南北朝時代の能登守護。能登守護吉見宗寂の子か。
¶石川百(生没年不詳)，姓氏石川

**吉見頼興** よしみよりおき
寛正1(1460)年～天文1(1532)年
戦国時代の武士。
¶系西，島根百([没]享禄5(1532)年4月12日)，島根歴，戦人

**吉見頼郷** よしみよりさと
戦国時代の武将。大内氏家臣。
¶戦西

**吉見頼隆** よしみよりたか
生没年不詳
南北朝時代の武将。
¶石川百，鎌室，国書，姓氏石川，姓氏富山，日人

**吉見頼武** よしみよりたけ
生没年不詳
南北朝時代の武将・歌人。
¶国書

**吉見頼為** よしみよりため
生没年不詳
南北朝時代の武将・歌人。
¶国書

**吉見頼綱** よしみよりつな
生没年不詳
鎌倉時代前期の武士。
¶鎌室，埼玉人，日人

**吉見頼世** よしみよりつね
室町時代の津和野城主。
¶島根百

**吉見頼直** よしみよりなお
鎌倉時代後期の武将。
¶系西（生没年不詳），島根百

**吉見頼弘** よしみよりひろ
？ ～文安3（1446）年
室町時代の武将。
¶系西，島根百（[没]文安3（1446）年12月27日），島根歴

**吉見頼宗** よしみよりむね
生没年不詳
鎌倉時代後期の武士。
¶北条

**吉見頼行** よしみよりゆき
？ ～延元1/建武3（1336）年
鎌倉時代後期の武将。
¶系西（[没]1309年），島根人，島根百，島根歴

**吉村氏吉** よしむらうじよし
生没年不詳
安土桃山時代の織田信長の家臣。
¶織田

**吉村源介** よしむらげんすけ
生没年不詳
安土桃山時代の織田信長の家臣。
¶織田

**吉村助五郎** よしむらすけごろう
生没年不詳
戦国時代の武士。後北条氏家臣。
¶戦辞，戦人，戦東

**吉村宣光**（吉村宣充） よしむらのぶみつ
天正4（1576）年～慶安3（1650）年
安土桃山時代～江戸時代前期の武士。福島正則の家臣。
¶人名，日人（吉村宣充）

**義行** よしゆき
生没年不詳
戦国時代の古河公方の奉行人。
¶戦辞

**吉原源七郎** よしわらげんしちろう
生没年不詳
戦国時代の北条氏の家臣。
¶戦辞

**吉原玄蕃助** よしわらげんばのすけ
戦国時代の土豪武士。里見氏家臣。
¶戦辞（生没年不詳），戦東

**吉原左京亮** よしわらさきょうのすけ
生没年不詳
安土桃山時代の地方豪族・土豪。北畠氏家臣。
¶戦人

**吉原新兵衛** よしわらしんべえ
生没年不詳 [別]吉原新兵衛《よしはらしんべえ》
戦国時代の武士。後北条氏家臣。
¶戦辞（よしはらしんべえ），戦人，戦東

**余田源太郎** よだげんたろう
生没年不詳
安土桃山時代の武将。秀吉馬廻。
¶戦人

**依田新七** よだしんしち
[別]依田新七《いだしんしち》
安土桃山時代～江戸時代前期の武士。里見氏家臣。
¶戦人（生没年不詳），戦東（いだしんしち）

**依田大膳亮** よだだいぜんのすけ
生没年不詳
戦国時代の北条氏の家臣。
¶戦辞

**依田隆総** よだたかふさ
戦国時代の武将。武田家臣。西上野の侍か。
¶姓氏山梨

**依田忠政** よだただまさ
生没年不詳
室町時代の武士。後閑城主。
¶姓氏群馬

**依田長繁** よだながしげ
生没年不詳
戦国時代の相木城城主。
¶姓氏長野

**依田信蕃** よだのぶしげ
天文17（1548）年～天正11（1583）年 [別]芦田信蕃《あしだのぶしげ》，蘆田信蕃《あしだのぶしげ》
安土桃山時代の信濃国の武将。
¶群馬人（芦田信蕃 あしだのぶしげ），国史，古中，静岡歴，人名，姓氏静岡，姓氏長野，戦合，戦国（芦田信蕃 あしだのぶしげ），戦辞（[没]天正11年2月23日（1583年4月15日）），戦人（蘆田信蕃 あしだのぶしげ），長野百（[生]？），長野歴，日人

よ

**依田信守** よだのぶもり
永禄10(1567)年～慶長9(1604)年3月25日
安土桃山時代～江戸時代前期の信濃国衆。徳川氏に仕えた。
¶戦辞

**依田信盛** よだのぶもり
戦国時代の武将。武田家臣。永禄起請文にみえる。
¶姓氏山梨

**依田春賢** よだはるかた
生没年不詳
戦国時代の地方豪族・土豪。
¶戦人

**依田光慶** よだみつよし
戦国時代の武将。武田家臣。上野鷹ノ巣の城主。
¶姓氏山梨

**依田康勝** よだやすかつ
→依田康真(よだやすざね)

**依田康国** よだやすくに
元亀1(1570)年～天正18(1590)年　[別]松平康国《まつだいらやすくに》，蘆田康国《あしだやすくに》
安土桃山時代の信濃国の武将。依田信蕃の長子。小諸城主。
¶近世，国史，人名，姓氏長野(松平康国　まつだいらやすくに)，戦合，戦国，戦辞(松平康国　まつだいらやすくに　[没]天正18年4月26日(1590年5月29日))，戦人，長野歴(松平康国　まつだいらやすくに)，日人

**依田康貞** よだやすさだ
→依田康真(よだやすざね)

**依田康真** よだやすざね
天正2(1574)年～承応2(1653)年　[別]依田康勝《よだやすかつ》，依田康貞《よだやすさだ》，加藤宗月《かとうそうげつ》，松平康真《まつだいらやすざね》，松平康勝《まつだいらやすかつ》，蘆田康勝《あしだやすかつ》
安土桃山時代～江戸時代前期の武将。藤岡城主。
¶郷土群馬(依田康勝　よだやすかつ　生没年不詳)，国書(加藤宗月　かとうそうげつ　[没]承応2(1653)年8月18日)，人名([没]？)，姓氏群馬(依田康貞　よだやすさだ)，戦国(依田康勝　よだやすかつ)，戦辞(松平康真　まつだいらやすざね　[没]承応2年8月18日(1653年10月9日))，戦人(依田康勝　よだやすかつ　[没]？)，日人

**依田康信** よだやすのぶ
生没年不詳
戦国時代の北条氏の家臣。
¶戦辞

**依田頼房** よだよりふさ
戦国時代の武将。武田家臣。長門守。望月信雅家中。
¶姓氏山梨

**米内右近** よないうこん
生没年不詳
安土桃山時代の南部家臣。
¶姓氏岩手

**米津田政** よねきつたまさ，よねきづたまさ
永禄6(1563)年～寛永1(1624)年
安土桃山時代～江戸時代前期の武士。徳川氏家臣。
¶神奈川人，諸系，戦国(よねきづたまさ　[生]1564年)，戦人，日史([没]寛永1(1624)年11月22日)

**米津親勝** よねきづちかかつ，よねきつちかかつ
？～慶長19(1614)年　[別]米津親勝《よねづちかかつ》，米津正勝《よねきつまさかつ》
安土桃山時代～江戸時代前期の武将。徳川家康の臣。
¶朝日([没]慶長19年2月22日(1614年4月1日))，諸系(よねきつちかかつ)，姓氏京都(よねづちかかつ)，戦国，戦人(米津正勝　よねきつまさかつ)，日人(よねきつちかかつ)

**米津常春** よねきつつねはる
？～慶長17(1612)年　[別]米津常春《よねきつねはる》
安土桃山時代～江戸時代前期の武士。松平氏家臣、徳川氏家臣。
¶戦人，戦東(よねきつねはる)

**米津常春** よねきつねはる
→米津常春(よねきつつねはる)

**米津正勝** よねきつまさかつ
→米津親勝(よねきづちかかつ)

**米倉左近将監** よねくらさこんしょうげん
戦国時代の武将。葛西氏家臣。
¶戦東

**米倉重継** よねくらしげつぐ
？～天正3(1575)年　[別]米倉宗継《よねくらむねつぐ》，米倉丹後守《よねくらたんごのかみ》
戦国時代～安土桃山時代の武士。武田氏家臣。
¶諸系，人名，姓氏山梨，戦国(米倉宗継　よねくらむねつぐ)，戦人，戦東，日人，山梨百([没]天正3(1575)年5月21日)

**米倉忠継** よねくらただつぐ
*～慶長4(1599)年
戦国時代～安土桃山時代の武士、徳川家康の臣。
¶諸系([生]1544年)，人名([生]1533年　[没]1591年)，姓氏山梨([生]？)，日人([生]1544年)

**米倉信継** よねくらのぶつぐ
～寛永13(1636)年
安土桃山時代～江戸時代前期の武士、旗本。
¶大阪墓([没]寛永13(1636)年4月8日)，神奈川人

**米倉晴継** よねくらはるつぐ
？～永禄12(1569)年
戦国時代の武士、武田氏の臣。
¶諸系，人名，姓氏山梨，日人

**米倉宗継** よねくらむねつぐ
→米倉重継(よねくらしげつぐ)

**米田助左衛門** よねだすけざえもん
？～寛永3(1626)年
安土桃山時代～江戸時代前期の浅野家臣。

¶和歌山人

**米津親勝** よねづちかかつ
→米津親勝(よねきづちかかつ)

**米原綱寛** よねはらつなひろ
生没年不詳
戦国時代の武士。
¶島根百，島根歴，戦人，戦西

**米村権右衛門** よねむらごんえもん
生没年不詳
安土桃山時代～江戸時代前期の武士。
¶日人

**米森玄蕃** よねもりげんば
生没年不詳
戦国時代の武将。
¶高知人

**余野高綱** よのたかつな
? ～天正12(1584)年
安土桃山時代の地方豪族・土豪。
¶戦人

**四方田源五郎** よもだげんごろう
戦国時代の武将。後北条氏家臣。
¶戦東

**四方田土佐守** よもだとさのかみ
安土桃山時代の武将。後北条氏家臣。
¶戦東

**与良某** よらぼう
戦国時代の武将。武田家臣。信濃先方衆。
¶姓氏山梨

**依岡左京** よりおかさきょう
? ～天正14(1586)年
安土桃山時代の武士。
¶戦人，戦西

**依藤長守** よりふじながもり
? ～明暦3(1657)年
江戸時代前期の中村氏家臣、のち鳥取藩士。弓馬の達人。
¶鳥取百

**依光越中** よりみつえっちゅう
? ～天正14(1586)年
安土桃山時代の武士。
¶戦人，戦西

**依光蔵進** よりみつくらのしん
? ～天正11(1583)年
安土桃山時代の武士。
¶戦人，戦西

**与湾大親** よわんうふや
→与湾大親(ゆわんうふや)

## 【ら】

**楽巌寺雅方** らくがんじまさかた
生没年不詳 [別]楽巌寺雅方《がくがんじまさかた》
戦国時代の地方豪族・土豪。
¶姓氏長野(がくがんじまさかた)，姓氏山梨(がくがんじまさかた)，戦人

**良知河内守** らちかわちのかみ
生没年不詳
戦国時代の北条氏の家臣。
¶戦辞

**良知善右衛門尉** らちぜんえもんのじょう
戦国時代の武将。今川氏家臣。
¶戦辞(生没年不詳)，戦東

## 【り】

**力丸広宗** りきまるひろむね
生没年不詳
南北朝時代の力丸城主。
¶群馬人

**竜崎駒千世** りゅうざきこまちよ
戦国時代の武士。後北条氏家臣。
¶戦人(生没年不詳)，戦東

**竜崎下総守** りゅうざきしもうさのかみ
安土桃山時代の武将。里見氏家臣。
¶戦東

**竜崎縫殿頭** りゅうざきぬいどののかみ
→竜崎縫殿頭(りゅうざきぬいのかみ)

**竜崎縫殿頭** りゅうざきぬいのかみ
[別]竜崎縫殿頭《りゅうざきぬいどののかみ》
戦国時代の武将。里見氏家臣。
¶戦辞(りゅうざきぬいどののかみ 生没年不詳)，戦東

**竜崎兵庫** りゅうざきひょうご
安土桃山時代～江戸時代前期の武士。里見氏家臣。
¶戦人(生没年不詳)，戦東

**竜崎文四郎** りゅうざきぶんしろう
生没年不詳
戦国時代の武士。後北条氏家臣。
¶戦辞，戦人，戦東

**竜崎道輔** りゅうざきみちすけ
戦国時代の武士。
¶戦人(生没年不詳)，戦西

**竜崎弥七郎** りゅうざきやしちろう
安土桃山時代～江戸時代前期の武士。里見氏家臣。
¶戦人(生没年不詳)，戦東

**竜崎六郎** りゅうざきろくろう
安土桃山時代～江戸時代前期の武士。里見氏家臣。

¶戦人(生没年不詳), 戦東

**竜神覚大夫** りゅうじんかくだいぶ
安土桃山時代の武将。豊臣秀次、浅野氏の臣。
¶戦国

**竜神頼春** りゅうじんよりはる
生没年不詳
安土桃山時代～江戸時代前期の武士。浅野家の家臣。
¶和歌山人

**竜造寺鑑兼** りゅうぞうじあきかね
[別]竜造寺左衛門大夫鑑兼《りゅうぞうじさえもんたゆうあきかね》
戦国時代の武士。
¶戦人(生没年不詳), 戦西(竜造寺左衛門大夫鑑兼 りゅうぞうじさえもんたゆうあきかね)

**竜造寺安房守信周** りゅうぞうじあわのかみのぶちか
→竜造寺信周(りゅうぞうじのぶちか)

**竜造寺家和** りゅうぞうじいえかず
? ～享禄1(1528)年
戦国時代の武士。
¶系西, 戦人

**竜造寺家門** りゅうぞうじいえかど
? ～* [別]竜造寺和泉守家門《りゅうぞうじいずみのかみいえかど》
戦国時代の武士。
¶戦人([没]天文14(1545)年), 戦西(竜造寺和泉守家門 りゅうぞうじいずみのかみいえかど [没]1555年)

**竜造寺家兼** りゅうぞうじいえかね
享徳3(1454)年～天文15(1546)年
戦国時代の武将。
¶系西, 佐賀百([没]天文15(1546)年3月10日), 諸系, 人名, 戦人, 日人

**竜造寺家純** りゅうぞうじいえすみ
? ～天文14(1545)年 [別]竜造寺豊後守家純《りゅうぞうじぶんごのかみいえすみ》
戦国時代の武士。
¶戦人, 戦西(竜造寺豊後守家純 りゅうぞうじぶんごのかみいえすみ)

**竜造寺家親** りゅうぞうじいえちか
[別]竜造寺播磨守家親《りゅうぞうじはりまのかみいえちか》
戦国時代の武士。
¶戦人(生没年不詳), 戦西(竜造寺播磨守家親 りゅうぞうじはりまのかみいえちか)

**竜造寺家直** りゅうぞうじいえなお
[別]竜造寺伊賀守家直《りゅうぞうじいがのかみいえなお》
戦国時代の武士。
¶戦人(生没年不詳), 戦西(竜造寺伊賀守家直 りゅうぞうじいがのかみいえなお)

**竜造寺家就** りゅうぞうじいえなり
[別]竜造寺越前守家就《りゅうぞうじえちぜんのかみいえなり》
戦国時代～安土桃山時代の武士。
¶戦人(生没年不詳), 戦西(竜造寺越前守家就 りゅうぞうじえちぜんのかみいえなり)

**竜造寺家晴** りゅうぞうじいえはる
弘治1(1555)年～慶長18(1613)年 [別]竜造寺兵庫頭家晴《りゅうぞうじひょうごのかみいえはる》
戦国時代～安土桃山時代の武士。
¶戦人(生没年不詳), 戦西(竜造寺兵庫頭家晴 りゅうぞうじひょうごのかみいえはる), 長崎歴

**竜造寺家平** りゅうぞうじいえひら
生没年不詳
南北朝時代の武士。
¶鎌室

**竜造寺家政** りゅうぞうじいえまさ
生没年不詳
南北朝時代の武士。
¶鎌室

**竜造寺家泰** りゅうぞうじいえやす
? ～天文14(1545)年 [別]竜造寺三郎家泰《りゅうぞうじさぶろういえやす》
戦国時代の武士。
¶鎌室(生没年不詳), 戦人, 戦西(竜造寺三郎家泰 りゅうぞうじさぶろういえやす)

**竜造寺伊賀守家直** りゅうぞうじいがのかみいえなお
→竜造寺家直(りゅうぞうじいえなお)

**竜造寺伊豆守常家** りゅうぞうじいずのかみつねいえ
→竜造寺常家(りゅうぞうじつねいえ)

**竜造寺和泉守家門** りゅうぞうじいずみのかみいえかど
→竜造寺家門(りゅうぞうじいえかど)

**竜造寺意泉斎** りゅうぞうじいせんさい
戦国時代～安土桃山時代の武将。竜造寺氏家臣。
¶戦西

**竜造寺石見守家秀** りゅうぞうじいわみのかみいえひで
戦国時代の武将。竜造寺氏家臣。
¶戦西

**竜造寺右衛門大夫家喜** りゅうぞうじうえもんたゆういえよし
? ～天正12(1584)年
安土桃山時代の武将。竜造寺氏家臣。
¶戦西

**竜造寺右京亮胤直** りゅうぞうじうきょうのすけたねなお
→竜造寺胤直(りゅうぞうじたねなお)

**竜造寺雅楽助** りゅうぞうじうたのすけ
? ～天正12(1584)年
安土桃山時代の武将。竜造寺氏家臣。
¶戦西

**竜造寺右馬大夫信門** りゅうぞうじうめのたゆうのぶかど
? ～天正12(1584)年
安土桃山時代の武将。竜造寺氏家臣。

¶戦西

**竜造寺越前守家就** りゅうぞうじえちぜんのかみいえなり
→竜造寺家就(りゅうぞうじいえなり)

**竜造寺隠岐守家久** りゅうぞうじおきのかみいえひさ
戦国時代～安土桃山時代の武将。竜造寺氏家臣。
¶戦西

**竜造寺勘解由左衛門信家** りゅうぞうじかげゆざえもんのぶいえ
安土桃山時代の武将。竜造寺氏家臣。
¶戦西

**竜造寺刑部大輔胤和** りゅうぞうじぎょうぶたいゆうたねかず
→竜造寺胤和(りゅうぞうじたねかず)

**竜造寺宮内大輔胤栄** りゅうぞうじくないのたいゆうたねみつ
→竜造寺胤栄(りゅうぞうじたねみつ)

**竜造寺五郎次郎晴明** りゅうぞうじごろうじろうはるあき
→竜造寺晴明(りゅうぞうじはるあき)

**竜造寺左衛門大夫鑑兼** りゅうぞうじさえもんたゆうあきかね
→竜造寺鑑兼(りゅうぞうじあきかね)

**竜造寺三郎家泰** りゅうぞうじさぶろういえやす
→竜造寺家泰(りゅうぞうじいえやす)

**竜造寺下総守康房** りゅうぞうじしもうさのかみやすふさ
→竜造寺康房(りゅうぞうじやすふさ)

**竜造寺新五郎胤明** りゅうぞうじしんごろうたねあき
？ ～天文14(1545)年
戦国時代の武将。竜造寺氏家臣。
¶戦西

**竜造寺宗珍斎** りゅうぞうじそうちんさい
戦国時代の武士。
¶戦人(生没年不詳)，戦西

**竜造寺隆信** りゅうぞうじたかのぶ
享禄2(1529)年～天正12(1584)年 [別]竜造寺隆信《りゅぞうじたかのぶ》
戦国時代～安土桃山時代の肥前の武将。
¶朝日([没]天正12年3月24日(1584年5月4日))，岩史([没]天正12(1584)年3月24日)，角史，郷土長崎，系西，国史，古中，コン改，コン4，佐賀百([生]享禄2(1529)年3月15日 [没]天正12(1584)年2月24日)，史人([生]1529年2月 [没]1584年3月24日)，重要([没]天正12(1584)年3月24日)，諸系，新潮([没]天正12(1584)年3月24日)，人名，世人([没]天正12(1584)年3月24日)，世百，戦合，戦国([生]1533年)，全書，戦人，大百，長崎百，長崎歴，日史([没]天正12(1584)年3月24日)，日人，百科(りゅぞうじたかのぶ)，歴大

**竜造寺高房** りゅうぞうじたかふさ
天正14(1586)年～慶長12(1607)年 [別]羽柴藤八郎《はしばとうはちろう》
安土桃山時代～江戸時代前期の武将。豊臣秀吉の臣。
¶佐賀百([没]慶長12(1607)年9月6日)，戦国

**竜造寺胤家** りゅうぞうじたねいえ
[別]竜造寺豊前守胤家《りゅうぞうじぶぜんのかみたねいえ》
戦国時代の武士。
¶戦人(生没年不詳)，戦西(竜造寺豊前守胤家 りゅうぞうじぶぜんのかみたねいえ)

**竜造寺胤和** りゅうぞうじたねかず
[別]竜造寺刑部大輔胤和《りゅうぞうじぎょうぶたいゆうたねかず》
戦国時代の武士。
¶戦人(生没年不詳)，戦西(竜造寺刑部大輔胤和 りゅうぞうじぎょうぶたいゆうたねかず)

**竜造寺胤直** りゅうぞうじたねなお
？ ～＊ [別]竜造寺右京亮胤直《りゅうぞうじうきょうのすけたねなお》
戦国時代の武士。
¶戦人([没]天文14(1545)年)，戦西(竜造寺右京亮胤直 りゅうぞうじうきょうのすけたねなお [没]1546年)

**竜造寺胤栄** りゅうぞうじたねなが
→竜造寺胤栄(りゅうぞうじたねみつ)

**竜造寺胤久** りゅうぞうじたねひさ
？ ～天文8(1539)年 [別]竜造寺大和守胤久《りゅうぞうじやまとのかみたねひさ》
戦国時代の武士。
¶戦人，戦西(竜造寺大和守胤久 りゅうぞうじやまとのかみたねひさ)

**竜造寺胤栄** りゅうぞうじたねみつ
？ ～＊ [別]竜造寺胤栄《りゅうぞうじたねなが》，竜造寺宮内大輔胤栄《りゅうぞうじくないのたいゆうたねみつ》
戦国時代の武士。
¶系西([没]1548年)，佐賀百(りゅうぞうじたねなが [生]大永5(1525)年 [没]天文17(1548)年3月)，戦人([没]天文16(1547)年)，戦西(竜造寺宮内大輔胤栄 りゅうぞうじくないのたいゆうたねみつ [没]1547年)

**竜造寺常家** りゅうぞうじつねいえ
？ ～＊ [別]竜造寺伊豆守常家《りゅうぞうじいずのかみつねいえ》
安土桃山時代の武士。
¶戦人([没]天正14(1585)年)，戦西(竜造寺伊豆守常家 りゅうぞうじいずのかみつねいえ [没]1545年)

**竜造寺長信** りゅうぞうじながのぶ
？ ～慶長18(1613)年
安土桃山時代～江戸時代前期の武士。
¶戦人，戦西

**竜造寺信周** りゅうぞうじのぶちか
[別]竜造寺安房守信周《りゅうぞうじあわのかみのぶちか》
戦国時代の武士。

¶戦人 (生没年不詳)，戦西 (竜造寺安房守信周
　りゅうぞうじあわのかみのぶちか)

**竜造寺播磨守家親** りゅうぞうじはりまのかみいえ
ちか
　→竜造寺家親 (りゅうぞうじいえちか)

**竜造寺播磨守家宗** りゅうぞうじはりまのかみいえ
むね
　？ 〜天文14 (1545) 年
　戦国時代の武将。竜造寺氏家臣。
　¶戦西

**竜造寺晴明** りゅうぞうじはるあき
　？ 〜元和9 (1623) 年　㋲竜造寺五郎次郎晴明
　《りゅうぞうじごろうじろうはるあき》
　安土桃山時代〜江戸時代前期の武将。
　¶戦人，戦西 (竜造寺五郎次郎晴明　りゅうぞう
　じごろうじろうはるあき)

**竜造寺肥後守信時** りゅうぞうじひごのかみのぶとき
　戦国時代の武将。竜造寺氏家臣。
　¶戦西

**竜造寺兵庫頭家晴** りゅうぞうじひょうごのかみいえ
はる
　→竜造寺家晴 (りゅうぞうじいえはる)

**竜造寺備後守鎮家** りゅうぞうじびんごのかみしげ
いえ
　戦国時代〜安土桃山時代の武将。竜造寺氏家臣。
　¶戦西

**竜造寺豊前守胤家** りゅうぞうじぶぜんのかみたね
いえ
　→竜造寺胤家 (りゅうぞうじたねいえ)

**竜造寺豊後守家純** りゅうぞうじぶんごのかみいえ
すみ
　→竜造寺家純 (りゅうぞうじいえずみ)

**竜造寺伯耆守盛家剛運日勇** りゅうぞうじほうきの
かみもりいえごううんにちゆう
　→竜造寺盛家 (りゅうぞうじもりいえ)

**竜造寺孫三郎純家** りゅうぞうじまごさぶろうすみ
いえ
　？ 〜天文14 (1545) 年
　戦国時代の武将。竜造寺氏家臣。
　¶戦西

**竜造寺孫八郎頼純** りゅうぞうじまごはちろうより
すみ
　？ 〜天文14 (1545) 年
　戦国時代の武将。竜造寺氏家臣。
　¶戦西

**竜造寺政家** りゅうぞうじまさいえ
　*〜慶長12 (1607) 年　㋲竜造寺民部大輔政家
　《りゅうぞうじみんぶのたいゆうまさいえ》，佐賀
　侍従《さがじじゅう》
　安土桃山時代〜江戸時代前期の武士。
　¶朝日 (㋒弘治2 (1556) 年　㋜慶長12年10月2日
　(1607年11月21日))，近世 (㋒1556年)，系西
　(㋒1566年)，国史 (㋒1556年)，コン改 (㋒永
　禄9 (1566) 年)，コン4 (㋒永禄9 (1566) 年)，

佐賀百 (㋒弘治3 (1557) 年　㋜慶長12 (1607) 年
10月2日)，史人 (㋒1556年)　㋜1607年10月2
日)，諸系 (㋒1556年)，新潮 (㋒弘治2 (1556)
年　㋜慶長12 (1607) 年10月2日)，人名
(㋒1566年)，戦合 (㋒1556年)，戦国 (㋒1566
年)，戦人 (㋒永禄9 (1566) 年)，戦西 (竜造寺
民部大輔政家　りゅうぞうじみんぶのたいゆう
まさいえ　㋒?)，長崎歴 (㋒永禄9 (1566)
年)，日史 (㋒弘治2 (1556) 年　㋜慶長12
(1607) 年10月2日)，日人 (㋒1556年)，百科
(㋒弘治2 (1556) 年)，歴大 (㋒1566年)

**竜造寺民部大輔政家** りゅうぞうじみんぶのたいゆう
まさいえ
　→竜造寺政家 (りゅうぞうじまさいえ)

**竜造寺盛家** りゅうぞうじもりいえ
　？ 〜天文13 (1544) 年　㋲竜造寺伯耆守盛家剛運
　日勇《りゅうぞうじほうきのかみもりいえごうう
　んにちゆう》
　戦国時代の武士。
　¶戦人，戦西 (竜造寺伯耆守盛家剛運日勇　りゅ
　うぞうじほうきのかみもりいえごううんにちゆ
　う)

**竜造寺康房** りゅうぞうじやすふさ
　？ 〜天正12 (1584) 年　㋲竜造寺下総守康房
　《りゅうぞうじしもうさのかみやすふさ》
　安土桃山時代の武士。
　¶戦人，戦西 (竜造寺下総守康房　りゅうぞうじ
　しもうさのかみやすふさ)

**竜造寺大和守胤久** りゅうぞうじやまとのかみたね
ひさ
　→竜造寺胤久 (りゅうぞうじたねひさ)

**竜造寺六郎次郎周家** りゅうぞうじろくろうじろうち
かいえ
　？ 〜天文14 (1545) 年
　戦国時代の武将。竜造寺氏家臣。
　¶戦西

**竜門清兵衛** りゅうもんせいべえ
　安土桃山時代の武士。
　¶岡山人

**竜造寺隆信** りゅぞうじたかのぶ
　→竜造寺隆信 (りゅうぞうじたかのぶ)

**了俊** りょうしゅん
　→今川了俊 (いまがわりょうしゅん)

**良昭** りょうしょう
　生没年不詳
　平安時代中期の武将。
　¶姓氏岩手

**良成親王** りょうせいしんのう
　→良成親王 (よしなりしんのう)

## 【る】

**留守詮家** るすあきいえ
生没年不詳
室町時代の武将。
¶系東

**留守顕宗** るすあきむね
永正16(1519)年～天正14(1586)年
戦国時代～安土桃山時代の武士。
¶系東，戦人

**留守淡路守** るすあわじのかみ
生没年不詳
南北朝時代の武将。
¶系東

**留守家明** るすいえあき
生没年不詳
南北朝時代の武将。
¶系東，姓氏宮城

**留守家景** るすいえかげ
→伊沢家景(いさわいえかげ)

**留守家助** るすいえすけ
生没年不詳
鎌倉時代後期の武将。
¶系東

**留守家高** るすいえたか
生没年不詳
南北朝時代の武将。
¶系東

**留守家次** るすいえつぐ
？　～正平6/観応2(1351)年
南北朝時代の武将。
¶系東，姓氏宮城(生没年不詳)

**留守家任** るすいえとう
？　～正平6/観応2(1351)年
鎌倉時代後期～南北朝時代の武将。
¶鎌室，新潮([没]観応2/正平6(1351)年2月12日)，日人

**留守家信** るすいえのぶ
生没年不詳
鎌倉時代後期の武将。
¶系東

**留守家広** るすいえひろ
生没年不詳
鎌倉時代前期の武将。
¶系東

**留守家元** るすいえもと
？　～文暦1(1234)年
鎌倉時代前期の武将。
¶系東

**留守景宗** るすかげむね
？　～天文23(1554)年
戦国時代の武士。
¶系東，姓氏宮城，戦人，宮城百

**留守郡宗** るすくにむね
？　～明応4(1495)年
室町時代～戦国時代の武士。
¶系東，姓氏宮城，戦人

**留守弾正少弼** るすだんじょうしょうひつ
生没年不詳
南北朝時代の武将。
¶系東

**留守恒家** るすつねいえ
生没年不詳
鎌倉時代後期の武将。
¶系東

**留守藤王丸** るすふじおうまる
明応1(1492)年～明応9(1500)年
戦国時代の武将。
¶系東

**留守政景** るすまさかげ
天文18(1549)年～慶長12(1607)年　[別]伊達政景《だてまさかげ》，高森雪斎《たかもりせっさい》
安土桃山時代～江戸時代前期の武将。伊達氏領国の拡大に活躍した。
¶朝日([没]慶長12年2月3日(1607年2月28日))，系東，史人([没]1607年2月3日)，諸系，姓氏宮城([生]1548年)，戦国(伊達政景　だてまさかげ　[生]1550年)，戦人，戦東，日人，藩臣1，宮城百

**留守宗利** るすむねとし
天正17(1589)年～寛永15(1638)年
安土桃山時代～江戸時代前期の宮城郡利府城城主。
¶姓氏岩手

**留守持家** るすもちいえ
生没年不詳　[別]余目持家《あまるめもちいえ》
南北朝時代の武将。
¶系東，姓氏宮城(余目持家　あまるめもちいえ)

## 【れ】

**冷泉隆豊** れいぜいたかとよ
？　～天文20(1551)年　[別]冷泉隆豊《れいぜんたかとよ》
戦国時代の武士。
¶姓氏山口，戦人，戦西，日人([生]1513年)，山口百(れいぜんたかとよ　[生]1513年)

**冷泉為純** れいぜいためあつ
→冷泉為純(れいぜいためずみ)

**冷泉為純** れいぜいためずみ
享禄3(1530)年～天正6(1578)年4月1日　[別]為純〔冷泉家(下冷泉)〕《ためすみ》，冷泉為純《れいぜいためあつ》
戦国時代～安土桃山時代の公卿、武将、歌人(参

議）。非参議冷泉為豊の子。
¶公卿（れいぜいためあつ [生]享禄4（1531）年），公家（為純〔冷泉家（下冷泉）〕 ためすみ），国書（[生]享禄3（1530）年2月8日），戦人

**冷泉元豊** れいぜいもととよ
生没年不詳
戦国時代〜安土桃山時代の武士。祖生郷の領主。
¶姓氏山口

**冷泉隆豊** れいぜんたかとよ
→冷泉隆豊（れいぜいたかとよ）

**レオン七右衛門** れおんしちえもん
永禄12（1569）年〜慶長13（1608）年
安土桃山時代〜江戸時代前期の平佐北郷家の家臣。
¶姓氏鹿児島

**蓮生(1)** れんしょう
→宇都宮頼綱（うつのみやよりつな）

**蓮生(2)** れんじょう
→熊谷直実（くまがいなおざね）

**蓮生** れんせい
→熊谷直実（くまがいなおざね）

## 【ろ】

ろ

**六郷殿** ろくごうどの
生没年不詳
戦国時代の北条氏の家臣。
¶戦辞

**六郷政乗** ろくごうまさのり
永禄10（1567）年〜寛永11（1634）年 [別]二階堂長五郎《にかいどうちょうごろう》
安土桃山時代〜江戸時代前期の大名。出羽本荘藩主、常陸府中藩主。
¶秋田百，朝日（[没]寛永11年4月28日（1634年5月25日）），諸系，人名，戦国（[生]1568年），戦人，日人，藩主1（[没]寛永11（1634）年4月28日），藩主2（[没]寛永11（1634）年4月28日）

**六島守勝** ろくしまもりかつ
戦国時代の武将。武田家臣。永禄起請文にみえる。
¶姓氏山梨

**六孫王経基** ろくそんおうつねもと
→源経基（みなもとのつねもと）

**六孫王経基** ろくそんのうつねもと
→源経基（みなもとのつねもと）

**六代** ろくだい
→平六代（たいらのろくだい）

**六角氏綱** ろっかくうじつな
明応1（1492）年〜永正15（1518）年
戦国時代の武将。
¶系西，戦人

**六角氏頼** ろっかくうじより
→佐々木氏頼（ささきうじより）

**六角定詮** ろっかくさだのり
生没年不詳
南北朝時代の武将。
¶諸系，日人

**六角定頼** ろっかくさだより
明応4（1495）年〜天文21（1552）年 [別]佐々木定頼《ささきさだより》
戦国時代の大名。将軍足利義晴の臣。
¶朝日（[没]天文21年1月2日（1552年1月27日）），岩史（[没]天文21（1552）年1月2日），角史，京都大（[生]？），系西，国史，古中，コン改，コン4，史人（[没]1552年1月2日），重要（[没]天文21（1552）年1月），諸系，新潮（[没]天文21（1552）年1月2日），人名（佐々木定頼 ささきさだより [生]？），姓氏京都，世人（佐々木定頼 ささきさだより），世人，戦合，全書，戦人，日史（[没]天文21（1552）年1月2日），日人，百科，歴大

**六角高頼** ろっかくたかより
？ 〜永正17（1520）年 [別]佐々木高頼《ささきたかより》
戦国時代の大名。応仁の乱に参加。
¶朝日（[没]永正17年10月21日（1520年12月1日）），岩史（[没]永正17（1520）年10月21日），角史（[生]寛正3（1462）年），系西（[生]1462年），国史，古中，コン改（[生]寛正3（1462）年），コン4（[生]寛正3（1462）年），史人（[没]1520年10月21日），諸系，新潮（[生]康正1（1455）年？ [没]永正17（1520）年10月21日？），人名（佐々木高頼 ささきたかより），世人（[生]寛正3（1462）年），世百，戦合，全書，戦人（[生]寛政3（1462）年），日史（[没]永正17（1520）年10月21日），日人，歴大

**六角信詮** ろっかくのぶあきら
生没年不詳
南北朝時代の武将・歌人・連歌作者。
¶国書

**六角久頼** ろっかくひさより
？ 〜康正2（1456）年
室町時代の武将。
¶諸系，日人

**六角満高** ろっかくみつたか
正平24/応安2（1369）年〜応永23（1416）年 [別]佐々木満高《ささきみつたか》
南北朝時代〜室町時代の守護大名。
¶朝日（[没]応永23年11月17日（1416年12月6日）），鎌室，国書（[没]応永23（1416）年11月7日），コン4，諸系，新潮（[没]応永23（1416）年11月7日），人名（佐々木満高 ささきみつたか [生]？），日人

**六角満綱** ろっかくみつつな
？ 〜文安2（1445）年 [別]佐々木満綱《ささきみつつな》
室町時代の武将。
¶鎌室，諸系，人名（佐々木満綱 ささきみつつな），日人

**六角泰綱** ろっかくやすつな
→佐々木泰綱（ささきやすつな）

**六角義賢**　ろっかくよしかた
大永1（1521）年～慶長3（1598）年　[別]佐々木義賢《ささきよしかた》，佐々木左京大夫義賢《ささきさきょうだゆうよしかた》，六角承禎《ろっかくじょうてい》
戦国時代～安土桃山時代の大名。将軍足利義晴・義輝を庇護。
¶朝日（[没]慶長3年3月14日（1598年4月19日）），岩史（[没]慶長3（1598）年3月14日），角史，郷土滋賀（佐々木義賢　ささきよしかた），京都大，京都府，近世，系西，国史，古中，コン改，コン4，史人（[没]1598年3月14日），重要，諸系，新潮（[没]慶長3（1598）年3月14日），人名，世人，戦合，戦国（佐々木義賢　ささきよしかた），全書（佐々木義賢　ささきよしかた），全書，戦人，体育（佐々木左京大夫義賢　ささきさきょうだゆうよしかた），大百（佐々木義賢　ささきよしかた　[生]？），日史（[没]慶長3（1598）年3月14日），日人，百科，歴大

**六角義治**　ろっかくよしはる
天文14（1545）年～慶長17（1612）年　[別]佐々木義治《ささきよしはる》，鴎菴玄雅《おうあんげんが》，六角義弼《ろっかくよしすけ》
戦国時代～安土桃山時代の近江半国の守護大名。
¶近世，系西，国史，国書（[没]慶長17（1612）年10月22日），古中，史人（[没]1612年10月22日），諸系，戦合，戦国（佐々木義治　ささきよしはる），戦人，日人，歴大

## 【わ】

**和井内三平**　わいないさんぺい
生没年不詳
安土桃山時代の武士。南部氏家臣。
¶戦人

**若泉五郎左衛門**　わかいずみごろうざえもん
？～永正13（1516）年
戦国時代の地方豪族・土豪。
¶戦人

**若尾安親**　わかおやすちか
慶長6（1601）年～延宝3（1675）年
江戸時代前期の武士。紀州藩士。
¶和歌山人

**若桜部五百瀬**　わかさくらべのいおせ
？～持統天皇10（696）年
飛鳥時代の壬申の乱で活躍した大海人皇子の舎人。
¶朝日（[没]持統10（696）年9月），コン改，コン4，史人（[没]696年9月15日？），人名，日人

**若狭季兼**　わかさすえかね
生没年不詳
鎌倉時代後期～南北朝時代の武士、悪党。
¶鎌室，コン改，コン4，新潮，日人

**若狭忠兼**　わかさただかね
生没年不詳
鎌倉時代後期～南北朝時代の武士。
¶歴大

**若狭忠清**　わかさただきよ
生没年不詳
鎌倉時代の武将。
¶朝日，鎌室，コン4，新潮，日人

**若狭忠季**　わかさただすえ
？～承久3（1221）年　[別]津々見忠季《つつみただすえ》
鎌倉時代前期の武将。承久の乱に参加。
¶朝日（[没]承久3年6月14日（1221年7月5日）），岩史（[没]承久3（1221）年6月14日），鎌室，国史，古中，コン4，史人（[没]1221年6月14日），日史（[没]承久3（1221）年6月14日），日人

**若武吉備津彦命**　わかたけきびつひこのみこと
→稚武彦命（わかたけひこのみこと）

**稚武彦命**　わかたけひこのみこと
[別]若武吉備津彦命《わかたけきびつひこのみこと》，稚武彦命《わかたけひこのみと》
上代の孝霊天皇の皇子。吉備国平定に派遣された。
¶岡山人（若武吉備津彦命　わかたけきびつひこのみこと），岡山歴（わかたけひこのみと），古代，諸系

**稚武彦命**　わかたけひこのみと
→稚武彦命（わかたけひこのみこと）

**和賀忠親**　わがただちか
天正3（1575）年～慶長6（1601）年
安土桃山時代の和賀郡の領主。
¶岩手百，姓氏岩手，宮城百（[生]？）

**若槻長澄**　わかつきながすみ
生没年不詳
安土桃山時代の武将・連歌作者。
¶国書

**若槻元数**　わかつきもとかず
生没年不詳
戦国時代の武将・連歌作者。
¶国書

**若菜五郎**　わかなごろう
？～元久1（1204）年
平安時代後期～鎌倉時代前期の武将。
¶日人

**和賀信親**　わがのぶちか
？～天正18（1590）年？
戦国時代の武将。
¶姓氏岩手

**若林家長**　わかばやしいえなが
？～天正10（1582）年6月3日
戦国時代～安土桃山時代の上杉氏の家臣。
¶戦辞

**若林外記助**　わかばやしげきのすけ
生没年不詳
戦国時代の穴山梅雪の家臣。
¶戦辞

**若林鎮興** わかばやししげおき
　天文16 (1547) 年〜文禄2 (1593) 年
　安土桃山時代の武将。大友氏家臣。
　¶大分歴，戦西

**若林助左衛門** わかばやしすけざえもん
　生没年不詳
　安土桃山時代の織田信長の家臣。
　¶織田

**若林善九郎** わかばやしぜんくろう
　文禄3 (1594) 年〜正保1 (1644) 年
　江戸時代前期の武士。紀州藩士。
　¶和歌山人

**若林宗右衛門** わかばやしそうえもん
　生没年不詳
　安土桃山時代の織田信長の家臣。
　¶織田

**若林長門** わかばやしながと
　戦国時代の石川郡剣城または倉光村殿の領主。
　¶石川百 (生没年不詳)，姓氏石川

**若林伯耆守** わかばやしほうきのかみ
　?　〜天文1 (1532) 年?
　戦国時代の武将。
　¶戦人

**若林統昌** わかばやしむねまさ
　永禄11 (1568) 年〜寛永14 (1637) 年
　安土桃山時代〜江戸時代前期の武士。
　¶戦人，戦西

**若林与右衛門** わかばやしようえもん
　→若林与右衛門 (わかばやしよえもん)

**若林与右衛門** わかばやしよえもん
　生没年不詳　別若林与右衛門《わかばやしようえ
　もん》
　戦国時代の武士。佐竹氏家臣。
　¶戦辞，戦人，戦東 (わかばやしようえもん)

**若原監物** わかはらけんもつ
　天正14 (1586) 年〜正保3 (1646) 年
　安土桃山時代〜江戸時代前期の武将、備前岡山
　藩士。
　¶岡山人，岡山歴 (㋐正保3 (1646) 年5月17日)，
　藩臣6

**若原良長** わかはらよしなが
　生没年不詳
　安土桃山時代〜江戸時代前期の武将、播磨姫路
　藩士。
　¶藩臣5，兵庫百

**若松石見守** わかまついわみのかみ
　?　〜慶長4 (1599) 年
　戦国時代〜安土桃山時代の大隅国槻野城城主。
　¶姓氏鹿児島

**若宮藤三郎** わかみやとうざぶろう
　戦国時代の武士。
　¶戦人 (生没年不詳)，戦西

**和賀基義** わがもとよし
　生没年不詳
　南北朝時代の武士。
　¶姓氏岩手

**和賀義忠** わがよしただ
　?　〜天正19 (1591) 年
　安土桃山時代の武将。
　¶戦人

**和賀義光** わがよしみつ
　生没年不詳
　南北朝時代の武士。
　¶姓氏岩手

**和賀義行** わがよしゆき
　?　〜寛元1 (1243) 年
　鎌倉時代の御家人。
　¶姓氏岩手

**脇坂秀勝** わきさかひでかつ, わきさかひでかつ
　?　〜天正1 (1573) 年
　戦国時代の武士。浅井氏家臣。
　¶戦人，戦西 (わきさかひでかつ)

**脇坂安明** わきさかやすあき
　?　〜永禄11 (1568) 年　別脇坂安明《わきざかや
　すあきら》
　戦国時代の武将。浅井氏家臣。
　¶諸系 (わきさかやすあきら)，戦西，日人 (わき
　ざかやすあきら)

**脇坂安明** わきさかやすあきら
　→脇坂安明 (わきさかやすあき)

**脇坂安信** わきさかやすのぶ
　?　〜寛永14 (1637) 年　別脇坂安信《さきさかや
　すのぶ》
　安土桃山時代〜江戸時代前期の大名。
　¶国書 (さきさかやすのぶ　㋑寛永14 (1637) 年4
　月1日)，諸系，日人

**脇坂安治** わきさかやすはる, わきさかやすはる
　天文23 (1554) 年〜寛永3 (1626) 年　別脇坂甚内
　《わきさかじんない》
　安土桃山時代〜江戸時代前期の武将、大名。
　¶朝日 (わきさかやすはる　㋑寛永3年8月6日
　(1626年9月26日))，愛媛百 (わきさかやすは
　る)，角史 (わきさかやすはる)，近世 (わきさ
　かやすはる)，国史 (わきさかやすはる)，コン
　改 (わきさかやすはる)，コン4 (わきさかやす
　はる)，史人 (㋑1626年8月6日)，諸系，新潮
　(㋑寛永3 (1626) 年8月6日)，人名，世人 (㋑寛
　永3 (1626) 年8月6日)，戦合 (わきさかやすは
　る)，戦辞 (わきさかやすはる)，戦辞 (わきさか
　やすはる　㋑寛永3年8月6日 (1626年9月26日))，全
　書，戦人，戦西 (㋐1555年)，大百，日史 (㋑寛
　永3 (1626) 年8月6日)，日人，藩主3，藩主4
　(㋑寛永3 (1626) 年8月6日)，百科，兵庫百，歴
　大 (わきさかやすはる)

**脇坂安元** わきさかやすもと, わきさかやすもと
　天正12 (1584) 年〜承応2 (1653) 年
　安土桃山時代〜江戸時代前期の武将、大名。信濃

飯田藩主、伊予大洲藩主。
¶朝日（わきさかやすもと　[生]天正12年3月4日（1584年4月14日）　[没]承応2年12月3日（1654年1月21日）），近世（わきさかやすもと），国史（わきさかやすもと），国書（わきさかやすもと　[生]天正12（1584）年3月4日　[没]承応2（1653）年12月3日），コン改（わきさかやすもと），コン4（わきさかやすもと），茶道，諸系（[没]1654年），新潮（[没]承応2（1653）年12月3日），人名，姓氏長野，戦合（わきさかやすもと），長野百，長野歴，日人（[没]1654年），藩主2（[生]天正12（1584）年3月4日　[没]承応2（1653）年12月3日），藩主4

**脇田如鉄**　わきだじょてつ
→脇田直賢（わきだなおかた）

**脇田直賢**　わきだなおかた
天正14（1586）年～万治3（1660）年　[別]脇田如鉄《わきだじょてつ》
安土桃山時代～江戸時代前期の武士、加賀藩士。
¶国書（脇田如鉄　わきだじょてつ　[没]万治3（1660）年7月），日人，藩臣3（[生]？）

**脇田義治**　わきたよしはる
→脇屋義治（わきやよしはる）

**脇又市**　わきまたいち
戦国時代の武将。武田家臣。土屋惣蔵同心被官のうち覚えの者。
¶姓氏山梨

**脇屋義助**（脇谷義助）　わきやよしすけ
＊～興国3/康永1（1342）年　[別]新田義助《にったよしすけ》
鎌倉時代後期～南北朝時代の武将。新田義貞の弟。
¶朝日（[生]正安3（1301）年　[没]康永1/興国3年6月5日（1342年7月8日）），岩史（[生]正安3（1301）年　[没]康永1/興国3（1342）年6月5日），愛媛百（[生]徳治1（1306）年　[没]興国3（1342）年5月），角史（[生]徳治1（1306）年），鎌倉（[生]徳治1（1306）年），鎌室（[生]徳治1（1306）年），郷土愛媛（[生]1306年），郷土群馬（[生]1306年），群馬人（脇谷義助　[生]？），群馬百（[生]1307年），国史（[生]1301年），古中（[生]1301年），コン改（[生]徳治1（1306）年），コン4（[生]徳治1（1306）年），史人（[生]1307年　[没]1342年5月？），諸系（[生]1301年），新潮（[生]徳治1（1306）年　[没]康永1/興国3（1342）年5月），人名（[生]？　[没]1340年），姓氏群馬（[生]1301年），世人（[生]徳治1（1306）年　[没]興国3/康永1（1342）年3月5日），世百（[生]1307年），全書（[生]1306年），大百（[生]1307年），日史（[生]徳治2（1307）年　[没]康永1/興国3（1342）年5月），日人（[生]1301年），百科（[生]徳治2（1307）年），兵庫百（[生]徳治1（1306）年），歴大（[生]1301年）

**脇屋義則**　わきやよしのり
正平10/文和4（1355）年～応永10（1403）年？　[別]新田義隆《にったよしたか》
南北朝時代～室町時代の武将。
¶鎌室，新潮，日人（[没]1403年）

**脇屋義治**（脇谷義治）　わきやよしはる
元亨3（1323）年～？　[別]脇田義治《わきたよしはる》
南北朝時代の南朝方の武将。
¶鎌倉（[生]嘉暦2（1327）年　[没]天授3/永和3（1377）年），鎌室，国史，古中，コン改（[生]元亨3（1323）年？），コン4（[生]元亨3（1323）年？），史人，静岡歴（脇田義治　わきたよしはる　[生]正中1（1324）年　[没]応永3（1396）年），庄内（脇谷義治），新潮，人名，姓氏群馬（生没年不詳），姓氏静岡（脇田義治　わきたよしはる　[生]1324年　[没]1396年），世人，新潟百，日人，歴大

**脇屋義行**　わきやよしゆき
天授5/康暦1（1379）年～応永10（1403）年
室町時代の武士。
¶人名

**和久是安**　わくこれやす
→和久是安（わくぜあん）

**和久是安**　わくぜあん
天正6（1578）年～寛永15（1638）年　[別]和久宗友《わくそうゆう》，和久是安《わくこれやす》，和久半左衛門《わくはんざえもん》
安土桃山時代～江戸時代前期の書家。豊臣秀頼の右筆、伊達政宗の臣。
¶朝日（[没]寛永15（1638）年8月），大阪人（わくこれやす　[没]寛永15（1638）年8月），近世，国史，国書（和久半左衛門　わくはんざえもん　[没]寛永15（1638）年8月21日），コン改，コン4，新潮（[没]寛永15（1638）年8月21日），人名，姓氏宮城（わくこれやす），世人，戦国（和久宗友　わくそうゆう　[生]？），戦人（[生]？），日人，名画

**和久宗是**　わくそうぜ
天文4（1535）年～元和1（1615）年
安土桃山時代～江戸時代前期の武将。
¶朝日（[没]元和1年5月7日（1615年6月3日）），織田（[没]元和1（1615）年5月7日），姓氏宮城，戦国（[生]1536年），戦人，日人，藩臣1

**和久宗友**　わくそうゆう
→和久是安（わくぜあん）

**涌津四郎兵衛**　わくつしろべえ
戦国時代の武将。葛西氏家臣。
¶戦東

**和久半左衛門**　わくはんざえもん
→和久是安（わくぜあん）

**涌谷正右衛門**　わくやしょうえもん
安土桃山時代の武将。大崎氏家臣。
¶戦人（生没年不詳），戦東

**和気季経**　わけすえつね
南北朝時代の備前国の武士。
¶岡山歴

**分部光勝**　わけべみつかつ
元亀2（1571）年～慶長4（1599）年
安土桃山時代の武士。織田氏家臣、秀吉馬廻。
¶戦国，戦人

**分部光信**　わけべみつのぶ
天正19（1591）年～寛永20（1643）年

江戸時代前期の武将、大名。近江大溝藩主、伊勢上野藩主。
¶諸系，日人，藩主3（[没]寛永20（1643）年2月22日）

**分部光嘉** わけべみつよし
天文21（1552）年～慶長6（1601）年　[別]分部政寿《わけべまさとし》
安土桃山時代の武将、大名。伊勢上野城主。
¶系西，コン改，コン4，史人（[没]1601年11月29日），諸系，新潮（[没]慶長6（1601）年11月29日），人名（[生]1542年），戦国，戦人，日人，藩主3（[没]慶長6（1601）年11月29日），歴大（[生]1542年）

**稙田貞世** わさださだよ
？～慶長5（1600）年
安土桃山時代の武将。
¶戦人

**鷲尾義久** わしおのよしひさ
仁安2（1167）年～文治5（1189）年
平安時代後期の武士。
¶日人

**鷲頭長弘** わしずながひろ
生没年不詳
室町時代の周防守護。
¶姓氏山口

**鷲頭弘忠** わしずひろただ
？～文安5（1448）年
室町時代の長門守護代。
¶姓氏山口



**鷲田三郎左衛門** わしださぶろうざえもん
生没年不詳
安土桃山時代の織田信長の家臣。
¶織田

**鷲見藤兵衛尉** わしみとうべえのじょう
戦国時代の武将。斎藤氏家臣。
¶戦西

**和田昭為** わだあきため
天文1（1532）年～元和4（1618）年8月6日
安土桃山時代～江戸時代前期の武士。佐竹氏家臣。
¶戦辞，戦人（生没年不詳），戦東

**和田伊織** わだいおり
安土桃山時代の武将。
¶岡山人，岡山歴

**綿打為氏** わたうちためうじ
生没年不詳
南北朝時代の武将。
¶群馬人

**和田越前守** わだえちぜんのかみ
安土桃山時代の武士。里見氏家臣。
¶戦人（生没年不詳），戦東

**和田越中** わだえっちゅう
江戸時代前期の武士。最上氏家臣。
¶戦東

**和田越中守** わだえっちゅうのかみ
～慶長19（1614）年6月1日
安土桃山時代～江戸時代前期の武士。
¶庄内

**和田大隅守** わだおおすみのかみ
戦国時代の武将。佐竹氏家臣。
¶戦東

**和田覚左衛門** わだかくざえもん
生没年不詳
戦国時代の武将。
¶姓氏岩手

**和田賀助** わだかすけ
戦国時代の武将。武田家臣。山県昌景同心衆の武辺者。
¶姓氏山梨

**和田賢秀** わだかたひで
→和田賢秀（にぎたけんしゅう）

**和田勘大夫** わだかんだゆう
？～天正7（1579）年10月15日
戦国時代～安土桃山時代の織田信長の家臣。
¶織田

**和田賢秀** わだけんしゅう
→和田賢秀（にぎたけんしゅう）

**和田惟長** わだこれなが
？～天正1（1573）年3月15日？
戦国時代～安土桃山時代の織田信長の家臣。
¶織田

**和田維長** わだこれなが
*～寛永5（1628）年
安土桃山時代～江戸時代前期の武将。
¶戦国（[生]1551年），戦人（[生]？）

**和田惟政**（和田維政） わだこれまさ
？～元亀2（1571）年
戦国時代の武将。足利義輝、義昭の臣。
¶朝日（[没]元亀2年8月28日（1571年9月17日）），岩史（[没]元亀2（1571）年8月28日），大阪墓（[没]元亀2（1571）年8月28日），大阪墓，織田（[生]享禄3（1530）年　[没]元亀2（1571）年8月28日），京都大，国史，古中，コン4，史人（[生]1530年？　[没]1571年8月28日），新潮（[没]元亀2（1571）年8月28日），人名（[生]1532年　[没]1573年），姓氏京都（[生]1530年），戦合，戦国（[生]1530年），戦人（和田維政），日史（[生]享禄3（1530）年　[没]元亀2（1571）年8月28日），日人（[生]1530年），百科（[生]享禄3（1530）年）

**和田惟増** わだこれます
？～天正1（1573）年
戦国時代～安土桃山時代の織田信長の家臣。
¶織田

**和田定教** わださだのり
安土桃山時代の武将。
¶戦国，戦人（生没年不詳）

**和田茂実** わだしげざね
生没年不詳

南北朝時代の武士。
¶鎌室，新潟百（わだもちざね），日人

**和田勝右衛門** わだしょううえもん
→和田勝右衛門（わだしょうえもん）

**和田勝右衛門** わだしょうえもん
？ ～寛永13（1636）年　[別]和田勝右衛門《わだしょううえもん》
安土桃山時代～江戸時代前期の武将。長宗我部元親の臣。
¶戦人，戦西（わだしょううえもん）

**和田甚右衛門** わだじんうえもん
江戸時代前期の武士。里見氏家臣。
¶戦東

**和田甚九郎** わだじんくろう
江戸時代前期の武士。里見氏家臣。
¶戦東

**和田甚左衛門** わだじんざえもん
生没年不詳
安土桃山時代～江戸時代前期の武士。里見氏家臣。
¶戦人

**和田新助** わだしんすけ
？ ～天正2（1574）年
戦国時代～安土桃山時代の織田信長の家臣。
¶織田

**和田胤長** わだたねなが
寿永2（1183）年～建保1（1213）年
鎌倉時代前期の武士。泉親衡謀反事件で陸奥国岩瀬郷に配流。
¶朝日（[没]建保1年5月9日（1213年5月30日）），鎌倉（[生]？），鎌室（[生]？），国史，古中，史人（[没]1213年5月9日），諸系，新潮（[没]建保1（1213）年5月9日），日人

**和田為勝** わだためかつ
生没年不詳
戦国時代の佐竹氏の家臣。
¶戦辞

**和田常盛** わだつねもり
承安2（1172）年～建保1（1213）年
平安時代後期～鎌倉時代前期の武士。弓・相撲の名手で、源実朝の近習。
¶朝日（[没]建保1年5月4日（1213年5月25日）），鎌倉，鎌室，諸系，新潮（[没]建保1（1213）年5月4日），日人

**和田朝盛** わだとももり
生没年不詳
鎌倉時代前期の武士。将軍源頼家・実朝の近習。
¶朝日，鎌倉，鎌室，国史，古中，諸系，新潮，人名，世人，日人

**和田中務少輔** わだなかつかさしょうゆう
生没年不詳
戦国時代の武将。
¶戦人

**渡辺石見守** わたなべいわみのかみ
生没年不詳
戦国時代の北条氏の家臣。
¶戦辞

**渡辺右衛門尉** わたなべうえもんのじょう
戦国時代の鹿沼・加園竜ヶ谷城主。
¶栃木歴

**渡辺越中** わたなべえっちゅう
安土桃山時代～江戸時代前期の武士、津山森家臣。
¶岡山人

**渡辺勝** わたなべかつ
*～寛永3（1626）年　[別]速水庄兵衛《はやみしょうべえ》
安土桃山時代～江戸時代前期の武将。秀吉馬廻。
¶戦国（[生]1562年），戦人（[生]永禄4（1561）年）

**渡辺兼** わたなべかね
生没年不詳　[別]渡辺兼《わたなべけん》
戦国時代の地方豪族・土豪。
¶戦人

**渡辺通** わたなべかよう
？ ～天文12（1543）年
戦国時代の武士。
¶日人

**渡辺勘兵衛** わたなべかんべえ
→渡辺吉光（わたなべよしみつ）

**渡辺公綱** わたなべきみつな
天正18（1590）年～万治2（1659）年
江戸時代前期の武士。紀州藩士。
¶和歌山人

**渡辺清** わたなべきよ
天文5（1536）年～天正10（1582）年6月13日
戦国時代～安土桃山時代の織田信長の家臣。
¶織田

**渡辺金内** わたなべきんない
？ ～慶長19（1614）年
安土桃山時代～江戸時代前期の信濃松本藩家老。
¶長野歴（生没年不詳），藩臣3

**渡辺宮内左衛門** わたなべくないざえもん
戦国時代の武将。武田家臣。『武田家過去帳』に八代郡向山郷精進村の居住とみえる。
¶姓氏山梨

**渡辺宮内少輔** わたなべくないしょうゆう
生没年不詳
安土桃山時代の山城国愛宕郡一乗寺の土豪。
¶姓氏京都

**渡辺宮内丞** わたなべくないのじょう
生没年不詳
南北朝時代の祖谷山の武士。
¶徳島歴

**渡部蔵人**（渡辺蔵人） わたなべくらんど
生没年不詳　[別]渡部蔵人《わたなべくろうど》
戦国時代の武士。後北条氏家臣。
¶戦辞（わたなべくろうど），戦人，戦東（渡辺蔵人）

**渡辺九郎左衛門** わたなべくろうざえもん
[別]渡辺九郎左衛門尉《わたなべくろうざえもんのじょう》
安土桃山時代の武将。秀吉馬廻。
¶戦国，戦人(生没年不詳)

**渡辺九郎三郎** わたなべくろうさぶろう
生没年不詳
戦国時代の北条氏の家臣。
¶戦辞

**渡部蔵人** わたなべくろうど
→渡部蔵人(わたなべくらんど)

**渡辺幸庵** わたなべこうあん
安土桃山時代〜江戸時代前期の武功者。徳川家康・秀忠の臣。
¶朝日(生没年不詳)，新潮([生]天正10(1582)年？ [没]正徳1(1711)年？)，戦国([生]1583年 [没]1711年)

**渡辺五兵衛** わたなべごへえ
安土桃山時代の武将。秀吉馬廻。
¶戦国，戦人(生没年不詳)

**渡辺五郎左衛門** わたなべごろうざえもん
生没年不詳
戦国時代の武士。後北条氏家臣。
¶戦辞，戦人，戦東

**渡辺左衛門** わたなべさえもん
生没年不詳
戦国時代の武士。後北条氏家臣。
¶戦辞，戦人，戦東

**渡辺定俊** わたなべさだとし
？ 〜寛永9(1632)年
安土桃山時代〜江戸時代前期の武士、甲斐甲府藩士。
¶藩臣3

**渡辺了** わたなべさとる
→渡辺吉光(わたなべよしみつ)

**渡辺佐内** わたなべさない
生没年不詳
安土桃山時代の織田信長の家臣。
¶織田

**渡辺三左衛門** わたなべさんざえもん
戦国時代〜安土桃山時代の武士。甲斐武田家の重臣山県昌景の被官。
¶姓氏山梨

**渡辺茂** わたなべしげ
天文20(1551)年〜寛永15(1638)年
安土桃山時代〜江戸時代前期の武士。徳川氏家臣。
¶戦人

**渡辺重綱** わたなべしげつな
天正2(1574)年〜慶安1(1648)年
安土桃山時代〜江戸時代前期の尾張藩家老。
¶諸系，日人，藩臣4

**渡辺重通** わたなべしげみち
天正10(1582)年〜承応1(1652)年
安土桃山時代〜江戸時代前期の武士。
¶日人

**渡辺次郎左衛門** わたなべじろうざえもん
生没年不詳
戦国時代の武将。毛利元就に滅ぼされた。
¶戦人

**渡辺次郎三郎** わたなべじろうさぶろう
→渡辺次郎三郎(わたなべじろさぶろう)

**渡辺次郎三郎** わたなべじろさぶろう
生没年不詳 [別]渡辺次郎三郎《わたなべじろうさぶろう》
戦国時代の武士。後北条氏家臣。
¶戦辞(わたなべじろうさぶろう)，戦人，戦東(わたなべじろうさぶろう)

**渡辺勝** わたなべすぐる
？ 〜大永4(1524)年
戦国時代の武士。毛利家臣。
¶戦人，戦西(生没年不詳)

**渡辺統** わたなべすぶる
？ 〜慶長4(1599)年
安土桃山時代の武士。
¶戦人(生没年不詳)，戦西

**渡辺盛** わたなべせい
天文1(1532)年〜元亀1(1570)年8月26日
戦国時代〜安土桃山時代の三河国衆。
¶戦辞

**渡辺宗覚** わたなべそうかく
生没年不詳
安土桃山時代〜江戸時代前期の武士。
¶大分歴，戦人，戦西，日人

**渡辺高綱** わたなべたかつな
大永1(1521)年〜永禄7(1564)年
戦国時代の武将。三河松平氏の臣。
¶角史，国史([生]？)，古中([生]？)，諸系，新潮([没]永禄7(1564)年1月11日)，人名，世人，戦合([生]？)，日人

**渡辺糺** わたなべただす
？ 〜元和1(1615)年
安土桃山時代〜江戸時代前期の武士。豊臣氏家臣。
¶新潮([没]元和1(1615)年5月8日)，戦国，戦人

**渡辺任** わたなべたもつ
？ 〜天正1(1573)年
戦国時代の武士。
¶戦人，戦西

**渡辺太郎左衛門** わたなべたろうざえもん
生没年不詳
安土桃山時代の織田信長の家臣。
¶織田

**渡辺丹後** わたなべたんご
生没年不詳
戦国時代の武士。後北条氏家臣。
¶戦辞，戦人，戦東

わ

**渡辺弾正忠**　わたなべだんじょうのじょう
生没年不詳
戦国時代の北条氏の家臣。
¶戦辞

**渡辺筑後守**　わたなべちくごのかみ
南北朝時代の在地領主。
¶姓氏富山

**渡辺友綱**　わたなべともつな
生没年不詳
安土桃山時代の武将。
¶戦人

**渡辺長**　わたなべなが
安土桃山時代の武将。毛利輝元の臣。
¶戦国

**渡辺長広**　わたなべながひろ
生没年不詳
戦国時代の北条氏の家臣。
¶戦辞

**渡辺競**　わたなべのきおう
？　～治承4(1180)年　[別]源競《みなもとのきおう》
平安時代後期の武士。
¶日人，平史(源競　みなもとのきおう)

**渡辺伝**　わたなべのつたう
→渡辺伝(わたなべのつとう)

**渡辺伝**　わたなべのつとう
承保2(1075)年～長承3(1134)年　[別]源伝《みなもとのつたう》,渡辺伝《わたなべのつたう》
平安時代後期の武人。
¶大阪人(わたなべのつたう)，日人，平史(源伝　みなもとのつたう)

**渡辺綱**　わたなべのつな
天暦7(953)年～万寿2(1025)年　[別]渡辺綱《わたなべつな》
平安時代中期の武将。源頼光の四天王の一人。
¶朝日([没]万寿2年2月15日(1025年3月17日))，江戸，江戸東，大阪人([生]天暦6(952)年)，京都大([没]万寿1(1024)年)，京都府([没]万寿1(1024)年)，国史，古史(生没年不詳)，古中，コン改，コン4，埼玉人(わたなべつな)，埼玉百，史人，新潮([没]万寿2(1025)年2月15日)，人名([没]1024年)，姓氏京都(生没年不詳)，世人([没]万寿1(1024)年)，全書，大百，日史，日人，百科，歴大(生没年不詳)

**渡辺教忠**　わたなべのりただ
生没年不詳　[別]河原淵殿《かわらぶちどの》
戦国時代の武将。
¶戦人

**渡辺半右衛門**　わたなべはんえもん
[別]渡辺半右衛門尉《わたなべはんえもんのじょう》
安土桃山時代の武将。秀吉馬廻。
¶戦国，戦人(生没年不詳)

**渡辺半蔵**　わたなべはんぞう
→渡辺守綱(わたなべもりつな)

**渡辺兵蔵**　わたなべひょうぞう
→渡辺兵蔵(わたなべへいぞう)

**渡辺兵蔵**　わたなべへいぞう
[別]渡辺兵蔵《わたなべひょうぞう》
安土桃山時代の武士。豊臣氏家臣。
¶戦国(わたなべひょうぞう)，戦人(生没年不詳)

**渡部平内次**　わたなべへいないじ
生没年不詳
戦国時代の三河国今橋(吉田)馬見塚の土豪。
¶戦辞

**渡辺伯耆**　わたなべほうき
安土桃山時代～江戸時代前期の武士。里見氏家臣。
¶戦人(生没年不詳)，戦東

**渡辺孫八郎**　わたなべまごはちろう
生没年不詳
戦国時代の北条氏の家臣。
¶戦辞

**渡辺昌**　わたなべまさ
生没年不詳
戦国時代～安土桃山時代の武士。足利氏家臣、織田氏家臣、秀吉馬廻。
¶織田，戦国，戦人

**渡辺統忠**　わたなべむねただ
生没年不詳
安土桃山時代の地方豪族・土豪。
¶戦人

**渡辺守**　わたなべもり
？　～
戦国時代～安土桃山時代の徳川家の家臣。
¶戦辞([没]天正19(1581)年)

**渡辺守綱**　わたなべもりつな
天文11(1542)年～元和6(1620)年　[別]渡辺半蔵《わたなべはんぞう》
安土桃山時代～江戸時代前期の武将。徳川家康の十六将の一人。のち尾張藩の年寄職。
¶近世，国史，国書([生]天文11(1542)年3月8日　[没]元和6(1620)年4月9日)，コン改([生]天文14(1545)年)，コン4([生]天文14(1545)年)，埼玉人([没]元和6(1620)年4月9日)，史人([没]1620年4月9日)，諸系，新潮([没]元和6(1620)年4月9日)，人名([生]1545年)，姓氏愛知(渡辺半蔵　わたなべはんぞう)，戦合，戦国([生]1543年)，戦辞([没]元和6年4月9日(1620年5月31日))，戦人，戦東([生]1545年)，日人，藩臣4

**渡辺弥五左衛門**　わたなべやござえもん
？　～明暦1(1655)年
安土桃山時代～江戸時代前期の武将、近江彦根藩士。
¶藩臣4

**渡辺弥八郎**　わたなべやはちろう
戦国時代の武士。後北条氏家臣。
¶戦人(生没年不詳)，戦東

**渡辺行吉**　わたなべゆくよし
生没年不詳

戦国時代の北条氏の家臣。
¶戦辞

**渡辺与一郎** わたなべよいちろう
生没年不詳
安土桃山時代の武士。豊臣氏家臣。
¶姓氏山口，戦国，戦人

**渡辺吉広** わたなべよしひろ
生没年不詳
戦国時代の北条氏の家臣。
¶戦辞

**渡辺吉光** わたなべよしみつ
永禄5(1562)年～寛永17(1640)年　[別]渡辺勘兵衛《わたなべかんべえ》, 渡辺了《わたなべさとる》，渡辺官兵衛《わたなべかんべえ》
安土桃山時代～江戸時代前期の勇将。
¶国書([没]寛永17(1640)年7月24日)，人名([生]?)，戦国(渡辺了　わたなべさとる [生]1563年)，戦人(渡辺了　わたなべさとる)，日人(渡辺勘兵衛　わたなべかんべえ)

**渡辺与八** わたなべよはち
生没年不詳
戦国時代の武士。後北条氏家臣。
¶戦辞，戦人，戦東

**渡辺六郎左衛門** わたなべろくろうざえもん
永禄7(1564)年～寛永12(1635)年
安土桃山時代～江戸時代前期の紀伊和歌山藩士。
¶藩臣5

**和田業繁** わだなりしげ
? ～天正3(1575)年　[別]和田業繁《わだのりしげ》
戦国時代～安土桃山時代の武士。上杉氏家臣、武田氏家臣。
¶群馬人([生]享禄1(1528)年)，人名(わだのりしげ)，姓氏群馬([生]1528年)，姓氏山梨，戦辞([没]天正3年5月20日(1575年6月28日))，戦人，戦東，日人([生]1528年)

**和田業政** わだなりまさ
戦国時代の武将。武田家臣。佐渡守。
¶姓氏山梨

**和田信業** わだのぶなり
? ～元和3(1617)年　[別]和田信業《わだのぶのり》
安土桃山時代の武将。
¶郷土群馬(生没年不詳)，群馬人([没]慶長19(1614)年)，人名(わだのぶのり)，姓氏群馬([没]1614年)，姓氏山梨，戦辞([生]永禄2(1559)年　[没]元和3年9月27日(1617年10月26日))，戦人(生没年不詳)，戦補，日人([生]1560年)

**和田信業** わだのぶのり
→和田信業(わだのぶなり)

**和田義盛** わだのよしもり
→和田義盛(わだよしもり)

**和田範氏** わだのりうじ
室町時代の武士。
¶岡山人，岡山歴

**和田業繁** わだのりしげ
→和田業繁(わだなりしげ)

**和田範長** わだのりなが
→児島範長(こじまのりなが)

**和田範正** わだのりまさ
室町時代の武士。
¶岡山人

**和田八郎** わだはちろう
生没年不詳
安土桃山時代の織田信長の家臣。
¶織田

**和田昌繁** わだまさしげ
生没年不詳
戦国時代の上野国衆。
¶戦辞

**和田正隆** わだまさたか
? ～延元1/建武3(1336)年
鎌倉時代後期～南北朝時代の武将。
¶日人

**和田正武** わだまさたけ
→和田正武(にぎたまさたけ)

**和田正忠** わだまさただ
→和田正忠(にぎたまさただ)

**和田正遠** わだまさとお
→和田正遠(にぎたまさとお)

**和田正朝** わだまさとも
? ～正平3/貞和4(1348)年
鎌倉時代後期～南北朝時代の武将。
¶人名，日人

**渡丸宮内少輔** わたまるくないしょうゆう
戦国時代の武将。大崎氏家臣。
¶戦東

**和田通興** わだみちおき
? ～天文23(1554)年
戦国時代の武将。
¶戦人

**和田満重** わだみつしげ
戦国時代の武将。朝倉氏家臣。
¶戦西

**和田光俊** わだみつとし
室町時代の武士。
¶岡山人

**和田宗実** わだむねざね
生没年不詳　[別]平宗実《たいらのむねざね》
平安時代後期～鎌倉時代前期の武将。和田義盛の弟。
¶鎌室，平史(平宗実　たいらのむねざね)

**和田弥十郎** わだやじゅうろう
生没年不詳
安土桃山時代の織田信長の家臣。
¶織田

**和田義国** わだよしくに
生没年不詳
鎌倉時代前期の武士。
¶姓氏群馬

**和田義直** わだよしなお
治承1(1177)年～建保1(1213)年
平安時代後期～鎌倉時代前期の武将。
¶鎌室

**和田義信** わだよしのぶ
生没年不詳
南北朝時代の武将、和田城主。
¶群馬人

**和田義秀** わだよしひで
→朝比奈義秀(あさひなよしひで)

**和田義茂** わだよしもち
生没年不詳 [別]平義茂《たいらのよしもち》
平安時代後期～鎌倉時代前期の武士。将軍源頼朝側近。
¶朝日, 鎌室, 諸系, 新潮, 日人, 平史(平義茂 たいらのよしもち)

**和田義盛** わだよしもり
久安3(1147)年～建保1(1213)年 [別]平義盛《たいらのよしもり》,和田義盛《わだのよしもり》
平安時代後期～鎌倉時代前期の武将。鎌倉幕府侍所別当だったが、北条氏に挑発され挙兵。激戦となったが敗死した。
¶朝日([没]建保1年5月3日(1213年5月24日)), 岩史([没]建暦3(1213)年5月3日), 江戸東, 岡山歴([没]建暦3(1213)年5月3日), 角史, 神奈川人, 神奈川百, 鎌倉, 鎌室, 郷土神奈川, 国史, 古中, コン改, コン4, 史人([没]1213年5月3日), 静岡百([生]?), 静岡歴([生]久安5(1149)年), 重要([没]建保1(1213)年5月3日), 諸系, 新潮([没]建保1(1213)年5月3日), 人名, 姓氏神奈川(わだのよしもり), 姓氏宮城, 世人([没]建保1(1213)年5月3日), 世百, 全書, 大百, 千葉百, 伝記, 日史([没]建保1(1213)年5月3日), 日人, 百科, 仏教([没]建暦3(1213)年5月3日), 平史(平義盛 たいらのよしもり), 歴大

**渡瀬詮繁** わたらせあきしげ
? ～文禄4(1595)年
戦国時代～安土桃山時代の遠江横須賀城城主。
¶姓氏静岡

**渡瀬繁詮** わたらせしげあき
? ～文禄4(1595)年 [別]横瀬繁詮《よこせしげあき,よこぜしげあき》,矢場能登守《やばのとのかみ》
安土桃山時代の武将。
¶戦国, 戦人, 日人

**渡瀬仁介** わたらせにすけ
安土桃山時代の武将。秀次馬廻。
¶戦国

**亘理重宗** わたりしげむね
*～元和6(1620)年
安土桃山時代～江戸時代前期の武士。伊達氏家臣。
¶姓氏宮城([生]1552年), 戦人(生没年不詳), 宮城百([生]天文20(1551)年)

**渡里忠景** わたりただかげ
南北朝時代の武士。
¶人名, 日人(生没年不詳)

**亘理宗根** わたりむねもと
慶長5(1600)年～寛文9(1669)年
江戸時代前期の武将、陸奥仙台藩門閥。
¶姓氏宮城, 藩臣1

**亘理元宗** わたりもとむね
享禄3(1530)年～文禄3(1594)年
戦国時代～安土桃山時代の武将。伊達氏家臣。
¶姓氏宮城, 戦人, 戦東, 日人, 藩臣1

**和智誠春** わちことはる
→和智誠春(わちまさはる)

**和智誠春** わちまさはる
? ～永禄11(1568)年 [別]和智誠春《わちことはる》
戦国時代の武士。
¶戦人, 戦西(わちことはる)

**和仁弾正忠** わにだんじょうちゅう
生没年不詳
戦国時代の武将。
¶戦人

**和仁親実** わにちかざね
? ～天正15(1587)年
安土桃山時代の武将。
¶戦人

**和珥武振熊** わにのたけふるくま
[別]難波根子武振熊《なにわのねこたけふるくま》,武振熊《たけふるくま》
上代の豪族、武将。和珥氏の祖。
¶朝日, 国史, 古代(武振熊 たけふるくま), 古中, 史人, 人名(難波根子武振熊 なにわのねこたけふるくま), 日人(武振熊 たけふるくま)

**鰐淵吉広** わにぶちよしひろ
? ～天正1(1573)年
戦国時代の武将。朝倉氏家臣。
¶戦西

**和珥部君手** わにべのきみて
? ～文武天皇1(697)年 [別]和珥部臣君手《わにべのおみきみて》
飛鳥時代の豪族、武将。壬申の乱で大海人皇子方として活躍。
¶朝日(生没年不詳), 古代(和珥部臣君手 わにべのおみきみて), コン改, コン4, 史人(生没年不詳), 人名, 日人([没]697年?)

**藁科彦九郎** わらしなひこくろう
戦国時代の武将。今川氏家臣。
¶戦辞(生没年不詳), 戦東

# 日本人物レファレンス事典
## 武将篇

2016 年 2 月 25 日　第 1 刷発行
2018 年 11 月 25 日　第 2 刷発行

発　行　者／大高利夫
編集・発行／日外アソシエーツ株式会社
　　　　　〒140-0013 東京都品川区南大井 6-16-16 鈴中ビル大森アネックス
　　　　　電話 (03)3763-5241 (代表) FAX(03)3764-0845
　　　　　URL　http://www.nichigai.co.jp/
発　売　元／株式会社紀伊國屋書店
　　　　　〒163-8636 東京都新宿区新宿 3-17-7
　　　　　電話 (03)3354-0131 (代表)
　　　　　ホールセール部 (営業) 電話 (03)6910-0519

　　　　　電算漢字処理／日外アソシエーツ株式会社
　　　　　印刷・製本／株式会社 デジタル パブリッシング サービス

　　　　　不許複製・禁無断転載
　　　　　＜落丁・乱丁本はお取り替えいたします＞
　　　　　**ISBN978-4-8169-2588-7**　　　　**Printed in Japan,2018**

本書はディジタルデータでご利用いただくことができます。詳細はお問い合わせください。

# 日本人物レファレンス事典
## 名工・職人・技師・工匠篇

A5・860頁　定価（本体18,500円＋税）　2017.7刊

日本の技術・工芸分野の人物がどの事典にどんな見出しで掲載されているかがわかる事典索引。古代の渡来系の工人、宮大工・仏師、中世の刀工・鉄砲鍛冶、近世の新田開発者、近代の殖産興業家・発明家、現代のIT技術者まで、319種498冊の事典から1.8万人を収録。

# 日本人物レファレンス事典
## 商人・実業家・経営者篇

A5・900頁　定価（本体18,500円＋税）　2017.4刊

日本の商業・実業分野の人物がどの事典にどんな見出しで掲載されているかがわかる事典索引。中世の伝説的商人、安土桃山時代の貿易商、江戸時代の豪商、近代の実業家、各地の経済・産業を担った人物、戦後の経営者など、318種486冊の事典から1.6万人を収録。

# 日本人物レファレンス事典 江戸時代の武士篇

A5・1,170頁　定価（本体23,000円＋税）　2016.11刊

江戸時代の武士がどの事典にどんな見出しで掲載されているかがわかる事典索引。将軍・御三家・御三卿・大老・老中をはじめ、藩主・家老・藩士・藩儒から、幕臣・旗本・奉行・代官や、剣客・剣豪・武術家まで、245種373冊の事典から2.1万人を収録。

# 日本人物レファレンス事典 皇族・貴族篇

A5・650頁　定価（本体18,000円＋税）　2015.8刊

日本の皇族・貴族がどの事典にどんな見出しで掲載されているかがわかる事典索引。皇族（神武以来）・貴族（飛鳥時代以降の大豪族、主要官人、公卿・公家、明治以降の公家華族の当主など）を、222種383冊の事典から8,200人を収録。

# 日本の祭神事典 社寺に祀られた郷土ゆかりの人びと

A5・570頁　定価（本体13,800円＋税）　2014.1刊

全国各地の神社・寺院・小祠・堂などで祭神として祀られた郷土ゆかりの人物を一覧できる。天皇・貴族・武将など歴史上の有名人をはじめ、産業・開拓の功労者、一揆を指導した義民など、地域に貢献した市井の人まで多彩に収録。

データベースカンパニー
日外アソシエーツ

〒140-0013　東京都品川区南大井6-16-16
TEL.(03)3763-5241　FAX.(03)3764-0845　http://www.nichigai.co.jp/